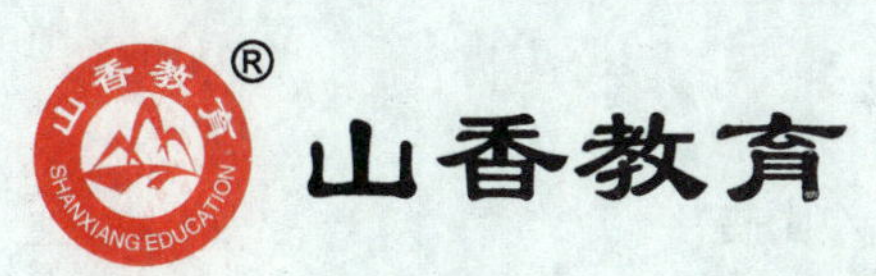

教师招聘考试

数学专项突破

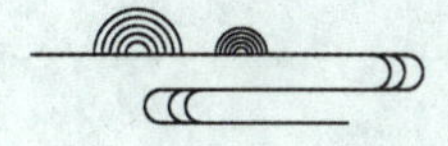

重点专题6个

核心考向90个

易错突破14个

山香教师招聘考试命题研究中心 主编

图书在版编目(CIP)数据

教师招聘考试. 数学专项突破. 几何与图形 / 山香教师招聘考试命题研究中心主编. -- 北京 : 首都师范大学出版社, 2023.2

ISBN 978-7-5656-7192-0

Ⅰ. ①教… Ⅱ. ①山… Ⅲ. ①数学课-教学法-教师-聘用-资格考试-自学参考资料 Ⅳ. ①G451.1

中国版本图书馆 CIP 数据核字(2022)第 209866 号

教师招聘考试·数学专项突破

JIHE YU TUXING

几何与图形

山香教师招聘考试命题研究中心　主编

策划编辑　张文强

责任编辑　杨林玉　曹亮亮　　　封面设计　山香教育

首都师范大学出版社出版发行

地　　址　北京市海淀区西三环北路 105 号

邮　　编　100048

咨询电话　010－68418523(总编室)　　　010－68982468(发行部)

网　　址　http://cnupn.cnu.edu.cn

印　　刷　河南黎阳印务有限公司

经　　销　全国新华书店

版　　次　2023 年 2 月第 1 版

印　　次　2023 年 2 月第 2 次印刷

开　　本　787mm×1092mm　1/16

印　　张　86

字　　数　1307 千

定　　价　178.00 元(全四册)

目录/CONTENTS

专题一　平面几何

专题二　平面向量

专题三　立体几何与空间向量

专题四 解析几何

专题六　空间解析几何

真题过招 6 道 + 变式训练 8 道

参考答案与解析

专题一　平面几何

第一节　角、相交线与平行线

招教核心要点

1. 线段的垂直平分线:线段的垂直平分线上的点到这条线段两个端点的距离相等。

2. 角平分线:角平分线上的点到这个角的两边的距离相等。

3. 垂线:①在同一平面内,过一点有且只有一条直线与已知直线垂直;②连结直线外一点与直线上各点的所有线段中,垂线段最短。

4. 平行线分线段成比例定理:三条平行线截两条直线,所得的对应线段成比例。如图,$l_1 /\!/ l_2 /\!/ l_3$,直线 a 与 b 分别与直线 l_1, l_2, l_3 相交于点 A,B,C 和点 D,E,F,则有$\frac{AB}{BC}=\frac{DE}{EF}$,$\frac{AB}{AC}=\frac{DE}{DF}$,$\frac{BC}{AC}=\frac{EF}{DF}$。

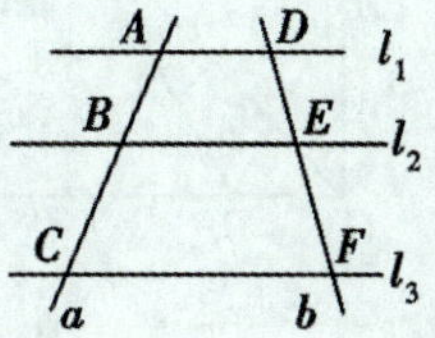

推论:平行于三角形一边的直线截其他两边(或两边的延长线),所得的对应线段成比例。如图,$\triangle ABC$ 中,$DE /\!/ BC$,DE 与 AB,AC 分别相交于点 D,E,则有 $\frac{AD}{DB}=\frac{AE}{EC}$,$\frac{AD}{AB}=\frac{AE}{AC}=\frac{DE}{BC}$,$\frac{DB}{AB}=\frac{EC}{AC}$。

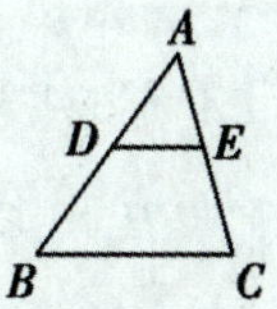

考向分析

角、相交线与平行线的性质在教师招聘考试中一般不单独考查,题目较为简单,常与平面几何或立体几何问题结合考查。

招教考向解读

考向1 角平分线

解法突破

(1)在证明线段相等或者角相等时,能直接应用角平分线性质定理时就直接用,如果再证明全等三角形,相当于是把这个结论重新证明了一遍。

(2)有角平分线时,常过角平分线上一点向角的两边作垂线,利用角平分线上的点到角的两边距离相等这个性质来解题。

真题过招

(2021 江西中数,1 分)如图,在 Rt$\triangle ABC$ 中,$\angle ACB=90°$,$\angle BAC=30°$,$\angle ACB$ 的平分线与$\angle ABC$ 外角的平分线交于点 E,连结 AE,则$\angle AEB$ 的度数是(　　)

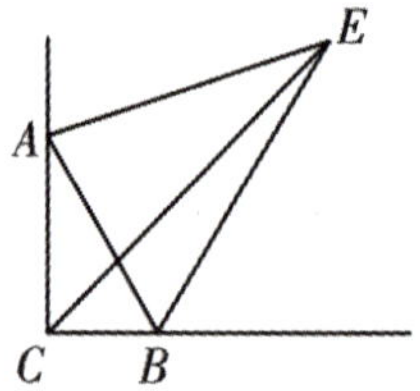

A. 30°　　　　B. 40°

C. 45°　　　　D. 35°

答案解析

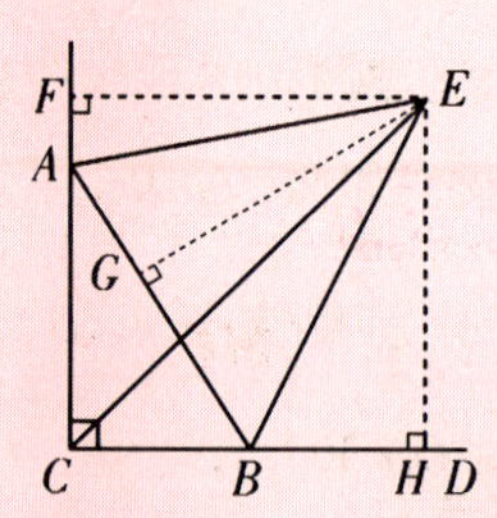

C 【解析】如图,作 $EF\perp AC$,交 CA 的延长线于点 F,作 $EG\perp AB$ 于点 G,作 $EH\perp BC$,交 CB 的延长线于点 H,$\because$ CE 平分$\angle ACB$,BE 平分$\angle ABD$,$\therefore EF=EH,EG=EH$,$\therefore EF=EG$,又$\because EF\perp AC,EG\perp AB$,$\therefore AE$ 平分$\angle FAG$,$\because \angle CAB=30°$,$\therefore \angle BAF=150°$,$\therefore \angle EAB=75°$,$\because \angle ACB=90°$,$\angle CAB=30°$,$\therefore \angle ABC=60°$,$\therefore \angle ABH=120°$,又$\because BE$ 平分$\angle ABD$,$\therefore \angle ABE=60°$,$\therefore \angle AEB=180°-\angle EAB-\angle ABE=180°-75°-60°=45°$。

变式训练

在 Rt△ABC 中，$\angle C=90°$，若 $BC=18$，AD 平分 $\angle BAC$ 交 BC 于点 D，且 $BD:CD=5:4$，则点 D 到线段 AB 的距离为________。

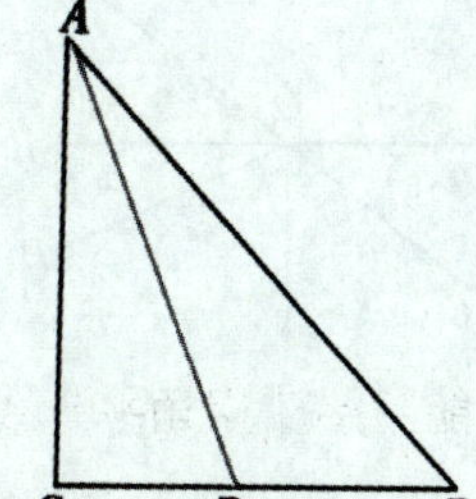

考向2　相交线与平行线的应用

解法突破

①利用对顶角、邻补角的性质确定角的度数；②两直线平行，同位角、内错角相等，同旁内角互补；③利用判定定理确定平面中直线的位置关系等。

真题过招

(2021 江西中数，1 分) 如图，已知 $AD\parallel BC$，$\angle C=30°$，$\angle ADB:\angle BDC=1:2$，那么 $\angle ADB=$ (　　)

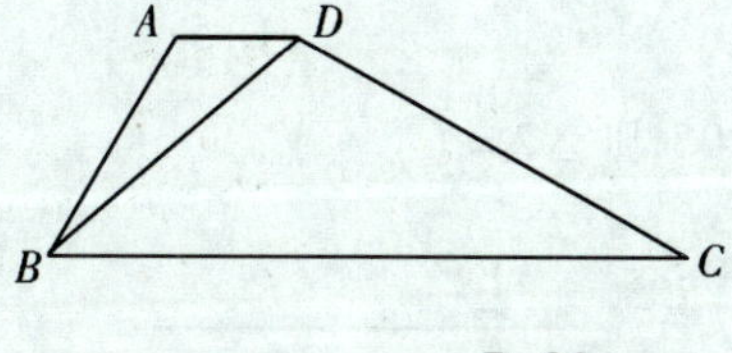

A. 45°　　　　B. 30°

C. 50°　　　　D. 36°

答案解析

C 【解析】$\because \angle ADB:\angle BDC=1:2$，$\therefore \angle BDC=2\angle ADB$，又$\because AD\parallel BC$，$\angle ADB=\angle DBC$，$\angle C=30°$，$\therefore \angle DBC+\angle BDC+\angle C=\angle ADB+2\angle ADB+\angle C=180°$，即 $3\angle ADB+30°=180°$，则 $\angle ADB=50°$。

变式训练

如图所示，直线 AB 和 CD 交于点 O，$OE \perp AB$，垂足为 O，OP 平分 $\angle EOD$，$\angle AOD = 144°$，$\angle BOP =$ ________。

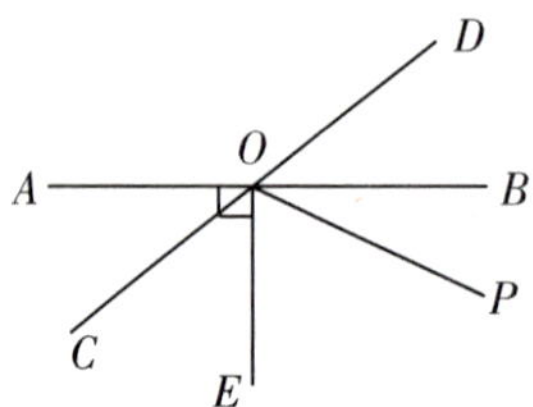

 **必刷好题** 

招教高频基础刷

1. 如图，点 P 在 $\angle ABC$ 的角平分线上，且 $PD \perp BC$ 于点 D，若 $PD = 4$，则 P 到 BA 的距离为（　　）

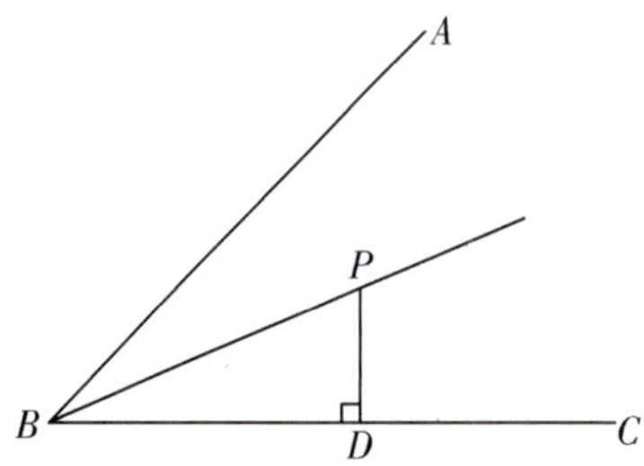

A. 3　　B. 4　　C. 5　　D. 6

2. 如图，若直线 $a // b$，$\angle 1 = 120°$，则 $\angle 2 =$（　　）

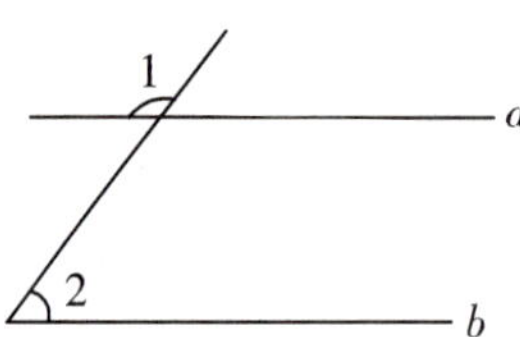

A. 70°　　B. 60°　　C. 50°　　D. 40°

3. 如图，$AB // CD$，$\angle AEC = 40°$，CB 平分 $\angle DCE$，则 $\angle ABC$ 的度数为（　　）

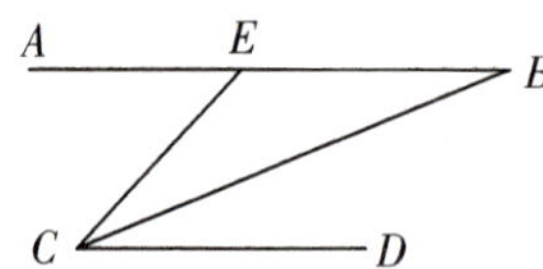

A. 10°　　B. 20°　　C. 30°　　D. 40°

4. 如图,若$\angle BOC:\angle AOC=1:2$,$\angle AOB=60°$,且$OC$在$\angle AOB$的内部,则$\angle AOC=$( )

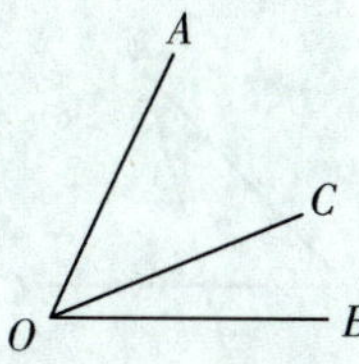

A. 20° B. 60° C. 40° D. 50°

5. 某同学将含有60°角的直角三角板按下图方式摆放在自己的文具上。若$AD/\!/BC$,且$\angle 2=50°$,则$\angle 1=$( )

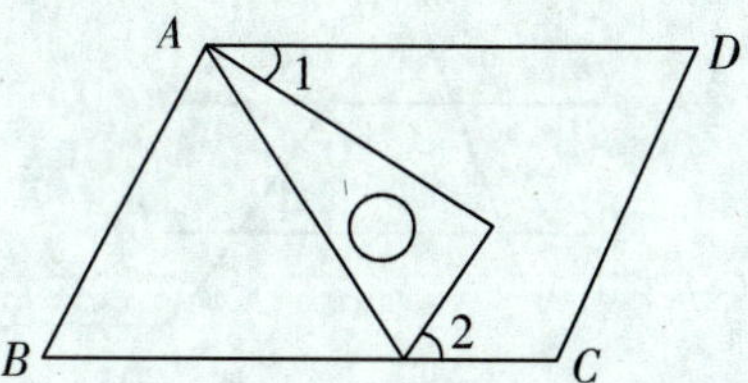

A. 30° B. 40° C. 45° D. 50°

6. 如图,$AB/\!/CD$,$\angle 1=45°$,$\angle 3=80°$,则$\angle 2=$( )

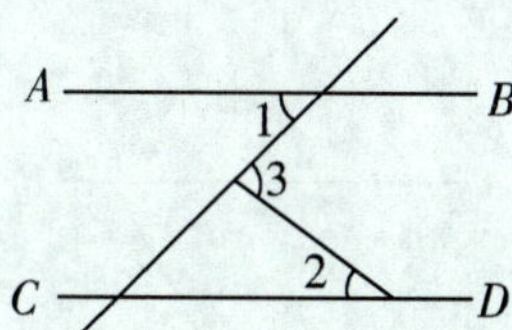

A. 30° B. 35° C. 40° D. 45°

7. 如图,$\angle 1$与$\angle 3$互余,$\angle 3$的余角与$\angle 2$互补,$\angle 4=115°$,则$\angle 3$为( )

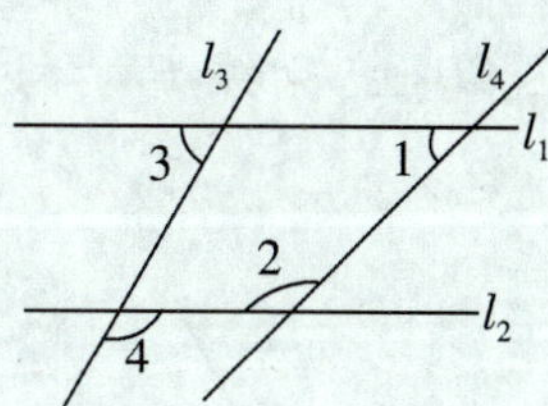

A. 45° B. 50° C. 55° D. 65°

8. 如图,直线AB,CD相交于点O,射线OM平分$\angle AOC$,$ON\perp OM$。若$\angle AOM=35°$,则$\angle CON$的度数为( )

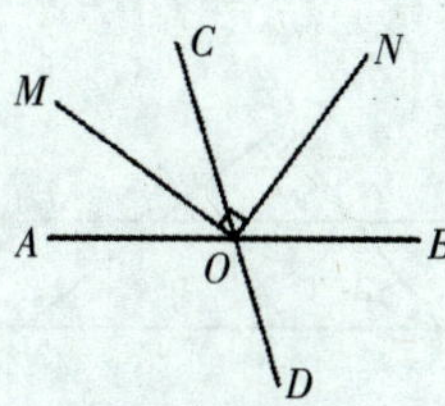

A. 35° B. 45° C. 55° D. 65°

9. 如图，$AB /\!/ CD$，$\angle B=75°$，$\angle E=27°$，则$\angle D$的度数为（　　）

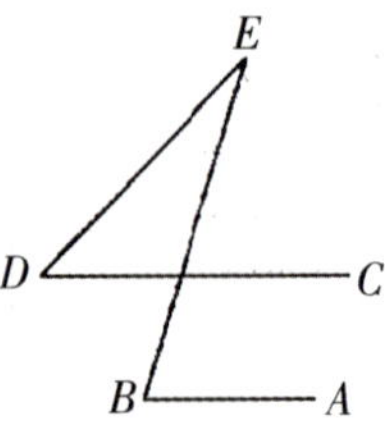

A. 45°　　B. 48°　　C. 50°　　D. 58°

10. 如图，直线 a，b 被直线 c，d 所截，若$\angle 1=\angle 2$，$\angle 3=125°$，则$\angle 4$的度数为（　　）

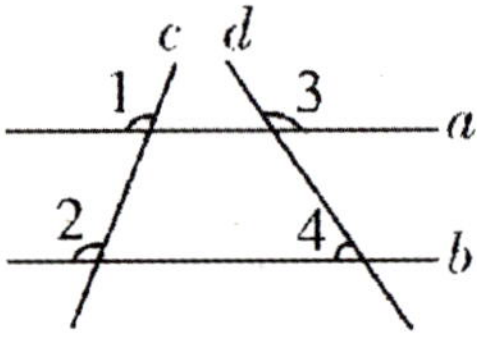

A. 55°　　B. 60°

C. 70°　　D. 75°

11. 如图，已知 $AB /\!/ CD$，点 E 在 CD 上，连结 AE，作 EF 平分$\angle AED$交 AB 于点 F，$\angle AFE=60°$，则$\angle AEC=$________。

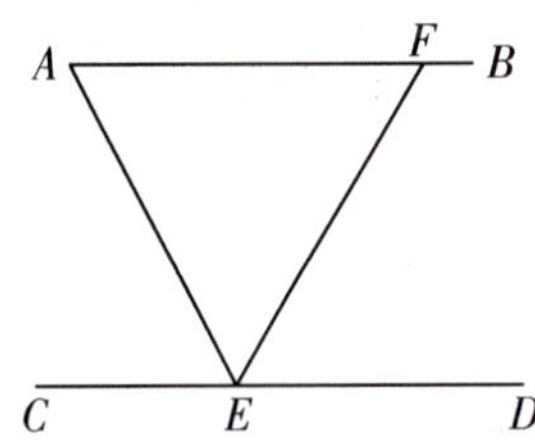

12. 如图，已知 $AB /\!/ CD$，点 E 在 CD 上，射线 EF 经过点 A，$EC=EA$，若$\angle ACE=30°$，则$\angle BAF=$________。

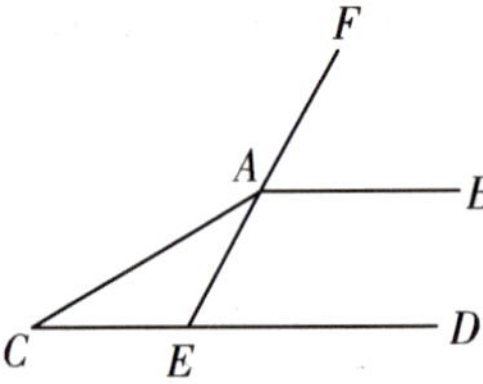

13. 如图，直线 $AB /\!/ CD$，$OA \perp OB$，若$\angle 1=142°$，则$\angle 2=$________度。

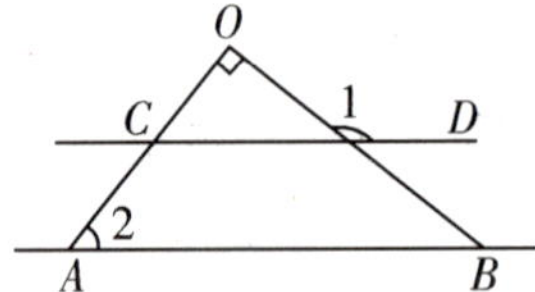

14. 将一副直角三角板 ABC 和 EDF 如图放置（其中$\angle A=60°$，$\angle F=45°$），使点 E 落在 AC 边

上，且 $ED /\!/ BC$，则 $\angle CEF$ 的度数为________。

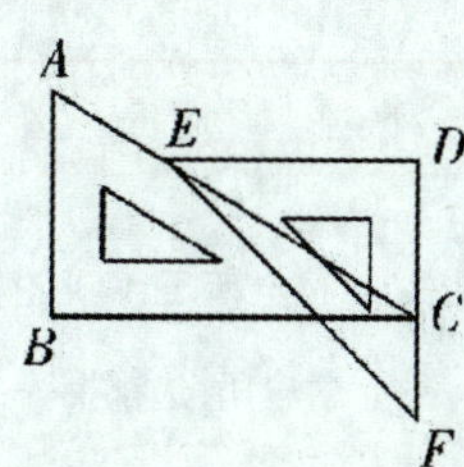

15. 如图，直线 AB，CD 相交于点 O，$EO \perp AB$ 于点 O，$\angle EOD = 50°$，则 $\angle BOC$ 的度数为________。

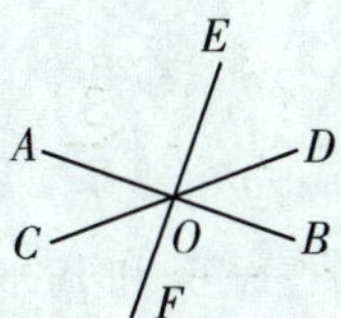

第二节　三角形及其性质

招教核心要点

1. 三角形的重要性质

①三角形中，任意两边之和大于第三边，任意两边之差小于第三边。

②三角形内角和等于 180°，外角和是 360°。

③三角形的任意一个外角等于与其不相邻的两个内角之和。

④等底等高的两个三角形面积相等。

考向分析

三角形及其性质是教师招聘考试中的重点考查内容，且占分值较大，有时单独考查，有时又与其他知识结合考查，解题的关键是掌握其基本概念及性质，并学会与其他知识联合起来进行解题。

2. 三角形的全等与相似

	判定	性质
全等	①如果两个三角形的两边及其夹角分别对应相等，那么这两个三角形全等（SAS）； ②如果两个三角形的两个角及其夹边分别对应相等，那么这两个三角形全等（ASA）； ③如果两个三角形的两个角和其中一个角的对边分别对应相等，那么这两个三角形全等（AAS）； ④如果两个三角形的三条边分别对应相等，那么这两个三角形全等（SSS）； ⑤如果两个直角三角形的斜边和一条直角边分别对应相等，那么这两个直角三角形全等（HL）	①全等三角形的对应角、边都相等； ②全等三角形的对应边上的高、中线、对应角的角平分线都相等； ③全等三角形的面积和周长都相等； ④全等三角形的对应角的三角函数值相等
相似	①两个角分别对应相等的两个三角形相似； ②两边对应成比例且夹角相等的两个三角形相似； ③三边对应成比例的两个三角形相似	①相似三角形的对应角相等，对应边成比例，且对应边之比等于相似比； ②相似三角形的对应高之比，对应角平分线之比，对应中线之比都等于相似比； ③相似三角形的周长之比等于相似比，面积比等于相似比的平方

思想应用

A. 函数与方程思想：利用函数与方程的性质来求面积或周长的最值。

B. 转化与化归思想：利用向量的运算及向量的特征，将一些三角形中的条件转化为向量之间的关系。

C. 分类讨论思想：针对三角形的不同分类，在解答某些问题时，要进行分类讨论，如锐角三角形、直角三角形、钝角三角形，或等腰三角形、等边三角形。

招教考向解读

考向1 三角形的内角与外角

解法突破

三角形的内角和为 180°，外角和为 360°，三角形的任意一个外角等于与它不相邻的两个内角的度数和。

真题过招

1. (2021 江西小数，1 分)一个三角形三个内角度数的比是 1∶1∶2，且最短边长为 12 厘米，则它的面积是(　　)

A. 144 平方厘米　　B. 72 平方厘米

C. 36 平方厘米　　D. 48 平方厘米

答案解析

B 【解析】三角形的内角和为 180°，所以这个三角形三个内角度数分别为 45°，45°，90°，为一个等腰直角三角形，直角边长都为 12 厘米，则这个三角形的面积为 $\frac{1}{2}\times12\times12=72$ 平方厘米。

2. (2021 广东广州天河区，1.47 分)在直角梯形 $ABCD$ 中，E 为 BC 边上的中点，$AE\perp DE$，若 $\angle ADE=38°$，则 $\angle BAE=$(　　)

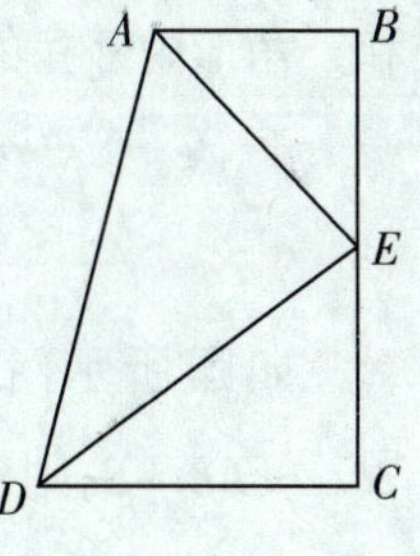

A. 52°　　B. 64°　　C. 70°　　D. 76°

答案解析

A 【解析】$\because AE\perp DE$，$\therefore \angle CED+\angle AEB=\angle CED+\angle CDE=90°$，$\therefore \angle AEB=\angle CDE$，又

$\because \angle B=\angle C=90°$，$\therefore \triangle ABE\backsim\triangle ECD$，$\therefore \dfrac{AE}{DE}=\dfrac{AB}{CE}$，$\because E$ 为 BC 边上的中点，$\therefore BE=CE$，$\therefore \dfrac{AE}{DE}=\dfrac{AB}{BE}$，即 $\dfrac{AE}{AB}=\dfrac{DE}{BE}$，$\therefore \triangle ADE\backsim\triangle AEB$，$\therefore \angle BAE=\angle EAD=90°-\angle ADE=52°$。

变式训练

1. (2021 江西中数，1 分) 在 $\triangle ABC$ 中，角 A,B,C 所对的边分别为 a,b,c，已知 $b=40,c=20$，$\angle C=60°$，则此三角形的解的情况是(　　)

A. 有一解　　　　B. 有两解

C. 无解　　　　D. 有解但解的个数不确定

2. 如图所示，一个直角三角形纸片，剪去直角后，得到一个四边形，那么 $\angle 1+\angle 2=$________。

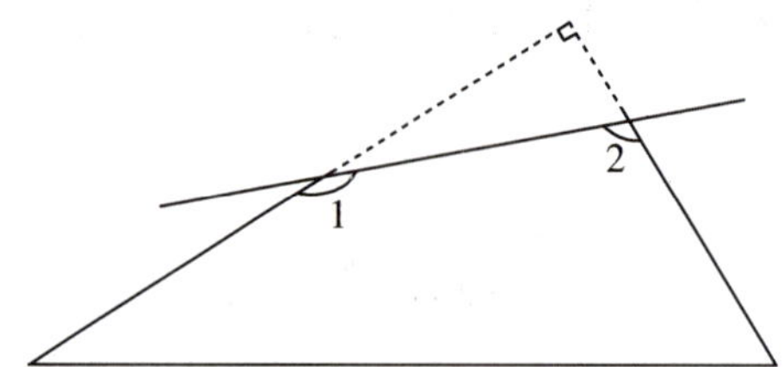

考向 2　三角形中的重要线段

(一) 利用三角形角平分线的性质解决问题

解法突破

熟记三角形三条内角平分线的交点是三角形的内心，三角形的内心到三角形三条边的距离相等，结合这些性质，利用角平分线的性质和三角形内外角的关系，能在做题中打开思路。

真题过招

1. (2021 广东广州天河区，1.47 分) 如图所示，在 $\triangle ABC$ 中，AF 是 $\angle BAC$ 的角平分线，$\angle EAD=\angle C$，且 ED 垂直平分 AC，$\angle B=\alpha$，$\angle FAE=\beta$，则 $\angle FEA=$(　　)

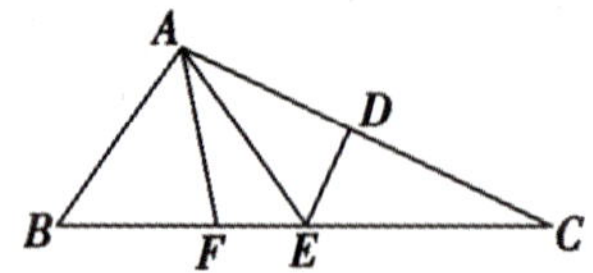

A. $\dfrac{360°-\alpha-2\beta}{3}$　　　　B. $\dfrac{180°-\alpha-\beta}{3}$

C. $\dfrac{360°-2\alpha-4\beta}{3}$　　　　D. $\dfrac{180°-2\alpha+4\beta}{3}$

答案解析

C 【解析】$\because AF$ 是 $\angle BAC$ 的角平分线，$\therefore \angle BAF=\angle FAC$，又$\because \angle EAD=\angle C$，$\therefore \angle B+\angle BAC+\angle C=\angle B+2\angle FAC+\angle C=\angle B+2(\angle FAE+\angle EAD)+\angle C=\angle B+2\angle FAE+3\angle EAD=180°$，则有 $\angle EAD=\dfrac{180°-\alpha-2\beta}{3}$，故 $\angle FEA=\angle EAD+\angle C=2\angle EAD=\dfrac{360°-2\alpha-4\beta}{3}$。

2. (2021 江苏南通小数，2 分) 在 $\triangle ABC$ 中，$AB=13$，$BC=20$，$AC=21$，AD 平分 $\angle BAC$，M，N 分别是 AD，AB 上的动点，则 $BM+MN$ 的最小值是________。

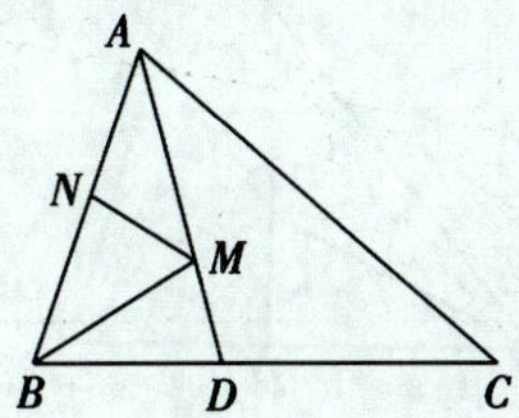

答案解析

12 【解析】作点 N 关于 AD 的对称点 N'，因为 AD 是 $\angle BAC$ 的角平分线，所以点 N' 在线段 AC 上，连结 MN'，BN'，过点 B 作 $BE\perp AC$ 于点 E，易知 $\triangle AMN\cong\triangle AMN'$，进而有 $MN=MN'$，则 $BM+MN=BM+MN'\geqslant BN'\geqslant BE$，即 BE 为 $BM+MN$ 的最小值。设 $AE=x$，则 $CE=21-x$，由勾股定理，得 $BE^2=AB^2-AE^2=BC^2-CE^2$，即 $13^2-x^2=20^2-(21-x)^2$，解得 $x=5$，即 $AE=5$，所以 $BE=\sqrt{AB^2-AE^2}=\sqrt{13^2-5^2}=12$，故 $BM+MN$ 的最小值是 12。

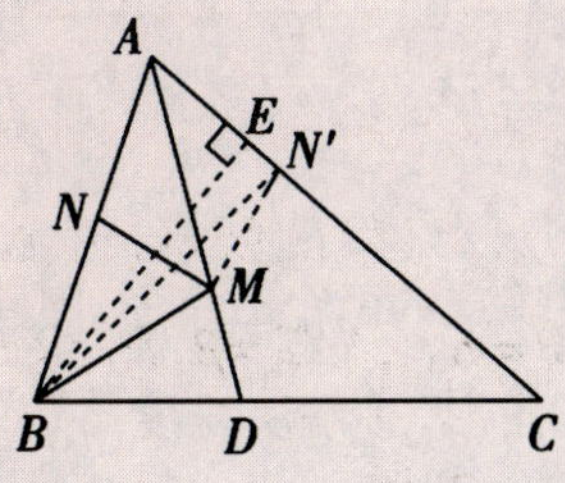

变式训练

1. (2020 湖南长沙天心区小数，1.5 分) 如图，根据尺规作图的痕迹，可用直尺成功找到三角

形内心的是(　　)

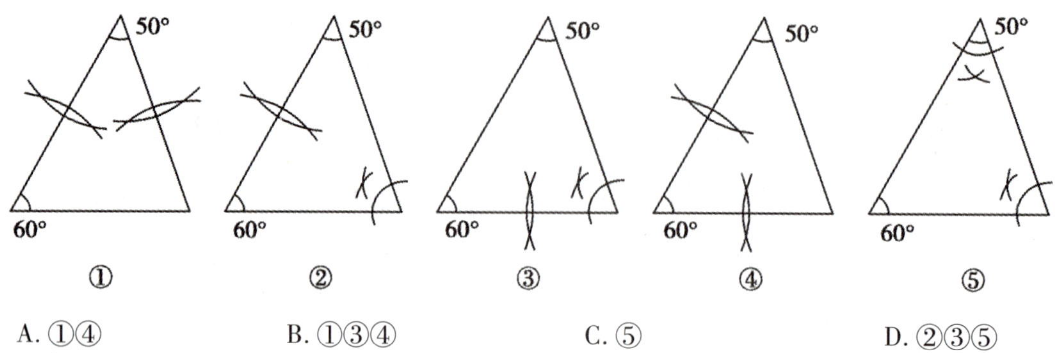

A. ①④　　B. ①③④　　C. ⑤　　D. ②③⑤

2. 如图所示，已知$\triangle ABC$的周长为20，OB和OC分别平分$\angle ABC$和$\angle ACB$，$OD\perp BC$，垂足为D，且$OD=3$，$\triangle ABC$的面积为________。

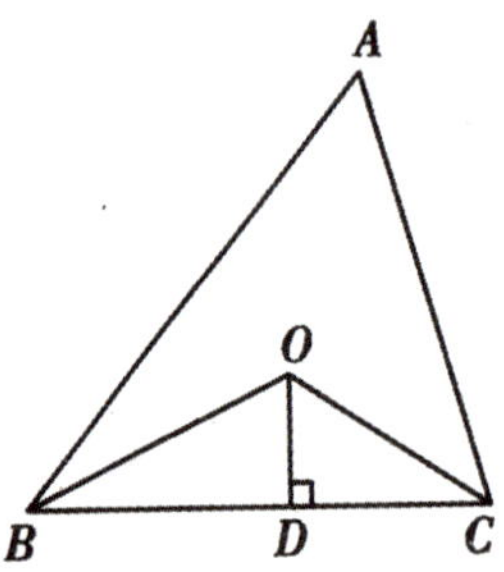

3. (2019 山西运城稷山县，2 分) 如图，$\triangle ABC$的外角平分线CP和内角平分线BP相交于点P，连结PA，若$\angle BPC=40°$，则$\angle CAP=$________。

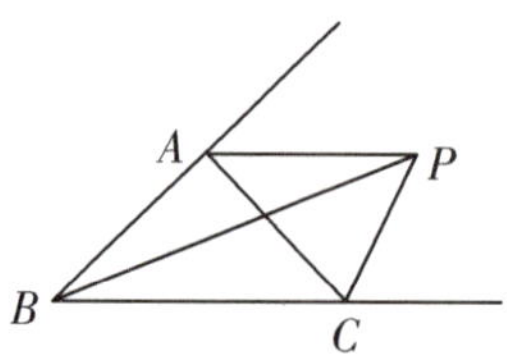

(二) 利用三角形的中线和高的性质解决问题

解法突破

三角线的中线把三角形分为同底等高的两个三角形，因此分得的两个三角形面积相等。

利用三角形的高可以得到直角三角形，可解决角度与边的相关问题，同时三角形的高也是计算三角形面积的重要条件。

真题过招

3. (2021 浙江杭州小数，3 分) 如图所示，在平行四边形$ABCD$中，P为BC的中点，过点P作BD

的平行线交 CD 于点 Q，连结 PA,PD,QA,QB，则图中与$\triangle ABP$ 面积相等的三角形的个数为(　　)

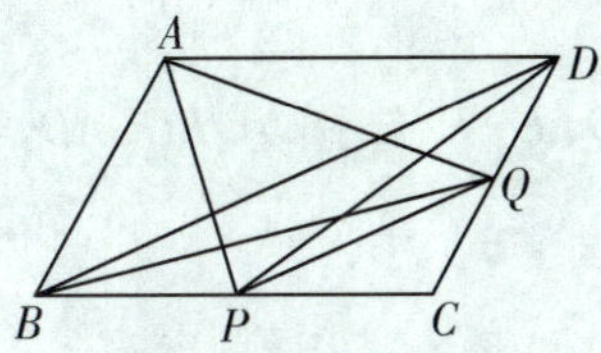

A. 3　　B. 4　　C. 5　　D. 6

答案解析

C 【解析】$\because PQ/\!/BD$，P 为 BC 的中点，$\therefore Q$ 为 CD 的中点，$BP=PC$。$\because$ 四边形 $ABCD$ 是平行四边形，$\therefore AD/\!/BC,AB/\!/CD$，$\therefore$ 点 A 与点 D 到 BC 的距离相等。$\therefore S_{\triangle DBP}=S_{\triangle ABP}=S_{\triangle DPC}=\frac{1}{4}S_{\square ABCD}$。又$\because Q$为 CD 的中点，$\therefore CQ=DQ$，$\therefore S_{\triangle ADQ}=S_{\triangle BCQ}=S_{\triangle DBQ}=\frac{1}{4}S_{\square ABCD}$。综上所述，与$\triangle ABP$ 面积相等的三角形有$\triangle DBP$，$\triangle DPC$，$\triangle ADQ$，$\triangle BCQ$，$\triangle DBQ$，一共有 5 个。

4.（2020 江苏宿迁小数，2 分）如图，在边长为 4 的正方形 $ABCD$ 中，点 P 在 AB 边上从 A 向 B 运动，连结 DP 交 AC 于点 Q，当 $S_{\triangle ADQ}=\frac{1}{6}S_{\text{正方形}ABCD}$时，$AP=$(　　)

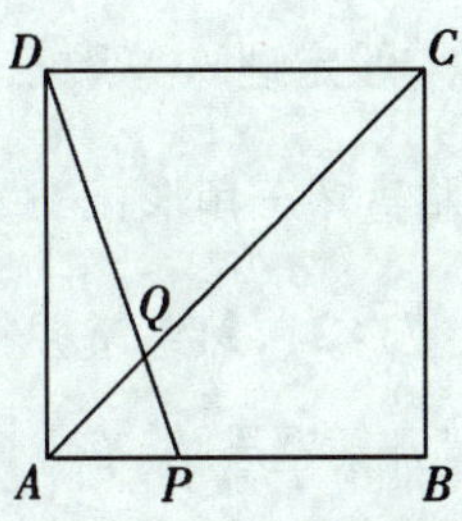

A. 2　　B. $\frac{1}{2}$　　C. $\frac{1}{3}$　　D. 1

答案解析

A 【解析】过点 Q 作 $QE\perp AD$，垂足为 E。$\because$ 正方形$ABCD$的边长为 4，且 $S_{\triangle ADQ}=\frac{1}{6}S_{\text{正方形}ABCD}$，则有$\frac{1}{2}\times 4\cdot EQ=\frac{1}{6}\times 4\times 4$，解得 $EQ=\frac{4}{3}$。$\because \angle DAC=45°$，$\therefore \triangle AEQ$ 为等腰直角三角形，$\therefore AE=EQ=\frac{4}{3}$，$DE=4-\frac{4}{3}=\frac{8}{3}$，$\because EQ\perp AD$，$\angle DAP=90°$，$\therefore EQ/\!/AP$，$\therefore \frac{EQ}{AP}=\frac{DE}{DA}$，即$\frac{\frac{4}{3}}{AP}=\frac{\frac{8}{3}}{4}$，解得$AP=2$。

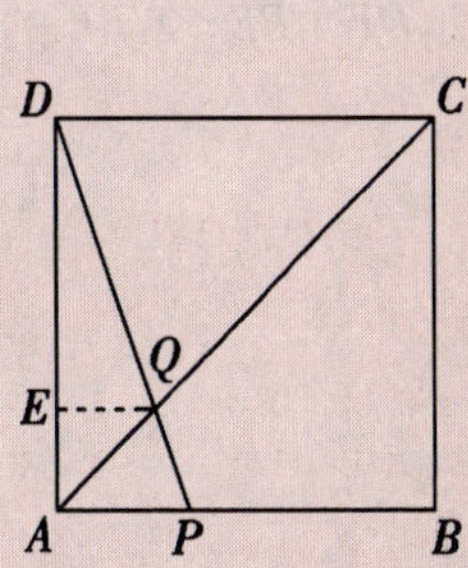

变式训练

4. 如图所示，已知$\triangle ABC$，点 D,E,F 分别为 BC,AD,CE 的中点，且 $S_{\triangle ABC}=4\ \text{cm}^2$，则$S_{阴影}=$______。

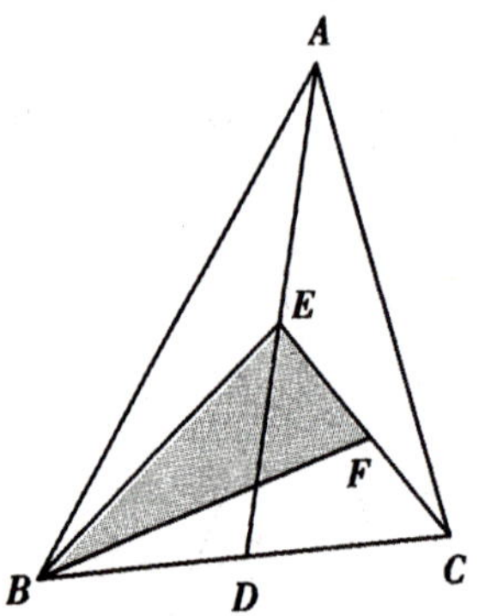

考向3 特殊三角形的性质与判定

解法突破

常见的特殊三角形有：直角三角形（勾股定理），等腰三角形（两边相等，三线合一），等边三角形（三边相等，三内角相等且为60°），等腰直角三角形（三边之比为$1:1:\sqrt{2}$），锐角为60°，30°的直角三角形（短直角边：长直角边：斜边$=1:\sqrt{3}:2$），熟练掌握特殊三角形的性质，能够在解题过程中快速确定边角关系并找到解题突破口，打开解题思路。

真题过招

1. (2021 山西晋中，2 分) 如图，在平行四边形 $ABCD$ 中，$\angle A=120°$，$AD=2AB=4$，E 为 AD 的中点，$DF\perp BE$，交 BE 的延长线于点 F，则 BF 的长为（　　）

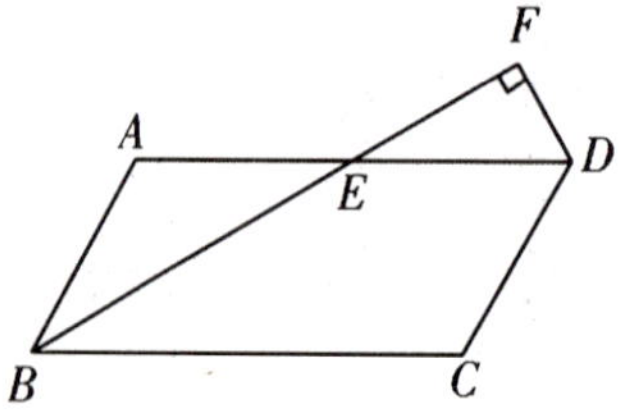

A. $\sqrt{3}$　　B. $2\sqrt{3}$

C. $3\sqrt{3}$　　D. $4\sqrt{3}$

答案解析

C 【解析】在平行四边形 $ABCD$ 中，$\because AD=2AB=4$，E 为 AD 的中点，$\therefore AE=AB=2$，$\therefore \triangle ABE$为等腰三角形，$\because \angle BAE=120°$，$\therefore \angle ABE=\angle AEB=30°$，$\therefore BE=2\cdot AB\cdot \cos30°=2\sqrt{3}$，$\angle FED=30°$，在 $\mathrm{Rt}\triangle EFD$ 中，$DE=2$，$\therefore EF=DE\cdot\cos30°=\sqrt{3}$，故 $BF=BE+EF=3\sqrt{3}$。

2. (2021 安徽小数,8 分)如图，在 $\triangle ABC$ 中，$AD\perp BC$，垂足为 D，$AB+BD=AC+CD$，判断 $\triangle ABC$ 的形状，并说明理由。

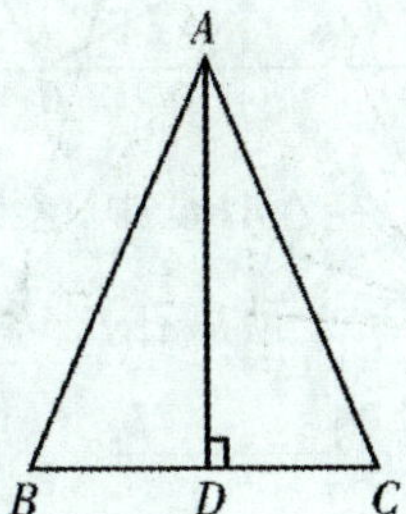

答案解析

【解析】$\triangle ABC$ 是等腰三角形。理由：$AB^2-BD^2=AD^2$，$AC^2-CD^2=AD^2$，$\therefore (AB+BD)(AB-BD)=(AC+CD)(AC-CD)$。$\because AB+BD=AC+CD$①，$\therefore AB-BD=AC-CD$②，由①+②得 $AB=AC$，故 $\triangle ABC$ 是等腰三角形。

变式训练

1. (2021 江西中数,1 分)如图，在一个 20 米高的楼顶上有一信号塔 DC，某同学为了测量信号塔的高度，在地面的 A 处测得信号塔下端 D 的仰角为 30°，然后他朝正对塔的方向前进了 8 米到达地面的 B 处，又测得信号塔顶端 C 的仰角为 45°，$CD\perp AB$ 于点 E，点 E,B,A 在一条直线上，则信号塔 CD 的高度为(　　)米。

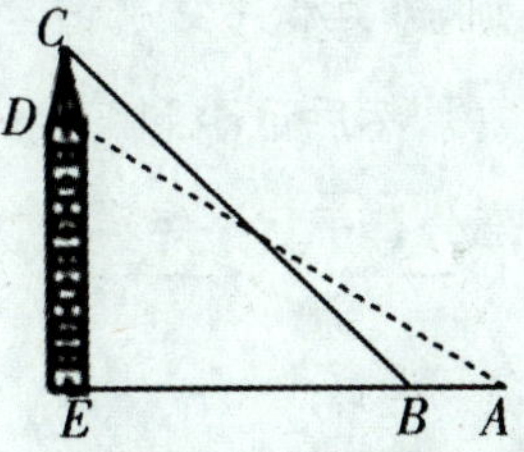

A. $20\sqrt{3}$　　　　B. $20\sqrt{3}-8$

C. $20\sqrt{3}-28$　　　　D. $20\sqrt{3}-20$

2. (2021 江苏南通小数,3 分)已知一个等腰三角形的两条边长分别是方程 $x^2-7x+10=0$ 的

两个根，则该等腰三角形的周长是（　　）

A. 9　　B. 12　　C. 13　　D. 12 或 9

3. (2020 江苏宿迁小数,2 分)一副直角三角板按如图所示的方式放置，点 C 在 FD 的延长线上，$AB /\!/ CF$，$\angle F=\angle ACB=90°$，$\angle E=45°$，$\angle A=60°$。若 $BC=10$，则 $CD=$________。

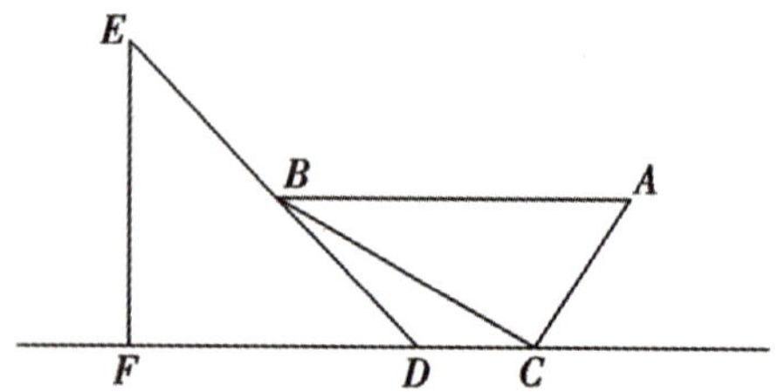

4. (2020 湖南长沙天心区小数,2 分)在 $\triangle ABC$ 中，$\angle A=120°$，$AB=AC$，以 $\triangle ABC$ 三条边中的其中一边为边画等腰三角形，使得它的第三个顶点在 $\triangle ABC$ 的其他边上，如果不包括 $\triangle ABC$，那么还可以画出不同的等腰三角形的个数最多为________。

考向 4 全等三角形的判定与证明

全等三角形的判定与证明

解法突破

(1)全等三角形的性质：全等三角形对应边、角相等。全等三角形的性质常用来确定角之间的数量关系和位置关系以及边之间的数量关系和位置关系。

(2)全等三角形的判定与证明：

五种证明三角形全等的判定定理：边边边(SSS)，边角边(SAS)，角角边(AAS)，角边角(ASA)以及直角三角形相关的斜边直角边定理(HL)。根据已知条件，至少确定三角形中分别有三个元素可用，且其中至少有一个元素为边。

(3)在实际答题的过程中，这些定理可能无法直接运用，就需要作辅助线来构造全等三角形，常见的构造方法有：运用“倍长中线”构造，即延长中线构造全等三角形；截长法，基本思路是将“长线段”截取一段，使之等于其中一个短线段，然后证明剩下的一部分线段等于另一短线段；补短法，基本思路是延长某一短线段，使延长的部分等于另一短线段，从而构造全等三角形。

真题过招

1. (2021 广东广州白云区,10 分)如图，在梯形 $ABCD$ 中，$AD /\!/ BC$，$BD\perp DC$，$BD=DC=2$，过 C 点作 AB 边的垂线，垂足为 E，CE 与 BD 的交点为 F，G 为 BC 边上的一点，且 $BG=\sqrt{2}$，连结 EG，AF。

(1)求 EG 的长；

(2)设$\triangle ABF$的周长为c_1，$\triangle FBC$的周长为c_2，求证：$c_2-c_1=2\sqrt{2}$。

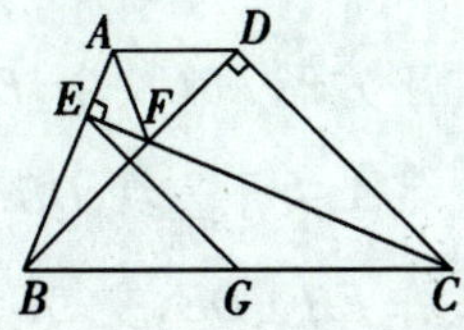

答案解析

【解析】(1)在$\triangle BCD$中，$\because BD\perp DC, BD=DC=2$，$\therefore BC=\sqrt{BD^2+CD^2}=\sqrt{2^2+2^2}=2\sqrt{2}$，又$\because BG=\sqrt{2}$，$\therefore G$为$BC$的中点，$\because CE\perp AB$，$\therefore$在$\text{Rt}\triangle BCE$中，$EG$为$BC$边上的中线，$\therefore EG=\frac{1}{2}BC=\frac{1}{2}\times 2\sqrt{2}=\sqrt{2}$。

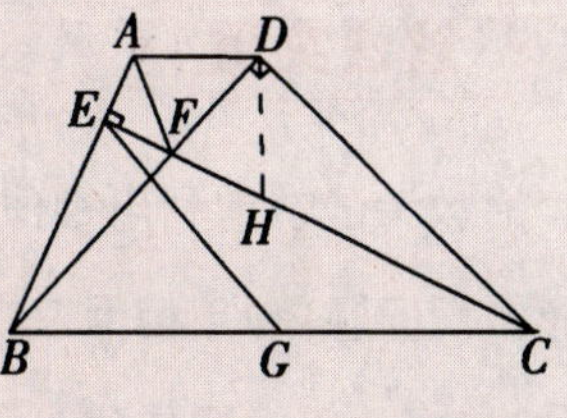

(2)如图，在线段CF上截取$CH=AB$，连结DH。$\because BD\perp CD$，$BE\perp CE$，$\therefore \angle EBF+\angle EFB=90°$，$\angle DFC+\angle DCF=90°$，又$\because \angle EFB=\angle DFC$，$\therefore \angle EBF=\angle DCF$，$\because BD=CD$，$AB=CH$，$\therefore \triangle ABD\cong\triangle HCD$(SAS)，$\therefore AD=DH$，$\angle ADF=\angle HDC$。$\because AD\parallel BC$，$\therefore \angle ADF=\angle DBC=45°$，$\therefore \angle HDC=45°$，$\therefore \angle HDF=\angle FDC-\angle HDC=45°$，$\therefore \angle ADF=\angle HDF$，$\therefore \triangle ADF\cong\triangle HDF$(SAS)，$\therefore AF=HF$，$\therefore CF=CH+HF=AB+AF$。又$\because c_1=AB+AF+BF$，$c_2=CF+BF+BC$，$\therefore c_2-c_1=BC+CF-(AB+AF)=BC=2\sqrt{2}$。

2. (2019湖南耒阳小数，7分)如图，已知E,F是四边形$ABCD$的对角线AC上的两点，$AF=CE$，$DF=BE$，$DF\parallel BE$。

(1)求证：$\triangle AFD\cong\triangle CEB$；

(2)四边形$ABCD$是平行四边形吗？请说明理由。

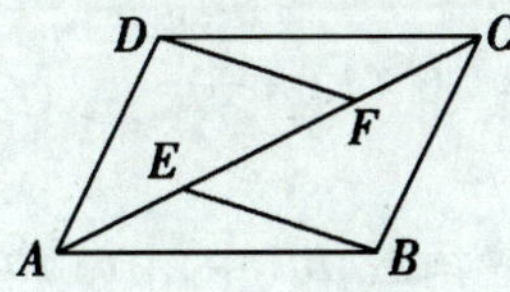

答案解析

【解析】(1)$\because DF\parallel BE$，$\therefore \angle DFA=\angle BEC$，又因为$AF=CE$，$DF=BE$，$\therefore \triangle AFD\cong\triangle CEB$(SAS)。

(2)由(1)知，$\triangle AFD\cong\triangle CEB$，则$\angle DAF=\angle ECB$，$AD=CB$，$\therefore AD$平行且等于$CB$，$\therefore$四边形$ABCD$是平行四边形。

变式训练

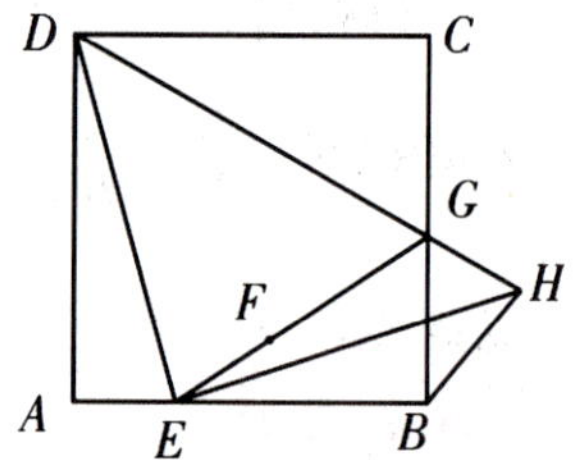

(2022 江苏无锡江阴,8 分)如图,在正方形 $ABCD$ 中,E 是边 AB 上的一动点(不与点 A、B 重合),连结 DE,点 A 关于直线 DE 的对称点为 F,连结 EF 并延长,交 BC 于点 G,过点 E 作 $EH\perp DE$,交 DG 的延长线于点 H,连结 BH。

(1)求证:$GF=GC$;

(2)用等式表示线段 BH 与 AE 的数量关系,并证明。

考向5 相似三角形及其应用

解法突破

招教考试中常利用相似三角形的性质解决这些问题:利用面积比等于相似比的平方解决几何图形面积问题;利用相似三角形的性质求线段的长以及角的大小;利用相似三角形的性质列函数关系式,将几何问题转化为函数问题等。

真题过招

1. (2021 江西小数,1 分)一个直角三角形的两条直角边分别是 4 厘米和 3 厘米,按 1∶4的比例放大后,面积是(　　)平方厘米。

A. 6　　B. 24　　C. 48　　D. 96

答案解析

D 【解析】这个三角形两条直角边按比例放大后的直角边长分别为 $4\times4=16$ 厘米,$3\times4=12$ 厘米,此时这个三角形的面积为 $16\times12\times\frac{1}{2}=96$ 平方厘米。

2. (2021 安徽中数,8 分)如图,在锐角△ABC 中,$AD\perp BC$,垂足为 D,$BC=8$,$AD=6$,点 E,F 在 BC 上,H,G 分别在 AB,AC 上。若四边形 $EFGH$ 是矩形,当它的面积最大时,求 EF 的长。

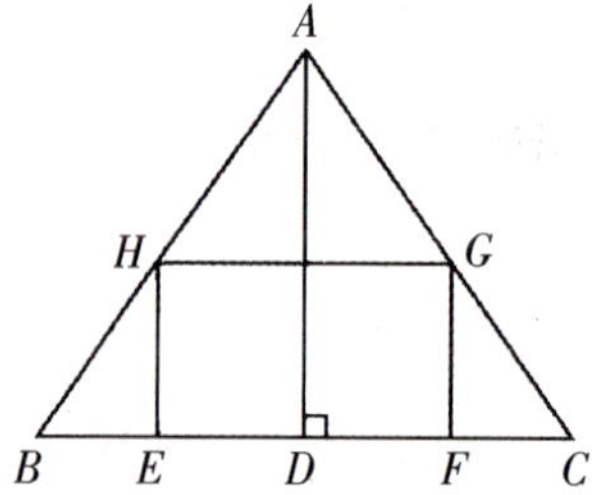

答案解析

【解析】设 AD 交 HG 于点 P。因为四边形 $HGFE$ 是矩形，所以 $HG /\!/ BC$，所以 $\triangle AHG \backsim \triangle ABC$，所以 $\frac{AP}{AD}=\frac{HG}{BC}$，所以 $\frac{AP}{HG}=\frac{AD}{BC}=\frac{6}{8}=\frac{3}{4}$，设 $EF=x$，则 $HG=x, AP=\frac{3}{4}x, PD=6-\frac{3}{4}x$，所以矩形 $HGFE$ 的面积 $=EF\cdot PD=x(6-\frac{3}{4}x)=-\frac{3}{4}x^2+6x=-\frac{3}{4}(x-4)^2+12(0<x<8)$，当 $x=4$ 时，面积最大，此时 $EF=4$。

3. (2022 江苏无锡江阴，10 分) 如图 1，在 $\mathrm{Rt}\triangle ABC$ 中，$\angle ACB=90°, AB=10, BC=6$，点 D, F 分别是边 AC, BC 上的动点，过点 D 作 AB 的垂线，垂足为 E，连结 FD, FE，设 C, D 两点之间的距离为 x，C, F 两点之间的距离为 y。

(1) 当 $DE=4$ 时，求 x 的值；

(2) 如图 2，以 FD, FE 为邻边作平行四边形 $FDGE$，当 $x=3$ 时，是否存在 y，使得平行四边形 $FDGE$ 的顶点 G 恰好落在 $\triangle ABC$ 的边上？若存在，请求出 y 的值；若不存在，请说明理由。

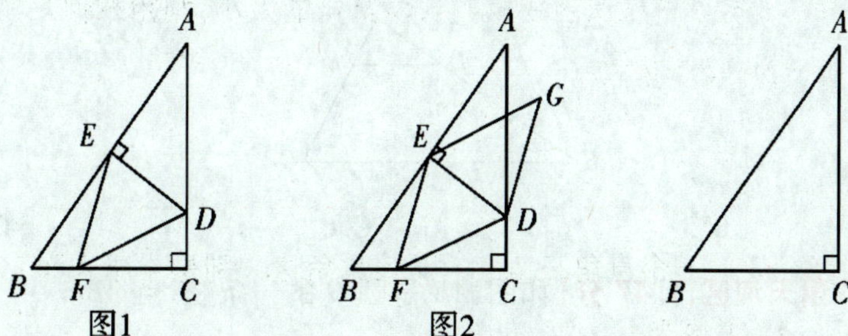

图1 图2

答案解析

【解析】(1) $\because DE\perp AB, AC\perp BC$，$\therefore \angle AED=\angle C=90°$，$\because \angle A=\angle A$，$\therefore \triangle ADE\backsim\triangle ABC$，$\therefore \frac{AD}{AB}=\frac{DE}{BC}$，$\therefore \frac{AD}{10}=\frac{4}{6}$，$\therefore AD=\frac{20}{3}$，在 $\mathrm{Rt}\triangle ABC$ 中，$\because \angle ACB=90°, AB=10, BC=6$，$\therefore AC=\sqrt{AB^2-BC^2}=8$，$\therefore CD=AC-AD=8-\frac{20}{3}=\frac{4}{3}$，则 $x=\frac{4}{3}$。

(2) 存在，理由如下：

①如图 1，G 落在 AC 上，$\because EF /\!/ AC$，$\therefore \triangle EBF\backsim\triangle ABC$，$\therefore \frac{BF}{BE}=\frac{BC}{AB}=\frac{6}{10}=\frac{3}{5}$，设 $BF=3k$，$EB=5k$，$\therefore AE=10-5k$，$\because DC=3$，$\therefore AD=8-3=5$，由 (1) 知 $\triangle ADE\backsim\triangle ABC$，$\therefore \frac{AE}{AD}=\frac{AC}{AB}=\frac{8}{10}$，则 $AE=4$，$\therefore 10-5k=4$，$\therefore k=\frac{6}{5}$，$\therefore BF=\frac{18}{5}$，$\therefore y=CF=\frac{12}{5}$；②如图 2，$G$ 落在 AB 上，$\because DF /\!/ AB$，

$\therefore \triangle DFC \backsim \triangle ABC$，$\therefore \frac{CD}{CA}=\frac{CF}{CB}$，$\therefore \frac{3}{8}=\frac{y}{6}$，$\therefore y=\frac{9}{4}$。综上所述，当 $x=3$ 时，存在 $y=\frac{12}{5}$ 或 $\frac{9}{4}$，使得平行四边形 $FDGE$ 的顶点 G 恰好落在 $\triangle ABC$ 的边上。

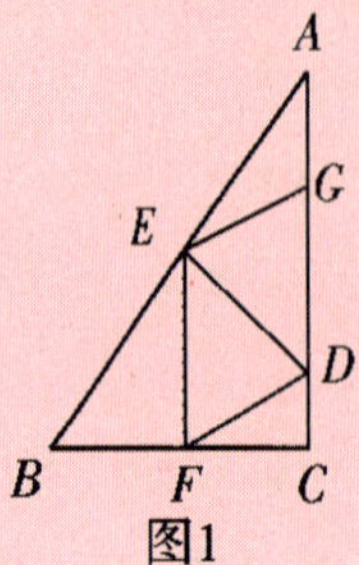

图1

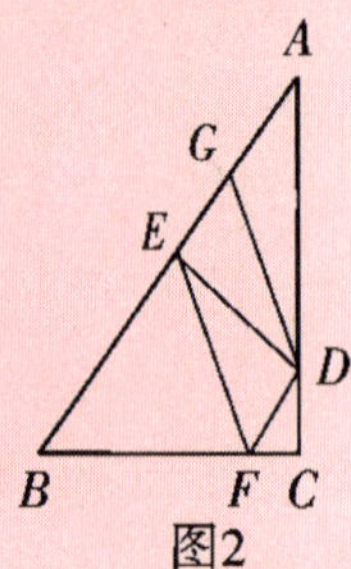

图2

变式训练

1. (2021 江西中数，1 分) 如图，在 $\triangle ABC$ 中，若 $DE \parallel BC$，$AD=3$，$BD=6$，$AE=2$，则 AC 的长为(　　)

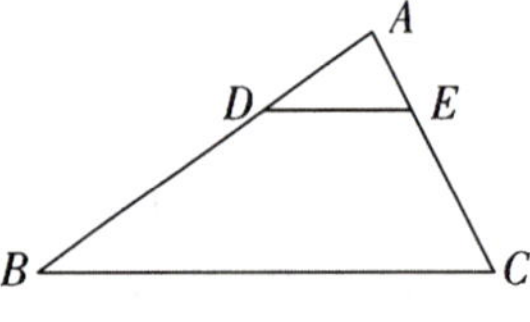

A. 4　　B. 5　　C. 6　　D. 8

2. (2021 广东广州天河区，1.47 分) 如图，AB 是圆 O 的一条弦，且 $AB=2$，点 C 是圆 O 上的一个动点，且 $\angle ACB=45°$，D，E 分别是 AB，BC 上的点，且 $DE \parallel AC$，$\frac{S_{\triangle BDE}}{S_{\triangle BAC}}=\frac{1}{4}$，则 DE 的最大值为(　　)

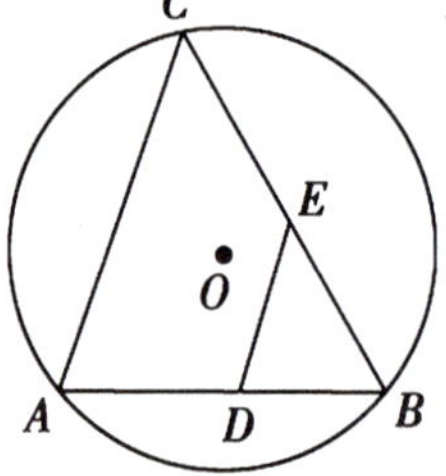

A. 2　　B. $\frac{4}{3}$

C. $\sqrt{2}$　　D. 1

3. (2021 山东临沂，1.8 分) 如图，四边形 $ABCD$ 内接于 $\odot O$，AB 为直径，D 为圆上一点且 $AD=CD$，过点 D 作 $DE \perp AB$ 于点 E，连结 AC 交 DE 于点 F，若 $\sin\angle CBA=\frac{4}{5}$，$AF=10$，则 BC 的长为(　　)

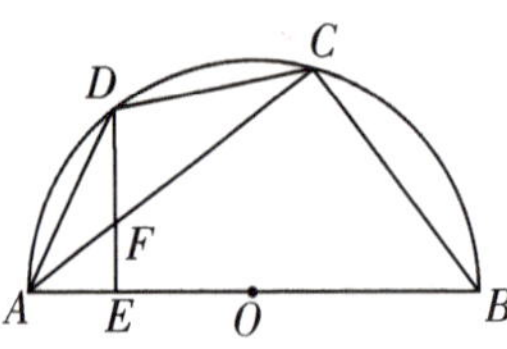

A. 16　　B. 20　　C. 32　　D. 24

4. (2022 江苏南京,3 分)如图,在$\triangle ABC$中,$\angle ACB=90°$,$AC=6$,$BC=8$,AD为$\angle CAB$的角平分线,E为线段AD上一点,过点E作$EF\perp AD$交AB于点F,连结CE,DF,则$\frac{CE}{DF}$的值为(　　)

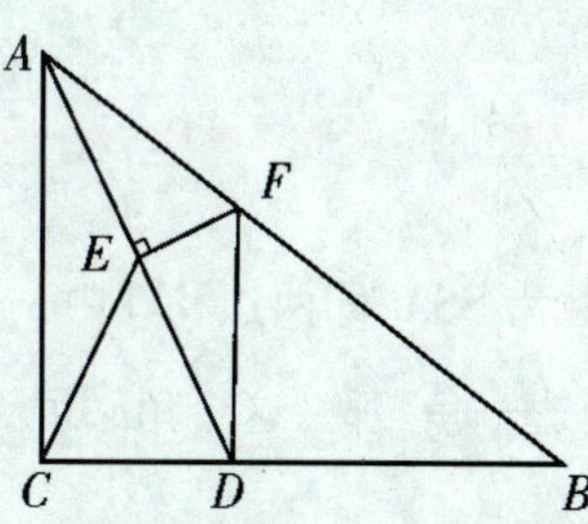

A. $\frac{3}{4}$　　B. $\frac{4}{5}$　　C. $\frac{\sqrt{3}}{2}$　　D. $\frac{2\sqrt{5}}{5}$

5. (2020 安徽中数,8 分)如图,在$\triangle ABC$中,点D在BC边上,$AE\parallel BC$,BE与AD,AC分别相交于点F,G,且$AF^2=FG\cdot EF$,求证:$\frac{GD}{BA}=\frac{CG}{CB}$。

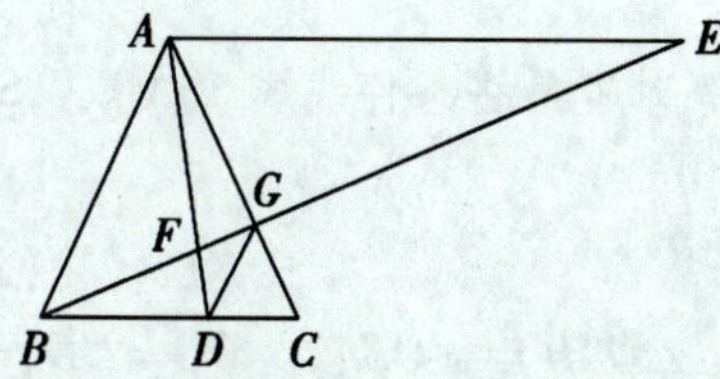

6. (2020 福建小数统考,10 分)四边形$ABCD$内接于圆O,AC是圆O的直径且平分$\angle BAD$,过点C作圆O的切线,分别与AB,AD的延长线交于点E,F,P为AD,BC延长线的交点。

(1)求证:$CE=CF$;

(2)求证:$PF\cdot AC=PC\cdot CE$;

(3)若$\tan\angle BAC=\frac{1}{2}$,求$\frac{PF}{PA}$的值。

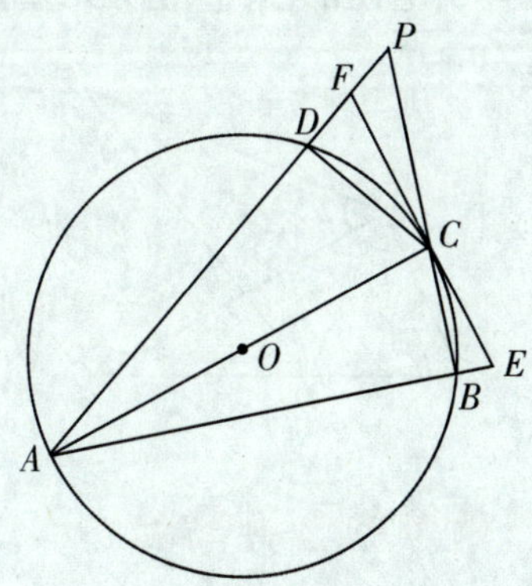

招教易错突破

易错点1 证明全等三角形时条件判断错误

在证明全等三角形时易将条件找为 SSA，即两边和其中一边的对角对应相等，这个条件是无法证明两个三角形全等的，若条件为两边一角，那么这个角必须为两边的夹角。

如图，$OA=OB$，$OC=OD$，求证：$\triangle ABC\cong\triangle BAD$。

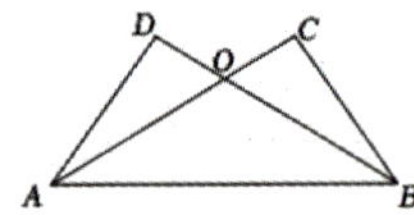

【错因分析】在证明三角形全等时容易将条件找成 SSA 或 ASS。

答案解析

【解析】证明：$\because OA=OB$，$\therefore \angle OAB=\angle OBA$，$\because OC=OD$，$\therefore OA+OC=OB+OD$，即 $AC=BD$，在$\triangle ABC$和$\triangle BAD$中，$\begin{cases}AB=BA,\\ \angle BAC=\angle ABD,\\ AC=BD,\end{cases}$ $\therefore \triangle ABC\cong\triangle BAD(\text{SAS})$。

变式训练

1. 如图，$AB=AD$，$\angle 1=\angle 2$，DA平分$\angle BDE$，求证：$\triangle ABC\cong\triangle ADE$。

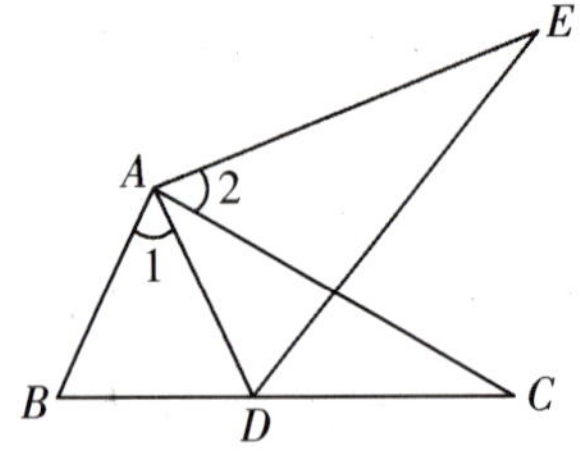

易错点2 忽略等腰三角形的多种情况

在只给出两条边长的等腰三角形中，解题时注意对腰和底边分别进行讨论，避免漏解，同时注意多解是否满足三角形“任意两边之和大于第三边”以及“任意两边之差小于第三边”的长度关系。

典例

（判断）若等腰三角形的周长是26 cm，一边长为11 cm，则腰长为11 cm。(　　)

【错因分析】在解题时不仅需要对腰和底边进行讨论，同时还要注意多解是否满足三角形的“任意两边之和大于第三边”以及“任意两边之差小于第三边”的长度关系。

答案解析

× **【解析】**当腰长为11 cm时，底边为$26-11-11=4$ cm，因为$11+4>11$，所以能构成三角形；当底边为11 cm时，腰长为$(26-11)\div2=7.5$ cm，因为$7.5+7.5>11$，所以能构成三角形。故腰长为11 cm或7.5 cm。

变式训练

（判断）2. 长为2 cm，4 cm，5 cm，7 cm的四根木条，任选其中三根组成三角形，则能组成2个不同的三角形。(　　)

招教高频基础刷

1. 如图，在$\triangle ABC$中，$\angle B=55°$，$\angle C=63°$，$DE/\!/AB$，则$\angle DEC=$(　　)

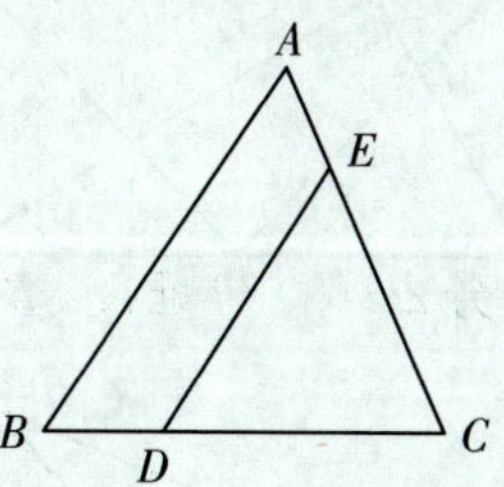

A. 63°　　B. 62°　　C. 55°　　D. 118°

2. 如图所示，$AB=BC=CD=DE=1$，$AB\perp BC$，$AC\perp CD$，$AD\perp DE$，则$AE=$(　　)

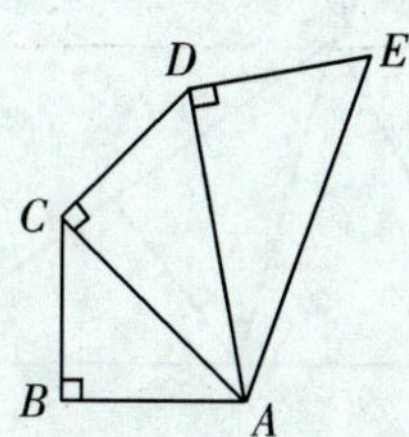

A. 1　　B. 2　　C. 3　　D. 4

3. 如图,在 Rt$\triangle ABC$ 中,$\angle A=30°$,$BC=1$,点 D,E 分别为直角边 BC,AC 的中点,则 DE 的长为(　　)

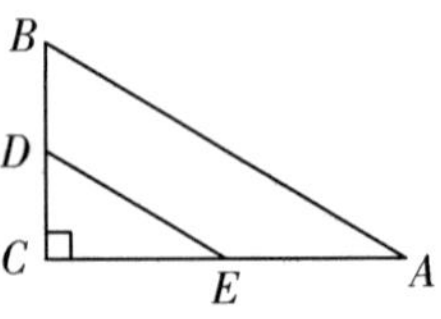

A. 1　　B. 2

C. $\sqrt{3}$　　D. $1+\sqrt{3}$

4. 如图,一块三角形的玻璃碎成 3 块(图中所标 1,2,3),小明准备去玻璃店,购买形状相同、大小相等的新玻璃,那么小明应该带这三块玻璃中的第(　　)块。

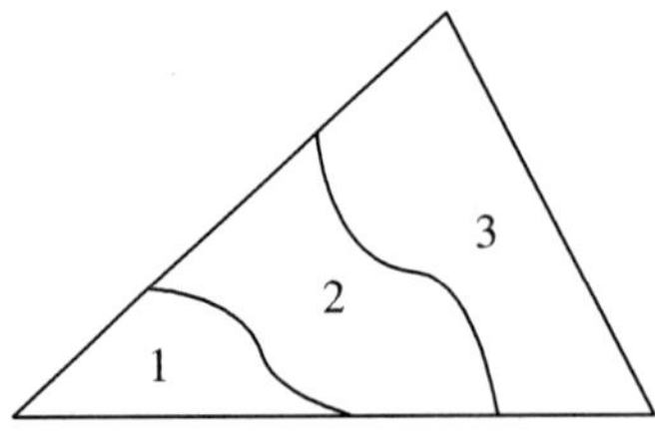

A. 1　　B. 2

C. 3　　D. 无法确定

5. 两个直角三角形如图摆放,其中 $\angle BAC=\angle EDF=90°$,$\angle E=45°$,$\angle C=30°$,$AB$ 与 DF 交于点 M,若 $BC\parallel EF$,则 $\angle BMD$ 的大小为(　　)

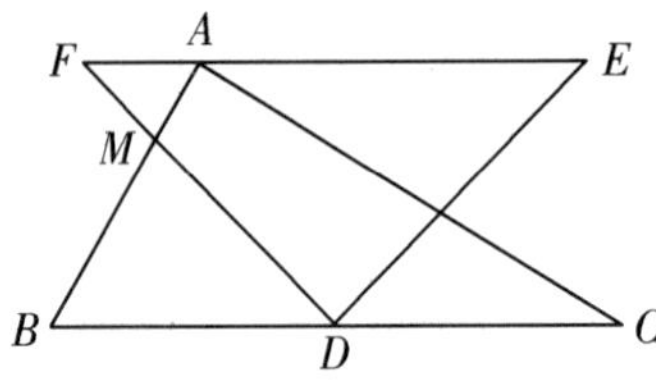

A. 60°　　B. 67.5°　　C. 75°　　D. 82.5°

6. 如图,在 $\triangle ABC$ 中,$\angle A=70°$,$\angle C=30°$,BD 平分 $\angle ABC$ 交 AC 于点 D,$DE\parallel AB$,交 BC 于点 E,则 $\angle BDE$ 的度数是(　　)

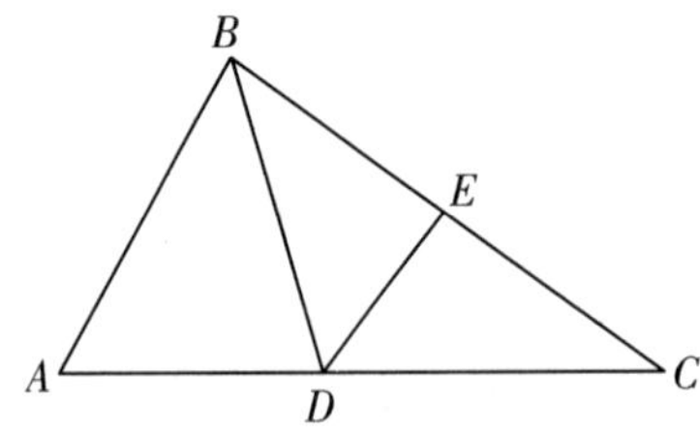

A. 30°　　B. 40°　　C. 50°　　D. 60°

7. 如图,在$\triangle ABC$中,AD是$\angle BAC$的角平分线,$EF // AD$,交AB于F,交CA的延长线于G,下列说法正确的是(　　)

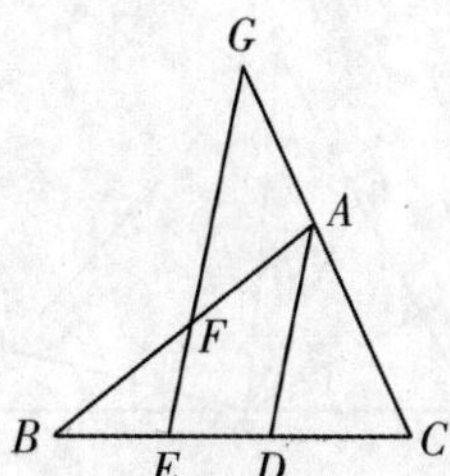

A. $\triangle ABD$是等腰三角形　　B. $\triangle AGF$是等腰三角形

C. $\triangle BEF$是等腰三角形　　D. $\triangle ADC$是等腰三角形

8. 如图,在四边形$ABCD$中,$\angle B=90°$,$AB=4$,$BC=3$,$CD=13$,$AD=12$,则四边形$ABCD$的面积为(　　)

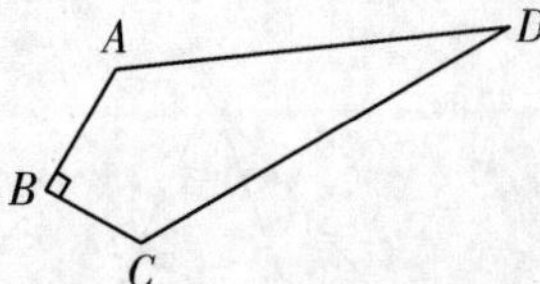

A. 12　　B. 24　　C. 36　　D. 48

9. 如图,$\triangle ABC$与$\triangle BDE$都是等边三角形,点D在AC边上(不与点A,C重合),DE与AB相交于点F,则下列结论不正确的是(　　)

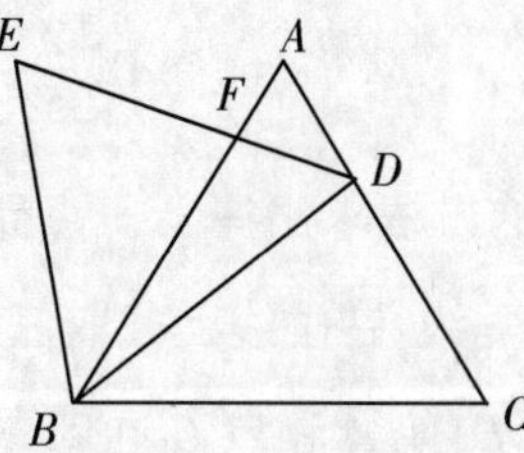

A. $\triangle BCD \backsim \triangle BEF$　　B. $\triangle BCD \backsim \triangle DAF$

C. $\triangle BDF \backsim \triangle BAD$　　D. $\triangle BCD \backsim \triangle BDE$

10. 如图,在$\triangle ABC$中,BD平分$\angle ABC$,CD平分$\angle ACB$,$\angle A=50°$,则$\angle BDC=$(　　)

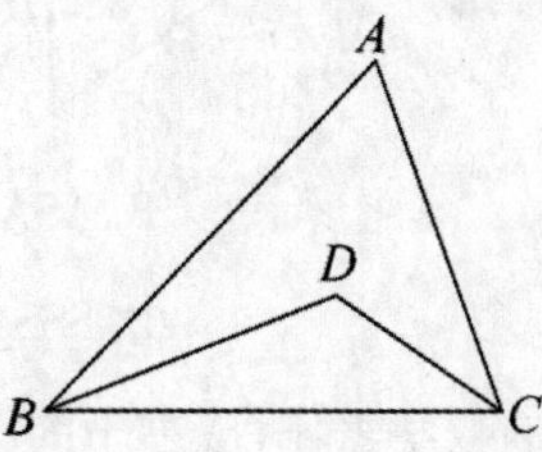

A. 100°　　B. 115°　　C. 125°　　D. 120°

11. (2016 江西,1 分) 如图,AD 是 $\triangle ABC$ 的角平分线,$DF \perp AB$,垂足为 F,$DE = DG$,$\triangle ADG$ 和 $\triangle AED$ 的面积分别为 50 和 38,则 $\triangle EDF$ 的面积为(　　)

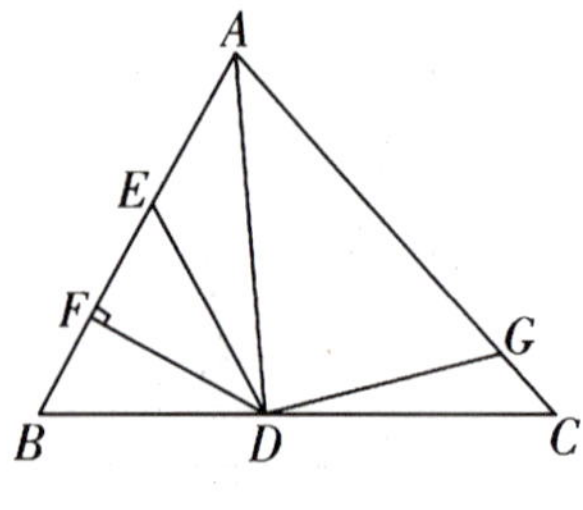

A. 12　　B. 8

C. 6　　D. 4

12. 如图所示,在 $\triangle ABC$ 中,D 是 AC 的中点,E 是 BD 的中点,AE 交 BC 于点 F,则 $\frac{BF}{FC}$ 的值等于(　　)

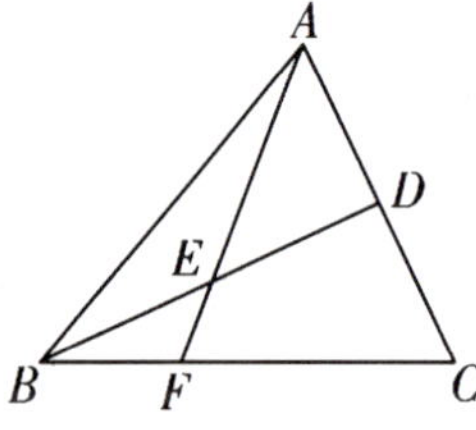

A. $\frac{1}{2}$　　B. $\frac{1}{3}$

C. $\frac{1}{4}$　　D. $\frac{2}{5}$

13. 相传泰勒斯利用三角形全等的方法求出岸上一点到海中一艘船的距离。如图,B 是观察点,船 A 在 B 的正前方,过 B 作 AB 的垂线,在垂线上截取任意长 BD,C 是 BD 的中点,观察者从点 D 沿垂直于 BD 的 DE 方向走,直到点 E、船 A 和点 C 在同一条直线上,那么 $\triangle ABC \cong \triangle EDC$,从而量出 DE 的距离即为船离岸的距离 AB,这里判定 $\triangle ABC \cong \triangle EDC$ 的方法是(　　)

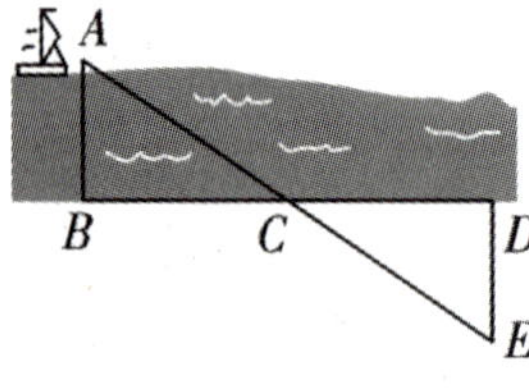

A. SAS　　B. ASA

C. AAS　　D. SSS

14.《孙子算经》是中国古代重要的数学著作,成书于约一千五百年前,其中有首歌谣:今有竿不知其长,量得影长一丈五尺,立一标杆,长一尺五寸,影长五寸,问竿长几何?意即:有一根竹竿

不知道有多长，量出它在太阳下的影子长一丈五尺，同时立一根一尺五寸的小标杆，它的影长五寸（提示：1 丈 = 10 尺，1 尺 = 10 寸），则竹竿的长为（　　）

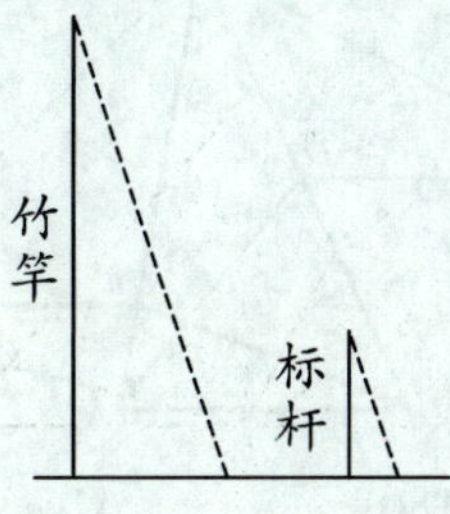

A. 五丈　　　　　　　　　　　　B. 四丈五尺

C. 一丈　　　　　　　　　　　　D. 五尺

15. 在$\triangle ABC$中，$DE \parallel BC$，DE分别交AB，AC于点D，E，已知$AB = 6$，$AD = 2$，$EC = 3$，则$AE =$________。

16. 将一副直角三角板如图放置，使含30°角的三角板的短直角边和含45°角的三角板的一条直角边重合，则∠1 的度数为________。

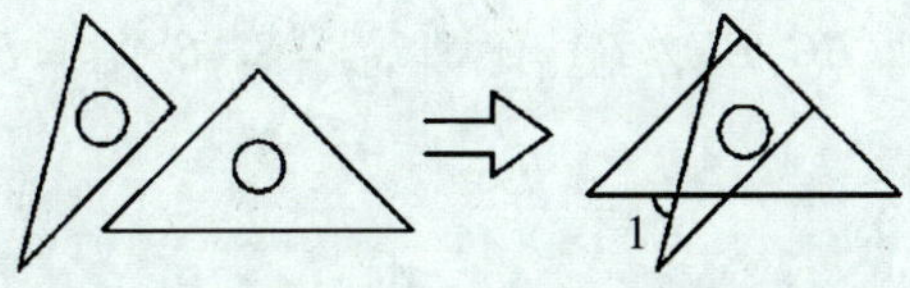

17. 如图，在四边形$ABCD$中，$\angle A = 90°$，$AD = 4$，连结BD，$BD \perp CD$，$\angle ADB = \angle C$。若P是BC边上一动点，则DP长的最小值为________。

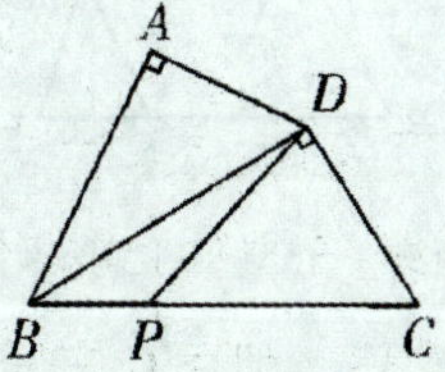

18. 如图，$\triangle ABC$中，点D，E分别在边AB，BC上，$DE \parallel AC$。若$BD = 4$，$DA = 2$，$BE = 3$，则$EC =$________。

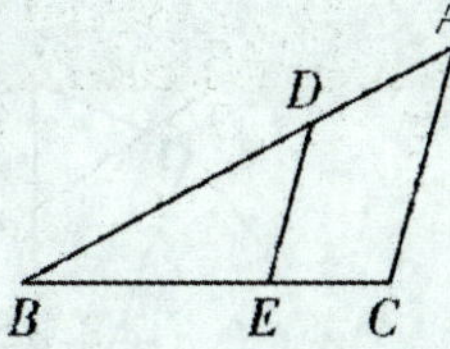

招教易错能力刷

1. 如图，锐角三角形ABC中，D，E分别是AB，AC边上的点，$\triangle ADC \cong \triangle ADC'$，$\triangle AEB \cong \triangle AEB'$，

且 $C'D \parallel EB' \parallel BC$，$BE$，$CD$ 交于点 F，若 $\angle BAC = a$，$\angle BFC = b$，则（　　）

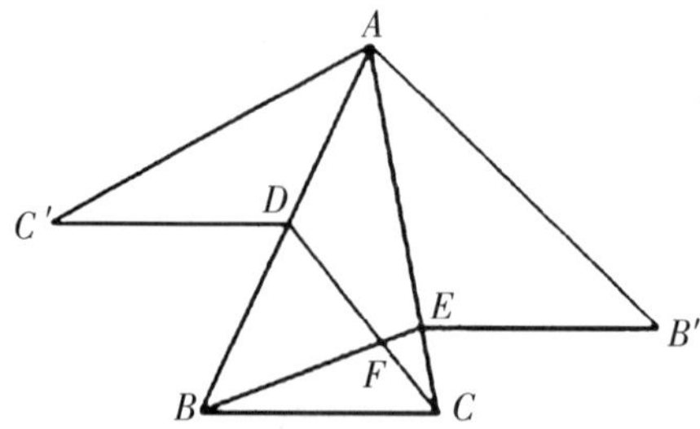

A. $2a + b = 180°$　　B. $2b - a = 180°$　　C. $a + b = 150°$　　D. $b - a = 60°$

2. 如图，在平行四边形 $ABCD$ 中，点 E，F 是 BC 的三等分点，则 $EP:PQ:DQ=$（　　）

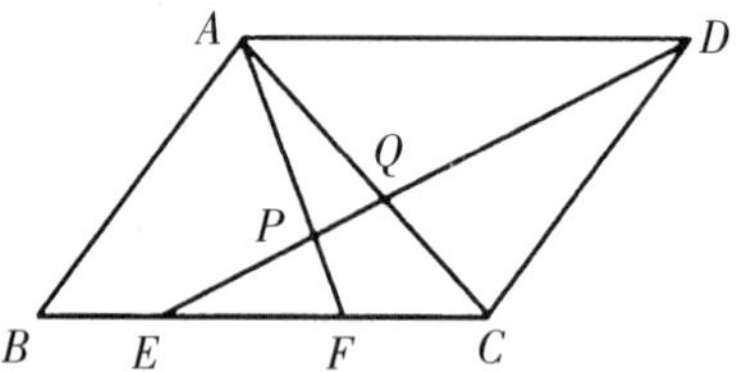

A. 1∶1∶2　　B. 3∶2∶5　　C. 5∶3∶12　　D. 4∶3∶9

3. 如图，在△ABC 中，$DE \parallel BC$，$EF \parallel BA$，记 $S_{\triangle ADE} = S_1$，$S_{\triangle CEF} = S_2$，$S_{四边形BDEF} = S_3$，则下列关于 S_1，S_2，S_3 的关系式正确的是（　　）

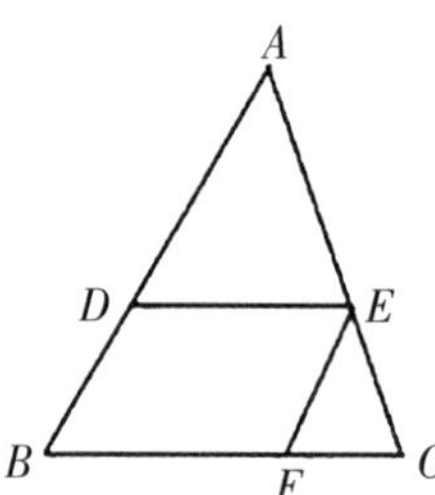

A. $S_3 = S_1 + S_2$　　B. $S_3 = 2\sqrt{S_1 S_2}$

C. $S_3 = \sqrt{S_1 S_2}$　　D. $\sqrt{S_3} = \sqrt{S_1} + \sqrt{S_2}$

4. 如图，四边形 $ABCD$ 中，$AB = BC$，$\angle ABC = 90°$，$CD \perp BD$，过点 A 作 $AE \perp BD$，垂足为 E，若 $CD = 3$，$DE = 4$，则四边形 $ABCD$ 的面积为（　　）

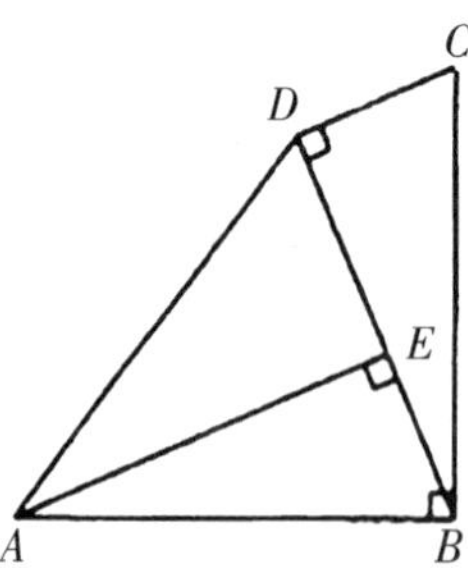

A. 15　　B. 20　　C. 35　　D. 70

5. 如图，已知 $\triangle ABC$ 的面积是 16，BP 平分 $\angle ABC$，且 $AD \perp BP$ 于点 P，则 $\triangle CBP$ 的面积是(　　)

A. 4　　B. 6　　C. 8　　D. 12

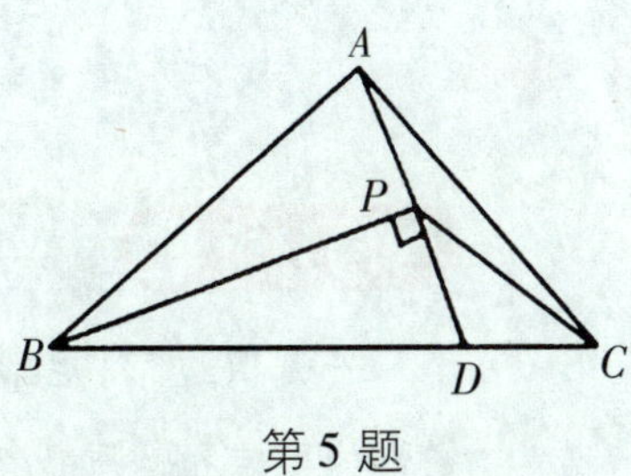

第 5 题

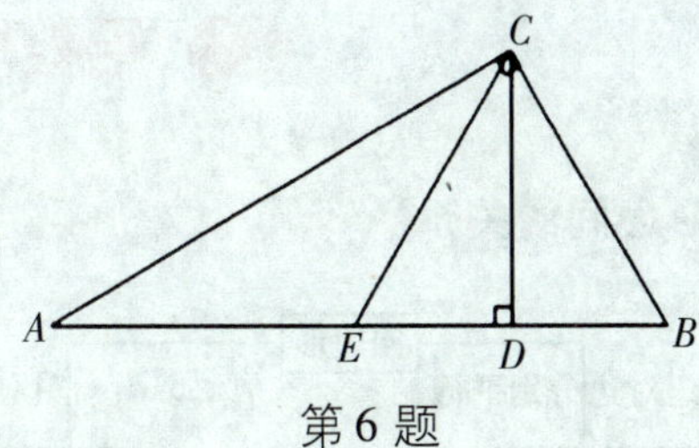

第 6 题

6. 如图，在 $\mathrm{Rt}\triangle ABC$ 中，$\angle ACB = 90°$，$\angle A = 30°$，$AB = 4$，$CD \perp AB$ 于点 D，E 是 AB 的中点，则 DE 的长为(　　)

A. 1　　B. 2　　C. 3　　D. 4

7. 如图，在 $\triangle ABC$ 中，点 D，E 分别在 AB，AC 边上，$DE /\!/ BC$，$\angle ACD = \angle B$，若 $AD = 2BD$，$BC = 6$，则线段 CD 的长为(　　)

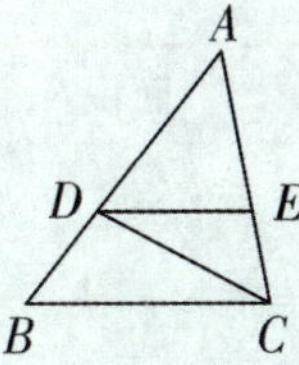

A. $2\sqrt{3}$　　B. $3\sqrt{2}$　　C. $2\sqrt{6}$　　D. 5

8. 如图，两个大小不同的三角板放在同一平面内，直角顶点重合于点 C，点 D 在 AB 上，$\angle BAC = \angle DEC = 30°$，$AC$ 与 DE 交于点 F，连结 AE，若 $BD = 1$，$AD = 5$，则 $\dfrac{CF}{EF} =$ ________。

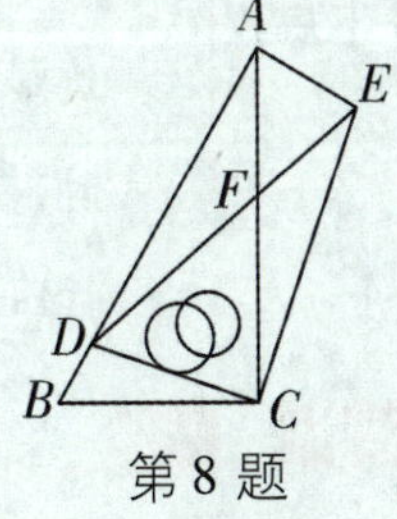

第 8 题

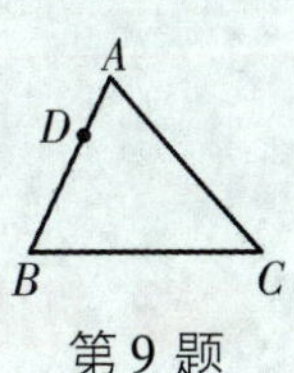

第 9 题

9. 如图，在 $\triangle ABC$ 中，$AB = 6$ cm，$AC = 8$ cm，D 是 AB 上一点且 $AD = 2$ cm，点 E 在边 AC 上，当 $AE =$ ________ cm 时，使得 $\triangle ADE$ 与 $\triangle ABC$ 相似。

第三节 平行四边形与多边形

招教核心要点

1. 四边形之间的关系

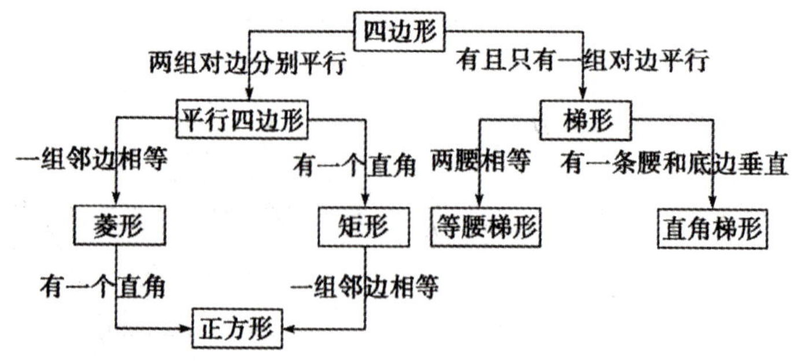

2. 周长与面积的计算

图形	周长	面积
平行四边形	$C=2(a+b)$（a,b 为两邻边长）	$S=$底×高
菱形	$C=4a$（a 为边长）	$S=$底×高或 $S=$对角线乘积的一半
矩形	$C=2(a+b)$（a,b 为两邻边长）	$S=$长×宽
正方形	$C=4a$（a 为边长）	$S=$边长×边长
梯形	$C=$四条边长之和	$S=$（上底＋下底）×高÷2

考向分析

平行四边形、矩形、正方形、梯形的判定和性质是教师招聘考试中的重点考查内容，有时单独考查，有时会与三角形、立体几何、解析几何或函数问题结合考查，考生除了要牢记基本概念和性质外，还要掌握与其他知识结合来解题的方法。

思想应用

A. 转化与化归思想：利用向量的运算及向量的性质，将一些平行四边形、矩形或菱形中的条件转化为向量之间的关系。

B. 分类讨论思想：针对平行四边形的不同分类，在解答某些问题时，要进行分类讨论，如普通的平行四边形、正方形、菱形或长方形。

招教考向解读

考向1 与平行四边形有关的证明与计算

解法突破

（1）利用“等积法”解决问题：以不同的底为边，对应的高也不同，但是面积为定值，从而确定不

同的底上的高的数量关系。

(2)在平面几何的综合问题乃至空间几何的综合问题中，解题时往往都会先判定一个四边形是不是平行四边形，再利用平行四边形的性质解决角、边的数量关系和位置关系，熟练运用平行四边形的判定定理是解题的重要基础。

(3)利用平行四边形的性质可得到相等的边或相等的角，借由这些边角关系证明三角形全等或相似，利用它们的性质能够找出更多的隐藏条件。

真题过招

(2021 江苏南通，3 分)如图，点 E 是平行四边形 $ABCD$ 的 AD 边上的一点，CE 与 BA 的延长线交于点 F，则下列比例式：①$\frac{FB}{CD}=\frac{FC}{CE}$；②$\frac{AE}{ED}=\frac{AF}{AB}$；③$\frac{FA}{FB}=\frac{AE}{AD}$；④$\frac{AE}{EC}=\frac{EF}{ED}$，其中一定成立的有(　　)

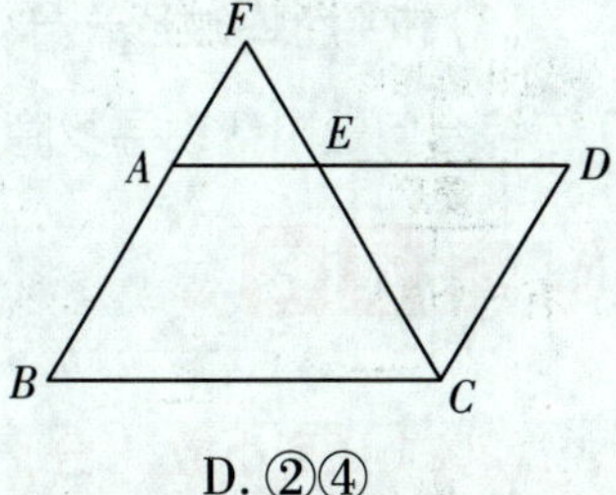

A. ①③④　　B. ①②　　C. ①②③　　D. ②④

答案解析

C 【解析】由 $AE/\!/BC$，可知$\frac{FB}{AB}=\frac{FC}{CE}$，又四边形 $ABCD$ 是平行四边形，所以 $AB=CD$，则$\frac{FB}{CD}=\frac{FC}{CE}$，①成立；由 $AF/\!/CD$，可知$\triangle AEF\backsim\triangle DEC$，所以$\frac{AE}{ED}=\frac{AF}{CD}$，又 $AB=CD$，则$\frac{AE}{ED}=\frac{AF}{AB}$，②成立；由 $AE/\!/BC$，可知$\triangle AEF\backsim\triangle BCF$，所以$\frac{FA}{FB}=\frac{AE}{BC}$，又 $AD=BC$，则$\frac{FA}{FB}=\frac{AE}{AD}$，③成立；由 $AF/\!/CD$，可知$\triangle AEF\backsim\triangle DEC$，则$\frac{AE}{ED}=\frac{EF}{CE}$，④不成立。

变式训练

(2022 年 6 月浙江杭州，3 分)平行四边形 $ABCD$ 中，$1<\frac{AB}{BC}<2$，$\angle DAB$ 与$\angle ABC$ 的角平分线 AE，BF 交于点 G，若 $DF=\frac{3}{2}EF$，则 $S_{四边形BCEG}:S_{\triangle ABG}=$(　　)

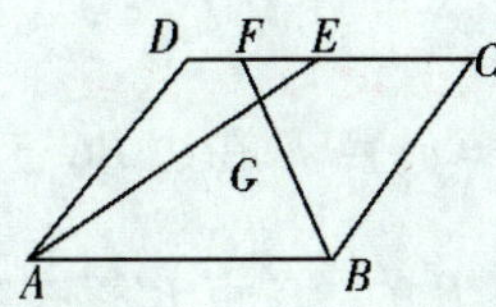

A. $\frac{3}{4}$　　B. $\frac{11}{16}$　　C. $\frac{23}{32}$　　D. $\frac{45}{64}$

考向2 矩形的判定与性质

解法突破

（1）矩形的性质常用来验证两条线段是否相等、两直线间位置关系（平行或垂直）以及两角是否相等。

（2）在平行四边形的基础上，增加“一个角是直角”或“对角线相等”的条件即可判断该平行四边形是矩形，若是在四边形的基础上则需要条件“三个角是直角”。

（3）和平行四边形一样，矩形也常常和三角形问题相结合考查，在平面几何综合问题乃至空间几何综合问题中帮助寻找隐藏条件来解题。

真题过招

（2021 江西小数，1 分）如图，5 个完全相同的小长方形，拼成一个大长方形，拼成的大长方形长与宽的比是（　　）

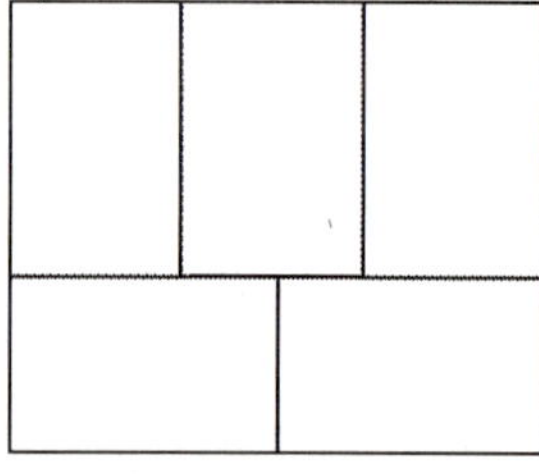

A. 3∶2　　B. 6∶5

C. 5∶4　　D. 4∶3

答案解析

B 【解析】设小长方形的长为 x，宽为 y，则大长方形的长为 $3y=2x$，宽为 $x+y$，拼成的大长方形的长和宽的比为 $\frac{3y}{x+y}=\frac{3y}{y+\frac{3}{2}y}=6:5$。

变式训练

如图，在矩形 $ABCD$ 中，$AB=1$，$BC=a$，点 E 在边 BC 上，且 $BE=\frac{3}{5}a$，连结 AE，将△ABE 沿 AE 折叠，若点 B 的对应点 B' 落在矩形 $ABCD$ 的边上，则 a 的值为________。

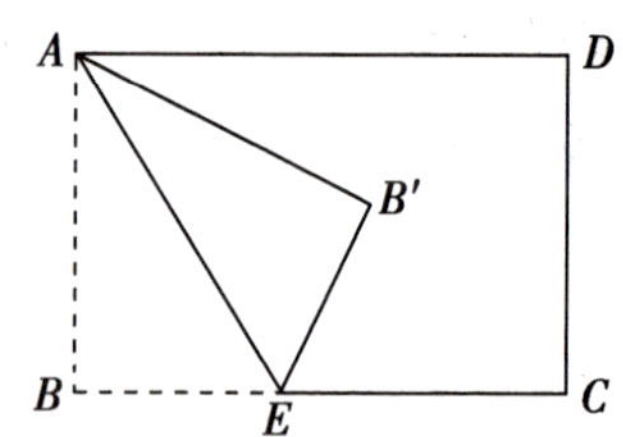

考向3 菱形的判定与性质

解法突破

(1)利用菱形的对角线相互垂直的性质研究两直线间的位置关系,或将问题转化为直角三角形来解决。

(2)菱形的四条边相等,因此常和等腰三角形、等边三角形的性质相结合综合应用。

(3)当 a,b 分别表示菱形的两条对角线的长时,菱形的面积 $S=\frac{1}{2}ab$,这个公式适用于对角线相互垂直的任意四边形面积的计算。

真题过招

(2020 湖南长沙天心区小数,12 分)如图,在长方形 $ABCD$ 中,$AB=12$,$AD=16$,动点 P 从点 C 开始沿 CD 向点 D 以每秒 1 个单位长度的速度运动,动点 Q 从点 D 开始沿 DA 向点 A 以每秒 2 个单位长度的速度运动,过点 P 作 $PF/\!/AD$ 分别交 AC,AB 于点 E,F,连结 EQ,点 P,Q 分别从 C,D 同时出发,当其中一点达到顶点时另一点也随之停止运动,设运动时间为 t 秒($t\geqslant0$)。

(1)用含 t 的代数式分别表示 QA 和 AF;

(2)是否存在 t 的值,使四边形 $PEAQ$ 为菱形?若存在,求出 t 的值;若不存在,请说明理由,并探究如何改变点 Q 的速度(匀速运动),使四边形 $PEAQ$ 会在某一时刻为菱形,并求出点 Q 的速度。

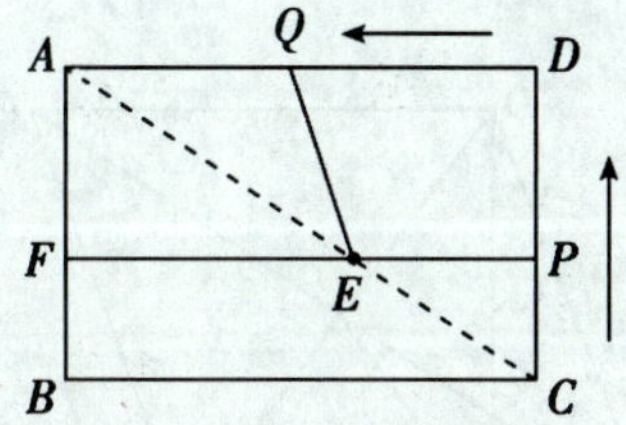

答案解析

【解析】(1)$QA=16-2t$;$AF=12-t$。

由题意,$AF=DP$,动点 P 沿 CD 从点 C 到点 D 以每秒 1 个单位长度的速度运动,故 $DP=DC-PC=12-t$。动点 Q 从点 D 沿 DA 向点 A 以每秒 2 个单位长度的速度运动,$QD=2t$,$AQ=AD-QD=16-2t$。

(2)不存在。在 $\text{Rt}\triangle ADC$ 中,$\because\angle D=90°$,$AD=16$,$DC=AB=12$,由勾股定理可得 $AC=20$。假设存在 t 的值,使得四边形 $PEAQ$ 为菱形,连结 QP,$\because PE/\!/AD$,$\therefore\triangle PEC\backsim\triangle DAC$,

$\therefore \frac{PC}{DC}=\frac{PE}{AD}$，即$\frac{t}{12}=\frac{PE}{16}$，则$PE=\frac{4t}{3}$，则当$AQ=PE$时，四边形$PEAQ$为平行四边形，即$16-2t=\frac{4t}{3}$，解得$t=\frac{24}{5}$。当$t=\frac{24}{5}$时，$AE=AC-EC=20-\frac{5t}{3}=12$，$AQ=16-2t=\frac{32}{5}$，$AE\neq AQ$，$\therefore$四边形$PEAQ$不能为菱形。

设点Q的速度为每秒x个单位长度，则$AQ=16-xt$，$PE=\frac{4t}{3}$，$AE=20-\frac{5t}{3}$，要使四边形$PEAQ$为菱形，则$AQ=PE=AE$，当$PE=AE$，即$\frac{4t}{3}=20-\frac{5t}{3}$时，解得$t=\frac{20}{3}$，当$AQ=AE$，$t=\frac{20}{3}$，即$16-\frac{20}{3}x=20-\frac{5}{3}\times\frac{20}{3}$时，解得$x=\frac{16}{15}$。$\therefore$当点$Q$的速度为每秒$\frac{16}{15}$个单位长度时，经过$\frac{20}{3}$秒，四边形$PEAQ$为菱形。

变式训练

1. (2021 江西中数，1 分) 已知菱形的周长为 8，两邻角的度数比为 1∶2，则菱形的面积为(　　)

A. $8\sqrt{3}$　　B. 8

C. $4\sqrt{3}$　　D. $2\sqrt{3}$

2. 如图所示，四边形$ABCD$是菱形，AC，BD交于点O，$DH\perp AB$于H，连结OH，若$AC=8$，$OH=3$，则$AH=$________。

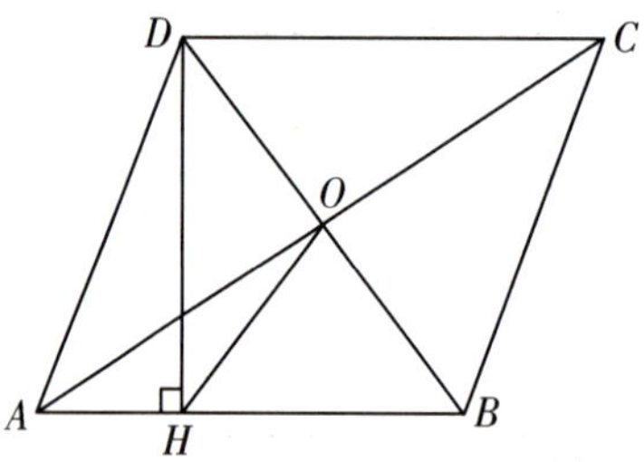

考向 4　正方形的判定与性质

解法突破

(1) 利用正方形的性质构造直角三角形，并利用勾股定理解题。

(2) 正方形具有平行四边形、矩形和菱形的性质，同样可以利用这些性质完成题目。

真题过招

(2022 江苏无锡江阴,3 分)将一个正方形剪成①、②、③、④四块(如图 1),恰能拼成如图 2 所示的矩形,若 $a=1$,则这个正方形的面积为________。

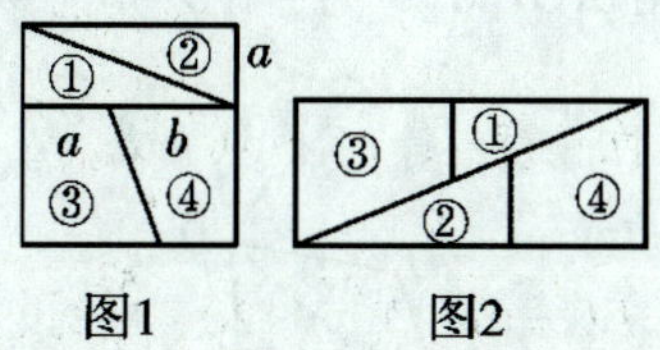

图1　　图2

答案解析

$\frac{7+3\sqrt{5}}{2}$　**【解析】**根据图 1 和图 2 的面积相等可得 $(a+b)^2=b(a+b+b)$,其中 $a=1$,则 $(1+b)^2=b(1+2b)$,整理得 $b^2-b-1=0$,解得 $b_1=\frac{1+\sqrt{5}}{2}$,$b_2=\frac{1-\sqrt{5}}{2}$(负值舍去),故此正方形的面积为 $(a+b)^2=\left(1+\frac{1+\sqrt{5}}{2}\right)^2=\left(\frac{3+\sqrt{5}}{2}\right)^2=\frac{7+3\sqrt{5}}{2}$。

变式训练

(2021 安徽小数,8 分)如图,在正方形 $ABCD$ 中,点 E,F 分别在边 BC,AD 上,$CE=3$,$DF=9$,$AF=\frac{5}{8}BE$,求梯形 $ABEF$ 的面积。

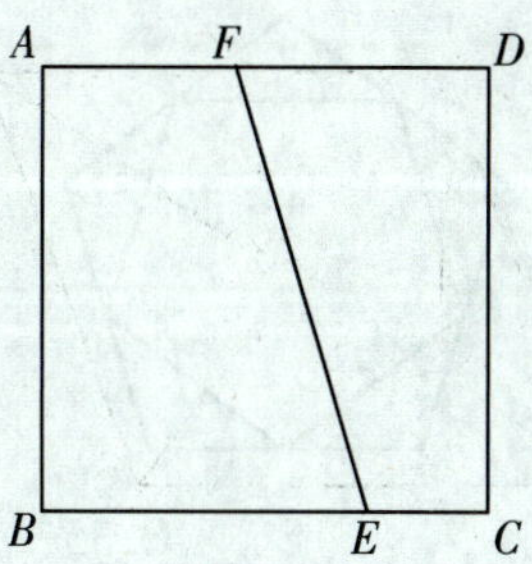

考向 5　多边形的性质

解法突破

(1) n 边形内角和 $=(n-2)\times180°$;

(2) 多边形的外角和为 $360°$;

(3) n 边形有$\frac{n(n-3)}{2}$条对角线。

真题过招

(2022 江苏无锡江阴,3 分) 如图,A,B,C,D 为一个外角为 40°的正多边形的顶点,若 O 为正多边形的中心,则 $\angle OAD=$ ________。

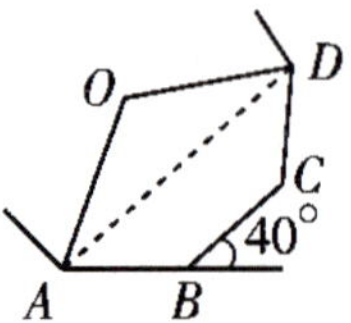

答案解析

30° 【解析】连结 OB,OC,因为正多边形的每个外角相等,且和为 360°,可得多边形的边数为$\frac{360°}{40°}=9$,所以$\angle AOB=\frac{360°}{9}=40°$,$\angle AOD=40°\times3=120°$,$\angle OAD=\frac{180°-\angle AOD}{2}=30°$。

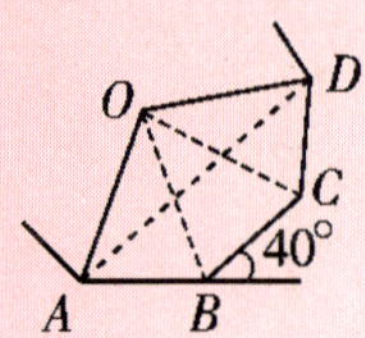

变式训练

(2021 江西小数,1 分) 两个正五边形按如图所示的方式摆放,若$\angle 1=30°$,则$\angle 2=$(　　)

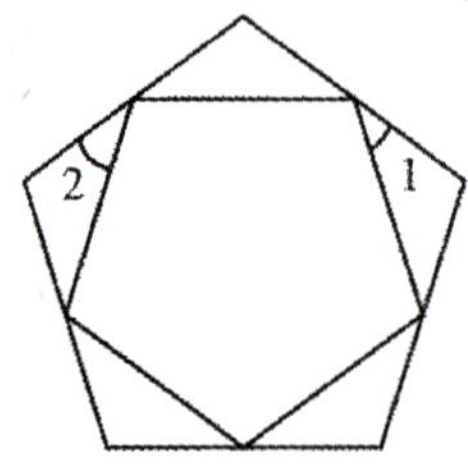

A. 45°　　B. 42°　　C. 35°　　D. 30°

必刷好题

招教高频基础刷

1. 如图,平行四边形 $ABCD$ 的对角线 AC 与 BD 相交于点 O,$AB\perp AC$,若 $AB=4$,$AC=6$,则 BD

的长是(　　)

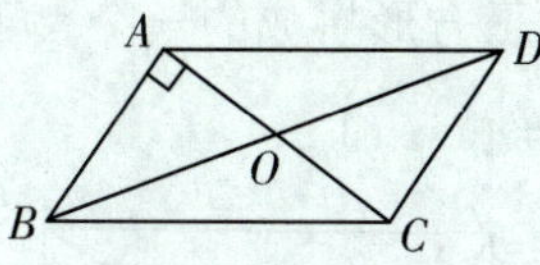

A. 8　　B. 9　　C. 10　　D. 11

2. 如图，由两个长为 9，宽为 3 的全等矩形叠合得到四边形 $ABCD$，则四边形 $ABCD$ 面积的最大值是(　　)

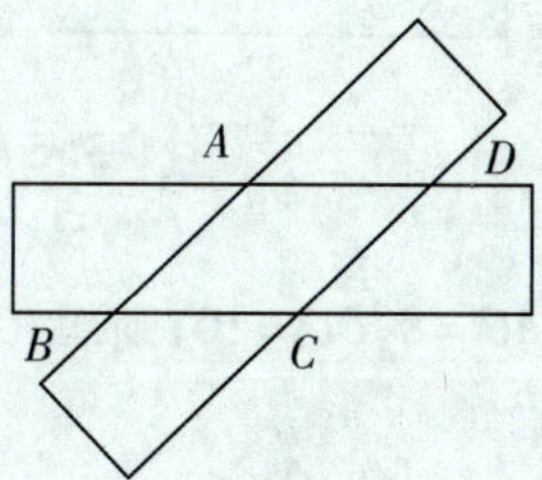

A. 15　　B. 16　　C. 19　　D. 20

3. 如图，取两根等宽的纸条折叠穿插，拉紧，可得边长为 2 的正六边形，则原来的纸带宽为(　　)

A. 1　　B. $\sqrt{2}$　　C. $\sqrt{3}$　　D. 2

4. 如图，已知矩形 $ABCD$ 的对角线长为 8 cm，E,F,G,H 分别是 AB,BC,CD,DA 的中点，则四边形 $EFGH$ 的周长是(　　)cm。

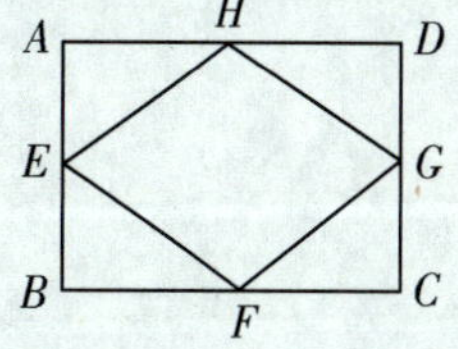

A. 8　　B. 12

C. 16　　D. 24

5. 如图，下面这个图形由 10 根完全相同的小棒拼接而成，请你再添 2 根与前面完全相同的小棒，则拼接后的图形恰好有 3 个菱形的方法共有(　　)

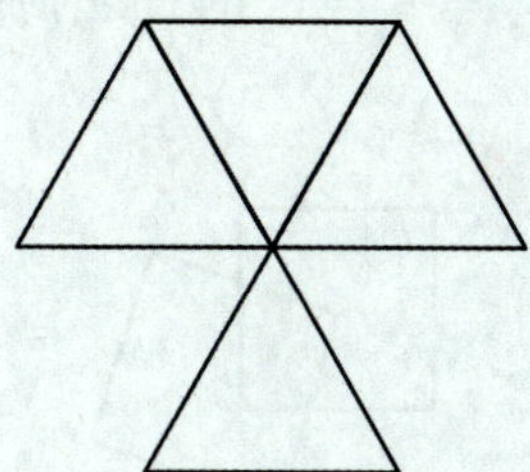

A. 3 种　　B. 4 种　　C. 5 种　　D. 6 种

6. 公元3世纪，我国汉代数学家赵爽在注解《周髀算经》时给出的“赵爽弦图”如图所示，它是由四个全等的直角三角形与中间的小正方形拼成的一个大正方形。如果大正方形的面积是125，小正方形面积是25，则$(\sin\theta-\cos\theta)^2=$（　　）

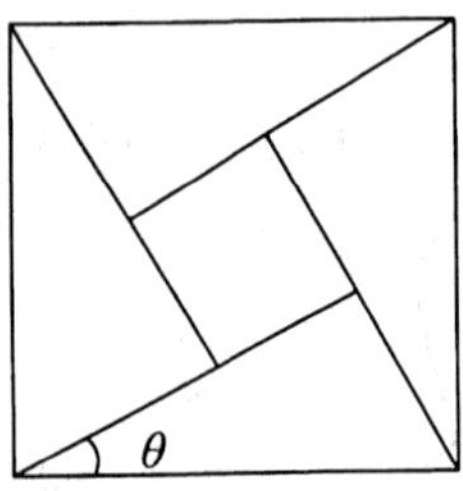

A. $\frac{1}{5}$　　B. $\frac{1}{25}$　　C. $\frac{3\sqrt{5}}{5}$　　D. $\frac{9}{5}$

7. 如图，在菱形$ABCD$中，对角线$AC=8$，$BD=10$，则$\triangle AOD$的面积为（　　）

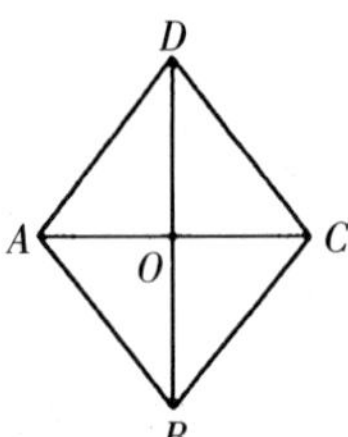

A. 9　　B. 10　　C. 11　　D. 12

8. 在菱形$ABCD$中，$\angle ABC=60°$，连结AC，BD，则$\frac{AC}{BD}$的值为（　　）

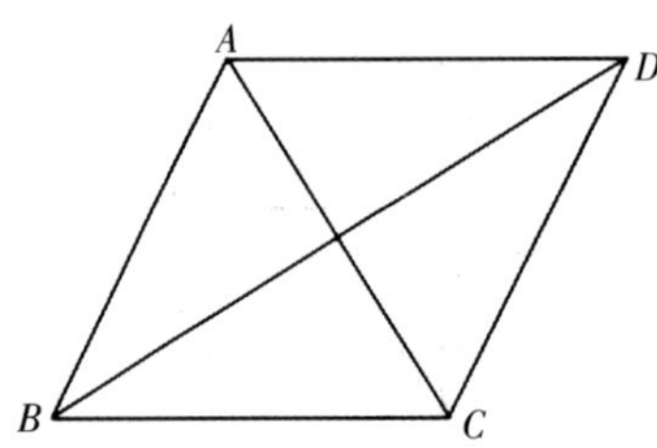

A. $\frac{1}{2}$　　B. $\frac{\sqrt{2}}{2}$　　C. $\frac{\sqrt{3}}{2}$　　D. $\frac{\sqrt{3}}{3}$

9. 如图，两个正方形的边长都为2，其中一个正方形的顶点在另一个正方形的中心，则两个正方形重叠部分的面积是（　　）

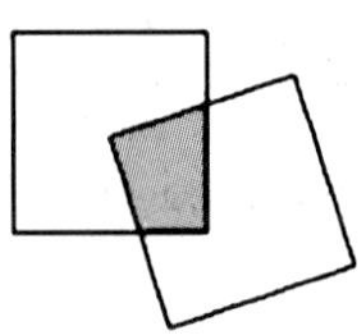

A. 0.5　　B. 1　　C. 2　　D. 无法确定

10. 顺次连结四边形 $ABCD$ 的各边的中点，所得的四边形是矩形，则四边形 $ABCD$ 一定是(　　)

A. 菱形　　　　B. 对角线相互垂直的四边形

C. 矩形　　　　D. 对角线相等的四边形

11. 如图，已知正五边形 $ABCDE$，$AF /\!/ CD$，交 DB 的延长线于点 F，则 $\angle DFA$ 等于(　　)

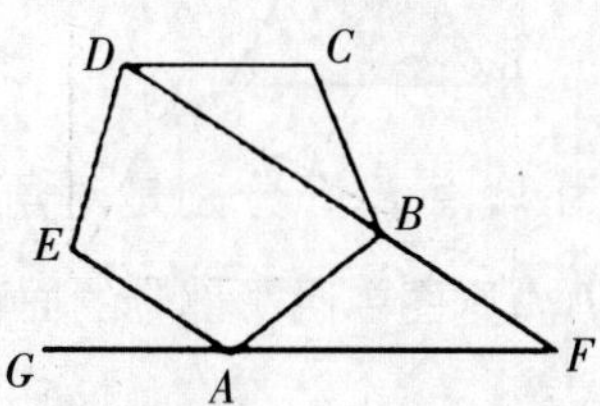

A. 30°　　B. 36°　　C. 45°　　D. 32°

12. 如图，AC 是正五边形 $ABCDE$ 的对角线，$\angle ACD$ 的度数是(　　)

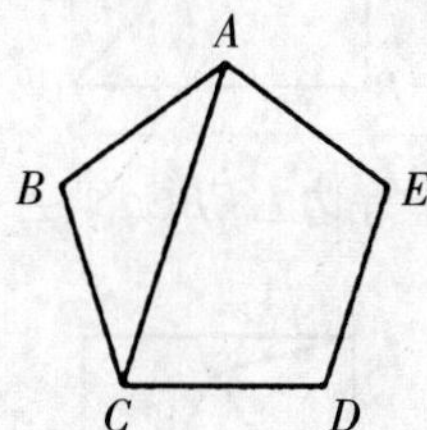

A. 72°　　B. 36°　　C. 74°　　D. 88°

13. 如图，平面内将边长相等的正三角形、正方形、正五边形、正六边形的一边重合并叠在一起，则 $\angle 3+\angle 1-\angle 2=$(　　)

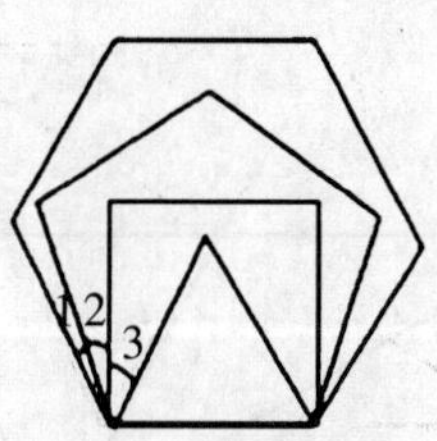

A. 10°　　B. 12°　　C. 24°　　D. 36°

14. 如图，在平行四边形 $ABCD$ 中，$BE\perp AB$ 交对角线 AC 于点 E，若 $\angle 1=20°$，则 $\angle 2$ 的度数为________。

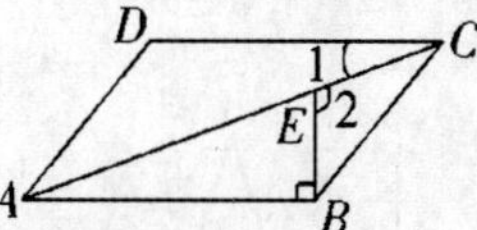

15. 如图，在平行四边形 $ABCD$ 中，若 $BA=BD$，$\angle BAD=50°$，则 $\angle CBD$ 的度数为________。

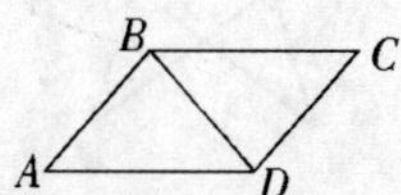

16. 如图，在菱形 $ABCD$ 中，对角线 AC，BD 交于点 O，$\angle ABC=60°$，$AB=2$，分别以点 A，点 C 为圆心，以 AO 的长为半径画弧，分别与菱形的边相交，则图中阴影部分的面积为________。（结果保留 π）

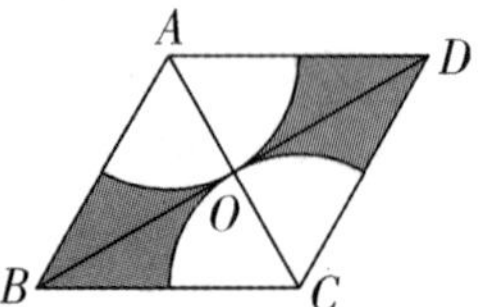

17. 如图，正方形 $ABCD$ 的边长为 1，点 E，F 分别是对角线 AC 上的两点，$EG\perp AB$，$EI\perp AD$，$FH\perp AB$，$FJ\perp AD$，垂足分别为 G，I，H，J，则图中阴影部分的面积等于________。

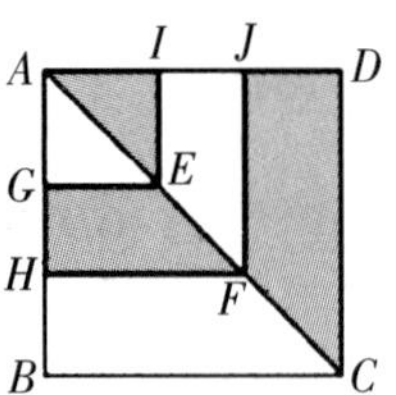

18. 如图，在正方形 $ABCD$ 的内侧，作等边△EBC，则 $\angle AEB$ 的度数是________。

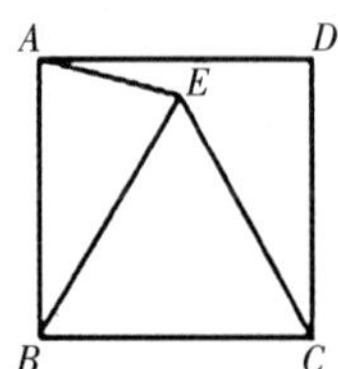

19. 如图，在矩形 $ABCD$ 中，E 是 BC 边上一点，$\angle AED=90°$，$\angle EAD=30°$，点 F 是 AD 边的中点，$EF=4$ cm，则 $BE=$________ cm。

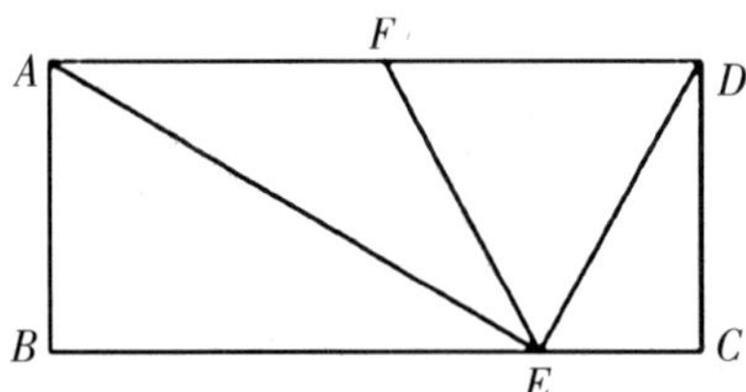

20. 为庆祝中国共产党建党 100 周年，某校用红色灯带制作了一个如图所示的正五角星（A，B，C，D，E 是正五角星的五个顶点），则图中 $\angle A$ 的度数是________度。

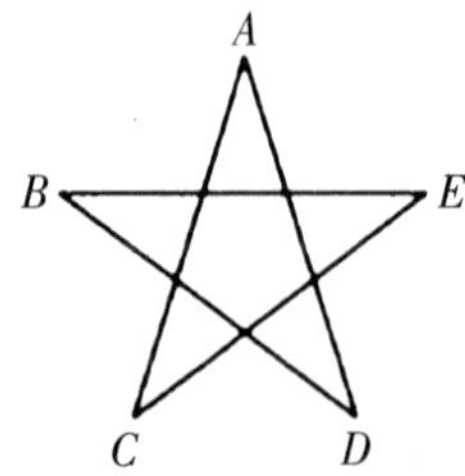

第四节　圆

招教核心要点

1. 圆的相关定理

圆的相关定理

(1)圆周角:半圆或直径所对的圆周角都等于90°;一条弧所对的圆周角等于该弧所对的圆心角的一半。同弧(等弧)所对的圆周角相等;反之,在同圆或等圆中,相等的圆周角所对的弧相等。

(2)垂径定理:垂直于弦的直径平分弦,并且平分弦所对的两条弧。

(3)圆内接四边形的性质定理:圆内接四边形的对角互补,并且任何一个外角都等于它的内对角。

(4)切线长定理:从圆外一点引圆的两条切线,它们的切线长相等,圆心和这一点的连线平分两条切线的夹角。

(5)弦切角定理:弦切角的度数等于它所夹的弧所对的圆心角度数的一半。

(6)相交弦定理:圆内的两条相交弦,被交点分成的两条线段长的积相等。如图1,$EA \cdot EB = EC \cdot ED$。

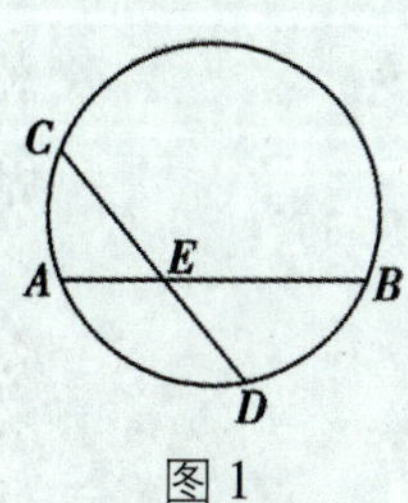

图1

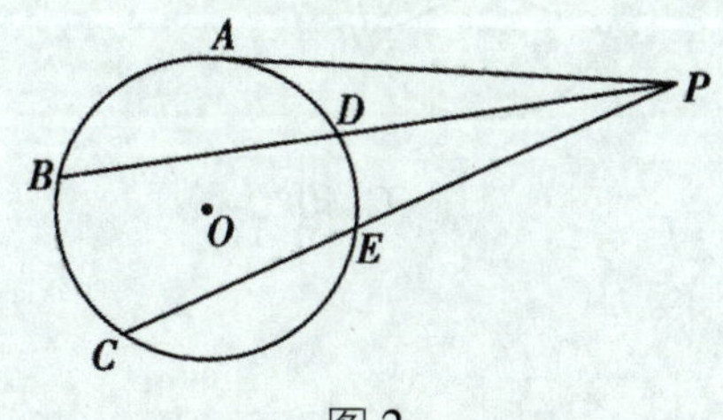

图2

(7)切割线定理:从圆外一点引圆的切线和割线,切线长是这点到割线与圆交点的两条线段长的比例中项。如图2,$PA^2 = PB \cdot PD = PC \cdot PE$。

2. 圆的相关公式

(1)圆的周长公式:$l = 2\pi R$。

考向分析

圆周角定理、垂径定理、圆的弧长与面积公式、圆的切线问题和圆的切割线定理是教师招聘考试中的重点考查内容,且所占分值较大,有时单独考查,有时与三角形、四边形或解析几何问题结合考查。考生要重点掌握其基本概念与性质,并掌握与其他知识结合来进行解题的方法。

(2) 弧长公式：$l=\frac{n\pi R}{180}$。

(3) 圆的面积：$S=\pi R^2$。

(4) 扇形的面积：$S=\frac{n\pi R^2}{360}=\frac{1}{2}lR$。

招教考向解读

考向1 圆周角定理及其推论

(一) 求圆周角的大小

解法突破

求圆周角的大小，可通过求圆心角的大小，利用在同圆或等圆中，一条弧所对的圆周角大小等于它所对的圆心角的一半这一性质求出。

真题过招

1. (2021 江西中数，1 分) 如图，AB 是圆 O 的直径，$\overset{\frown}{FF}$，$\overset{\frown}{EB}$是圆 O 的弧，且 $EF=EB$，EF 与 AB 交于点 C，连结 OF，若$\angle AOF=40°$，则$\angle OFE$ 的度数是(　　)

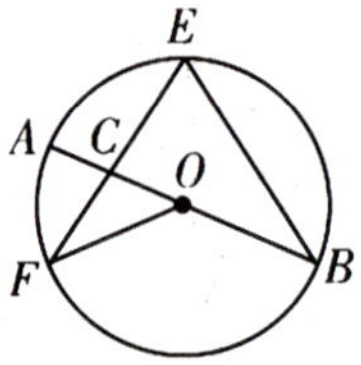

A. 30°　　B. 20°　　C. 40°　　D. 35°

答案解析

D 【解析】如图，连结 BF，OE。$\because EF=EB$，$OE=OE$，$OF=OB$，$\therefore \triangle OEF\cong\triangle OEB$ (SSS)，$\therefore \angle OFE=\angle OBE$，$\because OE=OB=OF$，$\therefore \angle OEF=\angle OFE=\angle OEB=\angle OBE$，$\angle OFB=\angle OBF$，$\because \angle ABF=\frac{1}{2}\angle AOF=20°$，$\therefore \angle OFB=\angle OBF=20°$，$\angle OFB+\angle OBF+\angle OFE+\angle OBE+\angle BEF=180°$，$\therefore 4\angle EFO+40°=180°$，$\therefore \angle OFE=35°$，故选 D。

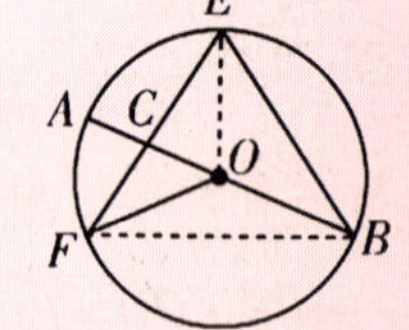

变式训练

1. 如图，点 A,B,C 在 $\odot O$ 上，$\angle BOC=108°$，则 $\angle BAC$ 的度数为（　　）

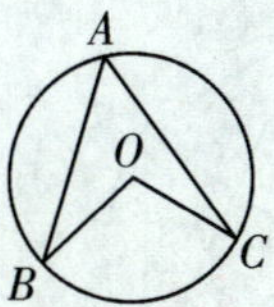

A. 27°　　B. 54°　　C. 81°　　D. 216°

（二）判断两个圆周角是否相等的方法

解法突破

在同一个圆中，同弧或等弧所对的圆周角相等。

真题过招

2. (2022 年 6 月浙江杭州，8 分) 锐角 $\triangle ABC$ 内接于圆，点 D 在弧 AC 上，连结 BD，交 AC 于点 E，AD,BC 的延长线交于点 F，连结 CD，$\angle FDC=\angle ADB$。

(1) 求证：$AB=AC$。

(2) 若 $BD\perp AC$，写出 BE,CD,DE 长度之间的等量关系，并说明理由。

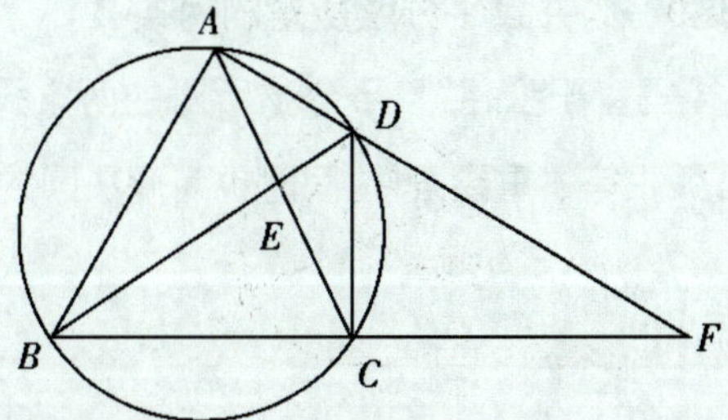

答案解析

【解析】(1) 由题意可得四边形 $ABCD$ 为圆 O 的内接四边形，根据圆内接四边形的性质定理，可得 $\angle FDC=\angle ABC$，又因为等弧所对的圆周角相等，故 $\angle ACB=\angle ADB$，已知 $\angle FDC=\angle ADB$，则可得 $\angle ABC=\angle ACB$。$AB=AC$ 得证。

(2) $BE=DC+DE$。理由如下：

如图，在线段 BE 上截取 $D'E=DE$，连结 $D'C$，$\because BD\perp AC$，易证 $\triangle D'EC\cong\triangle DEC$，$\therefore \angle DCA=\angle D'CA$，又 $\angle DCA=\angle DBA$（同弧所对的圆周角相等），$\therefore \angle DBA=\angle D'CA$。又由 (1) 得 $AB=$

AC，即 $\angle ABC=\angle ACB$，$\therefore\ \angle ABC-\angle DBA=\angle ACB-\angle D'CA$，即 $\angle D'BC=\angle D'CB$，$\therefore\ D'B=D'C=DC$。故 $BE=D'B+D'E=DC+DE$ 得证。

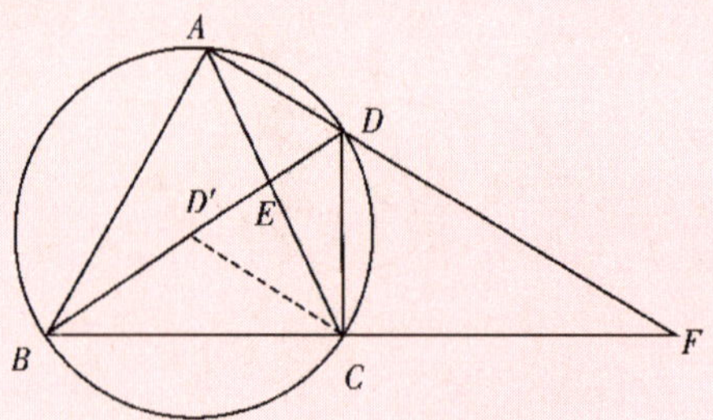

变式训练

2. (2022 安徽中数,8 分) 如图，在圆 O 中，M 为 $\overset{\frown}{AB}$ 的中点，弦 MD，ME 与弦 AB 分别交于 C，F 两点。

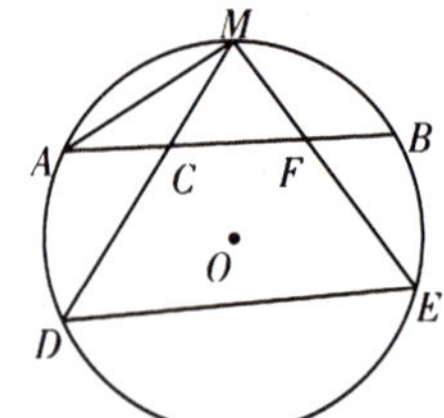

(1) 若 $AC=MC=2$，$MA=2\sqrt{3}$，求 CD 的值；

(2) 求证：C，D，E，F 四点共圆。

考向 2 垂径定理及其推论

解法突破

(1) 垂直于弦的直径平分这条弦，并且平分弦所对的两条弧。

(2) 平分弦(非直径)的直径垂直于弦，并且平分弦所对的两条弧。

垂径定理是证明线段相等，弧相等的重要条件，同时也为解决圆的计算和作图问题提供了条件。

真题过招

1. (2022 浙江宁波,2 分) 圆 O 的半径为 $\sqrt{3}$，AB 是弦，$\angle AOB=120°$，则圆心 O 到弦 AB 的距离为(　　)

A. $\dfrac{\sqrt{3}}{2}$　　B. $\dfrac{5}{2}$　　C. 2　　D. $2\sqrt{3}$

答案解析

A 【解析】过点 O 作 $OC\perp AB$ 于点 C，因为 $OA=OB$，$OC\perp AB$，所以 $\angle AOC=\dfrac{1}{2}\angle AOB=\dfrac{1}{2}\times120°=60°$，在 $\mathrm{Rt}\triangle AOC$ 中，$OC=OA\cos60°=\dfrac{\sqrt{3}}{2}$。

2. (2020 湖南长沙岳麓区,2.56 分) 如图,AB 是圆 O 的直径,C 是圆 O 上一点,$AB=4\sqrt{2}$,$\angle BOC=60°$,P 是圆 O 上的动点,连结 AP,取 AP 的中点记为 Q,连结 CQ,则线段 $CQ+CO$ 的最小值是(　　)

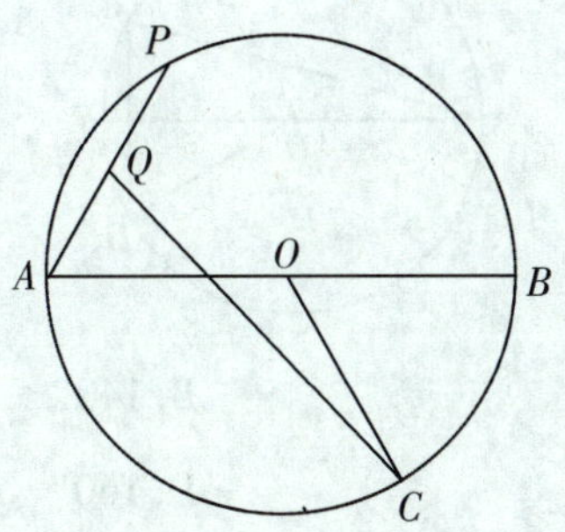

A. $\sqrt{11}+\sqrt{2}$　　B. $3\sqrt{2}+1$　　C. $\sqrt{14}+\sqrt{2}$　　D. $\sqrt{7}+2\sqrt{2}$

答案解析

C 【解析】如图1,连结 OQ,因为 Q 是弦 AP 的中点,所以 $OQ\perp AP$,于是 Q 在以 AO 为直径的圆上。以 AO 为直径作圆,圆心为 O',则 CQ 是定点 C 到圆 O'上一点 Q 的距离,当 O',C,Q 三点共线,且 Q 在 O',C 两点之间时,CQ 取得最小值(如图2),此时线段 $CQ+CO$ 取得最小值,作 $CE\perp AB$ 于点 E,因为 $\angle BOC=60°$,$OC=\frac{1}{2}AB=2\sqrt{2}$,所以 $OE=\sqrt{2}$,$CE=\sqrt{6}$,于是在 $Rt\triangle O'CE$ 中,$O'C=\sqrt{CE^2+O'E^2}=\sqrt{14}$,从而 $CQ+CO$ 的最小值为 $O'C-O'Q+OC=\sqrt{14}-\sqrt{2}+2\sqrt{2}=\sqrt{14}+\sqrt{2}$。

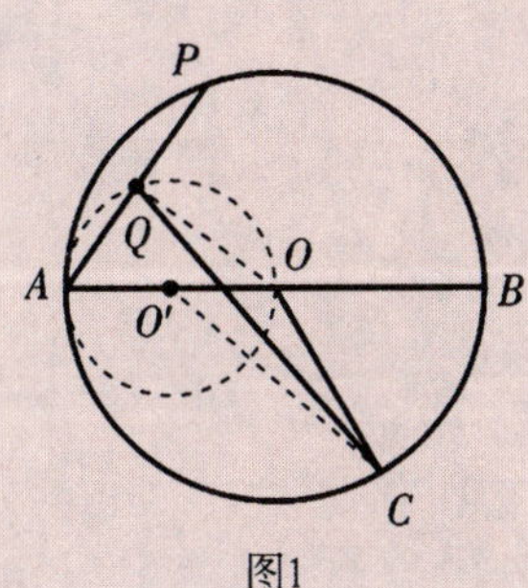

图1

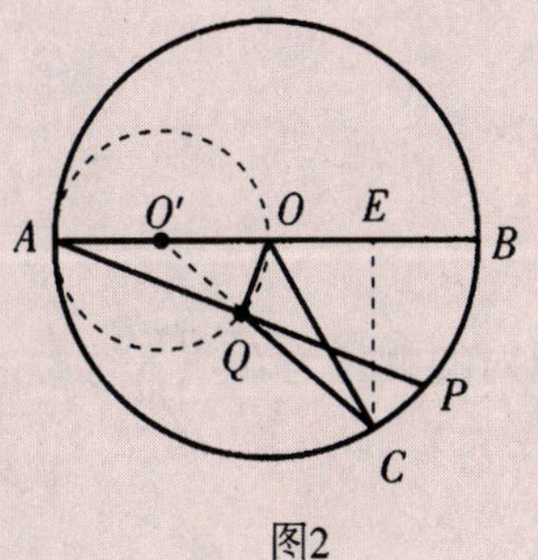

图2

变式训练

1. 如图,$\odot O$ 中,点 C 为弦 AB 的中点,连结 OC,OB,$\angle COB=56°$,点 D 是 $\overset{\frown}{AB}$上任意一点,则 $\angle ADB$ 度数为(　　)

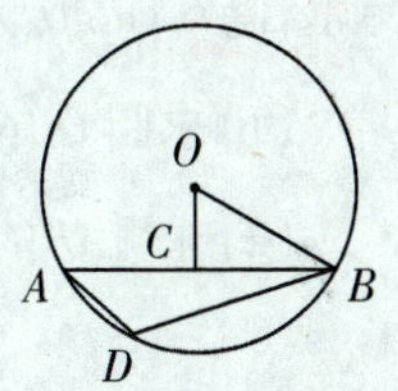

A. 112°　　B. 124°

C. 122°　　D. 134°

2. (2019 河南许昌,1.5 分)如下图,线段 AB 是 $\odot O$ 的直径,弦 $CD \perp AB$, $\angle CAB = 20°$,则 $\angle AOD =$ ( )

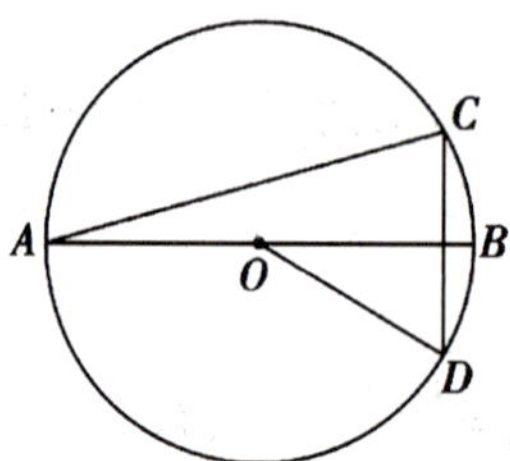

A. 120°　　　　B. 140°

C. 150°　　　　D. 160°

3. 如图,AB 是 $\odot O$ 的直径,点 C 为圆上一点,$AC = 3$, $\angle ABC$ 的平分线交 AC 于点 D, $CD = 1$,则 $\odot O$ 的直径为________。

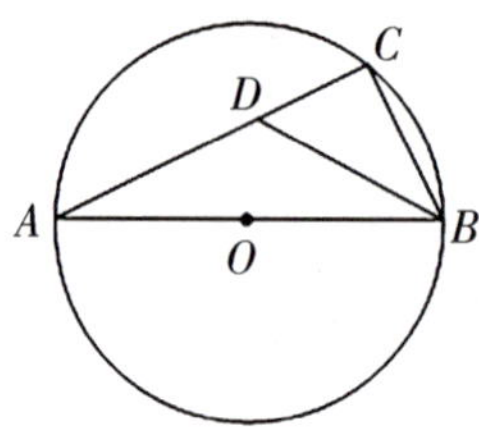

考向3 圆弧长及扇形面积问题

(一)求弧长的方法

解法突破

$n°$的圆心角所对的弧长为 $l = \dfrac{n\pi R}{180}$。

真题过招

1. (2021 湖南统考,5 分)如图为某城市污水管的截面图,阴影部分为污水,高 6 cm, O 为圆心, AB 长为 $12\sqrt{3}$ cm。

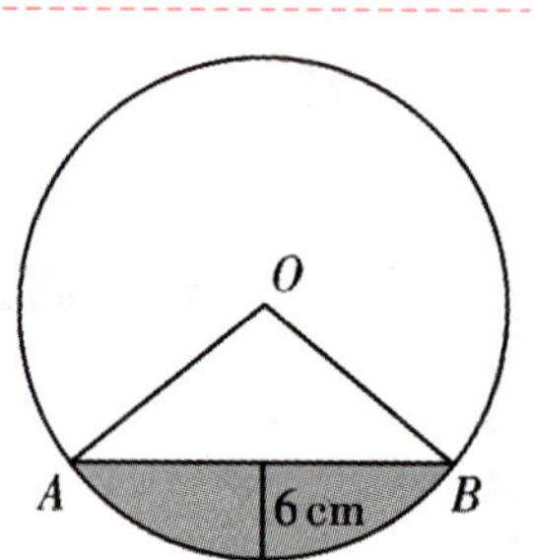

(1) 求圆 O 的半径;

(2) 求弧 $\overset{\frown}{AB}$ 的长度。

答案解析

【解析】(1)如图,过点 O 作 $OD\perp AB$ 于点 D。由题意得,$OA^2=OD^2+AD^2$,$AD=\frac{1}{2}AB$,故 $r^2=(r-6)^2+(6\sqrt{3})^2$,解得 $r=12$,故圆 O 的半径为 12 cm。

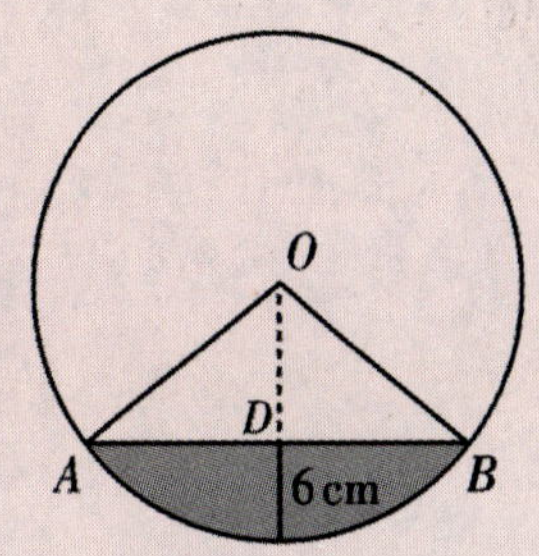

(2)设 $\angle AOD$ 为 θ,则 $\sin\theta=\frac{AD}{AO}=\frac{6\sqrt{3}}{12}=\frac{\sqrt{3}}{2}$,解得 $\theta=\frac{\pi}{3}$,则 $\overset{\frown}{AB}=12\times\frac{2\pi}{3}=8\pi$ cm。

变式训练

1. 若扇形的半径为 3,圆心角为 60°,则此扇形的弧长是(　　)

A. $\frac{1}{2}\pi$　　B. π　　C. $\frac{3}{2}\pi$　　D. 2π

2. 如图,等边△ABC 的三个顶点都在⊙O 上,AD 是⊙O 的直径,若 $OA=3$,则劣弧 BD 的长是(　　)

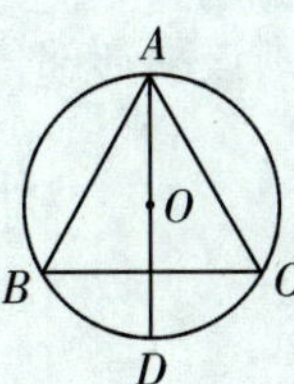

A. $\frac{1}{2}\pi$　　B. π

C. $\frac{3}{2}\pi$　　D. 2π

(二)求扇形的面积公式

解法突破

圆心角为 n°的扇形面积为 $S_{扇形}=\frac{n\pi R^2}{360}=\frac{1}{2}lR$($l$ 为扇形的弧长)

真题过招

2. (2022 安徽小数,4 分)如图,△ABC 中,$\angle ABC=90°$,$AB=9$,$BC=12$,将△ABC 绕着点 A 顺

时针旋转 90°至$\triangle AB'C'$处,则图中阴影部分面积为(　　)

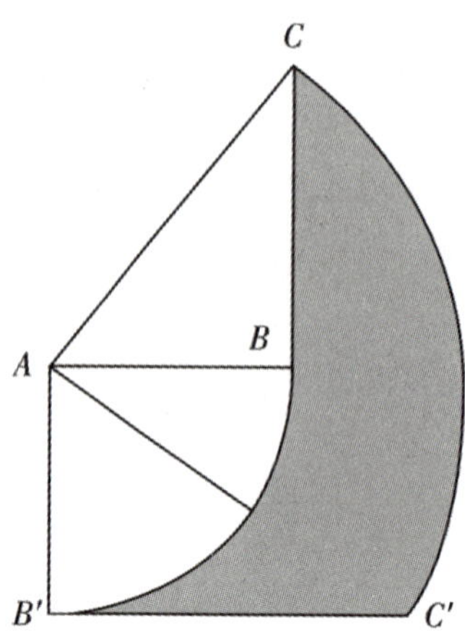

A. 25π　　B. 36π　　C. 48π　　D. 72π

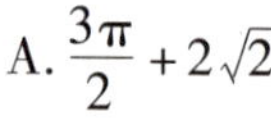

答案解析

B 【解析】在Rt$\triangle ABC$中,$AB=9$,$BC=12$,则$AC=15$,故$S_{阴影}=S_{扇形CAC'}+S_{\triangle AB'C'}-S_{\triangle ABC}-S_{扇形BAB'}=\frac{1}{4}\pi\times15^2+\frac{1}{2}\times9\times12-\frac{1}{2}\times9\times12-\frac{1}{4}\pi\times9^2=36\pi$。

3. (2022 江苏扬州,1.88 分)如图所示,已知圆 O 的面积为 4π,A,B 为圆 O 上两点,图中阴影部分图形的面积为 $\pi-2$,则该阴影部分图形的周长为(　　)

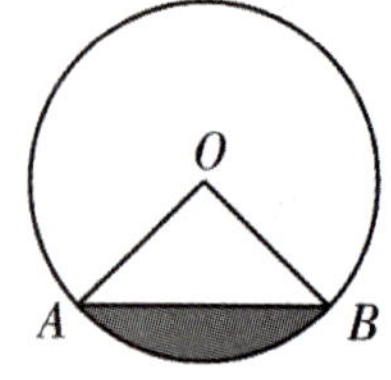

A. $\frac{3\pi}{2}+2\sqrt{2}$　　B. $\frac{3\pi}{2}+2$

C. $\pi+2$　　D. $\pi+2\sqrt{2}$

答案解析

D 【解析】因为圆 O 的面积为 4π,所以圆的半径为 2,设$\angle AOB=\alpha$,则有 $S_{阴影}=S_{扇形AOB}-S_{\triangle AOB}=4\pi\cdot\frac{\alpha}{2\pi}-\frac{1}{2}\cdot2\cdot2\cdot\sin\alpha=\pi-2$,易知 $\alpha=\frac{\pi}{2}$,$|AB|=\sqrt{OA^2+OB^2}=2\sqrt{2}$,$\overset{\frown}{AB}=\alpha\cdot2=\pi$,故阴影部分图形的周长为 $\pi+2\sqrt{2}$。

4. (2022 年 6 月浙江杭州,7 分)如图,圆的面积与长方形的面积相等,圆的半径与长方形的宽相等,已知阴影部分的周长比圆的周长多 6.28cm,求阴影部分的面积和周长。(π 取 3.14)

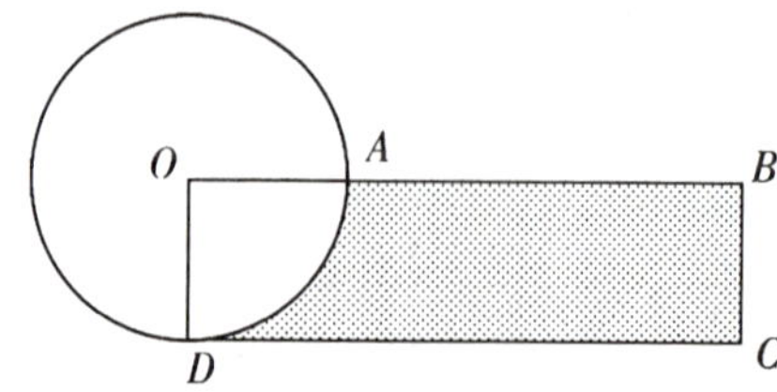

答案解析

【解析】设圆的半径为 r cm，则 $S_{圆}=\pi r^2\text{ cm}^2=S_{长方形}=r\cdot\pi r\text{ cm}^2$，则 $CD=\pi r$ cm，$AB=(\pi r-r)$ cm，$C_{阴影部分}=(C_{圆}+6.28)$ cm $=(2\pi r+6.28)$ cm，则 $r+\pi r+\pi r-r+\frac{1}{4}\times 2\pi r-2\pi r=6.28$，解得 $r=4$ cm，则 $S_{阴影部分}=\pi r^2-\frac{1}{4}\pi r^2=\frac{3}{4}\pi r^2=37.68\text{ cm}^2$，$C_{阴影部分}=r+\pi r+\pi r-r+\frac{1}{4}\times 2\pi r=31.4$ cm。

变式训练

3. (2020 江西小数,1 分)如图所示，如果阴影部分的面积是 40 dm^2，则圆环的面积是(　　) dm^2。(π 取 3.14)

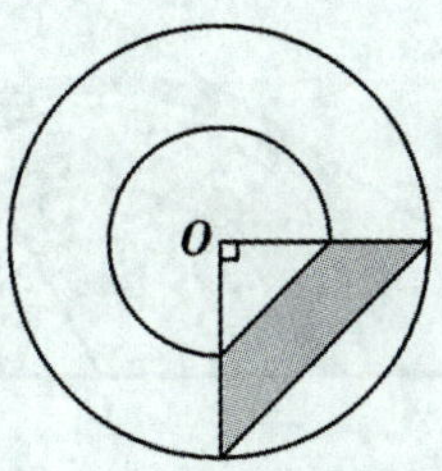

A. 125.6　　B. 188.4　　C. 251.2　　D. 200

4. 如图，矩形 $ABCD$ 的对角线 AC，BD 交于点 O，分别以点 A，C 为圆心，AO 长为半径画弧，分别交 AB，CD 于点 E，F。若 $BD=4$，$\angle CAB=36°$，则图中阴影部分的面积为________。(结果保留 π)

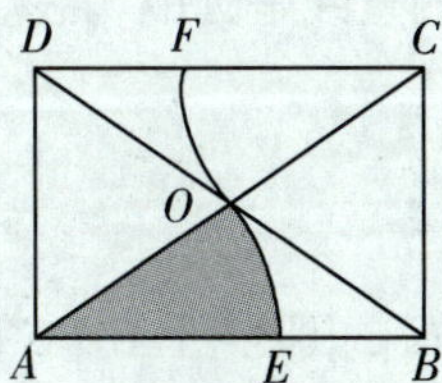

5. 如图，正方形 $ABCD$ 的边长为 2，分别以 B，C 为圆心，以正方形的边长为半径画圆弧，相交于点 P，那么图中阴影部分的面积为________。

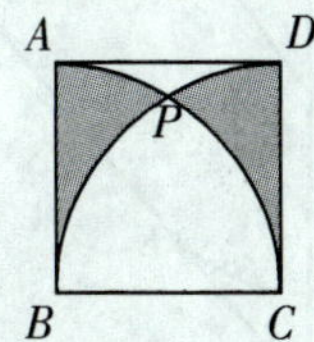

6. (2020 江苏宿迁宿城区小数,2 分)如图，以 AD 为直径的半圆 O 经过 Rt$\triangle ABC$ 斜边 AB 的

两个端点，交直角边 AC 于点 E。点 B,E 恰好是半圆弧的三等分点。若 $AD=4$，则图中阴影部分的面积为________。

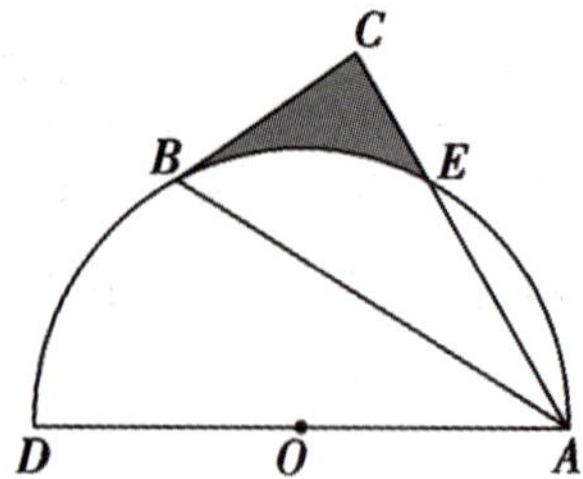

7.（2020 浙江丽水，5 分）如图，将一块三角板和半圆形量角器按图中方式叠放，三角板一边与量角器零刻度线所在直线重合，重叠部分的量角器弧（AB）对应的圆心角（$\angle AOB$）为 $120°$，OC 的长为 2 cm，则三角板和量角器重叠部分的面积为多少？（结果保留 π）

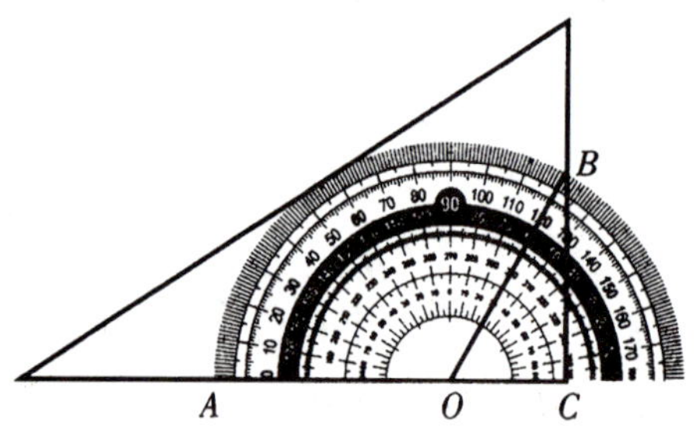

考向4 圆的切线问题

解法突破

经过半径外端并且垂直于这条半径的直线是圆的切线。

真题过招

（2022 安徽小数，8 分）如图，已知$\odot O$ 的圆心在$\triangle ABC$ 的边 BC 上，AC,AB 为$\odot O$ 的切线，C,E 为切点，点 D 在 AC 上，且 $OD=OB$，求证：$2CD=AB-AD$。

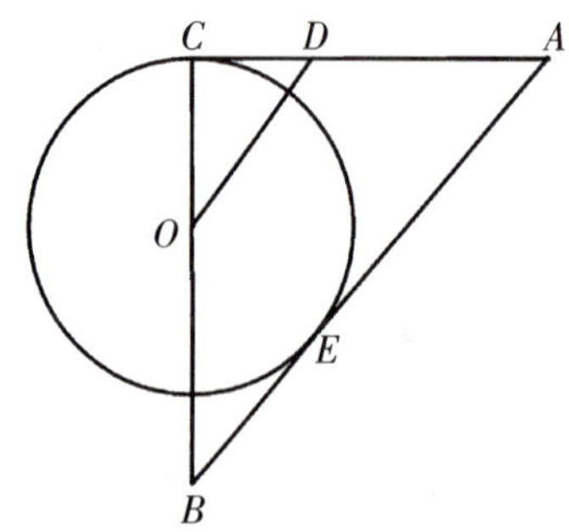

答案解析

【解析】如图,连结 OE,CE,由题意知,$\because AC,AB$ 为 $\odot O$ 的切线,$\therefore \angle OCD=\angle OEB=90^\circ$,$\because OC=OE,OD=OB$,$\therefore \triangle OCD\cong\triangle OEB$(HL),$\therefore CD=BE$,$\because OC=OE$,$\therefore \angle OCE=\angle OEC$,$\therefore \angle ECD=\angle CEA$,$\therefore AC=AE$,故 $AD+CD=AB-BE$,即 $AD+CD=AB-CD$,$2CD=AB-AD$ 得证。

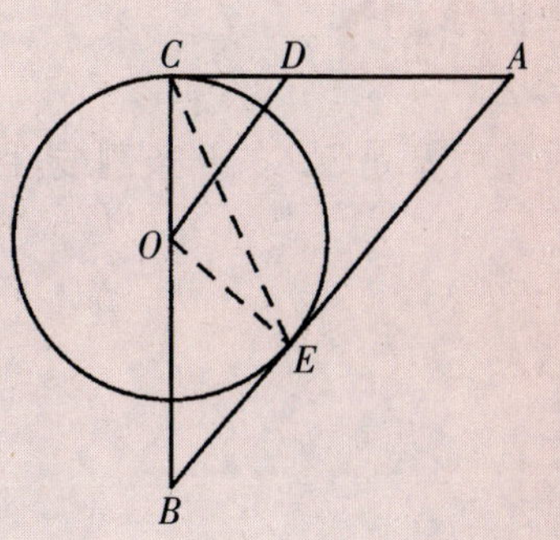

变式训练

1. (2021 湖南统考,8 分)如图,AB 是 $\odot O$ 的直径,BC 是 $\angle ABD$ 的角平分线,$\angle D=90^\circ$。

(1)求证:CD 是 $\odot O$ 的切线;

(2)若 $AB=6$,$AE=2$,求 BC 的长。

2. (2020 江苏盐城盐都区小数,10 分)如图,在 $\triangle ABC$ 中,$AB=BC$,以 AB 为直径作圆 O,已知 $\angle D=90^\circ$,$AB=10$,$CD=4$,AC 为 $\angle DCB$ 的角平分线。

(1)求证:DA 为圆 O 的切线;

(2)求 AC 的长度。

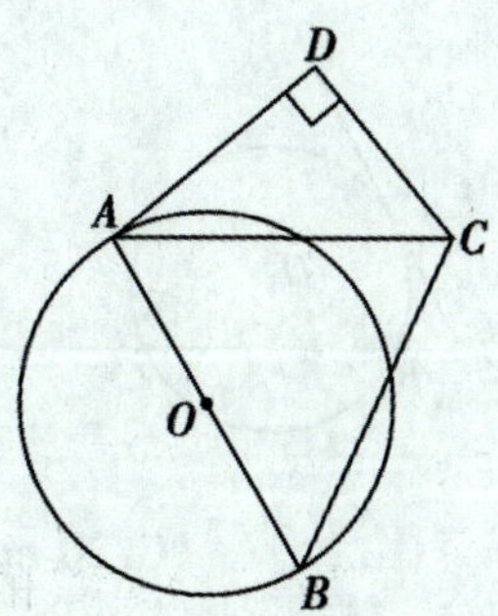

考向 5 圆的切割线定理及其推论的应用

解法突破

切割线定理:从圆外一点引圆的切线和割线,切线长是这点到割线与圆交点的两条线段长的比例中项。

切割线定理的推论:从圆外一点引圆的两条割线,这一点到每条割线与圆的交点的两条线段长的积相等。

点 P 是⊙O 的一条割线，且 $PA=AB$，PO 交⊙O 于点 C，若 $OC=3$，$OP=5$，则 AB 的长为(　　)

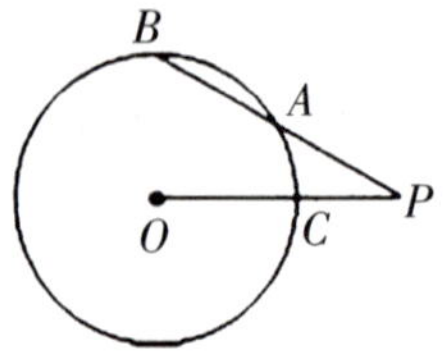

A. $\sqrt{10}$　　B. $2\sqrt{2}$　　C. $\sqrt{6}$　　D. $\sqrt{5}$

答案解析

B　【解析】如图，延长 PO，交⊙O 于点 D，由切割线定理的推论可得 $PA \cdot PB=PC \cdot PD$，设 $PA=AB=x$，$\because OC=3$，$OP=5$，$\therefore x \cdot 2x=PC \cdot PD=(5-3) \cdot (3+5)=16$，解得 $x=2\sqrt{2}$。

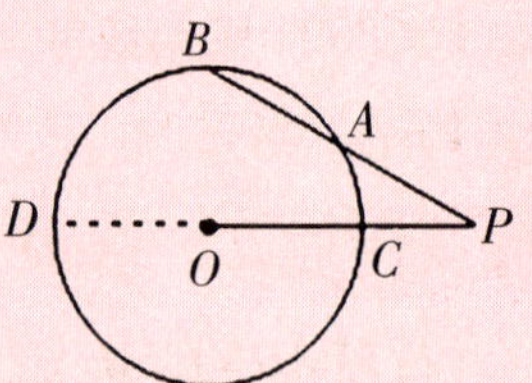

变式训练

如图，已知 PA 是⊙O 的切线，A 为切点，PC 与⊙O 相交于 B，C 两点，$PB=2$ cm，$BC=8$ cm，则 PA 的长等于(　　)

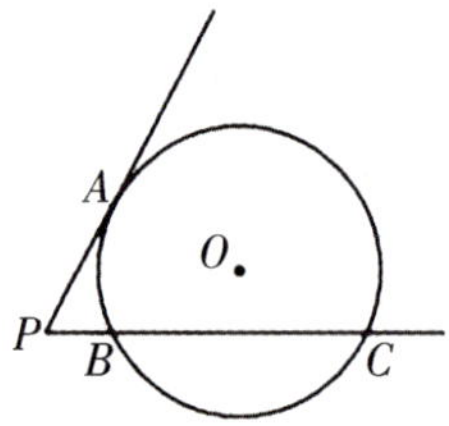

A. 4 cm　　B. 16 cm　　C. 20 cm　　D. $2\sqrt{5}$ cm

招教易错突破

易错点 1　忽略同弦圆周角的两种情况

同一弦所对圆周角有两种情况，相等或者互补；在同一圆中，同弧或者等弧所对圆周角是相等的。

如图，点 B,C,D 均在⊙O 上，四边形 $OBCD$ 是平行四边形，若点 A（不与点 B,C 重合）也在⊙O 上，则 $\angle BAC=$（　　）

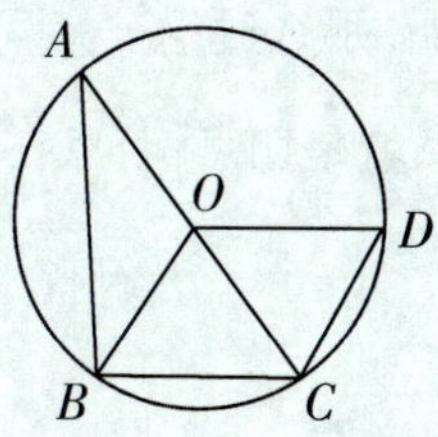

A. $30°$　　　　B. $45°$

C. $60°$或 $120°$　　　　D. $30°$或 $150°$

【错因分析】忘记分两种情况，即优弧和劣弧进行讨论。

答案解析

【解析】(1)当点 A 在优弧 BC 上时，连结 OC，

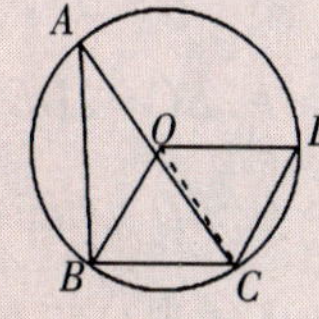

$\because$ 四边形 $OBCD$ 是平行四边形，

$\therefore BC=OD$，

$\therefore BC=OB=OC$，

$\therefore \triangle OBC$ 是等边三角形，

$\therefore \angle BOC=60°$，

$\therefore \angle BAC=\dfrac{1}{2}\angle BOC=30°$。

(2)当点 A 在劣弧 BC 上时，在 A'位置，

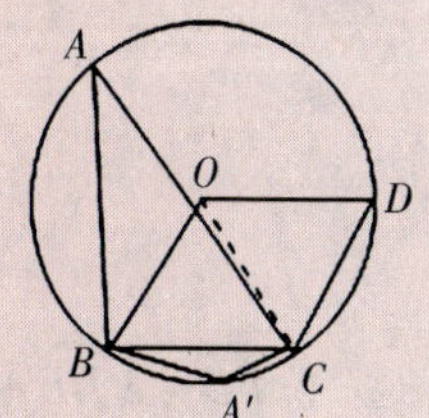

$\because$ 四边形 $ABA'C$ 为圆内接四边形，

$\therefore \angle BAC+\angle BA'C=180°$，

$\because \angle BAC=30°$，

$\therefore \angle BA'C=150°$。

综上所述，$\angle BAC=30°$或 $150°$，故本题选 D。

变式训练

1. 下列语句中：①平分弦的直径垂直于弦；②相等的圆心角所对的弧相等；③长度相等的两条弧是等弧；④圆是轴对称图形，任何一条直径都是它的对称轴；⑤在同圆或等圆中，如果两条弦长

度相等,那么它们所对的圆周角相等,不正确的有(　　)

A. 2 个　　B. 3 个　　C. 4 个　　D. 5 个

易错点2 判断圆的切线时没有对点的位置进行讨论

过一点作圆的切线问题:若点在圆外,那么过这一点可以作两条圆的切线;若点在圆上,那么过这一点可以作一条圆的切线,且这个点就是切点;若点在圆内,过这一点无法作圆的切线。

如图,$\triangle ABC$ 中,$\angle A=60°$,BC 为定长,以 BC 为直径的$\odot O$ 分别交 AB,AC 于点 D,E,连结 DE,OE,下列结论中不正确的是(　　)

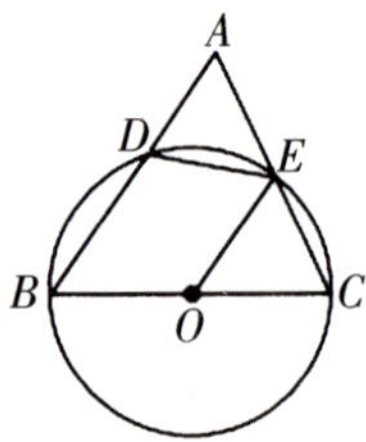

A. $BC=2DE$　　B. D 点到 OE 的距离不变

C. $BD+CE\leqslant 2DE$　　D. AE 为外接圆的切线

【错因分析】在判断圆的切线时没有对点的位置进行讨论。

答案解析

D　【解析】连结 OD,$\because \angle A=60°$,$\therefore \angle B+\angle C=120°$,

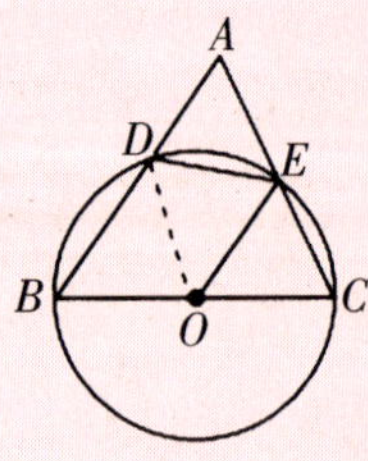

$\therefore \overset{\frown}{BD}+2\overset{\frown}{DE}+\overset{\frown}{CE}$的度数为 240°,$\because \overset{\frown}{BDC}$的度数为 180°,$\therefore \overset{\frown}{DE}$的度数为 60°,

$\therefore \angle DOE=60°$,又 $OD=OE$,$\therefore \triangle ODE$ 是等边三角形,$\therefore DE=OD=OB=OC=\frac{1}{2}BC$,

即 $BC=2DE$,所以 A 项正确,不符合题意;因为等边三角形 ODE 的边长等于圆的半径,所以高一定是一个定值,因而 B 项正确,不符合题意;$\angle A=60°$,当$\triangle ABC$ 为等边三角形时,$BD=DE=EC$,则 $BD+CE=2OE$,

如图，当 C,E 重合，$\angle A=60°$ 时，则 AC 为 $\odot O$ 的切线，

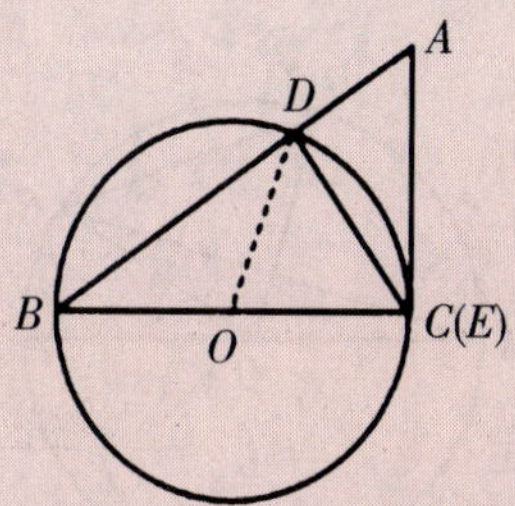

同理可得：$BC=2DE$，此时 $CE=0$，则 $BD+CE=BD$，$\because BC$ 为 $\odot O$ 的直径，$\therefore \angle BDC=90°$，$\therefore BC>BD=BD+CE$，此时 $BD+CE<2DE$，故 C 项正确，不符合题意；

$\because AE$ 与外接圆可能有两个交点，则此时 AE 不是外接圆的切线，D 项错误，所以 D 项符合题意。故本题选 D 选项。

变式训练

2. 已知平面内有 $\odot O$ 和点 A,B，若 $\odot O$ 的半径为 2 cm，线段 $OA=3$ cm，$OB=2$ cm，则直线 AB 与 $\odot O$ 的位置关系为(　　)

A. 相交　　B. 相切　　C. 相交或相切　　D. 相离

 必刷好题 

招教高频基础刷

1.《九章算术》是我国古代第一部自成体系的数学专著，代表了东方数学的最高成就，它的算法体系至今仍在推动着计算机的发展和应用。书中记载："今有圆材埋在壁中，不知大小。以锯锯之，深一寸，锯道长一尺。问径几何?"译为："今有一圆柱形木材，埋在墙壁中，不知其大小。用锯去锯这木料，锯口深一寸($ED=1$ 寸)，锯道长 1 尺($AB=1$ 尺 $=10$ 寸)"。问这块圆形木材的直径是多少？如图所示，请根据所学知识计算：圆形木材的直径 AC 是(　　)

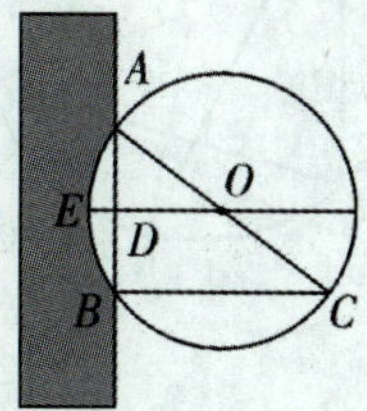

A. 13 寸　　B. 20 寸　　C. 26 寸　　D. 28 寸

2. 如图,AB 是$\odot O$ 的直径,点 C,D 是$\odot O$ 上的点,$OD\perp AC$,连结 DC,若$\angle COB=30^\circ$,则$\angle ACD$ 的度数为(　　)

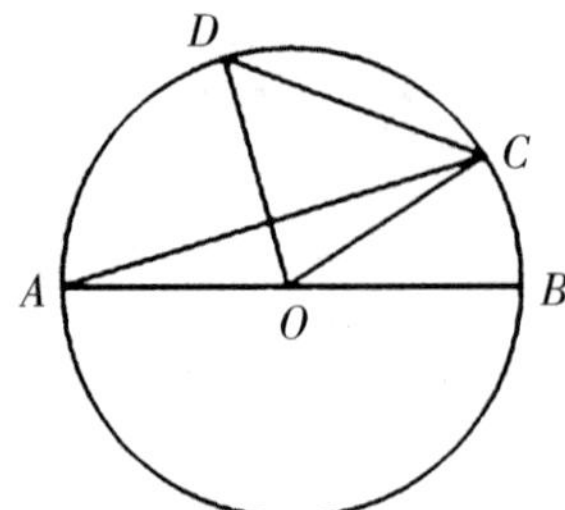

A. 30°　　B. 37.5°

C. 45°　　D. 60°

3. 如图,AB 是半圆的直径,C,D 是半圆上的两点,$\angle ADC=106^\circ$,则$\angle CAB$ 等于(　　)

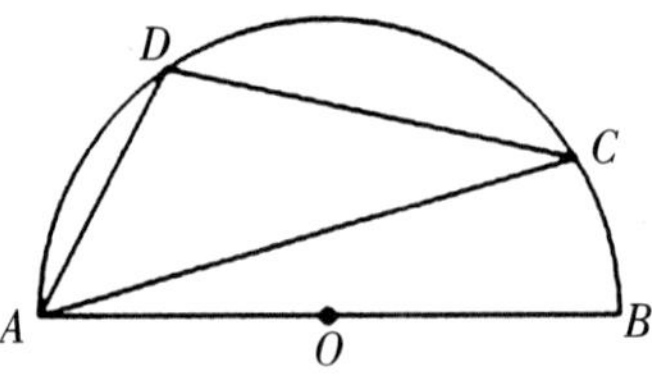

A. 26°　　B. 16°　　C. 14°　　D. 10°

4. 如图,AB 是$\odot O$ 的直径,C,D 为$\odot O$ 上的点,弧 AD = 弧 CD,若$\angle DAC=25^\circ$,则$\angle CAB$ 的度数为(　　)

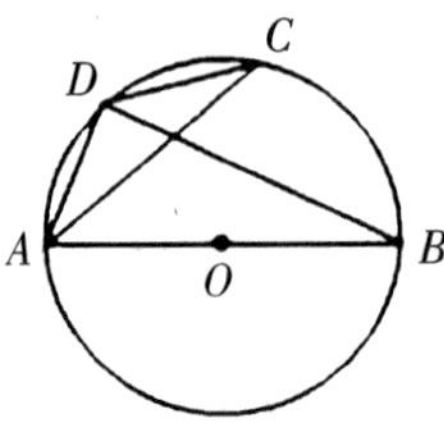

A. 30°　　B. 40°　　C. 50°　　D. 60°

5. 如图,在$\odot O$ 中,$OC\perp AB$,$\angle APC=28^\circ$,则$\angle BOC$ 的度数为(　　)

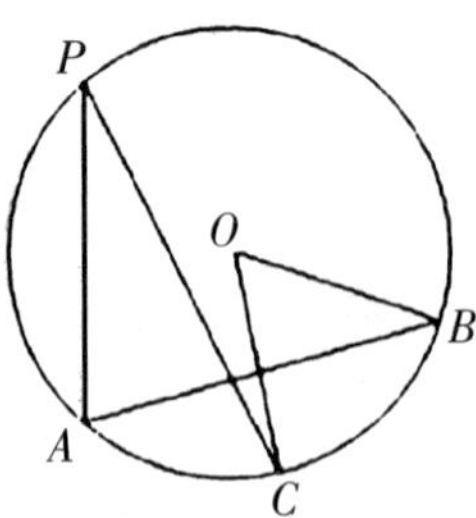

A. 14°　　B. 28°　　C. 42°　　D. 56°

6. 我国古代数学家刘徽创立的“割圆术”可以估算圆周率 π,理论上能把 π 的值计算到任意精

度,祖冲之继承并发展了“割圆术”,将 π 的值精确到小数点后第七位,这一结果领先世界一千多年,“割圆术”的第一步是计算半径为 1 的圆内接正六边形的面积 S_6,则 S_6的值为(　　)

A. $\sqrt{3}$　　B. $2\sqrt{3}$　　C. $\frac{3\sqrt{3}}{2}$　　D. $\frac{2\sqrt{3}}{3}$

7. 如图,正六边形的边长为 2,分别以正六边形的六条边为直径向外作半圆,与正六边形的外接圆围成的 6 个月牙形的面积之和(阴影部分面积)是(　　)

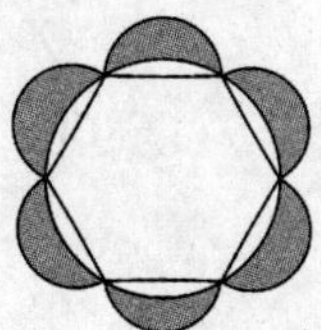

A. $6\sqrt{3}-\pi$　　B. $6\sqrt{3}-2\pi$

C. $6\sqrt{3}+\pi$　　D. $6\sqrt{3}+2\pi$

8. 如图,$\odot O$ 的直径 $AB\perp$ 弦 CD 于 E,若 $CD=8$,$BD=2\sqrt{5}$,则 AB 的长为(　　)

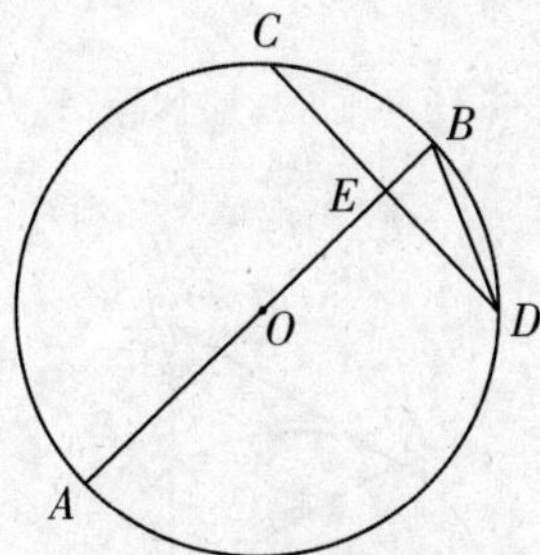

A. $2\sqrt{5}$　　B. 10　　C. 12　　D. 5

9. 如图,AB 是$\odot O$ 的直径,弦 $CD\perp AB$ 于点 E,$AE=8$ cm,$CD=8$ cm,则 BE 为(　　)cm。

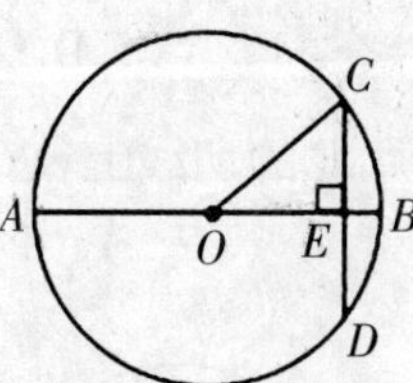

A. 1　　B. 1.5　　C. 2　　D. 2.5

10. 如图,AB 为圆 O 的弦,$OC\perp AB$ 于 C,$AB=8$,$OC=3$,则圆 O 的半径长为(　　)

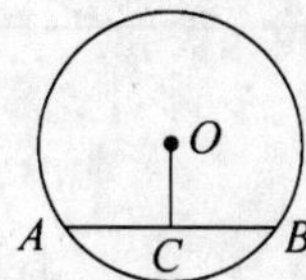

A. $\sqrt{7}$　　B. 3　　C. 4　　D. 5

11. (2017 安徽,4 分)如图,在单位圆中,若弦 AB 的长为 1,则 $S_{阴影}=$(　　)

A. $\frac{\pi}{6}+\frac{\sqrt{3}}{4}$

B. $\frac{\pi}{6}-\frac{\sqrt{3}}{4}$

C. $\frac{5\pi}{6}-\frac{\sqrt{3}}{4}$

D. $\frac{5\pi}{6}+\frac{\sqrt{3}}{4}$

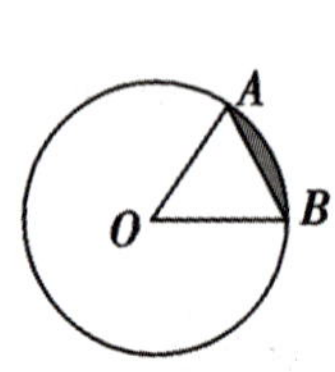

第 11 题

第 12 题

12. 如图,已知⊙O 的半径为 5,直线 EF 经过⊙O 上一点 P(点 E,F 在点 P 的两旁),下列条件能判定直线 EF 与⊙O 相切的是(　　)

A. $OP=5$

B. $OE=OF$

C. O 到直线 EF 的距离是 4

D. $OP\perp EF$

13. 如图,AB 是半圆 O 的直径,点 C 在半圆上(不与 A,B 重合),$DE\perp AB$ 于点 D,交 BC 于点 F,下列条件中能判别 CE 是切线的是(　　)

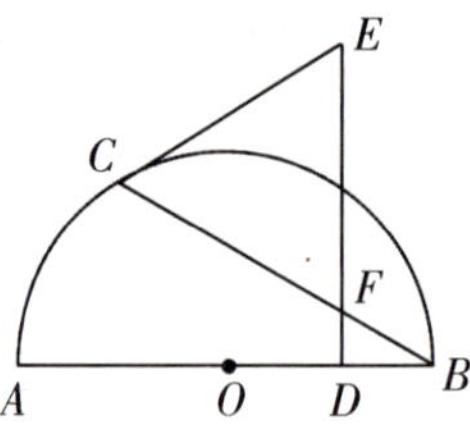

A. $\angle E=\angle CFE$

B. $\angle E=\angle FCE$

C. $\angle ECF=\angle CFE$

D. $\angle ECF=60°$

14. 如图,AB 是⊙O 的弦,点 C 在过点 B 的切线上,$OC\perp OA$,OC 交 AB 于点 P,若 $\angle BPC=70°$,则 $\angle ABC$ 的度数等于(　　)

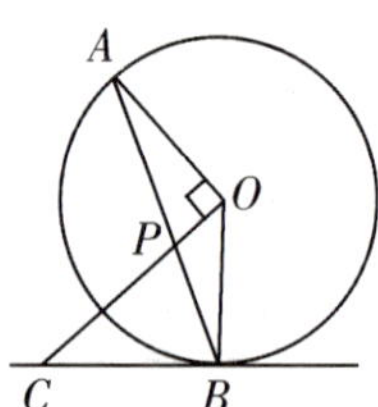

A. 75°

B. 70°

C. 65°

D. 60°

15. 如图,CB 是⊙O 的直径,P 是 CB 的延长线上的一点,且 $OB=BP$,$\angle AOC=120°$,则 PA 与

$\odot O$ 的位置关系是(　　)

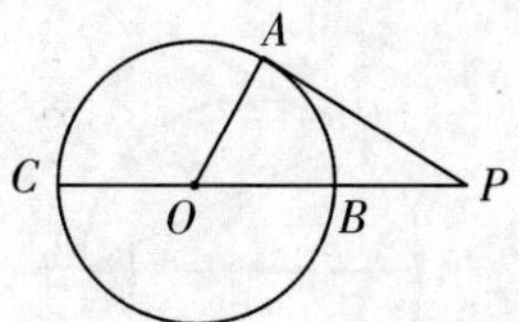

A. 相离　　B. 相切　　C. 相交　　D. 不确定

16. 如图,在矩形 $ABCD$ 中,$AB=1$,$BC=2$,以点 B 为圆心,BC 长为半径画弧,交 AD 于点 E,再作以 AE 为直径的半圆,则图中阴影部分的面积为________。

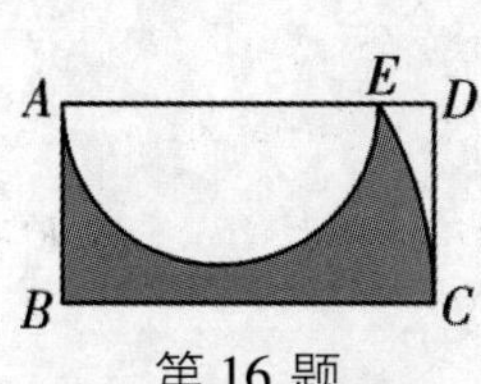

第 16 题

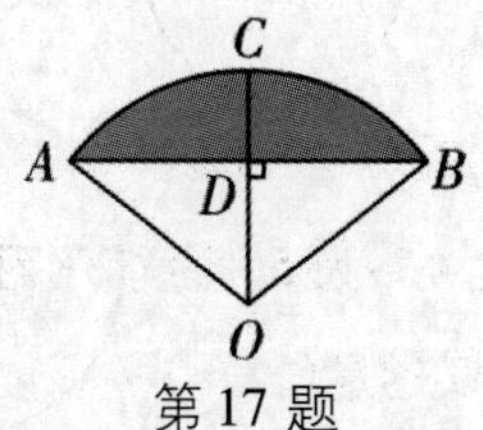

第 17 题

17.《九章算术》是我国古代数学成就的杰出代表作,其中《方田》章计算弧田面积所用的经验公式是:弧田面积 $=\frac{1}{2}$(弦 × 矢 + 矢^2)。弧田是由圆弧和其所对的弦围成(如图中的阴影部分),公式中“弦”指圆弧所对弦长,“矢”等于半径长与圆心到弦的距离之差,运用垂径定理(当半径 $OC\perp$ 弦 AB 时,OC 平分 AB)可以求解。现已知弦 $AB=8$ 米,半径等于 5 米的弧田,按照上述公式计算出弧田的面积为________平方米。

18. 如图,一根排水管道的横截面是半径为 13 cm 的圆,排水管内有水,若水面宽度 $AB=$ 24 cm,则水管中的水的深度为________ cm。

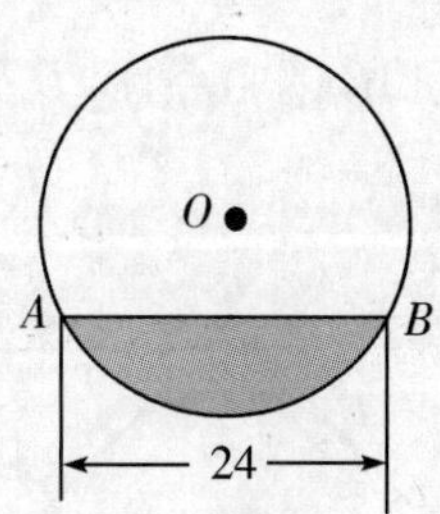

19. 如图,AB,CD 是圆 O 内的两条平行弦,$BF/\!/AC$,BF 交 CD 于点 E,交圆 O 于点 F,过 A 点的切线交 DC 的延长线于点 P,若 $PC=ED=1$,$PA=2$,则 AC 的长为________。

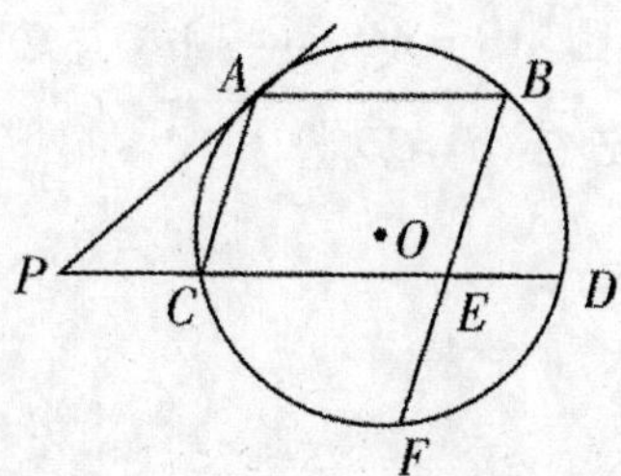

20. 如图，AB 为 $\odot O$ 的直径，圆周角 $\angle ABC=40^\circ$，当 $\angle BCD=$ ________ 时，CD 为 $\odot O$ 的切线。

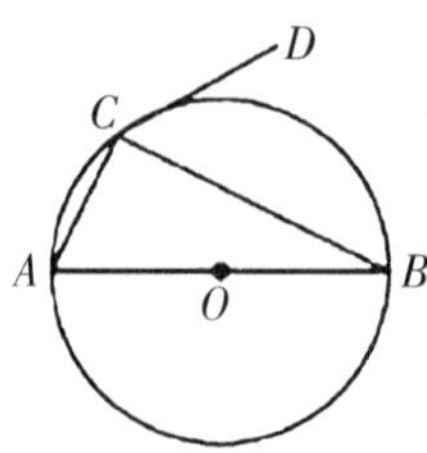

21. 如图，已知 AB 是 $\odot O$ 的直径，AC 是 $\odot O$ 的切线，连结 OC 交 $\odot O$ 于点 D，连结 BD，若 $\angle C=40^\circ$，则 $\angle B$ 的度数是________。

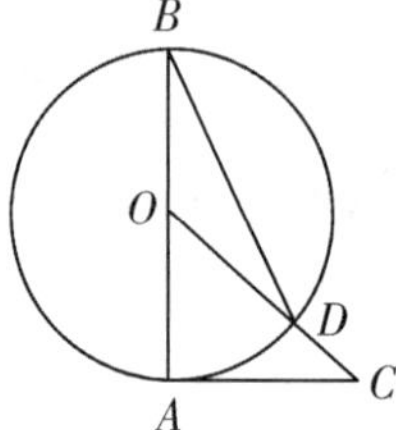

22. 如图，已知圆中两条弦 AB 与 CD 相交于点 F，E 是 AB 延长线上一点，且 $DF=CF=\sqrt{2}$，$AF:FB:BE=4:2:1$。若 CE 与圆相切，则线段 CE 的长为________。

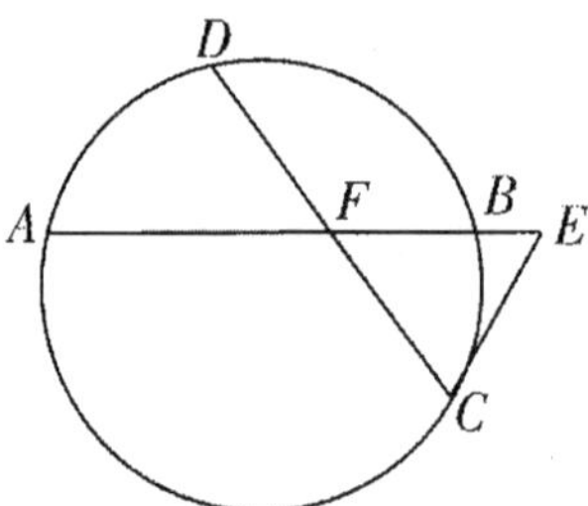

23. 如图，在 $\triangle ABC$ 中，$CA=CB$，D 为 AB 的中点，以 D 为圆心的圆与 AC 相切于点 E，求证：BC 是 $\odot D$ 的切线。

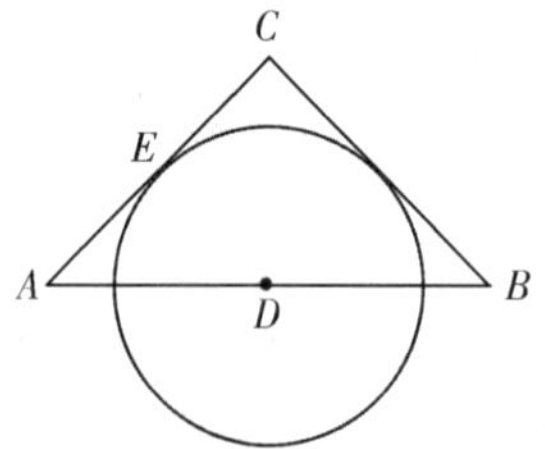

24. 如图，$\odot O$ 为 $\triangle ABC$ 的外接圆，$AB=AC$，直线 MN 与 $\odot O$ 相切于点 C，弦 $BD/\!/MN$，AC 与 BD 相交于点 E，连结 AD，CD。

(1) 求证：$\triangle ABE\cong\triangle ACD$；

(2) 若 $AB=5$，$BC=3$，求 AE 的长。

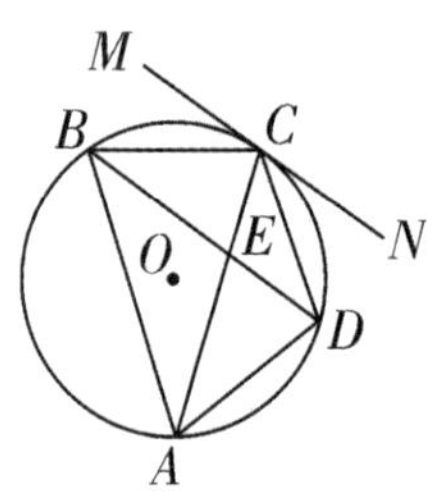

25. 如图，在 $\triangle ABC$ 中，以 AC 为直径的 $\odot O$ 交 AB 于点 D，连结 CD，$\angle BCD=\angle A$。

(1)求证：BC 是 $\odot O$ 的切线；

(2)若 $BC=5$，$BD=3$，求点 O 到 CD 的距离。

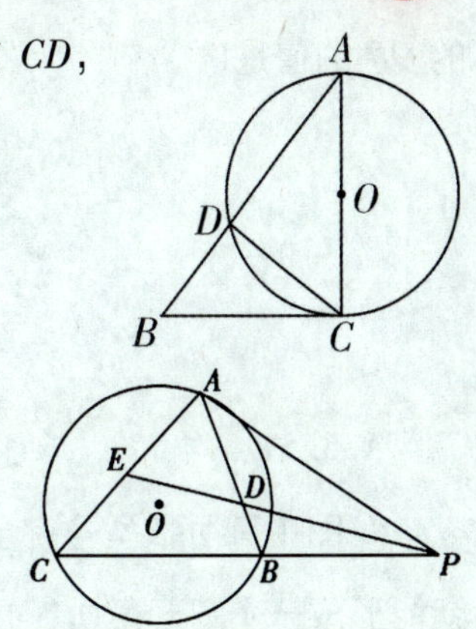

26. 如图，直线 PA 与圆 O 相切于 A 点，割线 PBC 交圆 O 于点 B 和点 C，$\angle APC$ 的平分线分别交 AB，AC 于点 D，E，求证：

(1)$AE=AD$；

(2)$\dfrac{PD}{PE}=\dfrac{AE}{CE}$。

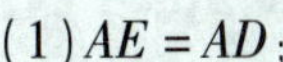

招教易错能力刷

1. 在直径为 10 cm 的圆柱型油槽内注入一些油后，截面如图所示，液面宽 $AB=6$ cm，如果继续向油槽内注油，使液面宽为 8 cm，那么液面上升了(　　)cm。

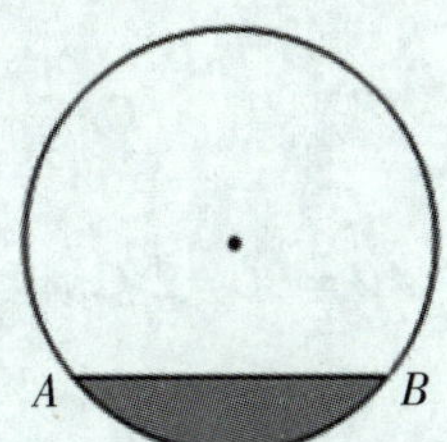

A. 1　　B. 2

C. 1 或 7　　D. 2 或 6

2. 如图，在半径为 5 的圆 O 中，半径 $OD\perp$ 弦 AB 于点 C，连结 AO 并延长交圆 O 于点 E，连结 EC，EB，若 $CD=2$，则 EC 的长为(　　)

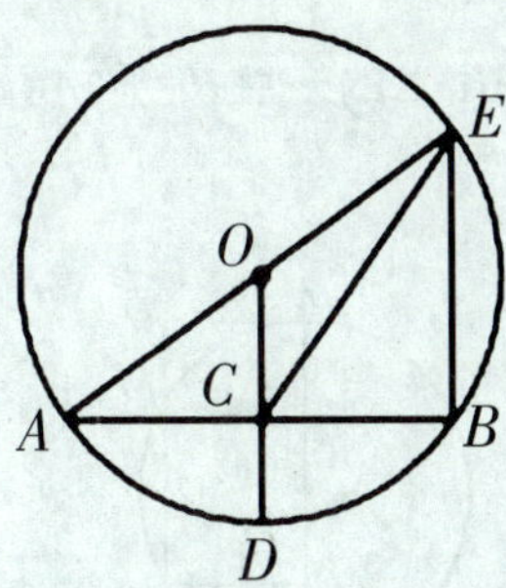

A. $2\sqrt{15}$　　B. 8

C. $2\sqrt{10}$　　D. $2\sqrt{13}$

3. 如图，圆 O 的半径为 5，弦 $AB=8$，P 是弦 AB 上的一个动点(不与 A，B 重合)，下列符合条件

的 OP 的值是(　　)

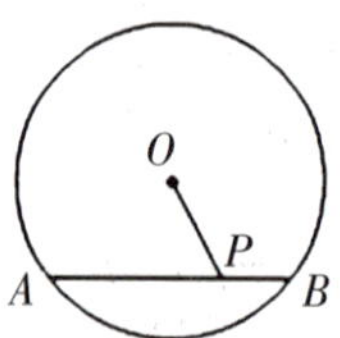

A. 6.5　　B. 5.5　　C. 3.5　　D. 2.5

4. 图中有两张型号完全一样的折叠式饭桌,将正方形桌面边上的四个弓形面板翻折起来后,就能形成一个圆形桌面(可近似看作正方形的外接圆),正方形桌面与翻折成的圆形桌面的面积之比最接近(　　)

A. $\frac{4}{5}$　　B. $\frac{3}{4}$　　C. $\frac{2}{3}$　　D. $\frac{1}{2}$

5. 如图,在 Rt△ABC 中,$\angle ACB=90°$,$AC=BC=2\sqrt{2}$,以 BC 为直径作半圆,交 AB 于点 D,则阴影部分的面积是(　　)

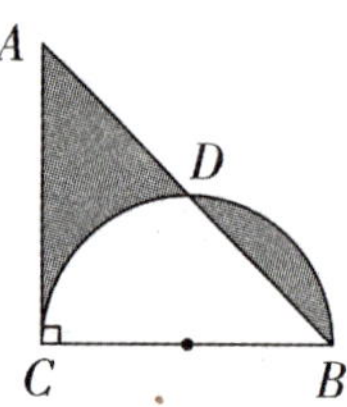

A. $\pi-1$　　B. $4-\pi$　　C. $\sqrt{2}$　　D. 2

6. 如图,⊙O 的直径 $AB=10$,C 是 AB 上的一点,矩形 $ACND$ 交⊙O 于 MN 两点,若 $DN=8$,则 AD 的值为(　　)

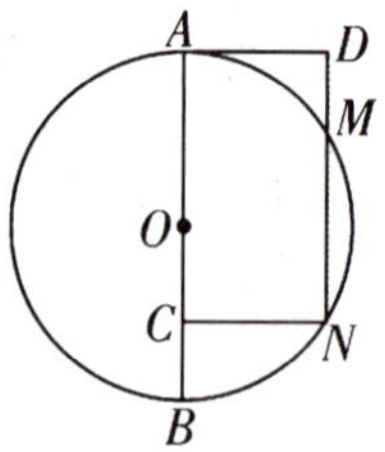

A. 6　　B. $3\sqrt{2}$

C. $2\sqrt{3}$　　D. 4

7. 如图，$\odot O_1$和$\odot O_2$内切于点A，其半径分别是4和2，将$\odot O_2$沿直线O_1O_2平移至两圆外切时，$\odot O_2$移动的距离是(　　)

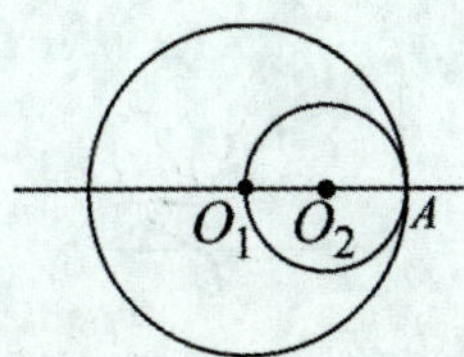

A. 2　　　　B. 4

C. 8　　　　D. 4或8

8. 如图，在$\mathrm{Rt}\triangle ABC$中，$\angle ACB=90°$，$AC=2BC=2\sqrt{5}$，$\odot C$与AB相切，P是$\odot C$上的任一点，以AP为边作$\mathrm{Rt}\triangle ADP$，使$\angle APD=90°$，$\angle PAD=\angle CAB$，则(　　)

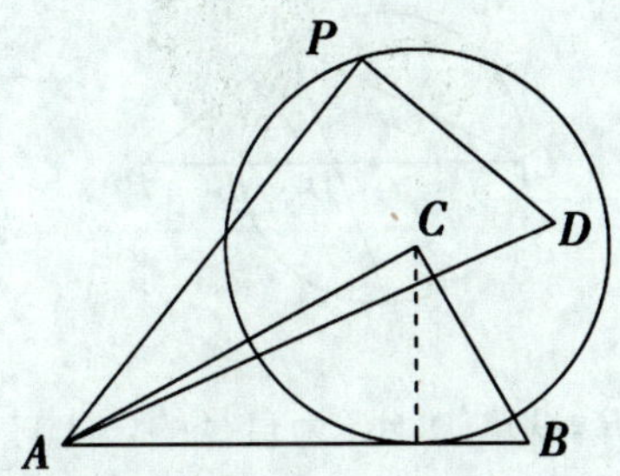

A. AD的长的最大值为$5+\sqrt{5}$，最小值为$5-\sqrt{5}$

B. AD的长等于$5+\sqrt{5}$

C. AD的长等于$5-\sqrt{5}$

D. AD的长随P点的运动而变化，而且没有最值

9. 如图，AB为半圆O的直径，点C是半圆O上的三等分点，$CD\perp AB$于点D，将$\triangle ACD$沿AC翻折得到$\triangle ACE$，AE与半圆O交于点F，若$OD=1$，则图中阴影部分的面积为________。

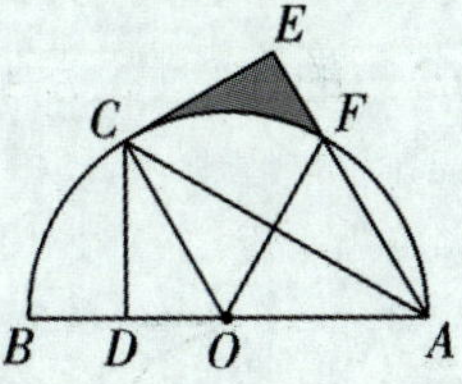

10. 如图，已知每个正方形网格中小正方形的边长都是1，图中的阴影部分图案是以格点为圆心，半径为1的圆弧围成的，则阴影部分的面积是________。

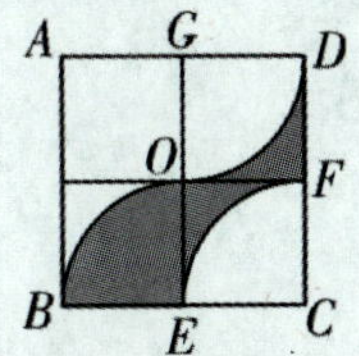

11. 如图，$\angle AOB=90^{\circ}$，$\angle B=30^{\circ}$，以点 O 为圆心，OA 为半径作弧交 AB 于点 C，交 OB 于点 D，若 $OA=3$，则阴影部分的面积为________。

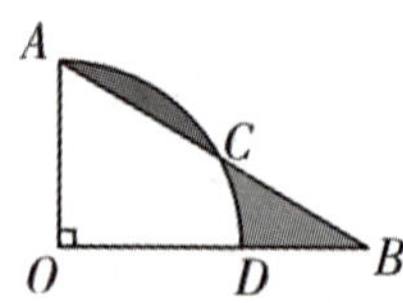

12. 如图所示，PA 为⊙O 的切线，A 为切点，PBC 是过点 O 的割线，$PA=10$，$PB=5$，$\angle BAC$ 的平分线与 BC 和⊙O 分别交于点 D 和 E。

(1) 求证：$\frac{AB}{AC}=\frac{PA}{PC}$；

(2) 求 $AD\cdot AE$ 的值。

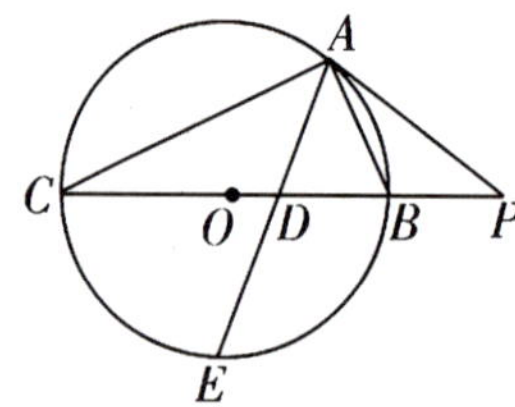

13. 如图，在 Rt$\triangle ABC$ 中，$\angle ACB=90^{\circ}$，以 AC 为直径的⊙O 与 AB 边相交于点 D，过点 D 作⊙O 的切线，交 BC 于点 E。

(1) 求证：$EB=EC$；

(2) 若以点 O,D,E,C 为顶点的四边形是正方形，试判断 $\triangle ABC$ 的形状，并说明理由。

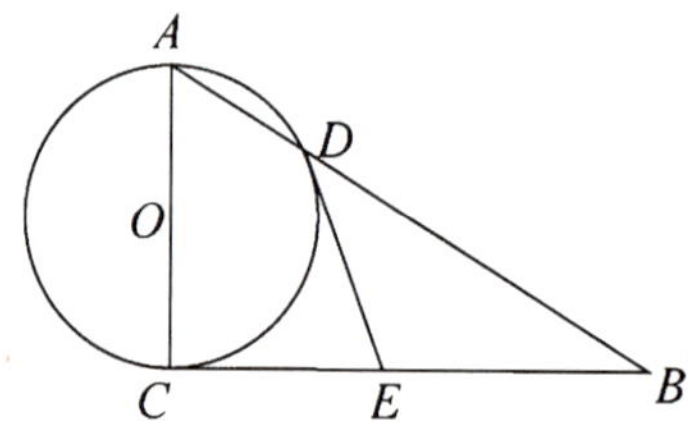

第五节　图形与空间

招教核心要点

1. 平移、旋转与翻折

(1) 平移的性质：平移前后的两个图形对应点所连的线段平行且相等，对应线段平行且相等，对应角相等。

(2) 旋转的性质：旋转前后的图形全等；对应点到旋转中心的距离相等；对应点与旋转中心所连线段的夹角都相等，且等于旋转角。

(3) 翻折图形的性质：①翻折前后的图形是全等的，对应的边和角都是相等的；②对应点连线被对称轴垂直平分。

2. 对称

(1) 轴对称图形：如果一个平面图形沿着一条直线折叠，直线两旁的部分能够完全重合，那么这个图形叫作轴对称图形，这条直线叫作对称轴。

(2) 中心对称图形：在平面内，一个图形绕某个点旋转180°，如果旋转前后的图形互相重合，那么这个图形叫作中心对称图形。

注：几种常见的轴对称图形和中心对称图形

①轴对称图形：线段、角、等腰三角形、等边三角形、菱形、矩形、正方形、等腰梯形、圆、正多边形等。

②中心对称图形：线段、平行四边形、菱形、矩形、正方形、圆、边数为偶数的正多边形。

③既是轴对称图形又是中心对称图形：线段、菱形、矩形、正方形以及圆。

考向分析

平移、旋转、翻折和对称问题相对考查较少，一般与三角形、四边形问题结合起来考查，考生重点掌握其基本概念与性质。

招教考向解读

考向1 图形的平移与旋转

(一)平移的性质

解法突破

(1)连结各组对应点的线段平行(或在同一条直线上)且相等。

(2)平移不改变图形的大小、形状,只改变图形的位置。

(3)图形上的每个点都平移了相同的距离,对应点之间的距离就是平移的距离。

真题过招

1. (2021 江西小数,1 分)三角形的一个顶点 A,可以用数对(5,6)表示,如果把这个三角形向上平移 4格,再向左平移 3 格,这时点 A 用数对(　　)表示。

A. (9,9)　　B. (8,10)　　C. (2,10)　　D. (3,10)

答案解析

C 【解析】点向上或向下移动时,纵坐标变化;点左右移动时,横坐标变化。向上平移 4 格,纵坐标增加 4;向左平移 3 格,横坐标减少 3,此时点 A 用数对表示为(2,10)。

2. (2019 山西运城稷山县,7 分)$\triangle ABC$ 在平面直角坐标系 xOy 中的位置如图,其中 A 点坐标为(−2,3),B 点坐标为(−1,1),C 点坐标为(0,2)。

(1)作$\triangle ABC$ 关于 y 轴对称的$\triangle A_1B_1C_1$;

(2)将$\triangle A_1B_1C_1$ 向右平移三个单位,作出平移后的$\triangle A_2B_2C_2$;

(3)在 x 轴上求作一点 P,使 PA_1+PC_2 的值最小,并求出点 P 的坐标。

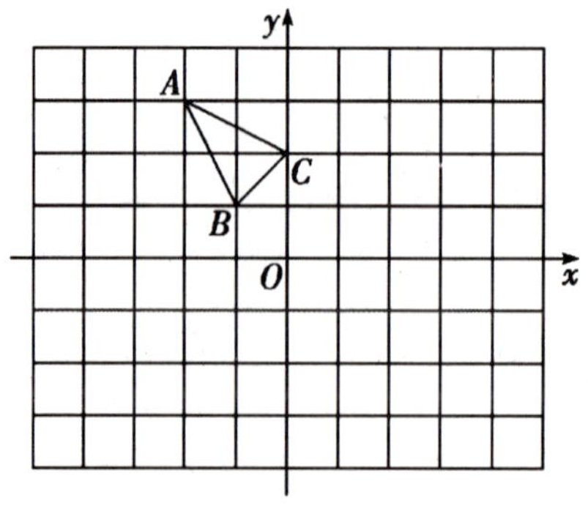

答案解析

【解析】(1)由题意得 $A(-2,3)$，$B(-1,1)$，$C(0,2)$，$\triangle ABC$ 关于 y 轴对称时，$A_1(2,3)$，$B_1(1,1)$，$C_1(0,2)$，如下图所示。

(2)将 $\triangle A_1B_1C_1$ 向右平移三个单位后得 $A_2(5,3)$，$B_2(4,1)$，$C_2(3,2)$，如下图所示。

(3)作点 $A_1(2,3)$ 关于 x 轴的对称点 $A_0(2,-3)$，连结 A_0C_2，交 x 轴于点 P，根据两点之间线段最短可知，点 P 即为所求。由 $A_0(2,-3)$，$C_2(3,2)$ 得，直线 A_0C_2 的解析式为 $y=5x-13$，所以点 P 的坐标为 $(\frac{13}{5},0)$。

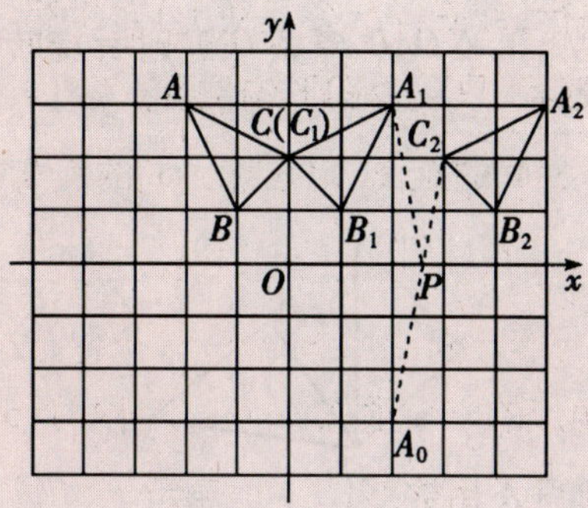

变式训练

1. 在下列汽车标志的图案中，能用图形的平移来分析其形成过程的是(　　)

A. 

B. 

C. 

D. 

2. 如图所示，将 Rt$\triangle ABC$ 沿 BC 的方向平移得到 Rt$\triangle DEF$，如果 $AB=12$ cm，$BE=5$ cm，$DH=4$ cm，则图中阴影部分的面积为________ cm^2。

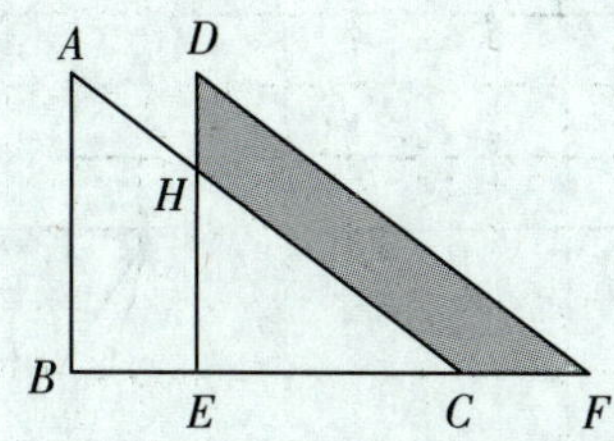

(二)旋转的性质

解法突破

(1)对应点到旋转中心的距离相等。

(2)对应点与旋转中心所连线段的夹角等于旋转角。

(3)旋转前后图形全等。

真题过招

3. (2022 江西中数,1.5 分) 如图,$\triangle OAB$ 绕点 O 逆时针旋转 $70°$到 OCD 的位置,若$\angle AOB = 25°$,则$\angle AOD =$ (　　)

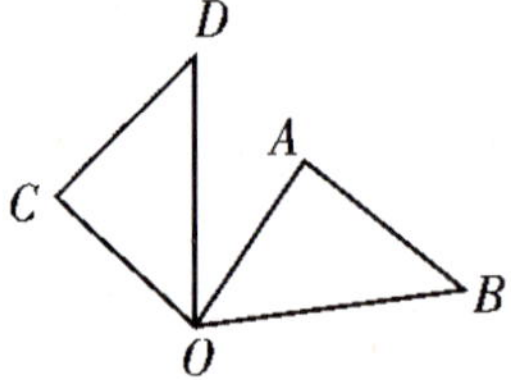

A. $55°$　　B. $45°$　　C. $40°$　　D. $35°$

答案解析

B 【解析】因为$\triangle OCD$ 是由$\triangle OAB$ 绕点 O 逆时针旋转 $70°$所得,所以$\angle BOD = 70°$,故$\angle AOD = \angle BOD - \angle AOB = 70° - 25° = 45°$。

变式训练

3. 如图,$\triangle ABC$ 经过变换得到$\triangle AB'C'$,其中$\triangle ABC$ 绕点 A 逆时针旋转 $60°$的是(　　)

A. 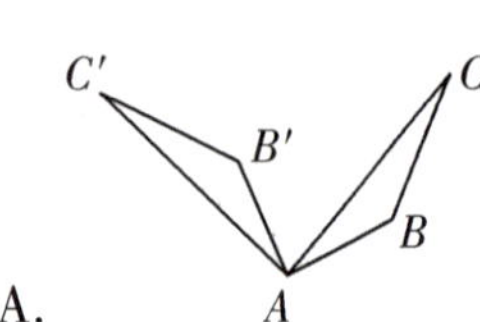

B. 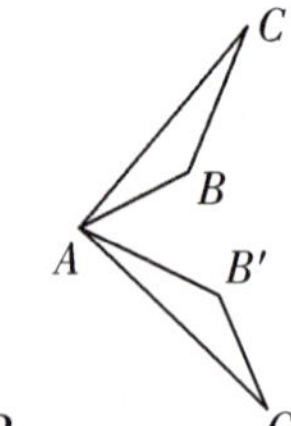

C. 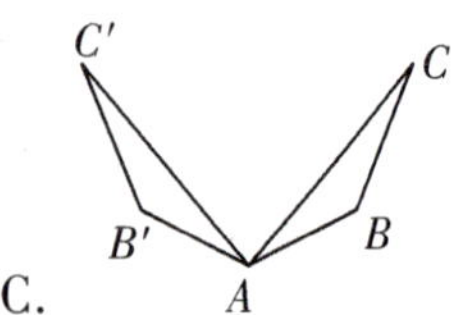

D. 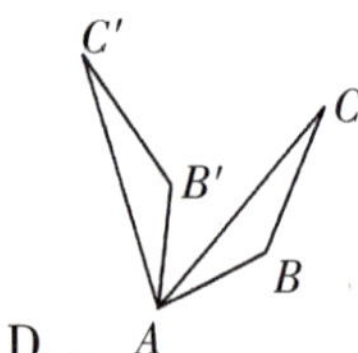

4.（2021 浙江台州小数，6 分）在矩形 $ABCD$ 中，$\frac{AB}{AD}=\sqrt{3}$，点 P 在直线 AB 上，点 Q 在直线 BD 上，连结 PQ，且 $PQ=BQ$，将 PQ 绕点 P 顺时针旋转 $90°$ 后 Q 点对应点为 Q'，连结 QQ'。

（1）如图 1，若点 P 在线段 AB 上，则 $\frac{PB}{QQ'}$ 的值是多少？

（2）如图 2，若点 P 在线段 BA 的延长线上，$QQ'=\sqrt{6}$，$PA=\frac{1}{8}AB$，求 AD 的长。

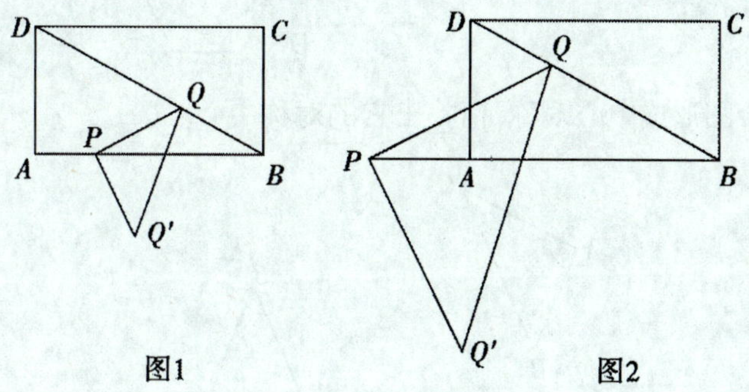

图1　　图2

考向 2 图形的对称

解法突破

如果一个平面图形沿着一条直线折叠，直线两旁的部分能够完全重合，那么这个图形叫作轴对称图形，这条直线叫作对称轴。

把一个图形绕某一个点旋转 180°，如果旋转后的图形能够与原来的图形重合，那么这个图形称为中心对称图形，这个点就是它的对称中心。

中心对称的两个图形，对称点所连线段都经过对称中心，而且被对称中心平分。

真题过招

（2019 重庆沙坪坝区，1.5 分）下列图形中，对称轴只有一条的是（　　）

A. 长方形　　B. 等腰三角形

C. 等边三角形　　D. 圆

答案解析

B 【解析】长方形有 2 条对称轴；等腰三角形有 1 条对称轴；等边三角形有 3 条对称轴；圆有无数条对称轴。故选 B。

变式训练

1. 下列图形中，既是轴对称图形又是中心对称图形的是(　　)

A. 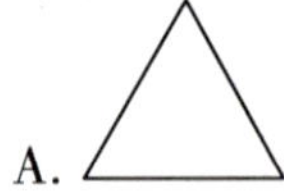

B. 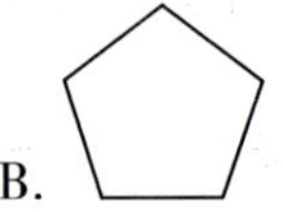

C. 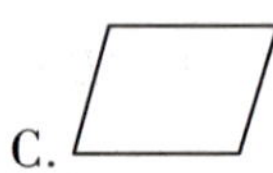

D. 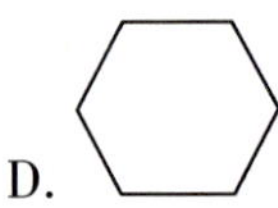

2. 如图所示的两个图形成中心对称，请找出它的对称中心。

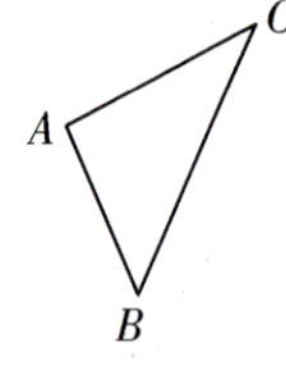

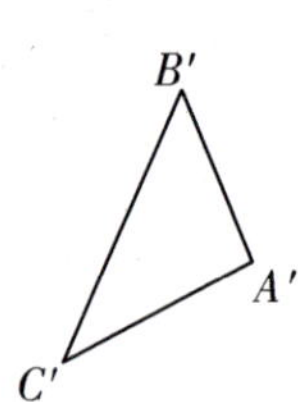

考向3 图形的翻折

解法突破

图形翻折后的性质，翻转后的对应角相等，对应边相等。

真题过招

1. (2021 江西中数，1 分)如图，将长方形纸片 $ABCD$ 沿 AE 折叠，使点 D 恰好落在 BC 边上点 F 处，若 $AB=6$，$AD=10$，则 EC 的长为(　　)

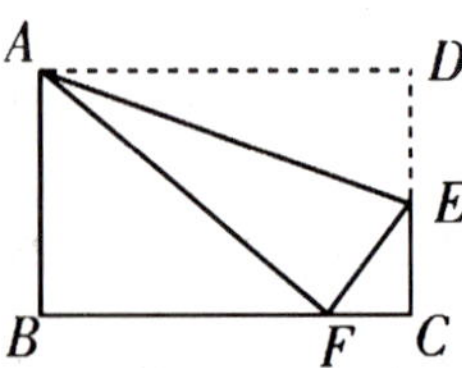

A. 2

B. $\frac{8}{3}$

C. 3

D. $\frac{10}{3}$

答案解析

B 【解析】由折叠的性质知 $AF=AD=10$，所以在 Rt$\triangle ABF$ 中，$BF=\sqrt{AF^2-AB^2}=8$，则 $FC=10-8=2$。设 $DE=x$，则 $EF=x$，$EC=6-x$，在 Rt$\triangle CEF$ 中，由勾股定理得 $(6-x)^2+2^2=x^2$，解得 $x=\frac{10}{3}$，则 $EC=DC-DE=6-\frac{10}{3}=\frac{8}{3}$。

2. (2021 广东广州天河区，1.47 分)如图，$\triangle ABC$ 中，D 为 BC 边的中点，连结 AD，$AD=4$，将 $\triangle ABD$ 沿着 AD 翻折，得到 B' 点，连结 AB'，$B'C$，$B'D$，已知 $\triangle B'CD$ 是边长为 2 的等边三角形，则点 D 到 AB' 的距离为(　　)

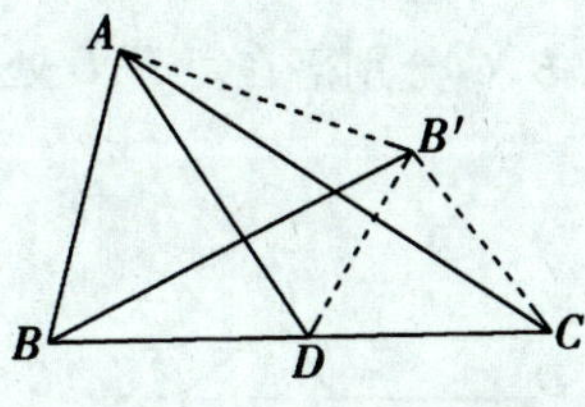

A. 1　　　　B. 2

C. $\sqrt{2}$　　　　D. $\frac{3\sqrt{2}}{3}$

答案解析

B 【解析】由翻折的性质得 $\triangle ABD\cong\triangle AB'D$，$\therefore\angle BDA=\angle ADB'$，$BD=B'D$，$\because\triangle B'CD$ 是边长为 2 的等边三角形，$\therefore CD=B'D=2$，$\angle B'DC=60°$，$\therefore\angle ADB'=\frac{1}{2}(180°-60°)=60°$，$\therefore AB'=\sqrt{AD^2+B'D^2-2AD\cdot B'D\cdot\cos\angle ADB'}=\sqrt{16+4-2\times4\times2\times\frac{1}{2}}=2\sqrt{3}$，则点 D 到 AB' 的距离为 $\frac{S_{\triangle AB'D}}{\frac{1}{2}AB'}=\frac{\frac{1}{2}\times4\times2\times\frac{\sqrt{3}}{2}}{\frac{1}{2}\times2\sqrt{3}}=2$。

3. (2022 年 6 月浙江杭州，4 分)如图，三角形纸片 ABC，点 D 在 AB 上，E 在 BC 上，把 $\triangle BDE$ 沿 DE 折叠，使 B，C 重合，连结 AE，若 $\angle ABC=45°$，$AD=1$，$BD=4$，则 $AE=$________。

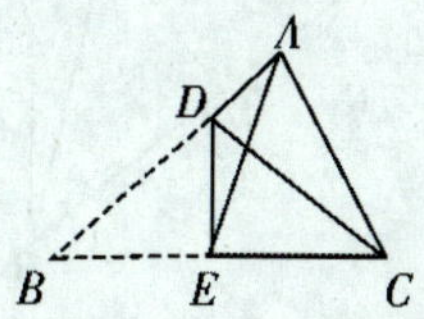

答案解析

$\sqrt{13}$ 【解析】由翻折的性质可知$\angle DCB=\angle B=45°$，故$\angle BDC=90°$，由勾股定理可得$BC=\sqrt{4^2+4^2}=4\sqrt{2}$，$BE=\frac{1}{2}BC=2\sqrt{2}$，则在$\triangle ABE$中，由余弦定理可得$\cos\angle ABE=\cos 45°=\frac{AB^2+BE^2-AE^2}{2AB\cdot BE}=\frac{25+8-AE^2}{2\times5\times2\sqrt{2}}=\frac{\sqrt{2}}{2}$，解得$AE=\sqrt{13}$。

变式训练

1. (2021 江苏南通小数,3 分)在长方形纸片$ABCD$中，$AD=12$，点E在边AB上，将纸片折叠，使EB落在线段ED上，折痕为EF，点B，C分别落在点H，G处，若$\triangle ADE$的周长等于48，$CF=7$，则DH的长为(　　)

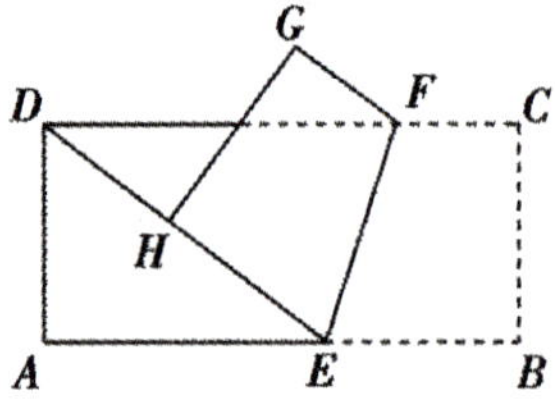

A. 12　　　　B. 11

C. 10　　　　D. 9

2. 将一矩形纸片按如图所示折叠，BC，BD为折痕，折叠后$A'B$与$E'B$在同一条直线上，则$\angle CBD$的度数是________。

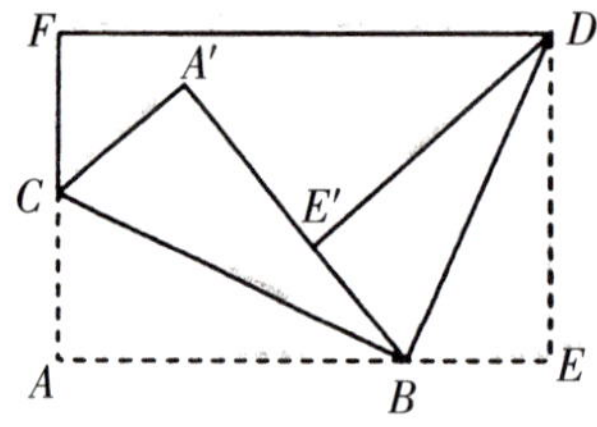

3. 如图，在$\triangle ABC$中，$\angle ACB=90°$，$AC=8$，$BC=6$，将$\triangle ADE$沿DE翻折，使点A与点B重合，则CE的长为________。

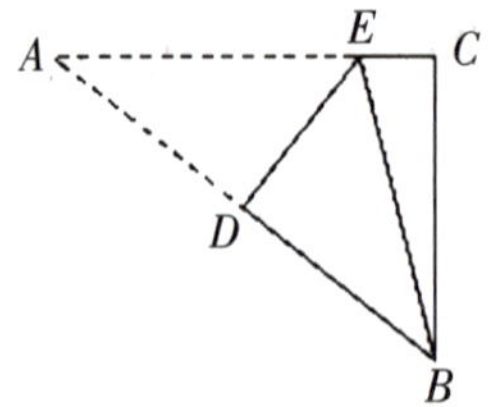

4.（2021 山西省晋中，2 分）如图，在矩形 $ABCD$ 中，$AB=3$，$BC=4$，点 E 是 BC 边上一点，连结 AE，把 $\angle B$ 沿 AE 折叠，使点 B 落在点 B' 处，当 $\triangle CEB'$ 为直角三角形时，BE 的长为________。

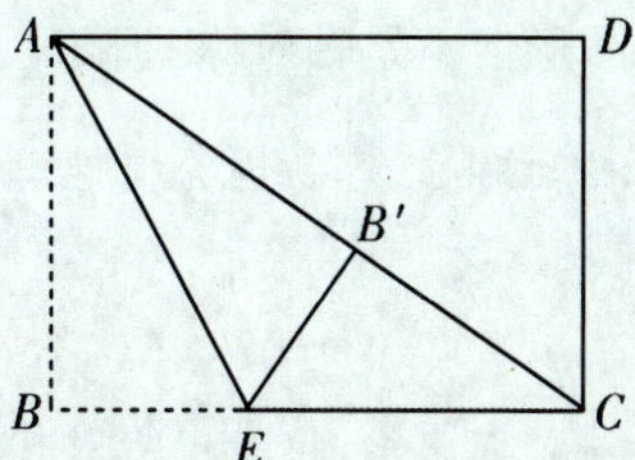

5.（2020 江苏宿迁宿城区，8 分）如图①，将边长为 4 cm 的正方形纸片 $ABCD$ 沿 EF 折叠（点 E，F 分别在边 AB，CD 上），使点 B 落在 AD 边上的点 M 处，点 C 落在点 N 处，MN 与 CD 交于点 P，连结 EP。

（1）如图②，已知 M 为 AD 边的中点。

①$\triangle AEM$ 的周长 = ________ cm；

②求证：$EP=AE+DP$；

（2）随着落点 M 在 AD 边上取遍所有的位置（点 M 不与 A，D 重合），$\triangle PDM$ 的周长是否发生变化？请说明理由。

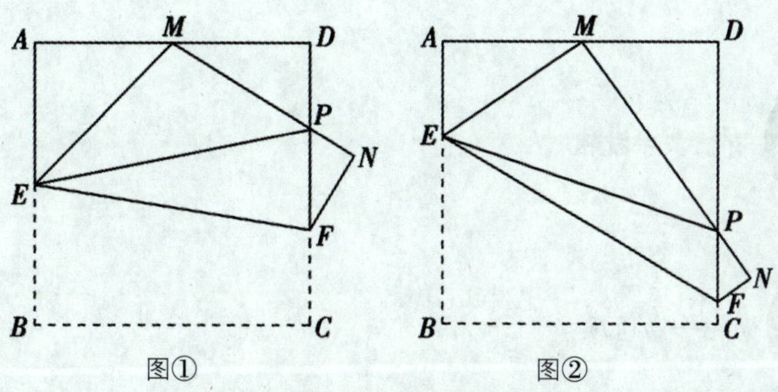

图①

图②

招教易错突破

易错点 ▸ 混淆中心对称与轴对称

在判断图形是否为轴对称图形或中心对称图形时，容易混淆两种对称形式，尤其是在判断例如平行四边形、等边三角形等常见图形时，因为惯性思维而判断错误。

(判断)平行四边形是中心对称图形但不是轴对称图形(　　)

【错因分析】由于混淆中心对称和轴对称,容易因为惯性思维判断错误。

答案解析

√　【解析】平行四边形不是轴对称图形,但是中心对称图形,故本题正确。

变式训练

下列宣传图案中,即是中心对称图形又是轴对称图形的是(　　)

招教高频基础刷

1. 如图,$\triangle A'B'C'$是由$\triangle ABC$经过平移得到的,$\triangle A'B'C'$还可以看作是$\triangle ABC$经过怎样的图形变化得到?下列结论:①1 次旋转;②1 次旋转和 1 次轴对称;③2 次旋转;④2 次轴对称。其中所有正确结论的序号是(　　)

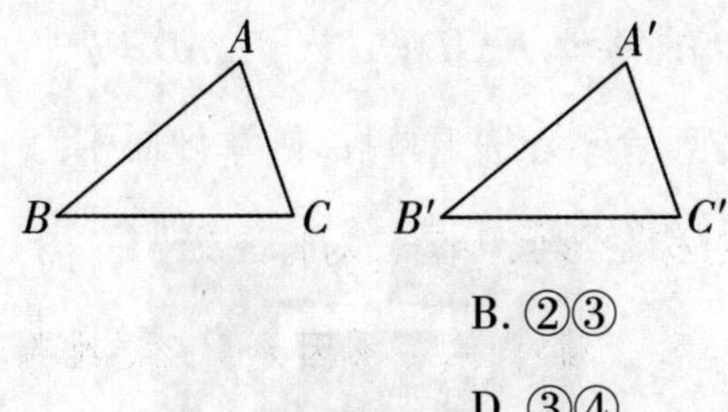

A. ①④　　B. ②③

C. ②④　　D. ③④

2. 如图,在平面直角坐标系中,正三角形 OAB 的顶点 B 的坐标为(2,0),将$\triangle ABO$ 沿直线 OA 的方向平移至$\triangle A'B'O'$的位置,A'的横坐标为 3,此时点 B'的坐标为(　　)

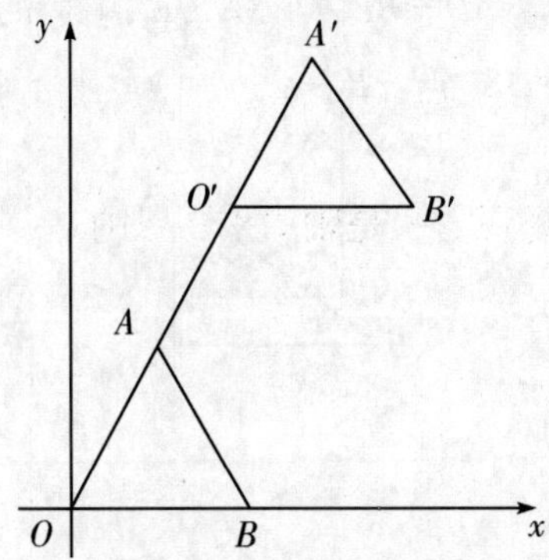

A. $(4,2\sqrt{3})$　　B. $(3,3\sqrt{3})$

C. $(4,3\sqrt{3})$　　D. $(3,2\sqrt{3})$

3. 如图,将$\triangle ABC$ 平移后得到$\triangle DEF$,若$\angle A=44°$,$\angle EGC=70°$,则$\angle ACB$ 的度数是(　　)

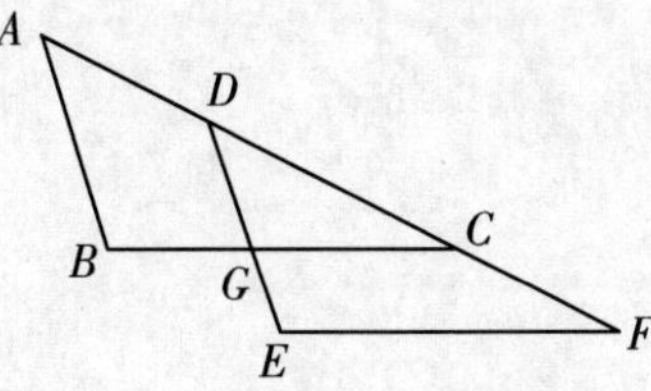

A. 26°　　B. 44°

C. 46°　　D. 66°

4. 如图,$\triangle ABC$ 中,$\angle CAB=72°$,在同一平面内,将$\triangle ABC$ 绕点 A 旋转到$\triangle AB'C'$的位置,使得 $C'C/\!/AB$,则$\angle BAB'$的度数为(　　)

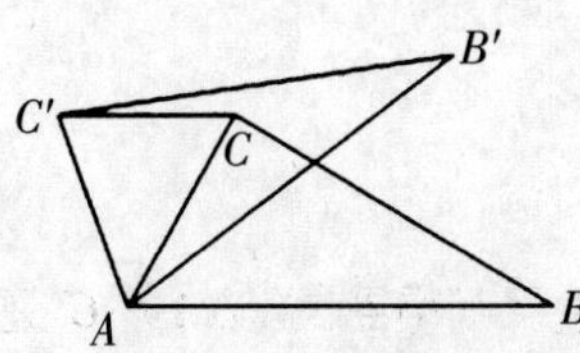

A. 34°　　B. 36°

C. 72°　　D. 46°

5. 如图是一块长方形 $ABCD$ 的场地,长 $AB=a$ 米,宽 $AD=b$ 米,从 A,B 两处入口的小路宽都为 1 米,两小路汇合处路宽为 2 米,其余部分种植草坪,则草坪面积为________平方米。

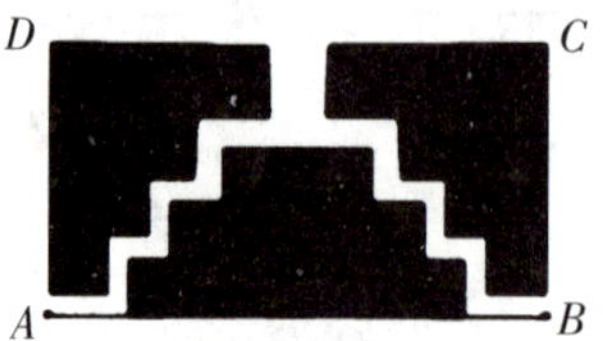

6. 如图,在 Rt$\triangle ABC$ 中,$\angle C=90°$,$AC=6$,$BC=8$,把$\triangle ABC$ 绕 AB 边上的点 D 顺时针旋转 $90°$ 得到$\triangle A'B'C'$, $A'C'$交 AB 于点 E,若 $AD=BE$,则$\triangle A'DE$ 的面积是________。

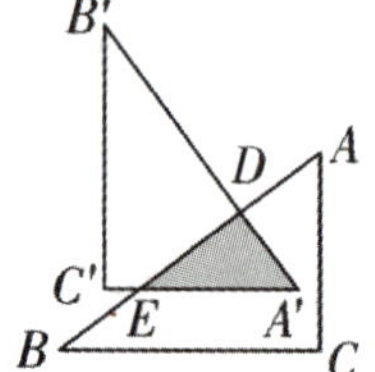

专题二　平面向量

第一节　平面向量的概念及其线性运算

招教核心要点

1. 向量的基本概念

(1)向量的模：向量的大小叫作向量的长度(或称模)，记作：$|\overrightarrow{AB}|$或$|\boldsymbol{a}|$。

(2)零向量：长度为0的向量叫作零向量，记作：$\mathbf{0}$。零向量的方向是任意的。

(3)单位向量：长度为1个单位的向量。

(4)平行向量：方向相同或相反的非零向量，记作：$\overrightarrow{AB}/\!/\overrightarrow{CD}$。平行向量也叫共线向量，规定$\mathbf{0}/\!/\boldsymbol{a}$。

(5)相等向量：长度相等且方向相同的向量。两个向量相等与向量起点的位置无关。

(6)相反向量：与$\boldsymbol{a}$长度相等、方向相反的向量叫作$\boldsymbol{a}$的相反向量，记作：$-\boldsymbol{a}$。规定$\mathbf{0}=-\mathbf{0}$，$\overrightarrow{AB}=-\overrightarrow{BA}$。

2. 向量的线性运算

(1)向量的加法

①运算法则

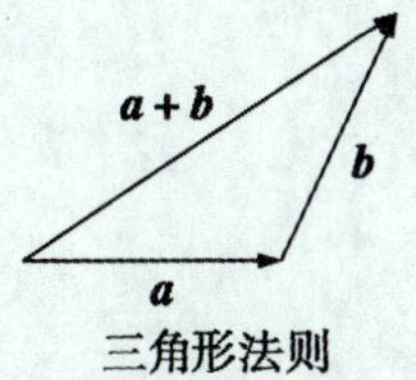

三角形法则

考向分析

平面向量的概念及其线性运算、平面向量共线定理的应用是教师招聘考试中的基础内容，一般为必考知识点，有时会单独考查其基本概念与线性运算，有时会与平面几何问题结合起来考查。考生要重点掌握相关基本概念与线性运算方法。

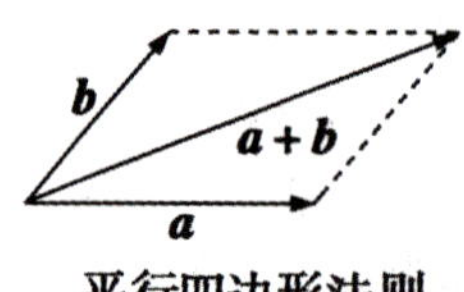

平行四边形法则

②运算律：交换律：$\boldsymbol{a}+\boldsymbol{b}=\boldsymbol{b}+\boldsymbol{a}$；结合律：$(\boldsymbol{a}+\boldsymbol{b})+\boldsymbol{c}=\boldsymbol{a}+(\boldsymbol{b}+\boldsymbol{c})$。

(2)向量的减法

①运算法则

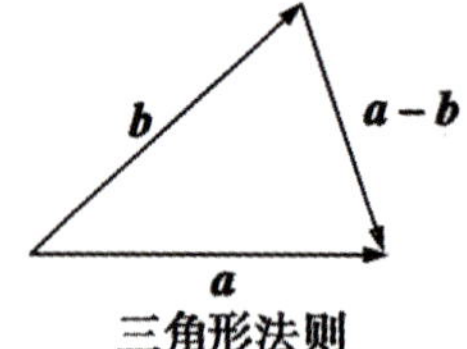

三角形法则

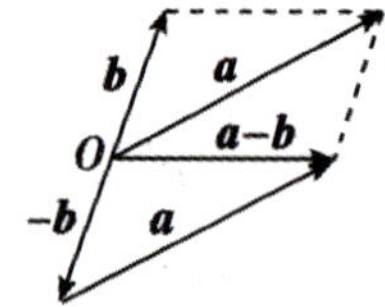

平行四边形法则

②运算律：$-(-\boldsymbol{a})=\boldsymbol{a}$；$\boldsymbol{a}+(-\boldsymbol{a})=\boldsymbol{0}$；$\boldsymbol{a}+(-\boldsymbol{b})=\boldsymbol{a}-\boldsymbol{b}$（即向量 $\boldsymbol{a}$ 加上 $\boldsymbol{b}$ 的相反向量叫作 $\boldsymbol{a}$ 与 $\boldsymbol{b}$ 的差）。

(3)向量的数乘

结合律：$\lambda(\mu\boldsymbol{a})=(\lambda\mu)\boldsymbol{a}$。

分配律：$(\lambda+\mu)\boldsymbol{a}=\lambda\boldsymbol{a}+\mu\boldsymbol{a}$；$\lambda(\boldsymbol{a}+\boldsymbol{b})=\lambda\boldsymbol{a}+\lambda\boldsymbol{b}$（$\lambda,\mu$ 是实数）。

3. 向量共线定理

向量 $\boldsymbol{a}(\boldsymbol{a}\neq\boldsymbol{0})$ 与 $\boldsymbol{b}$ 共线的充要条件是存在唯一一个实数 λ，使得 $\boldsymbol{b}=\lambda\boldsymbol{a}$。

4. 向量的常用结论

(1)一般地，首尾顺次相接的多个向量的和等于从第一个向量起点指向最后一个向量终点的向量，即 $\overrightarrow{A_1A_2}+\overrightarrow{A_2A_3}+\overrightarrow{A_3A_4}+\cdots+\overrightarrow{A_{n-1}A_n}=\overrightarrow{A_1A_n}$。特别地，一个封闭图形首尾连结而成的向量和为零向量。

(2)若点 P 为线段 AB 的中点,O 为平面内任一点,则$\overrightarrow{OP}=\frac{1}{2}(\overrightarrow{OA}+\overrightarrow{OB})$。

(3)若 A,B,C 是平面内不共线的三点,则$\overrightarrow{PA}+\overrightarrow{PB}+\overrightarrow{PC}=\mathbf{0}\Leftrightarrow$点 P 为$\triangle ABC$ 的重心。

招教考向解读

考向1 平面向量的概念

解法突破

招教考试中,有关平面向量的常考点有:(1)共线向量即为平行向量,非零平行向量具有传递性,两个向量方向相同或相反就是共线向量,与向量的长度无关;(2)两个向量方向相同且长度相等,就是相等向量;(3)共线向量或相等向量均与向量的起点无关;(4)向量是既有大小,又有方向的量,但考查的侧重点一般是方向,在解决向量的概念问题时,多关注向量的方向,能在找到问题突破口的同时避免出现错误。

在平面向量所有概念中,$\mathbf{0}$ 与 0 的区分是个易错点,前者是向量,后者是实数,不能混为一谈。零向量是一个方向任意,模为 0 的特殊向量,特别注意零向量与任意向量平行。在解决向量概念相关问题时要注意对零向量进行讨论,否则容易出错。

真题过招

(2021 山东青岛,2.5 分)已知向量 $\boldsymbol{a}=(-3,4)$,则与 $\boldsymbol{a}$ 方向相同的单位向量为(　　)

A. $\left(\frac{3}{5},\frac{4}{5}\right)$　　B. $\left(-\frac{3}{5},\frac{4}{5}\right)$　　C. $\left(\frac{3}{5},-\frac{4}{5}\right)$　　D. $\left(-\frac{3}{5},-\frac{4}{5}\right)$

答案解析

B 【解析】与向量 $\boldsymbol{a}=(-3,4)$ 方向相同的单位向量为$\left(-\frac{3}{5},\frac{4}{5}\right)$。

变式训练

已知下面三个命题:

①有向线段就是向量，向量就是有向线段；

②向量$\overrightarrow{AB}$与向量$\overrightarrow{CD}$共线，则 A,B,C,D 四点共线；

③如果 $\boldsymbol{a}/\!/\boldsymbol{b},\boldsymbol{b}/\!/\boldsymbol{c}$ 那么 $\boldsymbol{a}/\!/\boldsymbol{c}$；

④若 $\boldsymbol{a}$ 为平面内的某个向量，$\boldsymbol{a}_0$ 为单位向量，则 $\boldsymbol{a}=|\boldsymbol{a}|\cdot\boldsymbol{a}_0$。

其中命题正确的个数为(　　)

A. 0　　B. 1　　C. 2　　D. 3

考向 2 平面向量的线性运算

解法突破

(1)平行四边形法则和三角形法则是平面向量线性运算最常用的法则，共起点的求和问题通常用平行四边形法则，求差问题则常用三角形法则，求首尾相连向量的和用三角形法则。

(2)找出图中的相等向量，共线向量，将所求向量与已知向量转化到同一平行四边形或三角形中求解。

(3)两个重要的结论：①P 为线段 AB 的中点$\Leftrightarrow\overrightarrow{OP}=\frac{1}{2}(\overrightarrow{OA}+\overrightarrow{OB})$；$G$ 为 $\triangle ABC$ 的重心$\Leftrightarrow\overrightarrow{GA}+\overrightarrow{GB}+\overrightarrow{GC}=\mathbf{0}$。

向量的线性运算的求解方法：(1)尽可能转化到平行四边形或三角形中，选用同一顶点出发的基本向量或首尾相接的向量，运用向量的加、减、数乘运算求解。

(2)除了充分利用相等向量、相反向量和线段的比例关系外，有时还需要利用三角形的中位线、相似三角形对应边成比例等平面几何的性质，把未知的向量转化为与已知向量有直接关系的向量来求解。

真题过招

1. (2021 广东广州天河区，1.47 分)在菱形 $ABCD$ 中，$\overrightarrow{AB}=-3\boldsymbol{a}-4\boldsymbol{b}$，$\overrightarrow{AD}=3\boldsymbol{a}-4\boldsymbol{b}$，$E$ 为 CD 的中点，则$\overrightarrow{AE}=$(　　)

A. $\frac{3}{2}\boldsymbol{a}-6\boldsymbol{b}$　　B. $3\boldsymbol{a}-6\boldsymbol{b}$　　C. $\boldsymbol{a}-3\boldsymbol{b}$　　D. $\boldsymbol{a}-4\boldsymbol{b}$

答案解析

A 【解析】在菱形 $ABCD$ 中，$\overrightarrow{DC}=\overrightarrow{AB}=-3\boldsymbol{a}-4\boldsymbol{b}$，$\overrightarrow{DE}=\frac{1}{2}\overrightarrow{DC}=-\frac{3}{2}\boldsymbol{a}-2\boldsymbol{b}$，则$\overrightarrow{AE}=\overrightarrow{AD}+\overrightarrow{DE}=\frac{3}{2}\boldsymbol{a}-6\boldsymbol{b}$。

2. (2021 江西高数,1 分)设 D,E,F 分别是 $\triangle ABC$ 的三边上的点,且 $\overrightarrow{DC}=2\overrightarrow{BD},\overrightarrow{CE}=2\overrightarrow{EA},\overrightarrow{AF}=2\overrightarrow{FB}$,则 $\overrightarrow{AD}+\overrightarrow{BE}+\overrightarrow{CF}$ 与 $\overrightarrow{BC}$ 的关系是(　　)

A. 反向平行　　B. 同向平行

C. 互相垂直　　D. 既不平行也不垂直

答案解析

A 【解析】令 $\overrightarrow{BD}=\boldsymbol{m},\overrightarrow{EA}=\boldsymbol{n},\overrightarrow{FB}=\boldsymbol{p}$,且 $\overrightarrow{DC}=2\overrightarrow{BD},\overrightarrow{CE}=2\overrightarrow{EA},\overrightarrow{AF}=2\overrightarrow{FB}$,则 $\overrightarrow{AD}+\overrightarrow{BE}+\overrightarrow{CF}=(\overrightarrow{AB}+\overrightarrow{BD})+(\overrightarrow{BC}+\overrightarrow{CE})+(\overrightarrow{CA}+\overrightarrow{AF})=(3\boldsymbol{p}+\boldsymbol{m})+(3\boldsymbol{m}+2\boldsymbol{n})+(3\boldsymbol{n}+2\boldsymbol{p})=4\boldsymbol{m}+5\boldsymbol{n}+5\boldsymbol{p}=4\boldsymbol{m}+\frac{5}{3}(3\boldsymbol{n}+3\boldsymbol{p})=4\boldsymbol{m}+\frac{5}{3}\cdot(-3\boldsymbol{m})=-\boldsymbol{m}=-\frac{1}{3}\overrightarrow{BC}$,所以 $\overrightarrow{AD}+\overrightarrow{BE}+\overrightarrow{CF}=-\frac{1}{3}\overrightarrow{BC}$,故 $\overrightarrow{AD}+\overrightarrow{BE}+\overrightarrow{CF}$ 与 $\overrightarrow{BC}$ 平行且方向相反。

变式训练

1. 下列四项中不能化简为 $\overrightarrow{AD}$ 的是(　　)

A. $\overrightarrow{MB}+\overrightarrow{AD}-\overrightarrow{BM}$　　B. $(\overrightarrow{MB}+\overrightarrow{AD})+(\overrightarrow{BC}+\overrightarrow{CM})$

C. $(\overrightarrow{AB}+\overrightarrow{CD})+\overrightarrow{BC}$　　D. $\overrightarrow{OC}-\overrightarrow{OA}+\overrightarrow{CD}$

2. (2020 湖南长沙天心区,1.5 分)已知在 $\triangle ABC$ 中,D 为 BC 上靠近 B 点的三等分点,连结 AD,E 为线段 AD 的中点,若 $\overrightarrow{CE}=m\overrightarrow{AB}+n\overrightarrow{AC}$,则 $m+n=$(　　)

A. $-\frac{1}{3}$　　B. $-\frac{1}{2}$

C. $\frac{1}{2}$　　D. $-\frac{1}{4}$

考向 3 平面向量共线定理的应用

解法突破

向量 $\boldsymbol{a}(\boldsymbol{a}\neq\boldsymbol{0})$ 与 $\boldsymbol{b}$ 共线,当且仅当有唯一实数 λ,使得 $\boldsymbol{b}=\lambda\boldsymbol{a}$。这个定理有两方面的应用:证明两个向量共线或三点共线;已知两向量共线时,可用来列方程(组)求参数的值。

三点共线定理:在平面内 A,B,C 三点共线的充要条件是 $\overrightarrow{OA}=x\overrightarrow{OB}+y\overrightarrow{OC}$($O$ 是平面内任意一点),其中 $x+y=1$。

利用共线向量定理及相等的条件列方程(组)求参数的值,或利用三点共线定理列方程(组)求参数的值。

真题过招

1. (2020 天津南开区,2 分) 在△OAB 中,C 为边 AB 上任意一点,D 为 OC 上靠近 O 的一个三等分点,若$\overrightarrow{OD}=\lambda\overrightarrow{OA}+\mu\overrightarrow{OB}$,则$\lambda+\mu$的值为(　　)

A. $\frac{1}{2}$　　B. $\frac{1}{3}$　　C. $\frac{1}{4}$　　D. 1

答案解析

B 【解析】由题意得,$\overrightarrow{OD}=\lambda\overrightarrow{OA}+\mu\overrightarrow{OB}=\frac{1}{3}\overrightarrow{OC}$,则$\overrightarrow{OC}=3\lambda\overrightarrow{OA}+3\mu\overrightarrow{OB}$,因为点 A,B,C 三点共线,所以由三点共线定理得 $3\lambda+3\mu=1$,即 $\lambda+\mu=\frac{1}{3}$。

2. (2021 天津滨海新区,3 分) 设向量$\boldsymbol{e}_1,\boldsymbol{e}_2$满足$|\boldsymbol{e}_1|=2|\boldsymbol{e}_2|=1$,$\boldsymbol{e}_1,\boldsymbol{e}_2$的夹角是60°,若$2t\boldsymbol{e}_1+7\boldsymbol{e}_2$与$\boldsymbol{e}_1+t\boldsymbol{e}_2$的夹角为钝角,则 t 的取值范围为________。

答案解析

$t\in\left(-7,-\frac{\sqrt{14}}{2}\right)\cup\left(-\frac{\sqrt{14}}{2},-\frac{1}{2}\right)$ 【解析】因为$|\boldsymbol{e}_1|=2|\boldsymbol{e}_2|=1$,且$\boldsymbol{e}_1,\boldsymbol{e}_2$的夹角是60°,所以$|\boldsymbol{e}_1|=1$,$|\boldsymbol{e}_2|=\frac{1}{2}$,$\boldsymbol{e}_1\cdot\boldsymbol{e}_2=|\boldsymbol{e}_1||\boldsymbol{e}_2|\cos60°=1\times\frac{1}{2}\times\frac{1}{2}=\frac{1}{4}$,又因为$2t\boldsymbol{e}_1+7\boldsymbol{e}_2$与$\boldsymbol{e}_1+t\boldsymbol{e}_2$的夹角为钝角,所以$(2t\boldsymbol{e}_1+7\boldsymbol{e}_2)(\boldsymbol{e}_1+t\boldsymbol{e}_2)<0$,即$2t^2+15t+7<0$,解得$-7<t<-\frac{1}{2}$,又因为这两个向量不共线,故$2t\boldsymbol{e}_1+7\boldsymbol{e}_2\neq\lambda(\boldsymbol{e}_1+t\boldsymbol{e}_2)$,即$\begin{cases}2t\neq\lambda,\\7\neq\lambda t,\end{cases}$解得$t\neq\pm\frac{\sqrt{14}}{2}$。综上可得,$t\in\left(-7,-\frac{\sqrt{14}}{2}\right)\cup\left(-\frac{\sqrt{14}}{2},-\frac{1}{2}\right)$。

变式训练

1. (2019 河南许昌禹州,1.5 分) 设$\boldsymbol{e}_1,\boldsymbol{e}_2$是平面内两个不共线的向量,$\overrightarrow{AB}=(a-1)\boldsymbol{e}_1+\boldsymbol{e}_2$,$\overrightarrow{AC}=b\boldsymbol{e}_1-2\boldsymbol{e}_2(a>0,b>0)$,若 A,B,C 三点共线,则$\frac{1}{a}+\frac{2}{b}$的最小值是(　　)

A. 2　　B. 4　　C. 6　　D. 8

2. 设两个非零向量 $\boldsymbol{a}$ 与 $\boldsymbol{b}$ 不共线。

(1) 若$\overrightarrow{AB}=\boldsymbol{a}+\boldsymbol{b}$,$\overrightarrow{BC}=2\boldsymbol{a}+8\boldsymbol{b}$,$\overrightarrow{CD}=3(\boldsymbol{a}-\boldsymbol{b})$,求证:$A,B,D$ 三点共线;

(2) 试确定实数 k,使 $k\boldsymbol{a}+\boldsymbol{b}$ 与 $\boldsymbol{a}+k\boldsymbol{b}$ 共线。

招教易错突破

易错点 对平面向量的基本概念及运算律理解不清

解题时容易忽视零向量的存在及其特殊性，有时会把向量运算当成实数运算，实际上实数的运算律有时并不适用于向量运算，如$(\boldsymbol{a}\cdot\boldsymbol{b})\cdot\boldsymbol{c}\neq(\boldsymbol{a}\cdot\boldsymbol{c})\cdot\boldsymbol{b}$。

下列命题中，不正确的是________。

①向量$\overrightarrow{AB}$的长度与向量$\overrightarrow{BA}$的长度相等；

②向量$\boldsymbol{a}$与$\boldsymbol{b}$平行，则$\boldsymbol{a}$与$\boldsymbol{b}$的方向相同或相反；

③两个有共同起点且相等的向量，其终点必相同；

④零向量与任意数的乘积都为零。

【错因分析】易将命题②判断为正确的，因为忽略了零向量这一条件，零向量的方向是任意的，且与任意向量平行。

答案解析

②④ 【解析】向量$\overrightarrow{AB}$的长度与向量$\overrightarrow{BA}$是相反向量，模相等，①正确；若$\boldsymbol{a}$是零向量，零向量的方向是任意的且与任意向量平行，那么$\boldsymbol{a}$与$\boldsymbol{b}$的平行，但不满足方向相同或相反，②不正确；相等向量大小相等，方向相同，如果起点相同，那么相等向量的终点也相同，③正确；零向量与任意数的乘积都是零向量，而不是零，④不正确。

变式训练

下列命题中，正确的是(　　)

A. 若$|\boldsymbol{a}|=|\boldsymbol{b}|$，则$\boldsymbol{a}=\boldsymbol{b}$

B. 若$|\boldsymbol{a}|>|\boldsymbol{b}|$，则$\boldsymbol{a}>\boldsymbol{b}$

C. 若$\boldsymbol{a}=-\boldsymbol{b}$，则$\boldsymbol{a}/\!/\boldsymbol{b}$

D. 若$|\boldsymbol{a}|=0$，则$\boldsymbol{a}=\boldsymbol{0}$

必刷好题

招教高频基础刷

1. 已知 $\boldsymbol{a},\boldsymbol{b}$ 为非零向量，则“$\boldsymbol{a}=\boldsymbol{b}$”是“$|\boldsymbol{a}|=|\boldsymbol{b}|$”的（　　）

A. 充分不必要条件　　B. 必要不充分条件

C. 充要条件　　D. 既不充分也不必要条件

2. 在△ABC 中，AD 为 BC 边上的中线，E 为 AD 的中点，则$\overrightarrow{EB}=$（　　）

A. $\frac{3}{4}\overrightarrow{AB}-\frac{1}{4}\overrightarrow{AC}$　　B. $\frac{1}{4}\overrightarrow{AB}-\frac{3}{4}\overrightarrow{AC}$　　B. $\frac{3}{4}\overrightarrow{AB}+\frac{1}{4}\overrightarrow{AC}$　　D. $\frac{1}{4}\overrightarrow{AB}+\frac{3}{4}\overrightarrow{AC}$

3. 设 D,E 分别是△ABC 两边 BC,CA 的中点，则$\overrightarrow{AD}+\overrightarrow{EB}=$（　　）

A. $\frac{1}{2}\overrightarrow{AC}$　　B. $\frac{3}{2}\overrightarrow{AC}$　　C. $\frac{1}{2}\overrightarrow{AB}$　　D. $\frac{3}{2}\overrightarrow{AB}$

4. 在△ABC 所在平面内，D 是 BC 延长线上一点且 $BD=4CD$，E 是 AC 的中点，设$\overrightarrow{AB}=\boldsymbol{a}$，$\overrightarrow{BC}=\boldsymbol{b}$，则$\overrightarrow{ED}=$（　　）

A. $\frac{2}{3}\boldsymbol{a}+\frac{1}{6}\boldsymbol{b}$　　B. $\frac{1}{2}\boldsymbol{a}+\frac{5}{6}\boldsymbol{b}$　　C. $\frac{1}{6}\boldsymbol{a}+\frac{1}{3}\boldsymbol{b}$　　D. $\frac{1}{6}\boldsymbol{a}+\frac{1}{6}\boldsymbol{b}$

5. 设 $\boldsymbol{a},\boldsymbol{b}$ 为两个不共线的平面向量，已知 $\boldsymbol{m}=\boldsymbol{a}-2\boldsymbol{b}$，$\boldsymbol{n}=3\boldsymbol{a}+k\boldsymbol{b}\,(k\in\mathbf{R})$，若 $\boldsymbol{m}\parallel\boldsymbol{n}$，则 $k=$（　　）

A. 2　　B. -2　　C. 6　　D. -6

6. 已知点 $A(1,3)$，$B(4,-1)$，则与向量$\overrightarrow{AB}$同方向的单位向量为（　　）

A. $(\frac{3}{5},-\frac{4}{5})$　　B. $(\frac{4}{5},-\frac{3}{5})$　　C. $(-\frac{3}{5},\frac{4}{5})$　　D. $(-\frac{4}{5},\frac{3}{5})$

7. 如图，点 D 是△ABC 的边 AB 上的中点，则向量$\overrightarrow{CD}=$（　　）

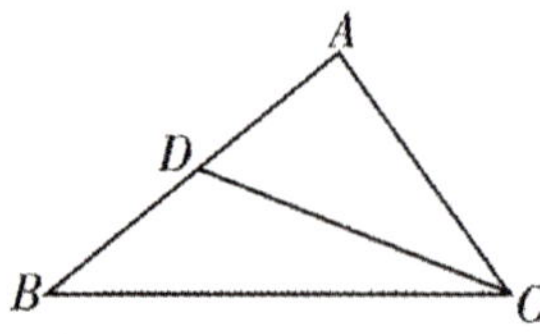

A. $-\overrightarrow{BC}+\frac{1}{2}\overrightarrow{BA}$　　B. $-\overrightarrow{BC}-\frac{1}{2}\overrightarrow{BA}$

C. $\overrightarrow{BC}-\frac{1}{2}\overrightarrow{BA}$　　D. $\overrightarrow{BC}+\frac{1}{2}\overrightarrow{BA}$

8. 如图，D,E 是 $\triangle ABC$ 边 AB,AC 上的两点，$AD:DB=2:1$，$DE/\!/BC$，记 $\overrightarrow{AB}=\boldsymbol{a}$，$\overrightarrow{AC}=\boldsymbol{b}$，那么 $\overrightarrow{DE}=$________。

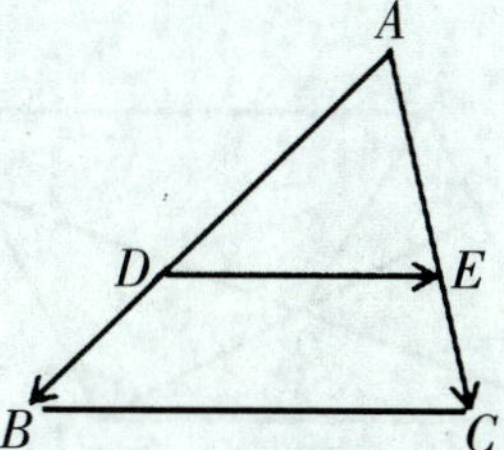

9. 如图，在平行四边形 $ABCD$ 中，AC 与 BD 相交于点 O，点 E,F 分别是 OA,OD 的中点，如果 $\overrightarrow{AB}=\boldsymbol{a}$，$\overrightarrow{BO}=\boldsymbol{b}$，那么 $\overrightarrow{EF}=$________。

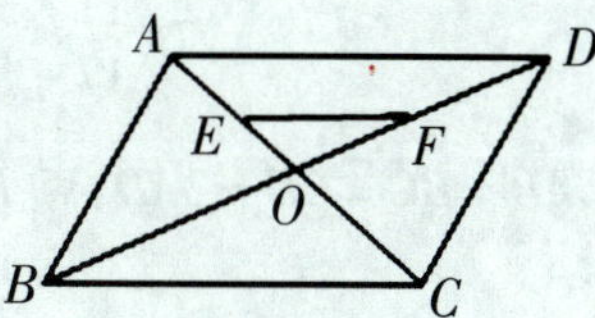

10. 在平面向量中有如下定理：设点 O,P,Q,R 为同一平面内的点，则 P,Q,R 三点共线的充要条件是：存在实数 t，使 $\overrightarrow{OP}=(1-t)\overrightarrow{OQ}+t\,\overrightarrow{OR}$，试利用该定理解答下列问题：如图，在 $\triangle ABC$ 中，点 E 为 AB 边的中点，点 F 在 AC 边上，且 $CF=2FA$，BF 交 CE 于点 M，设 $\overrightarrow{AM}=x\,\overrightarrow{AE}+y\,\overrightarrow{AF}$，则 $x+y=$________。

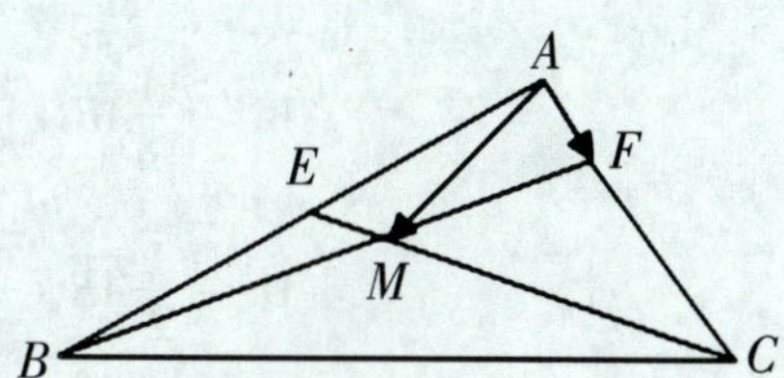

招教易错能力刷

1. 如图，在 $\triangle ABC$ 中，$\overrightarrow{AD}=\frac{1}{4}\overrightarrow{AB}$，$\overrightarrow{AE}=\frac{1}{2}\overrightarrow{AC}$，$BE$ 和 CD 相交于点 F，则 $\overrightarrow{AF}$ 等于（　　）

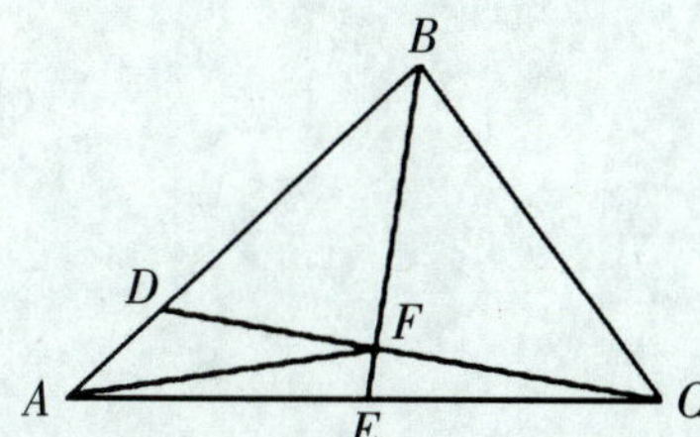

A. $\frac{1}{7}\overrightarrow{AB}+\frac{2}{7}\overrightarrow{AC}$　　B. $\frac{1}{7}\overrightarrow{AB}+\frac{3}{7}\overrightarrow{AC}$　　C. $\frac{1}{14}\overrightarrow{AB}+\frac{2}{14}\overrightarrow{AC}$　　D. $\frac{1}{14}\overrightarrow{AB}+\frac{3}{14}\overrightarrow{AC}$

2. 如图，在平行四边形 $ABCD$ 中，$AE=\frac{1}{3}AD$，$BF=\frac{1}{4}BC$，CE 与 DF 交于点 O，设$\overrightarrow{AB}=\boldsymbol{a}$，$\overrightarrow{AD}=\boldsymbol{b}$，若$\overrightarrow{AO}=\lambda\boldsymbol{a}+\mu\boldsymbol{b}$，则 $\lambda+\mu=$（　　）

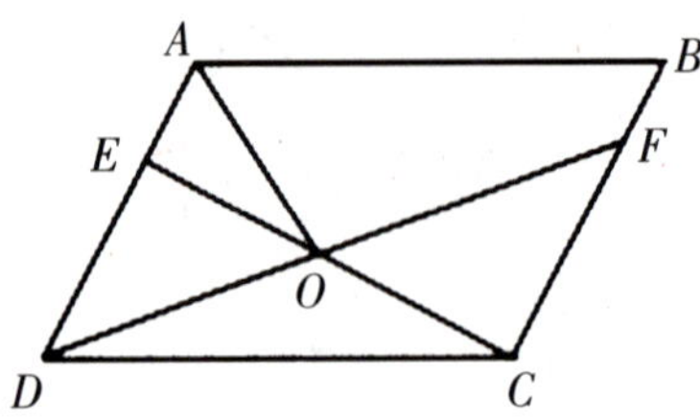

A. $\frac{8}{17}$

B. $\frac{19}{17}$

C. $\frac{3}{17}$

D. $\frac{11}{17}$

3. 如图所示，等腰梯形 $ABCD$ 中，$AB=BC=CD=3AD$，点 E 为线段 CD 上靠近 C 的三等分点，点 F 为线段 BC 的中点，则$\overrightarrow{FE}=$（　　）

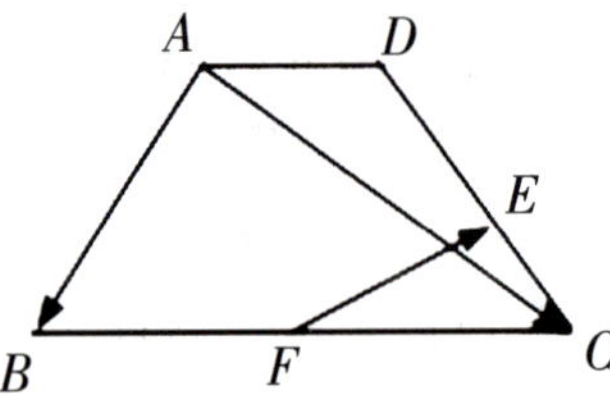

A. $-\frac{11}{18}\overrightarrow{AB}+\frac{5}{18}\overrightarrow{AC}$

B. $-\frac{11}{18}\overrightarrow{AB}+\frac{11}{9}\overrightarrow{AC}$

C. $-\frac{11}{18}\overrightarrow{AB}+\frac{4}{9}\overrightarrow{AC}$

D. $-\frac{1}{2}\overrightarrow{AB}+\frac{5}{6}\overrightarrow{AC}$

第二节 平面向量的基本定理及坐标表示

招教核心要点

1. 平面向量的坐标运算

(1)设 $A(x_1,y_1)$,$B(x_2,y_2)$,则$\overrightarrow{AB}=(x_2-x_1,y_2-y_1)$。

(2)设 $\boldsymbol{a}=(x_1,y_1)$,$\boldsymbol{b}=(x_2,y_2)$,则 $\boldsymbol{a}+\boldsymbol{b}=(x_2+x_1,y_2+y_1)$,$\boldsymbol{a}-\boldsymbol{b}=(x_1-x_2,y_1-y_2)$,$\lambda\boldsymbol{a}=(\lambda x_1,\lambda y_1)$,

$|\boldsymbol{a}|=\sqrt{x_1^2+y_1^2}$,$|\boldsymbol{a}+\boldsymbol{b}|=\sqrt{(x_1+x_2)^2+(y_1+y_2)^2}$。

2. 平面向量共线的坐标表示

设 $\boldsymbol{a}=(x_1,y_1)$,$\boldsymbol{b}=(x_2,y_2)$,则 $\boldsymbol{a}/\!/\boldsymbol{b}\Leftrightarrow x_1y_2-x_2y_1=0$。

3. 两个结论

(1)已知 P 为线段 AB 的中点,若 $A(x_1,y_1)$,$B(x_2,y_2)$,则 P 点坐标为$\left(\frac{x_1+x_2}{2},\frac{y_1+y_2}{2}\right)$。

(2)已知$\triangle ABC$ 的顶点 $A(x_1,y_1)$,$B(x_2,y_2)$,$C(x_3,y_3)$,则$\triangle ABC$ 的重心 G 的坐标为$\left(\frac{x_1+x_2+x_3}{3},\frac{y_1+y_2+y_3}{3}\right)$。

考向分析

平面向量的坐标运算和共线向量的坐标表示是教师招聘考试中的重点内容,难度较为简单,一般与平面几何或三角函数问题结合考查,考生除了要掌握平面向量的基本定理与坐标表示方法外,还要掌握与其他知识结合起来进行解题的方法。

招教考向解读

考向1 平面向量的坐标运算

(一)平面向量的坐标运算

解法突破

(1)向量的坐标运算主要是利用向量加、减、数乘运算的法则来进行求解的,若已知有向线段两端的坐标，则应先求向量的坐标。常利用“向量相等则其坐标相同”这一结论列方程（组）求解。

（2）平面向量坐标运算的引入实际上就是把“形”转化为“数”来解决问题。向量的坐标运算可以将向量的线性运算转化为坐标运算，实现了向量运算的代数化，将“数”与“形”紧密结合起来。

真题过招

1. （2022 江西中数，1.5 分）已知向量 $\boldsymbol{a}=(2,1)$，$\boldsymbol{b}=(-3,4)$，$\boldsymbol{c}=(1,m)$，若实数 λ 满足 $\boldsymbol{a}+\boldsymbol{b}=\lambda\boldsymbol{c}$，则 $\lambda+m=$（　　）

A. -7　　B. -6　　C. -1　　D. 6

答案解析

B　【解析】因为 $\boldsymbol{a}=(2,1)$，$\boldsymbol{b}=(-3,4)$，$\boldsymbol{c}=(1,m)$，$\boldsymbol{a}+\boldsymbol{b}=\lambda\boldsymbol{c}$，所以 $\begin{cases}2-3=\lambda,\\1+4=\lambda m\end{cases}\Rightarrow\begin{cases}\lambda=-1,\\m=-5,\end{cases}$ 故 $\lambda+m=-1-5=-6$。

2. （2022 湖南长沙市长沙县，3.5 分）已知向量 $\boldsymbol{a}=(-1,x-2)$，$\boldsymbol{b}=(2x,1)$，若 $\boldsymbol{a}\perp\boldsymbol{b}$，则 $x=$（　　）

A. 2　　B. -2　　C. $\sqrt{17}$　　D. $\frac{2}{3}$

答案解析

B　【解析】因为 $\boldsymbol{a}\perp\boldsymbol{b}$，所以 $\boldsymbol{a}\cdot\boldsymbol{b}=-2x+x-2=0$，解得 $x=-2$。

变式训练

1. （2021 山东青岛，2.5 分）设向量 $\overrightarrow{AB}=(-1,4)$，$\overrightarrow{BC}=(2,-3)$，则 $\overrightarrow{AC}=$（　　）

A. $(1,1)$　　B. $(-1,-1)$　　C. $(3,-7)$　　D. $(-3,7)$

2. （2021 江苏南通，2 分）已知向量 $\boldsymbol{a}=(1,2)$，$\boldsymbol{b}=(4,m)$，若 $\boldsymbol{a}/\!/\boldsymbol{b}$，则 $\boldsymbol{a}\cdot\boldsymbol{b}=$________。

3. （2020 湖南长沙市长沙县，4 分）若向量 $\boldsymbol{a}=(2,x)$，$\boldsymbol{b}=(4,2)$，$\boldsymbol{c}=(3,3)$ 满足条件 $(8\boldsymbol{a}-\boldsymbol{b})\cdot\boldsymbol{c}=-18$，则 $x=$________。

4. 平面内给定三个向量，$\boldsymbol{a}=(3,2)$，$\boldsymbol{b}=(-1,2)$，$\boldsymbol{c}=(4,1)$，请回答下列问题：

（1）求 $3\boldsymbol{a}+\boldsymbol{b}-2\boldsymbol{c}$；

（2）求满足 $\boldsymbol{a}=m\boldsymbol{b}+n\boldsymbol{c}$ 的实数 m,n。

(二)坐标化思想

解法突破

首先根据需要选择一个点为坐标原点,两条互相垂直的直线为 x 轴,y 轴,选取的坐标轴和原点要尽可能方便题目中其他点坐标的表示,有利于后面的计算,这样将向量运算坐标化后,转化为代数形式运算。

真题过招

3. (2020 天津武清区,3 分)已知$\triangle ABC$ 是边长为 2 的等边三角形,P 为平面 ABC 内一点,则 $\overrightarrow{PA}\cdot(\overrightarrow{PB}+\overrightarrow{PC})$的最小值是(　　)

A. -2　　　　B. $-\frac{3}{2}$

C. $-\frac{4}{3}$　　　　D. -1

答案解析

B　【解析】由题知$\triangle ABC$ 为等边三角形,$AB=BC=AC=2$,取 BC 的中点 O,连结 OA,则 $OA=\sqrt{3}$,以 O 为原点,BC 所在直线为 x 轴,OA 所在直线为 y 轴,建立如图所示的平面直角坐标系:则有 $A(0,\sqrt{3})$,$B(-1,0)$,$C(1,0)$,设平面内一点 P 的坐标为(x,y),那么$\overrightarrow{PA}=(-x,\sqrt{3}-y)$,$\overrightarrow{PB}=(-1-x,-y)$,$\overrightarrow{PC}=(1-x,-y)$,所以$\overrightarrow{PA}\cdot(\overrightarrow{PB}+\overrightarrow{PC})=(-x)\cdot(-2x)+(\sqrt{3}-y)\cdot(-2y)=2x^2-2\sqrt{3}y+2y^2=2\left[\left(y-\frac{\sqrt{3}}{2}\right)^2-\frac{3}{4}+x^2\right]$,即当 $x=0$,$y=\frac{\sqrt{3}}{2}$时,$\overrightarrow{PA}\cdot(\overrightarrow{PB}+\overrightarrow{PC})$取得最小值,最小值为 $2\times(-\frac{3}{4})=-\frac{3}{2}$。故选 B。

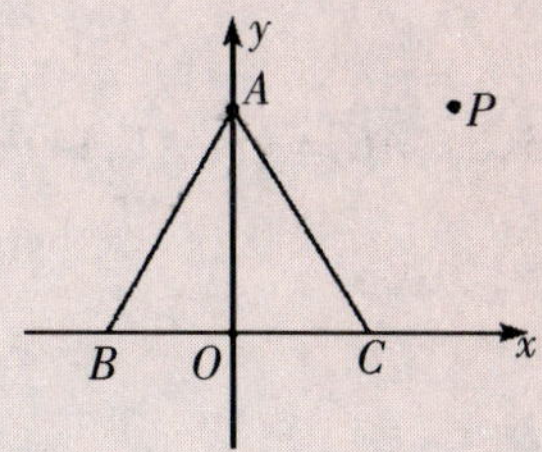

变式训练

5. 如图,原点 O 是$\triangle ABC$ 内一点,顶点 A 在 x 轴上,$\angle AOB=150°$,$\angle BOC=90°$,$|\overrightarrow{OA}|=2$,

$|\overrightarrow{OB}|=1$，$|\overrightarrow{OC}|=3$，若$\overrightarrow{OC}=\lambda\overrightarrow{OA}+\mu\overrightarrow{OB}$，则$\frac{\mu}{\lambda}=$（　　）

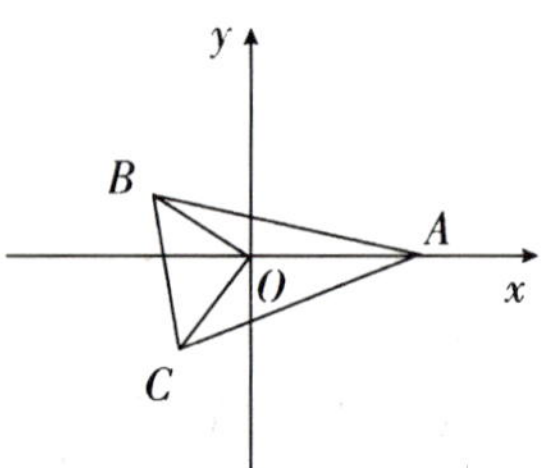

A. $\frac{-\sqrt{3}}{3}$　　B. $\frac{\sqrt{3}}{3}$　　C. $-\sqrt{3}$　　D. $\sqrt{3}$

6. (2019 河南许昌禹州，1.5 分) 已知$\triangle ABC$的三个顶点A,B,C的坐标分别为$(0,1)$，$(\sqrt{2},0)$，$(0,-2)$，O为坐标原点，动点P满足$|\overrightarrow{CP}|=1$，则$|\overrightarrow{OA}+\overrightarrow{OB}+\overrightarrow{OP}|$的最小值是（　　）

A. $\sqrt{3}-1$　　B. $\sqrt{11}-1$　　C. $\sqrt{3}+1$　　D. $\sqrt{11}+1$

考向2 平面向量共线的坐标表示

解法突破

设$\boldsymbol{a}=(x_1,y_1)$，$\boldsymbol{b}=(x_2,y_2)$，$\boldsymbol{a}/\!/\boldsymbol{b}\Leftrightarrow$存在实数$\lambda$使得$\boldsymbol{a}=\lambda\boldsymbol{b}\Leftrightarrow x_1y_2-x_2y_1=0$。常用结论：若$\boldsymbol{b}$与$\boldsymbol{a}=(x_1,y_1)$共线，则设$\boldsymbol{b}=\lambda\boldsymbol{a}=\lambda(x_1,y_1)=(\lambda x_1,\lambda y_1)$。

真题过招

(2021 广东广州天河区，1.47 分) 若点$A(1,3)$，$B(4,9)$和$C(m,17)$三点共线，则m的值为（　　）

A. 9　　B. 8　　C. 6　　D. 4

答案解析

B 【解析】由题意可得$\overrightarrow{AB}=(3,6)$，$\overrightarrow{AC}=(m-1,14)$，要使$A,B,C$三点共线，则需满足$\frac{3}{m-1}=\frac{6}{14}$，解得$m=8$。

变式训练

已知向量$\boldsymbol{a}=(1,-2)$，$|\boldsymbol{b}|=4|\boldsymbol{a}|$，$\boldsymbol{a}/\!/\boldsymbol{b}$，则$\boldsymbol{b}$的坐标可能是（　　）

A. $(4,8)$　　B. $(4,-8)$　　C. $(-4,-8)$　　D. $(2,8)$

必刷好题

招教高频基础刷

1. 我国东汉末数学家赵爽在《周髀算经》的注解中利用一副“弦图”给出了勾股定理的证明，后人称其为“赵爽弦图”，它是由四个全等的直角三角形与一个小正方形拼成的一个大正方形，如图所示，在“赵爽弦图”中，若$\overrightarrow{BC}=\boldsymbol{a}$，$\overrightarrow{BA}=\boldsymbol{b}$，$\overrightarrow{BE}=3\overrightarrow{EF}$，则$\overrightarrow{BF}=$（　　）

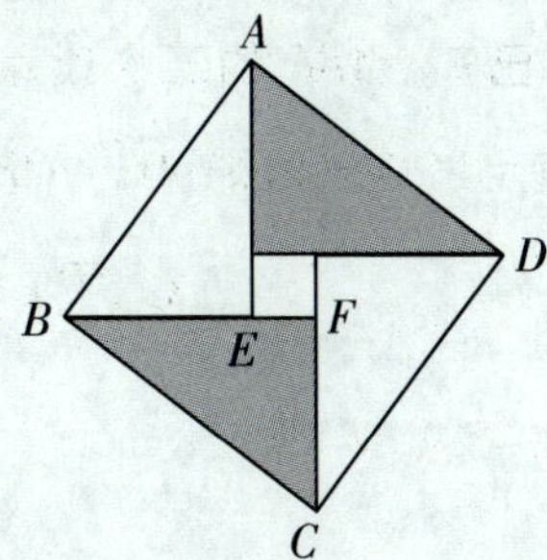

A. $\frac{12}{25}\boldsymbol{a}+\frac{9}{25}\boldsymbol{b}$　　B. $\frac{16}{25}\boldsymbol{a}+\frac{12}{25}\boldsymbol{b}$　　C. $\frac{4}{5}\boldsymbol{a}+\frac{3}{5}\boldsymbol{b}$　　D. $\frac{3}{5}\boldsymbol{a}+\frac{4}{5}\boldsymbol{b}$

2. 已知向量$\boldsymbol{m}=(\lambda+1,1)$，$\boldsymbol{n}=(\lambda+2,2)$，若$(\boldsymbol{m}+\boldsymbol{n})\perp(\boldsymbol{m}-\boldsymbol{n})$，则$\lambda=$（　　）

A. -4　　B. -3　　C. -2　　D. -1

3. 在四边形$ABCD$中，$\overrightarrow{AC}=(1,2)$，$\overrightarrow{BD}=(-4,2)$，则四边形的面积为（　　）

A. $\sqrt{5}$　　B. $2\sqrt{5}$　　C. 5　　D. 10

4. 设向量$\boldsymbol{a}=(\cos0,\sin0)$，$\boldsymbol{b}=\left(\cos\frac{\pi}{3},\sin\frac{5\pi}{6}\right)$，则下列结论正确的是（　　）

A. $|\boldsymbol{a}|=|\boldsymbol{b}|$　　B. $\boldsymbol{a}\cdot\boldsymbol{b}=\frac{\sqrt{2}}{2}$

C. $\boldsymbol{a}-\boldsymbol{b}$与$\boldsymbol{b}$垂直　　D. $\boldsymbol{a}/\!/\boldsymbol{b}$

5. 已知向量$\boldsymbol{a}=(2,-1)$，$\boldsymbol{b}=(m,2)$，且$\boldsymbol{a}/\!/\boldsymbol{b}$，则$m=$（　　）

A. -4　　B. -8　　C. 4　　D. 8

6. 设$m,n\in\mathbf{R}$，向量$\boldsymbol{a}=(1,-2)$，$\boldsymbol{b}=(m,n-1)$，若$\boldsymbol{a}+\boldsymbol{b}=2\boldsymbol{a}$，则$m,n$的值分别是（　　）

A. 1，-1　　B. 1，-3　　C. 1，-2　　D. 1，2

7. 已知向量$\boldsymbol{a}=(-7,2+m)$，$\boldsymbol{b}=(m+13,-6)$，若$\boldsymbol{a}=\lambda\boldsymbol{b}$，则$\lambda=$（　　）

A. $-\frac{1}{2}$或$\frac{7}{3}$　　B. -2或$\frac{3}{7}$　　C. -2　　D. $\frac{3}{7}$

8. 设向量 $\boldsymbol{a}=(1,x-1)$，$\boldsymbol{b}=(x+1,3)$，则“$x=2$”是“$\boldsymbol{a}/\!/\boldsymbol{b}$”的（　　）

A. 充分但不必要条件　　B. 必要但不充分条件

C. 充要条件　　D. 既不充分也不必要条件

9. 在$\triangle ABC$中，已知$\overrightarrow{AB}=(2,8)$，$\overrightarrow{AC}=(-3,2)$，若$\overrightarrow{BM}=\overrightarrow{MC}$，则$\overrightarrow{AM}$的坐标为________。

10. 已知向量 $\boldsymbol{a}=(1,2)$，$\boldsymbol{b}=(2,-2)$，$\boldsymbol{c}=(1,\lambda)$，若 $\boldsymbol{c}/\!/(2\boldsymbol{a}+\boldsymbol{b})$，则 $\lambda=$________。

第三节　平面向量的数量积及其应用

招教核心要点

1. 两个向量的夹角

（1）夹角：已知两个非零向量 $\boldsymbol{a}$，$\boldsymbol{b}$，作 $\overrightarrow{OA}=\boldsymbol{a}$，$\overrightarrow{OB}=\boldsymbol{b}$，$\angle AOB=\theta$，$0\leqslant\theta\leqslant\pi$，称 θ 为向量 $\boldsymbol{a}$ 和向量 $\boldsymbol{b}$ 的夹角。

（2）范围：$\theta\in[0,\pi]$。$\boldsymbol{a}$ 与 $\boldsymbol{b}$ 同向时，$\theta=0$；反向时，$\theta=\pi$；当 $\theta=\frac{\pi}{2}$时，两向量垂直，记作 $\boldsymbol{a}\perp\boldsymbol{b}$。

2. 平面向量的数量积

（1）定义：$\boldsymbol{a}\cdot\boldsymbol{b}=|\boldsymbol{a}||\boldsymbol{b}|\cos\theta$（$\theta$ 为 $\boldsymbol{a}$ 与 $\boldsymbol{b}$ 的夹角）。

（2）运算律：$\boldsymbol{a}\cdot\boldsymbol{b}=\boldsymbol{b}\cdot\boldsymbol{a}$；$(\lambda\boldsymbol{a})\cdot\boldsymbol{b}=\lambda(\boldsymbol{a}\cdot\boldsymbol{b})=\boldsymbol{a}\cdot(\lambda\boldsymbol{b})$；$(\boldsymbol{a}+\boldsymbol{b})\cdot\boldsymbol{c}=\boldsymbol{a}\cdot\boldsymbol{c}+\boldsymbol{b}\cdot\boldsymbol{c}$。

考向分析

平面向量的数量积的运算、向量的模与夹角是教师招聘考试中的重点内容，难度一般，有时会单独考查，有时与平面几何问题结合起来考查，考生重点掌握其基本定理、性质与计算方法。

(3)$\boldsymbol{a}$ 在 $\boldsymbol{b}$ 方向上的投影：$|\boldsymbol{a}|\cos\theta$ 叫作向量 $\boldsymbol{a}$ 在 $\boldsymbol{b}$ 方向上的投影。

3. 平面向量数量积的重要性质

(1)$\boldsymbol{e}\cdot\boldsymbol{a}=\boldsymbol{a}\cdot\boldsymbol{e}=|\boldsymbol{a}|\cos\theta$。($\boldsymbol{e}$ 为单位向量)

(2)$\boldsymbol{a}\perp\boldsymbol{b}\Leftrightarrow\boldsymbol{a}\cdot\boldsymbol{b}=0$。

(3)当 $\boldsymbol{a}$ 和 $\boldsymbol{b}$ 同向时，$\boldsymbol{a}\cdot\boldsymbol{b}=|\boldsymbol{a}||\boldsymbol{b}|$；当 $\boldsymbol{a}$ 和 $\boldsymbol{b}$ 反向时，$\boldsymbol{a}\cdot\boldsymbol{b}=-|\boldsymbol{a}||\boldsymbol{b}|$；特别地，$\boldsymbol{a}\cdot\boldsymbol{a}=|\boldsymbol{a}|^2$，$|\boldsymbol{a}|=\sqrt{\boldsymbol{a}\cdot\boldsymbol{a}}$。

(4)$\cos\theta=\dfrac{\boldsymbol{a}\cdot\boldsymbol{b}}{|\boldsymbol{a}|\cdot|\boldsymbol{b}|}(|\boldsymbol{a}||\boldsymbol{b}|\neq0)$。

(5)$|\boldsymbol{a}\cdot\boldsymbol{b}|\leqslant|\boldsymbol{a}|\cdot|\boldsymbol{b}|$。

(6)$\boldsymbol{a}$ 与 $\boldsymbol{b}$ 的夹角是锐角 $\Leftrightarrow\boldsymbol{a}\cdot\boldsymbol{b}>0$ 且 $\boldsymbol{a}$ 与 $\boldsymbol{b}$ 不共线；$\boldsymbol{a}$ 与 $\boldsymbol{b}$ 的夹角是钝角 $\Leftrightarrow\boldsymbol{a}\cdot\boldsymbol{b}<0$ 且 $\boldsymbol{a}$ 与 $\boldsymbol{b}$ 不共线。

4. 平面向量数量积的坐标运算

设两个非零向量 $\boldsymbol{a}$，$\boldsymbol{b}$，其中 $\boldsymbol{a}=(x_1,y_1)$，$\boldsymbol{b}=(x_2,y_2)$，则

(1)$\boldsymbol{a}\cdot\boldsymbol{b}=x_1x_2+y_1y_2$；

(2)$|\boldsymbol{a}|^2=x_1^2+y_1^2$ 或 $|\boldsymbol{a}|=\sqrt{x_1^2+y_1^2}$；

(3)$\boldsymbol{a}\perp\boldsymbol{b}\Leftrightarrow x_1x_2+y_1y_2=0$；

(4)$\cos\theta=\dfrac{x_1x_2+y_1y_2}{\sqrt{x_1^2+y_1^2}\cdot\sqrt{x_2^2+y_2^2}}$。

思想应用

转化与化归思想：以坐标系为工具，用计算的方法解决几何问题。

招教考向解读

考向1　向量的投影

解法突破

向量数量积的几何意义是一个向量往另一个向量上的投影(投影有正负，取决于两个向量的夹角)乘被投影向量的长度。①求向量的数量积的时候可以考虑利用投影模型；②投影的时候往长度已知的向量上去投影。

真题过招

(2020 山西特岗,3 分)已知向量 $\boldsymbol{a}=(1,2)$,$\boldsymbol{b}=(-7,1)$,则 $\boldsymbol{b}$ 在 $\boldsymbol{a}$ 方向上的投影为(　　)

A. $-\frac{\sqrt{2}}{2}$

B. $\frac{\sqrt{2}}{2}$

C. $\sqrt{5}$

D. $-\sqrt{5}$

答案解析

D 【解析】设向量 $\boldsymbol{a}$ 与 $\boldsymbol{b}$ 的夹角为 θ,$\because \boldsymbol{a}\cdot\boldsymbol{b}=|\boldsymbol{a}|\cdot|\boldsymbol{b}|\cos\theta$,$\therefore \boldsymbol{b}$ 在 $\boldsymbol{a}$ 方向上的投影为 $|\boldsymbol{b}|\cos\theta=\frac{\boldsymbol{a}\cdot\boldsymbol{b}}{|\boldsymbol{a}|}=\frac{-7+2}{\sqrt{5}}=-\sqrt{5}$。

变式训练

已知$\overrightarrow{AB}=(2,1)$,点 $C(-1,0)$,$D(4,5)$,则向量$\overrightarrow{AB}$在$\overrightarrow{CD}$方向上的投影为(　　)

A. $-\frac{3\sqrt{2}}{2}$

B. $-3\sqrt{5}$

C. $\frac{3\sqrt{2}}{2}$

D. $3\sqrt{5}$

考向2 平面向量数量积的运算

平面向量数量积的运算

解法突破

(1)当题目条件集中在图形的某几个向量上时,可以将目标向量用已知向量线性表示后再求数量积。目标向量用已知向量线性表示时要用到向量加法的三角形法则、平行四边形法则、向量减法的三角形法则及向量的数乘运算。

(2)要有“基底意识”,用基底向量表示题中相关向量。如何选择合适的基底:题目中如果出现两个向量的模已知,先判断其数量积是否可求,如果可以,就选择这两个向量作基底,此类题目中首先需要确定哪些向量的数量积或模是已知的。常见的可以将不共线边所成的向量作为基底的图形:等边三角形、已知两边的直角三角形、矩形、特殊角的菱形等。

真题过招

(2021 广东广州花都区,2.5 分)如图,在△ABC 中,$AB=BC=8$,$\angle C=75°$,AD 是 BC 边上的

高，则$\overrightarrow{AC}\cdot\overrightarrow{AD}=$(　　)

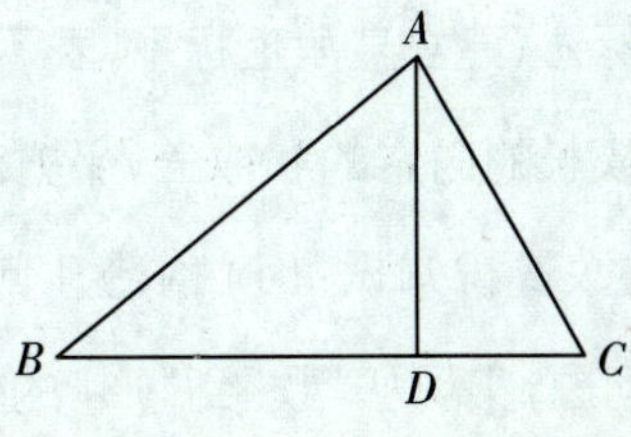

A. 2　　　　B. 4　　　　C. 8　　　　D. 16

答案解析

D　【解析】因为 $AB=BC$，所以 $\angle C=\angle BAC=75°$，所以 $\angle B=180°-2\times75°=30°$，$\angle BAD=180°-90°-30°=60°$，$AD=AB\sin30°=8\times\frac{1}{2}=4$，故 $\overrightarrow{AC}\cdot\overrightarrow{AD}=(\overrightarrow{AB}+\overrightarrow{BC})\cdot\overrightarrow{AD}=\overrightarrow{AB}\cdot\overrightarrow{AD}+\overrightarrow{BC}\cdot\overrightarrow{AD}=\overrightarrow{AB}\cdot\overrightarrow{AD}=|\overrightarrow{AB}|\cdot|\overrightarrow{AD}|\cos\angle BAD=8\times4\times\cos60°=16$。

变式训练

1. (2019 重庆巴南区，4 分) 已知菱形 $ABCD$ 的边长为 6，$\angle ABC=60°$，点 E，F 分别在边 BC，CD 上，$BC=2BE$，$CD=\lambda CF$。若 $\overrightarrow{AE}\cdot\overrightarrow{BF}=-9$，则 λ 的值为(　　)

A. 2　　　　B. 3　　　　C. 4　　　　D. 5

2. 如图所示，在矩形 $ABCD$ 中，$AB=\sqrt{2}$，$BC=2$，点 E 为 BC 的中点，点 F 在 CD 上，若 $\overrightarrow{AB}\cdot\overrightarrow{AF}=\sqrt{2}$，则 $\overrightarrow{AE}\cdot\overrightarrow{BF}=$________。

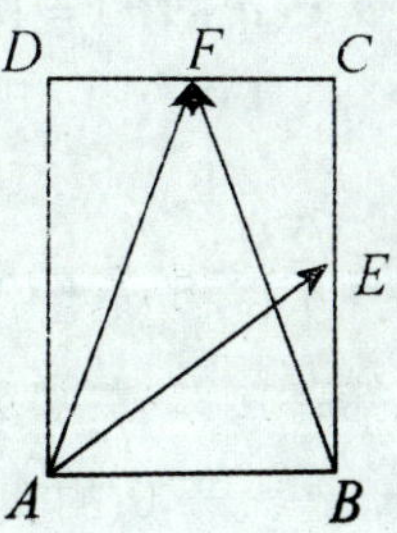

考向3　平面向量的模与夹角

(一) 平面向量的模

解法突破

向量的长度即向量的模，关于向量的模，有以下重要运算法则：$\boldsymbol{a}^2=\boldsymbol{a}\cdot\boldsymbol{a}=|\boldsymbol{a}|^2$，$|\boldsymbol{a}\pm\boldsymbol{b}|^2=$

$\boldsymbol{a}^2\pm2\boldsymbol{a}\cdot\boldsymbol{b}+\boldsymbol{b}^2$ 以及向量的三角不等式 $|\boldsymbol{a}|-|\boldsymbol{b}|\leqslant|\boldsymbol{a}\pm\boldsymbol{b}|\leqslant|\boldsymbol{a}|+|\boldsymbol{b}|$。

处理向量的模的方法有:(1)坐标法,建立直角坐标系,表示出向量的坐标即可求出向量的模;(2)平方法,将向量表示为两个已知模长的向量的和或差,平方后运算求模长;(3)基底法,选择合适的基底来表示待求向量,会运用到数量积知识;(4)构造几何模型法,根据已知条件,构造如矩形、三角形、平行四边形等图形解决问题,实现从"数"到"形"的转变。

前三种都属于代数方法,第四种是几何方法。代数方法常见处理有:

(1)$\boldsymbol{a}^2=\boldsymbol{a}\cdot\boldsymbol{a}=|\boldsymbol{a}|^2$ 或 $|\boldsymbol{a}|=\sqrt{\boldsymbol{a}\cdot\boldsymbol{a}}$(适用于单向量转化);

(2)$|\boldsymbol{a}\pm\boldsymbol{b}|=\sqrt{(\boldsymbol{a}\pm\boldsymbol{b})^2}=\sqrt{\boldsymbol{a}^2\pm2\boldsymbol{a}\cdot\boldsymbol{b}+\boldsymbol{b}^2}$(常用于基底法求向量);

(3)若 $\boldsymbol{a}=(x,y)$,那么 $|\boldsymbol{a}|=\sqrt{x^2+y^2}$(适用于坐标法);

(4)$\boldsymbol{a}\perp\boldsymbol{b}\Leftrightarrow\boldsymbol{a}\cdot\boldsymbol{b}=0\Leftrightarrow|\boldsymbol{a}-\boldsymbol{b}|=|\boldsymbol{a}+\boldsymbol{b}|$(处理向量中的垂直信息)。

真题过招

1. (2022 安徽中数,4 分)已知平面向量 $\boldsymbol{a},\boldsymbol{b}$ 满足 $|\boldsymbol{a}|=2,\boldsymbol{b}=(1,1)$,且 $\boldsymbol{a}\perp(\boldsymbol{a}-2\boldsymbol{b})$,则向量 $\boldsymbol{a},\boldsymbol{b}$ 的夹角是(　　)

A. $\frac{\pi}{6}$　　B. $\frac{\pi}{4}$　　C. $\frac{\pi}{2}$　　D. $\frac{3\pi}{4}$

答案解析

B 【解析】因为 $\boldsymbol{a}\perp(\boldsymbol{a}-2\boldsymbol{b})$,所以 $\boldsymbol{a}\cdot(\boldsymbol{a}-2\boldsymbol{b})=|\boldsymbol{a}|^2-2\boldsymbol{a}\cdot\boldsymbol{b}=0$,因为 $|\boldsymbol{a}|=2,\boldsymbol{b}=(1,1)$,所以 $\boldsymbol{a}\cdot\boldsymbol{b}=2$,

则 $\cos\langle\boldsymbol{a},\boldsymbol{b}\rangle=\frac{\boldsymbol{a}\cdot\boldsymbol{b}}{|\boldsymbol{a}||\boldsymbol{b}|}=\frac{2}{2\sqrt{1^2+1^2}}=\frac{\sqrt{2}}{2}$,故向量 $\boldsymbol{a},\boldsymbol{b}$ 的夹角是 $\frac{\pi}{4}$。

2. (2022 江苏扬州,1.88 分)已知 m 是大于 0 的实数,向量 $\boldsymbol{a}=(m,1),\boldsymbol{b}=(2,3m)$,则 $\frac{\boldsymbol{a}\cdot\boldsymbol{b}}{|\boldsymbol{a}|^2+|\boldsymbol{b}|^2}$ 的最大值为(　　)

A. $\frac{\sqrt{2}}{2}$　　B. $\frac{3\sqrt{2}}{2}$　　C. $\frac{\sqrt{2}}{4}$　　D. $\frac{3\sqrt{2}}{4}$

答案解析

C 【解析】因为 $\boldsymbol{a}=(m,1),\boldsymbol{b}=(2,3m)$,且 m 是大于 0 的实数,所以 $\frac{\boldsymbol{a}\cdot\boldsymbol{b}}{|\boldsymbol{a}|^2+|\boldsymbol{b}|^2}=$

$\frac{2m+3m}{(m^2+1)+(9m^2+4)}=\frac{5m}{10m^2+5}=\frac{1}{2m+\frac{1}{m}}$，而 $2m+\frac{1}{m}\geqslant 2\sqrt{2m\cdot\frac{1}{m}}=2\sqrt{2}$，当且仅当 $2m=\frac{1}{m}$

即 $m=\frac{\sqrt{2}}{2}$ 时等号成立，故 $2m+\frac{1}{m}$ 的最小值为 $2\sqrt{2}$，那么 $\frac{\boldsymbol{a}\cdot\boldsymbol{b}}{|\boldsymbol{a}|^2+|\boldsymbol{b}|^2}=\frac{1}{2m+\frac{1}{m}}$ 的最大值为 $\frac{\sqrt{2}}{4}$。

3. (2021 江西高数,1 分)若单位向量 $\boldsymbol{e}_1,\boldsymbol{e}_2$ 的夹角为 $\frac{\pi}{3}$，向量 $\boldsymbol{a}=\boldsymbol{e}_1+\lambda\boldsymbol{e}_2(\lambda\in\mathbf{R})$，且 $|\boldsymbol{a}|=\frac{\sqrt{3}}{2}$，则 $\lambda=$ (　　)

A. $-\frac{1}{2}$　　B. $\frac{\sqrt{3}}{2}-1$　　C. $\frac{1}{2}$　　D. $\frac{\sqrt{3}}{2}$

答案解析

A 【解析】$\boldsymbol{a}^2=|\boldsymbol{a}|^2=\frac{3}{4}$，$\boldsymbol{a}^2=(\boldsymbol{e}_1+\lambda\boldsymbol{e}_2)^2=1+2\lambda\boldsymbol{e}_1\cdot\boldsymbol{e}_2+\lambda^2=1+2\lambda|\boldsymbol{e}_1|\cdot|\boldsymbol{e}_2|\cos\frac{\pi}{3}+\lambda^2=\frac{3}{4}$，解得 $\lambda=-\frac{1}{2}$。故选 A。

变式训练

1. (2021 山东青岛,2.5 分)已知向量 $\boldsymbol{a},\boldsymbol{b}$ 满足 $\boldsymbol{a}\cdot\boldsymbol{b}=1$，$|\boldsymbol{a}|=|\boldsymbol{b}|=1$，则 $|2\boldsymbol{a}-\boldsymbol{b}|=$ (　　)

A. 0　　B. 1　　C. 2　　D. 3

2. (2020 江苏盐城盐都区,2 分)向量 $\boldsymbol{a}=(2,3)$，$\boldsymbol{b}=(3,2)$，则 $|\boldsymbol{a}-\boldsymbol{b}|=$ (　　)

A. $\sqrt{2}$　　B. 2

C. $5\sqrt{2}$　　D. 50

3. (2020 湖南长沙天心区,1.5 分)设平面向量 $\boldsymbol{a}=(1,2)$，$\boldsymbol{b}=(-2,y)$，若 $\boldsymbol{a}/\!/\boldsymbol{b}$，则 $|2\boldsymbol{a}-\boldsymbol{b}|=$ (　　)

A. 4　　B. 5　　C. $3\sqrt{5}$　　D. $4\sqrt{5}$

4. (2020 天津南开区,2 分)已知 $\boldsymbol{m},\boldsymbol{n}$ 是两个非零向量，且 $|\boldsymbol{m}|=2$，$|\boldsymbol{m}+2\boldsymbol{n}|=4$，则 $|\boldsymbol{m}+\boldsymbol{n}|+|\boldsymbol{n}|$ 的最大值为________。

5. (2021 江苏淮安,3 分)已知 O 为 $\triangle ABC$ 的外心，$\angle C=45^\circ$，$\overrightarrow{OC}=2m\overrightarrow{OA}+n\overrightarrow{OB}(m,n\in\mathbf{R})$，则 $\frac{m^2+n^2}{m^2n^2}$ 的最小值为________。

(二)平面向量的夹角

解法突破

求平面向量的夹角,用数量积,令 $\boldsymbol{a}=(x_1,y_1)$,$\boldsymbol{b}=(x_2,y_2)$,由 $\boldsymbol{a}\cdot\boldsymbol{b}=|\boldsymbol{a}||\boldsymbol{b}|\cos\theta$,得到 $\cos\theta=\dfrac{\boldsymbol{a}\cdot\boldsymbol{b}}{|\boldsymbol{a}||\boldsymbol{b}|}=\dfrac{x_1x_2+y_1y_2}{\sqrt{x_1^2+y_1^2}+\sqrt{x_2^2+y_2^2}}$,进而求得向量 $\boldsymbol{a},\boldsymbol{b}$ 的夹角的余弦值,求夹角时要注意 $\theta\in[0,\pi]$。

真题过招

4. (2021 广东广州天河区,1. 12 分)(判断)$\triangle ABO$ 中,$\overrightarrow{OA}=\boldsymbol{a}$,$\overrightarrow{OB}=\boldsymbol{b}$,满足 $\boldsymbol{a}\cdot\boldsymbol{b}=|\boldsymbol{a}-\boldsymbol{b}|=2$,则$\triangle AOB$ 的面积的最大值为 $2\sqrt{3}$。 ( )

答案解析

× 【解析】$\boldsymbol{a}\cdot\boldsymbol{b}=|\boldsymbol{a}||\boldsymbol{b}|\cos\angle AOB=2$,即 $\cos\angle AOB=\dfrac{2}{|\boldsymbol{a}||\boldsymbol{b}|}$,所以 $\sin\angle AOB=\sqrt{1-\left(\dfrac{2}{|\boldsymbol{a}||\boldsymbol{b}|}\right)^2}=\dfrac{\sqrt{(|\boldsymbol{a}||\boldsymbol{b}|)^2-4}}{|\boldsymbol{a}||\boldsymbol{b}|}$,$|\boldsymbol{a}-\boldsymbol{b}|=\sqrt{|\boldsymbol{a}|^2-2\boldsymbol{a}\cdot\boldsymbol{b}+|\boldsymbol{b}|^2}=2$,即 $8=|\boldsymbol{a}|^2+|\boldsymbol{b}|^2\geqslant 2|\boldsymbol{a}||\boldsymbol{b}|$,所以 $|\boldsymbol{a}||\boldsymbol{b}|\leqslant 4$,所以 $S_{\triangle AOB}=\dfrac{1}{2}|\boldsymbol{a}||\boldsymbol{b}|\sin\angle AOB=\dfrac{1}{2}|\boldsymbol{a}||\boldsymbol{b}|\dfrac{\sqrt{(|\boldsymbol{a}||\boldsymbol{b}|)^2-4}}{|\boldsymbol{a}||\boldsymbol{b}|}=\dfrac{1}{2}\sqrt{(|\boldsymbol{a}||\boldsymbol{b}|)^2-4}\leqslant\dfrac{1}{2}\sqrt{16-4}=\sqrt{3}$。

5. (2021 山东临沂市,1. 8 分)已知单位向量 $\boldsymbol{e}_1,\boldsymbol{e}_2$,满足 $|2\boldsymbol{e}_1-\boldsymbol{e}_2|=\sqrt{3}$,设 $\boldsymbol{a}=\boldsymbol{e}_1+\boldsymbol{e}_2$,$\boldsymbol{b}=2\boldsymbol{e}_1+\boldsymbol{e}_2$ 则向量 $\boldsymbol{a},\boldsymbol{b}$ 夹角的余弦值为( )

A. $-\dfrac{3\sqrt{21}}{14}$ B. $\dfrac{3}{14}$ C. $\dfrac{3\sqrt{21}}{14}$ D. $-\dfrac{3}{14}$

答案解析

C 【解析】$|2\boldsymbol{e}_1-\boldsymbol{e}_2|=\sqrt{(2\boldsymbol{e}_1-\boldsymbol{e}_2)^2}=\sqrt{4+1-4|\boldsymbol{e}_1||\boldsymbol{e}_2|\cos\langle\boldsymbol{e}_1,\boldsymbol{e}_2\rangle}=\sqrt{3}$,所以 $\cos\langle\boldsymbol{e}_1,\boldsymbol{e}_2\rangle=\dfrac{1}{2}$,则 $\cos\langle\boldsymbol{a},\boldsymbol{b}\rangle=\dfrac{\boldsymbol{a}\cdot\boldsymbol{b}}{|\boldsymbol{a}||\boldsymbol{b}|}=\dfrac{2\boldsymbol{e}_1{}^2+3\boldsymbol{e}_1\cdot\boldsymbol{e}_2+\boldsymbol{e}_2{}^2}{\sqrt{(\boldsymbol{e}_1+\boldsymbol{e}_2)^2}\sqrt{(2\boldsymbol{e}_1+\boldsymbol{e}_2)^2}}=\dfrac{2+1+\frac{3}{2}}{\sqrt{1+1+1}\times\sqrt{4+1+2}}=\dfrac{3\sqrt{21}}{14}$。

变式训练

6. 已知非零向量 $\boldsymbol{a},\boldsymbol{b}$ 满足 $|\boldsymbol{a}|=2|\boldsymbol{b}|$，且 $(\boldsymbol{a}-\boldsymbol{b})\perp\boldsymbol{b}$，则 $\boldsymbol{a}$ 与 $\boldsymbol{b}$ 的夹角是(　　)

A. $\frac{\pi}{6}$　　B. $\frac{\pi}{3}$　　C. $\frac{2\pi}{3}$　　D. $\frac{5\pi}{6}$

7. (2021 山东东营，1.52 分)已知非零向量 $\boldsymbol{a},\boldsymbol{b}$ 满足 $|\boldsymbol{a}|=|\boldsymbol{b}|=|\boldsymbol{a}+\boldsymbol{b}|$，则 $\boldsymbol{a}$ 与 $2\boldsymbol{a}-\boldsymbol{b}$ 夹角的余弦值为________。

(三)平面向量的垂直

解法突破

解有关平面向量垂直的题目时，学会在等价命题中相互转化，即 $\boldsymbol{a}\perp\boldsymbol{b}\Leftrightarrow\boldsymbol{a}\cdot\boldsymbol{b}=0\Leftrightarrow x_1x_2+y_1y_2=0$。

真题过招

6. (2021 广东广州市天河区，1.47 分)已知向量 $\boldsymbol{a}=(1,2)$，$\boldsymbol{b}=(2,3)$，$\boldsymbol{c}=(3,4)$，若 $(\boldsymbol{a}+\boldsymbol{b})\perp(k\boldsymbol{b}+\boldsymbol{c})$，则 k 的值为(　　)

A. $-\frac{7}{10}$　　B. $\frac{7}{10}$　　C. $-\frac{29}{21}$　　D. $\frac{29}{21}$

答案解析

C 【解析】$\boldsymbol{a}+\boldsymbol{b}=(3,5)$，$(k\boldsymbol{b}+\boldsymbol{c})=(2k+3,3k+4)$，因为 $(\boldsymbol{a}+\boldsymbol{b})\perp(k\boldsymbol{b}+\boldsymbol{c})$，所以 $3(2k+3)+5(3k+4)=0$，解得 $k=-\frac{29}{21}$。

7. (2021 山东青岛，2.5 分)已知向量 $\boldsymbol{a}=(1,2)$，$\boldsymbol{b}=(3,0)$，若 $(\lambda\boldsymbol{a}-2\boldsymbol{b})\perp\boldsymbol{a}$，则实数 $\lambda=$(　　)

A. 0　　B. $\frac{6}{5}$

C. $\frac{3}{5}$　　D. 3

答案解析

B 【解析】因为 $(\lambda\boldsymbol{a}-2\boldsymbol{b})\perp\boldsymbol{a}$，所以 $(\lambda\boldsymbol{a}-2\boldsymbol{b})\cdot\boldsymbol{a}=\lambda\boldsymbol{a}^2-2\boldsymbol{b}\cdot\boldsymbol{a}=5\lambda-2\times3=0$，故 $\lambda=\frac{6}{5}$。

变式训练

8. 在△ABC 中,$\overrightarrow{AB}=(2,3)$,$\overrightarrow{AC}=(1,k)$,若△$ABC$ 是直角三角形,那么 k 的值不可以是(　　)

A. -1

B. $\frac{11}{3}$

C. $\frac{3+\sqrt{13}}{2}$

D. $\frac{3-\sqrt{13}}{2}$

9. (2021 安徽中数,4 分)已知向量 $\boldsymbol{a}=(2,\sin\theta)$,$\boldsymbol{b}=(\cos\theta,-1)$。若 $\boldsymbol{a}\perp\boldsymbol{b}$,则 $\tan\left(\theta-\frac{\pi}{4}\right)$ $=$________。

必刷好题

招教高频基础刷

1. 在平行四边形 $ABCD$ 中,$AB=2AD$,$\angle BAD=60°$,E 为 CD 中点,若$\overrightarrow{AF}=\lambda\overrightarrow{AB}$,且 $AE\perp DF$,则 $\lambda=$(　　)

A. $\frac{1}{2}$　　B. $\frac{3}{2}$　　C. $-\frac{1}{2}$　　D. $-\frac{3}{2}$

2. 向量 $\boldsymbol{a}$ 的模$|\boldsymbol{a}|=1$,向量 $\boldsymbol{b}$ 的模$|\boldsymbol{b}|=2$,且满足 $\boldsymbol{a}\cdot(\boldsymbol{b}+\sqrt{3}\boldsymbol{a})=2\sqrt{3}$,则向量 $\boldsymbol{a}$ 与向量 $\boldsymbol{b}$ 的夹角为(　　)

A. $\frac{\pi}{6}$　　B. $\frac{\pi}{4}$　　C. $\frac{\pi}{3}$　　D. $\frac{\pi}{2}$

3. 已知点 $A(-1,1)$,$B(1,2)$,$C(-2,-1)$,$D(3,4)$,则向量$\overrightarrow{AB}$在$\overrightarrow{CD}$方向上的投影为(　　)

A. $\frac{3\sqrt{2}}{2}$

B. $\frac{3\sqrt{15}}{2}$

C. $-\frac{3\sqrt{2}}{2}$

D. $-\frac{3\sqrt{15}}{2}$

4. 若向量 $\boldsymbol{a}=(3,2)$,$\boldsymbol{b}=(0,-1)$,则 $2\boldsymbol{a}\cdot\boldsymbol{b}+|\boldsymbol{b}|$的值为(　　)

A. -6　　B. -3　　C. 0　　D. 3

5. 已知点 $A(-1,1)$,$B(1,2)$,$C(-2,-1)$,则向量$\overrightarrow{AC}$在$\overrightarrow{AB}$方向上的投影为(　　)

A. $\frac{4\sqrt{5}}{5}$

B. $\frac{3\sqrt{5}}{5}$

C. 0　　　　D. $-\frac{4\sqrt{5}}{5}$

6. 若 $\boldsymbol{a}=(1,2)$，$\boldsymbol{b}=(-1,3)$，则 $\cos<\boldsymbol{a}+\boldsymbol{b},\boldsymbol{a}-\boldsymbol{b}>=$（　　）

A. $-\frac{\sqrt{5}}{5}$　　　　B. $-\frac{\sqrt{2}}{2}$

C. $\frac{\sqrt{5}}{5}$　　　　D. $\frac{\sqrt{2}}{2}$

7. 已知两个单位向量 $\boldsymbol{a}$，$\boldsymbol{b}$ 的夹角为 $60°$，$\boldsymbol{c}=t\boldsymbol{a}+(1-t)\boldsymbol{b}$，若 $\boldsymbol{b}\cdot\boldsymbol{c}=0$，则 $t=$________。

8. 设 $\boldsymbol{e}_1$，$\boldsymbol{e}_2$ 是夹角为 $60°$的两个单位向量，已知$\overrightarrow{OM}=\boldsymbol{e}_1$，$\overrightarrow{ON}=\boldsymbol{e}_2$，$\overrightarrow{OP}=x\cdot\overrightarrow{OM}+y\cdot\overrightarrow{ON}$（$x$，$y$ 为实数）。若$\triangle PMN$ 是以 M 为直角顶点的直角三角形，则 $x-y$ 取值的集合为________。

9. 已知向量$\overrightarrow{AB}$与$\overrightarrow{AC}$的夹角为 $120°$，且$|\overrightarrow{AB}|=3$，$|\overrightarrow{AC}|=2$，若$\overrightarrow{AP}=\lambda\overrightarrow{AB}+\overrightarrow{AC}$，且$\overrightarrow{AP}\perp\overrightarrow{BC}$，则实数 λ 的值为________。

10. 设 D，E 分别是$\triangle ABC$ 的边 AB，BC 上的点，$AD=\frac{1}{2}AB$，$BE=\frac{2}{3}BC$，若$\overrightarrow{DE}=\lambda_1\overrightarrow{AB}+\lambda_2\overrightarrow{AC}$（$\lambda_1$，$\lambda_2$ 为实数），则 $\lambda_1+\lambda_2$ 的值为________。

招教易错能力刷

1. 在平面直角坐标系 xOy 中，已知向量 $\boldsymbol{a}$，$\boldsymbol{b}$，$|\boldsymbol{a}|=|\boldsymbol{b}|=1$，$\boldsymbol{a}\cdot\boldsymbol{b}=0$，点 Q 满足$\overrightarrow{OQ}=\sqrt{2}(\boldsymbol{a}+\boldsymbol{b})$。曲线 $C=\{P|\overrightarrow{OP}=\boldsymbol{a}\cos\theta+\boldsymbol{b}\sin\theta,0\leqslant\theta<2\pi\}$，区域 $\Omega=\{P|0<r\leqslant|PQ|\leqslant R,r<R\}$。若 $C\cap\Omega$ 为两段分离的曲线，则（　　）

A. $1<r<R<3$　　　　B. $1<r<3\leqslant R$

C. $r\leqslant1<R<3$　　　　D. $1<r<3<R$

2. 已知四面体 $ABCD$，$\overrightarrow{DA}=\boldsymbol{a}$，$\overrightarrow{DB}=\boldsymbol{b}$，$\overrightarrow{DC}=\boldsymbol{c}$，点 M 在棱 DA 上，$\overrightarrow{DM}=2\overrightarrow{MA}$，$N$ 为 BC 中点，则$\overrightarrow{MN}=$（　　）

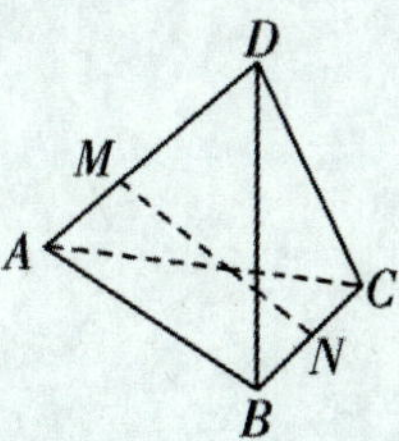

A. $-\frac{2}{3}\boldsymbol{a}-\frac{1}{2}\boldsymbol{b}-\frac{1}{2}\boldsymbol{c}$　　　　B. $-\frac{2}{3}\boldsymbol{a}+\frac{1}{2}\boldsymbol{b}+\frac{1}{2}\boldsymbol{c}$

C. $\frac{2}{3}\boldsymbol{a}+\frac{1}{2}\boldsymbol{b}+\frac{1}{2}\boldsymbol{c}$　　　　D. $\frac{2}{3}\boldsymbol{a}-\frac{1}{2}\boldsymbol{b}-\frac{1}{2}\boldsymbol{c}$

3. 已知 $\boldsymbol{a},\boldsymbol{b}$ 是单位向量，$\boldsymbol{a}\cdot\boldsymbol{b}=0$，若向量 $\boldsymbol{c}$ 满足 $|\boldsymbol{c}-\boldsymbol{a}-\boldsymbol{b}|=1$，则 $|\boldsymbol{c}|$ 的取值范围是(　　)

A. $[\sqrt{2}-1,\sqrt{2}+1]$　　B. $[\sqrt{2}-1,\sqrt{2}+2]$

C. $[1,\sqrt{2}+1]$　　D. $[1,\sqrt{2}+2]$

4. 已知向量 $\boldsymbol{a}\neq\boldsymbol{e}$，$|\boldsymbol{e}|=1$，对任意 $t\in\mathbf{R}$，恒有 $|\boldsymbol{a}-t\boldsymbol{e}|\geqslant|\boldsymbol{a}-\boldsymbol{e}|$，则(　　)

A. $\boldsymbol{a}\perp\boldsymbol{e}$　　B. $\boldsymbol{a}\perp(\boldsymbol{a}-\boldsymbol{e})$

C. $\boldsymbol{e}\perp(\boldsymbol{a}-\boldsymbol{e})$　　D. $(\boldsymbol{a}+\boldsymbol{e})\perp(\boldsymbol{a}-\boldsymbol{e})$

5. 连掷两次骰子得到的点数分别为 m 和 n，记向量 $\boldsymbol{a}=(m,n)$ 与向量 $\boldsymbol{b}=(-3,3)$ 的夹角为 θ，则 $\theta\in\left(0,\frac{\pi}{2}\right]$ 的概率是________。

6. 已知 $\boldsymbol{a}=(\cos22°,\sin22°)$，$\boldsymbol{b}=(\cos82°,\sin82°)$，则 $\boldsymbol{a}+\boldsymbol{b}$ 与 $\boldsymbol{a}$ 的夹角为________。

7. 设 $\boldsymbol{e}_1,\boldsymbol{e}_2$ 为单位向量，非零向量 $\boldsymbol{b}=x\boldsymbol{e}_1+y\boldsymbol{e}_2$，$x,y\in\mathbf{R}$，若 $\boldsymbol{e}_1,\boldsymbol{e}_2$ 的夹角为 $\frac{\pi}{6}$，则 $\frac{|x|}{|\boldsymbol{b}|}$ 的最大值等于________。

专题三　立体几何与空间向量

第一节　空间几何体的结构特征、表面积和体积

招教核心要点

1. 棱柱、棱锥、棱台

	棱柱	棱锥	棱台
图形	侧棱、侧面、底面、顶点（图：$ABCDEF\text{-}A'B'C'D'E'F'$）	顶点 S、侧棱、侧面、底面（图：$S\text{-}ABCDEF$）	侧棱、侧面、底面、顶点（图：$ABCDEF\text{-}A'B'C'D'E'F'$，延长交于 O）
结构特征	①有两个面平行且全等，其余各面都是四边形；②每相邻两个四边形的公共边都互相平行	有一个面（底面）是多边形，其余各面是有一个公共顶点的三角形	有两个面平行且相似，其余各面都是梯形
侧棱	平行且相等	相交于一点但不一定相等	延长线交于一点
侧面形状	平行四边形	三角形	梯形
表面积和体积公式	$S_{直棱柱侧}=Ch$（C 为底面周长）；$V=S_{底}h$	$S_{正棱锥侧}=\frac{1}{2}Ch'$（h' 为斜高）；$V=\frac{1}{3}S_{底}h$	$S_{正棱台侧}=\frac{1}{2}(C+C')h'$（$h'$为斜高）；$V=\frac{1}{3}(S_{上}+S_{下}+\sqrt{S_{上}S_{下}})h$

考向分析

三视图、立体图形的展开和折叠、空间几何体的表面积和体积是教师招聘考试中的重点内容，难度中等，考生要重点掌握其基本定理与性质。

思想应用

函数与方程思想：立体几何中有关线段、角、面积、体积的问题经常需要列方程或建立函数表达式来解决。

2. 圆柱、圆锥、圆台

名称	圆柱	圆锥	圆台
图形	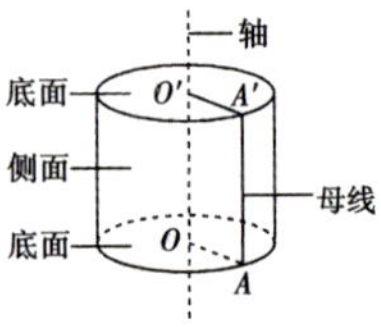	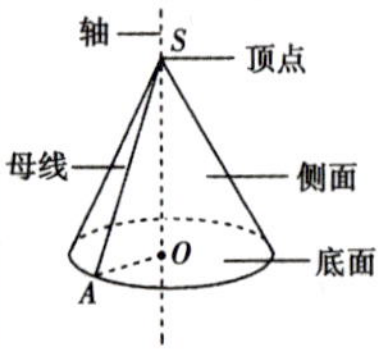	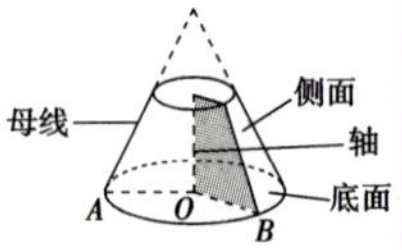
母线	平行、相等且垂直于底面	相交于一点	延长线交于一点
轴截面	全等的矩形	全等的等腰三角形	全等的等腰梯形
侧面展开图	矩形	扇形	扇环
表面积和体积公式	$S_{侧}=2\pi rl$；$S_{表}=2\pi r(r+l)$；$V=S_{底}h=\pi r^2h$	$S_{侧}=\pi rl$；$S_{表}=\pi r(r+l)$；$V=\frac{1}{3}S_{底}h=\frac{1}{3}\pi r^2h$	$S_{侧}=\pi(r+r')l$；$S_{表}=\pi(r^2+r'^2+rl+r'l)$；$V=\frac{1}{3}(S_{上}+S_{下}+\sqrt{S_{上}S_{下}})h=\frac{1}{3}\pi(r^2+r'^2+rr')h$

3. 球

(1) 球的相关概念

半圆以它的直径所在直线为旋转轴，旋转一周形成的曲面叫作球面，球面所围成的旋转体叫作球体，简称球。常用表示球心的字母来表示球，如球心为 O 的球记作球 O。半径为 R 的球的表面积 $S=4\pi R^2$，体积 $V=\frac{4}{3}\pi R^3$。

(2) 球的截面性质

用一个平面去截一个球，截面是圆面。球心和截面圆心的连线垂直于截面。

球心到截面的距离 d 与球的半径 R 及截面的半径 r 有下面的关系：$r=\sqrt{R^2-d^2}$。

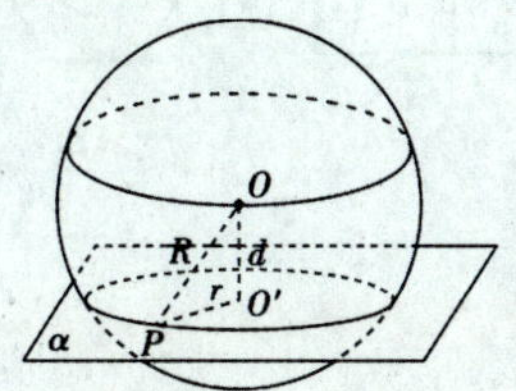

考向1 三视图

(一)几何体的三视图的识别方法

解法突破

掌握几种简单几何体的三视图，把复杂几何体看作由一些基本的简单几何体组合或切割而成。

真题过招

1. (2020 湖南长沙岳麓区，2.56 分)如图所示，桌面上摆放了几个物体，其中主视题和左视图相同的有(　　)个。

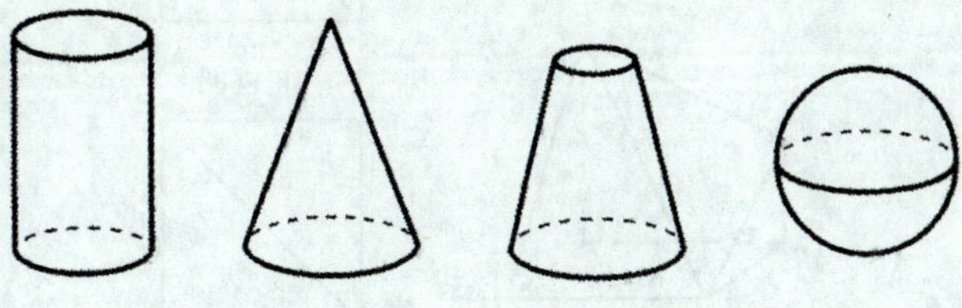

A. 1　　　　B. 2

C. 3　　　　D. 4

答案解析

D　【解析】圆柱、圆锥、圆台、球各自的主视图和左视图都相同。

2. (2019 重庆市沙坪坝区小数,单选,1.5 分)下图所示的几何体的俯视图为(　　)

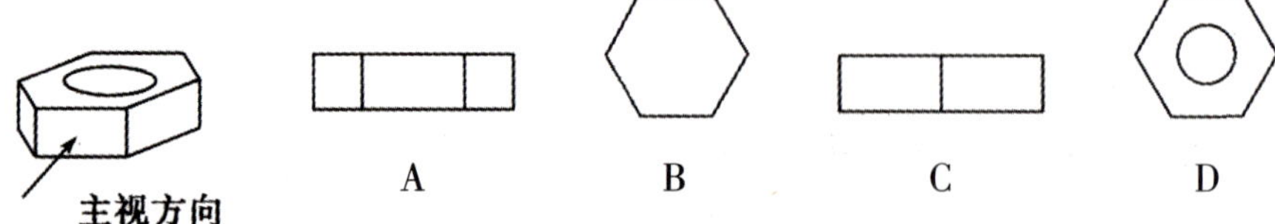

答案解析

D 【**解析**】几何体是一个螺母,其中 A 选项是其主视图,C 选项是其侧视图,D 选项是其俯视图。故选 D。

变式训练

1. 图①是五棱柱形状的几何体,则它的三视图为(　　)

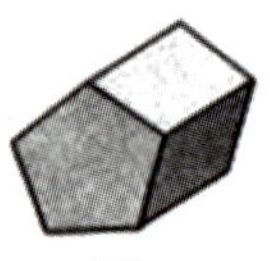
图①

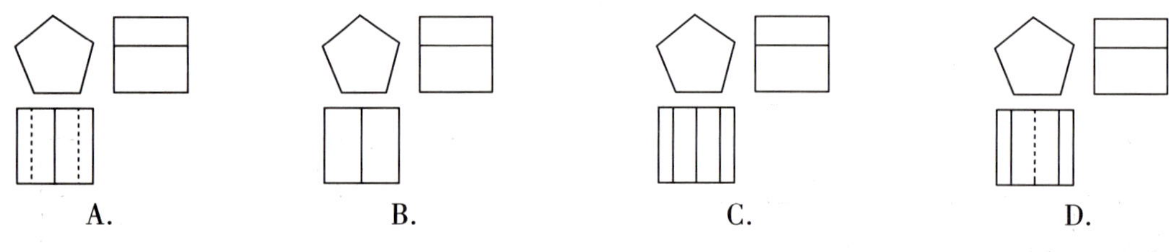

2. 如图是一几何体的直观图、正视图和俯视图,则该几何体的侧视图为(　　)

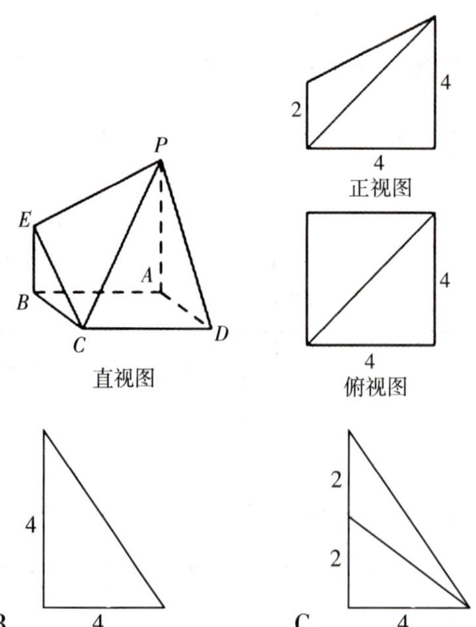

3. (2019 河南许昌,1.5 分) 下面给出一立体图形,从任意面将其剖开,下面哪一项不可能是该立体图形的截面?(　　)

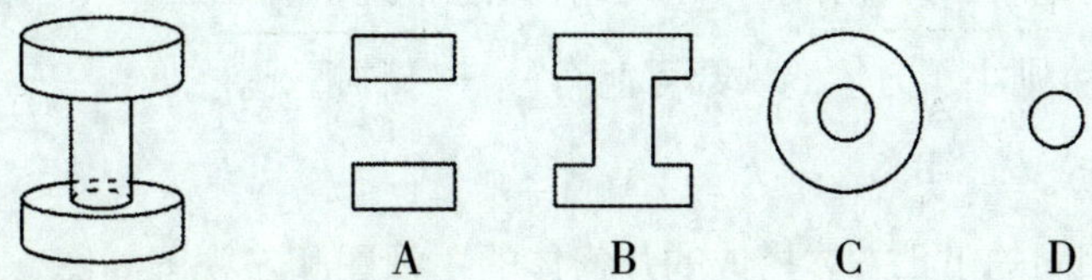

(二)由三视图确定小正方体的个数

解法突破

可先由俯视图把握几何体的堆叠方式,再结合另一个视图确定可能的小正方体的个数。

真题过招

3. (2021 江西中数,1 分) 物体的形状如图所示,则从上面看此物体得到的平面图形是(　　)

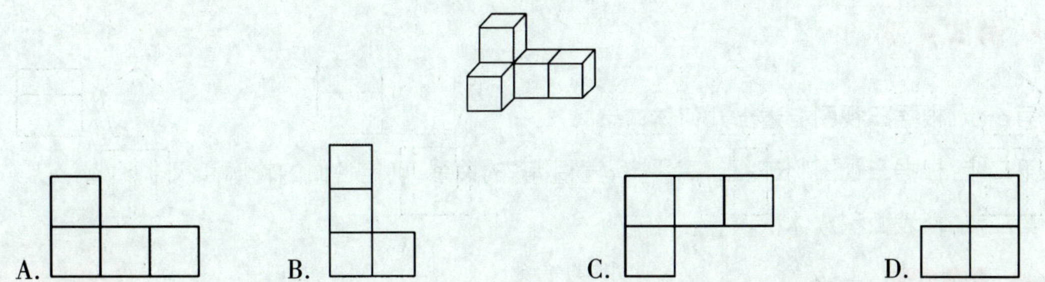

答案解析

C 【解析】从上面看易得第一行有 3 个正方形,第二行最左边有一个正方形。

4. (2021 山西临汾,2 分) 桌上摆一些小正方体,从正面看如图 1,从左面看如图 2,从上面看如图 3,则至少用了________块小正方体。

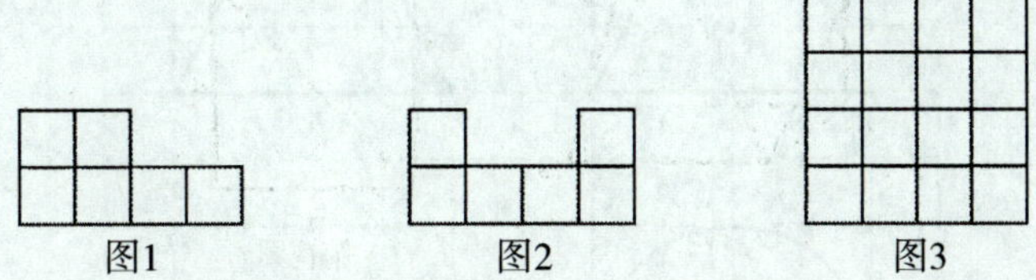

答案解析

18 【解析】从图 1 主视图中可知该几何体有 2 层,从图 3 俯视图中可知该几何体最底层有 4 行 4 列,结合主视图和左视图可知,该几何体第二层至少有 2 块小正方体。综上可知至少用了 18 块小正方体。

变式训练

4. 一些完全相同的小正方体搭成一个几何体,这个几何体从正面和左面看所得的平面图形均如图所示,则小正方体的块数可能有(　　)种情况。

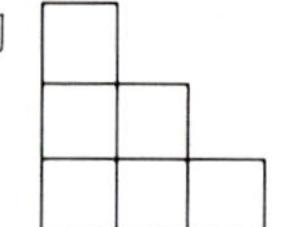

A. 7　　B. 8　　C. 9　　D. 10

5. 由一些大小相同的小正方体搭成的几何体的主视图和左视图如图,则搭成该几何体的小正方体的个数最少是(　　)

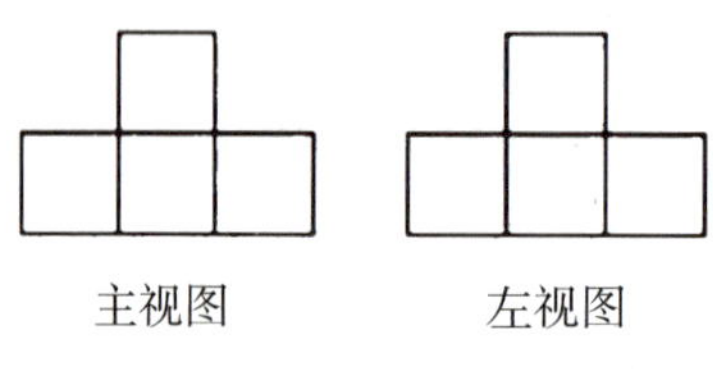

A. 3　　B. 4　　C. 5　　D. 6

(三)根据三视图求几何体的体积或表面积的方法

解法突破

第一步:根据三视图描述出几何体;

第二步:根据三视图“长对正,高平齐,宽相等”的关系,确定各面的轮廓和尺寸;

第三步:求表面积或体积。

真题过招

5. (2022 湖南长沙市长沙县,3.5 分)某空间几何体的三视图如图所示(网格小正方形的边长为 1),则该几何体的表面积为(　　)

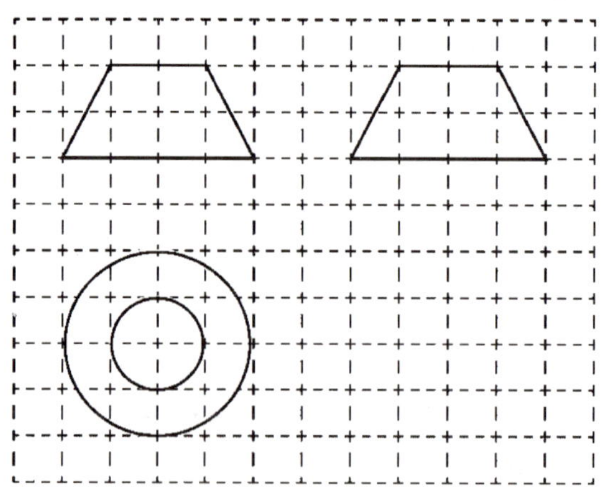

A. $4\pi+3\sqrt{5}\pi$　　B. $6\pi+3\sqrt{5}\pi$　　C. $5\pi+3\sqrt{5}\pi$　　D. $6\pi+6\sqrt{5}\pi$

答案解析

C 【解析】由几何体的三视图，可知该几何体为圆台，圆台的上底面直径为2，下底面直径为4，高为2，所以圆台的上底面面积为$\left(\frac{2}{2}\right)^2\pi=\pi$，下底面面积为$\left(\frac{4}{2}\right)^2\pi=4\pi$。圆台的侧面展开图为扇环，是大扇形减去同一圆心角的小扇形，其中小扇形的弧长为2π（上底面周长），大扇形的弧长为4π（下底面周长），设扇形的圆心角为α，大扇形的半径为R，小扇形的半径为r，即$R=r+\sqrt{1^2+2^2}=r+\sqrt{5}$。根据弧长公式，$\alpha(r+\sqrt{5})=4\pi$，$\alpha r=2\pi$，解得$r=\sqrt{5}$，所以$R=\sqrt{5}+\sqrt{5}=2\sqrt{5}$，则$S_{扇环}=S_{大扇形}-S_{小扇形}=\frac{1}{2}\times4\pi\times2\sqrt{5}-\frac{1}{2}\times2\pi\times\sqrt{5}=3\sqrt{5}\pi$，故该几何体的表面积为$\pi+4\pi+3\sqrt{5}\pi=5\pi+3\sqrt{5}\pi$。

6. (2020 湖南长沙岳麓区,2.56 分) 已知一空间几何体的三视图如图所示，那么该几何体的体积是(　　)

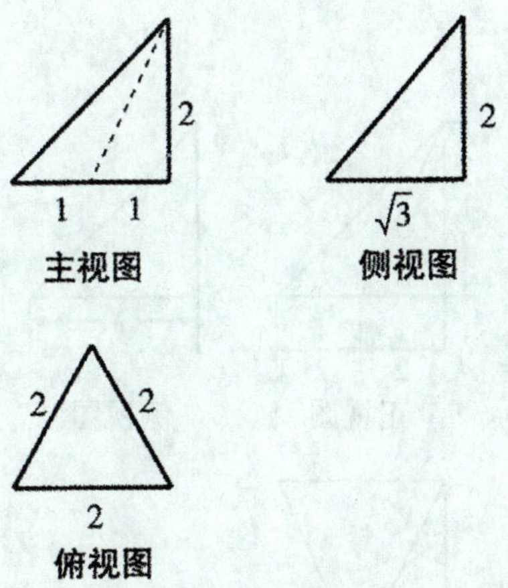

A. $\frac{2\sqrt{3}}{3}$　　B. $2\sqrt{3}$　　C. $\frac{4}{3}$　　D. 4

答案解析

A 【解析】根据三视图可知，几何体是如图所示的四面体，其体积为$\frac{1}{3}\times\frac{1}{2}\times\sqrt{3}\times2\times2=\frac{2}{3}\sqrt{3}$。

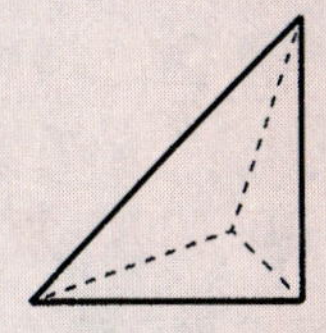

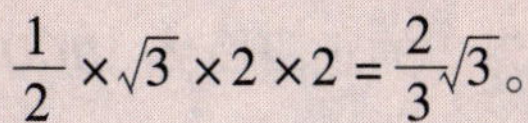

变式训练

6. (2022 江西中数,1.88 分) 如图是一个几何体的三视图，根据图中所示数据，求得这个几何

体的侧面积是(　　)

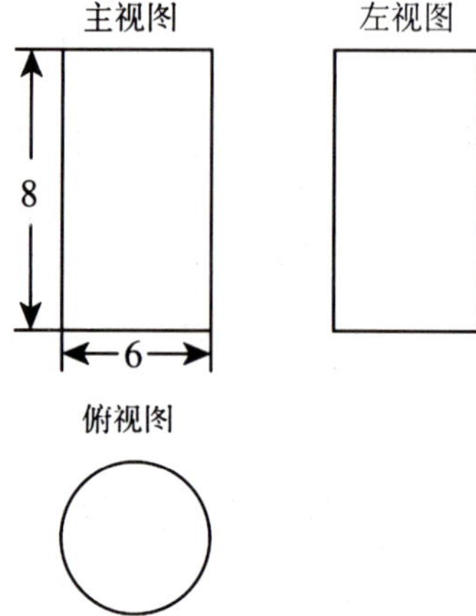

A. 144π　　B. 72π

C. 48π　　D. 24π

7. (2022 江苏扬州,1.88 分)某几何体的三视图如下所示,已知该几何体的体积为$\frac{1}{4}$,则图中的x=(　　)

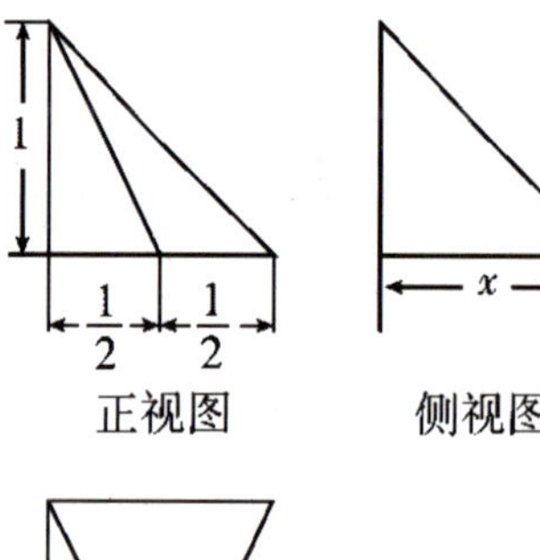

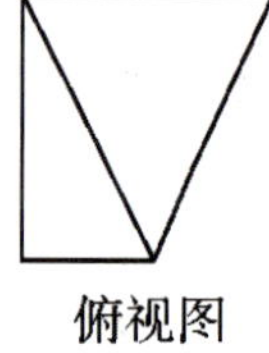
俯视图

A. $\frac{1}{2}$　　B. 1

C. $\frac{3}{2}$　　D. 2

8. (2019 重庆市沙坪坝区小数,多选,1.5 分)空间中任意放置的棱长为 2 的正四面体 $ABCD$,下列命题正确的是(　　)

A. 正四面体 $ABCD$ 的主视图面积可能是$\sqrt{2}$　　B. 正四面体 $ABCD$ 的主视图面积可能是$\frac{2\sqrt{6}}{3}$

C. 正四面体 $ABCD$ 的主视图面积可能是$\sqrt{3}$　　D. 正四面体 $ABCD$ 的主视图面积可能是 2

考向2　立体图形的展开与折叠

(一)小正方体的展开和折叠

判断给定的平面图形是否属于正方体的表面展开图

解法突破

(1)展开图一般是三行,个别是两行,不能一行,或四行,最长的一行在中间,可有2,3,4个小正方形。超过4个或长行不在中间的不是正方体的表面展开图。

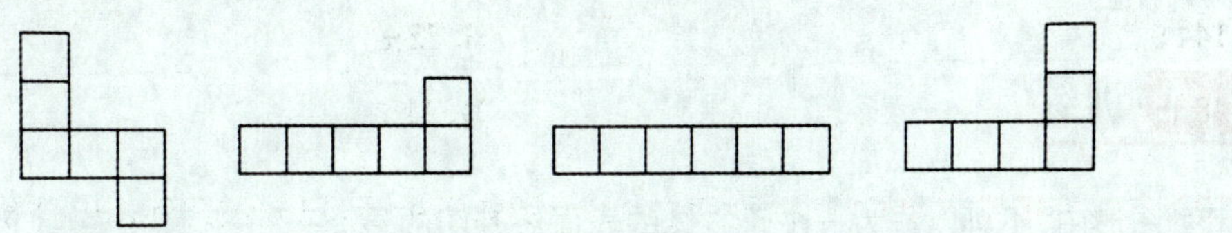

(2)在每一行的两旁,每旁只能有一个正方形与其相连,超过1个就不是。(田凹应弃之)

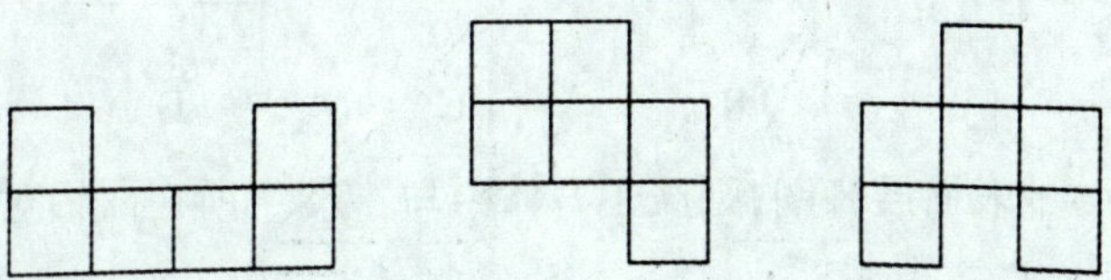

(3)正方体展开图中相对面的寻找技巧。

相间的两个小正方形(中间隔着一个小正方形)是正方体的两个对面,如图1中的A面和B面;“Z”字两端处的小正方形是正方体的对面,如图2、图3的A面和B面。

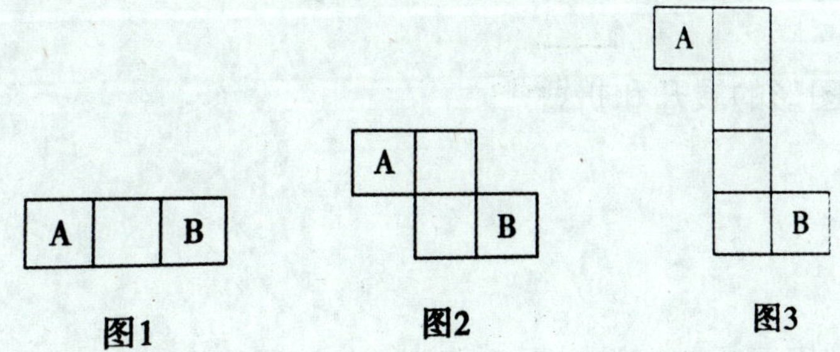

图1　图2　图3

真题过招

1. (2021江西小数,1分)图②是图①中正方体的平面展开图,若正方体上的点A在平面展开图上的位置如图②所示,则正方体上点B在平面展开图上的位置是(　　)

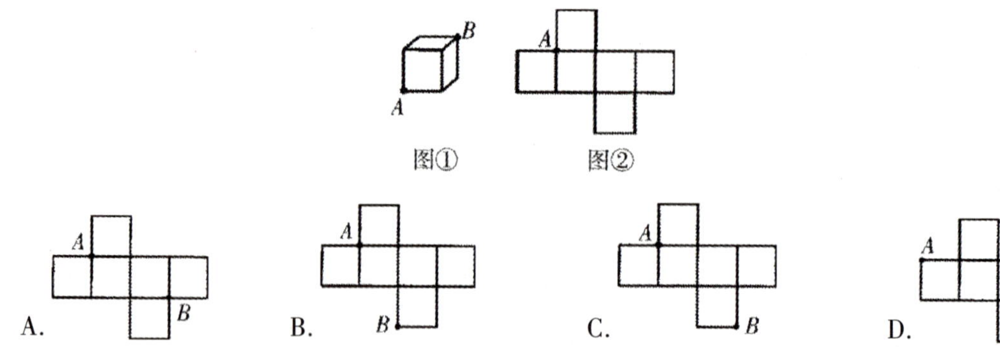

A 【解析】点 A 与点 B 刚好在体对角线上，经过折叠后，只有选项 A 的点 A 和点 B 刚好在体对角线上。

变式训练

1. 下列图形中，不可以作为一个正方体的表面展开图的是(　　)

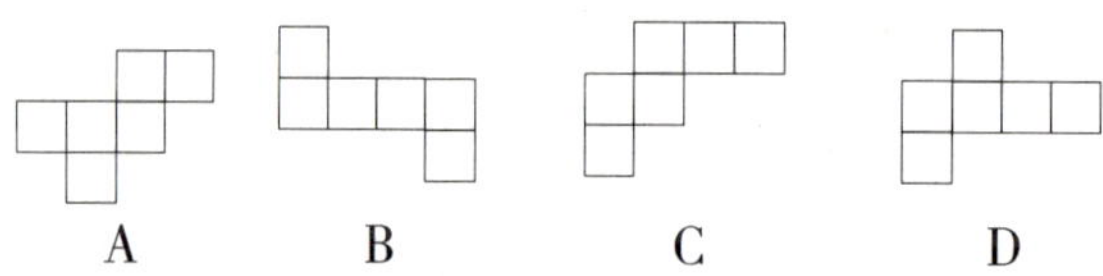

2. 如图是一个正方体的表面展开图，则原正方体中与“变”字所在面相对的面上的字是(　　)

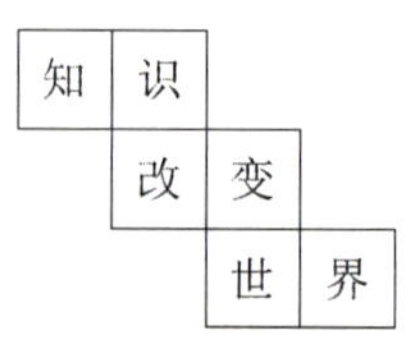

A. 知　　B. 识　　C. 世　　D. 界

(二)其他立体图形的展开和折叠

解法突破

一个立体图形的表面展开图的形状由展开的方式决定，不同的展开方式得到的表面展开图是不一样的，但无论怎样展开，表面展开图都应体现出原立体图形面的个数与形状。

真题过招

2. (2021 山西晋中介休，2 分)如图是国内某品牌牛奶长方体型包装盒的展开图(粘贴部分忽

略不计)，展开图的数据大小如图中所示，从该包装盒说明书上知道，该牛奶含优质乳蛋白3.6 g/100 mL，则一盒这样的牛奶含有优质乳蛋白(按装满计算)(　　)

A. 4.5 g　　B. 9 g

C. 90 g　　D. 900 g

答案解析

B 【解析】牛奶盒的体积 $V=(2+2)\times 12.5\times 5=250$(立方厘米)$=250$ mL，故一盒牛奶含有优质乳蛋白 $250\div 100\times 3.6=9$ g。

变式训练

3. 把如图所示的三棱柱展开，所得到的展开图是(　　)

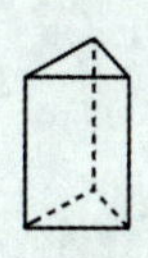

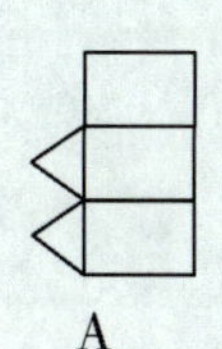

A

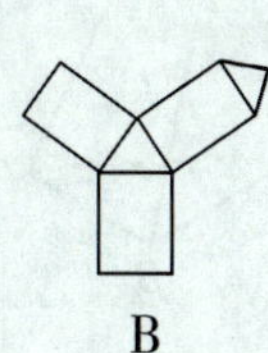

B

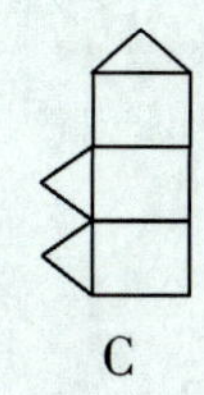

C

D

4. (2021 山西晋中介休市,2 分)如图 1 是一个高为 4 cm 的无盖的五棱柱盒子(直棱柱)的展开图，其底面五边形 $ABCDE$ 中，$BC=12$ cm，$AB=DC=6$ cm，$\angle ABC=\angle BCD=120°$，$\angle EAB=\angle EDC=90°$，图 2 中的五棱柱盒子可按图 1 所示的示意图，将矩形纸板剪切折合而成，实线表示剪切线，虚线表示折痕，纸板厚度及剪切接缝处损耗均忽略不计，那么这个矩形纸板的长至少为______ cm。

图 1

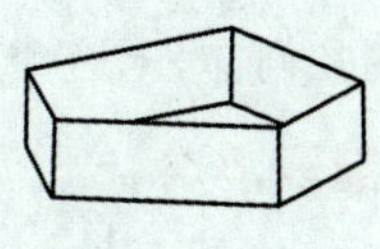

图 2

考向3 空间几何体的表面积和体积

(一)多面体的表面积和体积

解法突破

(1)求解多面体表面积的关键在于明确各个面的形状,这样才能够选择正确的计算方法和面积公式。

(2)求多面体体积的关键是找到高,即点到平面的距离,对于四面体体积的计算,可用等积转换法,在解决体积最值问题时,常借助基本不等式或导数来求解。

真题过招

1. (2021 安徽小数,4 分)如图,已知三棱锥 $P-ABC$ 中,$PA\perp$底面 ABC,若$\triangle ABC$ 是边长为 2 的正三角形,$\angle ABP=60°$,则三棱锥 $P-ABC$ 的体积为(　　)

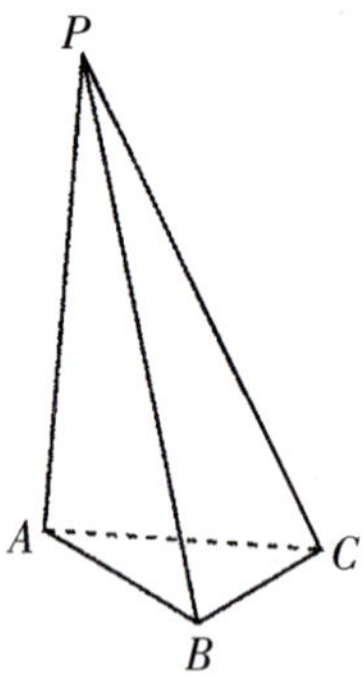

A. 1　　B. 2　　C. 3　　D. 4

答案解析

B 【解析】$V_{P-ABC}=\frac{1}{3}\times PA\times S_{\triangle ABC}=\frac{1}{3}\times 2\times\sqrt{3}\times\frac{1}{2}\times 2\times 2\times\sin 60°=2$。

变式训练

1. (2021 浙江杭州,6 分)一个棱长为 9 分米的正方体,沿每条棱的$\frac{1}{3}$处截去 8 个顶点,得到一个新的几何体,求这个几何体的棱长总和与体积。

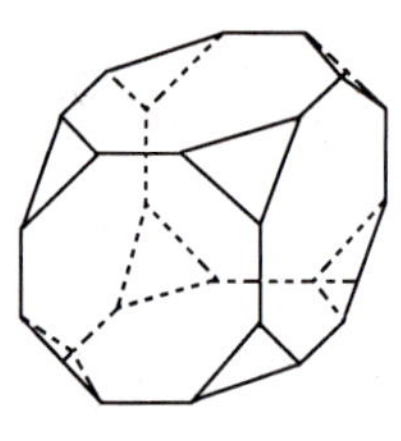

2. (2020 湖南长沙岳麓区,8 分)一个正方体的高减少 3 厘米后,就变成了一个长方体,这个长方体的表面积比原正方体的表面积少 60 平方厘米。

(1)长方体的体积与原正方体的体积的最简整数比是多少?

(2)一个圆柱体的表面积与原正方体的表面积相等,底面圆半径为3厘米,则该圆柱体的高为多少厘米?(π取3.14)

3. (2022浙江宁波,2分)已知正四棱台的上底面边长为48,下底面边长为8,侧棱长为$25\sqrt{2}$,则该正四棱台的体积为(　　)

A. $11840\sqrt{2}$　　B. $13760\sqrt{2}$　　C. $35520\sqrt{2}$　　D. $41280\sqrt{2}$

(二)旋转体的表面积和体积

解法突破

(1)圆柱的侧面展开图中,底面圆的周长即为展开图矩形的一边长,圆柱的高为矩形的另一边长,因此表面积为$S=2\pi r^2+2\pi rl$,侧面积为$S_{侧}=2\pi rl$,体积为$V=\pi r^2h$。

(2)圆锥的侧面展开图为扇形,底面圆的周长即为扇形的弧长,圆锥的母线长为扇形的半径,因此圆锥的表面积为$S=\pi r^2+\pi rl$,侧面积为$S_{侧}=\pi rl$(r为圆锥底面半径,l为母线长)或$\frac{1}{2}lC$(C为圆锥底面周长,l为母线长),体积为$V=\frac{1}{3}\pi r^2h$。

真题过招

2. (2021江西小数,1分)一个圆柱体和一个圆锥体底面周长的比是2:3,它们的体积比是5:6,那么圆柱高和圆锥高的最简整数比是(　　)

A. 5:8　　B. 8:5　　C. 15:8　　D. 8:15

答案解析

A 【解析】一个圆柱体和一个圆锥体底面周长的比是2:3,则它们的底面半径之比为2:3,设圆柱和圆锥的高分别是h_1和h_2,因为它们的体积比是5:6,则$\frac{\pi 2^2h_1}{\frac{1}{3}\pi 3^2h_2}=\frac{5}{6}$,所以$\frac{h_1}{h_2}=\frac{5}{8}$。

变式训练

4. (2021江西小数,1分)一个高30 cm的圆锥容器,盛满水倒入和它等底等高的圆柱体容器内,容器口到水面的距离是(　　)

A. 20 cm　　B. 15 cm　　C. 30 cm　　D. 10 cm

5. (2021 江西中数,1 分)已知圆锥的底面半径是 5 cm,母线长是 13 cm,则这个圆锥的侧面积是(　　)

A. $60\pi\ cm^2$　　B. $65\pi\ cm^2$

C. $120\pi\ cm^2$　　D. $130\pi\ cm^2$

6. 已知圆锥的顶点为 S,母线 SA,SB 所成角的余弦值为 $\frac{7}{8}$,SA 与圆锥底面所成角度为 45°,若 $\triangle SAB$ 的面积为 $5\sqrt{15}$,那么该圆锥的侧面积为________。(圆周率为 π)

(三)组合体的表面积和体积

解法突破

在计算组合体的表面积和体积时,要先确定组合形式,然后利用相关公式求解。

真题过招

3. (2020 浙江丽水,2 分)瓶身为圆柱形的酒精瓶容积为 $26.4\pi\ cm^3$,正放、倒放数据如图,则瓶内有酒精(　　)cm^3。

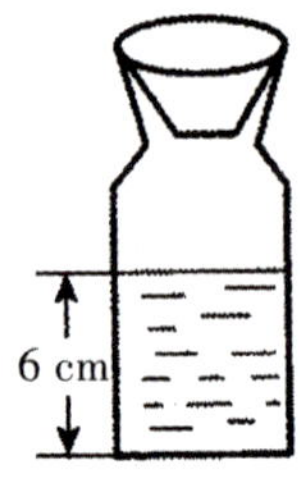

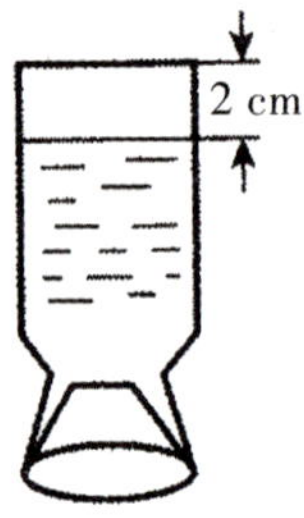

A. 17.8π　　B. 19.8π

C. 20.8π　　D. 21.8π

答案解析

B 【解析】设该酒精瓶的底面积为 $x\ cm^2$,正放时,瓶内酒精的体积表示为 $6x\ cm^3$;倒放时,瓶内空腔的体积为 $2x\ cm^3$,那么酒精体积可表示为 $(26.4\pi-2x)\ cm^3$,列出方程 $6x=26.4\pi-2x$,解得 $x=3.3\pi$,则瓶内有酒精 $6\times3.3\pi=19.8\pi\ cm^3$。故选 B。

变式训练

7. 某几何体的三视图如图所示,其中侧视图的下半部分曲线为半圆弧,则该几何体的表

面积为（　　）

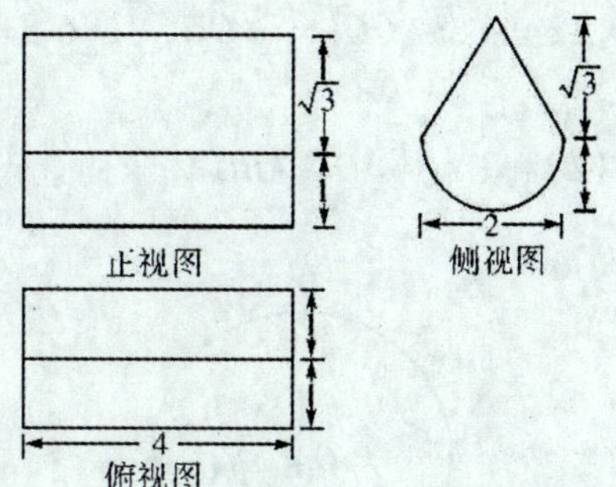

A. $4\pi+16+4\sqrt{3}$　　B. $5\pi+16+4\sqrt{3}$

C. $4\pi+16+2\sqrt{3}$　　D. $5\pi+16+2\sqrt{3}$

8. 在梯形 $ABCD$ 中，$\angle ABC=\frac{\pi}{2}$，$AD\parallel BC$，$BC=2AD=2AB=2$，将梯形 $ABCD$ 绕 AD 所在的直线旋转一周而形成的几何体的体积为（　　）

A. $\frac{2\pi}{3}$　　B. $\frac{4\pi}{3}$　　C. $\frac{5\pi}{3}$　　D. 2π

考向4 与球有关的切、接问题

几何体的外接球问题

（一）几何体的外接球问题

解法突破

解题时要认真分析图形，明确接点的位置，确定元素间的数量关系，并作出合适的截面。若几何体为正方体或长方体，则其体对角线长等于外接球的直径。

真题过招》

1. （2020 湖南长沙市长沙县，3 分）设 A,B,C,D 是一个半径为 8 的球的球面上的四点，$\triangle ABC$ 为等边三角形，且面积为 $36\sqrt{3}$，则三棱锥 $D-ABC$ 体积的最大值为（　　）

A. $81\sqrt{3}$　　B. $120\sqrt{3}$　　C. $144\sqrt{3}$　　D. $159\sqrt{3}$

答案解析

C 【解析】由 $\triangle ABC$ 为等边三角形，且面积为 $36\sqrt{3}$，得 $\frac{1}{2}\times\frac{\sqrt{3}}{2}AB^2=36\sqrt{3}$，解得 $AB=12$。设球心为 O，$\triangle ABC$ 的外心为 O'，显然当点 D 为 $O'O$ 的延长线与球的交点时，三棱锥 $D-ABC$

的体积最大，又$O'C=\frac{2}{3}\times\frac{\sqrt{3}}{2}\times12=4\sqrt{3}$，$OO'=\sqrt{OC^2-O'C^2}=\sqrt{8^2-(4\sqrt{3})^2}=4$，则三棱锥$D-ABC$高的最大值为$8+4=12$，故三棱锥$D-ABC$体积的最大值为$\frac{1}{3}\times12\times36\sqrt{3}=144\sqrt{3}$。

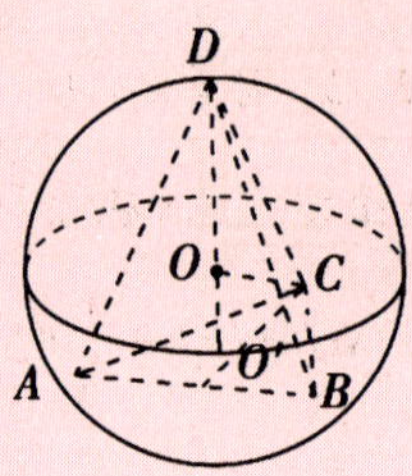

变式训练

1. 正四棱锥的顶点都在同一球面上，若该棱锥的高为4，底面边长为2，则该球的表面积为(　　)

A. $\frac{81\pi}{4}$　　B. 16π　　C. 9π　　D. $\frac{27\pi}{4}$

2. 已知A，B是球O的球面上的两点，$\angle AOB=90°$，C为该球上的动点，若三棱锥$O-ABC$的体积最大值为36，则球O的表面积为(　　)

A. 36π　　B. 64π　　C. 144π　　D. 256π

(二)几何体的内切球问题

解法突破

解决几何体的内切球问题，应先作出示意图(一般作出轴截面或对角面所在截面)，再根据题中的数量关系转化为平面问题，如转化成三角形问题、圆的有关问题等。另外，若球内切于正方体，则切点为正方体各个面的中心，正方体的棱长等于内切球的直径。

真题过招

2. (2021山西吕梁孝义，2.47分)已知某正四棱锥(棱长均相等)的侧面积为$16\sqrt{3}$，则该四棱锥内切球的直径为(　　)

A. $\sqrt{6}-\sqrt{2}$　　B. $\sqrt{6}-\sqrt{3}$　　C. $2(\sqrt{6}-\sqrt{2})$　　D. $2(\sqrt{6}-\sqrt{3})$

答案解析

C 【解析】如图,O 为底面中心,M 为四棱锥 $P-ABCD$ 内切球的球心,设棱长为 a,则 $S_{\triangle PAB}=\frac{\sqrt{3}}{4}a^2=\frac{1}{4}\times 16\sqrt{3}$,所以 $a=4$,所以 $OB=2\sqrt{2}$,$OP=\sqrt{BP^2-OB^2}=\sqrt{16-8}=2\sqrt{2}$,因为球 M 内切于四棱锥 $P-ABCD$,所以 $OM=MN$,设内切球半径为 R,则在 $\triangle PMN$ 中,$PM^2=MN^2+PN^2$,因为 $\triangle OMQ\cong\triangle NMQ$,所以 $NQ=OQ=\frac{1}{2}AB=2$,而 $PQ=2\sqrt{3}$,且在 $\mathrm{Rt}\triangle PMN$ 中,$(2\sqrt{2}-R)^2=R^2+(2\sqrt{3}-2)^2$,解得 $R=\sqrt{6}-\sqrt{2}$,故该四棱锥内切球的直径为 $2R=2(\sqrt{6}-\sqrt{2})$。

变式训练

3. (2021 山西晋中介休,2 分)在三棱锥 $P-ABC$ 中,$PA=4$,$AC=2\sqrt{7}$,$PB=BC=2\sqrt{3}$,$PA\perp$ 平面 PBC,则三棱锥 $P-ABC$ 的内切球的表面积为________。

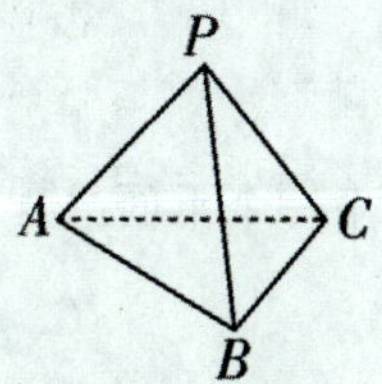

4. (2019 重庆巴南区,4 分)在封闭的直三棱柱 $ABC-A_1B_1C_1$ 内有一个体积为 V 的球,若 $AB\perp BC$,$AB=6$,$BC=8$,$AA_1=3$,则 V 的最大值是________。

招教易错突破

易错点 混淆立体几何的截面

立体几何的截面问题解题的关键在于确定截点,有了位于多面体同一表面上的两个截点即可连结成截线,从而求得截面。

真题过招

(2022 江苏扬州,2.5 分)正方体的截面可能为________。(填写正确的序号)

①等腰三角形;②矩形;③菱形;④直角梯形;⑤正六边形。

【错因分析】未能熟练掌握正方体的几何性质。

答案解析

①②③⑤ 【解析】如图所示,正方体的截面可以是以下情形:三角形,包括锐角三角形,等边三角形,等腰三角形,不能是直角三角形或钝角三角形;至少有一组对边平行的四边形,包括平行四边形,矩形,正方形,菱形,梯形,但不能是直角梯形;两组对边分别平行,同时又两个角相等的五边形,但不能是正五边形;六边形,包括正六边形。故正确的选项为①②③⑤。

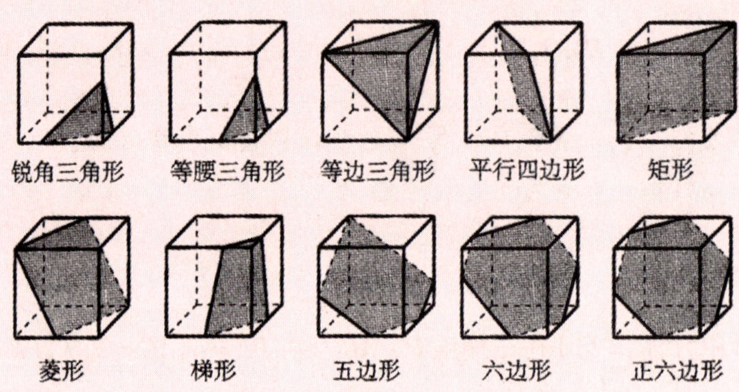

变式训练

1. (2021 广东广州天河区,1.47 分)用一个平面去截正方体,所得的截面不可能是(　　)

A. 六边形　　B. 菱形　　C. 梯形　　D. 直角三角形

2. (2019 内蒙古自治区鄂尔多斯东胜区,2 分)在棱长为 2 的正方体 $ABCD-A_1B_1C_1D_1$ 中,M 是棱 AA_1 的中点,过 C,M,D_1 作正方体的截面,则这个截面的面积是(　　)

A. $\frac{3\sqrt{5}}{2}$　　B. $\frac{3\sqrt{5}}{8}$　　C. $\frac{9}{2}$　　D. $\frac{9}{8}$

招教高频基础刷

1. 一个几何体零件如图所示,则它的左视图是(　　)

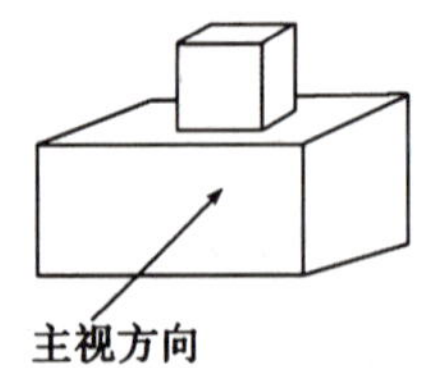

A. 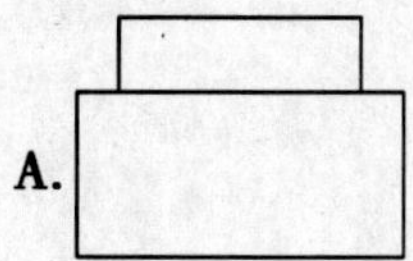
B. 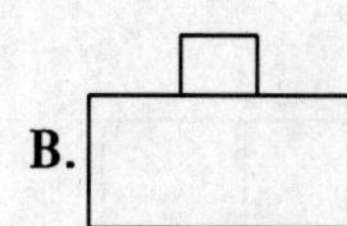
C. 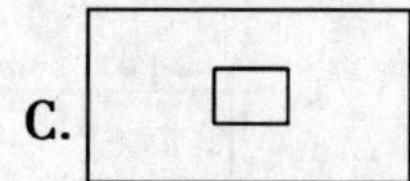
D. 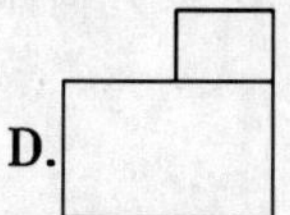

2. 在一个几何体的三视图中,正视图和俯视图如图所示,则相应的侧视图可以是(　　)

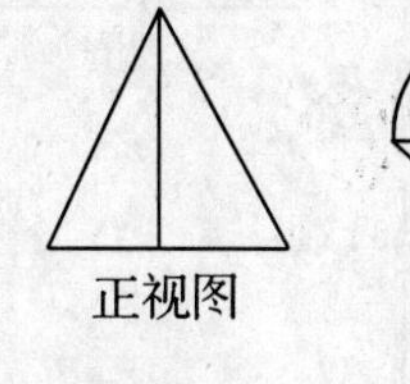
正视图

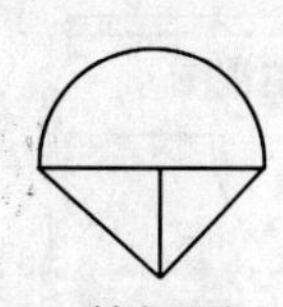
俯视图

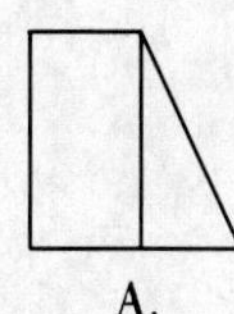
A.

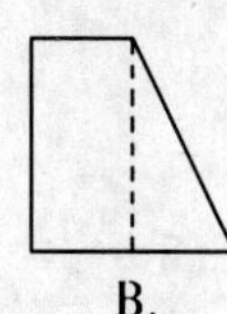
B.

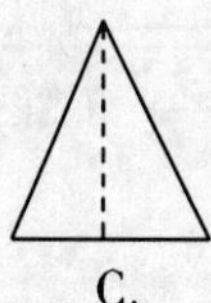
C.

D.

3. 下列选项中的几何体,有一个几何体的正视图和其他几何体不同,这个几何体是(　　)

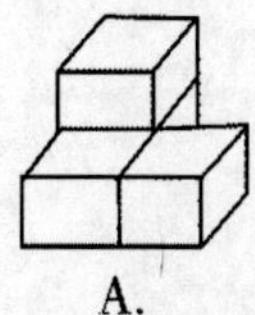
A.

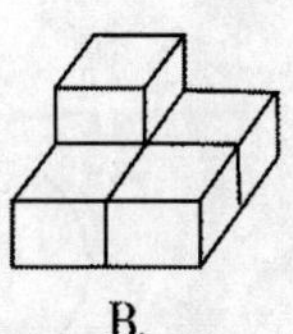
B.

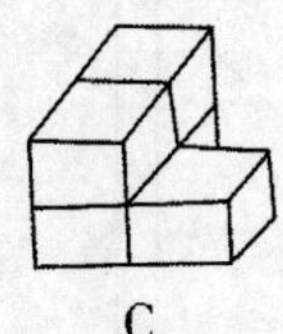
C.

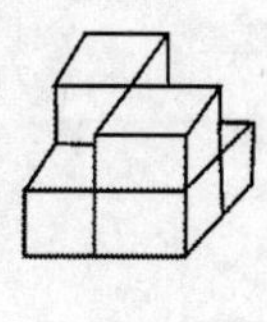
D.

4. 下图中是正方体的表面展开图的有(　　)个。

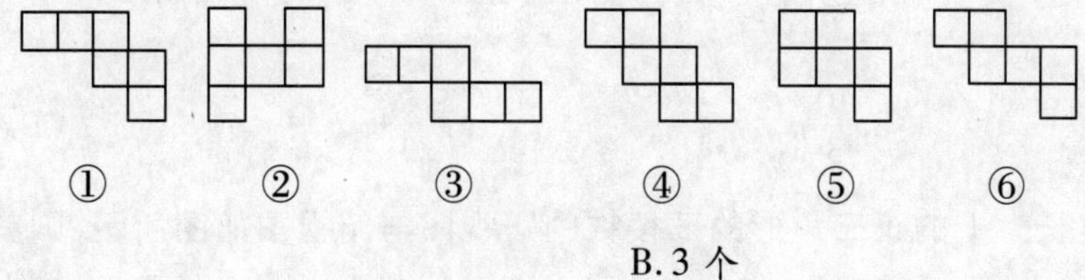

A. 2 个　　B. 3 个

C. 4 个　　D. 5 个

5. 由圆柱与圆锥组合而成的几何体的三视图如图所示,则该几何体的表面积为(　　)

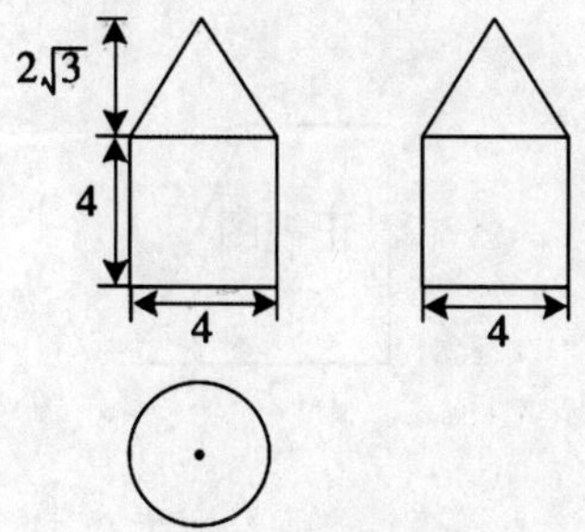

A. 20π　　B. 24π

C. 28π　　D. 32π

6. 某几何体三视图如图所示，则该几何体的体积为（　　）

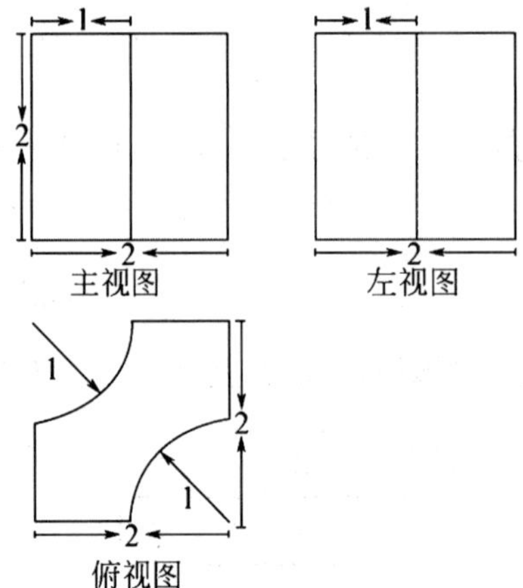

A. $8-2\pi$　　B. $8-\pi$　　C. $8-\frac{\pi}{2}$　　D. $8-\frac{\pi}{4}$

7. 已知某几何体的三视图如图所示，则该几何体的体积为（　　）

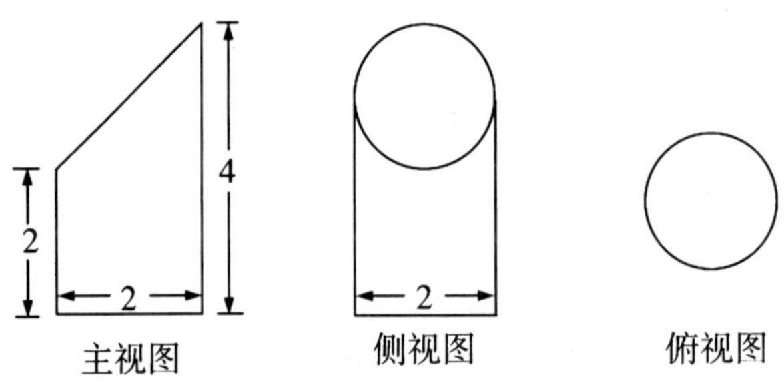

A. 3π　　B. $\frac{10}{3}\pi$　　C. $\frac{8}{3}\pi$　　D. 6π

8. 底面是边长为 1 的正三角形的三棱锥的正视图与俯视图如图所示，则其侧视图的面积为（　　）

A. $\frac{\sqrt{3}}{4}$　　B. $\frac{\sqrt{3}}{2}$　　C. $\frac{3}{4}$　　D. 3

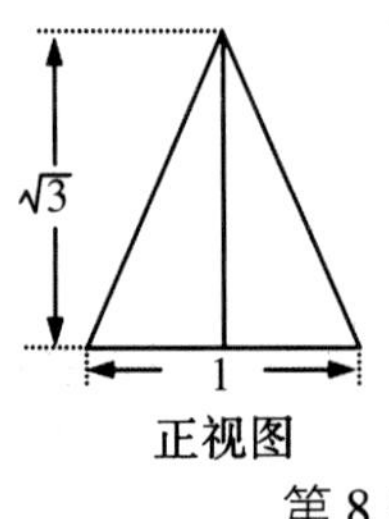

正视图　　俯视图

第 8 题

1
2　正视图
2

侧视图

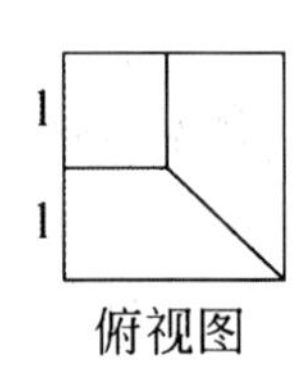

俯视图

第 9 题

9. 某几何体的三视图如图所示，则它的体积为（　　）

A. 4　　B. $\frac{14}{3}$　　C. $\frac{16}{3}$　　D. 6

10. 一个圆柱体和一个圆锥体等底等体积,圆柱体的高是圆锥体高的(　　)

A. $\frac{1}{3}$　　B. $\frac{2}{3}$　　C. 2 倍　　D. 3 倍

11. 一个正方体的顶点都在球面上,它的棱长为 2 cm,则球的表面积为(　　)

A. $8\pi\ \text{cm}^2$　　B. $12\pi\ \text{cm}^2$

C. $2\pi\ \text{cm}^2$　　D. $20\pi\ \text{cm}^2$

12. 如图,平面展开图折叠成正方体后,相对面上两个数之和为 8,则 $x=$________。

1	2		
	3		y
	x		

13. 如图,三角形 ABC 为直角三角形,以________边所在直线为轴旋转一周,所得立体图形的体积最小,体积最小是________立方厘米。

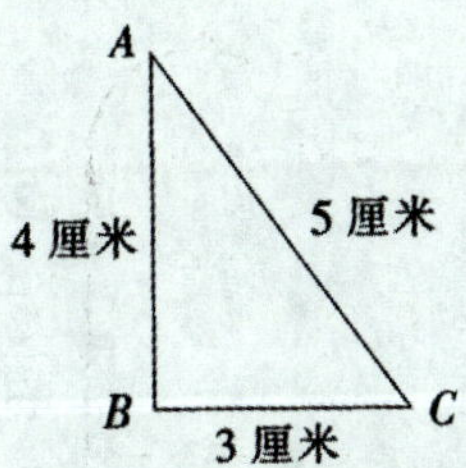

14. 一个几何体的三视图如图所示,其侧(左)视图是一个等边三角形,则这个几何体的体积是________。

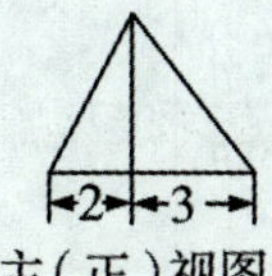

主(正)视图

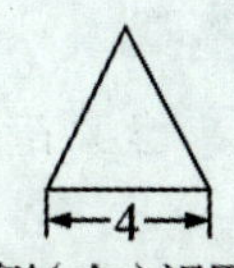

侧(左)视图

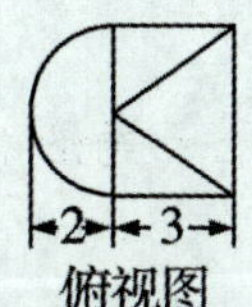

俯视图

15. 若一个圆锥的侧面展开图是面积为 2π 的半圆面,则该圆锥的体积为________。

16. 在四面体的棱长中,有两条长分别为$\sqrt{2}$,$\sqrt{3}$,其余都是 1,则它的体积是________。

招教易错能力刷

1. 已知正方体 $ABCD-A'B'C'D'$的棱长为 3,点 M 在 AB 上,且 $AM=2MB$,过点 M 且垂直于直线 BD'的平面截正方体所得的截面面积为(　　)

A. $\frac{\sqrt{3}}{4}$　　B. $\frac{\sqrt{3}}{2}$　　C. $\sqrt{3}$　　D. $2\sqrt{3}$

2. 已知正方体 $ABCD-A_1B_1C_1D_1$ 的体积为 64,过棱 BC 的中点 M 作平面 α∥平面 CB_1D_1,则平

面 α 截正方体 $ABCD-A_1B_1C_1D_1$ 所得的截面面积为(　　)

A. $6\sqrt{2}$　　B. $6\sqrt{3}$　　C. $12\sqrt{2}$　　D. $12\sqrt{3}$

3. 球的半径是 R，距球心 $4R$ 处有一光源，光源能照到的地方用平面去截取，则截面的最大面积是(　　)

A. πR^2　　B. $\frac{15}{16}\pi R^2$

C. $\frac{9}{16}\pi R^2$　　D. $\frac{1}{2}\pi R^2$

4. 已知三棱锥 $S-ABC$ 的所有顶点都在球 O 的球面上，$\triangle ABC$ 是边长为 1 的正三角形，SC 为球 O 的直径，且 $SC=2$，则此棱锥的体积为(　　)

A. $\frac{\sqrt{2}}{6}$　　B. $\frac{\sqrt{3}}{6}$　　C. $\frac{\sqrt{2}}{3}$　　D. $\frac{\sqrt{2}}{2}$

5. 长方体 $ABCD-A_1B_1C_1D_1$ 的 8 个顶点在同一个球面上，且 $AB=2$，$AD=\sqrt{3}$，$AA_1=1$，则顶点 A，B 间的球面距离是(　　)

A. $2\sqrt{2}\pi$　　B. $\sqrt{2}\pi$

C. $\frac{\sqrt{2}\pi}{2}$　　D. $\frac{\sqrt{2}\pi}{4}$

6. 已知 A，B 是球 O 的球面上两点，$\angle AOB=90°$，C 为该球面上的动点，若三棱锥 $O-ABC$ 体积的最大值为$\frac{1}{6}$，则球 O 的表面积为(　　)

A. 2π　　B. 4π

C. 144π　　D. 256π

第二节　空间点、直线、平面之间的位置关系

招教核心要点

1. 空间中的五个公理及其推论

公理 1：如果一条直线上的两点在一个平面内，那么这条直线在此平面内。

公理 2：过不在一条直线上的三点，有且只有一个平面。

推论 1：经过一条直线和这条直线外一点有且只有一个平面。

推论 2：经过两条相交直线有且只有一个平面。

推论 3：经过两条平行直线有且只有一个平面。

公理 3：如果两个不重合的平面有一个公共点，那么它们有且只有一条过该点的公共直线。

公理 4：平行于同一条直线的两条直线互相平行。

公理 5：空间中如果两个角的两边分别对应平行，那么这两个角相等或互补。

2. 空间中两直线的位置关系

(1) 空间中两直线的位置关系

- 共面直线
  - 平行
  - 相交
- 异面直线：不同在任何一个平面内

(2) 异面直线所成的角

①定义：设 a,b 是两条异面直线，经过空间任一点 O 作直线 $a' /\!/ a,b' /\!/ b$，把 a' 与 b' 所成的锐角（或直角）叫作异面直线 a 与 b 所成的角（或夹角）。如果两条异面直线所成的角是直角，则称两条异面直线互相垂直。

考向分析

空间中点、直线、平面之间的位置关系是教师招聘考试中的基础内容，有时单独考查，有时与空间几何体结合考查，整体较为简单，考生要重点掌握其基本概念和定理，并学会与其他知识结合运用。

思想应用

转化与化归思想：将空间图形转化为平面图形，利用平面几何的知识来解决问题。

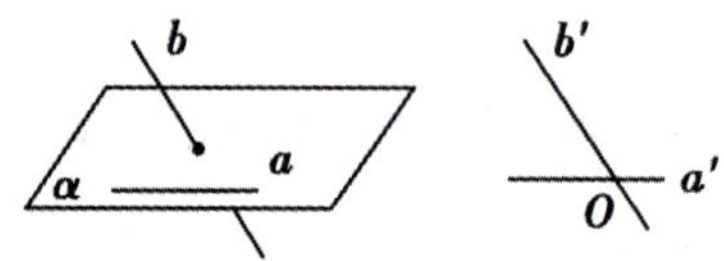

②范围：$\left(0,\frac{\pi}{2}\right]$。

3. 空间直线与平面

(1)直线与平面、平面与平面之间的位置关系

		图形语言	符号语言	公共点
直线与平面	相交		$a\cap\alpha=A$	1 个
	平行		$a/\!/\alpha$	0 个
	在平面内		$a\subset\alpha$	无数个
平面与平面	平行		$\alpha/\!/\beta$	0 个
	相交		$\alpha\cap\beta=l$	无数个

(2)直线与平面所成的角

①定义：平面的一条斜线和它在平面上的射影所成的锐角，叫作这条直线和这个平面所成的角。如图，$\angle PAO$ 即为直线 PA 与平面 α 所成的角。

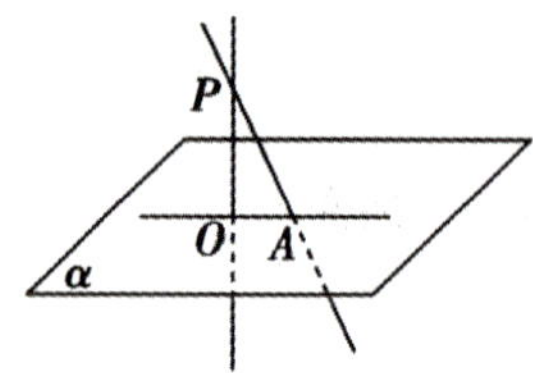

②范围：$\left[0,\frac{\pi}{2}\right]$。

(3)二面角的平面角

①定义:以二面角棱上任意一点为端点,在两半平面内分别作垂直于棱的两条射线,则这两条射线所成的角叫作二面角的平面角。如图,$\angle AOB$ 为二面角 $\alpha-l-\beta$ 的平面角。

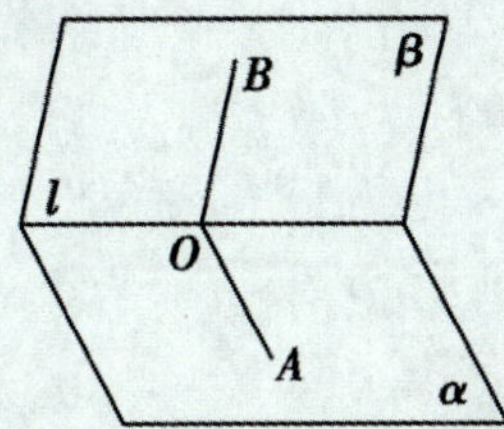

②范围:$[0,\pi]$。

招教考向解读

考向1　平面的基本性质及应用

解法突破

用平面的基本性质证明共点、共线、共面的方法:

(1)证明点或线共面问题的两种方法:①首先由所给条件中的部分线(或点)确定一个平面,然后再证其余的线(或点)在这个平面内;②将所有条件分为两部分,然后分别确定平面,再证两平面重合。

(2)证明点共线问题的两种方法:①先由两点确定一条直线,再证其他各点都在这条直线上;②直接证明这些点都在同一条特定直线上。

(3)证明线共点问题的常用方法是:先证其中两条直线交于一点,再证其他直线经过该点。

以下四个命题中,正确命题的个数是(　　)

①不共面的四点中,其中任意三点不共线;

②若点 A,B,C,D 共面,点 A,B,C,E 共面,则 A,B,C,D,E 共面;

③若直线 a,b 共面,直线 a,c 共面,则直线 b,c 共面;

④依次首尾相接的四条线段必共面。

A. 0　　　　B. 1　　　　C. 2　　　　D. 3

【分析】利用平面的基本性质证明即可。

答案解析

B 【解析】①显然是正确的,可用反证法证明;②中若 A,B,C 三点共线,则 A,B,C,D,E 五点不一定共面;③构造长方体或正方体,如图所示,显然 b,c 异面,故不正确;④中空间四边形中四条线段不共面。故只有①正确。

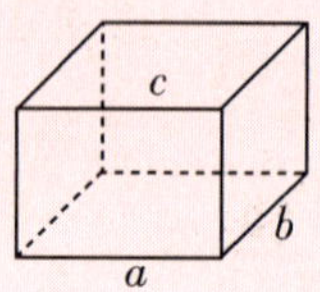

变式训练

1. 下列命题正确的是(　　)

A. 两个平面如果有公共点,那么一定相交

B. 两个平面的公共点一定共线

C. 两个平面有 3 个公共点一定重合

D. 过空间任意三点,一定有一个平面

2. 如图所示,$ABCD-A_1B_1C_1D_1$是长方体,O 是 B_1D_1的中点,直线 A_1C 交平面 AB_1D_1于点 M,则下列结论正确的是(　　)

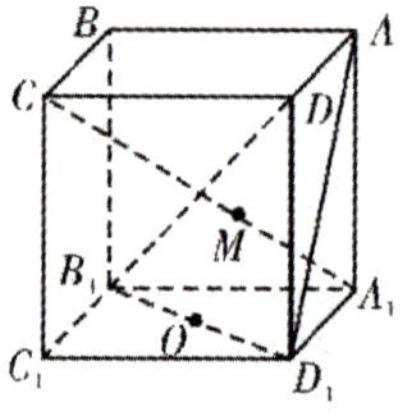

A. A,M,O 三点共线　　B. A,M,O,A_1不共面

C. A,M,C,O 不共面　　D. B,B_1,O,M 共面

考向2 空间两条直线的位置关系

解法突破

(1)异面直线问题:常用反证法解决;

(2)直线平行问题:利用三角形或梯形中的中位线的性质、找到与两条直线都平行的另一直线辅助证明以及线面平行与面面平行的性质定理来解决问题。

(3)直线垂直问题:常用线面垂直的性质解决问题。

典例

正方体 $ABCD-A_1B_1C_1D_1$ 中,E,F 分别是线段 BC,CD_1 的中点,则直线 A_1B 与直线 EF 的位置关系是( )

A. 相交　　B. 异面

C. 平行　　D. 垂直

答案解析

A 【解析】如图所示,直线 A_1B 与直线外一点 E 确定的平面为 A_1BCD_1,$EF\subset$ 平面 A_1BCD_1,且两直线不平行,故两直线相交。

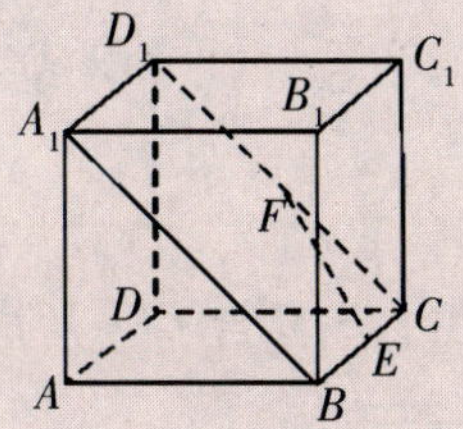

变式训练

若直线 l_1 和 l_2 是异面直线,l_1 在平面 α 内,l_2 在平面 β 内,l 是平面 α 和平面 β 的交线,则下列命题正确的是( )

A. l 与 l_1,l_2 都不相交　　B. l 与 l_1,l_2 都相交

C. l 至多与 l_1,l_2 中一条相交　　D. l 至少与 l_1,l_2 中一条相交

考向3 两条异面直线所成角

两条异面直线所成角

解法突破

(1)找异面直线所成角的方法

①利用图中已有的平行线平移;②利用特殊点(线段的端点或中点)作平行线平移;③补形平移。

(2)求异面直线所成角的步骤

①作:通过作平行线,得到相交直线;②证:证明相交直线所成角或其补角为异面直线所成角;③算:解三角形,求出该角。

真题过招

(2020 江苏南京,3 分)如图,长方体 $ABCD-A_1B_1C_1D_1$ 底面是边长为$\sqrt{2}$的正方形,长方体的高为$\sqrt{3}$,M 是 BD 的中点,则异面直线 B_1M 与 CC_1 所成角的大小为(　　)

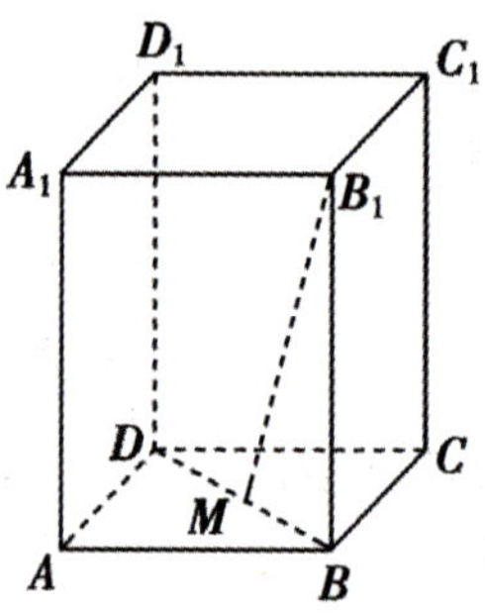

A. 15°　　B. 30°　　C. 60°　　D. 75°

答案解析

B 【解析】$\because BB_1 /\!/ CC_1$,$\therefore$ 异面直线 B_1M 与 CC_1 所成的角即为$\angle BB_1M$。$\because$ 四边形 $ABCD$ 是边长为$\sqrt{2}$的正方形,$\therefore BD=\sqrt{AB^2+AD^2}=2$,在长方体 $ABCD-A_1B_1C_1D_1$ 中,$\because BB_1\perp BM$,$BB_1=\sqrt{3}$,$BM=\frac{1}{2}BD=\frac{1}{2}\times 2=1$,$\therefore \tan\angle BB_1M=\frac{BM}{BB_1}=\frac{1}{\sqrt{3}}=\frac{\sqrt{3}}{3}$,$\therefore \angle BB_1M=30°$,即异面直线 B_1M 与 CC_1 所成角的大小为 30°。

变式训练

1. 在正方体 $ABCD-A_1B_1C_1D_1$ 中,E 为棱 CC_1 中点,则异面直线 AE 与 CD 所成角的正切值为(　　)

A. $\frac{\sqrt{2}}{2}$　　B. $\frac{\sqrt{3}}{2}$

C. $\frac{\sqrt{5}}{2}$　　D. $\frac{\sqrt{7}}{2}$

2. 已知直三棱柱 $ABC-A_1B_1C_1$中,$\angle ABC=120°$,$AB=2$,$BC=CC_1=1$,则异面直线 AB_1 与 BC_1 所成角的余弦值为(　　)

A. $\frac{\sqrt{3}}{2}$　　B. $\frac{\sqrt{15}}{5}$

C. $\frac{\sqrt{10}}{5}$　　D. $\frac{\sqrt{3}}{3}$

必刷好题

招教高频基础刷

1. 下列条件中能确定一个平面的是(　　)

A. 一条直线和一个点　　B. 空间任意三个点

C. 两条平行直线　　D. 两个点

2. 若空间中四条两两不同的直线 l_1,l_2,l_3,l_4 满足 $l_1\perp l_2,l_2\perp l_3,l_3\perp l_4$，则下列结论一定正确的是(　　)

A. $l_1\perp l_4$　　B. $l_1/\!/l_4$

C. l_1 与 l_4 既不垂直也不平行　　D. l_1 与 l_4 的位置关系不确定

3. 将图 1 中的等腰直角三角形 ABC 沿斜边 BC 上的中线折起得到空间四面体 $ABCD$(如图 2)，则在空间四面体 $ABCD$ 中，AD 与 BC 的位置关系是(　　)

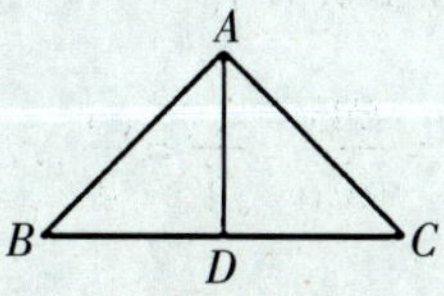

图1 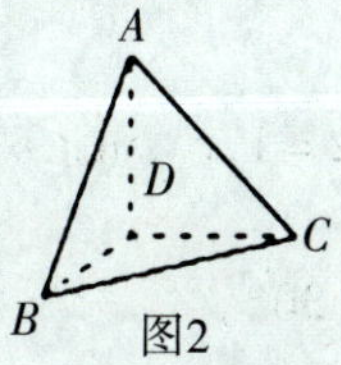　　图2

A. 相交且垂直　　B. 相交但不垂直　　C. 异面且垂直　　D. 异面但不垂直

4. 在长方体 $ABCD-A_1B_1C_1D_1$ 中，$AB=2,BB_1=2\sqrt{2},AC_1$ 与平面 $ABCD$ 所成的角为 $45°$，则直线 CD_1 与 BC_1 所成角的余弦值为(　　)

A. $\frac{1}{3}$　　B. $\frac{2}{3}$　　C. $\frac{\sqrt{2}}{2}$　　D. $\frac{\sqrt{6}}{3}$

5. 在正三棱柱 $ABC-A_1B_1C_1$ 中，若 $BB_1=1,AB=\sqrt{2}\,BB_1$，则 AB_1 与 BC_1 所成角的大小是(　　)

A. $60°$　　B. $75°$　　C. $90°$　　D. $105°$

6. 在长方体 $ABCD-A_1B_1C_1D_1$ 中，B_1C 和 C_1D 与底面所成的角分别为 $60°$和 $45°$，则异面直线 B_1C 和 C_1D 所成角的余弦值为(　　)

A. $\frac{\sqrt{6}}{4}$　　B. $\frac{\sqrt{6}}{3}$　　C. $\frac{\sqrt{2}}{6}$　　D. $\frac{\sqrt{2}}{3}$

7. 已知直三棱柱 $ABC-A_1B_1C_1$ 中，$\angle BAC=120°,AB=AC$，且直线 A_1B 与平面 ABC 所成的角

为 45°，D 为 CC_1 的中点，则异面直线 A_1B 与 AD 所成角的余弦值为（　　）

A. $\frac{\sqrt{10}}{5}$　　B. $-\frac{\sqrt{10}}{5}$　　C. $\frac{\sqrt{10}}{20}$　　D. $-\frac{\sqrt{10}}{20}$

8. 如图，$PD\perp$ 平面 $ABCD$，$ABCD$ 为正方形，$PD=AD$，则直线 PA 与直线 BD 所成的角为________。

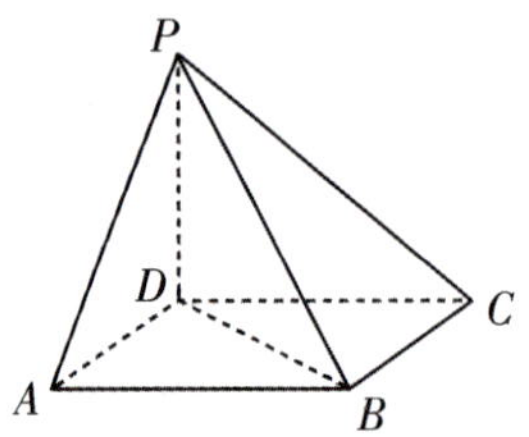

第三节　直线、平面平行的判定及其性质

招教核心要点

1. 直线与平面平行

定理	文字语言	图形语言	符号语言
判定定理	平面外一条直线与此平面内的一条直线平行，则该直线与此平面平行（简记为“线线平行⇒线面平行”）	l, a, α	$\left.\begin{array}{l} l\not\subset\alpha, \\ a\subset\alpha, \\ l\parallel a \end{array}\right\}\Rightarrow l\parallel\alpha$

考向分析

直线与平面平行、平面与平面平行的判定及其性质是教师招聘考试中的重点内容，常与空间几何体问题结合考查，一般较为简单，考生要重点掌握其基本概念和定理，并学会与其他知识结合运用。

续表

定理	文字语言	图形语言	符号语言
性质定理	一条直线与一个平面平行，则过这条直线的任一平面与此平面的交线与该直线平行（简记为“线面平行⇒线线平行”）		$\left.\begin{array}{l}\alpha\cap\beta=b,\\ l\subset\beta,\\ l/\!/\alpha\end{array}\right\}\Rightarrow l/\!/b$

2. 平面与平面平行

定理	文字语言	图形语言	符号语言
判定定理	一个平面内的两条相交直线分别与另一个平面平行，则这两个平面平行（简记为“线面平行⇒面面平行”）		$\left.\begin{array}{l}a\subset\alpha,b\subset\alpha,\\ a\cap b=P,\\ a/\!/\beta,b/\!/\beta\end{array}\right\}\Rightarrow\alpha/\!/\beta$
性质定理	如果两个平行平面同时和第三个平面相交，那么它们的交线平行		$\left.\begin{array}{l}\beta\cap\gamma=b,\\ \alpha\cap\gamma=a,\\ \alpha/\!/\beta\end{array}\right\}\Rightarrow a/\!/b$

招教考向解读

考向1　直线与平面平行的判定与性质

(1)利用线面平行的判定定理证明直线与平面平行的关键是设法在平面内找到一条与已知直线平行的直线。

(2)构造平行的常见形式:三角形的中位线、平行四边形、利用比例关系证明两直线平行等。

(3)在解决线面、面面平行的判定时,一般遵循从“低维”到“高维”的转化,即从“线线平行”到“线面平行”,再到“面面平行”,而在应用性质定理时,其顺序恰好相反。

真题过招

(2021 天津滨海新区,4 分)(节选)如图所示,在直三棱柱 $ABC-A_1B_1C_1$ 中,$CA=CB$,点 M,N 分别是 AB,A_1B_1 的中点。求证:$BN\parallel$ 平面 A_1MC。

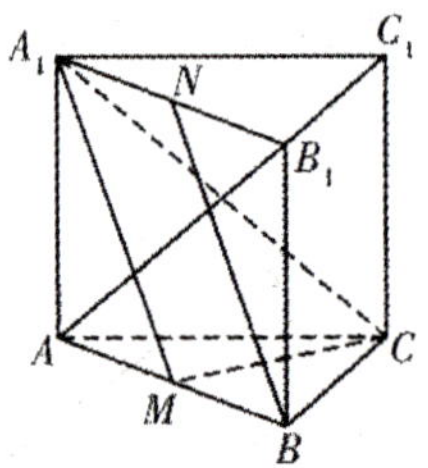

答案解析

【解析】证明:在直三棱柱 $ABC-A_1B_1C_1$ 中,$\because$ 点 M,N 分别是 AB,A_1B_1 的中点,$\therefore A_1N=BM$,且 $A_1N\parallel BM$,$\therefore$ 四边形 A_1NBM 为平行四边形,$\therefore A_1M\parallel BN$。又$\because BN\not\subset$ 平面 A_1MC,$A_1M\subset$ 平面 A_1MC,$\therefore BN\parallel$ 平面 A_1MC。

变式训练

1. (2021 山东临沂,多选,1.8 分)如图,正方体 $ABCD-A_1B_1C_1D_1$ 的棱长为 2,线段 B_1D_1 上有两个动点 M,N,且 $MN=1$,则下列结论正确的是(　　)

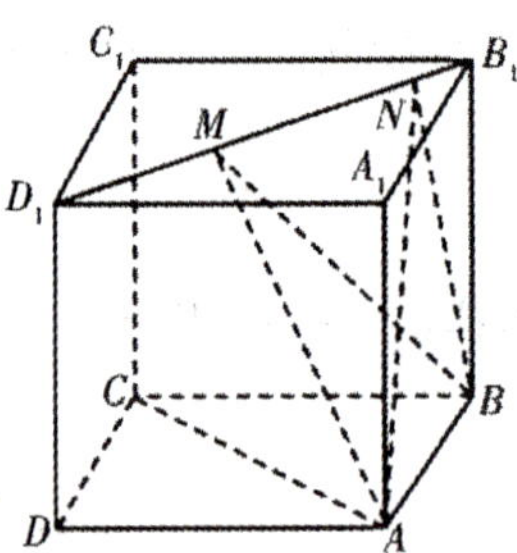

A. $MN\parallel$ 平面 $ABCD$

B. $AC\perp BM$

C. 三棱锥 $M-ABN$ 的体积为定值

D. $\triangle AMN$ 的面积与 $\triangle BMN$ 的面积相等

2. (2020 吉林特岗,5 分)如图所示,在底面为平行四边形的四棱锥 $P-ABCD$ 中,点 E 是 PD

的中点,求证:$PB /\!/$ 平面 AEC。

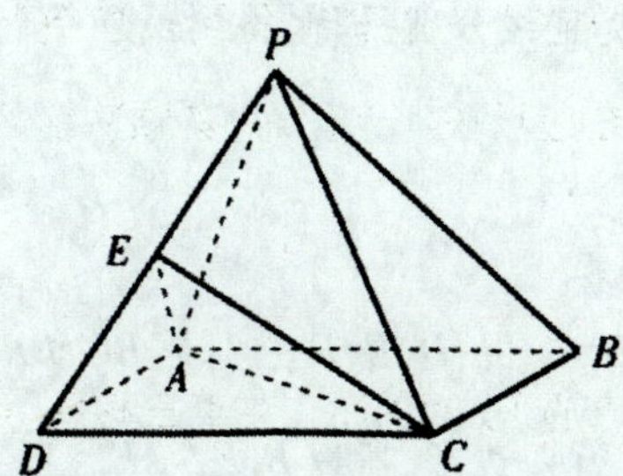

3. 如图所示,在四棱锥 $P-ABCD$ 中,四边形 $ABCD$ 是平行四边形,E,F 分别是 AB 和 PD 的中点,求证:$AF /\!/$ 平面 PCE。

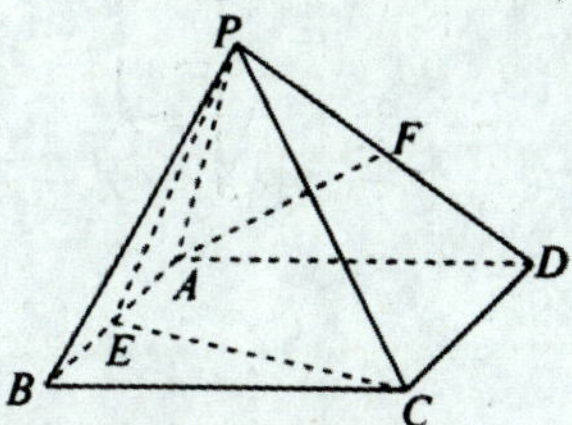

考向2　平面与平面平行的判定与性质

解法突破

(1)利用定义,即证两个平面没有公共点。

(2)利用面面平行的判定定理。

(3)利用垂直于同一条直线的两平面平行。

(4)利用平面平行的传递性,即两个平面同时平行于第三个平面,则这两个平面平行。

如图所示,已知在三棱柱 $ABC-A_1B_1C_1$ 中,D,E,F 分别是 BC,BB_1,AA_1 的中点,求证:平面 $B_1FC /\!/$ 平面 EAD。

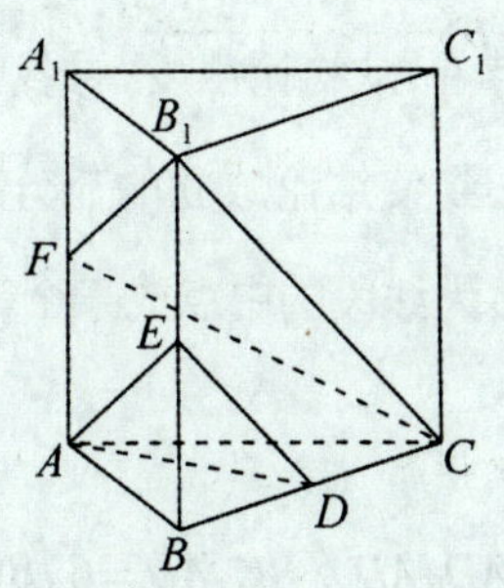

【分析】利用面面平行的性质定理，易知若平面 B_1FC // 平面 EAD，则 DE // B_1C，AE // B_1F。所以只需找到两个平面内的两组相交直线分别平行，得到线面平行，再利用面面平行的判定定理，证得面面平行。

答案解析

【解析】在三棱柱 $ABC-A_1B_1C_1$ 中，D,E,F 分别是 BC,BB_1,AA_1 的中点，所以 AF // B_1E 且 $AF=B_1E$，故四边形 AEB_1F 为平行四边形，所以 B_1F // AE。因为 $B_1F\subset$ 平面 B_1FC 且 $AE\not\subset$ 平面 B_1FC，所以 AE // 平面 B_1FC。在 $\triangle BB_1C$ 中，ED 为三角形的中位线，所以 ED // B_1C，因为 $B_1C\subset$ 平面 B_1FC 且 $ED\not\subset$ 平面 B_1FC，所以 ED // 平面 B_1FC。因为 $AE\cap DE=E$，且 $AE,DE\subset$ 平面 AED，所以平面 B_1FC // 平面 EAD。

【评注】证明面面平行的关键是，在一个平面找到与另一平面平行的两条相交直线。

变式训练

如图所示，在三棱柱 $ABC-A_1B_1C_1$ 中，E,F,G,H 分别是 AB,AC,A_1B_1,A_1C_1 的中点，求证：

(1) B,C,H,G 四点共面；

(2) 平面 EFA_1 // 平面 $BCHG$。

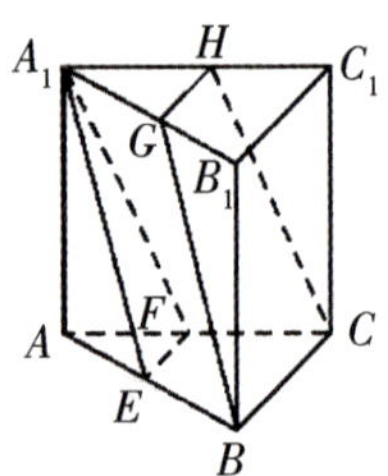

考向3 空间平行关系的探索性问题

解法突破

解决探索性问题一般先假设结论存在，从结论出发，寻找使结论成立的充分条件，如果找到了使结论成立的充分条件，则存在；如果找不到使结论成立的充分条件或出现矛盾，则不存在。而对于探求点的问题，一般是先探求点的位置，多为线段的中点或某个等分点，然后给出符合要求的证明。

如图所示，四边形 $ABCD$ 中，$AB\perp AD$，AD // BC，$AD=6$，$BC=4$，E,F 分别在 BC,AD 上，EF // AB，

现将四边形 $ABCD$ 沿 EF 折起，使平面 $ABEF\perp$ 平面 $EFDC$。

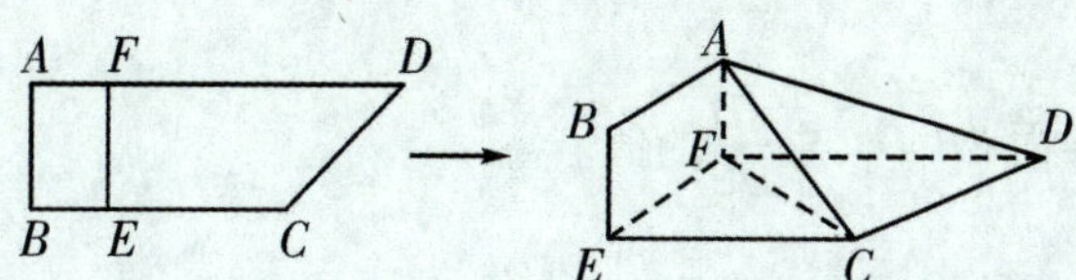

若 $BE=1$，在折叠后的线段 AD 上是否存在一点 P，且 $\overrightarrow{AP}=\lambda\overrightarrow{PD}$，使得 $CP//$平面 $ABEF$？若存在，求出 λ 的值；若不存在，说明理由。

【分析】作辅助线证明四边形 $MPCE$ 为平行四边形，即得 $CP//ME$。

答案解析

【解析】AD 上存在一点 P，使得 $CP//$平面 $ABEF$，此时 $\lambda=\frac{3}{2}$。理由如下：

当 $\lambda=\frac{3}{2}$ 时，$\overrightarrow{AP}=\frac{3}{2}\overrightarrow{PD}$，可知 $\frac{AP}{AD}=\frac{3}{5}$，如图所示，过点 P 作 $MP//FD$ 交 AF 于点 M，连结 EM，PC，则有 $\frac{MP}{FD}=\frac{AP}{AD}=\frac{3}{5}$，又 $BE=1$，可得 $FD=5$，故 $MP=3$，又 $EC=3$，$MP//FD//EC$，那么 $MP//EC$，故四边形 $MPCE$ 为平行四边形，所以 $CP//ME$，又因为 $ME\subset$平面 $ABEF$，$CP\not\subset$平面 $ABEF$，故 $CP//$平面 $ABEF$。

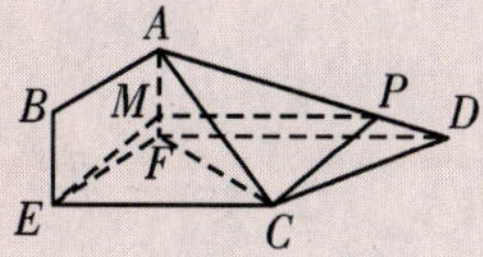

变式训练

1. 已知在四棱锥 $P-ABCD$ 中，平面 $PAB\perp$ 平面 $ABCD$，四边形 $ABCD$ 为矩形，E 为线段 AD 上靠近点 A 的三等分点，O 为 AB 的中点，且 $PA=PB$，$AB=\frac{2}{3}AD$。问 PB 上是否存在一点 F，使得 $OF//$平面 PEC？若存在，试确定点 F 的位置；若不存在，请说明理由。

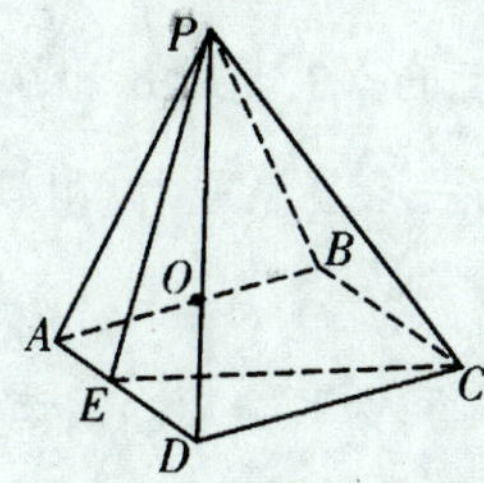

2. 如图所示，在斜三棱柱 $ABC-A_1B_1C_1$ 中，点 D，D_1 分别为 AC，A_1C_1 上的点。

(1)当$\frac{A_1D_1}{D_1C_1}$的值等于何值时，BC_1∥平面AB_1D_1；

(2)若平面BC_1D∥平面AB_1D_1，求$\frac{AD}{DC}$的值。

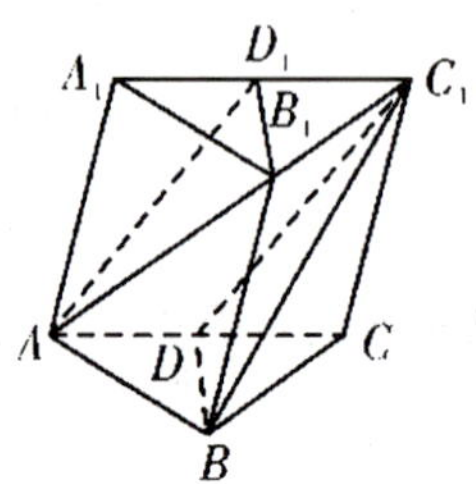

易错点 对平行的判定及性质定理理解不清

真题过招

(2020天津武清区，3分)已知m,n是不重合的直线，α,β是不重合的平面，则下列命题中，真命题的个数是(　　)

①若$m\subset\alpha,n/\!/\alpha$，则$m/\!/n$；

②若$m/\!/\alpha,m/\!/\beta$，则$\alpha/\!/\beta$；

③若$\alpha\cap\beta=n,m/\!/n$，则$m/\!/\alpha$且$m/\!/\beta$；

④若$m\perp\alpha,m\perp\beta$，则$\alpha/\!/\beta$。

A. 0　　　　B. 1　　　　C. 2　　　　D. 3

【错因分析】未能完全理解直线与平面平行的性质定理与判定定理。

答案解析

B 【解析】①若$m\subset\alpha,n/\!/\alpha$，直线$m$和$n$可能平行或者异面，为假命题；

②设$\alpha\cap\beta=l,m/\!/l$，那么$m/\!/\alpha$且$m/\!/\beta$，此时α和β不平行，为假命题；

③平面外一条直线与此平面内的一条直线平行，则该直线与此平面平行，其中缺少条件$m\not\subset\alpha$且$m\not\subset\beta$，为假命题；

④垂直于同一条直线的两平面平行，为真命题。故选B。

变式训练

1. (2021 江西中数,1 分)设 a,b 是两条不同的直线,α,β 是两个不同的平面,则能得出 $a\perp b$ 的是(　　)

A. $a\perp\alpha,b/\!/\beta,\alpha\perp\beta$　　B. $a\perp\alpha,b\perp\beta,\alpha/\!/\beta$

C. $a\subset\alpha,b\perp\beta,\alpha/\!/\beta$　　D. $a\subset\alpha,b/\!/\beta,\alpha\perp\beta$

2. (2019 河南许昌禹州,1.5 分)设 a,b 是两条不同的直线,α,β 是两个不同的平面,$a\subset\alpha,b\perp\beta$,则“$\alpha/\!/\beta$”是“$a\perp b$”的(　　)

A. 充分不必要条件　　B. 必要不充分条件

C. 充要条件　　D. 既不充分也不必要条件

3. (2021 山东省日照东港区,多选,3 分)已知 α,β 是两个平面,m,n 是两条直线,则下列结论正确的是(　　)

A. 如果 $m\perp\alpha,n/\!/\alpha$,那么 $m\perp n$　　B. 如果 $m\perp n,m\perp\alpha,n/\!/\beta$,那么 $\alpha\perp\beta$

C. 如果 $\alpha/\!/\beta,m\subset\alpha$,那么 $m/\!/\beta$　　D. 如果 $m/\!/\alpha,n/\!/\beta$ 且 $\alpha/\!/\beta$,那么 $m/\!/n$

必刷好题

招教高频基础刷

1. 设 α,β 是两个不同的平面,m 是直线且 $m\subset\alpha$,命题 p:“$m/\!/\beta$”;命题 q:“$\alpha/\!/\beta$”,则命题 p 是命题 q 的(　　)

A. 充分不必要条件　　B. 必要不充分条件

C. 充分必要条件　　D. 既不必要也不充分条件

2. 设 α,β 是两个平面,可推得 $\alpha/\!/\beta$ 的条件是(　　)

A. 存在一条直线 $a,a/\!/\alpha$

B. 存在一条直线 $a,a\subset\alpha,a/\!/\beta$

C. 存在两条异面直线 $a,b,a\subset\alpha,b\subset\beta,a/\!/\beta,b/\!/\alpha$

D. 存在两条平行直线 $a,b,a\subset\alpha,b\subset\beta,a/\!/\beta,b/\!/\alpha$

3. 已知不重合的两条直线 m,n 与不重合的两个平面 α,β,给出下列四个命题:

①若 $m\perp\alpha,n/\!/\beta$,且 $\alpha\perp\beta$,则 $m\perp n$;②若 $m/\!/\alpha,n/\!/\beta$,且 $\alpha\perp\beta$,则 $m\perp n$;③若 $m\perp\alpha,n\perp\beta$,且 $\alpha/\!/\beta$,则 $m/\!/n$;④若 $m/\!/\alpha,n\perp\beta$,且 $\alpha/\!/\beta$,则 $m/\!/n$。

其中真命题的个数为(　　)

A. 1　　B. 2　　C. 3　　D. 4

4. 已知 m,n 是两条不同的直线,α,β,γ 是三个不同的平面,下列四个命题中正确的是(　　)

A. 若 $\alpha\perp\gamma,\beta\perp\gamma$,则 $\alpha/\!/\beta$　　B. 若 $m\perp\alpha,n\perp\alpha$,则 $m/\!/n$

C. 若 $m/\!/\alpha,n/\!/\alpha$,则 $m/\!/n$　　D. 若 $m/\!/\alpha,m/\!/\beta$,则 $\alpha/\!/\beta$

5. 设 m,n 是两条不同的直线,α,β,γ 是三个不同的平面,给出下列 4 个命题:

①若 $m\perp\alpha,n/\!/\alpha$,则 $m\perp n$;

②若 $m/\!/\alpha,n/\!/\alpha$,则 $m/\!/n$;

③若 $n/\!/m,m\not\subset\alpha,n\subset\alpha$,则 $m/\!/\alpha$;

④若 $\alpha\perp\gamma,\beta\perp\gamma$,则 $\alpha/\!/\beta$。

其中所有正确命题的序号是________。

6. 如图所示的三棱柱 $ABC-A_1B_1C_1$ 中,过 A_1B_1 的平面与平面 ABC 交于 DE,则 DE 与 AB 的位置关系是________。

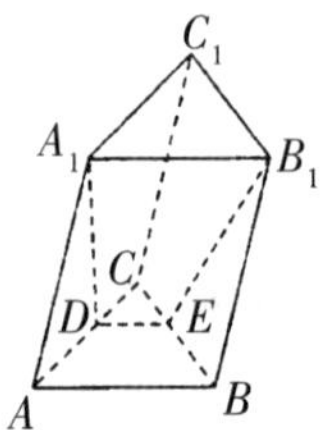

7. 如图所示,正方体 $ABCD-A_1B_1C_1D_1$ 中,$AB=2$,点 E 为 AD 的中点,点 F 在 CD 上,若 $EF/\!/$平面 AB_1C,则线段 EF 的长度等于________。

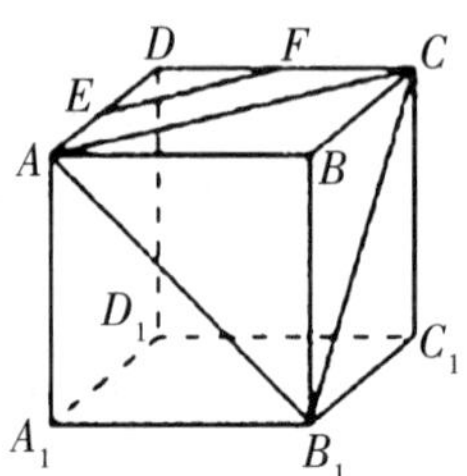

8. 如图,在直三棱柱 $A_1B_1C_1-ABC$ 中,$AB\perp BC$,E,F 分别是 A_1B,AC_1 的中点。

求证:$EF/\!/$平面 ABC。

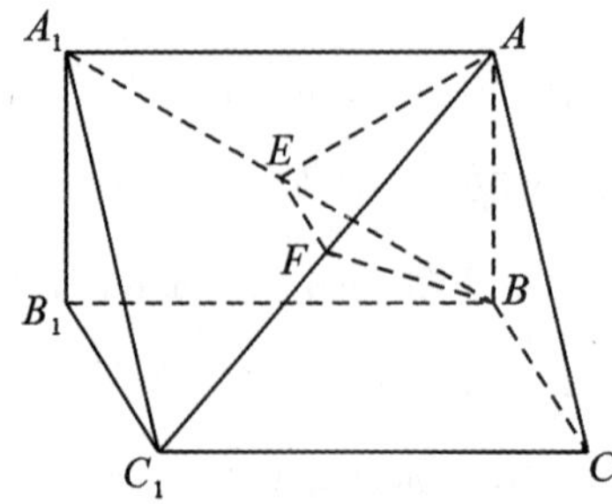

9. 如图，在三棱锥 $A-BCD$ 中，$AB\perp AD$，$BC\perp BD$，平面 $ABD\perp$ 平面 BCD，点 E，F（E 与 A，D 不重合）分别在棱 AD，BD 上，且 $EF\perp AD$。求证：

（1）EF∥平面 ABC；

（2）$AD\perp AC$。

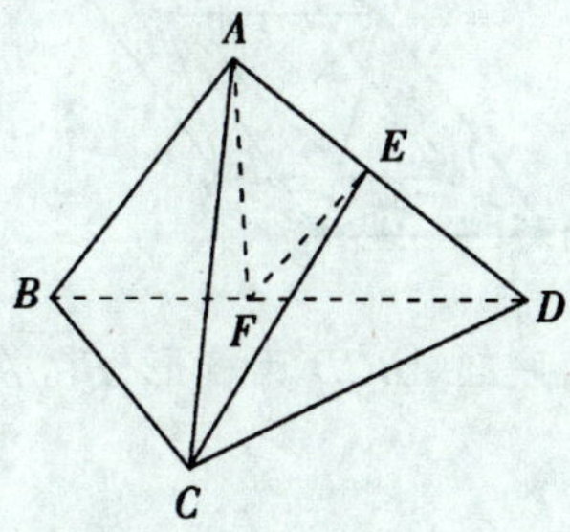

10. 如图，已知四棱锥 $P-ABCD$ 的底面 $ABCD$ 为矩形，侧棱 $PA\perp$ 底面 $ABCD$，$AB=AP=\frac{1}{2}AD=2$，E，F 分别为 PC，AB 的中点。

（1）证明：EF∥平面 PAD；

（2）求三棱锥 $B-PFC$ 的体积。

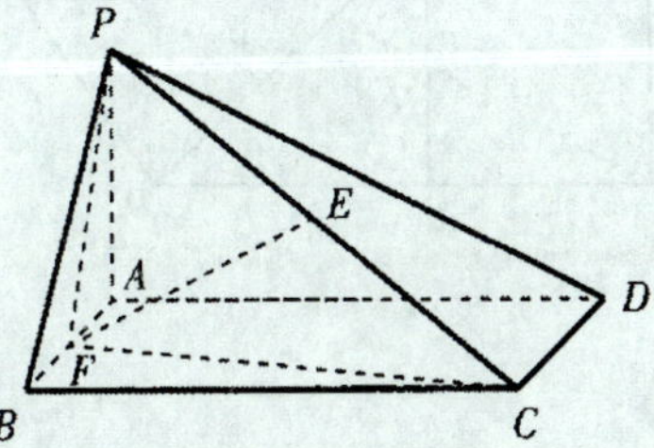

11. 如图，四棱锥 $P-ABCD$ 中，侧面 PAD 为等边三角形且垂直于底面 $ABCD$，$AB=BC=\frac{1}{2}AD$，$\angle BAD=\angle ABC=90°$。

（1）证明：直线 BC∥平面 PAD；

（2）若 $\triangle PCD$ 的面积为 $2\sqrt{7}$，求四棱锥 $P-ABCD$ 的体积。

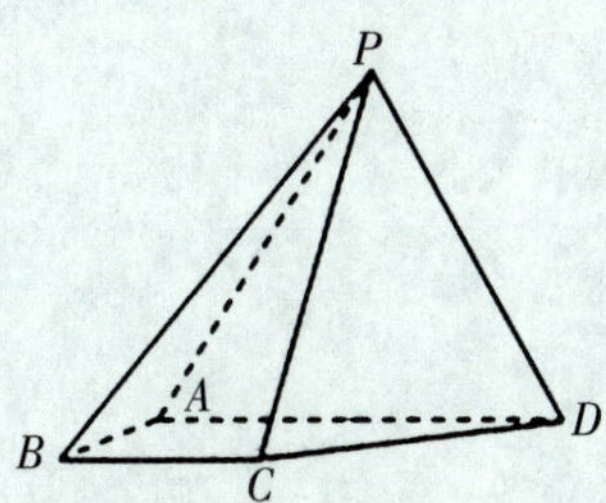

12. 如图，四棱柱 $ABCD-A_1B_1C_1D_1$ 的底面 $ABCD$ 是正方形，O 为底面中心，$A_1O\perp$ 平面 $ABCD$，

$AB=\sqrt{2}$，$AA_1=2$。

(1)证明：平面 A_1BD//平面 CD_1B_1；

(2)求三棱柱 $ABD-A_1B_1D_1$ 的体积。

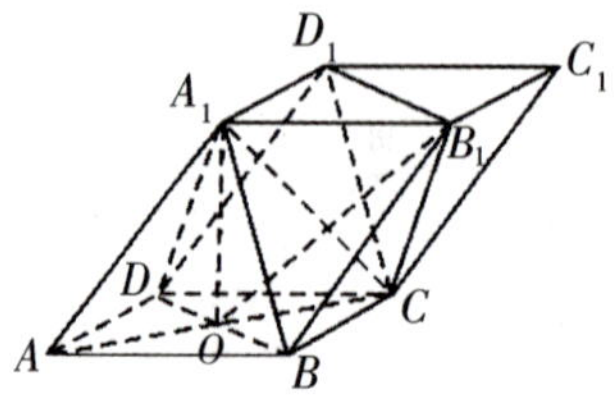

13. 如图，在四棱锥 $P-ABCD$ 中，底面 $ABCD$ 为梯形，BC//AD，$AD=2BC=2CD=4$，$AB=2\sqrt{2}$，M，N 分别为 AD，PD 的中点，

(1) H 为线段 MN 上任意一点，证明：CH//平面 PAB；

(2)若 $AP\perp CD$，求点 B 到平面 PAD 的距离。

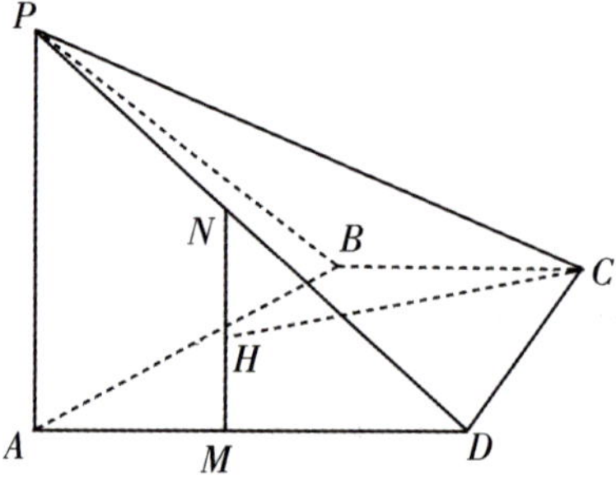

第四节　直线、平面垂直的判定及其性质

1. 直线与平面垂直

定理	文字语言	图形语言	符号语言
判定定理	如果一条直线与一个平面内的两条相交直线都垂直，则该直线与此平面垂直		$\left.\begin{array}{r}a,b\subset\alpha,\\ a\cap b=O,\\ l\perp a,\\ l\perp b\end{array}\right\}\Rightarrow l\perp\alpha$
性质定理	垂直于同一个平面的两条直线平行		$\left.\begin{array}{r}a\perp\alpha,\\ b\perp\alpha\end{array}\right\}\Rightarrow a/\!/b$

2. 平面与平面垂直

定理	文字语言	图形语言	符号语言
判定定理	一个平面过另一个平面的一条垂线，则这两个平面互相垂直		$\left.\begin{array}{r}l\subset\beta,\\ l\perp\alpha\end{array}\right\}\Rightarrow\alpha\perp\beta$
性质定理	两个平面互相垂直，则一个平面内垂直于交线的直线与另一个平面垂直		$\left.\begin{array}{r}\alpha\perp\beta,\\ l\subset\beta,\\ \alpha\cap\beta=a,\\ l\perp a\end{array}\right\}\Rightarrow l\perp\alpha$

考向分析

直线与平面垂直、平面与平面垂直的判定及其性质是教师招聘考试中的重点内容，常与空间几何体问题结合考查，一般较为简单，考生要重点掌握其基本概念和定理，并学会与其他知识结合运用。

3. 三垂线定理及其逆定理

定理	文字语言	图形语言	符号语言
三垂线定理	在一个平面内的一条直线，如果和穿过这个平面的一条斜线在这个平面内的射影垂直，那么它也和这条斜线垂直（“垂影⇒垂斜”）		a'为 a 在平面 α 内的射影，$b\subset\alpha$，$b\perp a'\Rightarrow b\perp a$
三垂线定理的逆定理	如果平面内一条直线和穿过该平面的一条斜线垂直，那么这条直线也垂直于这条斜线在平面内的射影（“垂斜⇒垂影”）		a'为 a 在平面 α 内的射影，$b\subset\alpha$，$b\perp a\Rightarrow b\perp a'$

招教考向解读

考向1 直线与平面垂直的判定与性质

解法突破

证明线面垂直的核心是证线线垂直，而证明线线垂直则需借助线面垂直的性质。因此，判定定理与性质定理的合理转化是证明线面垂直的基本思想。

真题过招

（2021 江苏淮安，4 分）（节选）在四棱锥 $P-ABCD$ 中，底面 $ABCD$ 为正方形，$PA\perp$平面 $ABCD$，$PA=AB$。求证：$BD\perp$平面 PAC。

答案解析

【解析】连结 AC,BD，$\because PA\perp$ 平面 $ABCD$，$BD\subset$ 平面 $ABCD$，$\therefore PA\perp BD$，$\because$ 四边形 $ABCD$ 为正方形，$\therefore AC\perp BD$，$\because PA,AC\subset$ 平面 PAC，且 $PA\cap AC=A$，$\therefore BD\perp$ 平面 PAC。

【评注】利用线面垂直的判定定理证明线面垂直时，关键在于找到平面内两条相交直线与该直线分别垂直，那么就将线面垂直问题转化为了线线垂直问题，线线垂直又分为共面垂直和异面垂直，证明共面垂直常用到等腰三角形三线合一、菱形的对角线垂直、圆的直径所对圆周角为 90°、勾股定理的逆定理等平面几何知识点。异面直线垂直的证明则相对难度较高，需要证明新的线面垂直，从而得出条件。

变式训练

1. (2019 内蒙古自治区鄂尔多斯东胜区，8 分)（节选）如图，在直棱柱 $ABC-A_1B_1C_1$ 中，$AB=3$，$BC=2$，$AC=\sqrt{5}$，$AA_1=\sqrt{15}$。求证：$BC\perp$ 平面 ACC_1A_1。

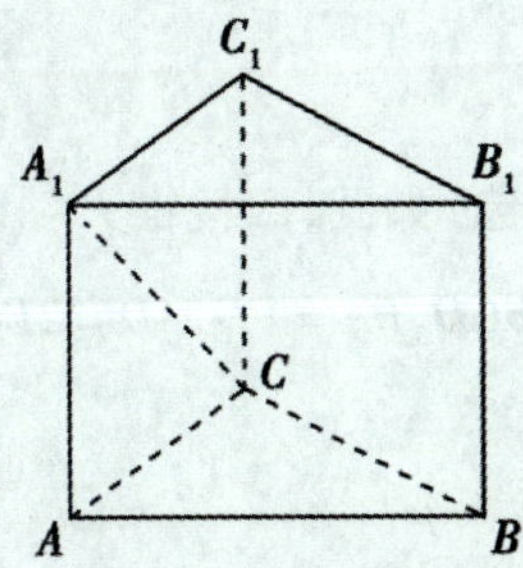

2. (2019 河南许昌，10 分) 如图，底面 $ABCD$ 是边长为 2 的菱形，$\angle DAB=60°$，$EB\perp$ 平面 $ABCD$，$FD\perp$ 平面 $ABCD$，$EB=2FD=4$。

(1) 求证：$EF\perp AC$；

(2) 求几何体 $EFABCD$ 的体积。

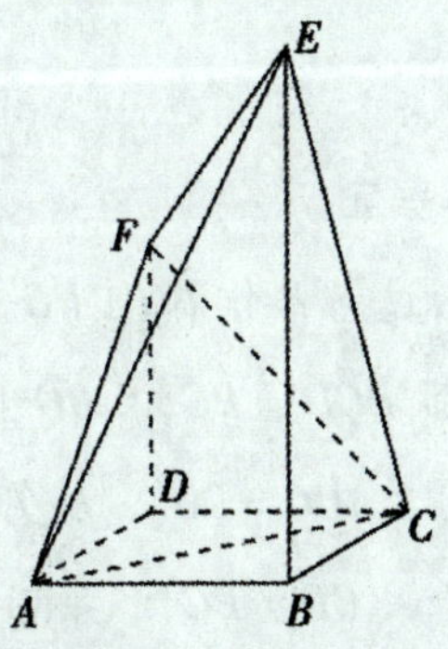

3. (2019 广东广州增城区，10 分) 如图所示，AA_1 是圆柱的母线，AB 是圆柱底面圆的直径，C 是底面圆周上异于 A,B 的任意一点，$AA_1=AB=3$。

(1)求证：$BC \perp A_1C$；

(2)求三棱锥 A_1-ABC 体积的最大值。

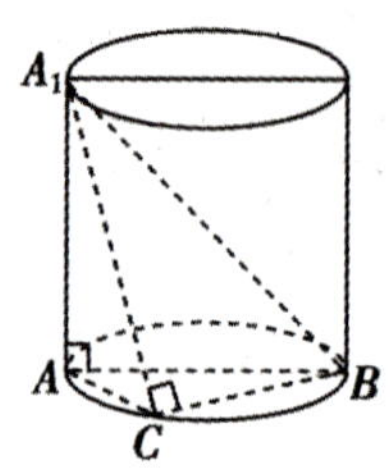

考向 2 平面与平面垂直的判定与性质

解法突破

证明面面垂直的主要方法是面面垂直的判定定理，整体来说就是通过证明线面垂直来推导面面垂直，首先考虑从现有的直线中寻找所证平面的垂线，如不存在则需要构造辅助线来帮助证明。

真题过招

(2020 山东烟台牟平区，3 分)(节选)如图，四棱锥 $P-ABCD$ 中，底面 $ABCD$ 为直角梯形，$AD \parallel BC$，$\angle ADC=90°$，平面 $PAD \perp$ 底面 $ABCD$，$PA=PD$，$AD=2BC$。试判断平面 PBC 与平面 PCD 是否垂直，并给出证明。

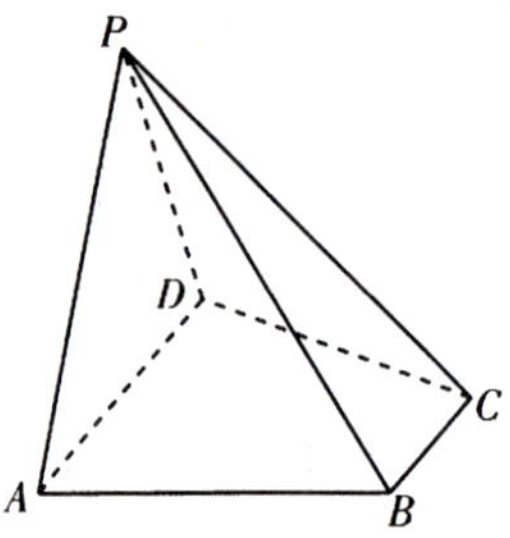

答案解析

【解析】平面 PBC 与平面 PCD 不垂直。

假设平面 $PBC \perp$ 平面 PCD，如图，过点 B 作 $BQ \perp PC$ 于点 Q，$\because$ 平面 $PBC \perp$ 平面 PCD，平面 $PBC \cap$ 平面 $PCD=PC$，$\therefore BQ \perp$ 平面 PCD，$\therefore BQ \perp CD$，在直角梯形 $ABCD$ 中，由 $\angle ADC=90°$，$AD \parallel BC$ 知 $BC \perp CD$，$\because BQ \cap BC=B$，$\therefore CD \perp$ 平面 PBC，$\therefore CD \perp PC$，$\because$ 平面 $PAD \cap$ 底面 $ABCD=AD$，平面 $PAD \perp$ 底面 $ABCD$，$CD \perp AD$，$\therefore CD \perp$ 平面 PAD，$\therefore CD \perp PD$，在 $\triangle PCD$ 中，不可能有两个直角，所以假设不成立，平面 PBC 与平面 PCD 不垂直。

变式训练

如图所示，在五棱锥 $P-ABCDE$ 中，$PA\perp$ 平面 $ABCDE$，$AB//CD$，$AC//ED$，$AE//BC$，$\angle ABC=45°$，$AB=2\sqrt{2}$，$BC=2AE=4$，求证：平面 $PCD\perp$ 平面 PAC。

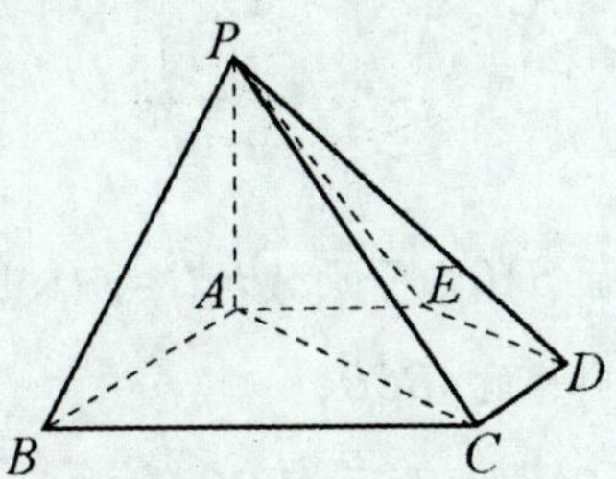

考向3　垂直关系中的探索性问题

解法突破

解决垂直关系中的探索性问题的常用途径有：(1)先猜后证，即先观察给出的条件，尝试猜想结论，再证明；(2)先通过命题成立的必要条件探索出命题成立的条件，再证明充分性；(3)将几何问题转化为代数问题，探索出命题成立的条件。

典例

如图，在四棱锥 $S-ABCD$ 中，平面 $SAD\perp$ 平面 $ABCD$，四边形 $ABCD$ 为正方形，且 P 为 AD 的中点。

(1)求证：$CD\perp$ 平面 SAD；

(2)若 $SA=SD$，M 为 BC 的中点，在棱 SC 上是否存在点 N，使得平面 $DMN\perp$ 平面 $ABCD$？并证明你的结论。

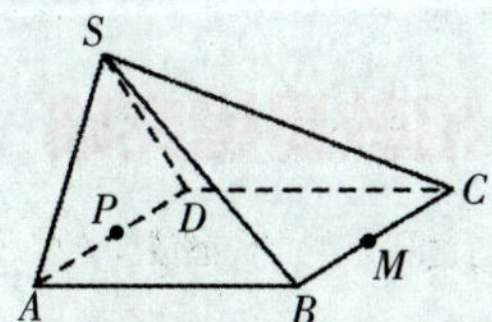

答案解析

【解析】(1)证明：$\because$ 四边形 $ABCD$ 为正方形，$\therefore CD\perp AD$，

又$\because$ 平面 $SAD\perp$ 平面 $ABCD$，且平面 $SAD\cap$ 平面 $ABCD=AD$，

$\therefore CD\perp$ 平面 SAD。

(2)存在点 N 为 SC 的中点,使得平面 $DMN\perp$ 平面 $ABCD$。证明如下:

如图,连结 PC,DM 交于点 O,连结 PM,SP,NM,ND,NO,

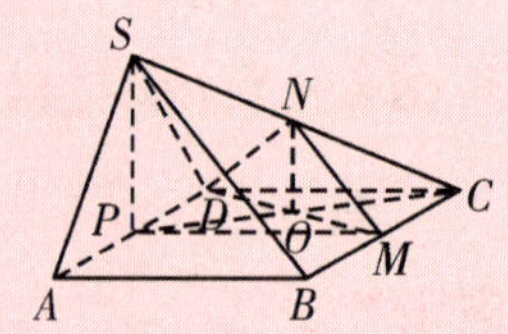

$\because PD/\!/CM$,且 $PD=CM$,

$\therefore$ 四边形 $PMCD$ 为平行四边形,

$\therefore PO=CO$,又因为 N 为 SC 的中点,

$\therefore NO/\!/SP$,易知 $SP\perp AD$,

$\because$ 平面 $SAD\perp$ 平面 $ABCD$,平面 $SAD\cap$ 平面 $ABCD=AD$,且 $SP\perp AD$,

$\therefore SP\perp$ 平面 $ABCD$,所以 $NO\perp$ 平面 $ABCD$,

又$\because NO\subset$ 平面 DMN,$\therefore$ 平面 $DMN\perp$ 平面 $ABCD$。

变式训练

如图,正方形 $ABCD$ 的边长为 2,$PA\perp$ 平面 $ABCD$,$PA=2$,平面 $EBC\perp$ 平面 $ABCD$,$EB=EC=\sqrt{2}$。

(1)在 CD 上是否存在一点 F,使得 $BF\perp$ 平面 PAE?若存在,确定点 F 的位置;若不存在,请说明理由;

(2)求多面体 $PABCDE$ 的体积。

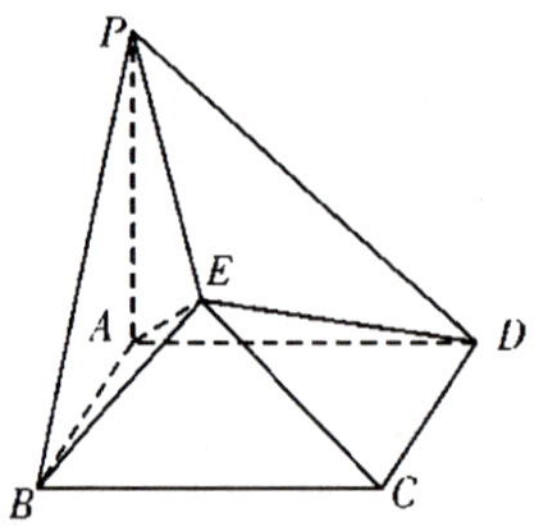

招教易错突破

易错点 ▸ 对垂直的性质定理与判定定理理解不清

真题过招 »

(2022 江苏扬州,2.36 分)(多选)已知 α,β 为两个互相垂直的平面,则下列命题正确的

有(　　)

A. α 内的任意一条直线必定垂直于 β

B. α 内的任意直线必定垂直于 β 内的无数条直线

C. 在 β 内任意一点作 α 与 β 交线的垂线,则这条直线必定垂直于 α

D. 与 α 平行的直线也必定与 β 平行

答案解析

BC 【解析】若 α,β 为两个互相垂直的平面,α 内的任意一条直线可能平行、垂直或斜交于 β,选项 A 错误;α 内的任意直线必定垂直于 β 内的无数条直线,选项 B 正确;两平面垂直,如果一个平面内有一条直线垂直于这两个平面的交线,那么这条直线与另一个平面垂直,选项 C 正确;与 α 平行的直线也可能与 β 平行、垂直、斜交或在平面 β 内,选项 D 错误。

变式训练

1. 已知 m 和 n 是两条不同的直线,α 和 β 是两个不重合的平面,下面给出的条件中一定能推出 $m\perp\beta$ 的是(　　)

A. $\alpha\perp\beta$,且 $m\subset\alpha$　　B. $\alpha\perp\beta$,且 $m/\!/\alpha$

C. $m/\!/n$,且 $n\perp\beta$　　D. $m\perp n,n\subset\alpha$,且 $\alpha/\!/\beta$

2. 已知 m,n 为异面直线,$m\perp$ 平面 α,$n\perp$ 平面 β。直线 l 满足 $l\perp m,l\perp n,l\not\subset\alpha,l\not\subset\beta$,则(　　)

A. $\alpha/\!/\beta,l/\!/\alpha$　　B. $\alpha\perp\beta$,且 $l\perp\beta$

C. α 与 β 相交,且交线垂直于 l　　D. α 与 β 相交,且交线平行于 l

必刷好题

招教高频基础刷

1. 已知命题:①过与平面 α 平行的直线 a 有且仅有一个平面与 α 平行;②过与平面 α 垂直的直线 a 有且仅有一个平面与 α 垂直,则(　　)

A. ①正确,②错误　　B. ①错误,②正确　　C. ①②都正确　　D. ①②都错误

2. 下列命题中正确的个数是(　　)

①如果直线 l 与平面 α 内的无数条直线垂直,则 $l\perp\alpha$;②如果直线 l 与平面 α 内的一条直线垂直,则 $l\perp\alpha$;③如果直线 l 不垂直于 α,则 α 内没有与直线 l 垂直的直线;④如果直线 l 不垂直于 α,

则 α 内也可以有无数条直线与 l 垂直。

A. 0　　B. 1　　C. 2　　D. 3

3. 已知 m 和 n 是两条不同的直线，α 和 β 是两个不重合的平面，那么下面给出的条件中，一定能推出 $m\perp\beta$ 的是(　　)

A. $\alpha /\!/ \beta$，且 $m\subset\alpha$　　B. $m /\!/ n$，且 $n\perp\beta$

C. $m\perp n$，且 $n\subset\beta$　　D. $m\perp n$，且 $n /\!/ \beta$

4. 在空间中，a,b,c 是三条不同的直线，α 和 β 是两个不重合的平面，则下面命题为真命题的是(　　)

A. 若 $a /\!/ \alpha, a /\!/ b, b /\!/ c$，则 $c /\!/ \alpha$　　B. 若 $a\subset\alpha, b\subset\beta, \alpha\perp\beta$，则 $a\perp b$

C. 若 $a\perp\alpha, a\perp b, b\perp c$，则 $c\perp\alpha$　　D. 若 $\alpha /\!/ \beta, a\subset\alpha$，则 $a /\!/ \beta$

5. 如图，在正三棱柱 $ABC-A_1B_1C_1$ 中，$AB=\sqrt{2}AA_1$，点 D 是 A_1B_1 的中点，点 E 在 A_1C_1 上，且 $DE\perp AE$。

(1) 证明：平面 $ADE\perp$ 平面 ACC_1A_1；

(2) 求直线 AD 和平面 ABC_1 所成角(用反三角函数表示)。

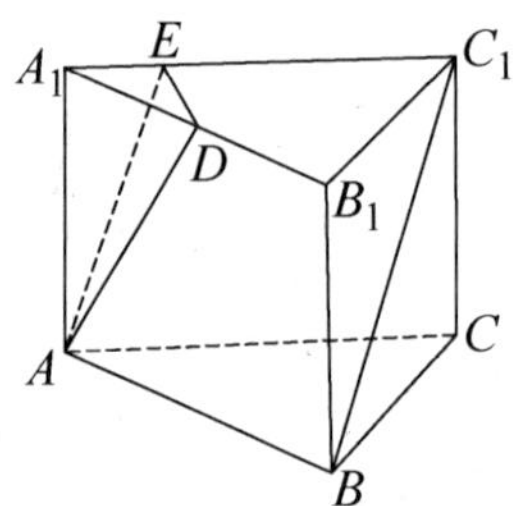

6. 如图，在四棱锥 $P-ABCD$ 中，侧面 $PAD\perp$ 底面 $ABCD$，侧棱 $PA=PD=\sqrt{2}$，底面 $ABCD$ 为直角梯形，其中 $BC /\!/ AD, AB\perp AD, AD=2AB=2BC=2$，点 O 为 AD 的中点。

(1) 求证：$PO\perp$ 平面 $ABCD$；

(2) 求异面直线 PB 与 CD 所成角的余弦值；

(3) 求点 A 到平面 PCD 的距离。

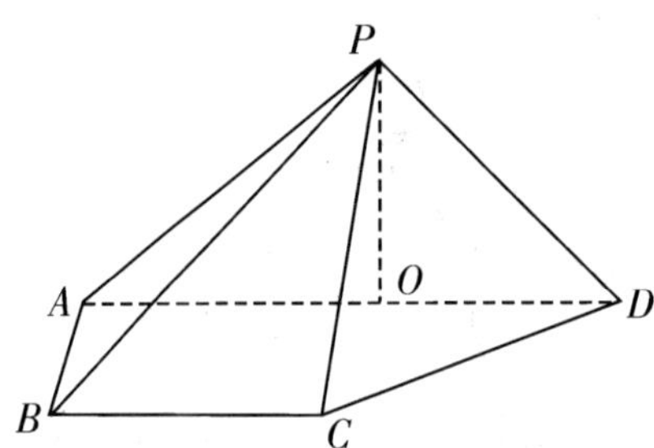

7. 如图，在三棱柱 $ABC-A'B'C'$ 中，底面 ABC 是等腰三角形，$AB=BC$，$\angle BAC=30°$，$AC=4\sqrt{3}$，

且 $B'C\perp AC$，$B'C=2\sqrt{2}$，平面 $B'AC$ 与平面 ABC 成 $45°$ 角，$A'B$ 与 AB' 交于点 E。

(1) 求证：$AC\perp BA'$；

(2) 求异面直线 AC 与 BA' 的距离；

(3) 求三棱锥 $B'-BEC$ 的体积。

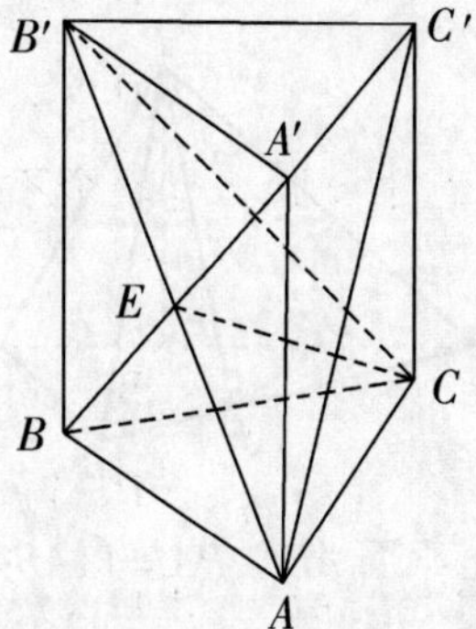

8. 如图，在直三棱柱 $A_1B_1C_1-ABC$ 中，$AB\perp BC$，E，F 分别是 A_1B，AC_1 的中点。

(1) 求证：平面 $AEF\perp$ 平面 AA_1B_1B；

(2) 若 $A_1A=2AB=2BC=2a$，求三棱锥 $F-ABC$ 的体积。

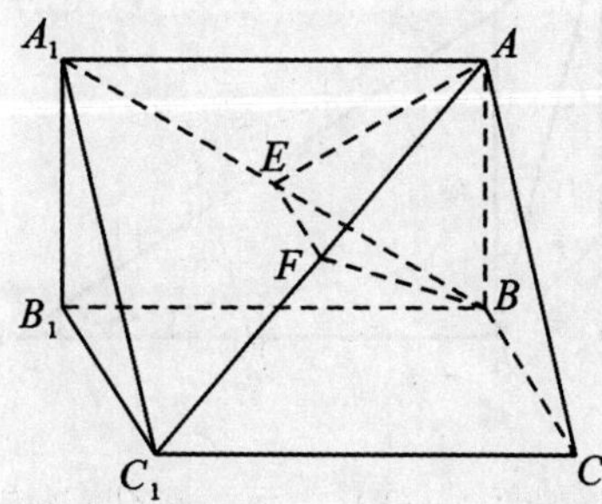

9. 如图，在四棱锥 $P-ABCD$ 中，底面 $ABCD$ 是直角梯形，$AB\parallel CD$，$PA=PD=DC=BC=\frac{1}{2}AB=1$，$\angle ABC=\angle APD=90°$，$PB=\sqrt{3}$。

(1) 求证：平面 $PAD\perp$ 底面 $ABCD$；

(2) 求直线 BC 与平面 ABP 所成角的正弦值。

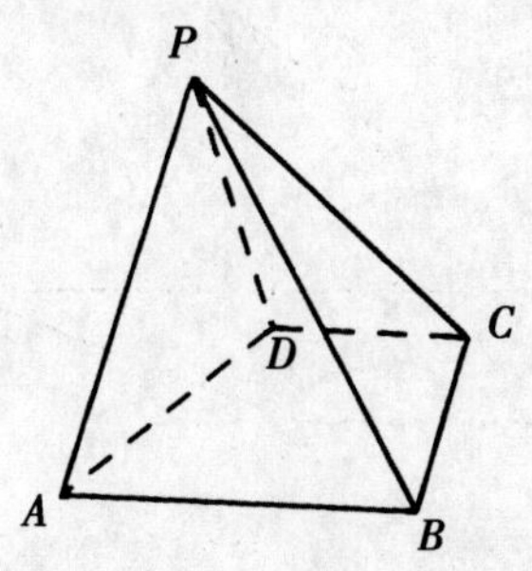

10. 如图,三棱锥 $P-ABC$ 中,平面 $PAC\perp$ 平面 ABC,$\angle ABC=\frac{\pi}{2}$,点 D,E 在线段 AC 上,且 $AD=DE=EC=2$,$PD=PC=4$,点 F 在线段 AB 上,且 $EF/\!/BC$。

(1)证明:$AB\perp$ 平面 PFE;

(2)若四棱锥 $P-DFBC$ 的体积为 7,求线段 BC 的长。

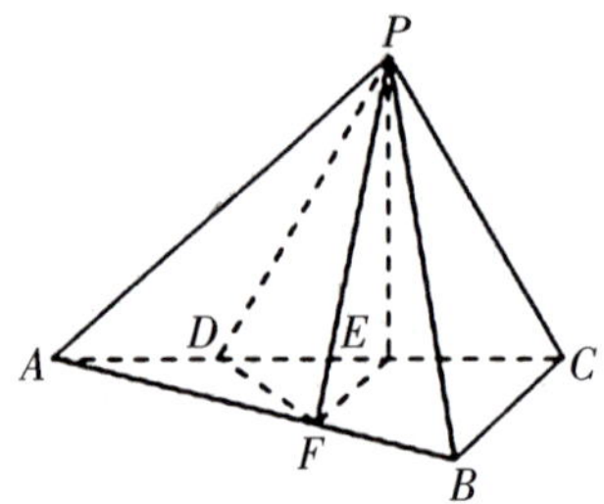

11. 如图,三棱锥 $P-ABC$ 中,$PA\perp$ 平面 ABC,$PA=1$,$AB=1$,$AC=2$,$\angle BAC=60°$。

(1)求三棱锥 $P-ABC$ 的体积;

(2)证明:在线段 PC 上存在点 M,使得 $AC\perp BM$,并求$\frac{PM}{MC}$的值。

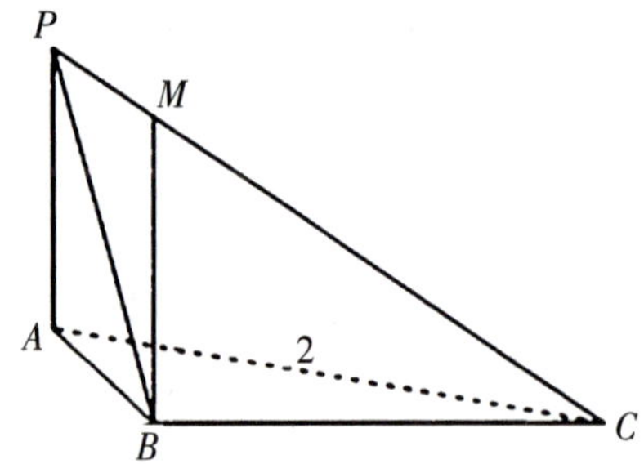

第五节　空间向量及其运算

招教核心要点

1. 空间向量的坐标运算

设 $\boldsymbol{a}=(x_1,y_1,z_1)$，$\boldsymbol{b}=(x_2,y_2,z_2)$，则

$\boldsymbol{a}\pm\boldsymbol{b}=(x_1\pm x_2,y_1\pm y_2,z_1\pm z_2)$。

$\lambda\boldsymbol{a}=(\lambda x_1,\lambda y_1,\lambda z_1)$。

$\boldsymbol{a}\cdot\boldsymbol{b}=x_1x_2+y_1y_2+z_1z_2$。

$|\boldsymbol{a}|=\sqrt{\boldsymbol{a}\cdot\boldsymbol{a}}=\sqrt{x_1^2+y_1^2+z_1^2}$。

$\cos\langle\boldsymbol{a},\boldsymbol{b}\rangle=\dfrac{\boldsymbol{a}\cdot\boldsymbol{b}}{|\boldsymbol{a}||\boldsymbol{b}|}=\dfrac{x_1x_2+y_1y_2+z_1z_2}{\sqrt{x_1^2+y_1^2+z_1^2}\sqrt{x_2^2+y_2^2+z_2^2}}$。

$\boldsymbol{a}/\!/\boldsymbol{b}\Leftrightarrow\dfrac{x_1}{x_2}=\dfrac{y_1}{y_2}=\dfrac{z_1}{z_2}$；$\boldsymbol{a}\perp\boldsymbol{b}\Leftrightarrow x_1x_2+y_1y_2+z_1z_2=0$。

2. 空间向量的性质

(1) $\boldsymbol{a}+\boldsymbol{b}=\boldsymbol{b}+\boldsymbol{a}$；

(2) $(\boldsymbol{a}+\boldsymbol{b})+\boldsymbol{c}=\boldsymbol{a}+(\boldsymbol{b}+\boldsymbol{c})$；

(3) $\lambda(\mu\boldsymbol{a})=\mu(\lambda\boldsymbol{a})=(\lambda\mu)\boldsymbol{a}$；

(4) $(\lambda+\mu)\boldsymbol{a}=\lambda\boldsymbol{a}+\mu\boldsymbol{a}$，$\lambda(\boldsymbol{a}+\boldsymbol{b})=\lambda\boldsymbol{a}+\lambda\boldsymbol{b}$。

3. 空间向量的数量积

运算性质：$\boldsymbol{a}\cdot\boldsymbol{b}=|\boldsymbol{a}||\boldsymbol{b}|\cos\langle\boldsymbol{a},\boldsymbol{b}\rangle$，规定 $\langle\boldsymbol{a},\boldsymbol{b}\rangle\in[0,\pi]$；$\boldsymbol{a}\perp\boldsymbol{b}\Leftrightarrow\boldsymbol{a}\cdot\boldsymbol{b}=0$；$|\boldsymbol{a}|^2=\boldsymbol{a}\cdot\boldsymbol{a}$。

运算律：$\lambda\boldsymbol{a}\cdot\boldsymbol{b}=\lambda(\boldsymbol{a}\cdot\boldsymbol{b})=\boldsymbol{a}\cdot(\lambda\boldsymbol{b})$；$\boldsymbol{a}\cdot\boldsymbol{b}=\boldsymbol{b}\cdot\boldsymbol{a}$；$\boldsymbol{a}\cdot(\boldsymbol{b}+\boldsymbol{c})=\boldsymbol{a}\cdot\boldsymbol{b}+\boldsymbol{a}\cdot\boldsymbol{c}$。

4. 空间向量中的有关定理

(1) 共线向量定理：$\boldsymbol{a}/\!/\boldsymbol{b}\Leftrightarrow$存在唯一实数 λ，使得 $\boldsymbol{b}=\lambda\boldsymbol{a}$。($\boldsymbol{a}$ 为非零向量)

(2) 共面向量定理：①空间一点 P 位于平面 ABC 内的充

考向分析

空间向量的线性运算、共线定理、共面定理是教师招聘考试中的重点内容，有时单独考查，有时与空间几何体问题结合考查，一般较为简单，考生要重点掌握其基本概念和定理，并学会与其他知识结合运用。

要条件是存在有序实数对(x,y)，使$\overrightarrow{AP}=x\overrightarrow{AB}+y\overrightarrow{AC}$成立；

②对空间任意一点O，有$\overrightarrow{OP}=x\overrightarrow{OA}+y\overrightarrow{OB}+z\overrightarrow{OC}$，若$x+y+z=1$，则$P,A,B,C$四点共面，反之亦成立。

招教考向解读

考向1 空间向量的线性运算

解法突破

用已知向量来表示未知向量，一定要结合图形，以图形为指导是解题的关键。在解题时，要正确理解向量加法、减法与数乘运算的几何意义。首尾相接的若干向量之和，等于由起始向量的始点指向末尾向量的终点的向量。在立体几何中三角形法则、平行四边形法则仍然成立。

典例

如图所示，在底面为平行四边形的四棱柱$ABCD-A_1B_1C_1D_1$中，设$\overrightarrow{AA_1}=\boldsymbol{a}$，$\overrightarrow{AB}=\boldsymbol{b}$，$\overrightarrow{AD}=\boldsymbol{c}$，$M$，$N$，$P$分别是$AA_1$，$BC$，$C_1D_1$的中点，试用$\boldsymbol{a}$，$\boldsymbol{b}$，$\boldsymbol{c}$表示以下各向量。

(1)$\overrightarrow{AP}$；(2)$\overrightarrow{A_1N}$；(3)$\overrightarrow{MP}+\overrightarrow{NC_1}$。

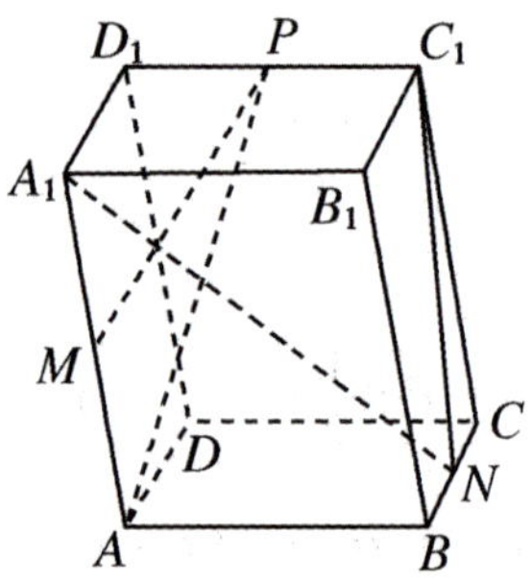

答案解析

【解析】(1)因为P是C_1D_1的中点，所以$\overrightarrow{AP}=\overrightarrow{AA_1}+\overrightarrow{A_1D_1}+\overrightarrow{D_1P}=\boldsymbol{a}+\overrightarrow{AD}+\frac{1}{2}\overrightarrow{D_1C_1}=\boldsymbol{a}+\boldsymbol{c}+\frac{1}{2}\overrightarrow{AB}=\boldsymbol{a}+\boldsymbol{c}+\frac{1}{2}\boldsymbol{b}$。

(2)因为N是BC的中点，所以$\overrightarrow{A_1N}=\overrightarrow{A_1A}+\overrightarrow{AB}+\overrightarrow{BN}=-\boldsymbol{a}+\boldsymbol{b}+\frac{1}{2}\overrightarrow{BC}=-\boldsymbol{a}+\boldsymbol{b}+\frac{1}{2}\overrightarrow{AD}=-\boldsymbol{a}+\boldsymbol{b}+\frac{1}{2}\boldsymbol{c}$。

(3)因为 M 是 AA_1 的中点,所$\overrightarrow{MP}=\overrightarrow{MA}+\overrightarrow{AP}=-\frac{1}{2}\overrightarrow{AA_1}+\overrightarrow{AP}=-\frac{1}{2}\boldsymbol{a}+(\boldsymbol{a}+\boldsymbol{c}+\frac{1}{2}\boldsymbol{b})=\frac{1}{2}\boldsymbol{a}+\frac{1}{2}\boldsymbol{b}+\boldsymbol{c}$,又$\overrightarrow{NC_1}=\overrightarrow{NC}+\overrightarrow{CC_1}=\frac{1}{2}\overrightarrow{BC}+\overrightarrow{AA_1}=\frac{1}{2}\overrightarrow{AD}+\overrightarrow{AA_1}=\frac{1}{2}\boldsymbol{c}+\boldsymbol{a}$,所以$\overrightarrow{MP}+\overrightarrow{NC_1}=\frac{1}{2}\boldsymbol{a}+\frac{1}{2}\boldsymbol{b}+\boldsymbol{c}+\frac{1}{2}\boldsymbol{c}+\boldsymbol{a}=\frac{3}{2}\boldsymbol{a}+\frac{1}{2}\boldsymbol{b}+\frac{3}{2}\boldsymbol{c}$。

变式训练

1. 如图,在三棱锥 $O-ABC$ 中,点 D 是棱 AC 的中点,若$\overrightarrow{OA}=\boldsymbol{a}$,$\overrightarrow{OB}=\boldsymbol{b}$,$\overrightarrow{OC}=\boldsymbol{c}$,则$\overrightarrow{BD}$等于(　　)

A. $-\boldsymbol{a}+\boldsymbol{b}-\boldsymbol{c}$　　B. $\boldsymbol{a}-\boldsymbol{b}+\boldsymbol{c}$　　C. $\frac{1}{2}\boldsymbol{a}-\boldsymbol{b}+\frac{1}{2}\boldsymbol{c}$　　D. $-\frac{1}{2}\boldsymbol{a}-\boldsymbol{b}-\frac{1}{2}\boldsymbol{c}$

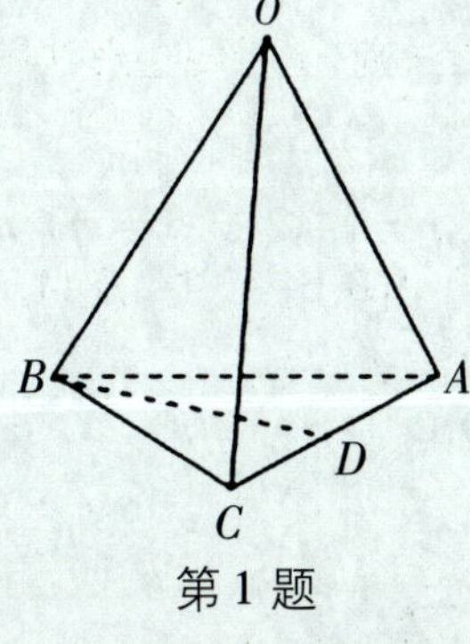

第 1 题

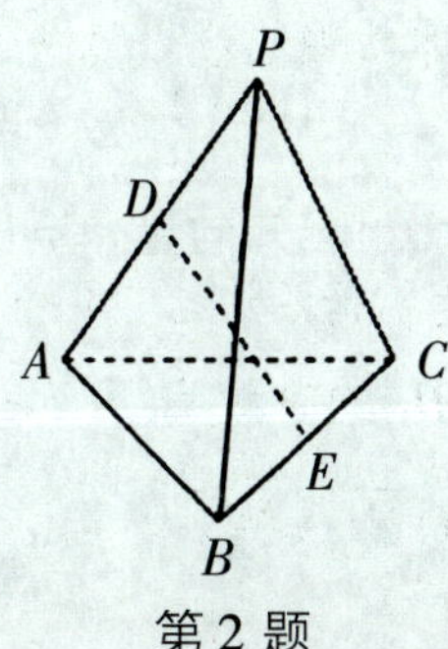

第 2 题

2. 如图,在三棱锥 $P-ABC$ 中,$\overrightarrow{PA}=\boldsymbol{a}$,$\overrightarrow{PB}=\boldsymbol{b}$,$\overrightarrow{PC}=\boldsymbol{c}$,点 D,E 分别是棱 PA,BC 的中点,则$\overrightarrow{DE}=$(　　)

A. $\frac{1}{2}\boldsymbol{a}-\frac{1}{2}\boldsymbol{b}-\frac{1}{2}\boldsymbol{c}$　　B. $-\frac{1}{2}\boldsymbol{a}-\frac{1}{2}\boldsymbol{b}+\frac{1}{2}\boldsymbol{c}$　　C. $\frac{1}{2}\boldsymbol{a}+\frac{1}{2}\boldsymbol{b}-\frac{1}{2}\boldsymbol{c}$　　D. $-\frac{1}{2}\boldsymbol{a}+\frac{1}{2}\boldsymbol{b}+\frac{1}{2}\boldsymbol{c}$

3. 如图,在平行六面体 $ABCD-A_1B_1C_1D_1$ 中,$\overrightarrow{DA}=\boldsymbol{a}$,$\overrightarrow{DC}=\boldsymbol{b}$,$\overrightarrow{DD_1}=\boldsymbol{c}$,则与向量$\overrightarrow{D_1B}$相等的是(　　)

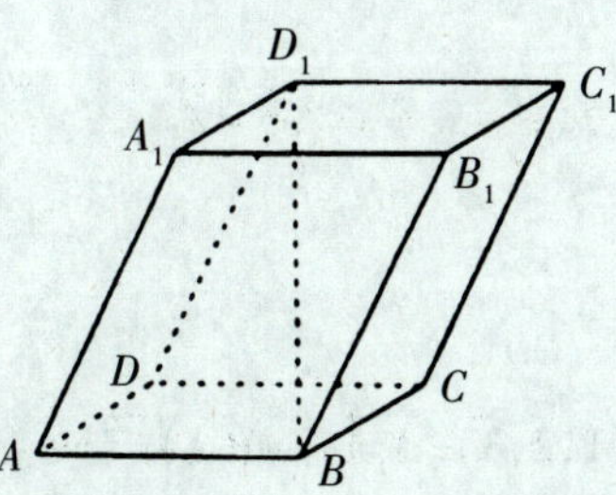

A. $\boldsymbol{a}+\boldsymbol{b}-\boldsymbol{c}$　　B. $\boldsymbol{a}-\boldsymbol{b}+\boldsymbol{c}$　　C. $\frac{1}{2}\boldsymbol{a}-\boldsymbol{b}+\frac{1}{2}\boldsymbol{c}$　　D. $-\frac{1}{2}\boldsymbol{a}-\boldsymbol{b}-\frac{1}{2}\boldsymbol{c}$

考向2 共线定理、共面定理的应用

解法突破

(1)证明点共线的方法

证明点共线的问题可转化为证明向量共线的问题，如证明 A,B,C 三点共线，即证明$\overrightarrow{AB},\overrightarrow{AC}$共线，即证明$\overrightarrow{AB}=\lambda\overrightarrow{AC}(\lambda\neq0)$。

(2)证明点共面的方法

证明点共面问题可转化为证明向量共面问题，如要证明 P,A,B,C 四点共面，只要能证明$\overrightarrow{PA}=x\overrightarrow{PB}+y\overrightarrow{PC}$，或对空间任一点 O，有$\overrightarrow{OA}=\overrightarrow{OP}+x\overrightarrow{PB}+y\overrightarrow{PC}$或$\overrightarrow{OP}=x\overrightarrow{OA}+y\overrightarrow{OB}+z\overrightarrow{OC}(x+y+z=1)$即可。共面向量定理实际上也是三个非零向量所在直线共面的充要条件。

真题过招

(2019 陕西特岗,2 分)已知向量 $\boldsymbol{m}=(2,1,-1)$，$\boldsymbol{n}=(4,2,x)$，若 $\boldsymbol{m}/\!/\boldsymbol{n}$，则 $x=$(　　)

A. -2　　B. -1

C. 1　　D. 2

答案解析

A 【解析】由 $\boldsymbol{m}/\!/\boldsymbol{n}$，可得$\frac{2}{4}=\frac{1}{2}=\frac{-1}{x}$，解得 $x=-2$。

变式训练

1. 已知两个非零向量 $\boldsymbol{a}=(a_1,a_2,a_3)$，$\boldsymbol{b}=(b_1,b_2,b_3)$，它们平行的充要条件是(　　)

A. $\frac{\boldsymbol{a}}{|\boldsymbol{a}|}=\frac{\boldsymbol{b}}{|\boldsymbol{b}|}$

B. $a_1\cdot b_1=a_2\cdot b_2=a_3\cdot b_3$

C. $a_1\cdot b_1+a_2\cdot b_2+a_3\cdot b_3=0$

D. 存在非零实数 k，使 $\boldsymbol{a}=k\boldsymbol{b}$

2. 已知 $\boldsymbol{a}=(2,1,-3)$，$\boldsymbol{b}=(-1,2,3)$，$\boldsymbol{c}=(7,6,\lambda)$，若 $\boldsymbol{a},\boldsymbol{b},\boldsymbol{c}$ 三向量共面，则 $\lambda=$(　　)

A. 9　　B. -9

C. -3　　D. 3

考向3 ▸ 空间向量数量积的应用

解法突破

(1)夹角问题:设向量 $\boldsymbol{a},\boldsymbol{b}$ 所成的角为 θ, $\cos\theta=\dfrac{\boldsymbol{a}\cdot\boldsymbol{b}}{|\boldsymbol{a}||\boldsymbol{b}|}$,进而可求两异面直线所成的角。

(2)长度(距离)问题:运用公式 $|\boldsymbol{a}|^2=\boldsymbol{a}\cdot\boldsymbol{a}$,将线段长度的计算问题转化为向量数量积的计算问题。

(3)垂直问题:利用 $\boldsymbol{a}\perp\boldsymbol{b}\Leftrightarrow\boldsymbol{a}\cdot\boldsymbol{b}=0(\boldsymbol{a}\neq 0,\boldsymbol{b}\neq 0)$,将垂直问题转化为向量数量积的计算问题。

如图所示,四棱柱 $ABCD-A_1B_1C_1D_1$ 中,底面为平行四边形,以顶点 A 为端点的三条棱长都为1,且两两夹角为 $60°$。

(1)求 AC_1 的长;

(2)求证:$AC_1\perp BD$;

(3)求 BD_1 与 AC 夹角的余弦值。

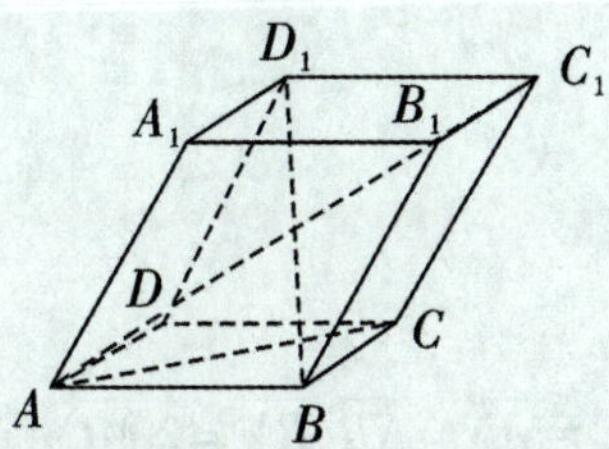

答案解析

【解析】(1)设 $\overrightarrow{AB}=\boldsymbol{a},\overrightarrow{AD}=\boldsymbol{b},\overrightarrow{AA_1}=\boldsymbol{c}$,则 $|\boldsymbol{a}|=|\boldsymbol{b}|=|\boldsymbol{c}|=1,\langle\boldsymbol{a},\boldsymbol{b}\rangle=\langle\boldsymbol{b},\boldsymbol{c}\rangle=\langle\boldsymbol{c},\boldsymbol{a}\rangle=60°$,所以 $\boldsymbol{a}\cdot\boldsymbol{b}=\boldsymbol{b}\cdot\boldsymbol{c}=\boldsymbol{c}\cdot\boldsymbol{a}=\dfrac{1}{2}$, $|\overrightarrow{AC_1}|^2=(\boldsymbol{a}+\boldsymbol{b}+\boldsymbol{c})^2=\boldsymbol{a}^2+\boldsymbol{b}^2+\boldsymbol{c}^2+2(\boldsymbol{a}\cdot\boldsymbol{b}+\boldsymbol{b}\cdot\boldsymbol{c}+\boldsymbol{c}\cdot\boldsymbol{a})=1+1+1+2\times(\dfrac{1}{2}+\dfrac{1}{2}+\dfrac{1}{2})=6$,所以 $|\overrightarrow{AC_1}|=\sqrt{6}$,即 AC_1 的长为 $\sqrt{6}$。

(2)证明:因为 $\overrightarrow{AC_1}=\boldsymbol{a}+\boldsymbol{b}+\boldsymbol{c},\overrightarrow{BD}=\boldsymbol{b}-\boldsymbol{a}$,所以 $\overrightarrow{AC_1}\cdot\overrightarrow{BD}=(\boldsymbol{a}+\boldsymbol{b}+\boldsymbol{c})\cdot(\boldsymbol{b}-\boldsymbol{a})=\boldsymbol{a}\cdot\boldsymbol{b}+|\boldsymbol{b}|^2+\boldsymbol{b}\cdot\boldsymbol{c}-|\boldsymbol{a}|^2-\boldsymbol{a}\cdot\boldsymbol{b}-\boldsymbol{a}\cdot\boldsymbol{c}=|\boldsymbol{b}||\boldsymbol{c}|\cos 60°-|\boldsymbol{a}||\boldsymbol{c}|\cos 60°=0$,所以 $\overrightarrow{AC_1}\perp\overrightarrow{BD}$,即 $AC_1\perp BD$。

(3)由题意知 $\overrightarrow{BD_1}=\boldsymbol{b}+\boldsymbol{c}-\boldsymbol{a},\overrightarrow{AC}=\boldsymbol{a}+\boldsymbol{b}$,则 $|\overrightarrow{BD_1}|=\sqrt{2}$, $|\overrightarrow{AC}|=\sqrt{3}$,

$\overrightarrow{BD_1} \cdot \overrightarrow{AC} = (\boldsymbol{b}+\boldsymbol{c}-\boldsymbol{a}) \cdot (\boldsymbol{a}+\boldsymbol{b}) = \boldsymbol{b}^2 - \boldsymbol{a}^2 + \boldsymbol{a} \cdot \boldsymbol{c} + \boldsymbol{b} \cdot \boldsymbol{c} = 1$，$\cos\langle \overrightarrow{BD_1}, \overrightarrow{AC} \rangle = \dfrac{\overrightarrow{BD_1} \cdot \overrightarrow{AC}}{|\overrightarrow{BD_1}| \cdot |\overrightarrow{AC}|} = \dfrac{\sqrt{6}}{6}$，所以 BD_1 与 AC 夹角的余弦值为$\dfrac{\sqrt{6}}{6}$。

变式训练

1. 已知空间向量$\overrightarrow{AB}=(0,1,-2)$，$|\overrightarrow{AC}|=2$，$<\overrightarrow{AB},\overrightarrow{AC}>=\dfrac{2\pi}{3}$，则$\overrightarrow{AB} \cdot \overrightarrow{BC}=$(　　)

A. $-\sqrt{5}-5$　　　　B. $\sqrt{5}-5$

C. $-\sqrt{5}+5$　　　　D. $\sqrt{5}+5$

2. 已知 $\boldsymbol{a}=(2,4,x)$，$\boldsymbol{b}=(2,y,2)$，若$|\boldsymbol{a}|=6$，且 $\boldsymbol{a} \perp \boldsymbol{b}$，则 $x+y$ 的值为________。

3. 已知点 $A(x,1,2)$ 和点 $B(2,y,4)$，且$|\overrightarrow{AB}|=2\sqrt{6}$，则 $M(x,y,3)$ 与 $N(2,1,3)$ 的距离$|MN|=$________。

必刷好题

招教高频基础刷

1. 如图，设$\overrightarrow{OA}=\boldsymbol{a}$，$\overrightarrow{OB}=\boldsymbol{b}$，$\overrightarrow{OC}=\boldsymbol{c}$，若$\overrightarrow{AN}=\overrightarrow{NB}$，$\overrightarrow{BM}=2\overrightarrow{MC}$，则$\overrightarrow{MN}=$(　　)

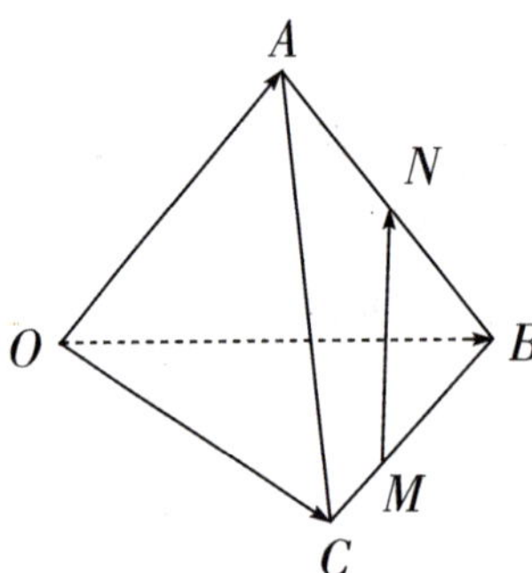

A. $\dfrac{1}{2}\boldsymbol{a}+\dfrac{1}{6}\boldsymbol{b}-\dfrac{2}{3}\boldsymbol{c}$　　　　B. $-\dfrac{1}{2}\boldsymbol{a}-\dfrac{1}{6}\boldsymbol{b}+\dfrac{2}{3}\boldsymbol{c}$

C. $\dfrac{1}{2}\boldsymbol{a}-\dfrac{1}{6}\boldsymbol{b}-\dfrac{2}{3}\boldsymbol{c}$　　　　D. $-\dfrac{1}{2}\boldsymbol{a}+\dfrac{1}{6}\boldsymbol{b}+\dfrac{2}{3}\boldsymbol{c}$

2. 如图，在平行六面体 $ABCD-A_1B_1C_1D_1$ 中，M 为 A_1C_1，B_1D_1 的交点，若$\overrightarrow{AB}=\boldsymbol{a}$，$\overrightarrow{AD}=\boldsymbol{b}$，$\overrightarrow{AA_1}=$

$\boldsymbol{c}$，则向量$\overrightarrow{BM}$ =(　　)

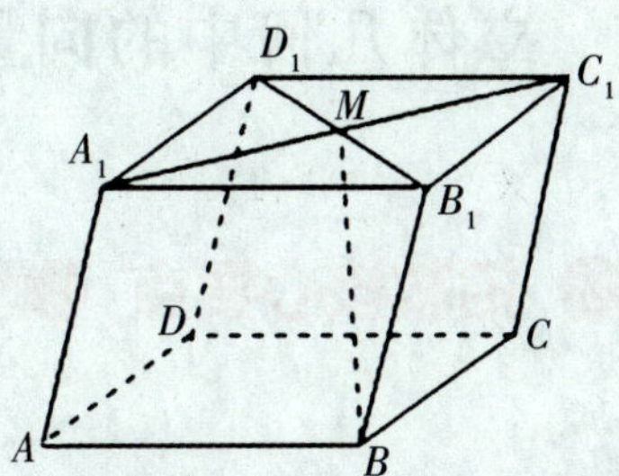

A. $-\frac{1}{2}\boldsymbol{a}+\frac{1}{2}\boldsymbol{b}+\boldsymbol{c}$　　B. $\frac{1}{2}\boldsymbol{a}-\frac{1}{2}\boldsymbol{b}+\boldsymbol{c}$

C. $\frac{1}{2}\boldsymbol{a}+\frac{1}{2}\boldsymbol{b}+\boldsymbol{c}$　　D. $-\frac{1}{2}\boldsymbol{a}-\frac{1}{2}\boldsymbol{b}+\boldsymbol{c}$

3. 已知$\{\boldsymbol{e}_1,\boldsymbol{e}_2,\boldsymbol{e}_3\}$是一个空间的基底，向量$\boldsymbol{a}=\boldsymbol{e}_1+\boldsymbol{e}_2+\boldsymbol{e}_3$，$\boldsymbol{b}=\boldsymbol{e}_1-\boldsymbol{e}_2-\boldsymbol{e}_3$，$\boldsymbol{c}=\boldsymbol{e}_1+\boldsymbol{e}_2$，$\boldsymbol{d}=\boldsymbol{e}_1+2\boldsymbol{e}_2+3\boldsymbol{e}_3$，若$\boldsymbol{d}=x\boldsymbol{a}+y\boldsymbol{b}+z\boldsymbol{c}$，则$x,y,z$分别为(　　)

A. $\frac{5}{2},-\frac{1}{2},-1$　　B. $\frac{5}{2},\frac{1}{2},1$　　C. $-\frac{5}{2},1,-\frac{1}{2}$　　D. $\frac{5}{2},1,-\frac{1}{2}$

4. 对于空间任意一点O和不共线的三点A,B,C，有如下关系：$6\overrightarrow{OP}=\overrightarrow{OA}+2\overrightarrow{OB}+3\overrightarrow{OC}$，则(　　)

A. 四点O,A,B,C必共面　　B. 四点P,A,B,C必共面

C. 四点O,P,B,C必共面　　D. 五点O,P,A,B,C必共面

5. 已知a,b是异面直线，且$a\perp b$，$\boldsymbol{e}_1,\boldsymbol{e}_2$分别为取自直线$a,b$上的单位向量，且$\boldsymbol{m}=2\boldsymbol{e}_1+3\boldsymbol{e}_2$，$\boldsymbol{n}=k\boldsymbol{e}_1-4\boldsymbol{e}_2$，$\boldsymbol{m}\perp\boldsymbol{n}$，则实数$k$的值为(　　)

A. -6　　B. 6　　C. 3　　D. -3

6. 已知$\boldsymbol{a},\boldsymbol{b}$是两个空间向量，若$|\boldsymbol{a}|=2$，$|\boldsymbol{b}|=2$，$|\boldsymbol{a}-\boldsymbol{b}|=\sqrt{7}$，则$\cos\langle\boldsymbol{a},\boldsymbol{b}\rangle$ =______。

第六节　立体几何中的向量方法

招教核心要点

1. 用向量方法证明平行与垂直

(1) 平面的法向量的确定

设 $\boldsymbol{a}$, $\boldsymbol{b}$ 是平面 α 内两不共线向量，$\boldsymbol{n}$ 为平面 α 的法向量，则求法向量的方程组为 $\begin{cases}\boldsymbol{n}\cdot\boldsymbol{a}=0,\\ \boldsymbol{n}\cdot\boldsymbol{b}=0。\end{cases}$

(2) 用向量证明空间中的平行关系

①设直线 l_1 和 l_2 的方向向量分别为 $\boldsymbol{v}_1$ 和 $\boldsymbol{v}_2$，则 $l_1 /\!/ l_2$（或 l_1 与 l_2 重合）$\Leftrightarrow \boldsymbol{v}_1 /\!/ \boldsymbol{v}_2$。

②设直线 l 的方向向量为 $\boldsymbol{v}$，与平面 α 共面的两个不共线向量 $\boldsymbol{v}_1$ 和 $\boldsymbol{v}_2$，则 $l /\!/ \alpha$ 或 $l \subset \alpha \Leftrightarrow$ 存在两个实数 x, y，使 $\boldsymbol{v}=x\boldsymbol{v}_1+y\boldsymbol{v}_2$。

③设直线 l 的方向向量为 $\boldsymbol{v}$，平面 α 的法向量为 $\boldsymbol{u}$，则 $l /\!/ \alpha$ 或 $l \subset \alpha \Leftrightarrow \boldsymbol{v} \perp \boldsymbol{u}$。

④设平面 α 和 β 的法向量分别为 $\boldsymbol{u}_1$, $\boldsymbol{u}_2$，则 $\alpha /\!/ \beta \Leftrightarrow \boldsymbol{u}_1 /\!/ \boldsymbol{u}_2$。

(3) 用向量证明空间中的垂直关系

①设直线 l_1 和 l_2 的方向向量分别为 $\boldsymbol{v}_1$ 和 $\boldsymbol{v}_2$，则 $l_1 \perp l_2 \Leftrightarrow \boldsymbol{v}_1 \perp \boldsymbol{v}_2 \Leftrightarrow \boldsymbol{v}_1 \cdot \boldsymbol{v}_2 = 0$。

②设直线 l 的方向向量为 $\boldsymbol{v}$，平面 α 的法向量为 $\boldsymbol{u}$，则 $l \perp \alpha \Leftrightarrow \boldsymbol{v} /\!/ \boldsymbol{u}$。

③设平面 α 和 β 的法向量分别为 $\boldsymbol{u}_1$ 和 $\boldsymbol{u}_2$，则 $\alpha \perp \beta \Leftrightarrow \boldsymbol{u}_1 \perp \boldsymbol{u}_2 \Leftrightarrow \boldsymbol{u}_1 \cdot \boldsymbol{u}_2 = 0$。

2. 用向量方法求空间角及应用

(1) 两条异面直线所成角的求法

设 $\boldsymbol{a}$, $\boldsymbol{b}$ 分别是两异面直线 l_1, l_2 的方向向量，则

考向分析

用向量方法证明平行与垂直、用向量方法求空间角及其应用是教师招聘考试中的重点内容，还是空间向量问题与立体几何问题的结合，考生要重点掌握利用空间向量知识解决立体几何问题的方法。

	l_1与l_2所成的角θ	$\boldsymbol{a}$与$\boldsymbol{b}$的夹角β
范围	$\left(0,\frac{\pi}{2}\right]$	$(0,\pi)$
求法	$\cos\theta=\frac{\lvert\boldsymbol{a}\cdot\boldsymbol{b}\rvert}{\lvert\boldsymbol{a}\rvert\lvert\boldsymbol{b}\rvert}$	$\cos\beta=\frac{\boldsymbol{a}\cdot\boldsymbol{b}}{\lvert\boldsymbol{a}\rvert\lvert\boldsymbol{b}\rvert}$

(2)直线与平面所成角的求法

设直线l的方向向量为$\boldsymbol{a}$,平面α的法向量为$\boldsymbol{n}$,直线l与平面α所成角为θ,$\boldsymbol{a}$与$\boldsymbol{n}$的夹角为β,则$\sin\theta=\lvert\cos\beta\rvert=\frac{\lvert\boldsymbol{a}\cdot\boldsymbol{n}\rvert}{\lvert\boldsymbol{a}\rvert\lvert\boldsymbol{n}\rvert}$。

(3)求二面角的大小

Ⅰ.如图①,AB,CD分别是二面角$\alpha-l-\beta$的两个面内与棱l垂直的直线,则二面角的大小θ为$\langle\overrightarrow{AB},\overrightarrow{CD}\rangle$。

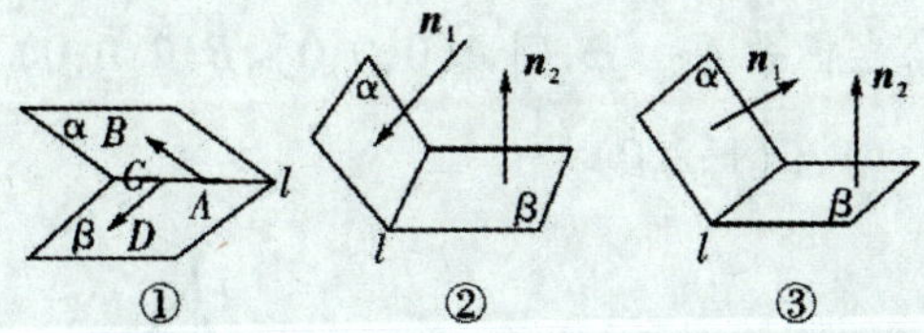

Ⅱ.如图②③,$\boldsymbol{n}_1$,$\boldsymbol{n}_2$分别是二面角$\alpha-l-\beta$的两个半平面α,β的法向量,则二面角的大小θ满足$\lvert\cos\theta\rvert=\lvert\cos\langle\boldsymbol{n}_1,\boldsymbol{n}_2\rangle\rvert$,即二面角的平面角大小是向量$\boldsymbol{n}_1$与$\boldsymbol{n}_2$的夹角(或其补角)。

招教考向解读

考向1　利用空间向量证明平行问题

解法突破

(1)恰当建立空间直角坐标系,准确表示各点与相关向量的坐标,是运用向量法证明平行的关键。

(2)证明直线与平面平行,只需证明直线的方向向量与平面的法向量的数量积为零,或证直线的方向向量与平面内的不共线的两个向量共面,或证直线的方向向量与平面内某直线的方向向量平行,然后说明直线在平面外即可。

典例

如图所示，平面 $PAD\perp$ 平面 $ABCD$，四边形 $ABCD$ 为正方形，$\triangle PAD$ 是直角三角形，且 $PA=AD=2$，E，F，G 分别是线段 PA，PD，CD 的中点。求证：$PB/\!/$ 平面 EFG。

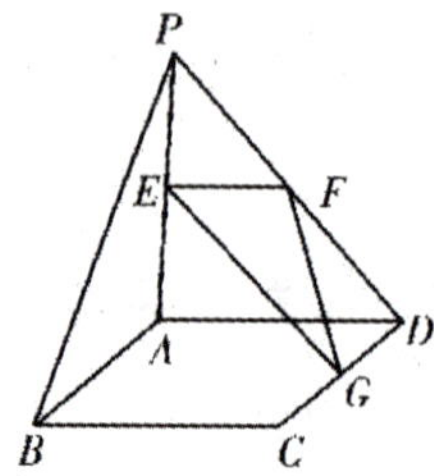

【分析】证明 AB，AP，AD 两两垂直，建立空间直角坐标系，证明 $\overrightarrow{PB}$ 与平面 EFG 内两个不共线的向量 $\overrightarrow{FE}$，$\overrightarrow{FG}$ 共面，或证平面 EFG 的法向量与 $\overrightarrow{PB}$ 的数量积为 0 即可。

答案解析

【解析】因为平面 $PAD\perp$ 平面 $ABCD$，且四边形 $ABCD$ 为正方形，所以 AB，AP，AD 两两垂直，以 A 为坐标原点，建立如图所示的空间直角坐标系 $A-xyz$，则 $A(0,0,0)$，$B(2,0,0)$，$C(2,2,0)$，$D(0,2,0)$，$P(0,0,2)$，$E(0,0,1)$，$F(0,1,1)$，$G(1,2,0)$。

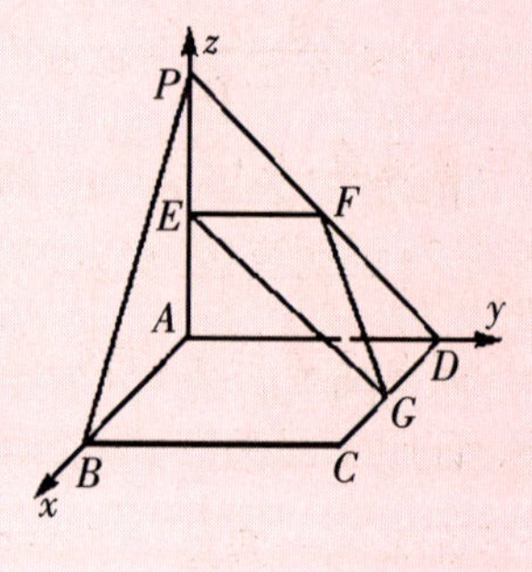

方法一：

所以 $\overrightarrow{PB}=(2,0,-2)$，$\overrightarrow{FE}=(0,-1,0)$，$\overrightarrow{FG}=(1,1,-1)$，

设 $\overrightarrow{PB}=s\overrightarrow{FE}+t\overrightarrow{FG}$，即 $(2,0,-2)=s(0,-1,0)+t(1,1,-1)$，

所以 $\begin{cases}t=2,\\t-s=0,\\-t=-2,\end{cases}$ 解得 $s=t=2$，所以 $\overrightarrow{PB}=2\overrightarrow{FE}+2\overrightarrow{FG}$，

又因为 $\overrightarrow{FE}$ 与 $\overrightarrow{FG}$ 不共线，所以 $\overrightarrow{PB}$，$\overrightarrow{FE}$ 与 $\overrightarrow{FG}$ 共面。

因为 $PB\not\subset$ 平面 EFG，所以 $PB/\!/$ 平面 EFG。

方法二：

因为 $\overrightarrow{EF}=(0,1,0)$，$\overrightarrow{EG}=(1,2,-1)$，设平面 EFG 的法向量为 $\boldsymbol{n}=(x,y,z)$，则

$\begin{cases}\boldsymbol{n}\cdot\overrightarrow{EF}=0,\\\boldsymbol{n}\cdot\overrightarrow{EG}=0,\end{cases}$ 即 $\begin{cases}y=0,\\x+2y-z=0,\end{cases}$ 令 $z=1$，则 $\boldsymbol{n}=(1,0,1)$ 为平面 EFG 的一个法向量。

因为 $\overrightarrow{PB}=(2,0,-2)$，所以 $\overrightarrow{PB}\cdot\boldsymbol{n}=0$，即 $\boldsymbol{n}\perp\overrightarrow{PB}$。

又因为 $PB\not\subset$ 平面 EFG，所以 $PB/\!/$ 平面 EFG。

变式训练

1. 已知直线 l 的方向向量 $\boldsymbol{v}=(1,2,3)$，平面 α 的法向量为 $\boldsymbol{u}=(5,2,-3)$，则 l 与 α 的位置关系是________。

2. 如图，在棱长为 1 的正方体 $ABCD-A_1B_1C_1D_1$ 中，E,F,G 分别为 A_1B_1,B_1C_1,C_1D_1 的中点。求证：$AG/\!/$平面 BEF。

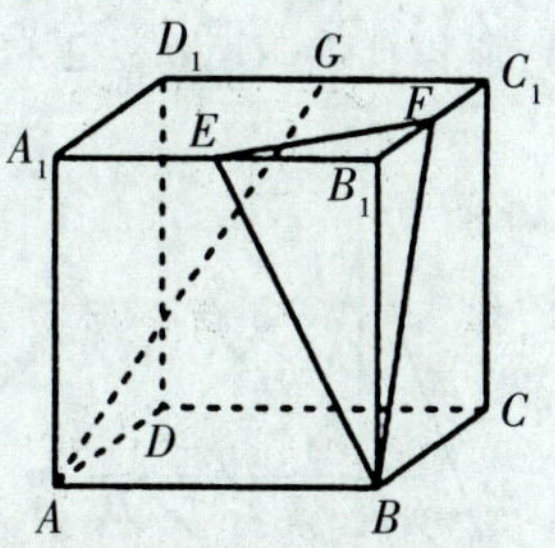

考向 2　利用空间向量证明垂直问题

解法突破

(1) 利用已知的垂直关系构建空间直角坐标系，准确写出相关点的坐标，从而将几何证明转化为向量运算，其中灵活建系是解题的关键。

(2) 证明直线与直线垂直，只需要证明两条直线的方向向量垂直。证明线面垂直，只需证明直线的方向向量与平面内不共线的两个向量垂直即可，也可证直线的方向向量与平面的法向量平行。证明面面垂直：①证明两平面的法向量互相垂直；②利用面面垂直的判定定理，只要能证明一个平面内的一条直线的方向向量为另一个平面的法向量即可。

真题过招

(2020 安徽中数，4 分)（节选）在四棱锥 $P-ABCD$ 中，四边形 $ABCD$ 为正方形，$PA\perp$平面 $ABCD$，$PA=AB=4$，点 O 是 AC,BD 的交点，M 是 PB 上一点，且 $PM=3MB$，N 是 PD 的中点。

证明：$OM\perp ON$。

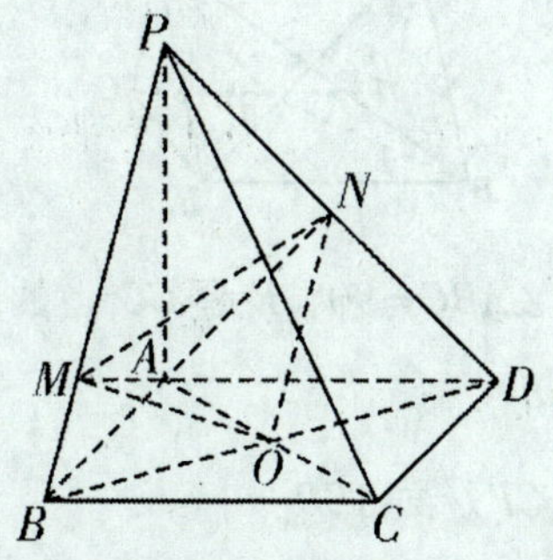

【分析】建立空间直角坐标系,证明$\overrightarrow{OM}\cdot\overrightarrow{ON}=0$即可。

答案解析

【解析】因为$PA\perp$平面$ABCD$,所以$PA\perp AD$,$PA\perp AB$,又因为四边形$ABCD$是正方形,所以$AB\perp AD$,所以AB,AD,AP两两垂直。以A为坐标原点,AB,AD,AP所在直线分别为x轴,y轴,z轴,建立如图所示的空间直角坐标系,则$A(0,0,0)$,$O(2,2,0)$,$M(3,0,1)$,$N(0,2,2)$,所以$\overrightarrow{OM}=(1,-2,1)$,$\overrightarrow{ON}=(-2,0,2)$,所以$\overrightarrow{OM}\cdot\overrightarrow{ON}=-2+2=0$,故$OM\perp ON$。

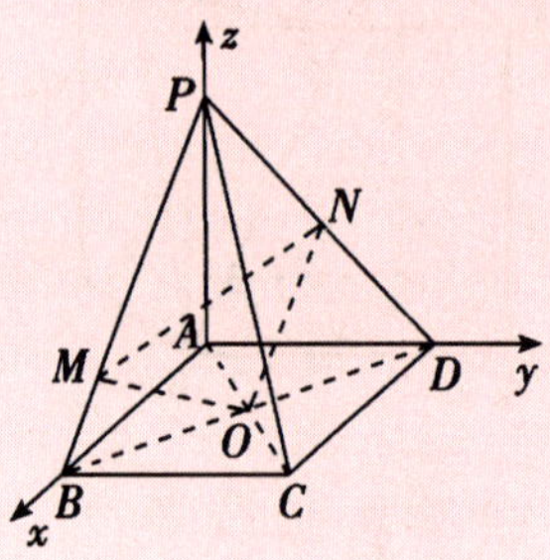

变式训练

1. 如图所示,在正方体$ABCD-A_1B_1C_1D_1$中,O是底面正方形$ABCD$的中心,M是D_1D的中点,N是A_1B_1的中点,则直线ON,AM的位置关系是________。

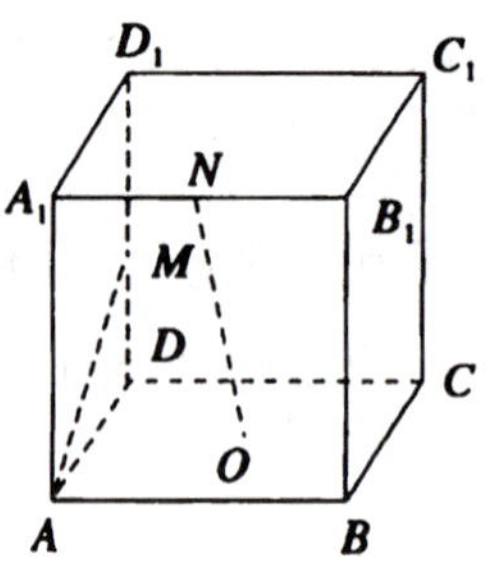

2. 如图所示,正三棱柱(底面为正三角形的直三棱柱)$ABC-A_1B_1C_1$的所有棱长都为2,D为CC_1的中点。求证:$AB_1\perp$平面A_1BD。

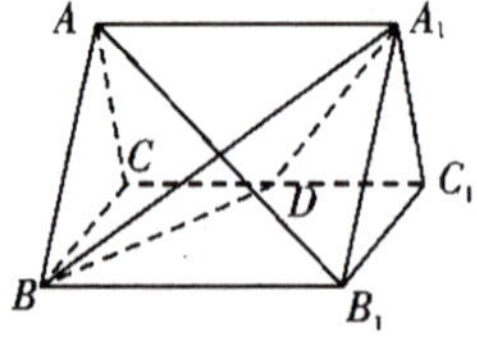

3. 已知直三棱柱$ABC-A_1B_1C_1$,$\angle ABC=90°$,E是CC_1上的动点,F是AB的中点,$AB=BC=2$,$AA_1=4$。

(1)当E是CC_1的中点时,求证:$CF/\!/$面AEB_1;

(2)若 $AB_1 \perp BE$,求此时点 E 的位置。

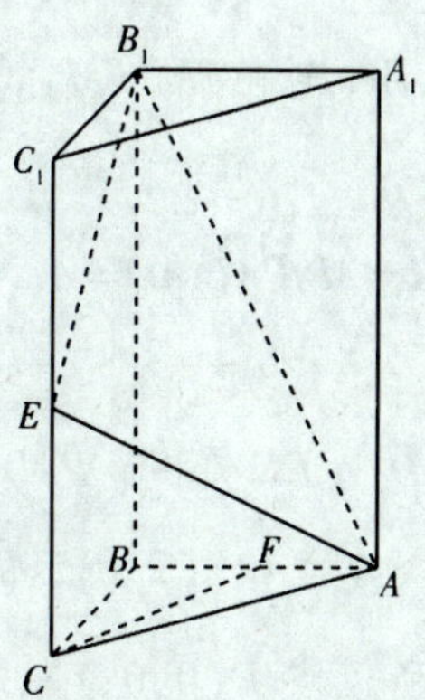

考向3　空间角的计算与探究

(一)异面直线所成角

解法突破

几何法:通过选点平移法,将异面直线所成角转化为在同一平面内的相交直线所成角进行求解,异面直线所成角的取值范围为$(0,\frac{\pi}{2}]$。

向量法(本节重点):设两异面直线方向向量分别为 $\boldsymbol{a},\boldsymbol{b}$,利用夹角余弦公式 $\cos\alpha=|\cos\langle\boldsymbol{a},\boldsymbol{b}\rangle|=\frac{|\boldsymbol{a}\cdot\boldsymbol{b}|}{|\boldsymbol{a}|\cdot|\boldsymbol{b}|}$,即可求出两异面直线所成角 α 的余弦值,从而得出 α 的值。

真题过招»

1.(2022 安徽中数,8 分)如图,在四棱锥 $P-ABCD$ 中,底面 $ABCD$ 为正方形,平面 $PAB\perp$ 平面 $ABCD$,点 E,F 分别为棱 CD 与 PB 的中点。

(1)求证:$EF /\!/$ 平面 PAD;

(2)若 $PA\perp PB$,且 $PA=PB=\sqrt{2}$,求异面直线 AC 与 EF 所成角的大小。

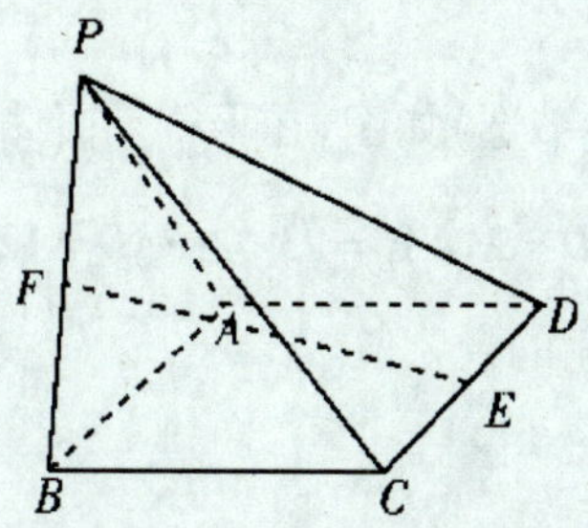

答案解析

【解析】(1)如图1，作 AB 的中点 M，连结 EM，FM，$\because$ 点 E，F，M 分别是 CD，PB，AB 的中点，

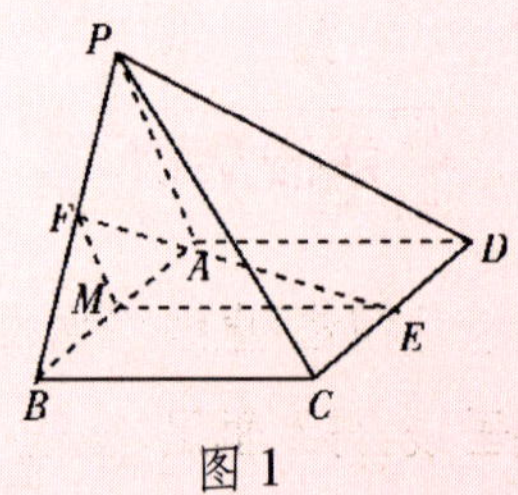

图1

$\therefore FM /\!/ PA$，$EM /\!/ AD$，$\because FM \cap EM = M$，$PA \cap AD = A$，$\therefore$ 平面 $EFM /\!/$ 平面 PAD，

$\because EF \subset$ 平面 EFM，$EF \not\subset$ 平面 PAD，$\therefore EF /\!/$ 平面 PAD。

(2)以 AB 的中点 M 为坐标原点，建立如图2所示的空间直角坐标系，因为 $PA \perp PB$，且 $PA = PB = \sqrt{2}$，易知 $PM = 1$，$AB = 2$，所以点 $P(0,0,1)$，$A(-1,0,0)$，$B(1,0,0)$，$C(1,2,0)$，$E(0,2,0)$，$F(\frac{1}{2},0,\frac{1}{2})$，则$\overrightarrow{EF} = (\frac{1}{2},-2,\frac{1}{2})$，$\overrightarrow{AC} = (2,2,0)$，

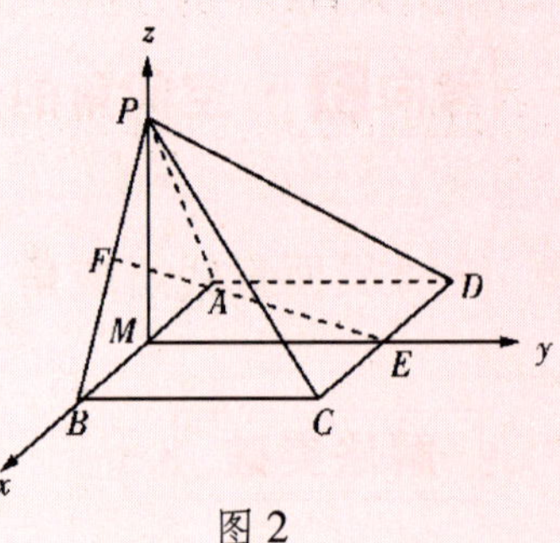

图2

设异面直线 AC 与 EF 所成角为 θ，则 $\cos\theta = \frac{|\overrightarrow{EF} \cdot \overrightarrow{AC}|}{|\overrightarrow{EF}||\overrightarrow{AC}|} =$

$\frac{\left|\frac{1}{2} \times 2 + (-2) \times 2 + \frac{1}{2} \times 0\right|}{\sqrt{\left(\frac{1}{2}\right)^2 + (-2)^2 + \left(\frac{1}{2}\right)^2} \times \sqrt{2^2 + 2^2}} = \frac{1}{2}$，所以异面直线 AC 与 EF 所成角为$\frac{\pi}{3}$。

变式训练

1. 在直三棱柱 $ABC-A_1B_1C_1$ 中，若 $\angle BAC = 90°$，$AB = AC = AA_1$，则异面直线 BA_1 与 AC_1 所成角等于(　　)

A. 30°　　B. 45°

C. 60°　　D. 90°

2. (2021 广东广州天河区，1.12分)(判断)已知四边形 $ABCD$ 为等腰梯形，$AB = 4$，$AD = DC = CB = 2$，将$\triangle ADC$ 沿 AC 折起，使 D 到 D'的位置，当 $D'B = \sqrt{10}$时，异面直线 AB 与直线 CD'所成角的正切值为$\frac{\sqrt{15}}{7}$。(　　)

3. (2020 天津市南开区，5分)(节选)如图，在平行六面体 $ABCD-A_1B_1C_1D_1$ 中，$AA_1 \perp$ 平面 $ABCD$，且 $AB = AD = 2$，$AA_1 = \sqrt{3}$，$\angle BAD = 120°$。

求异面直线 A_1B 与 AC_1 所成的角的余弦值。

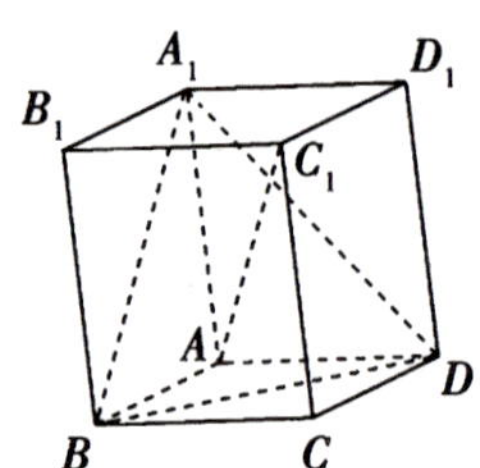

(二)直线与平面所成角(线面角)

解法突破

几何法:直线与平面所成角就是直线与直线在平面上的投影所成角,过直线上一点作平面的的垂线,得到垂足,直线在平面上的投影就是斜足与垂足所在直线,作出垂线后可利用直角三角形相关内容求解。

向量法:直线与平面所成角为直线的方向向量与平面法向量所成角的余角或其补角的余角。如图所示,设直线 l 的方向向量为 $\boldsymbol{l}_1$,平面 α 的法向量为 $\boldsymbol{n}$,直线与平面所成角为 θ,那么 $\langle \boldsymbol{l}_1,\boldsymbol{n}\rangle+\theta=\frac{\pi}{2}$ 或 $\langle \boldsymbol{l}_1,\boldsymbol{n}\rangle-\theta=\frac{\pi}{2}$,因为 $\theta\in[0,\frac{\pi}{2}]$,那么 $\sin\theta=|\cos\langle \boldsymbol{l}_1,\boldsymbol{n}\rangle|=\frac{|\boldsymbol{l}_1\cdot\boldsymbol{n}|}{|\boldsymbol{l}_1|\cdot|\boldsymbol{n}|}$,进而求得 θ 的值。

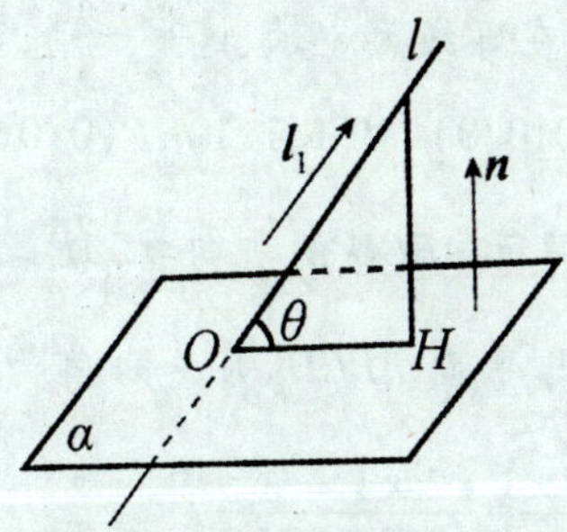

点面距法:根据条件求出直线上一点到平面的距离 d,再求出此点到斜足的距离 l,设直线与平面所成角为 θ,那么 $\sin\theta=\frac{d}{l}$。

真题过招

2. (2021 山西特岗,8 分)如图所示,在四棱锥 $P-ABCD$ 中,$AB\perp AD$,$CD\perp AD$,$PA\perp$ 平面 $ABCD$,$PA=AD=CD=2AB=2$,M 为 PC 的中点。

(1)求证:$BM/\!/$平面 PAD;

(2)求直线 MA 与平面 $ABCD$ 所成角的正弦值。

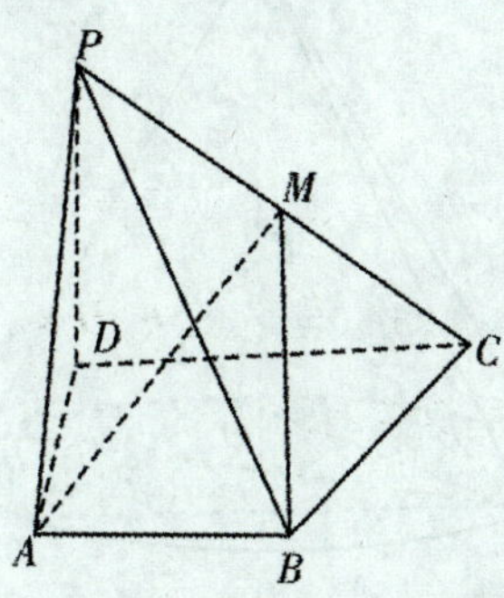

【分析】(1)取 PD 的中点 E,证明四边形 $ABME$ 是平行四边形即可证得 $BM/\!/AE$。

(2)建立空间直角坐标系 $A-BDP$,平面 $ABCD$ 的法向量为$\overrightarrow{AP}$,设直线 MA 与平面 $ABCD$ 所成的角为 θ,则 $\sin\theta=|\cos<\overrightarrow{AM},\overrightarrow{AP}>|=\dfrac{|\overrightarrow{AM}\cdot\overrightarrow{AP}|}{|\overrightarrow{AM}|\cdot|\overrightarrow{AP}|}$即为所求角的正弦值。

答案解析

【解析】(1)证明:取 PD 的中点 E,连结 AE 和 EM,因为 M 是 PC 的中点,所以 $EM/\!/CD$ 且 $EM=\dfrac{1}{2}CD$,又因为 $AB\perp AD$,$CD\perp AD$,且 $CD=2AB$,所以$AB/\!/CD$ 且 $AB=\dfrac{1}{2}CD$,所以 $AB/\!/EM$ 且 $AB=EM$,所以四边形 $ABME$ 为平行四边形,所以$BM/\!/AE$,又因为 $MB\not\subset$平面 PAD,$AE\subset$平面 PAD,所以 $BM/\!/$平面 PAD。

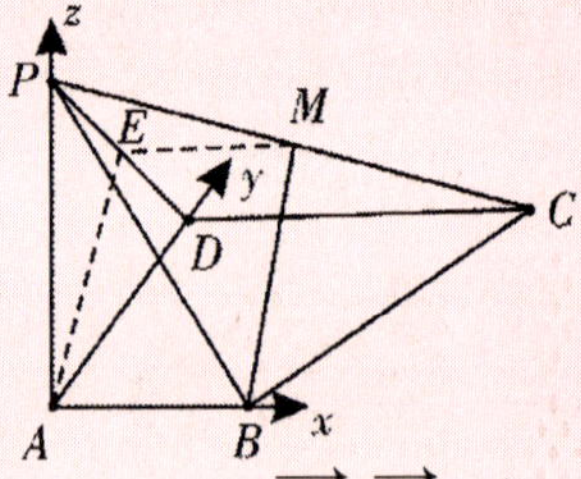

(2)因为 $PA\perp$平面 $ABCD$,$AB\perp AD$,所以 AB,AP,AD 两两垂直,以 A 为原点,以 AB,AD,AP 所在直线为 x 轴、y 轴、z 轴,建立如图所示的空间直角坐标系,则 $A(0,0,0)$,$M(1,1,1)$,$P(0,0,2)$,因为 $PA\perp$平面$ABCD$,所以$\overrightarrow{PA}$可为平面 $ABCD$ 的法向量,$\overrightarrow{AP}=(0,0,2)$,$\overrightarrow{AM}=(1,1,1)$,设直线 MA 与平面 $ABCD$ 所成的角为 θ,则 $\sin\theta=|\cos<\overrightarrow{AM},\overrightarrow{AP}>|=\left|\dfrac{\overrightarrow{AM}\cdot\overrightarrow{AP}}{|\overrightarrow{AM}||\overrightarrow{AP}|}\right|=\left|\dfrac{0\times1+0\times1+2\times1}{|\sqrt{0^2+0^2+2^2}|\times|\sqrt{1^2+1^2+1^2}|}\right|=\dfrac{\sqrt{3}}{3}$。

变式训练

4.(2022 山西特岗,8 分)如图,S 为圆锥顶点,O 为圆锥底面的圆心,AD 为底面直径,$AS=AD$,$\triangle ABC$ 是底面的内接正三角形,P 为 SO 上一点,$PO=\dfrac{\sqrt{6}}{6}SO$。

(1)证明:$PA\perp$平面 PBC;

(2)求直线 PD 与平面 PBC 所成角的正弦值。

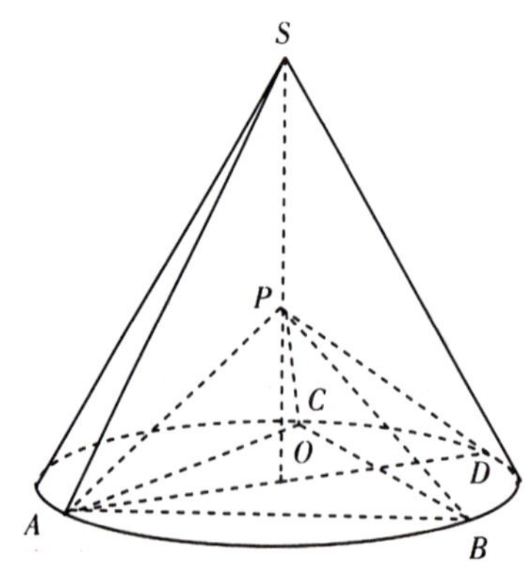

5. 如图，在四面体 $ABCD$ 中，$\triangle ABC$ 是等边三角形，平面 $ABC\perp$ 平面 ABD，点 M 为棱 AB 的中点，$AB=2$，$AD=2\sqrt{3}$，$\angle BAD=90°$。

(1)求证：$AD\perp BC$；

(2)求异面直线 BC 与 MD 所成角的余弦值；

(3)求直线 CD 与平面 ABD 所成角的正弦值。

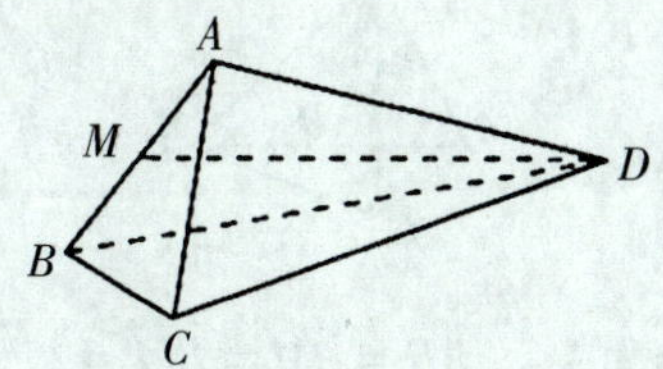

(三)平面与平面所成角(二面角)

解法突破

求二面角通常有两个思路，一是找出二面角的平面角，二是建立空间直角坐标系，利用空间向量解决问题。

几何法：在棱上任取一点，分别在两个半平面内作棱的垂线，两条垂线所成角即为二面角的平面角。

向量法：利用空间向量，将求解二面角问题转化为求两平面法向量夹角的问题，具体步骤为：设 $\boldsymbol{n}_1,\boldsymbol{n}_2$ 分别是二面角 $\alpha-l-\beta$ 两个半平面的法向量，若两法向量的方向一个指向二面角内侧，另一指向二面角外侧，那么二面角 $\alpha-l-\beta$ 的余弦值为 $\frac{\boldsymbol{n}_1\cdot\boldsymbol{n}_2}{|\boldsymbol{n}_1|\cdot|\boldsymbol{n}_2|}$，若法向量同时指向二面角的外侧或内侧，那么二面角 $\alpha-l-\beta$ 的余弦值为 $-\frac{\boldsymbol{n}_1\cdot\boldsymbol{n}_2}{|\boldsymbol{n}_1|\cdot|\boldsymbol{n}_2|}$。

真题过招

3. (2022 湖南长沙岳麓区，11 分)如图所示，在三棱锥 $M-ABC$ 中，已知 $\angle ACB=90°$，$AM=MB=AB$，$AC=BC=2$，$MC\perp AC$。

(1)证明：$MC\perp AB$；

(2)求二面角 $B-AM-C$。

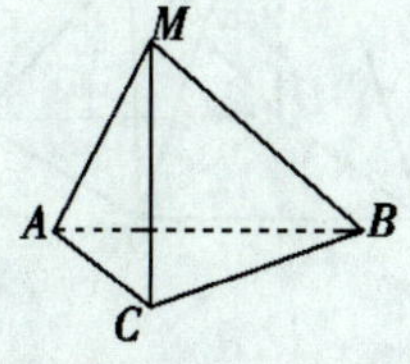

答案解析

【解析】(1)证明:如图所示,取 AB 的中点 D,连结 CD,MD,$\because MA=MB,AC=BC$,$\therefore AB\perp MD,AB\perp CD$,$\because CD\cap MD=D$,且 $CD,MD\subset$ 平面 MCD,$\therefore AB\perp$ 平面 MCD,$\because MC\subset$ 平面 MCD,$\therefore MC\perp AB$。

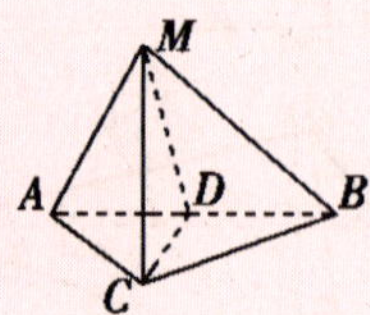

(2)$\because AC=BC=2$,$\angle ACB=90°$,$\therefore AB=AM=BM=2\sqrt{2}$,$\because MC\perp AC$,$\therefore$ 由勾股定理得 $MC^2+AC^2=AM^2$,即 $MC^2+2^2=(2\sqrt{2})^2$,故 $MC=2$。如图所示,取 AM 的中点 E,连结 CE,BE,则 $AE=ME=\frac{1}{2}AM=\sqrt{2}$,$\because AC=MC=2,MB=AB=2\sqrt{2}$,$\therefore CE\perp AM,BE\perp AM$,$\therefore \angle BEC$ 即为二面角 $B-AM-C$ 的平面角,且 $CE=\sqrt{AC^2-AE^2}=\sqrt{4-2}=\sqrt{2}$,$BE=\sqrt{BM^2-ME^2}=\sqrt{8-2}=\sqrt{6}$,$\therefore \cos\angle BEC=\frac{BE^2+CE^2-BC^2}{2BE\cdot CE}=\frac{6+2-4}{2\times\sqrt{6}\times\sqrt{2}}=\frac{\sqrt{3}}{3}$,所以二面角 $B-AM-C$ 为 $\arccos\frac{\sqrt{3}}{3}$。

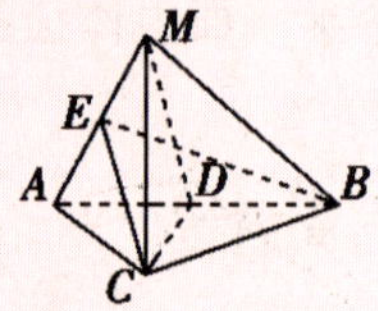

变式训练

6. (2022 江西中数,17 分)在四棱锥 $P-ABCD$ 中,平面 $PAD\perp$ 平面 $ABCD$,平面 $PCD\perp$ 平面 $ABCD$。

(1)证明:$PD\perp$ 平面 $ABCD$;

(2)若 E 为 PC 的中点,$DE\perp PC$,四边形 $ABCD$ 为菱形,且 $\angle BAD=60°$,求二面角 $D-BE-C$ 的余弦值。

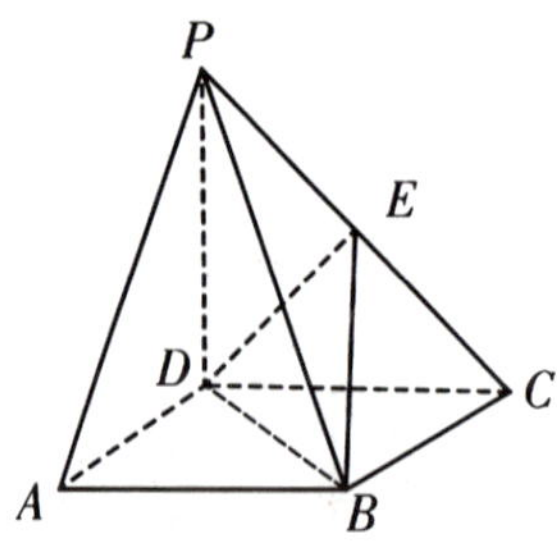

7. (2021 浙江台州,6 分)如图,在三棱柱 $ABC-A_1B_1C_1$ 中,$\triangle ABC$ 和 $\triangle AA_1C$ 均是边长为 2 的等边三角形,点 O 为 AC 的中点,平面 $AA_1C_1C\perp$ 平面 ABC。

(1)若 $AC_1\cap A_1C=P$,求证:直线 $OP//$ 平面 ABA_1;

(2)求平面 ABC_1 与底面 ABC 所成锐二面角的余弦值。

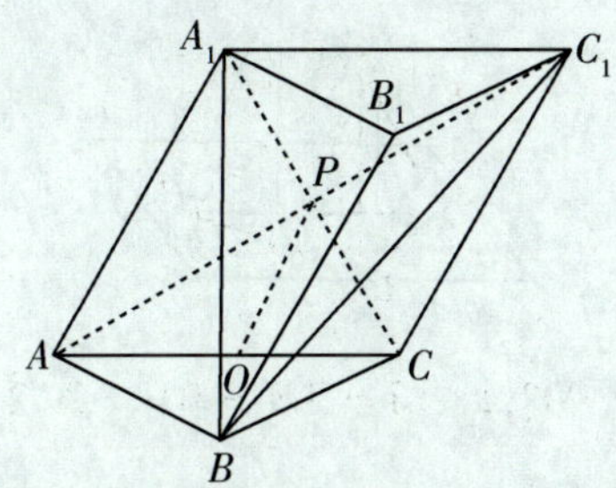

8. (2021 江苏淮安,10 分)如图,在四棱锥 $P-ABCD$ 中,底面 $ABCD$ 为正方形,$PA\perp$ 平面 $ABCD$,$PA=AB$。

(1)求证:$BD\perp$ 平面 PAC;

(2)若点 M 是 PC 上一点,且 $BM\perp PC$,求二面角 $M-BD-C$ 的正弦值。

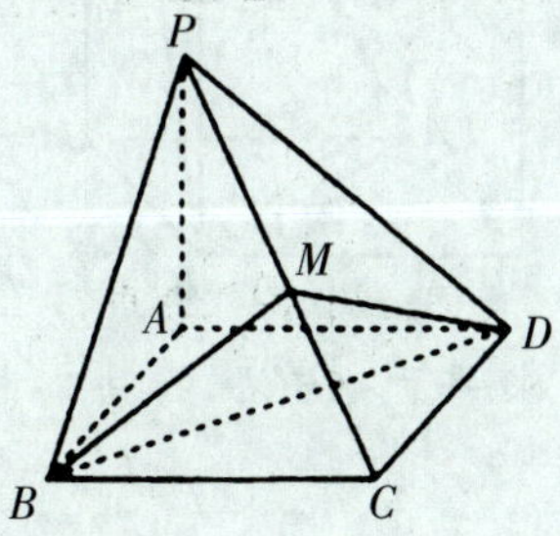

考向4　空间距离的计算与应用

解法突破

招教考试中考查空间距离问题通常有:空间内两点间距离,点到平面的距离,直线与平面的距离以及两平行平面的距离,其中求两点间距离可以用向量的模长处理,其他几类整体思路都是转化为点到平面的距离问题来解决。

求解点到平面的距离的常用方法有:

(1)定义法。作出点到平面的垂线,那么垂线段的长度即为点到平面距离,常借助直角三角形相关定理求解。

(2)转化法。利用等体积法或线面平行的位置关系,将点 A 与平面 α 的距离转化为与其相关的更易计算的另一点 B 到平面 α 的距离问题来解决。

(3)向量法。如图所示，平面 α 的法向量为 $\boldsymbol{n}$，点 Q 为平面内一点，点 P 为平面外任意一点，点 P 到平面 α 的距离 d，就等于向量$\overrightarrow{PQ}$在平面 α 的法向量 $\boldsymbol{n}$ 上投影的绝对值。即 $d=|\overrightarrow{PO}|=|\overrightarrow{PQ}|\cdot|\cos\langle\overrightarrow{PQ},\boldsymbol{n}\rangle|$或 $d=\dfrac{|\overrightarrow{PQ}\cdot\boldsymbol{n}|}{|\boldsymbol{n}|}$。

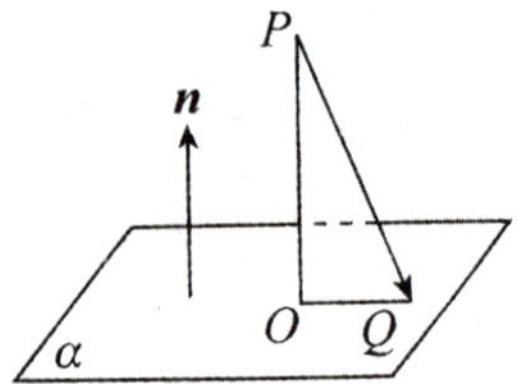

真题过招

(2019 四川宜宾中数,4 分)如图所示，正方体的棱长为 1，C，D 分别是两条棱的中点，A，B，M 是顶点，那么点 M 到截面 $ABCD$ 的距离是________。

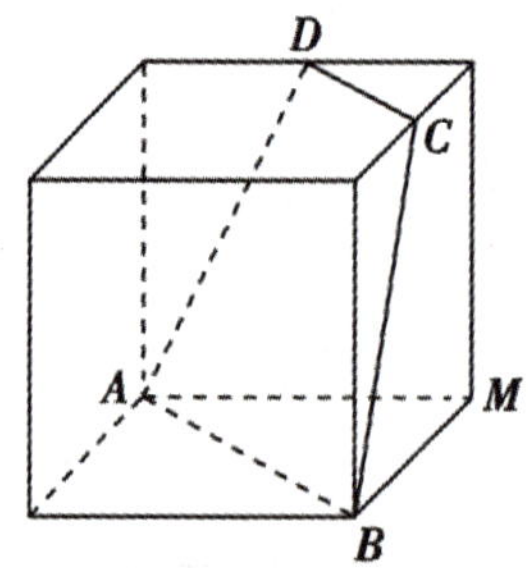

【分析】建立空间直角坐标系，求平面 $ABCD$ 的法向量 $\boldsymbol{n}$，则点 M 到平面 $ABCD$ 的距离为$\dfrac{|\overrightarrow{AM}\cdot\boldsymbol{n}|}{|\boldsymbol{n}|}$。

答案解析

$\dfrac{2}{3}$ 【解析】建立如图所示的空间直角坐标系，可得 $A(0,0,0)$，$B(1,1,0)$，$D(0,\frac{1}{2},1)$，$M(0,1,0)$，所以$\overrightarrow{AM}=(0,1,0)$，$\overrightarrow{AB}=(1,1,0)$，$\overrightarrow{AD}=\left(0,\frac{1}{2},1\right)$，设平面 $ABCD$ 的法向量为 $\boldsymbol{n}=(x,y,z)$，则$\begin{cases}\boldsymbol{n}\cdot\overrightarrow{AB}=x+y=0,\\ \boldsymbol{n}\cdot\overrightarrow{AD}=\frac{1}{2}y+z=0,\end{cases}$取 $y=-2$，则 $\boldsymbol{n}=(2,-2,1)$，

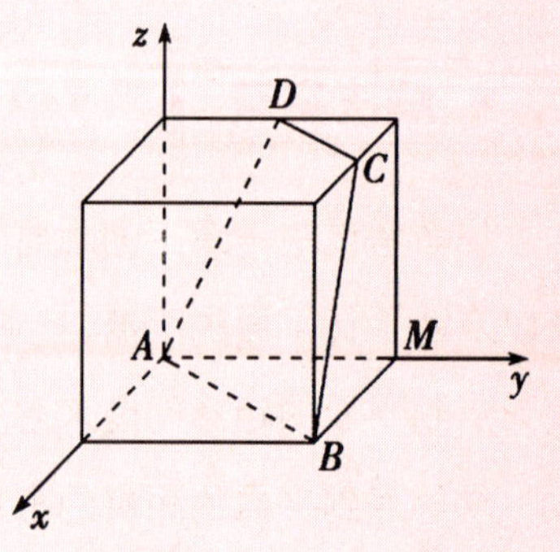

点 M 到截面 $ABCD$ 的距离 $d=\dfrac{|\overrightarrow{AM}\cdot\boldsymbol{n}|}{|\boldsymbol{n}|}=\dfrac{2}{\sqrt{2^2+(-2)^2+1^2}}=\dfrac{2}{3}$。

变式训练

1. 如图所示，在直三棱柱 $ABC-A_1B_1C_1$ 中，底面是等腰直角三角形，且 $AC=2$，$\angle ACB=90°$，侧棱 $AA_1=2$，D，E 分别是 CC_1 与 A_1B 的中点，则点 A_1 到平面 AED 的距离为________。

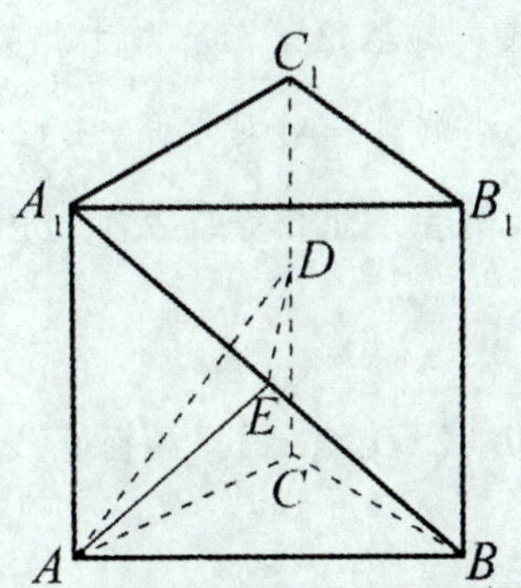

2. (2021 安徽中数，8 分) 如图，正方体 $ABCD-A_1B_1C_1D_1$ 的棱长为 4，M，N，P 分别为 A_1D_1，CC_1，C_1N 的中点。

(1) 证明：D_1P // 平面 B_1MN；

(2) 求点 P 到平面 B_1MN 的距离。

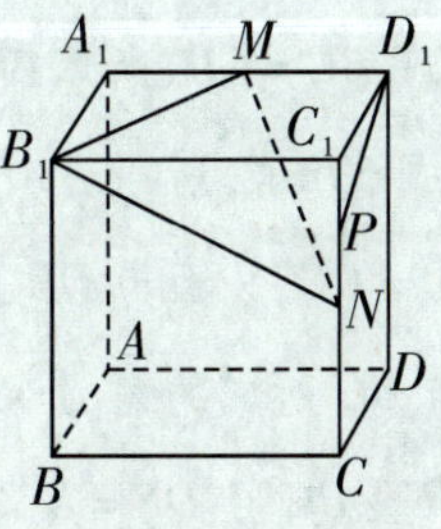

招教易错突破

易错点 ▸ 求空间角时忽视角的取值范围

在计算不同空间角时，无论是用几何法还是向量法，都要注意角的取值范围：

1. 两条异面直线所成角的取值范围为 $(0,\frac{\pi}{2}]$；

2. 一直线与平面所成角（线面角）的取值范围为 $[0,\frac{\pi}{2}]$；

3. 两平面所成角（二面角）的取值范围为 $[0,\pi]$。

已知 $AB\perp BC, BC\perp CD, DE\perp AE, DE/\!/BC$ 且 $DE=BC, AB=BC=CD$，异面直线 AB 与 CD 成 $60°$ 角，求异面直线 AD 与 BC 所成角的大小。

【错因分析】忽视了异面直线所成角的取值范围。对于此类问题，应注意异面直线所成的角是两条相交直线所成的两对对顶角中较小的那一对对顶角，由已知两条异面直线所成的角推断两条相交直线所成的角时，依据等角定理，两者可能相等或互补，所以应当考虑两种情况。

答案解析

【解析】因为异面直线 AB 与 CD 成 $60°$ 角，根据异面直线所成角的定义应分两种情况：

①连结 AE, BE，如图所示，

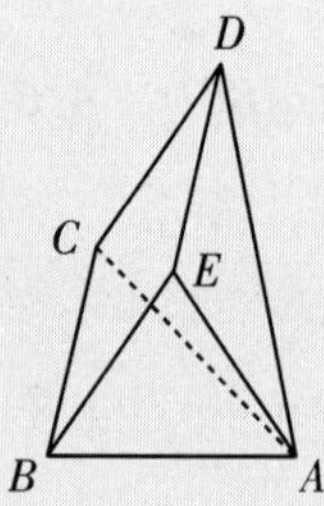

因为 $DE/\!/BC$ 且 $DE=BC, BC\perp CD, BC=CD$，所以四边形 $BCDE$ 为正方形，所以 $CD/\!/BE$，$CD=BE$，又因为异面直线 AB 与 CD 成 $60°$ 角，所以 $\angle ABE=60°$，又因为 $AB=BC=BE$，所以 $\triangle ABE$ 是正三角形，所以 $AE=AB=BC=DE$，又因为 $DE\perp AE$，所以 $\triangle ADE$ 是等腰直角三角形，所以 $\angle ADE=45°$，所以异面直线 AD 与 BC 所成的角为 $45°$。

②连结 AE, BE，如图所示，因为 $DE/\!/BC$ 且 $DE=BC, BC\perp CD, BC=CD$，所以四边形 $BCDE$ 为正方形，所以 $CD/\!/BE, BC=BE$。又因为 $AB=BC$，异面直线 AB 与 CD 成 $60°$ 角，所以 $AB=BE, \angle ABE=120°$，设 $AB=1$，则 $AE=\sqrt{3}, DE=1$，又因为 $DE\perp AE$，所以在 $\mathrm{Rt}\triangle ADE$ 中，$\angle ADE=60°$，即异面直线 AD 与 BC 所成角为 $60°$。

综上所述，异面直线 AD 与 BC 所成的角为 $60°$ 或 $45°$。

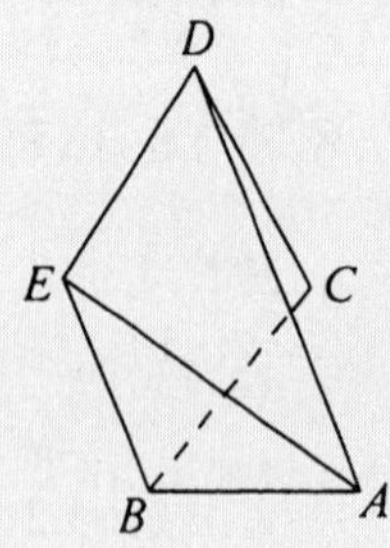

变式训练

1. 如图，四边形 $ABCD$ 为正方形，$PD\perp$ 平面 $ABCD$，$PD//AQ$，$AQ=AB=\frac{1}{2}PD$，则 BQ 与 CP 所成角的余弦值是(　　)

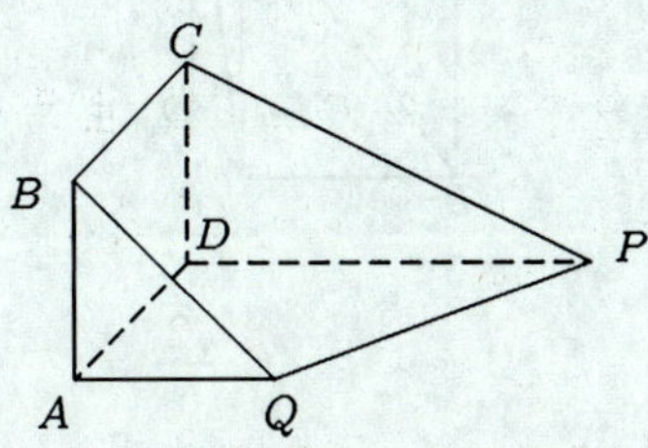

A. $\frac{1}{10}$　　　　B. $\frac{\sqrt{10}}{10}$

C. $\frac{2\sqrt{10}}{10}$　　　　D. $\frac{3\sqrt{10}}{10}$

2. 如图，四边形 $ABCD$ 中，$\triangle ABD$ 为等边三角形，$\triangle BCD$ 为等腰直角三角形，$BC\perp CD$，$AB=2$，现将 $\triangle ABD$ 沿 BD 折起，当二面角 $A-BD-C$ 为 120° 时，异面直线 AB 与 CD 所成角的余弦值为________。

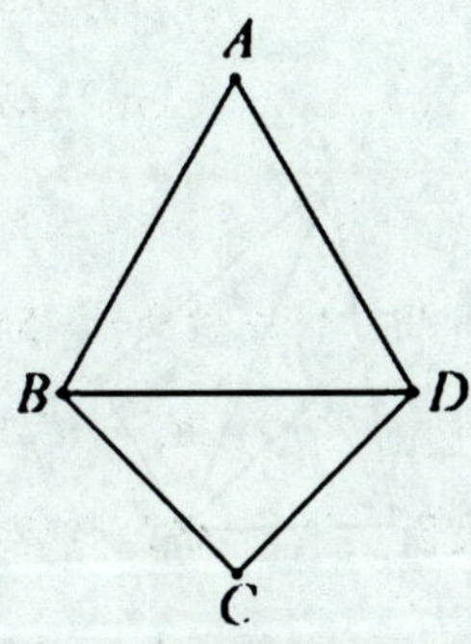

必刷好题

招教高频基础刷

1. 已知平面 α 的一个法向量为 $\boldsymbol{n}=(-2,-2,1)$，点 $A(-1,3,0)$ 在平面 α 内，则点 $P(-2,1,4)$ 到平面 α 的距离为(　　)

A. 10　　B. 3　　C. $\frac{8}{3}$　　D. $\frac{10}{3}$

2. 在长方体 $ABCD-A_1B_1C_1D_1$ 中，B_1C 和 C_1D 与底面所成角分别为 $60°$和 $45°$，则异面直线 B_1C 和 C_1D 所成角的余弦值为(　　)

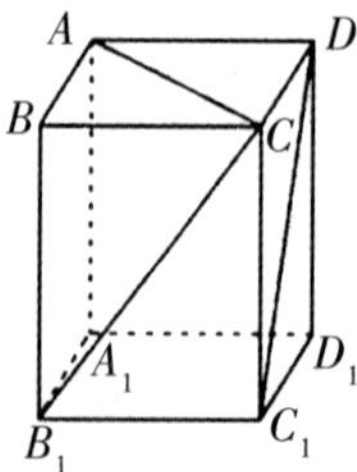

A. $\frac{\sqrt{6}}{4}$　　B. $\frac{\sqrt{6}}{3}$　　C. $\frac{\sqrt{2}}{6}$　　D. $\frac{\sqrt{3}}{6}$

3. 若平面 α 的一个法向量为 $\boldsymbol{n}=(1,2,1)$，$A(1,0,-1)$，$B(0,-1,1)$，$A\notin\alpha$，$B\in\alpha$，则点 A 到平面 α 的距离为(　　)

A. 1　　B. $\frac{\sqrt{6}}{6}$　　C. $\frac{\sqrt{3}}{3}$　　D. $\frac{1}{3}$

4. 如图，四棱锥 $P-ABCD$ 的底面为正方形，侧棱 $PD\perp$ 底面 $ABCD$，点 E 为棱 PA 的中点，$PD=DA=1$。

(1) 求证：$PC//$平面 BDE；

(2) 求三棱锥 $B-PDE$ 的体积。

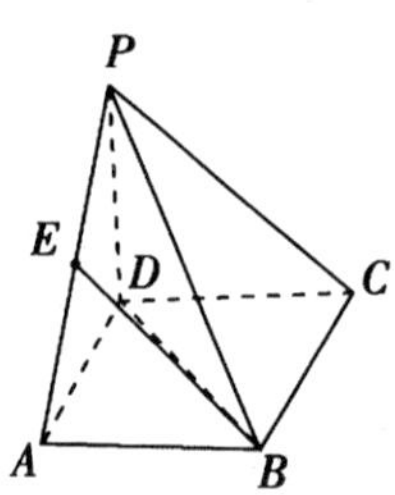

5. 如图所示，在棱锥 $P-ABCD$ 中，$PA\perp$ 底面 $ABCD$，底面 $ABCD$ 为直角梯形，其中 $\angle BAD=\angle ADC=90°$，且 $PA=AD=DC=2$，H 为 PD 的中点。

(1) 求证：$AH\perp$ 平面 PDC；

(2) 求直线 CP 与平面 AHC 所成角的正弦值。

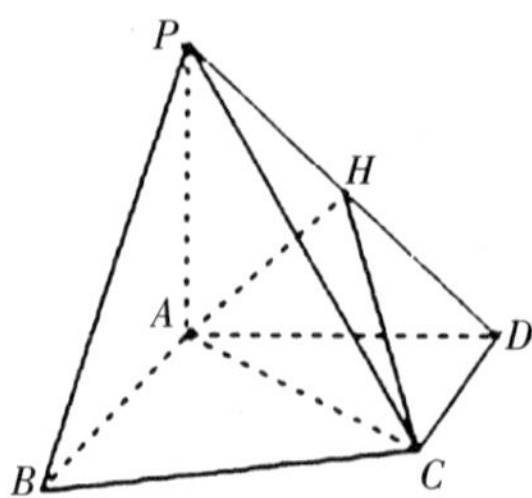

6. 如图,菱形 $ABCD$ 的对角线 AC 与 BD 交于点 O,$AB=5$,$AC=6$,点 E,F 分别在 AD,CD 上,$AE=CF=\frac{5}{4}$,EF 交 BD 于点 H。将$\triangle DEF$ 沿 EF 折到$\triangle D'EF$ 的位置,$OD'=\sqrt{10}$。

(1)证明:$D'H\perp$平面 $ABCD$;

(2)求二面角 $B-D'A-C$ 的正弦值。

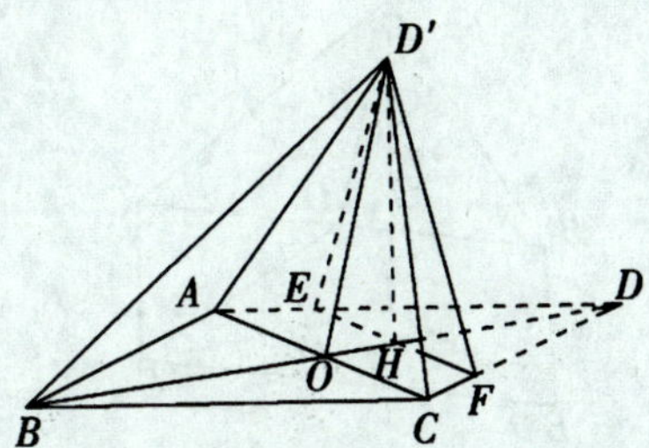

7. 如图,四棱锥 $P-ABCD$ 中,底面 $ABCD$ 是平行四边形,且$\angle DAB=60°$,$AB=2AD=2PD=2$,$PD\perp$平面$ABCD$。

(1)求证:$AD\perp PB$;

(2)求二面角 $A-PB-C$ 的余弦值。

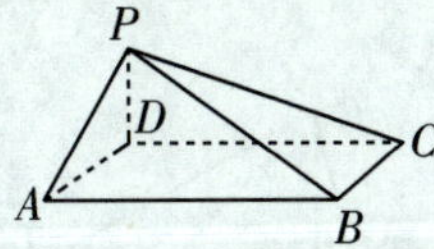

8. 如图,三棱柱 $ABC-A_1B_1C_1$ 中,$CA=CB$,$AB=AA_1$,$\angle BAA_1=60°$。

(1)证明:$AB\perp A_1C$;

(2)若平面 $ABC\perp$平面 AA_1B_1B,$AB=CB=2$,求直线 A_1C 与平面 BB_1C_1C 所成角的正弦值。

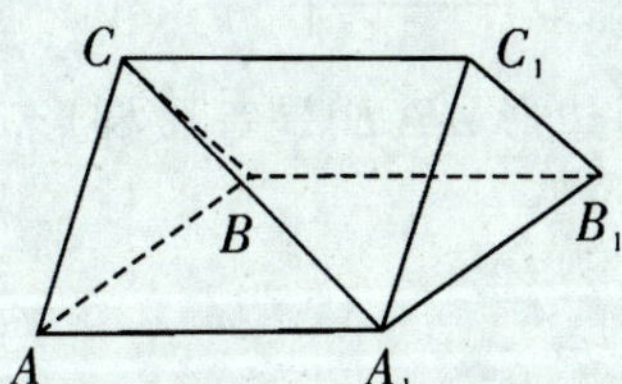

9. 如图,四棱柱 $ABCD-A_1B_1C_1D_1$ 的底面 $ABCD$ 是正方形,O 为底面中心,$A_1O\perp$平面 $ABCD$,$AB=AA_1=\sqrt{2}$。

(1)证明:$A_1C\perp$平面 BB_1D_1D;

(2)求平面 OCB_1 与平面 BB_1D_1D 的夹角 θ 的大小。

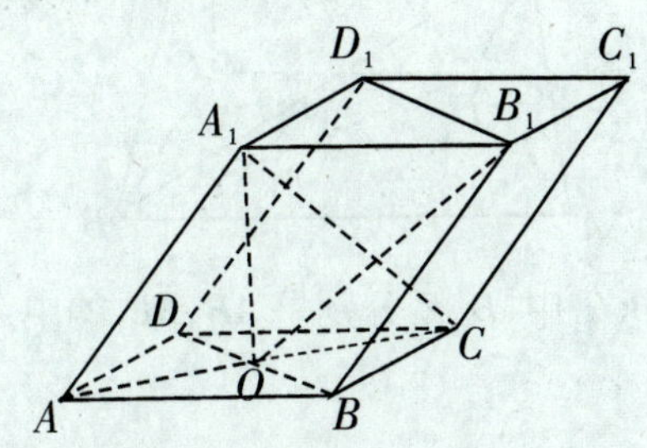

10. 如图，几何体 $A_1B_1C_1-ABC$ 中，$AB=AC$，$AB\perp AC$，棱 AA_1，BB_1，CC_1 都垂直于面 ABC，$BC=AA_1=2BB_1=2CC_1=4$，D 为 B_1C_1 的中点，E 为 A_1D 的中点。

(1)求证：$AE\perp BC$；

(2)求异面直线 AE 与 DC 所成角的余弦值。

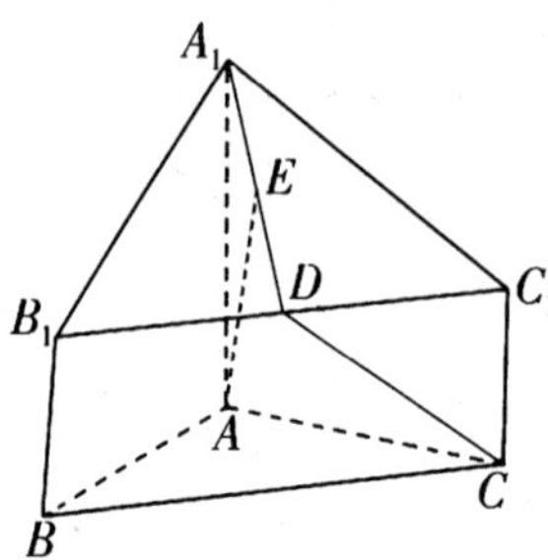

11. 如图，已知四边形 $ABCD$ 和 $BCEG$ 均为直角梯形，$AD/\!/BC$，$CE/\!/BG$，且 $\angle BCD=\angle BCE=\frac{\pi}{2}$，平面 $ABCD\perp$ 平面 $BCEG$，$BC=CD=CE=2AD=2BG=2$。

(1)求证：$AG/\!/$平面 BDE；

(2)求二面角 $G-DE-B$ 的余弦值。

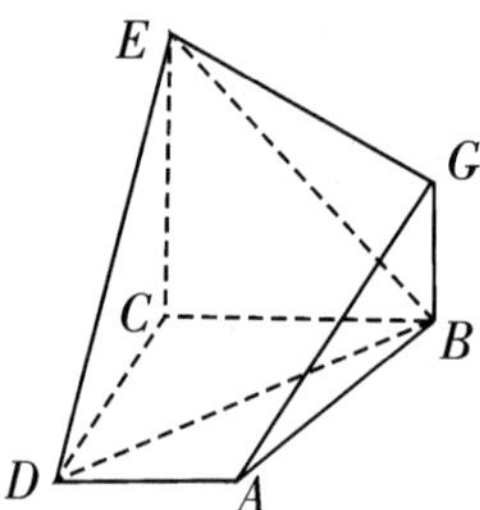

12. 在如图所示的几何体中，四边形 $ABCD$ 是等腰梯形，$AB/\!/CD$，$\angle DAB=60°$，$FC\perp$ 平面 $ABCD$，$AE\perp BD$，$CB=CD=CF$。

(1)求证：$BD\perp$ 平面 AED；

(2)求二面角 $F-BD-C$ 的余弦值。

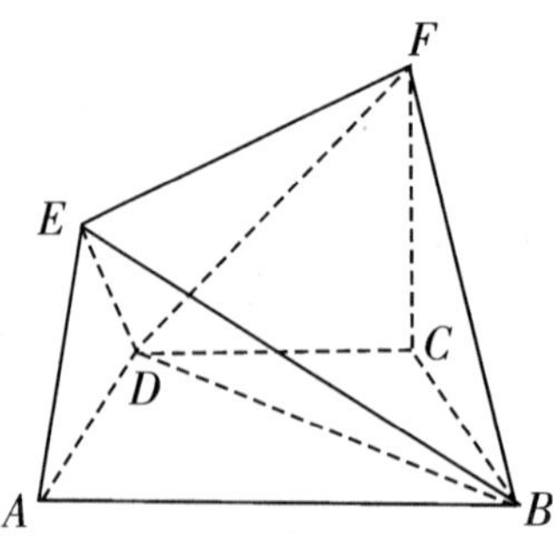

13. 如图，直三棱柱 $ABC-A_1B_1C_1$ 中，D，E 分别是 AB，BB_1 的中点。

(1)证明：$BC_1/\!/$平面 A_1CD；

(2)设 $AA_1=AC=CB=2$,$AB=2\sqrt{2}$,求三棱锥 $C-A_1DE$ 的体积。

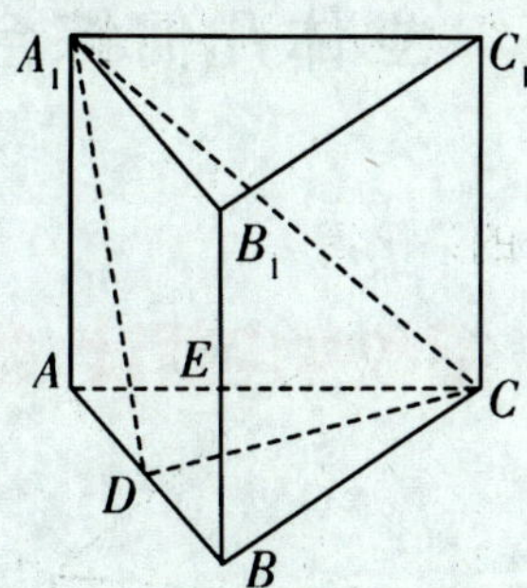

14. 如图,在四棱锥 $P-ABCD$ 中,$PA\perp$ 平面 $ABCD$,底面 $ABCD$ 为正方形,且 $PA=AD=2$,E,F 分别为棱 AD,PC 的中点。

(1)求异面直线 EF 与 PB 所成角的大小;

(2)求证:平面 $PCE\perp$ 平面 PBC。

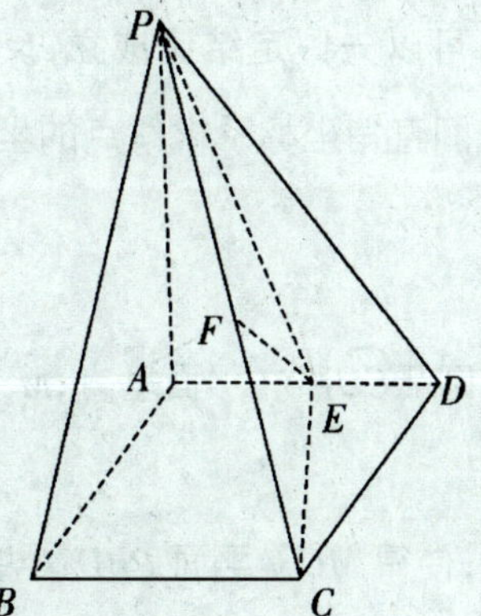

第七节　立体几何综合问题

考向1 立体几何存在性位置探究问题

解法突破

对于存在性问题，解题策略一般是寻找特殊位置。大多时候考查的都是是否存在某点，求证平行关系或者垂直关系。在解题中，可以先假定结论成立，反推点的位置。还有些存在性问题在求解二面角的探究时，需通过建立空间直角坐标系求解点的坐标。

如图，矩形 $ABCD$ 所在平面与半圆弧 $\overset{\frown}{CD}$ 所在平面垂直，M 是 $\overset{\frown}{CD}$ 上异于 C,D 的点。

(1) 证明：平面 $AMD\perp$ 平面 BMC；

(2) 在线段 AM 上是否存在点 P，使得 $MC/\!/$ 平面 PBD？说明理由。

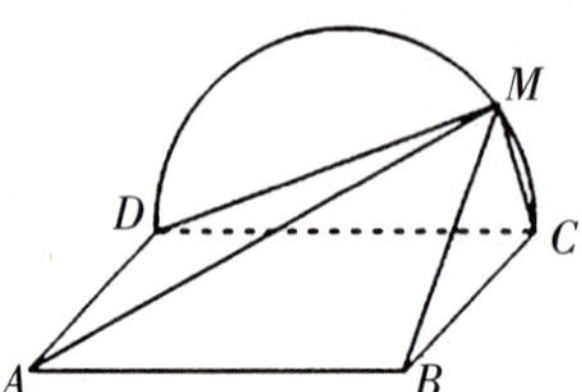

【分析】(1) 先证明 $AD\perp CM$，$DM\perp CM$，得证 $CM\perp$ 平面 ADM，即可证明结论；

(2) 根据点的位置的特殊性，先假设存在再验证。

答案解析

【解析】(1) 由题知平面 $ABCD\perp$ 平面 CDM，且平面 $ABCD\cap$ 平面 $CDM=CD$，

$\because AD\perp CD$，$\therefore AD\perp$ 平面 CDM，$\therefore AD\perp CM$，

又 $\because CM\perp DM$ 且 $AD\cap DM=D$，$\therefore CM\perp$ 平面 ADM，

又 $\because CM\subset$ 平面 CMB，$\therefore$ 平面 $AMD\perp$ 平面 BMC。

(2) 当点 P 为线段 AM 的中点时，$MC/\!/$ 平面 PBD。

理由如下：

连结 AC 和 BD，$AC\cap BD=O$，取 AM 中点 P，连结 PO，PB，PD，

$\because$ 四边形 $ABCD$ 是矩形，$\therefore O$ 为 AC 的中点，$\therefore OP\parallel MC$，

又 $\because MC\not\subset$ 平面 PBD，$OP\subset$ 平面 PBD，$\therefore MC\parallel$ 平面 PBD，

$\therefore$ 当点 P 为线段 AM 的中点时，$MC\parallel$ 平面 PBD。

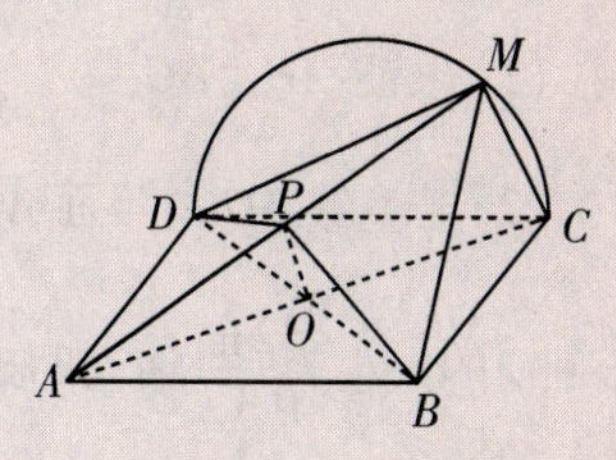

【评注】对于存在类问题的求解，先确定位置再证明，亦是先找特殊位置再根据题意证明，比如线面平行，一般直接找中点。

变式训练

1. 如图所示，在四棱锥 $S-ABCD$ 中，底面 $ABCD$ 是矩形，$AD=2AB$，$SA=SD$，$SA\perp AB$，N 是棱 AD 的中点。

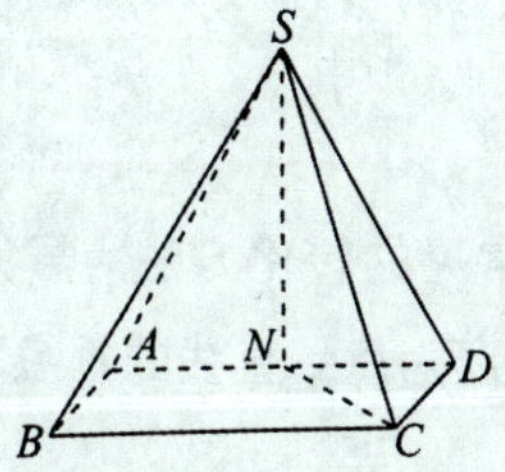

(1) 求证：$AB\parallel$ 平面 SCD；

(2) 求证：$SN\perp$ 平面 $ABCD$；

(3) 在棱 SC 上是否存在一点 P，使平面 $PBD\perp$ 平面 $ABCD$？若存在，求出 $\dfrac{SP}{PC}$ 的值；若不存在，请说明理由。

2. 如图，在三棱锥 $P-ABC$ 中，$AB=BC=2\sqrt{2}$，$PA=PB=PC=AC=4$，O 为 AC 的中点。

(1) 证明：$PO\perp$ 平面 ABC；

(2) 若点 M 在棱 BC 上，且二面角 $M-PA-C$ 为 $30°$，求 PC 与平面 PAM 所成角的正弦值。

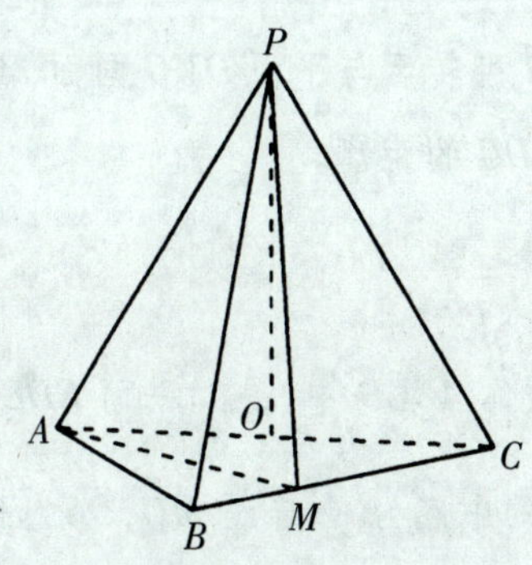

3. 如图,在直三棱柱 $ABC-A_1B_1C_1$ 中,平面 $A_1BC\perp$ 侧面 ABB_1A_1,且 $AA_1=AB=2$。

(1)求证:$AB\perp BC$;

(2)若直线 AC 与平面 A_1BC 所成的角为 $\frac{\pi}{6}$,请问在线段 A_1C 上是否存在点 E,使得二面角 $A-BE-C$ 的大小为 $\frac{2\pi}{3}$,请说明理由。

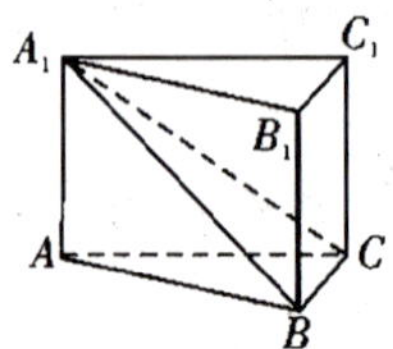

考向2 立体几何最值问题

(一)几何法求最值

解法突破

将空间问题平面化,即降维思想,常见的转化方法为展开图、截面处理等,利用平面相关定理如两点间线段最短,点到直线的最短距离为点到直线的垂线段等来解决问题。

真题过招

1. (2021 山东日照东港区,3 分)如图,在棱长均为 $2\sqrt{3}$ 的正四面体 $ABCD$ 中,M 为 AC 的中点,E 为 AB 的中点,P 是 DM 上的动点,Q 是平面 ECD 上的动点,则 $AP+PQ$ 的最小值是________。

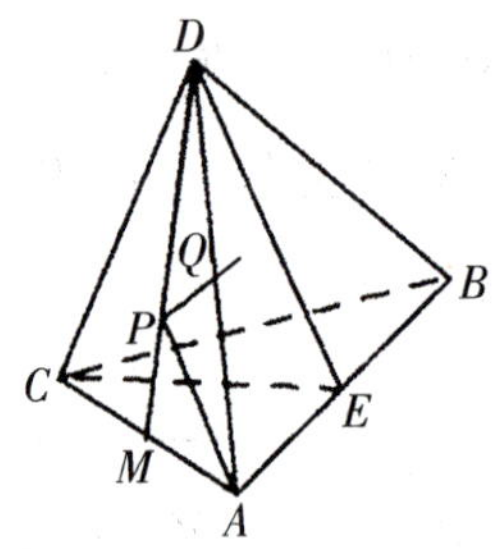

【分析】通过将平面 ADM 沿 DM 翻转至与平面 DMG 同面,点 A 对应点 A',将空间问题平面化,$AP+PQ$ 的最小值即为点 A' 到直线 DG 的距离。

答案解析

$\frac{\sqrt{3}+\sqrt{11}}{2}$ 【解析】在正四面体 $ABCD$ 中,易知平面 $CDE\perp$ 平面 ABC,已知 E 为 AB 的中点,则 $CE\perp AB$,如图所示,取 CE 的中点为 G,连结 MG,DG,因为 M 为 AC 的中点,所以 $MG//$

AE，且 $MG=\frac{1}{2}AE=\frac{1}{2}\times\frac{1}{2}AB=\frac{\sqrt{3}}{2}$，所以 $MG\perp CE$，平面 $CDE\cap$ 平面 $ABC=CE$，所以 $MG\perp$ 平面 CDE，那么 DG 就是 DM 在平面 CDE 上的映射。

将平面 ADM 沿 DM 翻转至与平面 DMG 重合，点 A 对应点为 A'，那么 $AP+PQ$ 的最小值为点 A' 到直线 DG 的距离。$DM=\sqrt{DC^2-CM^2}=\sqrt{(2\sqrt{3})^2-(\sqrt{3})^2}=3$，则 $\sin\angle MDG=\frac{MG}{DM}=\frac{\sqrt{3}}{6}$，$\cos\angle MDG=\sqrt{1-\sin^2\angle MDG}=\frac{\sqrt{33}}{6}$，易知 $\angle A'DM=\angle ADM=\frac{1}{2}\angle ADC=30°$，则 $\angle A'DG=30°+\angle MDG$，于是 $\sin\angle A'DG=\sin(30°+\angle MDG)=\sin 30°\cos\angle MDG+\sin\angle MDG\cos 30°=\frac{3+\sqrt{33}}{12}$，又 $\sin\angle A'DG=\sin(30°+\angle MDG)=\frac{A'Q}{A'D}=\frac{3+\sqrt{33}}{12}\Rightarrow A'Q=\frac{\sqrt{3}+\sqrt{11}}{2}$，即 $AP+PQ$ 的最小值为 $\frac{\sqrt{3}+\sqrt{11}}{2}$。

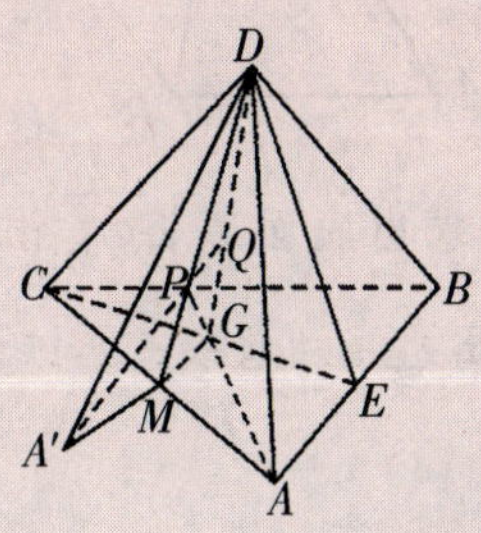

变式训练

1. 如图所示，在长方体 $ABCD-A_1B_1C_1D_1$ 中，$AB=\sqrt{2}$，$BC=AA_1=1$，点 M 为 AB_1 的中点，点 P 为对角线 AC_1 上的动点，点 Q 为底面 $ABCD$ 上的动点（P，Q 可以重合），则 $MP+PQ$ 的最小值为（　　）

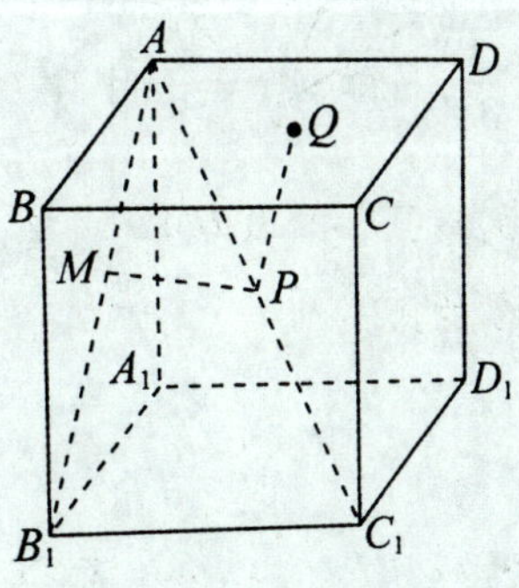

A. $\frac{\sqrt{2}}{2}$　　B. $\frac{\sqrt{3}}{2}$　　C. $\frac{3}{4}$　　D. 1

(二)目标函数法求最值

关键在于几何问题代数化,根据题目所求最值的动态变量构造函数,转化为求函数最值问题。

典例

2. 如图所示,已知正四棱锥 $S-ABCD$ 中,$SA=1$,则该棱锥体积的最大值为________。

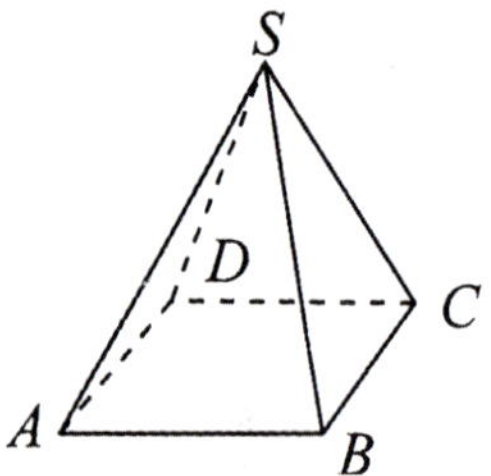

【分析】求正四棱锥的体积时,只需求出底面边长,棱锥的高可以用底面边长表示,注意:想要构成棱锥,底面对角线长的$\frac{1}{2}$必须小于侧棱。

答案解析

$\frac{4\sqrt{3}}{27}$ **【解析】**不妨设底面边长为$\sqrt{2}x$,那么底面正方形的对角线的长度为$2x$,因为正四棱锥 $S-ABCD$ 的侧棱为1,那么高 $h=\sqrt{1-x^2}\,(0<x<1)$,所以 $V_{S-ABCD}=\frac{1}{3}\cdot 2x^2\cdot\sqrt{1-x^2}$,令 $t=\sqrt{1-x^2}$,则 $0<t<1$,那么 $V_{S-ABCD}=\frac{2}{3}(1-t^2)t=-\frac{2}{3}t^3+\frac{2}{3}t$,$V'_{S-ABCD}=-2t^2+\frac{2}{3}$。令 $V'_{S-ABCD}=-2t^2+\frac{2}{3}=0$,解得 $t=\frac{\sqrt{3}}{3}$,易知当 $t=\frac{\sqrt{3}}{3}$时,V_{S-ABCD}取得最大值,最大值为 $-\frac{2}{3}\times\left(\frac{\sqrt{3}}{3}\right)^3+\frac{2}{3}\times\frac{\sqrt{3}}{3}=\frac{4\sqrt{3}}{27}$。

变式训练

2. 如图1所示,在$\triangle ABC$中,$\angle ACB=45°$,$BC=3$,过点A作$AD\perp BC$,垂足为D(且异于点B),沿AD将$\triangle ABD$折起,使$\angle BDC=90°$,连结BC,如图2所示,当BD的长为________时,三棱锥$A-$

BCD 的体积最大。

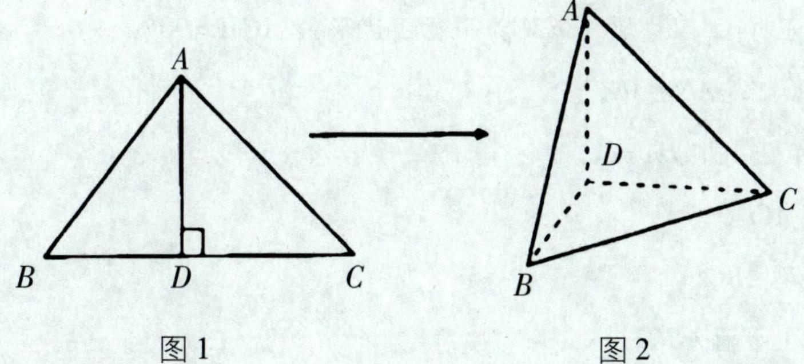

图 1　　　　图 2

考向3 折叠与展开问题

(一)折叠问题

折叠问题的探究需要充分利用不变量和不变关系。例如位于折痕同侧的点,线,面之间的位置关系不变,而位于折痕两侧的点、线、面的位置关系则会发生改变。不变的量可以放在平面中,利用平面几何的知识点进行处理,而发生改变的量则需要在空间图形中,利用立体几何相关知识进行研究。

典例

1. 如图,在平行四边形 $ABCM$ 中,$AB=AC=3$,$\angle ACM=90°$,以 AC 为折痕将 $\triangle ACM$ 折起,使点 M 到达点 D 的位置,且 $AB\perp DA$。

(1)证明:平面 $ACD\perp$ 平面 ABC;

(2)Q 是线段 AD 上的一点,P 为线段 BC 上一点,且 $BP=DQ=\dfrac{2}{3}DA$,求三棱锥 $Q-ABP$ 的体积。

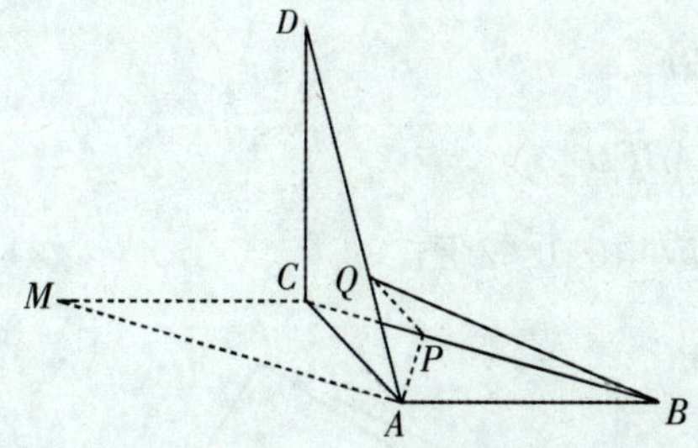

【分析】(1)根据题意可得 $AB\perp DA$,$AB\perp AC$,可证 $AB\perp$ 平面 ACD,进而结论得证;

(2)由题可证 $CD\perp$ 平面 ABC,又有 $BP=DQ=\dfrac{2}{3}DA$,求得三棱锥 $Q-ABP$ 的高,再求解体积。

答案解析

【解析】(1)证明:$\because$ 四边形 $ABCM$ 为平行四边形,$\angle ACM=90°$,

$\therefore \angle BAC=90°$,即 $AB\perp AC$,

又$\because AB\perp DA$ 且 $AC\cap DA=A$,

$\therefore AB\perp$平面 ACD,

又$\because AB\subset$平面 ABC,

$\therefore$ 平面 $ACD\perp$平面 ABC。

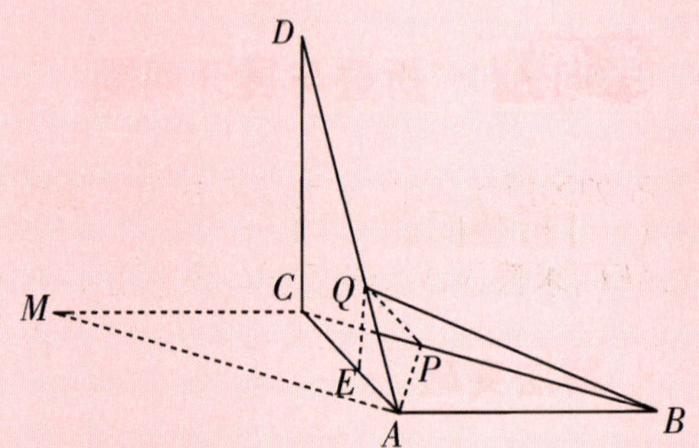

(2)$\because AB=AC=MC=3$,$\angle ACM=90°$,

$\therefore AM=AD=3\sqrt{2}$,

又$\because BP=DQ=\frac{2}{3}DA$,

$\therefore BP=DQ=2\sqrt{2}$,

作 $QE\perp AC$,垂足为 E,则 $QE \underline{\underline{/\!/}} \frac{1}{3}DC$,

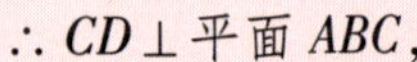

由(1)得 $AB\perp CD$,$AC\perp CD$ 且 $AC\cap AB=A$,

$\therefore CD\perp$平面 ABC,

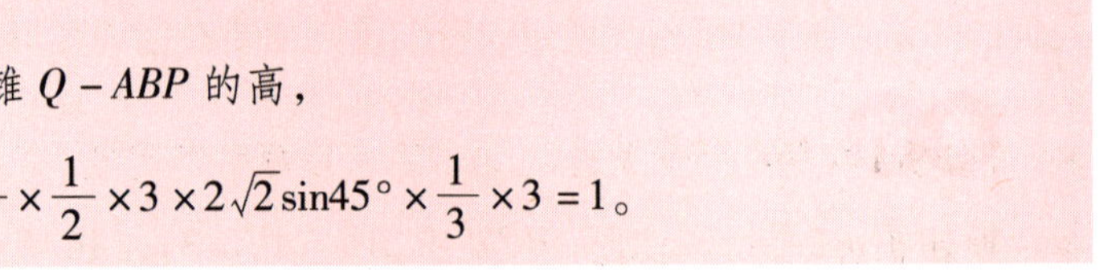

$\therefore QE\perp$平面 ABC,即 QE 为三棱锥 $Q-ABP$ 的高,

$\therefore V_{Q-ABP}=\frac{1}{3}\times S_{\triangle ABP}\times\frac{1}{3}CD=\frac{1}{3}\times\frac{1}{2}\times3\times2\sqrt{2}\sin45°\times\frac{1}{3}\times3=1$。

【评注】本题通过折叠问题考查面面垂直以及三棱锥体积的计算,难点在于掌握相关问题的求解方法,特别是理解折叠问题中隐含的位置关系。

变式训练

1. 如图,四边形 $ABCD$ 为正方形,E,F 分别为 AD,BC 的中点,以 DF 为折痕把$\triangle DFC$ 折起,使点 C 到达点 P 的位置,且 $PF\perp BF$。

(1)证明:平面 $PEF\perp$平面 $ABFD$;

(2)求 DP 与平面 $ABFD$ 所成角的正弦值。

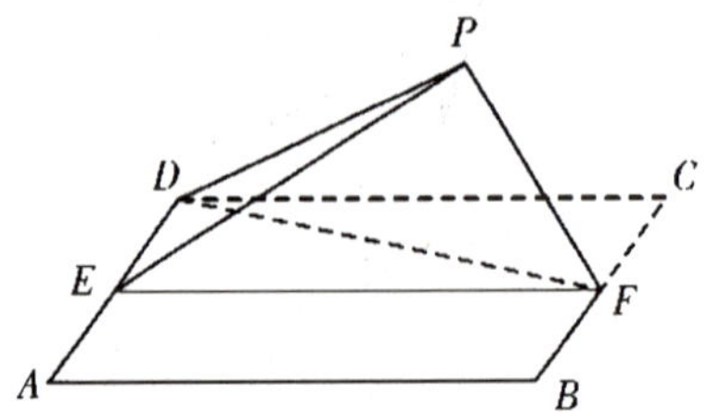

(二)展开图问题

解法突破

将空间图形按照一定要求和规则展开,可以将空间几何问题转化为平面几何问题来解决。当问题集中在几何体的表面上,如表面积、侧面积的推导计算、在几何体表面求最短距离的问题等,解决这类问题通常需要将空间图形展开转化为平面问题进行研究。

典例

2. 如图所示,侧棱长为 $2\sqrt{3}$ 的正三棱锥 $V-ABC$ 中,$\angle AVB=\angle BVC=\angle CVA=40°$,过点 A 作截面 $\triangle AEF$,求截面 $\triangle AEF$ 周长的最小值。

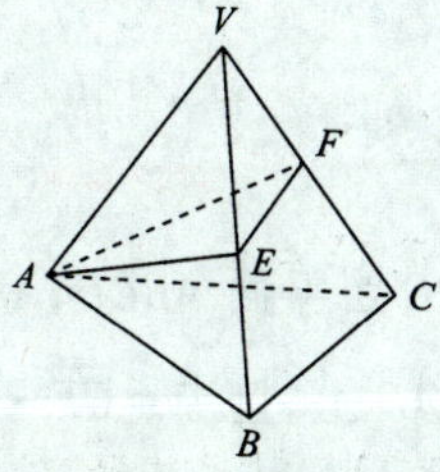

【分析】本题实际就是几何体表面求最短距离问题,需要将几何体展开,使各面在同一平面内,将问题转化为平面几何问题。

答案解析

【解析】如图所示,将三棱锥 $V-ABC$ 侧面展开平铺在同一平面上,线段 AA_1 的长即为所求 $\triangle AEF$ 周长的最小值,取 AA_1 的中点 D,则 $VD\perp AA_1$,$\angle AVD=60°$,易得 $AD=3$,$AA_1=6$,所以截面 $\triangle AEF$ 周长的最小值为 6。

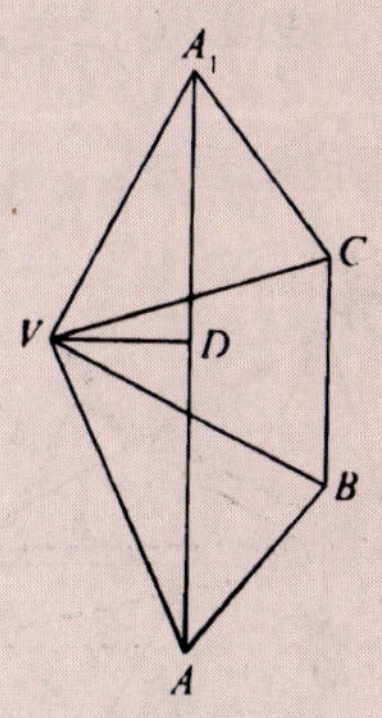

变式训练

2. 某圆柱的高为 2,底面周长为 16,其三视图如图所示。圆柱表面上的点 M 在正视图上的对应点为 A,圆柱表面上的点 N 在左视图上的对应点为 B,则在此圆柱侧面上,从点 M 到 N 的路径中,最短路径的长度为(　　)

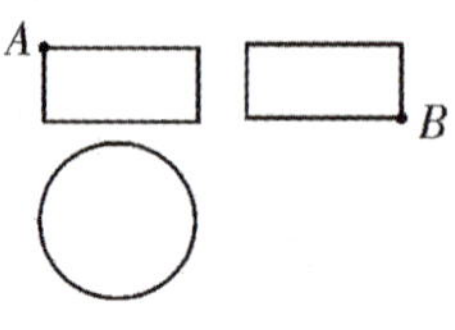

A. $2\sqrt{17}$　　B. $2\sqrt{5}$　　C. 3　　D. 2

1. 如图,在四棱锥 $P-ABCD$ 中,$PD\perp$ 平面 $ABCD$,$AB/\!/DC$,$AB\perp AD$,$DC=AD=1$,$AB=2$,$\angle PAD=45°$,E 是 PA 的中点,F 在线段 AB 上,且满足$\overrightarrow{CF}\cdot\overrightarrow{BD}=0$。在线段 PA 上是否存在点 Q,使得 FQ 与平面 PFC 所成角的余弦值是$\frac{\sqrt{6}}{3}$,若存在,求出 AQ 的长;若不存在,请说明理由。

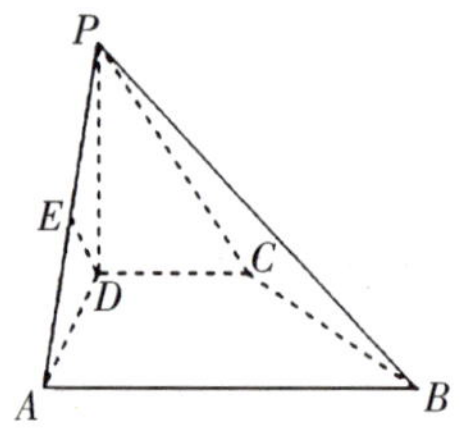

2. 如图,在四棱锥 $P-ABCD$ 中,底面 $ABCD$ 为菱形且$\angle DAB=60°$,O 为 AD 中点,若平面 $PAD\perp$平面 $ABCD$,且 $PA=PD=AD=2$。试问在线段 PC 上是否存在点 M,使二面角 $M-BO-C$ 的大小为 30°,如存在,求出$\frac{PM}{PC}$的值;如不存在,请说明理由。

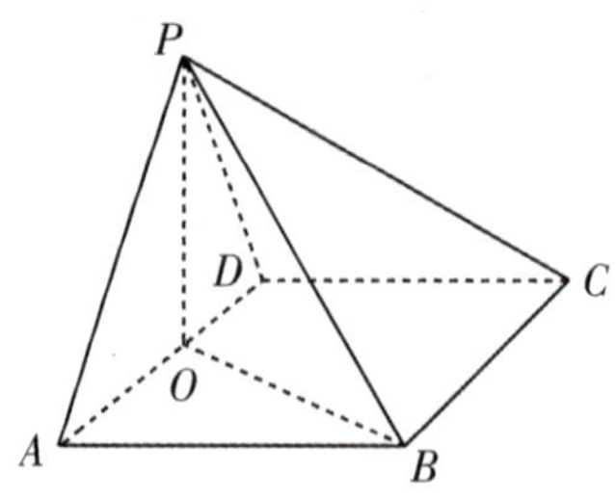

3. 如图，已知三棱柱 $BCF-ADE$ 的侧面 $CFED$ 与 $ABFE$ 都是边长为 1 的正方形，M,N 两点分别在 AF 和 CE 上，且 $AM=EN$，若点 N 为 EC 的中点，点 P 为 EF 上的动点，试求 $PA+PN$ 的最小值。

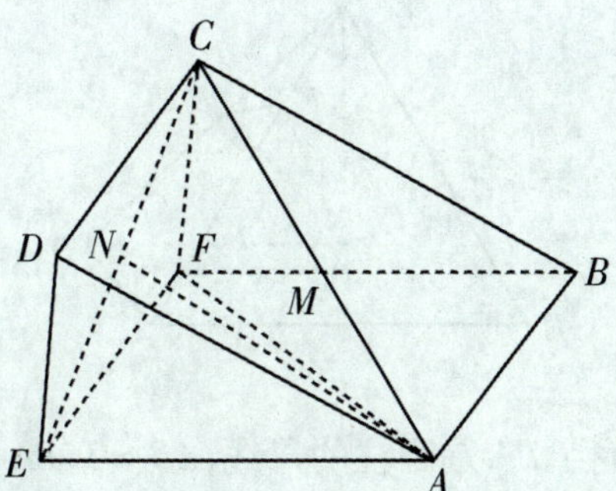

4. 已知直三棱柱 $ABC-A_1B_1C_1$ 中，侧面 AA_1B_1B 为正方形，$AB=BC=2$，E,F 分别为 AC 和 CC_1 的中点，D 为棱 A_1B_1 上的点，$BF\perp A_1B_1$，则当 B_1D 为何值时，面 BB_1C_1C 与面 DFE 所成的正弦值最小?

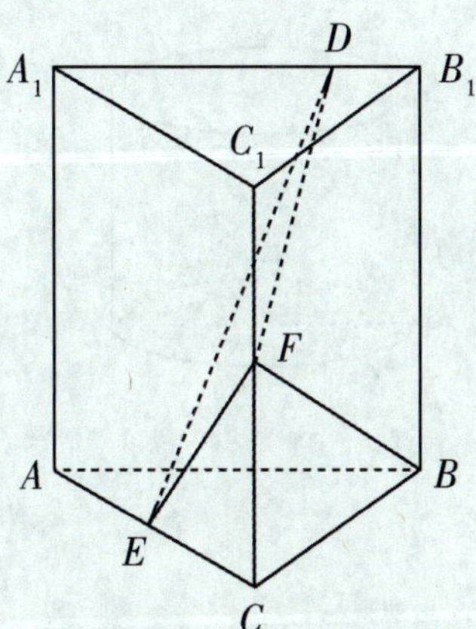

5. 如图，四棱锥 $P-ABCD$ 的底面为正方形，$PD\perp$ 底面 $ABCD$，设平面 PAD 与平面 PBC 的交线为 l。已知 $PD=AD=1$，Q 为 l 上的点，求 PB 与平面 QCD 所成角的正弦值的最大值。

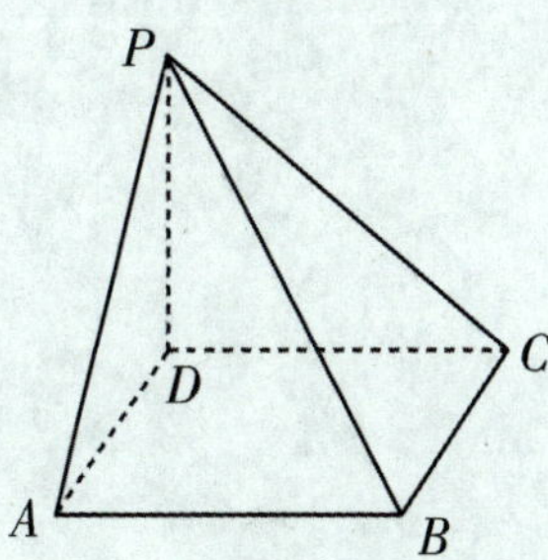

6. 如图，在四棱锥 $P-ABCD$ 中，$PA\perp$ 平面 $ABCD$，$AD\perp CD$，$AD/\!/BC$，$PA=AD=CD=2$，

$BC=3$，E 为 PD 的中点，点 F 在 PC 上，且$\frac{PF}{PC}=\frac{1}{3}$，设点 G 在 PB 上，且$\frac{PG}{PB}=\frac{2}{3}$，判断 AG 是否在平面 AEF 内，说明理由。

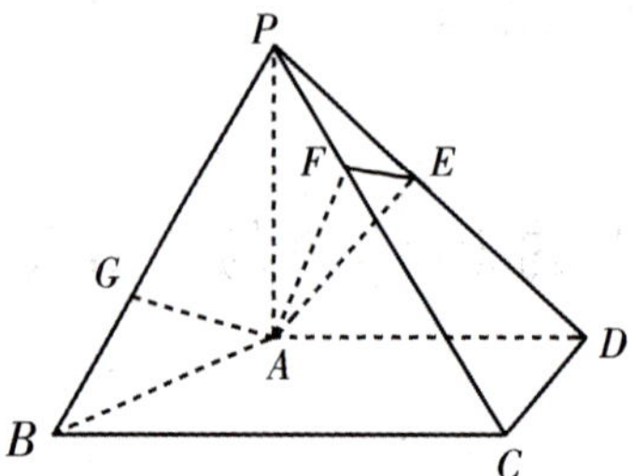

7. 如图，AB 是圆柱底面的直径，PA 是圆柱的母线，$AB=3$，$PA=3\sqrt{3}$，点 C 是圆柱底面圆周上的点。

(1) 求三棱锥 $P-ABC$ 体积的最大值；

(2) 若 $AC=1$，D 是线段 PB 上靠近 P 的三等分点，点 E 是线段 PA 上的动点，求 $CE+ED$ 的最小值。

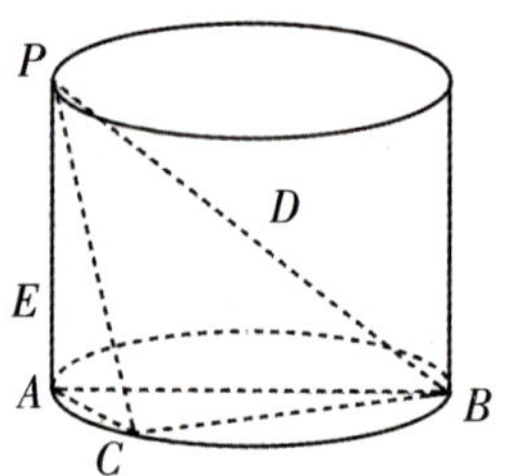

专题四　解析几何

第一节　直线的倾斜角与斜率、直线的方程

招教核心要点

直线方程的形式

名称	已知条件	方程的形式	局限性
点斜式	(x_1,y_1)为直线上一定点,k为斜率	$y-y_1=k(x-x_1)$	不包括垂直于x轴的直线
斜截式	k为斜率,b是直线在y轴上的截距	$y=kx+b$	不包括垂直于x轴的直线
两点式	(x_1,y_1),(x_2,y_2)是直线上两定点	$\frac{y-y_1}{y_2-y_1}=\frac{x-x_1}{x_2-x_1}(x_1\neq x_2,y_1\neq y_2)$	不包括垂直于x轴和y轴的直线
截距式	a是直线在x轴上的非零截距,b是直线在y轴上的非零截距	$\frac{x}{a}+\frac{y}{b}=1$	不包括垂直于x轴和y轴及过原点的直线
一般式	A,B,C为系数	$Ax+By+C=0(A^2+B^2\neq0)$	无限制,可表示任何位置的直线

考向分析

直线的倾斜角与斜率、直线方程的求解是教师招聘考试中的重点内容,单独考查时较为简单,与其他知识点综合考查时难度有所提升,考生要重点掌握直线倾斜角与斜率的基本性质与定理,并能在综合问题中熟练应用。

思想应用

数形结合思想:通过画出相应的图象,直观地求出直线斜率的取值范围。

招教考向解读

考向1 直线的倾斜角与斜率

解法突破

注意斜率与倾斜角的对应分段：直线倾斜角的范围是$[0,\pi)$，而这个区间不是正切函数的单调区间，因此求倾斜角或斜率的范围时，要分$[0,\frac{\pi}{2})$，$\frac{\pi}{2}$和$(\frac{\pi}{2},\pi)$三种情况讨论。当$\alpha\in[0,\frac{\pi}{2})$时，斜率$k\in[0,+\infty)$；当$\alpha=\frac{\pi}{2}$时，斜率不存在；当$\alpha\in(\frac{\pi}{2},\pi)$时，斜率$k\in(-\infty,0)$。

真题过招

1. (2021 山东青岛，2.5 分)直线$x+y+1=0$的倾斜角为(　　)

A. 45°　　B. 60°

C. 120°　　D. 135°

答案解析

D 【解析】直线$x+y+1=0$的斜率为-1，则倾斜角为135°。

2. (2021 广东广州天河区，1.47 分)如图，已知四边形$ABCD$是菱形，点B的坐标为$(2,0)$，点C的坐标为$(7,0)$，$\sin\angle ADC=\frac{3}{5}$，直线$y=kx+2-k$与菱形$ABCD$有交点，则$k$的取值范围是(　　)

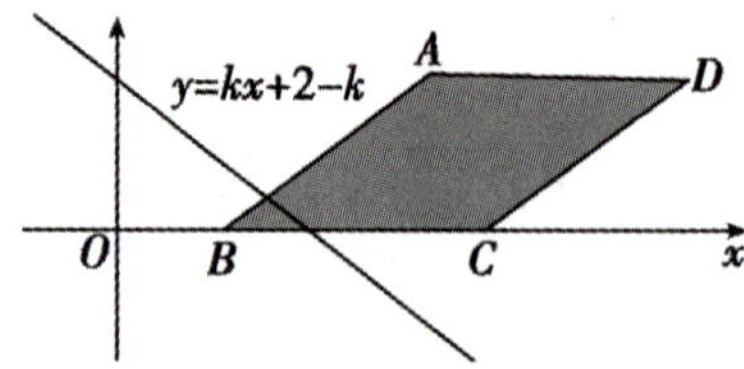

A. $-\frac{1}{3}\leqslant k\leqslant\frac{1}{5}$　　B. $-\frac{1}{3}\leqslant k\leqslant 0$

C. $-2\leqslant k\leqslant\frac{1}{5}$　　D. $0\leqslant k\leqslant\frac{1}{5}$

答案解析

C 【解析】直线 $y=kx+2-k=k(x-1)+2$，则直线恒过 $(1,2)$ 点，因为四边形 $ABCD$ 是菱形，且 $\sin\angle ADC=\frac{3}{5}$，所以 $\sin\angle ABC=\frac{3}{5}$，$AB=BC=7-2=5$，易得点 A 的坐标为 $(6,3)$，连结点 $(1,2)$ 与 B,A 两点的直线分别为斜率的最小值和最大值，即 $-2\leqslant k\leqslant\frac{1}{5}$。

变式训练

1. (2019 河南许昌禹州，1.5 分) 过点 $P(-\sqrt{3},-1)$ 的直线 l 与圆 $x^2+y^2=1$ 有公共点，则直线 l 的倾斜角的取值范围是(　　)

A. $\left(0,\frac{\pi}{6}\right]$　　B. $\left(0,\frac{\pi}{3}\right]$　　C. $\left[0,\frac{\pi}{6}\right]$　　D. $\left[0,\frac{\pi}{3}\right]$

2. 直线 l 过点 $P(1,0)$，且与以 $A(2,1)$，$B(0,\sqrt{3})$ 为端点的线段有公共点，则直线 l 斜率的取值范围是________。

考向2 直线方程的求解

解法突破

求直线方程的常用方法如下：(1) 直接法：根据已知条件选择恰当形式的直线方程，直接求出方程中的系数，进而写出直线方程。

(2) 待定系数法：根据已知条件设出直线方程，再利用题目构造含有待定系数的方程(组)，解方程(组)得出系数，进而写出直线方程。

真题过招

(2019 山西运城，1 分) 经过圆 $x^2+2x+y^2=0$ 的圆心 C，且与直线 $x=y$ 垂直的直线方程是(　　)

A. $x-y+1=0$　　B. $x-y-1=0$

C. $x+y-1=0$　　D. $x+y+1=0$

答案解析

D 【解析】圆 C 的方程为 $(x+1)^2+y^2=1$，则圆心坐标为 $(-1,0)$，与直线 $x=y$ 垂直的直线的斜率为 -1，故所求直线方程为 $x+y+1=0$。

变式训练

根据所给条件求直线的方程。

(1)直线过点$(-4,0)$,倾斜角的正弦值为$\frac{\sqrt{10}}{10}$;

(2)直线过点$(-3,4)$,且在两坐标轴上的截距之和为12;

(3)直线过点$(5,10)$,且到原点的距离为5。

考向3 直线方程的综合应用

解法突破

(1)直线方程中有关距离的最值问题常见思路如下:①数形结合法。考虑待求距离或已知条件的几何意义,利用数形结合转化为直线与直线或直线与圆的位置关系求解;②函数法。根据题设引入变量,构造相关函数,转化为函数最值问题求解。

(2)有关线段差的最大值与线段和的最小值问题要充分利用轴对称,找出对称点,将在不同直线上的三点转化为在同一直线上的三点,进而解决问题。

真题过招

(2019 河南许昌,2分)如图,点A的坐标为$(-1,0)$,点B的坐标为(a,a),当线段AB最短时,点B的坐标为________。

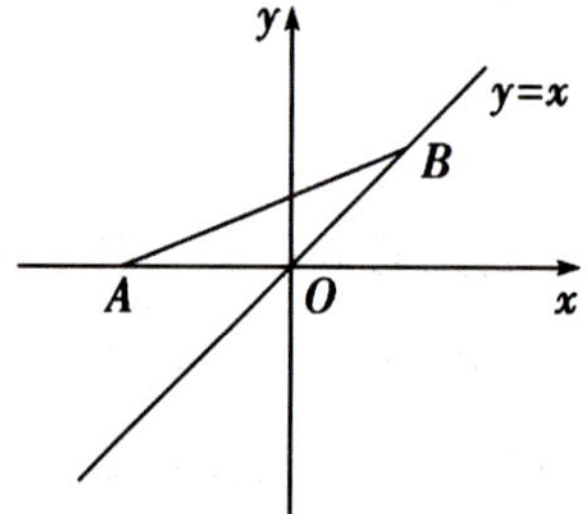

答案解析

$\left(-\frac{1}{2},-\frac{1}{2}\right)$ **【解析】**AB最短时,有直线AB垂直于直线$y=x$,所以直线AB的斜率为-1,其方程为$y=-(x+1)$。联立直线方程,解得$x=-\frac{1}{2}$,$y=-\frac{1}{2}$,即线段AB最短时,点B的坐标是$\left(-\frac{1}{2},-\frac{1}{2}\right)$。

变式训练

1. 过点 $P(1,2)$ 且与原点 O 距离最大的直线方程是(　　)

A. $x+2y-5=0$　　B. $x-2y+2=0$

C. $x+3y-7=0$　　D. $3x+y-5=0$

2. 设点 $A(-2,0)$ 和 $B(0,3)$，在直线 $l:x-y+1=0$ 上找一点 P，使得 $|PA|+|PB|$ 的取值最小，则这个最小值为________。

 招教易错突破 

易错点▸忽视直线倾斜角和斜率的取值范围

直线 l 倾斜角的取值范围是 $[0,\pi)$，在讨论直线倾斜角与斜率问题时要注意倾斜角变化的过程中，需要依据正切函数来判断直线的斜率。

设直线 l 过坐标原点，它的倾斜角为 α，如果将直线 l 绕坐标原点按逆时针方向旋转 $45°$，得到直线 l_1，那么 l_1 的倾斜角为________。

【错因分析】只考虑到倾斜角的概念，忽视了倾斜角的取值范围，条件中未指明 α 的取值范围，当 $135°\leqslant\alpha<180°$ 时，$\alpha+45°$ 就超出了倾斜角的取值范围，故应分类讨论。

答案解析

$\alpha+45°$ 或 $\alpha-135°$　【解析】因为直线的倾斜角的取值范围是 $[0°,180°)$，所以直线 l 绕坐标原点按逆时针方向旋转 $45°$ 后，所得 $\alpha+45°$ 可能超出倾斜角的取值范围，需分类讨论。当 $0°\leqslant\alpha<135°$ 时，l_1 的倾斜角为 $\alpha+45°$；当 $135°\leqslant\alpha<180°$ 时，l_1 的倾斜角为 $\alpha+45°-180°=\alpha-135°$，故 l_1 的倾斜角为 $\alpha+45°$ 或 $\alpha-135°$。

变式训练

若斜率 $k\in(-\infty,-\sqrt{3})\cup(1,+\infty)$，则倾斜角 α 的取值范围是________。

必刷好题

招教高频基础刷

1. 直线 $2x+y-1=0$ 的倾斜角为(　　)

A. $\arctan2$　　B. $-\arctan2$

C. $\pi-\arctan(-2)$　　D. $\pi-\arctan2$

2. 已知直线 a 的倾斜角为 $10°$,直线 $a/\!/b$,直线 $a\perp c$,则直线 b,c 的倾斜角分别为(　　)

A. $10°;10°$　　B. $80°;80°$　　C. $10°;100°$　　D. $100°;10°$

3. 过点 $M(-2,m)$,$N(m,4)$ 的直线的斜率等于 1,则 m 的值为(　　)

A. 1　　B. 4　　C. 1 或 3　　D. 1 或 4

4. 过点 $M(-3,2)$,且与直线 $x+2y-9=0$ 平行的直线方程是(　　)

A. $2x-y+8=0$　　B. $x-2y+7=0$

C. $x+2y+4=0$　　D. $x+2y-1=0$

5. 下列直线中过第一、二、四象限的是(　　)

A. $y=2x+1$　　B. $x-2y+1=0$

C. $y-2=-2(x-1)$　　D. $\frac{x}{2}-\frac{y}{3}=1$

6. 已知点 $A(1,2)$,$B(3,1)$,则线段 AB 的垂直平分线的方程为(　　)

A. $4x+2y=5$　　B. $4x-2y=5$　　C. $x+2y=5$　　D. $x-2y=5$

7. 将直线 $x-\sqrt{3}y=0$ 绕着原点逆时针旋转 $90°$,得到新直线的斜率是(　　)

A. $\frac{\sqrt{3}}{3}$　　B. $-\sqrt{3}$　　C. $\frac{\sqrt{2}}{2}$　　D. $-\frac{\sqrt{2}}{2}$

8. 若过点 $P(1-a,1+a)$ 和 $Q(3,2a)$ 的直线的倾斜角为钝角,则实数 a 的取值范围是(　　)

A. $(-2,1)$　　B. $(-1,2)$

C. $(-\infty,0)$　　D. $(-\infty,-2)\cup(1,+\infty)$

9. 直线 $x-\frac{\sqrt{3}}{3}=0$ 的倾斜角是(　　)

A. $45°$　　B. $60°$　　C. $90°$　　D. 不存在

第二节　两条直线的位置关系

1. 两直线的位置关系

设直线 $l_1: y=k_1x+b_1$ 或 $A_1x+B_1y+C_1=0$；直线 $l_2: y=k_2x+b_2$ 或 $A_2x+B_2y+C_2=0$，则直线 l_1 与 l_2 的位置关系如下：

关系	等价条件
平行	$k_1=k_2$，且 $b_1\neq b_2$，或 $A_1B_2-A_2B_1=0$，且 $A_1C_2-A_2C_1\neq 0$
重合	$k_1=k_2$，且 $b_1=b_2$，或 $A_1B_2-A_2B_1=0$，且 $A_1C_2-A_2C_1=0$
相交	$k_1\neq k_2$ 或 $A_1B_2-A_2B_1\neq 0$
垂直	$k_1\cdot k_2=-1$ 或 $A_1A_2+B_1B_2=0$

2. 到角与夹角

(1) 直线 l_1 到 l_2 的角（方向角）

直线 l_1 绕交点沿逆时针方向旋转到与 l_2 重合时所转动的角称为 l_1 到 l_2 的角 θ，$\theta\in(0,\pi)$。假设直线 l_1 与 l_2 的斜率分别为 k_1,k_2，当 $\theta\neq\frac{\pi}{2}$ 时，直线 l_1 到 l_2 的角的正切值 $\tan\theta=\frac{k_2-k_1}{1+k_1k_2}$。

(2) 直线 l_1 与 l_2 的夹角

直线 l_1 与 l_2 相交所成的四个角中最小的正角 θ，称为直线 l_1 与 l_2 的夹角，$\theta\in\left(0,\frac{\pi}{2}\right]$。假设直线 l_1 与 l_2 的斜率分别为 k_1,k_2，当 $\theta\neq\frac{\pi}{2}$ 时，直线 l_1 到 l_2 的夹角的正切值 $\tan\theta=\left|\frac{k_2-k_1}{1+k_1k_2}\right|$。

考向分析

两直线的位置关系、两直线的距离问题是教师招聘考试中的重点内容，有时单独考查，有时与其他解析几何问题结合考查，考生要重点掌握直线间的位置关系的判定方法与距离公式，并学会与其他知识结合运用。

3. 距离

点 $P_1(x_1,y_1)$，$P_2(x_2,y_2)$ 之间的距离	$\vert P_1P_2\vert=\sqrt{(x_2-x_1)^2+(y_2-y_1)^2}$
点 $P_0(x_0,y_0)$ 到直线 $l:Ax+By+C=0$ 的距离	$d=\frac{\vert Ax_0+By_0+C\vert}{\sqrt{A^2+B^2}}$
两条平行线 $Ax+By+C_1=0$ 与 $Ax+By+C_2=0$ 间的距离	$d=\frac{\vert C_1-C_2\vert}{\sqrt{A^2+B^2}}$

招教考向解读

考向 1 两条直线的位置关系

解法突破

直线系指的是具有某种共同性质的所有直线的集合，常见的直线系方程有如下几种：

(1)平行直线系方程：与 $Ax+By+C=0$(A,B 不同时为 0)平行的直线系方程为 $Ax+By+C'=0$($C\neq C'$)。

(2)垂直直线系方程，与 $Ax+By+C=0$(A,B 不同时为 0)垂直的直线系方程为 $Bx-Ay+C'=0$。

(3)过定点直线系方程：过定点(x_0,y_0)的直线系方程为 $A(x-x_0)+B(y-y_0)=0$(A,B 不同时为 0)。

(4)过两直线交点的直线系方程：过直线 $l:A_1x+B_1y+C_1=0$(A_1,B_1 不同时为 0)与 $m:A_2x+B_2y+C_2=0$(A_2,B_2 不同时为 0)交点的直线系方程为 $A_1x+B_1y+C_1+\lambda(A_2x+B_2y+C_2)=0$($\lambda\in\mathbf{R}$，$\lambda$ 为参数)。

真题过招

(2021 山东东营，1.52 分)已知直线 $l_1:y=ax+2$ 和直线 $l_2:x-2ay-1=0$，以及 $A(1,4)$，$B(3,1)$两点，当直线 l_1 与线段 AB 相交，且与直线 l_2 平行时，实数 a 的值为(　　)

A. $\frac{\sqrt{2}}{2}$　　B. $\frac{\sqrt{3}}{3}$　　C. $\frac{\sqrt{5}}{2}$　　D. $\frac{2\sqrt{3}}{3}$

答案解析

A 【解析】$\because$ 直线 $l_1:y=ax+2$ 和直线 $l_2:x-2ay-1=0$ 平行，$\therefore 1-2a^2=0\Rightarrow a=\pm\frac{\sqrt{2}}{2}$，又由直线 $l_1:y=ax+2$ 可得直线 l_1 过点 $P(0,2)$，$\therefore k_{PA}=\frac{4-2}{1-0}=2$，$k_{PB}=\frac{1-2}{3-0}=-\frac{1}{3}$，$\therefore$ 当直线 l_1 与线段 AB 相交时，$a\in\left[-\frac{1}{3},2\right]$，综上可得 $a=\frac{\sqrt{2}}{2}$。

变式训练

1. (2020 湖南长沙天心区，1.5 分) 直线 $x+ay-a=0$ 与直线 $ax-(2a-3)y-1=0$ 互相垂直，则 a 的值为(　　)

A. 2　　B. -3 或 1　　C. 2 或 0　　D. 1 或 0

2. (1) 已知直线 $l:x+y+1=0$，$l/\!/m$，直线 $n:x-2y+1=0$ 被 l,m 截得的线段长为 $\sqrt{5}$，求直线 m 的方程；

(2) 已知直线 l 是曲线 $y=x^2+1$ 的一条切线且与直线 $x-2y+5=0$ 垂直，求直线 l 的方程。

考向 2　两条直线的交点问题

解法突破

(1) 求两直线的交点坐标，联立两直线方程，得到方程组的解，即为交点的坐标。

(2) 求过两直线交点的直线方程，需先解方程组求出两直线的交点坐标，再结合其他条件写出直线方程。也可借助直线系方程，利用待定系数法求出直线方程。

典例

三条直线 $l_1:x-y=0$，$l_2:x+y-2=0$，$l_3:5x-ky-15=0$ 构成一个三角形，则 k 的取值范围是(　　)

A. $k\in\mathbf{R}$　　B. $k\in\mathbf{R}$ 且 $k\neq\pm1$，$k\neq0$

C. $k\in\mathbf{R}$ 且 $k\neq\pm5$，$k\neq-10$　　D. $k\in\mathbf{R}$ 且 $k\neq\pm5$，$k\neq1$

答案解析

C 【解析】由 $l_1/\!/l_3$ 得 $k=5$，由 $l_2/\!/l_3$，得 $k=-5$，此时三条直线无法构成一个三角形，所以 $k\neq\pm5$。联立 $\begin{cases}x-y=0,\\x+y-2=0,\end{cases}$ 解得 $x=1,y=1$，若 l_1,l_2 的交点 $(1,1)$ 在 l_3 上，将 $(1,1)$ 代入 $5x-$

$ky-15=0$，得 $k=-10$，此时，直线 l_1,l_2,l_3 相交于一点，不能构成三角形。故当 l_1,l_2,l_3 能构成一个三角形时，$k\neq\pm5$，且 $k\neq-10$，故选 C。

变式训练

经过直线 $l_1:3x+2y-1=0$ 和 $l_2:5x+2y+1=0$ 的交点，且垂直于直线 $l_3:3x-5y+6=0$ 的直线 l 的方程为________。

考向 3 距离问题的求解与应用

解法突破

距离问题的常见题型及解题策略：(1)求两点间的距离：关键是确定两点的坐标，然后代入公式即可，一般用来判断三角形的形状等。(2)解决与点到直线的距离有关的问题：常用点到直线的距离公式。若已知点到直线的距离，要求直线方程，一般考虑待定斜率法，解题过程必须体现斜率是否存在的讨论。(3)求两条平行线间的距离：要先将直线方程中 x,y 的对应项系数转化成相等的形式，再利用距离公式求解。也可以转化成点到直线的距离问题。

真题过招

(2019 河南许昌，1.5 分)若平面区域 $\begin{cases}x+y-3\geqslant0,\\2x-y-3\leqslant0,\\x-2y+3\geqslant0\end{cases}$ 夹在两条斜率为 1 的平行直线之间，则这两条平行直线间的距离的最小值是(　　)

A. $\dfrac{3\sqrt{5}}{5}$　　B. $\sqrt{2}$　　C. $\dfrac{3\sqrt{2}}{2}$　　D. $\sqrt{5}$

答案解析

B 【解析】根据题意，作出平面区域如下图阴影部分。分析可知，当直线 $y=x+b$ 分别经过 $A(2,1)$，$B(1,2)$ 时，平行线间的距离最小，因为平行线间的距离处处相等，所以此时两条平行线间的距离为点 A,B 间的距离，即 $d=\sqrt{(2-1)^2+(1-2)^2}=\sqrt{2}$。故选 B。

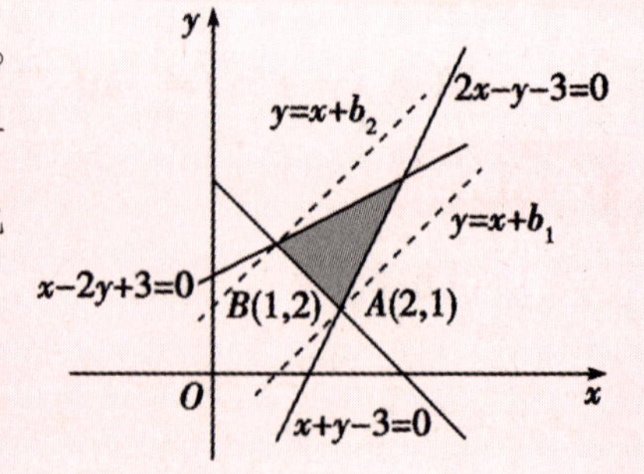

变式训练

若动点 A,B 分别在直线 $l_1:x+y-7=0$ 和 $l_2:x+y-5=0$ 上移动,则 AB 的中点 M 到原点的距离的最小值为(　　)

A. $3\sqrt{2}$　　B. $2\sqrt{2}$　　C. $3\sqrt{3}$　　D. $4\sqrt{2}$

考向 4　对称问题及其应用

解法突破

招教考试中关于直线的对称问题主要有以下几类:①点关于点对称的问题:利用中点坐标公式解决,是对称问题的基础。②定点关于定直线的对称问题:若两点 $P_1(x_1,y_1)$ 与 $P_2(x_2,y_2)$ 关于直线 $l:Ax+By+C=0$ 对称,则线段 P_1P_2 的中点在 l 上,且 P_1P_2 所在直线垂直于 l,由方程组 $\begin{cases}A\cdot\dfrac{x_1+x_2}{2}+B\cdot\dfrac{y_1+y_2}{2}+C=0,\\ \dfrac{y_2-y_1}{x_2-x_1}\cdot(-\dfrac{A}{B})=-1,\end{cases}$ 可得到点 P_1 关于 l 对称的点 P_2 的坐标 (x_2,y_2)(其中 $B\neq0,x_1\neq x_2$)。③直线关于某一点的对称直线的问题:转化为直线上的点关于点对称的问题。④直线关于直线对称的问题:一种是直线与对称轴相交,一种是直线与对称轴平行,可以转化为点关于直线对称的问题。在直线上任取两个不同的点,找出这两个点关于对称轴对称的点,从而确定这条直线的对称直线。

真题过招

1. (2021 江西高数,1 分) 直线 $x-2y+1=0$ 关于直线 $x=1$ 对称的直线方程是(　　)

A. $x+2y-1=0$　　B. $2x+y-1=0$　　C. $2x+y-3=0$　　D. $x+2y-3=0$

答案解析

D　【解析】当 $x=1$ 时,$y=1$,点 $(1,1)$ 在直线 $x=1$ 上,当 $x=0$ 时,$y=\frac{1}{2}$,点 $(0,\frac{1}{2})$ 关于直线 $x=1$ 对称的点为 $(2,\frac{1}{2})$,故直线 $x-2y+1=0$ 关于直线 $x=1$ 对称的直线过点 $(2,\frac{1}{2})$,$(1,1)$,则该直线方程为 $x+2y-3=0$。故选 D。

2. (2021 江西高数,1 分) 若直线 $y=kx$ 与圆 $(x-2)^2+y^2=1$ 的两个交点关于直线 $2x+y+b=$

0对称，则 k,b 的值分别为(　　)

A. $\frac{1}{2},-4$　　B. $-\frac{1}{2},4$　　C. $\frac{1}{2},4$　　D. $-\frac{1}{2},-4$

答案解析

A 【解析】因为直线 $y=kx$ 与圆 $(x-2)^2+y^2=1$ 的两个交点关于直线 $2x+y+b=0$ 对称，故直线 $y=kx$ 与直线 $2x+y+b=0$ 垂直，且直线 $2x+y+b=0$ 过圆心。所以 $k\times(-2)=-1$，$2\times2+0+b=0$，解得 $k=\frac{1}{2}$，$b=-4$。故选 A。

变式训练

1. (2019 四川宜宾，4 分) 曲线 $y^2=4x$ 关于直线 $x=2$ 对称的曲线方程是(　　)

A. $y^2=8-4x$　　B. $y^2=4x-8$　　C. $y^2=16-4x$　　D. $y^2=4x-16$

2. 在菱形 $ABCD$ 中，已知点 $A(1,3)$，对角线 BD 所在的直线方程为 $x+y-2=0$，则点 C 的坐标为________。

招教易错突破

易错点 ▸ 忽视隐含条件对两条直线的位置关系的影响

1. 已知直线 $l_1:A_1x+B_1y+C_1=0$，直线 $l_2:A_2x+B_2y+C_2=0$，则 $l_1/\!/l_2\Leftrightarrow\begin{cases}A_1B_2-A_2B_1=0,\\B_1C_2-B_2C_1\neq0\end{cases}$ 或 $\begin{cases}A_1B_2-A_2B_1=0,\\A_1C_2-A_2C_1\neq0。\end{cases}$注意不要忘记两条直线斜率都不存在的情况。

2. 已知直线 $l_1:A_1x+B_1y+C_1=0$，直线 $l_2:A_2x+B_2y+C_2=0$，则 $l_1\perp l_2\Leftrightarrow A_1A_2+B_1B_2=0$。注意不要忘记一条直线斜率为零，另一条直线斜率不存在的情况。

典例

已知点 $A(-m-3,2)$，$B(-2m-4,4)$，$C(-m,m)$，$D(3,3m+2)$，若 $AB\perp CD$，则 m 的值为(　　)

A. 1　　B. -1　　C. 1 或 -1　　D. 0 或 1

【错因分析】忽视了两条直线垂直 $\Leftrightarrow k_1\cdot k_2=-1$ 的前提条件是 k_1,k_2 均存在且不为 0。

答案解析

C 【解析】因为点 A,B 的纵坐标不相等，所以 AB 与 x 轴不平行，因为 $AB\perp CD$，所以 CD 与 x 轴不垂直，故 $m\neq-3$。当 AB 与 x 轴垂直时，$-m-3=-2m-4$，解得 $m=-1$，当 $m=-1$ 时，点 C,D 的纵坐标均为 -1，所以 $CD/\!/x$ 轴，此时 $AB\perp CD$，满足题意。当 AB 与 x 轴不垂直时，由斜率公式得，$k_{AB}=\dfrac{4-2}{(-2m-4)-(-m-3)}=\dfrac{2}{-m-1}$，$k_{CD}=\dfrac{3m+2-m}{3-(-m)}=\dfrac{2(m+1)}{m+3}$，因为 $AB\perp CD$，所以 $k_{AB}\cdot k_{CD}=-1$，即 $\dfrac{2}{-m-1}\cdot\dfrac{2(m+1)}{m+3}=-1$，解得 $m=1$。综上所述，m 的值为 1 或 -1。故选 C。

变式训练

经过点 $(2,1)$ 的直线 l 到点 $A(1,1)$，$B(3,5)$ 两点的距离相等，则直线 l 的方程为（　　）

A. $2x-y-3=0$　　B. $x=2$

C. $2x-y-3=0$ 或 $x=2$　　D. 都不对

必刷好题

招教高频基础刷

1. 当 $0<k<\dfrac{1}{2}$ 时，直线 $l_1:kx-y=k-1$ 与直线 $l_2:ky-x=2k$ 的交点在（　　）

A. 第一象限　　B. 第二象限

C. 第三象限　　D. 第四象限

2. 已知直线 $l_1:y=2x+3$，若直线 l_2 与 l_1 关于直线 $x+y=0$ 对称，则直线 l_2 的斜率为（　　）

A. $\dfrac{1}{2}$　　B. $-\dfrac{1}{2}$　　C. 2　　D. -2

3. 直线 $2x+y+m=0$ 和直线 $x+2y+n=0$ 的位置关系是（　　）

A. 平行　　B. 垂直

C. 相交但不垂直　　D. 不确定

4. 已知直线 $\sqrt{3}x+y-1=0$ 与直线 $2\sqrt{3}x+my+3=0$ 平行，则它们之间的距离是（　　）

A. 1　　B. $\dfrac{5}{4}$　　C. 3　　D. 4

5. 已知直线 $l_1:x+2y-1=0$，$l_2:2x+ny+5=0$，$l_3:mx+3y+1=0$，若 $l_1 /\!/ l_2$ 且 $l_1 \perp l_3$，则 $m+n$ 的值为（　　）

A. -10　　B. 10　　C. -2　　D. 2

6. 已知直线 $l:kx-y+2-k=0$ 过定点 M，点 $P(x,y)$ 在直线 $2x+y-1=0$ 上，则 $|MP|$ 的最小值是（　　）

A. $\sqrt{10}$　　B. $\frac{3\sqrt{5}}{5}$　　C. $\sqrt{6}$　　D. $3\sqrt{5}$

7. “$m=1$”是“直线 $mx+y=1$ 与直线 $x-my=1$ 互相垂直”的（　　）

A. 充分不必要条件　　B. 必要不充分条件

C. 充要条件　　D. 既不充分也不必要条件

8. 已知点 A 在直线 $x+2y-1=0$ 上，点 B 在直线 $x+2y+3=0$ 上，线段 AB 的中点为 $P(x_0,y_0)$，且满足 $y_0>x_0+2$，则 $\frac{y_0}{x_0}$ 的取值范围为（　　）

A. $\left(-\frac{1}{2},-\frac{1}{5}\right)$　　B. $\left(-\infty,-\frac{1}{5}\right)$

C. $\left(-\frac{1}{2},-\frac{1}{5}\right]$　　D. $\left(-\frac{1}{2},0\right)$

9. 若直线 $l_1:x+ay+6=0$ 与 $l_2:(a-2)x+3y+2a=0$ 平行，则 l_1 与 l_2 间的距离为（　　）

A. $\sqrt{2}$　　B. $\frac{8\sqrt{2}}{3}$　　C. $\sqrt{3}$　　D. $\frac{8\sqrt{3}}{2}$

10. 在平面直角坐标系 xOy 中，若与点 $A(2,2)$ 距离为 1 且与点 $B(m,0)$ 距离为 3 的直线恰有两条，则实数 m 的取值范围为________。

第三节　圆的方程

招教核心要点

1. 圆的标准方程和一般方程

(1)标准方程：$(x-a)^2+(y-b)^2=r^2(r>0)$，圆心为(a,b)，半径为 r。

(2)一般方程：$x^2+y^2+Dx+Ey+F=0(D^2+E^2-4F>0)$，圆心为$\left(-\frac{D}{2},-\frac{E}{2}\right)$，半径为$\frac{\sqrt{D^2+E^2-4F}}{2}$。

2. 点与圆的位置关系

圆的标准方程$(x-a)^2+(y-b)^2=r^2$，点 $M(x_0,y_0)$。

①$(x_0-a)^2+(y_0-b)^2=r^2$⇔点在圆上；②$(x_0-a)^2+(y_0-b)^2>r^2$⇔点在圆外；③$(x_0-a)^2+(y_0-b)^2<r^2$⇔点在圆内。

3. 直线与圆的位置关系

(1) 代数法 $\xrightarrow[\text{得到一元二次方程}]{\text{联立方程组消去 } x(\text{或 } y)}$ $\begin{cases}\Delta>0\Leftrightarrow\text{相交},\\ \Delta=0\Leftrightarrow\text{相切},\\ \Delta<0\Leftrightarrow\text{相离。}\end{cases}$

(2) 几何法 $\xrightarrow[\text{圆的半径为 } r]{\text{圆心到直线的距离为 } d}$

$$\begin{cases}d<r\Leftrightarrow\text{相交，弦长 } l=2\sqrt{r^2-d^2},\\ d=r\Leftrightarrow\text{相切},\\ d>r\Leftrightarrow\text{相离。}\end{cases}$$

4. 圆与圆的位置关系

设圆 $O_1:(x-a_1)^2+(y-b_1)^2=r_1^2(r_1>0)$，圆 $O_2:(x-a_2)^2+(y-b_2)^2=r_2^2(r_2>0)$。

考向分析

圆的方程和圆的切线问题是教师招聘考试中的重点内容，考生要重点掌握圆的方程、直线与圆的位置关系的判定方法和相关结论，并结合平面几何中圆的性质进行解题。

思想应用

函数与方程思想：在解析几何中，可转化为求二次函数零点的个数或求一元二次方程根的个数的问题来解决直线与圆的位置关系问题。

位置关系 \ 方法	几何法:圆心距 d 与 r_1, r_2 的关系	代数法:两圆方程联立组成方程组的解的情况
外离	$d > r_1 + r_2$	无解
外切	$d = r_1 + r_2$	一组实数解
相交	$\lvert r_1 - r_2\rvert < d < r_1 + r_2$	两组不同的实数解
内切	$d = \lvert r_1 - r_2\rvert (r_1 \neq r_2)$	一组实数解
内含	$0 \leqslant d < \lvert r_1 - r_2\rvert (r_1 \neq r_2)$	无解

招教考向解读

考向1 圆的方程的求解

解法突破

求圆的标准方程的常用方法如下:

(1)直接法(几何法):根据圆的几何性质,直接求出圆心坐标和半径,进而写出方程。在几何法中常用到的圆的性质为:圆心在弦的垂直平分线上;圆内任意两条不平行弦的垂直平分线的交点一定是圆心。

(2)待定系数法:设圆的标准方程为$(x-a)^2+(y-b)^2=r^2(r>0)$,依据已知条件找到关于参数 a,b,r 的关系并列出相应方程组,从而求出 a,b,r 的值。

真题过招

(2019 重庆巴南区,4 分)已知圆 C 的半径为 2,圆心在 x 轴的正半轴上,直线 $x-y=0$ 与圆 C 相切,则圆 C 的标准方程为________。

答案解析

$(x-2\sqrt{2})^2+y^2=4$ 【解析】设圆 C 的圆心坐标为$(m,0)$,其中 $m>0$。因为直线 $x-y=0$ 与圆 C 相切,所以圆心到直线的距离等于圆的半径,即$\frac{|m|}{\sqrt{1^2+1^2}}=2$,解得 $m=2\sqrt{2}$,故圆 C 的标准方程为$(x-2\sqrt{2})^2+y^2=4$。

变式训练

1. 已知圆 $C_1:(x+1)^2+(y-1)^2=1$，圆 C_2 与圆 C_1 关于直线 $x-y-1=0$ 对称，则圆 C_2 的方程为________。

2. 已知圆 C 经过点 $A(5,2)$，$B(3,-2)$，且圆心在直线 $2x-y-3=0$ 上，求圆 C 的方程。

考向2 直线与圆的位置关系

解法突破

判断直线与圆的位置关系的常见方法有：(1)几何法：第一步，明确圆心的坐标和半径 r，并将直线方程化为一般式；第二步，利用点到直线距离公式求出圆心到直线的距离 d；第三步，根据 d 与 r 的大小关系判断直线与圆的位置关系。

(2)代数法：联立方程之后利用判别式 Δ 判断。

(3)点与圆的位置关系法：若直线恒过定点且定点在圆内，可判断直线与圆相交。

在招教考试中最常用的是几何法，点与圆的位置关系法适用于动直线问题，代数法在判断圆锥曲线和直线的位置关系中应用较多。

真题过招

1. (2021 江西中数，1 分)已知圆 O 的半径是一元二次方程 $x^2-3x-4=0$ 的一个根，圆心 O 到直线 l 的距离 $d=6$，则直线 l 与圆 O 的位置关系是(　　)

A. 相离　　B. 相切　　C. 相交　　D. 无法判断

答案解析

A 【解析】解一元二次方程 $x^2-3x-4=0$ 得 $x=4$ 或 $x=-1$(舍去)，所以圆 O 的半径是 4。$\because$ 圆心 O 到直线 l 的距离为 6，大于圆的半径 4，$\therefore$ 直线 l 和圆 O 相离，故选 A。

2. (2021 安徽小数，4 分)直线 $y=kx+1(k\in\mathbf{R})$ 与圆 $(x-1)^2+(y+1)^2=9$ 的位置关系是________。

答案解析

相交 【解析】直线 $y=kx+1$ 过定点 $(0,1)$，$(x-1)^2+(y+1)^2=9$ 的圆心为 $(1,-1)$，半径为 3，定点到圆心距离 $d=\sqrt{(1-0)^2+(-1-1)^2}=\sqrt{5}<3$，故定点在圆内，所以该直线与圆相交。

变式训练

1. 直线 $ax-y+2a=0$ 与圆 $x^2+y^2=9$ 的位置关系是(　　)

A. 相离　　B. 相交

C. 相切　　D. 不确定

2. 直线 $l:mx-y+1-m=0$ 与圆 $C:x^2+(y-1)^2=5$ 的位置关系是(　　)

A. 相交　　B. 相切

C. 相离　　D. 不确定

考向3 圆的弦长问题

解法突破

求弦长的常用方法:

(1)代数法:联立直线和圆的方程,消元后得到一个一元二次方程。在判别式 $\Delta>0$ 的前提下,利用根与系数的关系,根据弦长公式求弦长。

(2)几何法:若弦心距为 d,圆的半径长为 r,则弦长 $l=2\sqrt{r^2-d^2}$。

真题过招

1. (2021 山东青岛,2.5 分)直线 $x-y+2=0$ 被圆 $(x+1)^2+(y-1)^2=2$ 截得的弦长为(　　)

A. $\sqrt{2}$　　B. $2\sqrt{2}$　　C. $3\sqrt{2}$　　D. $4\sqrt{2}$

答案解析

B 【解析】由题意得圆心坐标为$(-1,1)$,半径为$\sqrt{2}$,圆心到直线的距离为$\frac{|-1-1+2|}{\sqrt{2}}=0$,所以该直线过圆心,故截得的弦长即为直径,长度为$2\sqrt{2}$。

2. (2021 江西高数,1 分)已知直线 $ax+by-6=0(a>0,b>0)$被圆 $x^2+y^2-2x-4y=0$ 截得的弦长为 $2\sqrt{5}$,则 ab 的最大值为(　　)

A. 9　　B. $\frac{9}{2}$　　C. 4　　D. $\frac{5}{2}$

答案解析

B 【解析】由题意知，圆 $x^2+y^2-2x-4y=0$ 是以点 $(1,2)$ 为圆心，$\sqrt{5}$ 为半径的圆。直线 $ax+by-6=0(a>0,b>0)$ 被圆 $x^2+y^2-2x-4y=0$ 截得的弦长为 $2\sqrt{5}$，则圆心 $(1,2)$ 在直线上，故 $a+2b=6$，$\because a>0,b>0$，$\therefore 2ab\leqslant\left(\frac{a+2b}{2}\right)^2=9$，即 $ab\leqslant\frac{9}{2}$，当且仅当 $a=2b=3$ 时，取得最大值 $\frac{9}{2}$。故选 B。

变式训练

1. (2021 浙江绍兴，3 分) 圆 $x^2+y^2=4$ 被直线 $x+y=1$ 所截的弦长为________。

2. 在直角坐标系 xOy 中，曲线 $y=x^2+mx-2$ 与 x 轴交于 A,B 两点，点 C 的坐标为 $(0,1)$，当 m 变化时，解答下列问题：

(1) 能否出现 $AC\perp BC$ 的情况？说明理由；

(2) 证明过 A,B,C 三点的圆在 y 轴上截得的弦长为定值。

考向 4　圆的切线问题

解法突破

求过某点的圆的切线问题时，应首先确定点与圆的位置关系，再求切线方程，注意讨论斜率是否存在。

(1) 若点在圆上（即为切点），则过该点的切线只有一条。此时可以由切点与圆心的连线所在直线与切线垂直确定切线斜率，再利用点斜式求出切线方程。

(2) 若点 (x_0,y_0) 在圆外，则过该点的切线有两条，常用方法有两种：切线斜率存在时，设斜率为 k，那么切线方程为 $y-y_0=k(x-x_0)$，即 $kx-y+y_0-kx_0=0$。

几何法：圆心到直线的距离等于半径求出 k 的值，进而求出切线方程。

代数法：代入圆的方程，得到关于 x 的一元二次方程，由判别式 $\Delta=0$ 求出 k 的值，进而求出切线方程。

一些提高解题速度的结论：

圆上一点的切线方程：①过圆 $(x-a)^2+(y-b)^2=r^2$ 上一点 $P(x_0,y_0)$ 的切线方程是 $(x-a)(x_0-a)+(y-b)(y_0-b)=r^2$；

②$P(x_0,y_0)$ 是圆 $(x-a)^2+(y-b)^2=r^2$ 外一点，过 P 点的两切线切圆于 P_1,P_2，直线 P_1P_2 的

方程为$(x-a)(x_0-a)+(y-b)(y_0-b)=r^2$。

真题过招

(2021 山西吕梁孝义,2.47 分)已知点 W 在直线 $y=-\frac{1}{3}x+4$ 上,过点 W 作 $x^2+y^2-4x+3=0$ 的切线,则切线长最短时,切线方程为(　　)

A. $x=3$ 或 $4x-3y-3=0$　　B. $x=3$ 或 $4x+3y-3=0$

C. $x=-3$ 或 $4x-3y-3=0$　　D. $x=-3$ 或 $4x+3y-3=0$

答案解析

A 【解析】$x^2+y^2-4x+3=0$ 即为$(x-2)^2+y^2=1$,是以点$(2,0)$为圆心,以 1 为半径的圆。根据切线的性质可知,若使得过点 W 作圆的切线长最短,则圆心$(2,0)$与点 W 之间的距离最小,此时的最小距离即为点$(2,0)$到直线 $y=-\frac{1}{3}x+4$ 的距离。设 $W(x,y)$,则有$\frac{y}{x-2}=3$,即 $y=3x-6$,联立 $y=-\frac{1}{3}x+4$,解得 $x=3,y=3$,即 $W(3,3)$。切线方程为 $x=3$ 时成立,当 $x\neq3$ 时,可设切线方程为 $y-3=k(x-3)$,即 $y=kx-3k+3$,由直线与圆相切可知$\frac{|2k-3k+3|}{\sqrt{1+k^2}}=1$,解得 $k=\frac{4}{3}$,此时切线方程为 $4x-3y-3=0$。综上所述,所求切线方程为 $x=3$ 或 $4x-3y-3=0$。

变式训练

1. (2020 湖南长沙天心区,12 分)已知直线 $l:x-y+3=0$ 被圆 $C:(x-a)^2+(y-2)^2=4(a>0)$截得的弦长为 $2\sqrt{2}$。

(1)求 a 的值;

(2)求过点(3,5)与圆 C 相切的直线方程。

2. 已知点 $P(\sqrt{2}+1,2-\sqrt{2})$,点 $M(3,1)$,圆 $C:(x-1)^2+(y-2)^2=4$。

(1)求过点 P 的圆 C 的切线方程;

(2)求过点 M 的圆 C 的切线方程。

考向 5　圆与圆的位置关系

解法突破

(1)判断两圆的位置关系多用几何法,即用两圆圆心距与半径和或差的关系判断,一般不采用代数法。

(2)求两圆公共弦长的方法是在其中一圆中,由弦心距 d,半弦长 $\frac{l}{2}$,半径 r 所在线段构成的直角三角形中,利用勾股定理求解。

(3)若两圆相交,则两圆公共弦所在直线的方程可由两圆的方程作差得到。

(4)两圆的公切线问题,由于两圆的位置不同,两圆公切线的条数也不同,解决问题的方法是转化为过一点作圆的切线的问题。

真题过招

(2019 山西运城,2 分)已知球的半径为 2,互相垂直的两个平面分别截球面得两个圆,若两圆的公共弦长为 2,则两圆的圆心距等于________。

答案解析

$\sqrt{3}$　**【解析】**如图,设两圆的圆心分别为 O_1,O_2,球心为 O,公共弦长 $AB=2$,其中公共弦长 AB 的中点为 E,则四边形 OO_1EO_2 为矩形,故对角线 $O_1O_2=OE=\sqrt{OA^2-AE^2}=\sqrt{3}$。

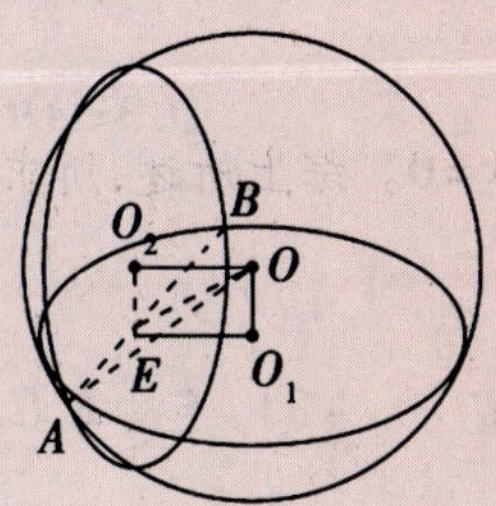

变式训练

已知两圆 $x^2+y^2-2x-6y-1=0$ 和 $x^2+y^2-10x-12y+m=0$。

(1)m 取何值时两圆外切?

(2)m 取何值时两圆内切?

(3)求 $m=45$ 时两圆的公共弦所在直线的方程和公共弦的长。

考向 6　与圆有关的最值问题

解法突破

(1)与圆有关的长度或距离的最值问题的解法:一般根据长度或距离的几何意义,利用圆的几何性质数形结合求解。

(2)与圆有关的最值问题,常见的有以下几种类型:①形如$\mu=\frac{y-b}{x-a}$形式的最值问题,可转化为动直线斜率的最值问题;②形如$t=ax+by$形式的最值问题,可转化为动直线截距的最值问题;③形如$(x-a)^2+(y-b)^2$形式的最值问题,可转化为动点到定点的距离的平方的最值问题。

真题过招

1. (2021 江西中数,1 分)如图,在平面直角坐标系中,⊙A的半径为2,圆心坐标为$(4,0)$,y轴上有一点$B(0,3)$,点C是⊙A上的动点,点P是BC的中点,则OP的取值范围是(　　)

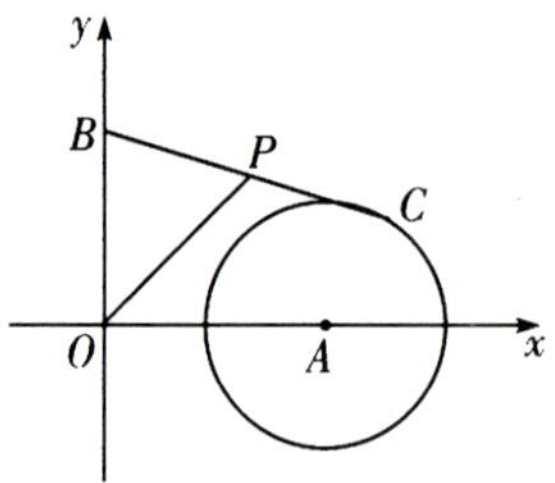

A. $\frac{3}{2}\leqslant OP\leqslant\frac{7}{2}$　　B. $2\leqslant OP\leqslant4$

C. $\frac{5}{2}\leqslant OP\leqslant\frac{9}{2}$　　D. $3\leqslant OP\leqslant4$

答案解析

A 【解析】如图,在y轴上取点$B'(0,-3)$,连结$B'C$,$B'A$。

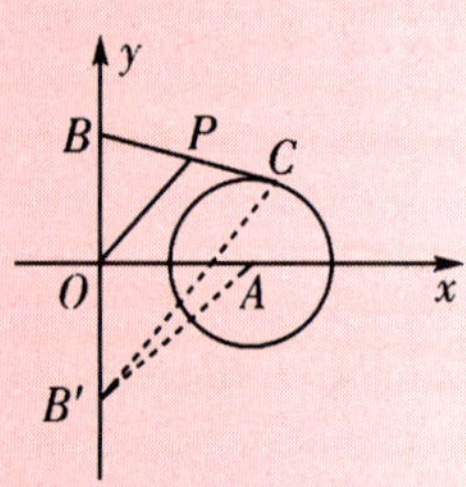

$\because$点$B(0,3)$,$B'(0,-3)$,点$A(4,0)$,$\therefore OB=OB'=3$, $OA=4$,$\therefore B'A=\sqrt{OA^2+B'O^2}=\sqrt{16+9}=5$,又$\because$点$P$是$BC$的中点,$\therefore B'C=2OP$,当点$C$在线段$B'A$上时,$B'C$取最小值,最小值为$5-2=3$;当点$C$在线段$B'A$的延长线上时,$B'C$取最大值,为$5+2=7$,故$\frac{3}{2}\leqslant OP\leqslant\frac{7}{2}$。

2. (2021 山东临沂,1.8 分)直线$x+y+2=0$分别与x轴,y轴交于A,B两点,点P在圆$(x-2)^2+y^2=2$上,则$\triangle ABP$面积的最小值是(　　)

A. 2　　B. 4　　C. $\sqrt{2}$　　D. $2\sqrt{2}$

答案解析

A 【解析】点 A 的坐标为 $(-2,0)$，点 B 的坐标为 $(0,-2)$，线段 AB 的长度为 $\sqrt{2^2+2^2}=2\sqrt{2}$，圆心到直线 $x+y+2=0$ 的距离 $d=\frac{|2+0+2|}{\sqrt{1^2+1^2}}=2\sqrt{2}$，圆上的点到直线 $x+y+2=0$ 距离的最小值为 $d-\sqrt{2}=\sqrt{2}$，则 $\triangle ABP$ 面积的最小值为 $\frac{1}{2}\times2\sqrt{2}\times\sqrt{2}=2$。

变式 训练

1. 若点 P 在圆 C_1：$x^2+y^2-8x-4y+11=0$ 上，点 Q 在圆 C_2：$x^2+y^2+4x+2y+1=0$ 上，则 $|PQ|$ 的最小值为(　　)

A. 5　　B. 1　　C. $3\sqrt{5}-5$　　D. $3\sqrt{5}+5$

2. 已知 x,y 满足圆的方程 C：$x^2+y^2-2x-4y+4=0$，则 $(x+2)^2+(y+2)^2$ 的范围为________。

3. 已知两点 $A(0,-3)$，$B(4,0)$，若点 P 是圆 C：$x^2+y^2-2y=0$ 上的动点，则 $\triangle ABP$ 的面积的最小值为________。

4. 已知实数 x,y 满足 $(x-2)^2+(y-1)^2=1$，则 $z=\frac{y+1}{x}$ 的最大值与最小值分别为________和________。

招教易错突破

易错点 忽视斜率不存在的情况

涉及直线方程问题时，注意解题前一定要判断直线的斜率 k 是否存在。

典例

已知圆 M：$(x-1)^2+(y-1)^2=4$，直线 a 过点 $P(2,3)$ 且与圆 M 交于 A,B 两点，$|AB|=2\sqrt{3}$，则直线 a 的方程为________。

【错因分析】研究弦长问题时，忽视了割线斜率不存在的情况而致错，因此要明确点斜式方程并不能代表斜率不存在的情况，故在求直线方程时，根据条件求得斜率后，应注意验证斜率不存在的情况是否满足题意。

答案解析

【解析】①当直线 a 的斜率存在时，设直线 a 的方程为 $y-3=k(x-2)$，即 $kx-y+3-2k=0$，如图所示，作 $MC\perp AB$ 于点 C，连结 MC，

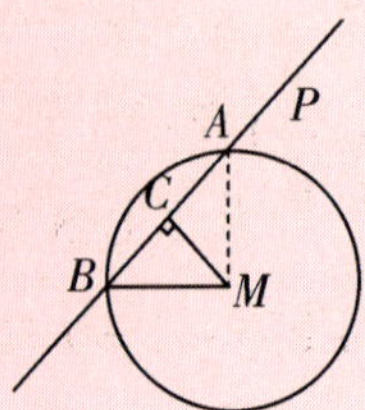

则在 Rt$\triangle MBC$ 中，$BC=\sqrt{3}$，$MB=2$，$MC=\sqrt{MB^2-BC^2}=1$。由点到直线距离公式得，圆心 $M(1,1)$ 到直线 a 的距离为 $\frac{|k-1+3-2k|}{\sqrt{k^2+1}}=1$，解得 $k=\frac{3}{4}$，所以直线 a 的方程为 $3x-4y+6=0$。

②当直线 a 的斜率不存在时，过点 $P(2,3)$ 的直线方程为 $x=2$，此时也满足题意。

综上所述，直线 a 的方程为 $x=2$ 或 $3x-4y+6=0$。

变式训练

已知直线 l 过点 $A(1,2)$，且原点到直线 l 的距离为 1，求直线 l 的方程。

必刷好题

招教高频基础刷

1. 若曲线 $x^2+y^2+2x-6y+1=0$ 上有相异两点 P,Q 关于直线 $kx+2y-4=0$ 对称，则 k 的值为(　　)

A. 1　　B. -1　　C. $\frac{1}{2}$　　D. 2

2. 已知圆 C 与圆 $(x-1)^2+y^2=1$ 关于直线 $y=-x$ 对称，则圆 C 的方程为(　　)

A. $(x+1)^2+y^2=1$　　B. $x^2+y^2=1$

C. $x^2+(y+1)^2=1$　　D. $x^2+(y-1)^2=1$

3. 直线 $4x-3y+5\sqrt{10}=0$ 与圆 $x^2+y^2+2x-6y-6=0$ 的位置关系是(　　)

A. 相交不过圆心　　B. 相交过圆心

C. 相切　　D. 相离

4. 在平面直角坐标系 xOy 中，定义横坐标及纵坐标均为整数的点为格点。若直线 $Ax+By+C=0$（A,B 不全为 0，且 $C\neq0$）与圆 $x^2+y^2=5$ 的公共点均为格点，那么这样的直线共有（　　）

A. 24 条　　B. 28 条　　C. 32 条　　D. 36 条

5. 与圆 $(x-8)^2+(y-7)^2=1$ 相切，且在 x 轴与 y 轴上的截距相等的直线有（　　）

A. 1 条　　B. 2 条　　C. 3 条　　D. 4 条

6. 设 $m,n\in\mathbf{R}$，若直线 $(m+1)x+(n+1)y-2=0$ 与圆 $(x-1)^2+(y-1)^2=1$ 相切，则 $m+n$ 的取值范围是（　　）

A. $[1-\sqrt{3},1+\sqrt{3}]$　　B. $(-\infty,1-\sqrt{3}]\cup[1+\sqrt{3},+\infty)$

C. $[2-2\sqrt{2},2+2\sqrt{2}]$　　D. $(-\infty,2-2\sqrt{2}]\cup[2+2\sqrt{2},+\infty)$

7. 过点 $(-1,-2)$ 的直线 l 被圆 $x^2+y^2-2x-2y+1=0$ 截得的弦长为 $\sqrt{2}$，则直线 l 的斜率为________。

招教易错能力刷

1. 以椭圆 $\frac{x^2}{25}+\frac{y^2}{16}=1$ 的右焦点为圆心，且与直线 $2x-y+4=0$ 相切的圆的方程是（　　）

A. $x^2+y^2-6x-11=0$　　B. $x^2+y^2+6x-11=0$

C. $x^2+y^2-6x-29=0$　　D. $x^2+y^2+6x-29=0$

2. 设圆 C 与圆 $x^2+(y-2)^2=1$ 外切，与直线 $y=-1$ 相切，则圆 C 的圆心轨迹为（　　）

A. 抛物线　　B. 双曲线

C. 椭圆　　D. 圆

3. 已知两圆 $C_1:(x+4)^2+y^2=2$，$C_2:(x-4)^2+y^2=2$，动圆 M 与两圆 C_1，C_2 都相切，则动圆圆心 M 的轨迹方程是（　　）

A. $x=0$　　B. $\frac{x^2}{2}-\frac{y^2}{14}=1(x\geqslant\sqrt{2})$

C. $\frac{x^2}{2}-\frac{y^2}{14}=1$　　D. $\frac{x^2}{2}-\frac{y^2}{14}=1$ 或 $x=0$

4. 圆 $x^2+y^2-2y-4=0$ 的圆心到直线 $3x+4y-6=0$ 的距离为________。

5. 已知圆 $O:x^2+y^2=12$，直线 $l:4x+3y=25$。则圆 O 上任意一点 A 到直线 l 的距离小于 2 的概率为________。

第四节　椭　圆

招教核心要点

1. 椭圆的定义

若 F_1,F_2 是两定点，P 为动点，且 $|PF_1|+|PF_2|=2a>|F_1F_2|$（$a$ 为常数），则动点 P 的轨迹是椭圆。

2. 椭圆的标准方程和几何性质

标准方程		$\frac{x^2}{a^2}+\frac{y^2}{b^2}=1(a>b>0)$	$\frac{y^2}{a^2}+\frac{x^2}{b^2}=1(a>b>0)$
图形			
几何性质	范围	$-a\leqslant x\leqslant a,-b\leqslant y\leqslant b$	$-b\leqslant x\leqslant b,-a\leqslant y\leqslant a$
	对称性	对称轴：坐标轴；对称中心：$(0,0)$	
	顶点	$A_1(-a,0),A_2(a,0)$，$B_1(0,-b),B_2(0,b)$	$A_1(0,-a),A_2(0,a)$，$B_1(-b,0),B_2(b,0)$
	轴	长轴 A_1A_2 的长为 $2a$，短轴 B_1B_2 的长为 $2b$	
	焦距	$\|F_1F_2\|=2c$	
	离心率	$e=\frac{c}{a},e\in(0,1)$	
	a,b,c 的关系	$c^2=a^2-b^2$	

3. 点 $P(x_0,y_0)$ 和椭圆的关系

(1) 点 $P(x_0,y_0)$ 在椭圆内 $\Leftrightarrow\frac{x_0^2}{a^2}+\frac{y_0^2}{b^2}<1$；

考向分析

椭圆的方程和性质是教师招聘考试中的重点内容，有时单独考查，有时会与平面几何知识、直线、其他圆锥曲线知识结合考查，考生要重点掌握其基本概念与性质，并能结合其他知识进行解题。

思想应用

A. 数形结合思想：每一个曲线的方程都对应着一条曲线，画出方程的曲线，利用定义或几何性质解题。

B. 分类讨论思想：有些解析几何问题中，由于焦点位置、准线位置或离心率的不确定性需要对问题进行分类讨论。

(2) 点 $P(x_0, y_0)$ 在椭圆上 $\Leftrightarrow \frac{x_0^2}{a^2}+\frac{y_0^2}{b^2}=1$；

(3) 点 $P(x_0, y_0)$ 在椭圆外 $\Leftrightarrow \frac{x_0^2}{a^2}+\frac{y_0^2}{b^2}>1$。

招教考向解读

考向1 椭圆的定义及其应用

解法突破

椭圆定义的应用主要有两个方面:①确认平面内与两定点有关的轨迹是否为椭圆;②当点 P 在椭圆上时,与椭圆的两焦点 F_1,F_2 组成的三角形通常称为“焦点三角形”,有 $|PF_1|+|PF_2|=2a>|F_1F_2|$,利用定义可求其周长,利用定义和余弦定理可求 $|PF_1|\cdot|PF_2|$,通过整体代入可求其面积等。

真题过招

(2020 湖南长沙天心区,1.5 分)椭圆 $\frac{x^2}{25}+\frac{y^2}{16}=1$ 上的点 P 到椭圆的一个焦点距离是 3,则点 P 到另外一个焦点的距离为(　　)

A. 2　　B. 3

C. 5　　D. 7

答案解析

D 【解析】设椭圆 $\frac{x^2}{25}+\frac{y^2}{16}=1$ 的左、右焦点分别为 F_1,F_2,由椭圆的性质可得 $|PF_1|+|PF_2|=2a=10$,点 P 到椭圆的一个焦点距离是 3,则点 P 到另外一个焦点的距离为 7。

变式训练

已知 F_1,F_2 是椭圆 $C:\frac{x^2}{9}+\frac{y^2}{5}=1$ 的两个焦点,点 P 为椭圆上一点,则 $\triangle PF_1F_2$ 的周长为________。

考向2 求解椭圆的标准方程

(一)定义法求椭圆的标准方程

解法突破

先根据动点轨迹满足的条件判断轨迹是否为椭圆，然后根据椭圆的定义，确定 a^2,b^2 的值，结合焦点位置可写出椭圆方程。

典例

1. 若直线 $x-2y+2=0$ 经过椭圆的一个焦点和一个顶点，则该椭圆的标准方程为(　　)

A. $\frac{x^2}{5}+y^2=1$　　B. $\frac{x^2}{4}+y^2=1$

C. $\frac{x^2}{5}+y^2=1$ 或 $\frac{x^2}{4}+\frac{y^2}{5}=1$　　D. 以上答案都不正确

答案解析

C 【解析】直线与坐标轴的交点为 $(0,1)$，$(-2,0)$，由题意知当焦点在 x 轴上时，$c=2$，$b=1$，所以 $a^2=5$，所求椭圆的标准方程为 $\frac{x^2}{5}+y^2=1$；当焦点在 y 轴上时，$b=2$，$c=1$，所以 $a^2=5$，所求椭圆的标准方程为 $\frac{x^2}{4}+\frac{y^2}{5}=1$。

变式训练

1. 焦点坐标为 $(0,-4)$，$(0,4)$，且长半轴长为 6 的椭圆方程为(　　)

A. $\frac{x^2}{36}+\frac{y^2}{20}=1$　　B. $\frac{x^2}{16}+\frac{y^2}{36}=1$　　C. $\frac{x^2}{36}+\frac{y^2}{16}=1$　　D. $\frac{x^2}{20}+\frac{y^2}{36}=1$

(二)待定系数法求椭圆的标准方程

解法突破

待定系数法是求椭圆方程的常用方法，具体过程是先定形，再定量，即首先确定焦点所在位置，再根据条件建立关于 a,b 的方程组。如果焦点位置不确定，要考虑是否有两解。

注意以下技巧：

(1)焦点位置不确定时,为了解题方便,也可把椭圆方程设为 $Ax^2+By^2=1(A>0,B>0,A\neq B)$ 的形式;(2)与椭圆 $\frac{x^2}{m}+\frac{y^2}{n}=1$ 共焦点的椭圆可设为 $\frac{x^2}{m+k}+\frac{y^2}{n+k}=1(k>-m,k>-n$ 且 $m\neq n)$;(3)与椭圆 $\frac{x^2}{a^2}+\frac{y^2}{b^2}=1(a>b>0)$ 有相同离心率的椭圆,可设为 $\frac{x^2}{a^2}+\frac{y^2}{b^2}=k_1(k_1>0$ 且焦点在 x 轴上),$\frac{y^2}{a^2}+\frac{x^2}{b^2}=k_2(k_2>0$ 且焦点在 y 轴上)。

真题过招

2. (2021 江西高数,1 分)已知椭圆 C 的中心为原点 O,$F(-2\sqrt{5},0)$ 为椭圆 C 的左焦点,P 为椭圆 C 上一点,满足 $|OP|=|OF|$,且 $|PF|=4$,则椭圆方程 C 为(　　)

A. $\frac{x^2}{25}+\frac{y^2}{5}=1$　　B. $\frac{x^2}{36}+\frac{y^2}{16}=1$　　C. $\frac{x^2}{30}+\frac{y^2}{10}=1$　　D. $\frac{x^2}{45}+\frac{y^2}{25}=1$

答案解析

B 【解析】如图,过点 O 作 $OH\perp PF$ 于点 H,$\because |OP|=|OF|=2\sqrt{5}$,$\therefore \triangle OPF$ 为等腰三角形,点 H 为 PF 的中点。$\because |PF|=4$,$\therefore |PH|=|HF|=2$,$|OH|=\sqrt{(2\sqrt{5})^2-(2)^2}=4$,设点 P 的坐标为(x,y),$S_{\triangle PFO}=\frac{1}{2}\times4\times4=\frac{1}{2}\times2\sqrt{5}\times y$,解得 $y=\frac{8\sqrt{5}}{5}$,$|x|=\sqrt{(2\sqrt{5})^2-\left(\frac{8\sqrt{5}}{5}\right)^2}=\frac{6\sqrt{5}}{5}$,故点 P 的坐标为 $\left(-\frac{6\sqrt{5}}{5},\frac{8\sqrt{5}}{5}\right)$。设椭圆 C 的方程为 $\frac{x^2}{a^2}+\frac{y^2}{a^2-20}=1$,将点 P 代入,即得 $\frac{\frac{36}{5}}{a^2}+\frac{\frac{64}{5}}{a^2-20}=1$,解得 $a=6$ 或 $a=2$(舍去)。所以椭圆 C 的方程为 $\frac{x^2}{36}+\frac{y^2}{16}=1$。故选 B。

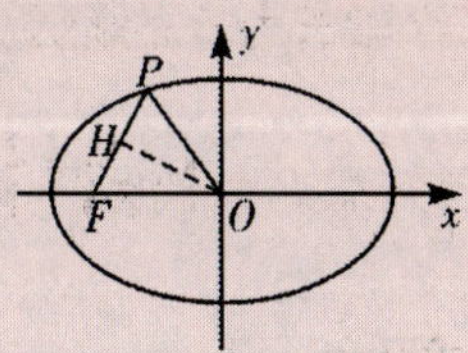

变式训练

2. 一个椭圆的中心在原点,焦点 F_1,F_2 在 x 轴上,$P(2,\sqrt{3})$ 是椭圆上一点,且 $|PF_1|,|F_1F_2|,|PF_2|$ 成等差数列,则椭圆的方程为(　　)

A. $\frac{x^2}{8}+\frac{y^2}{6}=1$　　B. $\frac{x^2}{16}+\frac{y^2}{6}=1$　　C. $\frac{x^2}{8}+\frac{y^2}{4}=1$　　D. $\frac{x^2}{16}+\frac{y^2}{4}=1$

考向3 求椭圆离心率的值及取值范围

求椭圆离心率的方法：①直接求出 a,c，从而求解 e；②构造 a,c 的齐次式，解出 e，由 a,c 的方程或不等式，转化为关于 e 的方程或不等式求解；③通过特殊值或特殊位置，求出离心率。

真题过招

1. (2022 山西特岗，3 分) 已知椭圆 $C:\frac{x^2}{a^2}+\frac{y^2}{b^2}=1(a>b>0)$ 的左焦点为 F，过原点 O 的直线与椭圆交于 M,N 两点，若 $\angle MFN=120°$，$|OF|=\sqrt{3}$，$|OM|=\sqrt{7}$，则椭圆 C 的离心率为（　　）

A. $\frac{\sqrt{3}}{3}$　　B. $\frac{\sqrt{3}}{2}$　　C. $\frac{2\sqrt{3}}{3}$　　D. $\frac{\sqrt{6}}{3}$

答案解析

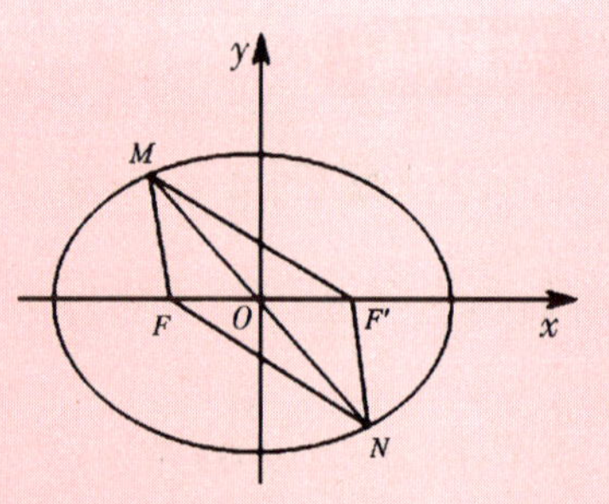

A 【解析】设椭圆的右焦点为 F'，根据椭圆的对称性可知，四边形 $MFNF'$ 为平行四边形，令 $|MF|=|NF'|=m$，则 $|MF'|=|NF|=2a-m$，在 $\triangle MNF$ 中，$|MN|=2|OM|=2\sqrt{7}$，则 $|MF|^2+|FN|^2-2|MF||FN|\cdot\cos\angle MFN=|MN|^2=28$，即 $m^2+(2a-m)^2+m(2a-m)=28$，在 $\triangle FMF'$ 中，$\angle FMF'=180°-\angle MFN=60°$，则 $|MF|^2+|MF'|^2-2|MF||MF'|\cdot\cos\angle FMF'=|FF'|^2=(2\sqrt{3})^2=12$，即 $m^2+(2a-m)^2-m(2a-m)=12$，联立方程组 $\begin{cases}m^2+(2a-m)^2+m(2a-m)=28,\\m^2+(2a-m)^2-m(2a-m)=12,\end{cases}$ 解得 $a=3$，因为 $c=|OF|=\sqrt{3}$，所以椭圆的离心率为 $e=\frac{c}{a}=\frac{\sqrt{3}}{3}$。

2. (2021 山西吕梁孝义，2.47 分) 已知点 P 为椭圆 $\frac{x^2}{a^2}+\frac{y^2}{b^2}=1(a>b>0)$ 上的一点，且该椭圆的左、右焦点分别为 F_1,F_2，若 $\angle F_1PF_2=\frac{\pi}{3}$，则该椭圆离心率的取值范围为（　　）

A. $\left[\frac{1}{2},1\right)$　　B. $\left[\frac{1}{3},1\right)$　　C. $\left[\frac{1}{4},1\right)$　　D. $\left[\frac{1}{5},1\right)$

答案解析

A 【解析】在 $\triangle F_1PF_2$ 中，$\angle F_1PF_2=\frac{\pi}{3}$，由椭圆的定义及余弦定理可得 $F_1F_2{}^2=PF_1{}^2+$

$PF_2^{\ 2}-2PF_1\cdot PF_2\cdot\cos\dfrac{\pi}{3}=(PF_1+PF_2)^2-3PF_1\cdot PF_2$，即 $4c^2=4a^2-3PF_1\cdot PF_2$，则 $4a^2-4c^2=3PF_1\cdot PF_2\leqslant 3\left(\dfrac{PF_1+PF_2}{2}\right)^2=3a^2$，即 $\dfrac{c^2}{a^2}\geqslant\dfrac{1}{4}$，故该椭圆离心率的取值范围为 $\left[\dfrac{1}{2},1\right)$。

变式训练

1. 过椭圆 $\dfrac{x^2}{a^2}+\dfrac{y^2}{b^2}=1(a>b>0)$ 的左焦点 F_1，作 x 轴的垂线交椭圆于点 P，F_2 为右焦点，若 $\angle F_1PF_2=60°$，则椭圆的离心率为（　　）

A. $\dfrac{\sqrt{2}}{2}$　　B. $\dfrac{\sqrt{3}}{3}$　　C. $\dfrac{1}{2}$　　D. $\dfrac{1}{3}$

2. 已知椭圆 $\dfrac{x^2}{a^2}+\dfrac{y^2}{b^2}=1(a>b>0)$。若长轴长、短轴长、焦距成等差数列，则该椭圆的离心率为________；若长轴长、短轴长、焦距成等比数列，则该椭圆的离心率为________。

3. 设 A_1，A_2 分别为椭圆 $\dfrac{x^2}{a^2}+\dfrac{y^2}{b^2}=1(a>b>0)$ 的左、右顶点，若在椭圆上存在点 P，使得 $k_{PA_1}\cdot k_{PA_2}>-\dfrac{1}{2}$，则该椭圆的离心率的取值范围是（　　）

A. $\left(0,\dfrac{1}{2}\right)$　　B. $\left(0,\dfrac{\sqrt{2}}{2}\right)$　　C. $\left(\dfrac{\sqrt{2}}{2},1\right)$　　D. $\left(\dfrac{1}{2},1\right)$

考向4 ▸ 椭圆中的焦点三角形

解法突破

(1) 焦点三角形一边长为焦距，另两边的和为定值，所以周长为定值 $2a+2c$。

(2) 已知椭圆方程 $\dfrac{x^2}{a^2}+\dfrac{y^2}{b^2}=1(a>b>0)$，两焦点分别为 F_1，F_2，设焦点三角形中 $\angle F_1PF_2=\theta$，则 $S_{\triangle F_1PF_2}=b^2\tan\dfrac{\theta}{2}$。

典例

已知 F_1，F_2 是椭圆 $\dfrac{x^2}{a^2}+\dfrac{y^2}{b^2}=1(a>b>0)$ 的两个焦点，P 为椭圆上一点，且 $\overrightarrow{PF_1}\perp\overrightarrow{PF_2}$，若 $\triangle PF_1F_2$ 的面积为 9，则 $b=$________。

答案解析

A 【解析】在焦点三角形$\triangle PF_1F_2$中，$\overrightarrow{PF_1}\perp\overrightarrow{PF_2}$，那么$S_{\triangle PF_1F_2}=\frac{1}{2}|PF_1||PF_2|=9$，因为在$Rt\triangle PF_1F_2$中，$|PF_1|^2+|PF_2|^2=|F_1F_2|^2$，且$|PF_1|+|PF_2|=2a$，那么$(|PF_1|+|PF_2|)^2-2|PF_1||PF_2|=|PF_1|^2+|PF_2|^2=|F_1F_2|^2$，即$4a^2-2|PF_1||PF_2|=4c^2$，所以$|PF_1||PF_2|=2b^2$，那么$S_{\triangle PF_1F_2}=\frac{1}{2}|PF_1||PF_2|=b^2=9$，所以$b=3$。

变式训练

1. 已知$\triangle ABC$的顶点B,C在椭圆$\frac{x^2}{3}+y^2=1$上，顶点A是椭圆的一个焦点，且椭圆的另外一个焦点在BC边上，则$\triangle ABC$的周长是(　　)

A. $2\sqrt{3}$　　B. 6　　C. $4\sqrt{3}$　　D. 12

2. 设椭圆$\frac{x^2}{4}+\frac{y^2}{3}=1$的焦点为$F_1,F_2$，点$P$在椭圆上，若$\triangle PF_1F_2$是直角三角形，则$\triangle PF_1F_2$的面积为(　　)

A. 3　　B. 3 或$\frac{3}{2}$　　C. $\frac{3}{2}$　　D. 6 或 3

3. 已知椭圆$\frac{x^2}{4}+\frac{y^2}{3}=1$的左右焦点分别为$F_1,F_2,P$是椭圆上一动点，则$\overrightarrow{PF_1}\cdot\overrightarrow{PF_2}$的取值范围是________。

必刷好题

招教高频基础刷

1. 已知$x,y\in\mathbf{R}$，则“(x,y)是方程$x=\sqrt{1-4y^2}$的解”是“(x,y)是椭圆$x^2+4y^2=1$上的点”的(　　)

A. 充分不必要条件　　B. 必要不充分条件

C. 充分必要条件　　D. 既不充分又不必要条件

2. 若一个椭圆长轴的长度、短轴的长度和焦距成等差数列，则该椭圆的离心率是(　　)

A. $\frac{4}{5}$　　B. $\frac{3}{5}$　　C. $\frac{2}{5}$　　D. $\frac{1}{5}$

3. 以直线$\frac{x}{4}-\frac{y}{2}=1$夹在两坐标轴之间的线段的垂直平分线$l$在两坐标轴上的截距为椭圆长短轴的椭圆的标准方程是(　　)

A. $\frac{4x^2}{9}+\frac{y^2}{9}=1$　　B. $\frac{16x^2}{9}+\frac{4y^2}{9}=1$　　C. $\frac{2x^2}{3}+\frac{y^2}{3}=1$　　D. $\frac{4x^2}{3}+\frac{2y^2}{3}=1$

4. 椭圆$\frac{x^2}{a^2}+\frac{y^2}{b^2}=1(a>b>0)$的左右焦点分别为$F_1,F_2$，若椭圆上一点$P$满足$PF_2\perp F_1F_2$，且$|PF_1|=2|PF_2|$，则该椭圆的离心率为(　　)

A. $\frac{\sqrt{2}}{2}$　　B. $\frac{\sqrt{2}}{3}$　　C. $\frac{\sqrt{3}}{2}$　　D. $\frac{\sqrt{3}}{3}$

5. 已知椭圆$\frac{x^2}{m}+\frac{y^2}{4}=1$的离心率$e=\frac{\sqrt{2}}{2}$，则$m$的值等于________。

6. 椭圆$\frac{x^2}{a^2}+\frac{y^2}{b^2}=1(a>b>0)$的离心率为$e=\frac{\sqrt{3}}{2}$，则$\frac{a}{b}$等于________。

7. 已知椭圆$\frac{x^2}{a^2}+\frac{y^2}{b^2}=1(a>b>0)$的顶点为$B(0,3)$，椭圆的右焦点到右顶点的距离为$\sqrt{3}$，直线$l$交椭圆于$M,N$两点。

(1)求椭圆的方程；

(2)如果$\triangle BMN$的重心恰好为椭圆的左焦点F，求直线l的方程。

8. 已知椭圆$C:\frac{x^2}{a^2}+\frac{y^2}{b^2}=1(a>b>0)$的离心率为$\frac{\sqrt{6}}{3}$，其短轴的一个端点与两个焦点构成的三角形面积为$\sqrt{2}$。

(1)求椭圆的方程；

(2)已知动直线$y=k(x+1)$与椭圆C交于A,B两点，若线段AB的中点的横坐标为$-\frac{1}{2}$，求斜率k的值。

9. 已知椭圆$C:\frac{x^2}{a^2}+\frac{y^2}{b^2}=1(a>b>0)$的离心率为$\frac{\sqrt{2}}{2}$，椭圆的中心$O$到直线$x+y-2b=0$的距离为$5\sqrt{2}$。

(1)求椭圆C的方程；

(2)设过椭圆C的右焦点F且斜率为$\sqrt{2}$的直线l和椭圆交于A,B两点，对于椭圆C上任意一点Q，若$\overrightarrow{OQ}=\lambda\overrightarrow{OA}+\mu\overrightarrow{OB}(\lambda,\mu\in\mathbf{R})$，求$\lambda\mu$的最大值。

10. 已知定点$A(-\sqrt{3},0)$，$B(\sqrt{3},0)$，动点P满足$k_{PA}\cdot k_{PB}=-\frac{2}{3}$，记动点$P$的轨迹为$C$。

(1)求动点P的轨迹C的方程；

(2)已知动直线 l 的方程为 $y=k(x-1)$,其中 $k\in\mathbf{R}$,若动直线 l 与曲线 C 相交于 MN 两点,且点 M 关于 x 轴的对称点为点 Q,求证:直线 QN 经过一定点,并求出该定点坐标。

11. 已知抛物线 $y^2=4\sqrt{2}x$ 的焦点为椭圆$\frac{x^2}{a^2}+\frac{y^2}{b^2}=1(a>b>0)$的右焦点,且椭圆的长轴长为 4,左右顶点分别为 A,B,经过椭圆左焦点的直线 l 与椭圆交于 C,D(异于 A,B)两点。

(1)求椭圆的标准方程;

(2)求四边形 $ADBC$ 的面积的最大值。

12. 已知椭圆 $G:\frac{x^2}{a^2}+\frac{y^2}{b^2}=1(a>b>0)$的离心率为$\frac{\sqrt{6}}{3}$,右焦点为$(2\sqrt{2},0)$,斜率为 1 的直线 l 与椭圆 G 交于 A,B 两点,以 AB 为底边作等腰三角形,顶点为 $P(-3,2)$。

(1)求椭圆 G 的方程;

(2)求$\triangle PAB$ 的面积。

招教易错能力刷

1. 已知椭圆 $C:\frac{x^2}{a^2}+\frac{y^2}{b^2}=1(a>b>0)$的离心率为$\frac{\sqrt{3}}{2}$,双曲线 $x^2-y^2=1$ 的渐近线与椭圆有四个交点,以这四个交点为顶点的四边形的面积为 16,则椭圆 C 的方程为(　　)

A. $\frac{x^2}{8}+\frac{y^2}{2}=1$　　B. $\frac{x^2}{12}+\frac{y^2}{6}=1$　　C. $\frac{x^2}{16}+\frac{y^2}{4}=1$　　D. $\frac{x^2}{20}+\frac{y^2}{5}=1$

2. 设 F_1,F_2为椭圆$\frac{x^2}{4}+\frac{y^2}{3}=1$ 的左右焦点,点 P 在椭圆上,且 $|\overrightarrow{PF_1}|-|\overrightarrow{PF_2}|=m\geqslant 1$,则$\frac{\overrightarrow{PF_1}\cdot\overrightarrow{PF_2}}{|\overrightarrow{PF_1}|-|\overrightarrow{PF_2}|}$的最大值和最小值的和是(　　)

A. $\frac{10}{9}$　　B. $\frac{14}{9}$　　C. $\frac{15}{4}$　　D. $\frac{21}{4}$

3. 如图,椭圆 $C_1:\frac{x^2}{a^2}+\frac{y^2}{b^2}=1(a>b>0)$的离心率为$\frac{\sqrt{3}}{2}$,$x$ 轴被曲线 $C_2:y=x^2-b$ 截得的线段长等于 C_1 的长半轴长。

(1)求 C_1,C_2 的方程;

(2)设 C_2 与 y 轴的交点为 M,过坐标原点 O 的直线 l 与 C_2 相交于点 A,B,直线 MA,MB 分别与 C_1 相交于点 D,E。

①证明:$MD\perp ME$。

②记$\triangle MAB$,$\triangle MDE$ 的面积分别为 S_1,S_2。问:是否存在直线 l,使得$\frac{S_1}{S_2}=\frac{17}{32}$?请说明理由。

4. 已知椭圆$\frac{x^2}{a^2}+\frac{y^2}{b^2}=1(a>b>0)$，离心率为$\frac{1}{2}$，$F_1$为左焦点，椭圆上的动点$P$到焦点$F_1$的最大距离等于6。

(1)求椭圆的方程；

(2)若点P到直线$x-2y+t=0$的最小距离$d\in[\sqrt{5},+\infty)$，求实数t的取值范围。

5. 已知椭圆C的中心在原点，焦点F_1,F_2在x轴上，离心率$e=\frac{\sqrt{2}}{2}$，且经过点$M(\sqrt{2},1)$。

(1)求椭圆C的方程；

(2)如图所示，若直线l经过椭圆C的右焦点F_2，且与椭圆C交于A,B两点，使得$\overrightarrow{F_1F_2}=\frac{3}{4}\overrightarrow{F_1A}+\frac{1}{4}\overrightarrow{F_1B}$，求直线$l$的方程。

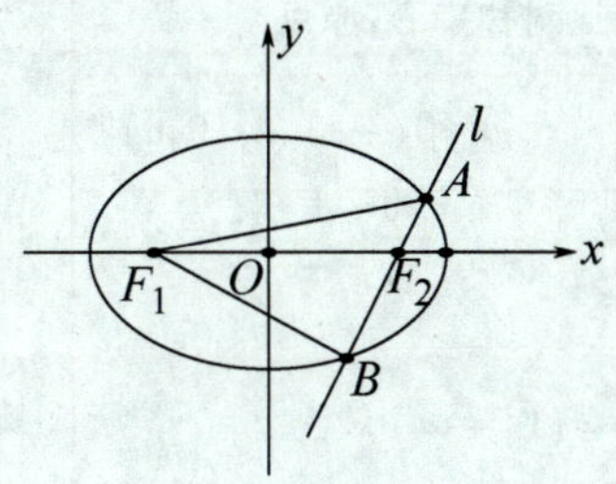

第五节　双曲线

1. 双曲线的定义

若F_1,F_2是两定点，P为动点，且$||PF_1|-|PF_2||=$

$2a<|F_1F_2|$（a 为非零常数），则动点 P 的轨迹是双曲线。

2. 双曲线的标准方程和几何性质

标准方程		$\frac{x^2}{a^2}-\frac{y^2}{b^2}=1(a>0,b>0)$	$\frac{y^2}{a^2}-\frac{x^2}{b^2}=1(a>0,b>0)$
图形			
几何性质	范围	$x\geqslant a$ 或 $x\leqslant -a,y\in\mathbf{R}$	$y\leqslant -a$ 或 $y\geqslant a,x\in\mathbf{R}$
	对称性	对称轴：坐标轴；对称中心：原点	
	顶点	$A_1(-a,0),A_2(a,0)$	$A_1(0,-a),A_2(0,a)$
	渐近线	$y=\pm\frac{b}{a}x$	$y=\pm\frac{a}{b}x$
	离心率	$e=\frac{c}{a},e\in(1,+\infty)$	
	准线	$x=\pm\frac{a^2}{c}$	$y=\pm\frac{a^2}{c}$
	a,b,c 的关系	$c^2=a^2+b^2$	
	实虚轴	线段 A_1A_2 叫作双曲线的实轴，它的长 $|A_1A_2|=2a$；线段 B_1B_2 叫作双曲线的虚轴，它的长 $|B_1B_2|=2b$（a 叫作双曲线的实半轴长，b 叫作双曲线的虚半轴长）	

3. 共轭双曲线

如果一双曲线的实轴及虚轴分别为另一双曲线的虚轴及实轴，则它们互为共轭双曲线。它们有相同的渐近线，并且 4 个焦点共圆，它们的离心率 e_1,e_2 满足关系式 $\frac{1}{e_1^2}+\frac{1}{e_2^2}=1$。

考向分析

双曲线的方程和性质是教师招聘考试中的重点内容，有时单独考查，有时会与平面几何知识、直线、其他圆锥曲线知识结合考查，考生要重点掌握其基本概念与性质，并能结合其他知识进行解题。

思想应用

A. 数形结合思想：每一个曲线的方程都对应着一条曲线，画出方程的曲线，利用定义或几何性质解题。

B. 分类讨论思想：有些解析几何问题中，由于焦点、准线、或渐近线位置的不确定性需要对问题进行分类讨论。

招教考向解读

考向1 双曲线的定义及其应用

解法突破

(1)利用双曲线的定义可以判定平面内动点与两定点的轨迹是否为双曲线,进而根据要求可求出双曲线方程;

(2)在“焦点三角形”中,常利用正弦定理、余弦定理,经常结合$||PF_1|-|PF_2||=2a$,并运用平方的方法,建立它与$|PF_1||PF_2|$的关系;

(3)在运用双曲线的定义解题时,应特别注意定义中的条件“差的绝对值”,弄清楚是指整条双曲线还是双曲线的一支。

真题过招

(2021 山东日照,多选,3 分)已知双曲线$C:\frac{x^2}{a^2}-\frac{y^2}{9}=1(a>0)$的左、右焦点分别为$F_1,F_2$,其中一条渐近线方程为$y=\frac{3}{4}x$,$P$为$C$上一点,则以下说法正确的是(　　)

A. C的离心率为$\frac{5}{3}$　　B. C的实轴长为8

C. C的焦距为10　　D. $|PF_1|-|PF_2|=8$

答案解析

BC 【解析】已知双曲线$C:\frac{x^2}{a^2}-\frac{y^2}{9}=1(a>0)$的一条渐近线方程为$y=\frac{b}{a}x=\frac{3}{4}x$,易得$a=4$,所以该双曲线方程为$\frac{x^2}{16}-\frac{y^2}{9}=1$,$c=\sqrt{a^2+b^2}=\sqrt{16+9}=5$,则离心率$e=\frac{c}{a}=\frac{5}{4}$,A选项错误;实轴长$2a=8$,B选项正确;焦距$2c=10$,C选项正确;$|PF_1|-|PF_2|=\pm2a=\pm8$,D选项错误。

变式训练

设F_1,F_2是双曲线$x^2-\frac{y^2}{24}=1$的两个焦点,P是双曲线上的一点,且$3|PF_1|=4|PF_2|$,则

$\triangle PF_1F_2$ 的面积等于(　　)

A. $4\sqrt{2}$　　B. $8\sqrt{3}$

C. 24　　D. 48

考向2 求解双曲线的标准方程

解法突破

(1)先根据动点轨迹满足的条件判断轨迹是否为双曲线(或其中一支),然后根据双曲线的定义,确定 a^2 的值,结合焦点位置可写出双曲线方程。

(2)"先定型,再定量",首先根据焦点位置设出双曲线方程的标准形式,根据已知条件,列出参数 a,b,c 的方程并求出 a,b,c 的值。注意 $a^2+b^2=c^2$ 的应用,如果焦点位置不确定,考虑是否有两解。另一双曲线与双曲线$\frac{x^2}{a^2}-\frac{y^2}{b^2}=1$ 有相同渐近线时,可设所求双曲线方程为$\frac{x^2}{a^2}-\frac{y^2}{b^2}=\lambda$ $(\lambda\neq0)$。

真题过招

(2022 山西特岗,3 分)已知双曲线 M:$\frac{x^2}{a^2}-\frac{y^2}{b^2}=1(a>0,b>0)$的离心率为$\sqrt{3}$,$AB$ 为过双曲线右焦点的一条弦,且 AB 长度的最小值为 4,则双曲线 M 的方程为(　　)

A. $\frac{x^2}{2}-y^2=1$　　B. $x^2-\frac{y^2}{2}=1$

C. $\frac{x^2}{2}-\frac{y^2}{4}=1$　　D. $\frac{x^2}{4}-\frac{y^2}{8}=1$

答案解析

B 【解析】由题意得,当 AB 长度最小时,AB 过焦点且垂直于 x 轴,可列方程 $\begin{cases}\frac{c^2}{a^2}-\frac{4}{b^2}=1,\\ e=\frac{c}{a}=\sqrt{3},\end{cases}$解得$\begin{cases}a^2=1,\\ b^2=2,\end{cases}$故双曲线 M 的方程为 $x^2-\frac{y^2}{2}=1$。

变式训练

1. 已知双曲线$\frac{x^2}{a^2}-\frac{y^2}{b^2}=1$ $(a>0,b>0)$的离心率为 2,过右焦点且垂直于 x 轴的直线与双曲线

交于 A,B 两点。设 A,B 到双曲线的同一条渐近线的距离分别为 d_1 和 d_2，且 $d_1+d_2=6$，则双曲线的方程为(　　)

A. $\frac{x^2}{3}-\frac{y^2}{9}=1$　　B. $\frac{x^2}{9}-\frac{y^2}{3}=1$

C. $\frac{x^2}{4}-\frac{y^2}{12}=1$　　D. $\frac{x^2}{12}-\frac{y^2}{4}=1$

2. 已知双曲线 $\frac{x^2}{a^2}-\frac{y^2}{b^2}=1(a>0,b>0)$ 的一条渐近线平行于直线 $l:y=2x+10$，双曲线的一个焦点在直线 l 上，则双曲线的方程为(　　)

A. $\frac{x^2}{5}-\frac{y^2}{20}=1$　　B. $\frac{x^2}{20}-\frac{y^2}{5}=1$

C. $\frac{3x^2}{25}-\frac{3y^2}{100}=1$　　D. $\frac{3x^2}{100}-\frac{3y^2}{25}=1$

考向3　双曲线的渐近线

解法突破

(1)由双曲线方程求渐近线的一种简洁方法是将 $\frac{x^2}{a^2}-\frac{y^2}{b^2}=1(a>0,b>0)$(或 $\frac{y^2}{a^2}-\frac{x^2}{b^2}=1(a>0,b>0)$)中的"1"换为"0"，即令 $\frac{x^2}{a^2}=\frac{y^2}{b^2}$(或 $\frac{y^2}{a^2}=\frac{x^2}{b^2}$)，得出渐近线为 $y=\pm\frac{b}{a}x$(或 $y=\pm\frac{a}{b}x$)，也可写成 $bx\pm ay=0$(或 $ax\pm by=0$ 的形式)。

(2)由 $a^2+b^2=c^2$ 得到以下结论：①若双曲线的渐近线方程为 $y=\pm kx(k>0)$，那么双曲线的离心率为 $e=\sqrt{1+k^2}$(焦点在 x 轴)或 $e=\sqrt{1+\frac{1}{k^2}}$(焦点在 y 轴)；②若双曲线的离心率为 e，那么其渐近线方程为 $y=\pm\sqrt{e^2-1}x$(焦点在 x 轴)或 $y=\pm\sqrt{\frac{1}{e^2-1}}x$(焦点在 y 轴)。

真题过招»

1. (2021 山东东营，1.2 分)已知双曲线 $E:\frac{x^2}{a^2}-\frac{y^2}{b^2}=1(a>0,b>0)$，若双曲线 E 的右焦点 F 关于直线 $y=\frac{\sqrt{3}}{3}x$ 的对称点在双曲线 E 的一条渐近线上，则双曲线 E 的离心率为________。

答案解析

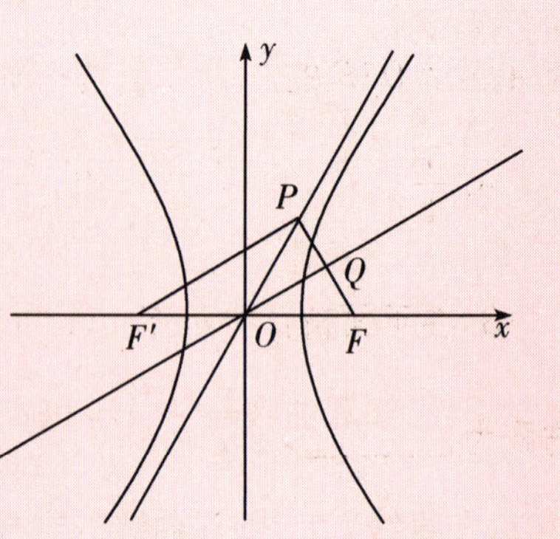

2 【解析】如图,设焦点 F 关于直线 $y=\frac{\sqrt{3}}{3}x$ 的对称点为 P,双曲线 E 的左焦点为 F',PF 与直线 $y=\frac{\sqrt{3}}{3}x$ 的交点为 Q,则由 Q,O 分别为 PF,FF' 的中点,可得 $OQ/\!/PF'$,$\therefore \angle F'PF=\angle OQF=90°$,则 $|OP|=|OF|$,又 $\tan\angle QOF=\frac{\sqrt{3}}{3}$,$\therefore \angle QOF=30°$,则 $\angle POF=60°$,又$\because$ 点 P 在渐近线上,$\therefore \tan\angle POF=\sqrt{3}=\frac{b}{a}$,$\therefore e=\sqrt{1+\left(\frac{b}{a}\right)^2}=2$。

2. (2020 湖南长沙小数,1.5 分)椭圆 $\frac{x^2}{a^2}+\frac{y^2}{b^2}=1\ (a>b>0)$ 与双曲线 $\frac{x^2}{m^2}-\frac{y^2}{n^2}=1\ (m>0,n>0)$ 的焦点相同,F 为左焦点,椭圆与双曲线在第一象限、第三象限的交点分别为 A,B,且 $\angle AFB=\frac{2\pi}{3}$,则当这两条曲线的离心率之积最小时,双曲线有一条渐近线方程为(　　)

A. $x-2y=0$　　B. $2x+y=0$　　C. $x-\sqrt{2}y=0$　　D. $\sqrt{2}x+y=0$

答案解析

C 【解析】设双曲线的右焦点为 F_1,由题意可得点 A 与点 B 关于原点对称,因此 $|AF|=|BF_1|$,又 $\angle AFB=\frac{2\pi}{3}$,所以 $\angle FAF_1=\frac{\pi}{3}$,由椭圆与双曲线的定义可得 $|AF|+|AF_1|=2a$,$|AF|-|AF_1|=2m$,所以 $|AF|=a+m$,$|AF_1|=a-m$,根据余弦定理可得 $|FF_1|^2=|AF|^2+|AF_1|^2-2|AF|\cdot|AF_1|\cdot\cos\angle FAF_1$,即 $4c^2=(a+m)^2+(a-m)^2-2(a+m)\cdot(a-m)\cos\frac{\pi}{3}$,化简得 $4c^2=3m^2+a^2\geqslant 2\sqrt{3m^2\cdot a^2}=2\sqrt{3}ma$,所以这两条曲线的离心率之积为 $\frac{c}{a}\cdot\frac{c}{m}=\frac{c^2}{am}\geqslant\frac{\sqrt{3}}{2}$,当且仅当 $3m^2=a^2$①时取等号,由 $a^2-b^2=m^2+n^2$,得 $4c^2-3m^2-b^2=m^2+n^2$,所以 $b^2=3n^2$②,再将①②代入 $a^2-b^2=m^2+n^2$ 可得 $m^2=2n^2$,所以双曲线的渐近线方程为 $x-\sqrt{2}y=0$ 或 $x+\sqrt{2}y=0$。故选 C。

变式训练

1. 渐近线方程为 $x\pm y=0$ 的双曲线的离心率为(　　)

A. $\frac{\sqrt{2}}{2}$　　B. 1　　C. $\sqrt{2}$　　D. 2

2. 已知双曲线 $C:\frac{x^2}{a^2}-\frac{y^2}{b^2}=1(a>0,b>0)$，以右焦点 F 为圆心，3 为半径的圆与渐近线相切于点 A，且△OAF 的面积为 6，那么双曲线 C 的离心率为(　　)

A. $\frac{5}{4}$　　B. $\frac{4}{3}$　　C. $\frac{3}{2}$　　D. $\frac{5}{3}$

3. 在平面直角坐标系 xOy 中，若双曲线 $x^2-\frac{y^2}{b^2}=1(b>0)$ 经过点(3,4)，则该双曲线的渐近线方程为________。

考向4 双曲线的离心率及取值范围

解法突破

求双曲线离心率的常用公式为 $e=\frac{c}{a}=\frac{2c}{2a}=\frac{|F_1F_2|}{||PF_1|-|PF_2||}=\sqrt{1+\frac{b^2}{a^2}}\in(1,+\infty)$，求离心率的本质就是研究 a 与 c 的数量关系，只需知道 a,b,c 中任意两者之间的等量关系或者不等关系，就能求出 e 的值或确定其取值范围。

真题过招

1. (2022 陕西特岗，2 分)已知双曲线的方程为 $\frac{x^2}{9}-\frac{y^2}{16}=1$，则其离心率的值为(　　)

A. $\frac{3}{5}$　　B. $\frac{5}{3}$　　C. $\frac{4}{5}$　　D. $\frac{5}{4}$

答案解析

B 【解析】因为双曲线的方程为 $\frac{x^2}{9}-\frac{y^2}{16}=1$，所以 $a=\sqrt{9}=3$，$c=\sqrt{9+16}=5$，那么双曲线的离心率为 $e=\frac{c}{a}=\frac{5}{3}$。

2. (2020 天津南开区，2 分)已知双曲线 $\frac{x^2}{a^2}-\frac{y^2}{b^2}=1(a>0,b>0)$，以原点为圆心，双曲线的实半轴长为半径的圆与双曲线的两条渐近线相交于 A,B,C,D 四点，四边形 $ABCD$ 的面积为 ab，则双曲线的离心率为(　　)

A. $\sqrt{2}$　　B. 2　　C. $\sqrt{5}$　　D. 4

答案解析

B 【解析】由题意得，圆的方程为 $x^2+y^2=a^2$，双曲线的渐近线为 $y=\pm\frac{b}{a}x$，联立方程 $\begin{cases}x^2+y^2=a^2,\\ y=\pm\frac{b}{a}x,\end{cases}$ 则圆的方程与两条渐近线的交点坐标为 $\left(\pm\frac{a^2}{c},\pm\frac{ab}{c}\right)$，且四边形 $ABCD$ 为矩形，则四边形 $ABCD$ 的面积为 $S=\frac{2a^2}{c}\cdot\frac{2ab}{c}=ab$，解得 $\frac{4a^2}{c^2}=1$，故双曲线的离心率为 $e=\frac{c}{a}=2$。

变式训练

1. 已知 F_1,F_2 分别是双曲线 $E:\frac{x^2}{a^2}-\frac{y^2}{b^2}=1(a>0,b>0)$ 的左、右焦点，点 M 在 E 上，MF_1 与 x 轴垂直，$\sin\angle MF_2F_1=\frac{1}{3}$，则 E 的离心率为（　　）

A. $\sqrt{2}$　　B. $\frac{3}{2}$

C. $\sqrt{3}$　　D. 2

2. 设 F_1,F_2 分别是双曲线 $E:\frac{x^2}{a^2}-\frac{y^2}{b^2}=1(a>0,b>0)$ 的左、右焦点，若在双曲线的右支上存在点 P，满足 $|PF_2|=|F_1F_2|$，且点 F_2 到 PF_1 的距离等于双曲线的实轴长，则双曲线 E 的离心率为________。

3. 双曲线 $\frac{x^2}{a^2}-\frac{y^2}{b^2}=1(a>0,b>0)$ 的两个焦点分别为 F_1,F_2，若 P 为双曲线上一点，且 $|PF_1|=2|PF_2|$，那么双曲线离心率的取值范围为（　　）

A. $(1,3)$　　B. $(1,3]$

C. $(3,+\infty)$　　D. $[3,+\infty)$

考向5　双曲线的焦点三角形

解法突破

双曲线的焦点三角形问题，需要结合双曲线相关性质和解三角形共同完成，当涉及 $|PF_1|\cdot|PF_2|$ 时，一般需要用到双曲线的定义。

关于焦点三角形的面积问题，有以下两种情况：①已知夹角 θ，那么有 $S_{\triangle PF_1F_2}=\frac{1}{2}|PF_1|\cdot$

$|PF_2|\sin\theta$，可利用余弦定理辅助解答；②夹角未知，$S_{\triangle PF_1F_2}=\frac{1}{2}|PF_1|\cdot|PF_2|\sin\theta$。

典例

双曲线$\frac{x^2}{5}-\frac{y^2}{4}=1$的两个焦点分别为$F_1,F_2,P$是双曲线上一点，且$\angle F_1PF_2=90°$，则$\triangle F_1PF_2$的面积为________。

答案解析

4 【解析】如图所示，不妨设点P为双曲线右支上的一点，因为双曲线的标准方程为$\frac{x^2}{5}-\frac{y^2}{4}=1$，令$|PF_1|=m$，$|PF_2|=n$，易知$|PF_1|-|PF_2|=m-n=2\sqrt{5}$，即$m^2+n^2=(m-n)^2+2mn=20+2mn$，又因为$\angle F_1PF_2=90°$，所以$m^2+n^2=|F_1F_2|^2=4c^2=36$，那么$mn=8$，所以$S_{\triangle F_1PF_2}=\frac{1}{2}mn=4$。

变式训练

已知双曲线C：$\frac{x^2}{a^2}-\frac{y^2}{b^2}=1(a>0,b>0)$的离心率为2，左右焦点分别为$F_1,F_2$，点$A$在双曲线$C$上，若$\triangle AF_1F_2$的周长为$10a$，则$\triangle AF_1F_2$的面积为（　　）

A. $\sqrt{15}a^2$　　B. $5\sqrt{15}a^2$

C. $15a^2$　　D. $30a^2$

招教易错突破

易错点　忽视焦点所在坐标轴

（1）求解椭圆的标准方程时，常因惯性思维下意识认为焦点应该在x轴上，从而得出错误或不完整的答案，要注意：①若焦点在x轴上，那么椭圆的标准方程应设为$\frac{x^2}{a^2}+\frac{y^2}{b^2}=1(a>b>0)$；②若焦点在$y$轴上，那么椭圆的标准方程应设为$\frac{y^2}{a^2}+\frac{x^2}{b^2}=1(a>b>0)$。

（2）求解双曲线的标准方程以及渐近线方程时，因惯性思维认为焦点一定在x轴上，从而得出错误的答案或不完整的答案，要注意：①若焦点在 x 轴上，那么双曲线的标准方程应设为$\frac{x^2}{a^2}-\frac{y^2}{b^2}=1$ $(a>0,b>0)$，渐近线方程为 $y=\pm\frac{b}{a}x$；②若焦点在 y 轴上，那么双曲线的标准方程应设为$\frac{y^2}{a^2}-\frac{x^2}{b^2}=1(a>0,b>0)$，渐近线方程为 $y=\pm\frac{a}{b}x$。

求经过点 $A(\sqrt{3},-2)$ 和点 $B(-2\sqrt{3},1)$ 的椭圆的标准方程。

【错因分析】由椭圆经过的两点并不能确定其焦点所在坐标轴，忽视了讨论椭圆焦点所在的坐标轴而致错。

答案解析

【解析】①当焦点在 x 轴上时，设椭圆的标准方程为$\frac{x^2}{a^2}+\frac{y^2}{b^2}=1(a>b>0)$，由题意得

$\begin{cases}\frac{(\sqrt{3})^2}{a^2}+\frac{(-2)^2}{b^2}=1,\\ \frac{(-2\sqrt{3})^2}{a^2}+\frac{1}{b^2}=1,\end{cases}$ 解得$\begin{cases}a^2=15,\\ b^2=5。\end{cases}$故所求椭圆的标准方程为$\frac{x^2}{15}+\frac{y^2}{5}=1$。

②当焦点在 y 轴上时，设椭圆的标准方程为$\frac{y^2}{a^2}+\frac{x^2}{b^2}=1(a>b>0)$，由题意得

$\begin{cases}\frac{(-2)^2}{a^2}+\frac{(\sqrt{3})^2}{b^2}=1,\\ \frac{1}{a^2}+\frac{(-2\sqrt{3})^2}{b^2}=1,\end{cases}$ 解得$\begin{cases}a^2=5,\\ b^2=15。\end{cases}$因为 $a>b>0$，所以无解。

综上所述，所求椭圆的标准方程为$\frac{x^2}{15}+\frac{y^2}{5}=1$。

变式训练

已知双曲线的渐近线方程是 $y=\pm\frac{2}{3}x$，焦距为 $2\sqrt{26}$，求双曲线的标准方程。

必刷好题

招教高频基础刷

1. “$mn<0$”是“$mx^2+ny^2=1$为双曲线”的(　　)

A. 充分不必要条件

B. 必要不充分条件

C. 充要条件

D. 既不充分也不必要条件

2. 已知方程$\frac{x^2}{m^2+n}-\frac{y^2}{3m^2-n}=1$表示双曲线，且该双曲线两焦点间的距离为4，则$n$的取值范围是(　　)

A. $(-1,3)$

B. $(-1,\sqrt{3})$

C. $(0,3)$

D. $(0,\sqrt{3})$

3. 双曲线$y^2-\frac{x^2}{m}=1$的离心率$e=2$，则以双曲线的两条渐近线与抛物线$y^2=mx$的交点为顶点的三角形面积为(　　)

A. $\sqrt{3}$

B. $9\sqrt{3}$

C. $27\sqrt{3}$

D. $36\sqrt{3}$

4. 双曲线$\frac{x^2}{a^2}-\frac{y^2}{b^2}=1$和椭圆$\frac{x^2}{m^2}+\frac{y^2}{b^2}=1(a>0,m>b>0)$的离心率互为倒数，那么(　　)

A. $a^2+b^2=m^2$

B. $a^2+b^2>m^2$

C. $a^2+b^2<m^2$

D. $a+b=m$

5. 已知F_1,F_2为双曲线$C:x^2-y^2=2$的左、右焦点，点P在C上，$|PF_1|=2|PF_2|$，则$\cos\angle F_1PF_2=$(　　)

A. $\frac{1}{4}$

B. $\frac{3}{5}$

C. $\frac{3}{4}$

D. $\frac{4}{5}$

6. F_1,F_2分别是双曲线$C:\frac{x^2}{a^2}-\frac{y^2}{b^2}=1(a>0,b>0)$的左、右焦点，$B$是虚轴的端点，直线$F_1B$与双曲线$C$的两条渐近线分别交于$P,Q$两点，线段$PQ$的垂直平分线与$x$轴交于点$M$。若$|MF_2|=$

$|F_1F_2|$,则双曲线 C 的离心率是(　　)

A. $\frac{2\sqrt{3}}{3}$　　B. $\frac{\sqrt{6}}{2}$

C. $\sqrt{2}$　　D. $\sqrt{3}$

7. 过双曲线$\frac{x^2}{a^2}-\frac{y^2}{b^2}=1(a>0,b>0)$的右顶点 A 作斜率为 -1 的直线,该直线与双曲线的两条渐近线的交点分别为点 B,C。若$\overrightarrow{AB}=\frac{1}{2}\overrightarrow{BC}$,则双曲线的离心率 e 为(　　)

A. $\sqrt{2}$　　B. $\sqrt{3}$　　C. $\sqrt{5}$　　D. $\sqrt{10}$

8. 双曲线$\frac{x^2}{4}-\frac{y^2}{12}=1$ 的焦点到渐近线的距离为(　　)

A. $2\sqrt{3}$　　B. 2　　C. $\sqrt{3}$　　D. 1

9. 设圆锥曲线 C 的两个焦点分别为 F_1,F_2。若曲线 C 上存在点 P 满足 $|PF_1|:|F_1F_2|:|PF_2|=4:3:2$,则曲线 C 的离心率等于(　　)

A. $\frac{1}{2}$或$\frac{3}{2}$　　B. $\frac{2}{3}$或 2

C. $\frac{1}{2}$或 2　　D. $\frac{2}{3}$或$\frac{3}{2}$

10. 在平面直角坐标系 xOy 中,已知双曲线$\frac{x^2}{a^2}-\frac{y^2}{b^2}=1(a>0,b>0)$的焦点到一条渐近线 l 的距离为 4,若渐近线 l 恰好是曲线 $y=x^3-3x^2+2x$ 在原点处的切线,则此双曲线的标准方程为________。

11. 已知双曲线$\frac{x^2}{4}-\frac{y^2}{12}=1$ 的左、右焦点分别为 F_1,F_2,P 为右支上一动点,点 Q 的坐标是(1,4),则$|PQ|+|PF_1|$的最小值为________。

12. 已知双曲线$\frac{x^2}{a^2}-\frac{y^2}{b^2}=1(a>0,b>0)$的离心率等于$\frac{3}{2}$,且点$(-2\sqrt{2},\sqrt{5})$在双曲线上。

(1)求双曲线的方程;

(2)若双曲线的左顶点为 A_1,右焦点为 F_2,P 为双曲线右支上任意一点,求$\overrightarrow{PA_1}\cdot\overrightarrow{PF_2}$的最小值。

招教易错能力刷

1. 设 F_1,F_2分别是双曲线 $x^2-\frac{y^2}{9}=1$ 的左右焦点,若点 P 在双曲线上,且$\overrightarrow{PF_1}\cdot\overrightarrow{PF_2}=0$,则

$|\overrightarrow{PF_1}+\overrightarrow{PF_2}|=$(　　)

A. $\sqrt{10}$　　B. $2\sqrt{10}$　　C. $\sqrt{5}$　　D. $2\sqrt{5}$

2. 若双曲线的两焦点为 $F_1(0,-4)$，$F_2(0,4)$，双曲线的弦 AB 过点 F_1，若 $\triangle ABF_2$ 的周长为 24，且 $|AB|=8$，那么该双曲线的方程为(　　)

A. $\frac{x^2}{4}-\frac{y^2}{12}=1$　　B. $\frac{x^2}{12}-\frac{y^2}{4}=1$　　C. $\frac{y^2}{4}-\frac{x^2}{12}=1$　　D. $\frac{y^2}{12}-\frac{x^2}{4}=1$

3. 已知 $a>b>0$，椭圆 C_1 的方程为 $\frac{x^2}{a^2}+\frac{y^2}{b^2}=1$，双曲线 C_2 的方程为 $\frac{x^2}{a^2}-\frac{y^2}{b^2}=1$，$C_1$ 与 C_2 的离心率之积为 $\frac{\sqrt{3}}{2}$，则 C_2 的渐近线方程为(　　)

A. $x\pm\sqrt{2}y=0$　　B. $\sqrt{2}x\pm y=0$

C. $x\pm 2y=0$　　D. $2x\pm y=0$

4. 如图，F 为双曲线 $C:\frac{x^2}{a^2}-\frac{y^2}{b^2}=1(a>0,b>0)$ 的右焦点，P 为双曲线 C 右支上一点，且位于 x 轴上方，M 为左准线上一点，O 为坐标原点。已知四边形 $OFPM$ 为菱形。

(1) 求双曲线 C 的离心率 e；

(2) 若经过焦点 F 且平行于 OP 的直线交双曲线于 A,B 两点，且 $|AB|=12$，求此时的双曲线方程。

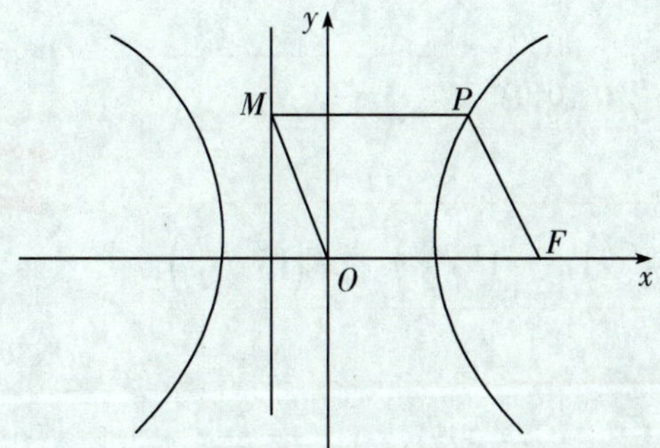

第六节　抛物线

1. 抛物线的定义

平面内与一个定点 F 和一条定直线 l（l 不经过点 F）距离相等的点的轨迹叫作抛物线。

2. 抛物线的标准方程与几何性质

标准方程		$y^2=2px$ $(p>0)$	$y^2=-2px$ $(p>0)$	$x^2=2py$ $(p>0)$	$x^2=-2py$ $(p>0)$
		p 的几何意义：焦点 F 到准线 l 的距离			
图形					
几何性质	顶点	$O\ (0,0)$			
	对称轴	x 轴		y 轴	
	焦点	$F\left(\frac{p}{2},0\right)$	$F\left(-\frac{p}{2},0\right)$	$F\left(0,\frac{p}{2}\right)$	$F\left(0,-\frac{p}{2}\right)$
	离心率	$e=1$			
	准线	$x=-\frac{p}{2}$	$x=\frac{p}{2}$	$y=-\frac{p}{2}$	$y=\frac{p}{2}$
	范围	$x\geqslant0,y\in\mathbf{R}$	$x\leqslant0,y\in\mathbf{R}$	$y\geqslant0,x\in\mathbf{R}$	$y\leqslant0,x\in\mathbf{R}$
	开口方向	向右	向左	向上	向下
	焦半径	$\lvert PF\rvert=x_0+\frac{p}{2}$	$\lvert PF\rvert=-x_0+\frac{p}{2}$	$\lvert PF\rvert=y_0+\frac{p}{2}$	$\lvert PF\rvert=-y_0+\frac{p}{2}$

考向分析

抛物线的方程和性质及弦长公式是教师招聘考试中的重点内容，有时单独考查，有时会与平面几何知识、直线、其他圆锥曲线知识结合考查，考生要重点掌握其基本概念与性质，并能结合其他知识进行解题。

思想应用

A. 数形结合思想：每一个曲线方程都对应着一条曲线，画出方程的曲线图形，利用定义或几何性质解题。

B. 分类讨论思想：有些解析几何问题中，由于焦点、准线位置的不确定性需要对问题进行分类讨论。

招教考向解读

考向1 抛物线的定义及其应用

解法突破

题目中出现“点点距离”“点线距离”时，通常考虑用抛物线的定义来探索动点的轨迹是否为抛物线，关键在于探究这两个距离是否相等。

(1)将抛物线上的点到准线的距离转化为该点到焦点的距离，构造出“两点之间线段最短”，使问题得解。

(2)将抛物线上的点到焦点的距离转化为该点到准线的距离，利用“与直线上所有点的连线中，垂线段最短”原理解决。

真题过招

1. (2021 山东青岛,2.5 分)抛物线 $x^2=8y$ 的准线方程为(　　)

A. $y=-4$　　　　B. $x=-4$

C. $y=-2$　　　　D. $x=-2$

答案解析

C 【解析】抛物线$x^2=8y$ 的准线方程为 $y=-2$。

2. (2021 江西高数,1 分)已知点 $A(-2,3)$ 在抛物线 $C:y^2=2px(p>0)$ 的准线上，C 的焦点为 F，则直线 AF 的斜率为(　　)

A. $-\frac{4}{3}$　　　　B. -1

C. $-\frac{3}{4}$　　　　D. $-\frac{1}{2}$

答案解析

C 【解析】因为点 $A(-2,3)$ 在抛物线 $C:y^2=2px(p>0)$ 的准线上，所以 $-2=-\frac{p}{2}$，即$p=4$，故抛物线的焦点坐标为 $F(2,0)$，则直线 AF 的斜率 $k=\frac{3-0}{-2-2}=-\frac{3}{4}$。故选 C。

变式训练

1. (2021 江苏淮安,3 分)抛物线 $y^2=4x$ 的焦点坐标为( )

A. $(0,1)$　　B. $(-1,0)$

C. $(1,0)$　　D. $(0,-1)$

2. 设 P 是抛物线 $y^2=4x$ 上的一个动点,F 为抛物线的焦点,若 $B(3,2)$,则 $|PB|+|PF|$ 的最小值为________。

考向 2 抛物线的标准方程的求解

解法突破

(1)求抛物线的标准方程常用待定系数法,因为未知数只有 p,所以只需一个条件确定 p 值即可。

(2)利用抛物线方程确定及应用其焦点、准线等性质时,关键是将抛物线方程化成标准方程。

(3)涉及抛物线几何性质的问题常结合图形思考,通过图形可以直观地看出抛物线的顶点、对称轴、开口方向等几何特征。

真题过招

(2021 广东广州花都区,3 分)已知抛物线 $y^2=2px$ 的顶点为坐标轴原点,焦点与双曲线 $\frac{x^2}{7}-\frac{y^2}{2}=1$ 的右焦点重合,则 $p=$________。

答案解析

6 【解析】双曲线 $\frac{x^2}{7}-\frac{y^2}{2}=1$ 的右焦点为 $(3,0)$,则有 $\frac{p}{2}=3$,解得 $p=6$。

变式训练

已知双曲线 $\frac{x^2}{a^2}-\frac{y^2}{b^2}=1(a>0,b>0)$ 的两条渐近线与抛物线 $y^2=2px(p>0)$ 的准线分别交于 A,B 两点,O 为坐标原点。若双曲线的离心率为 2,$\triangle AOB$ 的面积为 $\sqrt{3}$,则 $p=$( )

A. 1　　B. $\frac{3}{2}$　　C. 2　　D. 3

考向3 抛物线中的几何量

(一)与抛物线焦半径相关的问题

解法突破

抛物线 $y^2=2px(p>0)$ 上的点 $P(x_0,y_0)$ 到焦点的距离等于它到准线的距离，熟记焦半径公式 $|PF|=x_0+\frac{p}{2}$ 能够在解题中达到事半功倍的效果。

典例

1. 已知 F 是抛物线 $y^2=x$ 的焦点，A，B 是该抛物线上两点，$|AF|+|BF|=3$，则线段 AB 的中点到 y 轴的距离是(　　)

A. $\frac{3}{4}$　　B. 1　　C. $\frac{5}{4}$　　D. $\frac{7}{4}$

答案解析

C　【解析】因为 $|AF|+|BF|=x_A+\frac{p}{2}+x_B+\frac{p}{2}=3$，所以 $x_A+x_B=3-p=3-\frac{1}{2}=\frac{5}{2}$，那么线段 AB 中点到 y 轴的距离为 $\frac{x_A+x_B}{2}=\frac{5}{4}$。

变式训练

1. 抛物线 $y^2=24ax(a>0)$ 上有一点 M，它的横坐标是3，它到焦点的距离是5，则抛物线的方程为(　　)

A. $y^2=8x$　　B. $y^2=12x$

C. $y^2=16x$　　D. $y^2=20x$

(二)与距离相关的几何量

解法突破

在抛物线中求与距离相关的几何量，常常需要利用抛物线的定义和它的几何性质，在距离中间进行转化。

真题过招

2. (2021 山西吕梁孝义,2.47 分)已知 $x=-1$ 为抛物线 $y^2=2px(p>0)$ 的准线,若过点 $Q(1,1)$ 的直线交抛物线于 A,B 两点,且 Q 恰好为 AB 的中点,则 $|AB|=$(　　)

A. $2\sqrt{2}$　　B. $\sqrt{6}$　　C. $\sqrt{10}$　　D. $\sqrt{15}$

答案解析

D 【解析】因为 $x=-1$ 是抛物线 $y^2=2px(p>0)$ 的准线,所以 $-\frac{p}{2}=-1$,即 $p=2$,则 $y^2=4x$,设 $A(x_1,y_1),B(x_2,y_2)$,则 $y_1^2=4x_1,y_2^2=4x_2$,两式相减得 $y_1^2-y_2^2=4x_1-4x_2$,即 $(y_1-y_2)(y_1+y_2)=4(x_1-x_2)$,即 $\frac{y_1-y_2}{x_1-x_2}=\frac{4}{y_1+y_2}$,因为 $Q(1,1)$ 为 AB 的中点,所以 $\frac{y_1-y_2}{x_1-x_2}=\frac{4}{2}=2$,即直线 AB 的斜率为 2,故直线 AB 的方程为 $y=2x-1$,联立 $\begin{cases}y=2x-1,\\y^2=4x,\end{cases}$ 整理得 $4x^2-8x+1=0$,则 $x_1+x_2=2$,$x_1x_2=\frac{1}{4}$,故 $|AB|=\sqrt{1+k^2}|x_1-x_2|=\sqrt{1+2^2}\cdot\sqrt{(x_1+x_2)^2-4x_1x_2}=\sqrt{5}\cdot\sqrt{4-4\times\frac{1}{4}}=\sqrt{15}$。

变式训练

2. (2022 湖南长沙市长沙县,3.5 分)已知抛物线 $y^2=8x$ 的焦点为 F,过点 F 作直线 $x+(m-1)y-2m-2=0$ 的垂线,垂足为 Q,点 P 是抛物线上的动点,则 $|PQ|+|PF|$ 的最小值为(　　)

A. $4+\sqrt{3}$　　B. $4-\sqrt{3}$　　C. $5+\sqrt{2}$　　D. $5-\sqrt{2}$

(三)抛物线的焦点弦

解法突破

过抛物线 $y^2=2px(p>0)$ 的焦点的一条直线和抛物线相交于 $A(x_1,y_1),B(x_2,y_2)$ 两点,则

(1) $|AB|=x_1+x_2+p$;(2) 通径长为 $2p$;(3) $x_1x_2=\frac{p^2}{4},y_1y_2=-p^2$;(4) 若直线 AB 的倾斜角为 θ,则 $|AB|=\frac{2p}{\sin^2\theta}$;(5) 以 AB 为直径的圆与抛物线的准线相切;(6) $|AF|=\frac{p}{1-\cos\theta},|BF|=\frac{p}{1+\cos\theta}$,$\frac{1}{|AF|}+\frac{1}{|BF|}=\frac{2}{p}$。

真题过招

3. (2021 山东临沂,多选,1.8 分)在平面直角坐标系 xOy 中,过抛物线 $x^2=2y$ 的焦点的直线 l 与该抛物线的两个交点为 $A(x_1,y_1)$,$B(x_2,y_2)$,则下列命题正确的是(　　)

A. $x_1x_2=-1$

B. $|OA|+|OB|$的最小值是 $2\sqrt{2}$

C. 以 AB 为直径的圆与直线 $y=-\frac{1}{2}$ 相切

D. 经过点 B 与 x 轴垂直的直线与直线 OA 的交点一定在定直线上

答案解析

ACD 【解析】抛物线 $x^2=2y$ 的焦点是 $(0,\frac{1}{2})$,显然过焦点的直线 l 的斜率存在,设直线 l 的方程为 $y=kx+\frac{1}{2}$,联立方程 $\begin{cases} y=kx+\frac{1}{2}, \\ x^2=2y, \end{cases}$ 整理得 $x^2-2kx-1=0$,则 $x_1+x_2=2k,x_1x_2=-1$,$\therefore y_1+y_2=k(x_1+x_2)+1=2k^2+1,y_1y_2=\frac{x_1^2x_2^2}{4}=\frac{1}{4}$,$\therefore$ A 项正确;当直线 AB 与 x 轴平行时,$|OA|=|OB|=\frac{\sqrt{5}}{2}$,则 $|OA|+|OB|=\sqrt{5}<2\sqrt{2}$,$\therefore$ $|OA|+|OB|$的最小值不是 $2\sqrt{2}$,故 B 项不正确;以 AB 为直径的圆的圆心坐标为 $(\frac{x_1+x_2}{2},\frac{y_1+y_2}{2})$,即 $(k,k^2+\frac{1}{2})$,半径 $\frac{|AB|}{2}=\frac{y_1+y_2+1}{2}=k^2+1$,$\therefore$ 圆心到直线 $y=-\frac{1}{2}$ 的距离为 $k^2+\frac{1}{2}+\frac{1}{2}=k^2+1$,即为半径,$\therefore$ 以 AB 为直径的圆与直线 $y=-\frac{1}{2}$ 相切,$\therefore$ C 项正确;直线 OA 的方程为 $y=\frac{y_1}{x_1}x=\frac{x_1}{2}x$,与直线 $x=x_2$ 的交点坐标为 $(x_2,\frac{x_1x_2}{2})$,因为 $\frac{x_1x_2}{2}=-\frac{1}{2}$,$\therefore$ 经过点 B 与 x 轴垂直的直线与直线 OA 的交点在定直线 $y=-\frac{1}{2}$ 上,故 D 项正确。

4. (2021 安徽小数,8 分)已知点(2,1)在抛物线 $C:x^2=2py$ 上。

(1)求抛物线 C 的方程;

(2)设直线 l 经过 C 的焦点,且 l 与 C 相交于 A,B 两点,$|AB|=20$,求直线 l 的方程。

答案解析

【解析】(1)将点(2,1)代入$x^2=2py$,可得$p=2$。故抛物线C的方程为$x^2=4y$。

(2)抛物线C的焦点为$F(0,1)$,且直线l经过点$F(0,1)$,设直线$l:y=kx+1$,则$\begin{cases}y=kx+1\\x^2=4y\end{cases}\Rightarrow x^2-4kx-4=0$,可得$x_1+x_2=4k,x_1x_2=-4$,$|AB|=\sqrt{(x_1+x_2)^2-4x_1x_2}\cdot\sqrt{1+k^2}$,即$20=\sqrt{16k^2+16}\cdot\sqrt{1+k^2}$,整理得$4(1+k^2)=20$,解得$k=\pm2$。

∴直线l的方程为$2x-y+1=0$或$2x+y-1=0$。

变式训练

3. 过抛物线$y^2=4x$的焦点F的直线交该抛物线于A,B两点,点O是坐标原点,若$|AF|=3$,则$|AB|=$________。

4. (2021 浙江绍兴,5 分)已知抛物线$y^2=2px(p>0)$的焦点为F,过点F且与x轴垂直的直线交抛物线于A,B两点,$|AB|=4$。

(1)求抛物线的方程;

(2)过点F的直线l交抛物线于P,Q两点,若$\triangle OPQ$的面积为4,求直线l的斜率。(其中O为坐标原点)

(四)抛物线中的三角形面积

解法突破

解决抛物线中三角形面积问题经常需要利用抛物线的定义,将抛物线上的点到焦点的距离转化为到准线的距离,构造直角三角形或直角梯形,再计算面积。

真题过招

5. (2019 河南许昌,2 分)过抛物线$y^2=4x$的焦点F的直线交该抛物线于A,B两点,O为坐标原点,若$|AF|=3$,则$\triangle AOB$的面积是________。

答案解析

$\frac{3\sqrt{2}}{2}$ 【解析】如图,过点A作抛物线准线$x=-1$的垂线,垂足为C,根据抛物线的定义可知,$|AF|=|AC|=3$,所以点A的横坐标为2,代入抛物线方程可得$A(2,2\sqrt{2})$。因为$F(1,0)$,

所以直线 AB 的方程为 $y=2\sqrt{2}(x-1)$，与抛物线方程联立可求得 $B\left(\frac{1}{2},-\sqrt{2}\right)$。所以 $S_{\triangle AOB}=\frac{1}{2}\times1\times(2\sqrt{2}+\sqrt{2})=\frac{3\sqrt{2}}{2}$。

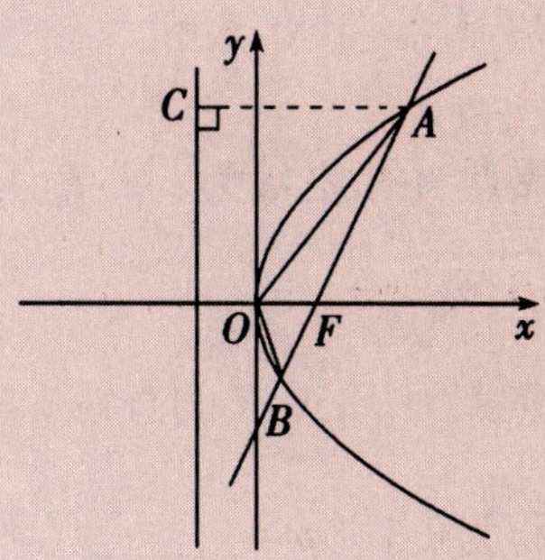

变式训练

5. 在直角坐标系 xOy 中，直线 l 过抛物线 $y^2=4x$ 的焦点 F，且与该抛物线相交于 A,B 两点，其中点 A 在 x 轴的上方，若直线 l 的倾斜角为 $60°$，则 $\triangle OAF$ 的面积为________。

必刷好题

招教高频基础刷

1. 抛物线 $y^2=x$ 的焦点到准线的距离为(　　)

A. $\frac{1}{4}$　　B. $\frac{1}{2}$　　C. 1　　D. 2

2. 将两个顶点在抛物线 $y^2=2px(p>0)$ 上，另一个顶点是此抛物线焦点的正三角形个数记为 n，则(　　)

A. $n=0$　　B. $n=1$　　C. $n=2$　　D. $n\geqslant3$

3. 若抛物线 $y^2=2px(p>0)$ 的焦点是椭圆 $\frac{x^2}{3p}+\frac{y^2}{p}=1$ 的焦点，则 $p=$(　　)

A. 2　　B. 3　　C. 4　　D. 8

4. 若抛物线 $y^2=2x$ 上两点 $A(x_1,y_1)$，$B(x_2,y_2)$ 关于直线 $y=x+b$ 对称，且 $y_1y_2=-1$，则实数 b 的值为(　　)

A. $-\frac{5}{2}$　　B. $\frac{5}{2}$　　C. $\frac{1}{2}$　　D. $-\frac{1}{2}$

5. 已知抛物线 C_1 的准线为 $l: x=-4$，焦点是双曲线 $C_2: \frac{x^2}{4}-\frac{y^2}{b^2}=1$ 的右焦点 F_2，若 C_1 与 C_2 的一个交点为 P，则 $|PF_2|$ 的值为(　　)

A. $\frac{4}{3}$　　　　B. $\frac{10}{3}$

C. 4　　　　D. 10

6. 已知抛物线 $x^2=2py(p>0)$ 的焦点为 F，准线为 l，点 $P(4,y_0)$ 在抛物线上，K 为 l 与 y 轴的交点，且 $|PK|=\sqrt{2}|PF|$，则 $y_0=$________。

7. 已知抛物线 $y^2=2px(p>0)$ 的焦点为 F，过 F 的直线 l 与抛物线交于 A,B 两点，且 $|AF|=4|FB|$，O 为坐标原点，若 $\triangle AOB$ 的面积为 $\frac{5}{8}$，则 $p=$________。

8. 若抛物线过点 $N(1,-1)$，其准线 l 的方程为 $x=-3$，求抛物线的顶点 M 的轨迹方程。

9. 已知抛物线 $x^2=4y$ 的焦点为 F，A,B 是该抛物线上的两动点，且 $\overrightarrow{AF}=\lambda\overrightarrow{FB}(\lambda>0)$，过 A,B 两点分别作抛物线的切线，设两切线相交于点 C，求 $\triangle ABC$ 面积的最小值。

10. 已知抛物线 $C: y^2=2px(p>0)$ 的焦点为 F，点 $P(x_0,y_0)$ 在抛物线 C 上，且 $|PF|=x_0+1$。

(1) 求抛物线 C 的标准方程；

(2) 若直线 l 过抛物线 C 的焦点 F，l 与抛物线 C 相交于 A,B 两点，且 $|AB|=8$，求直线的方程。

11. 已知抛物线 $C: y^2=2px(p>0)$ 的焦点为 F，点 $A(1,t)$ 在抛物线上，且 $|AF|=2$。

(1) 求抛物线 C 的标准方程；

(2) 若 $t>0$，点 P 在抛物线 C 的准线 l 上，且三角形 PAF 为等腰三角形，求 P 点坐标。

12. 已知 M 是抛物线 $y^2=2px(p>0)$ 上的点，F 是抛物线上的焦点，$\angle FOM=45°$，$|MF|=2$。

(1) 求抛物线的方程；

(2) 求经过 F 点的直线 l 与抛物线相交于 A,B 两点，直线 l 的倾角为 θ，若 $2|\overrightarrow{AF}|=|\overrightarrow{FB}|$，求 $\sin\theta$ 的值。

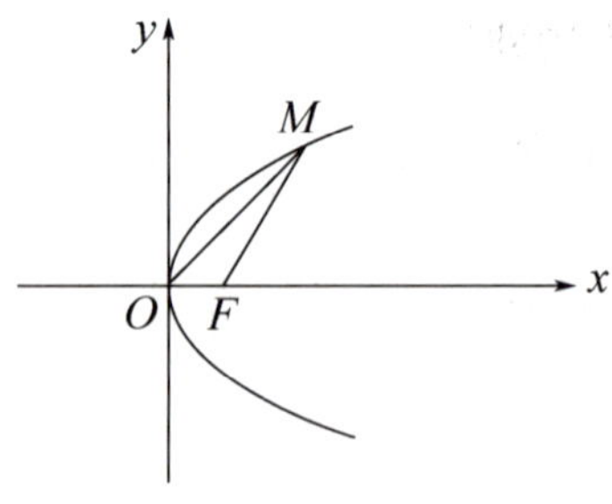

13. 如图，过抛物线 $C: y^2=4x$ 上一点 $P(1,-2)$ 作倾斜角互补的两条直线，分别与抛物线交于点 $A(x_1,y_1)$，$B(x_2,y_2)$。

(1)求 y_1+y_2 的值;

(2)若 $y_1\geqslant 0, y_2\geqslant 0$,求△$PAB$ 面积的最大值。

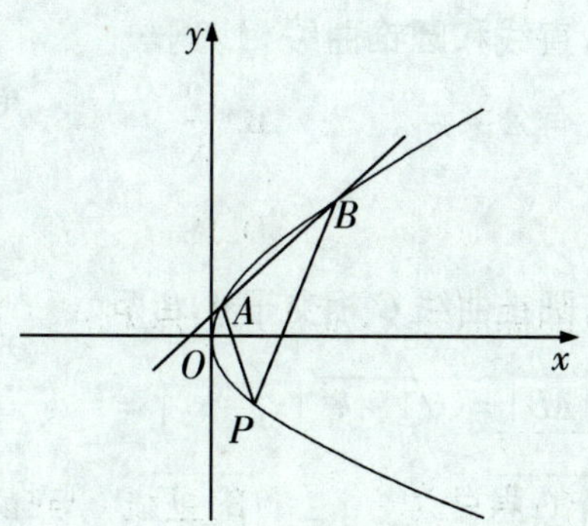

第七节　圆锥曲线综合探究问题

招教核心要点

1. 直线与圆锥曲线的位置关系的判定

设直线方程为 $l: Ax+By+C=0$,圆锥曲线方程为 C_1:$f(x,y)=0$。联立 $\begin{cases}Ax+By+C=0,\\f(x,y)=0,\end{cases}$ 消元(如消去 y),整理得 $ax^2+bx+c=0$。

①若 $a=0$,当圆锥曲线是双曲线时,直线 l 与双曲线的渐近线平行(或重合);当圆锥曲线是抛物线时,直线 l 与抛

考向分析

直线与圆锥曲线的位置关系、圆锥曲线的弦长公式是教师招聘考试中的重点内容,常在定点、定值、最值、存在探究问题或动点轨迹问题中综合考查,考生要重点掌握并应用基本概念与相关公式。

物线的对称轴平行(或重合)。

②若 $a\neq0$,设 $\Delta=b^2-4ac$,则当 $\Delta>0$ 时,直线和圆锥曲线相交于不同的两点;当 $\Delta=0$ 时,直线和圆锥曲线相切于一点;当 $\Delta<0$ 时,直线和圆锥曲线没有公共点。

2. 圆锥曲线的弦长公式

设斜率为 $k(k\neq0)$ 的直线 l 与圆锥曲线 C 相交于 A,B 两点,设 $A(x_1,y_1)$,$B(x_2,y_2)$,则 $|AB|=\sqrt{1+k^2}|x_1-x_2|=\sqrt{1+k^2}\cdot\sqrt{(x_1+x_2)^2-4x_1x_2}=\sqrt{1+\frac{1}{k^2}}|y_1-y_2|=\sqrt{1+\frac{1}{k^2}}\cdot\sqrt{(y_1+y_2)^2-4y_1y_2}$。

思想应用

A. 函数与方程思想:解决某些定点、定值、最值、存在探究问题时,通过列方程或建立函数表达式,将圆锥曲线问题转化为函数或方程问题,并利用相关方法解决问题。

B. 数形结合思想:求最值的时候也可考虑数形结合,正确画出题目中的图形,从图形上看最大值、最小值。

招教考向解读

考向1 定点问题

解法突破

处理定点问题的基本思路如下:

(1)寻找题干中已知量和未知量的联系,如垂直关系、中点关系、斜率关系、方程或不等式等,将已知量和未知量代入上述关系,变形整理为过定点的直线或曲线;

(2)把直线或者曲线方程化为 $kf(x,y)+g(x,y)=0$ 的形式(常量 k 为参数)。

(3)令 $\begin{cases}f(x,y)=0,\\g(x,y)=0,\end{cases}$ 这个方程组的解所确定的点就是直线或曲线所过的定点,即坐标满足 $\begin{cases}f(x,y)=0,\\g(x,y)=0\end{cases}$ 的点 (x_0,y_0) 为直线或曲线所过的定点。

真题过招》

(2020 湖南长沙,8 分)已知椭圆 $C:\frac{x^2}{a^2}+\frac{y^2}{b^2}=1(a>b>0)$ 的左、右焦点分别为 F_1,F_2,点 $A(0,2)$ 是椭圆的上顶点,$\triangle F_1AF_2$ 是等腰直角三角形。

(1)求椭圆 C 的方程;

(2)设点 P 是椭圆 C 上一动点,求线段 PF_1 的中点 N 的轨迹方程;

(3)过点 A 分别作直线 AB,AC,交椭圆于 B,C 两点,设两直线的斜率分别为 k_1,k_2,且 $k_1+k_2=8$,问:是否存在定点 D,使直线 BC 必然经过点 D?若存在,求出点 D 的坐标;若不存在,请说明理由。

答案解析

【解析】(1)由已知可得 $b=c=2,a^2=(\sqrt{2}b)^2=8$,故所求椭圆方程为 $\frac{x^2}{8}+\frac{y^2}{4}=1$。

(2)设点 $P(x_P,y_P)$,PF_1 的中点坐标为 $N(x,y)$,$F_1(-2,0)$,则 $\frac{x_P^2}{8}+\frac{y_P^2}{4}=1$,$x=\frac{x_P-2}{2}$,$y=\frac{0+y_P}{2}$,则有 $x_P=2x+2,y_P=2y$,代入 $\frac{x_P^2}{8}+\frac{y_P^2}{4}=1$,得 $\frac{(2x+2)^2}{8}+\frac{(2y)^2}{4}=1$,即 $\frac{(x+1)^2}{2}+y^2=1$。

(3)①若直线 BC 的斜率存在,设 BC 的方程为 $y=kx+m$,依题意 $m\neq\pm2$,设 $B(x_1,y_1)$,$C(x_2,y_2)$,联立 $\begin{cases}\frac{x^2}{8}+\frac{y^2}{4}=1,\\ y=kx+m,\end{cases}$ 得 $(1+2k^2)x^2+4kmx+2m^2-8=0$,则 $x_1+x_2=-\frac{4km}{1+2k^2}$,$x_1x_2=\frac{2m^2-8}{1+2k^2}$,因为 $k_1+k_2=8$,所以 $\frac{y_1-2}{x_1}+\frac{y_2-2}{x_2}=8$,即 $\frac{kx_1+m-2}{x_1}+\frac{kx_2+m-2}{x_2}=8$,整理得 $2k+(m-2)\frac{x_1+x_2}{x_1x_2}=8$,即 $k-\frac{mk}{m+2}=4$,则 $m=\frac{1}{2}k-2$,故直线 BC 的方程为 $y=kx+\frac{1}{2}k-2=k\left(x+\frac{1}{2}\right)-2$,所以直线 BC 过定点 $\left(-\frac{1}{2},-2\right)$。

②若直线 BC 的斜率不存在,设 BC 的方程为 $x=x_0$,设 $B(x_0,y_0)$,$C(x_0,-y_0)$,由 $\frac{y_0-2}{x_0}+\frac{-y_0-2}{x_0}=8$,得 $x_0=-\frac{1}{2}$,此时直线 BC 的方程为 $x_0=-\frac{1}{2}$,显然过点 $\left(-\frac{1}{2},-2\right)$。

综上所述,存在定点 $D\left(-\frac{1}{2},-2\right)$,使直线 BC 必然经过点 D。

变式训练

(2022 山西特岗,8 分)已知椭圆 $E:\frac{x^2}{a^2}+\frac{y^2}{b^2}=1(a>b>0)$ 的左、右焦点分别为 F_1,F_2,椭圆 E 上的点到一个焦点的最大距离为 3,过 F_1 的直线 l 交椭圆 E 于 A,B 两点,当 $l\perp x$ 轴时,$|AB|=\frac{3a}{2}$。

(1)求椭圆 E 的方程;

(2)记椭圆的右顶点为 T，直线 AT,BT 分别交直线 $x=6$ 交于 CD 两点，求证：以 CD 为直径的圆恒过定点，并求出定点坐标。

考向 2 定值问题

解法突破

求定值问题常见的方法有两种：

方法一：从特殊入手，求出其值，再证明这个值与变量无关，这符合一般与特殊的思维辩证关系，简称为特殊探路，一般论证。

方法二：直接推理、计算，并在计算推理的过程中消去变量，从而得到定值。

解决此类问题要大胆设参，运算推理到最后参数必消，定值显露：

第一步：选取适当的变量；

第二步：把要证明的是定值的量表示成上述变量的函数；

第三步：把定值的量化成与变量无关的形式，从而证明是定值。

真题过招

(2022 安徽中数,8 分)在平面直角坐标系中，双曲线 $C:\frac{x^2}{a^2}-\frac{y^2}{b^2}=1(a>0,b>0)$ 的右焦点为 F，点 $A(2,3)$ 在双曲线上，且 $AF\perp x$ 轴。

(1)求双曲线 C 的方程；

(2)设 P 为双曲线 C 上异于点 A 的动点，PA 与直线 $x=\frac{1}{2}$ 交于点 B，求证：点 B 到直线 PF 的距离为定值，并求出这个值。

答案解析

【解析】(1)由题意可得，$c=2$，将 $A(2,3)$ 代入双曲线方程得 $\frac{4}{a^2}-\frac{9}{b^2}=1$，联立 $\begin{cases}\frac{4}{a^2}-\frac{9}{b^2}=1,\\ a^2+b^2=4,\end{cases}$ 解得 $\begin{cases}a^2=1,\\ b^2=3,\end{cases}$ 所以双曲线的方程为 $x^2-\frac{y^2}{3}=1$。

(2)设点 P 坐标为 (x_0,y_0)，则 $x_0{}^2-\frac{y_0{}^2}{3}=1$，即 $y_0{}^2=3x_0{}^2-3$，直线 AP 的斜率为 $k_{AP}=\frac{y_0-3}{x_0-2}$，则直线 AP 的方程为 $y-3=\frac{y_0-3}{x_0-2}(x-2)$，因为 AP 与直线 $x=\frac{1}{2}$ 交于点 B，所以点 B 的坐

标为$\left(\frac{1}{2},\frac{3y_0-9}{4-2x_0}+3\right)$，

直线 PF 的斜率为 $k_{PF}=\frac{y_0-0}{x_0-2}$，则直线 PF 的方程为 $y=\frac{y_0}{x_0-2}(x-2)$，即$\frac{y_0}{x_0-2}x-y-\frac{2y_0}{x_0-2}=0$，已知点 B 的坐标和直线 PF 的方程，此时可求点 B 到直线 PF 的距离 $d=$

$$\frac{\left|\frac{y_0}{x_0-2}\cdot\frac{1}{2}-\left(\frac{3y_0-9}{4-2x_0}+3\right)-\frac{2y_0}{x_0-2}\right|}{\sqrt{\left(\frac{y_0}{x_0-2}\right)^2+(-1)^2}}=\frac{\left|\frac{9}{4-2x_0}-3\right|}{\sqrt{\frac{(2x_0-1)^2}{(x_0-2)^2}}}=\frac{\left|\frac{9-3(4-2x_0)}{4-2x_0}\right|}{\sqrt{\frac{(2x_0-1)^2}{(x_0-2)^2}}}=\frac{\left|\frac{6x_0-3}{4-2x_0}\right|}{\sqrt{\frac{(2x_0-1)^2}{(x_0-2)^2}}}=$$

$$\frac{\frac{1}{2}\sqrt{\frac{(6x_0-3)^2}{(x_0-2)^2}}}{\sqrt{\frac{(2x_0-1)^2}{(x_0-2)^2}}}=\frac{1}{2}\sqrt{\frac{(6x_0-3)^2}{(2x_0-1)^2}}=\frac{3}{2}$$，则点 B 到直线 PF 的距离为定值，定值为$\frac{3}{2}$。

变式训练

(2021 安徽中数，8 分)已知 $F(-1,0)$ 为椭圆 $\Gamma:\frac{x^2}{a^2}+\frac{y^2}{b^2}=1(a>b>0)$ 的左焦点，斜率为 1 的直线 l 交椭圆 Γ 于 A,B 两点，当直线 l 经过点 F 时也经过点$(0,b)$。

(1)求椭圆 Γ 的方程；

(2)若 O 为坐标原点，直线 l(不经过原点)与 x 轴相交于点 M，点 A 关于 x 轴的对称点为 D，直线 BD 与 x 轴相交于点 N，求证：$|OM|\cdot|ON|$为定值。

考向3 最值问题

解法突破

解决圆锥曲线中的最值问题，特别是解答题中的最值问题时，最常用的方法是定义法、均值不等式法、参数方程法与目标函数法。目标函数法以函数、三角函数的视角出发，将圆锥曲线最值问题最终转化为函数最值问题，借助不同的函数工具解决。

1. 用圆锥曲线的定义来求最值

与圆锥曲线的焦点或准线有关的最值问题，通常可考虑利用圆锥曲线的定义，将所求最值问题转化为三点共线来求解，从而得到简捷的解法。

真题过招

1. (2021 山东日照,6 分)设抛物线 $C:x^2=2py(p>0)$ 的焦点为 F,点 $P(m,2)(m>0)$ 在抛物线上,且满足 $|PF|=3$。

(1)求抛物线 C 的标准方程;

(2)过点 $G(0,4)$ 的直线 l 与抛物线 C 交于 A,B 两点,分别以 A,B 为切点的抛物线 C 的两条切线交于点 Q,求 $\triangle PQG$ 周长的最小值。

答案解析

【解析】(1) $|PF|=2+\dfrac{p}{2}=3\Rightarrow p=2$,所以抛物线 C 的标准方程为 $x^2=4y$。

(2)设 A,B 两点坐标分别为 $(x_1,y_1),(x_2,y_2)$,直线 l 的方程为 $y=kx+4$,联立

$$\begin{cases}y=kx+4,\\x^2=4y\end{cases}\Rightarrow x^2-4kx-16=0\Rightarrow\begin{cases}x_1+x_2=4k,\\x_1x_2=-16,\end{cases}$$

设 A,B 两点的切线斜率分别为 $k_1=\dfrac{x_1}{2},k_2=\dfrac{x_2}{2}$,那么 A,B 两点的切线方程分别为 $y-y_1=\dfrac{x_1}{2}(x-x_1)$,$y-y_2=\dfrac{x_2}{2}(x-x_2)$,整理得点 A 处的切线方程为 $y=\dfrac{x_1x}{2}-\dfrac{x_1^2}{4}$,点 B 处的切线方程为 $y=\dfrac{x_2x}{2}-\dfrac{x_2^2}{4}$,联立两切线方程得 $x_Q=\dfrac{x_1+x_2}{2}=2k$,将 $x_Q=2k$ 代入任一切线方程,整理得 $y_Q=kx_2-\dfrac{x_2^2}{4}=y_2-4-y_2=-4$,所以点 Q 坐标为 $(2k,-4)$,说明点 Q 在直线 $y=-4$ 上,由(1)知 P 点坐标为 $(2\sqrt{2},2)$,点 G 关于直线 $y=-4$ 的对称点 G' 的坐标为 $(0,-12)$,连结 PG',则 $|PQ|+|GQ|$ 的最小值为 $|PG'|=\sqrt{(2\sqrt{2})^2+(2+12)^2}=2\sqrt{51}$,又 $|PG|=\sqrt{(2\sqrt{2})^2+(4-2)^2}=2\sqrt{3}$,所以 $\triangle PQG$ 周长的最小值为 $|PG'|+|PG|=2\sqrt{51}+2\sqrt{3}$。

变式训练

1. (2022 福建中数,10 分)已知椭圆 $C:\dfrac{x^2}{a^2}+\dfrac{y^2}{b^2}=1(a>b>0)$ 的离心率为 $\dfrac{\sqrt{3}}{2}$,四个顶点围成的四边形周长为 $4\sqrt{5}$。

(1)求椭圆 C 的方程;

(2)斜率为 1 的直线 l 交椭圆 C 于 A,B 两点,与以 $D(0,4)$ 为圆心的圆相切于点 E,求 $\left|\dfrac{AB}{DE}\right|$ 的

最大值。

2. 转化为二次函数最值问题求解

真题过招

2. (2021 江苏淮安,10 分) 已知椭圆 $E:\frac{x^2}{a^2}+\frac{y^2}{b^2}=1(a>b>0)$ 的上顶点和两焦点(左、右焦点分别为 F_1,F_2),构成的三角形为等腰直角三角形,且椭圆的焦距为 2。

(1)求椭圆的标准方程;

(2)设过点 $P(-2,0)$ 的直线 l 与椭圆 E 交于 M,N 两点,求 $\triangle F_2MN$ 面积的最大值。

答案解析

【解析】(1)椭圆的焦距为 2,即 $F_1F_2=2,c=1$,设上顶点为 A,则 $(AF_2)^2=c^2+b^2=a^2$,因为 $\triangle AF_1F_2$ 为等腰直角三角形,所以 $a^2+a^2=2^2$,则 $a=\sqrt{2},b=1$,故椭圆的标准方程为 $\frac{x^2}{2}+y^2=1$。

(2)设过点 P 的直线 l 的方程为 $x=ky-2$,则直线 l 与椭圆 E 有两个交点,设 $M(x_1,y_1)$,$N(x_2,y_2)$,

联立方程组 $\begin{cases}x=ky-2,\\ \frac{x^2}{2}+y^2=1,\end{cases}$ 整理得 $(k^2+2)y^2-4ky+2=0$,则 $y_1+y_2=\frac{4k}{k^2+2},y_1y_2=\frac{2}{k^2+2}$,

$\Delta=16k^2-8(k^2+2)>0$,即 $k^2>2$,所以 $|MN|=\sqrt{1+k^2}\cdot\sqrt{(y_1+y_2)^2-4y_1y_2}=\sqrt{1+k^2}\cdot\sqrt{\left(\frac{4k}{k^2+2}\right)^2-4\times\frac{2}{k^2+2}}=2\sqrt{\frac{2(k^2-2)(k^2+1)}{(k^2+2)^2}}$,点 F_2 到直线 l 的距离 $d=\frac{|1+2|}{\sqrt{1+k^2}}=\frac{3}{\sqrt{1+k^2}}$,

则 $S_{\triangle F_2MN}=\frac{1}{2}|MN|d=\frac{1}{2}\times2\sqrt{\frac{2(k^2-2)(k^2+1)}{(k^2+2)^2}}\cdot\frac{3}{\sqrt{1+k^2}}=3\sqrt{2}\cdot\sqrt{\frac{k^2-2}{(k^2+2)^2}}=3\sqrt{2}\cdot\sqrt{\frac{1}{k^2+2}-\frac{4}{(k^2+2)^2}}$,令 $t=\frac{1}{k^2+2}(0<t<\frac{1}{4})$,则有 $S_{\triangle F_2MN}=3\sqrt{2}\cdot\sqrt{t-4t^2}$,令 $h(t)=-4t^2+t$,易知 $h(t)$ 为开口向下,对称轴为 $t=\frac{1}{8}$,且与 t 轴交点为 $(0,0)$,$\left(\frac{1}{4},0\right)$ 的一元二次函数,故 $h(t)$ 的最大值为 $h\left(\frac{1}{8}\right)=-4\times\frac{1}{64}+\frac{1}{8}=\frac{1}{16}$。故 $\triangle F_2MN$ 面积的最大值为 $S_{\triangle F_2MN}=3\sqrt{2}\times\sqrt{\frac{1}{16}}=\frac{3\sqrt{2}}{4}$。

3. (2019 四川宜宾中数,10 分) 设椭圆 $C_1:\frac{x^2}{a^2}+\frac{y^2}{b^2}=1(a>b>0)$ 的左、右焦点分别是 F_1,F_2,下

顶点为 A，线段 OA 的中点为 B（O 为坐标原点），如图，若抛物线 $C_2: y=x^2-1$ 与 y 轴的交点为 B，且经过 F_1,F_2。

（1）求椭圆 C_1 的方程；

（2）设 $M(0,-\frac{4}{5})$，N 为抛物线 C_2 上的一动点，过点 N 作抛物线 C_2 的切线交椭圆 C_1 于 P,Q 两点，求 $\triangle MPQ$ 的面积的最大值。

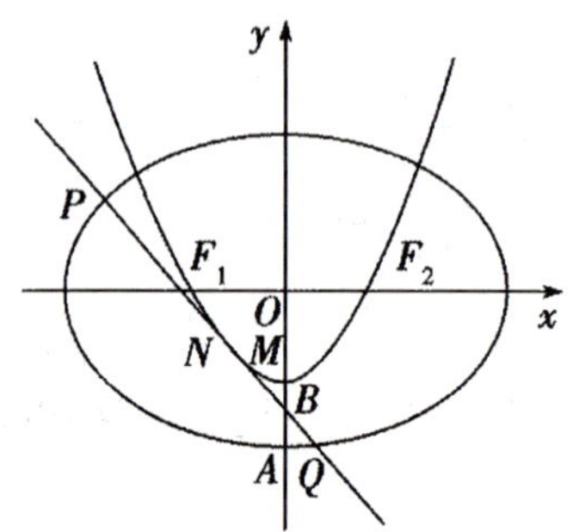

答案解析

【解析】（1）由题意可知 $B(0,-1)$，则 $A(0,-2)$，故 $b=2$。由抛物线 C_2 经过 F_1,F_2 点可知 $F_1(-1,0)$，$F_2(1,0)$，故 $c=1$，则椭圆 C_1 的方程为 $\frac{x^2}{5}+\frac{y^2}{4}=1$。

（2）设点 N 的坐标为 (t,t^2-1)，由于 $y'=2x$，则直线 PQ 的方程为 $y-(t^2-1)=2t(x-t)$，即 $y=2tx-t^2-1$，代入椭圆方程整理得，$4(1+5t^2)x^2-20t(t^2+1)x+5(t^2+1)^2-20=0$，$\Delta=80(-t^4+18t^2+3)$，$x_1+x_2=\frac{5t(t^2+1)}{1+5t^2}$，$x_1x_2=\frac{5(t^2+1)^2-20}{4(5t^2+1)}$，故 $|PQ|=\sqrt{1+4t^2}\,|x_1-x_2|=\sqrt{1+4t^2}\cdot\sqrt{(x_1+x_2)^2-4x_1x_2}=\frac{\sqrt{5}\cdot\sqrt{1+4t^2}\cdot\sqrt{-t^4+18t^2+3}}{1+5t^2}$，

设点 M 到直线 PQ 的距离为 d_M，则 $d_M=\frac{\left|\frac{4}{5}-t^2-1\right|}{\sqrt{1+4t^2}}=\frac{t^2+\frac{1}{5}}{\sqrt{1+4t^2}}$，$S_{\triangle MPQ}=\frac{1}{2}|PQ|\cdot|d_M|=\frac{1}{2}\cdot|PQ|\cdot\frac{t^2+\frac{1}{5}}{\sqrt{1+4t^2}}=\frac{\sqrt{5}}{10}\sqrt{-t^4+18t^2+3}=\frac{\sqrt{5}}{10}\sqrt{-(t^2-9)^2+84}\leqslant\frac{\sqrt{5}}{10}\sqrt{84}=\frac{\sqrt{105}}{5}$。当 $t=\pm3$ 时取等号，经检验此时 $\Delta>0$，满足题意。综上所述，$\triangle MPQ$ 的面积的最大值 $\frac{\sqrt{105}}{5}$。

变式训练

2. 过动直线 $x+2y=t$ 与定直线 $2x-y=a$ 的交点（其中 $t\in(0,3a]$）的等轴双曲线系 $x^2-y^2=\lambda$

中，当 t 为何值时，λ 达到最大值与最小值？

3. 用均值不等式求最值

利用圆锥曲线的性质，两点间的距离公式，圆锥曲线的弦长公式等，求出各个量，从而建立起它们之间的关系，然后对此作适当的变形，再利用均值不等式求出最值。

真题过招

4. (2021 山东省临沂，5 分) 已知椭圆 $E:\frac{x^2}{a^2}+\frac{y^2}{b^2}=1(a>b>0)$ 的离心率为 $\frac{\sqrt{3}}{2}$，且椭圆 E 上的点到其焦点的最大距离为 $2+\sqrt{3}$，O 为坐标原点。

(1) 求 E 的方程；

(2) 过点 $A(0,-2)$ 的直线 l 与 E 相交于 P,Q 两点，$\triangle OPQ$ 的面积最大时，求直线 l 的方程。

答案解析

【解析】(1) 因为椭圆 E 上的点到其焦点的最大距离为 $2+\sqrt{3}$，$\therefore a+c=2+\sqrt{3}$，结合椭圆的离心率是 $e=\frac{c}{a}=\frac{\sqrt{3}}{2}$，可得 $\begin{cases}a=2,\\c=\sqrt{3},\end{cases}$ 则 $b=1$，$\therefore$ 椭圆 E 的方程是 $\frac{x^2}{4}+y^2=1$。

(2) 易知直线 l 的斜率存在且不为 0，设 $l:y=kx-2(k\neq0)$，$P(x_1,y_1)$，$Q(x_2,y_2)$，

将 $y=kx-2$ 代入 $\frac{x^2}{4}+y^2=1$，得 $(1+4k^2)x^2-16kx+12=0$，

则有 $\Delta=16(4k^2-3)>0$，即 $k^2>\frac{3}{4}$，$x_1+x_2=\frac{16k}{1+4k^2}$，$x_1x_2=\frac{12}{1+4k^2}$，$|PQ|=\sqrt{k^2+1}\cdot|x_1-x_2|=\sqrt{k^2+1}\sqrt{(x_1+x_2)^2-4x_1x_2}=\frac{4\sqrt{k^2+1}\cdot\sqrt{4k^2-3}}{4k^2+1}$，又点 O 到直线 PQ 的距离 $d=\frac{2}{\sqrt{k^2+1}}$，$\therefore\triangle OPQ$ 的面积 $S_{\triangle OPQ}=\frac{1}{2}d\cdot|PQ|=\frac{4\sqrt{4k^2-3}}{4k^2+1}$，设 $t=\sqrt{4k^2-3}(t>0)$，则 $S_{\triangle OPQ}=\frac{4t}{t^2+4}=\frac{4}{t+\frac{4}{t}}$，因为 $t+\frac{4}{t}\geqslant4$，当且仅当 $t=2$，即 $k=\pm\frac{\sqrt{7}}{2}$ 时等号成立，满足 $\Delta>0$，此时 $\triangle OPQ$ 面积最大，$\therefore$ 当 $\triangle OPQ$ 的面积最大时，l 的方程为 $y=\frac{\sqrt{7}}{2}x-2$ 或 $y=-\frac{\sqrt{7}}{2}x-2$。

变式训练

3. (2020 湖南长沙天心区，12 分) 已知椭圆 $C_1:\frac{x^2}{6}+\frac{y^2}{b^2}=1(b>0)$ 的左、右焦点分别为 F_1,F_2，

点 F_2 也为抛物线 $C_2:y^2=8x$ 的焦点，过点 F_2 的直线 l 与抛物线 C_2 交于 A,B 两点。

(1)若点 $P(8,0)$ 满足 $|PA|=|PB|$，求直线 l 的方程；

(2)T 为直线 $x=-3$ 上任意一点，过点 F_1 作 TF_1 的垂线交椭圆 C_1 于 M,N 两点，求 $\frac{|TF_1|}{|MN|}$ 的最小值。

4.(2019 重庆巴南区，10 分)已知椭圆 $\frac{x^2}{a^2}+\frac{y^2}{b^2}=1(a>b>0)$ 的左、右焦点分别为 F_1 和 F_2，由 $M(-a,b)$，$N(a,b)$，F_1 和 F_2 四个点构成了一个高为 $\sqrt{3}$、面积为 $3\sqrt{3}$ 的等腰梯形。

(1)求椭圆的方程；

(2)过点 F_1 的直线和椭圆交于 A,B 两点，求 $\triangle F_2AB$ 面积的最大值。

考向 4 存在探究问题

解法突破

采用“肯定顺推法”，假设满足条件的值存在，根据已知条件列出方程或者解析式，若求出，则存在；求不出，则不存在。

真题过招

(2021 广东广州白云区，11 分)椭圆 $C:\frac{x^2}{a^2}+\frac{y^2}{b^2}=1(a>b>0)$ 的左、右焦点分别为 $F_1(-c,0)$，$F_2(c,0)$，且 $a^2+b^2=7c^2$，点 $A(2,3)$ 在椭圆 C 上。

(1)求椭圆 C 的方程；

(2)过点 A 的直线 l 交 x 轴于点 D，$\angle F_1AD=\angle F_2AD$，求直线 l 的方程；

(3)在椭圆 C 上是否存在两个不同的点 $B(x_1,y_1)$，$C(x_2,y_2)$，使(2)中的直线 l 垂直平分线段 BC？若存在，求出 B,C 两点的坐标；若不存在，请说明理由。

答案解析

【解析】(1)由题意可得 $\begin{cases}a^2+b^2=7c^2,\\ a^2-b^2=c^2,\\ \frac{4}{a^2}+\frac{9}{b^2}=1,\end{cases}$ 解得 $a=4,b=2\sqrt{3},c=2$，所以椭圆 C 的方程为 $\frac{x^2}{16}+\frac{y^2}{12}=1$。

(2)当 l 的斜率不存在时，显然不满足题意，当斜率存在时，设直线 l 的方程为 $y-3=k(x-2)$，则点 D 的坐标为 $\left(-\frac{3}{k}+2,0\right)$。因为 $F_1(-2,0)$，$F_2(2,0)$，所以直线 F_1A 的方程为 $3x-4y+6=0$，直线 F_2A 的方程为 $x=2$，因为 $\angle F_1AD=\angle F_2AD$，所以点 D 到直线 F_1A 和直线 F_2A 的距离相等，即 $\frac{\left|3\left(-\frac{3}{k}+2\right)-4\times0+6\right|}{\sqrt{3^2+4^2}}=\left|-\frac{3}{k}+2-2\right|$，解得 $k=2$ 或 $-\frac{1}{2}$（舍去），故直线 l 的方程为 $2x-y-1=0$。

(3)不存在。令线段 BC 的中点为 $E(m,n)$，因为 $B(x_1,y_1)$，$C(x_2,y_2)$ 两点在椭圆上，所以 $\begin{cases}\frac{x_1^2}{16}+\frac{y_1^2}{12}=1,\\ \frac{x_2^2}{16}+\frac{y_2^2}{12}=1,\end{cases}$ 两式相减得 $\frac{x_1^2-x_2^2}{16}+\frac{y_1^2-y_2^2}{12}=0$，即 $\frac{y_1-y_2}{x_1-x_2}=-\frac{x_1+x_2}{16}\cdot\frac{12}{y_1+y_2}$，又因为直线 l 垂直平分线段 BC，所以 $-\frac{x_1+x_2}{16}\cdot\frac{12}{y_1+y_2}=-\frac{1}{2}$，即 $x_1+x_2=\frac{2}{3}(y_1+y_2)$，所以点 E 的坐标为 $\left(\frac{2}{3}n,n\right)$，代入直线 $2x-y-1=0$ 得 $n=3$，则 $E(2,3)$。设直线 BC 的解析式为 $y=-\frac{1}{2}x+b$，联立 $\begin{cases}\frac{x^2}{16}+\frac{y^2}{12}=1,\\ y=-\frac{1}{2}x+b,\end{cases}$ 整理得 $x^2-bx+b^2-12=0$，则 $x_1+x_2=b=4$，$x_1x_2=b^2-12=4$，则有 $x_1=x_2$，故不存在两个不同的点 $B(x_1,y_1)$，$C(x_2,y_2)$ 使(2)中的直线 l 垂直平分线段 BC。

变式训练

1. (2021 山东东营，1.52 分)已知椭圆 $C:\frac{x^2}{a^2}+\frac{y^2}{b^2}=1(a>b>0)$ 过点 $A(0,1)$，且椭圆的离心率为 $\frac{\sqrt{6}}{3}$，斜率为 1 的直线 l 交椭圆 C 于 $M(x_1,y_1)$，$N(x_2,y_2)$ 两点，且 $x_1>x_2$。若直线 $x=3$ 上存在一点 P，使得 $\triangle PMN$ 是以 $\angle PMN$ 为顶角的等腰直角三角形，则直线 l 的方程为(　　)

A. $2x-2y-3=0$　　B. $2x-2y+3=0$

C. $x-y+1=0$　　D. $x-y-1=0$

2. 已知椭圆 $\frac{x^2}{a^2}+\frac{y^2}{b^2}=1(a>b>0)$ 的长轴和短轴之和为 6，椭圆上任一点到两焦点 F_1，F_2 的距

离之和为 4。

(1)求椭圆的方程;

(2)若直线 $AB:y=x+m$ 与椭圆交于 A,B 两点,C,D 在椭圆上,且 C,D 两点关于直线 AB 对称。问是否存在实数 m,使得 $|AB|=\sqrt{2}|CD|$,若存在,求出 m 的值;若不存在,请说明理由。

考向 5 动点轨迹问题

解法突破

求曲线的轨迹的一般方法:

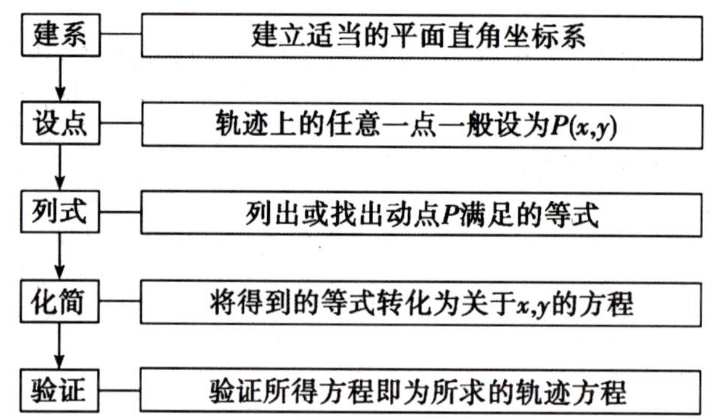

真题过招

(2020 安徽小数,8 分)已知动圆 E 过点 $(0,2)$,且被 x 轴截得的弦长为 4。

(1)求圆心 E 的轨迹方程;

(2)若 A,B,C 三点在 E 的轨迹上,且 A,C 关于 y 轴对称,直线 BC 经过点 $F(0,1)$,求证:直线 AB 恒过定点。

答案解析

【解析】(1)由题意得,设圆心 E 的坐标为 (x,y),则有 $x^2+(y-2)^2=y^2+4$,解得圆心 E 的轨迹方程为 $x^2=4y$。

(2)由题意可设 $A(-t,\frac{1}{4}t^2)(t>0)$,则 $C(t,\frac{1}{4}t^2)$,因为直线 BC 经过点 $F(0,1)$,所以直线 BC 的解析式为 $y=\dfrac{\frac{1}{4}t^2-1}{t}x+1$,联立 $\begin{cases} y=\dfrac{\frac{1}{4}t^2-1}{t}x+1, \\ x^2=4y, \end{cases}$ 整理得 $tx^2+(4-t^2)x-4t=0$,即

$(tx+4)(x-t)=0$，解得 $x=-\frac{4}{t}$ 或 $x=t$，即 $B\left(-\frac{4}{t},\frac{4}{t^2}\right)$，$C\left(t,\frac{1}{4}t^2\right)$，易得直线 AB 的解析式为

$y-\frac{1}{4}t^2=\dfrac{\frac{1}{4}t^2-\frac{4}{t^2}}{-t+\frac{4}{t}}(x+t)$，即 $y=-\frac{1}{4}(t+\frac{4}{t})x-1$，故直线 AB 恒过定点 $(0,-1)$。

变式训练

1. 已知动点 P 到定点 $A(5,0)$ 的距离与到定直线 $x=\frac{16}{5}$ 的距离的比是 $\frac{5}{4}$，求 P 点的轨迹方程。

2. 设椭圆方程为 $x^2+\frac{y^2}{4}=1$，过点 $M(0,1)$ 的直线交椭圆于 A,B 两点，点 P 满足 $\overrightarrow{OP}=\frac{1}{2}(\overrightarrow{OA}+\overrightarrow{OB})$，求动点 P 的轨迹方程。

考向 6 平面向量在解析几何中的应用

解法突破

利用向量引进条件将平面向量与圆锥曲线联系起来，具有一定的综合性，解决此类问题的基本思想是将向量条件转化为坐标间的关系，得到其数量关系，再结合韦达定理或其他条件进行运算。

真题过招

1. (2021 广东广州花都区，9 分) 已知椭圆 R: $\frac{x^2}{a^2}+\frac{y^2}{b^2}=1\ (a>b>0)$，其半长轴长为 2，且过 $G(\sqrt{3},\frac{1}{2})$。

(1) 求 R 的方程；

(2) A,B,M 三点在 R 上，N 为线段 AB 的中点，C 点的坐标为 $\left(-\frac{\sqrt{6}}{2},0\right)$，$D$ 点的坐标为 $\left(\frac{\sqrt{6}}{2},0\right)$，$O$ 为坐标轴原点，$\overrightarrow{OM}=\frac{3}{5}\overrightarrow{OA}+\frac{4}{5}\overrightarrow{OB}$，求 $|NC|+|ND|$ 的值。

答案解析

【解析】(1)由题意得 $a=2$，将点 $G\left(\sqrt{3},\frac{1}{2}\right)$ 代入椭圆 R 得 $\frac{3}{2^2}+\frac{\frac{1}{4}}{b^2}=1$，解得 $b=1$。所以 R 的方程为 $\frac{x^2}{4}+y^2=1$。

(2)设 $A(x_1,y_1)$，$B(x_2,y_2)$，$M(x_M,y_M)$，则 $\frac{x_1^2}{4}+y_1^2=1$，$\frac{x_2^2}{4}+y_2^2=1$，$\overrightarrow{OM}=\frac{3}{5}\overrightarrow{OA}+\frac{4}{5}\overrightarrow{OB}=\left(\frac{3}{5}x_1+\frac{4}{5}x_2,\frac{3}{5}y_1+\frac{4}{5}y_2\right)$，即 $x_M=\frac{3}{5}x_1+\frac{4}{5}x_2$，$y_M=\frac{3}{5}y_1+\frac{4}{5}y_2$，故 $M\left(\frac{3}{5}x_1+\frac{4}{5}x_2,\frac{3}{5}y_1+\frac{4}{5}y_2\right)$。

因为点 M 是椭圆 R 上一点，所以 $\frac{\left(\frac{3}{5}x_1+\frac{4}{5}x_2\right)^2}{4}+\left(\frac{3}{5}y_1+\frac{4}{5}y_2\right)^2=1$，即 $\left(\frac{x_1^2}{4}+y_1^2\right)\left(\frac{3}{5}\right)^2+\left(\frac{x_2^2}{4}+y_2^2\right)\left(\frac{4}{5}\right)^2+2\times\left(\frac{3}{5}\right)\times\left(\frac{4}{5}\right)\left(\frac{x_1x_2}{4}+y_1y_2\right)=1$，化简得 $\frac{x_1x_2}{4}+y_1y_2=0$。又因为线段 AB 的中点 N 的坐标得 $\left(\frac{x_1+x_2}{2},\frac{y_1+y_2}{2}\right)$，变换后可得 $\frac{\left(\frac{x_1+x_2}{2}\right)^2}{2}+2\left(\frac{y_1+y_2}{2}\right)^2=\frac{1}{2}\left(\frac{x_1^2}{4}+y_1^2\right)+\frac{1}{2}\left(\frac{x_2^2}{4}+y_2^2\right)+\frac{x_1x_2}{4}+y_1y_2=1$，所以线段 AB 的中点 N 在椭圆 $\frac{x^2}{2}+2y^2=1$ 上。因为椭圆 $\frac{x^2}{2}+2y^2=1$ 的两个焦点为 $C\left(-\frac{\sqrt{6}}{2},0\right)$，$D\left(\frac{\sqrt{6}}{2},0\right)$，所以 $|NC|+|ND|=2\sqrt{2}$。

2.（2021 山东东营，8 分）已知椭圆 $C:\frac{x^2}{a^2}+\frac{y^2}{b^2}=1(a>b>0)$ 的左、右焦点分别为 F_1，F_2，过点 F_2 且与 x 轴垂直的直线与椭圆 C 交于 A，B 两点，点 O 为坐标原点，$\triangle AOB$ 的面积为 $2\sqrt{2}$，点 P 为椭圆 C 的下顶点，$|PF_2|=\sqrt{2}|OP|$。

(1)求椭圆 C 的标准方程；

(2)若抛物线 $E:y^2=4x$ 的焦点为 F，且过点 F 的直线 l 交椭圆于 M，N 两点，求 $|\overrightarrow{FM}\cdot\overrightarrow{FN}|$ 的取值范围。

答案解析

【解析】(1)$\because$ $\triangle OPF_2$ 为直角三角形，$\therefore$ $b^2+c^2=|PF_2|^2=(\sqrt{2}b)^2=2b^2$，则 $b=c$，又 $S_{\triangle AOB}=\frac{1}{2}|AB|\cdot|OF_2|=\frac{1}{2}\times\frac{2b^2}{a}\times c=\frac{b^2c}{a}=2\sqrt{2}$，$\therefore$ $b^2c=2\sqrt{2}a$，又 $a^2=b^2+c^2$，$\therefore$ $b^2c=b^3=$

$2\sqrt{2}\cdot\sqrt{b^2+c^2}=2\sqrt{2}\cdot\sqrt{2b^2}=4b$，则 $b^2=4$，$\therefore a^2=b^2+c^2=4+4=8$，故椭圆 C 的标准方程为 $\frac{x^2}{8}+\frac{y^2}{4}=1$。

(2)$\because$ 抛物线 $y^2=4x$ 的焦点坐标为 $(1,0)$，$\therefore$ 点 F 的坐标为 $(1,0)$，设 $M(x_1,y_1)$，$N(x_2,y_2)$，$\therefore |\overrightarrow{FM}\cdot\overrightarrow{FN}|=|\overrightarrow{FM}||\overrightarrow{FN}||\cos\pi|=|\overrightarrow{FM}||\overrightarrow{FN}|$，

①若直线 l 与 x 轴重合，则 $|\overrightarrow{FM}\cdot\overrightarrow{FN}|=|\overrightarrow{FM}||\overrightarrow{FN}|=(a-1)(a+1)=7$；

②若直线 l 与 x 轴不重合，设直线 l 的方程为 $x=my+1$，联立方程组 $\begin{cases}x=my+1,\\ \frac{x^2}{8}+\frac{y^2}{4}=1,\end{cases}$ 可得 $(m^2+2)y^2+2my-7=0$，则 $y_1+y_2=\frac{-2m}{m^2+2}$，$y_1y_2=\frac{-7}{m^2+2}$，由两点间距离公式可得，$|FM|=\sqrt{(x_1-1)^2+y_1^2}=\sqrt{(my_1+1-1)^2+y_1^2}=\sqrt{m^2+1}\,|y_1|$，同理可得 $|FN|=\sqrt{m^2+1}\,|y_2|$，

$\therefore |\overrightarrow{FM}\cdot\overrightarrow{FN}|=|\overrightarrow{FM}||\overrightarrow{FN}|=(m^2+1)|y_1y_2|=(m^2+1)\cdot\frac{7}{m^2+2}=\frac{7(m^2+2)-7}{m^2+2}=7-\frac{7}{m^2+2}$，$\because m^2+2\geqslant 2$，$\therefore 0<\frac{7}{m^2+2}\leqslant\frac{7}{2}$，则 $\frac{7}{2}\leqslant 7-\frac{7}{m^2+2}<7$，故 $|\overrightarrow{FM}\cdot\overrightarrow{FN}|$ 的取值范围为 $\left[\frac{7}{2},7\right)$。

综上所述，$|\overrightarrow{FM}\cdot\overrightarrow{FN}|$ 的取值范围为 $\left[\frac{7}{2},7\right]$。

变式训练

1. (2022 浙江宁波,10 分)已知短轴长为 2 的椭圆 $E:\frac{x^2}{a^2}+\frac{y^2}{b^2}=1(a>b>0)$，直线 n 在横轴、纵轴上的截距分别为 a，-1，且原点到直线 n 的距离为 $\frac{\sqrt{3}}{2}$。

(1)求椭圆 E 的方程；

(2)直线 l 经过椭圆的右焦点 F_2 且与椭圆 E 交于 A,B 两点，若椭圆 E 上存在一点 C 满足 $\overrightarrow{OA}+\sqrt{3}\overrightarrow{OB}-2\overrightarrow{OC}=\mathbf{0}$，求直线 l 的方程。

2. 已知椭圆 $C_1:\frac{x_2}{a^2}+\frac{y^2}{b^2}=1(a>b>0)$ 的左、右焦点分别为 F_1，F_2，椭圆的离心率为 $\frac{1}{2}$，过椭圆 C_1 的左焦点 F_1 且斜率为 1 的直线 l，与以右焦点 F_2 为圆心，半径为 $\sqrt{2}$ 的圆 C_2 相切。

(1)求椭圆 C_1 的标准方程；

(2)线段 MN 是椭圆 C_1 过右焦点 F_2 的弦，且$\overrightarrow{MF_2}=\lambda\overrightarrow{F_2N}$，求$\triangle MF_1N$ 的面积的最大值以及取得最大值时实数 λ 的值。

必刷好题

招教高频基础刷

1. 在平面直角坐标系 xOy 中，抛物线 $y^2=2px$ 的焦点 F 与椭圆$\frac{x^2}{6}+\frac{y^2}{2}=1$ 的左焦点重合，点 A 在抛物线上，且$|AF|=4$，若 P 是抛物线准线上一动点，则$|PO|+|PA|$的最小值为(　　)

A. 6　　B. $2+4\sqrt{2}$

C. $2\sqrt{13}$　　D. $4+2\sqrt{5}$

2. 在等腰梯形 $ABCD$ 中，$AB/\!/CD$，且$|AB|=2$，$|AD|=1$，$|CD|=2x$，其中 $x\in(0,1)$，以 A，B 为焦点且过点 D 的双曲线的离心率为 e_1，以 C，D 为焦点且过点 A 的椭圆的离心率为 e_2，若对任意 $x\in(0,1)$，不等式 $t<e_1+e_2$ 恒成立，则 t 的最大值为(　　)

A. $\sqrt{3}$　　B. $\sqrt{5}$

C. 2　　D. $\sqrt{2}$

3. 已知点 $A(-4,4)$，$B(4,4)$，直线 AM 与 BM 相交于点 M，且直线 AM 的斜率与 BM 的斜率之差为 -2，点 M 的轨迹为曲线 C，则曲线 C 的轨迹方程为(　　)

A. $x^2=4y(x\neq\pm4)$

B. $x^2=y(x\neq\pm4)$

C. $x^2=2y(x\neq\pm4)$

D. $x^2=8y(x\neq\pm4)$

4. 过点$\left(0,-\frac{1}{2}\right)$的直线 l 与抛物线 $y=-x^2$ 交于 A，B 两点，O 为坐标原点，则$\overrightarrow{OA}\cdot\overrightarrow{OB}$的值为(　　)

A. $-\frac{1}{2}$　　B. $-\frac{1}{4}$

C. -4　　　　　　　　D. 无法确定

5. 已知曲线 $C:y=x^2$ 与直线 $l:x-y+2=0$ 交于两点 $A(x_A,y_A)$ 和 $B(x_B,y_B)$，且 $x_A<x_B$。记 C 在点 A 和点 B 之间的曲线为 L。设点 $P(s,t)$ 是曲线 L 上的任一点，且点 P 与点 A 和点 B 均不重合。若点 Q 是线段 AB 的中点，试求线段 PQ 的中点 M 的轨迹方程。

6. 已知曲线 $C:y=\frac{x^2}{2}$，D 为直线 $y=-\frac{1}{2}$ 上的动点，过 D 作 C 的两条切线，切点分别为 A,B。证明：直线 AB 过定点。

7. 已知过原点的动直线 l 与半径为 2，圆心坐标为 $(3,0)$ 的圆相交于不同的两点 A,B。

(1) 求出线段 AB 的中点 M 的轨迹 C 的方程；

(2) 是否存在实数 k，使得直线 $L:y=k(x-4)$ 与曲线 C 只有一个交点，若存在，求出 k 的取值范围，若不存在，说明理由。

8. 在平面直角坐标系 xOy 中，已知圆 $x^2+y^2=1$ 与 x 轴正半轴的交点为 F，AB 为该圆的一条弦，直线 AB 的方程为 $x=m$。记以 AB 为直径的圆为 $\odot C$，记以点 F 为右焦点，短半轴长为 $b(b>0$，b 为常数$)$ 的椭圆为 D。

(1) 求 $\odot C$ 和椭圆 D 的标准方程；

(2) 当 $b=1$ 时，求证：椭圆 D 上的任意一点都不在 $\odot C$ 的内部。

(3) 已知点 M 是椭圆 D 的长轴上异于顶点的任意一点，过点 M 且与 x 轴不垂直的直线交椭圆 D 于 P,Q 两点（点 P 在 x 轴上方），点 P 关于 x 轴的对称点为 N，设直线 QN 交 x 轴于点 L，试判断 $\overrightarrow{OM}\cdot\overrightarrow{OL}$ 是否为定值，并证明你的结论。

9. 已知点 P 到点 $\left(\frac{1}{2},0\right)$ 的距离比它到直线 $x=-\frac{5}{2}$ 的距离小 2。

(1) 求动点 P 的轨迹方程；

(2) 记点 P 的轨迹为 E，过点 $S(2,0)$，斜率为 k_1 的直线交 E 于 A,B 两点，$Q(1,0)$，延长 AQ，BQ 与 E 交于 C,D 两点，设 CD 的斜率为 k_2，证明：$\frac{k_2}{k_1}$ 为定值。

10. 已知双曲线 $C:2x^2-y^2=2$ 与点 $P(1,2)$。

(1) 求过点 $P(1,2)$ 的直线 l 的斜率 k 的取值范围，使 l 与 C 只有一个交点；

(2) 是否存在过点 P 的弦 AB，使 AB 的中点为 P？

11. 如图，椭圆 $E:\frac{x^2}{a^2}+\frac{y^2}{b^2}=1(a>b>0)$ 的离心率是 $\frac{\sqrt{2}}{2}$，点 $P(0,1)$ 在短轴 CD 上，且 $\overrightarrow{PC}\cdot$

$\overrightarrow{PD}=-1$。

(1)求椭圆 E 的方程;

(2)设 O 为坐标原点,过点 P 的动直线与椭圆交于 A,B 两点。是否存在常数 λ,使得 $\overrightarrow{OA}\cdot\overrightarrow{OB}+\lambda\overrightarrow{PA}\cdot\overrightarrow{PB}$ 为定值?若存在,求 λ 的值;若不存在,请说明理由。

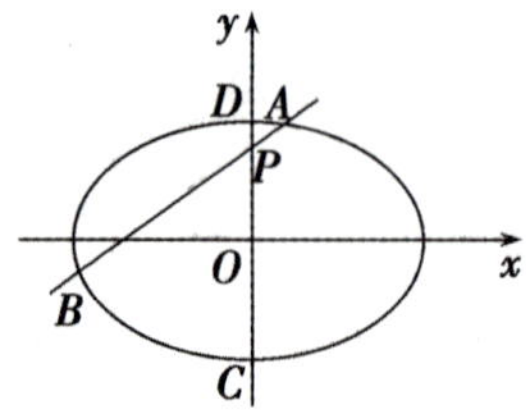

12. 如图,已知点 P 是 y 轴左侧(不含 y 轴)一点,抛物线 $C:y^2=4x$ 上存在不同的两点 A,B 满足 PA,PB 的中点均在 C 上。

(1)设 AB 中点为 M,证明:PM 垂直于 y 轴;

(2)若 P 是半椭圆 $x^2+\frac{y^2}{4}=1(x<0)$ 上的动点,求 $\triangle PAB$ 面积的取值范围。

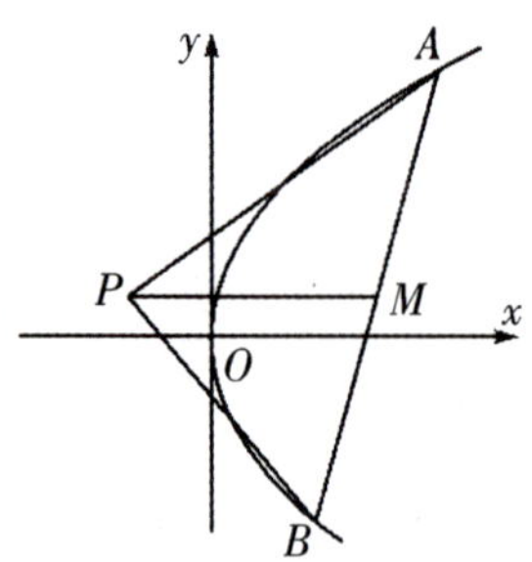

专题五　坐标系与参数方程

招教核心要点

1. 坐标系

(1)极坐标的概念

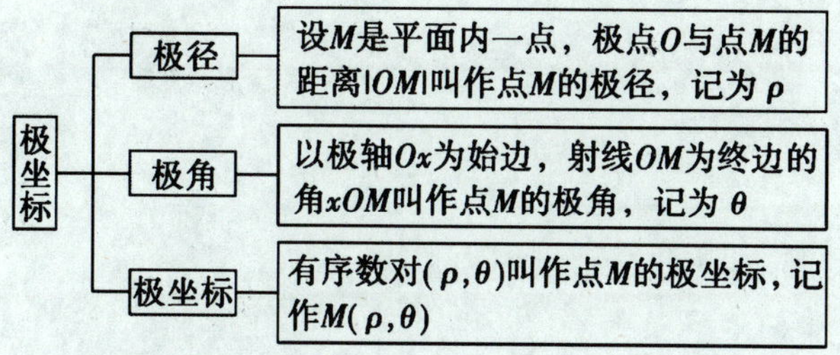

(2)直角坐标与极坐标的互化

如图，设 M 是平面内任意一点，它的直角坐标是(x,y)，

极坐标是(ρ,θ)，则$\begin{cases}x=\rho\cos\theta,\\y=\rho\sin\theta;\end{cases}$ $\begin{cases}\rho^2=x^2+y^2,\\\tan\theta=\dfrac{y}{x}(x\neq0)。\end{cases}$

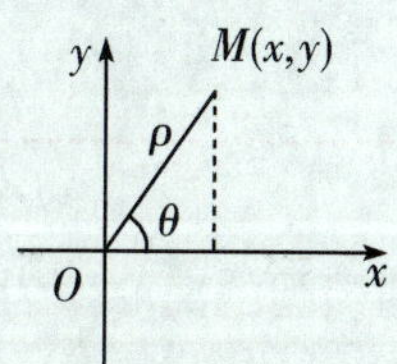

2. 参数方程

(1)参数方程和普通方程的互化

$\begin{cases}x=f(t),\\y=g(t)\end{cases}$ $(t$ 为参数$)\xrightleftharpoons[\text{消参}]{\text{引入参数}}F(x,y)=0$。

(2)常见曲线的参数方程

①直线的参数方程为

$\begin{cases}x=x_0+t\cos\alpha,\\y=y_0+t\sin\alpha,\end{cases}$ 其中 t 为参数。

考向分析

坐标系与参数方程是教师招聘考试中的基础内容，难度较小，有时单独考查，有时常与解析几何内容结合考查，考生要重点掌握其基本概念与公式，并能在解题时恰当使用。

②以 $A(a,b)$ 为圆心，r 为半径的圆的参数方程为 $\begin{cases}x=a+r\cos\theta,\\y=b+r\sin\theta,\end{cases}\theta\in[0,2\pi)$。

③椭圆 $\frac{x^2}{a^2}+\frac{y^2}{b^2}=1(a>b>0)$ 的参数方程：$\begin{cases}x=a\cos\theta,\\y=b\sin\theta,\end{cases}$ 其中 $\theta\in[0,2\pi)$。

招教考向解读

考向1 参数方程

解法突破

参数方程转化为普通方程：

根据参数方程的结构特征，选取适当的消参方法，常见的消参方法有：加减消参、代入消参、平方消参等。

普通方程转化为参数方程：

引入参数，代入消参，注意两种方程的等价性，避免出现增解。

另外，对于含三角函数的参数方程，常利用同角三角函数关系式消参，如 $\sin^2x+\cos^2x=1$。

真题过招

(2019 四川宜宾，4 分) 已知椭圆 C：$\begin{cases}x=\cos\theta,\\y=2\sin\theta,(\theta\in\mathbf{R})\end{cases}$ 则椭圆的离心率为（　　）

A. $\frac{\sqrt{3}}{5}$　　B. $\frac{\sqrt{3}}{3}$

C. $\frac{\sqrt{3}}{2}$　　D. $\frac{2\sqrt{3}}{5}$

答案解析

C 【解析】根据题意可知，椭圆 C 的标准方程为 $x^2+\frac{y^2}{4}=1$，则 $a^2=4,b^2=1,c=\sqrt{3}$，所以该椭圆的离心率 $e=\frac{c}{a}=\frac{\sqrt{3}}{2}$。故选 C。

变式训练

将参数方程$\begin{cases}x=2+\sin^2\theta,\\y=-1+\cos2\theta\end{cases}$（$\theta$为参数）化为普通方程。

考向2　极坐标

极坐标与直角坐标的互换

解法突破

$\begin{cases}x=\rho\cos\theta,\\y=\rho\sin\theta,\end{cases}$或$\rho^2=x^2+y^2$，$\tan\theta=\dfrac{y}{x}(x\neq0)$。

当极坐标中含有$\sin\theta$，$\cos\theta$时，可将方程两边同乘ρ，凑成$\rho\sin\theta$，$\rho\cos\theta$的项，以便代入互化公式化为直角坐标系。

真题过招

（2021安徽中数，4分）在平面直角坐标系xOy中，曲线C的参数方程为$\begin{cases}x=\cos\theta,\\y=1+\sin\theta\end{cases}$（$\theta$为参数）。若以$O$为极点，$x$轴的非负半轴为极轴建立极坐标系，则曲线$C$的极坐标方程为______。

答案解析

$\rho=2\sin\theta$　**【解析】**由$\begin{cases}x=\cos\theta,\\y=1+\sin\theta\end{cases}$得$x^2+(y-1)^2=\cos^2\theta+\sin^2\theta=1$，即$x^2+y^2-2y=0$，$\rho^2=x^2+y^2$，$y=\rho\sin\theta$，代入可得$\rho^2-2\rho\sin\theta=0$，$\rho>0$，所以$\rho=2\sin\theta$。

方法技巧：几种常见的参数方程与直角方程的切换：

①直线：$\begin{cases}x=1+2t,\\y=3+4t\end{cases}\Leftrightarrow\dfrac{x-1}{2}=\dfrac{y-3}{4}$；

②圆：$\begin{cases}x=1+2\cos\alpha,\\y=3+2\sin\alpha\end{cases}\Leftrightarrow(x-1)^2+(y-3)^2=4$；

③椭圆：$\begin{cases}x=2\cos\alpha,\\y=4\sin\alpha\end{cases}\Leftrightarrow\left(\dfrac{x}{2}\right)^2+\left(\dfrac{y}{4}\right)^2=1$；

④抛物线：$\begin{cases}x=2t,\\y=3t^2\end{cases}\Leftrightarrow y=3\left(\dfrac{x}{2}\right)^2$。

总的原则是消掉参数，变成关于x,y的式子。解题时注意参数的范围，有时对结果有影响。

变式训练

极坐标方程为 $\rho^2+2\rho\cos\theta-3=0$ 的曲线 C 的直角坐标方程为________。

考向3 综合问题

解法突破

参数方程与极坐标的综合问题一般是分别化为普通方程或直角坐标方程后，再用解析几何知识求解。注意看清是在直角坐标系下还是极坐标系下。

真题过招

(2020 陕西特岗,2 分)已知椭圆的参数方程为 $\begin{cases}x=2\sqrt{3}\cos t,\\ y=2\sin t,\end{cases}$ 则椭圆在 $t=\dfrac{\pi}{6}$ 处的切线方程为(　　)

A. $y=x-2$

B. $y=-x+4$

C. $y=-\dfrac{1}{3}x+2$

D. $y=\dfrac{1}{3}x$

答案解析

B 【解析】由椭圆的参数方程 $\begin{cases}x=2\sqrt{3}\cos t,\\ y=2\sin t,\end{cases}$ 得 $\dfrac{dy}{dx}=\dfrac{2\cos t}{-2\sqrt{3}\sin t}$，故椭圆在 $t=\dfrac{\pi}{6}$ 处的切线斜率为 $\dfrac{2\cos\frac{\pi}{6}}{-2\sqrt{3}\sin\frac{\pi}{6}}=-1$，又椭圆在 $t=\dfrac{\pi}{6}$ 处的对应点为 $(2\sqrt{3}\cos\frac{\pi}{6},2\sin\frac{\pi}{6})$，即 $(3,1)$，故椭圆在 $t=\dfrac{\pi}{6}$ 处的切线方程为 $y=-x+4$。

变式训练

1. 若直线 l 的参数方程为 $\begin{cases}x=1+2t,\\ y=\dfrac{\sqrt{3}}{2}+\sqrt{3}t\end{cases}$ (t 为参数)，曲线 C 的参数方程为 $\begin{cases}x=2\cos\theta,\\ y=\sin\theta\end{cases}$ (θ 为参数)，则曲线 C 被直线 l 所截的弦长为________。

2. 在直角坐标系 xOy 中，曲线 C_1：$\begin{cases}x=t\cos\alpha,\\y=t\sin\alpha\end{cases}$（$t$ 为参数，$t\neq0$），其中 $0\leqslant\alpha<\pi$，在以 O 为极点，x 轴正半轴为极轴的极坐标系中，曲线 C_2：$\rho=2\sin\theta$，曲线 C_3：$\rho=2\sqrt{3}\cos\theta$。

（1）求 C_2 与 C_3 交点的直角坐标；

（2）若 C_1 与 C_2 相交于点 A，C_1 与 C_3 相交于点 B，求 AB 的最大值。

必刷好题

招教高频基础刷

1. 在极坐标系中，以极点 O 为原点，极轴所在直线为 x 轴建立平面直角坐标系，若曲线 C 的极坐标方程为 $\rho=2\cos\theta$，直线的参数方程为 $\begin{cases}x=-1+t\cos\dfrac{\pi}{6},\\y=t\sin\dfrac{\pi}{6}\end{cases}$（$t$ 为参数），则直线 l 与曲线 C 的交点个数为（　　）

A. 0　　　　B. 1

C. 2　　　　D. 3

2. 在极坐标系中，以点(1,0)为圆心，1 为半径的圆的极坐标方程是（　　）

A. $\rho=2\cos\theta$　　　　B. $\rho=4\cos\theta$

C. $\rho=6\cos\theta$　　　　D. $\rho=8\cos\theta$

3. 在平面直角坐标系中，直线 l 的参数方程为 $\begin{cases}x=t+3,\\y=3-t\end{cases}$（参数 $t\in\mathbf{R}$），圆的参数方程为 $\begin{cases}x=2\cos\theta,\\y=2\sin\theta+1\end{cases}$（参数 $\theta\in[0,2\pi)$），则圆心到直线的距离为（　　）

A. $\sqrt{2}$　　　　B. 2

C. $\dfrac{5\sqrt{2}}{2}$　　　　D. $5\sqrt{2}$

4. 曲线 C_1：$\begin{cases}x=1+\cos\theta,\\y=\sin\theta\end{cases}$（$\theta$ 为参数）上的点到曲线 C_2：$\begin{cases}x=-2\sqrt{2}+\dfrac{1}{2}t,\\y=1-\dfrac{1}{2}t\end{cases}$（$t$ 为参数）上的点的

最近距离为(　　)

A. 4　　B. 3　　C. 2　　D. 1

5. 在极坐标系中,曲线 $C_1:\rho=4$ 上有 3 个不同的点到曲线 $C_2:\rho\sin(\theta+\frac{\pi}{4})=m$ 的距离等于 2,则 $m=$(　　)

A. 2　　B. ±2

C. -2　　D. 3

6. 已知极坐标的极点与平面直角坐标系的原点重合,极轴与 x 轴的正半轴重合,且长度单位相同,圆 C 的参数方程为 $\begin{cases}x=1+3\cos\alpha,\\y=-1+3\sin\alpha\end{cases}$ (α 为参数),点 Q 的极坐标为 $(\sqrt{2},\frac{\pi}{4})$,若点 P 是圆 C 上的任意一点,P,Q 两点间距离的最小值为(　　)

A. 1　　B. 2　　C. 4　　D. 3

7. 在极坐标系中,圆 C_1 的方程为 $\rho=4\sqrt{2}\cos(\theta-\frac{\pi}{4})$,以极点为坐标原点,极轴为 x 轴的正半轴建立平面直角坐标系,圆 C_2 的参数方程是 $\begin{cases}x=-1+a\cos\theta,\\y=-1+a\sin\theta\end{cases}$ (θ 为参数),若圆 C_1 与圆 C_2 外切,则实数 $a=$(　　)

A. 2　　B. ±2

C. -2　　D. $\pm\sqrt{2}$

8. 在极坐标系中,设 $\begin{cases}x=\frac{\sqrt{6}}{2}\cos\theta,\\y=\frac{\sqrt{6}}{2}\sin\theta\end{cases}$ (θ 为参数)上的点到直线 $\rho(\sqrt{7}\cos\theta-\sin\theta)=\sqrt{2}$ 的距离为 d,则 d 的最大值为(　　)

A. 2　　B. ±2

C. $\frac{\sqrt{6}}{2}+\frac{1}{2}$　　D. $\pm\sqrt{2}$

9. 已知直线 l 的参数方程为 $\begin{cases}x=4-\frac{\sqrt{2}}{2}t,\\y=\frac{\sqrt{2}}{2}t\end{cases}$ (t 为参数),曲线 C 的极坐标方程为 $\rho=1$,点 P 是直线 l 上的一个动点,过点 P 作曲线 C 的切线,切点为 Q,则 $|PQ|$ 的最小值为(　　)

A. 2　　B. 1　　C. $\sqrt{3}$　　D. $\sqrt{7}$

10. 已知两曲线参数方程分别为$\begin{cases}x=2\cos\theta,\\y=\sin\theta\end{cases}$ $(0\leqslant\theta<\pi)$和$\begin{cases}x=2t,\\y=t\end{cases}$ $(t\in\mathbf{R})$，则它们的交点坐标为(　　)

A. $(2,2)$　　B. $(\sqrt{2},\frac{\sqrt{2}}{2})$

C. $(\sqrt{3},\sqrt{2})$　　D. $(\sqrt{2},\sqrt{2})$

11. 在直角坐标系 xOy 中，圆 C 的参数方程$\begin{cases}x=1+\sqrt{5}\cos\varphi,\\y=\sqrt{5}\sin\varphi\end{cases}$ (φ 为参数)，以 O 为极点，x 轴的非负半轴为极轴建立极坐标系，曲线 $\theta=\frac{\pi}{4}$与圆 C 的交点的极坐标为________。

12. 设直线 l 的参数方程为$\begin{cases}x=2+t,\\y=2t\end{cases}$ (t 为参数)，若以直角坐标系 xOy 的 O 点为极点，Ox 轴为极轴，选择相同的长度单位建立极坐标系，得曲线 C 的极坐标方程为 $\rho=\frac{8\cos\theta}{\sin^2\theta}$，若直线 l 与曲线 C 交于 A,B 两点，$|AB|$的值为________。

13. 已知曲线 C 的极坐标方程是 $\rho=2\cos\theta$，以极点为平面直角坐标系的原点，极轴为 x 的正半轴，建立直角坐标系，直线 l 的参数方程是$\begin{cases}x=t,\\y=t-2\end{cases}$ (t 为参数)，设点 $P(0,-2)$，若直线 l 与曲线 C 交于 A,B 两点，$|PA|\cdot|PB|$的值为________。

14. 已知在直角坐标系 xOy 中，曲线 C 的参数方程为$\begin{cases}x=2+2\cos\theta,\\y=2\sin\theta\end{cases}$ (θ 为参数)，在极坐标系(与直角坐标系 xOy 取相同的长度单位，且以原点 O 为极点，以 x 轴正半轴为极轴)中直线 l 的方程为 $\rho\sin(\theta+\frac{\pi}{4})=2\sqrt{2}$，直线 l 被曲线 C 截得的弦长为________。

15. 在平面直角坐标系中，曲线 C_1 的参数方程为$\begin{cases}x=-2-2\cos\alpha,\\y=2\sin\alpha\end{cases}$ (α 为参数)，以坐标原点为极点，x 轴的正半轴为极轴建立直角坐标系，曲线 C_2 的极坐标方程为 $\rho\cos(\theta-\frac{\pi}{4})=\sqrt{2}$。

(1)求曲线 C_1 的普通方程与曲线 C_2 的直角坐标方程；

(2)若 P 是曲线 C_2 上的一点，过点 P 向曲线 C_1 引切线，切点为 Q，求$|PQ|$的最小值。

16. 已知圆 C 的极坐标方程是：$\rho=4\cos\theta$，直线 l 的参数方程是：$\begin{cases}x=2+t\cos\alpha,\\y=\sqrt{2}+t\sin\alpha\end{cases}$ (其中 t 为参数，

α 为常数，且 α 是直线 l 的倾斜角)。

(1)试求圆 C 的直角坐标方程和直线 l 的一般方程；

(2)当圆 C 被直线所截得的弦长为 $2\sqrt{3}$ 时，求 α 的值。

17. 在平面直角坐标系 xOy 中，直线 l 的参数方程为：$\begin{cases}x=1+t\cos\alpha,\\y=2+t\sin\alpha\end{cases}$ (t 为参数)，以原点 O 为极点，x 轴的正半轴为极轴，建立极坐标系，曲线 C 的极坐标方程为：$\rho=6\sin\theta$。

(1)求曲线 C 的直角坐标方程；

(2)若曲线 C 与直线 l 交于 A,B 两点，点 $P(1,2)$，求 $|PA|+|PB|$ 的最小值。

18. 直线 l 的参数方程为 $\begin{cases}x=t,\\y=at+2\end{cases}$ (t 为参数，$a\in\mathbf{R}$)，在直角坐标系中，以 O 为极点，x 的正半轴为极轴建立极坐标系，曲线 C 的方程为 $\rho=2$。

(1)求直线 l 的普通方程与曲线 C 的直角坐标方程；

(2)若直线 l 与曲线 C 交于 A,B 两点，且线段 AB 的垂直平分线的方程是 $2x+y=0$，求实数 a 的值。

专题六　空间解析几何

招教核心要点

1. 空间直线与空间平面

(1) 空间两直线的位置关系

	直线 $l_1:\frac{x-x_1}{m_1}=\frac{y-y_1}{n_1}=\frac{z-z_1}{p_1},\boldsymbol{s}_1=(m_1,n_1,p_1)$ 直线 $l_2:\frac{x-x_2}{m_2}=\frac{y-y_2}{n_2}=\frac{z-z_2}{p_2},\boldsymbol{s}_2=(m_2,n_2,p_2)$
平行	$\frac{m_1}{m_2}=\frac{n_1}{n_2}=\frac{p_1}{p_2}(\boldsymbol{s}_1/\!/\boldsymbol{s}_2)$
垂直	$m_1m_2+n_1n_2+p_1p_2=0(\boldsymbol{s}_1\perp\boldsymbol{s}_2)$

(2) 空间直线与平面的位置关系

	直线 $l:\frac{x-x_0}{m}=\frac{y-y_0}{n}=\frac{z-z_0}{p},\boldsymbol{s}=(m,n,p),P_0(x_0,y_0,z_0)$ 平面 $\pi:Ax+By+Cz+D=0,\boldsymbol{n}=(A,B,C)$
垂直	$\frac{A}{m}=\frac{B}{n}=\frac{C}{p}(\boldsymbol{n}/\!/\boldsymbol{s})$
平行	$Am+Bn+Cp=0$,但 $Ax_0+By_0+Cz_0+D\neq0(\boldsymbol{n}\perp\boldsymbol{s},P_0\notin\pi)$
在平面上	$Am+Bn+Cp=0$,且 $Ax_0+By_0+Cz_0+D=0(\boldsymbol{n}\perp\boldsymbol{s},P_0\in\pi)$

(3) 空间两平面的位置关系

	平面 $\pi_1:A_1x+B_1y+C_1z+D_1=0,\boldsymbol{n}_1=(A_1,B_1,C_1)$ 平面 $\pi_2:A_2x+B_2y+C_2z+D_2=0,\boldsymbol{n}_2=(A_2,B_2,C_2)$
平行	$\frac{A_1}{A_2}=\frac{B_1}{B_2}=\frac{C_1}{C_2}\neq\frac{D_1}{D_2}(\boldsymbol{n}_1/\!/\boldsymbol{n}_2)$
垂直	$A_1A_2+B_1B_2+C_1C_2=0(\boldsymbol{n}_1\perp\boldsymbol{n}_2)$

考向分析

空间解析几何中空间直线与空间平面、空间曲线与曲面在教师招聘考试中考查较少,难度较大,考生要重点掌握其基本概念与解题方法。

2. 空间曲线与曲面

(1) 空间曲线的切线与法平面

设空间曲线 Γ 的参数方程为 $\begin{cases} x=x(t), \\ y=y(t), t\in[\alpha,\beta], \\ z=z(t), \end{cases}$ 设点 $P_0(x_0,y_0,z_0)$ 对应的参数为 t_0，则曲线 Γ 在点 P_0 处的切线方程为 $\dfrac{x-x_0}{x'(t_0)}=\dfrac{y-y_0}{y'(t_0)}=\dfrac{z-z_0}{z'(t_0)}$。

过点 P_0 且与切线垂直的平面称为曲线 Γ 在点 $P_0(x_0,y_0,z_0)$ 处的法平面，法平面方程为 $x'(t_0)(x-x_0)+y'(t_0)(y-y_0)+z'(t_0)(z-z_0)=0$。

(2) 空间曲面

①球面方程：$(x-x_0)^2+(y-y_0)^2+(z-z_0)^2=R^2$。

②旋转曲面：平面曲线绕某坐标轴旋转，则该坐标轴对应的变量不变，而曲线方程中另一变量改写为该变量与第三个变量平方和的正负平方根。如曲线 $\Gamma: f(y,z)=0$ 为 yOz 平面上的曲线，则曲线 Γ 绕 z 轴旋转得到的曲面为 $f(\pm\sqrt{x^2+y^2},z)=0$。

③椭球面标准方程：$\dfrac{x^2}{a^2}+\dfrac{y^2}{b^2}+\dfrac{z^2}{c^2}=1(a,b,c>0)$。

④双曲面

单叶双曲面标准方程：$\dfrac{x^2}{a^2}+\dfrac{y^2}{b^2}-\dfrac{z^2}{c^2}=1(a,b,c>0)$。

双叶双曲面标准方程：$\dfrac{x^2}{a^2}+\dfrac{y^2}{b^2}-\dfrac{z^2}{c^2}=-1(a,b,c>0)$。

招教考向解读

考向 1 空间平面方程

解法突破

利用点法式求平面方程：若已知所求平面方程的平面过一已知点 (x_0,y_0,z_0)，则首先考虑利用

点法式求平面方程，找出平面一法向量 $\boldsymbol{n}=(a,b,c)$，那么平面方程为 $a(x-x_0)+b(y-y_0)+c(z-z_0)=0$。

真题过招

(2021 贵州特岗，5 分)设平面过原点及点 $(4,-3,1)$ 且与平面 $2x-y+2z=8$ 垂直，求此平面方程。

答案解析

【解析】因为平面经过原点，故设所求平面方程为 $Ax+By+Cz=0$，则平面的一个法向量为 (A,B,C)，又因为平面经过点 $(4,-3,1)$，且与平面 $2x-y+2z=8$ 垂直，则 $\begin{cases}4A-3B+C=0,\\2A-B+2C=0,\end{cases}$ 整理得 $B=-3C,A=-\dfrac{5}{2}C$。不妨设 $C=2t(t\neq0)$，那么所求平面的法向量为 $(-5t,-6t,2t)$，由空间平面的点法式方程得 $-5t(x-4)-6t(y+3)+2t(z-1)=0$，整理得所求平面方程为 $5x+6y-2z=0$。

变式训练

(2022 陕西特岗，2 分)过点 $(1,0,-1)$ 且与直线 $\dfrac{x-1}{2}=-y=\dfrac{z-3}{3}$ 垂直的平面方程为(　　)

A. $2x+y+3z+1=0$　　B. $2x+y+3z-1=0$

C. $2x-y+3z-1=0$　　D. $2x-y+3z+1=0$

考向 2　空间中直线与平面的夹角

解法突破

当直线与平面不垂直时，直线和它在平面上的投影所成的夹角 $\varphi\left(0\leqslant\varphi<\dfrac{\pi}{2}\right)$ 为直线与该平面的夹角。

设直线的方向向量为 $\boldsymbol{s}=(m,n,p)$，平面的法向量为 $\boldsymbol{n}=(A,B,C)$，那么 $\sin\varphi=\dfrac{|Am+Bn+Cp|}{\sqrt{A^2+B^2+C^2}\cdot\sqrt{m^2+n^2+p^2}}$。

当直线与平面垂直时，直线与平面的夹角为 $\dfrac{\pi}{2}$，此时直线与平面的法向量平行，所以 $\dfrac{A}{m}=\dfrac{B}{n}=$

$\frac{C}{p}$,解题时可取平面法向量为直线的方向向量。

当直线与平面平行时,直线与平面的法向量的垂直,所以 $Am+Bn+Cp=0$。

真题过招

(2021 贵州特岗,3 分)设直线 $L:\frac{x-1}{1}=\frac{y}{1}=\frac{z+1}{-4}$,平面 $\pi:x-2y+2z=3$,则直线 L 与平面 π 的夹角为(　　)

A. $\frac{\pi}{6}$　　B. $\frac{\pi}{4}$　　C. $\frac{\pi}{3}$　　D. $\frac{\pi}{2}$

答案解析

B 【解析】直线 L 的方向向量为 $\boldsymbol{s}=(1,1,-4)$,平面 π 的法向量 $\boldsymbol{n}=(1,-2,2)$,设直线 L 与平面 π 的夹角为 θ,则 $\sin\theta=|\cos\langle\boldsymbol{s},\boldsymbol{n}\rangle|=\frac{|\boldsymbol{s}\cdot\boldsymbol{n}|}{|\boldsymbol{s}||\boldsymbol{n}|}=\frac{|1\times1+1\times(-2)+(-4)\times2|}{\sqrt{1^2+1^2+(-4)^2}\times\sqrt{1^2+(-2)^2+2^2}}=\frac{\sqrt{2}}{2}$,则直线 L 与平面 π 的夹角为 $\frac{\pi}{4}$。

变式训练

求过点 $(1,2,-4)$ 且与平面 $2x-3y+z-4=0$ 垂直的直线的方程。

考向3 空间中平面、直线间的位置关系

(一)空间中平面间位置关系

解法突破

设空间内两个平面方程为 $\alpha_i:A_ix+B_iy+C_iz+D_i(i=1,2)$,$\boldsymbol{n}_i=(A_i,B_i,C_i)(i=1,2)$ 是 α_i 的法向量,那么两平面的位置关系有:

(1)α_1 与 α_2 重合$\Leftrightarrow\frac{A_1}{A_2}=\frac{B_1}{B_2}=\frac{C_1}{C_2}=\frac{D_1}{D_2}$;

(2)α_1 与 α_2 相互平行$\Leftrightarrow\boldsymbol{n}_1=\lambda\boldsymbol{n}_2(\lambda\neq0)\Leftrightarrow\boldsymbol{n}_1\times\boldsymbol{n}_2=\boldsymbol{0}\Leftrightarrow\frac{A_1}{A_2}=\frac{B_1}{B_2}=\frac{C_1}{C_2}\neq\frac{D_1}{D_2}$;

(3)α_1 与 α_2 相互垂直$\Leftrightarrow\boldsymbol{n}_1\cdot\boldsymbol{n}_2=0\Leftrightarrow A_1A_2+B_1B_2+C_1C_2=0$;

(4) α_1 与 α_2 相交，其夹角为 θ（θ 为法向量的夹角，且 $0<\theta\leqslant\frac{\pi}{2}$），那么 $\cos\theta=\frac{|A_1A_2+B_1B_2+C_1C_2|}{\sqrt{A_1^{\ 2}+B_1^{\ 2}+C_1^{\ 2}}\cdot\sqrt{A_2^{\ 2}+B_2^{\ 2}+C_2^{\ 2}}}$。

典例

1. 试判断过点 $P_1(2,0,1),P_2(4,3,2),P_3(-2,1,1)$ 的平面 π 与平面 $\frac{1}{2}x+2y-7z+3=0$ 的位置关系，并写出一个与平面 π 垂直的平面方程。

答案解析

【解析】由题意知，$\overrightarrow{P_1P_2}=(2,3,1),\overrightarrow{P_1P_3}=(-4,1,0)$，则平面 π 的法向量 $\boldsymbol{n}=\overrightarrow{P_1P_2}\times\overrightarrow{P_1P_3}=\begin{vmatrix}\boldsymbol{i} & \boldsymbol{j} & \boldsymbol{k}\\ 2 & 3 & 1\\ -4 & 1 & 0\end{vmatrix}=(-1,-4,14)$。平面 $\frac{1}{2}x+2y-7z+3=0$ 的法向量 $\boldsymbol{m}=\left(\frac{1}{2},2,-7\right)=-\frac{1}{2}\boldsymbol{n}$，故 $\boldsymbol{n}/\!/\boldsymbol{m}$。又点 $P_1(2,0,1)$ 不在平面 $\frac{1}{2}x+2y-7z+3=0$ 上，故平面 π 与平面 $\frac{1}{2}x+2y-7z+3=0$ 平行。

设与平面 π 垂直的平面为 π_1，其法向量为 $\boldsymbol{n}_1$。

由向量积的定义可知，$\overrightarrow{P_1P_2},\overrightarrow{P_1P_3}$ 均与 $\boldsymbol{n}=\overrightarrow{P_1P_2}\times\overrightarrow{P_1P_3}$ 垂直，则 $\boldsymbol{n}_1=\overrightarrow{P_1P_2}$ 为平面 π_1 的一个法向量（也可以 $\overrightarrow{P_1P_3}$ 为平面 π_1 的法向量，但此情况下无解），故可设 π_1 的方程为 $2x+3y+z+d=0$，将点 $P_1(2,0,1)$ 代入可得 $d=-5$，所以平面 π_1 的方程为 $2x+3y+z-5=0$。

变式训练

1. 分别在下列条件下确定 l,m,n 的值。

(1) 使 $(l-3)x+(m+1)y+(n-3)z+8=0$ 和 $(m+3)x+(n-9)y+(l-3)z-16=0$ 表示同一平面；

(2) 使 $2x+my+3z-5=0$ 与 $lx-6y-6z+2=0$ 表示两个平行平面；

(3) 使 $lx+y-3z+1=0$ 与 $7x-2y-z=0$ 表示两个相互垂直的平面。

(二)直线间的位置关系

解法突破

设两空间直线 $L_1:\frac{x-x_1}{l_1}=\frac{y-y_1}{m_1}=\frac{z-z_1}{n_1},L_2:\frac{x-x_2}{l_2}=\frac{y-y_2}{m_2}=\frac{z-z_2}{n_2}$，其方向向量分别为 $\boldsymbol{s}_1=(l_1,$

$m_1,n_1)$，$s_2=(l_2,m_2,n_2)$，两直线上各有一点 $M_1=(x_1,y_1,z_1)$，$M_2=(x_2,y_2,z_2)$。那么：

(1)若 $l_1:m_1:n_1=l_2:m_2:n_2\neq(x_2-x_1):(y_2-y_1):(z_2-z_1)\Leftrightarrow$则两直线平行但不重合。

(2)若 $l_1:m_1:n_1=l_2:m_2:n_2=(x_2-x_1):(y_2-y_1):(z_2-z_1)\Leftrightarrow$那么两直线平行且重合。

(3)若 $l_1:m_1:n_1\neq l_2:m_2:n_2\Leftrightarrow$两直线不平行

①若$\overrightarrow{M_1M_2}\cdot(s_1\times s_2)=\begin{vmatrix} x_2-x_1 & y_2-y_1 & z_2-z_1 \\ l_1 & m_1 & n_1 \\ l_2 & m_2 & n_2 \end{vmatrix}=0\Leftrightarrow$则两直线共面且相交；

②若$\overrightarrow{M_1M_2}\cdot(s_1\times s_2)=0$，且 $s_1\cdot s_2=0\Leftrightarrow$两直线共面相交且垂直；

③若$\overrightarrow{M_1M_2}\cdot(s_1\times s_2)\neq0\Leftrightarrow$两直线异面；

④若$\overrightarrow{M_1M_2}\cdot(s_1\times s_2)\neq0$，且 $s_1\cdot s_2=l_1l_2+m_1m_2+n_1n_2=0\Leftrightarrow$两直线异面垂直。

真题过招

2. (2020 陕西特岗,2 分) 两直线 $l_1:x-1=\frac{y-2}{2}=\frac{z-3}{3}$，$l_2:\frac{x-2}{2}=\frac{y-a}{a}=\frac{z-4}{4}$互相垂直，则 $a=$(　　)

A. 3　　B. 7　　C. -3　　D. -7

答案解析

D 【解析】l_1 的方向向量为 $s_1=(1,2,3)$，l_2 的方向向量为$s_2=(2,a,4)$，若直线 l_1,l_2 互相垂直，则有$s_1\cdot s_2=1\times2+2a+3\times4=0$，即 $a=-7$。

变式训练

2. 判断下面各组直线间的位置关系。

(1)直线 $L_1:\frac{x-1}{2}=\frac{y}{3}=\frac{z}{4}$和 $L_2:\frac{x-3}{2}=\frac{y-3}{3}=\frac{z-4}{4}$；

(2)直线 $L_3:\frac{x+1}{4}=\frac{y-2}{3}=\frac{z-4}{1}$和 $L_4:\frac{x-2}{2}=\frac{y+1}{-3}=\frac{z-3}{2}$。

(三)直线与平面的位置关系

解法突破

设平面 $\alpha:Ax+By+Cz+D=0$，法向量为 $\boldsymbol{n}=(A,B,C)$，直线 $L:\frac{x-x_0}{m}=\frac{y-y_0}{q}=\frac{z-z_0}{p}$，方向向量

为 $\boldsymbol{s}=(m,q,p)$。

(1)直线 L 与平面 α 平行 $\Leftrightarrow \boldsymbol{n}\perp\boldsymbol{s}$,即 $\boldsymbol{n}\cdot\boldsymbol{s}=0$

①若 $\boldsymbol{n}\cdot\boldsymbol{s}=0$,但 α:$Ax_0+By_0+Cz_0+D\neq0$,那么点 $P(x_0,y_0,z_0)$ 不在平面内,此时直线与平面无交点,即直线 L 平行于平面 α,且不在平面内;

②若 $\boldsymbol{n}\cdot\boldsymbol{s}=0$,但 α:$Ax_0+By_0+Cz_0+D=0$,那么点 $P(x_0,y_0,z_0)$ 在平面内,此时直线与平面有无数交点,即直线 L 在平面 α 内。

(2)直线 L 与平面 α 垂直 $\Leftrightarrow \boldsymbol{n}/\!/\boldsymbol{s}$,即 $\boldsymbol{n}\times\boldsymbol{s}=\boldsymbol{0}(\boldsymbol{n}\cdot\boldsymbol{s}\neq0)$。

典例

3. (2020 年下半年高级资格证,5 分)直线 $\frac{x+3}{-2}=\frac{y+4}{-7}=\frac{z}{3}$ 与平面 $4x-2y-2z=3$ 的位置关系是(　　)

A. 平行　　　　B. 直线在平面内

C. 垂直且相交　　　　D. 相交但不垂直

答案解析

A 【解析】直线 $\frac{x+3}{-2}=\frac{y+4}{-7}=\frac{z}{3}$ 的方向向量为 $\boldsymbol{m}=(-2,-7,3)$,平面 $4x-2y-2z=3$ 的法向量为 $\boldsymbol{n}=(4,-2,-2)$,则有 $\boldsymbol{m}\cdot\boldsymbol{n}=-2\times4+(-7)\times(-2)+3\times(-2)=0$,取直线上的一点 $(-3,-4,0)$ 代入平面 $4x-2y-2z=3$ 得,$4\times(-3)-2\times(-4)-2\times0-3=-7\neq0$,即直线 $\frac{x+3}{-2}=\frac{y+4}{-7}=\frac{z}{3}$ 上的点 $(-3,-4,0)$ 不在平面上,所以直线与平面平行。

变式训练

3. 判断直线 L:$\frac{x+2}{2}=\frac{y-2}{-3}=\frac{z}{2}$ 和平面 α:$4x-6y+4z=9$ 的位置关系。

考向 4　求旋转曲面方程

解法突破

常用的二次曲面方程及其图形:

(1)椭球面方程:中心在坐标原点的椭球面方程为$\frac{x^2}{a^2}+\frac{y^2}{b^2}+\frac{z^2}{c^2}=1$($a,b,c$ 均为正数)。

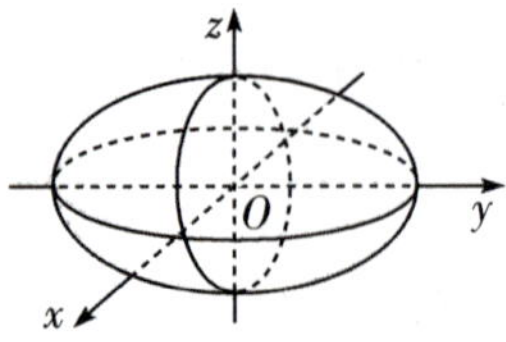

(2)单叶双曲面方程:$\frac{x^2}{a^2}+\frac{y^2}{b^2}-\frac{z^2}{c^2}=1$($a,b,c$ 均为正数)。

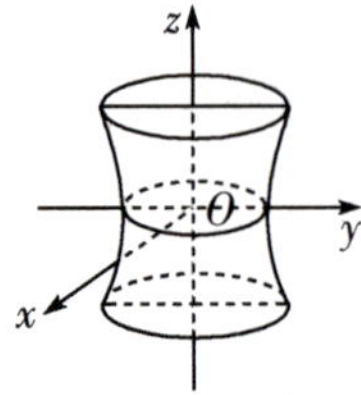

(3)双叶双曲面方程:$\frac{x^2}{a^2}+\frac{y^2}{b^2}-\frac{z^2}{c^2}=-1$($a,b,c$ 均为正数)。

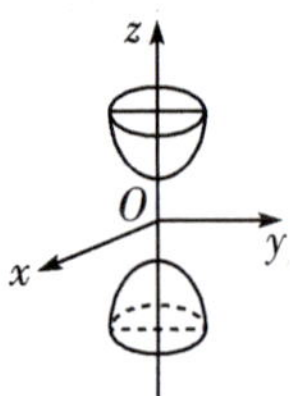

(4)椭圆抛物面方程:$\frac{x^2}{p}+\frac{y^2}{q}=2z$($p,q$ 均为正数)。

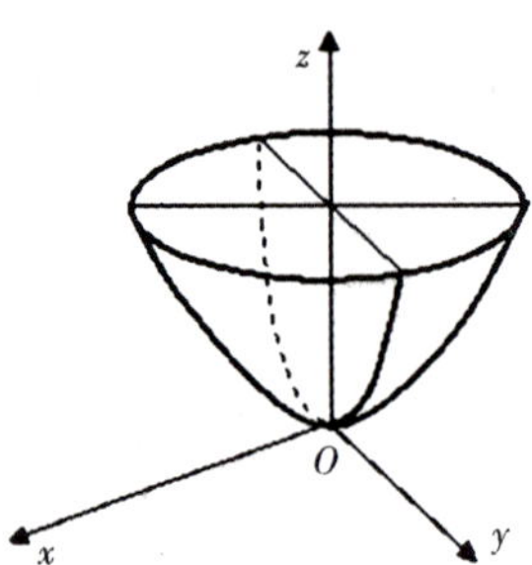

(5)双曲抛物面方程:$\frac{x^2}{p}-\frac{y^2}{q}=2z$($p,q$ 均为正数)。

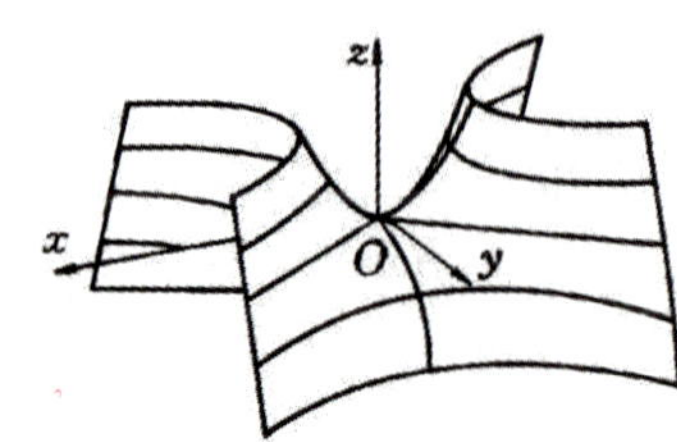

(6)圆柱面方程：$x^2+y^2=R^2$ 或 $y^2+z^2=R^2$ 或 $x^2+z^2=R^2$（R 为正数）。

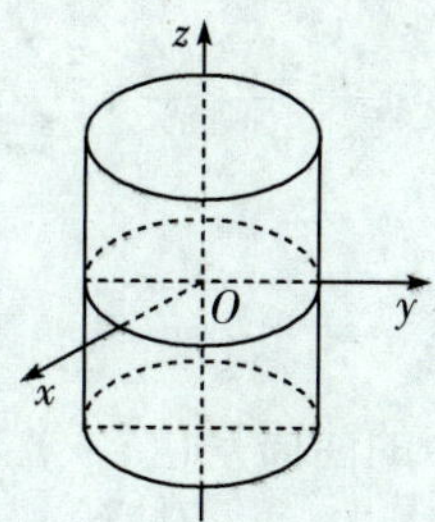

(7)椭圆柱面方程：$\frac{x^2}{a^2}+\frac{y^2}{b^2}=1$ 或 $\frac{y^2}{b^2}+\frac{z^2}{c^2}=1$ 或 $\frac{x^2}{a^2}+\frac{z^2}{c^2}=1$（$a,b,c$ 为正数）。

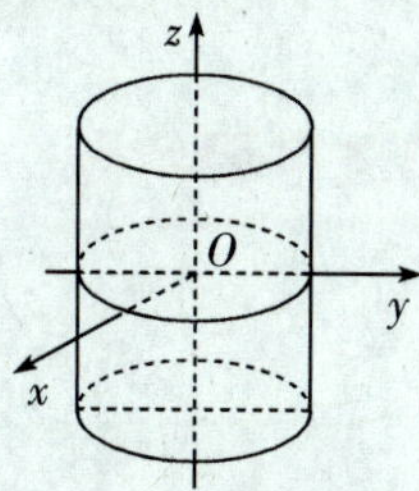

旋转曲面的求法：平面曲线绕某坐标轴旋转，则该坐标轴对应的量不变，用其他两个坐标平方和的正负平方根来表示。

平面 yOz 上的曲线 $\Gamma:\begin{cases}F(y,z),\\x=0\end{cases}$ 绕 y,z 轴旋转一周所得到的旋转曲面的方程分别为 $F(y,\pm\sqrt{x^2+z^2})=0$，$F(\pm\sqrt{x^2+y^2},z)=0$。

真题过招

1. （2020 湖南特岗，3 分）在空间直角坐标系中，方程 $\frac{x^2}{4}+\frac{y^2}{3}+\frac{z^2}{2}=1$ 表示的图形是（　　）

A. 柱面　　B. 球面　　C. 椭球面　　D. 单叶双曲面

答案解析

C　【解析】方程 $\frac{x^2}{4}+\frac{y^2}{3}+\frac{z^2}{2}=1$ 表示的图形是椭球面。

2. （2020 陕西特岗，2 分）在空间直角坐标系中，方程 $x^2+2y^2+3z^2-4=0$ 所表示的图形是（　　）

A. 抛物面　　B. 双曲面　　C. 椭球面　　D. 球面

答案解析

C 【解析】$x^2+2y^2+3z^2-4=0$ 整理得 $\frac{x^2}{4}+\frac{y^2}{2}+\frac{3z^2}{4}=1$，故所表示的图形是椭球面。

变式训练

1. 方程 $x^2+y^2+z^2-2x+4y=0$ 表示的曲面是(　　)

A. 球面　　B. 圆柱面　　C. 抛物柱面　　D. 椭圆锥面

2. 在 yOz 平面上的直线 $z=y$ 绕 z 轴旋转一周之后得到的曲面方程为(　　)

A. $z^2=x^2+y^2$　　B. $x^2=y^2+z^2$　　C. $x^2+y^2-z^2=1$　　D. $x^2+y^2-z^2=-1$

考向5 空间曲线的切线和法平面问题

解法突破

设空间曲线 Γ 的参数方程为 $\begin{cases}x=x(t),\\ y=y(t),t\in[\alpha,\beta],\\ z=z(t),\end{cases}$ 点 $P_0(x_0,y_0,z_0)$ 对应的参数为 t_0，那么

(1)曲线 Γ 在点 P_0 处的切线方程为 $\frac{x-x_0}{x'(t_0)}=\frac{y-y_0}{y'(t_0)}=\frac{z-z_0}{z'(t_0)}$；

(2)法平面方程为 $x'(t_0)(x-x_0)+y'(t_0)(y-y_0)+z'(t_0)(z-z_0)=0$。

真题过招

(2021 贵州特岗,3 分)曲线 $\begin{cases}x=t,\\ y=t^2,\\ z=t^3\end{cases}$ 在点(1,1,1)处的切向量为________。

答案解析

(1,2,3) 【解析】在点(1,1,1)处，$x'=t'=1$，$y'=(t^2)'=2t=2$，$z'=(t^3)'=3t^2=3$，所以曲线 $x=t,y=t^2,z=t^3$ 在点(1,1,1)处的切向量为(1,2,3)。

变式训练

曲线 $x=t,y=2t^3,z=3t^4$ 在点(1,2,3)处的切向量为________。

必刷好题

招教高频基础刷

1. 过点(2, -3,0)且以 $\boldsymbol{n}=(1,-2,3)$ 为法线向量的平面的方程是(　　)

A. $x+2y+z=0$　　B. $x-2y+3z-8=0$

C. $x-2y+3z=0$　　D. $x+y+3z+4=0$

2. 过三点 $M_1(2,-1,4)$, $M_2(-1,3,-2)$ 和 $M_3(0,2,3)$ 的平面的方程是(　　)

A. $14x+9y-z-15=0$　　B. $14x+9y-z=0$

C. $14x+y-z=0$　　D. $9x+14y-z+15=0$

3. 两平面 $x-y+2z-6=0$ 和 $2x+y+z-5=0$ 的夹角为(　　)

A. $\frac{\pi}{6}$　　B. $\frac{\pi}{3}$　　C. $\frac{\pi}{4}$　　D. $\frac{\pi}{2}$

4. 直线 $L_1:\frac{x-1}{1}=\frac{y}{-4}=\frac{z+3}{1}$ 和 $L_2:\frac{x}{2}=\frac{y+2}{-2}=\frac{z}{-1}$ 的夹角为(　　)

A. $\frac{\pi}{2}$　　B. $\frac{\pi}{3}$

C. $\frac{\pi}{4}$　　D. $\frac{\pi}{6}$

5. 过点(3,0, -1)且与平面 $3x-7y+5z-12=0$ 平行的平面方程是(　　)

A. $3x-7y+5z-4=0$　　B. $3x-7y+5z=0$

C. $3x+7y-5z+8=0$　　D. $x+2y-3z=0$

6. 过(1,1, -1),(-2, -2,2)和(1, -1,2)三点的平面方程是(　　)

A. $x+y-3z-4=0$　　B. $x-2y+3z-8=0$

C. $x-3y-2z=0$　　D. $x+y+3z=0$

7. 一平面过点(1,0, -1)且平行于向量 $\boldsymbol{a}=(2,1,1)$ 和 $\boldsymbol{b}=(1,-1,0)$，则此平面方程为(　　)

A. $x+y-3z-4=0$　　B. $x+y+3z-4=0$

C. $x-3y+2z=0$　　D. $x+y+3z+4=0$

8. 点(1,2,1)到平面 $x+2y+2z-10=0$ 的距离为(　　)

A. 2　　B. 1　　C. 3　　D. 4

9. 三平面 $x+3y+z=1,2x-y-z=0,-x+2y+2z=3$ 的交点为(　　)

A. $(1,1,2)$　　B. $(1,1,3)$

C. $(1,2,3)$　　D. $(1,-1,3)$

10. 将 xOz 坐标面上的抛物线 $z^2=5x$ 绕 x 轴旋转一周,所生成的旋转曲面的方程为(　　)

A. $y^2+z^2=5x$　　B. $x^2+y^2=5z$

C. $x^2+z^2=5y$　　D. $x^2+y^2+z^2=0$

11. 直线$\frac{x-2}{1}=\frac{y-3}{1}=\frac{z-4}{2}$与平面 $2x+y+z-6=0$ 的交点为(　　)

A. $(1,1,1)$　　B. $(1,2,1)$

C. $(1,2,2)$　　D. $(1,1,2)$

12. 过点$(2,0,-3)$且与直线$\begin{cases}x-2y+4z-7=0,\\3x+5y-2z+1=0\end{cases}$垂直的平面方程为________。

13. 直线$\begin{cases}5x-3y+3z-9=0,\\3x-2y+z-1=0\end{cases}$与直线$\begin{cases}2x+2y-z+23=0,\\3x+8y+z-18=0\end{cases}$的夹角的余弦为________。

14. 椭球面 $x^2+2y^2+3z^2=6$ 在点$(1,1,1)$处的法线方程为________。

15. 求曲面 $z=\frac{x^2}{2}+y^2$ 平行于 $z=2x+2y$ 的切平面方程。

参考答案与解析

专题一　平面几何

第一节　角、相交线与平行线

招教考向解读

考向 1 变式训练

8 【解析】如图所示，过点 D 作 $DE\perp AB$ 于 E，因为 $BD:CD=5:4$，$BC=18$，所以 $CD=18\times\frac{4}{5+4}=8$，因为 AD 平分 $\angle BAC$，$DC\perp AC$，$DE\perp AB$，所以 $DE=CD=8$，即点 D 到线段 AB 的距离为8。

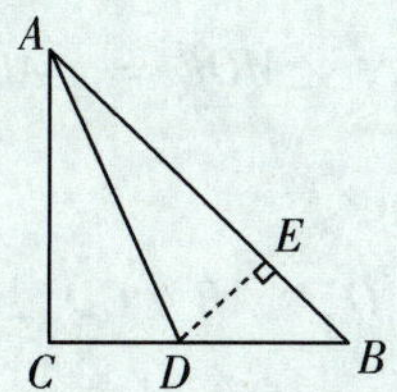

考向 2 变式训练

27° 【解析】因为 $\angle AOD=144°$，所以 $\angle BOD=180°-144°=36°$，那么 $\angle AOC=\angle BOD=36°$，因为 $OE\perp AB$，所以 $\angle COE=90°-36°=54°$，那么 $\angle EOD=180°-\angle COE=180°-54°=126°$，$\because$ OP 平分 $\angle EOD$，所以 $\angle EOP=\frac{1}{2}\angle EOD=63°$，所以 $\angle BOP=90°-63°=27°$。

必刷好题

招教高频基础刷

1. B 【解析】由题意知，BP 为 $\angle ABC$ 的角平分线，则点 P 到 BA 的距离 = 点 P 到 BC 的距离 =

$PD=4$。

2. B 【解析】由图可知，$\angle 1=120°$，设$\angle 1$的对顶角为$\angle 3$，则$\angle 3=120°$，$\because a/\!/b$，$\therefore \angle 3+\angle 2=180°$，则$\angle 2=180°-\angle 3=180°-120°=60°$。

3. B 【解析】$\because AB/\!/CD$，$\angle AEC=40°$，$\therefore \angle ECD=40°$，$\because CB$平分$\angle DCE$，$\therefore \angle ABC=\angle BCD=\frac{1}{2}\angle DCE=20°$。

4. C 【解析】由题意知，$\angle BOC:\angle AOC=1:2$，则$\angle AOC=\frac{2}{3}\angle AOB=\frac{2}{3}\times 60°=40°$。

5. B 【解析】设$\angle 2$的顶点为O，$\because AD/\!/BC$，$\therefore \angle DAO=\angle AOB=180°-\angle 2-60°=180°-50°-60°=70°$，故$\angle 1=70°-30°=40°$。

6. B 【解析】如图，设直线MN与直线AB，CD分别相交于点M，N，$\because AB/\!/CD$，$\angle 1=45°$，$\therefore \angle MND=45°$，$\angle 3=\angle MND+\angle 2$，$\therefore \angle 2=\angle 3-\angle MND=80°-45°=35°$。

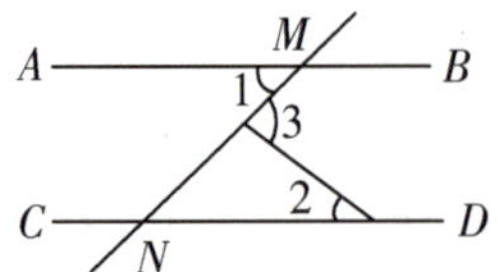

7. D 【解析】由题意知，$\angle 1$与$\angle 2$互补，即$l_1/\!/l_2$，则$\angle 3=180°-\angle 4=65°$。

8. C 【解析】$\because OM$平分$\angle AOC$，$\therefore \angle MOC=\angle AOM=35°$，又$\because ON\perp OM$，$\therefore \angle CON=\angle MON-\angle COM=90°-35°=55°$。

9. B 【解析】设EB与DC相交于点O，$\because AB/\!/CD$，故$\angle EOC=\angle EBA=75°$，$\angle EOC=\angle D+\angle E$，$\therefore \angle D=\angle EOC-\angle E=75°-27°=48°$。

10. A 【解析】$\because \angle 1=\angle 2$，且$\angle 1$，$\angle 2$为同位角，$\therefore a/\!/b$，则$\angle 3+\angle 4=180°$，则$\angle 4=180°-125°=55°$。

11. 60° 【解析】$\because AB/\!/CD$，$\therefore \angle AFE=\angle FED=60°$，又$\because EF$平分$\angle AED$，$\therefore \angle AEF=\angle FED=60°$，$\therefore \angle AEC=180°-60°-60°=60°$。

12. 60° 【解析】$\because AE=CE$，$\therefore \angle ACE=\angle CAE=30°$，$\therefore \angle AED=60°$，$\because AB/\!/CD$，$\therefore \angle BAF=\angle AED=60°$。

13. 52 【解析】由题意知$\angle 1=142°$，$\angle O=90°$，则$\angle OCD=\angle 1-\angle O=142°-90°=52°$，又$\because CD/\!/AB$，$\therefore \angle 2=\angle OCD=52°$。

14. 15° 【解析】由题意知，$\because ED/\!/BC$，$\therefore \angle DEC=\angle ACB=90°-\angle A=90°-60°=30°$，$\because \angle DEF=\angle F=45°$，$\therefore \angle CEF=\angle DEF-\angle DEC=45°-30°=15°$。

15. 140° 【解析】由题意知，$\because EO\perp AB$，$\therefore \angle BOF=90°$，$\because \angle EOD=50°$，$\therefore \angle COF=\angle EOD=50°$，$\therefore \angle COB=\angle COF+\angle BOF=50°+90°=140°$。

第二节　三角形及其性质

招教考向解读

考向 1 变式训练

1. C 【解析】$\because$ 在$\triangle ABC$中，$b=40$，$c=20$，$\angle C=60°$，由正弦定理$\frac{b}{\sin B}=\frac{c}{\sin C}$得，$\sin B=\frac{b\sin C}{c}=\frac{40\times\frac{\sqrt{3}}{2}}{20}=\sqrt{3}>1$，故无解。

2. 270° 【解析】因为$\angle 1$和$\angle 2$是三角形的两个外角，三角形外角和为360°，且与直角相邻的外角为90°，那么$\angle 1+\angle 2=360°-90°=270°$。

考向 2 变式训练

1. C 【解析】三角形的内心是三角形三条角平分线的交点。

2. 30 【解析】如图所示，连结OA，过O作$OE\perp AB$，垂足为E，$OF\perp AC$，垂足为F。因为OB和OC分别平分$\angle ABC$和$\angle ACB$，所以$OE=OF=OD$。因为$\triangle ABC$的周长为20，$OD\perp BC$，且$OD=3$，所以$S_{\triangle ABC}=\frac{1}{2}\cdot AB\cdot OE+\frac{1}{2}\cdot BC\cdot OD+\frac{1}{2}AC\cdot OF=\frac{1}{2}(AB+AC+BC)\times 3=\frac{1}{2}\times 20\times 3=30$。

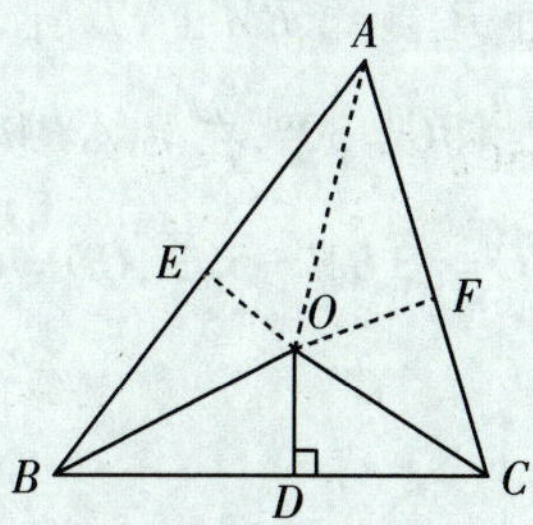

3. 50° 【解析】如图，作$PF\perp BA$，交BA的延长线于点F，作$PN\perp BC$，交BC的延长线于点N，作$PM\perp AC$于点M，$\because CP$，BP分别是$\angle ACD$，$\angle ABC$的角平分线，$\therefore PM=PN=PF$，设$\angle PCD=x$，则

$\angle ABP=\angle PBC=\angle PCD-\angle BPC=x-40°$，$\therefore \angle BAC=\angle ACD-\angle ABC=2x-2(x-40°)=80°$，故 $\angle CAF=100°$。在 Rt$\triangle PFA$ 和 Rt$\triangle PMA$ 中，$\because PA=PA$，$PM=PF$，$\therefore \triangle PFA\cong\triangle PMA$（HL），$\therefore \angle CAP=\angle FAP=\frac{1}{2}\angle CAF=50°$。

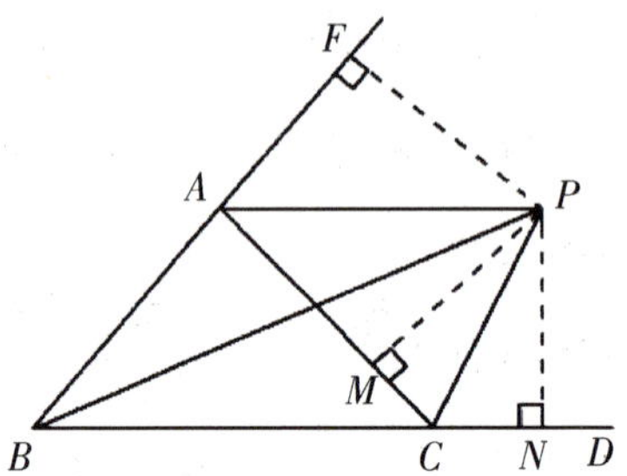

4. 1 cm^2 【解析】因为 D 是 BC 的中点，所以 $BD=DC$，所以 $S_{\triangle ABD}=S_{\triangle ADC}=\frac{1}{2}S_{\triangle ABC}=2\ cm^2$，同理 $S_{\triangle BED}=\frac{1}{2}S_{\triangle ABD}=1\ cm^2$，$S_{\triangle DEC}=\frac{1}{2}S_{\triangle ADC}=1\ cm^2$，所以 $S_{\triangle BEC}=S_{\triangle BDE}+S_{\triangle DCE}=2\ cm^2$，因为 F 是 CE 的中点，所以 $EF=FC$，那么 $S_{阴影}=\frac{1}{2}S_{\triangle BEC}=1\ cm^2$。

考向 3 变式训练

1. C 【解析】由题意得，$AB=8$ 米，$DE=20$ 米，$\angle A=30°$，$\angle EBC=45°$，在 Rt$\triangle ADE$ 中，$AE=\sqrt{3}DE=20\sqrt{3}$（米），$\therefore BE=AE-AB=20\sqrt{3}-8$（米），在 Rt$\triangle BCE$ 中，$CE=BE\tan45°=(20\sqrt{3}-8)\times 1=20\sqrt{3}-8$（米），$\therefore CD=CE-DE=20\sqrt{3}-8-20=20\sqrt{3}-28$（米）。

2. B 【解析】方程 $x^2-7x+10=0$ 的两个根为 2 和 5，若腰长为 2，底边长为 5，$2+2<5$，此时两边之和小于第三边，无法构成三角形，所以该等腰三角形的腰长为 5，底边长为 2，周长为 $5+5+2=12$。

3. $5\sqrt{3}-5$ 【解析】如图所示，过 B 点作 $BM\perp FD$ 于点 M，在 Rt$\triangle ABC$ 中，$\angle A=60°$，则 $\angle ABC=30°$。$\because AB\parallel CF$，$\therefore \angle BCD=\angle ABC=30°$，在 Rt$\triangle BMC$ 中，$\because BC=10$，$\therefore BM=5$。$\because \angle E=45°$，$\therefore \angle BDM=45°$，$\therefore BM=MD=5$，$MC=\sqrt{3}BM=5\sqrt{3}$，$CD=CM-MD=5\sqrt{3}-5$。

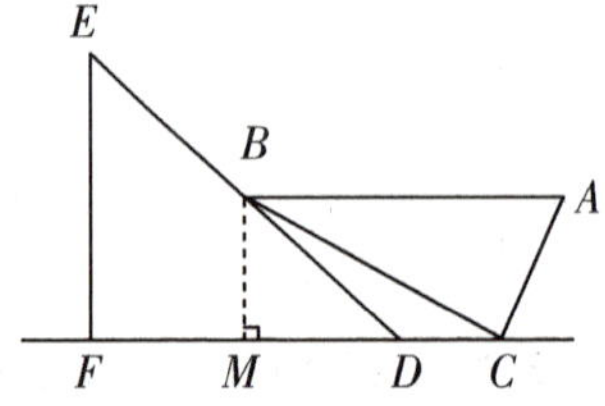

4. 4 【解析】分别以 AB, AC 边为底边,可以画 2 个等腰三角形,分别以 AB, AC 边为腰,也可以画 2 个等腰三角形,共可以画出 4 个等腰三角形。

考向 4 变式训练

【解析】(1) 如图 1,连结 DF, $\because$ 四边形 $ABCD$ 是正方形, $\therefore DA = DC$, $\angle A = \angle C = 90°$, $\because$ 点 A 关于直线 DE 的对称点为 F, $\therefore \triangle ADE \cong \triangle FDE$(SSS), $\therefore DA = DF = DC$, $\angle DFE = \angle A = 90°$, $\therefore \angle DFG = 90°$,在 $\mathrm{Rt}\triangle DFG$ 和 $\mathrm{Rt}\triangle DCG$ 中, $\because \begin{cases} DF = DC, \\ DG = DG, \end{cases}$ $\therefore \mathrm{Rt}\triangle DFG \cong \triangle \mathrm{Rt}\triangle DCG$(HL), $\therefore GF = GC$。

(2) $BH = \sqrt{2}AE$。证明:如图 2,在线段 AD 上截取 AM,使 $AM = AE$, $\because$ 四边形 $ABCD$ 是正方形, $\therefore AD = AB$, $\therefore DM = BE$,由(1)可知 $\angle 1 = \angle 2$, $\angle 3 = \angle 4$, $\because \angle ADC = 90°$, $\therefore \angle 1 + \angle 2 + \angle 3 + \angle 4 = 90°$, $\therefore 2\angle 2 + 2\angle 3 = 90°$, $\therefore \angle 2 + \angle 3 = 45°$,即 $\angle EDG = 45°$, $\because EH \perp DE$, $\therefore \angle DEH = 90°$, $\therefore \triangle DEH$ 是等腰直角三角形, $\therefore DE = EH$, $\angle AED + \angle BEH = \angle AED + \angle 1 = 90°$, $\therefore \angle 1 = \angle BEH$,在 $\triangle DME$ 和 $\triangle EBH$ 中,

$\because \begin{cases} DM = BE, \\ \angle 1 = \angle BEH, \\ DE = EH, \end{cases}$ $\therefore \triangle DME \cong \triangle EBH$(SAS), $\therefore EM = BH$,在 $\mathrm{Rt}\triangle AEM$ 中, $\angle A = 90°$, $AM = AE$,

$\therefore EM = \sqrt{2}AE$, $\therefore BH = EM = \sqrt{2}AE$。

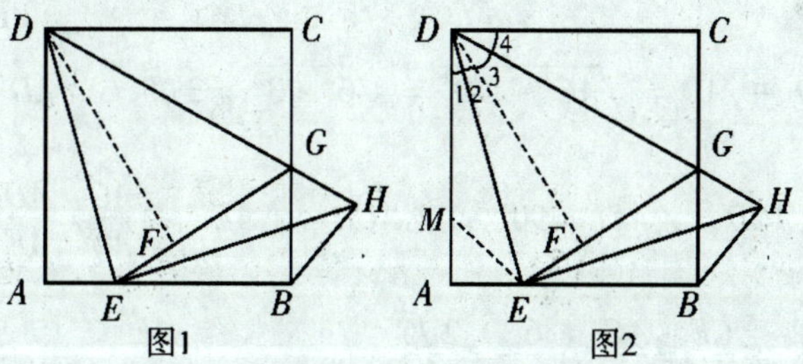

图1　　图2

考向 5 变式训练

1. C 【解析】在 $\triangle ABC$ 中, $\because DE // BC$, $\therefore \frac{AD}{BD} = \frac{AE}{EC}$,即 $\frac{3}{6} = \frac{2}{EC}$,则 $EC = 4$,所以 $AC = AE + EC = 6$。

2. C 【解析】因为 $DE // AC$, $\frac{S_{\triangle BDE}}{S_{\triangle BAC}} = \frac{1}{4}$,所以 $DE = \frac{1}{2}AC$,故 DE 的最大值即为 AC 的最大值的一半,易知当 AC 为圆 O 的直径时最大,因为 $\angle ACB = 45°$,则在 $\mathrm{Rt}\triangle ABC$ 中,有 $AC = \sqrt{2}AB = 2\sqrt{2}$,故

DE 的最大值为$\sqrt{2}$。

3. D 【解析】$\because AB$ 是圆 O 的直径，$\therefore AC\perp BC$，$\because DE\perp AB$，$\therefore \angle AEF=\angle ACB=90°$，如图，连结 BD，$\because AB$ 是圆 O 的直径，$\therefore AD\perp BD$，$\because AD=CD$，$\therefore \angle DAC=\angle DCA$，又因为 $\angle DCA=\angle ABD$，$\therefore \angle DAC=\angle ABD$，$\because DE\perp AB$，$\therefore \angle ABD+\angle BDE=90°$，又$\because \angle ADE+\angle BDE=90°$，$\therefore \angle ABD=\angle ADE$，$\therefore \angle ADE=\angle DAC$，$\therefore FD=FA=10$。$\because \sin\angle CBA=\dfrac{AC}{AB}$，$\cos\angle CAB=\dfrac{AC}{AB}$，$\therefore \cos\angle CAB=\dfrac{4}{5}$，$\therefore \sin\angle CAB=\sqrt{1-\cos^2\angle CAB}=\dfrac{3}{5}$，在 $Rt\triangle AEF$ 中，$\sin\angle CAB=\dfrac{EF}{AF}=\dfrac{3}{5}$，$\therefore EF=6$，$\therefore AE=\sqrt{AF^2-EF^2}=8$，$\therefore DE=DF+EF=16$，$\because \angle ADE=\angle DBE$，$\angle AED=\angle BED$，$\therefore \triangle ADE\backsim\triangle DBE$，$\therefore \dfrac{DE}{BE}=\dfrac{AE}{DE}$，即$\dfrac{16}{BE}=\dfrac{8}{16}$，$\therefore BE=32$，$\therefore AB=AE+BE=8+32=40$，$\therefore BC=AB\sin\angle CAB=40\times\dfrac{3}{5}=24$，故选 D。

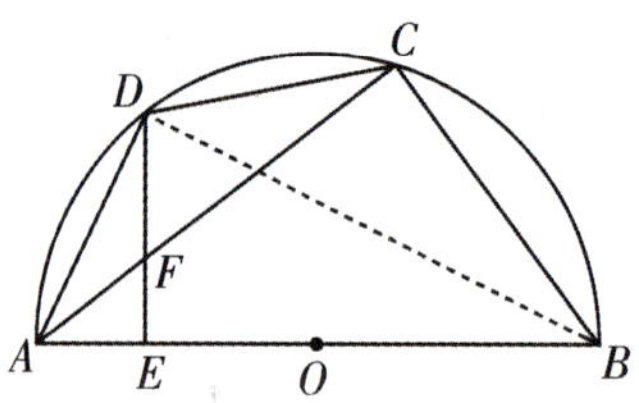

4. D 【解析】在$\triangle ABC$ 中，$\because \angle ACB=90°$，$AC=6$，$BC=8$，$\therefore AB=\sqrt{AC^2+BC^2}=\sqrt{6^2+8^2}=10$。$\because AD$ 为$\angle CAB$ 的角平分线，$\therefore$ 由角平分线成比例定理可得$\dfrac{CD}{DB}=\dfrac{AC}{AB}=\dfrac{6}{10}=\dfrac{3}{5}$，则 $CD=\dfrac{3}{5}DB=\dfrac{3}{8}BC=3$，$\therefore$ 在 $Rt\triangle ACD$ 中，$AD=\sqrt{AC^2+CD^2}=\sqrt{6^2+3^2}=3\sqrt{5}$。$\because AD$ 为$\angle CAB$ 的角平分线，$\therefore \angle CAD=\angle EAF$，又$\because \angle ACD=\angle AEF=90°$，$\therefore \triangle ACD\backsim\triangle AEF$，$\therefore \dfrac{AC}{AE}=\dfrac{AD}{AF}$，即$\dfrac{AC}{AD}=\dfrac{AE}{AF}$，$\because \angle CAE=\angle DAF$，$\therefore \triangle ACE\backsim\triangle ADF$，$\therefore \dfrac{CE}{DF}=\dfrac{AC}{AD}=\dfrac{6}{3\sqrt{5}}=\dfrac{2\sqrt{5}}{5}$。

5.【解析】$\because AF^2=FG\cdot EF$，$\therefore \dfrac{AF}{FG}=\dfrac{EF}{AF}$，

$\because \angle AFG=\angle EFA$，$\therefore \triangle FAG\backsim\triangle FEA$，$\therefore \angle FAG=\angle E$，

$\because AE/\!/BC$，$\angle E=\angle EBC$，$\therefore \angle FAG=\angle EBC$，$\angle ACD=\angle BCG$，$\therefore \triangle CAD\backsim\triangle CBG$，

$\therefore \dfrac{CA}{CB}=\dfrac{CD}{CG}$，$\angle DCG=\angle ACB$，

$\therefore \triangle CDG\backsim\triangle CAB$，$\therefore \dfrac{GD}{BA}=\dfrac{CG}{CB}$。

6.【解析】(1)因为 AC 平分 $\angle BAD$，所以 $\angle CAE=\angle CAF$，因为 EF 是圆 O 的切线，所以 $\angle ACE=\angle ACF=90°$，又因为 $AC=AC$，所以 $\triangle ACE\cong\triangle ACF$(ASA)，所以 $CE=CF$。

(2)因为 EF 是圆 O 的切线，所以 $\angle CAE=\angle ECB$，

因为 $\angle CAE=\angle CAF$，$\angle ECB=\angle FCP$，所以 $\angle CAF=\angle FCP$，即 $\angle CAP=\angle FCP$，

又因为 $\angle APC=\angle CPF$，所以 $\triangle ACP\backsim\triangle CFP$，所以 $\frac{AC}{CF}=\frac{PC}{PF}$，则 $\frac{AC}{CE}=\frac{PC}{PF}$，故 $PF\cdot AC=PC\cdot CE$。

(3)因为 $\angle CAE=\angle CAF$，所以 $\tan\angle BAC=\tan\angle CAF=\frac{1}{2}$，即 $\frac{FC}{CA}=\frac{1}{2}$，因为 $\triangle ACP\backsim\triangle CFP$，所以 $\frac{FC}{CA}=\frac{PC}{PA}=\frac{PF}{PC}=\frac{1}{2}$，

由(1)(2)知 $PF=\frac{PC\cdot CE}{AC}=\frac{PC\cdot CF}{AC}$，故 $\frac{PF}{PA}=\frac{PC}{PA}\cdot\frac{FC}{AC}=\frac{1}{4}$。

招教易错突破

变式训练

1.【解析】证明：$\because\angle1=\angle2$，$\therefore\angle1+\angle DAC=\angle2+\angle DAC$，$\therefore\angle BAC=\angle DAE$，$\because AB=AD$，$\therefore\angle ADB=\angle B$，$\because DA$ 平分 $\angle BDE$，$\therefore\angle ADE=\angle ADB$，$\therefore\angle ADE=\angle B$，在 $\triangle ABC$ 和 $\triangle ADE$ 中，

$\begin{cases}\angle ADE=\angle B,\\ AB=AD,\\ \angle BAC=\angle DAE,\end{cases}$ $\therefore\triangle ABC\cong\triangle ADE$(ASA)。

2. √ 【解析】从四根木条中任选三根有(2,4,5)，(2,4,7)，(2,5,7)，(4,5,7)四种情况，根据三角形三边性质可知能组成三角形的有(2,4,5)，(4,5,7)共两种。

必刷好题

招教高频基础刷

1. B 【解析】$\because\angle B=55°$，$\angle C=63°$，$\therefore\angle A=180°-\angle B-\angle C=180°-55°-63°=62°$，$\because DE/\!/AB$，$\therefore\angle DEC=\angle A=62°$。

2. B 【解析】在 $\mathrm{Rt}\triangle ABC$ 中，$AB=BC=1$，则 $AC=\sqrt{2}$，在 $\mathrm{Rt}\triangle ACD$ 中，$AD=\sqrt{AC^2+DC^2}=$

$\sqrt{2+1}=\sqrt{3}$，在 Rt△ADE 中，$AE=\sqrt{AD^2+DE^2}=\sqrt{3+1}=2$。

3. A 【解析】在 Rt△ABC 中，$\because \angle A=30°, BC=1, \therefore AB=2$，又$\because$ 点 D,E 分别为直角边 BC,AC 的中点，$\therefore DE=\frac{1}{2}AB=1$。

4. C 【解析】要购买形状相同、大小相等的新玻璃，即要买与该玻璃全等的一个三角形玻璃，因此选第 3 块玻璃，利用 ASA 判定三角形全等。

5. C 【解析】$\because BC /\!/ EF, \therefore \angle FAM=\angle ABD=90°-30°=60°, \angle F=90°-\angle E=90°-45°=45°, \therefore \angle BMD=\angle FMA=180°-\angle F-\angle FAM=180°-45°-60°=75°$。

6. B 【解析】在 $\triangle ABC$ 中，$\angle A=70°, \angle C=30°$，则 $\angle ABC=80°$，$\because AB /\!/ DE, \therefore \angle CED=\angle ABC=80°$，又$\because BD$ 为 $\angle ABC$ 的角平分线，$\therefore \angle DBC=40°, \therefore \angle BDE=\angle DEC-\angle DBC=80°-40°=40°$。

7. B 【解析】$\because AD$ 是 $\angle BAC$ 的角平分线，$\therefore \angle BAD=\angle DAC$，$\because AD /\!/ GE, \angle G=\angle DAC, \angle GFA=\angle FAD, \angle G=\angle GFA, \therefore \triangle AGF$ 是等腰三角形。

8. C 【解析】连结 AC，$\because \angle B=90°, AB=4, BC=3, \therefore AC=5$，又因为 $AC^2+AD^2=5^2+12^2=13^2=DC^2$，故 $\triangle ACD$ 为直角三角形，故 $S_{四边形ABCD}=S_{\triangle ABC}+S_{\triangle ADC}=\frac{1}{2}\times3\times4+\frac{1}{2}\times5\times12=36$。

9. D 【解析】A 项，由题意知，$\triangle ABC$ 与 $\triangle BDE$ 都是等边三角形，$\angle EBD=\angle ABC=\angle E=\angle C=60°$，$\because \angle FBE=\angle EBD-\angle FBD, \angle CBD=\angle ABC-\angle FBD, \therefore \angle FBE=\angle CBD$，故 $\triangle BCD\backsim\triangle BEF$；B 项，$\angle C=\angle A=60°$，$\because \angle BDC=\angle ABD+60°, \angle AFD=\angle ABD+\angle FDB=\angle ABD+60°, \therefore \angle BDC=\angle AFD$，故 $\triangle BCD\backsim\triangle DAF$；C 项，$\angle BDE=\angle A, \angle FBD=\angle ABD$，故 $\triangle BDF\backsim\triangle BAD$。

10. B 【解析】$\angle BDC=180°-\frac{1}{2}(\angle ABC+\angle ACB)=180°-\frac{1}{2}(180°-\angle A)=115°$。

11. C 【解析】如图，作 $DM=DE$ 交 AC 于点 M，作 $DN\perp AC$ 于点 N。$\because DE=DG, \therefore DM=DG$，$\because AD$ 是 $\triangle ABC$ 的角平分线，$DF\perp AB$，$\therefore$ Rt$\triangle DEF\cong$Rt$\triangle DMN$，$\triangle AED\cong\triangle AMD$，$\therefore S_{\triangle MDG}=S_{\triangle ADG}-S_{\triangle ADM}=50-38=12, S_{\triangle DMN}=S_{\triangle EDF}=\frac{1}{2}S_{\triangle MDG}=6$。

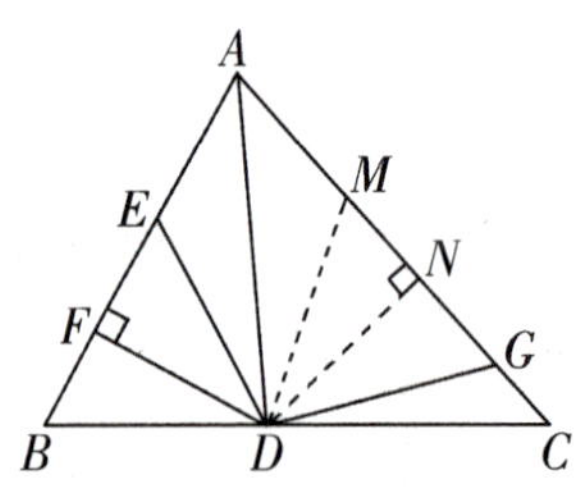

12. A 【解析】过点 D 作 $DH/\!/AF$ 交 BC 于 H,$\because D$ 是 AC 中点,$\therefore H$ 是 FC 的中点,$FH=HC$。又因为 E 是 BD 的中点,$\therefore F$ 是 BH 的中点,即 $BF=FH$,$\therefore \dfrac{BF}{FC}=\dfrac{1}{2}$。故选 A。

13. B 【解析】$\because C$ 是 BD 的中点,$\therefore BC=DC$,$\because AB\perp BD,DE\perp BD$,$\therefore \angle ABC=\angle EDC=90°$,

$\because$ 在$\triangle ABC$和$\triangle EDC$中,$\begin{cases}\angle ABC=\angle EDC=90°,\\BC=DC,\\\angle ACB=\angle ECD,\end{cases}$ $\therefore \triangle ABC\cong\triangle EDC$,$\therefore DE=AB$,$\therefore$ 判断$\triangle ABC\cong\triangle EDC$ 的方法是 ASA。

14. B 【解析】设竹竿的长度为 x 尺,$\because$ 竹竿的影长 = 一丈五尺 = 15 尺,标杆长 = 一尺五寸 = 1.5 尺,标杆的影长五寸 = 0.5 尺,$\therefore \dfrac{x}{15}=\dfrac{1.5}{0.5}$,解得 $x=45$,即竹竿的长度为四丈五尺。

15. 1.5 【解析】由题意知,$DE/\!/BC$,则$\triangle ADE\backsim\triangle ABC$,则$\dfrac{AD}{AB}=\dfrac{AE}{AC}$,即$\dfrac{2}{6}=\dfrac{AE}{AE+3}$,解得 $AE=1.5$。

16. 75° 【解析】如图,易知 $\angle EHG=\angle CHD=90°-\angle C=90°-60°=30°$,$\angle 1=\angle E+\angle EHG=45°+30°=75°$。

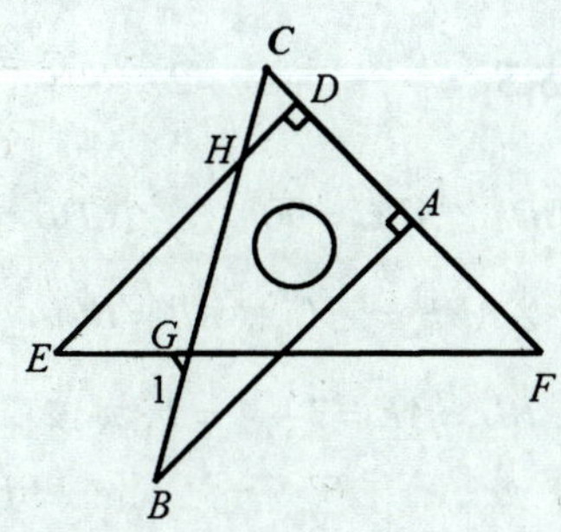

17. 4 【解析】由题意知,$\because BD\perp CD$,$\therefore \angle BDC=\angle A=90°$,又$\because \angle ADB=\angle C$,$\therefore \angle ABD=\angle CBD$,即 BD 为$\angle ABC$ 的角平分线,当 $DP\perp BC$ 时,DP 最小,$\therefore DP=AD=4$。

18. $\dfrac{3}{2}$ 【解析】$\because DE/\!/AC$,$\therefore \triangle BDE\backsim\triangle BAC$,则$\dfrac{BD}{BA}=\dfrac{BE}{BC}$,即$\dfrac{4}{2+4}=\dfrac{3}{BC}$,则 $BC=\dfrac{9}{2}$,$\therefore EC=BC-BE=\dfrac{9}{2}-3=\dfrac{3}{2}$。

招教易错能力刷

1. A 【解析】如图,延长 $C'D$ 交 AC 于 M,$\because \triangle ADC\cong\triangle ADC'$,$\triangle AEB\cong\triangle AEB'$,$\therefore \angle C'=\angle ACD$,$\angle C'AD=\angle CAD=\angle B'AE=a$,$\therefore \angle C'MC=\angle C'+\angle C'AE=\angle C'+2a$,$\because C'D/\!/B'E$,$\therefore \angle C'MC=\angle AEB'$,$\because \angle AEB'=180°-\angle B'-\angle EAB'=180°-\angle B'-a$,$\therefore \angle C'+2a=180°-$

$\angle B'-a$,$\therefore\angle C'+\angle B'=180°-3a$,$\because b=\angle CFB=\angle FDB+\angle DBF=\angle DAC+\angle ACD+\angle B'=a+180°-3a=180°-2a$,即 $2a+b=180°$。

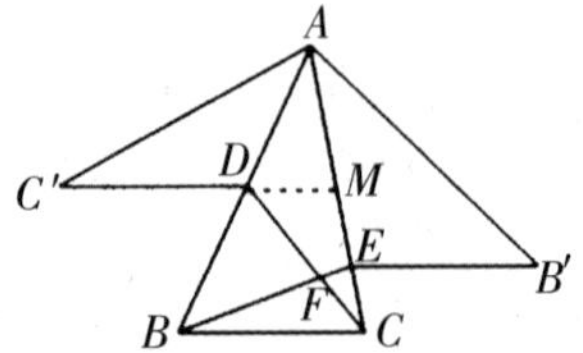

2. C 【解析】$\because$ 四边形 $ABCD$ 是平行四边形,$\therefore AD=BC,AD/\!/BC$,$\because E,F$ 是 BC 的三等分点,$\therefore AD=BC=3BE=3EF=3CF$,$\because AD/\!/BC$,$\therefore\triangle AQD\backsim\triangle CQE,\triangle APD\backsim\triangle FPE$,$\therefore\dfrac{DQ}{EQ}=\dfrac{AD}{EC}=\dfrac{3}{2}$,$\dfrac{DP}{EP}=\dfrac{AD}{EF}=\dfrac{3}{1}$,设 $DQ=3x,EQ=2x$,则 $DE=5x$,$\therefore DP=\dfrac{3}{4}DE=\dfrac{15}{4}x,EP=\dfrac{1}{4}DE=\dfrac{5}{4}x$,$\therefore PQ=EQ-EP=2x-\dfrac{5}{4}x=\dfrac{3}{4}x$,$\therefore EP:PQ:DQ=5:3:12$。

3. B 【解析】设 $AD=a,BD=b$,BD 与 EF 间的距离为 x,$\because DE/\!/BC,EF/\!/BA$,$\therefore$ 四边形 $DBFE$ 是平行四边形,$\therefore BD=EF=b,\angle AED=\angle ACB,\angle DAE=\angle FEC$,$\therefore\triangle ADE\backsim\triangle EFC$,$\therefore\dfrac{S_{\triangle ADE}}{S_{\triangle FEC}}=\dfrac{S_1}{S_2}=\left(\dfrac{AD}{EF}\right)^2=\dfrac{a^2}{b^2}$,$\because S_1=\dfrac{1}{2}ax,S_2=\dfrac{b^2x}{2a}$,$\therefore S_1S_2=\dfrac{b^2x^2}{4}$,$\therefore bx=2\sqrt{S_1S_2}$,$\because S_3=bx$,$\therefore S_3=2\sqrt{S_1S_2}$。

4. C 【解析】$\because CD\perp BD,AE\perp BD,\angle ABC=90°$,$\therefore\angle CDB=\angle AEB=\angle ABC=90°$,$\therefore\angle ABE+\angle CBD=90°$,$\angle C+\angle CBD=90°$,$\therefore\angle ABE=\angle C$,$\because AB=BC$,$\therefore\triangle AEB\cong\triangle BDC$,$\therefore DC=BE,BD=AE$,$\because DC=3$,$\therefore BE=3$,$\because DE=4$,$\therefore BD=AE=3+4=7$,故该四边形的面积是 $S=S_{\triangle ABD}+S_{\triangle BDC}=\dfrac{1}{2}\times7\times7+\dfrac{1}{2}\times3\times7=35$。

5. C 【解析】$\because BP$ 平分 $\angle ABC$,$\therefore\angle ABP=\angle DBP$,$\because AP\perp BP$,$\therefore\angle APB=\angle DPB=90°$,$\therefore\triangle APB\cong\triangle DPB$,$\therefore AP=PD$,$\therefore S_{\triangle ABP}=S_{\triangle BDP},S_{\triangle APC}=S_{\triangle CDP}$,$\therefore S_{\triangle CBP}=\dfrac{1}{2}S_{\triangle ABC}=8$。

6. A 【解析】在 $Rt\triangle ABC$ 中,$\because\angle A=30°$ 且 E 是 AB 的中点,$AB=4$,$\therefore CE=AE=EB=\dfrac{1}{2}AB=2$,则三角形 CEB 为等边三角形,又$\because CD\perp AB$ 于点 D,$\therefore ED=BD=\dfrac{1}{2}EB=1$。

7. C 【解析】$\because DE/\!/BC$,$\therefore\triangle ADE\backsim\triangle ABC$,$\therefore\dfrac{DE}{BC}=\dfrac{AD}{AB}=\dfrac{AD}{AD+BD}=\dfrac{2}{3}$,$\because BC=6$,$\therefore DE=4$,$\because DE/\!/BC$,$\therefore\angle EDC=\angle DCB$,$\because\angle ECD=\angle B$,$\therefore\triangle DCE\backsim\triangle CBD$,$\therefore\dfrac{DC}{CB}=\dfrac{DE}{CD}$,即 $CD^2=BC\cdot$

$DE=24$，$\therefore CD=2\sqrt{6}$。

8. $\frac{\sqrt{21}}{3}$ 【解析】$\because \angle DCE=\angle BCA=90°$，$\therefore \angle BCD=\angle ACE=90°-\angle DCA$，$\because \angle BAC=\angle CED=30°$，$\therefore \frac{BC}{AC}=\frac{CD}{CE}=\tan30°=\frac{\sqrt{3}}{3}$，$\therefore \triangle BCD\backsim\triangle ACE$，$\therefore \frac{BD}{AE}=\frac{\sqrt{3}}{3}$，$\therefore \angle BDC=\angle AEC$，$\angle CAE=\angle B=60°$，$\because \angle BDC=\angle BAC+\angle ACD$，$\angle AEC=\angle AED+\angle CED$，$\angle BAC=\angle CED=30°$，$\therefore \angle ACD=\angle AED$，又$\because \angle DFC=\angle AFE$，$\therefore \triangle DFC\backsim\triangle AFE$，$\because BD=1$，$AD=5$，$\therefore AB=6$，$\therefore AC=AB\cdot\cos\angle BAC=3\sqrt{3}$，$BC=AB\cdot\sin\angle BAC=3$，$\because \frac{BD}{AE}=\frac{\sqrt{3}}{3}$，$BD=1$，$\therefore AE=\sqrt{3}$，$\because \angle CAE=\angle B=60°$，$\angle BAC=30°$，$\therefore \angle DAE=90°$，$\therefore$ 在 $Rt\triangle DAE$ 中，$DE=\sqrt{AD^2+AE^2}=2\sqrt{7}$，$\therefore CD=DE\cdot\sin\angle DEC=\frac{1}{2}DE=\sqrt{7}$，$\because \triangle DFC\backsim\triangle AFE$，$\therefore \frac{CF}{EF}=\frac{CD}{AE}=\frac{\sqrt{7}}{\sqrt{3}}=\frac{\sqrt{21}}{3}$。

9. $\frac{8}{3}$或1.5 【解析】由题意可知，该条件有两种情况，①如图，当 $DE\parallel BC$ 时，$\triangle ADE\backsim\triangle ABC$，$\therefore \frac{AD}{AB}=\frac{AE}{AC}$，$\therefore \frac{2}{6}=\frac{AE}{8}$，$\therefore AE=\frac{8}{3}$ cm。②当$\angle ADE'=\angle C$ 时，$\triangle ADE'\backsim\triangle ACB$，$\therefore \frac{AD}{AC}=\frac{AE'}{AB}$，$\therefore \frac{2}{8}=\frac{AE'}{6}$，$\therefore AE'=1.5$ cm。

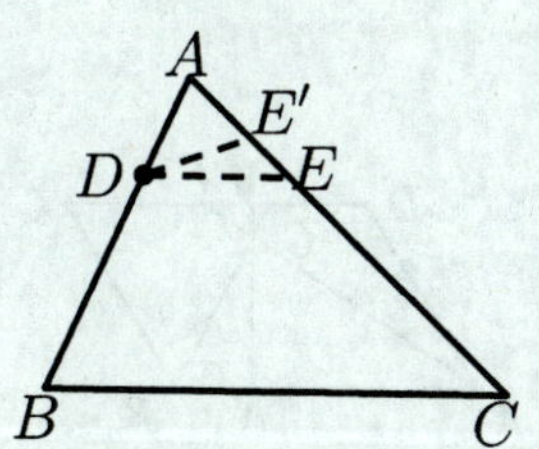

第三节 平行四边形与多边形

考向1 变式训练

C 【解析】如图，过点 G 作 $GM\perp CD$ 于点 M，过点 G 作 $GN\perp AB$ 于点 N。因为 AE 为$\angle DAB$ 的

角平分线，BF 为 $\angle ABC$ 的角平分线，

所以 $\angle DAE=\angle BAE$，$\angle ABF=\angle CBF$，

因为四边形 $ABCD$ 为平行四边形，所以 $AB//CD$，

所以 $\angle AED=\angle BAE=\angle DAE$，$\angle CFB=\angle ABF=\angle CBF$，

所以 $AD=DE$，$BC=CF$。

设 $EF=2x$，则 $DF=3x$，

$AD=DE=DF+EF=5x=BC=CF$，

$DF=DE-EF$，$CE=CF-EF$，

所以 $DF=CE=3x$，所以 $CD=DE+CE=5x+3x=8x=AB$，

$CF=CE+EF=3x+2x=5x$，

因为四边形 $ABCD$ 为平行四边形，

所以 $\triangle ABG\backsim\triangle EFG$，所以 $\dfrac{AB}{EF}=\dfrac{GN}{GM}=\dfrac{8x}{2x}=\dfrac{4}{1}$。可设 $GM=h$，则 $GN=4h$，因为点 G,M,N 三点在一条直线上，则 $MN=5h$，

$$S_{四边形BCEG}:S_{\triangle ABG}=\frac{S_{\triangle BFC}-S_{\triangle EFG}}{S_{\triangle ABG}}=\frac{\frac{1}{2}\cdot CF\cdot MN-\frac{1}{2}\cdot EF\cdot GM}{\frac{1}{2}\cdot AB\cdot GN}=\frac{\frac{1}{2}\cdot 5x\cdot 5h-\frac{1}{2}\cdot 2x\cdot h}{\frac{1}{2}\cdot 8x\cdot 4h}=\frac{23}{32}。$$

故选 C。

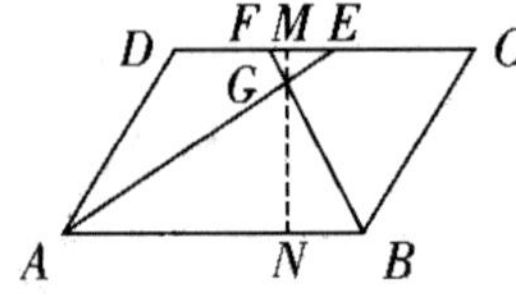

考向 2 变式训练

$\dfrac{5}{3}$或$\dfrac{\sqrt{5}}{3}$ 【解析】当折叠后点 B 的对应点 B' 落在边 CD 上，如图 1 所示，$BE=B'E=\dfrac{3}{5}a$，$AB=AB'=1$，$\because BC=a$，$\therefore CE=BC-BE=\dfrac{2}{5}a$，在 $Rt\triangle B'CE$ 中，$B'C^2+CE^2=B'E^2$，$\therefore B'C=\sqrt{\left(\dfrac{3}{5}a\right)^2-\left(\dfrac{2}{5}a\right)^2}=\dfrac{\sqrt{5}}{5}a$，在 $Rt\triangle B'DA$ 中，$B'D^2+AD^2=AB'^2$，$\therefore B'D=\sqrt{1^2-a^2}=\sqrt{1-a^2}$，$\because CD=B'C+B'D=1$，$\therefore \dfrac{\sqrt{5}}{5}a+\sqrt{1-a^2}=1$，解得 $a=0$ 或 $a=\dfrac{\sqrt{5}}{3}$，所以 $a=\dfrac{\sqrt{5}}{3}$；当 B' 落在边 AD 上

时，如图 2 所示，$BE=B'E=\frac{3}{5}a$，$AB=CD=1$，由图可知 $B'E=CD$，$\therefore \frac{3}{5}a=1$，得 $a=\frac{5}{3}$。综上所述，$a=\frac{5}{3}$或$\frac{\sqrt{5}}{3}$。

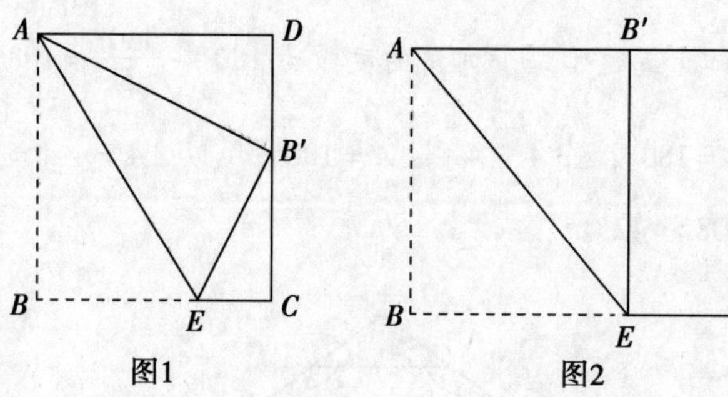

图1　　图2

考向 3 变式训练

1. D　【解析】如图，$\because$ 两邻角的度数比为 1:2，且两邻角和为 180°，$\therefore \angle ABC=60°$，$\angle BAD=120°$，$\because$ 菱形的周长为 8，$\therefore AB=2$，$AC=2$，$BD=2\times 2\sin 60°=2\sqrt{3}$，$\therefore$ 菱形的面积为$\frac{1}{2}AC\cdot BD=\frac{1}{2}\times 2\times 2\sqrt{3}=2\sqrt{3}$。

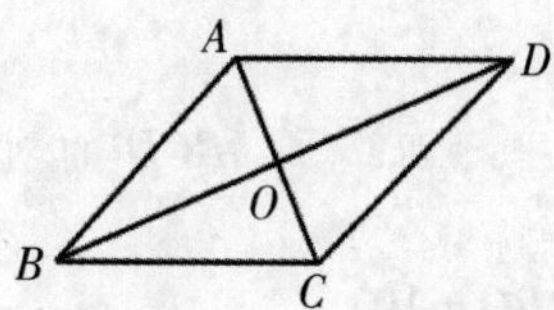

2. $\frac{7}{5}$　【解析】因为四边形 $ABCD$ 是菱形，所以 $OD=OB$，$\angle COD=90°$，因为 $DH\perp AB$，所以 $OH=\frac{1}{2}BD=OB$，所以 $BD=6$，$BO=3$，那么 $S_{菱形ABCD}=\frac{1}{2}AC\cdot BD=\frac{1}{2}\times 8\times 6=24$，因为 $AO=\frac{1}{2}AC=4$，在 Rt$\triangle AOB$ 中，$AB=\sqrt{OA^2+OB^2}=\sqrt{4^2+3^2}=5$，所以 $DH=\frac{S_{菱形ABCD}}{AB}=\frac{24}{5}$，在 Rt$\triangle ADH$ 中，$AD=5$，所以 $AH=\sqrt{AD^2-DH^2}=\sqrt{5^2-(\frac{24}{5})^2}=\frac{7}{5}$。

考向 4 变式训练

【解析】令正方形边长为 x，由 $AF=\frac{5}{8}BE$，可得 $(x-9)=\frac{5}{8}(x-3)$，解得 $x=19$，则 $AF=10$，

$BE=16$,所以梯形 $ABEF$ 的面积为 $S=\frac{(10+16)\times19}{2}=247$。

考向 5 变式训练

B 【解析】如图,易知正五边形每个内角的度数为 $180^\circ-\frac{360^\circ}{5}=108^\circ$,即 $\angle A=\angle5=\angle6=108^\circ$,因为 $\angle1+\angle3+\angle5=180^\circ$, $\angle3+\angle4+\angle A=180^\circ$,所以 $\angle4=\angle1=30^\circ$,所以 $\angle2=180^\circ-\angle4-\angle6=180^\circ-30^\circ-108^\circ=42^\circ$。

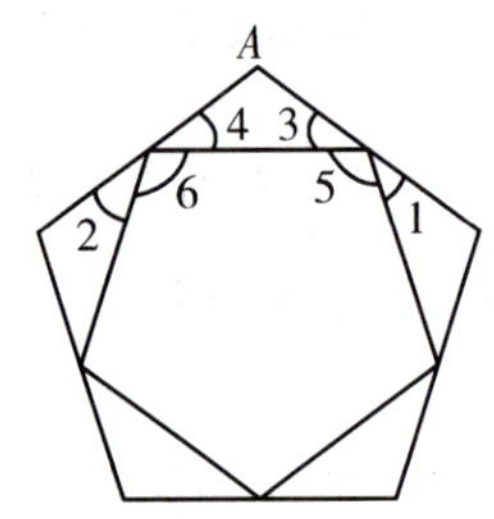

必刷好题

招教高频基础刷

1. C 【解析】$\because AC=6$,且 AC 是平行四边形 $ABCD$ 的对角线,$\therefore AO=\frac{1}{2}AC=3$,在 $Rt\triangle AOB$ 中,$AB=4$,$AO=3$,故 $BO=5$,$\therefore BD=2BO=10$。

2. A 【解析】如图 1,过点 A 作 $AE\perp BC$ 于点 E,$AF\perp CD$ 于点 F,$\because AD/\!/BC$,$AB/\!/CD$,$\therefore$ 四边形 $ABCD$ 为平行四边形,$\because$ 两个矩形的宽都为 3,$\therefore AE=AF=3$,$\because$ 四边形 $ABCD$ 的面积 $=AE\times BC=AF\times CD$,$\therefore BC=CD$,$\therefore$ 平行四边形 $ABCD$ 是菱形,如图 2,当菱形的一条对角线为矩形的对角线时,四边形 $ABCD$ 的面积最大,设 $AB=BC=x$,则 $CM=9-x$,$\because CD^2=CM^2+DM^2$,$\therefore x^2=(9-x)^2+3^2$,解得 $x=5$,$\therefore$ 四边形 $ABCD$ 面积的最大值是 $5\times3=15$。

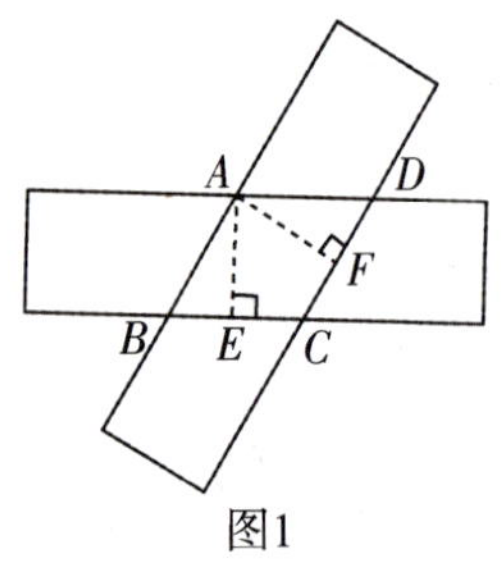

图1

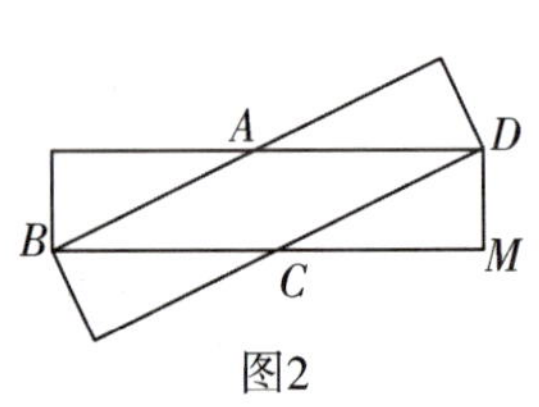

图2

3. C 【解析】如图，过点 A 作 BC 边的垂线，交 CB 的延长线于点 M，易得正六边形的内角和为 $180°\times4=720°$，$\therefore\angle ABC=120°$，$\therefore\angle ABM=60°$，在 Rt$\triangle ABM$ 中，$AB=2$，$\therefore AM=AB\cdot\sin\angle ABM=\sqrt{3}$。

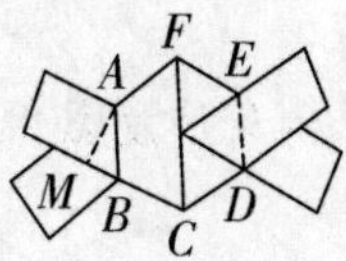

4. C 【解析】由题意知，连结 AC,BD，$\because E,F,G,H$ 分别是 AB,BC,CD,DA 的中点，$\therefore HG=EF=\frac{1}{2}AC=4$ cm，$EH=FG=\frac{1}{2}BD=4$ cm，故四边形 $EFGH$ 的周长是 16 cm。

5. D 【解析】根据题目所给图形可知，原图中已经有 2 个菱形了，再添 2 根小棒则只要使拼接后的图形再增加一个菱形即可。符合条件的拼接方法有 6 种，如图所示：

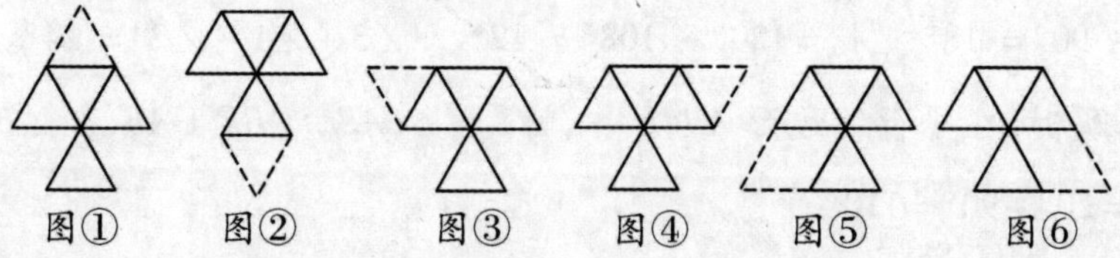

6. A 【解析】$\because$ 大正方形的面积是 125，小正方形面积是 25，$\therefore$ 大正方形的边长为 $5\sqrt{5}$，小正方形的边长为 5，$\therefore 5\sqrt{5}\cos\theta-5\sqrt{5}\sin\theta=5$，$\therefore\cos\theta-\sin\theta=\frac{\sqrt{5}}{5}$，$\therefore(\sin\theta-\cos\theta)^2=(\cos\theta-\sin\theta)^2=\frac{1}{5}$。

7. B 【解析】在菱形 $ABCD$ 中，对角线 $AC=8$，$BD=10$，则 $AO=4$，$DO=5$，且 $AC\perp DB$，则 $S_{\triangle AOD}=\frac{1}{2}\times4\times5=10$。

8. D 【解析】设 AC,BD 交于点 O，$\because$ 四边形 $ABCD$ 是菱形，$\therefore AO=CO$，$BO=DO$，$AC\perp BD$，$\angle ABD=\frac{1}{2}\angle ABC=30°$，$\because\tan\angle ABD=\frac{AO}{BO}=\frac{\sqrt{3}}{3}$，$\therefore\frac{AC}{BD}=\frac{\sqrt{3}}{3}$。

9. B 【解析】如图，连结正方形 $ABCD$ 的对角线，$\because$ 四边形 $ABCD$ 是正方形，$\therefore BO=CO=DO=AO$，$\angle BDC=\angle BCO=45°$，$AC\perp BD$，$\therefore\angle DOC=\angle EOF=90°$，$\therefore\angle DOE=\angle COF$，则 $\triangle COF\cong\triangle DOE$，$\therefore S_{\triangle COF}=S_{\triangle DOE}$，$\therefore S_{四边形OECF}=S_{\triangle DOC}=\frac{1}{4}S_{正方形ABCD}=\frac{1}{4}\times2^2=1$。

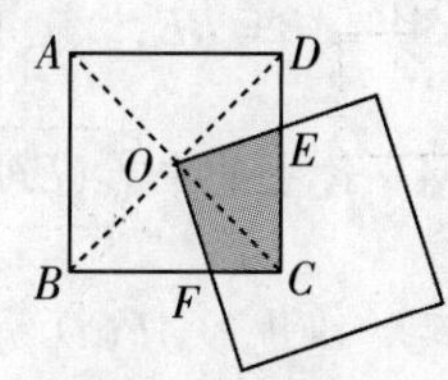

10. B 【解析】连结对角线相互垂直的四边形的中点所组成的四边形为矩形，连结对角线相等的四边形的中点所组成的四边形是菱形。故选择 B 选项。

11. B 【解析】在正五边形 $ABCDE$ 中，$\angle C=\frac{1}{5}\times(5-2)\times180°=108°$，$\because$ 正五边形 $ABCDE$ 的边 $BC=CD$，$\angle CBD=\angle CDB$，$\therefore\ \angle CDB=\frac{1}{2}\times(180°-108°)=36°$，$\because\ AF\parallel CD$，$\therefore\ \angle DFA=\angle CDB=36°$。

12. A 【解析】在正五边形 $ABCDE$ 中，$AB=BC$，$\angle ABC=\angle BCD=108°$，则 $\angle BCA=\frac{1}{2}\times(180°-\angle ABC)=36°$，故 $\angle ACD=108°-36°=72°$。

13. C 【解析】正三角形的三个角相等，每个角为 60°，正方形的四个角相等，每个角为 90°，正五边形的五个角相等，每个角为 108°，正六边形的六个角相等，每个角为 120°，$\angle3=90°-60°=30°$，$\angle2=108°-90°=18°$，$\angle1=120°-108°=12°$，$\therefore\ \angle3+\angle1-\angle2=24°$。

14. 110° 【解析】在平行四边形 $ABCD$ 中，$\angle1=\angle CAB$，$\because\ BE\perp AB$，$\therefore\ \angle EBA=90°$，$\angle2=\angle CAB+\angle ABE=20°+90°=110°$。

15. 50° 【解析】在平行四边形 $ABCD$ 中，$\because\ BA=BD$，$\therefore\ \angle A=\angle BDA=50°$，又因为 $BC\parallel AD$，$\therefore\ \angle BDA=\angle DBC=50°$。

16. $2\sqrt{3}-\frac{2\pi}{3}$ 【解析】$\because$ 四边形 $ABCD$ 是菱形，$\angle ABC=60°$，$AB=2$，$\therefore\ AB=BC=CD=AD=AC=2$，$OA=OC=\frac{1}{2}AC=1$，$OB=OD=\frac{1}{2}BD$，$AC\perp BD$，$\angle BCD=\angle BAD=180°-\angle ABC=120°$，$\therefore$ 在 $Rt\triangle AOB$ 中，根据勾股定理得 $OB=\sqrt{AB^2-OA^2}=\sqrt{3}$，$\therefore\ BD=2OB=2\sqrt{3}$，$\therefore\ S_{阴影}=S_{菱形ABCD}-2S_{扇形}=\frac{1}{2}\times2\times2\sqrt{3}-2\times\frac{120\pi\times1}{360}=2\sqrt{3}-\frac{2\pi}{3}$。

17. $\frac{1}{2}$ 【解析】由题意知，在正方形 $ABCD$ 中，四边形 $EGHF$ 和四边形 $EIJF$ 是两个完全相同的四边形，它们的面积相等，$\therefore\ S_{阴影}=S_{\triangle ACD}=\frac{1}{2}\times1\times1=\frac{1}{2}$。

18. 75° 【解析】在正方形 $ABCD$ 中，$\angle ABC=90°$，$AB=BC$，$\because\ \triangle EBC$ 是等边三角形，$\therefore\ BE=BC$，$\angle EBC=60°$，$\therefore\ \angle ABE=90°-60°=30°$，$AB=BE$，$\therefore\ \angle AEB=\angle BAE=\frac{1}{2}\times(180°-30°)=75°$。

19. 6 【解析】$\because\ \angle AED=90°$，F 是 AD 边上的中点，$EF=4$ cm，$\therefore\ AD=2EF=8$ cm，$\because\ \angle EAD=30°$，$\therefore\ AE=AD\cos30°=8\times\frac{\sqrt{3}}{2}=4\sqrt{3}$ cm，又$\because$ 四边形 $ABCD$ 是矩形，$\therefore\ AD\parallel BC$，$\angle B=90°$，$\therefore\ \angle BEA=$

$\angle EAD=30°$。在 Rt$\triangle ABE$ 中，$BE=AE\cos\angle BEA=4\sqrt{3}\times\cos30°=4\sqrt{3}\times\frac{\sqrt{3}}{2}=6$ cm。

20.36 【解析】如图，在正五角星 $ABCDE$ 中，五边形 $FGHMN$ 为正五边形。$\therefore\angle AFB=\angle EFC=180°-\frac{360°}{5}=108°$，$\angle A=180°-2(180°-108°)=36°$。

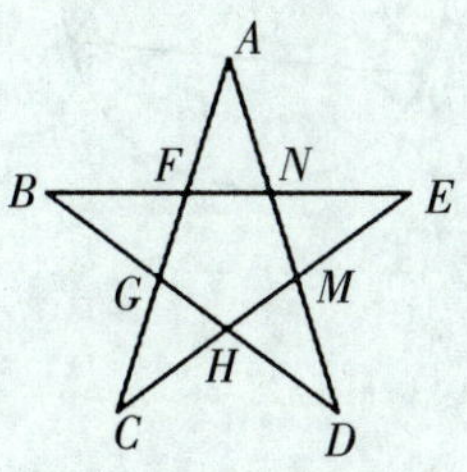

第四节 圆

考向 **1** 变式训练

1. B 【解析】同弧所对的圆周角大小是所对的圆心角的一半，圆心角$\angle BOC=108°$，$\therefore$ 同弧所对的圆周角$\angle BAC$ 的度数为 $108°\div2=54°$。

2.【解析】(1) 如图，连结 AD，因为 $AC=MC=2$，所以$\angle MAB=\angle AMD$，所以$\overset{\frown}{MB}=\overset{\frown}{AD}$，而 M 为$\overset{\frown}{AB}$的中点，

所以$\overset{\frown}{MB}=\overset{\frown}{AD}=\overset{\frown}{AM}$，所以$\angle ADM=\angle AMD$，所以$\triangle CAM\backsim\triangle AMD$，所以$\frac{AM}{DM}=\frac{CA}{AM}=\frac{CM}{AD}$，因为 $AC=MC=2$，$MA=2\sqrt{3}$，所以 $DM=6$，所以 $CD=DM-CM=6-2=4$。

(2) 如图，连结 BE，因为 A,B,D,E 四点共圆，所以$\angle ABE+\angle ADM+\angle MDE=180°$，

$\angle BAD+\angle MEB+\angle MED=180°$（圆内接四边形对角互补），

$\angle BCD=\angle ADM+\angle DAB$，$\angle AFE=\angle BEM+\angle ABE$，因为点 M 为$\overset{\frown}{AB}$的中点，所以

$\angle ADM=\angle BEM$，所以$\angle BCD=\angle ADM+\angle DAB=\angle BEM+\angle DAB$，

$\angle AFE=\angle BEM+\angle ABE=\angle ADM+\angle ABE$，

所以$\angle BCD+\angle DEM=\angle BEM+\angle DAB+\angle DEM=180°$，

$\angle AFE+\angle MDE=\angle ADM+\angle ABE+\angle MDE=180^{\circ}$,

所以 C,D,E,F 四点共圆。

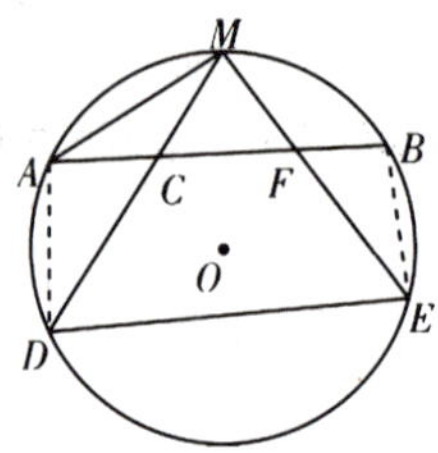

考向 2 变式训练

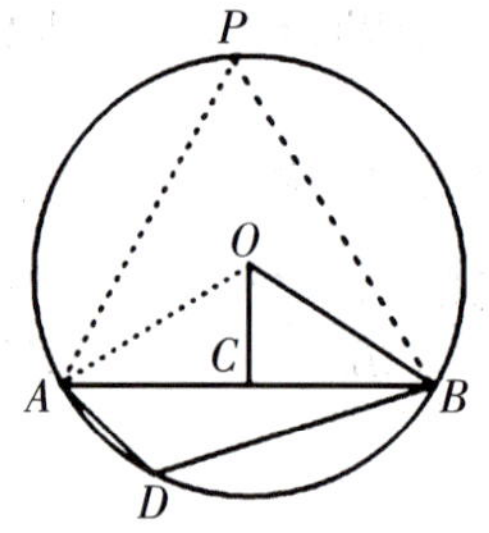

1. B 【解析】作$\overset{\frown}{AB}$所对的圆周角$\angle APB$,如图,$\because$ 点 C 为弦 AB 的中点,由垂径定理得,$OC\perp AB$,$OA=OB$,$\therefore$ OC 平分$\angle AOB$,$\therefore$ $\angle AOC=\angle BOC=56^{\circ}$,$\therefore$ $\angle APB=\dfrac{1}{2}\angle AOB=56^{\circ}$,$\because$ $\angle APB+\angle ADB=180^{\circ}$,$\therefore$ $\angle ADB=180^{\circ}-56^{\circ}=124^{\circ}$。故选 B。

2. B 【解析】因为 $CD\perp AB$,$\angle CAB=20^{\circ}$,所以$\angle ACD=70^{\circ}$,因为$\angle AOD$ 和$\angle ACD$ 分别是弧 AD 所对的圆心角和圆周角,所以$\angle AOD=2\angle ACD=140^{\circ}$。故选 B。

3. $2\sqrt{3}$ 【解析】过点 D 作 $DT\perp AB$ 于 T,$\because$ AB 是直径,$\therefore$ $\angle ACB=90^{\circ}$,$\therefore$ $DC\perp BC$,$\because$ DB 平分$\angle CBA$,$DC\perp BC$,$DT\perp BA$,$\therefore$ $DC=DT=1$,$\because$ $AC=3$,$\therefore$ $AD=AC-CD=2$,$\therefore$ $AD=2DT$,$\therefore$ $\angle A=30^{\circ}$,$\therefore$ $AB=\dfrac{AC}{\cos 30^{\circ}}=\dfrac{3}{\frac{\sqrt{3}}{2}}=2\sqrt{3}$。

考向 3 变式训练

1. B 【解析】由弧长公式可得 $l=\dfrac{n\pi R}{180}=\dfrac{60\pi\cdot 3}{180}=\pi$。

2. B 【解析】如图,连结 OB,OC,$\because$ $\triangle ABC$ 为等边三角形,$\therefore$ $\angle BAC=60^{\circ}$,$\therefore$ $\angle BOC=120^{\circ}$,由垂径定理可得$\overset{\frown}{BD}=\dfrac{1}{2}\overset{\frown}{BC}=\dfrac{1}{2}\cdot\dfrac{120\pi\cdot 3}{180}=\pi$。

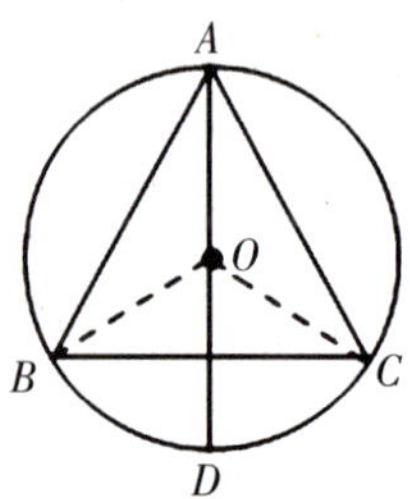

3. C 【解析】设大圆的半径为 R dm，小圆的半径为 r dm，则$\frac{1}{2}R^2-\frac{1}{2}r^2=40\ \text{dm}^2$，即 $R^2-r^2=80\ \text{dm}^2$，故圆环的面积是$\pi(R^2-r^2)=80\times3.14=251.2\ \text{dm}^2$。

4. $\frac{2\pi}{5}$ 【解析】$\because$ 四边形 $ABCD$ 为矩形，$\therefore OA=OB=OC=OD=\frac{1}{2}BD=2$，$S_{阴影}=\frac{36\cdot\pi\cdot2^2}{360}=\frac{2\pi}{5}$。

5. $2\sqrt{3}-\frac{2\pi}{3}$ 【解析】连结 PB，PC，作 $PF\perp BC$ 于 F，$\because PB=PC=BC$，$\therefore\triangle PBC$ 为等边三角形，$\therefore\angle PBC=60°$，$\angle PBA=30°$，$\therefore BF=PB\cdot\cos60°=\frac{1}{2}PB=1$。$PF=PB\cdot\sin60°=\sqrt{3}$，则图中阴影部分的面积 $=$［扇形 ABP 的面积 $-$（扇形 BPC 的面积 $-\triangle BPC$ 的面积）］$\times2=\left[\frac{30\cdot\pi\cdot2^2}{360}-\left(\frac{60\cdot\pi\cdot2^2}{360}-\frac{1}{2}\times2\times\sqrt{3}\right)\right]\times2=2\sqrt{3}-\frac{2\pi}{3}$。

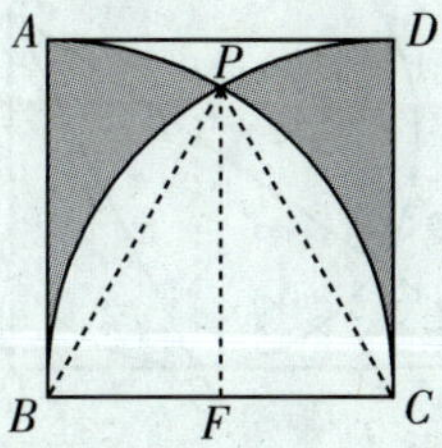

6. $\frac{3\sqrt{3}}{2}-\frac{2\pi}{3}$ 【解析】如图，连结 BD，BE，BO，EO。$\because$ 点 B，E 是半圆弧的三等分点，$\therefore\angle EOA=\angle EOB=\angle BOD=60°$，$\therefore\angle BAC=\angle BAD=30°$，$\because AD$ 是半圆 O 的直径，$\therefore\angle ABD=90°$，$\therefore AB=AD\cos30°=2\sqrt{3}$，$\therefore$ 在$\text{Rt}\triangle ABC$中，$BC=\frac{1}{2}AB=\sqrt{3}$，$\therefore AC=\sqrt{AB^2-BC^2}=3$，$\therefore S_{\triangle ABC}=\frac{1}{2}BC\cdot AC=\frac{1}{2}\times\sqrt{3}\times3=\frac{3\sqrt{3}}{2}$，$\because\triangle BOE$ 和$\triangle ABE$ 同底等高，$\therefore\triangle BOE$和$\triangle ABE$ 的面积相等，$\therefore$ 图中阴影部分的面积为 $S_{\triangle ABC}-S_{扇形BOE}=\frac{3\sqrt{3}}{2}-\frac{60\cdot\pi\cdot2^2}{360}=\frac{3\sqrt{3}}{2}-\frac{2\pi}{3}$。

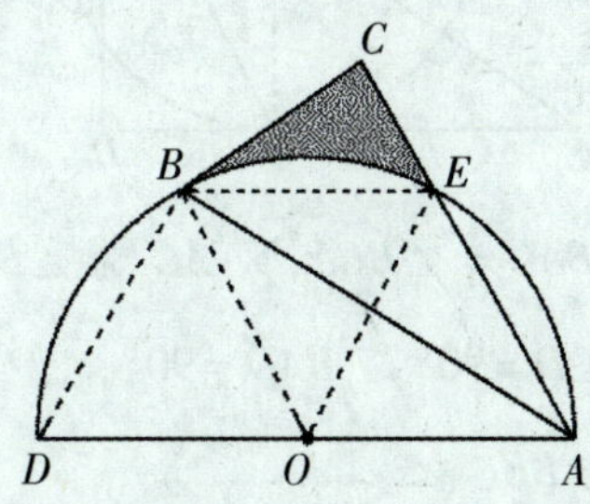

7.【解析】三角板和量角器重叠部分为扇形 AOB 和$\triangle OBC$，其中$\angle AOB=120°$，那么$\angle BOC=$

60°,易知$\angle OBC=30°$,$OC=2$ cm,在直角三角形中,30°角所对直角边等于斜边的一半,所以$OB=2OC=4$ cm,$BC=2\sqrt{3}$ cm,则$S_{\triangle BOC}=\frac{1}{2}\cdot OC\cdot BC=\frac{1}{2}\times2\times2\sqrt{3}=2\sqrt{3}$ cm^2;

$\because OB=4$ cm,即扇形AOB的半径为4 cm,所对圆心角$\angle AOB=120°$,那么$S_{扇形AOB}=\frac{120\pi\times16}{360}=\frac{16\pi}{3}$ cm^2,所以三角板和量角器重叠部分的面积为$(\frac{16\pi}{3}+2\sqrt{3})$ cm^2。

考向4 变式训练

1.【解析】(1)如图,连结CO,$\because BC$是$\angle ABD$的角平分线,$\therefore\angle OBC=\angle DBC$,又$\because OB=OC$,$\therefore\angle OBC=\angle OCB$,$\therefore\angle DBC=\angle OCB$,$\therefore OC/\!/BD$,$\because\angle D=90°$,$\therefore\angle OCD=90°$,又$\because CO$是$\odot O$的半径,$\therefore CD$是$\odot O$的切线。

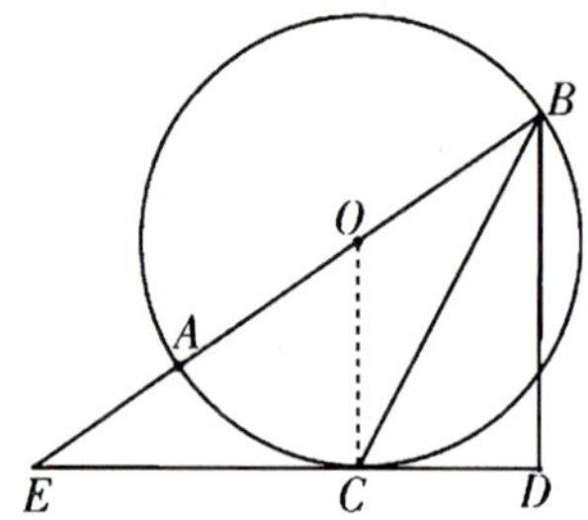

(2)由(1)可知,$OC/\!/BD$,则$\triangle OEC\backsim\triangle BED$,则$\frac{EO}{EB}=\frac{OC}{BD}$,$\because AB=6$,$AE=2$,$\therefore EB=8$,$EO=5$,$OC=3$,则$BD=\frac{24}{5}$。如图,连结$AC$,$\because AB$是圆$O$的直径,$\therefore\angle ACB=90°$,$\because\angle OBC=\angle DBC$,$\angle ACB=\angle D=90°$,$\therefore\triangle ABC\backsim\triangle CBD$,则$\frac{AB}{BC}=\frac{BC}{DB}$,代入数值可得$BC=\frac{12\sqrt{5}}{5}$。

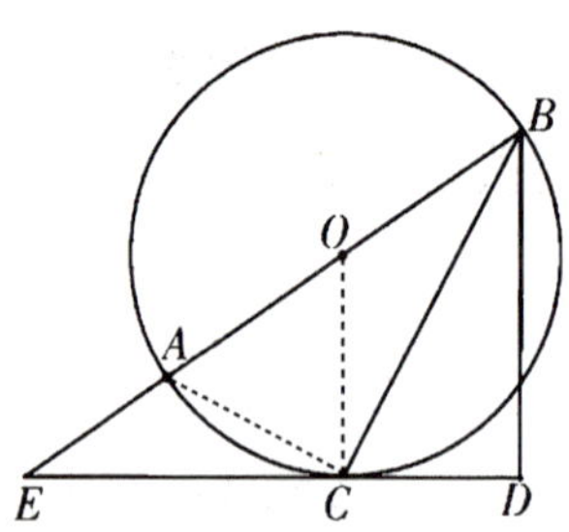

2.【解析】(1)$\because AB=BC$,$\therefore\angle BAC=\angle BCA$,又$AC$为$\angle DCB$的平分线,$\therefore\angle DCA=\angle BCA$,$\therefore\angle DCA=\angle BAC$,$\therefore AB/\!/CD$,又$\because\angle D=90°$,$\angle BAD=90°$,$\therefore DA$为圆$O$的切线。

(2)设AC与圆O交于点E,连结BE。

$\because AB$为圆O的直径,$\therefore\angle AEB=90°$,$\therefore\angle AEB=\angle D$,

又 $AB=BC$，$\therefore E$ 为 AC 的中点，即 $AE=\frac{1}{2}AC$，

又 $\angle BAE=\angle ACD$，$\therefore \triangle BAE\backsim\triangle ACD$，

$\therefore \frac{AB}{AC}=\frac{AE}{CD}$，即 $\frac{10}{AC}=\frac{\frac{1}{2}AC}{4}$，解得 $AC=4\sqrt{5}$。

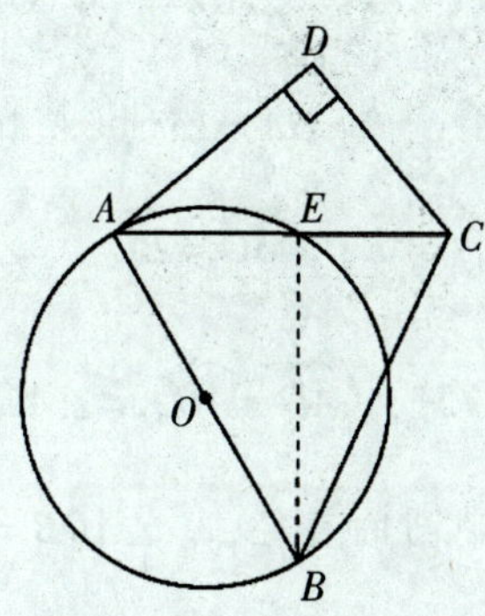

考向 5 变式训练

D 【解析】$\because PB=2$ cm，$BC=8$ cm，$\therefore PC=10$ cm，由切割线定理可得，$PA^2=PB\cdot PC=20$，$\therefore PA=2\sqrt{5}$ cm。

招教易错突破

变式训练

1. D 【解析】①平分弦(不是直径)的直径垂直于弦，故①错误；

②在同圆或等圆中，相等的圆心角所对的弧相等，故②错误；

③能够完全重合的两条弧是等弧，故③错误；

④圆是轴对称图形，任何一条直径所在的直线都是它的对称轴，故④错误；

⑤在同圆或等圆中，如果两条弦长度相等，那么它们所对的圆周角相等或互补，故⑤错误；

所以不正确的有 5 个，故选 D。

2. C 【解析】$\because \odot O$ 的半径为 2 cm，线段 $OA=3$ cm，$OB=2$ cm，即点 A 到圆心 O 的距离大于圆的半径，点 B 到圆心 O 的距离等于圆的半径，$\therefore$ 点 A 在 $\odot O$ 外，点 B 在 $\odot O$ 上，$\therefore$ 直线 AB 与 $\odot O$ 的位置关系为相交或相切，故选 C。

必刷好题

招教高频基础刷

1. C 【解析】根据题意得 $AB=10$ 寸，$AD=\frac{1}{2}AB=5$ 寸，$OD=OE-DE=OA-1$，由勾股定理得 $OD^2+AD^2=OA^2$，即 $(OA-1)^2+5^2=OA^2$，解得 $OA=13$ 寸，$\therefore AC=2OA=26$ 寸。

2. B 【解析】设 AC 与 OD 相交于点 E，$\because \overset{\frown}{BC}=\overset{\frown}{BC}$，$\therefore \angle CAB=\frac{1}{2}\angle COB=15°$，$\because OD\perp AC$，$\therefore \angle AEO=90°$，$\therefore \angle AOD=90°-15°=75°$，$\because \overset{\frown}{AD}=\overset{\frown}{AD}$，$\therefore \angle ACD=\frac{1}{2}\angle AOD=37.5°$。

3. B 【解析】连结 BD，$\because AB$ 是半圆的直径，$\therefore \angle ADB=90°$，$\therefore \angle BDC=\angle ADC-\angle ADB=106°-90°=16°$，$\because \overset{\frown}{CB}=\overset{\frown}{CB}$，$\therefore \angle CAB=\angle CDB=16°$。

4. B 【解析】由题意知，弧 AD = 弧 CD，则 $\angle DAC=\angle ABD=25°$，又 $\because AB$ 为 $\odot O$ 的直径，$\therefore \angle ADB=90°$，则 $\angle CAB=90°-\angle DBA-\angle DAC=90°-25°-25°=40°$。

5. D 【解析】在 $\odot O$ 中，$\because OC\perp AB$，$\therefore \overset{\frown}{AC}=\overset{\frown}{BC}$，$\because \angle APC=28°$，$\therefore \angle BOC=2\angle APC=56°$。

6. C 【解析】如图，设 $\odot O$ 是单位圆，则 $OA=1$，$\because$ 六边形 $ABCDEF$ 是正六边形，$\therefore \triangle OAB$ 是正三角形，$\therefore AB=1$，$\therefore$ 过点 O 作 $OG\perp AB$ 于点 G，$\therefore OG=OA\cdot\sin60°=\frac{\sqrt{3}}{2}$，$\therefore$ 正六边形的面积为 $6S_{\triangle OAB}=6\times\frac{1}{2}\times AB\cdot OG=\frac{3\sqrt{3}}{2}$。

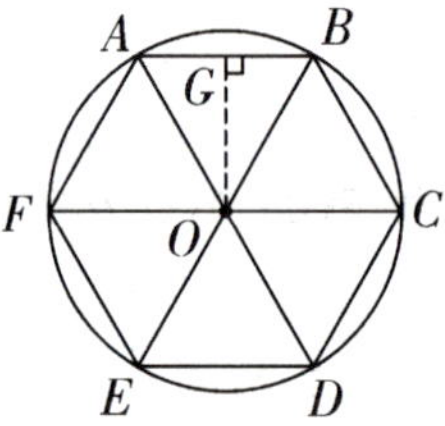

7. A 【解析】如图，易得 $\triangle OAB$ 为等边三角形，则每个月牙形的面积 $=S_{\triangle OAB}+S_{半圆}-S_{扇形AOB}=\frac{1}{2}\times2\times2\times\frac{\sqrt{3}}{2}+\left(\frac{1}{2}\times2\right)^2\pi\times\frac{1}{2}-\frac{60\pi\times2^2}{360}=\sqrt{3}-\frac{\pi}{6}$，$\therefore$ 6 个月牙形的面积 $=6\sqrt{3}-\pi$。

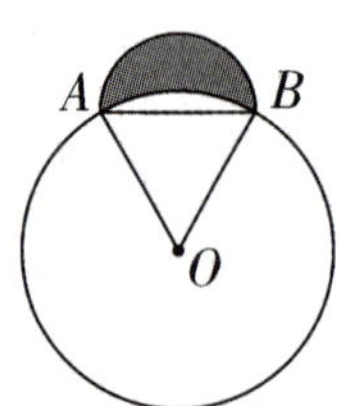

8. B 【解析】设该圆半径为 r，在 Rt$\triangle BDE$ 中，$ED=\frac{1}{2}CD=4$，$BE=\sqrt{BD^2-ED^2}=\sqrt{(2\sqrt{5})^2-4^2}=2$，则 $r^2=4^2+(r-2)^2$，解得 $r=5$，则 $AB=10$。

9. C 【解析】设该圆的半径为 r，$\because CD=8$ cm，$\therefore CE=\frac{1}{2}CD=4$ cm，在 Rt$\triangle CEO$，$r^2=(8-r)^2+4^2$，解得 $r=5$ cm，则 $OE=8-5=3$ cm，则 $EB=5-3=2$ cm。

10. D 【解析】由于 $OC\perp AB$，$AB=8$，故 $AC=BC=4$。连结 OA，则 $OA=\sqrt{OC^2+AC^2}=5$。故圆 O 的半径长为5。

11. B 【解析】由题可知，$\angle AOB=60°$，弧 AB 所对扇形面积为圆面积的$\frac{1}{6}$，故 $S_{阴影}=\frac{1}{6}\pi r^2-\frac{1}{2}\times1\times\frac{\sqrt{3}}{2}=\frac{\pi}{6}-\frac{\sqrt{3}}{4}$。

12. D 【解析】由题意知，若 $OP\perp EF$，则直线 EF 与⊙O 相切。

13. C 【解析】连结 OC，由题意知，$\because OC=OB$，$\therefore \angle OCB=\angle CBO$，$\because ED\perp AB$，$\therefore \angle CBO+\angle DFB=90°$，$\because \angle EFC=\angle BFD$，$\therefore \angle CBO+\angle EFC=90°$，$\because \angle ECF=\angle EFC$，$\therefore \angle OCB+\angle ECF=90°$，$\therefore CE$ 是圆 O 的切线。

14. B 【解析】$\because OC\perp OA$，$\therefore \angle AOC=90°$，$\because \angle APO=\angle BPC=70°$，$\therefore \angle A=90°-70°=20°$，$\because OA=OB$，$\therefore \angle OBA=\angle A=20°$，$\because BC$ 是⊙O 的切线，$\therefore OB\perp BC$，$\therefore \angle OBC=90°$，$\therefore \angle ABC=90°-20°=70°$。

15. B 【解析】如图，连结 AB，$\because \angle AOC=120°$，$\therefore \angle AOB=60°$，又 $OA=OB$，$\therefore \triangle AOB$ 是等边三角形，$\therefore OB=AB$，又$\because OB=BP$，$\therefore AB=\frac{1}{2}OP$，$\therefore \angle OAP=90°$，即 $OA\perp AP$，则 PA 与⊙O 相切。

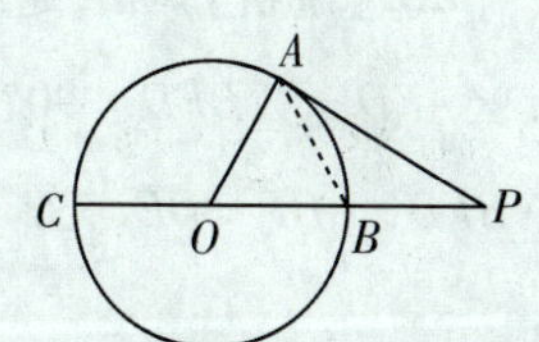

16. $\frac{\sqrt{3}}{2}-\frac{\pi}{24}$ 【解析】如图，连结 BE，由题意可知，$BE=BC=2$，在 Rt$\triangle ABE$ 中，$AE=\sqrt{BE^2-AB^2}=\sqrt{2^2-1^2}=\sqrt{3}$，$\therefore \tan\angle ABE=\frac{AE}{AB}=\sqrt{3}$，$\therefore \angle ABE=60°$，$\angle EBC=30°$，$S_{阴影}=S_{\triangle ABE}+S_{扇形EBC}-S_{半圆}=\frac{1}{2}\times\sqrt{3}\times1+\frac{30\cdot\pi\cdot2^2}{360}-\frac{1}{2}\pi\cdot\left(\frac{\sqrt{3}}{2}\right)^2=\frac{\sqrt{3}}{2}-\frac{\pi}{24}$。

17. 10 【解析】由题意可知，$S_{弧田}=\frac{1}{2}(AB\times CD+CD^2)$，$\because OA=OB$，$OC\perp AB$，$\therefore AD=BD=\frac{1}{2}AB$，$\because AB=8$，$\therefore AD=4$，又$\because OA=5$，$\therefore$ 在 Rt$\triangle OAD$ 中，由勾股定理得 $OD=3$，$\therefore CD=OC-OD=5-3=2$，$\therefore S_{弧田}=\frac{1}{2}\times(8\times2+2^2)=10$。

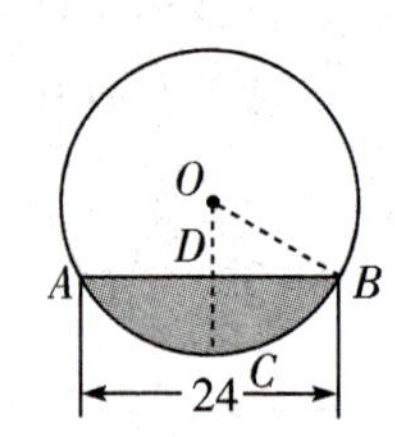

18. 8 【解析】如图,连结 OB,过点 O 作 $OC\perp AB$ 于点 D,交圆 O 于点 C,$\because AB=24$ cm,$\therefore BD=\frac{1}{2}AB=12$ cm,在 Rt$\triangle OBD$ 中,$\because OB=OC=13$ cm,$OD=\sqrt{OB^2-BD^2}=\sqrt{13^2-12^2}=5$ cm,$\therefore CD=OC-OD=13-5=8$ cm,即水管中的水的深度为 8 cm。

19. $\sqrt{2}$ 【解析】$\because PA$ 是$\odot O$ 的切线,$\therefore PA^2=PC\cdot PD$。$\because PA=2,PC=1,\therefore PD=4$。又$\because PC=ED=1,\therefore CE=2$。由题意知,四边形 $ABEC$ 为平行四边形,$\therefore AB=CE=2$。连结 BC,$\because PA$ 是$\odot O$ 的切线,$\therefore \angle PAC=\angle CBA$。$\because AB,CD$ 是圆的两条平行弦,$\therefore \angle PCA=\angle CAB$,$\therefore \triangle PAC\backsim\triangle CBA$,$\therefore \frac{PC}{CA}=\frac{CA}{AB}$,$\therefore AC^2=PC\cdot AB=2$,$\therefore AC=\sqrt{2}$。

20. $50°$ 【解析】连结 OC,$\because OC=OB$,$\therefore \angle OCB=\angle CBO=40°$,若 CD 为$\odot O$ 的切线,则$\angle OCD=90°$,即$\angle DCB=90°-40°=50°$。

21. $25°$ 【解析】由题意知,$\because AC$ 是$\odot O$ 的切线,$\therefore \angle OAC=90°$,又$\because \angle C=40°$,$\therefore \angle AOC=90°-40°=50°$,$\because OD=OB$,$\therefore \angle OBD=\angle ODB=\frac{1}{2}\angle AOC=25°$。

22. $\frac{\sqrt{7}}{2}$ 【解析】设 $AF=4x,BF=2x,BE=x$,则由相交弦定理得 $DF\cdot FC=DF^2=AF\cdot FB$,即 $8x^2=2$,即 $x^2=\frac{1}{4}$,由切割线定理得 $CE^2=EB\cdot EA=7x^2=\frac{7}{4}$,所以 $CE=\frac{\sqrt{7}}{2}$。

23.【解析】如图,连结 ED,且过点 D 作 $DF\perp BC$,垂足为 F。$\because AC$ 是$\odot D$ 的切线,$\therefore DE\perp AC$,$\therefore \angle AED=\angle BFD=90°$,$\because CA=CB$,$\therefore \angle A=\angle B$,$\because D$ 是 AB 的中点,$\therefore AD=BD$,$\therefore \triangle AED\cong\triangle BFD$,$\therefore DF=DE$,又$\because CB\perp DF$,$\therefore CB$ 是$\odot D$ 的切线。

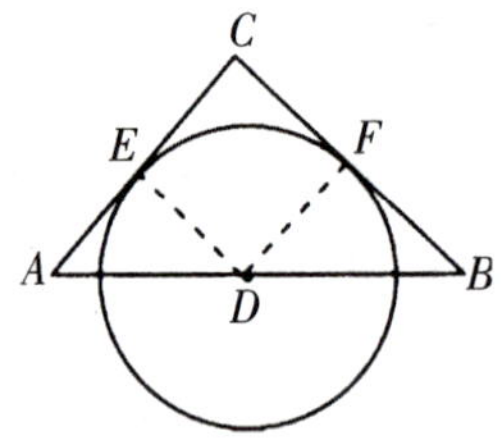

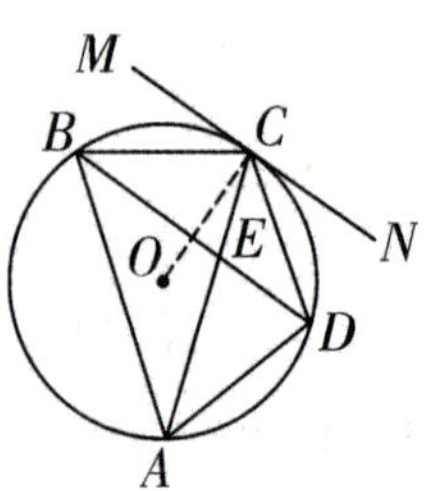

24.【解析】(1)证明:如图,连结 OC,$\because$ 直线 MN 与$\odot O$ 相切于点 C,$\therefore OC\perp MN$,$\because BD/\!/MN$,$\therefore OC\perp BD$,$\therefore \overset{\frown}{BC}=\overset{\frown}{CD}$,$\therefore \angle BAE=\angle CAD$。在$\triangle ABE$ 和$\triangle ACD$ 中,$\begin{cases}\angle ABE=\angle ACD,\\ AB=AC,\\ \angle BAE=\angle CAD,\end{cases}$ $\therefore \triangle ABE\cong\triangle ACD$(ASA)。

(2)解:由(1)知$\angle BAC=\angle CBD$,$\angle BCE=\angle BCA$,$\therefore \triangle BCE\backsim\triangle ACB$,$\therefore \dfrac{BC}{AC}=\dfrac{CE}{CB}$,$\because AC=AB=5$,$BC=3$,$\therefore CE=\dfrac{9}{5}$,$\therefore AE=AC-CE=\dfrac{16}{5}$。

25.【解析】(1)证明:$\because AC$是$\odot O$的直径,$\therefore \angle ADC=90°$。$\therefore \angle A+\angle ACD=90°$,$\because \angle BCD=\angle A$,$\therefore \angle BCD+\angle ACD=\angle ACB=90°$,$\therefore OC\perp BC$。又$\because OC$为$\odot O$的半径,$\therefore BC$是$\odot O$的切线。

(2)如图,过点O作$OE\perp CD$于点E。在$\mathrm{Rt}\triangle BCD$中,$\because BC=5$,$BD=3$,$\therefore CD=4$。$\because \angle ADC=\angle CDB=90°$,$\angle BCD=\angle A$,$\therefore \mathrm{Rt}\triangle BDC\backsim\mathrm{Rt}\triangle CDA$,$\therefore \dfrac{CD}{AD}=\dfrac{BD}{CD}=\dfrac{3}{4}$,$\therefore AD=\dfrac{16}{3}$。$\because OE\perp CD$,$\therefore E$为$CD$的中点,又$\because$点$O$是$AC$的中点,$\therefore OE=\dfrac{1}{2}AD=\dfrac{8}{3}$,$\therefore$点$O$到$CD$的距离为$\dfrac{8}{3}$。

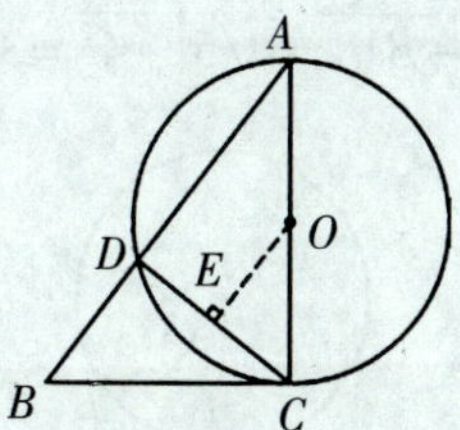

26.【解析】证明:(1)由题意可知,PA是$\odot O$的切线,AB是$\odot O$的弦,

$\therefore \angle BAP=\angle C$,又$\because \angle APD=\angle CPE$,

$\therefore \angle BAP+\angle APD=\angle C+\angle CPE$,

$\because \angle ADE=\angle BAP+\angle APD$,$\angle AED=\angle C+\angle CPE$,

$\therefore \angle ADE=\angle AED$,

$\therefore AE=AD$。

(2)$\because \angle DAP=\angle ECP$,$\angle APD=\angle EPC$,

$\therefore \triangle ADP\backsim\triangle CEP$,

$\therefore \dfrac{PD}{PE}=\dfrac{AD}{CE}$,又由(1)知,$AD=AE$,

$\therefore \dfrac{PD}{PE}=\dfrac{AE}{CE}$。

招教易错能力刷

1. C 【解析】设圆柱型油槽的圆心为O,液面上升后与圆交于点G,H,则由题意可分为两种情况,①AB,GH在圆心O的同侧时,连结OA,OG,过点O作$OC\perp AB$于C,设GH交OC于E,由题意知,$OA=OG=5\text{ cm}$,$AB/\!/GH$,$AB=6\text{ cm}$,$GH=8\text{ cm}$,则$OC\perp GH$,由垂径定理得,$AC=\dfrac{1}{2}AB=3\text{ cm}$,

$EG=\frac{1}{2}GH=4$ cm，在 Rt△OAC 中，由勾股定理得 $OC=\sqrt{OA^2-AC^2}=\sqrt{5^2-3^2}=4$ cm，在 Rt△OEG 中，$OE=\sqrt{OG^2-EG^2}=\sqrt{5^2-4^2}=3$ cm，∴ $CE=OC-OE=1$ cm。

②AB，$G'H'$ 在圆心 O 的异侧时，连结 OG'，过点 O 作 $OE'\perp G'H'$ 于 E'，同①得：$CE'=OC+OE'=7$ cm，综上所述，液面上升了 1 cm 或 7 cm。

2. D 【解析】∵ 圆 O 的半径为 5，∴ $OA=OD=5$，∵ $CD=2$，∴ $OC=OD-CD=3$，∵ $OD\perp AB$，∴ $AC=BC=\sqrt{OA^2-OC^2}=\sqrt{5^2-3^2}=4$，∵ $OA=OE$，∴ OC 是△ABE 的中位线，∴ $BE=2OC=6$，∵ AE是圆 O 的直径，∴ $\angle B=90°$，∴ $EC=\sqrt{BC^2+EB^2}=\sqrt{4^2+6^2}=2\sqrt{13}$。

3. C 【解析】如图，连结 OB，作 $OM\perp AB$ 于点 M，∵ $OM\perp AB$，∴ $AM=BM=\frac{1}{2}AB=4$，在直角三角形 OBM 中，∵ $OB=5$，$BM=4$，∴ $OM=\sqrt{OB^2-BM^2}=\sqrt{5^2-4^2}=3$，∴ $3\leqslant OP<5$，故符合 OP 的值为 3.5。

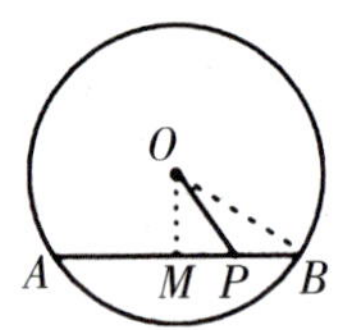

4. C 【解析】如图，根据题意可知，正方形内接于圆，设正方形的一条边长为 AB，圆心为 O，设⊙O 的半径为 r，则 $AB=\sqrt{2}r$，$S_{正方形}=(\sqrt{2}r)^2=2r^2$，$S_{\odot O}=\pi r^2$，∴ $\frac{S_{正方形}}{S_{\odot O}}=\frac{2r^2}{\pi r^2}\approx\frac{2}{3}$。

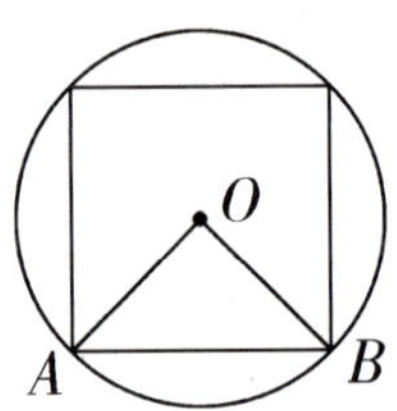

5. D 【解析】如图，连结 CD，∵ BC 是半圆的直径，∴ $CD\perp AB$，∵ 在 Rt△ABC 中，$\angle ACB=90°$，$AC=BC=2\sqrt{2}$，∴ △ACB 是等腰直角三角形，∴ $CD=BD$，∴ $S_{阴影}=\frac{1}{2}\times\frac{1}{2}\times2\sqrt{2}\times2\sqrt{2}=2$。

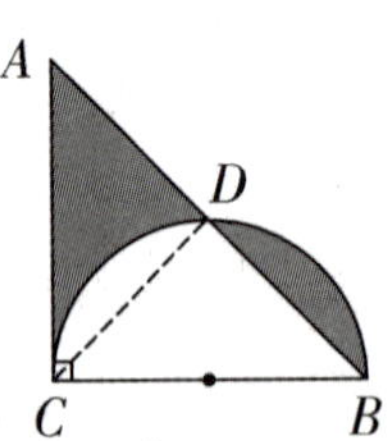

6. D 【解析】连结 ON。∵ ⊙O 的直径 $AB=10$，$DN=8=AC$，∴ $OC=3$，∴ $CN=\sqrt{ON^2-OC^2}=4$，∴ $AD=CN=4$。

7. D 【解析】若使$\odot O_2$与$\odot O_1$外切，当$\odot O_2$向右平移时，移动距离为4；当$\odot O_2$向左平移时，移动距离为8时，故答案为D。

8. A 【解析】因为$\angle ACB=90°$，$\odot C$与AB相切，故$\odot C$的半径r为$\triangle ABC$斜边上的高，易求得$r=2$。因为$\angle PAD=\angle CAB$，$\angle APD=\angle ACB=90°$，故$\triangle ADP\backsim\triangle ABC$，所以有$\frac{AD}{AP}=\frac{AB}{AC}$，故$AD=\frac{\sqrt{5}}{2}AP$。$P$在$\odot C$上的任一点，$A$是圆外一点，故$AP$取最大值时$AP$过圆心$C$，$AP=AC+r=2\sqrt{5}+2$；$AP$取最小值时应为$AP$的延长线过圆心$C$，$AP=AC-r=2\sqrt{5}-2$。故$AD$的长的最大值为$5+\sqrt{5}$，最小值为$5-\sqrt{5}$。

9. $\frac{3\sqrt{3}}{2}-\frac{2\pi}{3}$ 【解析】$\because$ 点C是半圆O上的三等分点，$\therefore \angle BOC=60°$，$\angle BAC=30°$。在$\triangle OCD$中，$\because CD\perp AB$于点$D$，$OD=1$，$\angle DOC=60°$，$\therefore OC=2$，$CD=\sqrt{3}$，$\therefore AD=AO+OD=2+1=3$，$\because$ 将$\triangle ACD$沿AC翻折得到$\triangle ACE$，$\therefore \triangle ACD\cong\triangle ACE$，$\therefore \angle EAC=\angle DAC=30°$，$AE=AD=3$，$CE=CD=\sqrt{3}$，$\therefore \angle BAE=\angle DAC+\angle EAC=60°=\angle BOC$，$\therefore OC/\!/AE$，$\because OA=OF$，$\angle OAF=60°$，$\therefore \triangle AOF$是等边三角形，$\therefore AF=OA=2$，$\therefore EF=AE-AF=3-2=1$，$\therefore S_{阴影}=S_{梯形OCEF}-S_{扇形OCF}=\frac{1}{2}(1+2)\times\sqrt{3}-\frac{60\pi\times 2^2}{360}=\frac{3\sqrt{3}}{2}-\frac{2\pi}{3}$。

10. $2-\frac{\pi}{4}$ 【解析】由图可知，$S_{扇形BEO}=S_{扇形ECF}=S_{扇形GDO}$，$S_{阴影}=S_{扇形BEO}+(S_{正方形OECF}-S_{扇形ECF})+(S_{正方形OFDG}-S_{扇形GDO})=2\times S_{正方形OECF}-S_{扇形GDO}=2\times 1\times 1-\frac{90\pi\times 1^2}{360}=2-\frac{\pi}{4}$，$\therefore$ 阴影部分的面积为$2-\frac{\pi}{4}$。

11. $\frac{3\pi}{4}$ 【解析】如图，连结OC，$\because \angle AOB=90°$，$\angle B=30°$，$OA=3$，$\therefore \angle A=60°$，$\therefore OB=3\sqrt{3}$，$\because OA=OC$，$\therefore \triangle AOC$是等边三角形，$\therefore \angle AOC=60°$，$\angle BOC=30°$，$S_{阴影}=S_{\triangle ABO}-S_{\triangle ACO}-S_{扇形COD}+(S_{扇形COA}-S_{\triangle ACO})=\frac{1}{2}OA\cdot OB-\frac{\sqrt{3}}{4}OA^2-\frac{30°}{360°}\pi\cdot 3^2+\left(\frac{60°}{360°}\pi\cdot 3^2-\frac{\sqrt{3}}{4}OA^2\right)=\frac{1}{2}\times 3\times 3\sqrt{3}-\frac{\sqrt{3}}{4}\times 3^2-\frac{3\pi}{4}+(\frac{3}{2}\pi-\frac{\sqrt{3}}{4}\times 3^2)=\frac{3\pi}{4}$。

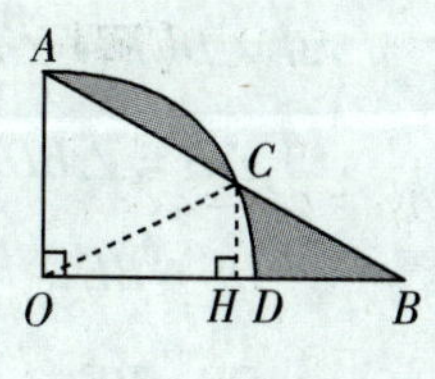

12. 【解析】(1) $\because PA$为$\odot O$的切线，$\therefore \angle PAB=\angle ACP$。

又因为$\angle BPA=\angle APC$，$\therefore \triangle PAB\backsim\triangle PCA$，$\therefore \frac{AB}{AC}=\frac{PA}{PC}$。

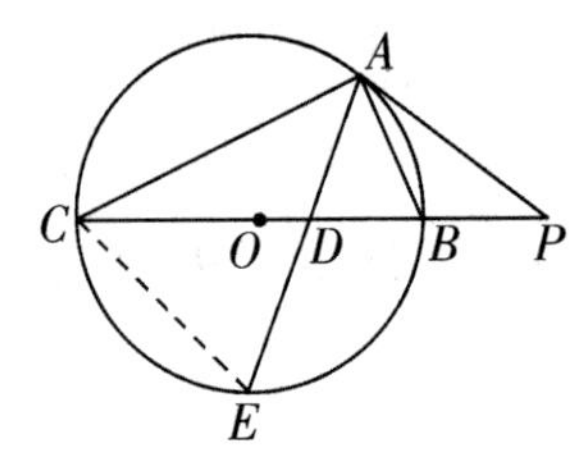

(2)$\because PA$ 为$\odot O$ 的切线,PBC 是过点 O 的割线,

$\therefore PA^2=PB\cdot PC$。

又$\because PA=10,PB=5$,

$\therefore PC=20,BC=15$。

由(1)知,$\dfrac{AB}{AC}=\dfrac{PA}{PC}=\dfrac{1}{2}$,$BC$ 是$\odot O$ 的直径,

$\therefore \angle CAB=90^\circ$,$\therefore AC^2+AB^2=BC^2=225$,$\therefore AC=6\sqrt{5}$,$AB=3\sqrt{5}$。

连结 CE,则$\angle ABC=\angle E$,

又因为$\angle CAE=\angle EAB$,$\therefore \triangle ACE\backsim\triangle ADB$,

$\therefore \dfrac{AB}{AE}=\dfrac{AD}{AC}$,$AD\cdot AE=AB\cdot AC=3\sqrt{5}\times6\sqrt{5}=90$。

13.【解析】(1)证明:连结 OD,OE,CD,

$\because DE$ 为切线,

$\therefore OD\perp DE$,

在 $\mathrm{Rt}\triangle OCE$ 和 $\mathrm{Rt}\triangle ODE$ 中,

$\begin{cases}OE=OE,\\OD=OC,\end{cases}$

$\therefore \mathrm{Rt}\triangle OCE\cong\mathrm{Rt}\triangle ODE(\mathrm{HL})$,

$\therefore DE=CE$,

$\therefore \angle CDE=\angle DCE$,

又$\because AC$ 是直径,

$\therefore CD\perp AB$,

$\therefore \angle DCE+\angle B=\angle CDE+\angle BDE$,

$\therefore \angle B=\angle BDE$,

$\therefore DE=BE$,

$\therefore CE=BE$。

(2)$\triangle ABC$ 是等腰直角三角形,

理由:连结 OE,

$\because$ 四边形 $ODEC$ 是正方形,

$\therefore \triangle OCE$ 是等腰直角三角形,

又$\because OE$ 是$\triangle ABC$ 的中位线,

$\therefore OE \underline{\underline{/\!/}} \frac{1}{2}AB$。

$\therefore \triangle ABC$ 也为等腰直角三角形。

第五节　图形与空间

考向1 变式训练

1. C 【解析】由平移的定义可知。C项中的图案最可能用图形的平移来分析其形成过程。

2. 50 【解析】设 $CE=x$ cm，$\because BE=5$ cm，$\therefore BC=(5+x)$ cm，$\therefore \mathrm{Rt}\triangle ABC$ 沿 BC 的方向平移了 5 cm，$\because DH=4$ cm，$\therefore HE=DE-DH=AB-DH=12-4=8$ cm，由三角形的相似性可知 $\frac{HE}{AB}=\frac{CE}{BC}$，解得 $x=10$，$\therefore CE=10$ cm，$BC=15$ cm，$S_{阴影}=S_{\triangle ABC}-S_{\triangle HEC}=\frac{1}{2}\cdot AB\cdot BC-\frac{1}{2}\cdot HE\cdot CE=\frac{1}{2}\cdot 12\cdot 15-\frac{1}{2}\cdot 8\cdot 10=50\ \mathrm{cm}^2$。

3. D 【解析】A项中，$\triangle ABC$ 绕点 A 逆时针旋转，但不是 $60°$；B项中，$\triangle AB'C'$ 是由 $\triangle ABC$ 关于某直线对称得到的；C项中，$\triangle AB'C'$ 是由 $\triangle ABC$ 关于某直线对称得到的；D项中，$\triangle ABC$ 绕点 A 逆时针旋转 $60°$。故选D。

4.【解析】(1)在矩形 $ABCD$ 中，$\because \frac{AB}{AD}=\sqrt{3}$，即 $\angle ABD=\frac{\pi}{6}$，设 $PQ=BQ=x$，则可得 $PB=2\times\frac{\sqrt{3}}{2}x=\sqrt{3}x$，由题意可知 $\triangle PQQ'$ 为等腰直角三角形，$\therefore$ 由勾股定理可得 $QQ'=\sqrt{2}x$，则 $\frac{PB}{QQ'}=\frac{\sqrt{3}x}{\sqrt{2}x}=\frac{\sqrt{6}}{2}$。

(2)过点 Q 作 $QF\perp PB$ 于点 F，由(1)可知 $\angle QPB=\angle QBP=\frac{\pi}{6}$，设 $PQ=PQ'=x$，因为 $QQ'=\sqrt{6}$，则根据勾股定理可得 $x^2+x^2=6$，解得 $x=\sqrt{3}$，则 $QF=\frac{\sqrt{3}}{2}$，$BF=PF=\sqrt{PQ^2-QF^2}=\frac{3}{2}$，则 $PB=PF+BF=3$，又 $PA=\frac{1}{8}AB$，则 $PB=\frac{1}{8}AB+AB=3$，解得 $AB=\frac{8}{3}$。又 $\because \frac{AB}{AD}=\sqrt{3}$，则 $AD=\frac{8\sqrt{3}}{9}$。

考向2 变式训练

1. D 【解析】由轴对称和中心对称的定义可得，应选D项。

2.【解析】连结 CC',BB',两条线段相交于点 O,则点 O 即为对称中心。

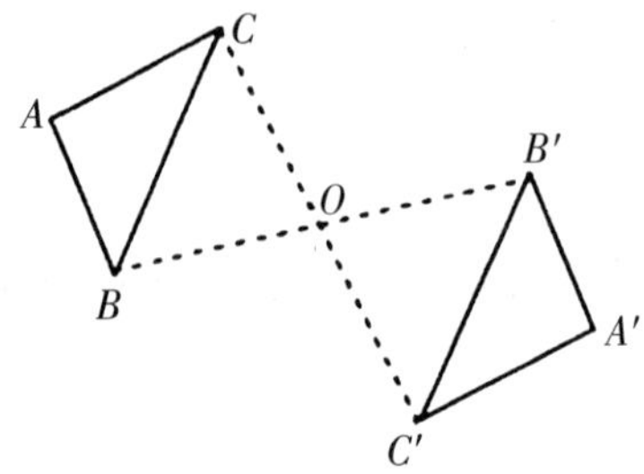

考向3 变式训练

1. D 【解析】设 $AE=x$,则 $DE=48-AD-AE=36-x$,在 Rt$\triangle ADE$ 中,由勾股定理得 $x^2+12^2=(36-x)^2$,解得 $x=16$,所以 $AE=16$,$DE=36-16=20$。由 $AB/\!/CD$ 得 $\angle BEF=\angle DFE$,由折叠的性质可知 $\angle BEF=\angle DEF$,则 $\angle DEF=\angle DFE$,因此 $DF=DE=20$,从而 $AB=CD=CF+DF=7+20=27$,$BE=AB-AE=27-16=11$,由折叠的性质可知 $EH=BE=11$,所以 $DH=DE-EH=20-11=9$。故选 D。

2. 90° 【解析】由题意得,$\triangle A'BC$ 是由 $\triangle ABC$ 翻折得到的,$\triangle DBE'$ 是由 $\triangle DBE$ 翻折得到的,$\therefore \angle ABC=\angle A'BC$,$\angle EBD=\angle DBE'$,$\because \angle ABC+\angle A'BC+\angle DBA'+\angle EBD=180°$,$\therefore \angle CBD=\angle CBA'+\angle DBA'=\frac{1}{2}\times 180°=90°$。

3. $\frac{7}{4}$ 【解析】设 CE 的长为 x,由题意得,$\triangle BDE$ 是由 $\triangle ADE$ 翻折而成的,$\therefore AE=BE=AC-CE=8-x$,$\because \angle ACB=90°$,$\therefore CE^2+BC^2=BE^2$,即 $x^2+6^2=(8-x)^2$,解得 $x=\frac{7}{4}$,则 $CE=\frac{7}{4}$。

4. 3 或 $\frac{3}{2}$ 【解析】当 $\triangle CEB'$ 为直角三角形时,有两种情况:

①当点 B' 在矩形内部时,如图 1 所示,

在 Rt$\triangle ABC$ 中,$AB=3$,$BC=4$,$\therefore AC=5$,由折叠的性质得 $\angle AB'E=\angle B=90°$,$AB=AB'=3$,则 $\angle EB'C=90°$,$B'C=AC-AB'=5-3=2$,设 $B'E=x$,则 $CE=4-x$,则有 $x^2+2^2=(4-x)^2$,解得 $x=\frac{3}{2}$,故 $BE=\frac{3}{2}$;

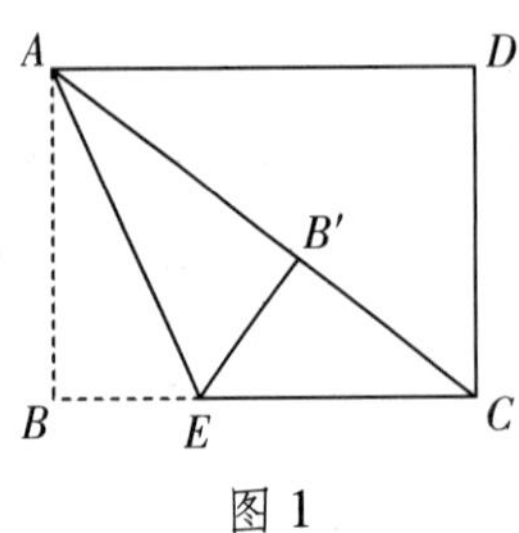

图 1

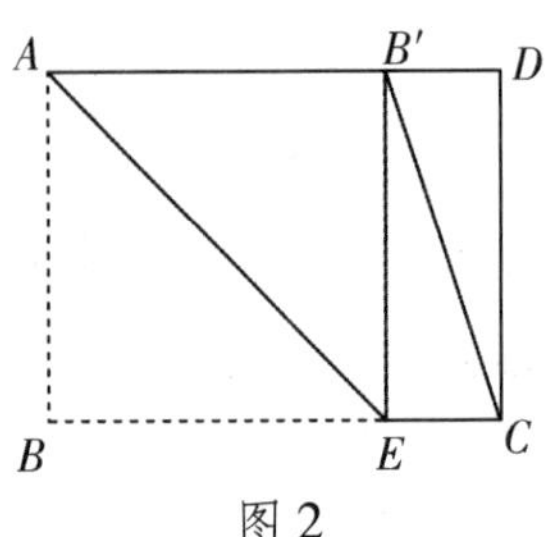

图 2

②当点 B' 在 AD 边上时，如图 2 所示，

此时四边形 $ABEB'$ 为正方形，$\therefore BE=AB=3$。

综上所述，BE 的长为 3 或 $\frac{3}{2}$。

5.（1）6。①$\triangle AEM$ 的周长 $=AE+EM+AM=AE+EB+AM=AB+AM$，

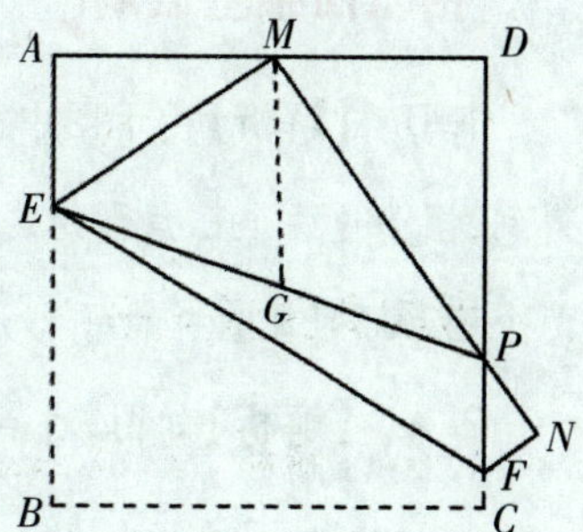

$\because AB=4$，M 是 AD 的中点，

$\therefore \triangle AEM$ 的周长 $=4+2=6$ cm。

②如图，取 EP 的中点 G，连结 MG，在梯形 $AEPD$ 中，M，G 分别是 AD，EP 的中点，$\therefore MG=\frac{1}{2}(AE+DP)$，

由折叠得 $\angle EMP=\angle B=90°$，又 G 为 EP 的中点，$\therefore MG=\frac{1}{2}EP$，

故 $EP=AE+DP$。

（2）$\triangle PDM$ 的周长保持不变，证明：

设 $AM=x$ cm，则 $DM=(4-x)$ cm，在 $Rt\triangle EAM$ 中，由 $AE^2+x^2=(4-AE)^2$，可得 $AE=2-\frac{1}{8}x^2$，

$\because \angle AME+\angle AEM=90°$，$\angle AME+\angle PMD=90°$，$\therefore \angle AEM=\angle PMD$，

又 $\angle A=\angle D=90°$，$\therefore \triangle AEM \backsim \triangle DMP$，

$\therefore \frac{C_{\triangle PMD}}{C_{\triangle MAE}}=\frac{DM}{AE}$，即 $\frac{C_{\triangle PMD}}{4+x}=\frac{4-x}{2-\frac{1}{8}x^2}$，$\therefore C_{\triangle PMD}=\frac{4-x}{2-\frac{1}{8}x^2}\cdot(4+x)=8$，

故 $\triangle PMD$ 的周长保持不变。

招教易错突破

变式训练

C 【解析】A 是轴对称图形，不是中心对称图形，故此项不合题意；B 既不是轴对称图形，也不是中心对称图形，故此项不合题意；C 既是轴对称图形，又是中心对称图形，故此项符合题意；D 既不是轴对称图形，也不是中心对称图形，故此项不合题意。故本题选 C。

必刷好题

招教高频基础刷

1. D 【解析】由于图中两个三角形可以直接看成是通过平移形成的,所以不可能通过一次旋转得到,因为这两个三角形组成的图形不是中心对称图形;如果经过一次旋转,再经过一次轴对称,前后两个图形不可能直接由平移形成;而两次旋转或两次轴对称形成的图形可以由一次平移形成。

2. A 【解析】如图,过点 A 作 $AM\perp x$ 轴于点 M,$\because$ 正三角形 OAB 的顶点 B 的坐标为(2,0),$\therefore OA=OB=2$,$\angle AOB=60°$,$\therefore OM=\frac{1}{2}OA=1$,$AM=\sqrt{3}$,$\therefore$ 点 A 的坐标为$(1,\sqrt{3})$,$\therefore$ 直线 OA 的解析式为 $y=\sqrt{3}x$,当 $x=3$ 时,$y=3\sqrt{3}$,$\therefore$ 点 A' 的坐标为$(3,3\sqrt{3})$,$\therefore$ 将点 B 向右平移 2 个单位长,再向上平移 $2\sqrt{3}$ 个单位后可得 B',$\therefore$ 点 B' 的坐标为$(4,2\sqrt{3})$。

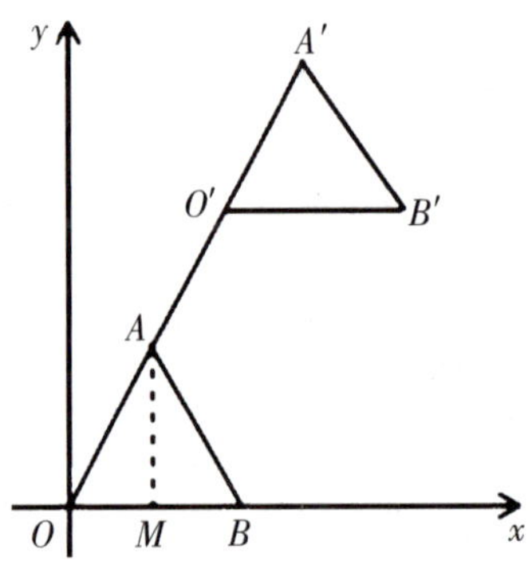

3. A 【解析】由平移知,$\angle BAC=\angle EDF=44°$,则 $\angle DCB=\angle CGE-\angle CDG=70°-44°=26°$。

4. B 【解析】$\because \angle CAB=72°$,$C'C\parallel AB$,$\therefore \angle C'CA=72°$,由旋转的性质知,$CA=C'A$,故 $\angle CC'A=72°$,故 $\angle C'AC=180°-72°-72°=36°$,故 $\angle BAB'=36°$。

5. $ab-a-2b+2$ 【解析】由图可知,矩形 $ABCD$ 去掉小路后,草坪正好可以拼成一个新的矩形,且它的长为$(a-2)$米,宽为$(b-1)$米,所以草坪的面积应该$=(a-2)(b-1)=ab-a-2b+2$(平方米)。

6. 6 【解析】在 Rt$\triangle ABC$ 中,由勾股定理可得 $AB=\sqrt{AC^2+BC^2}=10$,根据旋转的性质可设 $AD=A'D=BE=x$,则 $DE=10-2x$,$\because \triangle ABC$ 绕 AB 边上的点 D 顺时针旋转 90°得到$\triangle A'B'C'$,$\therefore \angle A'=\angle A$,$\angle A'DE=\angle C=90°$,$\therefore \triangle A'DE\backsim\triangle ACB$,$\therefore \frac{DE}{A'D}=\frac{BC}{AC}$,即 $\frac{10-2x}{x}=\frac{8}{6}$,解得 $x=3$,$\therefore S_{\triangle A'DE}=\frac{1}{2}\times DE\times A'D=\frac{1}{2}\times(10-2\times3)\times3=6$。

专题二　平面向量

第一节　平面向量的概念及其线性运算

招教考向解读

考向 1 变式训练

A 【解析】向量可以用有向线段表示，但是向量不是有向线段，比如 $\mathbf{0}$，①错误；共线向量所在直线可能重合，也可能平行，②错误；当 $\boldsymbol{b}=\mathbf{0}$ 时，满足 $\boldsymbol{a}/\!/\boldsymbol{b}$，$\boldsymbol{b}/\!/\boldsymbol{c}$，此时 $\boldsymbol{a}$ 和 $\boldsymbol{c}$ 不一定平行，③错误；向量是既有大小又有方向的量，$\boldsymbol{a}$ 与 $|\boldsymbol{a}|\cdot\boldsymbol{a}_0$ 的模相等，但是方向并不一定相同，④错误。

考向 2 变式训练

1. A 【解析】A：$\overrightarrow{MB}+\overrightarrow{AD}-\overrightarrow{BM}=\overrightarrow{MB}+\overrightarrow{MB}+\overrightarrow{AD}=2\overrightarrow{MB}+\overrightarrow{AD}$；

B：$(\overrightarrow{MB}+\overrightarrow{AD})+(\overrightarrow{BC}+\overrightarrow{CM})=\overrightarrow{MB}+\overrightarrow{AD}+\overrightarrow{BM}=\overrightarrow{AD}$；

C：$(\overrightarrow{AB}+\overrightarrow{CD})+\overrightarrow{BC}=\overrightarrow{AB}+\overrightarrow{CD}+\overrightarrow{BC}=\overrightarrow{AC}+\overrightarrow{CD}=\overrightarrow{AD}$；

D：$\overrightarrow{OC}-\overrightarrow{OA}+\overrightarrow{CD}=\overrightarrow{OC}+\overrightarrow{AO}+\overrightarrow{CD}=\overrightarrow{AC}+\overrightarrow{CD}=\overrightarrow{AD}$。

2. B 【解析】$\because$ 在 $\triangle ADC$ 中，E 为 AD 的中点，$\therefore \overrightarrow{CE}=\frac{1}{2}(\overrightarrow{CA}+\overrightarrow{CD})=\frac{1}{2}\left(-\overrightarrow{AC}+\frac{2}{3}\overrightarrow{CB}\right)=\frac{1}{2}\left[-\overrightarrow{AC}+\frac{2}{3}(\overrightarrow{AB}-\overrightarrow{AC})\right]=\frac{1}{3}\overrightarrow{AB}-\frac{5}{6}\overrightarrow{AC}$，$\therefore m=\frac{1}{3}$，$n=-\frac{5}{6}$，$m+n=-\frac{1}{2}$。

考向 3 变式训练

1. B 【解析】因为 A,B,C 三点共线，所以有 $\overrightarrow{AB}=\lambda\overrightarrow{AC}$，$\lambda\neq0$，易得 $\lambda=-\frac{1}{2}$，$a+\frac{b}{2}=1$，因为 $\frac{1}{a}+\frac{2}{b}=\left(\frac{1}{a}+\frac{2}{b}\right)\left(a+\frac{b}{2}\right)=2+\frac{b}{2a}+\frac{2a}{b}\geqslant2+2\sqrt{\frac{b}{2a}\cdot\frac{2a}{b}}=4$，当且仅当 $\frac{b}{2a}=\frac{2a}{b}$，即 $a=\frac{1}{2}$，$b=1$ 时等号成立，所以 $\frac{1}{a}+\frac{2}{b}$ 的最小值是 4。故选 B。

2.【解析】(1)因为$\overrightarrow{AB}=\boldsymbol{a}+\boldsymbol{b}$,$\overrightarrow{BC}=2\boldsymbol{a}+8\boldsymbol{b}$,$\overrightarrow{CD}=3(\boldsymbol{a}-\boldsymbol{b})$,所以$\overrightarrow{BD}=\overrightarrow{BC}+\overrightarrow{CD}=2\boldsymbol{a}+8\boldsymbol{b}+3\boldsymbol{a}-3\boldsymbol{b}=5(\boldsymbol{a}+\boldsymbol{b})$,于是有$5\overrightarrow{AB}=\overrightarrow{BD}$,即$\overrightarrow{AB}$和$\overrightarrow{BD}$共线,且两向量有公共点$B$,故$A,B,D$三点共线。

(2)若$k\boldsymbol{a}+\boldsymbol{b}$与$\boldsymbol{a}+k\boldsymbol{b}$共线,则存在实数$\lambda$,使$k\boldsymbol{a}+\boldsymbol{b}=\lambda(\boldsymbol{a}+k\boldsymbol{b})=\lambda\boldsymbol{a}+\lambda k\boldsymbol{b}$,那么$\begin{cases}k=\lambda,\\ \lambda k=1,\end{cases}$解得$k=\pm1$。

招教易错突破

变式训练

C 【解析】对于A,若$|\boldsymbol{a}|=|\boldsymbol{b}|$,但两向量方向不确定,则$\boldsymbol{a}=\boldsymbol{b}$不一定成立,故选项A错误;对于B,向量无法比较大小,故选项B错误;对于C,若$\boldsymbol{a}=-\boldsymbol{b}$,则两向量反向,因此$\boldsymbol{a}/\!/\boldsymbol{b}$,故选项C正确;对于D,若$|\boldsymbol{a}|=\boldsymbol{0}$,则$\boldsymbol{a}=\boldsymbol{0}$,故选项D错误,故本题选C。

招教高频基础刷

1. A 【解析】"$\boldsymbol{a}=\boldsymbol{b}$"可以推出"$|\boldsymbol{a}|=|\boldsymbol{b}|$",故"$\boldsymbol{a}=\boldsymbol{b}$"是"$|\boldsymbol{a}|=|\boldsymbol{b}|$"的充分条件,"$|\boldsymbol{a}|=|\boldsymbol{b}|$"不能推出"$\boldsymbol{a}=\boldsymbol{b}$",故"$\boldsymbol{a}=\boldsymbol{b}$"是"$|\boldsymbol{a}|=|\boldsymbol{b}|$"的不必要条件。

2. A 【解析】$\because E$为AD中点,$\therefore\overrightarrow{EA}=-\frac{1}{2}\overrightarrow{AD}$,$\therefore\overrightarrow{EB}=\overrightarrow{EA}+\overrightarrow{AB}=-\frac{1}{2}\overrightarrow{AD}+\overrightarrow{AB}$。又$\because\overrightarrow{AD}=\frac{1}{2}(\overrightarrow{AB}+\overrightarrow{AC})$,故$\overrightarrow{EB}=-\frac{1}{4}(\overrightarrow{AB}+\overrightarrow{AC})+\overrightarrow{AB}=\frac{3}{4}\overrightarrow{AB}-\frac{1}{4}\overrightarrow{AC}$。

3. D 【解析】$\overrightarrow{AD}+\overrightarrow{EB}=\frac{1}{2}(\overrightarrow{AB}+\overrightarrow{AC})-\frac{1}{2}(\overrightarrow{BA}+\overrightarrow{BC})=\frac{1}{2}\overrightarrow{AB}-\frac{1}{2}\overrightarrow{BA}+\frac{1}{2}\overrightarrow{AC}-\frac{1}{2}\overrightarrow{BC}=\overrightarrow{AB}+\frac{1}{2}(\overrightarrow{AC}+\overrightarrow{CB})=\overrightarrow{AB}+\frac{1}{2}\overrightarrow{AB}=\frac{3}{2}\overrightarrow{AB}$。

4. B 【解析】$\because BD=4CD$,$\therefore BC=3CD$,则$\overrightarrow{ED}=\overrightarrow{EC}+\overrightarrow{CD}=\frac{1}{2}\overrightarrow{AC}+\frac{1}{3}\overrightarrow{BC}=\frac{1}{2}(\overrightarrow{AB}+\overrightarrow{BC})+\frac{1}{3}\overrightarrow{BC}=\frac{1}{2}\boldsymbol{a}+\frac{5}{6}\boldsymbol{b}$。

5. D 【解析】由题意知，$\because \boldsymbol{m}/\!/\boldsymbol{n}$，$\therefore \boldsymbol{m}=\lambda\boldsymbol{n}$，$\boldsymbol{m}=\boldsymbol{a}-2\boldsymbol{b}$，$\boldsymbol{n}=3\boldsymbol{a}+k\boldsymbol{b}$，则 $\lambda=\frac{1}{3}$，即 $-2=\lambda k$，解得 $k=-6$。

6. A 【解析】由题知$\overrightarrow{AB}=(3,-4)$，$|\overrightarrow{AB}|=5$，所以同方向的单位向量为$\frac{1}{5}\overrightarrow{AB}=\left(\frac{3}{5},-\frac{4}{5}\right)$。

7. A 【解析】$\overrightarrow{CD}=\overrightarrow{CB}+\overrightarrow{BD}=-\overrightarrow{BC}+\frac{1}{2}\overrightarrow{BA}$，故选 A。

8. $\frac{2}{3}\boldsymbol{b}-\frac{2}{3}\boldsymbol{a}$ 【解析】$\because \overrightarrow{AB}=\boldsymbol{a}$，$\overrightarrow{AC}=\boldsymbol{b}$，$\therefore \overrightarrow{BC}=\overrightarrow{AC}-\overrightarrow{AB}=\boldsymbol{b}-\boldsymbol{a}$，$\because DE/\!/BC$，$\therefore DE:BC=AD:AB$，$\because AD:DB=2:1$，$\therefore DE:BC=2:3$，$\therefore \overrightarrow{DE}=\frac{2}{3}\overrightarrow{BC}=\frac{2}{3}(\boldsymbol{b}-\boldsymbol{a})=\frac{2}{3}\boldsymbol{b}-\frac{2}{3}\boldsymbol{a}$。

9. $\frac{1}{2}\boldsymbol{a}+\boldsymbol{b}$ 【解析】由题意知，$\overrightarrow{BA}+\overrightarrow{BC}=2\overrightarrow{BO}$，即 $\overrightarrow{BC}=2\overrightarrow{BO}-\overrightarrow{BA}$，$\because \overrightarrow{AB}=\boldsymbol{a}$，$\therefore \overrightarrow{BA}=-\boldsymbol{a}$，$\therefore \overrightarrow{BC}=2\boldsymbol{b}+\boldsymbol{a}$，$\because$ 点 E,F 分别是 OA,OD 的中点，$\therefore EF/\!/AD$ 且 $EF=\frac{1}{2}AD$，$\therefore EF/\!/BC$ 且 $EF=\frac{1}{2}BC$，$\therefore \overrightarrow{EF}=\frac{1}{2}\overrightarrow{BC}$，$\therefore \overrightarrow{EF}=\frac{1}{2}\boldsymbol{a}+\boldsymbol{b}$。

10. $\frac{7}{5}$ 【解析】由题意知，E,M,C 三点共线，$\therefore$ 存在实数 λ，使得$\overrightarrow{AM}=\lambda\overrightarrow{AE}+(1-\lambda)\overrightarrow{AC}$，$\because CF=2FA$，$\therefore AC=3AF$，$\therefore \overrightarrow{AM}=\lambda\overrightarrow{AE}+3(1-\lambda)\overrightarrow{AF}$，又$\overrightarrow{AM}=x\overrightarrow{AE}+y\overrightarrow{AF}$，$\therefore \begin{cases}\lambda=x,\\3(1-\lambda)=y,\end{cases}$ $\therefore 3(1-x)=y$，同样 B,M,F 三点共线，所以存在 μ，使得$\overrightarrow{AM}=\mu\overrightarrow{AB}+(1-\mu)\overrightarrow{AF}$，$\because E$ 为 AB 边的中点，$\therefore AB=2AE$，$\therefore \overrightarrow{AM}=2\mu\overrightarrow{AE}+(1-\mu)\overrightarrow{AF}$，$\therefore \begin{cases}2\mu=x,\\1-\mu=y,\end{cases}$ $\therefore y=1-\frac{1}{2}x$，综上所述，$x=\frac{4}{5}$，$y=\frac{3}{5}$。$\therefore x+y=\frac{7}{5}$。

招教易错能力刷

1. B 【解析】设$\overrightarrow{CF}=k\overrightarrow{CD}=k(\overrightarrow{AD}-\overrightarrow{AC})=k\left(\frac{1}{4}\overrightarrow{AB}-\overrightarrow{AC}\right)$，$\because \overrightarrow{BF}=\overrightarrow{BC}+\overrightarrow{CF}=k\left(\frac{1}{4}\overrightarrow{AB}-\overrightarrow{AC}\right)+\overrightarrow{AC}-\overrightarrow{AB}=\left(\frac{1}{4}k-1\right)\overrightarrow{AB}+(1-k)\overrightarrow{AC}$，$\overrightarrow{BE}=\overrightarrow{AE}-\overrightarrow{AB}=\frac{1}{2}\overrightarrow{AC}-\overrightarrow{AB}$，$\because \overrightarrow{BF}/\!/\overrightarrow{BE}$，$\therefore \overrightarrow{BF}=\lambda\overrightarrow{BE}$，则 $\left(\frac{1}{4}k-1\right)\overrightarrow{AB}+(1-k)\overrightarrow{AC}=\lambda\left(\frac{1}{2}\overrightarrow{AC}-\overrightarrow{AB}\right)$，$\therefore \begin{cases}\frac{1}{4}k-1=-\lambda,\\1-k=\frac{1}{2}\lambda,\end{cases}$ 解得 $k=\frac{4}{7}$，$\overrightarrow{AF}=\overrightarrow{AC}+\overrightarrow{CF}=\frac{1}{7}\overrightarrow{AB}+$

$\frac{3}{7}\overrightarrow{AC}$。

2. B 【解析】如图，连结 AF,AC，$\because D,O,F$ 三点共线，$\therefore$ 可设 $\overrightarrow{AO}=x\overrightarrow{AD}+y\overrightarrow{AF}$，则 $x+y=1$，$\therefore \overrightarrow{AO}=x\overrightarrow{AD}+y(\overrightarrow{AB}+\overrightarrow{BF})=x\overrightarrow{AD}+y\left(\overrightarrow{AB}+\frac{1}{4}\overrightarrow{AD}\right)=\left(x+\frac{1}{4}y\right)\boldsymbol{b}+y\boldsymbol{a}$，$\because E,O,C$ 三点共线，$\therefore$ 可设 $\overrightarrow{AO}=m\overrightarrow{AE}+n\overrightarrow{AC}$，则 $m+n=1$，$\overrightarrow{AO}=\frac{m}{3}\overrightarrow{AD}+n(\overrightarrow{AD}+\overrightarrow{AB})=\left(\frac{m}{3}+n\right)\boldsymbol{b}+n\boldsymbol{a}$，$\therefore \begin{cases}x+y=1,\\ m+n=1,\\ x+\frac{1}{4}y=\frac{m}{3}+n,\\ y=n,\end{cases}$ 解得 $\begin{cases}x=\frac{9}{17},\\ y=\frac{8}{17},\\ m=\frac{9}{17},\\ n=\frac{8}{17}\end{cases}$ $\therefore \overrightarrow{AO}=\frac{8}{17}\boldsymbol{a}+\frac{11}{17}\boldsymbol{b}$，即 $\lambda+\mu=\frac{8}{17}+\frac{11}{17}=\frac{19}{17}$。

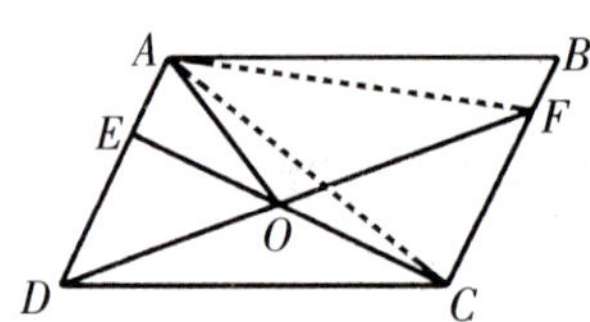

3. A 【解析】$\overrightarrow{FE}=\overrightarrow{FC}+\overrightarrow{CE}=\frac{1}{2}\overrightarrow{BC}+\frac{1}{3}\overrightarrow{CD}=\frac{1}{2}(\overrightarrow{AC}-\overrightarrow{AB})+\frac{1}{3}\left(\overrightarrow{BA}+\frac{2}{3}\overrightarrow{CB}\right)=\frac{1}{2}\overrightarrow{AC}-\frac{1}{2}\overrightarrow{AB}+\frac{2}{9}\overrightarrow{AB}-\frac{2}{9}\overrightarrow{AC}-\frac{1}{3}\overrightarrow{AB}=-\frac{11}{18}\overrightarrow{AB}+\frac{5}{18}\overrightarrow{AC}$。

第二节　平面向量的基本定理及坐标表示

考向 1 变式训练

1. A 【解析】$\overrightarrow{AC}=\overrightarrow{AB}+\overrightarrow{BC}=(1,1)$。

2. 20 【解析】由 $\boldsymbol{a}/\!/\boldsymbol{b}$，可知 $\frac{1}{4}=\frac{2}{m}$，解得 $m=8$，则 $\boldsymbol{a}\cdot\boldsymbol{b}=1\times4+2\times8=20$。

3. -2 【解析】$(8\boldsymbol{a}-\boldsymbol{b})\cdot\boldsymbol{c}=12\times3+3(8x-2)=24x+30=-18$，解得 $x=-2$。

4.【解析】(1) $3\boldsymbol{a}+\boldsymbol{b}-2\boldsymbol{c}=3\times(3,2)+(-1,2)-2\times(4,1)=(0,6)$；

(2) $\boldsymbol{a}=m\boldsymbol{b}+n\boldsymbol{c}$ 即 $(3,2)=m(-1,2)+n(4,1)=(-m+4n,2m+n)$，有 $\begin{cases}-m+4n=3,\\2m+n=2,\end{cases}$ 解

得 $\begin{cases}m=\frac{5}{9},\\n=\frac{8}{9}。\end{cases}$

5. D 【解析】易知 $\angle AOC=120°$，$A(2,0)$，$B(-\frac{\sqrt{3}}{2},\frac{1}{2})$，$C(-\frac{3}{2},-\frac{3\sqrt{3}}{2})$，由 $\overrightarrow{OC}=\lambda\overrightarrow{OA}+\mu\overrightarrow{OB}$

得 $(-\frac{3}{2},-\frac{3\sqrt{3}}{2})=\lambda(2,0)+\mu(-\frac{\sqrt{3}}{2},\frac{1}{2})$，于是 $\begin{cases}2\lambda-\frac{\sqrt{3}}{2}\mu=-\frac{3}{2},\\\frac{1}{2}\mu=-\frac{3\sqrt{3}}{2},\end{cases}$ 解得 $\begin{cases}\lambda=-3,\\\mu=-3\sqrt{3},\end{cases}$ 所以 $\frac{\mu}{\lambda}=\sqrt{3}$。

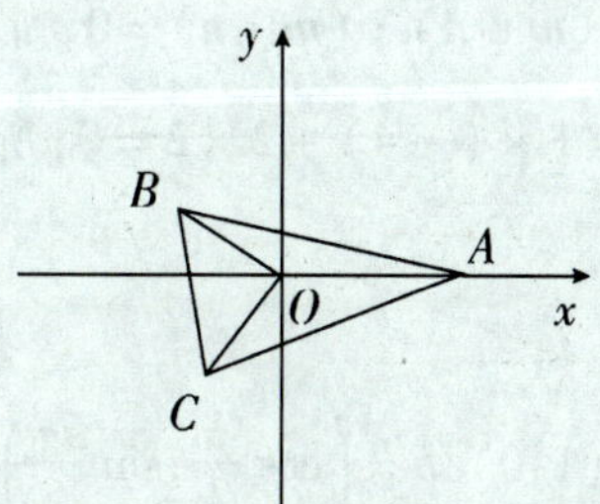

6. A 【解析】设 $P(x,y)$，因为 $|\overrightarrow{CP}|=1$，易得 $x^2+(y+2)^2=1$，因为 $|\overrightarrow{OA}+\overrightarrow{OB}+\overrightarrow{OP}|=\sqrt{(x+\sqrt{2})^2+(1+y)^2}$，所以求 $|\overrightarrow{OA}+\overrightarrow{OB}+\overrightarrow{OP}|$ 的最小值的问题可转化为求点 $Q(-\sqrt{2},-1)$ 到圆 $x^2+(y+2)^2=1$ 上的点的距离的最小值问题。因为 $QC=\sqrt{(-\sqrt{2})^2+(-1-(-2))^2}=\sqrt{3}$，所以最小值为 $\sqrt{3}-1$。故选 A。

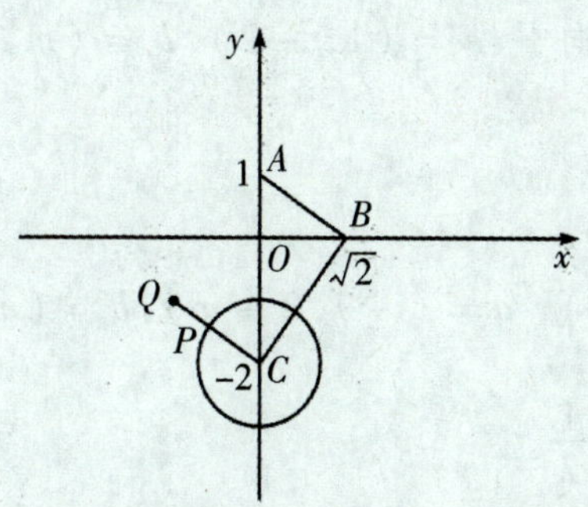

考向 2 变式训练

B 【解析】设 $\boldsymbol{b}$ 的坐标为 (x,y)，因为 $\boldsymbol{a}=(1,-2)$，$|\boldsymbol{b}|=4|\boldsymbol{a}|$，$\boldsymbol{a}\parallel\boldsymbol{b}$，那么 $\begin{cases}\sqrt{x^2+y^2}=4\sqrt{1+(-2)^2},\\ y+2x=0,\end{cases}$ 解得 $\begin{cases}x=4,\\ y=-8\end{cases}$ 或 $\begin{cases}x=-4,\\ y=8。\end{cases}$

必刷好题

招教高频基础刷

1. B 【解析】由题意知，$\overrightarrow{BF}=\overrightarrow{BC}+\overrightarrow{CF}=\overrightarrow{BC}+\frac{3}{4}(\overrightarrow{EB}+\overrightarrow{BA})=\overrightarrow{BC}+\frac{3}{4}\left(-\frac{3}{4}\overrightarrow{BF}+\overrightarrow{BA}\right)$，即 $\overrightarrow{BF}=\overrightarrow{BC}+\frac{3}{4}\left(-\frac{3}{4}\overrightarrow{BF}+\overrightarrow{BA}\right)$，解得 $\overrightarrow{BF}=\frac{16}{25}\overrightarrow{BC}+\frac{12}{25}\overrightarrow{BA}$，即 $\overrightarrow{BF}=\frac{16}{25}\boldsymbol{a}+\frac{12}{25}\boldsymbol{b}$。

2. B 【解析】因为 $\boldsymbol{m}=(\lambda+1,1)$，$\boldsymbol{n}=(\lambda+2,2)$。所以 $\boldsymbol{m}+\boldsymbol{n}=(2\lambda+3,3)$，$\boldsymbol{m}-\boldsymbol{n}=(-1,-1)$。因为 $(\boldsymbol{m}+\boldsymbol{n})\perp(\boldsymbol{m}-\boldsymbol{n})$，所以 $(\boldsymbol{m}+\boldsymbol{n})\cdot(\boldsymbol{m}-\boldsymbol{n})=0$，所以 $-(2\lambda+3)-3=0$，解得 $\lambda=-3$。

3. C 【解析】由题意，$\overrightarrow{AC}\cdot\overrightarrow{BD}=1\times(-4)+2\times2=0$，所以 $\overrightarrow{AC}\perp\overrightarrow{BD}$。故四边形的面积 $S=\frac{1}{2}|\overrightarrow{AC}|\cdot|\overrightarrow{BD}|=\frac{1}{2}\times\sqrt{5}\times2\sqrt{5}=5$。

4. C 【解析】$\boldsymbol{a}=(\cos0,\sin0)=(1,0)$，$\boldsymbol{b}=\left(\cos\frac{\pi}{3},\sin\frac{5\pi}{6}\right)=\left(\frac{1}{2},\frac{1}{2}\right)$，$\therefore|\boldsymbol{a}|\neq|\boldsymbol{b}|$，A 项错误；$\boldsymbol{a}\cdot\boldsymbol{b}=\frac{1}{2}$，B 项错误；$\boldsymbol{a}-\boldsymbol{b}=\left(\frac{1}{2},-\frac{1}{2}\right)$，则 $(\boldsymbol{a}-\boldsymbol{b})\cdot\boldsymbol{b}=0$，即 $\boldsymbol{a}-\boldsymbol{b}$ 与 $\boldsymbol{b}$ 垂直，C 项正确；$\frac{1}{2}\times0-\frac{1}{2}\times1\neq0$，$\therefore\boldsymbol{a}$ 与 $\boldsymbol{b}$ 不平行，D 项错误。故选 C。

5. A 【解析】由题意知，$\boldsymbol{a}\parallel\boldsymbol{b}$，则 $\frac{2}{m}=\frac{-1}{2}$，解得 $m=-4$。

6. A 【解析】由题意知，向量 $\boldsymbol{a}=(1,-2)$，$\boldsymbol{b}=(m,n-1)$，因为 $\boldsymbol{a}+\boldsymbol{b}=2\boldsymbol{a}$，故 $\begin{cases}1+m=2,\\ -2+n-1=-4,\end{cases}$ 解得 $\begin{cases}m=1,\\ n=-1。\end{cases}$

7. A 【解析】由题意知，向量 $\boldsymbol{a}=(-7,2+m)$，$\boldsymbol{b}=(m+13,-6)$，因为 $\boldsymbol{a}=\lambda\boldsymbol{b}$，故 $\begin{cases}-7=\lambda m+13\lambda,\\ 2+m=-6\lambda,\end{cases}$ 解得 $\lambda=\frac{7}{3}$ 或 $-\frac{1}{2}$。

8. A 【解析】易知，当 $x=2$ 时可推出 $\boldsymbol{a}//\boldsymbol{b}$，故是充分条件；而当 $\boldsymbol{a}//\boldsymbol{b}$ 时，可得 $(x-1)(x+1)=3$，解得 $x=\pm2$，故 $x=2$ 不是 $\boldsymbol{a}//\boldsymbol{b}$ 的必要条件。

9. $\left(-\frac{1}{2},5\right)$ 【解析】由题意知，$\because \overrightarrow{BM}=\overrightarrow{MC}$，$\therefore$ 点 M 是线段 BC 的中点，故 $\overrightarrow{AM}=\frac{1}{2}(\overrightarrow{AB}+\overrightarrow{AC})=\left(-\frac{1}{2},5\right)$。

10. $\frac{1}{2}$ 【解析】由题意知，向量 $\boldsymbol{a}=(1,2)$，$\boldsymbol{b}=(2,-2)$，$\therefore 2\boldsymbol{a}+\boldsymbol{b}=(2+2,4-2)=(4,2)$，因为 $\boldsymbol{c}//(2\boldsymbol{a}+\boldsymbol{b})$，$\boldsymbol{c}=(1,\lambda)$，故 $\frac{1}{4}=\frac{\lambda}{2}$，解得 $\lambda=\frac{1}{2}$。

第三节 平面向量的数量积及其应用

招教考向解读

考向1 变式训练

C 【解析】因为点 $C(-1,0)$，$D(4,5)$，所以 $\overrightarrow{CD}=(5,5)$，且 $\overrightarrow{AB}=(2,1)$，所以 $\overrightarrow{AB}$ 在 $\overrightarrow{CD}$ 方向上的投影为 $l=|\overrightarrow{AB}|\cos\langle\overrightarrow{AB},\overrightarrow{CD}\rangle=\frac{\overrightarrow{AB}\cdot\overrightarrow{CD}}{|\overrightarrow{CD}|}=\frac{10+5}{\sqrt{25+25}}=\frac{15}{5\sqrt{2}}=\frac{3\sqrt{2}}{2}$。

考向2 变式训练

1. B 【解析】因为平行四边形 $ABCD$ 是菱形，所以由题意可得，$\overrightarrow{AE}=\overrightarrow{BE}-\overrightarrow{BA}=\frac{1}{2}\overrightarrow{BC}-\overrightarrow{BA}$，$\overrightarrow{BF}=\overrightarrow{BC}+\overrightarrow{CF}=\overrightarrow{BC}+\frac{1}{\lambda}\overrightarrow{CD}=\overrightarrow{BC}+\frac{1}{\lambda}\overrightarrow{BA}$，则 $\overrightarrow{AE}\cdot\overrightarrow{BF}=\left(\frac{1}{2}\overrightarrow{BC}-\overrightarrow{BA}\right)\cdot\left(\overrightarrow{BC}+\frac{1}{\lambda}\overrightarrow{BA}\right)=\frac{1}{2}|\overrightarrow{BC}|^2-\frac{1}{\lambda}|\overrightarrow{BA}|^2+\left(\frac{1}{2\lambda}-1\right)|\overrightarrow{BC}|\cdot|\overrightarrow{BA}|\cos\angle ABC=18-\frac{36}{\lambda}+\left(\frac{1}{2\lambda}-1\right)\times18=-9$，解得 $\lambda=3$。故选 B。

2. $\sqrt{2}$ 【解析】解法一（基底法）：关键在于用向量 $\overrightarrow{AB}$，$\overrightarrow{AD}$ 表示向量 $\overrightarrow{AE}$，$\overrightarrow{AF}$，$\overrightarrow{BF}$。

设 $\overrightarrow{DF}=x\overrightarrow{AB}$，则 $\overrightarrow{CF}=(x-1)\overrightarrow{AB}$，且向量 $\overrightarrow{AB}$，$\overrightarrow{AD}$ 相互垂直，$AB=\sqrt{2}$，所以 $\overrightarrow{AB}\cdot\overrightarrow{AF}=\overrightarrow{AB}\cdot(\overrightarrow{AD}+$

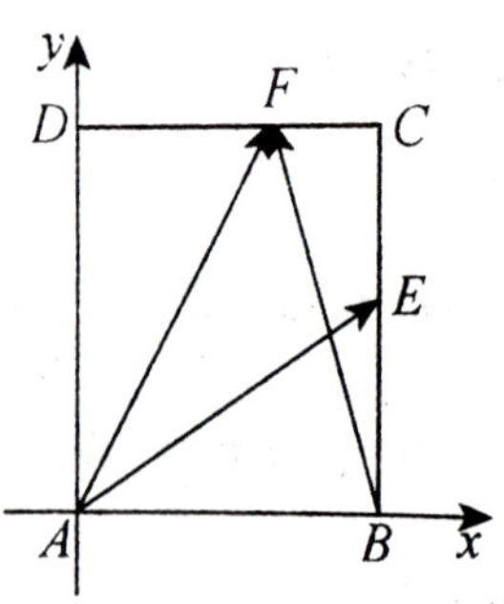

$\overrightarrow{DF}) = \overrightarrow{AB}\cdot(\overrightarrow{AD}+x\overrightarrow{AB}) = x\overrightarrow{AB}^2+\overrightarrow{AB}\cdot\overrightarrow{AD} = x\overrightarrow{AB}^2 = 2x = \sqrt{2}\Rightarrow x=\frac{\sqrt{2}}{2}$，于是$\overrightarrow{BF}=\overrightarrow{BC}+\overrightarrow{CF}=\overrightarrow{AD}+\overrightarrow{CF}=\overrightarrow{AD}+\left(\frac{\sqrt{2}}{2}-1\right)\overrightarrow{AB}$，那么$\overrightarrow{AE}\cdot\overrightarrow{BF}=(\overrightarrow{AB}+\overrightarrow{BE})\cdot\left[\overrightarrow{AD}+\left(\frac{\sqrt{2}}{2}-1\right)\overrightarrow{AB}\right]=(\frac{\sqrt{2}}{2}-1)\overrightarrow{AB}^2+\frac{1}{2}\overrightarrow{AD}^2=\left(\frac{\sqrt{2}}{2}-1\right)\times 2+\frac{1}{2}\times 4=\sqrt{2}$。

解法二（建立平面直角坐标系）：利用向量数量积的坐标运算求解。

以$\overrightarrow{AB}$为 x 轴，$\overrightarrow{AD}$为 y 轴，建立如图所示的平面直角坐标系 xAy，那么 $A(0,0)$，$B(\sqrt{2},0)$，$D(0,2)$，$E(\sqrt{2},1)$，设 $F(x,2)$，那么$\overrightarrow{AB}=(\sqrt{2},0)$，$\overrightarrow{AE}=(\sqrt{2},1)$，$\overrightarrow{AF}=(x,2)$，由$\overrightarrow{AB}\cdot\overrightarrow{AF}=\sqrt{2}$知$\sqrt{2}x=\sqrt{2}$，那么 $x=1$，于是$\overrightarrow{BF}=(1-\sqrt{2},2)$，所以$\overrightarrow{AE}\cdot\overrightarrow{BF}=\sqrt{2}\times(1-\sqrt{2})+2=\sqrt{2}$。

考向 3 变式训练

1. B 【解析】$(2\boldsymbol{a}-\boldsymbol{b})^2=4|\boldsymbol{a}|^2+|\boldsymbol{b}|^2-4\boldsymbol{a}\cdot\boldsymbol{b}=1$，故$|2\boldsymbol{a}-\boldsymbol{b}|=1$。

2. A 【解析】$\boldsymbol{a}=(2,3)$，$\boldsymbol{b}=(3,2)$，则 $\boldsymbol{a}-\boldsymbol{b}=(-1,1)$，故$|\boldsymbol{a}-\boldsymbol{b}|=\sqrt{(-1)^2+1^2}=\sqrt{2}$。

3. D 【解析】$\because \boldsymbol{a}/\!/\boldsymbol{b}$，$\therefore \frac{1}{-2}=\frac{2}{y}$，则 $y=-4$，故 $2\boldsymbol{a}-\boldsymbol{b}=(4,8)$，$|2\boldsymbol{a}-\boldsymbol{b}|=\sqrt{4^2+8^2}=4\sqrt{5}$。

4. $2\sqrt{5}$ 【解析】设 $\boldsymbol{m}+\boldsymbol{n}=\boldsymbol{a}$，则$|\boldsymbol{a}-\boldsymbol{n}|=2$，$|\boldsymbol{m}+2\boldsymbol{n}|=|\boldsymbol{a}+\boldsymbol{n}|=4$，于是有$|\boldsymbol{a}-\boldsymbol{n}|^2+|\boldsymbol{a}+\boldsymbol{n}|^2=20$，即$(\boldsymbol{a}-\boldsymbol{n})^2+(\boldsymbol{a}+\boldsymbol{n})^2=20$，$2(|\boldsymbol{a}|^2+|\boldsymbol{n}|^2)=20$，故$|\boldsymbol{a}|+|\boldsymbol{n}|\leqslant\sqrt{2(|\boldsymbol{a}|^2+|\boldsymbol{n}|^2)}=2\sqrt{5}$，即$|\boldsymbol{m}+\boldsymbol{n}|+|\boldsymbol{n}|\leqslant 2\sqrt{5}$，当且仅当$|\boldsymbol{m}+\boldsymbol{n}|=|\boldsymbol{n}|$时取等号，因此$|\boldsymbol{m}+\boldsymbol{n}|+|\boldsymbol{n}|$的最大值为 $2\sqrt{5}$。

5. 9 【解析】$\because \angle C=45^\circ$，且 O 为$\triangle ABC$ 的外心，$\therefore \angle AOB=2\angle C=90^\circ$，则$\overrightarrow{OA}\cdot\overrightarrow{OB}=0$。$\overrightarrow{OC}=2m\overrightarrow{OA}+n\overrightarrow{OB}\Rightarrow(\overrightarrow{OC})^2=(2m\overrightarrow{OA}+n\overrightarrow{OB})^2\Rightarrow(\overrightarrow{OC})^2=|2m\overrightarrow{OA}|^2+|n\overrightarrow{OB}|^2+4mn\overrightarrow{OA}\cdot\overrightarrow{OB}=4m^2|\overrightarrow{OA}|^2+n^2|\overrightarrow{OB}|^2$。因为$|\overrightarrow{OA}|=|\overrightarrow{OB}|=|\overrightarrow{OC}|$，所以 $4m^2+n^2=1$，则$\frac{m^2+n^2}{m^2n^2}=\left(\frac{1}{n^2}+\frac{1}{m^2}\right)(n^2+4m^2)=1+\frac{n^2}{m^2}+\frac{4m^2}{n^2}+4\geqslant 5+2\sqrt{\frac{n^2}{m^2}\times\frac{4m^2}{n^2}}=9$，当且仅当 $n^2=2m^2$ 时取等号，所以$\frac{m^2+n^2}{m^2n^2}$的最小值为 9。

6. B 【解析】因为$(\boldsymbol{a}-\boldsymbol{b})\perp\boldsymbol{b}$，所以$(\boldsymbol{a}-\boldsymbol{b})\cdot\boldsymbol{b}=\boldsymbol{a}\cdot\boldsymbol{b}-\boldsymbol{b}^2=|\boldsymbol{a}||\boldsymbol{b}|\cos\langle\boldsymbol{a},\boldsymbol{b}\rangle-\boldsymbol{b}^2=0$，所以$\cos\langle\boldsymbol{a},\boldsymbol{b}\rangle=\frac{|\boldsymbol{b}|^2}{|\boldsymbol{a}||\boldsymbol{b}|}=\frac{|\boldsymbol{b}|}{|\boldsymbol{a}|}=\frac{|\boldsymbol{b}|}{2|\boldsymbol{b}|}=\frac{1}{2}$，且$\langle\boldsymbol{a},\boldsymbol{b}\rangle\in[0,\pi]$，所以 $\boldsymbol{a}$ 与 $\boldsymbol{b}$ 的夹角是$\frac{\pi}{3}$。

7. $\frac{5\sqrt{7}}{14}$ 【解析】由题意得$|\boldsymbol{a}|^2=|\boldsymbol{b}|^2=|\boldsymbol{a}+\boldsymbol{b}|^2=\boldsymbol{a}^2+\boldsymbol{b}^2+2\boldsymbol{a}\cdot\boldsymbol{b}$，$\therefore \boldsymbol{a}\cdot\boldsymbol{b}=-\frac{1}{2}\boldsymbol{a}^2=-\frac{1}{2}\boldsymbol{b}^2$，

$\therefore (2\boldsymbol{a}-\boldsymbol{b})^2=4\boldsymbol{a}^2+\boldsymbol{b}^2-4\boldsymbol{a}\cdot\boldsymbol{b}=7\boldsymbol{a}^2$，$\therefore |2\boldsymbol{a}-\boldsymbol{b}|=\sqrt{7}|\boldsymbol{a}|$，又因为 $\boldsymbol{a}\cdot(2\boldsymbol{a}-\boldsymbol{b})=2\boldsymbol{a}^2-\boldsymbol{a}\cdot\boldsymbol{b}=\frac{5}{2}\boldsymbol{a}^2$，

$\therefore \cos\langle \boldsymbol{a},2\boldsymbol{a}-\boldsymbol{b}\rangle=\frac{\boldsymbol{a}\cdot(2\boldsymbol{a}-\boldsymbol{b})}{|\boldsymbol{a}|\cdot|2\boldsymbol{a}-\boldsymbol{b}|}=\frac{\frac{5}{2}\boldsymbol{a}^2}{|\boldsymbol{a}|\cdot\sqrt{7}|\boldsymbol{a}|}=\frac{5\sqrt{7}}{14}$。

8. A 【解析】已知 $\triangle ABC$ 中，$\overrightarrow{AB}=(2,3)$，$\overrightarrow{AC}=(1,k)$，那么 $\overrightarrow{BC}=\overrightarrow{AC}-\overrightarrow{AB}=(-1,k-3)$。①若 $\angle A$ 为直角，即 $AB\perp AC$，那么 $\overrightarrow{AB}\cdot\overrightarrow{AC}=2+3k=0\Rightarrow k=-\frac{2}{3}$；②若 $\angle B$ 为直角，即 $AB\perp BC$，那么 $\overrightarrow{AB}\cdot\overrightarrow{BC}=-2+3k-9=0\Rightarrow k=\frac{11}{3}$；③若 $\angle C$ 为直角，即 $AC\perp BC$，那么 $\overrightarrow{AC}\cdot\overrightarrow{BC}=-1+k^2-3k=0\Rightarrow k=\frac{3\pm\sqrt{13}}{2}$。综上所述，$k$ 的值可以是 $-\frac{2}{3}$，$\frac{11}{3}$ 和 $\frac{3\pm\sqrt{13}}{2}$。

9. $\frac{1}{3}$ 【解析】因为 $\boldsymbol{a}\perp\boldsymbol{b}$，所以 $\boldsymbol{a}\cdot\boldsymbol{b}=2\cos\theta-\sin\theta=0$，即 $\tan\theta=\frac{\sin\theta}{\cos\theta}=2$，故 $\tan\left(\theta-\frac{\pi}{4}\right)=\frac{\tan\theta-1}{1+\tan\theta}=\frac{1}{3}$。

必刷好题

招教高频基础刷

1. A 【解析】设 $AB=2AD=2a(a>0)$，则 $\overrightarrow{AB}\cdot\overrightarrow{AD}=2a\times a\times\cos 60^\circ=a^2$，由题意可得 $\overrightarrow{AE}=\overrightarrow{AD}+\frac{1}{2}\overrightarrow{AB}$，$\overrightarrow{DF}=\overrightarrow{AF}-\overrightarrow{AD}=\lambda\overrightarrow{AB}-\overrightarrow{AD}$，由 $AE\perp DF$ 可得，$\overrightarrow{AE}\cdot\overrightarrow{DF}=0$，即 $\left(\overrightarrow{AD}+\frac{1}{2}\overrightarrow{AB}\right)\cdot(\lambda\overrightarrow{AB}-\overrightarrow{AD})=0$，即 $\left(\lambda-\frac{1}{2}\right)\overrightarrow{AB}\cdot\overrightarrow{AD}+\frac{\lambda}{2}|\overrightarrow{AB}|^2-|\overrightarrow{AD}|^2=\left(\lambda-\frac{1}{2}\right)a^2+2\lambda a^2-a^2=\left(3\lambda-\frac{3}{2}\right)a^2=0$，解得 $\lambda=\frac{1}{2}$。

2. A 【解析】由题可知 $\boldsymbol{a}\cdot(\boldsymbol{b}+\sqrt{3}\boldsymbol{a})=2\sqrt{3}$，$|\boldsymbol{a}|=1$，$|\boldsymbol{b}|=2$，因为 $\boldsymbol{a}\cdot(\boldsymbol{b}+\sqrt{3}\boldsymbol{a})=|\boldsymbol{a}||\boldsymbol{b}|\cdot\cos<\boldsymbol{a},\boldsymbol{b}>+\sqrt{3}\boldsymbol{a}^2=2\cos<\boldsymbol{a},\boldsymbol{b}>+\sqrt{3}\times 1^2=2\sqrt{3}$，解得 $\cos<\boldsymbol{a},\boldsymbol{b}>=\frac{\sqrt{3}}{2}$，故向量 $\boldsymbol{a},\boldsymbol{b}$ 的夹角为 $\frac{\pi}{6}$，答案为 A。

3. A 【解析】由于 $\overrightarrow{AB}=(2,1)$，$\overrightarrow{CD}=(5,5)$，所以 $\overrightarrow{AB}\cdot\overrightarrow{CD}=(2,1)\cdot(5,5)=15$，$|\overrightarrow{CD}|=\sqrt{5^2+5^2}=5\sqrt{2}$，所以向量 $\overrightarrow{AB}$ 在 $\overrightarrow{CD}$ 方向上的投影为 $|\overrightarrow{AB}|\cos\langle\overrightarrow{AB},\overrightarrow{CD}\rangle=\frac{\overrightarrow{AB}\cdot\overrightarrow{CD}}{|\overrightarrow{CD}|}=\frac{15}{5\sqrt{2}}=\frac{3\sqrt{2}}{2}$。

4. B 【解析】$2\boldsymbol{a}\cdot\boldsymbol{b}+|\boldsymbol{b}|=2[3\times 0+2\times(-1)]+\sqrt{0^2+(-1)^2}=-3$。

5. D 【解析】$\overrightarrow{AC}=(-1,-2)$，$\overrightarrow{AB}=(2,1)$，则向量$\overrightarrow{AC}$在$\overrightarrow{AB}$方向上的投影为$\frac{\overrightarrow{AC}\cdot\overrightarrow{AB}}{|\overrightarrow{AB}|}=\frac{(-1)\times2+(-2)\times1}{\sqrt{2^2+1^2}}=-\frac{4\sqrt{5}}{5}$。

6. A 【解析】$\boldsymbol{a}+\boldsymbol{b}=(0,5)$，$\boldsymbol{a}-\boldsymbol{b}=(2,-1)$，则 $\cos<\boldsymbol{a}+\boldsymbol{b},\boldsymbol{a}-\boldsymbol{b}>=\frac{(\boldsymbol{a}+\boldsymbol{b})\cdot(\boldsymbol{a}-\boldsymbol{b})}{|\boldsymbol{a}+\boldsymbol{b}|\cdot|\boldsymbol{a}-\boldsymbol{b}|}=-\frac{\sqrt{5}}{5}$。

7. 2 【解析】因为 $\boldsymbol{c}=t\boldsymbol{a}+(1-t)\boldsymbol{b}$，$\boldsymbol{b}\cdot\boldsymbol{c}=0$，所以 $t\boldsymbol{a}\cdot\boldsymbol{b}+(1-t)\boldsymbol{b}^2=0$，所以 $t\cos60^\circ+1-t=0$，所以 $1-\frac{1}{2}t=0$，解得 $t=2$。

8. $\{1\}$ 【解析】由题意知，$\overrightarrow{OP}=x\cdot\overrightarrow{OM}+y\cdot\overrightarrow{ON}=x\boldsymbol{e}_1+y\boldsymbol{e}_2$，因为$\triangle PMN$是以$M$为直角顶点的直角三角形，则$\overrightarrow{MP}\cdot\overrightarrow{MN}=0$，$\overrightarrow{MP}=\overrightarrow{OP}-\overrightarrow{OM}=(x-1)\boldsymbol{e}_1+y\boldsymbol{e}_2$，$\overrightarrow{MN}=\overrightarrow{ON}-\overrightarrow{OM}=\boldsymbol{e}_2-\boldsymbol{e}_1$，$\overrightarrow{MP}\cdot\overrightarrow{MN}=[(x-1)\boldsymbol{e}_1+y\boldsymbol{e}_2]\cdot(\boldsymbol{e}_2-\boldsymbol{e}_1)=\frac{y-x+1}{2}=0$，解得 $x-y=1$，故 $x-y$ 取值的集合为$\{1\}$。

9. $\frac{7}{12}$ 【解析】向量$\overrightarrow{AB}$与$\overrightarrow{AC}$的夹角为 120°，且$|\overrightarrow{AB}|=3$，$|\overrightarrow{AC}|=2$，所以$\overrightarrow{AB}\cdot\overrightarrow{AC}=|\overrightarrow{AB}|\cdot|\overrightarrow{AC}|\cos120^\circ=-\frac{1}{2}\times3\times2=-3$。由$\overrightarrow{AP}\perp\overrightarrow{BC}$得，$\overrightarrow{AP}\cdot\overrightarrow{BC}=0$，即$\overrightarrow{AP}\cdot\overrightarrow{BC}=(\lambda\overrightarrow{AB}+\overrightarrow{AC})(\overrightarrow{AC}-\overrightarrow{AB})=0$，所以$\overrightarrow{AC}^2-\lambda\overrightarrow{AB}^2+(\lambda-1)\overrightarrow{AB}\cdot\overrightarrow{AC}=0$，即 $4-9\lambda-3(\lambda-1)=0$，解得 $\lambda=\frac{7}{12}$。

10. $\frac{1}{2}$ 【解析】易知$\overrightarrow{DE}=\frac{1}{2}\overrightarrow{AB}+\frac{2}{3}\overrightarrow{BC}=\frac{1}{2}\overrightarrow{AB}+\frac{2}{3}(\overrightarrow{AC}-\overrightarrow{AB})=-\frac{1}{6}\overrightarrow{AB}+\frac{2}{3}\overrightarrow{AC}$，所以 $\lambda_1+\lambda_2=\frac{1}{2}$。

招教易错能力刷

1. A 【解析】设 $\boldsymbol{a}=(1,0)$，$\boldsymbol{b}=(0,1)$，则$\overrightarrow{OP}=(\cos\theta,\sin\theta)$，$\overrightarrow{OQ}=(\sqrt{2},\sqrt{2})$，所以曲线 C 是单位圆，区域 Ω 为圆环，因为$|\overrightarrow{OQ}|=2$，所以 $1<r<R<3$。

2. B 【解析】连结 AN,DN，$\overrightarrow{DM}=2\overrightarrow{MA}$，$\therefore\overrightarrow{DM}=\frac{2}{3}\overrightarrow{DA}$。又$\because N$为$BC$中点，$\therefore\overrightarrow{DN}=\frac{1}{2}(\overrightarrow{DB}+\overrightarrow{DC})$，$\therefore\overrightarrow{MN}=\overrightarrow{MD}+\overrightarrow{DN}=-\frac{2}{3}\overrightarrow{DA}+\frac{1}{2}\overrightarrow{DB}+\frac{1}{2}\overrightarrow{DC}=-\frac{2}{3}\boldsymbol{a}+\frac{1}{2}\boldsymbol{b}+\frac{1}{2}\boldsymbol{c}$，故选 B。

3. A 【解析】因为 $\boldsymbol{a}\cdot\boldsymbol{b}=0$，即 $\boldsymbol{a}\perp\boldsymbol{b}$，又$|\boldsymbol{a}|=|\boldsymbol{b}|=1$，所以$|\boldsymbol{a}+\boldsymbol{b}|=\sqrt{2}$，不妨让 $\boldsymbol{a},\boldsymbol{b}$ 固定，设 $\boldsymbol{m}=\boldsymbol{a}+\boldsymbol{b}$，则$|\boldsymbol{c}-\boldsymbol{m}|=1$，即 $\boldsymbol{c}$ 的终点在以 $\boldsymbol{m}$ 对应点为圆心，半径为 1 的圆上。则当 $\boldsymbol{c}$ 与 $\boldsymbol{m}$ 方向相同时，$|\boldsymbol{c}|_{max}=\sqrt{2}+1$，当 $\boldsymbol{c}$ 与 $\boldsymbol{m}$ 方向相反时，$|\boldsymbol{c}|_{min}=\sqrt{2}-1$，所以$|\boldsymbol{c}|$的取值范围是$[\sqrt{2}-1,\sqrt{2}+$

1]，故选 A。

4. C 【解析】由题意可知，$|\boldsymbol{a}-t\boldsymbol{e}|^2 \geqslant |\boldsymbol{a}-\boldsymbol{e}|^2$ 对 $\forall t \in \mathbf{R}$ 恒成立，又$\because |\boldsymbol{e}|=1$，$\therefore t^2-2\boldsymbol{a}\cdot\boldsymbol{e}\times t+2\boldsymbol{a}\cdot\boldsymbol{e}-1 \geqslant 0, t\in\mathbf{R}$，即 $\Delta=4(\boldsymbol{a}\cdot\boldsymbol{e})^2-8\boldsymbol{a}\cdot\boldsymbol{e}+4 \leqslant 0$ 恒成立，$\therefore (\boldsymbol{a}\cdot\boldsymbol{e}-1)^2 \leqslant 0$ 恒成立，而 $(\boldsymbol{a}\cdot\boldsymbol{e}-1)^2 \geqslant 0$，$\therefore \boldsymbol{a}\cdot\boldsymbol{e}-1=0$。即 $\boldsymbol{a}\cdot\boldsymbol{e}=1=\boldsymbol{e}^2 \Rightarrow \boldsymbol{e}\cdot(\boldsymbol{a}-\boldsymbol{e})=0$，即 $\boldsymbol{e}\perp(\boldsymbol{a}-\boldsymbol{e})$。故选 C。

5. $\frac{7}{12}$ 【解析】由向量的夹角公式可得，$\cos\theta=\frac{3n-3m}{3\sqrt{2}\cdot\sqrt{m^2+n^2}} \geqslant 0$，由于所有的$(m,n)$共有 $6\times 6=36$ 个，满足 $n-m\geqslant 0$ 条件的有 21 个，所以 $\cos\theta\geqslant 0$ 的概率 $P=\frac{21}{36}=\frac{7}{12}$。

6. 30° 【解析】因为 $\boldsymbol{a}=(\cos22°, \sin22°)$，$\boldsymbol{b}=(\cos82°, \sin82°)$，所以 $|\boldsymbol{a}+\boldsymbol{b}|=\sqrt{(\cos22°+\cos82°)^2+(\sin22°+\sin82°)^2}=\sqrt{2+2\cos(82°-22°)}=\sqrt{3}$，$|\boldsymbol{a}|=1$，$(\boldsymbol{a}+\boldsymbol{b})\cdot\boldsymbol{a}=\boldsymbol{a}\cdot\boldsymbol{a}+\boldsymbol{a}\cdot\boldsymbol{b}=1+\cos60°=\frac{3}{2}$，所以$\frac{(\boldsymbol{a}+\boldsymbol{b})\cdot\boldsymbol{a}}{|\boldsymbol{a}+\boldsymbol{b}||\boldsymbol{a}|}=\frac{\sqrt{3}}{2}$，所以其夹角为 30°。

7. 2 【解析】$\frac{|x|}{|\boldsymbol{b}|}=\frac{|x|}{\sqrt{(x\boldsymbol{e}_1+y\boldsymbol{e}_2)^2}}=\frac{|x|}{\sqrt{x^2+y^2+\sqrt{3}xy}}=\frac{1}{\sqrt{\left(\frac{y}{x}\right)^2+\frac{\sqrt{3}y}{x}+1}}=\frac{1}{\sqrt{\left(\frac{y}{x}+\frac{\sqrt{3}}{2}\right)^2+\frac{1}{4}}}\leqslant\frac{1}{\sqrt{\frac{1}{4}}}=2$，所以$\frac{|x|}{|\boldsymbol{b}|}$的最大值为 2。

专题三　立体几何与空间向量

第一节　空间几何体的结构特征、表面积和体积

招教考向解读

考向 **1** 变式训练

1. A 【解析】几何体五棱柱从正面看是一个正五边形;从左面看应该是两个长相等宽不同的长方形拼接的形状;从上面看,正中间能直接看到的棱线用实线,因为从上面看,原五棱柱的最下面的两条棱线不能被直接看到,所以用虚线,而相应的能直接看到的棱线用实线。

2. C 【解析】由直观图、正视图和俯视图可知,该几何体的侧视图应为平面 PAD,且 EC 投影在平面 PAD 上,EC 为实线,∴ 侧视图是 C 选项中的图形,故选 C。

3. C 【解析】垂直于立体图形底面截断可能出现两种截面,一种是 A 项情况,另一种是 B 项情况;水平切立体图形中间的圆柱得到 D 项的截面;选项 C 中的图形是得不到的。故选 C。

4. C 【解析】由 2 个视图可得该组合几何体有 3 行,3 列,∴ 最底层最多有 9 个正方体,最少有 3 个正方体;第二层最多有 4 个正方体,最少有 2 个正方体;第 3 层最多有 1 个正方体,最少有 1 个正方体。∴ 该组合几何体最多有 $9+4+1=14$ 个正方体,最少有 $3+2+1=6$ 个正方体,故正方体的个数在 6 和 14 之间,共有 9 种可能的情况。

5. B 【解析】根据左视图和主视图,这个几何体的底层最少有 $1+1+1=3$ 个小正方体,第二层有 1 个小正方体,因此组成这个几何体的小正方体最少有 $3+1=4$ 个。

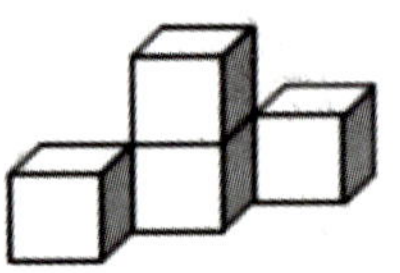

6. C 【解析】由题中所示三视图可知,该几何体为底面半径为 3,高为 8 的圆柱体,故该几何体的侧面积为 $2\times3\pi\cdot8=48\pi$。

7. B 【解析】由三视图可知,该几何体为底面是直角梯形,有一侧棱垂直于地面,高为 1 的四

棱锥，其体积为 $V=\frac{1}{3}\cdot\frac{1}{2}(\frac{1}{2}+1)x\cdot 1=\frac{1}{4}$，解得 $x=1$。

8. ABCD 【解析】如图1，当四面体的主视图为 $\triangle ADE$ 时，主视图的面积为 $S_{\triangle ADE}=\frac{1}{2}\times 2\times\sqrt{2}=\sqrt{2}$；如图2，当主视视线平行于平面 BCD 时，主视图是一个三角形，三角形的底等于四面体的棱，高等于四面体的高，面积等于 $\frac{1}{2}\times 2\times\frac{2\sqrt{6}}{3}=\frac{2\sqrt{6}}{3}$；当主视视线与四面体的一个面垂直时，主视图为边长为2的等边三角形，面积为 $\frac{1}{2}\times 2\times\sqrt{3}=\sqrt{3}$；如图3，主视图是正方形，正方形的对角线是四面体的棱长2，所以主视图的面积为 $\sqrt{2}\times\sqrt{2}=2$。事实上，棱长为2的正四面体的主视图面积最大为2，最小为 $\sqrt{2}$。故选 ABCD。

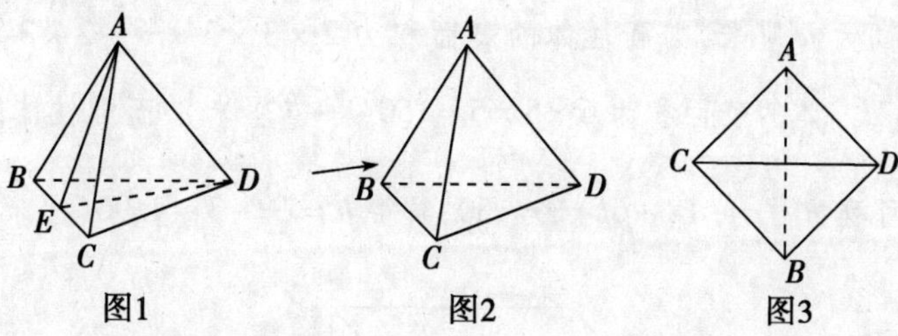

考向2 变式训练

1. C 【解析】C 项中，长行不在中间，不是正方体的表面展开图。

2. A 【解析】“Z”字两端处的小正方形是正方体的对面，∴ 原正方体中与“变”字所在面相对的面上的字是“知”。

3. B 【解析】根据两个全等的三角形在三个长方形的两侧，这样的图形围成的是三棱柱可知，把图中的三棱柱展开，所得到的展开图是 B。

4. $18+4\sqrt{3}$ 【解析】如图，连结 AD，分别交长方形的两条宽于 K,H 两点，KH 即为所求的长，过点 B 作 $BP\perp AD$ 于点 P，过点 C 作 $CQ\perp AD$ 于点 Q，则 $PQ=BC=12$ cm，$\because\ \angle ABC=120^\circ$，$\therefore\ \angle ABP=30^\circ$，在 $\text{Rt}\triangle ABP$ 中，$AB=6$ cm，$\therefore\ AP=3$ cm，$\angle PAB=60^\circ$，$\therefore\ \angle KAS=30^\circ$，$\because\ AS=4$ cm，$\therefore$ 在 $\text{Rt}\triangle KAS$ 中，$KA=AS\cdot\cos 30^\circ=4\times\frac{\sqrt{3}}{2}=2\sqrt{3}$ cm，同理可得，$QD=AP=3$ cm，$DH=AK=2\sqrt{3}$ cm，$\therefore\ KH=KA+AP+PQ+QD+DH=2\sqrt{3}+3+12+3+2\sqrt{3}=18+4\sqrt{3}$ cm。

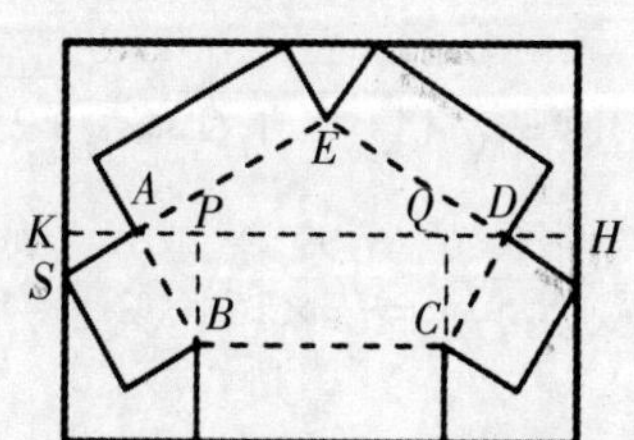

考向3 变式训练

1.【解析】由题意得截去的几何体为8个全等的三棱锥。$(9-9\times\frac{1}{3}\times2)\times12+8\times3\times\sqrt{3^2+3^2}=(36+72\sqrt{2})$ dm,所以几何体的棱长总和为$(36+72\sqrt{2})$ dm。$V_{正方体}-8V_{三棱锥}=9^3-8\times3\times3\times\frac{1}{2}\times3\times\frac{1}{3}=693$ dm^3,所以几何体的体积为693 dm^3。

2.【解析】(1)设原正方体的边长为x厘米,因为长方体与原正方体的表面积的差为60平方厘米,所以可列方程$4\cdot3x=60$,解得$x=5$,所以原正方体的边长为5厘米,因为底面积不变,于是长方体的体积与原正方体的体积的比为$\frac{5-3}{5}=\frac{2}{5}$。

(2)设圆柱体的高为h厘米,则圆柱体的表面积为$2\times3\times3\times\pi+2\times3\times\pi\times h=(18+6h)\pi$(平方厘米),因为原正方体的表面积为$6\times5\times5=150$(平方厘米),而圆柱体的表面积与原正方体的表面积相等,所以可列方程为$(18+6h)\pi=150$,解得$h=\frac{25}{\pi}-3\approx4.96$(厘米)。

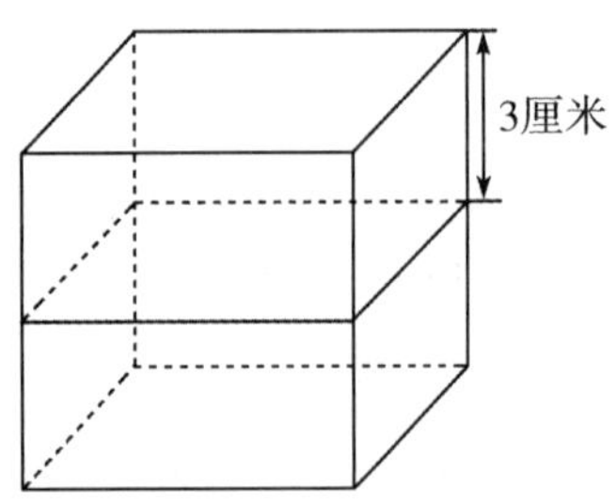

3. B 【解析】如图,在正四棱台$ABCD-A_1B_1C_1D_1$中,$A_1B_1=48$,$AB=8$,$AA_1=25\sqrt{2}$,连结AC,A_1C_1,则$AC=8\sqrt{2}$,$A_1C_1=48\sqrt{2}$,过点A作$AG\perp A_1C_1$,则$A_1G=\frac{A_1C_1-AC}{2}=\frac{48\sqrt{2}-8\sqrt{2}}{2}=20\sqrt{2}$,$AG=\sqrt{AA_1{}^2-A_1G^2}=\sqrt{(25\sqrt{2})^2-(20\sqrt{2})^2}=15\sqrt{2}$,所以该正四棱台的体积为$V=\frac{1}{3}h(S_1+S_2+\sqrt{S_1S_2})=\frac{1}{3}\times15\sqrt{2}\times(48^2+8^2+48\times8)=13760\sqrt{2}$。

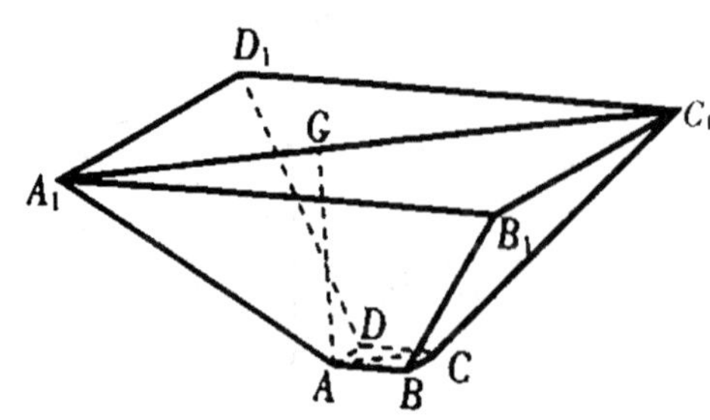

4. A 【解析】因为圆柱与圆锥等底等高，所以圆锥的体积是圆柱体积的$\frac{1}{3}$。把圆锥盛满水倒入和它等底等高的圆柱体容器内，水的高度是圆柱高度的$\frac{1}{3}$。容器口到水面的距离是$30\times\left(1-\frac{1}{3}\right)=20$厘米。

5. B 【解析】$S=\pi\times5\times13=65\pi(\text{cm}^2)$。

6. $40\sqrt{2}\pi$ 【解析】如图所示，O为圆锥底面圆的圆心，母线长为l，则由$S_{\triangle SAB}=5\sqrt{15}$得$\frac{1}{2}SA\cdot SB\cdot\sin\angle ASB=\frac{1}{2}l^2\sqrt{1-\cos^2\angle ASB}=5\sqrt{15}$，解得$l^2=80$。在$\triangle OAS$中，$OA=SA\cdot\cos45°=\frac{\sqrt{2}}{2}l$，底面圆的周长$C=2\pi\cdot OA=\sqrt{2}\pi l$，所以圆锥的侧面积为$S_{侧}=\frac{1}{2}\cdot l\cdot C=\frac{\sqrt{2}}{2}\pi l^2=40\sqrt{2}\pi$。

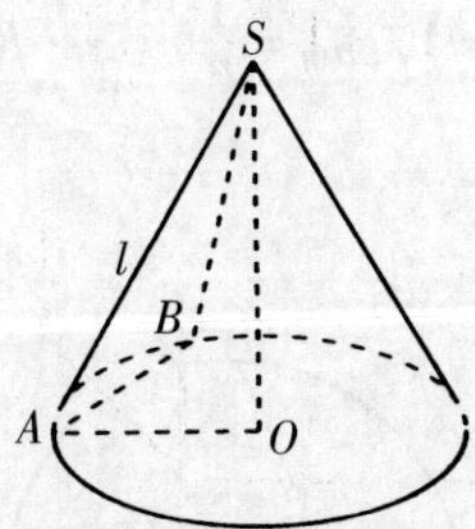

7. D 【解析】由三视图可知该几何体是一个正三棱柱和一个半圆柱的组合体，三棱柱的两个侧面面积之和为$2\times4\times2=16$，两个底面面积之和为$2\times\frac{1}{2}\times2\times\sqrt{3}=2\sqrt{3}$；半圆柱的侧面积为$\pi\times4=4\pi$，两个底面面积之和为$2\times\frac{1}{2}\times\pi\times1^2=\pi$，所以几何体的表面积为$5\pi+16+2\sqrt{3}$。

8. C 【解析】由题知梯形$ABCD$为直角梯形，且$\angle ABC=\frac{\pi}{2}$，那么绕AD所在直线旋转一周后，得到如图所示的几何体。其体积为$V=V_{圆柱}-V_{圆锥}=\pi\times1^2\times2-\frac{1}{3}\pi\cdot1^2\times1=\frac{5}{3}\pi$。

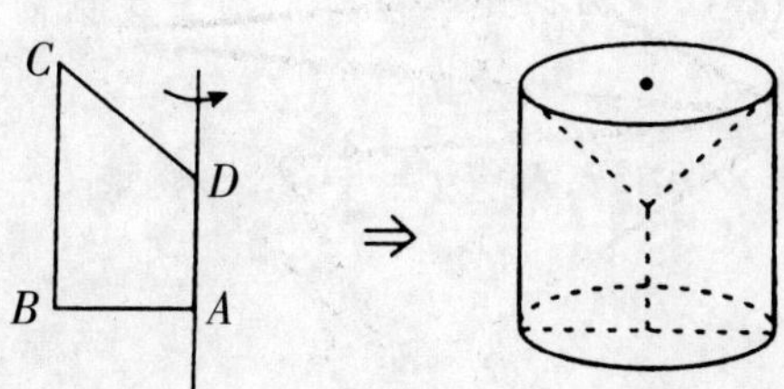

考向 4 变式训练

1. A 【解析】如图所示，设球的半径为 R，正四棱锥的底面中心为 O'，且球心为 O。因为正四棱锥 $P-ABCD$ 中 $AB=2$，所以 $AO'=\sqrt{2}$。因为 $PO'=4$，且在 $\mathrm{Rt}\triangle AOO'$ 中，$AO^2=AO'^2+OO'^2$，即 $R^2=(\sqrt{2})^2+(4-R)^2$，解得 $R=\frac{9}{4}$。故该球的表面积为 $4\pi R^2=4\pi\times\left(\frac{9}{4}\right)^2=\frac{81\pi}{4}$。

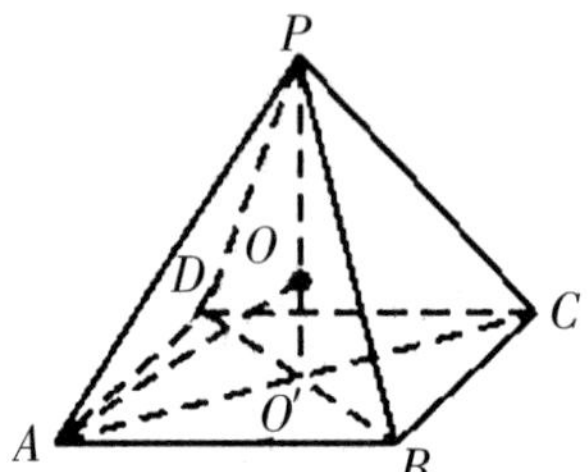

2. C 【解析】如图所示，根据题意，当 OC 垂直于平面 OAB 时，三棱锥 $O-ABC$ 的体积最大，设该三棱锥外接球半径为 R，此时 $V_{O-ABC}=V_{C-OAB}=\frac{1}{3}\cdot\frac{1}{2}\cdot R^2\cdot R=\frac{R^3}{6}=36$，解得 $R=6$，故球 O 的表面积为 $S=4\pi R^2=144\pi$。

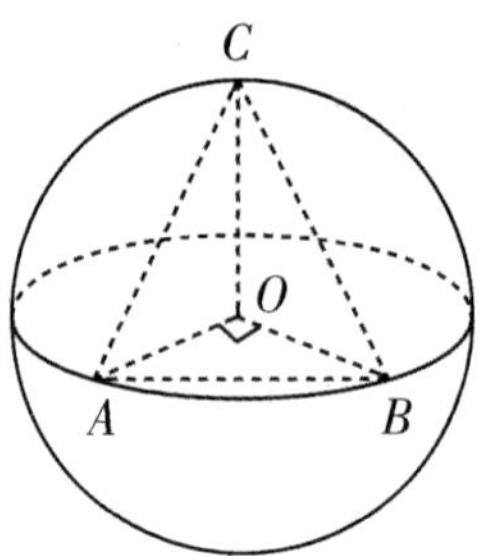

3. $\frac{9\pi}{4}$ 【解析】$\because PA\perp$ 平面 PBC，$\therefore PA\perp PC$，在 $\mathrm{Rt}\triangle PAC$ 中，$PA=4$，$AC=2\sqrt{7}$，$\therefore PC=2\sqrt{3}$，$\because PB=BC=2\sqrt{3}$，$\therefore PB=PC=BC$，$\therefore \triangle PBC$ 为等边三角形，同理可得 $AB=AC=2\sqrt{7}$，$\therefore \triangle ABC$ 为等腰三角形，$\therefore V_{P-ABC}=V_{A-PBC}=\frac{1}{3}S_{\triangle PBC}\cdot PA=\frac{1}{3}\times2\sqrt{3}\times3\times\frac{1}{2}\times4=4\sqrt{3}$，表面积 $S=\frac{1}{2}\times2\sqrt{3}\times4\times2+\frac{\sqrt{3}}{4}\times12+\frac{1}{2}\times2\sqrt{3}\times5=16\sqrt{3}$，设内切球半径为 r，由三棱锥内切球的半径与三棱锥体积的关系式 $V=\frac{1}{3}rS_{表面积}$，得 $4\sqrt{3}=\frac{1}{3}\times16\sqrt{3}r$，解得 $r=\frac{3}{4}$，$\therefore$ 三棱锥 $P-ABC$ 的内切球的表面积 $S=4\pi\times\left(\frac{3}{4}\right)^2=\frac{9\pi}{4}$。

4. $\frac{9\pi}{2}$ 【解析】因为 $AB=6,BC=8$,所以 $AC=10$,且 $\mathrm{Rt}\triangle ABC$ 的内切圆半径 $r=\frac{6+8-10}{2}=2$,要使球的体积最大,必须使球的半径最大,所以当球与直三棱柱的上、下底面都相切时,球的半径最大。又 $AA_1=3$,故直三棱柱 $ABC-A_1B_1C_1$ 的内切球半径最大为 $\frac{3}{2}$,此时 V 有最大值 $\frac{4\pi}{3}\cdot\left(\frac{3}{2}\right)^3=\frac{9\pi}{2}$。

招教易错突破

变式训练

1. D 【解析】如图 1,截面是一个正六边形;图 2 截面为菱形;图 3 截面为梯形;由图 4 可知截面可以是三角形但不是直角三角形。

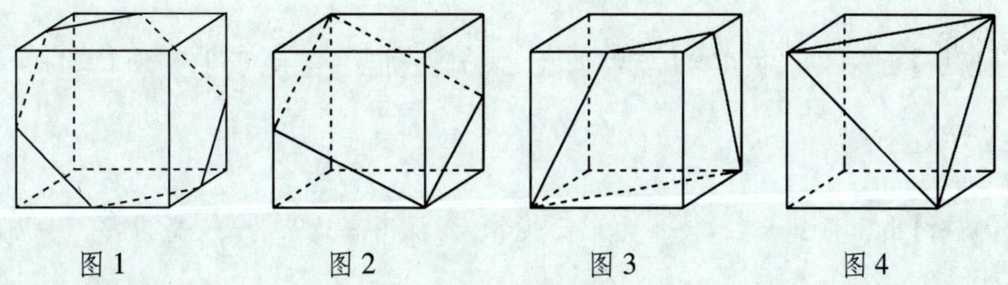

图 1　　图 2　　图 3　　图 4

2. C 【解析】由题意作图如下。结合图形易知,截面是上底为 $\sqrt{2}$,下底为 $2\sqrt{2}$,两腰都为 $\sqrt{5}$ 的等腰梯形,则梯形的高为 $\sqrt{5-\frac{1}{2}}=\frac{3\sqrt{2}}{2}$,所以截面面积为 $(\sqrt{2}+2\sqrt{2})\times\frac{3\sqrt{2}}{2}\times\frac{1}{2}=\frac{9}{2}$。

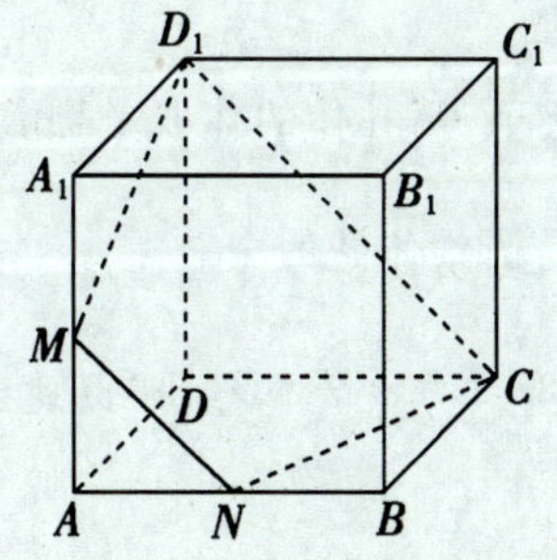

必刷好题

招教高频基础刷

1. B 【解析】略。

2. D 【解析】通过正视图和俯视图可以看出该几何体为半个圆锥和一个三棱锥的组合体，所以侧视图应为 D。

3. D 【解析】观察选项中的图形可知，A、B、C 项的几何体的正视图均为▭▭，只有 D 项几何体的正视图为▭▭。故本题选 D。

4. B 【解析】由图知，①的长行不在中间，②出现了“凹”，⑤出现了“田”，③④⑥是正方体的表面展开图。

5. C 【解析】由三视图可知，圆锥的母线长 $l=\sqrt{(2\sqrt{3})^2+2^2}=4$，该几何体的表面积 $S=\pi r^2+2\pi rh+\pi rl=2^2\times\pi+2\times2\times\pi\times4+2\times4\times\pi=28\pi$。

6. B 【解析】由三视图可知，几何体是正方体切去两个$\frac{1}{4}$圆柱，正方体的棱长为 2，切去的圆柱的底面半径为 1，高为 2，所以几何体体积 $V=2^3-2\times\frac{1}{4}\times\pi\times1^2\times2=8-\pi$。故选 B。

7. A 【解析】由题可知，该几何体为将圆柱上半部分切去一半所得到的，故 $V=4\pi-\frac{1}{2}\times1^2\times\pi\times2=3\pi$。

8. C 【解析】由图可知，该三棱锥为正三棱锥，侧视图底边长为$\frac{\sqrt{3}}{2}$，高为$\sqrt{3}$，侧视图面积为$\frac{1}{2}\times\frac{\sqrt{3}}{2}\times\sqrt{3}=\frac{3}{4}$。

9. B 【解析】画出几何体的立体图形，在计算体积的时候，可以将其向上补充成棱锥，则其体积 $V=\frac{1}{3}\times4\times2^2-\frac{1}{3}\times2\times1^2=\frac{14}{3}$。

10. A 【解析】在等底等高的情况下，圆柱体的体积是圆锥体体积的 3 倍，因为题干中圆柱体与圆锥体等底等体积，故圆柱体的高是圆锥体高的$\frac{1}{3}$。

11. B 【解析】正方体的体对角线即为球的直径，所以球的直径为 $2\sqrt{3}$ cm，则球的表面积为 $4\pi(\sqrt{3})^2=12\pi\ \text{cm}^2$。

12. 6 【解析】结合正方体的表面展开图的特征可知 3 与 y 相对，2 与 x 相对，∵相对面上两个数之和为 8，故 $x=6$，$y=5$。

13. AC；9.6π 【解析】①以 AB 边所在直线为轴旋转一周，所得立体图形体积 $V_1=\frac{1}{3}\pi\times3^2\times4=12\pi\ \text{cm}^3$；②以 BC 边所在直线为轴旋转一周，所得立体图形体积 $V_2=\frac{1}{3}\pi\times4^2\times3=16\pi\ \text{cm}^3$；③以 AC 边

所在直线为轴旋转一周，所得立体图形体积 $V_3=\frac{1}{3}\pi\times2.4^2\times5=9.6\pi\ \text{cm}^3$。$V_3<V_1<V_2$，故该三角形 ABC 以 AC 边所在直线为轴旋转一周，所得立体图形的体积最小，最小的体积是9.6π立方厘米。

14. $8\sqrt{3}+\frac{4\sqrt{3}}{3}\pi$ 【解析】由题中的三视图可得该几何体是半个圆锥和一个四棱锥的组合体，四棱锥的底面面积为 $3\times4=12$，半圆锥的底面面积为 $\frac{1}{2}\times\pi\times2^2=2\pi$，两个锥体的高均为侧视图中等边三角形的高，即 $2\sqrt{3}$，故该组合体的体积 $V=\frac{1}{3}\times(12+2\pi)\times2\sqrt{3}=8\sqrt{3}+\frac{4\sqrt{3}}{3}\pi$。

15. $\frac{\sqrt{3}\pi}{3}$ 【解析】根据该圆锥的底面圆的半径为 r，母线长为 l，根据条件得到 $\frac{1}{2}\pi l^2=2\pi$，解得母线长 $l=2$，$2\pi r=\pi l=2\pi$，$r=1$，所以该圆锥的体积为 $V_{圆锥}=\frac{1}{3}Sh=\frac{1}{3}\times\sqrt{2^2-1^2}\pi=\frac{\sqrt{3}}{3}\pi$。

16. $\frac{\sqrt{2}}{12}$ 【解析】$1,\sqrt{2},\sqrt{3}$ 组成一个直角三角形，将此直角三角形作为底面，则底面积为 $\frac{\sqrt{2}}{2}$。顶点在长为 $\sqrt{3}$ 的底边的正上方，高 $=\sqrt{1^2-\left(\frac{\sqrt{3}}{2}\right)^2}=\frac{1}{2}$，体积 $=\frac{1}{3}\times\frac{\sqrt{2}}{2}\times\frac{1}{2}=\frac{\sqrt{2}}{12}$。

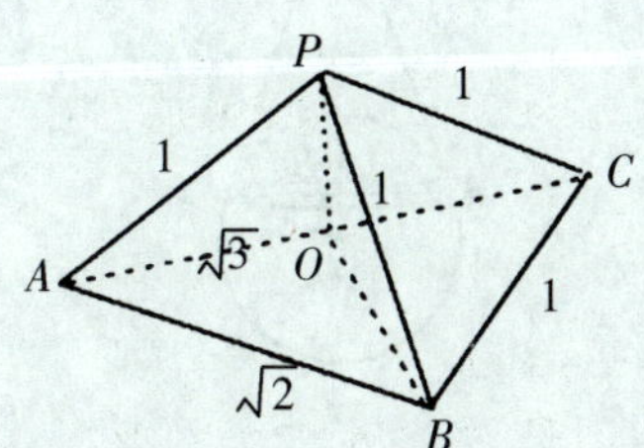

招教易错能力刷

1. B 【解析】由于 BD' 为正方体 $ABCD-A'B'C'D'$ 的体对角线，所以 $BD'\perp$ 平面 $AB'C$。设过点 M 且垂直于 BD' 的平面为 α，则 $BD'\perp$ 平面 α，所以平面 $\alpha//$ 平面 $AB'C$。因为 $MA=2MB$，所以 M 为线段 AB 的三等分点，所以平面 α 截正方体所得截面面积 $S=\frac{1}{9}S_{\triangle AB'C}$，因为正方体 $ABCD-A'B'C'D'$ 的棱长为3，所以 $S_{\triangle AB'C}=\frac{1}{2}\times3\sqrt{2}\times3\sqrt{2}\times\sin60°=\frac{9\sqrt{3}}{2}$，所以 $S=\frac{\sqrt{3}}{2}$，故选 B。

2. B 【解析】如图，分别取 CD,DD_1,BB_1 上的中点 N,G,H，则平面 α 截正方体所得的截面为四边形 $MNGH$。又因为正方体 $ABCD-A_1B_1C_1D_1$ 的体积为64，所以正方体的棱长为4，由于 $GH//BD$ 且 $GH=BD=4\sqrt{2}$，$\because\ \angle B_1BC=\angle BCD=\angle D_1DC=90°$，$\therefore\ HM=MN=NG=\frac{1}{2}HG=2\sqrt{2}$，$\because\ HG//BD$，$BD//MN$，$\therefore\ HG//MN$，故四边形 $MNGH$ 是等腰梯形，可求得其高为 $\sqrt{6}$，所以梯形的面积 $S=$

$\frac{1}{2}(2\sqrt{2}+4\sqrt{2})\times\sqrt{6}=6\sqrt{3}$。

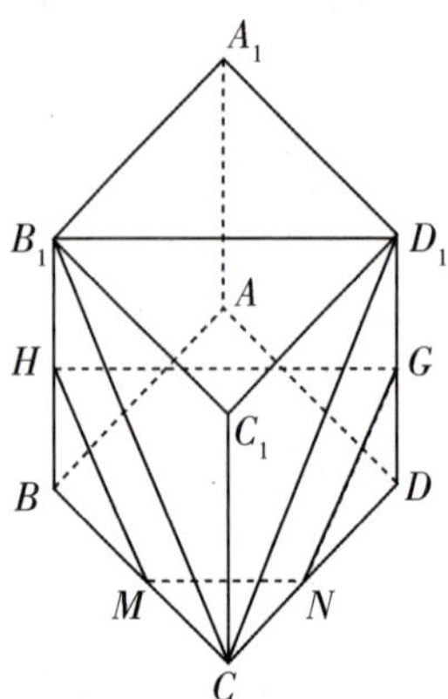

3. B 【解析】如图，在 Rt$\triangle OPA$ 中，过点 A 作 $AB\perp OP$ 交 OP 于点 B，则 $OA^2=OB\cdot OP$，即 $R^2=OB\cdot 4R$，所以 $OB=\frac{1}{4}R$。又因为 $AB^2=OA^2-OB^2=\frac{15}{16}R^2$，故以 AB 为半径的圆的面积为$\frac{15}{16}\pi R^2$，故选 B。

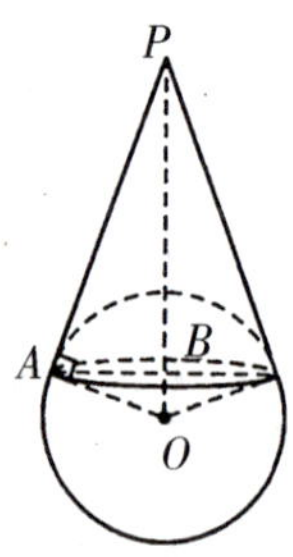

4. A 【解析】$\triangle ABC$ 的外接圆的半径 $r=\frac{\sqrt{3}}{3}$，点 O 到平面 ABC 的距离 $d=\sqrt{R^2-r^2}=\frac{\sqrt{6}}{3}$，$SC$ 为球 O 的直径$\Rightarrow$点 S 到面 ABC 的距离为 $2d=\frac{2\sqrt{6}}{3}$，此棱锥的体积为 $V=\frac{1}{3}S_{\triangle ABC}\times 2d=\frac{1}{3}\times\frac{\sqrt{3}}{4}\times\frac{2\sqrt{6}}{3}=\frac{\sqrt{2}}{6}$。

5. C 【解析】设球的球心为 O，半径为 R。$(2R)^2=AB^2+AD^2+AA_1^2=4+3+1=8$，$\therefore R=\sqrt{2}$。又因为 $|AB|=2$，$\therefore\angle AOB=\frac{\pi}{2}$，球面距离 $l=\alpha R=\frac{\pi}{2}\times\sqrt{2}=\frac{\sqrt{2}\pi}{2}$。故选 C。

6. B 【解析】设球 O 的半径为 R，因为 $\angle AOB=90°$，可知当 OC 垂直于平面 OAB 时三棱锥 $O-ABC$的体积最大为$\frac{1}{6}$，故三棱锥的体积 $V=\frac{1}{3}\times\frac{1}{2}\times R^3=\frac{1}{6}$，解得 $R=1$，所以球 O 的表面积 $S=4\pi R^2=4\pi$。

第二节　空间点、直线、平面之间的位置关系

考向 1 变式训练

1. D 【解析】如果两个平面重合,则排除 A、B 两项;两个平面相交,则有一条交线,交线上任取三个点都是两个平面的公共点,故排除 C 项;而 D 项中的三点不论共线还是不共线,一定能找到一个平面过这三个点。

2. A 【解析】连结 A_1C_1,AC,则 $A_1C_1 /\!/ AC$,所以 A_1,C_1,C,A 四点共面,所以 $A_1C\subset$ 平面 ACC_1A_1。因为 $M\in A_1C$,所以 $M\in$ 平面 ACC_1A_1,又 $M\in$ 平面 AB_1D_1,所以 M 为平面 ACC_1A_1 与平面 AB_1D_1 的公共点。同理,O,A 为平面 ACC_1A_1 与平面 AB_1D_1 的公共点,所以 A,M,O 三点共线。

考向 2 变式训练

D 【解析】A 项,如图 1 所示,l_2 与 l 相交,故错误;B 项,如图 1 所示,$l_1 /\!/ l$,l_1 与 l 不相交,故错误;C 项,如图 2 所示,l 分别与 l_1,l_2 相交,故错误;D 项,假设 l 与 l_1,l_2 都不相交,因为 l_1 与 l 共面,且 l_2 与 l 共面,所以 $l_1 /\!/ l /\!/ l_2$,这与题目中的 l_1 和 l_2 是异面直线矛盾,故 l 至少与 l_1,l_2 中一条相交,正确。

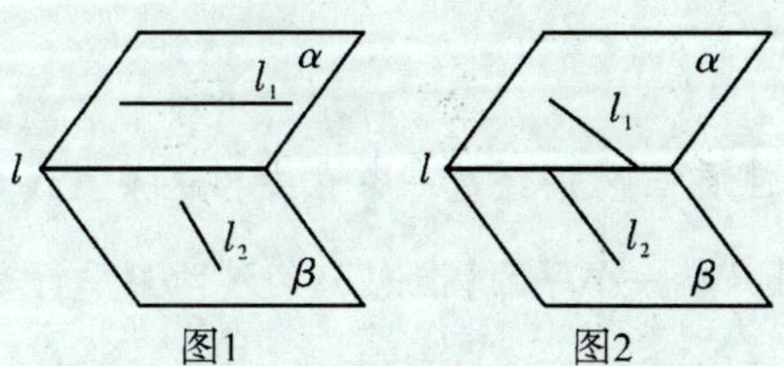

图1　　图2

考向 3 变式训练

1. C 【解析】如图所示,在正方体 $ABCD-A_1B_1C_1D_1$,取 DD_1 的中点 F,连结 EF,AF,因为 E 为棱 CC_1 的中点,易知 $EF /\!/ CD$,所以 $\angle AEF$ 即异面直线 AE 与 CD 所成的角,不妨设正方体 $ABCD-A_1B_1C_1D_1$ 的棱长为 2,那么 $EF=2$,$AF=\sqrt{AD^2+DF^2}=\sqrt{4+1}=\sqrt{5}$,$AE=\sqrt{AB^2+BC^2+CE^2}=$

$\sqrt{4+4+1}=3$,则$\triangle AEF$为直角三角形,其中$\angle AFE=90°$,所以$\tan\angle AEF=\frac{AF}{EF}=\frac{\sqrt{5}}{2}$。

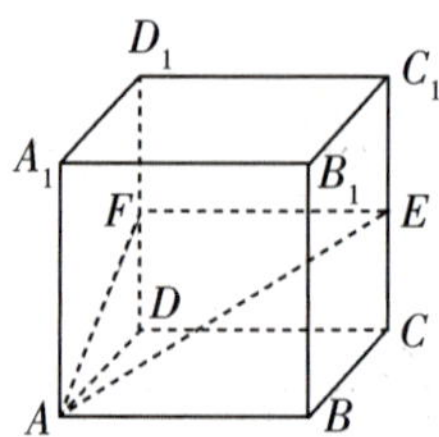

2. C 【解析】如图所示,将直三棱柱$ABC-A_1B_1C_1$补成直四棱柱$ABCD-A_1B_1C_1D_1$,连结AD_1,BC_1,则$AD_1 /\!/ BC_1$,所以$\angle B_1AD_1$或其补角为异面直线AB_1与BC_1所成的角。因为$\angle ABC=120°$,$AB=2$,$BC=CC_1=1$,所以$AB_1=\sqrt{5}$,$AD_1=\sqrt{2}$。在$\triangle B_1D_1C_1$中,$\angle B_1C_1D_1=60°$,$B_1C_1=1$,$D_1C_1=2$,所以$B_1D_1=\sqrt{1^2+2^2-2\times1\times2\times\cos60°}=\sqrt{3}$,所以$\cos\angle B_1AD_1=\frac{AD_1{}^2+AB_1{}^2-B_1D_1{}^2}{2AD_1\cdot AB_1}=\frac{5+2-3}{2\times\sqrt{5}\times\sqrt{2}}=\frac{\sqrt{10}}{5}$。

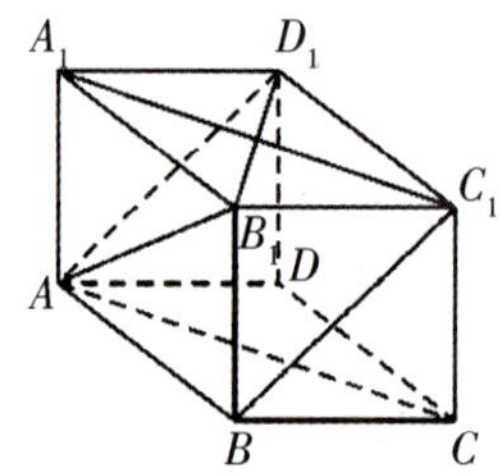

招教高频基础刷

1. C 【解析】平面的基本性质推论1:经过一条直线和这条直线外的一点有且只有一个平面;推论2:经过两条相交直线有且只有一个平面;推论3:经过两条平行直线有且只有一个平面。

2. D 【解析】由已知条件可以得到l_2垂直于l_1和l_3,l_3垂直于l_2和l_4,但是l_1和l_3以及l_2和l_4的位置关系不确定,从而无法确定l_1和l_4的位置关系。故选D。

3. C 【解析】由题意知,$\because AD$是等腰直角三角形ABC斜边BC上的中线,$\therefore AD\perp BC$,在四面体$ABCD$中,又$\because AD\perp BD$,$AD\perp DC$,$BD\cap DC=D$,$\therefore AD\perp$平面BCD,$\therefore AD\perp BC$,由图易知,AD与BC是异面直线,故在四面体$ACBD$中,AD与BC的位置关系是异面且垂直。

4. B 【解析】作如图所示的长方体,连结AC,$\because CC_1\perp$平面$ABCD$,故$\angle CAC_1=45°$,$AC\perp CC_1$,

$\therefore \triangle CAC_1$ 是等腰直角三角形，又因为 $CC_1 = BB_1 = 2\sqrt{2}$，$\therefore AC = 2\sqrt{2}$，故 $BC = 2$，连结 BA_1，易得 $CD_1 /\!/ BA_1$，则 $\angle A_1BC_1$ 是直线 CD_1 与 BC_1 所成的角，易得 $\triangle A_1BC_1$ 是等腰三角形，其中 $BA_1 = BC_1 = 2\sqrt{3}$，$C_1A_1 = 2\sqrt{2}$，则由余弦定理可得 $\cos\angle A_1BC_1 = \frac{2}{3}$，$\therefore$ 直线 CD_1 与 BC_1 所成角的余弦值为$\frac{2}{3}$。

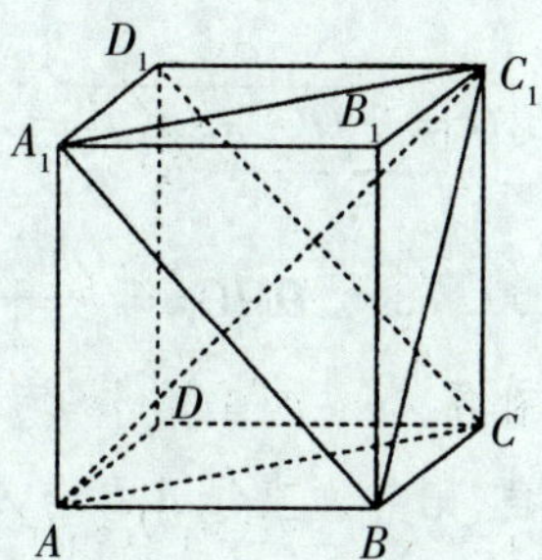

5. C 【解析】如图，延长 CC_1 至 C_2，使得 $C_1C_2 = CC_1 = 1$，连结 B_1C_2，则 $B_1C_2 /\!/ BC_1$，故 $\angle AB_1C_2$ 为 AB_1 与 BC_1 所成角（或补角），连结 AC_2，$\because AB_1 = \sqrt{3}$，$B_1C_2 = \sqrt{3}$，$AC_2 = \sqrt{AC^2 + CC_2{}^2} = \sqrt{6}$，故 $AC_2{}^2 = AB_1{}^2 + B_1C_2{}^2$，则 $\angle AB_1C_2 = 90°$。

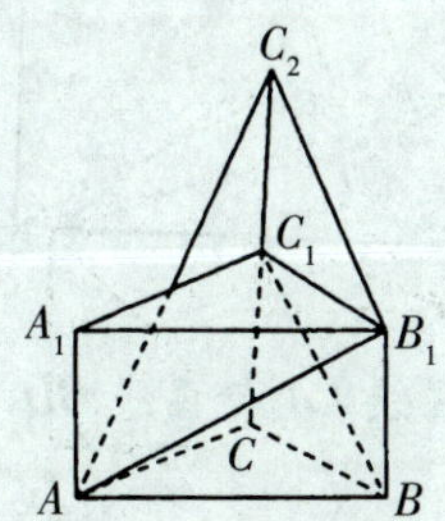

6. A 【解析】如图所示，$\because B_1B \perp$ 平面 $ABCD$，$\therefore \angle BCB_1$ 是 B_1C 与底面所成的角，$\therefore \angle BCB_1 = 60°$，$\because C_1C \perp$ 底面 $ABCD$，$\therefore \angle CDC_1$ 是 C_1D 与底面所成的角，连结 A_1D，A_1C_1，则 $A_1D /\!/ B_1C$，$\therefore \angle A_1DC_1$ 或其补角为异面直线 B_1C 与 C_1D 所成的角，不妨设 $BC = 1$，则 $CB_1 = DA_1 = 2$，$BB_1 = CC_1 = \sqrt{3} = CD$，$\therefore C_1D = \sqrt{6}$，$A_1C_1 = 2$，在等腰 $\triangle A_1C_1D$ 中，$\cos\angle A_1DC_1 = \frac{\frac{1}{2}C_1D}{A_1D} = \frac{\sqrt{6}}{4}$。

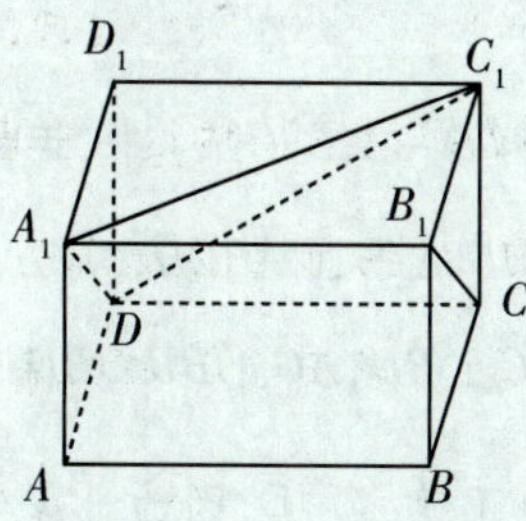

7. A 【解析】在直三棱柱 $ABC - A_1B_1C_1$ 中，由题意知，$AA_1 \perp$ 平面 ABC，故 $\angle A_1BA$ 即为直线 A_1B 与平面 ABC 所成的角，即 $\angle A_1BA = 45°$，故 $AA_1 = AB$，取 AB 的中点 O，AA_1 的中点 M，连结 OM，

MC_1，OC_1，则 $OM//A_1B$，且 $OM=\frac{1}{2}A_1B$，$C_1M//AD$，且 $C_1M=AD$，所以 $\angle OMC_1$ 或其补角即为异面直线 A_1B 与 AD 所成角，设 $AA_1=AB=2a$，则 $OM=\frac{1}{2}A_1B=\frac{1}{2}\sqrt{(2a)^2+(2a)^2}=\sqrt{2}a$，$MC_1=\sqrt{(2a)^2+a^2}=\sqrt{5}a$，在 $\triangle ABC$ 中，$OC^2=\sqrt{OA^2+AC^2-2OA\times AC\cos 120°}=\sqrt{a^2+4a^2-2a\times 2a\times\left(-\frac{1}{2}\right)}=\sqrt{7}a$，$C_1O=\sqrt{OC^2+CC_1{}^2}=\sqrt{7a^2+4a^2}=\sqrt{11}a$，在 $\triangle C_1MO$ 中，$MC_1=\sqrt{5}a$，$OM=\sqrt{2}a$，$C_1O=\sqrt{11}a$，$\therefore\cos\angle OMC_1=\frac{OM^2+MC_1{}^2-OC_1{}^2}{2\times OM\times MC_1}=\frac{2a^2+5a^2-11a^2}{2\times\sqrt{2}a\times\sqrt{5}a}=-\frac{\sqrt{10}}{5}$。因为异面直线所成的角为锐角，则异面直线 A_1B 与 AD 所成角的余弦值为 $\frac{\sqrt{10}}{5}$。

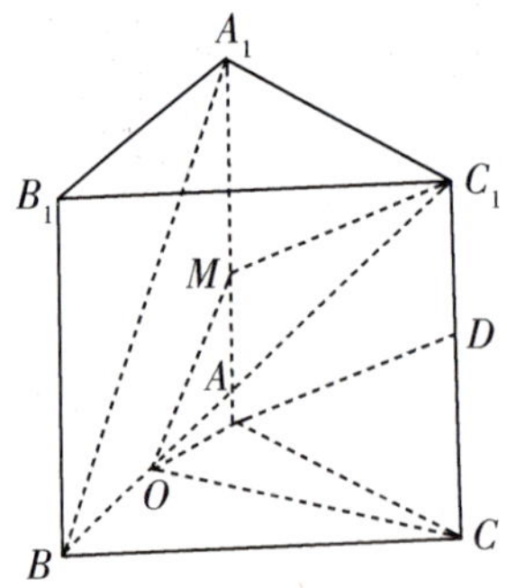

8\. $\frac{\pi}{3}$ 【解析】补成正方体，易得出直线 PA 与直线 BD 所成的角为 $\frac{\pi}{3}$。

第三节　直线、平面平行的判定及其性质

考向 1 变式训练

1\. ABC 【解析】A 项，在正方体 $ABCD-A_1B_1C_1D_1$ 中，连结 BD，$\because M,N$ 是线段 B_1D_1 上的两个动点，$\therefore MN//BD$，又 $BD\subset$ 平面 $ABCD$，$MN\not\subset$ 平面 $ABCD$，$\therefore MN//$ 平面 $ABCD$，故选项 A 正确；B 项，如图，在正方体 $ABCD-A_1B_1C_1D_1$ 中，$AC\perp BD$，$AC\perp BB_1$，$BD\cap BB_1=B$，$\therefore AC\perp$ 平面 BB_1D_1D。又 $BM\subset$ 平面 BB_1D_1D，$\therefore AC\perp BM$，故 B 项正确；C 项，因为 $MN=1$，$\therefore S_{\triangle BMN}=\frac{1}{2}\times MN\times BB_1=\frac{1}{2}\times 1\times 2=1$，设 $AC\cap BD=O$，易证 $AO\perp$ 平面 BMN，$AO=\frac{1}{2}\times\sqrt{4+4}=\sqrt{2}$，$V_{A-MNB}=\frac{1}{3}S_{\triangle BMN}\cdot OA=$

$\frac{1}{3}\times1\times\sqrt{2}=\frac{\sqrt{2}}{3}$为定值，故三棱锥 $M-ABN$ 的体积为定值，故 C 项正确；D 项，$\because$ 点 A,B 到直线 B_1D_1 的距离分别是$\triangle B_1D_1A$ 与$\triangle B_1D_1B$ 的底边 B_1D_1 上的高，连结 AD_1,AB_1，易知$\triangle B_1D_1A$ 是边长为 $2\sqrt{2}$ 的等边三角形，$\therefore$ 点 A 到 B_1D_1 的距离为$\sqrt{6}$，且点 B 到直线 B_1D_1 的距离为 $BB_1=2$，$\therefore S_{\triangle AMN}=\frac{1}{2}\times\sqrt{6}\times1=\frac{\sqrt{6}}{2}$，$S_{\triangle BMN}=\frac{1}{2}\times1\times2=1$，则$\triangle AMN$ 的面积与$\triangle BMN$ 的面积不相等，故 D 项不正确。

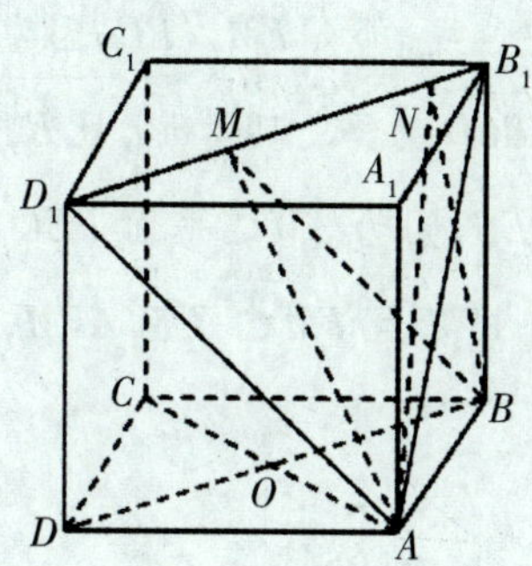

2.【解析】证明：连结 BD 交 AC 于点 F，连结 EF。因为 AC,BD 是平行四边形 $ABCD$ 的两条对角线，所以 F 是 BD 的中点，又 E 是 PD 的中点，所以在$\triangle PDB$ 中，$PB/\!/EF$。因为 $PB/\!/EF$，且 $EF\subset$平面 AEC，$PB\not\subset$平面 AEC，所以 $PB/\!/$平面 AEC。

3.【分析】证明线面平行的途径总体来说有两种，一个是由线线平行证明线面平行，关键在于如何确定平面内的直线；另一个则是由面面平行证明线面平行，需要构造辅助平面。

【解析】解法一（同向进面法）：如图所示，取 PC 的中点 G，连结 EG,FG，因为 F 为 PD 的中点，易知 $FG \underline{\underline{/\!/}} \frac{1}{2}CD$，因为四边形 $ABCD$ 为平行四边形且 E 为 AB 的中点，易知 $FG \underline{\underline{/\!/}} AE$，所以四边形 $AEGF$ 为平行四边行，所以 $AF/\!/EG$，因为 $EG\subset$平面 PCE 且 $AF\not\subset$平面 PCE，所以 $AF/\!/$平面 PCE。

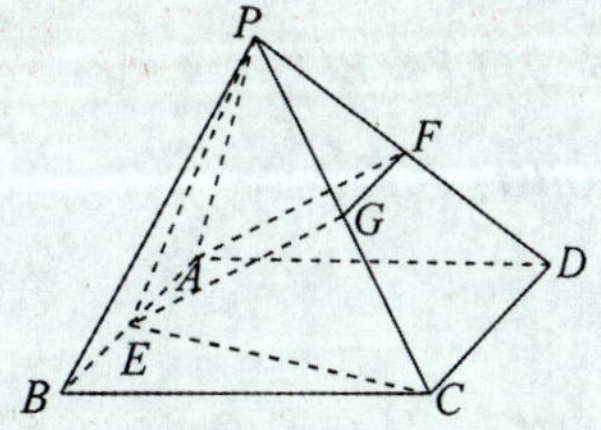

解法二（不同向进面法）：如图所示，延长 CE 交 DA 的延长线于点 Q，连结 PQ，因为四边形 $ABCD$是平行四边形，所以 $AE/\!/CD$，因为 E 为 AB 的中点，所以 $AE=\frac{1}{2}CD$，在$\triangle QCD$ 中，易知$\triangle QAE\backsim\triangle QDC$，那么$\frac{QA}{QD}=\frac{AE}{CD}=\frac{1}{2}$，故点 A 为 QD 的中点，因为 F 为 PD 的中点，所以 $AF/\!/PQ$，因为 $PQ\subset$平面 PEC 且 $AF\not\subset$平面 PCE，所以 $AF/\!/$平面 PCE。

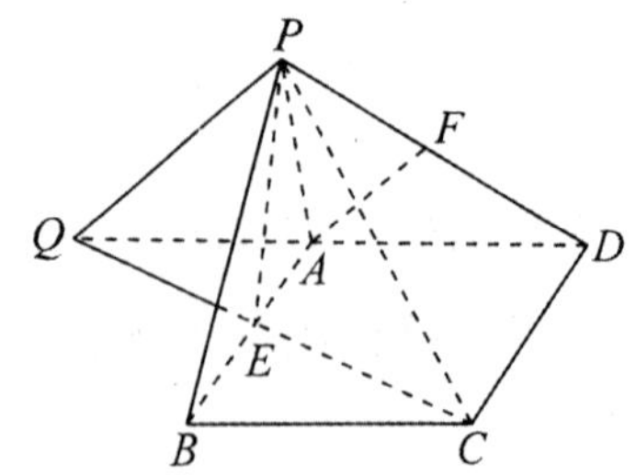

解法三(面面平行):如图所示,取 CD 的中点 M,连结 AM,FM。在 $\triangle PCD$ 中,因为 F,M 分别为 PD,CD 中点,所以 FM 为 $\triangle PDC$ 的中位线,那么 $FM /\!/ PC$,因为 $PC \subset$ 平面 PCE 且 $FM \not\subset$ 平面 PCE,所以 $FM /\!/$ 平面 PCE。因为四边形 $ABCD$ 为平行四边形,且 E,M 分别为 AB,CD 的中点,易知四边形 $AECM$ 为平行四边形,所以 $AM /\!/ EC$,因为 $AM \not\subset$ 平面 PEC 且 $EC \subset$ 平面 PEC,所以 $AM /\!/$ 平面 PEC。因为 $AM \cap FM = M$,$AM \subset$ 平面 AFM 且 $FM \subset$ 平面 AFM,所以平面 $AFM /\!/$ 平面 PEC,又因为 $AF \subset$ 平面 AFM,所以 $AF /\!/$ 平面 PCE。

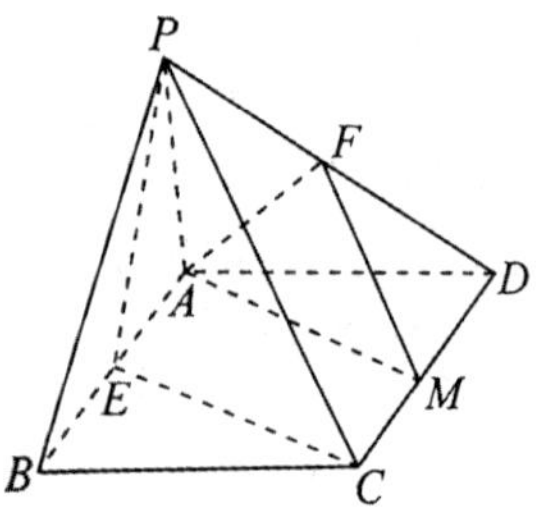

考向 2 变式训练

【解析】(1)$\because$ G,H 分别是 A_1B_1,A_1C_1 的中点,

$\therefore$ GH 是 $\triangle A_1B_1C_1$ 的中位线,$\therefore$ $GH /\!/ B_1C_1$,

又 $\because$ $B_1C_1 /\!/ BC$,$\therefore$ $GH /\!/ BC$,$\therefore$ B,C,H,G 四点共面。

(2)$\because$ E,F 分别是 AB,AC 的中点,$\therefore$ $EF /\!/ BC$,

$\because$ $EF \not\subset$ 平面 $BCHG$,$BC \subset$ 平面 $BCHG$,

$\therefore$ $EF /\!/$ 平面 $BCHG$,

$\because$ $A_1G /\!/ EB$,且 $A_1G = EB$,

$\therefore$ 四边形 A_1EBG 是平行四边形,

$\therefore$ $A_1E /\!/ GB$,

$\because$ $A_1E \not\subset$ 平面 $BCHG$,$GB \subset$ 平面 $BCHG$,

$\therefore$ $A_1E /\!/$ 平面 $BCHG$,

$\because$ $A_1E \cap EF = E$,

$\therefore$ 平面 EFA_1 // 平面 $BCHG$。

考向 3 变式训练

1.【解析】PB 上存在一点 F，使得 OF // 平面 PEC，且 F 为 PB 的三等分点(靠近点 B)。

证明如下：

取 BC 的三等分点 M(靠近点 C)，连结 AM，易知 $AE \underline{\mathbin{//}} MC$，所以四边形 $AECM$ 为平行四边形，所以 AM // EC。取 BM 的中点 N，连结 ON，易证 ON // AM，所以 ON // EC。因为 N 为 BM 的中点，所以 N 为 BC 的三等分点(靠近点 B)。因为 F 为 PB 的三等分点(靠近点 B)，连结 OF，NF，易证 NF // PC，又 $ON \cap NF = N$，$EC \cap PC = C$，所以平面 ONF // 平面 PEC，所以 OF // 平面 PEC。

2.【解析】(1)如图所示，取 D_1 为线段 A_1C_1 的中点，此时 $\frac{A_1D_1}{D_1C_1} = 1$，连结 A_1B 交 AB_1 于点 O，连结 OD_1。

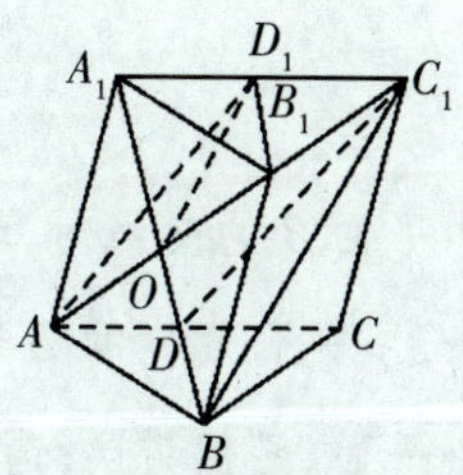

由棱柱的性质知四边形 A_1ABB_1 为平行四边形，所以点 O 为 A_1B 的中点，在 $\triangle A_1BC_1$ 中，点 O，D_1 分别为 A_1B，A_1C_1 的中点，所以 OD_1 // BC_1，又因为 $OD_1 \subset$ 平面 AB_1D_1，$BC_1 \not\subset$ 平面 AB_1D_1，所以 BC_1 // 平面 AB_1D_1，所以 $\frac{A_1D_1}{D_1C_1} = 1$ 时，BC_1 // 平面 AB_1D_1。

(2)由已知，平面 BC_1D // 平面 AB_1D_1，且平面 $A_1BC_1 \cap$ 平面 $BDC_1 = BC_1$，平面 $A_1BC_1 \cap$ 平面 $AB_1D_1 = D_1O$，因此 BC_1 // D_1O，同理 AD_1 // DC_1，所以 $\frac{A_1D_1}{D_1C_1} = \frac{A_1O}{OB}$，$\frac{A_1D_1}{D_1C_1} = \frac{DC}{AD}$，又因为 $\frac{A_1O}{OB} = 1$，所以 $\frac{DC}{AD} = 1$，即 $\frac{AD}{DC} = 1$。

招教易错突破

变式训练

1. C 【解析】若 $a \perp \alpha$，b // β，$\alpha \perp \beta$，则直线 a 与 b 的关系可能是平行，可能是相交，也可能是异

面，故A项不符合；若 $a\perp\alpha,b\perp\beta,\alpha/\!/\beta$，则 $a/\!/b$，故B项不符合；若 $a\subset\alpha,b\perp\beta,\alpha/\!/\beta$，则由 $\alpha/\!/\beta$，$b\perp\beta$ 可以推出 $b\perp\alpha$，又 $a\subset\alpha$，故 $a\perp b$，故C正确；若 $a\subset\alpha,b/\!/\beta,\alpha\perp\beta$，则直线 a 与 b 的关系可能是平行，可能是相交，也可能是异面，故D项不符合。

2. A 【解析】先考虑充分性，因为 $b\perp\beta,\alpha/\!/\beta$，所以 $b\perp\alpha$，又 $a\subset\alpha$，所以 $a\perp b$；再考虑必要性，因为 $a\perp b,b\perp\beta$，所以 $a/\!/\beta$ 或 $a\subset\beta$，又 $a\subset\alpha$，所以 α 与 β 平行或相交。由此可知，"$\alpha/\!/\beta$"是"$a\perp b$"的充分不必要条件。故选A。

3. AC 【解析】A项，由线面垂直、线面平行的性质可知 $m\perp n$，正确；如果 $m\perp n,m\perp\alpha,n/\!/\beta$，则 α 可能平行于 β，B选项错误；两平面平行，其中一个平面内任意一条直线平行于另一个平面，C选项正确；D项，m,n 也可能为异面直线，错误。

必刷好题

招教高频基础刷

1. B 【解析】当 m 平行于平面 α 和平面 β 的交线时，$m/\!/\beta$，但此时平面 α 和平面 β 相交；当 $\alpha/\!/\beta$ 时，对 $\forall m\in\alpha$ 都有 $m/\!/\beta$。所以命题 p 是命题 q 的必要不充分条件。故选B。

2. C 【解析】选项A，只涉及了一个平面，显然错误；选项B，如果平面 α 与平面 β 相交，$a\subset\alpha$，且 a 平行于平面 α 与平面 β 的交线，这时 $a/\!/\beta$；选项D，如果平面 α 与平面 β 相交，$a\subset\alpha,b\subset\beta$，如果 $a/\!/b$ 并且平行于平面 α 与平面 β 的交线，这时 $a/\!/\beta,b/\!/\alpha$。

3. A 【解析】根据线与线、线与面、面与面之间的关系易知，对于①②，m 不一定与 n 垂直，还可能相交，故错误；③正确；对于④，由 $m/\!/\alpha,n\perp\beta$，且 $\alpha/\!/\beta$，可知 $m\perp n$，故错误。故选A。

4. B 【解析】A项，若 $\alpha\perp\gamma,\beta\perp\gamma$，则 α 与 β 有相交和平行两种位置关系，故A项错误；B项，已知垂直于同一平面的两直线平行，故B项正确；C项，若 $m/\!/\alpha,n/\!/\alpha$，则 m 与 n 有相交、平行和异面三种位置关系，故C项错误；D项，若 $m/\!/\alpha,m/\!/\beta$，则 α 与 β 有平行和相交两种位置关系，故D项错误。

5. ①③ 【解析】①$m\perp\alpha$，则 m 垂直于 α 内任意直线，且与 α 有一个交点 M。$n/\!/\alpha$，则在 α 内过点 M 能找到一条与直线 n 平行的直线 l，则 $m\perp l$，所以 $m\perp n$；②反例：α 内有两条相交的直线 l_1，l_2，且 $l_1/\!/m,l_2/\!/n$，则 m,n 是相交或异面直线；③平面外直线平行于平面的判定定理；④反例：直线 $l\perp$ 面 γ，则过直线 l 的任意平面都垂直平面 γ，若平面 α,β 都过直线 l，则它们不平行。

6. 平行 【解析】在三棱柱 $ABC-A_1B_1C_1$ 中，$AB/\!/A_1B_1$，$\because AB\subset$ 平面 ABC，$A_1B_1\not\subset$ 平面 ABC，$\therefore A_1B_1/\!/$ 平面 ABC，$\because$ 过 A_1B_1 的平面与平面 ABC 交于 DE，$\therefore DE/\!/A_1B_1$，$\therefore DE/\!/AB$。

7. $\sqrt{2}$　**【解析】**在正方体 $ABCD-A_1B_1C_1D_1$ 中，$AB=2$，故 $AC=2\sqrt{2}$，又点 E 为 AD 中点，$EF//$ 平面 AB_1C，$EF\subset$ 平面 ADC，平面 $ADC\cap$ 平面 $AB_1C=AC$，$\therefore EF//AC$，$\therefore F$ 为 DC 的中点，$\therefore EF=\frac{1}{2}AC=\sqrt{2}$。

8. **【解析】**(1) 连结 A_1C。

$\because$ 直三棱柱 $A_1B_1C_1-ABC$ 中，AA_1C_1C 是矩形，

$\therefore$ 点 F 在 A_1C 上，且为 A_1C 的中点。

在 $\triangle A_1BC$ 中，$\because E,F$ 分别是 A_1B,A_1C 的中点，

$\therefore EF//BC$。

又 $\because BC\subset$ 平面 ABC，$EF\not\subset$ 平面 ABC，

$\therefore EF//$ 平面 ABC。

9. **【解析】**证明：(1) 在平面 ABD 内，因为 $AB\perp AD$，$EF\perp AD$，

所以 $EF//AB$，

又因为 $EF\not\subset$ 平面 ABC，$AB\subset$ 平面 ABC，

所以 $EF//$ 平面 ABC。

(2) 因为平面 $ABD\perp$ 平面 BCD，平面 $ABD\cap$ 平面 $BCD=BD$，$BC\subset$ 平面 BCD，$BC\perp BD$，所以 $BC\perp$ 平面 ABD。

因为 $AD\subset$ 平面 ABD，所以 $BC\perp AD$。

又 $AB\perp AD$，$BC\cap AB=B$，$AB\subset$ 平面 ABC，$BC\subset$ 平面 ABC，

所以 $AD\perp$ 平面 ABC，

又因为 $AC\subset$ 平面 ABC，所以 $AD\perp AC$。

10. **【解析】**(1) 取 PD 的中点 G，连结 EG,AG，因为 E,G 分别为 PC,PD 的中点，所以有 $EG\underline{\underline{//}}\frac{1}{2}CD$，又 $FA\underline{\underline{//}}\frac{1}{2}CD$，则 $FA\underline{\underline{//}}EG$，四边形 $AFEG$ 为平行四边形，于是有 $EF//GA$，又 $GA\subset$ 平面 PAD，$EF\not\subset$ 平面 PAD 所以 $EF//$ 平面 PAD。

(2) $\because PA\perp$ 底面 $ABCD$，$\therefore PA$ 是四棱锥 $P-ABCD$ 的高，$\because$ 底面 $ABCD$ 是矩形，$\therefore BC=4$，$BF=1$，$\therefore V_{B-PFC}=V_{P-BFC}=\frac{1}{3}\cdot S_{\triangle BFC}\cdot PA=\frac{1}{3}\cdot\frac{1}{2}\cdot BC\cdot BF\cdot AP=\frac{1}{3}\times\frac{1}{2}\times 4\times 1\times 2=\frac{4}{3}$。

11. **【解析】**(1) 证明：在四棱锥 $P-ABCD$ 中，

$\because \angle BAD=\angle ABC=90°$，$\therefore BC//AD$，

又 $\because AD\subset$ 平面 PAD，$BC\not\subset$ 平面 PAD，

$\therefore BC//$ 平面 PAD。

(2)取 AD 中点 O,连结 CO,PO,

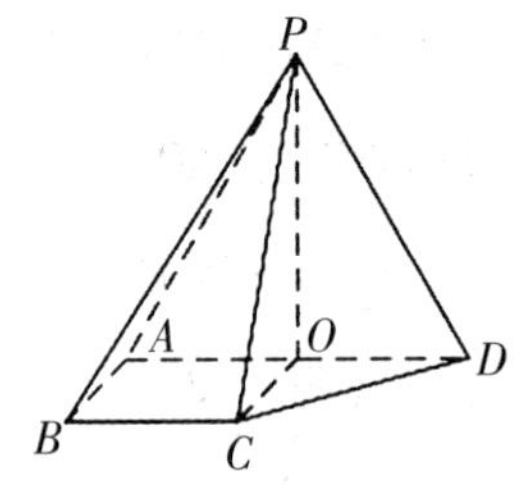

设 $AB=BC=\frac{1}{2}AD=x$,则 $CO=DO=x,CD=\sqrt{2}x$,

$\because\triangle PAD$ 为等边三角形,O 为 AD 中点,

$\therefore PO\perp AD,PO=\sqrt{3}x$,

又$\because$ 平面 $PAD\perp$ 平面 $ABCD$,平面 $PAD\cap$ 平面 $ABCD=AD$,

$\therefore PO\perp$ 平面 $ABCD$,

$\therefore PO\perp CO,PC=2x$,

在$\triangle PCD$ 中,$PC=PD=2x,CD=\sqrt{2}x$,

故 CD 边上的高为$\frac{\sqrt{14}}{2}x$,

$\therefore S_{\triangle PCD}=\frac{1}{2}CD\cdot\frac{\sqrt{14}}{2}x=2\sqrt{7},\therefore x=2$,

故 $V_{P-ABCD}=\frac{1}{3}\cdot\frac{1}{2}(BC+AD)\cdot AB\cdot PO=4\sqrt{3}$。

12.**【解析】**(1)证明:因为 $A_1B_1/\!/AB,AB/\!/CD$,所以 $A_1B_1/\!/CD$,

因为 $A_1B_1=CD$,所以四边形 A_1B_1CD 是平行四边形,所以 $A_1D/\!/B_1C$,同理 $A_1B/\!/D_1C$。

又因为 $A_1B\subset$平面 $A_1BD,A_1D\subset$平面 $A_1BD,CD_1\subset$平面 $CD_1B_1,B_1C\subset$ 平面 CD_1B_1,且 $A_1B\cap A_1D=A_1,CD_1\cap B_1C=C$,所以平面 $A_1BD/\!/$平面 CD_1B_1。

(2)因为 $A_1O\perp$平面 $ABCD$,

所以 A_1O 是三棱柱 $ABD-A_1B_1D_1$ 的高。

在正方形 $ABCD$ 中,$AB=\sqrt{2}$,可得 $AC=2$,

在 $\mathrm{Rt}\triangle A_1OA$ 中,$AA_1=2,AO=1$,所以 $A_1O=\sqrt{3}$,

所以 $V_{\text{三棱柱}ABD-A_1B_1D_1}=S_{\triangle ABD}\cdot A_1O=\frac{1}{2}\times(\sqrt{2})^2\times\sqrt{3}=\sqrt{3}$,

所以三棱柱 $ABD-A_1B_1D_1$ 的体积为$\sqrt{3}$。

13.**【解析】**(1)证明:因为 M,N 分别为 AD,PD 的中点,所以 $MN/\!/PA$,又因为 $MA=\frac{1}{2}AD=BC=2$,且 $AD/\!/BC$,所以四边形 $ABCM$ 为平行四边形,所以 $CM/\!/AB$,又因为 $MN\cap CM=M$,且 $MN,CM\subset$平面 CMN,所以平面 $CMN/\!/$平面 PAB,又因为 $CH\subset$平面 CMN,所以 $CH/\!/$平面 PAB。

(2)连结 BM,因为 $BC=2,MD=\frac{1}{2}AD=2$,且 $AD/\!/BC$,所以四边形 $BCDM$ 为平行四边形,

所以 $CD /\!/ BM$，且 $BM = CD = 2$，又因为 $AB = 2\sqrt{2}$，$AM = 2$，所以 $AB^2 = AM^2 + BM^2$，所以 $BM \perp AD$，又因为 $AP \perp CD$，且 $CD /\!/ BM$，所以 $BM \perp AP$，又由 $AP \cap AD = A$，且 $AP, AD \subset$ 平面 PAD，所以 $BM \perp$ 平面 PAD，所以 BM 即为点 B 到平面 PAD 的距离，因为 $BM = 2$，所以点 B 到平面 PAD 的距离等于 2。

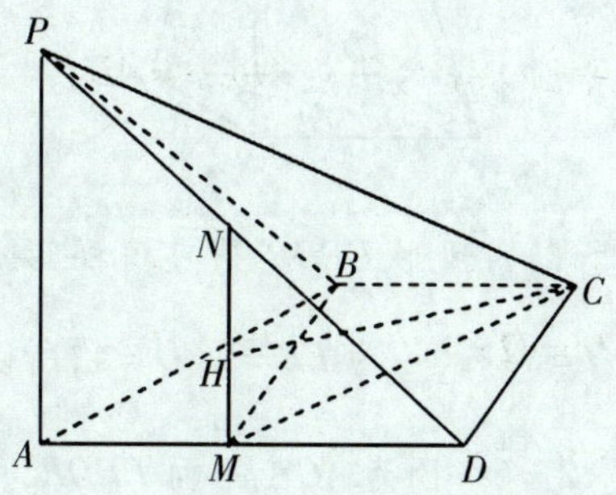

第四节　直线、平面垂直的判定及其性质

考向 1 变式训练

1.【解析】证明：$\because AB = 3, BC = 2, AC = \sqrt{5}$，$\therefore AB^2 = BC^2 + AC^2$，$\therefore BC \perp AC$。又三棱柱 $ABC - A_1B_1C_1$ 是直棱柱，$\therefore$ 平面 $ACC_1A_1 \perp$ 平面 ABC。$\because$ 平面 $ACC_1A_1 \cap$ 平面 $ABC = AC$，$\therefore BC \perp$ 平面 ACC_1A_1。

2.【解析】(1) 证明：连结 BD 交 AC 于点 O，

$\because EB \perp$ 平面 $ABCD$，$FD \perp$ 平面 $ABCD$，

$\therefore FD /\!/ EB$，$\therefore F, D, E, B$ 四点共面，

$\because$ 四边形 $ABCD$ 是菱形，$\therefore BD \perp AC$，

又 $AC \subset$ 平面 $ABCD$，$\therefore EB \perp AC$，

$\because EB \subset$ 平面 $EFDB$，$BD \subset$ 平面 $EFDB$，$EB \cap BD = B$，

$\therefore AC \perp$ 平面 $EFDB$，

又 $EF \subset$ 平面 $EFDB$，

$\therefore EF \perp AC$。

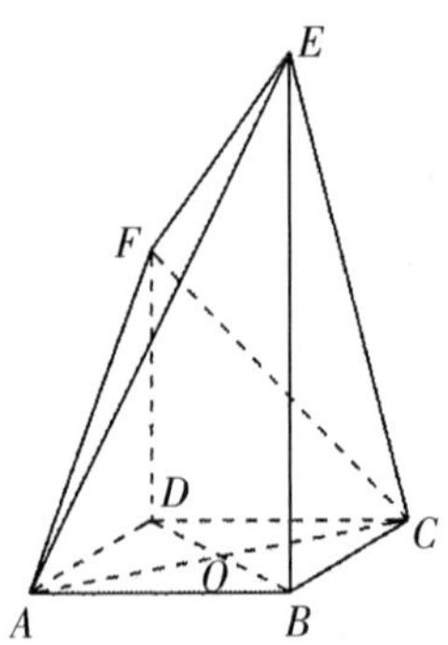

(2)因为 $FD/\!/EB$,$EB\perp BD$,所以四边形 $EFDB$ 是直角梯形,因为菱形 $ABCD$ 的边长为2,且 $\angle DAB=60°$,易得 $BD=2$,$AO=CO=\sqrt{3}$,又因为 $EB=2FD=4$,所以直角梯形 $EBDF$ 的面积为 $S_{梯}=\frac{1}{2}(EB+FD)\cdot BD=\frac{1}{2}\times(2+4)\times2=6$。因为 $AC\perp$ 平面 $EFDB$,所以 $V_{EFABCD}=V_{A-EFDB}+V_{C-EFDB}=\frac{1}{3}S_{梯}\cdot AC=\frac{1}{3}\times6\times2\sqrt{3}=4\sqrt{3}$。

3.【解析】(1)证明:$\because AA_1$ 是圆柱的母线,AB 是圆柱底面圆的直径,

$\therefore AA_1\perp$ 平面 ABC,$AC\perp BC$,$\because AA_1\cap AC$ 于点 A,$\therefore AA_1\perp BC$,$\therefore BC\perp$ 平面 AA_1C,$\therefore BC\perp A_1C$。

(2)由(1)可知 $AA_1\perp$ 平面 ABC,则 AA_1 是三棱锥 A_1-ABC 的高,

故三棱锥 A_1-ABC 的体积 $V=\frac{1}{3}S_{\triangle ABC}\cdot AA_1$,由于 AB 是直径,则要使三棱锥的体积最大,只需 $\triangle ABC$ 以线段 AB 为底边的高最大,即 $\triangle ABC$ 的高为底面圆的半径时,体积最大,此时 $V_{\max}=\frac{1}{3}S_{\triangle ABC}\cdot AA_1=\frac{1}{3}\times\frac{1}{2}\times3\times\frac{3}{2}\times3=\frac{9}{4}$。

考向2 变式训练

【解析】在 $\triangle ABC$ 中,因为 $AB=2\sqrt{2}$,$BC=4$,$\angle ABC=45°$,由余弦定理得 $AC^2=AB^2+BC^2-2AB\cdot BC\cdot\cos45°=8$,那么 $AC^2+AB^2=BC^2$,所以 $\angle BAC=90°$,又因为 $AB/\!/CD$,所以 $\angle ACD=90°$,即 $AC\perp CD$。因为 $PA\perp$ 平面 $ABCDE$,且 $CD\subset$ 平面 $ABCDE$,所以 $PA\perp CD$,因为 $PA\subset$ 平面 PAC,$AC\subset$ 平面 PAC,且 $PA\cap AC=A$,所以 $CD\perp$ 平面 PAC,又因为 $CD\subset$ 平面 PCD,所以平面 $PCD\perp$ 平面 PAC。

考向3 变式训练

【解析】(1)在 CD 上存在点 F 满足题意,且点 F 为 CD 的中点。证明如下:

如图,取 BC 的中点 G,连结 AG,GE,由 $BC=2$,$EB=EC=\sqrt{2}$ 得 $EG\perp BC$,且 $EG=1$,

又平面 $EBC\perp$ 平面 $ABCD$，平面 $EBC\cap$ 平面 $ABCD=BC$，所以 $EG\perp$ 平面 $ABCD$，又 $PA\perp$ 平面 $ABCD$，$PA=2$，所以 $EG\underline{\underline{/\!/}}\frac{1}{2}PA$，故 P,A,E,G 四点共面。

取 CD 的中点 F，连结 BF，在正方形 $ABCD$ 中，易得 $\angle BAG=\angle CBF$，所以 $BF\perp AG$，又 $PA\perp$ 平面 $ABCD$，$BF\subset$ 平面 $ABCD$，所以 $BF\perp PA$，又 $PA\cap AG=A$，所以 $BF\perp$ 平面 PAE。

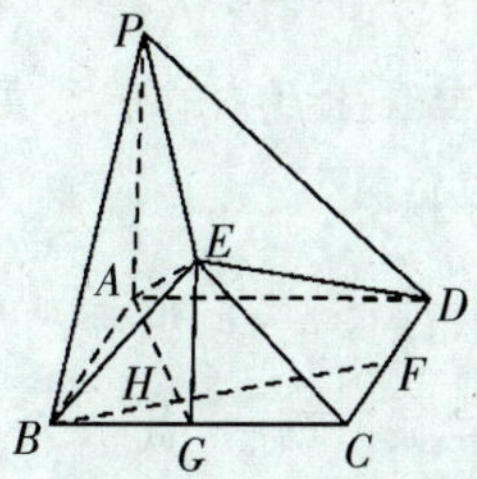

(2) 多面体 $PABCDE$ 的体积 $V=V_{E-PAB}+V_{E-PAD}+V_{E-ABCD}$，因为 $EG/\!/PA$，$PA\subset$ 平面 PAB，所以 $EG/\!/$ 平面 PAB，即点 E 到平面 PAB 的距离与点 G 到平面 PAB 的距离相等，同理可证点 E 到平面 PAD 的距离与点 C 到平面 PAD 的距离相等，所以 $V_{E-PAB}=\frac{1}{3}\times\frac{1}{2}\times2\times2\times1=\frac{2}{3}$，$V_{E-PAD}=\frac{1}{3}\times\frac{1}{2}\times2\times2\times2=\frac{4}{3}$，$V_{E-ABCD}=\frac{1}{3}\times2\times2\times1=\frac{4}{3}$，故 $V=\frac{10}{3}$。

招教易错突破

变式训练

1. C 【解析】$\alpha\perp\beta$，且 $m\subset\alpha\Rightarrow m\subset\beta$ 或 $m/\!/\beta$ 或 m 与 β 相交，故 A 项不成立；$\alpha\perp\beta$，且 $m/\!/\alpha\Rightarrow m\subset\beta$ 或 $m/\!/\beta$ 或 m 与 β 相交，故 B 项不成立；$m/\!/n$，且 $n\perp\beta\Rightarrow m\perp\beta$，故 C 项成立；$m\perp n$，$n\subset\alpha$，且 $\alpha/\!/\beta\nRightarrow m\perp\beta$，故 D 项不成立。

2. D 【解析】由 $m\perp$ 平面 α，直线 l 满足 $l\perp m$，且 $l\not\subset\alpha$，所以 $l/\!/\alpha$。又 $n\perp$ 平面 β，$l\perp n$，$l\not\subset\beta$，所以 $l/\!/\beta$。由直线 m,n 为异面直线，且 $m\perp$ 平面 α，$n\perp$ 平面 β，则 α 与 β 相交，否则，若 $\alpha/\!/\beta$ 则推出 $m/\!/n$，与 m,n 异面矛盾。故 α 与 β 相交，且交线平行于 l。故选 D。

必刷好题

招教高频基础刷

1. A 【解析】由平面与平面平行的性质知，过与平面 α 平行的直线 a 有且仅有一个平面与 α

平行，故①正确；过与平面 α 垂直的直线 a 有无数个平面与 α 垂直，故②错误。

2. B 【解析】当 α 内的无数条直线平行时，l 与 α 不一定垂直，故①错误；当 l 与 α 内的一条直线垂直时，不能保证 l 与 α 垂直，故②错误；当 l 与 α 不垂直时，l 可能与 α 内的无数条直线垂直，故③错误；④正确。

3. B 【解析】A 选项，由 $\alpha /\!/ \beta$，且 $m \subset \alpha$，知 $m /\!/ \beta$，不符合题意；B 选项，由 $n \perp \beta$ 知，n 垂直于平面 β 内的任意直线，再由 $m /\!/ n$，知 m 也垂直于 β 内的任意直线，所以 $m \perp \beta$，符合题意；C 项与 D 项中，结果可能为 $m \subset \beta$ 或 $m /\!/ \beta$ 或 m 与 β 相交，不符合题意。

4. D 【解析】A 选项，由 $a /\!/ b$，$b /\!/ c$，可得 $a /\!/ c$，但若两个平行直线中的一条平行于一个平面，则另一条不一定平行于该平面，有可能在该平面内，故 A 项错误；B 选项，分别位于两个互相垂直的平面内的两条直线所成的角的大小不确定，故 B 项错误；C 选项，由 $a \perp b$，$b \perp c$，并不能推出 $a /\!/ c$，故结合 $a \perp \alpha$ 也不能推出 $c \perp \alpha$，故 C 项错误；D 选项，直线 a 与平面 β 没有公共点，因此 $a /\!/ \beta$，故 D 项正确。

5.【解析】(1) 证明：在正三棱柱中，棱 $A_1A \perp$ 平面 $A_1B_1C_1$，则 $AA_1 \perp DE$，又 $DE \perp AE$，$AA_1 \cap AE = A$，所以 $DE \perp$ 平面 ACC_1A_1，又 $DE \subset$ 平面 ADE，则面 $ADE \perp$ 平面 ACC_1A_1。

(2) 取 AB 的中点 M，连结 DM，CM，C_1M，C_1D，则显然四边形 $DMCC_1$ 为矩形。

过 D 点作 C_1M 的垂线交 MC_1 于 N，连结 AN。

因为 $\triangle ABC$ 是等边三角形，$AM = BM$，所以 $AB \perp CM$，

又在矩形 A_1ABB_1 中，$DM \perp AB$，

所以 $AB \perp$ 平面 $DMCC_1$，

所以 $AB \perp DN$，

又因为 $DN \perp C_1M$，

所以 $DN \perp$ 面 ABC_1，

则 $\angle DAN$ 为直线 AD 与平面 ABC_1 所成的角，

设 $AA_1 = 2$，则 $AB = 2\sqrt{2}$。

在 $\mathrm{Rt}\triangle A_1AD$ 中，$AA_1 = 2$，$A_1D = \sqrt{2}$，则 $AD = \sqrt{6}$，

在 $\mathrm{Rt}\triangle CBM$ 中，$CB = 2\sqrt{2}$，$MB = \sqrt{2}$，则 $CM = \sqrt{6} = DC_1$，

在 $\mathrm{Rt}\triangle DMC_1$ 中，$DM = 2$，$DC_1 = \sqrt{6}$，则 $C_1M = \sqrt{10}$，又因为 DN 为斜边上的高，所以 $DN = \dfrac{2\sqrt{6}}{\sqrt{10}}$，

在 $\mathrm{Rt}\triangle AND$ 中，$\sin\angle DAN = \dfrac{DN}{AD} = \dfrac{\sqrt{10}}{5}$，

故$\angle DAN=\arcsin\dfrac{\sqrt{10}}{5}$。

6.【解析】(1)因为在$\triangle PAD$中,$PA=PD$,点O为AD的中点,

所以$PO\perp AD$。

又因为侧面$PAD\perp$底面$ABCD$,平面$PAD\cap$平面$ABCD=AD$,$PO\subset$平面PAD,

所以$PO\perp$平面$ABCD$。

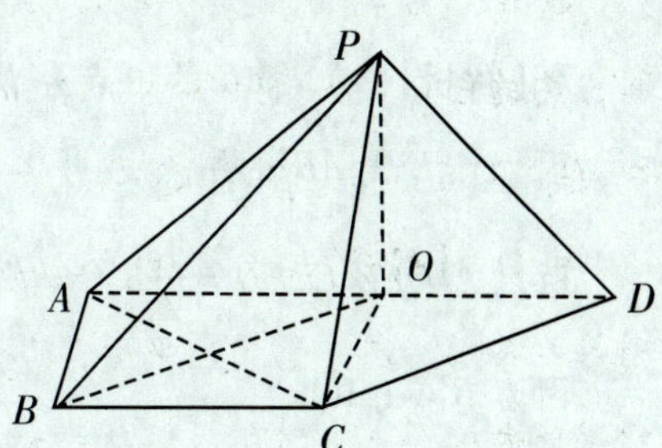

(2)如图,连结BO,

在直角梯形$ABCD$中,$BC/\!/AD$,$AD=2AB=2BC$,

则$OD/\!/BC$,且$OD=BC$,

所以四边形$OBCD$是平行四边形,

所以$OB/\!/DC$。

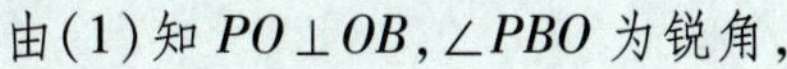

由(1)知$PO\perp OB$,$\angle PBO$为锐角,

所以$\angle PBO$是异面直线PB与CD所成的角。

因为$AD=2AB=2BC=2$,

且在$\mathrm{Rt}\triangle AOB$中,$AB=1$,$AO=1$,

所以$OB=\sqrt{2}$。

在$\mathrm{Rt}\triangle POA$中,因为$AP=\sqrt{2}$,$AO=1$,

所以$OP=1$。

在$\mathrm{Rt}\triangle PBO$中,$PB=\sqrt{OP^2+OB^2}=\sqrt{3}$,$\cos\angle PBO=\dfrac{OB}{PB}=\dfrac{\sqrt{2}}{\sqrt{3}}=\dfrac{\sqrt{6}}{3}$,

所以异面直线PB与CD所成角的余弦值为$\dfrac{\sqrt{6}}{3}$。

(3)由(2)得$CD=OB=\sqrt{2}$。

在$\mathrm{Rt}\triangle POC$中,$PC=\sqrt{OC^2+OP^2}=\sqrt{2}$,

所以$PC=CD=DP$,

$S_{\triangle PCD}=\dfrac{1}{2}\times\sqrt{2}\times\sqrt{2}\times\dfrac{\sqrt{3}}{2}=\dfrac{\sqrt{3}}{2}$。

又$S_{\triangle ACD}=\dfrac{1}{2}AD\cdot OC=1$,

设点A到平面PCD的距离为h,

由$V_{三棱锥P-ACD}=V_{三棱锥A-PCD}$,

得$\frac{1}{3}S_{\triangle ACD}\cdot OP=\frac{1}{3}S_{\triangle PCD}\cdot h$，

即$\frac{1}{3}\times1\times1=\frac{1}{3}\cdot\frac{\sqrt{3}}{2}\cdot h$，

解得 $h=\frac{2\sqrt{3}}{3}$。

7.**【解析】**(1)取 AC 的中点为 D，连结 BD,ED。

因为点 E 是 AB'的中点，

所以 $ED/\!/B'C,ED=\frac{1}{2}B'C=\sqrt{2}$。

因为 $B'C\perp AC$，

所以 $DE\perp AC$。

又因为$\triangle ABC$ 是底角等于30°的等腰三角形，

所以 $BD\perp AC,BD\cap DE=D$，

所以 $AC\perp$平面 BDE，

所以 $AC\perp BE$，

即 $AC\perp BA'$。

(2)由(1)知$\angle EDB$ 是二面角 $B'-AC-B$ 的一个平面角，

则$\angle EDB=45°$。

在$\triangle ABC$ 中，由 $AD=\frac{1}{2}AC=2\sqrt{3}$，

得 $BD=AD\cdot\tan30°=2\sqrt{3}\times\frac{\sqrt{3}}{3}=2$。

在$\triangle DBE$ 中，由 $EB^2=ED^2+BD^2-2ED\cdot BD\cdot\cos45°=2+4-2\sqrt{2}\times2\times\frac{\sqrt{2}}{2}=2$，

得 $EB=\sqrt{2}$，又$\because$ $ED=\sqrt{2}$，

则$\triangle BDE$ 是等腰直角三角形。

故 $ED\perp BE,ED$ 是异面直线 AC 与 BA'的距离，

即异面直线 AC 与 BA'的距离为$\sqrt{2}$。

(3)连结 $A'D$，则 $ED=EA'=EB=\sqrt{2}$，

所以 $A'D\perp BD$。

又因为 $AC\perp$平面 $BED,A'D\subset$平面 BED，

所以 $A'D\perp AC$，

所以 $A'D\perp$ 平面 ABC，且 $A'D=2$。

所以 $V_{B'-ABC}=\frac{1}{3}S_{\triangle ABC}\cdot A'D=\frac{1}{3}\cdot\frac{1}{2}\cdot BD\cdot AC\cdot A'D=\frac{8}{3}\sqrt{3}$，

$V_{B'-BEC}=V_{C-BEB'}=\frac{1}{2}V_{C-ABB'}=\frac{1}{2}V_{B'-ABC}=\frac{4}{3}\sqrt{3}$。

8.【解析】(1)连结 A_1C。

$\because$ 直三棱柱 $A_1B_1C_1-ABC$ 中，AA_1C_1C 是矩形，

$\therefore$ 点 F 在 A_1C 上，且为 A_1C 的中点。

在 $\triangle A_1BC$ 中，$\because E,F$ 分别是 A_1B,A_1C 的中点，

$\therefore EF/\!/BC$。

$\because$ 直三棱柱 $A_1B_1C_1-ABC$ 中，$B_1B\perp$ 平面 ABC，

$\therefore B_1B\perp BC$。

$\because EF/\!/BC,AB\perp BC$，

$\therefore AB\perp EF,B_1B\perp EF$。

$\because B_1B\cap AB=B$，$\therefore EF\perp$ 平面 ABB_1A_1。

$\because EF\subset$ 平面 AEF，

$\therefore$ 平面 $AEF\perp$ 平面 ABB_1A_1。

(2) $V_{F-ABC}=\frac{1}{2}V_{A_1-ABC}=\frac{1}{2}\times\frac{1}{3}\times S_{\triangle ABC}\times AA_1=\frac{1}{2}\times\frac{1}{3}\times\frac{1}{2}a^2\times2a=\frac{a^3}{6}$。

9.【解析】(1)证明：连结 BD。

依题意可得 $AB=2,BC\perp DC,AD=BD=\sqrt{2}$，

$\therefore AD^2+BD^2=AB^2,PD^2+BD^2=PB^2$，

$\therefore AD\perp BD,BD\perp PD$，

$\because AD\cap PD=D$，$\therefore BD\perp$ 平面 APD，

又 $BD\subset$ 平面 $ABCD$，$\therefore$ 平面 $PAD\perp$ 平面 $ABCD$。

(2)利用等体积法计算点 C 到平面 ABP 的距离 h。取 AD 的中点 E，连结 PE，则 $PE\perp AD$，且 $PE\perp$ 平面 $ABCD$，$AD=\sqrt{2}$，$AE=\frac{\sqrt{2}}{2}$，$PE=\frac{\sqrt{2}}{2}$，

又 $BP^2+AP^2=AB^2$，$\therefore BP\perp AP$，

则 $V_{P-ABC}=V_{C-ABP}$，即 $\frac{\sqrt{2}}{2}\times2\times1\times\frac{1}{2}\times\frac{1}{3}=h\times1\times\sqrt{3}\times\frac{1}{2}\times\frac{1}{3}$，

解得 $h=\frac{\sqrt{6}}{3}$。

设 BC 与平面 ABP 所成角为 θ, $BC=1$,

则 $\sin\theta=\dfrac{\frac{\sqrt{6}}{3}}{1}=\dfrac{\sqrt{6}}{3}$,

即直线 BC 与平面 ABP 所成角的正弦值为 $\dfrac{\sqrt{6}}{3}$。

10.【解析】(1)证明:$\because DE=EC=2, PD=PC=4, \therefore PE\perp AC$,

$\because$ 平面 $PAC\perp$ 平面 ABC,平面 $PAC\cap$ 平面 $ABC=AC$, $PE\subset$ 平面 PAC, $PE\perp AC$,

$\therefore PE\perp$ 平面 ABC, $\therefore PE\perp AB$,

$\because \angle ABC=\dfrac{\pi}{2}, EF/\!/BC, \therefore \angle AFE=\dfrac{\pi}{2}$,即 $AB\perp EF$,

又$\because EF\cap PE=E, \therefore AB\perp$ 平面 PEF。

(2) 设 $BC=x$,

$\because \angle ABC=\dfrac{\pi}{2}, AD=DE=EC=2, \therefore AB=\sqrt{6^2-x^2}, \therefore S_{\triangle ABC}=\dfrac{1}{2}AB\cdot BC=\dfrac{x}{2}\sqrt{6^2-x^2}$,

$\because EF/\!/BC, \therefore \triangle AEF\backsim\triangle ACB, \therefore \dfrac{S_{\triangle AEF}}{S_{\triangle ACB}}=\left(\dfrac{AE}{AC}\right)^2=\left(\dfrac{2}{3}\right)^2=\dfrac{4}{9}$,

$\therefore S_{\triangle AEF}=\dfrac{4}{9}S_{\triangle ABC}=\dfrac{2x}{9}\sqrt{6^2-x^2}$,

$\because D$ 为 AE 中点, $\therefore S_{\triangle ADF}=\dfrac{1}{2}S_{\triangle AEF}=\dfrac{x}{9}\sqrt{6^2-x^2}$,

$\therefore S_{四边形DFBC}=S_{\triangle ABC}-S_{\triangle ADF}=\dfrac{7x}{18}\sqrt{6^2-x^2}$,

由(1)知 $PE\perp$ 平面 ABC, $\therefore PE$ 为四棱锥 $P-DFBC$ 的高,

$\therefore$ 在 $\text{Rt}\triangle PEC$ 中, $PE=\sqrt{PC^2-EC^2}=\sqrt{4^2-2^2}=2\sqrt{3}$,

$\therefore V_{四棱锥P-DFBC}=\dfrac{1}{3}PE\cdot S_{四边形DFBC}=\dfrac{1}{3}\times2\sqrt{3}\times\dfrac{7x}{18}\sqrt{6^2-x^2}=7$,得 $x^4-36x^2+243=0$,

解得 $x^2=9$ 或 $x^2=27$,

$\because x>0, \therefore x=3$ 或 $x=3\sqrt{3}$,

$\therefore BC$ 的长为 3 或 $3\sqrt{3}$。

11.【解析】(1)$\because AB=1, AC=2, \angle BAC=60^\circ, \therefore AB\perp BC$,

$\therefore BC=\sqrt{2^2-1^2}=\sqrt{3}$,

$\therefore V_{三棱锥P-ABC}=\dfrac{1}{3}PA\cdot S_{\triangle ABC}=\dfrac{1}{3}\times1\times\dfrac{1}{2}\times1\times\sqrt{3}=\dfrac{\sqrt{3}}{6}$。

(2)证明:如图,过点 B 作 $BN\perp AC$ 于点 N,过 N 作 $NM/\!/PA$ 交 PC 于点 M,

$\because PA\perp$ 平面 ABC,$\therefore PA\perp AC$,$\therefore MN\perp AC$,

又$\because MN\cap BN=N$,$\therefore AC\perp$ 平面 MBN,$\therefore AC\perp BM$,

在 $\mathrm{Rt}\triangle ABN$ 中,$AN=AB\cdot\cos60^{\circ}=\dfrac{1}{2}$,$\therefore NC=AC-AN=\dfrac{3}{2}$,$\therefore \dfrac{AN}{NC}=\dfrac{1}{3}$,

$\because PA/\!/MN$,$\therefore \dfrac{PM}{MC}=\dfrac{AN}{NC}=\dfrac{1}{3}$。

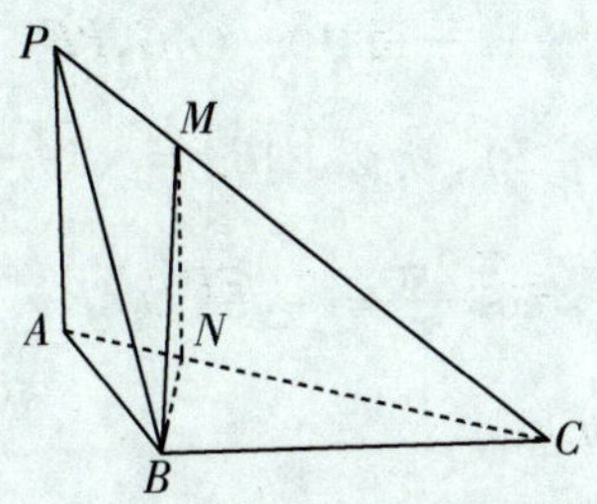

第五节 空间向量及其运算

招教考向解读

考向 1 变式训练

1. C 【解析】连结 OD,由题意知,在三棱锥 $O-ABC$ 中,点 D 是棱 AC 的中点,由$\overrightarrow{OA}=\boldsymbol{a}$,$\overrightarrow{OB}=\boldsymbol{b}$,$\overrightarrow{OC}=\boldsymbol{c}$,可知$\overrightarrow{BD}=\overrightarrow{BO}+\overrightarrow{OD}$,$\overrightarrow{BO}=-\boldsymbol{b}$,$\overrightarrow{OD}=\dfrac{1}{2}\overrightarrow{OA}+\dfrac{1}{2}\overrightarrow{OC}=\dfrac{1}{2}\boldsymbol{a}+\dfrac{1}{2}\boldsymbol{c}$,故$\overrightarrow{BD}=\dfrac{1}{2}\boldsymbol{a}-\boldsymbol{b}+\dfrac{1}{2}\boldsymbol{c}$。

2. D 【解析】连结 PE,由题意知,在三棱锥 $P-ABC$ 中,$\overrightarrow{PA}=\boldsymbol{a}$,$\overrightarrow{PB}=\boldsymbol{b}$,$\overrightarrow{PC}=\boldsymbol{c}$,点 D,E 分别是棱 PA,BC 的中点,则$\overrightarrow{DE}=\overrightarrow{PE}-\overrightarrow{PD}=\dfrac{1}{2}(\overrightarrow{PB}+\overrightarrow{PC})-\dfrac{1}{2}\overrightarrow{PA}=-\dfrac{1}{2}\boldsymbol{a}+\dfrac{1}{2}\boldsymbol{b}+\dfrac{1}{2}\boldsymbol{c}$。

3. A 【解析】由题意知,在平行六面体 $ABCD-A_1B_1C_1D_1$ 中,$\overrightarrow{DA}=\boldsymbol{a}$,$\overrightarrow{DC}=\boldsymbol{b}$,$\overrightarrow{DD_1}=\boldsymbol{c}$,可得$\overrightarrow{D_1B}=\overrightarrow{AB}-\overrightarrow{AD_1}=\overrightarrow{DC}-(\overrightarrow{DD_1}-\overrightarrow{DA})=\overrightarrow{DA}+\overrightarrow{DC}-\overrightarrow{DD_1}=\boldsymbol{a}+\boldsymbol{b}-\boldsymbol{c}$。

考向 2 变式训练

1. D 【解析】A 项表示 $\boldsymbol{a}$,$\boldsymbol{b}$ 的单位向量相等,但两向量方向相反也叫平行,即当 $\boldsymbol{a}$ 与 $\boldsymbol{b}$ 反向时,$\dfrac{\boldsymbol{a}}{|\boldsymbol{a}|}=-\dfrac{\boldsymbol{b}}{|\boldsymbol{b}|}$;B 项,设 $\boldsymbol{a}=(1,2,3)$,$\boldsymbol{b}=(3,\dfrac{3}{2},1)$,此时 $a_1b_1=a_2b_2=a_3b_3$,但两向量并不平行;C

项表示 $\boldsymbol{a}\perp\boldsymbol{b}$；根据共线向量定理可知，D 选项正确。

2. B 【解析】由题意知 $\boldsymbol{c}=x\boldsymbol{a}+y\boldsymbol{b}$，即 $(7,6,\lambda)=x(2,1,-3)+y(-1,2,3)$，

所以 $\begin{cases}2x-y=7,\\x+2y=6,\\-3x+3y=\lambda,\end{cases}$ 解得 $\lambda=-9$。

考向 3 变式训练

1. A 【解析】因为 $\overrightarrow{AB}=(0,1,-2)$，所以 $|\overrightarrow{AB}|=\sqrt{0^2+1^2+(-2)^2}=\sqrt{5}$，所以 $\overrightarrow{AB}\cdot\overrightarrow{AC}=|\overrightarrow{AB}|\cdot|\overrightarrow{AC}|\cos<\overrightarrow{AB},\overrightarrow{AC}>=\sqrt{5}\times2\times\cos\dfrac{2\pi}{3}=-\sqrt{5}$，故 $\overrightarrow{AB}\cdot\overrightarrow{BC}=\overrightarrow{AB}\cdot(\overrightarrow{AC}-\overrightarrow{AB})=\overrightarrow{AB}\cdot\overrightarrow{AC}-|\overrightarrow{AB}|^2=-\sqrt{5}-5$。

2. 1 或 -3 【解析】因为 $|\boldsymbol{a}|=\sqrt{2^2+4^2+x^2}=6$，即 $x=\pm4$，

又因为 $\boldsymbol{a}\perp\boldsymbol{b}$，即 $\boldsymbol{a}\cdot\boldsymbol{b}=0$，即 $4+4y+2x=0$，

即 $\begin{cases}x=4,\\y=-3\end{cases}$ 或 $\begin{cases}x=-4,\\y=1,\end{cases}$ 故 $x+y=1$ 或 $x+y=-3$。

3. $2\sqrt{5}$ 【解析】$\because|\overrightarrow{AB}|=2\sqrt{6}$，$\therefore\sqrt{(2-x)^2+(y-1)^2+(4-2)^2}=2\sqrt{6}$，

$\therefore(x-2)^2+(y-1)^2=20$，则 $|MN|=\sqrt{(x-2)^2+(y-1)^2+(3-3)^2}=2\sqrt{5}$。

必刷好题

招教高频基础刷

1. A 【解析】$\because\overrightarrow{AN}=\overrightarrow{NB}$，$\overrightarrow{BM}=2\overrightarrow{MC}$，$\overrightarrow{OA}=\boldsymbol{a}$，$\overrightarrow{OB}=\boldsymbol{b}$，$\overrightarrow{OC}=\boldsymbol{c}$，$\therefore\overrightarrow{MN}=\overrightarrow{MB}+\overrightarrow{BN}=\dfrac{2}{3}\overrightarrow{CB}+\dfrac{1}{2}\overrightarrow{BA}=\dfrac{2}{3}(\overrightarrow{OB}-\overrightarrow{OC})+\dfrac{1}{2}(\overrightarrow{OA}-\overrightarrow{OB})=\dfrac{2}{3}\overrightarrow{OB}-\dfrac{2}{3}\overrightarrow{OC}+\dfrac{1}{2}\overrightarrow{OA}-\dfrac{1}{2}\overrightarrow{OB}=\dfrac{1}{2}\overrightarrow{OA}+\dfrac{1}{6}\overrightarrow{OB}-\dfrac{2}{3}\overrightarrow{OC}=\dfrac{1}{2}\boldsymbol{a}+\dfrac{1}{6}\boldsymbol{b}-\dfrac{2}{3}\boldsymbol{c}$。

2. A 【解析】在平行六面体 $ABCD-A_1B_1C_1D_1$ 中，M 为 A_1C_1，B_1D_1 的交点，因为 $\overrightarrow{AB}=\boldsymbol{a}$，$\overrightarrow{AD}=\boldsymbol{b}$，$\overrightarrow{AA_1}=\boldsymbol{c}$，故向量 $\overrightarrow{BM}=\overrightarrow{BB_1}+\overrightarrow{B_1M}=\overrightarrow{BB_1}+\dfrac{1}{2}\overrightarrow{B_1D_1}=\overrightarrow{BB_1}+\dfrac{1}{2}(\overrightarrow{BA}+\overrightarrow{AD})=-\dfrac{1}{2}\boldsymbol{a}+\dfrac{1}{2}\boldsymbol{b}+\boldsymbol{c}$。

3. A 【解析】已知 $\boldsymbol{a}=\boldsymbol{e}_1+\boldsymbol{e}_2+\boldsymbol{e}_3$，$\boldsymbol{b}=\boldsymbol{e}_1-\boldsymbol{e}_2-\boldsymbol{e}_3$，$\boldsymbol{c}=\boldsymbol{e}_1+\boldsymbol{e}_2$，$\boldsymbol{d}=\boldsymbol{e}_1+2\boldsymbol{e}_2+3\boldsymbol{e}_3$，且 $\boldsymbol{d}=x\boldsymbol{a}+y\boldsymbol{b}+$

$z\boldsymbol{c}$，则 $\boldsymbol{e}_1+2\boldsymbol{e}_2+3\boldsymbol{e}_3=x(\boldsymbol{e}_1+\boldsymbol{e}_2+\boldsymbol{e}_3)+y(\boldsymbol{e}_1-\boldsymbol{e}_2-\boldsymbol{e}_3)+z(\boldsymbol{e}_1+\boldsymbol{e}_2)=(x+y+z)\boldsymbol{e}_1+(x-y+z)\boldsymbol{e}_2+$

$(x-y)\boldsymbol{e}_3$，故$\begin{cases}x+y+z=1,\\x-y+z=2,\\x-y=3,\end{cases}$解得$\begin{cases}x=\dfrac{5}{2},\\y=-\dfrac{1}{2},\\z=-1。\end{cases}$

4. B 【解析】由题意得，$\overrightarrow{OP}=\frac{1}{6}\overrightarrow{OA}+\frac{1}{3}\overrightarrow{OB}+\frac{1}{2}\overrightarrow{OC}$，而$\frac{1}{6}+\frac{1}{3}+\frac{1}{2}=1$，故四点 P,A,B,C 必共面。

5. B 【解析】由题意知，$\boldsymbol{m}\perp\boldsymbol{n}$，则 $\boldsymbol{m}\cdot\boldsymbol{n}=0$，即$(2\boldsymbol{e}_1+3\boldsymbol{e}_2)(k\boldsymbol{e}_1-4\boldsymbol{e}_2)=0$，即 $2k-12=0$，得 $k=6$。

6. $\frac{1}{8}$ 【解析】将$|\boldsymbol{a}-\boldsymbol{b}|=\sqrt{7}$两边平方，得$(\boldsymbol{a}-\boldsymbol{b})^2=7$，$\because|\boldsymbol{a}|=2,|\boldsymbol{b}|=2$，故$\boldsymbol{a}\cdot\boldsymbol{b}=\frac{1}{2}$，又$\boldsymbol{a}\cdot\boldsymbol{b}=|\boldsymbol{a}||\boldsymbol{b}|\cos\langle\boldsymbol{a},\boldsymbol{b}\rangle$，故 $\cos\langle\boldsymbol{a},\boldsymbol{b}\rangle=\frac{1}{8}$。

第六节　立体几何中的向量方法

考向 **1** 变式训练

1. $l/\!/\alpha$ 或 $l\subset\alpha$ 【解析】因为直线 l 的方向向量 $\boldsymbol{v}=(1,2,3)$，平面 α 的法向量为 $\boldsymbol{u}=(5,2,-3)$，那么 $\boldsymbol{v}\cdot\boldsymbol{u}=1\times5+2\times2+3\times(-3)=0$，即 $\boldsymbol{v}\perp\boldsymbol{u}$，所以 $l/\!/\alpha$ 或 $l\subset\alpha$。

2.【解析】以 D 为坐标原点，DA,DC,DD_1 所在直线分别为 x 轴，y 轴和 z 轴建立空间直角坐标系，

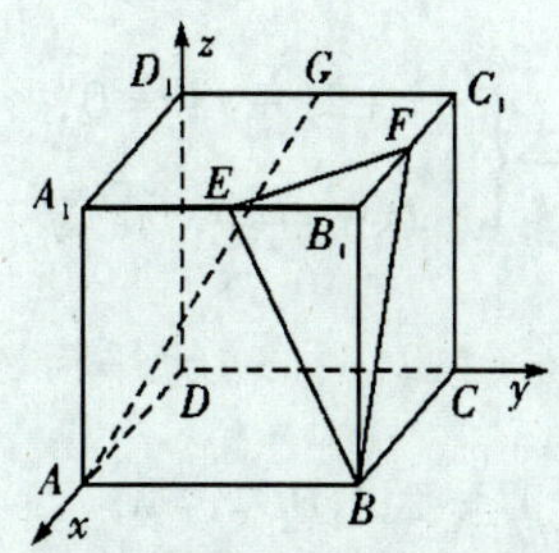

则 $A(1,0,0)$，$B(1,1,0)$，$E\left(1,\frac{1}{2},1\right)$，$F\left(\frac{1}{2},1,1\right)$，$G\left(0,\frac{1}{2},1\right)$，所以$\overrightarrow{EF}=\left(-\frac{1}{2},\frac{1}{2},0\right)$，$\overrightarrow{BF}=\left(-\frac{1}{2},0,1\right)$，$\overrightarrow{AG}=\left(-1,\frac{1}{2},1\right)$，所以$\overrightarrow{AG}=\overrightarrow{EF}+\overrightarrow{BF}$，故$\overrightarrow{AG}$与平面 BEF 共面，又因为 $AG\not\subset$ 平面 BEF，所以 $AG/\!/$平面 BEF。

考向 2 变式训练

1. 垂直 【**解析**】如图，以 D 为原点，DA 为 x 轴，DC 为 y 轴，DD_1 为 z 轴，建立空间直角坐标系，设正方体棱长为 2，则 $A(2,0,0)$，$M(0,0,1)$，$O(1,1,0)$，$N(2,1,2)$，则$\overrightarrow{AM}=(-2,0,1)$，$\overrightarrow{ON}=(1,0,2)$，所以$\overrightarrow{ON}\cdot\overrightarrow{AM}=0$，故 $ON\perp AM$。

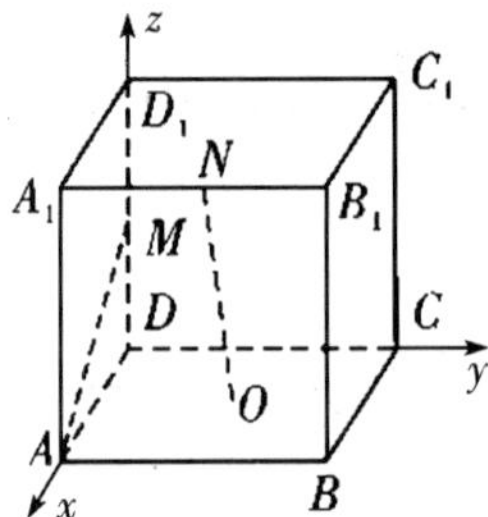

2.【**解析**】如图所示，取 BC 的中点 O，连结 AO。因为$\triangle ABC$ 为正三角形，所以 $AO\perp BC$。

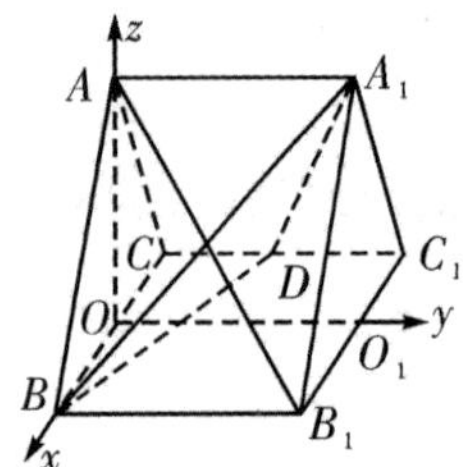

在正三棱柱 $ABC-A_1B_1C_1$ 中，$\because$ 平面 $ABC\perp$ 平面 BCC_1B_1，所以 $AO\perp$ 平面 BCC_1B_1。

取 B_1C_1 的中点 O_1，连结 OO_1，易知 AO，BC，OO_1 两两垂直，以 O 为原点，分别以$\overrightarrow{OB}$，$\overrightarrow{OO_1}$，$\overrightarrow{OA}$所在直线为 x 轴，y 轴，z 轴建立空间直角坐标系，则 $B(1,0,0)$，$D(-1,1,0)$，$A(0,0,\sqrt{3})$，$A_1(0,2,\sqrt{3})$，$B_1(1,2,0)$。则$\overrightarrow{BA_1}=(-1,2,\sqrt{3})$，$\overrightarrow{BD}=(-2,1,0)$。设平面 A_1BD 的法向量为 $\boldsymbol{n}=(x,y,z)$，

因为 $\boldsymbol{n}\perp\overrightarrow{BA_1}$，$\boldsymbol{n}\perp\overrightarrow{BD}$，故$\begin{cases}\boldsymbol{n}\cdot\overrightarrow{BA_1}=0,\\ \boldsymbol{n}\cdot\overrightarrow{BD}=0,\end{cases}\Rightarrow\begin{cases}-x+2y+\sqrt{3}z=0,\\ -2x+y=0,\end{cases}$

令 $x=1$，则 $y=2$，$z=-\sqrt{3}$，故 $\boldsymbol{n}=(1,2,-\sqrt{3})$ 为平面 A_1BD 的一个法向量，而$\overrightarrow{AB_1}=(1,2,-\sqrt{3})$，所以$\overrightarrow{AB_1}=\boldsymbol{n}$，即$\overrightarrow{AB_1}/\!/\boldsymbol{n}$，故 $AB_1\perp$ 平面 A_1BD。

3.【解析】(1)如图,连结 A_1B 与 AB_1 交于点 D,并连结 DF,DE,

$\because$ 四边形 AA_1B_1B 是矩形,$\therefore D$ 是矩形 AA_1B_1B 的中心,

$\because F$ 是 AB 的中点,$\therefore DF /\!/ BB_1$,且 $DF=\frac{1}{2}BB_1$,

$\therefore$ 由棱柱的性质得 $DF /\!/ CC_1$,当 E 为线段 CC_1 的中点时,$DF=\frac{1}{2}CC_1=CE$,

$\therefore$ 四边形 $DFCE$ 是平行四边形,则 $CF /\!/ DE$,

$\because DE\subset$ 平面 AEB_1,$CF\not\subset$ 平面 AEB,$\therefore CF /\!/$ 平面 AEB_1。

(2)以 B 为原点,以 BC,BA,BB_1 所在直线分别为 x 轴、y 轴、z 轴建立空间直角坐标系,则 A 点坐标为$(0,2,0)$,B_1点坐标为$(0,0,4)$,E 在 CC_1上,设 E 点坐标为$(2,0,a)$。

$\because \overrightarrow{AB_1}=(0,-2,4),\overrightarrow{BB_1}=(0,0,4),\overrightarrow{BE}=(2,0,a)$,且 $AB_1\perp BE$,

$\therefore \overrightarrow{AB_1}\cdot\overrightarrow{BE}=4a=0$,解得 $a=0$,$\therefore$ 当点 E 与点 C 重合时,$AB_1\perp BE$。

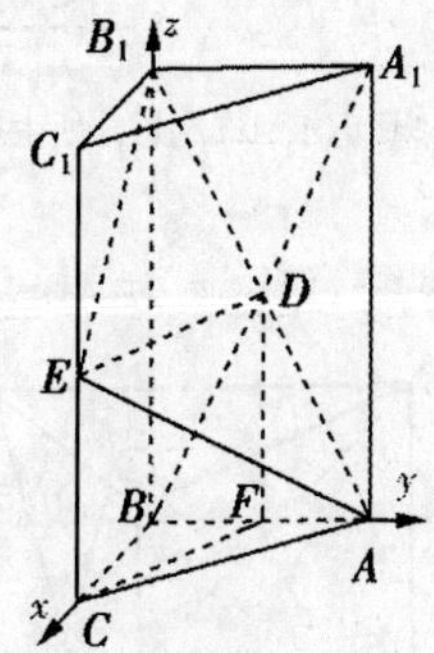

考向 3 变式训练

1.【分析】在几何法中,通过选点平移将异面直线所成角转化为在同一平面内两条相交直线所成角,再利用解三角形完成解答;在直三棱柱中,也可选择建立空间直角坐标系利用向量法解决问题。

C 【解析】方法一(几何法):如图所示,连结 AB_1,设 $A_1B\cap AB_1=O$,过点 O 作 OD 平行于 AC_1 交 B_1C_1 于点 D,因为在直三棱柱 $ABC-A_1B_1C_1$ 中,易知点 O 为 AB_1 的中点,那么点 D 为 B_1C_1 的中点,连结 A_1D,$\angle A_1OD$ 或其补角,即为异面直线 BA_1 与 AC_1 所成角。不妨设 $AB=AC=AA_1=a$,那么 $AC_1=A_1B=\sqrt{2}a$,$OD=\frac{1}{2}AC_1=\frac{\sqrt{2}}{2}a$,$OA_1=\frac{1}{2}A_1B=\frac{\sqrt{2}}{2}a$,$A_1D=\frac{\sqrt{2}}{2}A_1B_1=\frac{\sqrt{2}}{2}a$,故$\triangle A_1OD$ 为正三角形,那么 $\angle A_1OD=60°$,即异面直线 BA_1 与 AC_1 所成角等于 $60°$。

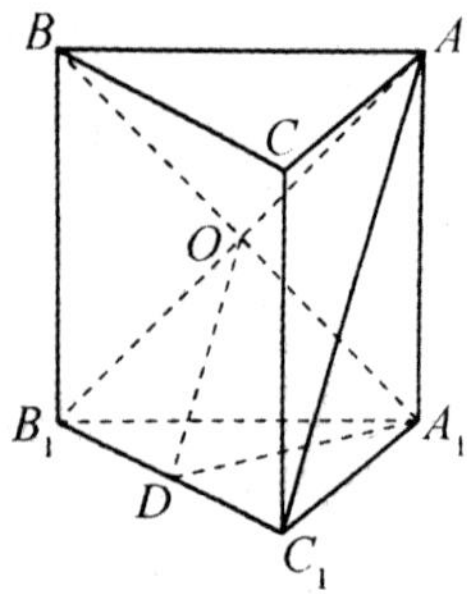

方法二(向量法):如图所示,在直三棱柱 $ABC-A_1B_1C_1$ 中,因为 $\angle BAC=90°$,所以 $\angle B_1A_1C_1=90°$,所以直线 A_1C_1,A_1B_1,A_1A 两两垂直,以 A_1 为原点,A_1B_1 所在直线为 x 轴,A_1C_1 所在直线为 y 轴,A_1A 所在直线为 z 轴建立如图所示的空间直角坐标系,不妨设 $AB=AC=AA_1=1$,则 $A_1(0,0,0)$,$B_1(1,0,0)$,$C_1(0,1,0)$,$A(0,0,1)$,$B(1,0,1)$,所以 $\overrightarrow{BA_1}=(-1,0,-1)$,$\overrightarrow{AC_1}=(0,1,-1)$,设异面直线 BA_1 与 AC_1 所成角为 α,所以异面直线 BA_1 与 AC_1 所成角的余弦值为 $\cos\alpha=\dfrac{|\overrightarrow{BA_1}\cdot\overrightarrow{AC_1}|}{|\overrightarrow{BA_1}|\cdot|\overrightarrow{AC_1}|}=\dfrac{1}{2}$,且 $\alpha\in(0,\dfrac{\pi}{2}]$,所以 $\alpha=\dfrac{\pi}{3}$,故异面直线 BA_1 与 AC_1 所成角等于60°。

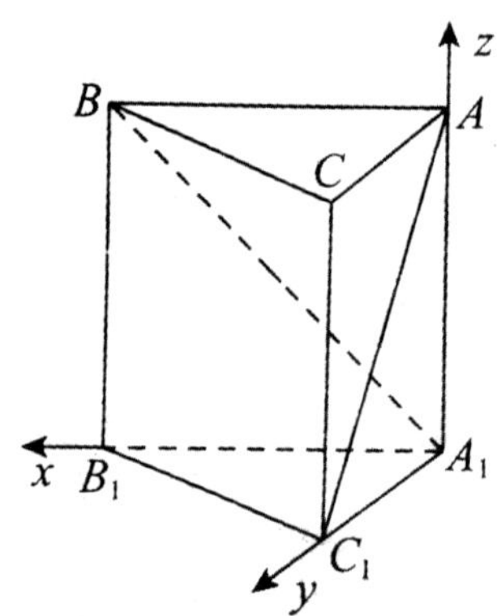

2. √ **【解析】**因为四边形 $ABCD$ 为等腰梯形,$AB=4$,$AD=DC=CB=2$,易知 $\angle ACB=90°$,$AC=2\sqrt{3}$,记 AC 的中点为 E,则 $DE\perp AC$,$AE=EC=\sqrt{3}$,$DE=1$,翻折后,$D'E\perp AC$,$EC=\sqrt{3}$,$D'E=1$,设二面角 $D'-AC-B$ 的大小为 θ,因为 $D'B=\sqrt{10}$,由 $\overrightarrow{D'B}=\overrightarrow{D'E}+\overrightarrow{EC}+\overrightarrow{CB}$,两边平方得 $(\sqrt{10})^2=1^2+(\sqrt{3})^2+2^2-2\times1\times2\cos\theta$,得 $\cos\theta=-\dfrac{1}{2}$,则二面角 $D'-AC-B$ 的大小为120°,从点 D' 向平面 ABC 作垂线,垂足为 O,以 O 为坐标原点建立空间直角坐标系 $O-xyz$,如图所示,则有 $\angle D'OE=90°$,$\angle D'EO=60°$,在 $\text{Rt}\triangle D'OE$ 中,$OE=\dfrac{1}{2}$,$OD'=\dfrac{\sqrt{3}}{2}$,

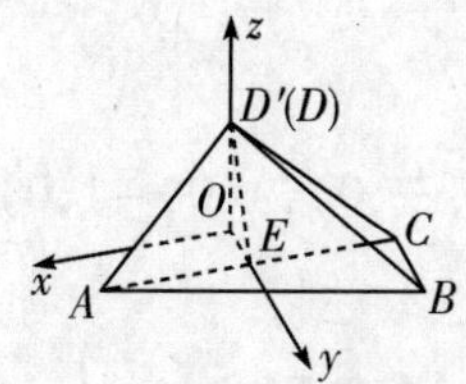

则 $A(\sqrt{3},\frac{1}{2},0)$，$B(-\sqrt{3},\frac{5}{2},0)$，$C(-\sqrt{3},\frac{1}{2},0)$，$D'(0,0,\frac{\sqrt{3}}{2})$，则 $\overrightarrow{AB}=(-2\sqrt{3},2,0)$，$\overrightarrow{CD'}=(\sqrt{3},-\frac{1}{2},\frac{\sqrt{3}}{2})$，则 $|\cos\langle\overrightarrow{AB},\overrightarrow{CD'}\rangle|=\frac{|\overrightarrow{AB}\cdot\overrightarrow{CD'}|}{|\overrightarrow{AB}|\cdot|\overrightarrow{CD'}|}=\frac{7}{8}$，易得所求正切值为 $\frac{\sqrt{15}}{7}$。

3.【解析】在平面 $ABCD$ 内，过点 A 作 $AE\perp AD$ 交 BC 于点 E，$\because AA_1\perp$ 平面 $ABCD$，$\therefore AA_1\perp AE$，$AA_1\perp AD$，如图所示，以 A 为原点，$\overrightarrow{AD}$ 所在的直线为 y 轴，$\overrightarrow{AE}$ 所在的直线为 x 轴，$\overrightarrow{AA_1}$ 所在的直线为 z 轴建立空间直角坐标系。$\because AB=AD=2$，$AA_1=\sqrt{3}$，$\angle BAD=120°$，$\therefore A(0,0,0)$，$B(\sqrt{3},-1,0)$，$C_1(\sqrt{3},1,\sqrt{3})$，$D(0,2,0)$，$E(\sqrt{3},0,0)$，$A_1(0,0,\sqrt{3})$。

则 $\overrightarrow{A_1B}=(\sqrt{3},-1,-\sqrt{3})$，$\overrightarrow{AC_1}=(\sqrt{3},1,\sqrt{3})$，则 $\cos\langle\overrightarrow{A_1B},\overrightarrow{AC_1}\rangle=\frac{\overrightarrow{A_1B}\cdot\overrightarrow{AC_1}}{|\overrightarrow{A_1B}|\cdot|\overrightarrow{AC_1}|}=-\frac{1}{7}$，因为异面直线所成的角的范围为 $\left(0,\frac{\pi}{2}\right]$，所以异面直线 A_1B 与 AC_1 所成的角的余弦值为 $\frac{1}{7}$。

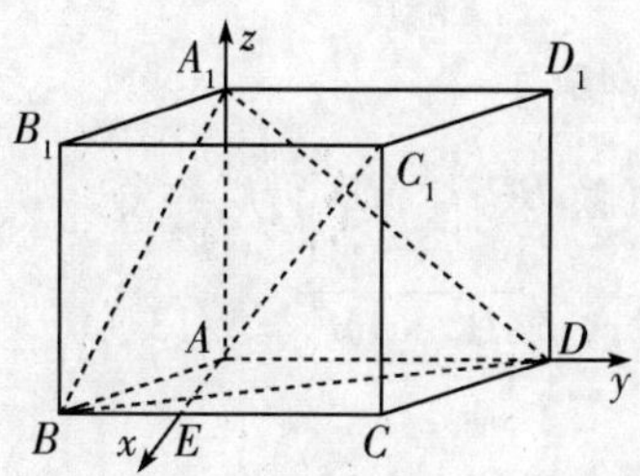

4.【解析】(1) 设 $SO=a$，则 $PO=\frac{\sqrt{6}}{6}a$，$\because SA=AD$，

$\therefore$ 在 $Rt\triangle SOA$ 中，$OA=\frac{1}{2}AD=\frac{1}{2}SA$，$\therefore SO=\sqrt{3}AO$，$\therefore AO=\frac{\sqrt{3}}{3}a$，$\therefore PA=\sqrt{PO^2+AO^2}=\frac{\sqrt{2}}{2}a$，

$\therefore PB=PC=PA=\frac{\sqrt{2}}{2}a$。$\because \odot O$ 是正 $\triangle ABC$ 的外接圆，所以 $\frac{AB}{\sin 60°}=2AO$，$\therefore AB=2\cdot\frac{\sqrt{3}}{3}a\cdot\frac{\sqrt{3}}{2}=a$，$\therefore$ 在 $\triangle PAB$ 中，$PA^2+PB^2=AB^2$，$\therefore PA\perp PB$，在 $\triangle PAC$ 中，$PA^2+PC^2=AC^2$，$\therefore PA\perp PC$。又因为 $PB\cap PC=P$，$PB\subset$ 平面 PBC，$PC\subset$ 平面 PBC，

$\therefore PA\perp$ 平面 PBC。

(2) 以 O 为坐标原点，$\overrightarrow{OD}$ 方向为 y 轴正方向，$|\overrightarrow{OD}|$ 为单位长度，建立如图所示的空间直角坐

标系。设 $D(0,1,0)$，则

$P(0,0,\frac{\sqrt{2}}{2})$，$C(-\frac{\sqrt{3}}{2},\frac{1}{2},0)$，$B(\frac{\sqrt{3}}{2},\frac{1}{2},0)$，$A(0,-1,0)$，$D(0,1,0)$，

则 $\overrightarrow{PD}=(0,1,-\frac{\sqrt{2}}{2})$，由(1)知 $PA\perp$ 平面 PBC，$\therefore \overrightarrow{PA}=(0,-1,-\frac{\sqrt{2}}{2})$ 为平面 PBC 的一个法向量，设 PD 与平面 PBC 所成角为 θ，则 $\sin\theta=|\cos\theta|=\left|\frac{\overrightarrow{PD}\cdot\overrightarrow{PA}}{|\overrightarrow{PD}|\cdot|\overrightarrow{PA}|}\right|=\frac{1}{3}$。

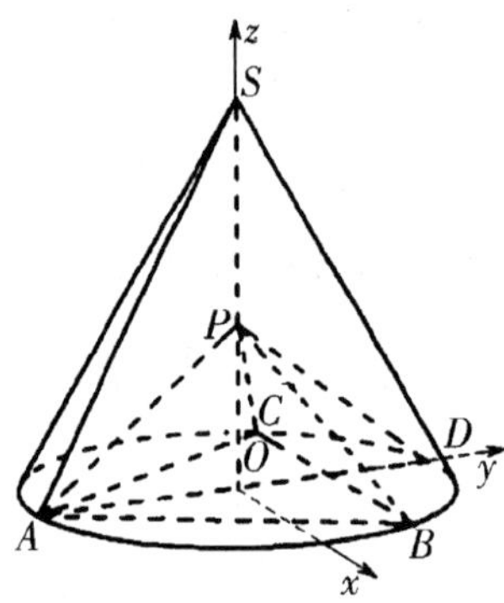

5.【解析】(1)由平面 $ABC\perp$ 平面 ABD，平面 $ABC\cap$ 平面 $ABD=AB$，$AD\perp AB$，可得 $AD\perp$ 平面 ABC，故 $AD\perp BC$。

(2)如图，取棱 AC 的中点 N，连结 MN，ND。

又 $\because M$ 为棱 AB 的中点，$\therefore MN/\!/BC$，

$\therefore \angle DMN$(或其补角)为异面直线 BC 与 MD 所成的角。

在 $\mathrm{Rt}\triangle DAM$ 中，$AM=1$，则 $DM=\sqrt{AD^2+AM^2}=\sqrt{13}$，

$\because AD\perp$ 平面 ABC，$\therefore AD\perp AC$，

在 $\mathrm{Rt}\triangle DAN$ 中，$AN=1$，则 $DN=\sqrt{AD^2+AN^2}=\sqrt{13}$，故 $DM=DN$。

在等腰 $\triangle DMN$ 中，$MN=1$，可得 $\cos\angle DMN=\frac{\frac{1}{2}MN}{DM}=\frac{\sqrt{13}}{26}$，

故异面直线 BC 与 MD 所成角的余弦值为 $\frac{\sqrt{13}}{26}$。

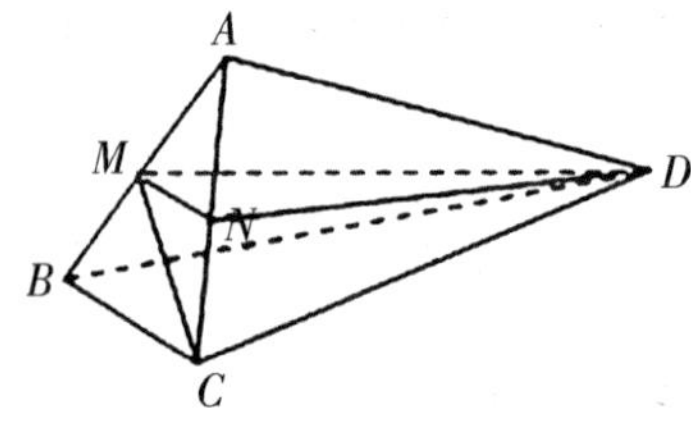

(3)如图,连结 CM,$\because$ $\triangle ABC$ 为等边三角形,M 为边 AB 的中点,$\therefore$ $CM\perp AB$,则 $CM=\sqrt{3}$,

又$\because$ 平面 $ABC\perp$ 平面 ABD,平面 $ABD\cap$ 平面 $ABC=AB$,$\therefore$ $CM\perp$ 平面 ABD,

$\therefore$ $\angle CDM$ 为直线 CD 与平面 ABD 所成的角,

在 $\mathrm{Rt}\triangle CAD$ 中,$CD=\sqrt{AC^2+AD^2}=4$,

在 $\mathrm{Rt}\triangle CMD$ 中,$\sin\angle CDM=\dfrac{CM}{CD}=\dfrac{\sqrt{3}}{4}$,

故直线 CD 与平面 ABD 所成角的正弦值为$\dfrac{\sqrt{3}}{4}$。

6.【解析】(1)如图,过点 B 作 $BG\perp AD$ 于点 G,作 $BF\perp CD$ 于点 F,因为平面 $PAD\perp$ 平面 $ABCD$ 且平面 $PAD\cap$ 平面 $ABCD=AD$,$BG\subset$ 平面 $ABCD$,所以 $BG\perp$ 平面 PAD,因为 $PD\subset$ 平面 PAD,所以 $BG\perp PD$,同理可证 $BF\perp PD$,因为 $BF\cap BG$ 于点 B,且 $BF,BG\subset$ 平面 $ABCD$,$PD\not\subset$ 平面 $ABCD$,所以 $PD\perp$ 平面 $ABCD$。

(2)因为四边形 $ABCD$ 为菱形,建立如图所示的空间直角坐标系 $D-xyz$,因为 E 为 PC 的中点,$DE\perp PC$,所以 $PD=DC$,设 $PD=2$,则有 $D(0,0,0)$,$B(\sqrt{3},1,0)$,$E(0,1,1)$,$C(0,2,0)$,所以$\overrightarrow{BE}=(-\sqrt{3},0,1)$,$\overrightarrow{DB}=(\sqrt{3},1,0)$,$\overrightarrow{BC}=(-\sqrt{3},1,0)$,设 $\boldsymbol{m}=(x,y,z)$ 为平面 BDE 的一个法向量,则有

$\begin{cases}\overrightarrow{BE}\cdot\boldsymbol{m}=0,\\ \overrightarrow{DB}\cdot\boldsymbol{m}=0\end{cases}\Rightarrow\begin{cases}-\sqrt{3}x+z=0,\\ \sqrt{3}x+y=0,\end{cases}$ 令 $x=1$,得到平面 BDE 的一个法向量 $\boldsymbol{m}=(1,-\sqrt{3},\sqrt{3})$,同理可得平面 BEC 的一个法向量 $\boldsymbol{n}=(1,\sqrt{3},\sqrt{3})$,所以 $\cos\langle\boldsymbol{m},\boldsymbol{n}\rangle=\dfrac{\boldsymbol{m}\cdot\boldsymbol{n}}{|\boldsymbol{m}||\boldsymbol{n}|}=\dfrac{1}{7}$,因为二面角 $D-BE-C$ 为钝角,所以该二面角的余弦值为 $-\dfrac{1}{7}$。

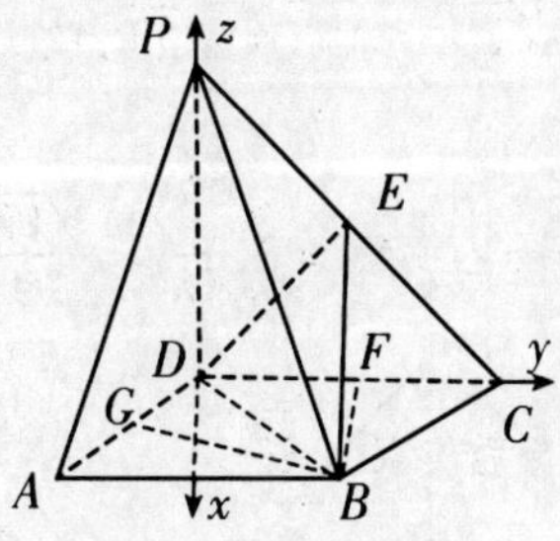

7.【解析】(1)$\because$ O 为 AC 的中点,且 $AC_1\cap A_1C=P$,即 P 为A_1C的中点,则 OP 为$\triangle A_1AC$ 的中位线,$\therefore$ $OP/\!/A_1A$,又$\because$ $OP\not\subset$平面 ABA_1,$A_1A\subset$平面 ABA_1,故 $OP/\!/$平面 ABA_1。

(2)连结 A_1O,OB,$\because$ $\triangle AA_1C$ 是等边三角形,且 O 是 AC 的中点,$\therefore$ $A_1O\perp AC$,$\because$ 平面 $AA_1C_1C\perp$ 平面 ABC,且平面 $AA_1C_1C\cap$ 平面 $ABC=AC$,$\therefore$ $A_1O\perp$ 平面 ABC,$\therefore$ $A_1O\perp OB$,又$\triangle ABC$ 为等边三角

形，O 为 AC 中点，则 $AB=BC$，$OB\perp AC$，$\therefore A_1O,OB,AC$ 两两垂直。以 O 为原点，分别以$\overrightarrow{OB},\overrightarrow{OC},\overrightarrow{OA_1}$的方向为 x 轴，y 轴，z 轴建立空间直角坐标系，则 $O(0,0,0)$，$\because\triangle ABC$ 和$\triangle AA_1C$ 均是边长为 2 的等边三角形，点 O 为 AC 的中点，则 $AO=OC=1$，$OB=OA_1=\sqrt{3}$，则 $A(0,-1,0)$，$B(\sqrt{3},0,0)$，$A_1(0,0,\sqrt{3})$，$C(0,1,0)$，则$\overrightarrow{A_1B}=(\sqrt{3},0,-\sqrt{3})$，$\overrightarrow{AB}=(\sqrt{3},1,0)$，在三棱柱 $ABC-A_1B_1C_1$ 中，$A_1C_1=AC$ 且 $A_1C_1/\!/AC$，则 $\overrightarrow{A_1C_1}=\overrightarrow{AC}=(0,2,0)$，则 $C_1(0,2,\sqrt{3})$，$\overrightarrow{AC_1}=(0,3,\sqrt{3})$，设平面 ABC_1 的法向量为 $\boldsymbol{n}=(x,y,z)$，则可得$\begin{cases}\boldsymbol{n}\cdot\overrightarrow{AB}=0,\\ \boldsymbol{n}\cdot\overrightarrow{AC_1}=0,\end{cases}$即$\begin{cases}\sqrt{3}x+y=0,\\ 3y+\sqrt{3}z=0,\end{cases}$可令 $y=-1$，

解得$\boldsymbol{n}=\left(\frac{\sqrt{3}}{3},-1,\sqrt{3}\right)$。底面 ABC 的法向量可取$\overrightarrow{A_1O}=(0,0,-\sqrt{3})$，设平面 ABC_1 与底面 ABC 所成锐二面角为 θ，则 $\cos\theta=\left|\frac{\boldsymbol{n}\cdot\overrightarrow{A_1O}}{|\boldsymbol{n}|\cdot|\overrightarrow{A_1O}|}\right|=\frac{|(-\sqrt{3})\times\sqrt{3}|}{\sqrt{\left(\frac{\sqrt{3}}{3}\right)^2+1^2+(\sqrt{3})^2}\cdot\sqrt{(-\sqrt{3})^2}}=\frac{3\sqrt{13}}{13}$。

8.【解析】(1) 连结 AC，$\because PA\perp$ 平面 $ABCD$，$BD\subset$ 平面$ABCD$，$\therefore PA\perp BD$，$\because$ 四边形 $ABCD$ 为正方形，$\therefore AC\perp BD$，$\because PA,AC\subset$ 平面 PAC，且 $PA\cap AC=A$，$\therefore BD\perp$ 平面 PAC。

(2) 如图所示，建立以 A 为原点，AB,AD,AP 分别为 x 轴，y 轴，z 轴的空间直角坐标系，设 $PA=AB=1$，则 $A(0,0,0)$，$C(1,1,0)$，$P(0,0,1)$，$B(1,0,0)$，由(1)得，$BD\perp$ 平面 PAC，又 $PC\subset$ 平面 PAC，$\therefore BD\perp PC$，$\because PC\perp BM$，$BM\cap BD=B$，且 $BM,BD\subset$ 平面 MBD，$\therefore PC\perp$ 平面 MBD，$\therefore\overrightarrow{PC}$为平面 MBD 的法向量，$\overrightarrow{PC}=(1,1,-1)$。$\because PA\perp$ 平面 $ABCD$，$\therefore\overrightarrow{PA}$为平面 BDC 的法向量，$\overrightarrow{PA}=(0,0,-1)$，设$\overrightarrow{PA}$与$\overrightarrow{PC}$的夹角为 θ，则 $\cos\theta=\frac{\overrightarrow{PA}\cdot\overrightarrow{PC}}{|\overrightarrow{PA}||\overrightarrow{PC}|}=\frac{\sqrt{3}}{3}$，则二面角 $M-BD-C$ 的正弦值为 $\sin\theta=\sqrt{1-\cos^2\theta}=\frac{\sqrt{6}}{3}$。

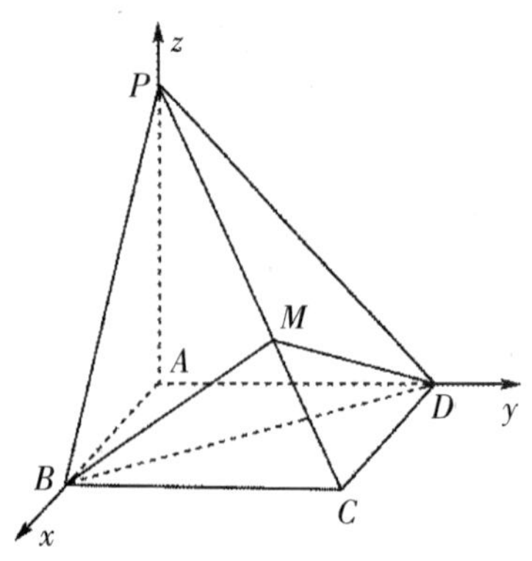

考向 4 变式训练

1. $\frac{2}{3}\sqrt{6}$ 【解析】如图所示，以 C 为原点，$\overrightarrow{CA}$，$\overrightarrow{CB}$，$\overrightarrow{CC_1}$ 的方向分别为 x 轴，y 轴，z 轴正方向建立空间直角坐标系 $C-xyz$，那么 $A(2,0,0)$，$B(0,2,0)$，$D(0,0,1)$，$E(1,1,1)$，$A_1(2,0,2)$，所以 $\overrightarrow{DA}=(2,0,-1)$，$\overrightarrow{DE}=(1,1,0)$，设平面 ADE 的法向量为 $\boldsymbol{n}=(x,y,z)$，由 $\begin{cases}\boldsymbol{n}\cdot\overrightarrow{DA}=0,\\ \boldsymbol{n}\cdot\overrightarrow{DE}=0\end{cases}$ 得 $\begin{cases}2x-z=0,\\ x+y=0,\end{cases}$ 令 $x=1$，那么 $y=-1$，$z=2$，则平面 ADE 的一个法向量为 $\boldsymbol{n}=(1,-1,2)$。由 $\overrightarrow{DA_1}=(2,0,1)$，所以 A_1 到平面 AED 的距离 $d=\frac{|\overrightarrow{DA_1}\cdot\boldsymbol{n}|}{|\boldsymbol{n}|}=\frac{4}{\sqrt{6}}=\frac{2\sqrt{6}}{3}$。

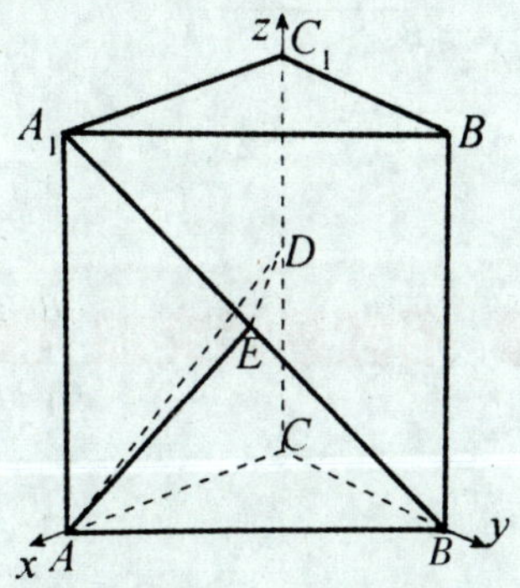

2.【解析】(1) 证明：

如图 1，取 B_1N 的中点 H，连结 PH，HM，因为 H，P 分别为 B_1N 和 C_1N 的中点，所以 $HP\,/\!/\,B_1C_1\,/\!/\,A_1D_1$，$HP=\frac{1}{2}B_1C_1=\frac{1}{2}A_1D_1=MD_1$，所以四边形 HMD_1P 是平行四边形，所以 $D_1P\,/\!/\,MH$，又因为 $MH\subset$ 平面 B_1MN，$D_1P\not\subset$ 平面 B_1MN，所以 $D_1P\,/\!/$ 平面 B_1MN。

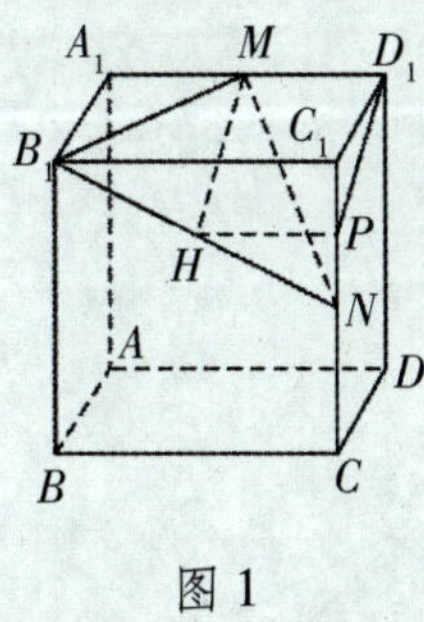

图 1

(2) 以 A 为原点建立空间直角坐标系，

则 $A(0,0,0)$，$A_1(0,0,4)$，$B_1(4,0,4)$，$C(4,4,0)$，$C_1(4,4,4)$，$D_1(0,4,4)$，又点 M，N，P 分别为 A_1D_1，CC_1，C_1N 的中点，则 $M(0,2,4)$，$N(4,4,2)$，$P(4,4,3)$，设平面 B_1MN 的法向量为 $\boldsymbol{n}=(x,y,$

z), $\overrightarrow{B_1M}=(-4,2,0)$, $\overrightarrow{B_1N}=(0,4,-2)$，可得$\begin{cases}\boldsymbol{n}\cdot\overrightarrow{B_1M}=0,\\ \boldsymbol{n}\cdot\overrightarrow{B_1N}=0\end{cases}$即$\begin{cases}-4x+2y=0,\\ 4y-2z=0\end{cases}$令 $x=1$，则有 $y=2$，$z=4$，则 $\boldsymbol{n}=(1,2,4)$，又因为$\overrightarrow{PM}=(-4,-2,1)$，故点 P 到平面 B_1MN 的距离为 $d=\dfrac{|\overrightarrow{PM}\cdot\boldsymbol{n}|}{|\boldsymbol{n}|}=\dfrac{4\sqrt{21}}{21}$。

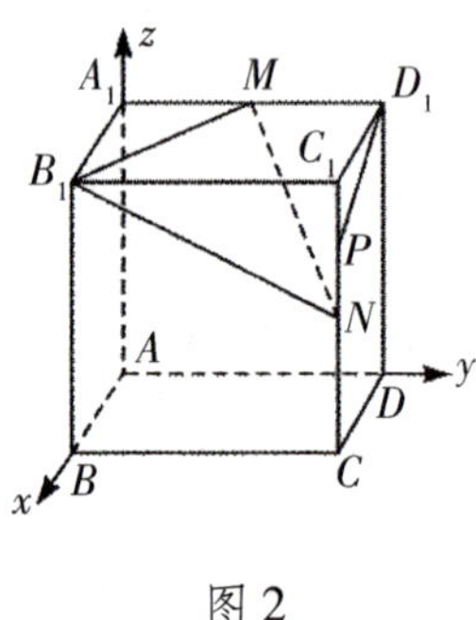

图 2

招教易错突破

变式训练

1. D 【解析】由于 $PD\perp$ 平面 $ABCD$，所以 $PD\perp AD$，$PD\perp CD$，由于 $CD\perp AD$，$AD\cap PD=D$，所以 $CD\perp$ 平面 $ADPQ$。设 E 是 PD 的中点，连结 CE，EQ，由于 $AQ/\!/DE$，$AQ=DE$，所以四边形 $ADEQ$ 是平行四边形，所以 $EQ/\!/AD$，$EQ=AD$，由于 $BC/\!/AD$，$BC=AD$，所以 $EQ/\!/BC$，$EQ=BC$，所以四边形 $BCEQ$ 是平行四边形，所以 $BQ/\!/CE$，$BQ=CE$，所以 $\angle ECP$ 是直线 BQ 与 CP 所成角，设 $CD=1$，$DE=1$，$PE=1$，所以 $CE=\sqrt{2}$，$CP=\sqrt{5}$，所以 $\cos\angle ECP=\dfrac{CE^2+CP^2-EP^2}{2CE\cdot CP}=\dfrac{2+5-1}{2\times\sqrt{2}\times\sqrt{5}}=\dfrac{6}{2\sqrt{10}}=\dfrac{3\sqrt{10}}{10}$，故选 D 选项。

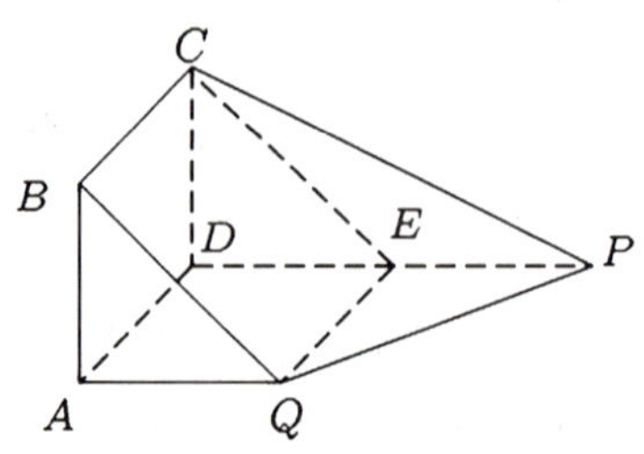

2. $\frac{2\sqrt{2}+\sqrt{6}}{8}$ 【解析】在四边形 $ABCD$ 中，连结 AC 交 BD 于点 O，如图 1 所示，

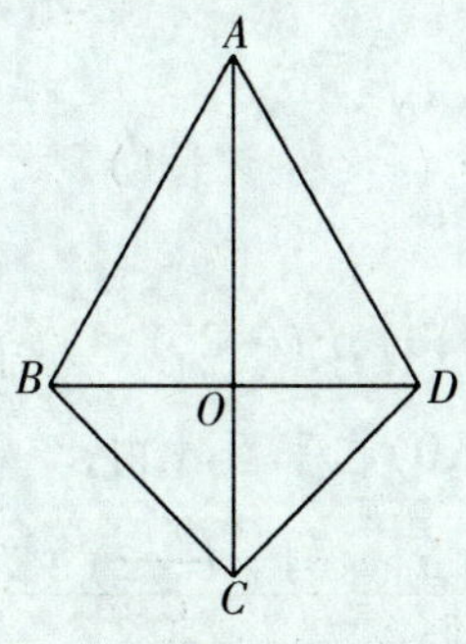

图 1

翻折前，因为 $AB=AD$，$BC=CD$，$AC=AC$，故 $\triangle ABC\cong\triangle ADC$，所以 $\angle BAC=\angle DAC$，所以 $AC\perp BD$，即 $AO\perp BD$，$CO\perp BD$，翻折后，$BD\perp AO$，$BD\perp CO$，因为 $AO\cap CO=O$，所以 $BD\perp$ 平面 ACO，二面角 $A-BD-C$ 的平面角为 $\angle AOC$，即 $\angle AOC=\frac{2\pi}{3}$。

以点 O 为坐标原点，OC，OD 所在直线分别为 x 轴，y 轴，建立如图 2 所示的空间直角坐标系，

则 $A\left(-\frac{\sqrt{3}}{2},0,\frac{3}{2}\right)$，$B(0,-1,0)$，$C(1,0,0)$，$D(0,1,0)$，所以 $\overrightarrow{AB}=\left(\frac{\sqrt{3}}{2},-1,-\frac{3}{2}\right)$，$\overrightarrow{CD}=(-1,1,0)$，

因为 $|\cos<\overrightarrow{AB},\overrightarrow{CD}>|=\frac{|\overrightarrow{AB}\cdot\overrightarrow{CD}|}{|\overrightarrow{AB}|\cdot|\overrightarrow{CD}|}=\left|\frac{-\frac{\sqrt{3}}{2}-1}{2\sqrt{2}}\right|=\frac{2\sqrt{2}+\sqrt{6}}{8}$，所以直线 AB 与 CD 所成角的余弦值为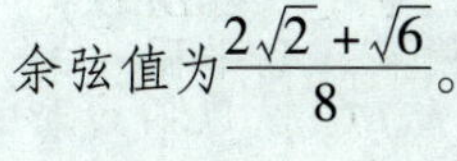$\frac{2\sqrt{2}+\sqrt{6}}{8}$。

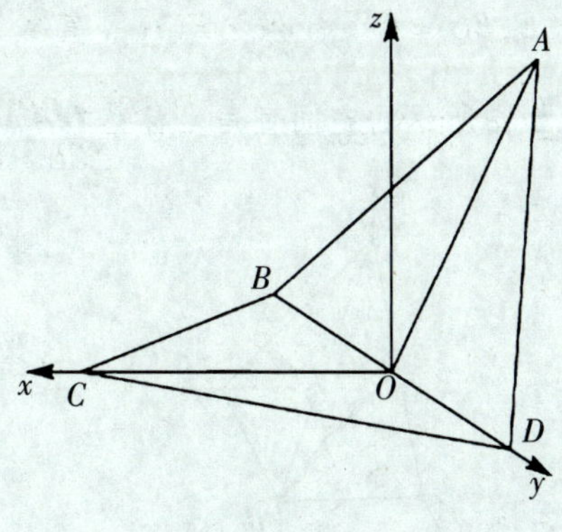

图 2

必刷好题

招教高频基础刷

1. D 【解析】由题意知，$\because A(-1,3,0),P(-2,1,4)$，$\therefore \overrightarrow{PA}=(1,2,-4)$，又$\because$ 平面 α 的一个法向量为 $\boldsymbol{n}=(-2,-2,1)$，点 $A(-1,3,0)$ 在平面 α 内，$\therefore P(-2,1,4)$ 到平面 α 的距离等于向量 $\overrightarrow{PA}$ 在 $\boldsymbol{n}$ 上的投影的绝对值，即 $d=\frac{|\overrightarrow{PA}\cdot\boldsymbol{n}|}{|\boldsymbol{n}|}=\frac{|1\times(-2)+2\times(-2)+(-4)\times1|}{\sqrt{4+4+1}}=\frac{10}{3}$。

2. A 【解析】如图，建立如图所示的空间直角坐标系。由题意可知，$\angle CB_1C_1=60°$，$\angle D_1C_1D=45°$，设 $B_1C_1=1$，则 $CC_1=DD_1=C_1D_1=\sqrt{3}$，所以 $B_1(\sqrt{3},0,0)$，$C(\sqrt{3},1,\sqrt{3})$，$C_1(\sqrt{3},1,0)$，$D(0,1,\sqrt{3})$，则 $\overrightarrow{B_1C}=(0,1,\sqrt{3})$，$\overrightarrow{C_1D}=(-\sqrt{3},0,\sqrt{3})$，$\therefore \cos\langle\overrightarrow{B_1C},\overrightarrow{C_1D}\rangle=\frac{\overrightarrow{B_1C}\cdot\overrightarrow{C_1D}}{|\overrightarrow{B_1C}|\cdot|\overrightarrow{C_1D}|}=\frac{\sqrt{6}}{4}$。

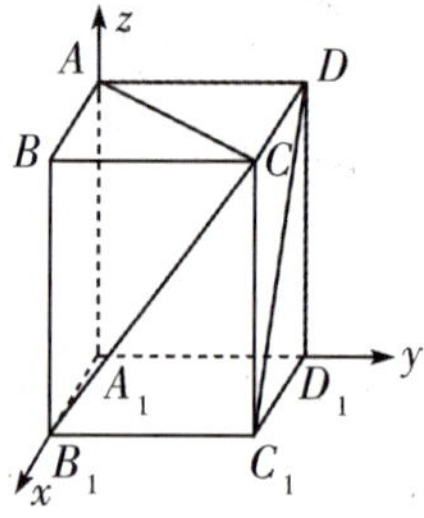

3. B 【解析】由题意知，$A(1,0,-1),B(0,-1,1)$，则 $\overrightarrow{AB}=(-1,-1,2)$，故点 A 到平面 α 的距离为 $d=\frac{|\overrightarrow{AB}\cdot\boldsymbol{n}|}{|\boldsymbol{n}|}=\frac{\sqrt{6}}{6}$。

4.【解析】(1) 依题意，可建立如图所示的空间直角坐标系 $D-ACP$，取 BD 中点 F，连结 EF，

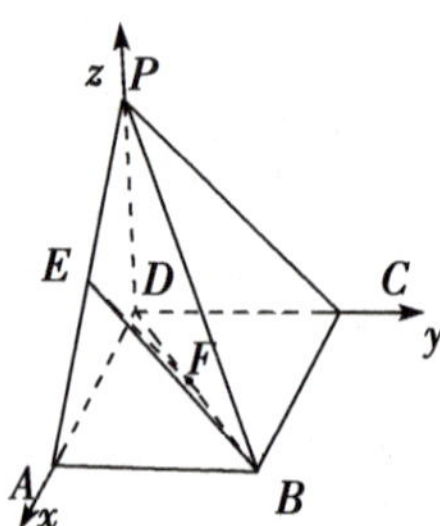

$B(1,1,0)$，$C(0,1,0)$，$E\left(\frac{1}{2},0,\frac{1}{2}\right)$，$F\left(\frac{1}{2},\frac{1}{2},0\right)$，$P(0,0,1)$，则 $\overrightarrow{PC}=(0,1,-1)$，$\overrightarrow{EF}=$

$\left(0,\frac{1}{2},-\frac{1}{2}\right)$，则有$\overrightarrow{PC}=2\overrightarrow{EF}$，则 $PC/\!/EF$，

又因为 $EF\subset$平面 BDE，故有 $PC/\!/$平面 BDE。

(2)因为 $PD\perp$平面 $ABCD$，所以 $AB\perp PD$，因为四边形 $ABCD$ 是正方形，所以 $AB\perp AD$，又 $PD\cap AD=D$，所以 $AB\perp$平面 ADP，即 $BA\perp$平面 PDE，则 $V_{B-PDE}=\frac{1}{3}\times1\times\frac{1}{2}\times1\times\frac{1}{2}=\frac{1}{12}$。

5.【解析】(1)证明：因为 $PA\perp$底面 $ABCD$，所以 $PA\perp DC$，因为 $AD\perp DC$，又 $PA\cap AD=A$，所以 $DC\perp$平面 PAD，则 $DC\perp AH$，因为 $PA=AD$，H 是 PD 的中点，所以 $AH\perp PD$，又 $DC\cap PD=D$，所以 $AH\perp$平面 PDC。

(2)以 A 为坐标原点，AB 为 x 轴，AD 为 y 轴，AP 为 z 轴，建立如图所示空间直角坐标系，

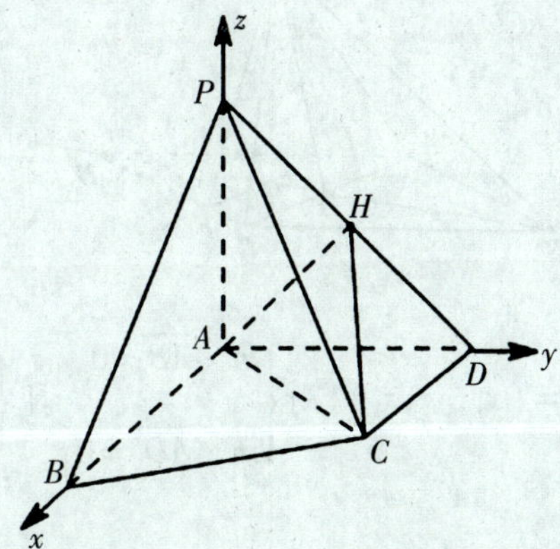

则 $A(0,0,0)$，$P(0,0,2)$，$C(2,2,0)$，$H(0,1,1)$，所以$\overrightarrow{CP}=(-2,-2,2)$，$\overrightarrow{AH}=(0,1,1)$，$\overrightarrow{AC}=(2,2,0)$，

设平面 AHC 的一个法向量 $\boldsymbol{n}=(x,y,z)$，

则$\begin{cases}\boldsymbol{n}\cdot\overrightarrow{AH}=y+z=0,\\\boldsymbol{n}\cdot\overrightarrow{AC}=2x+2y=0,\end{cases}$

取 $x=1$，得 $\boldsymbol{n}=(1,-1,1)$，

设直线 CP 与平面 AHC 所成角为 θ，所以 $\sin\theta=\frac{|\overrightarrow{CP}\cdot\boldsymbol{n}|}{|\overrightarrow{CP}|\cdot|\boldsymbol{n}|}=\frac{2}{\sqrt{12}\cdot\sqrt{3}}=\frac{1}{3}$。

6.【解析】(1)证明：$\because$ 四边形 $ABCD$ 是菱形，$\therefore AC\perp BD$，

又 $AD=CD$，$AE=CF$，$\therefore ED=FD$，$\therefore\frac{ED}{AD}=\frac{DF}{DC}$，故 $AC/\!/EF$。

$\therefore EF\perp HD$，从而 $EF\perp D'H$。

由 $AB=5$，$AC=6$，得 $DO=BO=\sqrt{AB^2-AO^2}=4$，

由$\frac{DH}{DO}=\frac{DE}{AD}=\frac{AD-AE}{AD}=\frac{5-\frac{5}{4}}{5}=\frac{3}{4}$，得 $DH=3=D'H$，$\therefore OH=1$，

$\therefore D'H^2+OH^2=D'O^2$，$\therefore D'H\perp OH$，

又 $EF\perp D'H$，$OH\cap EF=H$。

$\therefore D'H\perp$ 平面 $ABCD$。

(2)如图，以 H 为坐标原点，$\overrightarrow{HF}$的方向为 x 轴的正方向，$\overrightarrow{HD}$的方向为 y 轴的正方向，$\overrightarrow{HD'}$的方向为 z 轴的正方向，建立空间直角坐标系，则有 $H(0,0,0)$，$A(-3,-1,0)$，$B(0,-5,0)$，$C(3,-1,0)$，$D'(0,0,3)$，所以$\overrightarrow{AB}=(3,-4,0)$，$\overrightarrow{AC}=(6,0,0)$，$\overrightarrow{AD'}=(3,1,3)$，

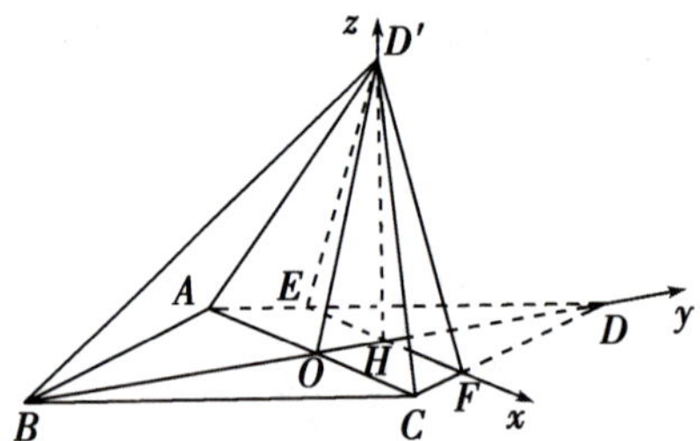

设平面 ABD' 的法向量为 $\boldsymbol{m}=(x_1,y_1,z_1)$，则$\begin{cases}\boldsymbol{m}\cdot\overrightarrow{AB}=0,\\ \boldsymbol{m}\cdot\overrightarrow{AD'}=0,\end{cases}$即$\begin{cases}3x_1-4y_1=0,\\ 3x_1+y_1+3z_1=0,\end{cases}$令 $x_1=4$，则 $y_1=3$，$z_1=-5$，则 $\boldsymbol{m}=(4,3,-5)$。

设平面 ACD' 的法向量为 $\boldsymbol{n}=(x_2,y_2,z_2)$，则$\begin{cases}\boldsymbol{n}\cdot\overrightarrow{AC}=0,\\ \boldsymbol{n}\cdot\overrightarrow{AD'}=0,\end{cases}$即$\begin{cases}6x_2=0,\\ 3x_2+y_2+3z_2=0,\end{cases}$令 $z_2=1$，则 $x_2=0$，$y_2=-3$，则 $\boldsymbol{n}=(0,-3,1)$。

则 $\cos\langle\boldsymbol{m},\boldsymbol{n}\rangle=\frac{\boldsymbol{m}\cdot\boldsymbol{n}}{|\boldsymbol{m}||\boldsymbol{n}|}=\frac{-14}{\sqrt{50}\times\sqrt{10}}=-\frac{7\sqrt{5}}{25}$，则 $\sin\langle\boldsymbol{m},\boldsymbol{n}\rangle=\frac{2\sqrt{95}}{25}$。

因此二面角 $B-D'A-C$ 的正弦值为$\frac{2\sqrt{95}}{25}$。

7.**【解析】**(1)证明：$\because\angle DAB=60°$，$AB=2AD$，

由余弦定理得 $BD=\sqrt{3}AD$，

$\therefore BD^2+AD^2=AB^2$，

$\therefore BD\perp AD$。

又 $PD\perp$ 平面 $ABCD$，

$\therefore PD\perp AD$，

$BD\cap PD=D$,

$\therefore AD\perp$平面 PBD,

$PB\subset$平面 PBD,

$\therefore AD\perp PB$。

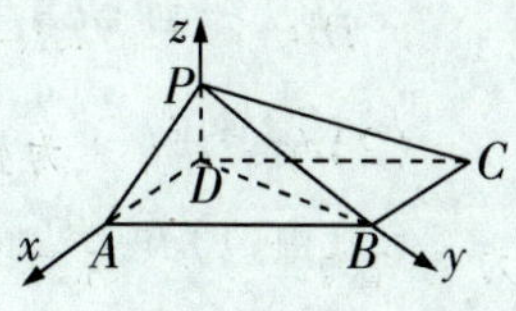

(2)如图,以 D 为坐标原点,AD 的长为单位长,射线 DA 的方向为 x 轴的正方向,建立空间直角坐标系 $D-xyz$,则 $A(1,0,0)$,$B(0,\sqrt{3},0)$,$C(-1,\sqrt{3},0)$,$P(0,0,1)$,所以$\overrightarrow{AB}=(-1,\sqrt{3},0)$,$\overrightarrow{PB}=(0,\sqrt{3},-1)$,$\overrightarrow{BC}=(-1,0,0)$。

设平面 PAB 的法向量为 $\boldsymbol{n}=(x_1,y_1,z_1)$,

则$\begin{cases}\boldsymbol{n}\cdot\overrightarrow{AB}=0,\\\boldsymbol{n}\cdot\overrightarrow{PB}=0,\end{cases}$即$\begin{cases}-x_1+\sqrt{3}y_1=0,\\\sqrt{3}y_1-z_1=0,\end{cases}$

令 $y_1=1$,

$\therefore \boldsymbol{n}=(\sqrt{3},1,\sqrt{3})$。

设平面 PBC 的法向量为 $\boldsymbol{m}=(x_2,y_2,z_2)$,

则$\begin{cases}\boldsymbol{m}\cdot\overrightarrow{PB}=0,\\\boldsymbol{m}\cdot\overrightarrow{BC}=0,\end{cases}$即$\begin{cases}\sqrt{3}y_2-z_2=0,\\x_2=0,\end{cases}$

令 $y_2=1$,

可得 $\boldsymbol{m}=(0,1,\sqrt{3})$。

$\therefore \cos<\boldsymbol{m},\boldsymbol{n}>=\dfrac{\boldsymbol{m}\cdot\boldsymbol{n}}{|\boldsymbol{m}||\boldsymbol{n}|}=\dfrac{4}{2\sqrt{7}}=\dfrac{2\sqrt{7}}{7}$,

$\because$ 由图易可知该二面角为钝角,

$\therefore$ 二面角 $A-PB-C$ 的余弦值为 $-\dfrac{2\sqrt{7}}{7}$。

8.【解析】(1)如图,取 AB 中点 E,连结 CE,A_1B,A_1E。

$\because AB=AA_1$,$\angle BAA_1=60°$,

$\therefore \triangle BAA_1$ 是正三角形,

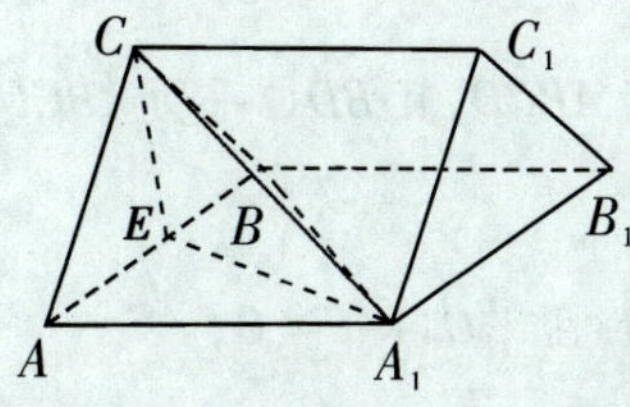

$\therefore A_1E \perp AB$。

$\because CA = CB$,

$\therefore CE \perp AB$。

$\because CE \cap A_1E = E$,

$\therefore AB \perp$ 平面 CEA_1,

$\therefore AB \perp A_1C$。

(2) 由(1)知 $EC \perp AB, EA_1 \perp AB$。

又$\because$ 平面 $ABC \perp$ 平面 ABB_1A_1, 平面 $ABC \cap$ 平面 $ABB_1A_1 = AB$,

$\therefore EC \perp$ 平面 ABB_1A_1,

$\therefore EC \perp EA_1$,

$\therefore EA, EC, EA_1$ 两两相互垂直。

以 E 为坐标原点, $\overrightarrow{EA}, \overrightarrow{EA_1}, \overrightarrow{EC}$ 的方向为 x 轴, y 轴, z 轴正方向, 建立如图所示空间直角坐标系 $E-xyz$。

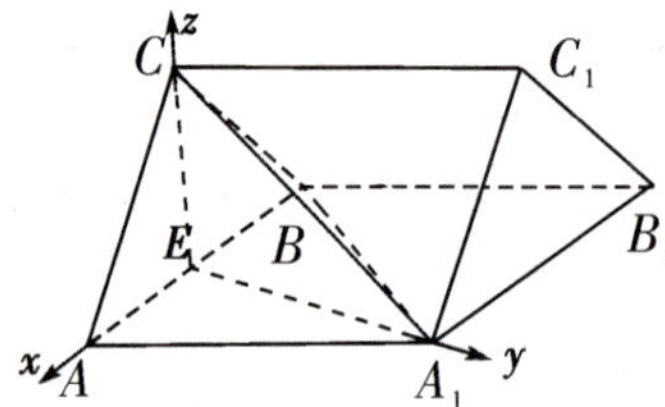

由题设知 $A(1,0,0), A_1(0,\sqrt{3},0), C(0,0,\sqrt{3}), B(-1,0,0)$, 则 $\overrightarrow{BC} = (1,0,\sqrt{3}), \overrightarrow{BB_1} = \overrightarrow{AA_1} = (-1,\sqrt{3},0), \overrightarrow{A_1C} = (0,-\sqrt{3},\sqrt{3})$。

设 $\boldsymbol{n} = (x,y,z)$ 是平面 CBB_1C_1 的法向量,

则 $\begin{cases} \boldsymbol{n} \cdot \overrightarrow{BC} = 0, \\ \boldsymbol{n} \cdot \overrightarrow{BB_1} = 0, \end{cases}$ 即 $\begin{cases} x + \sqrt{3}z = 0, \\ -x + \sqrt{3}y = 0, \end{cases}$ 可取 $\boldsymbol{n} = (\sqrt{3}, 1, -1)$,

$\therefore \sin\theta = |\cos\langle \boldsymbol{n}, \overrightarrow{A_1C} \rangle| = \dfrac{|\boldsymbol{n} \cdot \overrightarrow{A_1C}|}{|\boldsymbol{n}| \cdot |\overrightarrow{A_1C}|} = \dfrac{\sqrt{10}}{5}$, θ 为直线 A_1C 与平面 BB_1C_1C 所成的角。

$\therefore$ 直线 A_1C 与平面 BB_1C_1C 所成角的正弦值为 $\dfrac{\sqrt{10}}{5}$。

9.【解析】(1) 证明: $\because A_1O \perp$ 平面 $ABCD$, 且 $BD \subset$ 平面 $ABCD$,

$\therefore A_1O \perp BD$,

又$\because$ 在正方形 $ABCD$ 中, $AC \perp BD$, 且 $A_1O \cap AC = O$,

$\therefore BD\perp$平面A_1AC,

故$A_1C\perp BD$。

在正方形$ABCD$中,$AB=\sqrt{2}$,则$AO=\frac{1}{2}\cdot\sqrt{2+2}=1$。

则在$\mathrm{Rt}\triangle A_1OA$中,$A_1O=\sqrt{AA_1{}^2-AO^2}=\sqrt{(\sqrt{2})^2-1^2}=1$。

设B_1D_1的中点为E_1,则四边形A_1OCE_1为正方形,所以$A_1C\perp E_1O$。

又$BD\subset$平面BB_1D_1D,$E_1O\subset$平面BB_1D_1D,且$BD\cap E_1O=O$,

所以$A_1C\perp$平面BB_1D_1D。

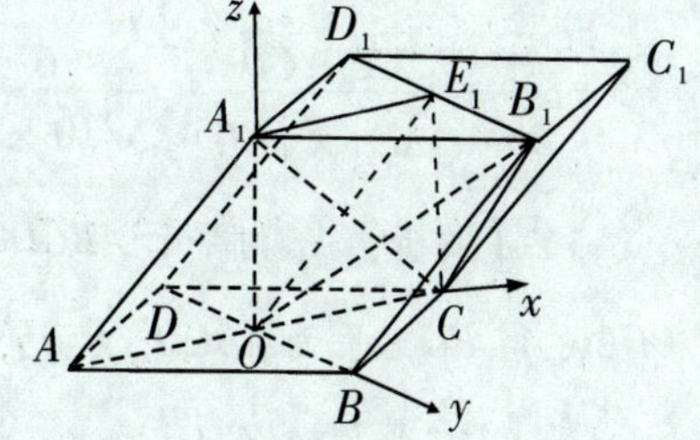

(2)以O为原点,以$\overrightarrow{OC}$的方向为x轴正方向,以$\overrightarrow{OB}$的方向为y轴正方向,以$\overrightarrow{OA_1}$的方向为z轴正方向建立空间直角坐标系,

则$B(0,1,0)$,$C(1,0,0)$,$A_1(0,0,1)$,$B_1(1,1,1)$,故$\overrightarrow{A_1C}=(1,0,-1)$,$\overrightarrow{OB_1}=(1,1,1)$,$\overrightarrow{OC}=(1,0,0)$。

由(1)知,平面BB_1D_1D的一个法向量$\boldsymbol{n}_1=\overrightarrow{A_1C}=(1,0,-1)$。

设平面OCB_1的法向量为$\boldsymbol{n}_2=(x,y,z)$,则$\boldsymbol{n}_2\cdot\overrightarrow{OB_1}=0$,$\boldsymbol{n}_2\cdot\overrightarrow{OC}=0\Rightarrow\begin{cases}x+y+z=0,\\x=0,\end{cases}$

解得其中一个法向量$\boldsymbol{n}_2=(0,1,-1)$,

$\because$所求夹角θ为锐角,

$\therefore\cos\theta=\cos\langle\boldsymbol{n}_1,\boldsymbol{n}_2\rangle=\frac{\boldsymbol{n}_1\cdot\boldsymbol{n}_2}{|\boldsymbol{n}_1|\cdot|\boldsymbol{n}_2|}=\frac{1}{\sqrt{2}\cdot\sqrt{2}}=\frac{1}{2}$。

所以平面OCB_1与平面BB_1D_1D的夹角θ为$\frac{\pi}{3}$。

10.【解析】(1)因为$AA_1\perp$平面ABC,所以$AA_1\perp AB$,$AA_1\perp AC$,又$AB\perp AC$,所以AB,AC,AA_1两两垂直,以A为坐标原点,分别以$\overrightarrow{AB}$,$\overrightarrow{AC}$,$\overrightarrow{AA_1}$的方向为x轴,y轴,z轴正方向,建立如图所示的空间直角坐标系。

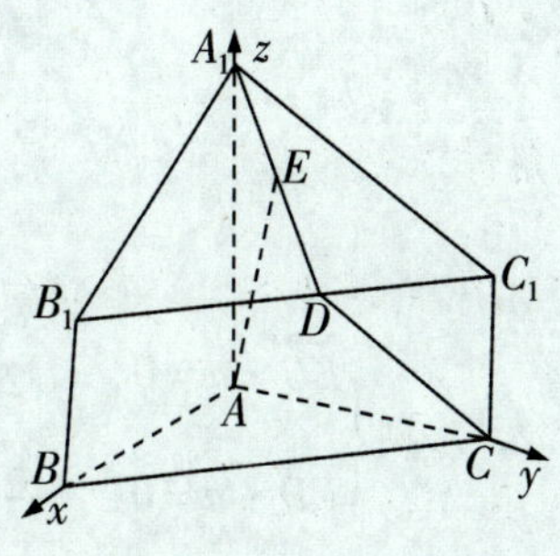

则 $A(0,0,0)$，$B(2\sqrt{2},0,0)$，$C(0,2\sqrt{2},0)$，$A_1(0,0,4)$，$B_1(2\sqrt{2},0,2)$，$C_1(0,2\sqrt{2},2)$，

$D(\sqrt{2},\sqrt{2},2)$，$E\left(\frac{\sqrt{2}}{2},\frac{\sqrt{2}}{2},3\right)$。

$\therefore \overrightarrow{AE}=\left(\frac{\sqrt{2}}{2},\frac{\sqrt{2}}{2},3\right)$，$\overrightarrow{BC}=(-2\sqrt{2},2\sqrt{2},0)$，$\therefore \overrightarrow{AE}\cdot\overrightarrow{BC}=0$，

$\therefore AE\perp BC$。

(2) 由(1)可知，$\overrightarrow{CD}=(\sqrt{2},-\sqrt{2},2)$，$\overrightarrow{AE}=\left(\frac{\sqrt{2}}{2},\frac{\sqrt{2}}{2},3\right)$，

设异面直线 AE 与 DC 所成角为 θ，则

$$\cos\theta=\frac{\overrightarrow{AE}\cdot\overrightarrow{CD}}{|\overrightarrow{AE}|\times|\overrightarrow{CD}|}=\frac{6}{\sqrt{10}\times\sqrt{8}}=\frac{3\sqrt{5}}{10}。$$

11.【解析】(1) 由平面 $ABCD\perp$ 平面 $BCEG$，平面 $ABCD\cap$ 平面 $BCEG=BC$，$CE\perp BC$，$CE\subset$ 平面 $BCEG$，得 $EC\perp$ 平面 $ABCD$。

又 $CD\subset$ 平面 $ABCD$，

所以 $EC\perp CD$。

根据题意建立如图所示的空间直角坐标系，可得 $B(0,2,0)$，$D(2,0,0)$，$E(0,0,2)$，$A(2,1,0)$，$G(0,2,1)$。

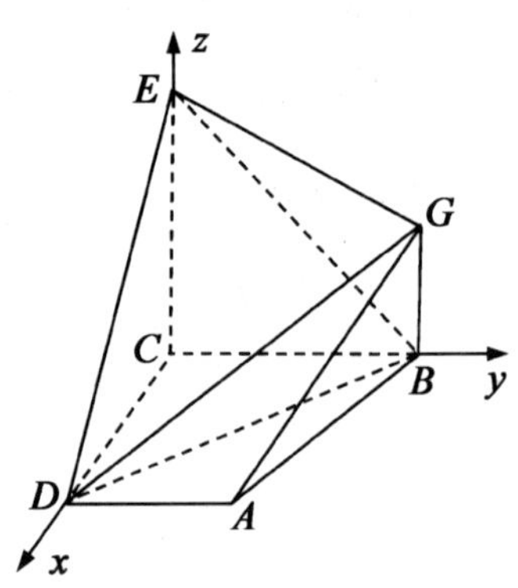

设平面 BDE 的法向量为 $\boldsymbol{m}=(x,y,z)$。

由 $\overrightarrow{EB}=(0,2,-2)$，$\overrightarrow{ED}=(2,0,-2)$，

得 $\overrightarrow{EB}\cdot\boldsymbol{m}=0$，$\overrightarrow{ED}\cdot\boldsymbol{m}=0$，

即 $\begin{cases}y-z=0,\\x-z=0,\end{cases}$ 故 $x=y=z$，

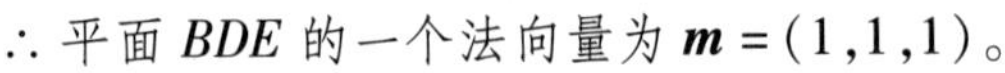

$\therefore$ 平面 BDE 的一个法向量为 $\boldsymbol{m}=(1,1,1)$。

$\because \overrightarrow{AG}=(-2,1,1)$，

$\therefore \overrightarrow{AG}\cdot\boldsymbol{m}=-2+1+1=0$，故 $\overrightarrow{AG}\perp\boldsymbol{m}$。

又 $AG\not\subset$ 平面 BDE，

$\therefore AG\parallel$ 平面 BDE。

(2) 由(1)知 $\overrightarrow{EG}=(0,2,-1)$。

设平面 EDG 的法向量为 $\boldsymbol{n}=(x,y,z)$，则 $\begin{cases}\overrightarrow{EG}\cdot\boldsymbol{n}=0,\\\overrightarrow{ED}\cdot\boldsymbol{n}=0,\end{cases}$ 即 $\begin{cases}2y-z=0,\\2x-2z=0,\end{cases}$ 故 $x=z=2y$。

$\therefore$ 平面 EDG 的一个法向量为 $\boldsymbol{n}=(1,\frac{1}{2},1)$。

又平面 BDE 的一个法向量为 $\boldsymbol{m}=(1,1,1)$，

设二面角 $G-DE-B$ 的大小为 α，则 $\cos\alpha=\frac{\boldsymbol{m}\cdot\boldsymbol{n}}{|\boldsymbol{m}||\boldsymbol{n}|}=\frac{1+\frac{1}{2}+1}{\sqrt{3}\cdot\sqrt{1+\frac{1}{4}+1}}=\frac{5\sqrt{3}}{9}$，

$\therefore$ 二面角 $G-DE-B$ 的余弦值为 $\frac{5\sqrt{3}}{9}$。

12.【解析】(1) 在等腰梯形 $ABCD$ 中，$AB\parallel CD$，$\angle DAB=60°$，$CB=CD$。

所以 $\angle BCD=180°-\angle DAB=120°$，

所以 $\angle CDB=\angle CBD=\frac{1}{2}(180°-\angle BCD)=30°$。

故 $\angle ADB=\angle ADC-\angle CDB=120°-30°=90°$，即 $AD\perp BD$。

又 $AE\perp BD$，$AD\subset$ 平面 AED，$AE\subset$ 平面 AED，且 $AD\cap AE=A$，

故 $BD\perp$ 平面 AED。

(2) 由 (1) 可知 $AC\perp CB$，

设 $CB=1$，

则 $CA=BD=\sqrt{3}$。

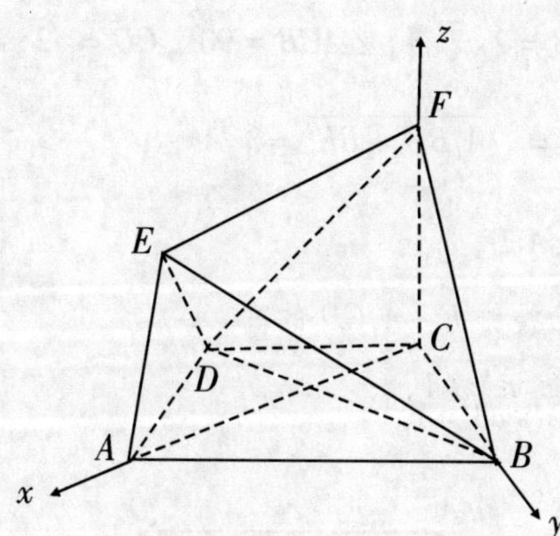

以 C 为原点，建立如图所示的空间直角坐标系，

则 $F(0,0,1)$，$B(0,1,0)$，$D(\frac{\sqrt{3}}{2},-\frac{1}{2},0)$，所以 $\overrightarrow{CF}=(0,0,1)$，$\overrightarrow{BD}=\left(\frac{\sqrt{3}}{2},-\frac{3}{2},0\right)$，$\overrightarrow{FB}=(0,1,-1)$，

向量 $\boldsymbol{n}=(0,0,1)$ 为平面 BDC 的一个法向量。

设向量 $\boldsymbol{m}=(x,y,z)$ 为平面 BDF 的法向量，

则$\begin{cases}\boldsymbol{m}\cdot\overrightarrow{BD}=0,\\ \boldsymbol{m}\cdot\overrightarrow{FB}=0,\end{cases}$

即$\begin{cases}\dfrac{\sqrt{3}}{2}x-\dfrac{3}{2}y=0,\\ y-z=0,\end{cases}$

取 $y=1$，则 $x=\sqrt{3}$，$z=1$，

故 $\boldsymbol{m}=(\sqrt{3},1,1)$ 为平面 BDF 的一个法向量。

$\cos\langle\boldsymbol{m},\boldsymbol{n}\rangle=\dfrac{\boldsymbol{m}\cdot\boldsymbol{n}}{|\boldsymbol{m}||\boldsymbol{n}|}=\dfrac{1}{\sqrt{5}}=\dfrac{\sqrt{5}}{5}$,

所以二面角 $F-BD-C$ 的余弦值为$\dfrac{\sqrt{5}}{5}$。

13.**【解析】**(1)连结 AC_1，交 A_1C 于点 O，连结 DO，则 O 为 AC_1 的中点，

$\because D$ 为 AB 的中点，$\therefore OD\parallel BC_1$，

又$\because OD\subset$平面 A_1CD，$BC_1\not\subset$平面 A_1CD ，

$\therefore BC_1\parallel$平面 A_1CD。

(2)由题意知，$CD\perp AB$，又$\because ABC-A_1B_1C_1$ 为直三棱柱，$\therefore CD\perp AA_1$，$CD\perp$平面 ABB_1A_1，$\therefore CD\perp A_1D$ 且 $CD\perp DE$。

再由 $AA_1=AC=CB=2$，$AB=2\sqrt{2}$ 得，$\angle ACB=90°$，$CD=\sqrt{2}$，$A_1D=\sqrt{AA_1^2+AD^2}=\sqrt{6}$，$DE=\dfrac{1}{2}AB_1=\dfrac{1}{2}\sqrt{AA_1^2+AB^2}=\sqrt{3}$，$A_1E=\sqrt{{A_1B_1}^2+BE^2}=3$。

故 $A_1D^2+DE^2=A_1E^2$，$DE\perp A_1D$，

即 $DE\perp$平面 A_1CD，DE 为三棱锥 $E-A_1CD$ 的高。

$\therefore V_{C-A_1DE}=\dfrac{1}{3}\times\dfrac{1}{2}\times\sqrt{6}\times\sqrt{2}\times\sqrt{3}=1$。

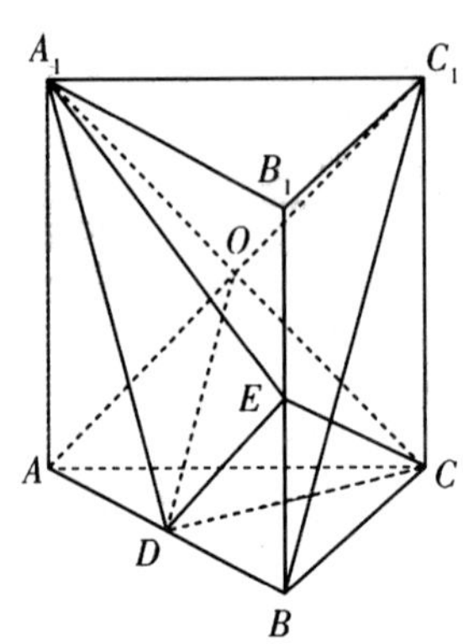

14.【解析】$\because PA\perp$平面$ABCD$，$AB,AD\subset$平面$ABCD$，且四边形$ABCD$为正方形，所以PA,AB,AD两两垂直，$\therefore$以直线AB为x轴，直线AD为y轴，直线AP为z轴建立空间直角坐标系，如图，则$A(0,0,0)$，$B(2,0,0)$，$C(2,2,0)$，$D(0,2,0)$，$P(0,0,2)$。

(1)$\because E$为AD的中点，$\therefore E(0,1,0)$。

又F为PC的中点，$\therefore F(1,1,1)$，$\therefore \overrightarrow{EF}=(1,0,1)$。

又$\overrightarrow{PB}=(2,0,-2)$，

$\therefore \cos\langle\overrightarrow{EF},\overrightarrow{PB}\rangle=\dfrac{1\times2+1\times(-2)}{\sqrt{1+1}\cdot\sqrt{2^2+(-2)^2}}=0$。

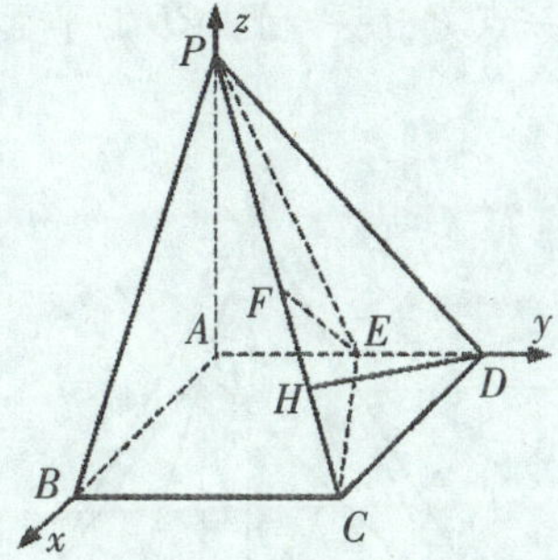

$\therefore\langle\overrightarrow{EF},\overrightarrow{PB}\rangle=90°$。

$\therefore$异面直线EF与PB所成角的大小为$90°$。

(2)由(1)知，$EF\perp PB$，

$\because \overrightarrow{BC}=(0,2,0)$，$\overrightarrow{EF}=(1,0,1)$

$\therefore \overrightarrow{EF}\cdot\overrightarrow{BC}=0$，$\therefore EF\perp BC$。

$\because BC\cap PB=B$，且$PB,BC\subset$平面PBC，$\therefore EF\perp$平面PBC。

又$EF\subset$平面PCE，$\therefore$平面$PCE\perp$平面PBC。

第七节　立体几何综合问题

考向 **1** 变式训练

1.【解析】(1)因为底面$ABCD$是矩形，所以$AB/\!/CD$，因为$CD\subset$平面SCD且$AB\not\subset$平面SCD，所

以 $AB\parallel$ 平面 SCD。

(2)因为 $SA\perp AB$，$AB\perp AD$，$SA\cap AD=A$，$SA\subset$ 平面 SAD 且 $AD\subset$ 平面 SAD，$AB\not\subset$ 平面 SAD，所以 $AB\perp$ 平面 SAD，因为 $SN\subset$ 平面 SAD，所以 $SN\perp AB$，因为 $SA=SD$，N 是 AD 的中点，所以 $SN\perp AD$，因为 $AB\cap AD=A$，$AB\subset$ 平面 $ABCD$ 且 $AD\subset$ 平面 $ABCD$，所以 $SN\perp$ 平面 $ABCD$。

(3)如图所示，连结 BD 交 NC 于点 F，在平面 SNC 中，过点 F 作 $FP\parallel SN$ 交 SC 于点 P，连结 PB，PD。因为 $SN\perp$ 平面 $ABCD$，$FP\parallel SN$，所以 $PF\perp$ 平面 $ABCD$，因为 $FP\subset$ 平面 PBD，所以平面 $PBD\perp$ 平面 $ABCD$，在矩形 $ABCD$ 中，因为 $ND\parallel BC$，所以 $\dfrac{ND}{BC}=\dfrac{NF}{FC}=\dfrac{1}{2}$，在 $\triangle SNC$ 中，因为 $FP\parallel SN$，所以 $\dfrac{SP}{PC}=\dfrac{NF}{FC}=\dfrac{1}{2}$。故棱 SC 上存在一点 P，使平面 $PBD\perp$ 平面 $ABCD$，且 $\dfrac{SP}{PC}=\dfrac{1}{2}$。

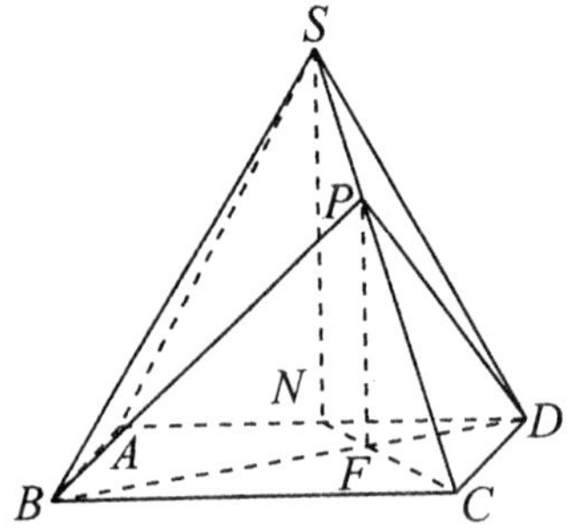

2.【解析】(1)证明：因为 $AP=CP=AC=4$，O 为 AC 的中点，

所以 $OP\perp AC$，且 $OP=2\sqrt{3}$，

连结 OB，因为 $AB=BC=\dfrac{\sqrt{2}}{2}AC$，

所以 $\triangle ABC$ 为等腰直角三角形，且 $OB\perp AC$，$OB=\dfrac{1}{2}AC=2$。

由 $OP^2+OB^2=PB^2$ 知 $PO\perp OB$，

由 $OP\perp OB$，$OP\perp AC$，$AC\cap OB=O$，知 $PO\perp$ 平面 ABC。

(2)如图，以 O 为坐标原点，$\overrightarrow{OB}$的方向为 x 轴正方向，建立空间直角坐标系 $O-xyz$，

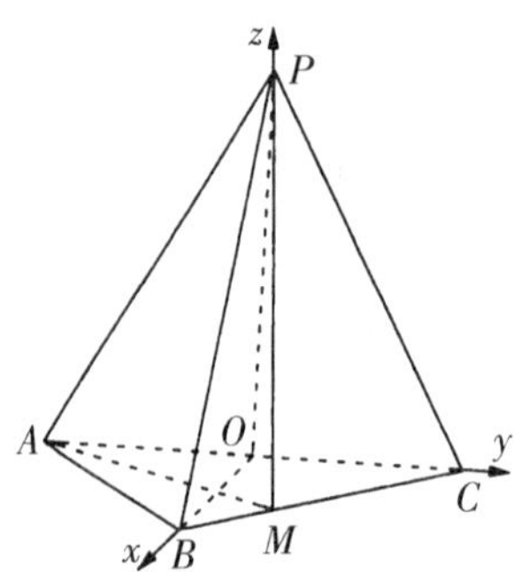

则 $O(0,0,0)$，$B(2,0,0)$，$A(0,-2,0)$，$C(0,2,0)$，$P(0,0,2\sqrt{3})$，$\overrightarrow{AP}=(0,2,2\sqrt{3})$，取平面 PAC 的一个法向量 $\overrightarrow{OB}=(2,0,0)$，

设 $M(a,2-a,0)(0<a\leqslant 2)$，则 $\overrightarrow{AM}=(a,4-a,0)$，

设平面 PAM 的法向量为 $\boldsymbol{n}=(x,y,z)$，

由 $\overrightarrow{AP}\cdot\boldsymbol{n}=0$，$\overrightarrow{AM}\cdot\boldsymbol{n}=0$ 得 $\begin{cases}2y+2\sqrt{3}z=0,\\ax+(4-a)y=0,\end{cases}$

可取 $\boldsymbol{n}=(\sqrt{3}(a-4),\sqrt{3}a,-a)$，

所以 $|\cos\langle\overrightarrow{OB},\boldsymbol{n}\rangle|=\dfrac{2\sqrt{3}|a-4|}{2\sqrt{3(a-4)^2+3a^2+a^2}}$，

由已知得 $|\cos\langle\overrightarrow{OB},\boldsymbol{n}\rangle|=\dfrac{\sqrt{3}}{2}$，

所以 $\dfrac{2\sqrt{3}|a-4|}{2\sqrt{3(a-4)^2+3a^2+a^2}}=\dfrac{\sqrt{3}}{2}$，解得 $a=-4$（舍去）或 $a=\dfrac{4}{3}$，

所以 $\boldsymbol{n}=\left(-\dfrac{8\sqrt{3}}{3},\dfrac{4\sqrt{3}}{3},-\dfrac{4}{3}\right)$，又 $\overrightarrow{PC}=(0,2,-2\sqrt{3})$，

所以 $\cos\langle\overrightarrow{PC},n\rangle=\dfrac{\sqrt{3}}{4}$，所以 PC 与平面 PAM 所成角的正弦值为 $\dfrac{\sqrt{3}}{4}$。

3.【解析】(1) 证明：连结 AB_1 交 A_1B 于点 D，

因为 $AA_1=AB$，所以 $AD\perp A_1B$，

又平面 $A_1BC\perp$ 侧面 ABB_1A_1，

平面 $A_1BC\cap$ 平面 $ABB_1A_1=A_1B$，

所以 $AD\perp$ 平面 A_1BC，$BC\subset$ 平面 A_1BC，所以 $AD\perp BC$，

因为三棱柱 $ABC-A_1B_1C_1$ 是直三棱柱，所以 $AA_1\perp$ 底面 ABC，

所以 $AA_1\perp BC$，又 $AA_1\cap AD=A$，所以 $BC\perp$ 侧面 ABB_1A_1，

所以 $BC\perp AB$。

(2) 由(1)得 $AD\perp$ 平面 A_1BC，

所以 $\angle ACD$ 是直线 AC 与平面 A_1BC 所成的角，

即 $\angle ACD=\dfrac{\pi}{6}$，又 $AD=\sqrt{2}$，所以 $AC=2\sqrt{2}$，

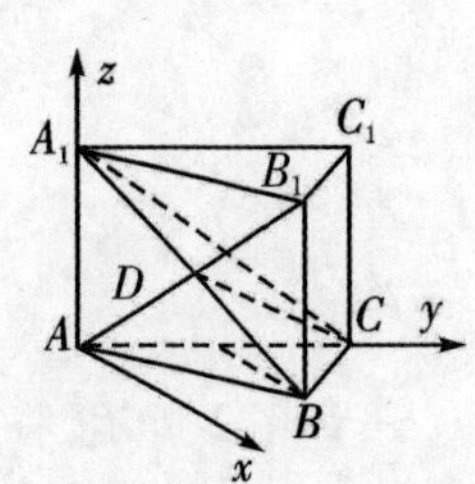

假设存在适合条件的点 E，

建立如图所示空间直角坐标系 $A-xyz$，

设$\overrightarrow{A_1E}=\lambda\overrightarrow{A_1C}(0\leqslant\lambda\leqslant1)$，

则 $B(\sqrt{2},\sqrt{2},0)$，$B_1(\sqrt{2},\sqrt{2},2)$，

由 $A_1(0,0,2)$，$C(0,2\sqrt{2},0)$，

得 $E(0,2\sqrt{2}\lambda,2-2\lambda)$，

设平面 EAB 的一个法向量 $\boldsymbol{m}=(x,y,z)$，

由$\begin{cases}\boldsymbol{m}\cdot\overrightarrow{AE}=0,\\ \boldsymbol{m}\cdot\overrightarrow{AB}=0\end{cases}$得$\begin{cases}2\sqrt{2}\lambda y+(2-2\lambda)z=0,\\ \sqrt{2}x+\sqrt{2}y=0,\end{cases}$

所以可取 $\boldsymbol{m}=(1-\lambda,\lambda-1,\sqrt{2}\lambda)$，

由(1)知 $AB_1\perp$平面 A_1BC，

所以平面 CEB 的一个法向量 $\boldsymbol{n}=(1,1,\sqrt{2})$，

所以$\frac{1}{2}=\left|\cos\frac{2\pi}{3}\right|=\cos\langle\boldsymbol{m},\boldsymbol{n}\rangle=\frac{\boldsymbol{m}\cdot\boldsymbol{n}}{|\boldsymbol{m}||\boldsymbol{n}|}=\frac{2\lambda}{2\sqrt{2(\lambda-1)^2+2\lambda^2}}$，

解得 $\lambda=\frac{1}{2}$，

故点 E 为线段 A_1C 的中点时，二面角 $A-BE-C$ 的大小为$\frac{2\pi}{3}$。

考向 2 变式训练

1. C 【解析】如图 1 所示，连结 AC，过点 P 作 $PQ_0\perp AC$，垂足为 Q_0，易知 $PQ\geqslant PQ_0$，那么 $MP+PQ$ 的最小值就是 $MP+PQ_0$ 的最小值。

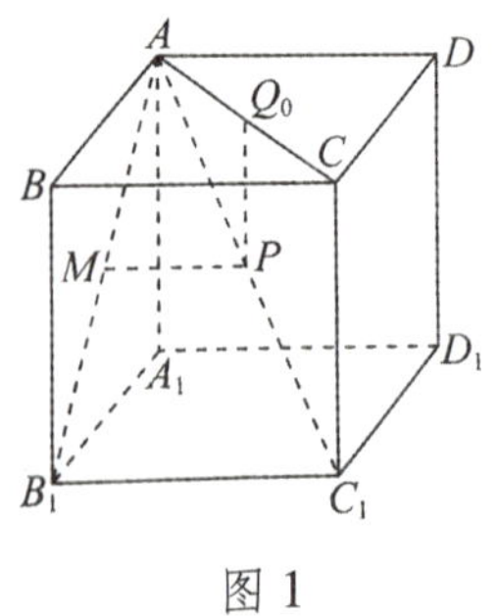

图 1

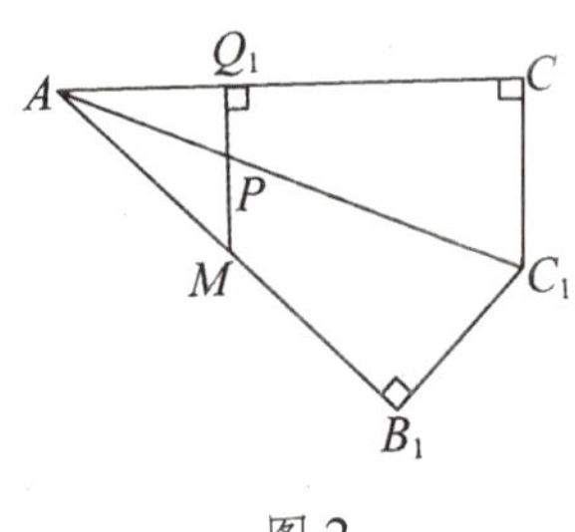

图 2

如图 2 所示，将$\triangle AB_1C_1$ 沿 AC_1 翻折至与$\triangle ACC_1$ 共面，在四边形 AB_1C_1C 中，易知$\angle B_1AC=60°$，$\angle C=\angle B_1=90°$，$AB_1=\sqrt{3}$，当 $MP\perp AC$ 时，设垂足为 Q_1，则 $MP+PQ_0\geqslant MQ_1=\frac{3}{4}$，所以 $MP+$

PQ 的最小值为$\frac{3}{4}$。

2. 1 【解析】设 $BD=x(0<x<3)$,$AD=CD=3-x$,$V_{A-BCD}=\frac{1}{3}\cdot\frac{1}{2}x\cdot(3-x)^2=\frac{1}{12}\cdot 2x\cdot(3-x)\cdot(3-x)\leqslant\frac{1}{12}\cdot\left(\frac{6}{3}\right)^3=\frac{2}{3}$,当且仅当 $2x=3-x$,即 $x=1$ 时取等号。故当 $BD=1$ 时,三棱锥 $A-BCD$ 的体积取得最大值。

考向3 变式训练

1.【解析】(1)证明:由已知可得,$BF\perp PF$,$BF\perp EF$,$PF\cap EF=F$,所以 $BF\perp$ 平面 PEF,又 $BF\subset$ 平面 $ABFD$,所以平面 $PEF\perp$ 平面 $ABFD$。

(2)作 $PH\perp EF$,垂足为 H,由(1)得,$PH\perp$ 平面 $ABFD$。

以 H 为坐标原点,$\overrightarrow{HF}$的方向为 y 轴正方向,$|\overrightarrow{BF}|$为单位长,建立如图所示的空间直角坐标系 $H-xyz$。

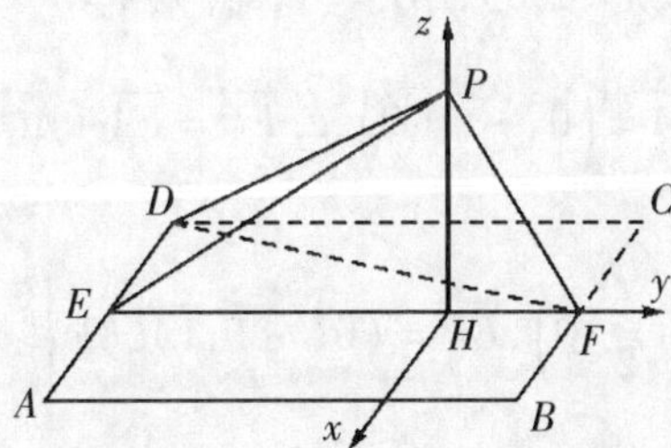

由(1)可得,$DE\perp PE$,又 $DP=2$,$DE=1$,所以 $PE=\sqrt{3}$,又 $PF=1$,$EF=2$,故 $PE\perp PF$,可得 $PH=\frac{\sqrt{3}}{2}$,$EH=\frac{3}{2}$。

则 $H(0,0,0)$,$P\left(0,0,\frac{\sqrt{3}}{2}\right)$,$D\left(-1,-\frac{3}{2},0\right)$,$\overrightarrow{DP}=\left(1,\frac{3}{2},\frac{\sqrt{3}}{2}\right)$,$\overrightarrow{HP}=\left(0,0,\frac{\sqrt{3}}{2}\right)$为平面 $ABFD$ 的一个法向量,

设 DP 与平面 $ABFD$ 所成角为 θ,

则 $\sin\theta=|\cos<\overrightarrow{HP}\cdot\overrightarrow{DP}>|=\left|\frac{\overrightarrow{HP}\cdot\overrightarrow{DP}}{|\overrightarrow{HP}|\cdot|\overrightarrow{DP}|}\right|=\frac{\frac{3}{4}}{\sqrt{3}}=\frac{\sqrt{3}}{4}$,

所以 DP 与平面 $ABFD$ 所成角的正弦值为$\frac{\sqrt{3}}{4}$。

2. B 【解析】先画出圆柱的直观图,根据三视图可知点 M,N 的位置如图①所示。

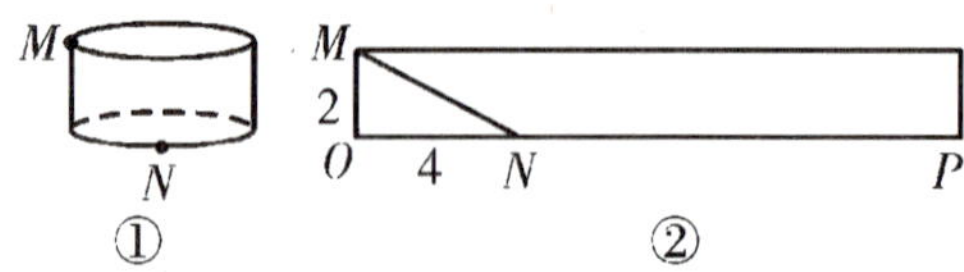

圆柱的侧面展开图及 M,N 的位置(N 位于 OP 的四等分点)如图②所示,连结 MN,则图中 MN 即为点 M 到 N 的最短路径。又 $ON=\frac{1}{4}\times16=4,OM=2$,所以 $MN=\sqrt{OM^2+ON^2}=\sqrt{2^2+4^2}=2\sqrt{5}$。

招教高频基础刷

1.【解析】$\because PD\perp$ 平面 $ABCD$,$\therefore PD\perp AD,PD\perp DC$,又 $\because AB/\!/DC,AB\perp AD$,$\therefore AD\perp DC$,$\therefore DA,DC,DP$ 两两垂直,如图,以点 D 为坐标原点,DA,DC,DP 分别为 x 轴,y 轴,z 轴建立空间直角坐标系,则 $A(1,0,0),B(1,2,0),C(0,1,0),P(0,0,1)$,则 $\overrightarrow{AP}=(-1,0,1)$,设 $\overrightarrow{AQ}=t\overrightarrow{AP}=(-t,0,t)$ $(t\in[0,1])$,$F(1,\lambda,0)$,则 $\overrightarrow{CF}=(1,\lambda-1,0),\overrightarrow{DB}=(1,2,0)$,$\because \overrightarrow{CF}\cdot\overrightarrow{DB}=0$,$\therefore 1\times1+2\times(\lambda-1)=0$,解得 $\lambda=\frac{1}{2}$,则 $F\left(1,\frac{1}{2},0\right)$,$\therefore \overrightarrow{FA}=\left(0,-\frac{1}{2},0\right)$,$\therefore \overrightarrow{FQ}=\overrightarrow{FA}+\overrightarrow{AQ}=\left(-t,-\frac{1}{2},t\right)$,设平面 PFC 的法向量为 $\boldsymbol{n}=(x,y,z)$,$\overrightarrow{CF}=\left(1,-\frac{1}{2},0\right)$,$\overrightarrow{CP}=(0,-1,1)$,则 $\begin{cases}\boldsymbol{n}\cdot\overrightarrow{CF}=0,\\ \boldsymbol{n}\cdot\overrightarrow{CP}=0,\end{cases}$ 即 $\begin{cases}x-\frac{1}{2}y=0,\\ -y+z=0,\end{cases}$ 则 $\boldsymbol{n}=(1,2,2)$,$\therefore \boldsymbol{n}\cdot\overrightarrow{FQ}=t-1$,$\therefore \cos\langle\overrightarrow{FQ},\boldsymbol{n}\rangle=\frac{t-1}{3\sqrt{2t^2+\frac{1}{4}}}=\frac{2t-2}{3\sqrt{8t^2+1}}$,$\because FQ$ 与平面 PFC 所成角的余弦值是 $\frac{\sqrt{6}}{3}$,$\therefore$ 其正弦值为 $\frac{\sqrt{3}}{3}$,$\therefore \left|\frac{2t-2}{3\sqrt{8t^2+1}}\right|=\frac{\sqrt{3}}{3}$,解得 $t=\frac{1}{10}$ 或 $t=-\frac{1}{2}$(舍去)。$\therefore$ 在线段 PA 上存在点 Q,使得 FQ 与平面 PFC 所成角的余弦值是 $\frac{\sqrt{6}}{3}$,此时 $\overrightarrow{AQ}=\left(-\frac{1}{10},0,\frac{1}{10}\right)$,故 $|AQ|=\frac{\sqrt{2}}{10}$。

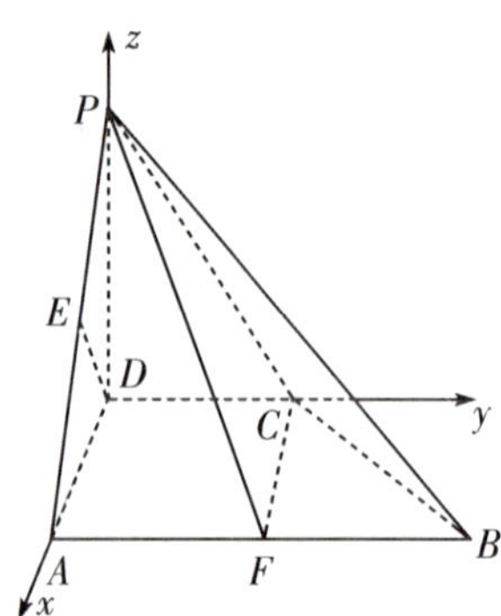

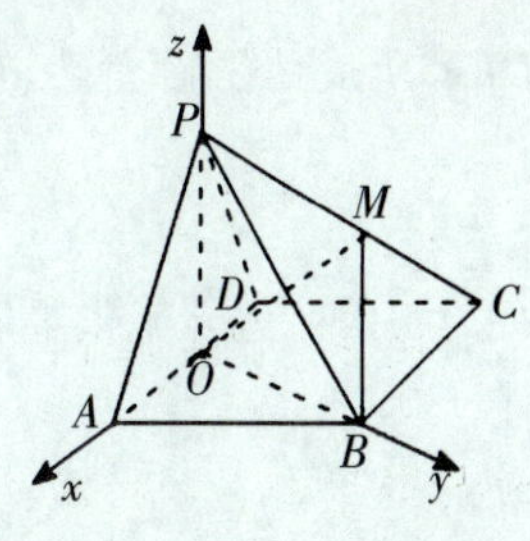

2.【解析】$\because PA=PD$,O 为 AD 中点,$\therefore PO\perp AD$,又$\because$ 平面 $PAD\perp$ 平面 $ABCD$,且平面 $PAD\cap$ 平面 $ABCD=AD$,$\therefore PO\perp$ 平面 $ABCD$,$\therefore PO\perp OB$,又底面 $ABCD$ 为菱形且$\angle DAB=60°$,$\therefore \triangle ABD$ 是等边三角形,$\therefore OB\perp AD$,建立如图所示的空间直角坐标系,则 $P(0,0,\sqrt{3})$,$B(0,\sqrt{3},0)$,$C(-2,\sqrt{3},0)$,$\overrightarrow{PC}=(-2,\sqrt{3},-\sqrt{3})$,假设在线段 PC 上存在点 M,使二面角 $M-BO-C$ 的大小为 $30°$,设$\overrightarrow{PM}=k\overrightarrow{PC}=(-2k,\sqrt{3}k,-\sqrt{3}k)$,$\overrightarrow{OB}=(0,\sqrt{3},0)$,$\overrightarrow{OM}=\overrightarrow{OP}+\overrightarrow{PM}=(-2k,\sqrt{3}k,\sqrt{3}-\sqrt{3}k)$,设平面 MOB 的法向量为 $\boldsymbol{m}=(x,y,z)$,则 $\boldsymbol{m}\cdot\overrightarrow{OM}=\boldsymbol{m}\cdot\overrightarrow{OB}=0$,可得 $-2kx+\sqrt{3}ky+(\sqrt{3}-\sqrt{3}k)z=0$,$\sqrt{3}y=0$,取 $z=2$,则 $\boldsymbol{m}=(\frac{\sqrt{3}-\sqrt{3}k}{k},0,2)$,取平面 COB 的法向量为 $\boldsymbol{n}=(0,0,1)$,

$\therefore \cos30°=\frac{\boldsymbol{m}\cdot\boldsymbol{n}}{|\boldsymbol{m}||\boldsymbol{n}|}=\frac{2}{\sqrt{\left(\frac{\sqrt{3}-\sqrt{3}k}{k}\right)^2+4}}=\frac{\sqrt{3}}{2}$,解得 $k=\frac{3}{5}$,故在线段 PC 上存在点 M,使二面角 $M-BO-C$ 的大小为 $30°$,此时$\frac{PM}{PC}=\frac{3}{5}$。

3.【解析】如图,将平面 $EFCD$ 绕 EF 旋转到与 $ABFE$ 在同一平面内,则当点 A,P,N 在同一直线上时,$PA+PN$ 最小,在$\triangle AEN$ 中,$\because \angle AEN=135°$,$AE=1$,$NE=\frac{\sqrt{2}}{2}$,由余弦定理得 $AN^2=AE^2+EN^2-2AE\cdot EN\cos135°=\frac{5}{2}$,$\therefore AN=\frac{\sqrt{10}}{2}$,即$(PA+PN)_{\min}=\frac{\sqrt{10}}{2}$。

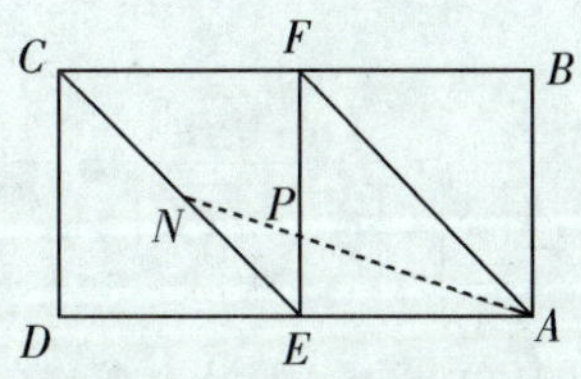

4.【解析】在直三棱柱 $ABC-A_1B_1C_1$ 中,$BB_1\perp$ 底面 ABC,所以 $BB_1\perp AB$,$\because A_1B_1/\!/AB$,$BF\perp A_1B_1$,$\therefore BF\perp AB$,又 $BB_1\cap BF=B$,所以 $AB\perp$ 平面 BB_1C_1C,故 BA,BC,BB_1 两两垂直,以点 B 为坐标原点,分别以 BA,BC,BB_1 所在直线为 x 轴,y 轴,z 轴建立如图所示的空间直角坐标系,则 $B(0,0,0)$,$A(2,0,0)$,$E(1,1,0)$,$F(0,2,1)$,平面 BB_1C_1C 的法向量为 $\boldsymbol{n}=\overrightarrow{BA}=(2,0,0)$,设点 $D(a,0,2)(0\leqslant a\leqslant 2)$,平面 DEF 的法向量为 $\boldsymbol{m}=(x,y,z)$,因为$\overrightarrow{EF}=(-1,1,1)$,$\overrightarrow{DE}=(1-a,1,-2)$,所以 $\begin{cases}\boldsymbol{m}\cdot\overrightarrow{EF}=0,\\ \boldsymbol{m}\cdot\overrightarrow{DE}=0,\end{cases}$ 即 $\begin{cases}-x+y+z=0,\\ (1-a)x+y-2z=0,\end{cases}$ 令 $z=2-a$,则 $\boldsymbol{m}=(3,1+a,2-a)$,设平面 BB_1C_1C 与面

DFE 所成的平面角为 θ，则 $|\cos\theta|=\dfrac{|\boldsymbol{m}\cdot\boldsymbol{n}|}{|\boldsymbol{m}||\boldsymbol{n}|}=\dfrac{6}{2\times\sqrt{2a^2-2a+14}}=\dfrac{3}{\sqrt{2a^2-2a+14}}$，当 $a=\dfrac{1}{2}$ 时，$2a^2-2a+14$ 取最小值为 $\dfrac{27}{2}$，此时 $\cos\theta$ 取最大值，为 $\dfrac{3}{\sqrt{\dfrac{27}{2}}}=\dfrac{\sqrt{6}}{3}$，所以 $(\sin\theta)_{\min}=\sqrt{1-\left(\dfrac{\sqrt{6}}{3}\right)^2}=\dfrac{\sqrt{3}}{3}$，此时 $B_1D=\dfrac{1}{2}$。

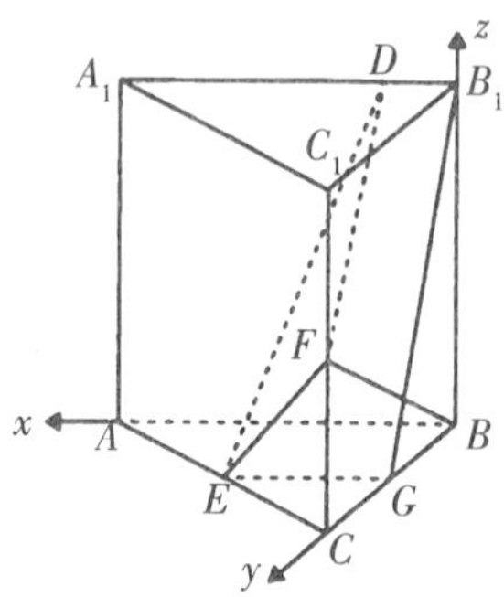

5.【解析】$\because DP\perp$ 平面 $ABCD$，$\therefore DP\perp DA$，$DP\perp DC$，又 $\because$ 四边形 $ABCD$ 是正方形，$\therefore DA\perp DC$，$\therefore$ 直线 DA,DC,DP 两两垂直。如图，以点 D 为坐标原点，DA,DC,DP 所在直线为 x 轴，y 轴，z 轴建立如图所示的空间直角坐标系，则 $D(0,0,0)$，$A(1,0,0)$，$C(0,1,0)$，$P(0,0,1)$，$B(1,1,0)$，设 $Q(m,0,1)$，$\overrightarrow{DQ}=(m,0,1)$，$\overrightarrow{PB}=(1,1,-1)$，$\overrightarrow{DC}=(0,1,0)$，设平面 QCD 的法向量为 $\boldsymbol{n}=(x,y,z)$，

则 $\begin{cases}\boldsymbol{n}\cdot\overrightarrow{DC}=0,\\ \boldsymbol{n}\cdot\overrightarrow{DQ}=0,\end{cases}$ 即 $\begin{cases}y=0,\\ xm+z=0,\end{cases}$ 取 $x=-1$，则 $y=0$，$z=m$，可得 $\boldsymbol{n}=(-1,0,m)$，设 θ 为 PB 与平面 QCD 所成的角，则 $\sin\theta=|\cos<\boldsymbol{n},\overrightarrow{PB}>|=\dfrac{|\boldsymbol{n}\cdot\overrightarrow{PB}|}{|\boldsymbol{n}|\cdot|\overrightarrow{PB}|}=\dfrac{|-1-m|}{\sqrt{3}\cdot\sqrt{1+m^2}}=\dfrac{\sqrt{3}}{3}\cdot\sqrt{\dfrac{1+2m+m^2}{1+m^2}}=\dfrac{\sqrt{3}}{3}\cdot\sqrt{1+\dfrac{2m}{1+m^2}}\leqslant\dfrac{\sqrt{3}}{3}\sqrt{1+\dfrac{2}{2}}=\dfrac{\sqrt{6}}{3}$，当且仅当 $m=1$ 时取等号，$\therefore PB$ 与平面 QCD 所成角的正弦值的最大值为 $\dfrac{\sqrt{6}}{3}$。

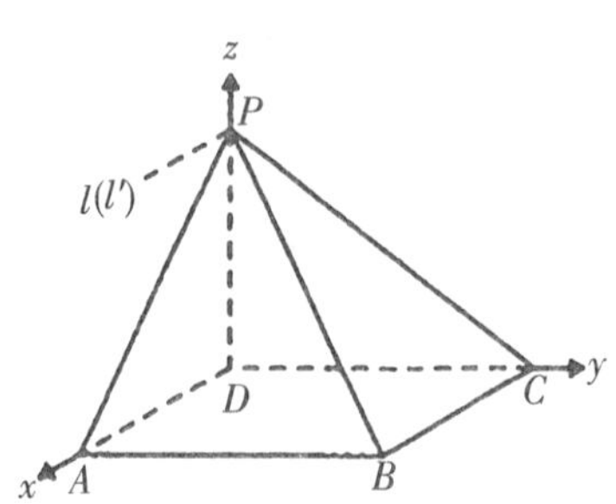

6.【解析】直线 AG 在平面 AEF 内。理由如下：

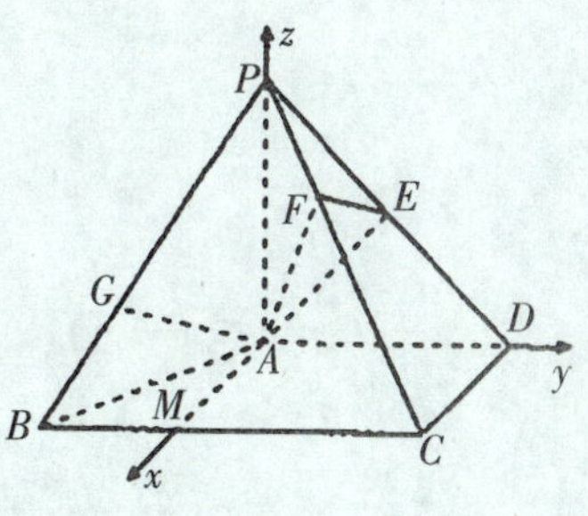

过点 A 作 AD 的垂线交 BC 于点 M，因为 $PA\perp$ 平面 $ABCD$，所以 $PA\perp AM$，$PA\perp AD$，建立如图所示的空间直角坐标系，则 $A(0,0,0)$，$B(2,-1,0)$，$C(2,2,0)$，$D(0,2,0)$，$P(0,0,2)$，$\because$ 点 G 在 PB 上，且 $\frac{PG}{PB}=\frac{2}{3}$，$\overrightarrow{PB}=(2,-1,-2)$，$\therefore \overrightarrow{PG}=\frac{2}{3}\overrightarrow{PB}=\left(\frac{4}{3},-\frac{2}{3},-\frac{4}{3}\right)$，又 $\because \overrightarrow{AP}=(0,0,2)$，$\therefore \overrightarrow{AG}=\overrightarrow{AP}+\overrightarrow{PG}=\left(\frac{4}{3},-\frac{2}{3},\frac{2}{3}\right)$，$\because E$ 为 PD 的中点，$\therefore E(0,1,1)$，$\therefore \overrightarrow{AE}=(0,1,1)$，$\overrightarrow{PC}=(2,2,-2)$，故 $\overrightarrow{PF}=\frac{1}{3}\overrightarrow{PC}=\left(\frac{2}{3},\frac{2}{3},-\frac{2}{3}\right)$，所以 $\overrightarrow{AF}=\overrightarrow{AP}+\overrightarrow{PF}=\left(\frac{2}{3},\frac{2}{3},\frac{4}{3}\right)$，设平面 AEF 的法向量为 $\boldsymbol{m}=(x,y,z)$，则 $\begin{cases}\boldsymbol{m}\cdot\overrightarrow{AE}=0,\\ \boldsymbol{m}\cdot\overrightarrow{AF}=0,\end{cases}$ 即 $\begin{cases}y+z=0,\\ \frac{2}{3}x+\frac{2}{3}y+\frac{4}{3}z=0,\end{cases}$ 令 $z=1$，则 $y=-1$，$x=-1$，故 $\boldsymbol{m}=(-1,-1,1)$，故 $\overrightarrow{AG}\cdot\boldsymbol{m}=-\frac{4}{3}+\frac{2}{3}+\frac{2}{3}=0$，所以直线 AG 在平面 AEF 内。

7.【解析】(1)三棱锥 $P-ABC$ 的高 $h=3\sqrt{3}$，$AB=3$，点 C 到 AB 的最大值为底面圆的半径 $\frac{3}{2}$，则三棱锥 $P-ABC$ 体积的最大值等于 $\frac{1}{3}\times3\sqrt{3}\times\frac{1}{2}\times\frac{3}{2}\times3=\frac{9\sqrt{3}}{4}$。

(2)将 $\triangle PAC$ 绕着 PA 旋转到 PAC_1，且点 C_1 在 AB 的反向延长线上，连结 C_1D，交 PA 于点 E，此时 $CE+ED$ 最小，最小值为 C_1D。由 $AB=3$，$PA=3\sqrt{3}$，$PA\perp AB$，知 $PB=6$，因为 $AB=\frac{1}{2}PB$，所以 $\angle APB=30°$，则 $\angle DBC_1=60°$，$\because BD=\frac{2}{3}PB=4$，$C_1B=C_1A+AB=4$，则 $\triangle BDC_1$ 是边长为 4 的等边三角形，故 $DC_1=4$，所以 $CE+ED$ 的最小值为 4。

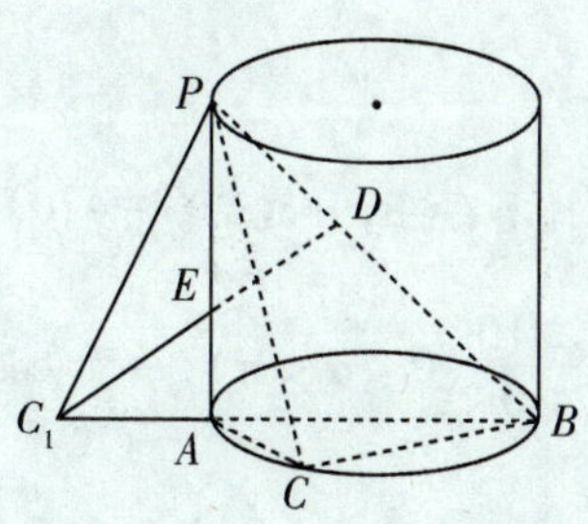

专题四 解析几何

第一节 直线的倾斜角与斜率、直线的方程

招教考向解读

考向 1 变式训练

1. D 【解析】分析题意可知,直线 l 的斜率存在,设斜率为 k,因为直线 l 过 P 点,则可得直线 l 的方程为 $kx-y+\sqrt{3}k-1=0$。根据直线和圆有交点可知,圆心到直线的距离小于或等于半径,即 $\frac{|\sqrt{3}k-1|}{\sqrt{k^2+1}}\leqslant 1$,解得 $0\leqslant k\leqslant\sqrt{3}$,可知直线 l 的倾斜角的取值范围是 $\left[0,\frac{\pi}{3}\right]$。故选 D。

2. $(-\infty,-\sqrt{3}]\cup[1,+\infty)$ 【解析】如图,因为 $k_{AP}=\frac{1-0}{2-1}=1$,$k_{BP}=\frac{\sqrt{3}-0}{0-1}=-\sqrt{3}$,设直线 l 的斜率为 k,那么 $k\in(-\infty,-\sqrt{3}]\cup[1,+\infty)$。

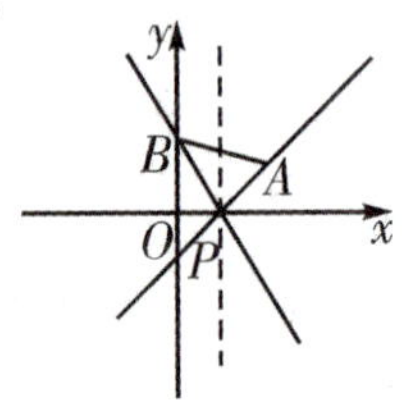

考向 2 变式训练

【解析】(1) 由题设知,该直线的斜率存在,且过点 $(-4,0)$,故可采用点斜式。设直线方程为 $y=k(x+4)$,倾斜角为 α,那么 $\sin\alpha=\frac{\sqrt{10}}{10}(0<\alpha<\pi)$,从而 $\cos\alpha=\pm\sqrt{1-\sin^2\alpha}=\pm\frac{3\sqrt{10}}{10}$,那么直线的斜率 $k=\tan\alpha=\pm\frac{1}{3}$,故所求直线方程为 $y=\pm\frac{1}{3}(x+4)$,即 $x+3y+4=0$ 或 $x-3y+4=0$。

(2) 由题意知截距不为 0,设直线方程为 $\frac{x}{a}+\frac{y}{12-a}=1$,因为直线过点 $(-3,4)$,从而 $\frac{-3}{a}+$

$\frac{4}{12-a}=1$，解得 $a=-4$ 或 $a=9$。故所求直线方程为 $4x-y+16=0$ 或 $x+3y-9=0$。

(3)①当斜率不存在时，所求直线方程为 $x-5=0$；

②当斜率存在时，设斜率为 k，则所求直线方程为 $y-10=k(x-5)$，即 $kx-y+(10-5k)=0$。

由点到直线的距离公式得 $\frac{|10-5k|}{\sqrt{k^2+1}}=5$，解得 $k=\frac{3}{4}$，故所求直线方程为 $3x-4y+25=0$。

考向3 变式训练

1. A 【解析】如图所示，设点 $P\in l$，设线段 OP 与直线 l 的夹角为 θ，且 $\theta\in[0,\frac{\pi}{2}]$，那么原点 O 到直线 l 的距离 $d=|OP|\sin\theta=\sqrt{5}\sin\theta\leqslant\sqrt{5}$，当且仅当 $\sin\theta=1$，即 $\theta=\frac{\pi}{2}$ 时，等号成立。此时 $OP\perp l$，故 $k_l\cdot k_{OP}=-1$，那么 $k_l=-\frac{1}{2}$，所以直线 l 的方程为 $y-2=-\frac{1}{2}(x-1)$，即 $x+2y-5=0$。

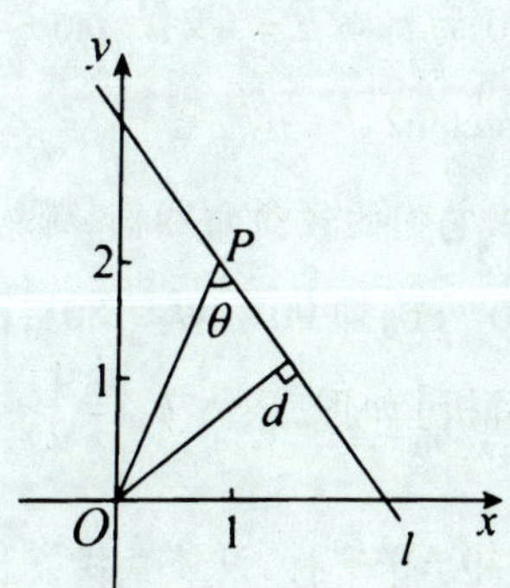

2. $\sqrt{17}$ 【解析】如图所示，设点 B 关于直线 $l:x-y+1=0$ 的对称点为 $C(a,b)$，那么 $\begin{cases}\frac{0+a}{2}-\frac{3+b}{2}+1=0,\\ \frac{b-3}{a-0}=-1,\end{cases}$ 解得 $a=2,b=1$，所以点 C 的坐标为 $(2,1)$，连结 AC 与直线 l 交于点 P，点 P 即为所求点，此时 $|PA|+|PB|=|PA|+|PC|$，故 $|PA|+|PB|$ 的最小值为 $|AC|=\sqrt{(2+2)^2+(1-0)^2}=\sqrt{17}$。

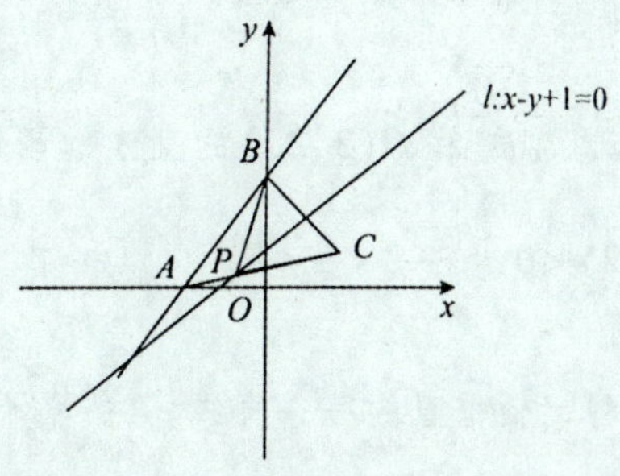

招教易错突破

变式训练

$\left(\frac{\pi}{4},\frac{\pi}{2}\right)\cup\left(\frac{\pi}{2},\frac{2\pi}{3}\right)$ 【解析】$\alpha\in[0,\pi)$，则 $\tan\alpha=k$，斜率 $k\in(-\infty,-\sqrt{3})\cup(1,+\infty)$。当 $k\in(-\infty,-\sqrt{3})$ 时，$\alpha\in\left(\frac{\pi}{2},\frac{2\pi}{3}\right)$；当 $k\in(1,+\infty)$ 时，$\alpha\in\left(\frac{\pi}{4},\frac{\pi}{2}\right)$，$\therefore$ $\alpha\in\left(\frac{\pi}{4},\frac{\pi}{2}\right)\cup\left(\frac{\pi}{2},\frac{2\pi}{3}\right)$。

必刷好题

招教高频基础刷

1. D 【解析】$\because$ 直线 $2x+y-1=0$ 的斜率 $k=-2$，$\therefore$ $\tan\alpha=-2$，$\alpha\in[0,\pi)$，$\therefore$ $\alpha=\pi-\arctan2$，故直线 $2x+y-1=0$ 的倾斜角为 $\pi-\arctan2$。

2. C 【解析】因为直线 $a/\!/b$，所以它们的倾斜角相同，都为 $10°$，又因为直线 $a\perp c$，则 $\tan10°\times\tan\theta=-1$，故 $\tan\theta=-\cot10°=-\tan80°<0$，即 $90°<\theta<180°$，故 $\theta=100°$。

3. A 【解析】由题意知$\frac{4-m}{m+2}=1$，故 $m=1$。

4. D 【解析】因为与直线 $x+2y-9=0$ 平行，设该直线方程为直线 $x+2y+C=0$，将点$M(-3,2)$代入方程，即 $-3+2\times2+C=0$，解得 $C=-1$，故该直线方程为 $x+2y-1=0$。

5. C 【解析】若 $y=kx+b$ 过第一、二、四象限，则 $k<0$，$b>0$，选项 A、B、D 中直线的斜率都大于 0，只有 C 满足该条件。

6. B 【解析】线段 AB 的中点为$\left(2,\frac{3}{2}\right)$，$k_{AB}=\frac{1-2}{3-1}=-\frac{1}{2}$，$\therefore$ 垂直平分线的斜率 $k=\frac{-1}{k_{AB}}=2$，所以线段 AB 的垂直平分线的方程是 $4x-2y=5$。

7. B 【解析】由题意知，原直线的倾斜角为 $30°$，逆时针旋转 $90°$后倾斜角为 $120°$，故新直线的斜率为 $-\sqrt{3}$。

8. A 【解析】$\because$ 过点 $P(1-a,1+a)$ 和 $Q(3,2a)$ 的直线的倾斜角为钝角，$\therefore$ 直线的斜率小于 0，即$\frac{2a-a-1}{3-1+a}<0$，$\therefore$ $(a-1)(a+2)<0$，$\therefore$ $-2<a<1$。

9. C 【解析】$x-\frac{\sqrt{3}}{3}=0$ 表示与 x 轴垂直的一条直线，其斜率不存在，倾斜角为 $90°$。

第二节　两条直线的位置关系

招教考向解读

考向 1 变式训练

1. C 【解析】当直线 $x+ay-a=0$ 斜率不存在时，$a=0$，此时直线 $ax-(2a-3)y-1=0$ 即为 $3y-1=0$，斜率为 0，符合题意；当直线 $ax-(2a-3)y-1=0$ 斜率不存在，即 $2a-3=0$ 时，$a=\frac{3}{2}$，此时直线 $x+ay-a=0$ 的斜率为 $-\frac{2}{3}$，不符合题意，舍去；当 $a\neq0$ 且 $a\neq\frac{3}{2}$ 时，二者若垂直，则满足 $-\frac{1}{a}\times\frac{a}{2a-3}=-1$，$\therefore 2a-3=1$，解得 $a=2$。综上，a 的取值为 2 或 0。

2.【解析】(1) 因为直线 l 的方程为 $x+y+1=0$，且 $l/\!/m$，设直线 m 的方程为 $x+y+c=0(c\neq 1)$，直线 l 到直线 n 的角为 θ，直线 m,l 间的距离为 d，题意知 $k_l=k_m=-1$，$k_n=\frac{1}{2}$，由到角公式知 $\tan\theta=\frac{\frac{1}{2}-(-1)}{1+(-1)\times\frac{1}{2}}=3$，易知 $\sin\theta=\frac{3\sqrt{10}}{10}$，因为直线 $n:x-2y+1=0$ 被 l,m 截得的线段长为 $\sqrt{5}$，所以 $d=\sqrt{5}\sin\theta=\frac{3\sqrt{2}}{2}$，由平行线间的距离公式得 $\frac{|c-1|}{\sqrt{1^2+1^2}}=\frac{3\sqrt{2}}{2}$，解得 $c=-2$ 或 $c=4$，故直线 m 的方程为 $x+y-2=0$ 或 $x+y+4=0$。

(2) 因为直线 l 与直线 $x-2y+5=0$ 垂直，设直线 l 的方程为 $2x+y+d=0$，又因为直线 l 是曲线 $y=x^2+1$ 的一条切线，联立 $\begin{cases}2x+y+d=0,\\ y=x^2+1,\end{cases}$ 消去 y 得 $x^2+2x+d+1=0$，那么 $\Delta=4-4(d+1)=0$，解得 $d=0$，所以直线 l 的方程为 $2x+y=0$。

考向 2 变式训练

$5x+3y-1=0$ 【解析】解方程组 $\begin{cases}3x+2y-1=0,\\ 5x+2y+1=0\end{cases}$ 得 l_1,l_2 的交点坐标为 $(-1,2)$，由于 $l\perp l_3$，

故 l 是直线系 $5x+3y+C=0$ 中的一条，而 l 过 l_1,l_2 的交点 $(-1,2)$，故 $5\times(-1)+3\times2+C=0$，由此求出 $C=-1$，故直线 l 的方程为 $5x+3y-1=0$。

考向 3 变式训练

A 【解析】根据题意可知，AB 的中点 M 的集合为到直线 $l_1:x+y-7=0$ 和 $l_2:x+y-5=0$ 距离都相等的直线，则 M 到原点的距离的最小值为原点到该直线的距离。设点 M 的集合为直线 l：$x+y+m=0$，根据平行线间的距离公式得 $\frac{|m+7|}{\sqrt{2}}=\frac{|m+5|}{\sqrt{2}}$，解得 $m=-6$，即 $l:x+y-6=0$。根据点到直线的距离公式，得 M 到原点的距离的最小值为 $\frac{|-6|}{\sqrt{1^2+1^2}}=3\sqrt{2}$。

考向 4 变式训练

1. C 【解析】设曲线 $y^2=4x$ 关于直线 $x=2$ 对称的曲线为 C，在曲线 C 上任取一点 $M(x,y)$，则 $M(x,y)$ 关于直线 $x=2$ 对称的点为 $N(4-x,y)$，因为 $N(4-x,y)$ 在曲线 $y^2=4x$ 上，代入可得 $y^2=4(4-x)$，即 $y^2=16-4x$。故选 C。

2. $(-1,1)$ 【解析】因为 BD 所在直线为 $x+y-2=0$，那么 $k_{BD}=-1$，菱形的对角线互相垂直平分，所以对角线 AC 所在直线斜率 $k_{AC}=\frac{-1}{k_{BD}}=1$，因为点 $A(1,3)$，易知 AC 所在直线方程为 $x-y+2=0$，联立 $\begin{cases}x+y-2=0,\\x-y+2=0,\end{cases}$ 解得 $x=0,y=2$，设对角线交点为 O，那么点 O 的坐标为 $(0,2)$，O 为 AC 的中点，利用中点坐标公式得，$\begin{cases}\frac{1+x_C}{2}=0,\\\frac{3+y_C}{2}=2,\end{cases}$ 解得点 C 坐标为 $(-1,1)$。

招教易错突破

变式训练

C 【解析】当直线 l 的斜率不存在时，直线 $x=2$ 显然满足题意；当直线 l 的斜率存在时，设直线 l 的斜率为 k，则直线 l 为 $y-1=k(x-2)$，即 $kx-y+1-2k=0$，由 A 到直线 l 的距离等于 B 到直

线 l 的距离得：$\frac{|-k|}{\sqrt{k^2+1}}=\frac{|k-4|}{\sqrt{k^2+1}}$，化简得 $k=2$，所以直线 l 的方程为 $2x-y-3=0$。综上，直线 l 的方程为 $2x-y-3=0$ 或 $x=2$。

必刷好题

招教高频基础刷

1. B 【解析】根据题意列方程组 $\begin{cases}kx-y=k-1,\\ky-x=2k,\end{cases}$ 得交点坐标为 $\left(\frac{k}{k-1},\frac{2k-1}{k-1}\right)$，因为 $0<k<\frac{1}{2}$，所以 $\frac{k}{k-1}<0,\frac{2k-1}{k-1}>0$，故两条直线的交点在第二象限。

2. A 【解析】设 l_2 的斜率为 k，则根据到角公式 $\tan\theta=\frac{k_2-k_1}{1+k_1\cdot k_2}$，得 $\frac{-1-2}{1+(-1\times2)}=\frac{k-(-1)}{1+(-1\times k)}\Rightarrow k=\frac{1}{2}$。故选 A。

3. C 【解析】由题意得 $\begin{cases}2x+y+m=0,\\x+2y+n=0,\end{cases}$ 可得 $3x+2m-n=0$，因为 $3x+2m-n=0$ 有唯一解，$\therefore$ 方程组有唯一解，即两直线相交，$\because$ 两直线斜率之积不等于 -1，故两直线不垂直。

4. B 【解析】由题意知，直线 $\sqrt{3}x+y-1=0$ 与直线 $2\sqrt{3}x+my+3=0$ 平行，可得 $\frac{2\sqrt{3}}{\sqrt{3}}=\frac{m}{1}\neq\frac{3}{-1}$，解得 $m=2$，即 $2\sqrt{3}x+2y+3=0$，则直线 $\sqrt{3}x+y-1=0$ 可化为直线 $2\sqrt{3}x+2y-2=0$，故两直线间的距离为 $d=\frac{|3+2|}{\sqrt{(2\sqrt{3})^2+2^2}}=\frac{5}{4}$。

5. C 【解析】由题意知，$l_1:x+2y-1=0$，$l_2:2x+ny+5=0$，$l_3:mx+3y+1=0$，因为 $l_1\parallel l_2$ 且 $l_1\perp l_3$，所以 $n-4=0$，且 $m+6=0$，解得 $n=4,m=-6$，所以 $m+n=-2$。

6. B 【解析】直线 $l:kx-y+2-k=0$ 过定点 $M(1,2)$，点 $P(x,y)$ 在直线 $2x+y-1=0$ 上，故 $y=1-2x$，所以 $|MP|=\sqrt{(x-1)^2+(1-2x-2)^2}=\sqrt{5x^2+2x+2}=\sqrt{5\left(x+\frac{1}{5}\right)^2+\frac{9}{5}}$，故当 $x=-\frac{1}{5}$ 时，$|MP|$ 取得最小值为 $\frac{3\sqrt{5}}{5}$。

7. A 【解析】若 $m=1$，则“直线 $x+y=1$ 与直线 $x-y=1$ 互相垂直”，因此是充分条件；若直线

$mx+y=1$ 与直线 $x-my=1$ 互相垂直,则 $m\times1+1\times(-m)=0$,因为 m 取任意实数都成立,故不是必要条件。

8. A 【解析】由题意知,$x+2y-1=0$ 与 $x+2y+3=0$ 平行,$\therefore \frac{|x_0+2y_0-1|}{\sqrt{5}}=\frac{|x_0+2y_0+3|}{\sqrt{5}}$,化为 $x_0+2y_0+1=0$,$\because y_0>x_0+2$,$\therefore -\frac{1}{2}(1+x_0)>x_0+2$,解得 $x_0<-\frac{5}{3}$,设 $\frac{y_0}{x_0}=k$,$\therefore k=\frac{-\frac{1}{2}(x_0+1)}{x_0}=-\frac{1}{2}-\frac{1}{2x_0}$,$\because x_0<-\frac{5}{3}$,$\therefore -\frac{1}{x_0}<\frac{3}{5}$,即 $-\frac{1}{2x_0}<\frac{3}{10}$,则 $k<-\frac{1}{5}$,又 $k>-\frac{1}{2}$,$\therefore -\frac{1}{2}<k<-\frac{1}{5}$。

9. B 【解析】$\because$ 直线 $l_1:x+ay+6=0$ 与 $l_2:(a-2)x+3y+2a=0$ 平行,$\therefore 3-a(a-2)=0$ 且 $2a^2-18\neq0$,解得 $a=-1$,$l_2:-3x+3y-2=0$,化简得 $x-y+\frac{2}{3}=0$,$\therefore$ 直线 l_1 与 l_2 间的距离为 $d=\frac{\left|6-\frac{2}{3}\right|}{\sqrt{1^2+(-1)^2}}=\frac{8\sqrt{2}}{3}$。

10. $(2-2\sqrt{3},2)\cup(2,2+2\sqrt{3})$ 【解析】由题意可知,与点 $A(2,2)$ 距离为 1 的点确定了一个圆 O_1,与点 $(m,0)$ 距离为 3 的点确定了一个圆 O_2。题中要求的直线就是两个圆的公切线,并且这样的公切线只有两条,根据两圆的位置关系可知,这两个圆必然相交,即有 $|r_1-r_2|<|O_1O_2|<|r_1+r_2|$,即 $2<\sqrt{(m-2)^2+4}<4$,解得 $2-2\sqrt{3}<m<2$ 或 $2<m<2+2\sqrt{3}$。

第三节 圆的方程

考向 1 变式训练

1. $(x-2)^2+(y+2)^2=1$ 【解析】由题意可知,圆 C_1 的圆心坐标为 $(-1,1)$,半径为 1。因为圆 C_2 与圆 C_1 关于直线 $x-y-1=0$ 对称,所以圆 C_2 的圆心与圆 C_1 的圆心也关于直线 $x-y-1=0$ 对

称，且圆 C_2 的半径为1。设圆 C_2 的圆心坐标为 (x_0,y_0)，可列方程组 $\begin{cases}\dfrac{y_0-1}{x_0+1}=-1,\\ \dfrac{|-1-1-1|}{\sqrt{2}}=\dfrac{|x_0-y_0-1|}{\sqrt{2}},\end{cases}$ 解得 $\begin{cases}x_0=2,\\ y_0=-2,\end{cases}$ 所以圆 C_2 的方程为 $(x-2)^2+(y+2)^2=1$。

2.【解析】由题意知 $k_{AB}=2$，AB 的中点为 $(4,0)$，设圆心为 $C(a,b)$，圆 C 的半径为 r，因为圆 C 过 $A(5,2)$，$B(3,-2)$ 两点，所以圆心一定在线段 AB 的垂直平分线上，且圆心在直线 $2x-y-3=0$ 上，则 $\begin{cases}\dfrac{b}{a-4}=-\dfrac{1}{2},\\ 2a-b-3=0,\end{cases}$ 解得 $\begin{cases}a=2,\\ b=1,\end{cases}$ 所以圆心 C 的坐标为 $(2,1)$，由两点间距离公式知 $r=|CA|=\sqrt{(5-2)^2+(2-1)^2}=\sqrt{10}$，那么圆 C 的标准方程为 $(x-2)^2+(y-1)^2=10$。

考向2 变式训练

1. B 【解析】直线方程化为 $a(x+2)-y=0$，直线过定点 $(-2,0)$，又点 $(-2,0)$ 在圆 $x^2+y^2=9$ 内，所以直线与圆相交，故选B。

2. A 【解析】由题意知圆的半径为 $\sqrt{5}$，圆心 $(0,1)$ 到直线 l 的距离 $d=\dfrac{|m|}{\sqrt{m^2+1}}<1<\sqrt{5}$，故直线 l 与圆相交。

考向3 变式训练

1. $\sqrt{14}$ 【解析】圆心到直线的距离 $d=\dfrac{|-1|}{\sqrt{1^2+1^2}}=\dfrac{\sqrt{2}}{2}$，所以弦长为 $2\sqrt{2^2-d^2}=\sqrt{14}$。

2.【解析】(1)不能出现 $AC\perp BC$ 的情况。理由如下：设 $A(x_1,0)$，$B(x_2,0)$，x_1,x_2 满足 $x^2+mx-2=0$，所以 $x_1x_2=-2$。因为 C 的坐标为 $(0,1)$，故 AC 的斜率与 BC 的斜率之积为 $\dfrac{-1}{x_1}\cdot\dfrac{-1}{x_2}=-\dfrac{1}{2}$，所以不能出现 $AC\perp BC$ 的情况。

(2)证明：BC 的中点坐标为 $\left(\dfrac{x_2}{2},\dfrac{1}{2}\right)$，且 BC 所在直线斜率为 $-\dfrac{1}{x_2}$，可得 BC 的中垂线方程为 $y-\dfrac{1}{2}=x_2\left(x-\dfrac{x_2}{2}\right)$，由(1)可得 $x_1+x_2=-m$，所以 AB 的中垂线方程为 $x=-\dfrac{m}{2}$，联立

$\begin{cases}x=-\frac{m}{2},\\ y-\frac{1}{2}=x_2(x-\frac{x_2}{2}),\end{cases}$ 且 $x_2^2+mx_2-2=0$,解得 $\begin{cases}x=-\frac{m}{2},\\ y=-\frac{1}{2},\end{cases}$ 所以过 A,B,C 三点的圆的圆心坐标为 $(-\frac{m}{2},-\frac{1}{2})$,半径 $r=\frac{\sqrt{m^2+9}}{2}$,由 $l=2\sqrt{r^2-d^2}$ 得,过 A,B,C 三点的圆在 y 轴上截得的弦长为 $2\sqrt{r^2-(\frac{m}{2})^2}=3$,即过 A,B,C 三点的圆在 y 轴上截得的弦长为定值3。

考向 4 变式训练

1.【解析】(1)圆 C 的圆心为 $C(a,2)$,半径为2,直线 $l:x-y+3=0$ 被圆 $C:(x-a)^2+(y-2)^2=4(a>0)$ 截得的弦长为 $2\sqrt{2}$,则可得圆心 C 到直线 l 的距离 $d=\frac{|a-2+3|}{\sqrt{1^2+(-1)^2}}=\frac{|a+1|}{\sqrt{2}}$,由勾股定理可知 $d^2+\left(\frac{2\sqrt{2}}{2}\right)^2=r^2$,代入化简得 $a=1$ 或 $a=-3$(舍去)。

(2)易知点(3,5)在圆 C 外,所以当切线方程的斜率存在时,设过点(3,5)且与圆 C 相切的直线方程为 $y-5=k(x-3)$,则圆心 C 到此直线的距离 $d=r=\frac{|k-3k-2+5|}{\sqrt{1+k^2}}=2$,解得 $k=\frac{5}{12}$,此时切线方程为 $5x-12y+45=0$。当切线斜率不存在时,过点(3,5)的直线 $x=3$ 与圆 C 相切。综上所述,过点(3,5)与圆 C 相切的直线方程为 $5x-12y+45=0$ 或 $x=3$。

2.【解析】由题意得圆心 $C(1,2)$,半径 $r=2$。

(1)因为 $(\sqrt{2}+1-1)^2+(2-\sqrt{2}-2)^2=4$,所以点 P 在圆 C 上。又 $k_{PC}=\frac{2-\sqrt{2}-2}{\sqrt{2}+1-1}=-1$,所以切线的斜率 $k=-\frac{1}{k_{PC}}=1$,所以过点 $P(\sqrt{2}+1,2-\sqrt{2})$ 的圆 C 的切线方程是 $y-(2-\sqrt{2})=1[x-(\sqrt{2}+1)]$,即 $x-y+1-2\sqrt{2}=0$。

(2)因为 $MC^2=(3-1)^2+(1-2)^2=5>4$,所以点 M 在圆 C 外部。

①当过点 M 的直线斜率不存在时,直线方程为 $x=3$,即 $x-3=0$。又点 $C(1,2)$ 到直线 $x-3=0$ 的距离 $d=3-1=2=r$,即此时满足题意,所以直线 $x=3$ 是圆的切线。

②当切线的斜率存在时,设切线方程为 $y-1=k(x-3)$,即 $kx-y+1-3k=0$,则圆心 C 到切线的距离 $d=\frac{|k-2+1-3k|}{\sqrt{k^2+1}}=r=2$,解得 $k=\frac{3}{4}$,所以切线方程为 $y-1=\frac{3}{4}(x-3)$,即 $3x-4y-5=$

0。综上可得,过点 M 的圆 C 的切线方程为 $x-3=0$ 或 $3x-4y-5=0$。

考向5 变式训练

【解析】两圆的标准方程分别为 $(x-1)^2+(y-3)^2=11$,$(x-5)^2+(y-6)^2=61-m$,圆心分别为 $M(1,3)$,$N(5,6)$,半径分别为 $\sqrt{11}$ 和 $\sqrt{61-m}$。

(1)当两圆外切时,$\sqrt{(5-1)^2+(6-3)^2}=\sqrt{11}+\sqrt{61-m}$,解得 $m=25+10\sqrt{11}$。

(2)当两圆内切时,因定圆的半径 $\sqrt{11}$ 小于两圆圆心距5,故只有 $\sqrt{61-m}-\sqrt{11}=5$,解得 $m=25-10\sqrt{11}$。

(3)当 $m=45$ 时,$4-\sqrt{11}<|MN|=5<\sqrt{11}+4$,两圆相交,两圆的公共弦所在直线方程为 $(x^2+y^2-2x-6y-1)-(x^2+y^2-10x-12y+45)=0$,即 $4x+3y-23=0$。所以公共弦长为 $2\sqrt{(\sqrt{11})^2-(\frac{|4\times1+3\times3-23|}{\sqrt{4^2+3^2}})^2}=2\sqrt{7}$。

考向6 变式训练

1. C **【解析】**将两个圆的方程化为标准方程,分别为圆 C_1:$(x-4)^2+(y-2)^2=9$,圆心为(4,2),半径 $r_1=3$,圆 C_2:$(x+2)^2+(y+1)^2=4$,圆心为(−2,−1),半径 $r_2=2$,圆心距 $d=\sqrt{(4+2)^2+(2+1)^2}=3\sqrt{5}>3+2=5$,所以两圆相离,所以 $|PQ|$ 的最小值为 $d-(r_1+r_2)=3\sqrt{5}-5$。

2. [16,36] **【解析】**将 $x^2+y^2-2x-4y+4=0$ 化为圆的标准方程可得 $(x-1)^2+(y-2)^2=1$,即圆心为(1,2),半径 $r=1$,$(x+2)^2+(y+2)^2$ 表示圆上一点到 $P(-2,-2)$ 的距离的平方,易知圆心到点 P 的距离为 $d=\sqrt{(1+2)^2+(2+2)^2}=5$,那么圆上一点到点 P 的最大值为 $d+r=6$,最小值为 $d-r=4$,所以 $(x+2)^2+(y+2)^2$ 的取值范围为[16,36]。

3. $\frac{11}{2}$ **【解析】**$x^2+y^2-2y=0$ 可化为 $x^2+(y-1)^2=1$,则圆 C 为以(0,1)为圆心,1为半径的圆。如图,过圆心 C 向直线 AB 作垂线交圆于点 P,连结 BP,AP,这时△ABP 的面积最小,直线 AB 的方程为 $\frac{x}{4}+\frac{y}{-3}=1$,即 $3x-4y-12=0$,圆心 C 到直线 AB 的距离 $d=\frac{16}{5}$,又 $|AB|=$

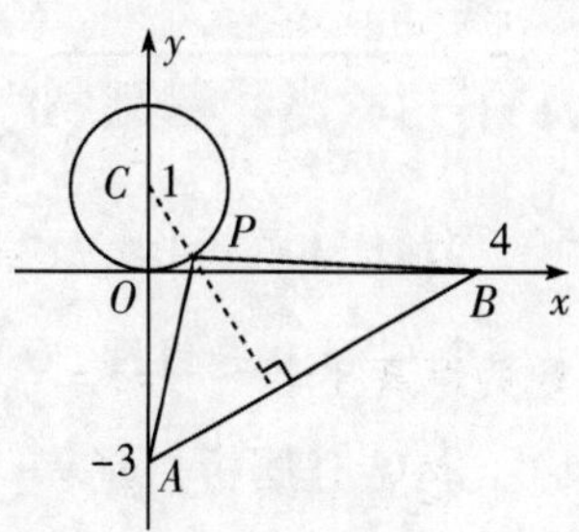

$\sqrt{3^2+4^2}=5$，所以$\triangle ABP$的面积的最小值为$\frac{1}{2}\times5\times\left(\frac{16}{5}-1\right)=\frac{11}{2}$。

4. $\frac{4+\sqrt{7}}{3}$；$\frac{4-\sqrt{7}}{3}$ 【解析】由题意，得$\frac{y+1}{x}$表示过点$A(0,-1)$和圆$(x-2)^2+(y-1)^2=1$上的动点(x,y)的直线的斜率，当且仅当直线与圆相切时，直线的斜率分别取得最大值和最小值。设切线方程为$y=kx-1$，即$kx-y-1=0$，则$\frac{|2k-2|}{\sqrt{k^2+1}}=1$，解得$k=\frac{4\pm\sqrt{7}}{3}$，所以$z_{\max}=\frac{4+\sqrt{7}}{3}$，$z_{\min}=\frac{4-\sqrt{7}}{3}$。

招教易错突破

变式训练

【解析】①当直线l过点$A(1,2)$且斜率不存在时，直线l的方程为$x=1$，此时原点到直线l的距离为1，满足题意；

②当直线l过点$A(1,2)$且斜率存在时，由题意可设直线l的方程为$y-2=k(x-1)$，即$kx-y-k+2=0$，因为原点到直线l的距离为1，所以$\frac{|-k+2|}{\sqrt{k^2+1}}=1$，解得$k=\frac{3}{4}$，所以所求直线$l$的方程为$y-2=\frac{3}{4}(x-1)$，即$3x-4y+5=0$。

综上所述，所求直线l的方程为$x=1$或$3x-4y+5=0$。

必刷好题

招教高频基础刷

1. D 【解析】$x^2+y^2+2x-6y+1=0$可化为$(x+1)^2+(y-3)^2=9$，曲线为圆，由条件知直线$kx+2y-4=0$是线段PQ的中垂线，所以直线过圆心$(-1,3)$，可得$k=2$。

2. C 【解析】圆$(x-1)^2+y^2=1$的圆心坐标为$(1,0)$，半径为1，圆心关于直线$y=-x$的对称点为$(0,-1)$，则所求圆的方程为$x^2+(y+1)^2=1$。

3. A 【解析】$x^2+y^2+2x-6y-6=0$化为标准方程为$(x+1)^2+(y-3)^2=16$，圆心为$(-1,$

3)，半径为4。圆心到直线的距离 $d=\frac{\left|4\times(-1)-3\times3+5\sqrt{10}\right|}{\sqrt{4^2+3^2}}=\frac{5\sqrt{10}-13}{5}<4$，且$(-1,3)$不是直线上的点，所以直线与圆相交不过圆心。

4. C 【解析】圆 $x^2+y^2=5$ 的圆心是$(0,0)$，半径是$\sqrt{5}$。根据定义，在圆上的格点数量有8个。直线可以与圆相切也可以相交，相切时只需一个交点，所以有8条直线；当直线与圆相交时需要两个交点，即有 $C_8^2=28$ 条，由于 $C\neq0$，则有4条不符合题意。综上，这样的直线共有 $8+28-4=32$ 条。故选C。

5. D 【解析】斜率为 -1 的直线有两条，过原点的直线有两条，故选D。

6. D 【解析】因为圆的圆心为$(1,1)$，半径为1，直线与圆相切，所以圆心到直线的距离满足 $\frac{|(m+1)+(n+1)-2|}{\sqrt{(m+1)^2+(n+1)^2}}=1$，即 $m+n+1=mn\leqslant\left(\frac{m+n}{2}\right)^2$。设 $m+n=z$，即$\frac{1}{4}z^2-z-1\geqslant0$，解得 $z\leqslant2-2\sqrt{2}$ 或 $z\geqslant2+2\sqrt{2}$，故选D。

7. 1 或$\frac{17}{7}$ 【解析】由题意，圆的方程为$(x-1)^2+(y-1)^2=1$，圆心为$(1,1)$，半径为1，直线过点$(-1,-2)$且与圆相交，故斜率存在。设直线斜率为k，则直线 l 的方程为 $y+2=k(x+1)$。又直线 l 被圆截得的弦长为$\sqrt{2}$，所以圆心到直线的距离 $d=\frac{|2k-3|}{\sqrt{1+k^2}}=\sqrt{1-\left(\frac{\sqrt{2}}{2}\right)^2}=\frac{\sqrt{2}}{2}$，解得 $k=1$ 或$\frac{17}{7}$。

招教易错能力刷

1. A 【解析】椭圆$\frac{x^2}{25}+\frac{y^2}{16}=1$ 的右焦点为$(3,0)$，点$(3,0)$到直线 $2x-y+4=0$ 的距离 $d=\frac{|2\times3+4|}{\sqrt{5}}=2\sqrt{5}$，所以圆的标准方程为$(x-3)^2+y^2=20$，化为一般式为 $x^2+y^2-6x-11=0$。

2. A 【解析】根据题意可知，两圆心的距离恰为两圆的半径之和，而动圆的半径恰为 $y+1$（y 为动圆圆心的纵坐标）。设圆 C 的圆心为(x,y)，则 $\sqrt{(x-0)^2+(y-2)^2}=y+1+1(y\geqslant0)$，化简得 $x^2=8y$。故选A。

3. D 【解析】动圆 M 与两圆 C_1，C_2 都相切，有四种情况：(1)动圆 M 与两圆都相外切；(2)动圆 M 与两圆都相内切；(3)动圆 M 与圆 C_1 外切，与圆 C_2 内切；(4)动圆 M 与圆 C_1 内切，与圆 C_2 外切。在(1)和(2)情况下，M 的轨迹方程为 $x=0$。在(3)这种情况下，设动圆 M 的半径为 r，则 $|MC_1|=r+\sqrt{2}$，$|MC_2|=r-\sqrt{2}$，故$|MC_1|-|MC_2|=2\sqrt{2}$；在(4)这种情况下，同理可得$|MC_2|-|MC_1|=2\sqrt{2}$。由(3)(4)得$||MC_1|-|MC_2||=2\sqrt{2}$。根据双曲线定义可知点 M 的轨迹是以

$C_1(-4,0)$，$C_2(4,0)$为焦点的双曲线，且$a=\sqrt{2}$，$c=4$，$\therefore b^2=c^2-a^2=14$，方程为$\frac{x^2}{2}-\frac{y^2}{14}=1$。故选 D。

4. $\frac{2}{5}$ 【解析】圆$x^2+y^2-2y-4=0$可化为$x^2+(y-1)^2=5$，故其圆心坐标为$(0,1)$，圆心到直线$3x+4y-6=0$的距离$d=\frac{|3\times0+4\times1-6|}{\sqrt{3^2+4^2}}=\frac{2}{5}$。

5. $\frac{1}{6}$ 【解析】如图，当圆O上的点到直线l的距离是 2 时有两个点为点B与点D。设过这两点的直线方程为$4x+3y+m=0$，同时可得到的圆心到直线$4x+3y+m=0$的距离为$OC=3$。又圆的半径为$r=2\sqrt{3}$，可得$\angle BOD=60°$。设圆周长为c，则$\overset{\frown}{BD}=\frac{60°}{360°}\cdot c=\frac{1}{6}c$，故所求概率$P=\frac{\overset{\frown}{BD}}{c}=\frac{1}{6}$。

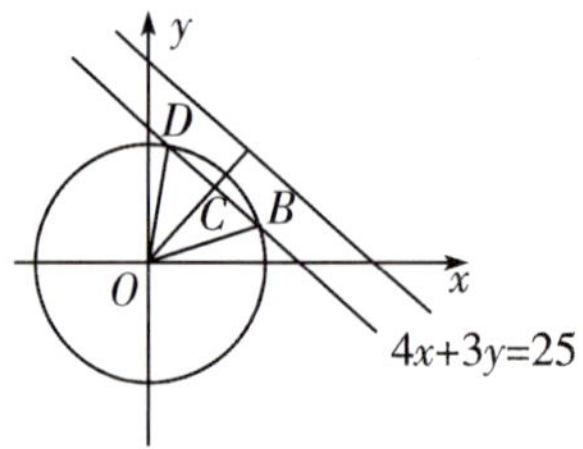

第四节　椭　圆

考向 1 变式训练

10 【解析】由$a^2=b^2+c^2$，$a^2=9$，$b^2=5$可知$a=3$，$c=2$，$\triangle PF_1F_2$的周长为$2a+2c=10$。

考向 2 变式训练

1. D 【解析】因为焦点坐标为$(0,-4)$，$(0,4)$，且长半轴长为 6，所以$c=4$，$a=6$，所以$b^2=a^2-c^2=6^2-4^2=20$，所以椭圆方程为$\frac{x^2}{20}+\frac{y^2}{36}=1$。

2. A 【解析】设椭圆的标准方程为$\frac{x^2}{a^2}+\frac{y^2}{b^2}=1(a>b>0)$，由点$P(2,\sqrt{3})$在椭圆上知，$\frac{4}{a^2}+\frac{3}{b^2}=1$，又$|PF_1|$，$|F_1F_2|$，$|PF_2|$成等差数列，则$|PF_1|+|PF_2|=2|F_1F_2|$，即$2a=2\cdot 2c$，则$\frac{c}{a}=\frac{1}{2}$，又$c^2=a^2-b^2$，解得$a^2=8$，$b^2=6$。所以椭圆方程为$\frac{x^2}{8}+\frac{y^2}{6}=1$。

考向 **3** 变式训练

1. B 【解析】如图所示，令$|PF_1|=1$，则在$\mathrm{Rt}\triangle PF_1F_2$中，由$\angle F_1PF_2=60°$知，$|PF_2|=2$，$|F_1F_2|=\sqrt{3}$。由椭圆的定义可知$2a=|PF_1|+|PF_2|=3$，$2c=\sqrt{3}$，那么离心率$e=\frac{2c}{2a}=\frac{\sqrt{3}}{3}$。

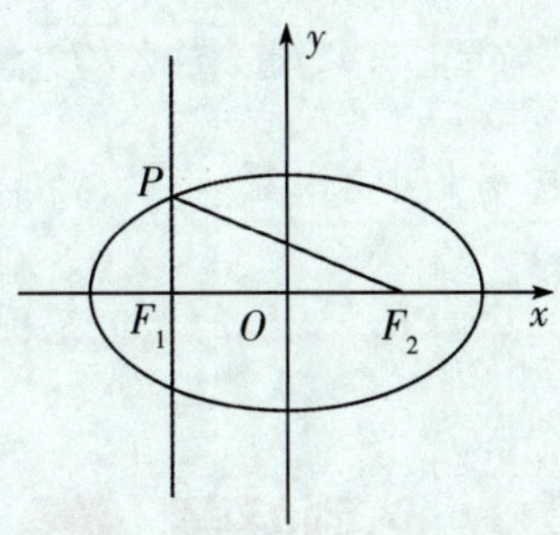

2. $\frac{3}{5}$；$\frac{\sqrt{5}-1}{2}$ 【解析】(1)由题可知$2b=a+c$，且$a^2-b^2=c^2$，故$b^2=a^2-c^2=(\frac{a+c}{2})^2$，即$a-c=\frac{a+c}{4}$，整理得$3a=5c\Rightarrow e=\frac{c}{a}=\frac{3}{5}$；(2)由题意可知$b^2=ac$，且$a^2-b^2=c^2$，故$b^2=a^2-c^2=ac$，即$c^2+ac-a^2=0$，由$e=\frac{c}{a}$可得$e^2+e-1=0$，解得$e=\frac{\sqrt{5}-1}{2}$或$\frac{-1-\sqrt{5}}{2}$(舍)，所以$e=\frac{\sqrt{5}-1}{2}$。

3. C 【解析】椭圆$\frac{x^2}{a^2}+\frac{y^2}{b^2}=1(a>b>0)$的左、右顶点分别为$A_1(-a,0)$，$A_2(a,0)$，设$P(x_0,y_0)$，根据题意，$k_{PA_1}\cdot k_{PA_2}=\frac{{y_0}^2}{{x_0}^2-a^2}>-\frac{1}{2}$，而$\frac{{x_0}^2}{a^2}+\frac{{y_0}^2}{b^2}=1$，所以$\frac{{y_0}^2}{{x_0}^2-a^2}=-\frac{b^2}{a^2}$，于是$\frac{b^2}{a^2}<\frac{1}{2}$，即$\frac{a^2-c^2}{a^2}<\frac{1}{2}$，$1-e^2<\frac{1}{2}$，所以$e>\frac{\sqrt{2}}{2}$，又$e<1$，故$\frac{\sqrt{2}}{2}<e<1$。

考向 **4** 变式训练

1. C 【解析】如图，设椭圆的另外一个焦点为F，则$\triangle ABC$的周长为$|AB|+|AC|+|BC|=$

$(|AB|+|BF|)+(|AC|+|CF|)=4a=4\sqrt{3}$。

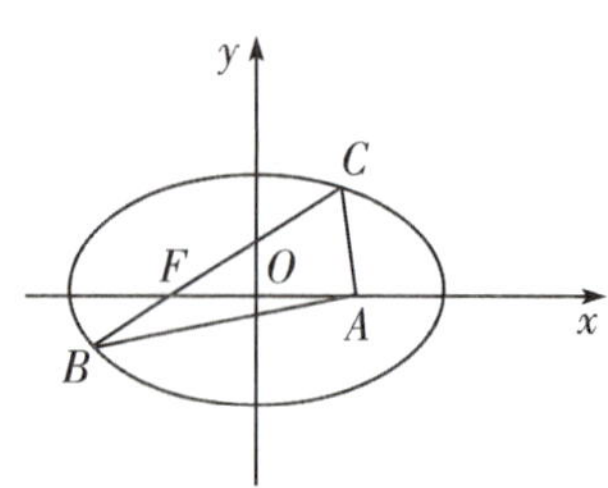

2. C 【解析】由题意知 $a=2,b=\sqrt{3},c=1$，则点 P 为短轴顶点 $(0,\sqrt{3})$ 时，$\angle F_1PF_2=\frac{\pi}{3}$，$\triangle PF_1F_2$ 是正三角形，若 $\triangle PF_1F_2$ 是直角三角形，则直角顶点不可能是点 P，只能是焦点 F_1（或 F_2）为直角顶点，此时 $|PF_1|=\frac{b^2}{a}=\frac{3}{2}$，故 $S_{\triangle PF_1F_2}=\frac{1}{2}\cdot\frac{b^2}{a}\cdot 2c=\frac{b^2c}{a}=\frac{3}{2}$。

3. $[2,3]$ 【解析】设 $P(x_0,y_0)$，$x_0\in[-a,a]$，那么 $\overrightarrow{PF_1}\cdot\overrightarrow{PF_2}=(-c-x_0,-y_0)\cdot(c-x_0,-y_0)=x_0^2+y_0^2-c^2=|OP|^2-c^2$。又因为 $|OP|^2=x_0^2+y_0^2=x_0^2+b^2-\frac{b^2}{a^2}x_0^2=\frac{c^2}{a^2}x_0^2+b^2\in[b^2,a^2]$，故 $\overrightarrow{PF_1}\cdot\overrightarrow{PF_2}=|OP|^2-c^2\in[2b^2-a^2,b^2]$，即 $\overrightarrow{PF_1}\cdot\overrightarrow{PF_2}$ 的取值范围为 $[2,3]$。

招教高频基础刷

1. A 【解析】$x=\sqrt{1-4y^2}$ 等价于 $x^2+4y^2=1(x\geqslant 0)$，则满足 $x=\sqrt{1-4y^2}$ 一定满足 $x^2+4y^2=1$，而满足 $x^2+4y^2=1$ 不一定满足 $x=\sqrt{1-4y^2}$。因此选 A。

2. B 【解析】设长轴长为 $2a$，短轴长为 $2b$，焦距为 $2c$，则 $2a+2c=2\times 2b$，即 $a+c=2b$，根据椭圆的性质可得，$(a+c)^2=4b^2=4(a^2-c^2)$，所以 $3a^2-5c^2=2ac$，两边同除以 a^2 得，$5e^2+2e-3=0$，$\therefore e=\frac{3}{5}$ 或 $e=-1$（舍去）。故选 B。

3. B 【解析】直线 $\frac{x}{4}-\frac{y}{2}=1$ 与两坐标轴的交点分别为 $(4,0)$，$(0,-2)$，斜率 $k=\frac{1}{2}$，则其垂直平分线 l 的斜率 $k=-2$，且过 $(4,0)$，$(0,-2)$ 的中点 $(2,-1)$，故其垂直平分线所在直线方程为 $y+1=-2(x-2)$，即 $y=-2x+3$，其在两坐标轴上的截距分别为 $\frac{3}{2}$，3，则椭圆的短半轴长与长半轴长分别为 $\frac{3}{4}$，$\frac{3}{2}$，且根据选项长轴在 y 轴上，故椭圆的方程为 $\frac{x^2}{\left(\frac{3}{4}\right)^2}+\frac{y^2}{\left(\frac{3}{2}\right)^2}=1$，即 $\frac{16x^2}{9}+\frac{4y^2}{9}=1$，

故选 B。

4. D 【解析】因为$|PF_1|+|PF_2|=2a$，又$|PF_1|=2|PF_2|$，可得$|PF_1|=\frac{4}{3}a$，$|PF_2|=\frac{2a}{3}$，又$PF_2\perp F_1F_2$，则在 Rt$\triangle PF_1F_2$中可求得$F_1F_2=\sqrt{\frac{16}{9}a^2-\frac{4}{9}a^2}=\frac{2\sqrt{3}}{3}a=2c$，可得$e=\frac{c}{a}=\frac{\sqrt{3}}{3}$。

5. 2 或 8 【解析】当$m>4$时，椭圆离心率$e=\frac{c}{a}=\frac{\sqrt{m-4}}{\sqrt{m}}=\frac{\sqrt{2}}{2}$，解得$m=8$；当$m<4$时，椭圆离心率$e=\frac{c}{a}=\frac{\sqrt{4-m}}{2}=\frac{\sqrt{2}}{2}$，解得$m=2$，所以$m=2$或$m=8$。

6. 2 【解析】由$e=\frac{\sqrt{3}}{2}$可设$c=\sqrt{3}x$，$a=2x$，则$b=\sqrt{(2x)^2-(\sqrt{3}x)^2}=x$，于是$\frac{a}{b}=2$。

7.【解析】(1)由椭圆顶点$B(0,3)$可知$b=3$，右焦点到右顶点的距离为$\sqrt{3}$，则有$a-c=\sqrt{3}$，又因为$a^2=b^2+c^2$，可得$a-\sqrt{a^2-9}=\sqrt{3}$，解得$a=2\sqrt{3}$，所以椭圆方程为$\frac{x^2}{12}+\frac{y^2}{9}=1$。

(2)设$M(x_1,y_1)$，$N(x_2,y_2)$，则$\triangle BMN$的重心坐标为$\left(\frac{x_1+x_2}{3},\frac{y_1+y_2+3}{3}\right)$，又因为椭圆左焦点$F$坐标为$(-\sqrt{3},0)$，则$x_1+x_2=-3\sqrt{3}$，$y_1+y_2=-3$。

设直线l的方程为$y=kx+m$(若直线斜率不存在，则直线l与椭圆两交点的纵坐标互为相反数，相加为0，而$y_1+y_2=-3$，故斜率一定存在，同理，可知斜率不为0)，联立$\begin{cases}y=kx+m,\\ \frac{x^2}{12}+\frac{y^2}{9}=1,\end{cases}$消去$y$可得，$(4k^2+3)x^2+8kmx+4m^2-36=0$，则$x_1+x_2=-\frac{8km}{4k^2+3}$①，$y_1+y_2=k\left(-\frac{8km}{4k^2+3}\right)+2m=\frac{6m}{4k^2+3}$②，①÷②可得，$\frac{-\frac{8km}{4k^2+3}}{\frac{6m}{4k^2+3}}=\frac{-3\sqrt{3}}{-3}$，易得$k=-\frac{3\sqrt{3}}{4}$，将$k$代入②可得$m=-\frac{39}{8}$，故直线$l$的方程为$y=-\frac{3\sqrt{3}}{4}x-\frac{39}{8}$。

8.【解析】(1)根据题意可得，$e=\frac{c}{a}=\frac{c}{\sqrt{b^2+c^2}}=\frac{\sqrt{6}}{3}$，$\frac{1}{2}\cdot 2c\cdot b=\sqrt{2}$，解得$c^2=2$，$b^2=1$，$a^2=3$，故椭圆方程为$\frac{x^2}{3}+y^2=1$。

(2)设$A(x_1,y_1)$，$B(x_2,y_2)$，将直线$y=k(x+1)$代入椭圆方程中可得，$\left(k^2+\frac{1}{3}\right)x^2+2k^2x+$

$k^2-1=0$，由韦达定理有 $x_1+x_2=\frac{-6k^2}{3k^2+1}$，则 $\frac{x_1+x_2}{2}=-\frac{3k^2}{3k^2+1}=-\frac{1}{2}$，解得 $k=\pm\frac{\sqrt{3}}{3}$。

9.【解析】(1)$\because e=\frac{c}{a}=\frac{\sqrt{2}}{2}$，$\therefore c^2=\frac{1}{2}a^2$，$\therefore b^2=a^2-c^2=\frac{1}{2}a^2$。$\because$ 椭圆的中心 O 到直线 $x+y-2b=0$ 的距离为 $5\sqrt{2}$，$\therefore \frac{|-2b|}{\sqrt{2}}=5\sqrt{2}$，$\therefore b=5$，$\therefore b^2=25$，$a^2=2b^2=50$，$\therefore$ 椭圆 C 的方程为 $\frac{x^2}{50}+\frac{y^2}{25}=1$。

(2)由(1)可知 $F(5,0)$，由题意知直线 AB 的方程为 $y=\sqrt{2}(x-5)$，与椭圆 C 的方程联立 $\begin{cases}y=\sqrt{2}(x-5),\\ \frac{x^2}{50}+\frac{y^2}{25}=1,\end{cases}$ 消去 y 得 $x^2-8x+10=0$。设 $A(x_1,y_1)$，$B(x_2,y_2)$，则有 $x_1+x_2=8$，$x_1x_2=10$，设 $Q(x,y)$，由 $\overrightarrow{OQ}=\lambda\overrightarrow{OA}+\mu\overrightarrow{OB}$ 得 $(x,y)=\lambda(x_1,y_1)+\mu(x_2,y_2)=(\lambda x_1+\mu x_2,\lambda y_1+\mu y_2)$，

$\therefore \begin{cases}x=\lambda x_1+\mu x_2,\\ y=\lambda y_1+\mu y_2,\end{cases}$ 又$\because$ 点 Q 在椭圆上，$\therefore x^2+2y^2=50$，即 $(\lambda x_1+\mu x_2)^2+2(\lambda y_1+\mu y_2)^2=50$，整理得 $\lambda^2(x_1^2+2y_1^2)+\mu^2(x_2^2+2y_2^2)+2\lambda\mu(x_1x_2+2y_1y_2)=50$，①

$\because$ 点 A,B 在椭圆上，$\therefore x_1^2+2y_1^2=50$，$x_2^2+2y_2^2=50$，②

$\because x_1x_2+2y_1y_2=x_1x_2+4(x_1-5)(x_2-5)=5x_1x_2-20(x_1+x_2)+100=-10$，③

将②③代入①可得 $50\lambda^2+50\mu^2-20\lambda\mu=50$，

又$\because \lambda^2+\mu^2\geqslant 2\lambda\mu$，即 $20\lambda\mu+50=50\lambda^2+50\mu^2\geqslant 100\lambda\mu$，可得 $\lambda\mu\leqslant\frac{5}{8}$，当且仅当 $\lambda=\mu$ 时取“=”，$\therefore \lambda\mu$ 的最大值为 $\frac{5}{8}$。

10.【解析】(1)设 $P(x,y)$，由题意得 $x\neq\pm\sqrt{3}$ 或 $y\neq 0$，则 $k_{PA}\cdot k_{PB}=\frac{y}{x+\sqrt{3}}\times\frac{y}{x-\sqrt{3}}=-\frac{2}{3}$，即 $\frac{y^2}{x^2-3}=-\frac{2}{3}$，则 $\frac{x^2}{3}+\frac{y^2}{2}=1$，所以动点 P 的轨迹方程 C 为 $\frac{x^2}{3}+\frac{y^2}{2}=1$，其中 $x\neq\pm\sqrt{3}$ 或 $y\neq 0$。

(2)设 $M(x_1,y_1)$，$N(x_2,y_2)$，则 $Q(x_1,-y_1)$，由 $\begin{cases}y=k(x-1),\\ \frac{x^2}{3}+\frac{y^2}{2}=1,\end{cases}$ 可得 $(2+3k^2)x^2-6k^2x+3k^2-6=0$，则 $x_1+x_2=\frac{6k^2}{2+3k^2}$，$x_1\cdot x_2=\frac{3k^2-6}{2+3k^2}$，直线 NQ 的方程为 $y+y_1=\frac{y_2+y_1}{x_2-x_1}(x-x_1)$，由椭圆的对称性可知，若直线 QN 经过一定点，则该定点必在 x 轴上，在直线 NQ 的方程中令 $y=0$，得 $y_1=\frac{y_2+y_1}{x_2-x_1}(x-x_1)$，又由题意得 $k\neq 0$，$y_2+y_1\neq 0$，则 $x=\frac{x_2y_1-x_1y_1}{y_2+y_1}+x_1=\frac{x_1y_2+x_2y_1}{y_2+y_1}=$

$\frac{x_1k(x_2-1)+x_2k(x_1-1)}{k(x_2+x_1-2)}=\frac{2x_1x_2-(x_2+x_1)}{x_2+x_1-2}=\frac{2\times\frac{3k^2-6}{2+3k^2}-\frac{6k^2}{2+3k^2}}{\frac{6k^2}{2+3k^2}-2}=\frac{-12}{-4}=3$，所以直线 NQ 恒过点 $(3,0)$。

11.【解析】(1)抛物线 $y^2=4\sqrt{2}x$ 的焦点为 $(\sqrt{2},0)$，故椭圆 $\frac{x^2}{a^2}+\frac{y^2}{b^2}=1(a>b>0)$ 的右焦点为 $(\sqrt{2},0)$，$c=\sqrt{2}$，椭圆长轴长为 4，即 $2a=4$，$a=2$，则 $b=\sqrt{a^2-c^2}=\sqrt{2}$，故椭圆方程为 $\frac{x^2}{4}+\frac{y^2}{2}=1$。

(2)由(1)知椭圆的左焦点为 $(-\sqrt{2},0)$，$A(-2,0)$，$B(2,0)$，

设直线 l：$x=my-\sqrt{2}$，代入椭圆方程，得 $(m^2+2)y^2-2\sqrt{2}my-2=0$，

设 $C(x_1,y_1)$，$D(x_2,y_2)$，

则 $y_1+y_2=\frac{2\sqrt{2}m}{m^2+2}$，$y_1y_2=\frac{-2}{m^2+2}$，$\Delta=(2\sqrt{2}m)^2+8(m^2+2)>0$，

则四边形 $ADBC$ 的面积 $S=\frac{1}{2}|AB||y_1-y_2|=2\sqrt{(y_1+y_2)^2-4y_1y_2}=2\sqrt{\left(\frac{2\sqrt{2}m}{m^2+2}\right)^2+\frac{8}{m^2+2}}=\frac{8\sqrt{m^2+1}}{m^2+2}=\frac{8}{\sqrt{m^2+1}+\frac{1}{\sqrt{m^2+1}}}\leqslant\frac{8}{2}=4$，

当且仅当 $\sqrt{m^2+1}=\frac{1}{\sqrt{m^2+1}}$，即 $m=0$ 时，等号成立。

则四边形 $ADBC$ 的面积的最大值为 4。

12.【解析】(1)由已知得，$c=2\sqrt{2}$，$\frac{c}{a}=\frac{\sqrt{6}}{3}$，解得 $a=2\sqrt{3}$。则 $b^2=a^2-c^2=4$。

所以椭圆 G 的方程为 $\frac{x^2}{12}+\frac{y^2}{4}=1$。

(2)设直线 l 的方程为 $y=x+m$。由 $\begin{cases}y=x+m,\\ \frac{x^2}{12}+\frac{y^2}{4}=1,\end{cases}$ 得 $4x^2+6mx+3m^2-12=0$。①

设 A，B 的坐标分别为 (x_1,y_1)，(x_2,y_2)，$x_1<x_2$，AB 的中点为 $E(x_0,y_0)$，则

$x_0=\frac{x_1+x_2}{2}=-\frac{3m}{4}$，$y_0=x_0+m=\frac{m}{4}$。

因为 AB 是等腰三角形 PAB 的底边，P 为顶点，

所以 $PE\perp AB$。

所以 PE 的斜率 $k=\dfrac{2-\dfrac{m}{4}}{-3+\dfrac{3m}{4}}=-1$，

解得 $m=2$。

此时方程①为 $4x^2+12x=0$。

解得 $x_1=-3,x_2=0$，所以 $y_1=-1,y_2=2$，

所以 $|AB|=3\sqrt{2}$。

此时，点 $P(-3,2)$ 到直线 $l:x-y+2=0$ 的距离 $d=\dfrac{|-3-2+2|}{\sqrt{2}}=\dfrac{3\sqrt{2}}{2}$，

所以△PAB 的面积 $S=\dfrac{1}{2}|AB|\cdot d=\dfrac{9}{2}$。

招教易错能力刷

1. D 【**解析**】双曲线 $x^2-y^2=1$ 的渐近线方程为 $y=\pm x$，代入 $\dfrac{x^2}{a^2}+\dfrac{y^2}{b^2}=1(a>b>0)$ 中，可得 $x^2=\dfrac{a^2b^2}{a^2+b^2}$，$S=4x^2=16$，则 $a^2b^2=4(a^2+b^2)$。又由 $e=\dfrac{\sqrt{3}}{2}$ 可得 $a=2b$，则 $b^4=5b^2$，所以 $b^2=5$，$a^2=20$，所以椭圆方程为 $\dfrac{x^2}{20}+\dfrac{y^2}{5}=1$，故选 D。

2. C 【**解析**】$\because$ $|\overrightarrow{PF_1}|-|\overrightarrow{PF_2}|=m\geqslant 1$，$|\overrightarrow{PF_1}|+|\overrightarrow{PF_2}|=4$，$\therefore$ $|\overrightarrow{PF_1}|=2+\dfrac{m}{2}$，$|\overrightarrow{PF_2}|=2-\dfrac{m}{2}$。$\overrightarrow{PF_1}\cdot\overrightarrow{PF_2}=|\overrightarrow{PF_1}||\overrightarrow{PF_2}|\cos\theta$，$c=1$，$|\overrightarrow{F_1F_2}|=2$，由余弦定理可得 $\cos\theta=\dfrac{|\overrightarrow{PF_1}|^2+|\overrightarrow{PF_2}|^2-|\overrightarrow{F_1F_2}|^2}{2|\overrightarrow{PF_1}||\overrightarrow{PF_2}|}=\dfrac{8+m^2}{16-m^2}$，代入可得 $\overrightarrow{PF_1}\cdot\overrightarrow{PF_2}=\left(4-\dfrac{m^2}{4}\right)\cdot\dfrac{8+m^2}{16-m^2}=2+\dfrac{m^2}{4}$，$\therefore\dfrac{\overrightarrow{PF_1}\cdot\overrightarrow{PF_2}}{|\overrightarrow{PF_1}|-|\overrightarrow{PF_2}|}=\dfrac{2}{m}+\dfrac{m}{4}$，又$\because$ 点 P 在椭圆上，$\therefore$ $|\overrightarrow{PF_1}|-|\overrightarrow{PF_2}|$ 取得最大值时，P 在椭圆长轴的顶点，为 $(2,0)$ $\therefore m\in[1,2]$。又函数 $f(m)=\dfrac{2}{m}+\dfrac{m}{4}$ 在 $[1,2]$ 上单调递减，故最大值和最小值分别在 $f(1)$ 和 $f(2)$ 处取得，和为 $\dfrac{15}{4}$。

3.【**解析**】(1) 由题意知，$e=\dfrac{c}{a}=\dfrac{\sqrt{3}}{2}$，从而 $a=2b$。又 $2\sqrt{b}=a$，解得 $a=2,b=1$。

故 C_1,C_2 的方程分别为 $\dfrac{x^2}{4}+y^2=1$，$y=x^2-1$。

(2)①由题意知，直线 l 的斜率存在，设为 k，则直线 l 的方程为 $y=kx$。

由$\begin{cases}y=kx,\\y=x^2-1\end{cases}$得 $x^2-kx-1=0$。

设 $A(x_1,y_1)$，$B(x_2,y_2)$，

则 x_1,x_2 是上述方程的两个实根，

于是 $x_1+x_2=k$，$x_1x_2=-1$。

又点 M 的坐标为$(0,-1)$，

所以 $k_{MA}\cdot k_{MB}=\dfrac{y_1+1}{x_1}\cdot\dfrac{y_2+1}{x_2}=\dfrac{(kx_1+1)\cdot(kx_2+1)}{x_1\cdot x_2}=\dfrac{k^2x_1x_2+k(x_1+x_2)+1}{x_1x_2}=\dfrac{-k^2+k^2+1}{-1}=-1$。

故 $MA\perp MB$，即 $MD\perp ME$。

②设直线 MA 的斜率为 k_1，则直线 MA 的方程为 $y=k_1x-1$。

由$\begin{cases}y=k_1x-1,\\y=x^2-1,\end{cases}$解得$\begin{cases}x=0,\\y=-1\end{cases}$或$\begin{cases}x=k_1,\\y=k_1^2-1,\end{cases}$

则点 A 的坐标为(k_1,k_1^2-1)。

又直线 MB 的斜率为 $-\dfrac{1}{k_1}$，同理可得点 B 的坐标为$\left(-\dfrac{1}{k_1},\dfrac{1}{k_1^2}-1\right)$。

于是 $S_1=\dfrac{1}{2}|MA|\cdot|MB|=\dfrac{1}{2}\sqrt{1+k_1^2}\cdot|k_1|\cdot\sqrt{1+\dfrac{1}{k_1^2}}\cdot\left|-\dfrac{1}{k_1}\right|=\dfrac{1+k_1^2}{2|k_1|}$。

由$\begin{cases}y=k_1x-1,\\x^2+4y^2-4=0\end{cases}$得$(1+4k_1^2)x^2-8k_1x=0$。

解得$\begin{cases}x=0,\\y=-1\end{cases}$或$\begin{cases}x=\dfrac{8k_1}{1+4k_1^2},\\y=\dfrac{4k_1^2-1}{1+4k_1^2}。\end{cases}$

则点 D 的坐标为$\left(\dfrac{8k_1}{1+4k_1^2},\dfrac{4k_1^2-1}{1+4k_1^2}\right)$。

又直线 ME 的斜率为 $-\dfrac{1}{k_1}$，同理可得点 E 的坐标为$\left(\dfrac{-8k_1}{4+k_1^2},\dfrac{4-k_1^2}{4+k_1^2}\right)$。

于是 $S_2=\dfrac{1}{2}|MD|\cdot|ME|=\dfrac{32(1+k_1^2)\cdot|k_1|}{(1+4k_1^2)(k_1^2+4)}$。

因此$\dfrac{S_1}{S_2}=\dfrac{1}{64}\left(4k_1^2+\dfrac{4}{k_1^2}+17\right)$。

若$\frac{1}{64}\left(4k_1^2+\frac{4}{k_1^2}+17\right)=\frac{17}{32}$，

解得 $k_1^2=4$，或 $k_1^2=\frac{1}{4}$。

又由点 A,B 的坐标可知，$k=\frac{k_1^2-\frac{1}{k_1^2}}{k_1+\frac{1}{k_1}}=k_1-\frac{1}{k_1}$，

所以 $k=\pm\frac{3}{2}$。

故满足条件的直线 l 存在，且有两条，其方程分别为 $y=\frac{3}{2}x$ 和 $y=-\frac{3}{2}x$。

4.【**解析**】(1) 由题意可知，$e=\frac{c}{a}=\frac{1}{2}$，$a+c=6$，可得 $a=4$，$c=2$，$b=2\sqrt{3}$。

因此，椭圆的方程为$\frac{x^2}{16}+\frac{y^2}{12}=1$。

(2) 如图所示，当直线 $x-2y+m=0$ 与椭圆相切时，切点就是点 P。

联立方程$\begin{cases}x-2y+m=0,\\ \frac{x^2}{16}+\frac{y^2}{12}=1,\end{cases}$ 化简得 $4x^2+2mx+m^2-48=0$，当 $\Delta=0$ 时，$m=\pm8$。

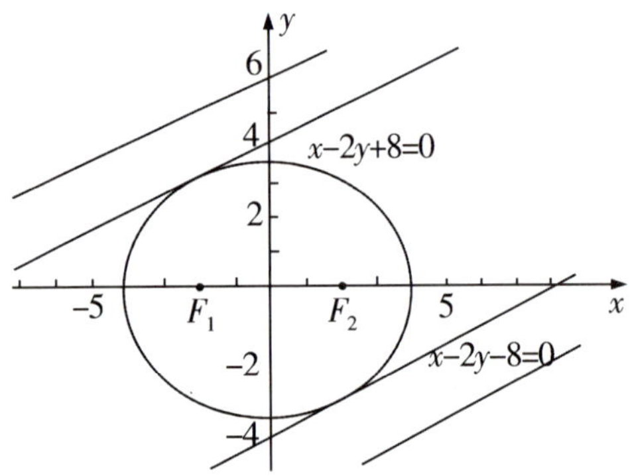

当 $t>0$，且最小距离刚好为$\sqrt{5}$时，即 $d=\frac{t-8}{\sqrt{5}}=\sqrt{5}$，$t=13$；

当 $t<0$，且最小距离刚好为$\sqrt{5}$时，即 $d=\frac{-t-8}{\sqrt{5}}=\sqrt{5}$，$t=-13$。

若点 P 到直线 $x-2y+t=0$ 的最小距离 $d\in[\sqrt{5},+\infty)$，则 t 的取值范围是 $t\geqslant13$ 或 $t\leqslant-13$。

5.【**解析**】(1) 设椭圆 C 的方程为$\frac{x^2}{a^2}+\frac{y^2}{b^2}=1(a>b>0)$，

因为椭圆的离心率 $e=\frac{c}{a}=\frac{\sqrt{2}}{2}$，则 $a^2=2c^2,b^2=c^2,a^2=2b^2$，即椭圆的方程可化为 $x^2+2y^2=2b^2$，

又因为椭圆过点 $M(\sqrt{2},1)$，则 $(\sqrt{2})^2+2\times1^2=2b^2$，解得 $b=\sqrt{2}$，所以 $a=2$，

所以椭圆 C 的方程为 $\frac{x^2}{4}+\frac{y^2}{2}=1$。

(2)设点 A,B 的坐标分别为 $(x_1,y_1),(x_2,y_2)$，

因为椭圆 C 的方程为 $\frac{x^2}{4}+\frac{y^2}{2}=1$，则 $c=\sqrt{2}$，

F_1,F_2 的坐标分别为 $(-\sqrt{2},0),(\sqrt{2},0)$，

所以 $\overrightarrow{F_1A}=(x_1+\sqrt{2},y_1),\overrightarrow{F_1B}=(x_2+\sqrt{2},y_2)$，

又因为 $\overrightarrow{F_1F_2}=\frac{3}{4}\overrightarrow{F_1A}+\frac{1}{4}\overrightarrow{F_1B}$，则 $(2\sqrt{2},0)=\frac{3}{4}(x_1+\sqrt{2},y_1)+\frac{1}{4}(x_2+\sqrt{2},y_2)$，由此可得，

$$\begin{cases}\frac{3}{4}(x_1+\sqrt{2})+\frac{1}{4}(x_2+\sqrt{2})=2\sqrt{2},\\ \frac{3}{4}y_1+\frac{1}{4}y_2=0,\end{cases}$$

整理得 $\begin{cases}3x_1+x_2=4\sqrt{2},\\ 3y_1+y_2=0。\end{cases}$

因为点 A,B 在椭圆 C 上，又 $3y_1+y_2=0$，即 $9{y_1}^2={y_2}^2$，则 $9\times\frac{4-x_1^2}{2}=\frac{4-x_2^2}{2}$，

整理得 $9x_1^2-x_2^2=32$，又 $3x_1+x_2=4\sqrt{2}$，故解得 $x_1=\frac{4\sqrt{2}}{3},x_2=0$，

代入椭圆方程解得 $\begin{cases}y_1=\frac{\sqrt{2}}{3},\\ y_2=-\sqrt{2}\end{cases}$ 或 $\begin{cases}y_1=-\frac{\sqrt{2}}{3},\\ y_2=\sqrt{2},\end{cases}$

所以直线 l 的斜率 $k=\frac{\frac{\sqrt{2}}{3}-(-\sqrt{2})}{\frac{4\sqrt{2}}{3}-0}=1$ 或 $k=\frac{-\frac{\sqrt{2}}{3}-\sqrt{2}}{\frac{4\sqrt{2}}{3}-0}=-1$，

经检验，斜率的取值均符合条件，

故直线 l 的方程为 $y=x-\sqrt{2}$ 或 $y=-x+\sqrt{2}$。

第五节 双曲线

招教考向解读

考向1 变式训练

C 【解析】双曲线的实轴长为2，焦距为$|F_1F_2|=10$。根据题意和双曲线的定义知$|PF_1|-|PF_2|=2=\frac{4}{3}|PF_2|-|PF_2|=\frac{1}{3}|PF_2|$，所以$|PF_2|=6$，$|PF_1|=8$，所以$|PF_1|^2+|PF_2|^2=|F_1F_2|^2$，所以$PF_1\perp PF_2$，所以$S_{\triangle PF_1F_2}=\frac{1}{2}|PF_1||PF_2|=\frac{1}{2}\times6\times8=24$。

考向2 变式训练

1. A 【解析】如图，不妨设点A在点B的上方，则$A\left(c,\frac{b^2}{a}\right)$，$B\left(c,-\frac{b^2}{a}\right)$，其中的一条渐近线为$bx-ay=0$，则$d_1+d_2=\frac{bc-b^2+bc+b^2}{\sqrt{a^2+b^2}}=\frac{2bc}{c}=2b=6$，所以$b=3$。又由$e=\frac{c}{a}=2$知$a^2+b^2=4a^2$，所以$a=\sqrt{3}$，所以双曲线的方程为$\frac{x^2}{3}-\frac{y^2}{9}=1$。

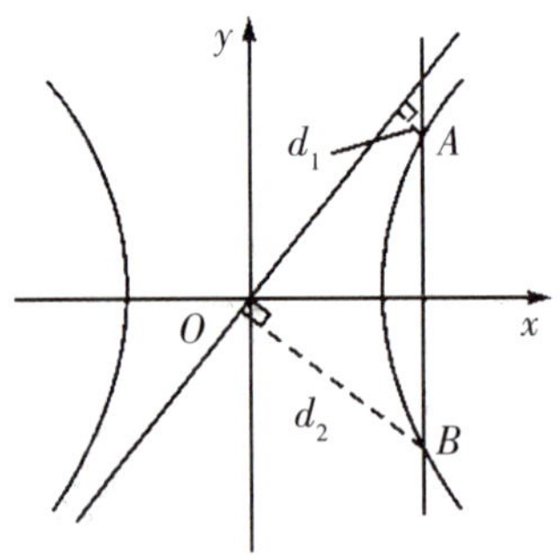

2. A 【解析】因为双曲线$\frac{x^2}{a^2}-\frac{y^2}{b^2}=1(a>0,b>0)$的一条渐近线平行于直线$l:y=2x+10$，所以$\frac{b}{a}=2$，即$b=2a$，因为双曲线的焦点在$x$轴上且在直线$l$上，那么这个焦点即为直线$l$与$x$轴的交点，易知焦点坐标为$(-5,0)$，所以$c=5$，由$a^2+b^2=c^2$得$c^2=4a^2+a^2=25$，所以$a^2=5$，$b^2=20$，

双曲线的标准方程为$\frac{x^2}{5}-\frac{y^2}{20}=1$。

考向3 变式训练

1. C 【解析】因为双曲线的渐近线方程为 $x\pm y=0$,易知 $a=b$,由 $a^2+b^2=c^2$ 得 $c=\sqrt{2}a$,那么该双曲线的离心率为 $e=\frac{c}{a}=\sqrt{2}$。

2. A 【解析】双曲线$\frac{x^2}{a^2}-\frac{y^2}{b^2}=1(a>0,b>0)$的渐近线方程为 $y=\pm\frac{b}{a}x$,即 $bx\pm ay=0$,那么右焦点 F 到渐近线的距离为 $|AF|=\frac{|bc|}{\sqrt{b^2+a^2}}=b=3$,因为 $S_{\triangle OAF}=\frac{1}{2}|OA||AF|=\frac{3}{2}|OA|=6$,所以 $|OA|=4$,那么 $|OF|=c=\sqrt{|OA|^2+|AF|^2}=5$,易知 $a=4$,那么双曲线 C 的离心率为 $e=\frac{c}{a}=\frac{5}{4}$。

3. $y=\pm\sqrt{2}x$ 【解析】因为双曲线 $x^2-\frac{y^2}{b^2}=1(b>0)$经过点$(3,4)$,代入得 $3^2-\frac{16^2}{b^2}=1$,解得 $b=\sqrt{2}$,因为 $a=1$ 且双曲线的焦点在 x 轴,所以双曲线的渐近线方程为 $y=\pm\sqrt{2}x$。

考向4 变式训练

1. A 【解析】设双曲线 E:$\frac{x^2}{a^2}-\frac{y^2}{b^2}=1(a>0,b>0)$的实轴长为 $2a$,虚轴长为 $2b$,焦距为 $2c$,则离心率 $e=\frac{c}{a}$。根据双曲线的对称性,不妨设点 M 在 x 轴的上方,如图所示,因为 $\sin\angle MF_2F_1=\frac{1}{3}$,易知 $\tan\angle MF_2F_1=\frac{1}{2\sqrt{2}}$,因为 MF_1 与 x 轴垂直,那么 $M(-c,\frac{b^2}{a})$,所以 $|MF_1|=\frac{b^2}{a}$,由$\frac{|F_1F_2|}{|MF_1|}=\frac{2c}{\frac{b^2}{a}}=\frac{2ca}{b^2}=2\sqrt{2}$,得 $ac=\sqrt{2}b^2=\sqrt{2}(c^2-a^2)$,即$\sqrt{2}e^2-e-\sqrt{2}=0$,解得 $e=\sqrt{2}$(负值舍去)。

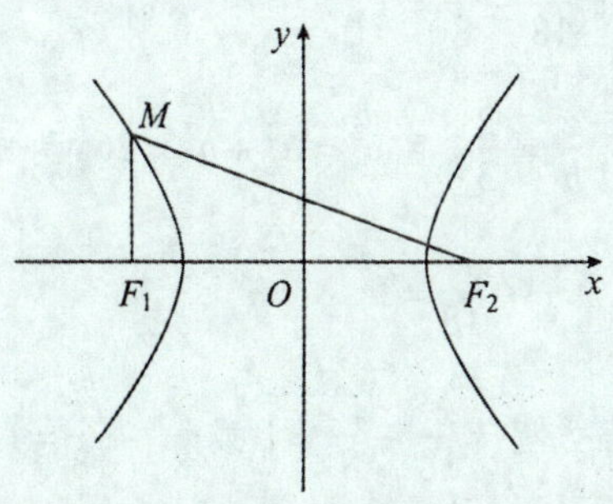

2. $\frac{5}{3}$ 【解析】设双曲线 E 的焦距为 $2c$，则 $|PF_2|=|F_1F_2|=2c$，由双曲线的定义可知 $|PF_1|=2a+2c$，因为点 F_2 到 PF_1 的距离等于双曲线的实轴长，那么结合等腰三角形高的性质以及勾股定理可知，$(a+c)^2+(2a)^2=(2c)^2 \Rightarrow 3c^2-2ac-5a^2=0$，两边同时除以 a^2，得 $3e^2-2e-5=0$，解得 $e=\frac{5}{3}$ 或 $e=-1$（舍），所以双曲线 E 的离心率为 $e=\frac{5}{3}$。

3. B 【解析】由双曲线的定义知 $||PF_1|-|PF_2||=2a$，因为 $|PF_1|=2|PF_2|$，即 $|PF_1|=4a$，$|PF_2|=2a$。因为 $|PF_1|+|PF_2|\geqslant|F_1F_1|=2c$，所以 $6a\geqslant 2c$，即 $e=\frac{c}{a}\leqslant 3$，且 $e>1$，所以 e 的取值范围是 $(1,3]$。

考向 5 变式训练

A 【解析】由 $e=\frac{c}{a}=2$ 得 $c=2a$，则 $|F_1F_2|=2c=4a$。$\triangle AF_1F_2$ 的周长为 $10a$，即 $|AF_2|+|AF_1|+|F_1F_2|=10a$，则 $|AF_2|+|AF_1|=6a$。假设点 A 在双曲线的左支上，由双曲线第一定义得，$|AF_2|-|AF_1|=2a$，联立解得 $|AF_2|=4a$，$|AF_1|=2a$，则 $\triangle AF_1F_2$ 为等腰三角形，其高为 $\sqrt{15}a$，因此 $\triangle AF_1F_2$ 的面积为 $S=\frac{2a\cdot\sqrt{15}a}{2}=\sqrt{15}a^2$，故本题选 A。

招教易错突破

变式训练

【解析】因为双曲线的渐近线方程是 $y=\pm\frac{2}{3}x$，所以：

当双曲线的焦点在 x 轴上时，$\frac{b}{a}=\frac{2}{3}$，且 $c^2=a^2+b^2=26$，两式联立解得 $a^2=18$，$b^2=8$，

此时所求双曲线的标准方程为 $\frac{x^2}{18}-\frac{y^2}{8}=1$。

当双曲线的焦点在 y 轴上时，$\frac{a}{b}=\frac{2}{3}$，且 $c^2=a^2+b^2=26$，两式联立解得 $a^2=8$，$b^2=18$，

此时所求双曲线的标准方程为 $\frac{y^2}{8}-\frac{x^2}{18}=1$。

综上所述，所求双曲线的标准方程为 $\frac{x^2}{18}-\frac{y^2}{8}=1$ 或 $\frac{y^2}{8}-\frac{x^2}{18}=1$。

必刷好题

招教高频基础刷

1. C 【解析】因为方程 $mx^2+ny^2=1$ 表示双曲线，所以 $mn<0$，又当 $mn<0$ 时，方程 $mx^2+ny^2=1$ 表示双曲线，因此"$mn<0$"是"$mx^2+ny^2=1$ 为双曲线"的充要条件，故本题选 C。

2. A 【解析】$\because$ 方程 $\frac{x^2}{m^2+n}-\frac{y^2}{3m^2-n}=1$ 表示双曲线，$\therefore (m^2+n)\cdot(3m^2-n)>0$，$\therefore -m^2<n<3m^2$，且 $m^2+n>0,3m^2-n>0$，$\therefore c^2=(m^2+n)+(3m^2-n)=4m^2$，其中 c 为半焦距，$\therefore 2c=2\times 2|m|=4$，$\therefore |m|=1$，$\therefore -1<n<3$。

3. C 【解析】由于 $a=1,b=\sqrt{m}$，故 $c=\sqrt{1+m}$，又 $e=2$，故 $\sqrt{1+m}=2$，解得 $m=3$。故双曲线 $y^2-\frac{x^2}{3}=1$ 的两条渐近线方程为 $y=\pm\frac{\sqrt{3}}{3}x$，由 $\begin{cases}y=\frac{\sqrt{3}}{3}x,\\ y^2=3x,\end{cases}$ 解得 $\begin{cases}x=0,\\ y=0\end{cases}$ 或 $\begin{cases}x=9,\\ y=3\sqrt{3}。\end{cases}$ 故 $S=9\times 3\sqrt{3}\times\frac{1}{2}\times 2=27\sqrt{3}$。

4. A 【解析】由题意知，$\sqrt{\frac{a^2+b^2}{a^2}}\times\sqrt{\frac{m^2-b^2}{m^2}}=1$，整理得 $a^2+b^2=m^2$。

5. C 【解析】由 $x^2-y^2=2$，得 $a=b=\sqrt{2},c=2$。因为 $|PF_1|=2|PF_2|$，所以点 P 在双曲线的右支上，则有 $|PF_1|-|PF_2|=2a=2\sqrt{2}$，所以解得 $|PF_2|=2\sqrt{2}$，$|PF_1|=4\sqrt{2}$，所以根据余弦定理，得 $\cos\angle F_1PF_2=\frac{(2\sqrt{2})^2+(4\sqrt{2})^2-16}{2\times 2\sqrt{2}\times 4\sqrt{2}}=\frac{3}{4}$。

6. B 【解析】$|OB|=b$，$|OF_1|=c$，所以 $k_{PQ}=\frac{b}{c}$，$k_{MN}=-\frac{c}{b}$，直线 PQ 为 $y=\frac{b}{c}(x+c)$，两条渐近线为 $y=\pm\frac{b}{a}x$。由 $\begin{cases}y=\frac{b}{c}(x+c),\\ y=\frac{b}{a}x\end{cases}$ 得 $Q\left(\frac{ac}{c-a},\frac{bc}{c-a}\right)$。由 $\begin{cases}y=\frac{b}{c}(x+c),\\ y=-\frac{b}{a}x\end{cases}$ 得 $P\left(\frac{-ac}{c+a},\frac{bc}{c+a}\right)$，所以 PQ 中点 N 的坐标为 $(\frac{a^2c}{c^2-a^2},\frac{bc^2}{c^2-a^2})$，所以直线 MN 为 $y-\frac{bc^2}{c^2-a^2}=-\frac{c}{b}\left(x-\frac{a^2c}{c^2-a^2}\right)$。令 $y=0$，得 $x_M=\frac{c^3}{c^2-a^2}$。又因为 $|MF_2|=|F_1F_2|=2c$，所以 $3c=x_M=\frac{c^3}{c^2-a^2}$，解得 $e^2=\frac{c^2}{a^2}=\frac{3}{2}$，即 $e=\frac{\sqrt{6}}{2}$，故选 B。

7. C 【解析】对于点 $A(a,0)$，则直线方程为 $x+y-a=0$，直线与两渐近线的交点为 $B\left(\frac{a^2}{a+b},\frac{ab}{a+b}\right)$，$C\left(\frac{a^2}{a-b},-\frac{ab}{a-b}\right)$，则 $\overrightarrow{BC}=\left(\frac{2a^2b}{a^2-b^2},-\frac{2a^2b}{a^2-b^2}\right)$，$\overrightarrow{AB}=\left(-\frac{ab}{a+b},\frac{ab}{a+b}\right)$，因为 $2\overrightarrow{AB}=\overrightarrow{BC}$，所以 $4a^2=b^2$，所以 $e=\sqrt{5}$，故选 C。

8. A 【解析】双曲线的一条渐近线为 $y=\sqrt{3}x$，$c=\sqrt{4+12}=4$，故其中一焦点坐标为 $(4,0)$。由点到直线的距离公式可得焦点到渐近线的距离 $d=\frac{4\sqrt{3}}{\sqrt{1+(\sqrt{3})^2}}=2\sqrt{3}$。故选 A。

9. A 【解析】设 $|F_1F_2|=2c(c>0)$，由已知 $|PF_1|:|F_1F_2|:|PF_2|=4:3:2$，得 $|PF_1|=\frac{8}{3}c$，$|PF_2|=\frac{4}{3}c$，则 $|PF_1|>|PF_2|$，若圆锥曲线 C 为椭圆，则 $2a=|PF_1|+|PF_2|=4c$，离心率 $e=\frac{c}{a}=\frac{1}{2}$；若圆锥曲线 C 为双曲线，则 $2a=|PF_1|-|PF_2|=\frac{4}{3}c$，离心率 $e=\frac{c}{a}=\frac{3}{2}$，故选 A。

10. $\frac{x^2}{4}-\frac{y^2}{16}=1$ 【解析】曲线 $y=x^3-3x^2+2x$ 过原点 $(0,0)$，且 $y'=3x^2-6x+2$，则其在原点处的切线斜率为 2，切线方程为 $y=2x$，即双曲线的一条渐近线为 $y=2x$，则由焦点到一条渐近线 l 的距离为 4，可知 $\frac{|2c|}{\sqrt{1+2^2}}=4$，解得 $c=2\sqrt{5}$，又 $\frac{b}{a}=2$，$a^2+b^2=c^2$，解得 $a=2$，$b=4$，故双曲线的标准方程为 $\frac{x^2}{4}-\frac{y^2}{16}=1$。

11. 9 【解析】由双曲线的定义得，$|PF_1|-|PF_2|=2a$，所以 $|PF_1|=|PF_2|+2a$。$|PQ|+|PF_1|=|PQ|+|PF_2|+2a\geqslant|F_2Q|+2a$。因为 $F_2(4,0)$，$Q(1,4)$，所以 $|F_2Q|=5$，所以 $|PQ|+|PF_1|\geqslant|F_2Q|+2a=5+4=9$，当且仅当 F_2,P,Q 三点共线时取等号，所以 $|PQ|+|PF_1|$ 的最小值为 9。

12. 【解析】(1) 由题意得 $\begin{cases}\frac{c}{a}=\frac{3}{2},\\ \frac{8}{a^2}-\frac{5}{b^2}=1,\end{cases}$ 又 $c^2=a^2+b^2$，所以 $a^2=4$，$b^2=5$，故双曲线方程为 $\frac{x^2}{4}-\frac{y^2}{5}=1$。

(2) 由 (1) 得 $A_1(-2,0)$，$F_2(3,0)$，设 $P(x,y)(x\geqslant2)$，于是 $\overrightarrow{PA_1}=(-2-x,-y)$，$\overrightarrow{PF_2}=(3-x,-y)$，因此 $\overrightarrow{PA_1}\cdot\overrightarrow{PF_2}=x^2-x-6+y^2=x^2-x-6+\frac{5}{4}x^2-5=\frac{9}{4}x^2-x-11=\frac{9}{4}\left(x-\frac{2}{9}\right)^2-\frac{100}{9}$，由于

$x\geqslant2$，所以当 $x=2$ 时，$\overrightarrow{PA_1}\cdot\overrightarrow{PF_2}$ 取得最小值，为 -4。

招教易错能力刷

1. B 【解析】由题意可知，$|F_1F_2|=2\sqrt{10}$，$\because \overrightarrow{PF_1}\cdot\overrightarrow{PF_2}=0$，$\therefore |\overrightarrow{PF_1}+\overrightarrow{PF_2}|=|\overrightarrow{PF_1}-\overrightarrow{PF_2}|=|F_1F_2|=2\sqrt{10}$。

2. C 【解析】由焦点坐标可知 $c=4$，因为 AB 过点 F_1，$\triangle ABF_2$ 的周长为 24，且 $|AB|=8$，由双曲线的定义可得，$(|AF_2|-|AF_1|)+(|BF_2|-|BF_1|)=|AF_2|+|BF_2|-|AB|$，即 $4a=24-8-8$，故 $a=2$，所以 $b=2\sqrt{3}$，所以双曲线方程为 $\frac{y^2}{4}-\frac{x^2}{12}=1$。

3. A 【解析】$a>b>0$，椭圆 C_1 的离心率为 $\frac{\sqrt{a^2-b^2}}{a}$，双曲线 C_2 的离心率为 $\frac{\sqrt{a^2+b^2}}{a}$，则有 $\frac{\sqrt{a^2-b^2}}{a}\cdot\frac{\sqrt{a^2+b^2}}{a}=\frac{\sqrt{3}}{2}$，解得 $\frac{b}{a}=\frac{\sqrt{2}}{2}$，所以 C_2 的渐近线方程为 $y=\pm\frac{\sqrt{2}}{2}x$，即 $x\pm\sqrt{2}y=0$。故选 A。

4.【解析】(1) 作双曲线的右准线交 PM 于点 H，则 $|PM|=|OM|=c$，$|PH|=c-2\frac{a^2}{c}$，由双曲线第二定义，可得 $e=\frac{|PF|}{|PH|}=\frac{c}{c-2\frac{a^2}{c}}=\frac{e^2}{e^2-2}$，整理得 $e^2-e-2=0$，又 $e>1$，解得 $e=2$。

(2) 由 $e=2$ 得 $c=2a$，$b^2=3a^2$，双曲线为 $\frac{x^2}{a^2}-\frac{y^2}{3a^2}=1$。

作 $PD\perp x$ 轴于点 D，则直线 OP 的斜率为 $\frac{|PD|}{|OD|}=\frac{\sqrt{c^2-(\frac{a^2}{c})^2}}{c-\frac{a^2}{c}}=\frac{\sqrt{15}}{3}$，

所以直线 AB 的方程为 $y=\frac{\sqrt{15}}{3}(x-2a)$。

代入到双曲线方程，得 $4x^2+20ax-29a^2=0$，又 $|AB|=12$，

设 $A(x_1,y_1)$，$B(x_2,y_2)$，则 $x_1+x_2=-5a$，$x_1x_2=-\frac{29}{4}a^2$，故 $|AB|=\sqrt{1+k^2}\sqrt{(x_1+x_2)^2-4x_1x_2}=\sqrt{\frac{8}{3}}\sqrt{(5a)^2+4\times\frac{29a^2}{4}}=12$，解得 $a=1$，则 $b^2=3$。

所以双曲线的方程为 $x^2-\frac{y^2}{3}=1$。

第六节　抛物线

招教考向解读

考向 1 变式训练

1. C 【解析】形如“$y^2=2px(p>0)$”的抛物线，其焦点坐标为$\left(\frac{p}{2},0\right)$，故选 C。

2. 4 【解析】如图所示，过点 B 作 BQ 垂直于准线 l 于点 Q，交抛物线于点 P_1，则 $|P_1Q|=|P_1F|$，则 $|PB|+|PF|\geqslant|P_1B|+|P_1F|=|BQ|=4$，故 $|PB|+|PF|$ 的最小值为 4。

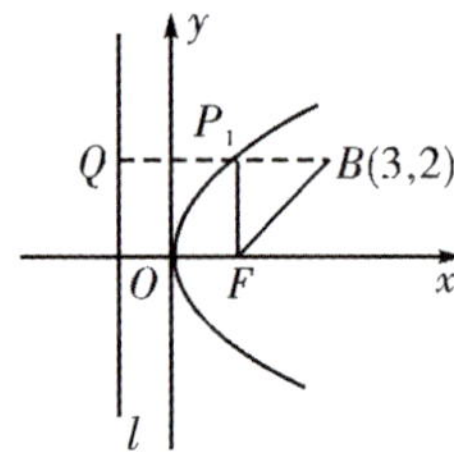

考向 2 变式训练

C 【解析】因为双曲线的离心率 $e=\frac{c}{a}=2$，所以 $b=\sqrt{3}a$，所以双曲线的渐近线方程为 $y=\pm\frac{b}{a}x=\pm\sqrt{3}x$，与抛物线的准线 $x=-\frac{p}{2}$ 相交于点 $A\left(-\frac{p}{2},\frac{\sqrt{3}p}{2}\right)$，点 $B\left(-\frac{p}{2},-\frac{\sqrt{3}p}{2}\right)$，所以 $\triangle AOB$ 的面积为 $\frac{1}{2}\times\frac{p}{2}\times\sqrt{3}p=\sqrt{3}$，又 $p>0$，所以 $p=2$。

考向 3 变式训练

1. A 【解析】准线方程为 $l:x=-6a$，M 到准线的距离等于它到焦点的距离，则 $3+6a=5$，解得 $a=\frac{1}{3}$，故抛物线方程为 $y^2=8x$。

2. D 【解析】将直线 $x+(m-1)y-2m-2=0$ 化为 $x+m(y-2)-y-2=0$，当 $y=2$ 时，$x=4$，可得直线 $x+(m-1)y-2m-2=0$ 过定点 $M(4,2)$，抛物线 $y^2=8x$ 的焦点 F 的坐标为$(2,0)$，准线

方程为 $x=-2$。由题意可知直线 FQ 与直线 $x+(m-1)y-2m-2=0$ 垂直，则 $FQ\perp MQ$，即 $\angle FQM=90°$，故点 Q 的轨迹是以 FM 为直径的圆，半径 $r=\frac{1}{2}\times\sqrt{(4-2)^2+(2-0)^2}=\sqrt{2}$，其圆心为 FM 的中点，记为点 H，H 的坐标为(3,1)。过点 P 作抛物线 $y^2=8x$ 准线的垂线，垂足为点 R，根据抛物线的定义，要使 $|PQ|+|PF|$ 的值最小，即 $|PQ|+|PR|$ 最小，当 P,Q,R 三点共线，且三点连线的延长线过圆心 H 时，$|PQ|+|PR|$ 的值最小。因此，$|PQ|+|PR|$ 的最小值为 $|HR|-r=3+2-\sqrt{2}=5-\sqrt{2}$，即 $|PQ|+|PF|$ 的最小值为 $5-\sqrt{2}$。

3. $\frac{9}{2}$ 【解析】如图所示，过点 A 作 AA' 垂直于 l，垂足为 A'，过点 F 作 $FC\perp AA'$，垂足为 C。根据抛物线的定义知 $|AF|=|AA'|$，$|A'C|=p=2$，所以 $|AC|=1$，设直线 AB 的倾斜角为 θ，因为 $|AF|=3$，所以 $\cos\theta=\frac{1}{3}$，那么 $\cos^2\theta=\frac{1}{9}$，$\sin^2\theta=\frac{8}{9}$，由焦点弦性质知 $|AB|=\frac{2p}{\sin^2\theta}=\frac{9}{2}$。

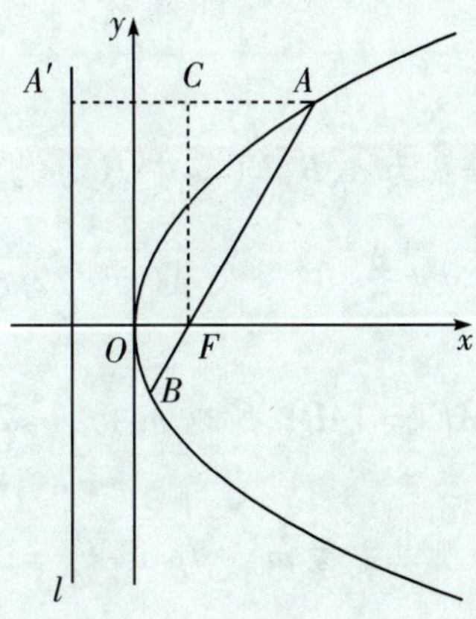

4.【解析】(1) $\because |AB|=4$，$\therefore$ 点 A 的坐标为 $(\frac{p}{2},2)$，代入抛物线方程得 $4=2p\cdot\frac{p}{2}$，解得 $p=2$，$\therefore$ 抛物线方程为 $y^2=4x$。

(2) 点 F 的坐标为(1,0)，设点 P 的坐标为 (x_P,y_P)，点 Q 的坐标为 (x_Q,y_Q)。

当直线 l 的斜率不存在时，$S_{\triangle OPQ}=2\neq4$，舍去；

当直线 l 的斜率存在时，设直线 l 的解析式为 $y=k(x-1)(k\neq0)$，联立方程得 $\begin{cases}y=k(x-1),\\y^2=4x,\end{cases}$ 化简得 $y^2-\frac{4y}{k}-4=0$，由韦达定理得 $\begin{cases}y_P+y_Q=\frac{4}{k},\\y_Py_Q=-4,\end{cases}$ 则 $|y_P-y_Q|=\sqrt{(y_P+y_Q)^2-4y_Py_Q}=4\sqrt{1+\frac{1}{k^2}}$，

$\therefore S_{\triangle OPQ}=\frac{1}{2}\times1\times4\sqrt{1+\frac{1}{k^2}}=4$，解得 $k=\pm\frac{\sqrt{3}}{3}$。

5. $\sqrt{3}$ 【解析】因为直线 l 过抛物线 $y^2=4x$ 的焦点 $F(1,0)$，且倾斜角为 $60°$，所以直线的方程为 $y=\sqrt{3}(x-1)$，代入 $y^2=4x$，整理得 $3x^2-10x+3=0$，解得 $x_1=\frac{1}{3}$，$x_2=3$，因为点 A 在 x 轴上方，所以 $y_A>0\Rightarrow x_A>1\Rightarrow x_A=3$，那么 $A(3,2\sqrt{3})$，所以 $S_{\triangle OAF}=\frac{1}{2}|OF|\cdot|y_A|=\frac{1}{2}\times1\times2\sqrt{3}=\sqrt{3}$。

必刷好题

招教高频基础刷

1. B 【解析】由题可知抛物线方程为 $y^2=x$，则 $p=\frac{1}{2}$，因此抛物线的焦点到准线的距离为 $\frac{1}{2}$，答案为 B。

2. C 【解析】不妨设三个顶点分别为 A,B,F(其中 F 为抛物线的焦点)，由抛物线的定义，知 A,B 两点关于 x 轴对称，点 F 的坐标为 $(\frac{p}{2},0)$。设 $A(m,\sqrt{2pm})(m>0)$，则由抛物线的定义得 $|AF|=m+\frac{p}{2}$。又 $|AB|=2\sqrt{2pm}$，$|AF|=|AB|$，所以 $m+\frac{p}{2}=2\sqrt{2pm}$，整理得 $m^2-7pm+\frac{p^2}{4}=0$，所以 $\Delta=(-7p)^2-4\times\frac{p^2}{4}=48p^2>0$，所以方程 $m^2-7pm+\frac{p^2}{4}=0$ 有两个不同的实根，记为 m_1,m_2，则 $\begin{cases}m_1+m_2=7p>0,\\ m_1\cdot m_2=\frac{p^2}{4}>0,\end{cases}$ 所以 $m_1>0,m_2>0$，所以 $n=2$。

3. D 【解析】因为 $y^2=2px(p>0)$ 的焦点坐标为 $\left(\frac{p}{2},0\right)$，所以由题意知椭圆 $\frac{x^2}{3p}+\frac{y^2}{p}=1$ 的焦点为 $\left(\frac{p}{2},0\right)$，故 $3p-p=\frac{p^2}{4}$，又 $p>0$，故 $p=8$。

4. A 【解析】因为 $A(x_1,y_1)$，$B(x_2,y_2)$ 关于直线 $y=x+b$ 对称，所以 AB 的中点 $M(x_M,y_M)$ 在直线 $y=x+b$ 上，且直线 AB 的斜率为 -1，则 $\frac{y_2-y_1}{x_2-x_1}=\frac{y_2-y_1}{\frac{y_2^2}{2}-\frac{y_1^2}{2}}=\frac{2}{y_2+y_1}=-1$，即 $y_1+y_2=-2$，所以 $y_M=\frac{y_1+y_2}{2}=-1$，$x_M=\frac{x_1+x_2}{2}=\frac{y_1^2+y_2^2}{4}=\frac{(y_1+y_2)^2-2y_1y_2}{4}=\frac{3}{2}$，将点 $M\left(\frac{3}{2},-1\right)$ 代入直线方程 $y=$

$x+b$，有 $-1=\frac{3}{2}+b$，所以 $b=-\frac{5}{2}$。

5. D 【解析】抛物线 C_1 的焦点是双曲线 C_2 的右焦点，故 F_2 为 $(4,0)$，$c=4$，$e=\frac{c}{a}=2$。设 $P(x,y)$，则在抛物线中 $|PF_2|=x+4$，双曲线右支的准线为 $x=\frac{a^2}{c}=1$，由双曲线的定义可知，点 P 到 F_2 的距离与到准线 $x=1$ 的距离之比等于离心率 e，即 $\frac{|PF_2|}{x-1}=2$。解方程组 $\begin{cases}|PF_2|=x+4,\\ \frac{|PF_2|}{x-1}=2,\end{cases}$ 得 $x=6$，$|PF_2|=10$。

6. 2 【解析】由题意作 $PN\perp l$，垂足为 N，由抛物线定义知 $|PN|=|PF|$，又知 $|PK|=\sqrt{2}|PF|$，$\therefore$ 在 $\mathrm{Rt}\triangle PKN$ 中，$\sin\angle PKN=\frac{|PN|}{|PK|}=\frac{|PF|}{|PK|}=\frac{\sqrt{2}}{2}$，$\therefore\angle PKN=45°$，$\therefore\triangle PNK$ 为等腰直角三角形，$\therefore|PN|=|NK|=4$，又知点 P 在抛物线上，故 $\begin{cases}py_0=8,\\ y_0+\frac{p}{2}=4,\end{cases}$ 解得 $\begin{cases}p=4,\\ y_0=2。\end{cases}$

7. 1 【解析】设直线 AB 的倾斜角为 θ，不妨设点 A 在 x 轴上方，由抛物线焦点弦的性质可知 $|AF|=\frac{p}{1-\cos\theta}$，$|BF|=\frac{p}{1+\cos\theta}$，又 $|AF|=4|FB|$，所以 $\frac{p}{1-\cos\theta}=\frac{4p}{1+\cos\theta}$，解得 $\cos\theta=\frac{3}{5}$，故 $\sin\theta=\frac{4}{5}$。又 $|AB|=|AF|+|FB|=\frac{p}{1-\cos\theta}+\frac{p}{1+\cos\theta}=\frac{2p}{\sin^2\theta}$，点 O 到直线 AB 的距离 $d=\frac{p}{2}\sin\theta$，所以 $S_{\triangle AOB}=\frac{1}{2}|AB|\cdot d=\frac{p^2}{2\sin\theta}=\frac{5}{8}$。所以 $p^2=1$，又 $p>0$，所以 $p=1$。

8.【解析】设顶点 M 的坐标为 (x,y)，则抛物线的焦点坐标为 $(2x+3,y)$，由抛物线定义可得 $\sqrt{(2x+3-1)^2+(y+1)^2}=4$，整理得 $(x+1)^2+\frac{(y+1)^2}{4}=4$。

9.【解析】设 $A(x_1,y_1)$，$B(x_2,y_2)$，$C(x_0,y_0)$，焦点为 $F(0,1)$。

显然直线 AB 斜率存在且过点 $F(0,1)$，设直线 AB 的方程为 $y=kx+1$，联立 $x^2=4y$ 得 $x^2-4kx-4=0$，判别式 $\Delta=16(k^2+1)>0$，所以 $x_1+x_2=4k$，$x_1x_2=-4$。

抛物线上任意一点的斜率 $y'=\frac{x}{2}$，则切线 AC，BC 的方程分别为 $y=\frac{1}{2}x_1(x-x_1)+y_1$ 和 $y=\frac{1}{2}x_2(x-x_2)+y_2$，其中 $4y_1={x_1}^2$，$4y_2={x_2}^2$，联立方程解得 $x_0=\frac{1}{2}(x_1+x_2)=2k$，$y_0=\frac{x_1x_2}{4}=-1$，即两切线的交点坐标为 $C\left(\frac{x_1+x_2}{2},\frac{x_1x_2}{4}\right)$，即 $C(2k,-1)$。所以 $\overrightarrow{FC}=(\frac{x_1+x_2}{2},-2)$，$\overrightarrow{AB}=(x_2-x_1,$

y_2-y_1),

$\overrightarrow{FC}\cdot\overrightarrow{AB}=\frac{1}{2}(x_1+x_2)(x_2-x_1)-2(y_2-y_1)=\frac{1}{2}(x_2^2-x_1^2)-2[\frac{1}{4}(x_2^2-x_1^2)]=0$,所以$AB\perp FC$。

因为$\overrightarrow{AF}=\lambda\overrightarrow{FB}$,由定比分点公式得$x_F=\frac{x_1+\lambda x_2}{1+\lambda}=0$,得$x_1=-\lambda x_2$,那么$x_1+x_2=(1-\lambda)x_2=4k$,两边平方即有$(1-\lambda)^2x_2^2=16k^2$,又因为$x_1x_2=-\lambda x_2^2=-4$,从而可得$4k^2=\frac{(1-\lambda)^2}{\lambda}$,弦长$AB=\sqrt{(y_2-y_1)^2+(x_2-x_1)^2}$,将$y_1=\frac{1}{4}x_1^2,y_2=\frac{1}{4}x_2^2,x_1+x_2=4k,x_1x_2=-4$代入,得出$AB=4k^2+4$,又因为$AB\perp FC$,所以$C$到$AB$的距离为$d=|CF|=\sqrt{(2k-0)^2+(-1-1)^2}=\sqrt{4k^2+4}$,所以$S=\frac{1}{2}|AB|\cdot|CF|=\frac{1}{2}(4k^2+4)\cdot\sqrt{4k^2+4}=\frac{1}{2}(4k^2+4)^{\frac{3}{2}}=\frac{1}{2}[\frac{(1-\lambda)^2}{\lambda}+4]^{\frac{3}{2}}=\frac{1}{2}(\lambda+\frac{1}{\lambda}+2)^{\frac{3}{2}}$,所以当$\lambda=\frac{1}{\lambda}$时,$S$最小,此时$\lambda=1$,故$S=4$。

10.**【解析】**(1)根据抛物线的定义得$|PF|=x_0+\frac{p}{2}=x_0+1$,解得$p=2$,所以抛物线的方程为$y^2=4x$。

(2)抛物线的焦点$F(1,0)$,直线l的斜率不可能为0,设直线$l:x=my+1$,与抛物线方程联立得$y^2-4my-4=0$,设$A(x_1,y_1),B(x_2,y_2)$,则$y_1+y_2=4m,x_1+x_2=m(y_1+y_2)+2=4m^2+2$,$|AB|=x_1+x_2+p=4m^2+2+2=8$,解得$m=\pm1$,所以直线$l$的方程是$x+y-1=0$或$x-y-1=0$。

11.**【解析】**(1)由抛物线的定义知$|AF|=1+\frac{p}{2}=2$,故抛物线C的标准方程为$y^2=4x$。

(2)由点$A(1,t)$在抛物线上,且$t>0$,可得$t=2$,即$A(1,2)$。

①当$|PF|=|PA|$时,点P在AF的垂直平分线上,AF的中点为$(1,1)$,直线AF的垂直平分线方程为$y=1$,所以得$P(-1,1)$;

②当$|AF|=|PA|$时,可得$|PA|=2$,而A到准线的距离为2,所以得$P(-1,2)$;

③当$|PF|=|AF|$时,可得$|PF|=2$,而F到准线l的距离为2,所以$P(-1,0)$。

综上所述,$P(-1,1)$或$P(-1,2)$或$P(-1,0)$。

12.**【解析】**(1)由于$\angle FOM=45°$,因此直线OM的斜率为$\tan45°=1$,故直线OM的方程为$y=x$。设$M(m,m)$,则$m^2=2pm$,其中$m\neq0$,因此$m=2p,M(2p,2p)$,而$F(\frac{p}{2},0)$,由于$|MF|=2$,故$\frac{p}{2}+2p=2$,解得$p=\frac{4}{5}$,抛物线方程为$y^2=\frac{8}{5}x$。

(2)由题意可知,当直线 l 的斜率不存在,即 $\theta=\frac{\pi}{2}$ 时,不满足 $2\overrightarrow{AF}=\overrightarrow{FB}$,故直线 l 的斜率存在且不为0,即 $0<\theta<\pi$,且 $\theta\neq\frac{\pi}{2}$。由于 $2|\overrightarrow{AF}|=|\overrightarrow{FB}|$,根据三角形相似可知,点 B 的纵坐标应该为点 A 的 -2 倍,不妨设 $A(\frac{5}{8}a^2,a)$,则 $B(\frac{5}{2}a^2,-2a)$,$F(\frac{2}{5},0)$,由于 A,F,B 三点共线,故:

$\frac{a-0}{\frac{5}{8}a^2-\frac{2}{5}}=\frac{0+2a}{\frac{2}{5}-\frac{5}{2}a^2}$,解得 $a=\pm\frac{2\sqrt{2}}{5}$,所以 $\tan\theta=\frac{a-0}{\frac{5}{8}a^2-\frac{2}{5}}=\pm2\sqrt{2}$,故 $\sin\theta=\frac{|\tan\theta|}{\sqrt{1+\tan^2\theta}}=\frac{2\sqrt{2}}{3}$。

13.【解析】(1)因为 $A(x_1,y_1)$,$B(x_2,y_2)$ 在抛物线 $C:y^2=4x$ 上,所以 $A\left(\frac{y_1^2}{4},y_1\right)$,$B\left(\frac{y_2^2}{4},y_2\right)$,$k_{PA}=\frac{y_1+2}{\frac{y_1^2}{4}-1}=\frac{4(y_1+2)}{y_1^2-4}=\frac{4}{y_1-2}$,同理 $k_{PB}=\frac{4}{y_2-2}$,由题意可知,$k_{PA}=-k_{PB}$,所以 $\frac{4}{y_1-2}=-\frac{4}{y_2-2}\Rightarrow$ $y_1+y_2=4$。

(2)由(1)知,$k_{AB}=\frac{y_2-y_1}{\frac{y_2^2}{4}-\frac{y_1^2}{4}}=\frac{4}{y_1+y_2}=1$,设 AB 的方程为 $y-y_1=x-\frac{y_1^2}{4}$,即 $x-y+y_1-\frac{y_1^2}{4}=0$,

P 到 AB 的距离为 $d=\frac{\left|3+y_1-\frac{y_1^2}{4}\right|}{\sqrt{2}}$,$|AB|=\sqrt{2}\,|x_1-x_2|=\sqrt{2}\left|\frac{y_1^2}{4}-\frac{y_2^2}{4}\right|=\sqrt{2}\,|y_1-y_2|=2\sqrt{2}$ $|2-y_1|$,所以 $S_{\triangle PAB}=\frac{1}{2}\times\frac{\left|3+y_1-\frac{y_1^2}{4}\right|}{\sqrt{2}}\times2\sqrt{2}\,|y_1-2|=\frac{1}{4}|y_1^2-4y_1-12||y_1-2|=\frac{1}{4}|(y_1-2)^2-16||y_1-2|$,

令 $y_1-2=t$,由 $y_1+y_2=4$,$y_1\geqslant0$,$y_2\geqslant0$,可知 $-2\leqslant t\leqslant2$。$S_{\triangle PAB}=\frac{1}{4}|t^3-16t|$,因为 $S_{\triangle PAB}=\frac{1}{4}|t^3-16t|$ 为偶函数,只考虑 $0\leqslant t\leqslant2$ 的情况,记 $f(t)=16t-t^3$,当 $A\in[0,2]$ 时,$f'(t)=16-3t^2>0$,故 $f(t)$ 在 $[0,2]$ 上是单调增函数,故 $f(t)$ 的最大值为 $f(2)=24$,所以 $S_{\triangle PAB}$ 的最大值为6。

第七节　圆锥曲线综合探究问题

招教考向解读

考向1 变式训练

【解析】(1)因为椭圆 E 上的点到一个焦点的最大距离为3,所以 $a+c=3$①,当 $l\perp x$ 轴时,设 $F_1(-c,0)$,$A(-c,y_1)$,$B(-c,y_2)$,因为 A,B 两点都在椭圆上,所以$\frac{c^2}{a^2}+\frac{y^2}{b^2}=1$,

即 $y^2=b^2(1-\frac{c^2}{a^2})=\frac{b^4}{a^2}$,所以 $y_1=\frac{b^2}{a}$,$y_2=\frac{-b^2}{a}$,此时 $|AB|=\frac{2b^2}{a}=\frac{3}{2}a$,则 $4b^2=3a^2$②,又 $b^2+c^2=a^2$③,联立①②③可得 $a=2,c=1,b=\sqrt{3}$。故椭圆 E 的方程为$\frac{x^2}{4}+\frac{y^2}{3}=1$。

(2)①当直线 l 的斜率不存在时,$A\left(-1,\frac{3}{2}\right)$,$B\left(-1,-\frac{3}{2}\right)$,$T(2,0)$,直线 AT 的方程为 $y=-\frac{1}{2}x+1$,C 点的坐标为$(6,-2)$,直线 BT 的方程为 $y=\frac{1}{2}x-1$,D 点的坐标为$(6,2)$,故以 CD 为直径的圆的方程为$(x-6)^2+y^2=4$,由椭圆的对称性知,若以 CD 为直径的圆恒过定点,则定点在 x 轴上。令 $y=0$,得 $x=4$ 或 $x=8$。即圆恒过点$(4,0)$,$(8,0)$。

②当直线 l 的斜率存在时,设直线 l 的方程为 $y=k(x+1)$,设 $A(x_1,y_1)$,$B(x_2,y_2)$,$T(2,0)$,联立$\begin{cases}\frac{x^2}{4}+\frac{y^2}{3}=1,\\ y=k(x+1),\end{cases}$ 化简可得$(3+4k^2)x^2+8k^2x+4k^2-12=0$,

由韦达定理可得,$x_1+x_2=\frac{-8k^2}{3+4k^2}$,$x_1x_2=\frac{4k^2-12}{3+4k^2}$,直线 AT 的方程为 $y=\frac{y_1}{x_1-2}(x-2)$,C 点的坐标为$(6,\frac{4y_1}{x_1-2})$,同理 D 点坐标为$(6,\frac{4y_2}{x_2-2})$,故以 CD 为直径的圆的方程为$(x-6)(x-6)+(y-\frac{4y_1}{x_1-2})(y-\frac{4y_2}{x_2-2})=0$。令$y=0$,

则 $x^2-12x+36+\frac{16y_1y_2}{x_1x_2-2(x_1+x_2)+4}=0$。

由$\frac{16y_1y_2}{x_1x_2-2(x_1+x_2)+4}=\frac{16k(x_1+1)k(x_2+1)}{x_1x_2-2(x_1+x_2)+4}=\frac{16k^2\left(\frac{4k^2-12}{3+4k^2}+\frac{-8k^2}{3+4k^2}+1\right)}{\frac{4k^2-12}{3+4k^2}-2\cdot\frac{-8k^2}{3+4k^2}+4}=-4$,则有

$x^2-12x+32=0$,解得$x=4$或$x=8$。即圆过点$(4,0)$,$(8,0)$。

综上所述,以CD为直径的圆恒过定点$(4,0)$,$(8,0)$。

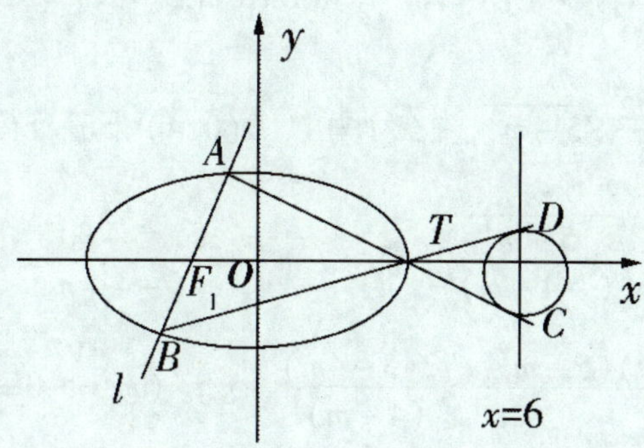

考向 2 变式训练

【解析】(1)因为斜率为1的直线经过点$(-1,0)$和$(0,b)$,所以$k=\frac{b-0}{0-(-1)}=1$,故$b=1$。因为$a^2-b^2=c^2$,所以$a^2=2$,所以椭圆Γ的方程为$\frac{x^2}{2}+y^2=1$。

(2)设直线l的方程为$y=x+m$,$A(x_1,y_1)$,$B(x_2,y_2)$,$D(x_1,-y_1)$,令$y=0$可得$M(-m,0)$,所以$|OM|=|-m|$,由$\begin{cases}y=x+m,\\ \frac{x^2}{2}+y^2=1,\end{cases}$消去$x$得$3y^2-2my+m^2-2=0$,所以$\Delta=(-2m)^2-4\times 3(m^2-2)>0$,解得$m^2<3$,根据韦达定理可得$y_1+y_2=\frac{2m}{3}$,$y_1y_2=\frac{m^2-2}{3}$,又因为直线$BD$的方程为$y+y_1=\frac{y_2+y_1}{x_2-x_1}(x-x_1)$,令$y=0$,得$x=\frac{y_1(x_2-x_1)}{y_1+y_2}+x_1=\frac{x_1y_2+x_2y_1}{y_1+y_2}=\frac{(y_2-m)y_1+(y_1-m)y_2}{y_1+y_2}=\frac{2y_1y_2-m(y_1+y_2)}{y_1+y_2}$,由$y_1+y_2=\frac{2m}{3}$,$y_1y_2=\frac{m^2-2}{3}$得$x=-\frac{2}{m}$,则$|OM|\cdot|ON|=|-m|\cdot\left|-\frac{2}{m}\right|=2$为定值。

考向 3 变式训练

1.**【解析】**(1)由题意知$\begin{cases}\frac{\sqrt{a^2-b^2}}{a}=\frac{\sqrt{3}}{2},\\ 4\sqrt{a^2+b^2}=4\sqrt{5},\end{cases}$解得$\begin{cases}a=2,\\ b=1,\end{cases}$所以椭圆$C$的方程为$\frac{x^2}{4}+y^2=1$。

(2)设直线 l 的方程为 $y=x+m$,联立$\begin{cases}\dfrac{x^2}{4}+y^2=1,\\ y=x+m,\end{cases}$消去 y 可得 $5x^2+8mx+4m^2-4=0$,令 $\Delta=(8m)^2-4\times5\times(4m^2-4)>0$,得 $-\sqrt{5}<m<\sqrt{5}$。设$A(x_1,y_1)$,$B(x_2,y_2)$,则 $x_1+x_2=-\dfrac{8m}{5}$,$x_1x_2=\dfrac{4m^2-4}{5}$,所以 $|AB|=\sqrt{(x_1-x_2)^2+(y_1-y_2)^2}=\sqrt{1+1^2}\,|x_1-x_2|=\sqrt{2}\sqrt{(x_1+x_2)^2-4x_1x_2}=\sqrt{2}\cdot\sqrt{\left(-\dfrac{8m}{5}\right)^2-4\cdot\dfrac{4m^2-4}{5}}=\dfrac{4\sqrt{2}}{5}\sqrt{5-m^2}$,直线 l 与以 $D(0,4)$ 为圆心的圆相切于点 E,所以 $DE=\dfrac{|-4+m|}{\sqrt{2}}$,那么 $\left|\dfrac{AB}{DE}\right|=\dfrac{8}{5}\sqrt{\dfrac{5-m^2}{(-4+m)^2}}$,设 $f(m)=\dfrac{5-m^2}{(-4+m)^2}$,对其求导有 $f'(m)=\dfrac{-2m(-4+m)^2-(-8+2m)(5-m^2)}{(-4+m)^4}=\dfrac{2(5-4m)}{(4-m)^3}$,令 $f'(m)>0\Rightarrow(5-4m)(4-m)>0\Rightarrow-\sqrt{5}<m<\dfrac{5}{4}$,令 $f'(m)<0\Rightarrow(5-4m)(4-m)<0\Rightarrow\dfrac{5}{4}<m<\sqrt{5}$,所以当 $m=\dfrac{5}{4}$时,$f(m)$取得最大值,最大值为$f\left(\dfrac{5}{4}\right)=\dfrac{5}{11}$,故$\left|\dfrac{AB}{DE}\right|$的最大值为$\dfrac{8\sqrt{55}}{55}$。

2.【解析】由$\begin{cases}2x-y=a,\\ x+2y=t,\end{cases}$得交点 $Q\left(\dfrac{t+2a}{5},\dfrac{2t-a}{5}\right)$,将交点 Q 的坐标代入双曲线,得 $\lambda=x^2-y^2=\left(\dfrac{t+2a}{5}\right)^2-\left(\dfrac{2t-a}{5}\right)^2=\dfrac{1}{25}\left[-3\left(t-\dfrac{4a}{3}\right)^2+\dfrac{25a^2}{3}\right]$,$t\in(0,3a]$,当 $t=\dfrac{4a}{3}$,$\lambda_{\max}=\dfrac{a^2}{3}$,又因为 $t\in(0,3a]$,所以 $-\dfrac{4a}{3}<t-\dfrac{4a}{3}\leqslant\dfrac{5a}{3}$,所以$\left|t-\dfrac{4a}{3}\right|\leqslant\dfrac{5a}{3}$,当 $t=3a$ 时,$\lambda_{\min}=0$,故当 $t=\dfrac{4a}{3}$时,达到最大值,当 $t=3a$ 时,达到最小值。

3.【解析】(1)由抛物线 $C_2:y^2=8x$ 得 $F_2(2,0)$,

当直线 l 的斜率不存在,即 $l:x=2$ 时,满足题意。

当直线 l 的斜率存在时,设 $l:y=k(x-2)(k\neq0)$,$A(x_1,y_1)$,$B(x_2,y_2)$,

由$\begin{cases}y^2=8x,\\ y=k(x-2)\end{cases}$得 $k^2x^2-(4k^2+8)x+4k^2=0$,所以 $x_1+x_2=\dfrac{4k^2+8}{k^2}$,$y_1+y_2=k(x_1+x_2)-4k=\dfrac{8}{k}$,设 AB 的中点为 G,则 $G\left(\dfrac{2k^2+4}{k^2},\dfrac{4}{k}\right)$,因为 $|PA|=|PB|$,所以 $PG\perp l$,$k_{PG}\cdot k=-1$,所以$\dfrac{\frac{4}{k}-0}{\frac{2k^2+4}{k^2}-8}\cdot k=-1$,解得 $k=\pm\sqrt{2}$,则 $y=\pm\sqrt{2}(x-2)$,所以直线 l 的方程为 $y=\pm\sqrt{2}(x-2)$或$x=2$。

(2)因为 $F_2(2,0)$,所以 $F_1(-2,0)$,$b^2=6-4=2$,所以椭圆方程为$\frac{x^2}{6}+\frac{y^2}{2}=1$。

设点 T 的坐标为$(-3,m)$,则直线 TF_1 的斜率 $k_{TF_1}=\frac{m-0}{-3+2}=-m$,

当 $m\neq0$ 时,直线 MN 的斜率 $k_{MN}=\frac{1}{m}$,直线 MN 的方程是 $x=my-2$,

当 $m=0$ 时,直线 MN 的方程是 $x=-2$,也符合 $x=my-2$ 的形式,所以直线 MN 的方程是 $x=my-2$。

设 $M(x_3,y_3)$,$N(x_4,y_4)$,则联立$\begin{cases}\frac{x^2}{6}+\frac{y^2}{2}=1,\\ x=my-2\end{cases}$得$(m^2+3)y^2-4my-2=0$,所以 $y_3+y_4=\frac{4m}{m^2+3}$,

$y_3y_4=-\frac{2}{m^2+3}$,$|TF_1|=\sqrt{m^2+1}$,

$|MN|=\sqrt{1+m^2}\cdot\sqrt{(y_3+y_4)^2-4y_3y_4}=\frac{\sqrt{24}(m^2+1)}{m^2+3}$,所以$\frac{|TF_1|}{|MN|}=\sqrt{\frac{1}{24}\times\frac{(m^2+3)^2}{m^2+1}}=\sqrt{\frac{1}{24}(m^2+1+\frac{4}{m^2+1}+4)}\geqslant\frac{\sqrt{3}}{3}$,当且仅当 $m^2+1=\frac{4}{m^2+1}$,即 $m=\pm1$ 时,等号成立,此时$\frac{|TF_1|}{|MN|}$取得最小值$\frac{\sqrt{3}}{3}$。

4.【解析】(1)由题意知,$b=\sqrt{3}$,$S_{梯形MNF_2F_1}=\frac{1}{2}(2a+2c)b=3\sqrt{3}$,所以 $a+c=3$,又 $a^2=b^2+c^2$,所以 $a=2$,$c=1$,故椭圆的方程为$\frac{x^2}{4}+\frac{y^2}{3}=1$。

(2)设过点 F_1 的直线方程为 $x=ky-1$,$A(x_1,y_1)$,$B(x_2,y_2)$,由$\begin{cases}x=ky-1,\\ \frac{x^2}{4}+\frac{y^2}{3}=1,\end{cases}$可得$(3k^2+4)y^2-6ky-9=0$,由韦达定理得,$y_1+y_2=\frac{6k}{3k^2+4}$,$y_1y_2=-\frac{9}{3k^2+4}$,$S_{\triangle F_2AB}=\frac{1}{2}\times|F_1F_2|\times(|y_1|+|y_2|)=\frac{1}{2}\times|F_1F_2|\times|y_1-y_2|=|y_1-y_2|=\sqrt{(y_1+y_2)^2-4y_1y_2}=\sqrt{\frac{36k^2}{(3k^2+4)^2}+\frac{36}{3k^2+4}}=12\sqrt{\frac{k^2+1}{(3k^2+4)^2}}=\frac{12}{\sqrt{9(k^2+1)+\frac{1}{k^2+1}+6}}$。令 $t=k^2+1$,$t\geqslant1$,则 $S_{\triangle F_2AB}=\frac{12}{\sqrt{9t+\frac{1}{t}+6}}$,考虑函数$f(t)=9t+\frac{1}{t}+6$ $(t\geqslant1)$,因为 $t\geqslant1$ 时,$f(t)$单调递增,所以 $f(t)\geqslant f(1)=16$,所以 $S_{\triangle F_2AB}=\frac{12}{\sqrt{9t+\frac{1}{t}+6}}\leqslant\frac{12}{\sqrt{16}}=3$,当

且仅当 $t=1$，即 $k=0$ 时取得等号，所以 $\triangle F_2AB$ 面积的最大值为 3。

考向 4 变式训练

1. D 【**解析**】由题意得 $\begin{cases} b=1, \\ \dfrac{c}{a}=\dfrac{\sqrt{6}}{3}, \\ a^2=b^2+c^2, \end{cases}$ 解得 $a^2=3, c^2=2, b^2=1$，所以椭圆 C 的方程为 $\dfrac{x^2}{3}+y^2=1$。设直线 l 的方程为 $y=x+m, P(3, y_P)$，联立 $\begin{cases} \dfrac{x^2}{3}+y^2=1, \\ y=x+m, \end{cases}$ 得 $4x^2+6mx+3m^2-3=0$，令 $\Delta=36m^2-48m^2+48>0$，得 $-2<m<2$，则 $x_1+x_2=-\dfrac{3}{2}m, x_1x_2=\dfrac{3}{4}(m^2-1)$，因为 $\triangle PMN$ 是以 $\angle PMN$ 为顶角的等腰直角三角形，所以 NP 平行于 x 轴，过点 M 作 $MQ \perp NP$ 于点 Q，则 Q 为线段 NP 的中点，设点 Q 的坐标为 (x_Q, y_Q)，则 $x_Q=x_1=\dfrac{x_2+3}{2}$，由 $\begin{cases} x_1+x_2=-\dfrac{3}{2}m, \\ x_1x_2=\dfrac{3}{4}(m^2-1), \\ x_1=\dfrac{x_2+3}{2}, \end{cases}$ 得 $m^2+2m+1=0$，即 $m=-1$，而 $m=-1 \in (-2,2)$，则直线 l 的方程为 $y=x-1$。

2.【**解析**】(1) 由题知，$2a=4, 2a+2b=6$，所以 $a=2, b=1$，所以椭圆的标准方程为 $\dfrac{x^2}{4}+y^2=1$。

(2) 因为 C, D 两点关于直线 AB 对称，所以可设直线 CD 的方程为 $y=-x+t$，$\begin{cases} \dfrac{x^2}{4}+y^2=1, \\ y=-x+t \end{cases} \Rightarrow 5x^2-8tx+4t^2-4=0, \Delta=64t^2-4\times 5(4t^2-4)>0 \Rightarrow t^2<5$，设 $C(x_1, y_1), D(x_2, y_2)$，线段 CD 的中点为 $M(x_0, y_0)$，则 $x_1+x_2=\dfrac{8t}{5}, x_1x_2=\dfrac{4t^2-4}{5}$，所以 $x_0=\dfrac{4t}{5}, y_0=-\dfrac{4t}{5}+t=\dfrac{t}{5}$，$\therefore M\left(\dfrac{4t}{5}, \dfrac{t}{5}\right)$，因为 $M\left(\dfrac{4t}{5}, \dfrac{t}{5}\right)$ 在直线 $y=x+m$ 上，所以 $\dfrac{t}{5}=\dfrac{4t}{5}+m$，$\therefore t=-\dfrac{5}{3}m$，因为 $t^2<5$，$\therefore m^2<\dfrac{9}{5}$，所以 $|CD|=\sqrt{2}\cdot\sqrt{(x_1+x_2)^2-4x_1x_2}=\dfrac{\sqrt{2}\cdot\sqrt{80-16t^2}}{5}$，同理可求得 $|AB|=\dfrac{\sqrt{2}\cdot\sqrt{80-16m^2}}{5}$，假设存在实数 m，

使$|AB|=\sqrt{2}|CD|$，则$\frac{\sqrt{2}\cdot\sqrt{80-16m^2}}{5}=\sqrt{2}\cdot\frac{\sqrt{2}\cdot\sqrt{80-16t^2}}{5}$，所以$2t^2-m^2=5$，即$2\left(-\frac{5}{3}m\right)^2-m^2=5$，$\therefore m^2=\frac{45}{41}$，满足$m^2<\frac{9}{5}$，所以$m=\pm\frac{3\sqrt{205}}{41}$，所以存在实数$m$，使$|AB|=\sqrt{2}|CD|$，此时$m$的值为$\pm\frac{3\sqrt{205}}{41}$。

考向5 变式训练

1.【解析】由题意，设$P(x,y)$，则$\frac{(x-5)^2+y^2}{\left(x-\frac{16}{5}\right)^2}=\frac{25}{16}$，化简得轨迹方程为$\frac{x^2}{16}-\frac{y^2}{9}=1$。

2.【解析】设$A(x_1,y_1)$，$B(x_2,y_2)$，$P(x,y)$，由点P满足$\overrightarrow{OP}=\frac{1}{2}(\overrightarrow{OA}+\overrightarrow{OB})$，可得$P$为$AB$的中点，则$x_1^2+\frac{y_1^2}{4}=1$，$x_2^2+\frac{y_2^2}{4}=1$，两式作差可得$(x_1-x_2)(x_1+x_2)=-\frac{(y_1-y_2)(y_1+y_2)}{4}$，所以$k_{AB}=\frac{y_1-y_2}{x_1-x_2}=-\frac{4(x_1+x_2)}{y_1+y_2}=-\frac{4x}{y}$，又$k_{PM}=\frac{y-1}{x}$，$\therefore -\frac{4x}{y}=\frac{y-1}{x}$，即$4x^2+y^2-y=0$，所以动点$P$的轨迹方程为$4x^2+y^2-y=0$（直线$AB$斜率不存在时同样满足）。

考向6 变式训练

1.【解析】(1)因为直线n在横轴、纵轴的截距分别为a，-1，所以直线n的方程为$\frac{x}{a}-y=1$，即$x-ay-a=0$，原点到直线n的距离为$\frac{|-a|}{\sqrt{1+(-a)^2}}=\frac{\sqrt{3}}{2}$，解得$a=\sqrt{3}$（负值舍去），因为椭圆的短轴长为2，所以$b=1$，故椭圆$E$的方程为$\frac{x^2}{3}+y^2=1$。

(2)设$A(x_1,y_1)$，$B(x_2,y_2)$，$C(x_3,y_3)$，当直线l的斜率为0时，显然不符合题意。

由(1)可得椭圆的右焦点为$F_2(\sqrt{2},0)$，因为直线l经过$F_2(\sqrt{2},0)$，所以可设直线l的方程为$x=ty+\sqrt{2}$，联立方程组$\begin{cases}\frac{x^2}{3}+y^2=1,\\x=ty+\sqrt{2},\end{cases}$整理得$(t^2+3)y^2+2\sqrt{2}ty-1=0$，由韦达定理得$y_1+y_2=-\frac{2\sqrt{2}t}{t^2+3}$，$y_1y_2=-\frac{1}{t^2+3}$①。因为$\overrightarrow{OA}+\sqrt{3}\overrightarrow{OB}-2\overrightarrow{OC}=\mathbf{0}$，所以$x_3=\frac{1}{2}x_1+\frac{\sqrt{3}}{2}x_2$，$y_3=\frac{1}{2}y_1+\frac{\sqrt{3}}{2}y_2$，又因

为 $C(x_3,y_3)$ 在椭圆 E 上，所以 $\frac{x_3^{\ 2}}{3}+y_3^{\ 2}=1$，即 $\frac{1}{3}\left(\frac{1}{2}x_1+\frac{\sqrt{3}}{2}x_2\right)^2+\left(\frac{1}{2}y_1+\frac{\sqrt{3}}{2}y_2\right)^2=\frac{1}{4}\left(\frac{x_1^{\ 2}}{3}+y_1^{\ 2}\right)+\frac{3}{4}\left(\frac{x_2^{\ 2}}{3}+y_2^{\ 2}\right)+\frac{\sqrt{3}}{2}\left(\frac{1}{3}x_1x_2+y_1y_2\right)=1+\frac{\sqrt{3}}{2}\left(\frac{1}{3}x_1x_2+y_1y_2\right)=1$，所以 $\frac{1}{3}x_1x_2+y_1y_2=0\Rightarrow\frac{1}{3}(ty_1+\sqrt{2})(ty_2+\sqrt{2})+y_1y_2=0$ ②，将①代入②，解得 $t=\pm1$，故直线 l 的方程为 $x\pm y-\sqrt{2}=0$。

2.【解析】(1) 设 $F_1(-c,0)$，$F_2(c,0)(c>0)$，则直线 l 的方程为 $y=x+c$，即 $x-y+c=0$。因为直线 l 与圆 C_2 相切，所以圆心 F_2 到直线 l 的距离为 $d=\frac{|c+c|}{\sqrt{2}}=\sqrt{2}$，解得 $c=1$，因为椭圆 C_1 的离心率为 $\frac{1}{2}$，即 $\frac{c}{a}=\frac{1}{a}=\frac{1}{2}$，所以 $a=2$，所以 $b^2=a^2-c^2=4-1=3$，所以椭圆 C_1 的方程为 $\frac{x^2}{4}+\frac{y^2}{3}=1$。

(2) 由(1)可得 $F_1(-1,0)$，$F_2(1,0)$，由题意得直线 MN 的斜率不为 0，故设直线 MN 的方程为 $x=ty+1\ (t\in\mathbf{R})$，代入椭圆方程 $\frac{x^2}{4}+\frac{y^2}{3}=1$，化简可得 $(4+3t^2)y^2+6ty-9=0$，$\Delta=36t^2+36(4+3t^2)>0$ 恒成立，设 $M(x_1,y_1)$，$N(x_2,y_2)$，则 y_1,y_2 是上述方程的两个不等根，所以 $y_1+y_2=\frac{-6t}{4+3t^2}$，$y_1y_2=\frac{-9}{4+3t^2}$，所以 $\triangle MF_1N$ 的面积 $S_{\triangle MF_1N}=\frac{1}{2}\cdot|F_1F_2|\cdot|y_1-y_2|=\frac{1}{2}\times2\times|y_1-y_2|=|y_1-y_2|=\sqrt{(y_1+y_2)^2-4y_1y_2}=\sqrt{\left(\frac{-6t}{4+3t^2}\right)^2-4\left(\frac{-9}{4+3t^2}\right)}=\frac{12\sqrt{t^2+1}}{4+3t^2}$，设 $\sqrt{t^2+1}=m$，则 $m\geqslant1$，$t^2=m^2-1$，则 $3t^2+4=3m^2+1$，$S_{\triangle MF_1N}=12\times\frac{m}{3m^2+1}$，令 $f(m)=\frac{m}{3m^2+1}(m\geqslant1)$，因为 $f'(m)=\frac{1-3m^2}{(3m^2+1)^2}<0$ 恒成立，所以函数 $f(m)$ 在 $[1,+\infty)$ 上为减函数，故 $f(m)$ 的最大值为 $f(1)=\frac{1}{4}$，所以 $\triangle MF_1N$ 面积的最大值为 $12\times\frac{1}{4}=3$，当且仅当 $m=1$ 时，即 $t=0$ 时取最大值，此时直线 MN 的方程为 $x=1$，即直线 MN 垂直于 x 轴时，$\overrightarrow{MF_2}=\overrightarrow{F_2N}$，即 $\lambda=1$。

必刷好题

招教高频基础刷

1. C 【解析】由椭圆 $\frac{x^2}{6}+\frac{y^2}{2}=1$，得 $c=\sqrt{6-2}=2$，则抛物线 $y^2=2px$ 的焦点 F 为 $(-2,0)$，则

$\frac{p}{2}=-2,p=-4$，抛物线方程为 $y^2=-8x$，其准线方程为 $x=2$。又点 A 在抛物线上，设 $A(x_0,\pm\sqrt{-8x_0})$，$|AF|=4$，即 $2-x_0=4$，解得 $x_0=-2$，则 A 的坐标为 $(-2,4)$ 或 $(-2,-4)$，过 $x=2$ 作其对称点 $A'(6,4)$ 或 $(6,-4)$，当点 A',P,O 在一条线上时，$|PO|+|PA|$ 最小，为 $|OA'|$，$|OA'|=\sqrt{6^2+4^2}=2\sqrt{13}$。

2. B 【解析】过点 D 作 $DE\perp AB$ 于点 E，则 $|AE|=\frac{2-2x}{2}=1-x$，$|BE|=2-(1-x)=1+x$，在 $\mathrm{Rt}\triangle ADE$ 中，$|DE|^2=|AD|^2-|AE|^2=1-(1-x)^2$，在 $\mathrm{Rt}\triangle DEB$ 中，$|BD|^2=|DE|^2+|BE|^2=1-(1-x)^2+(1+x)^2=1+4x$，则 $|BD|=|AC|=\sqrt{1+4x}$，所以 $e_1=\frac{2}{\sqrt{1+4x}-1}$，$e_2=\frac{2x}{\sqrt{1+4x}+1}$，所以 $e_1e_2=1$。因为 $e_1+e_2=e_1+\frac{1}{e_1}=\frac{2}{\sqrt{1+4x}-1}+\frac{\sqrt{1+4x}-1}{2}$ 在 $x\in(0,1)$ 上单调递减，所以 $e_1+e_2=e_1+\frac{1}{e_1}=\frac{2}{\sqrt{1+4x}-1}+\frac{\sqrt{1+4x}-1}{2}>\sqrt{5}$。因为对任意 $x\in(0,1)$，不等式 $t<e_1+e_2$ 恒成立，所以 $t\leqslant\sqrt{5}$，即 t 的最大值为 $\sqrt{5}$。

3. A 【解析】设 $M(x,y)$，由已知得 $k_{AM}-k_{BM}=\frac{y-4}{x+4}-\frac{y-4}{x-4}=-2$，可得 $x^2=4y(x\neq\pm4)$。

4. B 【解析】由题意可知直线 AB 的斜率存在。取直线 AB 的斜率 $k=0$，则可以得到 $A\left(-\frac{\sqrt{2}}{2},-\frac{1}{2}\right)$，$B\left(\frac{\sqrt{2}}{2},-\frac{1}{2}\right)$，所以 $\overrightarrow{OA}\cdot\overrightarrow{OB}=\left(-\frac{\sqrt{2}}{2}\right)\times\frac{\sqrt{2}}{2}+\left(-\frac{1}{2}\right)\times\left(-\frac{1}{2}\right)=-\frac{1}{2}+\frac{1}{4}=-\frac{1}{4}$。

5.【解析】(1) 联立 $y=x^2$ 与 $y=x+2$，

得 $x_A=-1,x_B=2$，

则 AB 的中点 Q 的坐标为 $\left(\frac{1}{2},\frac{5}{2}\right)$。

设线段 PQ 的中点 M 的坐标为 (x,y)，

则 $x=\frac{\frac{1}{2}+s}{2}$，$y=\frac{\frac{5}{2}+t}{2}$，

即 $s=2x-\frac{1}{2}$，$t=2y-\frac{5}{2}$。

$\because$ 点 P 在曲线 C 上，

$\therefore 2y-\frac{5}{2}=\left(2x-\frac{1}{2}\right)^2$，

化简可得 $y=2x^2-x+\frac{11}{8}$。

又点 P 是曲线 L 上的任一点,且不与点 A 和点 B 重合,

$\therefore\ -1<2x-\frac{1}{2}<2$,

即 $-\frac{1}{4}<x<\frac{5}{4}$,

$\therefore$ 中点 M 的轨迹方程为 $y=2x^2-x+\frac{11}{8}\left(-\frac{1}{4}<x<\frac{5}{4}\right)$。

6.【解析】证明:设 $D\left(t,-\frac{1}{2}\right)$,$A(x_1,y_1)$,则 $x_1^2=2y_1$,由于 $y'=x$,所以切线 DA 的斜率为 x_1,故 $\frac{y_1+\frac{1}{2}}{x_1-t}=x_1$,整理得 $2tx_1-2y_1+1=0$,设 $B(x_2,y_2)$,同理可得 $2tx_2-2y_2+1=0$,故直线 AB 的方程为 $2tx-2y+1=0$,所以直线 AB 过定点 $\left(0,\frac{1}{2}\right)$。

7.【解析】(1)由题意可知,圆的标准方程为 $(x-3)^2+y^2=4$,

设直线的方程为 $y=tx$,直线与圆的交点分别为 $A(x_1,y_1)$,$B(x_2,y_2)$,与圆联立,消去 y 可得,$(1+t^2)x^2-6x+5=0$,

由 $\Delta=36-4(1+t^2)\times5>0$,可得 $t^2<\frac{4}{5}$,

由韦达定理可得,$x_1+x_2=\frac{6}{1+t^2}$,$y_1+y_2=\frac{6t}{1+t^2}$。

设线段 AB 的中点 $M(x,y)$ 的轨迹 C 的参数方程为 $\begin{cases}x=\frac{3}{1+t^2},\\ y=\frac{3t}{1+t^2},\end{cases}$ 其中 $-\frac{2\sqrt{5}}{5}<t<\frac{2\sqrt{5}}{5}$,

$\therefore x=\frac{3}{1+\left(\frac{y}{x}\right)^2}$,化简得 $x^2-3x+y^2=0$。

$\because t^2<\frac{4}{5}$,$\therefore 1\leqslant1+t^2<\frac{9}{5}$,即 $x\in\left(\frac{5}{3},3\right]$。

综上所述,M 的轨迹方程是 $x^2-3x+y^2=0$,$x\in\left(\frac{5}{3},3\right]$。

(2)存在当 $k\in\left[-\frac{2\sqrt{5}}{7},\frac{2\sqrt{5}}{7}\right]\cup\left\{-\frac{3}{4},\frac{3}{4}\right\}$ 时,$y=k(x-4)$ 与曲线 C 只有一个交点。理由

如下：

联立方程组$\begin{cases}\left(x-\dfrac{3}{2}\right)^2+y^2=\dfrac{9}{4},\\ y=k(x-4),\end{cases}$消去 y，可得$(1+k^2)x^2-(3+8k^2)x+16k^2=0$，

$\Delta=(3+8k^2)^2-4(1+k^2)\times16k^2=0$，解得 $k=\pm\dfrac{3}{4}$，

又因为轨迹 C 的端点$\left(\dfrac{5}{3},\pm\dfrac{2\sqrt{5}}{3}\right)$所决定的直线 $y=k(x-4)$ 的斜率 $k=\pm\dfrac{2\sqrt{5}}{7}$，

因此当直线与曲线 C 只有一个交点时 $k=\pm\dfrac{3}{4}$或 $k\in\left[-\dfrac{2\sqrt{5}}{7},\dfrac{2\sqrt{5}}{7}\right]$。

8.【解析】(1)圆心 $C(m,0)(-1<m<1)$，则$\odot C$ 的半径为 $r=\sqrt{1-m^2}$，

从而$\odot C$ 的方程为$(x-m)^2+y^2=1-m^2(-1<m<1)$。椭圆 D 的标准方程为$\dfrac{x^2}{b^2+1}+\dfrac{y^2}{b^2}=1$ $(b>0)$。

(2)证明：当 $b=1$ 时，椭圆 D 的方程为$\dfrac{x^2}{2}+y^2=1$。设椭圆 D 上任意一点 $S(x_1,y_1)$，

则$\dfrac{x_1^2}{2}+y_1^2=1$，即 $y_1^2=1-\dfrac{x_1^2}{2}$。

因为 $SC^2=(x_1-m)^2+y_1^2=(x_1-m)^2+1-\dfrac{x_1^2}{2}=\dfrac{1}{2}(x_1-2m)^2+1-m^2\geqslant1-m^2=r^2$，

所以 $SC\geqslant r$。从而椭圆 D 上的任意一点都不在$\odot C$ 的内部。

(3)$\overrightarrow{OM}\cdot\overrightarrow{OL}=b^2+1$ 为定值。证明如下：

设点 $P(x_1,y_1)$，$Q(x_2,y_2)$，则由题意得，$N(x_1,-y_1)$，$x_1\neq x_2$，$y_1\neq\pm y_2$。

从而直线 PQ 的方程为$(y_2-y_1)x-(x_2-x_1)y+x_2y_1-x_1y_2=0$。

令 $y=0$，得 $x_M=\dfrac{x_1y_2-x_2y_1}{y_2-y_1}$。

又直线 QN 的方程为$(y_2+y_1)x-(x_2-x_1)y-x_2y_1-x_1y_2=0$。

令 $y=0$，得 $x_L=\dfrac{x_2y_1+x_1y_2}{y_2+y_1}$。

因为点 P,Q 在椭圆 D 上，所以$\dfrac{x_1^2}{b^2+1}+\dfrac{y_1^2}{b^2}=1$，$\dfrac{x_2^2}{b^2+1}+\dfrac{y_2^2}{b^2}=1$，

从而 $x_1^2=b^2+1-\dfrac{b^2+1}{b^2}y_1^2$，$x_2^2=b^2+1-\dfrac{b^2+1}{b^2}y_2^2$，

$$x_M \cdot x_L=\frac{\left(b^2+1-\frac{b^2+1}{b^2}y_1^2\right)y_2^2-\left(b^2+1-\frac{b^2+1}{b^2}y_2^2\right)y_1^2}{y_2^2-y_1^2}=$$

$\frac{(b^2+1)(y_2^2-y_1^2)}{y_2^2-y_1^2}=b^2+1$。

所以$\overrightarrow{OM}\cdot\overrightarrow{OL}=x_M\cdot x_L=b^2+1$,为定值。

9.【解析】(1)因为动点P到点$\left(\frac{1}{2},0\right)$的距离比它到直线$x=-\frac{5}{2}$的距离小2,所以动点$P$到点$\left(\frac{1}{2},0\right)$的距离与它到直线$x=-\frac{1}{2}$的距离相等,所以动点$P$的轨迹是以点$\left(\frac{1}{2},0\right)$为焦点的抛物线,所以动点$P$的轨迹方程为$y^2=2x$。

(2)证明:设$A(x_1,y_1)$,$B(x_2,y_2)$,$C(x_3,y_3)$,$D(x_4,y_4)$,则直线AB的方程为$y=k_1(x-2)$,代入抛物线方程消去x得$y^2-\frac{2}{k_1}y-4=0$,所以$y_1+y_2=\frac{2}{k_1}$,$y_1y_2=-4$。

直线AC,BD过点$Q(1,0)$,同理可得$y_1y_3=y_2y_4=-2$,所以$y_3=-\frac{2}{y_1}$,$y_4=-\frac{2}{y_2}$,所以$k_2=\frac{y_4-y_3}{x_4-x_3}=\frac{2}{y_4+y_3}=-\frac{y_1y_2}{y_1+y_2}=2k_1$,所以$\frac{k_2}{k_1}=2$。

10.【解析】(1)①当k存在时,设直线l的方程为$y-2=k(x-1)$,代入双曲线C的方程,整理得$(2-k^2)x^2+2(k^2-2k)x-k^2+4k-6=0$。当$2-k^2=0$,即$k=\pm\sqrt{2}$时,直线与双曲线的渐近线平行,此时只有一个交点。当$2-k^2\neq0$时,令$\Delta=0$,得$k=\frac{3}{2}$,此时只有一个公共点。②当k不存在时,直线l的方程为$x=1$,而$x=1$为双曲线的一条切线,所以当k不存在时,直线与双曲线只有一个公共点。综上所述,当$k=\pm\sqrt{2}$或$k=\frac{3}{2}$或k不存在时,l与C只有一个交点。

(2)假设以P为中点的弦AB存在,设$A(x_1,y_1)$,$B(x_2,y_2)$,则x_1,x_2是方程$(2-k^2)x^2+2(k^2-2k)x-k^2+4k-6=0$的两根,则由根与系数的关系得$\frac{x_1+x_2}{2}=\frac{2(k^2-2k)}{2(k^2-2)}=1$,所以$k=1$,所以这样的弦存在,方程为$y=x+1$,即$x-y+1=0$。

11.【解析】由已知得点C,D的坐标分别为$(0,-b)$,$(0,b)$。又点P的坐标为$(0,1)$,且$\overrightarrow{PC}\cdot\overrightarrow{PD}=-1$,于是$\begin{cases}1-b^2=-1,\\ \frac{c}{a}=\frac{\sqrt{2}}{2},\\ a^2-b^2=c^2,\end{cases}$ 解得$a=2$,$b=\sqrt{2}$,所以椭圆E的方程为$\frac{x^2}{4}+\frac{y^2}{2}=1$。

(2)当直线 AB 的斜率存在时，设直线 AB 的方程为 $y=kx+1$，A,B 的坐标分别为 $A(x_1,y_1)$，$B(x_2,y_2)$，联立 $\begin{cases}\dfrac{x^2}{4}+\dfrac{y^2}{2}=1,\\ y=kx+1,\end{cases}$ 得 $(2k^2+1)x^2+4kx-2=0$，其判别式 $\Delta=(4k)^2+8(2k^2+1)>0$，所以，$x_1+x_2=-\dfrac{4k}{2k^2+1}$，$x_1x_2=-\dfrac{2}{2k^2+1}$。从而 $\overrightarrow{OA}\cdot\overrightarrow{OB}+\lambda\overrightarrow{PA}\cdot\overrightarrow{PB}=x_1x_2+y_1y_2+\lambda[x_1x_2+(y_1-1)(y_2-1)]=(1+\lambda)(1+k^2)x_1x_2+k(x_1+x_2)+1=\dfrac{(-2\lambda-4)k^2+(-2\lambda-1)}{2k^2+1}=-\dfrac{\lambda-1}{2k^2+1}-\lambda-2$。所以，当 $\lambda=1$ 时，$-\dfrac{\lambda-1}{2k^2+1}-\lambda-2=-3$，即 $\overrightarrow{OA}\cdot\overrightarrow{OB}+\lambda\overrightarrow{PA}\cdot\overrightarrow{PB}=-3$ 为定值。当直线 AB 斜率不存在时，直线 AB 即为直线 CD，此时 $\overrightarrow{OA}\cdot\overrightarrow{OB}+\lambda\overrightarrow{PA}\cdot\overrightarrow{PB}=\overrightarrow{OC}\cdot\overrightarrow{OD}+\lambda\overrightarrow{PC}\cdot\overrightarrow{PD}=-2-\lambda=-3$，故存在常数 $\lambda=1$。综上可知，存在常数 $\lambda=1$，使得 $\overrightarrow{OA}\cdot\overrightarrow{OB}+\lambda\overrightarrow{PA}\cdot\overrightarrow{PB}$ 为定值 -3。

12.【解析】(1)设 $P(x_0,y_0)$，$A\left(\dfrac{1}{4}y_1^2,y_1\right)$，$B\left(\dfrac{1}{4}y_2^2,y_2\right)$。因为 PA,PB 的中点在抛物线上，所以 y_1,y_2 为方程 $\left(\dfrac{y+y_0}{2}\right)^2=4\times\dfrac{\frac{1}{4}y^2+x_0}{2}$，即 $y^2-2y_0y+8x_0-{y_0}^2=0$ 的两个不同的实数根，所以 $y_1+y_2=2y_0$。因此，$PM\perp y$ 轴。

(2)由(1)可知 $\begin{cases}y_1+y_2=2y_0,\\ y_1y_2=8x_0-{y_0}^2,\end{cases}$ 所以 $|PM|=\dfrac{1}{8}(y_1^2+y_2^2)-x_0=\dfrac{3}{4}{y_0}^2-3x_0$，$|y_1-y_2|=2\sqrt{2({y_0}^2-4x_0)}$。因此，$\triangle PAB$ 的面积 $S_{\triangle PAB}=\dfrac{1}{2}|PM||y_1-y_2|=\dfrac{3\sqrt{2}}{4}({y_0}^2-4x_0)^{\frac{3}{2}}$。因为 ${x_0}^2+\dfrac{{y_0}^2}{4}=1(-1\leqslant x_0<0)$，所以 $y_0^2-4x_0=-4x_0^2-4x_0+4\in[4,5]$。因此，$\triangle PAB$ 面积的取值范围是 $\left[6\sqrt{2},\dfrac{15\sqrt{10}}{4}\right]$。

专题五　坐标系与参数方程

招教考向解读

考向 1 变式训练

【解析】因为 $y=-1+\cos2\theta=-1+1-2\sin^2\theta=-2\sin^2\theta$，且 $x=2+\sin^2\theta$，所以 $\sin^2\theta=x-2$，那么 $y=-2x+4$，所以 $2x+y-4=0$，因为 $0\leqslant\sin^2\theta\leqslant1$，所以 $2\leqslant x\leqslant3$，所以该参数方程的普通方程为 $2x+y-4=0(2\leqslant x\leqslant3)$。

考向 2 变式训练

$(x+1)^2+y^2=4$　【解析】因为 $\begin{cases}x=\rho\cos\theta,\\y=\rho\sin\theta,\end{cases}$ $\rho^2=x^2+y^2$，所以 $\rho^2+2\rho\cos\theta-3=x^2+y^2+2x-3=0$，曲线 C 的直角坐标方程为 $(x+1)^2+y^2=4$。

考向 3 变式训练

1. $\sqrt{7}$　【解析】直线 l 的参数方程化为一般方程为 $\sqrt{3}x-2y=0$①，曲线 C 的参数方程化为普通方程为 $\frac{x^2}{4}+y^2=1$②，联立①②可得 $x^2=1$，解得 $x=1$ 或 $x=-1$，则直线 l 与曲线 C 的交点坐标为 $A\left(1,\frac{\sqrt{3}}{2}\right)$，$B\left(-1,-\frac{\sqrt{3}}{2}\right)$，故弦长为 $|AB|=\sqrt{[1-(-1)]^2+\left[\left(\frac{\sqrt{3}}{2}\right)-\left(-\frac{\sqrt{3}}{2}\right)\right]^2}=\sqrt{7}$。

2.【解析】(1) 由题易知，曲线 C_2 的直角坐标方程为 $x^2+y^2-2y=0$，曲线 C_3 的直角坐标方程为 $x^2+y^2-2\sqrt{3}x=0$。

联立 $\begin{cases}x^2+y^2-2y=0,\\x^2+y^2-2\sqrt{3}x=0,\end{cases}$ 解得 $\begin{cases}x=0,\\y=0\end{cases}$ 或 $\begin{cases}x=\frac{\sqrt{3}}{2},\\y=\frac{3}{2}。\end{cases}$ 所以 C_2 与 C_3 交点的直角坐标为 $(0,0)$ 和 $(\frac{\sqrt{3}}{2},\frac{3}{2})$。

(2) 曲线 C_1 的极坐标为方程 $\theta=\alpha(\rho\in\mathbf{R},\rho\neq0)$，$0\leqslant\alpha<\pi$，因此 A 的极坐标为 $(2\sin\alpha,\alpha)$，B 的

极坐标为$(2\sqrt{3}\cos\alpha,\alpha)$，所以$AB=\left|2\sin\alpha-2\sqrt{3}\cos\alpha\right|=4\left|\sin(\alpha-\frac{\pi}{3})\right|$，当$\alpha=\frac{5\pi}{6}$时，$AB$取得最大值，最大值为4。

必刷好题

招教高频基础刷

1. B 【解析】曲线C的极坐标方程为$\rho=2\cos\theta$，化为$\rho^2=2\rho\cos\theta$，由$\rho^2=x^2+y^2$，$x=\rho\cos\theta$，$y=\rho\sin\theta$可知，曲线C的直角坐标方程为$x^2+y^2=2x$，配方可得$(x-1)^2+y^2=1$。直线的参数方程为$\begin{cases}x=-1+t\cos\frac{\pi}{6},\\ y=t\sin\frac{\pi}{6}\end{cases}$（$t$为参数），化简可得$x-\sqrt{3}y+1=0$，由点到直线距离公式可得，圆心$C$到直线的距离为$d=\frac{1+1}{\sqrt{1^2+(-\sqrt{3})^2}}=1=r$，故直线$l$与曲线$C$的位置关系是相切，故有1个交点。

2. A 【解析】设圆上的任意一点为(ρ,θ)，则以点$(1,0)$为圆心，1为半径的圆的极坐标方程是$\rho=2\cos\theta$。

3. C 【解析】由题意得直线l的参数方程为$\begin{cases}x=t+3,\\ y=3-t,\end{cases}$化成普通方程为$x+y-6=0$，圆的参数方程为$\begin{cases}x=2\cos\theta,\\ y=2\sin\theta+1\end{cases}$化为普通方程为$x^2+(y-1)^2=4$，则圆心到直线的距离为$d=\frac{|0+1-6|}{\sqrt{1^2+1^2}}=\frac{5\sqrt{2}}{2}$。

4. D 【解析】由题意得，曲线C_1的参数方程为$\begin{cases}x=1+\cos\theta,\\ y=\sin\theta\end{cases}$（$\theta$为参数），可得曲线$C_1$的普通方程为$(x-1)^2+y^2=1$，曲线$C_2$的参数方程为$\begin{cases}x=-2\sqrt{2}+\frac{1}{2}t,\\ y=1-\frac{1}{2}t,\end{cases}$曲线$C_2$的普通方程为$x+y+(2\sqrt{2}-1)=0$，显然曲线$C_1$上的点到曲线$C_2$上的点的最近距离为$d=\frac{\left|1+0+(2\sqrt{2}-1)\right|}{\sqrt{2}}-1=1$。

5. B 【解析】曲线$C_1:\rho=4$化成直角坐标方程为$x^2+y^2=16$，表示以原点为圆心、半径为4的

圆，曲线 $C_2:\rho\sin(\theta+\frac{\pi}{4})=m$ 化成直角坐标方程为$\frac{\sqrt{2}}{2}x+\frac{\sqrt{2}}{2}y-m=0$，即 $x+y-\sqrt{2}m=0$，由题意得，弦心距等于半径的一半，即$\frac{|0+0-\sqrt{2}m|}{\sqrt{2}}=2$，求得 $m=\pm2$。

6. A 【解析】圆 C 的直角坐标方程为$(x-1)^2+(y+1)^2=9$，点 Q 的直角坐标为$(1,1)$，且点 Q 在圆 C 内，所以 P,Q 两点间距离的最小值为 $3-|QC|=1$。

7. D 【解析】由题意得，圆 C_1 的方程为 $\rho=4\sqrt{2}\cos(\theta-\frac{\pi}{4})$，化为直角坐标方程：$(x-2)^2+(y-2)^2=8$，圆心为 $C_1(2,2)$，半径为 $r_1=2\sqrt{2}$，同理可得圆 C_2 的普通方程为：$(x+1)^2+(y+1)^2=a^2$，圆心距 $C_1C_2=3\sqrt{2}$，当两圆外切时，$C_1C_2=r_1+r_2=2\sqrt{2}+|a|=3\sqrt{2}$，化简可得 $a=\pm\sqrt{2}$。

8. C 【解析】由题意得，参数方程$\begin{cases}x=\frac{\sqrt{6}}{2}\cos\theta,\\ y=\frac{\sqrt{6}}{2}\sin\theta\end{cases}$化为直角坐标方程可得 $x^2+y^2=\frac{3}{2}$，同理参数方程 $\rho(\sqrt{7}\cos\theta-\sin\theta)=\sqrt{2}$ 化成直角坐标方程为$\sqrt{7}x-y-\sqrt{2}=0$，圆心$(0,0)$到直线$\sqrt{7}x-y-\sqrt{2}=0$的距离 $d=\frac{|-\sqrt{2}|}{\sqrt{(\sqrt{7})^2+(-1)^2}}=\frac{1}{2}$，所以圆上的点到直线的距离的最大值为$\frac{\sqrt{6}}{2}+\frac{1}{2}$。

9. D 【解析】直线 l 的参数方程为$\begin{cases}x=4-\frac{\sqrt{2}}{2}t,\\ y=\frac{\sqrt{2}}{2}t\end{cases}$（$t$ 为参数），化为直角坐标方程为：$x+y-4=0$，曲线 C 的极坐标方程为 $\rho=1$ 化为直角坐标方程为：$x^2+y^2=1$，显然过圆 C 的圆心作直线 l 的垂线，垂足为 P，此时 $|PQ|$ 的值最小，所以圆 C 的圆心$(0,0)$到直线 $l:x+y-4=0$ 的距离为：$d=\frac{|0+0-4|}{\sqrt{2}}=2\sqrt{2}$，所以此时 $|PQ|=\sqrt{(2\sqrt{2})^2-1^2}=\sqrt{7}$，所以 $|PQ|$ 的最小值为$\sqrt{7}$。

10. B 【解析】把曲线参数方程$\begin{cases}x=2\cos\theta,\\ y=\sin\theta\end{cases}$$(0\leqslant\theta<\pi)$化简为直角坐标方程可得$\frac{x^2}{4}+y^2=1$ $(y\geqslant0)$，把$\begin{cases}x=2t\\ y=t\end{cases}$$(t\in\mathbf{R})$代入上式得$\frac{4t^2}{4}+t^2=1$，$t\geqslant0$，解得 $t=\frac{\sqrt{2}}{2}$，所以 $x=\sqrt{2}$，$y=\frac{\sqrt{2}}{2}$，它们交点的坐标为$(\sqrt{2},\frac{\sqrt{2}}{2})$。

11. $(2\sqrt{2},\frac{\pi}{4})$ 【解析】由题意得，圆 C 的参数方程 $\begin{cases}x=1+\sqrt{5}\cos\varphi,\\ y=\sqrt{5}\sin\varphi\end{cases}$（$\varphi$ 为参数），可得圆 C 的普通方程为 $(x-1)^2+y^2=5$，因为曲线 $\theta=\frac{\pi}{4}$ 的直角坐标方程为 $y=x,x\geqslant 0$，联立方程组 $\begin{cases}y=x,\\ (x-1)^2+y^2=5,\end{cases}$ 解得 $\begin{cases}x=2\\ y=2\end{cases}$，所以曲线 $\theta=\frac{\pi}{4}$ 与圆 C 的交点的直角坐标为 $(2,2)$，所以 $\rho=\sqrt{4+4}=2\sqrt{2}$，$\theta=\frac{\pi}{4}$，曲线 $\theta=\frac{\pi}{4}$ 与圆 C 的交点的极坐标为 $(2\sqrt{2},\frac{\pi}{4})$。

12. 10 【解析】由曲线 C 的极坐标方程为 $\rho=\frac{8\cos\theta}{\sin^2\theta}$ 可知，曲线 C 的直角坐标方程为 $y^2=8x$，所以曲线 C 表示顶点在原点，焦点在 x 上的抛物线，将直线 l 的参数方程 $\begin{cases}x=2+t,\\ y=2t\end{cases}$ 化为直角坐标方程得，$y=2x-4$，代入抛物线方程 $y^2=8x$ 得 $x^2-6x+4=0$，根据韦达定理得 $x_1+x_2=6,x_1x_2=4$，所以根据弦长公式得 $|AB|=\sqrt{1+k^2}\cdot|x_1-x_2|=\sqrt{5}\cdot\sqrt{(x_1+x_2)^2-4x_1\cdot x_2}=\sqrt{5}\cdot\sqrt{20}=10$。

13. 4 【解析】由题意得曲线 C 的极坐标方程是 $\rho=2\cos\theta$，所以 $\rho^2=2\rho\cos\theta$，所以曲线 C 的直角坐标方程为 $x^2+y^2-2x=0$，因为直线 l 的参数方程为 $\begin{cases}x=t,\\ y=t-2\end{cases}$（$t$ 为参数），所以直线 l 的普通方程为 $x-y-2=0$，因为直线 l 与曲线 C 交于 A,B 两点，联立直线和曲线方程可得 A 和 B 的坐标为 $A(1,-1)$，$B(2,0)$，又因为点 $P(0,-2)$，由两点间的距离公式可得，$|PA|=\sqrt{(1-0)^2+(-1+2)^2}=\sqrt{2}$，$|PB|=\sqrt{(2-0)^2+(0+2)^2}=2\sqrt{2}$，$|PA|\cdot|PB|=\sqrt{2}\times 2\sqrt{2}=4$。

14. $2\sqrt{2}$ 【解析】曲线 C 的参数方程为 $\begin{cases}x=2+2\cos\theta,\\ y=2\sin\theta,\end{cases}$ 化简可得曲线 C 的普通方程为 $(x-2)^2+y^2=4$，即 $x^2+y^2-4x=0$。因为直线 l 的直角坐标方程为 $x+y-4=0$，联立方程 $\begin{cases}x^2+y^2-4x=0,\\ x+y-4=0\end{cases}$ 得，直线 l 与曲线 C 的交点坐标为 $A(2,2)$，$B(4,0)$，所以弦长 $|AB|=\sqrt{(4-2)^2+(0-2)^2}=2\sqrt{2}$。

15.【解析】(1) 由题意得曲线 C_1 的参数方程为 $\begin{cases}x=-2-2\cos\alpha,\\ y=2\sin\alpha,\end{cases}$ 可得曲线 C_1 的普通方程为 $(x+2)^2+y^2=4$，又因为曲线 C_2 的极坐标方程为 $\rho\cos(\theta-\frac{\pi}{4})=\sqrt{2}$，所以 $\frac{\sqrt{2}}{2}\rho\cos\theta+\frac{\sqrt{2}}{2}\rho\sin\theta=\sqrt{2}$，即 $\rho\cos\theta+\rho\sin\theta-2=0$，所以曲线 C_2 的直角坐标方程为 $x+y-2=0$。

(2)设曲线 C_1 的圆心为 $M(-2,0)$,半径 $r=2$,则 M 到直线 C_2 的距离为 $d=\frac{4}{\sqrt{2}}=2\sqrt{2}$,因为 $PQ^2=MP^2-r^2=MP^2-4$,所以 MP 取得的最小值 $2\sqrt{2}$ 时,PQ 取得最小值,所以 $|PQ|$ 的最小值为 $\sqrt{d^2-4}=2$。

16.【解析】(1)将圆 C 的极坐标方程 $\rho=4\cos\theta$ 化为直角坐标方程可得:$x^2+y^2=4x$,圆 C 的标准方程为 $(x-2)^2+y^2=4$,由 $\begin{cases}x=2+t\cos\alpha,\\y=\sqrt{2}+t\sin\alpha\end{cases}$ 消去参数 t 得,直线 l 的普通方程为:$\sin\alpha\cdot x-\cos\alpha\cdot y-2\sin\alpha+\sqrt{2}\cos\alpha=0$。

(2)设圆心到直线 l 的距离为 d,$d^2=r^2-(\frac{2\sqrt{3}}{2})^2=1$,又因为 $d=\frac{|2\sin\alpha-2\sin\alpha+\sqrt{2}\cos\alpha|}{\sqrt{(\sin\alpha)^2+(-\cos\alpha)^2}}=\sqrt{2}|\cos\alpha|=1$,化简得 $\cos\alpha=\pm\frac{\sqrt{2}}{2}$,又因为 $\alpha\in[0,\pi)$,故 $\alpha=\frac{\pi}{4}$ 或 $\alpha=\frac{3}{4}\pi$。

17.【解析】(1)由题意得,曲线 C 的极坐标方程为:$\rho=6\sin\theta$,化成直角坐标方程为 $x^2+(y-3)^2=9$。

(2)直线 l 的参数方程为:$\begin{cases}x=1+t\cos\alpha,\\y=2+t\sin\alpha\end{cases}$($t$ 为参数),消去参数化成普通方程为 $\sin\alpha(x-1)=\cos\alpha(y-2)$,显然直线 l 经过定点 $P(1,2)$,再由曲线 C 与直线 l 交于 A,B 两点,可得 $|PA|+|PB|=|AB|$,故本题即求弦长 $|AB|$ 的最小值,当 $AB\perp CP$ 时,弦长 $|AB|$ 最小,$|CP|=\sqrt{(1-0)^2+(2-3)^2}=\sqrt{2}$,此时,$|PA|+|PB|$ 的最小值为 $|AB|=2\sqrt{r^2-CP^2}=2\sqrt{9-2}=2\sqrt{7}$。

18.【解析】(1)因为直线 l 的参数方程为 $\begin{cases}x=t,\\y=at+2\end{cases}$($t$ 为参数,$a\in\mathbf{R}$)可得直线 l 的普通方程为 $y=ax+2$,因为曲线 C 的极坐标方程为 $\rho=2$,可得曲线 C 的直角坐标方程为 $x^2+y^2=4$。

(2)由(1)知,直线 l 的普通方程为 $y=ax+2$,因为线段 AB 的垂直平分线的方程是 $2x+y=0$,即 $a\times(-2)=-1$,可得 $a=\frac{1}{2}$。

专题六　空间解析几何

招教考向解读

考向 1 变式训练

D 【解析】由题意可知，直线$\frac{x-1}{2}=-y=\frac{z-3}{3}$的方向向量为$\boldsymbol{n}=(2,-1,3)$，因为所求平面与直线$\frac{x-1}{2}=-y=\frac{z-3}{3}$垂直，所以$\boldsymbol{n}=(2,-1,3)$为平面的一个法向量，因为平面经过点$(1,0,-1)$，所以该平面方程为$2(x-1)-(y-0)+3(z+1)=0$，即$2x-y+3z+1=0$。

考向 2 变式训练

【解析】因为所求直线垂直于已知平面，取该平面的法向量$(2,-3,1)$作为直线的方向向量，且该直线过点$(1,2,-4)$，故所求直线方程为$\frac{x-1}{2}=\frac{y-2}{-3}=\frac{z+4}{1}$。

考向 3 变式训练

1.【解析】(1) 当$\frac{l-3}{m+3}=\frac{m+1}{n-9}=\frac{n-3}{l-3}=-\frac{1}{2}$时，两平面重合，解得$l=\frac{7}{9}$，$m=\frac{13}{9}$，$n=\frac{37}{9}$；

(2) 当$\frac{2}{l}=\frac{m}{-6}=\frac{3}{-6}\neq\frac{-5}{2}$时，两平面平行，解得$m=3$，$l=-4$。

(3) 当$7l+(-2)\times1+(-3)\times(-1)=0$时，两平面互相垂直，解得$l=-\frac{1}{7}$。

2.【解析】(1) 因为L_1和L_2的方向向量对应坐标成比例，$\boldsymbol{s}_1=(2,3,4)=\boldsymbol{s}_2$，且在$L_1$上的点$M(1,0,0)$满足$L_2$的方程，即点$M$即在直线$L_1$上也在直线$L_2$上，故两直线重合；

(2) 因为两直线方向向量坐标不对应成比例，所以两直线必定不平行。设直线L_3：$\frac{x+1}{4}=\frac{y-2}{3}=\frac{z-4}{1}$上的点$P_3(-1,2,4)$，直线$L_4$：$\frac{x-2}{2}=\frac{y+1}{-3}=\frac{z-3}{2}$上的点$P_4=(2,-1,3)$，两直线的方向向量分别是$\boldsymbol{s}_3=(4,3,1)$，$\boldsymbol{s}_4=(2,-3,2)$，$\overrightarrow{P_3P_4}=(3,-3,-1)$，因为$\overrightarrow{P_3P_4}$，$\boldsymbol{s}_3$，$\boldsymbol{s}_4$不在同一直线

上于是$(\overrightarrow{P_3P_4},\boldsymbol{s}_3,\boldsymbol{s}_4)=\begin{vmatrix}3 & -3 & -1\\4 & 3 & 1\\2 & 3 & 2\end{vmatrix}=\begin{vmatrix}7 & 0 & 0\\4 & 3 & 1\\2 & -3 & 2\end{vmatrix}\neq0$，故两直线是既不平行也不相交的异面直线。

3.【解析】易知直线 L 的方向向量为 $\boldsymbol{s}=(2,-3,2)$，平面 α 的法向量为 $\boldsymbol{n}=(4,-6,4)$，$\boldsymbol{n}\times\boldsymbol{s}=\boldsymbol{0}$，即 $\boldsymbol{n}/\!/\boldsymbol{s}$，所以直线 L 垂直于平面 α。

考向 4 变式训练

1. A 【解析】$x^2+y^2+z^2-2x+4y=0$ 可变形为 $(x-1)^2+(y+2)^2+z^2=5$，则此方程表示球面。

2. A 【解析】yOz 平面上的直线 $z=y$ 绕 z 轴旋转，将直线方程中的 y 变成 $\pm\sqrt{x^2+y^2}$，即 $z=\pm\sqrt{x^2+y^2}$，整理得 $z^2=x^2+y^2$。

考向 5 变式训练

(1,6,12) 【解析】在点(1,2,3)处，$x'=1$，$y'=6t^2=6$，$z'=12t^3=12$，所以曲线 $x=t$，$y=2t^3$，$z=3t^4$ 在点(1,2,3)处的切向量为(1,6,12)。

必刷好题

招教高频基础刷

1. B 【解析】根据平面的点法式方程得，所求平面的方程为 $(x-2)-2(y+3)+3z=0$，即 $x-2y+3z-8=0$。

2. A 【解析】因为平面的法线向量 $\boldsymbol{n}$ 与向量$\overrightarrow{M_1M_2}$和$\overrightarrow{M_1M_3}$都垂直，而$\overrightarrow{M_1M_2}=(-3,4,-6)$，$\overrightarrow{M_1M_3}=(-2,3,-1)$，所以可取它们的向量积为 $\boldsymbol{n}$，即

$$\boldsymbol{n}=\overrightarrow{M_1M_2}\times\overrightarrow{M_1M_3}=\begin{vmatrix}\boldsymbol{i} & \boldsymbol{j} & \boldsymbol{k}\\-3 & 4 & -6\\-2 & 3 & -1\end{vmatrix}=14\boldsymbol{i}+9\boldsymbol{j}-\boldsymbol{k}$$

，根据平面的点法式方程得，所求平面的方程为 $14(x-2)+9(y+1)-(z-4)=0$，即 $14x+9y-z-15=0$。

3. B 【解析】根据公式可得 $\cos\theta=\dfrac{|1\times2+(-1)\times1+2\times1|}{\sqrt{1^2+(-1)^2+2^2}\sqrt{2^2+1^2+1^2}}=\dfrac{1}{2}$，因此，所求夹角为 $\theta=\dfrac{\pi}{3}$。

4. C 【解析】直线 L_1 的方向向量为 $\boldsymbol{s}_1=(1,-4,1)$，直线 L_2 的方向向量为 $\boldsymbol{s}_2=(2,-2,-1)$，设直线 L_1 和 L_2 的夹角为 φ，则由公式有 $\cos\varphi=\dfrac{|1\times2+(-4)\times(-2)+1\times(-1)|}{\sqrt{1^2+(-4)^2+1^2}\sqrt{2^2+(-2)^2+(-1)^2}}=\dfrac{\sqrt{2}}{2}$，因此，所求夹角为 $\theta=\dfrac{\pi}{4}$。

5. A 【解析】所求平面与已知平面 $3x-7y+5z-12=0$ 平行，因此所求平面的法向量可以取为 $\boldsymbol{n}=(3,-7,5)$，设所求平面为 $3x-7y+5z+D=0$，将点 $(3,0,-1)$ 代入上式得 $D=-4$，故所求平面方程为 $3x-7y+5z-4=0$。

6. C 【解析】由 $\begin{vmatrix} x-1 & y-1 & z+1 \\ -2-1 & -2-1 & 2+1 \\ 1-1 & -1-1 & 2+1 \end{vmatrix}=0$，得 $x-3y-2z=0$，即为所求平面方程。

7. A 【解析】设平面的法向量为 $\boldsymbol{n}$，则有 $\boldsymbol{n}=\boldsymbol{a}\times\boldsymbol{b}=\begin{vmatrix} \boldsymbol{i} & \boldsymbol{j} & \boldsymbol{k} \\ 2 & 1 & 1 \\ 1 & -1 & 0 \end{vmatrix}=(1,1,-3)$，故所求平面为 $1\cdot(x-1)+1\cdot(y-0)-3\cdot(z+1)=0$，即 $x+y-3z-4=0$。

8. B 【解析】利用点 $M_0(x_0,y_0,z_0)$ 到平面 $Ax+By+Cz+D=0$ 的距离公式 $d=\dfrac{|Ax_0+By_0+Cz_0+D|}{\sqrt{A^2+B^2+C^2}}=\dfrac{|1+2\cdot2+2\cdot1-10|}{\sqrt{1^2+2^2+2^2}}=\dfrac{|-3|}{3}=1$。

9. D 【解析】联立三平面方程得 $\begin{cases} x+3y+z=1, \\ 2x-y-z=0, \\ -x+2y+2z=3, \end{cases}$ 解此方程组得 $x=1,y=-1,z=3$，故所求交点为 $(1,-1,3)$。

10. A 【解析】以 $\pm\sqrt{y^2+z^2}$ 代替抛物线方程 $z^2=5x$ 中的 z，得 $(\pm\sqrt{y^2+z^2})^2=5x$，即 $y^2+z^2=5x$。

11. C 【解析】所给直线的参数方程为 $x=2+t,y=3+t,z=4+2t$，代入平面方程中，得 $2(2+t)+(3+t)+(4+2t)-6=0$，解得 $t=-1$，把求得的 t 值代入直线的参数方程中，即得所求交点的坐标为 $x=1,y=2,z=2$。

12. $16x-14y-11z-65=0$ 【解析】由题意得，所求平面的法向量可取已知直线的方向向量，

即 $\boldsymbol{n}=\boldsymbol{s}=\begin{vmatrix}\boldsymbol{i} & \boldsymbol{j} & \boldsymbol{k}\\ 1 & -2 & 4\\ 3 & 5 & -2\end{vmatrix}=(-16,14,11)$，故所求平面方程为 $-16(x-2)+14(y-0)+11(z+3)=0$，即 $16x-14y-11z-65=0$。

13. 0 【解析】已知两直线的方向向量分别为 $\boldsymbol{s}_1=\begin{vmatrix}\boldsymbol{i} & \boldsymbol{j} & \boldsymbol{k}\\ 5 & -3 & 3\\ 3 & -2 & 1\end{vmatrix}=(3,4,-1)$，$\boldsymbol{s}_2=\begin{vmatrix}\boldsymbol{i} & \boldsymbol{j} & \boldsymbol{k}\\ 2 & 2 & -1\\ 3 & 8 & 1\end{vmatrix}=(10,-5,10)$，因此两直线的夹角余弦为 $\cos\theta=|\cos<\boldsymbol{s}_1,\boldsymbol{s}_2>|=\frac{|\boldsymbol{s}_1\cdot\boldsymbol{s}_2|}{|\boldsymbol{s}_1||\boldsymbol{s}_2|}=\frac{|3\times10-4\times5-1\times10|}{\sqrt{3^2+4^2+(-1)^2}\sqrt{10^2+(-5)^2+10^2}}=0$。

14. $\frac{x-1}{1}=\frac{y-1}{2}=\frac{z-1}{3}$ 【解析】设 $F(x,y,z)=x^2+2y^2+3z^2-6$，则 $F'_x=2x,F'_y=4y,F'_z=6z$，故椭球面在点(1,1,1)处的法向量为(2,4,6)，则所求的法线方程为 $\frac{x-1}{2}=\frac{y-1}{4}=\frac{z-1}{6}$，化简后可得 $\frac{x-1}{1}=\frac{y-1}{2}=\frac{z-1}{3}$。

15.【解析】设切点为 $P(x_0,y_0,z_0)$，令 $F(x,y,z)=\frac{x^2}{2}+y^2-z$，则 $F'_x=x,F'_y=2y,F'_z=-1$，则曲面在点 P 处的法向量为 $(x_0,2y_0,-1)$，曲面在点 P 处的切平面方程为 $x_0(x-x_0)+2y_0(y-y_0)-(z-z_0)=0$，又因为切面与已知平面 $z=2x+2y$ 平行，因此 $\frac{x_0}{2}=\frac{2y_0}{2}=\frac{-1}{-1}$，解得 $x_0=2,y_0=1,z_0=3$，故所求切平面方程为 $2(x-2)+2(y-1)-(z-3)=0$，即 $2x+2y-z-3=0$。

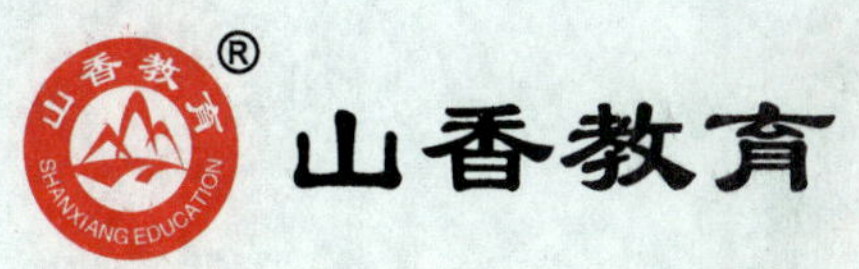

教师招聘考试

数学专项突破

微积分、线性代数与概率统计

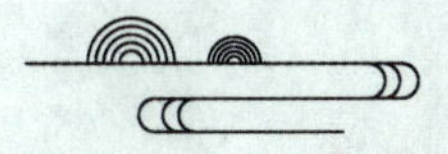

重点专题5个

核心考向67个

易错突破9个

山香教师招聘考试命题研究中心　主编

图书在版编目(CIP)数据

教师招聘考试. 数学专项突破. 微积分、线性代数与概率统计 / 山香教师招聘考试命题研究中心主编. -- 北京 : 首都师范大学出版社, 2023.2

ISBN 978-7-5656-7192-0

Ⅰ. ①教… Ⅱ. ①山… Ⅲ. ①数学课-教学法-教师-聘用-资格考试-自学参考资料 Ⅳ. ①G451.1

中国版本图书馆 CIP 数据核字(2022)第 209867 号

教师招聘考试·数学专项突破

WEIJIFEN XIANXINGDAISHU YU GAILVTONGJI

微积分、线性代数与概率统计

山香教师招聘考试命题研究中心　主编

策划编辑　张文强

责任编辑　杨林玉　曹亮亮　　　封面设计　山香教育

首都师范大学出版社出版发行

地　　址　北京市海淀区西三环北路 105 号

邮　　编　100048

咨询电话　010-68418523(总编室)　　010-68982468(发行部)

网　　址　http://cnupn.cnu.edu.cn

印　　刷　河南黎阳印务有限公司

经　　销　全国新华书店

版　　次　2023 年 2 月第 1 版

印　　次　2023 年 2 月第 2 次印刷

开　　本　787mm×1092mm　1/16

印　　张　86

字　　数　1307 千

定　　价　178.00 元(全四册)

目录/CONTENTS

专题一　极限、微积分与级数

专题二　线性代数

专题三　计数原理

专题四　统　计

专题五　概　率

参考答案与解析

SHANXIANGEDU

专题一　极限、微积分与级数

第一节　极限与连续

一、极限

1. 基本概念

(1)极限的定义

情形	定义
函数自变量趋于有限值的极限定义 ($\varepsilon-\delta$)	若对任意的 $\varepsilon>0$,存在 $\delta>0$,当 $0<\|x-a\|<\delta$ 时,有 $\|f(x)-A\|<\varepsilon$,称常数 A 为 $f(x)$ 当 $x\to a$ 时的极限,记为 $\lim\limits_{x\to a}f(x)=A$
函数自变量趋于无穷大的极限定义 ($\varepsilon-X$)	若对任意的 $\varepsilon>0$,存在 $X>0$,当 $x>X$ 时,有 $\|f(x)-A\|<\varepsilon$,称常数 A 为 $f(x)$ 当 $x\to+\infty$ 时的极限,记为 $\lim\limits_{x\to+\infty}f(x)=A$
	若对任意的 $\varepsilon>0$,存在 $X>0$,当 $x<-X$ 时,有 $\|f(x)-A\|<\varepsilon$,称常数 A 为 $f(x)$ 当 $x\to-\infty$ 时的极限,记为 $\lim\limits_{x\to-\infty}f(x)=A$
	若对任意的 $\varepsilon>0$,存在 $X>0$,当 $\|x\|>X$ 时,有 $\|f(x)-A\|<\varepsilon$,称常数 A 为 $f(x)$ 当 $x\to\infty$ 时的极限,记为 $\lim\limits_{x\to\infty}f(x)=A$
数列极限的定义 ($\varepsilon-N$)	若对任意的 $\varepsilon>0$,存在 $N>0$,当 $n>N$ 时,有 $\|a_n-A\|<\varepsilon$,称常数 A 为数列 $\{a_n\}$ 的极限,记为 $\lim\limits_{n\to\infty}a_n=A$

考向分析

极限的概念与性质、极限的计算、两个重要极限、间断点及其分类是教师招聘考试中的重点考查内容。题目一般较为基础,注重考查对概念与性质的理解。

注：若对任意的 $\varepsilon>0$，总存在 $\delta>0$，当 $x\in(a-\delta,a)$ 时，有 $|f(x)-A|<\varepsilon$，称 A 为 $f(x)$ 在 $x=a$ 的左极限，记为 $f(a-0)$；若对任意的 $\varepsilon>0$，总存在 $\delta>0$，当 $x\in(a,a+\delta)$ 时，有 $|f(x)-B|<\varepsilon$，称 B 为 $f(x)$ 在 $x=a$ 的右极限，记为 $f(a+0)$。$\lim\limits_{x\to a}f(x)$ 存在的充分必要条件是 $f(a-0)$，$f(a+0)$ 都存在且相等。

(2) 无穷小

①定义：若 $\lim\limits_{x\to\alpha}\alpha(x)=0$，称 $\alpha(x)$ 为当 $x\to\alpha$ 时的无穷小。

②无穷小的比较：设 $\alpha\to0,\beta\to0$，则若 $\lim\dfrac{\beta}{\alpha}=0$，称 β 为 α 的高阶无穷小；若 $\lim\dfrac{\beta}{\alpha}=\infty$，称 β 为 α 的低阶无穷小；若 $\lim\dfrac{\beta}{\alpha}=c(c\neq0)$，称 β 为 α 的同阶无穷小，特别地，若 $\lim\dfrac{\beta}{\alpha}=1$，称 β 为 α 的等价无穷小。

2. 极限性质

(1) 极限的一般性质

①唯一性：极限存在必唯一。

②局部保号性：如果 $\lim\limits_{x\to x_0}f(x)=A$，且 $A>0$（或 $A<0$），那么存在常数 $\delta>0$，使得当 $0<|x-x_0|<\delta$ 时，有 $f(x)>0$（或 $f(x)<0$）。

推论：如果在 x_0 的某去心邻域内 $f(x)\geqslant0$（或 $f(x)\leqslant0$），而且 $\lim\limits_{x\to x_0}f(x)=A$，那么 $A\geqslant0$（或 $A\leqslant0$）。

③局部有界性：如果 $\lim\limits_{x\to x_0}f(x)=A$，那么存在常数 $M>0$ 和 $\delta>0$，使得当 $0<|x-x_0|<\delta$ 时，有 $|f(x)|\leqslant M$。

(2) 极限的四则运算性质

如果 $\lim f(x)=A$，$\lim g(x)=B$，那么：

①$\lim[f(x)\pm g(x)]=\lim f(x)\pm\lim g(x)=A\pm B$；

②$\lim[f(x)\cdot g(x)]=\lim f(x)\cdot\lim g(x)=A\cdot B$；

③若 $B\neq0$，则 $\lim\dfrac{f(x)}{g(x)}=\dfrac{\lim f(x)}{\lim g(x)}=\dfrac{A}{B}$。

(3) 极限存在准则

①夹逼准则：若 $\exists N\in\mathbf{N}_+$，当 $n>N$ 时，有 $a_n\leqslant b_n\leqslant c_n$，且

思想应用

A. 极限思想：对于被考查的未知量，先设法构思一个与它有关的变量，确认此变量通过无限过程的结果就是所求的未知量；最后用极限计算得到结果。

B. 转化思想与数形结合思想：在极限、函数的连续性、间断点及其分类等问题中，可以通过实际的图象，把抽象的问题具体化，通过数与形的联系转化来研究数学对象和解决数学问题，为问题的解决提供最优的方案。

$\lim\limits_{n\to\infty}a_n=\lim\limits_{n\to\infty}c_n=a$（$a$ 为常数），则$\lim\limits_{n\to\infty}b_n=a$。

②单调有界数列必有极限。

(4)无穷小的性质

无穷小的性质

①基本性质：有限个无穷小的和、差、积仍为无穷小，常数与无穷小之积仍是无穷小；有界函数与无穷小之积还是无穷小。

②等价无穷小替换：当 $x\to0$ 时，$\sin x\sim x$，$\arcsin x\sim x$，$\tan x\sim x$，$\arctan x\sim x$，$\ln(1+x)\sim x$，$e^x-1\sim x$，$1-\cos x\sim\frac{1}{2}x^2$，$(1+x)^\alpha-1\sim\alpha x$。

3. 两个重要极限

$\lim\limits_{x\to0}\frac{\sin x}{x}=1$；$\lim\limits_{x\to\infty}\left(1+\frac{1}{x}\right)^x=e$。

连续与间断

二、连续与间断

1. 连续

函数 $f(x)$ 在点 x_0 处连续的充要条件：$\lim\limits_{x\to x_0^-}f(x)=\lim\limits_{x\to x_0^+}f(x)=f(x_0)$。

2. 间断点

①可去间断点：$\lim\limits_{x\to x_0^-}f(x)=\lim\limits_{x\to x_0^+}f(x)$，但$f(x)$在点$x_0$无定义；或$\lim\limits_{x\to x_0^-}f(x)=\lim\limits_{x\to x_0^+}f(x)\neq f(x_0)$。

②跳跃间断点：$\lim\limits_{x\to x_0^-}f(x)$与$\lim\limits_{x\to x_0^+}f(x)$存在，但不相等。

③无穷间断点：$\lim\limits_{x\to x_0^-}f(x)$，$\lim\limits_{x\to x_0^+}f(x)$至少有一个为无穷。

可去间断点与跳跃间断点统称为第一类间断点，除此之外的其他间断点统称为第二类间断点。

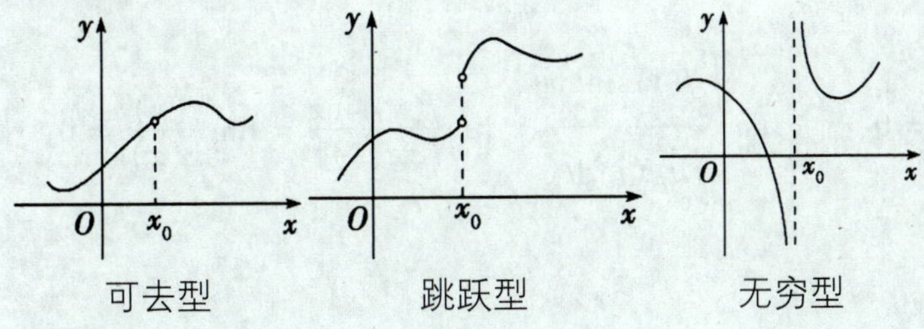

招教考向解读

考向1 对极限的概念与性质的考查

解法突破

1. 极限的概念

(1) $\lim\limits_{n\to\infty}a_n=A$ 的本质：当 $n\to\infty$ 时，a_n 与常数 A 无限接近。

(2) $x\to a$ 包含 $\begin{cases}x\neq a,\\ x\to a^-, x\to a^+。\end{cases}$

(3) $\lim\limits_{x\to a}f(x)$ 存在的充分必要条件是 $f(a^-)$，$f(a^+)$ 都存在且相等。

2. 极限的性质

(1) 局部保号性：①函数极限正，则去心邻域正；函数极限负，则去心邻域负。②函数不负，极限不负；函数不正，极限不正。③函数的大小次序与极限的大小次序一致。④若 $f(x)>0$，且 $\lim f(x)=A$，则 $A>0$ 不一定正确。

(2) 局部有界性：若数列或函数收敛，则数列或函数一定有界，反之，若数列或函数有界，数列或函数不一定收敛。

典例

1. (2021 山东日照东港区,3 分) 函数 $f(x)$，$g(x)$ 在 $x=0$ 的某邻域内连续，当 $x\to0$ 时，$f(x)$ 是较 $g(x)$ 高阶的无穷小，则当 $x\to0$ 时，$\int_0^x tg(t)\mathrm{d}t$ 是较 $\int_0^x f(t)\sin t\mathrm{d}t$ 的(　　)无穷小。

A. 高阶　　B. 同阶非等价

C. 低阶　　D. 等价

答案解析

C 【解析】由题意知 $\lim\limits_{x\to0}\dfrac{f(x)}{g(x)}=0$，于是 $\lim\limits_{x\to0}\dfrac{\int_0^x f(t)\sin t\mathrm{d}t}{\int_0^x tg(t)\mathrm{d}t}=\lim\limits_{x\to0}\dfrac{f(x)\sin x}{xg(x)}=\lim\limits_{x\to0}\dfrac{f(x)}{g(x)}=0$，故选 C。

2. 设$f(x)$在$(-\infty,+\infty)$内单调有界，$\{a_n\}$为数列，下列命题正确的是（ ）

A. 若$\{a_n\}$收敛，则$\{f(a_n)\}$收敛

B. 若$\{a_n\}$单调，则$\{f(a_n)\}$收敛

C. 若$\{f(a_n)\}$收敛，则$\{a_n\}$收敛

D. 若$\{a_n\}$有界，则$\{f(a_n)\}$收敛

答案解析

B 【解析】因为$f(x)$单调有界，所以若$\{a_n\}$单调，则$\{f(a_n)\}$单调有界，故$\{f(a_n)\}$收敛，故B项正确。

变式训练

1. $f(x_0+0)=f(x_0-0)$是$\lim\limits_{x\to x_0}f(x)$存在的（ ）

A. 必要条件

B. 充分条件

C. 充要条件

D. 既非充分也非必要条件

2. "数列极限$\lim\limits_{x\to\infty}x_n$存在"是"数列$\{x_n\}$有界"的（ ）

A. 必要条件

B. 充分条件

C. 充要条件

D. 既非充分也非必要条件

考向2 ▸ 左、右极限的问题

解法突破

1. 含a^x的函数$x\to\infty$的极限，或含$a^{\frac{1}{x}}$的函数$x\to0$的极限

(1) 当$a>1$时，$\lim\limits_{x\to+\infty}a^x=+\infty$，$\lim\limits_{x\to-\infty}a^x=0$；$\lim\limits_{x\to0^-}a^{\frac{1}{x}}=0$，$\lim\limits_{x\to0^+}a^{\frac{1}{x}}=+\infty$。

(2) 当$0<a<1$时，$\lim\limits_{x\to-\infty}a^x=+\infty$，$\lim\limits_{x\to+\infty}a^x=0$；$\lim\limits_{x\to0^-}a^{\frac{1}{x}}=+\infty$，$\lim\limits_{x\to0^+}a^{\frac{1}{x}}=0$。

2. 分段函数（含绝对值函数）在分段点处的极限

(1) 对于分段函数在分段点处的极限，通常需要分类讨论它的左、右极限，当左、右极限存在且相等时，函数的极限值等于这个值；当左、右极限不等或至少有一个不存在时，原极限不存在。对于在形式上不属于分段函数，但函数定义域是间断的，间断处的极限需要分别左右求解讨论。

(2) 如果函数中含有绝对值，应去掉绝对值符号把它表示为分段函数，然后按上述方法求出分段点处的极限。

3. 含偶次方根(奇次方根)函数的极限

含偶次方根的函数,由于算术根式前只能取正号,移到根号外的因子只能取正数,因而求其 $x\to x_0$(或 $x\to\infty$)时的极限时,应分 $x\to x_0^+$(或 $x\to+\infty$)和 $x\to x_0^-$(或 $x\to-\infty$)两种情况讨论,含奇次方根的函数移到根号外的因子可取正也可取负。

典例

1. 当 $x\to1$ 时,函数 $f(x)=\frac{x^2-1}{x-1}e^{\frac{1}{x-1}}$ 的极限(　　)

A. 等于2　　　　B. 等于0

C. 为∞　　　　D. 不存在,但不为∞

答案解析

D 【解析】因为 $\lim\limits_{x\to1^+}e^{\frac{1}{x-1}}=+\infty$,$\lim\limits_{x\to1^-}e^{\frac{1}{x-1}}=0$,故 $\lim\limits_{x\to1}\frac{x^2-1}{x-1}e^{\frac{1}{x-1}}$ 的极限不存在,但不为∞。

2. 设 $f(x)=\begin{cases}-x,x\leqslant1,\\3+x,x>1,\end{cases}$ $g(x)=\begin{cases}x^3,x\leqslant1,\\2x-1,x>1。\end{cases}$ 试讨论 $f[g(x)]$ 在点 $x=1$ 处的极限。

答案解析

【解析】首先求出 $f[g(x)]$ 的表达式,当 $x\leqslant1$ 时,$g(x)\leqslant1$ 且 $g(x)=x^3$,$f(x)=-x$,$f[g(x)]=-g(x)=-x^3$;当 $x>1$ 时,$g(x)>1$,$f(x)=3+x$,$f[g(x)]=3+g(x)=3+(2x-1)=2x+2$,故 $f[g(x)]=\begin{cases}-x^3,x\leqslant1,\\2+2x,x>1,\end{cases}$ 因 $f[g(1+0)]=\lim\limits_{x\to1^+}f[g(x)]=\lim\limits_{x\to1^+}(2+2x)=4$,$f[g(1-0)]=\lim\limits_{x\to1^-}f[g(x)]=\lim\limits_{x\to1^-}(-x^3)=-1$,$f[g(1+0)]\neq f[g(1-0)]$,故 $\lim\limits_{x\to1}f[g(x)]$ 不存在。

变式训练

1. 求 $\lim\limits_{n\to+\infty}\frac{Ae^{nx}+B}{e^{nx}+1}$,其中 A,B 为常数。

2. 设 $f(x)=\begin{cases}x\sin\frac{1}{x},x>0,\\a+x^2,x\leqslant0,\end{cases}$ 要使 $f(x)$ 在 $(-\infty,+\infty)$ 内连续,则 $a=$________。

3. 设 $f(x)=\begin{cases}e^{-\frac{1}{x}}+a,x>0,\\\frac{\sqrt{1-\cos x}}{x},x<0\end{cases}$ 且 $\lim\limits_{x\to0}f(x)$ 存在,则 a 的值为________。

考向3　极限的计算问题

(一)不定型极限的计算问题

解法突破

(1)$\frac{0}{0}$型

①通过因式分解或根式有理化,消去"0"因子,再用极限运算法则或连续函数极限的求法求解。

②利用等价无穷小的运算性质:设 $\lim\alpha(x)=0,\lim\beta(x)=0,\alpha(x)\sim\alpha^*(x),\beta(x)\sim\beta^*(x)$,则 $\lim\frac{\alpha(x)}{\beta(x)}=\lim\frac{\alpha^*(x)}{\beta^*(x)}$。

③洛必达法则。

④变量替换:若用洛必达法则后,式子反而比原来复杂,则可利用变量替换法,通常是令 $x=\frac{1}{t^k}$,k 为自然数。

(2)$\frac{\infty}{\infty}$型

①洛必达法则。

②变量替换法化为$\frac{0}{0}$型。

(3)$\infty-\infty$型

通过通分、根式有理化、变量替换等将$\infty-\infty$型转化为$\frac{0}{0}$型或$\frac{\infty}{\infty}$型,再用法则或"抓大头"方法处理。所谓抓大头就是抓住关于 x 的最高次数的项,而把其余项略掉,即

$$\lim_{x\to\infty}\frac{a_0x^n+a_1x^{n-1}+\cdots+a_{n-1}x+a_n}{b_0x^m+b_1x^{m-1}+\cdots+b_{m-1}x+b_m}=\begin{cases}\frac{a_0}{b_0},n=m,\\0,n<m,\\\infty,n>m。\end{cases}$$

(4)$0\cdot\infty$型

将$0\cdot\infty$型转化为$\frac{0}{0}$型或$\frac{\infty}{\infty}$型,再用法则或"抓大头"方法处理。

(5) $0^0,\infty^0,1^\infty$ 型

$0^0,\infty^0,1^\infty$ 型 $\xrightarrow[N=e^{\ln N}]{\text{用对数恒等式}} 0\cdot\infty$ 型 $\Rightarrow \frac{0}{0}$ 型或 $\frac{\infty}{\infty}$ 型。1^∞ 型的极限还可以利用公式 $\lim\limits_{x\to 0}(1+x)^{\frac{1}{x}}=$ e，或 $\lim\limits_{x\to\infty}\left(1+\frac{1}{x}\right)^x=$ e 求解。

真题过招

1. (2022 陕西特岗，2 分) 利用重要极限计算可得 $\lim\limits_{x\to\infty}\left(\frac{x+1}{x-1}\right)^x=$ (　　)

A. e^2　　B. e^{-2}

C. e^{-1}　　D. e

答案解析

A 【解析】$\lim\limits_{x\to\infty}\left(\frac{x+1}{x-1}\right)^x=\lim\limits_{x\to\infty}\left(\frac{x-1+2}{x-1}\right)^x=\lim\limits_{x\to\infty}\left(1+\frac{2}{x-1}\right)^x=\lim\limits_{x\to\infty}\left(1+\frac{2}{x-1}\right)^{\frac{x-1}{2}\cdot\frac{2}{x-1}\cdot x}=$ $e^{\lim\limits_{x\to\infty}\frac{2x}{x-1}}=e^2$。

2. (2022 陕西特岗，2 分) 极限 $\lim\limits_{x\to 0}\frac{\sin(2x^2)}{(\tan 3x)^2}=$ ________。

答案解析

$\frac{2}{9}$ 【解析】$\lim\limits_{x\to 0}\frac{\sin(2x^2)}{(\tan 3x)^2}=\lim\limits_{x\to 0}\frac{2x^2}{9x^2}=\frac{2}{9}$。

变式训练

1. (2021 贵州特岗，3 分) 极限 $\lim\limits_{x\to 0}\frac{\sin 4x}{\sin 8x}=$ (　　)

A. $\frac{1}{8}$　　B. $\frac{1}{4}$　　C. $\frac{1}{2}$　　D. 1

2. (2020 安徽小学数学，4 分) 计算 $\lim\limits_{x\to 0}\frac{2\sin^2 x-\sin 2x}{x(\cos x-\sin x)}=$ ________。

3. (2019 四川宜宾，4 分) $\lim\limits_{x\to+\infty}x[\ln(x+4)-\ln(x+2)]$ 的值为________。

4. (2021 安徽特岗，2 分) $\lim\limits_{x\to 0}(1-3x)^{\frac{1}{x}}=$ ________。

5. (2021 贵州特岗，3 分) $\lim\limits_{n\to\infty}\left(1-\frac{3}{n^2}\right)^{n^2}=$ ________。

6. (2021 贵州特岗,5 分)求$\lim\limits_{x\to 0}\frac{x-\sin 3x}{x+\sin 3x}$。

(二)n 项和或积的极限计算

解法突破

n 项和或积的极限计算的一般方法:(1)先计算和或积,再计算极限;(2)分子或分母次数不齐时,一般使用夹逼定理;(3)分子及分母次数都齐时,使用定积分定义求极限。

真题过招

3. (2020 云南特岗,3 分)$\lim\limits_{n\to\infty}\left(1+\frac{1}{2}+\frac{1}{4}+\cdots+\frac{1}{2^n}\right)$的值是(　　)

A. 2　　B. 1　　C. $+\infty$　　D. e

答案解析

A　【解析】设$S_n=1+\frac{1}{2}+\frac{1}{4}+\cdots+\frac{1}{2^n}$,$\because S_n=1+\frac{1}{2}+\frac{1}{4}+\cdots+\frac{1}{2^n}=\frac{\left(1-\frac{1}{2^{n+1}}\right)}{1-\frac{1}{2}}=2\left(1-\frac{1}{2^{n+1}}\right)=2-\frac{1}{2^n}$,$\therefore \lim\limits_{n\to\infty}\left(1+\frac{1}{2}+\frac{1}{4}+\cdots+\frac{1}{2^n}\right)=\lim\limits_{n\to\infty}S_n=\lim\limits_{n\to\infty}\left(2-\frac{1}{2^n}\right)=2$。

变式训练

7. (2017 福建中学数学,3 分)$\lim\limits_{n\to\infty}n\left[\frac{1}{(n+1)^2}+\frac{1}{(n+2)^2}+\frac{1}{(n+3)^2}+\cdots+\frac{1}{(n+n)^2}\right]=$______。

8. (2019 山东菏泽,8 分)求极限$\lim\limits_{n\to\infty}\left[\frac{1}{1\cdot 2}+\frac{1}{2\cdot 3}+\cdots+\frac{1}{n(n+1)}\right]$。

(三)含参数的极限问题

解法突破

(1)利用极限的性质处理:①若$\lim\frac{f(x)}{g(x)}$存在且$\lim g(x)=0$,则$\lim f(x)=0$。②若$\lim\frac{f(x)}{g(x)}=A\neq 0$且$\lim g(x)=0$,则$\lim f(x)=0$;反之亦然。

(2)利用"抓大头"方法处理。

真题过招

4. (2022 湖南长沙市长沙县,3.5 分)已知 $\lim\limits_{x\to\infty}\left(\dfrac{x^2+1}{x+1}-ax-b\right)=\dfrac{1}{2}$,则 $a+b=$ (   )

A. $\dfrac{5}{2}$　　B. $\dfrac{1}{2}$　　C. $-\dfrac{5}{2}$　　D. $-\dfrac{1}{2}$

答案解析

D 【解析】因为 $\lim\limits_{x\to\infty}\left(\dfrac{x^2+1}{x+1}-ax-b\right)=\lim\limits_{x\to\infty}\dfrac{(1-a)x^2-(a+b)x-(b-1)}{x+1}=\dfrac{1}{2}$,所以 $\begin{cases}1-a=0,\\-(a+b)=\dfrac{1}{2},\end{cases}$ 解得 $a=1,b=-\dfrac{3}{2}$,即有 $a+b=-\dfrac{1}{2}$。

5. (2021 安徽中学数学,4 分)若 $\lim\limits_{x\to+\infty}(\sqrt{x^2+1}-ax)=0$,则 $a=$________。

答案解析

1 【解析】$\lim\limits_{x\to+\infty}(\sqrt{x^2+1}-ax)=0$,所以 $\lim\limits_{x\to+\infty}\dfrac{\sqrt{x^2+1}-ax}{x}=0$,即 $\lim\limits_{x\to+\infty}\left(\dfrac{\sqrt{x^2+1}}{x}-a\right)=\lim\limits_{x\to+\infty}\left(\sqrt{1+\dfrac{1}{x^2}}-a\right)=1-a=0$,故 $a=1$。

变式训练

9. 已知 $\lim\limits_{x\to-1}\dfrac{x^2-x+a}{x+1}=-3$,则 $a=$________。

10. 如果 $\lim\limits_{x\to\infty}\dfrac{ax+4}{bx+9}=2$,则 a,b 满足的关系式为________。

11. 已知 $\lim\limits_{x\to+\infty}(3x-\sqrt{ax^2+bx+1})=2$,则 $a=$________,$b=$________。

(四)含变限积分的函数极限问题

解法突破

(1)若函数是含变限积分的分式,可以考虑使用变限积分求导法计算极限。

(2)若被积函数中含参数 x,应该先将参数 x 分离出来,提到积分号前面去。

真题过招

6. (2021 山东东营,3 分) 求$\lim\limits_{x\to0}\dfrac{\sin x-x}{\int_0^x e^{t^2}dt-x}$。

答案解析

【解析】$\lim\limits_{x\to0}\dfrac{\sin x-x}{\int_0^x e^{t^2}dt-x}=\lim\limits_{x\to0}\dfrac{\cos x-1}{e^{x^2}-1}=\lim\limits_{x\to0}\dfrac{-\frac{1}{2}x^2}{x^2}=-\dfrac{1}{2}$。

变式训练

12. 极限$\lim\limits_{x\to0}\dfrac{\int_0^x \sin t dt}{x^2}=$________。

考向 4 ▸ 间断点及其分类

(一)函数在一点的连续性

解法突破

①若函数 $f(x)$ 在点 x_0 两侧的表达式相同,可直接使用$\lim\limits_{x\to x_0}f(x)$是否等于 $f(x_0)$ 来判别 $f(x)$ 在点 x_0 处是否连续。

②若函数 $f(x)$ 在点 x_0 的两侧表达式不同或相同但当 $x\to x_0$ 时左、右极限不相等,则先求函数 $f(x)$ 在点 x_0 处的左、右极限,函数在点 x_0 处连续的充要条件是 $f(x_0+0)=f(x_0-0)=f(x_0)$。

③带绝对值的函数的连续性:一般先去掉绝对值,将函数改写成分段函数,然后再讨论函数在分段点的连续性。

典例

1. 分段函数 $f(x)=\begin{cases}x+\sin x^2, & x\leqslant0,\\ \ln(1+x), & x>0,\end{cases}$ 在 $x=0$ 处,以下说法正确的是(　　)

A. 可导且 $f'(0)=1$　　　　B. 可导不连续

C. 连续不可导　　D. 既不连续也不可导

答案解析

A 【解析】$f(0)=0$, $\lim\limits_{x\to0^+}\ln(1+x)=0$, 所以 $f(x)$ 在 $x=0$ 处连续。又 $f'_+(0)=\lim\limits_{\Delta x\to0^+}\frac{f(0+\Delta x)-f(0)}{\Delta x}=\lim\limits_{\Delta x\to0^+}\frac{\ln(1+\Delta x)}{\Delta x}=\lim\limits_{\Delta x\to0^+}\frac{1}{1+\Delta x}=1$, $f'_-(0)=\lim\limits_{\Delta x\to0^-}\frac{f(0+\Delta x)-f(0)}{\Delta x}=\lim\limits_{\Delta x\to0^-}\frac{\Delta x+\sin\Delta x^2}{\Delta x}=1+\lim\limits_{\Delta x\to0^-}\left(\frac{\sin\Delta x^2}{\Delta x^2}\cdot\Delta x\right)=1$, 即 $f'_+(0)=f'_-(0)=1$, 所以 $f'(0)=1$。

2. 设 $f(x)=\begin{cases}\frac{|x^2-1|}{x-1}, x\neq1,\\ 2, x=1,\end{cases}$ 则在点 $x=1$ 处函数 $f(x)$ (　　)

A. 不连续　　B. 连续，但不可导

C. 可导，但导数不连续　　D. 可导，且导数连续

答案解析

A 【解析】由题意得 $f(x)=\begin{cases}-(x+1), -1<x<1,\\ x+1, x>1 \text{ 或 } x\leq-1,\\ 2, x=1,\end{cases}$ 故 $\lim\limits_{x\to1^-}f(x)=-2$, $\lim\limits_{x\to1^+}f(x)=2$, 即 $\lim\limits_{x\to1^-}f(x)\neq\lim\limits_{x\to1^+}f(x)$, 所以 $\lim\limits_{x\to1}f(x)$ 不存在，所以在点 $x=1$ 处 $f(x)$ 不连续，所以 A 项正确。

变式训练

1. 函数 $f(x)=\begin{cases}1-\cos x, x>0,\\ x^2g(x), x\leq0,\end{cases}$ 其中 $g(x)$ 是有界函数，则 $f(x)$ 在 $x=0$ 处(　　)

A. 极限不存在　　B. 极限存在但不连续

C. 连续但不可导　　D. 可导

2. 函数 $f(x)=|x|$ 在 $x=0$ 处满足(　　)

A. 不连续也不可导　　B. 既连续又可导

C. 可导但不连续　　D. 连续但不可导

(二)函数的间断点及其类型

解法突破

间断点的判别方法：①判断函数在 x_0 处有无定义；

②有定义则判断函数在 x_0 处的左右极限是否都存在；

③极限存在则判断是否相等或相等且是否等于 x_0 处的函数值。

真题过招

3. (2019 山东菏泽,4 分) $x=0$ 是函数 $f(x)=\frac{\ln(1+x)}{x}$ 的( )

A. 连续点　　B. 可去间断点

C. 跳跃间断点　　D. 无穷间断点

答案解析

B 【**解析**】由题意知,$x\neq0$,则 $x=0$ 是 $f(x)$ 的间断点,$\because \lim\limits_{x\to0^-}\frac{\ln(1+x)}{x}=1,\lim\limits_{x\to0^+}\frac{\ln(1+x)}{x}=1$,$\therefore x=0$ 是 $f(x)$ 的可去间断点。

4. (2019 山东潍坊诸城,3 分) $f(x)=\lim\limits_{n\to\infty}\frac{1-x^n}{1+x^n}x(x\geqslant0)$,则 $f(x)$ 的间断点的类型为( )

A. 第一类间断点　　B. 第二类间断点　　C. 不确定

答案解析

A 【**解析**】当 $0\leqslant x<1$ 时,$f(x)=\lim\limits_{n\to\infty}\frac{1-x^n}{1+x^n}x=x$;当 $x>1$ 时,$f(x)=\lim\limits_{n\to\infty}\frac{\frac{1}{x^n}-1}{\frac{1}{x^n}+1}x=-x$;当 $x=1$ 时,$f(x)=\frac{1-1}{1+1}\times1=0$,整理得 $f(x)=\begin{cases}x,0\leqslant x<1,\\0,x=1,\\-x,x>1。\end{cases}$ 因为 $\lim\limits_{x\to1^-}f(x)=1,\lim\limits_{x\to1^+}f(x)=-1$,所以 $x=1$ 为 $f(x)$ 的跳跃间断点,属于第一类间断点。故选 A。

变式训练

3. 设函数 $F(x)=\begin{cases}\frac{f(x)}{x},x\neq0,\\f(0),x=0,\end{cases}$ 且 $f(x)$ 在 $x=0$ 处可导,$f'(0)\neq0,f(0)=0$,则 $x=0$ 是函数 $F(x)$ 的( )

A. 可去间断点　　B. 跳跃间断点

C. 无穷间断点　　D. 连续点

4. 已知函数$f(x)=\frac{x^2-1}{x-1}$，则$x=1$是函数$f(x)$的（　　）

A. 可去间断点　　B. 跳跃间断点　　C. 第二类间断点　　D. 连续点

考向5 闭区间上连续函数的性质

解法突破

(1) 设$f(x)$在$[a,b]$上连续，证明关于$\xi\in(a,b)$的命题时，一般使用零点定理。

(2) 设$f(x)$在$[a,b]$上连续，证明关于$\xi\in[a,b]$的命题时，一般使用介值定理。

(3) 设$f(x)$在$[a,b]$上连续，若出现函数值相加的条件时，一般使用介值定理。

设$f(x)$在开区间(a,b)内连续，并且$\lim\limits_{x\to a^+}f(x)=-\infty$，$\lim\limits_{x\to b^-}f(x)=+\infty$，证明$f(x)$在区间$(a,b)$内有零点。

答案解析

【解析】证明：因为$\lim\limits_{x\to a^+}f(x)=-\infty$，$\lim\limits_{x\to b^-}f(x)=+\infty$，所以在区间$(a,b)$内总存在一点$x_1(a<x_1<b)$，使$f(x_1)<0$；也存在一点$x_2(a<x_2<b)$，使$f(x_2)>0$，又$f(x)$在$(x_1,x_2)$上连续，且$f(x_1)f(x_2)<0$，由零点定理知至少存在一点$\xi\in(a,b)$，使$f(\xi)=0$。即$f(x)$在$(a,b)$内有零点。

变式训练

设$g(x)$在区间$[a,b]$上连续，且$g(a)\leqslant a$，$g(b)\geqslant b$，证明在区间$[a,b]$上至少存在一点ξ，使得$g(\xi)=\xi$。

必刷好题

招教高频基础刷

1. 极限$\lim\limits_{n\to\infty}(\sqrt{n+1}-\sqrt{n})=$（　　）

A. -1　　B. 0　　C. 1　　D. 2

2. 设 $f(x)=2^x+3^x-2$，则称当 $x\to0$ 时，有(　　)

A. $f(x)$ 与 x 是等价无穷小

B. $f(x)$ 与 x 是同阶但非等价无穷小

C. $f(x)$ 是比 x 高阶的无穷小

D. $f(x)$ 是比 x 低阶的无穷小

3. 设 $f(x)=\dfrac{e^{\frac{1}{x}}-1}{e^{\frac{1}{x}}+1}$，则 $x=0$ 是 $f(x)$ 的(　　)

A. 可去间断点　　B. 跳跃间断点

C. 第二类间断点　　D. 连续点

4. $\lim\limits_{x\to1}\dfrac{x^2-2x+1}{x^2-1}=$________。

5. $\lim\limits_{x\to\infty}\dfrac{x^2-1}{2x^2-x-1}=$________。

6. $\lim\limits_{x\to\infty}(2x^3-x+1)=$________。

7. $\lim\limits_{x\to+\infty}(\sqrt{x^2+x}-\sqrt{x^2-x})=$________。

8. $\lim\limits_{x\to0}\dfrac{\left(1-\frac{1}{2}x^2\right)^{\frac{2}{3}}-1}{x\ln(1+x)}=$________。

9. $\lim\limits_{x\to e}\dfrac{\ln x-1}{x-e}=$________。

10. $\lim\limits_{x\to0}\dfrac{e^{x^2}-e^{\sin^2x}}{x^4}=$________。

11. $\lim\limits_{x\to0}\dfrac{\tan x-\sin x}{x^3}=$________。

12. $\lim\limits_{x\to\infty}\left(\dfrac{1+x}{x}\right)^{2x}=$________。

13. $\lim\limits_{x\to0}\dfrac{\tan^2 2x}{1-\cos x}=$________。

14. 已知函数 $f(x)=\begin{cases}(\cos x)^{-x^2},0<|x|<\dfrac{\pi}{2},\\ a,x=0\end{cases}$ 在 $x=0$ 连续，则 $a=$________。

15. 设 $f(x)=\begin{cases}\dfrac{\arctan 3x+e^{ax}-1}{x},x<0,\\ 2,x=0,\\ \dfrac{(1+\sin x)^{\tan 5x}-1}{x\arcsin x},x>0\end{cases}$ 且 $\lim\limits_{x\to0}f(x)$ 存在，则 $a=$________。

16. 设$\lim\limits_{x\to0}\frac{(\cos x-b)\sin x}{e^x-a}=3$，则 $a=$________，$b=$________。

17. 设$f(x)$在$[a,b]$上连续，任取 $p>0,q>0$，证明：存在 $\xi\in[a,b]$，使得 $pf(a)+qf(b)=(p+q)f(\xi)$。

招教易错能力刷

1. $\lim\limits_{x\to0}\frac{1}{x}\cos\frac{1}{x}$等于(　　)

A. 0

B. 1

C. ∞

D. 不存在但不是∞

2. $\lim\limits_{x\to0}x^2\sin\frac{1}{x}=$________。

3. $\lim\limits_{n\to\infty}\left(\frac{1}{\sqrt{n^2+1}}+\frac{1}{\sqrt{n^2+2}}+\cdots+\frac{1}{\sqrt{n^2+n}}\right)=$________。

4. $\lim\limits_{x\to0^+}x^{\sin2x}=$________。

5. $\lim\limits_{x\to0}\frac{\arctan x-\arcsin x}{x^3}=$________。

6. 当 $x\to0$ 时，ax^b与 $\tan x-\sin x$ 为等价无穷小，则 $a=$________，$b=$________。

7. 设$f(x)$连续，且$f(1)=1$，则$\lim\limits_{x\to1}\frac{\int_1^{\frac{1}{x}}f(xt)\,dt}{x^3-1}=$________。

第二节　微　分

招教核心要点

1. 一元函数的微分

(1)微分的定义:设函数 $y=f(x)$ 在某区间内有定义,x_0 及 $x_0+\Delta x$ 在该区间内,如果函数的增量 $\Delta y=f(x_0+\Delta x)-f(x_0)$ 可表示为 $\Delta y=A\Delta x+o(\Delta x)$,其中 A 是不依赖于 Δx 的常数,那么称函数 $y=f(x)$ 在点 x_0 是可微的,而 $A\Delta x$ 叫作函数 $y=f(x)$ 在点 x_0 相应于自变量增量 Δx 的微分,记作 $\mathrm{d}y$,即 $\mathrm{d}y=A\Delta x$。

(2)函数 $f(x)$ 在点 x_0 可微的充要条件:函数 $f(x)$ 在点 x_0 可导,且 $\Delta y=A\Delta x+o(\Delta x)$ 中的 A 等于 $f'(x_0)$。

(3)基本初等函数的微分公式

$\mathrm{d}C=0$(C 为常数)　　$\mathrm{d}(x^a)=ax^{a-1}\mathrm{d}x$

$\mathrm{d}(\log_a x)=\dfrac{\mathrm{d}x}{x\ln a}$($a>0$,且 $a\neq1$)

$\mathrm{d}(\ln x)=\dfrac{\mathrm{d}x}{x}$

$\mathrm{d}(a^x)=a^x(\ln a)\mathrm{d}x$($a>0$,且 $a\neq1$)

$\mathrm{d}(\mathrm{e}^x)=\mathrm{e}^x\mathrm{d}x$

$\mathrm{d}(\sin x)=\cos x\mathrm{d}x$　　$\mathrm{d}(\cos x)=-\sin x\mathrm{d}x$

$\mathrm{d}(\tan x)=\sec^2 x\mathrm{d}x$　　$\mathrm{d}(\cot x)=-\csc^2 x\mathrm{d}x$

$\mathrm{d}(\arcsin x)=\dfrac{\mathrm{d}x}{\sqrt{1-x^2}}$　　$\mathrm{d}(\arccos x)=-\dfrac{\mathrm{d}x}{\sqrt{1-x^2}}$

$\mathrm{d}(\arctan x)=\dfrac{\mathrm{d}x}{1+x^2}$　　$\mathrm{d}(\mathrm{arccot}\, x)=-\dfrac{\mathrm{d}x}{1+x^2}$

2. 多元函数的微分

(1)多元函数的极限

① $\lim\limits_{\substack{x\to x_0\\ y\to y_0}} f(x,y)=A \Leftrightarrow \forall\varepsilon>0,\ \exists\delta>0$,当 $0<\sqrt{(x-x_0)^2+(y-y_0)^2}<\delta$ 时,恒有 $|f(x,y)-A|<\varepsilon$。

考向分析

函数微分的运算、偏导数的性质与运算、全微分、微分方程的求解是教师招聘考试中的重点考查内容。题目一般较为基础,考生要充分掌握其性质、定理与计算方法。

思想应用

数形结合思想:作出相应的几何图形,结合图形对问题进行求解,该思想对于理解并正确掌握二元函数偏导数与全微分等基本概念是非常重要的,同时为解决各种实际问题提供了多样化的方法。

②如果二元函数 $z=f(x,y)$ 满足条件：

（Ⅰ）$z=f(x,y)$ 在 $P(x_0,y_0)$ 点的某邻域内有定义；

（Ⅱ）$\lim\limits_{\substack{x\to x_0\\ y\to y_0}} f(x,y)$ 存在；

（Ⅲ）$\lim\limits_{\substack{x\to x_0\\ y\to y_0}} f(x,y)=f(x_0,y_0)$。

则称函数 $z=f(x,y)$ 在 $P(x_0,y_0)$ 处连续。

(2)偏导数

设函数 $z=f(x,y)$ 在点 (x_0,y_0) 的某一邻域内有定义，当 y 固定在 y_0 而 x 在 x_0 处有增量 Δx 时，相应的函数有增量 $f(x_0+\Delta x,y_0)-f(x_0,y_0)$，如果 $\lim\limits_{\Delta x\to 0}\dfrac{f(x_0+\Delta x,y_0)-f(x_0,y_0)}{\Delta x}$ 存在，那么称此极限为函数 $z=f(x,y)$ 在点 (x_0,y_0) 处对 x 的偏导数，记作 $\dfrac{\partial z}{\partial x}$，$\dfrac{\partial f}{\partial x}$ 或 $f_x(x_0,y_0)$。类似地，函数 $z=f(x,y)$ 在点 (x_0,y_0) 对 y 的偏导数定义为 $\lim\limits_{\Delta y\to 0}\dfrac{f(x_0,y_0+\Delta y)-f(x_0,y_0)}{\Delta y}$，记作 $\dfrac{\partial z}{\partial y}$，$\dfrac{\partial f}{\partial y}$ 或 $f_y(x_0,y_0)$。

(3)全微分

设函数 $z=f(x,y)$ 在点 (x,y) 的某一邻域内有定义，如果函数在点 (x,y) 的全增量 $\Delta z=f(x+\Delta x,y+\Delta y)-f(x,y)$ 可表示为 $\Delta z=A\Delta x+B\Delta y+o(\rho)$，其中 A 和 B 不依赖于 Δx 和 Δy，而仅与 x 和 y 有关，$\rho=\sqrt{(\Delta x)^2+(\Delta y)^2}$，那么称函数 $z=f(x,y)$ 在点 (x,y) 可微分，而 $A\Delta x+B\Delta y$ 称为函数 $z=f(x,y)$ 在点 (x,y) 的全微分，记作 $\mathrm{d}z$，即 $\mathrm{d}z=A\Delta x+B\Delta y$。

招教考向解读

考向1 函数微分的运算

解法突破

(1) $y=f(x)$ 在 $x=x_0$ 处可导与可微等价。

(2) 设 $y=f(x)$ 处处可微，则 $\mathrm{d}y=\mathrm{d}f(x)=f'(x)\mathrm{d}x$。

(3) 若 $f(x)$ 在 $x=x_0$ 处可微，则 $\Delta y-\mathrm{d}y=o(\Delta x)$。

真题过招

(2020 云南特岗，3 分) 已知 $y=\sin(2x+1)$，则 $\mathrm{d}y=$ (　　)

A. $\sin(2x+1)\mathrm{d}x$　　B. $\cos(2x+1)\mathrm{d}x$

C. $2\sin(2x+1)\mathrm{d}x$　　D. $2\cos x(2x+1)\mathrm{d}x$

答案解析

D　【解析】$\mathrm{d}y=2\cos(2x+1)\mathrm{d}x$。

变式训练

设 $y=\ln\sin\sqrt{x}$，求 $\mathrm{d}y$。

考向2 偏导数

(一) 连续、可偏导、可微的关系

解法突破

(1) 若函数 $f(x,y)$ 在点 (x_0,y_0) 处可微，则 $f(x,y)$ 在点 (x_0,y_0) 处偏导数存在，反之不对。

(2) 设 $f(x,y)$ 两个偏导数存在且连续，则 $f(x,y)$ 一定可微，反之不对。

(3) 可微必连续，反之不对。

真题过招

1. (2019 山东潍坊诸城,10 分)设$f(x,y)=\begin{cases}xy\sin\dfrac{1}{\sqrt{x^2+y^2}},x^2+y^2\neq0,\\0,x^2+y^2=0。\end{cases}$

证明:函数$f(x,y)$在点$(0,0)$处连续,偏导数存在且可微。

答案解析

【解析】证明:$\lim\limits_{(x,y)\to(0,0)}|f(x,y)|\leqslant\lim\limits_{(x,y)\to(0,0)}|xy|=0=f(0,0)$,所以$f(x,y)$在$(0,0)$处连续。

$f_x(0,0)=\lim\limits_{x\to0}\dfrac{f(x,0)-f(0,0)}{x-0}=\dfrac{0}{x}=0$,$f_y(0,0)=\lim\limits_{y\to0}\dfrac{f(0,y)-f(0,0)}{y-0}=\dfrac{0}{y}=0$,所以$f(x,y)$在$(0,0)$处偏导数存在且都等于0。

又在$(0,0)$附近任取一点(x_0,y_0),则$f_x'(x_0,0)=\lim\limits_{\Delta x\to0}\dfrac{f(x_0+\Delta x,0)-f(x_0,0)}{\Delta x}=\dfrac{0}{\Delta x}=0$,$f_y'(0,y_0)=\lim\limits_{\Delta y\to0}\dfrac{f(0,y_0+\Delta y)-f(0,y_0)}{\Delta y}=\dfrac{0}{\Delta y}=0$,所以$f(x,y)$在$(0,0)$处的偏导数存在且连续,$f(x,y)$在$(0,0)$处可微。

变式训练

1. “函数$y=f(x)$在x_0点可微”是“$y=f(x)$在x_0点连续”的(　　)

A. 充分条件　　B. 必要条件

C. 充要条件　　D. 既不充分也不必要条件

(二)求偏导的方法

1. 显函数求偏导

解法突破

形如$z=f(x,y)$的显函数分别对x,y求偏导,显函数求偏导与一元函数求导数相同,若求$\dfrac{\partial z}{\partial x}$,只需将$y$看成常数即可。

注:求偏导在教师招聘考试中一般在求解全微分的过程中进行考查。

真题过招 »

2. (2021 贵州特岗,5 分) 求函数 $u=x^2+\sin\frac{y}{3}+e^{yz}$的全微分。

答案解析

【解析】$\frac{\partial u}{\partial x}=2x,\frac{\partial u}{\partial y}=\frac{1}{3}\cos\frac{y}{3}+ze^{yz},\frac{\partial u}{\partial z}=ye^{yz}$,所以 $du=2xdx+\left(\frac{1}{3}\cos\frac{y}{3}+ze^{yz}\right)dy+ye^{yz}dz$。

3. (2020 陕西特岗,2 分) $z=y+xe^y+1$,则 $dz=($　　$)$

A. $(y+e^y)dx+(1+xe^y)dy$　　B. $(1+e^y)dx+(1+xe^y)dy$

C. $e^ydx+(1+xe^y)dy$　　D. e^ydx+xe^ydy

答案解析

C　【解析】$\because z=y+xe^y+1,\therefore\frac{\partial z}{\partial x}=e^y,\frac{\partial z}{\partial y}=1+xe^y$,那么 $dz=\frac{\partial z}{\partial x}dx+\frac{\partial z}{\partial y}dy=e^ydx+(1+xe^y)dy$。

变式训练

2. 已知函数 $z=x^2+3xy+2x+y$,则$\frac{\partial z}{\partial x}=($　　$)$

A. $2x+3y$　　B. $2x+3y+2$

C. $3y+1$　　D. $2x+1$

3. 已知 $z=x\sin y$,则$\frac{\partial z}{\partial y}\Big|_{(1,\frac{\pi}{4})}=($　　$)$

A. $\frac{\sqrt{2}}{2}$　　B. $-\frac{\sqrt{2}}{2}$

C. $\sqrt{2}$　　D. $-\sqrt{2}$

2. 隐函数求偏导

解法突破

设 $F(x,y,z)=0$,则$\frac{\partial z}{\partial x}=-\frac{F_x'}{F_z'},\frac{\partial z}{\partial y}=-\frac{F_y'}{F_z'}$。

典例

4. 设方程 $f(x,e^z+y)=0$ 确定了可微的隐函数 $z=z(x,y)$，其中 f 具有连续的偏导数，则 $\frac{\partial z}{\partial x}=($　　$)$

A. 0　　B. $\frac{f_1'}{e^z f_2'}$　　C. $-\frac{f_2'}{e^z f_1'}$　　D. $-\frac{f_1'}{e^z f_2'}$

答案解析

D 【解析】$f(x,e^z+y)=0$ 对 x 求偏导数得 $f_1'+f_2'\left(e^z\frac{\partial z}{\partial x}\right)=0$，所以 $\frac{\partial z}{\partial x}=-\frac{f_1'}{e^z f_2'}$，故选 D。

变式训练

4. $\frac{x}{z}=\ln\frac{z}{y}$，确定函数 $z=f(x,y)$，求 $\frac{\partial z}{\partial x}$，$\frac{\partial z}{\partial y}$。

考向3 全微分

解法突破

(1) 多元函数全微分的运算法则与一元函数微分的运算法则在形式上是相同的。

(2) 利用一阶偏导数求微分。

真题过招

(2022 陕西特岗，2 分) 二元函数 $z=\ln(1+x^2+y^2)$，当 $x=1$，$y=2$ 时的全微分 $dz=($　　$)$

A. $\frac{2xdx+2ydy}{1+x^2+y^2}$　　B. $\frac{2xdx-2ydy}{1+x^2+y^2}$

C. $\frac{1}{6}dx+\frac{1}{6}dy$　　D. $\frac{1}{3}dx+\frac{2}{3}dy$

答案解析

D 【解析】由题知二元函数 $z=\ln(1+x^2+y^2)$，所以 $\frac{\partial z}{\partial x}=\frac{2x}{1+x^2+y^2}$，$\frac{\partial z}{\partial y}=\frac{2y}{1+x^2+y^2}$，所以全微分 $dz=\frac{\partial z}{\partial x}dx+\frac{\partial z}{\partial y}dy=\frac{2x}{1+x^2+y^2}dx+\frac{2y}{1+x^2+y^2}dy$，所以当 $x=1$，$y=2$ 时，全微分为 $\frac{1}{3}dx+\frac{2}{3}dy$。

变式训练

设 $z=\dfrac{x}{x^2+y^2}$，求 $\mathrm{d}z$。

考向4 微分方程的求解

(一)变量可分离的微分方程

解法突破

(1) $y'=f(x)g(y)$：

$\dfrac{\mathrm{d}y}{g(y)}=f(x)\mathrm{d}x\Rightarrow\int\dfrac{\mathrm{d}y}{g(y)}=\int f(x)\mathrm{d}x+C$。

(2) $M_1(x)N_1(y)\mathrm{d}x+M_2(x)N_2(y)\mathrm{d}y=0$：

$\dfrac{M_1(x)}{M_2(x)}\mathrm{d}x=-\dfrac{N_2(y)}{N_1(y)}\mathrm{d}y\Rightarrow\int\dfrac{M_1(x)}{M_2(x)}\mathrm{d}x=-\int\dfrac{N_2(y)}{N_1(y)}\mathrm{d}y+C$。

(3) 令 $u=\dfrac{y}{x}$，即 $y=ux\Rightarrow y'=u+x\dfrac{\mathrm{d}u}{\mathrm{d}x}$，则 $y'=\varphi\left(\dfrac{y}{x}\right)\Rightarrow u+x\dfrac{\mathrm{d}u}{\mathrm{d}x}=\varphi(u)\Rightarrow\dfrac{\mathrm{d}u}{\varphi(u)-u}=\dfrac{\mathrm{d}x}{x}\Rightarrow$

$\int\dfrac{\mathrm{d}u}{\varphi(u)-u}=\ln x+C$。

真题过招

1. (2020 陕西特岗,2 分) $3x^2+2x-y'=0$ 在 $(1,0)$ 处的解为(　　)

A. $y=x^3+x^2+C$　　B. $y=x^3+x^2$　　C. $y=x^3+x^2-1$　　D. $y=x^3+x^2-2$

答案解析

D 【解析】由题意得，$y'=3x^2+2x$，则 $y=x^3+x^2+C$，将 $(1,0)$ 代入，得 $C=-2$，故 $y=x^3+x^2-2$。

变式训练

1. 微分方程 $y'-2x=0$ 的通解为(　　)

A. $y=x^2+C$　　B. $y=2x^2+C$

C. $y=2x+C$　　D. $y=x+C$

2. 下列哪个函数是微分方程 $y''-x=0$ 的一个解?（　　）

A. $y=\frac{1}{3}x^3$　　B. $y=\frac{1}{3}x^3+1$　　C. $y=2x^2$　　D. $y=\frac{1}{6}x^3$

3. 求齐次方程的通解:$x\frac{\mathrm{d}y}{\mathrm{d}x}=y\ln\frac{y}{x}$。

(二)一阶线性微分方程

解法突破

一阶线性微分方程 $y'+p(x)y=q(x)$ 的通解为 $y=\left(\int q(x)\mathrm{e}^{\int p(x)\mathrm{d}x}\mathrm{d}x+C\right)\mathrm{e}^{-\int p(x)\mathrm{d}x}$。

真题过招

2. (2022 陕西特岗,2 分)下列各微分方程中为一阶线性微分方程的是(　　)

A. $xy'+y^2=x$　　B. $y'+xy=\sin x$

C. $yy'=x$　　D. $(y')^2+xy=0$

答案解析

B 【解析】方程$\frac{\mathrm{d}y}{\mathrm{d}x}+P(x)y=Q(x)$叫作一阶线性微分方程,只有 B 选项符合。

3. (2021 贵州特岗,3 分)下列函数中是微分方程$\frac{\mathrm{d}y}{\mathrm{d}x}+y=2\cos x$ 的解的是(　　)

A. $y=\sin x+\cos x$　　B. $y=\sin x-\cos x$

C. $y=-\sin x+\cos x$　　D. $y=-\sin x-\cos x$

答案解析

A 【解析】由一阶非齐次线性微分方程的通解可得,$y=\mathrm{e}^{-\int\mathrm{d}x}\left(\int 2\cos x\mathrm{e}^{\int\mathrm{d}x}\mathrm{d}x+C\right)$,即 $y=\sin x+\cos x+C\mathrm{e}^{-x}$,其中 C 是常数,故选 A。

变式训练

4. 微分方程 $y'+3y=8$ 的通解是(　　)

A. $y=\frac{8}{3}-\frac{2}{3}\mathrm{e}^{-3x}$　　B. $y=C-\frac{2}{3}\mathrm{e}^{-3x}$　　C. $y=\frac{8}{3}+C\mathrm{e}^{-3x}$　　D. $y=C_1+C_2\frac{2}{3}\mathrm{e}^{-3x}$

必刷好题

招教高频基础刷

1. 设函数 $y=f(u)$ 和 $u=\varphi(x)$ 都可导,则 $\mathrm{d}y=$（　　）

A. $f'(u)\mathrm{d}x$

B. $f'(u)\varphi'(x)\mathrm{d}x$

C. $f'(u)\varphi'(x)\mathrm{d}u$

D. $f'(x)\varphi'(x)\mathrm{d}x$

2. 计算 $\lim\limits_{(x,y)\to(0,0)}\sqrt{x^2+y^2}\cos\dfrac{1}{xy}=$（　　）

A. 不存在

B. 0

C. 1

D. 2

3. 已知函数 $y=2^{\frac{1}{x}}\sin^2(2x^2)$,则 $\mathrm{d}y=$________。

4. 设 $\sin y+\mathrm{e}^x-xy^2=0$,则$\dfrac{\mathrm{d}y}{\mathrm{d}x}=$________。

5. 已知 $y'=\mathrm{e}^{2x-y}$,$y|_{x=0}=0$,则 $y=$________。

6. 设 $\rho=\theta\sin\theta+\dfrac{1}{2}\cos\theta$,则$\dfrac{\mathrm{d}\rho}{\mathrm{d}\theta}\Big|_{\theta=\frac{\pi}{4}}=$________。

7. 函数 $z=xy+\dfrac{x}{y}$的全微分 $\mathrm{d}z=$________。

8. 函数 $z=\ln(1+x^2+y^2)$ 在点 $(1,2)$ 处的全微分 $\mathrm{d}z=$________。

9. 已知 $z=x^3y-y^3x$,则$\dfrac{\partial z}{\partial x}=$________。

10. 已知 $z=\sqrt{\ln(xy)}$,则$\dfrac{\partial z}{\partial y}=$________。

11. 微分方程$\dfrac{\mathrm{d}y}{\mathrm{d}x}+y=\mathrm{e}^{-x}$的通解是 $y=$________。

12. 微分方程 $xy'-y\ln y=0$ 的通解是 $y=$________。

13. 求齐次方程 $xy'-y-\sqrt{y^2-x^2}=0$ 的通解。

14. 设 $f(x)$ 在 $[0,2]$ 上连续,在 $(0,2)$ 内可导,且 $3f(0)=f(1)+2f(2)$,证明:存在 $\xi\in(0,2)$,使得 $f'(\xi)=0$。

15. 讨论函数 $z=f(x,y)=\begin{cases}(x^2+y^2)\sin\dfrac{1}{\sqrt{x^2+y^2}}, & x^2+y^2\neq 0,\\ 0, & x^2+y^2=0\end{cases}$ 在坐标原点处:

(1)是否连续;

(2)偏导数是否存在;

(3)是否可微。

第三节 积 分

1. 不定积分

(1) 不定积分常用公式(C 为任意常数)

$$\int \mathrm{d}x = x + C$$

$$\int k\mathrm{d}x = kx + C$$

$$\int x^{a}\mathrm{d}x = \frac{1}{a+1}x^{a+1} + C(a \neq -1)$$

$$\int \frac{1}{x}\mathrm{d}x = \ln|x| + C(x \neq 0)$$

$$\int \cos x\mathrm{d}x = \sin x + C$$

$$\int \sin x\mathrm{d}x = -\cos x + C$$

$$\int \sec^{2}x\mathrm{d}x = \tan x + C$$

考向分析

不定积分的计算、定积分的性质、定积分的计算与实际应用是教师招聘考试中的重点考查内容。题目一般较为基础,充分掌握其性质、定理与计算方法是解题的关键。

$\int \csc^2 x dx = -\cot x + C$

$\int \frac{1}{1+x^2} dx = \arctan x + C$

$\int \frac{1}{\sqrt{1-x^2}} dx = \arcsin x + C$

$\int e^x dx = e^x + C$

$\int a^x dx = \frac{1}{\ln a} a^x + C(a > 0, 且 a \neq 1)$

(2)① 第一类换元积分法：$\int f[\varphi(x)] \cdot \varphi'(x) dx = \int f[\varphi(x)] d\varphi(x) = F[\varphi(x)] + C$。

② 第二类换元积分法：$\int f(x) dx = \int f[\varphi(t)] \varphi'(t) dt$。

③ 分部积分法：$\int u dv = uv - \int v du$。

2. 定积分

(1) 平面图形的面积

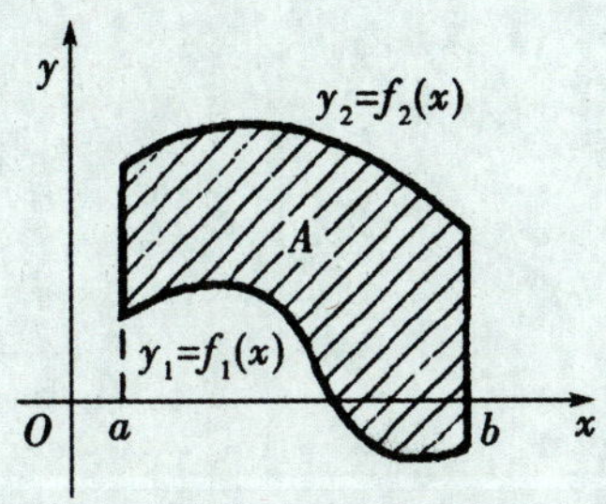

① 由连续曲线 $y = f(x)$ ($f(x) \geq 0$) 和 x 轴以及直线 $x = a, x = b$ ($a < b$) 所围成曲边梯形面积为 S，则$S = \int_a^b f(x) dx$。

② 若一块图形由连续曲线 $y_1 = f_1(x), y_2 = f_2(x)$ 以及直线 $x = a, x = b$ ($a < b$) 所围成，且在区间$[a,b]$上$f_1(x) \leq f_2(x)$，则其围成图形的面积 $S = \int_a^b [f_2(x) - f_1(x)] dx$。

(2) 旋转体的体积：$V_x = \int_a^b \pi f^2(x) dx$。

思想应用

数形结合思想：通过实际的图形，把抽象的问题具体化、形象化，该思想可以帮助考生直观地理解定积分与重积分的几何意义。

招教考向解读

考向1 不定积分的计算

(一) 第一类换元积分法(凑微分法)

第一类换元法

解法突破

用凑微分法求解不定积分时，首先要认真观察被积函数，寻找导数项内容，同时为下一步积分做准备。当看不清楚被积函数的特点时，不妨从被积函数中拿出部分算式求导。

常用的凑微分的形式：

①$\int f(ax+b)\mathrm{d}x=\frac{1}{a}\int f(ax+b)\mathrm{d}(ax+b)(a\neq 0)$；

②$\int f(x^{\alpha})x^{\alpha-1}\mathrm{d}x=\frac{1}{\alpha}\int f(x^{\alpha})\mathrm{d}(x^{\alpha})(\alpha\neq 0)$；

③$\int f(\ln x)\cdot\frac{1}{x}\mathrm{d}x=\int f(\ln x)\mathrm{d}(\ln x)$；

④$\int f(\mathrm{e}^{x})\cdot \mathrm{e}^{x}\mathrm{d}x=\int f(\mathrm{e}^{x})\mathrm{d}(\mathrm{e}^{x})$；

⑤$\int f(\sin x)\cos x\mathrm{d}x=\int f(\sin x)\mathrm{d}(\sin x)$；

⑥$\int f(\arcsin x)\cdot\frac{1}{\sqrt{1-x^{2}}}\mathrm{d}x=\int f(\arcsin x)\mathrm{d}(\arcsin x)$。

典例

1. 求不定积分$\int\cos^{3}x\mathrm{d}x$。

答案解析

【解析】$\int\cos^{3}x\mathrm{d}x=\int\cos^{2}x\cos x\mathrm{d}x=\int(1-\sin^{2}x)\cos x\mathrm{d}x=\int(1-\sin^{2}x)\mathrm{d}\sin x=\sin x-\frac{1}{3}\sin^{3}x+C$。

变式训练

1. 计算$\int \frac{1}{x^2 - a^2}\mathrm{d}x(a \neq 0)$。

(二) 第二类换元积分法

解法突破

第二类换元积分法主要是针对多种形式的无理根式，常见的变换形式主要有以下三种：

① $\sqrt{a^2 - x^2}$：$x = a\sin t$；

② $\sqrt{x^2 + a^2}$：$x = a\tan t$；

③ $\sqrt{x^2 - a^2}$：$x = a\sec t$。(以上三种代换称为三角代换)

真题过招

2. (2022 陕西特岗,2 分) 在计算不定积分$\int \sqrt{x^2 - 9}\mathrm{d}x$时，为了把被积函数有理化，可作变换(　　)

A. $x = 3\sin t$　　B. $x = 3\tan t$　　C. $x = 3\sec t$　　D. $t = \sqrt{x^2}$

答案解析

C 【解析】要使被积函数有意义，则有$x^2 - 9 \geqslant 0 \Rightarrow x \leqslant -3$或$x \geqslant 3$，即$\frac{x}{3} \leqslant -1$或$\frac{x}{3} \geqslant 1$，所以可令$\frac{x}{3} = \sec t$，即$x = 3\sec t$。

变式训练

2. 求不定积分$\int \frac{1}{\sqrt{x^2 + a^2}}\mathrm{d}x(a > 0)$。

(三) 分部积分法

解法突破

常见的用分部积分的几种题型：

以下式子中 $P_m(x)$ 表示关于 x 的 m 次多项式，

①$\int P_m(x)e^x dx$；$\int P_m(x)\sin x dx$；$\int P_m(x)\cos x dx$。

注：上述三种类型中应选 $P_m(x)$ 作公式中的 $u(x)$。

②$\int P_m(x)\ln x dx$；$\int P_m(x)\arcsin x dx$；$\int P_m(x)\arctan x dx$。

注：上述三种类型中应选 $P_m(x)$ 作公式中的 $v'(x)$。

③$\int e^x \sin x dx$；$\int e^x \cos x dx$。

注：上述两种类型 e^x 可以作公式中的 $u(x)$，也可以作公式中的 $v'(x)$。经过一次分部积分之后，如果并没有把积分难易程度转化，这时需再次施以分部积分，移项解方程可得。但是必须注意两次分部积分时，需使选取的 $u(x)$ 为同一函数类型。

典例

3. 求下列不定积分。

$\int (x^3+2x+5)\cos 2x dx$。

答案解析

【解析】原式 $=\frac{1}{2}(x^3+2x+5)\sin 2x-\frac{1}{2}\int(3x^2+2)\sin 2x dx=\frac{1}{2}(x^3+2x+5)\sin 2x+\frac{1}{4}(3x^2+2)\cos 2x-\frac{3}{2}\int x\cos 2x dx=\frac{1}{2}(x^3+2x+5)\sin 2x+\frac{1}{4}(3x^2+2)\cos 2x-\frac{3}{4}x\sin 2x-\frac{3}{8}\cos 2x+C=\frac{1}{2}\sin 2x\left(x^3+\frac{1}{2}x+5\right)+\frac{1}{4}\cos 2x\left(3x^2+\frac{1}{2}\right)+C$。

变式训练

3. $\int \frac{\ln x}{x^2}dx=$（　　）

A. $\frac{\ln x}{x}+\frac{1}{x}+C$　　B. $-\frac{\ln x}{x}+\frac{1}{x}+C$

C. $\frac{\ln x}{x}-\frac{1}{x}+C$　　D. $-\frac{\ln x}{x}-\frac{1}{x}+C$

4. 求不定积分 $\int x\cos x dx$。

考向2 定积分的概念与性质

解法突破

(1) $\int_a^a f(x)\mathrm{d}x = 0, \int_a^b f(x)\mathrm{d}x = -\int_b^a f(x)\mathrm{d}x$。

(2) 若$f(x)$在$[a,b]$上连续或只有有限个第一类间断点,则$f(x)$在$[a,b]$上可积。

(3) $f(x)$在$[a,b]$上有界是$f(x)$在$[a,b]$上可积的必要条件。

真题过招

1. (2021 山东东营,1.52分) 已知$f(x)$是连续函数,且$f(x) = x+2\int_0^1 f(t)\mathrm{d}t$,则$f(x) =$ (　　)

A. $\frac{x^2+1}{2}$　　　　B. x^2+2

C. $x-1$　　　　D. $x+2$

答案解析

C 【解析】设$b = 2\int_0^1 f(t)\mathrm{d}t$,则由$f(x) = x+2\int_0^1 f(t)\mathrm{d}t$,可得$f(x) = x+b$,$\therefore f(t) = t+b$,$\therefore f(x) = x+2\int_0^1 f(t)\mathrm{d}t = x+2\int_0^1 (t+b)\mathrm{d}t = x+2\left(\frac{1}{2}t^2+bt\right)\Big|_0^1 = x+2\left(\frac{1}{2}+b\right) = x+1+2b$,$\therefore x+b = x+1+2b$,解得$b=-1$,$\therefore f(x) = x-1$。

2. (2021 山东日照东港区,6分) 证明:

(1) 若$f(x)$在$[-a,a]$上连续且为偶函数,则$\int_{-a}^a f(x)\mathrm{d}x = 2\int_0^a f(x)\mathrm{d}x$;

(2) 若$f(x)$在$[-a,a]$上连续且为奇函数,则$\int_{-a}^a f(x)\mathrm{d}x = 0$。

答案解析

【解析】$\because \int_{-a}^a f(x)\mathrm{d}x = \int_{-a}^0 f(x)\mathrm{d}x + \int_0^a f(x)\mathrm{d}x$,对积分$\int_{-a}^0 f(x)\mathrm{d}x$,设$x=-t$,那么$\mathrm{d}x = -\mathrm{d}t$,所以$\int_a^0 f(-t)(-\mathrm{d}t) = -\int_a^0 f(-t)\mathrm{d}t = \int_0^a f(-t)\mathrm{d}t = \int_0^a f(-x)\mathrm{d}x$,于是$\int_{-a}^a f(x)\mathrm{d}x = \int_0^a f(x)\mathrm{d}x + \int_0^a f(-x)\mathrm{d}x = \int_0^a [f(x)+f(-x)]\mathrm{d}x$。

(1) 若$f(x)$在$[-a,a]$上连续且为偶函数,那么$f(x)+f(-x)=2f(x)$,此时$\int_{-a}^{a}f(x)\mathrm{d}x=2\int_{0}^{a}f(x)\mathrm{d}x$。(2) 若$f(x)$在$[-a,a]$上连续且为奇函数,那么$f(x)+f(-x)=0$,此时$\int_{-a}^{a}f(x)\mathrm{d}x=0$。

变式训练

1. 若函数$f(x)$在$[0,1]$上黎曼可积,则$f(x)$在$[0,1]$上(　　)

A. 连续　　　　B. 单调

C. 可导　　　　D. 有界

2. 下列命题不正确的是(　　)

A. 若$f(x)$是连续的奇函数,则$\int_{-a}^{a}f(x)\mathrm{d}x=0$

B. 若$f(x)$是连续的偶函数,则$\int_{-a}^{a}f(x)\mathrm{d}x=2\int_{0}^{a}f(x)\mathrm{d}x$

C. 若$f(x)$在$[a,b]$上连续且恒正,则$\int_{a}^{b}f(x)\mathrm{d}x>0$

D. 若$f(x)$在$[a,b)$上连续且$\int_{a}^{b}f(x)\mathrm{d}x>0$,则$f(x)$在$[a,b)$上恒正

考向3 定积分的计算

(一) 牛顿—莱布尼茨公式

解法突破

利用$\int_{a}^{b}f(x)\mathrm{d}x=F(x)\Big|_{a}^{b}=F(b)-F(a)$计算。

真题过招

1. (2022 安徽中学数学,4 分) $\int_{-1}^{1}\frac{x+|x|}{2+x^2}\mathrm{d}x=$________。

答案解析

$\ln\frac{3}{2}$ 【解析】$\int_{-1}^{1}\frac{x+|x|}{2+x^2}\mathrm{d}x=\int_{-1}^{0}\frac{x+(-x)}{2+x^2}\mathrm{d}x+\int_{0}^{1}\frac{2x}{2+x^2}\mathrm{d}x=0+\int_{0}^{1}\frac{2x}{2+x^2}\mathrm{d}x=\ln(2+x^2)\Big|_{0}^{1}=\ln\frac{3}{2}$。

2. (2021 山东东营,1.52 分) 已知$\int_1^a\left(2x+\frac{1}{x}\right)dx=3+\ln2$,则 a 的值为(　　)

A. 2　　B. 3　　C. 4　　D. 8

答案解析

A 【解析】$\int_1^a\left(2x+\frac{1}{x}\right)dx=(x^2+\ln x)\Big|_1^a=a^2+\ln a-1=3+\ln2$,解得 $a=2$。

变式训练

1. 计算:$\int_1^2\frac{1}{x^2+2x}dx=$ ________。

2. 计算定积分$\int_0^{\pi}(2^x+x\sin x)dx=$ ________。

3. $\int_0^1(2x-\sqrt{x})dx=$ ________。

(二) 定积分的换元积分法

解法突破

应用定积分的换元积分法,积分式中引入新的变量时,积分限要变,新的积分变量不写出时,积分限不变。

真题过招

3. (2022 浙江宁波,6 分) 求定积分$\int_1^2\frac{15-6x}{(1+2x)(4-x)}dx$。

答案解析

【解析】$\int_1^2\frac{15-6x}{(1+2x)(4-x)}dx=\int_1^2\left(\frac{4}{1+2x}-\frac{1}{4-x}\right)dx=4\int_1^2\frac{1}{1+2x}dx-\int_1^2\frac{1}{4-x}dx=$ $2\int_1^2\frac{1}{1+2x}d(1+2x)-\int_1^2\frac{1}{4-x}dx=2\ln(1+2x)\Big|_1^2+\ln(4-x)\Big|_1^2=2\ln5-2\ln3+\ln2-$ $\ln3=2\ln5-3\ln3+\ln2=\ln\frac{50}{27}$。

4. (2019 山东德州平原县,8 分) 求定积分$\int_0^4\frac{x+2}{\sqrt{2x+1}}dx$。

答案解析

【解析】令 $\sqrt{2x+1}=t$，则 $x=\dfrac{t^2-1}{2}$，$dx=tdt$，

当 $x=0$ 时，$t=1$，当 $x=4$ 时，$t=3$，

因此 $\int_0^4 \dfrac{x+2}{\sqrt{2x+1}}dx=\int_1^3 \dfrac{\frac{t^2-1}{2}+2}{t}\cdot tdt=\dfrac{1}{2}\int_1^3(t^2-1+4)dt=\dfrac{1}{2}\left(\dfrac{t^3}{3}+3t\right)\Bigg|_1^3=\dfrac{22}{3}$。

变式训练

4. 定积分 $\int_0^1 e^{\sqrt{x}}dx=$ ________。

（三）特殊形式的定积分计算

1. 利用积分区间的对称性及函数的奇偶性计算

解法突破

遇到对称区间上的积分，先验证被积函数是否具有奇偶性，如果具有奇偶性，则可简化定积分的计算。若 $f(x)$ 是偶函数，则 $\int_{-a}^{a}f(x)dx=2\int_0^a f(x)dx$；若 $f(x)$ 是奇函数，则 $\int_{-a}^{a}f(x)dx=0$。

真题过招

5. （2022 山西特岗，3 分）已知 $f(x)$ 为偶函数，且 $\int_0^2 f(x)dx=4$，则 $\int_{-2}^{2}(2f(x)+xe^{|x|})dx=$（　　）

A. 0　　B. 4　　C. 8　　D. 16

答案解析

D 【解析】设 $g(x)=xe^{|x|}$，则 $g(-x)=-xe^{|-x|}=-xe^{|x|}=-g(x)$，所以 $g(x)$ 为奇函数，由定积分的性质可知 $\int_{-2}^{2}xe^{|x|}dx=0$。因为 $f(x)$ 为偶函数，所以 $\int_{-2}^{2}(2f(x)+xe^{|x|})dx=\int_{-2}^{2}2f(x)dx+\int_{-2}^{2}xe^{|x|}dx=4\int_0^2 f(x)dx+0=4\times4=16$。

变式训练

5. 设 $f(x)$ 在区间 $(-\infty,+\infty)$ 内连续，且对任何 x,y 有 $f(x+y)=f(x)+f(y)$，计

算$\int_{-1}^{1}(x^2+1)f(x)\mathrm{d}x$。

2. 利用定积分的几何意义计算

解法突破

常用公式：$\int_{-R}^{R}\sqrt{R^2-x^2}\mathrm{d}x=\frac{1}{2}\pi R^2$；$\int_{-R}^{0}\sqrt{R^2-x^2}\mathrm{d}x=\int_{0}^{R}\sqrt{R^2-x^2}\mathrm{d}x=\frac{1}{4}\pi R^2$。

真题过招

6. (2022 安徽小学数学,4 分) $\int_{-1}^{1}\sqrt{1-x^2}\mathrm{d}x=$ ________。

答案解析

$\frac{\pi}{2}$ 【解析】$\int_{-1}^{1}\sqrt{1-x^2}\mathrm{d}x$ 的几何意义为以原点为圆心，半径为 1 的圆在 x 轴上方的部分的面积，即二分之一个半径为 1 的圆的面积，即为$\frac{1}{2}\times\pi\times 1^2=\frac{\pi}{2}$。

变式训练

6. 定积分$\int_{0}^{2}\sqrt{4-x^2}\mathrm{d}x$ 的值为________。

7. $\int_{0}^{2}\sqrt{2x-x^2}\mathrm{d}x=$ ________。

3. 分段函数(含绝对值的函数)的定积分的计算

解法突破

被积函数是分段函数时，应分段求积分；被积函数含有绝对值符号时，先去绝对值符号再分段积分。

典例

7. 定积分$\int_{-1}^{3}|x-2|\mathrm{d}x$ 的值为(　　)

A. 3　　B. 4　　C. 5　　D. 6

答案解析

C 【解析】$\int_{-1}^{3}|x-2|\mathrm{d}x=\int_{-1}^{2}(2-x)\mathrm{d}x+\int_{2}^{3}(x-2)\mathrm{d}x=\left(2x-\frac{1}{2}x^2\right)\Big|_{-1}^{2}+\left(\frac{1}{2}x^2-2x\right)\Big|_{2}^{3}=\frac{9}{2}+\frac{1}{2}=5$。

变式训练

8. 计算$\int_{-2}^{5}f(x)\mathrm{d}x$,其中$f(x)=\begin{cases}13-x^2,x<2,\\1+x^2,x\geqslant 2。\end{cases}$

考向4 定积分的应用

(一)利用定积分计算平面图形面积

解法突破

用定积分求平面图形的面积,一定要先作出由各曲线所围成的图形,并确定曲线的交点,然后观察这些曲线围成的图形是不是坐标轴上的曲边梯形。如不是,看其能否表示为两曲边梯形之差或之和,弄清这些后就可将所求图形的面积表示成定积分。

真题过招

1. (2022 陕西特岗,2 分) 曲线$y=x^2$,$x=y^2$所围成的图形面积可表示为( )

A. $\int_0^1(x^2-\sqrt{x})\mathrm{d}x$ B. $\int_0^1(\sqrt{x}-x^2)\mathrm{d}x$ C. $\int_0^1(x-x^2)\mathrm{d}x$ D. $\int_0^1(x^2-x)\mathrm{d}x$

答案解析

B 【解析】$x=y^2\Rightarrow y=\sqrt{x}$,令$\sqrt{x}=x^2\Rightarrow x=0$或1,且在$(0,1)$上,函数$y=\sqrt{x}$在函数$y=x^2$的上方,所以曲线$y=x^2$,$x=y^2$所围成的图形面积可表示为$\int_0^1(\sqrt{x}-x^2)\mathrm{d}x$。

2. (2019 四川宜宾,4 分) 由曲线$y=x^2$和直线$y=x$及$y=2x$所围成的平面图形的面积为________。

答案解析

$\frac{7}{6}$ 【解析】在同一平面直角坐标系下作出曲线$y=x^2$,直线$y=x$,$y=2x$的图象,所求面积为图中阴影部分的面积。易求得三条线的交点坐标分别是$(0,0)(1,1)(2,4)$。由定积分的几何意义知,所

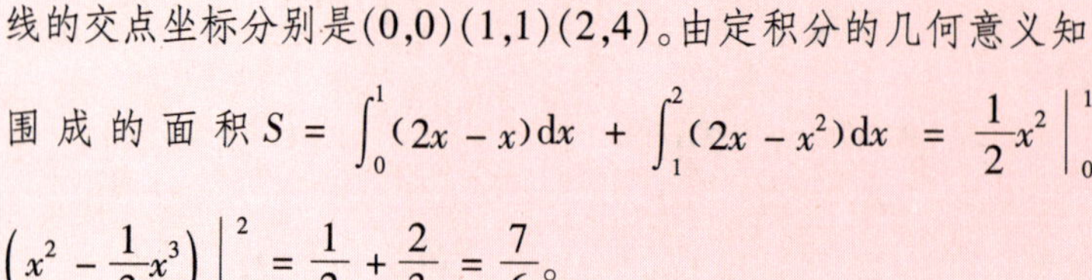
围成的面积$S=\int_0^1(2x-x)\mathrm{d}x+\int_1^2(2x-x^2)\mathrm{d}x=\frac{1}{2}x^2\Big|_0^1+\left(x^2-\frac{1}{3}x^3\right)\Big|_1^2=\frac{1}{2}+\frac{2}{3}=\frac{7}{6}$。

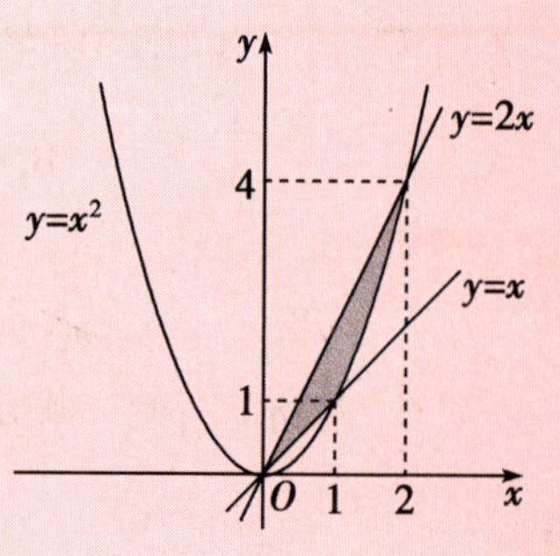

变式训练

1. 曲线 $y = x^2$ 和直线 $y = x + 2$ 所围成区域的面积是(　　)

A. $\frac{1}{2}$　　B. 1　　C. $\frac{9}{2}$　　D. 3

2. 曲线 $y = \frac{1}{x} + 2x + 2e^{2x}$，直线 $x = 1, x = e$ 和 x 轴所围成的区域的面积是________。

3. 如图，求抛物线 $y = f(x)$ 与 x 轴围成的面积 S。

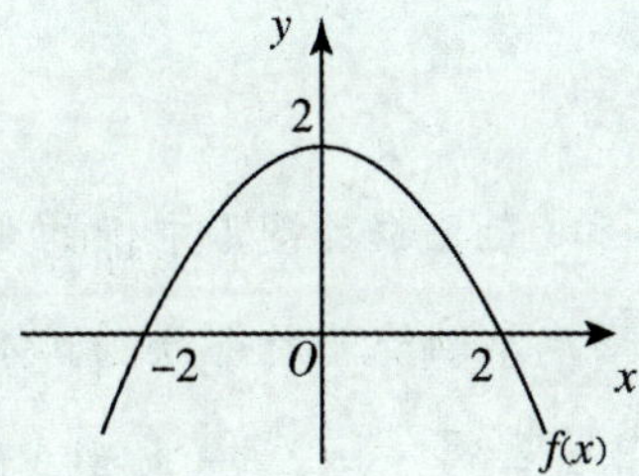

(二) 利用定积分计算旋转体体积

解法突破

(1)

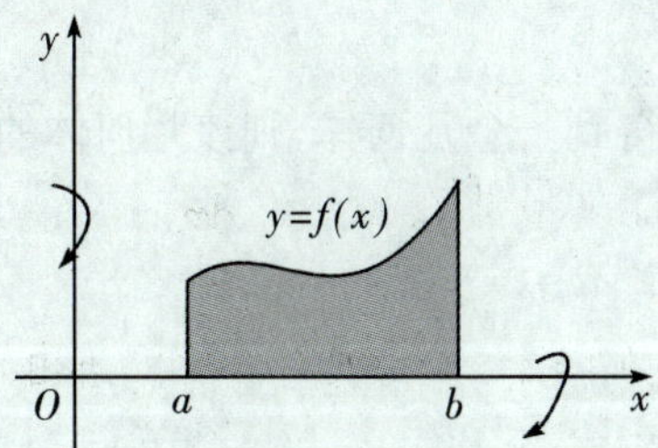

$V_x = \pi \int_a^b f^2(x)\,dx, V_y = 2\pi \int_a^b xf(x)\,dx$。

(2)

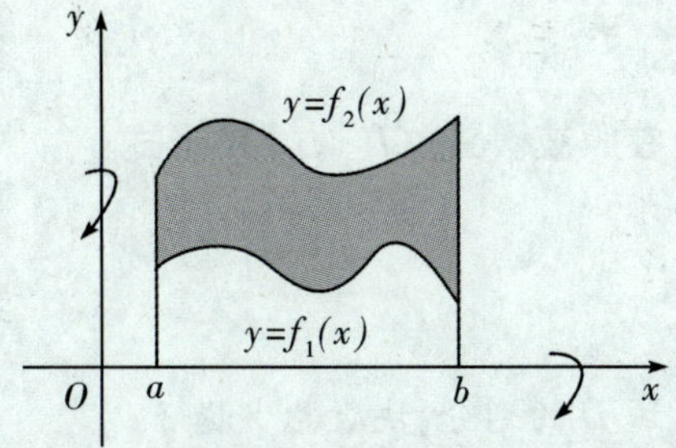

$V_x=\pi\int_a^b[f_2{}^2(x)-f_1{}^2(x)]\mathrm{d}x,V_y=2\pi\int_a^b x[f_2(x)-f_1(x)]\mathrm{d}x$。

真题过招

3.（2022 陕西特岗，6 分）利用定积分可以计算旋转体的体积，比如由连续曲线 $y=f(x)$，x 轴，直线 $x=a$ 以及 $x=b(a<b)$ 围成的曲边梯形绕 x 轴旋转所得旋转体的体积，可以先计算该旋转体体积元素 $\mathrm{d}V=\pi f^2(x)\mathrm{d}x$，再利用定积分求出其体积，根据以上思想，解决下述问题：

计算由 $y=\sqrt{x}$，直线 $x=4$ 和 x 轴围成的图形绕 y 轴旋转所得几何体的体积。

答案解析

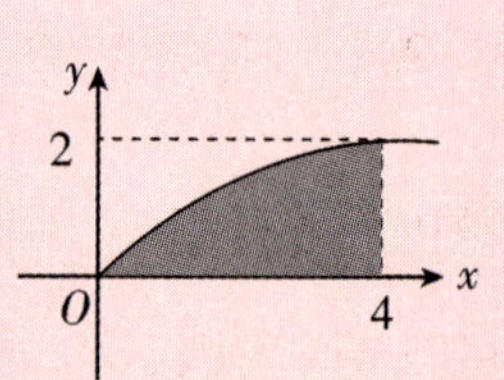

【解析】由 $y=\sqrt{x}$，直线 $x=4$ 和 x 轴围成的图形中，x 的变化区间为 $[0,4]$，y 的变化区间为 $[0,2]$，图形绕 y 轴旋转所得几何体体积即由底面半径为 4，高为 2 的圆柱体减去由 $x=y^2$，$y=2$ 与 y 轴形成的图形绕 y 轴旋转一圈所得旋转体后的几何体体积，为 $V=2\cdot\pi\cdot4^2-\pi\int_0^2(y^2)^2\mathrm{d}y=32\pi-\pi\cdot\frac{1}{5}y^5\Big|_0^2=32\pi-\frac{32\pi}{5}=\frac{128}{5}\pi$。

变式训练

4. $y=\mathrm{e}^x$，$x=0$，$x=1$ 与 x 轴围成的图形绕 y 轴旋转一周得到一个几何体，则该几何体的体积为________。

考向 5 二重积分

解法突破

二重积分的解题步骤：

① 画出积分区域 D 的草图；

② 选择坐标系，主要依据积分区域 D 的形状，有时也参照被积函数 $f(x,y)$ 的形式；

③ 选择积分次序；

④ 确定累次积分的上下限，作定积分运算。

注：先积分的容易，并能为后积分创造条件；对积分区域 D 的划分，块数越少越好。

真题过招

1. (2021 贵州特岗,3 分) 下列与二重积分$\int_1^2 dx \int_1^x xydy$ 结果相同的是(　　)

A. $\int_1^2 dx \int_1^y xydy$　　B. $\int_1^2 dy \int_2^y xydx$　　C. $\int_1^2 dy \int_y^1 xydx$　　D. $\int_1^2 dy \int_y^2 xydx$

答案解析

D 【解析】二重积分可化为先对 x,再对 y 的累次积分。$\int_1^2 dx \int_1^x xydy = \int_1^2 dy \int_y^2 xydx$。

2. (2020 陕西特岗,2 分) 在极坐标系中,曲线 $C:\rho = 2\cos\theta$,其中 $\theta \in \left(0,\frac{\pi}{2}\right)$,记曲线 C 与横轴所围成的区域为 D,则$\iint\limits_D 2dxdy =$ ________。

答案解析

π 【解析】将曲线 $C:\rho = 2\cos\theta$ 化为直角坐标为 $x^2 + y^2 = 2x(y \geqslant 0)$,即$(x-1)^2 + y^2 = 1$,则$\iint\limits_D 2dxdy = 2 \cdot \frac{\pi}{2} = \pi$。

变式训练

1. 已知 $D = \{(x,y) \mid |x| + |y| \leqslant 1\}$,则$\iint\limits_D 2dxdy =$ (　　)

A. 2　　B. 4　　C. $2\sqrt{2}$　　D. $\sqrt{2}$

2. 计算二重积分$\iint\limits_D e^{x^2+y^2}dxdy$,其中 D 是由直线 $y = x$,曲线 $y = \sqrt{4 - x^2}$ 及 x 轴在第一象限内所围成的区域。

必刷好题

招教高频基础刷

1. 在下列等式中,正确的结果是(　　)

A. $\int f'(x)dx = f(x)$　　B. $\int df(x) = f(x)$

C. $\frac{d}{dx}\int f(x)dx = f(x)$　　D. $d\int f(x)dx = f(x)$

2. 设 $I = \int_0^1 \frac{x^4}{\sqrt{1+x}}dx$，则估计 I 值的大致范围为（　　）

A. $0 \leqslant I \leqslant \frac{\sqrt{2}}{10}$　　B. $\frac{\sqrt{2}}{10} \leqslant I \leqslant \frac{1}{5}$

C. $\frac{1}{5} < I < 1$　　D. $I \geqslant 1$

3. 已知 $f'(x) = \frac{1}{x(1+2\ln x)}$，且 $f(1) = 1$，则 $f(x)$ 等于（　　）

A. $\ln(1+2\ln x)+1$　　B. $\frac{1}{2}\ln(1+2\ln x)+1$

C. $\frac{1}{2}\ln(1+2\ln x)+\frac{1}{2}$　　D. $2\ln(1+2\ln x)+1$

4. $\int e^x\left(1-\frac{e^{-x}}{\sqrt{x}}\right)dx =$ ________。

5. $\int \frac{dx}{1-2x} =$ ________。

6. $\int \frac{x+1}{x^2+2x+5}dx =$ ________。

7. $\int x\sin x dx =$ ________。

8. $\int e^{-x}\cos x dx =$ ________。

9. $\int e^{\sqrt[3]{x}}dx =$ ________。

10. 已知 $\frac{\sin x}{x}$ 是 $f(x)$ 的一个原函数，则 $\int x^3 f'(x)dx =$ ________。

11. $\int_0^{\sqrt{2}} \sqrt{2-x^2}dx =$ ________。

12. $\int_1^{e^2} \frac{dx}{x\sqrt{1+\ln x}} =$ ________。

13. $\int_{-5}^{5} \frac{x^3\sin^2 x}{x^4+2x^2+1}dx =$ ________。

14. $\int_1^e x\ln x dx =$ ________。

15. $\int_0^1 x\arctan x dx =$ ________。

16. 设函数 $f(x)$ 连续，则 $\frac{\mathrm{d}}{\mathrm{d}x}\int_0^x tf(t^2-x^2)\mathrm{d}t=$ ________。

17. 求曲线 $y=\frac{1}{x}$ 与直线 $y=x$ 及 $x=2$ 所围成的图形的面积。

18. 求曲线 $y=\mathrm{e}^x, y=\mathrm{e}^{-x}$ 与直线 $x=1$ 所围成的图形的面积。

19. 求曲线 $y=\ln x$，y 轴与直线 $y=\ln a, y=\ln b(b>a>0)$ 所围成的图形的面积。

20. 求抛物线 $y=-x^2+4x-3$ 及其在点 $(0,-3)$ 和 $(3,0)$ 处的切线所围成的图形的面积。

21. 求曲线 $y=\frac{1}{2}x^2$ 与 $x^2+y^2=8$ 所围成的图形的面积。

22. 求由曲线 $y=x^{\frac{3}{2}}$，直线 $x=4$ 及 x 轴所围图形绕 y 轴旋转而成的旋转体的体积。

23. 计算 $\iint\limits_D xy\mathrm{d}x\mathrm{d}y$，其中 D 由直线 $y=x, x=1$ 及 x 轴围成。

24. 计算 $\int_0^1\mathrm{d}y\int_y^1\mathrm{e}^{x^2}\mathrm{d}x$。

招教易错能力刷

1. 设 $F(x)$ 是连续函数 $f(x)$ 的一个原函数，则必有(　　)

A. $F(x)$ 是偶函数 $\Leftrightarrow f(x)$ 是奇函数

B. $F(x)$ 是奇函数 $\Leftrightarrow f(x)$ 是偶函数

C. $F(x)$ 是周期函数 $\Leftrightarrow f(x)$ 是周期函数

D. $F(x)$ 是单调函数 $\Leftrightarrow f(x)$ 是单调函数

2. $\int x^2\cos^2\frac{x}{2}\mathrm{d}x=$ ________。

3. $\int\frac{x^3+1}{(x^2+1)^2}\mathrm{d}x=$ ________。

4. $\int_1^{\mathrm{e}}\sin(\ln x)\mathrm{d}x=$ ________。

5. 计算 $I=\iint\limits_D(x^2+xy)\mathrm{d}\sigma$，其中 $D: x^2+y^2\leqslant 2x$。

6. 过坐标原点作曲线 $y=\ln x$ 的切线，该切线与曲线 $y=\ln x$ 及 x 轴围成平面图形 D。

(1) 求 D 的面积 S；

(2) 求 D 绕直线 $x=\mathrm{e}$ 旋转一周所得旋转体的体积 V。

第四节　级　数

招教核心要点

1. 无穷级数

（1）级数收敛的性质

① 设常数 $C \neq 0$，则 $\sum_{n=1}^{\infty} u_n$ 与 $\sum_{n=1}^{\infty} Cu_n$ 有相同的敛散性。

② 设有两个级数 $\sum_{n=1}^{\infty} u_n$ 与 $\sum_{n=1}^{\infty} v_n$，

若 $\sum_{n=1}^{\infty} u_n = S, \sum_{n=1}^{\infty} v_n = \sigma$，则 $\sum_{n=1}^{\infty} (u_n \pm v_n) = S \pm \sigma$；

若 $\sum_{n=1}^{\infty} u_n$ 收敛，$\sum_{n=1}^{\infty} v_n$ 发散，则 $\sum_{n=1}^{\infty} (u_n \pm v_n)$ 发散；

若 $\sum_{n=1}^{\infty} u_n, \sum_{n=1}^{\infty} v_n$ 均发散，则 $\sum_{n=1}^{\infty} (u_n \pm v_n)$ 的敛散性不确定。

③ 添加或去掉有限项不影响一个级数的敛散性。

④ 设级数 $\sum_{n=1}^{\infty} u_n$ 收敛，则对其各项任意加括号后所得新级数仍收敛于原级数的和。

（2）级数收敛的必要条件：若级数 $\sum_{n=1}^{\infty} u_n$ 收敛，则 $\lim\limits_{n\to\infty} u_n = 0$。

（3）绝对收敛与条件收敛

① 若级数 $\sum_{n=1}^{\infty} |u_n|$ 收敛，则称级数 $\sum_{n=1}^{\infty} u_n$ 绝对收敛；

② 若级数 $\sum_{n=1}^{\infty} u_n$ 收敛，而级数 $\sum_{n=1}^{\infty} |u_n|$ 发散，则称级数 $\sum_{n=1}^{\infty} u_n$ 条件收敛。

2. 幂级数

（1）收敛域与收敛半径

幂级数 $\sum_{n=0}^{\infty} a_n x^n$ 的收敛域是以原点为中心的区间，用 $\pm R$

考向分析

常数项级数的基本性质与敛散性的判断、幂级数的收敛半径与收敛域的计算是教师招聘考试中重点考查的内容。题目一般较为基础，考生要重点掌握其性质、定理与计算方法。

思想应用

分类讨论思想：在判断正项级数的敛散性时，要对数值范围进行分类讨论，最后的数值范围不同，级数的敛散性也不同。

表示幂级数收敛与发散的分界点，

①$R=0$ 时，幂级数仅在 $x=0$ 收敛；

②$R=+\infty$ 时，幂级数在 $(-\infty,+\infty)$ 收敛；

③$0<R<+\infty$ 时，幂级数在 $(-R,R)$ 收敛；在 $[-R,R]$ 外发散；$x=\pm R$ 可能收敛也可能发散。R 称为收敛半径，$(-R,R)$ 称为收敛区间。$(-R,R)$ 加上收敛的端点称为收敛域。

(2) 收敛半径与系数的关系

若幂级数 $\sum\limits_{n=0}^{\infty}a_nx^n$ 的系数满足 $\lim\limits_{n\to\infty}\left|\dfrac{a_{n+1}}{a_n}\right|=\rho$，则当 $\rho\neq0$ 时，$R=\dfrac{1}{\rho}$；当 $\rho=0$ 时，$R=+\infty$；当 $\rho=+\infty$ 时，$R=0$。据此可知，$\sum\limits_{n=0}^{\infty}a_nx^n$ 的收敛半径为 $R=\lim\limits_{n\to\infty}\left|\dfrac{a_n}{a_{n+1}}\right|$。

招教考向解读

考向 1 常数项级数的基本性质与敛散性的判断

解法突破

涉及常数项级数性质的问题主要运用以下性质：

(1) 级数收敛的定义；

(2) 级数收敛的必要条件；

(3) 级数收敛的基本性质，尤其应记住：添加括号提高级数的收敛性，添加绝对值提高级数的发散性。

真题过招

(2019 山东东营，2.5 分) 若级数 $\sum\limits_{n=1}^{\infty}\left(\dfrac{na}{n+1}\right)^n$ 收敛，则 a 的取值不可能为(　　)

A. $\dfrac{1}{4}$　　　　B. $\dfrac{1}{3}$

C. $\frac{1}{2}$　　　　D. 1

答案解析

D 【解析】因为$\lim\limits_{n\to\infty}\sqrt[n]{\left(\frac{na}{n+1}\right)^n}=\lim\limits_{n\to\infty}\frac{na}{n+1}=a$,所以当$|a|<1$时,级数收敛;当$|a|>1$时,级数发散;当$|a|=1$时,$\lim\limits_{n\to\infty}\left|\left(\frac{na}{n+1}\right)^n\right|=\lim\limits_{n\to\infty}\left|\left(1-\frac{1}{n+1}\right)^{-(n+1)\cdot\left(-\frac{n}{n+1}\right)}\right|=\frac{1}{e}\neq 0$,所以级数发散。

变式训练

若级数$\sum\limits_{n=1}^{\infty}a_n$收敛,$\sum\limits_{n=1}^{\infty}b_n$发散,则(　　)

A. $\sum\limits_{n=1}^{\infty}a_nb_n$必发散　　　　B. $\sum\limits_{n=1}^{\infty}a_n{}^2$必收敛

C. $\sum\limits_{n=1}^{\infty}b_n{}^2$必发散　　　　D. $\sum\limits_{n=1}^{\infty}(a_n+|b_n|)$必发散

考向2 常数项级数敛散性的证明

(一)正项级数$\sum\limits_{n=1}^{\infty}u_n(u_n\geqslant 0)$敛散性的判别法

解法突破

1. 比较判别法

若$0\leqslant u_n\leqslant v_n$,则$\sum\limits_{n=1}^{\infty}v_n$收敛$\Rightarrow\sum\limits_{n=1}^{\infty}u_n$收敛;$\sum\limits_{n=1}^{\infty}u_n$发散$\Rightarrow\sum\limits_{n=1}^{\infty}v_n$发散。

(1)比较判别法的极限形式

设$\sum\limits_{n=1}^{\infty}u_n$及$\sum\limits_{n=1}^{\infty}v_n(v_n\neq 0)$均为正项级数,且$\lim\limits_{n\to\infty}\frac{u_n}{v_n}=A(0\leqslant A\leqslant+\infty)$,

①若$0<A<+\infty$,级数$\sum\limits_{n=1}^{\infty}u_n$与$\sum\limits_{n=1}^{\infty}v_n$的敛散性相同;

②若$A=0$,且$\sum\limits_{n=1}^{\infty}v_n$收敛时,$\sum\limits_{n=1}^{\infty}u_n$也收敛;

③若$A=+\infty$,且$\sum\limits_{n=1}^{\infty}v_n$发散时,$\sum\limits_{n=1}^{\infty}u_n$也发散。

(2) 常用的比较级数

① 几何级数：$\sum_{n=1}^{\infty} ar^{n-1} = \begin{cases} \dfrac{a}{1-r}, |r|<1, \\ \text{发散}, |r| \geqslant 1。\end{cases}$

②P - 级数：$\sum_{n=1}^{\infty} \dfrac{1}{n^P}\begin{cases} \text{收敛}, P>1, \\ \text{发散}, P \leqslant 1。\end{cases}$

2. 比值判别法

设$\sum_{n=1}^{\infty} u_n(u_n \geqslant 0)$，$\lim_{n\to\infty}\dfrac{u_{n+1}}{u_n}=\rho$，$\rho>1$时，$\sum_{n=1}^{\infty} u_n$发散；$\rho=1$时，无法判别；$\rho<1$时，$\sum_{n=1}^{\infty} u_n$收敛。

注：适用于u_n中含有$n!$或关于n的若干连乘积的情况。

3. 根式判别法

设$\sum_{n=1}^{\infty} u_n(u_n \geqslant 0)$，$\lim_{n\to\infty}\sqrt[n]{u_n} = \begin{cases} \rho>1, \text{级数发散}, \\ \rho=1, \text{无法判别}, \\ \rho<1, \text{级数收敛}。\end{cases}$

真题过招

1. (2020 陕西特岗，2 分) 关于级数$\sum_{n=0}^{\infty} u_n$，其中一般项$u_n = \dfrac{2^{n+1}}{3^n}$，则下列选项中不正确的是(　　)

A. 一般项趋于 0　　B. 该级数收敛

C. 该级数发散　　D. 级数和为 6

答案解析

C 【解析】$\lim_{n\to\infty}\dfrac{u_{n+1}}{u_n} = \dfrac{2^{n+2}}{3^{n+1}}\cdot\dfrac{3^n}{2^{n+1}} = \dfrac{2}{3}<1$，故级数$\sum_{n=0}^{\infty} u_n$收敛，故 C 项错误。

变式训练

1. 关于调和级数$\sum_{n=1}^{\infty}\dfrac{1}{n}$，说法正确的是(　　)

A. 收敛　　B. 绝对收敛　　C. 条件收敛　　D. 发散

2. 用根式判别法判别下面级数的收敛性：$\sum_{n=1}^{\infty}\dfrac{1}{(\ln(n+1))^n}$。

（二）交错级数$\sum\limits_{n=1}^{\infty}(-1)^{n-1}u_n(u_n>0)$的判敛法

解法突破

若交错级数$\sum\limits_{n=1}^{\infty}(-1)^{n-1}u_n(u_n>0)$满足如下条件：

（1）$u_n \geqslant u_{n+1}(n=1,2,3,\cdots)$；

（2）$\lim\limits_{n\to\infty}u_n=0$，

则级数收敛，且其和$S\leqslant u_1$，其余项r_n的绝对值$|r_n|\leqslant u_{n+1}$。

2. 判定级数$\sum\limits_{n=2}^{\infty}\dfrac{(-1)^n}{\sqrt{n}+(-1)^n}$的敛散性。

答案解析

【解析】$\dfrac{(-1)^n}{\sqrt{n}+(-1)^n}=\dfrac{(-1)^n[\sqrt{n}-(-1)^n]}{n-1}=\dfrac{(-1)^n\sqrt{n}}{n-1}-\dfrac{1}{n-1}$，因为$u_n=\dfrac{\sqrt{n}}{n-1}$单调递减，且$\lim\limits_{n\to\infty}\dfrac{\sqrt{n}}{n-1}=0$，由莱布尼茨判别法知，级数$\sum\limits_{n=2}^{\infty}\dfrac{(-1)^n\sqrt{n}}{n-1}$收敛，而$\sum\limits_{n=2}^{\infty}\dfrac{1}{n-1}$发散，由级数的性质知，级数$\sum\limits_{n=2}^{\infty}\dfrac{(-1)^n}{\sqrt{n}+(-1)^n}$是发散的。

变式训练

3. 讨论下面级数是否收敛?如果收敛，是条件收敛还是绝对收敛。

$$\sum_{n=1}^{\infty}(-1)^{n-1}\frac{n}{3^{n-1}}$$

（三）任意项级数

解法突破

$\sum\limits_{n=1}^{\infty}u_n$ 任意项级数 ⇒ $\lim\limits_{n\to\infty}u_n=0?$

- $u_n\not\to 0$ ↓ $\sum\limits_{n=1}^{\infty}u_n$ 发散
- $u_n\to 0$ ⇒ $\sum\limits_{n=1}^{\infty}|u_n|$ 用正项级数判别法
  - 收敛 ↓ $\sum\limits_{n=1}^{\infty}u_n$ 绝对收敛
  - 发散 ↑ 用比值法 → $\sum\limits_{n=1}^{\infty}u_n$ 发散
  - 发散，用比较法 ⇒ $\sum\limits_{n=1}^{\infty}u_n$ 用莱氏准则或 $\lim\limits_{n\to\infty}s_{2n}$，$\lim\limits_{n\to\infty}s_{2n+1}$
    - 收敛 → $\sum\limits_{n=1}^{\infty}u_n$ 条件收敛
    - 发散 ↓ $\sum\limits_{n=1}^{\infty}u_n$ 发散

真题过招

3.（2018 陕西特岗，2 分）级数 $\sum_{n=1}^{\infty}\frac{\sin nx}{n^2}$ 的敛散性是（　　）

A. 条件收敛　　B. 绝对收敛　　C. 发散　　D. 无法判别

答案解析

B 【解析】因为 $\left|\frac{\sin nx}{n^2}\right|<\frac{1}{n^2}$，而 $\sum_{n=1}^{\infty}\frac{1}{n^2}$ 收敛，所以级数 $\sum_{n=1}^{\infty}\left|\frac{\sin nx}{n^2}\right|$ 收敛，故级数 $\sum_{n=1}^{\infty}\frac{\sin nx}{n^2}$ 绝对收敛。

变式训练

4. 判断级数 $\sum_{n=1}^{\infty}\frac{n}{2^n}\cos\frac{n\pi}{3}$ 是否收敛，如果收敛，是绝对收敛，还是条件收敛？

考向 3 幂级数的收敛半径与收敛域

（一）幂级数的收敛半径

解法突破

设幂级数 $\sum_{n=0}^{\infty}a_nx^n$，收敛半径为 R。

如果 $\lim\limits_{n\to\infty}\left|\frac{a_{n+1}}{a_n}\right|=\rho$，其中 a_n,a_{n+1} 是幂级数 $\sum_{n=0}^{\infty}a_nx^n$ 的相邻两项的系数，则该幂级数的收敛半径

$$R=\begin{cases}\frac{1}{\rho},\rho\neq0,\\+\infty,\rho=0,\\0,\rho=+\infty。\end{cases}$$

真题过招

1.（2021 贵州特岗，3 分）幂级数 $\sum_{n=1}^{\infty}\left(\frac{x}{10}\right)^n$ 的收敛半径为________。

答案解析

10 【解析】$\rho=\lim\limits_{n\to\infty}\left|\frac{a_{n+1}}{a_n}\right|=\lim\limits_{n\to\infty}\frac{10^n}{10^{n+1}}=\frac{1}{10}$，所以幂级数的收敛半径 $R=\frac{1}{\rho}=10$。

变式训练

1. 幂级数 $\sum_{n=1}^{\infty} nx^n$ 的收敛半径为________。

(二) 幂级数 $\sum_{n=0}^{\infty} a_n x^n$ 收敛域

解法突破

① 计算出幂级数的收敛半径，由收敛半径得出其收敛区间为 $(-R,R)$；

② 计算幂级数在收敛区间端点处的收敛情况；

③ 得出幂级数的收敛域。

2. 计算幂级数 $\sum_{n=1}^{\infty} \frac{2^n}{n} x^n$ 的收敛域为________。

答案解析

$\left[-\frac{1}{2},\frac{1}{2}\right)$ 【解析】设 $a_n=\frac{2^n}{n}$，则 $a_{n+1}=\frac{2^{n+1}}{n+1}$，$\because \rho=\lim\limits_{n\to\infty}\left|\frac{\frac{2^{n+1}}{n+1}}{\frac{2^n}{n}}\right|=\lim\limits_{n\to\infty}\frac{2n}{n+1}=2$，$\therefore$ 幂级数的收敛半径为 $R=\frac{1}{2}$，当 $x=\frac{1}{2}$ 时，级数 $\sum_{n=1}^{\infty}\frac{2^n}{n}\left(\frac{1}{2}\right)^n=\sum_{n=1}^{\infty}\frac{1}{n}$ 发散；当 $x=-\frac{1}{2}$ 时，级数 $\sum_{n=1}^{\infty}\frac{2^n}{n}\left(-\frac{1}{2}\right)^n=\sum_{n=1}^{\infty}\frac{(-1)^n}{n}$ 收敛，于是幂级数 $\sum_{n=1}^{\infty}\frac{2^n}{n}x^n$ 的收敛域为 $\left[-\frac{1}{2},\frac{1}{2}\right)$。

3. 级数 $\sum_{n=1}^{\infty}(-1)^{n-1}\frac{x^n}{n^n}$ 的收敛区间是________。

答案解析

$(-\infty,+\infty)$ 【解析】$\because \lim\limits_{n\to\infty}\left|\frac{(-1)^n\frac{1}{(n+1)^{n+1}}}{(-1)^{n-1}\frac{1}{n^n}}\right|=\lim\limits_{n\to\infty}\frac{n^n}{(n+1)^{n+1}}=\lim\limits_{n\to\infty}\frac{1}{n+1}\left(\frac{n}{n+1}\right)^n=0$，$\therefore$ 级数 $\sum_{n=1}^{\infty}(-1)^{n-1}\frac{x^n}{n^n}$ 的收敛半径 $R=+\infty$，故收敛区间是 $(-\infty,+\infty)$。

变式训练

2. 幂级数 $\sum\limits_{n=1}^{\infty}\dfrac{x^n}{\sqrt{n}}$ 的收敛域是(　　)

A. $(-1,1)$　　B. $[-1,1)$　　C. $(-1,1]$　　D. $[-1,1]$

3. 若级数 $\sum\limits_{n=0}^{\infty}(x-2)^n$ 在 $x=-1$ 处收敛,则此级数在 $x=4$ 处(　　)

A. 绝对收敛　　B. 条件收敛　　C. 发散　　D. 不确定是否收敛

必刷好题

招教高频基础刷

1. 若级数 $\sum\limits_{n=1}^{\infty}u_n$, $\sum\limits_{n=1}^{\infty}v_n$ 发散,则(　　)

A. $\sum\limits_{n=1}^{\infty}(u_n-v_n)$ 发散　　B. $\sum\limits_{n=1}^{\infty}u_nv_n$ 发散

C. $\sum\limits_{n=1}^{\infty}(u_n+|v_n|)$ 发散　　D. $\sum\limits_{n=1}^{\infty}(|u_n|+|v_n|)$ 发散

2. 设 $\sum\limits_{n=1}^{\infty}u_n$ 收敛,下列级数一定收敛的是(　　)

A. $\sum\limits_{n=1}^{\infty}u_n{}^2$　　B. $\sum\limits_{n=1}^{\infty}(-1)^nu_n$

C. $\sum\limits_{n=1}^{\infty}(u_{2n-1}-u_{2n})$　　D. $\sum\limits_{n=1}^{\infty}(u_n+u_{n+1})$

3. 幂函数 $\sum\limits_{n=1}^{\infty}\dfrac{3^n+5^n}{n}x^n$ 的收敛区间是________。

4. 幂函数 $\sum\limits_{n=1}^{\infty}\left(1+\dfrac{1}{n}\right)^{n^2}x^n$ 的收敛区间是________。

5. 级数 $\sum\limits_{n=1}^{\infty}(-1)^{n+1}\dfrac{x^n}{n}$ 的收敛域是________。

6. 设 $\sum\limits_{n=0}^{\infty}a_n(x-3)^n$ 在 $x=-6$ 处收敛,在 $x=12$ 处发散,则级数 $\sum\limits_{n=1}^{\infty}na_nx^{2n-1}$ 的收敛半径为________。

招教易错能力刷

1. 设 $u_n \neq 0$ 且 $\lim\limits_{n\to\infty}\dfrac{u_n}{n}=1$，则级数 $\sum\limits_{n=1}^{\infty}(-1)^n\left(\dfrac{1}{u_n}+\dfrac{1}{u_{n+1}}\right)$（　　）

A. 发散　　B. 条件收敛

C. 绝对收敛　　D. 敛散性不确定

2. 幂函数 $\sum\limits_{n=1}^{\infty}n(x+1)^n$ 的收敛区间是________。

3. 幂函数 $\sum\limits_{n=1}^{\infty}\dfrac{n}{2^n}x^{2n}$ 的收敛区间是________。

专题二　线性代数

第一节　行列式

招教核心要点

1. 基本概念

(1) 逆序:设i,j是一对不等的正整数,若$i>j$,则称(i,j)为一对逆序数。

(2) 逆序数:设$i_1,i_2,\cdots,i_n$是$1,2,\cdots,n$的一个排列,该排列所含的逆序总数称为该排列的逆序数,记为$\tau(i_1,i_2,\cdots,i_n)$,如:$\tau(421635)=3+1+0+2+0=6$。

(3)n 阶行列式:$D=\begin{vmatrix} a_{11} & a_{12} & \cdots & a_{1n} \\ a_{21} & a_{22} & \cdots & a_{2n} \\ \vdots & \vdots & & \vdots \\ a_{n1} & a_{n2} & \cdots & a_{nn} \end{vmatrix}=\sum\limits_{j_1j_2\cdots j_n}(-1)^{\tau(j_1j_2\cdots j_n)}a_{1j_1}a_{2j_2}\cdots a_{nj_n}$。

(4) 余子式与代数余子式

把行列式 $D=\begin{vmatrix} a_{11} & a_{12} & \cdots & a_{1n} \\ a_{21} & a_{22} & \cdots & a_{2n} \\ \vdots & \vdots & & \vdots \\ a_{n1} & a_{n2} & \cdots & a_{nn} \end{vmatrix}$中元素 a_{ij} 所在的第i行元素和第j列元素去掉,剩下的$n-1$行和$n-1$列按照原来的排列次序构成的$n-1$阶行列式,称为元素a_{ij}的余子式,记为M_{ij},称$A_{ij}=(-1)^{i+j}M_{ij}$为元素a_{ij}的代数余子式。

考向分析

行列式的基本概念与行列式的计算是教师招聘考试中的常考内容。题目一般较为简单,考生掌握其性质与计算方法即可。

2. 对角、上(下)三角行列式

(1) $\begin{vmatrix} a_{11} & a_{12} & \cdots & a_{1n} \\ 0 & a_{22} & \cdots & a_{2n} \\ \vdots & \vdots & & \vdots \\ 0 & 0 & \cdots & a_{nn} \end{vmatrix} = \begin{vmatrix} a_{11} & 0 & \cdots & 0 \\ a_{21} & a_{22} & \cdots & 0 \\ \vdots & \vdots & & \vdots \\ a_{n1} & a_{n2} & \cdots & a_{nn} \end{vmatrix} =$

$a_{11}a_{22}\cdots a_{nn}$。

(2) $\begin{vmatrix} a_{11} & \cdots & a_{1,n-1} & a_{1n} \\ a_{21} & \cdots & a_{2,n-1} & 0 \\ \vdots & & \vdots & \vdots \\ a_{n1} & \cdots & 0 & 0 \end{vmatrix} = \begin{vmatrix} 0 & \cdots & 0 & a_{1n} \\ 0 & \cdots & a_{2,n-1} & a_{2n} \\ \vdots & & \vdots & \vdots \\ a_{n1} & \cdots & a_{n,n-1} & a_{nn} \end{vmatrix} =$

$(-1)^{\frac{n(n-1)}{2}}a_{1n}a_{2,n-1}\cdots a_{n1}$。

3. 行列式的性质

(1) 一般行列式转化为上(下)三角形式的性质

性质 1 行列互换,行列式的值不变。

性质 2 一个数乘行列式就相当于用这个数乘此行列式的一行(列)。

性质 3 如果行列式中两行(列)成比例,那么行列式的值为零。

性质 4 对换行列式中两行(列)的位置,行列式反号。

性质 5 行列式中的某一行(列)的每一个元素都可以写成两个数的和,则此行列式可以写成两个行列式的和,即

$$\begin{vmatrix} a_{11} & a_{12} & \cdots & a_{1n} \\ \vdots & \vdots & & \vdots \\ a_{i1}+b_{i1} & a_{i2}+b_{i2} & \cdots & a_{in}+b_{in} \\ \vdots & \vdots & & \vdots \\ a_{n1} & a_{n2} & \cdots & a_{nn} \end{vmatrix} =$$

$$\begin{vmatrix} a_{11} & a_{12} & \cdots & a_{1n} \\ \vdots & \vdots & & \vdots \\ a_{i1} & a_{i2} & \cdots & a_{in} \\ \vdots & \vdots & & \vdots \\ a_{n1} & a_{n2} & \cdots & a_{nn} \end{vmatrix} + \begin{vmatrix} a_{11} & a_{12} & \cdots & a_{1n} \\ \vdots & \vdots & & \vdots \\ b_{i1} & b_{i2} & \cdots & b_{in} \\ \vdots & \vdots & & \vdots \\ a_{n1} & a_{n2} & \cdots & a_{nn} \end{vmatrix}。$$

性质6　把一行(列)的倍数加到另一行(列),行列式的值不变。即

$$\begin{vmatrix} a_{11} & a_{12} & \cdots & a_{1n} \\ \vdots & \vdots & & \vdots \\ a_{i1} & a_{i2} & \cdots & a_{in} \\ \vdots & \vdots & & \vdots \\ a_{j1} & a_{j2} & \cdots & a_{jn} \\ \vdots & \vdots & & \vdots \\ a_{n1} & a_{n2} & \cdots & a_{nn} \end{vmatrix} = \begin{vmatrix} a_{11} & a_{12} & \cdots & a_{1n} \\ \vdots & \vdots & & \vdots \\ (a_{i1}+ka_{j1}) & (a_{i2}+ka_{j2}) & \cdots & (a_{in}+ka_{jn}) \\ \vdots & \vdots & & \vdots \\ a_{j1} & a_{j2} & \cdots & a_{jn} \\ \vdots & \vdots & & \vdots \\ a_{n1} & a_{n2} & \cdots & a_{nn} \end{vmatrix} (i \neq j)。$$

(2)行列式按行(列)展开

①一个 n 阶行列式,如果其中第 i 行所有元素除 a_{ij} 外都为零,那么这个行列式的值等于 a_{ij} 与它的代数余子式的乘积,即 $D = a_{ij}A_{ij}$。

②行列式的值等于行列式某行(或列)元素与其对应的代数余子式之积的和,即 $D = a_{i1}A_{i1} + a_{i2}A_{i2} + \cdots + a_{in}A_{in}, i = 1,2,\cdots,n$ 或 $D = a_{1j}A_{1j} + a_{2j}A_{2j} + \cdots + a_{nj}A_{nj}, j = 1,2,\cdots,n$。

③行列式一行(列)元素与另一行(列)元素对应的代数余子式乘积之和必为零,即 $a_{i1}A_{j1} + a_{i2}A_{j2} + \cdots + a_{in}A_{jn} = 0, i \neq j$ 或 $a_{1i}A_{1j} + a_{2i}A_{2j} + \cdots + a_{ni}A_{nj} = 0, i \neq j$。

招教考向解读

考向1 行列式的基本概念

(一)逆序数

解法突破

任意一个 n 元排列 $i_1i_2\cdots i_n$ 的逆序数 $\tau(i_1i_2\cdots i_n)$ 可用下述两种方法计算:

(1) $\tau(i_1i_2\cdots i_n)$ = i_1 后面比 i_1 小的数的个数 + i_2 后面比 i_2 小的数的个数 + … + i_{n-1} 后面比 i_{n-1} 小的数的个数。

(2) $\tau(i_1i_2\cdots i_n)$ = i_2 前面比 i_2 大的数的个数 + i_3 前面比 i_3 大的数的个数 + … + i_n 前面比 i_n 大的数的个数。

真题过招

1. (2021 贵州特岗,3 分)排列 32514 的逆序数为________。

答案解析

5 【解析】在一个排列中,如果一对数的前后位置与大小顺序相反,即前面的数大于后面的数,那么它们就称为一个逆序。一个排列中逆序的总数就称为这个排列的逆序数。3 大于 2,大于 1,有 2 个逆序;2 大于 1,有 1 个逆序;5 大于 1,大于 4,有 2 个逆序,所以排列的逆序数共 5 个。

变式训练

1. 排列 52316 的逆序数为________。
2. 排列 $13\cdots(2n-1)24\cdots(2n)$ 的逆序数为________。

(二)余子式与代数余子式

余子式与代数余子式

解法突破

a_{ij} 的余子式为 M_{ij},代数余子式为 A_{ij},那么:

(1) $A_{ij}=(-1)^{i+j}M_{ij}$。

(2) $D=a_{1k}A_{1k}+a_{2k}A_{2k}+\cdots+a_{nk}A_{nk}$ 或 $D=a_{k1}A_{k1}+a_{k2}A_{k2}+\cdots+a_{kn}A_{kn}(k=1,2,\cdots,n)$。

(3) $a_{1j}A_{1k}+a_{2j}A_{2k}+\cdots+a_{nj}A_{nk}=0$ 或 $a_{i1}A_{k1}+a_{i2}A_{k2}+\cdots+a_{in}A_{kn}=0(j\neq k$ 且 $i\neq k)$。

注：利用代数余子式计算行列式时，余子式所带的符号 $(-1)^{i+j}$ 千万不要遗忘。

真题过招

2. (2021 贵州特岗, 3 分) 若 3 阶行列式中第二列元素依次为 1,2,3，其对应的余子式依次为 1,2,1，则该行列式的值为________。

答案解析

0 【解析】元素 $a_{12}=1,a_{22}=2,a_{32}=3$ 对应的余子式为 1,2,1，则对应的代数余子式为 $-1,2,-1$，则行列式的值为 $1\times(-1)+2\times2+3\times(-1)=0$。

变式训练

3. 若 4 阶行列式中第三行元素分别为 1,2,3,4，其对应的余子式依次为 1,2,2,1，则该行列式的值为________。

4. 若 $\begin{vmatrix}1&0&2\\x&3&1\\4&x&5\end{vmatrix}$ 的代数余子式 $A_{12}=-1$，则代数余子式 $A_{21}=$________。

考向 2　行列式的计算

解法突破

(1) 利用行列式的基本性质将行列式化为上(下)三角行列式或对角行列式。

(2) 将行列式按行(列)展开。

(3) 利用特殊行列式。

真题过招

1. (2021 山东东营, 1.52 分) 已知行列式 $\begin{vmatrix}1&a&b\\2&c&d\\3&0&0\end{vmatrix}=9$，则 $\begin{vmatrix}a&b\\c&d\end{vmatrix}=(\quad)$

A. 1　　B. 2　　C. 3　　D. 6

【分析】行列式中，第三行元素除 a_{31} 外都为零，利用 $D=a_{31}A_{31}=3\times(-1)^{3+1}M_{31}$ 即可得出行列式的值。

答案解析

C 【解析】$\begin{vmatrix}1 & a & b\\ 2 & c & d\\ 3 & 0 & 0\end{vmatrix}=3\times(-1)^{3+1}\times\begin{vmatrix}a & b\\ c & d\end{vmatrix}=9$，$\therefore\begin{vmatrix}a & b\\ c & d\end{vmatrix}=3$。

2. (2021 山东东营，1.2 分)若行列式 $\begin{vmatrix}2 & -1 & 0\\ 1 & x & -2\\ 3 & -1 & 2\end{vmatrix}=0$，则 $x=$________。

答案解析

-1 【解析】由题意得 $2\begin{vmatrix}x & -2\\ -1 & 2\end{vmatrix}-\begin{vmatrix}-1 & 0\\ -1 & 2\end{vmatrix}+3\begin{vmatrix}-1 & 0\\ x & -2\end{vmatrix}$，即 $2\cdot(2x-2)-(-2)+3\times2=0$，解得 $x=-1$。

变式训练

1. 若 $x\begin{vmatrix}z & x\\ 1 & 0\end{vmatrix}+y\begin{vmatrix}0 & y\\ 1 & x\end{vmatrix}+\begin{vmatrix}1 & z\\ z & 1\end{vmatrix}=1$，则(　　)

A. $x=1,y=1,z=0$　　B. $x=0,y=1,z=0$

C. $x=0,y=0,z=1$　　D. $x=0,y=0,z=0$

2. 行列式 $\begin{vmatrix}3 & 1 & -1 & 2\\ -5 & 1 & 3 & -4\\ 2 & 0 & 1 & -1\\ 1 & -5 & 3 & -3\end{vmatrix}=$________。

3. 计算行列式 $\begin{vmatrix}a^2 & ab & b^2\\ 2a & a+b & 2b\\ 1 & 1 & 1\end{vmatrix}=$________。

必刷好题

招教高频基础刷

1. $x=-2$ 是行列式 $D=\begin{vmatrix}1&1&1\\1&x&x^2\\1&-2&4\end{vmatrix}=0$ 的(　　)

A. 充分必要条件　　B. 充分不必要条件

C. 必要不充分条件　　D. 既不充分也不必要条件

2. 行列式 $D=\begin{vmatrix}3&1&1&1\\1&3&1&1\\1&1&3&1\\1&1&1&3\end{vmatrix}=$________。

3. 行列式 $\begin{vmatrix}2&1&4&1\\3&-1&2&1\\1&2&3&2\\5&0&6&2\end{vmatrix}=$________。

4. 行列式 $\begin{vmatrix}1&2&3&4\\1&3&4&1\\1&4&1&2\\1&1&2&3\end{vmatrix}=$________。

5. 行列式 $\begin{vmatrix}4&1&2&4\\1&2&0&2\\10&5&2&0\\0&1&1&7\end{vmatrix}=$________。

招教易错能力刷

1. 行列式 $D=\begin{vmatrix}a&b&c&d\\a&a+b&a+b+c&a+b+c+d\\a&2a+b&3a+2b+c&4a+3b+2c+d\\a&3a+b&6a+3b+c&10a+6b+3c+d\end{vmatrix}=$________。

2. 行列式$\begin{vmatrix} a & 1 & 0 & 0 \\ -1 & b & 1 & 0 \\ 0 & -1 & c & 1 \\ 0 & 0 & -1 & d \end{vmatrix}$ = ________。

3. 设 $D=\begin{vmatrix} 2 & -3 & 2 & 4 \\ 1 & -1 & 4 & -3 \\ 1 & 2 & 3 & 4 \\ -1 & 1 & 5 & 7 \end{vmatrix}$,则 $A_{32}+A_{34}=$ ________。

第二节　矩　阵

招教核心要点

1. 基本概念

(1) 矩阵:形如 $\boldsymbol{A}=\begin{pmatrix} a_{11} & a_{12} & \cdots & a_{1n} \\ a_{21} & a_{22} & \cdots & a_{2n} \\ \vdots & \vdots & & \vdots \\ a_{m1} & a_{m2} & \cdots & a_{mn} \end{pmatrix}$称为 $m\times n$ 矩阵,记为 $\boldsymbol{A}=(a_{ij})_{m\times n}$。

(2)同型矩阵及矩阵相等

设 $\boldsymbol{A}=\begin{pmatrix} a_{11} & a_{12} & \cdots & a_{1n} \\ a_{21} & a_{22} & \cdots & a_{2n} \\ \vdots & \vdots & & \vdots \\ a_{m1} & a_{m2} & \cdots & a_{mn} \end{pmatrix}, \boldsymbol{B}=\begin{pmatrix} b_{11} & b_{12} & \cdots & b_{1n} \\ b_{21} & b_{22} & \cdots & b_{2n} \\ \vdots & \vdots & & \vdots \\ b_{m1} & b_{m2} & \cdots & b_{mn} \end{pmatrix}$,

即矩阵 $\boldsymbol{A},\boldsymbol{B}$ 的行数和列数相同,称为 $\boldsymbol{A},\boldsymbol{B}$ 为同型矩阵;若 $a_{ij}=b_{ij}(i=1,2,\cdots,m;j=1,2,\cdots,n)$,称为矩阵 $\boldsymbol{A},\boldsymbol{B}$ 相等,记为 $\boldsymbol{A}=\boldsymbol{B}$。

2. 矩阵的运算

(1)矩阵的加法:$\boldsymbol{A}+\boldsymbol{B}=\begin{pmatrix} a_{11}+b_{11} & a_{12}+b_{12} & \cdots & a_{1n}+b_{1n} \\ a_{21}+b_{21} & a_{22}+b_{22} & \cdots & a_{2n}+b_{2n} \\ \vdots & \vdots & & \vdots \\ a_{m1}+b_{m1} & a_{m2}+b_{m2} & \cdots & a_{mn}+b_{mn} \end{pmatrix}$。

(2)矩阵的数量乘法:$k\boldsymbol{A}=\begin{pmatrix} ka_{11} & ka_{12} & \cdots & ka_{1n} \\ ka_{21} & ka_{22} & \cdots & ka_{2n} \\ \vdots & \vdots & & \vdots \\ ka_{m1} & ka_{m2} & \cdots & ka_{mn} \end{pmatrix}$。

(3)矩阵与矩阵的乘法

设 $\boldsymbol{A}=\begin{pmatrix} a_{11} & a_{12} & \cdots & a_{1n} \\ a_{21} & a_{22} & \cdots & a_{2n} \\ \vdots & \vdots & & \vdots \\ a_{m1} & a_{m2} & \cdots & a_{mn} \end{pmatrix}, \boldsymbol{B}=\begin{pmatrix} b_{11} & b_{12} & \cdots & b_{1s} \\ b_{21} & b_{22} & \cdots & b_{2s} \\ \vdots & \vdots & & \vdots \\ b_{n1} & b_{n2} & \cdots & b_{ns} \end{pmatrix}$,

则 $\boldsymbol{AB}=\begin{pmatrix} c_{11} & c_{12} & \cdots & c_{1s} \\ c_{21} & c_{22} & \cdots & c_{2s} \\ \vdots & \vdots & & \vdots \\ c_{m1} & c_{m2} & \cdots & c_{ms} \end{pmatrix}$,其中 $c_{ij}=a_{i1}b_{1j}+a_{i2}b_{2j}+\cdots+a_{in}b_{nj}(i=1,2,\cdots,m;j=1,2,\cdots,s)$。

考向分析

矩阵的运算、矩阵的初等变换、逆矩阵的计算和矩阵的秩是教师招聘考试中的重点考查内容。题目一般较为基础,考生掌握其性质与计算方法即可。

3. 特殊矩阵

	定义	运算性质
转置矩阵	将矩阵 $\boldsymbol{A}$ 的行列互换，得到 $\boldsymbol{A}$ 的转置矩阵，即 $\boldsymbol{A}^{\mathrm{T}}=\begin{pmatrix} a_{11} & a_{21} & \cdots & a_{m1} \\ a_{12} & a_{22} & \cdots & a_{m2} \\ \vdots & \vdots & & \vdots \\ a_{1n} & a_{2n} & \cdots & a_{mn} \end{pmatrix}$	$(\boldsymbol{A}^{\mathrm{T}})^{\mathrm{T}}=\boldsymbol{A}$； $(\boldsymbol{A}+\boldsymbol{B})^{\mathrm{T}}=\boldsymbol{A}^{\mathrm{T}}+\boldsymbol{B}^{\mathrm{T}}$； $(k\boldsymbol{A})^{\mathrm{T}}=k\boldsymbol{A}^{\mathrm{T}}$； $(\boldsymbol{AB})^{\mathrm{T}}=\boldsymbol{B}^{\mathrm{T}}\boldsymbol{A}^{\mathrm{T}}$； $\|\boldsymbol{A}\|=\|\boldsymbol{A}^{\mathrm{T}}\|$
逆矩阵	对于 n 阶方阵 $\boldsymbol{A}$，如果存在 n 阶方阵 $\boldsymbol{B}$，使得 $\boldsymbol{AB}=\boldsymbol{BA}=\boldsymbol{E}$，则称 $\boldsymbol{B}$ 是 $\boldsymbol{A}$ 的逆矩阵(简称 $\boldsymbol{A}$ 的逆)，记作 $\boldsymbol{A}^{-1}$，并称 $\boldsymbol{A}$ 可逆	$(\boldsymbol{A}^{-1})^{-1}=\boldsymbol{A}$；$(k\boldsymbol{A})^{-1}=\frac{1}{k}\boldsymbol{A}^{-1}\ (k\neq0)$； $(\boldsymbol{AB})^{-1}=\boldsymbol{B}^{-1}\boldsymbol{A}^{-1}$； $(\boldsymbol{A}^{\mathrm{T}})^{-1}=(\boldsymbol{A}^{-1})^{\mathrm{T}}$； $\|\boldsymbol{A}^{-1}\|=\frac{1}{\|\boldsymbol{A}\|}$
伴随矩阵	行列式 $\|\boldsymbol{A}\|$ 的各个元素的代数余子式 $\boldsymbol{A}_{ij}$ 所构成的如下的矩阵 $\boldsymbol{A}^{*}=\begin{pmatrix} \boldsymbol{A}_{11} & \boldsymbol{A}_{21} & \cdots & \boldsymbol{A}_{n1} \\ \boldsymbol{A}_{12} & \boldsymbol{A}_{22} & \cdots & \boldsymbol{A}_{n2} \\ \vdots & \vdots & & \vdots \\ \boldsymbol{A}_{1n} & \boldsymbol{A}_{2n} & \cdots & \boldsymbol{A}_{nn} \end{pmatrix}$ 称为矩阵 $\boldsymbol{A}$ 的伴随矩阵	① $\boldsymbol{AA}^{*}=\boldsymbol{A}^{*}\boldsymbol{A}=\|\boldsymbol{A}\|\boldsymbol{E}$； $\|\boldsymbol{A}^{*}\|=\|\boldsymbol{A}\|^{n-1}$； ②若 $\|\boldsymbol{A}\|\neq0$，则矩阵 $\boldsymbol{A}$ 可逆，且 $\boldsymbol{A}^{-1}=\frac{\boldsymbol{A}^{*}}{\|\boldsymbol{A}\|}$； $(\boldsymbol{A}^{*})^{-1}=\frac{\boldsymbol{A}}{\|\boldsymbol{A}\|}$

4. 矩阵的初等变换

定义：下面三种变换称为矩阵的初等行(列)变换：

①对调两行(列)(对调 i,j 两行(列))，记作 $r(c)_i\leftrightarrow r(c)_j$)；

②以数 $k\neq0$ 乘某一行(列)中的所有元素(第 i 行(列)乘 k，记作 $r(c)_i\times k$)；

③把某一行(列)所有元素的 k 倍加到另一行(列)对应的元素上(第 j 行(列)的 k 倍加到第 i 行(列)上,记作 $r(c)_i+kr(c)_j$)。

矩阵 $\boldsymbol{A}$ 经有限次初等行变换变成矩阵 $\boldsymbol{B}$,就称矩阵 $\boldsymbol{A}$ 与 $\boldsymbol{B}$ 行等价,记作 $\boldsymbol{A}\overset{r}{\sim}\boldsymbol{B}$;矩阵 $\boldsymbol{A}$ 经有限次初等列变换变成矩阵 $\boldsymbol{B}$,就称矩阵 $\boldsymbol{A}$ 与 $\boldsymbol{B}$ 列等价,记作 $\boldsymbol{A}\overset{c}{\sim}\boldsymbol{B}$,矩阵 $\boldsymbol{A}$ 经有限次初等变换变成矩阵 $\boldsymbol{B}$,就称矩阵 $\boldsymbol{A}$ 与 $\boldsymbol{B}$ 等价,记作 $\boldsymbol{A}\sim\boldsymbol{B}$。

5. 矩阵的秩

(1)定义:设在矩阵 $\boldsymbol{A}$ 中有一个不等于 0 的 r 阶子式 D,且所有 $r+1$ 阶子式(如果有的话)全等于 0,那么 D 称为矩阵 $\boldsymbol{A}$ 的最高阶非零子式,数 r 称为矩阵 $\boldsymbol{A}$ 的秩,记作 $\mathrm{r}(\boldsymbol{A})=r$。

(2)矩阵的秩的有关结论

①对矩阵 $\boldsymbol{A}_{m\times n}$,有当 $\mathrm{r}(\boldsymbol{A})=m$ 时,$\boldsymbol{A}$ 的行向量组线性无关,且称矩阵 $\boldsymbol{A}$ 为行满秩矩阵;

当 $\mathrm{r}(\boldsymbol{A})=n$ 时,$\boldsymbol{A}$ 的列向量组线性无关,且称矩阵 $\boldsymbol{A}$ 为列满秩矩阵。

②矩阵的初等变换不改变矩阵的秩,且不改变其行(列)向量间的线性关系。

③求矩阵的秩可转化为求矩阵的行(列)向量组的秩,从而可转化为求初等矩阵的秩。

④任一矩阵乘满秩方阵不改变原矩阵的秩;任意矩阵左乘列满秩矩阵或右乘行满秩矩阵不改变原矩阵的秩。

定理:$n\times n$ 矩阵 $\boldsymbol{A}$ 的行列式为零的充要条件是 $\boldsymbol{A}$ 的秩小于 n。

若 $|\boldsymbol{A}|\neq0$,则 $n\times n$ 矩阵 $\boldsymbol{A}$ 称为非退化的;否则称为退化的。

定理:矩阵乘积的秩不超过其因子的秩,即秩$(\boldsymbol{AB})\leqslant\min[$秩$(\boldsymbol{A})$,秩$(\boldsymbol{B})]$。

招教考向解读

考向1 矩阵的运算

解法突破

1. 矩阵的加减运算

两个 $m\times n$ 矩阵 $\boldsymbol{A}=(a_{ij})_{m\times n}$，$\boldsymbol{B}=(b_{ij})_{m\times n}$，各自对应位置上元素相加(减)后得到的 $m\times n$ 矩阵

$$\boldsymbol{A}\pm\boldsymbol{B}=(a_{ij}\pm b_{ij})_{m\times n}=\begin{pmatrix} a_{11}+b_{11} & a_{12}+b_{12} & \cdots & a_{1n}+b_{1n} \\ a_{21}+b_{21} & a_{22}+b_{22} & \cdots & a_{2n}+b_{2n} \\ \vdots & \vdots & & \vdots \\ a_{m1}+b_{m1} & a_{m2}+b_{m2} & \cdots & a_{mn}+b_{mn} \end{pmatrix}。$$

2. 矩阵的数乘运算

数 k 与矩阵 $\boldsymbol{A}=(a_{ij})_{m\times n}$ 的乘积 $k\boldsymbol{A}=(ka_{ij})_{m\times n}$ 称为矩阵的数乘，$k\boldsymbol{A}=(ka_{ij})_{m\times n}=$

$$\begin{pmatrix} ka_{11} & ka_{12} & \cdots & ka_{1n} \\ ka_{21} & ka_{22} & \cdots & ka_{2n} \\ \vdots & \vdots & & \vdots \\ ka_{m1} & ka_{m2} & \cdots & ka_{mn} \end{pmatrix}。$$

3. 矩阵的乘法运算

矩阵 $\boldsymbol{A}=(a_{ij})_{m\times s}$ 与矩阵 $\boldsymbol{B}=(b_{ij})_{s\times n}$

定义：$\boldsymbol{AB}=\boldsymbol{C}=(c_{ij})_{m\times n}=\begin{pmatrix} c_{11} & c_{12} & \cdots & c_{1n} \\ c_{21} & c_{22} & \cdots & c_{2n} \\ \vdots & \vdots & & \vdots \\ c_{m1} & c_{m2} & \cdots & c_{mn} \end{pmatrix}$，其中 $c_{ij}=a_{i1}b_{1j}+a_{i2}b_{2j}+\cdots+a_{is}b_{sj}=\sum\limits_{k=1}^{s}a_{ik}b_{kj}$，其中 c_{ij} 等于矩阵 $\boldsymbol{A}$ 的第 i 行与 $\boldsymbol{B}$ 的第 j 列的对应元素的乘积。

真题过招

1. (2021 山东东营，1.52 分)已知矩阵 $\boldsymbol{A}=\begin{pmatrix} 1 & -1 \\ 3 & 2 \end{pmatrix}$，$\boldsymbol{B}=\begin{pmatrix} -1 & 3 \\ 1 & -4 \end{pmatrix}$，则 $2\boldsymbol{A}+\boldsymbol{B}=($　　$)$

A. $\begin{pmatrix} -1 & -1 \\ 5 & 0 \end{pmatrix}$　　B. $\begin{pmatrix} 1 & 1 \\ 7 & 0 \end{pmatrix}$　　C. $\begin{pmatrix} 1 & 1 \\ 5 & 0 \end{pmatrix}$　　D. $\begin{pmatrix} -1 & 1 \\ 7 & 8 \end{pmatrix}$

答案解析

B　【解析】$2\boldsymbol{A}+\boldsymbol{B}=\begin{pmatrix}2 & -2\\6 & 4\end{pmatrix}+\begin{pmatrix}-1 & 3\\1 & -4\end{pmatrix}=\begin{pmatrix}1 & 1\\7 & 0\end{pmatrix}$。

2. (2019 山东德州平原县,1 分)矩阵 $\boldsymbol{A}=\begin{pmatrix}1 & -1\\1 & -1\end{pmatrix}$,$\boldsymbol{B}=\begin{pmatrix}1 & 1\\1 & 1\end{pmatrix}$,则 $\boldsymbol{AB}=$ ________。

答案解析

$\begin{pmatrix}0 & 0\\0 & 0\end{pmatrix}$　【解析】$\boldsymbol{AB}=\begin{pmatrix}1 & -1\\1 & -1\end{pmatrix}\begin{pmatrix}1 & 1\\1 & 1\end{pmatrix}=\begin{pmatrix}0 & 0\\0 & 0\end{pmatrix}$。

典例

3. 设矩阵 $\boldsymbol{A}=\begin{pmatrix}1 & 0 & 1\\0 & 1 & 0\\0 & 0 & 1\end{pmatrix}$,$n$ 是大于 1 的整数,则 $\boldsymbol{A}^n=$ (　　)

A. $\begin{pmatrix}n & 0 & n\\0 & n & 0\\0 & 0 & n\end{pmatrix}$　　B. $\begin{pmatrix}n & 0 & n\\0 & n & 0\\0 & 0 & 1\end{pmatrix}$

C. $\begin{pmatrix}n & 0 & n\\0 & 1 & 0\\0 & 0 & 1\end{pmatrix}$　　D. $\begin{pmatrix}1 & 0 & n\\0 & 1 & 0\\0 & 0 & 1\end{pmatrix}$

答案解析

D　【解析】$\boldsymbol{A}=\begin{pmatrix}1 & 0 & 1\\0 & 1 & 0\\0 & 0 & 1\end{pmatrix}=\begin{pmatrix}1 & 0 & 0\\0 & 1 & 0\\0 & 0 & 1\end{pmatrix}+\begin{pmatrix}0 & 0 & 1\\0 & 0 & 0\\0 & 0 & 0\end{pmatrix}=\boldsymbol{E}+\boldsymbol{B}$,其中 $\boldsymbol{B}=\begin{pmatrix}0 & 0 & 1\\0 & 0 & 0\\0 & 0 & 0\end{pmatrix}$,那么 $\boldsymbol{B}^2=\boldsymbol{BB}=\begin{pmatrix}0 & 0 & 1\\0 & 0 & 0\\0 & 0 & 0\end{pmatrix}\begin{pmatrix}0 & 0 & 1\\0 & 0 & 0\\0 & 0 & 0\end{pmatrix}=\begin{pmatrix}0 & 0 & 0\\0 & 0 & 0\\0 & 0 & 0\end{pmatrix}=\boldsymbol{O}$,所以当 $n>1$ 时 $\boldsymbol{B}^n=\boldsymbol{O}$,故 $\boldsymbol{A}^n=(\boldsymbol{E}+\boldsymbol{B})^n=\mathrm{C}_n^0\boldsymbol{E}^n\boldsymbol{B}^0+\mathrm{C}_n^1\boldsymbol{E}^{n-1}\boldsymbol{B}=\boldsymbol{E}+n\boldsymbol{B}=\begin{pmatrix}1 & 0 & n\\0 & 1 & 0\\0 & 0 & 1\end{pmatrix}$。

变式训练

1. 设 $\boldsymbol{A}=\begin{pmatrix}x_1 & b_1\\ y_1 & b_2\end{pmatrix}$,$\boldsymbol{B}=\begin{pmatrix}x_2 & b_1\\ y_2 & b_2\end{pmatrix}$,且已知 $|\boldsymbol{A}|=2$,$|\boldsymbol{B}|=-7$,则 $|\boldsymbol{A}+\boldsymbol{B}|=$(　　)

A. 5　　B. -5

C. 10　　D. -10

2. $\begin{pmatrix}1 & 2\\ 3 & 4\end{pmatrix}\begin{pmatrix}2 & 1\\ -1 & 0\end{pmatrix}=$______。

3. 若 $\boldsymbol{AB}-\boldsymbol{B}=\boldsymbol{A}$,其中 $\boldsymbol{B}=\begin{pmatrix}1 & -2 & 0\\ 2 & 1 & 0\\ 0 & 0 & 2\end{pmatrix}$,求 $\boldsymbol{A}$。

4. 已知矩阵 $\boldsymbol{B}=(1,2,3)$,$\boldsymbol{C}=\left(1,\frac{1}{2},\frac{1}{3}\right)$,设 $\boldsymbol{A}=\boldsymbol{B}^{\mathrm{T}}\boldsymbol{C}$,求 $\boldsymbol{A}^n$。

5. 试证当 $\boldsymbol{A}$ 为 n 阶满秩矩阵时,$(\boldsymbol{A}^*)^*=|\boldsymbol{A}|^{n-2}\boldsymbol{A}$。

考向2 矩阵的初等变换

解法突破

对于任何非零矩阵 $\boldsymbol{A}_{m\times n}$,都可以经过有限次的初等行变换,把它变为行阶梯形矩阵和行最简形矩阵。

行阶梯形矩阵的特点为:可画出一条阶梯线,线的下方全为0,每个台阶只有一行,台阶数即为非零行的行数,阶梯线的竖线后第一个元素为非零行的第一个非零元;

行最简形矩阵的特点为:非零行第一个非零元为1,且这个非零元所在的列的其他元素都为0。

典例

用初等行变换把矩阵 $\begin{pmatrix}2 & -1 & -1 & 1 & 2\\ 1 & 1 & -2 & 1 & 4\\ 4 & -6 & 2 & -2 & 4\\ 3 & 6 & -9 & 7 & 9\end{pmatrix}$ 化为行阶梯形矩阵。

答案解析

【解析】$\begin{pmatrix}2&-1&-1&1&2\\1&1&-2&1&4\\4&-6&2&-2&4\\3&6&-9&7&9\end{pmatrix}\xrightarrow[r_3\times\frac{1}{2}]{r_1\leftrightarrow r_2}\begin{pmatrix}1&1&-2&1&4\\2&-1&-1&1&2\\2&-3&1&-1&2\\3&6&-9&7&9\end{pmatrix}\xrightarrow[r_4-3r_1]{\substack{r_2-r_3\\r_3-2r_1}}$

$\begin{pmatrix}1&1&-2&1&4\\0&2&-2&2&0\\0&-5&5&-3&-6\\0&3&-3&4&-3\end{pmatrix}\xrightarrow[r_4-3r_2]{\substack{r_2\times\frac{1}{2}\\r_3+5r_2}}\begin{pmatrix}1&1&-2&1&4\\0&1&-1&1&0\\0&0&0&2&-6\\0&0&0&1&-3\end{pmatrix}\xrightarrow[r_4-2r_3]{r_3\leftrightarrow r_4}\begin{pmatrix}1&1&-2&1&4\\0&1&-1&1&0\\0&0&0&1&-3\\0&0&0&0&0\end{pmatrix}$。

变式训练

将矩阵$\begin{pmatrix}1&-1&3&-4&3\\3&-3&5&-4&1\\2&-2&3&-2&0\\3&-3&4&-2&-1\end{pmatrix}$利用矩阵的初等行变换化为行最简形矩阵。

考向3　逆矩阵的计算

解法突破

(1)伴随矩阵法：$\boldsymbol{A}^{-1}=\frac{1}{|\boldsymbol{A}|}\boldsymbol{A}^*$（适用于$n\leqslant 3$阶矩阵求逆）。

(2)利用定义法求逆矩阵

若存在矩阵$\boldsymbol{B}$，使得$\boldsymbol{AB}=\boldsymbol{E}$，则$\boldsymbol{A}^{-1}=\boldsymbol{B}$。

(3)初等变换法：$(\boldsymbol{A},\boldsymbol{E})\xrightarrow{\text{行变换}}(\boldsymbol{E},\boldsymbol{A}^{-1})$。

即，若要求矩阵$\boldsymbol{A}$的逆矩阵，只需通过矩阵初等变换将矩阵$(\boldsymbol{A},\boldsymbol{E})$转化为$(\boldsymbol{E},\boldsymbol{A}^{-1})$。

真题过招»

1. (2020 陕西特岗，2 分)矩阵$\boldsymbol{A}=\begin{pmatrix}7&0&0\\0&2&0\\0&0&9\end{pmatrix}$，则$\boldsymbol{A}^{-1}=$________。

答案解析

$\begin{pmatrix}\frac{1}{7}&0&0\\0&\frac{1}{2}&0\\0&0&\frac{1}{9}\end{pmatrix}$ 【解析】解法一：利用 $A^{-1}=\frac{1}{|A|}A^*$，$|A|=126$，$A^*=\begin{pmatrix}18&0&0\\0&63&0\\0&0&14\end{pmatrix}$，则

$$A^{-1}=\frac{1}{|A|}A^*=\begin{pmatrix}\frac{1}{7}&0&0\\0&\frac{1}{2}&0\\0&0&\frac{1}{9}\end{pmatrix}。$$

解法二：初等变换法。$(A,E)=\begin{pmatrix}7&0&0&1&0&0\\0&2&0&0&1&0\\0&0&9&0&0&1\end{pmatrix}\xrightarrow[r_3\div 9]{r_1\div 7,\ r_2\div 2}\begin{pmatrix}1&0&0&\frac{1}{7}&0&0\\0&1&0&0&\frac{1}{2}&0\\0&0&1&0&0&\frac{1}{9}\end{pmatrix}=$

(E,A^{-1})，所以 $A^{-1}=\begin{pmatrix}\frac{1}{7}&0&0\\0&\frac{1}{2}&0\\0&0&\frac{1}{9}\end{pmatrix}$。

2.（2018 陕西特岗，2 分）$\begin{pmatrix}1&0&0\\0&2&0\\0&0&3\end{pmatrix}^{-1}=$______。

答案解析

$\begin{pmatrix}1&0&0\\0&\frac{1}{2}&0\\0&0&\frac{1}{3}\end{pmatrix}$ 【解析】令 $A=\begin{pmatrix}1&0&0\\0&2&0\\0&0&3\end{pmatrix}$，

解法一：$|\boldsymbol{A}|=\begin{vmatrix}1&0&0\\0&2&0\\0&0&3\end{vmatrix}=1\times2\times3=6$，$\boldsymbol{A}^*=\begin{pmatrix}6&0&0\\0&3&0\\0&0&2\end{pmatrix}$，所以 $\boldsymbol{A}^{-1}=\frac{1}{|\boldsymbol{A}|}\boldsymbol{A}^*=\frac{1}{6}\begin{pmatrix}6&0&0\\0&3&0\\0&0&2\end{pmatrix}=\begin{pmatrix}1&0&0\\0&\frac{1}{2}&0\\0&0&\frac{1}{3}\end{pmatrix}$。

解法二：$(\boldsymbol{A},\boldsymbol{E})=\begin{pmatrix}1&0&0&1&0&0\\0&2&0&0&1&0\\0&0&3&0&0&1\end{pmatrix}\xrightarrow[r_3\div3]{r_2\div2}\begin{pmatrix}1&0&0&1&0&0\\0&1&0&0&\frac{1}{2}&0\\0&0&1&0&0&\frac{1}{3}\end{pmatrix}=(\boldsymbol{E},\boldsymbol{A}^{-1})$，故 $\boldsymbol{A}^{-1}=\begin{pmatrix}1&0&0\\0&\frac{1}{2}&0\\0&0&\frac{1}{3}\end{pmatrix}$。

变式训练

1. 已知二阶矩阵 $\boldsymbol{A}=\begin{pmatrix}a&b\\c&d\end{pmatrix}$ 的行列式 $|\boldsymbol{A}|=-1$，则 $(\boldsymbol{A}^*)^{-1}=$________。

2. 试求矩阵 $\boldsymbol{A}=\begin{pmatrix}\cos\theta&-\sin\theta\\\sin\theta&\cos\theta\end{pmatrix}$ 的逆矩阵。

3. 利用矩阵的初等变换求矩阵 $\begin{pmatrix}3&2&1\\3&1&5\\3&2&3\end{pmatrix}$ 的逆矩阵。

考向4　矩阵方程的求解

解法突破

对于简单矩阵方程有：

若 X 前后的系数矩阵 A,B 为可逆矩阵，且 A^{-1},B^{-1} 易求出，那么

①$AX=B\Rightarrow A^{-1}AX=A^{-1}B\Rightarrow X=A^{-1}B$；

②$XA=B\Rightarrow XAA^{-1}=BA^{-1}\Rightarrow X=BA^{-1}$；

③$AXB=C\Rightarrow A^{-1}AXBB^{-1}=A^{-1}CB^{-1}\Rightarrow X=A^{-1}CB^{-1}$。

典例

设 $A=\begin{pmatrix}0&3&3\\1&1&0\\-1&2&3\end{pmatrix}$，且 $AB=A+2B$，求 B。

答案解析

【解析】由 $AB=A+2B$ 得到 $(A-2E)B=A$，①。

而 $A-2E=\begin{pmatrix}-2&3&3\\1&-1&0\\-1&2&1\end{pmatrix}$，易求得 $|A-2E|=\begin{vmatrix}-2&3&3\\1&-1&0\\-1&2&1\end{vmatrix}=(-1)^{2+1}\begin{vmatrix}3&3\\2&1\end{vmatrix}-(-1)^{2+2}\begin{vmatrix}-2&3\\-1&1\end{vmatrix}=-(3-6)-(-2+3)=2\neq0$，故 $A-2E$ 可逆，且 $(A-2E)^{*}=\begin{pmatrix}-1&3&3\\-1&1&3\\1&1&-1\end{pmatrix}$，用 $(A-2E)^{-1}$ 左乘①得到，$B=(A-2E)^{-1}A=\dfrac{1}{|A-2E|}(A-2E)^{*}A=\dfrac{1}{2}\begin{pmatrix}-1&3&3\\-1&1&3\\1&1&-1\end{pmatrix}\begin{pmatrix}0&3&3\\1&1&0\\-1&2&3\end{pmatrix}=\begin{pmatrix}0&3&3\\-1&2&3\\1&1&0\end{pmatrix}$。

变式训练

1. 设矩阵 $A=\begin{pmatrix}1&0&1\\0&2&0\\1&0&1\end{pmatrix}$，且满足 $AB+E=A^2+B$，其中 E 为三阶单位矩阵，求 B。

2. 设 $A=\begin{pmatrix}0&2&1\\2&-1&3\\-3&3&-4\end{pmatrix}$，$B=\begin{pmatrix}1&2&3\\2&-3&1\end{pmatrix}$，求 X 使 $XA=B$。

考向5 矩阵的秩

(一)用定义法求矩阵的秩

解法突破

用定义法求矩阵的秩的关键在于:①找到矩阵$\boldsymbol{A}$中的一个r阶子式$D_r\neq0$;②所有$r+1$阶子式(如果存在的话)全等于零。那么矩阵$\boldsymbol{A}$的秩为r,即$\mathrm{r}(\boldsymbol{A})=r$。零矩阵的秩为零。

典例

1. 求矩阵$\boldsymbol{A}=\begin{pmatrix}1&2&3\\2&3&-5\\4&7&1\end{pmatrix}$的秩。

答案解析

【解析】在$\boldsymbol{A}$中,有二阶子式$\begin{vmatrix}1&2\\2&3\end{vmatrix}=3-4=-1\neq0$,且$\boldsymbol{A}$的三阶子式只有一个,即$|\boldsymbol{A}|=$

$$\begin{vmatrix}1&2&3\\2&3&-5\\4&7&1\end{vmatrix}=\begin{vmatrix}3&-5\\7&1\end{vmatrix}-2\begin{vmatrix}2&-5\\4&1\end{vmatrix}+3\begin{vmatrix}2&3\\4&7\end{vmatrix}=(3+35)-2\times(2+20)+3\times(14-12)=$$

$38-44+6=0$,所以$\mathrm{r}(\boldsymbol{A})=2$。

变式训练

1. 用定义法求下列矩阵的秩。

(1)$\boldsymbol{A}=\begin{pmatrix}3&2&-1\\2&-1&3\\7&0&5\end{pmatrix}$;

(2)$\boldsymbol{B}=\begin{pmatrix}2&-1&0&3&-2\\0&3&1&-2&5\\0&0&0&4&-3\\0&0&0&0&0\end{pmatrix}$。

(二)用初等变换法求矩阵的秩

解法突破

因矩阵经初等变换后，其秩不变，故可用初等变换法求其秩。

用初等变换法求矩阵的秩，既可以用初等行变换，也可以用初等列变换，也可以交替进行，把矩阵 $\boldsymbol{A}$ 化为一个容易求秩甚至一看就知道其秩的矩阵，一般化为行阶梯形矩阵 $\boldsymbol{B}$，则行阶梯形矩阵 $\boldsymbol{B}$ 的非零行的行数即为矩阵 $\boldsymbol{A}$ 的秩，即 $r(\boldsymbol{A})=r(\boldsymbol{B})=\boldsymbol{B}$ 中非零行的行数。

真题过招

2. (2021 贵州特岗，5 分) 求向量组 $\boldsymbol{\alpha}_1=(1,2,-1,1)^{T}$，$\boldsymbol{\alpha}_2=(2,0,3,0)^{T}$，$\boldsymbol{\alpha}_3=(0,-4,5,-2)^{T}$，$\boldsymbol{\alpha}_4=(3,-2,7,-1)^{T}$ 的秩。

答案解析

【解析】令 $\boldsymbol{A}=(\boldsymbol{\alpha}_1,\boldsymbol{\alpha}_2,\boldsymbol{\alpha}_3,\boldsymbol{\alpha}_4)=\begin{pmatrix}1&2&0&3\\2&0&-4&-2\\-1&3&5&7\\1&0&-2&-1\end{pmatrix}$，对矩阵 $\boldsymbol{A}$ 作初等变换，化成阶梯形矩阵，

$$\boldsymbol{A}=\begin{pmatrix}1&2&0&3\\2&0&-4&-2\\-1&3&5&7\\1&0&-2&-1\end{pmatrix}\to\begin{pmatrix}1&2&0&3\\0&-4&-4&-8\\0&5&5&10\\0&-2&-2&-4\end{pmatrix}\to\begin{pmatrix}1&2&0&3\\0&1&1&2\\0&0&0&0\\0&0&0&0\end{pmatrix},$$

故 $r(\boldsymbol{A})=2$。

变式训练

2. 若矩阵 $\boldsymbol{A}=\begin{pmatrix}1&1&1\\0&2&3\\0&0&1-\lambda\end{pmatrix}$ 的秩是 2，则常数 $\lambda=$ (　　)

A. 1　　　　B. -1

C. 2　　　　D. -2

3. 矩阵$\begin{pmatrix}1&2&6\\0&3&5\\0&0&4\end{pmatrix}\begin{pmatrix}1&1&1\\-1&2&3\\0&3&4\end{pmatrix}$的秩为________。

招教易错突破

易错点 ▸ 对伴随矩阵的定义理解不清

求代数余子式$A_{ij}=(-1)^{i+j}M_{ij}$时，不要忘记正负号；组装伴随矩阵$A^*=\begin{pmatrix}A_{11}&A_{21}&A_{31}\\A_{12}&A_{22}&A_{32}\\A_{13}&A_{23}&A_{33}\end{pmatrix}$时，不要排错位置；求$A^{-1}$时不要忘记除以$|A|$。

典例

$A=\begin{pmatrix}1&2&3\\2&2&1\\3&4&3\end{pmatrix}$的伴随矩阵为________。

【错因分析】求代数余子式时，忘记正负号。

答案解析

$\begin{pmatrix}2&6&-4\\-3&-6&5\\2&2&-2\end{pmatrix}$ 【解析】$A_{11}=\begin{vmatrix}2&1\\4&3\end{vmatrix}=2$，$A_{12}=-\begin{vmatrix}2&1\\3&3\end{vmatrix}=-3$，同理可得$A_{13}=2$，$A_{21}=6$，$A_{22}=-6$，$A_{23}=2$，$A_{31}=-4$，$A_{32}=5$，$A_{33}=-2$，所以$A^*=\begin{pmatrix}2&6&-4\\-3&-6&5\\2&2&-2\end{pmatrix}$。

变式训练

设$A=\begin{pmatrix}1&0&0\\2&2&0\\3&4&5\end{pmatrix}$，$A^*$为$A$的伴随矩阵，求$(A^*)^{-1}$。

必刷好题

招教高频基础刷

1. 设 $\boldsymbol{A},\boldsymbol{B}$ 都是二阶可逆矩阵，$|\boldsymbol{A}|=a$，$|\boldsymbol{B}|=b$，令 $\boldsymbol{M}=\begin{pmatrix}\boldsymbol{O} & \boldsymbol{A}^* \\ 2\boldsymbol{B} & \boldsymbol{O}\end{pmatrix}$，则 $|\boldsymbol{M}|$ 等于（　　）

A. $-4a^2b$　　B. $-4ab^2$　　C. $4ab$　　D. $-4ab$

2. 矩阵 $\boldsymbol{A}=\begin{pmatrix}4 & -1 & 2 & 1 \\ 1 & 1 & 0 & 3 \\ 0 & 3 & 1 & 4\end{pmatrix}$ 与 $\boldsymbol{B}=\begin{pmatrix}1 & 2 \\ 0 & 1 \\ 3 & 0 \\ -1 & 2\end{pmatrix}$ 的乘积 $\boldsymbol{AB}=$________。

3. 已知 $\boldsymbol{A}=\begin{pmatrix}2 & 0 & -1 \\ 1 & 3 & 2\end{pmatrix}$，$\boldsymbol{B}=\begin{pmatrix}1 & 7 & -1 \\ 4 & 2 & 3 \\ 2 & 0 & 1\end{pmatrix}$，则 $(\boldsymbol{AB})^{\mathrm{T}}=$________。

4. 设 $\boldsymbol{A},\boldsymbol{B}$ 都是 n 阶矩阵，且 $|\boldsymbol{A}|=3$，$|\boldsymbol{B}|=2$，则 $\left|\frac{1}{3}\boldsymbol{A}^*\boldsymbol{B}^{-1}\right|=$________。

5. 设 $\boldsymbol{A}=\begin{pmatrix}1 & 1 & 1 \\ 1 & 1 & -1 \\ 1 & -1 & 1\end{pmatrix}$，$\boldsymbol{B}=\begin{pmatrix}1 & 2 & 3 \\ -1 & -2 & 4 \\ 0 & 5 & 1\end{pmatrix}$，求 $3\boldsymbol{AB}-2\boldsymbol{A}$ 及 $\boldsymbol{A}^{\mathrm{T}}\boldsymbol{B}$。

6. 求方阵 $\boldsymbol{A}=\begin{pmatrix}1 & 2 & 3 \\ 2 & 2 & 1 \\ 3 & 4 & 3\end{pmatrix}$ 的逆矩阵。

7. 设 $\boldsymbol{A}=\begin{pmatrix}0 & -2 & 1 \\ 3 & 0 & -2 \\ -2 & 3 & 0\end{pmatrix}$，证明 $\boldsymbol{A}$ 可逆，并求 $\boldsymbol{A}^{-1}$。

8. 求解矩阵方程 $\boldsymbol{AX}=\boldsymbol{B}$，其中 $\boldsymbol{A}=\begin{pmatrix}2 & 1 & -3 \\ 1 & 2 & -2 \\ -1 & 3 & 2\end{pmatrix}$，$\boldsymbol{B}=\begin{pmatrix}1 & -1 \\ 2 & 0 \\ -2 & 5\end{pmatrix}$。

9. 求矩阵 $\boldsymbol{A}=\begin{pmatrix}3 & 2 & 0 & 5 & 0 \\ 3 & -2 & 3 & 6 & -1 \\ 2 & 0 & 1 & 5 & -3 \\ 1 & 6 & -4 & -1 & 4\end{pmatrix}$ 的秩。

招教易错能力刷

1. 设 $\boldsymbol{A}$ 是 n 阶可逆矩阵,下列结论正确的是(　　)

A. $|(k\boldsymbol{A})^*| = k^{n-1}|\boldsymbol{A}|^{n-1}$　　B. $|(k\boldsymbol{A})^*| = k^{2n}|\boldsymbol{A}|^{n-1}$

C. $(\boldsymbol{A}^*)^* = |\boldsymbol{A}|^{n-2}\boldsymbol{A}$　　D. $(\boldsymbol{A}^*)^* = |\boldsymbol{A}|^{n+2}\boldsymbol{A}$

2. 设 $\boldsymbol{A} = \begin{pmatrix} a_{11} & a_{12} & a_{13} \\ a_{21} & a_{22} & a_{23} \\ a_{31} & a_{32} & a_{33} \end{pmatrix}$,已知 $\boldsymbol{A}^{\mathrm{T}} = \boldsymbol{A}^*$,且 $a_{11} = a_{12} = a_{13} = a > 0$,则 $a =$ ________。

3. 设 $\boldsymbol{A} = \begin{pmatrix} 1 & 1 & 0 \\ 1 & 0 & 2 \\ 3 & 2 & 2 \end{pmatrix}$经过有限次初等行变换化为 $\boldsymbol{B} = \begin{pmatrix} 1 & 0 & 2 \\ 1 & 2 & -2 \\ 2 & a & -2 \end{pmatrix}$,那么常数 $a =$ ________。

4. 设 $\boldsymbol{A} = \begin{pmatrix} 1 & -1 & 2 \\ -1 & 2 & 0 \\ 0 & a & 4 \end{pmatrix}$,$\boldsymbol{B} = \begin{pmatrix} 2 & 0 & 1 \\ -1 & 1 & 0 \\ 2 & 2 & 2 \end{pmatrix}$,且矩阵 $\boldsymbol{A}$ 与矩阵 $\boldsymbol{B}$ 等价。求常数 a。

第三节　线性方程组

招教核心要点

1. n 维向量的概念与运算

(1) n 维向量:由 n 个数构成的数组 $(a_1, a_2, \cdots, a_n)^{\mathrm{T}}$ 或 $(a_1, a_2, \cdots, a_n)$ 称为 n 维列向量或 n 维行向量。一般的向量

指列向量，所有分量皆为零的向量称为零向量。

(2)向量的内积：$(\boldsymbol{\alpha},\boldsymbol{\beta})=a_1b_1+a_2b_2+\cdots+a_nb_n=\boldsymbol{\alpha}\boldsymbol{\beta}^{\mathrm{T}}=\boldsymbol{\beta}\boldsymbol{\alpha}^{\mathrm{T}}$。

2. 线性关系

	定义	等价条件
线性相关	给定向量组 $\boldsymbol{A}$：$\boldsymbol{\alpha}_1,\boldsymbol{\alpha}_2,\cdots,\boldsymbol{\alpha}_s$，如果存在不全为零的数 $k_1,k_2,\cdots,k_s$，使得 $k_1\boldsymbol{\alpha}_1+k_2\boldsymbol{\alpha}_2+\cdots+k_s\boldsymbol{\alpha}_s=\boldsymbol{0}$，则称向量组 $\boldsymbol{A}$ 是线性相关的	向量组 $\boldsymbol{\alpha}_1,\boldsymbol{\alpha}_2,\cdots,\boldsymbol{\alpha}_s$ 线性相关，即 ①齐次方程组 $(\boldsymbol{\alpha}_1,\boldsymbol{\alpha}_2,\cdots,\boldsymbol{\alpha}_s)\begin{pmatrix}x_1\\x_2\\\vdots\\x_s\end{pmatrix}=\boldsymbol{0}$ 有非零解； ②向量组的秩 $\mathrm{r}(\boldsymbol{\alpha}_1,\boldsymbol{\alpha}_2,\cdots,\boldsymbol{\alpha}_s)<s$（向量的个数）； ③至少存在一个 $\boldsymbol{\alpha}_i\,(i=1,2,\cdots,s)$ 可由其余 $s-1$ 个向量线性表出
线性无关	没有不全为零的数 $k_1,k_2,\cdots,k_s$，使得 $k_1\boldsymbol{\alpha}_1+k_2\boldsymbol{\alpha}_2+\cdots+k_s\boldsymbol{\alpha}_s=\boldsymbol{0}$，即一向量组 $\boldsymbol{\alpha}_1,\boldsymbol{\alpha}_2,\cdots,\boldsymbol{\alpha}_s$ 线性无关。若有 $k_1\boldsymbol{\alpha}_1+k_2\boldsymbol{\alpha}_2+\cdots+k_s\boldsymbol{\alpha}_s=\boldsymbol{0}$，可以推出 $k_1=k_2=\cdots=k_s=0$	向量组 $\boldsymbol{\alpha}_1,\boldsymbol{\alpha}_2,\cdots,\boldsymbol{\alpha}_s$ 线性无关，即 ①齐次方程组 $(\boldsymbol{\alpha}_1,\boldsymbol{\alpha}_2,\cdots,\boldsymbol{\alpha}_s)\begin{pmatrix}x_1\\x_2\\\vdots\\x_s\end{pmatrix}=\boldsymbol{0}$ 只有零解； ②向量组的秩 $\mathrm{r}(\boldsymbol{\alpha}_1,\boldsymbol{\alpha}_2,\cdots,\boldsymbol{\alpha}_s)=s$（向量的个数）； ③每一个向量 $\boldsymbol{\alpha}_i\,(i=1,2,\cdots,s)$ 都不能由其余 $s-1$ 个向量线性表出

3. 极大线性无关组

向量组 $\boldsymbol{\alpha}_{i_1},\boldsymbol{\alpha}_{i_2},\cdots,\boldsymbol{\alpha}_{i_r}$ 是向量组 $\boldsymbol{\alpha}_1,\boldsymbol{\alpha}_2,\cdots,\boldsymbol{\alpha}_n$ 的一个部分组$(r\leqslant n)$，若满足：①$\boldsymbol{\alpha}_{i_1},\boldsymbol{\alpha}_{i_2},\cdots,\boldsymbol{\alpha}_{i_r}$ 线性无关；②每一个 $\boldsymbol{\alpha}_j\,(j=1,2,\cdots,n)$ 都可由 $\boldsymbol{\alpha}_{i_1},\boldsymbol{\alpha}_{i_2},\cdots,\boldsymbol{\alpha}_{i_r}$ 线性表示，则称 $\boldsymbol{\alpha}_{i_1},\boldsymbol{\alpha}_{i_2},\cdots,\boldsymbol{\alpha}_{i_r}$ 是向量组 $\boldsymbol{\alpha}_1,\boldsymbol{\alpha}_2,\cdots,\boldsymbol{\alpha}_n$ 的一个极大无关组。

考向分析

向量组的相关性、向量的线性表示、(非)齐次线性方程组的解的判定及求法是教师招聘考试中的重点考查内容。题目一般较为基础，考生掌握其性质、判定方法与计算方法即可。

4. 线性方程组解的判定

$\boldsymbol{AX}=\boldsymbol{0}$ 的系数矩阵 $\boldsymbol{A}=\begin{pmatrix} a_{11} & a_{12} & \cdots & a_{1n} \\ a_{21} & a_{22} & \cdots & a_{2n} \\ \vdots & \vdots & & \vdots \\ a_{s1} & a_{s2} & \cdots & a_{sn} \end{pmatrix}$，$\boldsymbol{AX}=\boldsymbol{b}$ 的

增广矩阵 $\overline{\boldsymbol{A}}=(\boldsymbol{A},\boldsymbol{b})=\begin{pmatrix} a_{11} & a_{12} & \cdots & a_{1n} & b_1 \\ a_{21} & a_{22} & \cdots & a_{2n} & b_2 \\ \vdots & \vdots & & \vdots & \vdots \\ a_{s1} & a_{s2} & \cdots & a_{sn} & b_s \end{pmatrix}$，则 $\boldsymbol{AX}=\boldsymbol{0}$

与 $\boldsymbol{AX}=\boldsymbol{b}$ 解的判定如下：

$\boldsymbol{AX}=\boldsymbol{0}$	$\boldsymbol{AX}=\boldsymbol{b}$
只有零解：系数行列式 $\lvert\boldsymbol{A}\rvert\neq0$ $\Leftrightarrow \mathrm{r}(\boldsymbol{A})=n$	无解 $\Leftrightarrow \mathrm{r}(\boldsymbol{A})\neq\mathrm{r}(\overline{\boldsymbol{A}})=\mathrm{r}(\boldsymbol{A},\boldsymbol{b})$
有非零解：系数矩阵的行列式 $\lvert\boldsymbol{A}\rvert=0\Leftrightarrow\mathrm{r}(\boldsymbol{A})=r<n$。此时 $\boldsymbol{AX}=\boldsymbol{0}$ 有 $n-r$ 个线性无关的解向量	有解 $\Leftrightarrow\mathrm{r}(\boldsymbol{A})=\mathrm{r}(\overline{\boldsymbol{A}})$： ①有唯一解 $\Leftrightarrow\mathrm{r}(\boldsymbol{A})=\mathrm{r}(\overline{\boldsymbol{A}})=n$； ②有无穷多解 $\Leftrightarrow\mathrm{r}(\boldsymbol{A})=\mathrm{r}(\overline{\boldsymbol{A}})<n$

$\boldsymbol{A}$ 是 n 阶可逆矩阵 $\Leftrightarrow\lvert\boldsymbol{A}\rvert\neq0\Leftrightarrow\mathrm{r}(\boldsymbol{A})=n$（$\boldsymbol{A}$ 是满秩矩阵）$\Leftrightarrow\boldsymbol{A}$ 的行（列）向量组线性无关 $\Leftrightarrow$ 齐次线性方程组 $\boldsymbol{AX}=\boldsymbol{0}$ 只有零解 $\Leftrightarrow\boldsymbol{AX}=\boldsymbol{b}$ 总有唯一解 $\Leftrightarrow\boldsymbol{A}$ 与 $\boldsymbol{E}$ 等价 $\Leftrightarrow\boldsymbol{A}$ 可表示成若干个初等矩阵的乘积。

招教考向解读

考向 1 向量组的相关性

（一）用定义法求证向量组的线性相关性

解法突破

向量组 $\boldsymbol{\alpha}_1,\boldsymbol{\alpha}_2,\cdots,\boldsymbol{\alpha}_n$ 线性相关，即存在不全为 0 的数 $k_1,k_2,\cdots,k_n$，使 $k_1\boldsymbol{\alpha}_1+k_2\boldsymbol{\alpha}_2+\cdots+k_n\boldsymbol{\alpha}_n=$

$\mathbf{0}$,若向量已知,可列出与 $k_i(i=1,2,\cdots,n)$ 有关的方程组解决问题。

真题过招»

1. (2020 湖南特岗,3 分)当 $\lambda=$________时,向量组 $\boldsymbol{\alpha}_1=(2,1,-1),\boldsymbol{\alpha}_2=(-1,-3,3),\boldsymbol{\alpha}_3=(2,3,\lambda)$ 线性相关。

答案解析

-3 【解析】向量组线性相关,即存在不全为零的数 k_1,k_2,k_3,使 $k_1\boldsymbol{\alpha}_1+k_2\boldsymbol{\alpha}_2+k_3\boldsymbol{\alpha}_3=\mathbf{0}$ 成立,即 $(2k_1,k_1,-k_1)+(-k_2,-3k_2,3k_2)+(2k_3,3k_3,\lambda k_3)=(0,0,0)$,那么 $\begin{cases}2k_1-k_2+2k_3=0,\\k_1-3k_2+3k_3=0,\\-k_1+3k_2+\lambda k_3=0,\end{cases}$ 整理得 $k_2=\frac{4}{5}k_3,k_1=-\frac{3}{5}k_3$,代入 $-k_1+3k_2+\lambda k_3=0$ 得 $\frac{3}{5}k_3+\frac{12}{5}k_3+\lambda k_3=0$,即 $(3+\lambda)k_3=0$,那么 $k_3=0$ 或 $\lambda=-3$。若 $k_3=0$,那么 $k_1=k_2=0$,不符合题意,所以 $\lambda=-3$。

变式训练

1. 判断向量组 $\boldsymbol{\alpha}_1=(1,0,-1),\boldsymbol{\alpha}_2=(-1,-1,2),\boldsymbol{\alpha}_3=(2,3,-5)$ 是线性相关还是线性无关?如果线性相关,请写出一组相关系数。

(二)利用矩阵的秩判别向量组的线性相关性

解法突破

对矩阵 $\boldsymbol{A}_{m\times n}$,有

当秩 $\mathrm{r}(\boldsymbol{A})<m(n)$ 时,$\boldsymbol{A}$ 的行(列)向量组线性相关;

当秩 $\mathrm{r}(\boldsymbol{A})=m(n)$ 时,$\boldsymbol{A}$ 的行(列)向量组线性无关。

真题过招»

2. (2018 陕西特岗,2 分)若 $\boldsymbol{A}$ 是 $m\times n$ 阶矩阵,且 $\boldsymbol{A}$ 的 n 个列向量线性无关,则 $\boldsymbol{A}$ 的秩为(　　)

A. 大于 n　　B. 大于 m　　C. 等于 m　　D. 等于 n

答案解析

D 【解析】因为矩阵 $\boldsymbol{A}_{m\times n}$ 的 n 个列向量线性无关，所以 $\mathrm{r}(\boldsymbol{A})=n$。

变式训练

2. 判别下列向量组是线性相关还是线性无关。

$$\begin{pmatrix}-1\\3\\1\end{pmatrix},\begin{pmatrix}2\\1\\0\end{pmatrix},\begin{pmatrix}1\\4\\1\end{pmatrix}。$$

考向 2 向量的线性表示

解法突破

1. 用解方程法判定向量能否由向量组线性表示

给定一个向量 $\boldsymbol{\alpha}$ 及向量组 $\boldsymbol{\beta}_1,\boldsymbol{\beta}_2,\cdots,\boldsymbol{\beta}_s$，

第一步：令 $\boldsymbol{\alpha}=k_1\boldsymbol{\beta}_1+k_2\boldsymbol{\beta}_2+\cdots+k_s\boldsymbol{\beta}_s$，

第二步：由向量相等关系将上式写成方程组：

$$\begin{cases}b_{11}k_1+b_{12}k_2+\cdots+b_{1s}k_s=a_1,\\ b_{21}k_1+b_{22}k_2+\cdots+b_{2s}k_s=a_2,\\ \cdots\\ b_{n1}k_1+b_{n2}k_2+\cdots+b_{ns}k_s=a_n,\end{cases}$$

第三步：若方程组无解，则 $\boldsymbol{\alpha}$ 不能由 $\boldsymbol{\beta}_1,\boldsymbol{\beta}_2,\cdots,\boldsymbol{\beta}_s$ 线性表出；若方程组有解，则 $\boldsymbol{\alpha}$ 能由 $\boldsymbol{\beta}_1,\boldsymbol{\beta}_2,\cdots,\boldsymbol{\beta}_s$ 线性表出。

2. 用初等行变换法判定向量能否由向量组线性表示

因为初等行变换不改变列向量之间的线性关系，所以可按如下步骤进行：

第一步：初等变换后的矩阵 $\boldsymbol{A}_1$ 中，当且仅当 k 个列向量 $\boldsymbol{\eta}_{i_1},\boldsymbol{\eta}_{i_2},\cdots,\boldsymbol{\eta}_{i_k}$ 线性无关时，原矩阵 $\boldsymbol{A}$ 中对应的 k 个列向量 $\boldsymbol{\alpha}_{i_1},\boldsymbol{\alpha}_{i_2},\cdots,\boldsymbol{\alpha}_{i_k}$ 线性无关；

第二步：当且仅当初等变换后的矩阵 $\boldsymbol{A}_1$ 的某个列向量 $\boldsymbol{\eta}_s$ 可表示为某些列向量 $\boldsymbol{\eta}_i,\boldsymbol{\eta}_j,\cdots,\boldsymbol{\eta}_r$ 的线性组合即 $\boldsymbol{\eta}_s=t_i\boldsymbol{\eta}_i+t_j\boldsymbol{\eta}_j+\cdots+t_r\boldsymbol{\eta}_r$ 时，原矩阵 $\boldsymbol{A}$ 中对应的列向量 $\boldsymbol{\alpha}_s$ 可表示为列向量 $\boldsymbol{\alpha}_i,\boldsymbol{\alpha}_j,\cdots,\boldsymbol{\alpha}_r$ 的线性组合 $\boldsymbol{\alpha}_s=t_i\boldsymbol{\alpha}_i+t_j\boldsymbol{\alpha}_j+\cdots+t_r\boldsymbol{\alpha}_r$。

1. 已知向量组 $\boldsymbol{\beta}=(2,3,-4,1)^{\mathrm{T}}$，$\boldsymbol{\alpha}_1=(1,-1,2,2)^{\mathrm{T}}$，$\boldsymbol{\alpha}_2=(0,3,1,4)^{\mathrm{T}}$，$\boldsymbol{\alpha}_3=(3,0,7,10)^{\mathrm{T}}$，$\boldsymbol{\alpha}_4=(1,1,3,5)^{\mathrm{T}}$，问 $\boldsymbol{\beta}$ 能否表示为 $\boldsymbol{\alpha}_1,\boldsymbol{\alpha}_2,\boldsymbol{\alpha}_3,\boldsymbol{\alpha}_4$ 的线性组合？

答案解析

【解析】设 $\boldsymbol{\beta}=k_1\boldsymbol{\alpha}_1+k_2\boldsymbol{\alpha}_2+k_3\boldsymbol{\alpha}_3+k_4\boldsymbol{\alpha}_4$，其方程组为 $\begin{cases}k_1+3k_3+k_4=2,\\-k_1+3k_2+k_4=3,\\2k_1+k_2+7k_3+3k_4=-4,\\2k_1+4k_2+10k_3+5k_4=1,\end{cases}$ 解方程得 $k_1=31-3k_3$，$k_2=21-k_3$，$k_4=-29$，其中 k_3 可取任意值，取 $k_3=0$，得 $\boldsymbol{\beta}=31\boldsymbol{\alpha}_1+21\boldsymbol{\alpha}_2-29\boldsymbol{\alpha}_4$，这说明 $\boldsymbol{\beta}$ 可以表示成 $\boldsymbol{\alpha}_1,\boldsymbol{\alpha}_2,\boldsymbol{\alpha}_3,\boldsymbol{\alpha}_4$ 的线性组合。

2. 讨论向量 $\boldsymbol{\alpha}_5=(-2,1,1)^{\mathrm{T}}$ 与 $\boldsymbol{\alpha}_6=(3,-1,3)^{\mathrm{T}}$ 能否表示为 $\boldsymbol{\alpha}_1=(2,-1,1)^{\mathrm{T}}$，$\boldsymbol{\alpha}_2=(-1,1,1)^{\mathrm{T}}$，$\boldsymbol{\alpha}_3=(-3,2,0)^{\mathrm{T}}$，$\boldsymbol{\alpha}_4=(-4,3,1)^{\mathrm{T}}$ 的线性组合？

答案解析

【解析】矩阵 $\boldsymbol{A}=(\boldsymbol{\alpha}_1,\boldsymbol{\alpha}_2,\boldsymbol{\alpha}_3,\boldsymbol{\alpha}_4,\boldsymbol{\alpha}_5,\boldsymbol{\alpha}_6)$ 经过初等行变换变成 $\boldsymbol{A}_1=(\boldsymbol{\beta}_1,\boldsymbol{\beta}_2,\boldsymbol{\beta}_3,\boldsymbol{\beta}_4,\boldsymbol{\beta}_5,\boldsymbol{\beta}_6)=\begin{pmatrix}1&0&-1&-1&0&2\\0&1&1&2&1&1\\0&0&0&0&1&0\end{pmatrix}$，因秩 $\mathrm{r}([\boldsymbol{\beta}_1,\boldsymbol{\beta}_2,\boldsymbol{\beta}_3,\boldsymbol{\beta}_4,\boldsymbol{\beta}_5])=3\neq\mathrm{r}([\boldsymbol{\beta}_1,\boldsymbol{\beta}_2,\boldsymbol{\beta}_3,\boldsymbol{\beta}_4])=2$，故 $\mathrm{r}([\boldsymbol{\alpha}_1,\boldsymbol{\alpha}_2,\boldsymbol{\alpha}_3,\boldsymbol{\alpha}_4,\boldsymbol{\alpha}_5])\neq\mathrm{r}([\boldsymbol{\alpha}_1,\boldsymbol{\alpha}_2,\boldsymbol{\alpha}_3,\boldsymbol{\alpha}_4])$，所以 $\boldsymbol{\alpha}_5$ 不能由 $\boldsymbol{\alpha}_1,\boldsymbol{\alpha}_2,\boldsymbol{\alpha}_3,\boldsymbol{\alpha}_4$ 线性表出，又因 $\mathrm{r}([\boldsymbol{\beta}_1,\boldsymbol{\beta}_2,\boldsymbol{\beta}_3,\boldsymbol{\beta}_4,\boldsymbol{\beta}_6])=2=\mathrm{r}([\boldsymbol{\beta}_1,\boldsymbol{\beta}_2,\boldsymbol{\beta}_3,\boldsymbol{\beta}_4])$，$\boldsymbol{\beta}_6=2\boldsymbol{\beta}_1+\boldsymbol{\beta}_2$，所以 $\mathrm{r}([\boldsymbol{\alpha}_1,\boldsymbol{\alpha}_2,\boldsymbol{\alpha}_3,\boldsymbol{\alpha}_4,\boldsymbol{\alpha}_6])=\mathrm{r}([\boldsymbol{\alpha}_1,\boldsymbol{\alpha}_2,\boldsymbol{\alpha}_3,\boldsymbol{\alpha}_4])$，故 $\boldsymbol{\alpha}_6$ 能由 $\boldsymbol{\alpha}_1,\boldsymbol{\alpha}_2,\boldsymbol{\alpha}_3,\boldsymbol{\alpha}_4$ 线性表出，且 $\boldsymbol{\alpha}_6=2\boldsymbol{\alpha}_1+\boldsymbol{\alpha}_2$。

变式训练

1. 设向量组 $\boldsymbol{\alpha}_1=(1,4,0,2)^{\mathrm{T}}$，$\boldsymbol{\alpha}_2=(2,7,1,3)^{\mathrm{T}}$，$\boldsymbol{\alpha}_3=(0,1,-1,a)^{\mathrm{T}}$，$\boldsymbol{\beta}=(3,10,b,4)^{\mathrm{T}}$，问 a,b 取何值时，$\boldsymbol{\beta}$ 可由 $\boldsymbol{\alpha}_1,\boldsymbol{\alpha}_2,\boldsymbol{\alpha}_3$ 唯一线性表出？并求出此表示式。

2. 若两向量组 $\boldsymbol{\alpha}_1,\boldsymbol{\alpha}_2,\cdots,\boldsymbol{\alpha}_m$ 与 $\boldsymbol{\alpha}_1,\boldsymbol{\alpha}_2,\cdots,\boldsymbol{\alpha}_m,\boldsymbol{\beta}$ 有相同的秩，证明 $\boldsymbol{\beta}$ 可由 $\boldsymbol{\alpha}_1,\boldsymbol{\alpha}_2,\cdots,\boldsymbol{\alpha}_m$ 线性表出。

考向3 齐次线性方程组的解

(一)对齐次线性方程组 $\boldsymbol{Ax}=\mathbf{0}$ 解的判定

解法突破

1. 证齐次线性方程组 $\boldsymbol{Ax}=\mathbf{0}$ 有非零解的方法

(1)可证 $\boldsymbol{A}$ 的秩小于列向量 $\boldsymbol{x}$ 的维数(未知数个数);

(2)证 $\boldsymbol{A}$ 的列向量组线性相关;

(3)证方程个数小于未知个数。

另外,欲证方程个数与未知数个数相等的齐次线性方程组有非零解,只需证 $|\boldsymbol{A}|=0$。

2. 证 $\boldsymbol{Ax}=\mathbf{0}$ 只有零解的方法

(1)需要证 $\boldsymbol{A}$ 的秩与 $\boldsymbol{x}$ 的维数(未知数个数)相等;

(2)证 $\boldsymbol{A}$ 的列向量组线性无关。

特别地,欲证方程个数与未知数个数相等的齐次线性方程组 $\boldsymbol{AX}=\mathbf{0}$ 只有零解,只需证 $|\boldsymbol{A}|\neq 0$。

真题过招

1. (2021 贵州特岗,5 分)当 k 取怎样的数值时,齐次线性方程组 $\begin{cases} kx_1+x_2+x_3=0, \\ x_1+kx_2+x_3=0, \\ x_1+x_2+kx_3=0 \end{cases}$ 有非零解?

答案解析

【解析】齐次线性方程组存在非零解时,当且仅当系数矩阵的秩小于未知数的个数,即该系数矩阵的秩小于3,即非满秩。该系数矩阵非满秩,当且仅当矩阵对应的行列式的值等于0。

$$\begin{vmatrix} k & 1 & 1 \\ 1 & k & 1 \\ 1 & 1 & k \end{vmatrix}=(k+2)\begin{vmatrix} 1 & 1 & 1 \\ 1 & k & 1 \\ 1 & 1 & k \end{vmatrix}=(k+2)\cdot\begin{vmatrix} 1 & 1 & 1 \\ 0 & k-1 & 0 \\ 0 & 0 & k-1 \end{vmatrix}=(k+2)(k-1)^2=0$$,解得 $k=1$ 或 -2。故当 k 取 1 或 -2 时,齐次线性方程组 $\begin{cases} kx_1+x_2+x_3=0, \\ x_1+kx_2+x_3=0, \\ x_1+x_2+kx_3=0 \end{cases}$ 有非零解。

变式训练

1. 若齐次线性方程组$\begin{cases}2x_1+2x_2+\lambda x_3=0,\\2x_1+\lambda x_2+2x_3=0,\\\lambda x_1+2x_2+2x_3=0\end{cases}$有非零解，则 $\lambda=$________。

(二)求齐次线性方程组的基础解系和通解

求齐次线性方程组的基础解系和通解

解法突破

设 $r(\boldsymbol{A})=r<n$，对于齐次线性方程组 $\boldsymbol{Ax}=\boldsymbol{0}$，可以按照如下步骤计算它的基础解系：

第一步：对系数矩阵 $\boldsymbol{A}$ 施行初等行变换化为行最简阶梯形矩阵；

第二步：对应的齐次线性方程组化阶梯形方程组；

第三步：在阶梯形方程组中，分别令“自由变量”(主元以外的变量)其中一个为1，其余为0，代入齐次线性方程组可以得到 $n-r$ 个线性无关的解向量，这 $n-r$ 个解向量 $\boldsymbol{\xi}_1,\boldsymbol{\xi}_2,\cdots,\boldsymbol{\xi}_{n-r}$ 就是齐次线性方程组 $\boldsymbol{Ax}=\boldsymbol{0}$ 的基础解系。

第四步：齐次线性方程组 $\boldsymbol{Ax}=\boldsymbol{0}$ 的通解为 $c_1\boldsymbol{\xi}_1+c_2\boldsymbol{\xi}_2+\cdots+c_{n-r}\boldsymbol{\xi}_{n-r}$ ($c_1,c_2,\cdots,c_{n-r}$ 为任意常数)。

典例

2. 求齐次线性方程组$\begin{cases}x_1+x_2-x_3-x_4=0,\\2x_1-5x_2+3x_3+2x_4=0,\\7x_1-7x_2+3x_3+x_4=0\end{cases}$的基础解系和通解。

答案解析

【解析】对系数矩阵 $\boldsymbol{A}$ 作初等行变换变为最简阶梯形矩阵，有 $\boldsymbol{A}=\begin{pmatrix}1&1&-1&-1\\2&-5&3&2\\7&-7&3&1\end{pmatrix}\to$

$\begin{pmatrix}1&1&-1&-1\\0&-7&5&4\\0&-14&10&8\end{pmatrix}\to\begin{pmatrix}1&1&-1&-1\\0&-7&5&4\\0&0&0&0\end{pmatrix}\to\begin{pmatrix}1&0&-\frac{2}{7}&-\frac{3}{7}\\0&1&-\frac{5}{7}&-\frac{4}{7}\\0&0&0&0\end{pmatrix}$，于是$\begin{cases}x_1=\frac{2}{7}x_3+\frac{3}{7}x_4,\\x_2=\frac{5}{7}x_3+\frac{4}{7}x_4,\end{cases}$令

$\begin{pmatrix}x_3\\x_4\end{pmatrix}=\begin{pmatrix}1\\0\end{pmatrix}$及$\begin{pmatrix}0\\1\end{pmatrix}$,则对应有$\begin{pmatrix}x_1\\x_2\end{pmatrix}=\begin{pmatrix}\frac{2}{7}\\\frac{5}{7}\end{pmatrix}$及$\begin{pmatrix}\frac{3}{7}\\\frac{4}{7}\end{pmatrix}$,即得基础解系$\boldsymbol{\xi}_1=\begin{pmatrix}\frac{2}{7}\\\frac{5}{7}\\1\\0\end{pmatrix}$,$\boldsymbol{\xi}_2=\begin{pmatrix}\frac{3}{7}\\\frac{4}{7}\\0\\1\end{pmatrix}$,故齐次线性方程组的通解为$c_1\boldsymbol{\xi}_1+c_2\boldsymbol{\xi}_2$($c_1,c_2$为任意常数)。

变式训练

2. 设齐次线性方程组$\boldsymbol{Ax}=\boldsymbol{0}$,其中$\boldsymbol{A}$为$m\times n$矩阵,且$\mathrm{r}(\boldsymbol{A})=n-3$,$\boldsymbol{\xi}_1,\boldsymbol{\xi}_2,\boldsymbol{\xi}_3$是方程组的三个线性无关的解向量,则$\boldsymbol{AX}=\boldsymbol{0}$的基础解系是(　　)

A. $\boldsymbol{\xi}_1,\boldsymbol{\xi}_2+\boldsymbol{\xi}_3$　　B. $\boldsymbol{\xi}_1,\boldsymbol{\xi}_1+\boldsymbol{\xi}_2,\boldsymbol{\xi}_1+\boldsymbol{\xi}_2+\boldsymbol{\xi}_3$

C. $\boldsymbol{\xi}_1-\boldsymbol{\xi}_2,\boldsymbol{\xi}_2-\boldsymbol{\xi}_3,\boldsymbol{\xi}_3-\boldsymbol{\xi}_1$　　D. $\boldsymbol{\xi}_3-\boldsymbol{\xi}_2-\boldsymbol{\xi}_1,\boldsymbol{\xi}_3+\boldsymbol{\xi}_2+\boldsymbol{\xi}_1,-2\boldsymbol{\xi}_3$

考向4　非齐次线性方程组的解

解法突破

1. 判定n元非齐次线性方程组$\boldsymbol{Ax}=\boldsymbol{b}$是否有解的方法

(1)$\mathrm{r}(\boldsymbol{A})\neq\mathrm{r}(\overline{\boldsymbol{A}})$,无解;

(2)$\mathrm{r}(\boldsymbol{A})=\mathrm{r}(\overline{\boldsymbol{A}})=n$,有唯一解;

(3)$\mathrm{r}(\boldsymbol{A})=\mathrm{r}(\overline{\boldsymbol{A}})<n$,有无穷多解。

2. 求非齐次线性方程组的解

因为非齐次线性方程组的通解为其特解和对应的齐次线性方程组的通解之和,所以可按以下步骤进行:

第一步:写出方程组的增广矩阵$\overline{\boldsymbol{A}}=(\boldsymbol{A},\boldsymbol{b})$。

第二步:用初等行变换将$\overline{\boldsymbol{A}}$化为行最简阶梯形矩阵,并由此确定$\mathrm{r}(\boldsymbol{A})$和$\mathrm{r}(\overline{\boldsymbol{A}})$的大小,进而确定方程组解的情况。

第三步:在有解即$\mathrm{r}(\boldsymbol{A})=\mathrm{r}(\overline{\boldsymbol{A}})=r$的情况下,求出相应的齐次线性方程组的通解$c_1\boldsymbol{\xi}_1+c_2\boldsymbol{\xi}_2+\cdots+c_{n-r}\boldsymbol{\xi}_{n-r}$($c_1,c_2,\cdots,c_{n-r}$为任意常数)。

第四步:令自由量为0,求出线性方程组的一个特解$\boldsymbol{\alpha}$,那么方程的通解为$\boldsymbol{\alpha}+c_1\boldsymbol{\xi}_1+c_2\boldsymbol{\xi}_2+\cdots+c_{n-r}\boldsymbol{\xi}_{n-r}$($c_1,c_2,\cdots,c_{n-r}$为任意常数)。

真题过招

(2018 陕西特岗,2 分)设非齐次线性方程组 $\boldsymbol{Ax}=\boldsymbol{B}$ 中,系数矩阵 $\boldsymbol{A}$ 的秩为 2,且 $\boldsymbol{u}_1=(1,1,1)^{\mathrm{T}}$,$\boldsymbol{u}_2=(1,2,3)^{\mathrm{T}}$ 为方程组的两个特解,则此方程组的通解为________。

答案解析

$k\begin{pmatrix}0\\1\\2\end{pmatrix}+\begin{pmatrix}1\\1\\1\end{pmatrix},k\in\mathbf{Z}$ 【解析】由题意可知,方程组未知数的个数为 3,所以齐次线性方程组 $\boldsymbol{AX}=\boldsymbol{0}$ 的基础解系由一个向量组成为 $\boldsymbol{u}=\boldsymbol{u}_2-\boldsymbol{u}_1=(0,1,2)^{\mathrm{T}}$。所以方程组 $\boldsymbol{Ax}=\boldsymbol{B}$ 的通解为 $k\boldsymbol{u}+\boldsymbol{u}_1=k\begin{pmatrix}0\\1\\2\end{pmatrix}+\begin{pmatrix}1\\1\\1\end{pmatrix},k\in\mathbf{R}$。

变式训练

1. 讨论 k 为何值时,线性方程组 $\begin{cases}x+y=1,\\x+k^2y=k\end{cases}$ 无解,有唯一解,有无穷多解。当方程组有解时并求解。

2. 设线性方程组为 $\begin{cases}2x_1-x_2+3x_3+2x_4=0,\\9x_1-x_2+14x_3+2x_4=1,\\3x_1+2x_2+5x_3-4x_4=1,\\4x_1+5x_2+7x_3-10x_4=2。\end{cases}$

(1)求线性方程组的导出组的一个基础解系;

(2)求线性方程组的通解。

必刷好题

招教高频基础刷

1. 已知向量组 $\boldsymbol{\alpha}_1,\boldsymbol{\alpha}_2,\boldsymbol{\alpha}_3,\boldsymbol{\alpha}_4$ 线性无关,则下列命题正确的是(　　)

A. $\boldsymbol{\alpha}_1+\boldsymbol{\alpha}_2,\boldsymbol{\alpha}_2+\boldsymbol{\alpha}_3,\boldsymbol{\alpha}_3+\boldsymbol{\alpha}_4,\boldsymbol{\alpha}_4+\boldsymbol{\alpha}_1$ 线性无关

B. $\boldsymbol{\alpha}_1-\boldsymbol{\alpha}_2,\boldsymbol{\alpha}_2-\boldsymbol{\alpha}_3,\boldsymbol{\alpha}_3-\boldsymbol{\alpha}_4,\boldsymbol{\alpha}_4-\boldsymbol{\alpha}_1$ 线性无关

C. $\boldsymbol{\alpha}_1+\boldsymbol{\alpha}_2,\boldsymbol{\alpha}_2+\boldsymbol{\alpha}_3,\boldsymbol{\alpha}_3-\boldsymbol{\alpha}_4,\boldsymbol{\alpha}_4-\boldsymbol{\alpha}_1$ 线性无关

D. $\boldsymbol{\alpha}_1+\boldsymbol{\alpha}_2,\boldsymbol{\alpha}_2-\boldsymbol{\alpha}_3,\boldsymbol{\alpha}_3-\boldsymbol{\alpha}_4,\boldsymbol{\alpha}_4-\boldsymbol{\alpha}_1$ 线性无关

2. 设向量 $\boldsymbol{\beta}$ 可由向量组 $\boldsymbol{\alpha}_1,\boldsymbol{\alpha}_2,\cdots,\boldsymbol{\alpha}_m$ 线性表出，但不能由向量组(Ⅰ)：$\boldsymbol{\alpha}_1,\boldsymbol{\alpha}_2,\cdots,\boldsymbol{\alpha}_{m-1}$ 线性表出，记向量组(Ⅱ)：$\boldsymbol{\alpha}_1,\boldsymbol{\alpha}_2,\cdots,\boldsymbol{\alpha}_{m-1},\boldsymbol{\beta}$，则(　　)

A. $\boldsymbol{\alpha}_m$ 不能由(Ⅰ)线性表出，也不能由(Ⅱ)线性表出

B. $\boldsymbol{\alpha}_m$ 不能由(Ⅰ)线性表出，但可由(Ⅱ)线性表出

C. $\boldsymbol{\alpha}_m$ 可由(Ⅰ)线性表出，也可由(Ⅱ)线性表出

D. $\boldsymbol{\alpha}_m$ 可由(Ⅰ)线性表出，但不能由(Ⅱ)线性表出

3. 设 $\boldsymbol{A}$ 为 n 阶矩阵，$\boldsymbol{\alpha}$ 为 n 维列向量，若 $\mathrm{r}\begin{pmatrix}\boldsymbol{A} & \boldsymbol{\alpha}\\ \boldsymbol{\alpha}^{\mathrm{T}} & \boldsymbol{0}\end{pmatrix}=\mathrm{r}(\boldsymbol{A})$，则(　　)

A. $\boldsymbol{AX}=\boldsymbol{\alpha}$ 有唯一解

B. $\boldsymbol{AX}=\boldsymbol{\alpha}$ 有无数个解

C. $\begin{pmatrix}\boldsymbol{A} & \boldsymbol{\alpha}\\ \boldsymbol{\alpha}^{\mathrm{T}} & 0\end{pmatrix}\begin{pmatrix}\boldsymbol{X}\\ \boldsymbol{Y}\end{pmatrix}=\boldsymbol{0}$ 只有零解

D. $\begin{pmatrix}\boldsymbol{A} & \boldsymbol{\alpha}\\ \boldsymbol{\alpha}^{\mathrm{T}} & \boldsymbol{0}\end{pmatrix}\begin{pmatrix}\boldsymbol{X}\\ \boldsymbol{Y}\end{pmatrix}=\boldsymbol{0}$ 必有非零解

4. 设 $\boldsymbol{\alpha}_1=\begin{pmatrix}1\\-1\\2\\1\end{pmatrix},\boldsymbol{\alpha}_2=\begin{pmatrix}2\\-1\\3\\a\end{pmatrix},\boldsymbol{\alpha}_3=\begin{pmatrix}0\\1\\-1\\1\end{pmatrix}$ 线性相关，则 $a=$________。

5. 设 $\boldsymbol{A}$ 为 n 阶矩阵，且 $\boldsymbol{A}_{11}\neq\boldsymbol{0}$，若 $\boldsymbol{\eta}_1,\boldsymbol{\eta}_2,\boldsymbol{\eta}_3$ 为非齐次线性方程组 $\boldsymbol{AX}=\boldsymbol{b}$ 的不同解，则齐次线性方程组 $\boldsymbol{AX}=\boldsymbol{0}$ 的基础解系所含的线性无关的解向量有________个。

6. 求解齐次线性方程组 $\begin{cases}x_1+2x_2+2x_3+x_4=0,\\2x_1+x_2-2x_3-2x_4=0,\\x_1-x_2-4x_3-3x_4=0。\end{cases}$

7. 求解非齐次线性方程组 $\begin{cases}x_1+x_2-3x_3-x_4=1,\\3x_1-x_2-3x_3+4x_4=4,\\x_1+5x_2-9x_3-8x_4=0。\end{cases}$

8. 设有线性方程组 $\begin{cases}(1+\lambda)x_1+x_2+x_3=0,\\x_1+(1+\lambda)x_2+x_3=3,\\x_1+x_2+(1+\lambda)x_3=\lambda,\end{cases}$ 问 λ 取何值时，此方程组：

(1)有唯一解；(2)无解；(3)有无限多解？并在有无限解时求其通解。

9. 求解方程组 $\begin{cases}x_1-x_2-x_3+x_4=0,\\x_1-x_2+x_3-3x_4=1,\\x_1-x_2-2x_3+3x_4=-\dfrac{1}{2}。\end{cases}$

10. 设有向量组 $\boldsymbol{A}$：$\boldsymbol{\alpha}_1=\begin{pmatrix}a\\2\\10\end{pmatrix}$，$\boldsymbol{\alpha}_2=\begin{pmatrix}-2\\1\\5\end{pmatrix}$，$\boldsymbol{\alpha}_3=\begin{pmatrix}-1\\1\\4\end{pmatrix}$ 及向量 $\boldsymbol{\beta}=\begin{pmatrix}1\\b\\-1\end{pmatrix}$，问 a,b 为何值时：

(1) 向量 $\boldsymbol{\beta}$ 不能由向量组 $\boldsymbol{A}$ 线性表出；

(2) 向量 $\boldsymbol{\beta}$ 能由向量组 $\boldsymbol{A}$ 线性表出，且表示式唯一；

(3) 向量 $\boldsymbol{\beta}$ 能由向量组 $\boldsymbol{A}$ 线性表出，且表示式不唯一，并求一般表示式。

第四节　特征值与特征向量

1. 特征值与特征向量的定义

设 $\boldsymbol{A}$ 是 n 阶矩阵，如果存在数 λ_0 和 n 维非零列向量 $\boldsymbol{\xi}$，使得 $\boldsymbol{A\xi}=\lambda_0\boldsymbol{\xi}$，则称 λ_0 是 $\boldsymbol{A}$ 的一个特征值，而 $\boldsymbol{\xi}$ 称为 $\boldsymbol{A}$ 的属于特征值 λ_0 的一个特征向量。

2. 特征多项式和特征方程

行列式 $f(\lambda)=|\lambda\boldsymbol{E}-\boldsymbol{A}|=\begin{vmatrix}\lambda-a_{11} & -a_{12} & \cdots & -a_{1n}\\ -a_{21} & \lambda-a_{22} & \cdots & -a_{2n}\\ \vdots & \vdots & & \vdots\\ -a_{n1} & -a_{n2} & \cdots & \lambda-a_{nn}\end{vmatrix}$ 是 λ 的 n 次多项式，称为矩阵 $\boldsymbol{A}$ 的特征多项式，方程 $|\lambda\boldsymbol{E}-\boldsymbol{A}|=0$ 称为 n 阶矩阵 $\boldsymbol{A}$ 的特

考向分析

矩阵的特征值与特征向量的性质与计算在教师招聘考试中均有所涉及。整体考查频次较少，内容较为基础，考生掌握其性质和计算方法即可。

征方程。

3. 特征值的性质

若 $\boldsymbol{A}=(a_{ij})_{n\times n}$ 的特征值为 $\lambda_1,\lambda_2,\cdots,\lambda_n$，则

①$\lambda_1\lambda_2\cdots\lambda_n=|\boldsymbol{A}|$；

②若 $\boldsymbol{A}$ 可逆，则 $\frac{1}{\lambda_i}(i=1,2,\cdots,n)$ 为 $\boldsymbol{A}^{-1}$ 的特征值；

③$\lambda_1+\lambda_2+\cdots+\lambda_n=a_{11}+a_{22}+\cdots+a_{nn}$。

招教考向解读

考向1　求矩阵的特征值与特征向量

解法突破

第一步，令特征多项式 $|\lambda\boldsymbol{E}-\boldsymbol{A}|=0$，即可求出矩阵 $\boldsymbol{A}$ 的全部特征值；

第二步，对于每一个特征值 λ_i，求出 $(\lambda_i\boldsymbol{E}-\boldsymbol{A})\boldsymbol{X}=0$ 的一个基础解系 $\boldsymbol{\eta}_{i_1},\boldsymbol{\eta}_{i_2},\cdots,\boldsymbol{\eta}_{i_{n-r}}$，则 $\boldsymbol{A}$ 的属于特征值 $\boldsymbol{\lambda_i}$ 为全部特征向量为 $k_1\boldsymbol{\eta}_{i_1}+k_2\boldsymbol{\eta}_{i_2}+\cdots+k_{n-r}\boldsymbol{\eta}_{i_{n-r}}$，其中 $k_1,k_2,\cdots,k_{n-r}$ 不同时为0。

真题过招

(2021 贵州特岗,3 分)矩阵 $\boldsymbol{A}=\begin{pmatrix}1&1&1\\1&1&1\\1&1&1\end{pmatrix}$ 的非零特征值为(　　)

A. -1　　B. 1　　C. -3　　D. 3

答案解析

D　【解析】$|\lambda\boldsymbol{E}-\boldsymbol{A}|=\begin{vmatrix}\lambda-1&-1&-1\\-1&\lambda-1&-1\\-1&-1&\lambda-1\end{vmatrix}=\lambda^2(\lambda-3)$，所以矩阵 $\boldsymbol{A}$ 的非零特征值为3。

变式训练

矩阵 $\begin{pmatrix}2&1\\4&-1\end{pmatrix}$ 的特征值为(　　)

A. 3　　B. -2　　C. 3 或 -2　　D. 2 或 -3

考向2 特征值与特征向量的性质

解法突破

(1) $|\boldsymbol{A}| = \lambda_1\lambda_2\cdots\lambda_n$;

(2) $\sum\limits_{i=1}^{n} a_{ii} = \sum\limits_{i=1}^{n} \lambda_i$。

真题过招

(2021 贵州特岗,3 分)若 3 阶矩阵 $\boldsymbol{A}$ 的特征值分别为 $1,-1,2$,则 $|\boldsymbol{A}| =$ ________。

答案解析

-2 【解析】若 3 阶矩阵 $\boldsymbol{A}$ 的特征值分别为 $1,-1,2$,则 $|\boldsymbol{A}| = 1\times(-1)\times 2 = -2$。

变式训练

已知三阶方阵 $\boldsymbol{A}$ 的特征值为 $-1,1,2$,则 $|\boldsymbol{A}^3 - \boldsymbol{A}^2 + \boldsymbol{A}| =$ ________。

必刷好题

招教高频基础刷

1. 求矩阵 $\boldsymbol{A} = \begin{pmatrix} -1 & 1 & 0 \\ -4 & 3 & 0 \\ 1 & 0 & 2 \end{pmatrix}$ 的特征值与特征向量。

2. 已知 $\boldsymbol{p} = \begin{pmatrix} 1 \\ 1 \\ -1 \end{pmatrix}$ 是矩阵 $\boldsymbol{A} = \begin{pmatrix} 2 & -1 & 2 \\ 5 & a & 3 \\ -1 & b & -2 \end{pmatrix}$ 的一个特征向量。求参数 a,b 及特征向量 $\boldsymbol{p}$ 所对应的特征值。

3. 求矩阵 $\boldsymbol{A} = \begin{pmatrix} 1 & 2 & 4 \\ 0 & 3 & 5 \\ 0 & 0 & 6 \end{pmatrix}$ 的特征值与特征向量。

SHANXIANGEDU

专题三　计数原理

第一节　分类加法计数原理与分步乘法计数原理

招教核心要点

	分类加法计数原理	分步乘法计数原理
条件	完成一件事有 n 类不同方案,在第1类方案中有 m_1 种不同的方法,在第2类方案中有 m_2 种不同的方法,……,在第 n 类方案中有 m_n 种不同的方法	完成一件事需要 n 个步骤,做第1步有 m_1 种不同的方法,做第2步有 m_2 种不同的方法,……,做第 n 步有 m_n 种不同的方法
结论	完成这件事共有 $N=m_1+m_2+\cdots+m_n$ 种不同的方法	完成这件事共有 $N=m_1m_2\cdots m_n$ 种不同的方法

考向分析

分类加法计数原理与分步乘法计数原理,是教师招聘考试中的重点考查内容,较少独立考查,一般与排列组合问题结合考查。考生要分清不同情况下的不同问题,做到不重不漏。

招教考向解读

考向 分类加法、分步乘法计数原理

解法突破

1. 分类加法计数原理

(1)根据问题的特点确定一个合适的分类标准,分类标准要统一,不能遗漏。

(2)分类时,注意完成该事件的任何一种方法必须只属于某一类,不能重复。

2. 分步乘法计数原理

利用分步乘法计数原理解决问题时要按事件发生的过程合理分步，即分步是有先后顺序的，并且分步必须满足：完成一件事的各个步骤是相互依存的，只有各个步骤都完成了，才算完成这件事。

3. 两个计数原理的综合应用

(1)认真审题，分析题目的条件、结论，特别要理解题目中所讲的“事件”是什么，完成该事件的含义和标准是什么。

(2)明确完成该事件需要“分类”还是“分步”，还是既要“分类”又要“分步”，并搞清“分类”或“分步”的具体标准是什么。

注：两种计数原理常与排列组合问题同时考查，可在学习本专题第二节内容后解决此类问题。

真题过招

1. (2021 山西临汾洪洞县,2 分)新上任的宿舍管理员拿着 20 把钥匙去开 20 个房间门上的锁，每把钥匙只能开一把锁，但不知道哪把钥匙可以开哪一把锁，现在要把 20 把锁都打开，那么他最多要开________次。

答案解析

210 【解析】因为要打开所有关闭着的 20 个房间，所以每把钥匙试开的次数分别最多为 20，19，18，17，…，3，2，1，所以最多要试开 $20+19+18+17+\cdots+3+2+1=\frac{20\times21}{2}=210$ 次。

2. (2019 陕西特岗,2 分)小李、小张、小王 3 个同学在 4 门选修课中任选一门，不同选法有(　　)种。

A. 81　　B. 64　　C. 24　　D. 4

答案解析

B 【解析】3 个同学每人有 4 种选法，由分步乘法计数原理可知不同选法有 $4^3=64$ 种。

变式训练

1. 从班委会 5 名成员中选出 3 名，分别担任班级学习委员、文娱委员、体育委员，其中甲、乙不能担任文娱委员，则不同的选法有________种。(用数字作答)

2. 在 50 件产品中有 4 件是次品，从中任意抽出 5 件，至少有 3 件是次品的抽法共________种。

(用数字作答)

3. 某班一天上午有 4 节课,每节都需要安排 1 名教师去上课,现从 A、B、C、D、E、F 这 6 名教师中安排 4 人分别上一节课,第一节课只能从 A、B 两人中安排一个,第四节课只能从 A、C 两人中安排一人,则不同的安排方案共有________种。

必刷好题

招教高频基础刷

1. 教学大楼共有五层,每层均有两个楼梯,一学生由一层到五层的走法有(　　)

A. 10 种　　B. 2^5 种　　C. 5^2 种　　D. 2^4 种

2. 体育场南侧有 4 个大门,北侧有 3 个大门,某学生到该体育场跑步,则他进出门的方案有(　　)

A. 14 种　　B. 7 种

C. 24 种　　D. 49 种

3. 如图,$\angle MON$ 的边 OM 上有四点 A_1,A_2,A_3,A_4,ON 上有三点 B_1,B_2,B_3,则以 $O,A_1,A_2,A_3,A_4,B_1,B_2,B_3$为顶点的三角形个数为(　　)

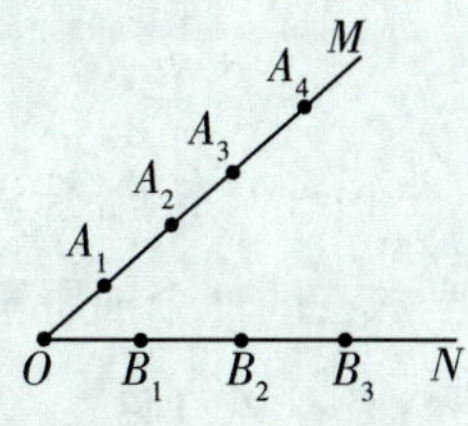

A. 30　　B. 42　　C. 54　　D. 56

4. 中国有十二生肖,又叫十二属相,每一个人的出生年份对应了十二种动物(鼠、牛、虎、兔、龙、蛇、马、羊、猴、鸡、狗、猪)中的一种,现有十二生肖的吉祥物各一个,三位同学依次选一个作为礼物,甲同学喜欢牛和马,乙同学喜欢牛、狗和羊,丙同学哪个吉祥物都喜欢,如果让三位同学选取的礼物都满意,则选法有(　　)

A. 30 种　　B. 50 种　　C. 60 种　　D. 90 种

5. 某学校派出 5 名优秀教师去边远地区的三所中学进行教学交流,每所中学至少派一名教师,则不同的分配方法有(　　)

A. 80 种　　B. 90 种

C. 120 种　　D. 150 种

6. 有六名同学报名参加三项智力项目，每项限报一人，且每人至多参加一项，则不同的报名方法有________种。

7. 从6男2女共8名学生中选出队长1人，副队长1人，普通队员2人组成4人服务队，要求服务队中至少有1名女生，共有________种不同的选法。（用数字作答）

8. 若椭圆$\frac{x^2}{m}+\frac{y^2}{n}=1$的焦点在$y$轴上，且$m\in\{1,2,3,4,5\}$，$n\in\{1,2,3,4,5,6,7\}$，则这样的椭圆的个数为________。

招教易错能力刷

1. 在一个正六边形的六个区域涂色（如图），要求一个区域一种颜色，相邻的两个区域（有公共边）涂不同的颜色，现有5种不同的颜色可供选择，则不同涂色方案有（　　）

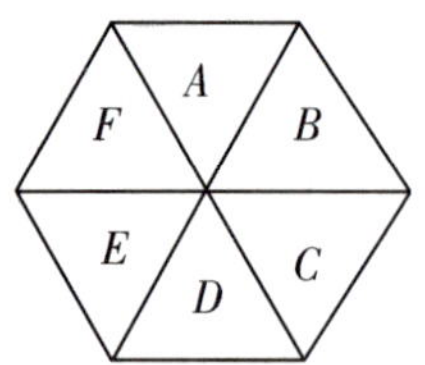

A. 720种　　B. 2160种

C. 4100种　　D. 4400种

2. 由数字0，1，2，3组成的无重复数字的四位数中，比2013大的数的个数为（　　）

A. 10　　B. 11　　C. 12　　D. 13

3. 现有语文、数学、英语、物理、化学、生物各1本书，把这6本书分别放入3个不同的抽屉里，要求每个抽屉至少放一本书且语文和数学放在同一个抽屉里，则不同的放法总数为（　　）

A. 78　　B. 126　　C. 148　　D. 150

第二节　排列与组合

招教核心要点

1. 排列与组合的概念

名称	定义	
排列	从 n 个不同元素中取出 $m(m\leqslant n)$ 个元素	按照一定的顺序排成一列
组合		不分次序合成一组

2. 排列数与组合数

(1)排列数的定义:从 n 个不同元素中取出 $m(m\leqslant n)$ 个元素的所有不同排列的个数叫作从 n 个不同元素中取出 m 个元素的排列数,用 A_n^m 表示。

(2)组合数的定义:从 n 个不同元素中取出 $m(m\leqslant n)$ 个元素的所有不同组合的个数叫作从 n 个不同元素中取出 m 个元素的组合数,用 C_n^m 表示。

3. 排列数、组合数的公式及性质

公式	$A_n^m=n(n-1)\cdots(n-m+1)=\frac{n!}{(n-m)!}$; $C_n^m=\frac{A_n^m}{A_m^m}=\frac{n(n-1)\cdots(n-m+1)}{m!}=\frac{n!}{m!\ (n-m)!}$
性质	$0!=1$; $A_n^n=n!$; $A_n^m=nA_{n-1}^{m-1}$; $C_{n+1}^m=C_n^m+C_n^{m-1}$

考向分析

排列问题、组合问题、排列组合综合问题、分组分配问题是教师招聘考试中的重点考查内容。题目难度中等,分清问题情境的不同,采用合理的方法是正确解答的关键。

思想应用

A. 分类讨论思想:对于一个较为复杂的排列组合问题,特别是有限制条件的排列组合问题,需对该事件进行分类讨论,这样才能条理清晰,做到不重不漏。

B. 正难则反思想:当一个问题从正面思考,涉及的情况较多时,可反其道而行之,从问题的对立面进行思考,常常能使问题简单化。

招教考向解读

考向1 排列问题

(一)特殊元素、特殊位置优先考虑

解法突破

(1)加法(直接法):①把全部特殊位置上的元素排好;②剩余位置由剩余元素排列。

(2)减法(间接法):①取消某些“不能”的限制去排列;②减去因此而“扩进的方法数”。

真题过招

1. (2021安徽中学数学,4分)两位老师和三位学生随机站成一排照相,则两端至少有一位是老师的概率是(　　)

A. $\frac{2}{5}$　　B. $\frac{3}{5}$　　C. $\frac{7}{10}$　　D. $\frac{9}{10}$

答案解析

C 【解析】设两端至少有一位是老师的事件为A。两位老师和三名学生站成一排,一共有$A_5^5=5\times4\times3\times2=120$种排法,两端没有一位老师,一共有$A_3^2A_3^3=36$种排法,故$P(A)=\frac{120-36}{120}=\frac{7}{10}$。

变式训练

1. 从甲、乙等5名志愿者中选4名,分别从事A、B、C、D四项工作,每人1项,若甲、乙均不能做A,则不同的工作方案有(　　)种。

A. 60　　B. 72

C. 84　　D. 96

2. 某公司召开年度表彰大会,A、B、C、D、E五位董事会成员参加了这次表彰大会,现安排这五位董事会成员分别坐在主席台上的前五排(每两人均不坐同一排),则E坐中间一排,但A与B都

不坐在第一排的概率为( )

A. $\frac{1}{10}$ B. $\frac{1}{5}$ C. $\frac{2}{15}$ D. $\frac{3}{20}$

3. 五位同学站成一排,若甲与乙相邻,且甲与丙不相邻,则不同的站法有( )

A. 36 种 B. 60 种 C. 72 种 D. 108 种

(二)相邻元素的排列问题(捆绑法)

解法突破

对于元素相邻的排列问题,通常采用捆绑法。先把需要相邻的元素看作一个整体或者一个特殊的"大元素",然后将这个"大元素"与其他无限制要求的元素进行排列,最后要考虑"大元素"内部的每个元素位置不同是否对整体结果有影响,如果有影响则需要对"大元素"内部元素的位置进行分析。即捆绑法经过一个"捆绑——排列——松绑"的过程。

真题过招

2. (2020 湖南长沙岳麓区,2. 56 分)公司最近组织了一次春游活动,摄影师给销售部门6个同事照一张集体照。要求他们站成一排,小杨和小李是非常好的朋友,所以他们要求站在一起拍照,则不同的排列方式有( )种。

A. 48 B. 96 C. 120 D. 240

答案解析

D 【解析】将小杨和小李看成是一个整体与其他 4 个同事进行排列,有 $A_5^5=120$(种)排列方式,因为小杨和小李之间可以任意对换位置,所以总的排列方式有 $120\times2=240$ 种。

变式训练

4. 6 本不同的书在书架上摆成一排,要求甲、乙两本书必须摆放在两端,丙、丁两本书必须相连,则不同的摆放方法有( )

A. 24 种 B. 36 种 C. 48 种 D. 60 种

5. 某单位安排 7 位员工在 10 月 1 日至 7 日值班,每天 1 人,每人值班 1 天,若 7 位员工中的甲、乙排在相邻的两天,丙不排在 10 月 1 日,丁不排在 10 月 7 日,则不同的安排方案有( )种。

A. 504 B. 960 C. 1008 D. 1108

(三)不相邻元素的排列问题(插空法)

解法突破

将 m 个不同元素与 n 个不同元素进行排列,要求这 m 个元素互不相邻,求排列数时,使用插空法,具体方法如下:①m 个不同的元素在 n 个不同元素中插空,先把 n 个元素排好,有 A_n^n 种排法;②n个元素有 $n+1$ 个空,将 m 个不同元素放入这 $n+1$ 个空中,有 A_{n+1}^m 种排法;③由分步乘法计数原理,共有 $A_n^nA_{n+1}^m$ 种排法。

真题过招

3. (2021 山西吕梁孝义,2.47 分)甲、乙、丙、丁、戊五名同学去上海旅游,他们在东方明珠塔前站成一排拍纪念照,①甲、乙两名同学互不相邻;②甲同学不在正中间,乙同学不在两端。则对于①②两种情况,他们站位的结果分别有(　　)种。

A. 60;72　　B. 72;60　　C. 180;240　　D. 240;180

答案解析

B 【解析】对于①,将丙、丁、戊三人排成一排,再将甲乙安排在三人的空位中,有 $A_3^3A_4^2=72$ 种站法。对于②,若乙站正中间,甲有 4 种站法,剩下 3 人全排列,有 $4\times A_3^3=24$ 种排法;若乙不站正中间,乙有 2 种站法,甲有 3 种站法,剩下 3 人全排列,有 $2\times3\times A_3^3=36$ 种排法。故共有 $24+36=60$ 种不同的站法。故选 B。

变式训练

6. 三位家长带着三个孩子去看电影,座位是相邻的一横排,共 6 个座位。要求家长不能相邻,且孩子不坐两边,共有________种坐法。

考向 2 组合问题

(一)"含有"或"不含有"问题

解法突破

"含",则先将这些元素取出,再由另外元素补足;"不含",则先将这些元素剔除,再从剩下的元

素中去选取。

真题过招

1. (2019 重庆市沙坪坝区,1 分)某班有 8 名男同学、6 名女同学参加活动,每次需要 2 名男同学、1 名女同学同时上场,一共有(　　)种上场方式。

A. 156　　B. 336　　C. 148　　D. 168

答案解析

D 【解析】从 8 名男同学中选两人,从 6 名女同学中选一人,共有 $C_8^2C_6^1=28\times6=168$ 种选法。故选 D。

2. (2021 广东广州白云区,10 分)有 12 张扑克牌,其中 3 点的扑克牌有两张,4 点的扑克牌有三张,7 点的扑克牌有四张,8 点、9 点、10 点的扑克牌各一张,且相同的点数的扑克牌花色各不相同。

(1)从中任意抽取三张牌,使得这三张牌的点数之和为 16 的抽法共有多少种?

(2)从中任意抽取三张牌,使得这三张牌的点数之和为 7 的倍数的抽法共有多少种?

答案解析

【解析】(1)从中任意抽取三张牌,使得这三张牌的点数之和为 16 的组合有(3,3,10),(3,4,9),(4,4,8),故共有 $1+C_2^1C_3^1+C_3^2=10$ 种抽法。

(2)从中任意抽取三张牌,使得这三张牌的点数之和为 7 的倍数的组合有(3,4,7),(3,3,8),(7,7,7),(4,7,10),(4,8,9),(3,8,10),故共有 $C_2^1C_3^1C_4^1+1+C_4^3+C_3^1C_4^1+C_3^1+C_2^1=46$ 种抽法。

变式训练

1. 从 5 名男医生、4 名女医生中选 3 名医生组成一个医疗小分队,要求其中男、女医生都有,则不同的组队方案共有________种。

2. 甲组有 5 名男同学、3 名女同学,乙组有 6 名男同学、2 名女同学。若从甲、乙两组各选出 2 名同学,则选出的 4 人中恰有 1 名女同学的不同选法有________种。

(二)“至少”或“最多”问题

解法突破

“至少”或“最多”含有几个元素的题型,考虑逆向思维,用间接法处理。

真题过招》

3. (2020 安徽中学数学,4 分)安排甲、乙、丙三人完成 A、B、C、D 四项工作,每人至少完成 1 项,每项工作由一人完成。若甲不做 A 工作,乙不做 B 工作,则不同的安排方式共有多少种?( )

A. 16　　B. 17　　C. 22　　D. 23

答案解析

B 【解析】安排甲、乙、丙三人完成 A、B、C、D 四项工作,每人至少完成 1 项,每项工作由一人完成共有 $C_4^2A_3^3=36$ 种情况,若甲做 A,乙做 B,共有 $C_2^1C_3^1-1=5$ 种情况;若甲不做 A,乙做 B,共有 $4C_2^1-1=7$ 种;同理,甲做 A,乙不做 B,共有 7 种。故有 $36-5-7-7=17$ 种。故选 B。

变式训练

3. 数学研究性学习小组共有 13 名同学,其中男同学 8 名,女同学 5 名。从这 13 名同学中选出 3 人作报告,在选出的 3 人中,至少要有 1 名女同学,一共有( )种选法。

A. 230　　B. 286　　C. 220　　D. 240

考向 3 ▸ 排列组合的综合问题

排列组合的综合问题

解法突破

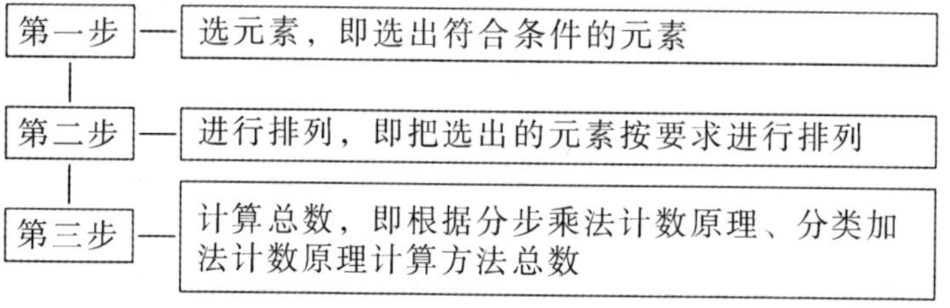

真题过招》

(2021 山东东营,1.52 分)一台文艺晚会原本有 3 个节目,现由于特殊原因,临时要加入 2 个节目,若需要保持原本 3 个节目的相对出场顺序不变,则有( )种安排方法。

A. 6　　B. 12

C. 20　　D. 25

答案解析

C 【**解析**】运用插空法通过分类来解，首先当新加的两个节目相邻时，将其放在原来3个节目所产生的四个空的其中一个中，有 $A_2^2C_4^1=8$ 种安排方法；当两个节目不相邻时，从原来形成的四个空中选两个空排列，共有 $A_4^2=3\times4=12$ 种安排方法，根据分类加法计数原理知共有 $8+12=20$ 种安排方法。

变式训练

1. 2022年新冠疫情期间，某志愿者服务队4人需要完成5项工作，每人至少完成1项，每项工作由1人完成，则不同的安排方式有(　　)种。

A. 120　　B. 180

C. 240　　D. 360

2. 某校医务室为了预防流感，准备从高一年级的10个班中抽取23名同学进行健康检查，要求每个班被抽到的同学不少于2人，那么不同的抽取方法共有________种。

考向4　分组分配问题

解法突破

分组分配问题是排列组合的综合问题，解题思路是先分组后分配。

分组问题属于“组合问题”，常见的分组方法有三种：

①完全均匀分组，每组元素的个数都相等；②部分均匀分组，应注意不要重复；③完全非均匀分组，这种分组不考虑重复现象。

对于完全均匀分组和部分均匀分组的情况，需要在分步之后除以组数的阶乘（这里的组数是指等分的组数），才能得到正确的分组结果。

分配问题属于“排列问题”，常见的分配方法有三种：①相同元素的分配问题，常用“挡板法”；②不同元素的分配问题，利用分步乘法计数原理，先分组后分配；③有限制条件的分配问题，采用分类法求解。

真题过招

1. (2022湖南长沙岳麓区，2分) 五位医生分到三个区，每个区至少一个人，甲和乙申请封控区或者管控区，那么甲乙被分到同一个区，有(　　)种不同的分法。

A. 12　　B. 18

C. 24　　D. 36

答案解析

C 【解析】第一步：将甲乙两位医生看作一个整体，分配至封控区或者管控区，有 $C_2^1=2$ 种分法。

第二步：①在剩下三位医生中选择 2 人，分到另外两个区，有 $C_3^2A_2^2=6$ 种分法；

②将三位医生分配到不同的三个区，共有 $A_3^3=6$ 种分法。所以共有 $2\times(6+6)=24$ 种不同的分法。

2. (2021 山东临沂，1.8 分)某学校拟派 2 名语文教师、3 名数学教师和 3 名英语教师共 8 人，组成两个支教分队，平均分到甲、乙两个村进行义务支教，其中每个分队都必须有语文教师、数学教师和英语教师，则不同的分配方案有(　　)

A. 18 种　　B. 24 种

C. 72 种　　D. 36 种

答案解析

D 【解析】要求平均分成两组，其中每个分队都必须有语文教师、数学教师和英语教师，则只能分为一组有 1 名语文老师，2 名数学老师和 1 名英语老师，另一组有 1 名语文老师，1 名数学老师和 2 名英语老师，分到两个村子，则不同的分配方案有 $C_2^1C_3^1C_3^2A_2^2=36$(种)。

3. (2019 内蒙古自治区鄂尔多斯东胜区，2 分)四个不同的小球全部随意放入三个不同的盒子中，使每个盒子不空的方法种数为(　　)

A. 72　　B. 36

C. 18　　D. 54

答案解析

B 【解析】四个不同的小球放进三个不同盒子且每个盒子不空，则必有一个盒子放两个球，其余两个盒子各放一个球，所以共有 $C_4^2A_3^3=36$(种)方法。故选 B。

变式训练

1. 将 6 本不同的书，全部送给三个小朋友，每个小朋友至少有一本，共有（ ）种不同的送法。

A. 90　　B. 540

C. 120　　D. 720

2. 将 4 个颜色互不相同的球全部放入编号为 1 和 2 的两个盒子里，若放入每个盒子里的球的个数不小于该盒子的编号，则不同的放球方法有（ ）

A. 10 种　　B. 20 种

C. 36 种　　D. 52 种

3. 将 5 个不同的球分给甲、乙、丙 3 人，有________种方法可以保证每人至少分到一个球。

招教易错突破

易错点 1 忽视对元素有序和无序的判断

在判断一个问题是排列问题还是组合问题时，主要看元素的组成有没有顺序，有顺序是排列，无顺序是组合。

典例

有 7 名同学站成一排照毕业纪念照，其中甲必须站在正中间，并且乙、丙两位同学要站在一起，则不同的站法有（ ）

A. 240 种　　B. 192 种

C. 96 种　　D. 48 种

【错因分析】乙、丙同学站在一起，这里是有序的，可以乙在丙左边，也可以乙在丙右边，但是把乙、丙两位同学看成一个个体后，可以在甲左边，也可以在甲右边。这里非常容易遗漏，导致错解。

答案解析

B **【解析】**当丙、乙在甲的左侧时，共有 $A_2^2C_2^1A_4^4=96$ 种排列方法，同理，当丙、乙在甲的右侧时也有 96 种排列方法，所以共有 192 种排列方法。

变式训练

1. 若把英语单词“*hello*”的字母顺序写错了，则可能出现的错误的种数是(　　)

A. 119　　　　B. 59

C. 120　　　　D. 60

易错点2　未能挖掘元素或位置的特殊性

对于有条件的组合问题，可能遇到含某个(些)元素或不含某个(些)元素的情况，也可能遇到“最多”或“至少”等组合问题的计算，此类问题要注意分类处理或间接计算，切记不要因为“先取再取”产生顺序造成计算错误。

为了解学生家庭情况，安排A、B、C、D、E、F共6名老师家访甲、乙、丙三位学生的家庭，每两位老师家访一个家庭，考虑到老师与学生住址距离的问题，教师A不安排家访甲，教师B不安排家访乙，则安排方法一共有(　　)种。

A. 42　　　　B. 40

C. 56　　　　D. 48

【错因分析】所有的安排方法的种数减去教师A家访甲的情况，再减去教师B家访乙的情况时，对教师A家访甲且教师B家访乙这部分的种数减了两次，此时要加上教师A家访甲的同时教师B家访乙的所有情况，否则会导致错解。

答案解析

A　**【解析】**6名老师家访甲、乙、丙三位学生的家庭，每两位老师家访一个家庭共有$C_6^2C_4^2=90$种安排方法，其中教师A安排家访甲有$C_5^1C_4^2=30$种方法，教师B安排家访乙有$C_5^1C_4^2=30$种方法，教师A安排家访甲且教师B安排家访乙有$C_4^1C_3^1=12$种方法，则符合条件的安排方法有$90-30-30+12=42$种。

变式训练

2. 现有排成一排的7个不同的盒子，将红、黄、蓝、白颜色的4个小球全部放入这7个盒子中，若每个盒子最多放1个小球，则恰有2个空盒相邻且红球与黄球不相邻的不同放法共有________种。(结果用数字表示)

必刷好题

招教高频基础刷

1. 6 人排成一行,甲、乙相邻且丙不排两端的排法有(　　)

A. 288 种　　B. 144 种

C. 96 种　　D. 48 种

2. 天河区某校开展学农活动时进行劳动技能比赛,通过初选,选出甲、乙、丙、丁、戊共 5 名同学进行决赛,决出第 1 名到第 5 名的名次。甲和乙去询问成绩,回答者对甲说"很遗憾,你和乙都未拿到冠军";对乙说"你当然不是最差的",试从这个回答中分析这 5 人的名次排列顺序可能出现的情况有(　　)

A. 54 种　　B. 60 种

C. 72 种　　D. 96 种

3. 若 4 个人站成一排后又打散重新站成一排,恰有一人站在自己原来的位置,则共有(　　)种不同的站法。

A. 4　　B. 8

C. 12　　D. 24

4. 某项实验,要先后实施 6 个程序,其中程序 A 只能出现在第一步或最后一步,程序 B 和 C 在实施时必须相邻,问实验顺序的编排方法共有(　　)

A. 34 种　　B. 48 种

C. 96 种　　D. 144 种

5. 将 5 名北京冬奥会志愿者分配到花样滑冰、短道速滑、冰球和冰壶 4 个项目进行培训,每名志愿者只分配到 1 个项目,每个项目至少分配 1 名志愿者,则不同的分配方案共有(　　)

A. 60 种　　B. 120 种

C. 240 种　　D. 480 种

6. 4 个人排成一排照相,不同排列方式的种数为________。(结果用数值表示)

7. 桌面上有形状、大小相同的白球、红球、黄球各 3 个,相同颜色的球不加以区分,将这 9 个球排成一排,共有________种不同的排法。(用数字作答)

8. 6 名同学报考 A,B,C 三所院校,如果每一所院校至少有 1 人报考,则不同的报考方法共有

________种。

9. 要从 12 人中选出 5 人去参加一项活动，A，B，C 三人必须入选，则有________种不同选法。

10. 某学校高一年级开设选修课程，其中历史开设了三个不同的班，选课结束后，有 5 名同学要求改修历史，但历史选修班每班至多可接收 2 名同学，那么安排好这 5 名同学的方案有________种。（用数字作答）

招教易错能力刷

1. 某交通岗共有 3 人，从周一到周日的 7 天中，每天安排一人值班，每人至少值 2 天，则不同的排法共有（　　）种。

A. 5040　　B. 1260

C. 210　　D. 630

2. 4 个不同的小球放入编号为 1，2，3，4 的 4 个盒中，则恰有 1 个空盒的放法共有________种。（用数字作答）

3. 现有 2 名学生代表，2 名教师代表和 3 名家长代表合影，则同类代表互不相邻的排法共有________种。

4. 已知一个四位数的各个位置上的数字是互不相等的非负整数，且各个数字之和为 12，则这样的四位数的个数是________。

第三节　二项式定理

招教核心要点

1. 二项式定理

二项式定理	$(a+b)^n=C_n^0a^n+C_n^1a^{n-1}b+\cdots+C_n^ka^{n-k}b^k+\cdots+C_n^nb^n$ $(n\in\mathbf{N}^+)$
二项式系数	二项式展开式中各项的二项式系数为 $C_n^k(k=0,1,\cdots,n)$
二项式通项	$T_{k+1}=C_n^ka^{n-k}b^k$，它表示第 $k+1$ 项

2. 二项式系数的性质

(1)对称性：在二项展开式中与首末等距的两项的二项式系数相等，即 $C_m^k=C_m^{m-k}$。

(2)增减性：当 $k<\frac{n+1}{2}$ 时，二项式系数是递增的；当 $k>\frac{n+1}{2}$ 时，二项式系数是递减的。

(3)最大值：当 n 为偶数时，中间一项的二项式系数最大；当 n 为奇数时，中间两项的二项式系数相等且最大。

(4)二项式系数的和：$C_n^0+C_n^1+C_n^2+\cdots+C_n^{n-1}+C_n^n=2^n$；$C_n^0+C_n^2+C_n^4+\cdots=C_n^1+C_n^3+C_n^5+\cdots=2^{n-1}$。

考向分析

二项式展开式中的特定项或系数问题与二项式展开式的各项系数的性质是教师招聘考试中的重点考查内容。题目一般较为简单，熟练掌握其性质、定理与求解方法是解题的关键。

思想应用

函数与方程思想：在二项式定理的应用中，求某特定项的系数问题需根据通项公式列出方程，求出项数后再得系数；在求系数和的问题中，把二项式看作关于 x 的函数 $f(x)$，其系数问题与函数值 $f(1)$，$f(-1)$ 相联系。

招教考向解读

考向1　二项式展开式中的特定项或系数问题

解法突破

求二项式展开式中的指定项，一般是利用通项公式进行化简通项后，令字母的指数符合要求

(求常数项时,指数为零;求有理项时,指数为整数等),解出 r,代回通项即可。

真题过招

(2022 安徽中学数学,4 分) $(x-1)^5$ 的展开式中 x^2 的系数为________。

答案解析

-10 【解析】由二项式展开式的公式可得,$T_{r+1}=C_5^r x^{5-r}\cdot(-1)^r$,令 $5-r=2$,则 $r=3$,故 $(x-1)^5$ 的展开式中 x^2 的系数为 $C_5^3(-1)^3=-10$。

变式训练

1. $\left(x-\dfrac{1}{3\sqrt{x}}\right)^{18}$ 的展开式中含 x^{15} 的项的系数为( )

A. 24　　B. 21

C. 17　　D. 15

2. $(1+2x^2)^7$ 展开式的第四项系数是( )

A. 35　　B. 8

C. -8　　D. 280

3. 二项式$\left(x-\dfrac{2}{x}\right)^6$ 的展开式中 x^2 的系数是________。

4. $\left(x^2-\dfrac{1}{x}\right)^6$ 的展开式中,常数项是________。

考向 2 两个二项式乘积的特定项的系数问题

解法突破

求两个(或几个)二项式乘积的展开式中特定项的系数,利用加法原理,从项的来源求解,如求 $(2x+1)^4(x-1)^5$ 的展开式中 x^4 的系数,需从 $(2x+1)^4$ 中取 4 次项,从 $(x-1)^5$ 中取常数项相乘;从 $(2x+1)^4$ 中取 3 次项,从 $(x-1)^5$ 中取 1 次项相乘;从 $(2x+1)^4$ 中取 2 次项,从 $(x-1)^5$ 中取 2 次项相乘;从 $(2x+1)^4$ 中取 1 次项,从 $(x-1)^5$ 中取 3 次项相乘;从 $(2x+1)^4$ 中取常数项,从 $(x-1)^5$ 中取 4 次项相乘,然后相加,就得到了 $(2x+1)^4(x-1)^5$ 的展开式中含有 x^4 的项,从而确定其系数。解决此类问题要注意避免重复和疏漏。

真题过招

1. (2020 陕西特岗,2 分)代数式$\left(1-\frac{a}{x}\right)(1+x)^5$的展开式中$x^2$的系数为 30,则$a=$(　　)

A. -1　　B. 1　　C. -2　　D. 2

答案解析

C 【解析】$\left(1-\frac{a}{x}\right)(1+x)^5=\left(1-\frac{a}{x}\right)(1+C_5^1x+C_5^2x^2+C_5^3x^3+C_5^4x^4+C_5^5x^5)=\left(1-\frac{a}{x}\right)(1+5x+10x^2+10x^3+5x^4+x^5)$,其展开式中$x^2$的系数为$10-10a=30$,则$a=-2$。

2. (2021 江西高中数学,1 分)$(1+2x)^3(2-x)^4$的展开式中x的系数为(　　)

A. 96　　B. 64　　C. 32　　D. 16

答案解析

B 【解析】$(1+2x)^3(2-x)^4$的展开式中x的项为:$C_4^1(-x)^1 2^3+C_3^1(2x)^1C_4^0(-x)^0 2^4=-32x+96x=64x$,故展开式中$x$的系数为 64。故选 B。

变式训练

1. 多项式$\left(1+\frac{1}{x}\right)(1+x)^6$展开式中$x^3$的系数为(　　)

A. 20　　B. 25　　C. 30　　D. 35

2. 二项式$(x-3)^2\left(x-\frac{1}{x}\right)^6$中$x^3$的系数为(　　)

A. -90　　B. 90　　C. -15　　D. 15

考向 3 二项式展开式的各项系数的和与性质

解法突破

(1)形如$(ax+b)^n$,$(ax^2+bx+c)^m(a,b,c\in\mathbf{R})$的式子求其展开式的各项系数之和,常用赋值法,只需令$x=1$即可。

(2)对形如$(ax+by)^n(a,b\in\mathbf{R})$的式子求其展开式的各项系数之和,只需令$x=y=1$即可。

(3)若$f(x)=a_0+a_1x+a_2x^2+\cdots+a_nx^n$,则$f(x)$展开式中各项系数之和为$f(1)$。

奇数项系数之和为 $a_0+a_2+a_4+\cdots=\frac{f(1)+f(-1)}{2}$,

偶数项系数之和为 $a_1+a_3+a_5+\cdots=\frac{f(1)-f(-1)}{2}$。

(4)解题时注意区分二项式展开式各项的系数的和与二项式展开式各项的二项式系数的和。

真题过招

1.(2022 山西特岗,3 分)二项式 $(2x^2-1)^5$ 的展开式中,各项系数之和为________。

答案解析

1 【解析】当 $x=1$ 时,二项式的值即为各项系数之和,即 $(2\times1^2-1)^5=1$。

2.(2021 山西吕梁孝义,2.65 分)(多选)下列关于 $\left(x^2-\frac{1}{x}\right)^9$ 的二项展开式的说法,错误的是(　　)

A. 展开式中各项系数之和为 512

B. 展开式中二项式系数之和为 256

C. 展开式中第 1 项为 $-9x^{15}$

D. 展开式中常数项为 84

答案解析

ABC 【解析】令 $x=1$,得二项展开式中各项系数之和为 0,故 A 项错误;展开式中二项式系数之和为 $2^9=512$,故 B 项错误;$\left(x^2-\frac{1}{x}\right)^9$ 的二项展开式的通项为 $T_{r+1}=C_9^r\cdot(x^2)^{9-r}\cdot\left(-\frac{1}{x}\right)^r=C_9^r\cdot(-1)^r\cdot x^{18-3r}$,则第 2 项为 $-9x^{15}$,故 C 项错误;令 $18-3r=0$,则 $r=6$,故二项展开式中常数项为 $C_9^6\cdot(-1)^6=84$,故 D 项正确。

变式训练

1. 若 $(1-3x)^5=a_0+a_1x+a_2x^2+a_3x^3+a_4x^4+a_5x^5$,则 $|a_0|+|a_1|+|a_2|+|a_3|+|a_4|+|a_5|=$(　　)

A. 1024　　B. 243

C. 32　　D. 24

2. 已知$(2x^2+3x+1)\left(\frac{a}{x^2}-1\right)^5$的展开式中各项系数之和为0,则该展开式的常数项是(　　)

A. -10　　B. -7　　C. 10　　D. 9

3. 若$(1+x)(1-2x)^7=a_0+a_1x+a_2x^2+\cdots+a_7x^7+a_8x^8$,则$a_1+a_2+a_3+\cdots+a_7$的值是(　　)

A. -2　　B. -3　　C. 125　　D. -131

考向4　二项式定理的应用

解法突破

(1)整除问题的解题思路:利用二项式定理找出某两个数(或式)之间的倍数关系,是解决有关整除问题和余数问题的基本思路,关键是要合理地构造二项式,并将它展开进行分析判断。

(2)求近似值的基本方法:利用二项式定理进行近似计算,当n不很大,$|x|$与1相比较很小时,$(1+x)^n\approx1+nx$。

真题过招

(2021 山东日照东港区,3分)定义:两个正整数a,b,若它们除以正整数m所得的余数相等,则称a,b对于模m同余,记作$a=b(\bmod m)$,比如$26=16(\bmod 10)$。已知$n=C_{10}^0+C_{10}^1\cdot8+\cdots+C_{10}^{10}\cdot8^{10}$满足$n=P(\bmod 10)$,则$P$可以是(　　)

A. 23　　B. 21　　C. 19　　D. 17

答案解析

B 【解析】$n=C_{10}^0+C_{10}^1\cdot8+\cdots+C_{10}^{10}\cdot8^{10}=(1+8)^{10}=9^{10}$,易知9的奇次方个位数为9,偶次方个位数为1,故$9^{10}$个位数为1,那么$9^{10}$除以10所得的余数为1,$P$可以是21,故选B。

变式训练

求证:对任何自然数n,$3^{3n}-26n-1$都可以被676整除。

招教易错突破

易错点1 忽视二项展开式通项公式的作用

通项公式 $T_{k+1}=C_n^k a^{n-k}b^k$ 表示的是第 $k+1$ 项，而展开式中的第 k 项的表达式是 $T_k=C_n^{k-1}a^{n-k+1}b^{k-1}$。

典例

已知二项式$\left(2x-\dfrac{1}{\sqrt{x}}\right)^n(n\in\mathbf{N}_+)$的展开式中第2项与第3项的二项式系数之比是2∶5，则 x^3 的系数为(　　)

A. 14　　　　B. −14　　　　C. 240　　　　D. −240

【错因分析】利用通项公式 $T_{k+1}=C_n^k a^{n-k}b^k$ 展开二项式时，第2项和第3项应该是 T_{1+1} 和 T_{2+1}，而不是 T_{2+1} 和 T_{3+1}。

答案解析

C　【解析】二项式$\left(2x-\dfrac{1}{\sqrt{x}}\right)^n(n\in\mathbf{N}_+)$的展开式通项为 $T_{r+1}=C_n^r(2x)^{n-r}\left(-\dfrac{1}{\sqrt{x}}\right)^r$，由展开式中第2项与第3项的二项式系数之比是2∶5，可得 $C_n^1:C_n^2=2:5$，解得 $n=6$，所以 $T_{r+1}=C_n^r(2x)^{n-r}\left(-\dfrac{1}{\sqrt{x}}\right)^r=C_6^r2^{6-r}\cdot(-1)^rx^{6-\frac{3}{2}r}$，令 $6-\dfrac{3}{2}r=3$，解得 $r=2$，所以 x^3 的系数为 $C_6^22^{6-2}(-1)^2=240$。

变式训练

1. 若二项式$\left(x-\dfrac{a}{\sqrt[3]{x}}\right)^6$展开式中含 x^2 项的系数为$\dfrac{5}{2}$，则$\lim\limits_{n\to\infty}(1+a+a^2+\cdots+a^n)=$________。

易错点2 混淆二项式系数与项的系数

在 $T_{k+1}=C_n^k a^{n-k}b^k$ 中，C_n^k 就是该项的二项式系数，它与 a,b 的值无关；T_{k+1} 项的系数指化简后所得的单项式的系数。

典例

(2020 广东江门鹤山,3.5 分)二项式$\left(x^2+\frac{1}{x^3}\right)^n$展开式各项系数之和为 64,则 $n=$(　　)

A. 4　　B. 5　　C. 6　　D. 7

【错因分析】误把二项式展开式各项的二项式系数当成各项的系数。

答案解析

C　【解析】在二项式$(x^2+\frac{1}{x^3})^n$中,令 $x=1$ 得各项系数之和为 2^n,所以 $2^n=64$,解得 $n=6$。故选 C。

变式训练

2. 在二项式$(x-2)^6$的展开式中,x^4 的系数是________。

必刷好题

招教高频基础刷

1. 在$\left(x-\frac{1}{x}\right)^5$的展开式中,$x$ 的系数为(　　)

A. -10　　B. -5　　C. 5　　D. 10

2. $\left(x+\frac{1}{\sqrt[3]{x}}\right)^n$的展开式中各项系数和为 256,则该展开式中常数项为(　　)

A. 8　　B. 28　　C. 56　　D. 70

3. $(x+y)(2x-y)^5$的展开式中 x^3y^3 的系数为(　　)

A. -80　　B. -40　　C. 40　　D. 80

4. 已知$(1+ax)(1+x)^5$的展开式中 x^2 的系数为 5,则 $a=$(　　)

A. -4　　B. -3　　C. -2　　D. -1

5. 在$\left(\sqrt{x}+\frac{1}{2\sqrt[4]{x}}\right)^n$的二项展开式中,前三项系数成等差数列,则 n 的值为(　　)

A. 7　　B. 8　　C. 9　　D. 10

6. $C_n^1+3C_n^2+3^2C_n^3+\cdots+3^{n-1}C_n^n$ 的值等于________。

7. 二项式$\left(\sqrt[3]{x}+\frac{1}{2x}\right)^8$ 的展开式的常数项是________。

8. $(x^2+x+y)^5$ 的展开式中，x^5y^2 的系数为________。

9. 设常数 $a\in\mathbf{R}$，$\left(ax^2+\frac{1}{\sqrt{x}}\right)^5$ 的展开式中 x^5的系数为 -80，则 $a=$________。

10. 已知$(1+3x)^n$ 的展开式中含有 x^2项的系数是 54，则 $n=$________。

11. 已知$(1-x)^5=a_0+a_1x+a_2x^2+a_3x^3+a_4x^4+a_5x^5$，则$(a_0+a_2+a_4)(a_1+a_3+a_5)$的值等于________。

12. 若将函数$f(x)=x^5$ 表示为$f(x)=a_0+a_1(1+x)+\cdots+a_5(1+x)^5$，其中 $a_0,a_1,\cdots,a_5$ 为实数，则 $a_3=$________。

招教易错能力刷

1. 在二项式$\left(\sqrt{x}+\frac{3}{x}\right)^n$ 的展开式中，各项系数之和为 A，各项二项式系数之和为 B，且 $A+B=72$，则展开式中常数项的值为(　　)

A. 6　　B. 9　　C. 12　　D. 18

2. $(x-1)^9$按 x 降幂排列的展开式中，系数最大的项是(　　)

A. 第 4 项和第 5 项　　B. 第 5 项　　C. 第 5 项和第 6 项　　D. 第 6 项

3. 若$\left(\sqrt{x}-\frac{2}{x^2}\right)^n$ 的展开式中只有第 6 项的二项式系数最大，则该二项式的展开式的常数项为(　　)

A. 90　　B. -90　　C. 180　　D. -180

4. $(1-x-5y)^5$的展开式中不含 x 的项的系数和为________。(结果化成最简形式)

专题四 统 计

第一节 随机抽样

招教核心要点

1. 简单随机抽样

设一个总体含有 N 个个体，从中逐个不放回地抽取 n 个个体作为样本（$n \leqslant N$），如果每次抽取时总体内的各个个体被抽到的机会都相等，就把这种抽样方法叫作简单随机抽样。

2. 系统抽样

（1）定义：在抽样时，将总体分成均衡的几个部分，然后按照事先确定的规则，从每一部分抽取一个个体，得到所需要的样本，这种抽样方法叫作系统抽样。

（2）适用范围：适用于总体元素个数很多且均衡的抽样。

3. 分层抽样

（1）定义：在抽样时，将总体分成互不交叉的层，然后按照一定的比例，从各层独立地抽取一定数量的个体，将各层抽取出的个体合在一起作为样本，这种抽样方法叫作分层抽样。

（2）适用范围：当总体是由差异明显的几个部分组成时，往往选用分层抽样。

考向分析

统计知识中，三种抽样方法，尤其是分层抽样方法，是教师招聘考试中的重点考查内容。题目一般较为简单，考生掌握其性质与抽样的方法即可。

招教考向解读

考向 常用的三种抽样方法

解法突破

1. 简单随机抽样

(1)一个抽样试验能否用抽签法,关键看两点:一是抽签是否方便;二是号签是否易搅匀,一般地,当总体容量和样本容量都较小时可用抽签法。

(2)在使用随机数表时,如遇到三位数或四位数时,可从选择的随机数表中的某行某列的数字计起,每三个或四个作为一个单位,自左向右选取,有超过总体号码或出现重复号码的数字要舍去。

2. 系统抽样

(1)分组的方法应依据抽取比例而定,即根据定义每组抽取一个样本。

(2)起始编号的确定应用简单随机抽样的方法,一旦起始编号确定,其他编号便随之确定。

3. 分层抽样

(1)分层抽样中分多少层,如何分层要视具体情况而定,总的原则是层内样本的差异要小,层与层之间的样本差异要大,且互不重叠。

(2)为了保证每个个体等可能抽样,所有层中每个个体被抽到的可能性应相同。

(3)在每层抽样时,应采用简单随机抽样或系统抽样的方法进行抽样。

(4)抽样比 $=\frac{\text{样本容量}}{\text{总体容量}}=\frac{\text{各层样本数量}}{\text{各层个体数量}}$。

真题过招

(2022 湖南长沙岳麓区,2.5 分)某市有大型超市 200 家,中型超市 400 家,小型超市 1400 家,现按分层抽样的方法从中抽取 100 个样本,应抽取大型超市________家。

答案解析

10 【解析】根据分层抽样的定义知,应抽取大型超市 $100\times\frac{200}{200+400+1400}=10$ 家。

变式训练

1. 某社区共有 480 户居民,其中中等收入家庭有 200 户,低等收入家庭有 160 户,其余为高等收入家庭。在某次分层抽样调查中,高等收入家庭被抽样 6 户,则被抽取总户数为(　　)户。

A. 20　　B. 24

C. 30　　D. 36

2. 将参加夏令营的 600 名学生编号为:001,002,…,600。采用系统抽样的方法抽取一个容量为 50 的样本,且第一组中随机抽得的号码为 003。这 600 名学生分住在三个营区,从 001 到 300 在第Ⅰ营区,从 301 到 495 在第Ⅱ营区,从 496 到 600 在第Ⅲ营区。三个营区被抽中的人数依次为(　　)

A. 25,17,8　　B. 25,16,9

C. 26,16,8　　D. 24,17,9

3. 采用系统抽样方法从 960 人中抽取 32 人做问卷调查,为此将他们随机编号为 1,2,…,960。分组后在第一组采用简单随机抽样的方法抽到的号码为 9,抽到的 32 人中,编号落入区间[1,450]的人做问卷 A ,编号落入区间[451,750]的人做问卷 B,其余的人做问卷 C,则抽到的人中,做问卷 B 的人数为________。

必刷好题

招教高频基础刷

1. 以下抽样方法是简单随机抽样的是(　　)

A. 在某年明信片销售活动中,规定每 100 万张为一个开奖组,通过随机抽取的方式确定号码的后四位为 2709 的为三等奖

B. 某车间包装一种产品,在自动包装的传送带上,每隔 30 分钟抽一包产品,称其重量是否合格

C. 某学校分别从行政人员、教师、后勤人员中抽取 2 人、14 人、4 人了解对学校机构改革的意见

D. 用抽签方法从 10 件产品中选取 3 件进行质量检验

2. 某单位有 840 名职工,现采用系统抽样方法抽取 42 人做问卷调查,将 840 人按 1,2,…,840

随机编号，则抽取的 42 人中，编号落入区间[481,720]的人数为(　　)

A. 11　　B. 12

C. 13　　D. 14

3. 某班共有学生 52 人，现根据座号，用系统抽样的方法，抽取一个容量为 4 的样本。已知 5 号、18 号、44 号同学在样本中，那么样本中还有一个同学的座号是(　　)

A. 23　　B. 27

C. 31　　D. 33

4. 青少年近视问题已经成为我国面临的重要社会问题。现用分层抽样的方法调查某校学生的视力情况，该校三个年级的学生人数如表：

年级	高一	高二	高三
人数	550	500	450

已知在抽取的样本中，高二年级有 20 人，那么该样本中高三年级的人数为(　　)

A. 18　　B. 20

C. 22　　D. 24

5. 某工厂生产甲、乙、丙三种型号的产品，产品数量之比为 3∶5∶7，现用分层抽样的方法抽出容量为 n 的样本，其中甲种产品有 18 件，则样本容量 $n=$(　　)

A. 54　　B. 90

C. 45　　D. 126

6. 某方便面生产线上每隔 15 分钟抽取一包进行检验，该抽样方法为①。从某中学的 40 名数学爱好者中抽取 5 人了解学习负担情况，该抽样方法为②，那么①和②分别为(　　)

A. ①系统抽样，②分层抽样　　B. ①分层抽样，②系统抽样

C. ①系统抽样，②简单随机抽样　　D. ①分层抽样，②简单随机抽样

7. 一所高校某专业大一、大二、大三、大四年级依次分别有 100 名，200 名，400 名，300 名学生，学校为了解学生的就业倾向，用分层抽样的方法从该专业这四个年级中共抽取 40 名学生进行调查，则应在该专业大三年级抽取的学生人数为________。

招教易错能力刷

1. 中央电视台动画城节目为了对本周的热心观众给予奖励，要从 2016 名小观众中抽取 50 名幸运小观众。先用简单随机抽样从 2016 人中剔除 16 人，剩下的 2000 人再按系统抽样方法抽取50

人,则在2016人中,每个人被抽取的可能性(　　)

A. 均不相等　　B. 不全相等

C. 都相等,且为$\frac{25}{1008}$　　D. 都相等,且为$\frac{1}{40}$

2. 对一个容量为N的总体抽取容量为n的样本,当选取简单随机抽样、系统抽样和分层抽样三种不同的方法抽取样本时,总体中每个个体被抽中的概率分别为p_1,p_2,p_3,则(　　)

A. $p_1=p_2=p_3$　　B. $p_1=p_2<p_3$　　C. $p_2=p_3<p_1$　　D. $p_1=p_3<p_2$

第二节　用样本估计总体

招教核心要点

1. 三种统计图

(1)条形统计图:用条形统计图可以清楚地表示各种情况下每个项目的具体数目。

(2)折线统计图:折线统计图用于表示同一对象的发展变化情况。

(3)扇形统计图:用扇形统计图可以很容易地表示出一个对象在总体中所占的百分比。

2. 频率分布直方图

①频数:一般我们称落在不同小组中的样本个数为该组

考向分析

统计图表、样本的数据特征、方差与标准差是统计知识中的重点内容,也是教师招聘考试中的常考内容。题目一般较为简单,考试中认真读题,仔细分析,严谨计算是得分的关键。

的频数；

②频率：频数与样本总数的比为频率。数据落在各小组内的频率可用各长方形的面积表示；

③纵轴表示$\frac{\text{频率}}{\text{组距}}$；

④各小长方形的面积总和等于1。

注：在频率分布直方图中，最高矩形的底边中点的横坐标对应众数；把频率分布直方图分成面积相等的两部分的平行于 y 轴的直线与 x 轴交点的横坐标对应中位数；每个小矩形面积乘小矩形底边中点的横坐标之和对应平均数。

3. 茎叶图

茎叶图又称“枝叶图”，它的思路是将数组中的数按位数进行比较，将数的大小基本不变或变化不大的位作为一个主干(茎)，将变化大的位上的数作为分枝(叶)，列在主干的后面，这样就可以清楚地看到每个主干后面的几个数，每个数具体是多少。茎是指中间的一列数，叶是从茎的旁边生长出来的数。

茎叶图不仅能够保留原始数据，而且能够展示数据的分布情况。

4. 样本的数据特征

(1)众数：一组数据中重复出现次数最多的数。

(2)中位数：把一组数据按从小到大的顺序排列，处在最中间位置的一个数据(或最中间两个数据的平均数)。

(3)平均数：如果有 n 个数据 $x_1,x_2,\cdots,x_n$，那么这 n 个数的平均数 $\bar{x}=\frac{x_1+x_2+\cdots+x_n}{n}$。

5. 方差、标准差

(1)方差：$s^2=\frac{1}{n}[(x_1-\bar{x})^2+(x_2-\bar{x})^2+\cdots+(x_n-\bar{x})^2]$。

思想应用

数学建模思想：数学建模思想是指将实际问题抽象成数学语言符号，构建数学模型，从而解决实际问题。在数据的基础上，进行分析、使用，让数据透露出真实信息，并作为决策的依据是本节内容的核心。

(2)标准差：$s=\sqrt{\frac{1}{n}[(x_1-\bar{x})^2+(x_2-\bar{x})^2+\cdots+(x_n-\bar{x})^2]}$。

6. 平均数、方差公式的推广

若数据 $x_1,x_2,\cdots,x_n$ 的平均数为 $\bar{x}$，方差为 s^2，则数据 $mx_1+a,mx_2+a,\cdots,mx_n+a$ 的平均数为 $m\bar{x}+a$，方差为 m^2s^2。

招教考向解读

考向1 三种统计图及其应用

解法突破

(1)条形统计图：可以清楚地表示各种情况下每个分组的具体数目。

(2)折线统计图：用它表示的数据常是在不同的时间或地点从同一个对象身上收集到的。

(3)扇形统计图：了解一个对象在总体中所占的百分比可选择扇形统计图。

真题过招

1. (2022 江西初中数学，1.5 分)为调查疫情对青少年人生观、价值观产生的影响，某学校团委对八年级学生进行了问卷调查，其中一项是：疫情期间出现的哪一个高频词汇最触动你的内心？针对该项调查结果制作的两个统计图(不完整)如图所示，由图中信息可知，下列结论错误的是(　　)

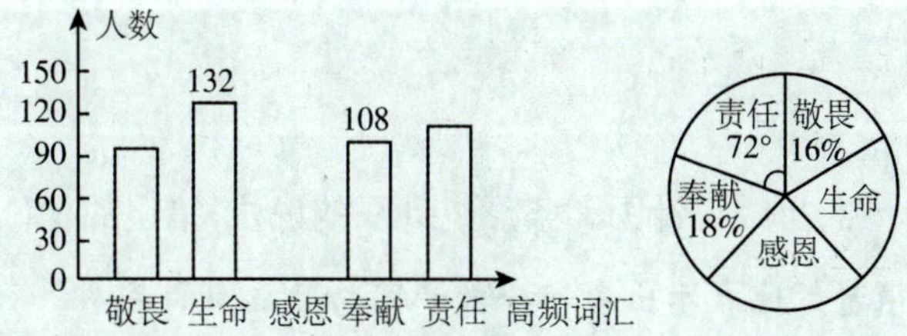

A. 本次调查样本容量是 600

B. 选“责任”的人最少

C. 扇形统计图中“生命”占 22%

D. 选“感恩”的有 144 人

答案解析

B 【解析】由条形统计图可知，选择"奉献"的人数有 108 人，由扇形统计图可知，选择"奉献"的人数占总人数的 18%，所以样本容量为 $108 \div 0.18 = 600$，选项 A 正确；由条形统计图可知，选"责任"的人不是最少的，选项 B 错误；扇形统计图中"生命"占 $\frac{132}{600} \times 100\% = 22\%$，选项 C 正确；选"感恩"的有 $600 - 132 - 108 - 600 \times 0.16 - 600 \times \frac{72}{360} = 144$ 人，选项 D 正确。

2. (2021 江西统考,1 分) 如图，某单位考核情况的条形统计图，分为 A、B、C 三个等级，下面说法正确的是(　　)

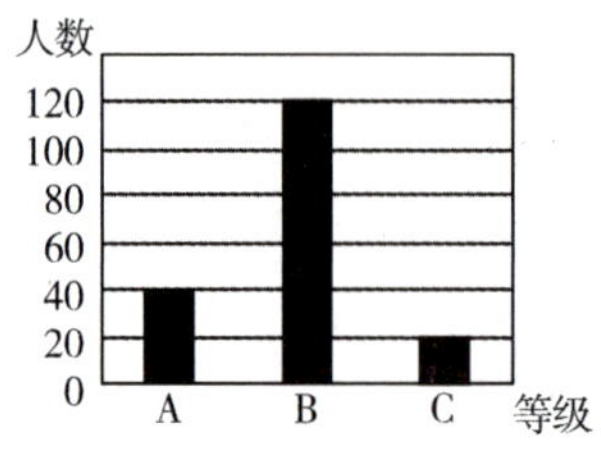

A. C 等级人最少，占总数的 30%　　B. 该单位共有 120 人

C. A 等级人比 C 等级人多 10%　　D. B 等级人最多，占总数的 $\frac{2}{3}$

答案解析

D 【解析】获 C 等级的有 20 人，总人数是 $40 + 120 + 20 = 180$(人)，C 等级的人数占总人数的 $20 \div 180 \approx 11.1\%$，故 A、B 两项错误；C 项，获 A 等级的有 40 人，获 C 等级的有 20 人，那么获 A 等级的比获 C 等级的多 $(40 - 20) \div 20 = 100\%$，错误；D 项，获 B 等级的有 120 人，那么 B 等级的人数占总人数的 $120 \div 180 = \frac{2}{3}$，正确。故选 D。

变式训练

1. 下列关于扇形统计图、折线统计图和条形统计图的说法，错误的是(　　)

A. 扇形统计图可以很清楚地表示出各部分数量同总数之间的关系

B. 折线统计图可以反映数据的增减变化情况，但不可以表示数量的多少

C. 条形统计图主要用于表示离散型数据资料

D. 一般情况下这三种统计图是可以相互转化的

2. 某学校初三年级一班，组织学生参加户外活动，有 A、B、C、D 四种活动(每人只参加一种活

动),根据下列图形回答问题:

(1)参加活动 B 的有多少人?

(2)活动 C 在扇形统计图中的对应圆心角是多少度?

(3)如果全校一共有 900 人参加户外活动,那么参加活动 D 的总共大约有多少人?

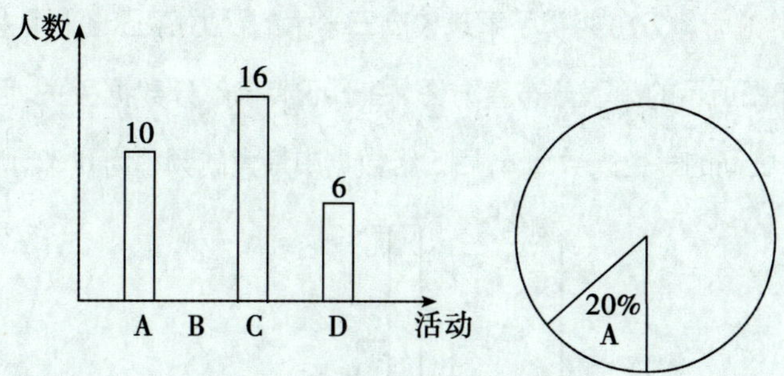

3. 某校举办了一次知识竞赛,满分 10 分,学生得分均为整数,成绩达到 6 分及 6 分以上,9 分以下为合格,达到 9 分或 10 分为优秀,这次竞赛中,甲、乙两组学生成绩分布的条形统计图如图所示。

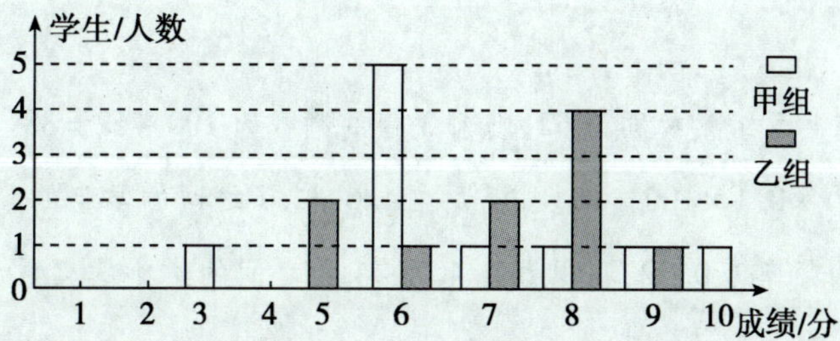

(1)补充完成下面的成绩统计分析表。

组别	平均数	中位数	方差	合格率	优秀率
甲组	6.7		3.14	90%	20%
乙组		7.5	1.69	80%	10%

(2)小明同学说:“这次竞赛我得了 7 分,在我们小组中排名属中游偏上。”观察上表可知,小明是(　　)组的学生。(填“甲”或“乙”)

(3)甲组同学说他们组的合格率、优秀率均高于乙组,所以他们组的成绩好于乙组,但乙组的同学不同意甲组同学的说法,认为他们组的成绩要好于甲组,请你给出支持乙组同学观点的理由。

考向 2　频率分布直方图及其应用

解法突破

(1)已知频率分布直方图中的部分数据,求其他数据,可根据频率分布直方图中已知的数据求出样本与整体的关系，利用频率和等于 1 就可求出其他数据。

(2) 已知频率分布直方图，求某种范围内的数据，可利用图形及已知范围结合求解。

真题过招

1. (2021 江西高中数学，1 分) 为了了解某校高三学生的视力情况，随机地抽查了该校 100 名高三学生的视力情况，得到如图所示的频率分布直方图，由于不慎将部分数据丢失，但知道后 5 组频数和为 62，设视力在 4.6 到 4.8 之间的学生人数为 a，后 5 组数据中最大的频率为 0.32，则 a 的值为(　　)

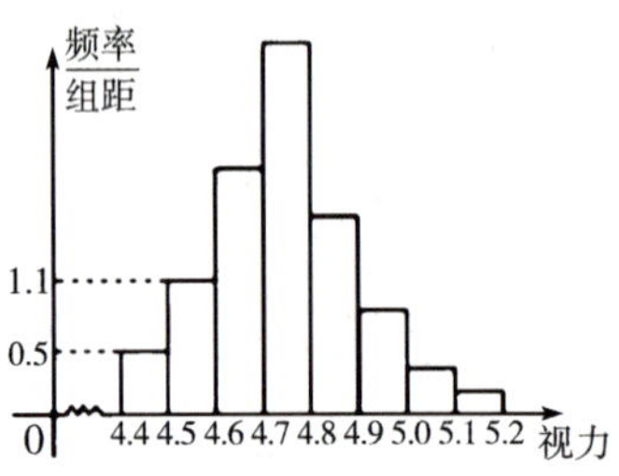

A. 64　　B. 54　　C. 48　　D. 27

答案解析

B 【解析】知道后 5 组频数和为 62，则前 3 组的频数为 $100-62=38$。由图易知，前两组的频数为 $(1.1+0.5)\times0.1\times100=16$，则视力在 4.6～4.7 之间的学生的频数为 $38-16=22$。后 5 组数据中最大的频率为 0.32，则视力在 4.7～4.8 之间的学生的频数为 $0.32\times100=32$，故 $a=32+22=54$。

2. (2021 山西特岗，8 分) 2021 年是中国共产党建党 100 周年，某校组织了党史知识竞赛活动，共有 200 名同学参加，为了解竞赛成绩的分布情况，将 200 名同学成绩按 $[30,40)$，$[40,50)$，$[50,60)$，$[60,70)$，$[70,80)$，$[80,90)$，$[90,100]$ 分成 7 组，绘制了如图所示的频率分布直方图。

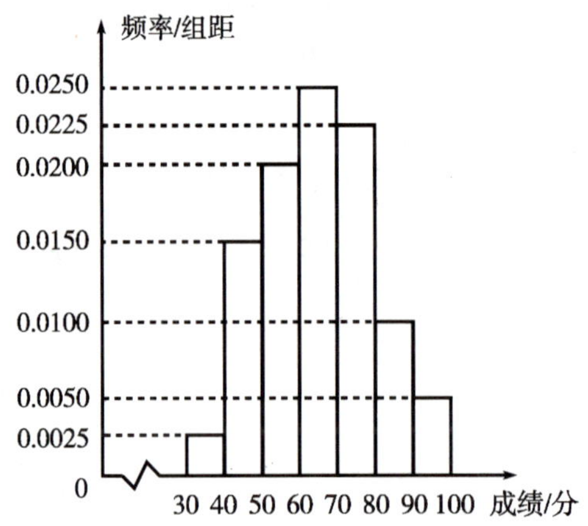

(1) 求这 200 名同学竞赛成绩的中位数和成绩不低于 80 分的人数；

(2)决定对不低于 80 分的同学以抽奖方式进行奖励，不低于 90 分的有两次抽奖机会，低于 90 分但不低于 80 分的只有一次抽奖机会，奖品为党史书籍，每次抽奖数量(单位:本)及相应的概率如下表:

奖品数量	2	4
概率	$\frac{3}{4}$	$\frac{1}{4}$

现从不低于 80 分的同学中随机选一名同学，记其获得书籍数量为 ξ，求 ξ 的分布列与数学期望。

答案解析

【解析】(1)因为频率中 $0.025+0.15+0.20=0.375<0.5$，$0.025+0.15+0.20+0.25=0.625>0.5$，设这 200 名同学竞赛成绩的中位数为 x，则 $0.025+0.15+0.20+0.025(x-60)=0.5$，解得 $x=65$，竞赛成绩不低于 80 分的学生的人数为 $200\times(0.10+0.05)=30$(人)。

(2)由(1)可知，低于 90 分但不低于 80 分的有 20 人，不低于 90 分的有 10 人，设这名学生获得书籍数量为 ξ，则 ξ 的可能取值为 2,4,6,8，$P(\xi=2)=\frac{2}{3}\times\frac{3}{4}=\frac{1}{2}$，$P(\xi=4)=\frac{1}{3}\times\left(\frac{3}{4}\right)^2+\frac{2}{3}\times\frac{1}{4}=\frac{17}{48}$，$P(\xi=6)=\frac{1}{3}\times2\times\frac{3}{4}\times\frac{1}{4}=\frac{1}{8}$，$P(\xi=8)=\frac{1}{3}\times\left(\frac{1}{4}\right)^2=\frac{1}{48}$。

ξ	2	4	6	8
P	$\frac{1}{2}$	$\frac{17}{48}$	$\frac{1}{8}$	$\frac{1}{48}$

$E(\xi)=2\times\frac{1}{2}+4\times\frac{17}{48}+6\times\frac{1}{8}+8\times\frac{1}{48}=\frac{10}{3}$。

变式训练

1. 为了解某校高三学生的视力情况，随机调查了该校 100 名高三学生的视力情况，得到如图所示的频率分布直方图，由于不慎将部分数据丢失，但知道前四组的频数成等比数列，后六组的频数成等差数列，设最大频率为 a，视力在 4.6 到 5.0 之间的学生数为 b，则 a,b 的值为(　　)

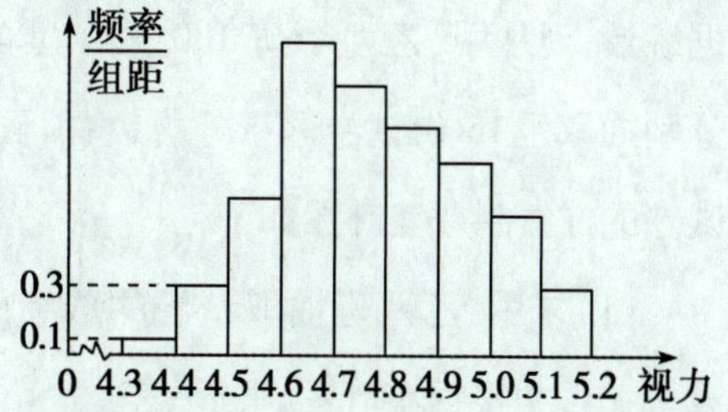

A. 0.27;78

B. 0.27;83

C. 2. 7;78

D. 2. 7;83

2. 某校高三(1)班在一次单元测试中,每位同学的考试分数都在区间[100,128]内,将该班所有同学的考试分数分为七组:[100,104),[104,108),[108,112),[112,116),[116,120),[120,124),[124,128],绘制出频率分布直方图如图所示,已知分数低于112分的同学有18人,则分数不低于120分的人数为(　　)

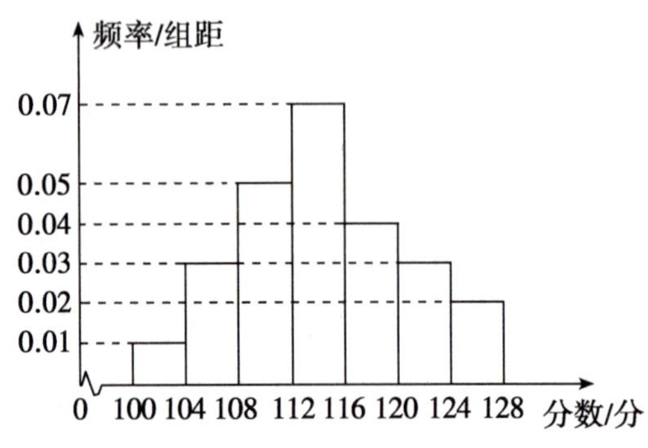

A. 10　　　B. 12　　　C. 20　　　D. 40

考向3　茎叶图及其应用

解法突破

由茎叶图可以清晰地看到数据的分布情况,这一点同频率分布直方图类似。它优于频率分布直方图的第一点是从茎叶图中能看到原始数据,没有任何信息损失;第二点是茎叶图便于记录和表示;其缺点是当样本容量较大时,作图较繁琐。

真题过招

(2022安徽中学数学,8分)某校对该校高二学生的数学测试成绩(满分150分)进行了数据统计,现从甲、乙两个班100分以上的试卷中分别抽取了15份试卷进行分析,将得到的30份试卷的成绩制成茎叶图如下:

甲班		乙班
9 5	10	
8 4 2	11	5 8 8
8 6 6 4	12	1 2 3 4 4 6
9 7 5	13	3 5 5
8 5 2	14	5 9
	15	0

(1)求甲、乙两班抽取试卷的成绩的中位数 $x_{甲}$ 与 $x_{乙}$,并根据茎叶图判断方差 $s_{甲}^2$,$s_{乙}^2$ 的大

小(只需写出结果);

(2)在这30份试卷中,从成绩145分以上(含145分)的试卷中随机抽取两份,试求这两份试卷均来自乙班的概率。

答案解析

【解析】(1)由茎叶图可知,甲班成绩的中位数 $x_{甲}=126$,乙班成绩的中位数 $x_{乙}=124$。$s_{甲}{}^{2}>s_{乙}{}^{2}$。(乙班成绩更集中)

(2)甲班成绩在145分及以上有2人,乙班成绩在145分及以上的有3人。

故从成绩145分以上(含145分)的试卷中抽取两份,这两份试卷均来自乙班的概率为 $\frac{C_3^2}{C_5^2}=\frac{3}{10}$。

变式训练

1. 甲、乙两人在3次综合测评中的成绩由下边茎叶图表示,其中有一个数字无法看清,现用字母 a 代替,则甲的平均成绩超过乙的平均成绩的概率为( )

甲	茎	乙
8	8	8 5
1 0	9	a

A. $\frac{2}{3}$　　B. $\frac{2}{5}$

C. $\frac{3}{5}$　　D. $\frac{4}{5}$

2. 为了搞好接待工作,上海世博会组委会在某学院招募了12名男志愿者和18名女志愿者,调查发现这30名志愿者的身高如下(单位:cm)。

男	茎	女
9	15	7 7 8 9 9
9 8	16	1 2 3 5 8 9
8 6 5 0	17	2 3 4 5 6
7 4 2 1	18	0 1
1	19	

若身高在175 cm以上(含175 cm)定义为"高个子",身高在175 cm以下(不含175 cm)定义为"非高个子",且只有"女高个子"才能担任"礼仪小姐"。

(1)如果用分层抽样的方法从"高个子"和"非高个子"中抽取5人,再从这5人中选2人,则至少有一人是"高个子"的概率是多少?

(2)若从所有"高个子"中选3名志愿者,用ξ来表示所选志愿者中能担任"礼仪小姐"的人数,试写出ξ的分布列,并求出ξ的数学期望。

考向4 样本的数字特征及其应用

(一)平均数、中位数、众数的计算方法

解法突破

对一组数据的平均数、中位数、众数要严格按照其定义进行计算,特别是中位数的计算,要注意数据个数是奇数还是偶数,数据为奇数时,其中位数是排序后处于中间位置的数,数据个数为偶数时,其中位数是排序后中间两个数的平均数。一组数据的平均数、中位数只有一个,而众数可能不止一个。

真题过招

1. (2022江苏江阴,3分)某小组7名学生的中考体育分数如下:37,40,39,37,40,38,40,该组数据的众数、中位数分别为( )

A. 40,37　　B. 40,39

C. 39,40　　D. 40,38

答案解析

B 【解析】将数据按由小到大的顺序重新排列为37,37,38,39,40,40,40,所以这组数据的众数为40,中位数为39。

2. (2021安徽特岗,2分)若一组数据50,70,30,x,60,40的平均数是50,则$x=$______。

答案解析

50 【解析】由题意得$\frac{50+70+30+x+60+40}{6}=50$,解得$x=50$。

变式训练

1. 现有一组数据2,0,2,1,7,2,9,如果加入一个数据,一定不会改变的是( )

A. 中位数　　B. 平均数　　C. 众数　　D. 方差

2. 某小组5名同学一周内参加家务劳动时间如下：

劳动时间(小时)	2	3	4	5
人数	1	1	2	1

那么关于劳动时间这组数据,正确的是(　　)

A. 中位数是2　　B. 中位数是3

C. 中位数是4　　D. 中位数是5

3. 某中学举行电脑知识竞赛,现将高二两个班参赛学生的成绩进行整理后分成5组,绘制成如图所示的频率分布直方图,则参赛选手成绩的众数与中位数是(　　)

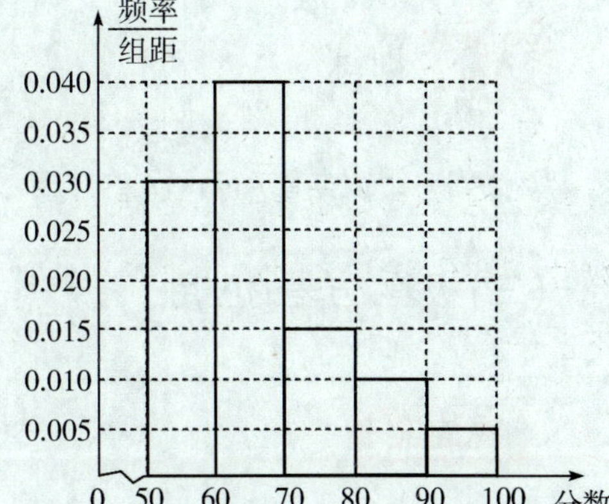

A. 65;65

B. 70;65

C. 65;50

D. 70;50

4. 光明小学六年级(1)班篮球队参加某次篮球友谊赛的得分情况如下表,则该班篮球队在本次友谊赛中所得分数的众数是________,平均数是________。(　　)

得分次数(次)	1	2	3	1	1
分数(分)	18	19	20	21	25

A. 20;21　　B. 20;20.25

C. 19;20.25　　D. 19;21

(二)方差的性质的应用

解法突破

若题目中已知一组数据的方差,而另一组数据又是由原始数据中每个数据通过一定的四则运算得到的,则可用方差的性质求解另一组数据的方差,例如:一组数据 $x_1,x_2,\cdots,x_n$ 的方差为 s^2,则:①$x_1\pm b,x_2\pm b,\cdots,x_n\pm b$ 的方差为 s^2;②$ax_1\pm b,ax_2\pm b,\cdots,ax_n\pm b$ 的方差为 a^2s^2。

真题过招

3. (2022 浙江杭州,3分)计算一组数据的平均数和方差时,若将原数据每一个数都减去某个

相同的正数，然后对所得的新数据进行统计分析，新数据与原数据相比（　　）

A. 平均数不变，方差减小　　B. 平均数增加，方差增加

C. 平均数减小，方差不变　　D. 平均数减小，方差减小

答案解析

C 【解析】将一组数据中每个数据的值都减去同一个正数，这组数据的波动大小不变，故方差和标准差都不变，但平均数也要减去同一个正数，故选 C。

变式训练

5. 已知一组数据 2，a，4，5，7 的方差为 3，则另一组数据 7，$a+5$，9，10，12 的方差为________。

（三）极差、方差的应用

解法突破

极差反映数据的波动范围。方差反应数据的稳定性，方差越大，说明其稳定性越差；方差越小，说明其稳定性越好。

真题过招

4. （2022 山西特岗，3 分）在 2022 年北京冬奥会单板滑雪 U 型场地技巧比赛中，6 名评委给选手打出了 6 个各不相同的原始分数，经过“去掉其中一个最高分和去掉一个最低分”处理后得到 4 个有效分，那么经过处理后的4 个有效分与 6 个原始分相比，一定会变小的数字特征是（　　）

A. 平均数　　B. 中位数

C. 众数　　D. 方差

答案解析

D 【解析】数的平均值大小不确定，中位数不变，众数大小不确定，根据方差的定义，去掉最高分和最低分后，剩余四个数据的波动性小于原来六个数据的波动性，故方差一定会变小。故选 D。

变式训练

6. 下列说法：①要了解一批灯泡的使用寿命，应采用普查的方式；②若一个游戏的中奖率是

1%，则做 100 次这样的游戏一定会中奖；③甲、乙两组数据的样本容量与平均数分别相同，若方差 $s_{甲}{}^2=0.1$，$s_{乙}{}^2=0.2$，则甲组数据比乙组数据稳定；④“掷一枚硬币，正面朝上”是必然事件。其中正确的说法有（　　）个。

A. 1　　　　B. 2

C. 3　　　　D. 4

(四)利用方差进行决策的方法

在分析数据时，往往需要求数据的平均数，当数据的平均数一致时，为了更好地根据统计结果进行合理的判断和预测，往往会根据方差判断数据的稳定性，从而得到正确的决策。

典例

5. 去年某果园随机从甲、乙、丙、丁四个品种的葡萄树中各采摘了 10 棵，每棵产量的平均数 $\bar{x}$（单位：千克）及方差 s^2（单位：千克^2）如表所示：

	甲	乙	丙	丁
$\bar{x}$	24	24	23	20
s^2	2.1	1.9	2	1.9

今年准备从四个品种中选出一种产量既高又稳定的葡萄树进行种植，应选的品种是（　　）

A. 甲　　　　B. 乙

C. 丙　　　　D. 丁

答案解析

B　**【解析】**由表格可知，甲、乙两个品种产量的平均数最大，则甲、乙的产量高于丙、丁，而乙的产量的方差小于甲，则乙的产量比甲稳定，故四个品种中产量既高又稳定的是乙品种。

变式训练

7. 某射击队要从甲、乙、丙、丁四人中选拔一名成绩优秀并且发挥稳定的选手参赛，在选拔赛中，每人射击 10 次，然后从他们成绩的平均数（环）及方差（环^2）两个因素进行分析，四人成绩分析如下表所示：

	甲	乙	丙	丁
平均数(环)	8.9	9.0	9.0	8.9
方差(环^2)	3.29	0.5	1.8	0.5

根据以上图表信息,参赛选手应选(　　)

A. 甲　　B. 乙

C. 丙　　D. 丁

必刷好题

招教高频基础刷

1.《西游记》《三国演义》《水浒传》和《红楼梦》是中国古典文学瑰宝,并称为中国古典小说四大名著。某中学为了解本校学生阅读四大名著的情况,随机抽查了100位学生,其中阅读过《西游记》或《红楼梦》的学生共有90位,阅读过《红楼梦》的学生共有80位,阅读过《西游记》且阅读过《红楼梦》的学生共有60位,则该校阅读过《西游记》的学生人数与该校学生总数比值的估计值为(　　)

A. 0.5　　B. 0.6

C. 0.7　　D. 0.8

2. 在某时段由50辆车通过一个雷达测速点,工作人员将测得的车速绘制成如图所示的条形统计图,则这50辆车的车速(单位:km/h)的中位数为(　　)

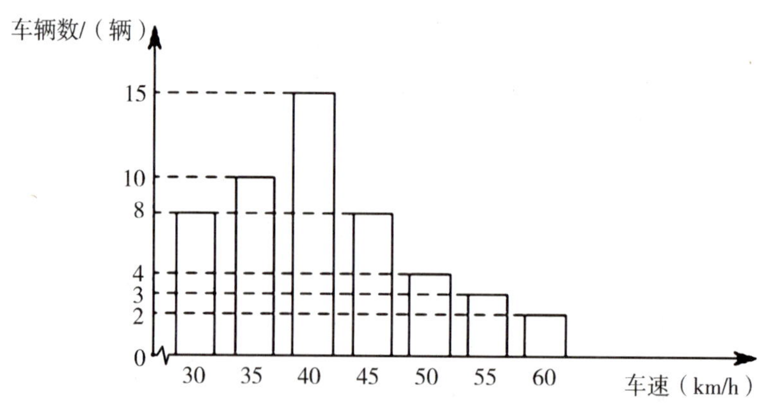

A. 60　　B. 50　　C. 40　　D. 15

3. 某学校从高三甲、乙两个班中各选6名同学参加数学竞赛,他们取得的成绩(满分100分)

的茎叶图如图所示，其中甲班学生成绩的众数是 85，乙班学生成绩的平均分为 81，则 $x+y$ 的值为(　　)

甲		乙
9 7	7	8 y
5 0 x	8	1 1 0
1	9	2

A. 6　　B. 7　　C. 8　　D. 9

4. 学校田径运动会有 15 名运动员参加跳高比赛，预赛成绩各不相同，取前 8 名参加决赛，某同学已经知道了自己的成绩，为了判断自己是否能进入决赛，他还需要知道这 15 名运动员成绩的(　　)

A. 平均数　　B. 众数　　C. 中位数　　D. 方差

5. 在如图所示的茎叶图中，记甲、乙两组数据的平均数分别为 $\overline{x}_{甲}$，$\overline{x}_{乙}$，标准差分别为 $s_{甲}$，$s_{乙}$。根据茎叶图估计甲、乙两组数据的平均数及标准差，下列描述正确的是(　　)

甲		乙
5	1	8
9 8 5 3 3 1	2	1 3 6
6 5	3	2 3 8
8	4	1 2 5

A. $\overline{x}_{甲}<\overline{x}_{乙}$，$s_{甲}<s_{乙}$　　B. $\overline{x}_{甲}<\overline{x}_{乙}$，$s_{甲}>s_{乙}$

C. $\overline{x}_{甲}>\overline{x}_{乙}$，$s_{甲}<s_{乙}$　　D. $\overline{x}_{甲}>\overline{x}_{乙}$，$s_{甲}>s_{乙}$

6. 2021 年 11 月 3 日 11 时，全国首条无人驾驶跨座式单轨——芜湖轨道交通 1 号线全线开通运营，标志着芜湖市正式跨入轨道交通时代。如图为 1 号线正式运行后连续 11 天的客运量折线图，根据该折线图，下列说法错误的是(　　)

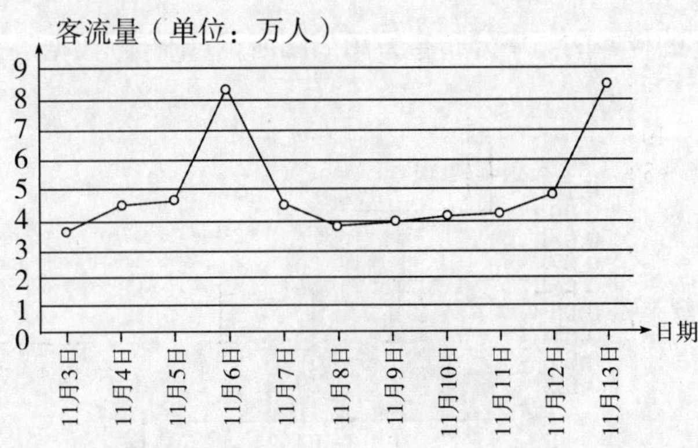

A. 该 11 天中客运量的极差大约是 4.8

B. 该 11 天客运量的平均数大约为 5

C. 该 11 天中客运量的中位数大约是 4.5

D. 8 日至 10 日客运量相对于 11 日至 13 日客运量，波动性更小，方差更大

7. 2021 年 11 月 10 日，中国和美国在联合国气候变化格拉斯哥大会期间发布《中美关于在 21 世纪 20 年代强化气候行动的格拉斯哥联合宣言》(以下简称《宣言》)。承诺继续共同努力，并与各方一道，加强《巴黎协定》的实施，双方同意建立“21 世纪 20 年代强化气候行动工作组”，推动两国气候变化合作和多边进程。为响应《宣言》要求，某地区统计了 2020 年该地区一次能源消费结构比例，并规划了 2030 年一次能源消费结构比例，如图所示：

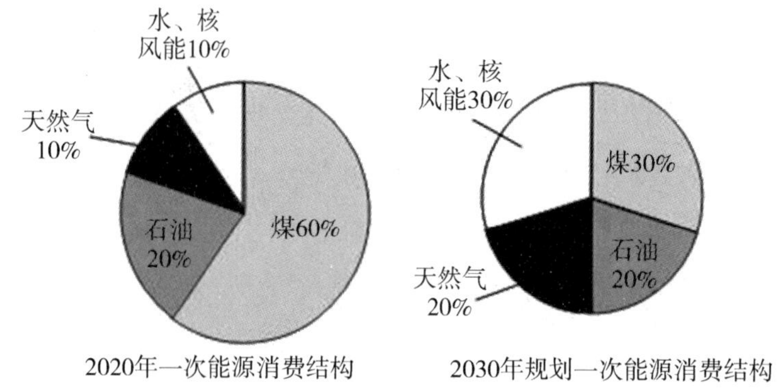

2020年一次能源消费结构　　2030年规划一次能源消费结构

经测算，预估该地区 2030 年一次能源消费量将增长为 2020 年的 2.5 倍，预计该地区(　　)

A. 2030 年煤的消费量相对 2020 年减少了

B. 2030 年天然气的消费量是 2020 年的 4 倍

C. 2030 年石油的消费量相对 2020 年不变

D. 2030 年水、核、风能的消费量是 2020 年的 7.5 倍

8. 已知一组数据 $5,4,x,3,9$ 的平均数为 5，则这组数据的中位数是________。

9. 若数据 $x_1,x_2,\cdots,x_n$ 的方差为 2，则 $2x_1-3,2x_2-3,\cdots,2x_n-3$ 的方差为________。

10. 一个容量为 200 的样本的频率分布直方图如图所示，则样本数据落在 $[5,9)$ 内的频率和频数分别为________。

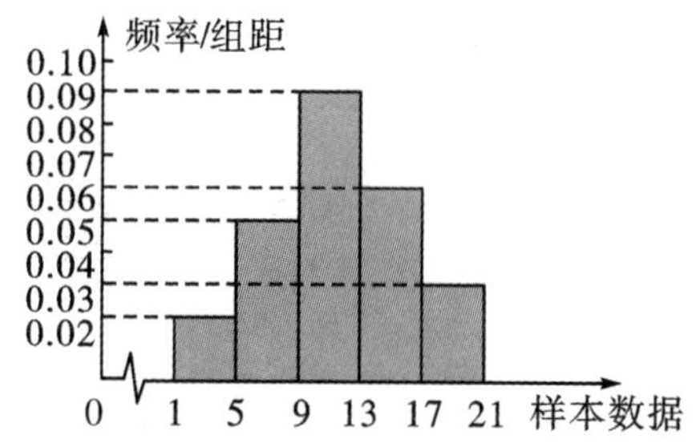

11. 某城市 100 户居民的月平均用电量(单位：度)以 $[160,180)$，$[180,200)$，$[200,220)$，

[220,240),[240,260),[260,280),[280,300]分组的频率分布直方图如图。

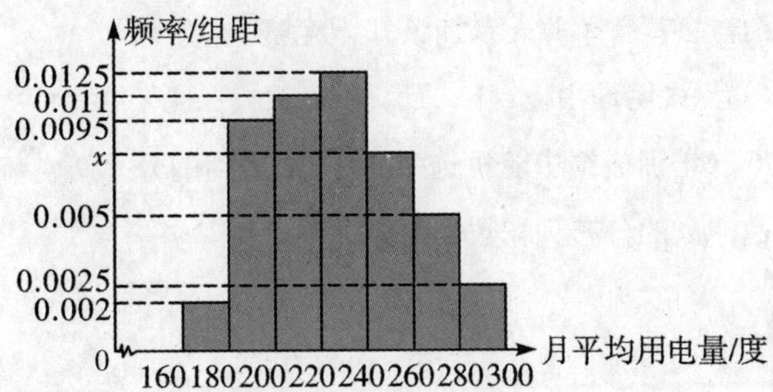

(1)求直方图中 x 的值;

(2)求月平均用电量的众数和中位数。

12. 某家庭记录了未使用节水龙头50天的日用水量数据(单位:m^3)和使用了节水龙头50天的日用水量数据,得到频数分布表如下:

未使用节水龙头50天的日用水量频数分布表

日用水量	[0,0.1)	[0.1,0.2)	[0.2,0.3)	[0.3,0.4)	[0.4,0.5)	[0.5,0.6)	[0.6,0.7)
频数	1	3	2	4	9	26	5

使用了节水龙头50天的日用水量频数分布表

日用水量	[0,0.1)	[0.1,0.2)	[0.2,0.3)	[0.3,0.4)	[0.4,0.5)	[0.5,0.6)
频数	1	5	13	10	16	5

(1)作出使用了节水龙头50天的日用水量数据的频率分布直方图;

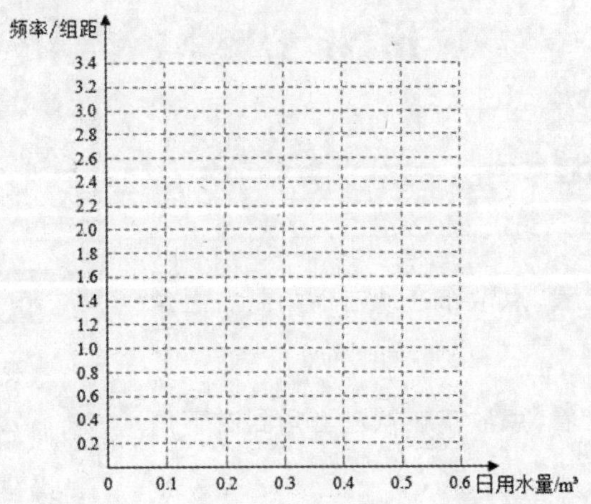

(2)估计该家庭使用节水龙头后,日用水量小于0.35 m^3的概率;

(3)估计该家庭使用节水龙头后,一年能节省多少水?(一年按365天计算,同一组中的数据以这组数据所在区间的中点值作代表)

13. 在科普知识竞赛前的培训活动中,将甲、乙两名学生的6次培训成绩(百分制)制成如图所示的茎叶图。

(1)若从甲、乙两名学生中选择1人参加该知识竞赛，你会选哪位？请运用统计学的知识说明理由；

(2)若从学生甲的6次培训成绩中随机选择2个，记选到的分数超过87分的个数为ξ，求ξ的分布列和数学期望。

甲		茎	乙		
	8	6			
9	6	7	1	5	
8	6	8	2	4	6
	5	9	4		

第三节　变量间的相关关系与统计案例

1. 相关关系与回归方程

(1)相关关系的分类

①正相关：从散点图上看，点散布在从左下角到右上角的区域内。

②负相关：从散点图上看，点散布在从左上角到右下角的区域内。

(2)回归方程

两个具有线性相关关系的变量的一组数据为$(x_1, y_1),(x_2,y_2),\cdots,(x_n,y_n)$，其回归方程为$\hat{y}=\hat{b}x+\hat{a}$，其中

考向分析

变量相关关系的判断、线性回归分析、独立性检验是教师招聘考试中的常考内容。题目一般较为简单，但需认真审题。

$$\begin{cases}\hat{b}=\dfrac{\sum\limits_{i=1}^{n}(x_i-\bar{x})(y_i-\bar{y})}{\sum\limits_{i=1}^{n}(x_i-\bar{x})^2}=\dfrac{\sum\limits_{i=1}^{n}x_iy_i-n\bar{x}\bar{y}}{\sum\limits_{i=1}^{n}x_i^2-n\bar{x}^2},\\ \hat{a}=\bar{y}-\hat{b}\bar{x},\end{cases}$$ 其中 $(\bar{x},\bar{y})$ 称为样本点的中心。

注：$\hat{b}>0$ 时，正相关；$\hat{b}<0$ 时，负相关。

(3) 线性相关系数

$r=\dfrac{\sum\limits_{i=1}^{n}(x_i-\bar{x})(y_i-\bar{y})}{\sqrt{\sum\limits_{i=1}^{n}(x_i-\bar{x})^2}\sqrt{\sum\limits_{i=1}^{n}(y_i-\bar{y})^2}}$，用它来衡量两个变量间的线性相关关系的强弱。

①当 $r>0$ 时，表明两个变量正相关；

②当 $r<0$ 时，表明两个变量负相关；

③r 的绝对值越接近 1，表明两个变量的线性相关性越强；r 的绝对值越接近 0，表明两个变量的线性相关性越弱，通常当 $|r|>0.75$ 时，认为两个变量有很强的线性相关关系。

2. 独立性检验

(1) 分类变量：变量的不同“值”表示个体所属的不同类别，像这类变量称为分类变量。

(2) 列联表：列出两个分类变量的频数表，称为列联表。假设有两个分类变量 X 和 Y，它们的取值分别为 $\{x_1,x_2\}$ 和 $\{y_1,y_2\}$，其样本频数列联表（称为 2×2 列联表）如下：

	y_1	y_2	总计
x_1	a	b	$a+b$
x_2	c	d	$c+d$
总计	$a+c$	$b+d$	$a+b+c+d$

$K^2=\dfrac{n(ad-bc)^2}{(a+b)(a+c)(b+d)(c+d)}$（其中 $n=a+b+c+d$ 为样本容量），K^2 的值越大，说明“X 与 Y 有关系”成立的可能性越大。

思想应用

转化与化归思想：对于一元曲线回归方程，可通过适当的换元转化为线性回归方程。

招教考向解读

考向1 相关关系的判断

解法突破

(1)判定两个变量正、负相关性的方法:

①画散点图:点的分布从左下角到右上角,两个变量正相关;点的分布从左上角到右下角,两个变量负相关。

②相关系数:$r>0$时,正相关;$r<0$时,负相关。

③线性回归方程中:$\hat{b}>0$时,正相关;$\hat{b}<0$时,负相关。

(2)相关关系的直观判断方法就是作出散点图,若散点图呈带状且区域较窄,说明两个变量有一定的线性相关性,若呈曲线型也是有相关性,若呈图形区域且分布较乱则不具备相关性。

真题过招

(2021山东临沂,1.8分)(多选)对具有相关关系的两个变量x和y进行回归分析时,经过随机抽样获得的成对样本数据为$(x_i,y_i)(i=1,2,\cdots,n)$,则下列结论正确的是(　　)

A.若两变量x,y具有线性相关关系,则回归直线至少经过一个样本点

B.若变量y和x之间的相关系数为$r=-0.97$,则变量y和x之间具有很强的线性相关关系

C.若以模型$y=ae^{bx}$拟合该组数据,为了求出回归方程,设$z=\ln y$,将其变换后得到线性方程为$z=6x+\ln 3$,则a,b的估计值分别是3和6

D.用相关指数R^2来刻画回归效果,R^2越小,说明模型的拟合效果越好

答案解析

BC 【解析】回归直线过样本中心点,但可能不过样本数据中的任意点,A项错误;由相关系数的作用知,$|r|$越接近1,表示变量y与x之间的线性相关关系越强,变量y和x之间的相关系数为$r=-0.97$,则变量y和x之间具有很强的线性相关关系,B项正确;若以模型$y=ae^{bx}$拟合该组数据,为了求出回归方程,设$z=\ln y$,将其变换后得到线性方程为$z=6x+\ln 3$,则a,b的估计值分别是3和6,C项正确;R^2越大,拟合效果越好,故D项不正确。

变式训练

有以下四组变量:

①某商品销售价格与销售量;

②学生学籍号与学生的数学成绩;

③坚持每天吃早餐的人数与患胃病的人数;

④气温与冷饮销售量。

其中两个变量呈正相关的是(　　)

A. ①③　　B. ②④　　C. ②　　D. ④

考向2　线性回归分析

解法突破

(1)正确理解计算 $\hat{b},\hat{a}$ 的公式并能准确地计算出结果。

(2)回归直线 $\hat{y}=\hat{b}x+\hat{a}$ 必过样本点的中心 $(\bar{x},\bar{y})$。

(3)在分析两个变量的相关关系时,可根据样本数据作出散点图来确定两个变量之间是否具有相关关系,若具有线性相关关系,则可通过线性回归方程来估计和预测。

真题过招

1. (2021 江西高中数学,1 分)某考察团对 10 个城市的职工人均工资 x(千元)与居民人均消费 y(千元)进行调查统计,得出 y 与 x 具有线性关系,且回归方程为 $\hat{y}=0.6x+1.2$。若某城市职工人均工资为 5 千元,估计该城市人均消费额占人均工资收入的百分比为(　　)

A. 66%　　B. 67%　　C. 79%　　D. 84%

答案解析

D　【解析】某城市职工人均工资为 5 千元,则该城市居民人均消费 $\hat{y}=0.6\times5+1.2=4.2$(千元),该城市人均消费额占人均工资收入的百分比为 $\frac{4.2}{5}\times100\%=84\%$。故选 D。

2. (2021 山东日照东港区,6 分)在人体的脂肪含量和年龄之间的关系的研究中,科研人员获得了一些简单随机样本中年龄和脂肪含量的数据 (x_i,y_i) $(i=1,2,3,\cdots,20,25<x_i<65)$,其中 x_i 表示年龄,y_i 表示脂肪含量,并计算得到 $\sum_{i=1}^{20}x_i^{\ 2}=48\ 280$,$\sum_{i=1}^{20}y_i^{\ 2}=15\ 480$,$\sum_{i=1}^{20}x_iy_i=27\ 220$,$\bar{x}=48$,$\bar{y}=$

27，$\sqrt{22}\approx 4.7$。

(1)请用相关系数说明该组数据 y 与 x 之间的关系，可用线性回归模型进行拟合，并求 y 关于 x 的线性回归方程 $\hat{y}=\hat{b}x+\hat{a}$；($\hat{a},\hat{b}$ 的计算结果保留两位小数)

(2)科学健身能降低人体脂肪含量，下表是甲、乙两款健身器材的使用年限(整年)统计表。

款式 \ 台数 \ 使用年限	5年	6年	7年	8年	合计
甲款	5	20	15	10	50
乙款	15	20	10	5	50

某健身机构准备购进其中一款，以使用年限的频率估计概率，请根据以上数据估计，该机构选择购买哪一款，才能使用得更长久?

参考公式：相关系数 $r=\dfrac{\sum\limits_{i=1}^{n}(x_i-\bar{x})(y_i-\bar{y})}{\sqrt{\sum\limits_{i=1}^{n}(x_i-\bar{x})^2}\sqrt{\sum\limits_{i=1}^{n}(y_i-\bar{y})^2}}=\dfrac{\sum\limits_{i=1}^{n}x_iy_i-n\bar{x}\bar{y}}{\sqrt{\sum\limits_{i=1}^{n}x_i^{\ 2}-n\bar{x}^2}\sqrt{\sum\limits_{i=1}^{n}y_i^{\ 2}-n\bar{y}^2}}$，对于一组具有线性相关关系的数据 $(x_i,y_i)(i=1,2,3,\cdots,n)$，其回归方程 $\hat{y}=\hat{b}x+\hat{a}$ 的斜率和截距的最小二乘估计分别为 $\hat{b}=\dfrac{\sum\limits_{i=1}^{n}(x_i-\bar{x})(y_i-\bar{y})}{\sum\limits_{i=1}^{n}(x_i-\bar{x})^2}$，$\hat{a}=\bar{y}-\hat{b}\bar{x}$。

答案解析

【解析】(1)由题知 $\sum\limits_{i=1}^{20}x_i^{\ 2}=48\ 280$，$\sum\limits_{i=1}^{20}y_i^{\ 2}=15\ 480$，$\sum\limits_{i=1}^{20}x_iy_i=27\ 220$，$\bar{x}=48$，$\bar{y}=27$，$\sqrt{22}\approx 4.7$，那么 $r=\dfrac{\sum\limits_{i=1}^{20}(x_i-\bar{x})(y_i-\bar{y})}{\sqrt{\sum\limits_{i=1}^{20}(x_i-\bar{x})^2}\sqrt{\sum\limits_{i=1}^{20}(y_i-\bar{y})^2}}=\dfrac{\sum\limits_{i=1}^{20}x_iy_i-20\bar{x}\bar{y}}{\sqrt{\sum\limits_{i=1}^{20}x_i^{\ 2}-20\bar{x}^2}\sqrt{\sum\limits_{i=1}^{20}y_i^{\ 2}-20\bar{y}^2}}=$ $\dfrac{27\ 220-20\times48\times27}{\sqrt{48\ 280-20\times48^2}\times\sqrt{15\ 480-20\times27^2}}=\dfrac{1300}{\sqrt{2200}\times\sqrt{900}}\approx 0.92$。则 y 与 x 的相关系数接近于1，所以 y,x 之间有较强的线性相关关系，可以用线性回归模型进行拟合，那么

$$\hat{b}=\frac{\sum\limits_{i=1}^{20}(x_i-\bar{x})(y_i-\bar{y})}{\sum\limits_{i=1}^{20}(x_i-\bar{x})^2}=\frac{\sum\limits_{i=1}^{20}x_iy_i-20\bar{x}\bar{y}}{\sum\limits_{i=1}^{20}x_i^{\ 2}-20\bar{x}^2}=\frac{27\ 220-20\times48\times27}{48\ 280-20\times48^2}=\frac{1\ 300}{2\ 200}=\frac{13}{22}\approx 0.59,$$

$\hat{a}=\bar{y}-\hat{b}\bar{x}=27-0.59\times48=-1.32$，

则 y 关于 x 的线性回归方程为 $\hat{y}=0.59x-1.32$。

(2)设甲款健身器材使用年限为 X(单位:年),那么:

X	5	6	7	8
$P(X)$	0.1	0.4	0.3	0.2

$E(X)=5\times0.1+6\times0.4+7\times0.3+8\times0.2=6.6$。

设乙款健身器材使用年限为 Y(单位:年),那么:

Y	5	6	7	8
$P(Y)$	0.3	0.4	0.2	0.1

$E(Y)=5\times0.3+6\times0.4+7\times0.2+8\times0.1=6.1$。

因为 $E(X)>E(Y)$,所以该机构选择购买甲款健身器材才能使用得更长久。

变式训练

1. 为了了解天气转冷时期居民的电量使用情况,某调查人员由表中的统计数据计算出回归方程为 $\hat{y}=-2x+60$,现表中一个数据被污损,则被污损的数据为( )

气温 x/℃	18	13	10	-1
用电量 y/度	20	35	●	64

A. 50　　B. 45　　C. 41　　D. 38

2. 已知某产品的销售额 y(万元)与该产品的广告费用 x(万元)的统计数据如下:

广告费用 x(万元)	1	2	3	4	5
销售额 y(万元)	50	52	56	62	70

根据上表可得回归直线方程为 $\hat{y}=\hat{b}x+\hat{a}$,经计算可知 $\hat{b}=5$,则当广告费用为 6 万元时,预测销售额为________万元。

考向 3 独立性检验

解法突破

(1)独立性检验的关键是正确列出 2×2 列联表,并计算出 K^2 的值。

(2)弄清判断两变量有关的把握性与犯错误概率 P 的关系,根据题目要求作出正确的回答。

真题过招

(2022 江苏扬州,10 分)为了了解某种疫苗的效果,实验室随机抽取了 120 只小白鼠进行试验,所得数据如下表所示:

	被感染	未被感染	总计
未注射疫苗	22	y	60
注射疫苗	x	50	60
总计	32	t	120

从注射疫苗的小白鼠中随机抽取 2 只,记感染的小白鼠的只数为 ξ。

(1)求出表中 x,y,t 的值,并求出 ξ 的分布列的期望;

(2)已知参考公式,求 K^2 的值;(结果精确到小数点后三位)

(3)你觉得是否已有 99% 的把握认为该疫苗有效? 请说明理由。

附:$K^2=\dfrac{n(ad-bc)^2}{(a+b)(c+d)(a+c)(b+d)}$

$P(K^2\geqslant K_0)$	0.15	0.1	0.05	0.025	0.010	0.005
K_0	2.072	2.706	3.841	5.024	6.635	7.879

答案解析

【解析】(1)由表可得 $x=60-50=10,t=120-32=88,y=88-50=38$。$\xi$ 所有可能的取值为 0,1,2,那么 $P(\xi=0)=\dfrac{C_{50}^2}{C_{60}^2}=\dfrac{245}{354},P(\xi=1)=\dfrac{C_{50}^1C_{10}^1}{C_{60}^2}=\dfrac{50}{177},P(\xi=2)=\dfrac{C_{10}^2}{C_{60}^2}=\dfrac{3}{118}$,$\xi$ 的分布列为:

ξ	0	1	2
$P(\xi)$	$\dfrac{245}{354}$	$\dfrac{50}{177}$	$\dfrac{3}{118}$

ξ 的数学期望 $E(\xi)=0\times\dfrac{245}{354}+\dfrac{50}{177}+\dfrac{6}{118}=\dfrac{118}{354}=\dfrac{1}{3}$。

(2)$K^2=\dfrac{120\times(22\times50-10\times38)^2}{32\times88\times60\times60}\approx6.136$。

(3)$5.024<K^2\approx6.136<6.635$,由表格可知,没有 99% 的把握认为该疫苗有效。

变式训练

若由一个 2×2 列联表中的数据计算得到 $K^2=4.013$，那么有(　　)把握认为两个变量有关系。

$P(K^2\geqslant k_0)$	0.50	0.40	0.25	0.15	0.10	0.05	0.025	0.010	0.005	0.001
k_0	0.455	0.708	1.323	2.072	2.706	3.841	5.024	6.635	7.879	10.828

A. 95%　　B. 97.5%　　C. 99%　　D. 99.5%

必刷好题

招教高频基础刷

1. 对变量 x,y 由观测数据得散点图1，对变量 u,v 由观测数据得散点图2，由这两个散点图可以推断(　　)

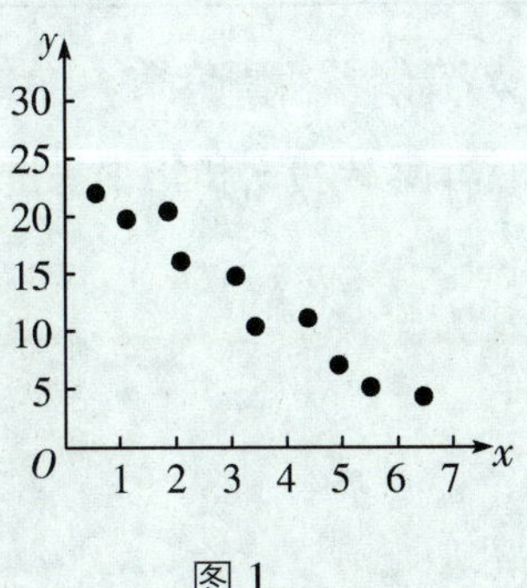

图1　　图2

A. x 与 y 正相关，u 与 v 正相关　　B. x 与 y 正相关，u 与 v 负相关

C. x 与 y 负相关，u 与 v 负相关　　D. x 与 y 负相关，u 与 v 正相关

2. 已知甲、乙、丙、丁四组数据变量间对应的线性相关系数分别为 0.46，0.79，−0.92，0.85，则(　　)

A. 甲组数据变量间的线性相关程度最强

B. 乙组数据变量间的线性相关程度最弱

C. 丙组数据变量间的线性相关程度最强

D. 丁组数据变量间的线性相关程度最强

3. 设某大学的女生体重 y(单位:kg)与身高 x(单位:cm)具有线性相关关系，根据一组样本数据$(x_i,y_i)(i=1,2,\cdots,n)$，用最小二乘法建立的回归方程为 $\hat{y}=0.85x-85.71$，则下列结论中不正

确的是(　　)

A. y 与 x 具有正的线性相关关系

B. 回归直线过样本点的中心$(\bar{x},\bar{y})$

C. 若该大学某女生身高增加 1 cm,则其体重约增加 0.85 kg

D. 若该大学某女生身高为 170 cm,则可断定其体重必为 58.79 kg

4. 已知某产品的销售额 y(万元)与广告费用 x(万元)之间的关系如表:

x(单位:万元)	0	1	2	3	4
y(单位:万元)	10	15	20	30	35

若求得其线性回归方程为 $\hat{y}=6.5x+\hat{a}$,则预计当广告费用为 6 万元时的销售额为(　　)

A. 42 万元　　B. 45 万元　　C. 48 万元　　D. 51 万元

5. 已知下表所示数据的回归方程为 $\hat{y}=0.95x+2.6$,则实数 $a=$______。

x	0	1	3	4
y	2.2	4.3	a	6.7

6. 某公司为确定下一年度投入某种产品的宣传费,需了解年宣传费 x(单位:千元)对年销售量 y(单位:t)和年利润 z(单位:千元)的影响,对近 8 年的年宣传费 x_i和年销售量 $y_i(i=1,2,\cdots,8)$数据作了初步处理,得到下面的散点图及一些统计量的值。

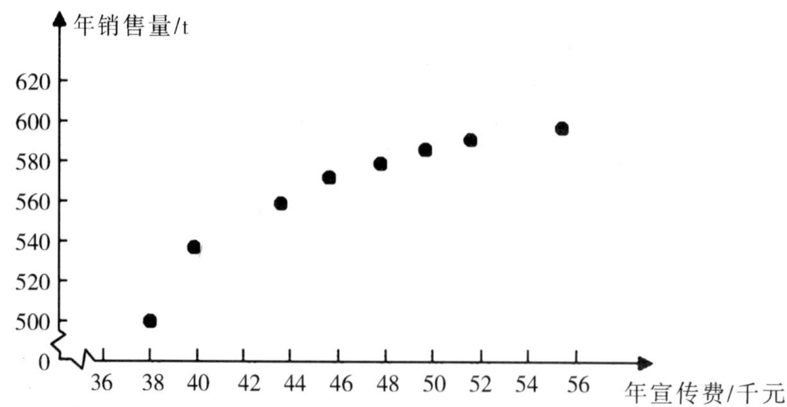

$\bar{x}$	$\bar{y}$	$\bar{w}$	$\sum_{i=1}^{8}(x_i-\bar{x})^2$	$\sum_{i=1}^{8}(w_i-\bar{w})^2$	$\sum_{i=1}^{8}(x_i-\bar{x})(y_i-\bar{y})$	$\sum_{i=1}^{8}(w_i-\bar{w})(y_i-\bar{y})$
46.6	563	6.8	289.8	1.6	1469	108.8

表中 $w_i=\sqrt{x_i}$,$\bar{w}=\frac{1}{8}\sum_{i=1}^{8}w_i$。

(1)根据散点图判断,$y=a+bx$ 与 $y=c+d\sqrt{x}$ 哪一个适宜作为年销售量 y 关于年宣传费 x 的

回归方程类型？（给出判断即可，不必说明理由）

（2）根据（1）的判断结果及表中数据，建立 y 关于 x 的回归方程。

（3）已知这种产品的年利润 z 与 x,y 的关系为 $z=0.2y-x$，根据（2）的结果回答下列问题：

①年宣传费 $x=49$ 时，年销售量及年利润的预报值是多少？

②年宣传费 x 为何值时，年利润的预报值最大？

附：对于一组数据 $(u_1,v_1),(u_2,v_2),\cdots,(u_n,v_n)$，其回归线 $\hat{v}=\hat{\alpha}+\hat{\beta}u$ 的斜率和截距的最小二乘估计分别为：$\hat{\beta}=\dfrac{\sum\limits_{i=1}^{n}(u_i-\bar{u})(v_i-\bar{v})}{\sum\limits_{i=1}^{n}(u_i-\bar{u})^2}$，$\hat{\alpha}=\bar{v}-\hat{\beta}\bar{u}$。

7. 疫苗是指用各种病原微生物制作的用于预防接种的生物制品，接种疫苗是预防和控制传染病最经济、有效的公共卫生干预措施。某制药厂对预防某种疾病的两种疫苗开展临床对比试验。若使用后的抗体呈阳性，则认为疫苗有效。在已经接种疫苗的群体中随机抽取的 100 个样本，其中有 60 个接种了灭活疫苗，剩余 40 个接种了核酸疫苗。根据样本数据绘制等高条形图（如图所示），其中两个深色条的高分别表示接种灭活疫苗和核酸疫苗样本中抗体呈阳性的频率。现从这 100 个样本中随机抽取 1 人，已知事件“该样本接种了灭活疫苗且抗体呈阳性”发生的概率为 0.54。

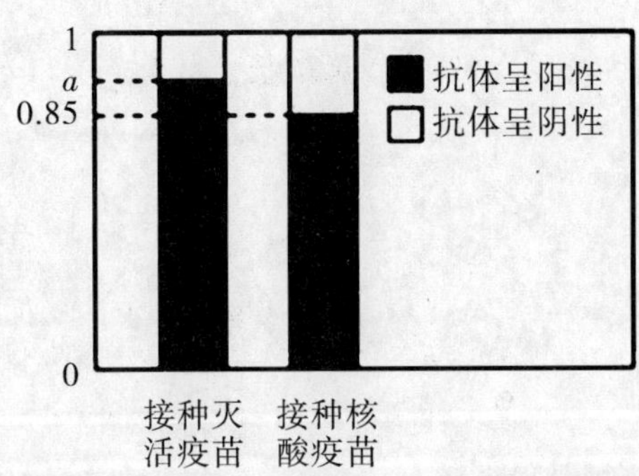

（1）求等高条形图中 a 的值；

（2）请完成下面的列联表，并判断能否在犯错概率不超过 0.10 的前提下认为两种疫苗的预防效果存在差异。

	灭活疫苗	核酸疫苗	总计
抗体为阳性			
抗体为阴性			
总计	60	40	100

参考公式：$K^2=\dfrac{n(ad-bc)^2}{(a+b)(c+d)(a+c)(b+d)}$，其中 $n=a+b+c+d$。

$P(K^2 \geqslant k_0)$	0.15	0.10	0.01
k_0	2.072	2.706	6.635

8. 某沙漠地区经过治理,生态系统得到改善。为调查该地区植物覆盖面积(单位:公顷)和某种野生动物的数量的关系,将该地区分成面积相近的200个地块,从这些地块中用简单随机抽样的方法抽取20个作为样区,调查得到样本数据$(x_i,y_i)(i=1,2,\cdots,20)$,其中$x_i$和$y_i$分别表示第$i$个样区的植物覆盖面积和这种野生动物的数量,并计算得$\sum_{i=1}^{20} x_i=60$,$\sum_{i=1}^{20} y_i=1200$,$\sum_{i=1}^{20}(x_i-\bar{x})^2=80$,$\sum_{i=1}^{20}(y_i-\bar{y})^2=9000$,$\sum_{i=1}^{20}(x_i-\bar{x})(y_i-\bar{y})=800$。

(1)求样本$(x_i,y_i)(i=1,2,\cdots,20)$的相关系数(精确到0.01),并用相关系数说明各样区的这种野生动物的数量与植物覆盖面积的相关性;

(2)根据现有统计资料,各地块间植物覆盖面积差异很大。为提高样本的代表性以获得该地区这种野生动物数量更准确的估计,请给出一种你认为更合理的抽样方法,并说明理由。

附:相关系数 $r=\dfrac{\sum_{i=1}^{n}(x_i-\bar{x})(y_i-\bar{y})}{\sqrt{\sum_{i=1}^{n}(x_i-\bar{x})^2}\sqrt{\sum_{i=1}^{n}(y_i-\bar{y})^2}}$。

SHANXIANGEDU

专题五　概　率

第一节　随机事件的概率

招教核心要点

1. 事件的关系与运算

	定义	符号表示
包含关系	如果事件 A 发生，则事件 B 一定发生，这时称事件 B 包含事件 A（或称事件 A 包含于事件 B）	$B\supseteq A$（或 $A\subseteq B$）
相等关系	若 $B\supseteq A$ 且 $A\supseteq B$，则称事件 A 与 B 相等	$A=B$
并事件（和事件）	若某事件发生当且仅当事件 A 发生或事件 B 发生，称此事件为事件 A 与事件 B 的并事件（或和事件）	$A\cup B$（或 $A+B$）
交事件（积事件）	若某事件发生当且仅当事件 A 发生且事件 B 发生，则称此事件为事件 A 与事件 B 的交事件（或积事件）	$A\cap B$（或 AB）
互斥事件（互不相容事件）	若 $A\cap B$ 为不可能事件，则称事件 A 与事件 B 互斥	$A\cap B=\varnothing$
对立事件	若 $A\cap B$ 为不可能事件，$A\cup B$ 为必然事件，那么称事件 A 与事件 B 互为对立事件	$A\cap B=\varnothing$，$P(A\cup B)=P(A)+P(B)=1$

考向分析

随机事件的关系、随机事件的概率、互斥事件与对立事件是教师招聘考试中的基础内容。题目较为简单，掌握其基本概念与性质是解题的关键。

思想应用

A. 正难则反思想：对于正面求概率困难的情况，可转化为求其对立事件的概率。

B. 分类讨论思想：求随机事件的概率要全面考虑各类情况对应的结果数。抓好分类标准，并做到不重不漏。

2. 概率的几个基本性质

(1)概率的取值范围：$0\leq P(A)\leq 1$。

(2)必然事件的概率 $P(E)=1$。

(3)不可能事件的概率 $P(F)=0$。

(4)互斥事件概率的加法公式：

①如果事件 A 与事件 B 互斥，则 $P(A\cup B)=P(A)+P(B)$。

②若事件 B 与事件 A 互为对立事件，则 $P(A)=1-P(B)$。

考向1 随机事件的关系

解法突破

对互斥事件要把握住不能同时发生，而对于对立事件除事件不能同时发生外，其并事件应为必然事件。这些也可类比集合进行理解，具体应用时，可把所有试验结果写出来，看所求事件包含哪几个试验结果，从而确定所给事件的关系。

真题过招

(2019 重庆沙坪坝区，1 分)假设 A 与 B 为互不相容事件，则下列等式正确的是(　　)

A. $P(AB)=1$　　　　B. $P(AB)=0$

C. $P(AB)=P(A)P(B)$　　　　D. $P(AB)=P(A)+P(B)$

答案解析

B 【解析】A 与 B 为互不相容事件，所以 A 与 B 不可能同时发生，则 $P(AB)=0$。故选 B。

变式训练

设 $P(AB)=0$，则有(　　)

A. A 和 B 互不相容　　　　B. A 和 B 相互独立

C. $P(A-B)=P(A)$　　　　D. $P(A)=0$ 或 $P(B)=0$

考向2 随机事件的概率

解法突破

(1)概率与频率的关系:频率反映了一个随机事件出现的频繁程度,频率是随机的,而概率是一个确定的值,通常用概率来反映随机事件发生的可能性的大小,有时也用频率来作为随机事件概率的估计值。

(2)随机事件概率的求法:利用概率的统计定义求事件的概率,即通过大量的重复试验,事件发生的频率会逐渐趋近于某一个常数,这个常数就是概率。

典例

判断下列结论正误(在括号内打"√"或"×")

(1)事件发生的频率与概率是相同的。 (　　)

(2)在大量的重复试验中,概率是频率的稳定值。 (　　)

(3)若随机事件 A 发生的概率为 $P(A)$,则 $0\leqslant P(A)\leqslant 1$。 (　　)

(4)6 张奖券中只有一张有奖,甲、乙先后各抽取 1 张(有放回),则甲中奖的概率小于乙中奖的概率。 (　　)

答案解析

(1)×(2)√(3)√(4)× 【解析】因频率反映了一个随机事件出现的频繁程度,频率是随机的,而概率是一个确定的值,通常用概率来反映随机事件发生的可能性的大小,有时也用频率来作为随机事件概率的估计值,故(1)错误,(2)正确;不可能事件发生的概率为 0,必然事件发生的概率为 1,故若随机事件 A 发生的概率为 $P(A)$,则 $0\leqslant P(A)\leqslant 1$,故(3)正确;6 张奖券中只有一张有奖,甲中奖的概率为 $\frac{1}{6}$,乙中奖的概率也为 $\frac{1}{6}$,则甲中奖的概率等于乙中奖的概率,故(4)错误。

变式训练

容量为 20 的样本数据,分组后的频数如下表:

分组	[10,20)	[20,30)	[30,40)	[40,50)	[50,60)	[60,70]
频数	2	3	4	5	4	2

则样本数据落在区间[10,40)的频率为(　　)

A. 0.35　　B. 0.45

C. 0.55　　D. 0.65

考向3　互斥事件、对立事件的概率

解法突破

求复杂互斥事件概率的两种方法:

(1)直接法:将所求事件的概率分解为一些彼此互斥的事件的概率的和,运用互斥事件的概率加法公式计算。

(2)间接法:先求该事件的对立事件的概率,再由 $P(A)=1-P(\overline{A})$ 求解,即用正难则反的数学思想,当题目涉及"至多""至少"型问题时,可考虑使用间接法求解。

真题过招

(2022 江苏南京,3 分)甲、乙两人独立破译某个密码,甲译出密码的概率为 0.5,乙译出密码的概率为 0.4,则密码被译出的概率为(　　)

A. 0.12　　B. 0.7

C. 0.46　　D. 0.58

答案解析

B　**【解析】**由题意可知,甲未译出密码的概率为 0.5,乙未译出密码的概率为 0.6,则甲、乙都未译出密码的概率为 $0.5\times0.6=0.3$,故密码被破译出的概率为 $1-0.3=0.7$。

变式训练

已知随机事件 A 和 B 互斥,且 $P(A\cup B)=0.7$,$P(B)=0.2$,则 $P(\overline{A})=$______。

招教易错突破

易错点1　混淆频率和概率的概念

频率随着试验次数的改变而改变,概率是一个常数。当试验次数越来越多时,频率向概率靠

近,只要次数足够多,所得频率就可以近似地当作随机事件的概率。

典例

某人将一枚硬币连续抛掷 10 次,正面朝上的情形出现了 6 次,则正面朝上的(　　)

A. 概率为 0.6　　B. 频率为 0.6　　C. 频率为 6　　D. 概率接近 0.6

【错因分析】错误地认为频率就是概率,两者没有区别,对定义不清楚,从而导致错解。

答案解析

B 【解析】$\frac{6}{10}=0.6$ 是频率而不是概率,抛掷 10 次不属于大量重复试验,所以频率不能近似作为概率,故选 B。

变式训练

1. 历史上有些学者做了成千上万次抛硬币试验,结果如下表:

实验者	抛掷次数(n)	正面朝上的次数(m)	频率$\left(\frac{m}{n}\right)$
德・摩根	2048	1061	0.5181
蒲丰	4040	2048	0.5069
费勒	10000	4979	0.4979
皮尔逊	24000	12012	0.5005

由上表可知,抛硬币试验中,正面向上的概率为(　　)

A. 0.51　　B. 0.49　　C. 0.50　　D. 0.52

易错点2 不能区分互斥事件和对立事件

互斥事件与对立事件都表示两个事件的关系,互斥事件是不可能同时发生的两个事件,而对立事件除要求这两个事件不同时发生外,还要求二者必须必须有一个发生,因此,对立事件是互斥事件的特殊情况,而互斥事件未必是对立事件,即“互斥”是“对立”的必要但不充分条件,“对立”是“互斥”的充分但不必要条件。

典例

某小组有 3 名男生和 2 名女生,从中任选 2 名同学去参加演讲比赛,事件“至少有 1 名女生”与事件“全是男生”(　　)

A. 是互斥事件,不是对立事件　　B. 是对立事件,不是互斥事件

C. 既是互斥事件,也是对立事件　　　　D. 既不是互斥事件也不是对立事件

【错因分析】对“对立事件”与“互斥事件”的定义不清楚,误把“对立事件”当做“互斥事件”,把“互斥事件”当做“对立事件”。

答案解析

C　【解析】“至少有1名女生”包括“一男一女”和“两名女生”两种情况,这两种情况加上“全是男生”构成全集,且不能同时发生,故“至少有一名女生”与“全是男生”既是互斥事件,也是对立事件。

变式训练

2. 把红、蓝、黑、白4张纸牌随机地分给甲、乙、丙、丁4个人,每人分得一张,事件“甲分得红牌”与事件“乙分得红牌”是(　　)

A. 对立事件　　　　B. 互斥但不对立事件

C. 不可能事件　　　　D. 以上说法都不对

必刷好题

招教高频基础刷

1. 用2,3,4这3个数组成没有重复数字的三位数,则事件“这个三位数是偶数”与事件“这个三位数大于342”(　　)

A. 互斥但不对立　　　　B. 不互斥

C. 对立　　　　D. 互斥

2. 已知事件A,B,C满足$A\subseteq B,B\subseteq C$,则下列说法不正确的是(　　)

A. 事件A发生一定导致事件C发生　　　　B. 事件B发生一定导致事件C发生

C. 事件A发生一定导致事件B发生　　　　D. 事件$\overline{C}$发生不一定导致事件$\overline{B}$发生

3. 以下结论正确的是(　　)

A. 事件A和事件B的和事件的概率一定大于事件A的概率

B. 事件A和事件B是对立事件,则它们一定是互斥的

C. 事件A和事件B互斥,则有$P(A)=1-P(B)$

D. 事件A和事件B满足$P(A)+P(B)=1$,则A,B是对立事件

4. 某班新学期开学统计新冠疫苗接种情况，已知该班有学生 45 人，其中未完成疫苗接种的有 5 人，则该班同学的疫苗接种完成率为(　　)

A. $\frac{1}{9}$　　B. $\frac{1}{5}$　　C. $\frac{1}{3}$　　D. $\frac{8}{9}$

5. 某超市收银台排队等候付款的人数及其相应概率如下：

排队人数	0	1	2	3	4	5
概率	0.1	0.16	0.3	0.3	0.1	0.04

则至少有两人排队的概率为(　　)

A. 0.16　　B. 0.26　　C. 0.56　　D. 0.74

6. 已知从甲袋内摸出 1 个红球的概率是$\frac{1}{3}$，从乙袋内摸出 1 个红球的概率是$\frac{1}{2}$，从两袋内各摸出 1 个球，则$\frac{2}{3}$等于(　　)

A. 2 个球都不是红球的概率　　B. 2 个球都是红球的概率

C. 2 个球中至少有 1 个红球的概率　　D. 2 个球中恰好有 1 个红球的概率

7. 掷一枚硬币正面朝上的概率是________。

8. 一个盒子里有 3 个分别标有号码为 1，2，3 的小球，每次取出一个，记下它的标号后再放回盒子中，共取 2 次，则在两次取得小球中，标号最大值是 3 的概率为________。

9. 一道试题，A、B、C 三人可解出的概率分别为$\frac{1}{2}$，$\frac{1}{3}$，$\frac{1}{4}$，则三人独立解答，至少有 1 人解出的概率为________。

10. 下列说法正确的是________。

①频数和频率都能反映一个对象在试验总次数中出现的频繁程度；

②在同一次试验中，每个试验结果出现的频数之和等于试验的样本总数；

③在同一次试验中，每个试验结果出现的频率之和不一定等于 1；

④概率就是频率。

招教易错能力刷

1. 下列说法正确的是(　　)

A. 若 A，B 为两个事件，则“A 与 B 互斥”是“A 与 B 互相对立”的必要不充分条件

B. 若 A，B 为两个事件，则 $P(A+B)=P(A)+P(B)$

C. 若事件 A，B，C 两两互斥，则 $P(A)+P(B)+P(C)=1$

D. 若事件 A,B 满足 $P(A)+P(B)=1$，则 A 与 B 互相对立

2. 从装有 2 个红球和 2 个白球的口袋内任取 2 个球，那么互斥而不对立的两个事件是(　　)

A. 至少有 1 个白球与都是白球　　B. 至少有 1 个白球与至少有 1 个红球

C. 至少有 1 个白球与都是红球　　D. 恰有 1 个白球与恰有 2 个白球

3. 已知随机事件 A,B 发生的概率满足条件 $P(A\cup B)=\frac{3}{4}$，某人猜测事件 $\overline{A}\cap\overline{B}$ 发生，则事件 $\overline{A}\cap\overline{B}$ 发生的概率为________。

第二节　古典概型

招教核心要点

1. 古典概型的特点

具有以下两个特点的概率模型称为古典概率模型，简称古典概型：

(1) 有限性：试验中所有可能出现的基本事件只有有限个；

(2) 等可能性：每个基本事件发生的可能性相等。

2. 古典概型的概率公式

$P(A)=\frac{A\text{ 包含的基本事件的个数}}{\text{基本事件的总数}}$。

考向分析

古典概型问题一般较为简单，是教师招聘考试中的基础内容，考生掌握其基本特点与计算方法即可。

招教考向解读

考向1 简单的古典概型问题

解法突破

第一步:算出所有基本事件的个数 n;

第二步:算出事件 A 包含的所有基本事件的个数 m;

第三步:代入公式 $P(A)=\dfrac{m}{n}$,求出 $P(A)$。

真题过招

1. (2022 浙江杭州,3 分)一个不透明的布袋中装有除颜色外,其他都相同的三个小球,把它们分别标号 1,2,3,随机摸出一个小球记下数字后放回,再随机摸出一个小球记下数字,两次摸出的小球标号的和为 5 的概率为(　　)

A. $\dfrac{1}{9}$　　B. $\dfrac{2}{9}$　　C. $\dfrac{1}{3}$　　D. $\dfrac{2}{3}$

答案解析

B 【**解析**】根据题意,画出树状图如图所示,共有 9 种等可能的结果,其中两次摸出的小球标号的和为 5 的情况有 2 种,故两次摸出小球标号的和为 5 的概率为 $\dfrac{2}{9}$。

开始

第一次		1			2			3	
第二次	1	2	3	1	2	3	1	2	3
和	2	3	4	3	4	5	4	5	6

2. (2021 江西初中数学,1 分)如图所示,同时自由转动两个转盘,指针落在每一个数上的机会均等,转盘停止后,两个指针同时落在一奇一偶数上的概率是(　　)

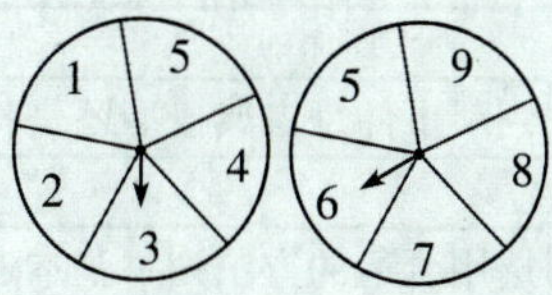

A. $\dfrac{12}{25}$　　B. $\dfrac{8}{25}$　　C. $\dfrac{13}{25}$　　D. $\dfrac{4}{5}$

答案解析

A 【解析】第一个转盘上落在偶数的概率是$\frac{2}{5}$，第二个转盘上落在奇数的概率是$\frac{3}{5}$，故一奇一偶的概率为$2\times\frac{2}{5}\times\frac{3}{5}=\frac{12}{25}$。

变式训练

1. 在1，2，3，4，5，6六个数中，任选三个数组成没有重复数字且大于400的三位数数字的概率是(　　)

A. $\frac{1}{2}$　　B. $\frac{1}{3}$

C. $\frac{1}{4}$　　D. $\frac{1}{5}$

2. 一个口袋中有四个完全相同的小球，把它们分别标记为1，2，3，4，随机地摸出一个小球，然后放回，再随机地摸出一个小球，则两次摸出的小球标号之和等于4的概率是________。

3. 从1，2，3，4中任取两个不同的数，两数的和为奇数的概率是________。

4. 在一个不透明的袋子中有除颜色外其余都相同的红、黄、蓝色玻璃球若干个，其中红色玻璃球有6个，黄色玻璃球有9个，已知从袋子中随机摸出一个蓝色玻璃球的概率为$\frac{2}{5}$，那么随机摸出一个红色玻璃球的概率为________。

考向2　知识交汇中的古典概型问题

解法突破

求解古典概型的交汇问题，关键是把相关的知识转化为事件，然后利用古典概型的有关知识解决，其解题流程为：

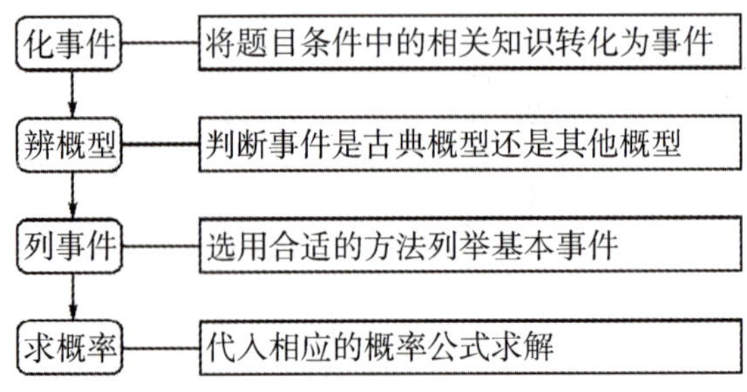

真题过招

1. (2022 江苏江阴,3 分)2021 年 7 月南京出现输入型疫情,社会各界众志成城,支援南京,无锡市某医院组织 4 名医生随机前往南京市的 A,B,C 三个社区对口支援,则每个社区都至少安排一个医生的概率为________。

答案解析

$\frac{4}{9}$　【解析】4 名医生随机前往南京市的 A,B,C 三个社区对口支援共有 $3^4=81$(种)方案,而每个社区都至少安排一个医生的方案共有 $\frac{C_4^2C_2^1C_1^1}{A_2^2}\cdot A_3^3=6\times3\times2=36$(种),则每个社区都至少安排一个医生的概率为 $\frac{36}{81}=\frac{4}{9}$。

2. (2021 江西高中数学,1 分)从 2 名男生和 2 名女生中,任意选择两人在星期六、星期日参加某公益活动,每天一人,则星期六为一名男生,星期日为一名女生的概率为(　　)

A. $\frac{1}{3}$　　B. $\frac{5}{12}$　　C. $\frac{1}{2}$　　D. $\frac{7}{12}$

答案解析

A　【解析】星期六为一男一女的概率为:$P=\frac{C_2^1C_2^1}{C_4^2A_2^2}=\frac{4}{12}=\frac{1}{3}$。故选 A。

变式训练

1. (多选)连结正方体每个面的中心构成一个正八面体,甲随机选择此正八面体的三个顶点构成三角形,乙随机选择此正八面体三个面的中心构成三角形,且甲乙选择互不影响,则(　　)

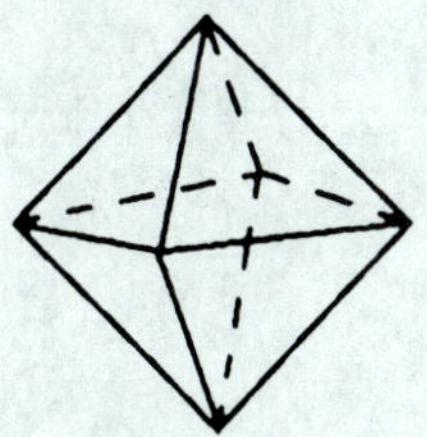

A. 甲选择的三个点构成正三角形的概率为 $\frac{2}{5}$

B. 甲选择的三个点构成等腰三角形的概率为 $\frac{3}{5}$

C. 乙选择的三个点构成正三角形的概率为 $\frac{2}{7}$

D. 甲选择的三个点构成的三角形与乙选择的三个点构成的三角形相似的概率为 $\frac{11}{35}$

2. 黑色不透明的盒子中有红、黄、蓝三种颜色不同而其他完全相同的小球,其中红色球 5 个,

黄色球 3 个,蓝色球 2 个。从中任意取 3 个球,没有取到红色球的概率为(　　)

A. $\frac{1}{10}$　　B. $\frac{1}{6}$　　C. $\frac{1}{18}$　　D. $\frac{1}{12}$

招教易错突破

易错点 1 ▸ 未能挖掘事件“有序”还是“无序”

解决概率中的“有序”和“无序”问题的关键点:①认真审题,确定是“有序”还是“无序”。②“可有序可无序”问题遵循“分子跟着分母走”的原则。在处理概率问题时,有些问题可以按“有序”处理,也可以按“无序”处理,但处理时必须保证“分子”和“分母”的统一性。

设 O 为正方形 $ABCD$ 的中心,在 O,A,B,C,D 中任取 3 点,则取到的 3 点共线的概率为(　　)

A. $\frac{1}{5}$　　B. $\frac{2}{5}$　　C. $\frac{1}{2}$　　D. $\frac{4}{5}$

【错因分析】三点共线本身是无序的,对于 O,A,C 三点共线,可写作 $\{O,A,C\}$,也可写作 $\{O,C,A\}$,本身是无序的,写出所有可能的项时要特别注意,做到不重不漏。

答案解析

A　**【解析】**从 O,A,B,C,D 中任取 3 点,取法有 $\{O,A,B\}$,$\{O,A,C\}$,$\{O,A,D\}$,$\{O,B,C\}$,$\{O,B,D\}$,$\{O,C,D\}$,$\{A,B,C\}$,$\{A,B,D\}$,$\{A,C,D\}$,$\{B,C,D\}$,其中取到的 3 点共线的只有 $\{O,A,C\}$,$\{O,B,D\}$ 这 2 种取法,所以所求概率为 $\frac{2}{10}=\frac{1}{5}$。

变式训练

1. 将 4 个 1 和 2 个 0 随机排成一行,则 2 个 0 不相邻的概率为(　　)

A. $\frac{1}{3}$　　B. $\frac{2}{5}$

C. $\frac{2}{3}$　　D. $\frac{4}{5}$

易错点 2 ▸ 混淆有放回和不放回抽样

(1)“无放回抽样”是指每次抽取的一个个体不再放回总体中,下次再抽取时,总体的总数比前

一次少一个,故每次抽取的概率发生变化。将每次抽取作为一个事件,它们不是相互独立的。事件“无放回地逐个取 k 个球”与事件“一次性任取 k 个球”的概率是相等的,是古典概型,服从超几何分布。

(2)“有放回抽样”是指每次抽取一个个体后还要把这个个体放回总体中,下次再抽取时,总体的总数不变,每次抽取的概率保持不变,每次抽取作为一个事件,它们是相互独立的,是独立重复试验,服从二项分布。

袋中有 8 个除颜色外完全相同的小球,其中 1 个黑球,3 个白球,4 个红球,若从中不放回地取 3 次球,每次取 1 球,取到黑球记 0 分,取到白球记 4 分,取到红球记 2 分,求最后得分为 8 分的概率。

【错因分析】忽视了放回抽样与不放回抽样的区别,从而导致错解。

答案解析

【解析】设 C 为“得分为 8 分”,

情形一:取到 1 个白球,2 个红球;

情形二:取到 2 个白球,1 个黑球。每种情形又有三种排列,

所以 $P(C)=\dfrac{C_4^2C_3^1A_3^3+C_3^2C_1^1A_3^3}{A_8^3}=\dfrac{108+18}{336}=\dfrac{3}{8}$。

变式训练

2. 从分别写有 1,2,3,4,5 的 5 张卡片中随机抽取 1 张,放回后再随机抽取 1 张,则抽得的第一张卡片上的数大于第二张卡片上的数的概率为( )

A. $\dfrac{1}{10}$　　B. $\dfrac{1}{5}$　　C. $\dfrac{3}{10}$　　D. $\dfrac{2}{5}$

 **必刷好题** 

招教高频基础刷

1. 投壶是从先秦延续至清末的汉族传统礼仪和宴饮游戏,在春秋战国时期较为盛行,图为一幅唐朝的投壶图,假设甲、乙、丙是唐朝的三位投壶游戏参与者,且甲、乙、丙每次投壶时,投中与不

投中是等可能的，若甲、乙、丙各投壶 1 次，则这 3 人中至多有 1 人投中的概率为（　　）

A. $\frac{1}{3}$　　B. $\frac{3}{8}$　　C. $\frac{1}{2}$　　D. $\frac{5}{8}$

2. 接种疫苗是预防控制新冠疫情最有效的方法，我国自 2021 年 1 月 9 日起实施全民免费接种新冠疫苗并持续加快推进接种工作，某地为方便居民接种，共设置了 A、B、C、D 四个新冠疫苗接种点，每位接种者可去任一个接种点接种，若甲、乙两人去接种新冠疫苗，则两人不在同一接种点的概率为（　　）

A. $\frac{1}{4}$　　B. $\frac{1}{2}$　　C. $\frac{2}{3}$　　D. $\frac{3}{4}$

3. 2021 年 12 月 9 日，中国空间站太空课堂以天地互动的方式，与设在北京、南宁、汶川、香港、澳门的地面课堂同步进行，假设香港、澳门参加互动的学生人数之比为 5∶3，其中香港课堂女生占 $\frac{3}{5}$，澳门课堂女生占 $\frac{1}{3}$，若主持人向这两个分课堂中的一名学生提问，则该学生恰好为女生的概率是（　　）

A. $\frac{1}{8}$　　B. $\frac{3}{8}$　　C. $\frac{1}{2}$　　D. $\frac{5}{8}$

4. 为弘扬中国传统文化，某兴趣小组从 5 首描写中秋节或端午节的诗歌（其中描写端午节的诗歌有 2 首，描写中秋节的诗歌有 3 首）中任选 2 首背诵，若每首诗歌被选中的可能性相同，则被选中的 2 首诗歌中全是描写中秋节的概率是（　　）

A. $\frac{3}{10}$　　B. $\frac{2}{5}$　　C. $\frac{3}{5}$　　D. $\frac{7}{10}$

5. 2021 年 7 月 20 日郑州特大暴雨引发洪灾，各地志愿者积极赴郑州救灾，某志愿小组共 6 人，随机派两人去执行某次抢救任务，则甲、乙两人没有同去的概率为（　　）

A. $\frac{1}{15}$　　B. $\frac{3}{5}$　　C. $\frac{14}{15}$　　D. $\frac{1}{3}$

6. 我国数学家陈景润在哥德巴赫猜想的研究中取得了世界领先的成果，哥德巴赫猜想是“每

个大于2的偶数可以表示为两个素数的和”，如40 = 3 + 37，在不超过20的素数中，随机选取2个不同的数，其和等于20的概率是(　　)

A. $\frac{1}{14}$　　B. $\frac{1}{15}$　　C. $\frac{1}{16}$　　D. $\frac{1}{17}$

7. 某中学举行党史学习教育知识竞赛，甲队有A、B、C、D、E、F共6名选手，其中4名男生、2名女生，按比赛规则，比赛时现场从中随机抽出2名选手答题，则至少有1名女同学被选中的概率是(　　)

A. $\frac{1}{3}$　　B. $\frac{2}{5}$　　C. $\frac{1}{2}$　　D. $\frac{3}{5}$

8. 从1，2，3，4，5中任取2个不同的数，两数和为偶数的概率为(　　)

A. 0.2　　B. 0.4

C. 0.6　　D. 0.3

9. 从集合{2，4，6，8}中任取两个不同元素，则这两个元素相差2的概率为________。

10. 将一颗质地均匀的骰子(一种各个面上分别标有1，2，3，4，5，6个点的正方体玩具)先后投掷2次，则出现向上的点数之和小于10的概率是________。

11. 某兴趣小组有2名男生和3名女生，现从中任选2名学生去参加活动，则恰好选中2名女生的概率为________。

12. 高中生在假期参加志愿者活动，既能服务社会又能锻炼能力，某同学计划在福利院、社区、图书馆和医院中任选两个单位参加志愿者活动，则参加图书馆活动的概率为________。

招教易错能力刷

1. 甲、乙、丙、丁、戊五人随机地排成一行，则甲、乙两人相邻，丙、丁两人不相邻的概率为(　　)

A. $\frac{1}{5}$　　B. $\frac{1}{4}$　　C. $\frac{1}{3}$　　D. $\frac{5}{12}$

2. 某班共有4个小组，每个小组有2人报名参加志愿者活动，现从这8人中随机选出4人作为正式志愿者，则选出的4人中至少有2人来自同一小组的概率为(　　)

A. $\frac{27}{35}$　　B. $\frac{13}{35}$　　C. $\frac{9}{35}$　　D. $\frac{6}{35}$

3. 梅森素数是指形如$2^p - 1$的素数，其中P也是素数(质数)，如$2^7 - 1 = 127$是梅森素数，$2^{11} - 1 = 23 \times 89$不是梅森素数，长期以来，数学家们在寻找梅森素数的同时，不断提出一些关于梅森素数分布的猜测，1992年中国学者周海中提出一个关于梅森素数分布的猜想，并首次给出其分布的精确表达式，被数学界命名为“周氏猜测”，已知在不超过 20 的素数中随机抽取 2 个，则至少含有 1 个梅森素数的概率为(　　)

A. $\frac{13}{28}$　　B. $\frac{1}{28}$　　C. $\frac{9}{14}$　　D. $\frac{3}{7}$

4. 传说古希腊毕达哥拉斯派的数学家经常在沙滩上面画点或用小石子表示数，他们将 1,3,6,10,15,…,$\frac{n(n+1)}{2}$,…，称为三角形数；将 1,4,9,16,25,…,n^2,…，称为正方形数，现从小于 100 的三角形数中，随机抽取一个数，则这个数是正方形数的概率为________。

第三节　几何概型

招教核心要点

1. 几何概型的概念

如果事件 A 发生的概率只与构成该事件区域的长度(角度、面积或体积)成比例，而与 A 的形状和位置无关，则称这样的概率模型为几何概率模型，简称几何概型。

2. 几何概型的概率公式

$$P(A)=\frac{\text{构成事件 }A\text{ 的区域长度(角度、面积或体积)}}{\text{试验的全部结果所构成的区域长度(角度、面积或体积)}}$$

考向分析

几何概型问题一般较为简单，是教师招聘考试中的基础内容，考生掌握其基本特点与计算方法即可。

招教考向解读

考向1 与长度、角度有关的几何概型

解法突破

(1)设线段 l 是线段 L 的一部分,向线段 L 上任投一点,该点落在线段 l 上的概率 $P=\frac{l\text{的长度}}{L\text{的长度}}$。

(2)当涉及射线的转动,如扇形中有关落点区域问题时,应以角的大小作为区域度量来计算概率,且不可用线段代替,这是两种不同的度量手段。

真题过招

(2021 山西吕梁孝义,2.47 分)若 $0<\theta<\pi$,则方程 $4x^2+4x\sqrt{\sin\theta}+\cos\theta=0$ 无实数根的概率为(　　)

A. $\frac{3}{4}$　　B. $\frac{1}{4}$　　C. $\frac{2}{3}$　　D. $\frac{1}{3}$

答案解析

B 【解析】若方程 $4x^2+4x\sqrt{\sin\theta}+\cos\theta=0$ 无实数根,则 $\Delta=(4\sqrt{\sin\theta})^2-4\times4\cos\theta=16\sin\theta-16\cos\theta<0$,即 $\sin\theta-\cos\theta<0$,又 $0<\theta<\pi$,所以 $0<\theta<\frac{\pi}{4}$,故方程 $4x^2+4x\sqrt{\sin\theta}+\cos\theta=0$ 无实数根的概率为 $\frac{\frac{\pi}{4}-0}{\pi-0}=\frac{1}{4}$。

变式训练

1. 如图,任意转动正六边形转盘一次,当停止运动时,指针指向大于4的数的概率是(　　)

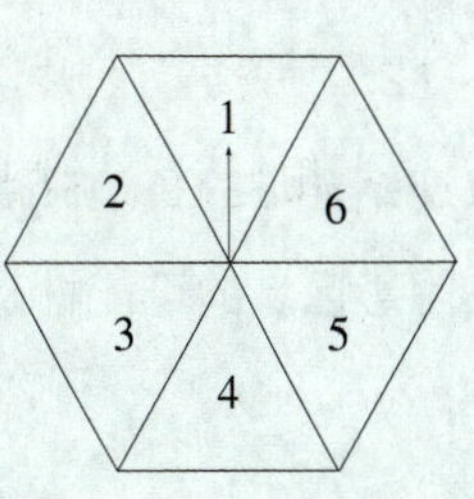

A. $\frac{1}{6}$　　B. $\frac{1}{3}$

C. $\frac{1}{2}$　　D. 1

2. 从$[-7,8]$中任取一个数 m,则直线 $3x+4y+m=0$ 被圆 $x^2+y^2=2$ 截得的弦长大于 2 的概率为(　　)

A. $\frac{2}{3}$　　B. $\frac{2}{5}$　　C. $\frac{1}{3}$　　D. $\frac{1}{5}$

考向2　与面积有关的几何概型

解法突破

与面积有关的几何概型,解题的关键是对所求的事件 A 构成的平面区域形状的判断及面积的计算,基本方法是数形结合。

真题过招

1. (2019 重庆巴南区,4 分)在区间$[1,4]$上任取两个实数,则所取两个实数之和大于 3 的概率为(　　)

A. $\frac{1}{18}$　　B. $\frac{9}{32}$　　C. $\frac{17}{18}$　　D. $\frac{23}{32}$

答案解析

C　【解析】如图所示,在区间$[1,4]$上任取两个数 x 和 y,对应的集合是 $A=\{(x,y)|1\leqslant x\leqslant 4,1\leqslant y\leqslant 4\}$,对应的面积是 $S_A=9$,需满足的条件是 $x+y>3$,对应的集合是 $B=\{(x,y)|1\leqslant x\leqslant 4,1\leqslant y\leqslant 4,x+y>3\}$,对应的面积是 $S_B=9-\frac{1}{2}\times 1\times 1=\frac{17}{2}$,所以取得的两个实数之和大于 3 的概率为$\frac{17}{2}\div 9=\frac{17}{18}$。故选 C。

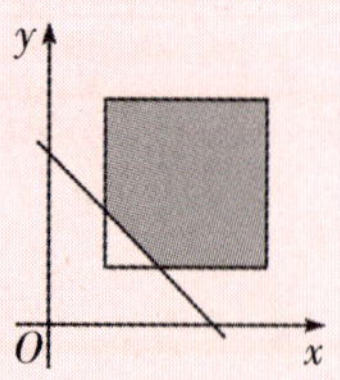

2. (2021 山西临汾洪洞县,2 分)如图是一张长方形的纸板,顺次连结各边中点得到菱形,再顺次连结菱形的各边中点,得到一个小长方形,将一个飞镖随机投掷到大的长方形纸板上,则飞镖落在阴影区域的可能性是________。

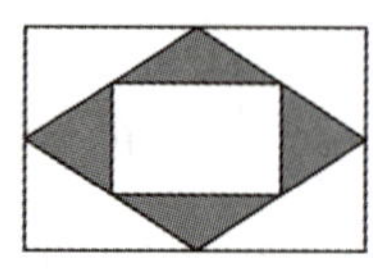

答案解析

$\frac{1}{4}$ 【解析】计算可知所求概率为$\frac{1}{4}$。

变式训练

1. 如图，正方形 $ABCD$ 内的图形来自中国古代的太极图，正方形内切圆中的黑色部分和白色部分关于正方形的中心成中心对称，在正方形内随机取一点，则此点取自黑色部分的概率是( )

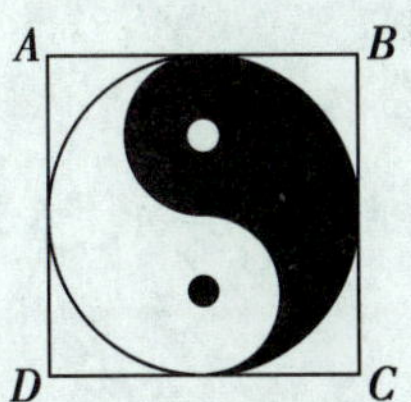

A. $\frac{1}{4}$　　B. $\frac{\pi}{8}$　　C. $\frac{1}{2}$　　D. $\frac{\pi}{4}$

2. 节日里某家门前的树上挂了两串彩灯，这两串彩灯的第一次闪亮相互独立，若通电后的 4 秒内任一时刻等可能发生，然后每串彩灯在 4 秒内间隔闪亮，那么这两串彩灯同时通电后它们第一次闪亮的时刻相差不超过 1 秒的概率是( )

A. $\frac{5}{16}$　　B. $\frac{9}{16}$　　C. $\frac{1}{4}$　　D. $\frac{7}{16}$

3. 在如图所示的圆形射击靶中，所有黑、白正三角形都全等。小明向靶子射击一次，若子弹打中靶子，则子弹刚好穿过黑色区域的概率是________。

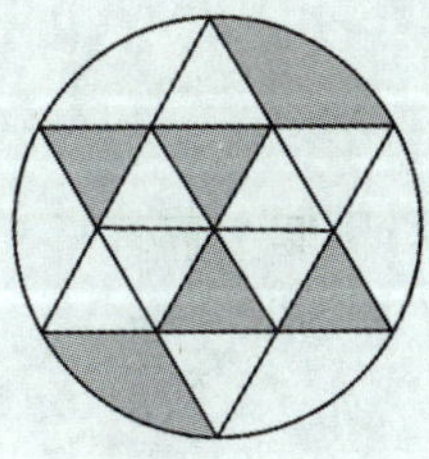

考向3 与体积有关的几何概型

解法突破

对于与体积有关的几何概型问题，关键是计算问题的总体积(总空间)以及事件的体积(事件空间)，对于某些较复杂的事件也可利用其对立事件去求。

典例

在 1000 mL 的水中有一个草履虫,现从中随机取出 2 mL 水样放到显微镜下观察,则发现草履虫的概率为(　　)

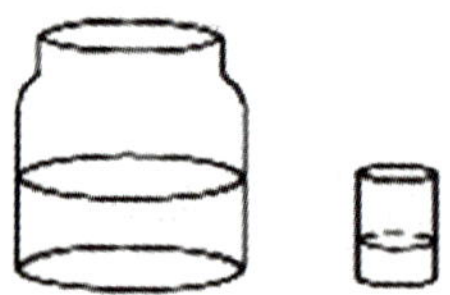

A. 0　　B. 0. 002　　C. 0. 004　　D. 1

答案解析

B 【解析】由于取水样的随机性,所求事件 A:"在取出的 2mL 水样中有草履虫"属于几何概型,$P(A)=\frac{2}{1000}=0.002$。

变式训练

在棱长为 3 的正方体内任取一个点,则这个点到各面的距离都大于 1 的概率为(　　)

A. $\frac{1}{3}$　　B. $\frac{1}{9}$　　C. $\frac{1}{27}$　　D. $\frac{3}{4}$

必刷好题

招教高频基础刷

1. 已知 x 是$[-4,4]$上的一个随机数,则使 x 满足 $x^2+x-2<0$ 的概率为(　　)

A. $\frac{1}{2}$　　B. $\frac{3}{8}$　　C. $\frac{5}{8}$　　D. 0

2. 某学校的校车在早上 6:30,6:45,7:00 到达某站点,小明在早上 6:40 至 7:10 之间到达站点,且到达的时刻是随机的,则他等车时间不超过 5 分钟的概率是(　　)

A. $\frac{1}{2}$　　B. $\frac{1}{3}$

C. $\frac{1}{4}$　　D. $\frac{1}{5}$

3. 已知圆柱的底面半径为 1,高为 2,点 O_1,O_2 分别为该圆柱上、下底面的圆心,在该圆柱内随

机取一点 P,则点 P 到 O_1,O_2 的距离都大于 1 的概率为(　　)

A. $\frac{1}{3}$　　B. $\frac{4}{9}$　　C. $\frac{5}{9}$　　D. $\frac{2}{3}$

4. 若任取 $x,y\in[1,3]$,则 x 与 y 差的绝对值不小于 1 的概率为(　　)

A. $\frac{8}{9}$　　B. $\frac{7}{9}$　　C. $\frac{1}{4}$　　D. $\frac{3}{4}$

5. 已知圆 $C:x^2+y^2=3$,在圆内随机取一点 P,以点 P 为中点作弦 AB,则弦长 $|AB|\leqslant 2\sqrt{2}$ 的概率为(　　)

A. $\frac{1}{3}$　　B. $\frac{2}{3}$　　C. $\frac{2}{9}$　　D. $\frac{4}{9}$

6. 在区间[0,1]上随机取两个数 x,y,则点 $P(x,y)$ 到坐标原点的距离大于 1 的概率为(　　)

A. $\frac{\pi}{4}$　　B. $\frac{\pi}{2}$　　C. $\frac{\pi-2}{2}$　　D. $\frac{4-\pi}{4}$

7. 近期,新冠疫苗第三针加强针开始接种,接种后需要在留观室留观满半小时后才离开,甲、乙两人定于某日上午前往同一医院接种,该医院上午上班时间为 7:30,开始接种时间为 8:00,截止接种时间为 11:30,假设甲、乙在上午时段内的任何时间到达医院是等可能的,因接种人数较少,接种时间忽略不计,则甲、乙两人在留观室相遇的概率为(　　)

A. $\frac{13}{49}$　　B. $\frac{36}{49}$　　C. $\frac{1}{7}$　　D. $\frac{6}{7}$

8. 已知集合 $A=\{(x,y)\,|\,(x-1)(y-1)\geqslant 0\}$,集合 $B=\{(x,y)\,|\,(x-1)^2+(y-1)^2\leqslant 1\}$,在集合 B 中任取一个元素 (x,y),则 $(x,y)\in(A\cap B)$ 的概率是________。

9. 已知 $f(x)=x^2+ax-b$,若 a,b 都是从区间[0,2]中任取的一个数,则满足 $f(1)\leqslant 0$ 的概率为________。

10. 已知函数 $f(x)=2^x$,在[1,9]上随机取一个实数 x_0,则使得 $f(x_0)\leqslant 8$ 成立的概率为________。

11. 在区域 $\Omega:\begin{cases}x-y\geqslant 0,\\x+y\leqslant 6,\\y\geqslant 0\end{cases}$ 内任取一点 $P(x,y)$,则满足 $x+y>4$ 的概率为________。

12. 已知 m,n 为整数,且 $m,n\in[1,5]$,设平面向量 $\boldsymbol{a}=(m,n)$ 与 $\boldsymbol{b}=(2,-1)$ 的夹角为 θ,则 $\theta\in\left[\frac{\pi}{2},\pi\right)$ 的概率为________。

招教易错能力刷

1. 已知实数 a 满足 $0\leqslant\log_2(1-a)\leqslant 3$,则直线 $y=x+a$ 与圆 $(x-1)^2+y^2=2$ 有公共点的概率

为(　　)

A. $\frac{2}{7}$　　B. $\frac{1}{7}$　　C. $\frac{4}{7}$　　D. $\frac{3}{7}$

2. 某企业的商标图案是由曲线 $C_1:x^2+y^2-2|x|-2|y|=0$ 所围成的图形,设 $C_2:|x|+|y|=2$,则在曲线 C_1 内任取一点,则该点取自曲线 C_2 内的概率为(　　)

A. $\frac{2}{\pi}$　　B. $\frac{2}{\pi+2}$

C. $\frac{2}{\pi+1}$　　D. $\frac{4}{\pi+4}$

3. 如图,B 是 AC 上一点,分别以 AB,BC,AC 为直径作半圆,从 B 作 $BD\perp AC$,与半圆相交于 D,$AC=6,BD=2\sqrt{2}$,在整个图形中随机取一点,则此点取自图中阴影部分的概率是(　　)

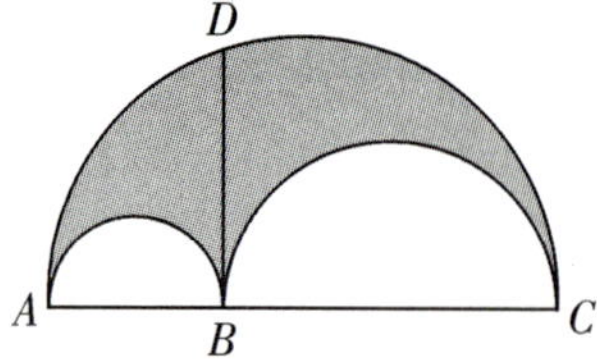

A. $\frac{2}{9}$　　B. $\frac{1}{3}$　　C. $\frac{4}{9}$　　D. $\frac{2}{3}$

4. 已知$\frac{1}{4}<a<\frac{2}{3}$,则关于 x 的方程 $x^2-(a+1)x+\frac{1}{4}a^2+\frac{1}{2}=0$ 有解的概率为________。

5. 在矩形 $ABCD$ 中,$AB>BC$,在 CD 边上随机取一点 P,若 AB 是$\triangle ABP$ 最大边的概率为$\frac{1}{4}$,则$\frac{AD}{AB}=$________。

第四节　离散型随机变量及其分布列

1. 离散型随机变量的分布列

若离散型随机变量 X 不同的可能取值为 $x_1,x_2,\cdots,x_i,\cdots,x_n$，$X$ 取每一个值 $x_i(i=1,2,\cdots,n)$ 的概率为 $P(X=x_i)=p_i$，用表格表示为

X	x_1	x_2	$\cdots$	x_i	$\cdots$	x_n
P	p_1	p_2	$\cdots$	p_i	$\cdots$	p_n

则上表称为离散型随机变量 X 的概率分布列，简称 X 的分布列。

2. 离散型概率分布列的性质

(1) $p_i\geqslant 0(i=1,2,\cdots,n)$；(2) $\sum\limits_{i=1}^{n}p_i=1$。

3. 离散型随机变量的常见分布

(1) 几何分布

在 n 次独立重复试验中，成功的概率为 p，则试验 k 次才得到第一次成功的概率 $P(X=k)=q^{k-1}p$，$k=1,2,3,\cdots$，其中 $0<p<1$，$q=1-p$。

称这样的随机变量 X 服从参数为 p 的几何分布，记为 $X\sim G(p)$。

(2) 超几何分布

设有 N 件产品，其中有 M 件不合格品，若从中不放回地随机抽取 n 件，则其中含有的不合格品件数 X 服从超几何分布，记为 $X\sim H(n,M,N)$。其发现 k 件不合格品的概率为

$P(X=k)=\dfrac{C_M^k\cdot C_{N-M}^{n-k}}{C_N^n}$，$k=0,1,2,3,\cdots,l$，其中 $l=\min\{M,n\}$，且 $M\leqslant N$，$n\leqslant N$，n,M,N 均为正整数。

考向分析

离散型随机变量的分布列及性质与超几何分布是教师招聘考试中的重点考查内容。题目难度中等，一般与统计、概率问题结合考查，考生要掌握其性质和计算方法。

思想应用

分类讨论思想：求随机变量的分布列时，要全面考虑随机变量的可能取值情况，抓好分类标准，并做到不重不漏。

招教考向解读

考向1 离散型随机变量的分布列及性质

解法突破

(1)利用分布列中各概率之和为1可求参数的值,此时要注意检验,以保证每个概率值均为非负数。

(2)求随机变量在某个范围内的概率时,根据分布列,将所求范围内各随机变量对应的概率相加即可,其依据是互斥事件的概率加法公式。

典例

设随机变量 ξ 的概率分布为 $P(\xi=k)=\frac{a}{5^k}$,a 为常数,$k=1,2,\cdots$,则 $a=$________。

答案解析

4 【**解析**】根据所有事件的概率和为1,得 $\frac{a}{5}+\frac{a}{5^2}+\frac{a}{5^3}+\cdots=1$,即 $a\left(\frac{1}{5}+\frac{1}{5^2}+\frac{1}{5^3}+\cdots\right)=1$,

$\because$ 括号中为无穷等比数列,根据无穷递缩等比数列的求和公式得到 $\lim\limits_{n\to+\infty}\left(\frac{1}{5}+\frac{1}{5^2}+\frac{1}{5^3}+\cdots+\frac{1}{5^n}\right)$

$=\dfrac{\frac{1}{5}}{1-\frac{1}{5}}=\frac{1}{4}$,$\therefore\ \frac{1}{4}a=1$,$\therefore\ a=4$。

变式训练

已知离散型随机变量 X 的分布列如下表,则实数 c 为(　　)

X	0	1
P	$9c^2-c$	$3-8c$

A. $\frac{1}{3}$　　　　B. $\frac{2}{3}$

C. $\frac{1}{3}$或$\frac{2}{3}$　　　　D. $\frac{1}{4}$

考向2 超几何分布

解法突破

超几何分布描述的是不放回抽样问题，随机变量为抽到的某类个体的个数，超几何分布的特征是:①考查对象分两类;②已知两类对象的个数;③从中抽取若干个个体，考查某类个体数 X 的分布列。超几何分布主要用于抽检产品、摸不同类别的小球等概率模型，本质是古典概型。

在含有3件次品的50件产品中，任取2件，则至少取到1件次品的概率为(　　)

A. $\frac{C_3^1C_{47}^1}{C_{50}^2}$　　B. $\frac{C_3^2C_{47}^0}{C_{50}^2}$　　C. $\frac{C_3^1C_3^2}{C_{50}^2}$　　D. $\frac{C_3^1C_{47}^1+C_3^2C_{47}^0}{C_{50}^2}$

答案解析

D 【解析】在含有3件次品的50件产品中，任取2件，则至少取到1件次品的概率为 $P=\frac{C_3^1C_{47}^1+C_3^2C_{47}^0}{C_{50}^2}$。

变式训练

在15个村庄中有7个村庄交通不便，先从中任意选10个村庄，用 X 表示这10个村庄中交通不便的村庄数，则下列概率中等于 $\frac{C_7^4C_8^6}{C_{15}^{10}}$ 的是(　　)

A. $P(X=2)$　　B. $P(X\leqslant 2)$

C. $P(X=4)$　　D. $P(X\leqslant 4)$

考向3 离散型随机变量分布列的求法

解法突破

(1)分布列的三种求法:

①利用古典概型的定义求出离散型随机变量的分布列;

②利用随机变量的性质:互斥事件的概率、相互独立事件同时发生的概率以及 n 次独立重复试验中有 k 次发生的概率求离散型随机变量的分布列;

③在实际问题中经常用随机变量的频率代替概率，进而求出随机变量的分布列。

(2)用定义法求离散型随机变量 X 的分布列的一般步骤：

①理解 X 的意义，写出 X 的全部可能取值；②求 X 取每个值的概率；③写出 X 的分布列。

真题过招

(2022 山西特岗，8 分)已知袋中装有大小相同的 2 个白球和 4 个红球，现在采取两种不同的方案取出球，具体情况如下：

(1)从袋中随机地取出一个球，放回后再随机地取出一个球，这样连续取 4 次球，求共取得红球的次数 η 的分布列和数学期望；

(2)从袋中随机地将球逐个取出，每次取出后不放回，直到取出两个红球为止，求取球次数 ξ 的分布列和数学期望。

答案解析

【解析】(1)由题意得，从袋中随机取出一个球，取得红球的概率为 $\frac{4}{6}=\frac{2}{3}$，取得白球的概率为 $\frac{2}{6}=\frac{1}{3}$，

η 的可能取值为 0，1，2，3，4，

$P(\eta=0)=C_4^0\times\left(\frac{1}{3}\right)^4=\frac{1}{81}$，

$P(\eta=1)=C_4^1\times\frac{2}{3}\times\left(\frac{1}{3}\right)^3=\frac{8}{81}$，

$P(\eta=2)=C_4^2\times\left(\frac{2}{3}\right)^2\times\left(\frac{1}{3}\right)^2=\frac{24}{81}=\frac{8}{27}$，

$P(\eta=3)=C_4^3\times\left(\frac{2}{3}\right)^3\times\frac{1}{3}=\frac{32}{81}$，

$P(\eta=4)=C_4^4\times\left(\frac{2}{3}\right)^4=\frac{16}{81}$。

则 η 的分布列为：

η	0	1	2	3	4
P	$\frac{1}{81}$	$\frac{8}{81}$	$\frac{8}{27}$	$\frac{32}{81}$	$\frac{16}{81}$

所以 $E(\eta)=0\times\frac{1}{81}+1\times\frac{8}{81}+2\times\frac{8}{27}+3\times\frac{32}{81}+4\times\frac{16}{81}=\frac{8}{3}$。

(2)ξ 的可能取值为 2,3,4,

$P(\xi=2)=\frac{4}{6}\times\frac{3}{5}=\frac{2}{5}$,$P(\xi=3)=\left(\frac{4}{6}\times\frac{2}{5}+\frac{2}{6}\times\frac{4}{5}\right)\times\frac{3}{4}=\frac{2}{5}$,$P(\xi=4)=$

$\frac{4}{6}\times\frac{2}{5}\times\frac{1}{4}+\frac{2}{6}\times\frac{4}{5}\times\frac{1}{4}+\frac{2}{6}\times\frac{1}{5}\times\frac{4}{4}$

$=\frac{1}{5}$。则 ξ 的分布列为:

ξ	2	3	4
P	$\frac{2}{5}$	$\frac{2}{5}$	$\frac{1}{5}$

所以 $E(\xi)=2\times\frac{2}{5}+3\times\frac{2}{5}+4\times\frac{1}{5}=\frac{14}{5}$。

变式训练

微信是腾讯公司推出的一款手机通讯软件,它支持发送语音短信、视频、图片和文字,一经推出便风靡全国,甚至涌现出一批在微信朋友圈内销售商品的人(被称为微商),为了调查每天微信用户使用微信的时间,某经销化妆品的微商在一广场随机采访男性、女性用户各 50 名,其中每天玩微信超过 6 小时的用户被列为“微信控”,否则,称其为“非微信控”,调查结果如下:

	微信控	非微信控	合计
男性	26	24	50
女性	30	20	50
合计	56	44	100

(1)记“微信控”的“理性指数”为 5,“非微信控”的“理性指数”为 6,根据以上数据,求全体被调查用户的“理性指数”的平均数;

(2)现从调查的女性用户中按分层抽样的方法选出 5 人,并从选出的 5 人中再随机抽取 3 人,每人赠送价值 200 元的护肤品套装,记这 3 人中“微信控”的人数为 X,试求 X 的分布列与数学期望。

必刷好题

招教高频基础刷

1. 用 X 表示投掷一枚均匀的骰子所得的点数,利用 X 的分布列求下列事件的概率,其中错误

的是(　　)

A. 掷出的点数是偶数的概率为$\frac{1}{2}$

B. 掷出的点数超过 1 的概率为$\frac{5}{6}$

C. 掷出的点数大于 3 而不大于 5 的概率为$\frac{1}{2}$

D. X 的期望为$\frac{7}{2}$

2. 某射手射击所得环数 ξ 的分布列如下：

ξ	7	8	9	10
P	x	0.1	0.3	y

已知 ξ 的均值 $E(\xi)=8.9$，则 y 的值为(　　)

A. 0.4　　B. 0.6　　C. 0.7　　D. 0.9

3. 若随机变量的分布列如下表：

ξ	-2	-1	1	2	3
P	0.2	0.1	$2m$	0.25	m

则 $P(|\xi-1|<2)=$(　　)

A. 0.3　　B. 0.35

C. 0.45　　D. 0.55

4. 随机变量 X 的分布列如下表，其中 a,b,c 成等差数列，且 $ab=2c$，则 $P(X=2)=$(　　)

X	2	4	6
P	a	b	c

A. $\frac{2}{21}$　　B. $\frac{4}{5}$　　C. $\frac{1}{4}$　　D. $\frac{4}{7}$

5. 随机变量 ξ 的概率分布列为 $P(\xi=k)=\frac{c}{k(k+2)}$，$k=1,2,3,4$，其中 c 是常数，则 $P(\xi\leqslant 2)$ 的值为(　　)

A. $\frac{2}{3}$　　B. $\frac{5}{4}$　　C. $\frac{4}{5}$　　D. $\frac{55}{68}$

6. 已知随机变量 ξ 的分布列如下表所示，若 $P(\xi\leqslant x)=\frac{3}{4}$，则实数 x 的取值范围是________。

ξ	-2	0	2	3
P	$\frac{1}{4}$	$\frac{1}{4}$	$\frac{1}{4}$	a

7. 设 10 件同类型的零件中有 2 件是不合格品，从其中任取 3 件，以 X 表示取出的 3 件零件中的不合格件数，则 $P(X=1)=$________。

8. 一盒中有 3 个红球，3 个黄球，2 个白球，从盒中一次取两球，记取到白球的个数为 x，其概率分布为 $P(x)$，则 $P(x\geqslant 1)=$________。

9. 甲、乙两人进行围棋比赛，约定先连胜两局者直接赢得比赛，若赛完 5 局仍未出现连胜，则判定获胜局数多者赢得比赛。假设每局甲获胜的概率为 $\frac{2}{3}$，乙获胜的概率为 $\frac{1}{3}$，各局比赛结果相互独立。

(1) 求甲在 4 局以内(含 4 局)赢得比赛的概率；

(2) 记 X 为比赛决出胜负时的总局数，求 X 的分布列。

10. 已知盒子里有 6 个形状、大小完全相同的小球，其中颜色是红、白、黑三种颜色，每种颜色各两个小球。现制定如下游戏规则：每次从盒子里不放回地摸出一个球，若取到红球记 1 分；取到白球记 2 分；取到黑球记 3 分。

(1) 若从中连续取 3 个球，求恰好取到 3 种颜色球的概率；

(2) 若从中连续取 3 个球，记最后总得分为随机变量 ξ，求随机变量 ξ 的分布列。

11. 从某批产品中，有放回地抽取产品两次，每次随机抽取 1 件，假设事件 A：“取出的 2 件产品中至多有 1 件是二等品”的概率 $P(A)=0.99$。

(1) 求从该批产品中任取 1 件是二等品的概率；

(2) 若该批产品共 100 件，从中无放回一次性任意抽取 2 件，用 X 表示取出的 2 件产品中二等品的件数，求 X 的分布列。

第五节　条件概率、n 次独立重复试验与二项分布

招教核心要点

1. 条件概率与相互独立事件

条件概率	设事件 A 和 B 是同一试验的两个事件，且 $P(A)>0$，在事件 A 发生的条件下事件 B 发生的概率称为条件概率，记为 $P(B\|A)$，$P(B\|A)=\frac{P(AB)}{P(A)}$
事件的独立性	若事件 A 和 B 相互独立，则 $P(AB)=P(A)P(B)$
乘法公式	对于任意两个事件 A 和 B，若 $P(A)>0$，$P(B)>0$，则有 $P(AB)=P(A)P(B\|A)=P(B)P(A\|B)$
全概率公式	设 $B_1,B_2,\cdots,B_n$ 为样本空间 Ω 的一个分割，即 $B_1,B_2,\cdots,B_n$ 互不相容，且 $\bigcup\limits_{i=1}^{n}B_i=\Omega$，如果 $P(B_i)>0$，$i=1,2,\cdots,n$，则对任一事件 A 有 $P(A)=\sum\limits_{i=1}^{n}P(B_i)P(A\|B_i)$

2. 二项分布

在 n 次独立重复试验中，用 X 表示事件 A 发生的次数，设每次试验中事件 A 发生的概率是 p，此时称随机变量 X 服从二项分布，记作 $X\sim B(n,p)$，并称 p 为成功概率。在 n 次独立重复试验中，事件 A 恰好发生 k 次的概率为 $P(X=k)=C_n^kp^k(1-p)^{n-k}(k=0,1,2,\cdots,n)$。

若 $X\sim B(n,p)$，则 $E(X)=np$，$D(X)=np(1-p)$。

考向分析

条件概率、事件的独立性、独立重复试验与二项分布等问题一般难度较大，但相对考查较少。掌握并正确应用其性质与计算方法是正确解题的关键。

思想应用

数学建模思想：条件概率、互斥事件概率、独立事件同时发生的概率、二项分布等数学概率模型，都是数学建模思想的具体体现。

招教考向解读

考向1 条件概率

解法突破

(1)定义法:先求 $P(A)$ 和 $P(AB)$,再由 $P(B|A)=\dfrac{P(AB)}{P(A)}$ 求 $P(B|A)$。

(2)基本事件法:借助古典概型概率公式,先求事件 A 包含的基本事件数 $n(A)$,再求事件 AB 所包含的基本事件数 $n(AB)$,得 $P(B|A)=\dfrac{n(AB)}{n(A)}$。

典例

甲罐中有5个红球、2个白球和3个黑球,乙罐中有6个红球、2个白球和2个黑球,先从甲罐中随机取出一个球放入乙罐,分别以 A_1,A_2,A_3 表示由甲罐取出的球是红球、白球和黑球的事件,再从乙罐中随机取出一个球,以 B 表示由乙罐取出的球是红球的事件,下列结论中不正确的是( )

A. 事件 B 与事件 A_1 不相互独立

B. A_1,A_2,A_3 是两两互斥的事件

C. $P(B)=\dfrac{3}{5}$

D. $P(B|A_1)=\dfrac{7}{11}$

答案解析

C 【解析】选项A,乙罐取出的球是红球的事件概率与前面是否取出红球相关,故A项正确;选项B,A_1,A_2,A_3 是两两不可能同时发生的,故B项正确;选项C,$P(B)=\dfrac{5}{10}\times\dfrac{7}{11}+\dfrac{5}{10}\times\dfrac{6}{11}=\dfrac{13}{22}$,故C项不正确;选项D,$P(B|A_1)=\dfrac{7}{11}$,故D项正确。

变式训练

某同学参加学校数学考试,数学考试分为选填题和解答题两部分,选填题及格的概率为 $\dfrac{4}{5}$,两部分都及格的概率为 $\dfrac{3}{10}$,则在选填题及格的条件下解答题及格的概率为( )

A. $\dfrac{6}{25}$　　B. $\dfrac{3}{10}$　　C. $\dfrac{3}{8}$　　D. $\dfrac{14}{25}$

考向2 事件的独立性

解法突破

求相互独立事件同时发生的概率的方法：

(1)利用相互独立事件的概率乘法公式直接求解。

(2)正面计算较繁或难以入手时，可从其对立事件入手计算。

真题过招

(2022 湖南长沙岳麓区，2 分)一位同学参加篮球比赛，每次投进的概率是 0.6，该同学投两次都进球的概率为(　　)

A. 0.6　　B. 0.54　　C. 0.36　　D. 0.24

答案解析

C　【解析】P(该同学投两次都进球) $=0.6\times0.6=0.36$。

变式训练

1. (多选)已知事件 A 与事件 B 为相互独立事件，则 $P(AB)=$(　　)

A. $P(A)+P(B)$　　B. $P(A)+P(B)-P(A\cup B)$

C. $P(A)+P(B)-P(A)P(B)$　　D. $P(A)P(B)$

2. 若事件 A 和事件 B 相互独立，$P(A)=a$，$P(B)=0.3$，$P(A\cup B)=0.6$，则 $a=$________。

考向3 独立重复试验与二项分布

解法突破

(1)利用独立重复试验概率公式可以简化求概率的过程，但需要注意检查该概率模型是否满足公式 $P(X=k)=C_n^kp^k(1-p)^{n-k}$ 的三个条件：

①在一次试验中某事件 A 发生的概率是一个常数 p；

② n 次试验不仅是在完全相同的情况下进行的重复试验，而且各次试验的结果是相互独立的；

③该公式表示 n 次试验中事件 A 恰好发生了 k 次的概率。

(2)利用二项分布的期望公式 $E(X)=np$，方差公式 $D(X)=np(1-p)$ 计算时，注意 p 表示的是成功概率，即每次试验中事件 A 发生的概率。

真题过招

(2020 吉林特岗,5 分)某商场电梯从 1 层出发后可以在 2,3,4 层停靠,已知该电梯在 1 层有 4 位乘客,假设每位乘客在 2,3,4 层下电梯的概率是等可能的,求这 4 位乘客中至少有一位在 2 层下电梯的概率。

答案解析

【解析】由题意可得,每位乘客在 2,3,4 层下电梯是等可能的,则每位乘客在每一层下电梯的概率都是$\frac{1}{3}$。因为 4 位乘客在第 2 层都不下电梯的概率为$\left(1-\frac{1}{3}\right)^4=\frac{16}{81}$,所以 4 位乘客中至少有一位在 2 层下电梯的概率为$1-\frac{16}{81}=\frac{65}{81}$。

变式训练

某射手每次射击击中目标的概率为 0.9,设该射手在 100 次射击中击中目标的次数为 X,则方差 $D(X)=$________。

必刷好题

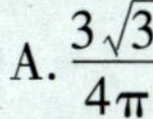

招教高频基础刷

1. 已知$\overline{A}$,$\overline{B}$分别为随机事件 A,B 的对立事件,$P(A)>0$,$P(B)>0$,则下列说法不正确的是(　　)

A. $P(B|A)+P(\overline{B}|A)=1$　　B. $P(B|A)+P(B|\overline{A})=1$

C. 若 A,B 独立,则 $P(A|B)=P(A)$　　D. 若 A,B 互斥,则 $P(B|A)=P(A|B)$

2. 抛掷一枚质地均匀的骰子两次,记 $A=\{$两次的点数均为偶数$\}$,$B=\{$两次的点数之和为 8$\}$,则 $P(B|A)=$(　　)

A. $\frac{1}{12}$　　B. $\frac{2}{9}$　　C. $\frac{1}{3}$　　D. $\frac{2}{3}$

3. 如图,$\triangle ABC$ 和 $\triangle DEF$ 是同一圆 O 的两个内接正三角形,且 $BC\parallel EF$。一个质点 P 在该圆内运动,用 M 表示事件"质点 P 落在扇形 OEF(阴影区域)内",N 表示事件"质点 P 落在$\triangle DEF$ 内",则 $P(N|M)=$(　　)

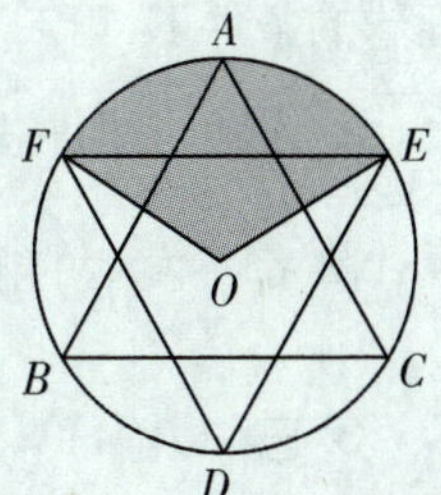

A. $\frac{3\sqrt{3}}{4\pi}$　　B. $\frac{\sqrt{3}}{2\pi}$

C. $\frac{1}{3}$　　D. $\frac{2}{3}$

4. 已知随机变量 $X \sim B(n,p)$，$E(X)=2$，$D(X)=\frac{2}{3}$，则 $P(X\geq 2)=$（　　）

A. $\frac{20}{27}$　　B. $\frac{2}{3}$　　C. $\frac{16}{27}$　　D. $\frac{13}{27}$

5. 已知某篮球运动员每次罚球命中的概率为 0.4，该运动员进行罚球练习（每次罚球互不影响），则在罚球命中两次时，罚球次数恰为 4 次的概率是（　　）

A. $\frac{36}{625}$　　B. $\frac{9}{125}$　　C. $\frac{108}{625}$　　D. $\frac{54}{125}$

6. 某群体中的每位成员使用移动支付的概率都为 p，各成员的支付方式相互独立。设 X 为该群体的 10 位成员中使用移动支付的人数，$D(X)=2.4$，$P(X=4)<P(X=6)$，则 $p=$（　　）

A. 0.7　　B. 0.6　　C. 0.4　　D. 0.3

7. 已知甲在上班途中要经过两个路口，在第一个路口遇到红灯的概率为 0.8，两个路口连续遇到红灯的概率为 0.4，则甲在第一个路口遇到红灯的条件下，第二个路口遇到红灯的概率为________。

8. 已知 $P(A)=0.5$，$P(B|A)=0.2$，$P(B|\overline{A})=0.4$，则 $P(B)=$________。

9. 变量 X,Y 满足 $Y=3X-1$，$X\sim B(3,p)$，若 $P(X\geq 1)=\frac{19}{27}$，则 $D(Y)=$________。

10. 福州纸伞是历史悠久的中国传统手工艺品，属于福州三宝之一，纸伞的制作工序大致分为三步：第一步削伞架；第二步裱伞面；第三步绘花刷油。一个优秀的作品除了需要有很好的素材外，更要有制作上的技术要求。已知某工艺师在每个环节制作合格的概率分别为 $\frac{3}{4}$，$\frac{4}{5}$，$\frac{2}{3}$，只有当每个环节制作都合格才认为一次成功制作。

（1）求该工艺师进行 3 次制作，恰有一件优秀作品的概率；

（2）若该工艺师制作 4 次，其中优秀作品数为 X，求 X 的分布列及期望。

招教易错能力刷

1. 设袋中有 10 只球，其中 6 只红球和 4 只白球，现从中不放回地任取两只球，则在第一次取得红球的条件下，第二次取得白球的概率为________。

2. 设随机事件 A 与 B 相互独立，已知 A 发生 B 不发生的概率和 B 发生 A 不发生的概率相等，且 A,B 都不发生的概率为 $\frac{1}{9}$，则 $P(A)=$________。

3. 已知 $P(A)=\frac{1}{4}$，$P(B|A)=\frac{1}{3}$，$P(A|B)=\frac{1}{2}$，则 $P(\overline{A}\overline{B})=$________。

第六节　连续型随机变量

招教核心要点

1. 连续型随机变量的定义与性质

(1) 定义：设随机变量 X 的分布函数为 $F(X)$，若存在非负可积函数 $f(x)$，使得对于任意实数 x，都有 $F(x)=\int_{-\infty}^{x}f(t)\mathrm{d}t$，则称 X 为连续型随机变量，其中函数 $f(x)$ 称为 X 的概率密度函数，简称概率密度。

(2) 性质：$f(x)\geqslant 0$；$\int_{-\infty}^{+\infty}f(x)\mathrm{d}x=1$；对于任意实数 a，$b(a\leqslant b)$，$P\{a<X\leqslant b\}=F(b)-F(a)=\int_{a}^{b}f(x)\mathrm{d}x$；若 $f(x)$ 在点 x 处连续，则有 $F'(x)=f(x)$。

2. 连续型随机变量的常见分布

(1) 均匀分布

如果连续型随机变量 X 的概率密度为 $\varphi(x)=\begin{cases}\dfrac{1}{b-a},a<x<b,\\0,其他,\end{cases}$ 则称 X 在 (a,b) 上服从均匀分布，记为 $X\sim U(a,b)$。其分布函数为 $F(x)=\begin{cases}0,x<a,\\\dfrac{x-a}{b-a},a\leqslant x<b,\\1,x\geqslant b。\end{cases}$

注：均匀分布的期望 $E(X)=\dfrac{a+b}{2}$，方差 $D(X)=\dfrac{(b-a)^2}{12}$。

(2) 指数分布

若连续型随机变量 X 的概率密度为 $f(x)=\begin{cases}\lambda e^{-\lambda x},x>0,\\0,其他,\end{cases}(\lambda>0)$，则称 X 服从参数为 λ 的指数分布，记

考向分析

连续型随机变量的概率密度函数中，正态分布考查较多，是教师招聘考试中的重点考查内容。题目一般较为简单，考生要掌握其性质、定理与计算方法，同时也要对其他常见连续型随机变量的概率密度函数有所了解和掌握。

为 $X \sim E(\lambda)$。其分布函数为 $F(x)=\begin{cases}1-e^{-\lambda x}, x>0, \\ 0, 其他,\end{cases}$ $EX=\frac{1}{\lambda}, DX=\frac{1}{\lambda^{2}}$。

3. 正态分布

(1) 正态曲线

函数 $\varphi(x)=\frac{1}{\sqrt{2\pi}\sigma}e^{-\frac{(x-\mu)^2}{2\sigma^2}}, x\in(-\infty,+\infty)$，其中实数 μ 和 σ 为参数($\sigma>0, \mu\in R$)，称函数 $\varphi(x)$ 的图象为正态分布密度曲线，简称正态曲线。

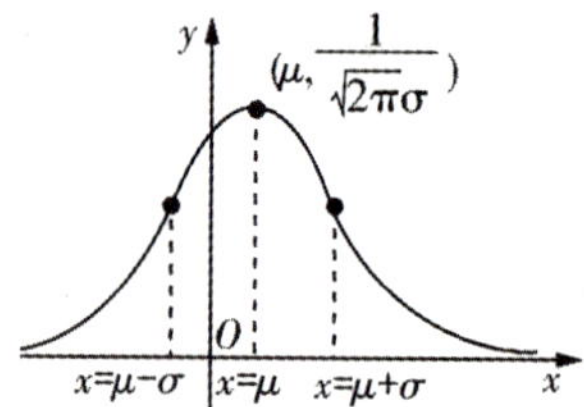

(2) 正态曲线的性质

①曲线位于 x 轴上方，与 x 轴不相交；

②曲线是单峰的，关于直线 $x=\mu$ 对称，其中 $P(X<\mu)=P(X>\mu)=0.5, P(X<\mu-\sigma)=P(X>\mu+\sigma)$；

③曲线在 $x=\mu$ 处达到峰值 $\frac{1}{\sigma\sqrt{2\pi}}$；

④曲线与 x 轴之间的面积为 1；

⑤当 σ 一定时，曲线的位置由 μ 确定，曲线随着 μ 的变化沿 x 轴平移，如图甲所示；

⑥当 μ 一定时，曲线的形状由 σ 确定，σ 越小，曲线越"瘦高"，表示总体的分布越集中；σ 越大，曲线越"矮胖"，表示总体的分布越分散，如图乙所示。

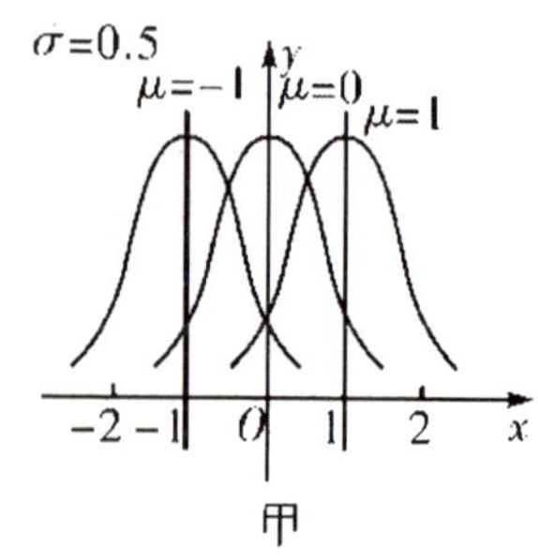

甲

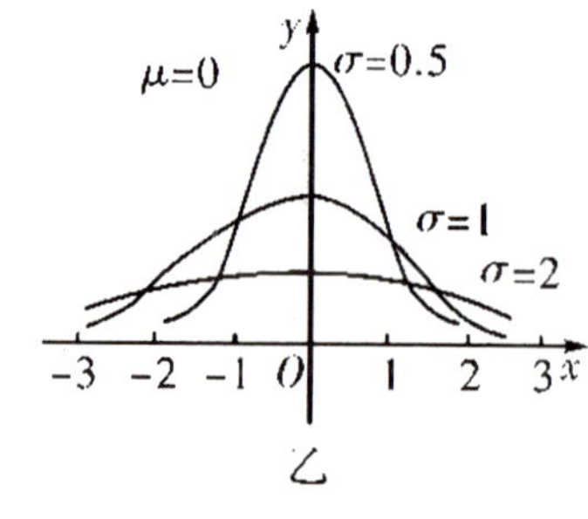

乙

(3)正态分布的定义及表示

一般地，如果对于任何实数 $a,b(a<b)$，随机变量 X 满足 $P(a<X\leqslant b)=\int_a^b \varphi(x)\mathrm{d}x$，则称随机变量 X 服从正态分布，记作 $X\sim N(\mu,\sigma^2)$。当 $X\sim N(\mu,\sigma^2)$ 时，$Y=\dfrac{X-\mu}{\sigma}\sim N(0,1)$。

(4)正态分布标准化

$P(X\leqslant b)=\Phi\left(\dfrac{b-\mu}{\sigma}\right)$；$P(a<X\leqslant b)=\Phi\left(\dfrac{b-\mu}{\sigma}\right)-\Phi\left(\dfrac{a-\mu}{\sigma}\right)$。

招教考向解读

考向1 连续型随机变量的概率密度函数

解法突破

(1)分布函数 $F(x)=\int_{-\infty}^{x} f(t)\mathrm{d}t$，概率密度函数 $f(x)=F'(x)$（其中 x 为 $f(x)$ 的连续点）。

(2) $f(x)$ 是某一连续型随机变量 X 的概率密度函数的充要条件是：① $f(x)\geqslant 0$；② $\int_{-\infty}^{+\infty} f(x)\mathrm{d}x=1$ 同时成立。

真题过招

(2019 山东潍坊诸城，10 分)设随机变量 X 的分布函数 $F(x)=\begin{cases}0, x\leqslant 0,\\ x^2, 0<x<1,\\ 1, x\geqslant 1。\end{cases}$

(1)求 X 的密度函数 $f(x)$；

(2)求概率 $P\left(-2<x<\dfrac{1}{4}\right)$。

答案解析

【解析】(1)连续型随机变量 X 的密度函数 $f(x)=F'(x)$，所以随机变量 X 的密度函数为

$$f(x)=\begin{cases}2x, 0<x<1,\\ 0, 其他。\end{cases}$$

(2)$P\left(-2<x<\frac{1}{4}\right)=F\left(\frac{1}{4}\right)-F(-2)=\frac{1}{4^2}-0=\frac{1}{16}$。

变式训练

设随机变量 X 具有概率密度 $f(x)=\begin{cases}kx,0\leqslant x<3,\\2-\frac{x}{2},3\leqslant x\leqslant 4,\\0,其他。\end{cases}$

(1)确定常数 k;(2)求 x 的分布函数 $F(x)$。

考向2 连续型随机变量的概率计算

解法突破

$P\{a<X\leqslant b\}=P\{a\leqslant X\leqslant b\}=P\{a\leqslant X<b\}=P\{a<X<b\}=F(b)-F(a)=\int_a^b f(x)\mathrm{d}x$。(几何上表示曲边梯形的面积)

真题过招

(2019 山东东营,2.5 分)随机变量 X 的密度函数 $f(x)=\begin{cases}\frac{1}{(1+x)^2},x>0,\\0,x\leqslant 0,\end{cases}$ 则 $P(1\leqslant X\leqslant 2)$ =(　　)

A. $\frac{1}{2}$　　B. $\frac{1}{3}$　　C. $\frac{1}{4}$　　D. $\frac{1}{6}$

答案解析

D 【解析】$P(1\leqslant X\leqslant 2)=\int_1^2 f(x)\mathrm{d}x=\int_1^2\frac{1}{(1+x)^2}\mathrm{d}x=-\frac{1}{1+x}\Big|_1^2=\frac{1}{6}$。

变式训练

连续型随机变量 X 的密度函数为 $\varphi(x)=\begin{cases}\frac{c}{\sqrt{1-x^2}},|x|<1,\\0,其他。\end{cases}$

(1)求常数 c 的值;

(2)求随机变量 X 落在$\left(-\frac{1}{2},\frac{1}{2}\right)$内的概率。

考向3 正态分布的应用

解法突破

在利用正态分布求解随机变量概率的实际问题中，一般都是利用 3σ 原则，找到要求的概率 $P(a<x<b)$ 中的 a,b 与 σ 的关系，化简成求解 $P(\mu-m\sigma<x<\mu+n\sigma)$，再根据给出的数据表得到结论。

真题过招

1. (2021 山东日照东港区,8 分)设随机变量 $\xi\sim N(\mu,1)$，函数 $f(x)=x^2+2x-\xi$，没有零点的概率是0.5，则 $P(0<\xi<1)=$(　　)(若 $\xi\sim N(\mu,\sigma^2)$，则 $P(\mu-\sigma<X\leqslant\mu+\sigma)\approx0.6827$，$P(\mu-2\sigma<X\leqslant\mu+2\sigma)\approx0.9545$)

A. 0.1359　　B. 0.1587　　C. 0.2718　　D. 0.3413

答案解析

A 【解析】若函数 $f(x)=x^2+2x-\xi$ 没有零点，即方程 $x^2+2x-\xi=0$ 无实数根，那么 $\Delta=4+4\xi<0$，即 $\xi<-1$，因为函数 $f(x)$ 没有零点的概率是0.5，故 $P(\xi<-1)=0.5$，根据正态分布的对称性可知 $\mu=-1$，所以随机变量为 $\xi\sim N(-1,1)$，$\mu=-1,\sigma=1$，那么 $\mu-\sigma=-2,\mu+\sigma=0;\mu-2\sigma=-3,\mu+2\sigma=1$，于是 $P(-2<\xi\leqslant0)\approx0.6827$，$P(-3<\xi\leqslant1)\approx0.9545$，那么 $P(0<\xi<1)=\frac{1}{2}[P(-3<\xi\leqslant1)-P(-2<\xi\leqslant0)]\approx\frac{1}{2}\times(0.9545-0.6827)=0.1359$，故选 A。

2. (2019 山东临沂兰山区,2 分)设随机变量 $\xi\sim N(1,\sigma^2)$，则 $P(\xi>2)=p$，$P(1<\xi<2)=$________。

答案解析

$\frac{1}{2}-p$ 【解析】由正态分布的性质知，其对称轴为 $\xi=\mu=1$，则 $P(\xi\leqslant1)=P(\xi\geqslant1)=\frac{1}{2}$，

$\because P(\xi>2)=P(\xi\geqslant2)=p$，$\therefore P(1<\xi<2)=P(\xi>1)-P(\xi\geqslant2)=\frac{1}{2}-p$。

变式训练

1. 某班有 60 名学生，一次考试后全班学生的数学成绩服从 $X \sim N(110,10^2)$，若 $P(100 \leqslant X \leqslant 110)=0.35$，则估计该班学生的数学成绩在 120 分以上的人数为（　　）

A. 9　　B. 8　　C. 7　　D. 6

2. 随机变量 X 满足 $X \sim N(3,\sigma^2)$，已知 $P(X>M)=0.3$，则 $P(X<6-M)=$________。

3. 在某项测量中，测量结果 ξ 服从正态分布 $N(1,\sigma^2)\ (\sigma>0)$。若 ξ 在 $(0,1)$ 内取值的概率为 0.4，则 ξ 在 $(2,+\infty)$ 上取值的概率为________。

考向 4 均匀分布的应用

解法突破

(1) 概率密度为 $f(x)=\begin{cases}\dfrac{1}{b-a}, & a<x<b,\\ 0, & \text{其他};\end{cases}$ 分布函数为 $F(x)=\begin{cases}0, & x<a,\\ \dfrac{x-a}{b-a}, & a \leqslant x<b,\\ 1, & x \geqslant b。\end{cases}$

(2) 若 $X \sim U(a,b)$，$[c,d] \subset (a,b)$，则 $P\{c<X<d\}=\dfrac{d-c}{b-a}$。

真题过招

(2019 山东东营，2.5 分) 设随机变量 X 服从区间 $[0,2]$ 上的均匀分布，$Y=2e^X+X$，则 $E(Y)$ 的值为（　　）

A. e^2　　B. e^2-1

C. $2e^2-1$　　D. $2e^2+1$

答案解析

A 【解析】随机变量 X 服从区间 $[0,2]$ 上的均匀分布，则 X 的概率密度函数为 $f(x)=\begin{cases}\dfrac{1}{2}, & x \in (0,2),\\ 0, & x \notin (0,2)。\end{cases}$ 随机变量 $Y=g(X)=2e^X+X$，则 $E(Y)=E(g(X))=\int_{-\infty}^{+\infty} g(x)f(x)\mathrm{d}x=\int_0^2 \frac{1}{2}(2e^x+x)\mathrm{d}x=\left(e^x+\frac{x^2}{4}\right)\Big|_0^2=e^2$。

变式训练

设随机变量 X 服从$(0,10)$上的均匀分布，现对 X 进行 4 次独立观测，试求至少有 3 次观测值大于5 的概率。

招教高频基础刷

1. 设随机变量 X 的密度函数为 $f(x)$，则下列函数中必为某随机变量的密度函数的是( )

A. $2f(x)$　　B. $f(2x)$　　C. $f(1-x)$　　D. $1-f(x)$

2. 设随机变量 X 的分布函数 $F_X(x)$，则 $Y=2X+1$ 的分布函数 $F_Y(y)$ 是( )

A. $F_X\left(\frac{1}{2}y-\frac{1}{2}\right)$　　B. $F_X\left(\frac{1}{2}y+1\right)$

C. $2F_X(y)+1$　　D. $\frac{1}{2}F_X(y)-\frac{1}{2}$

3. 已知随机变量 ξ 的概率密度函数为 $f(x)=\begin{cases}2x,0\leqslant x\leqslant 1,\\0,x<0\text{ 或 }x>1,\end{cases}$ 则 $P\left\{\frac{1}{4}<\xi<\frac{1}{2}\right\}=$( )

A. $\frac{1}{4}$　　B. $\frac{1}{7}$　　C. $\frac{1}{9}$　　D. $\frac{3}{16}$

4. 已知随机变量 X 服从正态分布 $N(4,\sigma^2)$，且 $P(3\leqslant x\leqslant 5)=0.86$，则 $P(X<3)=$( )

A. 0.43　　B. 0.28　　C. 0.14　　D. 0.07

5. 已知随机变量 ξ 服从正态分布 $N(3,4)$，若 $P(\xi>2c+1)=P(\xi<2c-1)$，则 c 的值为( )

A. $\frac{3}{2}$　　B. 2　　C. 1　　D. $\frac{1}{2}$

6. 含有海藻碘浓缩液的海藻碘盐，是新一代的碘盐产品。海藻中的碘 80% 为无机碘，10% ~ 20% 为有机碘，海藻碘盐兼备无机碘和有机碘的优点。某超市销售的袋装海藻碘食用盐的质量 X(单位:克)服从正态分布 $N(400,4)$，某顾客购买了 4 袋海藻碘食用盐，则至少有 2 袋的质量超过 400 克的概率为( )

A. $\frac{11}{16}$　　B. $\frac{3}{4}$　　C. $\frac{5}{8}$　　D. $\frac{5}{16}$

7. 已知随机变量 $X\sim N(0.4,\sigma_1{}^2)$，$Y\sim N(0.8,\sigma_2{}^2)$，其正态曲线如图所示，则下列说法错误

的是(　　)

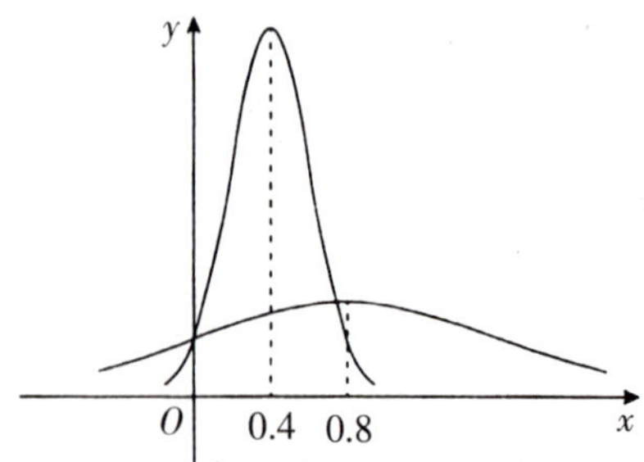

A. $P(X\geqslant 0.4)=P(Y\geqslant 0.8)$　　　　B. $P(X\geqslant 0)=P(Y\geqslant 0)$

C. X 的取值比 Y 的取值更集中于平均值　　　　D. 两支正态曲线与 x 轴之间的面积均为 1

8. 设随机变量 X 的概率密度为 $f(x)=\begin{cases}\frac{1}{6},-2<x<0,\\ \frac{1}{3},1<x<3,\\ 0,其他,\end{cases}$ 则 $P\{X^2\leqslant 5\}=$________。

9. 设随机变量 X 的密度函数 $f(x)=\begin{cases}2x,0<x<1,\\ 0,其他。\end{cases}$ 对 X 进行三次独立重复观测，Y 表示三次独立观测中事件 $\left\{X<\frac{1}{2}\right\}$ 的出现次数，则 $P\{Y\geqslant 1\}=$________。

10. 设随机变量 X 服从 $(0,2)$ 上的均匀分布，则随机变量 $Y=X^2$ 在 $(0,4)$ 内的概率分布密度 $f_Y(y)=$________。

11. 已知随机变量 X 服从正态分布 $N(\mu,\sigma^2)$，若 $P(X>-1)+P(X\geqslant 5)=1$，则 $\mu=$________。

12. 若随机变量 $X\sim B(3,p)$，$Y\sim N(2,\delta^2)$，若 $P(X\geqslant 1)=0.657$，$P(0<Y<2)=p$，则 $P(Y>4)=$________。

13. 已知随机变量 $X\sim N(80,\sigma^2)$，若 $P(X>100)=a$，$P(60<X<100)=b$，则 $\frac{2}{a}+\frac{1}{b}$ 的最小值为________。

14. 从某企业生产的某种产品中抽取 500 件，测量这些产品的一项质量指标值，由测量结果得如下频率分布直方图：

(1) 求这 500 件产品质量指标值的样本平均数 $\bar{x}$ 和样本方差 s^2（同一组中数据用该组区间的中点值作代表）；

(2) 由直方图可以认为，这种产品的质量指标值 Z 服从正态分布 $N(\mu,\sigma^2)$，其中 μ 近似为样本

平均数 $\bar{x}$，σ^2 近似为样本方差 s^2。

①利用该正态分布，求 $P(187.8<Z<212.2)$；

②某用户从该企业购买了 100 件这种产品，记 X 表示这 100 件产品中质量指标值位于区间 $(187.8,212.2)$ 的产品件数，利用①的结果，求 EX。

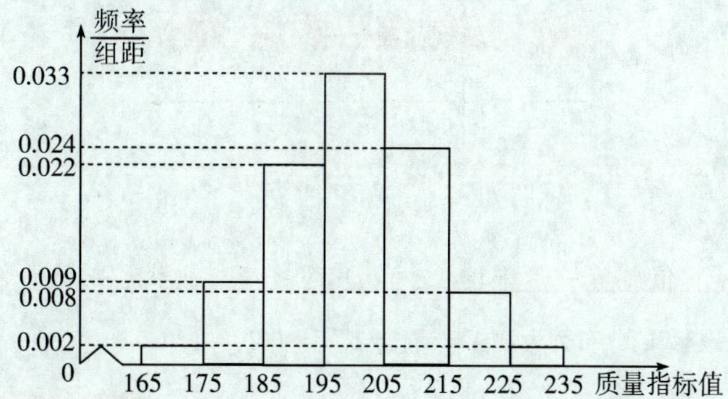

附：$\sqrt{150}\approx 12.2$；若 $Z\sim N(\mu,\sigma^2)$ 则 $P(\mu-\sigma<Z<\mu+\sigma)=0.6826$，$P(\mu-2\sigma<Z<\mu+2\sigma)=0.9544$。

招教易错能力刷

1. 设 $X\sim N(\mu_1,{\sigma_1}^2)$，$Y\sim N(\mu_2,{\sigma_2}^2)$，这两个正态分布密度曲线如图所示。下列结论中正确的是(　　)

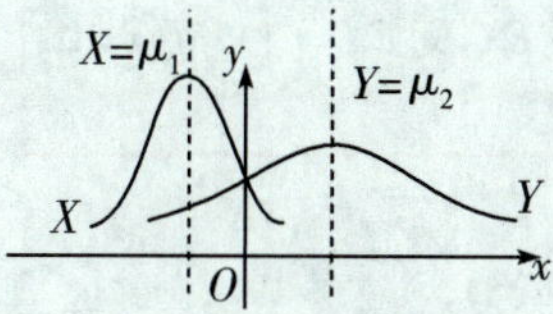

A. $P(Y\geqslant\mu_2)\geqslant P(Y\geqslant\mu_1)$　　B. $P(X\leqslant\sigma_2)\leqslant P(X\leqslant\sigma_1)$

C. 对任意正数 t，$P(X\leqslant t)\geqslant P(Y\leqslant t)$　　D. 对任意正数 t，$P(X\geqslant t)\geqslant P(Y\geqslant t)$

2. 设随机变量 $X\sim N(3,\sigma^2)$，若 $P(X>m)=0.3$，则 $P(X>6-m)=$________。

第七节　随机变量的期望与方差

招教核心要点

1. 数学期望

（1）数学期望的定义

离散型	设离散型随机变量 X 的分布列为 $P\{X=x_i\}=p_i, i=1,2,\cdots$，若级数 $\sum_{i=1}^{\infty}x_ip_i$ 绝对收敛，则称级数 $\sum_{i=1}^{\infty}x_ip_i$ 的和为随机变量 X 的数学期望，记作 $E(X)$ 或 EX，即 $EX=\sum_{i=1}^{\infty}x_ip_i$
连续型	设连续型随机变量 X 的概率密度为 $f(x)$，若积分 $\int_{-\infty}^{+\infty}xf(x)\mathrm{d}x$ 绝对收敛，则称积分 $\int_{-\infty}^{+\infty}xf(x)\mathrm{d}x$ 的值为随机变量 X 的数学期望，记作 $E(X)$ 或 EX，即 $EX=\int_{-\infty}^{+\infty}xf(x)\mathrm{d}x$

（2）数学期望的性质

①$E(c)=c$（c 为常数）；

②$E(cX)=cE(X)$（c 为常数）；

③$E(X\pm Y)=E(X)\pm E(Y)$；

④$E(\sum_{i=1}^{n}X_i)=\sum_{i=1}^{n}E(X_i)$；

⑤若 X,Y 相互独立，则 $E(XY)=E(X)\cdot E(Y)$。

2. 方差

（1）方差的定义

离散型	设 X 是离散型随机变量，其概率分布为 $P\{X=x_i\}=p_i$，$i=1,2,\cdots$，则 $DX=E(X-EX)^2=\sum_{i=1}^{\infty}(x_i-EX)^2p_i$

考向分析

离散型随机变量的期望与方差是教师招聘考试中的重点考查内容，考生要重点掌握数学期望和方差的性质。

思想应用

转化与化归思想：将对于一件事情的决策问题转化为比较两种方案中变量的数学期望与方差，使决策结果有理有据。

续表

连续型	设连续型随机变量的概率密度为 $f(x)$，则 $DX = E(X-EX)^2=\int_{-\infty}^{+\infty}(x-EX)^2f(x)\mathrm{d}x$

注：①$D(X)=E(X^2)-[E(X)]^2$；

②随机变量 X 的标准差 $\sigma(X)=\sqrt{D(X)}$。

(2)方差的性质

①$D(c)=0$(c 为常数)；

②$D(aX+b)=a^2D(X)$(a,b 为常数)；

③若 X,Y 相互独立，则 $D(X\pm Y)=D(X)+D(Y)$。

招教考向解读

考向 1 离散型随机变量的期望与方差

解法突破

(1)求离散型随机变量的均值与方差，可依题设条件求出离散型随机变量的概率分布列，然后利用均值、方差公式直接求解。

(2)由已知均值或方差求参数值，可依据条件利用均值、方差公式得出含有参数的方程，解方程即可求出参数值。

(3)由已知条件，作出对两种方案的判断，可依据均值、方差的意义，对实际问题作出判断。

真题过招

1. (2021 山东东营，1.52 分)对于任意的两个随机变量 X 和 Y，若 $E(XY)=E(X)E(Y)$，则(　　)

A. $D(XY)=D(X)D(Y)$

B. $D(X+Y)=D(X)+D(Y)$

C. X 和 Y 独立

D. X 和 Y 不独立

答案解析

B 【解析】$\because E(XY)=E(X)E(Y)$，$\therefore \mathrm{Cov}(X,Y)=E[(X-E(X))(Y-E(Y))]=E(XY)-E(X)E(Y)=0$。又$\because D(X+Y)=D(X)+D(Y)+2\mathrm{Cov}(X,Y)=D(X)+D(Y)$，选项 B 正确。由于相关系数为 0，不能推出 C 项和 D 项。而由方差的性质可知，选项 A 无论如何不成立，故排除 A 项。

2. (2020 湖南长沙市长沙县，3 分)已知 ξ 的分布列如下：

ξ	-1	0	1
P	$\frac{1}{6}$	$\frac{1}{3}$	$\frac{1}{2}$

并且 $\eta=4\xi+3$，则方差 $D(\eta)=($　　$)$

A. $\frac{26}{3}$　　B. $\frac{80}{9}$

C. 9　　D. $\frac{55}{6}$

答案解析

B 【解析】由 $E(\xi)=-1\times\frac{1}{6}+0\times\frac{1}{3}+1\times\frac{1}{2}=\frac{1}{3}$，得 $D(\xi)=\frac{1}{6}\times\left(-1-\frac{1}{3}\right)^2+\frac{1}{3}\times\left(0-\frac{1}{3}\right)^2+\frac{1}{2}\left(1-\frac{1}{3}\right)^2=\frac{5}{9}$，所以 $D(\eta)=D(4\xi+3)=16D(\xi)=16\times\frac{5}{9}=\frac{80}{9}$。

变式训练

1. 已知随机变量 X 的期望值 $E(X)=1$，$E(X^2)=4$，令 $Y=2X-3$，则 $D(Y)=$________。

2. 一袋中有形状完全相同，颜色不同的球共 9 个，其中红色的球有 3 个，黑色的球有 6 个，每次随机取 1 个，直到取出 3 次红色球即停止。

(1)从袋中不放回地取球，求恰好取 4 次停止的概率；

(2)从袋中有放回地取球，每次随机取 1 个，记 5 次之内(含 5 次)取到红球的个数为 X，求随机变量 X 的分布列和数学期望。

3. 某市拟定 2018 年建设 A、B、C 三项重点工程，该市一大型城建公司准备参加这三个工程的竞标，假设这三个工程竞标成功与否相互独立，该公司对 A、B、C 三项重点工程竞标成功的概率分别为 $a,b,\frac{1}{4}(a>b)$，已知三项工程都竞标成功的概率为 $\frac{1}{24}$，至少有一项工程竞标成功的概率为$\frac{3}{4}$。

(1)求 a 与 b 的值;

(2)公司准备对该公司参加 A、B、C 三个项目的竞标团队进行奖励,A 项目竞标成功奖励 2 万元,B 项目竞标成功奖励 4 万元,C 项目竞标成功奖励 6 万元,求竞标团队获得奖励金额的分布列与数学期望。

4. 若随机变量 X 满足 $P(X=c)=1$,其中 c 为常数,则 $D(X)$ 的值为________。

考向 2　连续型随机变量的期望与方差

解法突破

(1)$E(X)=\int_{-\infty}^{+\infty}xf(x)\mathrm{d}x$;(2)$D(X)=E[X-E(X)]^2=\int_{-\infty}^{+\infty}[x-E(x)]^2f(x)\mathrm{d}x$。

典例

已知随机变量 X 的分布函数为 $F(x)=\begin{cases}0, x\leqslant 0,\\ \frac{x}{4}, 0<x\leqslant 4,\\ 1, x>4。\end{cases}$ 求 $E(X)$,$D(X)$。

答案解析

【解析】随机变量 X 的分布密度为 $\varphi(x)=F'(x)=\begin{cases}\frac{1}{4}, 0<x\leqslant 4,\\ 0, 其他。\end{cases}$ $E(X)=\int_{-\infty}^{+\infty}x\varphi(x)\mathrm{d}x=\int_0^4\frac{x}{4}\mathrm{d}x=\frac{x^2}{8}\Big|_0^4=2$,$E(X^2)=\int_{-\infty}^{+\infty}x^2\varphi(x)\mathrm{d}x=\int_0^4\frac{x^2}{4}\mathrm{d}x=\frac{1}{4}\cdot\frac{1}{3}x^3\Big|_0^4=\frac{16}{3}$,

$D(X)=E(X^2)-[E(X)]^2=\frac{16}{3}-2^2=\frac{4}{3}$。

变式训练

设随机变量 X 的概率密度函数 $p(x)=\begin{cases}2(1-x), 0\leqslant x\leqslant 1,\\ 0, x<0 或 x>1。\end{cases}$ 求随机变量 X 的数学期望和方差。

必刷好题

招教高频基础刷

1. 随机变量 X 的分布列如表，则 $E(2X+3)$ 的值为（　　）

X	1	2	3
P	0.2	0.4	0.4

A. 4.4　　B. 7.4

C. 21.2　　D. 22.2

2. 已知随机变量 ξ 的分布列如表，则 $D(\xi)=$（　　）

ξ	1	3	5
P	0.4	0.1	0.5

A. 0.95　　B. 3.2　　C. 0.7　　D. 3.56

3. 设 $0<a<1$，随机变量 X 的分布列是：

X	0	a	1
P	$\frac{1}{3}$	$\frac{1}{3}$	$\frac{1}{3}$

则当 a 在 $(0,1)$ 内增大时，（　　）

A. $D(X)$ 先减小后增大　　B. $D(X)$ 减小

C. $D(X)$ 先增大后减小　　D. $D(X)$ 增大

4. 已知随机变量 X 的分布列如表：

X	-1	0	1
P	a	b	0.5

其中 $a>0,b>0$，则 X 的方差 $D(X)$ 的取值范围是（　　）

A. $\left(\frac{1}{4},\frac{5}{4}\right)$　　B. $\left(\frac{1}{4},\frac{5}{4}\right)$

C. $\left(\frac{1}{4},1\right)$　　D. $\left(\frac{1}{4},1\right)$

5. 随机变量 ξ 的取值为 0,1,2。若 $P(\xi=0)=\frac{1}{5}$，$E(\xi)=1$，则 $D(\xi)=$ ________。

6. 已知$0<a<\frac{1}{2}$，$0<b<\frac{1}{2}$，随机变量X的分布列是：

X	0	1	2
P	$\frac{1}{2}$	a	b

若$E(X)=\frac{2}{3}$，则$a=$________；$D(3X-1)=$________。

7. 现有3道四选一的单选题，学生李明对其中的2道题有思路，1道题完全没有思路。有思路的题答对的概率为0.8，没有思路的题只好任意猜一个答案，猜对答案的概率为0.25，若每题答对得5分，不答或答错得0分，则李明这3道题得分的期望为________。

8. 甲、乙两名运动员在羽毛球场进行羽毛球比赛，已知每局比赛甲胜的概率为p，乙胜的概率为$1-p$，且各局比赛结果相互独立。当比赛采取5局3胜制时，甲用4局赢得比赛的概率为$\frac{8}{27}$。现甲、乙进行7局比赛，采取7局4胜制，则甲获胜时比赛局数X的数学期望为________。

9. 甲与乙进行投篮游戏，在每局游戏中两人分别投篮两次，每局投进的次数之和不少于3次则胜利，已知甲乙两名队员投篮相互独立且投进篮球的概率均为$\frac{2}{3}$，设X为甲乙两名队员获得胜利的局数，若游戏的局数是27，则$E(X)=$________。

10. “双减”政策实施后，为了解某地中小学生周末体育锻炼的时间，某研究人员随机调查了600名学生，得到的数据统计如下表所示：

周末体育锻炼时间t(min)	$[30,40)$	$[40,50)$	$[50,60)$	$[60,70)$	$[70,80)$	$[80,90)$
频率	0.1	0.2	0.3	0.15	0.15	0.1

(1)估计这600名学生周末体育锻炼时间的平均数$\bar{t}$；(同一组中的数据用该组区间的中点值作代表)

(2)在这600人中，用分层抽样的方法，从周末体育锻炼时间在$[40,60)$内的学生中抽取15人，再从这15人中随机抽取3人，记这3人中周末体育锻炼时间在$[50,60)$内的人数为X，求X的分布列以及数学期望$E(X)$。

11. 在东京奥运会中，甲、乙、丙三名射击运动员参加小组赛，已知甲晋级的概率为$p\ (0<p<1)$，乙、丙晋级的概率均为$q(0<q<1)$，且三人是否晋级相互独立。

(1)若甲晋级的概率与乙、丙两人均没有晋级的概率相等，与乙、丙两人有且仅有一人晋级的概率也相等，求p，q；

(2)若$p=\frac{1}{2}$，记三个人中成功晋级的人数为ξ，若$\xi=0$时和$\xi=3$时的概率相等，求$E(\xi)$。

12. 每年的3月12日是植树节，某公司为了动员职工积极参与植树造林，在植树节期间开展植树有奖活动，设有甲、乙两个摸奖箱，每位植树者植树每满30棵获得一次甲箱内摸奖机会，植树每满50棵获得一次乙箱内摸奖机会，每箱内各有10个球（这些球除颜色外完全相同），甲箱内有红、黄、黑三种颜色的球，其中a个红球，b个黄球，5个黑球，乙箱内有4个红球和6个黄球，每次摸一个球后放回原箱，摸得红球奖100元，黄球奖50元，摸得黑球则没有奖金。

（1）经统计，每人的植树棵数X服从正态分布$N(35,25)$，若其中有200位植树者参与了抽奖，请估计植树的棵数X在区间$(30,35]$内并中奖的人数；（结果四舍五入取整数）

（2）若$a=2$，某位植树者获得两次甲箱内摸奖机会，求中奖金额Y（单位：元）的分布列；

（3）某人植树100棵，有两种摸奖方法，

方法一：三次甲箱内摸奖机会；

方法二：两次乙箱内摸奖机会。

请问，这位植树者选哪一种方法所得奖金的期望值较大？

附：若$X\sim N(\mu,\sigma^2)$，则$P(\mu-\sigma<X\leqslant\mu+\sigma)\approx0.6827$，$P(\mu-2\sigma<X\leqslant\mu+2\sigma)\approx0.9545$。

13. 设随机变量X,Y相互独立，且$X\sim N(\mu,\sigma^2)$，Y在区间$[a,b]$上服从均匀分布，求$D(X-2Y)$。

14. 设随机变量的概率密度为$\varphi(x)=\begin{cases}ax^2+bx+c, & 0<x<1,\\ 0, & 其他。\end{cases}$已知$E(X)=0.5$，$D(X)=0.15$，求系数$a,b,c$。

参考答案与解析

专题一　极限、微积分与级数

第一节　极限与连续

考向 **1** 变式训练

1. C 【**解析**】$f(x_0+0)=f(x_0-0)\Rightarrow \lim\limits_{x\to x_0^+}f(x)=\lim\limits_{x\to x_0^-}f(x)$，左右极限存在且相等是$\lim\limits_{x\to x_0}f(x)$存在的充要条件。

2. B 【**解析**】由收敛数列的定义可得，数列极限$\lim\limits_{x\to\infty}x_n$存在，则数列收敛，由极限的性质可得，若数列收敛，则数列一定有界，反之，若数列有界，数列不一定收敛。故“数列极限$\lim\limits_{x\to\infty}x_n$存在”是“数列$\{x_n\}$有界”的充分条件。

考向 **2** 变式训练

1.【**解析**】当$x>0$时，原式$=\lim\limits_{n\to+\infty}\dfrac{A+\dfrac{B}{e^{nx}}}{1+\dfrac{1}{e^{nx}}}=A$；当$x=0$时，原式$=\dfrac{A+B}{2}$；当$x<0$时，原式$=B$(因为$\lim\limits_{n\to+\infty}e^{nx}=0$)。

2. 0 【**解析**】因为函数$f(x)=\begin{cases}x\sin\dfrac{1}{x},x>0,\\ a+x^2,x\leqslant 0,\end{cases}$所以当$x\to0^+$时，$f(x)=x\sin\dfrac{1}{x}=0$，当$x\to0^-$时，$f(x)=a+x^2=a$，因为$f(x)$在$(-\infty,+\infty)$内连续，所以$a=0$。综上所述，$a=0$。

3. $-\dfrac{\sqrt{2}}{2}$ 【**解析**】$\because \lim\limits_{x\to0^+}(e^{-\frac{1}{x}}+a)\xlongequal{t=-\frac{1}{x}}\lim\limits_{t\to-\infty}e^t+a=0+a=a$，$\lim\limits_{x\to0^-}\dfrac{\sqrt{1-\cos x}}{x}=$

$\lim\limits_{x\to0^-}\frac{\sqrt{\frac{x^2}{2}}}{x}=\lim\limits_{x\to0^-}\frac{\frac{1}{\sqrt{2}}(-x)}{x}=-\frac{\sqrt{2}}{2}$，$\therefore a=-\frac{\sqrt{2}}{2}$。

考向3 变式训练

1. C 【解析】$\lim\limits_{x\to0}\frac{\sin4x}{\sin8x}=\lim\limits_{x\to0}\frac{4x}{8x}=\frac{1}{2}$。

2. -2 【解析】$\lim\limits_{x\to0}\frac{2\sin^2x-\sin2x}{x(\cos x-\sin x)}=\lim\limits_{x\to0}\frac{2\sin^2x-2\sin x\cos x}{x(\cos x-\sin x)}=\lim\limits_{x\to0}\frac{2\sin x(\sin x-\cos x)}{x(\cos x-\sin x)}=-\lim\limits_{x\to0}\frac{2\sin x}{x}=-2$。

3. 2 【解析】根据等价无穷小可知，$\lim\limits_{x\to+\infty}x[\ln(x+4)-\ln(x+2)]=\lim\limits_{x\to+\infty}x\ln\left(\frac{x+4}{x+2}\right)=\lim\limits_{x\to+\infty}x\ln\left(1+\frac{2}{x+2}\right)=\lim\limits_{x\to+\infty}\frac{2x}{x+2}=2$。

4. e^{-3} 【解析】设 $t=-\frac{1}{x}$，$\lim\limits_{x\to0}(1-3x)^{\frac{1}{x}}=\lim\limits_{t\to\infty}\left(1+\frac{3}{t}\right)^{-t}=\lim\limits_{t\to\infty}\left[\left(1+\frac{3}{t}\right)^{\frac{t}{3}}\right]^{-3}=e^{-3}$。

5. e^{-3} 【解析】$\lim\limits_{n\to\infty}\left(1-\frac{3}{n^2}\right)^{n^2}=\lim\limits_{n\to\infty}\left[\left(1-\frac{3}{n^2}\right)^{-\frac{n^2}{3}}\right]^{-3}=e^{-3}$。

6.【解析】$\lim\limits_{x\to0}\frac{x-\sin3x}{x+\sin3x}=\lim\limits_{x\to0}\frac{x-3x}{x+3x}=\frac{-2}{4}=-\frac{1}{2}$。

7. $\frac{1}{2}$ 【解析】因为 $n\left[\frac{1}{(n+1)^2}+\frac{1}{(n+2)^2}+\frac{1}{(n+3)^2}+\cdots+\frac{1}{(n+n)^2}\right]<n\left[\frac{1}{n(n+1)}+\frac{1}{(n+1)(n+2)}+\frac{1}{(n+2)(n+3)}+\cdots+\frac{1}{(n+n-1)(n+n)}\right]=n\left(\frac{1}{n}-\frac{1}{2n}\right)=\frac{1}{2}$，又 $n\left[\frac{1}{(n+1)^2}+\frac{1}{(n+2)^2}+\frac{1}{(n+3)^2}+\cdots+\frac{1}{(n+n)^2}\right]>n\left[\frac{1}{(n+1)(n+2)}+\frac{1}{(n+2)(n+3)}+\cdots+\frac{1}{(n+n)(n+n+1)}\right]=n\left[\frac{1}{n+1}-\frac{1}{2n+1}\right]=\frac{n^2}{(n+1)(2n+1)}$，又 $\lim\limits_{n\to\infty}\frac{n^2}{(n+1)(2n+1)}=\frac{1}{2}$，所以根据夹逼定理得 $\lim\limits_{n\to\infty}n\left[\frac{1}{(n+1)^2}+\frac{1}{(n+2)^2}+\frac{1}{(n+3)^2}+\cdots+\frac{1}{(n+n)^2}\right]=\frac{1}{2}$。

8.【解析】$\because\frac{1}{n(n+1)}=\frac{1}{n}-\frac{1}{n+1}$，$\therefore\frac{1}{1\cdot2}+\frac{1}{2\cdot3}+\cdots+\frac{1}{n(n+1)}=1-\frac{1}{2}+\frac{1}{2}-\frac{1}{3}+\cdots+\frac{1}{n}-\frac{1}{n+1}=\frac{n}{n+1}$，$\therefore\lim\limits_{n\to\infty}\left[\frac{1}{1\cdot2}+\frac{1}{2\cdot3}+\cdots+\frac{1}{n(n+1)}\right]=\lim\limits_{n\to\infty}\frac{n}{n+1}=1$。

9. -2 【解析】因为 $\lim\limits_{x\to-1}\frac{x^2-x+a}{x+1}=-3$，且当 $x\to-1$ 时，$x+1\to0$，故 x^2-x+a 与 $x+1$ 是

同阶无穷小量，则$\lim\limits_{x\to -1}(x^2-x+a)=0$，故$a=-2$。

10. $a=2b$ 【解析】利用洛必达法则，$\lim\limits_{x\to\infty}\dfrac{ax+4}{bx+9}=\dfrac{a}{b}=2$，即$a=2b$。

11. 9；-12 【解析】将原式变形为$\lim\limits_{x\to+\infty}x\left(3-\sqrt{a+\dfrac{b}{x}+\dfrac{1}{x^2}}\right)=\lim\limits_{x\to+\infty}\dfrac{\left(3-\sqrt{a+\dfrac{b}{x}+\dfrac{1}{x^2}}\right)}{\dfrac{1}{x}}=2$，

$\therefore 3-\sqrt{a}=0$，即$a=9$，将$a=9$代入原式，并分子有理化得，$\lim\limits_{x\to+\infty}(3x-\sqrt{ax^2+bx+1})=$

$\lim\limits_{x\to+\infty}\dfrac{-bx-1}{3x+\sqrt{9x^2+bx+1}}=\lim\limits_{x\to+\infty}\dfrac{-b-\dfrac{1}{x}}{3+\sqrt{9+\dfrac{b}{x}+\dfrac{1}{x^2}}}=-\dfrac{b}{6}=2$，可得$b=-12$，$\therefore a=9, b=-12$。

12. $\dfrac{1}{2}$ 【解析】利用洛必达法则可得，$\lim\limits_{x\to 0}\dfrac{\int_0^x \sin t\mathrm{d}t}{x^2}=\lim\limits_{x\to 0}\dfrac{\sin x}{2x}=\dfrac{1}{2}$。

考向4 变式训练

1. D 【解析】先考虑连续性，$\lim\limits_{x\to 0^+}f(x)=\lim\limits_{x\to 0^+}(1-\cos x)=0$，$g(x)$是有界函数，$\lim\limits_{x\to 0^-}f(x)=$ $\lim\limits_{x\to 0^-}(x^2g(x))=0$，且$f(0)=0$，所以$f(x)$在$x=0$处连续；再考虑可导性，$f'_+(0)=$ $\lim\limits_{\Delta x\to 0^+}\dfrac{f(0+\Delta x)-f(0)}{\Delta x}=\lim\limits_{\Delta x\to 0^+}\dfrac{1-\cos\Delta x}{\Delta x}=\lim\limits_{\Delta x\to 0^+}\sin\Delta x=0$，$f'_-(0)=\lim\limits_{\Delta x\to 0^-}\dfrac{f(0+\Delta x)-f(0)}{\Delta x}=$ $\lim\limits_{\Delta x\to 0^-}\dfrac{\Delta x^2g(\Delta x)}{\Delta x}=\lim\limits_{\Delta x\to 0^-}\Delta xg(\Delta x)=0$，所以$f'_+(0)=f'_-(0)$，函数$f(x)$在$x=0$处可导。

2. D 【解析】由题意可知，$f(x)=\begin{cases}x, x\geqslant 0,\\ -x, x<0,\end{cases}$ 因为$\lim\limits_{x\to 0^+}f(x)=\lim\limits_{x\to 0^-}f(x)=f(0)=0$，所以函数在$x=0$处连续，又$f'_+(0)=\lim\limits_{x\to 0^+}\dfrac{f(x)-f(0)}{x-0}=\lim\limits_{x\to 0^+}\dfrac{x-0}{x-0}=1$，$f'_-(0)=\lim\limits_{x\to 0^-}\dfrac{f(x)-f(0)}{x-0}=$ $\lim\limits_{x\to 0^-}\dfrac{-x-0}{x-0}=-1$，所以$f'_+(0)\neq f'_-(0)$，函数在$x=0$处不可导。故选D。

3. A 【解析】因为$\lim\limits_{x\to 0}F(x)=\lim\limits_{x\to 0}\dfrac{f(x)}{x}=\lim\limits_{x\to 0}\dfrac{f(x)-f(0)}{x-0}=f'(0)$，$f'(0)\neq f(0)$，所以$F(0)=$ $f(0)\neq\lim\limits_{x\to 0}F(x)$，故$x=0$是$F(x)$的可去间断点。

4. A 【解析】函数$f(x)=\dfrac{x^2-1}{x-1}$在$x=1$处无定义，且$\lim\limits_{x\to 1}f(x)=\lim\limits_{x\to 1}2x=2$，所以$x=1$是$f(x)$的可去间断点。

考向5 变式训练

【解析】 证明：由 $g(a)\leqslant a, g(b)\geqslant b$，得到 $g(a)-a\leqslant 0, g(b)-b\geqslant 0$，令 $F(x)=g(x)-x$，因 $g(x)$ 在区间 $[a,b]$ 上连续，故 $F(x)$ 在区间 $[a,b]$ 上连续，又由题设有 $F(a)\leqslant 0, F(b)\geqslant 0$。则：

① 若 $F(a), F(b)$ 中至少有1个为0，则 a,b 中至少有一个可作为 ξ，使得 $g(\xi)=\xi$；

② 若 $F(b)>0, F(a)<0$，则由零点定理知，在区间 (a,b) 内至少存在有一点 ξ，使得 $F(\xi)=g(\xi)-\xi=0$，即 $g(\xi)=\xi$。

综上，在区间 $[a,b]$ 上至少存在一点 ξ，使得 $g(\xi)=\xi$。

招教高频基础刷

1. B **【解析】** $\lim\limits_{n\to\infty}(\sqrt{n+1}-\sqrt{n})=\lim\limits_{n\to\infty}\dfrac{1}{\sqrt{n+1}+\sqrt{n}}=0$。

2. B **【解析】** 因为 $\lim\limits_{x\to 0}\dfrac{f(x)}{x}=\lim\limits_{x\to 0}\dfrac{2^x+3^x-2}{x}=\lim\limits_{x\to 0}\dfrac{2^x-1}{x}+\lim\limits_{x\to 0}\dfrac{3^x-1}{x}=\ln2+\ln3=\ln6$，所以当 $x\to 0$ 时，$f(x)$ 与 x 是同阶但非等价无穷小。

3. B **【解析】** 当 $x\to 0^-$ 时，$\lim\limits_{x\to 0^-}e^{\frac{1}{x}}=0$，当 $x\to 0^+$，$\lim\limits_{x\to 0^+}e^{\frac{1}{x}}=\infty$，所以 $f(0^-)=\lim\limits_{x\to 0^-}f(x)=\lim\limits_{x\to 0^-}\dfrac{e^{\frac{1}{x}}-1}{e^{\frac{1}{x}}+1}=-1$，$f(0^+)=\lim\limits_{x\to 0^+}f(x)=\lim\limits_{x\to 0^+}\dfrac{e^{\frac{1}{x}}-1}{e^{\frac{1}{x}}+1}=1$，因为 $f(0^+)$，$f(0^-)$ 均存在，但 $f(0^+)\neq f(0^-)$，所以 $x=0$ 是 $f(x)$ 的跳跃间断点。

4. 0 **【解析】** $\lim\limits_{x\to 1}\dfrac{x^2-2x+1}{x^2-1}=\lim\limits_{x\to 1}\dfrac{(x-1)^2}{(x+1)(x-1)}=\lim\limits_{x\to 1}\dfrac{x-1}{x+1}=\dfrac{\lim\limits_{x\to 1}(x-1)}{\lim\limits_{x\to 1}(x+1)}=\dfrac{0}{2}=0$。

5. $\dfrac{1}{2}$ **【解析】** $\lim\limits_{x\to\infty}\dfrac{x^2-1}{2x^2-x-1}=\lim\limits_{x\to\infty}\dfrac{1-\dfrac{1}{x^2}}{2-\dfrac{1}{x}-\dfrac{1}{x^2}}=\dfrac{1}{2}$。

6. ∞ **【解析】** 因为 $\lim\limits_{x\to\infty}\dfrac{1}{2x^3-x+1}=\lim\limits_{x\to\infty}\dfrac{\dfrac{1}{x^3}}{2-\dfrac{1}{x^2}+\dfrac{1}{x^3}}=0$，所以 $\lim\limits_{x\to\infty}(2x^3-x+1)=\infty$。

7. 1 **【解析】** $\lim\limits_{x\to+\infty}(\sqrt{x^2+x}-\sqrt{x^2-x})=\lim\limits_{x\to+\infty}\dfrac{(\sqrt{x^2+x}-\sqrt{x^2-x})(\sqrt{x^2+x}+\sqrt{x^2-x})}{\sqrt{x^2+x}+\sqrt{x^2-x}}=$

$\lim\limits_{x\to+\infty}\dfrac{2x}{\sqrt{x^2+x}+\sqrt{x^2-x}}=\lim\limits_{x\to+\infty}\dfrac{2}{\sqrt{1+\dfrac{1}{x}}+\sqrt{1-\dfrac{1}{x}}}=1$。

8\. $-\dfrac{1}{3}$ 【解析】$\lim\limits_{x\to0}\dfrac{\left(1-\dfrac{1}{2}x^2\right)^{\frac{2}{3}}-1}{x\ln(1+x)}=\lim\limits_{x\to0}\dfrac{\dfrac{2}{3}\cdot\left(-\dfrac{1}{2}x^2\right)}{x^2}=\lim\limits_{x\to0}\dfrac{-\dfrac{1}{3}x^2}{x^2}=-\dfrac{1}{3}$。

9\. $\dfrac{1}{\mathrm{e}}$ 【解析】$\lim\limits_{x\to\mathrm{e}}\dfrac{\ln x-1}{x-\mathrm{e}}\xlongequal{x-\mathrm{e}=t}\lim\limits_{t\to0}\dfrac{\ln(\mathrm{e}+t)-\ln\mathrm{e}}{t}=\lim\limits_{t\to0}\dfrac{\ln\dfrac{\mathrm{e}+t}{\mathrm{e}}}{t}=\lim\limits_{t\to0}\dfrac{\ln\left(1+\dfrac{t}{\mathrm{e}}\right)}{t}=\dfrac{1}{\mathrm{e}}$。

10\. $\dfrac{1}{3}$ 【解析】$\lim\limits_{x\to0}\dfrac{\mathrm{e}^{x^2}-\mathrm{e}^{\sin^2x}}{x^4}=\lim\limits_{x\to0}\mathrm{e}^{\sin^2x}\cdot\dfrac{\mathrm{e}^{x^2-\sin^2x}-1}{x^4}=\lim\limits_{x\to0}\dfrac{x^2-\sin^2x}{x^4}=\lim\limits_{x\to0}\dfrac{x+\sin x}{x}\cdot\dfrac{x-\sin x}{x^3}$

$=2\lim\limits_{x\to0}\dfrac{x-\sin x}{x^3}=2\lim\limits_{x\to0}\dfrac{1-\cos x}{3x^2}=2\lim\limits_{x\to0}\dfrac{\dfrac{1}{2}x^2}{3x^2}=\dfrac{1}{3}$。

11\. $\dfrac{1}{2}$ 【解析】$\lim\limits_{x\to0}\dfrac{\tan x-\sin x}{x^3}=\lim\limits_{x\to0}\left(\dfrac{\sin x}{x}\cdot\dfrac{\sec x-1}{x^2}\right)=\lim\limits_{x\to0}\dfrac{\sin x}{x}\cdot\lim\limits_{x\to0}\dfrac{\sec x-1}{x^2}=\lim\limits_{x\to0}\dfrac{\sec x\tan x}{2x}$

$=\lim\limits_{x\to0}\dfrac{\sec x}{2}=\dfrac{1}{2}$。

12\. e^2 【解析】$\lim\limits_{x\to\infty}\left(\dfrac{1+x}{x}\right)^{2x}=\lim\limits_{x\to\infty}\left(\left(1+\dfrac{1}{x}\right)^x\right)^2=\mathrm{e}^2$。

13\. 8 【解析】当 $x\to0$ 时，$1-\cos x\sim\dfrac{1}{2}x^2$，$\tan2x\sim2x$，$\therefore$ 原式 $=\lim\limits_{x\to0}\dfrac{(2x)^2}{\dfrac{1}{2}x^2}=8$。

14\. 1 【解析】$a=f(0)=\lim\limits_{x\to0}f(x)=\lim\limits_{x\to0}(\cos x)^{-x^2}=1$。

15\. 2 【解析】$f(0)_-=\lim\limits_{x\to0^-}\dfrac{\arctan3x+\mathrm{e}^{ax}-1}{x}=\lim\limits_{x\to0^-}\dfrac{\arctan3x}{x}+\lim\limits_{x\to0^-}\dfrac{\mathrm{e}^{ax}-1}{x}=3+a$，$f(0)_+=$

$\lim\limits_{x\to0^+}\dfrac{(1+\sin x)^{\tan5x}-1}{x\arcsin x}=\lim\limits_{x\to0^+}\dfrac{\mathrm{e}^{\tan5x\cdot\ln(1+\sin x)}-1}{x^2}=\lim\limits_{x\to0^+}\dfrac{\tan5x\cdot\ln(1+\sin x)}{x^2}=\lim\limits_{x\to0^+}\dfrac{5x\cdot\sin x}{x^2}=$

$5\lim\limits_{x\to0^+}\dfrac{\sin x}{x}=5$，因为 $\lim\limits_{x\to0}f(x)$ 存在，所以 $3+a=5$，故 $a=2$。

16\. 1；-2 【解析】由 $\lim\limits_{x\to0}\dfrac{(\cos x-b)\sin x}{\mathrm{e}^x-a}=3$，得 $\lim\limits_{x\to0}(\mathrm{e}^x-a)=0$，所以 $a=1$，则 $3=$

$\lim\limits_{x\to0}\dfrac{(\cos x-b)\sin x}{\mathrm{e}^x-1}=\lim\limits_{x\to0}\dfrac{x}{\mathrm{e}^x-1}\cdot(\cos x-b)=\lim\limits_{x\to0}(\cos x-b)=1-b$，所以 $b=-2$。

17\. 【解析】因为 $f(x)$ 在 $[a,b]$ 上连续，所以可设 $f(x)$ 在 $[a,b]$ 上取得最小值 m 和最大值 M，因为 $m\leqslant\dfrac{pf(a)+qf(b)}{p+q}\leqslant M$，所以由介值定理，存在 $\xi\in[a,b]$，使得 $f(\xi)=\dfrac{pf(a)+qf(b)}{p+q}$，即 $pf(a)+qf(b)=(p+q)f(\xi)$。

招教易错能力刷

1. D 【解析】取 $x=x_n=\dfrac{1}{2n\pi}\to 0(n\to\infty)$，$\lim\limits_{n\to\infty}\dfrac{1}{x_n}\cos\dfrac{1}{x_n}=\lim\limits_{n\to\infty}2n\pi\cos 2n\pi=\infty$；

取 $x=y_n=\dfrac{1}{2n\pi+\dfrac{\pi}{2}}\to 0(n\to\infty)$，$\lim\limits_{n\to\infty}\dfrac{1}{y_n}\cos\dfrac{1}{y_n}=\lim\limits_{n\to\infty}\left(2n\pi+\dfrac{\pi}{2}\right)\cos\left(2n\pi+\dfrac{\pi}{2}\right)=0$，

则 $\lim\limits_{x\to 0}\dfrac{1}{x}\cos\dfrac{1}{x}$ 不存在但不是 ∞。

2. 0 【解析】因为 $x^2\to 0(x\to 0)$，$\left|\sin\dfrac{1}{x}\right|\leqslant 1$，所以 $\lim\limits_{x\to 0}x^2\sin\dfrac{1}{x}=0$。

3. 1 【解析】因为 $\dfrac{n}{\sqrt{n^2+n}}\leqslant\dfrac{1}{\sqrt{n^2+1}}+\dfrac{1}{\sqrt{n^2+2}}+\cdots+\dfrac{1}{\sqrt{n^2+n}}\leqslant\dfrac{n}{\sqrt{n^2+1}}$，而 $\lim\limits_{n\to\infty}\dfrac{n}{\sqrt{n^2+n}}$ $=\lim\limits_{n\to\infty}\dfrac{1}{\sqrt{1+\dfrac{1}{n}}}=1$，$\lim\limits_{n\to\infty}\dfrac{n}{\sqrt{n^2+1}}=\lim\limits_{n\to\infty}\dfrac{1}{\sqrt{1+\dfrac{1}{n^2}}}=1$，即 $\lim\limits_{n\to\infty}\dfrac{n}{\sqrt{n^2+n}}=\lim\limits_{n\to\infty}\dfrac{n}{\sqrt{n^2+1}}=1$，由夹逼准则可得 $\lim\limits_{n\to\infty}\left(\dfrac{1}{\sqrt{n^2+1}}+\dfrac{1}{\sqrt{n^2+2}}+\cdots+\dfrac{1}{\sqrt{n^2+n}}\right)=1$。

4. 1 【解析】$\lim\limits_{x\to 0^+}x^{\sin 2x}=e^{\lim\limits_{x\to 0^+}\sin 2x\ln x}=e^{\lim\limits_{x\to 0^+}\frac{\ln x}{\frac{1}{\sin 2x}}}=e^{2\lim\limits_{x\to 0^+}\frac{\ln x}{\frac{1}{x}}}=e^{2\lim\limits_{x\to 0^+}\frac{\frac{1}{x}}{-\frac{1}{x^2}}}=e^{-2\lim\limits_{x\to 0^+}x}=e^0=1$。

5. $-\dfrac{1}{2}$ 【解析】$\lim\limits_{x\to 0}\dfrac{\arctan x-\arcsin x}{x^3}=\lim\limits_{x\to 0}\dfrac{\arctan x-x}{x^3}+\lim\limits_{x\to 0}\dfrac{x-\arcsin x}{x^3}$，由 $\lim\limits_{x\to 0}\dfrac{\arctan x-x}{x^3}=$ $\lim\limits_{x\to 0}\dfrac{\dfrac{1}{1+x^2}-1}{3x^2}=\lim\limits_{x\to 0}\dfrac{\dfrac{1-(1+x^2)}{1+x^2}}{3x^2}=\lim\limits_{x\to 0}\dfrac{-x^2}{1+x^2}\cdot\dfrac{1}{3x^2}=-\dfrac{1}{3}\lim\limits_{x\to 0}\dfrac{1}{1+x^2}=-\dfrac{1}{3}$，$\lim\limits_{x\to 0}\dfrac{x-\arcsin x}{x^3}\xlongequal{x=\sin t}\lim\limits_{t\to 0}\dfrac{\sin t-t}{\sin^3 t}=\lim\limits_{t\to 0}\dfrac{\sin t-t}{t^3}=\lim\limits_{t\to 0}\dfrac{\cos t-1}{3t^2}=-\dfrac{1}{6}$，得 $\lim\limits_{x\to 0}\dfrac{\arctan x-\arcsin x}{x^3}=$ $-\dfrac{1}{3}-\dfrac{1}{6}=-\dfrac{1}{2}$。

6. $\dfrac{1}{2}$;3 【解析】由题意及等价无穷小 $\sin x\sim x(x\to 0)$，$1-\cos x\sim\dfrac{1}{2}x^2(x\to 0)$，可得 $\lim\limits_{x\to 0}\dfrac{\tan x-\sin x}{ax^b}=\lim\limits_{x\to 0}\dfrac{\sin x-\sin x\cos x}{ax^b\cos x}=\lim\limits_{x\to 0}\dfrac{\sin x(1-\cos x)}{ax^b\cos x}=\lim\limits_{x\to 0}\dfrac{x\cdot\dfrac{1}{2}x^2}{ax^b}=1$，解得 $a=\dfrac{1}{2}$，$b=3$。

7. $-\dfrac{1}{3}$ 【解析】$\displaystyle\int_1^{\frac{1}{x}}f(xt)\,dt=\dfrac{1}{x}\int_1^{\frac{1}{x}}f(xt)\,d(xt)\xlongequal{u=xt}\dfrac{1}{x}\int_x^1 f(u)\,du=-\dfrac{\int_1^x f(u)\,du}{x}$，则

$$\lim_{x\to1}\frac{\int_1^{\frac{1}{x}}f(xt)\mathrm{d}t}{x^3-1}=-\lim_{x\to1}\frac{\int_1^x f(u)\mathrm{d}u}{x(x^3-1)}=-\lim_{x\to1}\frac{\int_1^x f(u)\mathrm{d}u}{x(x^2+x+1)(x-1)}=-\frac{1}{3}\lim_{x\to1}\frac{\int_1^x f(u)\mathrm{d}u}{x-1}=-\frac{1}{3}\lim_{x\to1}f(x)=$$

$-\frac{1}{3}f(1)=-\frac{1}{3}$。

第二节　微　分

考向 1 变式训练

【解析】 $\mathrm{d}y=\mathrm{d}(\ln\sin\sqrt{x})=\frac{1}{\sin\sqrt{x}}\mathrm{d}\sin\sqrt{x}=\frac{1}{\sin\sqrt{x}}\cos\sqrt{x}\,\mathrm{d}\sqrt{x}=\cot\sqrt{x}\left(\frac{1}{2\sqrt{x}}\right)\mathrm{d}x$。

考向 2 变式训练

1. A **【解析】** 一元函数可微一定连续，而连续不一定可微，所以"函数 $y=f(x)$ 在 x_0 点可微"是"$y=f(x)$ 在 x_0 点连续"的充分条件。

2. B **【解析】** 根据二元函数偏导数定义，求函数 $z(x,y)$ 关于 x 的导数，将 y 看作常数，只对 x 求导即可，所以 $\frac{\partial z}{\partial x}=2x+3y+2$。

3. A **【解析】** $\frac{\partial z}{\partial y}=x\cos y$，所以 $\frac{\partial z}{\partial y}\Big|_{(1,\frac{\pi}{4})}=1\times\cos\frac{\pi}{4}=\frac{\sqrt{2}}{2}$。故选 A。

4. **【解析】** 先将原方程改写成 $F(x,y,z)=0$ 的形式：

$F(x,y,z)=\ln\frac{z}{y}-\frac{x}{z}=\ln z-\ln y-\frac{x}{z}=0$，$F_x{}'=\frac{\partial F}{\partial x}=-\frac{1}{z}$，$F_y{}'=\frac{\partial F}{\partial y}=-\frac{1}{y}$，

$F_z{}'=\frac{\partial F}{\partial z}=\frac{1}{z}+\frac{x}{z^2}=\frac{1}{z^2}(x+z)$，$\frac{\partial z}{\partial x}=-\frac{F_x{}'}{F_z{}'}=\frac{z}{x+z}$，$\frac{\partial z}{\partial y}=-\frac{F'_y}{F'_z}=\frac{z^2}{y(x+z)}$。

考向 3 变式训练

【解析】 $\mathrm{d}z=\frac{(x^2+y^2)\mathrm{d}x-x\mathrm{d}(x^2+y^2)}{(x^2+y^2)^2}=\frac{(x^2+y^2)\mathrm{d}x-x(\mathrm{d}x^2+\mathrm{d}y^2)}{(x^2+y^2)^2}=\frac{(x^2+y^2)\mathrm{d}x-x(2x\mathrm{d}x+2y\mathrm{d}y)}{(x^2+y^2)^2}=$

$\frac{(y^2-x^2)\mathrm{d}x-2xy\mathrm{d}y}{(x^2+y^2)^2}$。

考向 4 变式训练

1. A **【解析】** 由 $y'-2x=0$ 得 $y'=2x\Rightarrow y=\int 2x\mathrm{d}x=x^2+C$，故选 A。

2. D 【解析】已知方程 $y''=x$，对方程两边进行积分，有 $y'=\frac{1}{2}x^2+C_1$，再进行积分，得 $y=\frac{1}{6}x^3+C_1x+C_2$，其中 C_1,C_2 是常数。所以 $y=\frac{1}{6}x^3$ 是微分方程的一个解。

3.【解析】将方程改写为 $\frac{dy}{dx}=\frac{y}{x}\ln\frac{y}{x}$，显然它为齐次方程，令 $u=\frac{y}{x}$，则 $u+x\frac{du}{dx}=u\ln u$，即 $\frac{du}{u(\ln u-1)}=\frac{dx}{x}$，两端积分得 $\ln(\ln u-1)=\ln x+\ln C$，即 $\ln u-1=Cx$，故 $u=e^{1+Cx}$，代入 $u=\frac{y}{x}$ 得所求通解为 $y=xe^{1+Cx}$（C 为任意常数）。

4. C 【解析】易知齐次线性微分方程 $y'+3y=0$ 的通解为 $y=Ce^{-3x}$，观察得 $y=\frac{8}{3}$ 为方程 $y'+3y=8$ 的一个特解，所以方程 $y'+3y=8$ 的通解是 $y=\frac{8}{3}+Ce^{-3x}$，故选 C。

必刷好题

招教高频基础刷

1. B 【解析】$y=f(u)=f(\varphi(x))$，则 $dy=df(\varphi(x))=f'[\varphi(x)]\varphi'(x)dx=f'(u)\varphi'(x)dx$。

2. A 【解析】令 $f(x,y)=\sqrt{x^2+y^2}\cos\frac{1}{xy}$，因为 $\lim\limits_{(x,y)\to(0,0)}\cos\frac{1}{xy}$ 无意义，即不存在，故 $\lim\limits_{(x,y)\to(0,0)}\sqrt{x^2+y^2}\cos\frac{1}{xy}$ 不存在。

3. $\frac{2^{\frac{1}{x}}}{x^2}[4x^3\sin(4x^2)-\sin^2(2x^2)\ln 2]dx$ 【解析】$y'=(2^{\frac{1}{x}}\ln 2)\left(\frac{1}{x}\right)'\sin^2(2x^2)+2^{\frac{1}{x}}2\sin(2x^2)\cos(2x^2)(2x^2)'=2^{\frac{1}{x}}\sin^2(2x^2)\left(-\frac{1}{x^2}\right)\ln 2+2^{\frac{1}{x}}\sin(4x^2)(4x)$，所以 $dy=\frac{2^{\frac{1}{x}}}{x^2}[4x^3\sin(4x^2)-\sin^2(2x^2)\ln 2]dx$。

4. $\frac{y^2-e^x}{\cos y-2xy}$ 【解析】设 $F(x,y)=\sin y+e^x-xy^2$，则 $F_x'=e^x-y^2$，$F_y'=\cos y-2xy$，当 $F_y'\neq 0$ 时，有 $\frac{dy}{dx}=-\frac{F_x'}{F_y'}=-\frac{e^x-y^2}{\cos y-2xy}=\frac{y^2-e^x}{\cos y-2xy}$。

5. $\ln\frac{e^{2x}+1}{2}$ 【解析】分离变量，得 $e^ydy=e^{2x}dx$，两端积分得 $\int e^ydy=\int e^{2x}dx+C$，即 $e^y=\frac{1}{2}e^{2x}+C$，由 $y|_{x=0}=0$，得 $e^0=\frac{1}{2}e^0+C$，即 $\frac{1}{2}+C=1$，故 $C=\frac{1}{2}$，即得 $e^y=\frac{1}{2}(e^{2x}+1)$，故所求特解

为 $y=\ln\frac{e^{2x}+1}{2}$。

6. $\frac{\sqrt{2}}{4}\left(1+\frac{\pi}{2}\right)$ 【解析】$\frac{d\rho}{d\theta}=\sin\theta+\theta\cos\theta+\frac{1}{2}(-\sin\theta)=\frac{1}{2}\sin\theta+\theta\cos\theta$，所以 $\frac{d\rho}{d\theta}\Big|_{\theta=\frac{\pi}{4}}=$ $\frac{1}{2}\sin\frac{\pi}{4}+\frac{\pi}{4}\cos\frac{\pi}{4}=\frac{1}{2}\cdot\frac{\sqrt{2}}{2}+\frac{\pi}{4}\cdot\frac{\sqrt{2}}{2}=\frac{\sqrt{2}}{4}\left(1+\frac{\pi}{2}\right)$。

7. $\left(y+\frac{1}{y}\right)dx+\left(x-\frac{x}{y^2}\right)dy$ 【解析】因为 $\frac{\partial z}{\partial x}=y+\frac{1}{y}$，$\frac{\partial z}{\partial y}=x-\frac{x}{y^2}$，所以 $dz=\frac{\partial z}{\partial x}dx+\frac{\partial z}{\partial y}dy=$ $\left(y+\frac{1}{y}\right)dx+\left(x-\frac{x}{y^2}\right)dy$。

8. $\frac{1}{3}dx+\frac{2}{3}dy$ 【解析】因为 $\frac{\partial z}{\partial x}=\frac{2x}{1+x^2+y^2}$，$\frac{\partial z}{\partial y}=\frac{2y}{1+x^2+y^2}$，则 $\frac{\partial z}{\partial x}\Big|_{(1,2)}=\frac{1}{3}$，$\frac{\partial z}{\partial y}\Big|_{(1,2)}=$ $\frac{2}{3}$，所以 $dz\Big|_{(1,2)}=\frac{1}{3}dx+\frac{2}{3}dy$。

9. $3x^2y-y^3$ 【解析】$\frac{\partial z}{\partial x}=3x^2y-y^3$。

10. $\frac{1}{2y\sqrt{\ln(xy)}}$ 【解析】$\frac{\partial z}{\partial y}=\frac{1}{2}\cdot\frac{1}{\sqrt{\ln(xy)}}\cdot\frac{1}{xy}\cdot x=\frac{1}{2y\sqrt{\ln(xy)}}$。

11. $e^{-x}(x+C)$ 【解析】$y=e^{-\int dx}\left(\int e^{-x}\cdot e^{\int dx}dx+C\right)=e^{-x}\left(\int e^{-x}\cdot e^{x}dx+C\right)=e^{-x}(x+C)$。

12. e^{Cx} 【解析】原方程为 $x\frac{dy}{dx}-y\ln y=0$，分离变量得 $\frac{dy}{y\ln y}=\frac{dx}{x}$，两端积分得 $\int\frac{1}{y\ln y}dy=$ $\int\frac{1}{x}dx\Rightarrow\int\frac{1}{\ln y}d\ln y=\int\frac{1}{x}dx$，所以 $\ln|\ln y|=\ln|x|+\ln|C_1|=\ln|C_1x|$，即 $\ln y=\pm C_1x$，故通解为 $\ln y=Cx$，即 $y=e^{Cx}$。

13.【解析】当 $x>0$ 时，可将原方程写成 $y'=\frac{y}{x}+\sqrt{\left(\frac{y}{x}\right)^2-1}$，令 $u=\frac{y}{x}$，即 $y=xu$，有 $y'=$ $u+xu'$，则原方程为 $u+xu'=u+\sqrt{u^2-1}$，分离变量得 $\frac{du}{\sqrt{u^2-1}}=\frac{dx}{x}$，两端积分得 $\int\frac{1}{\sqrt{u^2-1}}du=\int\frac{1}{x}dx$，则 $\ln|u+\sqrt{u^2-1}|=\ln|x|+\ln|C_1|$，即 $u+\sqrt{u^2-1}=Cx(C=\pm C_1)$，将 $u=\frac{y}{x}$ 代入上式并整理，得方程在 $(0,+\infty)$ 内的通解为 $y+\sqrt{y^2-x^2}=Cx^2$。

当 $x<0$ 时，可将原方程写成 $y'=\frac{y}{x}-\sqrt{\left(\frac{y}{x}\right)^2-1}$，令 $u=\frac{y}{x}$，可变形为 $\frac{du}{\sqrt{u^2-1}}=-\frac{dx}{x}$，积分得 $\ln|u+\sqrt{u^2-1}|=\ln|C_1|-\ln|x|$，即 $u+\sqrt{u^2-1}=\frac{C}{x}(C=\pm C_1)$，将 $u=\frac{y}{x}$ 代入上

式并整理，得方程在$(-\infty,0)$内的通解为$y-\sqrt{y^2-x^2}=C$。

14.【解析】因为设$f(x)$在$[0,2]$上连续，所以$f(x)$在$[0,2]$上存在最小值m和最大值M，所以$3m\leqslant f(1)+2f(2)\leqslant 3M$，则$m\leqslant f(0)\leqslant M$，由介值定理可知，存在$c\in[0,2]$，使得$f(0)=f(c)$，再由罗尔定理可得，存在$\xi\in(0,c)\subset(0,2)$，使得$f'(\xi)=0$。

15.【解析】(1) 当$(x,y)\neq(0,0)$时，$|f(x,y)|\leqslant x^2+y^2$，故$\lim\limits_{\substack{x\to0\\y\to0}}f(x,y)=0$，所以函数在原点连续。

(2) 在$(0,0)$点，$\dfrac{f(x,0)-f(0,0)}{x}=\dfrac{x^2\sin\frac{1}{\sqrt{x^2}}}{x}$，所以$\lim\limits_{x\to0}\dfrac{f(x,0)-f(0,0)}{x}=\lim\limits_{x\to0}x\cdot\sin\dfrac{1}{\sqrt{x^2}}=0$，即偏导数$f_x'(0,0)$存在，且$f_x'(0,0)=0$，同理$f_y'(0,0)$也存在，且$f_y'(0,0)=0$。

(3) 由(2)知，$f_x'(0,0)=f_y'(0,0)=0$，所以$\Delta z-[f_x'(0,0)\cdot\Delta x+f_y'(0,0)\cdot\Delta y]=f(\Delta x,\Delta y)-f(0,0)-[0\cdot\Delta x+0\cdot\Delta y]=[(\Delta x)^2+(\Delta y)^2]\sin\dfrac{1}{\sqrt{(\Delta x)^2+(\Delta y)^2}}$，因为$\lim\limits_{\rho\to0^+}\dfrac{\Delta z-[f_x'(0,0)\cdot\Delta x+f_y'(0,0)\cdot\Delta y]}{\rho}=\lim\limits_{\rho\to0^+}\rho\sin\dfrac{1}{\rho}=0$，其中$\rho=\sqrt{(\Delta x)^2+(\Delta y)^2}$，故函数$f(x,y)$在$(0,0)$点可微，且$\mathrm{d}z=0\cdot\mathrm{d}x+0\cdot\mathrm{d}y=0$。

第三节　积　分

考向1 变式训练

1.【解析】$\displaystyle\int\frac{1}{x^2-a^2}\mathrm{d}x=\frac{1}{2a}\int\left(\frac{1}{x-a}-\frac{1}{x+a}\right)\mathrm{d}x=\frac{1}{2a}\left(\int\frac{1}{x-a}\mathrm{d}(x-a)-\int\frac{1}{x+a}\mathrm{d}(x+a)\right)=\frac{1}{2a}(\ln|x-a|-\ln|x+a|)+C=\frac{1}{2a}\ln\left|\frac{x-a}{x+a}\right|+C(a\neq0)$。

2.【解析】令$x=a\tan t\left(-\dfrac{\pi}{2}<t<\dfrac{\pi}{2}\right)$，则$\displaystyle\int\frac{1}{\sqrt{x^2+a^2}}\mathrm{d}x=\int\frac{a\sec^2t}{\sqrt{a^2\tan^2t+a^2}}\mathrm{d}t=\int\sec t\mathrm{d}t=\ln|\sec t+\tan t|+C_1=\ln\left|\sqrt{1+\tan^2t}+\tan t\right|+C_1=\ln\left|\sqrt{1+\frac{x^2}{a^2}}+\frac{x}{a}\right|+C_1=\ln\left|\sqrt{x^2+a^2}+x\right|+C$，其中$C=C_1-\ln a$。

3. D 【解析】$\displaystyle\int\frac{\ln x}{x^2}\mathrm{d}x=\int\ln x\mathrm{d}\left(-\frac{1}{x}\right)=\ln x\left(-\frac{1}{x}\right)-\int\left(-\frac{1}{x}\right)\cdot\frac{1}{x}\mathrm{d}x=-\frac{\ln x}{x}-\frac{1}{x}+C$。故选D。

4.【解析】由分部积分法得$\displaystyle\int x\cos x\mathrm{d}x=\int x\mathrm{d}(\sin x)=x\sin x-\int\sin x\mathrm{d}x=x\sin x+\cos x+C$。

考向 2 变式训练

1. D 【解析】由黎曼可积的定义,知黎曼可积必有界。

2. D 【解析】选项 A,∵ 函数 $f(x)$ 是连续的奇函数,∴ 函数 $f(x)$ 的图象关于原点对称,∴ $\int_{-a}^{a} f(x)\mathrm{d}x = 0$,故 A 项正确;选项 B,∵ 函数 $f(x)$ 是连续的偶函数,∴ 函数 $f(x)$ 的图象关于 y 轴对称,∴ $\int_{-a}^{a} f(x)\mathrm{d}x = 2\int_{0}^{a} f(x)\mathrm{d}x$,故 B 项正确;选项 C 正确;选项 D 中函数 $f(x)$ 可大于 0,也可小于 0,且 $f(x) > 0$ 的曲线围成的面积比 $f(x) < 0$ 的曲线围成的面积大,故 D 项错误。

考向 3 变式训练

1. $\frac{1}{2}\ln\frac{3}{2}$ 【解析】$\int_{1}^{2}\frac{1}{x^2+2x}\mathrm{d}x = \int_{1}^{2}\frac{1}{x(x+2)}\mathrm{d}x = \frac{1}{2}\int_{1}^{2}\left(\frac{1}{x} - \frac{1}{x+2}\right)\mathrm{d}x = \frac{1}{2}[\ln x - \ln(x+2)]\Big|_{1}^{2}$ $= \frac{1}{2}(\ln 3 - \ln 2) = \frac{1}{2}\ln\frac{3}{2}$。

2. $\frac{2^{\pi}}{\ln 2} - \frac{1}{\ln 2} + \pi$ 【解析】$\int_{0}^{\pi}(2^x + x\sin x)\mathrm{d}x = \int_{0}^{\pi}2^x\mathrm{d}x + \int_{0}^{\pi}x\sin x\mathrm{d}x = \frac{2^x}{\ln 2}\Big|_{0}^{\pi} - \int_{0}^{\pi}x\mathrm{d}(\cos x) =$ $\frac{2^x}{\ln 2}\Big|_{0}^{\pi} - \left(x\cos x\Big|_{0}^{\pi} - \int_{0}^{\pi}\cos x\mathrm{d}x\right) = \frac{2^x}{\ln 2}\Big|_{0}^{\pi} - x\cos x\Big|_{0}^{\pi} + \sin x\Big|_{0}^{\pi} = \frac{2^{\pi}}{\ln 2} - \frac{1}{\ln 2} + \pi$。

3. $\frac{1}{3}$ 【解析】$\int_{0}^{1}(2x - \sqrt{x})\mathrm{d}x = \left(x^2 - \frac{2}{3}x^{\frac{3}{2}}\right)\Big|_{0}^{1} = \frac{1}{3}$。

4. 2 【解析】令 $\sqrt{x} = t$,则 $x = t^2, \mathrm{d}x = 2t\mathrm{d}t$。$\int_{0}^{1}\mathrm{e}^{\sqrt{x}} = 2\int_{0}^{1}t\mathrm{e}^t\mathrm{d}t = 2\left(t\mathrm{e}^t\Big|_{0}^{1} - \int_{0}^{1}\mathrm{e}^t\mathrm{d}t\right) =$ $2\left(t\mathrm{e}^t\Big|_{0}^{1} - \mathrm{e}^t\Big|_{0}^{1}\right) = 2$。

5.【解析】在 $f(x+y) = f(x) + f(y)$ 中,令 $y = 0$,得 $f(x) = f(x) + f(0)$,所以 $f(0) = 0$,又 $f[x + (-x)] = f(x) + f(-x) = f(0) = 0$,即 $f(-x) = -f(x)$,可见 $f(x)$ 是奇函数,可得 $\int_{-1}^{1}(x^2+1)f(x)\mathrm{d}x = 0$。

6. π 【解析】$\int_{0}^{2}\sqrt{4-x^2}\mathrm{d}x$ 的几何意义是圆心为 (0,0),半径为 2 的圆的面积的 $\frac{1}{4}$,故 $\int_{0}^{2}\sqrt{4-x^2}\mathrm{d}x = \frac{4\pi}{4} = \pi$。

7. $\frac{\pi}{2}$ 【解析】被积函数 $y = \sqrt{2x - x^2}\,(0 \leqslant x \leqslant 2)$ 表示以 (1,0) 为圆心,半径为 1 的半圆。根据定积分的几何意义,$\int_{0}^{2}\sqrt{2x-x^2}\mathrm{d}x$ 等于半圆的面积,为 $\frac{\pi}{2}$。

8.【解析】原式 $=\int_{-2}^{2}(13-x^2)\mathrm{d}x+\int_{2}^{5}(1+x^2)\mathrm{d}x=2\int_{0}^{2}(13-x^2)\mathrm{d}x+\int_{2}^{5}(1+x^2)\mathrm{d}x$

$=2\left(13x-\frac{x^3}{3}\right)\Big|_0^2+\left(x+\frac{x^3}{3}\right)\Big|_2^5=2\times\frac{70}{3}+3+\frac{117}{3}=\frac{266}{3}$。

考向 4 变式训练

1. C 【解析】联立 $y=x^2$ 和 $y=x+2$，解得其交点坐标分别为 $(-1,1)$，$(2,4)$，作出图象，可得所求面积 $S=\int_{-1}^{2}(x+2-x^2)\mathrm{d}x=\left(\frac{1}{2}x^2+2x-\frac{1}{3}x^3\right)\Big|_{-1}^{2}=\frac{9}{2}$。

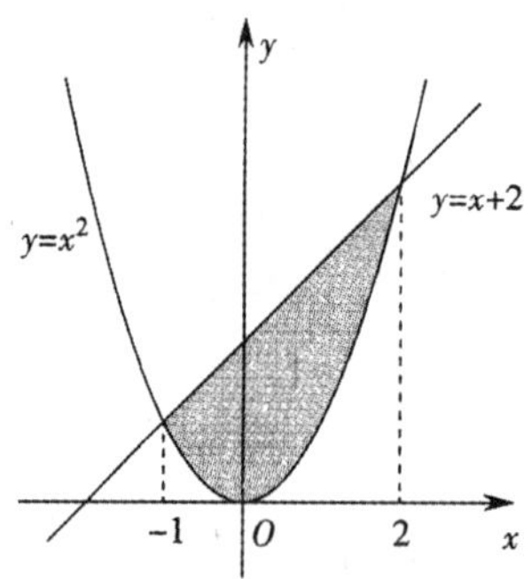

2. e^{2e} 【解析】由曲线 $y=\frac{1}{x}+2x+2e^{2x}$，直线 $x=1$，$x=e$ 和 x 轴所围成的区域的面积是 $\int_1^e\left(\frac{1}{x}+2x+2e^{2x}\right)\mathrm{d}x=(\ln x+x^2+e^{2x})\Big|_1^e=e^{2e}$。

3.【解析】由图知，抛物线过点 $(-2,0)$，$(2,0)$，$(0,2)$，不妨设 $f(x)=\lambda(x+2)(x-2)$，将点 $(0,2)$ 代入得 $\lambda=-\frac{1}{2}$，所以 $f(x)=-\frac{1}{2}(x+2)(x-2)=-\frac{1}{2}x^2+2$，从而抛物线与 x 轴围成的面积 $S=\int_{-2}^{2}\left(-\frac{1}{2}x^2+2\right)\mathrm{d}x=\left(-\frac{1}{6}x^3+2x\right)\Big|_{-2}^{2}=\frac{8}{3}-\left(-\frac{8}{3}\right)=\frac{16}{3}$。

4. 2π 【解析】如图，$y=e^x$，$x=0$，$x=1$ 与 x 轴围成的图形绕 y 轴旋转一周得到的几何体即阴影部分绕 y 轴旋转而成的几何体，$y=e^x$ 与 $x=0$，$x=1$ 分别交于点 $(0,1)$，$(1,e)$，$x=\ln y$，对 y 进行积分，则旋转体的体积为 $V=\pi\cdot1^2\cdot e-\pi\int_1^e(\ln y)^2\mathrm{d}y$，$\int_1^e(\ln y)^2\mathrm{d}y=y(\ln y)^2\Big|_1^e-\int_1^e y\mathrm{d}(\ln y)^2=e-2\int_1^e y\ln y\cdot\frac{1}{y}\mathrm{d}y=e-2\int_1^e\ln y\mathrm{d}y=e-2$，$\therefore V=\pi e-\pi(e-2)=2\pi$。

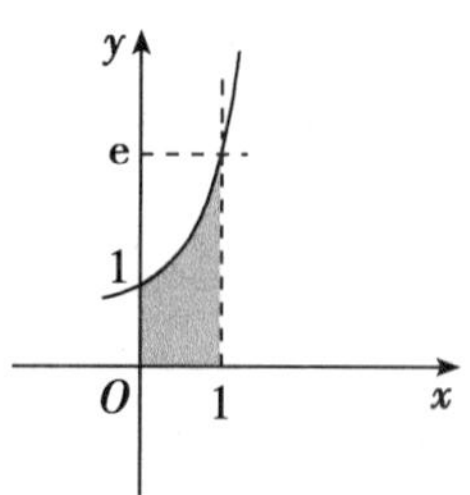

考向5 变式训练

1. B 【解析】如图,区域D为图中边长等于$\sqrt{2}$的正方形,其面积为$S=(\sqrt{2})^2=2$,$\therefore \iint\limits_D 2\mathrm{d}x\mathrm{d}y=2\iint\limits_D \mathrm{d}x\mathrm{d}y=2S=4$。

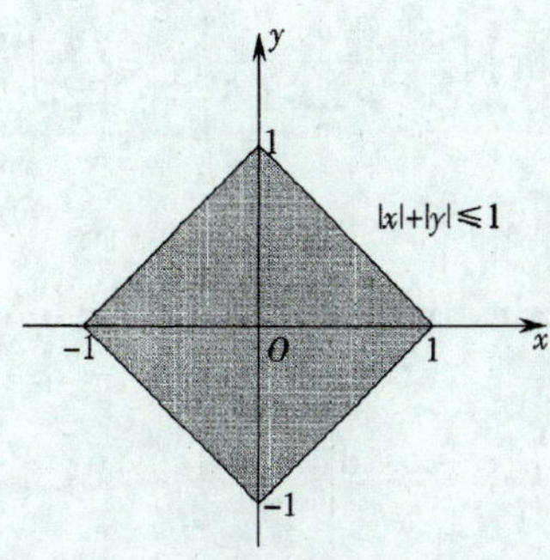

2.【解析】将直角坐标系化为极坐标系,令$x=r\cos\theta,y=r\sin\theta$,则$\mathrm{d}x\mathrm{d}y=r\mathrm{d}r\mathrm{d}\theta$,区域$D$表示极坐标系上$0\leqslant r\leqslant 2,0\leqslant\theta\leqslant\frac{\pi}{4}$的扇形区域,则$\iint\limits_D \mathrm{e}^{x^2+y^2}\mathrm{d}x\mathrm{d}y=\iint\limits_D r\mathrm{e}^{r^2}\mathrm{d}r\mathrm{d}\theta=\int_0^{\frac{\pi}{4}}\mathrm{d}\theta\int_0^2 r\mathrm{e}^{r^2}\mathrm{d}r=\frac{\pi}{8}(\mathrm{e}^4-1)$。

必刷好题

招教高频基础刷

1. C 【解析】根据微分运算与积分运算的关系,可知$\int\mathrm{d}f(x)=\int f'(x)\mathrm{d}x=f(x)+C$,$\frac{\mathrm{d}}{\mathrm{d}x}\int f(x)\mathrm{d}x=f(x)$,$\mathrm{d}\int f(x)\mathrm{d}x=\left(\frac{\mathrm{d}}{\mathrm{d}x}\int f(x)\mathrm{d}x\right)\mathrm{d}x=f(x)\mathrm{d}x$,故C项正确。

2. B 【解析】当$0\leqslant x\leqslant 1$时,$\frac{x^4}{\sqrt{2}}\leqslant\frac{x^4}{\sqrt{1+x}}\leqslant x^4$,分别积分得$\int_0^1\frac{x^4}{\sqrt{2}}\mathrm{d}x\leqslant\int_0^1\frac{x^4}{\sqrt{1+x}}\mathrm{d}x\leqslant\int_0^1 x^4\mathrm{d}x$,因为$\int_0^1\frac{x^4}{\sqrt{2}}\mathrm{d}x=\frac{1}{\sqrt{2}}\cdot\frac{x^5}{5}\bigg|_0^1=\frac{1}{\sqrt{2}}\cdot\frac{1}{5}=\frac{\sqrt{2}}{10}$,$\int_0^1 x^4\mathrm{d}x=\frac{1}{5}x^5\bigg|_0^1=\frac{1}{5}$,所以$\frac{\sqrt{2}}{10}\leqslant\int_0^1\frac{x^4}{\sqrt{1+x}}\mathrm{d}x\leqslant\frac{1}{5}$。

3. B 【解析】由微分基本定理得$f(x)-f(1)=\int_1^x f'(t)\mathrm{d}t=\int_1^x\frac{1}{t(1+2\ln t)}\mathrm{d}t=\frac{1}{2}\int_1^x\frac{1}{1+2\ln t}\mathrm{d}(1+2\ln t)=\frac{1}{2}[\ln(1+2\ln t)]\bigg|_1^x=\frac{1}{2}\ln(1+2\ln x)$,因为$f(1)=1$,所以$f(x)=\frac{1}{2}\ln(1+2\ln x)+1$。

4. $e^x-2x^{\frac{1}{2}}+C$ 【解析】$\int e^x\left(1-\frac{e^{-x}}{\sqrt{x}}\right)dx=\int\left(e^x-\frac{1}{\sqrt{x}}\right)dx=\int e^x dx-\int x^{-\frac{1}{2}}dx=e^x-2x^{\frac{1}{2}}+C$。

5. $-\frac{1}{2}\ln|1-2x|+C$ 【解析】令 $u=1-2x$,由第一类换元积分法得$\int\frac{dx}{1-2x}=-\frac{1}{2}\int\frac{du}{u}=-\frac{1}{2}\ln|u|+C$,又 $u=1-2x$,$\therefore\int\frac{dx}{1-2x}=\frac{1}{2}\ln|1-2x|+C$。

6. $\frac{1}{2}\ln(x^2+2x+5)+C$ 【解析】$\int\frac{x+1}{x^2+2x+5}dx=\frac{1}{2}\int\frac{d(x^2+2x+5)}{x^2+2x+5}=\frac{1}{2}\ln(x^2+2x+5)+C$。

7. $-x\cos x+\sin x+C$ 【解析】$\int x\sin x dx=-\int x d(\cos x)=-x\cos x+\int\cos x dx=-x\cos x+\sin x+C$。

8. $\frac{e^{-x}(\sin x-\cos x)}{2}+C$ 【解析】$\int e^{-x}\cos x dx=-\int\cos x d(e^{-x})=-e^{-x}\cos x+\int e^{-x}(-\sin x)dx=-e^{-x}\cos x+\int\sin x d(e^{-x})=-e^{-x}\cos x+e^{-x}\sin x-\int e^{-x}\cos x dx$,所以$\int e^{-x}\cos x dx=\frac{e^{-x}(\sin x-\cos x)}{2}+C$。

9. $3e^{\sqrt[3]{x}}(x^{\frac{2}{3}}-2x^{\frac{1}{3}}+2)+C$ 【解析】$\int e^{\sqrt[3]{x}}dx\overset{x=u^3}{=\!=\!=}\int 3u^2e^u du=\int 3u^2 d(e^u)=3u^2e^u-\int e^u d3u^2=3u^2e^u-\int 6u d(e^u)=3u^2e^u-6ue^u+6\int e^u du=(3u^2-6u+6)e^u+C=3e^{\sqrt[3]{x}}(x^{\frac{2}{3}}-2x^{\frac{1}{3}}+2)+C$。

10. $x^2\cos x-4x\sin x-6\cos x+C$ 【解析】由题意可得$\int f(x)dx=\frac{\sin x}{x}+C$,即$f(x)=\left(\frac{\sin x}{x}\right)'=\frac{x\cos x-\sin x}{x^2}$,所以$\int x^3f'(x)dx=\int x^3 df(x)=x^3f(x)-\int f(x)dx^3=x^3f(x)-\int 3x^2f(x)dx=x(x\cos x-\sin x)-3\int x^2 d\left(\frac{\sin x}{x}\right)=x^2\cos x-x\sin x-3\left(x^2\cdot\frac{\sin x}{x}-\int\frac{\sin x}{x}\cdot 2x dx\right)=x^2\cos x-x\sin x-3x\sin x+3\int 2\sin x dx=x^2\cos x-4x\sin x-6\cos x+C$。

11. $\frac{\pi}{2}$ 【解析】$\int_0^{\sqrt{2}}\sqrt{2-x^2}dx\overset{x=\sqrt{2}\sin u}{=\!=\!=}\int_0^{\frac{\pi}{2}}\sqrt{2}\cos u d\sqrt{2}\sin u=\int_0^{\frac{\pi}{2}}2\cos^2 u du=\int_0^{\frac{\pi}{2}}(\cos 2u+1)du=\left(\frac{1}{2}\sin 2u+u\right)\bigg|_0^{\frac{\pi}{2}}=\frac{\pi}{2}$。

12. $2\sqrt{3}-2$ 【解析】$\int_1^{e^2}\frac{dx}{x\sqrt{1+\ln x}}\overset{x=e^u}{=\!=\!=}\int_0^2\frac{de^u}{e^u\sqrt{1+u}}=\int_0^2\frac{du}{\sqrt{1+u}}=2\sqrt{1+u}\bigg|_0^2=2\sqrt{3}-2$。

13. 0 【解析】因为被积函数为奇函数,所以$\int_{-5}^{5}\frac{x^3\sin^2 x}{x^4+2x^2+1}dx=0$。

14. $\frac{e^2+1}{4}$ 【解析】$\int_1^e x\ln x dx=\int_1^e\frac{\ln x}{2}d(x^2)=\left(\frac{1}{2}x^2\ln x\right)\bigg|_1^e-\int_1^e x^2\cdot\frac{1}{2x}dx=\frac{e^2}{2}-\int_1^e\frac{x}{2}dx=\frac{e^2}{2}-$

$\left.\frac{x^2}{4}\right|_1^e=\frac{e^2}{2}-\left(\frac{e^2}{4}-\frac{1}{4}\right)=\frac{e^2+1}{4}$。

15. $\frac{\pi}{4}-\frac{1}{2}$ 【解析】$\int_0^1 x\arctan x\mathrm{d}x=\frac{1}{2}\int_0^1\arctan x\mathrm{d}(x^2)=\left.\left(\frac{1}{2}x^2\arctan x\right)\right|_0^1-\frac{1}{2}\int_0^1\frac{x^2}{1+x^2}\mathrm{d}x=\frac{\pi}{8}-\frac{1}{2}\int_0^1\frac{1+x^2-1}{1+x^2}\mathrm{d}x=\frac{\pi}{8}-\frac{1}{2}\int_0^1\left(1-\frac{1}{1+x^2}\right)\mathrm{d}x=\frac{\pi}{8}-\left.\frac{1}{2}(x-\arctan x)\right|_0^1=\frac{\pi}{8}-\frac{1}{2}\left(1-\frac{\pi}{4}\right)=\frac{\pi}{4}-\frac{1}{2}$。

16. $xf(-x^2)$ 【解析】令 $u=t^2-x^2$，则$\int_0^x tf(t^2-x^2)\mathrm{d}t=\frac{1}{2}\int_0^x f(t^2-x^2)\mathrm{d}(t^2-x^2)\xlongequal{u=t^2-x^2}\frac{1}{2}\int_{-x^2}^0 f(u)\mathrm{d}u=-\frac{1}{2}\int_0^{-x^2}f(u)\mathrm{d}u$，所以$\frac{\mathrm{d}}{\mathrm{d}x}\int_0^x tf(t^2-x^2)\mathrm{d}t=\frac{\mathrm{d}}{\mathrm{d}x}\left(-\frac{1}{2}\int_0^{-x^2}f(u)\mathrm{d}u\right)=-\frac{1}{2}f(-x^2)\cdot(-2x)=xf(-x^2)$。

17.【解析】如图，曲线$y=\frac{1}{x}$与直线$y=x$及$x=2$所围成的图形的面积即为阴影部分的面积，联立$y=\frac{1}{x}$与$y=x$解得$x=1$(负值舍去)，则所求区域面积为$\int_1^2\left(x-\frac{1}{x}\right)\mathrm{d}x=\left.\left(\frac{1}{2}x^2-\ln x\right)\right|_1^2=2-\ln 2-\frac{1}{2}=\frac{3}{2}-\ln 2$。

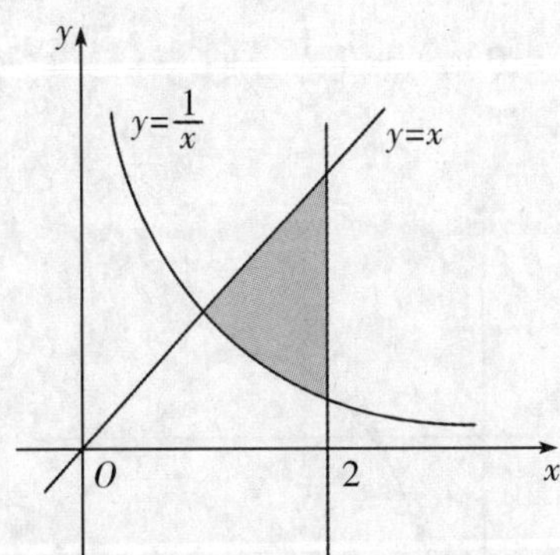

18.【解析】如图，阴影部分即为曲线$y=e^x$，$y=e^{-x}$与直线$x=1$所围成的图形，故所求区域面积为$\int_0^1(e^x-e^{-x})\mathrm{d}x=\left.(e^x+e^{-x})\right|_0^1=e+\frac{1}{e}-2$。

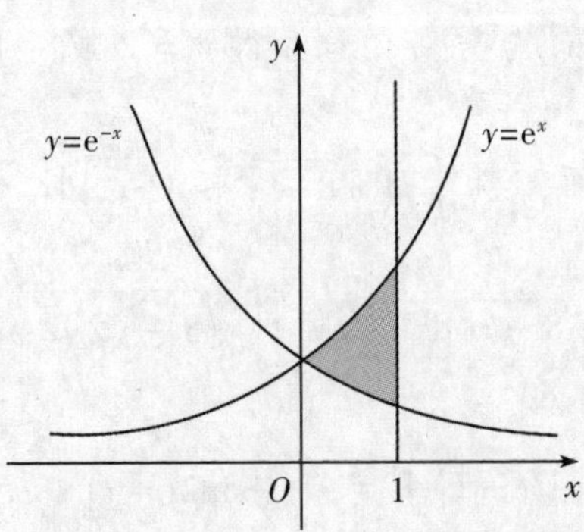

19.【解析】如图,阴影部分即为曲线 $y = \ln x$, y 轴与直线 $y = \ln a$, $y = \ln b(b > a > 0)$ 所围成的图形, $y = \ln x$ 可转化为 $x = e^y$,故所求区域面积为 $\int_{\ln a}^{\ln b} e^y dy = e^y \Big|_{\ln a}^{\ln b} = b - a$。

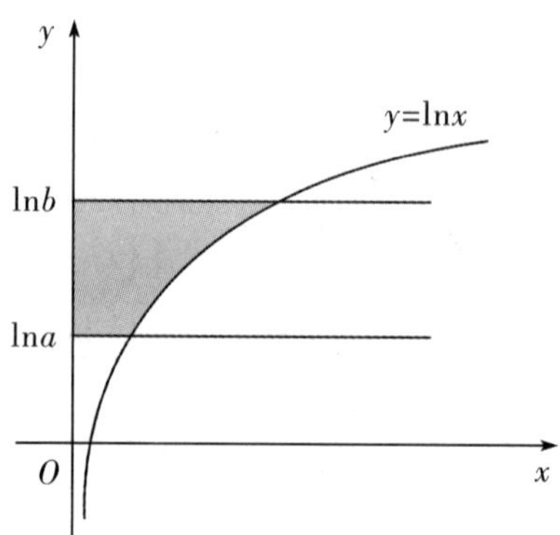

20.【解析】$y' = -2x + 4$,则 $y'|_{x=0} = 4$, $y'|_{x=3} = -2$,所以抛物线在点 $(0, -3)$, $(3,0)$ 处的切线分别为 $y = 4x - 3$, $y = -2x + 6$,两切线的交点坐标为 $\left(\frac{3}{2}, 3\right)$,如图所示。故所求面积为 $A = \int_0^{\frac{3}{2}}[4x - 3 - (-x^2 + 4x - 3)]dx + \int_{\frac{3}{2}}^3[-2x + 6 - (-x^2 + 4x - 3)]dx = \int_0^{\frac{3}{2}} x^2 dx + \int_{\frac{3}{2}}^3 (x^2 - 6x + 9)dx = \int_0^{\frac{3}{2}} x^2 dx + \int_{\frac{3}{2}}^3 (x - 3)^2 d(x - 3) = = \left(\frac{1}{3}x^3\right)\Big|_0^{\frac{3}{2}} + \frac{1}{3}(x - 3)^3\Big|_{\frac{3}{2}}^3 = \frac{9}{8} + \frac{9}{8} = \frac{9}{4}$。

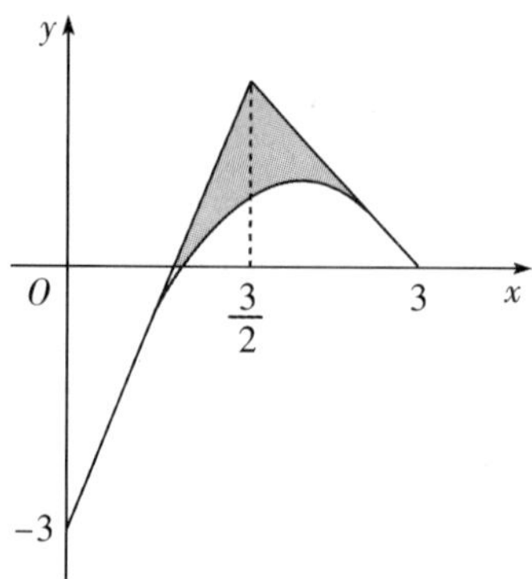

21.【解析】如图,联立 $y = \frac{1}{2}x^2$ 与 $x^2 + y^2 = 8$ 得 $y = 2$ 或 -4(舍去),则它们的交点坐标为 $(-2,2)$ 和 $(2,2)$。图形 D_1 的面积为 $\int_{-2}^{2}\left(\sqrt{8 - x^2} - \frac{1}{2}x^2\right)dx = 2\int_0^2\left(\sqrt{8 - x^2} - \frac{1}{2}x^2\right)dx = 2\left(\int_0^2 \sqrt{8 - x^2}dx - \int_0^2 \frac{1}{2}x^2 dx\right)$, $\int_0^2 \sqrt{8 - x^2}dx \xlongequal{x = 2\sqrt{2}\sin t} \int_0^{\frac{\pi}{4}} \sqrt{8 - (2\sqrt{2}\sin t)^2}\, d(2\sqrt{2}\sin t) = \int_0^{\frac{\pi}{4}} 2\sqrt{2}\cos t \cdot 2\sqrt{2}\cos t dt = 8\int_0^{\frac{\pi}{4}} \cos^2 t dt = 4\int_0^{\frac{\pi}{4}} (\cos 2t + 1)dt = 4\left(\frac{1}{2}\sin 2t + t\right)\Big|_0^{\frac{\pi}{4}} = 2 + \pi$, $\int_0^2 \frac{1}{2}x^2 dx = \frac{1}{6}x^3\Big|_0^2 =$

$\frac{1}{6}\cdot 2^3=\frac{4}{3}$，所以$\int_{-2}^{2}\left(\sqrt{8-x^2}-\frac{1}{2}x^2\right)\mathrm{d}x=2\left(2+\pi-\frac{4}{3}\right)=2\pi+\frac{4}{3}$。图形 D_2 的面积为

$\pi(2\sqrt{2})^2-\left(2\pi+\frac{4}{3}\right)=6\pi-\frac{4}{3}$。

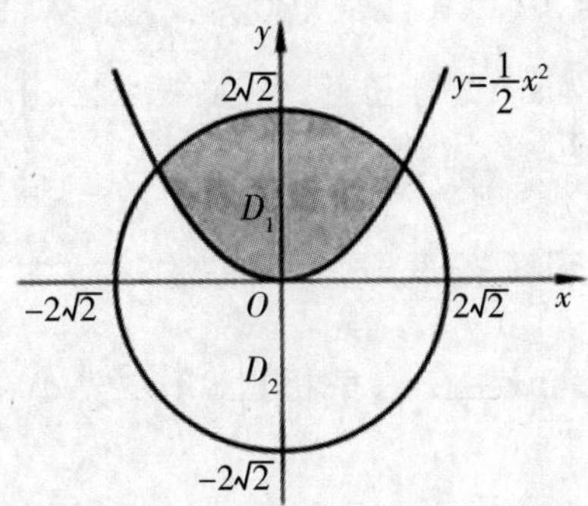

22.【解析】如图，取 x 为积分变量，则 x 的变化范围为$[0,4]$，因此所求旋转体的体积为 $V=\int_0^4 2\pi x f(x)\mathrm{d}x=\int_0^4 2\pi x^{\frac{5}{2}}\mathrm{d}x=2\pi\cdot\frac{2}{7}x^{\frac{7}{2}}\Big|_0^4=\frac{512}{7}\pi$。

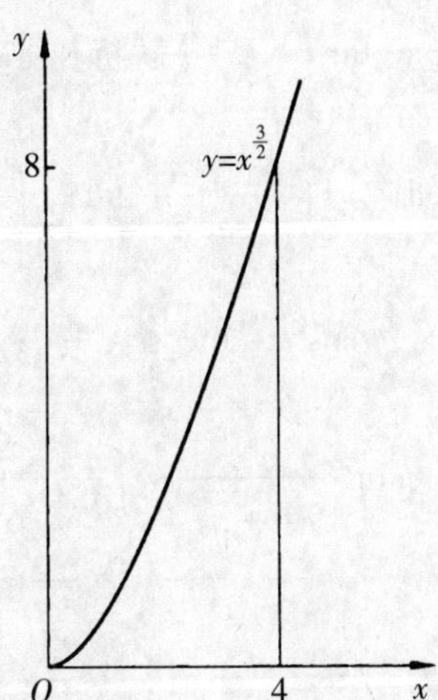

23.【解析】方法一：

$D=\{(x,y)\mid 0\leqslant x\leqslant 1,0\leqslant y\leqslant x\}$，则$\iint\limits_D xy\mathrm{d}x\mathrm{d}y=\int_0^1 x\mathrm{d}x\int_0^x y\mathrm{d}y=\frac{1}{2}\int_0^1 x^3\mathrm{d}x=\frac{1}{2}\cdot\frac{1}{4}x^4\Big|_0^1=\frac{1}{8}$。

方法二：

$D=\{(x,y)\mid y\leqslant x\leqslant 1,0\leqslant y\leqslant 1\}$，

则$\iint\limits_D xy\mathrm{d}x\mathrm{d}y=\int_0^1 y\mathrm{d}y\int_y^1 x\mathrm{d}x=\frac{1}{2}\int_0^1 y(1-y^2)\mathrm{d}y=\frac{1}{2}\left(\frac{1}{2}y^2-\frac{1}{4}y^4\right)\Big|_0^1=\frac{1}{2}\left(\frac{1}{2}-\frac{1}{4}\right)=\frac{1}{8}$。

24.【解析】改变积分次序得$\int_0^1\mathrm{d}y\int_y^1\mathrm{e}^{x^2}\mathrm{d}x=\int_0^1\mathrm{d}x\int_0^x\mathrm{e}^{x^2}\mathrm{d}y=\int_0^1 x\mathrm{e}^{x^2}\mathrm{d}x=\frac{1}{2}\mathrm{e}^{x^2}\Big|_0^1=\frac{\mathrm{e}-1}{2}$。

招教易错能力刷

1. A 【解析】令 $G(x)=\int_0^x f(t)\mathrm{d}t$，则 $G(x)$ 是 $f(x)$ 的一个原函数，则有 $G(x)$ 是奇(偶)函数 $\Leftrightarrow f(x)$ 是偶(奇)函数，又 $F(x)=G(x)+C$，其中 C 是任意常数，而常数函数是偶函数，故由奇、偶函数的性质知 $F(x)$ 是偶函数 $\Leftrightarrow f(x)$ 是奇函数，故 A 项成立，B 项不成立；取周期函数 $f(x)=\cos x+1$，则 $F(x)=\sin x+x+C$ 不是周期函数，故 C 项不成立；取单调递增函数 $f(x)=2x, x\in\mathbf{R}$，则 $F(x)=x^2+C$ 在 $\mathbf{R}$ 上不是单调函数，故 D 项不成立。

2. $\frac{1}{6}x^3+\frac{1}{2}x^2\sin x+x\cos x-\sin x+C$ 【解析】$\int x^2\cos^2\frac{x}{2}\mathrm{d}x=\frac{1}{2}\int x^2(1+\cos x)\mathrm{d}x=\frac{1}{6}x^3+\frac{1}{2}\int x^2\mathrm{d}(\sin x)=\frac{1}{6}x^3+\frac{1}{2}x^2\sin x-\int x\sin x\mathrm{d}x=\frac{1}{6}x^3+\frac{1}{2}x^2\sin x+\int x\mathrm{d}(\cos x)=\frac{1}{6}x^3+\frac{1}{2}x^2\sin x+x\cos x-\int\cos x\mathrm{d}x=\frac{1}{6}x^3+\frac{1}{2}x^2\sin x+x\cos x-\sin x+C$。

3. $\frac{1+x}{2(1+x^2)}+\frac{1}{2}\ln(1+x^2)+\frac{1}{2}\arctan x+C$ 【解析】设 $x=\tan t\left(-\frac{\pi}{2}<t<\frac{\pi}{2}\right)$，则 $x^2+1=\sec^2 t, \mathrm{d}x=\sec^2 t\mathrm{d}t$，所以 $\int\frac{x^3+1}{(x^2+1)^2}\mathrm{d}x=\int\frac{\tan^3 t+1}{\sec^2 t}\mathrm{d}t=\int\frac{\cos^2 t-1}{\cos t}\mathrm{d}(\cos t)+\int\frac{1+\cos 2t}{2}\mathrm{d}t=\frac{1}{2}\cos^2 t-\ln\cos t+\frac{t}{2}+\frac{1}{4}\sin 2t+C=\frac{1}{2}\cos^2 t-\ln\cos t+\frac{t}{2}+\frac{1}{2}\sin t\cos t+C$，又 $\tan t=x$，作如图所示的辅助三角形，则有 $\cos t=\frac{1}{\sqrt{1+x^2}}$，$\sin t\ \frac{x}{\sqrt{1+x^2}}$，故 $\int\frac{x^3+1}{(x^2+1)^2}\mathrm{d}x=\frac{1+x}{2(1+x^2)}+\frac{1}{2}\ln(1+x^2)+\frac{1}{2}\arctan x+C$。

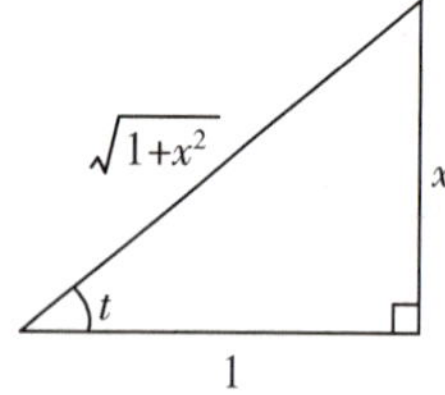

4. $\frac{e(\sin 1-\cos 1)+1}{2}$ 【解析】$\int_1^e\sin(\ln x)\mathrm{d}x\xlongequal{x=e^u}\int_0^1\sin u\mathrm{d}e^u=-e^u\cos u\Big|_0^1+\int_0^1 e^u\cos u\mathrm{d}u=-e^u\cos u\Big|_0^1+e^u\sin u\Big|_0^1-\int_0^1 e^u\sin u\mathrm{d}u=e\sin 1-e\cos 1+1-\int_0^1 e^u\sin u\mathrm{d}u$，即 $\int_0^1 e^u\sin u\mathrm{d}u=e\sin 1-e\cos 1+1-\int_0^1 e^u\sin u\mathrm{d}u$，则 $\int_0^1 e^u\sin u\mathrm{d}u=\frac{e(\sin 1-\cos 1)+1}{2}$，故 $\int_1^e\sin(\ln x)\mathrm{d}x=\frac{e(\sin 1-\cos 1)+1}{2}$。

5.【解析】因为区域D关于x轴对称，所以由二重积分的对称性得$I=\iint\limits_D(x^2+xy)\mathrm{d}x\mathrm{d}y=\iint\limits_D x^2\mathrm{d}x\mathrm{d}y$。

令$\begin{cases}x=r\cos\theta,\\ y=r\sin\theta,\end{cases}$则$D=\left\{(r,\theta)\mid-\dfrac{\pi}{2}\leqslant\theta\leqslant\dfrac{\pi}{2},0\leqslant r\leqslant 2\cos\theta\right\}$，所以$I=\iint\limits_D x^2\mathrm{d}x\mathrm{d}y=$

$\int_{-\frac{\pi}{2}}^{\frac{\pi}{2}}\mathrm{d}\theta\int_0^{2\cos\theta}r^3\cos^2\theta\mathrm{d}r=4\int_{-\frac{\pi}{2}}^{\frac{\pi}{2}}\cos^6\theta\mathrm{d}\theta=8\int_0^{\frac{\pi}{2}}\cos^6\theta\mathrm{d}\theta=8I_6=8\times\dfrac{5}{6}\times\dfrac{3}{4}\times\dfrac{1}{2}\times\dfrac{\pi}{2}=\dfrac{5\pi}{4}$。(三角函数$n$次方积分公式：$I_n=\int_0^{\frac{\pi}{2}}\cos^n x\mathrm{d}x=\begin{cases}\dfrac{n-1}{n}\cdot\dfrac{n-3}{n-2}\cdot\cdots\cdot\dfrac{3}{4}\cdot\dfrac{1}{2}\cdot\dfrac{\pi}{2},n\text{为正偶数},\\ \dfrac{n-1}{n}\cdot\dfrac{n-3}{n-2}\cdot\cdots\cdot\dfrac{4}{5}\cdot\dfrac{2}{3},n\text{为大于1的正奇数}。\end{cases}$)

6.【解析】(1) 设切点的横坐标为x_0，则曲线$y=\ln x$在点$(x_0,\ln x_0)$处的切线方程是$y=\ln x_0+\dfrac{1}{x_0}(x-x_0)$，由该切线过原点可知$y=\ln x_0-1=0$，则$x_0=\mathrm{e}$，故该切线方程为$y=\dfrac{1}{\mathrm{e}}x$，平面图形$D$的面积为$S=\int_0^1(\mathrm{e}^y-\mathrm{e}y)\mathrm{d}y=\left(\mathrm{e}^y-\dfrac{\mathrm{e}}{2}y^2\right)\Big|_0^1=\mathrm{e}-1-\dfrac{\mathrm{e}}{2}=\dfrac{\mathrm{e}}{2}-1$。

(2) 切线$y=\dfrac{1}{\mathrm{e}}x$与x轴及直线$x=\mathrm{e}$所围成的三角形绕直线$x=\mathrm{e}$旋转所得的圆锥体的体积为$V_1=\dfrac{1}{3}\pi\mathrm{e}^2$，曲线$y=\ln x$与$x$轴及直线$x=\mathrm{e}$所围成的图形绕直线$x=\mathrm{e}$旋转所得的旋转体的体积为$V_2=\int_0^1\pi(\mathrm{e}-\mathrm{e}^y)^2\mathrm{d}y=\dfrac{\pi}{2}(-\mathrm{e}^2+4\mathrm{e}-1)$，故所求旋转体的体积为$V=V_1-V_2=\dfrac{\pi}{6}(5\mathrm{e}^2-12\mathrm{e}+3)$。

第四节　级　数

考向 1 变式训练

D 【解析】由$\sum\limits_{n=1}^{\infty}b_n$发散可知，$\sum\limits_{n=1}^{\infty}|b_n|$必发散，而级数$\sum\limits_{n=1}^{\infty}a_n$收敛，则$\sum\limits_{n=1}^{\infty}(a_n+|b_n|)$必发散。

考向 2 变式训练

1. D 【解析】调和级数$\sum\limits_{n=1}^{\infty}\dfrac{1}{n}$是发散的，故选 D。

2.【解析】$\lim\limits_{n\to\infty}\sqrt[n]{u_n}=\lim\limits_{n\to\infty}\sqrt[n]{\frac{1}{(\ln(n+1))^n}}=\lim\limits_{n\to\infty}\frac{1}{\ln(n+1)}=0<1$，故该级数收敛。

3.【解析】因为$\lim\limits_{n\to\infty}\frac{u_{n+1}}{u_n}=\lim\limits_{n\to\infty}\left(\frac{n+1}{3^n}\cdot\frac{3^{n-1}}{n}\right)=\frac{1}{3}\lim\limits_{n\to\infty}\frac{n+1}{n}=\frac{1}{3}<1$，故绝对值级数$\sum\limits_{n=1}^{\infty}u_n$收敛，则原级数绝对收敛。

4.【解析】对于任意项级数，先判别其是否绝对收敛，各项取绝对值后得正项级数$\sum\limits_{n=1}^{\infty}\frac{n}{2^n}\left|\cos\frac{n\pi}{3}\right|$，由于$u_n=\frac{n}{2^n}\left|\cos\frac{n\pi}{3}\right|\leqslant v_n=\frac{n}{2^n}$，且$\lim\limits_{n\to\infty}\frac{v_{n+1}}{v_n}=\lim\limits_{n\to\infty}\frac{\frac{n+1}{2^{n+1}}}{\frac{n}{2^n}}=\lim\limits_{n\to\infty}\frac{n+1}{2n}=\frac{1}{2}<1$，故级数$\sum\limits_{n=1}^{\infty}v_n$收敛，从而级数$\sum\limits_{n=1}^{\infty}\frac{n}{2^n}\left|\cos\frac{n\pi}{3}\right|$也收敛，即原级数绝对收敛。

考向 3 变式训练

1. 1 【解析】因为$\lim\limits_{n\to\infty}\left|\frac{a_{n+1}}{a_n}\right|=\lim\limits_{n\to\infty}\frac{n+1}{n}=1$，所以幂级数$\sum\limits_{n=1}^{\infty}nx^n$的收敛半径为$R=\frac{1}{1}=1$。

2. B 【解析】因为$\lim\limits_{n\to\infty}\left|\frac{a_{n+1}}{a_n}\right|=\lim\limits_{n\to\infty}\frac{\frac{1}{\sqrt{n+1}}}{\frac{1}{\sqrt{n}}}=\lim\limits_{n\to\infty}\frac{\sqrt{n}}{\sqrt{n+1}}=1$，所以幂级数$\sum\limits_{n=1}^{\infty}\frac{x^n}{\sqrt{n}}$的收敛半径为1，收敛区间为$(-1,1)$。当$x=-1$时，有交错级数$\sum\limits_{n=1}^{\infty}\frac{(-1)^n}{\sqrt{n}}$，由莱布尼茨判别法知该级数收敛；当$x=1$时，有$P-$级数$\sum\limits_{n=1}^{\infty}\frac{1}{\sqrt{n}}$，其中$P=\frac{1}{2}$，由$P$级数知当$P\leqslant1$时级数发散。所以题干所述的幂级数的收敛域为$[-1,1)$。

3. A 【解析】由级数在$x=-1$处收敛知，该级数的收敛半径$r\geqslant|-1-2|=3$，又因为$|4-2|<3$，所以$x=4$在级数的收敛区间内，因此级数$\sum\limits_{n=0}^{\infty}(x-2)^n$在$x=4$处绝对收敛。

必刷好题

招教高频基础刷

1. D 【解析】取$u_n=\frac{1}{n}+\frac{1}{n^2}, v_n=\frac{1}{n}$，则$\sum\limits_{n=1}^{\infty}(u_n-v_n)=\sum\limits_{n=1}^{\infty}\left(\frac{1}{n}+\frac{1}{n^2}-\frac{1}{n}\right)=\sum\limits_{n=1}^{\infty}\frac{1}{n^2}$收敛，

A 项错误；取 $u_n=\frac{1}{\sqrt{n}}, v_n=\frac{1}{n}$，则 $\sum_{n=1}^{\infty}u_nv_n=\sum_{n=1}^{\infty}\left(\frac{1}{\sqrt{n}}\cdot\frac{1}{n}\right)=\sum_{n=1}^{\infty}\frac{1}{n^{\frac{3}{2}}}$ 收敛，B 项错误；取 $u_n=\frac{1}{n^2}-\frac{1}{n}$，$v_n=\frac{1}{n}$，则 $\sum_{n=1}^{\infty}(u_n+|v_n|)=\sum_{n=1}^{\infty}\frac{1}{n^2}$ 收敛，C 项错误；因为级数 $\sum_{n=1}^{\infty}u_n$，$\sum_{n=1}^{\infty}v_n$ 发散，所以 $\sum_{n=1}^{\infty}|u_n|$ 与 $\sum_{n=1}^{\infty}|v_n|$ 发散，所以 $\sum_{n=1}^{\infty}(|u_n|+|v_n|)$ 发散，D 项正确。

2. D 【解析】令 $S_n=u_1+u_2+\cdots+u_n$，因为 $\sum_{n=1}^{\infty}u_n$ 收敛，所以 $\lim\limits_{n\to\infty}u_n=0$ 且 $\lim\limits_{n\to\infty}S_n$ 存在，设 $\lim\limits_{n\to\infty}S_n=S$，对 $\sum_{n=1}^{\infty}(u_n+u_{n+1})$，部分和 $S'_n=(u_1+u_2)+(u_2+u_3)+\cdots+(u_n+u_{n+1})=2S_n-u_1+u_{n+1}$，所以 $\lim\limits_{n\to\infty}S'_n=2S-u_1$，所以 $\sum_{n=1}^{\infty}(u_n+u_{n+1})$ 收敛。

3. $\left(-\frac{1}{5},\frac{1}{5}\right)$ 【解析】$u_n=a_nx^n, a_n=\frac{3^n+5^n}{n}$，因为 $\lim\limits_{n\to\infty}\frac{|a_{n+1}|}{|a_n|}=\lim\limits_{n\to\infty}\frac{3^{n+1}+5^{n+1}}{n+1}\cdot\frac{n}{3^n+5^n}=\lim\limits_{n\to\infty}\frac{n}{n+1}\cdot\frac{3^{n+1}+5^{n+1}}{3^n+5^n}=\lim\limits_{n\to\infty}\frac{3\left(\frac{3}{5}\right)^n+5}{\left(\frac{3}{5}\right)^n+1}=5$，故收敛半径为 $R=\frac{1}{5}$，收敛区间为 $\left(-\frac{1}{5},\frac{1}{5}\right)$。

4. $\left(-\frac{1}{e},\frac{1}{e}\right)$ 【解析】$u_n=a_nx^n, a_n=\left(1+\frac{1}{n}\right)^{n^2}$，因为 $\lim\limits_{n\to\infty}\frac{|a_{n+1}|}{|a_n|}=\lim\limits_{n\to\infty}\frac{\left(1+\frac{1}{n+1}\right)^{(n+1)^2}}{\left(1+\frac{1}{n}\right)^{n^2}}=\frac{\lim\limits_{n\to\infty}\left(1+\frac{1}{n+1}\right)^{(n+1)^2}}{\lim\limits_{n\to\infty}\left(1+\frac{1}{n}\right)^{n^2}}=\frac{\lim\limits_{n\to\infty}\left(\left(1+\frac{1}{n+1}\right)^{(n+1)}\right)^{(n+1)}}{\lim\limits_{n\to\infty}\left(\left(1+\frac{1}{n}\right)^n\right)^n}=\frac{\lim\limits_{n\to\infty}e^{n+1}}{\lim\limits_{n\to\infty}e^n}=e$，故收敛半径为 $R=\frac{1}{e}$，收敛区间为 $\left(-\frac{1}{e},\frac{1}{e}\right)$。

5. $(-1,1]$ 【解析】由 $\lim\limits_{n\to\infty}\left|\frac{a_{n+1}}{a_n}\right|=\lim\limits_{n\to\infty}\frac{n}{n+1}=1$ 得级数的收敛半径为 $R=1$。当 $x=-1$ 时，$\sum_{n=1}^{\infty}(-1)^{n+1}\frac{(-1)^n}{n}=-\sum_{n=1}^{\infty}\frac{1}{n}$ 发散；当 $x=1$ 时，$\sum_{n=1}^{\infty}\frac{(-1)^{n+1}}{n}$ 收敛。故级数的收敛域为 $(-1,1]$。

6. 3 【解析】设级数 $\sum_{n=0}^{\infty}a_n(x-3)^n$ 的收敛半径为 R，当 $x=-6$ 时，级数 $\sum_{n=0}^{\infty}a_n(x-3)^n$ 收敛，则 $R\geqslant|-6-3|=9$，当 $x=12$ 时，级数 $\sum_{n=0}^{\infty}a_n(x-3)^n$ 发散，则 $R\leqslant|12-3|=9$，所以级数 $\sum_{n=0}^{\infty}a_n(x-3)^n$ 的收敛半径为 $R=9$，则级数 $\sum_{n=0}^{\infty}a_nx^{2n}$ 的收敛半径为 3，因为 $\left(\sum_{n=0}^{\infty}a_nx^{2n}\right)'=2\sum_{n=1}^{\infty}na_nx^{2n-1}$ 且逐项求导后的级数收敛半径不变，故级数 $\sum_{n=1}^{\infty}na_nx^{2n-1}$ 的收敛半径为 3。

1. B 【解析】由$\lim\limits_{n\to\infty}\frac{u_n}{n}=1$，得$\lim\limits_{n\to\infty}u_n=\infty$且$\frac{1}{u_n}\sim\frac{1}{n}$，$S_n=-\left(\frac{1}{u_1}+\frac{1}{u_2}\right)+\left(\frac{1}{u_2}+\frac{1}{u_3}\right)-\cdots+(-1)^n\left(\frac{1}{u_n}+\frac{1}{u_{n+1}}\right)=-\frac{1}{u_1}+\frac{(-1)^n}{u_{n+1}}$，因为$\lim\limits_{n\to\infty}S_n=-\frac{1}{u_1}$，所以级数$\sum\limits_{n=1}^{\infty}(-1)^n\left(\frac{1}{u_n}+\frac{1}{u_{n+1}}\right)$收敛，又因为$\lim\limits_{n\to\infty}\frac{\frac{1}{u_n}+\frac{1}{u_n+1}}{n+1}=\lim\limits_{n\to\infty}\frac{n+1}{u_n}+\lim\limits_{n\to\infty}\frac{n+1}{u_n+1}=\lim\limits_{n\to\infty}\frac{n}{u_n}+\lim\limits_{n\to\infty}\frac{1}{u_n}+\lim\limits_{n\to\infty}\frac{n+1}{u_n+1}=1+0+1=2$，$\therefore\sum\limits_{n=1}^{\infty}\left(\frac{1}{u_n}+\frac{1}{u_n+1}\right)$与$\sum\limits_{n=1}^{\infty}\frac{1}{n+1}$发散，所以级数$\sum\limits_{n=1}^{\infty}(-1)^n\left(\frac{1}{u_n}+\frac{1}{u_{n+1}}\right)$条件收敛。

2. $(-2,0)$ 【解析】令$x+1=t$，即$x=t-1$，因为$\lim\limits_{n\to\infty}\frac{|a_{n+1}|}{|a_n|}=\lim\limits_{n\to\infty}\frac{n+1}{n}=1$，所以收敛半径为$R=1$，故$\sum\limits_{n=1}^{\infty}nt^n$收敛区间为$(-1,1)$，故原级数的收敛区间为$(-2,0)$。

3. $(-\sqrt{2},\sqrt{2})$ 【解析】令$\frac{x^2}{2}=t$，则$\frac{x^{2n}}{2^n}=\left(\frac{x^2}{2}\right)^n=t^n$，即原级数可转化为$\sum\limits_{n=1}^{\infty}nt^n$，因为$\lim\limits_{n\to\infty}\frac{|a_{n+1}|}{|a_n|}=\lim\limits_{n\to\infty}\frac{n+1}{n}=1$，所以收敛半径为$R=1$，$\sum\limits_{n=1}^{\infty}nt^n$收敛区间为$(-1,1)$。因为$x=\pm\sqrt{2t}$，所以原级数的收敛区间为$(-\sqrt{2},\sqrt{2})$。

专题二　线性代数

第一节　行列式

考向1 变式训练

1. 5 【解析】在排列52316中,5后比5小的数字有2,3,1,共3个;2后比2小的数字有1,共1个;3后比3小的数字有1,共1个;1后没有比1小的数字,共0个。所以逆序数为$3+1+1+0=5$。

2. $\frac{n(n-1)}{2}$ 【解析】因为奇数和偶数分别是从小到大排列的,奇数在前偶数在后,且都为n个,所以组成逆序对的一定是一个奇数和一个偶数。3后比3小的数字只有2,共1个逆序对;5后比5小的数字为2,4,共2个逆序对;…;$2n-3$后比$2n-3$小的数字为$2,4,\cdots,2n-4$共$n-2$个逆序对;$2n-1$后比$2n-1$小的数字为$2,4,\cdots,2n-2$共$n-1$个逆序对,所以逆序数$=1+2+3+\cdots+(n-1)=\frac{n(n-1)}{2}$。

3. -1 【解析】元素$a_{31}=1,a_{32}=2,a_{33}=3,a_{34}=4$对应的余子式分别为1,2,2,1,那么其各自对应的代数余子式依次为$1,-2,2,-1$,所以行列式的值为$1\times1+2\times(-2)+3\times2+4\times(-1)=1-4+6-4=-1$。

4. 2 【解析】$A_{12}=(-1)^3\begin{vmatrix}x&1\\4&5\end{vmatrix}=(-1)^3(5x-4)=-1$,解得$x=1$,则

$A_{21}=(-1)^3\begin{vmatrix}0&2\\x&5\end{vmatrix}=(-1)^3\cdot(-2x)=2$。

考向2 变式训练

1. D 【解析】$x\begin{vmatrix}z&x\\1&0\end{vmatrix}+y\begin{vmatrix}0&y\\1&x\end{vmatrix}+\begin{vmatrix}1&z\\z&1\end{vmatrix}=x\cdot(-x)+y\cdot(-y)+1-z^2=1$,即$-x^2-y^2-z^2=0$,D项符合题意。

2. 40 【解析】解题思路为,先利用行列式的基本性质,保留某一行(列)中的一个元素,这一

行(列)的其他元素化为0,然后按这一行(列)展开计算。$\begin{vmatrix}3&1&-1&2\\-5&1&3&-4\\2&0&1&-1\\1&-5&3&-3\end{vmatrix}\xlongequal{c_4+c_3}$

$\begin{vmatrix}3&1&-1&1\\-5&1&3&-1\\2&0&1&0\\1&-5&3&0\end{vmatrix}\xlongequal{c_1-2c_3}\begin{vmatrix}5&1&-1&1\\-11&1&3&-1\\0&0&1&0\\-5&-5&3&0\end{vmatrix}=1\times(-1)^{3+3}\begin{vmatrix}5&1&1\\-11&1&-1\\-5&-5&0\end{vmatrix}\xlongequal{r_2+r_1}$

$\begin{vmatrix}5&1&1\\-6&2&0\\-5&-5&0\end{vmatrix}=1\times(-1)^{3+1}\begin{vmatrix}-6&2\\-5&-5\end{vmatrix}=(-6)\times(-5)-2\times(-5)=40$。

3. $(a-b)^3$ 【解析】$\begin{vmatrix}a^2&ab&b^2\\2a&a+b&2b\\1&1&1\end{vmatrix}=\begin{vmatrix}a^2&ab-a^2&b^2-a^2\\2a&b-a&2b-2a\\1&0&0\end{vmatrix}=\begin{vmatrix}ab-a^2&b^2-a^2\\b-a&2b-2a\end{vmatrix}=$

$(b-a)^2\begin{vmatrix}a&b+a\\1&2\end{vmatrix}=(b-a)^2(2a-b-a)=(a-b)^3$。

必刷好题

招教高频基础刷

1. B 【解析】$D=\begin{vmatrix}1&1&1\\1&x&x^2\\1&-2&4\end{vmatrix}\xlongequal[r_3-r_1]{r_2-r_1}\begin{vmatrix}1&1&1\\0&x-1&x^2-1\\0&-3&3\end{vmatrix}=(-1)^{1+1}\begin{vmatrix}x-1&(x-1)(x+1)\\-3&3\end{vmatrix}=$

$3(x-1)(x+2)=0$,当 $x=1$ 或 $x=-2$ 时,行列式的值为0,故 $x=-2$ 是 $D=0$ 的充分不必要条件。

2. 48 【解析】$D\xlongequal{r_1+r_2+r_3+r_4}\begin{vmatrix}6&6&6&6\\1&3&1&1\\1&1&3&1\\1&1&1&3\end{vmatrix}=6\begin{vmatrix}1&1&1&1\\1&3&1&1\\1&1&3&1\\1&1&1&3\end{vmatrix}\xlongequal[r_4-r_1]{\substack{r_2-r_1\\r_3-r_1}}6\begin{vmatrix}1&1&1&1\\0&2&0&0\\0&0&2&0\\0&0&0&2\end{vmatrix}=6\times$

$1\times2\times2\times2=48$。

3. 0 【解析】$\begin{vmatrix}2&1&4&1\\3&-1&2&1\\1&2&3&2\\5&0&6&2\end{vmatrix}\xlongequal{r_2+r_1}\begin{vmatrix}2&1&4&1\\5&0&6&2\\1&2&3&2\\5&0&6&2\end{vmatrix}\xlongequal{r_2=r_4}0$。

4. 16 【解析】$\begin{vmatrix}1&2&3&4\\1&3&4&1\\1&4&1&2\\1&1&2&3\end{vmatrix}\xlongequal[r_4-r_1]{r_2-r_1,\ r_3-r_1}\begin{vmatrix}1&2&3&4\\0&1&1&-3\\0&2&-2&-2\\0&-1&-1&-1\end{vmatrix}=2\begin{vmatrix}1&2&3&4\\0&1&1&-3\\0&1&-1&-1\\0&-1&-1&-1\end{vmatrix}\xlongequal[r_4+r_2]{r_3-r_2}$

$2\begin{vmatrix}1&2&3&4\\0&1&1&-3\\0&0&-2&2\\0&0&0&-4\end{vmatrix}=2\times1\times1\times(-2)\times(-4)=16$。

5. 0 【解析】$\begin{vmatrix}4&1&2&4\\1&2&0&2\\10&5&2&0\\0&1&1&7\end{vmatrix}\xlongequal[r_1-2r_4]{r_3-r_1}\begin{vmatrix}4&-1&0&-10\\1&2&0&2\\6&4&0&-4\\0&1&1&7\end{vmatrix}=(-1)^{4+3}\begin{vmatrix}4&-1&-10\\1&2&2\\6&4&-4\end{vmatrix}\xlongequal[c_3-2c_1]{c_2-2c_1}$

$-\begin{vmatrix}4&-9&-18\\1&0&0\\6&-8&-16\end{vmatrix}=-(-1)^{2+1}\begin{vmatrix}-9&-18\\-8&-16\end{vmatrix}=(-9)\times(-16)-(-8)\times(-18)=144-144=0$。

招教易错能力刷

1. a^4 【解析】从第 4 行开始，后行减前行得，$D\xlongequal[r_2-r_1]{r_4-r_3,\ r_3-r_2}\begin{vmatrix}a&b&c&d\\0&a&a+b&a+b+c\\0&a&2a+b&3a+2b+c\\0&a&3a+b&6a+3b+c\end{vmatrix}\xlongequal[r_3-r_2]{r_4-r_3}$

$\begin{vmatrix}a&b&c&d\\0&a&a+b&a+b+c\\0&0&a&2a+b\\0&0&a&3a+b\end{vmatrix}\xlongequal{r_4-r_3}\begin{vmatrix}a&b&c&d\\0&a&a+b&a+b+c\\0&0&a&2a+b\\0&0&0&a\end{vmatrix}=a^4$。

2. $abcd+ab+ad+cd+1$ 【解析】利用 $D=a_{i1}A_{i1}+a_{i2}A_{i2}+\cdots+a_{in}A_{in},i=1,2,\cdots,n$ 或

$D=a_{1j}A_{1j}+a_{2j}A_{2j}+\cdots+a_{nj}A_{nj},j=1,2,\cdots,n$，将行列式按照某行(列)展开，$\begin{vmatrix} a & 1 & 0 & 0 \\ -1 & b & 1 & 0 \\ 0 & -1 & c & 1 \\ 0 & 0 & -1 & d \end{vmatrix}=$

$a\begin{vmatrix} b & 1 & 0 \\ -1 & c & 1 \\ 0 & -1 & d \end{vmatrix}+(-1)\times(-1)^{2+1}\begin{vmatrix} 1 & 0 & 0 \\ -1 & c & 1 \\ 0 & -1 & d \end{vmatrix}=a\left[b\begin{vmatrix} c & 1 \\ -1 & d \end{vmatrix}+(-1)\times(-1)^{2+1}\begin{vmatrix} 1 & 0 \\ -1 & d \end{vmatrix}\right]+$

$\begin{vmatrix} c & 1 \\ -1 & d \end{vmatrix}=a[b(cd+1)+d]+cd+1=abcd+ab+ad+cd+1$。

3. -123 【解析】$A_{32}=(-1)^{3+2}\begin{vmatrix} 2 & 2 & 4 \\ 1 & 4 & -3 \\ -1 & 5 & 7 \end{vmatrix}=-\begin{vmatrix} 0 & 12 & 18 \\ 0 & 9 & 4 \\ -1 & 5 & 7 \end{vmatrix}=(-1)^{3+1}\begin{vmatrix} 12 & 18 \\ 9 & 4 \end{vmatrix}=4\times$

$12-9\times18=-114,A_{34}=(-1)^{3+4}\begin{vmatrix} 2 & -3 & 2 \\ 1 & -1 & 4 \\ -1 & 1 & 5 \end{vmatrix}=-\begin{vmatrix} 2 & -3 & 2 \\ 0 & 0 & 9 \\ -1 & 1 & 5 \end{vmatrix}=-9\times(-1)^{2+3}\begin{vmatrix} 2 & -3 \\ -1 & 1 \end{vmatrix}=$

$9\times(2-3)=-9$，那么 $A_{32}+A_{34}=-114-9=-123$。

第二节　矩　阵

考向 1 变式训练

1. D 【解析】因为 $\boldsymbol{A}+\boldsymbol{B}=\begin{pmatrix} x_1+x_2 & 2b_1 \\ y_1+y_2 & 2b_2 \end{pmatrix}$，所以 $|\boldsymbol{A}+\boldsymbol{B}|=\begin{vmatrix} x_1+x_2 & 2b_1 \\ y_1+y_2 & 2b_2 \end{vmatrix}=$

$2\begin{vmatrix} x_1+x_2 & b_1 \\ y_1+y_2 & b_2 \end{vmatrix}=2\begin{vmatrix} x_1 & b_1 \\ y_1 & b_2 \end{vmatrix}+2\begin{vmatrix} x_2 & b_1 \\ y_2 & b_2 \end{vmatrix}=2|\boldsymbol{A}|+2|\boldsymbol{B}|=2\times2+2\times(-7)=-10$。

2. $\begin{pmatrix} 0 & 1 \\ 2 & 3 \end{pmatrix}$ 【解析】$\begin{pmatrix} 1 & 2 \\ 3 & 4 \end{pmatrix}\begin{pmatrix} 2 & 1 \\ -1 & 0 \end{pmatrix}=\begin{pmatrix} 1\times2+2\times(-1) & 1\times1+2\times0 \\ 3\times2+4\times(-1) & 1\times3+4\times0 \end{pmatrix}=\begin{pmatrix} 0 & 1 \\ 2 & 3 \end{pmatrix}$。

3. 【解析】由 $\boldsymbol{AB}-\boldsymbol{B}=\boldsymbol{A}$，得 $\boldsymbol{AB}-\boldsymbol{A}=\boldsymbol{B}$，则 $\boldsymbol{A}(\boldsymbol{B}-\boldsymbol{E})=\boldsymbol{B}$，即 $\boldsymbol{A}\begin{pmatrix} 0 & -2 & 0 \\ 2 & 0 & 0 \\ 0 & 0 & 1 \end{pmatrix}=$

$$\begin{pmatrix}1&-2&0\\2&1&0\\0&0&2\end{pmatrix},A=\begin{pmatrix}1&-2&0\\2&1&0\\0&0&2\end{pmatrix}\begin{pmatrix}0&-2&0\\2&0&0\\0&0&1\end{pmatrix}^{-1}=\begin{pmatrix}1&-2&0\\2&1&0\\0&0&2\end{pmatrix}\begin{pmatrix}0&\frac{1}{2}&0\\-\frac{1}{2}&0&0\\0&0&1\end{pmatrix}=\begin{pmatrix}1&\frac{1}{2}&0\\-\frac{1}{2}&1&0\\0&0&2\end{pmatrix}。$$

4.【解析】$A=B^{\mathrm{T}}C=\begin{pmatrix}1&\frac{1}{2}&\frac{1}{3}\\2&1&\frac{2}{3}\\3&\frac{3}{2}&1\end{pmatrix}$。因为 $A^2=\begin{pmatrix}3&\frac{3}{2}&1\\6&3&2\\9&\frac{9}{2}&3\end{pmatrix}=3\begin{pmatrix}1&\frac{1}{2}&\frac{1}{3}\\2&1&\frac{2}{3}\\3&\frac{3}{2}&1\end{pmatrix}=3A$，所以 $A^3=$ $3^2A,\cdots,A^n=3^{n-1}A=3^{n-1}\begin{pmatrix}1&\frac{1}{2}&\frac{1}{3}\\2&1&\frac{2}{3}\\3&\frac{3}{2}&1\end{pmatrix}$。

5.【解析】证明：因 A 为满秩矩阵，故 $A^*=|A|A^{-1}$，$|A^*|=|A|^{n-1}$ 且 $(A^*)^{-1}=(A^{-1})^*=\frac{A}{|A|}$，所以 $(A^*)^*=|A^*|(A^*)^{-1}=|A|^{n-1}\frac{A}{|A|}=|A|^{n-2}A$。

考向 2 变式训练

【解析】$\begin{pmatrix}1&-1&3&-4&3\\3&-3&5&-4&1\\2&-2&3&-2&0\\3&-3&4&-2&-1\end{pmatrix}\xrightarrow[r_3-2r_1]{r_4-r_2 \atop r_2-3r_1}\begin{pmatrix}1&-1&3&-4&3\\0&0&-4&8&-8\\0&0&-3&6&-6\\0&0&-1&2&-2\end{pmatrix}\xrightarrow[r_3\times(-\frac{1}{3})]{r_2\times(-\frac{1}{4})}$

$\begin{pmatrix}1&-1&3&-4&3\\0&0&1&-2&2\\0&0&1&-2&2\\0&0&-1&2&-2\end{pmatrix}\xrightarrow[r_4+r_2 \atop r_1-3r_2]{r_3-r_2}\begin{pmatrix}1&-1&0&2&-3\\0&0&1&-2&2\\0&0&0&0&0\\0&0&0&0&0\end{pmatrix}$。

考向 3 变式训练

1. $-A$ 【解析】$\because A^{-1}=\frac{1}{|A|}A^*\Rightarrow A^*=|A|A^{-1}\Rightarrow(A^*)^{-1}=(|A|A^{-1})^{-1}=|A|^{-1}A=-A$。

2.【解析】由 $A=\begin{pmatrix}\cos\theta & -\sin\theta\\ \sin\theta & \cos\theta\end{pmatrix}$知，$|A|=\begin{vmatrix}\cos\theta & -\sin\theta\\ \sin\theta & \cos\theta\end{vmatrix}=\cos^2\theta+\sin^2\theta=1$，$A_{11}=\cos\theta$，$A_{12}=-\sin\theta$，$A_{21}=\sin\theta$，$A_{22}=\cos\theta$，那么$A^*=\begin{pmatrix}A_{11} & A_{21}\\ A_{12} & A_{22}\end{pmatrix}=\begin{pmatrix}\cos\theta & \sin\theta\\ -\sin\theta & \cos\theta\end{pmatrix}$，所以$A^{-1}=\frac{1}{|A|}A^*=\begin{pmatrix}\cos\theta & \sin\theta\\ -\sin\theta & \cos\theta\end{pmatrix}$。

3.【解析】设所给的矩阵为A，现用初等行变换求其逆矩阵。

$$(A,E)=\begin{pmatrix}3 & 2 & 1 & 1 & 0 & 0\\ 3 & 1 & 5 & 0 & 1 & 0\\ 3 & 2 & 3 & 0 & 0 & 1\end{pmatrix}\xrightarrow[r_3-r_1]{r_2-r_1}\begin{pmatrix}3 & 2 & 1 & 1 & 0 & 0\\ 0 & -1 & 4 & -1 & 1 & 0\\ 0 & 0 & 2 & -1 & 0 & 1\end{pmatrix}\xrightarrow[r_3\times\frac{1}{2}]{\substack{r_1+2r_2\\ r_2\times(-1)}}$$

$$\begin{pmatrix}3 & 0 & 9 & -1 & 2 & 0\\ 0 & 1 & -4 & 1 & -1 & 0\\ 0 & 0 & 1 & -\frac{1}{2} & 0 & \frac{1}{2}\end{pmatrix}\xrightarrow[r_1\times\frac{1}{3}]{\substack{r_1-9r_3\\ r_2+4r_3}}\begin{pmatrix}1 & 0 & 0 & \frac{7}{6} & \frac{2}{3} & -\frac{3}{2}\\ 0 & 1 & 0 & -1 & -1 & 2\\ 0 & 0 & 1 & -\frac{1}{2} & 0 & \frac{1}{2}\end{pmatrix}=(E,A^{-1})$$，所以 $A^{-1}=\begin{pmatrix}\frac{7}{6} & \frac{2}{3} & -\frac{3}{2}\\ -1 & -1 & 2\\ -\frac{1}{2} & 0 & \frac{1}{2}\end{pmatrix}$。

考向 4 变式训练

1.【解析】所给矩阵方程易化为$(A-E)B=A^2-E=(A-E)(A+E)$，因为$A-E=\begin{pmatrix}0 & 0 & 1\\ 0 & 1 & 0\\ 1 & 0 & 0\end{pmatrix}$显然可逆，将其逆左乘上方程两端即得$B=(A-E)^{-1}(A-E)(A+E)=A+E=\begin{pmatrix}2 & 0 & 1\\ 0 & 3 & 0\\ 1 & 0 & 2\end{pmatrix}$。

2.【解析】因为$|A|=\begin{vmatrix}0 & 2 & 1\\ 2 & -1 & 3\\ -3 & 3 & -4\end{vmatrix}=2\times(-1)^{2+1}\begin{vmatrix}2 & 1\\ 3 & -4\end{vmatrix}+(-3)\times(-1)^{3+1}\begin{vmatrix}2 & 1\\ -1 & 3\end{vmatrix}=$

$(-2)\times(-8-3)-3\times(6+1)=1\neq 0$，所以矩阵 $\boldsymbol{A}$ 可逆，且 $\boldsymbol{A}^{*}=\begin{pmatrix}-5 & 11 & 7\\ -1 & 3 & 2\\ 3 & -6 & -4\end{pmatrix}$，对 $\boldsymbol{XA}=\boldsymbol{B}$

等号两边同时右乘 $\boldsymbol{A}^{-1}$，则 $\boldsymbol{X}=\boldsymbol{B}\dfrac{\boldsymbol{A}^{*}}{|\boldsymbol{A}|}=\begin{pmatrix}1 & 2 & 3\\ 2 & -3 & 1\end{pmatrix}\begin{pmatrix}-5 & 11 & 7\\ -1 & 3 & 2\\ 3 & -6 & -4\end{pmatrix}=\begin{pmatrix}2 & -1 & -1\\ -4 & 7 & 4\end{pmatrix}$。

考向5 变式训练

1.【解析】(1) 在 $\boldsymbol{A}$ 中，有二阶子式 $\begin{vmatrix}3 & 2\\ 2 & -1\end{vmatrix}=-3-4=-7\neq 0$，且 $\boldsymbol{A}$ 的三阶子式只有一个，

即 $|\boldsymbol{A}|=\begin{vmatrix}3 & 2 & -1\\ 2 & -1 & 3\\ 7 & 0 & 5\end{vmatrix}=3\begin{vmatrix}-1 & 3\\ 0 & 5\end{vmatrix}-2\begin{vmatrix}2 & 3\\ 7 & 5\end{vmatrix}-\begin{vmatrix}2 & -1\\ 7 & 0\end{vmatrix}=3\times(-5)-2\times(10-21)-7=$

$-15+22-7=0$，所以 $r(\boldsymbol{A})=2$。

(2) 矩阵 $\boldsymbol{B}$ 为行阶梯形矩阵，其非零行有3行，那么矩阵 $\boldsymbol{B}$ 的4阶子式全为0，且矩阵 $\boldsymbol{B}$ 中以三个非零行的第一个非零元为对角元的3阶子式 $\begin{vmatrix}2 & -1 & 3\\ 0 & 3 & -2\\ 0 & 0 & 4\end{vmatrix}$ 是一个上三角行列式，显然不为0，

所以 $r(\boldsymbol{B})=3$。

2. A 【解析】矩阵 $\boldsymbol{A}$ 是上三角形矩阵，且 $r(\boldsymbol{A})=2$，所以 $|\boldsymbol{A}|=1\times 2\times(1-\lambda)=0$，故 $1-\lambda=0$，即 $\lambda=1$。故选 A。

3. 2 【解析】因为 $\begin{pmatrix}1 & 2 & 6\\ 0 & 3 & 5\\ 0 & 0 & 4\end{pmatrix}$ 是满秩矩阵，所以 $\begin{pmatrix}1 & 2 & 6\\ 0 & 3 & 5\\ 0 & 0 & 4\end{pmatrix}\begin{pmatrix}1 & 1 & 1\\ -1 & 2 & 3\\ 0 & 3 & 4\end{pmatrix}$ 的秩等于

$\begin{pmatrix}1 & 1 & 1\\ -1 & 2 & 3\\ 0 & 3 & 4\end{pmatrix}$ 的秩。对 $\begin{pmatrix}1 & 1 & 1\\ -1 & 2 & 3\\ 0 & 3 & 4\end{pmatrix}$ 进行初等变换，$\begin{pmatrix}1 & 1 & 1\\ -1 & 2 & 3\\ 0 & 3 & 4\end{pmatrix}\to\begin{pmatrix}1 & 1 & 1\\ 0 & 3 & 4\\ 0 & 3 & 4\end{pmatrix}\to\begin{pmatrix}1 & 1 & 1\\ 0 & 3 & 4\\ 0 & 0 & 0\end{pmatrix}$，则其

秩为2。故 $\begin{pmatrix}1 & 2 & 6\\ 0 & 3 & 5\\ 0 & 0 & 4\end{pmatrix}\begin{pmatrix}1 & 1 & 1\\ -1 & 2 & 3\\ 0 & 3 & 4\end{pmatrix}$ 的秩为2。

招教易错突破

变式训练

【解析】因 A^* 的逆矩阵 $(A^*)^{-1}$ 可用 A 来表示：$(A^*)^{-1}=\frac{A}{|A|}$，$|A|=10$，就可得到

$$(A^*)^{-1}=\frac{A}{|A|}=\begin{pmatrix}\frac{1}{10}&0&0\\\frac{2}{10}&\frac{2}{10}&0\\\frac{3}{10}&\frac{4}{10}&\frac{5}{10}\end{pmatrix}=\begin{pmatrix}\frac{1}{10}&0&0\\\frac{1}{5}&\frac{1}{5}&0\\\frac{3}{10}&\frac{2}{5}&\frac{1}{2}\end{pmatrix}。$$

必刷好题

招教高频基础刷

1. C 【解析】因为 $M=\begin{pmatrix}O&A^*\\2B&O\end{pmatrix}\to\begin{pmatrix}2B&O\\O&A^*\end{pmatrix}$，且 A,B 都是二阶可逆矩阵，根据 $|kA|=k^n|A|$ 以及 $|A^*|=|A|^{n-1}$，

有 $|M|=|2B\cdot A^*|=|2B|\cdot|A^*|=2^2\cdot|B|\cdot|A|^{2-1}=4\cdot b\cdot a=4ab$。

2. $\begin{pmatrix}9&9\\-2&9\\-1&11\end{pmatrix}$ 【解析】$AB=\begin{pmatrix}4&-1&2&1\\1&1&0&3\\0&3&1&4\end{pmatrix}\begin{pmatrix}1&2\\0&1\\3&0\\-1&2\end{pmatrix}=$

$$\begin{pmatrix}4\times1+(-1)\times0+2\times3+1\times(-1)&4\times2+(-1)\times1+2\times0+1\times2\\1\times1+1\times0+0\times3+3\times(-1)&1\times2+1\times1+0\times0+3\times2\\0\times1+3\times0+1\times3+4\times(-1)&0\times2+3\times1+1\times0+4\times2\end{pmatrix}=\begin{pmatrix}9&9\\-2&9\\-1&11\end{pmatrix}。$$

3. $\begin{pmatrix}0&17\\14&13\\-3&10\end{pmatrix}$ 【解析】解法一：因为 $AB=\begin{pmatrix}2&0&-1\\1&3&2\end{pmatrix}\begin{pmatrix}1&7&-1\\4&2&3\\2&0&1\end{pmatrix}=\begin{pmatrix}0&14&-3\\17&13&10\end{pmatrix}$，所以

$(\boldsymbol{AB})^{\mathrm{T}}=\begin{pmatrix}0&17\\14&13\\-3&10\end{pmatrix}$。

解法二：$(\boldsymbol{AB})^{\mathrm{T}}=\boldsymbol{B}^{\mathrm{T}}\boldsymbol{A}^{\mathrm{T}}=\begin{pmatrix}1&4&2\\7&2&0\\-1&3&1\end{pmatrix}\begin{pmatrix}2&1\\0&3\\-1&2\end{pmatrix}=\begin{pmatrix}0&17\\14&13\\-3&10\end{pmatrix}$。

4. $\frac{1}{6}$ 【解析】因为 $|k\boldsymbol{A}|=k^n|\boldsymbol{A}|$，$|\boldsymbol{A}^*|=|\boldsymbol{A}|^{n-1}$，$|\boldsymbol{B}^{-1}|=\frac{1}{|\boldsymbol{B}|}$，所以 $\left|\frac{1}{3}\boldsymbol{A}^*\boldsymbol{B}^{-1}\right|=$ $\frac{1}{3^n}|\boldsymbol{A}^*||\boldsymbol{B}^{-1}|=\frac{1}{3^n}\cdot|\boldsymbol{A}|^{n-1}\cdot\frac{1}{|\boldsymbol{B}|}=\frac{1}{3^n}\cdot3^{n-1}\cdot\frac{1}{2}=\frac{1}{3}\times\frac{1}{2}=\frac{1}{6}$。

5. 【解析】$\boldsymbol{AB}=\begin{pmatrix}1&1&1\\1&1&-1\\1&-1&1\end{pmatrix}\begin{pmatrix}1&2&3\\-1&-2&4\\0&5&1\end{pmatrix}=\begin{pmatrix}0&5&8\\0&-5&6\\2&9&0\end{pmatrix}$，所以 $3\boldsymbol{AB}-2\boldsymbol{A}=$ $3\begin{pmatrix}0&5&8\\0&-5&6\\2&9&0\end{pmatrix}-2\begin{pmatrix}1&1&1\\1&1&-1\\1&-1&1\end{pmatrix}=\begin{pmatrix}0&15&24\\0&-15&18\\6&27&0\end{pmatrix}-\begin{pmatrix}2&2&2\\2&2&-2\\2&-2&2\end{pmatrix}=\begin{pmatrix}-2&13&22\\-2&-17&20\\4&29&-2\end{pmatrix}$。因为 $\boldsymbol{A}^{\mathrm{T}}=\boldsymbol{A}$，所以 $\boldsymbol{A}^{\mathrm{T}}\boldsymbol{B}=\boldsymbol{AB}$，故 $\boldsymbol{A}^{\mathrm{T}}\boldsymbol{B}=\begin{pmatrix}0&5&8\\0&-5&6\\2&9&0\end{pmatrix}$。

6. 【解析】$|\boldsymbol{A}|=\begin{vmatrix}1&2&3\\2&2&1\\3&4&3\end{vmatrix}\xlongequal[r_3-3r_1]{r_2-2r_1}\begin{vmatrix}1&2&3\\0&-2&-5\\0&-2&-6\end{vmatrix}\xlongequal{r_3-r_2}\begin{vmatrix}1&2&3\\0&-2&-5\\0&0&-1\end{vmatrix}=2\neq0$，则 $\boldsymbol{A}^{-1}$ 存在。计算余子式，得 $M_{11}=2,M_{12}=3,M_{13}=2,M_{21}=-6,M_{22}=-6,M_{23}=-2,M_{31}=-4,M_{32}=-5,M_{33}=-2$，则 $\boldsymbol{A}^*=\begin{pmatrix}M_{11}&-M_{21}&M_{31}\\-M_{12}&M_{22}&-M_{32}\\M_{13}&-M_{23}&M_{33}\end{pmatrix}=\begin{pmatrix}2&6&-4\\-3&-6&5\\2&2&-2\end{pmatrix}$，所以 $\boldsymbol{A}^{-1}=\frac{1}{|\boldsymbol{A}|}\boldsymbol{A}^*=$ $\frac{1}{2}\begin{pmatrix}2&6&-4\\-3&-6&5\\2&2&-2\end{pmatrix}=\begin{pmatrix}1&3&-2\\-\frac{3}{2}&-3&\frac{5}{2}\\1&1&-1\end{pmatrix}$。

7. 【解析】$(\boldsymbol{A},\boldsymbol{E})=\begin{pmatrix}0&-2&1&1&0&0\\3&0&-2&0&1&0\\-2&3&0&0&0&1\end{pmatrix}\xrightarrow{r_1\leftrightarrow r_2}\begin{pmatrix}3&0&-2&0&1&0\\0&-2&1&1&0&0\\-2&3&0&0&0&1\end{pmatrix}\xrightarrow{3r_3+2r_1}$

$$\begin{pmatrix}3&0&-2&0&1&0\\0&-2&1&1&0&0\\0&9&-4&0&2&3\end{pmatrix}\xrightarrow{2r_3+9r_2}\begin{pmatrix}3&0&-2&0&1&0\\0&-2&1&1&0&0\\0&0&1&9&4&6\end{pmatrix}\xrightarrow[r_2-r_3]{r_1+2r_3}$$

$$\begin{pmatrix}3&0&0&18&9&12\\0&-2&0&-8&-4&-6\\0&0&1&9&4&6\end{pmatrix}\xrightarrow[r_2\div(-2)]{r_1\div 3}\begin{pmatrix}1&0&0&6&3&4\\0&1&0&4&2&3\\0&0&1&9&4&6\end{pmatrix}$$，所以 A 可逆，且 $A^{-1}=\begin{pmatrix}6&3&4\\4&2&3\\9&4&6\end{pmatrix}$。

8.【解析】$|A|=\begin{vmatrix}2&1&-3\\1&2&-2\\-1&3&2\end{vmatrix}=2\begin{vmatrix}2&-2\\3&2\end{vmatrix}-\begin{vmatrix}1&-3\\3&2\end{vmatrix}-\begin{vmatrix}1&-3\\2&-2\end{vmatrix}=2\times(4+6)-(2+9)-(-2+6)=5\neq 0$，所以 A 可逆，那么 $AX=B\Rightarrow X=A^{-1}B$，$A^*=\begin{pmatrix}10&-11&4\\0&1&1\\5&-7&3\end{pmatrix}$，所以 $A^{-1}=\frac{1}{|A|}A^*=\begin{pmatrix}2&-\frac{11}{5}&\frac{4}{5}\\0&\frac{1}{5}&\frac{1}{5}\\1&-\frac{7}{5}&\frac{3}{5}\end{pmatrix}$，所以 $X=A^{-1}B=\begin{pmatrix}2&-\frac{11}{5}&\frac{4}{5}\\0&\frac{1}{5}&\frac{1}{5}\\1&-\frac{7}{5}&\frac{3}{5}\end{pmatrix}\begin{pmatrix}1&-1\\2&0\\-2&5\end{pmatrix}=\begin{pmatrix}-4&2\\0&1\\-3&2\end{pmatrix}$。

9.【解析】对 A 作初等行变换变成行阶梯形矩阵，$A=\begin{pmatrix}3&2&0&5&0\\3&-2&3&6&-1\\2&0&1&5&-3\\1&6&-4&-1&4\end{pmatrix}\xrightarrow{r_1\leftrightarrow r_4}$

$$\begin{pmatrix}1&6&-4&-1&4\\3&-2&3&6&-1\\2&0&1&5&-3\\3&2&0&5&0\end{pmatrix}\xrightarrow[r_4-3r_1]{\substack{r_2-r_4\\r_3-2r_1}}\begin{pmatrix}1&6&-4&-1&4\\0&-4&3&1&-1\\0&-12&9&7&-11\\0&-16&12&8&-12\end{pmatrix}\xrightarrow[r_4-4r_2]{r_3-3r_2}\begin{pmatrix}1&6&-4&-1&4\\0&-4&3&1&-1\\0&0&0&4&-8\\0&0&0&4&-8\end{pmatrix}$$

$\xrightarrow[r_3\div 4]{r_4-r_3}\begin{pmatrix}1&6&-4&-1&4\\0&-4&3&1&-1\\0&0&0&1&-2\\0&0&0&0&0\end{pmatrix}$，因为行阶梯形矩阵有 3 个非零行，所以 $\mathrm{r}(A)=3$。

招教易错能力刷

1. C 【解析】因为 $A^{-1}=\frac{A^*}{|A|}$，$|A^*|=|A|^{n-1}$，所以 $|(kA)^*|=|kA|^{n-1}=(k^n|A|)^{n-1}=k^{n(n-1)}|A|^{n-1}$，故 A、B 两项错误；

因为 $A^{-1}=\frac{A^*}{|A|}$，所以 $(A^*)^{-1}=\frac{1}{|A|}A$，所以 $(A^*)^*=|A^*|(A^*)^{-1}=|A^*|\cdot\frac{1}{|A|}A=|A|^{n-1}\cdot\frac{1}{|A|}A=|A|^{n-2}A$。故 C 项正确，D 项错误。

2. $\frac{\sqrt{3}}{3}$ 【解析】因为 $A^{\mathrm{T}}=A^*$，所以 $a_{ij}=A_{ij}$ 且 $|A^{\mathrm{T}}|=|A|=|A^*|=|A|^{3-1}=|A|^2$，则 $|A|=0$ 或 $|A|=1$，由 $|A|=a_{11}A_{11}+a_{12}A_{12}+a_{13}A_{13}=3a^2>0$ 得 $|A|=3a^2=1$，故 $a=\frac{\sqrt{3}}{3}$（负值舍去）。

3. 3 【解析】由 $|A|=\begin{vmatrix}1&1&0\\1&0&2\\3&2&2\end{vmatrix}\xlongequal[r_3-3r_1]{r_2-r_1}\begin{vmatrix}1&1&0\\0&-1&2\\0&-1&2\end{vmatrix}=0$，得 $\mathrm{r}(A)<3$，则 $\mathrm{r}(B)<3$，所以 $|B|=0$，即 $\begin{vmatrix}1&0&2\\1&2&-2\\2&a&-2\end{vmatrix}\xlongequal[r_3-2r_1]{r_2-r_1}\begin{vmatrix}1&0&2\\0&2&-4\\0&a&-6\end{vmatrix}=\begin{vmatrix}2&-4\\a&-6\end{vmatrix}=-12+4a=0$，所以 $a=3$。

4. 【解析】$B=\begin{pmatrix}2&0&1\\-1&1&0\\2&2&2\end{pmatrix}\xrightarrow[r_1\div(-1)]{r_1\leftrightarrow r_2}\begin{pmatrix}1&-1&0\\2&0&1\\2&2&2\end{pmatrix}\xrightarrow[r_3-2r_1]{r_2-2r_1}\begin{pmatrix}1&-1&0\\0&2&1\\0&4&2\end{pmatrix}\xrightarrow{r_3-2r_2}\begin{pmatrix}1&-1&0\\0&2&1\\0&0&0\end{pmatrix}$，则 $\mathrm{r}(B)=2$，因为矩阵 A 与矩阵 B 等价，所以 $\mathrm{r}(A)=\mathrm{r}(B)=2$，因为 $A=\begin{pmatrix}1&-1&2\\-1&2&0\\0&a&4\end{pmatrix}\xrightarrow{r_2+r_1}\begin{pmatrix}1&-1&2\\0&1&2\\0&a&4\end{pmatrix}\xrightarrow{r_3-ar_2}\begin{pmatrix}1&-1&2\\0&1&2\\0&0&4-2a\end{pmatrix}$，所以 $4-2a=0$，故 $a=2$。

第三节 线性方程组

考向 1 变式训练

1.【解析】设有数 k_1,k_2,k_3 使得 $k_1\boldsymbol{\alpha}_1+k_2\boldsymbol{\alpha}_2+k_3\boldsymbol{\alpha}_3=0$，即 $(k_1,0,-k_1)+(-k_2,-k_2,2k_2)+$

$(2k_3,3k_3,-5k_3)=(0,0,0)$，那么$\begin{cases}k_1-k_2+2k_3=0,\\-k_2+3k_3=0,\\-k_1+2k_2-5k_3=0,\end{cases}$ 整理得$\begin{cases}k_1=k_3,\\k_2=3k_3,\end{cases}$ 令$k_3=1$，那么$k_2=3$，$k_1=1$，于是$\boldsymbol{\alpha}_1+3\boldsymbol{\alpha}_2+\boldsymbol{\alpha}_3=0$，所以向量组$\boldsymbol{\alpha}_1=(1,0,-1)$，$\boldsymbol{\alpha}_2=(-1,-1,2)$，$\boldsymbol{\alpha}_3=(2,3,-5)$线性相关，1，3，1 是一组相关系数，因为$k_3$可任意取值，所以相关系数有无穷多组。

2.【解析】令$\boldsymbol{A}=\begin{pmatrix}-1&2&1\\3&1&4\\1&0&1\end{pmatrix}\xrightarrow[r_3+r_1]{r_2+3r_1}\begin{pmatrix}-1&2&1\\0&7&7\\0&2&2\end{pmatrix}\xrightarrow[r_3-2r_2]{r_2\times\frac{1}{7}}\begin{pmatrix}-1&2&1\\0&1&1\\0&0&0\end{pmatrix}$，

可看出$\mathrm{r}(\boldsymbol{A})=2<3$，因此，该向量组线性相关。

考向 2 变式训练

1.【解析】设有一组数x_1,x_2,x_3使$x_1\boldsymbol{\alpha}_1+x_2\boldsymbol{\alpha}_2+x_3\boldsymbol{\alpha}_3=\boldsymbol{\beta}$，即得线性方程组$\begin{cases}x_1+2x_2=3,\\4x_1+7x_2+x_3=10,\\x_2-x_3=b,\\2x_1+3x_2+ax_3=4,\end{cases}$因方程组的未知数个数与方程个数不等，只能用初等行变换求解，令$\boldsymbol{A}=(\boldsymbol{\alpha}_1,\boldsymbol{\alpha}_2,\boldsymbol{\alpha}_3)$，$\boldsymbol{b}=\boldsymbol{\beta}$，那么$\overline{\boldsymbol{A}}=(\boldsymbol{A}\vdots\boldsymbol{b})=\begin{pmatrix}1&2&0&3\\4&7&1&10\\0&1&-1&b\\2&3&a&4\end{pmatrix}\to\begin{pmatrix}1&2&0&3\\0&-1&1&-2\\0&1&-1&b\\0&-1&a&-2\end{pmatrix}\to$

$$\begin{pmatrix}1&2&0&3\\0&-1&1&-2\\0&0&a-1&0\\0&0&0&b-2\end{pmatrix}$$

当$b=2$，且$a\neq1$时，$r(\overline{\boldsymbol{A}})=r(\boldsymbol{A})=3$（未知数的个数），方程组有唯一解，于是$\begin{cases}x_1+2x_2=3,\\-x_2+x_3=-2,\\(a-1)x_3=0,\end{cases}$得方程组的唯一解为$x_1=-1$，$x_2=2$，$x_3=0$，此时$\boldsymbol{\beta}$可由$\boldsymbol{\alpha}_1,\boldsymbol{\alpha}_2,\boldsymbol{\alpha}_3$唯一线性表出，$\boldsymbol{\beta}=-\boldsymbol{\alpha}_1+2\boldsymbol{\alpha}_2$。

2.【解析】证明：因为$\boldsymbol{\alpha}_1,\boldsymbol{\alpha}_2,\cdots,\boldsymbol{\alpha}_m$不一定线性无关，可取它的最大无关组，设法证明最大无关

组加上$\boldsymbol{\beta}$后线性相关，设$\boldsymbol{\alpha}_1,\boldsymbol{\alpha}_2,\cdots,\boldsymbol{\alpha}_r,\cdots,\boldsymbol{\alpha}_m$的秩为$r$，且$\boldsymbol{\alpha}_{i1},\boldsymbol{\alpha}_{i2},\cdots,\boldsymbol{\alpha}_{ir}$为其一个最大无关组，因向量组$\boldsymbol{\alpha}_1,\boldsymbol{\alpha}_2,\cdots,\boldsymbol{\alpha}_m,\boldsymbol{\beta}$的秩也为$r$，故$\boldsymbol{\alpha}_{i1},\boldsymbol{\alpha}_{i2},\cdots,\boldsymbol{\alpha}_{ir}$也为该向量组的一个最大无关组，所以$\boldsymbol{\beta}$可由$\boldsymbol{\alpha}_1,\boldsymbol{\alpha}_2,\cdots,\boldsymbol{\alpha}_m$线性表出。

考向 3 变式训练

1. -2或-4 【解析】齐次线性方程组的系数行列式为$\begin{vmatrix}2&2&\lambda\\2&\lambda&2\\\lambda&2&2\end{vmatrix}=-(\lambda-2)^2(\lambda+4)$，若线性方程组有非零解，则其系数行列式的值为零，解得$\lambda=2$或-4。

2. B 【解析】因为$\mathrm{r}(\boldsymbol{A})=n-3<n$，所以方程组$\boldsymbol{Ax}=\boldsymbol{0}$存在基础解系，且基础解系中应含有$n-(n-3)=3$个线性无关的解向量，故排除选项 A。又因为向量组$(\boldsymbol{\xi}_1-\boldsymbol{\xi}_2)+(\boldsymbol{\xi}_2-\boldsymbol{\xi}_3)+(\boldsymbol{\xi}_3-\boldsymbol{\xi}_1)=\boldsymbol{0}$，线性相关，向量组$(\boldsymbol{\xi}_3-\boldsymbol{\xi}_2-\boldsymbol{\xi}_1)+(\boldsymbol{\xi}_3+\boldsymbol{\xi}_2+\boldsymbol{\xi}_1)-2\boldsymbol{\xi}_3=\boldsymbol{0}$也线性相关，则排除 C,D。

考向 4 变式训练

1.【解析】线性方程组的系数矩阵$\boldsymbol{A}=\begin{pmatrix}1&1\\1&k^2\end{pmatrix}$，增广矩阵$\overline{\boldsymbol{A}}=\begin{pmatrix}1&1&1\\1&k^2&k\end{pmatrix}$。

① 当$r(\boldsymbol{A})\neq r(\overline{\boldsymbol{A}})$时，方程组无解，此时$r(\boldsymbol{A})=1,r(\overline{\boldsymbol{A}})=2$，有$\begin{cases}k^2=1,\\k\neq 1,\end{cases}$即$k=-1$。

② 当$r(\boldsymbol{A})=r(\overline{\boldsymbol{A}})=2$时，方程组有唯一解，有$k^2\neq 1$，即$k\neq\pm 1$，根据克拉默法则，可得方程组的解为$\begin{cases}x=\dfrac{k^2-k}{k^2-1},\\y=\dfrac{1-k}{1-k^2}。\end{cases}$

③ 当$r(\boldsymbol{A})=r(\overline{\boldsymbol{A}})=1$时，方程有无穷多解，有$\begin{cases}k^2=1,\\k=1,\end{cases}$即$k=1$，此时方程组退化为$x+y=1$，它的一个特解为$\begin{pmatrix}x\\y\end{pmatrix}=\begin{pmatrix}1\\0\end{pmatrix}$，所以它的通解为$c\begin{pmatrix}-1\\1\end{pmatrix}+\begin{pmatrix}1\\0\end{pmatrix}$（$c$为任意常数）。

2.【解析】(1) 由线性方程组可得，

$\overline{\boldsymbol{A}}=\begin{pmatrix}2&-1&3&2&0\\9&-1&14&2&1\\3&2&5&-4&1\\4&5&7&-10&2\end{pmatrix}$，对其进行初等变换得$\begin{pmatrix}2&-1&3&2&0\\0&7&1&-14&2\\0&0&0&0&0\\0&0&0&0&0\end{pmatrix}$，则线性方程组的导出

组等价于$\begin{cases}2x_1-x_2+3x_3+2x_4=0,\\7x_2+x_3-14x_4=0,\end{cases}$解得其基础解系为$\boldsymbol{\alpha}_1=(-11,-1,7,0)^{\mathrm{T}},\boldsymbol{\alpha}_2=(0,2,0,1)^{\mathrm{T}}$。

(2)由(1)可知,原方程组与方程组$\begin{cases}2x_1-x_2+3x_3+2x_4=0,\\7x_2+x_3-14x_4=2\end{cases}$同解,令$x_3=x_4=0$,得原方程组的一个特解为$\boldsymbol{\beta}=\left(\frac{1}{7},\frac{2}{7},0,0\right)^{\mathrm{T}}$,故原方程组的通解为$\boldsymbol{x}=\left(\frac{1}{7},\frac{2}{7},0,0\right)^{\mathrm{T}}+k_1(-11,-1,7,0)^{\mathrm{T}}+k_2(0,2,0,1)^{\mathrm{T}}$,其中$k_1,k_2$为任意常数。

必刷好题

招教高频基础刷

1. D 【解析】选项A,$(\boldsymbol{\alpha}_1+\boldsymbol{\alpha}_2)-(\boldsymbol{\alpha}_2+\boldsymbol{\alpha}_3)+(\boldsymbol{\alpha}_3+\boldsymbol{\alpha}_4)-(\boldsymbol{\alpha}_4+\boldsymbol{\alpha}_1)=\mathbf{0}$,即A项线性相关;选项B,$(\boldsymbol{\alpha}_1-\boldsymbol{\alpha}_2)+(\boldsymbol{\alpha}_2-\boldsymbol{\alpha}_3)+(\boldsymbol{\alpha}_3-\boldsymbol{\alpha}_4)+(\boldsymbol{\alpha}_4-\boldsymbol{\alpha}_1)=\mathbf{0}$,即B项线性相关;选项C,$(\boldsymbol{\alpha}_1+\boldsymbol{\alpha}_2)-(\boldsymbol{\alpha}_2+\boldsymbol{\alpha}_3)+(\boldsymbol{\alpha}_3-\boldsymbol{\alpha}_4)+(\boldsymbol{\alpha}_4-\boldsymbol{\alpha}_1)=\mathbf{0}$,即C项线性相关;选项D,不能用线性组合进行表示,线性无关,正确。

2. B 【解析】由于向量$\boldsymbol{\beta}$可由向量组$\boldsymbol{\alpha}_1,\boldsymbol{\alpha}_2,\cdots,\boldsymbol{\alpha}_m$线性表示,则可设$\boldsymbol{\beta}=k_1\boldsymbol{\alpha}_1+k_2\boldsymbol{\alpha}_2+\cdots+k_m\boldsymbol{\alpha}_m$,由于$\boldsymbol{\beta}$不能由向量组$\boldsymbol{\alpha}_1,\boldsymbol{\alpha}_2,\cdots,\boldsymbol{\alpha}_{m-1}$线性表示,故$k_m\neq0$,所以$\boldsymbol{\alpha}_m=\frac{1}{k_m}(\boldsymbol{\beta}-k_1\boldsymbol{\alpha}_1-k_2\boldsymbol{\alpha}_2-\cdots-k_{m-1}\boldsymbol{\alpha}_{m-1})$,由此可知,$\boldsymbol{\alpha}_m$可由(Ⅱ)线性表示,可排除A、D两项。若$\boldsymbol{\alpha}_m$可由(Ⅰ)线性表示,设$\boldsymbol{\alpha}_m=l_1\boldsymbol{\alpha}_1+l_2\boldsymbol{\alpha}_2+\cdots+l_{m-1}\boldsymbol{\alpha}_{m-1}$,则$\boldsymbol{\beta}=(k_1+k_ml_1)\boldsymbol{\alpha}_1+\cdots+(k_{m-1}+k_ml_{m-1})\boldsymbol{\alpha}_{m-1}$,与题设矛盾,故应选B。

3. D 【解析】因为$\mathrm{r}(\boldsymbol{A})\leqslant n$,所以$\mathrm{r}\begin{pmatrix}\boldsymbol{A}&\boldsymbol{\alpha}\\\boldsymbol{\alpha}^{\mathrm{T}}&\mathbf{0}\end{pmatrix}=r(\boldsymbol{A})\leqslant n<n+1$,所以$\begin{pmatrix}\boldsymbol{A}&\boldsymbol{\alpha}\\\boldsymbol{\alpha}^{\mathrm{T}}&\mathbf{0}\end{pmatrix}\begin{pmatrix}\boldsymbol{X}\\\boldsymbol{Y}\end{pmatrix}=\mathbf{0}$有无数个解。

4. 3 【解析】向量组$\boldsymbol{\alpha}_1,\boldsymbol{\alpha}_2,\boldsymbol{\alpha}_3$线性相关的充要条件是$\mathrm{r}(\boldsymbol{\alpha}_1,\boldsymbol{\alpha}_2,\boldsymbol{\alpha}_3)<3$,$(\boldsymbol{\alpha}_1,\boldsymbol{\alpha}_2,\boldsymbol{\alpha}_3)=$

$$\begin{pmatrix}1&2&0\\-1&-1&1\\2&3&-1\\1&a&1\end{pmatrix}\xrightarrow[\substack{r_2+r_1\\r_4-r_1}]{r_3-2r_1}\begin{pmatrix}1&2&0\\0&1&1\\0&-1&-1\\0&a-2&1\end{pmatrix}\xrightarrow{r_3+r_2}\begin{pmatrix}1&2&0\\0&1&1\\0&0&0\\0&a-2&1\end{pmatrix}\xrightarrow{r_4\leftrightarrow r_3}\begin{pmatrix}1&2&0\\0&1&1\\0&a-2&1\\0&0&0\end{pmatrix}\xrightarrow{r_3-r_2}$$

$\begin{pmatrix}1&2&0\\0&1&1\\0&a-3&0\\0&0&0\end{pmatrix}$,所以 $a-3=0$,故 $a=3$。

5.1 【解析】因为 $\boldsymbol{AX}=\boldsymbol{b}$ 的解不唯一,所以 $\mathrm{r}(\boldsymbol{A})=\mathrm{r}(\overline{\boldsymbol{A}})<n$,所以 $\mathrm{r}(\boldsymbol{A}^*)=\mathbf{0}$ 或 $\mathrm{r}(\boldsymbol{A}^*)=1$,又因为 $\boldsymbol{A}_{11}\neq\mathbf{0}$,所以 $\mathrm{r}(\boldsymbol{A}^*)=1$,则 $\mathrm{r}(\boldsymbol{A})=n-1$,故齐次线性方程组 $\boldsymbol{AX}=\mathbf{0}$ 的基础解系只含 1 个线性无关的解向量。

6.【解析】对系数矩阵 $\boldsymbol{A}$ 施行初等行变换变为行最简阶梯形矩阵,

$$\boldsymbol{A}=\begin{pmatrix}1&2&2&1\\2&1&-2&-2\\1&-1&-4&-3\end{pmatrix}\xrightarrow[r_3-r_1]{r_2-2r_1}\begin{pmatrix}1&2&2&1\\0&-3&-6&-4\\0&-3&-6&-4\end{pmatrix}\xrightarrow[r_2\div(-3)]{r_3-r_2}\begin{pmatrix}1&2&2&1\\0&1&2&\frac{4}{3}\\0&0&0&0\end{pmatrix}\xrightarrow{r_1-2r_2}$$

$\begin{pmatrix}1&0&-2&-\frac{5}{3}\\0&1&2&\frac{4}{3}\\0&0&0&0\end{pmatrix}$,即得与原方程同解的方程组 $\begin{cases}x_1-2x_3-\frac{5}{3}x_4=0,\\x_2+2x_3+\frac{4}{3}x_4=0,\end{cases}$ 故 $\begin{cases}x_1=2x_3+\frac{5}{3}x_4,\\x_2=-2x_3-\frac{4}{3}x_4\end{cases}$ (x_3,x_4 可任意取值),令 $x_3=c_1$,$x_4=c_2$,写成通常的参数形式为

$\begin{cases}x_1=2c_1+\frac{5}{3}c_2,\\x_2=-2c_1-\frac{4}{3}c_2,\\x_3=c_1,\\x_4=c_2\end{cases}$ 或写成向量形式 $\begin{pmatrix}x_1\\x_2\\x_3\\x_4\end{pmatrix}=\begin{pmatrix}2c_1+\frac{5}{3}c_2\\-2c_1-\frac{4}{3}c_2\\c_1\\c_2\end{pmatrix}=c_1\begin{pmatrix}2\\-2\\1\\0\end{pmatrix}+c_2\begin{pmatrix}\frac{5}{3}\\-\frac{4}{3}\\0\\1\end{pmatrix}$ (c_1,c_2 为任意实数)。

7.【解析】对增广矩阵 $\boldsymbol{B}$ 施行初等行变换,

$$\boldsymbol{B}=\begin{pmatrix}1&1&-3&-1&1\\3&-1&-3&4&4\\1&5&-9&-8&0\end{pmatrix}\xrightarrow[r_3-r_1]{r_2-3r_1}\begin{pmatrix}1&1&-3&-1&1\\0&-4&6&7&1\\0&4&-6&-7&-1\end{pmatrix}\xrightarrow[r_2\div(-4)]{r_3+r_2}$$

$\begin{pmatrix}1&1&-3&-1&1\\0&1&-\frac{3}{2}&-\frac{7}{4}&-\frac{1}{4}\\0&0&0&0&0\end{pmatrix}\xrightarrow{r_1-r_2}\begin{pmatrix}1&0&-\frac{3}{2}&\frac{3}{4}&\frac{5}{4}\\0&1&-\frac{3}{2}&-\frac{7}{4}&-\frac{1}{4}\\0&0&0&0&0\end{pmatrix}$,即得与原方程同解的方程组

$\begin{cases} x_1 - \dfrac{3}{2}x_3 + \dfrac{3}{4}x_4 = \dfrac{5}{4}, \\ x_2 - \dfrac{3}{2}x_3 - \dfrac{7}{4}x_4 = -\dfrac{1}{4}, \end{cases}$ 即 $\begin{cases} x_1 = \dfrac{3}{2}x_3 - \dfrac{3}{4}x_4 + \dfrac{5}{4}, \\ x_2 = \dfrac{3}{2}x_3 + \dfrac{7}{4}x_4 - \dfrac{1}{4}, \end{cases}$ 令 $x_3 = c_1, x_4 = c_2$，则有

$\begin{cases} x_1 = \dfrac{3}{2}c_1 - \dfrac{3}{4}c_2 + \dfrac{5}{4}, \\ x_2 = \dfrac{3}{2}c_1 + \dfrac{7}{4}c_2 - \dfrac{1}{4}, \\ x_3 = c_1, \\ x_4 = c_2 \end{cases}$ 或 $\begin{pmatrix} x_1 \\ x_2 \\ x_3 \\ x_4 \end{pmatrix} = \begin{pmatrix} \dfrac{3}{2}c_1 - \dfrac{3}{4}c_2 + \dfrac{5}{4} \\ \dfrac{3}{2}c_1 + \dfrac{7}{4}c_2 - \dfrac{1}{4} \\ c_1 \\ c_2 \end{pmatrix} = c_1\begin{pmatrix} \dfrac{3}{2} \\ \dfrac{3}{2} \\ 1 \\ 0 \end{pmatrix} + c_2\begin{pmatrix} -\dfrac{3}{4} \\ \dfrac{7}{4} \\ 0 \\ 1 \end{pmatrix} + \begin{pmatrix} \dfrac{5}{4} \\ -\dfrac{1}{4} \\ 0 \\ 0 \end{pmatrix}$ (c_1, c_2 为任意实数)。

8.【解析】对增广矩阵 $\boldsymbol{B} = (\boldsymbol{A}, \boldsymbol{b})$ 作初等行变换变为行阶梯形矩阵，有

$$\boldsymbol{B} = \begin{pmatrix} 1+\lambda & 1 & 1 & 0 \\ 1 & 1+\lambda & 1 & 3 \\ 1 & 1 & 1+\lambda & \lambda \end{pmatrix} \xrightarrow{r_1 \leftrightarrow r_3} \begin{pmatrix} 1 & 1 & 1+\lambda & \lambda \\ 1 & 1+\lambda & 1 & 3 \\ 1+\lambda & 1 & 1 & 0 \end{pmatrix} \xrightarrow[r_3 - (1+\lambda)r_1]{r_2 - r_1}$$

$$\begin{pmatrix} 1 & 1 & 1+\lambda & \lambda \\ 0 & \lambda & -\lambda & 3-\lambda \\ 0 & -\lambda & -\lambda^2 - 2\lambda & -\lambda^2 - \lambda \end{pmatrix} \xrightarrow{r_3 + r_2} \begin{pmatrix} 1 & 1 & 1+\lambda & \lambda \\ 0 & \lambda & -\lambda & 3-\lambda \\ 0 & 0 & -\lambda^2 - 3\lambda & -\lambda^2 - 2\lambda + 3 \end{pmatrix} \rightarrow$$

$$\begin{pmatrix} 1 & 1 & 1+\lambda & \lambda \\ 0 & \lambda & -\lambda & 3-\lambda \\ 0 & 0 & -\lambda(\lambda+3) & -(\lambda-1)(\lambda+3) \end{pmatrix},$$

(1) 当 $\lambda \neq 0$ 且 $\lambda \neq -3$ 时，$\mathrm{r}(\boldsymbol{A}) = \mathrm{r}(\boldsymbol{B}) = 3$，方程组有唯一解。

(2) 当 $\lambda = 0$ 时，$\mathrm{r}(\boldsymbol{A}) = 1$，$\mathrm{r}(\boldsymbol{B}) = 2$，方程组无解。

(3) 当 $\lambda = -3$ 时，$\mathrm{r}(\boldsymbol{A}) = \mathrm{r}(\boldsymbol{B}) = 2$，方程组有无限多解，此时

$$\boldsymbol{B} \rightarrow \begin{pmatrix} 1 & 1 & -2 & -3 \\ 0 & -3 & 3 & 6 \\ 0 & 0 & 0 & 0 \end{pmatrix} \xrightarrow{r_2 \div (-3)} \begin{pmatrix} 1 & 1 & -2 & -3 \\ 0 & 1 & -1 & -2 \\ 0 & 0 & 0 & 0 \end{pmatrix} \xrightarrow{r_1 - r_2} \begin{pmatrix} 1 & 0 & -1 & -1 \\ 0 & 1 & -1 & -2 \\ 0 & 0 & 0 & 0 \end{pmatrix},$$

则同解方程组为 $\begin{cases} x_1 - x_3 = -1, \\ x_2 - x_3 = -2, \end{cases}$ 即 $\begin{cases} x_1 = x_3 - 1, \\ x_2 = x_3 - 2, \end{cases}$ 即 $\begin{pmatrix} x_1 \\ x_2 \\ x_3 \end{pmatrix} = c\begin{pmatrix} 1 \\ 1 \\ 1 \end{pmatrix} + \begin{pmatrix} -1 \\ -2 \\ 0 \end{pmatrix}$ (c 为任意常数)。

9.【解析】对增广矩阵 $\boldsymbol{B}$ 作初等行变换，

$$\boldsymbol{B}=\begin{pmatrix}1&-1&-1&1&0\\1&-1&1&-3&1\\1&-1&-2&3&-\frac{1}{2}\end{pmatrix}\xrightarrow[r_3-r_1]{r_2-r_1}\begin{pmatrix}1&-1&-1&1&0\\0&0&2&-4&1\\0&0&-1&2&-\frac{1}{2}\end{pmatrix}\xrightarrow[r_1-r_3]{r_2\div 2}$$

$\begin{pmatrix}1&-1&0&-1&\frac{1}{2}\\0&0&1&-2&\frac{1}{2}\\0&0&0&0&0\end{pmatrix}$，所以 $\mathrm{r}(\boldsymbol{A})=\mathrm{r}(\boldsymbol{B})=2$，故方程组有解，并有 $\begin{cases}x_1-x_2-x_4=\frac{1}{2},\\x_3-2x_4=\frac{1}{2},\end{cases}$ 即

$\begin{cases}x_1=x_2+x_4+\frac{1}{2},\\x_3=2x_4+\frac{1}{2},\end{cases}$ 取 $x_2=x_4=0$，则 $x_1=x_3=\frac{1}{2}$，所以方程组的特解为 $\boldsymbol{\eta}^*=\begin{pmatrix}\frac{1}{2}\\0\\\frac{1}{2}\\0\end{pmatrix}$。在对应的齐次线性方程组 $\begin{cases}x_1=x_2+x_4,\\x_3=2x_4\end{cases}$ 中，取 $\begin{pmatrix}x_2\\x_4\end{pmatrix}=\begin{pmatrix}1\\0\end{pmatrix}$ 及 $\begin{pmatrix}0\\1\end{pmatrix}$，则 $\begin{pmatrix}x_1\\x_3\end{pmatrix}=\begin{pmatrix}1\\0\end{pmatrix}$ 及 $\begin{pmatrix}1\\2\end{pmatrix}$，则对应的齐次线性方程组的基础解系为 $\boldsymbol{\xi}_1=\begin{pmatrix}1\\1\\0\\0\end{pmatrix}$，$\boldsymbol{\xi}_2=\begin{pmatrix}1\\0\\2\\1\end{pmatrix}$，所以所求通解为 $\begin{pmatrix}x_1\\x_2\\x_3\\x_4\end{pmatrix}=c_1\begin{pmatrix}1\\1\\0\\0\end{pmatrix}+c_2\begin{pmatrix}1\\0\\2\\1\end{pmatrix}+\begin{pmatrix}\frac{1}{2}\\0\\\frac{1}{2}\\0\end{pmatrix}$（$c_1,c_2$ 为任意常数）。

10.【解析】 设矩阵 $\boldsymbol{A}=(\boldsymbol{\alpha}_1,\boldsymbol{\alpha}_2,\boldsymbol{\alpha}_3)$，则 $\boldsymbol{Ax}=\boldsymbol{\beta}$ 有解 $\Leftrightarrow\boldsymbol{\beta}$ 可由向量组 $\boldsymbol{A}$ 线性表示。

$$|\boldsymbol{A}|=\begin{vmatrix}a&-2&-1\\2&1&1\\10&5&4\end{vmatrix}=\begin{vmatrix}a+2&-1&0\\2&1&1\\2&1&0\end{vmatrix}=-\begin{vmatrix}a+2&-1\\2&1\end{vmatrix}=-a-4。$$

(1) 当 $a=-4$ 时，增广矩阵 $(\boldsymbol{A},\boldsymbol{\beta})=\begin{pmatrix}-4&-2&-1&1\\2&1&1&b\\10&5&4&-1\end{pmatrix}\longrightarrow\begin{pmatrix}2&1&1&b\\0&0&1&1+2b\\0&0&-1&-1-5b\end{pmatrix}\longrightarrow$

$\begin{pmatrix}2&1&0&-1-b\\0&0&1&1+2b\\0&0&0&-3b\end{pmatrix}$，

当 $b \neq 0$ 时，方程无解，即向量 $\boldsymbol{\beta}$ 不能由向量组 $\boldsymbol{A}$ 线性表示。

(2) 当 $|\boldsymbol{A}| \neq 0$，即 $a \neq -4$ 时，方程有唯一解，即向量 $\boldsymbol{\beta}$ 能由向量组 $\boldsymbol{A}$ 线性表示，且表示式唯一。

(3) 当 $a=-4, b=0$ 时，$(\boldsymbol{A},\boldsymbol{\beta})=\begin{pmatrix}2&1&0&-1\\0&0&1&1\\0&0&0&0\end{pmatrix}$，

$\mathrm{r}(\boldsymbol{A})=\mathrm{r}(\boldsymbol{A},\boldsymbol{\beta})=2<3$，方程有无限多解，即向量 $\boldsymbol{\beta}$ 能由向量组 $\boldsymbol{A}$ 线性表示，且表示式不唯一。

该方程的同解方程组为 $\begin{cases}2x_1+x_2=-1,\\x_3=1,\end{cases}$ 取 $x_1=0$，得方程组的特解为 $\begin{pmatrix}0\\-1\\1\end{pmatrix}$，

在对应的齐次线性方程组 $\begin{cases}2x_1+x_2=0,\\x_3=0\end{cases}$ 中，

取 $x_1=1$，则 $x_2=-2, x_3=0$，即对应的齐次线性方程组的基础解系为 $\boldsymbol{\xi}=\begin{pmatrix}1\\-2\\0\end{pmatrix}$，则所求方程组的通解为 $\boldsymbol{x}=c\begin{pmatrix}1\\-2\\0\end{pmatrix}+\begin{pmatrix}0\\-1\\1\end{pmatrix}=\begin{pmatrix}c\\-2c-1\\1\end{pmatrix}$，$c \in \mathbf{R}$，故 $\boldsymbol{\beta}$ 由向量组 A 线性表示的一般表达式为

$$\boldsymbol{\beta}=\boldsymbol{A}\boldsymbol{x}=(a_1,a_2,a_3)\begin{pmatrix}c\\-2c-1\\1\end{pmatrix}=ca_1-(2c+1)a_2+a_3, c \in \mathbf{R}。$$

第四节　特征值与特征向量

考向 1 变式训练

C 【解析】$\begin{vmatrix}\lambda-2&-1\\-4&\lambda+1\end{vmatrix}=(\lambda-2)(\lambda+1)-4=(\lambda-3)(\lambda+2)=0$，解得 $\lambda=3$ 或 $\lambda=-2$。

考向 2 变式训练

-18 【解析】因为 $\boldsymbol{A}$ 的特征值为 $-1,1,2$，所以 $f(\boldsymbol{A})=\boldsymbol{A}^3-\boldsymbol{A}^2+\boldsymbol{A}$ 的特征值为 $f(-1)=$

$(-1)^3-(-1)^2+(-1)=-3$，$f(1)=1-1+1=1$，$f(2)=2^3-2^2+2=6$。所以$|A^3-A^2+A|=(-3)\times1\times6=-18$。

必刷好题

招教高频基础刷

1.【解析】矩阵A的特征多项式为

$$|A-\lambda E|=\begin{vmatrix}-1-\lambda & 1 & 0\\ -4 & 3-\lambda & 0\\ 1 & 0 & 2-\lambda\end{vmatrix}=(2-\lambda)\begin{vmatrix}-1-\lambda & 1\\ -4 & 3-\lambda\end{vmatrix}=$$

$(2-\lambda)[(-1-\lambda)(3-\lambda)-(-4)]=(2-\lambda)(1-\lambda)^2$，所以$A$的特征值为$\lambda_1=2$，$\lambda_2=\lambda_3=1$。当$\lambda_1=2$时，解方程$(A-2E)x=0$，由$A-2E=\begin{pmatrix}-3 & 1 & 0\\ -4 & 1 & 0\\ 1 & 0 & 0\end{pmatrix}\xrightarrow[r_3-r_1]{r_1-r_2}\begin{pmatrix}1 & 0 & 0\\ -4 & 1 & 0\\ 0 & 0 & 0\end{pmatrix}\xrightarrow{r_2+4r_1}$

$\begin{pmatrix}1 & 0 & 0\\ 0 & 1 & 0\\ 0 & 0 & 0\end{pmatrix}$，得基础解系$p_1=\begin{pmatrix}0\\0\\1\end{pmatrix}$，所以$kp_1(k\neq0)$是对应于$\lambda_1=2$的全部特征向量。

当$\lambda_2=\lambda_3=1$时，解方程组$(A-E)x=0$，

由$A-E=\begin{pmatrix}-2 & 1 & 0\\ -4 & 2 & 0\\ 1 & 0 & 1\end{pmatrix}\longrightarrow\begin{pmatrix}1 & 0 & 1\\ 0 & 1 & 2\\ 0 & 0 & 0\end{pmatrix}$，

得基础解系$p_2=\begin{pmatrix}-1\\-2\\1\end{pmatrix}$，所以$kp_2(k\neq0)$是对应于$\lambda_2=\lambda_3=1$的全部特征向量。

2.【解析】设p所对应的特征值为λ，则由题意设$(A-\lambda E)p=0$，即$\begin{pmatrix}2-\lambda & -1 & 2\\ 5 & a-\lambda & 3\\ -1 & b & -2-\lambda\end{pmatrix}\begin{pmatrix}1\\1\\-1\end{pmatrix}=0$，得以$a,b,\lambda$为未知数的线性方程组$\begin{cases}\lambda+1=0,\\ a-\lambda+2=0,\\ b+\lambda+1=0\end{cases}\Rightarrow\lambda=-1$，$a=-3$，$b=0$。

3.【解析】由矩阵$\boldsymbol{A}$的特征多项式$|\lambda\boldsymbol{E}-\boldsymbol{A}|=\begin{vmatrix}\lambda-1 & -2 & -4\\0 & \lambda-3 & -5\\0 & 0 & \lambda-6\end{vmatrix}=(\lambda-1)(\lambda-3)(\lambda-6)$得，矩阵$\boldsymbol{A}$的特征值为$\lambda_1=1,\lambda_2=3,\lambda_3=6$。

对$\lambda_1=1$，由$(\boldsymbol{E}-\boldsymbol{A})\boldsymbol{x}=\boldsymbol{0}$，即$\begin{pmatrix}0 & -2 & -4\\0 & -2 & -5\\0 & 0 & -5\end{pmatrix}\rightarrow\begin{pmatrix}0 & 1 & 0\\0 & 0 & 1\\0 & 0 & 0\end{pmatrix}$，解得基础解系$\boldsymbol{\xi}_1=(1,0,0)^{\mathrm{T}}$，因此属于特征值$\lambda_1=1$的特征向量为$k_1\boldsymbol{\xi}_1(k_1\neq0)$。

对$\lambda_2=3$，由$(3\boldsymbol{E}-\boldsymbol{A})\boldsymbol{x}=\boldsymbol{0}$，即$\begin{pmatrix}2 & -2 & -4\\0 & 0 & -5\\0 & 0 & -3\end{pmatrix}\rightarrow\begin{pmatrix}1 & -1 & 0\\0 & 0 & 1\\0 & 0 & 0\end{pmatrix}$，解得基础解系$\boldsymbol{\xi}_2=(1,1,0)^{\mathrm{T}}$，因此属于特征值$\lambda_2=3$的特征向量为$k_2\boldsymbol{\xi}_2(k_2\neq0)$。

对$\lambda_3=6$，由$(6\boldsymbol{E}-\boldsymbol{A})\boldsymbol{x}=\boldsymbol{0}$，即$\begin{pmatrix}5 & -2 & -4\\0 & 3 & -5\\0 & 0 & 0\end{pmatrix}$，解得基础解系$\boldsymbol{\xi}_3=(22,25,15)^{\mathrm{T}}$，因此属于特征值$\lambda_3=6$的特征向量为$k_3\boldsymbol{\xi}_3(k_3\neq0)$。

专题三 计数原理

第一节 分类加法计数原理与分步乘法计数原理

考向 变式训练

1. 36 【解析】可分两步解决:第一步,先选出文娱委员,因为甲、乙不能担任,所以从剩下的3人中选1人当文娱委员,有3种选法;第二步,从剩下的4人中选学习委员和体育委员,又可分两步进行:第一步,先选学习委员有4种选法,第二步选体育委员有3种选法,由分步乘法计数原理可得,不同的选法共有$3\times4\times3=36$(种)。

2. 4186 【解析】"至少有3件次品"可分为"有3件次品"与"有4件次品"两种情况,有4件次品的抽法有$C_4^4C_{46}^1$种,有3件次品的抽法有$C_4^3C_{46}^2$种,共有$C_4^4C_{46}^1+C_4^3C_{46}^2=4186$种不同抽法。

3. 36 【解析】①第一节课若安排A,则第四节课只能安排C,第二节课从剩余4人中任选1人,第三节课从剩余3人中任选1人,共有$4\times3=12$(种)排法。

②第一节课若安排B,则第四节课可安排A或C,第二节课从剩余4人中任选1人,第三节课从剩余3人中任选1人,共有$2\times4\times3=24$(种)排法。因此不同的安排方案共有$12+24=36$(种)。

招教高频基础刷

1. D 【解析】由题意,共分四步,一层到二层有2种走法,二层到三层有2种走法,三层到四层有2种走法,四层到五层有2种走法,所以该学生由一层到五层共有$2^4=16$种走法。

2. D 【解析】学生进门有7种选择,同样出门也有7种选择,由分步乘法计数原理,该学生的进出门方案有$7\times7=49$(种)。

3. B 【解析】三角形分两类:顶点含点O有$C_3^1C_4^1=12$个三角形;顶点不含点O有$C_4^2C_3^1+C_4^1C_3^2=30$个三角形,共有$12+30=42$个。

4. B 【解析】①甲同学选择牛,乙有2种选法,丙有10种选法,共有$1\times2\times10=20$种选法,

② 甲同学选择马,乙有3种选法,丙有10种选法,共有 $1\times3\times10=30$ 种选法,

所以总共有 $20+30=50$ 种选法。

5. D 【解析】有两类情况:① 其中一所学校3名教师,另两所学校各一名教师的分法有 $C_5^3A_3^3=60$(种);② 其中一所学校1名教师,另两所学校各两名教师的分法有 $\frac{C_5^1C_4^2A_3^3}{A_2^2}=90$(种),所以共有150种分配方法。

6. 120 【解析】每项限报一人,且每人至多参加一项,因此可由项目选人,第一个项目有6种选法,第二个项目有5种选法,第三个项目有4种选法,根据分步乘法计数原理,可得不同的报名方法共有 $6\times5\times4=120$(种)。

7. 660 【解析】分两步,第一步,选出4人,由于至少1名女生,故有 $C_8^4-C_6^4=55$(种)不同的选法;第二步,从4人中选出队长、副队长各1人,有 $A_4^2=12$(种)不同的选法。根据分步乘法计算原理知共有 $55\times12=660$(种)不同的选法。

8. 20 【解析】因为椭圆 $\frac{x^2}{m}+\frac{y^2}{n}=1$ 的焦点在 y 轴上,所以 $n>m$。当 $m=1$ 时,$n=2,3,4,5,6,7$,共6种;当 $m=2$ 时,$n=3,4,5,6,7$,共5种;当 $m=3$ 时,$n=4,5,6,7$,共4种;当 $m=4$ 时,$n=5,6,7$,共3种;当 $m=5$ 时,$n=6,7$,共2种,故共有 $6+5+4+3+2=20$(种)。

招教易错能力刷

1. C 【解析】① 若 A,C,E 三个区域用同一种颜色,则共有 $5\times4^3=320$ 种涂色方案;

② 若 A,C,E 三个区域用2种颜色,则共有 $(5\times4\times3)\times4\times3\times3=2160$ 种涂色方案;

③ 若 A,C,E 三个区域用3种颜色,则共有 $A_5^3\times3^3=1620$ 种涂色方案。

故共有 $320+2160+1620=4100$ 种不同涂色方案。

2. B 【解析】根据题意,分两种情况讨论:

① 当首位为3时,将剩下的三个数字全排列,安排在后面的三个数位,有 $A_3^3=6$ 种情况,即有6个符合条件的四位数。

② 当首位为2时,若百位为1或3时,将剩下的两个数字全排列,安排在后面的两个数位,有 $2A_2^2=4$ 种情况,即有4个符合条件的四位数;若首位为2,百位为0时,只有2031一个符合条件的四位数。

综上所述,共有 $6+4+1=11$ 个符合条件的四位数。

3. D 【解析】根据题意,分两步进行分析:

① 将6本书分为3组,要求语文和数学在同一组,若分为2,2,2的三组,有 $\frac{1}{2}C_4^2=3$ 种分组方

法;若分为 3,2,1 的三组,有 $C_4^1+C_4^1C_3^2=16$ 种分组方法;若分为 4,1,1 的三组,有 $C_4^2=6$ 种分组方法。所以共有 $3+16+6=25$ 种分组方法。

② 将分好三组全排列,放入三个不同的抽屉,有 $A_3^3=6$ 种情况,则有 $25\times6=150$ 种安排方法。

第二节　排列与组合

考向 1 变式训练

1. B 【解析】方法一:① 甲、乙中只有 1 人被选中,且担任 A 以外 3 种工作中的一项,剩下的由其余人担任,有 $C_2^1C_3^1A_3^3=36$ 种方案;② 甲、乙都被选中,担任除 A 外的 3 项工作中的 2 项,有 $C_3^2A_2^2C_3^2A_2^2=36$ 种方案。故共有 $36+36=72$ 种方案。

方法二:从甲、乙以外的三人中选一人从事 A 工作,再从剩余四人中选三人从事其余三项工作,共有 $C_3^1A_4^3=72$ 种选法。

2. A 【解析】安排这五位董事会成员分别坐在主席台上的前五排(每两人均不坐同一排),基本事件总数 $n=A_5^5=120$,"E 坐中间一排,但 A 与 B 都不坐在第一排"包含的基本事件个数 $m=A_3^2A_2^2=12$,故 E 坐中间一排,但 A 与 B 都不坐在第一排的概率为 $P=\frac{m}{n}=\frac{12}{120}=\frac{1}{10}$。

3. A 【解析】间接法:甲与乙相邻的情况(不考虑丙的位置)减去甲、乙相邻且甲、丙相邻的情况,有 $A_2^2A_4^4-A_3^3\times2=36$ 种,故选 A。

4. A 【解析】由题意知,将甲、乙两本书放在两端有 A_2^2 种放法,将丙、丁两本书捆绑,与剩余的两本书全排列,有 A_3^3 种放法,将相邻的丙、丁两本书排列,有 A_2^2 种放法,所以不同的摆放方法有 $A_2^2A_3^3A_2^2=24$(种),故选 A。

5. C 【解析】首先把甲、乙绑定即有 A_2^2 种排法,若丙排在 10 月 1 日,则共有 $A_5^5A_2^2=240$ 种排法;若丁排在 10 月 7 日,则共有 $A_5^5A_2^2=240$ 种排法;若丙排在 10 月 1 日且丁排在 10 月 7 日,则共有 $A_4^4A_2^2=48$ 种排法;若不考虑丙、丁的条件限制,则共有 $A_6^6A_2^2=1440$ 种排法。所以共有 $1440-240-240+48=1008$ 种安排方案。

6. 72 【解析】先排三位家长,三个座位,共有 A_3^3 种情况,因为家长不能相邻,且孩子不能坐两边,所以 3 个孩子坐在由 3 个家长产生的两个间隔位置,先把 3 个孩子分为 1 个和 2 个,放入这两个间隔中,共有 $C_3^1A_2^2$ 种排法,然后再对两个坐在一起的孩子排序,共有 A_2^2 种排法,所以一共有

$A_3^3C_3^1A_2^2A_2^2=72$ 种排法。

考向 2 变式训练

1. 70 【解析】所有情况共有 C_9^3 种，只选男医生有 C_5^3 种，只选女医生有 C_4^3 种，因此男女医生都有的组队方案共有 $C_9^3-C_5^3-C_4^3=84-10-4=70$(种)。

2. 345 【解析】由题意知，所选出的1名女同学的分类如下：①所选出的1名女同学来自甲组的相应选法有 $C_3^1C_5^1C_6^2=225$ 种；②所选出的1名女同学来自乙组的相应选法有 $C_2^1C_6^1C_5^2=120$ 种，因此满足题意的选法共有 $225+120=345$ 种。

3. A 【解析】若没有条件限制，选出3人共有 $C_{13}^3=286$ 种选法，若选出的3人全是男同学，共有 $C_8^3=56$ 种选法，所以选出的三人中至少有1名女同学的不同选法共有 $286-56=230$ 种。

考向 3 变式训练

1. C 【解析】先将5项工作分成4组，其中1组有2项工作，其余3组各有1项工作，不同的分法有 C_5^2 种，再将4组工作分给4名志愿者，每人1组，不同的分法有 A_4^4 种，由分步乘法计数原理得，不同的安排方式共有 $C_5^2\cdot A_4^4=240$ 种。

2. 220 【解析】根据题意，高一年级共有10个班，每个班被抽到的同学不少于2人，先从每个班抽取2人，共抽取20人，将剩余的3个名额分配到10个班级，分3种情况讨论：①3个名额分配到1个班级，在10个班级中抽取1个即可，共有 $C_{10}^1=10$ 种抽取方法；②3个名额分配到2个班级，1个班级1个，另1个班级2个，在10个班级中抽取2个，再进行全排列即可，有 $C_{10}^2\times A_2^2=90$ 种抽取方法；③3个名额分配到3个班级，在10个班级中抽取3个即可，有 $C_{10}^3=120$ 种抽取方法。则不同的抽取方法共有 $10+90+120=220$ 种。

考向 4 变式训练

1. B 【解析】将6本不同的书全部送给3位小朋友，每人至少一本，首先将6本书分为3组，且每组至少有一本，即 $(1,1,4)$，$(1,2,3)$ 或 $(2,2,2)$。①$(1,1,4)$ 中有两组等分，所以共有 $\frac{C_6^4C_2^1}{A_2^2}=\frac{15\times2}{2}=15$ 种分组情况；②$(2,2,2)$ 中有3组等分，所以共有 $\frac{C_6^2C_4^2}{A_3^3}=\frac{15\times6}{6}=15$ 种分组情况；③$(1,2,3)$ 为完全非均匀分组，所以共有 $C_6^1C_5^2=60$ 种分组情况。再将分好的3组书送给不同的小朋友，共有 $(15+15+60)\times A_3^3=540$ 种不同的送法。

2. A 【解析】将4个颜色互不相同的球全部放入编号为1和2的两个盒子里，使得放入每个盒子里的球的个数不小于该盒子的编号，分情况讨论：①1号盒子中放1个球，其余3个放入2号盒子，有 $C_4^1=4$ 种方法；②1号盒子放入2个球，其余2个放入2号盒子，有 $C_4^2=6$ 种方法，则不同的放球方法有10种。故选A。

3. 150 【解析】可以把球分为(1,1,3)或(1,2,2)，再分配给3人，共有 $\left(C_5^3+\frac{C_5^2C_3^2}{A_2^2}\right)A_3^3=150$(种)方法。

招教易错突破

变式训练

1. B 【解析】根据题意，h,e,l,l,o 中5个字母进行全排列共有 $A_5^5=120$ 种结果，但字母中有两个“l”，则5个字母的全排列要除以2，共有60种不同的顺序，而其中只有1个是正确的，故可能出现的错误的种数是 $60-1=59$。

2. 336 【解析】排成一排的盒子位置是不动的，那么可以先不考虑红球与黄球不相邻，则4个小球有 A_4^4 种排法，再将两个相邻空盒捆绑，与另一个空盒插入放有小球的4个盒子产生的5个空隙中，有 $C_5^2A_2^2$ 种方法；红球与黄球相邻时，将红球与黄球看作一个整体，与剩余两个球进行全排，则4个小球有 $A_3^3A_2^2$ 种排法，因为红色和黄色两个小球的盒子一定是相邻的，那么装有小球的4个盒子共有4个空隙，将两个相邻空盒捆绑与另一个空盒插入空隙，共有 $C_4^2A_2^2$ 种方法，因此不同的放法为 $A_4^4C_5^2A_2^2-A_3^3A_2^2C_4^2A_2^2=336$ 种。

必刷好题

招教高频基础刷

1. B 【解析】将甲乙捆绑在一起，与另外三人排列，有 $A_2^2A_4^4=48$ 种排法，再从中间的三个空中选一个位置安排丙，有 $C_3^1=3$ 种放法，由分步计数原理知，共有 $48\times3=144$ 种。

2. A 【解析】由题意，甲、乙都不是第一名且乙不是最后一名，乙的限制最多，故先排乙，有3种情况，即第二、三、四名；再排甲，除第一名与乙的名次外有3种情况，故甲也有3种情况；余下3人

有 A_3^3 种排法。故共有 $3 \cdot 3 \cdot A_3^3 = 54$ 种不同的情况。

3. B 【解析】先从4个人里选1人,使其站在自己原来的位置上,有 $C_4^1 = 4$ 种选法。对于剩下的3人,因为每个人都不能站在原来的位置上,所以第一个人有2种站法,被站了自己位置的那个人只能站在第三人原来的位置上,这样第三个人才能站在第一个人的位置上,故不同的站法共有 $4 \times 2 = 8$ 种。

4. C 【解析】由题意知,程序A只能出现在第一步或最后一步,则从第一个位置和最后一个位置选一个位置把A排列,有 $A_2^1 = 2$ 种结果。因为程序B和C实施时必须相邻,所以把B和C看作一个元素,同除A外的3个元素排列,注意B和C之间还有一个排列,共有 $A_4^4A_2^2 = 48$ 种结果,根据分步计数原理知共有 $2 \times 48 = 96$ 种编排方法。

5. C 【解析】5名志愿者选2个1组,有 C_5^2 种方法,然后与其他3人进行全排列,有 A_4^4 种,故共有 $C_5^2A_4^4 = 240$ 种分配方案。

6. 24 【解析】4个人排成一排照相,不同排列方式的种数为 $A_4^4 = 24$ 种。

7. 1680 【解析】满足题意的排法有 $\frac{A_9^9}{A_3^3A_3^3A_3^3} = 1680$ 种。

8. 540 【解析】6人报3所学校共有 $3^6 = 729$ 种情况,A没人报的情况有 $2^6 = 64$ 种,同理B,C没人报也是64种情况,上面将有两所学校没人报的情况重复计数,A、B都没人报只有1种情况,A、C,B、C都没人报同A、B情况,所以不同的报考方法共有 $729 - 3 \times 64 + 3 = 540$ 种。

9. 36 【解析】只需从A,B,C之外的9人中选择2人,即有 $C_9^2 = 36$(种)选法。

10. 90 【解析】先将5名学生分成(2,2,1)三组,有 $\frac{C_5^1C_4^2C_2^2}{A_2^2} = 15$ 种情况,所以不同的安排方法有 $15A_3^3 = 90$ 种。

招教易错能力刷

1. D 【解析】$\frac{C_7^2C_5^2C_3^3}{A_2^2} \cdot A_3^3 = 630$ 种。

2. 144 【解析】4个球分成3组,每组至少1个,即分成小球个数分别为2,1,1的3组,有 $\frac{C_4^2C_2^1C_1^1}{A_2^2}$ 种分组情况,然后将3组球放入4个盒中的3个,分配方法有 A_4^3 种,因此,方法共有 $\frac{C_4^2C_2^1C_1^1}{A_2^2} \times A_4^3 = 144$(种)。

3. 912 【解析】设AA表示两名学生的位置,BB表示两名教师的位置,CCC表示三名家长

位置。

第一步:先排学生有 $A_2^2=2$ 种方法;

第二步:再排两名教师,有:①ABAB 与 BABA,②AABB 与 BBAA,③ABBA 与 BAAB,三种情况。

对于①,教师有 $2A_2^2=4$ 种排法,然后再将三名家长排入五个空中,共有 A_5^3 种方法;

对于②,教师有 $2A_2^2=4$ 种排法,然后先在 A 与 A 之间和 B 与 B 之间各选一个家长排入,剩余一个家长插入剩余三个空中的一个空中,有 $A_3^2A_3^1$ 种;

对于③,教师有 $2A_2^2=4$ 种排法,然后选一个家长排在最中间一个空中,再将剩余两个家长排在剩余的四个空中,有 $C_3^1A_4^2$ 种排法。

综上所述,共有 $A_2^2\cdot 2A_2^2\cdot(A_5^3+A_3^2A_3^1+C_3^1A_4^2)=912$ 种排法。

4. 174 【解析】当数字中不含有 0 时,把 12 分成 4 个不同的数之和,只可能是 $1+2+4+5$ 或 $1+2+3+6$,由 1,2,4,5,组成的四位数,有 $A_4^4=24$ 个,由 1,2,3,6 组成四位数,也有 24 个,所以不含有 0 的数字能组成 $24+24=48$ 种结果。

当数字含有 0 时,可以是 0,1,2,9;0,2,4,6;0,1,4,7;0,1,5,6;0,2,3,7;0,1,3,8;0,3,4,5,共有 7 种情况满足条件,而每一种可以组成的四位数有 $3\times3\times2=18$ 个,所以共有 $48+18\times7=174$ 个这样的四位数。

第三节　二项式定理

考向 1 变式训练

1. C 【解析】$\left(x-\frac{1}{3\sqrt{x}}\right)^{18}$ 展开式的通项为 $T_{r+1}=C_{18}^r x^{18-r}\left(-\frac{1}{3}\right)^r x^{-\frac{r}{2}}=C_{18}^r\left(-\frac{1}{3}\right)^r x^{18-\frac{3r}{2}}$,令 $18-\frac{3r}{2}=15$,解得 $r=2$,故展开式中含 x^{15} 的项的系数是 $C_{18}^2\left(-\frac{1}{3}\right)^2=17$。故选 C。

2. D 【解析】$(1+2x^2)^7$ 的第四项展开式为 $C_7^3\cdot1^4\cdot(2x^2)^3=C_7^3\cdot8x^6=280x^6$。故选 D。

3. 60 【解析】二项式 $\left(x-\frac{2}{x}\right)^6$ 的展开式的通项为 $T_{r+1}=C_6^r x^{6-r}\left(-\frac{2}{x}\right)^r=C_6^r(-2)^r x^{6-2r}$,令 $6-2r=2$,得 $r=2$,由此可知,x^2 项的系数为 $C_6^2(-2)^2=60$。

4. 15 【解析】$\left(x^2-\frac{1}{x}\right)^6$ 的展开式通项为 $T_{r+1}=C_6^r x^{12-2r}\left(-\frac{1}{x}\right)^r=(-1)^r C_6^r x^{12-3r}$,令 $12-$

$3r=0$，得 $r=4$，故常数项是 $(-1)^4C_6^4=15$。

考向2 变式训练

1. D 【解析】$(1+x)^6$ 的展开式通项为 $T_{r+1}=C_6^rx^r$，则多项式 $\left(1+\frac{1}{x}\right)(1+x)^6$ 展开式中 x^3 的系数为 $C_6^3+C_6^4=20+15=35$。

2. A 【解析】$\left(x-\frac{1}{x}\right)^6$ 展开式的通项为 $T_{r+1}=C_6^rx^{6-r}\left(-\frac{1}{x}\right)^r=C_6^r(-1)^rx^{6-2r}(r\in\mathbf{N})$，因为 $(x-3)^2\cdot\left(x-\frac{1}{x}\right)^6=(x^2-6x+9)\left(x-\frac{1}{x}\right)^6$，所以只需考虑 $\left(x-\frac{1}{x}\right)^6$ 展开式中次数为1,2,3的项。因为满足 $6-2r=1$ 和 $6-2r=3$ 的 r 不存在，而 $r=2$ 时，$6-2r=2$，所以 $(x-3)^2\cdot\left(x-\frac{1}{x}\right)^6$ 中 x^3 的系数为 $-6\times C_6^2(-1)^2=-90$。故选A。

考向3 变式训练

1. A 【解析】分析式子易得 $|a_0|+|a_1|+|a_2|+|a_3|+|a_4|+|a_5|=a_0-a_1+a_2-a_3+a_4-a_5$，故令 $x=-1$，原式 $=4^5=1024$，故选A。

2. D 【解析】令 $x=1$，得 $6(a-1)^5=0$，则 $a=1$，所以 $(2x^2+3x+1)\left(\frac{a}{x^2}-1\right)^5=(2x^2+3x+1)\left(\frac{1}{x^2}-1\right)^5$，其中 $\left(\frac{1}{x^2}-1\right)^5$ 的通项公式为 $C_5^r\left(\frac{1}{x^2}\right)^{5-r}(-1)^r=(-1)^rC_5^rx^{2r-10}$，要求展开式的常数项，则 $r=4$ 或 $r=5$，故常数项为 $2x^2\cdot C_5^4\cdot\frac{1}{x^2}+C_5^5\cdot(-1)^5=10-1=9$。

3. C 【解析】由二项展开式定理知，$a_0=1$，$a_8=1\times(-2)^7=-128$，令 $x=1$，则有 $(1+1)\times(1-2)^7=a_0+a_1+a_2+\cdots+a_7+a_8$，所以 $a_1+a_2+\cdots+a_7=-2-1+128=125$。

考向4 变式训练

【解析】证明：当 $n=0,1$ 时，$3^{3n}-26n-1=0$，能被676整除；当 $n\geqslant2$ 时，$3^{3n}-26n-1=27^n-26n-1=(26+1)^n-26n-1=26^n+C_n^1 26^{n-1}+C_n^2 26^{n-2}+\cdots+C_n^{n-2}26^2+C_n^{n-1}26+1-26n-1=26^2(26^{n-2}+C_n^1 26^{n-3}+C_n^2 26^{n-4}+\cdots+C_n^{n-2})$，因为 $26^2=676$，所以对任何自然数 n，$3^{3n}-26n-1$ 都可以被676整除。

招教易错突破

变式训练

1. $\frac{2}{3}$ 【解析】二项式$\left(x-\frac{a}{\sqrt[3]{x}}\right)^6$展开式的通项公式为$T_{r+1}=C_6^r x^{6-r}\left(-\frac{a}{\sqrt[3]{x}}\right)^r=(-a)^r C_6^r x^{6-\frac{4}{3}r}$，令$6-\frac{4}{3}r=2$，解得$r=3$，故二项式展开式中含$x^2$项的系数为$(-a)^3C_6^3=\frac{5}{2}$，解得$a=-\frac{1}{2}$，

$$\therefore \lim_{n\to\infty}(1+a+a^2+\cdots+a^n)=\lim_{n\to\infty}\frac{1-\left(-\frac{1}{2}\right)^{n+1}}{1-\left(-\frac{1}{2}\right)}=\frac{2}{3}。$$

2. 60 【解析】$T_{k+1}=C_6^k x^{6-k}\cdot(-2)^k$，令$6-k=4$，则$k=2$，所以$x^4$的系数是$C_6^2(-2)^2=60$。

招教高频基础刷

1. D 【解析】$\left(x-\frac{1}{x}\right)^5$的展开式的通项为$T_{r+1}=C_5^r x^{5-r}\left(-\frac{1}{x}\right)^r=C_5^r(-1)^r x^{5-2r}$，令$5-2r=1$，得$r=2$，即1次项为$C_5^2(-1)^2x=10x$，故$x$的系数为10。

2. B 【解析】令$x=1$，得展开式中各项系数和为$(1+1)^n=2^n=256$，则$n=8$，所以二项式$\left(x+\frac{1}{\sqrt[3]{x}}\right)^n$的展开式的通项为$T_{r+1}=C_8^r x^{8-r}\left(\frac{1}{\sqrt[3]{x}}\right)^r=C_8^r x^{8-\frac{4r}{3}}$，令$8-\frac{4r}{3}=0$，则$r=6$，故展开式的常数项为$C_8^6=28$。

3. C 【解析】当第一个括号内取x时，第二个括号内要取含x^2y^3的项，即$C_5^3(2x)^2(-y)^3$；当第一个括号内取y时，第二个括号内要取含x^3y^2的项，即$C_5^2(2x)^3(-y)^2$，所以x^3y^3的系数为$C_5^2\times 2^3-C_5^3\times 2^2=10\times(8-4)=40$。

4. D 【解析】由二项式定理得$(1+x)^5$的展开式的通项为$T_{r+1}=C_5^r1^{5-r}x^r=C_5^rx^r$，所以当$r=2$时，$(1+ax)(1+x)^5$的展开式中$x^2$的系数为$C_5^2$，当$r=1$时，$x^2$的系数为$C_5^1a$，则$C_5^2+C_5^1a=5$，即$10+5a=5$，解得$a=-1$。

5. B 【解析】$\left(\sqrt{x}+\frac{1}{2\sqrt[4]{x}}\right)^n$ 的展开式的通项为 $T_{r+1}=C_n^r\cdot\left(\frac{1}{2}\right)^r\cdot(\sqrt{x})^{n-r}\cdot\left(\frac{1}{\sqrt[4]{x}}\right)^r$，则展开式中前三项的系数分别为 $1,\frac{n}{2},\frac{n(n-1)}{8}$，由等差数列的性质得 $2\times\frac{n}{2}=1+\frac{n(n-1)}{8}$，解得 $n=8$（$n=1$ 舍去）。

6. $\frac{4^n-1}{3}$ 【解析】$C_n^1+3C_n^2+3^2C_n^3+\cdots+3^{n-1}C_n^n=\frac{1}{3}(C_n^0\times3^0\times1^n+C_n^1\times3^1\times1^{n-1}+C_n^2\times3^2\times1^{n-2}+\cdots+C_n^n\times3^n\times1^0)-\frac{1}{3}=\frac{1}{3}\times4^n-\frac{1}{3}=\frac{4^n-1}{3}$。

7. 7 【解析】二项式 $\left(\sqrt[3]{x}+\frac{1}{2x}\right)^8$ 的展开式的通项为 $T_{r+1}=C_8^r(\sqrt[3]{x})^{8-r}\cdot\left(\frac{1}{2x}\right)^r=\frac{1}{2^r}C_8^rx^{\frac{8-4r}{3}}$，当 $\frac{8-4r}{3}=0$，即 $r=2$ 时，T_{r+1} 为常数项，因此该二项式的展开式中的常数项为 $T_3=\frac{1}{2^2}C_8^2=7$。

8. 30 【解析】$(x^2+x+y)^5$ 的展开式的通项为 $T_{r+1}=C_5^r(x^2+x)^{5-r}y^r$，令 $r=2$，则 $T_3=C_5^2(x^2+x)^3y^2$，又 $(x^2+x)^3$ 的展开式的通项为 $T_{k+1}=C_3^k(x^2)^{3-k}x^k=C_3^kx^{6-k}$，令 $6-k=5$，则 $k=1$，所以 $(x^2+x+y)^5$ 的展开式中，x^5y^2 的系数为 $C_5^2C_3^1=30$。

9. -2 【解析】$\left(ax^2+\frac{1}{\sqrt{x}}\right)^5$ 的展开式的通项为 $T_{r+1}=C_5^r(ax^2)^{5-r}\left(\frac{1}{\sqrt{x}}\right)^r=a^{5-r}C_5^rx^{10-\frac{5}{2}r}$，令 $10-\frac{5}{2}r=5$，则 $r=2$，所以 $a^3C_5^2=10a^3=-80$，解得 $a=-2$。

10. 4 【解析】$(1+3x)^n$ 的展开式的通项为 $T_{r+1}=C_n^r1^{n-r}(3x)^r$，则含有 x^2 项为 $C_n^21^{n-2}(3x)^2=9C_n^2x^2$，则 $9C_n^2=54$，即 $C_n^2=6\Rightarrow\frac{n(n-1)}{2}=6$，解得 $n=4$ 或 $n=-3$（舍去）。

11. -256 【解析】令 $x=1$，得 $a_0+a_1+a_2+a_3+a_4+a_5=0$，令 $x=-1$，得 $a_0-a_1+a_2-a_3+a_4-a_5=2^5$，两式相加除以 2 得 $a_0+a_2+a_4=2^4$，则 $a_1+a_3+a_5=-2^4$，所以 $(a_0+a_2+a_4)(a_1+a_3+a_5)=-256$。

12. 10 【解析】$x^5=[(1+x)-1]^5$，展开式的通项为 $T_{r+1}=C_n^r(1+x)^{n-r}(-1)^r=C_5^r(1+x)^{5-r}(-1)^r$，令 $5-r=3$，则 $r=2$，所以 $a_3=C_5^2(-1)^2=10$。

招教易错能力刷

1. B 【解析】在二项式 $\left(\sqrt{x}+\frac{3}{x}\right)^n$ 的展开式中，令 $x=1$ 得各项系数之和为 4^n，所以 $A=4^n$，二项展开式的二项式系数和为 2^n，所以 $B=2^n$，所以 $4^n+2^n=72$，解得 $n=3$，所以 $\left(\sqrt{x}+\frac{3}{x}\right)^n=$

$\left(\sqrt{x}+\frac{3}{x}\right)^3$ 的展开式的通项为 $T_{r+1}=C_3^r(\sqrt{x})^{3-r}\left(\frac{3}{x}\right)^r=3^rC_3^rx^{\frac{3-3r}{2}}$，令$\frac{3-3r}{2}=0$得 $r=1$，故展开式的常数项为 $T_2=3C_3^1=9$。

2. B 【解析】根据二项式系数的性质，$(x-1)^9$ 的展开式共10项，故中间两项即第5项和第6项的二项式系数相等，同时取得最大值。但第6项系数需乘以 -1 得负，而第5项的系数为正，因此只有第5项的系数最大，而第6项的系数最小。

3. C 【解析】根据二项式的展开式的二项式系数的性质可知，在二项展开式中，若展开式是奇数项，则中间项的二项式系数最大，若展开式是偶数项，则展开项中间两项的二项式系数最大，所以$\left(\sqrt{x}-\frac{2}{x^2}\right)^n$ 的展开式一共有11项，故 $n=10$。设展开式第 $r+1$ 项为常数项，则 $C_{10}^r\cdot(\sqrt{x})^{10-r}\cdot(-2)^r\cdot\left(\frac{1}{x^2}\right)^r=C_{10}^r(-2)^rx^{\frac{10-5r}{2}}$，令$\frac{10-5r}{2}=0$，则 $r=2$，所以该二项式的展开式的常数项为$C_{10}^2(-2)^2=180$。

4. -1024 【解析】$(1-x-5y)^5$ 的展开式中不含 x 的项的系数和等于$(1-5y)^5$ 的展开式的各项系数和，在$(1-5y)^5$ 中，令 $y=1$，得展开式的各项系数和为$(-4)^5=-1024$，所以$(1-x-5y)^5$ 的展开式中不含 x 的项的系数和为 -1024。

专题四　统　计

第一节　随机抽样

考向 变式训练

1. B 【解析】计算可知该社区高等收入家庭为 $480-200-160=120$(户)，所以抽取总户数为 $480\times\frac{6}{120}=24$ 户。

2. A 【解析】总体数为600，样本的容量是50，$600\div50=12$，因此每12个号能抽到1名。由于随机抽得的第一个号码为003，以后每12个号抽到一个人，则抽得的号码分别是003，015，027，039，…，构成以3为首项，12为公差的等差数列，于是第 n 组抽到的号码为 $3+12(n-1)=12n-9$，令 $1\leqslant12n-9\leqslant300$，得 $\frac{5}{6}\leqslant n\leqslant25\frac{3}{4}$，因为 n 为正整数，所以 $1\leqslant n\leqslant25$，故在第 Ⅰ 营区应抽到25人，同理在第 Ⅱ 营区应抽到17人，在第 Ⅲ 营区应抽到8人。故本题选A。

3. 10 【解析】由题意知，将样本容量960人分成32组，每组 $\frac{960}{32}=30$ 人，根据系统抽样的性质，第一组抽到的号码为9，则第 n 组抽到的号码为 $9+(n-1)\times30=30n-21$，编号落在区间 $[451,750]$，即 $451\leqslant30n-21\leqslant750$，解得 $15\frac{11}{15}\leqslant n\leqslant25\frac{7}{10}$，因为 n 为正整数，所以 $16\leqslant n\leqslant25$，所以有 $25-16+1=10$ 人做问卷B。

招教高频基础刷

1. D 【解析】因为抽取的个体间的间隔是固定的，所以A、B两项不是简单随机抽样；因为总体的个体有明显的层次，所以C项不是简单随机抽样；D项是简单随机抽样。

2. B 【解析】由系统抽样定义可知，所分组距为 $\frac{840}{42}=20$，每组抽取一个，因为包含整数个组，所以抽取个体在区间 $[481,720]$ 的数目为 $(720-480)\div20=12$。

3. C 【解析】因为该班共有学生52人，用系统抽样的方法抽取一个容量为4的样本，则分组间

隔为$\frac{52}{4}=13$,已知抽到5号,则其余座号应该为18,31,44号,故样本中还有一个同学的座号为31。

4. A 【解析】设该样本中高三年级的人数为n,由分层抽样的性质列方程得$\frac{20}{500}=\frac{n}{450}$,解得$n=18$。

5. B 【解析】依题意得$\frac{3}{3+5+7}\times n=18$,解得$n=90$,即样本容量为90。

6. C 【解析】由随机抽样的特征可知,① 为等距抽样,是系统抽样;② 是简单随机抽样。

7. 16 【解析】由题意知,该专业大三年级抽取的学生人数为$40\times\frac{400}{100+200+400+300}=16$(人)。

招教易错能力刷

1. C 【解析】因为在系统抽样中,若所给的总体个数不能被样本容量整除,则应先剔除几个个体,本题先剔除16人,然后再分组,在剔除过程中,每个个体被剔除的机会相等,所以,每个个体被抽到的机会都相等,均为$\frac{50}{2016}=\frac{25}{1008}$。

2. A 【解析】无论是采用简单随机抽样、系统抽样还是分层抽样,保持的原则是每个个体被抽到的可能性是均等的。

第二节　用样本估计总体

考向1 变式训练

1. B 【解析】折线统计图不仅可以反映数据的增减变化情况,而且可以表示数量的多少。

2.【解析】(1) 由题意得,参加活动A的有10人,占全部人数的20%,所以一共有$10\div20\%=50$(人),所以参加活动B的人数是$50-10-16-6=18$(人)。

(2) 参加活动C的有16人,$16\div50\times360°=115.2°$,所以活动C在扇形统计图中的对应圆心角是115.2°。

(3) 若全校一共有900人参加户外活动,则参加活动D的大约有$6\div50\times900=108$(人)。

3.【解析】(1) 将甲组中所有人的分数由小到大排列后数据为3,6,6,6,6,6,7,8,9,10,所以甲组的中位数为6。乙组的平均数为$\frac{5+5+6+7+7+8+8+8+8+9}{10}=7.1$。

(2) 甲。因为甲组的中位数为6,而乙组的中位数为7.5,$7>6$,$7<7.5$,7分在甲组排名属于中

游略偏上，所以小明是甲组学生。

(3) 中位数、平均数和方差等也可以反映数据的整体情况，从这3方面看乙组的成绩好于甲组。

考向2 变式训练

1. A 【解析】根据题意知，前四组的频数成首项为1，公比为3的等比数列$\{a_n\}$，由直方图知，a_4是最大频数，$a_4=100a=1\times3^3=27$，解得$a=0.27$；则后六组的频数和为$100-1-3-9=87$，且形成首项为27的等差数列，由等差数列的求和公式得，$6\times27+\frac{6\times5}{2}d=87$，解得$d=-5$，则视力在4.6到5.0之间的学生数$b=4\times27+\frac{4\times3}{2}\times(-5)=78$。

2. A 【解析】由频率分布直方图可知，分数低于112分的频率为$(0.01+0.03+0.05)\times4=0.36$，因为分数低于112分的同学共有18人，所以高三(1)班总人数为：$n=18\div0.36=50$(人)，因为分数不低于120分的频率为$(0.03+0.02)\times4=0.2$，所以分数不低于120分的人数为$50\times0.2=10$人。

考向3 变式训练

1. C 【解析】由茎叶图可知，甲3次综合测评中的成绩分别为88,90,91，则甲的平均成绩$\overline{甲}=\frac{88+90+91}{3}=89+\frac{2}{3}$，乙3次综合测评中的成绩分别为88,85,90+$a$，则乙的平均成绩$\overline{乙}=\frac{88+85+90+a}{3}=87+\frac{2+a}{3}$，$a$的可能取值有10种，当$a=0,1,2,3,4,5$时，$\overline{甲}>\overline{乙}$，所以甲的平均成绩超过乙的平均成绩的概率为$\frac{6}{10}=\frac{3}{5}$。

2.【解析】(1) 由茎叶图可知，30人中有“高个子”12人，其中有4名女生和8名男生，“非高个子”有18人，其中有14名女生和4名男生，用分层抽样的方法，每个人被抽中的概率是$\frac{5}{30}=\frac{1}{6}$，选中的“高个子”有$12\times\frac{1}{6}=2$(人)，“非高个子”有$18\times\frac{1}{6}=3$(人)，用A表示事件“至少有一名‘高个子’被选中”，则它的对立事件“没有一名高个子被选中”为$\overline{A}$，则$P(A)=1-P(\overline{A})=1-\frac{C_3^2}{C_5^2}=\frac{7}{10}$。

(2) 依题意，ξ的取值有0,1,2,3。

$P(\xi=0)=\frac{C_8^3}{C_{12}^3}=\frac{14}{55}$，$P(\xi=1)=\frac{C_4^1C_8^2}{C_{12}^3}=\frac{28}{55}$，$P(\xi=2)=\frac{C_4^2C_8^1}{C_{12}^3}=\frac{12}{55}$，

$P(\xi=3)=\frac{C_4^3}{C_{12}^3}=\frac{1}{55}$。

因此 ξ 的分布列如下:

ξ	0	1	2	3
P	$\frac{14}{55}$	$\frac{28}{55}$	$\frac{12}{55}$	$\frac{1}{55}$

故期望为 $E(\xi)=0\times\frac{14}{55}+1\times\frac{28}{55}+2\times\frac{12}{55}+3\times\frac{1}{55}=1$。

考向 4 变式训练

1. C 【解析】该组数据中有三个2,而其他数都只是各一个,故即使再加入一个数据,也不改变它的众数。

2. C 【解析】5名同学的劳动时间从小到大可排列成2,3,4,4,5,所以这组数据的中位数是4。

3. A 【解析】根据频率分布直方图可知,成绩在[60,70]之间的人数最多,故众数为第二个矩形底边中点对应横坐标,即为65;由于 $(0.03+0.04)\times10=0.7>0.5$,故成绩按照从低到高的顺序排列,中位数介于60 ~ 70(不包括60与70),设中位数为 x,则 $0.03\times10+0.04\times(x-60)=0.5$,解得 $x=65$。故选A。

4. B 【解析】由众数的定义可知该班篮球队在本次友谊赛中所得分数的众数为20,平均数为 $\frac{1}{8}\times(1\times18+2\times19+3\times20+1\times21+1\times25)=20.25$。

5. 3 【解析】通过观察可知,第二组数据是在第一组数据的基础上,每一项增加5得到的,根据方差的性质可知,第二组数据的方差与第一组数据的方差相同,故其方差为3。

6. A 【解析】要了解一批灯泡的使用寿命,应采用抽样调查的方式,故①错误;若一个游戏的中奖率是1%,则做100次这样的游戏也不一定会中奖,故②错误;一组数据的稳定性是由方差的大小决定的,这组数据的方差越小,数据越稳定,故③正确;"掷一枚硬币,正面朝上"是随机事件,故④错误。

7. B 【解析】由表格比较可知,乙、丙二人的平均环数高,并且乙的方差小,即乙的成绩优异并发挥稳定,故选B。

必刷好题

招教高频基础刷

1. C 【解析】因为阅读过《西游记》或《红楼梦》的学生共有90位,阅读过《红楼梦》的学生共有80位,所以仅阅读过《西游记》没有读过《红楼梦》的学生共有 $90-80=10$ 位,又因为阅读过

《西游记》且阅读过《红楼梦》的学生共有60位，所以阅读过《西游记》的学生共有$10+60=70$位，故该校阅读过《西游记》的学生人数与该校学生总数比值的估计值为$\frac{70}{100}=0.7$。

2. C 【解析】50个数据的中位数为第25，26个数据的平均数，由条形统计图知，即中位数为$\frac{40+40}{2}=40$。

3. D 【解析】根据甲班学生成绩的众数是85，得$x=5$，根据乙班学生成绩的平均分为81，得$\frac{78+70+y+81+81+80+92}{6}=81$，解得$y=4$，所以$x+y=9$。

4. C 【解析】15名运动员参加跳高比赛，取前8名参加决赛，则中位数和比中位数高的都能进决赛，因为该同学已经知道了自己的成绩，故他还需要知道这15名运动员成绩的中位数。

5. A 【解析】$\bar{x}_{甲}=\frac{1}{10}(15+21+23+23+25+28+29+35+36+48)=28.3$，

$\bar{x}_{乙}=\frac{1}{10}(18+21+23+26+32+33+38+41+42+45)=31.9$，

则$s_{甲}{}^2=\frac{1}{10}[(15-28.3)^2+(21-28.3)^2+(23-28.3)^2+(23-28.3)^2+(25-28.3)^2+(28-28.3)^2+(29-28.3)^2+(35-28.3)^2+(36-28.3)^2+(48-28.3)^2]=79.01$，故甲的标准差为$s_{甲}=\sqrt{79.01}$，$s_{乙}{}^2=\frac{1}{10}[(18-31.9)^2+(21-31.9)^2+(23-31.9)^2+(26-31.9)^2+(32-31.9)^2+(33-31.9)^2+(38-31.9)^2+(41-31.9)^2+(42-31.9)^2+(45-31.9)^2]=82.09$，故乙的标准差为$s_{乙}=\sqrt{82.09}$，

所以$\bar{x}_{甲}<\bar{x}_{乙}$，$s_{甲}<s_{乙}$。

6. D 【解析】该11天中客运量的最小值为11月3日的客运量，最大值为11月13日的客运量，极差大约是4.8，故A项正确；该11天客运量中，有两次超过8，其余9次都小于5，但距离5较近，故可以估计该11天客运量的平均数大约为5，故B项正确；把该11天客运量从小到大排列，处在第六位的是11月7日的客运量，大约是4.5，故C项正确；8日至10日客运量相对于11日至13日客运量，波动性更小，方差更小，故D项错误。

7. D 【解析】设2020年该地区一次能源消费总量为a，则2030年一次能源消费总量为$2.5a$。2020年煤的消费量为$0.6a$，规划2030年煤的消费量为$2.5a\times0.3=0.75a>0.6a$，所以2030年煤的消费量相对2020年增加了，故A项错误；2020年天然气的消费量为$0.1a$，规划2030年天然气的消费量为$2.5a\times0.2=0.5a=5\times0.1a$，所以2030年天然气的消费量是2020年的5倍，故B项错误；2020年石油的消费量为$0.2a$，规划2030年石油的消费量为$2.5a\times0.2=0.5a>0.2a$，所以2030年石油的消费量相对2020年增加了，故C项错误；2020年水、核、风能的消费量为$0.1a$，规划

2030 年水、核、风能的消费量为 $2.5a\times0.3=0.75a=7.5\times0.1a$，所以2030 年水、核、风能的消费量是2020 年的7.5 倍，故 D 项正确。

8.4 【解析】由题意得$\frac{5+4+x+3+9}{5}=5$，则 $x=4$，故这组数据的中位数是4。

9.8 【解析】由方差的性质可得，$2x_1-3,2x_2-3,\cdots,2x_n-3$ 的方差为 $4\times2=8$。

10.0.2;40 【解析】由图可知，落在[5,9) 内的频率为 $0.05\times(9-5)=0.2$，频数为 $200\times0.2=40$。

11.【解析】(1) 由 $(0.002+0.0095+0.011+0.0125+x+0.005+0.0025)\times20=1$，得 $x=0.0075$，所以直方图中 x 的值是0.0075。

(2) 月平均用电量的众数是$\frac{220+240}{2}=230$，因为 $(0.002+0.0095+0.011)\times20=0.45<0.5$，所以月平均用电量的中位数在[220,240) 内，设中位数为 a，由 $(0.002+0.0095+0.011)\times20+0.0125\times(a-220)=0.5$ 得 $a=224$，所以月平均用电量的中位数是224。

12.【解析】(1) 根据使用了节水龙头50 天的日用水量频数分布表，作出使用了节水龙头50 天的日用水量数据的频率分布直方图，如下图：

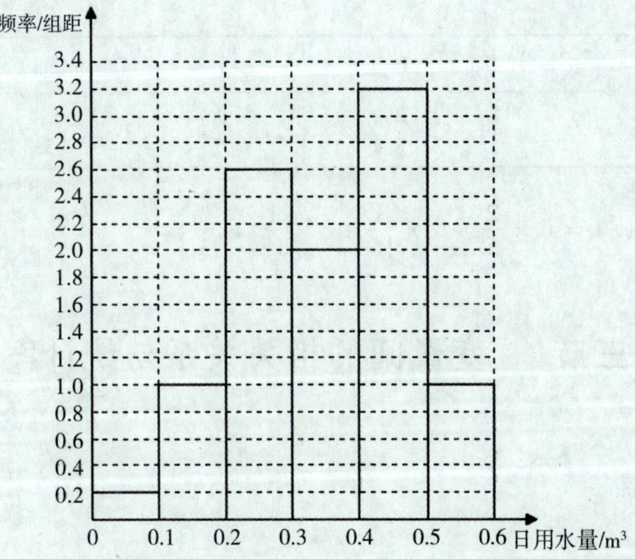

(2) 根据频率分布直方图得，该家庭使用节水龙头后，日用水量小于0.35 m^3 的概率为 $(0.2+1.0+2.6+1.0)\times0.1=0.48$。

(3) 由题意得未使用节水龙头50 天的日均用水量为：

$\frac{1}{50}(1\times0.05+3\times0.15+2\times0.25+4\times0.35+9\times0.45+26\times0.55+5\times0.65)=0.48$ m^3，

使用节水龙头50 天的日均用水量为$\frac{1}{50}(1\times0.05+5\times0.15+13\times0.25+10\times0.35+16\times$

$0.45+5\times0.55)=0.35\ m^3$，故估计该家庭使用节水龙头后，一年能节省的水量为 $365\times(0.48-0.35)=47.45\ m^3$。

13.**【解析】**(1) 学生甲的平均成绩 $\bar{x}_{甲}=\dfrac{68+76+79+86+88+95}{6}=82$，学生乙的平均成绩 $\bar{x}_{乙}=\dfrac{71+75+82+84+86+94}{6}=82$，

又 $s_{甲}^2=\dfrac{1}{6}[(68-82)^2+(76-82)^2+(79-82)^2+(86-82)^2+(88-82)^2+(95-82)^2]=77$，

$s_{乙}^2=\dfrac{1}{6}[(71-82)^2+(75-82)^2+(82-82)^2+(84-82)^2+(86-82)^2+(94-82)^2]=\dfrac{167}{3}$。

故 $\bar{x}_{甲}=\bar{x}_{乙}$，$s_{甲}^2>s_{乙}^2$，则甲、乙的平均水平一样，但乙的方差小，则乙发挥更稳定，故应选择学生乙参加知识竞赛。

(2) ξ 的所有可能取值为 0,1,2，则

$P(\xi=0)=\dfrac{C_4^2}{C_6^2}=\dfrac{2}{5}$，$P(\xi=1)=\dfrac{C_4^1C_2^1}{C_6^2}=\dfrac{8}{15}$，$P(\xi=2)=\dfrac{C_2^2}{C_6^2}=\dfrac{1}{15}$，

则 ξ 的分布列为

ξ	0	1	2
P	$\dfrac{2}{5}$	$\dfrac{8}{15}$	$\dfrac{1}{15}$

所以数学期望 $E(\xi)=0\times\dfrac{2}{5}+1\times\dfrac{8}{15}+2\times\dfrac{1}{15}=\dfrac{2}{3}$。

第三节　变量间的相关关系与统计案例

考向 1 变式训练

D **【解析】**① 某商品销售价格与销售量呈负相关；② 学生学籍号与学生的数学成绩没有相关性；③ 坚持每天吃早餐的人数与患胃病的人数呈负相关；④ 气温与冷饮销售量呈正相关。

考向 2 变式训练

1. C **【解析】**由表格可知，$\bar{x}=\dfrac{18+13+10-1}{4}=10$，代入回归方程可得 $\bar{y}=40$，则被污损的数据为 $4\times40-20-35-64=41$。

2. 73 【解析】由题意可得，$\overline{x}=\frac{1+2+3+4+5}{5}=3$，$\overline{y}=\frac{50+52+56+62+70}{5}=58$，所以 $58=\hat{a}+3\hat{b}$，$\hat{a}=58-3\hat{b}=43$，回归直线方程为 $\hat{y}=5x+43$，当 $x=6$ 时，$\hat{y}=5\times6+43=73$。

考向3 变式训练

A 【解析】因为 2×2 列联表中的数据计算得 $K^2=4.013$，$4.013>3.841$，所以有95%的把握说这两个变量有关系，故选 A。

招教高频基础刷

1. D 【解析】由题图1可知，整体上 y 随 x 的增大而减小，呈下降趋势，x 与 y 负相关；由题图2可知，整体上 v 随 u 的增大而增大，呈上升趋势，u 与 v 正相关。

2. C 【解析】因为线性相关系数的绝对值越接近1，线性相关性越强，甲、乙、丙、丁四组数据的线性相关系数的绝对值分别为0.46，0.79，0.92，0.85，所以丙组数据的线性相关性最强。

3. D 【解析】因为 $0.85>0$，所以 y 与 x 具有正的线性相关关系，故 A 项正确；回归直线过样本点的中心 $(\overline{x},\overline{y})$，故 B 项正确；由回归方程为 $\hat{y}=0.85x-85.71$ 可知，该女生身高增加1 cm，则其体重约增加0.85 kg，故 C 项正确；当 $x=170$ cm 时，$\hat{y}=0.85\times170-85.71=58.79$ kg，但这是预测值，不可断定其体重为58.79 kg，故 D 项不正确。

4. C 【解析】由表可得，$\overline{x}=\frac{0+1+2+3+4}{5}=2$，$\overline{y}=\frac{10+15+20+30+35}{5}=22$，因为回归方程经过点 $(\overline{x},\overline{y})$，将(2,22)代入回归方程，得 $\hat{a}=22-2\times6.5=9$，所以 $\hat{y}=6.5x+9$，令 $x=6$，则 $\hat{y}=6.5\times6+9=48$。

5. 4.8 【解析】$\overline{x}=\frac{0+1+3+4}{4}=2$，$\overline{y}=\frac{2.2+4.3+a+6.7}{4}=\frac{13.2+a}{4}$，因为回归方程 $\hat{y}=0.95x+2.6$ 经过点 $(\overline{x},\overline{y})$，将点 $(2,\frac{13.2+a}{4})$ 代入回归方程，则 $\frac{13.2+a}{4}=0.95\times2+2.6=4.5$，解得 $a=4.8$。

6.【解析】(1) 由散点图可以判断，$y=c+d\sqrt{x}$ 适宜作为年销售量 y 关于年宣传费 x 的回归方程类型。

(2) 令 $w=\sqrt{x}$，先建立 y 关于 w 的线性回归方程，由于 $\hat{d}=\frac{\sum_{i=1}^{8}(w_i-\overline{w})(y_i-\overline{y})}{\sum_{i=1}^{8}(w_i-\overline{w})^2}=\frac{108.8}{1.6}=68$，

$\hat{c}=\bar{y}-\hat{d}\bar{w}=563-68\times6.8=100.6$，所以 y 关于 w 的线性回归方程为 $\hat{y}=100.6+68w$，故 y 关于 x 的回归方程为 $\hat{y}=100.6+68\sqrt{x}$。

(3)① 由(2)知，当 $x=49$ 时，年销售量 y 的预报值 $\hat{y}=100.6+68\sqrt{x}=100.6+68\times7=576.6$ t，年利润 z 的预报值 $\hat{z}=576.6\times0.2-49=66.32$ 千元。

② 根据(2)的结果可知，年利润 z 的预报值 $\hat{z}=0.2(100.6+68\sqrt{x})-x=-x+13.6\sqrt{x}+20.12$，当 $\sqrt{x}=\frac{13.6}{2}=6.8$ 时，年利润的预报值最大，为 66.36 千元。

7.【解析】(1) 因为“1 名受访者接种灭活疫苗且抗体呈阳性”发生的概率为 0.54，所以 $\frac{60}{100}\times a=0.54$，解得 $a=0.9$。

(2) 列联表如下：

	灭活疫苗	核酸疫苗	总计
抗体为阳性	54	34	88
抗体为阴性	6	6	12
总计	60	40	100

所以 $K^2=\frac{100\times(54\times6-34\times6)^2}{60\times40\times12\times88}=\frac{25}{44}\approx0.568<2.706$，

故不能在犯错概率不超过 0.10 的前提下认为两种疫苗的预防效果存在差异。

8.【解析】(1) 样本 $(x_i,y_i)(i=1,2,\cdots,20)$ 的相关系数为 $r=\frac{\sum_{i=1}^{20}(x_i-\bar{x})(y_i-\bar{y})}{\sqrt{\sum_{i=1}^{20}(x_i-\bar{x})^2}\sqrt{\sum_{i=1}^{20}(y_i-\bar{y})^2}}=\frac{800}{\sqrt{80}\cdot\sqrt{9000}}=\frac{2\sqrt{2}}{3}\approx0.94$，

因为 0.94 接近 1，所以各样区的这种野生动物的数量与植物覆盖面积有很强的正相关性。

(2) 更合理的抽样方法是分层抽样。理由如下：

由(1)可知各样区的这种野生动物的数量与植物覆盖面积有很强的正相关性。因为各地块间植物覆盖面积差异很大，所以各地块间这种野生动物的数量差异也很大，采用分层抽样的方法能较好地保持样本结构与总体结构的一致性，提高样本的代表性，从而可以获得该地区这种野生动物数量更准确的估计。

专题五　概　率

第一节　随机事件的概率

考向 1 变式训练

C 【解析】如事件 A“$x \leqslant 5, x \in \mathbf{R}$”,事件 B“$x \geqslant 5, x \in \mathbf{R}$”,则 $P(AB) = 0$,但事件 A 与事件 B 并不互斥,也不相互独立;A 和 B 相互独立需满足 $P(AB) = P(A)P(B)$,而题干无法判断 $P(A)$ 和 $P(B)$ 的值,所以 B、D 两项错误;由减法公式知,$P(A - B) = P(A) - P(AB) = P(A)$,所以 C 项正确。故选 C。

考向 2 变式训练

B 【解析】由表知 $[10,40)$ 的频数为 $2 + 3 + 4 = 9$,所以样本数据落在区间 $[10,40)$ 的频率为 $\frac{9}{20} = 0.45$。

考向 3 变式训练

0.5 【解析】因为随机事件 A 和 B 互斥,且 $P(A \cup B) = 0.7, P(B) = 0.2$,所以 $P(A) = P(A \cup B) - P(B) = 0.7 - 0.2 = 0.5$,故 $P(\overline{A}) = 1 - P(A) = 0.5$。

招教易错突破

变式训练

1. C 【解析】由表格可以看出,正面朝上的频率基本稳定在 0.50 附近,因此正面朝上的概率约为 0.50,故选 C。

2. B 【解析】因为只有 1 张红牌,所以这两个事件不可能同时发生,所以它们是互斥事件;但这两个事件加起来并不是总体事件,所以它们不是对立事件。

招教高频基础刷

1. B 【解析】将 2,3,4 组成没有重复数字的三位数的所有情况有:{234,243,324,342,423,432},其中偶数有{234,324,342,432},大于 342 的有{432,423},所以两个事件不是互斥事件,也不是对立事件。

2. D 【解析】如图所示,事件 A,B,C 用集合来表示:

则选项 A、B、C 正确;因为 $B\subseteq C$,所以 $\overline{C}\subseteq\overline{B}$,故 D 项错误。

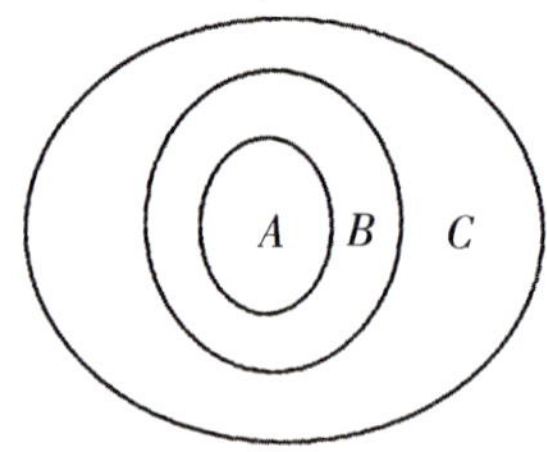

3. B 【解析】事件 A 与事件 B 的和事件的概率一定大于或等于事件 A 的概率,故 A 项错误;对立事件一定是互斥事件,故 B 项正确;事件 A 与事件 B 互斥,则有 $P(A)\leqslant 1-P(B)$,故 C 项错误;事件 A 与事件 B 满足 $P(A)+P(B)=1$,即满足 $P(A\cup B)=1$,但不一定满足 $A\cap B=\varnothing$,则 A,B 不一定是对立事件,故 D 项错误。

4. D 【解析】根据概率公式可得该班同学的疫苗接种完成率为 $\frac{45-5}{45}=\frac{8}{9}$。

5. D 【解析】至少有两人排队的概率为 $1-0.1-0.16=0.74$。

6. C 【解析】2 个球都不是红球的概率为 $(1-\frac{1}{3})\times(1-\frac{1}{2})=\frac{1}{3}$,故 A 项错误;2 个球都是红球的概率为 $\frac{1}{3}\times\frac{1}{2}=\frac{1}{6}$,故 B 项错误;2 个球中至少有 1 个红球的概率为 $1-(1-\frac{1}{3})(1-\frac{1}{2})=1-\frac{1}{3}=\frac{2}{3}$,故 C 项正确;2 个球中恰好有 1 个红球的概率为 $\frac{1}{3}\times\frac{1}{2}+\frac{2}{3}\times\frac{1}{2}=\frac{1}{2}$,故 D 项错误。

7. $\frac{1}{2}$ 【解析】由于抛掷硬币总共有两种情况,即"正面"和"反面",所以掷一枚硬币正面朝上的概率为 $\frac{1}{2}$。

8. $\frac{5}{9}$ 【解析】两次取得小球中标号最大值是 3 的对立事件是两次都没有取到 3 号球,所以两

次取到最大值是3的概率为$1-\frac{2}{3}\times\frac{2}{3}=\frac{5}{9}$。

9. $\frac{3}{4}$ 【解析】至少有一人解出的对立事件是三个人都没有解出，设事件A“至少有一人解出”，则$P(\bar{A})=(1-\frac{1}{2})\times(1-\frac{1}{3})\times\left(1-\frac{1}{4}\right)=\frac{1}{2}\times\frac{2}{3}\times\frac{3}{4}=\frac{1}{4}$，所以至少有一人解出的概率为$P(A)=1-P(\bar{A})=1-\frac{1}{4}=\frac{3}{4}$。

10. ①② 【解析】由频率、频数和概率的定义可知，①② 正确。

招教易错能力刷

1. A 【解析】由于对立事件一定是互斥事件，互斥事件不一定是对立事件，故A项正确；若A，B为两个互斥事件，则$P(A+B)=P(A)+P(B)$，故B项错误；若A,B,C两两互斥，则$P(A)+P(B)+P(C)\leqslant 1$，故C项错误；若事件$A,B$满足$P(A)+P(B)=1$，则$A$与$B$不一定互相对立，故D项错误。

2. D 【解析】对于A选项，因为“至少有1个白球”与“都是白球”可能同时发生，所以它们不是互斥事件，也不是对立事件；对于B选项，因为恰有1个白球时，“至少有1个白球”与“至少有1个红球”同时发生，所以它们不是互斥事件，也不是对立事件；对于C选项，因为“至少有1个白球”与“都是红球”不可能同时发生，所以它们是互斥事件，由于它们必有一个发生，因此它们是对立事件；对于D选项，因为“恰有1个白球”与“恰有2个白球”不可能同时发生，所以它们是互斥事件，因为它们不是必有一个发生，所以它们不是对立事件。故选D。

3. $\frac{1}{4}$ 【解析】事件$\bar{A}\cap\bar{B}$与事件$A\cup B$是对立事件，事件$\bar{A}\cap\bar{B}$发生的概率为$P(\bar{A}\cap\bar{B})=1-P(A\cup B)=1-\frac{3}{4}=\frac{1}{4}$。

第二节　古典概型

考向1 变式训练

1. A 【解析】只需考虑百位数字，当百位数字从4,5,6三个数中选取时组成的三位数一定大于400，所以概率为$\frac{3}{6}=\frac{1}{2}$。故选A。

2. $\frac{3}{16}$ 【解析】由题意可得两次摸出的小球标号共有16种情况，其中两次摸出的小球标号之和为 4 的情况有(1,3),(2,2),(3,1),共 3 种。则两次摸出的小球标号之和为 4 的概率为$\frac{3}{16}$。

3. $\frac{2}{3}$ 【解析】从 1,2,3,4 中任取两个不同的数有(1,2),(1,3),(1,4),(2,3),(2,4),(3,4) 六种情况,其中两数的和为奇数的有(1,2),(1,4),(2,3),(3,4) 四种情况,故和为奇数的概率是$\frac{2}{3}$。

4. $\frac{6}{25}$ 【解析】设袋中蓝色玻璃球有 x 个,则$\frac{x}{6+9+x}=\frac{2}{5}$,$x=10$,∴ 袋子中一共有25 个玻璃球,随机摸出一个是红色玻璃球的概率为$\frac{6}{25}$。

考向 2 变式训练

1. AD 【解析】甲随机选择的情况共有 $C_6^3=20$ 种,乙随机选择的情况共有 $C_8^3=56$ 种。甲选择的 3 个点能构成正三角形的情况为:在上下两点中选择一个,中间四个点选择相邻的两个点,共有 $C_2^1\times C_4^1=8$ 种,概率为$\frac{8}{20}=\frac{2}{5}$,A 选项正确;甲任选 3 个点都能构成等腰三角形,概率为 1,B 选项错误;乙选择的 3 个点能构成正三角形的情况为:在上半部分的中心点选择一个,在下半部分的中心点选择相对的两个,或反之,共有 $C_4^1\times 2=8$,概率为$\frac{8}{56}=\frac{1}{7}$,C 选项错误;甲选择的3 个点构成的三角形与乙选择的 3 个点构成的三角形相似,即甲、乙所选都为正三角形或都为等腰直角三角形,甲选择的3 个点能构成等腰直角三角形的情况为:①在上下两点中选择一个,中间四个点选择相对的两个点,共有 $C_2^1\times C_2^1=4$ 种;②上下两点都选择,中间四个点选一点,共有 $C_4^1=4$ 种;③中间四点任选 3 点,共有 $C_4^3=4$ 种,共 $4+4+4=12$ 种,概率为$\frac{12}{20}=\frac{3}{5}$;乙选择的 3 个点能构成等腰直角三角形的情况共有 24 种,概率为$\frac{24}{56}=\frac{3}{7}$。所以甲选择的 3 个点构成的三角形与乙选择的 3 个点构成的三角形相似的概率为$\frac{2}{5}\times\frac{1}{7}+\frac{3}{5}\times\frac{3}{7}=\frac{11}{35}$,D 选项正确。

2. D 【解析】由题意得,没有取到红色球的概率为$\frac{C_5^3}{C_{10}^3}=\frac{1}{12}$,故选 D。

招教易错突破

变式训练

1. C 【解析】将 4 个 1 和 2 个 0 随机排成一行,共有 C_6^2 种排法,其中 2 个 0 不相邻共有 C_5^2 种排法，所以2个0不相邻的概率$P=\frac{C_5^2}{C_6^2}=\frac{2}{3}$。

2. D 【解析】画出树状图如图：

可知共有25个基本事件，其中满足题意的基本事件有10个，故所求概率$P=\frac{10}{25}=\frac{2}{5}$。

必刷好题

招教高频基础刷

1. C 【解析】甲、乙、丙三人投壶的所有情况为(中，中，中)，(不中，中，中)，(中，不中，中)，(中，中，不中)，(不中，不中，中)，(不中，中，不中)，(中，不中，不中)，(不中，不中，不中)，共8种，其中至多有一人投中的情况有4种，所以这3人中至多有1人投中的概率为$P=\frac{4}{8}=\frac{1}{2}$。

2. D 【解析】由题意得，基本事件总数为$n=4\times4=16$，其中两人不在同一接种点接种疫苗包含的基本事件个数$m=4\times3=12$，所以两人不在同一接种点的概率为$P=\frac{m}{n}=\frac{12}{16}=\frac{3}{4}$。

3. C 【解析】香港女生数为总数的$\frac{5}{8}\times\frac{3}{5}=\frac{3}{8}$，澳门女生数为总数的$\frac{3}{8}\times\frac{1}{3}=\frac{1}{8}$，所以提问的学生恰好为女生的概率是$\frac{3}{8}+\frac{1}{8}=\frac{1}{2}$。

4. A 【解析】从5首描写中秋节或端午节的诗歌(其中描写端午节的诗歌有2首，描写中秋节的诗歌有3首)中任选2首背诵，一共有C_5^2种不同的选法。被选中的2首诗歌中全是描写中秋节共有C_3^2种不同的选法，则被选中的2首诗歌中全是描写中秋节的概率为$\frac{C_3^2}{C_5^2}=\frac{3}{10}$。

5. C 【解析】由题意得，从6人随机派2人，基本事件个数为$C_6^2=15$，甲和乙一同去的基本事件数为1，所以甲和乙一起去的概率为$\frac{1}{15}$，由于甲、乙一起去和甲、乙两人没有一同去互为对立事件，故甲和乙不同去的概率为$1-\frac{1}{15}=\frac{14}{15}$。

6. A 【解析】由题意得，不超过20的素数有：2，3，5，7，11，13，17，19，共计8个，任意取两个的基本事件为C_8^2，和为20的基本事件为(3，17)，(7，13)，共计2个，故不超过20的素数中，随机选取

2 个不同的数，其和等于 20 的概率是 $P(A)=\frac{2}{C_8^2}=\frac{2}{28}=\frac{1}{14}$。

7. D 【解析】由题意得，基本事件总数 $C_6^2=15$，至少有 1 名女同学被选中包含的基本事件个数 $C_2^2+C_4^1C_2^1=9$，则至少有 1 名女同学被选中的概率 $P=\frac{9}{15}=\frac{3}{5}$。

8. B 【解析】基本事件总数 $n=C_5^2=10$，两数和为偶数包含的基本事件个数 $m=C_3^2+C_2^2=4$，两数和为偶数的概率为 $P=\frac{m}{n}=\frac{4}{10}=0.4$。

9. $\frac{1}{2}$ 【解析】从集合{2,4,6,8}中任取两个不同元素的基本事件有(2,4)，(2,6)，(2,8)，(4,6)，(4,8)，(6,8)，共6种，则这两个元素相差2的基本事件有：(2,4)，(4,6)，(6,8)，共3种，所求概率为 $P=\frac{3}{6}=\frac{1}{2}$。

10. $\frac{5}{6}$ 【解析】先后抛掷 2 次骰子，所有可能出现的数对有 $C_6^1\cdot C_6^1=36$ 个，其中点数之和不小于10的有(4,6)，(5,5)，(5,6)，(6,4)，(6,5)，(6,6)，共6个，从而点数之和小于10的数对共有30 个，故所求概率 $P=\frac{30}{36}=\frac{5}{6}$。

11. $\frac{3}{10}$ 【解析】从2 名男生和3 名女生中任选2 名学生有 $C_5^2=10$ 种选法，其中恰好选中2 名女生的选法有 $C_3^2=3$ 种，故所求概率为 $P=\frac{3}{10}$。

12. $\frac{1}{2}$ 【解析】参加图书馆活动的概率为$\frac{C_3^1}{C_4^2}=\frac{1}{2}$。

招教易错能力刷

1. A 【解析】基本事件总数为 $A_5^5=120$，甲、乙两人相邻，丙、丁两人不相邻包含的基本事件数为 $A_2^2\cdot A_2^2\cdot A_3^2=24$，所以所求概率为$\frac{24}{120}=\frac{1}{5}$。

2. A 【解析】基本事件总数 $n=C_8^4=70$，选出的 4 人中全都来自不同小组的事件个数为 $C_2^1C_2^1C_2^1C_2^1=16$，所以选出的4 人中至少有2 人来自同一小组的事件的基本个数 $m=70-16=54$，则选出的 4 人中至少有 2 人来自同一小组的概率为 $P=\frac{m}{n}=\frac{54}{70}=\frac{27}{35}$。

3. A 【解析】由题意得，不超过20 的素数为：2，3，5，7，11，13，17，19，共 8 个。其中 $2^2-1=3$，$2^3-1=7$，$2^5-1>19$，即两个梅森素数，至少含有1 个梅森素数的对立事件为一个都不含，所以在不超过 20 的素数中随机抽取 2 个，则至少含有 1 个梅森素数的概率为 $1-\frac{C_6^2}{C_8^2}=1-\frac{15}{28}=\frac{13}{28}$。

4. $\frac{2}{13}$ 【解析】由题意得,从1到99整数中,所有的三角形数依次为1,3,6,10,15,21,28,36,45,55,66,78,91,共13个,从1到99个整数中,所有的正方形数依次为1,4,9,16,25,36,49,64,81,共9个,所以从1到99整数中,既是三角形数又是正方形数的为1,36,共2个,所求概率为$P=\frac{2}{13}$。

第三节　几何概型

考向1 变式训练

1. B 【解析】由图可知,转盘中大于4的数只有5和6,且数字5和6所占区域的面积是正六边形面积的$\frac{1}{3}$,所以指针指向大于4的数的概率是$\frac{1}{3}$。

2. A 【解析】由题意得,圆心(0,0)到直线的距离$d=\frac{|m|}{5}$,由弦长公式得$2\sqrt{r^2-d^2}>2$,解得$-5<m<5$,则直线$3x+4y+m=0$被圆$x^2+y^2=2$截得的弦长大于2的概率为$\frac{5-(-5)}{8-(-7)}=\frac{2}{3}$。

考向2 变式训练

1. B 【解析】由题可知正方形内切圆的面积是正方形面积的$\frac{\pi}{4}$,由于内切圆中的黑色部分和白色部分的面积相等,则它们的面积各占正方形面积的$\frac{\pi}{8}$,即此点取自黑色部分的概率是$\frac{\pi}{8}$。

2. D 【解析】设这两串彩灯在第一次闪亮时的时间分别为x,y,则有$\begin{cases}0<x<4,\\0<y<4,\\|x-y|\leqslant 1,\end{cases}$作出不等式组表示的区域,由几何概型公式可得$P=\frac{16-9}{16}=\frac{7}{16}$。

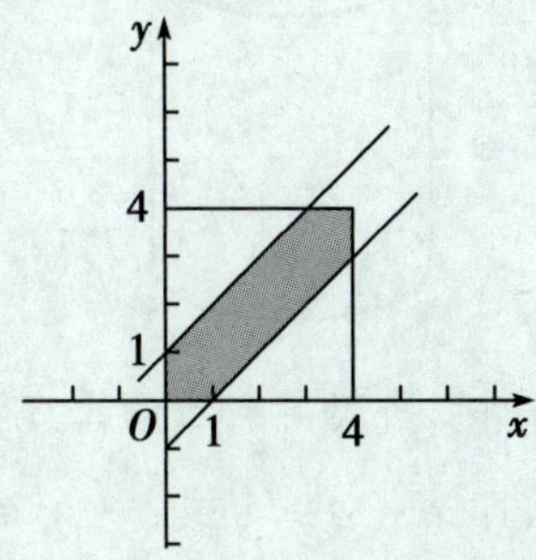

3. $\frac{1}{3}$ 【解析】因为黑白正三角形都全等，且黑正三角形的个数与白正三角形的个数之比是1:2，所以黑白两色的正三角形的面积的和之比是1:2，又因为黑白扇形的半径都是正三角形的边长，并且圆心角都是120°，所以黑白两色的扇形的面积也分别相等，黑白两色的扇形的个数之比是1:2，所以黑白两色的扇形的面积的和之比是1:2，所以黑白两色区域面积之比是1:2，所以子弹刚好穿过黑色区域的概率是$\frac{1}{3}$。

考向3 变式训练

C 【解析】在棱长为3的正方体内到各面的距离都大于1的点的集合是以正方体的中心为中心，棱长为1的小正方体，所以所求的概率为$P=\frac{V_{小正方体}}{V_{大正方体}}=\frac{1}{3^3}=\frac{1}{27}$。

招教高频基础刷

1. B 【解析】$x^2+x-2<0\Rightarrow -2<x<1$，则$P=\frac{1-(-2)}{4-(-4)}=\frac{3}{8}$。

2. B 【解析】由题意得，6:40至7:10共计30分钟，小明同学等车时间不超过5分钟能乘上车只能是6:40至6:45和6:55至7:00，共10分钟，所以他等车时间不超过5分钟的概率为$P=\frac{10}{30}=\frac{1}{3}$。

3. A 【解析】由题意得，点P到O_1，O_2的距离都大于1，即圆柱体积减去一个半径为1的球体的体积，所以点P到O_1，O_2的距离都大于1的概率为$P=1-\frac{\frac{4}{3}\pi\cdot 1^3}{\pi\cdot 1^2\times 2}=\frac{1}{3}$。

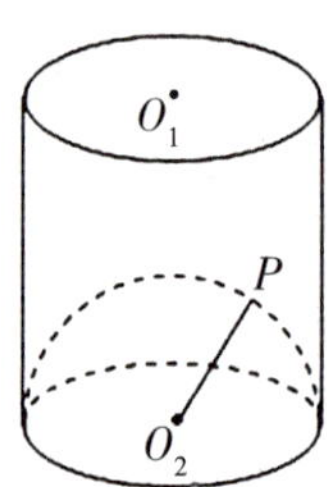

4. C 【解析】由于$x,y\in[1,3]$，所以可得其对应的正方形区域的面积$S=2\times 2=4$，若x与y差的绝对值不小于1，即$|x-y|\geqslant 1$，即$x-y\geqslant 1$或$x-y\leqslant -1$，对应的区域的面积为$S=2\times$

$\frac{1}{2}\times1\times1=1$，故 x 与 y 差的绝对值不小于 1 的概率为 $P=\frac{1}{4}$。

5. B 【解析】如图所示，$AB=2\sqrt{2}$，$CA=\sqrt{3}$，所以 $CP=\sqrt{(\sqrt{3})^2-(\sqrt{2})^2}=1$，点 P 满足的平面区域为圆 C 除去以 1 为半径同心内圆的所有区域，则弦长 $|AB|\leqslant2\sqrt{2}$ 的概率为 $P=1-\frac{\pi\cdot1^2}{\pi\cdot(\sqrt{3})^2}=\frac{2}{3}$。

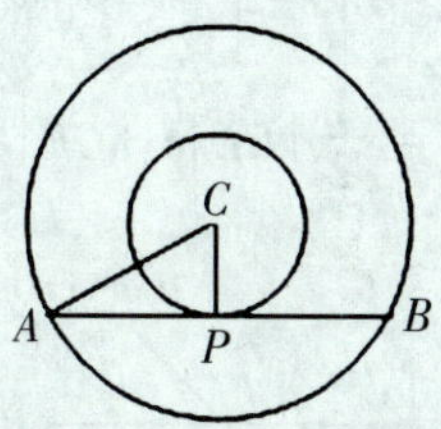

6. D 【解析】点 $P(x,y)$ 到坐标原点的距离大于 1，即 $x^2+y^2>1$，如图所示阴影部分表示点 $P(x,y)$ 到坐标原点的距离大于 1，设点 $P(x,y)$ 到原点的距离大于 1 为事件 A，则 $A=\{(x,y)|0\leqslant x\leqslant1,0\leqslant y\leqslant1,x^2+y^2>1\}$，则 $P(A)=\frac{1-\frac{1}{4}\cdot\pi\times1^2}{1}=\frac{4-\pi}{4}$。

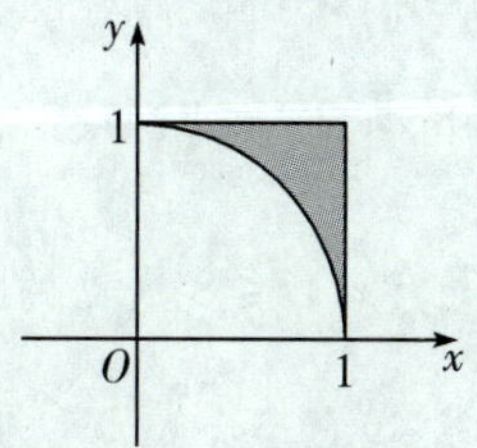

7. A 【解析】设甲、乙两人在同一医院接种的时间为 x,y，甲、乙两人在留观室相遇为事件 A，则 $\begin{cases}8\leqslant x\leqslant11.5,\\8\leqslant y\leqslant11.5,\\|x-y|\leqslant0.5,\end{cases}$ 作出可行域如图所示，事件 A 满足图中阴影部分，则甲、乙两人在留观室相遇的概率为 $P(A)=1-\frac{\frac{1}{2}\times3\times3\times2}{3.5\times3.5}=\frac{13}{49}$。

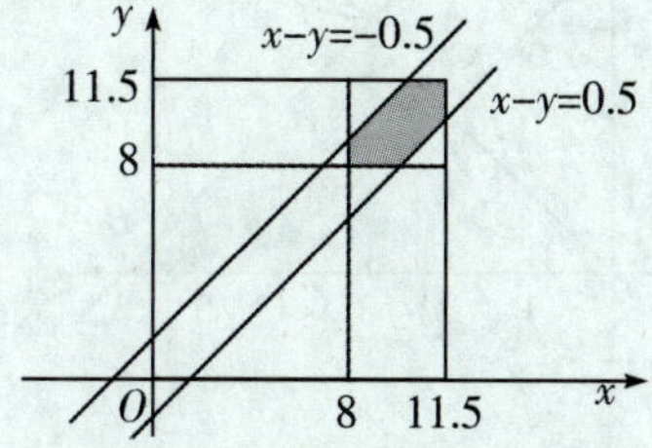

8. $\frac{1}{2}$ 【解析】由题意得，集合 $B=\{(x,y)|(x-1)^2+(y-1)^2\leqslant1\}$，表示以点 $(1,1)$ 为圆

心，以 1 为半径的圆内部及圆上所有点的集合，集合 $A=\{(x,y)\mid(x-1)(y-1)\geqslant 0\}=\{(x,y)\mid x\geqslant 1,y\geqslant 1$ 或 $x\leqslant 1,y\leqslant 1\}$，所以 $A\cap B$ 表示的图形为以点 $(1,1)$ 为圆心，半径为 1 的两个四分之一圆，所以所求概率为 $P=\frac{1}{2}$。

9. $\frac{1}{8}$ 【解析】由题意得，(a,b) 满足 $\begin{cases}0\leqslant a\leqslant 2,\\0\leqslant b\leqslant 2,\end{cases}$ 作出可行域如图所示，由 $f(1)\leqslant 0$ 得：$a-b+1\leqslant 0$，图中阴影部分表示从区间 $[0,2]$ 中任取的一个数，满足 $f(1)\leqslant 0$，图中正方形 $OABC$ 的面积为 $S=|OA|^2=4$，$\triangle CEF$ 的面积 $S'=\frac{1}{2}|CE|\cdot|CF|=\frac{1}{2}$，所求概率为 $P=\frac{S'}{S}=\frac{1}{8}$。

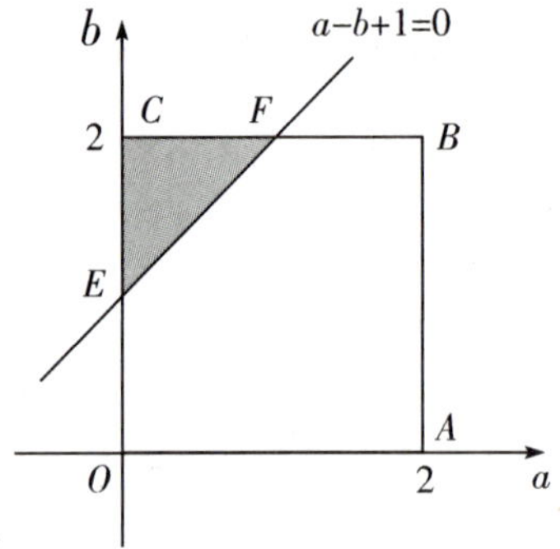

10. $\frac{1}{4}$ 【解析】由题意得，$f(x_0)\leqslant 8$，即 $2^{x_0}\leqslant 8$，解得 $x_0\leqslant 3$，又由 $x_0\in[1,9]$，则 $1\leqslant x_0\leqslant 3$，故在 $[1,9]$ 上随机取一个实数 x_0，则使得 $f(x_0)\leqslant 8$ 成立的概率 $P=\frac{3-1}{9-1}=\frac{1}{4}$。

11. $\frac{5}{9}$ 【解析】如图所示，区域 Ω 对应的面积为 $S=\frac{1}{2}\times 3\times 6=9$，若 $x+y>4$，对应梯形 $ABCD$ 的面积为 $S'=S_{\triangle AOB}-S_{\triangle COD}=9-4=5$，故在区域 Ω 内任取一点 $P(x,y)$，则满足 $x+y>4$ 的概率为 $P=\frac{S'}{S}=\frac{5}{9}$。

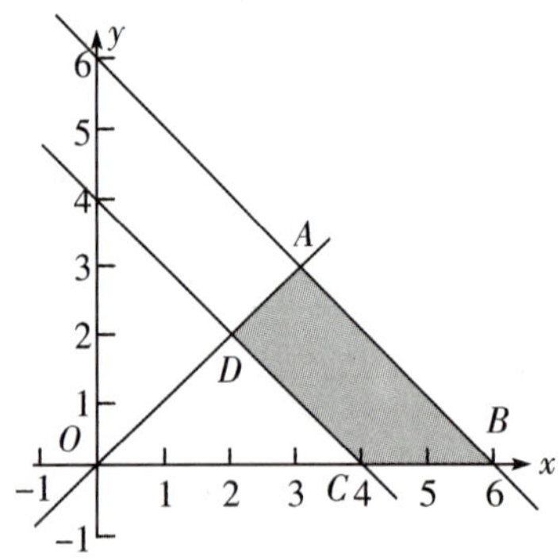

12. $\frac{6}{25}$ 【解析】由题意得，当 $\theta\in\left[\frac{\pi}{2},\pi\right)$ 时，$-1<\cos\theta\leqslant 0$，即 $-1<\frac{2m-n}{\sqrt{m^2+n^2}\cdot\sqrt{5}}\leqslant 0$，

化简可得$-\sqrt{5(m^2+n^2)}<2m-n\leqslant 0$,由于$m,n$为整数,且$m,n\in[1,5]$,所以平面向量$\boldsymbol{a}=(m,n)$与$\boldsymbol{b}=(2,-1)$的夹角为$\theta$共有$5\times5=25$种情况,由于$2m-n\leqslant 0,n\in[1,5]$,所以可得$m=1$或2。

①当$m=1$时,$-\sqrt{5(m^2+n^2)}<2m-n\leqslant 0$,即$-\sqrt{5+5n^2}<2-n\leqslant 0$,故$n=2$或3或4或5。

②当$m=2$时,$-\sqrt{5(m^2+n^2)}<2m-n\leqslant 0$,即$-\sqrt{20+5n^2}<4-n\leqslant 0$,故$n=4$或5。

故$\theta\in\left[\frac{\pi}{2},\pi\right)$的概率为$P=\frac{6}{25}$。

招教易错能力刷

1. D 【解析】由$0\leqslant\log_2(1-a)\leqslant 3$,解得$-7\leqslant a\leqslant 0$,若直线$y=x+a$与圆$(x-1)^2+y^2=2$有公共点,则圆心$(1,0)$到直线$x-y+a=0$的距离$d=\frac{|1-0+a|}{\sqrt{2}}\leqslant\sqrt{2}$,解得$-3\leqslant a\leqslant 1$,故直线$y=x+a$与圆$(x-1)^2+y^2=2$有公共点的概率为$P=\frac{0-(-3)}{0-(-7)}=\frac{3}{7}$。

2. B 【解析】曲线$C_1:x^2+y^2-2|x|-2|y|=0$等价为$(|x|-1)^2+(|y|-1)^2=2$,分别作出曲线C_1,C_2的图象可得,在第一象限内半圆的圆心为$(1,1)$,半径为$\sqrt{2}$,$\triangle OAB$的面积为$S=\frac{1}{2}\times 2\times 2=2$,所以曲线$C_2$围成的面积为$2\times4=8$,曲线$C_1$围成的面积为$S=8+4\times\pi(\sqrt{2})^2\times\frac{1}{2}=8+4\pi$,则在曲线$C_1$内任取一点,则该点取自曲线$C_2$内的概率为$P=\frac{8}{8+4\pi}=\frac{2}{2+\pi}$。

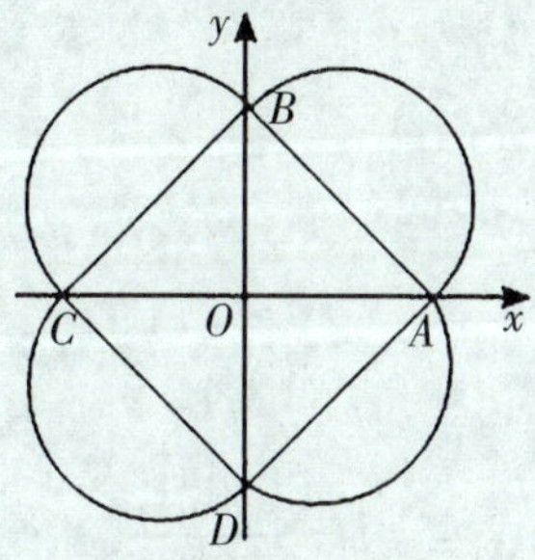

3. C 【解析】连结AD,CD,可知$\triangle ACD$是直角三角形,又$BD\perp AC$,所以$BD^2=AB\cdot BC$,设$AB=x(0<x<6)$,则有$8=x(6-x)$,得$x=2$或4,可令$AB<BC$,所以$AB=2,BC=4$,由此图中阴影部分的面积等于$\frac{\pi\times3^2}{2}-\left(\frac{\pi\times1^2}{2}+\frac{\pi\times2^2}{2}\right)=2\pi$,故取自图中阴影部分的概率$P=$

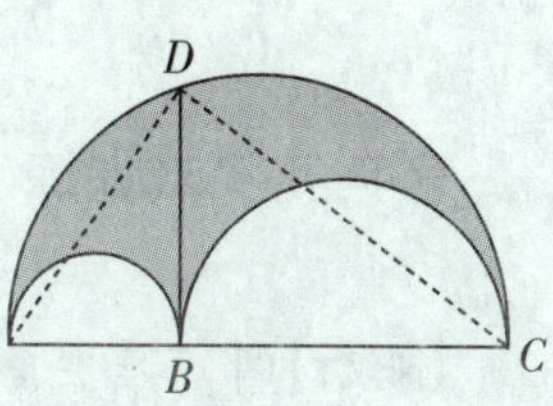

$\dfrac{2\pi}{\frac{1}{2}\times 9\pi}=\dfrac{4}{9}$。

4. $\dfrac{2}{5}$ **【解析】**若关于 x 的方程 $x^2-(a+1)x+\frac{1}{4}a^2+\frac{1}{2}=0$ 有解，则需满足 $\Delta=(a+1)^2-4\times(\frac{1}{4}a^2+\frac{1}{2})\geqslant 0$，解得 $a\geqslant\frac{1}{2}$，又因为 $\frac{1}{4}<a<\frac{2}{3}$，所以 a 的取值范围为 $\frac{1}{2}\leqslant a<\frac{2}{3}$，关于 x 的方程 $x^2-(a+1)x+\frac{1}{4}a^2+\frac{1}{2}=0$ 有解的概率为 $P=\dfrac{\frac{2}{3}-\frac{1}{2}}{\frac{2}{3}-\frac{1}{4}}=\dfrac{2}{5}$。

5. $\dfrac{\sqrt{39}}{8}$ **【解析】**取边 CD 的中点 G，则在边 CD 上存在关于点 G 对称的两点 E,F，使 $BE=AF=AB$，设 $AB=a$，因为 AB 是 $\triangle ABP$ 最大边的概率为 $\frac{1}{4}$，所以 $EF=\frac{a}{4}$，过点 E 作 $EH\perp AB$ 于点 H，则 $DE=\frac{3a}{8}$，$EC=\frac{5a}{8}$，则 $EH^2=a^2-\frac{25}{64}a^2=\frac{39}{64}a^2$，所以 $AD=EH=\frac{\sqrt{39}}{8}a$，故 $\frac{AD}{AB}=\frac{\sqrt{39}}{8}$。

第四节　离散型随机变量及其分布列

考向 1 变式训练

A **【解析】**由离散型随机变量分布列的性质可得：

$$\begin{cases}1\geqslant 9c^2-c\geqslant 0,\\1\geqslant 3-8c\geqslant 0,\\9c^2-c+3-8c=1,\end{cases}\quad 解得\ c=\frac{1}{3}。$$

考向 2 变式训练

C **【解析】**X 服从超几何分布，$P(X=k)=\dfrac{C_7^kC_{15-7}^{10-k}}{C_{15}^{10}}$，解得 $k=4$。

考向 3 变式训练

【解析】(1)“理性指数”平均数：$\dfrac{56\times 5+44\times 6}{100}=5.44$。

(2) 从调查的女性用户中按分层抽样的方法选出 5 人，则微信控有 $\dfrac{30}{50}\times 5=3$(人)，非微信控

有$\frac{20}{50}\times50=2$(人),从这5人中任选3人,记这3人中"微信控"的人数为X,X可取值为1,2,3,则

$P(X=1)=\frac{C_2^2C_3^1}{C_5^3}=\frac{3}{10}$,$P(X=2)=\frac{C_2^1C_3^2}{C_5^3}=\frac{3}{5}$,$P(X=3)=\frac{C_3^3}{C_5^3}=\frac{1}{10}$,则$X$的分布列为:

X	1	2	3
$P(X)$	$\frac{3}{10}$	$\frac{3}{5}$	$\frac{1}{10}$

数学期望$E(X)=\frac{3}{10}\times1+\frac{3}{5}\times2+\frac{1}{10}\times3=\frac{3}{10}+\frac{12}{10}+\frac{3}{10}=\frac{9}{5}$。

必刷好题

招教高频基础刷

1. C 【解析】X的分布列为:

X	1	2	3	4	5	6
P	$\frac{1}{6}$	$\frac{1}{6}$	$\frac{1}{6}$	$\frac{1}{6}$	$\frac{1}{6}$	$\frac{1}{6}$

掷出的点数是偶数的概率为$P=P(X=2)+P(X=4)+P(X=6)=\frac{3}{6}=\frac{1}{2}$,故A选项正确;掷出的点数超过1的概率为$P=1-P(X=1)=1-\frac{1}{6}=\frac{5}{6}$,故B选项正确;掷出的点数大于3而不大于5的概率为$P=P(X=4)+P(X=5)=\frac{2}{6}=\frac{1}{3}$,故C选项错误;$X$的期望为$E(X)=1\times\frac{1}{6}+2\times\frac{1}{6}+3\times\frac{1}{6}+4\times\frac{1}{6}+5\times\frac{1}{6}+6\times\frac{1}{6}=\frac{1+2+3+4+5+6}{6}=\frac{21}{6}=\frac{7}{2}$,故D选项正确。

2. A 【解析】因为$\begin{cases}7x+8\cdot0.1+9\cdot0.3+10y=8.9,\\x+y+0.1+0.3=1,\end{cases}$所以$x=0.2$,$y=0.4$。

3. D 【解析】由分布列的性质,得$0.2+0.1+2m+0.25+m=1$,则$m=0.15$,解不等式$|\xi-1|<2$,得$-1<\xi<3$,所以$P(|\xi-1|<2)=P(-1<\xi<3)=P(\xi=1)+P(\xi=2)=2m+0.25=2\times0.15+0.25=0.55$。

4. D 【解析】因为a,b,c成等差数列,所以$2b=a+c$,又$ab=2c$,$a+b+c=1$,解得$a=\frac{4}{7}$,$b=\frac{1}{3}$,$c=\frac{2}{21}$,故$P(X=2)=\frac{4}{7}$。

5. D 【解析】因为随机变量 ξ 的概率分布列为 $P(\xi=k)=\frac{c}{k(k+2)}, k=1,2,3,4$，所以 $P(\xi=1)=\frac{c}{1\times(1+2)}=\frac{c}{3}, P(\xi=2)=\frac{c}{2\times(2+2)}=\frac{c}{8}, P(\xi=3)=\frac{c}{3\times(3+2)}=\frac{c}{15}$, $P(\xi=4)=\frac{c}{4\times(4+2)}=\frac{c}{24}$，则 $P(\xi=1)+P(\xi=2)+P(\xi=3)+P(\xi=4)=\frac{c}{3}+\frac{c}{8}+\frac{c}{15}+\frac{c}{24}=\frac{40c+15c+8c+5c}{120}=\frac{68c}{120}=\frac{17c}{30}=1$，所以 $c=\frac{30}{17}$，故 $P(\xi\leqslant 2)=P(\xi=1)+P(\xi=2)=\frac{c}{3}+\frac{c}{8}=\frac{30}{17}\times\frac{11}{24}=\frac{55}{68}$。

6. $[2,3)$ 【解析】由随机变量 ξ 的分布列，得 $P(\xi=-2)+P(\xi=0)+P(\xi=2)=\frac{1}{4}+\frac{1}{4}+\frac{1}{4}=\frac{3}{4}$，因为 $P(\xi\leqslant x)=\frac{3}{4}$，所以实数 x 的取值范围是 $[2,3)$。

7. $\frac{7}{15}$ 【解析】由题意知随机变量 X 服从超几何分布，则 $P(X=1)=\frac{C_2^1C_8^2}{C_{10}^3}=\frac{7}{15}$。

8. $\frac{13}{28}$ 【解析】$P(x\geqslant 1)$ 表示取到 1 个白球或取到 2 个白球的概率，$P(x=1)=\frac{C_2^1C_6^1}{C_8^2}=\frac{12}{28}$, $P(x=2)=\frac{C_2^2}{C_8^2}=\frac{1}{28}$，故 $P(x\geqslant 1)=P(x=1)+P(x=2)=\frac{13}{28}$。

9. 【解析】用 A 表示“甲在4局以内(含4局)赢得比赛”，A_k 表示“第 k 局甲获胜”，B_k 表示“第 k 局乙获胜”，则 $P(A_k)=\frac{2}{3}, P(B_k)=\frac{1}{3}, k=1,2,3,4,5$。

(1) $P(A)=P(A_1A_2)+P(B_1A_2A_3)+P(A_1B_2A_3A_4)=P(A_1)P(A_2)+P(B_1)P(A_2)P(A_3)+P(A_1)P(B_2)P(A_3)P(A_4)=\left(\frac{2}{3}\right)^2+\frac{1}{3}\times\left(\frac{2}{3}\right)^2+\frac{2}{3}\times\frac{1}{3}\times\left(\frac{2}{3}\right)^2=\frac{56}{81}$。

(2) X 的可能取值为 2,3,4,5。

$P(X=2)=P(A_1A_2)+P(B_1B_2)=P(A_1)P(A_2)+P(B_1)P(B_2)=\frac{2}{3}\times\frac{2}{3}+\frac{1}{3}\times\frac{1}{3}=\frac{5}{9}$;
$P(X=3)=P(B_1A_2A_3)+P(A_1B_2B_3)=P(B_1)P(A_2)P(A_3)+P(A_1)P(B_2)P(B_3)=\frac{1}{3}\times\left(\frac{2}{3}\right)^2+\frac{2}{3}\times\left(\frac{1}{3}\right)^2=\frac{2}{9}$; $P(X=4)=P(A_1B_2A_3A_4)+P(B_1A_2B_3B_4)=P(A_1)P(B_2)P(A_3)P(A_4)+P(B_1)P(A_2)P(B_3)P(B_4)=\frac{1}{3}\times\left(\frac{2}{3}\right)^3+\left(\frac{1}{3}\right)^3\times\frac{2}{3}=\frac{10}{81}$; $P(X=5)=1-P(X=2)-P(X=3)-P(X=4)=\frac{8}{81}$,

故 X 的分布列为

X	2	3	4	5
P	$\frac{5}{9}$	$\frac{2}{9}$	$\frac{10}{81}$	$\frac{8}{81}$

10.【解析】(1) 连续取 3 个球有 $A_6^3 = 120$ 种方法,从中连续取 3 个球,红、白、黑各有一个有 $C_2^1C_2^1C_2^1A_3^3 = 48$ 种方法,故恰好取到 3 种颜色球的概率 $P = \frac{C_2^1C_2^1C_2^1A_3^3}{A_6^3} = \frac{48}{120} = \frac{2}{5}$。

(2) 由题意可得,随机变量 ξ 所有可能取值为 4,5,6,7,8,

当 $\xi = 4$ 时,取到两个红球和一个白球,$P(\xi = 4) = \frac{C_2^2C_2^1}{C_6^3} = \frac{1}{10}$;

当 $\xi = 5$ 时,取到两个红球和一个黑球或两个白球和一个红球,$P(\xi = 5) = \frac{C_2^2C_2^1 + C_2^2C_2^1}{C_6^3} = \frac{1}{5}$;

当 $\xi = 6$ 时,取到红球、白球和黑球各一个,$P(\xi = 6) = \frac{C_2^1C_2^1C_2^1}{C_6^3} = \frac{2}{5}$;

当 $\xi = 7$ 时,取到一个红球和两个黑球或两个白球和一个黑球,$P(\xi = 7) = \frac{C_2^2C_2^1 + C_2^2C_2^1}{C_6^3} = \frac{1}{5}$;

当 $\xi = 8$ 时,取到两个黑球和一个白球,$P(\xi = 8) = \frac{C_2^2C_2^1}{C_6^3} = \frac{1}{10}$;

故随机变量 ξ 的分布列为:

ξ	4	5	6	7	8
P	$\frac{1}{10}$	$\frac{1}{5}$	$\frac{2}{5}$	$\frac{1}{5}$	$\frac{1}{10}$

11.【解析】(1) 设从该批产品中任取 1 件是二等品的概率为 p,记 A_0 表示事件"取出的 2 件产品中无二等品",A_1 表示事件"取出的 2 件产品中恰有一件二等品",则 A_0,A_1 互斥,且 $A = A_0 \cup A_1$,故 $P(A) = P(A_0 \cup A_1) = P(A_0) + P(A_1) = (1-p)^2 + C_2^1p(1-p) = 1 - p^2$,即 $0.99 = 1 - p^2$,解得 $p = 0.1$(负值舍去),故从该批产品中任取 1 件是二等品的概率为 0.1。

(2) 由题意可得,X 的可能取值为 0,1,2,由(1) 可知二等品有 $100 \times 0.1 = 10$ 件,

则 $P(X = 0) = \frac{C_{90}^2}{C_{100}^2} = \frac{89}{110}$,$P(X = 1) = \frac{C_{90}^1C_{10}^1}{C_{100}^2} = \frac{2}{11}$,$P(X = 2) = \frac{C_{10}^2}{C_{100}^2} = \frac{1}{110}$。

故 X 的分布列为:

X	0	1	2
P	$\frac{89}{110}$	$\frac{2}{11}$	$\frac{1}{110}$

第五节　条件概率、n 次独立重复试验与二项分布

考向 1 变式训练

C 【解析】选填题及格记作事件 A，$P(A)=\frac{4}{5}$，解答题及格的概率记为事件 B，$P(AB)=\frac{3}{10}$，则在选填题及格的条件下解答题及格的概率为 $P(B|A)=\frac{P(AB)}{P(A)}=\frac{\frac{3}{10}}{\frac{4}{5}}=\frac{3}{8}$，选 C。

考向 2 变式训练

1. BD 【解析】因为事件 A 与事件 B 为相互独立事件，所以 $P(AB)=P(A)P(B)$。由概率的性质可得 $P(AB)=P(A)+P(B)-P(A\cup B)$。

2. $\frac{3}{7}$ 【解析】A，B 相互独立，则 $P(AB)=P(A)P(B)=0.3a$，由概率加法公式知，$P(A\cup B)=P(A)+P(B)-P(AB)=a+0.3-0.3a=0.6$，解得 $a=\frac{3}{7}$。

考向 3 变式训练

9 【解析】由题意可知该射手射击击中目标的次数 X 服从二项分布 $X\sim B(100,0.9)$，所以 $D(X)=100\times0.9\times(1-0.9)=9$。

必刷好题

招教高频基础刷

1. B 【解析】$P(B|A)+P(\bar{B}|A)=\frac{P(AB)}{P(A)}+\frac{P(A\bar{B})}{P(A)}=\frac{P(AB)+P(A\bar{B})}{P(A)}=\frac{P(A)}{P(A)}=1$，故 A 项正确；若 A，B 为独立事件，则 $P(B|A)+P(B|\bar{A})=\frac{P(AB)}{P(A)}+\frac{P(\bar{A}B)}{P(\bar{A})}=\frac{P(A)P(B)}{P(A)}+\frac{P(B)[1-P(A)]}{1-P(A)}=P(B)+P(B)=2P(B)$，因为 $P(B)$ 不一定等于 $\frac{1}{2}$，所以 $P(B|A)+P(B|\bar{A})=1$ 不一定成立，故 B 项错误；若 A，B 独立，则 $P(AB)=P(A)P(B)$，所以 $P(A|B)=$

$\frac{P(AB)}{P(B)}=\frac{P(A)P(B)}{P(B)}=P(A)$，故 C 项正确；若 A,B 互斥，则 $P(AB)=0$，所以 $P(B|A)=P(A|B)=0$，故 D 项正确。

2. C 【解析】事件 A 包含的基本事件数是(2,2)，(2,4)，(2,6)，(4,2)，(4,4)，(4,6)，(6,2)，(6,4)，(6,6)，共9个基本事件，在事件A发生的条件下，事件$B=\{$两次的点数之和为8$\}$，包含的基本事件数是(2,6)，(4,4)，(6,2)，共3个基本事件，所以 $P(B|A)=\frac{3}{9}=\frac{1}{3}$。

3. A 【解析】设圆 O 的半径为 r，因为 $\triangle ABC$ 和 $\triangle DEF$ 是圆 O 的两个内接正三角形，所以 $\angle EOF=\frac{2\pi}{3}$，所以 $S_{\triangle EOF}=\frac{1}{2}r^2\sin\frac{2\pi}{3}=\frac{\sqrt{3}}{4}r^2$，$S_{圆O}=\pi r^2$，$S_{扇形OEF}=\frac{120}{360}\pi r^2=\frac{1}{3}\pi r^2$，所以 $P(M)=\frac{S_{扇形OEF}}{S_{圆O}}=\frac{1}{3}$，$P(MN)=\frac{S_{\triangle EOF}}{S_{圆O}}=\frac{\sqrt{3}}{4\pi}$，故 $P(N|M)=\frac{P(MN)}{P(M)}=\frac{3\sqrt{3}}{4\pi}$。

4. A 【解析】因为随机变量 $X\sim B(n,p)$，$E(X)=2$，$D(X)=\frac{2}{3}$，所以 $\begin{cases}np=2,\\np(1-p)=\frac{2}{3},\end{cases}$ 解得 $n=3,p=\frac{2}{3}$，故 $P(X\geqslant 2)=1-P(x=0)-P(x=1)=1-C_3^0\left(\frac{2}{3}\right)^0\left(1-\frac{2}{3}\right)^{3-0}-C_3^1\left(\frac{2}{3}\right)^1\left(1-\frac{2}{3}\right)^{3-1}=1-\frac{1}{27}-\frac{2}{9}=\frac{20}{27}$。

5. C 【解析】因为该篮球运动员每次罚球命中的概率为0.4，所以不命中的概率为0.6。由罚球4次命中2次可知，第4次命中，前3次命中1次，故在罚球命中两次时，罚球次数恰为4次的概率是 $P=C_3^1\times0.4\times0.6^2\times0.4=\frac{108}{625}$。

6. B 【解析】根据题意可知，X 服从二项分布，即 $X\sim B(10,p)$，因为 $D(X)=np(1-p)$，所以 $10p(1-p)=2.4$，解得 $p=0.4$ 或 $p=0.6$，又因为 $P(X=4)=C_{10}^4p^4(1-p)^6$，$P(X=6)=C_{10}^6p^6(1-p)^4$，$P(X=4)<P(X=6)$，所以 $(1-p)^2<p^2$，解得 $p>0.5$，故 $p=0.6$。

7. $\frac{1}{2}$ 【解析】设事件 A 表示“第一个路口遇到红灯”，事件 B 表示“第二个路口遇到红灯”，则 $P(A)=0.8$，$P(AB)=0.4$，故甲在第一个路口遇到红灯的条件下，第二个路口遇到红灯的概率为 $P(B|A)=\frac{P(AB)}{P(A)}=\frac{0.4}{0.8}=\frac{1}{2}$。

8. 0.3 【解析】因为 $P(A)=0.5$，所以 $P(\bar{A})=1-P(A)=1-0.5=0.5$，所以 $P(B|A)=\frac{P(AB)}{P(A)}=\frac{P(AB)}{0.5}=0.2$，$P(B|\bar{A})=\frac{P(\bar{A}B)}{P(\bar{A})}=\frac{P(\bar{A}B)}{0.5}=0.4$，则 $P(AB)=0.1$，$P(\bar{A}B)=0.2$，故 $P(B)=P(AB)+P(\bar{A}B)=0.3$。

9. 6 【解析】因为 $P(X\geqslant1)=\frac{19}{27}$，所以 $P(X=0)=1-P(X\geqslant1)=\frac{8}{27}$，又因为 $X\sim B(3,p)$，所以 $P(X=0)=C_3^0p^0(1-p)^3=\frac{8}{27}$，即 $(1-p)^3=\frac{8}{27}$，则 $p=\frac{1}{3}$，所以 $D(X)=np(1-p)=3\times\frac{1}{3}\times\left(1-\frac{1}{3}\right)=\frac{2}{3}$，故 $D(Y)=D(3X-1)=3^2D(X)=9\times\frac{2}{3}=6$。

10.【解析】(1) 由题意知，制作一件优秀作品的概率为 $P=\frac{3}{4}\times\frac{4}{5}\times\frac{2}{3}=\frac{2}{5}$，所以该工艺师进行3次制作，恰有一件优秀作品的概率为 $P=C_3^1\left(\frac{2}{5}\right)\left(1-\frac{2}{5}\right)^2=3\times\frac{2}{5}\times\frac{9}{25}=\frac{54}{125}$。

(2) 该工艺师制作4次，其中优秀作品数为 X，

则 X 的所有可能取值为0,1,2,3,4，$X\sim B\left(4,\frac{2}{5}\right)$，所以 $P(X=0)=C_4^0\left(\frac{3}{5}\right)^4=\frac{81}{625}$，$P(X=1)=C_4^1\left(\frac{2}{5}\right)\left(\frac{3}{5}\right)^3=\frac{216}{625}$，$P(X=2)=C_4^2\left(\frac{2}{5}\right)^2\left(\frac{3}{5}\right)^2=\frac{216}{625}$，$P(X=3)=C_4^3\left(\frac{2}{5}\right)^3\left(\frac{3}{5}\right)=\frac{96}{625}$，$P(X=4)=C_4^4\left(\frac{2}{5}\right)^4=\frac{16}{625}$，故 X 的分布列为：

X	0	1	2	3	4
P	$\frac{81}{625}$	$\frac{216}{625}$	$\frac{216}{625}$	$\frac{96}{625}$	$\frac{16}{625}$

则 $E(X)=4\times\frac{2}{5}=\frac{8}{5}$。

招教易错能力刷

1. $\frac{4}{9}$ 【解析】方法一：设事件 A 表示第一次取得红球，B 表示第二次取得白球，则 $P(A)=\frac{6}{10}=\frac{3}{5}$，$P(AB)=\frac{6}{10}\times\frac{4}{9}=\frac{4}{15}$，故 $P(B|A)=\frac{P(AB)}{P(A)}=\frac{4}{9}$。

方法二：当第一次取得红球时，袋中还剩下9只球，其中5只红球和4只白球，此时再从袋中任取一只球，则该球为白球的概率为 $\frac{4}{9}$，故已知在第一次取得红球的条件下，第二次取得白球的概率为 $\frac{4}{9}$。

2. $\frac{2}{3}$ 【解析】由题意得 $P(AB)=P(A)P(B)$，$P(A\overline{B})=P(\overline{A}B)$，$P(\overline{A}\,\overline{B})=\frac{1}{9}$，由 $P(A\overline{B})=P(\overline{A}B)$ 可得 $P(A)P(\overline{B})=P(\overline{A})P(B)$，即 $P(A)[(1-P(B)]=[1-P(A)]P(B)$，整理得 $P(A)=P(B)$，再由

$P(\overline{A}\,\overline{B}) = P(\overline{A})P(\overline{B}) = [P(\overline{A})]^2 = \frac{1}{9}$,得$P(\overline{A}) = \frac{1}{3}$,故$P(A) = 1 - P(\overline{A}) = \frac{2}{3}$。

3. $\frac{2}{3}$ 【解析】由条件概率公式得$P(AB) = P(A)P(B \mid A) = \frac{1}{4} \times \frac{1}{3} = \frac{1}{12}$,$P(B) = \frac{P(AB)}{P(A \mid B)} = \frac{1}{6}$,所以$P(\overline{A}\,\overline{B}) = P(\overline{A \cup B}) = 1 - P(A \cup B) = 1 - P(A) - P(B) + P(AB) = 1 - \frac{1}{4} - \frac{1}{6} + \frac{1}{12} = \frac{2}{3}$。

第六节 连续型随机变量

考向1 变式训练

【解析】(1) 由$\int_{-\infty}^{+\infty} f(x)\mathrm{d}x = 1$,得$\int_0^3 kx\mathrm{d}x + \int_3^4 \left(2 - \frac{x}{2}\right)\mathrm{d}x = 1$,解得$k = \frac{1}{6}$。

(2) 由(1) 得于是x的概率密度为$f(x) = \begin{cases} \frac{x}{6}, 0 \leqslant x < 3, \\ 2 - \frac{x}{2}, 3 \leqslant x \leqslant 4, \\ 0, \text{其他}。\end{cases}$则$X$的分布函数为$F(x) = \begin{cases} 0, x < 0, \\ \int_0^x \frac{x}{6}\mathrm{d}x, 0 \leqslant x < 3, \\ \int_0^3 \frac{x}{6}\mathrm{d}x + \int_3^x \left(2 - \frac{x}{2}\right)\mathrm{d}x, 3 \leqslant x < 4, \\ 1, x \geqslant 4。\end{cases}$ 即$F(x) = \begin{cases} 0, x < 0, \\ \frac{x^2}{12}, 0 \leqslant x < 3, \\ -3 + 2x - \frac{x^2}{4}, 3 \leqslant x < 4, \\ 1, x \geqslant 4。\end{cases}$

考向2 变式训练

【解析】(1) 由题意得,$\int_{-1}^{1} \frac{c}{\sqrt{1 - x^2}}\mathrm{d}x = c\arcsin x \Big|_{-1}^{1} = c\left(\frac{\pi}{2} - \left(-\frac{\pi}{2}\right)\right) = c\pi = 1$,解得$c = \frac{1}{\pi}$。

(2) 由 (1) 可得,$P\left(-\frac{1}{2} < X < \frac{1}{2}\right) = \int_{-\frac{1}{2}}^{\frac{1}{2}} \frac{1}{\pi\sqrt{1 - x^2}}\mathrm{d}x = \frac{1}{\pi}\arcsin x \Big|_{-\frac{1}{2}}^{\frac{1}{2}} = \frac{1}{\pi}\left[\frac{\pi}{6} - \left(-\frac{\pi}{6}\right)\right] = \frac{1}{3}$。

考向 3 变式训练

1. A 【解析】由题意可知，该班学生的数学成绩服从正态分布，由正态分布的性质可得，$P(110 \leqslant X \leqslant 120) = 0.35$，所以该班学生数学成绩在 120 分以上的概率为 $P(X > 120) = 1 - 0.5 - 0.35 = 0.15$，则该班学生数学成绩在 120 分以上的人数为 $0.15 \times 60 = 9$。

2. 0.3 【解析】因为正态分布 $N(3,\sigma^2)$ 的对称轴为 $x = 3$，所以 $X = M$ 与 $X = 6 - M$ 关于对称轴 $x = 3$ 对称，所以 $P(X < 6 - M) = P(X > M) = 0.3$。

3. 0.1 【解析】由正态分布的特征易得

$$P(\xi > 2) = \frac{1}{2} \times (1 - 2P(0 \leqslant \xi \leqslant 1)) = \frac{1}{2} \times (1 - 0.8) = 0.1。$$

考向 4 变式训练

【解析】设随机变量 Y 是 4 次独立观测中观测值大于 5 的次数，则 $Y \sim B(4,p)$，其中 $p = P(X > 5)$。由于 $X \sim U(0,10)$ 知 X 的密度函数为 $p(x) = \begin{cases} \frac{1}{10}, 0 < x < 10, \\ 0, 其他。\end{cases}$ 所以 $p = P(X > 5) = \int_5^{10} \frac{1}{10} \mathrm{d}x = \frac{1}{2}$，进而有 $P(Y \geqslant 3) = C_4^3 p^3 (1 - p) + C_4^4 p^4 = \frac{5}{16}$。

必刷好题

招教高频基础刷

1. C 【解析】$f(x)$ 是连续型随机变量 X 的概率密度函数的充要条件是 $f(x) \geqslant 0$ 且 $\int_{-\infty}^{+\infty} f(x)\mathrm{d}x = 1$，A 项，$2f(x) \geqslant 0$，$\int_{-\infty}^{+\infty} 2f(x)\mathrm{d}x = 2\int_{-\infty}^{+\infty} f(x)\mathrm{d}x = 2$，则 $2f(x)$ 不是该随机变量的密度函数；B 项，$\int_{-\infty}^{+\infty} f(2x)\mathrm{d}x = \frac{1}{2}\int_{-\infty}^{+\infty} f(2x)\mathrm{d}(2x) \xlongequal{2x = t} \frac{1}{2}\int_{-\infty}^{+\infty} f(t)\mathrm{d}t = \frac{1}{2}$，则 $f(2x)$ 不是该随机变量的密度函数；C 项，$f(1 - x) \geqslant 0$，$\int_{-\infty}^{+\infty} f(1 - x)\mathrm{d}x = -\int_{-\infty}^{+\infty} f(1 - x)\mathrm{d}(1 - x) \xlongequal{1 - x = t} -\int_{+\infty}^{-\infty} f(t)\mathrm{d}t = \int_{-\infty}^{+\infty} f(t)\mathrm{d}t = 1$，则 $f(1 - x)$ 必为某随机变量的密度函数；D 项，$\int_{-\infty}^{+\infty} [1 - f(x)]\mathrm{d}x \neq 1$，则 $1 - f(x)$ 不是该随机变量的密度函数。

2. A 【解析】$F_Y(y)=P\{Y\leqslant y\}=P\{2X+1\leqslant y\}=P\left\{X\leqslant\frac{y-1}{2}\right\}=F_X\left(\frac{1}{2}y-\frac{1}{2}\right)$。

3. D 【解析】由随机变量 ξ 的概率密度函数的意义可知,$P\left\{\frac{1}{4}<\xi<\frac{1}{2}\right\}=\int_{\frac{1}{4}}^{\frac{1}{2}}2x\mathrm{d}x=x^2\Big|_{\frac{1}{4}}^{\frac{1}{2}}=\frac{3}{16}$。

4. D 【解析】因为随机变量 X 服从正态分布 $N(4,\sigma^2)$,所以其正态曲线关于 $x=4$ 对称,又因为 $P(3\leqslant x\leqslant 5)=0.86$,所以 $P(X<3)=0.5-\frac{1}{2}P(3\leqslant x\leqslant 5)=0.5-\frac{1}{2}\times 0.86=0.5-0.43=0.07$。

5. A 【解析】因为随机变量 ξ 服从正态分布 $N(3,4)$,所以其正态曲线关于直线 $x=3$ 对称,又因为 $P(\xi>2c+1)=P(\xi<2c-1)$,所以 $2c+1+2c-1=2\times 3$,故 $c=\frac{3}{2}$。

6. A 【解析】因为某超市销售的袋装海藻碘食用盐的质量 X 服从正态分布 $N(400,4)$,所以每袋盐超过400克的概率为 $\frac{1}{2}$,不超过400克的概率为 $\frac{1}{2}$,则0袋盐超过400克的概率为 $C_4^0\left(\frac{1}{2}\right)^4=\frac{1}{16}$,有1袋盐超过400克的概率为 $C_4^1\times\frac{1}{2}\times\left(\frac{1}{2}\right)^3=\frac{1}{4}$,所以该顾客购买4袋海藻碘食用盐,至少有2袋的质量超过400克的概率为 $1-\frac{1}{16}-\frac{1}{4}=\frac{11}{16}$。

7. B 【解析】因为随机变量 $X\sim N(0.4,{\sigma_1}^2)$,$Y\sim N(0.8,{\sigma_2}^2)$,所以 $\mu_1=0.4$,$\mu_2=0.8$,所以 $P(X\geqslant 0.4)=0.5$,$P(Y\geqslant 0.8)=0.5$,即 $P(X\geqslant 0.4)=P(Y\geqslant 0.8)$,故A项正确;由图象可知,在 y 轴的左侧,分布列 X 的图象在 Y 的图象下方,所以 $P(X<0)<P(Y<0)$,又因为 $P(X\geqslant 0)=1-P(X<0)$,$P(Y\geqslant 0)=1-P(Y<0)$,所以 $P(X\geqslant 0)>P(Y\geqslant 0)$,故B项错误;由图象可知,分布列 X 的图象比 Y 的图象更"高瘦",所以 X 的取值比 Y 的取值更集中于平均值左右,故C项正确;两支正态曲线与 x 轴之间的面积均为1,故D项正确。

8. $\frac{\sqrt{5}}{3}$ 【解析】$P\{X^2\leqslant 5\}=P\{-\sqrt{5}\leqslant X\leqslant\sqrt{5}\}=\int_{-\sqrt{5}}^{\sqrt{5}}f(x)\mathrm{d}x=\frac{\sqrt{5}}{3}$。

9. $\frac{37}{64}$ 【解析】$P\left\{X<\frac{1}{2}\right\}=\int_0^{\frac{1}{2}}2x\mathrm{d}x=x^2\Big|_0^{\frac{1}{2}}=\frac{1}{4}$,三次独立重复试验中事件 $\left\{X<\frac{1}{2}\right\}$ 出现的次数 $Y\sim B\left(3,\frac{1}{4}\right)$,故 $P\{Y\geqslant 1\}=1-P\{Y=0\}=1-\left(1-\frac{1}{4}\right)^3=\frac{37}{64}$。

10. $\frac{1}{4\sqrt{y}}$ 【解析】因为随机变量 X 服从 $(0,2)$ 上的均匀分布,所以 X 的概率密度函数为

$f_X(x)=\begin{cases}\frac{1}{2},0<x<2,\\0,其他,\end{cases}$ $Y=X^2$ 的分布函数为 $F_Y(y)=P\{Y<y\}=P\{X^2<y\}=P\{X<\sqrt{y}\}$，

当 $y\leqslant 0$ 时，$F_Y(y)=0$，当 $0<y<4$ 时，$F_Y(y)=\int_0^{\sqrt{y}}\frac{1}{2}\mathrm{d}y=\frac{\sqrt{y}}{2}$，当 $y\geqslant 4$ 时，$F_Y(y)=1$，所以 $Y=X^2$ 在(0,4)内的概率分布密度 $f_Y(y)=\frac{\mathrm{d}F_Y(y)}{\mathrm{d}y}=\left(\frac{\sqrt{y}}{2}\right)'=\frac{1}{4\sqrt{y}}$。

11.2 【解析】因为随机变量 $X\sim N(\mu,\sigma^2)$，所以 $P(X>-1)+P(X\leqslant -1)=1$，又 $P(X>-1)+P(X\geqslant 5)=1$，所以 $P(X\leqslant -1)=P(X\geqslant 5)$，所以5和$-1$关于对称轴 $x=\mu$ 对称，即 $5+(-1)=2\mu$，故 $\mu=2$。

12.0.2 【解析】因为随机变量 $X\sim B(3,p)$，所以 $P(X\geqslant 1)=1-P(X=0)=1-(1-p)^3=0.657$，解得 $p=0.3$，所以 $P(0<Y<2)=0.3$，故 $P(Y>4)=\frac{1-2P(0<Y<2)}{2}=\frac{1-2\times 0.3}{2}=0.2$。

13.9 【解析】因为随机变量 $X\sim N(80,\sigma^2)$，所以 $P(X<60)=P(X>100)=a>0$，又 $P(60<X<100)=b>0$，所以 $2a+b=1$，所以 $\frac{2}{a}+\frac{1}{b}=(2a+b)\left(\frac{2}{a}+\frac{1}{b}\right)=4+1+\frac{2a}{b}+\frac{2b}{a}\geqslant 5+2\sqrt{\frac{2a}{b}\cdot\frac{2b}{a}}=9$，当且仅当 $\frac{2a}{b}=\frac{2b}{a}$，即 $a=b$ 时，等号成立，故 $\frac{2}{a}+\frac{1}{b}$ 的最小值为9。

14.【解析】(1)抽取产品的质量指标值的样本平均数 $\bar{x}$ 和样本方差 s^2 分别为：

$\bar{x}=170\times 0.02+180\times 0.09+190\times 0.22+200\times 0.33+210\times 0.24+220\times 0.08+230\times 0.02=200$，

$s^2=(-30)^2\times 0.02+(-20)^2\times 0.09+(-10)^2\times 0.22+0\times 0.33+10^2\times 0.24+20^2\times 0.08+30^2\times 0.02=150$。

(2)① 由(1)知 $Z\sim N(200,150)$，所以 $P(187.8<Z<212.2)=P(200-12.2<Z<200+12.2)=0.6826$。

② 由①知一件产品的质量指标值位于区间(187.8,212.2)的概率为0.6826，

依题意知 $X\sim B(100,0.6826)$，所以 $E(X)=100\times 0.6826=68.26$。

招教易错能力刷

1.C 【解析】由图可知，$\mu_1<0<\mu_2$，$\sigma_1<\sigma_2$，所以 $P(Y\geqslant\mu_2)<P(Y\geqslant\mu_1)$，$P(X\leqslant\sigma_2)>P(X\leqslant\sigma_1)$，故A、B两项错误；当 t 为任意正数时，由图可知 $P(X\leqslant t)\geqslant P(Y\leqslant t)$，故C项正确；因为 $P(X\leqslant t)=1-P(X\geqslant t)$，$P(Y\leqslant t)=1-P(Y\geqslant t)$，所以 $P(X\geqslant t)\leqslant P(Y\geqslant t)$，故D项错误。

2. 0.7 **【解析】**因为$X \sim N(3,\sigma^2)$，且$P(X > m) = 0.3$，所以$m > 3$。根据正态曲线的对称性，可知$P(X < 6 - m) = P(X < 3 - (m - 3)) = P(X > m) = 0.3$，故$P(X > 6 - m) = 1 - P(X < 6 - m) = 0.7$。

第七节　随机变量的期望与方差

考向1 变式训练

1. 12 **【解析】**$D(X) = E(X^2) - [E(X)]^2 = 4 - 1 = 3$，所以$D(Y) = D(2X - 3) = 2^2D(X) = 4 \times 3 = 12$。

2.【解析】(1) 由题意知，从袋中不放回地取球，连续取4次，共有A_9^4种不同的结果，由于是随机取球，每个结果出现的可能性是相等的，恰好取4次停止，即第4次取到的球为红色，前3次有1次取到的球为黑色，共有$C_3^1C_6^1A_3^3$种不同的结果，则恰好取4次停止的概率为$P_1 = \frac{C_3^1C_6^1A_3^3}{A_9^4} = \frac{1}{28}$。

(2) 从袋中有放回地取球，每次取到红球的概率为$\frac{1}{3}$，取到黑球的概率为$\frac{2}{3}$，X可能的取值为0,1,2,3，$P(X = 0) = C_5^0\left(1 - \frac{1}{3}\right)^5 = \frac{32}{243}$；$P(X = 1) = C_5^1 \cdot \frac{1}{3} \cdot \left(1 - \frac{1}{3}\right)^4 = \frac{80}{243}$；$P(X = 2) = C_5^2 \cdot \left(\frac{1}{3}\right)^2 \cdot \left(1 - \frac{1}{3}\right)^3 = \frac{80}{243}$；$P(X = 3) = \left(\frac{1}{3}\right)^3 + C_3^2 \cdot \left(\frac{1}{3}\right)^3 \cdot \left(1 - \frac{1}{3}\right) + C_4^2 \cdot \left(\frac{1}{3}\right)^3\left(1 - \frac{1}{3}\right)^2 = \frac{17}{81}$。

$\therefore X$的分布列为

X	0	1	2	3
P	$\frac{32}{243}$	$\frac{80}{243}$	$\frac{80}{243}$	$\frac{17}{81}$

X的数学期望$E(X) = 0 \times \frac{32}{243} + 1 \times \frac{80}{243} + 2 \times \frac{80}{243} + 3 \times \frac{17}{81} = \frac{131}{81}$。

3.【解析】(1) 由题意得，$\begin{cases}\frac{1}{4}ab = \frac{1}{24}, \\ 1 - (1 - a)\left(1 - \frac{1}{4}\right)(1 - b) = \frac{3}{4},\end{cases}$ 且$a > b$，解得$a = \frac{1}{2}, b = \frac{1}{3}$。

(2) 由题意，设竞标团队获得奖励金额为随机变量X，则X的取值可能为0,2,4,6,8,10,12，

则$P(X = 0) = \frac{1}{2} \times \frac{2}{3} \times \frac{3}{4} = \frac{1}{4}$，

$P(X = 2) = \frac{1}{2} \times \frac{2}{3} \times \frac{3}{4} = \frac{1}{4}$，

$P(X=4)=\frac{1}{2}\times\frac{1}{3}\times\frac{3}{4}=\frac{1}{8}$，

$P(X=6)=\frac{1}{2}\times\frac{2}{3}\times\frac{1}{4}+\frac{1}{2}\times\frac{1}{3}\times\frac{3}{4}=\frac{5}{24}$，

$P(X=8)=\frac{1}{2}\times\frac{2}{3}\times\frac{1}{4}=\frac{1}{12}$，

$P(X=10)=\frac{1}{2}\times\frac{1}{3}\times\frac{1}{4}=\frac{1}{24}$，

$P(X=12)=\frac{1}{2}\times\frac{1}{3}\times\frac{1}{4}=\frac{1}{24}$。

故 X 的分布列为

X	0	2	4	6	8	10	12
P	$\frac{1}{4}$	$\frac{1}{4}$	$\frac{1}{8}$	$\frac{5}{24}$	$\frac{1}{12}$	$\frac{1}{24}$	$\frac{1}{24}$

$E(X)=0\times\frac{1}{4}+2\times\frac{1}{4}+4\times\frac{1}{8}+6\times\frac{5}{24}+8\times\frac{1}{12}+10\times\frac{1}{24}+12\times\frac{1}{24}=\frac{23}{6}$。

4. 0 【解析】因为 $P(X=c)=1$，所以 $E(X)=c\times1=c$，$\therefore D(X)=(c-c)^2\times1=0$。

考向 2 变式训练

【解析】由公式有 $E(X)=\int_{-\infty}^{+\infty}xp(x)\mathrm{d}x=\int_0^1 2x(1-x)\mathrm{d}x=\left(x^2-\frac{2}{3}x^3\right)\Big|_0^1=\frac{1}{3}$，并且 $E(X^2)=\int_{-\infty}^{+\infty}x^2p(x)\mathrm{d}x=\int_0^1 2x^2(1-x)\mathrm{d}x=\left(\frac{2}{3}x^3-\frac{1}{2}x^4\right)\Big|_0^1=\frac{1}{6}$，因此 $D(X)=E(X^2)-(E(X))^2=\frac{1}{6}-\left(\frac{1}{3}\right)^2=\frac{1}{18}$。

必刷好题

招教高频基础刷

1. B 【解析】由分布列可得，$E(X)=1\times0.2+2\times0.4+3\times0.4=2.2$，故 $E(2X+3)=2E(X)+3=2\times2.2+3=7.4$。

2. D 【解析】由分布列可得，$E(\xi)=1\times0.4+3\times0.1+5\times0.5=3.2$，故 $D(\xi)=(1-3.2)^2\times0.4+(3-3.2)^2\times0.1+(5-3.2)^2\times0.5=3.56$。

3. A 【解析】因为 $E(X)=0\times\frac{1}{3}+a\times\frac{1}{3}+1\times\frac{1}{3}=\frac{a+1}{3}$,所以 $D(X)=\left(\frac{a+1}{3}-0\right)^2\times\frac{1}{3}+\left(\frac{a+1}{3}-a\right)^2\times\frac{1}{3}+\left(\frac{a+1}{3}-1\right)^2\times\frac{1}{3}=\frac{2}{9}(a^2-a+1)$,根据二次函数的图象可知,当 $0<a<\frac{1}{2}$ 时,$D(X)$ 单调递减;当 $\frac{1}{2}<a<1$ 时,$D(X)$ 单调递增。故当 a 在 $(0,1)$ 内增大时,$D(X)$ 先减小后增大。

4. D 【解析】由分布列可得,$E(X)=-1\times a+0\times b+1\times0.5=0.5-a$,又因为 $a+b+0.5=1$,所以 $a+b=0.5$,则 $E(X)=b$,所以 $D(X)=a(b+1)^2+b(b-0)^2+0.5\times(b-1)^2=(0.5-b)(b^2+2b+1)+b^3+0.5(b^2-2b+1)=-b^2-b+1=-\left(b+\frac{1}{2}\right)^2+\frac{5}{4}$,令 $g(b)=-\left(b+\frac{1}{2}\right)^2+\frac{5}{4}(0<b<0.5)$,则 $g(b)$ 在 $(0,0.5)$ 上单调递减,所以 $g(0.5)<g(b)<g(0)$,即 $\frac{1}{4}<g(b)<1$,故 $D(X)$ 的取值范围是 $\left(\frac{1}{4},1\right)$。

5. $\frac{2}{5}$ 【解析】设 $P(\xi=1)=x,P(\xi=2)=y$,则 $\frac{1}{5}+x+y=1$,①

$E(\xi)=0\times\frac{1}{5}+x+2y=1$,②

由①②可知 $x=\frac{3}{5},y=\frac{1}{5}$,

所以 $D(\xi)=\frac{1}{5}(1-0)^2+\frac{3}{5}(1-1)^2+\frac{1}{5}(1-2)^2=\frac{2}{5}$。

6. $\frac{1}{3}$;5 【解析】因为 $0<a<\frac{1}{2},0<b<\frac{1}{2},E(X)=\frac{2}{3}$,

所以 $\begin{cases}\frac{1}{2}+a+b=1,\\ E(X)=0\times\frac{1}{2}+1\times a+2\times b=\frac{2}{3},\\ 0\leqslant a\leqslant1,\\ 0\leqslant b\leqslant1,\end{cases}$ 解得 $a=\frac{1}{3},b=\frac{1}{6}$,

所以 $D(X)=\left(\frac{2}{3}-0\right)^2\times\frac{1}{2}+\left(\frac{2}{3}-1\right)^2\times a+\left(\frac{2}{3}-2\right)^2\times b=\frac{4}{9}\times\frac{1}{2}+\frac{1}{9}\times\frac{1}{3}+\frac{16}{9}\times\frac{1}{6}=\frac{2}{9}+\frac{1}{27}+\frac{8}{27}=\frac{5}{9}$,故 $D(3X-1)=9D(X)=9\times\frac{5}{9}=5$。

7. $\frac{37}{4}$ 【解析】设事件 A 为“李明选到有思路的题”,事件 $\overline{A}$ 为“李明选到没有思路的题”,事件

B 为“李明答对该题”，则 $P(A)=\frac{2}{3}$，$P(\overline{A})=\frac{1}{3}$，$P(B\mid A)=0.8=\frac{4}{5}$，$P(B\mid \overline{A})=\frac{1}{4}$，所以 $P(B)=P(A)P(B\mid A)+P(\overline{A})P(B\mid \overline{A})=\frac{2}{3}\times\frac{4}{5}+\frac{1}{3}\times\frac{1}{4}=\frac{37}{60}$，因为每题答对得5分，不答或答错得0分，所以这3道题得分的期望为 $5\times3\times\frac{37}{60}=\frac{37}{4}$。

8\. $\frac{9728}{2187}$ **【解析】**因为当比赛采取5局3胜制时，甲用4局赢得比赛的概率为$\frac{8}{27}$，所以 $C_3^2\cdot p^2\cdot(1-p)\cdot p=\frac{8}{27}$，解得 $p=\frac{2}{3}$，采取7局4胜制，甲获胜时比赛局数 X 的可能取值为4,5,6,7，则 $P(X=4)=\left(\frac{2}{3}\right)^4=\frac{16}{81}$，$P(X=5)=C_4^3\times\left(\frac{2}{3}\right)^3\times\frac{1}{3}\times\frac{2}{3}=\frac{64}{243}$，$P(X=6)=C_5^3\times\left(\frac{2}{3}\right)^3\times\left(\frac{1}{3}\right)^2\times\frac{2}{3}=\frac{160}{729}$，$P(X=7)=C_6^3\times\left(\frac{2}{3}\right)^3\left(\frac{1}{3}\right)^3\times\frac{2}{3}=\frac{320}{2187}$，所以采取7局4胜制，甲获胜时比赛局数 X 的数学期望为 $4\times\frac{16}{81}+5\times\frac{64}{243}+6\times\frac{160}{729}+7\times\frac{320}{2187}=\frac{9728}{2187}$。

9\. 16 **【解析】**每局游戏中两人分别投篮两次，每局投进的次数之和不少于3次则胜利，每局游戏胜利包括三种情况：① 甲投中2次，乙投中2次，概率为$\left(\frac{2}{3}\right)^4=\frac{16}{81}$；② 甲投中2次，乙投中1次，概率为$\left(\frac{2}{3}\right)^3\times C_2^1\times\frac{1}{3}=\frac{16}{81}$；③ 甲投中1次，乙投中2次，概率为$\left(\frac{2}{3}\right)^3\times C_2^1\times\frac{1}{3}=\frac{16}{81}$，所以每局游戏甲乙两名队员获得胜利的概率为$\frac{16}{81}+\frac{16}{81}+\frac{16}{81}=\frac{48}{81}$。若 X 为甲乙两名队员获得胜利的局数，游戏的局数是27，则 $X\sim B\left(27,\frac{48}{81}\right)$，故 $E(X)=27\times\frac{48}{81}=16$。

10\. **【解析】**(1) $\bar{t}=35\times0.1+45\times0.2+55\times0.3+65\times0.15+75\times0.15+85\times0.1=58.5$，故这600名学生周末体育锻炼时间的平均数为58.5 min。

(2) 从周末体育锻时间在[40,60)内的学生中抽取的15人中锻炼时间在[40,50)的人数为 $15\times\frac{0.2}{0.2+0.3}=6$，在[50,60)的人数为9，$X$ 所有可能取值为0,1,2,3，则 $P(X=0)=\frac{C_6^3\cdot C_9^0}{C_{15}^3}=\frac{20}{455}=\frac{4}{91}$，$P(X=1)\frac{C_6^2\cdot C_9^1}{C_{15}^3}=\frac{135}{455}=\frac{27}{91}$，$P(X=2)\frac{C_6^1\cdot C_9^2}{C_{15}^3}=\frac{216}{455}$，$P(X=3)\frac{C_6^0\cdot C_9^3}{C_{15}^3}=\frac{84}{455}=\frac{12}{65}$，

故 X 的分布列为：

X	0	1	2	3
$P(X)$	$\frac{4}{91}$	$\frac{27}{91}$	$\frac{216}{455}$	$\frac{12}{65}$

故$E(X)=0\times\frac{4}{91}+1\times\frac{27}{91}+2\times\frac{216}{455}+3\times\frac{12}{65}=\frac{9}{5}$。

11.【解析】(1) 由乙、丙晋级的概率均为q,得乙没有晋级的概率为$1-q$,丙没有晋级的概率为$1-q$,由甲、乙、丙三人是否晋级相互独立,得乙、丙两人均没有晋级的概率为$(1-q)^2$。因为甲晋级的概率与乙、丙两人均没有晋级的概率相等,所以$p=(1-q)^2$,①又因为甲晋级的概率与乙、丙两人有且仅有一人晋级的概率也相等,所以$p=q(1-q)+(1-q)q=2q-2q^2$,②联立①②可得,$(1-q)^2=2q-2q^2$,解得$q=\frac{1}{3}$或1(舍去),故$p=\left(1-\frac{1}{3}\right)^2=\frac{4}{9}$。

(2) 因为甲、乙、丙三人是否晋级相互独立,所以$P(\xi=0)=\left(1-\frac{1}{2}\right)(1-q)(1-q)=\frac{1}{2}(1-q)^2$,$P(\xi=3)=\frac{1}{2}q^2$,又因为$\xi=0$时和$\xi=3$时的概率相等,所以$\frac{1}{2}(1-q)^2=\frac{1}{2}q^2$,解得$q=\frac{1}{2}$。由题意可得,$\xi$的所有可能取值为0,1,2,3,所以$P(\xi=0)=\left(1-\frac{1}{2}\right)^3=\frac{1}{8}$,$P(\xi=1)=3\times\frac{1}{2}\times\left(1-\frac{1}{2}\right)\times\left(1-\frac{1}{2}\right)=\frac{3}{8}$,$P(\xi=2)=3\times\frac{1}{2}\times\frac{1}{2}\times\left(1-\frac{1}{2}\right)=\frac{3}{8}$,$P(\xi=3)=\frac{1}{2}\times\frac{1}{2}\times\frac{1}{2}=\frac{1}{8}$,故$E(\xi)=0\times\frac{1}{8}+1\times\frac{3}{8}+2\times\frac{3}{8}+3\times\frac{1}{8}=\frac{3}{2}$。

12.【解析】(1) 因为X服从正态分布$N(35,25)$,所以$\mu=35$,$\sigma^2=25$,则$\sigma=5$,所以植树棵数在区间$(30,35]$内的人数约为$200\times P(30<X\leqslant 35)=200\times\frac{1}{2}\times P(35-5<X\leqslant 35+5)\approx 200\times\frac{1}{2}\times 0.6827\approx 68$,植树棵数在区间$(30,35]$内有一次甲箱内摸奖机会,中奖率为$1-\frac{5}{10}=\frac{1}{2}$,故植树的棵数$X$在区间$(30,35]$内并中奖的人数约为$\frac{1}{2}\times 68=34$。

(2) 若$a=2$,则甲箱内有2个红球,3个黄球,5个黑球,则有$P(\text{摸到红球})=\frac{2}{10}=\frac{1}{5}$,$P(\text{摸到黄球})=\frac{3}{10}$,$P(\text{摸到黑球})=\frac{1}{2}$。两次甲箱内摸奖的所有可能结果为(红,红),(红,黄),(红,黑),(黄,红),(黄,黄),(黄,黑),(黑,红),(黑,黄),(黑,黑),则中奖金额Y的可能取值为0,50,100,150,200,

所以$P(Y=0)=\frac{1}{2}\times\frac{1}{2}=\frac{1}{4}$,$P(Y=50)=2\times\frac{3}{10}\times\frac{1}{2}=\frac{3}{10}$,

$P(Y=100)=2\times\frac{1}{5}\times\frac{1}{2}+\frac{3}{10}\times\frac{3}{10}=\frac{29}{100}$,$P(Y=150)=2\times\frac{1}{5}\times\frac{3}{10}=\frac{3}{25}$,

$P(Y=200)=\frac{1}{5}\times\frac{1}{5}=\frac{1}{25}$,故$Y$的分布列为:

Y	0	50	100	150	200
P	$\frac{1}{4}$	$\frac{3}{10}$	$\frac{29}{100}$	$\frac{3}{25}$	$\frac{1}{25}$

(3) 因为 $a+b=5$,所以甲箱内摸一次所得奖金的期望为 $E_1=100\times\frac{a}{10}+50\times\frac{b}{10}=10a+5b=25+5a$,方法一所得奖金的期望值为 $3E_1=3(25+5a)=75+15a$;乙箱内摸一次所得奖金的期望为 $E_2=100\times\frac{4}{10}+50\times\frac{6}{10}=70$,方法二所得奖金的期望值为 $2E_2=2\times70=140$。因为 a 的值可能为1,2,3,4,所以 $3E_1=75+15a\leqslant135<140$,所以该植树者选第二种方法所得奖金的期望值较大。

13.【解析】Y 在 $[a,b]$ 区间上服从均匀分布,所以 $D(Y)=\frac{(b-a)^2}{12}$。又 X,Y 相互独立,所以 $\mathrm{Cov}(X,Y)=0$,$D(X-2Y)=D(X)+D(2Y)-2\mathrm{Cov}(X,Y)=D(X)+4D(Y)=\sigma^2+\frac{1}{3}(b-a)^2$。

14.【解析】因为 $\int_{-\infty}^{+\infty}\varphi(x)\mathrm{d}x=1$,所以 $\int_{-\infty}^{+\infty}(ax^2+bx+c)\mathrm{d}x=1$,于是 $\frac{1}{3}a+\frac{1}{2}b+c=1$,①,又 $E(X)=\int_{-\infty}^{+\infty}x\varphi(x)\mathrm{d}x=\int_0^1 x(ax^2+bx+c)\mathrm{d}x$,故 $\frac{1}{4}a+\frac{1}{3}b+\frac{1}{2}c=0.5$,②,再 $D(X)=E(X^2)-[E(X)]^2$,$0.15=E(X^2)-0.5^2$,所以 $E(X^2)=0.4=\int_0^1 x^2(ax^2+bx+c)\mathrm{d}x$,化得 $\frac{1}{5}a+\frac{1}{4}b+\frac{1}{3}c=0.4$,③,联立①②③解得 $a=12,b=-12,c=3$。

教师招聘考试

数学专项突破

保分核心概念、公式与定律

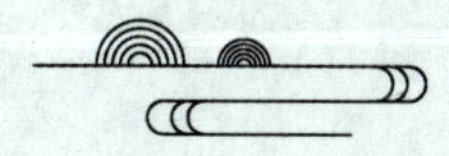

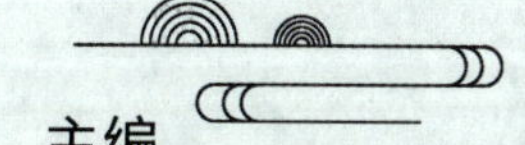

山香教师招聘考试命题研究中心　主编

目录/CONTENTS

第一部分　小学与初中数学知识

第二部分　高中数学知识

第三部分　高等数学知识

第一部分　小学与初中数学知识

第一章　数与代数

一、数的认识与运算

1. 分数

$a \div b = \frac{a}{b}(b \neq 0), a, b \in \mathbf{Z}$

2. 倒数

$ab = 1$（a, b 都不为 0）

二、代数式

1. 幂的运算

$a^m \cdot a^n = a^{m+n}$；$(a^m)^n = a^{mn}$；$(ab)^n = a^n b^n$；$a^m \div a^n = a^{m-n}(a \neq 0)$；$a^0 = 1(a \neq 0)$；$a^{-n} = \frac{1}{a^n}(a \neq 0)$。

2. 因式分解

（1）提取公因式法：$ma + mb - mc = m(a + b - c)$。

（2）运用公式法：

①$a^2 - b^2 = (a + b)(a - b)$；

②$a^2 \pm 2ab + b^2 = (a \pm b)^2$；

③$a^3 \pm b^3 = (a \pm b)(a^2 \mp ab + b^2)$；

④$a^3 \pm 3a^2b + 3ab^2 \pm b^3 = (a \pm b)^3$。

（3）二次三项式因式分解

（十字相乘法）$\begin{cases} x^2 + (p + q)x + pq = (x + p)(x + q); \\ a_1 a_2 x^2 + (a_1 c_2 + a_2 c_1)x + c_1 c_2 = (a_1 x + c_1)(a_2 x + c_2). \end{cases}$

3. 二次根式

(1) $(\sqrt{a})^2=a(a\geqslant 0)$；

(2) $\sqrt{a^2}=|a|=\begin{cases}a, a\geqslant 0,\\ -a, a<0。\end{cases}$

(3) 乘法：$\sqrt{ab}=\sqrt{a}\cdot\sqrt{b}(a\geqslant 0, b\geqslant 0)$。

(4) 除法：$\sqrt{\frac{a}{b}}=\frac{\sqrt{a}}{\sqrt{b}}(a\geqslant 0, b>0)$。

三、一元二次方程

1. 一元二次方程的常见表达式

(1) 一般式：$ax^2+bx+c=0$（a,b,c 均为实数，且 $a\neq 0$）。

(2) 配方式：$a\left(x+\frac{b}{2a}\right)^2=\frac{b^2-4ac}{4a}$。

(3) 两根式：$a(x-x_1)(x-x_2)=0$。

2. 一元二次方程根与系数的关系（韦达定理）

$x_1+x_2=-\frac{b}{a}, x_1x_2=\frac{c}{a}$。

第二章　图形与几何

一、常见四边形周长与面积计算

图形	周长	面积
平行四边形	$C=2(a+b)$（a,b 为两邻边长）	$S=$底×高
菱形	$C=4a$（a 为边长）	$S=$底×高或 $S=$对角线乘积的一半
矩形	$C=2(a+b)$（a,b 为两邻边长）	$S=$长×宽
正方形	$C=4a$（a 为边长）	$S=$边长×边长

二、圆的相关定理与公式

(1) 圆的周长公式：$C=2\pi R$（R 为圆的半径）。

(2)弧长公式：$l=\frac{n\pi R}{180}$(n为弧所对的圆心角度数，R为圆的半径)$=R|\theta|$(θ为圆心角的弧度制大小)。

(3)圆的面积：$S=\pi R^2$(R为圆的半径)。

(4)扇形的面积：$S=\frac{n\pi R^2}{360}=\frac{1}{2}lR$($n$为扇形所对的圆心角度数，$R$为扇形所在圆的半径，$l$为扇形的弧长)。

三、圆柱与圆锥的表面积与体积

(1)圆柱：

$S_{侧}=2\pi Rh$；

$S_{表}=2\pi R^2+2\pi Rh$；

$V=Sh$

(R为圆柱底面半径，h是圆柱的高，S为底面积)

(2)圆锥：

$S_{侧}=\pi Rl$；

$S_{表}=\pi R^2+\pi Rl$；

$V=\frac{1}{3}Sh$

(R为圆锥底面半径，l为圆锥的母线长，S为底面积，h为高)

第三章　奥　数

1. 速度问题

(1)路程=速度×时间

(2)时间=路程÷速度

(3)速度=路程÷时间

2. 密度问题

(1)质量=体积×密度

(2)密度=质量÷体积

(3)体积=质量÷密度

3. 单价问题

(1)总价=单价×数量

(2)单价=总价÷数量

(3)数量=总价÷单价

4. 效率问题

(1)工作量=效率×时间

(2)效率=工作量÷时间

(3)时间=工作量÷效率

5. 比例尺问题

(1)比例尺=图上距离:实际距离

(2)图上距离=比例尺×实际距离

(3)实际距离=图上距离÷比例尺

6. 税率问题

(1)利息税金=利息×税率

(2)利息=利息税金÷税率

(3)税率=利息税金÷利息

7. 追及问题

(1)追及距离=速度差×追及时间

(2)追及时间=追及距离÷速度差

(3)速度差=追及距离÷追及时间

8. 流水问题

(1)顺流速度=静水速度+水流速度

(2)逆流速度=静水速度−水流速度

(3)静水速度=(顺流速度+逆流速度)÷2

(4)水流速度=(顺流速度−逆流速度)÷2

第二部分　高中数学知识

第一章　函　数

一、对数函数

如果 $a>0$，且 $a\neq1$，$M>0$，$N>0$，那么：

①$\log_a(M\cdot N)=\log_a M+\log_a N$；

②$\log_a\left(\dfrac{M}{N}\right)=\log_a M-\log_a N$；

③$\log_a M^n=n\log_a M(n\in\mathbf{R})$；

④$\log_a b=\dfrac{\log_c b}{\log_c a}(a>0$，且 $a\neq1$；$c>0$，且 $c\neq1$；$b>0)$（换底公式）。

二、三角函数

1. 同角三角函数的基本关系式（在下列式子有意义的前提下）

(1) 倒数关系：$\sin\alpha\cdot\csc\alpha=1$，$\cos\alpha\cdot\sec\alpha=1$，$\tan\alpha\cdot\cot\alpha=1$。

(2) 商数关系：$\tan\alpha=\dfrac{\sin\alpha}{\cos\alpha}$，$\cot\alpha=\dfrac{\cos\alpha}{\sin\alpha}$。

(3) 平方关系：$\sin^2\alpha+\cos^2\alpha=1$，$1+\tan^2\alpha=\sec^2\alpha$，$1+\cot^2\alpha=\csc^2\alpha$。

2. 三角函数诱导公式

公式一	$\sin(\alpha+2k\pi)=\sin\alpha$，$\cos(\alpha+2k\pi)=\cos\alpha$，$\tan(\alpha+2k\pi)=\tan\alpha(k\in\mathbf{Z})$
公式二	$\sin(\pi+\alpha)=-\sin\alpha$，$\cos(\pi+\alpha)=-\cos\alpha$，$\tan(\pi+\alpha)=\tan\alpha$
公式三	$\sin(-\alpha)=-\sin\alpha$，$\cos(-\alpha)=\cos\alpha$，$\tan(-\alpha)=-\tan\alpha$
公式四	$\sin(\pi-\alpha)=\sin\alpha$，$\cos(\pi-\alpha)=-\cos\alpha$，$\tan(\pi-\alpha)=-\tan\alpha$
公式五	$\sin\left(\dfrac{\pi}{2}-\alpha\right)=\cos\alpha$，$\cos\left(\dfrac{\pi}{2}-\alpha\right)=\sin\alpha$，$\tan\left(\dfrac{\pi}{2}-\alpha\right)=\cot\alpha$

续表

公式六	$\sin\left(\frac{\pi}{2}+\alpha\right)=\cos\alpha,\cos\left(\frac{\pi}{2}+\alpha\right)=-\sin\alpha,\tan\left(\frac{\pi}{2}+\alpha\right)=-\cot\alpha$

3. 和、差公式

$\cos(\alpha+\beta)=\cos\alpha\cos\beta-\sin\alpha\sin\beta$,

$\cos(\alpha-\beta)=\cos\alpha\cos\beta+\sin\alpha\sin\beta$,

$\sin(\alpha+\beta)=\sin\alpha\cos\beta+\cos\alpha\sin\beta$,

$\sin(\alpha-\beta)=\sin\alpha\cos\beta-\cos\alpha\sin\beta$,

$\tan(\alpha+\beta)=\frac{\tan\alpha+\tan\beta}{1-\tan\alpha\tan\beta}$,

$\tan(\alpha-\beta)=\frac{\tan\alpha-\tan\beta}{1+\tan\alpha\tan\beta}$。

4. 积化和差、和差化积公式

(1)积化和差公式：$\sin\alpha\cos\beta=\frac{1}{2}[\sin(\alpha+\beta)+\sin(\alpha-\beta)]$；$\cos\alpha\sin\beta=\frac{1}{2}[\sin(\alpha+\beta)-\sin(\alpha-\beta)]$；

$\cos\alpha\cos\beta=\frac{1}{2}[\cos(\alpha+\beta)+\cos(\alpha-\beta)]$；$\sin\alpha\sin\beta=-\frac{1}{2}[\cos(\alpha+\beta)-\cos(\alpha-\beta)]$。

(2)和差化积公式：$\sin\alpha+\sin\beta=2\sin\frac{\alpha+\beta}{2}\cos\frac{\alpha-\beta}{2}$；$\sin\alpha-\sin\beta=2\cos\frac{\alpha+\beta}{2}\sin\frac{\alpha-\beta}{2}$；

$\cos\alpha+\cos\beta=2\cos\frac{\alpha+\beta}{2}\cos\frac{\alpha-\beta}{2}$；$\cos\alpha-\cos\beta=-2\sin\frac{\alpha+\beta}{2}\sin\frac{\alpha-\beta}{2}$。

5. 倍、半角公式

$\sin2\alpha=2\sin\alpha\cos\alpha$；

$\cos2\alpha=\cos^2\alpha-\sin^2\alpha=2\cos^2\alpha-1=1-2\sin^2\alpha$；$\tan2\alpha=\frac{2\tan\alpha}{1-\tan^2\alpha}$。

$\sin\frac{\alpha}{2}=\pm\sqrt{\frac{1-\cos\alpha}{2}}$；

$\cos\frac{\alpha}{2}=\pm\sqrt{\frac{1+\cos\alpha}{2}}$；

$\tan\frac{\alpha}{2}=\pm\sqrt{\frac{1-\cos\alpha}{1+\cos\alpha}}=\frac{1-\cos\alpha}{\sin\alpha}=\frac{\sin\alpha}{1+\cos\alpha}$。

6. 万能公式与辅助角公式

万能公式：$\sin\alpha=\dfrac{2\tan\dfrac{\alpha}{2}}{1+\tan^2\dfrac{\alpha}{2}}$；$\cos\alpha=\dfrac{1-\tan^2\dfrac{\alpha}{2}}{1+\tan^2\dfrac{\alpha}{2}}$；$\tan\alpha=\dfrac{2\tan\dfrac{\alpha}{2}}{1-\tan^2\dfrac{\alpha}{2}}$。

辅助角公式：$a\sin\alpha+b\cos\alpha=\sqrt{a^2+b^2}\sin(\alpha+\beta)$。其中，$\cos\beta=\dfrac{a}{\sqrt{a^2+b^2}}$，$\sin\beta=\dfrac{b}{\sqrt{a^2+b^2}}$。

7. 正弦定理与余弦定理 a,b,c 为 $\triangle ABC$ 的三边长

定理	正弦定理	余弦定理
内容	$\dfrac{a}{\sin A}=\dfrac{b}{\sin B}=\dfrac{c}{\sin C}=2R$（$R$ 为 $\triangle ABC$ 外接圆半径）	$a^2=b^2+c^2-2bc\cos A$， $b^2=a^2+c^2-2ac\cos B$， $c^2=a^2+b^2-2ab\cos C$
变形形式	$a=2R\sin A, b=2R\sin B, c=2R\sin C$， $\sin A=\dfrac{a}{2R},\sin B=\dfrac{b}{2R},\sin C=\dfrac{c}{2R}$， $a:b:c=\sin A:\sin B:\sin C$， $a\sin B=b\sin A$，$b\sin C=c\sin B$，$a\sin C=c\sin A$， $\dfrac{a+b+c}{\sin A+\sin B+\sin C}=2R$	$\cos A=\dfrac{b^2+c^2-a^2}{2bc}$， $\cos B=\dfrac{a^2+c^2-b^2}{2ac}$， $\cos C=\dfrac{a^2+b^2-c^2}{2ab}$
使用条件	①两角一边求边； ②两边一对角求角	①三边求角； ②两边一角求边

8. 三角形常用面积公式

（1）$S=\dfrac{1}{2}a\cdot h_a$（h_a 表示边 a 上的高）；

（2）$S=\dfrac{1}{2}ab\sin C=\dfrac{1}{2}ac\sin B=\dfrac{1}{2}bc\sin A$；

（3）$S=\dfrac{1}{2}r(a+b+c)$（r 为三角形内切圆半径）；

（4）$S_{\triangle ABC}=\dfrac{abc}{4R}$（$R$ 为三角形外接圆半径）。

第二章　不等式

1. 分式不等式

$\frac{f(x)}{g(x)}>0\Leftrightarrow\begin{cases}f(x)>0,\\g(x)>0\end{cases}$或$\begin{cases}f(x)<0,\\g(x)<0\end{cases}\Leftrightarrow f(x)\cdot g(x)>0$；

$\frac{f(x)}{g(x)}<0\Leftrightarrow\begin{cases}f(x)>0,\\g(x)<0\end{cases}$或$\begin{cases}f(x)<0,\\g(x)>0\end{cases}\Leftrightarrow f(x)\cdot g(x)<0$；

$\frac{f(x)}{g(x)}\geqslant0\Leftrightarrow\begin{cases}f(x)\geqslant0,\\g(x)>0\end{cases}$或$\begin{cases}f(x)\leqslant0,\\g(x)<0\end{cases}\Leftrightarrow f(x)\cdot g(x)\geqslant0$，且$g(x)\neq0$；

$\frac{f(x)}{g(x)}\leqslant0\Leftrightarrow\begin{cases}f(x)\geqslant0,\\g(x)<0\end{cases}$或$\begin{cases}f(x)\leqslant0,\\g(x)>0\end{cases}\Leftrightarrow f(x)\cdot g(x)\leqslant0$，且$g(x)\neq0$。

注：解分式不等式$\frac{f(x)}{g(x)}>a(a\neq0)$时，一定要注意先移项再通分求解。

2. 对数不等式与指数不等式

当$a>1$时，$a^{f(x)}>a^{g(x)}\Leftrightarrow f(x)>g(x)$；

当$0<a<1$时，$a^{f(x)}>a^{g(x)}\Leftrightarrow f(x)<g(x)$；

当$a>1$时，$\log_a f(x)>\log_a g(x)\Leftrightarrow\begin{cases}g(x)>0,\\f(x)>g(x)\end{cases}$；

当$0<a<1$时，$\log_a f(x)>\log_a g(x)\Leftrightarrow\begin{cases}f(x)>0,\\f(x)<g(x)\end{cases}$。

3. 绝对值不等式

(1) $|a\cdot b|=|a|\cdot|b|$；

(2) $\left|\frac{a}{b}\right|=\frac{|a|}{|b|}(b\neq0)$；

(3) $||a|-|b||\leqslant|a\pm b|\leqslant|a|+|b|$；

(4) $|a-c|\leqslant|a-b|+|b-c|$（当且仅当$(a-b)(b-c)\geqslant0$时，取等号）；

(5) $|a_1+a_2+a_3+\cdots+a_n|\leqslant|a_1|+|a_2|+|a_3|+\cdots+|a_n|(n\in\mathbf{N}_+)$。

4. 基本不等式

①$ab \leqslant \left(\frac{a+b}{2}\right)^2 \leqslant \frac{a^2+b^2}{2}$；

②$abc \leqslant \left(\frac{a+b+c}{3}\right)^3$（$a$、$b$、$c \in \mathbf{R}^+$）；

③如果 a、$b \in \mathbf{R}^+$，则$\sqrt{\frac{a^2+b^2}{2}} \geqslant \frac{a+b}{2} \geqslant \sqrt{ab} \geqslant \frac{2}{\frac{1}{a}+\frac{1}{b}}$。

5. 柯西不等式

设 $a_1, a_2, \cdots, a_n, b_1, b_2, \cdots, b_n$ 是实数，则$(a_1^2+a_2^2+\cdots+a_n^2)(b_1^2+b_2^2+\cdots+b_n^2) \geqslant (a_1b_1+a_2b_2+\cdots+a_nb_n)^2$，当且仅当 $b_i=0(i=1,2,\cdots,n)$或存在一个实数 k，使得 $a_i=kb_i(i=1,2,\cdots,n)$时，等号成立。

6. 贝努利不等式

对任意整数 $n \geqslant 0$ 和任意实数 $x > -1$，有$(1+x)^n \geqslant 1+nx$ 成立；如果 $n \geqslant 0$，且 n 是偶数，则不等式对任意实数 x 都成立。

第三章　数　列

一、等差数列

1. 通项公式

$a_n=a_1+(n-1)d$，或 $a_n=a_m+(n-m)d$，其中 a_n, a_m 必须是数列中的项。

2. 等差数列的性质

(1) $a_1+a_n=a_2+a_{n-1}=a_3+a_{n-2}=\cdots=2a_{\frac{n+1}{2}}$（$n$ 为奇数）；

$a_1+a_n=a_2+a_{n-1}=a_3+a_{n-2}=\cdots=a_{\frac{n}{2}}+a_{\frac{n+2}{2}}$（$n$ 为偶数）。

(2) $m,n,p,k \in \mathbf{N}_+$，且 $m+n=p+k$，则 $a_m+a_n=a_p+a_k$。

3. 等差数列的前 n 项和公式

$S_n=\frac{n(a_1+a_n)}{2}$，或 $S_n=na_1+\frac{n(n-1)}{2}d$。

4. 等差数列前 n 项和的性质

(1)等差数列前 n 项和公式也可以表示为 $S_n=An^2+Bn$。

(2)$S_n,S_{2n}-S_n,S_{3n}-S_{2n},\cdots$仍成等差数列。

(3)在等差数列$\{a_n\}$中,$a_1>0,d<0$,则 S_n存在最大值;若 $a_1<0,d>0$,则 S_n存在最小值。

(4)若$\{a_n\}$,$\{b_n\}$都为等差数列,S_n,T_n分别为它们的前 n 项和,则$\frac{a_m}{b_m}=\frac{S_{2m-1}}{T_{2m-1}}$。

(5)若等差数列的项数为 $2n$,则 $S_{2n}=n(a_n+a_{n+1})$,且 $S_{偶}-S_{奇}=nd,\frac{S_{偶}}{S_{奇}}=\frac{a_{n+1}}{a_n}$;

若项数为 $2n-1$,则 $S_{2n-1}=(2n-1)a_n$(a_n为中间项),且 $S_{奇}-S_{偶}=a_n,\frac{S_{偶}}{S_{奇}}=\frac{n-1}{n},S_{奇}=na_n,S_{偶}=(n-1)a_n$。

二、等比数列

1. 通项公式

$a_n=a_1q^{n-1}(a_1,q\neq0)$,或 $a_n=a_mq^{n-m}(a_m,q\neq0)$,也可以表示为 $a_n=c\cdot q^n\left(c=\frac{a_1}{q},q\text{ 为公比}\right)$。

2. 等比数列的性质

(1)$a_1a_n=a_2a_{n-1}=a_3a_{n-2}=\cdots=a^2_{\frac{n+1}{2}}$($n$ 为奇数);

$a_1a_n=a_2a_{n-1}=a_3a_{n-2}=\cdots=a_{\frac{n}{2}}a_{\frac{n+2}{2}}$($n$ 为偶数)。

(2)$m,n,p,k\in\mathbf{N}_+$,且 $m+n=p+k$,则 $a_ma_n=a_pa_k$。

3. 等比数列的前 n 项和

$$S_n=\begin{cases}na_1,q=1,\\ \frac{a_1(1-q^n)}{1-q},q\neq1。\end{cases}$$

4. 等比数列的性质

$S_n,S_{2n}-S_n,S_{3n}-S_{2n},\cdots$仍成等比数列。

三、常见的裂项相消(k 为非零常数)

(1)$\frac{1}{n(n+k)}=\frac{1}{k}\left(\frac{1}{n}-\frac{1}{n+k}\right)$;

(2) $\frac{1}{n(n+1)(n+2)}=\frac{1}{2}\left[\frac{1}{n(n+1)}-\frac{1}{(n+1)(n+2)}\right]$;

(3) $\frac{1}{\sqrt{n}+\sqrt{n+k}}=\frac{1}{k}(\sqrt{n+k}-\sqrt{n})$;

(4) $\log_a\left(1+\frac{1}{n}\right)=\log_a(n+1)-\log_a n$;

(5) $\frac{2^n}{(2^n-1)(2^{n+1}-1)}=\frac{1}{2^n-1}-\frac{1}{2^{n+1}-1}$。

第四章　平面向量与复数

一、平面向量

1. 向量共线的坐标表示

若 $\boldsymbol{a}=(x_1,y_1)$,$\boldsymbol{b}=(x_2,y_2)$,则 $\boldsymbol{a}/\!/\boldsymbol{b}\Leftrightarrow x_1y_2-x_2y_1=0$,特别地,若 $x_2,y_2\neq0$,则 $\boldsymbol{a}/\!/\boldsymbol{b}\Leftrightarrow\frac{x_1}{x_2}=\frac{y_1}{y_2}$。

2. 三点共线定理

若 $\overrightarrow{OA}$,$\overrightarrow{OB}$ 是平面内不共线的向量,则存在实数 λ_1,λ_2 使得 $\overrightarrow{OC}=\lambda_1\overrightarrow{OA}+\lambda_2\overrightarrow{OB}$,则当 $\lambda_1+\lambda_2=1$ 时,A,B,C 三点共线,特别地,当 $\lambda_1=\lambda_2=\frac{1}{2}$ 时,C 是线段 AB 的中点。

3. 向量数量积的性质

①如果 $\boldsymbol{e}$ 是单位向量,则 $\boldsymbol{a}\cdot\boldsymbol{e}=\boldsymbol{e}\cdot\boldsymbol{a}=|\boldsymbol{a}|\cos\langle\boldsymbol{a},\boldsymbol{e}\rangle$。

② $\boldsymbol{a}\perp\boldsymbol{b}\Leftrightarrow\boldsymbol{a}\cdot\boldsymbol{b}=0$。

③ $\cos\langle\boldsymbol{a},\boldsymbol{b}\rangle=\frac{\boldsymbol{a}\cdot\boldsymbol{b}}{|\boldsymbol{a}||\boldsymbol{b}|}$。

④ $\boldsymbol{a}\cdot\boldsymbol{a}=\boldsymbol{a}^2=|\boldsymbol{a}|^2=x^2+y^2$,$|\boldsymbol{a}|=\sqrt{\boldsymbol{a}\cdot\boldsymbol{a}}=\sqrt{\boldsymbol{a}^2}=\sqrt{x^2+y^2}$。

⑤ $\boldsymbol{a}\cdot\boldsymbol{b}\leqslant|\boldsymbol{a}||\boldsymbol{b}|$。

4. 向量数量积的运算律

① $\boldsymbol{a}\cdot\boldsymbol{b}=\boldsymbol{b}\cdot\boldsymbol{a}$。

② $\lambda(\boldsymbol{a}\cdot\boldsymbol{b})=(\lambda\boldsymbol{a})\cdot\boldsymbol{b}=\boldsymbol{a}\cdot(\lambda\boldsymbol{b})$。

③ $(\boldsymbol{a}+\boldsymbol{b})\cdot\boldsymbol{c}=\boldsymbol{a}\cdot\boldsymbol{c}+\boldsymbol{b}\cdot\boldsymbol{c}$。

5. 平面向量数量积有关性质的坐标表示

(1)若 $\boldsymbol{a}=(x_1,y_1)$,$\boldsymbol{b}=(x_2,y_2)$,$\boldsymbol{a}\perp\boldsymbol{b}\Leftrightarrow\boldsymbol{a}\cdot\boldsymbol{b}=0\Leftrightarrow x_1x_2+y_1y_2=0$。

(2)若 $\boldsymbol{a}=(x_1,y_1)$,$\boldsymbol{b}=(x_2,y_2)$,二者之间夹角为 θ,则 $\cos\theta=\dfrac{\boldsymbol{a}\cdot\boldsymbol{b}}{|\boldsymbol{a}||\boldsymbol{b}|}=\dfrac{x_1x_2+y_1y_2}{\sqrt{x_1^2+y_1^2}\cdot\sqrt{x_2^2+y_2^2}}$ $(|a||b|\neq0)$。

(3)若 $\boldsymbol{a}=(x,y)$,则 $|\boldsymbol{a}|=\sqrt{\boldsymbol{a}^2}=\sqrt{x^2+y^2}$;

若 $A(x_1,y_1)$,$B(x_2,y_2)$,则 $|AB|=|\overrightarrow{AB}|=\sqrt{(x_2-x_1)^2+(y_2-y_1)^2}$。

二、复　数

1. 复数的模

$r=|z|=|a+b\mathrm{i}|=\sqrt{a^2+b^2}$,显然 $r\geqslant0$。

2. 共轭复数的性质:

设复数 $z=a+b\mathrm{i}$,则 $|z|=|\bar{z}|$;$z\cdot\bar{z}=|z|^2=|\bar{z}|^2$;$z+\bar{z}=2a$;$z-\bar{z}=2b\mathrm{i}$;$\overline{z_1+z_2}=\bar{z}_1+\bar{z}_2$;$\overline{z_1-z_2}=\bar{z}_1-\bar{z}_2$;$\overline{z_1\cdot z_2}=\bar{z}_1\cdot\bar{z}_2$;$\overline{\left(\dfrac{z_1}{z_2}\right)}=\dfrac{\bar{z}_1}{\bar{z}_2}(z_2\neq0)$;$z=\bar{z}\Leftrightarrow z\in\mathbf{R}$;$z=-\bar{z}(z\neq0)\Leftrightarrow z$ 为纯虚数。

3. 复数的运算

设 $z_1=a+b\mathrm{i}$,$z_2=c+d\mathrm{i}$,$a,b,c,d\in\mathbf{R}$,则

复数的加法	$z_1+z_2=(a+c)+(b+d)\mathrm{i}$
复数的减法	$z_1-z_2=(a-c)+(b-d)\mathrm{i}$
复数的乘法	$z_1\cdot z_2=(ac-bd)+(ad+bc)\mathrm{i}$
复数的除法	$\dfrac{z_1}{z_2}=\dfrac{a+b\mathrm{i}}{c+d\mathrm{i}}=\dfrac{(a+b\mathrm{i})(c-d\mathrm{i})}{c^2+d^2}=\dfrac{ac+bd}{c^2+d^2}+\dfrac{bc-ad}{c^2+d^2}\mathrm{i}$
复数 i 的乘方	对任意的 $n\in\mathbf{N}_+$,$\mathrm{i}^1=\mathrm{i}$,$\mathrm{i}^2=-1$,$\mathrm{i}^3=-\mathrm{i}$,$\mathrm{i}^4=1$,$\cdots$,$\mathrm{i}^{4n+1}=\mathrm{i}$,$\mathrm{i}^{4n+2}=-1$,$\mathrm{i}^{4n+3}=-\mathrm{i}$,$\mathrm{i}^{4n+4}=1$

第五章　空间向量与立体几何

一、空间向量

1. 空间向量的坐标运算

设 $\boldsymbol{a}=(a_1,a_2,a_3)$，$\boldsymbol{b}=(b_1,b_2,b_3)$。

		向量表示	坐标表示
线性运算		$\boldsymbol{a}\pm\boldsymbol{b}$	$(a_1\pm b_1,a_2\pm b_2,a_3\pm b_3)$
		$\lambda\boldsymbol{a}$	$(\lambda a_1,\lambda a_2,\lambda a_3)$
数量积		$\boldsymbol{a}\cdot\boldsymbol{b}$	$a_1b_1+a_2b_2+a_3b_3$
共线		$\boldsymbol{a}=\lambda\boldsymbol{b}(\boldsymbol{b}\neq\boldsymbol{0},\lambda\in\mathbf{R})$	$a_1=\lambda b_1,a_2=\lambda b_2,a_3=\lambda b_3$
垂直		$\boldsymbol{a}\cdot\boldsymbol{b}=0(\boldsymbol{a}\neq\boldsymbol{0},\boldsymbol{b}\neq\boldsymbol{0})$	$a_1b_1+a_2b_2+a_3b_3=0$
模		$\lvert\boldsymbol{a}\rvert$	$\sqrt{a_1^2+a_2^2+a_3^2}$
夹角		$\langle\boldsymbol{a},\boldsymbol{b}\rangle(\boldsymbol{a}\neq\boldsymbol{0},\boldsymbol{b}\neq\boldsymbol{0})$	$\cos\langle\boldsymbol{a},\boldsymbol{b}\rangle=\dfrac{a_1b_1+a_2b_2+a_3b_3}{\sqrt{a_1^2+a_2^2+a_3^2}\cdot\sqrt{b_1^2+b_2^2+b_3^2}}$

2. 空间向量的数量积及运算律

(1)数量积：$\boldsymbol{a}\cdot\boldsymbol{b}=\lvert\boldsymbol{a}\rvert\lvert\boldsymbol{b}\rvert\cos\langle\boldsymbol{a},\boldsymbol{b}\rangle$。

(2)空间向量数量积的运算律

①结合律：$(\lambda\boldsymbol{a})\cdot\boldsymbol{b}=\lambda(\boldsymbol{a}\cdot\boldsymbol{b})$；

②交换律：$\boldsymbol{a}\cdot\boldsymbol{b}=\boldsymbol{b}\cdot\boldsymbol{a}$；

③分配律：$\boldsymbol{a}\cdot(\boldsymbol{b}+\boldsymbol{c})=\boldsymbol{a}\cdot\boldsymbol{b}+\boldsymbol{a}\cdot\boldsymbol{c}$。

二、空间几何体的表面积与体积

(1)棱柱：$S_{直棱柱侧}=Ch$(C是底面周长，h是高)；$V=Sh$(S是底面面积，h是高)。

(2)棱锥：$S_{正棱锥侧}=\dfrac{1}{2}Ch'$(C是底面周长，h'是斜高)；$V=\dfrac{1}{3}Sh$(S是底面面积，h是高)。

(3)球：$S=4\pi R^2$，$V=\dfrac{4}{3}\pi R^3$。

三、空间直线与平面的位置关系

1. 空间直线与平面的平行

(1)线线平行：$a/\!/b,b/\!/c\Rightarrow a/\!/c$。

(2)线面平行

①判定定理：$\left.\begin{matrix} l\not\subset\alpha, \\ a\subset\alpha, \\ l/\!/a \end{matrix}\right\}\Rightarrow l/\!/\alpha$；②性质定理：$\left.\begin{matrix} \alpha\cap\beta=b, \\ l\subset\beta, \\ l/\!/\alpha \end{matrix}\right\}\Rightarrow l/\!/b$。

(3)面面平行

①判定定理：$\left.\begin{matrix} a\subset\alpha,b\subset\alpha, \\ a\cap b=P, \\ a/\!/\beta,b/\!/\beta \end{matrix}\right\}\Rightarrow\alpha/\!/\beta$；②性质定理：$\left.\begin{matrix} \beta\cap\gamma=b, \\ \alpha\cap\gamma=a, \\ \alpha/\!/\beta \end{matrix}\right\}\Rightarrow a/\!/b$。

2. 空间直线与平面的垂直

(1)线面垂直

①判定定理：$\left.\begin{matrix} a,b\subset\alpha, \\ a\cap b=O, \\ l\perp a, \\ l\perp b \end{matrix}\right\}\Rightarrow l\perp\alpha$；②性质定理：$\left.\begin{matrix} a\perp\alpha, \\ b\perp\alpha \end{matrix}\right\}\Rightarrow a/\!/b$。

(2)面面垂直

①判定定理：$\left.\begin{matrix} l\subset\beta, \\ l\perp\alpha \end{matrix}\right\}\Rightarrow\alpha\perp\beta$；②性质定理：$\left.\begin{matrix} \alpha\perp\beta, \\ l\subset\beta, \\ \alpha\cap\beta=a, \\ l\perp a \end{matrix}\right\}\Rightarrow l\perp\alpha$。

第六章　平面解析几何

一、直线与圆的方程

1. 直线的方程

(1)直线的斜率计算公式

经过点 $P_1(x_1,y_1)$,$P_2(x_2,y_2)$ $(x_1\neq x_2)$的直线的斜率 $k=\dfrac{y_2-y_1}{x_2-x_1}$。

(2)直线方程的形式

名称	已知条件	方程的形式	局限性
点斜式	(x_1,y_1)为直线上一定点,k 为斜率	$y-y_1=k(x-x_1)$	不包括垂直于 x 轴的直线
斜截式	k 为斜率,b 是直线在 y 轴上的截距	$y=kx+b$	不包括垂直于 x 轴的直线
两点式	(x_1,y_1),(x_2,y_2)是直线上两定点	$\dfrac{y-y_1}{y_2-y_1}=\dfrac{x-x_1}{x_2-x_1}$ $(x_1\neq x_2,y_1\neq y_2)$	不包括垂直于 x 轴和 y 轴的直线
截距式	a 是直线在 x 轴上的非零截距,b 是直线在 y 轴上的非零截距	$\dfrac{x}{a}+\dfrac{y}{b}=1$	不包括垂直于 x 轴和 y 轴及过原点的直线
一般式	A,B,C 为系数	$Ax+By+C=0(A^2+B^2\neq 0)$	无限制,可表示任何位置的直线

(3)两直线的位置关系

设直线 $l_1:y=k_1x+b_1$ 或 $A_1x+B_1y+C_1=0$;直线 $l_2:y=k_2x+b_2$ 或 $A_2x+B_2y+C_2=0$,则直线 l_1 与 l_2的位置关系如下:

关系	等价条件
平行	$k_1=k_2$,且 $b_1\neq b_2$,或 $A_1B_2-A_2B_1=0$,且 $A_1C_2-A_2C_1\neq 0$ 或 $B_1C_2-B_2C_1\neq 0$,且 $A_1B_2-A_2B_1=0$
重合	$k_1=k_2$,且 $b_1=b_2$,或 $A_1B_2-A_2B_1=0$,且 $A_1C_2-A_2C_1=0$,$B_1C_2-B_2C_1=0$
相交	$k_1\neq k_2$或 $A_1B_2-A_2B_1\neq 0$
垂直	$k_1\cdot k_2=-1$ 或 $A_1A_2+B_1B_2=0$

注:判断两条直线的位置关系时,若两条直线的斜率都不存在,则两条直线平行(或重合);若其中一条直线的斜率不存在,另一条直线的斜率为0,则两条直线垂直。

(4)距离

点 $P_1(x_1,y_1)$,$P_2(x_2,y_2)$之间的距离	$\lvert P_1P_2\rvert=\sqrt{(x_2-x_1)^2+(y_2-y_1)^2}$
点 $P_0(x_0,y_0)$到直线 l:$Ax+By+C=0$ 的距离	$d=\dfrac{\lvert Ax_0+By_0+C\rvert}{\sqrt{A^2+B^2}}$
两条平行线 $Ax+By+C_1=0$ 与 $Ax+By+C_2=0$ 间的距离	$d=\dfrac{\lvert C_1-C_2\rvert}{\sqrt{A^2+B^2}}$

2. 圆的方程

(1)圆的标准方程与一般方程

①圆的标准方程

$(x-a)^2+(y-b)^2=r^2$,表示以点 $A(a,b)$为圆心、r 为半径的圆的方程。

②圆的一般方程

$x^2+y^2+Dx+Ey+F=0(D^2+E^2-4F>0)$,圆心坐标为$\left(-\dfrac{D}{2},-\dfrac{E}{2}\right)$,半径长为$\dfrac{1}{2}\sqrt{D^2+E^2-4F}$。

(2)点、直线与圆的位置关系

①点与圆的位置关系

点与圆的位置关系:点在圆内、圆上、圆外。

设点(x_0,y_0)到圆 C:$(x-a)^2+(y-b)^2=r^2$ 的圆心 C 的距离为 d,则 $d=\sqrt{(x_0-a)^2+(y_0-b)^2}$,

若 $d<r$,则点在圆内;若 $d=r$,则点在圆上;若 $d>r$,则点在圆外。

②直线与圆的位置关系

三种位置关系:相交、相切、相离。判定方法如下:

代数法 $\xrightarrow[\text{得到一元二次方程}]{\text{联立方程组消去}x(\text{或}y)}$ $\begin{cases}\Delta>0\Leftrightarrow\text{相交},\\\Delta=0\Leftrightarrow\text{相切},\\\Delta<0\Leftrightarrow\text{相离}。\end{cases}$

几何法 $\xrightarrow[\text{圆的半径为}r]{\text{圆心到直线的距离为}d}$ $\begin{cases}d<r\Leftrightarrow\text{相交},\text{弦长}l=2\sqrt{r^2-d^2},\\d=r\Leftrightarrow\text{相切},\\d>r\Leftrightarrow\text{相离}。\end{cases}$

3. 圆与圆的位置关系

设圆 O_1:$(x-a_1)^2+(y-b_1)^2=r_1^2(r_1>0)$,圆 O_2:$(x-a_2)^2+(y-b_2)^2=r_2^2(r_2>0)$,两圆的圆

心距为 d。

位置关系	图示	公共点	数量关系	两圆方程联立组成方程组的解的情况
外离		无	$d>r_1+r_2$	无解
外切		一个切点	$d=r_1+r_2$	一组实数解
相交		两个交点	$\lvert r_1-r_2\rvert<d<r_1+r_2$	两组不同的实数解
内切		一个切点	$d=\lvert r_1-r_2\rvert(r_1\neq r_2)$	一组实数解
内含		无	$0\leqslant d<\lvert r_1-r_2\rvert(r_1\neq r_2)$	无解

二、圆锥曲线

	椭圆		双曲线		抛物线
标准方程	焦点在 x 轴上：$\frac{x^2}{a^2}+\frac{y^2}{b^2}=1$ $(a>b>0)$	焦点在 y 轴上：$\frac{y^2}{a^2}+\frac{x^2}{b^2}=1$ $(a>b>0)$	焦点在 x 轴上：$\frac{x^2}{a^2}-\frac{y^2}{b^2}=1$ $(a>0,b>0)$	焦点在 y 轴上：$\frac{y^2}{a^2}-\frac{x^2}{b^2}=1$ $(a>0,b>0)$	①焦点在 x 轴上，开口向右：$y^2=2px$ ②焦点在 x 轴上，开口向左：$y^2=-2px$ ③焦点在 y 轴上，开口向上：$x^2=2py$ ④焦点在 y 轴上，开口向下：$x^2=-2py$ (以上 $p>0$)

续表

	椭圆		双曲线		抛物线
图形	焦点在 x 轴上： 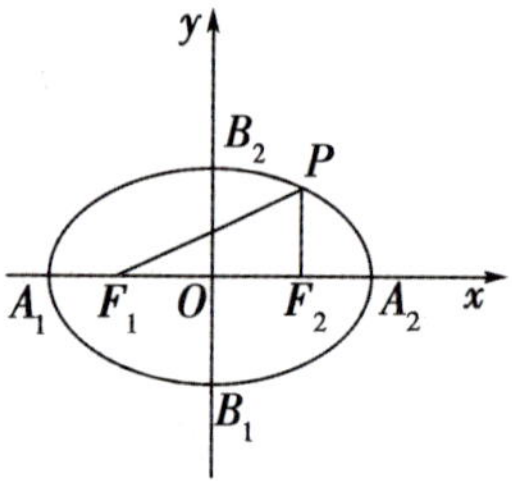	焦点在 y 轴上： 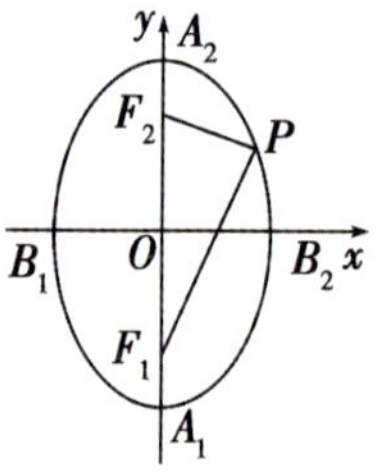	焦点在 x 轴上： 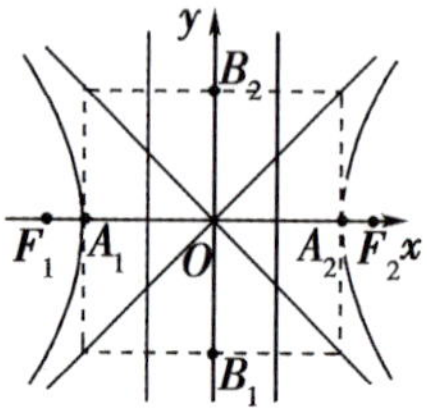	焦点在 y 轴上： 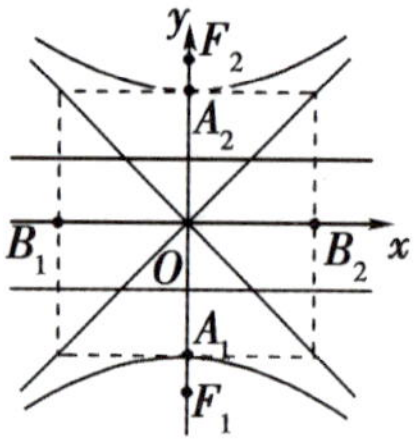	① 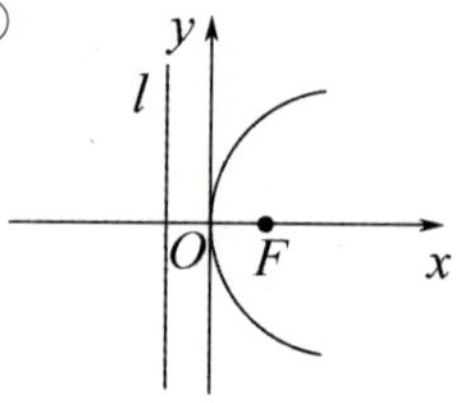 ② 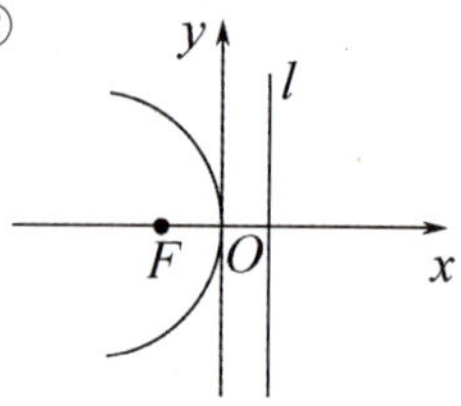 ③ 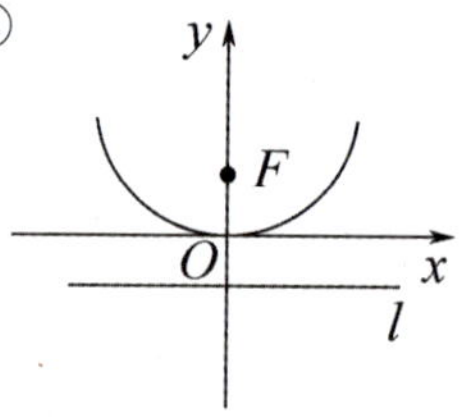 ④ 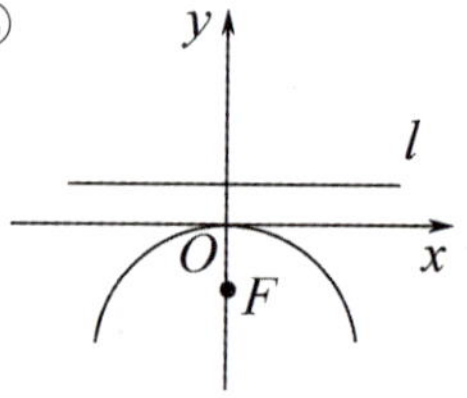
顶点	$(\pm a,0)$，$(0,\pm b)$	$(0,\pm a)$，$(\pm b,0)$	$(\pm a,0)$	$(0,\pm a)$	$(0,0)$
焦点	$(\pm c,0)$	$(0,\pm c)$	$(\pm c,0)$	$(0,\pm c)$	①$F\left(\frac{p}{2},0\right)$；②$F\left(-\frac{p}{2},0\right)$；③$F\left(0,\frac{p}{2}\right)$；④$F\left(0,-\frac{p}{2}\right)$
焦距	$\lvert F_1F_2\rvert=2c(c>0)$		$\lvert F_1F_2\rvert=2c(c>0)$		——
焦半径	$\lvert PF_1\rvert=a+ex_0$，$\lvert PF_2\rvert=a-ex_0$	$\lvert PF_1\rvert=a+ey_0$，$\lvert PF_2\rvert=a-ey_0$	$\lvert PF_1\rvert=\lvert ex_0+a\rvert$，$\lvert PF_2\rvert=\lvert ex_0-a\rvert$	$\lvert PF_1\rvert=\lvert ey_0+a\rvert$，$\lvert PF_2\rvert=\lvert ey_0-a\rvert$	①$x_0+\frac{p}{2}$；②$-x_0+\frac{p}{2}$；③$y_0+\frac{p}{2}$；④$-y_0+\frac{p}{2}$

续表

	椭圆		双曲线		抛物线
关系	$c^2=a^2-b^2(a>b>0)$		$c^2=a^2+b^2(a>0,b>0)$		p 为焦点到准线的距离
轴	长轴长 $\lvert A_1A_2\rvert=2a$，短轴长 $\lvert B_1B_2\rvert=2b$		实轴长 $\lvert A_1A_2\rvert=2a$，虚轴长 $\lvert B_1B_2\rvert=2b$		——
离心率	$e=\frac{c}{a}(0<e<1)$		$e=\frac{c}{a}(e>1)$		$e=1$
准线	$x=\pm\frac{a^2}{c}$	$y=\pm\frac{a^2}{c}$	$x=\pm\frac{a^2}{c}$	$y=\pm\frac{a^2}{c}$	①$x=-\frac{p}{2}$；②$x=\frac{p}{2}$；③$y=-\frac{p}{2}$；④$y=\frac{p}{2}$
渐近线	——		$y=\pm\frac{b}{a}x$	$y=\pm\frac{a}{b}x$	——

三、坐标系与参数方程

1. 极坐标系内两点的距离公式

若 P_1,P_2 两点的极坐标分别为 $(\rho_1,\theta_1),(\rho_2,\theta_2)$（不妨设 $\rho>0,\theta\in[0,2\pi)$），

则 $|P_1P_2|=\sqrt{\rho_1^2+\rho_2^2-2\rho_1\rho_2\cos(\theta_1-\theta_2)}$。

2. 极坐标与直角坐标的互化公式

$$\begin{cases}x=\rho\cos\theta,\\ y=\rho\sin\theta\end{cases}\text{或}\begin{cases}\rho^2=x^2+y^2,\\ \tan\theta=\frac{y}{x}(x\neq0)。\end{cases}$$

3. 常见曲线的极坐标方程

曲线	图形	极坐标方程
圆心在极点，半径为 r 的圆	O x	$\rho=r(0\leqslant\theta<2\pi)$
圆心为 $(r,0)$，半径为 r 的圆	O (r,0) x	$\rho=2r\cos\theta\left(-\frac{\pi}{2}\leqslant\theta<\frac{\pi}{2}\right)$

续表

曲线	图形	极坐标方程
圆心为$\left(r,\frac{\pi}{2}\right)$,半径为 r 的圆		$\rho=2r\sin\theta(0\leqslant\theta<\pi)$

4. 常见曲线的参数方程

(1)直线的参数方程为

$\begin{cases}x=x_0+t\cos\alpha,\\y=y_0+t\sin\alpha,\end{cases}$其中 t 为参数。

(2)以 $A(a,b)$ 为圆心、r 为半径的圆的参数方程为$\begin{cases}x=a+r\cos\theta,\\y=b+r\sin\theta,\end{cases}$ $\theta\in[0,2\pi)$。

(3)椭圆$\frac{x^2}{a^2}+\frac{y^2}{b^2}=1(a>b>0)$的参数方程:$\begin{cases}x=a\cos\theta,\\y=b\sin\theta,\end{cases}$其中 $\theta\in[0,2\pi)$。

(4)双曲线$\frac{x^2}{a^2}-\frac{y^2}{b^2}=1(a>0,b>0)$的参数方程:

$\begin{cases}x=a\cdot\frac{1}{\cos\varphi},\\y=b\tan\varphi,\end{cases}$其中 φ 是参数,$0\leqslant\varphi<2\pi,\varphi\neq\frac{\pi}{2},\varphi\neq\frac{3\pi}{2}$。

(5)抛物线 $y^2=2px(p>0)$的参数方程:

$\begin{cases}x=2pt^2,\\y=2pt\end{cases}$($t$ 为参数,$t\in\mathbf{R}$),其中参数 $t=\frac{1}{\tan\alpha}(\alpha\neq0)$。

第七章　计数原理与概率统计

一、计数原理

1. 排列数与组合数的公式及性质

公式	(1)$A_n^m=n(n-1)(n-2)\cdots(n-m+1)=\frac{n!}{(n-m)!}$; (2)$C_n^m=\frac{A_n^m}{A_m^m}=\frac{n(n-1)(n-2)\cdots(n-m+1)}{m!}=\frac{n!}{m!\ (n-m)!}$

续表

性质	(1)$0!=1$，$A_n^n=n!$； (2)$C_n^0=C_n^n=1$，$C_n^m=C_n^{n-m}$，$C_{n+1}^m=C_n^m+C_n^{m-1}$

2. 二项系定理

(1)二项式的基本概念

二项式定理	$(a+b)^n=C_n^0a^n+C_n^1a^{n-1}b^1+\cdots+C_n^ra^{n-r}b^r+\cdots+C_n^nb^n(n\in\mathbf{N}^*)$
二项展开式的通项公式	$T_{r+1}=C_n^ra^{n-r}b^r$，它表示第 $r+1$ 项
二项式系数	组合数 $C_n^r(r\in\{0,1,2,\cdots,n\})$

(2)二项式系数的性质

①在二项展开式中，与首末两项"等距离"的两项的二项式系数相等，即有 $C_n^m=C_n^{n-m}$。

②二项式系数 C_n^r 的值是先增后减的。如果二项式的幂指数是偶数，中间一项即第$\left(\frac{n}{2}+1\right)$项的二项式系数最大，为 $C_n^{\frac{n}{2}}$；如果二项式的幂指数是奇数，中间两项的二项式系数相等且最大，它们是第$\frac{n+1}{2}$项和第$\left(\frac{n}{2}+1\right)$项，即有 $C_n^{\frac{n-1}{2}}=C_n^{\frac{n+1}{2}}$。

③二项式系数和 $C_n^0+C_n^1+\cdots+C_n^n=2^n$。

二项式奇数项系数的和等于二项式偶数项系数的和，即 $C_n^0+C_n^2+C_n^4+\cdots=C_n^1+C_n^3+C_n^5+\cdots=2^{n-1}$。

二、统计

1. 方差

一般地，设样本的元素为 x_1，x_2，$\cdots$，x_n，样本的平均数为 $\bar{x}$，则 $s^2=\frac{(x_1-\bar{x})^2+(x_2-\bar{x})^2+\cdots+(x_n-\bar{x})^2}{n}$，$s=\sqrt{\frac{(x_1-\bar{x})^2+(x_2-\bar{x})^2+\cdots+(x_n-\bar{x})^2}{n}}$，其中 s^2 表示方差，s 表示标准差。

2. 线性回归与独立性检验

(1)回归方程

回归方程为 $\hat{y}=\hat{b}x+\hat{a}$，其中$\begin{cases}\hat{b}=\dfrac{\sum\limits_{i=1}^{n}(x_i-\bar{x})(y_i-\bar{y})}{\sum\limits_{i=1}^{n}(x_i-\bar{x})^2}=\dfrac{\sum\limits_{i=1}^{n}x_iy_i-n\bar{x}\bar{y}}{\sum\limits_{i=1}^{n}x_i^2-n\bar{x}^2},\\ \hat{a}=\bar{y}-\hat{b}\bar{x},\end{cases}$ 其中$(\bar{x},\bar{y})$称为样本点的

中心。

(2)相关系数

$$r=\frac{\sum_{i=1}^{n}(x_i-\bar{x})(y_i-\bar{y})}{\sqrt{\sum_{i=1}^{n}(x_i-\bar{x})^2\cdot\sum_{i=1}^{n}(y_i-\bar{y})^2}}=\frac{\sum_{i=1}^{n}x_iy_i-n\bar{x}\bar{y}}{\sqrt{(\sum_{i=1}^{n}x_i^2-n\bar{x}^2)(\sum_{i=1}^{n}y_i^2-n\bar{y}^2)}}。$$

三、随机事件及其概率

1. 事件的运算满足的关系式

(1)交换律:$A\cup B=B\cup A,AB=BA$。

(2)结合律:$(A\cup B)\cup C=A\cup(B\cup C),(A\cap B)\cap C=A\cap(B\cap C)$。

(3)分配律:$(A\cup B)\cap C=AC\cup BC,(A\cap B)\cup C=(A\cup C)\cap(B\cup C)$。

(4)德摩根定律:$\overline{A\cup B}=\bar{A}\,\bar{B},\overline{AB}=\bar{A}\cup\bar{B}$;$\overline{\bigcup_{i=1}^{n}A_i}=\bigcap_{i=1}^{n}\bar{A}_i,\overline{\bigcap_{i=1}^{n}A_i}=\bigcup_{i=1}^{n}\bar{A}_i$。

2. 概率的性质

①不可能事件的概率为 0,即 $P(\varnothing)=0$。

②逆事件的概率:$P(\bar{A})=1-P(A)$。

③概率的加法公式:对于任意的两个事件 A 和 B,有 $P(A\cup B)=P(A)+P(B)-P(AB)$。

3. 条件概率的性质

(1)$0\leqslant P(B|A)\leqslant 1$;

(2)如果 B 和 C 是两个互斥事件,则 $P(B\cup C|A)=P(B|A)+P(C|A)$。

4. 相互独立事件性质

(1)若事件 A 与 B 相互独立,则 $P(B|A)=P(B),P(AB)=P(B|A)P(A)=P(A)P(B)$。

(2)若 A 与 B 相互独立,则 A 与 $\bar{B}$、$\bar{A}$ 与 B、$\bar{A}$ 与 $\bar{B}$ 也都相互独立。

(3)若 $P(AB)=P(A)P(B)$,则 A 与 B 相互独立。

四、随机变量及其分布

1. 数学期望

①$E(X)=\sum_{k=1}^{\infty}x_kp_k$;

②$E(c)=c$(c 为常数);

③$E(aX+b)=aE(X)+b$,其中 a,b 为常数;

④$E(X \pm Y) = E(X) \pm E(Y)$；

⑤若 X,Y 相互独立，则 $E(XY) = E(X)E(Y)$。

2. 方差

①$DX = E(X^2) - [E(X)]^2$

②$D(c) = 0$（c 为常数）；

③$D(aX + b) = a^2D(X)$，a 为常数；

④若 X,Y 相互独立，则 $D(X \pm Y) = D(X) + D(Y)$。

3. 独立重复试验与二项分布

(1)独立重复试验

$A_i(i = 1,2,\cdots,n)$表示第 i 次试验结果，则$P(A_1A_2A_3\cdots A_n) = P(A_1)P(A_2)\cdot\cdots\cdot P(A_n)$。

(2)二项分布

$P(X = k) = C_n^kp^k(1 - p)^{n-k}(k = 0,1,2,\cdots,n)$。

当 $n = 1$ 时，$P(X = k) = p^k(1 - p)^{1-k}$，$k = 0,1$，这就是 0 - 1 分布。

4. 几何分布

$P(X = k) = q^{k-1}p$，$k = 1,2,3,\cdots$，其中$0 < p < 1$，$q = 1 - p$。

5. 超几何分布

$P(X = k) = \frac{C_M^k \cdot C_{N-M}^{n-k}}{C_N^n}$，$k = 0,1,2,3,\cdots,l$，其中 $l = \min\{M,n\}$，且 $M \leqslant N$，$n \leqslant N$，n,M,N 均为正整数。

6. 正态分布

	一般正态分布（μ,σ 为常数，$\sigma > 0$），$X \sim N(\mu,\sigma^2)$	标准正态分布（$\mu = 0,\sigma = 1$） $X \sim N(0,1)$
密度函数	$f(x) = \frac{1}{\sigma\sqrt{2\pi}}e^{-\frac{(x-\mu)^2}{2\sigma^2}}(-\infty < x < +\infty)$	$f(x) = \frac{1}{\sqrt{2\pi}}e^{-\frac{x^2}{2}}(-\infty < x < +\infty)$
正态曲线	$f(x)$；$(\mu,\frac{1}{\sqrt{2\pi}\sigma})$；$x=\mu-\sigma$；$x=\mu$；$x=\mu+\sigma$；$x$	y；$\mu=0$；-3 -2 -1 O 1 2 3；x

续表

	一般正态分布(μ,σ 为常数,$\sigma>0$),$X\sim N(\mu,\sigma^2)$	标准正态分布($\mu=0,\sigma=1$) $X\sim N(0,1)$
性质	①曲线在 x 轴上方,与 x 轴不相交; ②曲线关于 $x=\mu$ 对称,$P(X<\mu)=P(X>\mu)=0.5$,$P(X<\mu-\sigma)=P(X>\mu+\sigma)$; ③曲线在 $x=\mu$ 时位于最高点; ④曲线与 x 轴之间的区域面积为 1; ⑤在 $x\to\infty$ 时,以 x 轴为渐近线; ⑥当 μ 一定时,曲线形状由 σ 决定,σ 越大,曲线越低宽,即总体分布越分散,反之数据总体分布越集中	
关系	当 $X\sim N(\mu,\sigma^2)$ 时,$Y=\dfrac{X-\mu}{\sigma}\sim N(0,1)$	
一般正态分布标准化	$P(a<X\leqslant b)=\Phi\left(\dfrac{b-\mu}{\sigma}\right)-\Phi\left(\dfrac{a-\mu}{\sigma}\right)$	

注:$P(-\infty<x<+\infty)=1$。

第三部分　高等数学知识

第一章　数学分析

一、极限

1. 数列极限

(1) 常用的数列极限

①基本结论：$\lim\limits_{n\to\infty}\sqrt[n]{a}=1(a>0)$；$\lim\limits_{n\to\infty}\sqrt[n]{n}=1$；$\lim\limits_{n\to\infty}\dfrac{a^n}{n!}=0$；$\lim\limits_{n\to\infty}\dfrac{1}{\sqrt[n]{n!}}=0$；$\lim\limits_{n\to\infty}\dfrac{1}{n^a}=0(a>0)$。

②$\lim\limits_{n\to\infty}C=C$（$C$ 是常数）；

③$\lim\limits_{n\to\infty}a^n=\begin{cases}0,|a|<1,\\1,a=1,\\\text{不存在},|a|>1\text{ 或 }a=-1;\end{cases}$

④$\lim\limits_{n\to\infty}\dfrac{a_0n^k+a_1n^{k-1}+\cdots+a_k}{b_0n^l+b_1n^{l-1}+\cdots+b_l}=\begin{cases}\dfrac{a_0}{b_0},k=l,\\0,k<l,\\\infty,k>l。\end{cases}$

(2) 数列极限的四则运算法则

设数列$\{a_n\}$，$\{b_n\}$，当$\lim\limits_{n\to\infty}a_n=a$，$\lim\limits_{n\to\infty}b_n=b$ 时，有

$\lim\limits_{n\to\infty}(a_n\pm b_n)=a\pm b$；

$\lim\limits_{n\to\infty}(a_n\cdot b_n)=a\cdot b$；

$\lim\limits_{n\to\infty}\dfrac{a_n}{b_n}=\dfrac{a}{b}(b\neq0)$；

$\lim\limits_{n\to\infty}(c\cdot a_n)=ca$（$c$ 为常数）。

2. 函数的极限

(1) 函数极限的四则运算法则

若$\lim\limits_{x\to x_0}f(x)=A$，$\lim\limits_{x\to x_0}g(x)=B$，

①$\lim\limits_{x\to x_0}[f(x)\pm g(x)]=\lim\limits_{x\to x_0}f(x)\pm\lim\limits_{x\to x_0}g(x)=A\pm B$;

②$\lim\limits_{x\to x_0}[f(x)\cdot g(x)]=\lim\limits_{x\to x_0}f(x)\cdot\lim\limits_{x\to x_0}g(x)=A\cdot B$;

③若 $B\neq0$,则$\lim\limits_{x\to x_0}\dfrac{f(x)}{g(x)}=\dfrac{\lim\limits_{x\to x_0}f(x)}{\lim\limits_{x\to x_0}g(x)}=\dfrac{A}{B}$;

④$\lim\limits_{x\to x_0}c\cdot f(x)=c\cdot\lim\limits_{x\to x_0}f(x)=cA$($c$ 为常数);

⑤$\lim\limits_{x\to x_0}[f(x)]^n=[\lim\limits_{x\to x_0}f(x)]^n=A^n$。

(2)无穷小量阶的比较

设当 $x\to x_0$ 时,$f(x)$与 $g(x)$均为无穷小量,且 $g(x)\neq0$,则无穷小量阶的类别如下:

类别	定义
等价无穷小	$\lim\limits_{x\to x_0}\dfrac{f(x)}{g(x)}=1$,记作$f(x)\sim g(x)(x\to x_0)$
高阶无穷小	$\lim\limits_{x\to x_0}\dfrac{f(x)}{g(x)}=0$,称$f(x)$为比 $g(x)$高阶的无穷小,或称 $g(x)$为 $f(x)$的低阶无穷小,记作 $f(x)\sim o(g(x))(x\to x_0)$
同阶无穷小	若存在正数 K 和 L,使得在某 $U^{\circ}(x_0)$上有 $K\leqslant\left\|\dfrac{f(x)}{g(x)}\right\|\leqslant L$,称$f(x)$与 $g(x)$为当 $x\to x_0$ 时的同阶无穷小,当$\lim\limits_{x\to x_0}\dfrac{f(x)}{g(x)}=C\neq0$ 时,$f(x)$与 $g(x)$必为同阶无穷小
k 阶无穷小	若$\lim\limits_{x\to x_0}\dfrac{f(x)}{g^k(x)}=c\neq0(k>0)$,称$f(x)$为 $g(x)$的 k 阶无穷小

(3)等价无穷小的替换

当 $x\to0$ 时,$\sin x\sim x$,$\arcsin x\sim x$,$\tan x\sim x$,$\arctan x\sim x$,$\ln(1+x)\sim x$,$e^x-1\sim x$,$1-\cos x\sim\dfrac{1}{2}x^2$,$(1+x)^{\alpha}-1\sim\alpha x$。

(4)两个重要极限:

①$\lim\limits_{x\to0}\dfrac{\sin x}{x}=1$;②$\lim\limits_{x\to\infty}\left(1+\dfrac{1}{x}\right)^x=e$。

二、微积分

1. 导数

(1)导数的基本概念

①导数的定义

$$f'(x_0)=\lim_{x_1\to x_0}\frac{f(x_1)-f(x_0)}{x_1-x_0}=\lim_{\Delta x\to0}\frac{f(x_0+\Delta x)-f(x_0)}{\Delta x}。$$

$f(x)$在x_0可导$\Leftrightarrow f(x)$在x_0左、右导数均存在且相等，即$f'(x_0)=f'_+(x_0)=f'_-(x_0)$。

②导数的几何意义

$f'(x_0)$表示曲线$y=f(x)$在点$P(x_0,f(x_0))$处切线的斜率，

曲线$y=f(x)$在点$P(x_0,f(x_0))$处的切线方程为$y-f(x_0)=f'(x_0)(x-x_0)$。

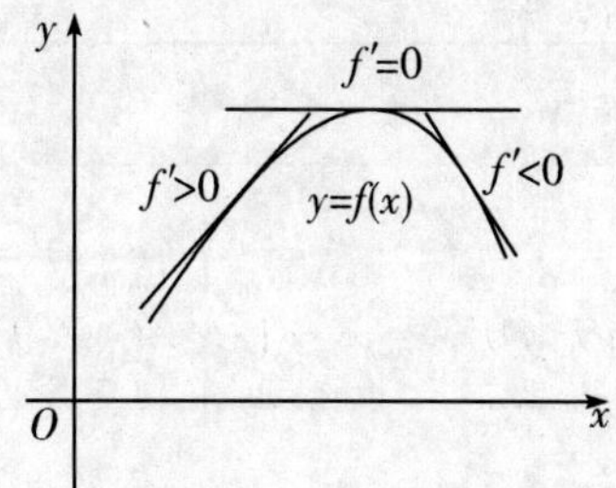

(2)基本求导公式

$(C)'=0$(C为常数)

$\left(\frac{1}{x}\right)'=-\frac{1}{x^2}$

$(x^a)'=ax^{a-1}$

$(\sqrt{x})'=\frac{1}{2\sqrt{x}}$

$(\sin x)'=\cos x$

$(\arcsin x)'=\frac{1}{\sqrt{1-x^2}}$

$(\cos x)'=-\sin x$

$(\arccos x)'=-\frac{1}{\sqrt{1-x^2}}$

$(\tan x)'=\sec^2 x$

$(\arctan x)'=\frac{1}{1+x^2}$

$(\cot x)'=-\csc^2 x$

$(\text{arccot}\, x)'=-\frac{1}{1+x^2}$

$(\log_a x)'=\frac{1}{x\ln a}(a>0$，且$a\neq 1)$

$(a^x)'=a^x\ln a(a>0)$

$(\sec x)'=\sec x\cdot\tan x$

$(e^x)'=e^x$

$(\csc x)'=-\csc x\cdot\cot x$

$(\ln x)'=\dfrac{1}{x}$

(3)函数的求导法则

类型	条件	运算法则
四则运算	u,v 分别为可导函数	$(u+v)'=u'+v'$；$(uv)'=u'v+uv'$；$\left(\dfrac{u}{v}\right)'=\dfrac{u'v-uv'}{v^2}(v\neq0)$
复合函数求导	若 $u=g(x)$ 在点 x 可导，而 $y=f(u)$ 在点 $u=g(x)$ 可导，则复合函数 $y=f[g(x)]$ 在点 x 可导	$\dfrac{dy}{dx}=f'(u)\cdot g'(x)$ 或 $\dfrac{dy}{dx}=\dfrac{dy}{du}\cdot\dfrac{du}{dx}$
反函数求导	若函数 $x=f(y)$ 在区间 I_y 内单调、可导且 $f'(y)\neq0$，则它的反函数 $y=f^{-1}(x)$ 在区间 $I_x=\{x\mid x=f(y),y\in I_y\}$ 内也可导	$[f^{-1}(x)]'=\dfrac{1}{f'(y)}$ 或 $\dfrac{dy}{dx}=\dfrac{1}{\dfrac{dx}{dy}}$
参数方程求导	参数方程 $\begin{cases}x=\varphi(t),\\y=\psi(t)\end{cases}$ 中 $\varphi(t),\psi(t)$ 均可导，且 $\varphi'(t)\neq0$	$\dfrac{dy}{dx}=\dfrac{\psi'(t)}{\varphi'(t)}$
隐函数求导	设有二元方程 $F(x,y)=0$，函数 $y=y(x)$ 满足 $F[x,y(x)]=0$，且可导	由 $F[x,y(x)]=0$ 及复合函数求导法则可求得 y' 所满足的方程，再解出 y'

(4)渐近线

①水平渐近线

若 $\lim\limits_{x\to+\infty}f(x)=b$ 或 $\lim\limits_{x\to-\infty}f(x)=b$，则 $y=b$ 称为函数 $y=f(x)$ 的水平渐近线。

②铅直渐近线

$\lim\limits_{x\to x_0^-}f(x)=\infty$ 或 $\lim\limits_{x\to x_0^+}f(x)=\infty$，则 $x=x_0$ 称为函数 $y=f(x)$ 的铅直渐近线。

③斜渐近线

若 $a=\lim\limits_{x\to+\infty}\dfrac{f(x)}{x}$，$b=\lim\limits_{x\to+\infty}[f(x)-ax]$，则 $y=ax+b$ 称为函数 $y=f(x)$ 的斜渐近线。

若 $a=\lim\limits_{x\to-\infty}\frac{f(x)}{x}$，$b=\lim\limits_{x\to-\infty}[f(x)-ax]$，则 $y=ax+b$ 称为函数 $y=f(x)$ 的斜渐近线。

2. 微分

(1) 微分的运算法则

①$\mathrm{d}[f(x)\pm g(x)]=\mathrm{d}f(x)\pm\mathrm{d}g(x)$；

②$\mathrm{d}[f(x)\cdot g(x)]=g(x)\mathrm{d}f(x)+f(x)\mathrm{d}g(x)$；

③$\mathrm{d}\left[\frac{f(x)}{g(x)}\right]=\frac{g(x)\mathrm{d}f(x)-f(x)\mathrm{d}g(x)}{g^2(x)}(g(x)\neq0)$。

(2) 复合函数的微分

复合函数 $y=f(u)$，$u=g(x)$，则 $\mathrm{d}y=f'[g(x)]g'(x)\mathrm{d}x$，实际上 $f'[g(x)]=f'(u)$，$g'(x)\mathrm{d}x=\mathrm{d}u$，故可写成 $\mathrm{d}y=f'(u)\mathrm{d}u$。

(3) 微分中值定理

①罗尔定理

若函数 $f(x)$ 满足：在闭区间 $[a,b]$ 上连续，在开区间 (a,b) 内可导，且 $f(a)=f(b)$，则至少存在一点 $\xi\in(a,b)$，使 $f'(\xi)=0$。

②拉格朗日中值定理

若函数 $f(x)$ 满足：在闭区间 $[a,b]$ 上连续，在开区间 (a,b) 内可导，则至少存在一点 $\xi\in(a,b)$，使 $f'(\xi)=\frac{f(b)-f(a)}{b-a}$。

拉格朗日中值定理的几何意义：若函数 $f(x)$ 在 $[a,b]$ 上连续，在 (a,b) 内可导，则在 $[a,b]$ 上必存在一点的切线平行于两端点的连线，如下图所示。

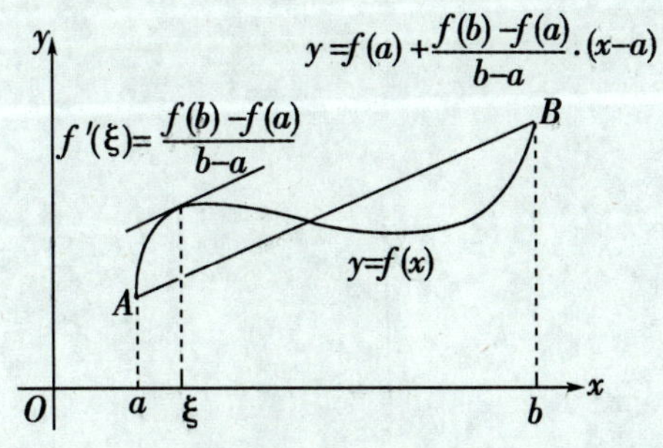

拉格朗日中值定理的几何意义

③柯西中值定理

若函数 $y=f(x)$，$y=g(x)$ 在 $[a,b]$ 上连续，在 (a,b) 内可导，且 $\forall x\in(a,b)$，$g'(x)\neq0$，则至少

存在一点 $\xi\in(a,b)$，使$\dfrac{f'(\xi)}{g'(\xi)}=\dfrac{f(b)-f(a)}{g(b)-g(a)}$。

(4)隐函数微分法

若由方程 $F(x,y)=0$ 确定了隐函数 $y=y(x)$，则 $y'=\dfrac{dy}{dx}=-\dfrac{F'_x(x,y)}{F'_y(x,y)}(F'_y(x,y)\neq 0)$。

3. 积分

(1)不定积分

①不定积分的运算法则

$$\int[f(x)\pm g(x)]dx=\int f(x)dx\pm\int g(x)dx;$$

$$\int kf(x)dx=k\int f(x)dx。$$

② 不定积分常用公式(C 为常数)

$$\int dx=x+C$$

$$\int kdx=kx+C$$

$$\int x^a dx=\frac{1}{a+1}x^{a+1}+C(a\neq -1)$$

$$\int\frac{1}{x}dx=\ln|x|+C(x\neq 0)$$

$$\int\cos x dx=\sin x+C$$

$$\int\sin x dx=-\cos x+C$$

$$\int\sec^2 x dx=\tan x+C$$

$$\int\csc^2 x dx=-\cot x+C$$

$$\int\frac{1}{1+x^2}dx=\arctan x+C$$

$$\int\frac{1}{\sqrt{1-x^2}}dx=\arcsin x+C$$

$$\int e^x dx=e^x+C$$

$$\int a^x dx=\frac{1}{\ln a}a^x+C(a>0,a\neq 1)$$

③ 常用的不定积分求解方法

（Ⅰ）第一换元积分法（凑微分法）

设 $f(u)$ 具有原函数 $F(u)$，$u=\varphi(x)$ 可导，则 $\int f[\varphi(x)]\cdot\varphi'(x)\mathrm{d}x=\int f[\varphi(x)]\mathrm{d}\varphi(x)=F[\varphi(x)]+C$，其中 $\varphi(x)$ 可微。

常用的凑微分的形式：

$\int f(ax+b)\mathrm{d}x=\frac{1}{a}\int f(ax+b)\mathrm{d}(ax+b)\ (a\neq 0)$；

$\int f(x^{\alpha})x^{\alpha-1}\mathrm{d}x=\frac{1}{\alpha}\int f(x^{\alpha})\mathrm{d}(x^{\alpha})\ (\alpha\neq 0)$；

$\int f(\ln x)\cdot\frac{1}{x}\mathrm{d}x=\int f(\ln x)\mathrm{d}(\ln x)$；

$\int f(\mathrm{e}^{x})\cdot\mathrm{e}^{x}\mathrm{d}x=\int f(\mathrm{e}^{x})\mathrm{d}(\mathrm{e}^{x})$；

$\int f(\sin x)\cos x\mathrm{d}x=\int f(\sin x)\mathrm{d}(\sin x)$；

$\int f(\arcsin x)\cdot\frac{1}{\sqrt{1-x^2}}\mathrm{d}x=\int f(\arcsin x)\mathrm{d}(\arcsin x)$。

（Ⅱ）第二换元积分法

设 $x=\varphi(t)$ 是单调、可导的函数，并且 $\varphi'(t)\neq 0$。又设 $f[\varphi(t)]\varphi'(t)$ 具有原函数，则有换元公式：

$\int f(x)\mathrm{d}x=\int f[\varphi(t)]\varphi'(t)\mathrm{d}t$。

第二类换元法主要是针对多种形式的无理根式，常见的变换形式主要有以下三种：

① $\sqrt{a^2-x^2}$：$x=a\sin t$；$x=a\cos t$；

② $\sqrt{x^2+a^2}$：$x=a\tan t$；$x=a\cot t$；$x=a\,\mathrm{sh}t$；

③ $\sqrt{x^2-a^2}$：$x=a\sec t$；$x=a\csc t$；$x=a\,\mathrm{ch}t$。（以上三种代换称为三角代换）

（2）定积分

① 牛顿—莱布尼茨公式

$\int_a^b f(x)\mathrm{d}x=F(b)-F(a)=F(x)\Big|_a^b$

② 定积分的性质

性质1：若 $f(x)$ 在区间 $[a,b]$ 上可积，k 为一实数，则 $kf(x)$ 在区间 $[a,b]$ 上也可积，且有

$\int_a^b kf(x)\,\mathrm{d}x = k\int_a^b f(x)\mathrm{d}x$（$k$ 为常数）。

性质2：若$f(x)$，$g(x)$ 在区间$[a,b]$ 上可积，则$f(x) \pm g(x)$ 在区间$[a,b]$ 上也可积，且$\int_a^b [f(x) \pm g(x)]\mathrm{d}x = \int_a^b f(x)\mathrm{d}x \pm \int_a^b g(x)\mathrm{d}x$。

性质3：若$f(x)$，$g(x)$ 在区间$[a,b]$ 上可积，则$f(x) \cdot g(x)$ 在区间$[a,b]$ 上也可积。

性质4：若$f(x)$ 在区间$[a,b]$ 上可积，则$|f(x)|$ 在区间$[a,b]$ 上也可积。

性质5：若$a < c < b$，$f(x)$ 在区间$[a,c]$，$[c,b]$ 上可积，则$f(x)$ 在区间$[a,b]$ 上也可积，并且$\int_a^b f(x)\mathrm{d}x = \int_a^c f(x)\mathrm{d}x + \int_c^b f(x)\mathrm{d}x$。反之，若$f(x)$ 在区间$[a,b]$ 上可积，则$f(x)$ 在区间$[a,c]$，$[c,b]$ 上也同时可积，并且上式成立。

性质6：若可积函数$f(x) \geqslant 0$，则$\int_a^b f(x)\mathrm{d}x \geqslant 0$（$a \leqslant b$）。

性质7：若$f(x)$ 在区间$[a,b]$ 上可积，则$\left|\int_a^b f(x)\mathrm{d}x\right| \leqslant \int_a^b |f(x)|\,\mathrm{d}x$。

性质8（积分第一中值定理）：若函数$f(x)$ 在积分区间$[a,b]$ 上连续，则在$[a,b]$ 上至少存在一点ξ，使$\int_a^b f(x)\mathrm{d}x = f(\xi)(b-a)$（$a \leqslant \xi \leqslant b$）成立。

性质9（推广的积分第一中值定理）：若$f(x)$，$g(x)$ 在区间$[a,b]$ 上连续，且$g(x) \geqslant 0$，则在区间$[a,b]$ 上至少存在一点ξ，使$\int_a^b f(x)g(x)\mathrm{d}x = f(\xi)\int_a^b g(x)\mathrm{d}x$。

性质10：设$f(x)$ 在区间$[a,b]$ 上可积，作$F(x) = \int_a^x f(t)\mathrm{d}t$，则$F(x)$ 是区间$[a,b]$ 上的连续函数。

③ 变限积分的求导公式

$\frac{\mathrm{d}}{\mathrm{d}x}\int_a^x f(t)\mathrm{d}t = f(x)$，$a \leqslant x \leqslant b$，其中$f(x)$ 在$[a,b]$ 上连续。

④ 定积分的应用

（Ⅰ）求平面图形的面积

由连续曲线$y = f(x)$（$f(x) \geqslant 0$）和x 轴以及直线$x = a$，$x = b$（$a < b$）所围成曲边梯形面积为S，则$S = \int_a^b f(x)\mathrm{d}x$。

注：此时$f(x)$ 非负，若$f(x) \leqslant 0$，则$S = \int_a^b |f(x)|\mathrm{d}x$。

若一块图形由连续曲线 $y=f_1(x)$，$y=f_2(x)$ 以及 $x=a$，$x=b\ (a<b)$ 所围成，且在区间 $[a,b]$ 上 $f_1(x)\leqslant f_2(x)$，则其围成面积 $S=\int_a^b[f_2(x)-f_1(x)]\mathrm{d}x$。

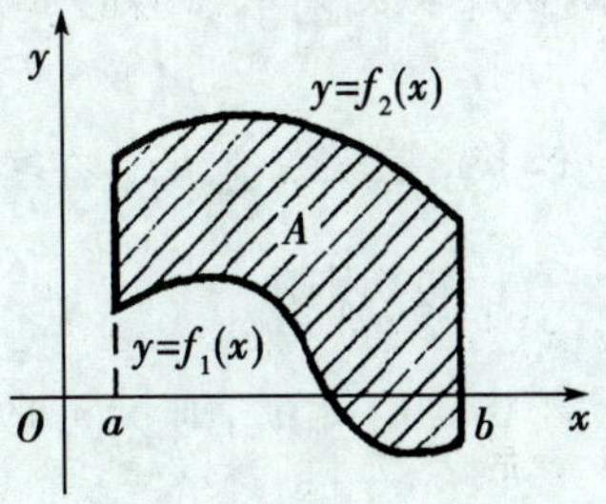

（Ⅱ）曲线的弧长

弧长公式：设曲线 l 的参数方程为 $x=x(t)$，$y=y(t)$，当 $t=\alpha$，$t=\beta(\alpha<\beta)$ 时，所给出的点就是点 A，B，若 $x(t)$，$y(t)$ 在区间 $[\alpha,\beta]$ 上都有连续导数，且不同时为 0，则曲线 l 上以 A，B 为端点的一段弧长 $s=\int_\alpha^\beta\sqrt{x_t'^2+y_t'^2}\,\mathrm{d}t=\int_\alpha^\beta\sqrt{[x'(t)]^2+[y'(t)]^2}\,\mathrm{d}t$。

若曲线不是参数方程，则曲线段 $y=f(x)\ (a\leqslant x\leqslant b)$ 的弧长公式 $s=\int_a^b\sqrt{1+[f'(x)]^2}\,\mathrm{d}x$。

（Ⅲ）旋转体的体积

$V=\int_a^b\pi f^2(x)\mathrm{d}x$。$(a<b)$

（3）二重积分

二重积分 $I=\iint\limits_D f(x,y)\mathrm{d}\sigma=\lim\limits_{d\to 0}\sum\limits_{i=1}^{n}f(\xi_i,\eta_i)\Delta\sigma_i$，其中 $d=\max\limits_{1\leqslant i\leqslant n}\{d_i\}$，$d_i$ 为 $\Delta\sigma_i$ 的直径（$i=1,2,\cdots,n$）。

三、级数

1. 数项级数

（1）无穷级数的基本性质

① 设常数 $C\neq 0$，则 $\sum\limits_{n=1}^{\infty}u_n$ 与 $\sum\limits_{n=1}^{\infty}Cu_n$ 有相同的敛散性。

② 设有两个级数 $\sum\limits_{n=1}^{\infty}u_n$ 与 $\sum\limits_{n=1}^{\infty}v_n$，

若 $\sum\limits_{n=1}^{\infty}u_n=S$，$\sum\limits_{n=1}^{\infty}v_n=\sigma$，则 $\sum\limits_{n=1}^{\infty}(u_n\pm v_n)=S\pm\sigma$；

若 $\sum\limits_{n=1}^{\infty}u_n$ 收敛，$\sum\limits_{n=1}^{\infty}v_n$ 发散，则 $\sum\limits_{n=1}^{\infty}(u_n\pm v_n)$ 发散；

若 $\sum\limits_{n=1}^{\infty}u_n$，$\sum\limits_{n=1}^{\infty}v_n$ 均发散，则 $\sum\limits_{n=1}^{\infty}(u_n\pm v_n)$ 的敛散性不确定。

③ 添加或去掉有限项不影响一个级数的敛散性。

④ 设级数 $\sum_{n=1}^{\infty} u_n$ 收敛，则对其各项任意加括号后所得新级数仍收敛于原级数的和。

（2）正项级数 $\sum_{n=1}^{\infty} u_n(u_n \geqslant 0)$ 敛散性的判别法

① 比较判别法

若 $0 \leqslant u_n \leqslant v_n$，则 $\sum_{n=1}^{\infty} v_n$ 收敛 $\Rightarrow \sum_{n=1}^{\infty} u_n$ 收敛；$\sum_{n=1}^{\infty} u_n$ 发散 $\Rightarrow \sum_{n=1}^{\infty} v_n$ 发散。

比较判别法的极限形式：

设 $\sum_{n=1}^{\infty} u_n$ 及 $\sum_{n=1}^{\infty} v_n(v_n \neq 0)$ 均为正项级数，且 $\lim\limits_{n\to\infty} \dfrac{u_n}{v_n} = A(0 \leqslant A \leqslant +\infty)$，

若 $0 < A < +\infty$，级数 $\sum_{n=1}^{\infty} u_n$ 与 $\sum_{n=1}^{\infty} v_n$ 的敛散性相同；

若 $A = 0$，且 $\sum_{n=1}^{\infty} v_n$ 收敛时，$\sum_{n=1}^{\infty} u_n$ 也收敛；

若 $A = +\infty$，且 $\sum_{n=1}^{\infty} v_n$ 发散时，$\sum_{n=1}^{\infty} u_n$ 也发散。

常用的比较级数：

几何级数 $\sum_{n=1}^{\infty} ar^{n-1} = \begin{cases} \dfrac{a}{1-r}, |r| < 1, \\ \text{发散}, |r| \geqslant 1。\end{cases}$

p - 级数 $\sum_{n=1}^{\infty} \dfrac{1}{n^p} \begin{cases} \text{收敛}, p > 1, \\ \text{发散}, p \leqslant 1。\end{cases}$

② 比值判别法

设 $\sum_{n=1}^{\infty} u_n(u_n \geqslant 0)$，$\lim\limits_{n\to\infty} \dfrac{u_{n+1}}{u_n} = \rho$，$\rho > 1$ 时，$\sum_{n=1}^{\infty} u_n$ 发散；$\rho = 1$ 时，此法失效；$\rho < 1$ 时，$\sum_{n=1}^{\infty} u_n$ 收敛。

③ 根式判别法

设 $\sum_{n=1}^{\infty} u_n(u_n \geqslant 0)$，$\lim\limits_{n\to\infty} \sqrt[n]{u_n} = \begin{cases} \rho > 1, \text{级数发散}, \\ \rho = 1, \text{方法失效}, \\ \rho < 1, \text{级数收敛}。\end{cases}$

2. 幂级数

（1）收敛半径与收敛域

幂级数 $\sum_{n=0}^{\infty} a_n x^n$ 的收敛域是以原点为中心的区间，用 $\pm R$ 表示幂级数收敛与发散的分界点，

①$R = 0$ 时，幂级数仅在 $x = 0$ 收敛；

②$R=+\infty$ 时，幂级数在$(-\infty,+\infty)$收敛；

③$0<R<+\infty$ 时，幂级数在$(-R,R)$收敛；在$[-R,R]$外发散；$x=\pm R$可能收敛也可能发散。R 称为收敛半径，$(-R,R)$ 称为收敛区间。$(-R,R)$ 加上收敛的端点称为收敛域。

(2) 收敛半径与系数的关系

若幂级数$\sum_{n=0}^{\infty}a_nx^n$ 的系数满足$\lim_{n\to\infty}\left|\frac{a_{n+1}}{a_n}\right|=\rho$，则：

① 当$\rho\neq 0$时，$R=\frac{1}{\rho}$；

② 当$\rho=0$时，$R=+\infty$；

③ 当$\rho=+\infty$ 时，$R=0$。

据此可知，$\sum_{n=0}^{\infty}a_nx^n$ 的收敛半径为 $R=\lim_{n\to\infty}\left|\frac{a_n}{a_{n+1}}\right|$。

第二章　高等代数

一、行列式

1. 行列式的运算

$D=a_{i1}A_{i1}+a_{i2}A_{i2}+\cdots+a_{in}A_{in}=a_{1j}A_{1j}+a_{2j}A_{2j}+\cdots+a_{nj}A_{nj}(i=1,2,\cdots,n;j=1,2,\cdots,n)$。

其中，$A_{ij}=(-1)^{i+j}\begin{vmatrix} a_{11} & \cdots & a_{1,j-1} & a_{1,j+1} & \cdots & a_{1n} \\ \vdots & & \vdots & \vdots & & \vdots \\ a_{i-1,1} & \cdots & a_{i-1,j-1} & a_{i-1,j+1} & \cdots & a_{i-1,n} \\ a_{i+1,1} & \cdots & a_{i+1,j-1} & a_{i+1,j+1} & \cdots & a_{i+1,n} \\ \vdots & & \vdots & \vdots & & \vdots \\ a_{n1} & \cdots & a_{n,j-1} & a_{n,j+1} & \cdots & a_{nn} \end{vmatrix}=(-1)^{i+j}M_{ij}$，$M_{ij}$是 D 中去掉第 i 行及第 j 列元素后的 $n-1$ 阶行列式，称之为 a_{ij}的余子式，而$(-1)^{i+j}M_{ij}$称为 a_{ij}的代数余子式。

2. 展开公式的应用

(1)在 D 中，若用 $b_1,b_2,\cdots,b_n$ 依次代替 $a_{i1},a_{i2},\cdots,a_{in}$，得

$$\begin{vmatrix} a_{11} & \cdots & a_{1n} \\ \vdots & & \vdots \\ a_{i-1,1} & \cdots & a_{i-1,n} \\ b_1 & \cdots & b_n \\ a_{i+1,1} & \cdots & a_{i+1,n} \\ \vdots & & \vdots \\ a_{n1} & \cdots & a_{nn} \end{vmatrix} = b_1A_{i1} + b_2A_{i2} + \cdots + b_nA_{in}。$$

(2)行列式一行(列)元素与另一行(列)相应元素对应的代数余子式乘积之和必为零，即$\begin{cases} a_{i1}A_{j1} + a_{i2}A_{j2} + \cdots + a_{in}A_{jn} = 0(i \neq j); \\ a_{1j}A_{1k} + a_{2j}A_{2k} + \cdots + a_{nj}A_{nk} = 0(j \neq k)。\end{cases}$

3. 特殊行列式的运算

(1)上(下)三角形行列式等于其主对角线上元素的乘积，即$\begin{vmatrix} a_{11} & a_{12} & \cdots & a_{1n} \\ 0 & a_{22} & \cdots & a_{2n} \\ \vdots & \vdots & & \vdots \\ 0 & 0 & \cdots & a_{nn} \end{vmatrix} = \begin{vmatrix} a_{11} & 0 & \cdots & 0 \\ a_{21} & a_{22} & \cdots & 0 \\ \vdots & \vdots & & \vdots \\ a_{n1} & a_{n2} & \cdots & a_{nn} \end{vmatrix} = a_{11}a_{22}\cdots a_{nn}$。

(2)关于副对角线三角形行列式：$\begin{vmatrix} a_{11} & \cdots & a_{1,n-1} & a_{1n} \\ a_{21} & \cdots & a_{2,n-1} & 0 \\ \vdots & & \vdots & \vdots \\ a_{n1} & \cdots & 0 & 0 \end{vmatrix} = \begin{vmatrix} 0 & \cdots & 0 & a_{1n} \\ 0 & \cdots & a_{2,n-1} & a_{2n} \\ \vdots & & \vdots & \vdots \\ a_{n1} & \cdots & a_{n,n-1} & a_{nn} \end{vmatrix} = (-1)^{\frac{n(n-1)}{2}} a_{1n}a_{2n-1}\cdots a_{n1}$。

二、矩　阵

1. 矩阵的加法

$$A+B=\begin{pmatrix} a_{11}+b_{11} & a_{12}+b_{12} & \cdots & a_{1n}+b_{1n} \\ a_{21}+b_{21} & a_{22}+b_{22} & \cdots & a_{2n}+b_{2n} \\ \vdots & \vdots & & \vdots \\ a_{s1}+b_{s1} & a_{s2}+b_{s2} & \cdots & a_{sn}+b_{sn} \end{pmatrix}。$$

2. 矩阵的数量乘法

$$kA=\begin{pmatrix} ka_{11} & ka_{12} & \cdots & ka_{1n} \\ ka_{21} & ka_{22} & \cdots & ka_{2n} \\ \vdots & \vdots & & \vdots \\ ka_{s1} & ka_{s2} & \cdots & ka_{sn} \end{pmatrix}。$$

3. 矩阵的乘法

$C=A\cdot B=(c_{ij})$，其中 $c_{ij}=a_{i1}b_{1j}+a_{i2}b_{2j}+\cdots+a_{is}b_{sj}=\sum\limits_{k=1}^{s}a_{ik}b_{kj}(i=1,2,\cdots,m;j=1,2,\cdots,n)$。

①矩阵的乘法适合结合律：$(AB)C=A(BC)$。

②矩阵的乘法和加法适合分配律：$A(B+C)=AB+AC$，$(B+C)A=BA+CA$。

③矩阵的乘法不适合交换律：$AB\neq BA$。

4. 矩阵的幂

$A^kA^l=A^{k+l}$，$(A^k)^l=A^{kl}$，其中 k,l 为正整数。

5. 矩阵乘积的行列式

$|kA|=k^n|A|$。

6. 矩阵的可交换

$AB=BA$

7. 特殊矩阵运算性质

① $(A^{\mathrm{T}})^{\mathrm{T}}=A$；$(A+B)^{\mathrm{T}}=A^{\mathrm{T}}+B^{\mathrm{T}}$；$(kA)^{\mathrm{T}}=kA^{\mathrm{T}}$；$(AB)^{\mathrm{T}}=B^{\mathrm{T}}A^{\mathrm{T}}$；$|A|=|A^{\mathrm{T}}|$。

②$(A^{-1})^{-1}=A$；$(kA)^{-1}=\frac{1}{k}A^{-1}(k\neq0)$；$(AB)^{-1}=B^{-1}A^{-1}$；$(A^{T})^{-1}=(A^{-1})^{T}$；$|A^{-1}|=\frac{1}{|A|}$。

③$AA^{*}=A^{*}A=|A|E$；$|A^{*}|=|A|^{n-1}$。

④若$|A|\neq0$，则矩阵A可逆，且$A^{-1}=\frac{A^{*}}{|A|}$；$(A^{*})^{-1}=\frac{A}{|A|}$。

三、线性方程组

1. 向量及线性关系

(1)n维向量的运算

①交换律：$\boldsymbol{\alpha}+\boldsymbol{\beta}=\boldsymbol{\beta}+\boldsymbol{\alpha}$。

②结合律：$\boldsymbol{\alpha}+(\boldsymbol{\beta}+\boldsymbol{\gamma})=(\boldsymbol{\alpha}+\boldsymbol{\beta})+\boldsymbol{\gamma}$。

③内积：$(\boldsymbol{\alpha},\boldsymbol{\beta})=a_1b_1+a_2b_2+\cdots+a_nb_n=\boldsymbol{\beta}^{T}\boldsymbol{\alpha}=\boldsymbol{\alpha}^{T}\boldsymbol{\beta}$。

(2)$AX=\mathbf{0}$与$AX=b$解的判定

$AX=\mathbf{0}$(A为方阵)	$AX=b$
只有零解：系数行列式$\lvert A\rvert\neq0\Leftrightarrow r(A)=n$	无解$\Leftrightarrow r(A)\neq r(\bar{A})$
有非零解：系数矩阵的行列式$\lvert A\rvert=0\Leftrightarrow r(A)=r<n$。此时$AX=\mathbf{0}$有$n-r$个线性无关的解向量	有解$\Leftrightarrow r(A)=r(\bar{A})$： ①有唯一解$\Leftrightarrow r(A)=r(\bar{A})=n$； ②有无穷多解$\Leftrightarrow r(A)=r(\bar{A})<n$

2. 克拉默法则

设线性方程组$\begin{cases}a_{11}x_1+a_{12}x_2+\cdots+a_{1n}x_n=b_1,\\a_{21}x_1+a_{22}x_2+\cdots+a_{2n}x_n=b_2,\\\cdots\cdots\\a_{n1}x_1+a_{n2}x_2+\cdots+a_{nn}x_n=b_n\end{cases}$的系数行列式$D=|A|=\begin{vmatrix}a_{11}&a_{12}&\cdots&a_{1n}\\a_{21}&a_{22}&\cdots&a_{2n}\\\vdots&\vdots&&\vdots\\a_{n1}&a_{n2}&\cdots&a_{nn}\end{vmatrix}\neq0$，则上述线性方程组有唯一解：$x_1=\frac{D_1}{D}$，$x_2=\frac{D_2}{D}$，…，$x_n=\frac{D_n}{D}$，其中$D_j=\begin{vmatrix}a_{11}&\cdots&a_{1,j-1}&b_1&a_{1,j+1}&\cdots&a_{1n}\\a_{21}&\cdots&a_{2,j-1}&b_2&a_{2,j+1}&\cdots&a_{2n}\\\vdots&&\vdots&\vdots&\vdots&&\vdots\\a_{n1}&\cdots&a_{n,j-1}&b_n&a_{n,j+1}&\cdots&a_{nn}\end{vmatrix}$。

四、线性空间与变换

(1)标准正交基

设 $\boldsymbol{\alpha}_1,\boldsymbol{\alpha}_2,\cdots,\boldsymbol{\alpha}_s$ 是 $\mathbf{R}^n$ 中一组线性无关的向量，令

$\boldsymbol{\beta}_1=\boldsymbol{\alpha}_1$，

$\boldsymbol{\beta}_2=\boldsymbol{\alpha}_2-\dfrac{(\boldsymbol{\alpha}_2,\boldsymbol{\beta}_1)}{(\boldsymbol{\beta}_1,\boldsymbol{\beta}_1)}\boldsymbol{\beta}_1$，

$\boldsymbol{\beta}_3=\boldsymbol{\alpha}_3-\dfrac{(\boldsymbol{\alpha}_3,\boldsymbol{\beta}_1)}{(\boldsymbol{\beta}_1,\boldsymbol{\beta}_1)}\boldsymbol{\beta}_1-\dfrac{(\boldsymbol{\alpha}_3,\boldsymbol{\beta}_2)}{(\boldsymbol{\beta}_2,\boldsymbol{\beta}_2)}\boldsymbol{\beta}_2$，

…

$\boldsymbol{\beta}_s=\boldsymbol{\alpha}_s-\dfrac{(\boldsymbol{\alpha}_s,\boldsymbol{\beta}_1)}{(\boldsymbol{\beta}_1,\boldsymbol{\beta}_1)}\boldsymbol{\beta}_1-\dfrac{(\boldsymbol{\alpha}_s,\boldsymbol{\beta}_2)}{(\boldsymbol{\beta}_2,\boldsymbol{\beta}_2)}\boldsymbol{\beta}_2-\cdots-\dfrac{(\boldsymbol{\alpha}_s,\boldsymbol{\beta}_{s-1})}{(\boldsymbol{\beta}_{s-1},\boldsymbol{\beta}_{s-1})}\boldsymbol{\beta}_{s-1}$，

则 $\boldsymbol{\beta}_1,\boldsymbol{\beta}_2,\cdots,\boldsymbol{\beta}_s$ 是 $\mathbf{R}^n$ 的一组正交基。

再将得到的这组正交基单位化，令 $\boldsymbol{\eta}_1=\dfrac{\boldsymbol{\beta}_1}{|\boldsymbol{\beta}_1|},\boldsymbol{\eta}_2=\dfrac{\boldsymbol{\beta}_2}{|\boldsymbol{\beta}_2|},\cdots,\boldsymbol{\eta}_s=\dfrac{\boldsymbol{\beta}_s}{|\boldsymbol{\beta}_s|}$，则 $\boldsymbol{\eta}_1,\boldsymbol{\eta}_2,\cdots,\boldsymbol{\eta}_s$ 称为标准正交基。

(2)相似矩阵的性质

如果 $\boldsymbol{A}\sim\boldsymbol{B}$，则有

①$A^{\mathrm{T}}\sim\boldsymbol{B}^{\mathrm{T}}$；

②$\boldsymbol{A}^{-1}\sim\boldsymbol{B}^{-1}$（$\boldsymbol{A},\boldsymbol{B}$ 均可逆）；

③$|\lambda\boldsymbol{E}-\boldsymbol{A}|=|\lambda\boldsymbol{E}-\boldsymbol{B}|$，从而 $\boldsymbol{A},\boldsymbol{B}$ 有相同的特征值；

注：若 $|\lambda\boldsymbol{E}-\boldsymbol{A}|=|\lambda\boldsymbol{E}-\boldsymbol{B}|$，则 $\boldsymbol{A},\boldsymbol{B}$ 不一定相似。

④$|\boldsymbol{A}|=|\boldsymbol{B}|$，从而 $\boldsymbol{A},\boldsymbol{B}$ 同时可逆或同时不可逆；

⑤$\mathrm{r}(\boldsymbol{A})=\mathrm{r}(\boldsymbol{B})$。

(3)特征值的性质

若 $\boldsymbol{A}=(a_{ij})_{n\times n}$ 的特征值为 $\lambda_1,\lambda_2,\cdots,\lambda_n$，则

①$\lambda_1\lambda_2\cdots\lambda_n=|\boldsymbol{A}|$；

②若 $\boldsymbol{A}$ 可逆，则 $\dfrac{1}{\lambda_i}(i=1,2,\cdots,n)$ 为 $\boldsymbol{A}^{-1}$ 的特征值；

③$\lambda_1+\lambda_2+\cdots+\lambda_n=a_{11}+a_{22}+\cdots+a_{nn}$。

第三章　空间解析几何

一、空间直线与空间平面

1. 空间向量的向量积与混合积

(1) 向量积的模

两个向量 $\boldsymbol{a}$ 与 $\boldsymbol{b}$ 的**向量积**(外积)是一个向量,记作 $\boldsymbol{a}\times\boldsymbol{b}$,且 $\boldsymbol{a}\times\boldsymbol{b}=\begin{vmatrix}\boldsymbol{i} & \boldsymbol{j} & \boldsymbol{k}\\ a_x & a_y & a_z\\ b_x & b_y & b_z\end{vmatrix}=\begin{vmatrix}a_y & a_z\\ b_y & b_z\end{vmatrix}\boldsymbol{i}-\begin{vmatrix}a_x & a_z\\ b_x & b_z\end{vmatrix}\boldsymbol{j}+\begin{vmatrix}a_x & a_y\\ b_x & b_y\end{vmatrix}\boldsymbol{k}$,它的模是 $|\boldsymbol{a}\times\boldsymbol{b}|=|\boldsymbol{a}||\boldsymbol{b}|\sin\langle\boldsymbol{a},\boldsymbol{b}\rangle$。

(2) 向量积运算律:$\boldsymbol{a}\times\boldsymbol{b}=-\boldsymbol{b}\times\boldsymbol{a}$;$(\lambda\boldsymbol{a})\times\boldsymbol{b}=\boldsymbol{a}\times(\lambda\boldsymbol{b})=\lambda(\boldsymbol{a}\times\boldsymbol{b})$;$\boldsymbol{a}\times(\boldsymbol{b}+\boldsymbol{c})=\boldsymbol{a}\times\boldsymbol{b}+\boldsymbol{a}\times\boldsymbol{c}$;$\boldsymbol{a}\times(\boldsymbol{b}\times\boldsymbol{c})=\boldsymbol{b}(\boldsymbol{a}\cdot\boldsymbol{c})-\boldsymbol{c}(\boldsymbol{a}\cdot\boldsymbol{b})$。

(3) 三向量共面的充要条件是 $\begin{vmatrix}a_x & a_y & a_z\\ b_x & b_y & b_z\\ c_x & c_y & c_z\end{vmatrix}=0$。

2. 空间直线的方程

名称	方程	常数的几何意义	注意事项
一般式	$\begin{cases}A_1x+B_1y+C_1z+D_1=0,\\ A_2x+B_2y+C_2z+D_2=0\end{cases}$	$\boldsymbol{s}=(A_1,B_1,C_1)\times(A_2,B_2,C_2)$ 为直线的方向向量	直线表示两平面的交线
对称式(点向式)	$\dfrac{x-x_0}{m}=\dfrac{y-y_0}{n}=\dfrac{z-z_0}{p}$	$P_0(x_0,y_0,z_0)$ 是直线上的点,$\boldsymbol{s}=(m,n,p)$ 是直线的方向向量	m,n,p 不全为零,$t\in\mathbf{R}$
参数式	$\begin{cases}x=x_0+mt,\\ y=y_0+nt,\ (t\text{ 为参数})\\ z=z_0+pt\end{cases}$		

续表

名称	方程	常数的几何意义	注意事项
两点式	$\frac{x-x_1}{x_2-x_1}=\frac{y-y_1}{y_2-y_1}=\frac{z-z_1}{z_2-z_1}$	$P_1(x_1,y_1,z_1)$与$P_2(x_2,y_2,z_2)$为直线上的两点	x_2-x_1,y_2-y_1,z_2-z_1不全为零

3. 空间平面

(1) 空间平面的方程

①点法式：$A(x-x_0)+B(y-y_0)+C(z-z_0)=0$

②一般式：$Ax+By+Cz+D=0$

③截距式：$\frac{x}{a}+\frac{y}{b}+\frac{z}{c}=1$

④三点式：$\begin{vmatrix} x-x_1 & y-y_1 & z-z_1 \\ x_2-x_1 & y_2-y_1 & z_2-z_1 \\ x_3-x_1 & y_3-y_1 & z_3-z_1 \end{vmatrix}=0$

(2) 点到平面的距离

$d=\frac{|Ax_0+By_0+Cz_0+D|}{\sqrt{A^2+B^2+C^2}}$。

4. 空间直线、平面的位置关系

(1) 空间两直线的位置关系

<table>
<tr><td colspan="3">直线 L_1：$\frac{x-x_1}{m_1}=\frac{y-y_1}{n_1}=\frac{z-z_1}{p_1}$，$s_1=(m_1,n_1,p_1)$，$P_1(x_1,y_1,z_1)$
直线 L_2：$\frac{x-x_2}{m_2}=\frac{y-y_2}{n_2}=\frac{z-z_2}{p_2}$，$s_2=(m_2,n_2,p_2)$，$P_2(x_2,y_2,z_2)$</td></tr>
<tr><td>共面</td><td>共面的充要条件为
$\begin{vmatrix} x_2-x_1 & y_2-y_1 & z_2-z_1 \\ m_1 & n_1 & p_1 \\ m_2 & n_2 & p_2 \end{vmatrix}=0$</td><td>①平行或重合($s_1 /\!/ s_2$)：$\frac{m_1}{m_2}=\frac{n_1}{n_2}=\frac{p_1}{p_2}$
②相交：$\frac{m_1}{m_2}$，$\frac{n_1}{n_2}$，$\frac{p_1}{p_2}$不全相等
a. 垂直(正交)($s_1 \perp s_2$)：$m_1m_2+n_1n_2+p_1p_2=0$
b. 斜交，夹角为 φ，则 $\cos\varphi=\frac{|m_1m_2+n_1n_2+p_1p_2|}{\sqrt{m_1^2+n_1^2+p_1^2}\cdot\sqrt{m_2^2+n_2^2+p_2^2}}$</td></tr>
</table>

续表

异面	两直线异面的充要条件为	$\begin{vmatrix} x_2-x_1 & y_2-y_1 & z_2-z_1 \\ m_1 & n_1 & p_1 \\ m_2 & n_2 & p_2 \end{vmatrix} \neq 0$

(2)空间直线与平面的位置关系

<table>
<tr><td colspan="3">直线 $L:\frac{x-x_0}{m}=\frac{y-y_0}{n}=\frac{z-z_0}{p},\boldsymbol{s}=(m,n,p),P_0(x_0,y_0,z_0)$
平面 $\pi:Ax+By+Cz+D=0,\boldsymbol{n}=(A,B,C)$</td></tr>
<tr><td>斜交</td><td>$Am+Bn+Cp\neq 0$,
$\boldsymbol{n}$ 与 $\boldsymbol{s}$ 不垂直</td><td>①求交点:把直线方程改写成参数式,代入平面方程解出,即可求得交点坐标
②直线与平面的夹角公式:$\sin\varphi=\frac{|\boldsymbol{n}\cdot\boldsymbol{s}|}{|\boldsymbol{n}|\cdot|\boldsymbol{s}|}=\frac{|Am+Bn+Cp|}{\sqrt{A^2+B^2+C^2}\cdot\sqrt{m^2+n^2+p^2}}$</td></tr>
<tr><td>垂直</td><td colspan="2">$\frac{A}{m}=\frac{B}{n}=\frac{C}{p}(\boldsymbol{n}/\!/\boldsymbol{s})$</td></tr>
<tr><td>平行</td><td colspan="2">$Am+Bn+Cp=0$,但 $Ax_0+By_0+Cz_0+D\neq 0(\boldsymbol{n}\perp\boldsymbol{s},P_0\notin\pi)$</td></tr>
<tr><td>在平面上</td><td colspan="2">$Am+Bn+Cp=0$,且 $Ax_0+By_0+Cz_0+D=0(\boldsymbol{n}\perp\boldsymbol{s},P_0\in\pi)$</td></tr>
</table>

(3)空间两平面的位置关系

<table>
<tr><td colspan="3">平面 $\pi_1:A_1x+B_1y+C_1z+D_1=0,\boldsymbol{n}_1=(A_1,B_1,C_1)$
平面 $\pi_2:A_2x+B_2y+C_2z+D_2=0,\boldsymbol{n}_2=(A_2,B_2,C_2)$</td></tr>
<tr><td>相交</td><td>$A_1:B_1:C_1\neq A_2:B_2:C_2$
($\boldsymbol{n}_1,\boldsymbol{n}_2$ 不平行)</td><td>①两平面的夹角公式:$\cos\theta=|\cos\langle\boldsymbol{n}_1,\boldsymbol{n}_2\rangle|=\frac{|\boldsymbol{n}_1\cdot\boldsymbol{n}_2|}{|\boldsymbol{n}_1|\cdot|\boldsymbol{n}_2|}$
$=\frac{|A_1A_2+B_1B_2+C_1C_2|}{\sqrt{A_1^2+B_1^2+C_1^2}\cdot\sqrt{A_2^2+B_2^2+C_2^2}}$
②垂直条件:$A_1A_2+B_1B_2+C_1C_2=0(\boldsymbol{n}_1\perp\boldsymbol{n}_2)$</td></tr>
<tr><td>平行</td><td colspan="2">$\frac{A_1}{A_2}=\frac{B_1}{B_2}=\frac{C_1}{C_2}\neq\frac{D_1}{D_2}(\boldsymbol{n}_1/\!/\boldsymbol{n}_2)$</td></tr>
</table>

续表

重合	$\frac{A_1}{A_2}=\frac{B_1}{B_2}=\frac{C_1}{C_2}=\frac{D_1}{D_2}(\boldsymbol{n}_1 /\!/ \boldsymbol{n}_2)$

二、空间曲线与曲面

1. 空间曲线的切线与法平面

设空间曲线 Γ 的参数方程为 $\begin{cases}x=x(t),\\ y=y(t),t\in[\alpha,\beta],\\ z=z(t),\end{cases}$ 设点 $P_0(x_0,y_0,z_0)$ 对应的参数为 t_0，则曲线 Γ 在点 P_0 处的切线方程为 $\frac{x-x_0}{x'(t_0)}=\frac{y-y_0}{y'(t_0)}=\frac{z-z_0}{z'(t_0)}$。

过点 P_0 且与切线垂直的平面称为曲线 Γ 在点 $P_0(x_0,y_0,z_0)$ 处的法平面，法平面方程为 $x'(t_0)(x-x_0)+y'(t_0)(y-y_0)+z'(t_0)(z-z_0)=0$。

2. 常见的旋转曲面

旋转曲面	标准方程($a,b,c>0$)	参数方程
椭球面	$\frac{x^2}{a^2}+\frac{y^2}{b^2}+\frac{z^2}{c^2}=1$	$\begin{cases}x=a\cos\theta\cos\varphi,\\ y=b\cos\theta\sin\varphi,\\ z=c\sin\theta\end{cases}\left(-\frac{\pi}{2}\leqslant\theta\leqslant\frac{\pi}{2},0\leqslant\varphi<2\pi\right)$
单叶双曲面	$\frac{x^2}{a^2}+\frac{y^2}{b^2}-\frac{z^2}{c^2}=1$	$\begin{cases}x=a\cos\varphi\sec\theta,\\ y=b\sin\varphi\sec\theta,\\ z=c\tan\theta\end{cases}\left(-\frac{\pi}{2}<\theta<\frac{\pi}{2},0\leqslant\varphi\leqslant2\pi\right)$
双叶双曲面	$\frac{x^2}{a^2}+\frac{y^2}{b^2}-\frac{z^2}{c^2}=-1$	$\begin{cases}x=a\cos\varphi\tan\theta,\\ y=b\sin\varphi\tan\theta,\\ z=c\sec\theta\end{cases}\left(-\frac{\pi}{2}<\theta<\frac{\pi}{2},0\leqslant\varphi\leqslant2\pi\right)$

第四章　概率论

一、连续型随机变量的概率密度

1. 连续型随机变量的概率

$P\{a\leqslant X<b\}=P\{a\leqslant X\leqslant b\}=P\{a<X\leqslant b\}=P\{a<X<b\}=P\{X\leqslant b\}-P\{X\leqslant a\}=\int_{-\infty}^{b}f(x)\mathrm{d}x-\int_{-\infty}^{a}f(x)\mathrm{d}x=\int_{a}^{b}f(x)\mathrm{d}x$。

2. 连续型随机变量的期望与方差

$E(X)=\int_{-\infty}^{+\infty}xf(x)\mathrm{d}x$；

$D(X)=E[X-E(X)]^2=\int_{-\infty}^{+\infty}[x-E(X)]^2f(x)\mathrm{d}x$。

二、连续型随机变量的分布

1. 均匀分布

（1）分布函数

$$F(x)=\begin{cases}0, x<a,\\ \dfrac{x-a}{b-a}, a\leqslant x<b,\\ 1, x\geqslant b。\end{cases}$$

（2）期望和方差

$E(X)=\dfrac{a+b}{2}, D(X)=\dfrac{(b-a)^2}{12}$。

2. 指数分布

（1）分布函数

$$F(x)=\begin{cases}\int_{-\infty}^{x}f(t)\mathrm{d}t=\int_{0}^{x}\lambda\mathrm{e}^{-\lambda t}\mathrm{d}t=1-\mathrm{e}^{-\lambda x}, x>0, \lambda>0\\ 0,\text{其他}。\end{cases}$$

（2）期望和方差

$E(X)=\dfrac{1}{\lambda}, D(X)=\dfrac{1}{\lambda^2}$。

教师招聘考试

数学专项突破

案例分析与教学设计

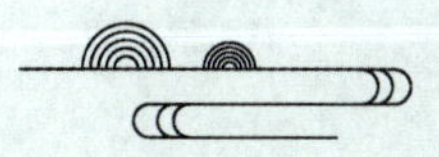

核心考向14个

答题模板4个

精选真题案例29个

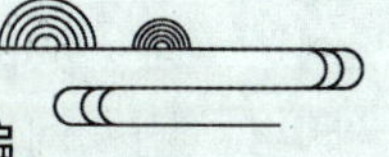

山香教师招聘考试命题研究中心　主编

图书在版编目(CIP)数据

教师招聘考试. 数学专项突破. 案例分析与教学设计/山香教师招聘考试命题研究中心主编. -- 北京 : 首都师范大学出版社, 2023.2

ISBN 978-7-5656-7192-0

Ⅰ. ①教… Ⅱ. ①山… Ⅲ. ①数学课－教学法－教师－聘用－资格考试－自学参考资料 Ⅳ. ①G451.1

中国版本图书馆 CIP 数据核字(2022)第 209862 号

教师招聘考试·数学专项突破

ANLIFENXI YU JIAOXUESHEJI

案例分析与教学设计

山香教师招聘考试命题研究中心　主编

策划编辑　张文强

责任编辑　杨林玉　曹亮亮　　封面设计　山香教育

首都师范大学出版社出版发行

地　　址　北京市海淀区西三环北路 105 号

邮　　编　100048

咨询电话　010－68418523(总编室)　010－68982468(发行部)

网　　址　http://cnupn.cnu.edu.cn

印　　刷　河南黎阳印务有限公司

经　　销　全国新华书店

版　　次　2023 年 2 月第 1 版

印　　次　2023 年 2 月第 2 次印刷

开　　本　787mm×1092mm　1/16

印　　张　86

字　　数　1307 千

定　　价　178.00 元(全四册)

目录/CONTENTS

专题一　案例分析

专题二　教学设计

参考答案及解析

专题一　案例分析

第一节　基本理论篇

本节主要介绍《义务教育数学课程标准》(2022 年版)、《义务教育数学课程标准》(2011 年版)和《普通高中数学课程标准》(2017 年版 2020 年修订)的节选内容。

一、《义务教育数学课程标准》(2022 年版)(节选)

《义务教育数学课程标准》(2022 年版)

(一)课程性质

数学是研究数量关系和空间形式的科学。数学源于对现实世界的抽象,通过对数量和数量关系、图形和图形关系的抽象,得到数学的研究对象及其关系;基于抽象结构,通过对研究对象的符号运算、形式推理、模型构建等,形成数学的结论和方法,帮助人们认识、理解和表达现实世界的本质、关系和规律。数学不仅是运算和推理的工具,还是表达和交流的语言。数学承载着思想和文化,是人类文明的重要组成部分。数学是自然科学的重要基础,在社会科学中发挥着越来越重要的作用,数学的应用渗透到现代社会的各个方面,直接为社会创造价值,推动社会生产力的发展。随着大数据分析、人工智能的发展,数学研究与应用领域不断拓展。

数学在形成人的理性思维、科学精神和促进个人智力发展中发挥着不可替代的作用。数学素养是现代社会每一个公民应当具备的基本素养。数学教育承载着落实立德树人根本任务、实施素质教育的功能。义务教育数学课程具有基础性、普及性和发展性。学生通过数学课程的学习,掌握适应现代生活及进一步学习必备的基础知识和基本技能、基本思想和基本活动经验;激发学习数学的兴趣,养成独立思考的习惯和合作交流的意愿;发展实践能力和创新精神,形成和发展核心素养,增强社会责任感,树立正确的世界观、人生观、价值观。

(二)课程理念

义务教育数学课程以习近平新时代中国特色社会主义思想为指导,落实立德树人根本任务,致力于实现义务教育阶段的培养目标，使得人人都能获得良好的数学教育，不同的人在数学上得到不同的发展，逐步形成适应终身发展需要的核心素养。

1. 确立核心素养导向的课程目标

义务教育数学课程应使学生通过数学的学习，形成和发展面向未来社会和个人发展所需要的核心素养。核心素养是在数学学习过程中逐渐形成和发展的，不同学段发展水平不同，是制定课程目标的基本依据。

课程目标以学生发展为本，以核心素养为导向，进一步强调使学生获得数学基础知识、基本技能、基本思想和基本活动经验（简称“四基”），发展运用数学知识与方法发现、提出、分析和解决问题的能力（简称“四能”），形成正确的情感、态度和价值观。

2. 设计体现结构化特征的课程内容

数学课程内容是实现课程目标的重要载体。

课程内容选择。保持相对稳定的学科体系，体现数学学科特征；关注数学学科发展前沿与数学文化，继承和弘扬中华优秀传统文化；与时俱进，反映现代科学技术与社会发展需要；符合学生的认知规律，有助于学生理解、掌握数学的基础知识和基本技能，形成数学基本思想，积累数学基本活动经验，发展核心素养。

课程内容组织。重点是对内容进行结构化整合，探索发展学生核心素养的路径。重视数学结果的形成过程，处理好过程与结果的关系；重视数学内容的直观表述，处理好直观与抽象的关系；重视学生直接经验的形成，处理好直接经验与间接经验的关系。

课程内容呈现。注重数学知识与方法的层次性和多样性，适当考虑跨学科主题学习；根据学生的年龄特征和认知规律，适当采取螺旋式的方式，适当体现选择性，逐渐拓展和加深课程内容，适应学生的发展需求。

3. 实施促进学生发展的教学活动

有效的教学活动是学生学和教师教的统一，学生是学习的主体，教师是学习的组织者、引导者与合作者。

学生的学习应是一个主动的过程，认真听讲、独立思考、动手实践、自主探索、合作交流等是学习数学的重要方式。教学活动应注重启发式，激发学生学习兴趣，引发学生积极思考，鼓励学生质疑问难，引导学生在真实情境中发现问题和提出问题，利用观察、猜测、实验、计算、推理、验证、数据分析、直观想象等方法分析问题和解决问题；促进学生理解和掌握数学的基础知识和基本技能，体会和运用数学的思想与方法，获得数学的基本活动经验；培养学生良好的学习习惯，形成积极的情感、态度和价值观，逐步形成核心素养。

4. 探索激励学习和改进教学的评价

评价不仅要关注学生数学学习结果，还要关注学生数学学习过程，激励学生学习，改进教师教学。通过学业质量标准的构建，融合“四基”“四能”和核心素养的主要表现，形成阶段性评价的主要依据。采用多元的评价主体和多样的评价方式，鼓励学生自我监控学习的过程和结果。

5. 促进信息技术与数学课程融合

合理利用现代信息技术，提供丰富的学习资源，设计生动的教学活动，促进数学教学方式方法的变革。在实际问题解决中，创设合理的信息化学习环境，提升学生的探究热情，开阔学生的视野，激发学生的想象力，提高学生的信息素养。

（三）课程目标

课程目标的确定，立足学生核心素养发展，集中体现数学课程育人价值。

1. 核心素养内涵

（1）核心素养的构成

数学课程要培养的学生核心素养，主要包括以下三个方面。

①会用数学的眼光观察现实世界

数学为人们提供了一种认识与探究现实世界的观察方式。通过数学的眼光，可以从现实世界的客观现象中发现数量关系与空间形式，提出有意义的数学问题；能够抽象出数学的研究对象及其属性，形成概念、关系与结构；能够理解自然现象背后的数学原理，感悟数学的审美价值；形成对数学的好奇心与想象力，主动参与数学探究活动，发展创新意识。

在义务教育阶段，数学眼光主要表现为：抽象能力（包括数感、量感、符号意识）、几何直观、空间观念与创新意识。通过对现实世界中基本数量关系与空间形式的观察，学生能够直观理解所学的数学知识及其现实背景；能够在生活实践和其他学科中发现基本的数学研究对象及其所表达的事物之间简单的联系与规律；能够在实际情境中发现和提出有意义的数学问题，进行数学探究；逐步养成从数学角度观察现实世界的意识与习惯，发展好奇心、想象力和创新意识。

②会用数学的思维思考现实世界

数学为人们提供了一种理解与解释现实世界的思考方式。通过数学的思维，可以揭示客观事物的本质属性，建立数学对象之间、数学与现实世界之间的逻辑联系；能够根据已知事实或原理，合乎逻辑地推出结论，构建数学的逻辑体系；能够运用符号运算、形式推理等数学方法，分析、解决数学问题和实际问题；能够通过计算思维将各种信息约简和形式化，进行问题求解与系统设计；形成重论据、有条理、合乎逻辑的思维品质，培养科学态度与理性精神。

在义务教育阶段，数学思维主要表现为：运算能力、推理意识或推理能力。通过经历独立的数学思维过程，学生能够理解数学基本概念和法则的发生与发展，数学基本概念之间、数学与现实世界之间的联系；能够合乎逻辑地解释或论证数学的基本方法与结论，分析、解决简单的数学问题和实际问题；能够探究自然现象或现实情境所蕴含的数学规律，经历数学“再发现”的过程；发展质疑问难的批判性思维，形成实事求是的科学态度，初步养成讲道理、有条理的思维品质，逐步形成理性精神。

③会用数学的语言表达现实世界

数学为人们提供了一种描述与交流现实世界的表达方式。通过数学的语言，可以简约、精确地描述自然现象、科学情境和日常生活中的数量关系与空间形式；能够在现实生活与其他学科中构建普适的数学模型，表达和解决问题；能够理解数据的意义与价值，会用数据的分析结果解释和预测不确定现象，形成合理的判断或决策；形成数学的表达与交流能力，发展应用意识与实践能力。

在义务教育阶段，数学语言主要表现为：数据意识或数据观念、模型意识或模型观念、应用意识。通过经历用数学语言表达现实世界中的简单数量关系与空间形式的过程，学生初步感悟数学与现实世界的交流方式；能够有意识地运用数学语言表达现实生活与其他学科中事物的性质、关系和规律，并能解释表达的合理性；能够感悟数据的意义与价值，有意识地使用真实数据表达、解释与分析现实世界中的不确定现象；欣赏数学语言的简洁与优美，逐步养成用数学语言表达与交流的习惯，形成跨学科的应用意识与实践能力。

（2）在小学与初中阶段的主要表现

核心素养具有整体性、一致性和阶段性，在不同阶段具有不同表现。小学阶段侧重对经验的感悟，初中阶段侧重对概念的理解。

小学阶段，核心素养主要表现为：数感、量感、符号意识、运算能力、几何直观、空间观念、推理意识、数据意识、模型意识、应用意识、创新意识。

初中阶段，核心素养主要表现为：抽象能力、运算能力、几何直观、空间观念、推理能力、数据观念、模型观念、应用意识、创新意识。

2. 总目标

通过义务教育阶段的数学学习，学生逐步会用数学的眼光观察现实世界，会用数学的思维思考现实世界，会用数学的语言表达现实世界（简称“三会”）。学生能：

（1）获得适应未来生活和进一步发展所必需的数学基础知识、基本技能、基本思想、基本活动经验。

（2）体会数学知识之间、数学与其他学科之间、数学与生活之间的联系，在探索真实情境所蕴含的关系中，发现问题和提出问题，运用数学和其他学科的知识与方法分析问题和解决问题。

（3）对数学具有好奇心和求知欲，了解数学的价值，欣赏数学美，提高学习数学的兴趣，建立学好数学的信心，养成良好的学习习惯，形成质疑问难、自我反思和勇于探索的科学精神。

3. 学段目标

为体现义务教育数学课程的整体性与发展性，根据学生数学学习的心理特征和认知规律，将九年的学习时间划分为四个学段。其中，“六三”学制 1 ~ 2 年级为第一学段，3 ~ 4 年级为第二学段，5 ~ 6 年级为第三学段，7 ~ 9 年级为第四学段。

根据“六三”学制四个学段学生发展的特征，描述总目标在各学段的表现和要求，将核心素养的表现体现在每个学段的具体目标之中。

“五四”学制第二学段（3 ~ 5 年级）目标主要参照“六三”学制第三学段（5 ~ 6 年级）目标制定，适当降低要求。“五四”学制第三学段（6 ~ 7 年级）目标在“六三”学制第三学段（5 ~ 6 年级）目标基础上合理提高要求，结合“六三”学制第四学段（7 ~ 9 年级）目标确定，使“五四”学制 6 ~ 9 年级目标进阶更加科学。

（四）课程内容

义务教育阶段数学课程内容由数与代数、图形与几何、统计与概率、综合与实践四个学习领域组成。

数与代数、图形与几何、统计与概率以数学核心内容和基本思想为主线循序渐进，每个学段的主题有所不同。综合与实践以培养学生综合运用所学知识和方法解决实际问题的能力为目标，根据不同学段学生特点，以跨学科主题学习为主，适当采用主题式学习和项目式学习的方式，设计情境真实、较为复杂的问题，引导学生综合运用数学学科和跨学科的知识与方法解决问题。

根据学段目标的要求，四个学习领域的内容按学段逐步递进，不同学段主题有所不同。

(五)学业质量

1. 学业质量内涵

学业质量是学生在完成课程阶段性学习后的学业成就表现，反映核心素养要求。学业质量标准是以核心素养为主要维度，结合课程内容，对学生学业成就具体表现特征的整体刻画。

数学课程学业质量标准是学业水平考试命题及评价的依据，同时对学生的学习活动、教师的教学活动、教材的编写等具有重要的指导作用。

2. 学业质量描述

依据义务教育各阶段学生核心素养表现、各学段课程目标及学业要求，数学课程学业质量标准主要从以下三个方面来评估学生核心素养达成及发展情况。

(1)以结构化数学知识主题为载体，在形成与发展"四基"的过程中所形成的抽象能力、推理能力、运算能力、几何直观和空间观念等。

(2)从学生熟悉的生活与社会情境，以及符合学生认知发展规律的数学与科技情境中，在经历"用数学的眼光发现和提出问题，用数学的思维与数学的语言分析和解决问题"的过程中所形成的模型观念、数据观念、应用意识和创新意识等。

(3)学生经历数学的学习运用、实践探索活动的经验积累，逐步产生对数学的好奇心、求知欲，以及对数学学习的兴趣和自信心，初步养成独立思考、探究质疑、合作交流等学习习惯，初步形成自我反思的意识。

(六)课程实施

1. 教学建议

(1)制订指向核心素养的教学目标

①教学目标要体现核心素养的主要表现

教学目标的确定要充分考虑核心素养在数学教学中的达成。每一个特定的学习内容都具有培养相关核心素养的作用，要注重建立具体内容与核心素养主要表现的关联，在制订教学目标时将核心素养的主要表现体现在教学要求中。

②处理好核心素养与"四基""四能"的关系

核心素养导向的教学目标是对"四基""四能"教学目标的继承和发展。"四基""四能"是发展

学生核心素养的有效载体，核心素养对“四基”“四能”教学目标提出了更高要求。

③教学目标的设定要体现整体性和阶段性

核心素养是在长期的教学过程中逐渐形成的，核心素养在不同学段的主要表现体现了核心素养的阶段性和各阶段之间的一致性。要依据核心素养的内涵和不同学段的主要表现，结合具体的教学内容，全面分析主题、单元和课时的特征，基于主题、单元整体设计教学目标，围绕单元目标细化具体课时的教学目标。充分发挥核心素养导向的教学目标对教学过程的指导作用，在实现知识进阶的同时，体现核心素养的进阶。

(2)整体把握教学内容

为实现核心素养导向的教学目标，不仅要整体把握教学内容之间的关联，还要把握教学内容主线与相应核心素养发展之间的关联。

①注重教学内容的结构化

教学内容是落实教学目标、发展学生核心素养的载体。在教学中要重视对教学内容的整体分析，帮助学生建立能体现数学学科本质、对未来学习有支撑意义的结构化的数学知识体系。一方面了解数学知识的产生与来源、结构与关联、价值与意义，了解课程内容和教学内容的安排意图；另一方面强化对数学本质的理解，关注数学概念的现实背景，引导学生从数学概念、原理及法则之间的联系出发，建立起有意义的知识结构。通过合适的主题整合教学内容，帮助学生学会用整体的、联系的、发展的眼光看问题，形成科学的思维习惯，发展核心素养。

②注重教学内容与核心素养的关联

在教学过程中，不仅要注重具体内容与核心素养之间的关联，还要注重内容主线与核心素养发展之间的关联。

(3)选择能引发学生思考的教学方式

①丰富教学方式

改变单一讲授式教学方式，注重启发式、探究式、参与式、互动式等，探索大单元教学，积极开展跨学科的主题式学习和项目式学习等综合性教学活动。根据不同的学习任务和学习对象，选择合适的教学方式或多种方式相结合，组织开展教学。通过丰富的教学方式，让学生在实践、探究、体验、反思、合作、交流等学习过程中感悟基本思想、积累基本活动经验，发挥每一种教学方式的育人价值，促进学生核心素养发展。

②重视单元整体教学设计

改变过于注重以课时为单位的教学设计，推进单元整体教学设计，体现数学知识之间的内在逻辑关系,以及学习内容与核心素养表现的关联。

单元整体教学设计要整体分析数学内容本质和学生认知规律,合理整合教学内容,分析主题—单元—课时的数学知识和核心素养主要表现,确定单元教学目标,并落实到教学活动各个环节,整体设计,分步实施,促进学生对数学教学内容的整体理解与把握,逐步培养学生的核心素养。

③强化情境设计与问题提出

注重发挥情境设计与问题提出对学生主动参与教学活动的促进作用,使学生在活动中逐步发展核心素养。

注重创设真实情境。真实情境创设可从社会生活、科学和学生已有数学经验等方面入手,围绕教学任务,选择贴近学生生活经验、符合学生年龄特点和认知加工特点的素材。注重情境素材的育人功能,如体现中国数学家贡献的素材,帮助学生了解和领悟中华民族独特的数学智慧,增强文化自信和民族自豪感。注重情境的多样化,让学生感受数学在现实世界的广泛应用,体会数学的价值。

重视设计合理问题。在真实情境中提出能引发学生思考的数学问题,也可以引导学生提出合理问题。问题提出应引发学生认知冲突,激发学生学习动机,促进学生积极探究,让学生经历数学观察、数学思考、数学表达、概括归纳、迁移运用等学习过程,体会数学是认识、理解、表达真实世界的工具、方法和语言,增强认识真实世界、解决真实问题的能力,树立学好数学的自信心,养成良好的学习习惯。

(4)进一步加强综合与实践

综合与实践领域的教学活动,以解决实际问题为重点,以跨学科主题学习为主,以真实问题为载体,适当采取主题活动或项目学习的方式呈现,通过综合运用数学和其他学科的知识与方法解决真实问题,着力培养学生的创新意识、实践能力、社会担当等综合品质。

①明确教学目标

主题活动教学是跨学科背景下的数学内容学习,其目标是引导学生在跨学科背景下用数学的眼光观察现实世界,用数学的语言表达现实世界中事物的概念、关系和规律,帮助学生感悟数学与现实世界的联系,培养学生实践精神。

项目学习教学以用数学方法解决现实问题为主,其目标是引导学生发现解决现实问题的关键要素,用数学的思维分析要素之间的关系并发现规律,培养模型观念,经历发现、提出、分析、解决问题的过程,培养应用意识和创新意识。

②设计教学活动

主题活动教学要设计出完整可行的活动方案，可以利用信息技术或制作教具的形式，展示跨学科主题的背景；参考学生个人经验和已有知识积累，从解决问题需要出发，明确所学数学知识与技能，提出相应学习任务，确定学习活动形式，明确学习成果的形式和要求等。

项目学习教学所涉及的问题主要是现实世界中具有开放性的问题，问题解决需将现实问题转化为数学问题。解决数学问题要引导学生提出合理假设、预测结果、选择合理的数学方法，对用数学模型表达条件与结果之间的关系有清晰的认识，并利用真实情境检验模型、修正模型，形成物化成果，包括项目产品、小论文或研究报告等。

③关注教学评价

主题活动评价以教学目标为依据，内容主要包括：学生对相关知识内容的理解，对现实情境与数学表达之间关系的把握；学习活动中操作、思考、交流、创意等方面的表现；学习过程中的作品、报告等物化成果的评价。

项目学习评价以教学目标为依据，内容主要包括：学生对真实情境中问题的理解，用数学语言表达问题的适切性，结果预测的合理性，关注解决问题的实施方案，解决问题过程中的思考、交流与创意表现；项目研究成果的质量。

(5)注重信息技术与数学教学的融合

重视大数据、人工智能等对数学教学改革的推动作用，改进教学方式，促进学生学习方式转变。

①改进教学方式

教师可以利用信息技术对文本、图像、声音、动画等进行综合处理，丰富教学场景，激发学生学习数学的兴趣和探究新知的欲望。利用数学专用软件等教学工具开展数学实验，将抽象的数学知识直观化，促进学生对数学概念的理解和数学知识的建构。利用技术支持平台将在线学习与课堂教学相结合，开展线上线下融合的混合式教学。

②促进自主学习

加强线上网络空间与线下物理空间的融合，突破传统数学教育的时空限制，丰富学习资源，为学生自主学习创造条件。指导学生做好时间管理，规划学习任务，利用数字化平台、工具与资源开展学习活动，加强自我监控、自我评价，提升自主学习能力；家校协同，建立监控、指导、评价、激励机制，适时交流和开展个性化指导，营造学生自主学习的良好环境。

2. 评价建议

发挥评价的育人导向作用，坚持以评促学、以评促教。主要分为教学评价和学业水平考试。

(1) 教学评价

①评价方式丰富

评价方式应包括书面测验、口头测验、活动报告、课堂观察、课后访谈、课内外作业、成长记录等，可以采用线上线下相结合的方式。每种评价方式各有特点，教师应结合学习内容、学生学习特点，选择适当的评价方式。例如，可以通过课堂观察了解学生的学习过程、学习态度和学习策略，从作业中了解学生基础知识和基本技能的掌握情况，从探究活动中了解学生独立思考的习惯和合作交流的意识，从成长记录中了解学生的发展变化。

②评价维度多元

评价维度多元是指在评价过程中，在关注“四基”“四能”达成的同时，特别关注核心素养的相应表现。不仅要关注学生知识技能的掌握，还要关注学生对基本思想的把握、基本活动经验的积累；不仅要关注学生分析问题、解决问题的能力，还要关注学生发现问题、提出问题的能力。全面考核和评价学生核心素养的形成和发展。

③评价主体多样

评价主体应包括教师、学生、家长等。综合运用教师评价、学生自我评价、学生相互评价、家长评价等方式，对学生的学习情况进行全方位的考查。如学习单元结束时，教师可以要求学生设计一个学习小结，对学生的学习情况进行评价，也可以组织学生在班级展示交流学习小结让学生互评，以及让学生自评总结自己的进步，反思自己的不足，汲取他人值得借鉴的经验。

④评价结果的呈现与运用

根据学生的年龄特征，评价结果的呈现应采用定性与定量相结合的方式，关注每一名学生的学习过程。第一学段的评价应以定性的描述性评价方式为主，第二、第三学段可以采用描述性评价和等级评价相结合的方式，第四学段可以采用等级评价和分数制评价相结合的方式。

评价结果的呈现应更多地关注学生的进步，关注学生已有的学业水平与提升空间，为后续的教学提供参考。评价结果的运用应有利于增强学生学习数学的自信心，提高学生学习数学的兴趣，使学生养成良好的学习习惯，促进学生核心素养的发展。

教师要注意分析全班学生评价结果的变化，了解自己教学的成绩和问题，分析、反思教学过程中影响学生能力发展和素质提高的原因，寻求改善教学的对策。同时，以适当的方式，将学生一些积极的变化及时反馈给学生。

(2)学业水平考试

①考试性质和目的

学业水平考试由省级教育行政部门组织实施,依据学业质量标准,对学生学完本课程后课程目标达成度进行终结性评价。考试成绩是学生毕业和高一级学校招生录取的重要依据,为评价区域和学校教学质量、改进教学提供重要参考。

②命题原则

坚持素养立意,凸显育人导向。

遵循课标要求,严格依标命题。

规范命题管理,加强质量监测。

③命题规划

考试形式以纸笔测试为主,可采用基于信息技术的考试方式,并与过程性评价、表现性评价等多样化的评价方式相结合。

纸笔测试应合理规划题目类型,关注客观题与主观题分值所占比例,原则上客观题分值要低于主观题分值;主观题要探索命制问题解决及多学科融合类试题;试卷呈现避免套路化。

合理确定试卷容量。适当精减题量,要着重减少单纯考查技能熟练性的题目,保证学生有充足的作答时间。

科学制订多维细目表。在内容要求、素养表现的基础上,确定题型题量、难易程度、分值比例等。多维细目表的编制具体翔实,指向明确,便于命题操作,关注试卷难度、合格率、区分度等指标。

④试题命制

加强命题的标准化建设,逐渐完成题库建设,实现命题流程的标准化,建立试题质量监测与评估体系。

明确考查意图。根据学业质量标准要求,明确试卷和每道试题所要考查的数学知识和核心素养的相应表现。

创设合理情境。根据考查意图,结合学生认知水平和生活经验,设计合理的生活情境、数学情境、科学情境,关注情境的真实性,适当引入数学文化。

设置合理问题。问题的设置要有利于考查对数学概念、性质、关系、规律的理解、表达和应用,注重考查学生的思维过程,避免死记硬背、机械刷题。

科学制定评分标准。评分标准应具有科学性、可操作性。对开放性、综合性较强的试题,合理设计多层次任务的评分标准。

3. 教材编写建议

数学教材为学生的数学学习活动提供了学习主题、知识结构和基本线索，是实现数学课程目标、实施数学教学的重要资源。

(1)体现核心素养培养要求

①教材内容结构要着重关注核心素养的整体性

“三会”的主要表现相对独立、相互影响，构成一个有机整体。

教材编写既要体现每种主要表现的内涵，又要关注主要表现之间的内在联系；构建内容结构既要关注数学内容之间的逻辑联系，又要关注核心素养整体性培养的要求。

②教材内容组织要着重关注核心素养发展的一致性

发展“三会”是不同学段核心素养培养的一致性要求。内容组织不仅要关注数学内容的主线，也要关注核心素养培养的一致性。

③教材内容要求要着重关注核心素养发展的阶段性

核心素养是逐渐形成的，不同阶段具有不同表现水平。教材编写应关注核心素养发展的阶段性，准确把握每个学段每个主题的内容要求和学业要求；遵循螺旋上升原则，使学生对数学知识的理解不断深入，使教材体现核心素养发展的阶段性。

(2)有利于引发学生思考

①注重来龙去脉，有利教师引导

教材正文的呈现应有利于教师引导学生主动学习。例如，新知识的学习，展现“知识背景—知识形成—揭示联系”的过程；运用数学知识解决问题，适当体现“问题情境—建立模型—求解验证”的过程，以利于教师在教学过程中帮助学生有效地理解知识与方法、积累活动经验、提高“四能”，开展素养导向的教学。

②激发学生兴趣，引导学生探索

教材应为学生提供丰富的问题情境、充分的思考空间，让学生经历观察、实验、猜测、推理、交流、反思等数学活动过程，帮助学生感悟基本思想，积累基本活动经验。教材应具备可读性，图文并茂，关注学生身边发生的事情，增加学习的趣味性，激发学生内在学习动机，促进学生主动学习。

③优化习题设计，注重发展素养

习题的设计要关注数学的本质，关注通性通法。设计丰富多样的习题，满足巩固、复习、应用、拓展的学习需要；满足不同学生的学习需要；满足不同学习阶段的学习需要；满足不同完成作业方式的需要，如综合与实践的习题可以包括查阅资料、校外调查、自主探索等。

(3) 素材选取要贴近学生的现实、真实可信

教材素材的选取应尽可能地贴近学生的现实，以利于学生经历从现实情境中抽象出数学知识与方法的过程，发展抽象能力、推理能力等。

(4) 注重教材创新

①科学论证。

②拓展视野。

③强化功能。

4. 课程资源开发与利用

资源开发与利用要坚持育人为本，将促进学生身心健康发展作为首要任务，从促进学生核心素养形成和发展的内在规律出发，为教与学提供有效支撑。

(1) 资源开发要丰富多样

(2) 资源开发要注重精品化

(3) 注重保护知识产权

5. 教学研究与教师培训

(1) 教学研究建议

①区域教研建议。

②校本教研建议。

(2) 培训建议

教师培训是落实课程改革要求、提升育人质量的关键。培训应面向全体教师，坚持"先培训后实施"。应充分发挥教研部门的作用，统筹课程专家、学科教育专家、教研员和一线骨干教师的力量，提升培训质量。

精心设计培训内容。采用多样化培训方式。

二、《义务教育数学课程标准》(2011 年版)(节选)

《义务教育数学课程标准》(2011 年版)

(一) 义务教育数学课程性质、基本理念与设计思路

1. 课程性质

义务教育阶段的数学课程是培养公民素质的基础课程，具有基础性、普及性和发展性。数学

课程能使学生掌握必备的基础知识和基本技能，培养学生的抽象思维和推理能力，培养学生的创新意识和实践能力，促进学生在情感、态度与价值观等方面的发展。义务教育的数学课程能为学生未来生活、工作和学习奠定重要的基础。

2. 课程基本理念

(1)数学课程应致力于实现义务教育阶段的培养目标，要面向全体学生，适应学生个性发展的需要，使得：人人都能获得良好的数学教育，不同的人在数学上得到不同的发展。

(2)课程内容要反映社会的需要、数学的特点，要符合学生的认知规律。它不仅包括数学的结果，也包括数学结果的形成过程和蕴含的数学思想方法。课程内容的选择要贴近学生的实际，有利于学生体验与理解、思考与探索。课程内容的组织要重视过程，处理好过程与结果的关系；要重视直观，处理好直观与抽象的关系；要重视直接经验，处理好直接经验与间接经验的关系。课程内容的呈现应注意层次性和多样性。

(3)教学活动是师生积极参与、交往互动、共同发展的过程。有效的教学活动是学生学与教师教的统一，学生是学习的主体，教师是学习的组织者、引导者与合作者。

数学教学活动，特别是课堂教学应激发学生兴趣，调动学生积极性，引发学生的数学思考，鼓励学生的创造性思维；要注重培养学生良好的数学学习习惯，使学生掌握恰当的数学学习方法。

学生学习应当是一个生动活泼的、主动的和富有个性的过程。认真听讲、积极思考、动手实践、自主探索、合作交流等，都是学习数学的重要方式。学生应当有足够的时间和空间经历观察、实验、猜测、计算、推理、验证等活动过程。

教师教学应该以学生的认知发展水平和已有的经验为基础，面向全体学生，注重启发式和因材施教。教师要发挥主导作用，处理好讲授与学生自主学习的关系，引导学生独立思考、主动探索、合作交流，使学生理解和掌握基本的数学知识与技能，体会和运用数学思想与方法，获得基本的数学活动经验。

(4)学习评价的主要目的是全面了解学生数学学习的过程和结果，激励学生学习和改进教师教学。应建立目标多元、方法多样的评价体系。评价既要关注学生学习的结果，也要重视学习的过程；既要关注学生数学学习的水平，也要重视学生在数学活动中所表现出来的情感与态度，帮助学生认识自我、建立信心。

(5)信息技术的发展对数学教育的价值、目标、内容以及教学方式产生了很大的影响。数学课程的设计与实施应根据实际情况合理地运用现代信息技术，要注重信息技术与课程内容的整合，注重实效。要充分考虑信息技术对数学学习内容和方式的影响，开发并向学生提供丰富的学习资

源，把现代信息技术作为学生学习数学和解决问题的有力工具，有效地改进教与学的方式，使学生乐意并有可能投入到现实的、探索性的数学活动中去。

3. 课程设计思路

义务教育阶段数学课程的设计，充分考虑本阶段学生数学学习的特点，符合学生的认知规律和心理特征，有利于激发学生的学习兴趣，引发学生的数学思考；充分考虑数学本身的特点，体现数学的实质；在呈现作为知识与技能的数学结果的同时，重视学生已有的经验，使学生体验从实际背景中抽象出数学问题、构建数学模型、寻求结果、解决问题的过程。

4. 课程内容

在数学课程中，应当注重发展学生的数感、符号意识、空间观念、几何直观、数据分析观念、运算能力、推理能力和模型思想。为了适应时代发展对人才培养的需要，数学课程还要特别注重发展学生的应用意识和创新意识。

（二）义务教育数学课程总目标

通过义务教育阶段的数学学习，学生能：

（1）获得适应社会生活和进一步发展所必需的数学的基础知识、基本技能、基本思想、基本活动经验。

（2）体会数学知识之间、数学与其他学科之间、数学与生活之间的联系，运用数学的思维方式进行思考，增强发现和提出问题的能力、分析和解决问题的能力。

（3）了解数学的价值，提高学习数学的兴趣，增强学好数学的信心，养成良好的学习习惯，具有初步的创新意识和科学态度。

总目标从以下四个方面具体阐述：

知识技能	• 经历数与代数的抽象、运算与建模等过程，掌握数与代数的基础知识和基本技能 • 经历图形的抽象、分类、性质探讨、运动、位置确定等过程，掌握图形与几何的基础知识和基本技能 • 经历在实际问题中收集和处理数据、利用数据分析问题、获取信息的过程，掌握统计与概率的基础知识和基本技能 • 参与综合实践活动，积累综合运用数学知识、技能和方法等解决简单问题的数学活动经验

续表

数学思考	• 建立数感、符号意识和空间观念，初步形成几何直观和运算能力，发展形象思维与抽象思维 • 体会统计方法的意义，发展数据分析观念，感受随机现象 • 在参与观察、实验、猜想、证明、综合实践等数学活动中，发展合情推理和演绎推理能力，清晰地表达自己的想法 • 学会独立思考，体会数学的基本思想和思维方式
问题解决	• 初步学会从数学的角度发现问题和提出问题，综合运用数学知识解决简单的实际问题，增强应用意识，提高实践能力 • 获得分析问题和解决问题的一些基本方法，体验解决问题方法的多样性，发展创新意识 • 学会与他人合作交流 • 初步形成评价与反思的意识
情感态度	• 积极参与数学活动，对数学有好奇心和求知欲 • 在数学学习过程中，体验获得成功的乐趣，锻炼克服困难的意志，建立自信心 • 体会数学的特点，了解数学的价值 • 养成认真勤奋、独立思考、合作交流、反思质疑等学习习惯 • 形成坚持真理、修正错误、严谨求实的科学态度

(三)实施建议

1. 教学建议

教学活动是师生积极参与、交往互动、共同发展的过程。

数学教学应根据具体的教学内容，注意使学生在获得间接经验的同时也能够有机会获得直接经验，即从学生实际出发，创设有助于学生自主学习的问题情境，引导学生通过实践、思考、探索、交流等，获得数学的基础知识、基本技能、基本思想、基本活动经验，促使学生主动地、富有个性地学习，不断提高发现问题和提出问题的能力、分析问题和解决问题的能力。

在数学教学活动中，教师要把基本理念转化为自己的教学行为，处理好教师讲授与学生自主学习的关系，注重启发学生积极思考；发扬教学民主，当好学生数学活动的组织者、引导者、合作者；激发学生的学习潜能，鼓励学生大胆创新与实践；创造性地使用教材，积极开发、利用各种教学资源，为学生提供丰富多彩的学习素材；关注学生的个体差异，有效地实施有差异的教学，使每个学生都得到充分的发展；合理地运用现代信息技术，有条件的地区，要尽可能合理、有效地使用计算机和有关软件，提高教学效益。

(1)数学教学活动要注重课程目标的整体实现

为使每个学生都受到良好的数学教育，数学教学不仅要使学生获得数学的知识技能，而且要把知识技能、数学思考、问题解决、情感态度四个方面目标有机结合，整体实现课程目标。

课程目标的整体实现需要日积月累。在日常的教学活动中，教师应努力挖掘教学内容中可能蕴含的、与上述四个方面目标有关的教育价值，通过长期的教学过程，逐渐实现课程的整体目标。因此，无论是设计、实施课堂教学方案，还是组织各类教学活动，不仅要重视学生获得知识技能，而且要激发学生的学习兴趣，通过独立思考或者合作交流感悟数学的基本思想，引导学生在参与数学活动的过程中积累基本经验，帮助学生形成认真勤奋、独立思考、合作交流、反思质疑等良好的学习习惯。

(2)重视学生在学习活动中的主体地位

有效的数学教学活动是教师教与学生学的统一，应体现“以人为本”的理念，促进学生的全面发展。

①学生是数学学习的主体，在积极参与学习活动的过程中不断得到发展。

学生获得知识，必须建立在自己思考的基础上，可以通过接受学习的方式，也可以通过自主探索等方式；学生应用知识并逐步形成技能，离不开自己的实践；学生在获得知识技能的过程中，只有亲身参与教师精心设计的教学活动，才能在数学思考、问题解决和情感态度方面得到发展。

②教师应成为学生学习活动的组织者、引导者、合作者，为学生的发展提供良好的环境和条件。

教师的“组织”作用主要体现在两个方面：第一，教师应当准确把握教学内容的数学实质和学生的实际情况，确定合理的教学目标，设计一个好的教学方案；第二，在教学活动中，教师要选择适当的教学方式，因势利导、适时调控，努力营造师生互动、生生互动、生动活泼的课堂氛围，形成有效的学习活动。

教师的"引导"作用主要体现在:通过恰当的问题,或者准确、清晰、富有启发性的讲授,引导学生积极思考、求知求真,激发学生的好奇心;通过恰当的归纳和示范,使学生理解知识、掌握技能、积累经验、感悟思想;能关注学生的差异,用不同层次的问题或教学手段,引导每个学生都能积极参与学习活动,提高教学活动的针对性和有效性。

教师与学生的"合作"主要体现在:教师以平等、尊重的态度鼓励学生积极参与教学活动,启发学生共同探索,与学生一起感受成功和挫折、分享发现和成果。

③处理好学生主体地位和教师主导作用的关系。

好的教学活动,应是学生主体地位和教师主导作用的和谐统一。一方面,学生主体地位的真正落实,依赖于教师主导作用的有效发挥;另一方面,有效发挥教师主导作用的标志,是学生能够真正成为学习的主体,得到全面的发展。

实行启发式教学有助于落实学生的主体地位和发挥教师的主导作用。教师富有启发性的讲授;创设情境、设计问题,引导学生自主探索、合作交流;组织学生操作实验、观察现象、提出猜想、推理论证等,都能有效地启发学生的思考,使学生成为学习的主体,逐步学会学习。

(3)注重学生对基础知识、基本技能的理解和掌握

"知识技能"既是学生发展的基础性目标,又是落实"数学思考""问题解决""情感态度"目标的载体。

①数学知识的教学,应注重学生对所学知识的理解,体会数学知识之间的关联。

学生掌握数学知识,不能依赖死记硬背,而应以理解为基础,并在知识的应用中不断巩固和深化。为了帮助学生真正理解数学知识,教师应注重数学知识与学生生活经验的联系、与学生学科知识的联系,组织学生开展实验、操作、尝试等活动,引导学生进行观察、分析,抽象概括,运用知识进行判断。教师还应揭示知识的数学实质及其体现的数学思想,帮助学生理清相关知识之间的区别和联系等。

数学知识的教学,要注重知识的"生长点"与"延伸点",把每堂课教学的知识置于整体知识的体系中,注重知识的结构和体系,处理好局部知识与整体知识的关系,引导学生感受数学的整体性,体会对于某些数学知识可以从不同的角度加以分析、从不同的层次进行理解。

②在基本技能的教学中,不仅要使学生掌握技能操作的程序和步骤,还要使学生理解程序和步骤的道理。

基本技能的形成,需要一定量的训练,但要适度,不能依赖机械地重复操作,要注重训练的实效性。教师应把握技能形成的阶段性,根据内容的要求和学生的实际,分层次地落实。

(4)感悟数学思想,积累数学活动经验

数学思想蕴含在数学知识形成、发展和应用的过程中,是数学知识和方法在更高层次上的抽象与概括,如抽象、分类、归纳、演绎、模型等。学生在积极参与教学活动的过程中,通过独立思考、合作交流,逐步感悟数学思想。

(5)关注学生情感态度的发展

在教育教学活动中,教师要尊重学生,以强烈的责任心、严谨的治学态度、健全的人格感染和影响学生;要不断提高自身的数学素养,善于挖掘教学内容的教育价值;要在教学实践中善于用本标准的理念分析各种现象,恰当地进行养成教育。

(6)合理把握"综合与实践"的实施

"综合与实践"的实施是以问题为载体、以学生自主参与为主的学习活动。它有别于学习具体知识的探索活动,更有别于课堂上教师的直接讲授。它是教师通过问题引领、学生全程参与、实践过程相对完整的学习活动。

积累数学活动经验、培养学生的应用意识和创新意识是数学课程的重要目标,应贯穿整个数学课程之中。"综合与实践"是实现这些目标的重要和有效的载体。"综合与实践"的教学,重在实践、重在综合。重在实践是指在活动中,注重学生自主参与、全过程参与,重视学生积极动脑、动手、动口。重在综合是指在活动中,注重数学与生活实际、数学与其他学科、数学内部知识的联系和综合应用。

教师在教学设计和实施时应特别关注的几个环节是:问题的选择,问题的展开过程,学生参与的方式,学生的合作交流,活动过程和结果的展示与评价等。

(7)教学中应当注意的几个关系

①面向全体学生与关注学生个体差异的关系。

教学活动应努力使全体学生达到课程目标的基本要求,同时要关注学生的个体差异,促进每个学生在原有基础上的发展。

对于学习有困难的学生,教师要给予及时的关注与帮助,鼓励他们主动参与数学学习活动,并尝试用自己的方式解决问题、发表自己的看法,要及时地肯定他们的点滴进步,耐心地引导他们分析产生困难或错误的原因,并鼓励他们自己去改正,从而增强学习数学的兴趣和信心。对于学有余力并对数学有兴趣的学生,教师要为他们提供足够的材料和思维空间,指导他们阅读,发展他们的数学才能。

在教学活动中,要鼓励与提倡解决问题策略的多样化,恰当评价学生在解决问题过程中所表现出的不同水平；问题情境的设计、教学过程的展开、练习的安排等要尽可能地让所有学生都能主动参与，提出各自解决问题的策略，并引导学生通过与他人的交流选择合适的策略，丰富数学活动的经验，提高思维水平。

②“预设”与“生成”的关系。

教学方案是教师对教学过程的“预设”，教学方案的形成依赖于教师对教材的理解、钻研和再创造。理解和钻研教材，应以本标准为依据，把握好教材的编写意图和教学内容的教育价值；对教材的再创造，集中表现在：能根据所教班级学生的实际情况，选择贴切的教学素材和教学流程，准确地体现基本理念和课程内容规定的要求。

实施教学方案，是把“预设”转化为实际的教学活动。在这个过程中，师生双方的互动往往会“生成”一些新的教学资源，这就需要教师能够及时把握，因势利导，适时调整预案，使教学活动收到更好的效果。

③合情推理与演绎推理的关系。

推理包括合情推理和演绎推理。教师在教学过程中，应该设计适当的学习活动，引导学生通过观察、尝试、估算、归纳、类比、画图等活动发现一些规律，猜测某些结论，发展合情推理能力；通过实例使学生逐步意识到，结论的正确性需要演绎推理的确认，可以根据学生的年龄特征提出不同程度的要求。

④使用现代信息技术与教学手段多样化的关系。

积极开发和有效利用各种课程资源，合理地应用现代信息技术，注重信息技术与课程内容的整合，能有效地改变教学方式，提高课堂教学的效益。有条件的地区，教学中要尽可能地使用计算器、计算机以及有关软件；暂时没有这种条件的地区，一方面要积极创造条件改善教学设施，另一方面广大教师应努力自制教具以弥补教学设施的不足。

2. 评价建议

评价的主要目的是全面了解学生数学学习的过程和结果，激励学生学习和改进教师教学。评价应以课程目标和课程内容为依据，体现数学课程的基本理念，全面评价学生在知识技能、数学思考、问题解决和情感态度等方面的表现。

评价不仅要关注学生的学习结果，更要关注学生在学习过程中的发展和变化。应采用多样化的评价方式，恰当呈现并合理利用评价结果，发挥评价的激励作用，保护学生的自尊心和自信心。通过评价得到的信息，可以了解学生数学学习达到的水平和存在的问题，帮助教师进行总结与反思，调整和改进教学内容与教学过程。

三、《普通高中数学课程标准》(2017 年版 2020 年修订)(节选)

《普通高中数学课程标准》(2017 年版 2020 年修订)

(一)课程性质与基本理念

1. 课程性质

高中数学课程是义务教育阶段后普通高级中学的主要课程,具有基础性、选择性和发展性。必修课程面向全体学生,构建共同基础;选择性必修课程、选修课程充分考虑学生的不同成长需求,提供多样性的课程供学生自主选择;高中数学课程为学生的可持续发展和终身学习创造条件。

2. 基本理念

(1)学生发展为本,立德树人,提升素养

高中数学课程以学生发展为本,落实立德树人根本任务,培育科学精神和创新意识,提升数学学科核心素养。高中数学课程面向全体学生,实现:人人都能获得良好的数学教育,不同的人在数学上得到不同的发展。

(2)优化课程结构,突出主线,精选内容

高中数学课程体现社会发展的需求、数学学科的特征和学生的认知规律,发展学生数学学科核心素养。优化课程结构,为学生发展提供共同基础和多样化选择;突出数学主线,凸显数学的内在逻辑和思想方法;精选课程内容,处理好数学学科核心素养与知识技能之间的关系,强调数学与生活以及其他学科的联系,提升学生应用数学解决实际问题的能力,同时注重数学文化的渗透。

(3)把握数学本质,启发思考,改进教学

高中数学教学以发展学生数学学科核心素养为导向,创设合适的教学情境,启发学生思考,引导学生把握数学内容的本质。提倡独立思考、自主学习、合作交流等多种学习方式,激发学习数学的兴趣,养成良好的学习习惯,促进学生实践能力和创新意识的发展。注重信息技术与数学课程的深度融合,提高教学的实效性。不断引导学生感悟数学的科学价值、应用价值、文化价值和审美价值。

(4)重视过程评价,聚焦素养,提高质量

高中数学学习评价关注学生知识技能的掌握,更关注数学学科核心素养的形成和发展,制定科学合理的学业质量要求,促进学生在不同学习阶段数学学科核心素养水平的达成。评价既要关注学生学习的结果,更要重视学生学习的过程。开发合理的评价工具,将知识技能的掌握与数学学科核心素养的达成有机结合，建立目标多元、方式多样、重视过程的评价体系。通过评价，提高学生学习兴趣，帮助学生认识自我，增强自信；帮助教师改进教学，提高质量。

(二)学科核心素养与课程目标

1. 学科核心素养

学科核心素养是育人价值的集中体现，是学生通过学科学习而逐步形成的**正确价值观念**、**必备品格**和**关键能力**。数学学科核心素养是数学课程目标的集中体现，是具有数学基本特征的思维品质、关键能力以及情感、态度与价值观的综合体现，是在数学学习和应用的过程中逐步形成和发展的。数学学科核心素养包括：数学抽象、逻辑推理、数学建模、直观想象、数学运算和数据分析。这些数学学科核心素养既相对独立、又相互交融，是一个有机的整体。

数学抽象是指通过对数量关系与空间形式的抽象，得到数学研究对象的素养。主要包括：从数量与数量关系、图形与图形关系中抽象出数学概念及概念之间的关系，从事物的具体背景中抽象出一般规律和结构，并用数学语言予以表征。

逻辑推理是指从一些事实和命题出发，依据规则推出其他命题的素养。主要包括两类：一类是从特殊到一般的推理，推理形式主要有归纳、类比；一类是从一般到特殊的推理，推理形式主要有演绎。

数学建模是对现实问题进行数学抽象，用数学语言表达问题、用数学方法构建模型解决问题的素养。数学建模过程主要包括：在实际情境中从数学的视角发现问题、提出问题，分析问题、建立模型，确定参数、计算求解，检验结果、改进模型，最终解决实际问题。

直观想象是指借助几何直观和空间想象感知事物的形态与变化，利用空间形式特别是图形，理解和解决数学问题的素养。主要包括：借助空间形式认识事物的位置关系、形态变化与运动规律；利用图形描述、分析数学问题；建立形与数的联系，构建数学问题的直观模型，探索解决问题的思路。

数学运算是指在明晰运算对象的基础上，依据运算法则解决数学问题的素养。主要包括：理解运算对象，掌握运算法则，探究运算思路，选择运算方法，设计运算程序，求得运算结果等。

数据分析是指针对研究对象获取数据，运用数学方法对数据进行整理、分析和推断，形成关于研究对象知识的素养。数据分析过程主要包括：收集数据，整理数据，提取信息，构建模型，进行推断，获得结论。

2. 课程目标

通过高中数学课程的学习，学生能获得进一步学习以及未来发展所必需的数学基础知识、基本技能、基本思想、基本活动经验（简称“四基”）；提高从数学角度发现和提出问题的能力、分析和解决问题的能力（简称“四能”）。

在学习数学和应用数学的过程中，学生能发展数学抽象、逻辑推理、数学建模、直观想象、数学运算、数据分析等数学学科核心素养。

通过高中数学课程的学习，学生能提高学习数学的兴趣，增强学好数学的自信心，养成良好的数学学习习惯，发展自主学习的能力；树立敢于质疑、善于思考、严谨求实的科学精神；不断提高实践能力，提升创新意识；认识数学的科学价值、应用价值、文化价值和审美价值。

（三）教学与评价建议

在教学活动中，教师应准确把握课程目标、课程内容、学业质量的要求，合理设计教学目标，并通过相应的教学实施，在学生掌握知识技能的同时，促进数学学科核心素养的提升及水平的达成。在教学与评价中，要关注学生对具体内容的掌握情况，更要关注学生数学学科核心素养水平的表现；要关注数学学科核心素养各要素的不同特征及要求，更要关注数学学科核心素养的综合性与整体性。教师应结合相应的教学内容，落实“四基”，培养“四能”，促进学生数学学科核心素养的形成和发展，达到相应水平的要求，部分学生可以达到更高水平的要求。

1. 教学建议

全面落实立德树人要求，深入挖掘数学学科的育人价值，树立以发展学生数学学科核心素养为导向的教学意识，将数学学科核心素养的培养贯穿于教学活动的全过程。在教学实践中，要不断探索和创新教学方式，不仅重视如何教，更要重视如何学，引导学生会学数学，养成良好的学习习惯；要努力激发学生数学学习的兴趣，促使更多的学生热爱数学。

（1）教学目标制定要突出数学学科核心素养；

（2）情境创设和问题设计要有利于发展数学学科核心素养；

（3）整体把握教学内容，促进数学学科核心素养连续性和阶段性发展；

（4）既要重视教，更要重视学，促进学生学会学习；

（5）重视信息技术运用，实现信息技术与数学课程的深度融合。

2. 评价建议

教学评价是数学教学活动的重要组成部分。评价应以课程目标、课程内容和学业质量标准为基本依据。日常教学活动评价,要以教学目标的达成为依据。评价要关注学生数学知识技能的掌握,还要关注学生的学习态度、方法和习惯,更要关注学生数学学科核心素养水平的达成。教师要基于对学生的评价,反思教学过程,总结经验、发现问题,提出改进思路。因此,数学教学活动的评价目标,既包括对学生学习的评价,也包括对教师教学的评价。

第二节　案例分析学习篇

招教考向分析

案例分析题属于综合性和应用性较强的题目类型,考查的是高层次的认知目标,不仅考查考生对数学课程标准和教育教学知识的理解程度,而且考查考生理解、运用理论知识的能力,直接表现为考查考生综合分析与评价方面的能力。

从 2017 ~ 2022 年考向分析来看,对新课标、教学过程的评价考查频次最高,其次是编排意图、数学思想、师生行为、错误归因与改进建议,教学目标与数学概念教学的分析也有所考查。从各省地市的考情分析来看,福建省 2018 ~ 2020 年均考查错误归因与改进建议,安徽省 2019 ~ 2021 年多考查编排意图,江西省 2019 ~ 2021 年多考查课标中的十大核心概念,浙江省杭州市 2020 ~ 2021 年均考查课标中的十大核心概念,考查方向相对比较稳定。山西、湖南、湖北、江苏、吉林等非统考地区考查相对比较灵活,一般以教学片段为素材让考生进行教学过程的评析。山东、广东、天津、重庆等非统考地区,目前已收集到的真题中未考查案例分析题。

注:数据来源于福建、安徽、江西、浙江、山西、湖南、湖北、吉林、山东、广东、江苏、天津、重庆等地区教师招聘考试真题试卷。

招教考向解读

案例分析题一般通过向考生提供一些背景资料,然后提出问题,在问题中要求考生阅读分析给定资料,依据教育教学知识和数学课程标准做出决策或者做出评价,或提出具体的解决问题的方法或建议等。

考向1 对新课标的考查

解法突破

《义务教育数学课程标准》新旧版本和《普通高中数学课程标准》(2017 年版 2020 年修订)节选内容见第一节。该类题目的答题模式如下：

(1)阐述理论依据(课程标准或新课改)；

(2)结合案例分析好与不好，合理与否；

(3)总结提升：应该怎么做(如果题目没有要求，可略)。

1. 课程内容中的十大核心概念

真题过招

1. [2020 年 7 月浙江杭州，6 分]空间观念是重要的数学能力和素养，也是课程标准的核心概念之一。下面是人教版教材三年级下册面积单位中“面积单位”的教学内容，请结合教学内容说说教学中应该如何发展学生的空间观念。

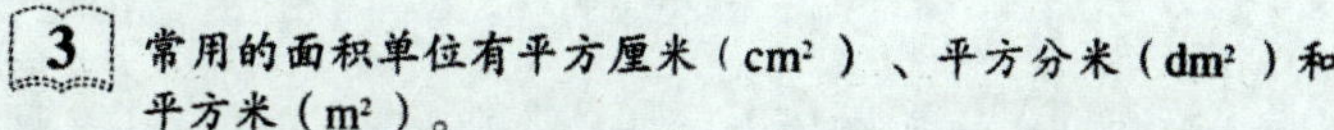

（1）边长 1 厘米的正方形，
面积是 1 平方厘米。

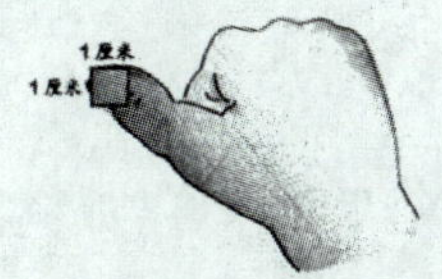

手指甲的面积接近
1平方厘米。

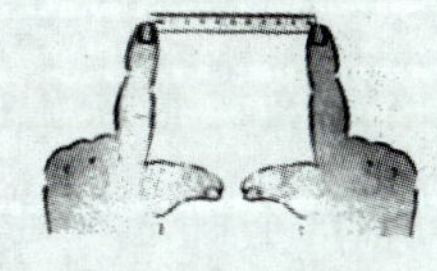

（2）边长 1 分米的正方形，
面积是 1 平方分米。

用手比画 1 平方分米的大小。

（3）边长 1 米的正方形，
面积是 1 平方米。

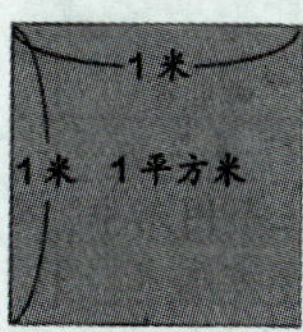

做一做

1. 你周围哪些物体的一个面分别接近 1 平方厘米、1 平方分米和
1 平方米？

2. 先估计下面的长方形面积大约是多少平方厘米，再用 1 平方厘米的正方形量一量。

3. 试一试，1 平方米的正方形内能站下多少名同学。

思路分析:先阐述《义务教育数学课程标准》中空间观念的内容,再结合案例具体分析空间观念在教学“面积单位”中的应用。

答案解析

【参考答案】(课标指向:2011 年版):空间观念主要是根据物体特征抽象出几何图形,根据几何图形想象出所描述的实际物体;想象出物体的方位和相互之间的位置关系;描述图形的运动和变化;依据语言的描述画出图形等。

(课标指向:2022 年版):空间观念主要是指对空间物体或图形的形状、大小及位置关系的认识。能够根据物体特征抽象出几何图形,根据几何图形想象出所描述的实际物体;想象并表达物体的空间方位和相互之间的位置关系;感知并描述图形的运动和变化规律。空间观念有助于理解现实生活中空间物体的形态与结构,是形成空间想象力的经验基础。

发展学生的空间观念可以从动手操作中培养,在现实情境中培养,在观察想象中培养,在实际运用中发展。

(1)在动手操作中培养空间观念。这是由“空间与图形”知识内容的特点决定的。第一学段中,学生以直观形象思维为主,正在逐步向抽象思维过渡,初步发展起来的抽象逻辑性思维还带有鲜明的直观特点。通过必要的直观操作,小学生能获得清晰深刻的表象,再逐步抽象出面积这个概念。通过比一比,画一画,进而对面积和面积单位有一定的认识。

(2)在现实情境中培养空间观念。通过自己伸出大拇指,观察手指甲的面积大约是 1 平方厘米,而用手可以比画一个 1 平方分米的正方形,或者用一个 1 平方米的木板,看看在 1 平方米的地上能站几个人,感知 1 平方米有多大。通过实际的观察和感知,逐步抽象出 1 平方厘米是多大,1 平方分米是多大,1 平方米是多大,进而对面积单位有更深程度的认识。这样把视野拓展到生活空间中,密切联系生活实际,有助于培养学生的空间观念。

(3)在观察想象中培养空间观念。空间观念是空间想象力的基础,是重要的数学素养。去观察,去想象周围1平方厘米,1平方分米,1平方米的事物的面,学生的空间观念才能得到升华。

(4)在实际运用中发展空间观念。先估计长方形的面积,然后用1平方厘米的正方形去量一量,慢慢地过渡到实际中的运用,引导学生尝试解决实际中的问题,进一步巩固空间观念。

2.[2020江西小数统考,12分](节选)

“数学广角——搭配(一)”教学片段:

1.出示图片

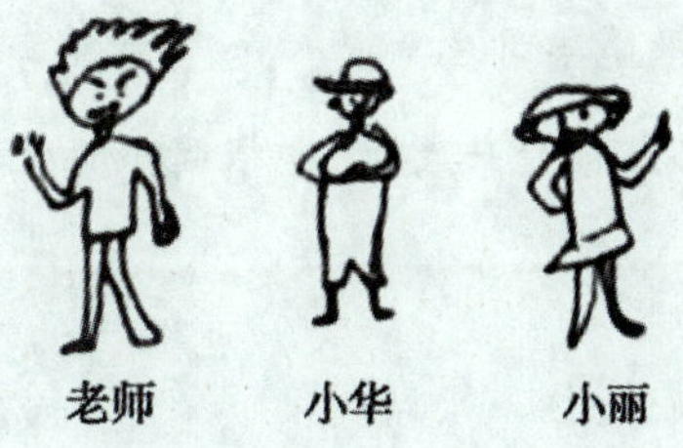

提出问题:老师和2名同学站成一排合影,有多少种不同的站法?

学生自主探究,教师巡视。

2.相互交流

师:一共有多少种不同的站法呢?你是怎么排列的?

生1:我用文字表示他们的不同站法。

第一种:老师、小华、小丽;第二种:老师、小丽、小华;

第三种:小华、老师、小丽;第四种:小华、小丽、老师;

第五种:小丽、老师、小华;第六种:小丽、小华、老师。

生2:我是这样表示的,也是6种不同的站法。

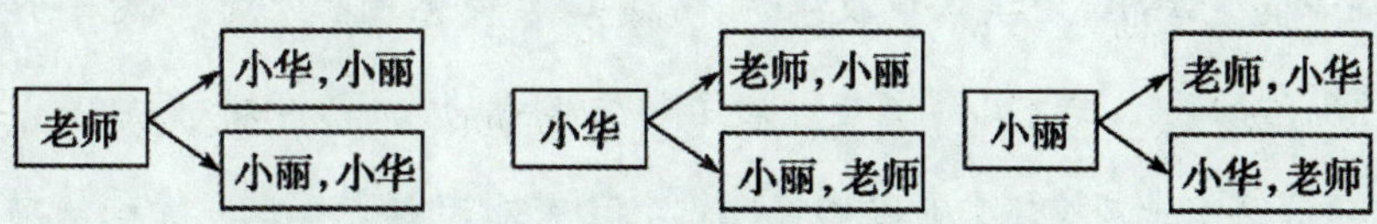

生3:他们都是先固定了第一个人的位置,再去排其他人的位置。这样既不重复也不遗漏。

师:观察得真仔细,对的,在排列的时候我们可能先确定第一个人的站位,再来确定其他人的位置,这样有序地思考就能做到既不重复也不遗漏。

（师板书：有序）刚才老师还发现几个同学表示的站位图很有创意，我们一起来看看吧！（展示学生作品）

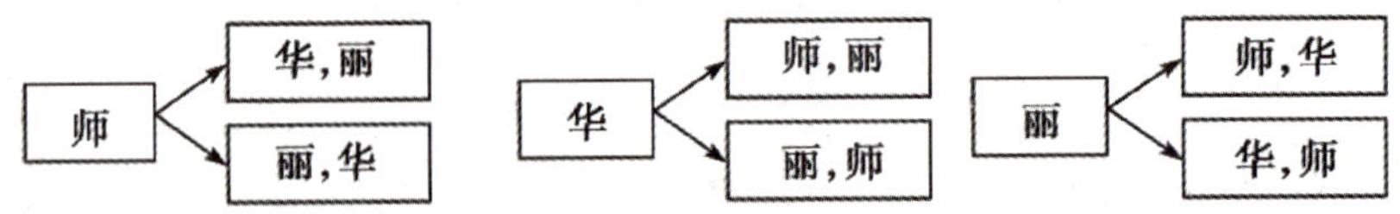

生4：我是把每个人用一个字代替，这样比文字表示既省时间，也能看懂。

生5：我觉得生2、生4的表示方法比用文字表示更为简便。

师：同学们想想看，还有没有其他简洁的表示方法呢？

生6：我想到了拼音，我们可以用人名中每个字的音节的打头字母来代表各个人。

生7：干脆就用 a,b,c 来表示呗。

生8：还可以用1，2，3来代表啊。

生9：用□○等图形来表示也很简单呀。

生10：我想用"，""。""？"等标点符号来表示，也很简单呀。

……

（1）略；

（2）结合本案例，谈谈在教学中如何发展学生的符号意识；

（3）符号意识包含哪三个方面的内容？

思路分析：（1）略；

（2）根据新课标中符号意识的内容，并结合具体教学情境分析；

（3）阐述《义务教育数学课程标准》（2011年版）中符号意识的内容。

答案解析

【参考答案】（1）略。

（2）①案例中教师在开课时出示师生排队合影的实际问题，吸引了学生的探究热情，从而引导学生用不同的表示方式解决问题，因此在教学中要借助问题情境，引导学生在解决问题中逐步构建符号模型体系。②案例中教师逐渐引导学生简化表示方式，一句"同学们想想看，还有没有其他简洁的表示方法呢？"更是开启了学生思想的大门。因此在教学中要积极唤醒学生的符号意识，使学生初步体会符号的优越性。③案例中教师在最后阶段鼓励学生畅所欲言，从而使学生感受到数学符号不只是常见的字母也包括图形标点等形式，以及感受到优化数学符号后表达的简便性。因此在教学中要积极引导学生活用数学符号，培养符号意识。

(3)(课标指向:2011 年版)符号意识主要包含以下三方面内容:①能够理解并运用符号表示数;②能够理解并运用符号表示数量关系;③能够理解并运用符号表示变化规律。

(课标指向:2022 年版)知道符号表达的现实意义;能够初步运用符号表示数量、关系和一般规律;知道用符号表达的运算规律和推理结论具有一般性;初步体会符号的使用是数学表达和数学思考的重要形式。(注:2020 年版课标提出"符号意识"的四个方面的内容)

2."四基"

真题过招

[2018 年 5 月浙江杭州,6 分]《义务教育数学课程标准》(2011 年版)提出由"双基"向"四基"转变的要求。

(1)你能说说"四基"指的是什么吗?

(2)下面是五年级上册《多边形的面积》中"平行四边形的面积",请你简要谈谈这节课中如何落实新增的"两基"呢?

平行四边形的面积

下面两个花坛的面积哪个大?

在方格纸上数一数,然后填写下表。(一个方格代表 1 m²,不满一格的都按半格计算。)

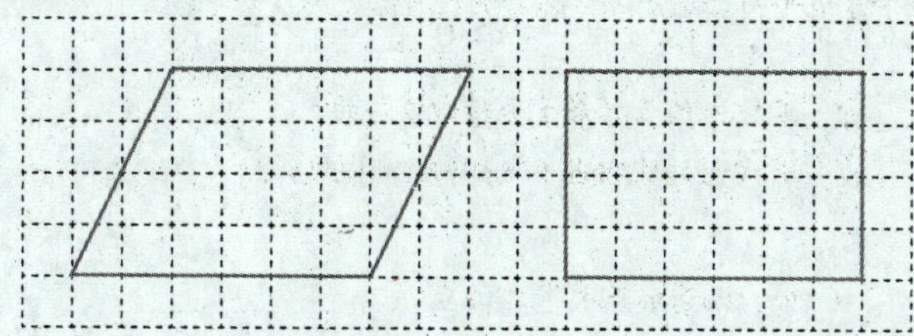

平行四边形	底	高	面积
长方形	长	宽	面积

思路分析:(1)阐述《义务教育数学课程标准》(2011年版)“四基”的内容。

(2)结合素材分析“平行四边形的面积”教学中所体现的基本思想与基本活动经验。

答案解析

【参考答案】(1)“四基”是指数学的基础知识、基本技能、基本思想、基本活动经验。基础知识与基本技能包括数学的基本概念、定理、公式、法则、方法，以及基本的运算、推理、作图等技能。基本思想主要指数学抽象的思想、数学推理的思想和数学模型的思想。基本活动经验是在学生参与数学学习的活动中积累起来的。

(2)“平行四边形的面积”中通过让学生经历平行四边形面积公式的推导过程，渗透“转化”的数学思想，将平行四边形转化为已学的图形来推导其面积公式。通过观察、交流、讨论、练习等形式，让学生在理解公式推导的过程中积累活动经验，学会解决实际问题。

3. 数学学科核心素养

[2022福建中数，4分](节选)“函数单调性复习课”课后作业：

基础性作业：阅读人教A版数学必修第一册92页“探究函数 $y=x+\frac{1}{x}$ 的图象与性质”的内容，用函数单调性的定义验证函数 $y=x+\frac{1}{x}$ 的单调区间；

延展性作业：探究并证明函数 $y=x+\frac{k}{x}(k>0)$ 的单调性；

拓展性作业：探究并证明函数 $y=x+\frac{x}{ax^2+b}(a>0,b>0)$ 的单调性；

发展性作业：探究并证明函数 $y=\frac{\sin x}{2+\cos x}$ 的单调性。

问题：

基于学科核心素养涵义的表述，简述上述材料主要涉及哪些学科核心素养。

思路分析：结合材料，答出“数学抽象”“逻辑推理”的具体内容并作分析即可。

答案解析

【参考答案】《普通高中数学课程标准》（2017 年版 2020 年修订）中的数学学科核心素养包括：数学抽象、逻辑推理、数学建模、直观想象、数学运算和数据分析。上述材料中主要涉及的核心素养有：

①数学抽象。数学抽象是指通过对数量关系与空间形式的抽象，得到数学研究对象的素养。主要包括：从数量与数量关系、图形与图形关系中抽象出数学概念及概念之间的关系，从事物的具体背景中抽象出一般规律和结构，并用数学语言予以表征。作业中，探究函数 $y=x+\frac{k}{x}$ 图象的性质，需要结合函数图象以及函数单调性的定义，抽象出一般规律，验证单调区间，体现了数学抽象的核心素养；

②逻辑推理。逻辑推理是指从一些事实和命题出发，依据规则推出其他命题的素养。主要包括两类：一类是从特殊到一般的推理，推理的形式主要有归纳、类比；一类是从一般到特殊的推理，推理的形式主要有演绎。在上述材料中，基于“探究函数 $y=x+\frac{1}{x}$ 的图象与性质”和“用函数单调性的定义验证函数 $y=x+\frac{1}{x}$ 的单调区间”，运用类比、归纳，探究并证明“$y=x+\frac{k}{x}(k>0)$”“$y=x+\frac{x}{ax^2+b}(a>0,b>0)$”“$y=\frac{\sin x}{2+\cos x}$”的单调性，在基础性作业的基础上一步步深化，体现了逻辑推理的核心素养。

考向 2　编排意图分析

解法突破

（1）分析教材的编排体系

分析教材的编排体系和知识之间的内在联系，可以从整体上把握各类知识在数学教材中的分布，认清各类知识的来龙去脉与纵横联系，以及它们在整个数学教材中的地位和作用。对同一类知识来说，要充分认识到所要教学的那部分内容，其知识基础是什么，为哪些后续知识的学习做铺

垫，等等，避免教学过程中的前后脱节或者重复。

(2)分析教材的编写意图，确定教学目标

分析教材时，要认真推敲教材的编写意图，明确通过教学应使学生认识或掌握哪些基础知识，达到什么要求；侧重培养哪些能力；可做哪些思想品德教育或渗透哪些数学思想方法等，并根据各部分知识及例题的安排顺序、难易程度与地位作用等来为制定教学目标提供依据。

(3)分析教材知识的发生过程及蕴含的思想方法

首先，要重视思维、思考的过程，比如问题是怎样发生、怎样发现、怎样提出的；怎样对问题进行观察、分析、研究、探索、推演，使问题得到解决；怎样由问题的解决得出结论等；其次，要充分启发、引导、组织学生积极参与这个过程，放手让他们提出问题，研究解决问题的方法，并进行概括，做出结论。

真题过招

1. [2022 安徽小数统考，10 分]以下素材选自小学数学教材(四年级上册)：线的认识。

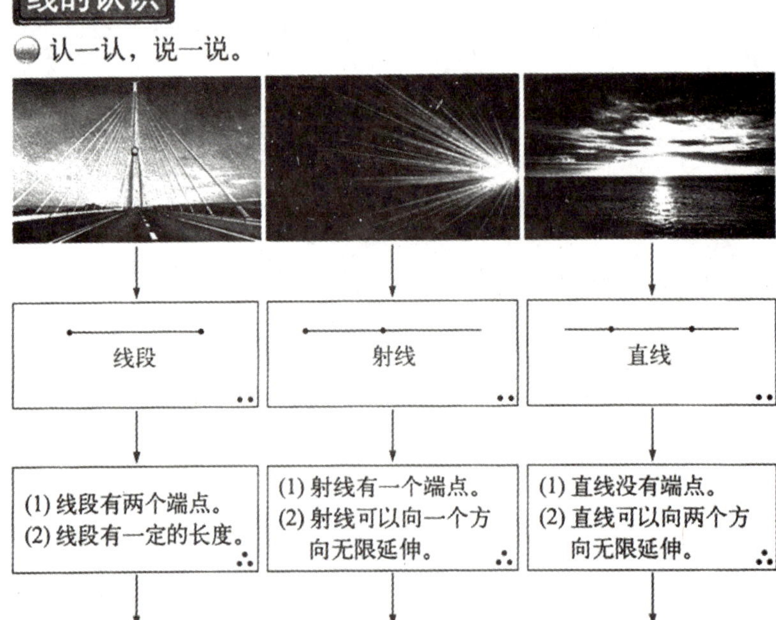

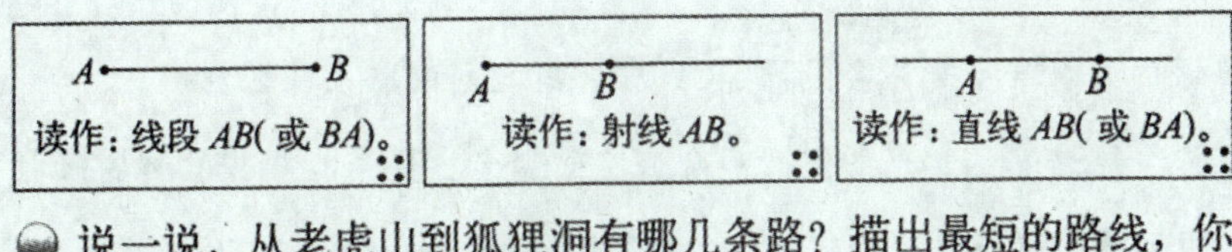

说一说，从老虎山到狐狸洞有哪几条路？描出最短的路线，你发现了什么？

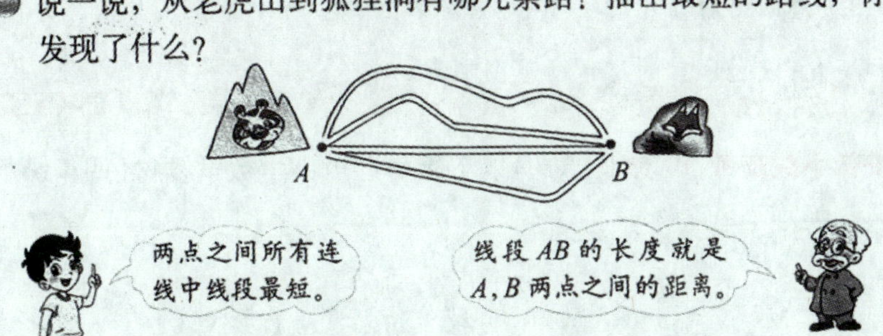

两点之间所有连线中线段最短。

线段 AB 的长度就是 A，B 两点之间的距离。

问题：

(1)分析以上教材的编排意图；

(2)在以上课堂教学中，学生的学习难点是什么？

(3)《义务教育数学课程标准》(2011 年版)指出："在数学教学中应当注重发展学生的数感、符号意识、空间观念、几何直观、数据分析观念、运算能力、推理能力和模型思想。"根据以上观念实施教学，可以重点培养学生以上 8 个核心观念中的哪一个？并对该观念进行简要描述。

思路分析：(1)结合教学素材，答出"贴近学生现实""教材编排从具体到抽象，进而总结概念的过程，有利于学生理解知识""通过习题应用新知"。(2)结合教学内容，答出教学难度。(3)答出"空间观念"的具体概念并对"空间观念"作出简要阐述。

答案解析

【参考答案】(1)①教材以学生日常生活能接触到的大桥、光线、海平线导入，以利于学生经历从现实情境中抽象出数学知识与方法的过程，发展抽象概括能力。

②教材从线段、射线和直线在生活中的具体形象抽象出数学中的图形，并通过观察总结出数学知识——直线、射线和线段的概念，有利于教师在教学的过程中帮助学生有效地理解知识。

③教材的习题以描绘最短路线作为任务，引导学生动手操作，让学生进行新知识的应用——将实际问题转化为求两点之间最短距离的数学问题，不仅提升学生应用新知解决实际问题的能力，也为后续学习线与线的位置关系打下知识基础，同时强化学生的几何直观素养与应用意识。

（2）本节课的学习难点是体会线段、直线和射线之间的联系和区别。

（3）本节课主要培养了学生的空间观念。空间观念主要是指根据物体特征抽象出几何图形，根据几何图形想象出所描述的实际物体；想象出物体的方位和相互之间的位置关系；描述图形的运动和变化；依据语言的描述画出图形等。

2. ［2021 安徽小数统考，10 分］（节选）以下素材选自小学数学教材（四年级下册）：小数点移动引起小数大小的变化。

3. 小数点移动引起小数大小的变化

小数点移动与／的长短有什么关系？

从上往下观察 ↓

0.009 m=9 mm
0.09 m=90 mm
0.9 m=900 mm
9 m=9000 mm

↑ 从下往上观察

你发现了什么规律？

小数点向右
移动一位，相当于把原数乘 10，小数就扩大到原数的 10 倍；
移动两位，相当于把原数乘（　），小数就扩大到原数的（　）倍；
移动三位，相当于把原数乘（　），小数就扩大到原数的（　）倍；
……

小数点向左
移动一位，相当于把原数除以 10，小数就缩小到原数的 $\frac{1}{10}$；
移动两位，相当于把原数除以（　），小数就缩小到原数的 $\frac{1}{(\quad)}$；
移动三位，相当于把原数除以（　），小数就缩小到原数的 $\frac{1}{(\quad)}$；
……

问题：

(1)略；

(2)分析以上内容的编排意图。

思路分析：(1)略；

(2)结合素材，从教材的编排体系、教材知识的发生过程等方面分析。

答案解析

【参考答案】(1)略。

(2)①用连环画的形式呈现孙悟空变长金箍棒打小妖的情境，让学生直观感知到小数点的移动与金箍棒长度的变化是有关系的，为后面的观察规律奠定基础，且增强课堂趣味性，激发学生的学习兴趣。

②教材在呈现图片、文字的基础上逐渐增加数学语言的比重，首先从小数点移动后的金箍棒长度变化入手，然后通过罗列数据，引导学生对小数点移动后小数大小变化规律与倍数、分数之间的关系的思考，最后总结收获。符合学生的认知规律和第二学段学生的年龄特点，有助于他们理解数学，为学生提供思考的空间。

③教材的整体编排体现了数学知识的形成过程，在设计本节课的学习活动时，教材展现“知识背景—知识形成—揭示联系”的过程，这个过程有利于理解数学实质，发展数学思考能力，了解知识之间的关联。例如，本节课学习的知识背景是学生已经学习了小数的意义，学习的过程中主要探究小数点移动后引起的小数大小的变化。

考向3　数学思想方法分析

解法突破

(1)化归思想。所谓化归，就是把待解决的问题通过某种转化过程，归结到一类已经能解决或者比较容易解决的问题中去，借此来获得原问题解决的一种思想方法。

(2)类比与归纳。类比，就是根据两种事物在某些特征上的相似，得出它们在其他特征上也可能相似的结论的一种推理。归纳可以帮助我们探寻规律，有助于提高我们的创造能力。

(3)函数思想。所谓函数思想，就是用运动和变化的观点、集合与对应的思想，去分析和研究数学问题中的数量关系，建立函数关系或构造函数，运用函数的图象和性质去分析问题，转化问题，从而使问题获得解决。

(4)方程思想。方程思想就是分析数学问题中的变量间的等量关系，从而建立方程或方程组或者构造方程，通过解方程或方程组，或者运用方程的性质去分析、转化问题，使问题获解。

(5)分类讨论思想。分类讨论是一种重要的数学思想方法，当问题的对象不能进行统一研究时，就需要对研究的对象进行分类，然后对每一类分别研究，给出每一类的结果，最终综合各类结果得到整个问题的解答。

(6)数形结合思想。数形结合与数形转化的目的是发挥“形”的生动性和直观性，发挥“数”的思路的规范性与严密性，两者相辅相成，扬长避短。

真题过招

1. [2021 湖北中数特岗,10 分]人教版数学课本九年级上册第二十一章是“一元二次方程”，其中包含“一元二次方程”“解一元二次方程”“实际问题与一元二次方程”，在讲“一元二次方程”的第一课时的“配方法”中，某老师提出了如下问题，引导学生思考。

问题1：在设计人体雕像时，使雕像的上部(腰以上)与下部(腰以下)的高度比，等于下部与全部(全身)的高度比，可以增加视觉美感，按此比例，如果雕像的高为 2 米，那么它的下部应该设计为多高?

问题2：列方程并整理得 $x^2+2x-4=0$，这是一个一元二次方程，本节课将学习如何解这样的方程，为此，我们先从特殊的方程入手，同学们会解方程 $x^2=25$ 吗?

问题3：如果我们把上述方程稍作变形，例如给定方程 $(x+3)^2=5$，你认为可以怎么解?

问题4：怎么解方程 $x^2+6x+4=0$ 呢?

问题5：结合方程 $x^2+6x+4=0$ 的解答过程，你能说出解一元二次方程 $x^2+px+q=0$ 的基本思路吗?

问题6：通过解方程 $x^2=25$，$(x+3)^2=5$，$x^2+6x+4=0$，你能归纳出这些方程的解法吗?

问题7：同学们可以思考一下，对于一般的一元二次方程 $ax^2+bx+c=0(a\neq 0)$，如何求方程的根呢?

针对以上材料，请回答下列问题：

(1)配方法、公式法和因式分解法都是一元二次方程的解法。试分析配方法和因式分解法的共同之处，并说一说其中体现的数学思想；

(2)有的教师认为公式法作为解一元二次方程的通法，虽然便于使用，但无法体现任何的数学

思想，只要学生能够记忆并会用来求一元二次方程的根即可。请结合求根公式和配方法的关系，谈谈你对于这一看法的认识。

思路分析：(1)从化归思想的角度结合配方法和因式分解法的解题过程分析。

(2)通过求根公式的推导过程分析所涉及的思想方法即可。

答案解析

【参考答案】(1)配方法与因式分解法的共同之处是都将一元二次方程降次，转化为求一元一次方程的解。配方法是用开平方的方法，将一元二次方程转化为两个一元一次方程实现求解；因式分解法是将方程转化为两个一次式的乘积等于0的形式，再使这两个一次式分别等于0，最终实现求解。这两个方法均把一个比较难解决的问题，通过某种方式，转化为比较容易解决的问题，最终解决原问题，体现了化归的数学思想。

(2)这种看法是不全面的。因为所有的一元二次方程都可以用公式法求解，所以这是个通法，有规律可循，如果不抽象概括出一个数学模型，那么每次都要做重复性的工作，抽象概括正是数学学习留给学生的数学思维品质和方法。在思想方法上，求根公式的推导过程运用了配方法，其基本思想是降次，通过配方法转化为可直接开平方的形式。在推导过程中还涉及分类讨论的思想，数学思想方法凝聚着数学的精髓和灵魂，尽管学生走上社会后，数学知识似乎渐渐淡忘了，但留存的应是那种铭刻在心头的数学思想、数学思维方式。从运算的角度看，求根公式包含了初中阶段所学过的全部六种代数运算：加、减、乘、除、乘方、开方，体现了公式的和谐统一，各级运算的顺序决定了一元二次方程的解题顺序。开平方运算不是总能进行的，要根据判别式 $\Delta=b^2-4ac$ 的符号来判断方程是否有实数根，如果有实数根，则由其三个系数来确定。通过运算可以完美地解决根的存在性、根的个数、根的求法三个问题，可以说是“万能”求根公式，它向我们展示了抽象性、一般性和简洁性等数学的美和魅力。

2. [2020 安徽小数统考,10 分](节选)以下素材来自小学数学教材：

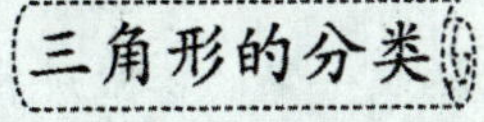

5　给三角形分类。

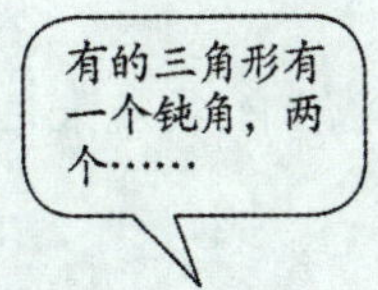

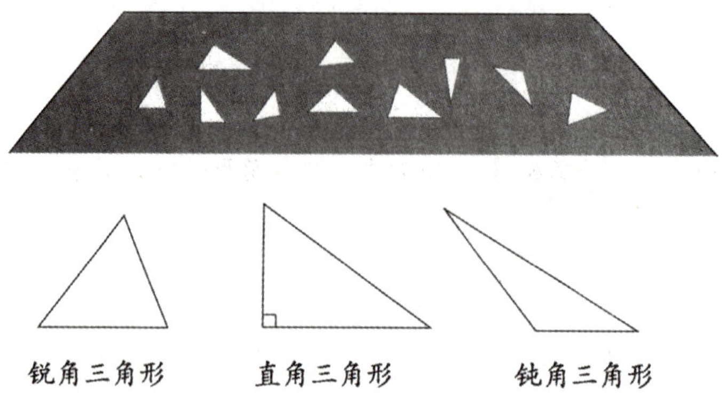

把所有三角形作为一个整体，上面每种三角形作为这个整体的一部分，可以用右图来表示它们之间的关系。

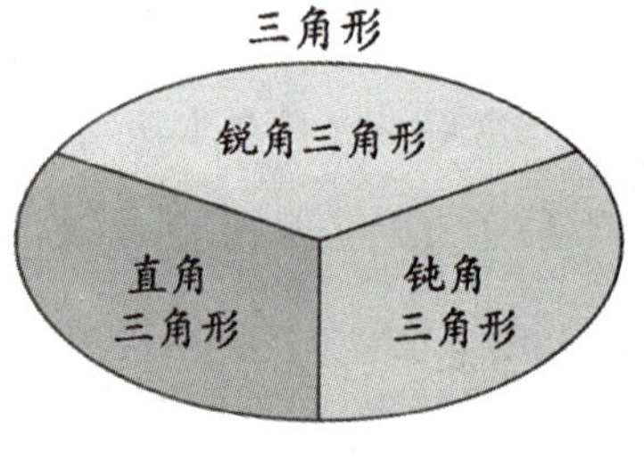

在直角三角形中：

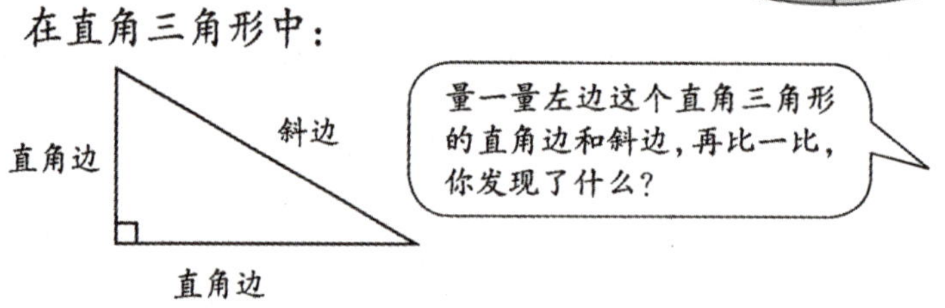

(1)略；

(2)以上内容体现了什么样的数学思想？

思路分析：(1)略；

(2)阐述“三角形分类”所体现的数学思想方法，再结合案例具体分析。

答案解析

【参考答案】(1)略。

(2)①分类思想。案例中学生对三角形进行分类，体现了分类思想。我们在研究某些问题时，有时无法对其进行统一研究或者整体解决，就会把对象按照一定的标准进行分类，然后逐个讨论，最后归纳得出结论。采用分类思想有利于学生有逻辑地、全面地思考问题，帮助学生培养良好的数学思维品质。

②集合思想。案例中，最后采用 Venn 图的形式把三角形进行了划分，体现了集合的数学思想方法。集合是一种基本数学语言和基本数学工具，数学关系式的表达、概念的内涵与外

延等都可以用集合来进行准确的表达，获得清晰的刻画。采用集合思想，有利于学生建立整体和局部的概念。

案例中，将集合与分类思想相结合，引导学生对三角形进行合理分类，有助于学生对知识的梳理。

考向4 数学概念教学分析

解法突破

掌握并应用数学概念的学习一般有两种基本形式：一是概念形成；二是概念同化。

(1)概念形成

所谓数学概念形成，是指在教学条件下，从大量的实际例子出发，经过比较、分类，从中找出一类事物的本质属性，然后再通过具体的例子对所发现的属性进行检验，最后通过概括得到定义并用符号表达出来。

(2)概念同化

所谓数学概念同化，是指在课堂学习的条件下，利用学生认知结构中原有的知识经验，以定义的方式直接向学生揭示概念的本质属性，从而使学生获得新概念。

真题过招

[2017 安徽中数统考，10 分]案例分析：直线倾斜角概念的教学片段。

师：对于平面直角坐标系中的一条直线，确定它的位置需要哪些条件？

生：给定直线上的任意两点可确定这条直线。

师：平面直角坐标系中，过一点 P 可以确定一条直线吗？

生：不能，过一点的直线有无数条。

师：这些直线有什么联系和区别吗？

生：这些直线都过一点，但倾斜程度各不相同。

师：说得很对，那么如何刻画直线的倾斜程度呢？

生：可以用角。

师：对，这说明已知直线上一点和倾斜角也可以确定一条直线，那么，什么是直线的倾斜角呢？

我们已经介绍过“x 轴的正方向”与“直线上的方向”的概念，现在我们可以用这两个概念来定义“直线的倾斜角”。

师：(在黑板上板书)定义：x 轴正方向与一条直线向上方向之间所成的角叫作这条直线的倾斜角，通常用 α 表示。

接下来，教师带领着学生讨论倾斜角的分类、范围等问题，并举出一些反例让学生辨认，对倾斜角的概念予以强化。

阅读以上材料，回答以下问题：

(1)数学概念教学通常有哪两种教学设计方式？分析该教学片段的概念教学属于何种方式，试对这种概念教学方式进行描述；

(2)你认为直线倾斜角的概念应当如何教学，谈谈你的认识？

思路分析：(1)根据数学概念的两种基本形式的定义判断适用于直线倾斜角的概念的教学方式。

(2)从概念同化的教学方式出发，结合直线倾斜角的概念的特性分析。

答案解析

【参考答案】(1)数学概念教学有概念形成和概念同化两种教学方式。该教学片段的概念教学属于概念同化。所谓数学概念同化，是指在课堂学习的条件下，利用学生认知结构中原有的知识经验，以定义的方式直接向学生揭示概念的本质属性，从而使学生获得新概念。

(2)《义务教育数学课程标准》(2011 年版)中对数学概念教学提出了明确而具体的要求：对于数学概念的教学设计，应根据学生已有的数学知识经验和实际生活经历，设计学生熟悉的、感兴趣的问题情境或事例，充分展现概念形成的过程。通过问题讨论、事例分析，引导学生在具体感知的基础上进行抽象概括，要深入剖析概念的本质，阐明概念之间的相互关系和区别，注意新旧概念之间的联系和比较；要重视对概念的多角度理解，从而使学生逐步形成新的数学概念。

在教学中，可以从大量的例子出发，从学生实际经验的肯定例证中，举例说明生活中遇到的表示倾斜程度的量，如山坡、楼梯等，以概念形成的方式引入倾斜角的概念。而对概念的深入理解需要从不同的侧面、不同的角度去挖掘它，以期达到全面、完整、准确地认识、明确概念，这时就需要概念的同化，直接引导学生揭示概念的本质。

考向5 教学内容分析

解法突破

数学教学内容既是教师教学的重要资源，也是学生学习的主要对象和线索。教学中，教师应当深入地挖掘数学教材内容，灵活地呈现数学学习素材，以利于学生主动参与、自主建构地学习。评价数学教学内容的质量和效力时，可以从以下几个方面进行：

1. 教师呈现和讲解的数学教学内容是否准确无误，学生的理解是否正确。数学教学内容的科学性、准确性是有效数学学习的基本保障，要求教师务必深谙数学教学内容及相关知识的内涵。所谓“要给学生一杯水，教师要有一桶水”，不仅在于教师的知识量要比学生多，更重要的是指教师对数学教学内容理解的程度要比学生深刻得多，这样才能有效地避免学生对知识形成错误的理解。

2. 有没有充分挖掘数学知识的背景材料，是否体现了“数学学习内容应当是现实的、有意义的、富有挑战性的”新课程教学理念，数学知识的呈现是否有利于学生主动地进行观察、实验、猜想、推理与交流等数学活动。教学中对数学知识背景材料的适当挖掘，不仅有利于增进学生对知识理解的深广度，还能使数学课堂教学变得丰富多彩。

3. 教学内容的安排是否恰当。教学内容的组织设计是否突出了重点，分散了难点；容量和难度是否符合学生的现有发展水平，有没有超出学生的最近发展区；呈现形式是否有利于学生对数学知识的“再发现”学习；是否为学生主动建构学习提供了必要的支持，等等。

真题过招

1. [2022 江西初中，21 分]“同底数幂的乘法”教学片段：

(1)$10^3\times10^4=(\quad)\times(\quad)=10^{()}$；

(2)$a^3\times a^4=(\quad)\times(\quad)=a^{()}$；

(3)$10^m\times10^n=(\quad)\times(\quad)=10^{()}$。

引导学生完成(1)(2)小题：

(1)$10^3\times10^4=(10\times10\times10)\times(10\times10\times10\times10)=10\times10\times10\times10\times10\times10\times10=10^7$；

(2)$a^3\times a^4=(a\cdot a\cdot a)\times(a\cdot a\cdot a\cdot a)=a\cdot a\cdot a\cdot a\cdot a\cdot a\cdot a=a^7$。

师：观察两个算式，你发现了什么规律？请说出特征。

生1:根据乘方的意义,(1)是3个10的积乘4个10的积,结果是7个10的积,也就是10^7,第(2)题也一样。

师:那么第(3)题呢?

生:一样等于10^{m+n}。

回答:

(1)案例中的三个计算,有何教学意图?

(2)说说你对算理与算法的理解;

(3)结合《义务教育数学课程标准》(2011年版),阐述你对培养与发展运算能力的理解。

思路分析:(1)答出"通过学生已有知识导入新知",答出学生思维的变化过程是"从具体到抽象"。答出题目的设置"由浅到深""符合学生的认知规律",并结合材料适当展开叙述。

(2)①答出算法和算理的具体内容;②答出算法和算理的区别;③答出算法和算理的联系。

(3)答出《义务教育数学课程标准》(2011年版)中对"运算能力"的具体阐述。答出培养运算能力的具体三个方面的措施——算理的教学、口算与估算能力的培养、在算法应用中理解算理。

答案解析

【参考答案】(1)①第一个算式从学生已有认知的计算导入,通过复习乘方概念,引入同底数幂的乘法运算,为下一步的学习做铺垫;②第二个算式在第一个算式的基础上,把底数10换为一未知数,将具体底数的指数幂运算拓展到抽象底数的指数幂运算;③第三个算式在底数10不变的前提下,将幂由具体的数字抽象到未知数,按顺序经历①②③的过程,由浅入深,由旧引新,符合学生的认知规律,能够帮助学生更好地开始关于新知"同底数幂的乘法"的学习。

(2)①算理,顾名思义为运算的道理,严格来说就是运算的依据,是由数的概念、运算定律、运算性质等构成的数学基础理论知识。算法则是实施运算的基本程序和方法;②算理是客观存在的规律,对应的问题是"为什么要这样算?"。而算法是依据某些规则在算数中进行的操作方法,对应的问题是"怎样计算?";③算理为算法提供了正确的依据和思维,保证了计算的合理性和正确性,而算法则是算理的直观呈现,实现了算理的具体化,在数学运算中,二者相辅相成,缺一不可。

(3)《义务教育数学课程标准》(2011年版)在课程设计思路中指出,运算能力主要是指能

够根据法则和运算律正确地进行运算的能力。培养运算能力有助于学生理解运算的算理，寻求合理简洁的运算途径解决问题。在教学中，可以从以下几个方面培养学生的运算能力：①注重算理的教学，帮助学生从根源上理解问题，从问题本质寻找到最准确快捷的算法；②注重口算、估算等能力的培养；③鼓励学生探索不同算法，在不同的算法中理解算理。

2. [2021 江西小数统考，14 分]（节选）

某小学教材中，学习小数乘法选择了以下五个例题：

例 1：一个风筝 3.5 元，买 3 个风筝多少钱？

例 2：0.72 ×5 = ?

例 3：给一个长 2.4 m，宽 0.8 m 的长方形宣传栏刷油漆，每平方米要用油漆 0.9 kg，共需要多少 kg 油漆？

例 4：0.56 ×0.04 = ?

例 5：非洲野狗的最高速度是 56 千米/时，鸵鸟的最高速度是非洲野狗的 1.3 倍，鸵鸟的最高速度是多少千米/时？

(1)略；

(2)结合课程标准，谈谈在教学中应如何开展小数乘整数的教学；

(3)略。

思路分析：(1)略；

(2)结合《义务教育数学课程标准》(2011 年版)内容，分析小数乘整数的教学过程需要注意的方面。

答案解析

【参考答案】(1)略。

(2)《义务教育数学课程标准》(2011 年版)中指出“数学知识的教学，应注重学生对所学知识的理解，体会数学知识之间的关联。在基本技能教学中，不仅要使学生掌握技能操作的程序和步骤，还要使学生理解程序和步骤的道理”。因此小数乘整数的教学应做到以下几点：

①充分利用贴近学生现实的问题情境进行导入；

②放手让学生利用自己已有的知识经验独立解决问题，并对不同的合理思路给予肯定；

③引导学生分析不同的解题思路，培养学生的数学思维能力；

④引导学生脱离具体量列出竖式,并尝试对计算过程做出合理解释;

⑤引导学生梳理和总结小数乘整数的竖式计算要点。

(3)略。

考向6 教学目标分析

解法突破

(1)从知识与技能方面分析

依据“行为主体+行为动词+行为对象”格式,其中行为主体是学生,行为动词是了解、理解、掌握等,行为对象是指符合该学段的学情及相关知识点。其中采用的行为动词要求明确、可操作、可测量。例:学生能够掌握(了解,理解等)……(课题涉及的知识点);认识……(符号/数字)并理解其含义,知道……的用法,能用……技能解决……问题。

(2)从数学思考、问题解决方面分析

依据学习过程中运用的某种学习方式与此学习方式培养学生哪方面能力。例:通过……(某种或者某些活动),进一步发展……观念,培养……的思维(或能力)。

(3)从核心素养方面分析

教师通过对相关知识的教授,还应该注重学生积极乐观的情感态度和正确价值观的形成。例:通过学习,感受数学与实际生活的联系,增强……(情感态度的词汇),获得……(价值观词汇)体验,树立学习的信心。

制定教学目标时,要充分考虑核心素养在数学教学中的达成,要注重建立具体内容与核心素养主要表现的关联。

真题过招

[2021年1月浙江杭州,6分]数据分析观念是学生重要的数学能力和素养,也是《义务教育数学课程标准》(2011年版)的核心概念之一。请阐述数据分析观念包括哪些内容?下面是人教版五年级上册“可能性”单元例题的教学内容,请围绕发展学生数据分析观念的概念,设计教学目标。

3 小组活动：在装有红、黄两种颜色小球的盒子里摸球，每个小组的盒子里装的球都一样。每次摸出一个球，记录下颜色，再放回去摇匀，重复20次。

颜色	记录	次数
●	正 正 正	15
○	正	5

下面是八个小组的统计情况。

小组	1	2	3	4	5	6	7	8	合计
摸出●的次数	15	16	12	18	15	16	14	17	123
摸出○的次数	5	4	8	2	5	4	6	3	37

盒子里可能是●多还是○多？

做一做

① 从右面的盒子里摸出一个棋子，可能是什么颜色？猜一猜：摸出哪种颜色棋子的可能性最大？摸出哪种颜色棋子的可能性最小？

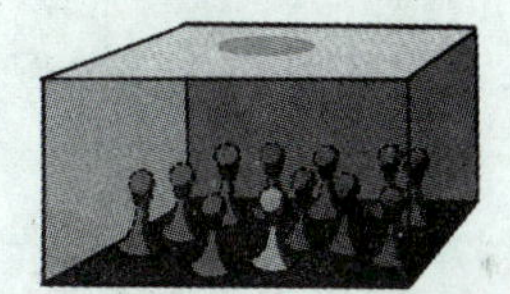

②

哪面朝上？

全班每人掷一次。

掷出(1)朝上的有______人，

掷出(花)朝上的有______人。

思路分析：结合数据分析观念，从知识技能、数学思考与问题解决、核心素养三个方面分析即可。

答案解析

【参考答案】（课标指向：2011年版）《义务教育数学课程标准》（2011年版）中指出，数据分析观念包括：了解在现实生活中有许多问题应当先做调查研究，收集数据，通过分析作出判断，体会数据中蕴含着信息；了解对于同样的数据可以有多种分析的方法，需要根据问题的背景选择合适的方法；通过数据分析体验随机性，一方面对于同样的事情每次收集到的数据可能不同，另一方面只要有足够的数据就可能从中发现规律。数据分析是统计的核心。

（课标指向：2022 年版）《义务教育数学课程标准》（2022 年版）中指出，数据意识主要是指对数据的意义和随机性的感悟。知道在现实生活中，有许多问题应当先做调查研究，收集数据，感悟数据蕴含的信息；知道同样的事情每次收集到的数据可能不同，而只要有足够的数据就可能从中发现规律；知道同一组数据可以用不同方式表达，需要根据问题的背景选择合适的方式。形成数据意识有助于理解生活中的随机现象，逐步养成用数据说话的习惯。（注：新课标对此内容提到的核心素养是数据意识）

故制定如下教学目标：

目标①：体会不确定现象的特点及事件发生的可能性的大小。

目标②：经历事件发生的可能性大小的探索过程，能根据试验的统计结果进行判断和推测，知道事件发生的可能性的大小与物体的数量有关，进一步体会随机现象的统计规律性。能根据数据推测事件发生的可能性的大小，并初步感受事件发生的等可能性。

目标③：感受数学与生活的密切联系，进一步培养学生的求实态度和科学精神。

考向7 教学设计评析

解法突破

（1）复习思考

方式：提问、板演、教师或学生总结。

设计意图：纠正练习中的错误；巩固前面所学内容，为新知识引入做准备。

（2）创设情境，新课引入

方式：由现实世界——生活、学习、生产、科学实验等情境导入，从数学内部——归纳式导入、演绎式导入、类比式导入、数学文化导入等。

设计意图：联系生活实际，为课题的引出提供了现实背景，同时激发了学生的学习兴趣，将数学知识与现实生活紧密联系在一起。

(3)合作交流,探究新知

方式:提出问题,有次序地一步一步层层深入到课题的核心;学生自主合作探究问题的解决方法;揭示概念(公式、法则、定理)的来龙去脉,从而把握本质,理解数学思想方法,积累数学活动经验。

设计意图:让学生经历××的过程(或思维活动),培养学生××能力,得出××。

(4)运用新知,巩固新课

方式:教师出示问题,学生解决、汇报;教师巡视指导。

设计意图:通过练习,让学生对新知进行巩固,对××形成系统化的认知。同时教师通过巡视,得到课堂教学效果的及时反馈,从而××(如调整后续环节)。

(5)反思小结,总结新课

设计意图:通过反思与总结,让学生将新知纳入已有认知结构或调整原认知结构以适应新知,获得××数学思想方法等。

(6)课外延伸,布置作业

设计意图:通过××的讲解(课外延伸)感受数学的意义、文化等;通过课后作业,进一步加强学生对××的记忆、掌握,形成对××更深刻的认识。

1. 教学环节设计

真题过招

[2021年5月浙江杭州,6分]模型思想是重要的数学能力和素养,也是课程标准的核心概念之一。建立和求解模型,有哪些步骤?下图是三年级下册长方形、正方形面积的计算例4,运用数学模型思想,写出教材的教学设计流程。

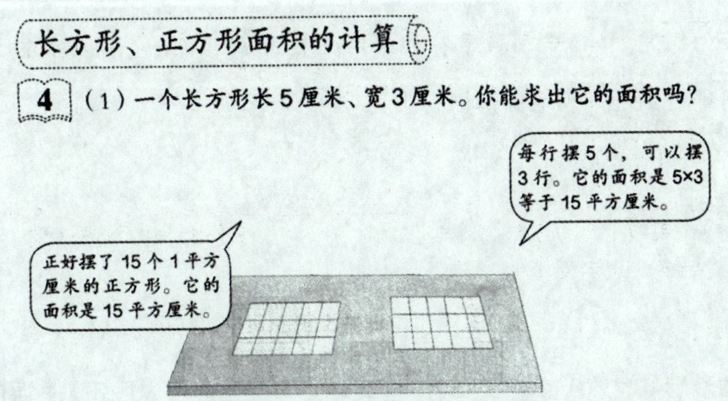

其他长方形的面积是不是也可以这样来计算呢？

（2）任取几个 1 平方厘米的正方形，拼成不同的长方形。边操作，边填表。

你发现长方形的面积与它的长和宽有什么关系吗？

长 / 厘米					
宽 / 厘米					
面积 / 平方厘米					

长方形的面积 = 长 × 宽

（3）先量一量，再计算它们的面积。

长 = ________
宽 = ________
面积 = ________

长 = ________
宽 = ________
面积 = ________

思路分析：从课题导入、新课学习、巩固提高、总结拓展四个方面设计“长方形、正方形面积的计算”的教学流程即可。

答案解析

【参考答案】建立和求解模型，有以下步骤：从现实生活或具体情境中抽象出数学问题；用数学符号建立方程、不等式、函数等表示数学问题中的数量关系和变化规律；求出结果并讨论结果的意义。

教学设计流程：(1)根据实际生活中的物体——长方形，求解该长方形的面积。(2)采用每个面积都为 1 的小正方形进行堆积，并让学生进行自由操作，学会初步采用模型（即小正方形）进行拼接。(3)在模型探究的过程中，让学生发现正方形长与宽之间的关系，接着对该种关系进行进一步的探究。(4)采用数学符号来对该种关系进行一个规律性总结。(5)对该规律总结通过应用进行更进一步地验证探究。

2. 教学环节评析

真题过招

[2021 山西临汾洪洞县，10 分]一位教师在教学一年级《认识人民币》一课时，设计了一个让

学生猜一猜老师口袋里装有多少钱的环节。

师:小朋友,请大家猜一猜,今天老师的口袋里装了多少钱?

生1:一百万。

师:老师口袋里哪有那么多钱呢?

生2:一角。

其他同学笑了,老师怎么才有一角钱啊。

生3:老师,你想让我们说有多少钱呢?

生4着急地说:老师,你拿出来让我们数一数就知道了!

(1)为什么会出现这样的现象,请对上述案例中教师设计这个环节作出分析;

(2)假如让你接着老师这个环节进行教学,下面你准备怎么引导学生?

(3)请你修正一下这个教学设计,并将学生可能出现的情况预设出来。

思路分析:(1)结合《义务教育数学课程标准》(2011年版)中的教学建议,分析教师设计环节即可。

(2)结合已有的教学过程,合理引导即可。

(3)从学生感兴趣的话题入手,提出问题即可。

答案解析

【参考答案】(1)《义务教育数学课程标准》(2011年版)在教学建议中指出,教师的引导作用主要体现在:①通过恰当的问题,或者准确、清晰、富有启发性的讲授,引导学生积极思考,求知求真,激发学生的好奇心。教师提出"老师口袋里有多少钱?",这个问题太过于宽泛,没有针对性,问题的提出缺少目的性与启发性;②《义务教育数学课程标准》(2011年版)在教学建议中指出,教师的引导作用还体现在:通过恰当的归纳和示范,帮助学生理解知识、掌握技能、积累经验、感悟思想。在学生提出有一角钱的时候,教师问学生,老师怎么才有一角钱?这个问题的提出没有价值,也没有给学生提供可靠的解决方案。

(2)老师表扬学生,这位同学提供的方法非常好,那咱们就一起来数一数。紧接着老师可以拿出口袋里的钱,问学生:"认识老师口袋里的这些钱吗?它们各是多少呢?"

(3)在教学时,先从学生感兴趣的话题入手,提出问题:"同学们,你们平时有去超市或者文具店买东西吗?去买东西的时候有没有见过人民币呢?"

学生:见过,也用过。

老师：老师今天就准备放学时去给大家买一些文具，那大家猜猜老师口袋里装了多少钱呢？

（预设）

学生1：一角。

学生2：一角太少了，根本买不了文具，我猜是200元。

学生3：200元太多了，有可能是2元，可以买一支笔。

学生4：如果要买很多，2元可能不够。

3. 设计意图评析

真题过招»

1. [2022年6月浙江杭州小数，8分] 以下是李老师在教学二年级《克与千克》“建立1克的质量标准”时的教学环节，分析此环节的教学目标、设计意图和教法特点。

建立1克的质量标准

1. 自主探究

师：生活中你们见过重约1克的物品吗？

生：纽扣、羽毛、铅笔。

师：老师带来了一些东西，1克到底可以是哪些物品，让我们一起用天平来发现这里的1克吧。（课中出示以下活动内容和要求）

活动一：使用天平，发现1克。

学习任务：1克可以是……

学习材料：2分硬币、一小盒黄豆、回形针、小面包、橡皮泥（学生每组都有）。

学习方法：称一称，说一说，贴一贴（把重1克的物品粘贴在作业单上）。教师给大家4分钟时间。

2. 汇报交流

师：同学们称出了这么多“1克”，请把这些“1克”介绍给同学听一听。

学生上台展示以下作业单并介绍。

师：这些“1克”有什么相同和不同的地方？

生：它们都很轻，都是1克。

生：它们的大小和数量不一样。

师：刚才我们称出了这么多“1克”，老师这里还有很多生活中的物品，你能快速找到这些材料里的“1克”吗？可以用刚才称出的“1克”去掂一掂，感受一下，每组挑两个最有手感的同学上来，带着你称出的“1克”来找“1克”。

师：请找对的最强手感王介绍一下经验！

生：我一手拿着2分硬币，一手拿着2粒花生，掂了掂发现差不多重。

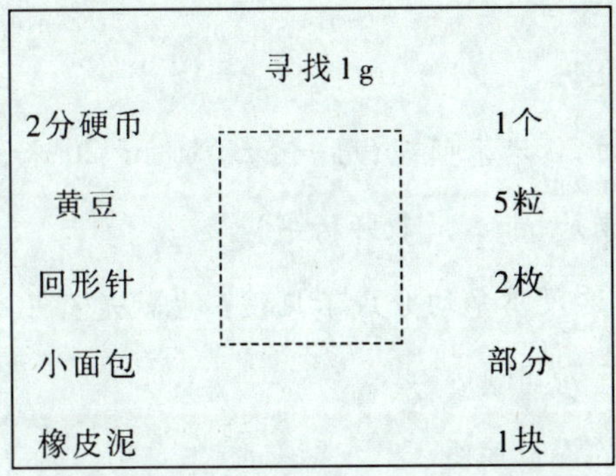

思路分析：根据具体的教学材料，写出教学环节中的“教学目标”与各个教学环节中的“设计意图”。其中“设计意图”包含“自主探究”和“汇报交流”两个环节。写出“教法特点”，言之有理即可。

答案解析

【参考答案】根据材料内容，此环节的教学目标是：在具体生活情境中，学生动手操作，初步感知“1克”的质量，进而培养学生自主探究的意识。

“自主探究”环节设计意图：通过实践活动，学生体会到数学与生活的密切联系，学会独立探索并与他人合作交流，增强学习数学的兴趣。

“汇报交流”环节设计意图：小组活动后的交流讨论，培养学生表达能力的同时，引导学生总结个人经验，归纳数学方法。

教法方面：材料中教师创设了学生比较熟悉的生活情境，用“称一称”“说一说”“贴一贴”的方法来估计物体的轻重，容易激发学生学习数学的兴趣，调动学生的学习自主性和能动性。在教授“1克”质量的过程中，层层递进的提问，小组合作与动手操作等环节的设置，充分调动学生的多种感官参与学习活动，让其深刻感受1克质量的大小，有利于1克概念的形成。整个教学环节中，为学生提供了充分的活动时间和体验空间，丰富学生的真实体验和触觉感知，深化了对“克”的认识，加快概念的建立，最终达到良好的教学效果。

2. [2020 湖北小数特岗,8 分] 在学习“植树问题”课程中,某教师的教学片段如下:

教师:我们用一条线段表示100米的小路,每隔5米栽一棵树,大家可以用自己喜欢的图案去表示树,每隔5米种一棵,……,照这样一棵一棵种下去,是不是很麻烦?

教师:为什么觉得麻烦呢?

学生:因为100米里面有20个5米,太多了。

教师:也就是说100米这个数据在这道题中显得有点大,因此画图时会比较麻烦。像这样比较复杂的问题,我们可以先从一些简单的情况进行研究。比如,我们可以先选取100米中的一小段研究。

教师演示课件,边演示边说明。

教师:我们选取100米中的20米来研究,用一条线段表示20米,两端都要栽树,每隔5米栽一棵,也就是说相邻两棵树的间隔是5米。(教师板书)

教师:大家看一看,我们把这段路平均分成了几段?也就是有几个间隔?栽了几棵树?

根据以上教学片段,回答下列问题:

(1)简要分析该教学片段的设计意图;

(2)该教学片段是“数学广角”的教学内容,结合本教学片段谈谈“数学广角”的教学目标有哪些?

思路分析:(1)从教师导入方式、数形结合思想两方面分析。

(2)从知识技能、数学思考与问题解决、核心素养方面分析。

答案解析

【参考答案】(1)设计意图:教师以问答的形式直接导入要讲授的知识,使学生在课堂开始就掌握整堂课的基调和轮廓,快速进入学习状态,提高课堂效率和教学质量;通过数形结合思想巧妙地将植树问题转化为线段的形式,体现化繁为简的思想,这也是解决其他问题时常用的方法。

(2)目标①:学生通过观察、猜测、动手操作、推理等活动,探究棵数与间隔数的关系,构建植树问题的数学模型。

目标②:经历构建植树问题数学模型的过程,渗透“数形结合”和“化繁为简”的数学思想,培养应用意识,提升学生的实践能力。

目标③:通过解决生活中的实际问题,体会数学模型的价值,感受数学与生活的密切联系,激发学习积极性。

考向8 教学过程评价

解法突破

评价数学教学过程，主要从以下几个方面加以考查：

(1)教学过程的各环节安排是否得当，各要素之间的关系处理得是否合理。例如，教师与学生在课堂教学中的角色定位及其关系是否理顺，教学目标、教学内容、教学方法的功能是否得到充分发挥，教学各环节的时间分配是否科学、合理。考查时，不仅要注意每一个教学环节在课堂教学中所产生的部分功能，还要关注各环节之间的配合与过渡，看它们有机组合起来所产生的整体功能。

(2)教学过程的组织是否有利于学生对数学知识的自主建构，有没有为学生的建构学习提供环境条件及时间和空间上的保障，学生的参与水平如何，是否在教师的指导下积极主动地投入到学习中去，有没有为学生创造自主探究与发现的空间。这是考查数学教学过程是重在"预设"还是重在"生成"的主要指标。

(3)教师与学生、学生与学生多边互动的关系是否有效，信息交流是否流畅，信息反馈是否及时，教师有没有根据反馈的信息灵活、有效地调控教学，对教学过程的整体驾驭能力如何，这些指标能够反映出数学课堂教学过程发展的整体效果，是对教学效率的动态认识和判断。

(4)教学过程中是否"以学生为本"，是否体现"学生是数学学习的主体，教师是数学学习的组织者、引导者与合作者"的新课程理念，好的教学活动，应是学生主体地位和教师主导作用的和谐统一。

1. 教学过程值得借鉴的方面

真题过招

[2019 江西小数统考，10 分]学生自己做决策："购买水果"教学片段。

师：新年快到了，班级搞联欢晚会，打算买苹果、梨、香蕉、橘子这四种水果，应该怎么购买呢？

生：我们以小组为单位收集数据，再看全班同学喜欢吃这四种水果的情况。

师：行，你们就以小组为单位进行活动吧！

师：每组派代表说一说你们小组的收集结果及收集数据的方法。

生1：我们小组是用举手的方法来收集喜欢水果的人数的，简单易行。

生2：我们是用画"√"的方法来收集数据的。

生 3:我们小组是用写“正”字的方法收集数据的。

师:好,同学们想出了这么多的收集方法,我们怎样通过这些数据知道全班同学喜欢吃水果的情况?

生 4:我们可以先把四种水果的名字写出来,然后把各个小组统计的数据汇总,就知道全班同学喜欢吃水果的情况了。

师:为了更清楚的表示每种水果同学们喜欢吃的情况,我们可以把这些信息放在表格中,这个表叫作统计表,并起个名字:二年级一班同学喜欢水果情况统计表。

水果名称	苹果	梨	香蕉	橘子
人数/人	3	23	6	18

师:从统计表的数据中能发现哪些信息?怎样购买水果呢?同学们先自己想一想,然后在小组内议一议,再在全班交流。

生 5:我们比较了统计表中的数据,喜欢吃梨的同学最多,喜欢吃橘子的同学次之,喜欢吃苹果和香蕉的同学很少,所以我们组认为要多买一些梨和橘子,少买苹果和香蕉。

生 6:我们组认为就买大多数同学喜欢吃的梨和橘子,虽然我最喜欢吃香蕉,但梨和橘子我也喜欢吃,所以就买梨和橘子,这样好买。

生 7:我们举手表决吧,数一数哪种方法赞同的人多,我们就用哪种方法。

师:很好,知道通过数据了解情况再做决定。

……

师:同学们想一想,我们是怎样获得如何买水果的方法的?在这个过程中你受到了哪些启发?

生 8:通过喜欢吃每种水果的人数来决定怎么买。先要想办法收集喜欢每种水果的人数。收集喜欢每种水果人数的方法有多种,如举手、画“√”、投票、写“正”字等。获得了解决问题的方法:利用数据中的信息解决问题……

问题:

(1)本案例值得借鉴的方面有哪些?

(2)结合案例,谈谈培养数据分析观念对学生的发展有什么意义。

(3)在教学中,培养学生的数据分析观念可以采用哪些策略?

思路分析:(1)根据《义务教育数学课程标准》(2011 年版)中的教学建议,结合教学过程具体分析。

(2)结合案例分析数据分析观念在教学过程中的体现与作用。

(3)从引导学生实践、思考、探索、交流等角度分析。

答案解析

【参考答案】(1)《义务教育数学课程标准》(2011 年版)中指出:好的教学活动,应是学生主体地位和教师主导作用的和谐统一。案例中教师组织学生调查班级同学喜欢吃每种水果的情况,通过这一生活问题激发学生的学习兴趣,使每一名同学都积极参与到课堂之中,真正落实了学生的主体地位。

另外,《义务教育数学课程标准》(2011 年版)中指出:数学教学活动应激发学生的学习兴趣,调动学生学习的积极性,引发学生的数学学习思考,鼓励学生的创造性思维。案例中教师对于同一问题鼓励学生采用了不同的统计方法,这样的设计有利于调动学生学习的积极性,引发学生的数学学习思考,发展学生的创造性思维。

(2)数据分析观念是义务教育阶段数学课程内容的核心之一。因此案例中教师在开课之初就鼓励学生采用简洁的调查方法,并在课程最后引导学生得出要通过数据先了解情况,再做决定,最后利用数据中的信息解决问题。培养数据分析观念可以使学生了解现实生活中许多问题应先调查研究,收集数据,通过分析做出判断,体会数据中蕴含的信息,了解对于同样的数据可以有多种分析的方法,需要根据问题的背景选择合适的方法。

(3)教学中培养学生的数据分析观念可以采用以下策略:

①创设有效的数据分析活动,使学生感受到数据的作用,形成数据意识;

②经历真实数据统计分析的全过程,发展学生的数据分析观念;

③将培养学生的数据分析观念贯穿在数学课程教学内容的始终;

④开展实践活动,积累数据分析应用的实例,形成解决问题的策略性认知。

2. 教学过程存在的问题及其改进建议

真题过招

1. [2021 安徽特岗,10 分]以下是王老师讲授“分式”概念的教学设计案例,阅读并回答问题:

案例:

定义:一般地,两个整式 A,B 相除时,可以表示成 $\frac{A}{B}(B\neq0)$ 的形式,如果 B 中含有字母,那么

$\frac{A}{B}$叫作分式，其中 A 叫作分式的分子，B 叫作分式的分母。例如：$\frac{1}{a}$，$\frac{s}{t}$，$\frac{3x}{y}$等都是分式。

例 1：辨析下列代数式中哪些是分式？

(1)$\frac{x}{2}$；(2)$-\frac{2}{5xy}$；(3)$\frac{x-y}{4-x}$；(4)$\frac{x+2y}{\pi}$。

例 2：当 x 取什么值时，下列分式有意义？

(1)$\frac{5}{x}$；(2)$\frac{x}{x+1}$；(3)$\frac{x-2}{x^2+1}$；(4)$\frac{x}{2|x|-1}$。

归纳总结：①分式是两个整式相除的商，分号可以理解为除号。②分母中必须含有字母，类比分数，分式分母的值不能为零。

问题：

(1)分析王老师运用的概念教学方式的基本特征；

(2)针对义务教育数学课程教学目标，分析该案例存在的问题。

思路分析：(1)从概念教学的一般过程的角度分析其基本特征。

(2)从学生在学习活动中的主体地位的角度进行分析。

答案解析

【参考答案】(1)①呈现概念，促进理解。教学设计的开头呈现分式的概念，学生明确概念的内涵和外延，明确概念的表达和限制条件。

②实例呈现，概念辨析。用实际的例子对概念进行辨析，消除学生对概念模糊的地方，加深学生的理解。

③归纳概括，揭示本质。总结归纳出分式概念的本质，进一步理解分式概念。

(2)该案例存在的问题：

①没有处理好面向全体学生与关注学生个体差异的关系。王老师只是先呈现出概念，然后进行了例题辨析教学，没有考虑到个别学生无法理解和掌握这个概念。

②没有重视学生在学习活动中的主体地位。王老师的教学虽然高效，但学生处于被动地位，没有主动去获取知识，自己的思考很少。教师单方面的教，学生单方面的学。

③没有课堂互动，不能调动学生的学习热情。

2. [2018 安徽小数统考，10 分]（节选）“圆锥的体积”的教学片段：

师：今天我们来学习计算圆锥的体积（板书课题），能否利用我们已有的经验求出圆锥体积？

生1:底面积乘高。

生2(班上有名的“马虎大王”小明):不对!“底面积×高”是算圆柱的体积,圆锥是下粗上尖,这样计算会把圆锥体积算大的!

师:很好!那你认为怎样算才合理?

生2:底面积乘高除以2。

师:你是怎样想的?

生2:因为三角形的面积是同它等底等高的长方形面积的一半,三角形也是下宽上尖,道理是一样的呀。

师:你就那么自信,要是错了呢?如果不是它的一半呢?

生2:不会的!要错也是您错。

(老师显得很不高兴)

师:同学们,下面我们通过实验,探究一下圆锥和圆柱体积之间的关系。

(师生用等底等高的圆锥和圆柱容器做了装沙实验,发现圆锥的体积等于同它等底等高的圆柱体积的三分之一)

师:小明同学,你不仅学习粗心,还固执、不谦虚……

问题:

(1)略。

(2)分析上述教学过程中教师存在的问题,并提出改进建议。

思路分析:(1)略。

(2)从学生在学习活动中的主体地位的角度,结合案例具体分析。

答案解析

【参考答案】(1)略。

(2)教学活动应该是师生积极参与、交往互动、共同发展的过程。有效的教学活动是学生学与教师教的统一,学生是学习的主体,教师是学习的组织者、引导者、合作者。但是本案例中,教师直接让学生用等底等高的圆锥和圆柱容器做了装沙实验,导致学生缺乏主动思考,忽视了学生的主体地位,当学生猜想圆锥体积是圆柱体积的一半的时候,应该给学生足够的时间,引导他们分组合作,自己动手去验证猜想是否正确。另外,学习评价是为了全面了解学生数学学习的过程和结果,激励学生学习和改进教师教学,应当发挥评价的激励作用,保护学生的自尊心和自信心,但是本案例中教师对小明的评价“小明同学,你不仅学习粗心,还固执、不谦虚……”显然伤害了学生的自尊心,打击了学生的学习兴趣,教师应该对小明的想法给予鼓励,并激励他动手验证,评价的时候可以告诉小明,“数学是严谨的,任何猜想都需要验证它的正确性和合理性”,这样更有利于激发学生的探索欲望。

考向 9 师生行为评价

解法突破

(1)阐述理论依据(课程标准或新课改)。

(2)结合案例分析好与不好,合理与否。

真题过招

1. [2019 湖南衡阳耒阳,8 分]案例分析。

阅读下面关于“圆形的面积计算”的教学片段,回答问题。

教师和学生们一起画同心圆,从而认识了外圆和内圆,从剪圆形的活动中形成圆环的表象,学生们自然而然地感悟出了圆形面积的计算方法。

师:能不能把圆形转化为我们已学过的其他图形来推导出圆的面积的计算方法呢?

生 1:我们想把圆转化成长方形或者平行四边形,但不知道怎么剪。

生 2:既然圆的面积和它的半径有关,我们想沿着圆的半径剪开。

师:这个主意不错! 大家可以动手试试。

生 3 激动地说:那我们也可以把圆形转化成梯形! 通过梯形的面积得出圆的面积。

师:我们也可以试一试哦。

生 4:梯形不怎么合适吧,毕竟圆的边是曲线……

问题:

(1)在课堂上,学生常常会出现一些老师意想不到的想法,我们称为“课堂生成”。你认为以上教学片段中,这位教师对课堂生成的处理合适吗? 说说你的观点。

(2)结合以上的教学片段,请你谈谈新课改要求教师的行为有哪些改变?

思路分析:(1)结合《义务教育数学课程标准》(2011 年版)中的教学建议具体分析。

(2)结合新课改从教师的主导性和学生的主体性两个角度分析。

答案解析

【参考答案】(1)教学片段中,教师对课堂生成的处理合适。教师处理"课堂生成"的方式,都是采取让学生动手尝试的办法,体现了学生是教学活动的主体。学生亲自动手操作,教师适当引导并组织探究,体现了自主探索与合作交流的思想。教师以问题导入,非直接讲授,培养了学生独立思考、独立解决问题的能力,激发了学生的学习兴趣。

(2)在教学关系上,新课程改革强调教师在教学活动中发挥帮助和引导的作用。片段中,教师用问题一步步引导学生探究,先探究将圆转化成长方形或平行四边形,再探究将圆转化为梯形。

在师生关系上,新课程改革强调教师对学生应有更多的尊重和赞赏。片段中,学生3激动地想把圆转化成梯形。教师在明知其想法不切实际的情况下,依然鼓励学生积极尝试,通过学生亲自动手,验证了想法的"不合适"。这体现了教师本着"为了每位学生的发展"的核心理念,对想法不同的学生采取赞赏的态度。

2. [2017安徽小数统考,10分]"数学广角——搭配"的教学片段。

出示问题:用1,2,3三张卡片,能摆出几个两位数?(学生回答3个,5个,6个,……)

师:那么多答案,怎么能知道到底是几个呢?

生:可以用卡片摆一摆,把摆出来的两位数都记下来。

师:真是一个好办法,那请你们用自己手中的卡片动手摆一摆,并记录下来。

接下来,学生独立思考,边摆边记录。(5分钟后,老师观察大部分学生已摆好)

师:同学们摆好了吗?

生:摆好了。

师:好,同学们都很认真,现在把记录的数字与老师摆的数字(黑板上:12,21,23,32,13,31)对照一下,看看和老师摆的是否一样。

生:有的一样,有的不一样。

师:老师写的数有什么规律吗?

生:老师先拿出两个数字卡片,先摆出一个两位数,然后调换数字顺序又摆成了一个两位数……

师:回答得很好。老师用的是调换数字法。(板书:调换数字)

接下来老师又板书:12,13,21,23,31,32,然后问:同学们再来观察这次老师写的数又有什么规律?

生:一张卡片放在“十位”上,另外两张卡片放在“个位”上,组成两个两位数……

师:对,这种方法叫固定十位法。(板书:固定十位法)

师:这两种方法好在哪里呢?

生:……(学生茫然)

师:(总结)不重复,不遗漏!(板书:不重复、不遗漏)

师:一共摆成几个两位数?

生:(齐答)6个。

……

问题:

(1)分析上述片段,教学过程中师生哪些教学行为值得肯定?

(2)分析上述教学过程中存在的问题,并进行改进。

思路分析:(1)结合《义务教育数学课程标准》(2011年版)中的教学建议具体分析。

(2)根据案例中教学过程中存在的问题,依次分析即可。

答案解析

【参考答案】(1)在上述教学片段中,教师从找规律的角度讲解搭配方法,角度新颖,符合小学生容易好奇的心理,引发学生猜测思考。学生积极动手与思考,积极发言,值得肯定。

(2)①“数学广角”属于“实践活动”的范畴,非常注重生活中的数学与书本上数学之间的联系,强调数学知识在现实生活中的应用,教师开始应创设一定的情境来吸引学生主动参与,提高学生对数学学习的积极性。

②在用调换数字法摆卡片过程中,学生中有与教师摆的不一样的,教师应抓住这个机会启发、点拨学生,寻找是否有重复、遗漏的现象,然后留给学生充分的时间和空间再次思考和讨论,进而渗透“不重复、不遗漏”的思想,而不是直接忽略,以至于最后学生没有领会知识背后蕴含的数学基本思想,而只是被动地接受教师给的总结。

③教学过程中应遵循以学生为主体的理念,让学生多动手,组织学生合作学习和自主探索,使学生真正成为学习的主人。

考向10 错误归因与改进建议

解法突破

(1)错因评析原则

评析原则	原因
知识方面	①概念不清,算理不明;②口算不熟,笔算不准; ③书写欠规范
心理方面	①感知比较粗略(粗心);②缺乏耐心;③注意力不够集中; ④思维定势干扰

(2)错因分析答题模板

①先写出出现的错误,如下错误:a. ×××;b. ×××;c. ×××。

②错误归因评析:(针对错误逐个分析原因):学生×××在解题过程中(的解法)出现以上错误,有以下几个原因:a. 在×××的过程中出现了×××的错误(概括材料)属于知识方面的原因,是对×××的×××(概念不清,算理不明/口算不熟,笔算不准);b. 在×××的过程中出现了×××错误(概括材料)属于心理方面的原因,属于×××(感知比较粗略/缺乏耐心/注意力不够集中/思维定势干扰)。

(3)改进建议

问题形式	答题思路
针对……(知识),探讨如何提高学生的……	(1)加强……(计算法则、运算顺序、运算律、运算性质、公式、定理和性质)的教学,理解……(算理、推导过程); (2)教师要认真研究学生的发展特点,树立正确的学生观; (3)分层练习,要形式多样,讲究实效,做到能围绕重点和难点强化练习,围绕易混和易错点对比练习
假如你是该教师,针对学生的……问题(情况),如何组织进一步的教学,完成该课题的教学任务	如果我是该教师,遇到这样的情况我会进行如下操作: (1)知识呈现的改进建议 认真分析学生出错的原因,找准错误的根源,对症施教。加强×××(计算法则、运算顺序、运算律、运算性质、公式、定理和性质)的教学,理解×××

续表

问题形式	答题思路
假如你是该教师，针对学生的……问题（情况），如何组织进一步的教学，完成该课题的教学任务	（算理、推导过程）。因此我会向学生提出：①×××；②×××。组织学生×××（前后讨论/独立思考），针对课堂中的问题解决学生的困惑。 （2）教学方式的改进建议 认真研究学生的发展特点，树立正确的学生观。由于×××（本题知识点）在学生以往的学习中已经接触过，从而可以利用旧知引出新知，顺应学生思维发展的规律，并且重视创设情境和知识总结，帮助学生构建数学体系。 （3）必要的巩固练习 在学生掌握该知识的基础上进行分层练习，要形式多样，讲究实效，做到能围绕重点难点强化练习，围绕易混和易错点对比练习

真题过招

1. [2022 福建小数统考，12 分] 在运用乘法分配律计算 0.68×101 时，有下列三种不同的做法。

做法 1：

0.68×101

$=0.68\times(100+1)$

$=0.68\times100+1$

$=68+1$

$=69$

做法 2：

0.68×101

$=0.68\times(100+1)$

$=0.68\times100\times1$

$=68$

做法 3：

0.68×101

$=0.68\times(100+1)$

$=6.8+0.68$

$=7.48$

问题：

(1)分别指出三种做法的错误之处，并分析导致错误的原因；

(2)针对以上做法，提出教学乘法分配律的相关教学建议。

思路分析：(1)答出错误之处“漏掉了加数1也需要乘0.68”“将‘+’错当成‘×’进行运算”“乘法计算错误”；答出错误原因“没有理解和掌握乘法分配律的本质”“粗心导致计算错误”“运算能力较差”。

(2)答出“乘法分配律中含有乘法与加法两种运算”“理解乘法分配律内涵的关键是乘法的意义”“让学生能够灵活地在加法与乘法之间相互切换”3条建议，语言流畅符合逻辑即可。

答案解析

【参考答案】(1)错误之处：

做法1：使用乘法分配律时，漏掉了加数1也需要乘0.68；

做法2：使用乘法分配律时，将“+”错当成“×”进行运算；

做法3：使用乘法分配律时，乘法计算错误，$0.68\times100=68$而不是6.8。

错误原因：

做法1：没有理解和掌握乘法分配律的本质：在用乘法分配律进行计算时，两个数的和与一个数相乘，应该先让这两个数分别与这个数相乘，再相加求和；

做法2：粗心导致把“+”当成“×”，进而计算错误；

做法3：运算能力较差。小数乘整百的数，小数点向右少移动了一位。

(2)①“乘法分配律”中含有“乘法”与“加法”两种运算，思维含量较高，因此在教学过程中不能采用“填鸭式”教学，而应该在教学过程中与学生一起探究，使学生充分理解“乘法分配律”。

②乘法分配律的理解，不能仅看表面，理解乘法分配律内涵的关键是乘法的意义，教学时要侧重结合乘法的意义来理解表达式中两部分的含义，感知算式中数据的特点，以及它们之间的关系。

③教学时应让学生在解决问题和说明缘由的过程中感受“乘法分配律”的两种不同方法之间的联系与区别，能够使学生灵活地在“加法”与“乘法”之间相互切换，让学生理解这两种思路的算式表达的都是“先求和，再相乘”或“先分别乘，再相加”，强化学生的结构意识。

2. [2020 吉林中数特岗,15 分]阅读下面材料,回答问题。

李老师进行“二元一次方程组”的教学时,给学生出了一道练习题:

解方程组$\begin{cases}2x+y=5,(1)\\2x-2y=2。(2)\end{cases}$

小红解题过程如下:

解:(1)-(2)得 $-y=3$(第一步)

即 $y=-3$,

把 $y=-3$ 代入(1)中得 $2x+(-3)=5$(第二步)

解得:$x=4$(第三步)

所以此方程的解为$\begin{cases}x=4,\\y=3。\end{cases}$(第四步)

针对以上案例,请你回答:

(1)指出小红从哪一步开始出现错误,分析错误原因;

(2)给出正确的解答过程。

思路分析:从知识的掌握程度分析出现错误的原因。

答案解析

【参考答案】(1)小红从第一步就开始出现错误了。出现错误的原因是对二元一次方程的加减消元法以及代数式的合并同类项知识点掌握不扎实,由(1)-(2)应得到 $y-(-2y)=3y=3$。

(2)正确的解答过程如下:

解:(1)-(2)得 $y-(-2y)=3y=3$,

即 $y=1$,

把 $y=1$ 代入(1)中得 $2x+1=5$,

解得:$x=2$。

所以此方程的解为$\begin{cases}x=2,\\y=1。\end{cases}$

必刷好题

1. 某教材"实数"部分教学选择的素材编排如下：

思考

图6–5是由4条横线，5条竖线构成的方格网，它们相邻的行距、列距都是1。从这些纵横线相交得出20个点（称为格点）中，我们可以选择其中4个格点作为顶点连接成一个正方形，叫作格点正方形。你能找出多少种面积互不相同的格点正方形？

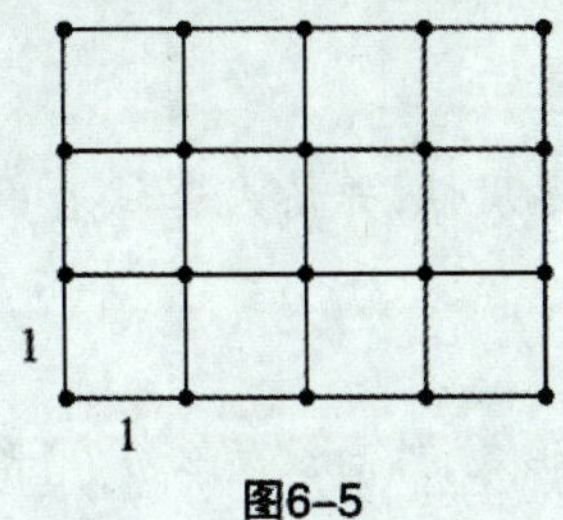

图6–5

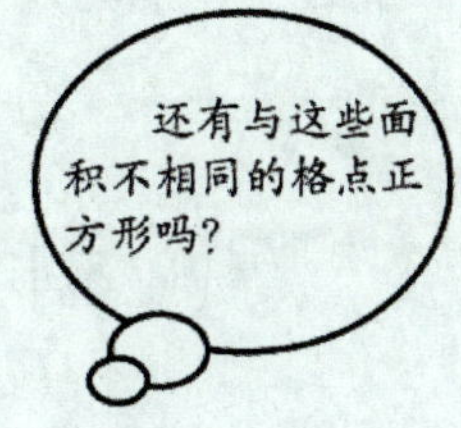

（1）有面积为1，4，9的格点正方形吗？

（2）有面积是2的格点正方形吗？把它画出来。

我们看到四个边长为1的相邻正方形的对角线就围成一个面积为2的格点正方形（图6–6）。这种正方形的边长应是多长？

设边长为x，则$x^2=2$，

因为$x>0$，所以$x=\sqrt{2}$。

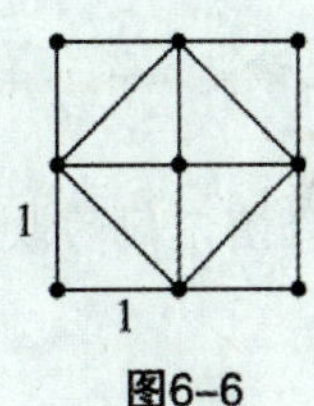

图6–6

问题：

(1) 试分析上述素材及其编排的意图；

(2) 在素材的呈现上，教材体现的特点是什么？

2. 案例一："一元一次方程的解法"教学片段：

师：解$0.5x=1$时，先两边除以0.5，把左边变为$1x$，即x，这时右边变为$1\div0.5=1\times2=2$，所以$x=2$。

生1：两边同时乘2，马上得到$x=2$，更简单。

师：结果是对的，但书上步骤是两边除以0.5（一次项系数），要按书上的格式和要求来。

师：再看一个方程：$x+\frac{1}{3}=\frac{1}{3}x+1$如何解？（思考……）一个学生举手。

生 2：老师，不用计算就看出 $x=1$。

师：光看不行，要按步骤进行计算。接着教师让另一名学生到黑板按书上要求完成了此题并表扬了这名学生。

案例二：探究“一元二次方程的求根公式”片段

师：对于一般的一元二次方程 $ax^2+bx+c=0(a\neq0)$，该如何求解，解的个数情况又是怎样？（学生想到了解方程的所有方法如开平方法、配方法等）

师：我们要研究这样的一元二次方程的求解方法和判断解的个数无从下手，该怎么办？

生：举具体例子。

师：非常好！请同桌互相写出一个一元二次方程，写出求解过程，并判断根的个数，然后小组交流。

探究解方程的通用方法，挑选有代表的予以展示。

师生列出方程解的个数情况以及配方法的通用性，并请大家试着用配方法解一元二次方程 $ax^2+bx+c=0(a\neq0)$。

生：我利用配方法导出 $\left(x+\frac{b}{2a}\right)^2=\frac{b^2-4ac}{4a^2}$ 的形式，然后该怎么办？（陷入困境）

师：（展示另一个学生的做法）$x+\frac{b}{2a}=\sqrt{\frac{b^2-4ac}{4a^2}}$ 是否正确？

生：不对，应该是 $x+\frac{b}{2a}=\pm\sqrt{\frac{b^2-4ac}{4a^2}}$。

师：很好！还有不同的做法吗？问题的关键在哪？

……

师生共同归纳出一元二次方程解的一般情况。

师：请大家快速写出有两个不等实数解，两个相等实数解和无实数解的一元二次方程。

根据以上实例，回答下列问题：

（1）分析案例一中教师处理生 1 和生 2 的回答时哪些地方存在不足，面对这种情况你会如何处理？

（2）分析案例二，你认为接下来的重点是什么？难点是什么？体现了什么样的数学思想？

（3）分析案例二，结合新课程标准，阐述如何培养学生的数学创新意识。

3. “三角形的稳定性”的教学片段：

王老师在组织一堂主题为“利用三角形的稳定性解决实际问题”的活动课时，他给同学们提出这样一个问题：一个纱门，它四边的榫卯老化，导致纱门变形，如何让门框固定？王老师用木条钉做了几个纱门模型(如图1),交给四个学习小组,并配给一些铁钉、木条、钉锤,……,请大家用所学的数学知识来解决这个问题。

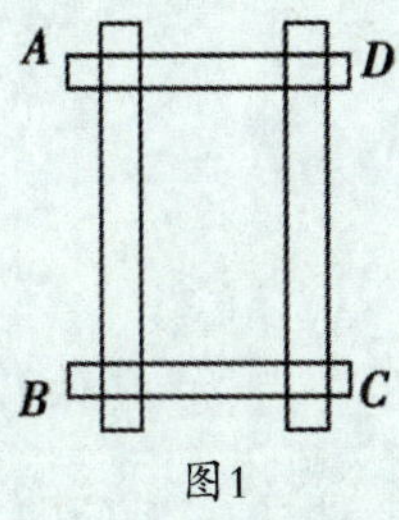

图1

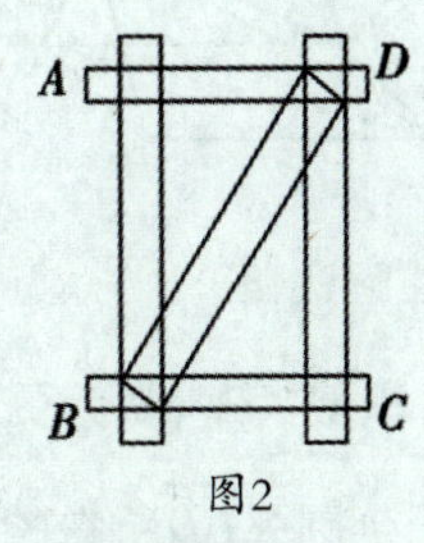

图2

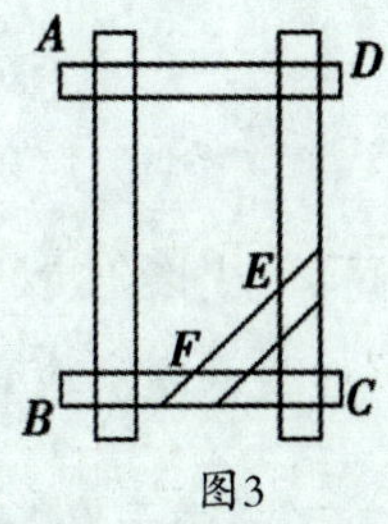

图3

活动结束后,四个小组汇报了解决问题的方案,其中有三组用了王老师的预设方案(如图2):沿纱门对角线端点钉上一根木条,纱门变成两个三角形,纱门能够固定。但有一个小组却拿出了王老师没料想到的方案(如图3):用一根短木条,将两端钉在纱门相邻的两边上,纱门也能固定。

师:你们为什么选择这种方案来解决问题呢?

生1:节约用料,且钉上短木条,对纱门美观影响小。

师:那你能说一下其中的道理吗?

生1:短木条与纱门两边组成$\triangle CEF$,三角形的稳定性能使门框固定。

生2:老师,门框固定,五边形$ABFED$也同样具有稳定性吗?这与我们以前知道的五边形不稳定性相矛盾呀!

面对生2的发问,王老师和全班同学无法回答,陷入沉思……

阅读以上材料,回答以下问题:

(1)请你对生2的疑问做出合理的解释;

(2)针对本节课出现的情况,如果你是王老师,如何应对?

4. 在解决问题"某校包车组织五年级162名学生去社会实践基地,已知一辆车能坐30人,问需要包几辆这样的车?"时,一些学生给出以下两种错误的解法。

第一种:$162\div30=5.4$辆,答:要包5.4辆车。

第二种:$162\div30=5.4$辆≈5辆,答:要包5辆车。

(1)结合具体解法,分析导致错误的原因;

(2)从问题解决的角度给出相应的教学建议。

5. 在"求二面角"的教学中,教师给出如下问题:

如图,边长为2的正方形$ABCD$所在的平面与半圆弧$\overset{\frown}{CD}$所在平面垂直,M是$\overset{\frown}{CD}$上异于C,D的点,

当三棱锥 $M-ABC$ 体积最大时，求平面 MAB 与平面 MCD 所成的二面角的正弦值。

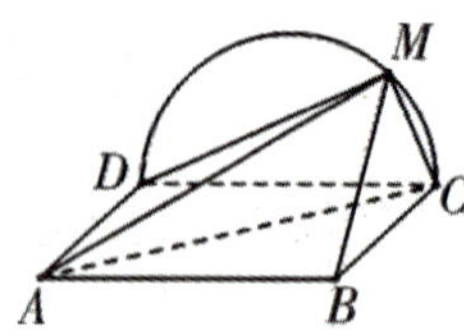

现有甲乙两位同学分别给出以下两种解法：

学生甲：如图 1，当三棱锥 $M-ABC$ 体积最大时，M 为弧 CD 的中点，过 M 作 $l//CD$，则 l 为平面 MAB 与平面 MCD 的交线，由于 BC 垂直于半圆弧 $\overset{\frown}{CD}$ 所在的平面，过点 C 作 $CH\perp l$ 于 H，连结 BH，则 $\angle BHC$ 即为平面 MAB 与平面 MCD 所成二面角的平面角。由 $BC=2$，$CH=1$，得 $BH=\sqrt{5}$，$\sin\angle BHC=\frac{2\sqrt{5}}{5}$，所以平面 MAB 与平面 MCD 所成二面角的正弦值是 $\frac{2\sqrt{5}}{5}$。

学生乙：如图 2，以点 D 为坐标原点，建立如图所示的空间直角坐标系 $D-xyz$，当三棱锥 $M-ABC$ 体积最大时，M 为弧 CD 的中点。由题设知 $D(0,0,0)$，$A(2,0,0)$，$B(2,2,0)$，$C(0,2,0)$，$M(0,1,1)$，则 $\overrightarrow{AM}=(-2,1,1)$，$\overrightarrow{AB}=(0,2,0)$，$\overrightarrow{DA}=(2,0,0)$。

设 $\boldsymbol{n}=(x,y,z)$ 是平面 MAB 的法向量，则 $\begin{cases}\boldsymbol{n}\cdot\overrightarrow{AM}=0,\\ \boldsymbol{n}\cdot\overrightarrow{AB}=0,\end{cases}$ 解得 $\boldsymbol{n}=(1,0,2)$。$\overrightarrow{DA}$ 是平面 MCD 的法向量，因此 $\cos\langle\boldsymbol{n},\overrightarrow{DA}\rangle=\frac{\boldsymbol{n}\cdot\overrightarrow{DA}}{|\boldsymbol{n}||\overrightarrow{DA}|}=\frac{\sqrt{5}}{5}$，故 $\sin\langle\boldsymbol{n},\overrightarrow{DA}\rangle=\frac{2\sqrt{5}}{5}$。

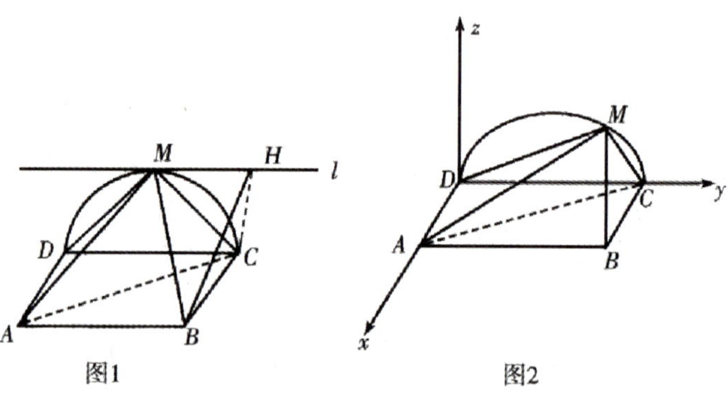

图1　　图2

（1）以此题为例，说一说“一题多解”的意义和作用；

（2）结合《普通高中数学课程标准》（2017 年版 2020 年修订），分析这两位同学的解题过程。

6. “分数的意义”的教学，三位教师的引入情境分别如下。

教师 1：播放录像，说明分数是怎样产生的，以分数 $\frac{1}{2}$ 为例引入新课，让学生通过各项活动去说明$\frac{1}{2}$的意义。

教师2：对话导入，“如果有两个苹果，平均放在2个盘子里，每个盘子放几个？”“如果有1个苹果，要平均放在2个盘子里，每个盘子里放几个？”“用分数怎样表示？”进而引入新课。

教师3：（板书$\frac{1}{2}$）关于$\frac{1}{2}$，你知道些什么？你怎样知道的？你还想了解关于分数的哪些知识？进而引入新课。

问题：

（1）上面三个情境中，你更喜欢哪个情境？结合其特点说说你的理由；

（2）结合新课程理念说说如何有效地进行情境创设。

7.“直线与平面垂直的判定”教学片段：

实验：如图1，请同学们拿出准备好的一块（任意）三角形的纸片，我们一起来做一个实验：过$\triangle ABC$的顶点A翻折纸片，得到折痕AD，将翻折后的纸片竖起放置在桌面上。（BD，DC与桌面接触）问题6：（1）折痕AD与桌面垂直吗？

（2）如何翻折才能使折痕AD与桌面所在的平面垂直？

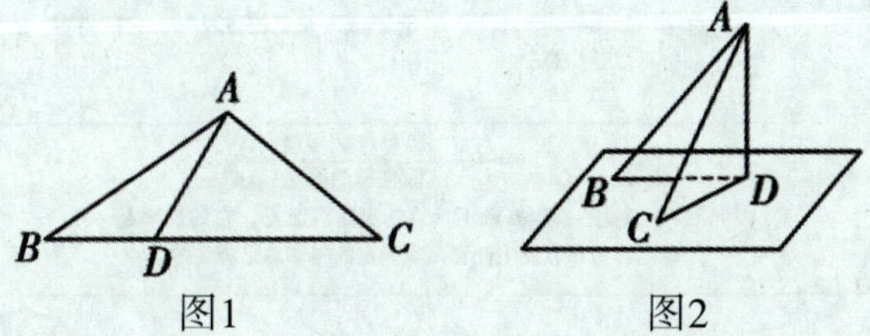

图1　　图2

师生活动：在折纸实验中，学生的回答会出现“垂直”与“不垂直”两种情况，这时要引导学生进行交流，根据直线与平面垂直的定义分析“不垂直”的原因，学生再次折纸，经过讨论交流，发现当且仅当折痕AD是BC边上的高，即$AD\perp BC$时，翻折后折痕AD与桌面垂直。

问题7：如图2，由于折痕$AD\perp BC$，翻折之后的垂直关系，即$AD\perp CD$，$AD\perp BD$发生变化吗？由此你能得到什么结论？

师生活动：师生共同分析折痕AD是BC边上的高的实质：AD是BC边上的高时，翻折之后垂直关系不变，即$AD\perp CD$，$AD\perp BD$。这就是说，当AD同时垂直于桌面内的两条相交直线CD、BD时，它就垂直于桌面。

问题：（1）分别分析问题6和问题7的设计意图；

（2）本教学片段运用了什么教学方法？简述这种教学方法的优点。

8. 下面是苏教版高中数学必修二第四章“直线与方程”的教材内容。

4.1 直线与方程

直线是最常见的图形，过一点沿着一个方向就可以画出一条直线。
●如何用数学语言刻画直线的方向，进而建立直线的方程？
●如何利用直线的方程研究直线的位置关系？

4.1.1 直线的斜率

●确定直线位置的要素除了点之外，还有直线的倾斜程度。通过建立直角坐标系，点可以用坐标来刻画。那么，直线的倾斜程度如何来刻画呢？

楼梯或路面的倾斜程度可用坡度来刻画（图4-1-1）。

坡度是指斜坡起止点间的高度差与水平距离的比值．铁路坡度用千分率（‰）表示，公路坡度用百分率表示（%）。

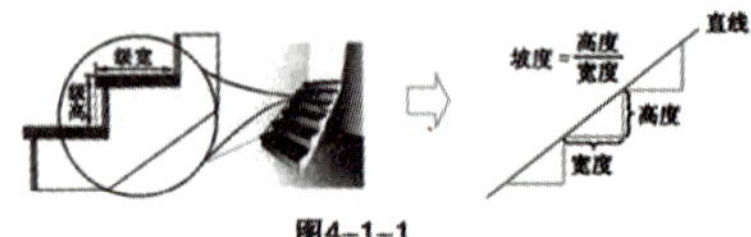

图4-1-1

可以看到，如果楼梯台阶的宽度（级宽）不变，那么每一级台阶的高度（级高）越大，坡度就越大，楼梯就越陡。

在平面直角坐标系中，我们可以采用类似的方法来刻画直线的倾斜程度。

如图4-1-2（1），已知两点$P(x_1,y_1)$，$Q(x_2,y_2)$，如果$x_1\neq x_2$，那么直线PQ的斜率（slope）为

$$k=\frac{y_2-y_1}{x_2-x_1}(x_1\neq x_2)。$$

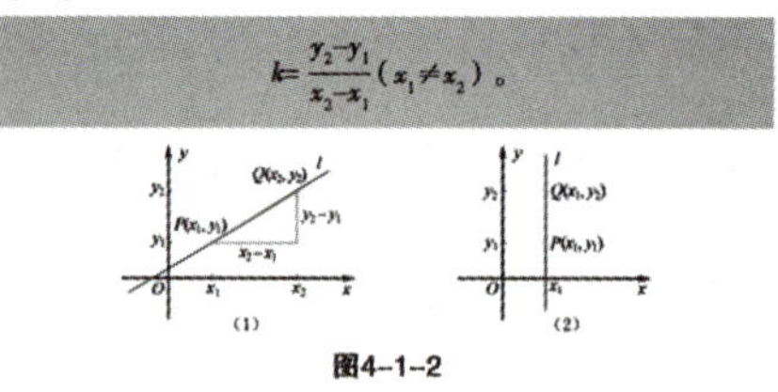

图4-1-2

如果$x_1=x_2$，那么直线PQ的斜率不存在（图4-1-2（2））。

如图4-1-2（1），对于与x轴不垂直的直线PQ，它的斜率也可以看作是

$$k=\frac{y_2-y_1}{x_2-x_1}=\frac{\text{纵坐标的增量}}{\text{横坐标的增量}}=\frac{\Delta y}{\Delta x}。$$

对于一条与x轴不垂直的定直线而言，它的斜率是一个定值。由该直线上任意两点确定的斜率总是相等的。

请根据上述教材内容，回答下列问题。

(1)结合教材写出本节课的教学目标；

(2)对于一条与x轴不垂直的定直线而言，直线的斜率是定值，直线上任意两点确定的斜率总相等。谈谈你对这句话的理解；

(3)设计问题帮助学生理解直线的斜率的概念。

专题二　教学设计

教学设计主要考查学科教学能力。题目形式一般为呈现出一段材料，如从现行版本中的数学教材中节选一段教学内容，或给出一段关于某一课题的例子等，要求考生分析材料确定对应的教学目标、设计教学重难点、设计例题与习题、设计教学过程等，有时也会要求给出设计意图。

第一节　学情分析

招教考向分析

对于“学情分析”，福建省与安徽省教师招聘考试中有直接考查。考查详情如下：

省份	考查形式	考查学段及内容	分值与占比
福建（小数）	①在学习上述内容之前，学生已经具备哪些相关的数学知识？（2020 福建小数） ②“分数与除法的关系”这个知识为小学阶段哪些后续知识的学习做铺垫（至少写出三点）？（2017 福建小数） ③在学习本内容前，学生已具备了哪些相关知识和数学活动经验？（2016 福建小数）	①人教版，四上，平行四边形和梯形（2021 福建小数）； ②人教版，五下，容积和容积单位（2020 福建小数）； ③人教版，五下，分数与除法的关系（2017 福建小数）； ④人教版，四上，平行（2016 福建小数）； ⑤人教版，六上，比的性质（2015 福建小数）； ⑥人教版，五上，一个数除以小数（2013 福建小数）	4 或 5 分，占比 2.6% 或 3.3%
安徽（小数）	试分析上述教材及其编排的意图（2019 安徽小数）	人教版，二下，数学广角 – 推理（2019 安徽小数）	5 分，占比 4.1%

招教考向解读

一、学情分析是什么

学情分析是对“以学生为中心”“以学定教”的教学理念的具体落实。

学情分析的几个方面如下：

(1)分析学生原有的认知基础；

(2)分析学生的个体差异；

(3)了解学生的生理、心理；

(4)了解学生对本学科学习方法的掌握情况；

(5)分析学生学习知识时可能遇到的困难。

二、学情分析考什么

考查学情分析的问题形式一般为：

1. 在学习上述内容之前，学生已经有了哪些相关的数学知识?

2. ……这个知识为小学阶段哪些后续知识的学习做铺垫?

3. 在学习本内容之前，学生已经具备了哪些相关知识和数学活动经验?

三、学情分析得分点

学情，就是包括学生年龄特征、认知规律、学习方法及有关知识和经验等在内的总和，它是教师组织教学活动的依据，是学生学习新知识的基础。

1. 学情应重点关注以下方面的内容：

①已有知识和经验；

②学习方法和技巧；

③个体发展和群体提高。

2. 回答涉及学情分析的问题时，一般从以下几个角度进行回答：

①学生现有知识的储备与本节内容的联系；本节学习内容与后续学习内容的联系；

②学生的数学思维和数学能力；

③学生的年龄特征和心理特点。

下列材料呈现的是普通高中课程标准实验教科书《数学》必修1：函数的概念与图象。

5.1　函数的概念和图象

在现实生活中，我们可能会遇到下列问题：

1. 人口数量变化趋势是我们制定一系列相关政策的依据. 从中国统计年鉴中可以查得我国1979～2014年人口数据资料(年末)如表5-1-1所示，你能根据该表说出我国人口的变化情况吗？

表5-1-1　1979～2014年我国人口数据表

年　份	1979	1984	1989	1994	1999	2004	2009	2014
人口数/百万	975	1 044	1 127	1 199	1 258	1 300	1 335	1 368

2. 一物体从静止开始下落，下落的距离 y(单位：m)与下落时间 x(单位：s)之间近似地满足关系式 $y=4.9x^2$. 若一物体下落2 s，你能求出它下落的距离吗？

3. 图5-1-1为某市一天24小时内的气温变化图.

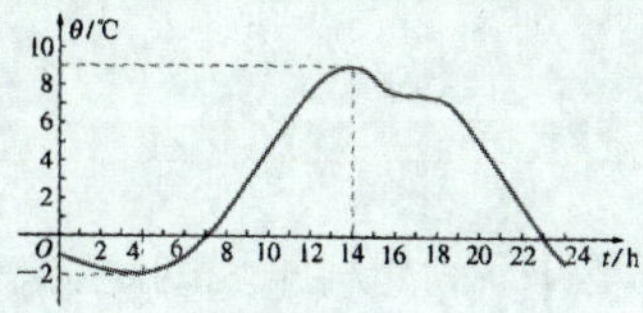

图5-1-1

(1) 上午6时的气温约是多少？全天的最高、最低气温分别是多少？

(2) 在什么时刻，气温为0℃？

(3) 在什么时段内，气温在0℃以上？

在上述的每个问题中都含有两个变量，当一个变量的取值确定后，另一个变量的值随之唯一确定. 根据初中学过的知识，每一个问题都涉及一个确定的函数. 这就是它们的共同特点.

● 如何用集合语言来阐述上述3个问题的共同特点？

第一，每个问题均涉及两个非空数集 A，B.

例如，在第一个问题中，一个集合 A 由年份数组成，即

$A=\{1979, 1984, 1989, 1994, 1999, 2004, 2009, 2014\}$；

问题：(1)试分析本节内容的地位与作用？

(2)在讲述本节课之前，对学生进行学情分析。

答案解析

【参考答案】(1)函数是数学中重要的数学模型，为生活生产的研究提供了重要的理论依据。初中阶段学生已经学习了函数的概念和一些简单的函数模型。在高中阶段，学习了集合之后，将从集合的角度重新认识函数的概念，并且为后继学习基本初等函数奠定基础。因此，本节内容具有承上启下的作用。

(2)从知识、能力和心理特征三方面分析学情。

①从知识层面看:学生在初中阶段已经接触过函数,在高中阶段学习了集合语言,为重新定义函数概念和理解函数本质提供了知识保证。同时,通过本节内容的学习,也为后期学习基本初等函数相关知识奠定了基础。

②从能力层面看:学生能够运用函数解决一些简单问题,具备一定的分析、推理和概括能力,会初步使用集合语言,初步具备了学习函数概念的能力,但高一学生的数学思维仍以形象思维为主,本节内容的学习和探索经验,有助于培养学生从多角度思考问题的能力。

③从心理特征方面看:高中阶段是学生认知能力不断提高的时期,观察的目的性和持久性更强,具有探索精神,这为学生系统地,深入地学习数学知识奠定了基础,但高中生也存在情绪不稳定,感情更丰富的特点,容易被其他事物干扰,所以在学习本章内容时要激发他们的探索精神和求知欲。

真题过招»

1. [2020 福建,4 分](节选)下列材料呈现的是《义务教育教科书(人教版)数学五年级下册》中“容积和容积单位”的教学内容,请阅读并回答问题。

容积和容积单位

箱子、油桶、仓库等所能容纳物体的体积,通常叫做它们的**容积**。

计量容积,一般就用体积单位。计量液体的体积,如水、油等,常用容积单位**升**和**毫升**,也可以写成 L 和 mL。

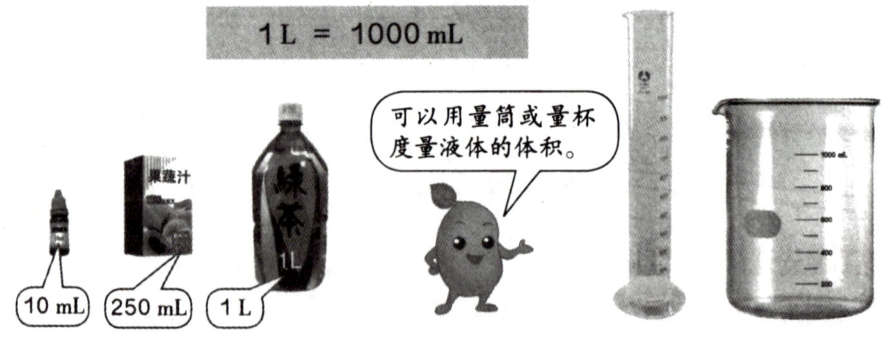

小组活动:

(1)将一瓶矿泉水倒在纸杯中,看看可以倒满几杯。

(2)估计一下,一纸杯水大约有多少毫升,几杯水大约是 1 L。

1 瓶矿泉水是 550 mL。

1 L 水原来有这么多。

（3）说一说在哪些物品上标有毫升、升。

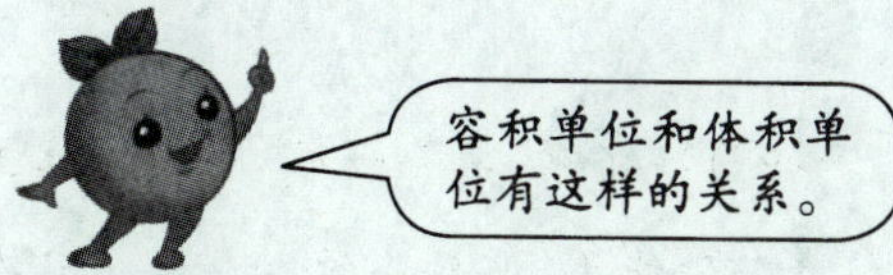

$1\ L=1\ dm^3$

$1\ mL=1\ cm^3$

长方体或正方体容器容积的计算方法，跟体积的计算方法相同，但要从容器里面量长、宽、高。

一种小汽车上的长方体油箱，从里面量长 5 dm，宽 4 dm，高 2 dm。这个油箱可以装汽油多少升？

$5\times4\times2=40\ (dm^3)$

$40\ dm^3=$______L

问题：

在学习上述内容之前，学生已经具备哪些相关的数学知识？

答案解析

【参考答案】对长方体和正方体的特征的认识；对体积概念的认识；对长方体和正方体的表面积、体积计算的掌握；常见的体积单位间进率的掌握。

2. [2017 福建，4 分]（节选）下面是《义务教育教科书（人教版）数学五年级下册》关于“分数与除法的关系”的教学内容，阅读并回答问题。

分数与除法

1　把 1 个蛋糕平均分给 3 人，每人分得多少个？

想：求每人分得多少个，要算 1 ÷ 3 得多少。

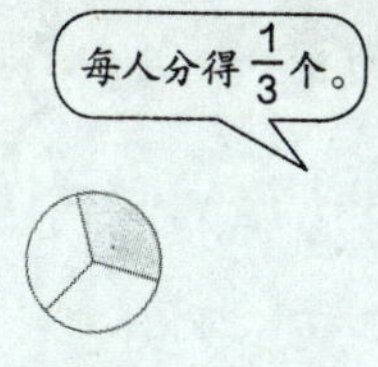

$1\div3=\frac{1}{3}$（个）

2 把 3 个月饼平均分给 4 人，每人分得多少个？

想：求每人分得多少个，要算 3 ÷ 4 得多少。

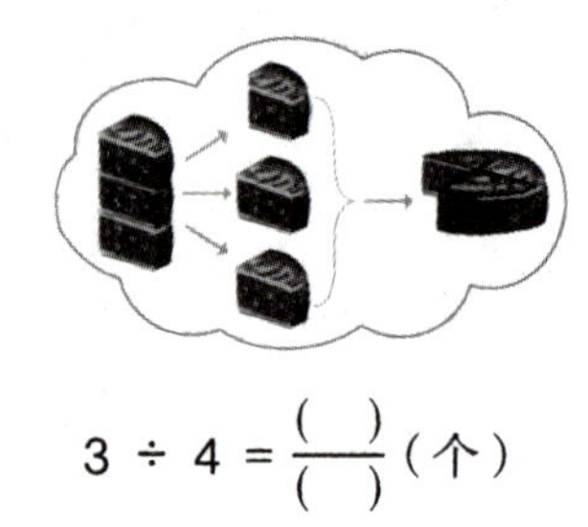

$3 \div 4 = \frac{(\quad)}{(\quad)}$（个）

你发现分数与除法有什么关系？

$被除数 \div 除数 = \frac{被除数}{除数}$

你能用字母表示出分数与除法的关系吗？

$a \div b = \frac{a}{b}\ (b \neq 0)$

（a：被除数；b：除数）

想：为什么 $b \neq 0$？

问题：

“分数与除法的关系”这个知识为小学阶段哪些后续知识的学习做铺垫（至少写出三点）？

答案解析

【参考答案】“分数与除法的关系”这个知识为小学阶段下列知识的学习做了铺垫：

①将假分数写成带分数的形式；

②分数的基本性质；

③分数与比值的关系；

④分数与小数的互化；

⑤如何求一个数是另一个数的几分之几。

第二节 教学目标

招教考向分析

对于“教学目标”的考查，多地市均有直接考查。考查详情如下：

省份	考查形式	考查学段及内容	分值与占比
福建（小数）	①直接要求写出，与教学重难点在同一小问（2021 福建小数，其他类似）； ②直接要求写出，单独一小问（2020 福建小数，其他类似）	①人教版，四上，平行四边形和梯形（2021 福建小数）； ②人教版，五下，容积和容积单位（2020 福建小数）； ③人教版，四上，数学广角－优化（2019 福建小数）； ④人教版，六上，整数除以分数（2018 福建小数）； ⑤人教版，五下，分数与除法的关系（2017 福建小数）； ⑥人教版，四上，平行（2016 福建小数） ⑦人教版，六上，比的性质（2015 福建小数） ⑧人教版，五上，一个数除以小数（2013 福建小数）	4 或 5 分，占比 2.6% 或 3.3%
江苏	①看完上述材料之后，说一说教学目标（2019 年苏无锡小数）； ②根据教学内容制定科学合理的教学目标（2019 江苏江阴小数）； ③结合教材写出本节课的教学目标（2019 江苏南京数学）	①苏教版，四上，简单的周期（2019 年江苏无锡小数）； ②苏教版，五上，平行四边形的面积（2019 江苏江阴小数）； ③苏教版，高一，必修二，直线与方程（2019 江苏南京数学）	3 分 ~ 5 分，占比 3% ~5%
浙江	①请阐述数据分析观念包括哪些内容？再结合材料，围绕发展学生数据分析观念的概念，设计教学目标（2021 年 1 月浙江杭州）； ②结合材料，从“四基”的角度分析该节课的教学目标（2018 浙江小数统考）	①人教版，五上，可能性（2021 年 1 月浙江杭州）； ②人教版，六上，圆的认识（2018 浙江小数统考）	5 分 ~ 6 分，占比 5% ~6%

招教考向解读

一、教学目标是什么

教学目标是关于教学将使学生发生何种变化的明确表述，是指在教学活动中所期待得到的学生的学习结果。

在制定教学目标的过程中应该依据以下三个方面：

①在教学活动中，学生需要学习哪些知识与技能，学习到什么程度；

②在教学活动中，学生需要体验什么样的学习过程，提升什么能力，掌握什么方法；

③在一节课或一个单元教学活动中，学生需要形成或逐渐形成什么样的核心素养。

二、教学目标考什么

考查教学目标的问题形式一般为：

1. 看完上述材料之后，说一说教学目标。

2. 根据教学内容制定科学合理的教学目标。

3. 结合教材内容写出本节课的教学目标。

4. 结合材料，从“四基”的角度分析该节课的教学目标。

三、教学目标答题模板

教学目标的定位应准确、科学、有效。

教学目标要写得具体，要落实到实处，不要太空、太泛，也不要随意拔高。

要准确把握各个领域的水平层次——了解、理解、掌握，经历、发现，认同、内化。

要善于使用课标所提供的行为动词。

目标的陈述必须从学生的角度出发，行为的主体必须是学生。

在确定具体课堂教学目标时，一般从以下三个方面（知识技能，数学思考与问题解决，核心素养）来设计。具体陈述如下：

目标	陈述技巧
知识技能方面	知道（了解/掌握）……（概念、定理、公理、性质等）是什么；证明……（性质）；理解……是如何推导形成的；应用……解决实际问题
数学思考与问题解决方面	①通过……（如观察、猜想、操作、探究、归纳、类比、讨论交流）活动，进一步发展……（如数感、量感、几何直观、空间观念）和提高……（如符号意识、运算能力、推理意识、数据意识、模型意识、应用意识、创新意识）的思维（或能力）。 ②体会（数形结合、从特殊到一般、转化与化归等）的数学思想方法。 通过……的活动，学生的……能力得到提高，……思维得到发展，体会到了……的数学思想方法
核心素养方面	1. 内因（兴趣、自信、习惯） ①积极参与数学活动，对数学有好奇心和求知欲。 ②在数学学习过程中，体验获得成功的乐趣，锻炼克服困难的意志，建立自信心。 ③养成认真勤奋、独立思考、合作交流、反思质疑等学习习惯，形成严谨求实的科学态度。 2. 外因（数学本身、数学与生活） ①体会数学的特点，了解数学的价值。 ②体会到生活中处处有数学，数学在实际生活中有着广泛的应用

四、教学目标得分点

1. 以学生为主体，不使用“使”“让”等字眼；

2. 涵盖知识、技能、能力、思想、素养、情感态度这些方面。

注：制定教学目标要根据课程标准的要求，结合学校和学生的实际，确立切实可行的教学目标。

目标的难度要适中，便于操作，描述要具体，尽量用可揣度的词语，体现实用性。

也就是对数学教学目标的表述必须详细，说明目标内容时要运用数学的术语来描述，同时还要阐述清楚：是“谁”在“什么条件”下，从事“什么活动”，达到“什么程度”。

五、教学目标精品案例

(一)“数学归纳法”教学目标

高中数学选修——2-2 第二章最后一节“数学归纳法”教学目标设计。

目标①:

A. 了解归纳法,理解数学归纳法的原理与实质,掌握数学归纳法证题的两个步骤。

B. 会证明与正整数有关的简单命题。

目标②:

努力创设愉悦的课堂情境,学生处于积极思考、大胆质疑的氛围,提高学习兴趣和课堂效率,经历知识的构建过程,体会类比的数学思想。

目标③:

通过本节课的教学,学生领悟数学思想和辩证唯物主义观点,激发学习热情,提高学习数学的兴趣,培养学生大胆猜想、小心求证的辩证思维素质,以及发现问题、提出问题的能力和数学交流能力。

(二)“函数的单调性”教学目标

高中数学必修 1 第二章第 3 节“函数的单调性”教学目标设计。

目标①:

从数和形两方面理解函数单调性的概念,掌握利用函数图象和定义判断、证明函数单调性的方法及步骤。

目标②:

通过观察函数图象的变化趋势——上升或下降,初步感受函数单调性,数形结合,学生尝试归纳函数单调性的定义,并能利用函数图象及定义解决单调性的证明问题。

目标③:

在对函数单调性的学习过程中,感知从具体到抽象、从特殊到一般、从感性到理性的认知过程,增强透过现象猜想、总结事物本质的能力。

典例

1. 以下素材选自小学数学教材(五年级上册):小数乘法。

1 小数乘法

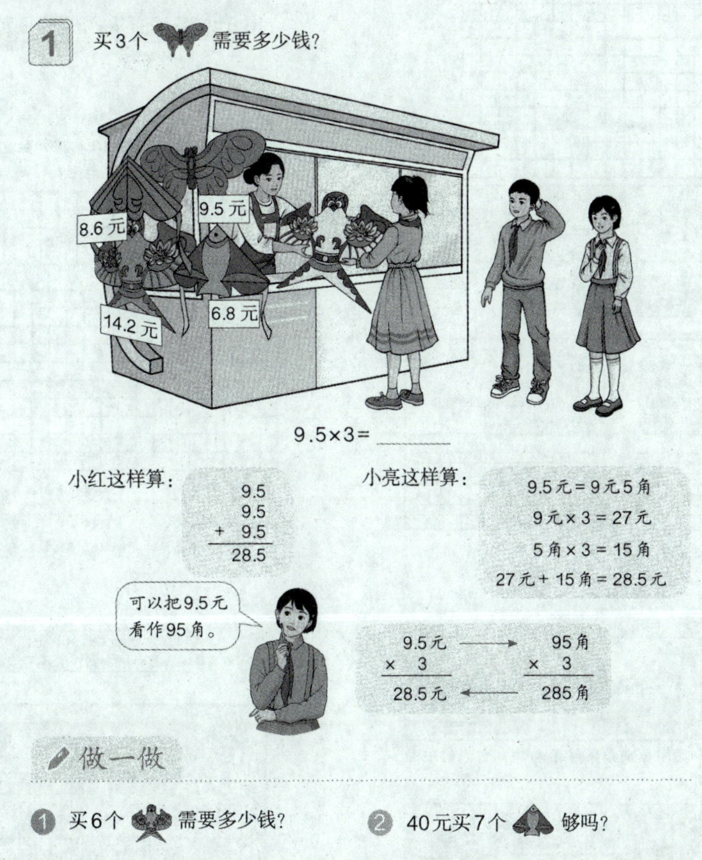

小数乘整数

1 买3个（蝴蝶风筝）需要多少钱？

9.5×3=______

小红这样算：

$$\begin{array}{r} 9.5 \\ 9.5 \\ +\ 9.5 \\ \hline 28.5 \end{array}$$

小亮这样算：

9.5元＝9元5角

9元×3＝27元

5角×3＝15角

27元＋15角＝28.5元

$$\begin{array}{r} 9.5元 \\ \times\ \ 3 \\ \hline 28.5元 \end{array} \quad \longleftrightarrow \quad \begin{array}{r} 95角 \\ \times\ \ 3 \\ \hline 285角 \end{array}$$

做一做

① 买6个（风筝）需要多少钱？　② 40元买7个（风筝）够吗？

问题：

写出上述内容的教学目标。

答案解析

【参考答案】①理解并掌握小数乘整数的计算方法及算理。

②经历将小数乘整数转化为整数乘整数的过程，使学生认识到转化的方法是学习新知识的工具。

③感受小数乘法在生活中的广泛应用。

2. [2022 江苏无锡江阴，3 分]（节选）教学内容：苏教版小学四年级下册第 1 页到第 6 页《平移、旋转和轴对称》。

平移、旋转和轴对称

1 下面的小船图和金鱼图分别是怎样运动的？它们的运动有什么相同点和不同点？

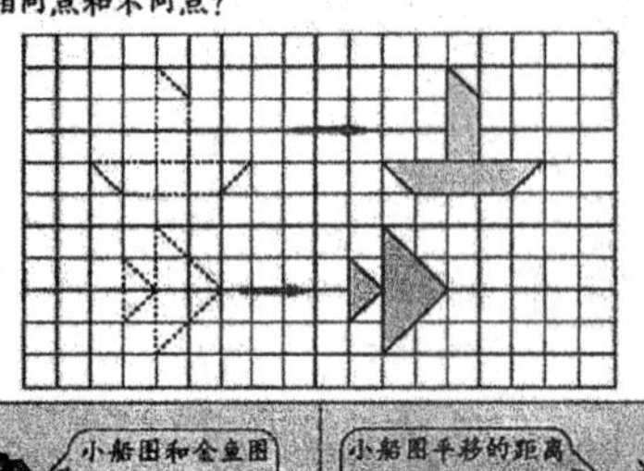

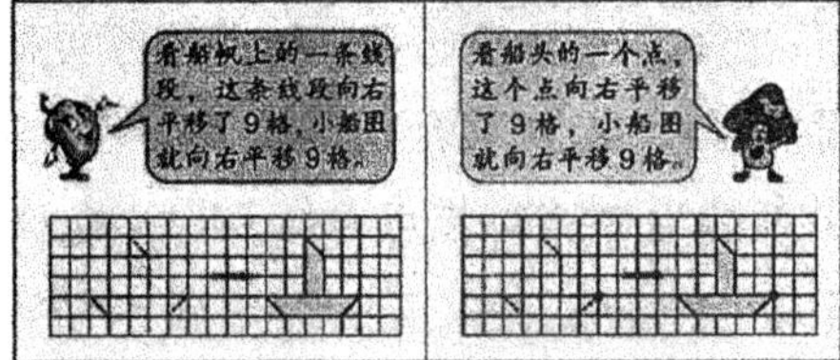

金鱼图向右平移了几格？先数一数，再与同学交流。

试一试

画出平行四边形向下平移3格后的图形。

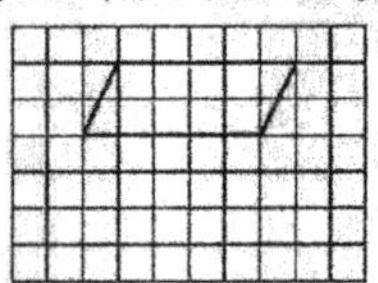

练一练

1. 哪个三角形向右平移10格得到红色三角形？另一个三角形平移多少格得到红色三角形？

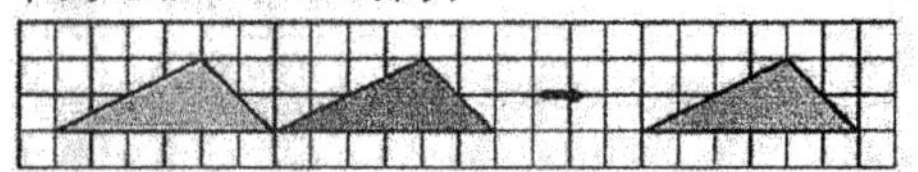

2.

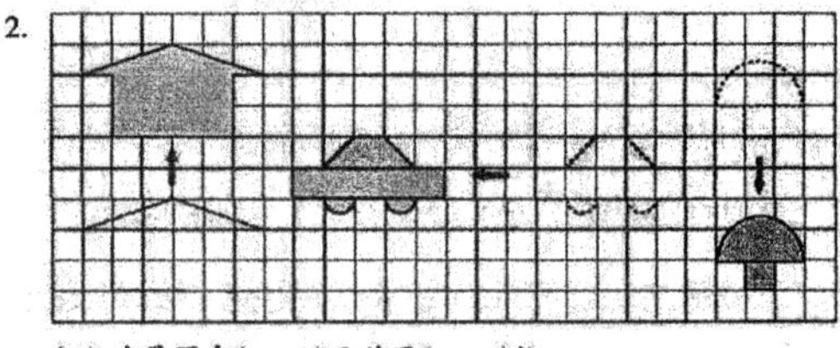

(1) 房子图向(　　)平移了(　　)格。

(2) 汽车图向(　　)平移了(　　)格。

(3) 蘑菇图向(　　)平移了(　　)格。

上图中的转杆打开和关闭分别是怎样运动的？它们的运动有什么相同点和不同点？

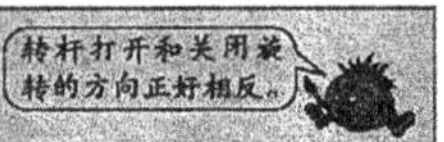

与时针旋转方向相同的是顺时针旋转，相反的是逆时针旋转。

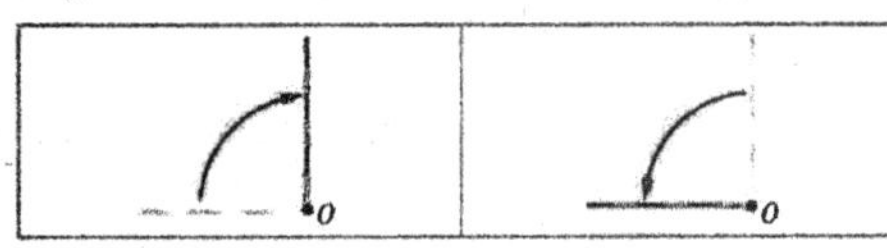

3 你会把方格纸上的三角形绕点A逆时针旋转90°吗？

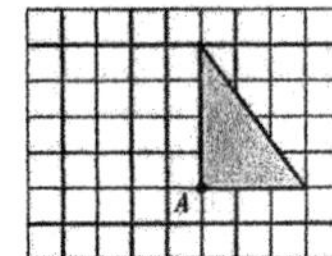

你能在方格纸上画出旋转后的图形吗？先画一画，再和同学交流你的画法。

练一练

1. 看图填空。

(1)  钟面上的时针从6:00到9:00旋转了(　　)。

(2) (　　)千克的物品可以使指针按顺时针方向旋转90°。

(3) 指针顺时针旋转90°，从指向A旋转到指向(　　)；指针逆时针旋转90°，从指向B旋转到指向(　　)。

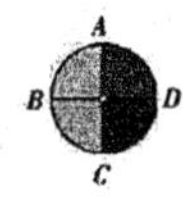

2. 画出长方形绕点A顺时针旋转90°后的图形。

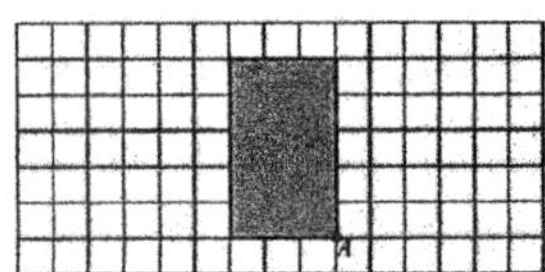

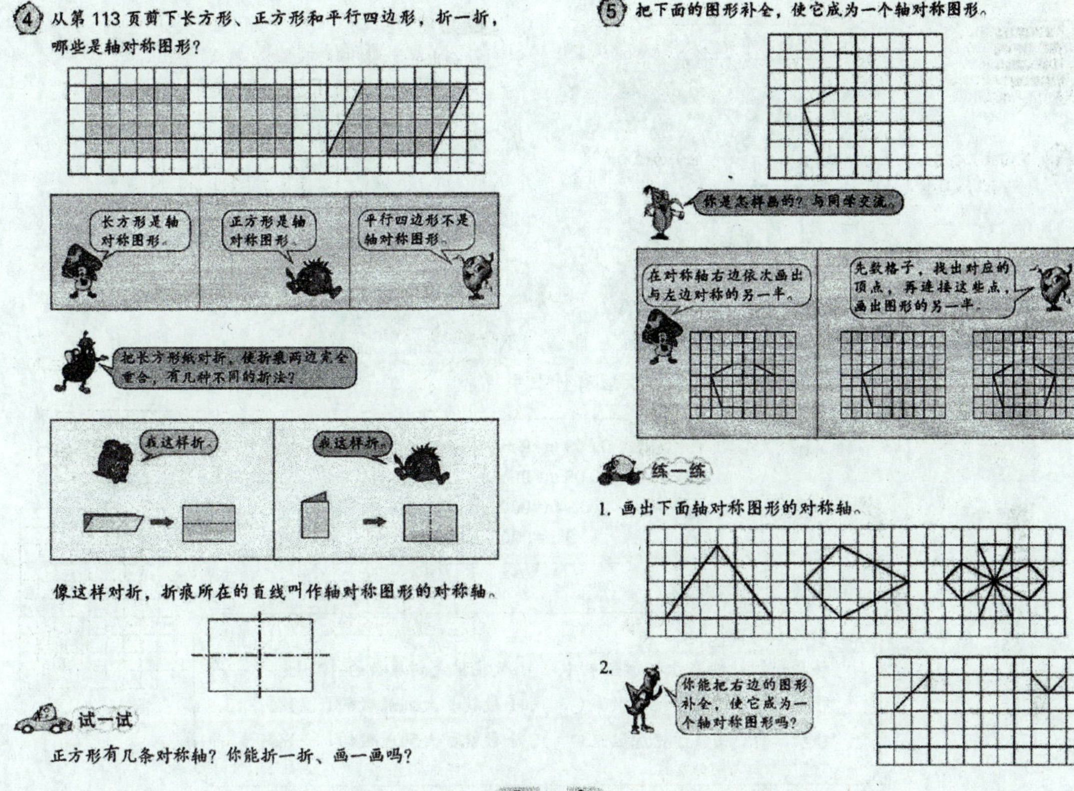

根据教学内容，制订科学合理的教学目标。

答案解析

【**参考答案**】教学目标：①认识图形的平移和旋转，能在方格纸上把图形平移和旋转 90°，能画出简单轴对称图形的对称轴，体会轴对称图形的特征，并能补全轴对称图形的另一半。

②经历平移、旋转及画出轴对称图形对称轴的过程，提高观察和动手操作的能力。

③感受数学与生活的联系，欣赏物体、图案变换的美，培养想象力，激发学生的学习兴趣。

3. [2021 安徽小数统考，5 分]（节选）以下素材选自小学数学教材（四年级下册）：小数点移动引起小数大小的变化。

3. 小数点移动引起小数大小的变化

1

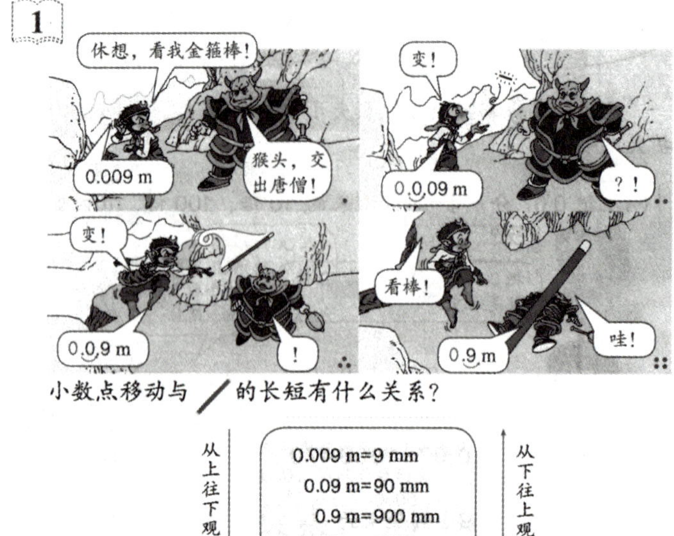

小数点移动与 ╱ 的长短有什么关系？

从上往下观察 ↓

0.009 m=9 mm
0.09 m=90 mm
0.9 m=900 mm
9 m=9000 mm

↑ 从下往上观察

你发现了什么规律？

小数点向右
移动一位，相当于把原数乘 10，小数就扩大到原数的 10 倍；
移动两位，相当于把原数乘（　），小数就扩大到原数的（　）倍；
移动三位，相当于把原数乘（　），小数就扩大到原数的（　）倍；
……

小数点向左
移动一位，相当于把原数除以 10，小数就缩小到原数的 $\frac{1}{10}$；
移动两位，相当于把原数除以（　），小数就缩小到原数的 $\frac{1}{(\quad)}$；
移动三位，相当于把原数除以（　），小数就缩小到原数的 $\frac{1}{(\quad)}$；
……

问题：

就知识与技能、过程与方法这两个维度，写出以上内容的教学目标。

答案解析

【参考答案】①知识与技能目标：理解并掌握小数点移动引起小数大小变化的规律，并能运用该规律描述小数大小的变化。

②过程与方法目标：经历观察、探究、比较等过程，总结归纳小数大小变化的规律，发展观察、概括能力，语言表达能力及数感。

第三节　教学重难点

对于“教学重难点”，多地市有直接考查。考查详情如下：

省份	考查形式	考查学段及内容	分值与占比
福建（小数）	直接要求写出	①人教版，四上，平行四边形和梯形（2021 福建小数）； ②人教版，四上，数学广角－优化（2019 福建小数）； ③人教版，六上，整数除以分数（2018 福建小数）； ④人教版，五下，分数与除法的关系（2017 福建小数）； ⑤人教版，四上，平行（2016 福建小数）； ⑥人教版，六上，比的性质（2015 福建小数）； ⑦人教版，五上，一个数除以小数（2013 福建小数）	3 或 6 分，占比 2% 或 3.3%
安徽（小数）	直接提问	人教版，五下，分数的意义（2021 安徽小数）	4 分，占比 2.3%
湖南	根据下面给出的例题，试分析其教学重难点，并编写突出重难点的教学片段（2019 湖南衡阳耒阳市）	给定例题，四下，三角形三边长的性质	4 分，占比 4%
江苏	根据教学内容，列出本节课的教学重点和教学难点	苏教版，五上，平行四边形的面积（2019 江苏江阴小数）	8 分，占比 8%

一、教学重难点是什么

（1）教学重点

教学重点通常是在学习中贯穿全局、带动全面、应用广泛、对学生认知结构起核心作用、在进一步学习中起基础作用和纽带作用的内容。

通常教材中的定义、定理、公式、法则、数学思想方法等都是教学的重点。

(2)教学难点

教学难点通常是学生接受起来比较困难的知识点。

教学难点确定的范围:

①新知学习易受已有知识的干扰;

②在学习新的概念、原理时,缺少相应的已知概念、原理作基础;

③教学内容本身较为复杂、过分抽象、综合性较强等。

二、教学重难点考什么

考查教学重难点的问题形式一般为:

1. 根据教学内容,列出本节课的教学重点和教学难点。

2. 根据下面给出的例题,试分析其教学重难点。

三、教学重难点答题模板

	教学重点	教学难点
陈述技巧	探究……(概念、性质、法则);理解/掌握……(定理/性质的推导过程);应用……解决实际问题	理解……(定理/性质的推导过程、概念);应用……解决实际问题

典例

1. 请为《义务教育教科书(人教版)数学六年级上册》中"整数除以分数"一节确定教学的重点、难点,并指出教材的编排是以何种方式去帮助学生理解难点的。

【分析】根据教材"整数除以分数"教学内容中的公式或法则确定重点,法则和公式的计算及推导过程是教学难点。

答案解析

【参考答案】教学重点:整数除以分数的计算方法。

教学难点:整数除以分数的计算方法的推算过程。

教材通过画线段图的方式帮助学生直观地理解算理,把复杂的数学问题变得简明、形象,借助几何直观把整数除以分数的算理形象地呈现出来。

真题过招

2. [2022 江苏无锡江阴,2 分](节选)题目见 P1297 中真题过招第 2 题。

根据教学内容,列出本节课教学的重点和难点。

答案解析

【参考答案】教学重点:认识轴对称图形的特征,认识平移与旋转,并能进行相应的操作。

教学难点:能在方格纸上把图形平移和旋转 90°,补全轴对称图形的另一半。

第四节　教学过程

招教考向分析

对于"教学过程",多地市有直接考查。考查详情如下:

省份	考查形式	考查学段及内容	分值与占比
福建(小数)	一般直接要求写出	①人教版,四上,平行四边形和梯形(2021 福建小数); ②人教版,五下,容积和容积单位(2020 福建小数); ③人教版,四上,数学广角-优化(2019 福建小数); ④人教版,六上,整数除以分数(2018 福建小数); ⑤人教版,五下,分数与除法的关系(2017 福建小数); ⑥人教版,四上,平行(2016 福建小数); ⑦人教版,六上,比的性质(2015 福建小数); ⑧人教版,五上,一个数除以小数(2013 福建小数)	10 或 12 分,占比 6.6% 或 8%

续表

省份	考查形式	考查学段及内容	分值与占比
安徽（小数）	有时单独考试教学过程，有时会和数学思想、数学史等一起考查。 ①写出具体的教学过程（2021 安徽小数）； ②根据以上素材设计相应的教学过程（2020 安徽小数）； ③请你依据上述要求和素材，撰写一份符合课程标准基本理念的教学过程设计（只要求写出教学过程）（2018 安徽小数，2017 安徽小数）	①人教版，五下，分数的意义（2021 安徽小数） ②人教版，四下，加法运算定律（2020 安徽小数） ③人教版，六下，比例的意义（2018 安徽小数） ④人教版，四上，平行（2017 安徽小数） ⑤人教版，六上，圆的面积（2016 年安徽小数）	5 分 ~ 10 分，占比 4% ~8%
安徽（中数）	①根据以上内容，写出具体的教学过程。（2021 安徽中数）； ②根据以上素材设计相应的教学过程。（2020 安徽中数）； ③依据《义务教育数学课程标准》（2011 年版）的课程设计思路和素材，撰写一份侧重培养数学建模素养的教学设计（只要求写出教学过程）（2019 安徽中数）； ④依据《普通高中数学课程标准》（实验），结合素材，写教学过程，突出数学探究 ⑤依据上述素材和要求，试以提出问题为主线进行“探究式”解题教学撰写一份培养学生观察与发现、归纳与推理能力的教学过程设计（只要写出教学过程，突出探究的方法和问题即可）（2017 安徽中数）； ⑥依据以下要求和素材，撰写一份侧重培养能力的教学设计（只要求写出教学过程）。（2016 年安徽中数） ⑦请用另外一种概念教学的方法对幂函数概念的教学过程进行简要设计（2015 安徽中数）即给定一种教学过程，再设计另一种教学过程	①人教版，八年级下，n 边形的内角和（2021 年安徽中数） ②必修 1，高一，集合（2020 年安徽中数）	4 分 ~ 10 分，占比 3.3% ~ 8.3%

续表

省份	考查形式	考查学段及内容	分值与占比
湖南	根据下面给出的例题，试分析其教学重难点，并编写突出重难点的教学片段（2019湖南衡阳耒阳市）	给定例题，四下，三角形三边长的性质	4分，占比4%
江苏	①针对教材内容，设计教学过程（2019江苏无锡小数）； ②根据教学内容，设计新授部分的教学过程。（2019江苏江阴小数）	①苏教版，四上，简单的周期（2019江苏无锡小数）； ②苏教版，五上，平行四边形的面积（2019江苏江阴小数）	7分～12分，占比7%～12%
山东	①给定相关素材，按要求进行教学设计（2020山东威海荣成）； ②给定材料，不说要求，直接进行教学设计（2019山东滨州阳信县）	①高一，函数的单调性（2020山东威海荣成）； ②余弦定理和向量（2019山东滨州阳信县）	10分～20分，占比10%～20%
浙江	①简要叙述例1，例2的教学内容，再依据例3设计一篇教案（2021年1月，浙江杭州）； ②请根据教学内容设计一份教案（2020年1月，浙江杭州）	浙江杭州考查多集中在人教版的三、四、五年级的数、图形以及统计部分的知识	14分～16分，占比14%～16%

一、教学过程是什么

（一）教学过程设计的步骤

教学过程包括教学导入、探究合作学习、课上练习、师生评价和总结延伸、课外作业等。

（1）教学导入对一节课的成功进行是至关重要的，因为它决定这节课学生的学习积极性是否被调动起来，所要研究的内容主体方向是否正确。当然，也包括与教学内容之间的过渡，教师应尽量创设情境，帮助学生发现问题、提出问题，使学生明确要学习和掌握的内容，以及值得深入探究的问题等，进而激发学习兴趣和探究欲望。导入的方式很多，有情境导入法、复习导入法、问题导入法、直接导入法等，教师在设计教学过程时可以根据自身的教学风格和教学内容选择合适的导入方法。

(2)探究合作学习是数学教育的中心环节，在探究合作学习中，需要探究的问题、启发性问题和讨论题，及巩固性探究活动这类主要环节的导语，是需要教师精心设计的。这些适于启发学生思维的问题，要针对性强，简洁明了，并有一定的机动性，以便结合课堂实际灵活运用。同时，现在的数学教学提倡培养学生的问题意识与解决问题的能力，因此，教师在设计上述问题时应该由教师提出问题逐渐向学生自主提出有价值的问题过渡，由不放手逐渐向放手过渡。教师可以根据教学内容选择教学策略和教学方法，设计教学过程，完成数学教学目标，这里不再赘述。

(3)课上练习是数学教学过程中必不可少的重要环节，设置该环节的主要目的是教师依据学生在做练习中的表现，检查学生在自主学习探究和合作学习探究后，对刚刚学过的基本概念、定理、定律、法则、公式、思想方法等的理解和掌握程度，了解学生在该部分内容学习中还有哪些缺失，以便于及时调整教学方法、教学策略、教学节奏和教学内容，同时也有利于教师安排课后作业，对学生进行因材施教。课上练习的形式可以是提问、互动研讨、学生自主做练习题、请学生在黑板上练习展示等。

(4)师生评价和总结延伸部分实际上不是在数学探究活动将要接近尾声时才出现的，教学评价和教学总结是伴随在数学探究过程的每一个教学环节之中，学生经历的每一个教学环节都会涉及教学评价，有学生评价，也有教师评价；有语言评价，也有肢体评价；有过程性评价，也有终结性评价。同样，也会涉及总结延伸，在教学环节中涉及的总结延伸是过程性总结和延伸，而在探究教学进行到结束时涉及的总结延伸就是终结性的总结和延伸。

(5)课外作业或者是课后作业往往是许多数学教师非常重视的环节。一节数学探究课的结束，绝不是探究活动的结束，一节课的结束会留下很多值得深入研究的问题，一节让学生感兴趣的课也一定有许多让学生意犹未尽的地方，这些内容就是需要教师引导学生课后思考和自行探究的地方。另外，往往一节课的结束也意味着下一节课的开始，教师除了安排一些知识和技能训练的作业外，还可以安排学生进行下一节课的资料查询、材料收集和学具制作等，这些都是教师可以考虑的课后作业。

(6)除了上述教学环节中必须涉及的几个部分之外，教师还必须注意下面几个方面：

①整体框架和语言风格。教师在设计教学过程时要考虑学生的年龄特征、心理特点以及知识能力基础，选择合适的教学策略和教学方法，制定相应的教学过程框架。同时注意课堂语言风格的选择要适用于所教学段的学生；

②时间分配。教师在设计教学过程环节时要对各个教学环节所需的时间有一个较恰当的估计，以便合理地分配并充分利用课堂时间。

(二)不同课型的教学过程

依据每节课的教学目的和任务,数学课分为以下几种:

1. 新授课

①主要任务:组织引导学生学习新知识,在传授基础知识的过程中促进学生思维的发展,培养学生的学习能力。

②基本结构:导入新课、讲授新课、巩固练习、课堂小结、布置作业。

2. 练习课

①主要任务是巩固、运用所学知识,形成并掌握一定的技能、技巧。

②基本结构:复习回顾、课堂练习、小结、布置作业。

3. 复习课

①主要任务:巩固和加深学生对已学基础知识理解,熟悉已有的技能和方法,提高学生运用知识的能力。

②基本结构:系统复习基础知识、典型例题示范、练习、总结、布置作业。

4. 讲评课

①主要任务:对某一阶段的作业情况或测验结果进行讲评、分析和总结。

②基本结构:讲评、分析、总结、布置作业。

注:上述介绍的几种课型只要求教师有个大体了解,并不是严格的程序。因此,这些并不是妨碍教师在教学实践中创造性劳动的枷锁,而是有助于教师去创造各具特色和风格的教学形式的素材。

二、教学过程考什么

考查教学过程的问题形式一般为:

1. 给定相关素材,按要求进行教学过程设计。
2. 给定材料,不说要求,直接进行教学设计。

三、教学过程答题模板

1. 创设情境,新课引入

(1)情境式导入

情境式导入需要教师利用幻灯片、实验、图画、故事、游戏、语言等各种教学手段,创造出趣味横溢的情境，在情境中巧设机关、引起悬念、制造冲突、激疑引思、诱发思维、启迪智慧，使学生的心理处于兴奋状态。好的情境导入，能巧设疑难，唤起欲望，把抽象的东西具体化、形象化，使学生看得见摸得着，这样可以激发学生学习的兴趣，使学生变被动学习为主动学习。

例如，教学“圆的周长”时，教师要求学生预先准备一些不同大小的圆片，上课时，用圆片在直尺上滚动实验，测周长，记数据，然后让同学说直径的近似数，老师顺势说出周长。学生议论：“为什么说出直径，老师就能说出周长？直径与周长之间有什么关系？”从而激发学生的求知欲。

(2)问题式导入

先描述富有启发性的问题，激起学生思考，这样引入使比较抽象的概念变得具体形象，学生学起来也就更有味。例如，一位教师在教“长方形、正方形面积计算”时，先出示 3×2 和 2×2 两个图形(单位：分米)，让学生想办法比较两个图形面积的大小。有的学生说：“把两个图形重合起来比较。”有的同学说：“用一平方分米的单位面积进行测量。”教师在肯定了同学们积极主动的态度后，又提出新问题：“要想知道天安门广场的面积、我们国家的土地面积还能用这种方法吗？”同学们领悟到这种方法太麻烦，不实际。“那么，有没有更简便的方法求图形的面积呢？到底怎样求它的面积呢？”提问激发了学生求知的欲望，同学们跃跃欲试，开始了新知识的探求。

(3)复习式导入

复习旧知识，以旧引新，温故导新，过渡平稳，分析错例，寻找病根。例如，教学“商不变的性质”，教师出示一系列练习题：

$4 \div 2 =$　　$40 \div 20 =$　　$400 \div 200 =$　　$0.4 \div 0.2 =$　　$0.04 \div 0.02 =$

通过比较商的结果，自然引出新课。

导入的形式还有很多，没有具体限制，教师要在教学中努力挖掘，激发学生的求知欲、好奇心，为课程的展开做好铺垫。

设计意图：联系生活实际，为课题的引出提供了现实背景，将数学知识与现实生活紧密联系在一起，同时激发了学生学习的兴趣。

2. 合作交流，探究新知

提出问题，有次序地一步一步层层深入课题的核心；学生自主合作探究问题的解决方法；揭示概念(公式、法则、定理)的来龙去脉，从而把握本质、理解数学思想方法、积累数学活动经验。

设计意图：让学生经历××的过程(或思维活动)，培养学生××能力，得出××。

3. 运用新知，巩固新课

教师出示问题，学生独立思考后，合作交流；教师巡视指导；学生汇报交流结果，教师给出反馈，并引导学生归纳总结。

设计意图：通过练习，让学生对新知进行巩固，对××形成系统化的认知，同时教师通过巡视，得到课堂教学效果的及时反馈，从而××（如调整后续环节）。

4. 反思小结，总结新课

设计意图：通过反思与总结，让学生将新知纳入已有认知结构或调整原认知结构以适应新知；获得××数学思想方法等。

5. 课外延伸，布置作业

观察生活中哪些地方可以用到我们今天学习的知识，并尝试解决。（小学）

完成课后的练习题，课件上的这题为选做题。（中学）

设计意图：通过××的讲解（课外延伸），感受数学的意义、文化等；通过课后作业，使学生进一步加深对××的理解、掌握，并对××有更深刻的认识。

注：在设计意图的撰写中，可围绕课程标准给出的理念，写出自己这样设计能够符合课程标准中的哪些理念，达到培养学生什么能力、使学生获得什么知识等目的。

四、教学过程精品案例与评析

（一）“小数点移动”教学过程设计与评析

【教学内容】人教版《义务教育课程标准实验教科书·数学》四年级下册第四单元“小数的意义和性质”例5。

【教学目标】（1）通过创设问题情境，经历猜想、验证的学习过程，掌握小数点移动引起小数大小变化的规律。

（2）在经历解决问题的过程中，培养观察、概括、推理及迁移的能力和探究意识。

（3）在学习知识与收获方法的同时，体会到学习的快乐。

【教学重点】

理解并掌握小数点位置移动引起小数大小变化的规律。

【教学难点】

探索发现并归纳小数点位置移动引起小数大小变化的规律。

【教学过程】

一、游戏引入，揭示课题

1. 情境引入

师：我们来玩个与数学有关的小游戏，比比看谁的反应快。每个人想好一个数，然后把它扩大到原来的 10 倍,100 倍,1000 倍,谁想好了请举手。

生 1:2,20,200,2000。

生 2:5,50,500,5000。

生 3:10,100,1000,10 000。

2. 发现规律

师:观察黑板上的这些数,你发现了什么规律?

生:末尾分别多了一个“0”,两个“0”,三个“0”。

师:原来把一个数扩大到它的 10 倍、100 倍、1000 倍,只要在这个数的末尾分别添上一个“0”,两个“0”,三个“0”就可以了,是这样吗?(该叙述为下面的问题出现埋下伏笔)

3. 引发质疑

师:我也想到一个数(板书:0.004),按照你们刚才发现的规律,我想把它扩大到原来的 10 倍,只要在末尾添上一个“0”就可以了。(板书:0.0040)

生:(马上质疑)。

师:为什么不行?

生:小数的末尾添上“0”或者去掉“0”,小数的大小不变。

师:在整数里刚说完的结论,到小数这里却不行了,看来问题出现了。如果我就想把这个小数扩大到原来的 10 倍,应该怎么办?

生:将小数点向右移动一位,即把 0.004 变成 0.04。

4. 揭示课题

师:原来小数点位置发生移动的话,小数的大小就发生了变化。

(板书课题)

【评析】以上情境的创设,有四个目的。第一,引发学生兴趣,开始的问题对于学生来说很简单,并且通过比赛的形式进行,使课堂在一开始就掀起小的高潮,学生注意力一下集中起来了。第二,由于受思维定势影响,一提到数,学生很自然地先想到整数,而把一个整数扩大 10,100,1000 倍,学生轻易就能解决,为下面新课学习过程中的转化找到最近的知识基础。第三,打破思维定势,引导学生由整数想到小数,帮助学生形成完整的知识体系。第四,引发认知矛盾,鼓励学生大胆猜想,为下面进一步探究明确目的。

二、自主探索,验证猜想

1. 引发猜想

师:小数点向右移动一位,0.04 与 0.004 真的是 10 倍的关系吗?你有办法来说明吗?请大家先独立思考 2 分钟,然后和小组成员交流你的想法。

生:(独立思考后小组交流,学生想到了两种方法:应用小数和分数计数单位的知识解释)

2. 验证猜想

师:哪个小组愿意说说你们的想法?

生1:0.04 由4个0.01组成,0.004 由4个0.001组成,0.01是由10个0.001组成的,也就是说0.01与0.001之间是10倍的关系,所以0.04与0.004之间也是10倍的关系。

师:说得不错,听懂的同学能再来解释一下吗?

生2:这是应用小数计数单位的知识解释。

师:非常棒,其他小组还有不同的方法吗?

生3:0.04 等于4个$\frac{1}{100}$,0.004 等于4个$\frac{1}{1000}$,$\frac{1}{100}$是由10个$\frac{1}{1000}$组成的,也就是说$\frac{1}{100}$与$\frac{1}{1000}$之间是10倍的关系,所以0.04与0.004之间也是10倍的关系。

师:这个思路也很棒,听懂的同学能再来解释一下吗?

生4:这是应用分数计数单位的知识解释。

师:还有不同的方法吗?

生:(沉默)……

师:(指整数的板书)为什么整数之间10倍、100倍、1000倍的关系,我们一目了然,而到了小数中却解释不清楚了?

生:(沉思)……

师:整数我们十分熟悉,而小数刚接触不久,比较陌生。能不能想个办法,在不改变大小的前提下,把小数转化成我们熟悉的整数呢?

生:加计量单位。

师:他的方法怎么样?

生:表示认同。

师:通过加计量单位,把一个抽象的小数变得十分具体,从而达到目的。

【评析】《义务教育数学课程标准》(2022年版)指出:数学教学要实现人人学有价值的数学,人人都能获得必需的数学,不同的人在数学上得到不同的发展。所以,数学教学最重要的是帮助学生掌握有效的学习方法,引导学生学会学习,达到培养学生学习能力,提高学习效益和质量的目的,使学生终身受益。在教学中,教师引导学生发现,把小数转化成整数后更便于比较,使学生从中体会到当遇到解决不了的问题时,试着把它转化成学过的知识来解决。在这个过程中,不仅向学生渗透了转化的思想,也是对学习方法的指导。

3. 适时点拨

师:你想加什么计量单位?

生:千克、吨、厘米、元、米、……

师:咱们选择一个常用的计量单位“米”(板书:0.004 米 =4 毫米)。

师:小数点向哪个方向移动几位得到 0.04 米?

生:向右移动一位。

师:小数点前面有两个“0”,怎么办?

生:去掉最前面的“0”。

师:按照学生说的进行移动(板书:0.04 米 =40 毫米)。

师:现在能解释清楚了吗?

生:0.004 米 =4 毫米,0.04 米 =40 毫米,4 到 40 扩大 10 倍,所以 0.004 到 0.04 也扩大 10 倍。从而说明,小数点向右移动一位,小数就扩大到原来的 10 倍。

4. 夯实猜想

师:像这样的例子你能再举一些吗?

生 1:0.004 千克 =4 克,0.04 千克 =40 克……

师:从这些例子中,你发现了什么规律?

生:小数点向右移动一位,小数就扩大到原来的 10 倍。

【评析】学生用自己的方法来学习数学,在探索的过程中获得教学知识,同时渗透转化的数学思想,得到了解决问题方法策略的指导——在新知识学习中,通过陌生知识熟悉化、抽象知识具体化,学生不仅学到了知识,更收获了方法,并体会到学习的快乐。

三、引发联想,拓展新知

1. 引发联想

师:由“小数点向右移动一位,小数就扩大到原来的 10 倍”,还能想到什么?

生:小数点向右移动两位,小数就扩大到原来的 100 倍;小数点向右移动三位,小数就扩大到原来的 1000 倍;小数点向右移动 4 位,小数就扩大到原来的 10 000 倍。

2. 独立验证

师:同学们的猜想到底对不对呢?能不能像刚才那样验证一下?

生:按加计量单位的方法先独立思考验证,然后进行小组交流汇报。

师:(板书学生汇报的例子)

师:从以上例子看,小数点向右移动会引起原数怎样的变化?能总结出规律吗?

生:小数点向右移动一位,小数就扩大到原来的 10 倍;小数点向右移动两位,小数就扩大到原

来的100倍;小数点向右移动三位,小数就扩大到原来的1000倍。

师:小数点可以向右移动四位,五位甚至更多位,所以我们要在移动位数和扩大倍数的后边加上省略号。

3. 完善规律

师:刚才同学们是从上往下观察(画↓),发现小数点向右移动时扩大了的规律。现在试着从下往上观察(板书↑),看看又会发现怎样的规律?

生:(用自己的话表述小数点向左移动的规律)

师:(多媒体出示规律)

4. 简化记忆

师:有什么好方法记忆吗?

生:移动的方向:向右——扩大,向左——缩小;移动的位置:一位——10倍,两位——100倍,三位——1000倍,……

师:掌握小数点移位的规律,一是要注意移动方向与变化的关系,就是左移缩小,右移扩大;二是要注意移动位数与变化倍数的关系,移动一位,变化倍数是10倍,移动两位,变化倍数是100倍,移动三位,变化倍数是1000倍……

【评析】有了前面规律的认识,这一环节学生能比较快速地解决问题。教师让学生不同的思维火花得以闪现,再通过与他人合作交流,不断完善自己的想法,互教互学互长。

5. 巩固应用

师:我们发现了小数点位置移动引起小数大小变化的规律,同学们能用这个规律解决数学问题吗?

生应用学到的知识解决问题。

师:刚才我们通过移动小数点的位置,发现了小数点位置移动引起小数大小变化的规律。如果随便去掉某个0的话,可以吗?

生1:小数点前面的0不能去掉。

生2:不能随便去掉任何一个0。

师:确实如此。我们不能随便去掉任何一个0,只有通过移动小数点的位置来改变小数的大小。

【评析】《义务教育数学课程标准》(2022年版)指出:“数学学习过程是要让学生经历实际问题抽象成数学模型,并进行解释与应用的过程,应引导学生主动地进行观察、实验、猜测、验证、推理与交流,而动手实践、自主探索与合作交流是学生学习数学的重要方式”。第三环节的设计,主要是利用知识迁移规律引导学生自己学习(猜想—验证),既是对前一环节学习方法的应用,也使学生感受到学习是一个不断发现问题、解决问题的过程。

四、总结提升,课后延伸

师:谈谈本节课你有什么收获?

生:(畅谈自己的收获)……

师:通过本节课的学习,同学们掌握了小数点位置移动引起小数大小变化的规律,并能用来解决一些问题。

【总评】小数点位置移动引起小数大小的变化是小数的重要性质。它不仅是今后学习小数乘除法计算的依据,也是进行小数和复名数(即含有两个或两个以上的同类计量单位名称的名数,如7元5角,3时15分等。名数是指带有计量单位名称的数,如3元,5千克,6米等)相互改写的重要基础。上述教学过程中教师很好地把握了知识前后的联系,找准了知识间的衔接点,尊重学生的认知基础,主要围绕“问题解决”这一主线进行设计。纵观整节课,学生有两点较大的收获:

其一,掌握了整数间扩大、缩小的变化规律。如:2到20扩大到原数的10倍,20到2缩小到原数的$\frac{1}{10}$等,为验证“小数点位置移动引起小数大小变化的规律”奠定了基础。

其二,掌握了一定的解决问题的方法和策略。①抽象问题具体化。如在三年级时学生已经初步认识了小数的含义,为便于学生接受,小数都结合元、角、分或常用的长度、质量单位出现。在四年级学习小数意义时,又是结合着长度单位来理解的,所以学生在学习这些内容的过程中,对于一些数学思想方法也有所了解(如抽象问题具体化,即把抽象的小数通过加上计量单位而成为具体的数量),这为本节课的学习奠定了良好的基础。②用旧知解决新问题。如把抽象的小数通过加上计量单位就能转化成为具体的数量,利用已经学过的米和毫米之间的进率,和整数的变化法规律,探索小数点位置移动引起小数大小的变化规律,帮助学生直观的理解问题,验证猜想。

(二)“二次根式的加减”教学过程设计与评析

一、教学目标

(一)知识与技能

会判断同类二次根式,掌握二次根式加减运算的具体步骤,能够正确进行二次根式的加减运算。

(二)过程与方法

学生通过类比整式加减运算归纳二次根式加减运算的具体步骤,培养观察、类比、归纳的能力,发展抽象概括能力和类比思想。

(三)情感、态度与价值观

在探索二次根式加减运算的活动过程中，培养独立思考的学习习惯和合作探究的学习意识。

二、教学重难点

教学重点：理解同类二次根式的概念，掌握同类二次根式的判断、加减运算法则及解题步骤。

教学难点：二次根式加减运算法则及解题步骤的推导探索。

三、教学过程

(一)创设情境，引入课题

为了响应习近平主席建立生态文明的号召，我校将在校园东北角一块长7.5 m、宽5 m的地上用栅栏围成两个相邻正方形植物园(课件出示)。请问能围成吗?

上面问题的解决需要计算$\sqrt{8}+\sqrt{18}$，这是本节课的主要内容。学生在讨论的过程中可能会出现$\sqrt{8}+\sqrt{18}=\sqrt{26}$这样的结果。如果没有出现，教师可以设问$\sqrt{8}+\sqrt{18}=\sqrt{26}$对吗? 这个问题进一步激发学生的求知欲，让学生再次讨论运算是否正确，如果不正确，能不能举出反例。学生如果举不出，教师可以举出$\sqrt{9}+\sqrt{16}=\sqrt{25}$这一反例，并反问，$\sqrt{8}+\sqrt{18}$不能将根号内的数直接相加，那么该如何运算?

【评析】问题的提出让学生感受到学习二次根式加减运算的必要性和意义。解决此问题的过程中出现$\sqrt{8}+\sqrt{18}$，这是学生未知的求和形式，由此激发学生的学习兴趣和探索新知的欲望。

(二)知识回顾，初探新知

1. 知识回顾

(1)什么叫同类项? 如何合并同类项?

(2)计算：

①$a+2a=$________；

②$2a^2-3a^2+5a^2=$________；

③$x+2x+3x=$________；

④$2a^2-3a^2+5a^3=$________。

【评析】通过上面题目的计算，复习合并同类项的法则。目的是为学生类比合并同类项的方法探究二次根式加减运算方法奠定基础。

2. 探索新知

(1)提出问题

你能找到下列式子都有什么共同的特点吗?

①$\sqrt{2}+2\sqrt{2}=$________；

②$2\sqrt{3}-3\sqrt{3}+5\sqrt{3}=$________;

③$\sqrt{5}+2\sqrt{5}-5\sqrt{5}=$________;

④$\sqrt{3}+2\sqrt{3}+3\sqrt{5}=$________。

【评析】学生观察上面4题,初步得出(1)、(2)、(3)根号内的数字相同,(4)根号内的数字有相同也有不同的结论。

教师总结:我们把被开方数相同的这些二次根式称为同类二次根式。学生对同类二次根式有初步的了解。

追问1. 若将$\sqrt{2}$看成a,则(1)可以化为什么式子?你能类比同类项对其进行计算吗?

【评析】让学生通过类比合并同类项的方法来合并同类二次根式,探索二次根式加减运算的法则。

追问2. 通过前面的计算我们知道,$3\sqrt{3}+\sqrt{5}$的两个被开方数不同,它们不是同类二次根式,不能合并,所以不能相加。那么$\sqrt{2}+\sqrt{8}$可以合并吗?请同学们独立思考后,与小组成员相互讨论交流,说明你的想法。

【评析】同学们独立思考和讨论,可以得出两种结果。一种是不可以,因为它们的被开方数不同;另一种是可以,因为$\sqrt{8}$不是最简二次根式,可化简为$2\sqrt{2}$,此时$2\sqrt{2}$和$\sqrt{2}$的被开方数相同,它们是同类二次根式,故可以相加。

通过两种结果的比较,学生明白,判断是否为同类二次根式,要看它们的被开方数是否相同,但前提条件是它们必须是最简二次根式。

追问3. 你能归纳出怎样的二次根式才是同类二次根式吗?

【评析】学生经历独立思考和小组讨论、合作交流的过程,归纳判断同类二次根式的方法,这一过程能培养学生抽象概括的能力和自主探索的学习意识,同时为后面学习二次根式加减解题步骤打下基础。

(2)归纳总结

判断二次根式是否为同类二次根式有两个步骤,一是先将二次根式化为最简二次根式,二是看它们的被开方数是否相同。

3. 练习巩固

(1)下列根式中,与$\sqrt{3}$是同类二次根式的是(　　)

A. $\sqrt{24}$　　B. $\sqrt{12}$　　C. $\sqrt{\frac{3}{2}}$　　D. $\sqrt{18}$

(2)如果最简二次根式$\sqrt{3a-2}$和$\sqrt{a+4}$是同类二次根式,则$a=$________。

(三)提炼方法,延伸新知

师:我们已经知道怎样的二次根式称为同类二次根式。类比于合并同类项,可以将同类二次根式进行合并。那么我们如何利用已学知识来解决二次根式的加减问题呢?请大家跟着老师一起来解决下面的例题。

1. 例题探讨,提炼方法

例:求$(\sqrt{48}+\sqrt{20})+(\sqrt{12}-\sqrt{5})$。

提出问题:对于上式,你认为首先要将式子如何转化才能进行加减呢?

【评析】引导学生观察能否将式子化为同类二次根式,从而与刚学过的同类二次根式的内容相衔接,实现知识的迁移。

追问1. 我们观察上面的式子,要化为同类二次根式还应进行哪些步骤?

【评析】引导学生得出二次根式加减的第一步骤。

追问2. 化为同类二次根式后,接下来应怎样做?

【评析】引导学生得出二次根式加减的第二、三步骤。

教师结合解题思路,引导学生总结二次根式的加减运算的步骤:一化简、二分类、三合并。

并将解题过程在黑板上展示。

原式$=(4\sqrt{3}+2\sqrt{5})+(2\sqrt{3}-\sqrt{5})$(一化简)

$=(4\sqrt{3}+2\sqrt{3})+(2\sqrt{5}-\sqrt{5})$(二分类)

$=6\sqrt{3}+\sqrt{5}$　　　　(三合并)

【评析】例题的讲解和板演,帮助学生进一步巩固二次根式加减法运算的步骤,同时起到示范作用,进一步规范学生的解题格式。

2. 练习巩固

(1) $\sqrt{50}+\sqrt{32}$;(2) $\sqrt{8}+\sqrt{12}-\sqrt{18}$;

(3) $\sqrt{27}-2\sqrt{3}-\sqrt{45}$;(4) $\sqrt{27}-\frac{\sqrt{72}}{2}+\sqrt{18}$

(四)回顾情境,深化新知

解:因为$\sqrt{18}=3\sqrt{2}\approx4.24<5$,$\sqrt{8}+\sqrt{18}=2\sqrt{2}+3\sqrt{2}=5\sqrt{2}\approx7.07<7.5$,所以可以围成这样的植物园。

【评析】通过解决课前提出的问题,回应本节教学内容,并进一步提高学生利用数学知识解决实际问题的能力。

(三)"等差数列"教学过程设计与评析

(一)情境引入

生活中的例子:(课本36页的三个例子)

(1)数数习惯:0,5,10,15,20,25,(　　),…;

(2)女子举重级别(kg):48,53,58,63,(　　),…;

(3)水库水位(m):18,15.5,13,10.5,8,5.5…。

观察以上三个数列的共同特征,并填空,引出等差数列的概念。

【评析】创设情境的目的是激发学生兴趣,抓住学生的注意力,使课堂气氛活跃,师生关系和谐,激发学生求知欲。在数学课堂教学中,创设一个贴切的情境,对于学生的学习具有重要的作用,但情境对于课堂学习来说并不是必不可少的,不能为了创设情境而创设情境,情境创设的要义是关注学生已有的经验和知识,不符合常理、违背知识结构和学生思维的情境反而不利于课堂教学。

(二)探索新知

1. 等差数列概念的探究

①1,2,4,6,8,10,12,…;

②-3,-2,1,3,5,7,…;

③3,3,3,3,3,3…;

④1,2,4,7,11,16,…。

上述几个数列是否为等差数列,为什么?什么样的数列才是等差数列?有什么特征?如何用数学符号表示。引导学生独立思考后和小组成员讨论交流并回答。

2. 总结归纳

等差数列的定义:如果一个数列从第2项起,每一项与它的前一项的差都等于同一个常数,那么这个数列就称为等差数列,这个常数称为等差数列的公差(常用字母d表示)。

数学符号表示为:$a_n-a_{n-1}=d$(a为常数;$n\geqslant2,n\in\mathbf{N}^*$)或$a_{n+1}-a_n=d$($d$为常数,$n\in\mathbf{N}^*$)。

【评析】创设情境引入课题后,需要根据教材提供的信息,引导学生发现问题,进而提出问题,解决问题。问题是学生思维的动力,但问题要问在有疑之处,要有启发性和针对性。

3. 通项公式的推导及应用

(1)思考归纳

思考:已知等差数列$\{a_n\}$的首项是a_1,公差为d,求a_n。

设等差数列$\{a_n\}$的首项是a_1，公差为d。

①不完全归纳法。

$a_2-a_1=d$，即$a_2=a_1+d$；$a_3-a_2=d$，即$a_3=a_2+d=a_1+2d$；$a_4-a_3=d$，即$a_4=a_3+d=a_1+3d$ …，由此归纳等差数列的通项公式为$a_n=a_1+(n-1)d$。

②叠加法。

因为a_n是等差数列，所以

$a_n-a_{n-1}=d$；

$a_{n-1}-a_{n-2}=d$；

$a_{n-2}-a_{n-3}=d$；

……

$a_2-a_1=d$，

两边分别相加得$a_n-a_1=(n-1)d$，因此$a_n=a_1+(n-1)d$。

等差数列的通项公式为$a_n=a_1+(n-1)d,n\in\mathbf{N}^*$。

(2)例题分析

①求等差数列8,5,2,…的通项公式和第20项。

②-401是不是等差数列$-5,-9,-13,\cdots$的项？如果是，是第几项？

分析：a. 根据所给数列的前3项求得首项和公差，写出该数列的通项公式，从而求出所求项。

b. 要想判断一个数是否为某一个数列的其中一项，关键是看是否存在一个正整数n，使得a_n等于这个数。

【评析】提出问题后，教师引导学生经历"猜测——验证——结论"的探究过程。猜测，可以让学生有预见性，激发思维。验证，也就是求证的过程，经历从发现到感悟理解的过程，进而解决问题。结论则是学生通过验证从而归纳、总结、概括出的点明规律性的东西，即本课的重要知识点。

(三)练习巩固

1. 基础练习

(1)已知等差数列3,7,11,…，求第4项和第10项。

(2)在$\triangle ABC$中，三个内角A,B,C成等差数列，则$\angle B=$________。

2. 巩固练习

(1)在等差数列$\{a_n\}$中，已知$a_5=10,a_{12}=31$，求首项a_1与公差d。

(2)已知数列$\{a_n\}$为等差数列，$a_3=\frac{5}{4}$，$a_7=-\frac{3}{4}$，求a_{15}的值。

【评析】经历探究和交流后，帮助学生深化和提高所学知识，使学生能够迁移运用，举一反三。题目设置要遵循学生由浅入深、由简到繁、由易到难的认知规律。

(四)课堂小结

(1)等差数列的定义。

(2)等差数列的通项公式及其推导与应用。

【评析】一堂课的最后应该让学生对所学知识进行及时梳理，所以在每堂课临近结束时，教师都会适当留出一点时间，让学生畅所欲言并谈谈收获，这个过程是让学生梳理知识、总结归纳。

(五)课后作业

课本40页第一题。

(四)“点到直线的距离”教学过程设计与评析

一、教材分析

点到直线的距离公式是高中数学知识网络中至关重要的一部分，也是点、直线、平面位置关系中最为重要的部分之一。点到直线的距离公式为接下来线与线、线与面等之间的距离公式的推导提供了必要前提和重要基础。点到直线的距离公式在教材的安排上起着承上启下的作用，在现实生活中也有着推广意义和广泛的应用。

二、学情分析

在学习点到直线的距离公式之前，学生已经学习了平面向量、线与线的位置关系等相关知识，并且对点与直线的位置关系也有了初步的理解，因此，学习点到直线的距离公式时学生已具备了较好的知识基础。高二的学生已经有了一定的认知结构，无论是在知识层面，还是在技能层面，都具备了良好的基础。他们思维活泼，想象力丰富，表现积极，已经具备了一定的合作探究能力。但是这个阶段的学生个体差异较为明显，教师在教学过程中，要注意因材施教。

三、教学目标

(一)知识与技能

掌握点到直线的距离公式的内容及其推导过程；灵活运用点到直线的距离公式解决实际问题。

(二)过程与方法

领悟数形结合、分类讨论和归纳推理等数学思想方法，并融会贯通，举一反三；掌握从发现问题、分析问题到解决问题的一般方法。

(三)情感态度与价值观

激发学习兴趣,感受学习数学的乐趣;培养敢于提问、勤于思考的良好品质和严谨科学的学习态度。

四、教学重难点

数学重点:掌握点到直线的距离公式的内容及其推导过程。

教学难点:领悟点到直线的距离公式的推导方式,并灵活运用点到直线的距离公式解决问题。

五、教学方法

引导发现法、讨论法和讲授法。

六、教学手段

多媒体辅助教学。

七、教学过程

按照创设情境激趣导入、自主探究合作构建、随堂练习深化提高、课堂小结畅谈感受、布置作业课后拓展五个环节设计教学过程。

(一)创设情境,激趣导入

情景1　生活中我们时常碰到这一类求一个点到一条直线的距离的问题。比如,我们去上海玩的时候,想要知道从住的地方到外滩最短。

问题1　这个时候我们说的这个距离应该是最短距离,对吧?

【评析】从生活中的情境发现问题,使学生体会到数学来源于生活,又服务于生活。

(二)自主探究,合作建构

探究:已知直线 l 的方程是 $ax+by+c=0$(a,b 不同时为0)和直线外一点 $P(x_0,y_0)$,求点 P 到直线 l 的距离。

问题2　最短距离应该是什么样的?

引导:我们可以利用之前学习的向量来解决这个问题吗?

独立思考后合作建构:点 $P(x_0,y_0)$ 到直线 l: $ax+by+c=0$(a,b 不同时为0)的距离为 $d=\dfrac{|ax_0+by_0+c|}{\sqrt{a^2+b^2}}$。

该公式即点到直线的距离公式。

【评析】通过引导发现法,有效组成学生利用平面向量的知识对该问题进行探究分析,最终师生共同对概念进行构建,使学生掌握发现问题、分析问题、解决问题的一般方法。在构建过程中,学生领悟数形结合、分类讨论和归纳推理等数学思想方法,并融会贯通,举一反三。

(三)随堂练习,深化提高

例1. 求点 $P(2,3)$ 到直线 $l:5x+12y-3=0$ 的距离。

例2. 求点 $P(5,3)$ 到直线 $l:2x+5y-3=0$ 的距离。

提高练习:求两条平行线 $2x-7y+8=0$ 和 $2x-7y-6=0$ 之间的距离。

提高拓展:证明两条平行线 $l_1:Ax+By+C_1=0$ 与 $l_2:Ax+By+C_2=0$ 之间的距离为 $d=\frac{|C_1-C_2|}{\sqrt{A^2+B^2}}$。

【评析】通过随堂练习,规范学生的解题思路和解题过程,深化学生对于公式的理解和运用,及时巩固提高。通过提高练习和拓展练习,深入挖掘学生思路,深化知识,拓展思维。

(四)课堂小结,畅谈感受

问题3　我们本节课学了什么知识?是运用什么数学工具进行推导的?我们需要牢记什么?可以解决哪些问题?

【评析】及时课堂小结,师生共同反思总结,使知识再现和重组。

(五)布置作业,课后拓展

作业一:习题本中基础训练部分。

作业二:习题本中深化拓展部分。

必刷好题

纸上得来终觉浅,绝知此事要躬行,掌握了“学习篇”的内容,下面就需要多写多练啦。

备考攻略

教学设计题的解题一般分为三步:

(1)观问题,找关键点。这点要求考生先看最后提出的问题,弄清问题中所设的要求。

(2)思考图文内容。看完问题之后,要带着问题审题,从图文中准确地提炼出材料重点。

(3)草拟设计内容、答题。考生在审题后应根据给定的材料和所提出的问题,思考所要考查的知识点,并列在草稿纸上,围绕罗列的知识点及题干所提的问题写出答案。答题要做到完整准确、简明扼要。

1.《义务教育数学课程标准》(2022年版)在课程理念中明确指出:“学生的学习应是一个主动的过程,认真听讲、独立思考、动手实践、自主探索、合作交流等是学习数学的重要方式。”

以下是人教版数学五年级下册“长方体与正方体的体积”部分教材内容:

怎样知道一个长方体的体积呢？

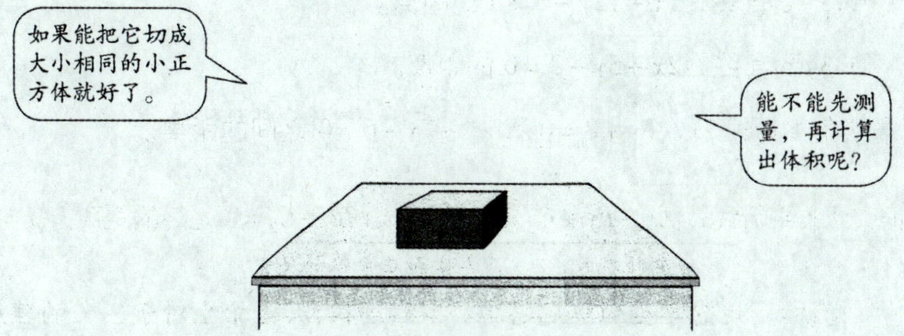

实验：用体积为 1 cm^3 的小正方体摆成不同的长方体。

说一说你是怎么摆的。

（1）把小组内摆法不同的长方体的相关数据填入下表。

长	宽	高	小正方体的数量	长方体的体积

（2）观察上表，你发现了什么？

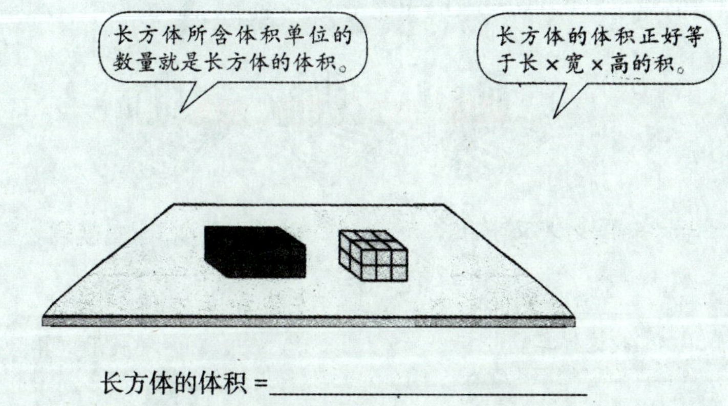

长方体的体积＝________________

如果用字母 V 表示长方体的体积，用 a、b、h 分别表示长方体的长、宽、高，那么长方体的体积计算公式可以写成：

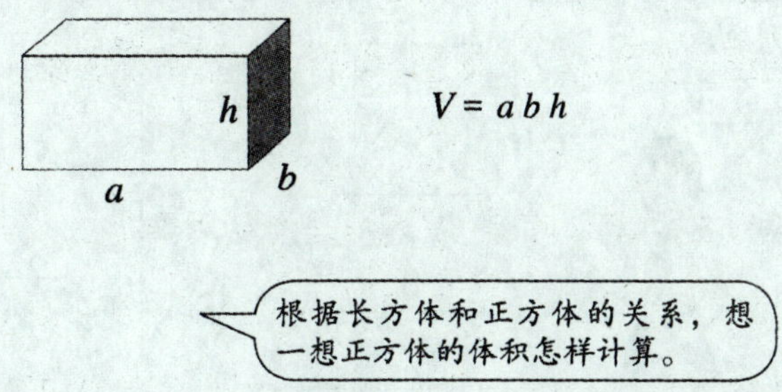

$$V = abh$$

根据长方体和正方体的关系，想一想正方体的体积怎样计算。

如果用字母 V 表示正方体的体积，用 a 表示它的棱长，那么正方体的体积计算公式可以写成：

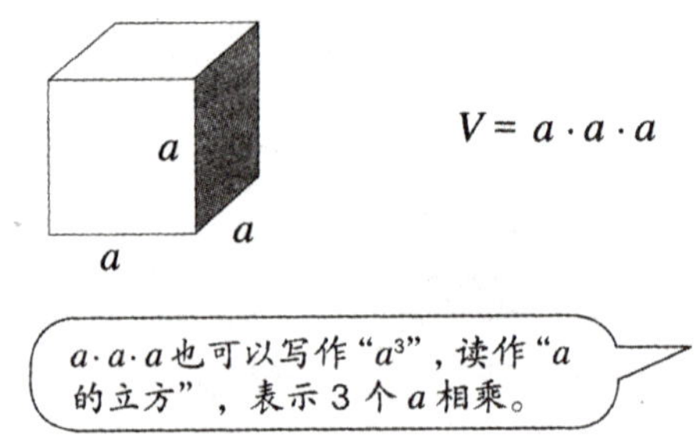

正方体的体积计算公式一般写成：$V = a^3$

问题：

(1)结合你对教材内容的分析，确定本节内容的教学目标；

(2)确定本节内容的教学重难点；

(3)设计本节内容的教学过程简案。

2. [2022 安徽小数统考，10 分]以下素材选自小学数学教材(三年级上册)。

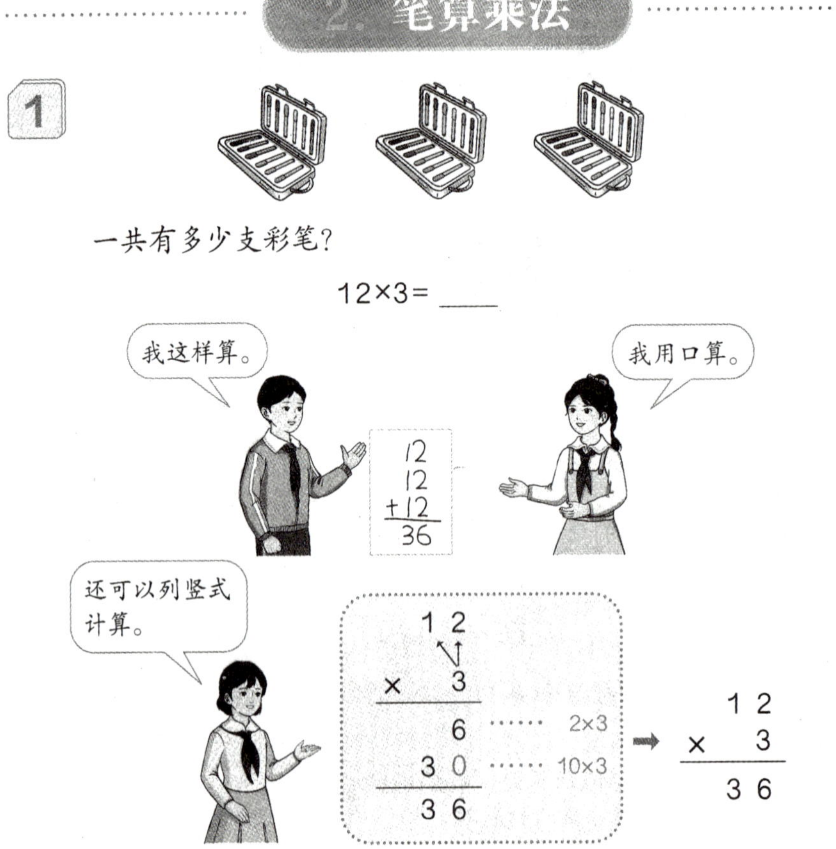

做一做

①

$$\begin{array}{r}34\\ \times\ \ 2\\ \hline\end{array}\qquad\begin{array}{r}12\\ \times\ \ 4\\ \hline\end{array}\qquad\begin{array}{r}312\\ \times\ \ \ 3\\ \hline\end{array}\qquad\begin{array}{r}211\\ \times\ \ \ 4\\ \hline\end{array}$$

② 你能说说乘的顺序吗？

$$\begin{array}{r}3\\ \times\ 2\\ \hline\end{array}\qquad\begin{array}{r}23\\ \times\ \ 3\\ \hline\end{array}\qquad\begin{array}{r}123\\ \times\ \ \ 2\\ \hline\end{array}$$

问题：

(1)根据以上内容，写出两位数乘一位数的基本算理；

(2)依据以上内容，撰写一份培养学生“运算能力”的教学设计。（只要求写教学过程）

3. 下列材料呈现的是义务教育教科书（人教版）数学四年级上册中“三位数乘两位数”的教学内容，请阅读并回答问题。

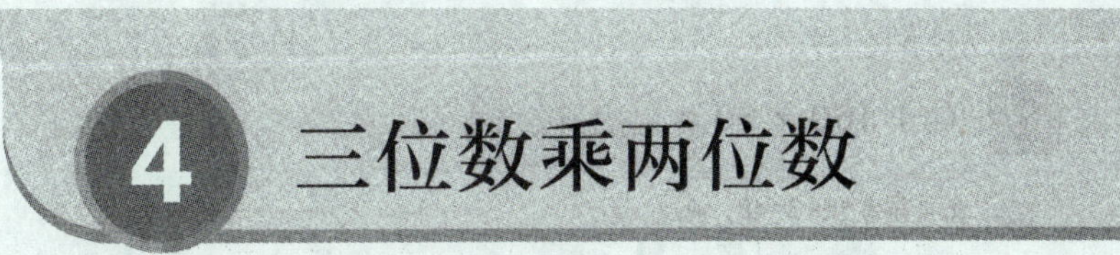

1 李叔叔从某城市乘火车去北京用了 12 小时，火车平均每小时行 145 千米。李叔叔乘火车经过了多少千米？

145 × 12 = ______

笔算对了吗？用计算器验算一下。

做一做

$$\begin{array}{r} 134 \\ \times \quad 12 \\ \hline \end{array} \quad \begin{array}{r} 176 \\ \times \quad 47 \\ \hline \end{array} \quad \begin{array}{r} 425 \\ \times \quad 36 \\ \hline \end{array} \quad \begin{array}{r} 237 \\ \times \quad 82 \\ \hline \end{array}$$

$$\begin{array}{r} 322 \\ \times \quad 24 \\ \hline \end{array} \quad \begin{array}{r} 145 \\ \times \quad 27 \\ \hline \end{array} \quad \begin{array}{r} 679 \\ \times \quad 13 \\ \hline \end{array} \quad \begin{array}{r} 286 \\ \times \quad 35 \\ \hline \end{array}$$

2 （1）160 × 30 = ________

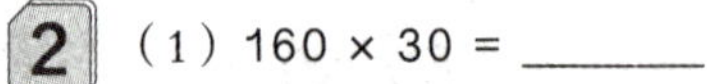

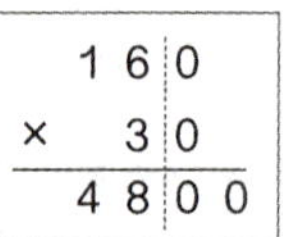

（2）106 × 30 = ________

做一做

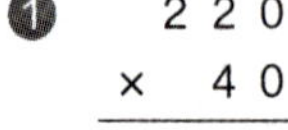

❶ $$\begin{array}{r} 220 \\ \times \quad 40 \\ \hline \end{array} \quad \begin{array}{r} 160 \\ \times \quad 60 \\ \hline \end{array} \quad \begin{array}{r} 360 \\ \times 25 \\ \hline \end{array} \quad \begin{array}{r} 580 \\ \times 12 \\ \hline \end{array}$$

❷ 390×13　　305×50　　180×50　　206×40

你知道吗？

15世纪，意大利的一本算术书中介绍了一种“格子乘法”。以46×75为例，算法如下：

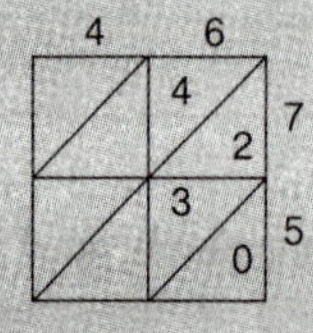

把两个因数分别写在格子的上边和右边，然后分别计算6×7=42，6×5=30，并把42、30写在对应的格子里。

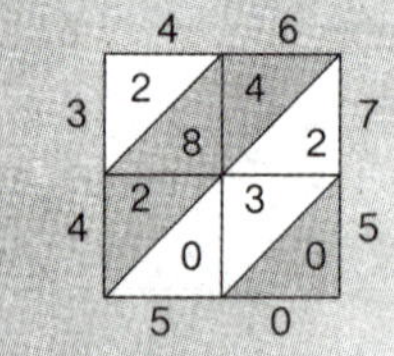

以此类推，继续乘下去，把格子填完。最后把格子内同一斜线上的数相加。个位为0，十位为2+3+0=5，百位为4+8+2=14，向千位进一，千位为2+1=3。

46×75 = 3450

（1）为本节内容设置教学目标；

（2）确定本节内容的教学重难点；

（3）设计本节内容的教学过程。

4. 下列材料呈现的是义务教育教科书(人教版)数学六年级上册中“分数乘法”的有关内容,请阅读并回答问题。

5 松鼠的尾巴长度约是身体长度的$\frac{3}{4}$。松鼠欢欢身体长 2.1 dm，松鼠乐乐身体长 2.4 dm。

(1) 松鼠欢欢的尾巴约有多长?

$2.1\times\frac{3}{4}=$______(dm)

自己试着计算一下。

可以把 2.1 化成分数，也可以把$\frac{3}{4}$化成小数。

(2) 松鼠乐乐的尾巴约有多长?

$2.4\times\frac{3}{4}$

$=\overset{0.6}{\cancel{2.4}}\times\frac{3}{\underset{1}{\cancel{4}}}$

$=1.8$(dm)

这样约分计算真简便。

你是怎样计算的?和同学交流一下你的方法。

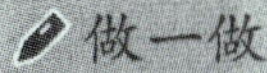

做一做

计算下面各题。

$1.2\times\frac{3}{5}$　　$2.5\times\frac{3}{5}$　　$1.4\times\frac{5}{6}$　　$2.4\times\frac{5}{6}$

6 一个画框的尺寸如下图，做这个画框需要多长的木条?

$\frac{1}{2}$ m

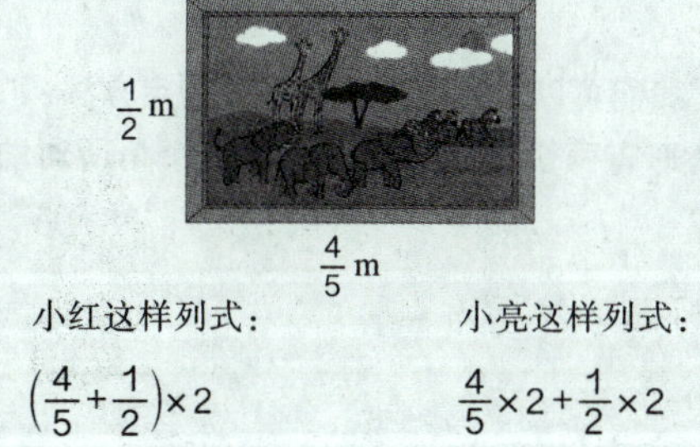

$\frac{4}{5}$ m

小红这样列式：$\left(\frac{4}{5}+\frac{1}{2}\right)\times2$

小亮这样列式：$\frac{4}{5}\times2+\frac{1}{2}\times2$

问题:

(1)写出小数乘分数的计算方法;

(2)请写出在此之前学生已经具有的知识经验;

(3)写出本内容的教学目标及重难点;

(4)设计本内容的教学过程。

5. 如图所示,矩形 $ABCG$ ($AB<BC$)和矩形 $CDEF$ 全等,点 B,C,D 在同一条直线上,$\angle APE$ 的顶点 P 在线段 BD 上移动,当点 P 在什么位置时,使得$\angle APE$ 为直角?

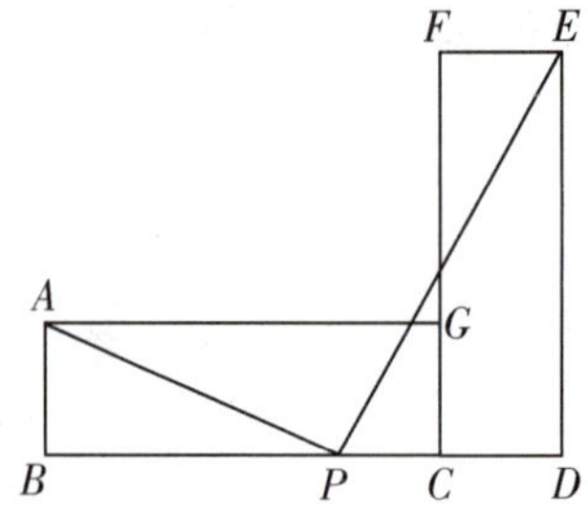

根据上述材料撰写一份完整的教学设计。

要求：(1) 撰写解题教学的教学设计；

(2) 至少写出三种解题方法的设计及对应环节的设计意图。

6. 阅读以下材料，回答问题。

思考

我们知道，如果一个三角形有两条边相等，那么它们所对的角相等. 反过来，如果一个三角形有两个角相等，那么它们所对的边有什么关系？

如图 13.3-4，在△ABC 中，$\angle B=\angle C$.

作△ABC 的角平分线 AD.

在△BAD 和△CAD 中，

$$\begin{cases}\angle 1=\angle 2,\\ \angle B=\angle C,\\ AD=AD,\end{cases}$$

∴ △BAD≌△CAD（AAS）.

∴ $AB=AC$.

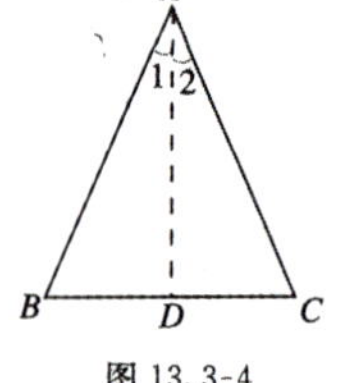

图 13.3-4

由上面推证，我们可以得到等腰三角形的判定方法：

如果一个三角形有两个角相等，那么这两个角所对的边也相等（简写成“等角对等边”）.

(1) 写出该内容的教学目标及教学重难点；

(2) 针对该内容设计相应的教学过程。

7. 下面是义务教育教科书（人教版）八年级下册“平行四边形的判定”的教学内容，请认真阅读，并回答问题。

18.1.2 平行四边形的判定

思考

通过前面的学习，我们知道，平行四边形的对边相等、对角相等、对角线互相平分. 反过来，对边相等，或对角相等，或对角线互相平分的四边形是平行四边形吗？也就是说，平行四边形的性质定理的逆命题成立吗？

可以证明，这些逆命题都成立. 这样我们得到平行四边形的判定定理：

两组对边分别相等的四边形是平行四边形；

两组对角分别相等的四边形是平行四边形；

对角线互相平分的四边形是平行四边形.

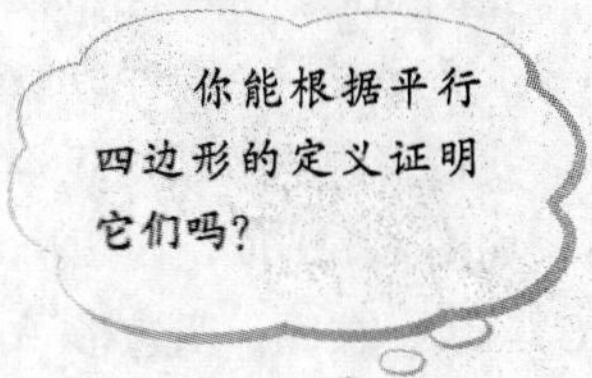

下面我们以“对角线互相平分的四边形是平行四边形”为例，通过三角形全等进行证明.

如图 18.1-10，在四边形 $ABCD$ 中，AC，BD 相交于点 O，且 $OA=OC$，$OB=OD$. 求证：四边形 $ABCD$ 是平行四边形.

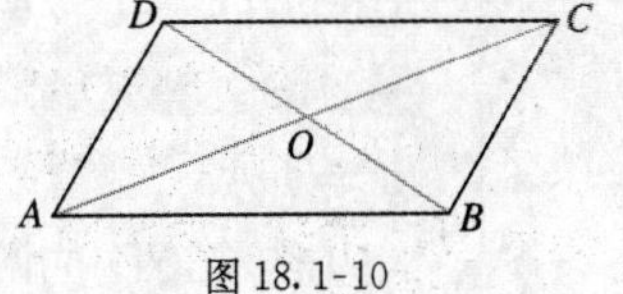

图 18.1-10

证明：∵　$OA=OC$，$OD=OB$，

$\angle AOD=\angle COB$，

∴　$\triangle AOD \cong \triangle COB$.

∴　$\angle OAD=\angle OCB$.

∴　$AD \parallel BC$.

同理　$AB \parallel DC$.

∴　四边形 $ABCD$ 是平行四边形.

由上我们知道，平行四边形的判定定理与相应的性质定理互为逆定理. 也就是说，当定理的条件与结论互换以后，所得命题仍然成立.

例 3　如图 18.1-11，▱$ABCD$ 的对角线 AC，BD 相交于点 O，E，F 是 AC 上的两点，并且 $AE=CF$. 求证：四边形 $BFDE$ 是平行四边形.

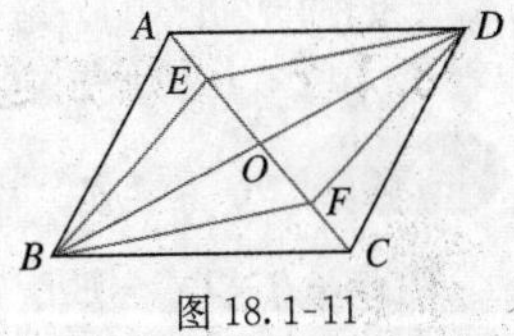

图 18.1-11

证明：∵　四边形 $ABCD$ 是平行四边形，

∴　$AO=CO$，$BO=DO$.

∵　$AE=CF$，

∴　$AO-AE=CO-CF$，即 $EO=FO$.

又　$BO=DO$，

∴　四边形 $BFDE$ 是平行四边形.

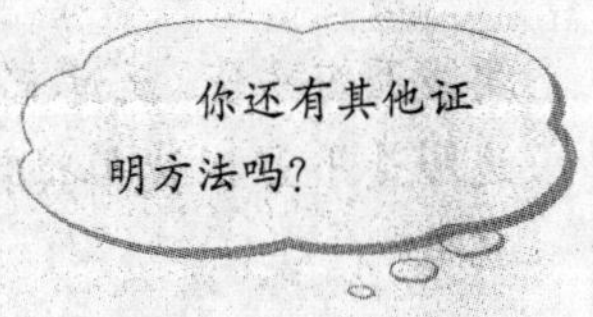

思考

我们知道，两组对边分别平行或相等的四边形是平行四边形. 如果只考虑四边形的一组对边，它们满足什么条件时这个四边形能成为平行四边形呢？

我们知道，如果一个四边形是平行四边形，那么它的任意一组对边平行且相等. 反过来，一组对边平行且相等的四边形是平行四边形吗？

我们猜想这个结论正确，下面进行证明.

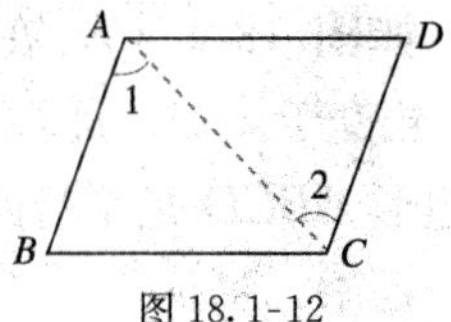

图 18.1-12

如图 18.1-12，在四边形 $ABCD$ 中，$AB/\!/CD$，$AB=CD$. 求证：四边形 $ABCD$ 是平行四边形.

证明：连接 AC.

∵ $AB/\!/CD$，

∴ $\angle 1=\angle 2$.

又 $AB=CD$，$AC=CA$，

∴ $\triangle ABC\cong\triangle CDA$.

∴ $BC=DA$.

∴ 四边形 $ABCD$ 的两组对边分别相等，它是平行四边形.

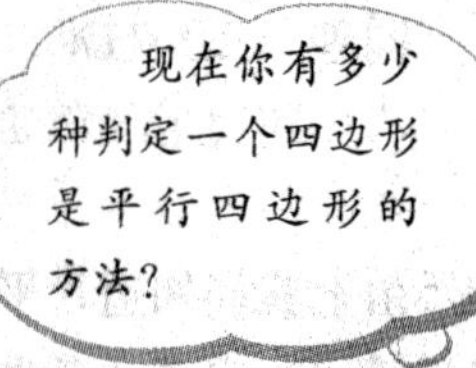

于是我们又得到平行四边形的一个判定定理：

一组对边平行且相等的四边形是平行四边形.

例 4 如图 18.1-13，在▱$ABCD$ 中，E，F 分别是 AB，CD 的中点. 求证：四边形 $EBFD$ 是平行四边形.

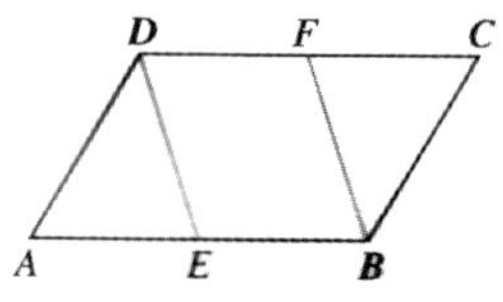

图 18.1-13

证明：∵ 四边形 $ABCD$ 是平行四边形，

∴ $AB=CD$，$EB/\!/FD$.

又 $EB=\frac{1}{2}AB$，$FD=\frac{1}{2}CD$，

∴ $EB=FD$.

∴ 四边形 $EBFD$ 是平行四边形.

练习

1. 如图，$AB=DC=EF$，$AD=BC$，$DE=CF$. 图中有哪些互相平行的线段？

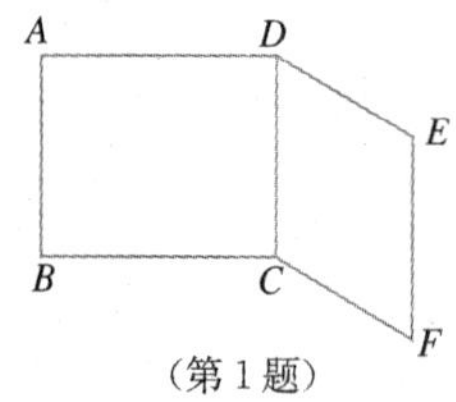

（第 1 题）

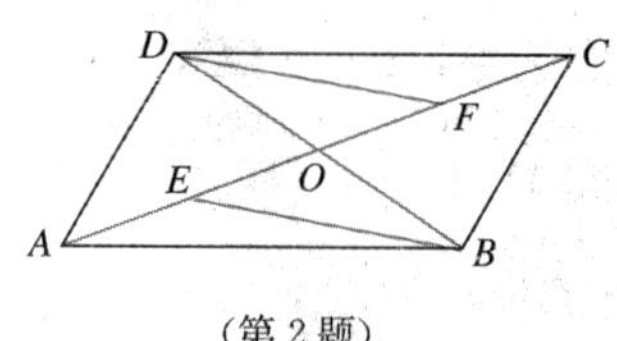

（第 2 题）

2. 如图，▱$ABCD$ 的对角线 AC，BD 相交于点 O，E，F 分别是 OA，OC 的中点. 求证 $BE=DF$.

3. 为了保证铁路的两条直铺的铁轨互相平行，只要使互相平行的夹在铁轨之间的枕木长相等就可以了. 你能说出其中的道理吗？

（第 3 题）

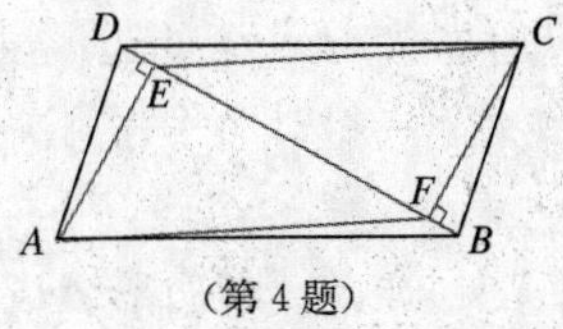

（第 4 题）

4. 如图，在▱$ABCD$ 中，BD 是它的一条对角线，过 A，C 两点分别作 $AE \perp BD$，$CF \perp BD$，E，F 为垂足. 求证：四边形 $AFCE$ 是平行四边形.

前面我们研究平行四边形时，常常把它分成几个三角形，利用三角形全等的性质研究平行四边形的有关问题. 下面我们利用平行四边形研究三角形的有关问题.

如图 18.1-14，在$\triangle ABC$ 中，D，E 分别是 AB，AC 的中点，连接 DE. 像 DE 这样，连接三角形两边中点的线段叫做三角形的**中位线**.

问题：

(1) 拟定本节课的教学目标；

(2) 根据本节内容设计一个教学片段，并说明设计意图。

8. 以下材料是华东师大《数学》九年级上册“22. 2. 2 一元二次方程(配方法)”的内容，请据此回答问题。

2.配方法

例4 解方程：$x^2+2x=5$。

思考

要用直接开平方法求解，首先希望能将方程化为

$$(\qquad)^2=a。$$

的形式，那么，怎么实现呢？

为此，通常设法在方程两边同时加上一个适当的数，使左边配成一个含有未知数的完全平方式（右边是一个常数），那么，本题中，要把$x^2+2x=5$的左边配成完全平方式，这个“适当的数”是什么呢？

回想两数和的平方公式，有 $a^2+2ab+b^2=(a+b)^2$。从中能得到什么启示？

解 原方程两边都加上1，得

$$x^2+2x+1=6,$$

即

$$(x+1)^2=6,$$

直接开平方，得

$$x+1=\pm\sqrt{6},$$

所以 $$x=-1\pm\sqrt{6},$$

即 $$x_1=-1\pm\sqrt{6},\ x_2=-1-\sqrt{6}。$$

这里的解法，是通过方程的简单变形，将左边配成一个含有未知数的完全平方式，右边是一个非负常数，从而可以直接开平方求解，这种解一元二次方程的方法叫作**配方法**。

例5 用配方法解方程：

（1）$x^2-4x+1=0$；（2）$4x^2-12x-1=0.$

> 左边配上什么数能成为完全平方？
> $x^2-2\cdot x\cdot 2+\square^2=(x-\square)^2.$

解 （1）原方程可化为

$$x^2-4x=-1,$$

配方（两边同时加上4），得

$$x^2-2\cdot x\cdot 2+2^2=-1+2^2,$$

即 $$(x-2)^2=3,$$

直接开平方，得 $x-2=\pm\sqrt{3}$，

所以 $x_1=2+\sqrt{3}$，$x_2=2-\ 3$。

> 这里应该怎样配方？回顾例4和例5题（1）的解答，归纳一下：配方时，方程两边加上的数是如何确定的？

（2）移项，得 $4x^2-12x=1$，

两边同除以4，得 $x^2-3x=\frac{1}{4}$，

配方，得

$$x^2-2\cdot x\cdot\left(\frac{3}{2}\right)+\left(\frac{3}{2}\right)^2=\frac{1}{4}+\left(\frac{3}{2}\right)^2,$$

即 $$\left(x-\frac{3}{2}\right)^2=\frac{10}{4},$$

直接开平方，得 $x-\frac{3}{2}=\pm\frac{\sqrt{10}}{2}$，

所以 $x_1=\frac{3}{2}+\frac{\sqrt{10}}{2}$，$x_2=\frac{3}{2}-\frac{\sqrt{10}}{2}$。

思考

题（2）中，注意到 $4x^2=(2x)^2$，方程移项后可以写成

$$(2x)^2-2\cdot 2x\cdot 3-1,$$

可以怎样配方？试一试，并完成解答。

(1)设计本节课的知识与技能目标;

(2)确定本节课重、难点;

(3)提炼出用配方法解一元二次方程的步骤;

(4)简述教材的设计意图。

9. 下面是“函数的单调性”的教学内容,请据此回答问题。

对于二次函数 $f(x)=x^2$，我们可以这样描述“在区间 $(0,+\infty)$ 上，随着 x 的增大，相应的 $f(x)$ 也随着增大”：在区间 $(0,+\infty)$ 上，任取两个 x_1，x_2，得到 $f(x_1)=x_1^2$，$f(x_2)=x_2^2$，当 $x_1<x_2$ 时，有 $f(x_1)<f(x_2)$. 这时，我们就说函数 $f(x)=x^2$ 在区间 $(0,+\infty)$ 上是增函数.

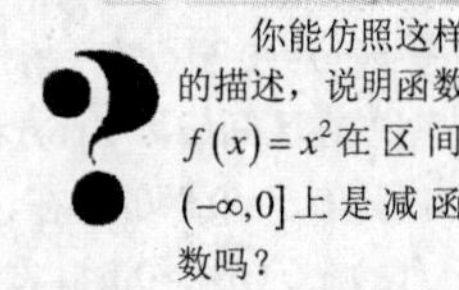

你能仿照这样的描述，说明函数 $f(x)=x^2$ 在区间 $(-\infty,0]$ 上是减函数吗？

一般地，设函数 $f(x)$ 的定义域为 I：

如果对于定义域 I 内某个区间 D 上的任意两个自变量的值 x_1，x_2，当 $x_1<x_2$ 时，都有 $f(x_1)<f(x_2)$，那么就说函数 $f(x)$ 在区间 D 上是增函数（increasing function）（图(1)）；

如果对于定义域 I 内某个区间 D 上的任意两个自变量的值 x_1，x_2，当 $x_1<x_2$ 时，都有 $f(x_1)>f(x_2)$，那么就说函数 $f(x)$ 在区间 D 上是减函数（decreasing function）（图(2)）；

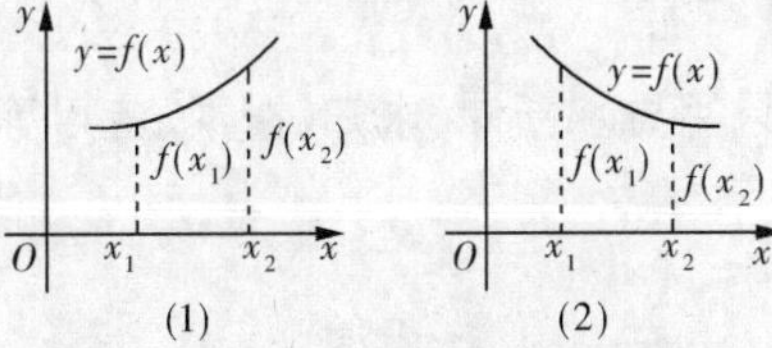

(1) (2)

如果函数 $y=f(x)$ 在区间 D 上是增函数或减函数，那么就说函数 $y=f(x)$ 在这一区间具有（严格的）单调性，区间 D 叫作 $y=f(x)$ 的单调区间。

(1)给出该内容的教学目标、教学重难点及采用的教学方法;

(2)针对该内容设计相应的教学过程。

10. 以下素材来自北师大版必修一“利用函数性质判定方程解的存在性”。

1.1 利用函数性质判定方程解的存在性

在初中数学中,我们已经学习了利用根的判别式判断一元二次方程实数根的情况,在这里换一种方法,从函数角度研究如何判定方程 $x^2-x-6=0$ 实数根的存在性.

观察函数 $f(x)=x^2-x-6$,容易得出,它的图象是开口向上的抛物线(如图 5-1),且 $f(0)=-6<0$, $f(4)=6>0$, $f(-4)=14>0$.

由于函数 $f(x)$ 的图象是连续的曲线,因此点 $B(0,-6)$ 与点 $C(4,6)$ 之间的那部分曲线必然穿过 x 轴,即在区间 $(0,4)$ 内必有一点 x_1,使 $f(x_1)=0$;同理,在区间 $(-4,0)$ 内也必有一点 x_2,使 $f(x_2)=0$. 因此,方程 $x^2-x-6=0$ 有两个不相等的实数根.

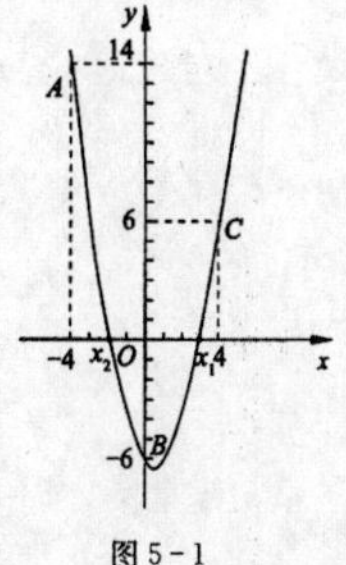

图 5-1

抽象概括

使得 $f(x_0)=0$ 的数 x_0 称为方程 $f(x)=0$ 的解，也称为函数 $f(x)$ 的**零点**. $f(x)$ 的零点就是函数 $y=f(x)$ 的图象与 x 轴交点的横坐标.

实际问题中，大部分函数的图象都是连续的曲线. 下面的零点存在定理提供了一种判断方程 $f(x)=0$ 解的存在性的方法.

零点存在定理 若函数 $y=f(x)$ 在闭区间 $[a,b]$ 上的图象是一条连续的曲线，并且在区间端点的函数值一正一负，即 $f(a)\cdot f(b)<0$，则在开区间 (a,b) 内，函数 $y=f(x)$ 至少有一个零点，即在区间 (a,b) 内相应的方程 $f(x)=0$ 至少有一个解.

这里说"在区间 (a,b) 内，方程 $f(x)=0$ 至少有一个解"，只说明了方程 $f(x)=0$ 解的存在，并不能判断具体有多少个解.

当 $f(a)\cdot f(b)>0$ 时，方程 $f(x)=0$ 也可能有解，如图5-2.

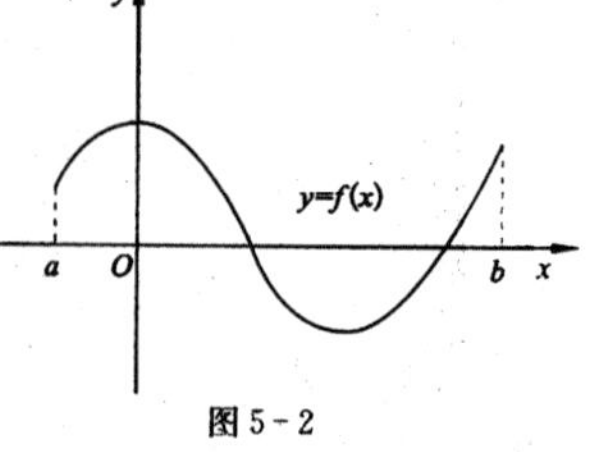

图 5-2

所以 $f(a)\cdot f(b)<0$ 是方程 $f(x)=0$ 在区间 (a,b) 内有解的充分条件而非必要条件.

问题：

（1）本节课的教学目标是什么；

（2）阐述本节课的教学重难点；

（3）写出本节课的教学过程（只写导入新课、求知、探索、应用等过程）以及相应的设计意图。

参考答案及解析

专题一　案例分析

1.【参考答案】(1)图中呈现的是"实数"这一部分的教学内容，教材从典型的实际问题(已知正方形的面积求边长)出发，通过探究活动，将两个面积为1的小正方形拼成一个面积为2的大正方形，从而求出这个大正方形的边长为$\sqrt{2}$，这样就顺理成章地引进了无理数，使得课堂模式由原来的讲授式变为"问题情境—建立模型—求解—解释与应用"的探究式，让学生主动参与，体验数学探究的乐趣，培养学生的思考能力和探究精神。

(2)教材中素材的选用充分考虑了学生的认知水平和活动经验，使得学生经历从现实情境中抽象出数学知识与方法的过程，重视学生的参与，让学生通过观察、实验、猜测、交流、探索等活动，感悟知识的形成和使用，有利于学生理解数学知识与方法，形成良好的数学思维习惯，增强应用意识，提高解决问题的能力。

2.【参考答案】(1)①《义务教育数学课程标准》(2011年版)指出："数学教学活动，特别是课堂教学应激发学生兴趣，调动学生积极性，引发学生的数学思考，鼓励学生的创造性思维。"案例一中教师处理生1的回答有以下不足：当生1提出更简单的解题方法时没有及时引导，没有做到鼓励学生解题方式的策略多样化，学生的创造性思维没有得到很好的肯定与发展。

因此，当我面对这种情况的时候，在学生回答出更简单的方法时，我将组织全班学生一起分析讨论学生方法的可行性，以此来充分调动学生的潜力，经历数学的思考过程，培育学生的创造性思维，更好地营造一个师生互动、生生互动、生动活泼的课堂氛围。

②《义务教育数学课程标准》(2011年版)指出："在教学活动中，教师要选择适当的教学方式，因势利导、适时调控，形成有效的学习活动。"案例一中教师处理生2的回答有以下不足：当生2提出不用计算直接能看出方程的解为$x=1$时，教师直接否定的做法扼杀了学生思考想象的空间，同时没有做好正确的归纳示范，没能培养学生良好的数学学习习惯，另外紧接着让另外一名学生按书上要求完成此题并表扬，严重影响生2的自信心与自尊心。因此当我面对这种情况的时候，我

会给予学生肯定的评价，并让学生在班上分享他是如何看出结果的，鼓励他加以验证，充分发挥学生的主动性和积极性，让学生真正热爱数学。在学生分享之后，我再做出正确的总结归纳，给出完整规范的解题步骤，落实培养学生良好的数学学习习惯的目标要求。

(2)教学重点：一元二次方程求根公式的解法。

教学难点：用配方法推导求根公式。

案例二环节体现了转化、类比、分类讨论、推理等思想，具体体现在：

①用配方法得出一元二次方程求根公式的过程体现了转化思想；

②用直接开平方法解一元二次方程，类比平方根的概念和意义体现了类比思想；

③分析讨论一元二次方程解的一般情况体现了分类讨论思想；

④探索求根公式的整个过程体现了推理思想。

(3)《义务教育数学课程标准》(2011 年版)指出："创新意识的培养是现代数学教育的基本任务，应体现在数学教与学的过程之中。"

学生的数学创新意识应在数学教学活动中得到培养。以数学问题启发学生思考并学会学习，学生不断地变"被动"为"主动"，使得学生的数学创新意识逐步形成。为此，教师应注重做好以下三点：

①激发学生的问题意识。案例二中教师在数学教学活动的整个过程中，以学生的视角设置问题情境，启发学生直观地提出问题，强化学生的问题意识。在设疑和解疑的过程中培养学生解决问题的能力。

②注重数学合情推理。案例二中教师在启发学生思考探究一元二次方程求根公式的过程中，帮助学生通过观察、比较、类比、分析、归纳、抽象、概括出数学猜想和规律，并加以验证，逐步形成独立思考的习惯。

③发展学生的思维模式。案例二中教师组织学生用配方法推导公式法的过程，引导学生学会思考数学，同时教师给学生留有思考的余地，让学生思考和反思数学知识和内在的思想方法，使其从中感受成功的体验和获得活动经验，最终形成"发展自己的数学"的个性化思维模式。

3.【参考答案】(1)三角形具有稳定性，四边及四边以上的多边形都不具备稳定性，案例中表面上看五边形 $ABFED$ 具有稳定性，实际上，当加上固定木条 EF 时，四边形的边 BC 与 CD 固定，相当于将 BD 平移到了 EF 的位置，其原理和图 2 中沿四边形对角线 BD 固定纱窗的原理一样，通过把四边形转化成两个三角形，从而具有稳定性。

(2)针对本节课出现的情况，如果我是王老师，我会保持冷静，确保教学活动正常进行，我会从以下几个方面考虑：首先，我会肯定该组学生，表扬他们能够勇敢地提出不同的方案。其次，我会告诉

学生，为了不影响其他同学听课，待下课时再解决这个问题。再次，课下我会及时查阅相关资料或请教其他老师来解决该问题，并及时给学生答疑解惑。最后，我会深刻地反省自己，在知识方面存在空白区域就一定要及时地补上，并且在教学工作中不断地吸收新知识，真正做到“自己先有一桶水”。

4.【参考答案】(1)第一种解法错误的原因是解答过程中没有结合实际情况，车的数量为小数是不正确的。第二种解法错误的原因是生硬地运用了四舍五入法，将多出来的0.4舍去，而5辆车只能坐150人，因此要结合实际情况，采用进一法，即需要包6辆车。

(2)教学过程中，教师要引导学生在具体情境中从数学的角度发现和提出问题，并综合运用数学知识和方法解决简单的实际问题，增强应用意识，提高实践能力，并针对四舍五入法、进一法、去尾法的相应特点逐一进行讲解，使学生能有效区分，并在讲解过程中引导学生自主思考、归纳、总结，帮助学生更好地学习知识，培养学生运用数学知识解决实际问题的能力。

5.【参考答案】(1)“一题多解”可以引导学生积极参与数学活动，有利于提高学生的学习积极性，充分调动学生课堂参与的积极性，激发学生对数学学习的兴趣。一道数学题因思考的角度不同而可能得到多种不同的解法，有助于拓宽解题思路，提高发现问题、提出问题、分析问题和解决问题的能力，更有助于学生应变能力的提高和发散思维的形成，增强学生面对新问题时敢于联想并予以解决的意识。

(2)《普通高中数学课程标准》(2017年版2020年修订)指出：“高中数学教学以发展学生数学学科核心素养为导向，创设合适的教学情境，启发学生思考，引导学生把握数学内容的本质。”案例中两位同学的表现如下：①学生甲利用了二面角的定义，在几何体中通过作辅助线的方法，构成三角形，找出了二面角的平面角，从而可以得到二面角的大小。过程中充分利用了二面角的概念，层层递进，作出合适的辅助线，找到平面 MAB 与平面 MCD 所成平面角的二面角，进而得到两平面角的正弦值，从而体现了教学活动中，以发展学生的数学抽象、逻辑推理核心素养为导向。②学生乙构建空间直角坐标系，平面 MAB 与平面 MCD 的法向量所成的角与两平面所成的二面角相等或者互补，观察这两个平面的法向量方向，求出两平面法向量的余弦值，进而得到两平面法向量的正弦值。过程中，学生乙构建了三维空间直角坐标系，运用了空间中求向量夹角余弦公式，构建了数学模型。学生乙的解法体现了教学活动中，以发展学生的数学建模、直观想象核心素养为导向。

“一题多解”体现了高中数学教学以核心素养为导向，也体现了教学活动以人为本，以学生为主体的基本理念。

6.【参考答案】(1)3位教师的导入情境各有特色，我更喜欢教师2的情境。教师2从日常生活情境出发，对新课进行导入，贴近生活，贴近实际，更加容易被学生理解和接受，采用提问对话的形式可以自然流畅地导入新课，由整数引出分数，在学生已有的认知水平的基础上引导学生学习新知识,使得学生深切地感受到分数的由来和意义。教师1采用放录像的形式能够激发学生的学习兴趣,同时起到复习分数初步认识的目的,但是对于分数例子引入过于直接、突兀,学生不容易接受。教师3的方式既能起到复习的作用,又能有效发展学生的"四能",但趣味性不足,过于呆板。

(2)①课程内容应符合学生的认知规律,因而创设的情境应充分贴合学生的已有经验和心理特点,能够激发学生的学习兴趣和探索热情;②教学活动是师生积极参与、交往互动、共同发展的过程,因而情境及所引出的问题,应能有效调动学生的积极性,引发数学思考,鼓励创造性思维;③学生学习应当是一个生动活泼的、主动的和富有个性的过程,所以情境导入的最终效果应体现为能够引导学生认真听讲、积极思考、动手实践、自主探索和合作交流。因此,有效的情境创设应符合学情、引发思考、贯穿课堂。

7.**【参考答案】**(1)问题6的设计意图:通过观察实验,分析折痕AD与桌面不垂直的原因,探究发现折痕AD与桌面垂直的条件。问题7的设计意图:引导学生发现折痕AD与桌面垂直的条件——AD同时垂直于桌面内两条相交直线。

(2)本教学片段主要运用了发现法进行教学。师生共同活动,找出问题,然后学生思考、讨论和交流,找到问题的解决途径。发现法的主要优点:①学生的学习主动性、积极性可得到发挥,常处于主动进取的学习状态之中;②在学习过程中,学生具有较高级的心理活动,有利于培养发现和探究问题的习惯,激发学习数学的兴趣,增强自信心,对知识的理解更加深刻且牢固;③有利于培养学生掌握探索问题的方法与研究问题的能力,特别是自学能力。

8.**【参考答案】**(1)教学目标:

①理解直线的斜率的概念;掌握过两点的直线的斜率公式;理解直线斜率的存在条件。

②通过分析"坡度"概念,得到研究直线倾斜程度的量——斜率;通过师生探讨,得出直线的斜率公式,并以此为基础理解直线斜率的存在性;通过实践,运用所学知识解决有关问题。

③通过斜率概念的建立和斜率公式的推导,进一步理解数形结合思想,树立辩证统一的观点,形成严谨的科学态度和求实的数学精神。

(2)定直线与x轴不垂直,说明直线斜率存在。当斜率是定值时,两点确定一条直线,直线l上任意两点确定的只能是直线l,所以直线l上任意两点确定的斜率都等于直线l的斜率。

(3)问题串:

问题1:过一个定点,同学们可以画多少条直线?这些直线在什么地方不同?

学生通过操作和观察可以得到:可以画无数条直线,且它们的倾斜程度不同。

问题2:建立直角坐标系后,点可以通过坐标来刻画。那么,直线的倾斜程度如何来刻画呢?

学生思考讨论过后,出示课本楼梯图。

问题3:观察楼梯图,楼梯的倾斜程度可以用坡度来刻画,那么不同的楼梯坡度一样吗?随什么而变化?

引导学生回答:与每一级的高度和宽度有关,若宽度不变,则高度越大,楼梯越陡。(坡度$=\frac{高度}{宽度}$)

问题4:如果把楼梯面抽象成一条直线,那么可否类比坡度的定义,来刻画直线的倾斜程度呢?

出示教材平面直角坐标系图,指出点P、点Q的坐标。学生探究,教师引导学生得出:直线PQ的倾斜程度$=\frac{y_2-y_1}{x_2-x_1}$。

教师:我们将直线PQ的倾斜程度叫作直线PQ的斜率。

问题5:假设直线PQ的斜率为k,我们知道,$k=\frac{y_2-y_1}{x_2-x_1}$,试画图分析一下,$x_1=x_2$时会出现什么情况?

(出示$x_1=x_2$时的图象)教师指出:当$x_1=x_2$时,此时直线与x轴垂直,其斜率不存在。

教师明确斜率定义:对于与x轴不垂直的直线PQ,它的斜率可以看作$k=\frac{y_2-y_1}{x_2-x_1}=\frac{纵坐标的增量}{横坐标的增量}=\frac{\Delta y}{\Delta x}$。

问题6:对于一条与x轴不垂直的直线而言,它的斜率是变化的吗?

问题7:同一条直线上的任意两点确定的直线是相同的吗?

引导学生得出结论:对于一条与x轴不垂直的直线而言,它的斜率是一个定值。

专题二　教学设计

 ## 必刷好题 

1.【参考答案】(1)本节课是在学生已经探索并掌握长方形、正方形面积的计算以及其他一些常见多边形的特征,并直观认识长方体和正方体的基础上进行教学的。学习和探索计算长方体和正方体的体积的过程,可以使学生更好地以数学的眼光观察、了解周围的世界,形成初步的空间观念;同时也能为进一步学习其他立体图形打好基础。

教学目标:

目标①:经历长方体、正方体体积公式的推导过程,理解并掌握长方体、正方体体积的计算公式;初步学会计算长方体和正方体的体积;

目标②:培养实际操作能力,发展空间观念;

目标③:在活动中感受数学与实际生活的密切联系,体验学数学、用数学的乐趣,从而激发学习数学的兴趣。

(2)教学重点:理解并掌握长方体体积的计算方法。

教学难点:探索并理解长方体和正方体体积公式的推导过程。

(3)教学过程:

一、创设情境,揭示课题

1. 实物引入。

师:上节课,我们认识了体积和体积单位,谁来说说什么是体积,体积单位有哪些呢?(生回答)

师:昨天的知识你掌握得很好,相信你的作业完成得也很认真。昨天我让大家准备一些1立方米的小正方体,现在请一位同学来说一说,你都摆出了什么形状?体积是多少呢?

根据学生回答,其他学生也动手摆。

师:你是怎样知道你摆成的模型体积的?

生:因为这个长方体由4个1立方厘米的正方体拼成,所以它的体积是4立方厘米。

(板书:4立方厘米)

师:如果再拼上一个1立方厘米的正方体,它的体积又是多少呢?

学生操作。

生:再拼上一个1立方厘米的正方体,这个长方体就含有5个1立方厘米的正方体,它的体积就是5立方厘米。

2. 揭示课题。

师:我们把一个小正方体的体积看作一个体积单位,可见要计量一个物体的体积,就要看这个物体含有多少个体积单位。今天我们就来学习怎样计算长方体和正方体的体积。(板书:长方体和正方体的体积)

二、猜想验证,探究新知

1. 提出猜想。

师:试试看你能不能像老师这样摆出一个长方体,并计算它的体积?

出示表格。学生四人一小组,每组一张表格:

	长	宽	高	正方体个数	体积
长方体1					
长方体2					
长方体3					
长方体4					

师:请同学们以小组为单位,自己独立用1立方厘米的正方体摆出几个不同的长方体,观察摆出的长方体的长、宽、高,与小组成员交流后,选择4组数据,把上面的表格填写完整。

学生活动,师巡视并指导。

师:同学们摆出了许多不同的长方体,并且填好了表格。哪一组愿意汇报?

学生黑板前展示表格,并做详细汇报。

教师引导学生观察表格并提问。

师:观察表格中的数据,从中你能发现什么呢?

师:通过观察比较,同学们有了一个大胆的猜想:长方体的体积等于它的长、宽、高的乘积。这个猜想是否正确呢?我们还要进一步研究。

(板书:长方体的体积=长×宽×高?)

2. 验证猜想。

课件出示:用1立方厘米的正方体摆出下面的长方体,各需要多少个?先想一想,再摆一摆。

(1)长 4 厘米,宽 1 厘米,高 1 厘米;

(2)长 4 厘米、宽 3 厘米、高 1 厘米;

(3)长 4 厘米、宽 3 厘米、高 2 厘米。

师:这是三个不同的长方体,根据刚才的发现你能猜出它们的体积吗?

根据学生回答,教师课件出示:$4\times1\times1=4$ 立方厘米,$4\times3\times1=12$ 立方厘米,$4\times3\times2=24$ 立方厘米。

师:那究竟对不对呢?让我们再来摆一摆。

学生独立思考后小组讨论,动手操作,师巡视。

组织交流,课件出示拼摆后的图形。

师:你是怎么摆的?体积是多少?

师:和我们之前的猜想一样吗?

师:那如果再让你摆出一个长 7 厘米、宽 4 厘米、高 3 厘米的长方体,一共要用多少个 1 立方厘米的小正方体?它的体积是多少呢?课件出示例 1。

师:$7\times4\times3=84$ 立方厘米,所以它的体积就是 84 立方厘米。

3. 概括公式。

师:根据刚才的验证,得出前面的结论是正确的。长方体的体积 = 长 × 宽 × 高,如果用 V 表示长方体的体积,用 a,b,h 分别表示长方体的长、宽、高,你能字母表示长方体的体积吗?($V=abh$)

师:长、宽、高都相等的长方体就是什么图形?

生:正方体。

师:你能直接写出正方体的体积公式吗?把你的想法在小组里说一说。

学生汇报:

因为正方体是特殊的长方体。在正方体中长,宽,高都相等,所以公式中长、宽、高都叫作棱长,正方体的体积 = 棱长 × 棱长 × 棱长。

变换后,虽然长方体和正方体体积公式写出来不相同,但计算方法的实质是一样的,都是长 × 宽 × 高。

课件出示正方体,出示公式。

师:正方体的体积公式也可以用字母来表示。但用字母表示正方体的体积公式时,还有一些特殊的地方,书上对此作了详细的说明。

请大家打开课本看一看。学生阅读课本,课件出示(正方体的体积:$V=a^3$)。

师：写的时候，3 要写在 a 的右上角，并且要写得小一些。

小训练：完成例 2，在练习本上完成，集体订正。

三、巩固应用

计算下面长方体和正方体的体积。

1. 长 9 厘米、宽 6 厘米、高 5 厘米的长方体。

2. 边长为 4cm 的正方体。

四、小结

同学们，这节课有什么收获呢？学习了长方体和正方体的体积如何求之后，同学们回到家可以试着计算自己家中类似长方体或者正方体物体的体积，向爸爸妈妈展示自己的学习成果。

2.【参考答案】(1) 比较抽象的表述：两位数乘一位数，在知道整十数乘一位数和一位数乘一位数的计算方法的基础上，将未知转化为已知，即 $\overline{ab}\times c=(10a+b)\times c=10a\times c+b\times c$。

或用具体数字表述：两位数乘一位数，如 $12\times3=$？在已知 10×3 和 2×3 计算方法的基础上，探索 12×3 的计算方法，可以将 12 分解成 $(10+2)$，利用横式体现算理，即 $12\times3=(10+2)\times3=10\times3+2\times3$，将未知转化为已知。

(2) 一、创设情境，提出问题

美术王老师购买了一些彩笔，供大家在课堂上使用。

(教师出示教材中关于彩笔的例题图)

①你发现了哪些数学信息？

学生可能的思路：有 3 盒彩笔，每盒有 12 支彩笔。

②你能提出哪些数学问题？

思考：学生提出的问题可能会很杂，有加法、乘法等问题，教师有选择地写出一些，方便学生研究问题。如果没有需要的问题，教师可以充当学生的角色，提出需要解决的乘法问题。

③根据学生提出的问题，选择其中的一个问题进行研究。

二、列出算式，探索算法

1. 解决问题：每盒有 12 支彩笔，3 盒一共有多少支彩笔？

①怎么列算式？

②学生独立进行计算。

2. 交流算法，寻找联系。

①独立思考后进行全班交流。

学生可能出现的方法：$12+12+12=36$；加法的竖式；乘法口算；乘法竖式(重点内容)。

思考：在算法的交流中，一定要注意抓学生不同的思路点，在多种思路中去寻找相同点，探索不同算法背后相同的算理。在这里，特别强调学生对竖式的理解，抓住要点，细致对比各种算法和竖式之间的联系。

②谁来说说自己的方法。

方法一：12 + 12 + 12 = 36，3 个 12 相加是 36，所以 12 × 3 = 36。

方法二：把 12 分成 10 和 2，10 × 3 = 30，2 × 3 = 6，30 + 6 = 36。

方法三：用竖式计算，可能会出现以下三种算法：一是加法算式；二是完整呈现计算过程的竖式；三是简写后的一般竖式。

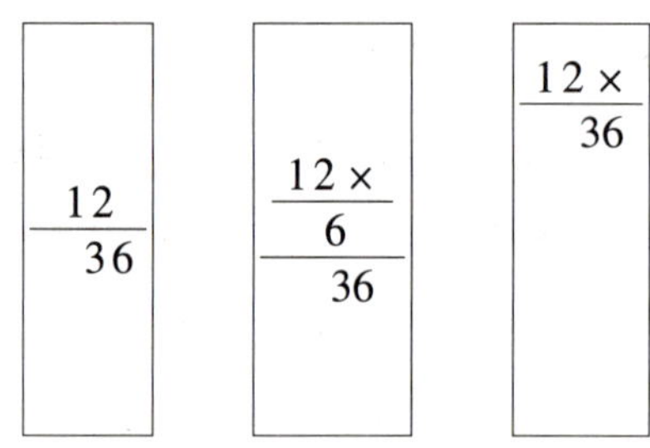

③分析、讨论并理解竖式每一步的含义。

交流加法竖式：对用加法竖式计算的，引导学生说一说是几个几相加，尝试写出乘法竖式。

在黑板上呈现竖式的计算过程（方法二），明晰下面的三步：

第一步，3 乘 2 结果是 6，所以 6 要写在个位。

第二步，3 个 10 是 30，写在第二层，相同数位对齐。

第三步，再把 6 和 30 这两部分加在一起，得 36。

（如果学生理解有困难，可以结合点子图，或者数学小棒帮助理解）

交流方法三，学习乘法竖式规范的简写形式。

与方法二的竖式相比较，想一想这种写法有什么好处？

结合前面的过程说一说：为什么 6 要写在个位，表示什么？3 写在十位，表示什么？合起来是什么？

④想一想，这些方法之间有什么关系。

口算的方法与竖式的方法是一样的，都是在计算 3 个 12 是多少，在计算时，都是用一位数分别去乘两位数的每一位，再把所得的积相加，它们的算理是一样的。

三、拓展延伸，探索三位数乘一位数的算法

出示“312 × 3 =”，你会算吗？试试看。

①学生尝试独立解答。

②解题交流各自的算法。

学生可能出现以下方法：Ⅰ. 口算：$300\times3=900$，$10\times3=30$，$2\times3=6$，$900+30+6=936$。

Ⅱ. 竖式：

$$\begin{array}{r} 3\ 1\ 2\times \\ \hline 9\ 3\ 6 \end{array}$$

③交流算法中追问问题：a. 具体说一说口算的过程；b. 说一说竖式计算每一步所表示的具体含义；c. 比较一下口算与竖式计算方法的相同点。

④理解算理：都是用一位数分别去乘三位数的每一位，再把所得的积相加，它们的算理相同。

四、练习应用，巩固所学

1. 完成“做一做”相关题目，巩固两位数、三位数乘一位数的竖式计算方法。

$$\begin{array}{r} 34 \\ \times\ \ 2 \\ \hline \end{array}\qquad \begin{array}{r} 12 \\ \times\ \ 4 \\ \hline \end{array}\qquad \begin{array}{r} 123 \\ \times\ \ \ 2 \\ \hline \end{array}\qquad \begin{array}{r} 211 \\ \times\ \ \ 4 \\ \hline \end{array}$$

要求：

①学生独立解决。

②板演展示计算过程和结果。

③交流：竖式每一步的含义。

2. 在用竖式进行计算时，要注意什么？

五、回顾交流，深化认知

今天这节数学课，大家通过自己的努力，掌握了哪些新知识？有什么收获？还有什么疑问？

六、课后作业，巩固知识

对不同层次的学生分层次布置作业。

3.**【参考答案】**(1)教学目标：

目标①：结合已有的两位数乘两位数的知识经验，理解三位数乘两位数的笔算算理，掌握三位数乘两位数的笔算方法。

目标②：能结合具体的问题情境，经历探索过程选择合适的估算、验算方法进行估算、验算，养成良好的学习习惯。

目标③：经历利用旧知解决新问题的过程，提升知识技能的迁移水平，发展逻辑思维能力。

(2)教学重点：掌握三位数乘两位数的算法并能正确计算。

教学难点:理解三位数乘两位数的笔算算理。

(3)教学过程:

一、唤起与生成

1. 情境导入。

同学们,抗日战争胜利70周年纪念日时,我们国家举行了盛大的阅兵仪式。让我们再来回顾这激动人心的时刻。

学生观看视频,谈观看视频的感受。

(1)师:同学们,其实在咱们的阅兵背后,还有很多的数学问题。(出示图①)看这是空中梯队中的一个画面。图中的战斗机有多少架呢?

$2\times4=8$,用口诀很简单就能算出来。

(2)(出示图②)看,这是俄罗斯代表队,这个代表队由3个小方队组成,每个小方队有20人,那么俄罗斯代表队一共有多少人?

$20\times3=60$,用整十数乘一位数口算就能解决。

(3)(出示图③)看,最能展现中国军人风采的就是咱们的徒步方队。

这个方队一行有24人,有15行,那这个方队一共有多少人呢?

$24\times15=360$,现在咱们用两位数乘两位数的方法,笔算出了这个方队的主体部分是360人。(出示方队符号化到区域图的过程)再加上两位将军领队,那这个方队一共有362人。

2. 生成问题。

一个方队352人,那如果有12个方队一共有多少人?

二、探究与解决

1. 估算。

师:一个方队362人,那如果有12个方队一共有多少人?怎样列式?(362×12)

师:大家看这个算式与咱们刚才的算式有什么不同?现在变成了三位数乘两位数。看来,整数乘法这个小朋友又长大了,变成了三位数乘两位数,这就是这节课咱们研究的主要内容:三位数乘两位数。(板书课题:三位数乘两位数)

师:那362×12的积得有多大呢?是10吗?那是100吗?那是1000吗?那大约是多少?

学生估算,并说一说估算的方法。

2. 笔算。

师:要想知道这个积到底是多少,怎么办?(笔算)三位数乘两位数咱还没学,那么你能尝试计算吗?

(1)学生试做,尝试计算。

(2)展示做法,理解算理。

a. 正确算法。

师:请你先来介绍一下你的做法,其他同学可以补充发言。

(先用个位上的 2 乘 362 得 724,再用十位上的 1 乘 362 得 362 个十。最后把这两个积相加得 4344。)

b. 数位错误。

出示数位对齐错误的案例。

师:大家有什么想说的?(学生解释原因)

师:第二个积的位置写错了,大家觉得呢?1 乘 362 得到的 2 为什么要写在十位上,这样对位究竟对不对呢?咱们一起来看。

(3)课件演示,巩固算理。

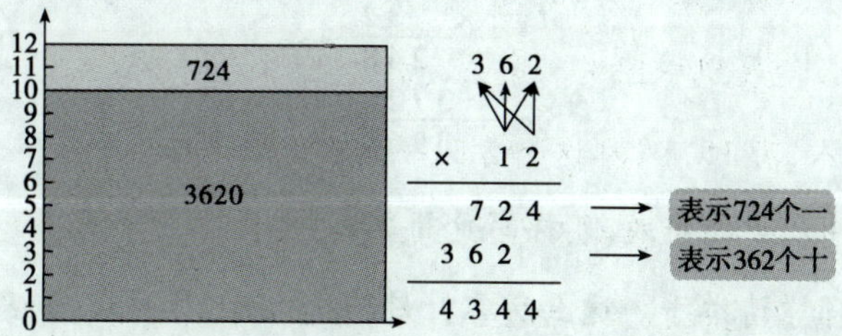

师:先算什么?(先用个位上的 2×362 得 724,也就是先求出了 2 个 362 是 724,末位与个位对齐,它表示 724 个一)再算什么?(再用十位上的 1×362 得 362 个十,也就是求出 10 个 362 是 3620,第二个积末尾的 0 可以省略)这里的 362 就表示什么?(362 个十)所以这个 2 在十位上就表示 2 个十。因此第二个积的末尾应该与哪一位对齐?(十位)最后算什么?(最后把两部分相加也就是 12 个 362 是 4344)

(4)与估算结果对比。

师:大家看这个积在不在咱们的估算范围内。它更接近哪一种估算的方法呢?

(教师根据学生的估计情况进行对比、分析。在数轴上找出准确值的点)

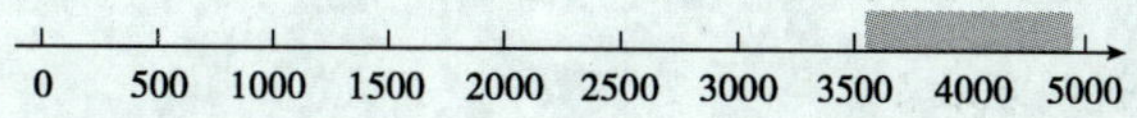

三、训练与应用

1. 基础练习。

师:现在三位数乘两位数大家都学会了吗?那这几道题你还会做吗?

238 × 11 =

32 × 124 =

拿出作业纸,看谁做的又对又快?

投影:第一个算式

238 × 11=2618

```
    238
×    11
-------
    238
   238
-------
   2618
```

师:这里有两个积238,表示的意义相同吗?(第一个238表示238个一。第二个238表示238个十)看来积的位置不同,表示的意义就不同。

投影:第二个算式

32 × 124=3968

```
    124
×    32
-------
    248
   372
-------
   3968
```

对比32 × 124和124 × 32的竖式,怎样写更简单高效。

那两道题都做对的同学请举手。这么厉害?好,分享一下你的成功经验,在今后的计算中,你有什么想提醒大家注意的地方吗?

师小结:大家的提醒非常重要,在计算时咱们不光要算对、正确对位,还要养成认真、细心检查、验算的好习惯。看来大家都是学习中的有心人。那么大家平时都是如何进行检查验算的呢?

2. 解决问题。

出示:中国解放军每分钟走正步116步,每步75厘米。中国解放军每分钟走多少厘米?

师:怎样列式?116 × 75这里有三个答案,只有一个是正确的。

你会选择哪一个呢?不用计算,怎样判断?

①8701;②870;③8700。

学生动脑筋判断,并说明理由。

师小结:一道题引发了大家这么多思考。今后,如果想对积进行快速验算可以用什么方法?末位数相乘、看数位、估算。

师:如果想正确验算呢?看,认识它吗?(出示计算器)

对于这种大数的计算,咱们还可以借助计算器来进行验算。老师帮大家算一算。注意,输入要正确,看来正确结果就是8700厘米。

3. 挑战自我。

师:看来现在三位数乘两位数大家都不在话下了,(出示课件图)那四位数乘两位数大家会算吗?五位数乘两位数呢?更多位数乘两位数你还敢不敢挑战?好,课下同学们可以继续研究。

四、小结与作业

师:相信大家这节课有了很大的收获,有什么疑问可以随时提出来。课后大家把教材上的“做一做”完成,巩固我们这节课的学习内容。

4. [参考答案](1)小数和分数相乘,可把分数化成小数再相乘(如果分数可以化成有限小数),也可把小数化成分数再相乘。当小数与分数的分母存在某种倍数关系时,可以直接“约分”。这种约分学习虽然与以前学过的约分形式不同,但实质都是除以一个相同的数。

(2)在学习本内容之前,学生已经掌握了整数乘法、小数乘法,以及整数与小数、整数与分数混合运算、简便运算等知识。

(3)教学目标:目标①:在解决问题的过程中学习并掌握小数乘分数的计算方法。

目标②:经历小数乘分数的计算方法的探究过程,体会算法多样化的数学思想,提高计算能力。

目标③:通过问题的解决,体验数学的意义和价值。

教学重点:掌握小数乘分数的计算方法。

教学难点:灵活选择不同的计算方法,熟练地进行小数乘分数的计算。

(4)教学过程如下:

一、复习导入

1. 计算下面各题。

$\frac{3}{5}\times 15=$　　　　$21\times\frac{2}{3}=$

$\frac{3}{5}\times\frac{1}{3}=$　　　　$\frac{5}{8}\times\frac{4}{5}=$

(交流时让学生说一说计算方法和计算过程中的约分方法)

2. 把下面的小数化成分数,分数化成小数。

1.2　0.4　3.5　1.25　$\frac{5}{8}$　$\frac{4}{5}$　$\frac{1}{4}$

(让学生说一说怎样将一个小数化成分数)

二、探索新知

松鼠的尾巴长度约占身体长度的$\frac{3}{4}$。松鼠欢欢的身体长2.1分米,松鼠乐乐的身体长2.4分米。

1. 解决问题一:松鼠欢欢的尾巴有多长?

(1)提取题中的已知条件和所求问题。

已知条件:①松鼠的尾巴长度约占身体长度的$\frac{3}{4}$;②松鼠欢欢的身体长2.1分米。

所求问题:松鼠欢欢的尾巴有多长?

(2)确定单位"1",根据"松鼠的尾巴长度约占身体长度的$\frac{3}{4}$"可知,应把"松鼠欢欢的身体长"看作单位"1",单位"1"已知,求松鼠欢欢的尾巴有多长,就是求2.1 dm的$\frac{3}{4}$是多少,用乘法计算,列式为$2.1\times\frac{3}{4}$。

启发观察,这个算式和我们前面学习的分数乘法有什么不同?

(3)探讨小数乘分数的计算方法。

提问:小数乘分数可以怎样进行计算呢?想一想,试一试。

学生独立思考,尝试计算,组织交流,得出可以把2.1化成分数,也可以把$\frac{3}{4}$化成小数。汇报交流计算方法,教师结合交流情况进行板书。

小数化成分数:$2.1\times\frac{3}{4}=\frac{21}{10}\times\frac{3}{4}=\frac{63}{40}$(分米)。

分数化成小数:$2.1\times\frac{3}{4}=2.1\times0.75=1.575$(分米)。

2. 解决问题二:松鼠乐乐的尾巴有多长?

学生独立思考后,组织学生交流汇报。交流时,先让学生说说列式的依据,再交流计算方法。学生可能会采用问题一中学习的方法进行计算,这时教师可以追问:同学们,想想分数乘整数时,我们是怎样进行约分的,小数乘分数也能这样约分吗?当学生有所发现后,让学生尝试计算,最后汇报交流。

教师结合学生的交流情况进行板书:小数和分母约分:$2.4\times\frac{3}{4}=0.6\times3=1.8$(分米)。

3. 观察比较,回顾思考。

提问:观察上面三种计算方法,你想发表自己的什么见解?

让学生独立思考后进行小组交流讨论，之后进行全班交流。

（三种方法中，小数化成分数的方法具有普遍性，适用于所有的小数乘分数的计算；当分数不能化成有限小数时，一般不采用分数化成小数的方法进行计算；当小数和分母不能进行约分时，一般不采用小数和分数的分母约分的方法进行计算。三种方法中，小数和分数的分母约分的方法最简便，因此在计算小数乘分数时，先观察这个小数能不能和分数的分母进行约分，如果可以进行约分，一般采用先约分再乘的方法）

三、巩固练习

1. 教材“做一做”。

先让学生独立计算，再组织汇报交流，交流时让学生说一说为什么选择这样的方法进行计算。

2. 教材“练习二”第2题。

美国人均淡水资源量约为1.38万立方米，我国人均淡水资源量仅为美国的$\frac{1}{6}$。我国人均淡水资源量是多少万立方米？

学生独立完成，并让一生上台板演。

教师反馈计算过程，强调能约分的先约分再乘。并适时补充我国的水资源知识，进行节约用水教育。

3. 教材“练习二”第4题。

蜂蜜最主要的成分是果糖和葡萄糖，果糖和葡萄糖的质量占蜂蜜总质量的$\frac{3}{5}$以上。有一种蜂蜜，果糖和葡萄糖的质量占蜂蜜总质量的$\frac{4}{5}$。如果有2.5 kg的这种蜂蜜，其中的果糖和葡萄糖共有多少千克？

学生独立完成，交流汇报。

教师点拨：在解决含多余条件的实际问题时，要先弄清楚题意，看问题所需的条件是什么，选择所需的条件，排除多余条件，然后分析数量关系，列出算式，最后检验结果是否正确。

四、课堂小结

这节课你有哪些收获？还有什么不明白的地方？

五、布置作业

课后作业第3题

5.【参考答案】一、教学目标

目标①：综合利用几何图形、函数等知识解决开放性问题；

目标②:通过探索一题多解的过程,锻炼创新思维和推理能力;

目标③:培养解决问题的能力和学习数学的兴趣。

二、教学重难点

教学重点:能够运用几何图形、函数等知识从多个角度思考解决问题的办法;

教学难点:能利用多种方法准确地解决问题。

三、教学过程

1. 复习旧知,引入新课

教师活动:回顾所学图形的相关性质及定理,并指出解决问题的方法往往并不唯一。

【设计意图】这个活动激活了学生原有的知识,并激励学生用多种方法解决问题,为培养学生的创新意识奠定基础,在激发学生研究兴趣的同时,也为学生的学习指明方向。

2. 独立思考,找出方法

①提出问题:如图所示,矩形 $ABCG$ ($AB<BC$)和矩形 $CDEF$ 全等,点 B,C,D 在同一条直线上,$\angle APE$ 的顶点 P 在线段 BD 上移动,当点 P 在什么位置时,使得 $\angle APE$ 为直角?

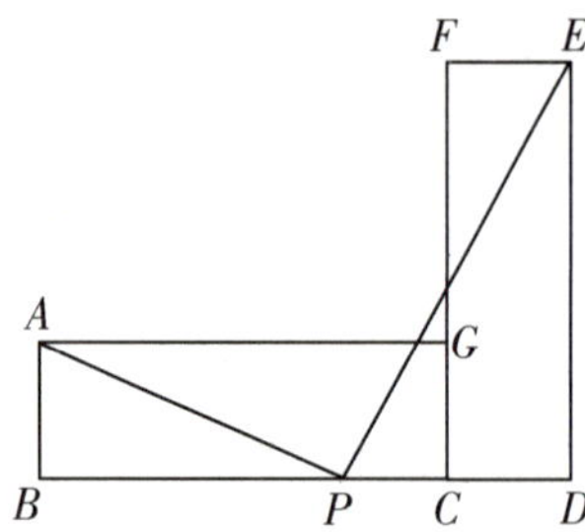

②学生活动:引导学生独立思考,组织学生同桌交流多种解题思路;

③点名学生回答:

预设生1:设 PE 交 FC 于点 M,若 $\triangle ABP\cong\triangle EFM$,则可以得到 $\angle APE$ 为直角。

预设生2:若 $\triangle ABP\backsim\triangle PDE$,则可以得到 $\angle APE$ 为直角。

预设生3:连结 AE,若 $AP^2+PE^2=AE^2$,则可以得到 $\angle APE$ 为直角。

④根据学生的回答,教师及时评价并板书。

【设计意图】学会思考和独立探索是创新的核心,教师引导学生思考不同的解题思路,激发了学生的创新热情,也提高了学生分析问题的能力。

3. 合作交流,解决问题

①提出问题:记两矩形的长和宽分别为 a 和 b,利用刚才的解题思路,试着用含 a 和 b 的式子表示 BP;

②独立思考后，四人一小组进行合作交流，合作前，给出合作要求。教师给予足够的时间和空间让学生进行合作交流，学生交流时教师适时巡视指导。

③各组汇报探究结果。

组1：可设 BP 为 x，（ⅰ）当 $BP=FM=x$ 时，有 $\triangle ABP\cong\triangle EFM$，此时 $\angle APE$ 为直角。

（ⅱ）当 $\triangle ABP\cong\triangle EFM$ 时，有 $FM=BP=x$，$MC=PC=a-x$，此时 $\triangle PCM\backsim\triangle EFM$，

$\therefore \frac{FM}{MC}=\frac{EF}{PC}=\frac{x}{a-x}=\frac{b}{a-x}$，解得 $x=b$，即 $BP=b$。

组2：可设 $BP=x$，当 $\triangle ABP\backsim\triangle PDE$ 时，有 $\frac{AB}{PD}=\frac{BP}{ED}=\frac{b}{b+a-x}=\frac{x}{a}$，解得 $x=a$ 或 $x=b$。

组3：可设 BP 为 x，连结 AE，有 $AP^2=b^2+x^2$，$PE^2=b^2+(a+b-x)^2$，$AE^2=(a+b)^2+(b-a)^2$，则当 $AP^2+PE^2=AE^2$ 时，解得 $x=a$ 或 $x=b$。

④根据学生的回答，教师及时评价并板书。

【设计意图】教师引导学生根据不同的思路得出同一组解，以弹性的教学激发了学生积极性，而且启发了学生的创新思维，引发学生的数学思考，发展了学生的推理思想，提高了学生解决问题的能力。

4. 全课总结，升华新知

通过这节课的学习，你有哪些收获？

【设计意图】交流收获，帮助学生进一步完成知识的建构过程，提高总结归纳的能力。

5. 布置作业，巩固拓展

课件呈现有梯度的习题作业，学生课后完成。

【设计意图】布置不同层次的作业，使不同的学生在数学上得到不同的发展。

6.**【参考答案】**(1)教学目标：

目标①：掌握等腰三角形的基本判定方法，并能简单地运用。

目标②：通过动手操作测量三角形的三边长度与三角形的对应内角大小的关系，观察计算机动图演示等，总结得出等腰三角形的判定定理，再加以证明、运用。

目标③：培养逻辑思维能力，培养学习数学的兴趣，激发探索精神。

教学重点：等腰三角形的判定定理。

教学难点：用等腰三角形的判定定理解决一些较为复杂的问题。

(2)教学过程：

一、复习提问

1. 师：上节课我们初步学习了等腰三角形的相关知识，你们还记得等腰三角形的定义及等腰

三角形的性质吗？

谁能根据图形将等腰三角形性质定理的条件与结论分别用式子表示出来？

（学生回答）

电脑显示，在$\triangle ABC$中，因为$AB=AC$，所以$\angle C=\angle B$。

2. 复述等腰三角形性质定理的简写形式——等边对等角。

二、操作讨论，发现定理

1. 操作1：出示任意的三个角都不相等的三角形纸片，不用任何辅助工具直接验证所给的三角形的三个角互不相等。

教师出示实物，引导学生自主探究后进行讨论。

用刻度尺量三角形的边，可得：在一个三角形中，如果三个角互不相等，那么三条边也互不相等。

师：我们已经知道，在一个三角形中，等边对等角，反过来，在一个三角形中，如果有两个角相等，那么它们所对的边是否也相等？

（学生猜想）

2. 操作2：用剪刀只剪一刀，将刚才的三角形变成一个含有两个相等角的三角形。

（引导学生操作并讨论，对学生的交流做必要的说明、巡视和指导。电脑显示两种操作方法，得到$\triangle DBF$和$\triangle ACF$）

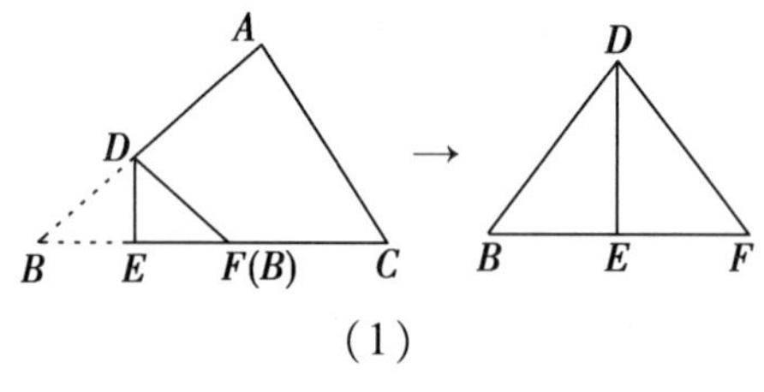

（1）

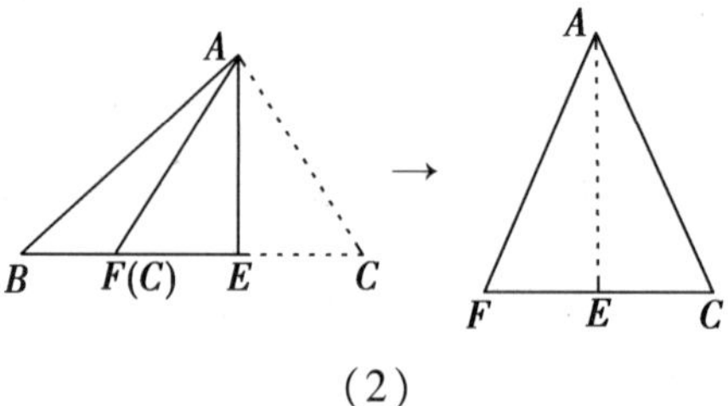

（2）

3. 操作3：在$\triangle BDF$中用刻度尺量DB，DF的长度（或在$\triangle AFC$中，用刻度尺量AF，AC的长度），它们是否相等？

（引导学生说出定理；学生操作并交流结果）

4. 学生猜想结论，根据操作过程说明自己的结论。

等腰三角形的判定定理：在一个三角形中如果有两个角相等，那么它们所对的边也相等。

定理的简写形式——等角对等边。

5. 定理的辨析。

问题:在定理的条件中若去掉“在一个三角形中”,即如果在两个三角形中分别有一个角,它们是相等的,那么这两个角所对的边是否相等?

(学生思考回答,教师总结归纳)

三、计算说理,运用定理

例1:在$\triangle ABC$中,$\angle A=40°$,$\angle B=70°$,

(1)求$\angle C$等于多少度?

(2)$\triangle ABC$是什么三角形? 为什么?

例2:在$\triangle ABC$中,已知点E在BA的延长线上,并且$\angle EAD=\angle DAC$,$BC/\!/AD$。问:$\triangle ABC$是什么三角形? 为什么?

(学生猜想$\triangle ABC$的形状,并进行说理)

例3:已知$\triangle ABC$为等腰三角形,$AB=AC$,E在BA的延长线上,AD平分$\angle EAC$,且$AD/\!/BC$。问:$\angle EAD$和$\angle ACB$有什么关系? 为什么?

提问:例2、例3所用的图形是同一个图形,在说理过程中的主要依据有什么相同的地方和不同的地方? 为什么会有这些相同之处和不同之处?

(学生独立思考后,教师组织学生讨论,对不同之处做详细说明。区分性质定理与判定定理)

四、讨论练习,巩固定理

1. (1)若已知四边形$EBCD$为梯形,且$ED/\!/BC$,BD平分$\angle EBC$,$DE=4$ cm,则$BE=$________。

(2)延长BE,CD交于A点,$AE=5$cm,则$AB=$________。

2. 在$\triangle ABC$中,已知BI平分$\angle ABC$,CI平分$\angle ACB$,DE经过I点,直线DE交AB于点D,交AC于点E,且$DE/\!/BC$。求证:$\triangle ADE$的周长$=AB+AC$。

3. 在$\triangle ABC$中,已知BD平分$\angle ABC$,BD交AC于点D,且$EA/\!/BD$,E在CB的延长线上,根据上述条件你能得到哪些结论?

4. 已知$\triangle ABC$中,$AB=AC$,$\angle A=36°$,你能不能把$\triangle ABC$分割成两个等腰三角形? 能分成更多的等腰三角形吗?(鼓励学生尽可能多地找到符合条件的结论)

五、小结

(1)如果一个三角形有两个角相等,那么这两个角所对的边相等,这个三角形是等腰三角形。

(2)比较:等腰三角形性质定理:等边对等角。因为$AB=AC$,所以$\angle C=\angle B$。

等腰三角形判定定理:等角对等边。因为$\angle B=\angle C$,所以$AC=AB$。

六、作业

课后作业第5题

7.**【参考答案】**(1)教学目标：

目标①：了解证明的几种基本方法；理解并掌握平行四边形的两种判定方法，并学会综合应用。

目标②：在探索过程中培养动手能力与合情推理思想；培养并发展逻辑思维能力和解决实际问题的能力。

目标③：通过知识的探究，培养细心观察、认真分析和严谨论证的良好思维习惯；体会到数学知识既来源于生活又服务于生活，增强对问题的理性认知。

(2)教学过程：

一、创设情境，引入新课

在复习了平行四边形定义和性质之后，创设教学情境，例如装潢店要招聘店员，老板出了这样一道考题："一位顾客要一块平行四边形的玻璃，你能否利用手头的工具制作一个平行四边形？并说出这张玻璃符合顾客要求的道理。"你能为招聘人员设计一个方案吗？

此问题可先提示学生用定义，但用定义不好测量时，问是否还有别的方法，这样就给学生提出一个问题：除了用定义外，还可以用什么样的方法去判定一个四边形是平行四边形呢？

【设计意图】联系生活实际，为课题的引入提供现实背景，同时激发学生的学习兴趣，将数学知识与日常生活紧密联系在一起。

二、归纳探索，形成概念

探索一：如图(课件显示)，将两根木条AC，BD的中点重叠，并用钉子固定，则四边形$ABCD$就是平行四边形。你能说出这种方法的道理吗？独立思考后与同伴交流。

探索二：如图(课件显示)，将两根同样长的木条AB，CD平行放置，再用两根木条分别加固AD，BC，则四边形$ABCD$就是平行四边形。你能说出这种方法的道理吗？独立思考后与同伴交流。

学生分小组展开讨论，教师鼓励学生寻找多种证明方法并指导学生进行总结、归纳，同时组织小组评比汇报，最后师生一起总结归纳，得出平行四边形的判别方法：

(1)两条对角线互相平分的四边形是平行四边形；

(2)一组对边平行且相等的四边形是平行四边形。

【设计意图】通过自主探索与合作交流，加强学生的合作意识，并培养学生探究、归纳和总结的能力，小组汇报评比，培养学生竞争意识，锻炼学生表达能力，让学生在掌握知识概念的同时，个性也能得到充分的发展。

三、分析范例，应用判定

为了进一步落实教学目标，让学生在学懂学会的基础上融会贯通，教师应安排坡度适中、题型多样的系列题组。

例 1. 如图（课件显示），$AC // ED$，点 B 在 AC 上，且 $AB = ED = BC$，找出图中的平行四边形，并说明理由。

设计意图：此题作为本课的例题，要求学生不仅要找出平行四边形，而且能有条理地写出证明过程，教师要及时查漏补缺，规范解题格式，此题完成后，学生基本顺利达到教学目标。

例 2. 如图（课件显示），平行四边形 $ABCD$ 中对角线 AC，BD 相交于点 O，E，F 是对角线 AC 上的两点，且 $OE = OF$。

（1）OA 与 OC，OB 与 OD 是否相等？

（2）四边形 $BFDE$ 是平行四边形吗？

【设计意图】此题的综合性、灵活性比较强，能够激发学生多层次、多角度地思考问题，学生顺利解决的同时，也能增强学好数学的信心。

例 3. 在四边形 $ABCD$ 中，分别给出四个条件：

①$AB // CD$；②$AD = BC$；③$\angle A = \angle C$；④$AD // BC$。

现在，以其中的两个为一组，能使四边形 $ABCD$ 为平行四边形的条件是________。（只填序号）

【设计意图】此题为条件型开放题，答案不唯一。设计此题的目的是培养学生的发散思维，力求使学生不停留在重复与模仿的阶段。

四、课堂练习，巩固新知

1. 解决实际情境问题

回顾课前提出的招聘问题，让学生分享各自的玻璃“制作”方案。

2. 谈谈平行四边形的判定在生活中还有哪些应用？

【设计意图】让学生利用这节课的知识来解决课前的问题，让学生充分体验历经困难探索结果，而轻松用于实际的快感。

8.**【参考答案】**（1）知识与技能目标：理解并掌握用配方法解一元二次方程。

（2）重点：理解并掌握配方法，能灵活运用配方法解一元二次方程。

难点：理解配方法的推导过程，掌握把一元二次方程转化为 $(x+m)^2 = n(n \geqslant 0)$ 的形式的方法。

(3)用配方法解一元二次方程的步骤:①系数化为1,即把一元二次方程中二次项的系数化为1;②移项,即把常数项移到方程另一侧;③配方,即方程两边都加上一次项系数一半的平方,此时方程左边是完全平方式,方程化为$(x+m)^2=n$的形式;④若$n\geq0$,直接开平方,得到一元一次方程,解此一元一次方程,得出原方程的解;若$n<0$,则原方程无实数根。

(4)教材通过一个简单的例子,即例4,来引导学生认识、了解一元二次方程的配方法,并在讲解例4的过程中适当地给出思路、文字引导和完全平方公式来启发学生的思维,从而通过对例4的讲解和学习,引出配方法的具体概念。随后,教材设置了例5中的两个具体的例子,并在讲解过程中引导学生对例5中的两个具体的一元二次方程进行求解,进一步理解用配方法解一元二次方程的原理并逐步明确用配方法解一元二次方程的步骤。

9.**【参考答案】**(1)教学目标:①从形与数两方面理解函数单调性的概念,掌握利用函数图象和定义判断、证明函数单调性的方法步骤。

②通过观察函数图象的变化趋势——上升或下降,初步体会函数的单调性,然后数形结合,尝试归纳函数单调性的定义,并能利用图象及定义解决单调性的证明。

③在对函数单调性的学习过程中,感知从具体到抽象,从特殊到一般,从感性到理性的认知过程,增强由现象猜想结论的能力。

教学重点:函数单调性的概念、判断。

教学难点:根据定义证明函数的单调性。

教学方法:教师启发讲授,学生探究学习。

(2)教学过程如下:

一、创设情境,引入课题

师:同学们刚刚从楼下走到了教室,如果把每一个楼梯的台阶都标上数字,我们一起来描述一下从楼下走到教室这一过程中,同学们的位置变化。

生:随着楼梯台阶标号的增大,我们所处的位置在不断地上升。

师:(积极反馈,全班鼓掌表扬)反之,我们下楼时,位置显然是在下降的。

结合上下楼的问题,引导学生识图,捕捉信息,启发学生思考。

观察图中的函数图象,随着函数自变量的增大(或减小),你能得到什么信息?

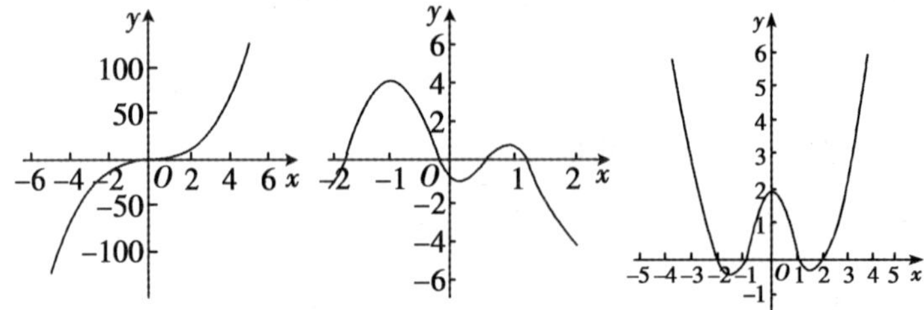

二、归纳探索，形成概念

我们在学习函数概念时，了解了函数的定义域及值域，本节内容其实就是针对自变量与函数值之间的变化关系进行的专题研究之一——函数单调性的研究。

同学们在初中已经对函数中函数值随着自变量取值的变化而变化的情况有了一定的认识，但是没有严格的定义，今天我们的任务就是通过形象的函数图象变化情况，为函数单调性建立严格定义。

1. 借助图象，直观感知。

首先，我们来研究一次函数 $f(x)=x$ 和二次函数 $f(x)=x^2$ 的单调性。

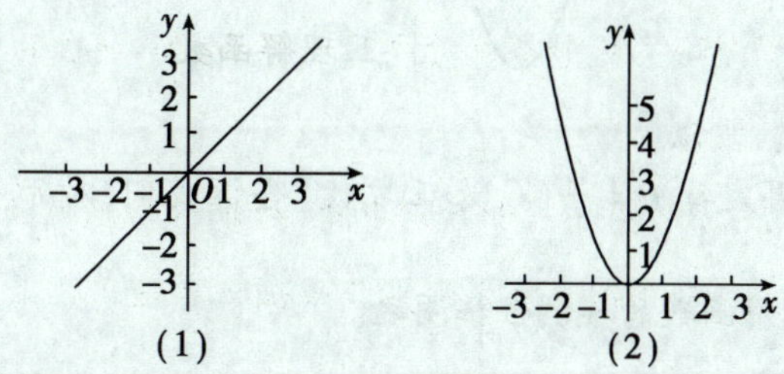

师：在没有学习函数单调性的严格定义之前，函数的单调性可以理解为，增函数为函数图象上升；减函数为函数图象下降。

师：根据图象，请同学们写出你对这两个函数单调性的描述。

学生独立完成，小组内互相检查，然后阅读教材，对比参照。

2. 抽象思维，形成概念。

函数的性质离不开函数的定义域，在研究函数单调性时，我们也必须充分考虑到这一点，在函数的定义域上描述随着自变量 x 值的变化，函数值 $f(x)$ 的变化情况。

师：思考如何利用函数解析式 $f(x)=x^2$ 来描述随着自变量 x 值的变化，函数值 $f(x)$ 的变化情况？（注意函数的定义域）

生：在 $(-\infty,0]$ 上，随着自变量 x 值的增大，函数值 $f(x)$ 逐渐减小；在 $(0,+\infty)$ 上，随着自变量 x 值的增大，函数值 $f(x)$ 逐渐增大。

师：如果给出函数 $y=f(x)$，$x\in I$，你能用准确的数学符号语言表述出函数单调性的定义吗？

师生共同探究，得出增（减）函数严格的定义：

一般地，设函数 $y=f(x)$ 的定义域为 I：①如果对于定义域上某个区间 D 上的任意两个自变量的值 x_1,x_2，当 $x_1<x_2$ 时，都有 $f(x_1)<f(x_2)$，那么就说函数 $f(x)$ 在区间 D 上是增函数；

②如果对于定义域上某个区间 D 上的任意两个自变量的值 x_1,x_2，当 $x_1>x_2$ 时，都有 $f(x_1)<f(x_2)$，那么就说函数在区间 D 上是减函数。

三、掌握证法，适当延展

例 1：下图是定义在区间 $[-5,5]$ 上的函数 $y=f(x)$，根据图象说出函数的单调区间，以及在每一单调区间上，它是增函数还是减函数。

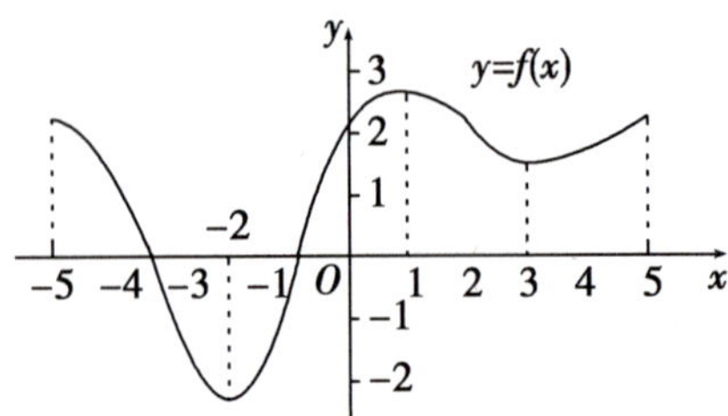

例 2：物理学中的玻意耳定律 $P=\frac{C}{V}$（C 为正常数）告诉我们，对于一定量的气体，当其体积 V 减小时，压强 P 将增大。试用函数的单调性证明之。

师：在解决完成这个例题后，根据解题步骤归纳总结用定义证明函数单调性的一般性步骤：设元、作差、变形、断号、定论。

四、归纳小结，提高认识

学生交流在本节课学习中的体会、收获，交流学习过程中的体验和感受，共同完成小结。

(1)利用图象判断函数单调性；

(2)利用定义判断函数单调性；

(3)证明方法和步骤：设元、作差、变形、断号、定论。

五、布置作业，拓展探究

课后探究：研究函数 $f(x)=x+\frac{a}{x}(a>0)$ 的单调性。

10.**【参考答案】**(1)教学目标：

目标①：掌握函数零点的概念；理解函数零点与方程根之间的关系，掌握判断函数零点存在的方法。

目标②：通过观察函数图象，计算函数值，进一步发展和培养数形结合和转化的思想，提升自主观察和研究的能力。

目标③：通过学习，学生能够积极参与课堂活动，学会用数学的语言去描述实际的数学问题，提升对数学的学习兴趣。

(2)教学重点:探究函数零点与方程根之间的联系及零点存在的判定定理。

教学难点:理解发现零点存在条件,理解零点存在性定理。

(3)教学过程:

一、复习旧知,引入新知

教师:我们在初中已经学过一元一次、一元二次等简单方程的解,比如说:$2x-1=0$,它的解是多少?

生:$x=\frac{1}{2}$。

师:那么 $x^2-x-2=0$ 的解呢?

生:$x_1=2,x_2=-1$。

师:那么,大家想想:$3^x-x^2=0$(板书)这个方程该如何解?它是否有根呢?

(下面一片寂静)

师:那么我们今天就来看看,有没有其他办法,能让我们看出一个方程到底有没有解。

【设计意图】解决问题是数学的灵魂,设置问题能激发学生的学习欲望,复习初中的知识则为本节课的展开奠定了心理和情感基础。

二、提出问题,探索新知

1.提出一组问题:

(教师在多媒体上展示如下问题)

①求方程 $x^2-2x-3=0$ 的根,并画出函数 $y=x^2-2x-3$ 的图象。

②求方程 $x^2-2x+1=0$ 的根,并画出函数 $y=x^2-2x+1$ 的图象。

③求方程 $x^2-2x+3=0$ 的根,并画出函数 $y=x^2-2x+3$ 的图象。

④观察函数图象:方程的根与函数图象和 x 轴交点的横坐标有什么关系?

将学生分成三组,让其分别动手操作后讨论交流,每一组派出代表进行成果展示,并对本组讨论结果进行总结。

学生通过观察、分析概括出:方程的根就是函数图象和 x 轴交点的横坐标——零点。

教师对学生的总结进行肯定,并给出零点的概念:我们把函数 $y=f(x)$ 的图象与 x 轴交点的横坐标称为这个函数的零点。

师(提问生):结合以上概念与例子进行零点与方程根关系的总结。

(生进行不完整的归纳总结)

师生共同归纳出零点与方程根的关系：

$f(x)=0$ 有实根⇔函数 $y=f(x)$ 的图象与 x 轴有交点⇔函数 $y=f(x)$ 有零点。

明确：求方程 $y=f(x)=0$ 的根实际上也是求函数 $y=f(x)$ 的零点。

【设计意图】培养学生动手能力及独立思考的能力。通过观察、分析、思考、总结、概括出结论，充分发挥学生的主体作用，让学生体会由特殊到一般的思想方法。

2. 师：我们刚刚知道了函数的根与零点的关系，现在，假如有一些较为复杂的函数，那么我们究竟该如何找出这些复杂函数的零点呢？接下来我们来看看具体的函数：

(1)观察函数 $f(x)=x^2-2x-3$ 的图象：

①$f(-2)\cdot f(1)$________0（填"<"或">"），在区间$[-2, 1]$上________（有/无）零点；

②$f(2)\cdot f(4)$________0（填"<"或">"），在区间$[2, 4]$上________（有/无）零点。

(2)观察下面函数 $y=f(x)$ 的图象：

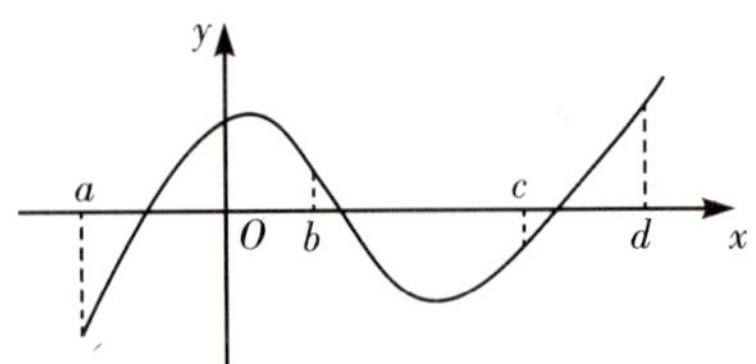

①$f(a)\cdot f(b)$________0（填"<"或">"），在区间$[a, b]$上________（有/无）零点；

②$f(b)\cdot f(c)$________0（填"<"或">"），在区间$[b, c]$上________（有/无）零点；

③$f(a)\cdot f(d)$________0（填"<"或">"），在区间$[a, d]$上________（有/无）零点。

（多媒体出示上述问题）

师：同学们独立完成这些问题，在完成的同时思考两个问题：

①对于函数 $y=f(x)$ 在区间$[a, b]$上有 $f(a)\cdot f(b)<0$ 时，零点的情况？

②由以上探索，你可以得出什么样的结论？

（提问部分学生回答上述问题，并对回答问题的学生进行一一点评）

接着所有学生进行归纳、教师肯定学生的归纳并小结得出：

若函数 $y=f(x)$ 在区间$[a, b]$上的图象是连续曲线，并且在区间端点的函数值符号相反，即 $f(a)\cdot f(b)<0$，则在区间$[a, b]$内，函数 $y=f(x)$ 至少有一个零点，即相应方程 $f(x)=0$ 在区间$[a, b]$上至少有一个实数解。

【设计意图】结合函数图象，思考、讨论、总结、归纳，培养学生的自主探索意识，让学生体会到"数形结合"思想及"转化"思想。

三、课堂练习,巩固新知

例 1:已知函数 $f(x)=3^x-x^2$,问 $f(x)=0$ 在区间 $[-1,0]$ 内有没有实数解?为什么?

例 2:判定:$(x-2)(x-5)=1$ 有两个相异的实数解,且一个大于 5,一个小于 2。

拓展:若方程 $2ax^2-x-1=0$ 在 $(0,1)$ 内恰有一解,则 a 的取值范围为(　　)

A. $a<-1$　　　　B. $a>1$

C. $-1<a<1$　　　　D. $0<a<1$

【设计意图】使学生进一步巩固对新知识的理解,经历解决问题的过程,形成基本数学技能。

四、归纳小结,总结新知

①这节课你学到了哪些知识?

②你掌握了哪些思想方法?

【设计意图】增强学生获取新知的能力和自主学习与归纳总结意识,构建自己的知识体系。

图书反馈

重磅!真题重奖征集!

「凡提供当年度考试真题者,根据真题完整度,可获得0~500元现金奖励。」

具体请联系QQ:1831595423

(温馨提示:所提供真题须是当年度考试真题,且真实有效。最终解释权归山香教育所有)

亲爱的考生:

感谢您对山香教育的信任和支持,您的建议是我们前进的动力!为进一步提高图书质量,我们特向全国各地的考生开展有奖反馈活动。

❶ **凡通过研发部QQ提供山香图书错题反馈者,均能获得价值99元的山香网课《高频考点》(基础版)大礼包1份。**

❷ **凡通过图书反馈链接提供山香图书意见反馈者,可获得价值299元的山香网课《高频考点》(豪华版)超级大礼包1份。**

¥99 大礼包

¥299 超级大礼包

联系方式:400-600-3363　　研发部QQ:1831595423

招教网
招考资讯抢先知晓

山香官网
一站式考编服务平台

山香网校
线上学习方便快捷

图书订正链接
全面勘误及时更新

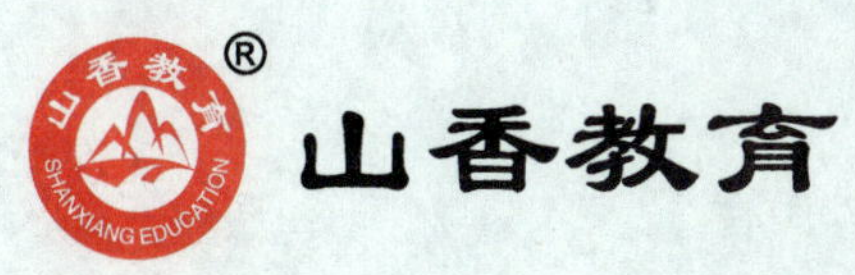

教师招聘考试

数学专项突破

函数与代数

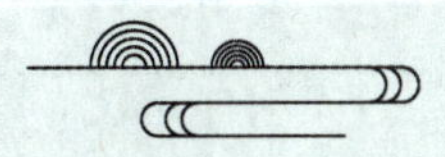

重点专题9个

核心考向132个

易错突破17个

山香教师招聘考试命题研究中心　主编

首都师范大学出版社
CAPITAL NORMAL UNIVERSITY PRESS

图书在版编目(CIP)数据

教师招聘考试. 数学专项突破. 函数与代数 / 山香教师招聘考试命题研究中心主编. -- 北京 : 首都师范大学出版社, 2023.2

ISBN 978-7-5656-7192-0

Ⅰ. ①教… Ⅱ. ①山… Ⅲ. ①数学课－教学法－教师－聘用－资格考试－自学参考资料 Ⅳ. ①G451.1

中国版本图书馆 CIP 数据核字(2022)第 209870 号

教师招聘考试 · 数学专项突破

HANSHU YU DAISHU

函数与代数

山香教师招聘考试命题研究中心　主编

策划编辑　张文强

责任编辑　杨林玉　曹亮亮　　　　封面设计　山香教育

首都师范大学出版社出版发行

地　　址　北京市海淀区西三环北路 105 号

邮　　编　100048

咨询电话　010－68418523(总编室)　　　010－68982468(发行部)

网　　址　http://cnupn.cnu.edu.cn

印　　刷　河南黎阳印务有限公司

经　　销　全国新华书店

版　　次　2023 年 2 月第 1 版

印　　次　2023 年 2 月第 2 次印刷

开　　本　787mm × 1092mm　1/16

印　　张　86

字　　数　1307 千

定　　价　178.00 元(全四册)

前言 PREFACE

翻开这本书的你，已然有了成为一名光荣的人民教师的打算。既如此，那么教师招聘考试（简称“招教考试”）就会是你人生的一道“分水岭”，决定了你未来的职业方向。

招教考试是一场选拔性考试，遵循限额择优录取的原则。就业形势日渐严峻，招教考试的报考人数激增，入编难度随之水涨船高。多数情况下，入编与否，只在分毫之间。因此，在笔试角逐中争取高分，不仅是“刚需”，也是“急需”。

而对招教考试有一定了解的朋友都知道，这项考试并非全国统考，它的考查内容、考查形式都有着很强的地域偏向。但由时间跨度看趋势，我们发现现在的招教考试越来越重视对考生综合素质、专业素质的考查。其中对综合素质能力的考查主要体现在增加公共基础知识的命题；同样的，对专业素质能力的考查，则主要体现在增加学科专业知识的命题。

众所周知，学科专业与教育综合的知识体系存在明显区别，在备考过程中主要表现为：

一、理解、应用类知识点远多于识记类知识，备考难度大。

二、知识跨度从小学至大学，备考体量大。

三、招教对专业知识的考查有其特色考点、题型，无法用过去的知识积累直接应对。

……

千言万语，只为告诉你：学科专业知识已然是你入编之路上的“拦路虎”。要么突破它，从此前程无忧；要么无视它，与梦想擦肩而过。

我已经听到了你的答案。那好，让我们一起聊聊这套书的独特之处。

一是“专”。专为招教数学学科考点题型量身打造，依托大分值必考点，将数学学科专业知识拆分为四，即函数与代数，几何与图形，微积分、线性代数与概率统计，案例分析与教学设计，做到“专项专练”，不在招教考点及常考题型之外多加赘述，难度与招教真题相匹配，让你的备考之路事半功倍。

二是“全”。全面收集全国招教真题，用真题归纳各个考向；以考向为枝干，全面强化解题方法；汇编经典真题、打磨必刷好题，全心全意为你奉上这套数学学科备考大餐。

三是“准”。有讲有练，学练结合，变式训练，快速提升；归纳要点，突破易错，答案严谨，反复核查，让你“学得舒心，答得放心”。

最后强调一句：**这是一套市面上少见的招教数学全能备考书！**

相信我，好的选择是成功的开始，山香团队愿你以此书为桨，在知识的海洋里乘风破浪！

编者对部分题目涉及的教材敏感图片已做技术处理（以不影响做题为前提），不当之处敬请指正。

山香图书研发部

目录/CONTENTS

专题一　实数、代数式与方程

专题二　小学奥数

专题三　集合与简易逻辑

专题四　函　数

专题五　三角函数

专题六 导 数

专题七　复　数

专题八　不等式

专题九　数　列

参考答案与解析

SHANXIANGEDU

专题一　实数、代数式与方程

第一节　实数及其运算

招教核心要点

1. 实数的相关概念

(1)数轴:数轴上的点与实数一一对应。

(2)相反数:非零实数 a 的相反数是 $-a$。0 的相反数为0。

(3)绝对值:$|a|=\begin{cases}a,a>0,\\0,a=0,\\-a,a<0。\end{cases}$

(4)倒数:非零实数 a 的倒数为$\frac{1}{a}$;0 没有倒数;倒数等于它本身的数是 ±1。

(5)平方根:$\pm\sqrt{a}(a\geqslant0)$;算术平方根:$\sqrt{a}(a\geqslant0)$;立方根:$\sqrt[3]{a}$(a 取任意实数)。

2. 科学记数法

把一个数表示成 $a\times10^n$ 的形式,其中 $1\leqslant|a|<10$,n 是整数。

3. 二次根式

(1)二次根式有意义的条件:被开方数大于或等于0。

(2)二次根式的性质:$(\sqrt{a})^2=a(a\geqslant0)$;$\sqrt{a^2}=|a|=\begin{cases}a,a\geqslant0\\-a,a<0\end{cases}$;$\sqrt{ab}=\sqrt{a}\cdot\sqrt{b}(a\geqslant0,b\geqslant0)$;$\sqrt{\frac{a}{b}}=\frac{\sqrt{a}}{\sqrt{b}}(a\geqslant0,b>0)$。

考向分析

实数的概念及运算、科学记数法、二次根式及其运算是教师招聘考试中的重点考查内容,题目整体较为基础。

思想应用

A. 数形结合思想:借助于数轴,将代数问题图形化,变抽象思维为形象思维。

B. 分类讨论思想:当式子中含有绝对值时,需要讨论绝对值符号内式子取值大于0、等于0、小于0三种情况。

招教考向解读

考向1 实数的相关概念

解法突破

本考向内容零碎,考生准确识记与掌握基本概念是解答本部分题目的关键。

真题过招

1. (2022 江苏无锡江阴,3 分)如图,数轴上有 O,A,B 三点,O 为原点,OA,OB 分别表示仙女座星系、M87 黑洞与地球的距离(单位:光年),下列选项中,与点 B 表示的数最为接近的是( )

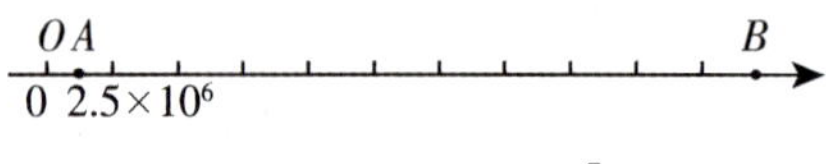

A. 5×10^6　　B. 10^7

C. 5×10^7　　D. 10^8

答案解析

C 【解析】由题意知,数轴单位长度约为 5×10^6 光年,因为 $10\times5\times10^6=5\times10^7$,从数轴上看比较接近点 B。

2. (2022 福建小学数学,4 分)比 999 990 000 多 1 千万的数是( )

A. 999 991 000　　B. 1 000 000 000

C. 1 099 990 000　　D. 1 009 990 000

答案解析

D 【解析】999 990 000 + 10 000 000 = 1 009 990 000。

3. (2022 安徽小学数学,4 分)9 的平方根是( )

A. $\sqrt{3}$　　B. 3

C. ±3　　D. $\pm\sqrt{3}$

答案解析

C 【解析】一个正数有正负两个平方根,9 的平方根为 ±3。

变式训练

1. 已知三个整数 a,b,c 的和是偶数，则 $a^2+b^2-c^2+2ab$（　　）

A. 一定是偶数　　B. 一定是奇数

C. 等于0　　D. 不能确定

2. 有大小不同的4个数，从中任取3个数相加，所得到的和分别是180，197，208和222，那么第二小的数应该是________。

3. 上虞区的陆地面积是14亿零168万平方米，写作________平方米；把亿之后的数省掉，写作________亿平方米。

4. 在9个连续的自然数中，至多有________个质数。

考向2　科学记数法

解法突破

（1）当要表示的数大于10时，n 的确定方法有两种：①n 的值等于原数中整数部分的位数减去1；②将原数的小数点移动到左边第一个非零数字后面，移动几位，n 就是几。

（2）用科学记数法表示绝对值小于1的数时，负指数的绝对值为原数中第1个不为零的数字前面所有零的个数（包括小数点前面的那个零）。

真题过招

1. （2022湖南长沙岳麓区，2分）57890000用科学记数法表示为（　　）

A. 5.789×10^8　　B. 5.789×10^7　　C. 5.789×10^{-7}　　D. 5.789×10^6

答案解析

B　【解析】$57\ 890\ 000=5.789\times10^7$。

2. （2021江西小学数学，1分）第七次人口普查结果将在4月份向全国公布，我国第六次全国人口普查数据显示，居住在城镇人口总数为666 000 000人，将其用科学记数法表示为（　　）

A. 6.66×10^7　　B. 6.66×10^8　　C. 0.666×10^8　　D. 0.666×10^7

答案解析

B　【解析】把一个数表示成 a 与10的 n 次幂相乘的形式（$1\leq|a|<10$，a 不为分数形式，n 为整数），这种计数方法叫作科学记数法。故 $666\ 000\ 000=6.66\times10^8$。

变式训练

1. 起重机将质量为6.5吨的货物沿直线方向提升了2米，则起重机提升货物所做的功，用科学记数法表示为(　　)($W=Gs=mgs$，其中 m 为物体质量，s 为移动距离，$g=10\ N/kg$)

A. 1.3×10^6 J　　B. 13×10^5 J　　C. 13×10^4 J　　D. 1.3×10^5 J

2. 2020年2月3日，在国务院应对新型冠状病毒肺炎发布会上，国家卫健委负责人表示国家已经拨款665.3亿元用于疫情防控，用科学记数法表示665.3亿是(　　)

A. 665.3×10^8　　B. 665.3×10^7　　C. 6.653×10^8　　D. 6.653×10^{10}

考向3 二次根式及其运算

解法突破

(1)二次根式的运算顺序同实数的运算顺序一样，都是从高级到低级进行运算，有括号的先算括号里的。有时可用一些方法技巧简化运算。

(2)二次根式化简求值的问题一般采用的是直接代入的方法，也常采用整体代入的方法。

(3)比较两个根式的大小，可以转化成比较两个被开方数的大小。

真题过招

(2021江西初中数学，1分)如果 $4+\sqrt{5}$ 与 $4-\sqrt{5}$ 的小数部分分别是 m,n，那么 $m+n-1$ 的值为(　　)

A. 7　　B. 1　　C. 0　　D. -1

答案解析

C 【解析】由 $2<\sqrt{5}<3$，得 $6<4+\sqrt{5}<7$，则 $4+\sqrt{5}$ 的小数部分 $m=4+\sqrt{5}-6=\sqrt{5}-2$。由 $-3<-\sqrt{5}<-2$ 得 $1<4-\sqrt{5}<2$，则 $4-\sqrt{5}$ 的小数部分 $n=4-\sqrt{5}-1=3-\sqrt{5}$，故 $m+n-1=\sqrt{5}-2+3-\sqrt{5}-1=0$。

变式训练

1. 下列说法正确的是(　　)

① $-\sqrt{2}$ 是2的一个平方根；

② -4 的算术平方根是2；

③ $\sqrt{16}$的平方根是 ±2；

④ 0 没有平方根。

A. ①②③　　B. ①④　　C. ①③　　D. ②③④

2. $\sqrt{(\sqrt{3}-3)^2}$的值为(　　)

A. $\sqrt{3}-3$　　B. $3-\sqrt{3}$

C. $\sqrt{3}-3$ 或 $3-\sqrt{3}$　　D. 以上答案都不对

考向 4 实数的运算

解法突破

先乘方，再乘除，最后加减；有括号的先算括号内的；同级运算按照从左到右的顺序进行。

真题过招

1. (2022 年 6 月浙江杭州，3 分)下面算式中，结果最大的是(　　)

A. $\frac{1}{7}+\frac{1}{13}$　　B. $\frac{1}{17}+\frac{1}{29}$

C. $\frac{1}{31}+\frac{1}{37}$　　D. $\frac{1}{41}+\frac{1}{47}$

答案解析

A 【解析】通过计算可知，$\frac{1}{7}+\frac{1}{13}$最大。

2. (2021 江西小学数学，1 分)“更相减损术”是出自中国古代数学专著《九章算术》的一种算法，其内容如下：“可半者半之，不可半者，副置分母、子之数，以少减多，更相减损，求其等也。”大致意思是：任意给定两个正整数。首先判断它们是否都是偶数。若是，则都除以 2。若不是，则以较大的数减去较小的数，接着把所得的差与较小的数比较，并以大数减小数，继续这个操作直到所得的减数和差相等为止。按照这个算法，若给定两个正整数 18 和 24，则最终所得的差为(　　)

A. 21　　B. 9　　C. 6　　D. 3

答案解析

D 【解析】$18\div2=9$，$24\div2=12$，$12-9=3$，$9-3=6$，$6-3=3$，则最终所得的差为 3。

3. (2021 广东广州增城区,2.5 分) 在下图的乘法算式中,每个汉字和圆圈代表一个数字,不同的汉字代表不同的数字,相同的汉字代表相同的数字,圆圈中的数字可以相同也可以不同,则这个乘法算式的乘积为(　　)

$$\begin{array}{rccccc}
 & & & \bigcirc & \text{发} & \bigcirc \\
\times & & & 1 & \text{奋} & \bigcirc \\
\hline
 & & & 9 & \text{图} & \bigcirc \\
 & \bigcirc & \bigcirc & 9 & \text{强} & \\
 & \bigcirc & \bigcirc & 8 & & \\
\hline
 & \bigcirc & \bigcirc & \text{强} & \bigcirc & \bigcirc
\end{array}$$

A. 39 772　　B. 39 672　　C. 49 834　　D. 46 672

答案解析

B 【解析】根据题意可知,○发○ $\times 1=$ ○○8,而 $1\times 8=8$,则○发○的个位数是 8;由竖式 $9+9+8=26$,可得“强”代表的数字是 6 或 7。若“强”代表的数字是 7,因为○发 8 × 奋 = ○○97,找不到一个一位数与 8 相乘末尾是 7,不符合题意,故“强”代表的数字只能是 6,“图 + 强”的结果小于 10,即图 $+6<10$,即图 <4,则有○发 8 × 奋 = ○○96,而 $48\times 2=96$,$28\times 7=196$,可以得出“奋”代表的数字是 2 或 7。当“奋”代表的数字是 2 时,“发”代表的数字是 4,百位数字大于 4,因为○发8 × ○ = 9 图○,即○48 × 9 = 9 图○,且○48 中的百位数大于 4,○48 的百位数与○相乘的结果是 9 或加上进位是 9,只有 $9\times 1=9$ 满足条件,所以○48 的百位数字是 9,后一个乘数是 1,因为 $1\times 948=$ 9 图○,则“图”代表的数字是 4,与题意不符;当“奋”代表的数字是 7 时,“发”代表的数字是 2,○发 8 的百位数字大于 1,因为○发 8 × ○ = 9 图○,即○28 × ○ = 9 图○,其中○28 的百位数大于 1,且图 <4,只有 $228\times 4=912$ 符合题意,前一个乘数是 228,后一个乘数是 174,故这个乘法算式的乘积为 $228\times 174=39672$。

4. (2021 浙江绍兴,3 分) 计算 $1.68\div 0.3$,下列各式与原式结果不相等的是(　　)

A. $168\div 3$　　B. $168\div 30$

C. $16.8\div 3$　　D. $0.168\div 0.03$

答案解析

A 【解析】A 选项与原式相比被除数乘 100,除数乘 10,因此商会乘 10,与原式的答案不相等。

5. (2021 福建,4 分) 下面算式中,计算结果与 $\frac{3}{8}\times 4$ 不同的是(　　)

A. $\frac{3}{4}+\frac{3}{8}\times 2$　　B. $\frac{3}{8}\times 5-\frac{3}{8}$

C. $\frac{3}{8}\div(8\div2)$　　　　D. $10\times\frac{3}{8}\div2-\frac{3}{8}$

答案解析

C　【解析】$\frac{3}{8}\times4=\frac{3}{2}$，A 项，$\frac{3}{4}+\frac{3}{8}\times2=\frac{3}{4}+\frac{3}{4}=\frac{3}{2}$，相同；B 项，$\frac{3}{8}\times5-\frac{3}{8}=\frac{15}{8}-\frac{3}{8}=\frac{12}{8}=\frac{3}{2}$，相同；C 项，$\frac{3}{8}\div(8\div2)=\frac{3}{8}\div4=\frac{3}{8}\times\frac{1}{4}=\frac{3}{32}$，不相同；D 项，$10\times\frac{3}{8}\div2-\frac{3}{8}=\frac{15}{4}\times\frac{1}{2}-\frac{3}{8}=\frac{15}{8}-\frac{3}{8}=\frac{3}{2}$，相同。故 C 选项计算结果与$\frac{3}{8}\times4$不同。

6. (2021 江苏南通，3 分) 计算：$\sqrt{9}-(\sqrt{3}-\pi)^{0}+\left(\frac{1}{3}\right)^{-2}$。

答案解析

【解析】$\sqrt{9}-(\sqrt{3}-\pi)^{0}+\left(\frac{1}{3}\right)^{-2}=3-1+9=11$。

7. (2021 四川凉山喜德县，8 分) 简便计算。

(1) $100-9.8-9.7-9.5$；

(2) $\frac{1}{2}+\frac{1}{6}+\frac{1}{12}+\frac{1}{20}+\frac{1}{30}+\frac{1}{42}$。

答案解析

【解析】(1) $100-9.8-9.7-9.5=100-(9.8+9.7+9.5)=100-(10+10+10-0.2-0.3-0.5)=100-(30-1)=100-29=71$。

(2) $\frac{1}{2}+\frac{1}{6}+\frac{1}{12}+\frac{1}{20}+\frac{1}{30}+\frac{1}{42}=\frac{1}{1\times2}+\frac{1}{2\times3}+\frac{1}{3\times4}+\frac{1}{4\times5}+\frac{1}{5\times6}+\frac{1}{6\times7}=1-\frac{1}{2}+\frac{1}{2}-\frac{1}{3}+\frac{1}{3}-\frac{1}{4}+\frac{1}{4}-\frac{1}{5}+\frac{1}{5}-\frac{1}{6}+\frac{1}{6}-\frac{1}{7}=1-\frac{1}{7}=\frac{6}{7}$。

变式训练

1. 把 8 米增加它的$\frac{1}{4}$，再减少$\frac{1}{4}$米，结果是(　　)

A. $7\frac{3}{4}$米　　　　B. $7\frac{1}{4}$米

C. 8 米　　　　D. $9\frac{3}{4}$米

2. 自然数 16 520,14 903,14 177 除以 m 的余数相同,则 m 的最大值为(　　)

A. 11　　B. 22　　C. 33　　D. 66

3. $1\times2\times3\times\cdots\times500$ 的积的末尾一共有________个 0。

4. $1^2-3^2+5^2-7^2+9^2-11^2+\cdots+97^2-99^2=$________。

5. $(0.5+0.25+0.125)\div(0.5\times0.25\times0.125)\times\dfrac{\frac{7}{18}\times\frac{9}{2}+\frac{1}{6}}{13\frac{1}{3}-\frac{15}{4}\times\frac{16}{5}}=$________。

6. $\left(1+\frac{1}{2}+\frac{1}{3}+\frac{1}{4}\right)\times\left(\frac{1}{2}+\frac{1}{3}+\frac{1}{4}+\frac{1}{5}\right)-\left(1+\frac{1}{2}+\frac{1}{3}+\frac{1}{4}+\frac{1}{5}\right)\times\left(\frac{1}{2}+\frac{1}{3}+\frac{1}{4}\right)=$________。

7. 有一个六位数 $\overline{1ABCDE}$ 乘 3 后,变成 $\overline{ABCDE1}$,原来这个六位数是________。

8. 列式计算。

(1) $\left(48-4\times1\frac{1}{2}\right)$除以 21 的商是多少?

(2) 12 加上一个数的$\frac{2}{5}$,和是 18,这个数是多少?

9. 计算:$\sqrt{(-2)^2}-|-1|+(2019-\pi)^0+\lg1000-\sin60°\cos60°\tan60°$。

10. 计算:$\frac{2}{2\times4}+\frac{2}{4\times6}+\frac{2}{6\times8}+\cdots+\frac{2}{98\times100}$。

11. 计算:$\frac{1}{2+\sqrt{2}}+\frac{1}{3\sqrt{2}+2\sqrt{3}}+\frac{1}{4\sqrt{3}+3\sqrt{4}}+\cdots+\frac{1}{100\sqrt{99}+99\sqrt{100}}$。

必刷好题

招教高频基础刷

1. 若 $a+1=b$(a 和 b 是不为 0 的自然数),那 a 和 b 的最小公倍数是(　　)

A. a　　B. b　　C. ab　　D. $(a+1)b$

2. 两个自然数的积是 5766,它们的最大公因数是 31,则这两个自然数是(　　)

A. 31 和 186　　B. 62 或 93

C. 124 和 93　　D. 31 和 186 或 62 和 93

3. 雾霾已经成为现在生活中不得不面对的重要问题,PM2.5 是大气中直径小于或等于 0.000 002 5米的颗粒物,将 0.000 002 5 用科学记数法表示为(　　)

A. 2.5×10^{-6}　　B. 0.25×10^{-6}

C. 2.5×10^{-5}　　D. 0.25×10^{-5}

4. 下列二次根式中，能与$\sqrt{2}$合并的是(　　)

A. $\sqrt{20}$　　B. $\sqrt{12}$　　C. $\sqrt{8}$　　D. $\sqrt{4}$

5. 2005 年中国国家测绘局公布珠穆朗玛峰新高为 8844.43 米，将 8844.43 用科学记数法表示是(　　)(保留三位有效数字)

A. 88.4×10^{2}　　B. 8.84×10^{5}

C. 8.84×10^{3}　　D. $0.884\,443\times10^{4}$

6. 按照四舍五入法，保留两位小数后为 6.32 的三位小数有(　　)

A. 20 个　　B. 10 个

C. 9 个　　D. 5 个

7. 在小学数学中，数 0 有不同的意义，下列说法正确的个数是(　　)

(1)可以表示没有；(2)可以用来占位；(3)可以表示起点；(4)可以表示分界点。

A. 1 个　　B. 2 个　　C. 3 个　　D. 4 个

8. -5 的绝对值是(　　)

A. $-\frac{1}{5}$　　B. 5　　C. -5　　D. ±5

9. 使二次根式 $\sqrt{x-2}$ 有意义的 x 的取值范围是(　　)

A. $x>2$　　B. $x\geqslant2$

C. $x<2$　　D. $x>-2$

10. 下列命题正确的是(　　)

A. 所有的偶数都是合数　　B. 最小的质数是 1

C. 一个数的因数一定比它的倍数小　　D. 两个不同质数的公因数只有 1

11. 下面分数中不能化成有限小数的是(　　)

A. $\frac{52}{65}$　　B. $\frac{19}{25}$　　C. $\frac{21}{35}$　　D. $\frac{5}{12}$

12. 在实数$\sqrt{8}$，$\sqrt[3]{-64}$，3.14，$-\pi$，0.212 112 111 2⋯，$\frac{22}{7}$，$\cos60°$，$\tan30°-3$，0，123 中，无理数有(　　)

A. 3 个　　B. 4 个　　C. 5 个　　D. 6 个

13. $\sqrt{64}$的算术平方根是(　　)

A. ±4　　B. 4　　C. $\pm2\sqrt{2}$　　D. $2\sqrt{2}$

14. 规定 5 米记为 0 米，7 米记为 +2 米，则下列说法错误的是(　　)

A. 4 米记为 -4 米　　B. 10 米记为 +5 米

C. 3 米记为 -2 米　　D. +3 米表示长度为 8 米

15. 已知 $M=2\times3\times5$，那么 M 全部因数的个数有(　　)

A. 3 个　　B. 7 个　　C. 8 个　　D. 无数个

16. 若在循环小数 $6.5818\dot{2}$ 的某一位数字上再添一个表示循环的圆点，则可产生一个新的循环小数，按此方法产生的所有新循环小数中，最大的是(　　)

A. $6.\dot{5}818\dot{2}$　　B. $6.5\dot{8}18\dot{2}$　　C. $6.58\dot{1}8\dot{2}$　　D. $6.581\dot{8}\dot{2}$

17. 对 0.05019 分别按要求取近似值，错误的是(　　)

A. 0.1(精确到 0.1)　　B. 0.051(精确到千分位)

C. 0.05(精确到百分位)　　D. 0.0502(精确到 0.0001)

18. 一个两位数除 250，余数是 37，这样的两位数是(　　)

A. 17　　B. 38　　C. 71　　D. 91

19. 一组数 1，3，4，7，11，18，…，从第三个数起每个数是前面两个数的和，则第 5555 个数除以 5，余数是(　　)

A. 2　　B. 3　　C. 4　　D. 5

20. 若乙数是甲数的 $\frac{3}{4}$，丙数是乙数的 $\frac{4}{5}$，则甲：乙：丙 = ________。

21. 7(　　)8(　　)能同时被 2，3，5 整除，个位只能填________，百位上最大能填________。

22. 一天，甲、乙、丙三人去郊外钓鱼，已知甲比乙多钓 6 条，丙钓的是甲的 2 倍，丙比乙多钓 22 条，问他们三人一共钓了________条。

23. $15+115+1115+\cdots+1\,111\,111\,115=$ ________。

24. 若 $|x|=5$，$|y|=3$，且 $x>y$，则 $x+y=$ ________。

25. 在数轴上表示有理数 a,b,c,d 的点如图所示，若 $ab<0$，$a+c=0$，则下列说法正确的有________。(填序号)

a　　b　c　　d

①$a<0,b>0$；②$|a|>|b|$；③$|a-b|>|b-c|$；④$|a-c|+|b-d|=|a-d|-|b-c|$。

26. 小胡和小涂计算甲、乙两个两位数的乘积，小胡看错了甲数的个位数字，计算结果为 1274；小涂看错了甲数的十位数字，计算结果为 819。甲数是________。

27. 设 a,b 均为自然数，且 $3a>b$，若 a 除以 5 余 1，b 除以 5 余 4，则 $(3a-b)$ 除以 5 的余数是________。

28. 某个质数与 6,8,12,14 中任意一个数之和仍然是质数,一共有 1 个满足上述条件的质数,这个质数是________。

29. 用 0,0,0,0,5,8,7 七个数字组成所有 0 都不读的最小七位数是________。

第二节　整式及其运算

招教核心要点

1. 幂的运算

$a^m \cdot a^n = a^{m+n}$, $(a^m)^n = a^{mn}$, $(ab)^n = a^n b^n$, $a^m \div a^n = a^{m-n}$ $(a \neq 0)$, $a^0 = 1 (a \neq 0)$, $a^{-n} = \frac{1}{a^n} (a \neq 0)$。

2. 因式分解

(1) 提公因式法: $ma + mb + mc = m(a+b+c)$;

(2) 公式法:

①$(a+b)(a-b) = a^2 - b^2$;

②$(a+b)^2 = a^2 + 2ab + b^2$;

③$(a-b)^2 = a^2 - 2ab + b^2$;

④$a^3 + 3a^2b + 3ab^2 + b^3 = (a+b)^3$;

⑤$a^3 - 3a^2b + 3ab^2 - b^3 = (a-b)^3$;

⑥$a^3 + b^3 = (a+b)(a^2 - ab + b^2)$;

⑦$a^3 - b^3 = (a-b)(a^2 + ab + b^2)$。

考向分析

整式的运算、因式分解、代数式求值是教师招聘考试中的常考内容,题目整体较为基础,注重考生运算能力的考查。

思想应用

整体思想:解决代数式求值问题时,若题目并未给出各个字母的取值,而是给出一个或几个式子的值,这时可把所给式子适当变形后看作一个整体代入原式计算。

(3)十字相乘法:

①$x^2+(p+q)x+pq=(x+p)(x+q)$;

②$a_1a_2x^2+(a_1c_2+a_2c_1)x+c_1c_2=(a_1x+c_1)(a_2x+c_2)$。

招教考向解读

考向1 整式的运算

解法突破

利用整式的加减运算、幂的运算、乘法运算法则计算即可。

真题过招

1. (2022 江西初中数学,1 分)下列计算正确的是( )

A. $2a+3b=5ab$　　B. $(m-2)^2=m^2-4$

C. $a^3\cdot a^4=a^{12}$　　D. $(x-1)(x+2)=x^2+x-2$

答案解析

D 【解析】$2a$ 与 $3b$ 无法合并同类项,选项 A 错误;$(m-2)^2=m^2-4m+4$,选项 B 错误;$a^3\cdot a^4=a^7$,选项 C 错误;选项 D 计算正确。

2. (2020 江苏宿迁宿城区,2 分)下列运算正确的是( )

A. $a^2\cdot a^3=2a^6$　　B. $a^6\div a=a^6$

C. $(a^3)^2=a^6$　　D. $(-2a^3)^2=-4a^6$

答案解析

C 【解析】$a^2\cdot a^3=a^{2+3}=a^5$,$a^6\div a=a^{6-1}=a^5$,$(a^3)^2=a^{3\times2}=a^6$,$(-2a^3)^2=4a^6$,故只有 C 项正确。

3. (2020 江苏盐城盐都区,1 分)下列运算正确的是( )

A. $a^2+a^3=a^5$　　B. $a^2\cdot a^3=a^6$

C. $a^3\div a^2=a$　　D. $(a^2)^3=a^8$

答案解析

C　【解析】$a^2+a^3=a^2(1+a)$，$a^2\cdot a^3=a^{2+3}=a^5$，$a^3\div a^2=a$，$(a^2)^3=a^6$，故只有C项正确。

变式训练

1. 下列运算中，错误的是(　　)

A. $a^x\cdot a^{2y}=a^{x+2y}$　　B. $(a^x)^y=a^{xy}$

C. $ac^x\cdot bc^y=abc^{x+y}$　　D. $(ab^x)^y=ab^{x+y}$

2. 下列运算正确的是(　　)

A. $3m-2m=1$　　B. $(m^3)^2=m^6$

C. $(-2m)^3=-2m^3$　　D. $m^2+m^2=m^4$

3. 若 $3x^{m+5}y^2$ 与 x^3y^n 的和是单项式，则 $m+n=$________。

考向2　因式分解

解法突破

一提：先看多项式的各项是否有公因式，若有，则应先提公因式。

二套：若是二项式，则看是否符合平方差公式；若是三项式，则看是否符合完全平方公式。

三分组：多项式的项数多于三项时，可考虑先分组，再进行因式分解。

四彻底：分解因式的结果一定要彻底，分解到每一个因式都不能再分解为止。

真题过招

(2022 安徽小学数学，4 分) 公式的因式分解：$2x^2+x-6=$________。

答案解析

$(x+2)(2x-3)$　【解析】$2x^2+x-6=(x+2)(2x-3)$。

变式训练

下列各式由左边到右边的变形中，是分解因式的是(　　)

A. $a(x-y)=ax-ay$　　B. $x^2-4x+3=x(x-4)+3$

C. $a^2-b^2=(a+b)(a-b)$　　　　D. $a^2+1=a\left(a+\frac{1}{a}\right)$

考向3 代数式求值

解法突破

(1)直接代入法:一般先化简,再把各字母的值代入计算。

(2)整体代入法:有时题目并未给出各个字母的取值,而是给出几个式子的值,这时可把这几个式子看作一个整体,把多项式化为含有这几个式子的代数式,再代入求值。

真题过招

1. (2022 江苏无锡江阴,3 分)如果 $a-b=2\sqrt{3}$,那么代数式$\left(\frac{a^2+b^2}{2a}-b\right)\cdot\frac{a}{a-b}$的值为(　　)

A. $\sqrt{3}$　　B. $2\sqrt{3}$　　C. $3\sqrt{3}$　　D. $4\sqrt{3}$

答案解析

A 【解析】$\because\left(\frac{a^2+b^2}{2a}-b\right)\cdot\frac{a}{a-b}=\left(\frac{a^2+b^2}{2a}-\frac{2ab}{2a}\right)\cdot\frac{a}{a-b}=\frac{(a-b)^2}{2a}\cdot\frac{a}{a-b}=\frac{a-b}{2}$,$\therefore$ 当 $a-b=2\sqrt{3}$ 时,原式 $=\frac{2\sqrt{3}}{2}=\sqrt{3}$。

2. (2021 安徽小学数学,4 分)若 $x^2-3x+1=0$,则 $x+\frac{1}{x}$的值为(　　)

A. -3　　B. 3　　C. $-\sqrt{5}$　　D. $\sqrt{5}$

答案解析

B 【解析】$x^2-3x+1=0$,则 $x^2+1=3x$,将 $x^2+1=3x$ 左右两边同时除以 x 可得 $x+\frac{1}{x}=3$。

3. (2020 江西小学数学,1 分)已知 a,b,c,d 均为自然数,$ab=12$,$bc=10$,$ad=18$,那么 $cd=$(　　)

A. 14　　B. 15　　C. 18　　D. 25

答案解析

B 【解析】$cd=\frac{(ad)\times(bc)}{ab}=\frac{18\times10}{12}=15$。

变式训练

1. 设$[x]$表示不超过x的最大整数，若$a=[x]$，$b=x-[x]$，则当$x=4-\sqrt{5}$时，$\frac{a}{b}$的值为(　　)

A. $\frac{3+\sqrt{5}}{4}$　　B. $\frac{3+\sqrt{5}}{2}$

C. $\frac{3-\sqrt{5}}{2}$　　D. $\frac{3-\sqrt{5}}{4}$

2. 已知$\sqrt{a-b}+|b-1|=0$，则$a+1=$(　　)

A. 0　　B. 1　　C. 2　　D. 3

3. 在实数范围内，代数式$||\sqrt{-x^2}-1|-2|$的值(　　)

A. 只能等于3　　B. 只能等于1　　C. 只能等于0　　D. 无法确定

4. 若$a^2+2a-3=0$，则$2a^2+4a$的值是________。

必刷好题

招教高频基础刷

1. 下列说法正确的是(　　)

A. $\frac{1}{3}\pi x^2y$的系数为$\frac{1}{3}$　　B. $\frac{1}{2}xy^3$的系数是$\frac{1}{2}x$

C. $-5x^3$的系数为5　　D. $3x^2$的系数是3

2. 若多项式$2x^2+ax-y+6-2bx^2+3x-cy-1$的值是定值，则$a+b+c$的值为(　　)

A. -5　　B. -3　　C. -1　　D. 5

3. 下面计算正确的是(　　)

A. $b^3b^2=b^6$　　B. $x^3+x^3=x^6$　　C. $a^4+a^2=a^6$　　D. $mm^5=m^6$

4. 化简代数式$(x+y)^2(x-y)^2$为(　　)

A. x^4-y^4　　B. $x^4-2x^2y^2+y^4$　　C. $x^2-2xy+y^2$　　D. x^4+y^4

5. 已知$x^2-4x-m=(x-5)(x-n)$，则m,n的值是(　　)

A. $m=5,n=1$　　B. $m=-5,n=1$

C. $m=5,n=-1$　　D. $m=-5,n=-1$

6. 下列运算正确的是(　　)

A. $(a+b)(a-2b)=a^2-2b^2$

B. $\left(a-\frac{1}{2}\right)^2=a^2-\frac{1}{4}$

C. $-2(3a-1)=-6a+1$

D. $(a+3)(a-3)=a^2-9$

7. 多项式 $2a^2b^3+8a^4b^2$ 因式分解为(　　)

A. $a^2b^2(2b+8a^2)$

B. $2ab^2(ab+4a^3)$

C. $2a^2b^2(b+4a^2)$

D. $2a^2b(b^2+4a^2b)$

8. 若单项式 $-2x^6y$ 与 $5x^{2m}y^n$ 的和仍然是单项式,则 $3m+n^3=$(　　)

A. 4　　B. 10　　C. 7　　D. 3

9. 已知代数式 $x^2-3x-2=5$,则代数式 $2021+6x-2x^2$ 的值是(　　)

A. 2020　　B. 2023　　C. 2007　　D. 2034

10. 某商店举办促销活动,促销的办法是将原价 x 元的衣服以 $\frac{4}{5}(x-10)$ 元的价格出售,则下列说法中,能正确表达该商品促销办法的是(　　)

A. 原价减去 10 元后再打 8 折

B. 原价打 8 折后再减去 8 元

C. 原价打 2 折后再减去 8 元

D. 原价打 8 折后再减去 10 元

11. 从前,古代一位地主把一块边长为 a 米($a>6$)的正方形土地租给租户张老汉。第二年,他对张老汉说:"我把这块地的一边增加 6 米,相邻的另一边减少 6 米,变成矩形土地继续租给你,租金不变,你也没有吃亏,你看如何?"如果这样,你觉得张老汉的租地面积会(　　)

A. 没有变化

B. 变大了

C. 变小了

D. 无法确定

12. 已知单项式 $3a^{2m}b^2$ 与 $-\frac{2}{3}a^4b^{n+3}$ 是同类项,那么 $m^n=$________。

13. 已知 $a+b=3, ab=-4$,那么 $3ab-2b-2(ab+a)+1=$________。

14. 分解因式:$m^2(x-2)+(2-x)=$________。

15. 因式分解:$4x^2-y^2+2y-1=$________。

16. 如图,把边长为 $m+4$ 的正方形纸片剪出一个边长为 m 的正方形之后,剩余部分可剪拼成一个矩形,若拼成的矩形一边长为 4,则另一边长为________。

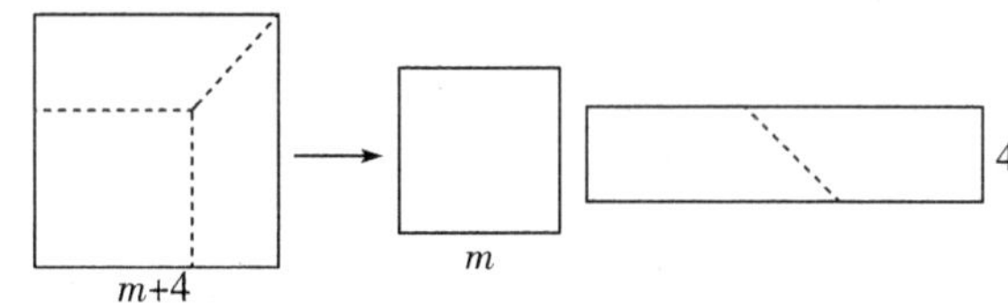

17. 若$(x+3)(x-4)=ax^2+bx+c$，则$a=$________，$b=$________，$c=$________。

18. 若$3^x=5$，$3^y=4$，$9^z=2$，则$3^{2x+y-4z}$的值为________。

19. 已知$2x-y=\frac{1}{3}$，$xy=2$，则$2x^4y^3-x^3y^4$的值为________。

第三节　分式及其运算

招教核心要点

(1)分式$\frac{A}{B}$有意义的条件：$B\neq0$；分式$\frac{A}{B}$的值为零的条件：$A=0$且$B\neq0$。

(2)分式的运算法则：

①$\frac{a}{c}\pm\frac{b}{c}=\frac{a\pm b}{c}$；

②$\frac{a}{b}\pm\frac{c}{d}=\frac{ad}{bd}\pm\frac{bc}{bd}=\frac{ad\pm bc}{bd}$；

③$\frac{a}{b}\times\frac{c}{d}=\frac{a\times c}{b\times d}=\frac{ac}{bd}$；

④$\frac{a}{b}\div\frac{c}{d}=\frac{a}{b}\cdot\frac{d}{c}=\frac{ad}{bc}$；

⑤$\left(\frac{a}{b}\right)^n=\frac{a^n}{b^n}$。

考向分析

分式有意义的条件、分式化简求值是教师招聘考试中的重点考查内容，题目整体较为基础，注重考生运算能力的考查。

招教考向解读

考向1 分式有意义的条件

解法突破

分式$\frac{A}{B}$有意义的条件:$B\neq0$;分式$\frac{A}{B}$的值为零的条件:$A=0$ 且 $B\neq0$。

真题过招

2. (2022 江西初中数学,1 分)要使代数式$\frac{1}{\sqrt{x-1}}$有意义,实数 x 的取值应该满足(　　)

A. $x\geqslant1$　　B. $x>1$　　C. $x\neq1$　　D. $x\neq0$

答案解析

B 【解析】要使代数式$\frac{1}{\sqrt{x-1}}$有意义,则有 $x-1>0$,即 $x>1$。

变式训练

若对任何 x,分式$\frac{x-1}{x^2+x+a}$均有意义,则字母 a 的取值范围是________。

考向2 分式化简求值

解法突破

先化简,再把字母的值或条件中所含关系代入计算。

真题过招

1. (2022 江西初中数学,1 分)若 $m=2$,则$(1+\frac{3}{m-3})\div\frac{m^2-9}{m^2-6m+9}$的值为(　　)

A. 10　　B. 2　　C. $\frac{2}{5}$　　D. $-\frac{4}{5}$

答案解析

C 【解析】$(1+\frac{3}{m-3})\div\frac{m^2-9}{m^2-6m+9}=\frac{m-3+3}{m-3}\times\frac{(m-3)^2}{(m+3)(m-3)}=\frac{m}{m+3}$，将 $m=2$ 代入可得，原式 $=\frac{2}{2+3}=\frac{2}{5}$。

2. (2021 山西晋中介休，6 分)化简 $\frac{b}{a-b}+\frac{b^3}{a^3-2a^2b+ab^2}\div\frac{ab+b^2}{b^2-a^2}$。

答案解析

【解析】$\frac{b}{a-b}+\frac{b^3}{a^3-2a^2b+ab^2}\div\frac{ab+b^2}{b^2-a^2}=\frac{b}{a-b}+\frac{b^3}{a(a-b)^2}\times\frac{-(a+b)(a-b)}{b(a+b)}=\frac{b}{a-b}+\frac{-b^2}{a(a-b)}=\frac{ab-b^2}{a(a-b)}=\frac{b}{a}$。

3. (2020 江苏盐城盐都区，5 分)化简 $\left(x+\frac{1}{x}+2\right)\div\left(x-\frac{1}{x}\right)$。

答案解析

【解析】$\left(x+\frac{1}{x}+2\right)\div\left(x-\frac{1}{x}\right)=\frac{x^2+2x+1}{x}\div\frac{x^2-1}{x}=\frac{(x+1)^2}{x}\cdot\frac{x}{(x-1)(x+1)}=\frac{x+1}{x-1}$。

变式训练

1. 下列分式 $\frac{12b^2c}{4a}$，$\frac{2(x+y)^2}{x+y}$，$\frac{a^2b^2}{a+b}$，$\frac{4a^2-b^2}{2a-b}$，$\frac{x^2-2x}{x-2}$ 中，最简分式有(　　)个。

A. 1　　B. 2　　C. 3　　D. 4

2. 设 $a=\sqrt{3}-3$，则代数式 $\frac{81-a^2}{a^2+6a+9}\div\frac{9-a}{2a+6}\times\frac{1}{a+9}$ 的值为(　　)

A. 3　　B. $\frac{2\sqrt{3}}{3}$

C. $\frac{3\sqrt{3}}{2}$　　D. 6

3. 已知 $\frac{xy}{x+y}=2$，$\frac{xz}{x+z}=3$，$\frac{yz}{y+z}=4$，则 $7x+5y-2z$ 的值为________。

4. 已知 $2a^2+a-4=0$，$a-b=2$，求 $\frac{1}{a+1}+\frac{2}{b}$ 的值。

必刷好题

招教高频基础刷

1. 化简$\frac{4}{x^2-4}+\frac{1}{x+2}$的结果是(　　)

A. $x-2$　　B. $\frac{1}{x-2}$　　C. $\frac{2}{x-2}$　　D. $\frac{2}{x+2}$

2. 已知$\frac{1}{a}-\frac{1}{b}=\frac{1}{2}$，则$\frac{ab}{a-b}$的值是(　　)

A. $\frac{1}{2}$　　B. $-\frac{1}{2}$　　C. 2　　D. -2

3. 若$ab=1$，$m=\frac{1}{a+1}+\frac{1}{1+b}$，则$m^{2021}$的值为(　　)

A. 1　　B. -1　　C. 2　　D. -2

4. 已知$x-3y=0(x\neq0)$，则分式$\frac{2xy+3y^2}{x^2-2xy}$的值为(　　)

A. 2　　B. -2　　C. 3　　D. -3

5. 下列各分式中，是最简分式的是(　　)

A. $\frac{6(x-y)}{8(x+y)}$　　B. $\frac{y^2-x^2}{x-y}$　　C. $\frac{x^2+y^2}{x^2y+xy^2}$　　D. $\frac{x^2-y^2}{(x+y)^2}$

6. 使分式$\frac{x-6}{3x+6}$有意义的条件为________。

7. 化简$\frac{x^2-1}{x^2+2x+1}=$________。

8. 如果分式$\frac{x+1}{x-1}$的值为0，那么x的值为________。

9. 若$(x-y-2)^2+|xy+3|=0$，则$\left(\frac{3x}{x-y}-\frac{2x}{x-y}\right)\div\frac{1}{y}$的值是________。

10. 已知实数a,b,c满足$\frac{a+b}{c}=\frac{b+c}{a}=\frac{a+c}{b}$，则$\frac{(a+b)(b+c)(a+c)}{abc}=$________。

11. 当$x=$________时，分式$\frac{x+1}{2|x|-1}$没有意义。

12. 如果$m+n=1$，那么代数式$\left(\frac{2m+n}{m^2-nm}+\frac{1}{m}\right)\cdot(m^2-n^2)=$________。

13. 化简：$\left(1+\frac{3}{a-2}\right)\div\frac{a+1}{a^2-4}$。

14. 化简：$\left(\frac{1}{x-4}-\frac{8}{x^2-16}\right)\cdot(x+4)$。

第四节　方　程

招教核心要点

1. 一元二次方程根的判别式

对于 x 的一元二次方程 $ax^2+bx+c=0(a\neq0)$ 的根的判别式为 $\Delta=b^2-4ac$。

①$b^2-4ac>0\Leftrightarrow$一元二次方程有两个不相等的实数根；

②$b^2-4ac=0\Leftrightarrow$一元二次方程有两个相等的实数根；

③$b^2-4ac<0\Leftrightarrow$一元二次方程无实数根。

2. 一元二次方程中根与系数之间的关系

①$x_1+x_2=-\frac{b}{a}$；②$x_1x_2=\frac{c}{a}$。

3. 分式方程的增根

(1)分式方程的增根是去分母后的整式方程的根，也是使分式方程分母为 0 的根。

(2)分式方程无解的原因：①去分母后的整式方程无解；②整式方程的解使得分式方程的最简公分母为 0。

考向分析

一元二次方程的解法、根的判别式、根与系数的关系、分式方程的解法及其应用是教师招聘考试中的重点考查内容，理解各种类型方程的解法、灵活应用一元二次方程根的判别式及根与系数的关系是解决问题的关键。

思想应用

分类讨论思想：一元二次方程根的判别式分为 $\Delta>0,\Delta=0,\Delta<0$ 三种情况讨论；解分式方程时，需要讨论最简公分母是否为 0。

招教考向解读

考向1 一元二次方程的解法

解法突破

(1)直接开平方法:可变形为$(x+a)^2=b(b\geqslant 0)$的方程可用直接开平方法求解,即$x+a=\sqrt{b}$或$x+a=-\sqrt{b}$,所以$x_1=-a+\sqrt{b}$,$x_2=-a-\sqrt{b}$。

(2)因式分解法:如果一元二次方程可化成$A\cdot B=0$的形式,且A,B都是含有未知数的一次式,那么就可以转化成两个一元一次方程来求解。

(3)公式法:$x=\dfrac{-b\pm\sqrt{b^2-4ac}}{2a}$。

(4)配方法:通过配方把一元二次方程$ax^2+bx+c=0(a\neq 0)$变形为$a\left(x+\dfrac{b}{2a}\right)^2=\dfrac{b^2-4ac}{4a}$的形式,再利用直接开平方法求解。

真题过招

(2021 广东广州天河区,1.47 分)若k为负数,且1是方程$x^2-(2k^2-3)x-(3k+2)=0$的一个根,则k的值为( )

A. $\dfrac{1}{2}$　　B. -2　　C. -1　　D. -4

答案解析

B 【解析】1是方程$x^2-(2k^2-3)x-(3k+2)=0$的一个根,将$x=1$代入方程可得$1-(2k^2-3)-(3k+2)=0$,化简得$2k^2+3k-2=0$,解得$k=-2$或$\dfrac{1}{2}$,又$k<0$,故$k=-2$。

变式训练

用配方法解方程$x^2-4x-4=0$,下列变形正确的是( )

A. $(x-2)^2=2$　　B. $(x-2)^2=4$

C. $(x-2)^2=6$　　D. $(x-2)^2=8$

考向2 一元二次方程根的判别式、根与系数之间的关系

解法突破

1. 根的判别式

(1)当 $\Delta=b^2-4ac>0$ 时,方程有两个不相等的实数根 $x=\frac{-b\pm\sqrt{b^2-4ac}}{2a}$;

(2)当 $\Delta=b^2-4ac=0$ 时,方程有两个相等的实数根 $x=-\frac{b}{2a}$;

(3)当 $\Delta=b^2-4ac<0$ 时,方程无实数根。

2. 根与系数的关系(韦达定理)

$x_1+x_2=-\frac{b}{a}$,$x_1x_2=\frac{c}{a}$。

真题过招

1. (2022 江西初中数学,1 分)关于 x 的一元二次方程 $x^2-2x-3=0$ 的两个实数根分别是 x_1,x_2,则 $x_1{}^2-x_1x_2+x_2{}^2$ 的值为(　　)

A. 13　　　　B. 12

C. 11　　　　D. 10

答案解析

A 【解析】因为一元二次方程 $x^2-2x-3=0$ 的两个实数根分别是 x_1,x_2,所以 $x_1+x_2=2$,$x_1x_2=-3$,所以 $x_1{}^2-x_1x_2+x_2{}^2=(x_1+x_2)^2-3x_1x_2=4+9=13$。

2. (2021 江西小学数学,1 分)关于 x 的一元二次方程 $ax^2-14x+b=0$ 有两个不相等的实数根,且一根是另一根的 6 倍,则 $ab=$(　　)

A. 7　　　　B. 14

C. 24　　　　D. 28

答案解析

C 【解析】设方程两个不相等的实根分别为 x_1,x_2,则有 $(-14)^2-4ab>0$,$x_1=6x_2$,$x_1+x_2=\frac{14}{a}$,$x_1x_2=\frac{b}{a}$,解得 $ab=24$。

3. (2021 广东广州天河区,1.47 分)已知关于 x 的一元二次方程 $x^2+(4k-3)x-5k^2+9=0$ 的两个实数根分别为 x_1,x_2,且满足 ${x_1}^2+{x_2}^2=-8-5x_1x_2$,则 k 的值为( )

A. 2　　B. 22　　C. 2 或 22　　D. 不存在

答案解析

C 【解析】关于 x 的一元二次方程 $x^2+(4k-3)x-5k^2+9=0$ 的两个实数根分别为 x_1,x_2,由根与系数的关系可得 $x_1+x_2=3-4k$,$x_1\cdot x_2=9-5k^2$,所以 ${x_1}^2+{x_2}^2=(x_1+x_2)^2-2x_1x_2=(3-4k)^2-2(9-5k^2)=26k^2-24k-9=-8-5(9-5k^2)$,整理得 $k^2-24k+44=0$,解得 $k=22$ 或 2。

4. (2021 浙江台州,6 分)已知关于 x 的方程 $x^2+2x+m=0$。

(1)若 $x=1$ 是方程的一个根,求 m;

(2)若此方程有两个不相等的实数根,求 m 的取值范围;

(3)在(2)的条件下,若此方程有两个不等实根 x_1,x_2,且 $x_1x_2\geqslant 0$,求 m 的取值范围。

答案解析

【解析】(1)若 $x=1$ 是方程的一个根,则 $1+2+m=0$,故 $m=-3$。

(2)若方程有两个不等实根,则 $\Delta=4-4m>0$,解得 $m<1$。

(3)由(2)知,$m<1$,又 $x_1x_2=m\geqslant 0$,则 m 的取值范围是 $0\leqslant m<1$。

变式训练

1. 设关于 x 的方程 $x^2+(2k+1)x+k-1=0$,求证:不论 k 为何值,这个方程总有两个不相等的实数根。

2. 关于 x 的一元二次方程 $x^2-3x+m=0$ 有两个不相等的实数根,则实数 m 的取值范围是( )

A. $m<\frac{9}{4}$　　B. $m\leqslant\frac{9}{4}$　　C. $m>\frac{9}{4}$　　D. $m\geqslant\frac{9}{4}$

3. 若 $a\neq b$,且 $a^2-4a+1=0$,$b^2-4b+1=0$,则 $\frac{1}{1+a^2}+\frac{1}{1+b^2}$ 的值为( )

A. $\frac{1}{4}$　　B. 1　　C. 4　　D. 3

4. 关于 x 的方程 $x^2-2(1-m)x+m^2=0$ 有两实数根 α,β,则 $\alpha+\beta$ 的取值范围是( )

A. $\alpha+\beta\geqslant\frac{1}{2}$　　B. $\alpha+\beta\leqslant\frac{1}{2}$　　C. $\alpha+\beta\geqslant 1$　　D. $\alpha+\beta\leqslant 1$

5. 已知关于 x 的一元二次方程 $x^2-4x+3m-2=0$ 有两个不相等的实数根，分别记为 x_1,x_2，且 $3x_1x_2+x_1+x_2\geqslant 12$，则 m 的取值范围为________。（用区间表示）

6. 设 x_1,x_2 是一元二次方程 $x^2-ax+6=0$ 的两个负根，且 $x_1-x_2=\sqrt{2}$，则 $a=$________。

7. (1) 若 x_1,x_2 是方程 $x^2-2x-4=0$ 的两个实数根，求 $(x_1-1)(x_2-1)$ 的值；

(2) 若 m,n 是方程 $x^2+x-2=0$ 的两个实数根，求 m^2-m-2n 的值。

考向3 分式方程的解法及其应用

解法突破

分式方程 —去分母（乘最简公分母）→ 整式方程 —解整式方程→ $x=a$ —检验→
- 最简公分母为0 → $x=a$ 不是分式方程的解
- 最简公分母不为0 → $x=a$ 是分式方程的解

真题过招

1. (2021 江西小学数学，1 分) 有含水 85% 的淡盐水 20 千克，要使淡盐水含水 80%，需要加盐(　　)

A. 1.25 千克　　B. 1 千克　　C. 1.5 千克　　D. 2 千克

答案解析

A 【解析】设需要加盐 x 千克，则 $\frac{20\times 85\%}{x+20}=80\%$，解得 $x=1.25$。故需要加盐 1.25 千克。

2. (2021 浙江杭州，3 分) A、B、C 三项工程的工作量之比为 1∶2∶3，由甲、乙、丙三个工程队分别承担，同时开工，若干天后，甲完成的工作量是乙未完成工作量的二分之一，乙完成的工作量是丙未完成的工作量的三分之一，丙完成的工作量等于甲未完成的工作量，则甲、乙、丙三个队的工作效率之比为(　　)

A. 1∶2∶3　　B. 2∶4∶3　　C. 5∶6∶3　　D. 4∶6∶3

答案解析

D 【解析】设甲、乙、丙的工作效率分别为 $\frac{1}{a},\frac{1}{b},\frac{1}{c}$，三项工程的工作量分别为 1,2,3，设

若干天为 k。k 天后,甲完成的工作量为$\frac{k}{a}$,未完成的工作量为$1-\frac{k}{a}$;乙完成的工作量为$\frac{k}{b}$,未完成的工作量为$2-\frac{k}{b}$;丙完成的工作量为$\frac{k}{c}$,未完成的工作量为 $3-\frac{k}{c}$。由题意得$\frac{k}{a}=\frac{1}{2}\left(2-\frac{k}{b}\right)$,$\frac{k}{b}=\frac{1}{3}\left(3-\frac{k}{c}\right)$,$\frac{k}{c}=1-\frac{k}{a}$,化简得$\frac{1}{a}+\frac{1}{2b}=\frac{1}{b}+\frac{1}{3c}=\frac{1}{c}+\frac{1}{a}$,即$\frac{1}{a}:\frac{1}{b}:\frac{1}{c}=4:6:3$。

3. (2021 广东广州增城区,2.8 分)有甲、乙两种浓度分别为 64% 和 36% 的酒精溶液,若把它们调配成浓度为 40% 的酒精溶液,所需的甲、乙两种酒精溶液的质量之比为________。

答案解析

1:6 【解析】设所需的甲、乙两种酒精溶液的质量分别为 x,y,由题意可列方程$\frac{64\%x+36\%y}{x+y}=40\%$,解得$\frac{x}{y}=\frac{1}{6}$,即 $x:y=1:6$。

变式训练

1. 在一次数学竞赛中,甲队的平均分为 75 分,乙队的平均分为 73 分,两队全体同学的平均分为 73.5 分,又知乙队比甲队多 6 人,那么乙队有( )人。

A. 3 B. 9 C. 6 D. 10

2. 甲、乙两种商品的价格之比为 7:4,若它们的价格分别上涨 50 元,价格之比变为 8:5,则甲商品原价是( )元。

A. 250 B. 350 C. 400 D. 200

3. “绿水青山就是金山银山。”某工程队承接了 60 万平方米的荒山绿化任务,为了迎接雨季的到来,实际工作时每天的工作效率比原计划提高了 25%,结果提前 30 天完成了这一任务。则实际工作时每天绿化的面积为多少万平方米?( )

A. 0.2 B. 0.3 C. 0.4 D. 0.5

4. 在质量为 200kg,浓度为 50% 的硫酸溶液中,再加入________kg 浓度为 5% 的硫酸溶液,就可以配制成浓度为 25% 的硫酸溶液。

必刷好题

招教高频基础刷

1. 分式方程$\frac{1}{x}-\frac{2}{x+1}=\frac{4}{x^2-1}$的解是(　　)

A. $x=0$　　B. $x=-1$　　C. $x=\pm1$　　D. 无解

2. 甲、乙两人同时分别从A、B两地沿同一条公路骑自行车到C地,已知A、C两地间的距离为110千米,B、C两地间的距离为100千米,甲骑自行车的平均速度比乙快2千米/时,结果两人同时到达C地,求两人的平均速度分别为多少?为解决此问题,设乙骑自行车的平均速度为x千米/时,由题意列出方程,其中正确的是(　　)

A. $\frac{110}{x+2}=\frac{100}{x}$　　B. $\frac{110}{x}=\frac{100}{x+2}$　　C. $\frac{110}{x-2}=\frac{100}{x}$　　D. $\frac{110}{x}=\frac{100}{x-2}$

3. 若关于x的分式方程$\frac{kx}{x^2-4}=\frac{3}{x+2}-\frac{2}{x-2}$无解,则$k$的值为(　　)

A. 1或-4或6　　B. 1或4或-6　　C. -4或-6　　D. 4或-6

4. 已知关于x的一元二次方程$ax^2-4x-1=0$有两个不相等的实数根,则a的取值范围是(　　)

A. $a>-4$　　B. $a<-4$

C. $a\geqslant-4$或$a\neq0$　　D. $a>-4$且$a\neq0$

5. 设a,b是方程$x^2+x-2022=0$的两个实数根,则a^2+2a+b的值为(　　)

A. 2020　　B. 2021　　C. 2022　　D. 2023

6. 关于x的方程$(x-3)(x+2)=p^2$(p为常数)的根的情况,下列结论中正确的是(　　)

A. 两个正根　　B. 两个负根　　C. 一个正根,一个负根　　D. 无实数根

7. 一个三角形的两条边长分别是方程$x^2-8x+15=0$的两根,三角形的周长是12,则该三角形的面积是(　　)

A. 5　　B. 6　　C. 7.5　　D. 12

8. 函数$y=kx+b$的图象如图所示,则关于x的一元二次方程$x^2+bx+k-1=0$的根的情况是(　　)

A. 没有实数根

B. 有两个相等的实数根

C. 有两个不相等的实数根

D. 无法确定

9. 已知 a,b 是方程 $x^2-3x-5=0$ 的两根，则代数式 $2a^3-6a^2+b^2+7b+1$ 的值是(　　)

A. -25　　B. -24　　C. 35　　D. 36

10. 关于 x 的一元二次方程 $(a+2)x^2-3x+1=0$ 有实数根，则 a 的取值范围是(　　)

A. $a\leqslant\frac{1}{4}$ 且 $a\neq-2$　　B. $a\leqslant\frac{1}{4}$　　C. $a<\frac{1}{4}$ 且 $a\neq-2$　　D. $a<\frac{1}{4}$

11. 方程 $x^2-4x=0$ 的实数解是________。

12. 若 $\frac{3}{1-x}$ 与 $\frac{4}{x}$ 互为相反数，则 x 的值为________。

13. 方程 $(y+2)^2=(3y-1)^2$ 的两根分别是 $y_1=$________，$y_2=$________。

14. 关于 x 的方程 $x^2-2mx+m^2-m=0$ 有两个实数根 α,β，且 $\frac{1}{\alpha}+\frac{1}{\beta}=1$，则 $m=$________。

15. 若分式方程 $\frac{1}{x+4}+\frac{1}{x-4}=\frac{k}{x^2-16}$ 有增根，则 k 的值为________。

16. 代数式 $\frac{3}{x-1}$ 与代数式 $\frac{2}{x-3}$ 的值相等，则 $x=$________。

17. 关于 x 的一元二次方程 $(k+2)x^2+6x+k^2+k-2=0$ 有一个根是 0，则 k 的值是________。

18. 若关于 x 的分式方程 $\frac{3x}{x-1}=\frac{m}{1-x}+2$ 的解为正数，则 m 的取值范围是________。

19. 设 α,β 是一元二次方程 $x^2+3x-7=0$ 的两个根，则 $\alpha^2+4\alpha+\beta=$________。

20. 关于 x 的方程 $x^2+2(m-1)x+m^2-m=0$ 有两个实数根 α,β，且 $\alpha^2+\beta^2=12$，则 $m=$________。

专题二　小学奥数

招教考向解读

本专题属于小学数学的常考内容，特点为内容琐碎、灵活多变，理解和应用性知识多，在考试中常以客观题的形式考查。本部分内容重点掌握下面三十种小学奥数考向类型。

考向1　分数的计算

解法突破

分数计算同整数计算一样，既有知识要求又有能力要求，法则、定律、性质是进行计算的依据，要使计算快速、准确，关键是掌握运算技巧。对算式进行认真观察，剖析算式的特点及各数之间的关系，巧妙、灵活地运用运算定律，合理改变运算顺序，使计算简便易行，这对培养综合分析能力、推理能力和灵活运算能力，都有很大的帮助。

真题过招

1. (2020年1月浙江杭州，3分) 计算：$\frac{1}{4}\times\left(4.85\div\frac{5}{18}-3.6+6.15\times3\frac{3}{5}\right)+\left[5.5-1.75\times\left(1\frac{2}{3}+\frac{19}{21}\right)\right]=$________。

答案解析

10　【解析】原式 $=\frac{1}{4}\times(4.85\times3.6-3.6+6.15\times3.6)+\left(5.5-1.75\times\frac{18}{7}\right)=\frac{1}{4}\times(4.85-1+6.15)\times3.6+\left(5.5-1.75\times\frac{18}{7}\right)=9+(5.5-0.25\times18)=9+1=10$。

2. (2019年5月浙江杭州，3分) 从下面每组数中各取一个数，将它们相乘，那么所有这样的乘积的总和是________。

第一组：$0.48,\frac{13}{25}$　　　　第二组：$\frac{1005}{2012},\frac{236}{503}$

答案解析

$\frac{1949}{2012}$ 【解析】分别将两组数进行通分得 $0.48=\frac{12}{25},\frac{236}{503}=\frac{944}{2012}$，由题意得，$\frac{12}{25}\times\frac{1005}{2012}+\frac{13}{25}\times\frac{944}{2012}+\frac{12}{25}\times\frac{944}{2012}+\frac{13}{25}\times\frac{1005}{2012}=\frac{(12+13)(1005+944)}{25\times2012}=\frac{1949}{2012}$。

变式训练

1. 计算$\left[\left(84\times\frac{5}{7}+12\right)\div1\frac{5}{13}-\frac{2}{3}\right]\times\frac{2}{11}+0.\dot{3}=$________。

2. 计算$\frac{1960}{2014}\times\frac{3058}{4102}\times\frac{5567}{2014+4102}=$________。

考向2 分数的大小比较

解法突破

如果对分数进行通分计算量太大，可以找中间数进行比较。

典例

分数$\frac{5}{11},\frac{6}{13},\frac{116}{231},\frac{30}{64},\frac{153}{305}$中最小的数是________。

答案解析

$\frac{5}{11}$ 【解析】$\because\frac{5}{11}<\frac{1}{2},\frac{6}{13}<\frac{1}{2},\frac{30}{64}<\frac{1}{2},\frac{116}{231}>\frac{1}{2},\frac{153}{305}>\frac{1}{2}$，$\therefore$ 只要求$\frac{5}{11},\frac{6}{13},\frac{30}{64}$中的最小者即可。而$\frac{5}{11}=\frac{30}{66},\frac{6}{13}=\frac{30}{65},\frac{30}{66}<\frac{30}{65}<\frac{30}{64}$，所以$\frac{5}{11}<\frac{6}{13}<\frac{30}{64}$，则这五个分数中最小的是$\frac{5}{11}$。

变式训练

1. 比较大小：$2017\frac{2015}{2016}+2016\frac{2013}{2017}$________$2018\frac{2015}{2016}+2015\frac{2013}{2017}$。

2. $A=\frac{1}{\frac{1}{2160}+\frac{1}{2161}+\cdots+\frac{1}{2177}}$，则 A 的整数部分为________。

考向3 巧算分数的和

解法突破

有一些分数计算题如果按照常规方法计算就会十分复杂，必须运用某些技巧，寻找简单计算的方法，当分母之间存在某种特殊规律时，运用这些规律就能简化计算。若分母是相邻的两个自然数的乘积，可以通过拆项的方法，使得其中一部分分数可以相互抵消，从而简化计算过程。

一般地，可以利用下面的等式，巧妙地计算一些分数求和的问题。

①$\frac{1}{n(n+1)}=\frac{1}{n}-\frac{1}{n+1}$；②$\frac{1}{A}=\frac{1}{\frac{A}{a_1}(a_1+a_2)}+\frac{1}{\frac{A}{a_2}(a_1+a_2)}$。

典例

计算：$\frac{1}{1\times2\times3}+\frac{1}{2\times3\times4}+\cdots+\frac{1}{98\times99\times100}$。

答案解析

【解析】$\because\frac{1}{1\times2\times3}=\frac{1}{2}\times\left(\frac{1}{1\times2}-\frac{1}{2\times3}\right)$，$\frac{1}{2\times3\times4}=\frac{1}{2}\times\left(\frac{1}{2\times3}-\frac{1}{3\times4}\right)$，…，$\frac{1}{98\times99\times100}=\frac{1}{2}\times\left(\frac{1}{98\times99}-\frac{1}{99\times100}\right)$，$\therefore$ 原式 $=\frac{1}{2}\times\left(\frac{1}{1\times2}-\frac{1}{2\times3}+\frac{1}{2\times3}-\frac{1}{3\times4}+\cdots+\frac{1}{98\times99}-\frac{1}{99\times100}\right)=\frac{1}{2}\left(\frac{1}{2}-\frac{1}{99\times100}\right)=\frac{4949}{19\,800}$。

变式训练

计算：$\frac{3+\frac{1}{2}}{2+\frac{1}{3}}\times\frac{4-\frac{1}{3}}{3-\frac{1}{4}}\times\frac{5+\frac{1}{4}}{4+\frac{1}{5}}\times\frac{6-\frac{1}{5}}{5-\frac{1}{6}}\times\cdots\times\frac{2016-\frac{1}{2015}}{2015-\frac{1}{2016}}\times\frac{2017+\frac{1}{2016}}{2016+\frac{1}{2017}}$。

考向4 繁分数

解法突破

分子和分母中含有分数和四则混合运算的分数叫作繁分数，通常无法应用运算定律和运算性质进行计算，因此繁分数的运算过程就是化简的过程，要分别对分子和分母逐步进行运算，其间需要扎实的基本功；概念清楚，运算迅速正确，而且还需要探索和掌握一些灵活的解题方法，化"繁"为"简"。

典例

计算：$\dfrac{3.875\times\frac{1}{5}+38.75\times0.09-0.155\div0.4}{2\frac{1}{6}\times\left[\left(4.32-1.68-1\frac{8}{25}\right)\times\frac{5}{11}-\frac{2}{7}\right]\div1\frac{9}{35}+1\frac{11}{24}}$。

答案解析

【解析】原式 $=\dfrac{3.875\times0.2+3.875\times0.9-0.155\times2.5}{\frac{13}{6}\times\left[(4.32-1.68-1.32)\times\frac{5}{11}-\frac{2}{7}\right]\times\frac{35}{44}+1\frac{11}{24}}$

$=\dfrac{3.875\times0.2+3.875\times0.9-0.3875}{\frac{13}{6}\times\left(1.32\times\frac{5}{11}-\frac{2}{7}\right)\times\frac{35}{44}+1\frac{11}{24}}=\dfrac{3.875\times(0.2+0.9-0.1)}{\frac{13}{6}\times\left(0.12\times5-\frac{2}{7}\right)\times\frac{35}{44}+1\frac{11}{24}}$

$=\dfrac{3.875}{\frac{13}{6}\times\frac{11}{35}\times\frac{35}{44}+1\frac{11}{24}}=\dfrac{3.875}{\frac{13}{6\times4}+1\frac{11}{24}}=\dfrac{3.875}{2}=1.9375$。

变式训练

计算：$\dfrac{\frac{1}{1}+\frac{1}{3}}{\frac{1}{1}\times\frac{1}{2}\times\frac{1}{3}}+\dfrac{\frac{1}{2}+\frac{1}{4}}{\frac{1}{2}\times\frac{1}{3}\times\frac{1}{4}}+\dfrac{\frac{1}{3}+\frac{1}{5}}{\frac{1}{3}\times\frac{1}{4}\times\frac{1}{5}}+\cdots+\dfrac{\frac{1}{9}+\frac{1}{11}}{\frac{1}{9}\times\frac{1}{10}\times\frac{1}{11}}$。

考向5 分数与百分数应用题

解法突破

分数、百分数应用题有一个显著的特点：每一个具体的实际数量对应着一个分率（几分之几或百分之几），每一个分率也总有一个具体的实际数量和它对应。乘法，先要抓准所求问题和已知条件中的分率的对应，然后再求分率所对应的具体数量；除法，要抓住已知条件中所给的具体数量和分率的对应，然后求出单位"1"。简单地讲，解答较难的分数、百分数应用题，一定要找准单位"1"和对应分率这"两件宝"。

真题过招

1. (2022 安徽小学数学,8 分)为建设美丽乡村,给乡村修建一条乡村公路,第一周修了全长的 35%,第二周修了 850 米,这时两周修的总长度比全长的$\frac{4}{5}$少 50 米,这条乡村公路长多少米?(用算术方法解答)

答案解析

【解析】由题意知,(850+50)米占全长的($\frac{4}{5}-35\%$),即这条公路的长度为$(850+50)\div(\frac{4}{5}-35\%)=2000$米。

答:这条乡村公路长为 2000 米。

2. (2021 年 1 月浙江杭州,3 分)师徒二人共同加工 170 个零件,师傅加工零件个数的$\frac{1}{3}$比徒弟加工零件个数的$\frac{1}{4}$还多 10 个,那么师傅加工了________个零件。

答案解析

90　【解析】设师傅加工零件个数为 x 个,由题意得$\frac{1}{3}x-\frac{1}{4}(170-x)=10$,解得 $x=90$,故师傅加工了 90 个零件。

3. (2019 年 1 月浙江杭州,3 分)唐代大诗人李白经常饮酒赋诗,下面这首《李白买酒》诗是一道极其有趣的数学题:“李白街上走,提壶去买酒。遇店加一倍,见花饮一斗。三遇店和花(先遇店,再遇花,重复三次),喝光壶中酒。请君猜一猜,壶中原有酒。”请问壶中原有酒________斗。

答案解析

$\frac{7}{8}$　【解析】用逆推法,根据题意,“三遇店和花,喝光壶中酒”,当李白遇见最后一朵花时,喝了1 斗,他每次遇见一个店,壶里的酒就加一倍,则他遇见最后一个店前,酒壶里还有酒$1\div2=\frac{1}{2}$斗;当他遇见第二朵花前,酒壶里应该有酒$\frac{1}{2}+1=\frac{3}{2}$斗,遇见第二个店前,酒壶里应该有酒$\frac{3}{2}\div$

$2=\frac{3}{4}$斗；当他遇见第一朵花前，酒壶里有酒$\frac{3}{4}+1=\frac{7}{4}$斗，遇见第一个店前，即出发前，酒壶里有酒$\frac{7}{4}\div 2=\frac{7}{8}$斗。

变式训练

1. 一条公路修了1000米后，剩下部分比全长的$\frac{3}{5}$少200米，这条公路全长多少米？

2. 有一书架，上层书架的图书占总数的$\frac{2}{5}$，若从下层拿出16本放入上层书架，则两层的书本数就相等，求书架共有图书多少本？

考向6 浓度问题

解法突破

1. 溶质、溶剂、溶液及浓度满足的基本的关系式

①溶质质量 + 溶剂质量 = 溶液质量；②浓度 $=\frac{\text{溶质质量}}{\text{溶液质量}}\times 100\%$；③1 − 浓度 $=\frac{\text{溶剂质量}}{\text{溶液质量}}$。

2. 浓度问题的解题技巧

(1)溶剂增加或减少引起的浓度变化：解题关键是溶质是不变的。

(2)溶质增加引起的浓度的变化：解题关键是溶剂是不变的。

(3)两种或几种不同浓度的溶液配比问题：解题关键是混合前各溶液的溶质的质量之和与混合后溶液的溶质质量相等。

具体解答浓度问题的时候，通常会按照基本公式或使用十字相乘法、列方程等方法求解。

真题过招

(2021年1月浙江杭州，3分)有甲、乙两瓶盐水，甲瓶盐水的浓度为8%，乙瓶盐水的浓度为5%，两瓶盐水混合后浓度为6.2%。那么，四分之一的甲瓶盐水和六分之一的乙瓶盐水混合后的浓度为(　　)

A. 7.5%　　B. 5.5%　　C. 6%　　D. 6.5%

答案解析

D 【解析】设甲瓶盐水的质量为 x，乙瓶盐水的质量为 y。由题意得 $\frac{8\%x+5\%y}{x+y}=6.2\%$，化简得 $x=\frac{2}{3}y$。第二次混合后浓度为 $\frac{\frac{1}{4}x\cdot 8\%+\frac{1}{6}y\cdot 5\%}{\frac{1}{4}x+\frac{1}{6}y}$，将 $x=\frac{2}{3}y$ 代入得，原式 $=\frac{\frac{1}{50}\cdot\frac{2}{3}y+\frac{1}{120}y}{\frac{1}{3}y}=6.5\%$。

变式训练

1. 两个杯中分别装有浓度为40%与10%的食盐水，倒在一起后混合食盐水的浓度为30%；若再加入300克20%的食盐水，则浓度变为25%。那么原有浓度为40%的食盐水多少克?

2. 有含盐率为20%的盐水600克，加入多少克水就能制成含盐率为12%的盐水?

考向7 利润与利息

解法突破

(1)利润与利息相关问题是常见的百分率问题，利润表示买入价(进价或成本)与卖出价的差价，更多地用百分率表示：

$$\frac{\text{卖出价}-\text{成本}}{\text{成本}}\times 100\%=\text{利润率}。$$

(2)与利润相关的生活中的问题，常用“打折”来表示，“几折”就是百分之几十。

(3)利润和利息包括利息与利率相关的百分数问题：本金×利率×时间=利息。利率指一定时期内利息占本金的百分之几。所以，利润和利息相关的问题也是常见的百分数问题。

典例

张伯伯将一笔钱存入银行，定期2年，到期利息是1125元，本利和是26 125元，年利率是多少?

答案解析

【解析】设年利率是 x，则 $(26125-1125)x\cdot 2=1125$，解得 $x=0.0225$。

所以年利率是 $0.0225\times 100\%=2.25\%$。

答：年利率是2.25%。

变式训练

某银行定期储蓄的种类和利率如下图所示，假如你有 10 000 元钱，想存 4 年，那么你最多可以得到多少元利息？（注意：存款到期取出后可连本带息一起再存）

存期	年利率	到期利率
1 年	0.01098	0.01098
2 年	0.01170	0.02340
3 年	0.01224	0.03672

考向 8 植树与方阵问题

解法突破

1. 植树问题

	植树问题一	植树问题二	植树问题三	植树问题四
基本类型	在直线或者不封闭的曲线上植树，两端都植树	在直线或者不封闭的曲线上植树，两端都不植树	在直线或者不封闭的曲线上植树，只有一端植树	封闭曲线上植树
基本公式	棵数 = 段数 + 1 棵距 × 段数 = 总长	棵数 = 段数 − 1 棵距 × 段数 = 总长	棵数 = 段数 棵距 × 段数 = 总长	
解题关键思路	确定所属类型，从而确定棵数与段数的关系			

2. 方阵问题

方阵其实是一种队形，一个团队排队，横着排叫行，竖着排叫列，若行数与列数都相等，正好排成一个正方形，这种队形就叫作方阵。

方阵一般分两类：**实心方阵和空心方阵**。中心区域没有空缺的方阵称为实心方阵。如下图所示，是一个最外层每边人数为 5 的实心方阵。

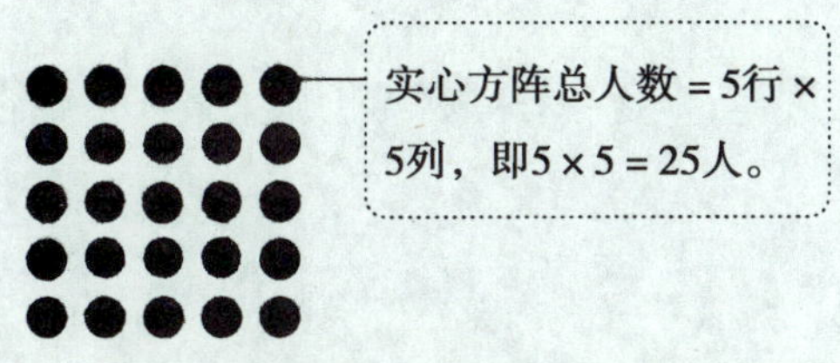

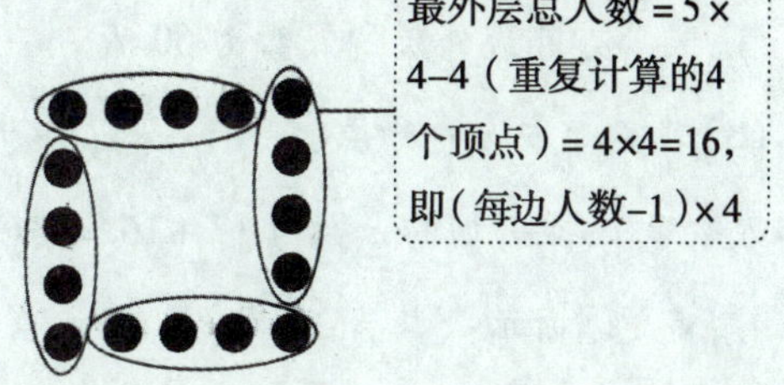

实心方阵（最外层每边人数为 N 人）核心公式：

方阵最外层总人数=（最外层每边人数-1）×4　　　　方阵总人数=N^2

实心方阵内部缺少几层便是空心方阵，如下左图所示。

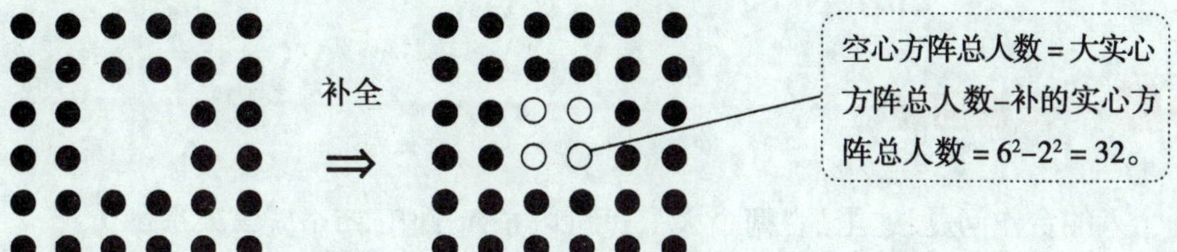

空心方阵（最外层每边人数为 N 人）核心公式：

总人数=（最外层每边人数 N-层数）×层数×4

注：方阵中，从外到里，每边人数依次减少2，每层人数依次减少8。特殊地，当方阵最里层人数为1时，第二层人数为8，两层相差7。

为了迎接“六一”儿童节，某小学准备了团体体操表演，三年级学生排成的方阵为实心方阵，最外一层每边上的人数均为16人，求：

(1)实心方阵的总人数；

(2)实心方阵最外层的人数；

(3)若实心方阵外加一行一列仍为实心方阵，求需要增加的人数。

答案解析

【解析】(1)由于实心方阵的最外一层每边上的人数均为16人，则可知实心方阵为16×16的方阵，即实心方阵的总人数为16×16=256(人)。

答：实心方阵的总人数为256人。

(2)实心方阵最外层都有1个人在拐角处，故4个拐角处有4个人，则实心方阵的最外层的总人数为16×4-4=60(人)。

答:实心方阵最外层的人数为 60 人。

(3)若实心方阵的外层加一行一列,仍为实心方阵,则这一行一列要比原来最外层每行每列的人数多 1,即需加的人数为 $17+16=33$(人)。

答:需要增加的人数为 33 人。

变式训练

时钟 3 点敲 3 下,6 秒钟敲完。那么 7 点钟敲 7 下,(　　)秒钟敲完。

A. 10　　B. 12　　C. 14　　D. 18

考向9 工程问题

(1)两个人的合作问题:这里的“两个人”,也可以是两个组、两个队等两个集体。

(2)多人合作问题:多人即至少有 3 个人,当然多人问题要比 2 人问题复杂一些,但是解题的基本思路差不多。

(一)工作合作问题

解法突破

基本数量关系:工作效率×工作时间=工作总量。

基本特点:设工作总量为“1”,工作效率$=\dfrac{1}{\text{工作时间}}$。

基本方法:算术方法、比例方法、方程方法。

真题过招

1. (2021 年 1 月浙江杭州,3 分)A、B、C 三项工程的工作量之比为 1∶2∶3,由甲、乙、丙三个工程队分别承担,同时开工,若干天后,甲完成的工作量是乙未完成工作量的二分之一,乙完成的工作量是丙未完成的工作量的三分之一,丙完成的工作量等于甲未完成的工作量,则甲、乙、丙三个队的工作效率之比为(　　)

A. 1∶2∶3　　B. 2∶4∶3

C. 5∶6∶3　　D. 4∶6∶3

答案解析

D 【解析】设甲、乙、丙的工作效率分别为$\frac{1}{a}$,$\frac{1}{b}$,$\frac{1}{c}$,三项工程的工作量分别为1,2,3,设若干天为k。k天后,甲完成的工作量为$\frac{k}{a}$,未完成的工作量为$1-\frac{k}{a}$;乙完成的工作量为$\frac{k}{b}$,未完成的工作量为$2-\frac{k}{b}$;丙完成的工作量为$\frac{k}{c}$,未完成的工作量为$3-\frac{k}{c}$。由题意得$\frac{k}{a}=\frac{1}{2}\left(2-\frac{k}{b}\right)$,$\frac{k}{b}=\frac{1}{3}\left(3-\frac{k}{c}\right)$,$\frac{k}{c}=1-\frac{k}{a}$,化简得$\frac{1}{a}+\frac{1}{2b}=\frac{1}{b}+\frac{1}{3c}=\frac{1}{c}+\frac{1}{a}$,即$\frac{1}{a}:\frac{1}{b}:\frac{1}{c}=4:6:3$。

变式训练

1. 有A、B、C、D四人一起计划平均完成一件工作,但是D做了一天就因病请假了,结果A做了6天,B做了5天,C做了4天,D作为休息的代价,拿出750元给A、B、C三人作为报酬,若按天数计算劳务费,则这750元中A能够分到(　　)元。

A. 300　　B. 250　　C. 500　　D. 600

(二)水管问题

解法突破

从数学的角度来看,水管问题与合作问题是一样的,水池的注水或排水相当于一项工程,注水量或排水量就是工作量,单位时间里的注水量或排水量就是工作效率,至于注入与排出的问题,仅是工作量的加减。其核心解题公式如下:

实际进水效率 = 进水管效率 − 排水管效率

实际排水效率 = 排水管效率 − 进水管效率

2. 一个水池上装有3根水管。甲管为进水管,乙管为出水管,只开乙管,20分钟可将满池水放完,丙管也是出水管,只开丙管,30分钟可将满池水放完。现在先打开甲管,当水池水刚溢出时,不关闭甲管,打开乙、丙两管用了18分钟放完。故当打开甲管注满水时,再打开乙管,而不开丙管,多少分钟将水放完?

答案解析

【解析】$\frac{1}{\left(\frac{1}{20}+\frac{1}{30}\right)}=12$ 表示乙、丙合作将满池水放完需要的分钟数，则$\frac{1}{12}$表示乙、丙合作的效率，即每分钟的放水量。

18－12＝6 表示乙、丙合作将满池水放完后，还多放了 6 分钟的水，也就是甲 18 分钟进的水。

$\left(\frac{1}{12}\times 6\right)\div 18=\frac{1}{36}$表示甲每分钟的进水量，

则当打开甲管注满水时，再打开乙管，而不开丙管，将水放完所需时间为 $1\div\left(\frac{1}{20}-\frac{1}{36}\right)=45$(分钟)。

答：当打开甲管注满水时，再打开乙管，而不开丙管，将水放完需要 45 分钟。

变式训练

2. 一个空水池有 1 个进水口和 3 个同样的出水口。打开进水口一段时间后，若同时打开 2 个出水口，8 分钟可将水池排空；若同时打开 3 个出水口，5 分钟可将水池排空。则进水口比出水口提前打开(　　)分钟。

A. 32　　B. 36　　C. 40　　D. 42

(三)牛吃草问题

解法突破

1. 基本公式

对于同一片草地，由于每头牛吃草的速度不变，所以牛头数越多(少)，草能够吃的天数越少(多)。假设每头牛每天吃草的速度为“1”份，由此我们可以总结出解决牛吃草问题常用到的四个基本公式，分别是：

①草的生长速度＝某时间段内草生长的量÷对应的天数＝(草能够吃的较多天数×相应的牛头数－草能够吃的较少天数×相应的牛头数)÷天数差；

②原有草量＝牛吃的总量－这段时间新生长的草的量＝牛头数×吃的天数－草的生长速度

×吃的天数；

③吃的天数 = 草量总和 ÷ 草每天减少的量 = 原有草量 ÷（牛头数 − 草的生长速度）；

④牛头数 = 原有草量 ÷ 吃的天数 + 草的生长速度。

2. 解题步骤

牛吃草问题的难点在于草每天都在不断的生长，草的数量在不断地变化，关键是找出不变的量，即原有草量。其解题步骤如下：

①求出每天长草量；

②求出牧场原有草量；

③求出每天实际消耗原有草量（牛吃的草量 − 生长的草量 = 每天消耗的原有的草量）；

④最后求出牛可吃的天数。

典例

3. 有一片牧场的草，如果放牧 27 头牛，则 6 星期可以把草吃光；如果放牧 23 头牛，则 9 星期可以把草吃光；如果放牧 21 头牛，问几个星期可以把草吃光？

答案解析

【解析】设每头牛每星期的吃草量为 1，

27 头牛 6 个星期的吃草量为 $27 \times 6 = 162$，这既包括牧场上原有的草，也包括 6 个星期长的草，

23 头牛 9 个星期的吃草量为 $23 \times 9 = 207$，这既包括牧场上原有的草，也包括 9 个星期长的草。

则每个星期草的生长量是 $(207 - 162) \div (9 - 6) = 15$，牧场上原有的草量是 $162 - 15 \times 6 = 72$，

因为每头牛每星期的吃草量为 1，所以每个星期新长出的草可供 15 头牛吃，要放牧 21 头牛，还余下 $21 - 15 = 6$ 头牛要吃牧场上原有的草，这个牧场上原有的草量被 6 头牛吃完的时间，就是 21 头牛吃完牧场上草的时间，$72 \div 6 = 12$（星期）。

答：放牧 21 头牛，12 个星期可以把牧场上的草吃光。

变式训练

3. 假设草原上的青草的生长速度与密度完全相同，70 头牛在 24 天内吃完某片草原的全部青草，30 头牛在 60 天内可以吃完同等面积的全部青草，则 20 头牛吃完同等面积草原的青草需要

________天。

考向10 行程问题

解法突破

1. 追及问题

两个人(或车辆)同时从两地同向行驶,后面快的人(或车辆)经过一段时间赶上前面慢的人(或车辆),由此问题衍生出来的一类应用题称为追及问题。

基本数量关系:追及路程 = 速度差 × 追及时间;追及时间 = 追及路程 ÷ 速度差。

2. 流水问题

①顺水行程 = (静水船速 + 水速) × 顺水时间;

②逆水行程 = (静水船速 − 水速) × 逆水时间;

③顺水速度 = 静水船速 + 水速;

④逆水速度 = 静水船速 − 水速;

⑤水速 = (顺水速度 − 逆水速度) ÷ 2;

⑥静水船速 = (顺水速度 + 逆水速度) ÷ 2。

3. 相遇问题

①直线运动:甲的路程 + 乙的路程 = 总路程。

②环形运动:甲的路程 + 乙的路程 = 环形周长。

真题过招

1. (2021 年 1 月浙江杭州,3 分)A 码头在 B 码头的上游,遥控舰模从 A 码头出发,在两个码头之间往返航行。已知舰模在静水中的速度是每分钟 200 米,水流的速度是每分钟 40 米。出发 20 分钟后,舰模位于 A 码头下游 960 米处,并向 B 码头行驶。则 A 码头和 B 码头之间的距离为________米。

答案解析

1536 【**解析**】往的总时间 + 返的总时间 + 顺水 960 米的时间 = 20 分钟。设两个码头之间的距离为 x 米,舰模往返 y 次,则可以得到方程 $\frac{x}{200+40}\cdot y+\frac{x}{200-40}\cdot y+\frac{960}{200+40}=20$,因为 $x>960$,y 为自然数,可以求得 $y=1$,$x=1536$,故 A 码头和 B 码头之间的距离为 1536 米。

2. (2018 浙江统考,3 分)甲、乙两人从相距 33 千米的 A、B 两地出发,相向而行,甲每小时行 7 千米,乙每小时行 5 千米,两人相遇时经过的时间为(　　)

A. 2 点 3 刻　　B. 2 小时 45 分

C. 2.5 小时　　D. 以上都不对

答案解析

B　【解析】设甲、乙两人出发 x 小时后相遇,则 $7x+5x=33$,$x=2.75$(小时)=2 小时 45 分。

变式训练

1. 甲、乙两人同时从 A 地到 B 地,12 分钟后甲到达 B 地立即返回,又过了 3 分钟与乙相遇,则甲与乙的速度比为(　　)

A. 4∶3　　B. 3∶4　　C. 5∶3　　D. 5∶4

2. 小明和小华相约骑摩托车从甲地到一处游览胜地去玩。两人同时出发,小明的车每小时行 30 千米,小华的车每小时行 34 千米,途中,小华的车因故障耽误了 24 分钟,结果两人同时到达。问甲地和游览胜地之间的距离是多少千米?

考向 11　比和比例问题

解法突破

(1)按比例分配问题的含义:

按比例分配:把一个数按照一定的比例分成若干份。这类题的已知条件一般有两种形式:一是用比或连比的形式反映各部分占总数量的份数,另一种是直接给出份数。总份数 = 比的前后项之和。

(2)按比例分配问题数量关系:

从条件看,已知总量和几个部分量的比;从问题看,求几个部分量各是多少。

(3)按比例分配问题解题思路和方法:

先把各部分量的比转化为各占总量的几分之几,把比的前后项相加求出总份数,再求各部分占总量的几分之几(以总份数作分母,比的前后项分别作分子),再按照求一个数的几分之几是多少的计算方法,分别求出各部分量的值。

真题过招

(2019 年 1 月浙江杭州,3 分)如图,大小两个正方形中两个阴影三角形的面积比是 3∶1,那么空白部分的面积比是(　　)

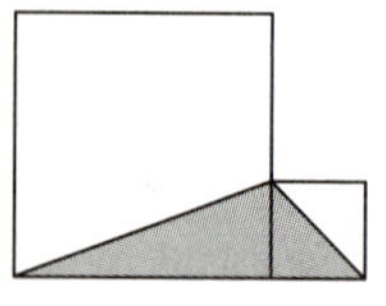

A. 6∶1　　　　B. 9∶1

C. 12∶1　　　　D. 15∶1

答案解析

D 【解析】设大正方形的边长为 x,小正方形的边长为 y,根据题意得,$\frac{1}{2}xy:\frac{1}{2}y^2=3:1\Rightarrow x=3y$,由以上关系式可得,两个正方形空白部分的面积比是$\left(x^2-\frac{1}{2}xy\right):\frac{1}{2}y^2=15:1$。

变式训练

将一堆糖果全部分给甲、乙、丙三个小朋友,原计划甲、乙、丙三人所得糖果数的比是 5∶4∶3,实际上甲、乙、丙三人所得糖果数的比为 7∶6∶5,其中一位小朋友比原计划多得了 15 块糖果,那么这位小朋友是________(填"甲""乙"或"丙"),他实际所得的糖果数为________块。

考向 12 圆的周长和面积

解法突破

圆的周长和面积计算的基本方法是仔细观察,发现特点,找出内在的联系,常常通过图形割补、旋转、平移、等积变形等方法加以解决。需要精巧的构思和恰当的设计,把形象思维与抽象思维结合起来。

典例

如图所示,两个小圆的直径分别为 6 cm 和 10 cm,则这两个小圆的周长之和与大圆的周长相

比，结果(　　)

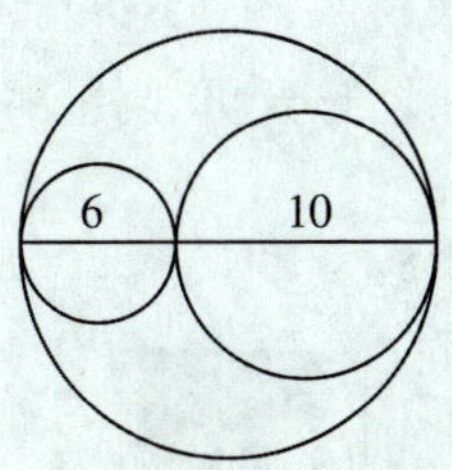

A. 大圆的周长较长　　B. 同样长　　C. 大圆的周长较短　　D. 无法比较

答案解析

B 【解析】大圆的周长为 $(10+6)\pi=16\pi$ cm，两个小圆的周长之和为 $10\pi+6\pi=16\pi$ cm。故两个小圆的周长之和等于大圆的周长。

变式训练

如图，边长为 12 米的正方形池塘的周围是草地，池塘边 A、B、C、D 处各有一根木桩，且 $AB=BC=CD=3$ 米。现用长为 4 米的绳子将一头羊拴在其中的某根木桩上，为了使羊在草地上活动区域的面积最大，应将绳子拴在哪一处的木桩上？

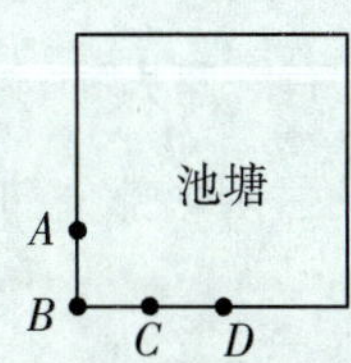

考向 13　扇形

解法突破

扇形是圆的一部分，它是由圆心角的两条半径和圆心角所对的弧围成的图形，扇形的大小由它的半径和弧所对的圆心角的大小决定。因为扇形是圆的一部分，所以扇形的弧长和面积的计算方法就从圆周长和面积的计算方法中引申出来：

设扇形的圆心角是 n 度，则

①扇形的弧长计算公式：$L=\frac{n}{360}\times 2\pi r=\frac{n}{180}\times\pi r$；

②扇形的面积计算公式：$S=\frac{n}{360}\times\pi r^2=\frac{1}{2}Lr$。

一些特殊角的扇形可以看作是 $\frac{1}{6}$、$\frac{1}{4}$、$\frac{1}{3}$、$\frac{3}{4}$、…的圆来计算。

典 例

如图，扇形 ABD 的半径是 4 厘米，阴影部分②比阴影部分①大 6.56 平方厘米，求直角梯形 $ABCD$ 的面积。（π 取 3.14）

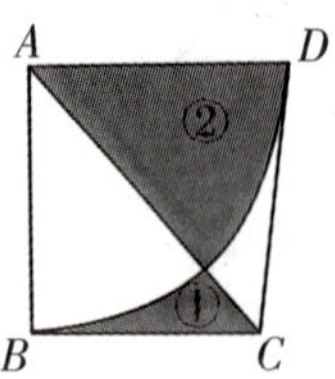

答案解析

【解析】$S_{\triangle ABC}=\frac{1}{4}\pi\times4^2-6.56=6$（平方厘米），$BC=6\times2\div4=3$（厘米），$(4+3)\times4\div2=14$（平方厘米）。

答：直角梯形 $ABCD$ 的面积为 14 平方厘米。

变式训练

传说古老的天堂国有一座钟楼，钟楼上有一座大钟，这座大钟的钟面有 10 平方米。每当太阳西下，钟面就会出现奇妙的阴影（如图），那么，阴影部分的面积是多少平方米？（π 取 3.14）

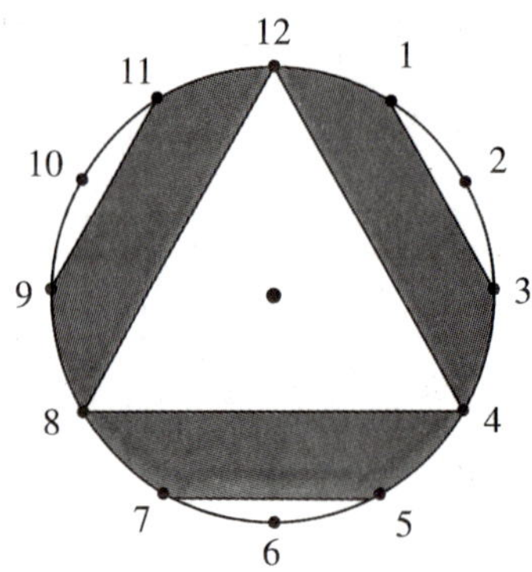

考向 14 立体图形的体积

解法突破

解答立体图形的体积问题时，要注意以下几点：

（1）物体沉入水中，水面上升部分的体积等于物体的体积。把物体从水中取出，水面下降部分

的体积等于物体的体积。这是物体全部浸没在水中的情况。如果物体不全部浸在水中，那么排开水的体积就等于浸在水中的那部分物体的体积。

(2) 把一种形状的物体变为另一种形状的物体后，形状变了但它的体积保持不变。

(3) 求一些不规则形体的体积时，可以通过变形的方法求体积。

(4) 求与体积相关的最大值、最小值时，要大胆想象，多思考多尝试，防止思维定势。

真题过招

(2022 安徽小学数学，8 分) 如图，在一个底面直径为 20 cm，高为 30 cm 的透明圆柱体容器中，装有 10 cm 深的水(容器的厚度不计)，把一个长和宽都是 8 cm，高为 20 cm 的长方体铁块竖直放入水中，使其底面与容器底面接触。求铁块露出水面部分的高度。(π 取 3.14)

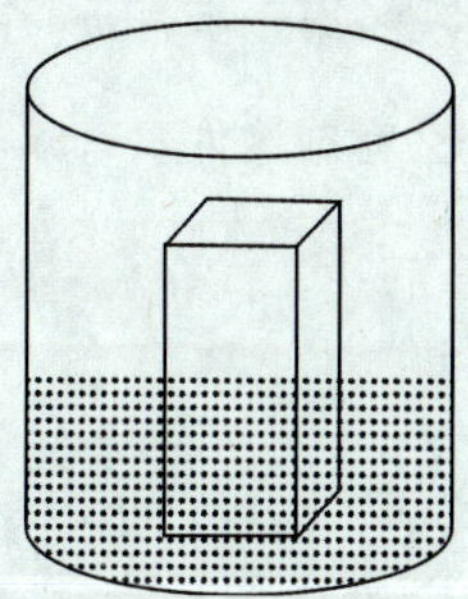

答案解析

【解析】 设铁块放入容器中后，此时水面的高度为 h cm，则 $10^2\pi\times10+8\times8\times h=10^2\pi h$，解得 $h=12.56$，故铁块露出水面部分的高度为 $20-12.56=7.44$ cm。

变式训练

如图，厚度为 0.25 毫米的铜版纸被卷成一个高 1 米的空心圆柱(纸卷得很紧，没有空隙)，它的外直径是 120 厘米，内直径是 60 厘米。(π 取 3.14)

(1) 空心圆柱的体积是多少立方厘米?

(2) 这卷铜版纸的总长是多少米?

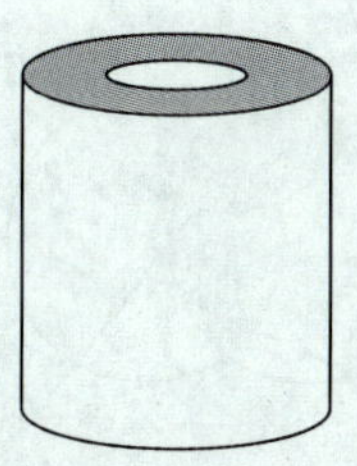

考向15 分类加法、分步乘法和容斥原理

解法突破

1. 分类加法计数原理

做一件事情，完成它可以有 **n 类办法**，在第一类办法中有 m_1 种不同的方法，在第二类办法中有 m_2 种不同的方法，……，在第 n 类办法中有 m_n 种不同的方法。那么完成这件事共有 $N=m_1+m_2+\cdots+m_n$ 种不同的方法。

2. 分步乘法计数原理

做一件事情，完成它需要分成 **n 个步骤**，第一步有 m_1 种不同的方法，第二步有 m_2 种不同的方法，……，第 n 步有 m_n 种不同的方法，那么完成这件事有 $N=m_1\cdot m_2\cdot\cdots\cdot m_n$ 种不同的方法。

3. 容斥原理

(1) 两个集合的容斥原理

如果被计数的事物有 A,B 两类，那么，先把 A,B 两个集合的元素个数相加，发现既是 A 类又是 B 类的部分重复计算了一次，所以要减去。如图所示。

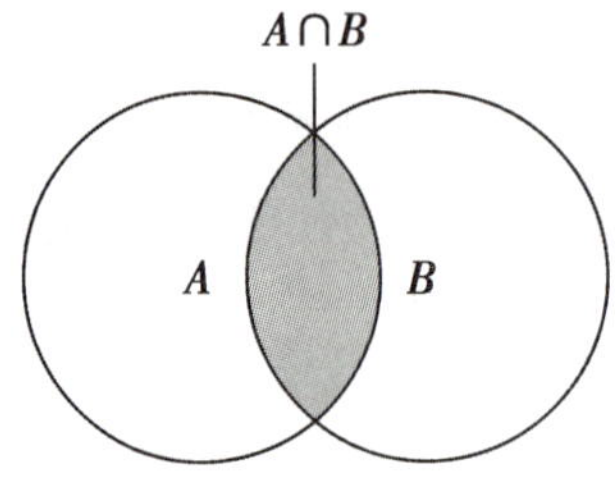

元素的个数公式：$n(A\cup B)=n(A)+n(B)-n(A\cap B)$。

(2) 三个集合的容斥原理

如果被计数的事物有 A,B,C 三类，那么，将 A,B,C 三个集合的元素个数相加后发现两两重叠的部分重复计算了 1 次，三个集合公共部分被重复计算了 2 次。如图所示。

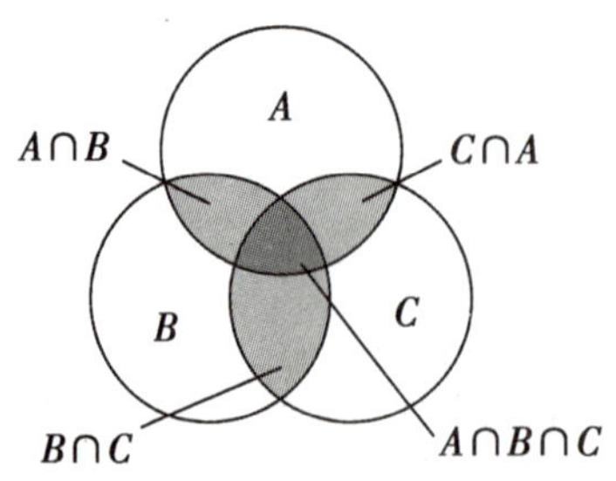

元素的个数公式：$n(A\cup B\cup C)=n(A)+n(B)+n(C)-n(A\cap B)-n(B\cap C)-n(C\cap A)+n(A\cap B\cap C)$。

真题过招

1.（2022 江苏扬州，1.88 分）如图所示，从小华家到 A 地有 3 条路，从 A 地到学校有 4 条路，从小华家到 B 地有 4 条路，从 B 地到学校有 5 条路，且小华必须途径 A 地或 B 地才能到达学校，则小华每天从家去学校有（　　）条不同的路线。

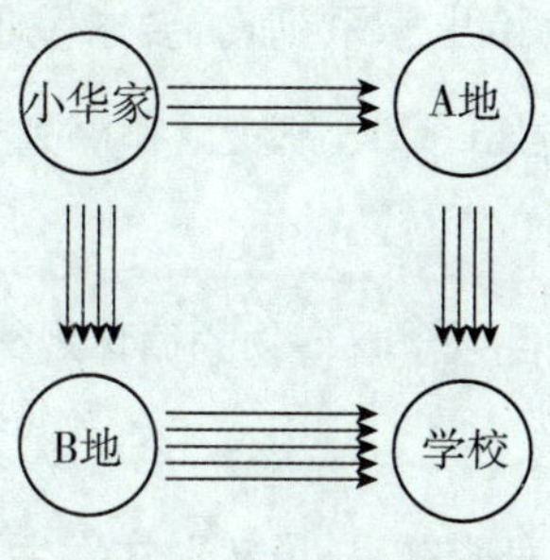

A. 44　　B. 32　　C. 30　　D. 28

答案解析

B　【解析】小华途径 A 地到学校有 $3\times4=12$ 条不同的路线，小华途径 B 地到学校有 $4\times5=20$ 条不同的路线，所以小华每天从家去学校有 $12+20=32$ 条不同的路线。

2.（2021 年 1 月浙江杭州，3 分）有 50 个女孩，她们的肤色是白色或浅黑色的，眼睛是蓝色或褐色的，如果 14 个女孩是蓝色眼睛白皮肤，31 个女孩是浅黑肤色的，18 个女孩是褐色眼睛的，那么褐色眼睛且浅黑皮肤的女孩有（　　）个。

A. 13　　B. 12　　C. 14　　D. 11

答案解析

A　【解析】设蓝色眼睛白皮肤、蓝色眼睛浅黑皮肤、褐色眼睛白皮肤、褐色眼睛浅黑皮肤的女孩个数分别为 a,b,c,d。由题意得 $a+b+c+d=50$，$b+d=31$，$c+d=18$，$a=14$，化简得 $(b+c+d)+d=49$，解得 $d=13$。

变式训练

一次期末考试中，某班有 15 人数学得满分，有 12 人语文得满分，并且有 4 人语、数都是满分，那么这个班至少有一门得满分的同学有多少人？

考向16 探索规律问题

解法突破

(1)抓题目里的变量。找数学规律的题目,都会涉及一个或者几个变化的量。所谓找规律,多数情况下,是指变量的变化规律。所以,抓住了变量,就等于抓住了解决问题的关键。

(2)善于比较。通过比较,可以发现事物的相同点和不同点,更容易找到事物的变化规律。找规律的题目,通常是按照一定的顺序给出一系列量,要求我们根据这些已知的量找出一般规律。揭示的规律,常常包含着事物的序列号。所以,把变量和序列号放在一起加以比较,就容易发现其中的奥秘。

(3)寻找事物的循环节。有些题目包含着事物的循环规律,找到了事物的循环规律,其他问题就可以迎刃而解。

(4)抓住题目中隐藏的不变量。有些题目,虽然形式发生了变化,但是本质并没有改变。我们只要在观察形式变化的过程中,始终注意寻找它的不变量,就可以揭示出事物的本质规律。

(5)进行计算,尝试找数学规律。而数学规律,多数是函数的解析式。函数的解析式里常常包含着数学运算。因此,找规律,在很大程度上是在找能够反映已知量之间关系的数学运算式子。所以,从运算入手,尝试着做一些计算,也是解答找规律题的好途径。

真题过招

1.(2022 福建小学数学,4 分)被后人称为“三角垛”的形状(如图所示)出现在南宋数学家杨辉所著的《详解九章算法·商功》中,已知“三角垛”的第一层(最上层)有 1 个小球,第二层有 3 个小球,第三层有 6 个小球,以此类推,“三角垛”第 5 层的小球个数为( )

A. 15　　B. 25　　C. 35　　D. 45

答案解析

A 【解析】第 1 层有 1 个,第 2 层有 1+2=3 个,第三层有 1+2+3=6 个,所以第 n 层有 $\frac{n(n+1)}{2}$ 个,故第 5 层有 $5\times(5+1)\div2=15$ 个。

2. (2022 江苏南京,3 分) 古希腊毕达哥拉斯学派注重研究数与形的关系,例如,他们借助小球研究“三棱锥数”(如图),已知前四个“三棱锥数”分别为 1,4,10,20,则第 6 个“三棱锥数”是(　　)

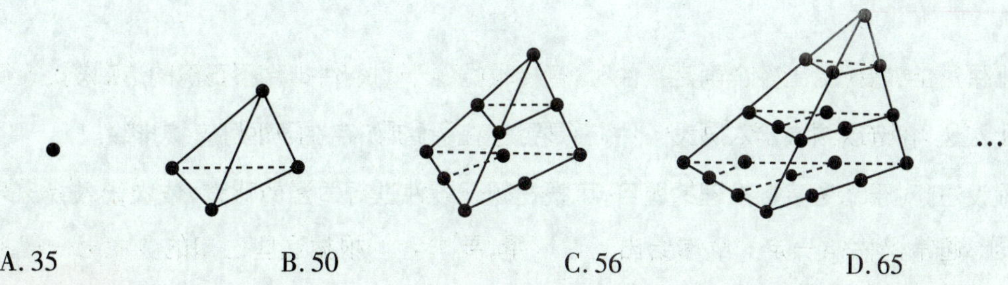

A. 35　　B. 50　　C. 56　　D. 65

答案解析

C 【解析】由图可知,“三棱锥数”依次为 1,1+3,1+3+6,1+3+6+10,…,则令 $T_1=1$,$T_2=1+2=3$,$T_3=1+2+3=6$,…,则 $T_n=1+2+3+\cdots+n=\frac{n(n+1)}{2}=\frac{1}{2}(n^2+n)$,设第 n 个“三棱锥数”是 S_n,则 $S_n=T_1+T_2+T_3+\cdots+T_n=\frac{1}{2}(1^2+1+2^2+2+\cdots+n^2+n)=\frac{1}{2}(1^2+2^2+\cdots+n^2+1+2+\cdots+n)=\frac{1}{2}[\frac{n(n+1)(2n+1)}{6}+\frac{n(n+1)}{2}]=\frac{1}{2}\cdot\frac{n(n+1)(2n+1)+3n(n+1)}{6}=\frac{1}{2}\cdot\frac{n(n+1)(2n+1+3)}{6}=\frac{1}{6}n(n+1)(n+2)$,故 $S_6=\frac{1}{6}\times6\times7\times8=56$。

变式训练

1. 请仔细观察图中等边三角形图形的变换规律,写出你发现关于等边三角形内一点到三边距离的数学事实:________。

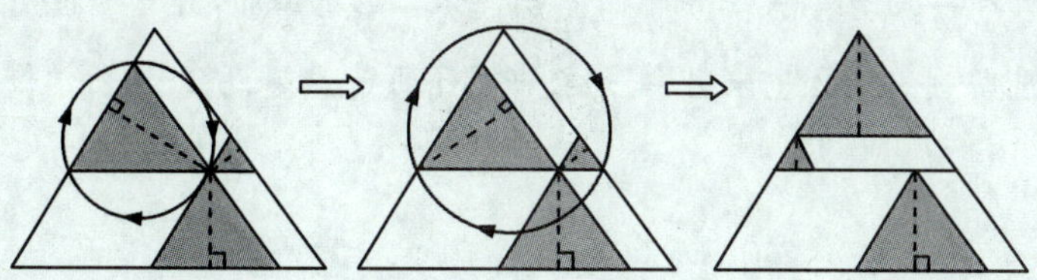

2. 正三角形内有 n 个点,加上正三角形的三个顶点共有 $n+3$ 个点(每任意三点不在同一直线上),现将正三角形分割成以这 $n+3$ 个点为顶点的互不重叠的三角形,最多能分成________个三角形。

考向17 逻辑推理

解法突破

(1)排除法:当题干给出多个确定条件时,直接根据题干的条件排除不正确的选项。

(2)代入法:将选项依次代入题设条件,看是否存在矛盾,如存在矛盾可直接排除。

(3)假设法:对于无法直接推理的题目,可根据题干条件进行适当的假设,依次代入找出矛盾,然后运用排除法解决问题。

真题过招

(2022年6月浙江杭州,3分)每个学校有1个校长,1个书记,开会时只需去一位校长或书记,但不能缺席。已知最近三次会议每校只有一人参会(如下表:●出席;○没出席)。

	赵	钱	孙	李	王	陈
1	○	●	●	●	○	○
2	●	○	●	○	○	●
3	○	○	○	●	●	●

如果一所学校的校长是钱,那么这所学校的书记是( )

A. 赵　　B. 李　　C. 王　　D. 陈

答案解析

D 【解析】由于开会时只需去一位校长或书记,但不能缺席。且三次会议每校只有一人参会。如果钱是校长,由第一次会议知,当钱出席时,赵、王、陈均未出席,那么书记应该是赵、王、陈其中之一;由第二次会议知,当钱未出席时,李、王也未出席,那么书记不可能是王;由第三次会议知,当钱未出席时,赵、孙也未出席,那么书记不可能是赵,所以这所学校的书记是陈。

变式训练

在一桩谋杀案中,有两个嫌犯甲和乙,另有四个证人受到讯问。

A证人说:我知道甲是无罪的;

B证人说:我知道乙是无罪的;

C证人说:前面两个证词中至少有一个是真的;

D 证人说:我可以肯定 C 证人说的证词是假的。

通过调查,已证实 D 证人说了实话,则凶手是________。

考向 18 钟面上的数学问题

解法突破

时钟问题就是研究钟面上时针、分针、秒针关系的问题,如两针重合、两针垂直、两针成一线、两针夹角为 60 度等。

数量关系:分针的速度是时针的 12 倍,二者的速度差为$\frac{11}{12}$。通常按追及问题来对待,也可以按差倍问题来计算。

典例

有一个破表,每小时比标准时间快 4 分钟,在标准时间中午 12 点时将这只破表校准,那么这只破表指向 16 点时,标准时间是(　　)

A. 15:44　　B. 15:45　　C. 15:42　　D. 16:16

答案解析

B 【解析】由题意可知,标准时间与破表时间的比为 60: 64,故将破表校准后,当其指向 16 时的时候,实际时间经过了$(16-12)\times\frac{60}{64}=4\times\frac{15}{16}=\frac{15}{4}$(时)=3 时 45 分,则此时标准时间是 12 时 +3 时 45 分 =15 时 45 分。

变式训练

四点和五点之间,时针和分针大概在什么时候成直角?

考向 19 上楼梯问题

典例

有一座高楼,小张每上一层需要 2 分钟,每下一层需要 1 分 30 秒。小张于 12 时 20 分开始不停地从最底层往上走,到了最高层后立即往下走(假设上楼和下楼速度各自相同,且中途没有停留),13 时零 2 分返回最底层,这座高楼一共有多少层?

【分析】知道从最底层到最高层再返回，上、下的层数相同，且上、下每层所用的时间分别相同是解题的关键。设这座高楼一共有 x 层，则上、下的层数均为 $(x-1)$ 层。所以上楼用时 $2(x-1)$ 分钟，下楼用时 $1.5(x-1)$ 分钟，即一共用时 $3.5(x-1)$ 分钟。从 12 时 20 分到 13 时零 2 分共用时42 分钟，则可列方程为 $3.5(x-1)=42$。

答案解析

【解析】设这座高楼一共有 x 层。$(2+1.5)(x-1)=42$，解得 $x=13$。

答：这座高楼一共有 13 层。

变式训练

商场的自动扶梯以匀速由下往上行驶，两个孩子嫌扶梯走得太慢，于是在行驶的扶梯上，男孩每秒钟向上走 2 梯级，女孩每 2 秒钟向上走 3 梯级。结果男孩用 40 秒钟到达，女孩用 50 秒钟到达。问当该扶梯静止时，扶梯可看到的梯级共有多少级？

考向 20 同余问题

解法突破

1. 概念

两个整数 a,b，如果它们同时除以一个正整数 m，所得的余数相同，则称 a,b 对于模 m 同余，记作$a\equiv b(\mathrm{mod}\ m)$，读作：$a$ 同余于 b 模 m。

所谓同余问题，就是给出一个数除以几个不同的数的余数，反求这个数。

2. 计算方法

同余问题计算口诀：差同减差，和同加和，余同取余，最小公倍 n 倍加$(n\in\mathbf{N}_+)$。以有关 4,5,6(其最小公倍数为 60)的同余问题为例，上述口诀解释如下：

(1)差同减差：用一个数除以几个不同的数，得到的余数与除数的差相同，此时反求的这个数，可以用除数的最小公倍数的 n 倍减去这个相同的差数，称为“差同减差”。

例如，一个数除以 4 余 1，除以 5 余 2，除以 6 余 3，求这个数。因为 $4-1=5-2=6-3=3$，差数都为 3，“差同”，4,5,6 的最小公倍数是 60，利用“差同减差”得出这个数表示为 $60n-3$。

(2)和同加和：用一个数除以几个不同的数，得到的余数与除数的和相同，此时反求的这个数，可以用除数的最小公倍数的 n 倍加上这个相同的和数，称为“和同加和”。

例如，一个数除以4余3，除以5余2，除以6余1，求这个数。因为4+3=5+2=6+1=7，得到的余数与除数的和相同，都为7。4,5,6的最小公倍数是60，利用“和同加和”得出这个数表示为$60n+7$。

(3)余同取余：用一个数除以几个不同的数，得到的余数相同，此时反求的这个数，可以用除数的最小公倍数的n倍加上这个相同的余数，称为“余同取余”。

例如，一个数除以4余1，除以5余1，除以6余1，求这个数。因为余数都是1，除数的最小公倍数是60，利用“余同取余”得出这个数表示为$60n+1$。

(4)最小公倍n倍加：所选取的数加上除数的最小公倍数的任意整数倍(即上面①②③中的$60n$)，称为“最小公倍n倍加”，也称为“公倍数作周期”。

真题过招

(2018年1月浙江杭州,3分) 自然数N除以3余2，除以5余4，除以7余6，N最小是________。

【分析】解决这样的问题有个口诀：差同减差，和同加和，余同取余，公倍数作周期。

答案解析

104　【解析】根据题意，N除以3余2，除以5余4，除以7余6，故N再加1就是3,5,7的最小公倍数。由于3,5,7的最小公倍数是105，105−1=104，则这个自然数最小是104。

变式训练

一个六位数617□□□分别除以3,5,7的余数都是1，这样的最小的六位数的十位上的数字是(　　)

A. 5　　B. 6　　C. 7　　D. 8

考向21 抽屉原理

解法突破

如果有5盒饼干，把它们放到4个抽屉里，那么可以肯定有一个抽屉里至少有2盒饼干；如果把4封信投到3个邮箱里，那么可以肯定有一个邮箱中至少有2封信。这些简单的例子就是数学中的“抽屉原理”。

1. 基本的抽屉原理

(1)如果把$x+k$($k\geqslant1$且$k\in\mathbf{N}$)个元素放到x个抽屉里，那么至少有一个抽屉里含有2个或2

个以上的元素。

(2) 如果把 $mx+k(x>k\geqslant 1, k\in \mathbf{N})$ 个元素放到 x 个抽屉里，那么至少有一个抽屉里含有 $m+1$ 个或更多的元素。

2. 抽屉问题的解决方法

(1) 构造抽屉

①构造抽屉，指出元素。构造抽屉思考角度：一是从问题出发，相同的就是“抽屉”；二是从数量关系出发，多的是“物品”，少的是“抽屉”。

②把元素放入（或取出）抽屉；

③说明理由，得出结论。

(2) 最不利原则：为保证某件事情一定发生，我们必须首先确定最不利于这件事情发生的情况，然后在此基础上去实现这些事情。

针对题目中含有“至少……才能保证……”“要保证……至少……”等叙述的抽屉问题，我们常用的解题方法就是利用最不利原则。

真题过招

(2020 年 1 月浙江杭州，3 分) 在一副扑克牌中(54 张)，至少要取出(　　)张，才能保证排出一组连环对。(例如 2,2,3,3;3,3,4,4;…;10,10,J,J;…;K,K,A,A)

A. 4　　B. 17　　C. 20　　D. 37

答案解析

D 【解析】首先建立抽屉：一副扑克牌有 54 张，大小王不相同，那么 $(54-2)\div 4=13$，所以一共有 $13+2=15$ 个抽屉；分别是：A、2、3、…、K、小王、大王，由此利用抽屉原理考虑最差情况，先分别取出 15 张大小不相等的牌，此时再间隔抽取出 A,2,4,6,…,Q，每个数字剩余 3 张全部抽出，共 $3\times 7=21$ 张，则第三次抽取时任取一张，即能构成一组连续对。所以至少需要取出 $15+21+1=37$ 张。故本题选 D。

变式训练

1. 25 个 8 岁的小朋友中至少有(　　)个小朋友是同一个月出生的。

A. 2　　B. 3

C. 4　　D. 5

2. 某班学生去买语文书、数学书、外语书。买书的情况是：有买一本的、两本的、三本的（每种书最多买一本），问：至少要去几位同学才能保证一定有两位同学买到相同的书？

考向 22　不定方程的应用

解法突破

方程的个数少于未知数的个数的方程（或方程组）称为不定方程（或不定方程组）。它的解是不定的。一般地说，如果没有给不定方程某种制约的条件，那么它就有无限多个解。下面所涉及的不定方程是根据题目的要求和实际情况把解局限在一定的范围内，它可能有解，也可能无解，如果有解，也只能是无限个解。

已知不定方程 $x+y+z=10$，则其正整数解的个数为________。

答案解析

36 【解析】由题意知，不定方程 $x+y+z=10$，当 $x=1$ 时，则其正整数解可以为 $\{x=1,y=1,z=8\}$，$\{x=1,y=2,z=7\}$，…，$\{x=1,y=8,z=1\}$，共 8 个；当 $x=2$ 时，则其正整数解可以为 $\{x=2,y=1,z=7\}$，$\{x=2,y=2,z=6\}$，…，$\{x=2,y=7,z=1\}$，共 7 个；当 $x=3$ 时，则其正整数解可以为 $\{x=3,y=1,z=6\}$，$\{x=3,y=2,z=5\}$，…，$\{x=3,y=6,z=1\}$，共 6 个；以此类推，当 $x=8$ 时，则其正整数解可以为 $\{x=8,y=1,z=1\}$，共 1 个。综上所述，其正整数解的个数为 $8+7+6+5+4+3+2+1=36$。

变式训练

根据用水收费规定，如果每月每户用水不超过 24 吨，按每吨 3 元收费；超过 24 吨时，超过部分每吨收 5 元，并规定用水按整数吨收费。某月甲户和乙户共用水 65 吨，甲户比乙户多交了 35 元，甲、乙两户这个月各交水费多少元？各用水多少吨？

考向 23　最大与最小值问题

解法突破

数学中的最大值、最小值问题涉及的知识面很广，题目也较复杂。其中有一小部分题，可以利用一定的解题模式来求解，而其余大部分题没有固定的解题模式，要根据题中给出的条件去分析、判断、推理，最后才能得出正确的答案。

从自然数1，2，…，2015中取出n个数，所取的数中任意三个数之和能被15整除。求n的最大值。

答案解析

【解析】设a,b,c,d是所取出的任意四个数，由题意有$a+b+c=15m, a+b+d=15n$，其中，m,n为正整数。所以，$c-d=15(m-n)$，上式表明，所取出的数中任意两数之差是15的倍数，即所取的每个数除以15所得的余数相同。

设这个余数为k，于是$a=15a_1+k$，$b=15b_1+k$，$c=15c_1+k$，其中a_1,b_1,c_1是整数，$0\leqslant k<15$。则$a+b+c=15(a_1+b_1+c_1)+3k$。因为$a+b+c$能被15整除，所以$3k$能被15整除，即k能被5整除。

因此，$k=0,5$或10。

当$k=0$时，可取15，30，45，…，2010共134个数，符合题意；当$k=5$时，可取5，20，35，…，2015共135个数，符合题意；当$k=10$时，可取10，25，40，…，2005共134个数，符合题意。综上可知，n最大值是135。

变式训练

如图，把边长为6的正方形分成9个小正方形，在有阴影的2个小正方形中(含边界)分别取点P,R，与已有格点Q(每个小正方形的顶点叫格点)构成三角形，则$\triangle PQR$的最大面积是多少？

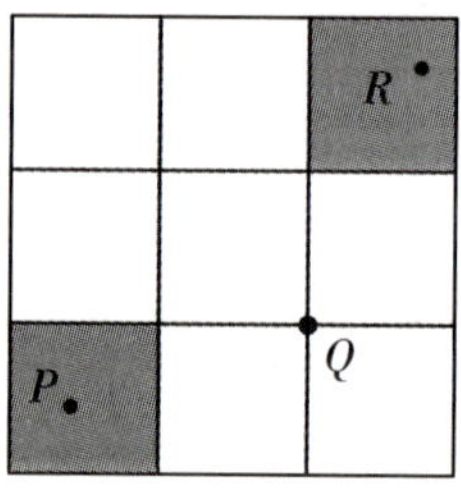

考向24 从整体看问题

解法突破

解数学题，常常是化“整”为“零”，把问题变简单，以利于解决问题，但是有时解题需要“反其道而行之”，不要过分注意细节，需要站在整体的立场上，综观全局研究问题，进而从中找出解决问题的方法。

典例

两只同样的墨水瓶，一只墨水瓶中装了100毫升红墨水，另一个墨水瓶中装了20毫升蓝墨水。用一根吸管，先从红墨水瓶中吸出1毫升墨水，滴入蓝墨水瓶中后搅匀，再从蓝墨水瓶中吸出1毫升墨水，滴入红墨水瓶中。问红墨水瓶子中的蓝墨水和蓝墨水瓶中的红墨水哪个多？

【分析】题目中有具体的数值，可能你会去算含量的百分比，通过这样的计算能算出结论，但是如果深入想想，撇开具体的中间过程，撇开具体的数值，从整体考虑，就不难想到两个墨水瓶的总容量不变。

答案解析

【解析】红墨水瓶中仍有100毫升墨水，蓝墨水瓶中也仍然有20毫升墨水。假设红墨水瓶中有x毫升红墨水倒入蓝墨水瓶中，那么同样有x毫升蓝墨水被倒入红墨水瓶中，所以红墨水瓶子中的蓝墨水和蓝墨水瓶中红墨水同样多。

变式训练

某装订车间的三名工人要将一批图书打包后送往邮局(要求每包的图书本数同样多)。第一次，他们领来这批图书的$\frac{7}{12}$，结果打了14包还多35本；第二次，他们把剩下的图书全部领来，加上前面多出来的正好又打了11包。这批图书共有多少本？

考向25　逆向思考

解法突破

在解题时经常会碰到这样的情况，从已知条件出发，顺着考虑下去，可能因歧路很多而陷入解题困境，这时可以考虑转换思考方向，倒着想想，可能会“柳暗花明又一村”。

典例

一支队伍的人数是5的倍数，且超过1000人。若按每排4人编队，则最后差3人；若按每排3人编队，则最后差2人；若按每排2人编队，则最后差1人。问：这支队伍至少有多少人？

答案解析

【解析】把条件“若按每4人编队，则最后差3人”反过来考虑，可理解为“若按每排4人编队，则最后多1人”同理，按3人、2人排队都可理解为最后多1人。即总人数被12除余1，这样，原题就化为：一个5的倍数大于1000，且它被12除余1。问：这个数最小是多少？是5的倍数且除以12余1的最小自然数是25。因为人数超过1000，$[3,4,5]=60$，所以这支队伍至少有$25+60\times17=1045$（人）。

变式训练

甲、乙、丙三人打牌。第一局，甲输给了乙和丙，使得乙、丙手中的点数都翻了一番；第二局，甲和乙赢了，从而甲、乙手中的点数都翻了一番；最后一局，甲和丙获胜，两人手中的点数都翻了一番。这样，甲、乙、丙三人每人都是两赢一输，并且最后每人手中的点数完全相等，可是甲发现自己输了100点。那么，开始时，甲手中有多少点？（每局三人的点数总和保持不变）

考向26 不变量

典例

阅读：$(x-1)(x+1)=x^2-1$；$(x-1)(x^2+x+1)=x^3-1$；$(x-1)(x^3+x^2+x+1)=x^4-1$。

根据你所发现的规律，回答问题：

(1) $3.1415926^6+3.1415926^5+3.1415926^4+3.1415926^3+3.1415926^2+3.1415926+1=\dfrac{x^y-1}{3.1415926-1}$，求$x+y$的值。（$x$为有理数，$y$为大于1的正整数）

(2) $2015^4+2015^2+1=\dfrac{x^6-1}{2015^2-1}$，求$x$的值。

答案解析

【解析】(1)设$3.1415926=A$，则原式$=A^6+A^5+A^4+A^3+A^2+A+1=\dfrac{x^y-1}{A-1}$，即$(A-1)(A^6+A^5+A^4+A^3+A^2+A)=x^y-1$，则$3.1415926^7=x^y$，所以$x=3.1415926$，$y=7$。所以$x+y=10.1415926$。

(2)设$2015^2=B$，则$B^2+B+1=\dfrac{x^6-1}{B-1}$，即$(B^2+B+1)(B-1)=x^6-1$，即$B^3-1=x^6-1$，则$(2015^2)^3=x^6$，所以$x=2015$。

变式训练

如图，设AB，CD为相距15厘米的两条平行线，已知直角三角形沿着直线AB以每秒1厘米的速度向右运动，长方形沿直线CD以每秒3厘米的速度向左运动，那么，在运动过程中，

直角三角形与长方形有重叠部分的时间有多少秒？其中重叠部分的面积保持不变的时间有多少秒？

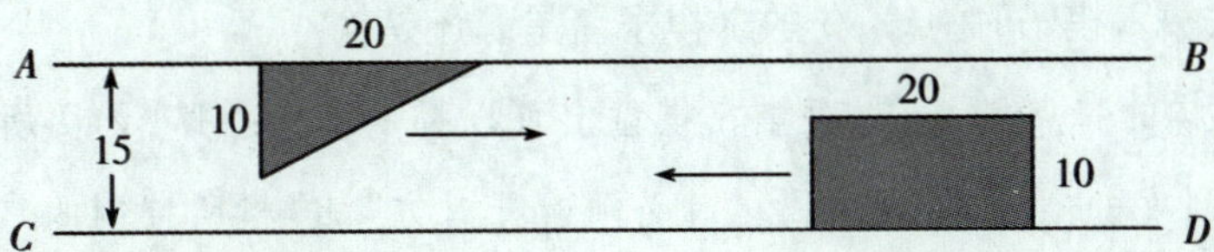

考向 27 ▸ 染色问题

典例

将一个正方体的表面涂成红色，然后把它切成 27 个小正方体，那么三面红色的小正方体有(　　)个。

A. 12　　B. 8　　C. 6　　D. 4

答案解析

B 【解析】根据正方体表面涂色的特点，分别得出切割后的小正方体涂色面的排列特点：(1)三面涂有红色的小正方体在大正方体每个顶点处；(2)两面涂色的在大正方体每条棱长上(除去顶点处的小正方体)；(3)一面涂色的都在大正方体每一个面上(除去棱长上的小正方体)；(4)没有涂色的都在大正方体内部。如图所示，观察由 27 个小正方体组成的大正方体，三面涂色的小正方体在大正方体每个顶点处，共有 8 个。

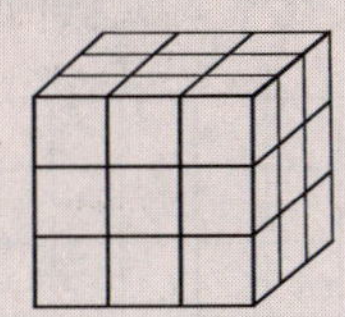

变式训练

将 27 个大小相同的小正方体组成一个大正方体，现将大正方体各面上的某些小方格涂上黑色(如图)，而且上与下、前与后、左与右两个面上的涂色方式相同，这时，至少有一个面上涂有黑色的小正方体有多少个？

考向 28 ▸ 对策问题

典例

两个人轮流在国际象棋盘的空格内放入“相”棋(国际象棋盘为 8×8 的方格棋盘，共 64 个格，

“相”是国际象棋中的一种棋子,它的走法是沿斜线方向,格数不限,并且在它的行走路线上可攻击其他棋),一方持黑棋,另一方持白棋,当任何一方放入“相”棋时,要保证不被对方已放入的“相”棋的攻击,谁先无法放入棋子时为输,先放入棋子者是赢还是输?

【分析】由“相”棋的特点,每一“相”棋在棋盘上可以控制两条斜路,如图所示,凡落入这两条斜线上的棋都要受到攻击,双方在放“相”棋时必须避开对方“相”棋所控制的路线方可安全,由棋盘的“轴对称性”,可以判断,只要后放者有合适的策略,必定能够取胜。

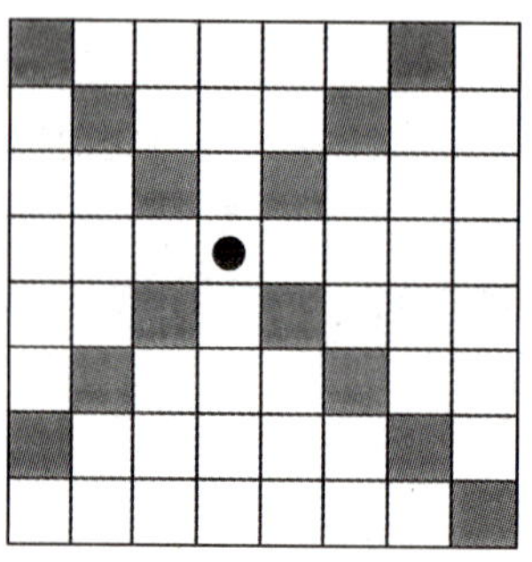

答案解析

【解析】如图,在棋盘上建立一条对称轴(粗实线),无论先放棋子的人将棋子放在什么位置,后放棋子的人都可以将棋子放在其对称的位置上,并且不被攻击,这样能保证:①只要先放棋子的人能够在棋盘上放入棋子,后放入棋子的人就一定可以在棋盘上放入棋子。

②后放入的棋子与先放入的棋子在一条水平线上,所以不会受到先放入的棋子的攻击。

如此摆放下去,必定是先放棋子的人找不到放棋的位置,从而认输。

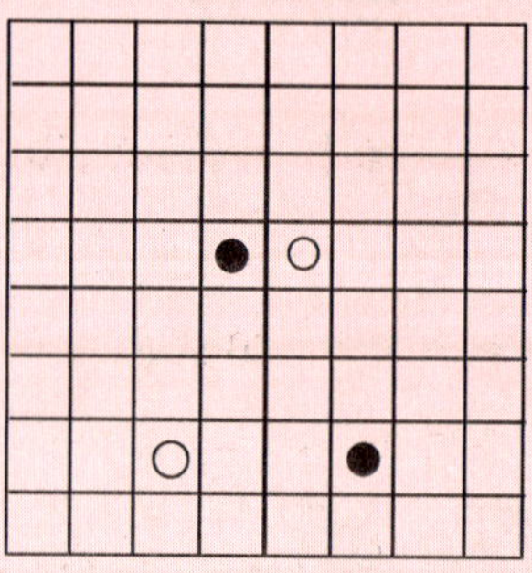

变式训练

在黑板上写下一列自然数2,3,4,5,…,2013,2014,甲先擦去其中一个数,然后乙再擦去一个数,如此轮流地擦下去,若最后剩下两个互质数时,甲取胜,若最后剩下两个不是互质数时,乙取胜,这个游戏中谁取胜的可能性大?

考向29 统筹问题

解法突破

(1)完成一件事情时怎样合理安排才能做到“用时最少”、“效果最好”这类问题,在数学中称为统筹问题。“费时最省”“面积最大”“损耗最小”这类问题,在数学中称为极值问题。统筹问题和极值问题实际上都属于优化问题。

(2)思考角度:①用时最省:把两件或两件以上的事同时做。

②费时最少:费时少者优先。

③面积最大:周长一定的图形越正,面积越大。

④乘积最大:和一定的两数相差越小,乘积越大。

真题过招

(2022 江苏无锡江阴,3 分)某公园划船项目收费标准如下:

船型	两人船(限乘两人)	四人船(限乘四人)	六人船(限乘六人)	八人船(限乘八人)
每艘船租金(元/小时)	90	100	130	150

某班 18 名同学一起去该公园划船,若每人划船的时间均为 1 小时,则租船的总费用最低为________元。

答案解析

380 【解析】因为共有 18 人划船,①当租两人船时,$18\div2=9$(艘),每小时 90 元,则租船费用为 $90\times9=810$(元);②当租四人船时,$18\div4=4$(艘)……2(人),要租 4 艘四人船和 1 艘两人船,四人船每小时 100 元,租船总费用为 $100\times4+90=490$(元);③当租六人船时,$18\div6=3$(艘),每小时 130 元,则租船费用为 $130\times3=390$(元);④当租八人船时,$18\div8=2$(艘)……2(人),要租 2 艘八人船和 1 艘两人船,八人船每小时 150 元,则租船总费用为 $150\times2+90=390$(元);⑤当租 1 艘四人船,1 艘六人船,1 艘八人船时,租船总费用为 $100+130+150=380$(元),而 810 元 > 490 元 > 390 元 > 380 元,所以当租 1 艘四人船,1 艘六人船,1 艘八人船时费用最低,是 380 元。

变式训练

有一个与众不同的天平,它有三个托盘,每个托盘内都可以放物品,并且能测算出三个托盘内最轻的一个物品。现在有63个外观相同的乒乓球，其中一个较轻，则用该天平最少测量________次，就能保证找出这个乒乓球。

考向30 进位制问题

解法突破

1. 整数进位制之间的转化。

(1)将十进制数转化为k进制数的方法是除以k取余法：

用k连续去除这个数或所得的商，一直到商为0为止，然后把每次所得的余数倒过来排成一个数，就是相应的k进制数。

例如，十进制数30转化为二进制数：

除数	被除数/商	余数
2	30	
2	15	0
2	7	1
2	3	1
2	1	1
	0	1

把上式中各步所得的余数从下到上排列，得到$30=11110_{(2)}$。

又如，十进制数100转化为八进制数，用类似的方法得到$100=144_{(8)}$。

除数	被除数/商	余数
8	100	
8	12	4
8	1	4
	0	1

(2)将一个k进制数转化为十进制数的方法：

先将该k进制数写成不同数位上的数字与基数的幂的乘积之和的形式，再计算等式右边的值，就得到相应的十进制数。即：$a_na_{n-1}\cdots a_1a_{0(k)}=a_nk^n+a_{n-1}k^{n-1}+\cdots+a_1k^1+a_0k^0$。$(0<a_n<k,0\leq a_{n-1},\cdots,a_1,a_0<k)$

例如，$11110_{(2)}=1\times2^4+1\times2^3+1\times2^2+1\times2^1+0=30$；又如$144_{(8)}=1\times8^2+4\times8^1+4\times8^0=100$。

2. 小数之间的进位制转化。

在这里以二进制与十进制小数的转化为例。

(1)十进制小数转换为二进制小数：一般需要将十进制数的整数部分与小数部分分开处理。

①整数部分计算方法：除以 2 取余法。

②小数部分计算方法：乘 2 取整法。即用 2 乘十进制纯小数部分，所得积的小数点左边的数字（0 或 1）作为二进制表示法中的数字。

具体操作步骤如下：

A. 第一次乘法所得的整数部分为最高位；

B. 将第一次的结果去掉整数部分后再乘 2 得到第二位数字；

C. 如此循环继续，直到余下的纯小数部分为 0 或者满足所要求的精度为止。

D. 最后将每次得到的整数部分（0 或 1）按先后顺序从左到右排列即可得到对应的二进制小数。

（2）二进制小数转化为十进制小数：

小数点前边的数，2 的幂与整数情况下的转化一样，是从 $0 \sim n-1$；小数点后面的数，2 的幂是从 $-1 \sim -n$。

若 $8_{(10)}=1000_{(2)}$，则 $0.25_{(10)}=$________$_{(2)}$。

答案解析

0.01　【解析】$0.25\times2=0.5$（取 0），$0.5\times2=1$（取 1），所以 $0.25_{(10)}=0.01_{(2)}$。

变式训练

$\overline{abc}$是一个十进制的三位数（a,b,c 可以是相同的数字，也可以是不同的数字），把它改写成二进制后是一个七位数，而且这个七位数后六位是“$abcabc$”。这个十进制的三位数$\overline{abc}$是几？

招教高频基础刷

1. 在 38 克的盐水中，盐和水的质量比是 1∶9，如果在盐水中再放入 2 克盐，则这时盐水中盐占盐水质量的（　　）

A. 14.5%　　B. 15%　　C. $\frac{1}{3}$　　D. $\frac{1}{11}$

2. 已知小强比小刚早出生 6 年，今年小强的年龄是小刚年龄的 2 倍少 3 岁，那么今年两人的年龄和是(　　)岁。

A. 6　　B. 9　　C. 15　　D. 24

3. 一座大楼共 15 层,每层一样高,甲上楼的速度比乙快一倍,两人同时从第一层向上走,当乙到达第六层时,甲在第(　　)层。

A. 10　　B. 11　　C. 12　　D. 13

4. 在一个正方形水池边种树,四个顶点都种一棵,每边种 10 棵,四周一共种了(　　)棵树。

A. 40　　B. 44　　C. 36　　D. 38

5. 第一个图形由 4 根火柴棍组成,第二个图形由 12 根火柴棍组成,第三个图形由 24 根火柴棍组成,……,依次类推,第 100 个图形由(　　)根火柴棍组成。

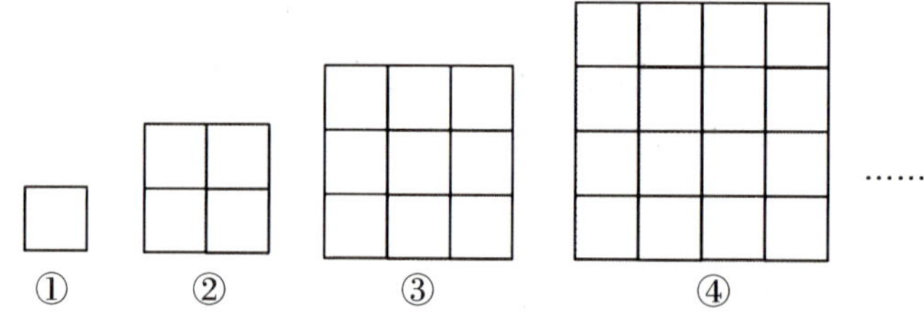

A. 10 100　　B. 20 000　　C. 20 200　　D. 22 000

6. 一个圆柱的侧面展开图是一个正方形,这个圆柱的表面积与侧面积的比是(　　)

A. $\frac{1+2\pi}{2\pi}$　　B. $\frac{1+4\pi}{4\pi}$　　C. $\frac{1+2\pi}{\pi}$　　D. $\frac{1+4\pi}{2\pi}$

7. 计算:$1\frac{1}{1024}+2\frac{1}{512}+4\frac{1}{256}+\cdots+256\frac{1}{4}+512\frac{1}{2}=$________。

8. 如图,有八个半径为 1 厘米的小圆,用它们圆周的一部分连成一个花瓣图形,图中黑点是这些圆的圆心,这个花瓣图形的面积是________平方厘米(π 取 3.14)。

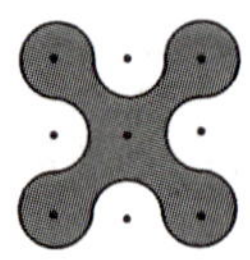

9. 两人做一种游戏:轮流报数,报出的数只能是 1,2,3,4,5,6,7,8。把两人报出的数连加起来,谁报数后,加起来的数是 123,谁就获胜,如果让你先报数且一定会赢,那么你第一个数应报________。

10. 甲、乙两人练习跑步,若甲让乙先跑 10 米,则甲跑 5 秒钟可追上乙,若甲让乙先跑 2 秒钟,则甲跑 4 秒钟就可追上乙。那么甲、乙两人的速度比为________。

11. 在前 2001 个正整数中,既不是平方数也不是立方数的有________个。

12. 有一批书分给三个组,平均每人正好分 15 本。如果只分给第一组,每人分到 35 本;如果只分给第二组,每人分到 42 本,那么,三个组中第________组人数最多,第________组人数最少。

13. 如图所示，用4种颜色给每个小方格染色，每个小方格用一种颜色，若要求邻近的方格（至少有一个公共点）必须用不同的颜色，那么共有________种不同的染色方案。

14. 将一根绳子连续对折3次，然后每隔一定长度剪一刀，共剪了6刀，这样原来的绳子被剪成________段。

15. 甲、乙二人都要自己掌握时间，在上午11点半到火车站，甲的手表实际上慢5分钟，但他认为自己的手表快5分钟；乙的手表实际上快5分钟，但他认为自己的手表慢5分钟。甲、乙二人中________先到达火车站。

16. 六年级的五个班举行象棋比赛，每班派两人参加，比赛规则规定，每两人之间至多赛一场，且同班的两人之间不比赛，比赛若干场后发现，除一班队员甲以外，其他每人已赛过的场数各不相同，那么一班队员乙已赛过________场。

17. 某商店从外地购进360个玻璃制品，运送时损坏了40个，剩下的按进价的117%售出，商店可盈利百分之________。

18. 一个十进制的三位数，把它分别化为九进制和八进制数后，就又得到了两个三位数，老师发现这三个三位数的最高位数字恰好是3，4，5，那这样的三位数一共有________个。

19. 把三进制数201012化为八进制的数为________。

20. A、B、C三辆摩托车同时从甲地出发到乙地去。按原定速度，A车应比B车早到10分钟，在他们同时从甲地出发20分钟后，遇上下雨道路泥泞，A车速度下降$\frac{1}{3}$，B车速度下降$\frac{1}{4}$，C车速度下降$\frac{1}{5}$，结果三车同时到达乙地。问：C车原定行驶完全程要用多少分钟？

21. 六年级100名同学，每人至少爱好体育、文艺和科学三项中的一项。其中，爱好体育的有55人，爱好文艺的有56人，爱好科学的有51人，三项都爱好的有15人，只爱好体育和科学的有4人，只爱好体育和文艺的有17人。问：有多少人只爱好科学和文艺两项？只爱好体育的有多少人？

22. 甲、乙、丙三人合作完成一件工程，共得报酬1800元。三人完成这项工程的情况是：甲、乙合作8天完成工程的$\frac{1}{3}$；接着乙、丙又合作2天完成余下的$\frac{1}{4}$；最后三人合作5天完成了这项工程，按劳付酬，各人应得多少元？

23. 高老师请班上每位同学分别在黑板上写一个两位数，并且每个同学写的数互不相同，高老师宣称无论同学们怎样写这些数，黑板上至少有3个数的两位数字相加的和相等，那么班上至少有多少位同学才能保证所说的话正确?

24. 如图,向装有$\frac{1}{3}$体积水的圆柱体容器内放入三个半径都是 1 分米的小球,此时水面没过小球,且水面上升到容器高度的$\frac{2}{5}$处,则圆柱体容器最多装水多少立方分米?

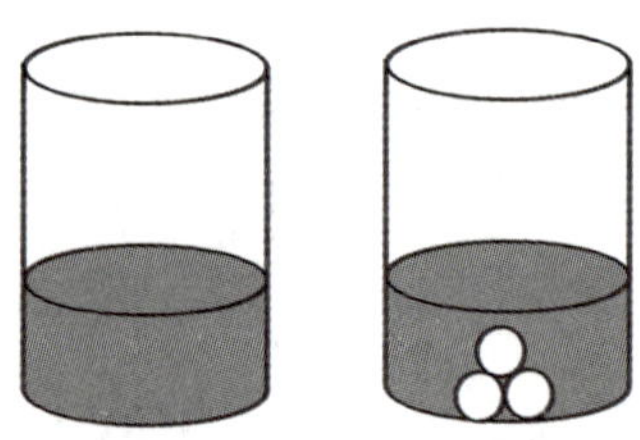

25. 如图所示的 3×3 表格已固定,将 4 枚相同的棋子放入格子里,每个格子里最多放一枚,如果要求每行、每列都有棋子,共有几种不同的方法?

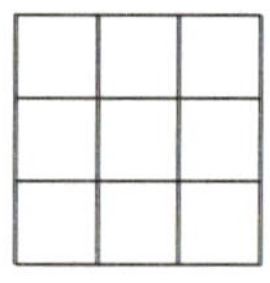

26. 甲、乙两人分别从 A、B 两地出发,相向而行,出发时他们的速度比是 3∶2,他们第一次相遇后,甲的速度提高了 20%,乙的速度提高了 30%,这样,当甲到达 B 地时,乙离 A 还有 14 千米,那么 A、B 两地间的距离是多少千米?

27. 某船在静水中的速度是每小时 15 千米,它从上游甲地开往下游乙地共花去了 8 小时,水速每小时 3 千米,问从乙地返回甲地需要多少时间?

28. 有三堆棋子,每堆棋子一样多,并且都只有黑、白两色棋子。第一堆棋子中的黑子和第二堆中的白子一样多,第三堆中的黑子占全部黑子的$\frac{2}{5}$。把这三堆棋子集中在一起。白子总数占全部棋子总数的几分之几?

29. A 有若干本书,B 借走一半加 1 本,剩下的书,C 借走一半加 2 本,再剩下的书,D 借走一半加 3 本,最后 A 还有 2 本书,问 A 原有多少本书?

30. 瓶子里装有浓度为 15% 的酒精 1000 克。现在又分别倒入 100 克和 400 克的 A、B 两种酒精,瓶子里的酒精浓度变为 14%。已知 A 种酒精的浓度是 B 种酒精的 2 倍,求 A 种酒精的浓度。

31. 甲、乙两个工程队分别负责两项工程。晴天,甲完成工程需要 10 天,乙完成工程需要 16 天;雨天,甲和乙的工作效率分别是晴天时的 30% 和 80%。实际情况是两队同时开工、同时完工。那么在施工期间,下雨的天数是多少?

32. 一只船发现漏水时,已经进了一些水,水匀速进入船内。如果 10 人淘水,3 小时淘完;如果 5 人淘水,8 小时淘完。如果要求 2 小时淘完,要安排多少人淘水?

专题三　集合与简易逻辑

第一节　集　合

招教核心要点

1. 集合间的基本关系

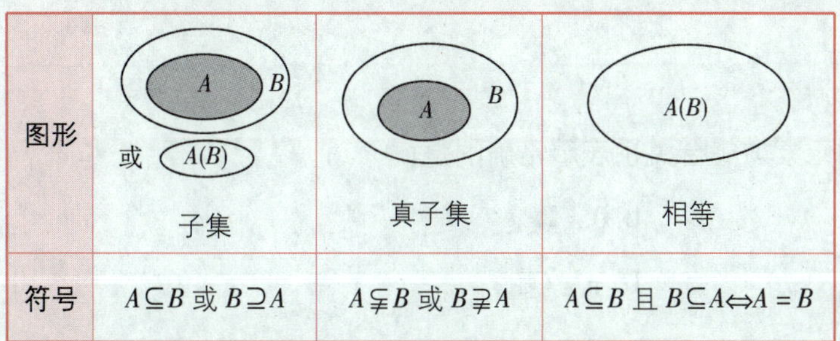

图形	子集	真子集	相等
符号	$A\subseteq B$ 或 $B\supseteq A$	$A\subsetneqq B$ 或 $B\supsetneqq A$	$A\subseteq B$ 且 $B\subseteq A\Leftrightarrow A=B$

注：空集是任何集合的子集；空集是任何非空集合的真子集。若有限数集 A 中有 n 个元素，则 A 的子集个数为 2^n 个，非空子集个数为 2^n-1 个，真子集个数为 2^n-1 个。

2. 集合的基本运算

(1) 三种基本运算的概念及表示

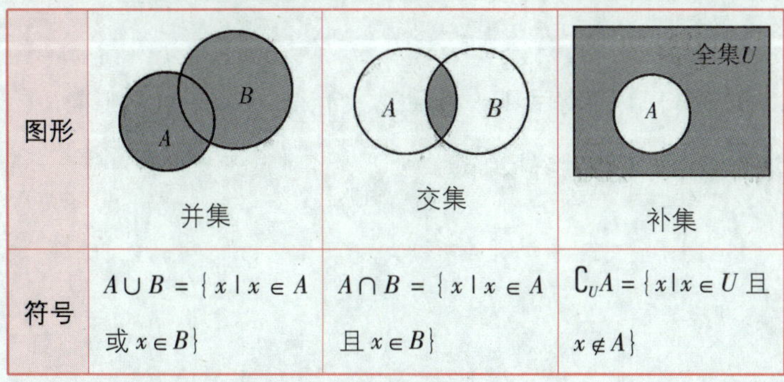

图形	并集	交集	补集
符号	$A\cup B=\{x\mid x\in A$ 或 $x\in B\}$	$A\cap B=\{x\mid x\in A$ 且 $x\in B\}$	$\complement_U A=\{x\mid x\in U$ 且 $x\notin A\}$

(2) 三种基本运算的常见性质

①$A\cup B=A\Leftrightarrow B\subseteq A$，$A\cap B=A\Leftrightarrow A\subseteq B$。

考向分析

集合与元素的概念、集合间的关系与运算是教师招聘考试中的重点考查内容，题目较为基础，对集合与元素的正确认识是解题的关键。

思想应用

A. 补集思想：难以从正面入手寻找解法时，将思路调整，从所求问题的反面入手，求其补集。

B. 数形结合思想：当题目关系较复杂时，需借助 Venn 图分析，将集合间的关系用图形来表示。

C. 分类讨论思想：当集合中的元素含有参数，或解集中的参数需要进行相关求解时，都避免不了分类讨论；另外，集合是否为空集也需提前考虑。

②$\complement_U(A\cup B)=(\complement_U A)\cap(\complement_U B)$，$\complement_U(A\cap B)=(\complement_U A)\cup(\complement_U B)$。

招教考向解读

考向1 利用集合与元素的基本概念解题

解法突破

(1)首先要识别集合中元素是数集还是点集，数集则需要化简，点集则需要解方程。

(2)根据元素限制条件得出结果后，要注意检验是否满足集合元素的互异性。

真题过招

1. (2021 山东青岛,2.5 分)下列元素与集合关系表示正确的是(　　)

A. $-1\in\mathbf{N}$　　B. $0\in\mathbf{R}$

C. $0\in\mathbf{N}^*$　　D. $\pi\in\mathbf{Q}$

答案解析

B 【解析】$\mathbf{N}$表示自然数集，显然$-1\notin\mathbf{N}$，A错；$\mathbf{N}^*$表示正整数集，0不是正整数，C错；$\mathbf{Q}$表示有理数集，π是无理数，D错。故选B。

2. (2021 广东广州花都区,3 分)已知集合$Q=\{x|-2<x<4,x\in\mathbf{Z}\}$，集合$W=\{x|\log_2(x+2)\leqslant1\}$，则集合$Q\cap W$的元素有________个。

答案解析

2 【解析】由题意得$Q=\{-1,0,1,2,3\}$，解不等式$\log_2(x+2)\leqslant1$得$-2<x\leqslant0$，则$W=(-2,0]$，集合$Q\cap W=\{-1,0\}$，故集合$Q\cap W$的元素有2个。

变式训练

1. 下列命题正确的是(　　)

A. 很大的实数可以构成集合

B. 自然数集$\mathbf{N}$中最小的数是1

C. 集合$\{y|y=x^2-1\}$与集合$\{(x,y)|y=x^2-1\}$不是同一个集合

D. $\{\sin 30°,\sin 45°,\cos 60°,1\}$是一个集合

2. 设$a,b\in\mathbf{R}$,两集合满足$\left\{a,\frac{b}{a},1\right\}=\{a^2,a+b,0\}$,则$a^{2020}+b^{2020}=$(　　)

A. 0　　B. 1　　C. -1　　D. ±1

3. 已知集合$A=\{1,2,3,4,5\}$,$B=\{(x,y)|x\in A,y\in A,x-y\in A\}$,则$B$中所含元素的个数为(　　)

A. 3　　B. 6　　C. 8　　D. 10

4. 若集合$\{x,xy,\lg(xy)\}=\{0,|x|,y\}$,则$x+y=$________。

考向2　利用集合间的基本关系解题

解法突破

(1)判断两个集合的关系常用两种方法:一是逻辑分析法,即先化简集合,再从表达式中寻找两集合的关系;二是发挥合情推理的思维,用列举法表示各集合,从元素中寻找关系。

(2)在研究集合的关系问题时一定要先讨论空集的情况。

真题过招

(2021 山东日照东港区,3 分)已知集合$A=\{(x,y)|2x+y=0\}$,$B=\{(x,y)|x+my+1=0\}$,若$A\cap B=\varnothing$,则实数$m=$(　　)

A. $\frac{1}{2}$　　B. $-\frac{1}{2}$　　C. 2 D. -2

答案解析

A　**【解析】**若$A\cap B=\varnothing$,说明集合A,B所对应直线平行,即$-\frac{1}{m}=-2$,得出$m=\frac{1}{2}$,故选A。

变式训练

1. 已知集合$A=\{1,3,\sqrt{m}\}$,$B=\{1,m\}$,$A\cup B=A$,则$m=$(　　)

A. 0或$\sqrt{3}$　　B. 0或3　　C. 1或$\sqrt{3}$　　D. 1或3

2. 已知集合$A=\{x|x^2-3x+2=0,x\in\mathbf{R}\}$,$B=\{x|0<x<5,x\in\mathbf{N}\}$,则满足$A\subseteq C\subseteq B$的集合$C$

的个数为(　　)

A. 1　　B. 2　　C. 3　　D. 4

考向3 利用集合的基本运算解题

解法突破

(1)看元素的构成,集合是由元素组成的,明确集合中元素的构成是解决运算问题的前提。

(2)对集合进行化简,利用化简,将问题变得简单明了,易于解决。

(3)注意数形结合思想的应用,集合运算常用的数形结合形式有数轴、坐标系和韦恩图。

真题过招

1. (2022 湖南长沙岳麓区,2 分)已知 $A=\{x\mid |x-1|>2\}$,$B=\{x\mid \log_4 x<1\}$,则 $A\cap B=$(　　)

A. $(-1,0)$　　B. $(0,4)$　　C. $(3,4)$　　D. $(-1,4)$

答案解析

C 【解析】因为 $A=\{x\mid |x-1|>2\}=\{x\mid x-1<-2$ 或 $x-1>2\}=\{x\mid x<-1$ 或 $x>3\}$,$B=\{x\mid \log_4 x<1\}=\{x\mid 0<x<4\}$,所以 $A\cap B=\{x\mid 3<x<4\}$。

2. (2022 江苏扬州,1.88 分)已知集合 $A=\left\{x\in\mathbf{R}\,\middle|\, x=\frac{1}{m}+4m-5, m\in(0,+\infty)\right\}$,集合 $B=\{x\in\mathbf{R}\mid |x-4|+|x+4|\leqslant 9\}$,集合 $C=\{x\in\mathbf{Z}\mid -2<x<5)\}$,则集合 $A\cap B\cap C$ 中的所有元素之和为(　　)

A. 6　　B. 8　　C. 9　　D. 10

答案解析

C 【解析】$A=\left\{x\in\mathbf{R}\,\middle|\, x=\frac{1}{m}+4m-5, m\in(0,+\infty)\right\}=\{x\in\mathbf{R}\mid x\geqslant -1\}$,$B=\{x\in\mathbf{R}\mid |x-4|+|x+4|\leqslant 9\}=\left\{x\in\mathbf{R}\,\middle|\, -\frac{9}{2}\leqslant x\leqslant\frac{9}{2}\right\}$,$C=\{x\in\mathbf{Z}\mid -2<x<5\}=\{-1,0,1,2,3,4\}$,所以 $A\cap B\cap C=\{-1,0,1,2,3,4\}$,所以 $A\cap B\cap C$ 的所有元素之和为 $-1+0+1+2+3+4=9$。

变式训练

1. 已知集合 $A=\{x\mid 2x+12-2x^2>0\}$,$B=\{x\mid x<\ln e\}$,$C=\{x\mid x\leqslant \ln 2\}$,则 $(A\cap B)\cap C=$(　　)

A. $(-2,1]$　　B. $(-\infty,-2]$　　C. $(-2,\ln 2]$　　D. $[\ln 2,1]$

2. 已知集合 $A=\{0,1,2\}$，集合 $B=\{x|x^2=1\}$，则 $A\cup B=$（　　）

A. $\{0,1,2\}$　　B. $\{-1,0,1,2\}$　　C. $\{1\}$　　D. $\{-1,1\}$

3. 已知集合 $A=\{x|-1\leqslant x<5\}$，$B=\{x||x|<3\}$，则 $A\cap B=$（　　）

A. $\{x|-1\leqslant x<5\}$　　B. $\{x|-1\leqslant x<3\}$　　C. $\{x|-3\leqslant x<3\}$　　D. $\{x|-3\leqslant x<5\}$

4. 已知集合 $A=\left\{x\left|\frac{1-x}{x}\geqslant 0\right.\right\}$，集合 $B=\{x|2x-1>0\}$，则集合 $A\cap B=$（　　）

A. $(0,1]$　　B. $\left(\frac{1}{2},1\right]$　　C. $\left(0,\frac{1}{2}\right)$　　D. $\left(\frac{1}{2},+\infty\right)$

招教易错突破

易错点1　在集合的关系中忽略空集

空集是个特殊集合，在以下四种条件中不要忽略 B 是空集的情形：①$B\subseteq A$；②$B\subsetneqq A$（A 非空）；③$B\cap A=B$；④$B\cup A=A$。

典例

1. 已知集合 $A=\{x|1<ax<2\}$，$B=\{x||x|<1\}$，满足 $A\subseteq B$，则实数 a 的取值范围是________。

【错因分析】空集是任何集合的子集，在本题中忽略了当 $a=0$ 时，$A=\varnothing$ 也满足 $A\subseteq B$ 的情况，从而造成漏解。

答案解析

$\{a|a\geqslant 2$ 或 $a\leqslant -2$ 或 $a=0\}$　【解析】$B=\{x||x|<1\}=\{x|-1<x<1\}$。

①当 $a>0$ 时，$A=\left\{x\left|\frac{1}{a}<x<\frac{2}{a}\right.\right\}$，

因为 $A\subseteq B$，所以 $\begin{cases}\frac{1}{a}\geqslant -1,\\ \frac{2}{a}\leqslant 1,\\ a>0,\end{cases}$ 解得 $a\geqslant 2$，

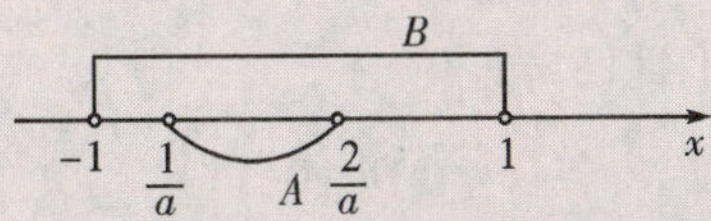

②当 $a<0$ 时，$A=\left\{x\left|\frac{2}{a}<x<\frac{1}{a}\right.\right\}$，

因为 $A\subseteq B$，所以$\begin{cases}\dfrac{2}{a}\geqslant -1,\\ \dfrac{1}{a}\leqslant 1,\\ a<0,\end{cases}$ 解得 $a\leqslant -2$。

③当 $a=0$ 时，$A=\varnothing\subseteq B$。

综上所述，a 的取值范围是 $\{a|a\geqslant 2$ 或 $a\leqslant -2$ 或 $a=0\}$。

变式训练

1. 已知集合 $A=\{x|-3\leqslant x\leqslant 4\}$，$B=\{x|2m-1<x<m+1\}$，且 $B\subseteq A$，求实数 m 的取值范围。

易错点2 对集合中元素的性质和实际意义分不清

解决集合问题时，既要看代表元素的形式，也要看它所满足的性质，从而明确代表元素的意义。如：集合 $\{x|y=f(x)\}$ 中的元素是由函数 $y=f(x)$ 的定义域构成的；集合 $\{x|f(x)\geqslant 0\}$ 中的元素是由不等式 $f(x)\geqslant 0$ 的解构成的，同时还要注意，集合的交、并、补的结果还是集合，一定要写成集合的形式。

典例

2. 已知全集 $U=\mathbf{R}$，集合 $A=\{x|x(x-5)\geqslant 0\}$，$B=\{x|y=\sqrt{3-x}\}$，则 $(\complement_U A)\cap B=($　　$)$

A. $(0,3)$　　B. $(0,5)$　　C. $\varnothing$　　D. $(0,3]$

【错因分析】 忽视集合 B 中的代表元素是 x 而不是 y，未认清集合 B 中的元素是由函数 $y=\sqrt{3-x}$ 的定义域构成的而不是由值域构成的。

答案解析

D **【解析】** 因为 $A=\{x|x(x-5)\geqslant 0\}=\{x|x\geqslant 5$ 或 $x\leqslant 0\}$，所以 $\complement_U A=\{x|0<x<5\}$，因为 $B=\{x|y=\sqrt{3-x}\}$，所以 $B=(-\infty,3]$。所以 $(\complement_U A)\cap B=(0,3]$。

变式训练

2. 已知集合 $A=\{x\in\mathbf{Z}|-2<x<2\}$，$B=\{x|y=\log_2 x^2\}$，则 $A\cap B=($　　$)$

A. $\{-1,1\}$　　B. $\{-1,0,1\}$　　C. $\{1\}$　　D. $\{0,1\}$

3. 已知集合 $M=\{y|y=2^x,x>0\}$，$N=\{x|y=\lg x\}$，则 $M\cap N=($　　$)$

A. $(0,+\infty)$　　B. $(1,+\infty)$　　C. $[2,+\infty)$　　D. $[1,+\infty)$

必刷好题

招教高频基础刷

1. 设集合 $A=\{x|1<x<2\}$,$B=\{x|x<a\}$,若 $A\subseteq B$,则 a 的取值范围是(　　)

A. $\{a|a\leqslant 2\}$　　B. $\{a|a\leqslant 1\}$　　C. $\{a|a\geqslant 1\}$　　D. $\{a|a\geqslant 2\}$

2. 已知集合 $A=\{1,2\}$,$B=\{(x,y)|x\in A,y\in A,x-y\in A\}$,则 B 的子集共有(　　)

A. 2 个　　B. 4 个　　C. 6 个　　D. 8 个

3. 已知 $X=\{x|x=(2n+1)\pi,n\in\mathbf{Z}\}$,$Y=\{y|y=(4k\pm 1)\pi,k\in\mathbf{Z}\}$,那么下列各式中正确的是(　　)

A. $X\subseteq Y$　　B. $X=Y$

C. $X\supseteq Y$　　D. 无法确定两者之间的关系

4. 某中学的学生积极参加体育锻炼,其中有 96% 的学生喜欢足球或游泳,60% 的学生喜欢足球,82% 的学生喜欢游泳,则该中学既喜欢足球又喜欢游泳的学生数占该校学生总数的比例是(　　)

A. 62%　　B. 56%　　C. 46%　　D. 42%

5. 已知集合 $A=\{x|y=\lg(x-x^2)\}$,$B=\{x|x^2-cx<0,c>0\}$,若 $A\subseteq B$,则实数 c 的取值范围为(　　)

A. $(0,1]$　　B. $[1,+\infty)$

C. $(0,1)$　　D. $(1,+\infty)$

6. 下列各对象可以组成集合的是(　　)

A. 与 1 非常接近的全体实数

B. 某校 2006 - 2007 学年度第一学期全体高一学生

C. 高一年级视力比较好的同学

D. 与无理数 π 相差很小的全体实数

7. 定义集合运算 $A*B=\{z|z=xy,x\in A,y\in B\}$,设 $A=\{1,2\}$,$B=\{0,2\}$,则集合 $A*B$ 的所有元素之和是________。

8. 已知集合 $A=\{x|-3\leqslant x\leqslant 4\}$,$B=\{x|1<x<m\}(m>1)$,且 $B\subseteq A$,则实数 m 的取值范围是________。

9. 已知全集 $U=\mathbf{R}$,集合 $A=\{1,2,3,4,5\}$,$B=\{x\in\mathbf{R}|x>2\}$,则下图中阴影部分所表示的集

合为________。

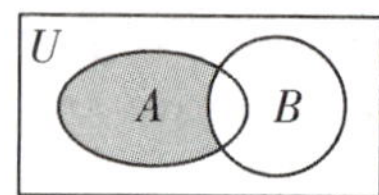

10. 集合 $A=\{x\mid x<1$ 或 $x\geqslant 2\}$，$B=\{x\mid a<x<2a+1\}$，若 $A\cup B=\mathbf{R}$，则实数 a 的取值范围是________。

招教易错能力刷

1. 下列各组对象：

①接近于 0 的数的全体；

②比较小的正整数全体；

③平面上到点 $(0,0)$ 的距离等于 1 的点的全体；

④正三角形的全体；

⑤$\sqrt{2}$ 的近似值的全体。

其中能构成集合的组数有(　　)

A. 2 组　　B. 3 组　　C. 4 组　　D. 5 组

2. 若集合 $A=\{x\in\mathbf{R}\mid ax^2+ax+1=0\}$ 中只有一个元素，则 $a=$(　　)

A. 4　　B. 2　　C. 1　　D. 0

3. 若 $x\in\{1,2,x^2\}$，则 x 的值可能为(　　)

A. 0　　B. 0,1　　C. 0,2　　D. 0,1,2

4. 若 $x\in A$，则 $\frac{1}{x}\in A$，就称 A 是伙伴关系集合，集合 $M=\left\{-1,0,\frac{1}{4},\frac{1}{3},1,2\right\}$ 的所有非空子集中，具有伙伴关系的集合的个数为________。

5. 设 S 为实数集 $\mathbf{R}$ 的非空子集，若对任意 $x,y\in S$，都有 $x+y,x-y,xy\in S$，则称 S 为封闭集。下列命题正确的是________。

①自然数集 $\mathbf{N}$ 为封闭集；

②整数集 $\mathbf{Z}$ 为封闭集；

③集合 $S=\{a+\sqrt{2}b\mid a,b$ 为整数$\}$ 为封闭集；

④若 S 为封闭集，则一定有 $0\in S$。

6. 设全集 $U=\mathbf{R}$，集合 $M=\{x\mid 3a-1<x<2a,a\in\mathbf{R}\}$，$N=\{x\mid -1<x<3\}$，若 $N\subseteq(\complement_U M)$，则实数 a 的取值范围是________。

第二节　简易逻辑

招教核心要点

1. 充分条件与必要条件

充分条件：若 $p\Rightarrow q$，则 p 是 q 的充分条件。

必要条件：若 $q\Rightarrow p$，则 p 是 q 的必要条件。

充分不必要条件：若 $p\Rightarrow q$，且 $q\nRightarrow p$，则 p 是 q 的充分不必要条件。

必要不充分条件：若 $q\Rightarrow p$，且 $p\nRightarrow q$，则 p 是 q 的必要不充分条件。

充要条件：若 $p\Leftrightarrow q$，则 p 是 q 的充要条件。

既不充分也不必要条件：若 $p\nRightarrow q$，且 $q\nRightarrow p$，则 p 是 q 的既不充分也不必要条件。

2. 四种命题及其关系

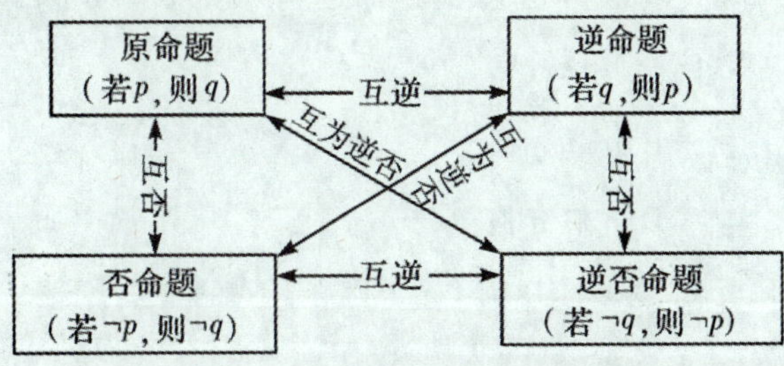

注：两个命题互为逆否命题，它们有相同的真假性。

3. 复合命题的真假判断

“p 或 q”有真则真；“p 且 q”有假则假；“非 p”与“p”真假相反。

4. 全称命题与特称命题

	定义	命题的否定
全称命题	$\forall x\in M,p(x)$	$\exists x_0\in M,p(x_0)$
特称命题	$\exists x_0\in M,p(x_0)$	$\forall x\in M,\neg\ p(x)$

考向分析

命题的相互关系及其真假判断、充分条件与必要条件的判断、全称命题与特称命题的否定是教师招聘考试中的常考内容，常与函数、不等式等知识相结合考查。

思想应用

A. 等价转化思想：将充分条件、必要条件或充要条件转化为集合之间的关系，根据集合之间的包含、等价关系列出求解。

B. 数形结合思想：将充分条件、必要条件或充要条件转化为集合之间的关系后，可借助 Venn 图或数轴予以体现。

招教考向解读

考向1 命题的相互关系及其真假判断

(一)四种命题的相互关系及其真假判断

解法突破

(1)在判断四种命题之间的关系时,首先分清命题的条件与结论,再比较每个命题的条件与结论之间的关系,要注意四种命题关系的相对性,一旦一个命题定为原命题,也就相应有了它的"逆命题""否命题""逆否命题"。

(2)互为逆否命题的两个命题同真同假,在直接证明某一命题为真命题有困难时,可以通过证明它的逆否命题为真命题来间接证明原命题为真命题。

真题过招

1. (2021 江西高中数学,1 分)命题 p:"若 $x^2<1$,则 $x<1$"的逆命题为 q,则 p 与 q 的真假性为( )

A. p 真 q 真　　B. p 真 q 假

C. p 假 q 真　　D. p 假 q 假

答案解析

B 【解析】命题 p 的逆命题 q 为:若 $x<1$,则 $x^2<1$。若 $x^2<1$,则 $-1<x<1$,故命题 p 为真,若 $x<1$,$x^2<1$ 不一定成立,故命题 q 为假。故选 B。

2. (2021 广东广州天河区,1.47 分)已知命题 p:$\exists x\in\mathbf{R}$,$2x^3+x^2=3$,命题 q:$\forall x\in(0,+\infty)$,$\log_8x>\log_9x$,则下列命题中为真命题的是( )

A. $\neg p\vee q$　　B. $p\wedge q$　　C. $p\vee q$　　D. $\neg p\wedge q$

答案解析

C 【解析】当 $x=1$ 时,$2x^3+x^2=3$,命题 p 成立;当 $0<x<1$ 时,$\log_8x<\log_9x$,命题 q 不成立。所以真命题是 C 项。

变式训练

1. 命题 p:“若 $a>b$,则 $a^2>b^2$”的逆命题为 q,则 p 与 q 的真假性为(　　)

A. p 真,q 真　　B. p 真,q 假　　C. p 假,q 真　　D. p 假,q 假

(二)全称命题与特称命题真假的判定

解法突破

命题名称	真假	判断方法一	判断方法二
全称命题	真	所有对象使命题真	否定为假
	假	存在一个对象使命题假	否定为真
特称命题	真	存在一个对象使命题真	否定为假
	假	所有对象使命题假	否定为真

典例

(2022 江苏扬州,多选,2.36 分)下列命题中,为真命题的有(　　)

A. $\forall x\in\mathbf{R}, -x^2+x-\frac{3}{2}<0$

B. $\exists \alpha,\beta\in\mathbf{R}$,使 $\sin\alpha+\sin\beta=\sin(\alpha+\beta)$

C. $\exists m,n\in\mathbf{Z}$,使 $3m-4n=20$

D. $\forall t\in\mathbf{R}$ 且 $t\neq1, 2t+\frac{1}{t-1}-2\geqslant2\sqrt{2}$

答案解析

ABC　【解析】令 $y=-x^2+x-\frac{3}{2}=0$,判别式 $\Delta=b^2-4ac=1-4\times(-1)\times(-\frac{3}{2})=-5<0$,函数图象开口向下,且与 x 轴没有交点,故 $\forall x\in\mathbf{R}, -x^2+x-\frac{3}{2}<0$,选项 A 为真命题;当 α,β 其中一个为 0 时,$\sin\alpha+\sin\beta=\sin(\alpha+\beta)$ 成立,故故 $\exists\alpha,\beta\in\mathbf{R}$,使 $\sin\alpha+\sin\beta=\sin(\alpha+\beta)$,选项 B 为真命题;当 $n=1, m=8$ 时,$3m-4n=20$,$\exists m,n\in\mathbf{Z}$,使 $3m-4n=20$,选项 C 为真命题;当 $t=0$ 时,$2t+\frac{1}{t-1}-2=0-1-2=-3<2\sqrt{2}$,所以 $\forall t\in\mathbf{R}$ 且 $t\neq1, 2t+\frac{1}{t-1}-2\geqslant2\sqrt{2}$ 为假命题。

变式训练

2. 下列四个命题:

p_1:任意 $x\in\mathbf{R}, 2^x>0$;p_2:存在 $x\in\mathbf{R}, x^2+x+1<0$;$p_3$:任意 $x\in\mathbf{R}, \sin x<2^x$;$p_4$:存在 $x\in\mathbf{R}$, $\cos x>x^2+x+1$。

其中的真命题是(　　)

A. p_1, p_2　　B. p_1, p_4　　C. p_3, p_4　　D. p_2, p_3

考向 2 充分条件、必要条件的判断

解法突破

(1)定义法：根据 $p \Rightarrow q, q \Rightarrow p$ 进行判断。

(2)集合法：根据 p, q 成立的对应集合之间的包含关系进行判断。

(3)等价转化法：根据一个命题与其逆否命题的等价性，把判断的命题转化为其逆否命题进行判断。这个方法特别适合以否定形式给出的问题，常用的是逆否等价法。①$\neg q$ 是 $\neg p$ 的充分不必要条件 $\Leftrightarrow p$ 是 q 的充分不必要条件；②$\neg q$ 是 $\neg p$ 的必要不充分条件 $\Leftrightarrow p$ 是 q 的必要不充分条件；③$\neg q$ 是 $\neg p$ 的充要条件 $\Leftrightarrow p$ 是 q 的充要条件。

真题过招

1. (2022 浙江宁波，2 分)“$a < -\frac{1}{8}$”是“对任意正数 x，都有 $2x - \frac{a}{x} \geqslant 1$”的(　　)

A. 充分不必要条件　　B. 必要不充分条件

C. 充要条件　　D. 既不充分，也不必要条件

答案解析

A 【解析】当 $a < -\frac{1}{8}$ 时，$-a > \frac{1}{8}$，对任意正数 x，$2x - \frac{a}{x} = 2x + \frac{-a}{x} \geqslant 2\sqrt{2x \cdot \frac{-a}{x}} = 2\sqrt{2(-a)}$，当且仅当 $2x = \frac{-a}{x}$ 时等号成立，则 $2x - \frac{a}{x} \geqslant 2\sqrt{2(-a)} > 2\sqrt{2 \times \frac{1}{8}} = 1$，充分性成立；若对任意正数 x，都有 $2x - \frac{a}{x} \geqslant 1$ 成立，则 $2x^2 - x - a \geqslant 0$，即 $2\left(x - \frac{1}{4}\right)^2 - \frac{1}{8} - a \geqslant 0 (x > 0)$，只需 $-\frac{1}{8} - a \geqslant 0$，解得 $a \leqslant -\frac{1}{8}$，则不一定有“$a < -\frac{1}{8}$”成立，必要性不成立。故“$a < -\frac{1}{8}$”是“对任意正数 x，都有 $2x - \frac{a}{x} \geqslant 1$”的充分不必要条件。

2. (2021 安徽小学数学，4 分)“$\sin 2\alpha = 2\sin\alpha$”是“$\alpha = 2k\pi (k \in \mathbf{Z})$”的(　　)

A. 充分不必要条件　　B. 必要不充分条件

C. 既不充分也不必要条件　　D. 充要条件

答案解析

B 【解析】$\sin 2\alpha=2\sin\alpha$，即 $2\sin\alpha\cos\alpha=2\sin\alpha$。当 $\sin\alpha=0$ 时，$\alpha=k\pi,k\in\mathbf{Z}$；当 $\sin\alpha\neq 0$ 时，$\cos\alpha=1$，即 $\alpha=2k\pi,k\in\mathbf{Z}$。故“$\sin 2\alpha=2\sin\alpha$”是“$\alpha=2k\pi(k\in\mathbf{Z})$”的必要不充分条件。

3. (2021 山东青岛，2.5 分)“$x>9$”是“$x>6$”的(　　)

A. 充要条件　　B. 必要不充分条件

C. 充分不必要条件　　D. 既不充分也不必要条件

答案解析

C 【解析】由“$x>9$”$\Rightarrow$“$x>6$”，但由“$x>6$”$\nRightarrow$“$x>9$”，故“$x>9$”是“$x>6$”的充分不必要条件。

变式训练

1. 设 $a,b\in\mathbf{R}$，则“$a>b$”是“$a|a|>b|b|$”的(　　)

A. 充分不必要条件　　B. 必要不充分条件

C. 充要条件　　D. 既不充分也不必要条件

2. 设 a,b 是两条不同的直线，α,β 是两个不同的平面，$a\subset\alpha$，$b\perp\beta$，则“$\alpha\parallel\beta$”是“$a\perp b$”的(　　)

A. 充分不必要条件　　B. 必要不充分条件

C. 充要条件　　D. 既不充分也不必要条件

3. 设 x,y 为实数，则“$x^2y<1$”是“$y<\frac{1}{x^2}$”的(　　)

A. 充分不必要条件　　B. 必要不充分条件

C. 充分必要条件　　D. 既不充分也不必要条件

4. “棱柱的一个侧面是矩形”是“棱柱为直棱柱”的(　　)

A. 充要条件　　B. 充分但不必要条件

C. 必要但不充分条件　　D. 既不充分又不必要条件

5. 已知 a,b 为实数，则“$a+b\leqslant 2$”是“$a\leqslant 1$ 且 $b\leqslant 1$”的(　　)

A. 充分不必要条件　　B. 必要不充分条件

C. 充要条件　　D. 既不充分也不必要条件

考向 3 全称命题与特称命题的否定

解法突破

(1)清楚命题是全称命题还是特称命题，是正确写出命题否定的前提。

(2)命题的否定:先否定量词(即“任意”变“存在”,“存在”变“任意”),再否定结论。

(3)当$\neg p$的真假不易判断时,可转化为判断p的真假。

真题过招

(2022 福建中学数学,4 分)命题“$\forall x \in \mathbf{R}, x^2+x+1 \leqslant 0$”的否定是(　　)

A. $\exists x \in \mathbf{R}, x^2+x+1 \leqslant 0$　　B. $\exists x \in \mathbf{R}, x^2+x+1>0$

C. $\forall x \in \mathbf{R}, x^2+x+1 \geqslant 0$　　D. $\forall x \in \mathbf{R}, x^2+x+1<0$

答案解析

B 【解析】全称命题的否定要先将全称量词变为特称量词,再对其结论进行否定,所以命题“$\forall x \in \mathbf{R}, x^2+x+1 \leqslant 0$”的否定是“$\exists x \in \mathbf{R}, x^2+x+1>0$”。

变式训练

命题“$\forall n \in \mathbf{N}^*, f(n) \in \mathbf{N}^*$且$f(n) \leqslant n$”的否定形式是(　　)

A. $\forall n \in \mathbf{N}^*, f(n) \notin \mathbf{N}^*$且$f(n)>n$　　B. $\forall n \in \mathbf{N}^*, f(n) \notin \mathbf{N}^*$或$f(n)>n$

C. $\exists n_0 \in \mathbf{N}^*, f(n_0) \notin \mathbf{N}^*$且$f(n_0)>n_0$　　D. $\exists n_0 \in \mathbf{N}^*, f(n_0) \notin \mathbf{N}^*$或$f(n_0)>n_0$

考向 4 根据命题真假求参数取值范围问题

解法突破

(1)含有逻辑联结词的命题要先确定构成命题的(一个或两个)简单命题的真假,求出此时命题成立的参数的取值范围,再求出含逻辑联结词的命题成立的参数的取值范围。

(2)与全称命题或特称命题真假有关的参数的值或范围问题,其本质是恒成立问题或有解问题。解决此类问题时,一般先利用等价转化思想将条件合理转化,得到关于参数的方程或不等式(组),再通过解方程或不等式(组)求出参数的值或范围。

真题过招

1. (2021 山东青岛,2.5 分)若命题“$\exists x_0 \in[-1,2], -x_0{}^2+2 \geqslant a$”是真命题,则$a$的取值范围是(　　)

A. $a>2$　　B. $a \geqslant 2$　　C. $a \leqslant -2$　　D. $a \leqslant 2$

答案解析

D 【解析】设$f(x)=-x^2+2$,当$x \in[-1,2]$时,$f(x)_{\min}=-2, f(x)_{\max}=2$,则要使命题“$\exists x_0 \in[-1,2], -x_0{}^2+2 \geqslant a$”是真命题,则$a$的取值范围是$a \leqslant 2$。

2. (2021 江苏淮安,3 分)已知命题 p:$\exists a<-1,a^2+6a\geqslant 0$,则命题 p 的否定是(　　)

A. $\forall a<-1,a^2+6a<0$

B. $\forall a\geqslant -1,a^2+6a<0$

C. $\exists a<-1,a^2+6a\leqslant 0$

D. $\exists a<-1,a^2+6a<0$

答案解析

A　【解析】对于任意一个形如“$\exists x\in M,p(x)$”的命题,它的否定是“$\forall x\in M,\neg p(x)$”,故选 A。

变式训练

命题 p:关于 x 的不等式 $x^2+2ax+4>0$,对一切 $x\in\mathbf{R}$ 恒成立;命题 q:指数函数 $f(x)=(3-2a)^x$ 是增函数。已知 p 与 q 有且只有一个为真,则实数 a 的取值范围为(　　)

A. $(-\infty,-2]$

B. $\left(1,\dfrac{3}{2}\right)$

C. $(-2,1)\cup\left(1,\dfrac{3}{2}\right)$

D. $(-\infty,-2]\cup\left(1,\dfrac{3}{2}\right)$

必刷好题

招教高频基础刷

1. 某命题与正整数有关,若当 $n=k(k\in\mathbf{N}_+)$ 时该命题成立,那么可推得当 $n=k+1$ 时,该命题也成立,现已知当 $n=5$,该命题不成立,那么可推(　　)

A. $n=6$,命题不成立

B. $n=6$,命题成立

C. $n=4$,命题成立

D. $n=4$,命题不成立

2. 设 $\{a_n\}$ 是公比为 q 的等比数列,则“$q>1$”是“$\{a_n\}$ 为递增数列”的(　　)

A. 充分而不必要条件

B. 必要而不充分条件

C. 充分必要条件

D. 既不充分也不必要条件

3. 设向量 $\boldsymbol{a}=(1,x-1)$,$\boldsymbol{b}=(x+1,3)$,则“$x=2$”是“$\boldsymbol{a}/\!/\boldsymbol{b}$”的(　　)

A. 充分但不必要条件

B. 必要但不充分条件

C. 充要条件

D. 既不充分也不必要条件

4. “$a\leqslant 0$”是“函数 $f(x)=|(ax-1)x|$ 在区间 $(0,+\infty)$ 内单调递增”的(　　)

A. 充分不必要条件

B. 必要不充分条件

C. 充分必要条件

D. 既不充分也不必要条件

5. 数列$\{x_n\}$有界是$\lim\limits_{n\to\infty}x_n$存在的(　　)

A. 必要条件　　B. 充分条件　　C. 充分必要条件　　D. 无关条件

6. 已知$a,b,c\in\mathbf{R}$,命题"若$a+b+c=3$,则$a^2+b^2+c^2\geqslant 3$"的否命题是(　　)

A. 若$a+b+c\neq 3$,则$a^2+b^2+c^2<3$　　B. 若$a+b+c=3$,则$a^2+b^2+c^2<3$

C. 若$a+b+c\neq 3$,则$a^2+b^2+c^2\geqslant 3$　　D. 若$a^2+b^2+c^2\geqslant 3$,则$a+b+c=3$

7. 已知命题p_1:函数$y=2^x-2^{-x}$在$\mathbf{R}$上为增函数,p_2:函数$y=2^x+2^{-x}$在$\mathbf{R}$上为减函数,则在命题$q_1:p_1\vee p_2$,$q_2:p_1\wedge p_2$,$q_3:\neg p_1\vee p_2$和$q_4:p_1\wedge\neg p_2$中,真命题是(　　)

A. q_1,q_3　　B. q_2,q_3　　C. q_1,q_4　　D. q_2,q_4

8. 若数列$\{a_n\}$满足$\dfrac{a_{n+1}^2}{a_n^2}=p$($p$为正常数,$n\in\mathbf{N}_+$),则称数列$\{a_n\}$为"等方比数列"。甲:数列$\{a_n\}$是等方比数列;乙:数列$\{a_n\}$是等比数列。则(　　)

A. 甲是乙的充分条件但不是必要条件　　B. 甲是乙的必要条件但不是充分条件

C. 甲是乙的充要条件　　D. 甲既不是乙的充分条件也不是乙的必要条件

9. 已知E,F,G,H是空间四点,命题甲:E,F,G,H四点不共面,命题乙:直线EF和GH不相交,则甲是乙成立的(　　)

A. 必要不充分条件　　B. 充分不必要条件

C. 充要条件　　D. 既不充分也不必要条件

10. 已知$a,b,c\in\mathbf{R}$,"$b^2-4ac<0$"是"函数$f(x)=ax^2+bx+c$的图象恒在x轴上方"的(　　)

A. 充分非必要条件　　B. 必要非充分条件

C. 充要条件　　D. 既非充分又非必要条件

11. 命题"$\forall x\in\mathbf{R},x^2+1>0$"的否定是(　　)

A. $\forall x\in\mathbf{R},x^2+1\leqslant 0$　　B. $\exists x\in\mathbf{R},x^2+1>0$

C. $\forall x\in\mathbf{R},x^2+1<0$　　D. $\exists x\in\mathbf{R},x^2+1\leqslant 0$

12. 要使函数$f(x)=\log_a(ax^2-x)$在$x\in[2,4]$上为增函数,则a的取值范围应是(　　)

A. $a>0$且$a\neq 1$　　B. $0<a<\dfrac{1}{2}$　　C. $\dfrac{1}{2}<a<1$　　D. $a>1$

13. 若$\sin\alpha+\cos\alpha=\tan\alpha\left(0<\alpha<\dfrac{\pi}{2}\right)$,则$\alpha$在(　　)范围内。

A. $\left(0,\dfrac{\pi}{6}\right)$　　B. $\left(\dfrac{\pi}{6},\dfrac{\pi}{4}\right)$　　C. $\left(\dfrac{\pi}{4},\dfrac{\pi}{3}\right)$　　D. $\left(\dfrac{\pi}{3},\dfrac{\pi}{2}\right)$

14. 命题"所有能被2整除的整数都是偶数"的否定是(　　)

A. 所有不能被2整除的整数都是偶数　　B. 所有能被2整除的整数都不是偶数

C. 存在一个不能被2整除的整数是偶数　　D. 存在一个能被2整除的整数不是偶数

专题四　函　数

第一节　函数的概念及其表示

招教核心要点

1. 函数的基本概念

(1)映射的定义

设A,B是两个非空集合,如果按照某一个确定的对应关系f,使得对A中的任意一个元素a,在B中都有唯一确定的元素b与之对应,则称对应$f:A\to B$为从集合A到集合B的映射。

(2)函数的定义

设A,B是非空的数集,如果按照某种确定的对应关系f,使得对于集合A中的任意一个数x,在集合B中都有唯一确定的数$f(x)$和它对应,称$f:A\to B$是从集合A到集合B的一个函数,记作$y=f(x)$,$x\in A$。

2. 复合函数

一般地,对于两个函数$y=f(u)$和$u=g(x)$,如果通过变量u,y可以表示成x的函数,那么称这个函数为函数$y=f(u)$和$u=g(x)$的复合函数,记作$y=f(g(x))$,其中$y=f(u)$叫作复合函数$y=f(g(x))$的外层函数,$u=g(x)$叫作$y=f(g(x))$的内层函数。

3. 分段函数

在函数的定义域中,对于自变量x的不同取值范围,有着不同的对应关系,这样的函数通常称为分段函数,如函数

考向分析

映射、函数解析式的求解、函数的定义域与值域、分段函数、反函数是教师招聘考试中的重点考查内容,函数的相关概念的识记与解题方法的应用是解题的关键,对考生运算能力要求较高。

思想应用

A. 转化与化归思想:求函数值域时,常常需要将解析式变形(通过换元、分离常数等方法),将函数转化为反比例函数、二次函数或对勾函数等形式进行求解。

B. 数形结合思想:函数问题往往可以利用函数图象处理或转化为解析几何问题,从“形”的角度分析问题,找到解决问题的突破口。

$f(x)=\begin{cases}x+4,x\geqslant 0,\\ -2x+3,x<0\end{cases}$就是分段函数。

4. 反函数

(1)反函数的定义

一般地,如果函数 $y=f(x)$ 的对应关系 f 是从函数的定义域到值域上的一一对应,那么由对应关系 f 的"逆"对应关系 f^{-1} 所确定的函数叫作函数 $y=f(x)$ 的反函数。反函数 $y=f^{-1}(x)$ 的定义域、值域分别为原函数 $y=f(x)$ 的值域、定义域。

(2)互为反函数的函数图象的性质

①函数 $y=f(x)$ 的图象和它的反函数 $y=f^{-1}(x)$ 的图象关于直线 $y=x$ 对称。

②若函数 $y=f(x)$ 上有一点 (a,b),则 (b,a) 必在其反函数的图象上。

③一个函数与它的反函数在相应区间上单调性一致。

招教考向解读

考向1 函数概念的考查

解法突破

围绕对函数概念的理解设计的题目,解题时要抓住两个变量和一个变化关系,看一个变量如何经过这个变化关系变成另一个变量;或已知两个变量,看中间的对应是否存在,如果存在,这个对应是什么。

真题过招

1. (2020 陕西特岗,2 分)已知 $A=\{1,2,3,\cdots,2020\}$,$[x]$表示不超过 x 的最大整数,则满足 $f:A\to A$ 的映射的是(　　)

A. $f:n\to[\sqrt{n}],n\in A$　　　　B. $f:n\to\left[n^2+\frac{1}{2}\right],n\in A$

C. $f:n\to\left[n-\frac{3}{2}\right],n\in A$　　D. $f:n\to\left[n+\frac{3}{2}\right],n\in A$

答案解析

A 【解析】根据映射的定义，只有 A 选项符合。

2. (2018 山东菏泽，3 分) 下列选项中的两个表达式表示相同曲线的是(　　)

A. $y=|x|$ 与 $y=\sqrt{x}$　　B. $y=x(x>0)$ 与 $\log_y x=1$

C. $x^2+y^2=0$ 与 $xy=0$　　D. $|y|=|x|$ 与 $y^2-x^2=0$

答案解析

D 【解析】A 项中，两个函数的定义域不同，所以表示的曲线不同。B 项中，$\log_y x=1$ 可以化为 $y=x(x>0,y>0,y\neq1)$，所以和 $y=x(x>0)$ 表示的曲线不同。C 项中，$x^2+y^2=0$ 表示点 $(0,0)$，而 $xy=0$ 表示 x 轴或 y 轴。D 项中，$|y|=|x|$ 与 $y^2-x^2=0$ 都能化为 $y=\pm x$，二者表示的曲线相同。故选 D。

变式训练

1. 存在函数 $f(x)$ 满足：对任意 $x\in\mathbf{R}$，都有(　　)

A. $f(\sin 2x)=\sin x$　　B. $f(\sin 2x)=x^2+x$

C. $f(x^2+1)=|x+1|$　　D. $f(x^2+2x)=|x+1|$

2. 设集合 $s=\{1,2,3\}$，则满足 $f(f(x))=x$ 的映射 $f:s\to s$ 的个数是________。

考向 2　函数解析式的求解

解法突破

(1) 配凑法：已知 $f(h(x))=g(x)$，求 $f(x)$ 的问题，往往把右边的 $g(x)$ 整理或配凑成只含 $h(x)$ 的式子，然后用 x 将 $h(x)$ 代换。

(2) 待定系数法：已知函数的类型(如一次函数、二次函数)可用待定系数法，比如二次函数 $f(x)$ 可设为 $f(x)=ax^2+bx+c(a\neq0)$，其中 a,b,c 是待定系数，根据题设条件，列出方程组，解出 a,b,c 即可。

(3) 换元法：已知 $f(h(x))=g(x)$，求 $f(x)$ 时，往往可设 $h(x)=t$，从中解出 x，代入 $g(x)$ 进行换元。应用换元法时要注意新元的取值范围。

(4) 解方程组法：已知 $f(x)$ 满足某个等式，这个等式除 $f(x)$ 是未知量外，还有其他未知量，如

$f\left(\frac{1}{x}\right)$（或$f(-x)$）等，可根据已知等式再构造其他等式组成方程组，通过解方程组求出$f(x)$。

真题过招

（2019 湖南长沙，4 分）函数$f(x)$是单调函数，对任意x，有$f\left(f(x)+\frac{2}{2^x+1}\right)=\frac{1}{3}$，$f(\log_2 2019)=$（　　）

A. $\frac{2011}{2012}$　　B. $\frac{1010}{1011}$　　C. $\frac{1009}{1010}$　　D. 1

答案解析

C　【解析】由于$f(x)$是单调函数，并且对任意x，有$f\left(f(x)+\frac{2}{2^x+1}\right)=\frac{1}{3}$，所以$f(x)+\frac{2}{2^x+1}$为常数，设$f(x)+\frac{2}{2^x+1}=a$（$a$是常数），则$f(x)=a-\frac{2}{2^x+1}$，又$f(a)=\frac{1}{3}$，则有$a-\frac{2}{2^a+1}=\frac{1}{3}$①，显然$a=1$是方程①的一个解，令$g(x)=x-\frac{2}{2^x+1}$，则$g(x)=x-\frac{2}{2^x+1}$在$\mathbf{R}$上单调递增，所以$a=1$是方程①的唯一解，故$f(x)=1-\frac{2}{2^x+1}$，所以$f(\log_2 2019)=1-\frac{2}{2^{\log_2 2019}+1}=1-\frac{2}{2019+1}=\frac{1009}{1010}$。故选C。

变式训练

1. 已知$f(x)$是一次函数，若$f[f(x)]=4x-1$，则$f(x)=$（　　）

A. $2x-\frac{1}{3}$　　B. $-2x+1$

C. $2x-1$　　D. $2x-\frac{1}{3}$或$-2x+1$

2. 已知$f\left(\frac{1-x}{1+x}\right)=\frac{1-x^2}{1+x^2}$，则$f(x)=$________。

3. 已知函数$f(x)$满足$f(x)+2f\left(\frac{1}{x}\right)=3x(x\neq 0)$，则函数$f(x)=$________。

4. 已知函数$f(x)=2x+\frac{1}{x}(x\neq 0)$的图象与函数$g(x)$的图象关于点$(3,2)$对称。

(1) 求函数$g(x)$的解析式；

(2) 若直线$y=\frac{1}{2}x+t$与函数$g(x)$的图象有且只有一个交点，求t的值。

考向3 函数的定义域的求解

解法突破

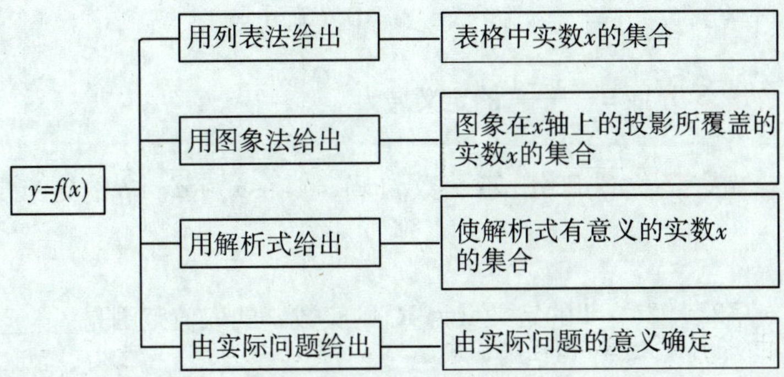

真题过招

1. (2021 江西初中数学,1 分) 函数 $f(x)=\sqrt{x+3}+\lg(6-x)$ 的定义域为(　　)

A. $(6,+\infty)$　　B. $(-3,6)$　　C. $(-3,+\infty)$　　D. $[-3,6)$

答案解析

D 【解析】由题意知,x 满足 $x+3\geqslant0,6-x>0$,解得 $-3\leqslant x<6$,即 $x\in[-3,6)$。

2. (2021 山东青岛,2.5 分) 已知函数 $f(x)=\ln(x+2)+\frac{3}{\sqrt{x-2}}$,则函数 $f(x)$ 的定义域为(　　)

A. $(2,+\infty)$　　B. $(-2,2)$　　C. $(-\infty,-2)$　　D. $(-\infty,2)$

答案解析

A 【解析】函数 $f(x)$ 的定义域满足 $\begin{cases}x+2>0,\\x-2>0,\end{cases}$ 解得 $x>2$。

3. (2021 山东东营,1.52 分) 已知函数 $f(x)=\ln(2-x)+\sqrt{x+3}$,则函数 $f(x)$ 的定义域为(　　)

A. $[-3,2)$　　B. $[-3,2]$　　C. $(-2,3]$　　D. $(2,3)$

答案解析

A 【解析】根据对数函数和根式的性质,得 $\begin{cases}2-x>0,\\x+3\geqslant0,\end{cases}$ 解得 $-3\leqslant x<2$。

变式训练

1. (2019 重庆巴南区,2 分)函数 $F(x)=\sqrt{x-1}+(x-2)^0$ 的定义域为(　　)

A. $[1,+\infty)$　　B. $(1,+\infty)$

C. $[1,2)\cup(2,+\infty)$　　D. $(2,+\infty)$

2. (2021 浙江台州,3 分)$y=\dfrac{\sqrt{x-1}}{x-2}$的定义域为________。

3. (2020 江苏盐城盐都区,3.6 分)若函数 $f(x)=\sqrt{-x^2+ax+b}$ 的定义域为 $[1,2]$,则 $a+b=$________。

4. 若函数 $f(x)=\sqrt{2^{x^2+2ax-a}-1}$ 的定义域为 $\mathbf{R}$,则实数 a 的取值范围是________。

考向 4 函数值域的求解

(一)直接法

解法突破

从自变量 x 的范围出发,推出 $y=f(x)$ 的取值范围,或由函数的定义域结合图象,或直观观察,准确判断函数的值域。

典例

1. 函数 $y=\sqrt{x-1}+\sqrt{x+1}\,(x\geqslant1)$ 的值域为________。

答案解析

$[\sqrt{2},+\infty)$ 【解析】$\because x\geqslant1$,$\therefore \sqrt{x-1}\geqslant0$,$\sqrt{x+1}\geqslant\sqrt{2}$,$\therefore y\geqslant\sqrt{2}$,故值域为 $[\sqrt{2},+\infty)$。

变式训练

1. 函数 $y=\dfrac{1}{2+x^2}$的值域为________。

(二)配方法

解法突破

形如 $y=ax^2+bx+c(a\neq0)$ 或 $F(x)=a[f(x)]^2+bf(x)+c(a\neq0)$ 函数的值域问题,用配方法。

典例

2. 函数 $y=x^2+2x(x\in[0,3])$ 的值域为________。

答案解析

$[0,15]$ 【解析】$y=x^2+2x=(x+1)^2-1$，因为 $x\in[0,3]$，所以 $1\leqslant x+1\leqslant 4$，所以 $1\leqslant(x+1)^2\leqslant 16$，所以 $0\leqslant y\leqslant 15$，故函数 $y=x^2+2x(x\in[0,3])$ 的值域为 $[0,15]$。

变式训练

2. 函数 $y=5-\sqrt{7+6x-x^2}$ 的值域是(　　)

A. $[-11,5]$　　B. $[1,5]$　　C. $[2,5]$　　D. $(-\infty,5]$

(三)单调性法

解法突破

单调函数的图象是一直上升或一直下降的，因此若单调函数在端点处有定义，则该函数在端点处取得极值，即若函数 $y=f(x)$ 在 $[a,b]$ 上单调递增，则 $y_{\max}=f(b)$，$y_{\min}=f(a)$；若函数 $y=f(x)$ 在 $[a,b]$ 上单调递减，则 $y_{\max}=f(a)$，$y_{\min}=f(b)$。同时，也可认识一些常见函数的单调性，如 $y=ax+b+\sqrt{cx+d}$，若 $ac>0$，则用单调性求值域；若 $ac<0$，则用换元法。还有形如 $y=x+\frac{k}{x}(k>0)$ 的单调性及 $y=x+\frac{k}{x}(k<0)$ 在 $(-\infty,0)$，$(0,+\infty)$ 上单调递增等。

典例

3. 函数 $f(x)=\sqrt{x-5}-\sqrt{24-3x}$ 的值域是________。

【分析】通过判断函数单调性来进行求解。

答案解析

$[-3,\sqrt{3}]$ 【解析】函数 $f(x)$ 的定义域为 $[5,8]$，又因为函数 $f(x)$ 在 $[5,8]$ 上为增函数，从而可知 $f(x)$ 的值域为 $[-3,\sqrt{3}]$。

变式训练

3. 函数 $y=x-\sqrt{1-2x}$ 的值域为________。

(四)有界性法

解法突破

直接求函数的值域有困难时，可以对解析式进行变形，利用已经学过的函数的有界性来确定原函数的值域。比如 $\sin\alpha=f(y)$，$x^2=g(y)$，$a^x=h(y)$等，由$|\sin\alpha|\leqslant 1$，$x^2\geqslant 0$，$a^x>0$ 可解出 y 的取值范围，从而求出其值域。

典例

4. 函数$f(x)=1+\dfrac{\sin x}{2+\cos x}$的最大值与最小值的和为________。

【分析】把已知等式变形，利用辅助角公式，以及三角函数的有界性转化为关于 y 的不等式求解。

答案解析

2 【解析】由 $y=f(x)=1+\dfrac{\sin x}{2+\cos x}$，得 $y-1=\dfrac{\sin x}{2+\cos x}$，即 $\sin x-(y-1)(2+\cos x)=0$，即 $\sin x-(y-1)\cos x=2(y-1)$，所以 $\sqrt{1+(y-1)^2}\left(\dfrac{1}{\sqrt{1+(y-1)^2}}\sin x-\dfrac{y-1}{\sqrt{1+(y-1)^2}}\cos x\right)=2(y-1)$，则 $\sin(x-\theta)=\dfrac{2(y-1)}{\sqrt{1+(y-1)^2}}$（$\tan\theta=y-1$）。由 $|\sin(x-\theta)|\leqslant 1$，得 $\left|\dfrac{2(y-1)}{\sqrt{1+(y-1)^2}}\right|\leqslant 1$，平方后整理得 $3y^2-6y+2\leqslant 0$，解得$\dfrac{3-\sqrt{3}}{3}\leqslant y\leqslant\dfrac{3+\sqrt{3}}{3}$。所以函数 $f(x)=1+\dfrac{\sin x}{2+\cos x}$的最大值与最小值的和为$\dfrac{3-\sqrt{3}}{3}+\dfrac{3+\sqrt{3}}{3}=2$。

变式训练

4. 函数 $y=\dfrac{1-x^2}{1+x^2}$的值域为________。

(五)分离常数法

解法突破

形如 $y=\dfrac{ax+b}{cx+d}$或 $y=\dfrac{ax^2+bx+e}{cx+d}$（$a,c$ 至少有一个不为零）的函数，求其值域可用此法。一般

地，分离常数法的常见情形如下：

①$y=\dfrac{ax+b}{cx+d}$：换元→分离常数→反比例函数模型。

②$y=\dfrac{ax^2+bx+c}{dx+e}$：换元→分离常数→$y=x\pm\dfrac{a}{x}$模型。

③$y=\dfrac{dx+e}{ax^2+bx+c}$：上、下同时除以分子得 $y=\dfrac{1}{\dfrac{ax^2+bx+c}{dx+e}}$→②的模型。

④$y=\dfrac{ax^2+bx+c}{dx^2+ex+f}$：分离常数→③的模型。

共同点：让分式的分子变为常数。

真题过招

5. (2019 山西运城稷山县,2 分) 函数 $y=\dfrac{x^2}{x^2+1}(x\in\mathbf{R})$的值域是________。

答案解析

$[0,1)$ 【解析】$y=\dfrac{x^2}{x^2+1}=\dfrac{x^2+1-1}{x^2+1}=1-\dfrac{1}{x^2+1}$，当 $x\in\mathbf{R}$ 时，$x^2+1\geqslant1$，则 $0\leqslant1-\dfrac{1}{x^2+1}<1$，即所求函数的值域为$[0,1)$。

6. (2020 广东广州海珠区,1.51 分) $y=\dfrac{2+\cos x}{3-2\cos x}$的值域为(　　)

A. $\left[\dfrac{1}{4},2\right]$　　B. $\left[\dfrac{1}{3},\dfrac{1}{2}\right]$　　C. $[2,5]$　　D. $\left[\dfrac{1}{5},3\right]$

答案解析

D 【解析】$y=\dfrac{2+\cos x}{3-2\cos x}=\dfrac{-\dfrac{1}{2}(-2\cos x+3)+\dfrac{7}{2}}{3-2\cos x}=-\dfrac{1}{2}+\dfrac{7}{2(3-2\cos x)}$，因为 $\cos x\in[-1,1]$，所以 $3-2\cos x\in[1,5]$，$\dfrac{7}{2(3-2\cos x)}\in\left[\dfrac{7}{10},\dfrac{7}{2}\right]$，则 $y\in\left[\dfrac{1}{5},3\right]$，故选 D。

变式训练

5. 若函数 $y=\dfrac{x-b}{x+2}$在$(a,b+4)(b<-2)$上的值域为$(2,+\infty)$，则 $a+b=$________。

6. 函数 $f(x)=\dfrac{2x^2+4x-7}{x^2+2x+3}$的值域为________。

(六)换元法

解法突破

(1)代数换元:对于形如 $y=ax+b\pm\sqrt{cx+d}$(a,b,c,d 为常数,$ac\neq0$)的函数,可设 $\sqrt{cx+d}=t$($t\geqslant0$),转化为二次函数求值域问题。

(2)三角换元:形如 $y=x+\sqrt{1-x^2}$,可令 $x\in a\cos\theta,\theta\in[0,\pi]$。用换元法求值域,一定要注意新元(新变量)的取值范围对值域的影响。

真题过招

7. (2019 湖南耒阳,1.6 分)函数 $y=4x-5+\sqrt{2x-3}$ 的值域是 $\left[\frac{7}{8},+\infty\right)$。 (　　)

答案解析

× 【解析】$y=4x-5+\sqrt{2x-3}=2(\sqrt{2x-3})^2+\sqrt{2x-3}+1$,令 $\sqrt{2x-3}=t$,则 $y=2t^2+t+1$,其中 $t\geqslant0$。二次函数 $y=2t^2+t+1$ 的对称轴为 $t=-\frac{1}{4}$,则 $y=2t^2+t+1$ 在 $[0,+\infty)$ 上单调递增,又 $t=0$ 时,$y=1$,故函数的值域为 $[1,+\infty)$。

变式训练

7. 函数 $y=x+\sqrt{2-x}$ 的值域为________。

(七)基本不等式法

解法突破

可将函数转换配凑成两项积为常数,或两项和为常数的形式,然后运用基本不等式得到函数的最值,进而求得值域。

典例

8. 函数 $f(x)=\sqrt{(3-x)(x+6)}$ 的值域为(　　)

A. $\left[1,\frac{9}{2}\right]$　　B. $\left[0,\frac{9}{2}\right)$　　C. $\left(1,\frac{9}{2}\right]$　　D. $\left[0,\frac{9}{2}\right]$

【分析】由根号下两式乘积的形式很容易联想到基本不等式的变形 $\sqrt{xy}\leqslant\frac{x+y}{2}(x\geqslant0,y\geqslant0)$，所以采用基本不等式法，可求得函数的最大值。

答案解析

D 【解析】由 $(3-x)(x+6)\geqslant0$ 得 $-6\leqslant x\leqslant3$，即 $f(x)$ 的定义域为 $[-6,3]$，此时 $3-x\geqslant0$，$x+6\geqslant0$。当 $x=-6$ 或 $x=3$ 时，$\sqrt{(3-x)(x+6)}=0$，所以 $\sqrt{(3-x)(x+6)}\leqslant\frac{3-x+x+6}{2}=\frac{9}{2}$，当且仅当 $3-x=x+6$，即 $x=-\frac{3}{2}$ 时取等号。所以 $f(x)=\sqrt{(3-x)(x+6)}\ (-6\leqslant x\leqslant3)$ 的值域为 $\left[0,\frac{9}{2}\right]$。

变式训练

8. 函数 $f(x)=x+\frac{9}{x+1}(0\leqslant x\leqslant3)$ 的值域为________。

(八)数形结合法

解法突破

对于容易画出函数图象的求值域问题可画出函数图象，从图象上读出值域。

典例

9. 函数 $y=|x-1|+|x+4|$ 的值域为________。

答案解析

$[5,+\infty)$ 【解析】$y=|x-1|+|x+4|=\begin{cases}-2x-3,x\leqslant-4,\\5,-4<x<1,\\2x+3,x\geqslant1,\end{cases}$ 作出其函数图象如图所示，所以 $y\geqslant5$，即函数 $y=|x-1|+|x+4|$ 的值域为 $[5,+\infty)$。

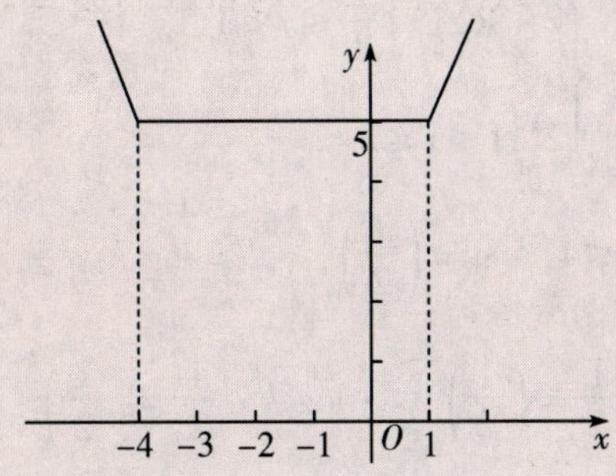

变式训练

9. 不等式$|x-1|+|x+2|\geqslant 5$的解集是________。

考向5 分段函数问题

(一)已知分段函数的解析式,求函数值

解法突破

由于分段函数不同的“段”内有着不同的函数解析式,因此解决问题时要选取恰当的“段”。

真题过招

1. (2022年6月浙江杭州,4分)已知$f(x)=\begin{cases}2x+3,x<1,\\ \ln(\sqrt{1+x^2}-x),x\geqslant 1,\end{cases}$则$f(-2)=$________。

答案解析

-1 【解析】当$x=-2$时,代入$f(x)=2x+3(x<1)$可得$f(-2)=-1$。

2. (2021山东东营,1.52分)已知函数$f(x)=\begin{cases}2+\log_{\frac{1}{2}}x,\frac{1}{8}\leqslant x<1,\\ 2^x,1\leqslant x\leqslant 2,\end{cases}$若$f(a)=f(b)(a<b)$,则$ab$的最小值为(　　)

A. $\frac{\sqrt{2}}{2}$

B. $\frac{1}{2}$

C. $\frac{\sqrt{2}}{4}$

D. $\frac{\sqrt{5}}{3}$

答案解析

B 【解析】画出函数$f(x)=\begin{cases}2+\log_{\frac{1}{2}}x,\frac{1}{8}\leqslant x<1,\\ 2^x,1\leqslant x\leqslant 2\end{cases}$的图象,如图1所示,由$f(a)=f(b)$,且$a<b$,设$2+\log_{\frac{1}{2}}a=2^b=k,2<k\leqslant 4,\therefore a=\left(\frac{1}{2}\right)^{k-2},b=\log_2k$。当$k=4$时,$ab=\left(\frac{1}{2}\right)^2\times\log_2 4=\frac{1}{4}\times 2=\frac{1}{2}$;当$2<k<4$时,$ab-\frac{1}{2}=\left(\frac{1}{2}\right)^{k-2}\cdot\log_2k-\frac{1}{2}=\left(\frac{1}{2}\right)^{k-2}\cdot(\log_2k-2^{k-3})$,

在同一直角坐标系中画出函数 $y=\log_2 x$ 和 $y=2^{x-3}$ 的图象，其中 $x\in(2,4]$，如图 2 所示，则当 $2<x<4$ 时，函数 $y=\log_2 x$ 的图象总在 $y=2^{x-3}$ 的图象上方，当 $x=4$ 时，$\log_2 x=2^{x-3}$，即 $\log_2 k-2^{k-3}\geqslant 0(2<k\leqslant 4)$，

$\therefore ab-\frac{1}{2}\geqslant 0$，即 $ab\geqslant\frac{1}{2}$。综上所述，当 $2<k\leqslant 4$ 时，$ab\geqslant\frac{1}{2}$，故 ab 的最小值为 $\frac{1}{2}$。

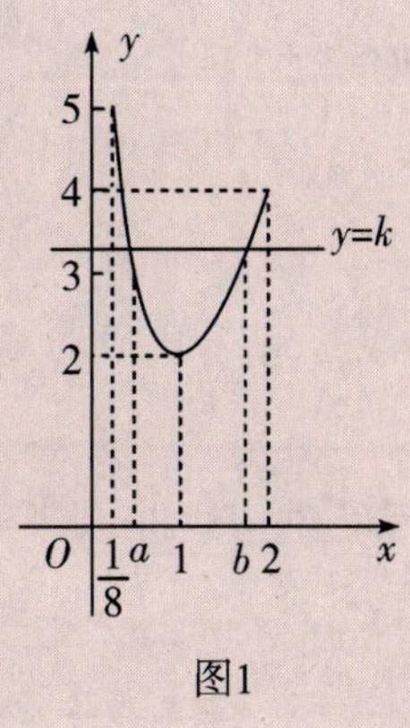

图1

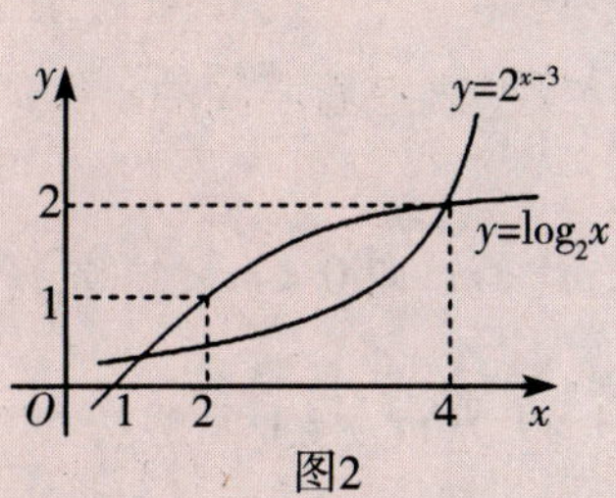

图2

变式训练

1. (2021 山东东营，1.52 分) 已知函数 $f(x)=\begin{cases}k(x+3),x<0,\\x^2-2k,x\geqslant 0,\end{cases}$ 若函数 $g(x)=f(-x)+f(x)$ 有且仅有四个不同的零点，则实数 k 的取值范围为(　　)

A. $(-\infty,-4)$　　B. $(-\infty,0)$

C. $(4,+\infty)$　　D. $(-\infty,-4)\cup(4,+\infty)$

2. 设 $f(x)=\begin{cases}\log_2(x^2+t),x<0,\\3(t-1)^x,x\geqslant 0,\end{cases}$ 且 $f\left(\frac{1}{2}\right)=6$，则 $f(f(-2))$ 的值为(　　)

A. 27　　B. 243　　C. $\frac{1}{27}$　　D. $\frac{1}{243}$

3. 设函数 $f(x)=\begin{cases}x-3,x\geqslant 10,\\f(f(x+5)),x<10,\end{cases}$ 则 $f(5)=$________。

(二)已知分段函数的解析式，求解不等式

解法突破

解决这类综合问题的关键在于“对号入座”，即分段函数中的自变量取值范围的界定，分别代

入相应的解析式求解不等式，注意取值范围的大前提，然后把两个不等式解集并起来即可，或由分段函数的解析式作出其图象或研究函数的单调性，求解不等式的解集。

真题过招

3. (2021 浙江台州，6 分) 已知函数 $f(x)=\begin{cases} mx+\frac{7}{8},0<x<m, \\ 2^{\frac{x}{m}}+1,m\leqslant x+1\leqslant 1 \end{cases}$ 满足 $f(m^2)=1$。

(1) 求常数 m 的值；

(2) 解不等式 $f(x)\leqslant 4$。

答案解析

【解析】(1) 当 $0<m^2<m$，即 $0<m<1$ 时，$f(m^2)=m^3+\frac{7}{8}=1$，此时 $m=\frac{1}{2}$；当 $m\leqslant m^2+1\leqslant 1$ 时，$f(m^2)=2^m+1>1$，$f(m^2)=1$ 无解。

综上所述，$m=\frac{1}{2}$。

(2) 由 (1) 可得 $f(x)=\begin{cases} \frac{1}{2}x+\frac{7}{8},0<x<\frac{1}{2}, \\ 2^{2x}+1,-\frac{1}{2}\leqslant x\leqslant 0, \end{cases}$

当 $\frac{1}{2}x+\frac{7}{8}\leqslant 4$ 时，解得 $x\leqslant\frac{25}{4}$，所以 $0<x<\frac{1}{2}$；当 $2^{2x}+1\leqslant 4$ 时，解得 $-\frac{1}{2}\leqslant x\leqslant 0$。综上所述，$f(x)\leqslant 4$ 的解集为 $\left\{x\mid -\frac{1}{2}\leqslant x<\frac{1}{2}\right\}$。

变式训练

4. 已知函数 $f(x)=\begin{cases} x^2+4x,x\geqslant 0, \\ 4x-x^2,x<0, \end{cases}$ 若 $f(2-a^2)>f(a)$，则实数 a 的取值范围是（　　）

A. $(-\infty,-1)\cup(2,+\infty)$　　B. $(-1,2)$

C. $(-2,1)$　　D. $(-\infty,-2)\cup(1,+\infty)$

5. 函数 $f(x)=\begin{cases} x,x\leqslant -2, \\ x+1,-2<x<4, \\ 3x,x\geqslant 4, \end{cases}$ 若 $f(a)<-3$，则 a 的取值范围是________。

考向6 反函数问题

解法突破

求函数 $y=f(x)$ 的反函数的一般步骤：

①反解，由 $y=f(x)$ 解出 $x=f^{-1}(y)$，写出 y 的取值范围；②互换 x,y，得 $y=f^{-1}(x)$；③写出完整结论（一定要有反函数的定义域）。

真题过招

（2020 山东威海环翠区，1.02 分）已知函数 $f(x)=2^x$ 的反函数是 $g(x)$，且 $g(16)=a$，则 $2^a=$（　　）

A. 8　　B. 12　　C. 14　　D. 16

答案解析

D 【解析】函数 $f(x)=2^x$ 的反函数是 $g(x)=\log_2 x$，则 $g(16)=\log_2 16=\log_2 2^4=4=a$，故 $2^a=2^4=16$。

变式训练

1. 已知 $f(x)=\dfrac{a+bx}{c+x}$（a,b,c 是常数）的反函数为 $f^{-1}(x)=\dfrac{3x+5}{x-2}$，则（　　）

A. $a=2,b=5,c=3$　　B. $a=5,b=2,c=-3$

C. $a=5,b=3,c=-2$　　D. $a=5,b=-2,c=3$

2. 已知 $f^{-1}(x)$ 是函数 $f(x)=10^x$ 的反函数，则 $f^{-1}(1)$ 的值为（　　）

A. 0　　B. 1　　C. 10　　D. 100

3. 已知函数 $y=a^{x+b}+c$（$a>0$，且 $a\neq1$）的图象过定点 $(-1,3)$，函数 $f(x)=c^x$，则 $f^{-1}(x)$ 的表达式为（　　）

A. $f^{-1}(x)=\log_3 x$　　B. $f^{-1}(x)=\log_2 x$　　C. $f^{-1}(x)=2^x$　　D. $f^{-1}(x)=3^x$

招教易错突破

易错点 忽视换元后新元的取值范围

用换元法求函数的解析式，一定要注意换元前后自变量的范围，即换元后一定要求出新元的取值范围。

典例

已知$f(\sqrt{x-1})=3-x$，则$f(x)=$(　　)

A. x^2-2　　B. x^2+1　　C. $2-x^2$　　D. $2-x^2(x\geqslant 0)$

【错因分析】忽视已知条件中对应关系f的作用对象$\sqrt{x-1}$是有范围限制的，令$\sqrt{x-1}=t$换元后，忽视了新元t的限制条件而导致错解。

答案解析

D　**【解析】**令$\sqrt{x-1}=t$，则$t\geqslant 0$，且$x=t^2+1$，所以$f(t)=3-(t^2+1)=2-t^2(t\geqslant 0)$，故函数$f(x)$的解析式为$f(x)=2-x^2(x\geqslant 0)$。

变式训练

已知$f\left(\frac{2}{x}+1\right)=\lg x$，则$f(x)=$(　　)

A. $\frac{2}{x}+1$　　B. $\lg\frac{2}{x-1}(x>1)$　　C. $\lg(x-1)$　　D. $\lg x$

必刷好题

招教高频基础刷

1. 已知元素(x,y)在映射f下的原象是$(x+2y,2x-y)$，则$(4,3)$在映射f下的象是(　　)

A. $\left(\frac{11}{5},\frac{2}{5}\right)$　　B. $(2,1)$　　C. $(2,-1)$　　D. $(10,5)$

2. 已知$f(x)=2^x$，$f^{-1}(x)$是$f(x)$的反函数，则$f^{-1}(8)=$(　　)

A. -3　　B. 1　　C. -1　　D. 3

3. 当$x\in(0,1)$时，函数$y=\frac{x-1}{2x+1}$的值域是(　　)

A. $[-1,0)$　　B. $(-1,0]$　　C. $(-1,0)$　　D. $[-1,0]$

4. 若函数$f(x)=\begin{cases}x^2+1,x\leqslant 1,\\ \ln x,x>1,\end{cases}$则$f(f(\mathrm{e}))=$(　　)

A. 0　　B. 234　　C. 2　　D. $\ln(\mathrm{e}^2+1)$

5. 函数$f(x)=\log_2\left(1+\frac{1}{x}\right)(x>0)$的反函数$f^{-1}(x)=$(　　)

A. $\frac{1}{2^x-1}(x>0)$　　　　B. $\frac{1}{2^x-1}(x\neq 0)$

C. $2^x-1(x\in\mathbf{R})$　　　　D. $2^x-1(x>0)$

6. 下列图象中，不可能作为函数$y=f(x)$图象的是(　　)

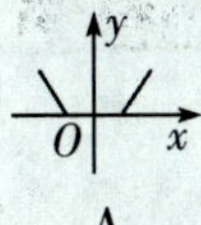
A

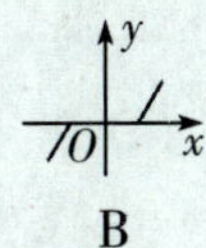
B

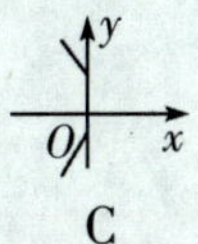
C

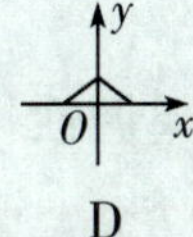
D

7. 已知函数$f(x+1)=3x+2$，则$f(x)$的解析式是(　　)

A. $f(x)=3x+2$　　　　B. $f(x)=3x+1$

C. $f(x)=3x-1$　　　　D. $f(x)=3x+4$

8. 设函数$y=\frac{1}{\sqrt{1-x^2}}$的定义域为A，函数$y=\ln(1-2^x)$的定义域为B，则$A\cap B=$(　　)

A. $(-1,1)$　　　　B. $(-1,0]$

C. $[0,1)$　　　　D. $(-1,0)$

9. 已知函数$f(x)=\begin{cases}3^x, x\leqslant 1,\\ -x, x>1。\end{cases}$若$f(x)=2$，则$x=$________。

10. 若函数$f(x)=2x+1$的反函数为$f^{-1}(x)$，则$f^{-1}(-2)=$________。

11. 函数$y=\sqrt{2-x}+\arcsin\frac{1}{x}$的定义域是________。

12. 函数$f(x)=\begin{cases}\log_3 x, x>0,\\ \frac{1}{x^2}, x\leqslant 0,\end{cases}$则$f\left(f\left(\frac{1}{9}\right)\right)=$________。

第二节 函数的单调性与最值

招教核心要点

1. 函数的单调性

增函数	减函数
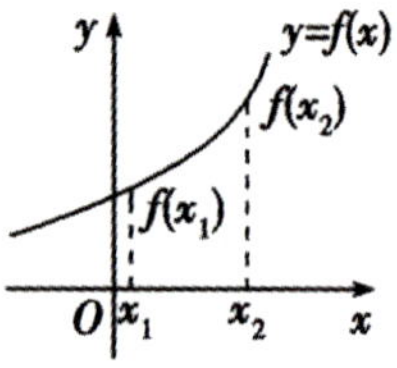	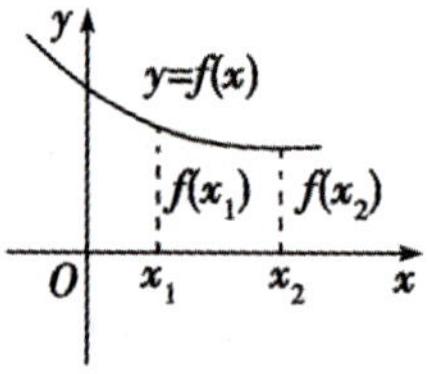
当 $x_1<x_2$ 时，都有 $f(x_1)<f(x_2)$	当 $x_1<x_2$ 时，都有 $f(x_1)>f(x_2)$

注：复合函数遵循“同增异减”的原则，即内外层函数单调性一致时，复合函数 $y=f(g(x))$ 在区间上单调递增，反之单调递减。

2. 函数的最值

前提	函数 $y=f(x)$ 的定义域为 D	
条件	①存在 $x_0\in D$，使得 $f(x_0)=M$；②对于任意的 $x\in D$，都有 $f(x)\leqslant M$	①存在 $x_0\in D$，使得 $f(x_0)=m$；②对于任意的 $x\in D$，都有 $f(x)\geqslant m$
结论	M 为最大值	m 为最小值

考向分析

函数单调区间的求解，利用函数单调性求最值、参数的取值范围、比较函数值的大小、解不等式等问题是教师招聘考试中的常考内容，题目综合性较强，理解并灵活应用函数单调性及其性质是解题的关键。

思想应用

数形结合思想：函数的单调性决定函数图象的上下走向，图象的走向反映了函数的性质，二者结合有利于分析与解决函数问题。

招教考向解读

考向1 函数的单调性或单调区间的求解

解法突破

(1)利用已知函数的单调性，即转化为已知函数的和、差或复合函数，求单调区间。

(2)定义法:先求定义域,再利用单调性的定义求单调区间。

(3)图象法:如果$f(x)$是以图象形式给出的,或者$f(x)$的图象易作出,可由图象的直观性写出它的单调区间。

(4)导数法:利用导数值的正负确定函数的单调区间。

真题过招

1.(2021 广东广州天河区,1.47 分)已知函数$f(x)=x^2-2x-3$,若函数$g(x)=-\sqrt{f(x)}$,则函数$g(x)$的单调递增区间为(　　)

A.$(-\infty,-1]$　　B.$[3,+\infty)$

C.$[-1,3]$　　D.$(-\infty,-1]\cup[3,+\infty)$

答案解析

A 【解析】因为函数$g(x)=-\sqrt{f(x)}$,所以函数$g(x)$的单调递增区间即为函数$f(x)\geqslant0$时的单调递减区间,当$f(x)\geqslant0$时,$f(x)=x^2-2x-3$的递减区间为$(-\infty,-1]$,故选A。

2.(2021 山东青岛,2.5 分)函数$f(x)=\log_3(x^2-2x-8)$的单调递增区间是(　　)

A.$(-\infty,-2)$　　B.$(-\infty,-1)$

C.$(1,+\infty)$　　D.$(4,+\infty)$

答案解析

D 【解析】由$x^2-2x-8>0$可得$x<-2$或$x>4$,由复合函数的单调性可得,函数$f(x)=\log_3(x^2-2x-8)$的单调递增区间为$(4,+\infty)$。

3.(2019 广东江门鹤山,6 分)(节选)设函数$f(x)=3\ln x+\frac{x^2}{2}-2kx(0<k<3)$。当$k=2$时,求函数$f(x)$的单调区间。

答案解析

【解析】当$k=2$时,$f(x)=3\ln x+\frac{x^2}{2}-4x$,其定义域为$(0,+\infty)$,$f'(x)=\frac{3}{x}+x-4=\frac{(x-1)(x-3)}{x}$,由$f'(x)=0$得$x=1$或$x=3$,所以当$x\in(0,1)\cup(3,+\infty)$时,$f'(x)>0$;当$x\in(1,3)$时,$f'(x)<0$。故函数$f(x)$的单调增区间为$(0,1)$和$(3,+\infty)$,单调减区间为$(1,3)$。

变式训练

1. 函数$f(x)=\lg(-x^2+2x)$的单调增区间为________。

2. 函数$f(x)$的图象与函数$g(x)=(\sqrt{7}-\sqrt{6})^x$的图象关于直线$x-y=0$对称，则$f(4-x^2)$的单调递增区间是________。

考向2 函数最值(或值域)的求解

解法突破

先确定函数单调性或函数的图象，再由单调性或函数的图象求最值(值域)。

典例

函数$f(x)=\begin{cases}\dfrac{1}{x},x\geqslant1,\\ -x^2+2,x<1\end{cases}$的最大值为________。

【分析】先求函数$f(x)$在每一段上的最值，综合取较大值即可。

答案解析

2 【解析】当$x\geqslant1$时，函数$f(x)=\dfrac{1}{x}$为减函数，所以$f(x)$在$x=1$处取得最大值，为$f(1)=1$；当$x<1$时，由函数$f(x)=-x^2+2$的图象可知，$f(x)$在$x=0$处取得最大值，为$f(0)=2$，故函数$f(x)$的最大值为2。

变式训练

已知函数$f(x)=\begin{cases}x+\dfrac{2}{x}-3,x\geqslant1,\\ \lg(x^2+1),x<1,\end{cases}$ $f(x)$的最小值是________。

考向3 利用函数的单调性求参数的取值范围

解法突破

(1)视参数为已知数，依据函数的图象或单调性定义，确定函数的单调区间，与已知单调区间比较求参数。

(2)若函数在区间$[a,b]$上是单调的，则该函数在此区间的任意子集上也是单调的。

真题过招

1. (2021 江西高中数学,1 分)函数 $y=x^2+ax+6$ 在$\left[\frac{5}{2},+\infty\right)$上为增函数，则 a 的取值范围为(　　)

A. $(-\infty,-5]$　　B. $(-\infty,5]$　　C. $[-5,+\infty)$　　D. $[5,+\infty)$

答案解析

C　【解析】$y=x^2+ax+6=\left(x+\frac{a}{2}\right)^2+6-\frac{a^2}{4}$在$\left[\frac{5}{2},+\infty\right)$上单调递增，则 $-\frac{a}{2}\leqslant\frac{5}{2}$，则 $a\geqslant-5$，故选 C。

2. (2021 山西晋中介休,2 分)已知二次函数 $y=x^2+2mx+2$，当 $x>2$ 时，y 随 x 的增大而增大，则实数 m 的取值范围是________。

答案解析

$m\geqslant-2$　【解析】二次函数的对称轴为 $x=-\frac{2m}{2}=-m$，要使当 $x>2$ 时，y 随 x 的增大而增大，只需 $-m\leqslant2$，即 $m\geqslant-2$。

变式训练

1. (2021 山东青岛,2.5 分)若函数$f(x)=ax^{-2}(a\in\mathbf{R})$在$(-\infty,0)$上单调递减，则实数 a 的取值范围为(　　)

A. $(1,+\infty)$　　B. $(-\infty,1)$　　C. $(0,+\infty)$　　D. $(-\infty,0)$

2. 已知$f(x)=\begin{cases}x^3,x\leqslant a,\\x^2,x>a,\end{cases}$若函数$f(x)$在 $\mathbf{R}$ 上不单调，则 a 的取值范围是________。

考向 4　利用函数的单调性比较函数值大小

解法突破

(1)利用函数的单调性，借助中间值(0 或 1)来比较。

(2)根据待比较式的结构特征来构造函数，再利用所构造函数的单调性来比较大小。

真题过招

(2020 广东广州海珠区,1.51 分)设$f(x)$是定义在$\mathbf{R}$上的增函数,若$a\in\mathbf{R}$,则(　　)

A. $f(a)<f(3a)$　　B. $f(a^2)<f(2a)$

C. $f(a+2)<f(a+5)$　　D. $f(2)<f(a)$

答案解析

C 【解析】因为$f(x)$是定义在$\mathbf{R}$上的增函数,$a+2<a+5$,所以$f(a+2)<f(a+5)$,故选 C。

变式训练

1. 已知$a=\log_5 2$,$b=\log_{0.5}0.2$,$c=0.5^{0.2}$,则a,b,c的大小关系为(　　)

A. $a<c<b$　　B. $a<b<c$　　C. $b<c<a$　　D. $c<a<b$

2. 已知函数$y=f(x)$在$[0,+\infty)$上是减函数,则$f\left(\frac{3}{4}\right)$与$f(a^2-a+1)$的大小为(　　)

A. $f\left(\frac{3}{4}\right)\geqslant f(a^2-a+1)$　　B. $f\left(\frac{3}{4}\right)>f(a^2-a+1)$

C. $f\left(\frac{3}{4}\right)<f(a^2-a+1)$　　D. $f\left(\frac{3}{4}\right)\leqslant f(a^2-a+1)$

考向5 利用函数的单调性求解函数不等式

解法突破

解决本类问题需把握两点:(1)把原不等式转化为$f(A)>f(B)$(其中不等号还可以为$\geqslant$,$<$,$\leqslant$)的模型;(2)判断函数$f(x)$的单调性,再根据函数的单调性将抽象函数不等式中的函数符号“f”去掉,得到具体的不等式(组)来求解。

真题过招

(2019 广东广州白云区,7 分)已知函数$f(x)$是一个奇函数,定义域为$[-2,2]$,且$f(-2)=-1$,对于$\forall a,b\in[-2,2]$,$a+b\neq0$,有$\frac{f(a)+f(b)}{a+b}>0$成立。

(1)判断$f(x)$在定义域上的单调性,并给出证明;

(2)解不等式$f(2x-1)\leqslant f(x^2-1)$。

答案解析

【解析】(1)$f(x)$在$[-2,2]$上是单调递增函数。证明如下:

设x_1,x_2是$[-2,2]$上的任意两个数,且$x_1<x_2$,令$a=x_1,b=-x_2$,则$\frac{f(a)+f(b)}{a+b}=\frac{f(x_1)+f(-x_2)}{x_1-x_2}=\frac{f(x_1)-f(x_2)}{x_1-x_2}>0$,因为$x_1-x_2<0$,所以$f(x_1)-f(x_2)<0$,故$f(x)$在$[-2,2]$上是单调递增函数。

(2)因为$f(x)$在$[-2,2]$上是单调增函数。且$f(2x-1)\leqslant f(x^2-1)$,所以$-2\leqslant 2x-1\leqslant x^2-1\leqslant 2$,解得$-\frac{1}{2}\leqslant x\leqslant 0$。

变式训练

1. 已知函数$f(x)$是定义在$\mathbf{R}$上的偶函数,且在区间$[0,+\infty)$上单调递增。若实数a满足$f(\log_2 a)+f(\log_{\frac{1}{2}} a)\leqslant 2f(1)$,则$a$的取值范围是(　　)

A. $[1,2]$　　B. $\left(0,\frac{1}{2}\right]$　　C. $\left[\frac{1}{2},2\right]$　　D. $(0,2]$

2. 已知函数$f(x)$在定义域$(-1,1)$上是减函数,且$f(1-a)<(2a-1)$,则a的取值范围为________。

必刷好题

招教高频基础刷

1. 已知定义域为$\mathbf{R}$的函数$f(x)$在$(8,+\infty)$上为减函数,且函数$y=f(x+8)$为偶函数,则(　　)

A. $f(6)>f(7)$　　B. $f(6)>f(9)$

C. $f(7)>f(9)$　　D. $f(7)>f(10)$

2. 若函数$f(x)=x^2+ax+\frac{1}{x}$在$(\frac{1}{2},+\infty)$上是增函数,则a的取值范围是(　　)

A. $[-1,0]$　　B. $[-1,+\infty)$　　C. $[0,3]$　　D. $[3,+\infty)$

3. $y=\log_a(2-ax)$在$[0,1]$上是x的减函数,则a的取值范围是(　　)

A. $(0,1)$　　B. $(1,2)$　　C. $(0,2)$　　D. $[2,+\infty)$

4. 已知函数$f(x)=(a^2-6a-7)^{2-x}$在其定义域上是单调递增函数，则 a 的取值范围为(　　)

A. $\varnothing$　　B. $-1<a<7$

C. $3-\sqrt{17}<a<-1$ 或 $7<a<3+\sqrt{17}$　　D. $-1<a<3+\sqrt{17}$

5. 已知函数$f(x)=\log_{\frac{1}{2}}\dfrac{1}{x^2+8x+7}$，其单调递减区间为(　　)

A. $(-\infty,-7)$　　B. $(-1,+\infty)\cup(-\infty,-7)$

C. $(-\infty,-4)$　　D. $(-4,+\infty)$

6. 若函数$f(x)$的图象关于 $x=1$ 对称，且在$[1,+\infty)$内是增函数，则下列关系中成立的是(　　)

A. $f\left(-\dfrac{5}{2}\right)<f(-1)<f(2)$　　B. $f(-1)<f\left(-\dfrac{5}{2}\right)<f(2)$

C. $f(2)<f(-1)<f\left(-\dfrac{5}{2}\right)$　　D. $f(2)<f\left(-\dfrac{5}{2}\right)<f(-1)$

7. 已知函数 $f(x)=\begin{cases}(3a-1)x+4a, x<1,\\ \log_a x, x\geqslant 1\end{cases}$ 在$(-\infty,+\infty)$上是减函数，那么 a 的取值范围是(　　)

A. $(0,1)$　　B. $\left(0,\dfrac{1}{3}\right)$　　C. $\left[\dfrac{1}{7},\dfrac{1}{3}\right)$　　D. $\left[\dfrac{1}{7},1\right)$

8. 函数 $y=f(x)$是由方程 $x|x|+y|y|=1$ 确定的函数，则函数 $y=f(x)$在$(-\infty,+\infty)$上是(　　)

A. 减函数　　B. 增函数　　C. 奇函数　　D. 偶函数

9. 已知函数 $f(x)=4x^2-2nx+3$ 在区间$[-2,+\infty)$上是增函数，则 $f(1)$ 的取值范围是________。

10. 已知函数$f(x)=\begin{cases}a^x, x>1,\\ \left(4-\dfrac{a}{2}\right)x+2, x\leqslant 1\end{cases}$是 **R** 上的增函数，则实数 a 的取值范围是________。

11. 已知 $f(x)$在$[-2,0]$上是增函数，则满足 $f(x^2-x-2)>f(1-x)$的 x 的取值范围是________。

12. 已知函数$f(x)$满足对任意 $x\in\mathbf{R}$，均有$f(x)+2f(-x)=e^x+2e^{-x}+x$ 成立。

(1) 求$f(x)$的表达式；

(2) 求$f(x)$的最小值；

(3) 证明：$\left(\dfrac{1}{n}\right)^n+\left(\dfrac{2}{n}\right)^n+\left(\dfrac{3}{n}\right)^n+\cdots+\left(\dfrac{n}{n}\right)^n<\dfrac{e}{e-1}(n\in\mathbf{N}^*)$。

13. 已知函数 $F(x)=|2x-t|-x^3+x+1$（$x\in\mathbf{R}$，t 为常数，$t\in\mathbf{R}$）。

（1）写出函数 $F(x)$ 在 $\mathbf{R}$ 上的单调区间；

（2）若方程 $F(x)-m=0$ 恰有两解，求实数 m 的值。

14. 设函数 $f(x)=e^x-ax-2$。

（1）求函数 $y=f(x)$ 的单调区间；

（2）若 $a=1$，且 $x\in[2,+\infty)$，求 $f(x)$ 的最小值；

15. 设 $a>0$，$f(x)=x^2+a|\ln x-1|$。

（1）当 $a=2$ 时，求 $f(x)$ 的单调区间；

（2）当 $x\in[1,+\infty)$ 时，求 $f(x)$ 的最小值。

第三节　函数的奇偶性与周期性

招教核心要点

1. 函数的奇偶性

（1）若 $f(x)=f(-x)$，则 $f(x)$ 是偶函数，图象关于 y 轴对称；

（2）若 $f(x)=-f(-x)$，则 $f(x)$ 是奇函数，图象关于原点对称。

注： 奇 ± 奇 = 奇，偶 ± 偶 = 偶，奇 × 奇 = 偶，偶 × 偶 = 偶，奇 × 偶 = 奇。

考向分析

函数奇偶性、周期性的判断，利用函数奇偶性求函数值、参数值等问题是教师招聘考试中的常考内容，常与函数的单调性问题结合考查，题目综合性较强。

2. 函数的周期性

(1)若$f(x+a)=f(x)$,则$T=a(a>0)$;

(2)若$f(x+a)=-f(x)$,则$T=2a(a>0)$;

(3)若$f(x+a)=\frac{1}{f(x)}$,则$T=2a(a>0)$;

(4)若$f(x+a)=-\frac{1}{f(x)}$,则$T=2a(a>0)$。

3. 函数的对称性

(1)若$f(a+x)=f(b-x)$,则$f(x)$的图象关于直线$x=\frac{a+b}{2}$对称;

(2)若$f(a+x)+f(a-x)=2c$,则$f(x)$的图象关于点(a,c)对称。

思想应用

数形结合思想:函数的奇偶性与周期性决定函数图象的对称性,周期性决定函数图象的循环往复,同时函数图象反映了函数的性质,二者结合有利于分析与解决函数问题。

招教考向解读 

考向1 函数奇偶性的判断

解法突破

(1)根据定义判断,首先看函数的定义域是否关于原点对称;在定义域关于原点对称的条件下,再化简解析式,根据$f(-x)$与$f(x)$的关系作出判断。

(2)利用函数图象特征判断。

(3)判断抽象函数为奇函数或偶函数主要采用赋值的方法,常见的赋值方法如下:

①根据题目中的函数的等量关系,先计算出$f(0)$;

②求出$f(x)+f(-x)=0$,即可证明该函数为奇函数;

求出$f(x)-f(-x)=0$,即可证明该函数为偶函数。

真题过招

(2020 天津武清区,3 分)下列函数中,既不是奇函数,也不是偶函数的是(　　)

A. $f(x)=x^2+\sin x$　　　　B. $f(x)=x^2-\cos x$

C. $f(x)=2^x+\frac{1}{2^x}$

D. $f(x)=x+\sin 2x$

答案解析

A 【解析】A 选项,$f(-x)=x^2-\sin x$,$f(-x)\neq f(x)$ 且 $f(-x)\neq -f(x)$,既不是奇函数也不是偶函数;B 选项,$f(-x)=x^2-\cos x=f(x)$,为偶函数;C 选项,$f(-x)=2^x+\frac{1}{2^x}=f(x)$,为偶函数;D 选项,$f(-x)=-x-\sin 2x=-f(x)$,为奇函数。故选 A。

变式训练

1. 设函数 $f(x)$,$g(x)$ 的定义域都为 **R**,且 $f(x)$ 是奇函数,$g(x)$ 是偶函数,则下列结论中正确的是( )

A. $f(x)g(x)$ 是偶函数

B. $|f(x)|g(x)$ 是奇函数

C. $f(x)|g(x)|$ 是奇函数

D. $|f(x)g(x)|$ 是奇函数

2. 定义在实数集上的函数 $f(x)$,对任意 $x,y\in\mathbf{R}$,都有 $f(x+y)+f(x-y)=2f(x)f(y)$,且 $f(0)\neq 0$,则 $f(x)$ 为( )

A. 奇函数

B. 偶函数

C. 既是奇函数又是偶函数

D. 既不是奇函数又不是偶函数

考向 2 已知函数的奇偶性求函数值

解法突破

利用函数的奇偶性将待求值转化为已知区间上的函数值求解。

真题过招

(2021 广东广州花都区,2.5 分)设 $f(x)$ 是定义在 **R** 上的奇函数,当 $x\geqslant 0$ 时,$f(x)=5^x+3x+a$(a 为常数),则 $f(-2)=$( )

A. 5　　B. -5　　C. 30　　D. -30

答案解析

D 【解析】因为函数 $f(x)$ 是定义在 **R** 上的奇函数,所以 $f(0)=1+a=0$,解得 $a=-1$,故 $f(x)=5^x+3x-1$,故 $f(-2)=-f(2)=-(25+6-1)=-30$。

变式训练

1. (2021 山东青岛,2.5 分)已知函数 $y=f(x)$是定义在 $\mathbf{R}$ 上的偶函数,当 $x<0$ 时,$f(x)=x^2+mx$,且$f(1)=-1$,则$f(2)$的值为(　　)

A. -4　　B. 0　　C. 4　　D. 2

2. 已知$f(x)$是奇函数,$g(x)$是偶函数,且$f(-1)+g(1)=2$,$f(1)+g(-1)=4$,则 $g(1)$等于(　　)

A. 4　　B. 3　　C. 2　　D. 1

考向 3　已知函数的奇偶性,求参数的值

解法突破

若已知函数的奇偶性,求参数的值,可从如下四个角度来思考:

(1)从函数的定义域的角度,即函数为奇(偶)函数的必要条件是定义域关于原点对称。

(2)从函数解析式的角度,即$f(-x)$与$f(x)$的关系,若$f(-x)=f(x)$,则$f(x)$为偶函数,若$f(-x)=-f(x)$,则$f(x)$为奇函数。

(3)从赋值的角度,即用特殊值代入求解。

(4)从导函数的角度,即奇函数的导函数为偶函数,偶函数的导数为奇函数。

真题过招

(2019 河南许昌禹州,1.5 分)已知函数$f(x)$的定义域为$(3-2a,a+1)$,且$f(x+1)$为偶函数,则实数 a 的值可以是(　　)

A. $\frac{2}{3}$　　B. 2　　C. 4　　D. 6

答案解析

B　**【解析】**由$f(x)$的定义域易求出$f(x+1)$的定义域,即$3-2a<x+1<a+1$,则$2-2a<x<a$,所以$f(x+1)$的定义域为$(2-2a,a)$,因为$f(x+1)$为偶函数,其定义域关于原点对称,所以有$2a-2=a$,解得$a=2$。故选 B。

变式训练

1. 已知偶函数$f(x)=(1-a)x^3+mx^2+1$的定义域为(m^2-3m-8,m),则$m+2a=$________。

2. 若函数 $f(x)=x\ln(x+\sqrt{a+x^2})$ 为偶函数，则 $a=$________。

考向4 函数的周期性问题

解法突破

(1)判断函数的周期性只需证明 $f(x+T)=f(x)(T\neq0)$，周期为 T，函数的周期性常与函数的其他性质综合命题。

(2)根据函数的周期性，可以由函数局部的性质得到函数的整体性质，在解决具体问题时，要注意结论：若 T 是函数的周期，则 $kT(k\in\mathbf{Z}$，且 $k\neq0)$ 也是函数的周期。

真题过招

(2019 内蒙古鄂尔多斯东胜区，2 分) $f(x)$ 是定义在 $\mathbf{R}$ 上的函数，且 $f(x+2)=-\dfrac{1}{f(x)}$，$2\leqslant x\leqslant 3$ 时，$f(x)=x$，则 $f\left(-\dfrac{11}{2}\right)=$________。

答案解析

$\dfrac{5}{2}$ 【解析】由题意得，$f(x)=-\dfrac{1}{f(x+2)}=f(x+4)$，所以函数 $f(x)$ 是以 4 为周期的周期函数，又当 $2\leqslant x\leqslant 3$ 时，$f(x)=x$，则 $f\left(-\dfrac{11}{2}\right)=f\left(-\dfrac{11}{2}+8\right)=f\left(\dfrac{5}{2}\right)=\dfrac{5}{2}$。

变式训练

1. 若 $f(x)$ 是 $\mathbf{R}$ 上周期为 2 的函数，且满足 $f(1)=1$，$f(2)=2$，则 $f(3)-f(4)=$________。

2. 已知函数 $f(x)$ 满足 $f(1)=\dfrac{1}{4}$，$4f(x)f(y)=f(x+y)+f(x-y)(x,y\in\mathbf{R})$，则 $f(2020)=$________。

考向5 函数性质的综合问题

(一)单调性与奇偶性的综合

解法突破

奇函数在其对称区间上具有相同的单调性，偶函数在其对称区间上具有相反的单调性，对于函数值比较大小或解函数不等式的题目，常分析函数的单调性，再利用奇偶性将自变量的值转化到同一个单调区间上进行解题。

真题过招

1. (2022 安徽中学数学，4 分) 以下哪个函数既是奇函数，又是定义域内的增函数(　　)

A. $y=e^x-1$　　B. $y=\ln|x|$　　C. $y=\tan x$　　D. $y=x^3+x$

答案解析

D 【解析】A 项，令 $y=f(x)=e^x-1$，而 $y=f(-x)=e^{-x}-1\neq -f(x)=-e^x+1$，且 $f(-x)\neq f(x)$，故该函数既不是奇函数也不是偶函数；B 项，令 $y=f(x)=\ln|x|$，$f(-x)=\ln|-x|=\ln|x|=f(x)$，定义域关于 y 轴对称，是偶函数；C 项，$y=\tan x$ 既是奇函数也是周期函数，且在 $\left(-\dfrac{\pi}{2}+k\pi,\dfrac{\pi}{2}+k\pi\right)$，$k\in\mathbf{Z}$ 上单调递增；D 项，$y=f(x)=x^3+x$，$f(-x)=(-x)^3-x=-x^3-x=-f(x)$，定义域关于原点对称，$f'(x)=3x^2+1>0$，则该函数在定义域上单调递增，故选 D。

变式训练

1. 已知函数 $f(x)=3^x+3^{-x}+\log_3(3^{|x|}-1)$，则(　　)

A. $f\left(\log_5\dfrac{1}{4}\right)>f(-\sqrt[3]{3})>f(\sqrt{2})$　　B. $f(-\sqrt[3]{3})>f\left(\log_5\dfrac{1}{4}\right)>f(\sqrt{2})$

C. $f(\sqrt[3]{3})>f(-\sqrt{2})>f\left(\log_5\dfrac{1}{4}\right)$　　D. $f(\sqrt{2})>f(\sqrt[3]{3})>f\left(\log_5\dfrac{1}{4}\right)$

2. 已知 $f(x)$ 是定义在 $(-\infty,+\infty)$ 上的偶函数，且在 $(-\infty,0]$ 上是增函数，设 $a=f(\log_4 7)$，$b=f(\log_{\frac{1}{2}}3)$，$c=f(0.2^{0.6})$，则 a,b,c 的大小关系是(　　)

A. $c<b<a$　　B. $b<c<a$　　C. $a<b<c$　　D. $c>a>b$

(二) 奇偶性与周期性的综合

解法突破

奇(偶)函数周期性的常见结论：

(1) 若偶函数 $f(x)$ 关于直线 $x=a$ 对称，且函数 $f(x)$ 为周期函数，则其周期为 $2a$；

(2) 若奇函数 $f(x)$ 关于直线 $x=a$ 对称，且 $f(x)$ 为周期函数，则其周期为 $4a$。

真题过招

2. (2022 江西初中数学,1 分) $f(x)$是定义在 $\mathbf{R}$ 上的奇函数,且满足$f(x+4)=f(x)$,若 $x\in(0,2)$时,$f(x)=-2x^2$,则$f(2023)=$(　　)

A. -4　　B. -2　　C. 2　　D. 4

答案解析

C　【解析】因为 $f(x)$ 是定义在 $\mathbf{R}$ 上的奇函数,所以 $f(-x)=-f(x)$,当 $x\in(0,2)$ 时,$f(x)=-2x^2$,那么当 $x\in(-2,0)$ 时,$f(x)=2x^2$,因为 $f(x+4)=f(x)$,所以函数 $f(x)$ 是以 4 为周期的周期函数,而 $2023=4\times506-1$,所以 $f(2023)=f(-1)=2$。

3. (2021 江苏淮安,3 分) 若 $f(x)$ 是定义在 $\mathbf{R}$ 上的奇函数,且 $f\left(x+\frac{5}{2}\right)+f(x)=0$,则 $f(2019)+f(2020)+f(2021)=$(　　)

A. -3　　B. 2　　C. 0　　D. -2

答案解析

C　【解析】因为 $f(x)$ 是定义在 $\mathbf{R}$ 上的奇函数,则 $f(-x)=-f(x)$,$f(0)=0$,又因为 $f\left(x+\frac{5}{2}\right)+f(x)=0$,即$f\left(x+\frac{5}{2}\right)=-f(x)$,则 $f\left(x+\frac{5}{2}+\frac{5}{2}\right)=f(x+5)=-f\left(x+\frac{5}{2}\right)=f(x)$,所以$f(x)$的周期为 5。$f(2019)+f(2020)+f(2021)=f(-1)+f(0)+f(1)=0$。

变式训练

3. 已知函数 $y=f(x)$ 是以 3 为周期的偶函数,且当 $x\in(0,1)$ 时,$f(x)=2x+1$,则 $f\left(\frac{2021}{2}\right)=$(　　)

A. 2　　B. 4　　C. 6　　D. 2021

4. 已知$f(x)$是定义域为$(-\infty,+\infty)$的奇函数,满足$f(-x)=f(x+2)$,若$f(1)=2$,则$f(1)+f(2)+f(3)+\cdots+f(50)=$(　　)

A. -50　　B. 0

C. 2　　D. 50

5. (2018 广东广州江门,4 分) 对于任意 $x\in\mathbf{R}$,都有 $f(-x)=-f(x)$,$f(1)=2$,且 $f(x+4)=f(4-x)$,则 $f(16)+f(17)=$________。

(三)三种性质的综合

解法突破

在解题中充分挖掘题目隐含条件,准确识别问题模型,看该函数具备何种性质,性质之间又可推出何种性质,即可找到问题求解的突破口。

真题过招

4. (2021 山西晋中介休,2 分)若定义在 $\mathbf{R}$ 上的偶函数 $f(x)$ 在 $(0,+\infty)$ 上单调递增,且 $f(-\pi)=0$,则下列取值范围中的每个 x 都能使不等式 $\sin x \cdot f(x+\pi)\geq 0$ 成立的是(　　)

A. $[-2\pi,0]$　　　　B. $[0,2\pi]$

C. $[-\pi,\pi]$　　　　D. $\left\{x \mid x=\frac{k\pi}{2},k\in\mathbf{Z}\right\}$

答案解析

C 【解析】因为 $f(x)$ 在 $(0,+\infty)$ 上单调递增,且 $f(-\pi)=0$,根据偶函数的对称性可知,$f(x)$ 在 $(-\infty,0)$ 上单调递减,且 $f(\pi)=0$。A 项,当 $-2\pi<x<-\pi$ 时,$\sin x>0$,$f(x+\pi)<0$,则 $\sin x\cdot f(x+\pi)<0$,不符合题意;B 项,当 $\pi<x<2\pi$ 时,$\sin x<0$,$f(x+\pi)>0$,则 $\sin x\cdot f(x+\pi)<0$,不符合题意;C 项,当 $-\pi\leq x\leq\pi$ 时,$\sin x$ 和 $f(x+\pi)$ 同号,则 $\sin x\cdot f(x+\pi)\geq 0$,符合题意;D 项,当 $x=\frac{3}{2}\pi$ 时,$\sin x=-1$,$f(x+\pi)>0$,则存在 $x\in\left\{x \mid x=\frac{k\pi}{2},k\in\mathbf{Z}\right\}$ 使 $\sin x\cdot f(x+\pi)<0$,不符合题意。故选 C。

变式训练

6. 已知定义在 $\mathbf{R}$ 上的函数 $y=f(x)$ 满足条件 $f(x+2)=-f(x)$,且函数 $y=f(-x-1)=-f(x-1)$,给出以下命题:

①函数 $f(x)$ 是周期函数;②函数 $f(x)$ 为 $\mathbf{R}$ 上的偶函数;③函数 $f(x)$ 为奇函数;④函数 $f(x)$ 为 $\mathbf{R}$ 上的单调函数;⑤函数 $f(x)$ 的图象关于点 $(-1,0)$ 对称。

其中正确的命题是(　　)

A. ①③⑤　　B. ②④⑤　　C. ①③④　　D. ①②⑤

7. 已知函数 $f(x)$ 对任意的 $x\in\mathbf{R}$ 都有 $f(x+6)-f(x)=3f(3)$,若 $y=f(x+1)$ 的图象关于 $x=-1$ 对称,且 $f(1)=3$,则 $f(2021)=$ ________。

(四)新定义函数性质问题

解法突破

“新定义”是定义了没有学过的一些新概念、新运算、新符号。因此解题时首先需仔细揣摩体会和理解这个新定义的含义，提取到关键信息后再结合已知的性质进行思考转换，探求解决方法。

典例

5. 若函数$f(x)$具有下列性质：①定义域为$(-1,1)$；②对于任意的$x,y\in(-1,1)$，都有$f(x)+f(y)=f\left(\dfrac{x+y}{1+xy}\right)$；③当$-1<x<0$时，$f(x)>0$，则称函数$f(x)$为“$\sigma$的函数”。若函数$f(x)$为“$\sigma$的函数”，则以下结论正确的是(　　)

(1)$f(x)$为奇函数；(2)$f(x)$为偶函数；(3)$f(x)$为单调递减函数；(4)$f(x)$为单调递增函数。

A. (1)(2)　　　　B. (1)(3)

C. (2)(4)　　　　D. (3)(4)

答案解析

B　**【解析】**$f(x)$的定义域关于原点对称，令$y=-x$，则有$f(x)+f(-x)=f(0)$，令$x=y=0$，则有$f(0)=0$，所以$f(-x)=-f(x)$，故$f(x)$是奇函数。令$x=x_1,y=-x_2$，且$-1<x_1<x_2<1$，所以$f(x_1)-f(x_2)=f(x_1)+f(-x_2)=f\left(\dfrac{x_1-x_2}{1-x_1x_2}\right)$，又$x_1-x_2<0$，且$-1<x_1<1$，$-1<x_2<1$，则$(1-x_1x_2)-(x_2-x_1)=(1+x_1)(1-x_2)>0$，即$-1<\dfrac{x_1-x_2}{1-x_1x_2}<0$，所以性质③可得$f(x_1)-f(x_2)>0$，所以$f(x)$是单调减函数。

变式训练

8. 已知函数$f(x)=\lg(x-[x])$，其中$[x]$表示不超过x的最大整数，则关于函数$f(x)$的性质表述正确的是(　　)

A. $f(x)$的定义域为$(-\infty,0)\cup(0,+\infty)$

B. $f(x)$为偶函数

C. $f(x)$为周期函数

D. $f(x)$在定义域内为减函数

招教易错突破

易错点 ▸ 对单调性、奇偶性理解不清或应用不当

“单调区间”和“在区间上单调”是两个不同的概念。单调区间是一个整体概念，函数的单调递减区间是(a,b)，指的是函数单调递减的最大范围是区间(a,b)；而函数在某一区间上单调，则指此区间是相应单调区间的子区间。在解决函数的单调性问题时，往往容易混淆“单调区间”和“在区间上单调”而导致错解。

典例

若函数$f(x)=x^2+2ax+4$的单调递减区间是$(-\infty,2]$，则实数a的值为________。

【错因分析】把函数$f(x)$的单调递减区间是$(-\infty,2]$错误地理解为函数$f(x)$在区间$(-\infty,2]$上单调递减，从而导致错解。

答案解析

-2 **【解析】**因为函数$f(x)$的单调递减区间是$(-\infty,2]$，且由函数$f(x)$的解析式可知，其图象的对称轴为直线$x=-a$，所以$-a=2$，即$a=-2$。

变式训练

若函数$f(x)=|x-a|$在区间$(-\infty,4]$上是减函数，则实数a的取值范围是________。

招教高频基础刷

1. 若函数$f(x)=(k-1)a^x-a^{-x}$（$a>0$且$a\neq1$）在$\mathbf{R}$上既是奇函数，又是减函数，则$g(x)=\log_a(x+k)$的图象是（　　）

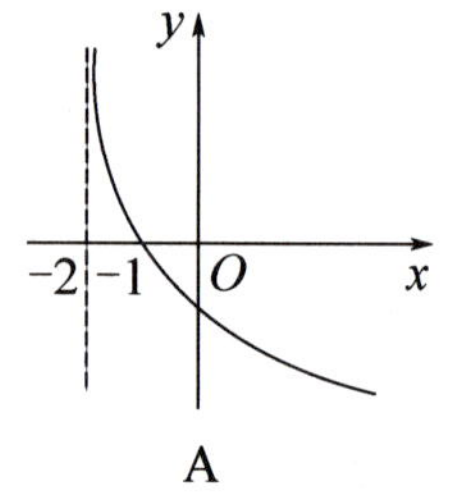

A

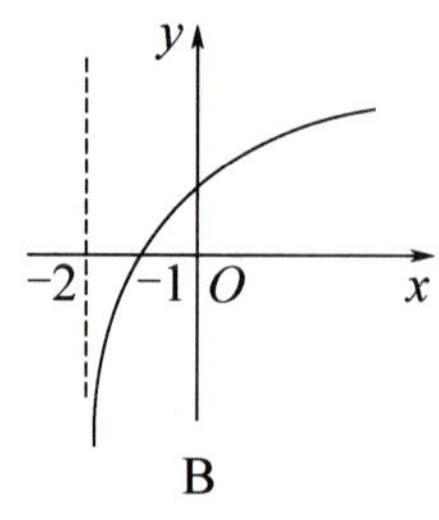

B

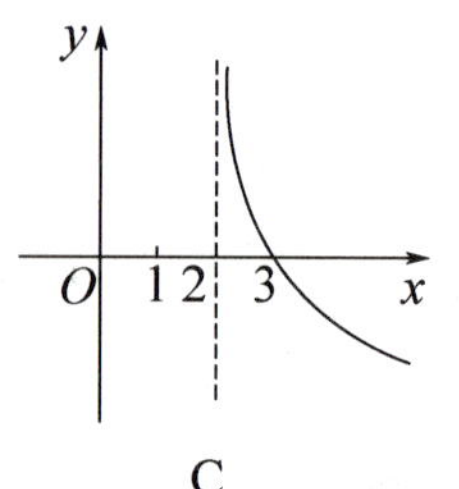

C

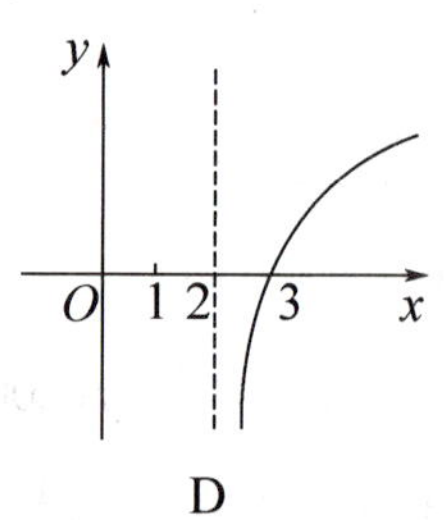

D

2. 已知函数$f(x)$为奇函数，且当$x>0$时，$f(x)=x^2+\frac{1}{x}$，则$f(-1)=($ $)$

A. -2

B. 0

C. 1

D. 2

3. 已知$f(x)=ax^2+bx$是定义在$[a-3,2a]$上的偶函数，则$a+b$的值是( )

A. 0

B. 1

C. 2

D. 3

4. 定义在$\mathbf{R}$上的函数$f(x)$满足$f(x+6)=f(x)$，当$-3\leqslant x<-1$时，$f(x)=-(x+2)^2$，当$-1\leqslant x<3$时，$f(x)=x$，则$f(1)+f(2)+f(3)+\cdots+f(2012)=($ $)$

A. 335

B. 338

C. 1678

D. 2012

5. 已知函数$f(x)$是定义在$\mathbf{R}$上的奇函数，若$f(x)$的最小正周期为4，且$f(1)>0$，$f(3)=\frac{m-3}{m+1}$，则m的取值范围是( )

A. $-3<m<1$

B. $m>1$或$m<-3$

C. $-1<m<3$

D. $m>3$或$m<-1$

6. 函数$y=f(x)$在$(0,2)$上是增函数，函数$y=f(x+2)$是偶函数，则下列结论正确的是( )

A. $f(1)<f\left(\frac{5}{2}\right)<f\left(\frac{7}{2}\right)$

B. $f\left(\frac{7}{2}\right)<f(1)<f\left(\frac{5}{2}\right)$

C. $f\left(\frac{7}{2}\right)<f\left(\frac{5}{2}\right)<f(1)$

D. $f\left(\frac{5}{2}\right)<f(1)<f\left(\frac{7}{2}\right)$

7. 设$f(x)$为定义在$\mathbf{R}$上的奇函数，若当$x\geqslant0$时，$f(x)=\log_3(1+x)$，则$f(-2)=$________。

8. 已知定义在$\mathbf{R}$上的奇函数$f(x)$满足$f(x-4)=-f(x)$，且在区间$[0,2]$上是增函数，若方程$f(x)=m(m>0)$在区间$[-8,8]$上有四个不同的根x_1,x_2,x_3,x_4，则$x_1+x_2+x_3+x_4=$________。

9. 已知函数$f(x)=2^x$，且$f(x)=g(x)+h(x)$，其中$g(x)$为奇函数，$h(x)$为偶函数。若不等式$2a\cdot g(x)+h(2x)\geqslant0$对任意$x\in[1,2]$恒成立，则实数$a$的取值范围是________。

10. 已知$y=f(x)$是奇函数，当$x\geqslant0$时，$f(x)=x^{\frac{2}{3}}$，则$f(-8)$的值是________。

招教易错能力刷

1. 已知$f(x)$是定义在$\mathbf{R}$上的偶函数，$g(x)$是定义在$\mathbf{R}$上的奇函数，$g(x)$过点$(-1,1)$，且$g(x)=f(x-1)$，则$f(2007)+f(2008)$等于( )

A. -2　　B. -1　　C. 0　　D. 2

2. 已知$f(x)$是定义在$\mathbf{R}$上的奇函数，且当$x\leqslant 0$时，$f(x)=x^2+3x+1-a$，则$f(2)=$（　　）

A. -1　　B. -2　　C. 1　　D. 2

3. 已知$y=f(x)$是定义在$\mathbf{R}$上的偶函数，且$f(x-1)=-f(x+3)$，当$x\in[-4,0)$时，$f(x)=3^{-x}$，则$f(985)=$（　　）

A. 27　　B. -27　　C. 9　　D. -9

4. 设$F(x)=af(x)+bg(x)+2$在$(0,+\infty)$上有最大值8，且$f(x)$，$g(x)$都是奇函数，则在$(-\infty,0)$上$F(x)$有（　　）

A. 最大值8　　B. 最小值-8

C. 最小值-4　　D. 最大值-10

5. 已知函数$f(x)$是定义域为$\mathbf{R}$的奇函数，且$f(x)$的图象关于直线$x=2$对称，则$f(x)$的最小正周期为________。

6. 已知定义在$\mathbf{R}$上的函数满足$f(3-x)=-f(3+x)$，且$f(x)$图象关于直线$x=1$对称，当$x\in(1,2]$时，$f(x)=\log_2(2x+1)$，则$f\left(\frac{825}{2}\right)=$________。

7. 定义在$\mathbf{R}$上的奇函数$f(x)$满足$f(x-1)+f(5-x)=0$，若$f(1)=1$，则$f(1)+f(2)+f(3)+\cdots+f(2021)=$________。

8. 已知$y=f(x-1)$的图象关于点$(1,0)$对称，且对$\forall x\in\mathbf{R}$，都有$f(x-1)=f(3-x)$成立，当$x\in(-2,0)$时，$f(x)=2x^2$，则$f(2021)+f(2022)=$________。

9. 已知函数$y=f(x+1)$为奇函数，$y=f(x+2)$为偶函数，当$1\leqslant x\leqslant 2$时，$f(x)=2^{x-1}+\log_4 x-1$，则$f(2022)=$________。

第四节　一次函数、二次函数与反比例函数

招教核心要点

1. 一次函数 $y=kx+b(k\neq0)$ 图象的性质

$$\begin{cases} k>0\begin{cases} b>0,\text{图象过第一、二、三象限}, \\ b=0,\text{图象过第一、三象限}, \\ b<0,\text{图象过第一、三、四象限}, \end{cases} \\ k<0\begin{cases} b>0,\text{图象过第一、二、四象限}, \\ b=0,\text{图象过第二、四象限}, \\ b<0,\text{图象过第二、三、四象限}。 \end{cases} \end{cases}$$

2. 二次函数的图象与性质

	$f(x)=ax^2+bx+c(a>0)$	$f(x)=ax^2+bx+c(a<0)$
图象	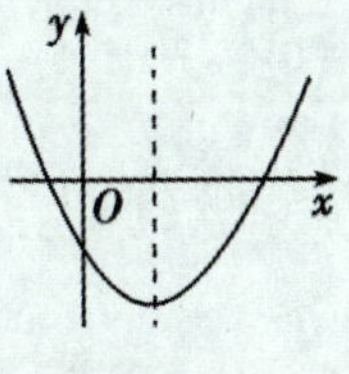	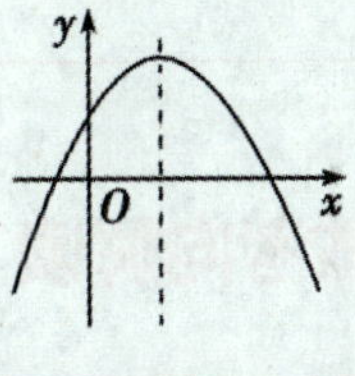
定义域	$\mathbf{R}$	$\mathbf{R}$
值域	$\left[\frac{4ac-b^2}{4a},+\infty\right)$	$\left(-\infty,\frac{4ac-b^2}{4a}\right]$
单调性	在$\left[-\frac{b}{2a},+\infty\right)$上单调递增；在$\left(-\infty,-\frac{b}{2a}\right)$上单调递减	在$\left(-\infty,-\frac{b}{2a}\right)$上单调递增；在$\left[-\frac{b}{2a},+\infty\right)$上单调递减
奇偶性	当 $b=0$ 时为偶函数，当 $b\neq0$ 时为非奇非偶函数	
顶点	$\left(-\frac{b}{2a},\frac{4ac-b^2}{4a}\right)$	
对称性	图象关于直线 $x=-\frac{b}{2a}$ 成轴对称	

考向分析

一次函数、二次函数、反比例函数的图象与性质是教师招聘考试中的重点考查内容，常与不等式、几何图形等知识结合考查，对考生应用能力要求较高。

思想应用

数形结合思想：解一次函数、二次函数、反比例函数与方程、不等式综合问题可根据已知画出函数图象，利用图象解答可以事半功倍。

3. 反比例函数 $y=\frac{k}{x}(k\neq 0)$ 的图象与性质

<table>
<tr><td>反比例函数</td><td colspan="2">$y=\frac{k}{x}(k\neq 0)$</td></tr>
<tr><td>k 的符号</td><td>$k>0$</td><td>$k<0$</td></tr>
<tr><td>图象</td><td></td><td></td></tr>
<tr><td>x,y 的取值范围</td><td>$x\neq 0,y\neq 0$</td><td>$x\neq 0,y\neq 0$</td></tr>
<tr><td>位置</td><td>第一、三象限</td><td>第二、四象限</td></tr>
<tr><td>增减性</td><td>每一个象限内,y 随 x 的增大而减小</td><td>每一个象限内,y 随 x 的增大而增大</td></tr>
<tr><td>渐近性</td><td colspan="2">反比例函数的图象无限地接近 x,y 轴,但永远达不到 x,y 轴</td></tr>
<tr><td>对称性</td><td colspan="2">反比例函数的图象是关于原点成中心对称的图形,也是轴对称图形</td></tr>
</table>

招教考向解读

考向 1 一次函数问题

(一)一次函数解析式的确定

解法突破

(1)待定系数法:先设一次函数的解析式为 $y=kx+b(k\neq 0)$,利用已知条件列出方程组,通过解方程组确定 k,b 的值,最后确定解析式。

(2)对于几何图形中的两个变量,要能够结合几何图形的性质确定两个变量的关系,然后用一个变量表示出另一个变量,并注意自变量的取值范围。

真题过招

1. (2021 广东广州天河区,1. 47 分) 已知直线 $y=kx+b$ 与直线 $y=x$ 及 x 轴所围成的图形为等腰直角三角形,且 $y=kx+b$ 与 y 轴的交点坐标为 $(0,b^2)$,则直线 $y=kx+b$ 与直线 $y=x$ 的交点坐标为(　　)

A. $(2,2)$　　B. $(\frac{1}{2},\frac{1}{2})$　　C. $(-\frac{1}{2},-\frac{1}{2})$　　D. $(-2,-2)$

答案解析

B　【解析】因为直线 $y=kx+b$ 与 y 轴的交点坐标为 $(0,b^2)$,所以 $b=b^2$,解得 $b=0$ 或 1,又因为直线 $y=kx+b$ 与直线 $y=x$ 及 x 轴所围成的图形为等腰直角三角形,所以直线 $y=kx+b$ 与直线 $y=x$ 垂直,则有 $k=-1$,且 $b\neq0$,则 $y=-x+1$ 与 $y=x$ 联立得交点坐标为 $\left(\frac{1}{2},\frac{1}{2}\right)$。

变式训练

1. 如图,已知直线 l 经过点 $A(-1,0)$ 和点 $B(1,4)$。

(1) 求直线 l 的解析式;

(2) 若点 P 是坐标轴上的点,且 $\triangle APB$ 的面积为 8,求点 P 的坐标。

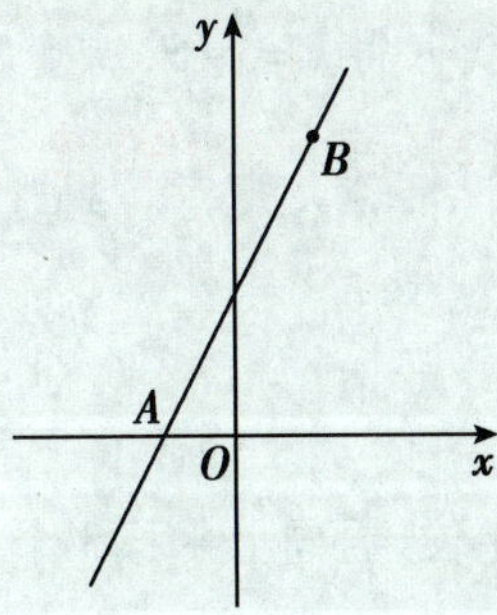

(二) 一次函数的图象与性质

解法突破

(1) 在 $y=kx+b(k\neq0)$ 中,
$$\begin{cases} k>0,b>0,\text{图象经过第一、二、三象限;} \\ k>0,b<0,\text{图象经过第一、三、四象限;} \\ k<0,b>0,\text{图象经过第一、二、四象限;} \\ k<0,b<0,\text{图象经过第二、三、四象限。} \end{cases}$$

(2)直线 $y=kx+b(k\neq0,b\neq0)$ 可由直线 $y=kx(k\neq0)$ 平移得到：$\begin{cases}b>0,\text{沿 } y \text{ 轴向上平移;}\\ b<0,\text{沿 } y \text{ 轴向下平移。}\end{cases}$

真题过招

2. (2021 广东广州天河,1.47 分)当 $k>2$ 时,一次函数 $y=(k^2-4k+4)x+k-2$ 的图象经过(　　)

A. 第一、二、三象限　　B. 第一、二、四象限

C. 第一、三、四象限　　D. 第二、三、四象限

答案解析

A 【解析】当 $k>2$ 时,$k^2-4k+4=(k-2)^2>0$,$k-2>0$,故一次函数 $y=(k^2-4k+4)x+k-2$ 的图象经过第一、二、三象限。

3. (2021 江西初中数学,1 分)已知一次函数 $y=kx+3$ 的图象经过点 A,且 y 随着 x 的增大而减小,则点 A 的坐标可以是(　　)

A. $(-1,2)$　　B. $(1,-2)$　　C. $(2,3)$　　D. $(3,4)$

答案解析

B 【解析】因为 y 随着 x 的增大而减小,所以 $k<0$,A 项,将 $(-1,2)$ 代入 $y=kx+3$,得 $k=1$,不满足题意;B 项,同理将 $(1,-2)$ 代入得 $k=-5$,满足题意;C 项,将 $(2,3)$ 代入得 $k=0$,不满足题意;D 项,将 $(3,4)$ 代入得 $k=\frac{1}{3}$,不满足题意。故选 B。

变式训练

2. 将直线 $y=kx+b$ 向右平移 2 个单位,再向上平移 3 个单位,得到直线 $y=2x+1$,则下列关于直线 $y=kx+b$ 的说法中不正确的是(　　)

A. 与 y 轴交于点 $(0,2)$

B. 与抛物线 $y=x^2+4$ 有两个交点

C. 与圆心在坐标原点,半径为 0.8 的圆相离

D. 经过第一、二、三象限

3. 已知点 $A(-1,0)$,$B(1,0)$,$C(0,1)$,直线 $y=kx+b(k>0)$ 将 $\triangle ABC$ 分割成面积相等的两部分,且与线段 AB,BC 分别交于点 M,N(点 M,N 异于点 A,B,C),则 b 的取值范围是(　　)

A. $(0,1)$　　B. $(\frac{1}{3},\frac{1}{2})$　　C. $(-\frac{1}{3},\frac{1}{2})$　　D. $(-\frac{1}{2},\frac{1}{3})$

4. 函数 $y=kx-k$ 的图象可能是下列图象中的(　　)

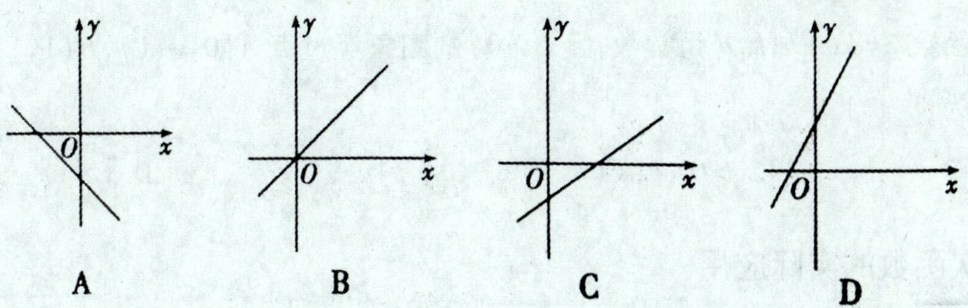

(三)一次函数与方程、不等式结合

解法突破

解决一次函数与方程、不等式结合问题的关键在于数形结合思想。一般根据已知画出函数图象,利用图象即可得出答案。

真题过招

4. (2021 江苏南通,2 分)如图,一次函数 $y=2x$ 和 $y=ax+5$ 的图象相交于点 $A(m,3)$,则不等式 $2x<ax+5$ 的解集为________。

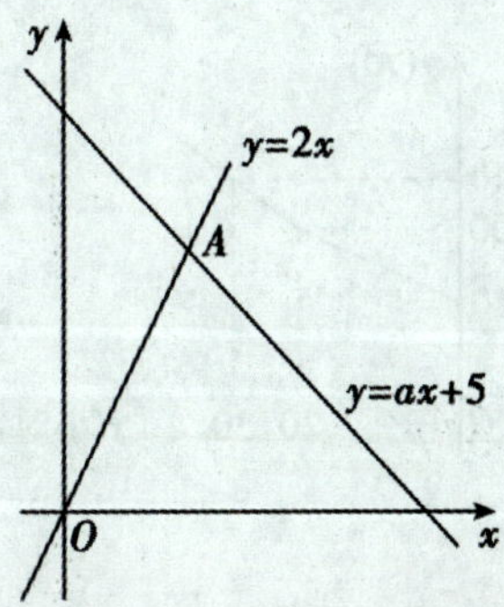

答案解析

$\left\{x \middle| x<\frac{3}{2}\right\}$ 【解析】由 $y=2x$ 经过点 $A(m,3)$ 可知 $2m=3$,解得 $m=\frac{3}{2}$,则 $A(\frac{3}{2},3)$,由函数图象可知,不等式 $2x<ax+5$ 的解集为 $\left\{x \middle| x<\frac{3}{2}\right\}$。

变式训练

5. 若一次函数 $y=kx+b$（k,b 为常数，且 $k\neq 0$）的图象经过点 $A(0,-1)$，$B(1,1)$，则不等式 $kx+b>1$ 的解为（　　）

A. $x<0$　　B. $x>0$　　C. $x<1$　　D. $x>1$

（四）一次函数的实际应用

解法突破

首先根据题意设定问题中的变量，建立一次函数关系式模型，并确定自变量的取值范围，与方程或不等式（组）结合解决实际问题。

真题过招

5. （2020 江苏宿迁宿城区，6 分）下图表示的是小强每月做家务的时间 x（小时）与所获得的生活费 y（元）之间的关系。根据题图回答下列问题：

（1）如果小强每月从不做家务，那么他所获得的生活费只是基本生活费，根据题图，小强每月的基本生活费是________元；若小强 4 月做了 10 小时家务，则 4 月所获得的生活费是________元。

（2）如果小强某月要想获得 250 元的生活费，则当月需要做多少小时的家务？

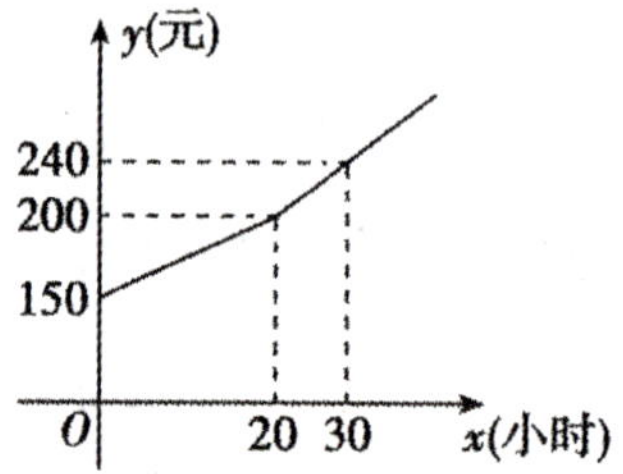

答案解析

【解析】（1）150；175。根据题图，小强每月的基本生活费是 150 元，易得当 $0\leqslant x\leqslant 20$ 时，$y=2.5x+150$。

所以小强做 10 小时家务，会获得生活费 $2.5\times 10+150=175$ 元。

（2）当 $0\leqslant x\leqslant 20$ 时，$y=2.5x+150$，$x=20$ 时，$y=200<250$ 元；当 $x\geqslant 20$ 时，设 y 与 x 的关系式为 $y=kx+b$，则由题可得 $\begin{cases}20k+b=200,\\30k+b=240,\end{cases}$ 解得 $\begin{cases}k=4,\\b=120,\end{cases}$ $\therefore y=4x+120$，令 $y=250$，解得 $x=32.5$，

故小强某月要想获得 250 元的生活费，则当月需要做 32.5 小时的家务。

变式训练

6. 某商场准备购进甲、乙两种空调。已知甲种空调每台进价比乙种空调多 500 元，用 40 000 元购进甲种空调的数量与用 30 000 元购进乙种空调的数量相同。请解答下列问题：

(1) 求甲、乙两种空调每台的进价；

(2) 若甲种空调每台售价为 2500 元，乙种空调每台售价为 1800 元，该商场欲同时购进两种空调共 20 台，且全部售出，请写出所获利润 y(元) 与购进甲种空调数量 x(台) 之间的函数关系式；

(3) 在(2)的条件下，若商场计划用不超过 36 000 元购进空调，且甲种空调至少购进 10 台，并将所获得的最大利润全部用于为某敬老院购买 1100 元/台的 A 型按摩器和 700 元/台的 B 型按摩器，直接写出购买按摩器的方案。

考向 2 二次函数问题

(一)二次函数的图象与性质

解法突破

(1) 公式法：$y=ax^2+bx+c(a\neq0)$，顶点是$\left(-\dfrac{b}{2a},\dfrac{4ac-b^2}{4a}\right)$，对称轴是直线 $x=-\dfrac{b}{2a}$。

(2) 配方法：运用配方，将抛物线的解析式化为 $y=a(x-h)^2+k(a\neq0)$ 的形式，得到顶点为 (h,k)，对称轴为直线 $x=h$。

(3) 运用对称轴的对称性：由于抛物线是轴对称图形，故关于对称轴对称的两点的连线的垂直平分线是抛物线的对称轴，对称轴与抛物线的交点是顶点。

真题过招

1. (2021 江西初中数学，1 分) 关于二次函数 $y=2(x-3)^2-4$ 的图象，下列叙述正确的是(　　)

A. 顶点坐标为 $(-3,-4)$　　B. 与 y 轴的交点坐标为 $(0,-4)$

C. 当 $x\geqslant3$ 时，y 随 x 的增大而减小　　D. 最小值是 $y=-4$

答案解析

D 【解析】由二次函数 $y=2(x-3)^2-4$ 可知，该图象开口向上，对称轴为直线 $x=3$，顶点坐标为 $(3,-4)$，最小值为 -4，当 $x\geqslant3$ 时，y 随 x 的增大而增大，故 A、C 项错误；令 $x=0$，则 $y=14$，抛物线与 y 轴的交点为 $(0,14)$，B 项错误。故选 D。

变式训练

1. (2020 湖南长沙天心区,1.5 分)已知二次函数 $y=ax^2+bx+c$,自变量 x 与函数值 y 之间满足下列数量关系,则 $(a+b+c)\left(\frac{-b+\sqrt{b^2-4ac}}{2a}+\frac{-b-\sqrt{b^2-4ac}}{2a}\right)$ 的值为(　　)

x	2	4	5
y	0.38	0.38	6

A. 36　　B. 24　　C. 6　　D. 4

2. (2019 四川宜宾,4 分)抛物线 $y=x^2-2x+3$ 的顶点坐标是(　　)

A. (1,2)　　B. (−1,2)　　C. (1,−3)　　D. (−1,−4)

(二)二次函数图象与系数 a,b,c 的关系

解法突破

二次函数 $y=ax^2+bx+c(a\neq0)$,a 的符号由抛物线开口方向决定;b 的符号由对称轴的位置及 a 的符号决定;c 的符号由抛物线与 y 轴交点的位置决定;抛物线与 x 轴的交点个数决定了 b^2-4ac 的符号。

真题过招

2. (2019 湖南邵阳邵东县,3 分)已知二次函数 $y=ax^2+bx+c$ 的图象如图所示,则下列 7 个代数式 $ab,ac,bc,b^2-4ac,a+b+c,a-b+c,2a+b$ 中,其值为正的式子个数为(　　)

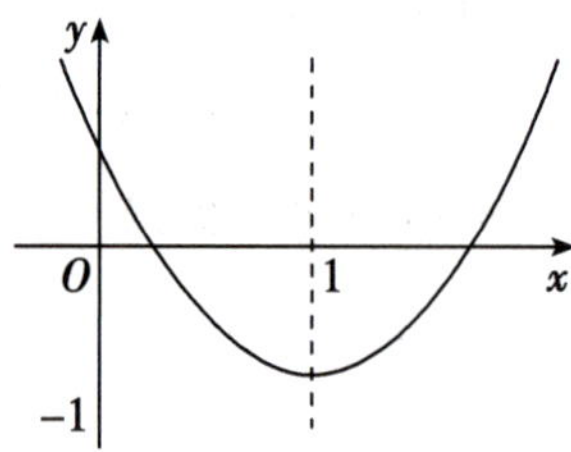

A. 2 个　　B. 3 个　　C. 4 个　　D. 4 个以上

答案解析

B 【解析】由图知二次函数开口向上,∴ $a>0$,图象和 x 轴有两个不同的交点,∴ $\Delta=b^2-4ac>0$,对称轴 $-\frac{b}{2a}=1$,∴ $b=-2a$,$b<0$,$2a+b=0$,当 $x=1$ 时,$y=a+b+c<0$,当 $x=-1$ 时,$y=a-b+c>0$。当 $x=0$ 时,$y=c>0$。∴ $ab<0,bc<0,ac>0$,∴ $b^2-4ac,a-b+c,ac$ 为正。

变式训练

3. 二次函数 $y=ax^2+bx+c(a\neq0)$ 的图象如图所示，对于下列结论：① $a<0$；② $b<0$；③ $c>0$；④ $b+2a=0$；⑤ $a+b+c<0$，其中正确的个数是(　　)

A. 1　　B. 2　　C. 3　　D. 4

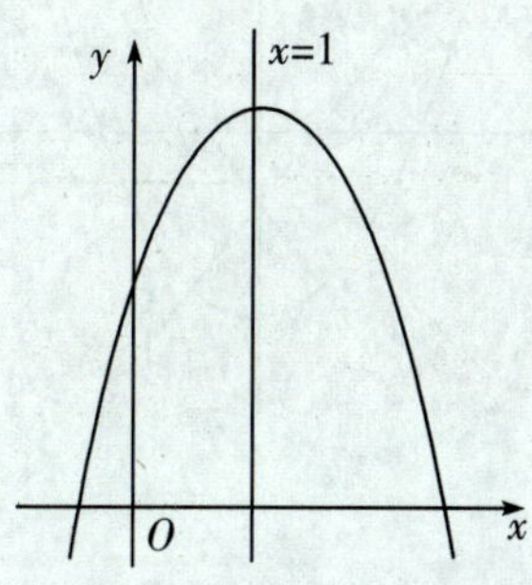

(三)二次函数与不等式的结合考查

解法突破

(1)不等式 $ax^2+bx+c>0$ 的解集就是 $y=ax^2+bx+c$ 的图象在 x 轴上方的部分所对应的 x 的取值范围。

(2)不等式 $ax^2+bx+c<0$ 的解集就是 $y=ax^2+bx+c$ 的图象在 x 轴下方的部分所对应的 x 的取值范围。

真题过招

3. (2021 山东临沂，1.8 分)如图，二次函数 $y=ax^2+c$ 的图象与直线 $y=mx+n$ 交于 $A(-1,y_1)$，$B(3,y_2)$ 两点，则不等式 $ax^2+mx+c-n<0$ 的解集是________。

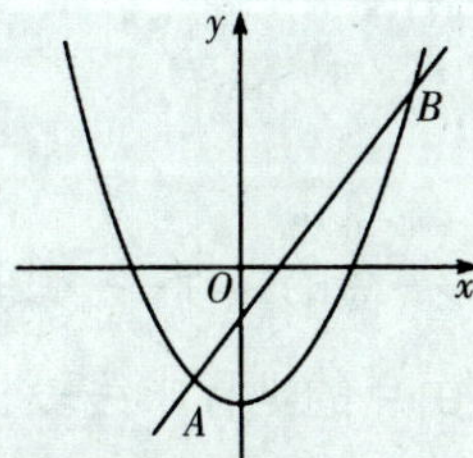

答案解析

$(-3,1)$　【解析】因为抛物线 $y=ax^2+c$ 与直线 $y=mx+n$ 交于 $A(-1,y_1)$，$B(3,y_2)$ 两点，由对称性可知，抛物线 $y=ax^2+c$ 与直线 $y=-mx+n$ 交于 $P(1,y_1)$，$Q(-3,y_2)$ 两点，观察

如图所示的图象可知：当 $-3<x<1$ 时，直线 $y=-mx+n$ 在抛物线 $y=ax^2+c$ 的上方，∴ 不等式 $ax^2+mx+c-n<0$ 的解集是 $(-3,1)$。

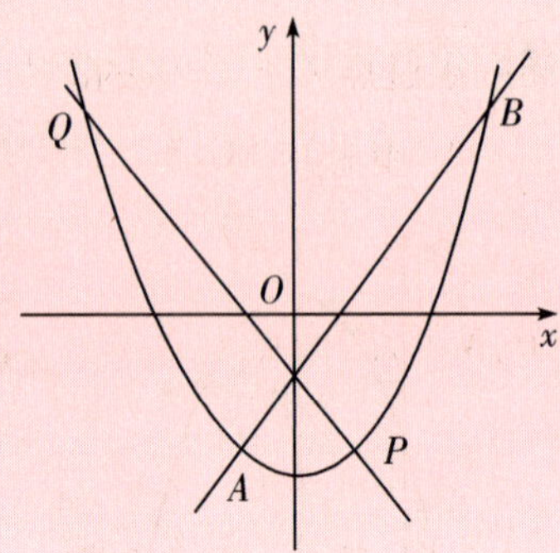

变式训练

4. (2019 湖南邵阳邵东县，3 分) 已知抛物线 $y=ax^2+bx+c$ 经过点 $(1,4)$，$(2,7)$，对称轴为直线 $x=k$，且 $|k|\leqslant 1$，则 a 的取值范围是（　　）

A. $\frac{3}{5}\leqslant a\leqslant 3$　　B. $a\geqslant 3$　　C. $a\leqslant\frac{3}{5}$　　D. $a<0$

5. (2020 江西小学数学，12 分) 若二次函数 $y=ax^2+bx+c$ (a,b,c 为常数，且 $a\neq 0$) 图象的顶点坐标为 $(-1,4)$，且与 y 轴交于点 $(0,3)$。

(1) 求二次函数的解析式；

(2) 求不等式 $ax^2+bx+c>x-1$ 的解集；

(3) 讨论二次函数 $y=ax^2+bx+c$ 在区间 $[m,m+3]$ 上的单调性，并求函数在该区间上的最大值。

(四) 二次函数与几何图形结合的考查

解法突破

(1) 总体分析思路：解析式（方程）⟷点的坐标⟷线段长⟷几何问题。

(2) “由解析式或方程求点的坐标，由点的坐标求线段长”，这是“代数论证方法”。代数论证方法多涉及解方程（组）、两点之间的距离公式、点到直线的距离公式、平行或垂直时两直线的 k 值关系等等；

(3) “由几何问题求线段长，由线段长求点的坐标”，这是“几何论证方法”。几何论证方法，多涉及对图形的想象与理解、勾股定理、相似以及三角函数等。

真题过招

4.（2022 江西初中数学，16 分）在平面直角坐标系中，点 $A(1,2)$，$B(2,3)$，$C(2,1)$，直线 $y=x+m$ 过点 A，抛物线 $y=ax^2+bx+1$ 恰好经过点 A,B,C 中的两点。

（1）判断点 B 是否在直线 $y=x+m$ 上，并说明理由；

（2）求 a,b 的值；

（3）$y=ax^2+bx+1$ 与 x 轴交于 M,N 两点，顶点为 P，求 $S_{\triangle PMN}$。

答案解析

【解析】（1）点 B 在直线 $y=x+m$ 上。理由如下：直线 $y=x+m$ 过点 $A(1,2)$，代入直线方程可得 $m=1$，所以直线方程为 $y=x+1$，将 $x=2$ 代入可得 $y=3$，所以点 B 在直线 $y=x+m$ 上。

（2）因为抛物线 $y=ax^2+bx+1$ 经过点 $D(0,1)$，且点 $D(0,1)$，$A(1,2)$，$B(2,3)$ 都在直线 $y=x+1$ 上，而直线 $y=x+1$ 与抛物线最多有两个交点，所以抛物线不可能同时经过 A,B 两点，又因为点 B,C 的横坐标相同，所以抛物线不可能同时经过 B,C 两点。综上，抛物线 $y=ax^2+bx+1$ 经过的两点为 $A(1,2)$ 和 $C(2,1)$，将两点坐标代入 $y=ax^2+bx+1$ 可得 $\begin{cases}a+b+1=2,\\4a+2b+1=1,\end{cases}$ 解得 $\begin{cases}a=-1,\\b=2。\end{cases}$

（3）由（2）可知，抛物线的解析式为 $y=-x^2+2x+1=-(x-1)^2+2$，顶点 P 的坐标为 $(1,2)$，令 $-x^2+2x+1=0$，解得 $x=1\pm\sqrt{2}$，所以 $|MN|=|1+\sqrt{2}-1+\sqrt{2}|=2\sqrt{2}$，所以 $S_{\triangle MNP}=\frac{1}{2}\times2\times|MN|=2\sqrt{2}$。

变式训练

6. 已知抛物线 $y=x^2-8x+7$ 与 x 轴相交于 A,B 两点（点 A 在点 B 的左侧），该抛物线的对称轴与 x 轴交于点 S，点 P 是以 $C(4,4)$ 为圆心，半径为 1 的圆上的一个动点，如果点 Q 是线段 PA 的中点，连结 SQ，则线段 SQ 的最小值是（　　）

A. $\frac{5}{2}$　　B. 2　　C. $2\sqrt{6}$　　D. 3

7. 已知二次函数 $y=mx^2-(3m-1)x-4m+1$ 与 x 轴有两个不同的交点 A,D（D 在 A 的右边），与 y 轴交于点 C。

（1）求 m 的取值范围；

（2）证明该二次函数一定经过非坐标轴上的一点 B，并求出点 B 的坐标；

(3)当 $m=1$ 时,二次函数在第四象限的图象上是否存在点 E,使得 $\triangle CDE$ 的面积最大,若存在,求出点 E 的坐标和面积的最大值;若不存在,请说明理由。

8. 如图所示,一抛物线与 x 轴交于 A,B 两点,与 y 轴交于 C 点,已知 A 点的坐标为 $(-3,0)$,B 点的坐标为 $(1,0)$,矩形 $OBDC$ 的边 $OC=2$,延长 DC 交抛物线于点 E。

(1)求该抛物线的解析式和对称轴;

(2)连结 OE 并延长,已知点 Q 为直线 OE 上方抛物线上的一个动点,过点 Q 作 y 轴的平行线交 OE 于 R 点,作 $QP\perp OE$ 交 OE 于点 P,设 QP 的长为 m,点 Q 的横坐标为 n,求 m 与 n 的函数关系式;

(3)如果点 N 是抛物线对称轴上的一点,则在第一象限,抛物线上是否存在点 M,使得以 M,A,C,N 为顶点的四边形为平行四边形? 若存在,求出满足条件的 M 点的坐标;若不存在,请说明理由。

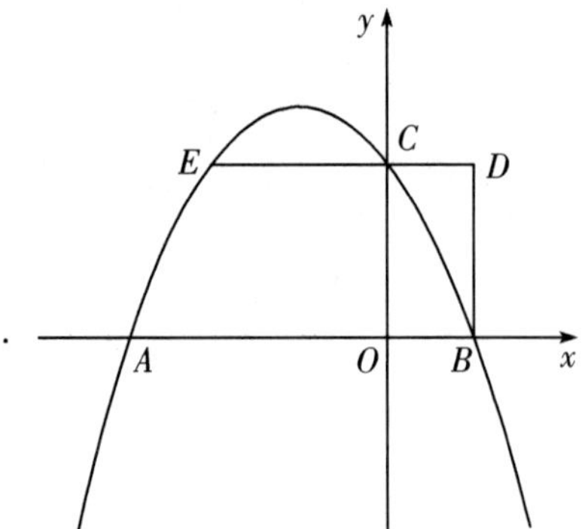

9. 如图抛物线 $y=ax^2+bx+2(a\neq0)$ 的对称轴是直线 $x=1$,与 x 轴相交于 A,B 两点,与 y 轴交于点 C,点 A 的坐标为 $(-2,0)$。

(1)求抛物线的解析式;

(2)若点 F 是第四象限内抛物线上一点,过点 F 作 $FD\perp x$ 轴于点 D,交直线 BC 于点 E,当 $OD=4FE$ 时,求四边形 $FOBE$ 的面积;

(3)在(2)的条件下,若点 M 在抛物线上,点 N 在抛物线的对称轴上,是否存在以点 B,F,M,N 为顶点的四边形是平行四边形? 若存在,请直接写出所有符合条件的点 M 的坐标;若不存在,请说明理由。

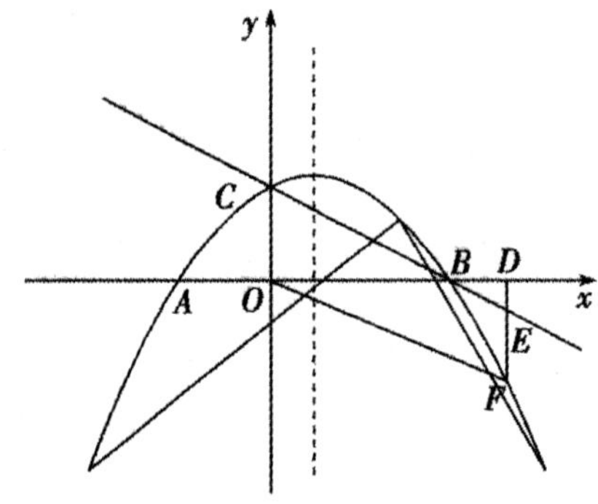

(五)二次函数的实际应用

解法突破

首先读懂题意,弄清题目中涉及的几个量的关系,再根据题目中的已知条件建立数学模型,即列出函数关系式,然后运用数形结合的思想,根据二次函数性质去解决实际问题。

真题过招

5. (2022 江西初中数学,1 分)从地面竖直向上抛出一小球,小球的高度 h(单位:m)与小球运动时间 t(单位:s)之间的函数关系图象如图所示,有如下结论:①小球抛出 3 s 后,速度越来越快;②小球的高度 $h=30$ m时,$t=1.5$ s;③小球抛出 3 s 时的速度为 0;④小球在空中经过的路程是 40 m。其中正确的是( )

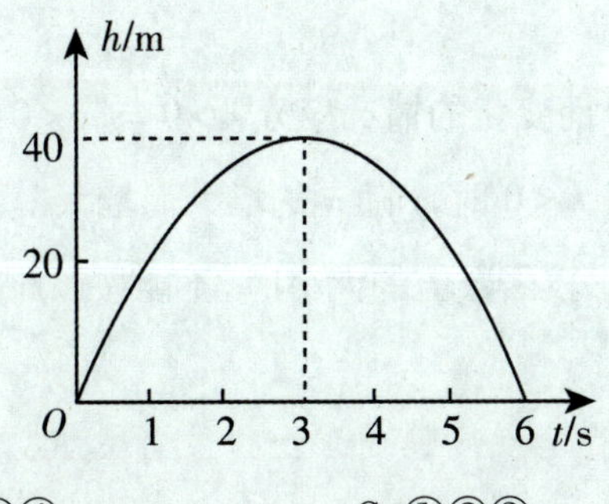

A. ①③　　B. ①④　　C. ①②③　　D. ②③④

答案解析

A 【解析】小球抛出 3 s 后,函数图象切线斜率的绝对值越来越大,所以小球的速度越来越快,①正确;根据图象,可设该抛物线的解析式为 $h=a(t-3)^2+40$,将 $t=6,h=0$ 代入,可得 $a=-\frac{40}{9}$,所以该抛物线的解析式为 $h=-\frac{40}{9}(t-3)^2+40$,将 $h=30$ 代入可得 $30=-\frac{40}{9}(t-3)^2+40$,解得 $t=\frac{3}{2}$ 或 $t=\frac{9}{2}$,②错误;小球抛出 3 s 时图象切线的斜率为 0,所以此时小球的速度为 0,③正确;小球在空中经过的路程是 $40+40=80$ m,④错误。

变式训练

10. 一汽车租赁公司拥有某种型号的汽车 100 辆,公司在经营中发现每辆车的月租金 x(元)与每月租出的车辆数(y)辆有如下关系:

x	3000	3200	3500	4000
y	100	96	90	80

(1)观察表格,用所学过的一次函数、反比例函数或二次函数的有关知识求出每月租出的车辆数 y(辆)与每辆车的月租金 x(元)之间的关系式;

(2)已知租出的车每辆每月需要维护费150元,未租出的车每辆每月需要维护费50元,若你是该公司的经理,你会将每辆车的月租金定为多少元,才能使公司获得最大月收益?请求出公司的最大月收益是多少元?

考向3 反比例函数问题

(一)反比例函数的图象和性质

解法突破

反比例函数中,y 随 x 的大小而变化的情况应分 $x>0$ 与 $x<0$ 两种情况讨论,而不能笼统地说成"$k>0$ 时,y 随 x 的增大而减小;$k<0$ 时,y 随 x 的增大而增大"。在每个象限内,y 随 x 的变化是一致的,但在不同象限的两个点比较函数值的大小时,不能按照此规律。

真题过招

1.(2021 江西初中数学,1 分)设 $A(x_1,y_1)$,$B(x_2,y_2)$是反比例函数 $y=-\dfrac{2}{x}$图象上的任意两点,且 $y_1<y_2$,则 x_1,x_2 可能满足的关系是( )

A. $x_1>x_2>0$ B. $x_1<0<x_2$

C. $x_2<0<x_1$ D. $x_2<x_1<0$

答案解析

C 【解析】易知该反比例函数在第二、四象限,且在每个象限内 y 随 x 的增大而增大,又 $\because y_1<y_2$,$\therefore$ 当 A,B 两点都在第二象限内时,$x_1<x_2<0$;当 A,B 两点都在第四象限时,$0<x_1<x_2$;当 A 在第四象限内,B 在第二象限内时,$x_2<0<x_1$,故选 C。

变式训练

1.(2019 河南许昌禹州,1.5 分)设点 $A(x_1,y_1)$和 $B(x_2,y_2)$是反比例函数 $y=\dfrac{k}{x}$图象上的两

个点，当 $x_1 < x_2 < 0$ 时，$y_1 < y_2$，则一次函数 $y = -2x + k$ 的图象不经过的象限是(　　)

A. 第一象限　　B. 第二象限　　C. 第三象限　　D. 第四象限

2. (2019 山西运城稷山县，2 分) 在反比例函数 $y = \frac{m-1}{x}(x<0)$ 中，函数值 y 随 x 的增大而减小，则 m 的取值范围是________。

(二) 反比例函数中参数 k 的几何意义

解法突破

遇到涉及反比例函数图象面积问题时，一定要注意 $y = \frac{k}{x}$(k 为常数，且 $k \neq 0$) 的本质特征是两个变量 y 与 x 的乘积是一个常数 k，k 又与矩形(或三角形)面积相联系，由此出发解决问题。

真题过招

2. (2020 江西小学数学，1 分) 如图，已知点 P 是反比例函数 $y = \frac{k}{x}$ 的图象在第二象限内的一点，过点 P 分别作 x 轴、y 轴的垂线，垂足分别为 M, N，若矩形 $PNOM$ 的面积为 6，则 k 的值为(　　)

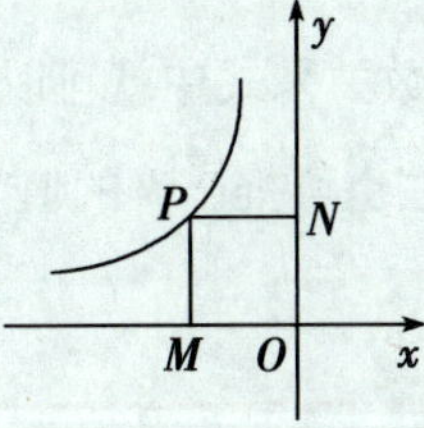

A. 6　　B. 5　　C. -5　　D. -6

答案解析

D 【解析】设 P 点坐标为 (x,y)，$x<0$，$y>0$，则 $S_{矩形PNOM} = PM \cdot PN = -xy = 6$，故 $k = -6$。

变式训练

3. 在平面直角坐标系 xOy 中，过反比例函数 $y = \frac{k}{x}(k>0)$ 的图象上一点 A 作 $AB \perp x$ 轴于点 B，连结 AO，若 $S_{\triangle AOB} = 3$，则实数 k 的值为(　　)

A. 3　　B. 4　　C. 5　　D. 6

4. 如下图，已知点 A，B 分别在反比例函数 $y=\frac{2}{x}(x>0)$，$y=-\frac{8}{x}(x>0)$ 的图象上，且 $OA\perp OB$，则 $\tan A$ 的值为________。

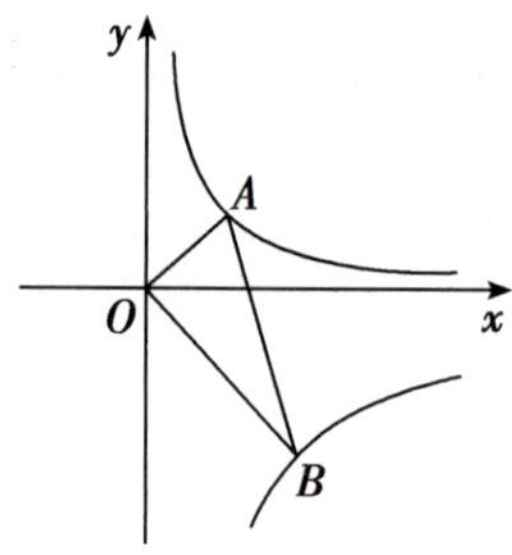

(三)反比例函数表达式的确定

解法突破

(1)待定系数法确定反比例函数解析式：

①根据题中所给的已知条件写出含有待定系数的函数关系式 $y=\frac{k}{x}$；

②将 x，y 的对应值或图象上点的坐标代入上述函数关系式中得到以待定系数为未知数的方程；

③解方程得出未知系数的值；

④将得到的待定系数代回所求的函数关系式中就可以得到该函数的解析式。

(2)由双曲线所在位置和函数增减性也可推出 k 的值。

真题过招

3. (2022 安徽小学数学，8 分)已知 P 为反比例函数 $y=\frac{k}{x}(k>0)$ 图象上的动点，O 为坐标原点，点 Q 为点 P 在 x 轴上的投影，且 $\triangle OPQ$ 的面积为 1。

(1)求该反比例函数的解析式；

(2)求动点 P 到原点 O 的距离最小值，并求取得最小值时点 P 的坐标。

答案解析

【解析】(1)由题意知，$\because S_{\triangle OQP}=1$，设点 P 坐标为 (x,y)，那么 $S_{\triangle OQP}=\frac{1}{2}xy=\frac{1}{2}x\cdot\frac{k}{x}=1$，

$\therefore k=2$，$\therefore$ 反比例函数的解析式为 $y=\frac{2}{x}$。

(2)设点 P 的坐标为 (x,y),由题意知,$OP^2=OQ^2+PQ^2=x^2+y^2=x^2+\frac{4}{x^2}$,$\because x^2+\frac{4}{x^2}\geqslant 2\sqrt{x^2\cdot\frac{4}{x^2}}=4$,$\therefore OP^2\geqslant 4$,$\because OP>0$,$\therefore OP\geqslant 2$,当且仅当 $x^2=\frac{4}{x^2}$ 即 $x=\pm\sqrt{2}$ 时,等号成立,$\therefore$ 动点 P 到原点 O 的距离最小值为2,此时点 P 的坐标为 $(\sqrt{2},\sqrt{2})$ 或 $(-\sqrt{2},-\sqrt{2})$。

变式训练

5. 反比例函数 $y=\frac{k}{x}(k\neq 0)$ 的图象经过点 $M(1,2)$,以点 M 为端点的射线与该反比例函数的图象在第三象限交于点 $N(-1,a)$,点 P 的坐标为 $(0,4)$,则 $\triangle PMN$ 的周长为( )

A. $4\sqrt{5}$　　B. $\sqrt{37}+\sqrt{29}$

C. $\sqrt{37}+3\sqrt{5}$　　D. $\sqrt{29}+4\sqrt{5}$

6. 已知双曲线 $y=\frac{k}{x}$ 经过 $A(3,\frac{20}{3})$,$B(-5,m)$ 两点,经过 A,B 两点的直线与 x 轴交于点 C,过 A 点作 x 轴的垂线,垂足为 D,过 B 点作 y 轴的垂线,垂足为 E,则四边形 $BCDE$ 的周长为______。

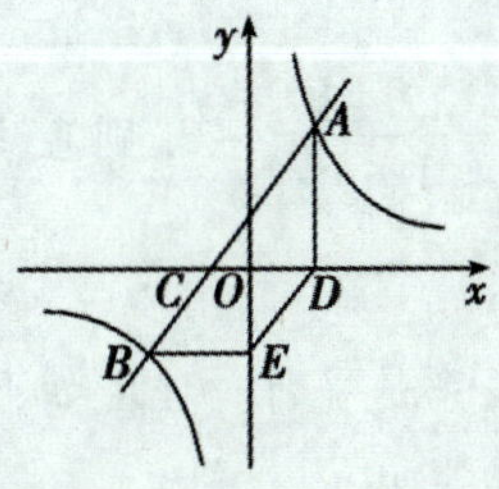

(四)反比例函数与一次函数的综合

解法突破

反比例函数与一次函数的综合一般使用待定坐标法思想,即找到题目里的核心坐标点,用待定未知数设定它的坐标值,然后推导或者计算其他相关点的坐标,通过已知条件建立起相关代数关系,然后计算出最后的答案。

真题过招

4. (2021 江苏南通,8 分)如图,点 $A(1,12)$ 和点 $M(m,n)$ 都在反比例函数 $y=\frac{k}{x}(k>0)$ 的图象上。

(1)求 k 的值;

(2)当 $m=4$ 时,求直线 AM 的解析式;

(3)当 $m>1$ 时,过点 M 作 $MP\perp x$ 轴,垂足为 P,过点 A 作 $AB\perp y$ 轴,垂足为 B。试判断直线 BP 与直线 AM 的位置关系,并说明理由。

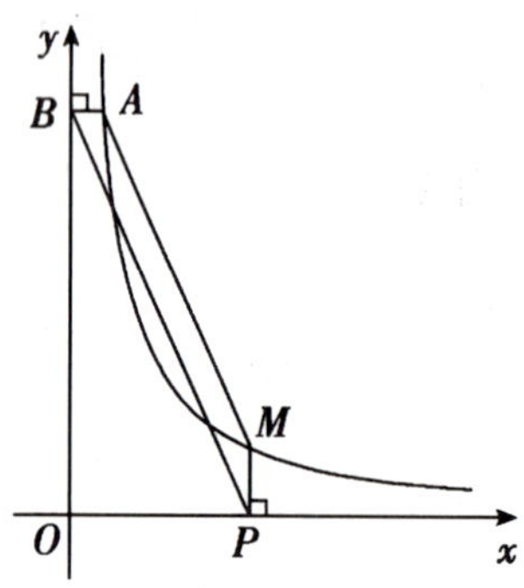

答案解析

【解析】(1)将点 $A(1,12)$ 代入反比例函数 $y=\frac{k}{x}(k>0)$,得 $12=\frac{k}{1}$,即 $k=12$。

(2)因为点 $M(m,n)$ 在反比例函数 $y=\frac{12}{x}$ 的图象上,且 $m=4$,所以 $n=\frac{12}{m}=3$,即点 M 的坐标为$(4,3)$,从而直线 AM 的斜率 $k_{AM}=\frac{12-3}{1-4}=-3$,则直线 AM 的解析式为 $y-12=-3(x-1)$,整理得 $y=-3x+15$。

(3)直线 BP 与直线 AM 的位置关系是平行。理由如下:

由题意可知 $A(1,12)$,$M(m,n)$,$B(0,12)$,$P(m,0)$,则直线 BP 的斜率 $k_{BP}=-\frac{12}{m}$。

因为点 $M(m,n)$ 在反比例函数 $y=\frac{12}{x}$ 的图象上,所以 $n=\frac{12}{m}$,则直线 AM 的斜率 $k_{AM}=\frac{12-n}{1-m}=\frac{12-\frac{12}{m}}{1-m}=-\frac{12}{m}$,即 $k_{AM}=k_{BP}$,故直线 BP 与直线 AM 平行。

变式训练

7. 已知某函数的图象 C 与函数 $y=\frac{3}{x}$ 的图象关于直线 $y=2$ 对称,则下列说法正确的是(　　)

A. 图象 C 与函数 $y=\frac{3}{x}$ 的图象交于点$(1,3)$

B. 点$(\frac{1}{2},-2)$在图象 C 上

C. 图象 C 上的点的纵坐标都小于4

D. (x_1,y_1)，(x_2,y_2)是图象 C 上的任意两点，若 $x_1>x_2$，则 $y_1>y_2$

8. 如图，直线 $y=kx+b$ 与曲线 $y=\frac{3}{x}(x>0)$ 相交于 A，B 两点，交 x 轴于点 C，若 $AB=2BC$，则 $\triangle AOB$ 的面积是(　　)

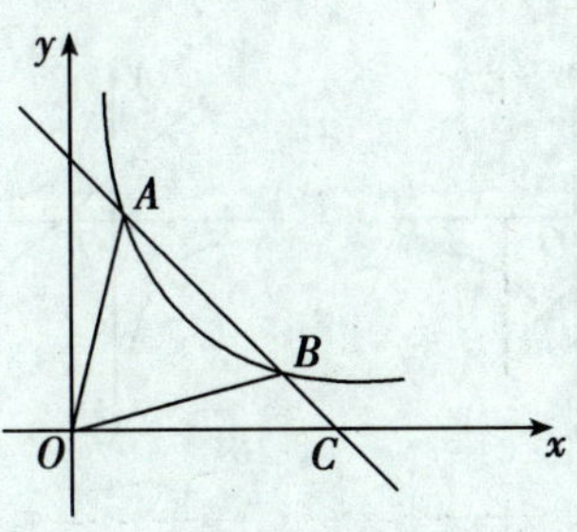

A. 2　　　　B. 4

C. 6　　　　D. 8

必刷好题

招教高频基础刷

1. 一次函数 $y_1=kx+b$ 与 $y_2=x+a$ 的图象如图，则下列结论：①$k<0$；②$a>0$；③当 $x<3$ 时，$y_1<y_2$，其中正确的个数是(　　)

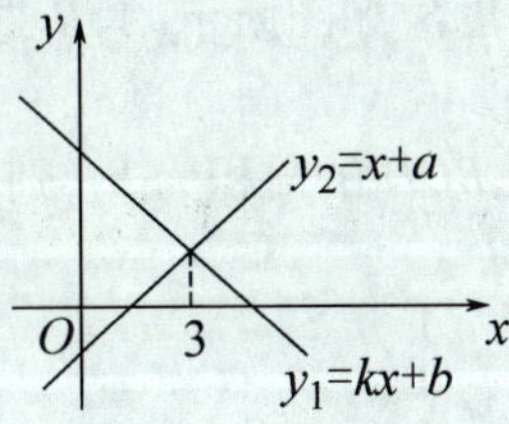

A. 0　　　　B. 1

C. 2　　　　D. 3

2. 关于反比例函数 $y=\frac{2}{x}$，下列说法不正确的是(　　)

A. 点$(-2,-1)$在它的图象上

B. 它的图象在第一、三象限

C. 当 $x>0$ 时，y 随 x 的增大而增大

D. 当 $x<0$ 时，y 随 x 的增大而减小

3. 一次函数 $y=-x-1$ 不经过的象限是(　　)

A. 第一象限　　B. 第二象限

C. 第三象限　　D. 第四象限

4. 若 $ab>0$，则一次函数 $y=ax+b$ 与反比例函数 $y=\frac{ab}{x}$ 在同一坐标系中的大致图象是(　　)

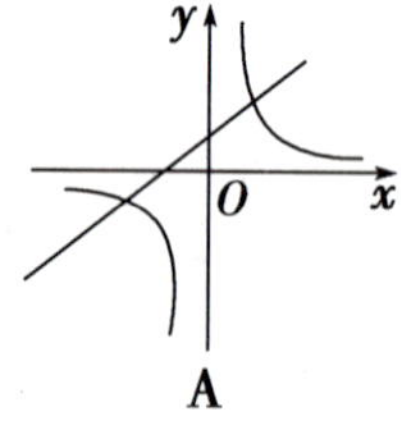

A

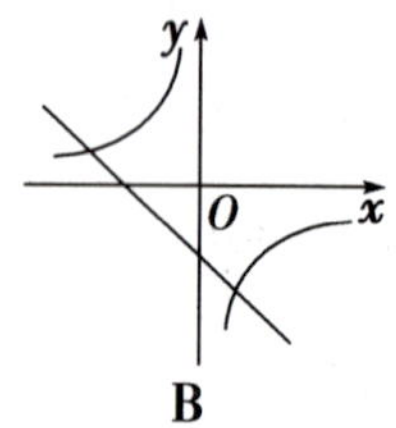

B

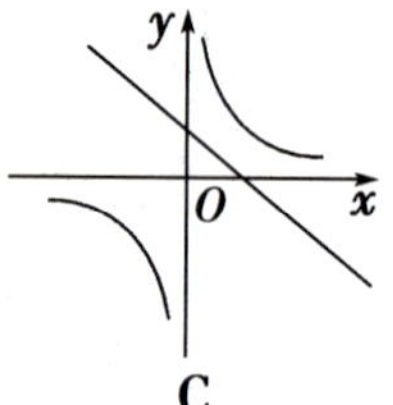

C

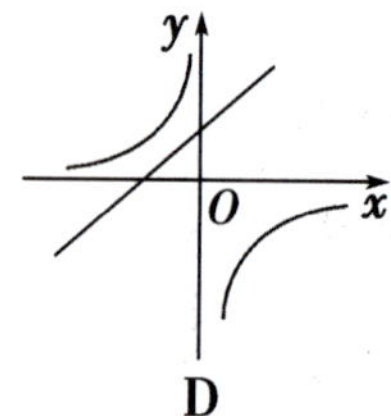

D

5. 如图，点 A 是反比例函数 $y=-\frac{6}{x}(x<0)$ 的图象上的一点，过点 A 作平行四边形 $ABCD$，使点 B,C 在 x 轴上，点 D 在 y 轴上，则平行四边形 $ABCD$ 的面积为(　　)

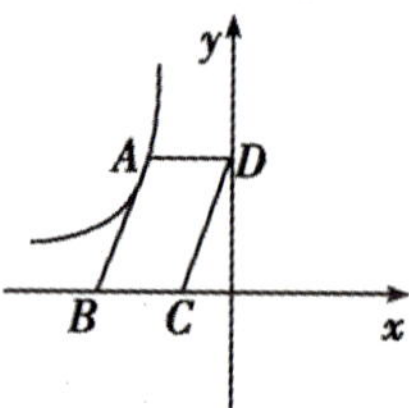

A. 1　　B. 3

C. 6　　D. 12

6. 反比例函数 $y=\frac{k}{x}(k>0)$ 的部分图象如图所示，A,B 是图象上的两点，$AC\perp x$ 轴于 C 点，$BD\perp x$ 轴于 D 点，若 $\triangle AOC$ 的面积为 S_1，$\triangle BOD$ 的面积为 S_2，则 S_1 与 S_2 的大小关系是(　　)

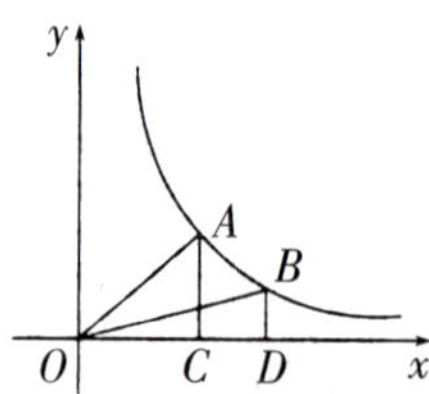

A. $S_1=S_2$　　B. $S_1>S_2$

C. $S_1<S_2$　　D. 无法确定

7. 如图，反比例函数 $y=\frac{k}{x}$ 的图象经过二次函数 $y=ax^2+bx$ 图象的顶点 $(-\frac{1}{2},m)(m>0)$，则有(　　)

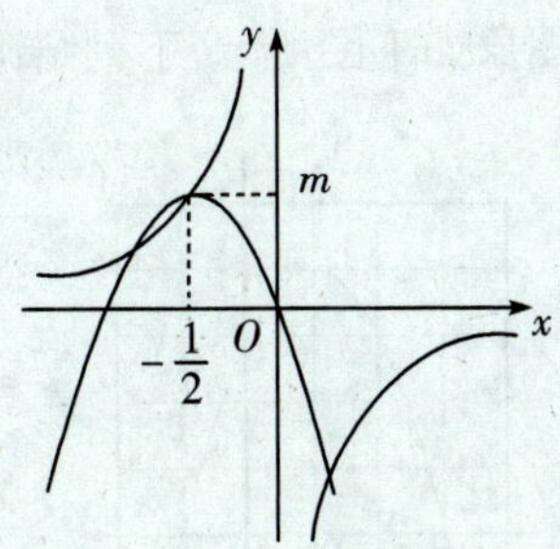

A. $a=b+2k$　　B. $a=b-2k$

C. $k<b<0$　　D. $a<k<0$

8. 设点 $A(x_1,y_1)$ 和 $B(x_2,y_2)$ 是反比例函数 $y=\frac{k}{x}$ 图象上的两个点，当 $x_1<x_2<0$ 时，$y_1<y_2$，则一次函数 $y=-2x+k$ 的图象不经过的象限是(　　)

A. 第一象限　　B. 第二象限

C. 第三象限　　D. 第四象限

9. 已知点 $(-5,y_1)$，$(1,y_2)$，$(10,y_3)$ 都在函数 $y=(x-2)^2+c$ 的图象上，则 y_1,y_2,y_3 的大小关系是(　　)

A. $y_1>y_2>y_3$　　B. $y_3>y_1>y_2$

C. $y_3>y_2>y_1$　　D. $y_2>y_1>y_3$

10. 已知二次函数 $y=2(x-3)^2+1$。有下列说法：①其图象的开口向下；②其图象的对称轴为直线 $x=-3$；③其图象顶点坐标为 $(3,-1)$；④当 $x<3$ 时，y 随 x 的增大而减小。其中说法正确的有(　　)

A. 1 个　　B. 2 个　　C. 3 个　　D. 4 个

11. 在同一直角坐标系中，直线 $y=ax+b$ 与抛物线 $y=bx^2+x+a$ 的位置关系不可能存在的是(　　)

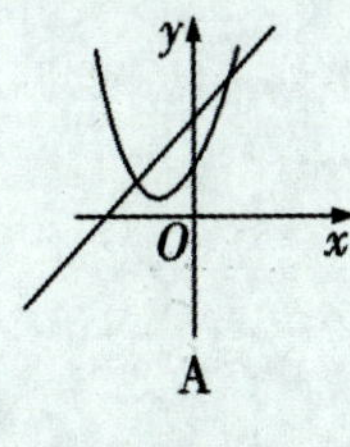

A

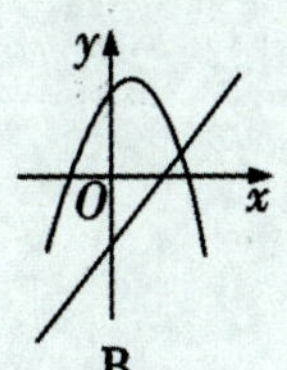

B

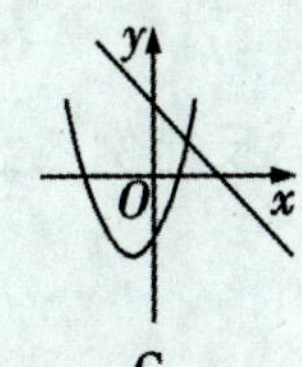

C

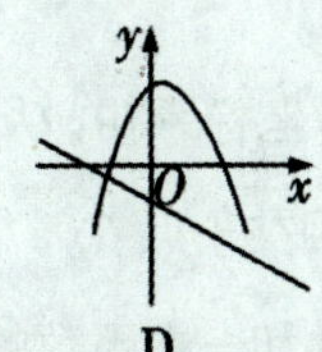

D

12. 二次函数 $y=ax^2+bx+c$ 的图象如下图所示，下列结论正确的有(　　)

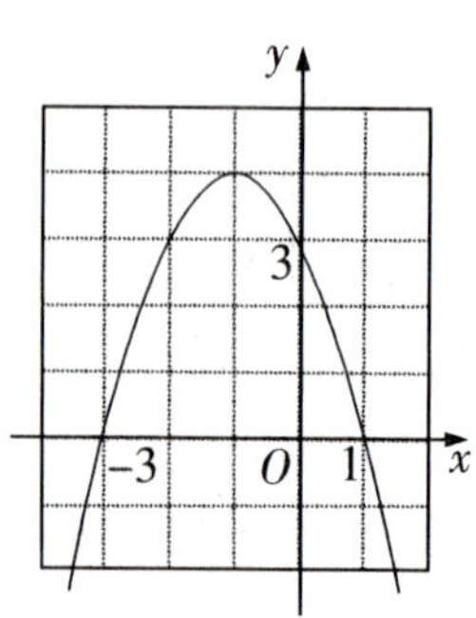

①二次三项式 ax^2+bx+c 的最大值为 4；② $4a+2b+c<0$；③一元二次方程 $ax^2+bx+c=1$ 的两根之和为 -2；④使 $y\leqslant3$ 成立的 x 取值范围是 $x\geqslant0$。

A. 1 个　　　　B. 2 个

C. 3 个　　　　D. 4 个

13. 若函数 $f(x)=x^2+ax+b$ 的图象与 x 轴的交点为 $(1,0)$ 和 $(3,0)$，则函数 $f(x)$(　　)

A. 在 $(-\infty,2]$ 上递减，在 $[2,+\infty)$ 上递增

B. 在 $(-\infty,3)$ 上递增

C. 在 $[1,3]$ 上递增

D. 在 $[1,3]$ 上递减

14. 若函数 $f(x)=x^2-2x+1$ 在区间 $[a,a+2]$ 上的最小值为 4，则 a 的取值集合为(　　)

A. $[-3,3]$　　　　B. $[-1,3]$

C. $\{-3,3\}$　　　　D. $\{-1,-3,3\}$

15. 如图，$\triangle AOB$ 是直角三角形，$\angle AOB=90^\circ$，$OB=2OA$，点 A 在反比例函数 $y=\dfrac{1}{x}$ 的图象上。若点 B 在反比例函数 $y=\dfrac{k}{x}$ 的图象上，则 k 的值为________。

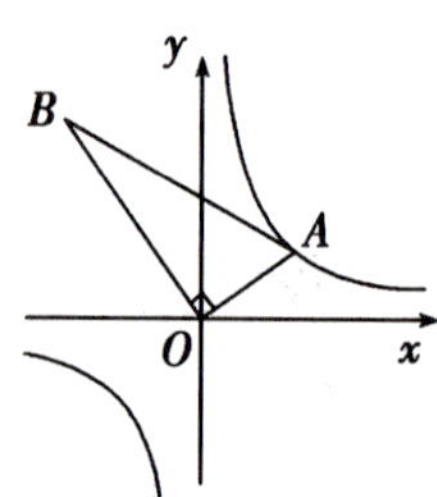

16. 如图，在平面直角坐标系中，O 为原点，一次函数与反比例函数的图象相交于 $A(2,1)$，$B(-1,-2)$ 两点，与 x 轴相交于点 C。

(1) 分别求反比例函数和一次函数的解析式(关系式)；

(2)连结 OA,求 $\triangle AOC$ 的面积。

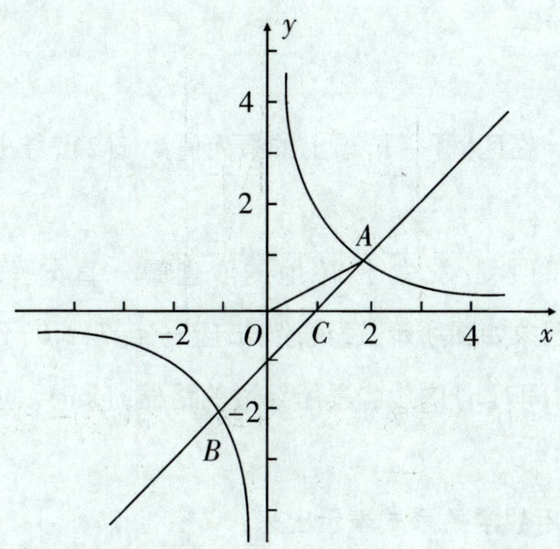

17. 如图所示,一次函数 $y=kx+b$ 的图象与反比例函数 $y=\dfrac{m}{x}$ 的图象交于 $A(1,2)$,$B(-m,-1)$ 两点。

(1)求反比例函数和一次函数的解析式;

(2)根据图象直接写出使一次函数的值大于反比例函数的值的 x 的取值范围。

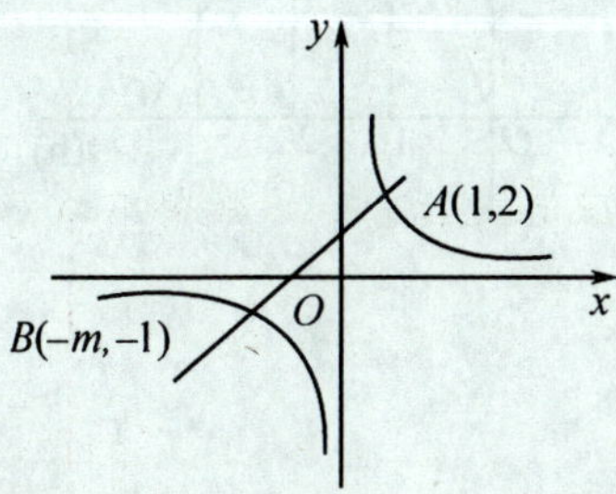

18. 如图,已知抛物线经过两点 $A(-3,0)$,$B(0,3)$,且其对称轴为直线 $x=-1$。

(1)求此抛物线的解析式;

(2)若点 P 是抛物线上点 A 与点 B 之间的动点(不包括点 A,点 B),求 $\triangle PAB$ 的面积的最大值,并求出此时点 P 的坐标。

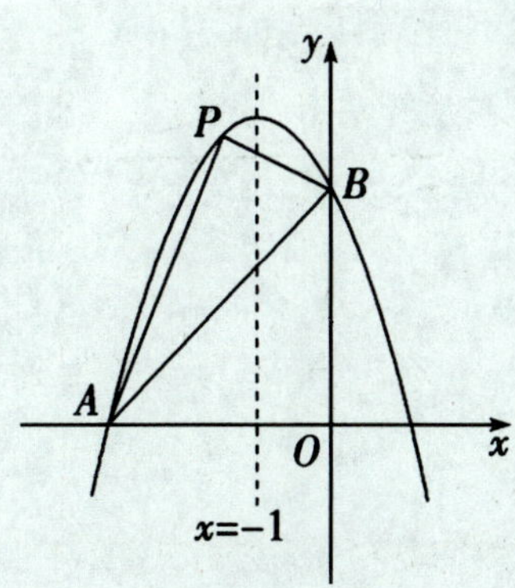

19. 已知值域为$[-1,+\infty)$的二次函数$f(x)$满足$f(-1+x)=f(-1-x)$，且方程$f(x)=0$的两个实根x_1,x_2满足$|x_1-x_2|=2$。

(1) 求$f(x)$的表达式；

(2) 函数$g(x)=f(x)-kx$在区间$[-1,2]$上的最大值为$g(2)$，最小值为$g(-1)$，求实数k的取值范围。

20. 据某气象中心观察和预测：发生于M地的沙尘暴一直向正南方向移动，其移动速度$v(\text{km/h})$与时间$t(\text{h})$的函数图象如图所示，过线段OC上一点$T(t,0)$作横轴的垂线l，梯形$OABC$在直线l左侧部分的面积即时间$t(\text{h})$内沙尘暴所经过的路程$s(\text{km})$。

(1) 当$t=4$时，求s的值；

(2) 将s随t变化的规律用数学关系式表示出来；

(3) 若N城位于M地正南方向，且距M地650 km，试判断这场沙尘暴是否会侵袭到N城，如果会，在沙尘暴发生后多长时间它将侵袭到N城？如果不会，请说明理由。

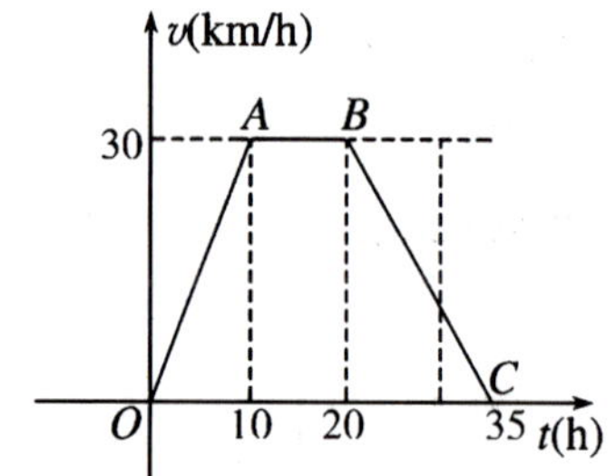

第五节 基本初等函数

招教核心要点

1. 幂函数的图象与性质

(1)幂函数 $y=x^{a}$(a 是常数)的图象

常见幂函数 $y=x,y=x^{\frac{1}{2}},y=x^{2},y=x^{-1},y=x^{3}$ 的图象如下:

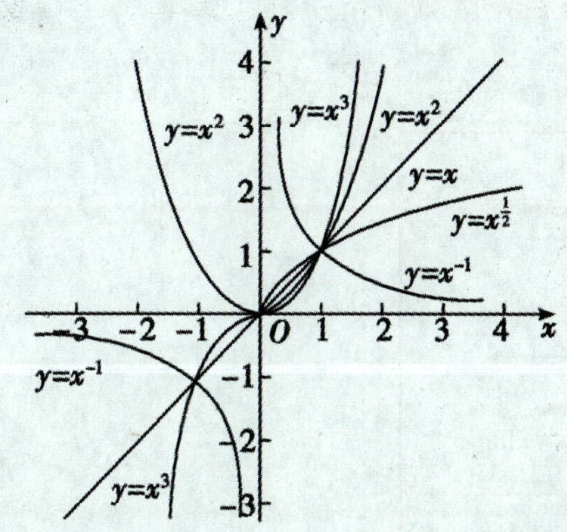

(2)幂函数的性质

①当 $a>0$ 时,函数图象过点(0,0),(1,1),且在(0,+∞)上单调递增;

②当 $a<0$ 时,函数图象过点(1,1),且在(0,+∞)上单调递减。

2. 指数函数的图象与性质

形如 $y=a^{x}$($a>0$,且 $a\neq1$)。

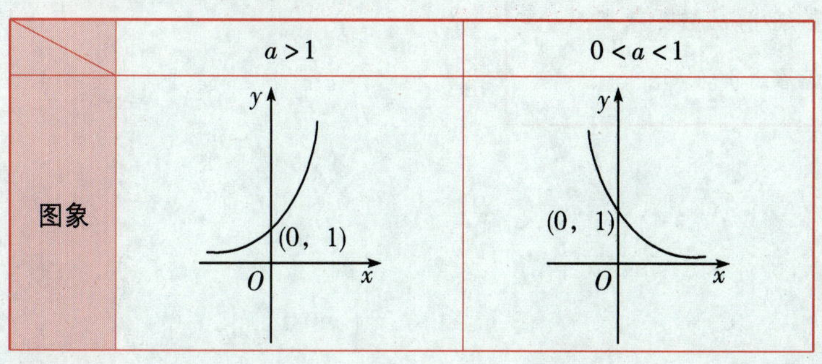

	$a>1$	$0<a<1$
图象	(0, 1)	(0, 1)

考向分析

幂函数、指数函数、对数函数的图象与性质是教师招聘考试的重点考查内容,常与不等式问题结合考查。

思想应用

A. 数形结合思想:由幂函数图象判断指数情况;研究与指数型函数有关的交点、零点问题或方程根的情况时,多结合指数函数图象求解;解含有对数函数的不等式(如对数函数与一次、二次函数结合)时,多结合对数函数图象求解。

B. 转化与化归思想:对于比较幂值的大小、求解关于幂值的不等式或最值时,可以构造幂函数,利用幂函数性质解决问题。

C. 分类讨论思想:由于指数函数、对数函数的底数限制,底数的范围不同,函数的图象有所差别,因此当底数含有参数时,经常对底数范围进行讨论。

续表

	$a>1$	$0<a<1$
性质	定义域为 **R**，值域为 $(0,+\infty)$	
	图象过点 $(0,1)$	
	$x>0$，$y>1$； $x<0$，$0<y<1$	$x>0$，$0<y<1$； $x<0$，$y>1$
	在 **R** 上是增函数	在 **R** 上是减函数
	底数越大，函数图象在第一象限越靠近 y 轴	底数越小，函数图象在第一象限越靠近 x 轴

3. 对数函数的图象与性质

形如 $y=\log_a x(a>0$，且 $a\neq1)$。

	$a>1$	$0<a<1$
图象	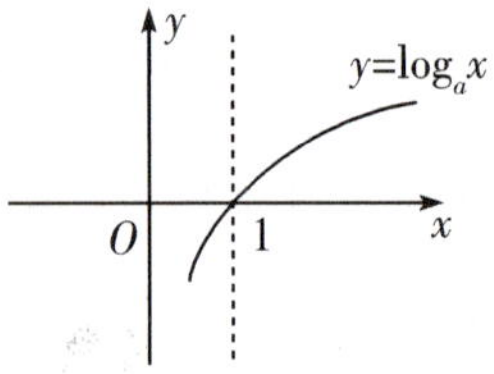 y, $y=\log_a x$, O, 1, x	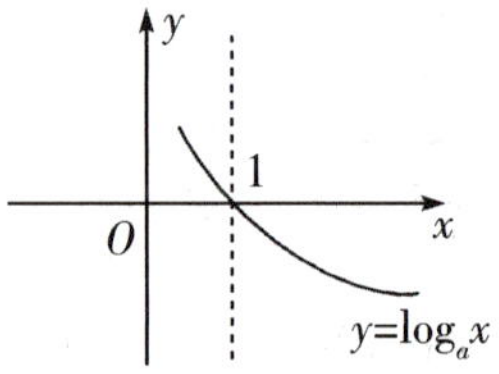 y, 1, O, x, $y=\log_a x$
图象特征与性质	图象在 y 轴的右侧，定义域是 $(0,+\infty)$；值域是 **R**	
	图象经过 $(1,0)$ 点，即 $x=1$ 时，$y=0$	
	图象上升，为增函数	图象下降，为减函数
	$x\in(0,1)$ 时，图象在 x 轴的下方；$x\in(1,+\infty)$ 时，图象在 x 轴的上方，即若 $0<x<1$，则 $y<0$；若 $x>1$，则 $y>0$	$x\in(0,1)$ 时，图象在 x 轴的上方；$x\in(1,+\infty)$ 时，图象在 x 轴的下方，即若 $0<x<1$，则 $y>0$；若 $x>1$，则 $y<0$
	底数越大，函数图象在第一象限越靠近 x 轴	底数越小，函数图象在第一象限越靠近 y 轴

招教考向解读

考向1 比较幂值大小

解法突破

比较两个不同底数幂函数值的大小，一般先构造幂函数，再利用幂函数的单调性，然后由单调性判断函数值的大小。

典例

若 $a=\pi^{e}, b=3^{\pi}, c=\pi^{3}$，则 a,b,c 的大小关系为(　　)

A. $a>b>c$　　B. $a<c<b$

C. $b<a<c$　　D. $c<b<a$

答案解析

B 【解析】$b=3^{\pi}=3^{\left(\frac{\pi}{3}\right)\times 3}$，$c=\pi^{3}$，比较 π^{3} 和 3^{π}，即比较 $3^{\left(\frac{\pi}{3}\right)}$ 和 π 的大小，令 $f(x)=3^{\left(\frac{x}{3}\right)}-x, x\geqslant 3$，则 $f'(x)=\frac{1}{3}\times\ln 3\times 3^{\left(\frac{x}{3}\right)}-1=\ln 3\times 3^{\left(\frac{x}{3}-1\right)}-1>3^{0}-1=0$，所以函数 $f(x)$ 在 $[3,+\infty)$ 上是增函数，故 $f(\pi)>f(3)=0$，即 $3^{\left(\frac{\pi}{3}\right)}-\pi>0\Rightarrow 3^{\pi}>\pi^{3}\Rightarrow b>c$。又因为 $\pi^{e}<\pi^{3}$，所以 $a<c$，故 a,b,c 的大小关系为 $a<c<b$。

变式训练

下列式子中，正确的个数有(　　)

①$2.3^{\frac{3}{4}}<2.4^{\frac{3}{4}}$；②$(\sqrt{2})^{-\frac{3}{2}}<(\sqrt{3})^{-\frac{3}{2}}$；③$(-0.31)^{\frac{6}{5}}<0.35^{\frac{6}{5}}$；④$1.1^{0.9}>0.9^{1.1}$。

A. 1　　B. 2　　C. 3　　D. 4

考向2 指数函数中的过定点问题

解法突破

指数函数 $y=a^{x}$ 无论 $a>1$ 还是 $0<a<1$，都恒过定点 $(0,1)$，因此形如 $y=a^{x+m}+n$ 的函数根据图象平移的规律得出恒过定点 $(-m,n+1)$。

真题过招

(2021 江西高中数学,1 分)函数 $y=a^{x+2}-1(a>0$ 且 $a\neq1)$ 的图象恒过的点是(　　)

A. $(0,0)$　　B. $(0,-1)$　　C. $(-2,0)$　　D. $(-2,-1)$

答案解析

C 【解析】当 $x=-2$ 时,$y=a^{-2+2}-1=a^0-1=1-1=0$,故该函数恒过点 $(-2,0)$,故选 C。

变式训练

不论 a 为何值,函数 $y=(a-1)2^x-\frac{a}{2}$ 横过定点,则这个定点的坐标是(　　)

A. $\left(1,-\frac{1}{2}\right)$　　B. $\left(1,\frac{1}{2}\right)$　　C. $\left(-1,-\frac{1}{2}\right)$　　D. $\left(-1,\frac{1}{2}\right)$

考向 3 对数函数的比较大小

解法突破

比较大小问题常利用函数的单调性及中间值(如 0 或 1)来判别。

真题过招

(2020 天津南开区,2 分)若 $a=\log_2 0.2$,$b=2^{0.2}$,$c=\log_{0.2}0.3$,则下列结论正确的是(　　)

A. $c>b>a$　　B. $b>a>c$　　C. $a>b>c$　　D. $b>c>a$

答案解析

D 【解析】因为 $a=\log_2 0.2<\log_2 1=0$,$b=2^{0.2}>1$,$c=\log_{0.2}0.3<\log_{0.2}0.2=1$,$c=\log_{0.2}0.3>\log_{0.2}1=0$,所以 $a<c<b$。

变式训练

1. 设 $a=\log_3 2$,$b=\log_5 2$,$c=\log_2 3$,则(　　)

A. $a>c>b$　　B. $b>c>a$

C. $c>b>a$　　D. $c>a>b$

2. 若 $0<a<b<1$，则 a^b，$\log_b a$，$\log_{\frac{1}{a}} b$ 的大小关系是(　　)

A. $a^b>\log_b a>\log_{\frac{1}{a}} b$　　B. $a^b>\log_{\frac{1}{a}} b>\log_b a$

C. $\log_b a>\log_{\frac{1}{a}} b>a^b$　　D. $\log_b a>a^b>\log_{\frac{1}{a}} b$

必刷好题

招教高频基础刷

1. 已知幂函数 $f(x)$ 的图象过点 $(8,2)$，则 $f(27)$ 等于(　　)

A. 13　　B. -13　　C. -3　　D. 3

2. 已知幂函数 $f(x)=x^{2n^2-5n-3}$ $(n\in\mathbf{Z})$ 的图象关于原点对称且在 $(0,+\infty)$ 上单调递减，则 n 的取值集合为(　　)

A. $\{-1,0,1,2\}$　　B. $\{0,1,2\}$　　C. $\{2\}$　　D. $\{0,2\}$

3. 设 x,y,z 为正数，且 $2^x=3^y=5^z$，则(　　)

A. $2x<3y<5z$　　B. $5z<2x<3y$　　C. $3y<5z<2x$　　D. $3y<2x<5z$

4. 下列函数中，与函数 $y=2^x-2^{-x}$ 的定义域、单调性与奇偶性均一致的是(　　)

A. $y=\sin x$　　B. $y=x^3$　　C. $y=\left(\frac{1}{2}\right)^x$　　D. $y=\log_2 x$

5. 已知对于不同的 a 值，函数 $f(x)=2+a^{x-1}$ $(a>0$，且 $a\neq1)$ 的图象恒过定点 P，则 P 点的坐标是(　　)

A. $(0,3)$　　B. $(0,2)$　　C. $(1,3)$　　D. $(1,2)$

6. $y=(a^2-3a+3)a^x$ 是指数函数，则有(　　)

A. $a=1$ 或 2　　B. $a=1$

C. $a=2$　　D. $a>0$ 且 $a\neq1$

7. 已知幂函数 $g(x)=(2a-1)x^{a+1}$ 的图象过函数 $f(x)=m^{x-b}-\frac{1}{2}$ $(m>0$，且 $m\neq1)$ 的图象所经过的定点，则 b 的值等于(　　)

A. $\pm\frac{1}{2}$　　B. $\pm\frac{\sqrt{2}}{2}$　　C. 2　　D. ±2

8. 若幂函数 $f(x)=kx^a$ $(k\in\mathbf{R},a\in\mathbf{R})$ 的图象过点 $\left(\frac{1}{2},\sqrt{2}\right)$，则 $k+a=$(　　)

A. 2　　B. $\frac{3}{2}$　　C. 1　　D. $\frac{1}{2}$

9. 函数 $y=4^x+4^{-x}+2^x-2^{-x}$ 的最小值为(　　)

A. $\frac{1}{2}$　　B. 1　　C. 2　　D. $\frac{7}{4}$

10. 函数 $y=\left(\frac{1}{2}\right)^{\sqrt{-x^2+x+2}}$ 的单调递增区间是(　　)

A. $\left[-1,\frac{1}{2}\right]$　　B. $(-\infty,-1]$

C. $[2,+\infty)$　　D. $\left[\frac{1}{2},2\right]$

11. 已知 $f(x)=\frac{e^x-e^{-x}}{2}$，则下列正确的是(　　)

A. 奇函数，在 **R** 上为增函数　　B. 偶函数，在 **R** 上为增函数

C. 奇函数，在 **R** 上为减函数　　D. 偶函数，在 **R** 上为减函数

12. 若指数函数 $y=a^x$ 在 $[-1,1]$ 上的最大值与最小值的差是 1，则底数 a 等于(　　)

A. $\frac{1+\sqrt{5}}{2}$　　B. $\frac{-1+\sqrt{5}}{2}$　　C. $\frac{1\pm\sqrt{5}}{2}$　　D. $\frac{\sqrt{5}\pm 1}{2}$

13. 已知常数 $a>0$，函数 $f(x)=\frac{2^x}{2^x+ax}$ 的图象经过点 $P\left(p,\frac{6}{5}\right)$、$Q\left(q,-\frac{1}{5}\right)$。若 $2^{p+q}=36pq$，则 $a=$________。

14. 已知函数 $f(x)=a^x+b(a>0,a\neq 1)$ 的定义域和值域都是 $[-1,0]$，则 $a+b=$________。

15. 已知下列函数：(1) $y=a^x$；(2) $y=b^x$；(3) $y=c^x$；(4) $y=d^x$，如图是上述函数的图象，则 a，b，c，d 与 1 的大小关系是________。

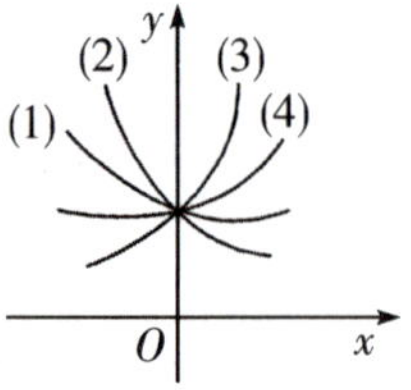

一节完毕
休息休息

第六节 函数的图象及应用

招教核心要点

1. 函数图象的平移变换

$y=f(x)\xrightarrow[a<0,\text{左移}|a|\text{个单位}]{a>0,\text{右移}a\text{个单位}}y=f(x-a)$；

$y=f(x)\xrightarrow[b<0,\text{下移}|b|\text{个单位}]{b>0,\text{上移}b\text{个单位}}y=f(x)+b$。

2. 函数图象的伸缩变换

$y=f(x)\xrightarrow[\omega>1,\text{纵坐标不变,横坐标缩短为原来的}\frac{1}{\omega}]{0<\omega<1,\text{纵坐标不变,横坐标伸长为原来的}\frac{1}{\omega}\text{倍}}y=f(\omega x)$；

$y=f(x)\xrightarrow[0<A<1,\text{横坐标不变,纵坐标缩短为原来的}A]{A>1,\text{横坐标不变,纵坐标伸长为原来的}A\text{倍}}y=Af(x)$。

3. 函数图象的对称变换

$y=f(x)\xrightarrow{\text{关于}x\text{轴对称}}y=-f(x)$；

$y=f(x)\xrightarrow{\text{关于}y\text{轴对称}}y=f(-x)$；

$y=f(x)\xrightarrow{\text{关于原点对称}}y=-f(-x)$。

4. 函数图象的翻折变换

$y=f(x)\xrightarrow[\text{将}y\text{轴右边的图象翻折到左边去}]{\text{去掉}y\text{轴左边图,保留}y\text{轴右边图}}y=f(|x|)$；

$y=f(x)\xrightarrow[\text{将}x\text{轴下方的图象翻折到上方去}]{\text{保留}x\text{轴上方图}}y=|f(x)|$。

5. 函数的零点

(1)方程 $f(x)=0$ 有实数根⇔函数 $y=f(x)$ 的图象与 x 轴有交点⇔函数 $y=f(x)$ 有零点。

(2)零点存在性定理：若函数 $y=f(x)$ 在闭区间$[a,b]$上的图象是连续曲线，且 $f(a)\cdot f(b)<0$，则函数 $y=f(x)$ 在区间 (a,b) 内有零点。

考向分析

函数图象的识别、函数图象的变换是教师招聘考试中的常考内容，熟练掌握各种类型函数的图象及变换方法是解决问题的关键。

思想应用

A. 数形结合思想：函数图象在研究函数性质、解不等式等方面的作用均体现了数形结合思想的应用。

B. 转化与化归思想：将数的问题转化为形的问题，除了体现数形结合思想，同时也体现了转化与化归思想。

6. 二次函数 $y=ax^2+bx+c(a>0)$ 的零点

$\Delta=b^2-4ac$	$\Delta>0$	$\Delta=0$	$\Delta<0$
二次函数 $y=ax^2+bx+c(a>0)$ 的图象			
与 x 轴的交点坐标	$(x_1,0)$，$(x_2,0)$	$(x_1,0)$	无交点
零点个数	两个	一个	零个

招教考向解读

考向1 函数图象变换

解法突破

结合变换前后图象的关系及函数表达式之间的关系，对所作变换作出判断。因此要熟练掌握基本初等函数的图象及变换方法，得出相关函数的图象。

真题过招

(2022 江苏无锡江阴，3 分) 已知二次函数的图象经过点 $P(2,2)$，顶点为 $O(0,0)$，将该图象向右平移，当它再次经过点 P 时，所得抛物线的函数表达式为________。

答案解析

$y=\frac{1}{2}(x-4)^2$ **【解析】**设原来的抛物线表达式为 $y=ax^2(a\neq0)$，把 $P(2,2)$ 代入 $y=ax^2$，得 $2=4a$，解得 $a=\frac{1}{2}$，故原来的抛物线表达式为 $y=\frac{1}{2}x^2$，设平移后的抛物线表达式为 $y=\frac{1}{2}(x-b)^2(b>0)$，把 $P(2,2)$ 代入，得 $2=\frac{1}{2}(2-b)^2$，解得 $b=4$ 或 $b=0$(舍去)，故平移后抛物线的表达式为 $y=\frac{1}{2}(x-4)^2$。

变式训练

1. 已知图(1)中的图象对应的函数为 $y=f(x)$，则图(2)中的图象对应的函数在下列给出的四个式中，是(　　)

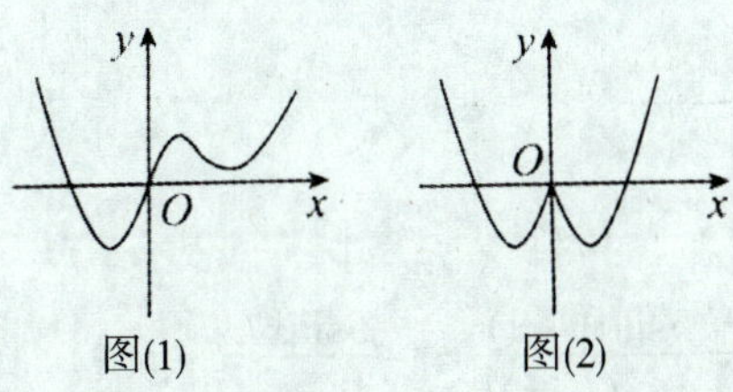

A. $y=f(|x|)$　　B. $y=|f(x)|$　　C. $y=f(-|x|)$　　D. $y=-f(|x|)$

2. 在平面直角坐标系 xOy 中，二次函数 $f(x)=x^2-2x+m$ 的图象与坐标轴有三个交点。

(1)求实数 m 的取值范围；

(2)已知三个交点能构成三角形，若将此抛物线向右平移 2 个单位后，三角形面积变为原来的三倍，求实数 m 的值。

考向2　函数图象的识别

(一)知式选图

解法突破

此类题常从以下几个角度进行判断、排除：(1)由函数的定义域，判断图象的左右位置；由函数值域，判断函数图象的上下位置。(2)由函数的单调性，判断图象的变化趋势。(3)由函数的奇偶性，判断图象的对称性。(4)由函数的周期性，判断图象的循环往复。

真题过招

1. (2022 江苏南京，3 分) 函数 $f(x)=\dfrac{5\sin x}{4-x^2}$ 在 $[-2\pi,2\pi]$ 上的图象大致为(　　)

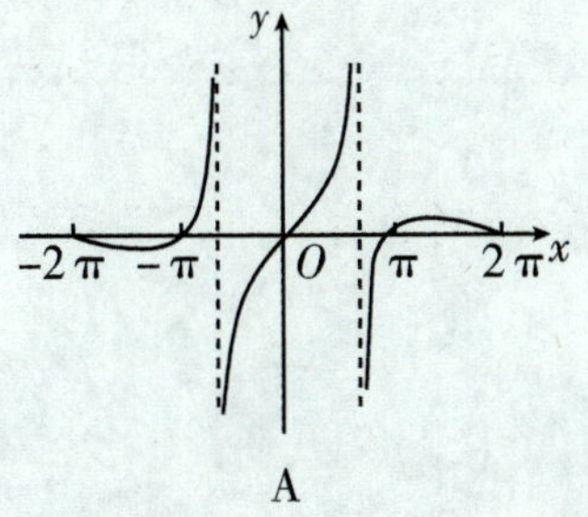

A

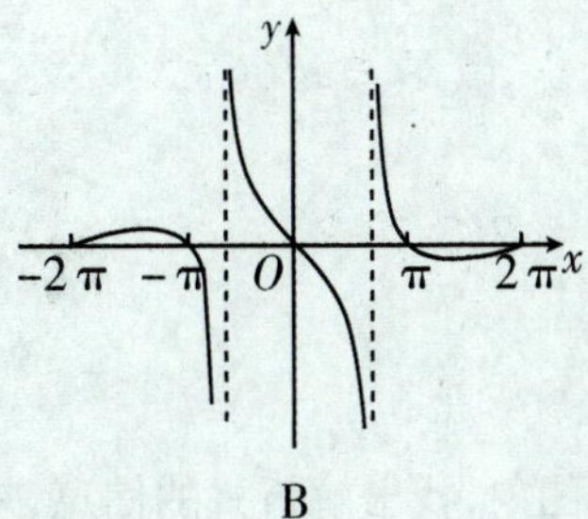

B

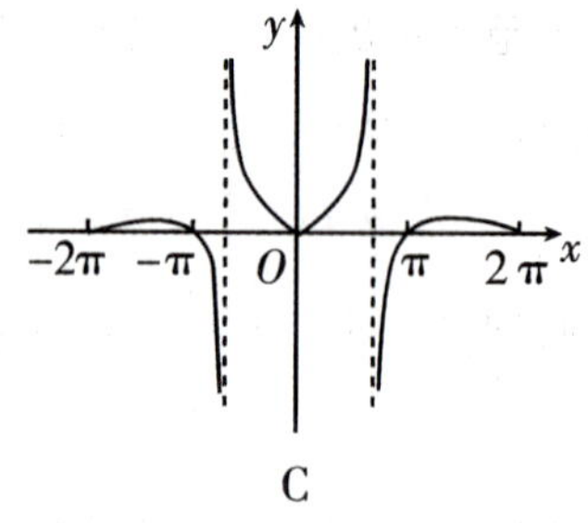

C

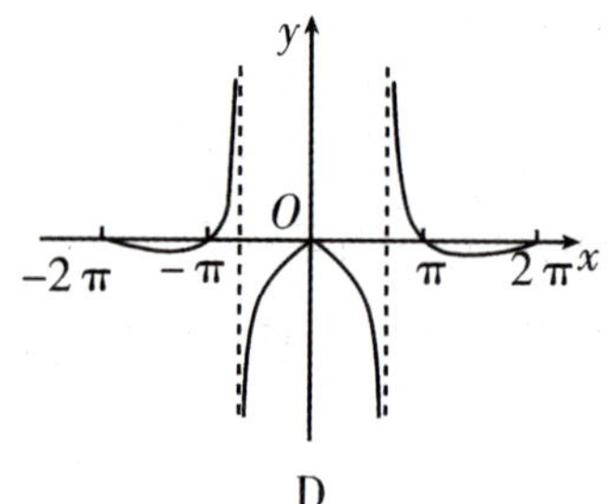

D

答案解析

A 【解析】因为 $f(-x)=\dfrac{5\sin(-x)}{4-(-x)^2}=-\dfrac{5\sin x}{4-x^2}=-f(x)$，所以 $f(x)$ 为奇函数，其图象关于原点对称，故排除 C、D 两项，又当 $x\to2^-$ 时，$\lim\limits_{x\to2^-}\dfrac{5\sin x}{4-x^2}=5\sin2\lim\limits_{x\to2^-}\dfrac{1}{4-x^2}=+\infty$，所以排除 B 项，故选 A。

变式训练

1. 函数 $f(x)=(2^x-2^{-x})\sin x\cos x$ 的部分图象大致是(　　)

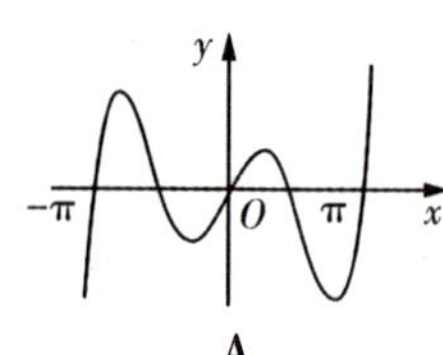
A

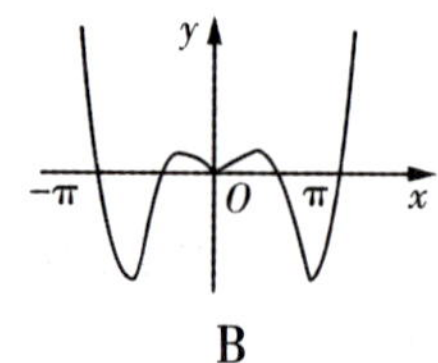
B

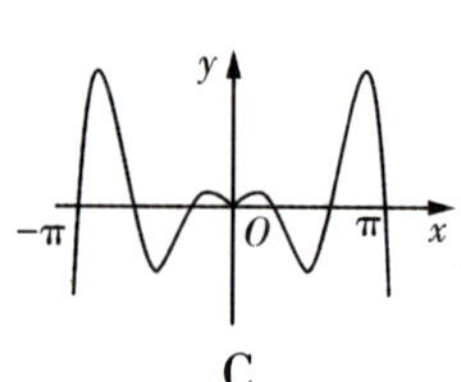
C

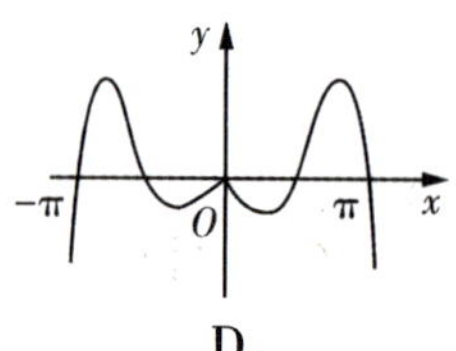
D

2. 函数 $f(x)=\dfrac{e^x-e^{-x}}{x^2}$ 的图象大致为(　　)

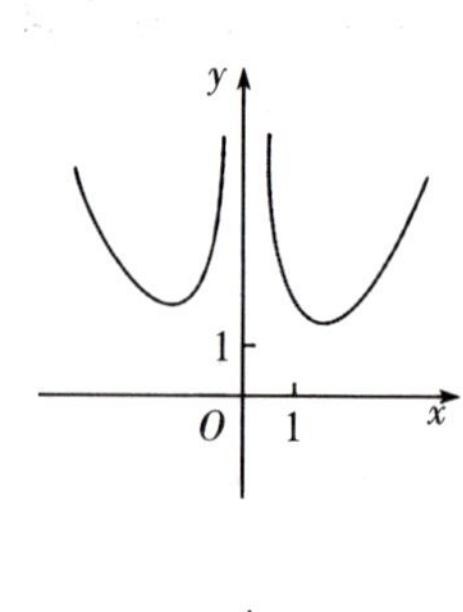
A

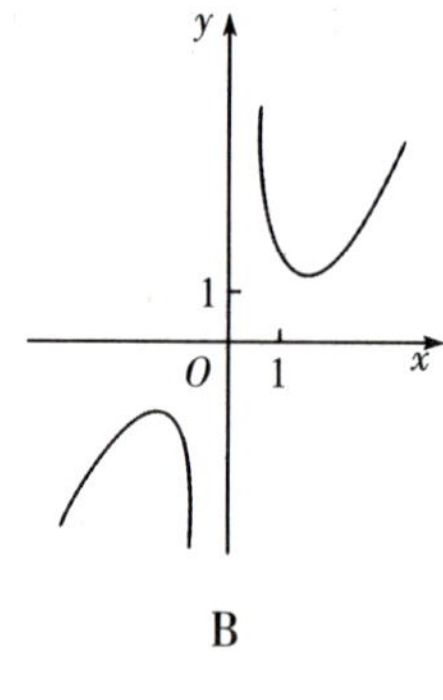
B

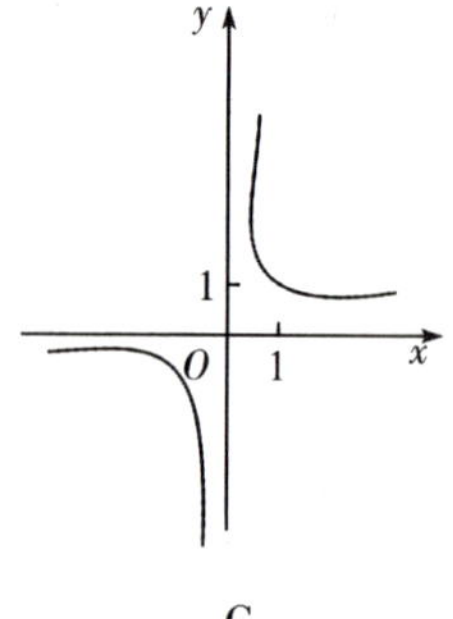
C

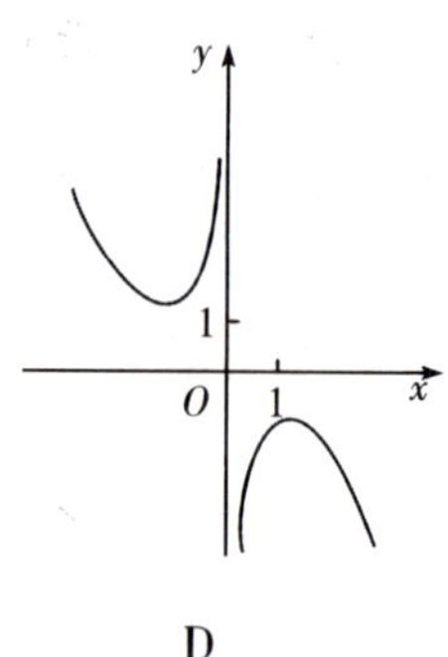
D

(二)知图辨式

解法突破

对于给定函数的图象，找出解析式的信息，常用的方法有：

(1)定性分析法:定性分析函数的图象,从图象的左右、上下分布范围得出函数的定义域与值域(最值);由图象的上升(或下降)的趋势,得出函数的单调性;由图象形态分析函数的奇偶性、周期性;由图象与 x 轴的交点得出零点。

(2)定量计算法:通过某特殊值的图象特征,联想相关函数模型,利用这些函数模型来分析解决问题。

(3)函数模型法:由所提供的图象特征,联想相关函数模型,利用这些函数模型来分析解决问题。

真题过招

2. (2020 江苏宿迁宿城区,3 分)函数 $y=x+\frac{3}{x}$ 的图象如图所示,则下列说法正确的是________。(填序号)

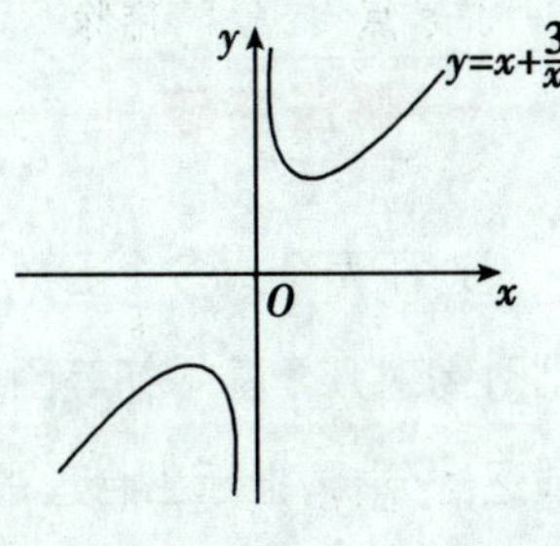

①该函数图象是轴对称图形;②该函数图象是中心对称图形;③当 $x>0$ 时,函数有最小值;④点(1,4)在函数图象上;⑤当 $x<1$ 或 $x>3$ 时,$y>4$。

答案解析

②③④ 【解析】因为函数 $y=x+\frac{3}{x}$ 为奇函数,图象关于原点对称,为中心对称图形,故①错,②对;当 $x>0$ 时,$y=x+\frac{3}{x}\geqslant 2\sqrt{x\cdot\frac{3}{x}}=2\sqrt{3}$(当且仅当 $x=\sqrt{3}$ 时,等号成立),故③对;将点(1,4)代入函数 $y=x+\frac{3}{x}$,可知成立,故④对;当 $x<1$ 时,取 $x=-1$,易知此时 $y<0$,故⑤错误。故正确的是②③④。

变式训练

3. 已知函数图象如图所示,则图象对应的函数是(　　)

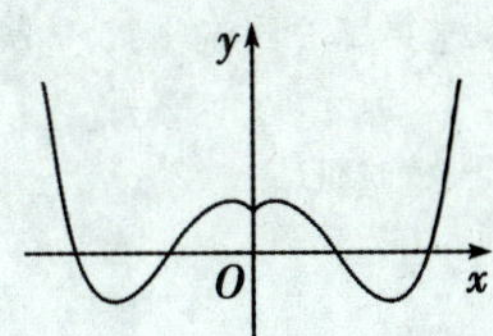

A. $y=\frac{x}{2^{|x|}}$　　B. $y=2^{|x|}-2$　　C. $y=e^{|x|}-|x|$　　D. $y=2^{|x|}-x^2$

4. 设函数 $f(x)=\dfrac{ax+b}{x^2+c}$ 的图象如图所示，则 a,b,c 满足(　　)

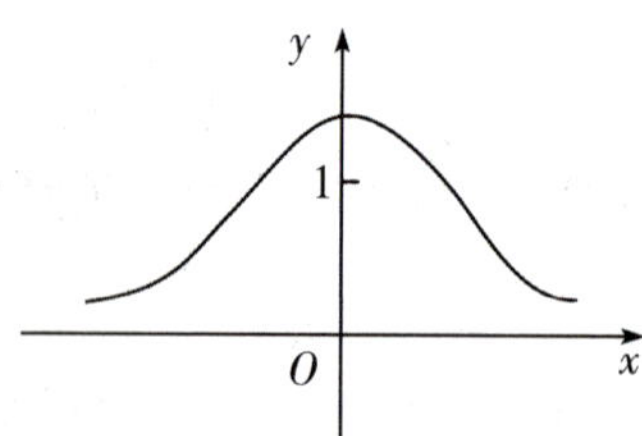

A. $a>b>c$　　B. $a>c>b$　　C. $b>a>c$　　D. $b>c>a$

(三)两个函数图象在同一坐标系中的识别

解法突破

对于两个或多个函数在同一坐标系中的图象识别，核心在于找到函数图象的共性和特征，识别时需对几个基本初等函数的图象了如指掌，根据它们在相同参数下所对应的不同情况对每个选项逐一分析，推断出合理的图象位置关系，排除相互矛盾的位置关系，以得出正确选项。

真题过招

3. (2020 山东威海高新区，1.02 分) 函数 $y=-kx+b$ 与 $y=\dfrac{k}{x}(k<0,b>0)$，则这两个函数在同一坐标系中的大致走向是(　　)

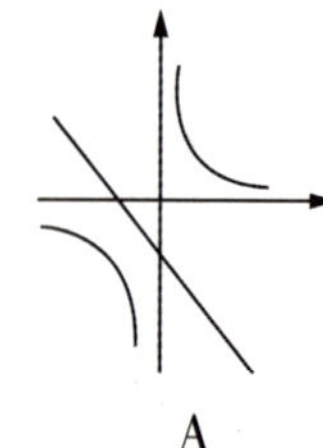
A

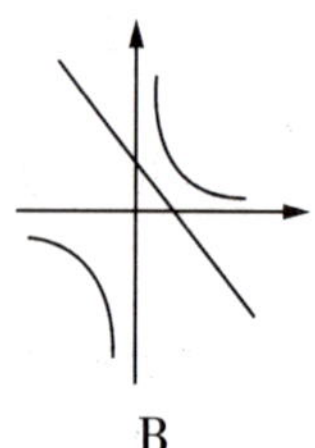
B

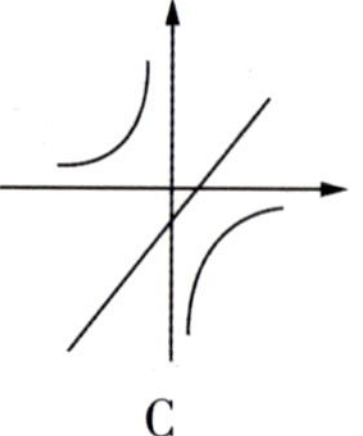
C

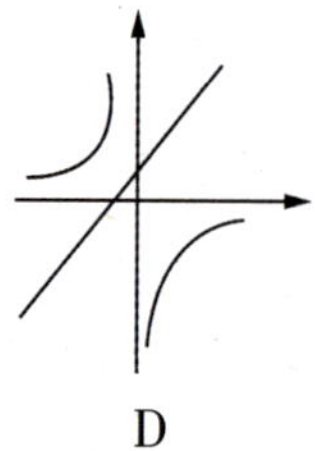
D

答案解析

D　【解析】$y=\dfrac{k}{x}(k<0)$，其图象过第二、四象限，一次函数 $y=-kx+b$，$-k>0,b>0$，则其图象过第一、二、三象限，结合图象可知选 D。

变式训练

5. 已知函数 $f(x)=a^{x-1}$ 和函数 $g(x)=\log_a\dfrac{x}{a}(a>0$ 且 $a\neq1)$，那么 $f(x)$ 和 $g(x)$ 在同一坐标系

中的图象可能为(　　)

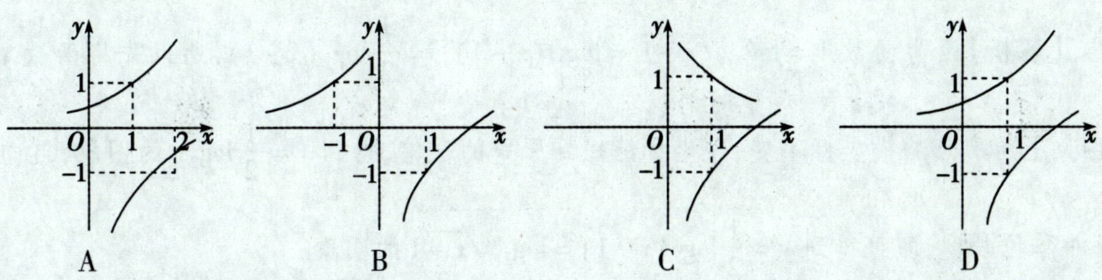

6. 在同一坐标系中画出函数 $y=\log_a x$，$y=a^x$，$y=x+a$ 的图象，可能正确的是(　　)

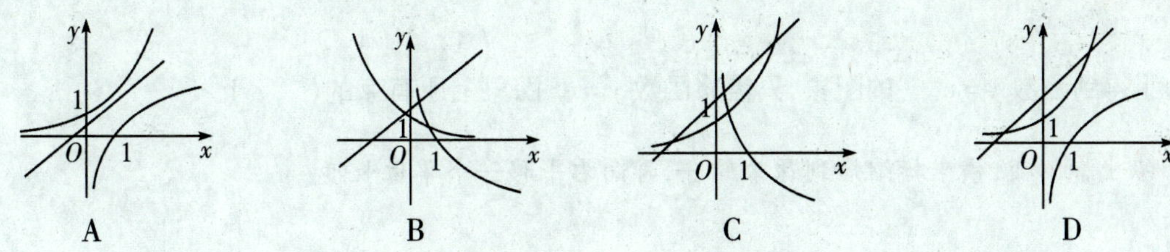

招教易错突破

易错点 ▸ 对函数图象的变换规则理解不清

为了得到函数 $y=\log_2\sqrt{x-1}$ 的图象，只需要将函数 $y=\log_2 x$ 图象上所有点的(　　)

A. 横坐标不变，纵坐标缩短到原来的$\frac{1}{2}$，再向右平移 1 个单位长度

B. 横坐标不变，纵坐标缩短到原来的$\frac{1}{2}$，再向左平移 1 个单位长度

C. 横坐标不变，纵坐标伸长到原来的 2 倍，再向左平移 1 个单位长度

D. 横坐标不变，纵坐标伸长到原来的 2 倍，再向右平移 1 个单位长度

【错因分析】①混淆了纵坐标变换规则，即应将函数 $y=\log_2 x$ 图象上所有点的纵坐标缩短到原来的$\frac{1}{2}$倍，而不是伸长到原来的 2 倍，得到函数 $y=\frac{1}{2}\log_2 x$ 的图象。

②混淆了左右平移变换规则，即应将函数 $y=\frac{1}{2}\log_2 x$ 的图象向右平移 1 个单位长度，而不是向左平移 1 个单位长度，得到函数 $y=\frac{1}{2}\log_2(x-1)=\log_2\sqrt{x-1}$ 的图象。

答案解析

A 【解析】因为函数 $y=\log_2\sqrt{x-1}=\log_2(x-1)^{\frac{1}{2}}=\frac{1}{2}\log_2(x-1)$，所以先将函数 $y=\log_2 x$ 图象上所有点的横坐标不变，纵坐标缩短到原来的$\frac{1}{2}$倍，得到 $y=\frac{1}{2}\log_2 x$ 的图象，再向右平移 1 个单位长度，即可得到 $y=\frac{1}{2}\log_2(x-1)=\log_2\sqrt{x-1}$ 的图象。

变式训练

为了得到函数 $y=e^{2x-3}$ 的图象，只需将函数 $y=e^x$ 图象上所有点的(　　)

A. 纵坐标不变，横坐标缩短到原来的$\frac{1}{2}$，再向右平移$\frac{3}{2}$个单位长度

B. 纵坐标不变，横坐标缩短到原来的$\frac{1}{2}$，再向左平移$\frac{3}{2}$个单位长度

C. 纵坐标不变，横坐标伸长到原来的 2 倍，再向左平移$\frac{3}{2}$个单位长度

D. 纵坐标不变，横坐标伸长到原来的 2 倍，再向右平移 3 个单位长度

招教高频基础刷

1. 为得到函数 $y=\log_2\frac{x+2}{4}$的图象，可将函数 $y=\log_2 x$ 的图象上所有的点(　　)

A. 向左平移 2 个单位长度，再向上平移 2 个单位长度

B. 向右平移 2 个单位长度，再向上平移 2 个单位长度

C. 向左平移 2 个单位长度，再向下平移 2 个单位长度

D. 向右平移 2 个单位长度，再向下平移 2 个单位长度

2. 幂函数 $y=f(x)$ 的图象过点(4,2)，则幂函数 $y=f(x)$ 的大致图象是(　　)

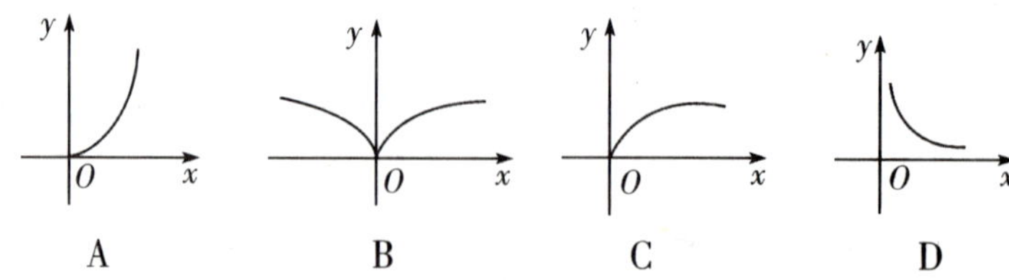

3. 函数 $y=a^{x}+b$ 与函数 $y=ax+b(a>0$,且 $a\neq 1)$ 的图象有可能是(   )

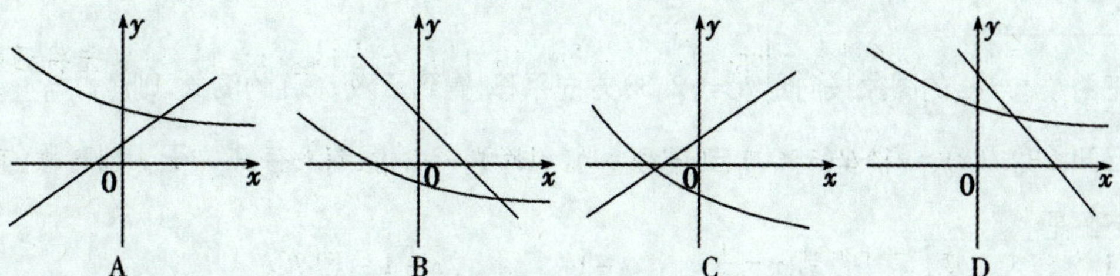

4. 已知函数 $f(x)=\dfrac{1}{x-\ln x-1}$,则 $y=f(x)$ 的图象大致为(   )

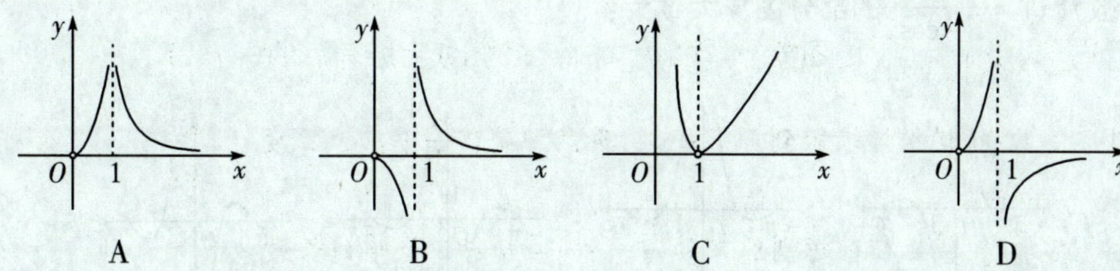

5. 如图,长方形 $ABCD$ 的边 $AB=2$,$BC=1$,O 是 AB 的中点。点 P 沿着边 BC,CD 与 DA 做匀速运动,记 $\angle BOP=x$,将动点 P 到 A,B 两点的距离之和表示为 x 的函数 $f(x)$,则 $y=f(x)$ 的图象大致为(   )

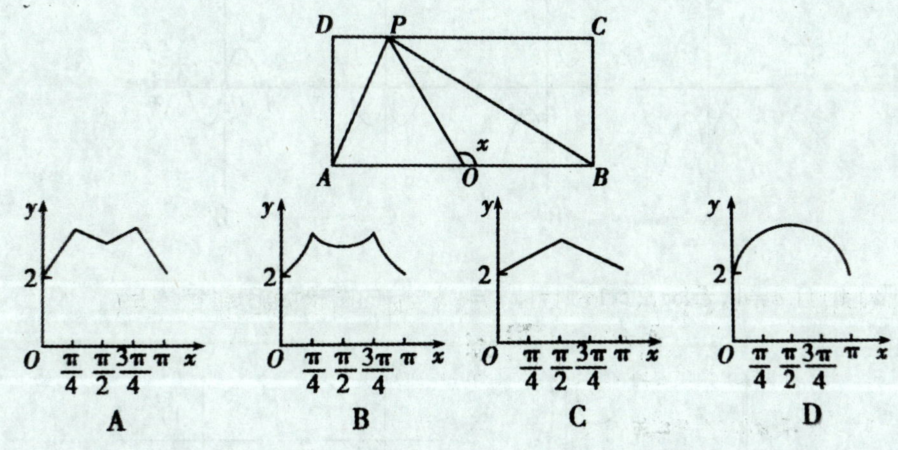

6. 如图,函数 $f(x)$ 的图象为折线 ACB,则不等式 $f(x)\geqslant \log_2(x+1)$ 的解集是(   )

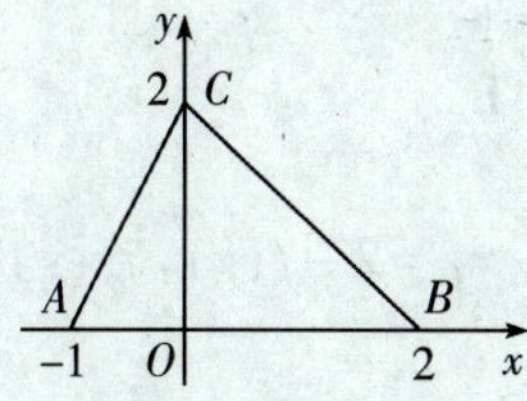

A. $\{x|-1<x\leqslant 0\}$ B. $\{x|-1\leqslant x\leqslant 1\}$

C. $\{x|-1<x\leqslant 1\}$ D. $\{x|-1<x\leqslant 2\}$

7. 函数$f(x)$的图象向左平移一个单位长度，所得图象与函数$y=e^x$的图象关于y轴对称，则$f(x)=$________。

8. 把函数$y=e^x$的图象按向量$\boldsymbol{a}=(2,3)$方向平移，得到函数$f(x)$的图象，则$f(x)=$________。

9. 已知函数$f(x)=e^x+2(x<0)$与$g(x)=\ln(x+a)+2$的图象上存在关于y轴对称的点，则a的取值范围是________。

招教易错能力刷

1. 函数$f(x)=\dfrac{\sin 2x}{1-\cos x}$的部分图象大致为(　　)

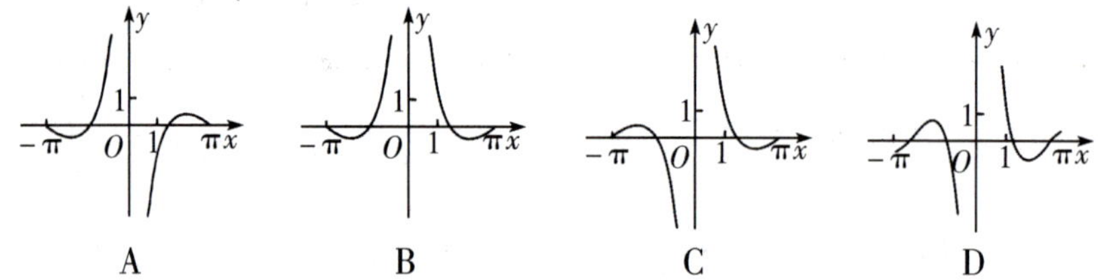

2. 函数$y=\ln|x|-x^2$的图象大致为(　　)

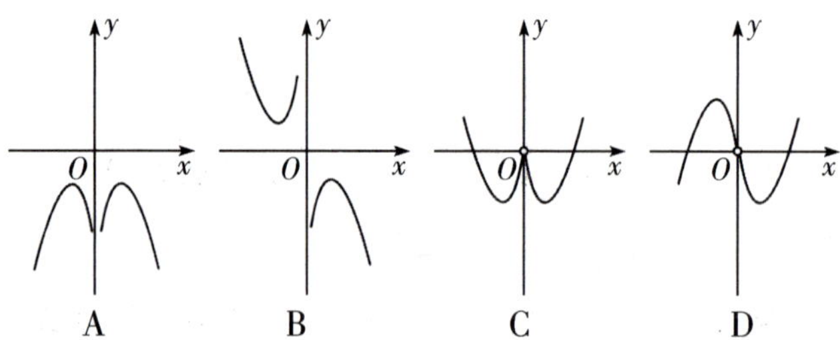

3. 已知$a>0$，且$a\neq 1$，若$\log_a 2>1$，则$f(x)=x-\dfrac{a}{|x|}$的图象可能是(　　)

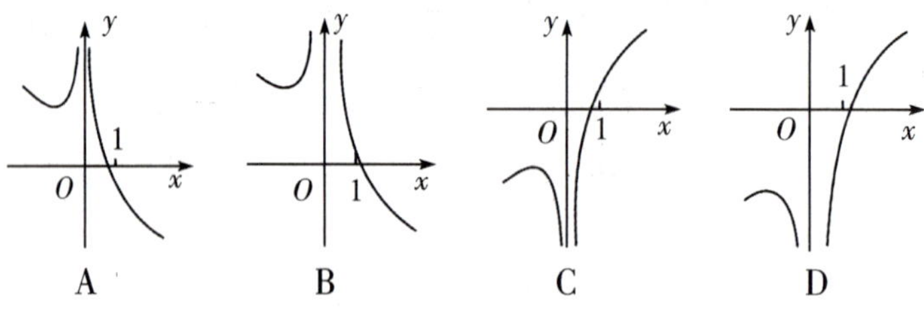

4. 已知函数$f(x)(x\in\mathbf{R})$满足$f(-x)=2-f(x)$，若函数$y=\dfrac{x+1}{x}$与$y=f(x)$图象的交点为$(x_1,y_1),(x_2,y_2),\cdots,(x_m,y_m)$，则$\sum\limits_{i=1}^{m}(x_i+y_i)=$(　　)

A. 0　　B. m　　C. $2m$　　D. $4m$

第七节 函数与方程

考向分析

函数零点个数的判断、由含参零点的个数求参数问题、利用函数模型解决问题是教师招聘考试的常考内容，与函数性质、解析式、图象等知识联系紧密，对考生的逻辑推理、直观想象和数学运算的核心素养要求较高。

思想应用

A. 函数与方程思想：对于较难处理的等式，可通过构造函数研究其性质，找到零点。

B. 数形结合思想：判断零点个数或已知零点个数求参数的取值范围，多结合函数图象求解。

C. 分类讨论思想：分段函数与函数零点问题相结合，有时也结合复合函数，体现了分类讨论思想。

考向1 函数零点个数的判断（数形结合）

解法突破

(1)直接法求零点个数：解方程 $f(x)=0$，方程有几个解，函数 $f(x)$ 就有几个零点。

(2)图象法求零点个数：

①画出函数 $f(x)$ 的图象，函数 $f(x)$ 的图象与 x 轴的交点个数即为函数 $f(x)$ 的零点个数。

②将函数 $f(x)$ 拆成两个常见函数 $h(x)$ 和 $g(x)$ 的差，从而将 $f(x)=0\Leftrightarrow h(x)-g(x)=0\Leftrightarrow h(x)=g(x)$，则函数 $f(x)$ 的零点个数即为函数 $h(x)$ 与函数 $g(x)$ 的图象的交点个数。

特别地，在解题时，一般不去追求复杂函数的图象问题，由于草图不准确，这往往容易导致错误，因而常需转化为曲线与直线（以水平直线为宜）来分析交点个数问题。

真题过招

(2022 江西初中数学，1 分) 已知 $f(x)=\begin{cases}x^2-2x, x\leqslant 0,\\ 1+\dfrac{1}{x}, x>0,\end{cases}$ 则函数 $y=f(x)-3x$ 的零点有(　　)个。

A. 0　　B. 1　　C. 2　　D. 3

答案解析

C 【解析】若 $y=f(x)-3x=0$，则有 $y=\begin{cases}x^2-2x-3x=0, x\leqslant 0,\\1+\dfrac{1}{x}-3x=0, x>0,\end{cases}$ 解得 $x=0$ 或 $x=\dfrac{1+\sqrt{13}}{6}$，故函数 $y=f(x)-3x$ 的零点有 2 个。

变式训练

函数 $f(x)=2\sin x-\sin 2x$ 在 $[0,2\pi]$ 上的零点个数为（　　）

A. 2　　B. 3　　C. 4　　D. 5

考向 2 由含参函数零点个数求参数问题

解法突破

（1）直接法：直接根据题设条件构建关于参数的不等式，通过解不等式确定参数的取值范围。

（2）分离参数法：先将参数分离，然后转化成求函数值域问题加以解决。

（3）数形结合法：先对解析式变形，在同一平面直角坐标系中，画出函数的图象，然后利用数形结合思想求解。

真题过招

1.（2020 天津南开区，2 分）已知定义域为 $\mathbf{R}$ 的函数 $g(x)$，当 $x\in(-1,1]$ 时，$g(x)=\begin{cases}\dfrac{1}{x+1}-1, -1<x\leqslant 0,\\x^2-3x+2, 0<x\leqslant 1,\end{cases}$ 且 $g(x+2)=g(x)$，对 $x\in\mathbf{R}$ 恒成立，若函数 $f(x)=g(x)-m(x+1)$ 在区间 $[-1,5]$ 内有 6 个零点，则实数 m 的取值范围是（　　）

A. $\left(\dfrac{2}{5},\dfrac{2}{3}\right)$　　B. $\left(-\infty,\dfrac{2}{5}\right]\cup\left(\dfrac{2}{3},+\infty\right)$

C. $\left[\dfrac{2}{5},\dfrac{2}{3}\right)$　　D. $\left[\dfrac{2}{5},\dfrac{2}{3}\right]$

答案解析

C 【解析】由 $g(x+2)=g(x)$ 可知，函数 $g(x)$ 的周期为 2，由题意知，函数 $g(x)$ 的图象如图所示，函数 $f(x)=g(x)-m(x+1)$ 在区间 $[-1,5]$ 内有 6 个零点，则可知函数 $g(x)$ 与直线

$y=m(x+1)$在区间$[-1,5]$内有6个不同的交点，因为直线$y=m(x+1)$恒过点$(-1,0)$，由图象可得，过点$(-1,0)$与$(4,2)$的直线的斜率为$\frac{2}{5}$，过$(-1,0)$与$(2,2)$的直线的斜率为$\frac{2}{3}$，故直线$y=m(x+1)$的斜率m的取值范围为$\left[\frac{2}{5},\frac{2}{3}\right)$。

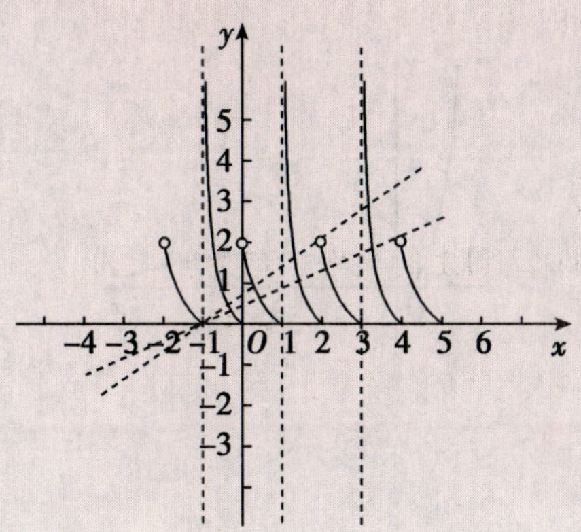

2. (2020 湖南长沙天心区，1.5 分) 函数$f(x)=\frac{|x|}{e^x}$，方程$[f(x)]^2-(m+1)f(x)+1-m=0$有4个不相等的实根，则m的取值范围是(　　)

A. $\left(\frac{e^2-e}{e^2+e},1\right)$　　B. $\left(\frac{e^2-e}{e^2+e},+\infty\right)$

C. $\left(\frac{e^2-e+1}{e^2+e},1\right)$　　D. $\left(\frac{e^2-e+1}{e^2+e},+\infty\right)$

答案解析

C 【解析】$f(x)=\frac{|x|}{e^x}$是连续函数，当$x=0$时，$f(x)=0$。当$x>0$时，函数$f(x)$的导数为$f'(x)=\frac{1-x}{e^x}$，当$0<x<1$时，$f'(x)>0$，$f(x)$在$(0,1)$上单调递增；当$x>1$时，$f'(x)<0$，$f(x)$在$(1,+\infty)$上单调递减，可得$f(x)$在$x=1$处取得极大值，为$\frac{1}{e}$，$f(x)\in\left[0,\frac{1}{e}\right]$。当$x<0$时，$f'(x)=-\frac{1-x}{e^x}<0$，$f(x)$在$(-\infty,0)$上单调递减。作出$y=f(x)$的图象如图所示，设$t=f(x)$，则$t^2-(m+1)t+1-m=0$有两个根$t_1,t_2$，则$t_1,t_2$应满足$\begin{cases}t_1=0,\\t_2\in\left(0,\frac{1}{e}\right)\end{cases}$或$\begin{cases}t_1>\frac{1}{e},\\t_2\in\left(0,\frac{1}{e}\right)\end{cases}$两种情况。

当属于第一种情况时，将 $t=0$ 代入方程得到 $m=1$，此时二次方程 $t^2-(m+1)t+1-m=0$ 的根是确定的，一个为 0，一个为 2，不符合题意；当属于第二种情况时，$\begin{cases}\frac{1}{e^2}-(m+1)\cdot\frac{1}{e}+1-m<0,\\0-(m+1)\cdot 0+1-m>0,\end{cases}$ 解得 $m\in\left(\frac{e^2-e+1}{e^2+e},1\right)$。

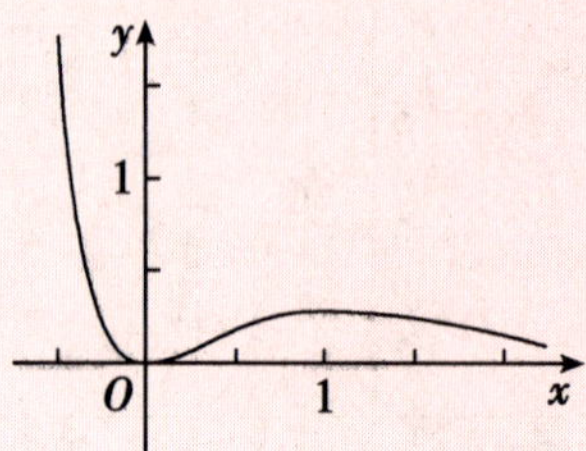

变式训练

关于 x 的方程 $x\ln x-ax+1=0$ 在区间 $\left[\frac{1}{e},e\right]$ 上有两个不等实根，则实数 a 的取值范围是(　　)

A. $(1,+\infty)$　　B. $(1,e-1]$　　C. $\left[1+\frac{1}{e},e-1\right]$　　D. $\left(1,1+\frac{1}{e}\right]$

考向 3 函数零点的近似解

解法突破

求函数零点近似值的方法是二分法，二分法的原理是零点存在性定理，求解时代入特殊值计算。通过代入特殊值，一步步将零点圈定在一个较小的范围内。

真题过招

(2021 山东青岛,2.5 分)根据表格中的数据，可以断定方程 $e^x-x^3=0(e\approx2.72)$ 的一个根所在区间是(　　)

x	-1	0	1	2	3
e^x	0.37	1	2.72	7.40	20.12
x^3	-1	0	1	8	27

A. $(-1,0)$　　B. $(0,1)$　　C. $(1,2)$　　D. $(2,3)$

答案解析

C　【解析】设函数 $f(x)=e^x-x^3$，由表格可得 $f(-1)=0.37-(-1)=1.37>0$，$f(0)=1-0=1>0$，$f(1)=2.72-1=1.72>0$，$f(2)=7.40-8=-0.6<0$，则 $f(1)f(2)<0$，又 $\because f(x)=e^x-x^3$ 在区间 $(1,2)$ 内连续，$\therefore$ 函数 $f(x)$ 在 $(1,2)$ 内存在零点。$\therefore$ 方程的根所在的区间为 $(1,2)$。

变式训练

1. 函数 $f(x)=x^3+x^2-2x-2$ 的一个正数零点附近的函数值用二分法逐次计算，参考数据如下：

$f(1)=-2$	$f(1.5)=0.625$
$f(1.25)=-0.984$	$f(1.375)=-0.260$
$f(1.438)=0.165$	

那么方程 $x^3+x^2-2x-2=0$ 的一个近似根（精确度为 0.1）为（　　）

A. 1.2　　B. 1.3　　C. 1.4　　D. 1.5

2. 函数 $y=2^x+x-2$ 的零点所在区间是（　　）

A. $(-\infty,-1)$　　B. $(-1,0)$

C. $(0,1)$　　D. $(1,2)$

考向4 ▸ 利用函数模型解决问题

对于这类问题，首先要分析条件和结论，理顺数量关系，把实际问题主要关系近似化，建立函数模型的关系式，抽象成数学问题，然后选择合适的数学方法求解，最后对求解的结果进行验证或评估，对错误加以调节，或将结果应用于现实，作出解释或预测。

（一）指数函数模型

解法突破

解决平均增长率问题，常用到指数函数模型。在实际问题中常可以用指数函数模型 $y=N(1+p)^x$（其中 N 是基础数，p 为增长率，x 为时间），解题时，往往用到对数运算，要注意给定的值对应求解。

典例

某食品的保鲜时间 y(单位:小时)与储存温度 x(单位:℃)满足函数关系 $y=e^{kx+b}$($e=2.718\cdots$ 为自然对数的底数,k,b 为常数)。若该食品在 0℃ 的环境中保鲜时间是 192 小时,在 22℃ 的环境中保鲜时间是 48 小时,若希望该食品至少保鲜 4 天,则储存的最高温度为(　　)

A. 10℃　　　　B. 11℃

C. 12℃　　　　D. 13℃

答案解析

B 【解析】由题意知,当 $x=0$ 时,$y=e^{b}=192$,当 $x=22$ 时,$y=e^{22k+b}=e^{b}e^{22k}=192e^{22k}=48$,解得 $k=-\frac{\ln 2}{11}$,则 $y=192e^{-\frac{\ln 2}{11}x}=192\left(e^{\ln 2}\right)^{-\frac{x}{11}}=192\cdot 2^{-\frac{x}{11}}$,则当 $y=4\times 24=96$ 时,有 $192\cdot 2^{-\frac{x}{11}}=96$,解得 $x=11$,所以若希望该食品至少保鲜 4 天,则储存的最高温度为 11℃。

变式训练

1. Logistic 模型是常用数学模型之一,可应用于流行病学领域,有学者根据公布数据建立了某地区新冠肺炎累计确诊病例数 $I(t)$(t 的单位:天)的 Logistic 模型:$I(t)=\frac{K}{1+e^{-0.23(t-53)}}$,其中 K 为最大确诊病例数,当 $I(t^{*})=0.95K$ 时,标志着已初步遏制疫情,则 t 约为(　　)($\ln 19\approx 3$)

A. 60　　B. 63　　C. 66　　D. 69

(二)分段函数模型

解法突破

(1)分段函数主要是每一段自变量变化所遵循的规律不同,可以先将其当作几个问题,将各段的变化规律分别找出来,再将其合到一起,要注意各段自变量的变化范围,特别是端点值。

(2)构造分段函数时,要力求准确、简洁,做到分段合理,不重不漏。

真题过招

2. (2020 吉林特岗,4 分)(节选)如图所示,在矩形 $ABCD$ 中,$AB=3$ cm,$BC=4$ cm,对角线为 AC,点 P 从点 B 出发以 1 cm/s 的速度向点 C 运动,以 BP 为一边在 BC 上方作正方形 $BPMN$,当 N

点与 A 点重合时，点 P 停止运动，设点 P 运动时间为 t 秒（$t\neq0$）。若正方形 $BPMN$ 与 $\triangle ABC$ 重合部分的面积为 S，请写出 S 关于 t 的函数关系式，并求出 t 的取值范围。

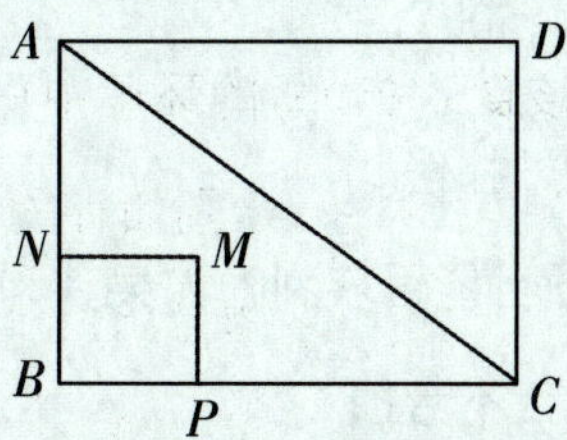

答案解析

【解析】 由题意，当 N 点与 A 点重合时，P 点停止运动，所以 $0<t\leqslant3$。

当 $0<t\leqslant\frac{12}{7}$ 时，正方形 $BPMN$ 与 $\triangle ABC$ 重合部分面积即为正方形 $BPMN$ 的面积，此时 $S=t^2$，当 $\frac{12}{7}<t\leqslant3$ 时，如图所示，此时正方形 $BPMN$ 与 $\triangle ABC$ 重合部分面积为 $S_{\triangle ABC}-S_{\triangle ANE}-S_{\triangle HPC}$。因为 $\tan\angle AEN=\tan\angle ACB=\frac{3}{4}$，所以 $NE=\frac{4}{3}AN=\frac{4}{3}(3-t)$，$PH=\frac{3}{4}PC=\frac{3}{4}(4-t)$，于是 $S_{\triangle ANE}=\frac{1}{2}\times AN\times NE=\frac{2}{3}(3-t)^2$，$S_{\triangle HPC}=\frac{1}{2}\times PH\times PC=\frac{3}{8}(4-t)^2$，从而 $S=S_{\triangle ABC}-S_{\triangle ANE}-S_{\triangle HPC}=6-\frac{2}{3}(3-t)^2-\frac{3}{8}(4-t)^2=-\frac{25}{24}t^2+7t-6$。

综上，$S=\begin{cases}t^2,0<t\leqslant\frac{12}{7},\\-\frac{25}{24}t^2+7t-6,\frac{12}{7}<t\leqslant3。\end{cases}$

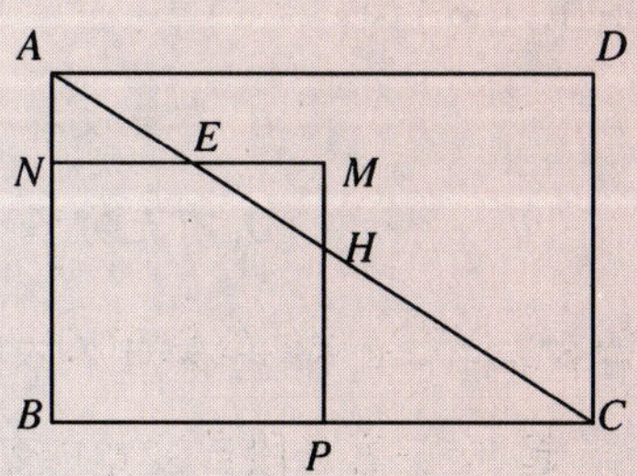

变式训练

2. 为了保护环境，发展低碳经济，某单位在国家科研部门的支持下，进行技术攻关，新上了把二氧化碳处理转化为一种可利用的化工产品的项目，经测算，该项目月处理成本 y（元）与月处理量 x（吨）之间的函数关系可近似地表示为：

$$y=\begin{cases}\frac{1}{3}x^3-80x^2+5040x, x\in[120,144),\\ \frac{1}{2}x^2-200x+80000, x\in[144,500),\end{cases}$$ 且每处理一吨二氧化碳得到可利用的化工产品价值为 200 元，若该项目不获利，国家将给予补偿。

(1)当 $x\in[200,300]$时，判断该项目能否获利？如果获利，求出最大利润；如果不获利，则国家每月至少需要补贴多少元才能使该项目不亏损？

(2)该项目每月处理量为多少吨时，才能使每吨的平均处理成本最低？

必刷好题

招教高频基础刷

1. 已知 $a>1$，设函数 $f(x)=a^x+x-4$ 的零点为 m，$g(x)=\log_a x+x-4$ 的零点为 n，则 mn 的最大值为(　　)

A. 8　　B. 4　　C. 2　　D. 1

2. $[x]$表示不超过 x 的最大整数，例如$[3.9]=3$，$[-5.1]=-6$，已知 $f(x)=x-[x](x\in\mathbf{R})$，$g(x)=\log_4(x-1)$，则函数 $h(x)=f(x)-g(x)$的零点个数是(　　)

A. 1　　B. 2

C. 3　　D. 4

3. 函数 $f(x)=\sqrt{x}-\cos x$ 在区间$(0,+\infty)$内(　　)

A. 没有零点　　B. 有且仅有一个零点

C. 有且仅有两个零点　　D. 有无穷多个零点

4. 若函数 $f(x)=x^2+ax-\frac{a}{2}$ 在区间$(-1,1)$上有两个不同的零点，则实数 a 的取值范围是(　　)

A. $\left(-2,\frac{2}{3}\right)$　　B. $\left(0,\frac{2}{3}\right)$

C. $(2,+\infty)$　　D. $(0,2)$

5. 在下列区间中，函数 $f(x)=3^x-x^2$ 有零点的区间是(　　)

A. $[0,1]$　　B. $[1,2]$

C. $[-2,-1]$　　D. $[-1,0]$

6. 设函数 $f(x)=4\sin(2x+1)-x$，则在下列区间中函数 $f(x)$ 不存在零点的是(　　)

A. $[-4,-2]$　　B. $[-2,0]$　　C. $[0,2]$　　D. $[2,4]$

7. 已知函数 $f(x)=\begin{cases}x^2+2x, x\leqslant 0,\\ x^{\frac{1}{3}}, x>0,\end{cases}$ 则函数 $F(x)=f(x)-x$ 零点的个数为(　　)

A. 0　　B. 1　　C. 2　　D. 3

8. 函数 $f(x)=x\cos 2x$ 在区间 $[0,2\pi]$ 上的零点个数为(　　)

A. 2　　B. 3　　C. 4　　D. 5

9. 已知 $f(x)$ 是奇函数并且是 $\mathbf{R}$ 上的单调函数，若函数 $y=f(2x^2+1)+f(\lambda-x)$ 只有一个零点，则实数 λ 的值是(　　)

A. $\frac{1}{4}$　　B. $\frac{1}{8}$　　C. $-\frac{7}{8}$　　D. $\frac{3}{8}$

10. 已知函数 $f(x)=x\ln x-1$，则 $f(x)$ 的零点所在区间是(　　)

A. $(0,1)$　　B. $(1,2)$　　C. $(2,3)$　　D. $(3,4)$

11. 函数 $f(x)=2^x+x$ 的零点所在区间为(　　)

A. $(-2,-1)$　　B. $(-1,0)$　　C. $(0,1)$　　D. $(1,2)$

12. 若函数 $f(x)=a^x-x-a(a>0$，且 $a\neq 1)$ 有两个零点，则实数 a 的取值范围是________。

13. 若定义在 $\mathbf{R}$ 上的偶函数 $f(x)$ 满足 $f(x+2)=f(x)$，且当 $x\in[0,1]$ 时，$f(x)=x$，则方程 $f(x)=\log_3|x|$ 的解的个数是________。

14. 函数 $f(x)=\cos\left(3x+\frac{\pi}{6}\right)$ 在 $[0,\pi]$ 的零点个数为________。

15. 设函数 $f(x)=\begin{cases}x^2-2x-2, x\leqslant 0,\\ \lg x, x>0,\end{cases}$ 则函数 $y=f(x)-1$ 的零点个数为________。

16. 函数 $f(x)=2\sin x\sin\left(x+\frac{\pi}{2}\right)-x^2$ 的零点个数为________。

17. 已知定义在 $\mathbf{R}$ 上的奇函数 $f(x)$ 满足 $f(2-x)+f(x)=0$，当 $x\in(0,1]$ 时，$f(x)=\log_2\frac{1}{x}$，若函数 $F(x)=f(x)-\sin(\pi x)$ 在区间 $[-1,m]$ 上有且仅有 10 个零点，则实数 m 的取值范围为________。

18. 已知函数 $f(x)=\begin{cases}-x^2-2x+1, -2\leqslant x<0,\\ e^x, x\geqslant 0,\end{cases}$ 若函数 $g(x)=f(x)-ax+a$ 存在零点，则实数

a 的取值范围为________。

19. 设函数 $y=f(x)$ 在区间 $[a,b]$ 上的图象是连续不间断曲线，且 $f(a)\cdot f(b)<0$，取 $x=x_0$，若 $f(a)\cdot f(x_0)<0$，则利用二分法求方程根时取有根区间为________。

20. 已知函数 $f(x)=\dfrac{2^x}{1+a\cdot 2^x}(a\in\mathbf{R})$ 的图象关于点 $\left(0,\dfrac{1}{2}\right)$ 对称，则 $a=$________。

21. 已知函数 $f_n(x)=\dfrac{x^2-2x-a}{\mathrm{e}^{nx}}$，其中 $n\in\mathbf{N}^*$，$a\in\mathbf{R}$，e 是自然对数的底数。

(1) 求函数 $g(x)=f_1(x)-f_2(x)$ 的零点；

(2) 若对任意 $n\in\mathbf{N}^*$，$f_n(x)$ 均有两个极值点，一个在区间 $(1,4)$ 内，另一个在 $[1,4]$ 外，求 a 的取值范围；

(3) 已知 $k,m\in\mathbf{N}^*$，$k<m$ 且函数 $f_k(x)$ 在 $\mathbf{R}$ 上是单调函数，探究函数 $f_m(x)$ 的单调性。

22. $f(x)=\dfrac{x}{\mathrm{e}^{2x}}+c$（$\mathrm{e}=2.71828\cdots$ 是自然对数的底数，$c\in\mathbf{R}$）。

(1) 求 $f(x)$ 的单调区间，最大值；

(2) 讨论关于 x 的方程 $|\ln x|=f(x)$ 根的个数。

23. 证明：$x^5+x-1=0$ 只有一个根。

24. 已知函数 $f(x)=x^3-ax^2$ 在 $x=2$ 处有极小值。

(1) 求 a；

(2) 若函数 $f(x)$ 的图象与直线 $y=9x+b$ 有三个交点，求 b 的取值范围。

专题五　三角函数

第一节　三角函数概念

招教核心要点

1. 任意角的三角函数的定义

设直角坐标系中任意角 α 终边上异于原点的任一点的坐标为 (x,y)，它与原点的距离为 $r=\sqrt{x^2+y^2}\ (r>0)$。

三角函数	定义	定义域
$f(x)=\sin\alpha$	$\frac{y}{r}$	$\mathbf{R}$
$f(x)=\cos\alpha$	$\frac{x}{r}$	$\mathbf{R}$
$f(x)=\tan\alpha$	$\frac{y}{x}$	$\left\{\alpha\mid\alpha\neq\frac{\pi}{2}+k\pi,k\in\mathbf{Z}\right\}$
$f(x)=\cot\alpha$	$\frac{x}{y}$	$\{\alpha\mid\alpha\neq k\pi,k\in\mathbf{Z}\}$

2. 不同象限中三角函数的符号

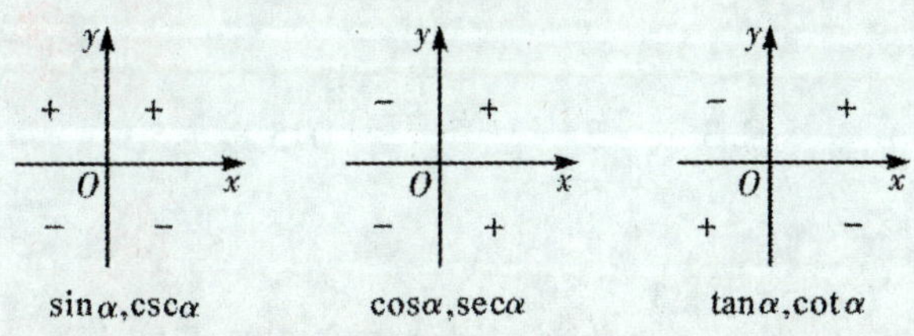

3. 弧度制

(1) 定义：长度等于半径的弧所对的圆心角叫作 1 弧度的角，用符号 rad 表示，读作弧度。

(2) 角 α 的弧度数：如果半径为 r 的圆的圆心角 α 所对弧的长为 l，那么角 α 的弧度数的绝对值是 $|\alpha|=\frac{l}{r}$。

考向分析

象限角及终边相同的角、三角函数的定义及应用是教师招聘考试中的常考内容，识记和理解三角函数的定义和不同象限中三角函数的符号是解题的关键。

思想应用

A. 分类讨论思想：当角的终边上的点的坐标含有参数，求三角函数值时，或利用同角三角函数的基本关系时，由于角的终边所在象限不明确，需要进行分类讨论。

B. 数形结合思想：在利用弧长与扇形面积公式解题时，三角函数线是三角函数的几何表示，使三角函数的定义更加直观、易于理解，另外，三角函数线为三角函数的大小比较、解三角不等式、证明三角不等式提供了方便。

(3)角度与弧度的换算：$1° = \frac{\pi}{180}\text{rad}$，$1\text{rad} = (\frac{180}{\pi})°$。

(4)扇形面积公式：$S = \frac{1}{2}l \cdot r = \frac{1}{2}|\alpha|r^2$。

招教考向解读

考向1 象限角及终边相同的角

解法突破

(1)象限角主要有两种判断方法：

①图象法：在平面直角坐标系中，作出已知角并根据象限角的定义直接判断已知角是第几象限角；

②转化法：先将已知角化为 $k \cdot 360° + \alpha(0° \leqslant \alpha < 360°, k \in \mathbf{Z})$ 的形式，即找出与已知角终边相同的角 α，再由角 α 终边所在的象限判断已知角是第几象限角。

(2)利用终边相同的角的集合可以求适合某些条件的角，方法是先写出与这个角的终边相同的所有角的集合，然后通过对集合中的参数 k 赋值来求得所需角。

真题过招

1. (2021 江西高中数学，1 分)已知角 α 终边上一点 $P(-4,a)$，$\sin\alpha = -\frac{3}{5}$，则实数 a 的值为(　　)

A. 3　　B. -3　　C. 3 或 -3　　D. 5 或 -5

答案解析

B 【解析】已知角 α 终边过点 $P(-4,a)$，则角 α 终边在第二或第三象限。因为 $\sin\alpha = -\frac{3}{5}$，故角 α 终边在第三象限，因此 $\cos\alpha = -\frac{4}{5}$，即 $\frac{-4}{\sqrt{16+a^2}} = -\frac{4}{5}$，解得 $a = -3$(正值舍去)。故选 B。

2. (2021 广东广州天河区，1.47 分)以下命题正确的是(　　)

A. α,β 都是第一象限角，若 $\cos\alpha > \cos\beta$，则 $\sin\alpha > \sin\beta$

B. α,β 都是第二象限角,若 $\sin\alpha>\sin\beta$,则 $\tan\alpha>\tan\beta$

C. α,β 都是第三象限角,若 $\cos\alpha>\cos\beta$,则 $\sin\alpha>\sin\beta$

D. α,β 都是第四象限角,若 $\sin\alpha>\sin\beta$,则 $\tan\alpha>\tan\beta$

答案解析

D 【解析】根据三角函数的图象与性质,当 α,β 都是第一象限角,若 $\cos\alpha>\cos\beta$,则 $\sin\alpha<\sin\beta$;当 α,β 都是第二象限角,若 $\sin\alpha>\sin\beta$,则 $\tan\alpha<\tan\beta$;当 α,β 都是第三象限角,若 $\cos\alpha>\cos\beta$,则 $\sin\alpha<\sin\beta$;当 α,β 都是第四象限角,若 $\sin\alpha>\sin\beta$,则 $\tan\alpha>\tan\beta$。

变式训练

已知 α 为第二象限角,则 $\left|\cos\frac{\alpha}{2}\right|=-\cos\frac{\alpha}{2}$,则角 $\frac{\alpha}{2}$ 在第________象限。

考向2 三角函数的定义及应用

解法突破

三角函数的定义主要有以下应用:

(1)已知角 α 终边上一点 P 的坐标,求角 α 的三角函数值。首先求出点 P 到原点的距离,再用三角函数的定义求解。

(2)已知角 α 的终边所在的直线方程或角 α 的大小,根据三角函数的定义可求角 α 终边上某特定点的坐标。

(3)已知角 α 的三角函数值($\sin\alpha,\cos\alpha,\tan\alpha,\cot\alpha$)中任意两个的符号,可分别确定出角终边所在的可能位置,二者的交集即为该角的终边位置。注意终边在坐标轴上的特殊情况。

典例

在 $\mathrm{Rt}\triangle ABC$ 中,$\angle C=90°$,若 $\triangle ABC$ 的三边都缩小 $\frac{1}{5}$,则 $\sin A$ 的值(　　)

A. 放大五倍　　B. 缩小 $\frac{1}{5}$　　C. 不变　　D. 无法确定

答案解析

C 【解析】$\because\ \angle C=90°$,$\therefore\ \sin A=\dfrac{\angle A\text{ 的对边}}{\mathrm{Rt}\triangle ABC\text{ 的斜边}}$,$\because\ \triangle ABC$ 的三边都缩小 $\frac{1}{5}$,$\therefore\ \sin A$ 的值不变。

变式训练

在平面直角坐标系 xOy 中，角 α 与角 β 均以 Ox 为始边，它们的终边关于 y 轴对称。若 $\sin\alpha=\frac{1}{3}$，则 $\cos(\alpha-\beta)=$________。

必刷好题

招教高频基础刷

1. 与 2022°终边相同的角是(　　)

A. $-112°$　　B. $-72°$　　C. $222°$　　D. $142°$

2. 下列命题正确的是(　　)

A. 第一象限角小于第二象限角　　B. 锐角一定是第一象限角

C. 第二象限角是钝角　　D. 平角大于第二象限角

3. $\frac{7}{6}\pi$ 弧度等于(　　)

A. $120°$　　B. $150°$　　C. $210°$　　D. $240°$

4. 已知角 α 的终边与 300°角的终边重合，则 $\frac{\alpha}{3}$ 的终边不可能在(　　)

A. 第一象限　　B. 第二象限　　C. 第三象限　　D. 第四象限

5. 若角 θ 的终边与角 $\frac{6}{7}\pi$ 的终边相同，则在 $[\pi,2\pi)$ 内与角 $\frac{\theta}{3}$ 的终边相同的角是________。

6. 所有与 120°终边重合的角可以表示为________。

第二节　同角三角函数的基本关系式与诱导公式

招教核心要点

1. 同角三角函数的基本关系式

(1)倒数关系：$\sin\alpha\cdot\csc\alpha=1,\cos\alpha\cdot\sec\alpha=1,\tan\alpha\cdot\cot\alpha=1$。

(2)商数关系：$\tan\alpha=\dfrac{\sin\alpha}{\cos\alpha},\cot\alpha=\dfrac{\cos\alpha}{\sin\alpha}$。

(3)平方关系：$\sin^2\alpha+\cos^2\alpha=1,1+\tan^2\alpha=\sec^2\alpha,1+\cot^2\alpha=\csc^2\alpha$。

2. 三角函数诱导公式

公式	一	二	三	四	五	六
角	$2k\pi+\alpha$ $(k\in\mathbf{Z})$	$\pi+\alpha$	$-\alpha$	$\pi-\alpha$	$\frac{\pi}{2}-\alpha$	$\frac{\pi}{2}+\alpha$
正弦	$\sin\alpha$	$-\sin\alpha$	$-\sin\alpha$	$\sin\alpha$	$\cos\alpha$	$\cos\alpha$
余弦	$\cos\alpha$	$-\cos\alpha$	$\cos\alpha$	$-\cos\alpha$	$\sin\alpha$	$-\sin\alpha$
正切	$\tan\alpha$	$\tan\alpha$	$-\tan\alpha$	$-\tan\alpha$	$\cot\alpha$	$-\cot\alpha$
口诀	函数名不变，符号看象限				函数名改变，符号看象限	

考向分析

同角三角函数关系式、诱导公式的应用是教师招聘考试中的重点考查内容，题目难度适中，识记、理解并应用相关公式是解决问题的关键。

思想应用

化归思想：利用诱导公式，可将任意角的三角函数化为锐角的三角函数，利用诱导公式和同角三角函数的关系，可将不同名三角函数化为同名三角函数、将不同角三角函数化为同角三角函数。

招教考向解读

考向1　同角三角函数关系式及应用

解法突破

利用$\sin^2\alpha+\cos^2\alpha=1$可以实现角$\alpha$正弦、余弦的互化，利用$\dfrac{\sin\alpha}{\cos\alpha}=\tan\alpha$可以实现角$\alpha$的弦切

互化;含有$\sin^2\alpha$,$\cos^2\alpha$ 及 $\sin\alpha\cos\alpha$ 的式子求值时,可将所求式子的分母看作"1",利用"$\sin^2\alpha+\cos^2\alpha=1$"代换求解。

真题过招

(2022 湖南长沙市长沙县,3.5 分)若 $\cos x+3\sin x=0$,则 $\tan2x=$(　　)

A. $-\frac{3}{4}$　　B. $-\frac{3}{5}$　　C. $\frac{3}{4}$　　D. $\frac{3}{5}$

答案解析

A 【解析】由 $\cos x+3\sin x=0$,可知 $\tan x=\frac{\sin x}{\cos x}=-\frac{1}{3}$,于是 $\tan2x=\frac{2\tan x}{1-\tan^2x}=-\frac{3}{4}$。

变式训练

若 $\tan\alpha=\frac{3}{4}$,则$\cos^2\alpha+2\sin2\alpha=$(　　)

A. $\frac{64}{25}$　　B. $\frac{48}{25}$　　C. 1　　D. $\frac{16}{25}$

考向2 诱导公式及应用

解法突破

(1)诱导公式可简记为"奇变偶不变,符号看象限"。

(2)诱导公式的两个应用:

①求值:负化正,大化小,化到锐角为终了;

②化简:统一名,统一角,同角名少为终了。

真题过招

1. (2021 山东青岛,2.5 分)已知 $\alpha\in\left(\frac{\pi}{2},\pi\right)$,若 $\cos\left(\frac{\pi}{4}-\alpha\right)=-\frac{\sqrt{3}}{4}$,则 $\sin\left(\alpha+\frac{3\pi}{4}\right)=$(　　)

A. $-\frac{\sqrt{3}}{4}$　　B. $\frac{\sqrt{3}}{4}$

C. $-\frac{\sqrt{13}}{4}$　　D. $\frac{\sqrt{13}}{4}$

答案解析

C　**【解析】**因为$\alpha\in\left(\frac{\pi}{2},\pi\right)$,所以$\frac{\pi}{4}-\alpha\in\left(-\frac{3\pi}{4},-\frac{\pi}{4}\right)$,又因为$\cos\left(\frac{\pi}{4}-\alpha\right)=-\frac{\sqrt{3}}{4}$,所以$\sin\left(\frac{\pi}{4}-\alpha\right)=-\frac{\sqrt{13}}{4}$,则有$\sin\left(\alpha+\frac{3\pi}{4}\right)=\sin\left(\pi+\alpha-\frac{\pi}{4}\right)=-\sin\left(\alpha-\frac{\pi}{4}\right)=\sin\left(\frac{\pi}{4}-\alpha\right)=-\frac{\sqrt{13}}{4}$。

2. (2021 广东广州花都区,3 分)若$\alpha\in\left(\frac{\pi}{2},\pi\right)$,$\sin\left(\alpha+\frac{9\pi}{4}\right)\cos\left(\alpha+\frac{\pi}{4}\right)=\frac{1}{3}$,则$\sin4\alpha=$________。

答案解析

$-\frac{4\sqrt{5}}{9}$　**【解析】**$\sin\left(\alpha+\frac{9}{4}\pi\right)\cos\left(\alpha+\frac{\pi}{4}\right)=\sin\left(\alpha+\frac{\pi}{4}\right)\cos\left(\alpha+\frac{\pi}{4}\right)=\frac{\sin\left(2\alpha+\frac{\pi}{2}\right)}{2}=\frac{\cos2\alpha}{2}=\frac{1}{3}$,解得$\cos2\alpha=\frac{2}{3}$,因为$\alpha\in\left(\frac{\pi}{2},\pi\right)$,所以$2\alpha\in(\pi,2\pi)$,则$\sin2\alpha=-\sqrt{1-\cos^2 2\alpha}=-\frac{\sqrt{5}}{3}$,所以$\sin4\alpha=2\sin2\alpha\cos2\alpha=2\cdot\left(-\frac{\sqrt{5}}{3}\right)\cdot\frac{2}{3}=-\frac{4\sqrt{5}}{9}$。

变式训练

$\cos\left(-\frac{17\pi}{4}\right)-\sin\left(-\frac{17\pi}{4}\right)=$________。

必刷好题

招教高频基础刷

1. 若$\tan\theta=-2$,则$\frac{\sin\theta(1+\sin2\theta)}{\sin\theta+\cos\theta}=$(　　)

A. $-\frac{6}{5}$　　B. $-\frac{2}{5}$　　C. $\frac{2}{5}$　　D. $\frac{6}{5}$

2. 设$\alpha\in\left(0,\frac{\pi}{2}\right)$,$\beta\in\left(0,\frac{\pi}{2}\right)$,且$\tan\alpha=\frac{1+\sin\beta}{\cos\beta}$,则(　　)

A. $3\alpha-\beta=\frac{\pi}{2}$　　B. $3\alpha+\beta=\frac{\pi}{2}$

C. $2\alpha-\beta=\frac{\pi}{2}$　　D. $2\alpha+\beta=\frac{\pi}{2}$

3. 若 $\tan\alpha=\frac{3}{4}$，则$\cos^2\alpha+2\sin2\alpha=$（　　）

A. $\frac{64}{25}$　　B. $\frac{48}{25}$　　C. 1　　D. $\frac{16}{25}$

4. 若 $\sin\alpha=-\frac{5}{13}$，α 为第四象限角，则 $\tan\alpha$ 的值等于（　　）

A. $\frac{12}{5}$　　B. $-\frac{12}{5}$　　C. $\frac{5}{12}$　　D. $-\frac{5}{12}$

5. 已知 $\sin\left(\frac{5}{2}\pi+\alpha\right)=\frac{1}{5}$，那么 $\cos\alpha=$（　　）

A. $-\frac{2}{5}$　　B. $-\frac{1}{5}$　　C. $\frac{1}{5}$　　D. $\frac{2}{5}$

6. 已知 $\tan\theta=2$，则$\frac{\sin\left(\frac{\pi}{2}+\theta\right)-\cos(\pi-\theta)}{\sin\left(\frac{\pi}{2}-\theta\right)-\sin(\pi-\theta)}=$（　　）

A. $\frac{2}{3}$　　B. -2　　C. 2　　D. 0

7. $\cos\alpha=\frac{1}{3}$，则 $\sin\left(\alpha-\frac{\pi}{2}\right)=$________。

8. 已知 $\sin\alpha+2\cos\alpha=0$，则 $2\sin\alpha\cos\alpha-\cos^2\alpha$ 的值是________。

9. $\sin 750°=$________。

10. 已知 θ 是第四象限角，且 $\sin\left(\theta+\frac{\pi}{4}\right)=\frac{3}{5}$，则 $\tan\left(\theta-\frac{\pi}{4}\right)=$________。

第三节　三角恒等变换

招教核心要点

1. 和、差公式

$\cos(\alpha+\beta)=\cos\alpha\cos\beta-\sin\alpha\sin\beta$,

$\cos(\alpha-\beta)=\cos\alpha\cos\beta+\sin\alpha\sin\beta$,

$\sin(\alpha+\beta)=\sin\alpha\cos\beta+\cos\alpha\sin\beta$,

$\sin(\alpha-\beta)=\sin\alpha\cos\beta-\cos\alpha\sin\beta$,

$\tan(\alpha+\beta)=\dfrac{\tan\alpha+\tan\beta}{1-\tan\alpha\tan\beta}$,

$\tan(\alpha-\beta)=\dfrac{\tan\alpha-\tan\beta}{1+\tan\alpha\tan\beta}$。

2. 积化和差、和差化积公式

(1) 积化和差公式:

$\sin\alpha\cos\beta=\dfrac{1}{2}[\sin(\alpha+\beta)+\sin(\alpha-\beta)]$;

$\cos\alpha\sin\beta=\dfrac{1}{2}[\sin(\alpha+\beta)-\sin(\alpha-\beta)]$;

$\cos\alpha\cos\beta=\dfrac{1}{2}[\cos(\alpha+\beta)+\cos(\alpha-\beta)]$;

$\sin\alpha\sin\beta=-\dfrac{1}{2}[\cos(\alpha+\beta)-\cos(\alpha-\beta)]$。

(2) 和差化积公式:

$\sin\alpha+\sin\beta=2\sin\dfrac{\alpha+\beta}{2}\cos\dfrac{\alpha-\beta}{2}$;

$\sin\alpha-\sin\beta=2\cos\dfrac{\alpha+\beta}{2}\sin\dfrac{\alpha-\beta}{2}$;

$\cos\alpha+\cos\beta=2\cos\dfrac{\alpha+\beta}{2}\cos\dfrac{\alpha-\beta}{2}$;

$\cos\alpha-\cos\beta=-2\sin\dfrac{\alpha+\beta}{2}\sin\dfrac{\alpha-\beta}{2}$。

考向分析

三角函数式的化简与求值、三角恒等变换与三角函数的综合应用问题是教师招聘考试中的重点考查内容,题目难度适中,识记、理解并灵活应用三角函数的和、差公式,积化和差、和差化积公式,半、倍角公式,万能公式与辅助角公式是解决问题的关键。

思想应用

A. 转化与化归思想:三角恒等变换的实质就是对角、函数名的转化,一般有三种转化:利用同角三角函数的基本关系和诱导公式实现三角函数名的转化;利用诱导公式、两角和差公式、二倍角公式实现角的转化;利用倍角公式对函数式进行升幂或降次,实现运算的转化。

3. 倍、半角公式

$\sin 2\alpha = 2\sin\alpha\cos\alpha$；

$\cos 2\alpha = \cos^2\alpha - \sin^2\alpha = 2\cos^2\alpha - 1 = 1 - 2\sin^2\alpha$；$\tan 2\alpha = \frac{2\tan\alpha}{1-\tan^2\alpha}$。

$\sin\frac{\alpha}{2} = \pm\sqrt{\frac{1-\cos\alpha}{2}}$；

$\cos\frac{\alpha}{2} = \pm\sqrt{\frac{1+\cos\alpha}{2}}$；

$\tan\frac{\alpha}{2} = \pm\sqrt{\frac{1-\cos\alpha}{1+\cos\alpha}} = \frac{1-\cos\alpha}{\sin\alpha} = \frac{\sin\alpha}{1+\cos\alpha}$。

4. 万能公式与辅助角公式

(1)万能公式：$\sin\alpha = \frac{2\tan\frac{\alpha}{2}}{1+\tan^2\frac{\alpha}{2}}$；$\cos\alpha = \frac{1-\tan^2\frac{\alpha}{2}}{1+\tan^2\frac{\alpha}{2}}$；$\tan\alpha = \frac{2\tan\frac{\alpha}{2}}{1-\tan^2\frac{\alpha}{2}}$。

(2)辅助角公式：$a\sin\alpha + b\cos\alpha = \sqrt{a^2+b^2}\sin(\alpha+\beta)$。其中，$\cos\beta = \frac{a}{\sqrt{a^2+b^2}}$，$\sin\beta = \frac{b}{\sqrt{a^2+b^2}}$。

B. 整体代换思想：在三角函数式的化简中，常用到“1”的代换，如 $1 = \sin^2\alpha + \cos^2\alpha$，$1 = 2\cos^2\alpha - \cos 2\alpha$，$1 = \cos 2\alpha + 2\sin^2\alpha$，$1 = \tan\frac{\pi}{4}$ 等。

C. 方程思想：如已知 $\cos(\alpha-\beta) = a$，$\cos(\alpha+\beta) = b$，将已知两式展开成两个方程，可求 $\sin\alpha\sin\beta$，$\cos\alpha\cos\beta$；或已知 $\sin x - \sin y = a$，$\cos x - \cos y = b$，分别平方展开两个方程，可求得 $\sin x\sin y$，$\cos x\cos y$，进而可求得 $\cos(x-y)$，$\cos(x+y)$。

招教考向解读

考向 1 三角函数式的化简与求值

解法突破

1. 给角求值问题

(1)化简式子，将式子中的角尽可能化为特殊角进行求值。

(2)将式子中的项化为正、负相消的项，消去求值。

(3)将式子中分子分母出现公约数的项进行约分求值。

2. 给值求值问题

(1)化简条件式子或待求式子。

(2)观察条件式子与所求式子之间的联系,主要从函数名称及角入手(通常为和、差、倍数、互补互余关系)。

(3)将已知条件代入所求式子,化简求值。

3. 给值求角问题

(1)先求出所求角的某个三角函数值。

(2)根据该函数值确定角的范围。

(3)根据角的范围写出所求的角。

真题过招

(2021 山东青岛,2.5 分)$\sin205°\sin35°-\cos155°\cos35°=$( )

A. $-\frac{\sqrt{3}}{2}$ B. $-\frac{1}{2}$ C. $\frac{1}{2}$ D. $\frac{\sqrt{3}}{2}$

答案解析

C 【解析】$\sin205°\sin35°-\cos155°\cos35°=-\sin155°\sin35°-\cos155°\cos35°=-\cos(155°-35°)=-\cos120°=\frac{1}{2}$。

变式训练

已知 $\sin\left(\alpha+\frac{\pi}{4}\right)=\frac{4}{5}$,且$\frac{\pi}{4}<\alpha<\frac{3\pi}{4}$,则 $\cos\left(\alpha+\frac{\pi}{2}\right)=$( )

A. $\frac{\sqrt{2}}{10}$ B. $-\frac{\sqrt{2}}{10}$ C. $\frac{7\sqrt{2}}{10}$ D. $-\frac{7\sqrt{2}}{10}$

考向 2 三角恒等变换与三角函数的综合问题

解法突破

三角恒等变换的综合应用主要是将三角恒等变换与三角函数的性质相结合,通过变换,利用辅助角公式 $a\sin x+b\cos x=\sqrt{a^2+b^2}\sin(x+\varphi)$将复杂的函数式化为 $y=A\sin(\omega x+\varphi)+b$ 的形式再研究其性质,在研究性质时注意利用整体思想解决相关问题,解题时应注意观察角、函数名和结构特征。

真题过招

1. (2019 河南许昌禹州,1.5 分)在$\triangle ABC$中,若$\sqrt{3}(\tan B+\tan C)=\tan B\cdot\tan C-1$,则$\sin 2A=$(　　)

A. $-\frac{1}{2}$　　B. $\frac{1}{2}$　　C. $-\frac{\sqrt{3}}{2}$　　D. $\frac{\sqrt{3}}{2}$

答案解析

D　【解析】因为$\sqrt{3}(\tan B+\tan C)=\tan B\cdot\tan C-1$,所以$\tan(B+C)=\frac{\tan B+\tan C}{1-\tan B\tan C}=-\frac{\sqrt{3}}{3}$,解得$\angle B+\angle C=150°$,进而可知$\angle A=30°$,则有$\sin 2A=\sin 60°=\frac{\sqrt{3}}{2}$。故选 D。

2. (2020 天津南开区,2 分)已知函数$f(x)=\frac{2-\cos\left(\frac{\pi}{4}-\frac{\pi x}{4}\right)+\sin\left(\frac{\pi}{4}-\frac{\pi x}{4}\right)}{x^2+4x+5}(-4\leqslant x\leqslant 0)$,则$f(x)$的最大值为________。

答案解析

$2+\sqrt{2}$　【解析】$f(x)=\frac{2-\cos\left(\frac{\pi}{4}-\frac{\pi x}{4}\right)+\sin\left(\frac{\pi}{4}-\frac{\pi x}{4}\right)}{x^2+4x+5}=\frac{2-\sqrt{2}\sin\frac{\pi}{4}x}{(x+2)^2+1}\leqslant\frac{2+\sqrt{2}}{(x+2)^2+1}\leqslant 2+\sqrt{2}$,即$f(x)\leqslant 2+\sqrt{2}$,当且仅当$x=-2$时取等号,因此函数$f(x)$的最大值为$2+\sqrt{2}$。

变式训练

已知函数$f(x)=\sqrt{2}(\sin x-\cos x)\cos x+\frac{\sqrt{2}}{2}$。若$f\left(\frac{\alpha}{2}+\frac{\pi}{4}\right)=\frac{3}{5}$,$-\frac{\pi}{2}<\alpha<0$,求$\sqrt{2}\sin\left(2\alpha-\frac{\pi}{4}\right)$的值。

必刷好题

招教高频基础刷

1. 若$\theta\in\left[\frac{\pi}{4},\frac{\pi}{2}\right]$,$\sin 2\theta=\frac{3\sqrt{7}}{8}$,则$\sin\theta=$(　　)

A. $\frac{3}{5}$　　B. $\frac{4}{5}$　　C. $\frac{\sqrt{7}}{4}$　　D. $\frac{3}{4}$

2. 已知 $\sin\theta=\frac{3}{5}$，$\sin2\theta<0$，则 $\tan\frac{\theta}{2}$ 的值为（　　）

A. $-\frac{1}{2}$　　B. $\frac{1}{2}$　　C. $\frac{1}{3}$　　D. 3

3. 计算：$\sin20°\cos50°+\cos160°\sin50°$ 的值为（　　）

A. $-\frac{\sqrt{3}}{2}$　　B. $\frac{\sqrt{3}}{2}$　　C. $-\frac{1}{2}$　　D. $\frac{1}{2}$

4. 若 $\sin\left(\frac{\pi}{6}-\alpha\right)=\frac{3}{4}$，则 $\cos\left(\frac{2\pi}{3}+2\alpha\right)$ 的值为（　　）

A. $\frac{1}{8}$　　B. $-\frac{1}{8}$　　C. $\frac{1}{4}$　　D. $\frac{3}{4}$

5. 已知 $\tan(\alpha+\beta)=\frac{2}{5}$，$\tan\left(\beta-\frac{\pi}{4}\right)=\frac{1}{4}$，那么 $\tan\left(\alpha+\frac{\pi}{4}\right)$ 等于（　　）

A. $\frac{13}{18}$　　B. $\frac{13}{22}$　　C. $\frac{3}{22}$　　D. $\frac{1}{6}$

6. 已知 $\alpha\in\left(0,\frac{\pi}{2}\right)$，$2\sin2\alpha=\cos2\alpha+1$，则 $\sin\alpha=$（　　）

A. $\frac{1}{5}$　　B. $\frac{\sqrt{5}}{5}$　　C. $\frac{\sqrt{3}}{3}$　　D. $\frac{2\sqrt{5}}{5}$

7. 若 $\sin\alpha=\frac{1}{3}$，则 $\cos2\alpha=$（　　）

A. $\frac{8}{9}$　　B. $\frac{7}{9}$　　C. $-\frac{7}{9}$　　D. $-\frac{8}{9}$

8. 已知 $\tan\alpha=3$，$\alpha\in\left(0,\frac{\pi}{2}\right)$，则 $\cos\left(2\alpha+\frac{\pi}{6}\right)$ 的值为（　　）

A. $\frac{-4\sqrt{3}-3}{10}$　　B. $\frac{4\sqrt{3}+3}{10}$　　C. $\frac{4-3\sqrt{3}}{10}$　　D. $\frac{3\sqrt{3}-4}{10}$

9. $\sqrt{3}\cos15°-4\sin^2 15°\cos15°=$（　　）

A. $\frac{1}{2}$　　B. $\frac{\sqrt{2}}{2}$　　C. 1　　D. $\sqrt{2}$

10. 设函数 $f(x)=\sin x-\cos x$，若对于任意的 $x\in\mathbf{R}$，都有 $f(2\theta-x)=f(x)$，则 $\sin\left(2\theta-\frac{\pi}{3}\right)=$（　　）

A. $-\frac{1}{2}$　　B. $\frac{1}{2}$　　C. $\frac{\sqrt{3}}{2}$　　D. $-\frac{\sqrt{3}}{2}$

11. $\cos(\alpha-35°)\cos(25°+\alpha)+\sin(\alpha-35°)\sin(25°+\alpha)$ 的值为（　　）

A. $-\frac{1}{2}$　　B. $\frac{1}{2}$　　C. $-\frac{\sqrt{3}}{2}$　　D. $\frac{\sqrt{3}}{2}$

12. 已知 $\cos\alpha=-\frac{3}{5},\alpha\in\left(\frac{\pi}{2},\pi\right),\sin\beta=-\frac{12}{13},\beta$ 是第三象限角，则 $\cos(\beta-\alpha)$ 的值是（　　）

A. $-\frac{33}{65}$　　B. $\frac{63}{65}$　　C. $\frac{56}{65}$　　D. $-\frac{16}{65}$

13. 若 $\cos\left(\frac{\pi}{4}-\alpha\right)=\frac{3}{5}$，则 $\sin2\alpha=$（　　）

A. $\frac{7}{25}$　　B. $\frac{1}{5}$　　C. $-\frac{1}{5}$　　D. $-\frac{7}{25}$

14. 若 $\alpha\in(0,\frac{\pi}{2})$，则 $\frac{\sin2\alpha}{\sin^2\alpha+4\cos^2\alpha}$ 的最大值是________。

15. 设 $\sin\left(\frac{\pi}{4}+\theta\right)=\frac{1}{3}$，则 $\sin2\theta=$________。

16. $\cos\frac{2\pi}{7}+\cos\frac{4\pi}{7}+\cos\frac{6\pi}{7}$ 的值等于________。

17. 已知 $\frac{\tan\alpha}{\tan\left(\alpha+\frac{\pi}{4}\right)}=-\frac{2}{3}$，则 $\sin\left(2\alpha+\frac{\pi}{4}\right)$ 的值是________。

18. 若 $\tan\left(\alpha-\frac{\pi}{4}\right)=\frac{1}{6}$，则 $\tan\alpha=$________。

19. 已知 $\cos\left(\alpha-\frac{\pi}{3}\right)+\cos\alpha=\frac{4\sqrt{3}}{5}$，则 $\cos\left(\frac{\pi}{6}-\alpha\right)=$________。

20. 已知 $\sin\alpha+\cos\alpha=\frac{\sqrt{5}}{2}$，则 $\cos4\alpha=$________。

21. 已知 α 为第二象限角，$\sin\left(\alpha+\frac{\pi}{4}\right)=\frac{\sqrt{2}}{10}$，则 $\tan\frac{\alpha}{2}$ 的值为________。

22. 已知 $x\in\left(2k\pi-\frac{3}{4}\pi,2k\pi+\frac{\pi}{4}\right)(k\in\mathbf{Z})$，且 $\cos\left(\frac{\pi}{4}-x\right)=-\frac{3}{5}$，则 $\cos2x$ 的值是________。

23. 已知 $\sin\alpha=\frac{3}{5}$，且 $\alpha\in\left(\frac{\pi}{2},\pi\right)$，那么 $\frac{\sin2\alpha}{\cos^2\alpha}$ 的值等于________。

第四节　三角函数的图象与性质

招教核心要点

1. 正弦函数、余弦函数、正切函数的图象与性质（$k\in\mathbf{Z}$）

函数		$y=\sin x$	$y=\cos x$	$y=\tan x$
一周期简图				
定义域		$\mathbf{R}$	$\mathbf{R}$	$\left\{x\mid x\neq k\pi+\frac{\pi}{2}\right\}$
值域		$[-1,1]$	$[-1,1]$	$\mathbf{R}$
最小正周期		2π	2π	π
奇偶性		奇函数	偶函数	奇函数
增区间		$\left[2k\pi-\frac{\pi}{2},2k\pi+\frac{\pi}{2}\right]$	$[2k\pi+\pi,2k\pi+2\pi]$	$\left(k\pi-\frac{\pi}{2},k\pi+\frac{\pi}{2}\right)$
减区间		$\left[2k\pi+\frac{\pi}{2},2k\pi+\frac{3\pi}{2}\right]$	$[2k\pi,2k\pi+\pi]$	——
对称性	对称轴	$x=k\pi+\frac{\pi}{2}$	$x=k\pi$	——
	对称中心	$(k\pi,0)$	$\left(k\pi+\frac{\pi}{2},0\right)$	$\left(\frac{k\pi}{2},0\right)$
最大值		$x=2k\pi+\frac{\pi}{2}$ 时，$y_{max}=1$	$x=2k\pi$ 时，$y_{max}=1$	——
最小值		$x=2k\pi-\frac{\pi}{2}$ 时，$y_{min}=-1$	$x=2k\pi-\pi$ 时，$y_{min}=-1$	——

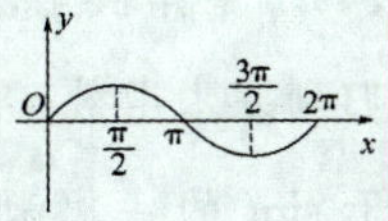

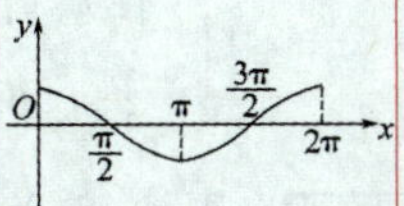

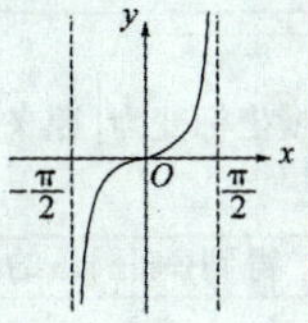

考向分析

三角函数的图象变换、性质、值域（最值），由条件确定 $y=A\sin(\omega x+\varphi)+b$ 的解析式，已知三角函数值求角的大小是教师招聘考试中的重点考查内容，需要牢记正弦函数、余弦函数、正切函数的图象与性质，对考生直观想象能力与逻辑推理能力要求较高。

2. 正弦曲线 $y=A\sin(\omega x+\varphi)$

一般地，正弦曲线 $y=A\sin(\omega x+\varphi)$（其中 $A,\omega>0$）是周期为 $T=\frac{2\pi}{\omega}$ 的函数，A 称为振幅，φ 称为初相，ω 称为角频率，$\frac{1}{T}$ 称为频率。

由 $y=\sin x$ 的图象变换出 $y=A\sin(\omega x+\varphi)$ 的图象一般有两个方法：

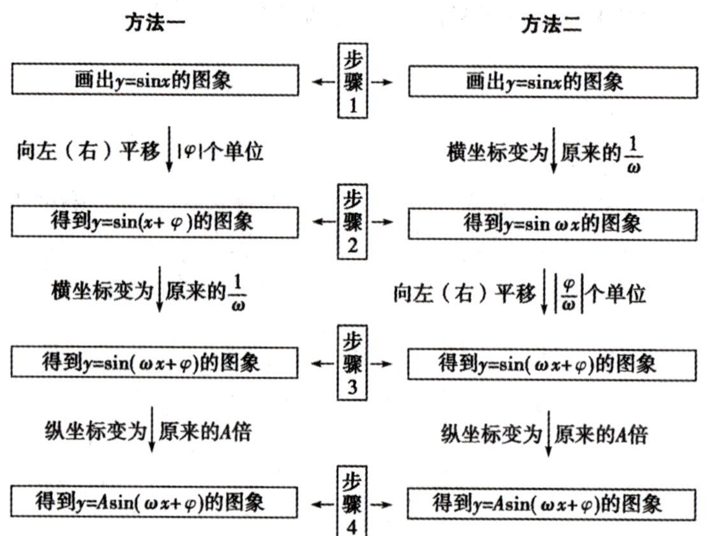

思想应用

A. 数形结合思想：利用图象探究性质，利用性质刻画图象，相辅相成。利用三角函数图象求三角函数值也是数形结合的体现。

B. 转化与化归思想：在研究三角函数 $y=A\sin(\omega x+\varphi)+b$ 的性质时，利用整体换元，令 $t=\omega x+\varphi$，化归到基本函数 $y=A\sin t+b$，即关于 $\sin t$ 的一次函数；在求 $y=a\sin^2x+b\sin x+c$ 的最值时，令 $t=\sin x$，则函数化为 $y=at^2+bt+c,t\in[-1,1]$，化归到关于 t 的一元二次函数。

招教考向解读

考向1 三角函数的图象变换

解法突破

三角函数图象主要涉及两类变换：平移变换和伸缩变换，两类变换都是针对 x 而言，即 x 本身加减多少值，而不是依赖于 ωx 整体加减多少值，且平移变换主要遵循"左加右减""上加下减"的平移原则。

真题过招

（2022 江苏南京，3 分）要得到函数 $g(x)=\sin\left(2x+\frac{\pi}{3}\right)$ 的图象，只需将函数 $f(x)=\sin 2x$ 的图

象(　　)

A. 向右平移$\frac{\pi}{3}$个单位　　B. 向左平移$\frac{\pi}{3}$个单位

C. 向右平移$\frac{\pi}{6}$个单位　　D. 向左平移$\frac{\pi}{6}$个单位

答案解析

D 【解析】函数$g(x)=\sin\left(2x+\frac{\pi}{3}\right)=\sin2\left(x+\frac{\pi}{6}\right)$,根据“左加右减”的平移原则,只需将函数$f(x)=\sin2x$的图象向左平移$\frac{\pi}{6}$个单位长度即可得到函数$g(x)$的图象。

变式训练

已知函数$f(x)=A\sin(\omega x+\varphi)(A>0,\omega>0,|\varphi|<\pi)$是奇函数,将$y=f(x)$的图象上所有的点的横坐标伸长到原来的2倍(纵坐标不变),所得图象对应的函数为$g(x)$,若$g(x)$的最小正周期为2π,且$g\left(\frac{\pi}{4}\right)=\sqrt{2}$,则$f\left(\frac{3\pi}{8}\right)=$(　　)

A. -2　　B. $-\sqrt{2}$　　C. $\sqrt{2}$　　D. 2

考向2　由条件确定$y=A\sin(\omega x+\varphi)$的解析式

解法突破

根据图象确定函数$y=A\sin(\omega x+\varphi)+b(A>0,\omega>0)$的解析式时,常用的解题方法是待定系数法:

(1)求A,b确定函数的最大值M和最小值m,则$A=\frac{M-m}{2},b=\frac{M+m}{2}$。

(2)求ω确定函数的周期T,则可得$\omega=\frac{2\pi}{T}$。

(3)求φ常用的方法有:

①代入法:把图象上的一个已知点代入(此时A,ω,b已知)或代入图象与直线$y=b$的交点求解(此时要注意交点是在上升区间还是在下降区间)。

②五点法:确定φ值时,往往以寻找“五点法”中的某一个点为突破口。具体如下:

“第一点”(即图象上升时与x轴的交点)为$\omega x+\varphi=0$;

“第二点”(即图象的最高点)为$\omega x+\varphi=\frac{\pi}{2}$;

“第三点”(即图象下降时与 x 轴的交点)为 $\omega x+\varphi=\pi$;

“第四点”(即图象的最低点)为 $\omega x+\varphi=\frac{3\pi}{2}$;

“第五点”为 $\omega x+\varphi=2\pi$。

真题过招

(2021 广东广州天河区,1.47 分)已知函数 $f(x)=A\sin(\omega x+\varphi)(A>0,\omega>0,|\varphi|<\frac{\pi}{2})$,该函数图象最低点的纵坐标是 -2020,且相邻的两条对称轴之间的距离为 $\frac{\pi}{4}$,点 $(\frac{\pi}{12},0)$ 为该函数图象上一点,则 $f(x)$ 的解析式为(　　)

A. $f(x)=2020\sin(4x+\frac{\pi}{3})$　　B. $f(x)=2020\sin(4x-\frac{\pi}{3})$

C. $f(x)=2020\sin(4x+\frac{5\pi}{3})$　　D. $f(x)=2020\sin(2x-\frac{\pi}{6})$

答案解析

B 【解析】因为相邻的两条对称轴之间的距离为 $\frac{\pi}{4}$,所以该函数以 $\frac{\pi}{2}$ 为周期,则 $\omega=4$,又因为该函数图象最低点的纵坐标是 -2020,所以 $A=2020$。将点 $\left(\frac{\pi}{12},0\right)$ 代入 $f(x)=2020\sin(4x+\varphi)=2020\sin\left(\frac{\pi}{3}+\varphi\right)=0$,又因为 $|\varphi|<\frac{\pi}{2}$,所以 $\varphi=-\frac{\pi}{3}$,则 $f(x)$ 的解析式为 $f(x)=2020\sin(4x-\frac{\pi}{3})$。

变式训练

设函数 $f(x)=\cos\left(\omega x+\frac{\pi}{6}\right)$ 在 $[-\pi,\pi]$ 的图象大致如图所示,则 $f(x)$ 的最小正周期为(　　)

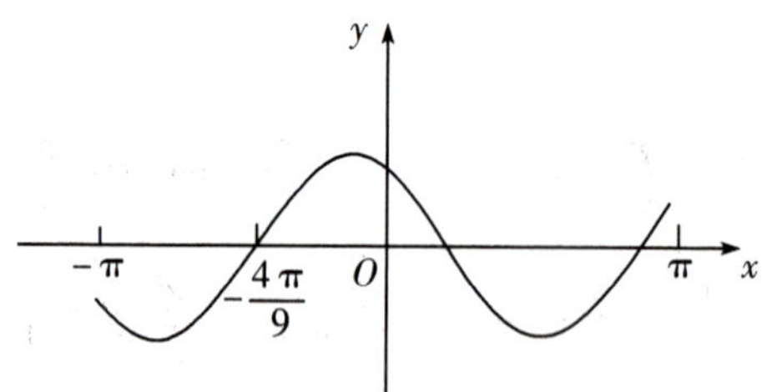

A. $\frac{10\pi}{9}$　　B. $\frac{7\pi}{6}$　　C. $\frac{4\pi}{3}$　　D. $\frac{3\pi}{2}$

考向3　三角函数的性质

解法突破

三角函数的主要性质有对称性、周期性、奇偶性、单调性，它们之间有着密切的联系，经常交织在一起综合应用。

真题过招

1. (2022 安徽中学数学，4 分) 已知函数 $f(x)=1-2\sin^2x$，则(　　)

A. $f(x)$ 的图象关于 $x=\frac{\pi}{4}$ 对称

B. $f(x)$ 的图象关于点 $\left(\frac{\pi}{2},0\right)$ 中心对称

C. $f(x)$ 在 $\left(0,\frac{\pi}{3}\right)$ 上单调递减

D. $f(x)$ 在 $\left(\frac{\pi}{4},\frac{7\pi}{12}\right)$ 上单调递减

答案解析

C　【解析】A 项，$f(x)=1-2\sin^2x=\cos2x$，令 $2x=k\pi$，即 $x=\frac{k\pi}{2}$，$k\in\mathbf{Z}$，故 $f(x)$ 的图象关于直线 $x=\frac{k\pi}{2}$，$k\in\mathbf{Z}$ 对称，所以 A 项错误；B 项，令 $2x=k\pi+\frac{\pi}{2}$，即 $x=\frac{k\pi}{2}+\frac{\pi}{4}$，$k\in\mathbf{Z}$，故 $f(x)$ 的图象关于点 $\left(\frac{k\pi}{2}+\frac{\pi}{4},0\right)$，$k\in\mathbf{Z}$ 中心对称，故 B 项错误；C 项，令 $2x\in[2k\pi,2k\pi+\pi]$，$k\in\mathbf{Z}$，即 $x\in\left[k\pi,k\pi+\frac{\pi}{2}\right]$，$k\in\mathbf{Z}$，$f(x)$ 单调递减，因为当 $k=0$ 时，$f(x)$ 在 $\left(0,\frac{\pi}{2}\right)$ 上单调递减，而 $0<\frac{\pi}{4}<\frac{\pi}{3}<\frac{\pi}{2}<\frac{7\pi}{12}$，所以 C 项正确，D 项错误。

2. (2021 山东东营，1.52 分) 已知函数 $f(x)=\sin x\sin\left(x+\frac{\pi}{4}\right)$，则 $f(x)$ 的最小正周期为(　　)

A. $\frac{\pi}{2}$　　B. π　　C. $\frac{5\pi}{3}$　　D. 2π

答案解析

B　【解析】$f(x)=\sin x\sin\left(x+\frac{\pi}{4}\right)=\sin x\left(\sin x\cos\frac{\pi}{4}+\cos x\sin\frac{\pi}{4}\right)=\frac{\sqrt{2}}{2}\sin^2x+\frac{\sqrt{2}}{2}\sin x\cos x=-\frac{\sqrt{2}}{4}(1-2\sin^2x)+\frac{\sqrt{2}}{4}\sin2x+\frac{\sqrt{2}}{4}=-\frac{\sqrt{2}}{4}\cos2x+\frac{\sqrt{2}}{4}\sin2x+\frac{\sqrt{2}}{4}=\frac{1}{2}\sin\left(2x-\frac{\pi}{4}\right)+\frac{\sqrt{2}}{4}$，所以 $T=\frac{2\pi}{2}=\pi$，故函数 $f(x)$ 的最小正周期为 π。

变式训练

设$f(x)=A\sin(\omega x+\varphi)$($A,\omega,\varphi$是常数,$A>0,\omega>0$),若$f(x)$在区间$\left[\frac{\pi}{6},\frac{\pi}{2}\right]$上具有单调性,且$f\left(\frac{\pi}{2}\right)=f\left(\frac{2\pi}{3}\right)=-f\left(\frac{\pi}{6}\right)$,则$f(x)$的最小正周期为________。

考向4 三角函数的值域(最值)

解法突破

(1)直接法:形如$y=a\sin x+k$或$y=a\cos x+k$的三角函数,直接利用$\sin x,\cos x$的值域求出其值域(最值)。

(2)化一法:形如$y=a\sin x+b\cos x+k$的三角函数,化为$y=A\sin(\omega x+\varphi)+k$的形式,确定$\omega x+\varphi$的范围,根据正弦函数单调性写出函数的值域(最值)。

(3)换元法:形如$y=a\sin^2x+b\sin x+k$的三角函数,可先设$\sin x=t$,化为关于t的二次函数求值域(最值);形如$y=a\sin x\cos x+b(\sin x\pm\cos x)+c$的三角函数,可先设$t=\sin x\pm\cos x$,化为关于$t$的二次函数求值域(最值),换元后要注意标出$t$的取值范围。

(4)导数法:利用导数可以解决函数的单调性、极值、最值等问题,当题目条件合适时,可用于三角函数求最值。

真题过招

(2021广东广州天河区,1.47分)已知函数$f(x)=(3-2\sin x)(3-2\cos x)$的最大值为$M$,最小值为$N$,则$M-N=$( )

A. 12 B. 8 C. $8\sqrt{2}$ D. $12\sqrt{2}$

答案解析

D 【解析】$f(x)=(3-2\sin x)(3-2\cos x)=9-6\cos x-6\sin x+4\sin x\cos x=9-6(\sin x+\cos x)+4\sin x\cos x$,令$t=\sin x+\cos x$,则$4\sin x\cos x=2t^2-2$,$-\sqrt{2}\leqslant t\leqslant\sqrt{2}$,那么原函数即$f(t)=9-6t+2t^2-2=2t^2-6t+7$,$t\in[-\sqrt{2},\sqrt{2}]$。因为$\sqrt{2}<-\frac{-6}{4}=\frac{3}{2}$,所以当$t\in[-\sqrt{2},\sqrt{2}]$时,函数$f(t)=2t^2-6t+7$单调递减,故$N=f(t)_{\min}=f(\sqrt{2})=4-6\sqrt{2}+7=11-6\sqrt{2}$,$M=f(t)_{\max}=f(-\sqrt{2})=4+6\sqrt{2}+7=11+6\sqrt{2}$,所以$M-N=11+6\sqrt{2}-(11-6\sqrt{2})=12\sqrt{2}$。

变式训练

已知函数$f(x)=\sin^2 x\sin 2x$，则$f(x)$的最大值是________。

考向5 已知三角函数值求角

解法突破

(1)根据函数值的符号判断角x所在的象限。

(2)求出与其绝对值对应的锐角θ，根据x所在象限，得出$0\sim 2\pi$间的角，如果适合已知条件的角在第二象限，则它是$\pi-\theta$，如果适合已知条件的角在第三象限或第四象限，则它是$\pi+\theta$或$2\pi-\theta$。

(3)如果要求适合条件的所有角，则根据x所在象限，得出$0\sim 2\pi$间的角后，再利用终边相同的角的表达式写出。

若$0\leqslant\alpha<2\pi$，$\sin\alpha>\sqrt{3}\cos\alpha$，则$\alpha\in$(　　)

A. $\left(\frac{\pi}{3},\frac{\pi}{2}\right)$　　B. $\left(\frac{\pi}{3},\pi\right)$　　C. $\left(\frac{\pi}{3},\frac{4\pi}{3}\right)$　　D. $\left(\frac{\pi}{3},\frac{3\pi}{2}\right)$

答案解析

C　【解析】因为$0\leqslant\alpha<2\pi$，$\sin\alpha>\sqrt{3}\cos\alpha$，所以$\sin\alpha-\sqrt{3}\cos\alpha=2\left(\frac{1}{2}\sin\alpha-\frac{\sqrt{3}}{2}\cos\alpha\right)=2\sin\left(\alpha-\frac{\pi}{3}\right)>0$，所以$2k\pi<\alpha-\frac{\pi}{3}<2k\pi+\pi,k\in\mathbf{Z}$，所以$2k\pi+\frac{\pi}{3}<\alpha<2k\pi+\frac{4\pi}{3},k\in\mathbf{Z}$，因为$0\leqslant\alpha<2\pi$，所以$\frac{\pi}{3}<\alpha<\frac{4\pi}{3}$。

变式训练

若$\cos x=-\frac{2}{3}$，$x\in[0,\pi]$，则x的值为(　　)

A. $\arccos\frac{2}{3}$　　B. $\pi-\arccos\frac{2}{3}$

C. $-\arccos\frac{2}{3}$　　D. $\pi+\arccos\frac{2}{3}$

招教易错突破

易错点 ▸ 对三角函数图象的变化规律理解不清

容易忽视函数图象的左右平移是针对 x 而言。

要得到$f(x)=\tan\left(2x-\frac{\pi}{6}\right)$的图象，只需将$f(x)=\tan 2x$ 图象上的所有点(　　)

A. 向右平移$\frac{\pi}{6}$个单位长度

B. 向左平移$\frac{\pi}{6}$个单位长度

C. 向右平移$\frac{\pi}{12}$个单位长度

D. 向左平移$\frac{\pi}{12}$个单位长度

【错因分析】本题容易忽视函数$f(x)$图象的左右平移是针对 x 而言的，不包括前面的系数。

答案解析

C 【解析】因为 $\tan\left(2x-\frac{\pi}{6}\right)=\tan 2\left(x-\frac{\pi}{12}\right)$，故只需将$f(x)=\tan 2x$ 图象上所有点向右平移$\frac{\pi}{12}$个单位长度，即可得到函数$f(x)=\tan\left(2x-\frac{\pi}{6}\right)$的图象。

变式训练

若将函数$f(x)=2\sin 2x$ 的图象向左平移$\frac{\pi}{12}$个单位长度，则平移后图象的对称轴为(　　)

A. $x=\frac{k\pi}{2}-\frac{\pi}{6}(k\in\mathbf{Z})$　　B. $x=\frac{k\pi}{2}+\frac{\pi}{6}(k\in\mathbf{Z})$

C. $x=\frac{k\pi}{2}-\frac{\pi}{12}(k\in\mathbf{Z})$　　D. $x=\frac{k\pi}{2}+\frac{\pi}{12}(k\in\mathbf{Z})$

必刷好题

招教高频基础刷

1. 为了得到函数 $y_1=\sin3x+\cos3x$ 的图象，可以将函数 $y_2=\sqrt{2}\cos3x$ 的图象(　　)

A. 向右平移 $\frac{\pi}{12}$ 个单位　　B. 向右平移 $\frac{\pi}{4}$ 个单位

C. 向左平移 $\frac{\pi}{12}$ 个单位　　D. 向左平移 $\frac{\pi}{4}$ 个单位

2. 将函数 $y=\sin(2x+\frac{\pi}{4})$ 的图象向左平移 $\frac{\pi}{4}$ 个单位，再向上平移 2 个单位，则所得图象的一个对称中心是(　　)

A. $(\frac{\pi}{4},2)$　　B. $(\frac{\pi}{3},2)$

C. $(\frac{\pi}{8},2)$　　D. $(\frac{\pi}{2},2)$

3. 已知函数 $f(x)=\sin(\omega x+\varphi)(\omega>0)$ 的图象如下图所示，则 $\omega=$(　　)

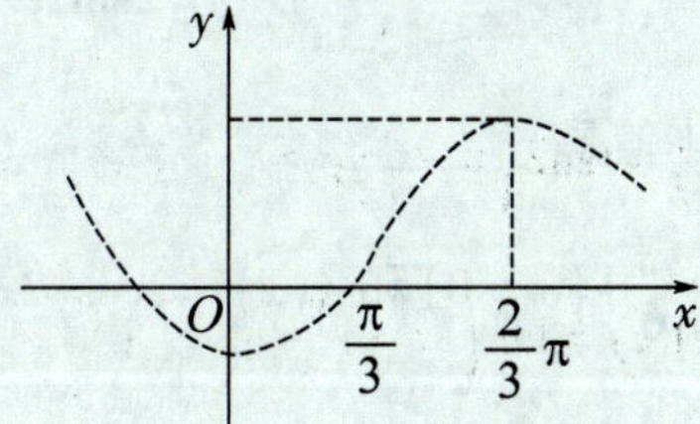

A. 3　　B. $\frac{3}{2}$　　C. $\frac{3}{4}$　　D. $\frac{3}{8}$

4. 若函数 $f(x)=\sin x-\cos(x+\frac{\pi}{6})$，$x\in[0,\pi]$，则 $f(x)$ 的值域为(　　)

A. $[-2,2]$　　B. $[-\sqrt{3},\sqrt{3}]$　　C. $[-1,1]$　　D. $[-\frac{\sqrt{3}}{2},\sqrt{3}]$

5. 设 $\omega>0$，函数 $y=\sin(\omega x+\frac{\pi}{3})+2$ 的图象向右平移 $\frac{4\pi}{3}$ 个单位后与原图象重合，则 ω 的最小值是(　　)

A. $\frac{2}{3}$　　B. $\frac{4}{3}$　　C. $\frac{3}{2}$　　D. 3

6. 将函数 $y=\sqrt{3}\cos x+\sin x(x\in\mathbf{R})$ 的图象向左平移 $m(m>0)$ 个单位长度后，所得到的图象关于 y 轴对称，则 m 的最小值是（　　）

A. $\frac{\pi}{12}$　　B. $\frac{\pi}{6}$　　C. $\frac{\pi}{3}$　　D. $\frac{5\pi}{6}$

7. 已知 $\omega>0$，函数 $f(x)=\sin\left(\omega x+\frac{\pi}{4}\right)$ 在 $\left(\frac{\pi}{2},\pi\right)$ 上单调递减，则 ω 的取值范围是（　　）

A. $\left[\frac{1}{2},\frac{5}{4}\right]$　　B. $\left[\frac{1}{2},\frac{3}{4}\right]$

C. $\left(0,\frac{1}{2}\right]$　　D. $(0,2]$

8. 函数 $f(x)=2\cos 2x+\sin x$ 的最小值和最大值分别是（　　）

A. $-1;1$　　B. $-3;3$

C. $-\frac{33}{16};3$　　D. $-3;\frac{33}{16}$

9. 将函数 $y=\sin 2x$ 的图象向左平移 $\frac{\pi}{4}$ 个单位，再向上平移 1 个单位，所得图象的函数解析式是（　　）

A. $y=\cos 2x$　　B. $y=2\cos^2 x$

C. $y=1+\sin\left(2x+\frac{\pi}{4}\right)$　　D. $y=2\sin^2 x$

10. 函数 $f(x)=\sin x\cos x$ 的最小值是________。

11. 已知函数 $f(x)=3\sin(\omega x-\frac{\pi}{6})(\omega>0)$ 和 $g(x)=2\cos(2x+\varphi)+1$ 的图象的对称轴完全相同。若 $x\in[0,\frac{\pi}{2}]$，则 $f(x)$ 的取值范围是________。

12. 函数 $f(x)=\sin\left(2x+\frac{\pi}{4}\right)\left(0\leqslant x\leqslant\frac{\pi}{2}\right)$ 的单调递增区间是________。

13. 定义在区间 $[0,3\pi]$ 上的函数 $y=\sin 2x$ 的图象与函数 $y=\cos x$ 的图象的交点个数是________。

14. 函数 $f(x)=\sin^2 2x$ 的最小正周期是________。

15. 函数 $y=\cos 2x+2\sin x$ 的最大值为________。

16. 将函数 $f(x)=\sin x$ 的图象向右平移 $\frac{\pi}{4}$ 个单位长度后得到函数 $y=g(x)$ 的图象，则函数 $y=f(x)\cdot g(x)$ 的最大值是________。

17. 函数$f(x)=A\sin(\omega x+\varphi)\left(A,\omega,\varphi\text{是常数},A>0,\omega>0,|\varphi|<\frac{\pi}{2}\right)$的部分图象如图所示，则$f\left(-\frac{\pi}{3}\right)$的值是________。

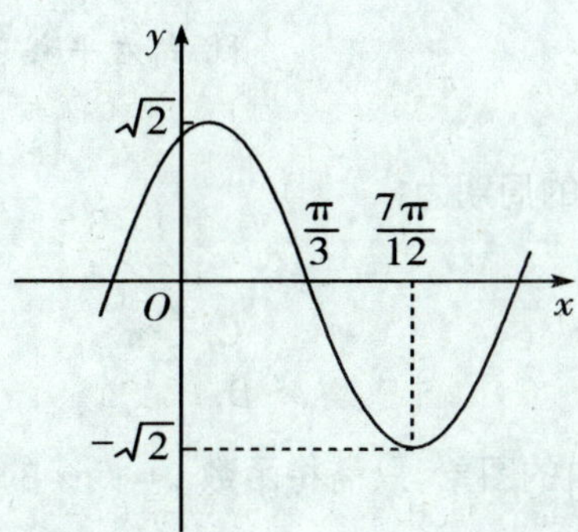

18. 已知$f(x)=-\frac{1}{2}+\sin\left(\frac{\pi}{6}-2x\right)+\cos\left(2x-\frac{\pi}{3}\right)+\cos^2x$。

(1)求$f(x)$的最小正周期；

(2)求$f(x)$在区间$\left[\frac{\pi}{8},\frac{5\pi}{8}\right]$上的最大值，并求出$f(x)$取最大值时$x$的值。

19. 已知函数$f(x)=2\sin\frac{x}{4}\cos\frac{x}{4}-2\sqrt{3}\sin^2\frac{x}{4}+\sqrt{3}$。

(1)求函数$f(x)$的最小正周期及最值；

(2)令$g(x)=f\left(x+\frac{\pi}{3}\right)$，判断函数$g(x)$的奇偶性，并说明理由。

招教易错能力刷

1. 为了得到函数$y=\sin(2x-\frac{\pi}{3})$的图象，只需把函数$y=\sin(2x+\frac{\pi}{6})$的图象(　　)

A. 向左平移$\frac{\pi}{4}$个长度单位

B. 向右平移$\frac{\pi}{4}$个长度单位

C. 向左平移$\frac{\pi}{2}$个长度单位

D. 向右平移$\frac{\pi}{2}$个长度单位

2. 函数$f(x)=x\cos x+\sin x$的图象大致为(　　)

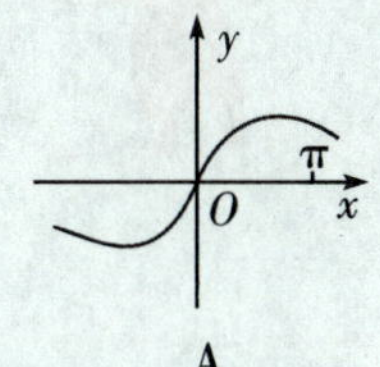

A

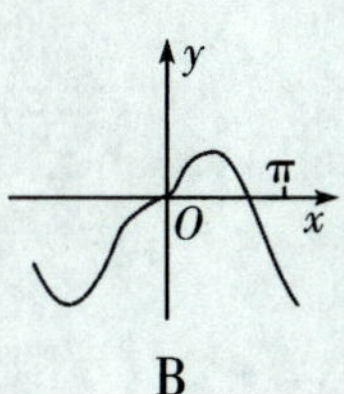

B

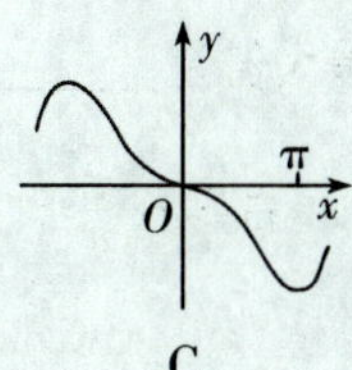

C

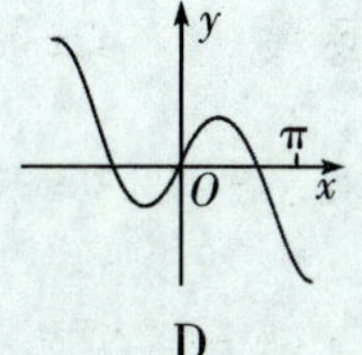

D

3. 要得到 $y=\sin(2x+\frac{\pi}{4})$ 的图象，只需将 $y=\sin 2x$ 的图象（　　）

A. 向左平移$\frac{\pi}{4}$个单位　　B. 向右平移$\frac{\pi}{4}$个单位

C. 向左平移$\frac{\pi}{8}$个单位　　D. 向右平移$\frac{\pi}{8}$个单位

4. 函数 $f(x)=\sin\frac{x}{2}+\cos 3x$ 的周期为（　　）

A. π　　B. 4π　　C. $\frac{2}{3}\pi$　　D. 6π

5. 为得到函数 $y=\cos\left(x+\frac{\pi}{3}\right)$ 的图象，只需将函数 $y=\sin x$ 的图象（　　）

A. 向左平移$\frac{\pi}{6}$个单位　　B. 向右平移$\frac{\pi}{6}$个单位

C. 向左平移$\frac{5\pi}{6}$个单位　　D. 向右平移$\frac{5\pi}{6}$个单位

6. 已知 $f(x)=\sin(\omega x+\varphi)$，$\omega$，$\varphi$ 均为正数，又 $|f(x_1)|=1$，$f(x_2)=0$，且 $|x_1-x_2|$ 的最小值为 $\frac{\pi}{4}$，图象的一个对称中心为 $\left(\frac{\pi}{4},0\right)$，则函数 $y=f(x)$ 的解析式为（　　）

A. $f(x)=\sin x$　　B. $f(x)=\cos x$

C. $f(x)=\cos 2x$　　D. $f(x)=\sin 2x$

7. 设 $x\in\left(0,\frac{\pi}{2}\right)$，则函数 $y=\frac{\sin 2x}{2\sin^2 x+1}$ 的最大值为________。

8. 若函数 $f(x)=\sin\left(\omega x+\frac{\pi}{6}\right)(0<\omega<1)$ 在区间 $(\pi,2\pi)$ 内有最值，则 ω 的取值范围为________。

第五节　解三角形

招教核心要点

1. 正弦定理与余弦定理

若$\triangle ABC$中角A,B,C所对的边分别是a,b,c,R是$\triangle ABC$的外接圆半径，则有：

定理	正弦定理	余弦定理
内容	$\frac{a}{\sin A}=\frac{b}{\sin B}=\frac{c}{\sin C}=2R$（$R$为$\triangle ABC$的外接圆半径）	$a^2=b^2+c^2-2bc\cos A$， $b^2=a^2+c^2-2ac\cos B$， $c^2=a^2+b^2-2ab\cos C$
变形形式	$a=2R\sin A$， $b=2R\sin B$， $c=2R\sin C$， $\sin A=\frac{a}{2R}$， $\sin B=\frac{b}{2R}$， $\sin C=\frac{c}{2R}$， $a:b:c=\sin A:\sin B:\sin C$， $a\sin B=b\sin A$，$b\sin C=c\sin B$，$a\sin C=c\sin A$， $\frac{a+b+c}{\sin A+\sin B+\sin C}=2R$	$\cos A=\frac{b^2+c^2-a^2}{2bc}$， $\cos B=\frac{a^2+c^2-b^2}{2ac}$， $\cos C=\frac{a^2+b^2-c^2}{2ab}$
使用条件	①两角一边求边； ②两边一对角求角	①三边求角； ②两边一角求边

考向分析

正弦定理、余弦定理及其应用是教师招聘考试中的重点考查内容，常与三角恒等变换、平面几何结合考查，题目的综合性较强。

2. 解三角形及其综合应用

(1) 在$\triangle ABC$中，已知a,b和$\angle A$，解三角形时解的情况

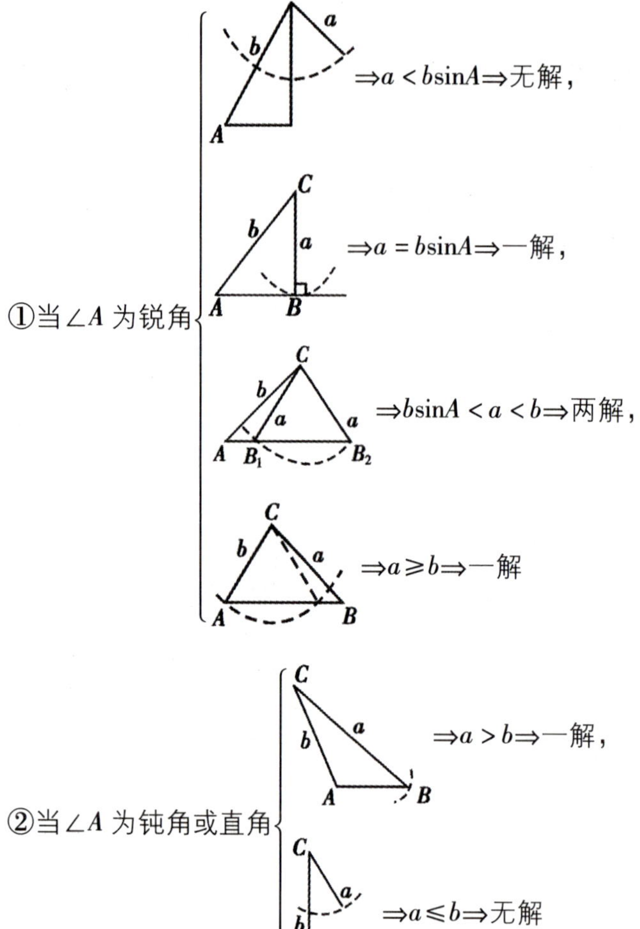

(2)三角形的面积公式

①$S=\frac{1}{2}a\cdot h_a$(h_a表示边 a 上的高)；

②$S=\frac{1}{2}ab\sin C=\frac{1}{2}ac\sin B=\frac{1}{2}bc\sin A$；

③$S=\frac{1}{2}r(a+b+c)$(r 为三角形内切圆半径)；

④$S_{\triangle ABC}=\frac{abc}{4R}$($R$ 为三角形外接圆半径)。

(3)三角形中常用的结论

在$\triangle ABC$中，角 A,B,C 所对的边分别是 a,b,c，常见的结论有：

①$\angle A+\angle B+\angle C=\pi$；

②在$\triangle ABC$中，大角对大边，大边对大角，如：$a>b\Leftrightarrow$

思想应用

A. 转化与化归思想：利用正弦定理与余弦定理进行边角互化，利用诱导公式进行角之间的转化，如在$\triangle ABC$中，$\sin(A+B)=\sin C$，$\cos(A+B)=-\cos C$，利用内角关系进行角之间的转化和减元，如$\angle A=\frac{\pi}{3}$，则$\angle B=\frac{2\pi}{3}-\angle C$。

B. 方程思想：利用正弦定理和余弦定理解三角形，知道两角一边或两边一角求出其他边和角。

C. 函数思想：在求解三角形周长或面积的最大、最小值时，通常将周长或面积表示为边或角的函数，利用自变量边或角的取值范围来求解函数的最值。

D. 数形结合思想：在解三角形时，画出图形，分析图形，再结合三角函数公式，解决问题会更加直观快捷。

$\angle A>\angle B \Leftrightarrow \sin A>\sin B$。

③任意两边之和大于第三边,任意两边之差小于第三边。

④有关三角形内角的常用三角恒等式:

$\sin(A+B)=\sin C$;

$\cos(A+B)=-\cos C$;

$\tan(A+B)=-\tan C(\angle A+\angle B\neq\frac{\pi}{2})$;

$\sin\frac{A+B}{2}=\cos\frac{C}{2}$;

$\cos\frac{A+B}{2}=\sin\frac{C}{2}$。

招教考向解读

考向1 正弦定理及其应用

(一)利用正弦定理解三角形

解法突破

利用正弦定理解三角形常见以下类型:

(1)已知两角及任一边求解三角形。

(2)已知两边 a,b 及其中一边的对角 A,求解三角形。

①若 $a>b$,利用正弦定理,解出 $\sin B$,得 $\angle B$,进而得 $\angle C$ 和边 c;

②若 $a<b$,利用正弦定理,解出 $\sin B$,然后分情况讨论,$\sin B=\begin{cases}>1, \text{无解。} \\ =1, \angle B \text{ 是直角。} \\ <1, \angle B \text{ 可能是锐角,也可能是钝角。}\end{cases}$

真题过招

1. (2021 安徽小学数学,4 分) $\triangle ABC$ 的内角 A,B,C 的对边分别为 a,b,c,若 $b=3,c=3\sqrt{3}$,$\angle B=30°$,则 a 的值为(　　)

A. 3　　B. $3\sqrt{3}$　　C. 6　　D. 3 或 6

答案解析

D 【解析】方法一：由正弦定理可得$\frac{a}{\sin A}=\frac{b}{\sin B}=\frac{c}{\sin C}$，即$\frac{3}{\sin 30°}=\frac{3\sqrt{3}}{\sin C}$，$\therefore \sin C=\frac{\sqrt{3}}{2}$，$\angle C=60°$或$\angle C=120°$。当$\angle C=60°$，则$\angle A=90°$，$a=6$；当$\angle C=120°$，则$\angle A=30°$，$a=3$，即$a=3$或6。

方法二：由余弦定理得$\cos B=\frac{a^2+c^2-b^2}{2ac}$，即$\frac{\sqrt{3}}{2}=\frac{a^2+(3\sqrt{3})^2-3^2}{6\sqrt{3}a}$，可得$(a-3)(a-6)=0$，解得$a=3$或6。

变式训练

1. 已知$\triangle ABC$中，$\cos A=\frac{5}{13}$，$\sin B=\frac{3}{5}$，$a=1$，求$\cos C$及边长c。

（二）正弦定理的应用

解法突破

在题目中，有时候会出现等式中既含有边又含有角的式子，需要将对应的式子统一起来（全部化成只含边或者角的式子），这个时候正弦定理$\frac{a}{\sin A}=\frac{b}{\sin B}=\frac{c}{\sin C}=2R$就能起到很大作用，在实现边角互化的过程中，最关键的在于识别应该边化角还是角化边，一般来说，当边齐次的时候，可以边化角；当正弦齐次的时候，可以角化边。

典例

2. 在$\triangle ABC$中，内角A,B,C的对边长分别为a,b,c，已知$a^2-c^2=2b$，且$\sin B=4\cos A\sin C$，则b的值为（　　）

A. 2　　B. $\frac{3}{2}$　　C. 4　　D. $\frac{\sqrt{2}}{2}$

【分析】利用正弦定理和余弦定理化角求边，解方程求b。

答案解析

C 【解析】设$\triangle ABC$的外接圆半径为R，因为$\sin B=4\cos A\sin C$，由正弦定理和余弦定理可得$\frac{b}{2R}=4\frac{b^2+c^2-a^2}{2bc}\cdot\frac{c}{2R}$，所以$b^2=2a^2-2c^2$，又因为$a^2-c^2=2b$，$b>0$，$\therefore b=4$。

变式训练

2. $\triangle ABC$ 中，$\angle A$，$\angle B$，$\angle C$ 所对的边分别是 a，b，c，若 $a\cos A = b\sin B$，则 $\sin A\cos A + \cos^2 B =$ (　　)

A. $-\frac{1}{2}$

B. $\frac{1}{2}$

C. -1

D. 1

考向 2　余弦定理及其应用

(一)利用余弦定理解三角形

解法突破

利用余弦定理解三角形常见类型如下:

(1)已知三角形的两条边 a,b 及其夹角 C,可根据余弦定理求出边 c,进而利用余弦定理或正弦定理求出其他角。

(2)已知三角形的三条边 a,b,c,可根据余弦定理求出任一角,再根据正弦定理或余弦定理求其他角。

可以看出,利用余弦定理解三角形,至少需要知道两条边。

真题过招

1. (2022 湖南长沙岳麓区,2 分)在 $\triangle ABC$ 中,已知 $a=1,b=2,\angle C=60°$,则 $c=$ (　　)

A. $\sqrt{3}$

B. $\sqrt{2}$

C. 3

D. 1

答案解析

A 【解析】在 $\triangle ABC$ 中,因为 $a=1,b=2,\angle C=60°$,所以由余弦定理可得 $c^2=a^2+b^2-2ab\cos 60°=1+4-2\times1\times2\times\frac{1}{2}=3$,故 $c=\sqrt{3}$。

变式训练

1. $\triangle ABC$ 的内角 A,B,C 的对边分别为 a,b,c,已知 $a\sin A-b\sin B=4c\sin C$,$\cos A=-\frac{1}{4}$,则

$\frac{b}{c}=($　　$)$

A. 6　　B. 5　　C. 4　　D. 3

2. 在$\triangle ABC$中，内角A,B,C所对的边分别是a,b,c，已知$b-c=\frac{1}{4}a$，$2\sin B=3\sin C$，则$\cos A$的值是________。

(二)余弦定理的应用

解法突破

利用余弦定理边角互化：根据已知等式的特点，可将余弦定理代入其中，将角化边或将边化角。

真题过招

2. (2021 山东东营，6 分)在$\triangle ABC$中，a,b,c分别为内角A,B,C所对的边，已知$c\cos B+b\cos C=2a\cos A$，且$\triangle ABC$的面积为$4\sqrt{3}$。

(1)求$\angle A$的值；

(2)若$a=4$，求$\triangle ABC$的周长。

答案解析

【解析】(1)由正弦定理得，$\sin C\cos B+\sin B\cos C=\sin(B+C)=\sin(\pi-A)=\sin A=2\sin A\cos A$，$\because\ \angle A\in(0,\pi)$，$\therefore\ \sin A\neq 0$，$\therefore\ \cos A=\frac{1}{2}$，故$\angle A=\frac{\pi}{3}$。

(2)$S_{\triangle ABC}=\frac{1}{2}bc\sin A=\frac{1}{2}\cdot bc\cdot\frac{\sqrt{3}}{2}=4\sqrt{3}$，$\therefore\ bc=16$，由余弦定理得$\cos A=\frac{b^2+c^2-a^2}{2bc}=\frac{(b+c)^2-2bc-a^2}{2bc}=\frac{1}{2}$，解得$b+c=8$(负值舍去)，则$\triangle ABC$的周长为$8+4=12$。

变式训练

3. $\triangle ABC$中，$\sin^2A-\sin^2B-\sin^2C=\sin B\sin C$。

(1)求$\angle A$；

(2)若$BC=3$，求$\triangle ABC$周长的最大值。

(三)判定三角形的形状

解法突破

可求出三角形中最大角的余弦值，

若余弦值 $\begin{cases} >0, \text{则为锐角三角形;} \\ =0, \text{则为直角三角形;} \\ <0, \text{则为钝角三角形。} \end{cases}$

典例

3. 在△ABC 中，角 A,B,C 所对的边分别为 a,b,c，若 $2(\tan A+\tan B)=\dfrac{\tan A}{\cos B}+\dfrac{\tan B}{\cos A}$，$a=b=2$，则△$ABC$ 的形状为(　　)

A. 等边三角形　　B. 等腰三角形

C. 顶角为钝角的等腰三角形　　D. 顶角小于60°的等腰三角形

答案解析

A　【解析】$2(\tan A+\tan B)=\dfrac{\tan A}{\cos B}+\dfrac{\tan B}{\cos A}\Rightarrow 2\dfrac{\sin A\cos B+\sin B\cos A}{\cos A\cos B}=\dfrac{\sin A+\sin B}{\cos A\cos B}\Rightarrow$ $\dfrac{2\sin(A+B)}{\cos A\cos B}=\dfrac{2\sin C}{\cos A\cos B}=\dfrac{\sin A+\sin B}{\cos A\cos B}\Rightarrow 2\sin C=\sin A+\sin B$，根据正弦定理可得 $2c=a+b$，因为 $a=b=2$，所以 $c=2$，所以△ABC 的形状为等边三角形。

变式训练

4. 设△ABC 的内角 A,B,C 的对边分别为 a,b,c，已知 $a=2\sqrt{2}$，$\cos A=\dfrac{3}{4}$，$\sin B=2\sin C$，则△ABC 是(　　)

A. 直角三角形　　B. 钝角三角形　　C. 锐角三角形　　D. 形状不确定

考向3　解三角形的综合问题

(一)与向量结合

解法突破

先利用平面向量有关知识(如向量数量积)将向量问题转化为三角函数形式，再利用三角函数转化求解。

典例

1. (2022 江苏扬州，8 分) 在 $\triangle ABC$ 中，角 A,B,C 所对的边分别为 a,b,c，$\overrightarrow{AB}\cdot\overrightarrow{AC}=3$，$\tan\frac{A}{2}=\frac{1}{2}$。

(1) 若某菱形一内角为 $\frac{\pi}{3}$，且该菱形的面积为 $\triangle ABC$ 面积的 $\sqrt{3}$ 倍，求该菱形的周长；

(2) 若 $b+c=6$，求 a 的值。

答案解析

【解析】(1) 因为 $\overrightarrow{AB}\cdot\overrightarrow{AC}=bc\cos A=3$，$\tan A=\dfrac{2\tan\frac{A}{2}}{1-\tan^2\frac{A}{2}}=\frac{4}{3}$，所以 $S_{\triangle ABC}=\frac{1}{2}bc\sin A=\frac{1}{2}bc\cos A\tan A=\frac{1}{2}\times3\times\frac{4}{3}=2$。设所求菱形的边长为 a，则 $S_{菱形}=a^2\sin\frac{\pi}{3}=2\sqrt{3}\Rightarrow a=2$，所以菱形的周长为 $4a=8$。

(2) 由 $\tan A=\frac{\sin A}{\cos A}=\frac{4}{3}$ 以及 $\sin^2A+\cos^2A=1$ 可求出 $\cos A=\frac{3}{5}$，则 $\frac{3}{5}bc=3\Rightarrow bc=5$，因为 $b+c=6$，由余弦定理可得 $a^2=b^2+c^2-2bc\cos A=(b+c)^2-2bc-2bc\cos A=36-10-2\times5\times\frac{3}{5}=20$，所以 $a=\sqrt{20}=2\sqrt{5}$。

变式训练

1. 在 $\triangle ABC$ 中，角 A,B,C 所对边长分别为 a,b,c，且 $b\cos C=3a\cos B-c\cos B$。

(1) 求 $\cos B$ 的值；

(2) 若 $\overrightarrow{BA}\cdot\overrightarrow{BC}=2$，且 $b=2\sqrt{2}$，求 a 和 c 的值。

(二) 与几何图形结合

解法突破

根据已有图形或由题意画出图形，将题设已知、未知显示在图形中，建立已知、未知的关系，利用解三角形的知识求解。

真题过招

2. (2020 江苏南京,3 分) 如图,正方形 $ABCD$ 的边长为 1,延长 BA 至点 E,使得 $EA=1$,连结 EC,ED,则 $\tan\angle DEC=$ (　　)

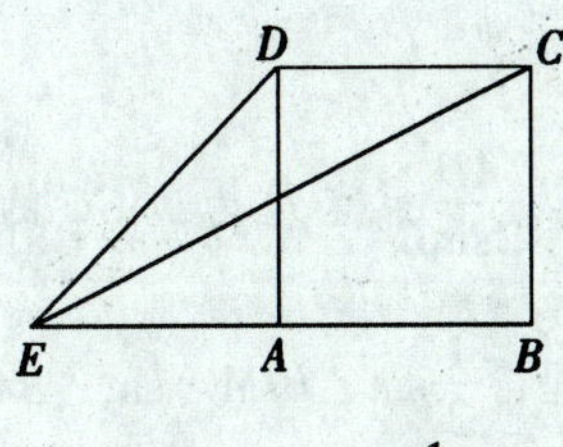

A. $\frac{1}{2}$　　B. 2　　C. $\frac{1}{3}$　　D. 3

答案解析

C 【解析】$\because$ 四边形 $ABCD$ 是边长为 1 的正方形,$\therefore AB=BC=AD=EA=1$,$\because\angle CBE=90°$,$\angle DAE=90°$,$\therefore EC=\sqrt{BC^2+BE^2}=\sqrt{5}$,$DE=\sqrt{AD^2+AE^2}=\sqrt{2}$,由余弦定理得 $\cos\angle DEC=\frac{DE^2+CE^2-CD^2}{2DE\cdot CE}=\frac{2+5-1}{2\times\sqrt{2}\times\sqrt{5}}=\frac{3}{10}\sqrt{10}$,则 $\sin\angle DEC=\frac{\sqrt{10}}{10}$,故 $\tan\angle DEC=\frac{1}{3}$。

变式训练

2. 如图所示,在凸四边形 $PABQ$ 中,A,B 为定点,$AB=\sqrt{3}$,P,Q 为动点,满足 $AP=PQ=QB=1$。

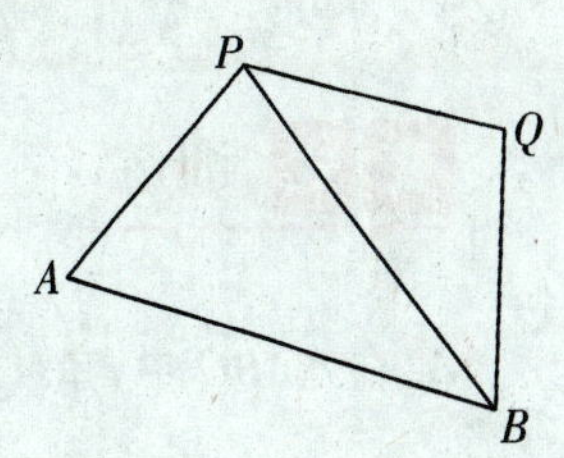

(1) 写出 $\cos A$ 与 $\cos Q$ 的关系式;

(2) 设 $\triangle APB$ 与 $\triangle PQB$ 的面积分别为 S 和 T,求 S^2+T^2 的最大值,以及此时凸四边形 $PABQ$ 的面积。

(三) 正弦定理、余弦定理与面积公式的综合应用

解法突破

综合应用正弦定理、余弦定理、三角形面积公式来转化条件解三角形,有时也需结合三角恒等变换来解,解题时转化过程中需要注意角与角、边与边之间的限制条件。

真题过招

3. (2021 天津市滨海新区,8 分) 已知在 $\triangle ABC$ 中,a,b,c 分别为角 A,B,C 所对的边,点 D 为

边 BC 的中点，$\triangle ABC$ 的面积为$\frac{AD^2}{2\sin B}$。

(1)求 $\sin\angle BAD\cdot\sin\angle BDA$ 的值；

(2)若 $BD=2AB$，$AD=\sqrt{3}$，求 b。

答案解析

【解析】(1)因为$\triangle ABC$ 的面积为$\frac{AD^2}{2\sin B}$，点 D 为边 BC 的中点，则$\triangle ABD$ 的面积为$\frac{AD^2}{4\sin B}$，即$\frac{1}{2}AB\cdot BD\cdot\sin B=\frac{AD^2}{4\sin B}$，由正弦定理得$\frac{1}{2}\sin\angle BDA\cdot\sin\angle BAD\cdot\sin B=\frac{(\sin B)^2}{4\sin B}$，即 $\sin\angle BAD\cdot\sin\angle BDA=\frac{1}{2}$。

(2)在$\triangle ABD$ 中，$\because BD=2AB$，由正弦定理得$\frac{BD}{\sin\angle BAD}=\frac{AB}{\sin\angle ADB}$，$\therefore\sin\angle ADB=\frac{1}{2}\sin\angle BAD$，又由(1)知$\sin\angle ADB\cdot\sin\angle BAD=\frac{1}{2}$，$\therefore\sin\angle ADB=\frac{1}{2}$，$\sin\angle BAD=1$，$\because\angle BAD\in(0,\pi)$，$\therefore\angle BAD=90°$，$\therefore\triangle ABD$ 为直角三角形。在 $\mathrm{Rt}\triangle\mathrm{ABD}$ 中，$AD=\sqrt{3}$，$\sin\angle ADB=\frac{1}{2}$，$\therefore BD=2$，$BC=4$，$AB=1$。在$\triangle ABC$ 中，由余弦定理得 $b^2=a^2+c^2-2ac\cos B=16+1-2\times4\times1\times\frac{1}{2}=13$，则 $b=\sqrt{13}$。

变式训练

3. 在$\triangle ABC$ 中，角 A,B,C 所对的边为 a,b,c，若 AB 边上的高为$\frac{1}{4}AB$，当$\frac{\sin A}{\sin B}+\frac{\sin B}{\sin A}$取得最大值时，$\sin C=$________。

考向4 解三角形在测量工作中的应用

(一)长度(距离、高度)问题

解法突破

在解决测量问题时要注意以下几点：

(1)测量距离、高度时，要准确；理解仰角、俯角、方向角的概念；

(2)分清已知和待求，分析(画出)示意图，明确在哪个三角形内应用正弦、余弦定理；

(3)测量高度问题注意竖直线垂直于地面构成的直角三角形。

典例

1. 为了测量一个不规则湖泊 C,D 两端之间的距离，如图，在东西方向上选取相距 1 km 的 A,B 两点，点 B 在点 A 的正东方向上，且 A,B,C,D 四点在同一水平面上，从点 A 处观测得点 C 在它的正东北方向上，点 D 在它的正西北方向上，从点 B 处观测得点 C 在它的北偏东 30°方向上，点 D 在它的北偏西 60°方向上，则 C,D 之间的距离为________ km。

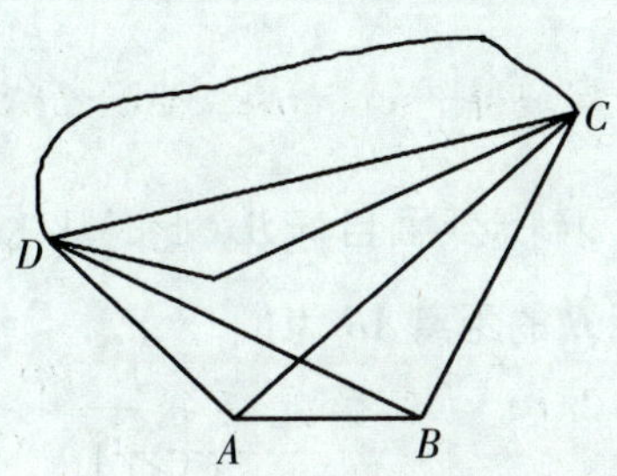

答案解析

$\sqrt{6}+\sqrt{2}$ 【解析】由已知得 $\angle DAB=135°$，$\angle DBA=30°$，所以 $\angle ADB=15°$，$\sin\angle ADB=\sin(60°-45°)=\dfrac{\sqrt{6}-\sqrt{2}}{4}$，在 $\triangle ABD$ 中，由正弦定理得 $BD=\dfrac{AB\sin\angle DAB}{\sin\angle ADB}=\sqrt{3}+1(\text{km})$；在 $\triangle ABC$ 中，$\angle CBA=120°$，$\angle CAB=45°$，所以 $\angle ACB=15°$，由正弦定理得 $BC=\dfrac{AB\sin\angle CAB}{\sin\angle ACB}=\sqrt{3}+1(\text{km})$，可以计算出 $\angle DAC=\angle DBC=90°$，在 $\triangle BCD$ 中，$BC=BD$，所以 $CD=\sqrt{2}BC=\sqrt{6}+\sqrt{2}(\text{km})$。

变式训练

1. 如图所示，设 A,B 两点在河的两岸，要测量两点之间的距离，测量者在 A 的同侧，在所在的河岸边选定一点 C，测出 AC 的距离是 55 m，$\angle BAC=51°$，$\angle ACB=75°$，求 A,B 两点间的距离。

(参考数据：$\sin75°\approx0.96$，$\sin54°\approx0.8$)

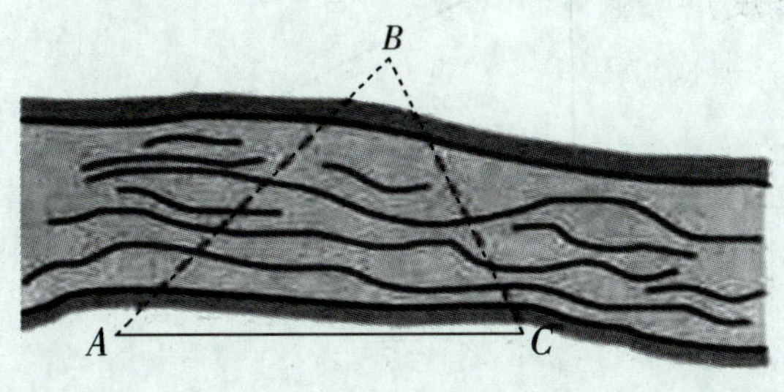

(二)角度问题

测量角度问题的基本思路:在弄清题意的基础上,画出表示实际问题的图形,并在图形中标出有关的角和距离,再用正弦定理和余弦定理解三角形,最后将解得的结果转化为实际问题的解。

典例

2. 如图,某飞机于空中 A 处探测到地平面目标 B。此时从飞机上看目标 B 的俯角 $\alpha=30°$,飞行高度 $AC=1200$ m,则飞机到目标 B 的距离 AB 为(　　)

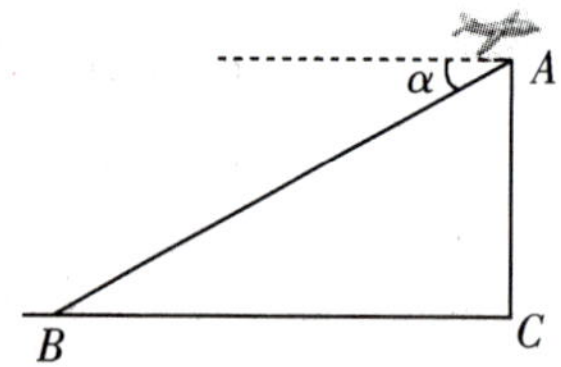

A. 1200 m　　B. 2400 m

C. $400\sqrt{3}$ m　　D. $1200\sqrt{3}$ m

答案解析

B 【解析】由题意知,在 Rt$\triangle ABC$ 中,$\angle ABC=\angle\alpha=30°$,$AC=1200$ m,$\therefore AB=2AC=2400$ m。

变式训练

2. 如图所示,两座相距 60 m 的建筑物 AB,CD 的高度分别为 20 m,50 m,BD 为水平面,则从建筑物 AB 的顶端 A 看建筑物 CD 的张角为(　　)

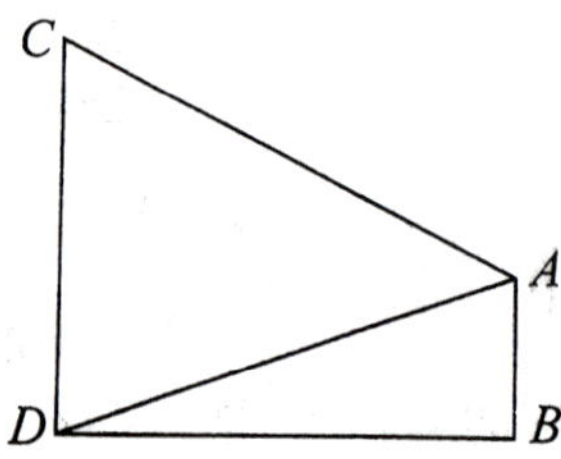

A. 30°　　B. 45°　　C. 60°　　D. 75°

必刷好题

招教高频基础刷

1. 在$\triangle ABC$中，已知$\tan B=\sqrt{3}$，$\sin C=\frac{\sqrt{2}}{3}$，$AC=3\sqrt{6}$，则$\triangle ABC$的面积为（　　）

A. $\sqrt{3}+\sqrt{14}$　　B. $2\sqrt{3}+3\sqrt{14}$

C. $\sqrt{14}-\sqrt{3}$　　D. $\frac{\sqrt{3}+\sqrt{14}}{2}$

2. 在$\triangle ABC$中，角A,B,C的对边为a,b,c，若$a=2b\cos C$，则三角形一定是（　　）

A. 等腰三角形　　B. 等边三角形

C. 直角三角形　　D. 任意三角形

3. 在$\triangle ABC$中，内角A,B,C的对边分别是a,b,c，若$a^2-b^2=\sqrt{3}bc$，$\sin C=2\sqrt{3}\sin B$，则$\angle A=$（　　）

A. 150°　　B. 120°　　C. 60°　　D. 30°

4. 设$\triangle ABC$的内角A,B,C的对边分别为a,b,c，且$a=b\cos C+c\sin B$，则$\angle B$等于（　　）

A. $\frac{\pi}{6}$　　B. $\frac{\pi}{4}$　　C. $\frac{\pi}{3}$　　D. $\frac{\pi}{2}$

5. 已知$\triangle ABC$中，$\angle A$，$\angle B$，$\angle C$的对边分别为a,b,c若$a=c=\sqrt{6}+\sqrt{2}$且$\angle A=75°$，则$b=$（　　）

A. 2　　B. $4+2\sqrt{3}$

C. $4-2\sqrt{3}$　　D. $\sqrt{6}-\sqrt{2}$

6. 在$\triangle ABC$中，内角A,B,C所对的边分别是a,b,c，已知$8b=5c$，$\angle C=2\angle B$，则$\cos C=$（　　）

A. $\frac{7}{25}$　　B. $-\frac{7}{25}$

C. $\pm\frac{7}{25}$　　D. $\frac{24}{25}$

7. 在$\triangle ABC$中，内角A,B,C所对的边分别是a,b,c。若$\triangle ABC$的面积为$\frac{a^2+b^2-c^2}{4}$，则$\angle C=$（　　）

A. $\frac{\pi}{2}$　　B. $\frac{\pi}{3}$　　C. $\frac{\pi}{4}$　　D. $\frac{\pi}{6}$

8. 在△ABC 中，三边长分别为 $a, a+2, a+4$，最小角的余弦值为$\frac{13}{14}$，则这个三角形的面积为（　　）

A. $\frac{15}{4}\sqrt{3}$　　B. $\frac{15}{4}$　　C. $\frac{21}{4}\sqrt{3}$　　D. $\frac{35}{4}\sqrt{3}$

9. 在△ABC 中，$a=2, b=3, \angle C=60°$，则边 c 的长为________。

10. △ABC 的内角 A, B, C 的对边分别为 a, b, c，若 $\cos A=\frac{4}{5}, \cos C=\frac{5}{13}, a=1$，则 $b=$________。

11. △ABC 的内角 A, B, C 的对边分别为 a, b, c，若 $b=6, a=2c, \angle B=\frac{\pi}{3}$，则△$ABC$ 的面积为________。

12. 在平面四边形 $ABCD$ 中，$\angle A=\angle B=\angle C=75°, BC=2$，则 AB 的取值范围是________。

13. 在△ABC 中，内角 A, B, C 所对的边分别是 a, b, c。$\angle ABC=120°$，$\angle ABC$ 的平分线交 AC 于点 D，且 $BD=1$，则 $4a+c$ 的最小值为________。

14. 在锐角△ABC 中，$BC=2, \sin B+\sin C=2\sin A$，则中线 AD 的长的取值范围是________。

15. 在△ABC 中，角 A, B, C 所对应的边分别是 a, b, c，且 $a^2+c^2-b^2=\frac{1}{2}ac$。

（1）求$\sin^2\frac{A+C}{2}+\cos 2B$；

（2）当 $b=2$ 时，求△ABC 面积的最大值。

16. 在△ABC 中，角 A, B, C 所对的边分别为 a, b, c，且$\angle C=\frac{3}{4}\pi, \sin A=\frac{\sqrt{5}}{5}$。

（1）求 $\sin B$ 的值；

（2）若 $c-a=5-\sqrt{10}$，求△ABC 的面积。

17. 在△ABC 中，$\cos A=-\frac{5}{13}, \cos B=\frac{3}{5}$。

（1）求 $\sin C$ 的值；

（2）设 $BC=5$，求△ABC 的面积。

18. 在△ABC 中，内角 A, B, C 对边分别是 a, b, c，且 $a^2+b^2+\sqrt{2}ab=c^2$。

（1）求角 C；

（2）设 $\cos A\cos B=\frac{3\sqrt{2}}{5}$，求 $\tan A\tan B$ 的值。

SHANXIANGEDU

专题六 导 数

第一节 导数的概念与运算

招教核心要点

1. 导数的概念

在数学中，称瞬时变化率为函数 $y=f(x)$ 在 x_0 点的导数，通常用符号 $f'(x_0)$ 表示，记作 $f'(x_0)=\lim\limits_{x_1\to x_0}\frac{f(x_1)-f(x_0)}{x_1-x_0}=\lim\limits_{\Delta x\to 0}\frac{f(x_0+\Delta x)-f(x_0)}{\Delta x}$。

$f(x)$ 在 x_0 处可导 $\Leftrightarrow f(x)$ 在 x_0 处左、右导数均存在且相等，即 $f'(x_0)=f'_+(x_0)=f'_-(x_0)$。

2. 导数的几何意义

函数 $f(x)$ 在点 x_0 处的导数 $f'(x_0)$ 的几何意义是曲线 $y=f(x)$ 在点 $(x_0,f(x_0))$ 处的切线的斜率。相应地，切线方程为 $y-f(x_0)=f'(x_0)(x-x_0)$。

3. 函数 $f(x)$ 的导函数

如果一个函数 $f(x)$ 在区间 (a,b) 上的每一点都可导，导数值记为 $f'(x)$：$f'(x)=\lim\limits_{\Delta x\to 0}\frac{f(x+\Delta x)-f(x)}{\Delta x}$，则 $f'(x)$ 是关于 x 的函数，称 $f'(x)$ 为 $f(x)$ 的导函数。

4. 基本求导公式

$(C)'=0$（C 为常数）　　$\left(\frac{1}{x}\right)'=-\frac{1}{x^2}$

$(x^a)'=ax^{a-1}$（a 为任意实数）　　$(\sqrt{x})'=\frac{1}{2\sqrt{x}}$

考向分析

导数的定义、求导、导数的几何意义及其应用是教师招聘考试中的重点考查内容，需要牢记基本求导公式，导数的应用一般与单调性、极值及最值问题综合考查。

思想应用

A. 转化思想：在求曲线与直线距离的最值问题时，有时利用平移直线，找到平行于直线且与曲线相切的直线，两直线间的距离即为曲线与直线距离的最值，而切线的求解常常利用导数的几何意义，将问题转化为导数的几何意义问题。

$(\sin x)'=\cos x$ $(\arcsin x)'=\frac{1}{\sqrt{1-x^2}}$

$(\cos x)'=-\sin x$ $(\arccos x)'=-\frac{1}{\sqrt{1-x^2}}$

$(\tan x)'=\sec^2 x$ $(\arctan x)'=\frac{1}{1+x^2}$

$(\cot x)'=-\csc^2 x$ $(\text{arccot} x)'=-\frac{1}{1+x^2}$

$(\log_a x)'=\frac{1}{x\ln a}(a>0$,且 $a\neq1)$

$(a^x)'=a^x\ln a(a>0$,且 $a\neq1)$

$(\sec x)'=\sec x\cdot\tan x$ $(e^x)'=e^x$

$(\csc x)'=-\csc x\cdot\cot x$ $(\ln x)'=\frac{1}{x}$

B. 数形结合思想:知函数零点个数求参数的取值范围的问题,常借助图形分析,找到相切的临界状态,再利用导数的几何意义,即可确定参数的临界值。

5. 导数的运算法则

(1) $[f(x)\pm g(x)]'=f'(x)\pm g'(x)$;

(2) $[f(x)\cdot g(x)]'=f'(x)g(x)+f(x)g'(x)$;

(3) $\left[\frac{f(x)}{g(x)}\right]'=\frac{f'(x)g(x)-f(x)g'(x)}{[g(x)]^2}(g(x)\neq0)$;

(4) 若 $y=f(u)$,$u=g(x)$ 可导,则 $\frac{dy}{dx}=f'(u)g'(x)$ 或 $\frac{dy}{dx}=\frac{dy}{du}\cdot\frac{du}{dx}$。

招教考向解读

考向1 导数的定义

解法突破

(1) $f(x)$ 在点 x_0 处可导的充要条件是其左导数 $f'_-(x_0)$ 与右导数 $f'_+(x_0)$ 同时存在且相等,即 $f'_-(x_0)=f'_+(x_0)$,即 $f'_-(x_0)=\lim\limits_{x\to x_0^-}\frac{f(x)-f(x_0)}{x-x_0}$ 或 $f'_-(x_0)=\lim\limits_{\Delta x\to0^-}\frac{f(x_0+\Delta x)-f(x_0)}{\Delta x}$,$f'_+(x_0)=$

$\lim\limits_{x \to x_0^+}\dfrac{f(x)-f(x_0)}{x-x_0}$或$f'_+(x_0)=\lim\limits_{\Delta x \to 0^+}\dfrac{f(x_0+\Delta x)-f(x_0)}{\Delta x}$。

(2)导数的定义式常见的形式有$f'(x_0)=\lim\limits_{h \to 0}\dfrac{f(x_0+h)-f(x_0)}{h}$,$f'(x_0)=\lim\limits_{x \to x_0}\dfrac{f(x)-f(x_0)}{x-x_0}$,由于$\dfrac{f(x_0+\Delta x)-f(x_0)}{\Delta x}$是当$\Delta x \to 0$时的$\dfrac{0}{0}$型未定式,所以当$\lim\limits_{x \to x_0}\dfrac{f(x)}{g(x)}$是$\dfrac{0}{0}$型未定式时,可以试用导数定义求极限。

(3)若题目所给函数利用导数的定义求导更为简便,可不用求导法则而利用定义法进行求导。

真题过招

(2021 山东东营,1.52 分)下列函数中,在$x=0$处不可导的是( )

A.$f(x)=|x|\sin|x|$

B.$f(x)=|x|\sin\sqrt{|x|}$

C.$f(x)=\cos|x|$

D.$f(x)=\cos\sqrt{|x|}$

答案解析

D 【解析】$f(x)$在$x=0$处的可导性,即为$\lim\limits_{x \to 0}\dfrac{f(x)-f(0)}{x}$是否存在。选项A:$\lim\limits_{x \to 0}\dfrac{f(x)-f(0)}{x}=\lim\limits_{x \to 0}\dfrac{|x|\sin|x|}{x}=\lim\limits_{x \to 0}\dfrac{|x|\cdot|x|}{x}=0$,可导;选项B:$\lim\limits_{x \to 0}\dfrac{f(x)-f(0)}{x}=\lim\limits_{x \to 0}\dfrac{|x|\sin\sqrt{|x|}}{x}=\lim\limits_{x \to 0}\dfrac{|x|\sqrt{|x|}}{x}=0$,可导;选项C:$\lim\limits_{x \to 0}\dfrac{f(x)-f(0)}{x}=\lim\limits_{x \to 0}\dfrac{\cos|x|-1}{x}=\lim\limits_{x \to 0}\dfrac{-\frac{1}{2}|x|^2}{x}=0$,可导;选项D:$\lim\limits_{x \to 0}\dfrac{f(x)-f(0)}{x}=\lim\limits_{x \to 0}\dfrac{\cos\sqrt{|x|}-1}{x}=\lim\limits_{x \to 0}\dfrac{-\frac{1}{2}|x|}{x}$,$\because\lim\limits_{x \to 0^+}\dfrac{-\frac{1}{2}|x|}{x}=-\dfrac{1}{2}$,$\lim\limits_{x \to 0^-}\dfrac{-\frac{1}{2}|-x|}{x}=\dfrac{1}{2}$,$\therefore f'_+(0)\neq f'_-(0)$,故$f'(0)$不存在,故选D。

变式训练

1.设$f(x_0)=0$,且$\lim\limits_{\Delta x \to 0}\dfrac{f(x_0+2\Delta x)}{\Delta x}=4$,则$f'(x_0)=$( )

A.4　　B.2　　C.1　　D.0

2.$f(x)$在$x=0$处可导,则$f(0)=0$是$F(x)=f(x)(1+|\sin x|)$在$x=0$处可导的( )

A.充分不必要条件

B.充分必要条件

C.必要不充分条件

D.既不充分也不必要条件

考向2 求函数的导数

解法突破

(1)连乘形式:先展开,化为多项式的形式,再求导。

(2)分式形式:观察函数的结构特征,先化为整式函数或较为简单的分式函数,再求导。

(3)对数形式:先化为和、差的形式,再求导。

(4)根式形式:先化为分数指数幂的形式,再求导。

(5)三角形式:先用三角函数公式转化为和或差的形式,再求导。

(6)复合函数:确定复合关系,由外向内逐层求导。

(7)分段函数求导:

①当分段函数$f(x)$在分段点x_0处的左、右两侧的表达式相同时,可用导数定义求$f'(x_0)$。

②当在分段点x_0处的左、右两侧的表达式不同,或表达式相同但左、右极限不同的函数如$e^{\frac{1}{x}}$,$\arctan\frac{1}{x}$等需用可导的充要条件,即左、右导数$f'_-(x_0)$,$f'_+(x_0)$判别$f(x)$在点x_0处是否可导:若$f'_-(x_0)=f'_+(x_0)$,则可导,若$f'_-(x_0)\neq f'_+(x_0)$,则不可导;可导时,用左、右导数求出其导数。

真题过招

1. (2022 湖南长沙岳麓区,2分)已知函数$f(x)$的导函数为$f'(x)$,且满足$f(x)=2xf'(e)+\ln x$,则$f'(e)=$(　　)

A. e^{-1}　　B. -1　　C. $-e^{-1}$　　D. $-e$

答案解析

C　【解析】对函数$f(x)=2xf'(e)+\ln x$进行求导,得$f'(x)=2f'(e)+\frac{1}{x}$,所以$f'(e)=2f'(e)+\frac{1}{e}$,解得$f'(e)=-\frac{1}{e}=-e^{-1}$。

2. (2021 浙江绍兴,3分)已知函数$y=\ln\tan x$,则$y'=$________。

答案解析

$\frac{2}{\sin 2x}$　【解析】$y'=\frac{1}{\tan x}\cdot(\tan x)'=\frac{1}{\tan x}\cdot\frac{1}{\cos^2 x}=\frac{1}{\sin x\cos x}=\frac{2}{\sin 2x}$。

变式训练

1. 已知函数$f(x)$的导函数为$f'(x)$，且满足$f(x)-\ln x=2xf'(1)$，则$f(e)=$(　　)

A. 1　　B. $-2e$　　C. $1-2e$　　D. $1+2e$

2. 设$f(x)=\begin{cases}x^2+1,x\leqslant 1,\\ ax+b,x>1\end{cases}$在$x=1$处可导，则$a,b$的值为(　　)

A. $a=-2,b=2$　　B. $a=0,b=2$

C. $a=2,b=0$　　D. $a=1,b=1$

3. 已知函数$y=(1-\sqrt{x})\left(1+\frac{1}{\sqrt{x}}\right)$，则$y'=$________。

4. 已知函数$f(x)=(2x+1)^3+\frac{2a}{x}+a$，$f'(1)=4$，则$f(1)=$________。

考向3 导数的几何意义及其应用

解法突破

(1)若求过点$P(x_0,y_0)$的切线方程，可设切点为(x_1,y_1)，由$\begin{cases}y_1=f(x_1),\\ y_0-y_1=f'(x_1)(x_0-x_1)\end{cases}$求解即可。

(2)已知斜率k，求切点$A(x_1,f(x_1))$，即解方程$f'(x_1)=k$。

(3)函数图象在每一点处的切线斜率的变化情况反映函数图象在相应点处的变化情况，由切线的倾斜程度可以判断出函数图象升降的快慢。

真题过招

(2022浙江宁波,2分)函数$f(x)=\ln x$图象上的一点到直线$ex-y+2e^2=0$的最短距离为(　　)

A. $2\sqrt{e^2+1}$　　B. $\frac{e+2e^2}{\sqrt{e^2+1}}$　　C. $\frac{3e^2-1}{\sqrt{e^2+1}}$　　D. $\frac{2}{\sqrt{e^2+1}}$

答案解析

A 【解析】易知直线$ex-y+2e^2=0$在函数$f(x)=\ln x$图象的上方，将直线向下平移至与曲线$f(x)$相切，切点到直线$ex-y+2e^2=0$的距离即为所求的最短距离，此时切线方程的斜率为e。由函数$f(x)=\ln x$得，$f'(x)=\frac{1}{x}$，令$f'(x)=e$，得$\frac{1}{x}=e$，即$x=\frac{1}{e}$，则$f\left(\frac{1}{e}\right)=\ln\frac{1}{e}=$

-1，即切点坐标为 $\left(\frac{1}{e},-1\right)$，所以点 $\left(\frac{1}{e},-1\right)$ 到直线 $ex-y+2e^2=0$ 的距离为 $\frac{\left|e\times\frac{1}{e}-(-1)+2e^2\right|}{\sqrt{e^2+1}}=2\sqrt{e^2+1}$，故函数 $f(x)=\ln x$ 图象上的一点到直线 $ex-y+2e^2=0$ 的最短距离为 $2\sqrt{e^2+1}$。

变式训练

1. 曲线 $y=\frac{x}{2x-1}$ 在点(1,1)处的切线方程为(　　)

A. $x-y-2=0$　　B. $x+y-2=0$

C. $x+4y-5=0$　　D. $x-y-5=0$

2. 若对于曲线 $f(x)=-e^x-x$(e 为自然对数的底数)的任意切线 l_1，总存在曲线 $g(x)=(a+1)x+2\cos x$ 的切线 l_2，使得 $l_1\perp l_2$，则实数 a 的取值范围为________。

3. 已知曲线 $f(x)=(ax-1)\ln x$ 在点(1,0)处的切线方程为 $y=x-1$，则实数 a 的值为________。

招教易错突破

易错点1 对导数的概念理解有误

利用导数的定义求函数 $f(x)$ 在 $x=x_0$ 处的导数，即 $f'(x_0)=\lim\limits_{\Delta x\to 0}\frac{\Delta y}{\Delta x}=\lim\limits_{\Delta x\to 0}\frac{f(x_0+\Delta x)-f(x_0)}{\Delta x}$ 时，必须保证分子中 x 的增量与分母中 x 的增量是等量的。利用导数的定义解题时，往往易忽视分子中 x 的增量与分母中 x 的增量是否等量，从而导致错解。

典例

1. 设 $f(x)$ 是可导函数，且 $\lim\limits_{\Delta x\to 0}\frac{f(x_0-2\Delta x)-f(x_0)}{\Delta x}=2$，则 $f'(x_0)=$(　　)

A. -2　　B. -1

C. -3　　D. 1

【错因分析】经常会忽视分子中 x 的增量是 $-2\Delta x$，即 $(x_0-2\Delta x)-x_0=-2\Delta x$，而分母中 x 的增量是 Δx，从而导致错解。

答案解析

B 【解析】$\because \lim\limits_{\Delta x\to 0}\frac{f(x_0-2\Delta x)-f(x_0)}{\Delta x}=-2\lim\limits_{\Delta x\to 0}\frac{f(x_0-2\Delta x)-f(x_0)}{-2\Delta x}=-2f'(x_0)=2$，

$\therefore f'(x_0)=-1$。

变式训练

1. 若 $f'(x_0)=-3$，则 $\lim\limits_{h\to 0}\frac{f(x_0+h)-f(x_0-3h)}{h}=$ (　　)

A. -3　　B. -6　　C. -9　　D. -12

易错点2 忽视函数的求导法则

易将商的求导法则 $\left(\frac{u}{v}\right)'=\frac{u'v-uv'}{v^2}$ 错误地写成 $\left(\frac{u}{v}\right)'=\frac{v'u-vu'}{v^2}$。

典例

2. 求函数 $f(x)=\frac{x^3-1}{\sin x}$ 的导数。

【错因分析】商的求导法则为 $\left(\frac{u}{v}\right)'=\frac{u'v-uv'}{v^2}$ 而不是 $\left(\frac{u}{v}\right)'=\frac{v'u-vu'}{v^2}$。

答案解析

【解析】$f(x)=\frac{x^3-1}{\sin x}$，$f'(x)=\frac{(x^3-1)'\sin x-(x^3-1)(\sin x)'}{(\sin x)^2}=\frac{3x^2\sin x-(x^3-1)\cos x}{\sin^2 x}=$

$\frac{3x^2\sin x-x^3\cos x+\cos x}{\sin^2 x}$。

变式训练

2. 求解 $y=\frac{\sin 2x}{\sqrt{x}}$ 的导数。

易错点3 求切线时混淆“在某点处”和“过某点”

求过一点的切线方程时，应注意检查该点是否在曲线上，若点在曲线上，应分是切点和不是切点两种情况讨论。

3. 已知曲线方程为 $x^3+y^3=3xy$，曲线在点 A 处的切线平行于 x 轴，求 A 点的坐标。(点 A 不是坐标原点)

答案解析

【解析】方程两边分别对 x 求导，得 $3x^2+3y^2y'=3y+3xy'$，则 $y'=\dfrac{y-x^2}{y^2-x}$，设点 A 的坐标为 (m,n)，因为曲线在点 A 处的切线平行于 x 轴，所以 $y'=\dfrac{n-m^2}{n^2-m}=0$，则 $n-m^2=0$，又因为点 A 在曲线上，且不是原点，所以 $m^3+n^3=3mn$，$m\neq0$，$n\neq0$，联立方程组 $\begin{cases}m^3+n^3=3mn,\\n-m^2=0,\end{cases}$ 解得 $\begin{cases}m=\sqrt[3]{2},\\n=\sqrt[3]{4},\end{cases}$ 故 A 点的坐标为 $(\sqrt[3]{2},\sqrt[3]{4})$。

变式训练

3. 曲线 $y-(x-2)e^x=0$ 在点 $(0,-2)$ 处的切线方程为________。

必刷好题

招教高频基础刷

1. 已知点 P 在曲线 $y=\dfrac{4}{e^x+1}$ 上，α 为曲线在点 P 处的切线的倾斜角，则 α 的取值范围(　　)

A. $[\frac{3\pi}{4},\pi)$　　B. $(\frac{\pi}{2},\frac{3\pi}{4}]$　　C. $[\frac{\pi}{4},\frac{\pi}{2})$　　D. $[0,\frac{\pi}{4})$

2. 已知函数 $y=f(x^2)$，则 y' 等于(　　)

A. $2xf'(x)$　　B. $2xf'(x^2)$　　C. $2xf(x)$　　D. $f'(x^2)$

3. 已知函数 $f(x)$ 在 $\mathbf{R}$ 上满足 $f(x)=2f(2-x)-x^2+8x-8$，则曲线 $y=f(x)$ 在点 $(1,f(1))$ 处的切线方程是(　　)

A. $y=2x-1$　　B. $y=x$　　C. $y=3x-2$　　D. $y=-2x+3$

4. 已知曲线 $y=ae^x+x\ln x$ 在点 $(1,ae)$ 处的切线方程为 $y=2x+b$，则(　　)

A. $a=e,b=-1$　　B. $a=e,b=1$　　C. $a=e^{-1},b=1$　　D. $a=e^{-1},b=-1$

5. 设函数 $y=f(x)$ 在 $\mathbf{R}$ 上可导，则 $\lim\limits_{\Delta x\to 0}\dfrac{f(1+\Delta x)-f(1)}{3\Delta x}=$（　　）

A. $f'(1)$　　B. $\dfrac{1}{3}f'(1)$　　C. $3f'(1)$　　D. 以上都不对

6. 已知函数 $f(x)=\dfrac{1}{3}x^3-x^2$ 图象上点 A 处的切线与直线 $x-y+2=0$ 的夹角为 $45°$，则 A 点处的切线方程为________。

7. 设函数 $f(x)$ 在 $(0,+\infty)$ 内可导，且 $f(e^x)=x+e^x$，则 $f'(1)=$________。

招教易错能力刷

1. 曲线 $y=x+\ln x$ 在点 (e^2,e^2+2) 处的切线在 y 轴上的截距为（　　）

A. 1　　B. -1　　C. e^2　　D. $-e^2$

2. 过点 $P(1,1)$ 且与曲线 $y=x^3$ 相切的直线的条数为（　　）

A. 0　　B. 1　　C. 2　　D. 3

3. 已知直线 $y=\dfrac{1}{m}$ 是曲线 $y=xe^x$ 的一条切线，则实数 m 的值为（　　）

A. $-\dfrac{1}{e}$　　B. $-e$　　C. $\dfrac{1}{e}$　　D. e

4. 设函数 $f(x)=x^3+(a-1)x^2+ax$。若 $f(x)$ 为奇函数，则曲线 $y=f(x)$ 在点 $(0,0)$ 处的切线方程为（　　）

A. $y=-2x$　　B. $y=-x$　　C. $y=2x$　　D. $y=x$

5. 已知函数 $f(x)=ax^2+(1-a)x+\dfrac{2}{x}$ 是奇函数，则曲线 $y=f(x)$ 在 $x=1$ 处的切线的倾斜角为（　　）

A. $\dfrac{\pi}{4}$　　B. $\dfrac{3\pi}{4}$　　C. $\dfrac{\pi}{3}$　　D. $\dfrac{2\pi}{3}$

6. 已知 $f(x)$ 为偶函数，当 $x<0$ 时，$f(x)=\ln(-x)+3x$，则曲线 $y=f(x)$ 在点 $(1,-3)$ 处的切线方程是________。

7. 设函数 $f(x)=\ln x+1$，则 $\lim\limits_{\Delta x\to 0}\dfrac{f(1+5\Delta x)-f(1)}{\Delta x}=$________。

8. 若函数 $f(x)=\ln x$ 与 $g(x)=x^2+ax$ 的图象有一条与直线 $y=x$ 平行的公共切线，则 $a=$________。

9. 若直线 $y=kx+b$ 是曲线 $y=\ln x+2$ 的切线，也是曲线 $y=\ln(x+1)$ 的切线，则 $b=$________。

第二节　导数在函数的单调性、极值与最值中的应用

招教核心要点

1. 函数的单调性

函数 $y=f(x)$ 在某个区间内可导，且导函数 $f'(x)$ 在该区间的任意子区间内都不恒等于0。

(1)若 $f'(x)>0$，则 $f(x)$ 在这个区间内单调递增；

(2)若 $f'(x)<0$，则 $f(x)$ 在这个区间内单调递减。

2. 函数的极值

(1)定义：假定 $f(x)$ 在区间 $[a,b]$ 上是连续的，若对于 x_0，存在 x_0 的某一邻域 $(x_0-\delta,x_0+\delta)$ $(\delta>0)$，使对于此邻域中的任意点 x，都有 $f(x)\leqslant f(x_0)$，则称 $f(x)$ 在 x_0 处有一极大值 $f(x_0)$，x_0 称为极大值点。如果在 x_0 的某一邻域 $(x_0-\delta,x_0+\delta)$ $(\delta>0)$ 内，总有 $f(x)\geqslant f(x_0)$，则称 $f(x)$ 在 x_0 处有一极小值 $f(x_0)$，x_0 称为极小值点。极大值与极小值统称为极值。

(2)判定 $f(x_0)$ 是极值的方法

极值判别法一：

设 $f(x)$ 在 $(x_0-\delta,x_0)$ 和 $(x_0,x_0+\delta)$ $(\delta>0)$ 内可导，那么

①若在 $(x_0-\delta,x_0)$ 内，$f'(x)<0$，而在 $(x_0,x_0+\delta)$ 内，$f'(x)>0$，则 x_0 为极小值点；

②若在 $(x_0-\delta,x_0)$ 内，$f'(x)>0$，而在 $(x_0,x_0+\delta)$ 内，$f'(x)<0$，则 x_0 为极大值点；

③若 $f'(x)$ 在这两个区间内不变号，则 x_0 不是极值点。

极值判别法二：

设函数 $f(x)$ 在 $x=x_0$ 处二阶可导，且 $f'(x_0)=0$，那么

①若 $f''(x_0)<0$，则 $f(x_0)$ 是极大值；

考向分析

利用导数研究函数的单调性、极值与最值是教师招聘考试的重难点，常与不等式结合考查，正确求解导数大于零或小于零的不等式，是求解单调区间的关键；已知单调性、极值或最值求参数的取值范围，合理将问题转化为不等式求解是关键。

思想应用

A. 转化思想：已知函数在给定区间上的单调性，可将问题转化为导函数在该区间上恒不小于零或恒不大于零；已知含参函数在给定区间上不单调，可将问题转化为导函数在该区间有变号零点；已知含参函数在给定区间上存在单调递增或递减区间，可将问题转化为导函数在该区间上大于零或小于零的问题。

②若$f''(x_0)>0$,则$f(x_0)$是极小值。

3. 函数的最值

一般地,如果在区间$[a,b]$上,函数$y=f(x)$的图象是一条连续不断的曲线,那么它必有最大值和最小值。若函数$f(x)$在$[a,b]$上单调递增,则$f(a)$为函数的最小值,$f(b)$为函数的最大值;若函数$f(x)$在$[a,b]$上单调递减,则$f(a)$为函数的最大值,$f(b)$为函数的最小值。

B. 分类讨论思想:研究含参函数的单调性、极值与最值问题时,求导后,参数的取值范围通常会影响导函数的符号,所以要对参数的范围进行讨论。

考向1 利用导数研究函数的单调性

(一)确定函数的单调性

解法突破

(1)当导函数不等式可解时,解不等式$f'(x)>0$或$f'(x)<0$求出单调区间。

(2)当方程$f'(x)=0$可解时,解出方程的实根,按实根把函数的定义域划分区间,确定各区间$f'(x)$的符号,从而确定单调区间。

(3)若导函数的方程、不等式都不可解,根据$f'(x)$结构特征,利用图象与性质确定$f'(x)$的符号,从而确定单调区间。

真题过招

1. (2022 湖南长沙岳麓区,2.5 分)函数$f(x)=2x^2-\ln x$的单调递减区间为________。

答案解析

$\left(0,\frac{1}{2}\right)$ 【解析】函数$f(x)=2x^2-\ln x$的定义域为$(0,+\infty)$,对其进行求导得$f'(x)=4x-\frac{1}{x}=\frac{4x^2-1}{x}(x>0)$,当$x=\frac{1}{2}$时,$f'(x)=0$,令$f'(x)=\frac{4x^2-1}{x}>0(x>0)$,解得$x>\frac{1}{2}$;令$f'(x)=\frac{4x^2-1}{x}<0(x>0)$,解得$0<x<\frac{1}{2}$。故函数$f(x)$在$\left(0,\frac{1}{2}\right)$上单调递减,在$\left(\frac{1}{2},+\infty\right)$上单调递增。

2. (2021 安徽小学数学,8 分)已知函数$f(x)=\ln x+\frac{a}{x}(a\in\mathbf{R})$。

(1)如果函数$f(x)$在$x=1$处的切线与直线$2x-y-1=0$平行,求a的值;

(2)讨论函数$f(x)$的单调性。

答案解析

【解析】(1)$f(x)=\ln x+\frac{a}{x}$,则$f'(x)=\frac{1}{x}-\frac{a}{x^2}$,$\because$ 函数$f(x)$在$x=1$处的切线与直线$2x-y-1=0$平行,$\therefore f'(1)=2$,即$1-a=2$,$\therefore a=-1$。

(2)$f(x)=\ln x+\frac{a}{x}(a\in\mathbf{R})$,则$f'(x)=\frac{x-a}{x^2}(x>0)$,

①当$a\leqslant 0$时,$f'(x)>0$恒成立,$\therefore f(x)$单调递增;

②当$a>0$时,令$f'(x)=0$,则$x=a$,

当$x\in(0,a)$,$f'(x)<0$,$f(x)$单调递减;

当$x\in(a,+\infty)$时,$f'(x)>0$,$f(x)$单调递增。

变式训练

1. 已知定义在$(0,+\infty)$上的函数$f(x)$满足:$3f(x)+f'(x)=\frac{\sqrt{x}}{e^{2x}}$,$f\left(\frac{1}{4}\right)=\frac{1}{6\sqrt{e}}$。若对任意正数$a$,$b$都有$f\left(\left(\frac{1}{2}\right)^x-\frac{31}{4}\right)<\frac{1}{4e^2b^2}+\frac{1}{64a^2}+\frac{ab}{18}$,则$x$的取值范围是________。

2. 已知函数$f(x)=(x^2-ax+1)e^x$。

(1)当$a=-1$时,求函数$f(x)$在$x=0$处的切线方程;

(2)讨论函数$f(x)$的单调性。

(二)已知函数的单调性求参数的范围

解法突破

(1)可导函数在某一区间上单调,实际上就是在该区间上$f'(x)\geqslant 0$(或$f'(x)\leqslant 0$)($f'(x)$在该区间的任意子区间内都不恒等于0)恒成立,然后分离参数,转化为求函数的最值问题,从而获得参数的取值范围。

(2)可导函数在某一区间上存在单调区间,实际上就是$f'(x)>0$(或$f'(x)<0$)在该区间上存

在解集,这样就把函数的单调性问题转化成了不等式问题。

(3)若已知$f(x)$在区间I上的单调性,区间I中含有参数时,可先求出$f(x)$的单调区间,令I是其单调区间的子集,从而可求出参数的取值范围。

真题过招

3. (2019 河南许昌禹州,1.5 分)若函数$f(x)=x^3-tx^2+3x$在区间$[1,4]$上单调递减,则实数t的取值范围是(　　)

A. $\left(-\infty,\frac{51}{8}\right]$　　B. $(-\infty,3]$

C. $\left[\frac{51}{8},+\infty\right)$　　D. $[3,+\infty)$

答案解析

C 【解析】由题意知,$f'(x)=3x^2-2tx+3\leqslant0$对于$\forall x\in[1,4]$恒成立。分离变量可得$t\geqslant\frac{3x^2+3}{2x}$,令$g(x)=\frac{3x^2+3}{2x}$,因为当$x\in[1,4]$时,$g'(x)=\frac{6x\cdot2x-2\cdot(3x^2+3)}{(2x)^2}=\frac{3}{2}-\frac{3}{2x^2}\geqslant0$,所以在$[1,4]$上$g(x)$单调递增,进而有$t\geqslant g(x)_{\max}=g(4)=\frac{51}{8}$。故选 C。

变式训练

3. 若函数$f(x)=2x^2-\ln x$在其定义域内的一个子区间$(k-1,k+1)$内不是单调函数,则实数k的取值范围是(　　)

A. $[1,+\infty)$　　B. $[1,2)$　　C. $\left[1,\frac{3}{2}\right)$　　D. $\left[\frac{3}{2},2\right)$

4. (2020 安徽小学数学,8 分)(节选)设函数$f(x)=\frac{1}{3}x^3-ax^2+4x+1$,若函数$f(x)$在区间$(1,3)$上单调递增,求实数$a$的取值范围。

(三)导数在函数单调性中的应用

解法突破

比较大小或解不等式:利用题目条件,构造辅助函数,把比较大小或求解不等式的问题转化为先利用导数研究函数的单调性问题,再由单调性比较大小或解不等式. 常见构造的辅助函数形式有：①$f(x)>g(x)\to F(x)=f(x)-g(x)$；

②$xf'(x)+f(x)\to[xf(x)]'$；

③$xf'(x)-f(x)\to\left[\dfrac{f(x)}{x}\right]'$；

④$f'(x)+f(x)\to[e^x f(x)]'$；

⑤$f'(x)-f(x)\to\left[\dfrac{f(x)}{e^x}\right]'$。

真题过招

4.（2020山东威海荣成，1分）$f(x)=\ln x-ax$，若$f(x)\leqslant 0$恒成立，则a的取值范围为（　　）

A. $a>\dfrac{1}{e}$　　B. $a\geqslant\dfrac{1}{e}$　　C. $a>e$　　D. $a\geqslant e$

答案解析

B　【解析】$f(x)=\ln x-ax\leqslant 0$恒成立，即$\ln x\leqslant ax$恒成立，因为$x>0$，所以$a\geqslant\dfrac{\ln x}{x}$，令$g(x)=\dfrac{\ln x}{x}$，则$g'(x)=\left(\dfrac{\ln x}{x}\right)'=\dfrac{1-\ln x}{x^2}(x>0)$，令$g'(x)>0$，得$0<x<e$，此时$g(x)$在$(0,e)$上单调递增；令$g'(x)<0$，得$x>e$，此时$g(x)$在$(e,+\infty)$上单调递减，故$g(x)$在e处取得最大值，故$a\geqslant g(x)_{max}=g(e)=\dfrac{1}{e}$。

变式训练

5. 函数$f(x)$的定义域为$\mathbf{R}$，$f(-1)=2$，对任意$x\in\mathbf{R}$，$f'(x)>2$，则$f(x)>2x+4$的解集为（　　）

A. $(-1,1)$　　B. $(-1,+\infty)$

C. $(-\infty,-1)$　　D. $(-\infty,+\infty)$

6. 已知函数$y=f(x-1)$的图象关于点$(1,0)$对称，且当$x\in(-\infty,0)$时，$f(x)+xf'(x)<0$成立（其中$f'(x)$为$f(x)$的导函数）。若$a=(3^{0.3})\cdot f(3^{0.3})$，$b=(\log_{\pi}3)\cdot f(\log_{\pi}3)$，$c=\left(\log_3\dfrac{1}{9}\right)\cdot f\left(\log_3\dfrac{1}{9}\right)$，则$a,b,c$的大小关系是（　　）

A. $a>b>c$　　B. $c>b>a$　　C. $c>a>b$　　D. $a>c>b$

考向2 函数的极值

解法突破

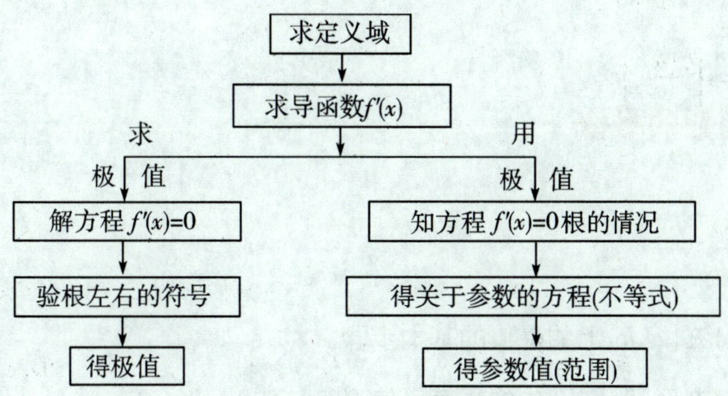

真题过招

(2022 福建中学数学,4 分)若 x_1,x_2 为函数 $f(x)=x^3+mx^2+(m-3)x+1$ 的两个极值点,且 $x_1+x_2=x_1x_2$,则实数$m=$(　　)

A. -3　　　　B. 3

C. -1　　　　D. 1

答案解析

D 【解析】对函数 $f(x)=x^3+mx^2+(m-3)x+1$ 求导,可得 $f'(x)=3x^2+2mx+m-3$,因为 x_1,x_2 为函数 $f(x)$ 的两个极值点,所以 x_1,x_2 为 $f'(x)$ 的两个零点,即 x_1,x_2 为一元二次方程 $3x^2+2mx+m-3=0$ 的两个实数根,由韦达定理得 $x_1+x_2=-\frac{2m}{3},x_1x_2=\frac{m-3}{3}$,由题知 $x_1+x_2=x_1x_2$,即 $-\frac{2m}{3}=\frac{m-3}{3}$,解得 $m=1$。

变式训练

1. $f(x)=\frac{1}{3}x^3+x^2-3x+1$ 的极大值点是 $x=$(　　)

A. 1　　　　B. -1

C. 3　　　　D. -3

2. 已知函数$f(x)=x-\frac{1}{x}-a\ln x(a\in\mathbf{R})$。

(1)当$a>0$时，讨论$f(x)$的单调区间；

(2)设$g(x)=x-\frac{a}{2}\ln x$，当$f(x)$有两个极值点x_1,x_2，且$x_1\in(0,e]$时，求$g(x_1)-g(x_2)$的最小值。

考向3 函数的最值

解法突破

求可导函数$f(x)$在$[a,b]$上的最值的基本步骤：

①求出函数$f(x)$在区间(a,b)内的所有极值$f(x_1),f(x_2),\cdots,f(x_n)$。

②计算函数$f(x)$在区间$[a,b]$上的两个端点值$f(a),f(b)$。

③对所有的极值和端点值作大小比较。

④对比较的结果作出结论：所有这些值中最大的即是该函数在$[a,b]$上的最大值，所有这些值中最小的即是该函数在$[a,b]$上的最小值。

真题过招

1. (2021 山东东营,1.52 分)已知函数$f(x)=\ln(1+x^2)$，则函数$f(x)$在区间$[-1,3]$上的最大值和最小值分别是(　　)

A. ln10,0　　　　B. ln10,ln4

C. ln10,ln2　　　　D. ln2,0

答案解析

A　【解析】$f'(x)=\frac{2x}{1+x^2}$，令$f'(x)=0$，解得$x=0$，则函数$f(x)$在区间$[-1,0]$上单调递减，在$[0,3]$上单调递增。因为$f(-1)=\ln2$，$f(0)=0$，$f(3)=\ln10$，所以函数$f(x)$在区间$[-1,3]$上的最大值为ln10，最小值为0。

2. (2020 安徽中学数学,8 分)已知函数$f(x)=x^2+(a+2)x+a\ln x$。

(1)讨论函数$f(x)$的单调性；

(2)求函数$f(x)$在$[1,2]$上的最小值。

答案解析

【解析】(1)由题意知,函数 $f(x)$ 的定义域为 $(0,+\infty)$, $f'(x)=2x+(a+2)+\frac{a}{x}=\frac{2x^2+(a+2)x+a}{x}$,令 $f'(x)=0$,解得 $x_1=-\frac{a}{2}$, $x_2=-1$,

①当 $a\geqslant 0$ 时, $f'(x)>0$ 在 $(0,+\infty)$ 上恒成立,则函数 $f(x)$ 在 $(0,+\infty)$ 上单调递增。

②当 $a<0$ 时,令 $f'(x)>0$,得 $x>-\frac{a}{2}$;令 $f'(x)<0$,得 $0<x<-\frac{a}{2}$。

故函数 $f(x)$ 在 $\left(-\frac{a}{2},+\infty\right)$ 上单调递增,在 $\left(0,-\frac{a}{2}\right]$ 上单调递减。

(2)由(1)知,①当 $a\geqslant 0$ 时,则函数 $f(x)$ 在 $[1,2]$ 上单调递增,故 $f(x)_{\min}=f(1)=a+3$。

②当 $a<0$ 时,函数 $f(x)$ 在 $\left(-\frac{a}{2},+\infty\right)$ 上单调递增;在 $\left(0,-\frac{a}{2}\right)$ 上单调递减。

(ⅰ)若 $-\frac{a}{2}\geqslant 2$,即 $a\leqslant -4$ 时,函数 $f(x)$ 在 $[1,2]$ 上单调递减,故 $f(x)_{\min}=f(2)=8+2a+a\ln 2$;

(ⅱ)若 $-\frac{a}{2}\leqslant 1$,即 $a\geqslant -2$ 时,函数 $f(x)$ 在 $[1,2]$ 上单调递增,故 $f(x)_{\min}=f(1)=a+3$;

(ⅲ)若 $1<-\frac{a}{2}<2$,即 $-4<a<-2$ 时,函数 $f(x)$ 在 $\left[1,-\frac{a}{2}\right]$ 上单调递减,在 $\left[-\frac{a}{2},2\right]$ 上单调递增,故 $f(x)_{\min}=f\left(-\frac{a}{2}\right)=-\frac{a^2}{4}-a+a\ln\left(-\frac{a}{2}\right)$。

变式训练

1. 函数 $f(x)=\frac{x^2+5}{\sqrt{x^2+4}}$ 的最小值为(　　)

A. $\frac{4\sqrt{5}}{5}$　　　　B. $\frac{6\sqrt{5}}{5}$

C. $\frac{5}{4}$　　　　D. $\frac{5}{2}$

2. 证明:当 $a\in[0,1)$ 时,函数 $g(x)=\frac{e^x-ax-a}{x^2}(x>0)$ 有最小值,设 $g(x)$ 的最小值为 $h(a)$,求函数 $h(a)$ 的值域。

3. 函数 $f(x)$ 的定义域为 $[-4,4]$,且 $f(x)=|x^2-4x+3|$。

(1)求$f(x)$的驻点;

(2)求$f(x)$的最大值。

招教易错突破

易错点1 忽略导数定义域且对导数与单调性的关系不明确

利用导数解决函数单调性或求函数单调区间的问题时应注意先确定函数定义域。函数$f(x)$在区间(a,b)上为减函数,说明(a,b)是函数单调递减区间的子集,所以$f'(x)\leqslant 0$在(a,b)上恒成立;函数$f(x)$的单调递减区间为(a,b),说明(a,b)是函数的整个单调递减区间,除此之外没有其他单调递减区间,所以$f'(x)\leqslant 0$在(a,b)上恒成立,且$f'(x)<0$的解集为(a,b)。

典例

1. 下列区间中,函数$f(x)=|\ln(2-x)|$在其上为增函数的是(　　)

A. $(-\infty,1]$　　B. $\left[-1,\frac{4}{3}\right]$

C. $\left[0,\frac{3}{2}\right)$　　D. $[1,2)$

【错因分析】本题容易忽略函数的定义域,函数的单调区间都是函数定义域的子区间,应在函数的定义域内讨论函数的单调性。

答案解析

D　**【解析】**由$2-x>0$得,$x<2$,$\therefore f(x)$的定义域为$(-\infty,2)$,当$x<1$时,$\ln(2-x)>0$,$f(x)=|\ln(2-x)|=\ln(2-x)$,$\because y=\ln t$递增,$t=2-x$递减,$\therefore f(x)$单调递减。当$1\leqslant x<2$时,$\ln(2-x)\leqslant 0$,$f(x)=|\ln(2-x)|=-\ln(2-x)$,$\because y=-t$递减,$t=\ln(2-x)$递减,$\therefore f(x)$递增,即$f(x)$在$[1,2)$上单调递增。

变式训练

1. 函数$f(x)=\frac{1}{3}x^3+ax^2+5x+6$在区间$[1,3]$上是减函数,则实数$a$的取值范围为(　　)

A. $[-\sqrt{5},+\infty)$　　B. $[-\sqrt{5},\sqrt{5}]$

C. $(-\infty,-3)$　　D. $(-\infty,-3]$

易错点2 忽视极值点与导数为零的点的关系

(1)若$f(x)$在$x=x_0$处取得极值,则一定有$f'(x_0)=0$,$f(x_0)$可能为极大值,也可能为极小值,应判断$f'(x_0)$在$x=x_0$两侧的符号后得出结论。

(2)若$f'(x_0)=0$,则$f(x)$未必在$x=x_0$处取得极值,只有确认该点为导数的变号零点,才能确定$f(x)$在$x=x_0$处取得极值。

(3)极值点的导数值为零,但导数值为零的点不一定为极值点。

典例

2. 函数$f(x)=x^3-ax^2-bx+a^2$在$x=1$处有极值10,则点(a,b)为( )

A. $(3,-3)$　　B. $(-4,11)$

C. $(3,-3)$或$(-4,11)$　　D. 不存在

【错因分析】容易忽略极值点左右两侧导数值的符号不相同。

答案解析

B **【解析】**$f(x)=x^3-ax^2-bx+a^2$,$f'(x)=3x^2-2ax-b$。又$\because$在$x=1$时,$f(x)$有极值10,所以$\begin{cases}3-2a-b=0,\\1-a-b+a^2=10,\end{cases}$解得$\begin{cases}a=-4,\\b=11\end{cases}$或$\begin{cases}a=3,\\b=-3,\end{cases}$当$\begin{cases}a=-4,\\b=11\end{cases}$时,$f'(x)=3x^2+8x-11=(3x+11)(x-1)$在$x=1$两侧的符号相反,符合题意。当$\begin{cases}a=3,\\b=-3,\end{cases}$时,$f'(x)=3x^2-6x+3=3(x-1)^2$在$x=1$两侧符号相同,不符合题意。

变式训练

2. 函数$f(x)=x^2-a\ln x(a\in\mathbf{R})$不存在极值点,则实数$a$的取值范围是( )

A. $(-\infty,0)$　　B. $(0,+\infty)$　　C. $[0,+\infty)$　　D. $(-\infty,0]$

必刷好题

招教高频基础刷

1. 设函数$f(x)$在$\mathbf{R}$上可导,其导函数为$f'(x)$,且函数$f(x)$在$x=-2$处取得极小值,则函数y

$=xf'(x)$的图象可能是(　　)

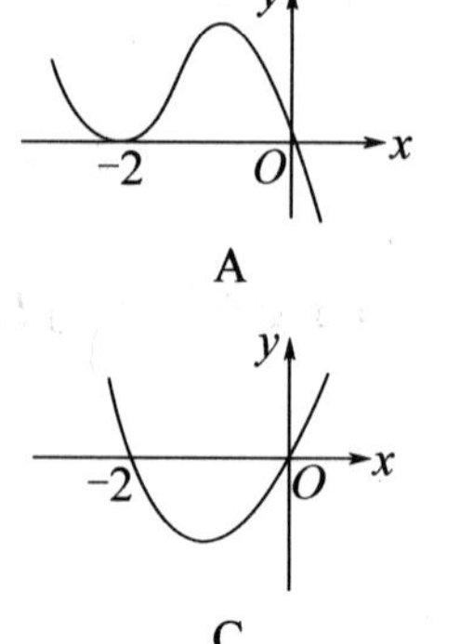

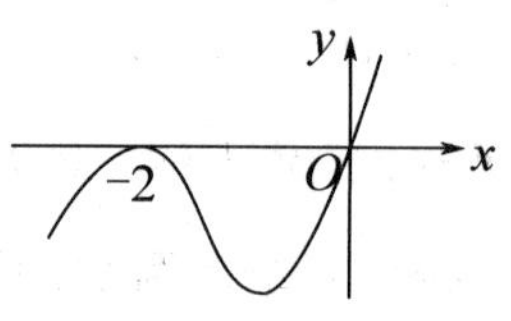

B

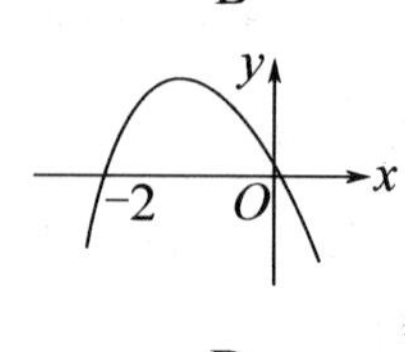

D

2. 若函数$f(x)=x(ax^2+bx+c)(a\neq0)$,在$x=1$和$x=-1$处有极值,则下列点一定在$x$轴上的是(　　)

A. (a,b)　　B. (a,c)　　C. (b,c)　　D. $(a+b,c)$

3. 函数$f(x)=(x-3)e^x$的单调递增区间是(　　)

A. $(-\infty,2)$　　B. $(0,3)$　　C. $(1,4)$　　D. $(2,+\infty)$

4. 函数$f(x)=x(1-x^2)$在$[0,1]$上的最大值为(　　)

A. $\frac{2\sqrt{3}}{9}$　　B. $\frac{2\sqrt{2}}{9}$　　C. $\frac{3\sqrt{2}}{9}$　　D. $\frac{3}{8}$

5. 设函数$f(x)$满足$x^2f'(x)+2xf(x)=\frac{e^x}{x}$,$f(2)=\frac{e^2}{8}$,则$x>0$时,$f(x)$(　　)

A. 有极大值,无极小值　　B. 有极小值,无极大值

C. 既有极大值又有极小值　　D. 既无极大值也无极小值

6. 如图所示的曲线是函数$f(x)=x^3+bx^2+cx+d$的大致图象,则$x_1^2+x_2^2=$________。

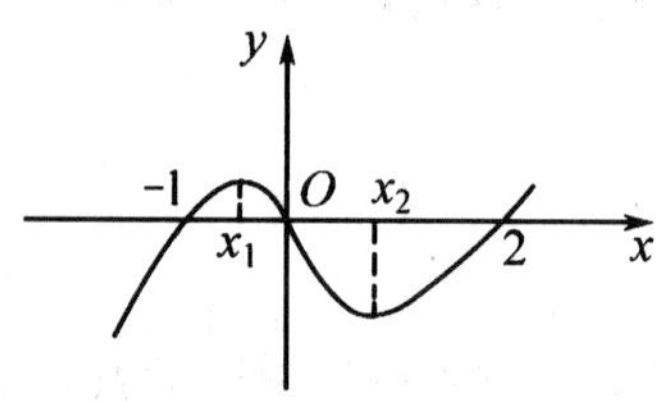

7. 若函数$f(x)=\frac{1}{3}x^3-ax^2+(a+6)x-2$有两个不同的极值点,则实数$a$的取值范围是________。

8. 设函数$f(x)=\begin{cases}x^3-3x, x\leqslant a,\\ -2x, x>a,\end{cases}$若$f(x)$无最大值,则实数$a$的取值范围是________。

9. 若$x=-2$是函数$f(x)=(x^2+ax-1)e^{x-1}$的极值点,则$f(x)$的极小值为________。

10. 已知函数$f(x)=2\sin x+\sin 2x$，则$f(x)$的最小值是________。

11. 已知函数$F(x)=|2x-t|-x^3+x+1$，其中$x\in\mathbf{R}$，t为常数，$t\in\mathbf{R}$。

(1) 写出此函数$F(x)$在$\mathbf{R}$上的单调区间；

(2) 若方程$F(x)-m=0$恰有两解，求实数m的值。

12. 已知函数$f(x)=x^3+ax^2+bx+c$，曲线$y=f(x)$在点$x=1$处的切线为l：$3x-y+1=0$，当$x=\frac{2}{3}$时，$y=f(x)$有极值。

(1) 求a,b,c的值；

(2) 求$y=f(x)$在$[-3,1]$上最大值和最小值。

13. 设$f(x)=a(x-5)^2+6\ln x$，其中$a\in\mathbf{R}$。曲线$y=f(x)$在点$(1,f(1))$处的切线与y轴相交于点$(0,6)$。

(1) 确定a的值；

(2) 求函数$f(x)$的单调区间与极值。

14. 设$a>0$，$f(x)=x^2+a|\ln x-1|$。

(1) 当$a=2$时，求$f(x)$的单调区间；

(2) 当$x\in[1,+\infty)$时，求$f(x)$的最小值。

15. 设函数$f(x)=e^x-ax-2$。

(1) 求函数$y=f(x)$的单调区间；

(2) 若$a=1$且$x\in[2,+\infty)$，求$f(x)$的最小值；

(3) 在(2)条件下，$(x-k)f'(x)+x+1>0$恒成立，求k的取值范围。

16. 已知函数$f(x)=ax^3+bx^2$经过点$M(1,4)$，在点M处的切线恰与直线$x+9y+5=0$垂直。

(1) 求a,b的值；

(2) 求函数$f(x)$的单调区间。

17. 已知函数$f(x)=\frac{2x-b}{(x-1)^2}$，求导函数$f'(x)$，并确定$f(x)$的单调区间。

18. 已知函数$f(x)=x^3+ax^2+bx\ (a,b\in\mathbf{R})$的图象过点$P(1,f(1))$，且在点$P$处的切线的方程为$y=8x-6$。

(1) 求a,b的值；

(2) 求函数$f(x)$的单调区间；

(3) 求函数$f(\sin x)$的最值。

19. 已知函数$f(x)=\frac{1}{2}e^{2x}-ax(a\in\mathbf{R})$。

(1)若$a=2$时,求函数$f(x)$值域;

(2)若$a=1$时,函数$g(x)=(x-m)f(x)-\frac{1}{4}e^{2x}+x^2+x$在区间$(0,+\infty)$上为增函数,求整数$m$的最大值。

20. 已知函数$f(x)=\frac{1}{3}x^3-x^2-3ax+b$在$x=-1$处取得极值。

(1)求实数a的值;

(2)求函数$f(x)$的单调区间。

招教易错能力刷

1. 若函数$f(x)=x^2+ax+\frac{1}{x}$在$(\frac{1}{2},+\infty)$上是增函数,则a的取值范围是(　　)

A. $[-1,0]$　　B. $[-1,+\infty)$

C. $[0,3]$　　D. $[3,+\infty)$

2. 若$x=-2$是函数$f(x)=(x^2+ax-1)e^{x-1}$的极值点,则$f(x)$的极小值为(　　)

A. -1　　B. $-2e^{-3}$　　C. $5e^{-3}$　　D. 1

3. 已知函数$f(x)=\sin2x+4\cos x-ax$在$\mathbf{R}$上单调递减,则实数a的取值范围是(　　)

A. $[0,3]$　　B. $[3,+\infty)$　　C. $(3,+\infty)$　　D. $[0,+\infty)$

4. 已知$x=1$是$f(x)=[x^2-(a+3)x+2a+3]e^x$的极小值点,则实数$a$的取值范围是(　　)

A. $(1,+\infty)$　　B. $(-1,+\infty)$　　C. $(-\infty,-1)$　　D. $(-\infty,1)$

5. 若$x=1$是函数$f(x)=(x^2+ax-1)e^x$的一个极值点,则$f(x)$的极大值为(　　)

A. $-e$　　B. e^{-1}　　C. e^2　　D. $5e^{-2}$

6. 若函数$f(x)=2x^3-ax^2+1(a\in\mathbf{R})$在$(0,+\infty)$内有且只有一个零点,则$f(x)$在$[-1,1]$上的最大值和最小值的和为________。

7. 函数$f(x)$是定义在$(1,+\infty)$上的可导函数,$f'(x)$为其导函数,若$f(x)+(x-1)f'(x)=x^2(x-2)$,且$f(e^2)=0$,则不等式$f(e^x)<0$的解集为________。

8. 已知函数$f(x)=ax\ln x-\frac{1}{2}x^2+a$有且只有一个极值点,则实数$a$构成的集合是________。

9. 已知$x=3$是函数$f(x)=ax^3-\frac{3}{2}x^2+2$的一个极值点,不等式$b<f(x),x\in[2,4]$时成立,则

b 的取值范围为_________。

10. 已知函数 $f_n(x)=\dfrac{x^2-2x-a}{e^{nx}}$，其中 $n\in\mathbf{N}^*$，$a\in\mathbf{R}$，e 是自然对数的底数。

(1) 求函数 $g(x)=f_1(x)-f_2(x)$ 的零点；

(2) 若对任意 $n\in\mathbf{N}^*$，$f_n(x)$ 均有两个极值点，一个在区间 $(1,4)$ 内，另一个在 $[1,4]$ 外，求 a 的取值范围；

(3) 已知 $k,m\in\mathbf{N}^*$，$k<m$ 且函数 $f_k(x)$ 在 $\mathbf{R}$ 上是单调函数，探究函数 $f_m(x)$ 的单调性。

第三节　导数的综合应用

招教考向解读

考向分析

利用导数研究函数的零点或方程的根、利用导数证明不等式、利用导数研究恒成立或能成立问题是教师招聘考试的重难点，导数的应用常与不等式、方程等内容结合考查，题目的综合性较强。

思想应用

A. 分类讨论思想：研究函数零点个数或已知零点个数求参数取值范围时，通常需要对参数进行分类讨论。

B. 函数思想与转化思想：利用导数证明不等式，往往需要通过移项将不等式变形为一个函数与一个常数（通常是0）的大小关系，即构造一个新函数，证明其最值与常数的大小关系即可。

已知不等式恒成立或已知不等式存在性求参数问题，通常分离常数转化为参数与新函数最值的大小关系问题；双变量不等式证明问题需降元，转化为单变量不等式进行证明。

C. 设而不求思想：利用导数证明不等式时，常需要判断零点情况，有时会遇到确定零点存在但无法求出具体值，即隐零点情形，此时常需对其进行估算来确定所在区间，并不求出具体值，最后对整体进行处理。

考向1 利用导数研究函数的零点或方程的根

解法突破

（1）研究函数零点（方程根）的情况，可以通过导数研究函数的单调性、最大值、最小值、变化趋势等，根据题目要求，画出函数图象的走势规律，标明函数极（最）值的位置，通过数形结合的思想去分析问题，可以使问题的求解有一个清晰、直观的整体展现。

（2）解决由函数零点（方程根）的存在情况求参数的值或取值范围问题，关键是利用函数方程思想或数形结合思想，构建关于参数的方程或不等式求解。

真题过招

1.（2021 江苏淮安，3 分）若函数 $f(x)=m(x-1)^2,g(x)=\frac{1}{e^x}$，则这两个函数的图象最多有（　　）个不同的交点。

A. 2　　B. 3　　C. 4　　D. 5

答案解析

B　【解析】$f(x),g(x)$ 有交点，即 $f(x)-g(x)=0$ 有解，即 $m(x-1)^2-\frac{1}{e^x}=0$，即 $m=\frac{1}{e^x(x-1)^2}(x\neq1)$，则这两个函数的交点个数即为直线 $y=m$ 与函数 $h(x)=\frac{1}{e^x(x-1)^2}(x\neq1)$ 的交点个数。$h'(x)=\frac{-(x+1)}{e^x(x-1)^3}$，则 $\begin{cases}h'(x)\leqslant0,x\leqslant-1,\\h'(x)>0,-1<x<1,\\h'(x)<0,x>1,\end{cases}$ 根据函数 $h(x)$ 的大致图象可知直线 $y=m$ 与函数 $h(x)$ 最多有三个交点。

2. (2020 福建小学数学,10 分)已知函数$f(x)=(x+1)e^x$。

(1)求函数$f(x)$的图象在点$(1,f(1))$处的切线;

(2)若$g(x)=f(x)+m$不存在零点,求m的取值范围。

答案解析

【解析】(1)$f'(x)=(x+2)e^x$,则有$f(1)=2e$,$f'(1)=3e$,故函数$f(x)$的图象在点$(1,f(1))$处的切线为$y-2e=3e(x-1)$,即$3ex-y-e=0$。

(2)$g(x)=(x+1)e^x+m$,则$g'(x)=(x+2)e^x$,令$g'(x)=0$,得$x=-2$,所以当$x<-2$时,$g'(x)<0$,此时$g(x)$单调递减;当$x>-2$时,$g'(x)>0$,此时$g(x)$单调递增。故要使$g(x)=f(x)+m$不存在零点,只需$g(-2)>0$,即$-e^{-2}+m>0$,故$m>e^{-2}$。

变式训练

1. 已知函数$f(x)=x^3-4x$,若$f(x_1)=f(x_2)=f(x_3)=a$,其中$x_1<x_2<x_3$,$a<0$,则(　　)

A. $x_1>-2$　　B. $x_3^2+x_2^2<6$

C. $x_1^2+x_2^2<4$　　D. $x_3>2$

2. 已知函数$h(x)=\ln x-x-x^2$。

(1)求$h(x)$的单调区间;

(2)设$f(x)=h(x)+x^2+2\sin x$,求证:$f(x)$在$(0,2\pi)$内有两个不同的零点。

3. 已知函数$f(x)=\ln x$,$g(x)=\frac{1}{2}ax+b(a,b\in\mathbf{R})$。

(1)若$f(x)$与$g(x)$在$x=1$处相切,求$g(x)$的表达式;

(2)在(1)的条件下,若$y=xf(x)-g(x)-m-3$在定义域内有两个不同的零点,求实数m的取值范围。

考向2　利用导数证明不等式

解法突破

(1)证明$f(x)<g(x)$,$x\in(a,b)$,可以构造函数$F(x)=f(x)-g(x)$,如果$F'(x)<0$,并同时有$F(a)\leq 0$,由减函数的定义可知,$x\in(a,b)$时,有$F(x)<0$,即证$f(x)<g(x)$。

(2)证明$f(x)>g(x)$,$x\in(a,b)$,可以构造函数$F(x)=f(x)-g(x)$,如果$F'(x)>0$,并同时

有 $F(a)\geqslant 0$，由增函数的定义可知，$x\in(a,b)$ 时，有 $F(x)>0$，即证 $f(x)>g(x)$。

(3)在证明过程中，一个重要技巧就是找到函数 $F(x)=f(x)-g(x)$ 的零点，这往往就是解决问题的一个突破口。

真题过招

(2020 江苏南京，10 分) 已知函数 $f(x)=\ln(x+1)+ax, x\geqslant 0$。

(1)当 $a=-\frac{1}{2}$ 时，求 $f(x)$ 的极值；

(2)当 $a\leqslant -1$ 时，求证：$f(x)\leqslant 0$；

(3)当 $a\geqslant -2$ 时，求证：$e^x+f(x)\geqslant 1$。

答案解析

【解析】(1)当 $a=-\frac{1}{2}$ 时，$f(x)=\ln(x+1)-\frac{1}{2}x$，则 $f'(x)=\frac{1}{x+1}-\frac{1}{2}$，令 $f'(x)=0$，得 $x=1$，所以当 $0\leqslant x<1$ 时，$f'(x)>0$；当 $x>1$ 时，$f'(x)<0$，故 $x=1$ 是 $f(x)$ 的极大值点，极大值为 $f(1)=\ln 2-\frac{1}{2}$。

(2) $f'(x)=\frac{1}{x+1}+a$，$f''(x)=-\frac{1}{(x+1)^2}<0$，则 $f'(x)$ 在 $[0,+\infty)$ 上单调递减，所以 $f'(x)\leqslant f'(0)=1+a\leqslant 0$，则 $f(x)$ 在 $[0,+\infty)$ 上单调递减，而 $f(x)\leqslant f(0)=0$，得证。

(3) $e^x+f(x)\geqslant 1$ 即为 $e^x+f(x)-1\geqslant 0$，令 $g(x)=e^x+\ln(x+1)+ax-1$，则 $g'(x)=e^x+\frac{1}{x+1}+a$，$g''(x)=e^x-\frac{1}{(x+1)^2}\geqslant 0\ (x\geqslant 0)$，则 $g'(x)$ 在 $[0,+\infty)$ 上单调递增，所以 $g'(x)\geqslant g'(0)=2+a\geqslant 0$，则 $g(x)$ 在 $[0,+\infty)$ 上单调递增，而 $g(x)\geqslant g(0)=0$，即 $e^x+f(x)\geqslant 1$。

变式训练

1. 讨论函数 $f(x)=\frac{x-2}{x+2}e^x$ 的单调性，并证明：当 $x>0$ 时，$(x-2)e^x+x+2>0$。

2. 已知函数 $f(x)=xe^x$，$g(x)=\frac{\ln x}{x}$。

(1)求函数 $f(x)$ 的极值；

(2)当 $x>0$ 时，求证：$f(x)>g(x)$。

考向3 利用导数研究恒成立或能成立问题

解法突破

(1)由不等式恒成立或能成立求解参数的取值范围问题常采用的方法是分离参数求最值,即:

①$a \geqslant g(x)$恒成立$\Leftrightarrow a \geqslant g(x)_{max}$;

②$a \leqslant g(x)$恒成立$\Leftrightarrow a \leqslant g(x)_{min}$;

③定义域内存在x使$a \geqslant g(x)$成立$\Leftrightarrow a \geqslant g(x)_{min}$。

(2)当参数不宜进行分离时,还可直接求最值建立关于参数的不等式求解,例如,要使不等式$f(x) \geqslant 0$恒成立,可求得$f(x)$的最小值$h(a)$,令$h(a) \geqslant 0$即可求出a的取值范围。

真题过招

(2022 湖南长沙市长沙县,13分)已知函数$f(x)=x^3+(a+1)x^2+2(a-1)x+2(a-1)$。

(1)当$a=1$时,试讨论函数$f(x)$的单调区间和极值;

(2)若当$x>-1$时,$f(x) \geqslant 0$恒成立,求实数a的取值范围。

答案解析

【解析】(1)当$a=1$时,$f(x)=x^3+2x^2$,其导函数$f'(x)=3x^2+4x=x(3x+4)$,令$f'(x)=0$,解得$x=-\frac{4}{3}$或0。当x变化时,$f'(x)$和$f(x)$的变化情况如下表所示。

x	$\left(-\infty,-\frac{4}{3}\right)$	$-\frac{4}{3}$	$\left(-\frac{4}{3},0\right)$	0	$(0,+\infty)$
$f'(x)$	+	0	−	0	+
$f(x)$	单调递增	$\frac{32}{27}$	单调递减	0	单调递增

因此,当$a=1$时,函数$f(x)$的单调递增区间为$\left(-\infty,-\frac{4}{3}\right)$和$(0,+\infty)$,单调递减区间为$\left(-\frac{4}{3},0\right)$,极大值为$f\left(-\frac{4}{3}\right)=\frac{32}{27}$,极小值为$f(0)=0$。

(2)当$x>-1$时,$f(x) \geqslant 0$恒成立,即$a \geqslant \frac{-x^3-x^2+2x+2}{x^2+2x+2}$,记$g(x)=\frac{-x^3-x^2+2x+2}{x^2+2x+2}$$(x>-1)$,其导函数$g'(x)=\frac{-x^4-4x^3-10x^2-8x}{(x^2+2x+2)^2}=\frac{-x(x^3+4x^2+10x+8)}{(x^2+2x+2)^2}$。考虑函数

$h(x)=x^3+4x^2+10x+8$，易知当 $x>-1$ 时，$h(x)$ 单调递增，所以 $h(x)\geqslant h(-1)=1>0$，所以 $g'(x)=0$ 只有一个解，即 $x=0$，当 $x\in(-1,0)$ 时，$g'(x)>0$，函数 $g(x)$ 单调递增，当 $x\in(0,+\infty)$ 时，$g'(x)<0$，函数 $g(x)$ 单调递减，所以函数 $g(x)$ 在 $x=0$ 处取得极大值，也就是最大值，最大值为 $g(0)=1$，故实数 a 的取值范围为 $[1,+\infty)$。

变式训练

1. 已知 $a,b\in\mathbf{R}$，直线 $y=ax+b+\frac{\pi}{2}$ 与函数 $f(x)=\tan x$ 的图象在 $x=-\frac{\pi}{4}$ 处相切，设 $g(x)=e^x+bx^2+a$，若在区间 $[1,2]$ 上，关于 x 的不等式 $m\leqslant g(x)\leqslant m^2-2$ 恒成立，则实数 m 有（　　）

A. 最小值 $-e$　　B. 最小值 e

C. 最大值 e　　D. 最大值 $e+1$

2. 已知函数 $f(x)=e^{ax}-x$。

（1）若曲线 $y=f(x)$ 在点 $(0,f(0))$ 处的切线斜率为 1，求函数 $f(x)$ 的单调区间；

（2）若不等式 $f(x)\geqslant e^{ax}\ln x-ax^2$ 对于 $x\in(0,e]$ 恒成立，求 a 的取值范围。

必刷好题

招教高频基础刷

1. 函数 $f(x)=\sqrt{x}-\cos x$ 在区间 $(0,+\infty)$ 内（　　）

A. 没有零点　　B. 有且仅有一个零点

C. 有且仅有两个零点　　D. 有无穷多个零点

2. 设函数 $f(x)=e^x(2x-1)-ax+a$，其中 $a<1$，若存在唯一的整数 x_0，使得 $f(x_0)<0$，则 a 的取值范围是（　　）

A. $\left[-\frac{3}{2e},1\right)$　　B. $\left[-\frac{3}{2e},\frac{3}{4}\right)$　　C. $\left[\frac{3}{2e},\frac{3}{4}\right)$　　D. $\left[\frac{3}{2e},1\right)$

3. 已知函数 $f(x)=\ln x-\frac{a}{x}+a$ 在 $x\in[1,e]$ 上有两个零点，则 a 的取值范围是（　　）

A. $\left[\frac{e}{1-e},-1\right)$　　B. $\left[\frac{e}{1-e},1\right)$

C. $\left[\frac{e}{1-e},-1\right]$　　D. $\left[\frac{e}{1-e},1\right]$

4. 若函数$f(x)=x-\sqrt{x}-a\ln x$在区间$(1,+\infty)$上存在零点,则实数a的取值范围为(　　)

A. $\left(0,\frac{1}{2}\right)$　　B. $\left(\frac{1}{2},e\right)$　　C. $(0,+\infty)$　　D. $\left(\frac{1}{2},+\infty\right)$

5. 已知函数$f(x)=\begin{cases}e^{-x},x\leqslant 0,\\-x^2-2x+1,x>0,\end{cases}$若函数$g(x)=f(x)-kx$有两个零点,则实数$k$等于(　　)(e为自然对数的底数)

A. $-e$　　B. -1　　C. 2　　D. 2e

6. 直线$y=m$与函数$y=3x-x^3$的图象有三个不同的交点,则实数m的取值范围为(　　)

A. $(-2,2)$　　B. $[-2,2]$

C. $[2,+\infty)$　　D. $(-\infty,-2]$

7. 定义在$(0,+\infty)$上的函数$f(x)$满足$xf'(x)+1>0$,$f(2)=-\ln 2$,则不等式$f(e^x)+x>0$的解集为(　　)

A. $(0,2\ln 2)$　　B. $(0,\ln 2)$　　C. $(\ln 2,+\infty)$　　D. $(\ln 2,1)$

8. 若函数$y=f(x)$在$\mathbf{R}$上可导且满足不等式$xf'(x)+f(x)>0$恒成立,对任意整数a,b,若$a<b$,则必有(　　)

A. $af(b)<bf(a)$　　B. $bf(a)<af(b)$

C. $af(a)<bf(b)$　　D. $bf(b)<af(a)$

9. 已知$f(x)$为定义在$(0,+\infty)$上的可导函数,且$f(x)>xf'(x)$,则不等式$x^2f(\frac{1}{x})-f(x)<0$的解集为________。

10. 已知函数$f(x)=x^3-2x+e^x-\frac{1}{e^x}$,其中e是自然对数的底数。若$f(a-1)+f(2a^2)\leqslant 0$,则实数$a$的取值范围是________。

11. 已知函数$f(x)=\frac{2}{x}-a\ln x$,若$f(x)$在$\left(\frac{1}{e^2},+\infty\right)$上有两个零点,则$a$的取值范围为________。

12. 设函数$f(x)=(1+x)^2-2\ln x$,若关于x的方程$f(x)=x^2+x+a$在$[1,3]$上恰好有两个相异的实数根,则实数a的取值范围为________。

13. 已知曲线$f(x)=\ln x+2x$与曲线$g(x)=a(x^2+x)$有且只有两个公共点,则实数a的取值范围为________。

14. 函数 $y=f(x)$ 在区间 $(0,+\infty)$ 内可导，导函数 $f'(x)$ 是减函数，且 $f'(x)>0$。设 $x_0\in(0,+\infty)$，$y=kx+m$ 是曲线 $y=f(x)$ 在点 $(x_0,f(x_0))$ 处的切线方程，并设函数 $g(x)=kx+m$。

(1) 用 x_0，$f(x_0)$，$f'(x_0)$ 表示 m；

(2) 求证：当 $x_0\in(0,+\infty)$ 时，$g(x)\geqslant f(x)$；

(3) 若关于 x 的不等式 $x^2+1\geqslant ax+b\geqslant\frac{3}{2}x^{\frac{2}{3}}$ 在 $[0,+\infty)$ 内恒成立，其中 a，b 为实数，求 b 的取值范围及 a 与 b 所满足的关系。

15. 若函数 $f(x)=\frac{a}{x^2}+\ln x$，

(1) 讨论 $f(x)$ 的单调性；

(2) 若对任意的 $x\in[\frac{1}{2},2]$，有 $xf(x)\geqslant1$，求 a 的取值范围。

16. $f(x)=\frac{x}{e^{2x}}+c$ ($e=2.71828\cdots$ 是自然对数的底数，$c\in\mathbf{R}$)。

(1) 求 $f(x)$ 的单调区间，最大值；

(2) 讨论关于 x 的方程 $|\ln x|=f(x)$ 根的个数。

17. 已知函数 $f(x)=ae^x-xe^x+x-a$ ($a\in\mathbf{R}$)。

(1) 若 $a=2$，求曲线 $y=f(x)$ 在点 $(0,f(0))$ 处的切线方程；

(2) 若对于任意 $x>0$，都有 $f(x)<x+1$ 恒成立，求 a 的最大整数值。

18. 已知函数 $f(x)=a\ln x+x$，$g(x)=xe^x-a$。

(1) 若 $x=1$ 是 $f(x)$ 的极值点，求 $f(x)$ 的单调区间；

(2) 若 $a=1$，证明 $f(x)\leqslant g(x)$。

SHANXIANGEDU

专题七 复 数

招教核心要点

1. 复数的有关概念

(1)复数的概念:形如 $a+bi(a,b\in\mathbf{R})$ 的数叫作复数,其中 a,b 分别是它的实部和虚部。若 $b=0$,则 $a+bi$ 为实数;若 $b\neq0$,则 $a+bi$ 为虚数;若 $a=0$ 且 $b\neq0$,则 $a+bi$ 为纯虚数。

(2)复数相等:$a+bi=c+di\Leftrightarrow a=c$ 且 $b=d(a,b,c,d\in\mathbf{R})$。

(3)共轭复数:$a+bi$ 与 $c+di$ 共轭$\Leftrightarrow a=c$ 且 $b=-d(a,b,c,d\in\mathbf{R})$。共轭复数与模的关系:$z\cdot\bar{z}=|z|^2=|\bar{z}|^2$。

(4)复数的模:向量$\overrightarrow{OZ}$的模 r 叫作复数 $z=a+bi$ 的模,记作$|z|$或$|a+bi|$,即$|z|=|a+bi|=\sqrt{a^2+b^2}$。

2. 复数的几何意义

(1)复数 $z=a+bi(a,b\in\mathbf{R})\xrightarrow{\text{一一对应}}$复平面内的点 $Z(a,b)$。

(2)复数 $z=a+bi(a,b\in\mathbf{R})\xrightarrow{\text{一一对应}}$平面向量 $\overrightarrow{OZ}(O(0,0),Z(a,b))$。

3. 复数的运算

(1)复数的加、减、乘、除运算法则

设 $z_1=a+bi,z_2=c+di(a,b,c,d\in\mathbf{R})$,则:

①加法:$z_1+z_2=(a+bi)+(c+di)=(a+c)+(b+d)\mathrm{i}$;

②减法:$z_1-z_2=(a+bi)-(c+di)=(a-c)+(b-d)\mathrm{i}$;

③乘法:$z_1\cdot z_2=(a+bi)\cdot(c+di)=(ac-bd)+(ad+bc)\mathrm{i}$;

考向分析

复数的相关概念、复数的几何意义、复数的运算是教师招聘考试中的常考内容,题目整体较为基础。

思想应用

A. 方程思想:在利用复数相等求解参数时,根据实部与实部对应相等、虚部与虚部对应相等列出方程组求解。

B. 数形结合思想:复数与复平面内的点一一对应,则复数的实部、虚部分别对应点的横坐标、纵坐标;复数与以原点为起点、复数对应点为终点的平面向量一一对应;复数的模对应此向量的模,若复数的模恒等于一个大于0的常数,则这些复数在复平面内对应的点的集合形成一个圆。

④除法：$\frac{z_1}{z_2}=\frac{a+bi}{c+di}=\frac{(a+bi)(c-di)}{(c+di)(c-di)}=\frac{ac+bd}{c^2+d^2}+\frac{bc-ad}{c^2+d^2}\mathrm{i}$ $(c+d\mathrm{i}\neq0)$。

(2)复数加法的运算律：对任意 $z_1,z_2,z_3\in\mathbf{C}$，有 $z_1+z_2=z_2+z_1$，$(z_1+z_2)+z_3=z_1+(z_2+z_3)$。

(3)i 乘方的周期性：$\mathrm{i}^n=\begin{cases}1,n=4k,\\ \mathrm{i},n=4k+1,\\ -1,n=4k+2,\\ -\mathrm{i},n=4k+3,\end{cases}$ 其中 $k\in\mathbf{Z}$。

 **招教考向解读** 

考向 1 复数的相关概念

解法突破

(1)求一个复数的实部与虚部，只需将已知的复数化为代数形式 $z=a+b\mathrm{i}(a,b\in\mathbf{R})$，则该复数的实部为 a，虚部为 b。

(2)求一个复数的共轭复数，只需将此复数整理成标准的代数形式，实部不变，虚部变为相反数，即得原复数的共轭复数。

真题过招

(2021 江苏淮安,3 分)复数 $z=1-\mathrm{i}$ 的实部为(　　)

A. $-\mathrm{i}$　　B. i　　C. -1　　D. 1

答案解析

D　【解析】1 为实部，-1为虚部，故选 D。

变式训练

1. 设复数 $z=\frac{\mathrm{i}}{1-\mathrm{i}}$(i 是虚数单位)，则 z 的共轭复数为(　　)

A. $-\frac{1}{2}-\frac{1}{2}\mathrm{i}$　　B. $\frac{1}{2}+\frac{1}{2}\mathrm{i}$　　C. $-\frac{1}{2}+\frac{1}{2}\mathrm{i}$　　D. $\frac{1}{2}-\frac{1}{2}\mathrm{i}$

2. 设复数 z 满足 $\frac{1+z}{1-z}=\mathrm{i}$，则 $|z-1|=$（　　）

A. 1　　B. $\sqrt{2}$　　C. $\sqrt{3}$　　D. 2

3. 设 i 为虚数单位，复数 z 满足 $(1-\sqrt{3}\mathrm{i})z=(\sqrt{3}+\mathrm{i})^2$，则 z 的共轭复数 $\bar{z}$ 的虚部为（　　）

A. $\sqrt{3}\mathrm{i}$　　B. $-\sqrt{3}\mathrm{i}$　　C. $\sqrt{3}$　　D. $-\sqrt{3}$

考向 2 复数的几何意义

解法突破

（1）复数 z，复平面上的点 Z 及向量 $\overrightarrow{OZ}$ 相互联系，即 $z=a+b\mathrm{i}(a,b\in\mathbf{R})\Leftrightarrow Z(a,b)\Leftrightarrow\overrightarrow{OZ}=(a,b)$。

（2）由于复数、点、向量之间建立了一一对应的关系，因此可把复数、向量与解析几何联系在一起，解题时可运用数形结合的方法，使问题的解决更加直观。

真题过招

（2022 安徽中学数学，4 分）在复平面内，复数 z 满足 $z(1+\mathrm{i})=2$（i 为虚数单位），则 z 的共轭复数所对应的点位于（　　）

A. 第一象限　　B. 第二象限

C. 第三象限　　D. 第四象限

答案解析

A　**【解析】**因为 $z(1+\mathrm{i})=2$，所以 $z=\frac{2}{1+\mathrm{i}}=\frac{2(1-\mathrm{i})}{(1+\mathrm{i})(1-\mathrm{i})}=1-\mathrm{i}$，$\bar{z}=1+\mathrm{i}$，故复数 $\bar{z}$ 的实部为 1，虚部为 1，所以 z 的共轭复数所对应的点位于第一象限。故选 A。

变式训练

1. 复数 z 满足 $z=\frac{2-\mathrm{i}}{\mathrm{i}}$（i 为虚数单位），则 z 在复平面内所对应的点位于（　　）

A. 第一象限　　B. 第二象限　　C. 第三象限　　D. 第四象限

2. 设复数 z 满足 $|z-3\mathrm{i}|=2$，z 在复平面内对应的点为 $M(x,y)$，则 M 点的轨迹为（　　）

A. $(x-3)^2+y^2=4$　　B. $x^2+(y-3)^2=4$

C. $(x+3)^2+y^2=4$　　D. $x^2+(y+3)^2=4$

考向3 复数的运算

解法突破

(1)复数的加减法:在进行复数加减法运算时,可类比合并同类项,运用法则(实部与实部相加减,虚部与虚部相加减)计算即可。

(2)复数的乘法:复数的乘法类似于多项式的乘法运算,可将含有虚数单位 i 的看作一类同类项,不含 i 的看作另一类同类项,相乘后再合并同类项即可。

(3)复数的除法:除法的关键是分子分母同乘分母的共轭复数,解题中要注意把 i 的幂写成最简形式。

典例

若复数 $z=\frac{2i}{1+i}$(i 是虚数单位),则 $z=$(　　)

A. $2-2i$　　B. $1-i$

C. $1+i$　　D. $2+2i$

答案解析

C 【解析】$z=\frac{2i}{1+i}=\frac{2i(1-i)}{(1+i)(1-i)}=\frac{2i(1-i)}{1^2-i^2}=\frac{2i(1-i)}{2}=1+i$。

变式训练

1. 已知复数 $z=\frac{1-i^9}{1+i}$,$\bar{z}$ 的虚部是(　　)

A. -1　　B. $-i$　　C. 1　　D. i

2. 若复数 z 满足 $i\cdot z=1-2i$,则 z 的虚部为(　　)

A. -2　　B. -1　　C. 1　　D. $-i$

招教易错突破

易错点 忽视复数的概念

忽视复数 $z=a+bi(a,b\in\mathbf{R})$ 是纯虚数的充要条件为 $\begin{cases}a=0,\\b\neq0,\end{cases}$ 二者缺一不可。

典例

若复数$(a^2-3a+2)+(a-1)i$是纯虚数,则实数a的值为(　　)

A. 1　　B. 2　　C. -1或-2　　D. 1或2

【错因分析】仅仅考虑到实部为0,没有考虑到虚部不为0的条件。

答案解析

B　【解析】由题意知,因为复数$(a^2-3a+2)+(a-1)i$是纯虚数,则$\begin{cases}a^2-3a+2=0,\\a-1\neq0,\end{cases}$解得$a=2$。

变式训练

已知复数$z=m(m-1)+(m^2+2m-3)i$,则实数m的值为________时,复数z为纯虚数。

招教高频基础刷

1. 设复数$(1+mi)(i+2)$是纯虚数,则$m=$(　　)

A. 1　　B. -1　　C. 2　　D. $-\frac{1}{2}$

2. 若复数$z_1=1-2i$,$z_2=\frac{1}{(1+i)^2}$,则z_1-z_2在复平面上对应的点位于(　　)

A. 第一象限　　B. 第二象限　　C. 第三象限　　D. 第四象限

3. 已知复数z满足$z(1+i)=2+4i$,则z的共轭复数为(　　)

A. $3+i$　　B. $3-i$　　C. $1+3i$　　D. $1-3i$

4. 若复数z满足$(3-4i)z=|1-\sqrt{3}i|$,则z的虚部为(　　)

A. $-\frac{8}{25}i$　　B. $\frac{8}{5}$　　C. $\frac{8}{25}$　　D. $\frac{8}{25}i$

5. 把复数z的共轭复数记为$\bar{z}$,i为虚数单位,若$z=1+i$,则$(z-1)(\bar{z}+1)=$(　　)

A. $1+i$　　B. $1+2i$　　C. $1+3i$　　D. 1

6. 设i是虚数单位,复数$\frac{10}{3-i}$的虚部为(　　)

A. $-i$　　B. -1　　C. i　　D. 1

7. $m\in\mathbf{R}$,复数$(m^2-m-6)+(m^2-5m+6)$i 表示纯虚数的条件是(　　)

A. $m=2$ 或 $m=3$　　B. $m=-2$ 或 $m=3$　　C. $m=-2$　　D. $m=-3$

8. 若复数$z_1=1+\mathrm{i}$,$z_2=3-\mathrm{i}$,则$z_1\cdot z_2=$(　　)

A. $4+2\mathrm{i}$　　B. $2+\mathrm{i}$　　C. $2+2\mathrm{i}$　　D. 3

9. 复数$(\frac{3-\mathrm{i}}{1+\mathrm{i}})^2=$(　　)

A. $-3-4\mathrm{i}$　　B. $-3+4\mathrm{i}$　　C. $3-4\mathrm{i}$　　D. $3+4\mathrm{i}$

10. 对任意复数$z=x+y\mathrm{i}(x,y\in\mathbf{R})$,i 为虚数单位,则下列结论正确的是(　　)

A. $|z-\bar{z}|=2y$　　B. $z^2=x^2+y^2$

C. $|z-\bar{z}|\geqslant 2x$　　D. $|z|\leqslant|x|+|y|$

11. 若复数 z 满足 $\mathrm{i}\cdot z=1+2\mathrm{i}$,其中 i 是虚数单位,则 z 的实部为________。

12. 已知复数$(a+\mathrm{i})(1+\mathrm{i})$的实部为 0,其中 i 为虚数单位,则实数 a 的值是________。

招教易错能力刷

1. 若 i 为虚数单位,图中复平面内点 Z 表示复数 z,则表示复数$\frac{z}{1+\mathrm{i}}$的点是(　　)

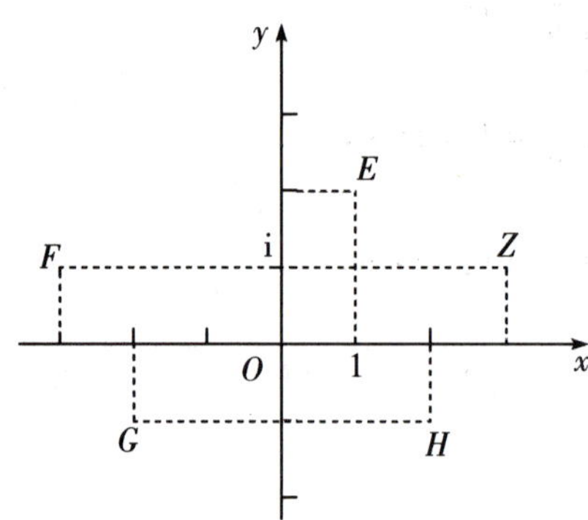

A. E　　B. F　　C. G　　D. H

2. i 是虚数单位,计算 $\mathrm{i}+\mathrm{i}^2+\mathrm{i}^3=$(　　)

A. -1　　B. 1　　C. $-\mathrm{i}$　　D. i

3. 若复数$\frac{a+3\mathrm{i}}{1+2\mathrm{i}}$($a\in\mathbf{R}$,i 为虚数单位)是纯虚数,则实数 a 的值为(　　)

A. -6　　B. 13　　C. $\frac{3}{2}$　　D. $\sqrt{13}$

4. 已知复数 z 的实部为 -2,虚部为 2,则$\frac{1}{z+1}=$(　　)

A. $\frac{1}{5}+\frac{2}{5}\mathrm{i}$　　B. $-\frac{1}{5}-\frac{2}{5}\mathrm{i}$　　C. $\frac{1}{5}-\frac{2}{5}\mathrm{i}$　　D. $-\frac{1}{5}+\frac{2}{5}\mathrm{i}$

专题八　不等式

第一节　不等关系与不等式

招教核心要点

1. 两个实数比较大小的方法

(1) 作差法($a,b\in\mathbf{R}$)$\begin{cases}a-b>0\Leftrightarrow a>b,\\a-b=0\Leftrightarrow a=b,\\a-b<0\Leftrightarrow a<b。\end{cases}$

(2) 作商法($a,b\in\mathbf{R},b>0$)$\begin{cases}\dfrac{a}{b}>1\Leftrightarrow a>b,\\\dfrac{a}{b}=1\Leftrightarrow a=b,\\\dfrac{a}{b}<1\Leftrightarrow a<b。\end{cases}$

2. 不等式的基本性质

(1) 对称性:$a>b\Leftrightarrow b<a$;

(2) 传递性:$a>b,b>c\Rightarrow a>c$;

(3) 可加性:$a>b\Leftrightarrow a+c>b+c$;

(4) 可乘性:$a>b,c>0\Rightarrow ac>bc$;$a>b,c<0\Rightarrow ac<bc$;

(5) 加法原则:$a>b,c>d\Rightarrow a+c>b+d$;

(6) 乘法原则:$a>b>0,c>d>0\Rightarrow ac>bd$;

(7) 除法原则:$a>b>0,d>c>0\Rightarrow\dfrac{a}{c}>\dfrac{b}{d}$;

(8) 乘方原则:$a>b>0\Rightarrow a^n>b^n(n\in\mathbf{N},n\geqslant2)$;

(9) 开方原则:$a>b>0\Rightarrow\sqrt[n]{a}>\sqrt[n]{b}(n\in\mathbf{N},n\geqslant2)$。

考向分析

比较两个数(式)的大小、不等式的性质及应用、应用不等式的性质求参数的范围是教师招聘考试中的常考内容,一般不会单独考查不等式的性质,而是在不等式变形、证明与解不等式中结合考查。

思想应用

A. 函数思想:不等式的性质在题目中多是以工具作用体现的,因此构造函数是解决很多不等式问题的关键。

B. 特殊化思想:当逐一判断不等式是否成立时,有时利用不等式性质进行推理耗费时间较长,可借助取特殊值的思想方法解决。

3. 不等式的一些常用性质

(1)相关倒数的性质

①$a>b,ab>0\Rightarrow\frac{1}{a}<\frac{1}{b}$;②$a<0<b\Rightarrow\frac{1}{a}<\frac{1}{b}$;

③$0<a<x<b$ 或 $a<x<b<0\Rightarrow\frac{1}{b}<\frac{1}{x}<\frac{1}{a}$。

(2)有关分数的性质

若 $a>b>0,m>0$,则:

①$\frac{b}{a}<\frac{b+m}{a+m},\frac{b}{a}>\frac{b-m}{a-m}(b-m>0)$;②$\frac{a}{b}>\frac{a+m}{b+m},\frac{a}{b}<\frac{a-m}{b-m}(b-m>0)$。

招教考向解读

考向1 比较两个数(式)的大小

解法突破

比较两个数(式)的大小的常用方法为:

(1)作差法,作差法一般将差化为非负数和的形式或是因式乘积的形式,即 $P-Q=a_1^{\ 2}+a_2^{\ 2}+\cdots+a_n^{\ 2}$ 或 $P-Q=b_1b_2\cdots b_n$,便于判断差值的符号。一般步骤为:

作差⇒变形,常采用因式分解(将“差”化为“积”)或配方(将“差”化为常数与 n 个平方和的形式)等变形方法⇒定号⇒得出结论。

(2)作商法,对于 $a>0,b>0$,则有①$\frac{a}{b}>1\Rightarrow a>b$;②$\frac{a}{b}=1\Rightarrow a=b$;③$\frac{a}{b}<1\Rightarrow a<b$。

(3)单调性法,利用有关函数的单调性比较大小。

(4)特殊值验证法,对于一些题目,有的给出取值范围,可采用特殊值验证法比较大小。

在比较两个数(式)的大小时应注意:若比较的两个数(式)均大于零,可化为比较两个数平方的大小。若比较的两个数(式)作差后不易变形,可取中间值进行比较,再由不等式的传递性得到两个数(式)的大小关系;若两个式子作差后变量较多,不易变形,可考虑消元减少变量,再判断差式的符号。

真题过招

(2021 安徽中学数学,4 分)已知 $a=\log_3 0.3$,$b=3^{0.3}$,$c=0.3^3$,则 a,b,c 的大小关系为( )

A. $a<b<c$　　B. $a<c<b$　　C. $c<a<b$　　D. $c<b<a$

答案解析

B 【解析】因为 $a=\log_3 0.3<\log_3 1=0$,$b=3^{0.3}>1$,$0<c=0.3^3<1$,所以 $a<c<b$。

变式训练

设 $a=\log_3 12$,$b=\log_5 20$,$c=\log_7 28$,则下列结论正确的是( )

A. $c>b>a$　　B. $b>c>a$　　C. $a>c>b$　　D. $a>b>c$

考向2 不等式的性质及应用

解法突破

(1)判断不等式是否成立,需要逐一给出推理判断或反例说明,常用的推理判断需要利用不等式的性质。

(2)在判断一个关于不等式的命题真假时,先把要判断的命题和不等式性质联系起来考虑,并应用不等式的性质判断命题真假,同时还可能用到其他知识,比如对数函数、指数函数的性质等。

(3)解决与充分、必要条件相结合的问题时,先用不等式的性质分别判断 $p\Rightarrow q$ 和 $q\Rightarrow p$ 是否正确,再得出结论,要注意特殊值法的应用,提高解题效率。

真题过招

(2021 江西中学数学,1 分)若 $a<b<0$,则下列不等式不能成立的是( )

A. $\frac{1}{a-b}>\frac{1}{a}$　　B. $\frac{1}{a}>\frac{1}{b}$　　C. $|a|>|b|$　　D. $a^2>b^2$

答案解析

A 【解析】$\because a<b<0$,$\therefore -a>-b>0$,即 $|a|>|b|$,$\therefore a^2>b^2$,故 C、D 两项成立;$\because a<b<0$,$\therefore ab>0$,$\therefore \frac{a}{ab}<\frac{b}{ab}$,即 $\frac{1}{b}<\frac{1}{a}$,故 B 项成立;设 $a=-2$,$b=-1$,则 $\frac{1}{a-b}=-1$,$\frac{1}{a}=-\frac{1}{2}$,$\therefore \frac{1}{a-b}<\frac{1}{a}$,故 A 项不成立。

变式训练

如果 $m<n<0$,那么下列结论中错误的是(　　)

A. $m-9<n-9$　　B. $-m>-n$　　C. $\frac{1}{n}>\frac{1}{m}$　　D. $\frac{m}{n}>1$

考向3 应用不等式的性质求范围

解法突破

利用不等式的性质和运算法则求某些代数式的取值范围时注意:如果题目中出现的两个变量是相互制约的,不能分割开来,就应该建立待求的整体与已知代数式的线性关系,根据不等式的性质求整体的范围,由 $a<f(x,y)<b$,$c<g(x,y)<d$ 求 $h(x,y)$ 的取值范围。利用待定系数法设 $h(x,y)=\lambda f(x,y)+\mu g(x,y)$,根据恒等变换解出 λ 和 μ,再利用不等式的性质求出 $h(x,y)$ 的取值范围。此类问题还可以用线性规划知识求解。

真题过招

(2021 江西高中数学,1 分)规定记号"$\oplus$"表示一种运算,定义 $a\oplus b=\sqrt{ab}+a+b$(a,b 均为非负数),若 $1\oplus k^2<3$,则 k 的取值范围是(　　)

A. $(-1,1)$　　B. $(0,1)$　　C. $(-1,0)$　　D. $(0,2)$

答案解析

A 【解析】由题意知 $1\oplus k^2<3$,所以 $\sqrt{k^2}+1+k^2<3$,化为 $(|k|+2)(|k|-1)<0$,所以 $|k|<1$,故 $-1<k<1$。

变式训练

已知 m 是数轴上的一个数,则代数式 $|m+1|+|m+4|+|m-3|+|m-5|$ 的最小值为________。

招教高频基础刷

1. 设 $a=\log_3 6$,$b=\log_{0.2}0.1$,$c=\log_7 14$,则 a,b,c 关系为(　　)

A. $c>b>a$　　B. $b>c>a$　　C. $a>c>b$　　D. $a>b>c$

2. 设$\frac{1}{5}<\left(\frac{1}{5}\right)^{b}<\left(\frac{1}{5}\right)^{a}<1$，那么(　　)

A. $b^{b}<b^{a}<a^{a}$　　B. $a^{a}<b^{a}<a^{b}$　　C. $a^{b}<b^{a}<a^{a}$　　D. $a^{b}<a^{a}<b^{a}$

3. 已知不等式$|x+2|+|x|\leqslant a$的解集不是空集，则实数a的取值范围是(　　)

A. $a<2$　　B. $a\leqslant 2$　　C. $a>2$　　D. $a\geqslant 2$

4. 设$a,b\in\mathbf{R}$，且$ab>0$，那么下列不等式中恒成立的是(　　)

A. $|a+b|>|a-b|$　　B. $|a+b|<|a-b|$

C. $|a-b|>|a|-|b|$　　D. $|a+b|>|a|+|b|$

5. 已知a,b,c满足$c<b<a$，且$ac<0$，那么下列选项中一定成立的是(　　)

A. $ab>ac$　　B. $c(b-a)<0$　　C. $cb^{2}<ab^{2}$　　D. $ac(a+c)>0$

6. 已知$x,y\in\mathbf{R}$，且$x>y>0$，则(　　)

A. $\frac{1}{x}-\frac{1}{y}>0$　　B. $\sin x-\sin y>0$

C. $\left(\frac{1}{2}\right)^{x}-\left(\frac{1}{2}\right)^{y}<0$　　D. $\ln x+\ln y>0$

7. 已知$ab=4$，若$-2\leqslant b\leqslant -1$，则$a$的取值范围是(　　)

A. $a\geqslant -4$　　B. $a\geqslant -2$

C. $-4\leqslant a\leqslant -1$　　D. $-4\leqslant a\leqslant -2$

8. 不等式组$\begin{cases}\frac{x+15}{2}>x-3,\\ \frac{2x+2}{3}<x-\frac{14}{3}\end{cases}$的最小整数解是(　　)

A. 16　　B. 17　　C. 20　　D. 21

9. 把下列各数0.7^{3}，$2^{0.1}$，$\log_{4}0.7$，按从大到小的顺序为(　　)

A. $0.7^{3}>2^{0.1}>\log_{4}0.7$　　B. $2^{0.1}>0.7^{3}>\log_{4}0.7$

C. $\log_{4}0.7>0.7^{3}>2^{0.1}$　　D. $2^{0.1}>\log_{4}0.7>0.7^{3}$

10. 不等式组$\begin{cases}3x-2>1,\\ 2-x\leqslant 0\end{cases}$的解集在数轴上表示为(　　)

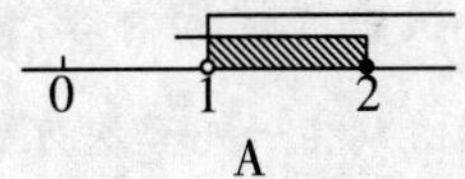

A

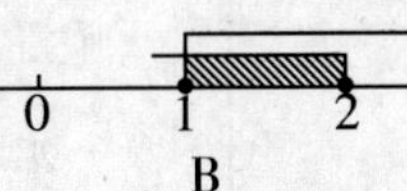

B

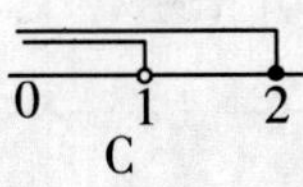

C

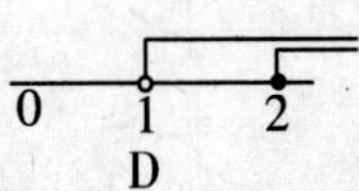

D

11. 若$a>b$，则下列不等式一定成立的是(　　)

A. $a^{\frac{1}{2}}>b^{\frac{1}{2}}$　　B. $\sqrt[3]{a}>\sqrt[3]{b}$

C. $\ln a > \ln b$　　D. $0.3^a > 0.3^b$

12. 若 $a = \log_{0.2}0.3$，$b = \log_2 0.3$，则（　　）

A. $a+b<ab<0$　　B. $ab<a+b<0$

C. $a+b<0<ab$　　D. $ab<0<a+b$

13. 不等式 $|x+1|-|x-3|\geqslant 0$ 的解集是________。

14. 已知 $-1<a<0$，$A=1+a^2$，$B=1-a^2$，$C=\frac{1}{1+a}$，试比较 A,B,C 的大小，并说明理由。

第二节　一元二次不等式

招教核心要点

1. 一元二次不等式的解法

	$\Delta>0$	$\Delta=0$	$\Delta<0$
$y=ax^2+bx+c$ $(a>0)$ 的图象	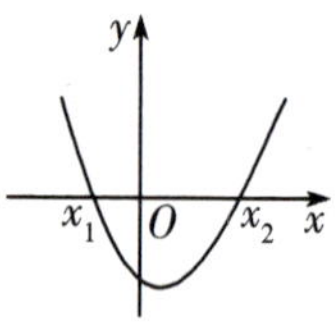	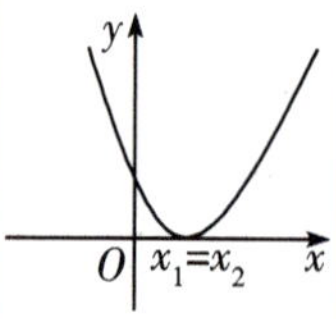	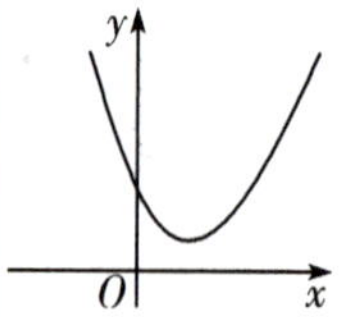
$ax^2+bx+c=0$ 的根	$x=x_1$ 或 $x=x_2$	$x_1=x_2=-\frac{b}{2a}$	无实根

考向分析

含参一元二次不等式、一元二次不等式恒成立问题（含参）、一元二次不等式的实际应用是教师招聘考试中的常考内容，常与一元二次函数和一元二次方程结合考查，对考生的数学抽象、数学建模与逻辑推理能力要求较高。

续表

	$\Delta>0$	$\Delta=0$	$\Delta<0$
$ax^2+bx+c>0(a>0)$ 的解集	$x<x_1$ 或 $x>x_2$	$\left\{x\middle\vert x\neq-\frac{b}{2a}\right\}$	$\mathbf{R}$
$ax^2+bx+c<0(a>0)$ 的解集	$\{x\vert x_1<x<x_2\}$	$\varnothing$	$\varnothing$

2. 常用结论

$(x-a)(x-b)>0$ 或 $(x-a)(x-b)<0$ 型不等式的解法

不等式	解集		
	$a<b$	$a=b$	$a>b$
$(x-a)\cdot(x-b)>0$	$\{x\vert x<a$ 或 $x>b\}$	$\{x\vert x\neq a\}$	$\{x\vert x>a$ 或 $x<b\}$
$(x-a)\cdot(x-b)<0$	$\{x\vert a<x<b\}$	$\varnothing$	$\{x\vert b<x<a\}$

3. 不等式 $ax^2+bx+c>0(<0)$ 恒成立的条件

(1) $ax^2+bx+c>0$ 对任意实数 x 恒成立$\Leftrightarrow$ $\begin{cases}a=b=0,\\c>0\end{cases}$ 或 $\begin{cases}a>0,\\\Delta=b^2-4ac<0。\end{cases}$

(2) $ax^2+bx+c<0$ 对任意实数 x 恒成立$\Leftrightarrow$ $\begin{cases}a=b=0,\\c<0\end{cases}$ 或 $\begin{cases}a<0,\\\Delta=b^2-4ac<0。\end{cases}$

思想应用

A. 函数思想与转化思想：一元二次函数、方程、不等式三者之间融会贯通，不等式中参数讨论、方程解的个数等问题均可结合函数求解。

B. 数形结合思想：对于参数问题一筹莫展时，不妨转化为函数问题，结合函数图象求解。

招教考向解读

考向1　含参一元二次不等式的相关问题

解法突破

(1) 解含参一元二次不等式

解含参一元二次不等式时，按照"先看开口方向，再看 Δ 取值，最后看两根大小"的环节顺序进行，整体过程为：①若二次项系数中含有参数，首先讨论二次项系数与0的大小关系，当二次项系数不为0时，将不等式转化为二次项系数为正的形式；②判断不等式相应的一元二次方程判别式Δ与0的关系，确定方程根的个数；③当一元二次方程有两个相同实根时，直接写出解集，有两个不等实根则需先讨论两根大小关系，再确定解集。

(2)已知含参一元二次不等式的解集，求参数的值或另一不等式的解集

解答这类题目，首先考虑利用已知的含参一元二次不等式的解集，和一元二次方程根与系数的关系（韦达定理），得出系数的值或系数之间的关系。

真题过招

(2021 山东青岛，2.5 分)已知一元二次不等式$x^2+mx-2>0$的解集为$\{x|x<-1或x>2\}$，则不等式$-2x^2+x-m<0$的解集为(　　)

A. $(-2,1)$　　　　B. $(-\infty,-2)\cup(1,+\infty)$

C. $(-\frac{1}{2},1)$　　　　D. $(-\infty,-\frac{1}{2})\cup(1,+\infty)$

答案解析

D 【解析】由一元二次不等式$x^2+mx-2>0$的解集为$\{x|x<-1或x>2\}$，可得$m=-1$。代入计算可知不等式$-2x^2+x+1<0$的解集为$(-\infty,-\frac{1}{2})\cup(1,+\infty)$。

变式训练

关于x的不等式$x^2-(m+2)x+2m<0$的解集恰有3个正整数，则实数m的取值范围为(　　)

A. $(5,6]$　　B. $[5,6]$　　C. $(5,6)$　　D. $[5,6)$

考向2 一元二次不等式恒成立问题(含参)

解法突破

一元二次不等式恒成立问题（含参）常利用判别式法、数形结合法、分离参数法、变换主元法解决。分离参数一般有两种方法：①$f(x)>g(a)$（a为参数）恒成立$\Leftrightarrow f(x)_{\min}>g(a)$；②$f(x)<g(a)$（$a$为参数）恒成立$\Leftrightarrow f(x)_{\max}<g(a)$。

一元二次不等式对$x\in\mathbf{R}$恒成立，从而确定参数取值范围的问题，需结合二次函数的图象和性

质，利用判别式来求解。注意，若二次项系数含有参数，要先讨论二次项系数是否为0。

已知定义在 **R** 上的奇函数 $f(x)$ 满足：当 $x\geqslant 0$ 时，$f(x)=x^3$，若不等式 $f(-4t)>f(2m+mt^2)$ 对任意实数 t 恒成立，则实数 m 的取值范围是（　　）

A. $(-\infty,-\sqrt{2})$　　B. $(-\sqrt{2},0)$

C. $(-\infty,0)\cup(\sqrt{2},+\infty)$　　D. $(-\infty,-\sqrt{2})\cup(\sqrt{2},+\infty)$

答案解析

A 【解析】∵ 函数 $f(x)$ 为定义在 **R** 上的奇函数，且在 $[0,+\infty)$ 上为增函数，∴ 函数 $f(x)$ 在 **R** 上是增函数，由题意可得 $-4t>2m+mt^2$ 对任意实数 t 恒成立，即 $2m+mt^2+4t<0$ 对任意实数 t 恒成立，即 $\begin{cases}m<0,\\ \Delta=16-8m^2<0,\end{cases}$ 解得 $m\in(-\infty,-\sqrt{2})$。

变式训练

已知关于 x 的不等式 $kx^2-6kx+k+8\geqslant 0$ 对任意 $x\in\mathbf{R}$ 恒成立，则 k 的取值范围是（　　）

A. $0\leqslant k\leqslant 1$　　B. $0<k\leqslant 1$

C. $k<0$ 或 $k>1$　　D. $k\leqslant 0$ 或 $k\geqslant 1$

考向3　一元二次不等式的实际应用

解法突破

在实际应用题中，判断根据题意所列函数是否能够化为一元二次不等式相关问题，将题目抽象为函数模型，按照一元二次不等式相关解题步骤解决。

某摩托车生产企业，上年度投入的成本为1万元/辆，出厂价为1.2万元/辆，年销售量为1000辆。本年度为适应市场需要，计划提高产品档次。若每辆车投入成本增加的比例为 $x(0<x<1)$，则出厂价相应提高的比例为 $0.75x$，同时预计销售量增加的比例为 $0.6x$。已知年利润 =（出厂价 − 投入成本）× 年销售量，为使本年度的年利润比上年有所增加，投入成本增加的比例 x 应在什么范围内？

答案解析

【解析】由题意知，提高产品档次后的成本价为 $1+x$，出厂价为 $1.2(1+0.75x)$，年销售量为 $1000(1+0.6x)$，则预期年利润 y 与投入成本增加的比例 x 的函数关系为 $y=[1.2(1+0.75x)-1-x]1000(1+0.6x)=-60x^2+20x+200\ (0<x<1)$，所以为使本年度的年利润比上年有所增加，则 $-60x^2+20x+200>(1.2-1)\times1000$，解得 $0<x<\frac{1}{3}$。因此，投入成本增加的比例 x 应在 $\left(0,\frac{1}{3}\right)$ 内。

变式训练

黔东南某地有一座水库，设计最大容量为 128 000m³，根据预测，汛期时水库的进水量 S_n（单位：m³）与天数 $n(n\in\mathbf{N}^*)$ 的关系是 $S_n=5000\sqrt{n(n+t)}\ (n\leqslant10)$，水库原有水量为 80 000m³，若水闸开闸泄水，则每天可泄水 4000m³；水库水量差最大容量 23 000m³ 时系统就会自动报警提醒，水库水量超过最大容量时，堤坝就会发生危险；如果汛期来临水库不泄洪，1 天后就会出现系统自动报警。

(1) 求 t 的值；

(2) 当汛期来临第一天，水库就开始泄洪，估计汛期将持续 10 天，问：此期间堤坝会发生危险吗？请说明理由。

考向 4 解分式不等式与高次不等式

解法突破

解分式不等式的关键在于移项和通分，整理为一边为商式，另一边为 0 的形式，再等价转化为整式不等式（组）的形式求出解（集）；高次不等式的首选是分解因式，然后求出解（集）。

典例

设 $0<x<1$，不等式 $\frac{3x^2-2}{x^2-1}>1$ 的解集是（　　）

A. $0<x<\frac{\sqrt{2}}{2}$　　B. $0<x<\frac{\sqrt{2}}{3}$

C. $0<x<\frac{1}{2}$　　D. $\frac{1}{2}<x<1$

答案解析

A 【解析】因为$\frac{3x^2-2}{x^2-1}>1\Rightarrow\frac{3x^2-2}{x^2-1}-1>0\Rightarrow\frac{3x^2-2-x^2+1}{x^2-1}>0\Rightarrow\frac{2x^2-1}{x^2-1}>0\Rightarrow(2x^2-1)(x^2-1)>0$,所以原不等式的解集即$(2x^2-1)(x^2-1)>0$的解集。由题知$0<x<1$,所以$x^2-1<0$,所以原不等式的解集等价于$\begin{cases}0<x<1,\\2x^2-1<0\end{cases}$的解集,解得$0<x<\frac{\sqrt{2}}{2}$。

变式训练

定义:区间$[a,b]$,$(a,b]$,(a,b),$[a,b)$的长度均为$b-a$,若不等式$\frac{1}{x-1}+\frac{2}{x-2}\geqslant\frac{5}{4}$的解集是互不相交区间的并集,则该不等式的解集中所有的区间的长度之和为( )

A. $\frac{5}{12}$　　B. $\frac{12}{5}$　　C. $\frac{\sqrt{209}}{5}$　　D. $\frac{5\sqrt{209}}{209}$

必刷好题

招教高频基础刷

1. 若不等式$(a-a^2)\cdot(x^2+1)+x\leqslant0$对一切$x\in(0,2]$恒成立,则$a$的取值范围为( )

A. $\left(-\infty,\frac{1-\sqrt{3}}{2}\right]$　　B. $\left[\frac{1+\sqrt{3}}{2},+\infty\right)$

C. $\left(-\infty,\frac{1-\sqrt{3}}{2}\right]\cup\left[\frac{1+\sqrt{3}}{2},+\infty\right)$　　D. $\left[\frac{1-\sqrt{3}}{2},\frac{1+\sqrt{3}}{2}\right]$

2. 使不等式$2x^2-5x-3\geqslant0$成立的一个充分不必要条件是( )

A. $x\geqslant0$　　B. $x<0$或$x>2$

C. $x<-\frac{1}{2}$　　D. $x\leqslant-\frac{1}{2}$或$x\geqslant3$

3. 若不等式$x^2+ax+1\geqslant0$对一切$x\in\left(0,\frac{1}{2}\right]$恒成立,则$a$的最小值是( )

A. 0　　B. -2　　C. $-\frac{5}{2}$　　D. -3

4. 若不等式$4x^2+ax+4>0$的解集为$\mathbf{R}$,则实数a的取值范围是( )

A. $(-16,0)$　　B. $(-16,0]$　　C. $(-\infty,0)$　　D. $(-8,8)$

5. 若不等式 $ax^2+bx+4>0$ 的解集为 $\{x|-2<x<1\}$，则二次函数 $y=bx^2+4x+a$ 在区间 $[0,3]$ 上的最大值、最小值分别为（　　）

A. 8，0　　B. 0，−8　　C. 4，0　　D. −2，−8

6. 已知一元二次不等式 $ax^2+bx+c\leqslant 0$ 的解集为 $[1,2]$，则 $cx^2+bx+a\leqslant 0$ 的解集为（　　）

A. $\left[\frac{1}{2},1\right]$　　B. $[1,2]$　　C. $[-2,-1]$　　D. $\left[-1,-\frac{1}{2}\right]$

7. 下列 4 个不等式：① $-x^2+x+1\geqslant 0$；② $x^2-25x+5>0$；③ $x^2+6x+10>0$；④ $2x^2-3x+4<1$ 其中解集为 $\mathbf{R}$ 的是（　　）

A. ①　　B. ②　　C. ③　　D. ④

8. 当 $x\in[-2,1]$ 时，不等式 $ax^3-x^2+4x+3\geqslant 0$ 恒成立，则实数 a 的取值范围是（　　）

A. $[-5,-3]$　　B. $\left[-6,-\frac{9}{8}\right]$　　C. $[-6,-2]$　　D. $[-4,-3]$

9. 已知函数 $f(x)=\frac{x^2+2x+a}{x}$，若对于任意 $x\in[1,+\infty)$，$f(x)>0$ 恒成立，则实数 a 的取值范围是________。

10. 不等式 $(a-2)x^2+2(a-2)x-4<0$ 对一切 $x\in\mathbf{R}$ 恒成立，则实数 a 的取值范围是________。

11. 不等式 $ax^2+bx+c>0$ 的解集为 $(-4,1)$，则不等式 $b(x^2+1)-a(x+3)+c>0$ 的解集为________。

12. 已知函数 $f(x)=x^2+ax+b(a,b\in\mathbf{R})$ 的值域为 $[0,+\infty)$，若关于 x 的不等式 $f(x)<c$ 的解集为 $(m,m+6)$，则实数 c 的值为________。

13. 若不等式 $|2x-1|+|x+2|\geqslant a^2+\frac{a}{2}+2$ 对任意实数 x 恒成立，则实数 a 的取值范围是________。

第三节　二元一次不等式（组）与线性规划

招教核心要点

1. 二元一次不等式(组)表示的平面区域

不等式	表示的区域	
$Ax+By+C>0$	直线 $Ax+By+C=0$ 某一侧的所有点组成的平面区域	不包括边界直线
$Ax+By+C\geqslant 0$		包括边界直线
不等式组	各个不等式所表示平面区域的公共部分	

2. 确定二元一次不等式(组)表示的平面区域的方法

(1)基本方法:"直线定界,特殊点定域",即先作直线,再取特殊点并代入不等式组。若满足不等式组,则不等式(组)表示的平面区域为直线与特殊点同侧的那部分区域;否则就对应与特殊点异侧的平面区域。

若直线不过原点,特殊点常选原点;若直线过原点,则特殊点常选取(0,1)或(1,0)来验证。

(2)利用"同号上,异号下"判断二元一次不等式表示的平面区域。即不等号方向为"$>$"(或者"$\geqslant$")为"正",不等号方向为"$<$"(或者"$\leqslant$")为"负"。观察"y"前面的符号,如果"y"前面的符号与不等号的符号同号,则区域在直线上方,反之在直线下方。

考向分析

二元一次不等式(组)表示的平面区域、目标函数的最值问题、线性规划的实际应用是教师招聘考试中的常考内容,确定二元一次不等式(组)表示的平面区域是解决问题的关键。

思想应用

数形结合思想:确定二元一次不等式(组)表示的平面区域,数形结合进行分析即可解决线性规划问题。

招教考向解读

考向1　二元一次不等式(组)表示的平面区域

解法突破

确定二元一次不等式(组)表示的平面区域的方法为:

先作直线，再取特殊点并代入不等式，若满足不等式，则不等式表示的平面区域为与特殊点同侧的那部分区域；

若不满足，则表示与特殊点异侧的平面区域；若直线不过原点，特殊点一般取(0,0)点。

即“直线定界，特殊点定域”。

注意：当不等式为“≤”或“≥”时，边界为实线，不带等号时，边界应画为虚线。

典例

若不等式组$\begin{cases}|x|+|y|\leqslant 2,\\ y+2\leqslant k(x+1),\end{cases}$表示的平面区域是一个三角形，则实数 k 的取值范围是(　　)

A. $-2<k\leqslant\frac{2}{3}$

B. $k<-2$ 或 $k\geqslant\frac{2}{3}$

C. $k<-2$ 或 $0<k\leqslant\frac{2}{3}$

D. $-2<k<0$ 或 $k\geqslant\frac{2}{3}$

答案解析

C 【解析】根据题意得，如图为该不等式组所表示的平面区域，结合图形可知，$k<-2$ 或 $0<k\leqslant\frac{2}{3}$。

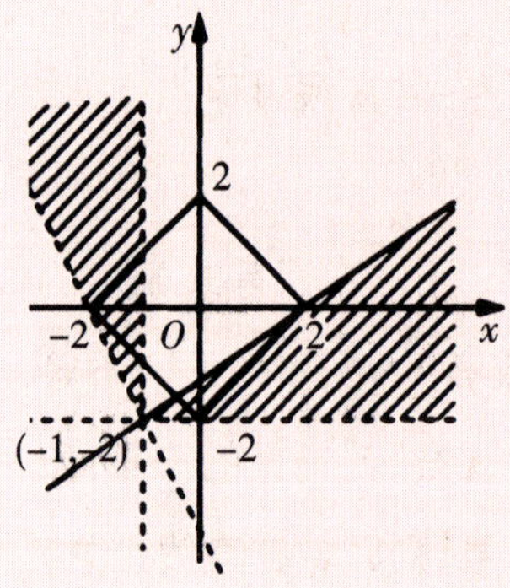

变式训练

若满足条件$\begin{cases}x-y\geqslant 0,\\ x+y-2\leqslant 0,\\ y\geqslant a\end{cases}$的整点坐标恰有 9 个，其中整点是指横纵坐标都为整数的点，则整数 a 的值为(　　)

A. -3　　B. -2　　C. -1　　D. 0

考向2 线性目标函数的最值问题

解法突破

1. 求线性目标函数最优解

线性目标函数的最优解一般在平面区域的顶点或边界处取得，所以对于一般的线性规划问题，我们可以直接列方程组，解出可行域的顶点坐标，然后将坐标代入目标函数求出相应的数值，从而确定目标函数的最值。

2. 由目标函数的最值解决参数问题

求解线性规划中含参问题的基本方法有两种：

(1)把参数当成常数用，根据线性规划问题的求解方法求出最优解，代入目标函数确定最值，然后构造方程或不等式求解参数的值或取值范围；

(2)先分离含有参数的式子，确定含参式所满足的条件，确定最优解的位置，从而求出参数。

真题过招

1. (2022 浙江宁波，2 分)若$\begin{cases}2x+y\leqslant 1,\\ 2x-y\geqslant -1,\\ y\geqslant 0,\end{cases}$则 $x+y$ 的最大值为(　　)

A. 1　　B. 0　　C. 0.5　　D. −2

答案解析

A 【解析】根据约束条件作出如图所示的可行域，由图可知，当直线 $z=x+y$ 经过 $2x+y=1$ 和 $2x-y=-1$ 的交点 $(0,1)$ 时，目标函数 $x+y$ 取得最大值，最大值为 1。

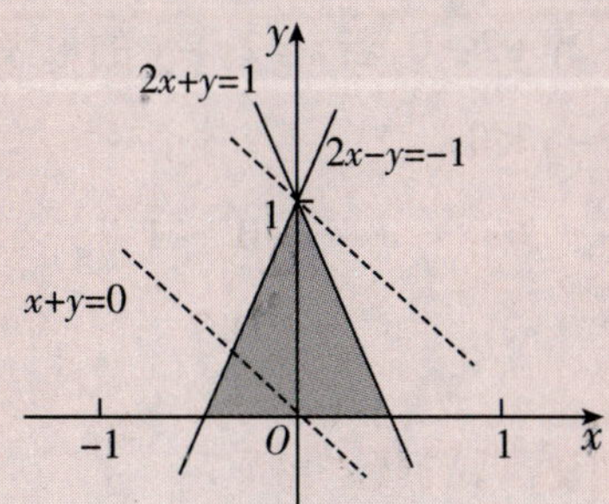

2. (2021 山东东营，1.52 分)已知实数 x,y 满足约束条件$\begin{cases}x-3y+4\geqslant 0,\\ 3x-y-4\leqslant 0,\\ x+y\geqslant 0,\end{cases}$则目标函数 $z=3x+$

$2y$ 的最大值是(　　)

A. -1　　B. 5　　C. 10　　D. 12

答案解析

C　【解析】由实数 x,y 满足约束的条件，可作出如图所示的可行域，联立 $\begin{cases}x-3y+4=0,\\3x-y-4=0,\end{cases}$ 解得 $A(2,2)$，化目标函数 $z=3x+2y$ 为 $y=-\frac{3}{2}x+\frac{1}{2}z$，由图可知，当直线 $y=-\frac{3}{2}x+\frac{1}{2}z$ 过点 $A(2,2)$ 时，直线在 y 轴上的截距最大，故 z 的最大值为 10。

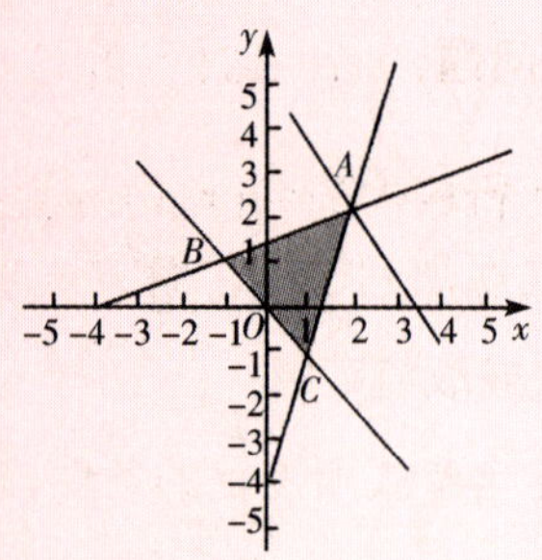

变式训练

1. 设 x,y 满足约束条件 $\begin{cases}x-y+1\geqslant 0,\\x-2y\leqslant 0,\\x+2y-2\leqslant 0,\end{cases}$ 则 $z=x+y$ 的最大值为(　　)

A. $\frac{3}{2}$　　B. $\frac{1}{2}$

C. 2　　D. 3

2. 变量 x,y 满足约束条件 $\begin{cases}x+y\geqslant 0,\\x-2y+2\geqslant 0,\\mx-y\leqslant 0,\end{cases}$ 若 $z=2x-y$ 的最大值为 2，则实数 m 等于(　　)

A. -2　　B. -1

C. 1　　D. 2

考向3 非线性目标函数的最值问题

解法突破

非线性目标函数最值问题的常见类型及求法:

(1)距离平方型：目标函数为 $z=(x-a)^2+(y-b)^2$ 时，可转化为可行域内的点 (x,y) 与点 (a,b) 之间的距离的平方求解；

(2)斜率型：对形如 $z=\dfrac{ay+b}{cx+d}(a,c\neq0)$ 型的目标函数，可利用斜率的几何意义来求最值，即先变形为 $z=\dfrac{a\left[y-\left(-\frac{b}{a}\right)\right]}{c\left[x-\left(-\frac{d}{c}\right)\right]}$ 的形式，将问题化为求可行域内的点 (x,y) 与点 $\left(-\dfrac{d}{c},-\dfrac{b}{a}\right)$ 连线的斜率的 $\dfrac{a}{c}$ 倍的取值范围、最值问题。

(3)点到直线距离型：对形如 $z=|Ax+By+C|$ 型的目标函数，可先变形为 $z=\sqrt{A^2+B^2}\cdot\dfrac{|Ax+By+C|}{\sqrt{A^2+B^2}}$ 的形式，将问题化为求可行域内的点 (x,y) 到直线 $Ax+By+C=0$ 的距离的 $\sqrt{A^2+B^2}$ 倍的最值问题。

真题过招

(2020 湖南长沙长沙县，4 分)已知实数 x,y 满足约束条件 $\begin{cases}x\geqslant0,\\ y\geqslant0,\\ \dfrac{x}{2}+\dfrac{y}{3}\leqslant1,\end{cases}$ 则 $\dfrac{2x+y+3}{x+1}$ 的取值范围是________。

答案解析

$\left[\dfrac{7}{3},6\right]$　**【解析】**作出不等式组对应的平面区域如图阴影部分所示，$\dfrac{2x+y+3}{x+1}=2+\dfrac{y+1}{x+1}$，设 $k=\dfrac{y+1}{x+1}$，则 k 的几何意义为区域内的点与点 $(-1,-1)$ 连线的斜率。直线过点 $A(2,0)$ 时，斜率最小，为 $\dfrac{1}{3}$；直线过点 $B(0,3)$ 时，斜率最大，为 4。故 $\dfrac{2x+y+3}{x+1}$ 的取值范围是 $\left[\dfrac{7}{3},6\right]$。

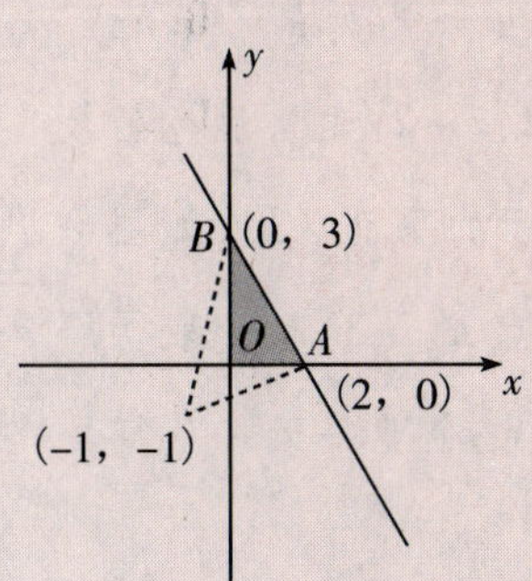

变式训练

已知点 $P(x,y)$ 的坐标满足 $\begin{cases}x\leqslant 0,\\ y>x,\\ y<2x+1,\end{cases}$ 则 $\dfrac{x+y}{\sqrt{x^2+y^2}}$ 的取值范围为________。

考向4 线性规划的实际应用

解法突破

线性规划问题实际应用中，常见答题思路为：第一步：阅读题目分析题意，设出未知量；第二步：列出线性约束条件和目标函数，将实际问题转化为线性规划问题；第三步：作出可行域，并求解线性规划问题；第四步：将数学问题的答案还原为实际问题的答案。

典例

某企业生产甲、乙两种产品均需用 A、B 两种原料，已知生产 1 吨每种产品所需原料及每天原料的可用限额如表所示，如果生产 1 吨甲、乙产品可获利润分别为 3 万元、4 万元，则该企业每天可获得最大利润为(　　)

	甲	乙	原料限额
A(吨)	3	2	12
B(吨)	1	2	8

A. 12 万元　　B. 16 万元　　C. 17 万元　　D. 18 万元

答案解析

D 【解析】根据题意，设每天生产甲产品 x 吨，乙产品 y 吨，则 $x\geqslant 0, y\geqslant 0, 3x+2y\leqslant 12, x+2y\leqslant 8$，目标函数为 $z=3x+4y$，作出该不等式组表示的平面区域，如图中阴影部分所示，则易知当直线经过点 $A(2,3)$ 时，z 取得最大值，且 $z_{max}=3\times 2+4\times 3=18$，故该企业每天可获得最大利润为 18 万元。

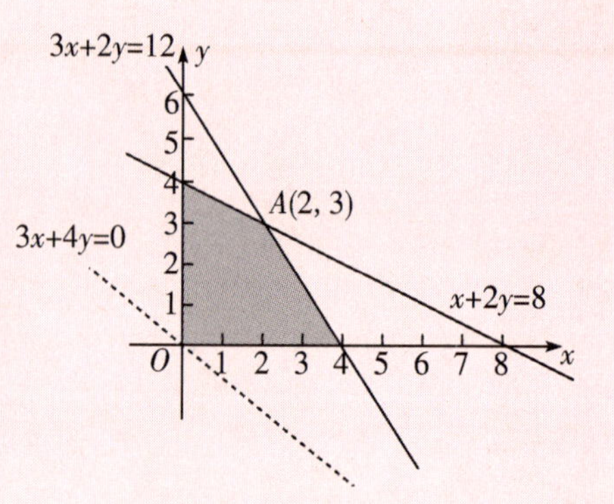

变式训练

某学校用 800 元购买 A、B 两种教学用品，A 种用品每件 100 元，B 种用品每件 160 元，两种用品至少各买一件，要使剩下的钱最少，A、B 两种用品应各买的件数为（　　）

A. 2;4　　B. 3;3　　C. 4;2　　D. 不确定

必刷好题

招教高频基础刷

1. 若实数 x,y 满足不等式组 $\begin{cases}x+3y-3\geqslant 0,\\2x-y-3\leqslant 0,\\x-my+1\geqslant 0,\end{cases}$ 且 $x+y$ 的最大值为 9，则实数 $m=$（　　）

A. -2　　B. -1　　C. 1　　D. 2

2. 已知变量 x,y 满足约束条件 $\begin{cases}y\leqslant 2,\\x+y\geqslant 1,\\x-y\leqslant 1,\end{cases}$ 则 $z=3x+y$ 的最大值为（　　）

A. 12　　B. 11　　C. 3　　D. -1

3. 变量 x,y 满足约束条件 $\begin{cases}x+2y\geqslant 2,\\2x+y\leqslant 4,\\4x-y\geqslant -1,\end{cases}$ 则目标函数 $z=3x-y+3$ 的取值范围为（　　）

A. $\left[\frac{3}{2},9\right]$　　B. $\left[-\frac{3}{2},6\right]$　　C. $[-2,3]$　　D. $[1,6]$

4. 给出平面区域 G，如图所示，其中 $A(5,3)$，$B(2,1)$，$C(1,5)$。若使目标函数 $z=ax+y(a>0)$ 取得最大值的最优解有无穷多个，则 a 的值为（　　）

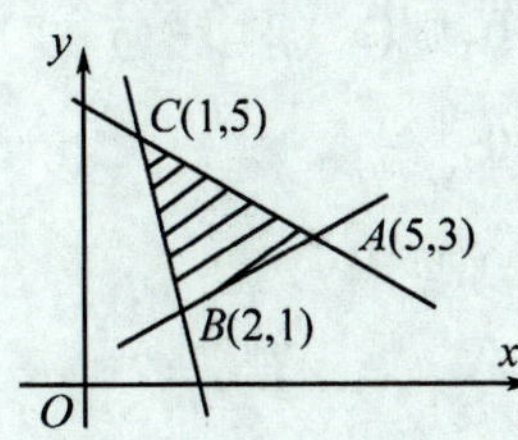

A. 4　　B. 2　　C. $\frac{1}{2}$　　D. $\frac{2}{3}$

5. 若 x,y 满足约束条件 $\begin{cases}x-1\geqslant 0,\\ x-y\leqslant 0,\\ x+y-4\leqslant 0,\end{cases}$ 则 $\dfrac{y+3}{x-5}$ 的最大值为(　　)

A. -3　　B. -2　　C. -1　　D. 0

6. 设变量 x,y 满足约束条件 $\begin{cases}x+y\leqslant 5,\\ 2x-y\leqslant 4,\\ -x+y\leqslant 1,\\ y\geqslant 0,\end{cases}$ 则 $z=3x+5y$ 的最大值是(　　)

A. 6　　B. 19　　C. 21　　D. 45

7. 某企业生产甲、乙两种产品，销售利润分别为 2 千元/件、1 千元/件。甲、乙两种产品都需要在 A、B 两种设备上加工，生产一件甲产品需用 A 设备 2 小时，B 设备 6 小时；生产一件乙产品需用 A 设备 3 小时，B 设备 1 小时。A、B 两种设备每月可使用时间数分别是 480 小时、960 小时，若生产产品都能及时售出，则该企业每月利润的最大值为(　　)

A. 320 千元　　B. 360 千元　　C. 400 千元　　D. 440 千元

8. 已知实数 x,y 满足条件 $\begin{cases}x+2y-2\leqslant 0,\\ x\geqslant 0,\\ y\geqslant 0,\end{cases}$ 则该不等式组表示的平面图形的面积是________。

9. 若变量 x,y 满足 $\begin{cases}x+y-3\leqslant 0,\\ x-y+1\geqslant 0,\\ y\geqslant 1,\end{cases}$ 则 $z=-2x+y$ 的最大值是________。

10. 设 x,y 满足约束条件 $\begin{cases}1\leqslant x\leqslant 3,\\ -1\leqslant x-y\leqslant 0,\end{cases}$ 则 $z=2x-y$ 的最大值为________。

11. 若 x,y 满足 $x+1\leqslant y\leqslant 2x$，则 $2y-x$ 的最小值是________。

12. 已知实数 x,y 满足 $\begin{cases}x-2y+4\geqslant 0,\\ 2x+y-2\geqslant 0,\\ 3x-y-3\leqslant 0,\end{cases}$ 则 $(x-2)^2+(y-2)^2$ 的取值范围是________。

13. 已知实数 x,y 满足约束条件 $\begin{cases}2x-y\geqslant 0,\\ y\geqslant x,\\ y\geqslant -x+b,\end{cases}$ 若 $z=2x+y$ 的最小值为 3，则实数 $b=$________。

14. 若实数 x,y 满足 $x^2+y^2\leqslant 1$，则 $|2x+y-2|+|6-x-3y|$ 的最小值是________。

15. 设 x,y 满足约束条件 $\begin{cases} x-2y\leqslant 0, \\ 2x-y\geqslant 0, \\ x^2+y^2-2x-2y\leqslant 0, \end{cases}$ 则目标函数 $z=x+y$ 的最大值为________。

第四节　基本不等式

招教核心要点

1. 基本不等式

$\sqrt{ab}\leqslant\frac{a+b}{2}(a>0,b>0)$，当且仅当 $a=b$ 时取等号。

2. 几个重要不等式

(1) $a^2+b^2\geqslant 2ab(a,b\in\mathbf{R})$；

(2) $a+b\geqslant 2\sqrt{ab}(a>0,b>0)$；

(3) $\frac{b}{a}+\frac{a}{b}\geqslant 2$ (a,b 同号)；

(4) $ab\leqslant\left(\frac{a+b}{2}\right)^2(a,b\in\mathbf{R})$；

(5) $\frac{a^2+b^2}{2}\geqslant\left(\frac{a+b}{2}\right)^2(a,b\in\mathbf{R})$。

以上不等式等号成立的条件均为 $a=b$。

考向分析

利用基本不等式进行判断或证明、求最值是教师招聘考试中的重点考查内容，且基本不等式常与其他知识结合考查，牢记基本不等式及其适用范围是解决问题的关键。

思想应用

分类讨论思想：对于“形式上”符合基本不等式的含参函数求最值或取值范围问题，一定要对参数进行分类讨论，来确定其是否可以应用基本不等式。

招教考向解读

考向1 利用重要不等式与基本不等式进行判断或证明

解法突破

应用重要不等式和基本不等式及其变形进行判断和证明时，注意两者的相似与区别。

重要不等式的基本形式为 $a^2+b^2\geqslant 2ab$，其他变形有 $ab\leqslant\frac{a^2+b^2}{2}$ 和 $ab\leqslant(\frac{a+b}{2})^2$，$a,b\in\mathbf{R}$，当且仅当 $a=b$ 时，等号成立。

基本不等式的基本形式为 $\frac{a+b}{2}\geqslant\sqrt{ab}$，其他变形为 $a+b\geqslant 2\sqrt{ab}$，$a>0,b>0$，当且仅当 $a=b$ 时，等号成立。

真题过招

(2021 广东广州天河区，1.12 分)(判断) 若 $x\geqslant y$，则 $\frac{x+y}{2}\geqslant\sqrt{xy}$。 (　　)

答案解析

× 【解析】x,y 都是正数时满足该式。

变式训练

对于任意实数 a,b,c，求证：$a^2+b^2+c^2\geqslant ab+ac+bc$。

考向2 利用基本不等式求最值

解法突破

1. 直接利用基本不等式解题

是正数，和或积为定值，等号能否取得以及多次使用基本不等式时，等号要同时取得，即“一正，二定，三相等，四同时”。

2. 配凑变形后使用基本不等式求最值

如果给出的形式不能直接使用基本不等式，可用“凑项”使积为定值，“凑系数”使和为定值或“换元”使积为定值，变形后再使用基本不等式。

3. 常数代换后使用基本不等式求最值

当条件符合以下特征时，可考虑使用常数代换求最值：(1)已知是和式，所求也是和式；(2)一个是整式，另一个是分式；(3)已知和式可以变为常数，化为可使用基本不等式的形式。即已知 $x+y=t$（t 为常数），求 $\frac{a}{x}+\frac{b}{y}$ 的最值时，将 $\frac{a}{x}+\frac{b}{y}$ 转化为 $\left(\frac{a}{x}+\frac{b}{y}\right)\cdot\frac{x+y}{t}$，再利用基本不等式求解。

4. 和积转化应用基本不等式

解决类似“已知含有 xy 和 $x+y$ 的不等式，求 xy 或 $x+y$ 的最值或取值范围”的问题的基本思路为：

①将 xy 和 $x+y$ 看作两个元，利用基本不等式进行消元，转化为一元二次不等式；

②设所求式为 t，将原等式化为以 t 为参数，含有 x,y 其中之一的一元二次方程，用判别式法求 t 的取值范围。

5. 多次应用基本不等式

所求表达式含有两个未知数，且由三个式子的和组成，常将表达式进行分组，多次使用基本不等式，解题过程中需注意每次取“=”的条件要同时满足。

真题过招

1. (2022 湖南长沙市长沙县，3.5 分) 已知实数 x,y 满足 $x+2y=2$，则 2^x+4^y 的最小值为(　　)

A. $2\sqrt{2}$　　B. 4

C. $3\sqrt{2}$　　D. 2

答案解析

B 【解析】根据基本不等式，$2^x+4^y\geq 2\sqrt{2^x\cdot 4^y}=2\sqrt{2^{x+2y}}=2\sqrt{2^2}=4$，当且仅当 $x=2y=1$ 时，不等式取等号，所以 2^x+4^y 的最小值为 4。

2. (2021 山东东营，1.2 分) 已知正实数 a,b,c，满足 $a+2b+4c=3$，则 $\frac{4}{a}+\frac{2}{b}+\frac{1}{c}$ 的最小值为________。

答案解析

【解析】$\frac{4}{a}+\frac{2}{b}+\frac{1}{c}=\frac{1}{3}\left(\frac{4}{a}+\frac{2}{b}+\frac{1}{c}\right)(a+2b+4c)=\frac{1}{3}\left(12+\frac{8b}{a}+\frac{2a}{b}+\frac{16c}{a}+\frac{a}{c}+\frac{8c}{b}+\frac{2b}{c}\right)\geqslant$ $\frac{1}{3}(12+8+8+8)=\frac{36}{3}=12$，当且仅当$\frac{8b}{a}=\frac{2a}{b}$，$\frac{16c}{a}=\frac{a}{c}$，$\frac{8c}{b}=\frac{2b}{c}$，即 $a=1$，$b=\frac{1}{2}$，$c=\frac{1}{4}$时取等号，即$\frac{4}{a}+\frac{2}{b}+\frac{1}{c}$的最小值为12。

变式训练

1. 已知 $x>0$，$y>0$，$\frac{9}{x}+\frac{1}{y}=\frac{1}{2}$，则 $x+y$ 的最小值为(　　)

A. 12　　B. 20

C. 32　　D. 44

2. 已知 $2a+b=1$，$a>0$，$b>0$，则$\frac{1}{a}+\frac{1}{b}$的最小值为________。

考向3　利用基本不等式解决实际应用问题

解法突破

利用基本不等式解决实际应用问题的一般思路为：

(1)根据题意设出合适的变量，一般选择要求最值的变量；

(2)建立相应的函数关系式，把实际问题抽象为函数的最值问题；

(3)求出定义域内函数的最值；

(4)将数学结果转化为应用答案。

注意：若"="成立的条件不在定义域内，则无法使用基本不等式求解，需考虑使用函数单调性求解。

真题过招

(2020 福建，10 分) 在$\triangle ABC$中，角 A,B,C 对边为 a,b,c，且 $2b-c=2a\cos C$。

(1)求$\angle A$；

(2)当 $a=2$ 时,求 $\triangle ABC$ 面积 S 的最大值。

答案解析

【解析】(1)由余弦定理得 $\cos C=\frac{a^2+b^2-c^2}{2ab}$,则 $2b-c=2a\cdot\frac{a^2+b^2-c^2}{2ab}$,即 $b^2+c^2-a^2=bc$,所以 $\cos A=\frac{b^2+c^2-a^2}{2bc}=\frac{1}{2}$,故 $\angle A=\frac{\pi}{3}$。

(2)由(1)可知,$b^2+c^2-a^2=bc$,即 $b^2+c^2-bc=4$,由均值不等式得 $b^2+c^2-bc=4\geqslant bc$,当且仅当 $b=c=2$ 时等号成立,所以 $S=\frac{1}{2}bc\sin A=\frac{\sqrt{3}}{4}bc\leqslant\sqrt{3}$,故 $\triangle ABC$ 面积 S 的最大值为 $\sqrt{3}$。

变式训练

某公司一年购买某种货物600吨,每次购买 x 吨,运费为6万元/次,一年的总储存费用为 $4x$ 万元,要使一年的总运费与总存储费用之和最小,则 x 的值是________。

考向4 基本不等式的综合应用

解法突破

基本不等式常与函数、数列等知识交汇,通常是求最值的问题,这类问题需要考生结合函数、数列等知识,再利用基本不等式对其中部分表达式进行研究,求解最值或取值范围。

典例

已知等差数列 $\{a_n\}$ 的首项为 a,公差为 -4,前 n 项和为 S_n,若存在 $m\in\mathbf{N}^*$,使得 $S_m=36$,则实数 a 的最小值为________。

答案解析

15 **【解析】**因为数列 $\{a_n\}$ 是首项为 a,公差为 -4 的等差数列,所以数列 $\{a_n\}$ 的前 n 项和 $S_n=na+\frac{n(n-1)}{2}\times(-4)=na-2n(n-1)$,所以 $S_m=ma-2m(m-1)=36$,整理得 $a=\frac{36}{m}+2m-2\geqslant2\sqrt{\frac{36}{m}\cdot2m}-2=12\sqrt{2}-2$,当且仅当 $\frac{36}{m}=2m$,即 $m^2=18$ 时等号成立,因为 $m\in\mathbf{N}^*$,所

以 $a>12\sqrt{2}-2$。因为 $4^2<m^2=18<5^2$，当 $m=4$ 时，$a=\frac{36}{m}+2m-2=15$；当 $m=5$ 时，$a=\frac{36}{m}+2m-2=\frac{76}{5}>15$，所以实数 a 的最小值为 15。

变式训练

已知 $x<\frac{5}{4}$，则函数 $y=4x-1+\frac{1}{4x-5}$的最大值为________。

招教易错突破

易错点1 忽视不等式成立的条件

(1)忽略“0”的情况，如在 $a>b\Rightarrow ac^2>bc^2$ 中，若 $c=0$，那么不等式是不成立的。

(2)忽略取值范围，如 $a>b\Rightarrow a^n>b^n$ 的成立前提是 $a>0,b>0,n\in\mathbf{N}_+$，如果没有这个前提，如 $n=-1$，那么不等式无法成立。

典例

1. 关于 x 的不等式 $(m+1)x>m+1$ 的解集为 $x<1$，则 m 的取值范围是(　　)

A. $m<0$　　B. $m<-1$

C. $m>1$　　D. $m>-1$

【错因分析】容易忽视 $m+1$ 的取值范围。

答案解析

B　**【解析】**由题意知不等式 $(m+1)x>m+1$ 的解集为 $x<1$，则 $m+1<0$，即 $m<-1$。

变式训练

1. 如果关于 x 的方程 $2x+3(m-1)=1+x$ 的解是正数，那么 m 的取值范围是(　　)

A. $m>\frac{4}{3}$　　B. $m<-\frac{4}{3}$　　C. $m<\frac{4}{3}$　　D. $m\leqslant\frac{4}{3}$

易错点2 忽视参数及分母对不等式的影响

(1)一元二次不等式中,若二次项系数中含有参数,要讨论二次项系数是否为0。

(2)将分式不等式化为整式时,易忽略“分母不为0”这一条件,从而得到错误的取值范围。

典例

2. 若不等式 $mx^2+2mx-4<2x^2+4x$ 对任意 x 都成立,则实数 m 的取值范围是(　　)

A. $(-\infty,0)$　　B. $(-2,2)$

C. $(-2,2]$　　D. $(-\infty,2]$

【错因分析】容易忽视二次项系数为0的情况。

答案解析

C **【解析】**由题意得,原不等式等价于 $(m-2)x^2+2(m-2)x-4<0$,当 $m-2=0$ 即 $m=2$ 时,$-4<0$ 对任意 x 都成立;当 $m-2<0$ 时,$\Delta=4(m-2)^2+16(m-2)<0$,故 $-2<m<2$。综上所述,m 的取值范围是 $(-2,2]$。

变式训练

2. 对于任意实数 x,不等式 $ax^2+ax-1<0$ 恒成立,则实数 a 的取值范围是(　　)

A. $(-\infty,4)$　　B. $(-\infty,-4]$

C. $(-4,0)$　　D. $(-4,0]$

易错点3 忽视基本不等式应用的条件

(1)应用基本不等式求最值时应注意等号成立的条件,注意“一正,二定,三相等”。

(2)在与函数交汇的问题中,若使等号成立对应的解不在函数的定义域内,说明存在计算错误或方法错误。

典例

3. 已知 $a>0,b>0$,且 $a+4b=4$,则 $\frac{1}{a}+\frac{1}{b}$ 最小值为(　　)

A. 2　　B. $\frac{9}{4}$　　C. $\frac{4}{9}$　　D. 4

【错因分析】没有注意不等式等号成立的条件。

答案解析

B 【解析】由题意知，$\frac{1}{a}+\frac{1}{b}=\frac{1}{4}(a+4b)\left(\frac{1}{a}+\frac{1}{b}\right)=\frac{1}{4}\left(\frac{4b}{a}+\frac{a}{b}+5\right)\geqslant\frac{1}{4}\times\left(2\sqrt{\frac{4b}{a}\cdot\frac{a}{b}}+5\right)=\frac{9}{4}$，当且仅当 $a=2b$，即 $a=\frac{4}{3}$，$b=\frac{2}{3}$ 时，等号成立。

变式训练

3. 已知 $x>1$，$y>0$，且 $\frac{1}{x-1}+\frac{2}{y}=1$，则 $x+2y-1$ 的最小值为（　　）

A. 9　　B. 10

C. 11　　D. 12

必刷好题

招教高频基础刷

1. 若正实数 x,y 满足 $x+y+\frac{1}{x}+\frac{1}{y}=5$，则 $x+y$ 的最大值是（　　）

A. $3\sqrt{2}$　　B. 4

C. $4\sqrt{2}$　　D. $\frac{9}{2}$

2. 已知 $a>0$，$b>0$，则 $\frac{1}{a}+\frac{1}{b}+2\sqrt{ab}$ 的最小值为（　　）

A. 2　　B. $2\sqrt{2}$

C. 4　　D. 5

3. 设 x,y,z 为正实数，满足 $x-2y+3z=0$，则 $\frac{y^2}{xz}$ 的最小值为（　　）

A. $\sqrt{2}$　　B. $\sqrt{3}$

C. 2　　D. 3

4. 设 $a>b>0$,则下列各式中正确的是(　　)

A. $a>\frac{a+b}{2}>b>\sqrt{ab}$

B. $b>\frac{a+b}{2}>a>\sqrt{ab}$

C. $a>\frac{a+b}{2}>\sqrt{ab}>b$

D. $b>\frac{a+b}{2}>\sqrt{ab}>a$

5. 若 $0<a<1$,则 $\frac{1}{a}+\frac{4}{1-a}$ 的最小值是________。

6. 设 x,y 为实数,满足 $3\leqslant xy^2\leqslant 8,4\leqslant\frac{x^2}{y}\leqslant 9$,则 $\frac{x^3}{y^4}$ 的最大值是________。

7. 设 x,y,z 满足关系式 $x-1=\frac{y+1}{2}=\frac{z-2}{3}$,则 $x^2+y^2+z^2$ 的最小值为________。

8. 设 $x,y\in\mathbf{R},a>1,b>1$。若 $a^x=b^y=3,a+b=2\sqrt{3}$,则 $\frac{1}{x}+\frac{1}{y}$ 的最大值为________。

9. 已知 $x,y\in\mathbf{R}_+$,且 $x+4y=1$,则 xy 的最大值为________。

10. 已知 $a,b\in\mathbf{R}$,且 $a-3b+6=0$,则 $2^a+\frac{1}{8^b}$ 的最小值为________。

11. 设 $a>0,b>0,a+b=1$,求证:$\frac{1}{a}+\frac{1}{b}+\frac{1}{ab}\geqslant 8$。

招教易错能力刷

1. 已知 $x>0,y>0$,且 $\frac{1}{x+1}+\frac{1}{y}=\frac{1}{2}$,则 $x+y$ 的最小值为(　　)

A. 3

B. 5

C. 7

D. 9

2. 已知实数 x 满足 $\log_{\frac{1}{2}}x>1$,则函数 $y=8x+\frac{1}{2x-1}$ 的最大值为(　　)

A. -4

B. 8

C. 4

D. 0

3. 若直线 $ax-by+2=0(a>0,b>0)$ 经过圆 $x^2+y^2+2x-4y+1=0$ 的圆心,则 $\frac{1}{a}+\frac{2}{b}$ 的最小值为(　　)

A. 4

B. $\frac{9}{2}$

C. $\frac{5}{2}$　　D. 6

4. 已知实数 $a>0,b>0$, $\frac{1}{a+1}+\frac{1}{b+1}=1$,则 $a+2b$ 的最小值是(　　)

A. $3\sqrt{2}$　　B. $2\sqrt{2}$

C. 3　　D. 2

5. 函数 $y=\log_a(x+3)-1(a>0$,且 $a\neq1)$ 的图象恒过定点 A,若点 A 在直线 $mx+ny+1=0$ 上,其中 $mn>0$,则$\frac{1}{m}+\frac{2}{n}$的最小值为________。

6. 已知实数 a,b,c 满足$\frac{1}{4}a^2+\frac{1}{4}b^2+c^2=1$,则 $ab+2bc+2ca$ 的取值范围是________。

7. 设 $x>0,y>0,x+2y=5$,则$\frac{(x+1)(2y+1)}{\sqrt{xy}}$的最小值为________。

8. 若 $a,b\in\mathbf{R},ab>0$,则$\frac{a^4+4b^4+1}{ab}$的最小值为________。

专题九 数 列

第一节 数列的概念与简单表示方法

招教核心要点

1. 数列的概念

按照一定次序排列起来的一列数叫作数列。数列中的每个数叫作这个数列的项，各项依次叫作数列的第 1 项(首项)，第 2 项，……，第 n 项，一般记作 $a_1,a_2,\cdots,a_n$，其中 a_n 是数列的第 n 项，叫作数列的通项。

2. 数列的前 n 项和及其通项的关系

(1) $S_n=a_1+a_2+\cdots+a_n$；

(2) $a_n=\begin{cases}S_1, n=1,\\ S_n-S_{n-1}, n\geqslant 2。\end{cases}$

注：利用 $a_n=\begin{cases}S_1, n=1,\\ S_n-S_{n-1}, n\geqslant 2\end{cases}$ 求通项公式时，对 $n=1$ 的情形要检验。当 $n=1$ 时，若 a_1 符合 $a_n=S_n-S_{n-1}, n\geqslant 2$，则数列 $\{a_n\}$ 的通项公式要用一个表达式表示；当 $n=1$ 时，若 a_1 不符合 $a_n=S_n-S_{n-1}, n\geqslant 2$，则 $a_n=\begin{cases}S_1, n=1,\\ S_n-S_{n-1}, n\geqslant 2。\end{cases}$

考向分析

由数列的前几项求数列的通项公式、由递推关系求通项公式、数列的性质是教师招聘考试中的常考内容，数列通项是研究数列性质与求和的基础。

思想应用

A. 归纳推理思想：在利用数列的前几项写出数列的一个通项公式时，体现了归纳推理思想。

B. 转化与化归思想：在构造辅助数列求通项公式时，先通过构造，将原式转化为等差数列或等比数列的形式，写出通项公式，然后再求原数列的通项。

招教考向解读

考向1 由数列的前几项求数列的通项公式

解法突破

使用归纳法根据所给数列的前几项求其通项公式时，需仔细观察分析，抓住以下几方面的特征，然后对此进行归纳、联想。

(1)分式中分子、分母的特征；

(2)相邻项的变化特征；

(3)拆项后的特征；

(4)各项符号特征等。

因为根据数列的前几项写出数列的一个通项公式是不完全归纳法，它蕴含着“从特殊到一般”的思想，由不完全归纳得出的结果是不可靠的，要注意代值检验，对于正负符号变化，可用$(-1)^n$或$(-1)^{n+1}$调整。

真题过招

(2021 江西高中数学，1 分)数列0，1，0，-1，0，1，0，-1，…的一个通项公式是(　　)

A. $\frac{(-1)^n+1}{2}$　　B. $\cos\frac{n\pi}{2}$

C. $\frac{(n+1)\pi}{2}$　　D. $\cos\frac{(n+2)\pi}{2}$

答案解析

D 【解析】设该数列为$\{a_n\}$，则易知数列$\{a_n\}$是一个周期为4的周期数列，且$a_1=0,a_2=1,a_3=0,a_4=-1$，将$n=1,2,3,4$分别代入A、B、C、D四个选项中进行计算，只有D选项符合该条件。故选D。

变式训练

求数列的通项公式：2，10，26，82，242，730，……

考向2 由递推关系求通项公式

解法突破

(1)形如 $a_{n+1}=a_n+f(n)$,常用累加法,即利用 $a_n=a_1+(a_2-a_1)+(a_3-a_2)+\cdots+(a_n-a_{n-1})(n\geqslant 2,n\in\mathbf{N}^*)$来求解。

(2)形如 $a_{n+1}=a_n\cdot f(n)$,常用累乘法,即利用 $a_n=a_1\cdot\frac{a_2}{a_1}\cdot\frac{a_3}{a_2}\cdot\cdots\cdot\frac{a_n}{a_{n-1}}(n\geqslant 2,n\in\mathbf{N}^*)$求解。

(3)形如 $a_{n+1}=ba_n+d(b\neq 1)$,常用构造等比法。

对 $a_{n+1}=ba_n+d$ 变形得 $a_{n+1}+x=b(a_n+x)$(其中 $x=\frac{d}{b-1}$),则$\{a_n+x\}$是公比为 b 的等比数列,利用它可求出 a_n。

(4)形如 $a_{n+1}=\frac{pa_n}{qa_n+r}$,将其变形为$\frac{1}{a_{n+1}}=\frac{r}{p}\cdot\frac{1}{a_n}+\frac{q}{p}$,若 $p=r$,则$\left\{\frac{1}{a_n}\right\}$是等差数列,且公差为$\frac{q}{p}$,可用等差数列的通项公式求$\frac{1}{a_n}$,进而求 a_n。

若 $p\neq r$,则采用(3)来求$\frac{1}{a_n}$,进而求 a_n。

(5)形如 $a_{n+2}=pa_{n+1}+qa_n(p+q=1)$,常用构造等比数列法。

将 $a_{n+2}=pa_{n+1}+qa_n$ 变形为 $a_{n+2}-a_{n+1}=(-q)\cdot(a_{n+1}-a_n)$,则$\{a_n-a_{n-1}\}(n\geqslant 2,n\in\mathbf{N}^*)$是等比数列,且公比为 $-q$,可以求得 $a_n-a_{n-1}=f(n)(n\geqslant 2,n\in\mathbf{N}^*)$,然后用累加法求 a_n。

真题过招

(2021 广东广州增城区,12 分)已知数列$\{a_n\}$满足 $a_1=3,a_{n+1}=2a_n-n+1,n\in\mathbf{N}^*$,数列$\{b_n\}$满足 $b_2=8$,其前 9 项和为 153,且数列$\{b_n\}$为等差数列。

(1)求数列$\{a_n\}$,$\{b_n\}$的通项公式;

(2)若数列$\{c_n\}$的前 n 项和为 T_n,$c_n=\frac{6}{[2\log_2(a_n-n)-1](2b_n-1)}$,求 T_n。

答案解析

【解析】(1)由 $a_{n+1}=2a_n-n+1$ 得 $a_{n+1}-(n+1)=2(a_n-n)$,且由 $a_1=3$ 易知,$a_n-n\neq 0$,化简得$\frac{a_{n+1}-(n+1)}{a_n-n}=2$,数列$\{a_n-n\}$是以 2 为首项,公比为 2 的等比数列,可得 $a_n-n=2^n$,

即 $a_n=2^n+n$，因为 $a_1=2^1+1=3$ 也符合该公式，所以数列 $\{a_n\}$ 的通项公式为 $a_n=2^n+n$。因为 $b_2=b_1+d=8$，$S_9=9b_1+\frac{9(9-1)}{2}d=153$，解得 $b_1=5$，$d=3$，所以 $b_n=5+(n-1)\times3=3n+2$。

(2) 由(1)得 $c_n=\frac{6}{(2\log_2 2^n-1)(6n+4-1)}=\frac{2}{(2n-1)(2n+1)}=\frac{1}{2n-1}-\frac{1}{2n+1}$，所以 $T_n=1-\frac{1}{3}+\frac{1}{3}-\frac{1}{5}+\cdots+\frac{1}{2n-1}-\frac{1}{2n+1}=1-\frac{1}{2n+1}=\frac{2n}{2n+1}$。

变式训练

1. 已知数列 $\{a_n\}$ 满足 $a_{n+1}=a_n+2n+1$，$a_1=1$，求数列 $\{a_n\}$ 的通项公式。

2. 已知数列 $\{a_n\}$ 满足 $a_1=\frac{1}{2}$，$a_{n+1}=\frac{1}{2-a_n}$，求数列 $\{a_n\}$ 的通项。

考向3 求数列的单调性

解法突破

(1) 作差比较法：$\begin{cases}a_{n+1}-a_n>0\Leftrightarrow\text{递增数列},\\a_{n+1}-a_n<0\Leftrightarrow\text{递减数列},\\a_{n+1}-a_n=0\Leftrightarrow\text{常数列}。\end{cases}$

(2) 作商比较法：当 $a_n>0$ 时，$\begin{cases}\frac{a_{n+1}}{a_n}>1\Leftrightarrow\text{递增数列},\\\frac{a_{n+1}}{a_n}<1\Leftrightarrow\text{递减数列},\\\frac{a_{n+1}}{a_n}=1\Leftrightarrow\text{常数列}。\end{cases}$

典例

(2022 浙江宁波，4 分) 已知数列 $\{a_n\}$ 的前 n 项和为 S_n，$S_n=-n^2+2n+\lambda$，若 $\{a_n\}$ 是递减数列，则实数 λ 的取值范围是________。

答案解析

$(-2,+\infty)$ 【解析】当 $n=1$ 时，$a_1=S_1=-1+2+\lambda=1+\lambda$，当 $n\geqslant 2$ 时，$a_n=S_n-S_{n-1}=-n^2+2n+\lambda-[-(n-1)^2+2(n-1)+\lambda]=-2n+3$，所以 $a_2=-4+3=-1$，因为 $\{a_n\}$ 是递减数列，所以 $a_1>a_2$，即 $1+\lambda>-1$，解得 $\lambda>-2$，故实数 λ 的取值范围是 $(-2,+\infty)$。

变式训练

已知数列 $\{a_n\}$ 是递增数列，且对 $n\in\mathbf{N}^*$，都有 $a_n=n^2+\lambda n$，则实数 λ 的取值范围是(　　)

A. $\left(-\dfrac{7}{2},+\infty\right)$　　B. $[0,+\infty)$

C. $[-2,+\infty)$　　D. $(-3,+\infty)$

必刷好题

招教高频基础刷

1. 已知数列 $\{a_n\}$ 中的首项 $a_1=1$，且满足 $a_{n+1}=\dfrac{1}{2}a_n+\dfrac{1}{2n}$，则此数列的第三项是(　　)

A. 1　　B. $\dfrac{1}{2}$

C. $\dfrac{3}{4}$　　D. $\dfrac{5}{8}$

2. 设 S_n 为等差数列 $\{a_n\}$ 的前 n 项和。若 $a_1=1$，公差 $d=2$，$S_{k+2}-S_k=24$，则 $k=$(　　)

A. 8　　B. 7

C. 6　　D. 5

3. 若数列 $\{a_n\}$ 的通项公式为 $a_n=\dfrac{1}{\sqrt{n+2}+\sqrt{n}}$，若前 n 项和为 S_n，则 S_n 为(　　)

A. $\sqrt{n+2}-1$

B. $\sqrt{n+2}+\sqrt{n+1}-\sqrt{2}-1$

C. $\dfrac{1}{2}(\sqrt{n+2}-1)$

D. $\dfrac{1}{2}(\sqrt{n+2}+\sqrt{n+1}-\sqrt{2}-1)$

4. 已知数列$\{a_n\}$满足$3a_{n+1}+a_n=0, a_2=-\frac{4}{3}$，则$\{a_n\}$的前10项和等于(　　)

A. $-6(1-3^{-10})$

B. $\frac{1}{9}(1-3^{-10})$

C. $3(1-3^{-10})$

D. $3(1+3^{-10})$

5. 若数列$\left\{n(n+4)\left(\frac{2}{3}\right)^n\right\}$中的最大项是第$k$项，则$k$等于(　　)

A. 4

B. 8

C. 10

D. 15

6. 已知数列$\{a_n\}$的前n项和为S_n，且$S_n=2a_n+n$，则$a_{10}=$(　　)

A. -2^{10}

B. -2^{9}

C. $1-2^{9}$

D. $1-2^{10}$

7. 设a_1, d为实数，首项为a_1，公差为d的等差数列$\{a_n\}$的前n项和为S_n，满足$S_3S_4+15=0$，则d的取值范围为________。

8. 等比数列$\{a_n\}$的公比$q>0$。已知$a_2=1, a_{n+2}+a_{n+1}=6a_n$，则$\{a_n\}$的前4项和$S_4=$________。

9. 设数列$\{a_n\}$的前n项和$S_n=\frac{a_1(3^n-1)}{2}(n\geqslant 1)$，且$a_4=54$，则$a_1$的值是________。

10. 记S_n为数列$\{a_n\}$的前n项和，若$S_n=2a_n+1$，则$S_6=$________。

11. 已知$a_1=2, a_{n+1}-a_n=2n+1(n\in\mathbf{N}^*)$，则$a_n=$________。

12. 设S_n是数列$\{a_n\}$的前n项和，且$a_1=-1, a_{n+1}=S_nS_{n+1}$，则$S_n=$________。

13. 已知数列$\{a_n\}$的前n项和为S_n，且满足$S_n+a_n=2$，则$S_5=$________。

14. 设数列$\{a_n\}$的前n项和为S_n，若$S_2=4, a_{n+1}=2S_n+1, n\in\mathbf{N}^*$，则$a_1=$________，$S_5=$________。

15. 已知数列$\{a_n\}$的前n项和为S_n，若$3S_n=2a_n-3n$，则$a_{2018}=$________。

16. 设数列$\{a_n\}$的前n项和为S_n，且满足$\frac{S_n}{n}=n+2(n\in\mathbf{N}^*)$。

(1)求数列$\{a_n\}$的通项公式；

(2)设$b_n=\frac{1}{a_na_{n+1}}$，T_n是数列$\{b_n\}$的前n项和，求使$T_n\leqslant\frac{m}{72}$对所有$n\in\mathbf{N}^*$都成立的最小正整数m。

17. 已知数列$\{a_n\}$中，$a_1=1$，且$a_{n+1}=\frac{2a_n}{a_n+2}$，求数列$\{a_n\}$的通项公式。

18. 已知数列$\{a_n\}$满足$a_1=1,a_2=3$，且$a_{n+1}=3a_n-2a_{n-1}(n\geqslant 2$，且$n\in\mathbf{N}_+)$，求数列$\{a_n\}$的通项公式。

19. 设数列$\{a_n\}$的前n项和为S_n，已知$a_1=a,a_{n+1}=S_n+3^n,n\in\mathbf{N}_+$，设$b_n=S_n-3^n$，求数列$\{b_n\}$的通项公式。

第二节　等差与等比数列

招教核心要点

1. 等差数列

(1)定义：如果一个数列从第二项起，每一项与它的前一项的差都等于同一个常数，那么这个数列叫作等差数列。

(2)通项公式：$a_n=a_1+(n-1)d$。

(3)等差中项：若$A=\frac{a+b}{2}$，则A叫作a与b的等差中项。

(4)前n项和公式：$S_n=\frac{n(a_1+a_n)}{2}$或$S_n=na_1+\frac{n(n-1)}{2}d$。

考向分析

等差、等比数列基本量的计算、判断与证明方法，等差、等比数列前n项和的最值问题，等差、等比数列的综合计算是教师招聘考试中的重点考查内容，掌握等差、等比数列的定义与性质是解决问题的关键。

(5)等差数列的常用性质

①通项公式的推广：$a_n=a_m+(n-m)d(n,m\in\mathbf{N}^*)$。

②若$\{a_n\}$为等差数列，且$k+l=m+n(k,l,m,n\in\mathbf{N}^*)$，则$a_k+a_l=a_m+a_n$。

③若$\{a_n\}$是等差数列，公差为d，则$\{a_{2n}\}$也是等差数列，公差为$2d$。

④若$\{a_n\}$，$\{b_n\}$是等差数列，则$\{pa_n+qb_n\}$也是等差数列。

⑤若$\{a_n\}$是等差数列，公差为d，则$a_k,a_{k+m},a_{k+2m},\cdots(k,m\in\mathbf{N}^*)$是公差为$md$的等差数列。

⑥若$\{a_n\}$是等差数列，则$S_m,S_{2m}-S_m,S_{3m}-S_{2m},\cdots$也是等差数列。

⑦两个等差数列$\{a_n\}$，$\{b_n\}$的前n项和S_n，T_n之间的关系为$\frac{a_n}{b_n}=\frac{S_{2n-1}}{T_{2n-1}}$。

2. 等比数列

(1)如果一个数列从第二项起，每一项与它的前一项的比都等于同一个非零常数，那么这个数列叫作等比数列。

(2)通项公式：$a_n=a_1q^{n-1}$。

(3)等比中项：如果a,G,b成等比数列，则G叫作a和b的等比中项，即$\frac{G}{a}=\frac{b}{G}\Rightarrow G^2=ab$。

(4)前n项和公式：$S_n=\begin{cases}na_1,q=1,\\ \frac{a_1(1-q^n)}{1-q}=\frac{a_1-a_nq}{1-q},q\neq1。\end{cases}$

(5)等比数列的常用性质

①通项公式的推广：$a_n=a_m\cdot q^{n-m}(n,m\in\mathbf{N}^*)$。

②若$\{a_n\}$为等比数列，且$k+l=m+n(k,l,m,n\in\mathbf{N}^*)$，则$a_k\cdot a_l=a_m\cdot a_n$。

③若$\{a_n\}$，$\{b_n\}$(项数相同)是等比数列，则$\{\lambda a_n\}(\lambda\neq$

思想应用

A. 方程思想：在进行等差、等比数列基本量的计算时，由$a_1,d(q),n,a_n,S_n$中的三个可求出其余两个，体现了方程思想。

B. 函数思想：求等差数列前n项和的最值时，将其看作关于n的二次函数，根据二次函数的性质求最值。

C. 分类讨论思想：在求等比数列的前n项和时，若未说明$q\neq1$，则需要先对q进行讨论后再利用公式求和；在说明等比数列的单调性时，因为其单调性由首项和公比共同确定，所以需要分类说明。

0)，$\left\{\frac{1}{a_n}\right\}$，$\{a_n^{\ 2}\}$，$\{a_n\cdot b_n\}$，$\left\{\frac{a_n}{b_n}\right\}$仍是等比数列。

④在等比数列$\{a_n\}$中，等距离取出若干项也构成一个等比数列，即$a_n,a_{n+k},a_{n+2k},a_{n+3k},\cdots$为等比数列，公比为$q^k$。

⑤若公比不为-1的等比数列$\{a_n\}$的前n项和为S_n，则$S_n,S_{2n}-S_n,S_{3n}-S_{2n},\cdots$成等比数列，其公比为$q^n$。

⑥若$\{a_n\}$为等比数列，且$a_1\cdot a_2\cdot\cdots\cdot a_n=T_n$，则$T_n$，$\frac{T_{2n}}{T_n},\frac{T_{3n}}{T_{2n}},\cdots$成等比数列。

招教考向解读

考向1　等差、等比数列基本量的计算

解法突破

等差数列和等比数列的概念、性质及其运算是数列问题中极其重要的部分，由等差(等比)数列的通项公式及前n项和公式可知，若已知$a_1,d(q),n,a_n,S_n$中的3个便可求出其余2个。类似问题实质是方程思想，即建立方程组求解。这部分内容在选择题和填空题中考查较多，考生应当重点学习，适当练习，同时也为后面综合类型的数列问题的学习和解答做准备。

真题过招

1. (2022 江苏扬州，2.5 分)已知等比数列$\{a_n\}$的各项均为正数，且前10项和为1，前30项和为7，则数列$\{a_n\}$的前40项和为________。

答案解析

15　【解析】设等比数列$\{a_n\}$的前n项和为S_n，数列$\{T_n\}$满足$T_1=S_{10}=1$，$T_n=S_{10n}-S_{10(n-1)}(n\geqslant 2)$，因为$S_n$是等比数列$\{a_n\}$的前$n$项和，所以数列$\{T_n\}$也是等比数列，且$T_1+T_2+T_3=S_{30}=7$，设等比数列$\{T_n\}$的公比为$Q$，则有$1+Q+Q^2=7$，解得$Q=2$(负值舍去)，所以$T_4=T_1Q^3=8=S_{40}-S_{30}\Rightarrow S_{40}=8+S_{30}=8+7=15$。

2. (2021 江西初中数学,1 分)在单调递增的等差数列$\{a_n\}$中,若 $a_3=1$,$a_2a_4=\frac{3}{4}$,则$a_1=$(   )

A. -1　　B. 0　　C. $\frac{1}{4}$　　D. $\frac{1}{2}$

答案解析

B 【解析】在等差数列$\{a_n\}$中,$a_3=1$,$a_2a_4=\frac{3}{4}$,则有 $a_3=a_1+2d=1$,$(a_1+d)(a_1+3d)=\frac{3}{4}$,解得 $d=\frac{1}{2}$(负值舍去),$a_1=0$,故选 B。

变式训练

1. 在等比数列$\{a_n\}$中,$a_3-a_2=8$,$a_3^2=2a_6$,则 $a_7+a_8=$(   )

A. 384　　B. 768　　C. 788　　D. 1536

2. 已知 S_n 是等差数列$\{a_n\}$的前 n 项和,若 $S_3=15$,$2a_2=a_4+2$,则 $S_{10}=$(   )

A. 80　　B. 85　　C. 100　　D. 120

考向 2 等差、等比数列的判定与证明方法

解法突破

1. 等差数列的判定与证明方法

(1)定义法:$a_{n+1}-a_n=d$;

(2)等差中项法:$2a_n=a_{n-1}+a_{n+1}(n\geqslant2)$;

(3)前 n 项和公式法:$S_n=An^2+Bn$;

(4)通项公式法:$a_n=pn+q$。

2. 等比数列的判定与证明方法

(1)定义法:$\frac{a_{n+1}}{a_n}=q(q\neq0)$;

(2)等比中项法:$a_n{}^2=a_{n-1}\cdot a_{n+1}(n\geqslant2)$;

(3)前 n 项和公式法:$S_n=A\cdot q^n-A(q\neq0,1$ 且 $A\neq0)$;

(4)通项公式法:$a_n=c\cdot q^n$。

真题过招

(2019 重庆巴南区,4 分)已知 S_n 为数列$\{a_n\}$的前 n 项和,若 $a_n=1+2+2^2+\cdots+2^{n+2}(n\in\mathbf{N}_+)$,则 S_3 的值是(　　)

A. 57　　　　B. 109

C. 243　　　　D. 491

答案解析

B 【**解析**】根据题干可知 $a_n=2^{n+3}-1$,所以数列$\{a_n+1\}$是以 16 为首项,2 为公比的等比数列,其前 n 项和记为 T_n,则 $S_3=a_1+a_2+a_3=T_n-3=(2^3-1)\times16-3=109$。故选 B。

变式训练

1. 已知数列$\{a_n\}$的前 n 项和 S_n 满足 $a_n\cdot S_n=(S_n-1)^2$,证明:数列$\left\{\frac{1}{S_n-1}\right\}$为等差数列。

2. 设数列$\{a_n\}$的前 n 项和为 S_n,已知 $a_3=7$,$a_n=2a_{n-1}+a_2-2(n\geqslant2)$,证明:数列$\{a_n+1\}$为等比数列。

考向3 等差数列前 n 项和的最值问题

解法突破

(1)二次函数法:当公差不等于 0 时,将 S_n 看作关于 n 的二次函数,运用配方法,借助函数的单调性及数形结合,使问题得解。

(2)通项公式法:求使 $a_n\geqslant0$(或 $a_n\leqslant0$)成立的最大 n 值即可对应求得 S_n 的最大(或者最小)值。

(3)不等式组法:借助 S_n 最大时,有$\begin{cases}S_n\geqslant S_{n-1},\\S_n\geqslant S_{n+1}\end{cases}(n\geqslant2,n\in\mathbf{N}^*)$,可通过解此不等式组确定 n 的值和对应的 S_n 的值(该值即为 S_n 的最大值),类似可求最小值。

真题过招

(2021 安徽中学数学,4 分)已知等差数列$\{a_n\}$的首项为 8,公差为 -3,前 n 项和为 S_n,当

$|S_n|$最小时,n 的值为(　　)

A. 7　　B. 6

C. 5　　D. 4

答案解析

B 【解析】因为$\{a_n\}$是首项为 8,公差为 −3 的等差数列,所以 $S_n=8n+\frac{n(n-1)}{2}(-3)=\frac{19}{2}n-\frac{3}{2}n^2$,则 $S_5=10,S_6=3,S_7=-7$,可知当$|S_n|$最小时,$n=6$。

变式训练

已知等差数列$\{a_n\}$中,S_n 为其前 n 项和,若 $a_1=-3$,$S_5=S_{10}$,当且仅当 S_n 取到最小值时,n 的值为________。

考向 4 等差、等比数列的综合计算

解法突破

在解决等差、等比数列综合问题时,要从整体来进行考虑,巧用性质,同时需要什么,就求什么,这样往往能达到出其不意的效果。

真题过招

(2022 年 6 月浙江杭州,8 分)已知$\{a_n\}$为等差数列,$\{b_n\}$为等比数列,且 $b_2=3,b_3=9,a_1=b_1,a_{14}=b_4$。

(1)求$\{b_n\}$的通项公式;

(2)求$\{a_n\}$的前 n 项和 S_n。

答案解析

【解析】(1)由$b_2=3,b_3=9\Rightarrow q=3$,则 $b_n=b_2q^{n-2}=3\times3^{n-2}=3^{n-1}$。

(2)由题意 $a_1=b_1=1,a_{14}=b_4=27\Rightarrow a_1+13d=27\Rightarrow 1+13d=27\Rightarrow d=2\Rightarrow a_n=a_1+(n-1)d=2n-1$,故 $S_n=a_1+a_2+\cdots+a_n=\frac{n(a_1+a_n)}{2}=\frac{n(1+2n-1)}{2}=n^2$。

变式训练

设$\{a_n\}$是首项为 1 的等比数列,数列$\{b_n\}$满足 $b_n=\frac{na_n}{3}$,已知 $a_1,3a_2,9a_3$ 成等差数列。

(1)求$\{a_n\}$和$\{b_n\}$的通项公式;

(2)记 S_n 和 T_n 分别为$\{a_n\}$和$\{b_n\}$的前 n 项和,证明:$T_n<\frac{S_n}{2}$。

必刷好题

招教高频基础刷

1. 等差数列$\{a_n\}$的前 n 项和为 $S_n,S_5=20$,则 $a_1+2a_4=$(　　)

A. 2　　B. 12　　C. 13　　D. 18

2. 等差数列$\{a_n\}$的前 n 项和记为 S_n,若 $a_2+a_4+a_{15}$的值是一个确定的常数,则数列$\{S_n\}$中也为常数的项是(　　)

A. S_7　　B. S_8　　C. S_{13}　　D. S_{15}

3. 设$\{a_n\}$是公比为正数的等比数列,若 $a_1=1,a_5=16$,则数列$\{a_n\}$前 7 项的和 $S_7=$(　　)

A. 63　　B. 64　　C. 127　　D. 128

4. 设$\{a_n\}$是公比为 q 的等比数列,则"$q>1$"是"$\{a_n\}$为递增数列"的(　　)

A. 充分而不必要条件　　B. 必要而不充分条件

C. 充分必要条件　　D. 既不充分也不必要条件

5. 若一个等差数列前 3 项的和为 34,最后 3 项的和为 146,且所有项的和为 390,则此数列的项数为(　　)

A. 13　　B. 12　　C. 11　　D. 10

6. 设$\{a_n\}$是由正数组成的等比数列,S_n为其前 n 项和。已知 $a_2a_4=1,S_3=7$,则 $S_5=$(　　)

A. $\frac{15}{2}$　　B. $\frac{31}{4}$　　C. $\frac{33}{4}$　　D. $\frac{17}{2}$

7. 已知等差数列$\{a_n\}$共有 10 项,其奇数项之和为 15,偶数项之和为 30,则公差为(　　)

A. 2　　B. 3　　C. 4　　D. 5

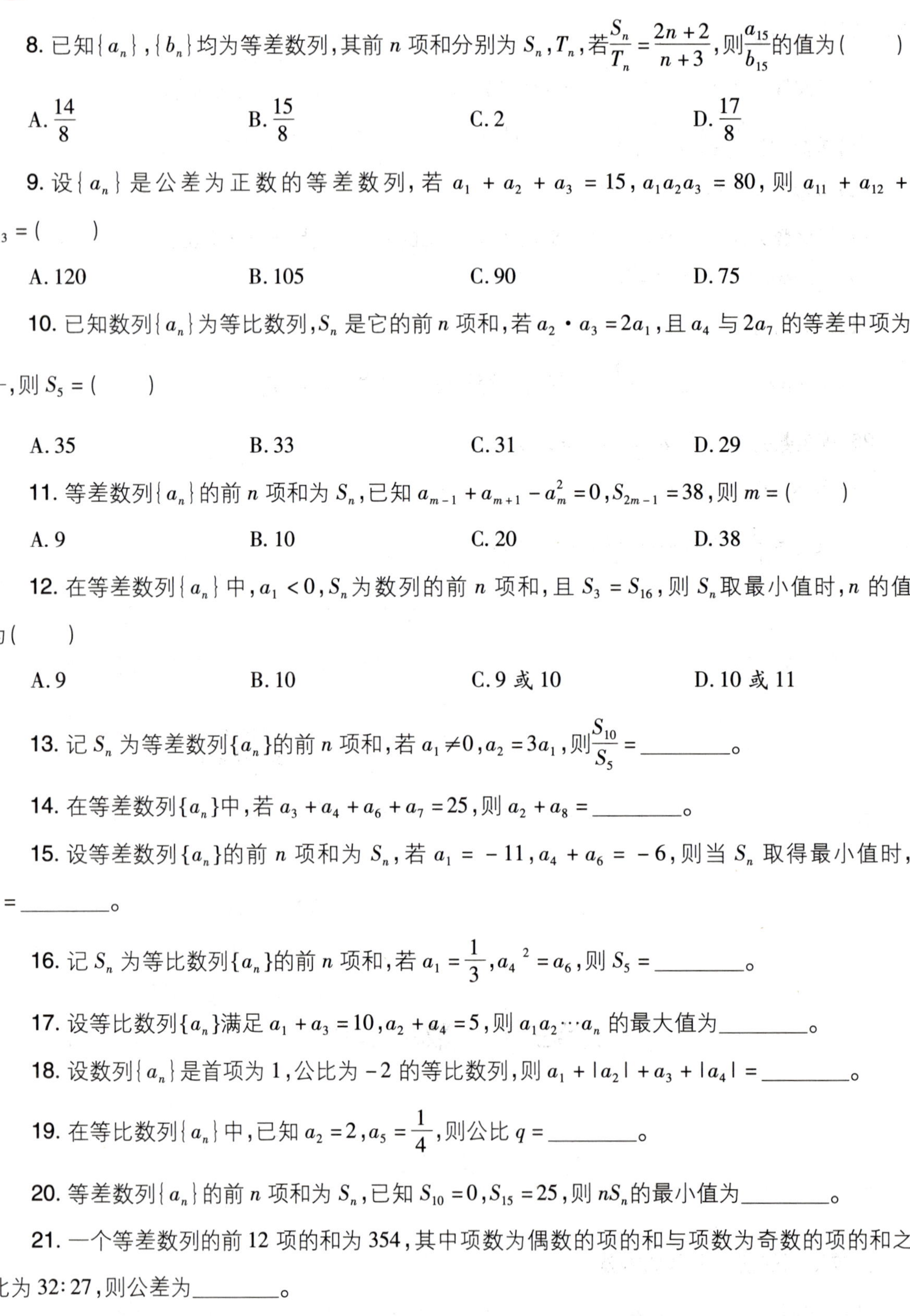

8. 已知$\{a_n\}$，$\{b_n\}$均为等差数列，其前 n 项和分别为 S_n，T_n，若$\frac{S_n}{T_n}=\frac{2n+2}{n+3}$，则$\frac{a_{15}}{b_{15}}$的值为(　　)

A. $\frac{14}{8}$　　B. $\frac{15}{8}$　　C. 2　　D. $\frac{17}{8}$

9. 设$\{a_n\}$是公差为正数的等差数列，若 $a_1+a_2+a_3=15$，$a_1a_2a_3=80$，则 $a_{11}+a_{12}+a_{13}=$(　　)

A. 120　　B. 105　　C. 90　　D. 75

10. 已知数列$\{a_n\}$为等比数列，S_n 是它的前 n 项和，若 $a_2\cdot a_3=2a_1$，且 a_4 与 $2a_7$ 的等差中项为$\frac{5}{4}$，则 $S_5=$(　　)

A. 35　　B. 33　　C. 31　　D. 29

11. 等差数列$\{a_n\}$的前 n 项和为 S_n，已知 $a_{m-1}+a_{m+1}-a_m^2=0$，$S_{2m-1}=38$，则 $m=$(　　)

A. 9　　B. 10　　C. 20　　D. 38

12. 在等差数列$\{a_n\}$中，$a_1<0$，S_n为数列的前 n 项和，且 $S_3=S_{16}$，则 S_n取最小值时，n 的值为(　　)

A. 9　　B. 10　　C. 9 或 10　　D. 10 或 11

13. 记 S_n 为等差数列$\{a_n\}$的前 n 项和，若 $a_1\neq0$，$a_2=3a_1$，则$\frac{S_{10}}{S_5}=$________。

14. 在等差数列$\{a_n\}$中，若 $a_3+a_4+a_6+a_7=25$，则 $a_2+a_8=$________。

15. 设等差数列$\{a_n\}$的前 n 项和为 S_n，若 $a_1=-11$，$a_4+a_6=-6$，则当 S_n 取得最小值时，$n=$________。

16. 记 S_n 为等比数列$\{a_n\}$的前 n 项和，若 $a_1=\frac{1}{3}$，${a_4}^2=a_6$，则 $S_5=$________。

17. 设等比数列$\{a_n\}$满足 $a_1+a_3=10$，$a_2+a_4=5$，则 $a_1a_2\cdots a_n$ 的最大值为________。

18. 设数列$\{a_n\}$是首项为 1，公比为 -2 的等比数列，则 $a_1+|a_2|+a_3+|a_4|=$________。

19. 在等比数列$\{a_n\}$中，已知 $a_2=2$，$a_5=\frac{1}{4}$，则公比 $q=$________。

20. 等差数列$\{a_n\}$的前 n 项和为 S_n，已知 $S_{10}=0$，$S_{15}=25$，则 nS_n的最小值为________。

21. 一个等差数列的前 12 项的和为 354，其中项数为偶数的项的和与项数为奇数的项的和之比为 32∶27，则公差为________。

22. 已知等比数列$\{a_n\}$的前 n 项和 $S_n=\frac{1}{3^n}+a(n\in\mathbf{N}_+)$，且 a 是常数，则此等比数列的前 n 项

和公式是________。

23. 已知等比数列$\{a_n\}$中，公比$q\in(0,1)$，$a_2+a_4=\frac{5}{4}$，$a_1a_5=\frac{1}{4}$，设$b_n=\frac{1}{2}na_n(n\in\mathbf{N}^*)$。

(1)求数列$\{a_n\}$的通项公式；

(2)求数列$\{b_n\}$的前n项和S_n。

24. 等比数列$\{a_n\}$的前n项和为S_n，已知对任意的$n\in\mathbf{N}^*$，点(n,S_n)均在函数$y=b^x+r(b>0$，且$b\neq1$，b,r均为常数)的图象上。

(1)求r的值；

(2)当$b=2$时，记$b_n=\frac{n+1}{4a_n}(n\in\mathbf{N}^*)$，求数列$\{b_n\}$的前$n$项和$T_n$。

25. 等差数列$\{a_n\}$中，$a_7=4$，$a_{19}=2a_9$。

(1)求$\{a_n\}$的通项公式；

(2)设$b_n=\frac{1}{na_n}$，求数列$\{b_n\}$的前n项和S_n。

第三节　数列求和

招教核心要点

1. 求数列的前 n 项和的方法

(1)公式法

①等差数列的前n项和公式：

$S_n=\frac{n(a_1+a_n)}{2}=na_1+\frac{n(n-1)}{2}d$。

②等比数列的前 n 项和公式：

$$S_n=\begin{cases}na_1, q=1,\\ \frac{a_1(1-q^n)}{1-q}=\frac{a_1-a_nq}{1-q}, q\neq 1。\end{cases}$$

(2)分组求和：把一个数列分成几个可以直接求和的数列。

(3)裂项相消：把一个数列的通项分成两项差的形式，相加过程中消去中间项，只剩有限项再求和。

(4)错位相减：适用于一个等差数列和一个等比数列对应项相乘构成的数列求和。

(5)倒序相加：把数列正着写和倒着写再相加。

(6)并项求和：将某些具有特殊性质的项放在一起先求和，再整体求和。

2. 常见的拆项公式

①$\frac{1}{n(n+1)}=\frac{1}{n}-\frac{1}{n+1}$；②$\frac{1}{n(n+2)}=\frac{1}{2}\left(\frac{1}{n}-\frac{1}{n+2}\right)$；

③$\frac{1}{(2n-1)(2n+1)}=\frac{1}{2}\left(\frac{1}{2n-1}-\frac{1}{2n+1}\right)$；

④$\frac{1}{\sqrt{n}+\sqrt{n+1}}=\sqrt{n+1}-\sqrt{n}$；

⑤$\log_a\left(1+\frac{1}{n}\right)=\log_a(n+1)-\log_a n$（$a>0$ 且 $a\neq 1$）。

3. 常见数列的前 n 项和

①$1+2+3+\cdots+n=\frac{n(n+1)}{2}$；

②$2+4+6+\cdots+2n=n^2+n$；

③$1+3+5+\cdots+(2n-1)=n^2$；

④$1^2+2^2+3^2+\cdots+n^2=\frac{n(n+1)(2n+1)}{6}$；

⑤$1^3+2^3+3^3+\cdots+n^3=\left[\frac{n(n+1)}{2}\right]^2$。

考向分析

分组求和法、裂项相消法、错位相减法、倒序相加法求和是教师招聘考试中的重难点，题目的综合性较强，选择合适的方法求和是解决问题的关键。

思想应用

A. 转化与化归思想：有一些数列本身不是等差、等比数列，但可以转化为等差、等比数列求和，如分组求和法中，可以将数列通项拆分成等差的通项与等比的通项之和，再分别利用求和公式求和即可。

B. 分类讨论思想：在并项求和时，需要对数列项数的奇偶性进行讨论。

招教考向解读

考向1 分组求和法

解法突破

把一个数列分成等差数列、等比数列或常数列,再直接求和。

真题过招

1. (2021 江苏淮安,3 分) 已知数列$\{a_n\}$的通项公式是 $a_n=2n-\left(\frac{1}{2}\right)^n$,则数列$\{a_n\}$的前 20 项和为(　　)

A. $419-\frac{1}{2^{20}}$　　B. $420-\frac{1}{2^{20}}$　　C. $419+\frac{1}{2^{20}}$　　D. $420+\frac{1}{2^{20}}$

答案解析

C 【解析】设数列$\{a_n\}$的前 n 项和为 S_n,则 $S_{20}=a_1+a_2+a_3+\cdots+a_{20}=2(1+2+3+\cdots+20)-\left(\frac{1}{2}+\frac{1}{2^2}+\frac{1}{2^3}+\cdots+\frac{1}{2^{20}}\right)=2\times\frac{20(1+20)}{2}-\frac{\frac{1}{2}\left[1-\left(\frac{1}{2}\right)^{20}\right]}{1-\frac{1}{2}}=420-1+\left(\frac{1}{2}\right)^{20}=419+\frac{1}{2^{20}}$。

2. (2021 山东临沂,1.8 分) 数列$\{a_n\}$满足 $a_{n+1}+(-1)^n a_n=2n-1$,则$\{a_n\}$的前 100 项的和为________。

答案解析

5050 【解析】由题可知 $a_2-a_1=1$,①,$a_3+a_2=3$,②,$a_4-a_3=5$,③,$a_5+a_4=7$,④,…,②−①可得 $a_1+a_3=2$,②+③可得 $a_4+a_2=8$,同理可得 $a_5+a_7=2$,$a_6+a_8=24$,$a_9+a_{11}=2$,…,∴ a_1+a_3,a_5+a_7,a_9+a_{11},…是各项均为 2 的常数列,a_2+a_4,a_6+a_8,$a_{10}+a_{12}$,…是首项为 8,公差为 16 的等差数列,∴ $\{a_n\}$的前 100 项和为 $25\times2+25\times8+\frac{1}{2}\times25\times24\times16=5050$。

变式训练

已知等比数列$\{a_n\}$中，$a_1=1$，且$2a_2$是a_3和$4a_1$的等差中项，数列$\{b_n\}$满足$b_1=1$，$b_7=13$，且$b_{n+2}+b_n=2b_{n+1}$。

(1)求数列$\{a_n\}$的通项公式；

(2)求数列$\{a_n+b_n\}$的前n项和T_n。

考向2 裂项相消法

解法突破

把一个数列的通项分成两项的差或相隔若干项之差的形式，相加过程中消去中间项，只剩下有限项后再求和。

真题过招

(2019 河南许昌禹州，8 分)已知数列$\{a_n\}$中，当$n\geqslant 2$时，$a_n-a_{n-1}=2n-1$，且$a_1=1$。

(1)求数列$\{a_n\}$的通项公式；

(2)设$b_n=\dfrac{1}{4a_n-1}$，求数列$\{b_n\}$的通项公式及其前n项和T_n。

答案解析

【解析】(1)因为对于数列$\{a_n\}$，当$n\geqslant 2$时，$a_n-a_{n-1}=2n-1$，且$a_1=1$，所以有$a_2-a_1=2\times2-1=3$，$a_3-a_2=2\times3-1=5$，$a_4-a_3=2\times4-1=7$，$\cdots$，$a_n-a_{n-1}=2n-1$，将各式相加得$a_n-a_1=\dfrac{(n-1)(3+2n-1)}{2}=n^2-1$，则$a_n=n^2(n\geqslant2)$，因为$n=1$时，满足$a_1=1^2=1$，所以数列$\{a_n\}$的通项公式为$a_n=n^2$。

(2)由(1)知$a_n=n^2$，所以数列$\{b_n\}$的通项公式为$b_n=\dfrac{1}{4a_n-1}=\dfrac{1}{4n^2-1}=\dfrac{1}{2}\left(\dfrac{1}{2n-1}-\dfrac{1}{2n+1}\right)$，进而可知数列$\{b_n\}$的前$n$项和$T_n=\dfrac{1}{2}\left(\dfrac{1}{1}-\dfrac{1}{3}+\dfrac{1}{3}-\dfrac{1}{5}+\dfrac{1}{5}-\dfrac{1}{7}+\cdots+\dfrac{1}{2n-1}-\dfrac{1}{2n+1}\right)=\dfrac{n}{2n+1}$。

变式训练

已知数列$\{a_n\}$的前 n 项和为 S_n，且 $a_2=20$，$S_n=4n^2+kn$。

(1)求数列$\{a_n\}$的通项公式；

(2)若数列$\{b_n\}$满足 $b_1=3$，$b_n-b_{n-1}=a_{n-1}(n\geqslant 2)$，求数列$\left\{\frac{1}{b_n}\right\}$的前 n 项和 T_n。

考向3 ▸ 错位相减法

解法突破

错位相减法适用于一个等差数列和一个等比数列相对应项相乘构成的数列求和，当数列$\{a_n\}$，$\{b_n\}$分别为等差数列与等比数列，求数列$\{a_nb_n\}$的和时，在已知求和式的两边乘等比数列的公比 q 后，与原数列的和作差，即 S_n-qS_n，然后求 S_n。

真题过招 »

(2020 安徽中学数学,8 分)设数列$\{a_n\}$的前 n 项和为 $S_n=\frac{1}{2}n^2+\frac{3}{2}n(n\in\mathbf{N}_+)$。

(1)求数列$\{a_n\}$的通项公式；

(2)若$\frac{2b_n}{a_n}=2^{n+1}$，求数列$\{b_n\}$的前 n 项和 T_n。

答案解析

【解析】(1)由题意知，$S_{n-1}=\frac{1}{2}(n-1)^2+\frac{3}{2}(n-1)(n\geqslant 2,n\in\mathbf{N}_+)$，$\therefore a_n=S_n-S_{n-1}=\frac{1}{2}n^2+\frac{3}{2}n-\frac{1}{2}(n-1)^2-\frac{3}{2}(n-1)=n+1$，当 $n=1$ 时，$a_1=S_1=\frac{1}{2}+\frac{3}{2}=2$ 满足上式，则数列$\{a_n\}$的通项公式为 $a_n=n+1$。

(2)$\because \frac{2b_n}{a_n}=2^{n+1}$，即$\frac{2b_n}{n+1}=2^{n+1}$，$b_n=(n+1)2^n$，$\therefore T_n=2\cdot 2+3\cdot 2^2+4\cdot 2^3+\cdots+(n+1)2^n$，

$\therefore 2T_n=2\cdot 2^2+3\cdot 2^3+4\cdot 2^4+\cdots+n\cdot 2^n+(n+1)\cdot 2^{n+1}$，

$\therefore T_n=2T_n-T_n=-2-(2^1+2^2+2^3+\cdots+2^n)+(n+1)\cdot 2^{n+1}=-2-\frac{2(1-2^n)}{1-2}+(n+1)\cdot 2^{n+1}=n\cdot 2^{n+1}$。

变式训练

已知$\{a_n\}$为正项等差数列，$S_3=21$，$a_1a_2a_3=280$。

(1)求数列$\{a_n\}$的通项公式；

(2)若数列$\{b_n\}$满足$\log_2 b_n=\dfrac{a_n+2}{3}$，求$\{a_n\cdot b_n\}$的前 n 项和。

考向4 倒序相加法

解法突破

将一个数列倒过来排列，当它与原数列相加时，若有规律可循，并且容易求和，则这样的数列求和时可用倒序相加法。

典例

已知$f(x)=\dfrac{2x}{2x-1}$，则$f\left(\dfrac{1}{2022}\right)+f\left(\dfrac{2}{2022}\right)+\ldots+f\left(\dfrac{2021}{2022}\right)$的值为________。

答案解析

2021 【解析】由题意可知，$f(x)+f(1-x)=\dfrac{2x}{2x-1}+\dfrac{2(1-x)}{2(1-x)-1}=2$，令 $S=f\left(\dfrac{1}{2022}\right)+f\left(\dfrac{2}{2022}\right)+\ldots+f\left(\dfrac{2021}{2022}\right)$，则 $S=f\left(\dfrac{2021}{2022}\right)+f\left(\dfrac{2020}{2022}\right)+\ldots+f\left(\dfrac{1}{2022}\right)$，则 $2S=2021\times 2$，即 $S=2021$。

变式训练

已知 $g(x)=f\left(x+\dfrac{1}{2}\right)-3$ 是 $\mathbf{R}$ 上的奇函数，$a_n=f(0)+f\left(\dfrac{1}{n}\right)+\cdots+f\left(\dfrac{n-1}{n}\right)+f(1)$，$n\in\mathbf{N}^*$，则数列$\{a_n\}$的通项公式为(　　)

A. $a_n=n+1$　　　　B. $a_n=3n+1$

C. $a_n=3n+3$　　　　D. $a_n=n^2-2n+3$

必刷好题

招教高频基础刷

1. 已知等差数列$\{a_n\}$的前 n 项和为 S_n, $a_3=3$, $S_4=10$,则数列$\left\{\frac{1}{S_n}\right\}$的前 100 项的和为(　　)

A. $\frac{200}{101}$　　B. $\frac{100}{101}$　　C. $\frac{1}{101}$　　D. $\frac{2}{101}$

2. 数列$\{a_n\}$满足 $a_1=1$,对任意 $n\in\mathbf{N}^*$,都有 $a_{n+1}=1+a_n+n$,则$\frac{1}{a_1}+\frac{1}{a_2}+\cdots+\frac{1}{a_{99}}=$(　　)

A. $\frac{99}{98}$　　B. 2　　C. $\frac{99}{50}$　　D. $\frac{99}{100}$

3. 5 个数依次组成等比数列,且公比为 -2,则其中奇数项之和与偶数项之和的比值为(　　)

A. $-\frac{21}{20}$　　B. -2　　C. $-\frac{21}{10}$　　D. $-\frac{21}{5}$

4. 已知数列$\{a_n\}$的前 n 项和为 S_n,满足 $S_n=an^2+bn$(a,b 均为常数),且 $a_7=\frac{\pi}{2}$。设函数 $f(x)=\sin 2x+2\cos^2\frac{x}{2}$,记 $y_n=f(a_n)$,则数列$\{y_n\}$的前 13 项和为(　　)

A. $\frac{13\pi}{2}$　　B. 7π　　C. 7　　D. 13

5. 已知等差数列$\{a_n\}$的前 n 项和为 S_n, $a_5=5$, $S_5=15$,则数列$\left\{\frac{1}{a_na_{n+1}}\right\}$的前 100 项的和是(　　)

A. $\frac{100}{101}$　　B. $\frac{99}{101}$　　C. $\frac{99}{100}$　　D. $\frac{101}{100}$

6. 已知等差数列$\{a_n\}$中, $a_4=9$, $a_7=15$,则数列$\{(-1)^na_n\}$的前 20 项和等于(　　)

A. -10　　B. -20　　C. 10　　D. 20

7. 已知等比数列$\{a_n\}$中, a_6, a_4, a_5 成公差不为 0 的等差数列, $a_1=2$,则数列$\{a_n+n\}$的前 9 项和 $S_9=$(　　)

A. -329　　B. 387　　C. -297　　D. 297

8. 已知数列$\{a_n\}$的通项公式为 $a_n=\frac{1}{n(n+1)}$,其前 n 项之和为$\frac{9}{10}$,则在平面直角坐标系中,直

线$(n+1)x+y+n=0$在y轴上的截距为________。

9. 已知函数$f(x)$满足$f(x)+f(1-x)=1$,若数列$\{a_n\}$满足$a_n=f(0)+f\left(\frac{1}{n}\right)+\cdots+f\left(\frac{n-1}{n}\right)+f(1)$,则数列$\{a_n\}$的前20项和为________。

10. 曲线$y=\frac{n}{2}x+\ln x\ (n\in\mathbf{N}^*)$在$x=\frac{2}{n}$处的切线斜率为$a_n$,则数列$\left\{\frac{1}{a_na_{n+1}}\right\}$的前$n$项和为________。

11. 设等差数列$\{a_n\}$的前n项和为S_n,$a_3=3$,$S_4=10$,则$\sum\limits_{k=1}^{n}\frac{1}{S_k}=$________。

12. 已知数列$\{a_n\}$:$\frac{1}{2},\frac{1}{3}+\frac{2}{3},\frac{1}{4}+\frac{2}{4}+\frac{3}{4},\cdots,\frac{1}{10}+\frac{2}{10}+\frac{3}{10}+\cdots+\frac{9}{10},\cdots$,若$b_n=\frac{1}{a_na_{n+1}}$,数列$\{b_n\}$的前$n$项和为$S_n$,则$S_{2020}=$________。

13. 求和$\frac{1}{2}+\frac{2}{4}+\frac{3}{8}+\cdots+\frac{n}{2^n}=$________。

14. 已知正数数列$\{a_n\}$是公比不等于1的等比数列,且$\lg a_1+\lg a_{2019}=0$,若$f(x)=\frac{2}{1+x^2}$,则$f(a_1)+f(a_2)+\cdots+f(a_{2019})=$________。

15. 已知数列:$\frac{1}{1\times3},\frac{1}{3\times5},\frac{1}{5\times7},\cdots,\frac{1}{(2n-1)(2n+1)}$的前$n$项和为$S_n$。

(1)计算S_1,S_2,S_3的值;

(2)由(1)推测出S_n的计算公式,并用数学归纳法证明。

16. 已知等差数列$\{a_n\}$前n项和为S_n,$a_2=2$,$S_5=15$。

(1)求数列$\{a_n\}$的通项公式;

(2)若$b_n=\frac{1}{a_n\cdot a_{n+1}}(n\in\mathbf{N}_+)$,求数列$\{b_n\}$前10项的和。

17. 若S_n为等差数列$\{a_n\}$的前n项和,且$a_1=1$,$S_7=28$,记$b_n=[\lg a_n]$,其中$[x]$表示不超过x的最大整数,如$[0.9]=0$,$[\lg 99]=1$。

(1)求b_1,b_{11},b_{101};

(2)求数列$\{b_n\}$的前1000项的和。

18. S_n为数列$\{a_n\}$的前n项和。已知$a_n>0$,$a_n^2+2a_n=4S_n+3$。

(1)求$\{a_n\}$的通项公式;

(2)设$b_n=\frac{1}{a_na_{n+1}}$,求证数列$\{b_n\}$的前n项和$T_n<\frac{1}{6}$。

19. 已知数列$\{a_n\}$是等比数列，$a_2=4$，a_3+2是a_2和a_4的等差中项。

(1)求数列$\{a_n\}$的通项公式；

(2)设$b_n=2\log_2 a_n-1$，求数列$\{a_n+b_n\}$的前n项和T_n。

20. 设$\{a_n\}$是公比不为1的等比数列，a_1为a_2和a_3的等差中项。

(1)求$\{a_n\}$的公比；

(2)若$a_1=1$，求数列$\{na_n\}$的前n项和。

21. 已知数列$\{a_n\}$的前n项和$S_n=2n^2-n$，数列$\{b_n\}$满足$4\log_2 b_n=a_n+3$。

(1)求数列$\{a_n\}$，$\{b_n\}$的通项公式；

(2)已知$c_n=b_n+\frac{4}{a_n a_{n+1}}$，求数列$\{c_n\}$的前$n$项和$T_n$。

22. 已知等差数列$\{a_n\}$满足$a_3=6$，前7项和为$S_7=49$。

(1)求$\{a_n\}$的通项公式；

(2)设数列$\{b_n\}$满足$b_n=(a_n-3)\cdot 3^n$，求数列$\{b_n\}$的前n项和T_n。

23. 已知在等差数列$\{a_n\}$中，$a_3=5$，$a_{17}=3a_6$。

(1)求数列$\{a_n\}$的通项公式；

(2)设$b_n=\frac{2}{n(a_n+3)}$，求数列$\{b_n\}$的前n项和S_n。

第四节 数列的综合与应用

招教考向解读

考向1 数列与函数的综合

解法突破

数列与函数的综合

(1)研究函数的奇偶性、单调性,可结合等差数列或等比数列的性质来进行解题。

(2)通过构造相关函数解题。

典例

已知函数$f(x)=2^x-2^{-x}$,数列$\{a_n\}$满足$f(\log_2 a_n)=-2n$,则数列$\{a_n\}$的通项公式为________。

答案解析

$a_n=\sqrt{n^2+1}-n$ 【解析】∵函数$f(x)=2^x-2^{-x}$,数列$\{a_n\}$满足$f(\log_2 a_n)=-2n$,∴$2^{\log_2 a_n}-2^{-\log_2 a_n}=-2n$,即$a_n-\frac{1}{a_n}=-2n$,又因为$a_n>0$,解得$a_n=\sqrt{n^2+1}-n$。

变式训练

已知函数$y=f(x)$为定义在$\mathbf{R}$上的奇函数,且在$\mathbf{R}$上是单调递增函数,函数$g(x)=f(x-3)+x$,数列$\{a_n\}$为等差数列,且公差不为0,若$g(a_1)+g(a_2)+\cdots+g(a_9)=27$,则$a_1+a_2+\cdots+a_9=$( )

A. 18　　B. 9　　C. 27　　D. 81

考向2 数列与不等式的综合

解法突破

数列与不等式的综合考查角度主要在以下几个方面:

(1)在不等式恒成立的条件下,求参数的取值范围。

(2)不等式的证明,常用的方法有构造辅助数列法、放缩法和数学归纳法等。

(3)根据数列(不等式)相关性质,推导出解决不等式(数列)问题的条件。

真题过招

1. (2020 湖南长沙市长沙县,3 分) 若 $ab>0$,3 是 3^a 与 9^b 的等比中项,则$\frac{1}{a+1}+\frac{1}{2b+1}$的最小值为(　　)

A. 1　　B. $\frac{3}{2}$　　C. $\frac{5}{2}$　　D. $\frac{9}{4}$

答案解析

A 【解析】因为 3 是 3^a 与 9^b 的等比中项,所以 $3^a\cdot 9^b=3^{a+2b}=3^2$,即 $a+2b=2$,且可得 $a>0,b>0$,则$\frac{1}{a+1}+\frac{1}{2b+1}=\frac{1}{4}(a+1+2b+1)\left(\frac{1}{a+1}+\frac{1}{2b+1}\right)=\frac{1}{4}\left(1+1+\frac{a+1}{2b+1}+\frac{2b+1}{a+1}\right)\geqslant \frac{1}{4}\left(2+2\sqrt{\frac{a+1}{2b+1}\cdot\frac{2b+1}{a+1}}\right)=1$,当且仅当$\frac{a+1}{2b+1}=\frac{2b+1}{a+1}$,即 $a=1,b=\frac{1}{2}$时等号成立,故$\frac{1}{a+1}+\frac{1}{2b+1}$的最小值为 1。

2. (2020 天津南开区,10 分) 在无穷数列$\{a_n\}$中,$a_1=1$,对于任意 $n\in\mathbf{R}_+$,都有 $a_n\in\mathbf{R}_+$,$a_n<a_{n+1}$。设 $m\in\mathbf{R}_+$,记使得 $a_n\leqslant m$ 成立的 n 的最大值为 b_m。

(1)设数列$\{a_n\}$为 1,3,5,7,…,写出 b_1,b_2,b_3的值;

(2)若$\{b_n\}$为等差数列,求出所有可能的数列$\{a_n\}$;

(3)设 $a_p=q,a_1+a_2+\cdots+a_p=A$,求 $b_1+b_2+\cdots+b_q$ 的值。(用 p,q,A 表示)

答案解析

【解析】(1)由题意可知,数列$\{a_n\}$是等差数列,公差为 2,则 $a_n=2n-1(n\in\mathbf{R}_+)$,$\because a_n\leqslant m$ 成立的 n 的最大值为 b_m,$\therefore$ 当 $m=1$ 时,$b_1=1$;当 $m=2$ 时,$b_2=1$;当 $m=3$ 时,$b_3=2$。

(2)由题意得,$1=a_1<a_2<a_3<\cdots<a_n<\cdots$,$\because a_n\in\mathbf{R}_+$,$\therefore\ a_n\geqslant n$,$\because$ 使得 $a_n\leqslant m$ 成立的 n 的最大值为 b_m,使得 $a_n\leqslant m+1$ 成立的 n 的最大值为 b_{m+1},$\therefore b_1=1$,$b_m\leqslant b_{m+1}(m\in\mathbf{R}_+)$,设 $a_2=k$,则 $k\geqslant 2$,假设 $k>2$,即 $a_2=k>2$,则当 $n\geqslant 2$ 时,$a_n>2$;当 $n\geqslant 3$ 时,$a_n\geqslant k+1$。$\therefore b_2=1$,$b_k=2$。$\because\{b_n\}$为等差数列,$\therefore$ 公差 $d=b_2-b_1=0$,$\therefore b_n=1$,这与 $b_k=2(k>2)$矛盾,$\therefore a_2=2$,又$\because a_1<a_2<\cdots<a_n<\cdots$,$\therefore b_2=2$,由$\{b_n\}$为等差数列,得$b_n=n(n\in\mathbf{R}_+)$,$\because$ 使得 $a_n\leqslant m$ 成立

的 n 的最大值为 b_m，$\therefore a_n \leqslant n$，$\because a_n \geqslant n$，$\therefore a_n = n$。

(3)假设 $a_2 = k(k>1)$，$\because a_1 < a_2 < a_3 < \cdots < a_n < \cdots$，$\therefore b_1 = b_2 = \cdots = b_{k-1} = 1$，$b_k = 2$，$\therefore$ 数列 $\{b_n\}$ 中等于 1 的项有 $k-1$ 个，即 $a_2 - a_1$ 个；设 $a_3 = l(l>k)$，则 $b_k = b_{k+1} = \cdots = b_{l-1} = 2$，且 $b_l = 3$，$\therefore$ 数列 $\{b_n\}$ 中等于 2 的项有 $l-k$ 个，即 $a_3 - a_2$ 个……以此类推，数列 $\{b_n\}$ 中等于 $p-1$ 的项有 $a_p - a_{p-1}$ 个；$b_q = p$，$\therefore b_1 + b_2 + \cdots + b_q = (a_2 - a_1) + 2(a_3 - a_2) + \cdots + (p-1)(a_p - a_{p-1}) + p = -a_1 - a_2 - \cdots - a_{p-1} + (p-1)a_p + p = pa_p + p - (a_1 + a_2 + \cdots + a_{p-1} + a_p) = p(q+1) - A$，即 $b_1 + b_2 + \cdots + b_q = p(q+1) - A$。

变式训练

已知数列$\{a_n\}$，$\{b_n\}$满足 $a_{n+1} - a_n = \frac{1}{2}b_n$，$b_{n+1} - b_n = 2a_n + 2$，且 $a_1 = 1$，$b_1 = 4$。

(1)写出 a_2，b_2，并求出$\{a_n\}$的通项公式；

(2)记数列$\left\{\frac{b_n}{a_n a_{n+1}}\right\}$的前 n 项和为 S_n，数列$\left\{\frac{1}{b_n}\right\}$的前 n 项和为 T_n，证明 $S_n > 4T_n$。

招教易错突破

易错点 1 忽视等比数列中公比 q 的取值范围而致错

(1) $q \neq 0$ 这一隐含条件容易被忽视。

(2)注意对前 n 项和分 $q=1$ 和 $q \neq 1$ 两种情况进行讨论。

典例

1. 等比数列$\{a_n\}$的各项均为实数，其前 n 项和为 S_n，已知 $S_3 = \frac{7}{4}$，$S_6 = \frac{63}{4}$，则 $a_8 =$ ________。

【错因分析】容易忽略 q 的条件。

答案解析

32 **【解析】**设数列$\{a_n\}$的公比为 q，若 $q=1$，则 $S_6 = 2S_3$，与题设矛盾，所以 $q \neq 1$，

则$\begin{cases} S_3 = \dfrac{a_1(1-q^3)}{1-q} = \dfrac{7}{4}, \\ S_6 = \dfrac{a_1(1-q^6)}{1-q} = \dfrac{63}{4}, \end{cases}$ 解得$\begin{cases} a_1 = \dfrac{1}{4}, \\ q = 2, \end{cases}$ 所以 $a_8 = a_1 q^7 = \frac{1}{4} \times 2^7 = 32$。

变式训练

1. 等比数列$\{a_n\}$的各项均为实数，其前 n 项和为 S_n，若 $S_3+S_6=S_9$，则数列的公比 q 是________。

易错点2 对公式中含有$(-1)^n$的一类数列，在求S_n时，要注意讨论n的奇偶性

2. 已知$\{a_n\}$的通项公式 $a_n=(-1)^n\cdot n$，求$\{a_n\}$的前 n 项和 S_n。

答案解析

【解析】分类讨论 n 的奇偶性，当 n 为奇数时，$S_n=(-1)^1\cdot 1+(-1)^2\cdot 2+\cdots+(-1)^n\cdot n=\underbrace{-1+2-3+4-5+6-\cdots+(n-1)}_{(n-1)\text{项}}-n=\underbrace{1+1+1+\cdots+1}_{\frac{n-1}{2}\text{项}}-n=-\dfrac{n+1}{2}$，

当 n 为偶数时 $S_n=(-1)^1\cdot 1+(-1)^2\cdot 2+\cdots+(-1)^n\cdot n=\underbrace{-1+2-3+4-5+6-\cdots-(n-1)+n}_{n\text{项}}=\underbrace{1+1+1+\cdots+1}_{\frac{n}{2}\text{项}}=\dfrac{n}{2}$。

所以 $S_n=\begin{cases}-\dfrac{n+1}{2}, n\text{ 为奇数},\\ \dfrac{n}{2}, n\text{ 为偶数}。\end{cases}$

变式训练

2. 若 $a_n=2n-1$，$b_n=(-1)^{n-1}a_n$，则数列$\{b_n\}$的前 n 项和 $T_n=$________。

必刷好题

招教高频基础刷

1. 若 a,b 是函数 $f(x)=x^2-px+q(p>0,q>0)$ 的两个不同的零点，且 $a,b,-2$ 这三个数可适当排序后成等差数列，也可适当排序后成等比数列，则 $p+q$ 的值等于(　　)

A. 6　　B. 7　　C. 8　　D. 9

2. 已知数列$\{a_n\}$满足$2a_{n+1}+a_n=3(n\in\mathbf{N}^*)$，且$a_3=\frac{13}{4}$，其前$n$项之和为$S_n$，则满足不等式$|S_n-n-6|<\frac{1}{123}$的最小整数$n$是(　　)

A. 8　　B. 9　　C. 10　　D. 11

3. 已知数列$\{a_n\}$是以1为首项，2为公差的等差数列，$\{b_n\}$是以1为首项，2为公比的等比数列，设$c_n=a_{b_n}$，$T_n=c_1+c_2+\cdots+c_n(n\in\mathbf{N}^*)$，则当$T_n<2019$时，$n$的最小值是(　　)

A. 9　　B. 10　　C. 11　　D. 12

4. 已知数列$\{a_n\}$的通项公式为$a_n=n+\frac{k}{n}$，若对任意$n\in\mathbf{N}_+$，都有$a_n\geqslant a_3$，则实数k的取值范围为(　　)

A. $[6,12]$　　B. $(6,12)$　　C. $[5,12]$　　D. $(5,12]$

5. 已知数列$\{a_n\}$，$a_n=-2n^2+\lambda n$，若该数列是递减数列，则实数λ的取值范围是(　　)

A. $(-\infty,3]$　　B. $(-\infty,4]$　　C. $(-\infty,5)$　　D. $(-\infty,6)$

6. 已知S_n是等比数列$\{a_n\}$的前n项和，S_4,S_2,S_3成等差数列，且$a_2+a_3+a_4=-18$。

(1) 求数列$\{a_n\}$的通项公式；

(2) 是否存在正整数n，使得$S_n\geqslant 2013$？若存在，求出符合条件的所有n的集合；若不存在，说明理由。

7. 已知数列$\{a_n\}$的首项$a_1=\frac{3}{5}$，$a_{n+1}=\frac{3a_n}{2a_n+1}$，$n=1,2,\cdots$。

(1) 求$\{a_n\}$的通项公式；

(2) 证明：对任意的$x>0$，$a_n\geqslant\frac{1}{1+x}-\frac{1}{(1+x)^2}\left(\frac{2}{3^n}-x\right)$，$n=1,2,\cdots$。

8. 已知数列$\{a_n\}$满足$a_1=2$，$a_{n+1}=3a_n+2(n\in\mathbf{N}^*)$，

(1) 求数列$\{a_n\}$的通项公式；

(2) 求证：$\frac{n}{3}-\frac{1}{8}<\frac{a_1}{a_2}+\frac{a_2}{a_3}+\cdots+\frac{a_n}{a_{n+1}}<\frac{n}{3}$。

9. 已知数列$\{a_n\}$的前n项和为S_n，首项为a_1，且$\frac{1}{2}$，a_n，S_n成等差数列。

(1) 求数列$\{a_n\}$的通项公式；

(2) 数列$\{b_n\}$满足$b_n=(\log_2 a_{2n+1})\times(\log_2 a_{2n+3})$，求证：$\frac{1}{b_1}+\frac{1}{b_2}+\frac{1}{b_3}+\cdots+\frac{1}{b_n}<\frac{1}{2}$。

10. 数列$\{b_n\}(n\in\mathbf{N}^*)$是递增的等比数列，且$b_1+b_3=5$，$b_1b_3=4$。

(1) 求数列$\{b_n\}$的通项公式；

(2)若 $a_n=\log_2 b_n+3$,求证数列$\{a_n\}$是等差数列;

(3)若 $a_1{}^2+a_2+a_3+\cdots+a_m\leqslant a_{46}$,求 m 的最大值。

招教易错能力刷

1. 设等差数列$\{a_n\}$的前 n 项和为 S_n,且 $S_4=4S_2$,$a_{2n}=2a_n+1$。

(1)求数列$\{a_n\}$的通项公式;

(2)设数列$\{b_n\}$前 n 项和为 T_n,且 $T_n+\dfrac{a_n+1}{2^n}=\lambda$($\lambda$ 为常数)。令 $c_n=b_{2n}(n\in\mathbf{N}^*)$,求数列$\{c_n\}$的前 n 项和 R_n。

2. 已知各项均为正数的数列$\{a_n\}$的前 n 项和为 S_n,且 S_n,a_n,$\dfrac{1}{2}$成等差数列。

(1)求数列$\{a_n\}$的通项公式 a_n;

(2)若 $a_n{}^2=2^{-b_n}$,设 $c_n=\dfrac{b_n}{a_n}$,求数列$\{c_n\}$的前 n 项和 T_n。

3. 已知数列$\{a_n\}$满足 $a_2=2$,$(n-1)a_{n+1}-na_n+1=0(n\in\mathbf{N}^*)$。

(1)求数列$\{a_n\}$的通项公式;

(2)若 $b_n=a_n{}^{\frac{1}{a_{n+1}}}(n\in\mathbf{N}^*)$,求数列$\{b_n\}$的最大项;

(3)对于(2)中的数列$\{b_n\}$,是否存在 $b_n=b_m(n\neq m)$?若存在,求出所有对应相等的两项;若不存在,说明理由。

参考答案与解析

专题一　实数、代数式与方程

第一节　实数及其运算

考向 1 变式训练

1. A 【解析】$\because a^2+b^2-c^2+2ab=(a+b)^2-c^2=(a+b+c)(a+b-c)$，其中 $a+b+c$ 为偶数，而改变加减运算符号，不改变结果的奇偶性，$\therefore a+b-c$ 也为偶数，则 $(a+b+c)(a+b-c)$ 一定是偶数。

2. 61 【解析】设这 4 个不同的数分别是 a,b,c,d，则 $(a+b+c)+(a+c+d)+(b+c+d)+(a+b+d)=3(a+b+c+d)=180+197+208+222=807$，所以 $a+b+c+d=807\div 3=269$，故第二小的数为 $269-208=61$。

3. 1 401 680 000；14 【解析】14 亿零 168 万写作：1 401 680 000。根据四舍五入法，把亿之后的数省略掉，写作 14 亿。

4. 4 【解析】首先明确两个事实：(1)除 2 之外，偶数都是合数；(2)9 个连续自然数中，一定含有 5 的倍数。以下分两种情况进行讨论：①9 个连续自然数中最小的大于 5，这时其中至多有 5 个奇数，而这 5 个奇数中一定有一个是 5 的倍数，即其中质数的个数不超过 4 个；②9 个连续的自然数中最小的数不超过 5，有以下几种情况：1,2,3,4,5,6,7,8,9；2,3,4,5,6,7,8,9,10；3,4,5,6,7,8,9,10,11；4,5,6,7,8,9,10,11,12；5,6,7,8,9,10,11,12,13。这 5 种情况中，其中质数个数均不超过 4。综上所述，在 9 个连续自然数中，至多有 4 个质数。

考向 2 变式训练

1. D 【解析】把一个数表示为 a 与 10 的 n 次幂相乘的形式（$1\leqslant |a|<10$，a 不为分数形式，n

为整数)，这种计数法叫作科学记数法。故物体提升货物所做的功 $W=Gs=mgs=6.5\times10^{3}$ kg × 10 N/kg × 2 m $=1.3\times10^{5}$ J。

2. D 【解析】一般地，把一个数表示成 $a\times10^{n}$ 的形式，其中 $1\leqslant|a|<10$，n 是整数，这种计数的方法叫作科学记数法。665.3 亿 $=6.653\times10^{10}$。

考向 3 变式训练

1. C 【解析】2 的平方根是 $\pm\sqrt{2}$，①正确；-4 没有算术平方根，②错误；$\sqrt{16}$ 的平方根是 ±2，③正确；0 的平方根是 0，④错误。

2. B 【解析】$\sqrt{a^{2}}=|a|$，所以 $\sqrt{(\sqrt{3}-3)^{2}}=\left|\sqrt{3}-3\right|=3-\sqrt{3}$。故选 B。

考向 4 变式训练

1. D 【解析】$8\times(1+\frac{1}{4})-\frac{1}{4}=\frac{39}{4}=9\frac{3}{4}$米。

2. C 【解析】因为 16 520，14 903，14 177 三数除以 m 的余数相同，所以 16 520 − 14 903 (=1617)，16 520 − 14 177 (=2343)，14 903 − 14 177 (=726) 的得数可以同时被 m 整除，则 m 的最大值即为 1617，2343，726 的最大公因数。因为 $1617=3\times7\times7\times11$，$2343=3\times11\times71$，$726=2\times3\times11\times11$，所以 m 的最大值为 $3\times11=33$。故选 C。

3. 124 【解析】末尾的 0 是由 2×5 产生的，所有偶数都能被 2 整除，故含有 2 的因数个数一定大于含有 5 的因数个数，只需找出因数中有 5 的个数。5 的倍数有 100 个；25 的倍数有 20 个，$25=5\times5$，含有两个因数 5，25 的倍数一定是 5 的倍数，所以每个 25 的倍数中的两个因数 5，其中有一个已经在 5 的倍数中被计算过，共有 $20\times2-20=20$ 个没有被计算的因数 5，125 的倍数有 4 个，$125=5\times5\times5$，含有 3 个因数 5，125 的倍数一定是 5 和 25 的倍数，所以每个 125 的倍数中的 3 个因数 5，其中有 2 个已经在 5 和倍数和 25 的倍数中被计算过，共有 $4\times3-4\times2=4$ 个没有被计算过的因数 5，故共有 $100+20+4=124$ 个 0。

4. −5000 【解析】$1^{2}-3^{2}+5^{2}-7^{2}+9^{2}-11^{2}+\cdots+97^{2}-99^{2}=(1^{2}-3^{2})+(5^{2}-7^{2})+\cdots+(97^{2}-99^{2})=-2(1+3)-2(5+7)-\cdots-2(97+99)=-2(1+3+5+7+\cdots+97+99)=-5000$。

5. $80\frac{1}{2}$ 【解析】原式 $=\left(\frac{1}{2}+\frac{1}{4}+\frac{1}{8}\right)\div\left(\frac{1}{2}\times\frac{1}{4}\times\frac{1}{8}\right)\times\dfrac{\frac{7}{4}+\frac{1}{6}}{13\frac{1}{3}-12}=\frac{7}{8}\times2\times4\times8\times\dfrac{\frac{23}{12}}{\frac{4}{3}}=56\times\frac{23}{16}=80\frac{1}{2}$。

6. $\frac{1}{5}$ 【解析】设$\frac{1}{2}+\frac{1}{3}+\frac{1}{4}=a$，则原式 $=(1+a)\times\left(a+\frac{1}{5}\right)-\left(1+a+\frac{1}{5}\right)\times a=a+\frac{1}{5}+a\times a+\frac{1}{5}a-a-a\times a-\frac{1}{5}a=\frac{1}{5}$。

7. 142 857 【解析】首先，从个位数开始考虑，与 3 相乘所得的数中，个位含有 1 的只能是与 7 相乘，所以确定 E＝7，那么 3E＝21（其中 20 要进位），3×D 所得数的个位加上 2 等于 E，即等于 7，所以 3×D 的个位数是 5，那么 D＝5，所以 3×D＝15（其中 10 要进位），则 3×C 所得数的个位加上 1 等于 D，即等于 5，所以 3×C 的个位数是 4，那么 C＝8，……，以此类推，可以得到这个六位数是 142 857。

8. 【解析】(1) $\left(48-4\times\frac{3}{2}\right)\div21=2$。

(2) $(18-12)\div\frac{2}{5}=6\times\frac{5}{2}=15$。

9. 【解析】$\sqrt{(-2)^2}-|-1|+(2019-\pi)^0+\lg1000-\sin60^\circ\cos60^\circ\tan60^\circ=2-1+1+3-\frac{3}{4}=\frac{17}{4}$。

10. 【解析】原式 $=\left(\frac{1}{2}-\frac{1}{4}\right)+\left(\frac{1}{4}-\frac{1}{6}\right)+\left(\frac{1}{6}-\frac{1}{8}\right)+\cdots+\left(\frac{1}{98}-\frac{1}{100}\right)=\frac{1}{2}-\frac{1}{100}=\frac{49}{100}$。

11. 【解析】原式 $=\frac{2-\sqrt{2}}{(2+\sqrt{2})(2-\sqrt{2})}+\frac{3\sqrt{2}-2\sqrt{3}}{(3\sqrt{2}+2\sqrt{3})(3\sqrt{2}-2\sqrt{3})}+\frac{4\sqrt{3}-3\sqrt{4}}{(4\sqrt{3}+3\sqrt{4})(4\sqrt{3}-3\sqrt{4})}+\cdots+\frac{100\sqrt{99}-99\sqrt{100}}{(100\sqrt{99}+99\sqrt{100})(100\sqrt{99}-99\sqrt{100})}=\frac{2-\sqrt{2}}{1\times2}+\frac{3\sqrt{2}-2\sqrt{3}}{2\times3}+\frac{4\sqrt{3}-3\sqrt{4}}{3\times4}+\cdots+\frac{100\sqrt{99}-99\sqrt{100}}{99\times100}=\left(1-\frac{\sqrt{2}}{2}\right)+\left(\frac{\sqrt{2}}{2}-\frac{\sqrt{3}}{3}\right)+\left(\frac{\sqrt{3}}{3}-\frac{\sqrt{4}}{4}\right)+\cdots+\left(\frac{\sqrt{99}}{99}-\frac{\sqrt{100}}{100}\right)=1-\frac{\sqrt{100}}{100}=\frac{9}{10}$。

必刷好题

招教高频基础刷

1. C 【解析】a 与 $a+1$ 互素，故 a,b 互素，∴ 两者的最小公倍数为 ab。

2. D 【解析】把 5766 分解质因数为 $5766=2\times3\times31\times31$，其中 $31\times2=62$，$31\times3=93$，$31\times2\times3=186$。由它们的最大公因数是 31，得这两个自然数可能是 31 和 186，或者是 62 和 93。

3. A 【解析】科学记数法将一个数表示为 $a\times10^n$ 的形式，其中 $1\leqslant|a|<10$，n 为整数。故

选 A。

4. C 【解析】一般地，把几个二次根式化为最简二次根式后，如果它们的被开方数相同，就称这几个二次根式为同类二次根式。只有同类二次根式才能合并。各选项中的二次根式化为最简后分别为：$\sqrt{20}=2\sqrt{5}$，$\sqrt{12}=2\sqrt{3}$，$\sqrt{8}=2\sqrt{2}$，$\sqrt{4}=2$，故可知 C 项能与$\sqrt{2}$合并。

5. C 【解析】科学记数法的形式为 $a\times10^n$，其中 $1\leqslant|a|<10$。科学记数法的有效数字只看乘号之前的数。故选 C。

6. B 【解析】三位小数，就是从小数点向右数只有三位有意义的数。根据题意有两种情况，一种是千分位不足 5 舍去，有 6.320～6.324，另一种是千分位大于等于 5 向前一位进 1，有 6.315～6.319，共 10 个。选 B。

7. D 【解析】(1)(2)(3)(4)都是正确的，这是 0 的四个作用，选 D。

8. B 【解析】根据绝对值的定义，-5 的绝对值为 5。

9. B 【解析】根据平方根的定义，$x-2\geqslant0$，即 $x\geqslant2$。

10. D 【解析】不是所有的偶数都是合数，2 就是质数，A 错误；最小的质数是 2，B 错误；一个数的因数和倍数都可能是这个数本身，此时因数等于倍数，C 错误。若两个不同质数有 1 以外的公因数，也就是说其中一个数有 1 和它本身以外的因数，这个数必然不是质数，矛盾，因此 D 正确。

11. D 【解析】将四个选项分别化为小数可知，$\frac{52}{65}=\frac{4}{5}=0.8$，$\frac{19}{25}=0.76$，$\frac{21}{35}=\frac{3}{5}=0.6$，$\frac{5}{12}=0.41\dot{6}$。故选 D。

12. B 【解析】无理数是无限不循环小数，常见的无理数有大部分的开平方数、π 和 e 等。$\sqrt{8}$，$-\pi$，0.2121121112…，tan30° -3 是无理数。其他均为有理数。

13. D 【解析】$\sqrt{64}=8$，而 8 的算术平方根是$\sqrt{8}=2\sqrt{2}$。故选 D。

14. A 【解析】由题意可知，5 米记为 0 米，7 米记为 +2 米。因此，x 米应记为$(x-5)$米。4 米应记为 -1 米，∴ A 选项错误。故选 A。

15. C 【解析】M 的全部因数为 1，2，3，5，6，10，15，30，∴ 全部因数的个数有 8 个。故选 C。

16. D 【解析】选项 A 为 6.5818258182…；选项 B 为 6.581828182…；选项 C 为6.58182182182…；选项 D 为 6.581828282…。易得选项 D 符合题意。

17. B 【解析】选项 A，精确到 0.1 表示要保留 1 位有效数字，正确；选项 B，精确到千分位表示要保留三位有效数字，应为 0.050，错误。易知，选项 C、D 正确。故选 B。

18. C 【解析】一个两位数除 250，就是 250 除以一个两位数，根据有余数除法中各部分的关系，商乘除数等于 $250-37=213$，把 213 分解质因数为 $213=3\times71$，$\therefore$ 这样的两位数是 71。

19. C 【解析】一组数是 1,3,4,7,11,18,29,47,76,123,199,…，这些数除以 5 的余数是 1,3,4,2,1,3,4,2,1,3,4,…，每 4 个数为一个周期循环。由 $5555\div4=1388\cdots\cdots3$，故第 5555 个数除以 5 余数为 4。

20. 20∶15∶12 【解析】设乙数是 15，则甲数是 20，丙数是 12，$\therefore$ 甲∶乙∶丙 =20∶15∶12。

21. 0;9 【解析】如果能被 2,5 整除，说明这个数是 10 的倍数，$\therefore$ 个位只能填 0；如果能被 3 整除，说明这个数的各位数之和能被 3 整除，$\therefore$ 百位能填 0,3,6,9，故百位最大能填 9。

22. 58 【解析】根据题意，把甲钓的看作 1 份，乙钓的是 1 份 −6 条，丙钓的是 2 份，由"甲比乙多钓 6 条"及"丙比乙多钓 22 条"知道，1 份是 $22-6$，$\therefore$ 他们三人一共钓了 $(22-6)\times(1+1+2)-6=16\times4-6=58$（条）。

23. 1 234 567 935 【解析】$15+115+1115+\cdots+1\,111\,111\,115=(10+110+1110+\cdots+1\,111\,111\,110)+5\times9=1\,234\,567\,890+45=1\,234\,567\,935$。

24. 8 或 2 【解析】由题意可知，$x=\pm5$，$y=\pm3$，$\because x>y$，$\therefore x=5$，$y=3$，或 $x=5$，$y=-3$，$\therefore x+y=8$ 或 2。

25. ①②③ 【解析】$\because ab<0$，$\therefore a,b$ 异号。$\because a+c=0$，在数轴上，c 在 a 的右侧，$\therefore a<0,c>0$，$\therefore b>0$，①正确；$\because a+c=0$，$\therefore |a|-|c|=0$，$\because$ 在数轴上，a 在 b 的左侧，c 在 b 的右侧，$\therefore |a|=|c|>|b|$，②正确；$\because b$ 到 c 的距离小于 a 到 b 的距离，$\therefore |a-b|>|b-c|$，③正确；$|a-c|+|b-d|=|a-d|+|b-c|$，④错误。综上所述，说法正确的有 ①②③。

26. 93 【解析】$1274=2\times7\times13\times7$；$819=3\times3\times13\times7$。由题意，当乙数是 91 时，错看的甲数可能是：$1274\div91=14$ 或 $819\div91=9$，由于甲数是两位数，$\therefore$ 这种情况不适合。当乙数是 13 时，错看的甲数可能是：$1274\div13=98$ 或 $819\div13=63$，结合题意，小胡看错了甲数的个位数字后的结果是 98，$\therefore$ 甲数的十位数字是 9；小涂看错了甲数的十位数字后的结果是 63，$\therefore$ 甲数的个位数字是 3，由此得出甲数是 93。

27. 4 【解析】设 a 除以 5 余 1 的商为 m，b 除以 5 余 4 的商为 n。由题意知 $a=5m+1$，$b=5n+4$，故 $3a-b=15m-5n-1$。$\because 15m-5n$ 能被 5 整除，$\therefore (15m-5n-1)$ 除以 5 的余数为 4。

28. 5 【解析】根据质数的定义可知，除 2 和 5 以外的质数个位都是 1,3,7,9。14 加上任何尾数是 1 的质数，最后的尾数都是 5，一定能被 5 整除；12 加上任何尾数是 3 的质数，尾数也是 5；8 加上任何尾数是 7 的质数，尾数也是 5；6 加上任何尾数是 9 的质数，尾数也是 5。所以这个质数的末位一定不是 1,3,7,9。6,8,12,14 都是偶数，加上唯一的偶数质数 2 和仍然是偶数，所以不是 2。5 加上 6,8,12,14 中任意一个数都是质数。因此，只有 5 能满足条件。

29. 5 007 800 【解析】按照大数的读法规则，每级末尾不管有几个0都不读，因此所求最小七位数为5 007 800，五百万七千八百。

第二节　整式及其运算

考向1 变式训练

1. D 【解析】$(ab^x)^y = a^y b^{xy}$，选项D错误。

2. B 【解析】A项和D项是合并同类项，规则是同类项的系数相加减，所得的结果作为系数，字母和字母的指数不变，所以$3m-2m=m, m^2+m^2=2m^2$；B项是幂的乘方，运算规则是底数不变，指数相乘，所以$(m^3)^2=m^6$；C项是乘积的幂，乘积的幂等于幂的乘积，所以$(-2m)^3=(-2)^3m^3=-8m^3$。故选B。

3. 0 【解析】因为$3x^{m+5}y^2$与x^3y^n的和是单项式，所以$m+5=3, n=2$，于是有$m+n=0$。

考向2 变式训练

C 【解析】把一个多项式化为几个整式的乘积的形式，这种变形叫作这个多项式的因式分解，故只有C项满足。

考向3 变式训练

1. A 【解析】由$2<\sqrt{5}<3$，有$1<4-\sqrt{5}<2$，当$x=4-\sqrt{5}$时，$[x]=1$，则$a=1, b=3-\sqrt{5}$，则$\frac{a}{b}=\frac{1}{3-\sqrt{5}}=\frac{3+\sqrt{5}}{4}$，故$\frac{a}{b}$的值为$\frac{3+\sqrt{5}}{4}$。

2. C 【解析】$\because \sqrt{a-b}\geqslant 0, |b-1|\geqslant 0$，且$\sqrt{a-b}+|b-1|=0$，则$\sqrt{a-b}=0, |b-1|=0$，故$a=b=1$，则$a+1=2$，故选C。

3. B 【解析】$\because x^2\geqslant 0, -x^2\leqslant 0$，要使$\sqrt{-x^2}$在实数范围内有意义，则$x=0$，故$\left|\left|\sqrt{-x^2}-1\right|-2\right|=\left|\left|0-1\right|-2\right|=1$。

4. 6 【解析】由题意知，$a^2+2a=3$，则$2a^2+4a=2(a^2+2a)=6$。

必刷好题

招教高频基础刷

1. D 【解析】单项式中的数字因数叫作单项式的系数。故选 D。

2. B 【解析】$2x^2+ax-y+6-2bx^2+3x-cy-1=(-2b+2)x^2+(a+3)x+(-c-1)y+5$，$\because$ 多项式为定值，$\therefore -2b+2=0,a+3=0,-c-1=0$，解得 $a=-3,b=1,c=-1$，所以 $a+b+c=-3$。

3. D 【解析】A 项中 $b^3b^2=b^{3+2}=b^5$，A 项不正确；B 项中 $x^3+x^3=2x^3$，B 项不正确；C 项中$a^4+a^2=a^2(a^2+1)$，C 项不正确；D 项中 $mm^5=m^6$，D 项正确。

4. B 【解析】$(x+y)^2(x-y)^2=[(x+y)(x-y)]^2=(x^2-y^2)^2=x^4+y^4-2x^2y^2$。

5. C 【解析】$x^2-4x-m=(x-5)(x-n)=x^2-nx-5x+5n=x^2-(n+5)x+5n$，即 $\begin{cases}-4=-(n+5),\\-m=5n,\end{cases}$ 解得 $\begin{cases}m=5,\\n=-1。\end{cases}$

6. D 【解析】A 项中 $(a+b)(a-2b)=a^2-2ab+ab-2b^2=a^2-ab-2b^2$，A 项错误；B 项中 $\left(a-\frac{1}{2}\right)^2=a^2+\frac{1}{4}-2\cdot a\cdot\frac{1}{2}=a^2-a+\frac{1}{4}$，B 项错误；C 项中 $-2(3a-1)=-6a+2$，C 项错误；D 项正确。

7. C 【解析】$2a^2b^3+8a^4b^2=2a^2b^2(b+4a^2)$。

8. B 【解析】$\because$ 单项式 $-2x^6y$ 与 $5x^{2m}y^n$ 的和仍然是单项式，$\therefore x^6y=x^{2m}y^n$，$\therefore 2m=6,n=1$，解得 $m=3,n=1$，则 $3m+n^3=3\times3+1^3=10$。

9. C 【解析】$\because x^2-3x-2=5$，$\therefore x^2-3x=7$，则代数式 $2021+6x-2x^2=2021-2(x^2-3x)=2021-2\times7=2007$。

10. A 【解析】x 先减去 10，然后乘$\frac{4}{5}$，也就是乘 0.8，$\therefore \frac{4}{5}(x-10)$表示原价减去 10 元后再打 8 折。

11. C 【解析】原先的面积是 $a\times a=a^2$，现在的面积是$(a+6)(a-6)=a^2-6^2<a^2$，$\therefore$ 面积变小了。

12. $\frac{1}{2}$ 【解析】$\because$ 单项式 $3a^{2m}b^2$ 与 $-\frac{2}{3}a^4b^{n+3}$是同类项，$\therefore 2m=4,n+3=2$，解得 $m=2,n=$

-1，则 $m^n=2^{-1}=\frac{1}{2}$。

13. -9 【解析】∵ $a+b=3, ab=-4$，那么 $3ab-2b-2(ab+a)+1=3ab-2b-2ab-2a+1=ab-2(a+b)+1=-4-2\times3+1=-4-6+1=-9$。

14. $(m+1)(m-1)(x-2)$ 【解析】$m^2(x-2)+(2-x)=m^2(x-2)-(x-2)=(m^2-1)(x-2)=(m+1)(m-1)(x-2)$。

15. $(2x+y-1)(2x-y+1)$ 【解析】$4x^2-y^2+2y-1=4x^2-(y^2-2y+1)=(2x)^2-(y-1)^2=(2x+y-1)(2x-y+1)$。

16. $2m+4$ 【解析】根据题意，所求是原边长为 $m+4$ 正方形的一边长加上边长为 m 的正方形的一边长，则拼成的矩形的另一边边长为 $m+m+4=2m+4$。

17. 1；-1；-12 【解析】$(x+3)(x-4)=x^2-x-12=ax^2+bx+c$，∴ $a=1, b=-1, c=-12$。

18. 25 【解析】$3^{2x+y-4z}=3^{2x}\cdot3^y\cdot3^{-4z}=(3^x)^2\cdot3^y\cdot(3^{2z})^{-2}=5^2\cdot4\cdot2^{-2}=25$。

19. $\frac{8}{3}$ 【解析】提取因式，把 $2x-y=\frac{1}{3}$，$xy=2$ 代入得 $2x^4y^3-x^3y^4=x^3y^3(2x-y)=(xy)^3(2x-y)=2^3\cdot\frac{1}{3}=\frac{8}{3}$。

第三节 分式及其运算

考向 1 变式训练

$\left(\frac{1}{4},+\infty\right)$ 【解析】若对任何 x，分式 $\frac{x-1}{x^2+x+a}$ 均有意义，则 $x^2+x+a\neq0$ 恒成立，$\Delta=1-4a<0$，故 $a>\frac{1}{4}$。

考向 2 变式训练

1. A 【解析】$\frac{12b^2c}{4a}=\frac{3b^2c}{a}$，$\frac{2(x+y)^2}{x+y}=2(x+y)$，$\frac{4a^2-b^2}{2a-b}=\frac{(2a+b)(2a-b)}{2a-b}=2a+b$，$\frac{x^2-2x}{x-2}=$

x，故只有$\frac{a^2b^2}{a+b}$是最简分式。

2. B 【**解析**】将代数式化简，$\frac{81-a^2}{a^2+6a+9}\div\frac{9-a}{2a+6}\times\frac{1}{a+9}=\frac{2}{a+3}$，由$a=\sqrt{3}-3$知 $a+3=\sqrt{3}$，所以原式$=\frac{2}{a+3}=\frac{2}{\sqrt{3}}=\frac{2\sqrt{3}}{3}$。故选 B。

3. 0 【**解析**】$\because\frac{xy}{x+y}=2,\frac{xz}{x+z}=3,\frac{yz}{y+z}=4,\therefore\frac{x+y}{xy}=\frac{1}{2},\frac{x+z}{xz}=\frac{1}{3},\frac{y+z}{yz}=\frac{1}{4},\therefore\frac{1}{x}+\frac{1}{y}=\frac{1}{2}$，$\frac{1}{x}+\frac{1}{z}=\frac{1}{3},\frac{1}{y}+\frac{1}{z}=\frac{1}{4}$，解得 $x=\frac{24}{7},y=\frac{24}{5},z=24$，所以原式$=7\times\frac{24}{7}+5\times\frac{24}{5}-2\times24=24+24-48=0$。

4.【**解析**】因为 $2a^2+a-4=0,a-b=2$，所以 $2a^2-4=-a,b=a-2$，则$\frac{1}{a+1}+\frac{2}{b}=\frac{1}{a+1}+\frac{2}{a-2}=\frac{[(a-2)+2(a+1)]}{(a+1)(a-2)}=\frac{3a}{a^2-a-2}=\frac{3a}{a^2+(2a^2-4)-2}=\frac{3a}{3a^2-6}=\frac{a}{a^2-2}=\frac{-(2a^2-4)}{a^2-2}=-2$。

必刷好题

招教高频基础刷

1. B 【**解析**】$\frac{4}{x^2-4}+\frac{1}{x+2}=\frac{4}{x^2-4}+\frac{x-2}{(x+2)(x-2)}=\frac{4}{x^2-4}+\frac{x-2}{x^2-4}=\frac{x+2}{x^2-4}=\frac{1}{x-2}$。

2. D 【**解析**】$\because\frac{1}{a}-\frac{1}{b}=\frac{b}{ab}-\frac{a}{ab}=\frac{b-a}{ab}=\frac{1}{2},\therefore\frac{ab}{b-a}=2$，故$\frac{ab}{a-b}=-2$。

3. A 【**解析**】$m=\frac{1}{a+1}+\frac{1}{1+b}=\frac{1+b+1+a}{(a+1)(1+b)}=\frac{2+a+b}{ab+a+b+1}=\frac{2+a+b}{1+a+b+1}=1$，故 $m^{2021}=1^{2021}=1$。

4. C 【**解析**】$\frac{2xy+3y^2}{x^2-2xy}=\frac{(2x+3y)y}{(x-2y)x}$，$\because x-3y=0,\therefore x=3y$，故$\frac{(2x+3y)y}{(x-2y)x}=\frac{(2\cdot3y+3y)y}{(3y-2y)3y}=\frac{9y\cdot y}{y\cdot3y}=3$。

5. C 【**解析**】A 项中$\frac{6(x-y)}{8(x+y)}=\frac{3(x-y)}{4(x+y)}$，上下约去了 2；B 项中$\frac{y^2-x^2}{x-y}=\frac{(y-x)(y+x)}{x-y}=-y-x$，上下约去了 $x-y$；C 项中$\frac{x^2+y^2}{x^2y+xy^2}=\frac{x^2+y^2}{xy(x+y)}$，没有约去；D 项中，$\frac{x^2-y^2}{(x+y)^2}=\frac{(x+y)(x-y)}{(x+y)(x+y)}=$

$\frac{x-y}{x+y}$，上下同时约去了 $x+y$。故选 C。

6. $x\neq-2$ 【解析】分式有意义的条件是分母不为 0，即 $3x+6\neq0$，故 $x\neq-2$。

7. $\frac{x-1}{x+1}$ 【解析】$\frac{x^2-1}{x^2+2x+1}=\frac{(x+1)(x-1)}{(x+1)^2}=\frac{x-1}{x+1}$。

8. -1 【解析】若分式 $\frac{x+1}{x-1}$ 的值为 0，则 $\begin{cases}x+1=0,\\x-1\neq0,\end{cases}$ $\therefore x=-1$。

9. $-\frac{3}{2}$ 【解析】$\because (x-y-2)^2+|xy+3|=0$，$\therefore x-y-2=0$，$xy+3=0$，解得 $x-y=2$，$xy=-3$，而 $\left(\frac{3x}{x-y}-\frac{2x}{x-y}\right)\div\frac{1}{y}=\frac{3x-2x}{x-y}\div\frac{1}{y}=\frac{x}{x-y}\cdot y=\frac{xy}{x-y}$，把 $x-y=2$，$xy=-3$ 代入得 $\left(\frac{3x}{x-y}-\frac{2x}{x-y}\right)\div\frac{1}{y}=\frac{-3}{2}=-\frac{3}{2}$。

10. 8 或 -1 【解析】设 $\frac{a+b}{c}=\frac{b+c}{a}=\frac{a+c}{b}=k$，则 $a+b=kc$，$b+c=ka$，$a+c=kb$，故 $a+b+b+c+a+c=kc+ka+kb$，即 $2(a+b+c)=k(a+b+c)$，当 $a+b+c=0$，即 $a+b=-c$，$a+c=-b$，$b+c=-a$ 时，$\frac{(a+b)(b+c)(a+c)}{abc}=\frac{(-c)(-a)(-b)}{abc}=-1$。当 $a+b+c\neq0$ 时，$k=2$，则 $\frac{(a+b)(b+c)(a+c)}{abc}=\frac{ck\cdot ak\cdot bk}{abc}=k^3=8$。综上，原式 $=8$ 或 -1。

11. $\pm\frac{1}{2}$ 【解析】分式没有意义，则分母为 0，即 $2|x|-1=0$，解得 $x=\pm\frac{1}{2}$。

12. 3 【解析】$\left(\frac{2m+n}{m^2-nm}+\frac{1}{m}\right)\cdot(m^2-n^2)=\left(\frac{2m+n}{m(m-n)}+\frac{m-n}{m(m-n)}\right)\cdot(m-n)(m+n)=\left(\frac{2m+n+m-n}{m(m-n)}\right)\cdot(m-n)(m+n)=\frac{3m}{m}\cdot(m+n)=3(m+n)=3$。

13. 【解析】$\left(1+\frac{3}{a-2}\right)\div\frac{a+1}{a^2-4}=\left(\frac{a-2}{a-2}+\frac{3}{a-2}\right)\div\frac{a+1}{a^2-4}=\frac{a+1}{a-2}\div\frac{a+1}{a^2-4}=\frac{a+1}{a-2}\cdot\frac{(a+2)(a-2)}{a+1}=a+2$。

14. 【解析】$\left(\frac{1}{x-4}-\frac{8}{x^2-16}\right)\cdot(x+4)=\left(\frac{x+4}{(x-4)(x+4)}-\frac{8}{x^2-16}\right)\cdot(x+4)=\frac{x-4}{(x-4)(x+4)}\cdot(x+4)=1$。

第四节　方　程

招教考向解读

考向 1 变式训练

D 【解析】用配方法解方程 $x^2-4x-4=0$，由配方法解方程的步骤可得，$x^2-4x=4$，$x^2-2\cdot 2x+4=4+4$，$(x-2)^2=8$。故选 D。

考向 2 变式训练

1.【解析】证明：因为在原方程中 $a=1$，$b=2k+1$，$c=k-1$，所以 $\Delta=(2k+1)^2-4\times1\times(k-1)=4k^2+4k+1-4(k-1)=4k^2+4k+1-4k+4=4k^2+5$，因为 $k^2\geqslant0$，所以 $4k^2+5>0$，所以不论 k 为何值，这个方程总有两个不相等的实数根。

2. A 【解析】一元二次方程 $x^2-3x+m=0$ 有两个不相等的实数根，则该方程的判别式为 $\Delta=9-4m>0$，解得 $m<\frac{9}{4}$。故选 A。

3. B 【解析】由题意得 a,b 为方程 $x^2-4x+1=0$ 的两根，则根据韦达定理有 $ab=\frac{1}{1}=1$，则 $\frac{1}{1+a^2}+\frac{1}{1+b^2}=\frac{1+b^2+1+a^2}{(1+a^2)(1+b^2)}=\frac{b^2+a^2+2}{a^2+b^2+1+a^2b^2}=\frac{b^2+a^2+2}{a^2+b^2+1+1}=1$。

4. C 【解析】由题意得 $\Delta=[-2(1-m)]^2-4m^2=4(m^2+1-2m)-4m^2=4-8m\geqslant0$，解得 $m\leqslant\frac{1}{2}$，$\therefore \alpha+\beta=-\frac{-2(1-m)}{1}=2-2m\geqslant1$。

5. $\left[\frac{14}{9},2\right)$ 【解析】因为一元二次方程 $x^2-4x+3m-2=0$ 有两个不相等的实数根，所以 $\Delta=(-4)^2-4(3m-2)=24-12m>0$，解得 $m<2$。因为 $3x_1x_2+x_1+x_2\geqslant12$，而 $x_1+x_2=4$，$x_1x_2=3m-2$，所以 $3(3m-2)+4\geqslant12$，解得 $m\geqslant\frac{14}{9}$，故 m 的取值范围是 $\left[\frac{14}{9},2\right)$。

6. $-\sqrt{26}$ 【解析】由根与系数的关系可知，$x_1+x_2=a$，$x_1x_2=6$，由 $x_1-x_2=\sqrt{2}$，可得 $(x_1-x_2)^2=(x_1+x_2)^2-4x_1x_2=a^2-24=2$，则 $a^2=26$，故 $a=\pm\sqrt{26}$，又$\because x_1,x_2<0$，$\therefore a<0$，故 a 的值为 $-\sqrt{26}$。

7.【解析】(1)由根与系数的关系可得 $x_1+x_2=2, x_1x_2=-4$，则 $(x_1-1)(x_2-1)=x_1x_2-(x_1+x_2)+1=-4-2+1=-5$。

(2)若 m,n 是方程 $x^2+x-2=0$ 的两个实数根，则 $m^2+m-2=0$①，$n^2+n-2=0$②，①－②可得 $m^2+m-2-n^2-n+2=m^2-n^2+m-n=(m-n)(m+n+1)=0$，∵ 方程 $x^2+x-2=0$ 的根的判别式 $\Delta=1+8=9>0$，则此方程有两个不同的实根，则 $m+n+1=0$，即 $m=-1-n$③，将③代入 m^2-m-2n 可得 $(-1-n)(-1-n-1)-2n=(1+n)(n+2)-2n=n^2+n+2$，由②可得 $n^2+n=2$，则 $m^2-m-2n=n^2+n+2=2+2=4$。

考向 3 变式训练

1. B 【解析】设乙队有 x 人，则甲队有 $(x-6)$ 人，有 $\frac{75(x-6)+73x}{x+x-6}=73.5$，解得 $x=9$，故乙队有 9 人。

2. B 【解析】设甲商品原价是 x 元，乙商品原价是 y 元，则 $\begin{cases}\frac{x}{y}=\frac{7}{4},\\ \frac{x+50}{y+50}=\frac{8}{5},\end{cases}$ 解得 $x=350, y=200$，故甲商品原价是 350 元。

3. D 【解析】设实际工作时每天绿化的面积为 x 万平方米，由题意可列方程 $\frac{60}{\frac{60}{x}+30}\times(1+25\%)=x$，解得 $x=0.5$。故选 D。

4. 250 【解析】设需要再加入 x kg 浓度为 5% 的硫酸溶液，则 $\frac{200\times50\%+5\%x}{200+x}=25\%$，解得 $x=250$，故再加入 250kg 浓度为 5% 的硫酸溶液，就可以配制成浓度为 25% 的硫酸溶液。

必刷好题

招教高频基础刷

1. D 【解析】∵ $\frac{1}{x}-\frac{2}{x+1}=\frac{4}{x^2-1}$，∴ $x\neq0, x+1\neq0, x^2-1\neq0$，原分式方程左右两边同时乘 $x(x^2-1)$，得 $\frac{1}{x}\cdot x(x^2-1)-\frac{2}{x+1}\cdot x(x^2-1)=\frac{4}{x^2-1}\cdot x(x^2-1)$，化简得 $x^2-1-2x\cdot(x-1)=4x$，

解得 $x=-1$，$\because x+1\neq0,x^2-1\neq0$，$\therefore x\neq-1$，$\therefore$ 分式方程无解。

2. A 【解析】根据题意可知，甲、乙两人同时出发，同时到达，则所用时间相等。甲的速度为 $(x+2)$ 千米/时，则甲从 A 地到 C 地所用的时间为 $\frac{110}{x+2}$ 小时，乙从 B 地到 C 地所用的时间为 $\frac{100}{x}$ 小时，则可列方程为 $\frac{110}{x+2}=\frac{100}{x}$。

3. A 【解析】$\because$ 关于 x 的分式方程无解，$\therefore x=\pm2$，$\because \frac{kx}{x^2-4}=\frac{3}{x+2}-\frac{2}{x-2}$，分式两边同时乘 $(x+2)(x-2)$，则 $kx=3\cdot(x-2)-2(x+2)=x-10$，$\therefore x=-\frac{10}{k-1}$，$\therefore$ 当 $x=-\frac{10}{k-1}=2$ 时，$k=-4$；当 $x=-\frac{10}{k-1}=-2$，$k=6$；当 $k=1$ 时，此时 $x=-\frac{10}{k-1}$ 无解。$\therefore k$ 的值是 1 或 -4 或 6，故选 A。

4. D 【解析】原方程有两个不相等的实数根，则 $\Delta=(-4)^2-4a\cdot(-1)>0$，解得 $a>-4$。$\because$ 原方程是一元二次方程，$\therefore a\neq0$。综上，a 的取值范围是 $a>-4$ 且 $a\neq0$。

5. B 【解析】$\because a,b$ 是方程 $x^2+x-2022=0$ 的两个实数根，$\therefore x^2+x=2022$，由韦达定理得 $a+b=-\frac{1}{1}=-1$，故 $a^2+2a+b=a^2+a+a+b=2022-1=2021$。

6. C 【解析】$\because (x-3)(x+2)=p^2$（p 常数），$\therefore x^2-x-6-p^2=0$，$\therefore \Delta=b^2-4ac=1+24+4p^2>0$，$\therefore$ 方程有两个不相等的实数根。根据根与系数的关系，方程的两个根的积为 $-6-p^2<0$，$\therefore$ 方程有一个正根，一个负根。

7. B 【解析】$\because x^2-8x+15=0$，$\therefore (x-3)(x-5)=0$，解得 $x_1=3,x_2=5$。$\because$ 三角形的周长是 12，$\therefore$ 第三边的边长是 $12-3-5=4$，$3^2+4^2=5^2$，可知该三角形为直角三角形，则该三角形的面积是 $\frac{1}{2}\times3\times4=6$。

8. C 【解析】由一次函数的图象可得，$k<0,b<0$，而关于 x 的一元二次方程 $x^2+bx+k-1=0$，$\Delta=b^2-4(k-1)>0$，方程有两个不相等的实数根。

9. D 【解析】$\because a,b$ 是方程 $x^2-3x-5=0$ 的两根，$\therefore a^2-3a=5,b^2-3b=5$，由韦达定理得 $a+b=-\frac{-3}{1}=3$，而代数式 $2a^3-6a^2+b^2+7b+1=2a(a^2-3a)+b^2+7b+1=2a\cdot5+b^2-3b+10b+1=10a+5+10b+1=10(a+b)+6=36$。

10. A 【解析】$\because$ 原方程是一元二次方程，$\therefore a+2\neq0$，即 $a\neq-2$，又$\because$ 原方程有实数根，$\therefore \Delta=(-3)^2-4(a+2)\cdot1\geqslant0$，解得 $a\leqslant\frac{1}{4}$。综上，a 的取值范围是 $a\leqslant\frac{1}{4}$ 且 $a\neq-2$。

11. 0 或 4 【解析】可用配方法解方程，$x^2-4x=0$，即 $x(x-4)=0$，解得 $x=0$ 或 4。

12. 4 【解析】$\because \frac{3}{1-x}$ 与 $\frac{4}{x}$ 互为相反数，$\therefore \frac{3}{1-x}=-\frac{4}{x}$，解得 $x=4$。

13. $\frac{3}{2}$；$-\frac{1}{4}$ 【解析】$\because (y+2)^2=(3y-1)^2$，当 $y+2=3y-1$ 时，$y=\frac{3}{2}$；$y+2=-(3y-1)$ 时，$y=-\frac{1}{4}$。

14. 3 【解析】关于 x 的方程有两个实数根，且有 $\frac{1}{\alpha}+\frac{1}{\beta}=1$，所以 $\alpha\neq0,\beta\neq0,m\neq0$，由韦达定理得 $\alpha+\beta=-\frac{-2m}{1}=2m,\alpha\beta=\frac{m^2-m}{1}=m^2-m,\therefore \frac{1}{\alpha}+\frac{1}{\beta}=1=\frac{\beta+\alpha}{\alpha\beta}=\frac{2m}{m^2-m}=\frac{2}{m-1}$，解得 $m=3$。

15. 8 或 -8 【解析】分式方程的增根是 4 或 -4，原分式方程左右两边同时乘 $(x+4)(x-4)$，得 $x-4+x+4=k$，解得 $x=\frac{k}{2}$，$\because$ 原分式方程有增根，$\therefore k=8$ 或 -8。

16. 7 【解析】$\frac{3}{x-1}=\frac{2}{x-3}$，方程两边同时乘 $(x-1)(x-3)$，得 $3(x-3)=2(x-1)$，解得 $x=7$。

17. 1 【解析】$\because$ 原方程有一个根为 0，将 $x=0$ 代入得 $k^2+k-2=0$，解得 $k=1$ 或 -2。$\because$ 原方程是一元二次方程，$\therefore k+2\neq0$，即 $k\neq-2$。综上 $k=1$。

18. $m<-2$ 且 $m\neq-3$ 【解析】去分母，得 $3x=-m+2(x-1)$，即 $x=-m-2$。$\because$ 关于 x 的分式方程 $\frac{3x}{x-1}=\frac{m}{1-x}+2$ 的解为正数，$\therefore -m-2>0$，又 $\because x-1\neq0$，$\therefore x\neq1$，$\therefore -m-2\neq1$。

$\therefore \begin{cases}-m-2>0,\\-m-2\neq1,\end{cases}$ 解得 $m<-2$ 且 $m\neq-3$。

19. 4 【解析】$\because \alpha,\beta$ 是一元二次方程 $x^2+3x-7=0$ 的两个根，由韦达定理得 $\alpha+\beta=-\frac{3}{1}=-3$，将 $x=\alpha$ 代入得 $\alpha^2+3\alpha-7=0$，则 $\alpha^2+4\alpha+\beta=\alpha^2+3\alpha+\alpha+\beta=7-3=4$。

20. -1 【解析】$\because$ 关于 x 的方程有两个实数根，$\therefore \Delta=[2(m-1)]^2-4(m^2-m)\geqslant0$，解得 $m\leqslant1$。由韦达定理得 $\alpha+\beta=-\frac{2(m-1)}{1}=2(1-m)$，$\alpha\beta=\frac{m^2-m}{1}=m^2-m$，则 $\alpha^2+\beta^2=12=(\alpha+\beta)^2-2\alpha\beta=[2(1-m)]^2-2(m^2-m)$，解得 $m=-1$ 或 4。$\because m\leqslant1$，所以 $m=-1$。

专题二　小学奥数

考向 1 变式训练

1. $9\frac{2}{3}$　**【分析】**本题有分数乘法、除法，还有循环小数，可以根据分数乘除法之间的关系、循环小数与分数的关系，进行转化，使计算灵活、简便。

【解析】原式 $=\left[(12\times5+12)\times\frac{13}{18}-\frac{2}{3}\right]\times\frac{2}{11}+\frac{1}{3}$

$=\left(72\times\frac{13}{18}-\frac{2}{3}\right)\times\frac{2}{11}+\frac{1}{3}=\left(4\times13-\frac{2}{3}\right)\times\frac{2}{11}+\frac{1}{3}$

$=\frac{52\times2}{11}-\frac{2}{3}\times\frac{2}{11}+\frac{1}{3}=\frac{52\times2\times3}{11\times3}-\frac{4}{33}+\frac{11}{33}=9\frac{2}{3}$。

2. $\frac{35}{53}$　**【分析】**本题分子、分母的数都比较大，较难约分。可考虑先把第三个分数的分母算出来，然后逐个发现分子、分母的公因数。在正常的解题过程中，要敢于运用大的公因数。2014 和 5567 有公因数 19，4102 与 1960 有公因数 14，……（也可先分解分子，分母，从中发现公因数）

【解析】原式 $=\frac{1960}{2014}\times\frac{3058}{4102}\times\frac{5567}{6116}=\frac{1960}{2014}\times\frac{1}{4102}\times\frac{5567}{2}$

$=\frac{140}{106}\times\frac{1}{293}\times\frac{293}{2}=\frac{35}{53}$。

考向 2 变式训练

1. =　**【分析】**观察式子，可以用作差比较法。

【解析】$\left(2017\frac{2015}{2016}+2016\frac{2013}{2017}\right)-\left(2018\frac{2015}{2016}+2015\frac{2013}{2017}\right)$

$=\left(2017+\frac{2015}{2016}+2016+\frac{2013}{2017}\right)-\left(2018+\frac{2015}{2016}+2015+\frac{2013}{2017}\right)$

$=(2017+2016-2018-2015)+\left(\frac{2015}{2016}+\frac{2013}{2017}-\frac{2015}{2016}-\frac{2013}{2017}\right)$。

$=0+0=0$。

2. 120　**【解析】**先估算分母的大小，$\because \frac{1}{2160}+\frac{1}{2161}+\cdots+\frac{1}{2177}<\frac{1}{2160}+\frac{1}{2160}+\cdots+\frac{1}{2160}=$

$\frac{18}{2160}$,$\therefore A>\frac{2160}{18}$,又$\because \frac{1}{2160}+\frac{1}{2161}+\cdots+\frac{1}{2177}>\frac{1}{2177}+\frac{1}{2177}+\cdots+\frac{1}{2177}=\frac{18}{2177}$,$\therefore A<\frac{2177}{18}$,即

$120<A<120\frac{17}{18}$,则 A 的整数部分是 120。

考向 3 变式训练

【解析】原式 $=\frac{\frac{2\times3+1}{2}}{\frac{2\times3+1}{3}}\times\frac{\frac{4\times3-1}{3}}{\frac{4\times3-1}{4}}\times\frac{\frac{5\times4+1}{4}}{\frac{5\times4+1}{5}}\times\frac{\frac{6\times5-1}{5}}{\frac{6\times5-1}{6}}\times\cdots\times\frac{\frac{2016\times2015-1}{2015}}{\frac{2016\times2015-1}{2016}}\times$

$\frac{\frac{2017\times2016+1}{2016}}{\frac{2017\times2016+1}{2017}}=\frac{3}{2}\times\frac{4}{3}\times\frac{5}{4}\times\frac{6}{5}\times\cdots\times\frac{2016}{2015}\times\frac{2017}{2016}=\frac{2017}{2}$。

考向 4 变式训练

【解析】因为$\frac{\frac{1}{1}+\frac{1}{3}}{\frac{1}{1}\times\frac{1}{2}\times\frac{1}{3}}=\frac{\frac{4}{3}}{\frac{1}{6}}=2\times4$,$\frac{\frac{1}{2}+\frac{1}{4}}{\frac{1}{2}\times\frac{1}{3}\times\frac{1}{4}}=\frac{\frac{3}{4}}{\frac{1}{24}}=3\times6$,…,

所以原式 $=2\times4+3\times6+4\times8+5\times10+6\times12+7\times14+8\times16+9\times18+10\times20=2\times(2^2+3^2+\cdots+10^2)=2\times(10\times11\times21\div6-1^2)=768$。

考向 5 变式训练

1.**【解析】**由题意知,假设少修 200 米,也就是修 $1000-200=800$(米),那么剩下部分正好是全长的$\frac{3}{5}$,因此已修的 800 米占全长的$\left(1-\frac{3}{5}\right)$,所以这条公路全长为$(1000-200)\div\left(1-\frac{3}{5}\right)=2000$(米)。

答:这条公路全长 2000 米。

2.**【解析】**从下层拿出 16 本书放入上层后两层书本数相等,则原来的下层就比上层多 $16\times2=32$(本)书,那么书架共有图书 $32\div\left(1-\frac{2}{5}-\frac{2}{5}\right)=160$(本)。

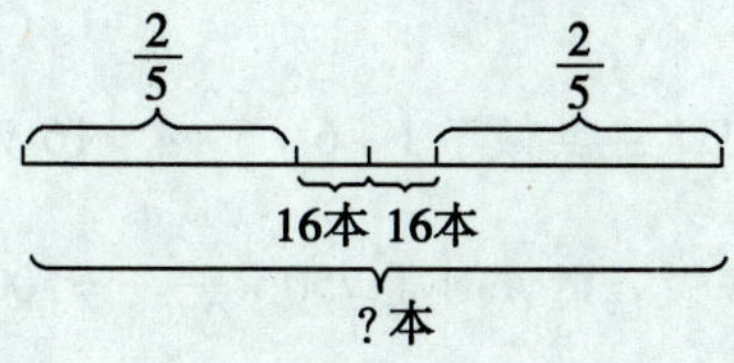

答:书架共有图书160本。

考向6 变式训练

1.【解析】设原有浓度为40%的食盐水有x克,原有浓度为10%的食盐水有y克,由题意列方程组得:

$$\begin{cases}\dfrac{40\%x+10\%y}{x+y}=30\%,\\ \dfrac{30\%(x+y)+300\times20\%}{x+y+300}=25\%,\end{cases}\text{解得}\begin{cases}x=200,\\ y=100。\end{cases}$$

答:原有浓度为40%的食盐水有200克。

2.【解析】设加入x克水就能制成含盐率为12%的盐水。由题意列出方程:$\dfrac{600\cdot20\%}{600+x}=12\%$,解得$x=400$。

答:加入400克水就能制成含盐率为12%的盐水。

考向7 变式训练

【解析】根据乘法交换律可知,存期排列顺序与利息无关。故只有四种存法:①四次一年期;②两次一年期,一次两年期;③一次一年期,一次三年期;④两次两年期。注意到$(1+0.01098)\times(1+0.01098)\approx1.02208<1+0.02340$,即连续存两次一年期的收益小于存一次两年期的收益,因此①②两种存法不如④合算。经计算可知,存法③能获利$1.01098\times1.03672-1\approx0.04810$,存法④能获利$1.02340\times1.02340-1\approx0.04735$。故存法③可获得最大收益,将得到利息约$10\,000\times0.04810=481$(元)。

考向8 变式训练

D 【解析】时钟敲3下,6秒钟敲完,有2个间隔,则每隔3秒敲一下。7点钟敲7下,有6个间隔,需$3\times6=18$(秒)敲完,故选D。

考向9 变式训练

1. C 【解析】完成这项工作四人一共做了$1+6+5+4=16$天,即平均每个人需做4天。A多做了2天,B多做了1天,C没有多做。则A可得$750\times\dfrac{2}{2+1}=500$元。故本题选C。

2. C 【解析】可设每个出水口每分钟的出水量为1份，由题意得，进水管每分钟的进水量为$(2\times8-3\times5)\div(8-5)=\frac{1}{3}$份，出水管未开之前池水中的水量为$2\times8-\frac{1}{3}\times8=\frac{40}{3}$份，则出水管比进水管晚开$\frac{40}{3}\div\frac{1}{3}=40$分钟。

3. 96 【解析】设每头牛每天吃草1份，由题意可得，每天长草的数量为$(30\times60-70\times24)\div(60-24)=\frac{10}{3}$(份)，原有草量为$70\times24-\frac{10}{3}\times24=1600$(份)，则20头牛吃完这片草的天数为$1600\div(20-\frac{10}{3})=96$天。

考向10 变式训练

1. C 【解析】甲、乙用15分钟合走了全程的两倍，甲用12分钟走了全程，设甲、乙的速度分别为$v_{甲}$，$v_{乙}$，则$15(v_{甲}+v_{乙})=2\times12v_{甲}$，整理可得$v_{甲}:v_{乙}=5:3$。

2.【解析】如果小华的车子不坏的话，当小明到达终点时，小华将会比小明多行$34\times24\div60=13.6$千米，小华每小时比小明多行$34-30=4$千米，多行13.6千米需要$13.6\div4=3.4$小时，而实际上，小明行驶时间也是3.4小时，故总路程为$30\times3.4=102$千米。

本题也可直接列方程求解。设路程为S千米，则可列方程$\frac{S}{30}=\frac{S}{34}+\frac{24}{60}$，解得$S=102$。

考向11 变式训练

丙；150 【解析】原计划甲、乙、丙三人所得占总数的$\frac{5}{12}$，$\frac{4}{12}$，$\frac{3}{12}$，实际上三人所得占总数的$\frac{7}{18}$，$\frac{6}{18}$，$\frac{5}{18}$，比较分数可知乙没变，甲少了，丙多了。丙多了总量的$\frac{1}{36}$，也就是15个，因此总量为36×15，丙实际所得糖果数为$36\times15\times\frac{5}{18}=150$(块)。

考向12 变式训练

【解析】如图，各图中阴影部分的面积即为将绳子分别拴在A、B、C、D处时羊的活动区域，图(1)中阴影部分面积为一个半径为4 m的半圆加上一个圆心角90°，半径为1 m的小扇形面积之和；图(2)中阴影部分的面积为一个半径为4 m的半圆加上一个圆心角为90°，半径为4 m的大扇形面积之和；图(3)中阴影部分面积与图(1)阴影部分面积相等；图(4)中阴影部分面积为一个半径为4m的半圆面积。这样，不用计算就能发现：$S_{阴影2} > S_{阴影1} = S_{阴影3} > S_{阴影4}$，所以应将绳子拴在$B$处的木桩上。

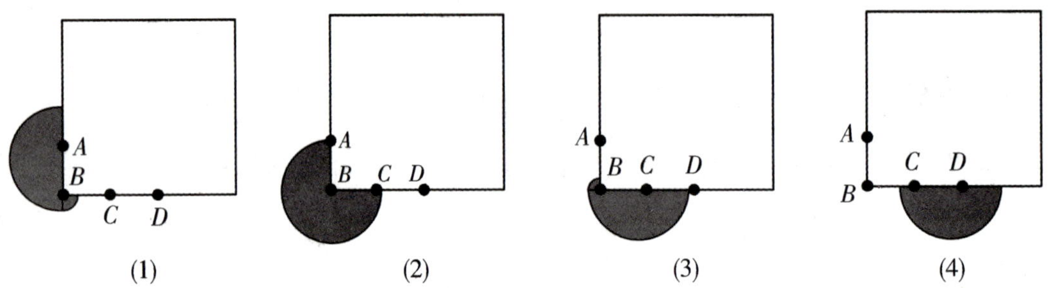

考向13 变式训练

【解析】将原图中的等边三角形逆时针旋转30°，得到如图，因为$\triangle AOD$、$\triangle BOD$都是等边三角形，所以四边形$AOBD$是菱形，可知$S_{\triangle AOB} = S_{\triangle ADB}$，又因为弦$AD$所对的弓形与弦$BD$所对的弓形面积相等，则扇形$AOB$中的阴影部分面积占一半。同理，在扇形$AOC$，扇形$BOC$中，阴影部分面积也占一半。

所以，阴影部分面积占圆面积的一半，为$10 \div 2 = 5$(平方米)。

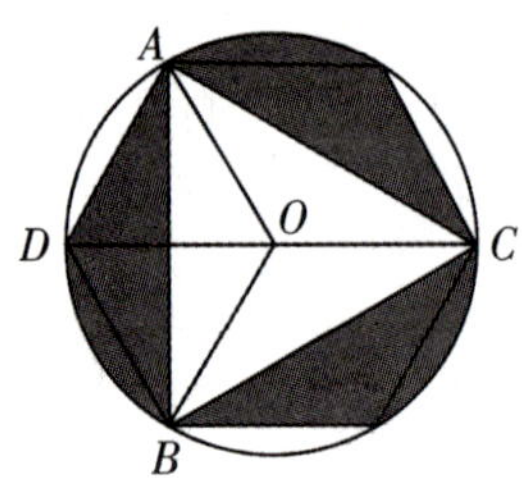

考向14 变式训练

【解析】(1)空心圆柱的体积为：

$1 \times \pi \times \left[\left(\frac{120}{2}\right)^2 - \left(\frac{60}{2}\right)^2\right] = 3.14 \times 2700 = 8478$(立方厘米)。

(2)由题意知，这卷铜版纸的层数：$(120 - 60) \times 10 \div 0.25 \div 2 = 1200$(层)，

这卷铜版纸的平均直径：$\frac{(120 + 60)}{2} = 90$(厘米)$= 0.9$(米)，

这卷铜版纸的平均周长：$0.9 \times 3.14 = 2.826$(米)，

这卷铜版纸的长度即总周长：$2.826 \times 1200 = 3391.2$(米)。

答:空心圆柱的底面积为8478平方厘米,这卷铜版纸的总长为3391.2米。

考向15 变式训练

【解析】数学得满分的记为A,语文得满分的记为B,数学、语文都是满分的记为$A\cap B$,则至少有一门得满分的为$A\cup B$。$n(A\cup B)=15+12-4=23$,即共有23人至少有一门得满分。

考向16 变式训练

1. 等边三角形中任意一点到三边的距离之和等于它的高 【解析】在这三个图形中,大三角形是等边三角形,里边镶嵌着三个黑色三角形。从左向右观察,其中上边两个黑色三角形按照顺时针的方向发生了旋转,但是形状没有发生变化,当然黑色三角形的高也没有发生变化。左起第一个图形中黑色三角形的高的和是等边三角形中一点到三边的距离之和,最后一个图形中,三个黑色三角形高的和是等边三角形的高。所以,等边三角形中任意一点到三边的距离之和等于它的高。

2. $2n+1$ 【解析】当三角形内有1个点时,能分成3个小三角形;当有2个点时,能分成5个小三角形;当$n=3$时,能分成7个三角形,……,故当三角形内有n个点,连同三角形的顶点共$n+3$个点时,共能分成$2n+1$个三角形。

考向17 变式训练

甲、乙 【解析】D证人说了实话,则C证人说的证词是假的,则A、B两个证人说的没有一个是真的,即都是假的,所以甲、乙都有罪。

考向18 变式训练

【解析】钟面上有60格,它的$\frac{1}{4}$是15格,因而两针成直角的时候相差15格(包括分针在时针的前或后15格两种情况)。

四点整的时候,分针在时针后(5×4)格,如果分针在时针后与它成直角,那么分针就要比时针多走$(5\times4-15)$格,如果分针在时针前与它成直角,那么分针就要比时针多走$(5\times4+15)$格。

再根据1分钟分针比时针多走$\left(1-\frac{1}{12}\right)$格就可以求出两针成直角的时间。

$(5\times4-15)\div\left(1-\frac{1}{12}\right)\approx6$(分),$(5\times4+15)\div\left(1-\frac{1}{12}\right)\approx38$(分)。

答:大概4点06分及4点38分时两针成直角。

考向19 变式训练

【分析】两个孩子从下走到上,他们各自走过的梯级加上自动扶梯在他们各自需要的时间内上升的梯级数都等于扶梯的长度。

【解析】设每秒钟自动扶梯上升a级,那么扶梯的长度等于男孩在40秒钟走过的$40\times2=80$级加上自动扶梯上升的$40a$级,也等于女孩50秒钟走过的$50\div2\times3=75$级加上自动扶梯上升的$50a$级,则可得:$40\times2+40a=50\div2\times3+50a$,解得$a=0.5$。所以当扶梯静止时,扶梯可看见的阶梯共有$40\times2+40a=80+40\times0.5=100$(级)。

考向20 变式训练

D **【解析】**由题意知,617□□□最小是617 000,能被3,5,7整除的最小数是105,则这个六位数减去1是105的整数倍,设这个倍数为$t(t\in\mathbf{Z})$,由于617 000能整除5,则这个六位数大于617 000,从而有$105t+1>617\ 000$,解得$t>5876$,即$t_{\min}=5877$,代入$105t+1=617\ 086$,故这个六位数的十位数字是8。

考向21 变式训练

1. B **【解析】**由于一年中有12个月,$25\div12=2\cdots\cdots1$,根据抽屉原理,可知25个8岁的小朋友中至少有3个小朋友在同一个月出生。

2. **【解析】**首先考虑买书的几种可能性,买一本、两本、三本共有7种类型(即语、数、外、语数、语外、数外、语数外),那把7种类型的书看作7个抽屉,把人看成元素。要保证至少有一个抽屉里有2个人,那么去的人数应大于抽屉数。所以至少要去$7+1=8$(名)学生才能保证一定有两位同学买到相同的书。

考向22 变式训练

【解析】设乙户用水x吨,甲户用水y吨,且$x,y\in\mathbf{N}$,根据题意有$x+y=65$,其中$y>24$,则:当$0\leqslant x\leqslant24$时,$24\cdot3+5(y-24)-3x=35$,则$72+5y-120-3x=35$,将$y=65-x$代入化简,得$8x=$

242，解得 $x=30.25$，矛盾。

当 $x>24$，$y>24$ 时，$5(y-24)-5(x-24)=35$，则 $5y-120-5x+120=35$，化简得 $y-x=7$，将 $y=65-x$ 代入得到 $10x=290$，解得 $x=29$，符合题意，甲户用水量为 $65-29=36$ 吨。

答：甲户这个月交水费：$3\times24+5\times(36-24)=132$ 元；乙户这个月应交水费：$132-35=97$元。

考向 23 变式训练

【解析】对任意位置的 R 应取格点，如图所示，才能使 PQ 边上的高 RB 最长，然后再使 PQ 尽量大，即 P 应在正方形的边上，如图标示的字母，由“沙漏模型”，得 $\frac{PQ}{RQ}=\frac{AQ}{RB}$，则 $PQ\times RB=AQ\times RQ=4\times4=16$，由构造过程可得，$S_{\triangle PQR}=\frac{1}{2}\times PQ\times RB=8$。答：$\triangle PQR$ 的最大面积为 8。

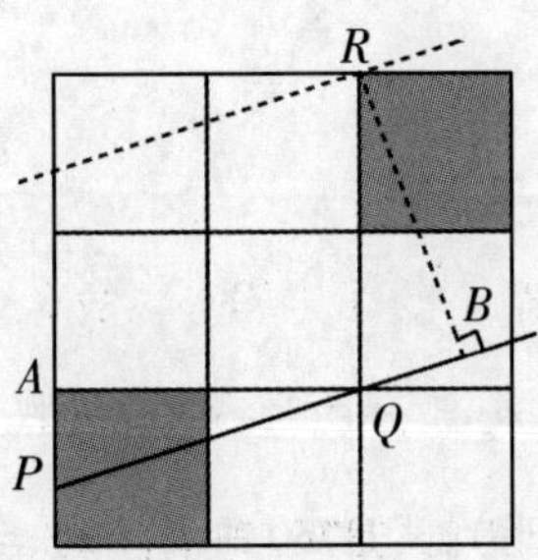

考向 24 变式训练

【分析】按照解一般分数应用题的方法，这道题的关键是找到“35 本”书的对应分率，但是结合题意，寻找这个对应分率较为困难，可以采用整体分析的方法。

【解析】两次打包共打了 $14+11=25$ 包，由此可得每包书的本数正好占这批书的 $\frac{1}{25}$，那么，开始打的 14 包则占这批书的 $\frac{14}{25}$，显然，第一次打包后所剩的“35 本”就占这批书的 $\frac{7}{12}$ 与 $\frac{14}{25}$ 的差，因此，这批图书有 $35\div\left(\frac{7}{12}-\frac{14}{25}\right)=35\div\frac{7}{300}=1500$（本）。

答：这批图书共有 1500 本。

考向 25 变式训练

【解析】设第三局后每人手中都有 x 点，由题意可列如下表：

	甲(点)	乙(点)	丙(点)	点数总和
第三局后	x	x	x	$3x$
第二局后	$\frac{x}{2}$	$2x$	$\frac{x}{2}$	$3x$
第一局后	$\frac{x}{4}$	x	$\frac{7x}{4}$	$3x$
开始时	$\frac{13x}{8}$	$\frac{x}{2}$	$\frac{7x}{8}$	$3x$

因为三局后甲手中的点数比开始时减少了 100 点，即$\frac{13}{8}x-x=100$，解得 $x=160$。于是$\frac{13}{8}x=\frac{13}{8}\times160=260$(点)。

答：开始时，甲手中有 260 点。

考向 26 变式训练

【解析】直角三角形与长方形有重叠部分的过程即由图(1)的状态变为图(2)的状态，三角形与长方形相对移动了 $10+20=30$(厘米)，用时 $30\div(1+3)=7.5$(秒)。

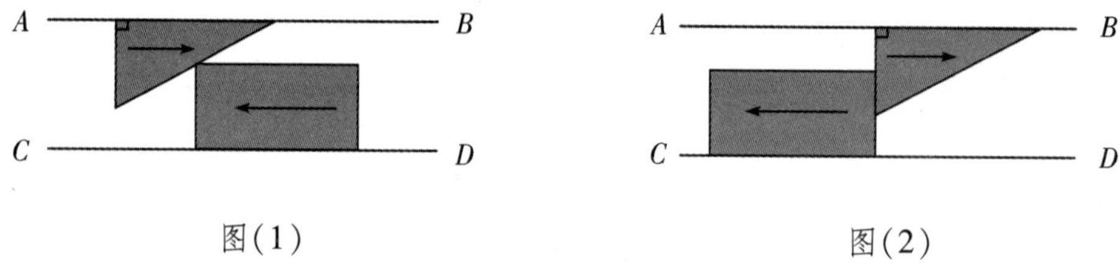

图(1)　　图(2)

直角三角形与长方形在移动过程中有重叠部分的面积不变的过程即由图(3)的状态变为图(4)的状态，三角形与长方形相对移动了 10 厘米，用时 $10\div(1+3)=2.5$(秒)。

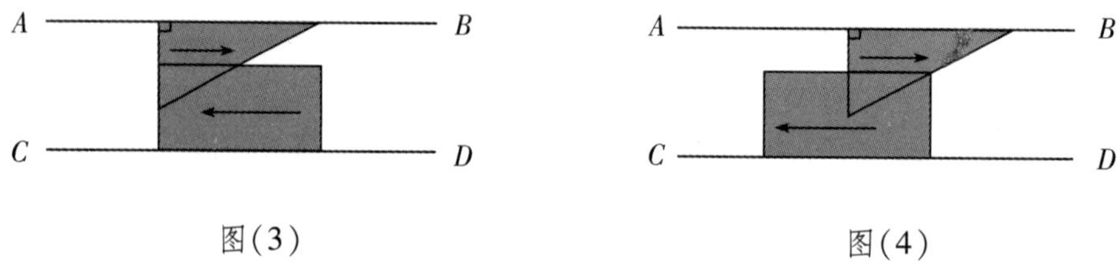

图(3)　　图(4)

考向 27 变式训练

【解析】至少有一个面上涂有黑色的小正方体的个数是 20 个。大正方体前面中心的一个小正

方体,以及它后面的两个小正方体(共3个)没有涂黑,顶面中间一排左右两个小正方体,及其底面相对应的两个小正方体没有涂黑,所以总共有7个小正方体没有涂黑,其余20个小正方体至少有一个面涂黑了。

考向28 变式训练

【解析】在2,3,4,5,…,2013,2014这一列数中,共有1007个偶数,1006个奇数,而且这一列数是连续的自然数。又因为相邻的两个自然数一定是互质数,如果甲先擦去一个偶数2,就还剩下1006个偶数和1006个奇数,这时乙擦去某一个奇数时,甲就擦去其后面相邻的那个偶数,乙擦去某一个偶数时,甲就擦去其前面相邻的那个奇数,如此这般地擦下去,就只剩下相邻的一奇数一偶数,它们必是互质数,甲必胜。

考向29 变式训练

3 【解析】①将63个乒乓球分成个数分别为16,16,16,15的4份,每个托盘上放16个球。②如果重量一样,那么较轻的在15个球的那份里,然后将15个球分成个数分别为4,4,4,3的四份,每个托盘上放4个;如果重量不一样,则把较轻一堆的16个球分成4,4,4,4的四份,称其中的三份。③通过第二步找出较轻的那一份,做最后一次称重即可。

考向30 变式训练

【解析】由于二进制七位数的最小值为1 000 000,其对应的十进制数为64,二进制七位数的最大值为1 111 111,其对应的十进制数为127,因此,这个十进制数$\overline{abc}$应当在64~127之间,且$a\neq0$。又这个二进制七位数的后六位是$\overline{abcabc}$,所以这个二进制七位数是$\overline{1abcabc}$,且$0\leqslant b\leqslant1$,$0\leqslant c\leqslant1$(二进制中没有超过2的数)。$\overline{1abcabc}_{(2)}=1\times2^6+a\times2^5+b\times2^4+c\times2^3+a\times2^2+b\times2^1+c\times2^0=64+32a+16b+8c+4a+2b+c=64+36a+18b+9c$,则$64\leqslant64+36a+18b+9c\leqslant127$,故$a$只能为1,则$\overline{1abcabc}_{(2)}=100+18b+9c$,由于$\overline{abc}_{(10)}=100a+10b+c$,$\overline{abc}_{(10)}=\overline{1abcabc}_{(2)}$,所以$10b+c=18b+9c$,可得$b=c=0$。故这个十进制的三位数$\overline{abc}$是100。

必刷好题

招教高频基础刷

1. A 【解析】原盐水中盐的质量为3.8克，加入2克盐后，盐与盐水的比例为$(2+3.8):40=14.5\%$。故选A。

2. D 【解析】设小刚今年x岁，则小强今年$(2x-3)$岁，由题意可得$2x-3-x=6$，解得$x=9$，小强的年龄$2x-3=15$岁，两人今年的年龄之和是$9+15=24$岁。

3. B 【解析】第一层是平地，把每层楼的距离看作1，则乙到达第6层楼时，乙行走的距离是5，甲上楼的速度比乙快一倍，则甲行走的距离是$2\times5=10$，加上一楼，甲在第11层。

4. C 【解析】除去4个顶点分别种一棵外，每边分别再种8棵，则四周一共种了$4\times8+4=36$棵。

5. C 【解析】$\because$ 第一个图形有4根火柴棍：$1\times2+1\times2=4$；第二个图形有12根火柴棍：$2\times3+2\times3=12$；第三个图形有24根火柴棍：$3\times4+3\times4=24$，……，$\therefore$ 第n个图形中火柴棍的根数为：$n(n+1)+n(n+1)=2n(n+1)$。则第100个图形中有火柴棍的根数为$2\times100\times101=20200$。

6. A 【解析】设底面的半径为R，则可知底面的周长为$2\pi R$，即侧面展开图正方形的边长为$2\pi R$，由题意可知，圆柱的高为$2\pi R$，所以圆柱的侧面积为$4\pi^2R^2$，底面积为πR^2，所以表面积为$2\pi R^2+4\pi^2R^2$，表面积与侧面积的比是$\frac{2\pi R^2+4\pi^2R^2}{4\pi^2R^2}=\frac{1+2\pi}{2\pi}$。

7. $1023\frac{1023}{1024}$ 【解析】原式$=S=\frac{1}{1024}+\frac{1}{512}+\cdots+\frac{1}{4}+\frac{1}{2}+1+2+4+\cdots+256+512$，$2S=\frac{1}{512}+\frac{1}{256}+\cdots+\frac{1}{4}+\frac{1}{2}+1+2+4+\cdots+256+512+1024$，$2S-S=S=1024-\frac{1}{1024}=1023\frac{1023}{1024}$。

8. 19.14 【解析】由圆心组成的正方形以外的阴影部分分为4个$\frac{3}{4}$圆，正方形内的空白部分分为4个半圆，所以阴影部分的面积等于正方形面积加1个圆的面积，则$S_{阴影}=4\times4+3.14=19.14$平方厘米。

9. 6 【解析】对方至少要报数1，至多报8，不论对方报什么数，只要可以做到两人所报数之和为9，而$123\div9=13\cdots\cdots6$，即第一次报数6，以后对方报数后，再报数，使一轮中两人报的数和为9，就能在13轮后达到123。

10. 3∶2 【解析】$v_{甲}-v_{乙}=10\div5=2$(米/秒),设 $v_{乙}=x$,则 $v_{甲}=x+2$,由题意可得$(4+2)x=4(x+2)$,解得 $x=4$。即甲、乙的速度分别为每秒6米,每秒4米,即 $v_{甲}:v_{乙}=3:2$。

11. 1948 【解析】因为 $44^2<2001<45^2$,$12^3<2001<13^3$,所以在前2001个正整数中有44个平方数,12个立方数,同时还有3个六次方数(1^6,2^6,3^6),由此得到所求正整数共有 $2001-44-12+3=1948$ 个。

12. 第一组;第三组 【解析】设三个组共有 x 人,则这批书有 $15x$ 本,第一组有 $15x\div35=\frac{3}{7}x$(人);第二组有 $15x\div42=\frac{5}{14}x$(人);第三组有 $x-(\frac{3}{7}x+\frac{5}{14}x)=\frac{3}{14}x$(人);因为$\frac{3}{7}>\frac{5}{14}>\frac{3}{14}$,所以第一组人数最多,第三组人数最少。

13. 6144 【解析】如图,共有 $4\times3\times2^9\times1^9=6144$ 种不同的染色方案。

4	2	2	2	2	2	2	2	2	2
3	1	1	1	1	1	1	1	1	1

14. 49 【解析】考虑绳子被对折后形成的弯。绳子对折3次,绳子共折成8段,其中有7个弯;绳子被剪6刀,即每段绳子被剪成7段,这样绳子共被剪成56段,由于有7个弯,把两段绳子连在一起,所以原来的绳子被剪成 $56-7=49$ 段。

15. 乙 【解析】甲认为的正确时间比标准时间慢10分钟,乙认为的正确时间比标准时间快10分钟,所以乙先到火车站。

16. 4 【解析】因为每人至多赛8场,所以除甲外,另外9人比赛的场数分别是0,1,2,3,4,5,6,7,8,由于同班两人不比赛,所以赛过8场的队员与赛过0场的队员同班,赛过5场的队员与3场的队员同班,所以乙赛过4场。

17. 四 【解析】由于损坏了40个,则还剩 $360-40=320$ 个,设单个进价为 a 元,则盈利 $[320\times(117\%\cdot a)-360a]\div360a=14.4a\div360a=4\%$。

18. 60 【解析】设$\overline{3ab}_{(10)}=\overline{4cd}_{(9)}=\overline{5ef}_{(8)}$,由于$4cd_{(9)}$在$400_{(9)}\sim488_{(9)}$之间,也就是$4\times9^2\sim5\times9^2-1$,也就是$324\sim404$;$5ef_{(8)}$在$500_{(8)}\sim577_{(8)}$之间,也就是$5\times8^2\sim6\times8^2-1$,也就是$320\sim383$;又知道$3ab_{(10)}$在$300_{(10)}\sim399_{(10)}$之间,所以,这样的三位数应该在$324\sim383$之间,于是满足条件的三位数共有 $383-324+1=60$ 个。

19. 1006 【解析】把三进制的数转化为八进制的数,首先将三进制的数化为十进制的数,再将十进制的数化为八进制的数。$201012_{(3)}=2\times3^5+0\times3^4+1\times3^3+0\times3^2+1\times3^1+2\times3^0=486+$

$27+3+2=518_{(10)}$，$518_{(10)}=1\times8^3+0\times8^2+0\times8^1+6\times8^0$。

20.【解析】设 A 车原来需要 t 分钟，则 B 车需要 $(t+10)$ 分钟，由 A，B 两车同时到达乙地可得方程 $(t-20)\div(1-\frac{1}{3})=(t+10-20)\div(1-\frac{1}{4})$，解得 $t=100$。由题意得，三辆车降速后行驶的时间都是 $(t-20)\div(1-\frac{1}{3})=120$ 分钟，而 C 车降速行驶的这段路程正常行驶需要 $\left(120\times\frac{4}{5}\right)$ 分钟，所以 C 车正常行驶完全程需 $20+120\times\frac{4}{5}=116$ 分钟。

答：C 车原定行驶完全程要用 116 分钟。

21.【解析】如图，只爱好体育的有 $55-4-15-17=19$ 人。设只爱好科学和文艺两项的有 x 人，由容斥定理，得 $55+56+51-17-4-x-15\times2=100$，解得 $x=11$，即只爱好科学和文艺两项的有 11 人。

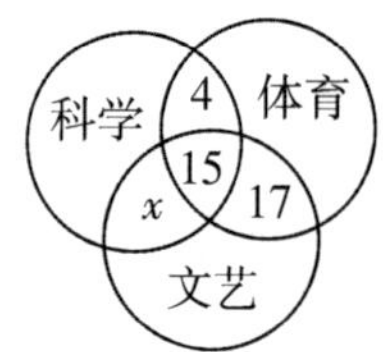

答：有 11 人只爱好科学和文艺两项；有 19 人只爱好体育。

22.【解析】甲、乙的工作效率之和为 $\frac{1}{3}\div8=\frac{1}{24}$，乙、丙的工作效率之和为 $\left(1-\frac{1}{3}\right)\times\frac{1}{4}\div2=\frac{1}{12}$，甲、乙、丙的工作效率为 $\left[\left(1-\frac{1}{3}\right)-\left(1-\frac{1}{3}\right)\times\frac{1}{4}\right]\div5=\frac{1}{10}$，丙的工作效率为 $\frac{1}{10}-\frac{1}{24}=\frac{7}{120}$，甲的工作效率为 $\frac{1}{10}-\frac{1}{12}=\frac{1}{60}$，丙应得报酬 $1800\times\frac{7}{120}(2+5)=735$（元），甲应得报酬 $1800\times\frac{1}{60}(8+5)=390$（元），乙应得报酬 $1800-390-735=675$（元）。

答：甲应得报酬 390 元，乙应得报酬 675 元，丙应得报酬 735 元。

23.【解析】两位数的数字和最小是 1，最大是 18，共 18 种。但数字和为 1 的只有 10 这一个数，数字和 18 的也只有 99 这一个数；数字和为 2 的只有 20，11；数字和为 17 的只有 98，89；数字和为 3 ~ 16 的两位数都有 3 个或 3 个以上。根据抽屉原理，班上至少有 $1+1+2+2+2\times14+1=35$ 位同学。

答：班上至少有 35 位同学才能保证所说的话正确。

24.【解析】三个小球体积为 $\frac{4}{3}\times\pi\times1^3\times3=4\pi$，$\frac{2}{5}-\frac{1}{3}=\frac{1}{15}$，所以圆柱容器体积的 $\frac{1}{15}$ 可装水

4π,容器最多可装水$4\pi\div\frac{1}{15}=60\pi\approx188.4$(立方分米)。

答:圆柱体容器最多装水188.4立方分米。

25.【解析】先选出一行放2个,有$C_3^1=3$种,排列这一行有$C_3^2=3$种,共有$3\times3=9$种;

如果第二行选择与放2个的行所在列不同,有1种,那么第三行就有3种选择,共有$1\times3=3$种;如果第二行选择与放2个的行所在列相同,有2种,那么第三行就有1种选择,共有$2\times1=2$种;所以总共有$9\times(3+2)=45$(种)。

26.【解析】相遇前甲、乙速度比为3:2,相遇时甲、乙分别走了全程的$\frac{3}{5}$,$\frac{2}{5}$,相遇后,甲、乙速度比为$(3\times120\%):(2\times130\%)=18:13$, $14\div\left(\frac{3}{5}-\frac{2}{5}\times\frac{13}{18}\right)=14\div\frac{14}{45}=45$(千米)。

答:A、B两地间的距离是45千米。

27.【解析】从甲地到乙地,顺水速度:$15+3=18$(千米/小时),甲、乙两地路程:$18\times8=144$(千米),从乙地到甲地的逆水速度:$15-3=12$(千米/小时),返回时逆行用的时间:$144\div12=12$(小时)。

答:从乙地返回甲地需要12小时。

28.【解析】由于第一堆棋子中黑子和第二堆棋子中的白子一样多且每堆棋子一样多,所以第一堆棋子中的白子与第二堆棋子中的黑子也一样多,则第一、二堆棋子混合后,黑、白棋子各占一半,其中黑子的数量占全部黑子总数的$1-\frac{2}{5}$,并且相当于全部棋子的$\frac{1}{3}$。所以白子总数占全部棋子的$1-\frac{1}{3}\div(1-\frac{2}{5})=\frac{4}{9}$。

答:白子总数占全部棋子的$\frac{4}{9}$。

29.【解析】(本题采用逆推法)由题意得,

$$\left\{\left[(2+3)\div\frac{1}{2}+2\right]\div\frac{1}{2}+1\right\}\div\frac{1}{2}=50(\text{本})。$$

答:A原有50本书。

30.【解析】设B种酒精的浓度为x,则A种酒精的浓度为$2x$。由题意得,

$$\frac{15\%\times1000+100\times2x+400x}{1000+100+400}=14\%,$$

解得$x=10\%$。所以$2x=20\%$。

答:A 种酒精的浓度为 20%。

31.【解析】设施工期间晴天的天数为 x 天,下雨的天数为 y 天。根据题意列出方程组:

$$\begin{cases}\frac{1}{10}x+\frac{1}{10}\times 0.3y=1,\\ \frac{1}{16}x+\frac{1}{16}\times 0.8y=1,\end{cases}\text{解得}\begin{cases}x=6.4,\\ y=12。\end{cases}$$

答:在施工期间,下雨的天数是 12 天。

32.【解析】如果设每个人每小时的淘水量为“1 个单位”,则船内原有水量与 3 小时内漏水总量之和等于每人每小时淘水量×时间×人数,即 1×3×10=30。

船内原有水量与 8 小时漏水量之和为1×5×8=40。

每小时的漏水量等于(40-30)÷(8-3)=2(即每小时进水量为 2 个单位,相当于每小时 2 人的淘水量)。

船内原有的水量为30-(2×3)=24。

如果这些水(24 个单位)要两小时淘完,并且在这 2 小时内漏进水量为 2×2=4 个单位,则需(24+4)÷2=14(人)。

答:如果要求 2 小时淘完,需要安排 14 人淘水。

专题三　集合与简易逻辑

第一节　集　合

考向 1 变式训练

1. C 【解析】A 项中很大的实数不具有确定性,A 错误;B 项自然数集 **N** 中最小的数是 0,B 错误;C 项,集合$\{y|y=x^2-1\}$是一个数集,集合$\{(x,y)|y=x^2-1\}$是一个点集,所以不是同一个集合,C 正确;D 项,$\sin 30°=\cos 60°$,不满足互异性,D 项错误。

2. B 【解析】根据集合中元素的确定性、无序性和互异性可知,当 $a=0$ 时,不满足元素的互异性,当 $b=0$ 时,$\{a,0,1\}=\{a^2,a,0\}$,则 $a^2=1$,解得 $a=-1$ 或 1。当 $a=1$ 时不满足互异性,应舍去,所以 $a=-1,b=0$。此时 $a^{2020}+b^{2020}=1$。

3. D 【解析】由 $A=\{1,2,3,4,5\}$,$B=\{(x,y)|x\in A,y\in A,x-y\in A\}$,可得 $x=2,y=1$;$x=3$,$y=1,2$;$x=4,y=1,2,3$;$x=5,y=1,2,3,4$,即 $B=\{(2,1),(3,1),(3,2),(4,1),(4,2),(4,3),(5,1),(5,2),(5,3),(5,4)\}$,$B$ 中所含元素的个数为 10。

4. -2 【解析】依题意 $xy>0$,得 $x\neq0$,故 $\lg(xy)=0$,即 $xy=1$,因此$\{x,1,0\}=\{0,|x|,y\}$。若 $x=|x|$,则 $x\geqslant0$,又 $x\neq0$,则 $x>0,y=1$,故 $x=y=1$ 与集合元素的互异性矛盾;若 $x=y$,$|x|=1$,则 $\begin{cases}x=1,\\y=1\end{cases}$ 或 $\begin{cases}x=-1,\\y=-1,\end{cases}$ 显然 $x=1$ 且 $y=1$ 与集合元素的互异性矛盾,故 $x=y=-1$,此时满足题意。故 $x+y=-2$。

考向 2 变式训练

1.【分析】由 $A\cup B=A$,转化为 $B\subseteq A$,即将集合的并集转化为集合的关系。

B 【解析】由 $A\cup B=A$ 可得 $B\subseteq A$,故 $m=3$ 或 $m=\sqrt{m}$,且 $m\neq1$,所以 $m=0$ 或 3,故选 B。

2.【分析】由题意知，集合 C 的子集即为集合$\{3,4\}$的子集的个数。

D 【解析】由 $A=\{1,2\}$，$B=\{1,2,3,4\}$，因为 $A\subseteq C\subseteq B$，所以根据子集的定义，集合 C 中必须含有元素 1，2，且可能含有元素 3，4，则原题即为求集合$\{3,4\}$的子集的个数，即为$2^2=4$ 个。

考向 3 变式训练

1. C 【解析】$A=\{x|2x+12-2x^2>0\}=(-2,3)$，$B=\{x|x<\ln e\}=(-\infty,1)$，$C=\{x|x\leqslant\ln2\}=(-\infty,\ln2]$，则$(A\cap B)\cap C=(-2,\ln2]$。

2. B 【解析】$A=\{0,1,2\}$，$B=\{x|x^2=1\}=\{-1,1\}$，则 $A\cup B=\{-1,0,1,2\}$。

3. B 【解析】$B=\{x||x|<3\}=\{-3<x<3\}$，则 $A\cap B=\{x|-1\leqslant x<3\}$。

4. B 【解析】$A=\left\{x\left|\frac{1-x}{x}\geqslant0\right.\right\}=\{x|0<x\leqslant1\}$，$B=\{x|2x-1>0\}=\left\{x\left|x>\frac{1}{2}\right.\right\}$，则集合 $A\cap B=\left(\frac{1}{2},1\right]$。

招教易错突破

变式训练

1. $[-1,+\infty)$ 【解析】因为 $B\subseteq A$，当 $B=\varnothing$时，$m+1\leqslant2m-1$，解得 $m\geqslant2$；当 $B\neq\varnothing$时，则有$\begin{cases}2m-1<m+1,\\2m-1\geqslant-3,\\m+1\leqslant4,\end{cases}$解得$-1\leqslant m<2$，综上得 $m\geqslant-1$。所以实数 m 的取值范围是$[-1,+\infty)$。

2. A 【解析】因为 $A=\{x\in\mathbf{Z}|-2<x<2\}=\{-1,0,1\}$，$B=\{x|y=\log_2x^2\}=\{x|x\neq0\}$，所以 $A\cap B=\{-1,1\}$。

3. B 【解析】因为 $M=\{y|y=2^x,x>0\}=\{y|y>1\}$，$N=\{x|y=\lg x\}=\{x|x>0\}$，所以 $M\cap N=(1,+\infty)$。

必刷好题

招教高频基础刷

1. D 【解析】集合 A 是集合 B 的子集，集合 A 不是空集，$\therefore 1<x<2\leqslant a$，则 a 的取值范围是 $a\geqslant 2$。

2. A 【解析】$\because$ 集合 $A=\{1,2\}$，$B=\{(x,y)\mid x\in A,y\in A,x-y\in A\}$，$\therefore B=\{(2,1)\}$。$\therefore B$ 的子集共有 2 个。

3. B 【解析】设 $y\in Y$，即 $y=(4k\pm 1)\pi,k\in\mathbf{Z}$，$\because 4k\pm 1$ 为奇数，$\therefore y\in X$，即 $Y\subseteq X$，又设 $x\in X$，即 $x=(2n+1)\pi,n\in\mathbf{Z}$，当 $n=2k$ 时，$x=(4k+1)\pi,x\in Y$，当 $n=2k-1$ 时，$x=(4k-1)\pi,x\in Y$，$\therefore x\in Y$，即 $X\subseteq Y$，$\therefore X=Y$。

4. C 【解析】根据集合的运算公式，既喜欢足球，又喜欢游泳的学生占学生总数的 $60\%+82\%-96\%=46\%$。

5. B 【解析】$\because A=\{x\mid y=\lg(x-x^2)\}=\{x\mid x-x^2>0\}=\{x\mid 0<x<1\}$，$B=\{x\mid x^2-cx<0,c>0\}=\{x\mid 0<x<c\}$，$\because A\subseteq B$，则 $0<x<1\leqslant c$，故 $c\geqslant 1$。

6. B 【解析】A 项，定义不明确，非常接近不知道到底是多接近；C 项，定义不明确，视力比较好的同学不明确到底多好叫作视力好；D 项，相差很小是多小，不明确。故选 B。

7. 6 【解析】$1\times 0=0,1\times 2=2,2\times 0=0,2\times 2=4$，所以 $A*B=\{0,2,4\}$，则集合 $A*B$ 的所有元素之和是 $0+2+4=6$。

8. $1<m\leqslant 4$ 【解析】$\because m>1,1<x<m$，$\therefore$ 集合 B 不是空集，$\therefore 1<m\leqslant 4$。

9. $\{1,2\}$ 【解析】图中阴影部分所表示的是集合 A 中元素减与集合 B 中元素交集部分，$\because A\cap B=\{3,4,5\}$，$\therefore$ 阴影部分所表示的集合为 $\{1,2\}$。

10. $\frac{1}{2}\leqslant a<1$ 【解析】$\because A\cup B=\mathbf{R}$，$\therefore a<1,2a+1\geqslant 2$，解得 $\frac{1}{2}\leqslant a<1$。

招教易错能力刷

1. A 【解析】①中，接近于 0 的数的全体，数不明确，不能构成集合；②中，比较小的正整数不明确到底是多小，不能构成集合；③中，平面上到点 $(0,0)$ 的距离等于 1 的点的全体是 $\{(x,y)\mid x^2+y^2=1\}$，可以构成集合；④中，明确是正三角形全体，可以构成集合；⑤中，$\sqrt{2}$ 的近似值的全体，不明确到底近似到哪个范围，不能构成集合。故选 A。

2. A 【解析】当 $a=0$ 时，x 无解，所以 $a\neq0$。集合 A 中只有一个元素，即方程 $ax^2+ax+1=0$ 只有一个解，$\therefore \Delta=a^2-4a=0$，解得 $a=4$（0 舍去）。

3. C 【解析】集合中的元素不能重复，$x=0$ 时，$x^2=0$，此时 $x\in\{1,2,x^2\}$；

当 $x=1$ 时，$x^2=1$，集合中元素重复，不能构成集合；当 $x=2$ 时，$x^2=4$，此时 $\{1,2,x^2\}=\{1,2,4\}$。综上，x 的取值可能是 0，2。

4. 3 【解析】当 $-1\in A$ 时，则 $\frac{1}{-1}\in A$；$1\in A$ 时，$\frac{1}{1}\in A$，其他元素不符合伙伴关系集合的定义，

$\therefore$ 集合 $M=\left\{-1,0,\frac{1}{4},\frac{1}{3},1,2\right\}$的所有满足新定义的元素有 2 个，此时 $A=\{-1\}$ 或 $\{1\}$ 或 $\{-1,1\}$。

5. ②③④ 【解析】①中，$2,3\in$ 自然数集 $\mathbf{N}$，$2+3=5\in$ 自然数集 $\mathbf{N}$，$2-3=-1\notin$ 自然数集 $\mathbf{N}$，$\therefore$ 自然数集 $\mathbf{N}$ 不是封闭集；②当 $x\in\mathbf{Z}$，$y\in\mathbf{Z}$ 时，$x+y,x-y,xy\in\mathbf{Z}$，故整数集 $\mathbf{Z}$ 为封闭集；③令 $x=a+b\sqrt{2}$，$y=c+d\sqrt{2}$，a,b,c,d 都是整数，则 $x-y=(a-c)+(b-d)\sqrt{2}\in S$，$x+y=(a+c)+(b+d)\sqrt{2}\in S$，$x\cdot y=(a+b\sqrt{2})\cdot(c+d\sqrt{2})=(ac+2bd)+(bc+ad)\sqrt{2}\in S$，故集合 $S=\{a+b\sqrt{2}\mid a,b\text{为整数}\}$为封闭集；④当 $x=y$ 时，$x-y=0$，故 $0\in S$。即若 S 为封闭集，则一定有 $0\in S$。

6. $a\geqslant1$ 或 $a\leqslant-\frac{1}{2}$ 【解析】$\complement_U M=\{x\leqslant3a-1$ 或 $x\geqslant2a,a\in\mathbf{R}\}$，$\because N\subseteq(\complement_U M)$，当集合 M 为空集时，$3a-1\geqslant2a$，解得 $a\geqslant1$；当集合 M 不是空集，$-1<x<3\leqslant3a-1$ 时，解得 $a\geqslant\frac{4}{3}$；$2a\leqslant-1<x<3$ 时，解得 $a\leqslant-\frac{1}{2}$。综上，$a\geqslant1$ 或 $a\leqslant-\frac{1}{2}$。

第二节　简易逻辑

考向 1 变式训练

1. D 【解析】若 $a=1$，$b=-2$，则 $a^2<b^2$，则命题 p 为假命题，命题 p 的逆命题 q 为：若 $a^2>b^2$，

则 $a>b$,在 $a=-2,b=1$ 时显然不成立,则命题 q 为假命题,故选 D。

2. B 【**解析**】对于 $x\in\mathbf{R},2^x>0,p_1$ 为真命题;$x^2+x+1=\left(x+\frac{1}{2}\right)^2+\frac{3}{4}>0,p_2$ 为假命题;$\sin\left(-\frac{3\pi}{2}\right)=1>2^{-\frac{3\pi}{2}},p_3$ 为假命题;$x=-\frac{1}{2}$ 时,$\cos x>\cos\frac{\pi}{6}=\frac{\sqrt{3}}{2}>x^2+x+1,p_4$ 为真命题。

考向 2 变式训练

1.【**分析**】构造辅助函数,利用函数的性质分析条件与结论的关系。

C 【**解析**】由题意,设 $f(x)=x|x|=\begin{cases}x^2,x\geqslant 0,\\-x^2,x<0,\end{cases}$ 可知函数 $f(x)$ 在 $\mathbf{R}$ 上为单调递增的奇函数。若"$a>b$",则"$f(a)>f(b)$",即 $a|a|>b|b|$;若"$a|a|>b|b|$",即"$f(a)>f(b)$",则 $a>b$。故"$a>b$"是"$a|a|>b|b|$"的充要条件。

2. A 【**解析**】先考虑充分性,因为 $b\perp\beta,\alpha/\!/\beta$,所以 $b\perp\alpha$,又$a\subset\alpha$,所以$a\perp b$;再考虑必要性,因为 $a\perp b,b\perp\beta$,所以$a/\!/\beta$或 $a\subset\beta$,又 $a\subset\alpha$,所以 α 与 β 平行或相交。由此可知,"$\alpha/\!/\beta$"是"$a\perp b$"的充分不必要条件。故选 A。

3. B 【**解析**】若 $x^2=0$,由 $x^2y<1$ 不能推出 $y<\frac{1}{x^2}$,因为此时$\frac{1}{x^2}$无意义。反之,若 $y<\frac{1}{x^2}$成立,则此时一定有 $x^2>0$,进而可推出 $x^2y<1$。故"$x^2y<1$"是"$y<\frac{1}{x^2}$"的必要不充分条件。故选 B。

4. C 【**解析**】直棱柱的侧面都是矩形,但只有一个侧面是矩形的棱柱不一定是直棱柱。故选 C。

5. B 【**解析**】若 $a\leqslant 1,b\leqslant 1$,根据不等式的性质得,$a+b\leqslant 2$,所以"$a+b\leqslant 2$"是"$a\leqslant 1$ 且 $b\leqslant 1$"的必要条件;若 $a+b\leqslant 2$,取 $a=0$,则有 $b\leqslant 2$,所以"$a+b\leqslant 2$"不是"$a\leqslant 1$ 且 $b\leqslant 1$"的充分条件。故选 B。

考向 3 变式训练

【**分析**】命题的否定:先否定量词(即"任意"变"存在","存在"变"任意"),再否定结论。

D 【**解析**】根据全称命题的否定是特称命题,"且"的否定是"或"。故选 D。

【**评注**】命题的否定,往往需要对正面叙述的词语进行否定,常用的正面叙述的词语及其否定如下表所示:

正面词语	等于（=）	大于（>）	小于（<）	是	都是	至多有一个	至少有一个	任意	至多有n个	任意两个
否定	不等于（≠）	不大于（≤）	不小于（≥）	不是	不都是	至少有两个	一个也没有	存在	至少有$n+1$个	某两个

特别地，联结词“且”的否定为“或”，“或”的否定为“且”。“p 且 q”的否定是“$\neg p$ 或 $\neg q$”，“p 或 q”的否定是“$\neg p$ 且 $\neg q$”，即 $\neg(p\wedge q)=(\neg p)\vee(\neg q)$，$\neg(p\vee q)=(\neg p)\wedge(\neg q)$。

考向 4 变式训练

【分析】p 与 q 中有且只有一个为真，则分为两种情况：p 真 q 假或 p 假 q 真，分别求出 a 的取值范围并取并集。

D **【解析】**由题意，p 与 q 中有且只有一个为真，①若 p 真 q 假，由 p 真得，不等式 $x^2+2ax+4>0$ 对一切 $x\in\mathbf{R}$ 恒成立，故 $\Delta<0$，即 $4a^2-16<0$，得 $-2<a<2$；由 q 假得，$0<3-2a<1$，故 $1<a<\frac{3}{2}$，所以 $1<a<\frac{3}{2}$。

②若 p 假 q 真，由 p 假得，$a\geqslant2$ 或 $a\leqslant-2$；由 q 真得，$3-2a>1$，得 $a<1$，所以 $a\leqslant-2$。

综上所述，实数 a 的取值范围为$\left\{a|a\leqslant-2\text{ 或 }1<a<\frac{3}{2}\right\}$。

必刷好题

招教高频基础刷

1. D **【解析】**命题“若当 $n=k(k\in\mathbf{N}_+)$ 时该命题成立，那么可推得当 $n=k+1$ 时该命题也成立”的逆否命题为“若当 $n=k+1(k\in\mathbf{N}_+)$ 时该命题不成立，那么可推得当 $n=k$ 时该命题也不成立”，故选择 D 选项。

2. D **【解析】**当 $a_1>0$ 时，若 $q>1$，$\{a_n\}$ 为递增数列，若 $0<q<1$，$\{a_n\}$ 为递减数列；当 $a_1<0$ 时，若$q>1$，$\{a_n\}$ 为递减数列，若 $0<q<1$，$\{a_n\}$ 为递增数列；当 $q<0$ 时，$\{a_n\}$ 不单调。可知，“$q>1$”既不是“$\{a_n\}$ 为递增数列”的充分条件，也不是它的必要条件。

3. A **【解析】**易知，当 $x=2$ 时可推出 $\boldsymbol{a}/\!/\boldsymbol{b}$，故是充分条件；而当 $\boldsymbol{a}/\!/\boldsymbol{b}$ 时，可得 $(x-1)(x+1)=3$，解得 $x=\pm2$，故 $x=2$ 不是 $\boldsymbol{a}/\!/\boldsymbol{b}$ 的必要条件。

4. C 【解析】$f(x)=|(ax-1)x|=|ax^2-x|$，若 $a=0$，则 $f(x)=|x|$，此时 $f(x)$ 在区间 $(0,+\infty)$ 上单调递增；若 $a<0$，则二次函数 $y=ax^2-x$ 的对称轴 $x=\frac{1}{2a}<0$，且 $x=0$ 时，$y=0$，所以 $y=ax^2-x$ 在区间 $(0,+\infty)$ 上单调递减且 $y<0$ 恒成立，故 $f(x)=|ax^2-x|$ 在区间 $(0,+\infty)$ 上单调递增，故 $a\leqslant0$ 时，$f(x)$ 在区间 $(0,+\infty)$ 上单调递增，条件是充分的；反之，若 $a>0$，则二次函数 $y=ax^2-x$ 的对称轴 $x=\frac{1}{2a}>0$，且在区间 $(0,\frac{1}{2a})$ 上 $y<0$，此时 $f(x)=|ax^2-x|$ 在区间 $(0,\frac{1}{2a})$ 上单调递增，在区间 $(\frac{1}{2a},\frac{1}{a})$ 上单调递减，故函数 $f(x)$ 不可能在区间 $(0,+\infty)$ 上单调递增，条件是必要的。

5. A 【解析】$\because \{x_n\}$ 收敛时，数列 $\{x_n\}$ 有界（即 $|x_n|\leqslant M$），反之不成立（如 $\{(-1)^n\}$ 有界，但不收敛），故选 A。

6. A 【解析】若原命题是“若 p，则 q”的形式，则其否命题是“若非 p，则非 q”的形式，由于原命题为“若 $a+b+c=3$，则 $a^2+b^2+c^2\geqslant3$”，故其否命题为“若 $a+b+c\neq3$，则 $a^2+b^2+c^2<3$”。

7. C 【解析】p_1：函数 $y=2^x-2^{-x}$ 在 $\mathbf{R}$ 上为增函数是真命题。函数 $y=2^x+2^{-x}$ 为偶函数，则 $y=2^x+2^{-x}$ 在 $\mathbf{R}$ 上不可能为减函数，故 p_2：函数 $y=2^x+2^{-x}$ 在 $\mathbf{R}$ 上为减函数是假命题，则 $\neg p_1$ 为假命题，$\neg p_2$ 为真命题，根据复合命题的判断方法即可确定答案为 C。

8. B 【解析】若 $\frac{a_{n+1}^2}{a_n^2}=p$，则 $\frac{a_{n+1}}{a_n}=\pm\sqrt{p}$，不是定值；若 $\frac{a_{n+1}}{a_n}=q$，则 $\frac{a_{n+1}^2}{a_n^2}=q^2$，且 q^2 为正常数，$\therefore$ 甲是乙的必要条件但不是充分条件。故选 B。

9. B 【解析】命题甲能推出命题乙，是充分条件；命题乙：直线 EF 和 GH 不相交，可能平行，命题乙推不出命题甲，不是必要条件。故选 B。

10. D 【解析】若 $a\neq0$，欲保证函数 $f(x)=ax^2+bx+c$ 的图象恒在 x 轴上方，则必须保证抛物线开口向上，且与 x 轴无交点，则 $a>0$，且 $\Delta=b^2-4ac<0$。但是，若 $a=0$ 时，如果 $b=0$，$c>0$，则函数 $f(x)=ax^2+bx+c$ 的图象恒在 x 轴上方，不能得到 $\Delta=b^2-4ac<0$。反之，由“$b^2-4ac<0$”并不能得到“函数 $f(x)=ax^2+bx+c$ 的图象恒在 x 轴上方”，如 $a<0$ 时。$\therefore$“$b^2-4ac<0$”是“函数 $f(x)=ax^2+bx+c$ 的图象恒在 x 轴上方”的既非充分又非必要条件。故选 D。

11. D 【解析】全称命题“$\forall x\in\mathbf{R}, p(x)$”的否定为特称（存在性）命题“$\exists x\in\mathbf{R}, \neg p(x)$”，故选 D。

12. D 【解析】令 $y=ax^2-x$，则其对称轴 $x_0=\frac{1}{2a}$，要使 $f(x)=\log_a(ax^2-x)$ 在 $[2,4]$ 上为增函

数，当 $a>1$ 时，$\log_a y$ 是增函数，此时只需 $y=ax^2-x$ 在 $[2,4]$ 上单调递增，则 $\frac{1}{2a}<2$，得 $a>\frac{1}{4}$，故 $a>1$；当 $0<a<1$ 时，$\log_a y$ 是减函数，此时只需 $y=ax^2-x$ 在 $[2,4]$ 上单调递减，且要满足当 $x=4$ 时，$y>0$，则 $\frac{1}{2a}>4$，$16a-4>0$，即 $a<\frac{1}{8}$，且 $a>\frac{1}{4}$，不存在。故 D 项最符合题意。

13. C 【解析】解法一：排除法。在 $\left(0,\frac{\pi}{4}\right)$ 上，$\sin\alpha+\cos\alpha>1$，而 $\tan\alpha$ 在 $\left(0,\frac{\pi}{4}\right)$ 上小于 1，故排除选项 A、B；$\because \sin\alpha+\cos\alpha\leqslant\sqrt{2}$，而在 $\left(\frac{\pi}{3},\frac{\pi}{2}\right)$ 上 $\tan\alpha>\sqrt{3}$，$\sin\alpha+\cos\alpha$ 与 $\tan\alpha$ 不可能相等，故排除 D。

解法二：$\because \sin\alpha+\cos\alpha=\tan\alpha$，$\therefore \tan^2\alpha=1+2\sin\alpha\cos\alpha=1+\sin2\alpha$，$\because 0<\alpha<\frac{\pi}{2}$ $\therefore 0<2\alpha<\pi$，$\therefore 0<\sin2\alpha\leqslant1$，$\therefore 1<\tan^2\alpha\leqslant2$，$\because 0<\alpha<\frac{\pi}{2}$，$\therefore \tan\alpha>0$，$\therefore 1<\tan\alpha\leqslant\sqrt{2}$，而 $\sqrt{2}<\sqrt{3}$，$\therefore \frac{\pi}{4}<\alpha<\frac{\pi}{3}$。故选 C。

14. D 【解析】全称命题的否定是特称命题，由于原命题是全称命题，其否定为特称命题“存在一个能被 2 整除的整数不是偶数”。

专题四　函　数

第一节　函数的概念及其表示

招教考向解读

考向 1 变式训练

1. D 【分析】此题考查函数的定义，即一个自变量只能对应一个函数值。

【解析】对于 A，令 $\sin 2x=t$，则 $f(t)=\sin x$，由 $\begin{cases}2\sin x\cos x=t,\\ \sin^2x+\cos^2x=1,\end{cases}$ 知 $\sin x$ 不唯一，即给定 t，$f(t)$ 不唯一，应排除 A；用同样的方法，可以排除 B、C；对于 D，令 $x^2+2x=t$，则 $f(t)=|x+1|$，由 $x^2+2x=t$，得 $(x+1)^2=t+1$，$|x+1|=\sqrt{t+1}$，即 $f(t)=\sqrt{t+1}$。故选 D。

2. 4 【解析】由题意可得，当 $f(1)=1$ 时，有 $\begin{cases}f(2)=2,f(3)=3,\\ f(3)=2,f(2)=3,\end{cases}$ 共 2 种情况；当 $f(1)=2$ 时，有 $f(2)=1,f(3)=3$，共 1 种情况；当 $f(1)=3$ 时，有 $f(3)=1,f(2)=2$，共 1 种情况，满足 $f(f(x))=x$ 的映射 $f:s\to s$ 的个数有 4 个。

考向 2 变式训练

1. D 【分析】由 $f(x)$ 是一次函数，可设 $f(x)=kx+b(k\neq0)$，根据题设条件，求解出 k,b。

【解析】设 $f(x)=kx+b(k\neq0)$，则 $f[f(x)]=kf(x)+b=k(kx+b)+b=k^2x+kb+b=4x-1$，得 $\begin{cases}k^2=4,\\ kb+b=-1,\end{cases}$ 解得 $\begin{cases}k=2,\\ b=-\frac{1}{3},\end{cases}$ 或 $\begin{cases}k=-2,\\ b=1。\end{cases}$

所以 $f(x)=2x-\frac{1}{3}$ 或 $f(x)=-2x+1$。

2. $\frac{2x}{x^2+1}(x\neq-1)$ 【解析】令 $\frac{1-x}{1+x}=t(x\neq-1)$，则 $x=\frac{1-t}{1+t}(t\neq-1)$，于是 $f(t)=\frac{1-\left(\frac{1-t}{1+t}\right)^2}{1+\left(\frac{1-t}{1+t}\right)^2}=$

$\dfrac{\dfrac{(1+t)^2-(1-t)^2}{(1+t)^2}}{\dfrac{(1+t)^2+(1-t)^2}{(1+t)^2}}=\dfrac{2t}{t^2+1}(t\neq -1)$，所以$f(x)=\dfrac{2x}{x^2+1}(x\neq -1)$。

3. $\dfrac{2}{x}-x(x\neq 0)$　**【解析】**由$f(x)+2f\left(\dfrac{1}{x}\right)=3x(x\neq 0)$，以$\dfrac{1}{x}$代替$x$，得到$f\left(\dfrac{1}{x}\right)+2f(x)=\dfrac{3}{x}$ $(x\neq 0)$，联立以上两式，求得$f(x)=\dfrac{2}{x}-x(x\neq 0)$。

4. **【解析】**(1)设(x',y')是$f(x)$上任意一点，(x,y)是$g(x)$上和(x',y')关于点$(3,2)$对称的点，则$\begin{cases}\dfrac{x+x'}{2}=3,\\ \dfrac{y+y'}{2}=2,\end{cases}$即$\begin{cases}x'=6-x,\\ y'=4-y,\end{cases}$因为$(x',y')$是$f(x)$上的点，所以$y'=f(x')$，即$4-y=f(6-x)$，则$4-y=2(6-x)+\dfrac{1}{6-x}$，化简得$g(x)=2x-\dfrac{1}{6-x}-8$。

(2)直线$y=\dfrac{1}{2}x+t$与函数$g(x)$的图象有且只有一个交点，即$\dfrac{1}{2}x+t=2x-\dfrac{1}{6-x}-8$只有一解，则有$\dfrac{3}{2}x^2-(17+t)x+6t+49=0$，只需$\Delta=(17+t)^2-4\times\dfrac{3}{2}(6t+49)=0$，即$t^2-2t-5=0$，解得$t=1+\sqrt{6}$或$1-\sqrt{6}$。

考向3 变式训练

1. C　**【解析】**由题意可得$\begin{cases}x-1\geqslant 0,\\ x-2\neq 0,\end{cases}$解得$x\geqslant 1$且$x\neq 2$，所以函数$F(x)=\sqrt{x-1}+(x-2)^0$的定义域是$[1,2)\cup(2,+\infty)$。故选C。

2. $\{x|x\geqslant 1$，且$x\neq 2\}$　**【解析】**要使函数$y=\dfrac{\sqrt{x-1}}{x-2}$有意义，只需$\begin{cases}x-1\geqslant 0,\\ x-2\neq 0,\end{cases}$故其定义域为$\{x|x\geqslant 1$，且$x\neq 2\}$。

3. 1　**【解析】**函数$f(x)=\sqrt{-x^2+ax+b}$的定义域满足$-x^2+ax+b\geqslant 0$，即$x^2-ax-b\leqslant 0$，因为函数$f(x)$的定义域为$[1,2]$，则由一元二次不等式的解的特点可知，一元二次方程$x^2-ax-b=0$的解为1或2，则有$1+2=a$，$1\times 2=-b$，即$a=3$，$b=-2$，故$a+b=1$。

4. $-1\leqslant a\leqslant 0$　**【分析】**函数$f(x)$的定义域为$\mathbf{R}$，即$2^{x^2+2ax-a}-1\geqslant 0$在$\mathbf{R}$上恒成立，再利用指数函数的单调性结合二次函数图象求解。

【解析】由题意知$2^{x^2+2ax-a}-1\geqslant 0$在$\mathbf{R}$上恒成立,所以$2^{x^2+2ax-a}\geqslant 1=2^0$,即有$x^2+2ax-a\geqslant 0$恒成立,其等价于$\Delta=4a^2+4a\leqslant 0\Rightarrow -1\leqslant a\leqslant 0$,则实数$a$的取值范围为$-1\leqslant a\leqslant 0$。

考向4 变式训练

1. $\left(0,\frac{1}{2}\right]$ 【解析】因为$x^2\geqslant 0$,所以$2+x^2\geqslant 2$,则$0<\frac{1}{2+x^2}\leqslant\frac{1}{2}$,所以函数的值域为$\left(0,\frac{1}{2}\right]$。

2. B 【解析】函数$y=5-\sqrt{7+6x-x^2}=5-\sqrt{-(x-3)^2+16}$,因为函数$y=\sqrt{-(x-3)^2+16}$的值域为$[0,4]$,所以函数$y=5-\sqrt{7+6x-x^2}$的值域为$[1,5]$。

3. $\left(-\infty,\frac{1}{2}\right]$ 【解析】因为当x增大时,$1-2x$随着x的增大而减小,$-\sqrt{1-2x}$随着x的增大而增大,所以函数$y=x-\sqrt{1-2x}$在定义域$\left(-\infty,\frac{1}{2}\right]$上是增函数。所以$y\leqslant\frac{1}{2}-\sqrt{1-2\times\frac{1}{2}}=\frac{1}{2}$,所以函数$y=x-\sqrt{1-2x}$的值域为$\left(-\infty,\frac{1}{2}\right]$。

4. $(-1,1]$ 【解析】因为$y=\frac{1-x^2}{1+x^2}$,所以$y(1+x^2)=1-x^2$,即$(y+1)x^2=1-y$,当$y=-1$时,等式不成立;当$y\neq -1$时,$x^2=\frac{1-y}{1+y}\geqslant 0$,解得$y\in(-1,1]$。

5. -6 【分析】求分式函数的值域,让分式的分子变为常数,把已知函数解析式化简,得到$y=1-\frac{b+2}{x+2}$,再结合函数的单调性得出答案。

【解析】由$y=\frac{x-b}{x+2}=\frac{x+2-b-2}{x+2}=1-\frac{b+2}{x+2}$,因为$b<-2$,所以$b+2<0$,则函数$y=1-\frac{b+2}{x+2}$在$(-\infty,-2)$,$(-2,+\infty)$上为减函数,又因为函数在$(a,b+4)$上为减函数,且值域为$(2,+\infty)$,则$a=-2$,且$f(b+4)=\frac{4}{b+6}=2$,解得$b=-4$,所以$a+b=-6$。

6. $\left[-\frac{9}{2},2\right)$ 【解析】$y=\frac{2x^2+4x-7}{x^2+2x+3}=\frac{2(x^2+2x+3)-13}{x^2+2x+3}=2-\frac{13}{x^2+2x+3}=2-\frac{13}{(x+1)^2+2}$,又因为$(x+1)^2+2\geqslant 2$,所以$0<\frac{13}{(x+1)^2+2}\leqslant\frac{13}{2}$,故所求函数的值域为$\left[-\frac{9}{2},2\right)$。

7. $\left(-\infty,\frac{9}{4}\right]$ 【解析】令$u=\sqrt{2-x}$,$u\geqslant 0$,则$x=2-u^2$,原式可化为$y=2-u^2+u=-\left(u-\frac{1}{2}\right)^2+\frac{9}{4}$,因为$\frac{1}{2}>0$,所以$y\leqslant\frac{9}{4}$,所以函数的值域为$\left(-\infty,\frac{9}{4}\right]$。

8. $[5,9]$ 【解析】$f(x)=x+\frac{9}{x+1}=x+1+\frac{9}{x+1}-1\geqslant 2\sqrt{(x+1)\cdot\frac{9}{x+1}}-1=5$，当且仅当 $x+1=\frac{9}{x+1}$，即 $x=2$ 时等号成立，由 $0\leqslant x\leqslant 3$，得 $1\leqslant x+1\leqslant 4$，则 $f(0)=0+\frac{9}{0+1}=9$，$f(3)=3+\frac{9}{3+1}=\frac{21}{4}$。综上，函数的值域为 $[5,9]$。

9. $(-\infty,-3]\cup[2,+\infty)$ 【解析】将原不等式转化为 $|x-1|+|x+2|-5\geqslant 0$，令 $f(x)=|x-1|+|x+2|-5$，则 $f(x)=\begin{cases}-2x-6,x\leqslant -2,\\-2,-2<x<1,\\2x-4,x\geqslant 1,\end{cases}$ 作出函数的图象，如图所示，

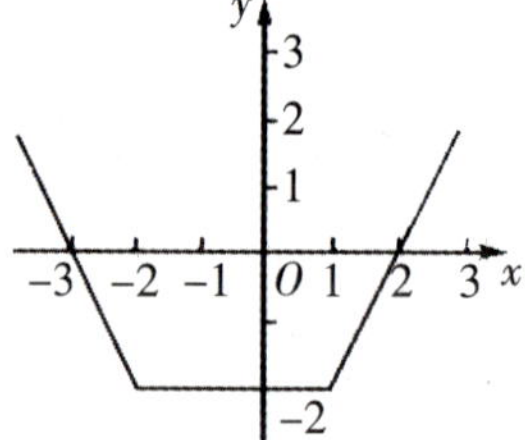

由图可知，当 $x\in(-\infty,-3]\cup[2,+\infty)$ 时，$y\geqslant 0$，所以原不等式的解集为 $(-\infty,-3]\cup[2,+\infty)$。

考向 5 变式训练

1. C 【解析】$\because$ 函数 $f(x)=\begin{cases}k(x+3),x<0,\\x^2-2k,x\geqslant 0,\end{cases}$ 则 $f(-x)=\begin{cases}k(-x+3),x>0,\\x^2-2k,x\leqslant 0,\end{cases}$ $\therefore$ 函数 $g(x)=f(-x)+f(x)=\begin{cases}x^2+kx+k,x<0,\\-4k,x=0,\\x^2-kx+k,x>0,\end{cases}$

①当 $k=0$ 时，$g(x)=\begin{cases}x^2,x\neq 0,\\0,x=0,\end{cases}$ $\therefore g(x)$ 只有 1 个零点，不符合题意。

②当 $k\neq 0$ 时，$\because g(-x)=\begin{cases}x^2-kx+k,x>0,\\-4k,x=0,\\x^2+kx+k,x<0,\end{cases}$ $\therefore g(-x)=g(x)$，则 $g(x)$ 为偶函数，$\therefore g(x)$ 有且仅有四个不同的零点可转化为 $g(x)=x^2-kx+k(x>0)$ 有且仅有两个不同的零点，$\therefore g'(x)=2x-k(x>0)$，当 $k<0$ 时，$g'(x)>0(x>0)$ 恒成立，此时 $g(x)(x>0)$ 最多有一个零点，不符合题意；当

$k>0$ 时，令 $g'(x)=2x-k>0$，则 $x>\frac{k}{2}$，令 $g'(x)=2x-k<0$，则 $0<x<\frac{k}{2}$，$\therefore g(x)$ 在 $(0,\frac{k}{2})$ 上单调递减，在 $(\frac{k}{2},+\infty)$ 上单调递增，要使 $g(x)$ 在 $(0,+\infty)$ 上有且仅有两个不同的零点，则有 $g(x)_{\min}=g(\frac{k}{2})=\left(\frac{k}{2}\right)^2-k\cdot\frac{k}{2}+k<0$，解得 $k<0$ 或 $k>4$，又 $k>0$，$\therefore k>4$。综上所述，实数 k 的取值范围是 $(4,+\infty)$。

2. B 【解析】将 $x=\frac{1}{2}$ 代入 $f(x)$ 中，有 $3(t-1)^{\frac{1}{2}}=6$，解得 $t=5$，所以 $f(x)=\begin{cases}\log_2(x^2+5),x<0,\\3\cdot 4^x,x\geqslant 0,\end{cases}$ 则 $f(-2)=\log_2[(-2)^2+5]=\log_2 9>0$，所以 $f(f(-2))=f(\log_2 9)=3\cdot 4^{\log_2 9}=3\cdot 2^{2\log_2 9}=3\cdot 2^{\log_2 9^2}=3\times 9^2=243$。故选 B。

3. 8 【解析】$f(5)=f(f(10))=f(7)=f(f(12))=f(9)=f(f(14))=f(11)=8$。

4. C 【解析】由图象可知 $f(x)$ 是 $\mathbf{R}$ 上单调递增函数，所以有 $2-a^2>a$，解得 $-2<a<1$。故选 C。

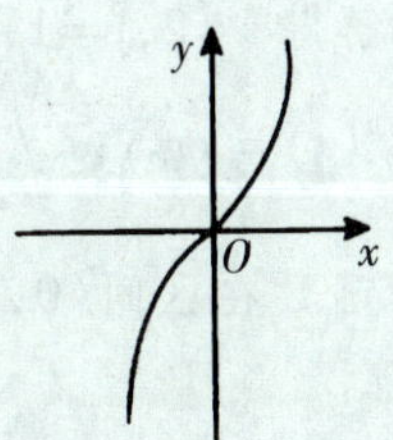

5. $(-\infty,-3)$ 【解析】当 $a\leqslant -2$ 时，$f(a)=a<-3$，此时不等式的解集是 $(-\infty,-3)$；当 $-2<a<4$ 时，$f(a)=a+1<-3$，此时不等式无解；当 $a\geqslant 4$ 时，$f(a)=3a<-3$，此时不等式无解。故 a 的取值范围是 $(-\infty,-3)$。

考向 6 变式训练

1. B 【解析】$(c+x)f(x)=a+bx$，$xf(x)-bx=a-cf(x)$，$x=\frac{a-cf(x)}{f(x)-b}$，$f^{-1}(x)=\frac{3x+5}{x-2}$，则 $a=5$，$b=2$，$c=-3$。

2. A 【解析】原函数和反函数的定义域和值域是互换的，令 $10^x=1$，则 $x=0$，所以 $f^{-1}(1)=0$。

3. B 【解析】因为函数 $y=a^{x+b}+c(a>0$，且 $a\neq 1)$ 的图象过定点 $(-1,3)$，所以 $-1+b=0$，$c=2$，则 $b=-1$，$c=2$，则函数 $f(x)=2^x$，故 $f^{-1}(x)=\log_2 x$。

招教易错突破

变式训练

B 【解析】设 $t=\frac{2}{x}+1(x>0)$，则 $x=\frac{2}{t-1}(t>1)$，所以 $f(t)=\lg\frac{2}{t-1}(t>1)$，故函数 $f(x)$ 的解析式为 $f(x)=\lg\frac{2}{x-1}(x>1)$。

招教高频基础刷

1. B 【解析】令 $x+2y=4, 2x-y=3$，解得 $x=2, y=1$，因此 $(4,3)$ 在映射 f 下的象是 $(2,1)$。

2. D 【解析】$f(x)=2^x$ 的反函数为 $f^{-1}(x)=\log_2 x$，$\therefore f^{-1}(8)=\log_2 8=3$，故选 D。

3. C 【解析】$y'=\frac{3}{(2x+1)^2}>0$，易知函数在区间 $(0,1)$ 内是增函数，则当 $x\in(0,1)$ 时，$y\in(-1,0)$。

4. C 【解析】$e>1$，则 $f(e)=\ln e=1$，因为 $f(e)\leqslant 1$，所以 $f(f(e))=(f(e))^2+1=1^2+1=2$。

5. A 【解析】由题意知，$1+\frac{1}{x}=2^y \Rightarrow x=\frac{1}{2^y-1}(y>0)$，因此 $f^{-1}(x)=\frac{1}{2^x-1}(x>0)$，故选 A。

6. C 【解析】自变量取唯一值时，因变量有且只有唯一值与其相对应。C 图象中，自变量 x 取唯一值时，有 2 个因变量 y 与其相对应，故 C 项中的图象不能作为函数 $y=f(x)$ 的图象。

7. C 【解析】设 $x+1=t$，则 $x=t-1$，所以 $f(t)=3(t-1)+2=3t-1$，故 $f(x)=3x-1$。

8. D 【解析】根据题意，列出关于函数 $y=\frac{1}{\sqrt{1-x^2}}$ 定义域的不等式 $1-x^2>0$，解得 $-1<x<1$；同理，列出关于函数 $y=\ln(1-2^x)$ 定义域的不等式 $1-2^x>0$，解得 $x<0$，则 $A\cap B=(-1,0)$。

9. $\log_3 2$ 【解析】由 $\begin{cases}x\leqslant 1,\\ 3^x=2\end{cases}$ 得 $x=\log_3 2$。由 $\begin{cases}x>1,\\ -x=2\end{cases}$ 得 $x\in\varnothing$。综上，$x=\log_3 2$。

10. $-\frac{3}{2}$ 【解析】设 $f(x)=-2$，即 $2x+1=-2$，解得 $x=-\frac{3}{2}$，由反函数的性质可知

$f^{-1}(-2)=-\frac{3}{2}$。

11. $\{x|1\leqslant x\leqslant 2$ 或 $x\leqslant -1\}$ **【解析】** 函数 $y=\sqrt{2-x}+\arcsin\frac{1}{x}$ 的定义域为 $\begin{cases}2-x\geqslant 0,\\-1\leqslant\frac{1}{x}\leqslant 1\end{cases}\Rightarrow$ $1\leqslant x\leqslant 2$ 或 $x\leqslant -1$，$\therefore$ 函数 $y=\sqrt{2-x}+\arcsin\frac{1}{x}$ 的定义域为 $\{x|1\leqslant x\leqslant 2$ 或 $x\leqslant -1\}$。

12. $\frac{1}{4}$ **【解析】** 由题可求出 $f\left(\frac{1}{9}\right)=-2$，又 $f(-2)=\frac{1}{4}$，故 $f\left(f\left(\frac{1}{9}\right)\right)=\frac{1}{4}$。

第二节　函数的单调性与最值

招教考向解读

考向 1 变式训练

1. $(0,1)$ **【解析】** $f(x)=\lg(-x^2+2x)$，则 $-x^2+2x>0$，解得 $0<x<2$，由二次函数的性质易知，当 $x\in(0,1)$ 时，$-x^2+2x$ 单调递增，当 $x\in(1,2)$ 时，$-x^2+2x$ 单调递减，故当 $x\in(0,1)$ 时，$f(x)=\lg(-x^2+2x)$ 单调递增。

2. $(0,2)$ **【解析】** 已知 $f(x)$ 的图象与 $g(x)=(\sqrt{7}-\sqrt{6})^x$ 的图象关于直线 $x-y=0$ 对称，那么 $f(x)=\log_{(\sqrt{7}-\sqrt{6})}x(x>0)$，因为 $0<\sqrt{7}-\sqrt{6}<1$，所以函数 $f(x)$ 单调递减，令 $u=h(x)=4-x^2(u>0)$，则 $f(4-x^2)=f(u)=\log_{(\sqrt{7}-\sqrt{6})}u$，易知 $u=h(x)$ 的单调递减区间为 $(0,2)$，单调递增区间为 $(-2,0)$，根据复合函数单调性“同增异减”的原则，可知函数 $f(4-x^2)$ 的单调递增区间为 $(0,2)$。

考向 2 变式训练

$2\sqrt{2}-3$ **【解析】** 由题意知，函数 $f(x)$ 在 $(-\infty,1)$ 上的值域为 $[0,+\infty)$，且 $f(x)$ 在 $(1,\sqrt{2})$ 上单调递减，在 $(\sqrt{2},+\infty)$ 上单调递增，则函数 $f(x)$ 在 $[1,+\infty)$ 上的最小值为 $f(\sqrt{2})=2\sqrt{2}-3<0$，因此函数 $f(x)$ 的最小值为 $2\sqrt{2}-3$。

考向 3 变式训练

1. D **【解析】** $f(x)=ax^{-2}$，则 $f'(x)=-2ax^{-3}$，要使 $f(x)$ 在 $(-\infty,0)$ 上单调递减，则 $f'(x)<0$

在$(-\infty,0)$上成立。此时需满足$a\in(-\infty,0)$。

2. $(-\infty,0)\cup(1,+\infty)$ **【解析】**若函数$f(x)$在$\mathbf{R}$上单调，则满足$\begin{cases}a\geqslant 0,\\ a^3\leqslant a^2,\end{cases}$得$0\leqslant a\leqslant 1$，因此函数$f(x)$在$\mathbf{R}$上不单调，则为其补集，即$a<0$或$a>1$，所以满足题意的$a$的取值范围是$(-\infty,0)\cup(1,+\infty)$。

考向4 变式训练

1. **【分析】**利用指数、对数函数的单调性，再利用所构造函数的单调性来比较大小。

A **【解析】**由题意可知$a=\log_5 2<1$，$b=\log_{0.5}0.2=\log_{\frac{1}{2}}\frac{1}{5}=\log_{2^{-1}}5^{-1}=\log_2 5>\log_2 4=2$。$c=0.5^{0.2}<1$，所以$b$最大，$a$，$c$都小于1，因为$a=\log_5 2=\frac{1}{\log_2 5}$，$c=0.5^{0.2}=\left(\frac{1}{2}\right)^{\frac{1}{5}}=\sqrt[5]{\frac{1}{2}}=\frac{1}{\sqrt[5]{2}}$，而$\log_2 5>\log_2 4=2>\sqrt[5]{2}$，所以$\frac{1}{\log_2 5}<\frac{1}{\sqrt[5]{2}}$，即$a<c$，故$a<c<b$。

2. A **【解析】**因为$a^2-a+1=\left(a-\frac{1}{2}\right)^2+\frac{3}{4}\geqslant\frac{3}{4}$，所以$\frac{3}{4}$与$a^2-a+1$都在区间$[0,+\infty)$内，又因为$y=f(x)$在区间$[0,+\infty)$上是减函数，所以$f\left(\frac{3}{4}\right)\geqslant f(a^2-a+1)$。

考向5 变式训练

1. C **【解析】**因为$f(x)$是定义在$\mathbf{R}$上的偶函数，所以$f(\log_2 a)+f(\log_{\frac{1}{2}}a)=2f(\log_2 a)\leqslant 2f(1)$，即$f(\log_2 a)\leqslant f(1)$。又因为$f(x)$在区间$[0,+\infty)$上单调递增，所以$f(|\log_2 a|)\leqslant f(1)$，即$|\log_2 a|\leqslant 1$，解得$x\in\left[\frac{1}{2},2\right]$。

2. $0<a<\frac{2}{3}$ **【解析】**由题意可知$\begin{cases}-1<1-a<1,\\ -1<2a-1<1,\end{cases}$解得$0<a<1$。因为$f(x)$在$(-1,1)$上是减函数，且$f(1-a)<(2a-1)$，所以$1-a>2a-1$，即$a<\frac{2}{3}$。综上，$a$的取值范围是$0<a<\frac{2}{3}$。

必刷好题

招教高频基础刷

1. D 【解析】$y=f(x+8)$ 为偶函数，则 $f(x+8)=f(-x+8)$，即 $y=f(x)$ 关于直线 $x=8$ 对称。又 $f(x)$ 在 $(8,+\infty)$ 上为减函数，故在 $(-\infty,8)$ 上为增函数，由 $f(8+2)=f(8-2)$，即 $f(10)=f(6)$，又由 $6<7<8$，则有 $f(6)<f(7)$，即 $f(7)>f(10)$。

2. D 【解析】由已知条件得 $f'(x)=2x+a-\frac{1}{x^2}\geqslant0$ 在 $(\frac{1}{2},+\infty)$ 上恒成立，即 $a\geqslant\frac{1}{x^2}-2x$ 在 $(\frac{1}{2},+\infty)$ 上恒成立。$\because$ 函数 $y=\frac{1}{x^2}-2x$ 在 $(\frac{1}{2},+\infty)$ 上为减函数，$\therefore y_{\max}<\frac{1}{(\frac{1}{2})^2}-2\times\frac{1}{2}=3$，$\therefore a\geqslant3$。故选 D。

3. B 【解析】由题意可知 $a>0$，且 $a\neq1$，则函数 $u=2-ax$ 在其定义域上为单调减函数。又 $y=\log_a(2-ax)$ 在 $[0,1]$ 上是 x 的减函数，故 $y=\log_a u$ 是增函数，即 $a>1$。又 $2-ax>0$，即 $x<\frac{2}{a}$，则 $\frac{2}{a}>1$，所以 $a<2$，故 $1<a<2$。

4. C 【解析】因为函数 $y=a^x(a>0,a\neq1)$ 在 $a>1$ 时是单调递增函数，故函数 $f(x)=(a^2-6a-7)^{2-x}=\frac{1}{(a^2-6a-7)^{x-2}}$ 要在其定义域上单调递增，则需要 $\begin{cases}a^2-6a-7>0,\\a^2-6a-7<1,\end{cases}$ 解不等式组得 $3-\sqrt{17}<a<-1$ 或 $7<a<3+\sqrt{17}$。故选 C。

5. A 【解析】函数 $f(x)=\log_{\frac{1}{2}}\frac{1}{x^2+8x+7}=\log_2(x^2+8x+7)$ 的定义域为 $x^2+8x+7>0$，即 $x>-1$ 或 $x<-7$，又 $y=\log_2 x$ 为单调递增函数，故求 $f(x)$ 单调递减区间，即求 $h(x)=x^2+8x+7$ 在 $f(x)$ 定义域内的单调递减区间，$\because h(x)=x^2+8x+7=(x+4)^2-9$ 的单调递减区间为 $(-\infty,-4)$，又 $f(x)$ 定义域为 $x>-1$ 或 $x<-7$，故 $f(x)$ 的单调递减区间为 $(-\infty,-7)$。故选 A。

6. C 【解析】$\because$ 函数 $f(x)$ 的图象关于 $x=1$ 对称，$\therefore f\left(-\frac{5}{2}\right)=f\left(\frac{9}{2}\right)$，$f(-1)=f(3)$。又函数 $f(x)$ 在 $[1,+\infty)$ 内是增函数，$\therefore f(2)<f(3)<f\left(\frac{9}{2}\right)$，即 $f(2)<f(-1)<f\left(-\frac{5}{2}\right)$。

7. C 【解析】由题意可得，$\begin{cases}3a-1<0,\\3a-1+4a\geqslant\log_a 1,\\0<a<1,\end{cases}$解得$\frac{1}{7}\leqslant x<\frac{1}{3}$。

8. A 【解析】①当 $x\geqslant0$，且 $y\geqslant0$ 时，$x^2+y^2=1$；②当$x>0$，且 $y<0$ 时，$x^2-y^2=1$；③当 $x<0$，且 $y>0$ 时，$y^2-x^2=1$；④当 $x<0$，且 $y<0$ 时，无意义。由以上讨论作如图所示的图象易知 $y=f(x)$ 是减函数。故选 A。

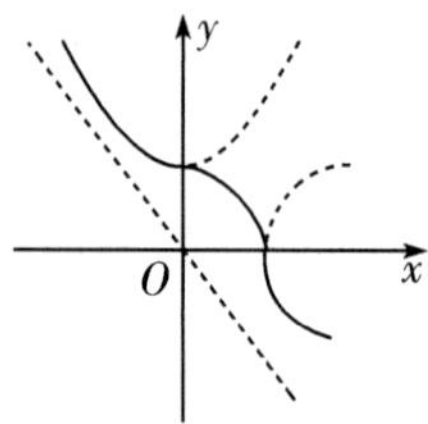

9. $[23,+\infty)$ 【解析】$\because f(x)=4x^2-2nx+3$ 在区间$[-2,+\infty)$上是增函数，$\therefore n\leqslant-8$，故 $f(1)=4-2n+3\geqslant23$。

10. $[4,8)$ 【解析】$\because f(x)$是 $\mathbf{R}$ 上的增函数，$\therefore$ 当 $x>1$ 时，$f(x)=a^x$单调递增，故 $a>1$；当 $x\leqslant1$ 时，$f(x)=\left(4-\frac{a}{2}\right)x+2$ 单调递增，则 $4-\frac{a}{2}>0$，故 $a<8$，且有 $a^1\geqslant\left(4-\frac{a}{2}\right)\times1+2$，解得 $a\geqslant4$。综上，实数 a 的取值范围是$[4,8)$。

11. $(\sqrt{3},2]$ 【解析】由题意可知，不等式的成立范围需要在$f(x)$的定义域$[-2,0]$上讨论，则 $\begin{cases}-2\leqslant x^2-x-2\leqslant0,\\-2\leqslant1-x\leqslant0,\end{cases}$在此基础上满足 $x^2-x-2>1-x$ 才能使得不等式成立。

解上述不等式得 x 的取值范围是$(\sqrt{3},2]$。

12.【解析】(1)$\because f(x)+2f(-x)=e^x+2e^{-x}+x$，

$\therefore f(-x)+2f(x)=e^{-x}+2e^x-x$，与上式联立，可得

$f(x)=e^x-x$。

(2)由(1)可知，$f'(x)=e^x-1$，

令$f'(x)=e^x-1=0$，得 $x=0$。

x	$(-\infty,0)$	0	$(0,+\infty)$
$f'(x)$	−	0	+
$f(x)$	↘	1	↗

故函数$f(x)=e^x-x$ 的最小值为 1。

(3)由(2)可知,当 $x\neq0$ 时,$f(x)>1$,即 $e^x>x+1$,

$\therefore(e^x)^n>(x+1)^n$,取 $x=\dfrac{k-n}{n}(k=1,2,\cdots,n)$,

则可得 $\dfrac{1}{e^{n-1}}+\dfrac{1}{e^{n-2}}+\cdots+\dfrac{1}{e}+1>\left(\dfrac{1}{n}\right)^n+\left(\dfrac{2}{n}\right)^n+\cdots+\left(\dfrac{n}{n}\right)^n$,

又$\because$ $\dfrac{1}{e^{n-1}}+\dfrac{1}{e^{n-2}}+\cdots+\dfrac{1}{e}+1=\dfrac{1-\left(\dfrac{1}{e}\right)^n}{1-\dfrac{1}{e}}=\dfrac{e}{e-1}\left[1-\left(\dfrac{1}{e}\right)^n\right]$,

又$\because$ $\lim\limits_{n\to+\infty}\left[1-\left(\dfrac{1}{e}\right)^n\right]=1$,

$\therefore\left(\dfrac{1}{n}\right)^n+\left(\dfrac{2}{n}\right)^n+\cdots+\left(\dfrac{n}{n}\right)^n<\dfrac{e}{e-1}(n\in\mathbf{N}_+)$。

13.【解析】(1)$\because F(x)=|2x-t|-x^3+x+1=\begin{cases}-x^3+3x+1-t,x\geqslant\dfrac{t}{2},\\-x^3-x+1+t,x<\dfrac{t}{2},\end{cases}$

$\therefore F'(x)=\begin{cases}-3x^2+3,x\geqslant\dfrac{t}{2},\\-3x^2-1,x<\dfrac{t}{2}。\end{cases}$

由 $-3x^2+3=0$ 得 $x_1=-1,x_2=1$,且 $-3x^2-1<0$ 恒成立,

因此,①当 $\dfrac{t}{2}<-1$ 时,$F(x)$ 在区间 $(-\infty,-1)$ 上是减函数,在区间 $(-1,1)$ 上是增函数,在区间 $(1,+\infty)$ 上是减函数。②当 $-1\leqslant\dfrac{t}{2}<1$ 时,$F(x)$ 在区间 $\left(-\infty,\dfrac{t}{2}\right)$ 上是减函数,在区间 $\left(\dfrac{t}{2},1\right)$ 上是增函数,在区间 $(1,+\infty)$ 上是减函数。③当 $\dfrac{t}{2}\geqslant1$ 时,$F(x)$ 在 $(-\infty,+\infty)$ 上是减函数。

(2)由(1)可知,①当 $\dfrac{t}{2}<-1$ 时,$F(x)$ 在 $x=-1$ 处取得极小值 $-1-t$,在 $x=1$ 处取得极大值 $3-t$。若方程 $F(x)-m=0$ 恰有两解,此时 $m=-1-t$ 或 $m=3-t$。

②当 $-1\leqslant\dfrac{t}{2}<1$,$F(x)$ 在 $x=\dfrac{t}{2}$ 处取极小值为 $-\dfrac{t^3}{8}+\dfrac{t}{2}+1$,在 $x=1$ 处取得极大值 $3-t$,若方程 $F(x)-m=0$ 恰有两解,此时 $m=-\dfrac{t^3}{8}+\dfrac{t}{2}+1$ 或 $m=3-t$。

③当$\frac{t}{2}\geqslant 1$时，不存在这样的实数m，使得$F(x)-m=0$恰有两解。

14.【解析】(1)$\because f(x)=e^x-ax-2$，定义域是$\mathbf{R}$，$\therefore f'(x)=e^x-a$。

若$a\leqslant 0$，则$f'(x)>0$，$f(x)$在$\mathbf{R}$上递增，$f(x)$的单调增区间是$\mathbf{R}$，无减区间。

若$a>0$，当$f'(x)>0$时，有$x>\ln a$，此时$f(x)$单调递增；当$f'(x)<0$时，有$x<\ln a$，此时$f(x)$单调递减。故$f(x)$的单调增区间是$(\ln a,+\infty)$，单调减区间是$(-\infty,\ln a)$。

(2)当$a=1$时，$f'(x)=e^x-1$。

$\because x\in[2,+\infty)$，

$\therefore f'(x)>0$，

$\therefore f(x)$在$[2,+\infty)$上是增函数，

$\therefore f(x)$在$[2,+\infty)$上的最小值为$f(2)=e^2-4$。

15.【解析】(1)当$a=2$时，$f(x)=\begin{cases}x^2+2\ln x-2, & x\geqslant e,\\ x^2-2\ln x+2, & 0<x<e。\end{cases}$

当$x>e$时，$f'(x)=2x+\frac{2}{x}=\frac{2x^2+2}{x}>0$恒成立。

当$0<x<e$时，$f'(x)=2x-\frac{2}{x}=\frac{2x^2-2}{x}$。

令$f'(x)>0$得$1<x<e$；令$f'(x)<0$得$0<x<1$。

又$\lim\limits_{x\to e^-}f(x)=\lim\limits_{x\to e^+}f(x)=f(e)=e^2$，故$f(x)$在$x=e$处连续，

故函数$f(x)$在$(0,1)$上单调递减，在$(1,+\infty)$上单调递增。

(2)当$x>e$时，$f'(x)=2x+\frac{a}{x}>0$，故$f(x)$在$(e,+\infty)$上单调递增。

当$0<x<e$时，$f'(x)=2x-\frac{a}{x}=\frac{2x^2-a}{x}$。

$f(x)$在$x=e$处连续，故当$\sqrt{\frac{a}{2}}\geqslant e\Rightarrow a\geqslant 2e^2$时，$f_{\min}(x)=f(e)=e^2$；

当$1<\sqrt{\frac{a}{2}}<e\Rightarrow 2<a<2e^2$时，$f_{\min}(x)=f\left(\sqrt{\frac{a}{2}}\right)=\frac{3a}{2}-\frac{a}{2}\ln\frac{a}{2}$；

当$\sqrt{\frac{a}{2}}\leqslant 1\Rightarrow 0<a\leqslant 2$时，$f_{\min}(x)=f(1)=1+a$。

第三节　函数的奇偶性与周期性

招教考向解读

考向 1 变式训练

1. C 【解析】$f(x)$为奇函数，$g(x)$为偶函数，故$f(x)g(x)$为奇函数，$f(x)|g(x)|$为奇函数，$|f(x)|g(x)$为偶函数，$|f(x)g(x)|$为偶函数。

2. B 【解析】由函数定义域为 $\mathbf{R}$ 可知定义域关于原点对称，令 $x=0, y=0$，得 $2f(0)=2[f(0)]^2$，因为$f(0)\neq 0$，所以$f(0)=1$。

令 $x=0$，得$f(y)+f(-y)=2f(y)$，即$f(y)=f(-y)$，所以$f(x)=f(-x)$，故函数$f(x)$为偶函数。

考向 2 变式训练

1. B 【解析】当 $x<0$ 时，$f(x)=x^2+mx$，且$f(1)=-1$，即$f(-1)=f(1)=1-m=-1$，则 $m=2$，故$f(2)=f(-2)=4+2\times(-2)=0$。

2. B 【解析】因为$f(x)$是奇函数，$g(x)$是偶函数，所以由$f(-1)+g(1)=2$，得$-f(1)+g(1)=2$①，由$f(1)+g(-1)=4$，得$f(1)+g(1)=4$②，由①②可得$g(1)=3$。

考向 3 变式训练

1. 6 【解析】因为$f(x)$为偶函数，故其定义域必关于原点对称，所以 $m^2-3m-8+m=0$ 且 $m^2-3m-8<m$，解得 $m=4$。由函数$f(x)$为偶函数得 x^3 项的系数为0，则 $1-a=0$，即 $a=1$，故 $m+2a=6$。

2. 1 【解析】令 $g(x)=\ln(x+\sqrt{a+x^2})$，则 $f(x)=x\cdot g(x)$为偶函数，必有 $g(x)$为奇函数，所以 $g(0)=\ln\sqrt{a}=0$，所以 $a=1$。

考向 4 变式训练

1. −1 【解析】由$f(x+2)=f(x)$可得$f(3)-f(4)=f(1)-f(2)=1-2=-1$。

2.【分析】抽象函数通常采用赋值的方法，求$f(2020)$，需考虑其周期性。

$-\frac{1}{4}$ 【解析】令 $y=1$，则 $f(x+1)+f(x-1)=4f(x)f(1)=f(x)$①，于是 $f(x+2)+f(x)=f(x+1)$②，把①式代入②式消去 $f(x)$，得 $f(x+1)+f(x-1)+f(x+2)=f(x+1)$，即 $f(x-1)+f(x+2)=0$，故 $f(x+3)+f(x)=0$，即 $f(x)=-f(x+3)=-[-f(x+6)]=f(x+6)$，所以周期 $T=6$，故 $f(2020)=f(4+6\times336)=f(4)$，令 $x=1,y=0$，则 $4f(1)f(0)=2f(1)$，解得 $f(0)=\frac{1}{2}$。令 $x=y=1$，则 $4[f(1)]^2=f(2)+f(0)$，解得 $f(2)=-\frac{1}{4}$。令 $x=y=2$，则 $4[f(2)]^2=f(4)+f(0)$，解得 $f(4)=-\frac{1}{4}$。所以 $f(2020)=-\frac{1}{4}$。

考向5 变式训练

1. C 【解析】函数 $f(x)$ 的定义域为 $\{x\mid x\neq0\}$，关于原点对称，且 $f(-x)=3^{-x}+3^{x}+\log_3(3^{|-x|}-1)=3^x+3^{-x}+\log_3(3^{|x|}-1)=f(x)$，所以函数 $f(x)$ 为偶函数。

设 $y=3^x+3^{-x}$，则 $y'=3^x\ln3-3^{-x}\ln3=(3^x-3^{-x})\ln3$。当 $x>0$ 时，$y'>0$，则函数 $y=3^x+3^{-x}$ 在 $(0,+\infty)$ 上单调递增。当 $x>0$ 时，$y=\log_3(3^{|x|}-1)=\log_3(3^x-1)$，内层函数 $u=3^x-1$ 在 $(0,+\infty)$ 上单调递增，外层函数 $y=\log_3u$ 为增函数，由复合函数的单调性知，函数 $y=\log_3(3^{|x|}-1)$ 在 $(0,+\infty)$ 上单调递增，所以函数 $y=f(x)$ 在 $(0,+\infty)$ 上单调递增，由偶函数的定义得 $f(-\sqrt[3]{3})=f(\sqrt[3]{3})$，$f(-\sqrt{2})=f(\sqrt{2})$，$f\left(\log_5\frac{1}{4}\right)=f(-\log_5 4)=f(\log_5 4)$，对数函数 $y=\log_5 x$ 为增函数，则 $\log_5 1<\log_5 4<\log_5 5=1$，即 $0<\log_5 4<1$。易知 $\sqrt{2}>1$，$\sqrt[3]{3}>1$，因为 $(\sqrt{2})^6=2^3=8$，$(\sqrt[3]{3})^6=3^2=9$，则 $(\sqrt{2})^6<(\sqrt[3]{3})^6$，所以 $0<\log_5 4<1<\sqrt{2}<\sqrt[3]{3}$，所以 $f(\sqrt[3]{3})>f(\sqrt{2})>f(\log_5 4)$，因此 $f(\sqrt[3]{3})>f(-\sqrt{2})>f\left(\log_5\frac{1}{4}\right)$。

2. D 【解析】$\because f(x)$ 是偶函数，$\therefore b=f(\log_{\frac{1}{2}}3)=f(-\log_{\frac{1}{2}}3)=f(\log_2 3)$，又 $f(x)$ 在 $(-\infty,0]$ 上是增函数，$\therefore f(x)$ 在 $(0,+\infty)$ 上为减函数，又 $1=\log_4 4<\log_4 7=\log_2\sqrt{7}<\log_2 3$，$0.2^{0.6}<0.2^0=1$，$\therefore c>a>b$。

3. A 【解析】因为函数 $y=f(x)$ 是以3为周期的偶函数，所以 $f\left(\frac{2021}{2}\right)=f(1010.5)=f(337\times3-0.5)=f(-0.5)=f(0.5)=2\times0.5+1=2$。

4. C 【解析】因为 $f(x)$ 是定义域为 $(-\infty,+\infty)$ 的奇函数，所以 $f(x)$ 的图象关于原点对称，且 $f(0)=0$，又 $f(-x)=f(x+2)$，即 $f(x)=-f(x+2)$，则 $f(x+4)=-f(x+2)=f(x)$，所以周期 $T=$

4，所以$f(4)=f(0)=0$。

因为$f(1)=2$，得$f(3)=f(-1)=-f(1)=-2$，得$f(2)=f(0)=0$，所以$f(1)+f(2)+\cdots+f(50)=12[f(1)+f(2)+f(3)+f(4)]+f(1)+f(2)=2$。

5. 2 【解析】由$f(x+4)=f(4-x)$，得$f(x+4+4)=f[4-(x+4)]=f(-x)=-f(x)$，所以$f(x)=-f(-x)=-f(x+8)$，因为$f(0)=-f(0)$，所以$f(0)=0$，则$f(16)+f(17)=-f(8)-f(9)=f(0)+f(1)=2$。

6.【分析】由条件$f(x+2)=-f(x)$，可判断函数的周期，可判断①；由条件$y=f(-x-1)=-f(x-1)$，可推出$f(-x-2)=f(x+2)$，即可判断②③④，由$f(-x-1)=-f(x-1)$和函数的对称性，可判断⑤。

D 【解析】$\because$ 定义在$\mathbf{R}$上的函数$f(x)$满足条件$f(x+2)=-f(x)$，$\therefore f(x+4)=-f(x+2)=f(x)$，即函数$f(x)$是以4为最小正周期的函数，故①对；$\because f(-x-1)=-f(x-1)$，$\therefore f(-x-2)=f(x+2)$，即有$f(-x)=f(x)$，故$f(x)$为偶函数，故②对，③错，④错；$\because f(-x-1)=-f(x-1)$，即$f(-1-x)+f(-1+x)=0$，由函数的对称性，可知，$f(x)$的图象关于点$(-1,0)$对称。

7. 3 【解析】由$y=f(x+1)$的图象关于$x=-1$对称可知，函数$f(x)$的图象关于$x=0$对称，则函数$f(x)$为偶函数，令$x=-3$，由$f(x+6)-f(x)=3f(3)$且函数$f(x)$为偶函数，知$f(-3+6)-f(-3)=3f(3)\Rightarrow f(3)-f(-3)=3f(3)\Rightarrow f(3)=f(-3)=0$，则$f(x+6)=f(x)$，函数$f(x)$的周期为6，$2021=-1+6\times337$，所以$f(2021)=f(-1)=f(1)=3$。

8. C 【解析】由于$[x]$表示不超过x的最大整数，且$x-[x]>0$，所以x的取值范围为$\{x|x\in\mathbf{R}$且$x\notin\mathbf{Z}\}$，故A项错误；$f(-2.1)\neq f(2.1)$，所以不是偶函数，B项错误；取$x\in(0,1)$，则$x+1\in(1,2)$，$[x]=0$，$[x+1]=1$，则$x-[x]=x+1-[x+1]$，所以$f(x+1)=f(x)$，所以$f(x)$是周期函数，故C项正确；由于$x\notin\mathbf{Z}$，所以函数图象是间断的，又知其为周期函数，故不能说函数是定义域上的减函数，故D项错误。

招教易错突破

变式训练

$[4,+\infty)$ 【解析】函数$y=|x-a|$在区间$(-\infty,a]$上单调递减，在区间$(a,+\infty)$上单调递增，因为函数$y=|x-a|$在区间$(-\infty,4]$是减函数，所以$a\geqslant4$。

必刷好题

招教高频基础刷

1. A 【解析】$\because f(x)$为奇函数，则有$f(x)=-f(-x)$，即$(k-1)a^x-a^{-x}=-[(k-1)a^{-x}-a^x]\Rightarrow k(a^x+a^{-x})=2(a^x+a^{-x})$，则$k=2$，故$f(x)=a^x-a^{-x}$，又$\because f(x)$为减函数，则$0<a<1$。故选择A选项。

2. A 【解析】由于$f(x)$为奇函数，$\therefore f(-1)=-f(1)=-(1+1)=-2$。

3. B 【解析】$\because f(x)=ax^2+bx$是$[a-3,2a]$上的偶函数，则$\begin{cases}b=0,\\a-3+2a=0,\end{cases}$解得$\begin{cases}b=0,\\a=1,\end{cases}$ $\therefore a+b=1$。

4. B 【解析】$f(-3)=-1$，$f(-2)=0$，$f(-1)=-1$，$f(0)=0$，$f(1)=1$，$f(2)=2$，而函数的周期为6，故$f(1)+f(2)+\cdots+f(2012)=335(-1+0-1+0+1+2)+f(1)+f(2)=335+3=338$，故选B。

5. C 【解析】由于函数的最小正周期为4，$\therefore f(-1)=f(-1+4)=f(3)$，函数又是奇函数，$\therefore f(-1)=-f(1)<0$，$\therefore f(3)=\dfrac{m-3}{m+1}<0$，$\therefore -1<m<3$。

6. B 【解析】$\because y=f(x+2)$是偶函数，$\therefore f(x+2)=f(-x+2)$，$\therefore y=f(x)$的图象关于直线$x=2$对称，$\therefore f(1)=f(3)$，$\because$ 函数$y=f(x)$在$(0,2)$上是增函数，在$(2,4)$上是减函数，$\therefore f\left(\dfrac{7}{2}\right)<f(3)<f\left(\dfrac{5}{2}\right)$，$\therefore f\left(\dfrac{7}{2}\right)<f(1)<f\left(\dfrac{5}{2}\right)$。

7. -1 【解析】由题知$f(-2)=-f(2)=-\log_3 3=-1$。

8. -8 【解析】因为函数$f(x)$是定义在$\mathbf{R}$上的奇函数，满足$f(x-4)=-f(x)$，所以$f(x-4)=f(-x)$，易知函数图象关于直线$x=-2$对称且$f(0)=0$，因为$f(x-4)=-f(x)\Rightarrow f(x)=-f(x+4)\Rightarrow f(x-4)=f(x+4)\Rightarrow f(x)=f(x+8)$，所以函数$f(x)$是以8为周期的周期函数，又因为$f(x)$在区间$[0,2]$上是增函数，所以$f(x)$在区间$[-2,0]$上也是增函数，如下图所示。因为方程$f(x)=m(m>0)$在区间$[-8,8]$上有四个不同的根$x_1,x_2,x_3,x_4$，不妨设$x_1<x_2<x_3<x_4$，由对称性知$x_1+x_2=-12$，$x_3+x_4=4$，所以$x_1+x_2+x_3+x_4=-12+4=-8$。

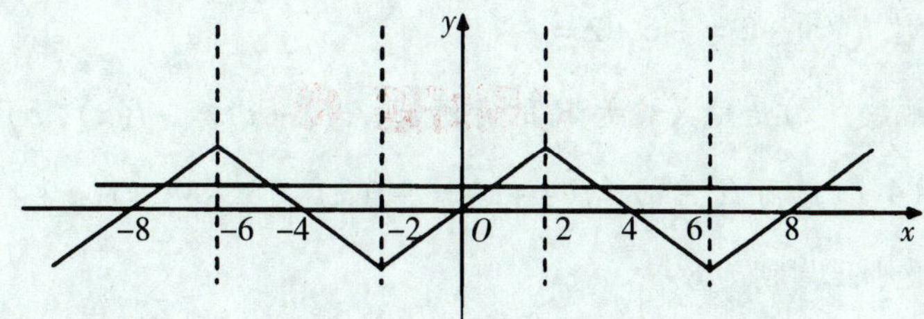

9. $a\geqslant-\frac{17}{12}$ 【解析】任意一个函数都能表示成一个偶函数与一个奇函数之和。$f(x)=\frac{f(x)+f(-x)}{2}+\frac{f(x)-f(-x)}{2}$，其中$\frac{f(x)+f(-x)}{2}$为偶函数，$\frac{f(x)-f(-x)}{2}$为奇函数，$\therefore g(x)=\frac{2^x-2^{-x}}{2}$，$h(x)=\frac{2^x+2^{-x}}{2}$，不等式$2a\cdot g(x)+h(2x)\geqslant0$在$[1,2]$上恒成立，即$a(2^x-2^{-x})+\frac{1}{2}(2^{2x}+2^{-2x})\geqslant0$在$[1,2]$上恒成立，$\because x\in[1,2]$，$\therefore 2^x-2^{-x}>0$，令$t=2^x-2^{-x}$，则$\frac{3}{2}\leqslant t\leqslant\frac{15}{4}$，整理得$a\geqslant-\frac{2^{2x}+2^{-2x}}{2(2^x-2^{-x})}=-\frac{(2^x-2^{-x})^2+2}{2(2^x-2^{-x})}=-\left(\frac{(2^x-2^{-x})}{2}+\frac{1}{2^x-2^{-x}}\right)=-\left(\frac{1}{2}t+\frac{1}{t}\right)=-\frac{1}{2}\left(t+\frac{2}{t}\right)$，$\because y=-\frac{1}{2}\left(t+\frac{2}{t}\right)$在$\left[\frac{3}{2},\frac{15}{4}\right]$上单调递减，$\therefore$当$t=\frac{3}{2}$时，$y_{\max}=-\frac{17}{12}$。因此，实数$a$的取值范围是$\left[-\frac{17}{12},+\infty\right)$。

10. -4 【解析】$\because$函数$y=f(x)$是奇函数，故$f(-8)=-f(8)=-8^{\frac{2}{3}}=-4$。

招教易错能力刷

1. B 【解析】由题意可知，$f(x)=f(-x)=g(1-x)=-g(x-1)=-f(x-2)=f(x-4)$，周期为4，$\therefore f(2007)=f(-1)=g(0)=0$，$f(2008)=f(0)=g(1)=-g(-1)=-1$，$\therefore f(2007)+f(2008)=-1$，故选B。

2. D 【解析】$\because f(x)$是定义在$\mathbf{R}$上的奇函数且当$x\leqslant0$时，$f(x)=x^2+3x+1-a$，$\therefore f(0)=0$，$\therefore a=1$，故$f(2)=-f(-2)=-(4-6)=2$。

3. A 【解析】$\because y=f(x)$是定义在$\mathbf{R}$上的偶函数，$\therefore f(x)=f(x+1-1)=-f(x+1+3)=-f(x+4)=-f(x)$，$\therefore f(x)=f(x+4)$，$\therefore$函数$f(x)$是以4为周期的偶函数，$\therefore f(985)=f(247\times4-3)=f(-3)=3^{-(-3)}=3^3=27$。

4. C 【解析】设$h(x)=F(x)-2$，$\because f(x)$，$g(x)$都是奇函数，$\therefore f(x)=-f(-x)$，$g(x)=-g(-x)$，$\therefore h(x)=F(x)-2=af(x)+bg(x)=-af(-x)-bg(-x)=-h(-x)$，$\therefore h(x)$为定义在$\mathbf{R}$上的奇函数，$h(x)$在$(0,+\infty)$上有最大值$8-2=6$，在$(-\infty,0)$上有最小值$-6$，$\therefore$函数$F(x)$

在$(-\infty,0)$上有最小值$h(x)+2=-6+2=-4$。

5. 8 【解析】$\because$ 函数$f(x)$是定义域为$\mathbf{R}$的奇函数，$\therefore f(-x)=-f(x)$，$\because f(x)$的图象关于直线$x=2$对称，$\therefore f(x)=f(4-x)$，而$f(-x)=f(4+x)=-f(x)$，$f(x+8)=f(x+4+4)=-f(x+4)=f(x)$，$\therefore$ 函数$f(x)$的最小正周期为8。

6. -2 【解析】$\because f(x)$图象关于直线$x=1$对称，$\therefore f(x)=f(2-x)$，又$f(3-x)=-f(3+x)$，则$f(x)=f(2-x)=f(3-1-x)=-f(3+1+x)=-f(x+4)$，$\therefore f(x+4)=-f(x+8)$，$\therefore f(x)=f(x+8)$，$\therefore f(x)$是以8为周期的周期函数。$f\left(\frac{825}{2}\right)=f\left(8\times51+3+\frac{3}{2}\right)=f\left(3+\frac{3}{2}\right)=-f\left(3-\frac{3}{2}\right)=-f\left(\frac{3}{2}\right)$当$x\in(1,2]$时，$f(x)=\log_2(2x+1)$，$\therefore f\left(\frac{3}{2}\right)=\log_2\left(2\times\frac{3}{2}+1\right)=2$，$\therefore f\left(\frac{825}{2}\right)=-f\left(\frac{3}{2}\right)=-2$。

7. 1 【解析】$\because$ 定义在$\mathbf{R}$上的奇函数$f(x)$满足$f(x-1)+f(5-x)=0$，可得$f(-x)=-f(x+4)=-f(x)$，即$f(x+4)=f(x)$，可得$f(x)$的最小正周期为4，则$f(2)=f(-2)=-f(2)$，即$f(2)=0$，$f(3)=f(-1)=-f(1)=-1$，$f(4)=f(0)=0$，$\therefore f(1)+f(2)+f(3)+\cdots+f(2021)=505\times(1+0-1+0)+f(1)=0+1=1$。

8. -2 【解析】$y=f(x-1)$的图象关于点$(1,0)$对称，$\therefore$ 函数$f(x)$关于原点对称，为奇函数，由于$f(x-1)=f(3-x)$，$\therefore f(x+4)=f(x+5-1)=f(3-(x+5))=f(-2-x)=-f(x+2)=-f(x+3-1)=-f(3-(x+3))=-f(-x)=f(x)$，$\therefore f(x)$是周期为4的周期函数，则$f(2021)=f(505\times4+1)=f(1)=-f(-1)=-2\times(-1)^2=-2$，$f(2022)=f(505\times4+2)=f(2)=f(3-1)=f(3-3)=f(0)=0$，$\therefore f(2021)+f(2022)=-2$。

9. $\frac{3}{2}$ 【解析】$\because$ 函数$y=f(x+1)$为奇函数，$\therefore f(x+1)=-f(1-x)$，$\because y=f(x+2)$为偶函数，$\therefore f(x+2)=f(2-x)$，$\therefore f(2-x)=f[(1-x)+1]=-f[1-(1-x)]=-f(x)$，$\therefore f(x+2)=f(2-x)=-f(x)$，$f(x+4)=f[(x+2)+2]=-f(x+2)=-[-f(x)]=f(x)$，即$f(x+4)=f(x)$，$\therefore f(x)$的周期为4，$f(2022)=f(2+505\times4)=f(2)$，又$\because 1\leqslant x\leqslant2$时，$f(x)=2^{x-1}+\log_4x-1$，$\therefore f(2022)=f(2)=2^{2-1}+\log_42-1=\frac{3}{2}$。

第四节　一次函数、二次函数与反比例函数

考向 1 变式训练

1.【解析】(1)设直线 l 的解析式为 $y=kx+b(k\neq0)$，把点 $A(-1,0)$ 和点 $B(1,4)$ 代入，得 $\begin{cases}0=-k+b,\\4=k+b,\end{cases}$ 解得 $\begin{cases}k=2,\\b=2,\end{cases}$ 故解析式为 $y=2x+2$。

(2)①当 P 在 x 轴上时，$\because$ $\triangle APB$ 的面积为 8，点 $B(1,4)$，

$\therefore S=\dfrac{1}{2}AP\times4=8$，解得 $AP=4$，$\because$ 点 $A(-1,0)$，$\therefore P(-5,0)$ 或 $(3,0)$。

②当点 P 在 y 轴上时，设点 $P(0,y)$，则点 P 到直线 AB 的距离 $d=\dfrac{|-y+2|}{\sqrt{1+4}}$，$S=\dfrac{1}{2}|AB|\times d=\dfrac{1}{2}\sqrt{2^2+4^2}\cdot\dfrac{|-y+2|}{\sqrt{1+4}}=8$，

$\therefore y=-6$ 或 10，$\therefore P(0,-6)$ 或 $(0,10)$。

2. B　**【解析】**将直线 $y=kx+b$ 向右平移 2 个单位得 $y=k(x-2)+b$，再向上平移 3 个单位得 $y=k(x-2)+b+3=kx-2k+b+3=2x+1$，则有 $\begin{cases}k=2,\\-2k+b+3=1,\end{cases}$ 解得 $\begin{cases}k=2,\\b=2,\end{cases}$ 所以原直线的解析式为 $y=2x+2$。当 $x=0$ 时，$y=2$，故 A 选项正确；联立 $y=2x+2$ 与 $y=x^2+4$ 得 $x^2-2x+2=0$，方程无实数解，故 B 选项错误；直线 $y=2x+2$ 到坐标原点的距离 $d=\dfrac{2}{\sqrt{2^2+1^2}}=\dfrac{2}{\sqrt{5}}>0.8$，所以直线与圆相离，故 C 选项正确；因为 $k=2>0$，$b=2>0$，所以直线经过第一、二、三象限，故 D 选项正确。故选 B。

3. B　**【解析】**因为斜率为 $k(k>0)$ 的直线将 $\triangle ABC$ 分割成面积相等的两部分，且 M,N 是直线 $y=kx+b(k>0)$ 与 AB,BC 的交点，所以 $S_{\triangle MBN}=\dfrac{1}{2}S_{\triangle ABC}$。易知，直线 BC 的方程为 $x=1-y$，设 N 点的坐标为 $(1-t,t)$，且 $t\in\left(\dfrac{1}{2},1\right)$。设 $M(x,0)$，则由 $S_{\triangle MNB}=\dfrac{(1-x)t}{2}=\dfrac{S_{\triangle ABC}}{2}=\dfrac{1}{2}$，可得 $x=1-\dfrac{1}{t}$，于是 M 点坐标为 $(1-\dfrac{1}{t},0)$，根据 M,N 两点的坐标可得，直线 MN 的方程为 $\dfrac{y}{x-\left(1-\dfrac{1}{t}\right)}=\dfrac{t}{1-t-\left(1-\dfrac{1}{t}\right)}$，令 $x=0$，得 $b=y=\dfrac{t}{1+t}=\dfrac{1}{1+\dfrac{1}{t}}$，因为 $t\in\left(\dfrac{1}{2},1\right)$，所以 $b\in\left(\dfrac{1}{3},\dfrac{1}{2}\right)$。

4. C 【解析】当 $k>0$ 时，$-k<0$，此时函数图象经过第一、三、四象限，C 选项符合；当 $k<0$ 时，$-k>0$，此时函数图象经过第一、二、四象限，无选项符合。

5. D 【解析】如图所示，不等式 $kx+b>1$ 的解为 $x>1$。

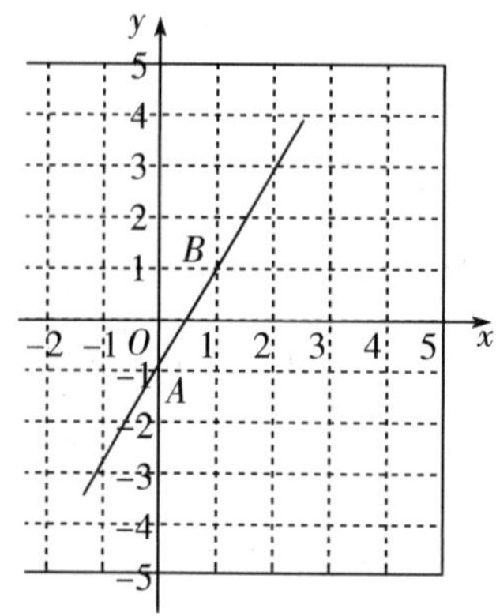

6.【解析】(1) 设甲种空调每台进价为 x 元，则乙种空调每台进价为 $(x-500)$ 元，可根据题意列出方程 $\frac{40\ 000}{x}=\frac{30\ 000}{x-500}$，解得 $x=2000$。

答：甲种空调每台进价为 2000 元，乙种空调每台进价为 1500 元。

(2) 甲种空调每台利润 $2500-2000=500$ 元，乙种空调每台利润 $1800-1500=300$ 元。则所获利润 $y=500x+300(20-x)$，即 $y=200x+6000(0<x<20)$。

(3) 设购买甲种空调 m 台，则购买乙种空调 $(20-m)$ 台。根据题意得：$2000m+1500(20-m)\leqslant 36\ 000$，且 $10\leqslant m\leqslant 20$，解得 $10\leqslant m\leqslant 12$。当 $m=12$ 时，利润最大，最大利润是 $200\times 12+6000=8400$（元）。设购买 A 型按摩器 a 台，购买 B 型按摩器 b 台，则 $1100a+700b=8400$，因为 a，b 均为整数，所以有两种购买方案：①A 型 0 台，B 型 12 台；②A 型 7 台，B 型 1 台。

考向 2 变式训练

1. A 【解析】设 $f(x)=ax^2+bx+c$，由表格中数据可知 $f(2)=f(4)$，则可得二次函数图象的对称轴为 $x=-\frac{b}{2a}=\frac{2+4}{2}=3$，即 $-\frac{b}{a}=6$，且 $f(1)=f(5)$，当 $x=1$ 时，$y=a+b+c=f(5)=6$，所以

$$(a+b+c)\left(\frac{-b+\sqrt{b^2-4ac}}{2a}+\frac{-b-\sqrt{b^2-4ac}}{2a}\right)=6\times\left(-\frac{b}{a}\right)=36。$$

2. A 【解析】根据抛物线的顶点坐标公式可知，$x=-\frac{b}{2a}=1$，$y=\frac{4ac-b^2}{4a}=2$。故选 A。

3. C 【解析】由图可知抛物线开口向下，则 $a<0$；因为对称轴为直线 $x=1$，即 $-\frac{b}{2a}=1$，$b=$

$-2a>0$，则 $b>0$，$b+2a=0$，故②错误，④正确；因为抛物线与 y 轴交于正半轴，所以 $c>0$，故③正确。根据图象可知，当 $x=1$ 时，$y>0$，即 $a+b+c>0$，故⑤错误。综上，正确的结论有①③④。

4. A 【解析】依题意把点 $(1,4)$，$(2,7)$ 代入抛物线方程，得 $\begin{cases}4=a+b+c,\\7=4a+2b+c,\end{cases}$ 得 $3a+b=3$，则 $b=3-3a$。$\because$ 对称轴 $x=k=-\dfrac{b}{2a}=-\dfrac{3-3a}{2a}$，$\therefore \left|-\dfrac{3-3a}{2a}\right|\leqslant 1$，解得 $\dfrac{3}{5}\leqslant a\leqslant 3$。

5.【解析】(1) 由题意可设二次函数的解析式为 $y=a(x+1)^2+4$，将 $(0,3)$ 代入得 $a+4=3$，则 $a=-1$，故二次函数的解析式为 $y=-(x+1)^2+4$，即 $y=-x^2-2x+3$。

(2) 由 (1) 知，二次函数的解析式为 $y=-x^2-2x+3$，则不等式 $ax^2+bx+c>x-1$ 即 $-x^2-2x+3>x-1$，解得 $-4<x<1$，故不等式的解集为 $\{x|-4<x<1\}$。

(3) 二次函数 $y=-x^2-2x+3$ 在区间 $[m,m+3]$ 上的单调性分为以下三种情况：

①当 $m+3\leqslant -1$，即 $m\leqslant -4$ 时，二次函数在区间 $[m,m+3]$ 上单调递增，当 $x=m+3$ 时取最大值，最大值为 $y=-(m+3)^2-2(m+3)+3=-m^2-8m-12$；

②当 $m<-1$ 且 $m+3>-1$，即 $-4<m<-1$ 时，二次函数在区间 $[m,-1]$ 上单调递增，在区间 $[-1,m+3]$ 上单调递减，在 $x=-1$ 时取最大值，最大值为 $y=4$；

③当 $m\geqslant -1$ 时，二次函数在区间 $[m,m+3]$ 上单调递减。当 $x=m$ 时取最大值，最大值为 $y=-m^2-2m+3$。

综上所述，当 $m\leqslant -4$ 时，最大值为 $y=-m^2-8m-12$；当 $-4<m<-1$ 时，最大值为 $y=4$；当 $m\geqslant -1$ 时，最大值为 $y=-m^2-2m+3$。

6. B 【解析】由抛物线 $y=x^2-8x+7$，得 $A(1,0)$，$B(7,0)$，$S(4,0)$，易知当 B,P,C 三点共线，且 P 在点 B,C 之间时，线段 SQ 取得最小值，此时 SQ 是 $\triangle ABP$ 的中位线，即 $SQ=\dfrac{1}{2}BP=\dfrac{1}{2}(BC-CP)=\dfrac{1}{2}[\sqrt{(7-4)^2+(0-4)^2}-1]=2$。

7.【解析】(1) 因为二次函数与 x 轴有两个不同的交点，所以 $\begin{cases}m\neq 0,\\\Delta=[-(3m-1)]^2-4m(-4m+1)>0,\end{cases}$ 解得 $\begin{cases}m\neq 0,\\(5m-1)^2>0,\end{cases}$ 综上，m 的取值范围为 $\left\{m|m\neq 0\text{ 且 }m\neq\dfrac{1}{5}\right\}$。

(2) $y=mx^2-(3m-1)x-4m+1=mx^2-3mx+x-4m+1=(x+1)[m(x-4)+1]$，

当 $x=4$ 时，无论 m 为何值，$y=5$，且 $(4,5)$ 为非坐标轴上的点，所以点 B 为 $(4,5)$。

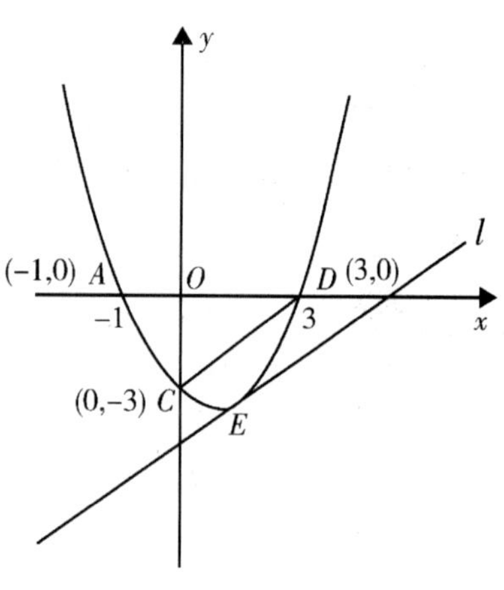

(3)当 $m=1$ 时，$y=x^2-2x-3$，要使二次函数在第四象限图象上存在一点 E，使得△CED 面积最大，只需连结 CD，作关于 CD 平行的直线 l，使得直线 l 与二次函数 $y=x^2-2x-3$ 图象相切，则切点就是所求的点 E，如图所示：

因为线段 CD 所在的直线为 $y=x-3$，则可设直线 l 为 $y=x+b$，联立 $\begin{cases}y=x+b,\\ y=x^2-2x-3,\end{cases}$ 可得 $x^2-3x-(3+b)=0$，此时 $\Delta=(-3)^2-4\times1\times[-(3+b)]=0$，得到 $b=-\frac{21}{4}$。故直线 l 的方程为 $y=x-\frac{21}{4}$。

联立 $\begin{cases}y=x-\frac{21}{4},\\ y=x^2-2x-3,\end{cases}$ 解得 $x=\frac{3}{2}$，$y=-\frac{15}{4}$，因此点 E 为 $\left(\frac{3}{2},-\frac{15}{4}\right)$。

故点 E 到直线 CD 的距离为 $d=\frac{\left|\frac{3}{2}-\left(-\frac{15}{4}\right)-3\right|}{\sqrt{2}}=\frac{9\sqrt{2}}{8}$，此时△$CDE$ 面积最大，为 $S=\frac{1}{2}\cdot CD\cdot d=\frac{1}{2}\times3\sqrt{2}\times\frac{9\sqrt{2}}{8}=\frac{27}{8}$。

8.【解析】(1)已知抛物线与 x 轴交点的坐标分别为 $(-3,0)$，$(1,0)$，则抛物线的对称轴为 $x=\frac{-3+1}{2}=-1$，设抛物线的解析式为 $y=\lambda(x+3)(x-1)$，因为矩形 $OBDC$ 的边 $OC=2$，所以 C 点的坐标为 $(0,2)$，将 $(0,2)$ 代入抛物线解析式得 $-3\lambda=2$，即 $\lambda=-\frac{2}{3}$，故抛物线的解析式为 $y=-\frac{2}{3}(x+3)(x-1)$，对称轴为 $x=-1$。

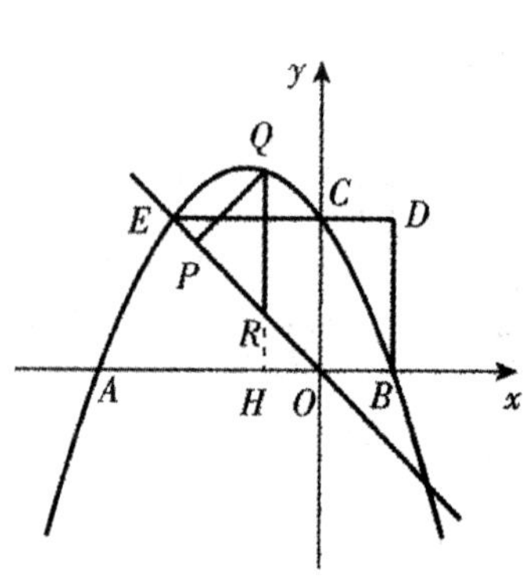

(2)抛物线的对称轴为 $x=-1$，$C(0,2)$，所以 E 点坐标为 $(-2,2)$，于是 $EC=OC=2$，从而 $\angle EOC=45°$，且 $QR\parallel CO$，$QP\perp OE$，故△PQR 是等腰直角三角形，所以 $QR=\sqrt{2}\,QP=\sqrt{2}\,m$。$Q\left(n,-\frac{2}{3}(n+3)(n-1)\right)$，易知，直线 OE 的方程为 $y=-x$，点 R 在直线 OE 上，所以点 R 的坐标为 $(n,-n)$。因为点 Q 在直线 OE 上方，所以 $QR=-\frac{2}{3}(n+3)(n-1)-(-n)=-\frac{2}{3}(n+3)(n-1)+n$，故 m

与 n 的函数关系式为$\sqrt{2}m=-\frac{2}{3}(n+3)(n-1)+n,-2<n<\frac{3}{2}$。

(3)分析可得,若有满足条件的点 M,N,则 AC 一定是平行四边形的一条边而不是对角线,由于N点的横坐标为 $-1,A(-3,0),C(0,2)$,所以由平行关系可知,若存在满足条件的点 M,则 M 点的横坐标为 2,将 $x=2$ 代入抛物线解析式得 $y=-\frac{2}{3}(2+3)(2-1)=-\frac{10}{3}$,因为点$(2,-\frac{10}{3})$不在第一象限,所以不存在满足条件的点 M。

9.【解析】(1)由题意得$\begin{cases}-\frac{b}{2a}=1,\\4a-2b+2=0,\end{cases}$解得$\begin{cases}a=-\frac{1}{4},\\b=\frac{1}{2},\end{cases}$,所以抛物线的解析式为 $y=-\frac{1}{4}x^2+\frac{1}{2}x+2$。

(2)令 $y=0$,得$-\frac{1}{4}x^2+\frac{1}{2}x+2=0$,解得 $x=-2$ 或 $x=4$,所以 B 点的坐标为$(4,0)$;令 $x=0$,则 $y=2$,所以 C 点的坐标为$(0,2)$,所以直线 BC 的解析式为 $y=-\frac{1}{2}x+2$。设 $F\left(x,-\frac{1}{4}x^2+\frac{1}{2}x+2\right)$,$x>0$,则 $E\left(x,-\frac{1}{2}x+2\right),D(x,0)$,因为 $OD=4FE$,所以 $x=4\left[-\frac{1}{2}x+2-\left(-\frac{1}{4}x^2+\frac{1}{2}x+2\right)\right]$,即 $x^2-5x=0$,解得 $x=5$ 或 0(舍去),所以 $D(5,0)$,$E\left(5,-\frac{1}{2}\right)$,$F\left(5,-\frac{7}{4}\right)$,所以 $S_{\text{四边形}FOBE}=S_{\triangle ODF}-S_{\triangle BDE}=\frac{1}{2}\times5\times\frac{7}{4}-\frac{1}{2}\times1\times\frac{1}{2}=\frac{33}{8}$。

(3)由(2)得 $B(4,0)$,$F\left(5,-\frac{7}{4}\right)$,设 $M(x,y)$,$N(1,n)$,则当 BN 为对角线时,$\begin{cases}x+5=4+1,\\-\frac{7}{4}+y=n,\end{cases}$所以$M(0,n+\frac{7}{4})$,代入 $y=-\frac{1}{4}x^2+\frac{1}{2}x+2$ 得 $n+\frac{7}{4}=2$,故 $M(0,2)$;当 BM 为对角线时,$\begin{cases}x+4=1+5,\\y=n-\frac{7}{4},\end{cases}$所以$M(2,n-\frac{7}{4})$,代入 $y=-\frac{1}{4}x^2+\frac{1}{2}x+2$ 得 $n-\frac{7}{4}=2$,故 $M(2,2)$;当 BF 为对角线时,$\begin{cases}x+1=4+5,\\y+n=-\frac{7}{4},\end{cases}$所以$M(8,-n-\frac{7}{4})$,代入 $y=-\frac{1}{4}x^2+\frac{1}{2}x+2$ 得 $-n-\frac{7}{4}=-10$,故 $M(8,-10)$。综上所述,点 M 的坐标为$(0,2)$或$(2,2)$或$(8,-10)$。

10.【解析】(1)由表格数据可知 y 与 x 是一次函数关系，设其函数解析式为 $y=kx+b$，则有 $\begin{cases}3000k+b=100,\\3200k+b=96,\end{cases}$ 解得 $\begin{cases}k=-\dfrac{1}{50},\\b=160,\end{cases}$ $\therefore y$ 与 x 之间的函数关系式为 $y=-\dfrac{1}{50}x+160$。

(2)设该租赁公司获得的月收益为 W 元，由题意得，$W=\left(-\dfrac{1}{50}x+160\right)(x-150)-50(100-y)=\left(-\dfrac{1}{50}x+160\right)(x-150)-(x-3\,000)=\left(-\dfrac{1}{50}x^2+163x-24\,000\right)-(x-3\,000)=-\dfrac{1}{50}x^2+162x-21\,000=-\dfrac{1}{50}(x-4\,050)^2+307\,050$，当 $x=4\,050$ 时，W 取最大值，为 307 050 元，故当每辆车的月租金为 4 050 元时，公司获得最大月收益，为307 050元。

考向 3 变式训练

1. A 【解析】由题意可知，反比例函数 $y=\dfrac{k}{x}$ 在 $(-\infty,0)$ 上单调递增，所以有 $k<0$，则一次函数 $y=-2x+k$ 的图象过第二、三、四象限。故选 A。

2. $(1,+\infty)$ 【解析】因为在反比例函数 $y=\dfrac{m-1}{x}(x<0)$ 中，函数值 y 随 x 的增大而减小，所以 $m-1>0$，解得 $m>1$。

3. D 【解析】由反比例函数中 k 的几何意义得 $k=2S_{\triangle AOB}=6$。

4. 2 【解析】作 $AC\perp x$ 轴于点 C，作 $BD\perp x$ 轴于点 D。则 $\angle BDO=\angle ACO=90°$，则 $\angle BOD+\angle OBD=90°$，$\because OA\perp OB$，$\therefore \angle BOD+\angle AOC=90°$，$\therefore \angle OBD=\angle AOC$，$\therefore \triangle OBD\backsim\triangle AOC$，$\therefore \dfrac{S_{\triangle OBD}}{S_{\triangle AOC}}=\left(\dfrac{OB}{OA}\right)^2=(\tan A)^2$，点 A,B 分别在反比例函数 $y=\dfrac{2}{x}(x>0)$，$y=-\dfrac{8}{x}(x>0)$ 的图象上，设 $A(x_A,y_A)$，$B(x_B,y_B)$，则 $x_Ay_A=2$，$x_By_B=-8$，$\therefore \dfrac{S_{\triangle OBD}}{S_{\triangle AOC}}=\dfrac{\left|\dfrac{1}{2}x_By_B\right|}{\left|\dfrac{1}{2}x_Ay_A\right|}=4$，$\therefore \tan A=2$。

5. C 【解析】将点 $M(1,2)$ 代入反比例函数 $y=\dfrac{k}{x}(k\neq0)$，得 $k=2$，即反比例函数的解析式为 $y=\dfrac{2}{x}$，当 $x=-1$ 时，$y=a=-2$，即点 $N(-1,-2)$，则 $\triangle PMN$ 的周长为 $PM+PN+MN=\sqrt{1^2+2^2}+\sqrt{1^2+6^2}+\sqrt{2^2+4^2}=3\sqrt{5}+\sqrt{37}$。

6. 20 【解析】因为双曲线 $y=\dfrac{k}{x}$ 经过 $A(3,\dfrac{20}{3})$，所以 $k=3\times\dfrac{20}{3}=20$，即 $y=\dfrac{20}{x}$，又因为 $B(-5,$

m)，所以 $m=-4$，即 $B(-5,-4)$，则 $k_{AB}=\dfrac{\dfrac{20}{3}-(-4)}{3-(-5)}=\dfrac{4}{3}$，故直线 AB 的方程为 $y+4=\dfrac{4}{3}(x+5)$，即 $4x-3y+8=0$，则 $C(-2,0)$，$D(3,0)$，$E(0,-4)$，所以 $BC=\sqrt{(-5+2)^2+(-4-0)^2}=5$，$DE=\sqrt{3^2+4^2}=5$，$CD=5$，$BE=5$，故四边形 $BCDE$ 的周长为 $5+5+5+5=20$。

7. B 【解析】因为函数的图象 C 与函数 $y=\dfrac{3}{x}$ 的图象关于直线 $y=2$ 对称，所以图象 C 与函数 $y=\dfrac{3}{x}$ 的图象的交点在直线 $y=2$ 上，又点 $(1,3)$ 不在直线 $y=2$ 上，故 A 项错误；点 $(\dfrac{1}{2},-2)$ 关于直线 $y=2$ 对称的点为 $(\dfrac{1}{2},6)$，因为点 $(\dfrac{1}{2},6)$ 在函数 $y=\dfrac{3}{x}$ 的图象上，所以点 $(\dfrac{1}{2},-2)$ 在图象 C 上，故 B 项正确；设点 $\left(x,\dfrac{3}{x}\right)(x\neq0)$ 为函数 $y=\dfrac{3}{x}$ 的图象上任意一点，点 $\left(x,\dfrac{3}{x}\right)$ 关于直线 $y=2$ 对称的点的纵坐标为 $4-\dfrac{3}{x}$，当 $x<0$ 时，$4-\dfrac{3}{x}>4$，故 C 项错误；因为点 (x_1,y_1)，(x_2,y_2) 关于直线 $y=2$ 对称的点 $(x_1,4-y_1)$，$(x_2,4-y_2)$ 在函数 $y=\dfrac{3}{x}$ 的图象上，所以 $4-y_1=\dfrac{3}{x_1}$，$4-y_2=\dfrac{3}{x_2}$，若 $x_1>0>x_2$，则 $4-y_1>4-y_2$，所以 $y_1<y_2$；若 $x_1>x_2>0$ 或 $0>x_1>x_2$，则 $4-y_1<4-y_2$，所以 $y_1>y_2$，故 D 项错误。故选 B。

8. B 【解析】如图，作 $AH\perp OC$ 于点 H，$BT\perp OC$ 于点 T，设 $A\left(a,\dfrac{3}{a}\right)(a>0)$。$\because AH\perp OC$，$BT\perp OC$，$\therefore AH\,/\!/\,BT$，$\therefore \dfrac{BT}{AH}=\dfrac{CB}{CA}$，$\because AB=2BC$，$\therefore \dfrac{CB}{CA}=\dfrac{1}{3}$，$\therefore AH=3BT$，又 $\because AH=\dfrac{3}{a}$，$\therefore BT=\dfrac{1}{a}$，$\therefore B\left(3a,\dfrac{1}{a}\right)$，$\because OH=a$，$OT=3a$，$\therefore TH=2a$，$\because S_{\triangle AOB}=S_{\triangle AOH}+S_{梯形AHTB}-S_{\triangle OBT}$，$S_{\triangle AOH}=S_{\triangle OBT}$，$\therefore S_{\triangle AOB}=S_{梯形AHTB}=\dfrac{\dfrac{1}{a}+\dfrac{3}{a}}{2}\cdot 2a=4$。

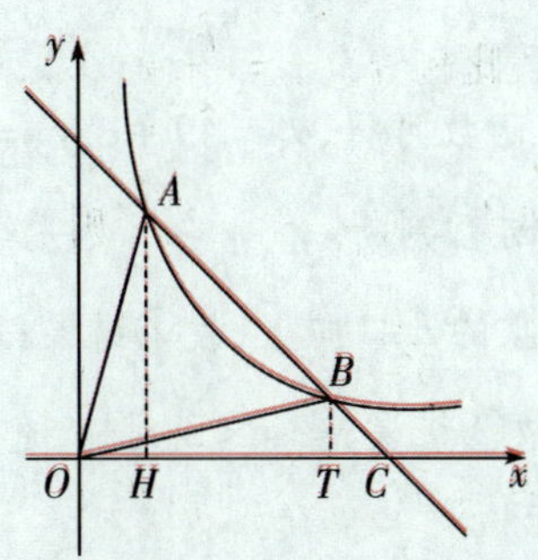

必刷好题

招教高频基础刷

1. B 【解析】仅①是正确的,∵ $a<0$,故②错误;当 $x<3$ 时,$y_1>y_2$,故③错误,因此正确的个数为 1。

2. C 【解析】易得选项 A、B 正确;因为反比例系数 $k=2$ 为正,故函数在定义域上为分段的减函数。因此,C 项错误,D 项正确。故选 C。

3. A 【解析】图象经过第二、三、四象限,选 A。

4. A 【解析】∵ $ab>0$,则反比例函数 $y=\frac{ab}{x}$应在第一、三象限,排除 B、D;若 $a>0$,则 $b>0$,一次函数 $y=ax+b$ 在第一、二、三象限,A 项正确。

5. C 【解析】平行四边形面积 $S=$底×高,由图可知,底为 AD 的长,即 A 点的横坐标的绝对值,高为 A 点的纵坐标的绝对值,设 $A\left(x_0,-\frac{6}{x_0}\right)$,故 $S=\left|x_0\cdot\left(-\frac{6}{x_0}\right)\right|=6$。

6. A 【解析】$S_{\triangle AOC}=\frac{1}{2}x_A\cdot y_A$,$S_{\triangle BOD}=\frac{1}{2}x_B\cdot y_B$,又∵ A,B 是 $y=\frac{k}{x}$上两点,即 $x_Ay_A=x_By_B$,∴ $S_1=S_2$。

7. D 【解析】∵ $y=ax^2+bx$ 图象的顶点为$(-\frac{1}{2},m)$,∴ $-\frac{b}{2a}=-\frac{1}{2}$,即 $b=a$,∴ $m=-\frac{a}{4}$,∴ 顶点为$(-\frac{1}{2},-\frac{a}{4})$,把 $x=-\frac{1}{2}$,$y=-\frac{a}{4}$代入反比例函数的解析式得 $k=\frac{a}{8}$,由图象知抛物线的开口向下,∴ $a<0$,∴ $a<k<0$,故选 D。

8. A 【解析】∵ 点 $A(x_1,y_1)$和 $B(x_2,y_2)$是反比例函数 $y=\frac{k}{x}$图象上的两个点,当 $x_1<x_2<0$ 时,$y_1<y_2$,∴ $x<0$ 时,y 随 x 的增大而增大,∴ $k<0$,∴ 一次函数 $y=-2x+k$ 的图象不经过的象限是第一象限。

9. B 【解析】将三个点分别代入函数可得,$y_1=49+c$,$y_2=1+c$,$y_3=64+c$。故 $y_3>y_1>y_2$。本题也可根据二次函数图象的对称性进行判断。

10. A 【解析】∵ $2>0$,∴ 函数图象的开口向上,故①错误;函数图象的对称轴为直线 $x=3$,故②错误;函数图象顶点坐标为$(3,1)$,故③错误;当 $x<3$ 时,y 随 x 的增大而减小,故④正确。综上所述,说法正确的共 1 个。故选 A。

11. D 【解析】由于在同一直角坐标系中,因此直线方程和抛物线方程中的字母系数的取值应当保持一致。当 $a>0,b>0$ 时,可知选项 A 可能存在;当 $a>0,b<0$ 时,可知选项 B 可能存在;当 $a<0,b>0$ 时,可知选项 C 也可能存在;当 $a<0,b<0$ 时,抛物线与 y 轴的交点应在 y 轴负半轴上,可知选项 D 不可能存在。故选 D。

12. C 【解析】由图可知,抛物线的顶点坐标为$(-1,4)$,$\therefore$ 二次三项式 ax^2+bx+c 的最大值为 4,①正确;$\because x=2$ 时,$y<0$,$\therefore 4a+2b+c<0$,②正确;根据抛物线的对称性可知,一元二次方程 $ax^2+bx+c=1$ 的两根之和为 -2,③正确;使 $y\leqslant 3$ 成立的 x 的取值范围是 $x\geqslant 0$ 或 $x\leqslant -2$,④错误。故选 C。

13. A 【解析】$\because$ 函数 $f(x)$ 与 x 轴的交点为$(1,0)$和$(3,0)$,根据二次函数的性质,函数 $f(x)$ 的对称轴为 $x=\frac{1+3}{2}=2$,$\therefore$ 函数在$(-\infty,2]$上递减,在$[2,+\infty)$上递增。

14. C 【解析】$\because$ 函数 $f(x)$ 的对称轴为 $x=-\frac{-2}{1\cdot 2}=1$,$\therefore$ 函数在$(-\infty,1]$上递减,在$[1,+\infty)$上递增。当 $a+2\leqslant 1$,即 $a\leqslant -1$ 时,$f(a+2)=(a+2)^2-2(a+2)+1=4$,解得 $a=-3$ 或 1($a=1$ 舍去);当 $a\geqslant 1$ 时,$f(a)=a^2-2a+1=4$,解得 $a=3$ 或 -1($a=-1$ 舍去);当 $a<1<a+2$ 时,$f(x)$ 的最小值是 0,不符合题意。综上,$a=-3$ 或 3,故选 C。

15. -4 【解析】如图,过点 A,B 作 $AC\perp x$ 轴,$BD\perp x$ 轴,垂足为 C,D 两点。设点 A 的坐标是(m,n),则 $AC=n,OC=m$,$\because \angle AOB=90^\circ$,$\therefore \angle AOC+\angle BOD=90^\circ$,$\because \angle DBO+\angle BOD=90^\circ$,$\therefore \angle DBO=\angle AOC$,$\because \angle BDO=\angle ACO=90^\circ$,$\therefore \triangle BDO\backsim\triangle OCA$,$\therefore \frac{BD}{OC}=\frac{OD}{AC}=\frac{OB}{OA}$,$\because OB=2OA$,$\therefore BD=2OC=2m,OD=2AC=2n$,$\because$ 点 A 在反比例函数 $y=\frac{1}{x}$ 的图象上,$\therefore mn=1$,$\because$ 点 B 在反比例函数 $y=\frac{k}{x}$ 的图象上,B 点的坐标是$(-2n,2m)$,$\therefore k=-2n\cdot 2m=-4mn=-4$。

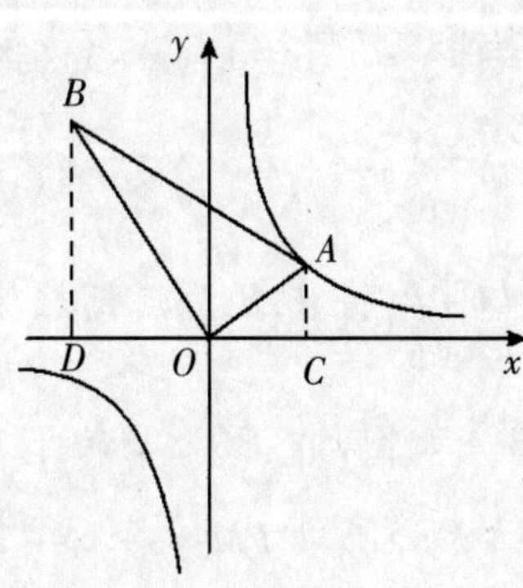

16.【解析】(1)设反比例函数的解析式为 $y=\frac{k}{x}$。

$\because A(2,1)$是反比例函数图象上的点，

$\therefore k=xy=2\times1=2$，

$\therefore$ 反比例函数的解析式是 $y=\dfrac{2}{x}$。

设一次函数的解析式为 $y=ax+b$。

$\because A(2,1),B(-1,-2)$是一次函数图象上的点，

$\therefore \begin{cases}2a+b=1,\\ -a+b=-2,\end{cases}$

解得$\begin{cases}a=1,\\ b=-1,\end{cases}$

$\therefore$ 一次函数的解析式是 $y=x-1$。

(2)由一次函数 $y=x-1$ 与 x 轴相交于点 C，得 $y_C=0$，则 $x_C=1$，即 $C(1,0)$，

故 $S_{\triangle AOC}=\dfrac{1}{2}OC\cdot y_A=\dfrac{1}{2}\times1\times1=\dfrac{1}{2}$。

17.**【解析】**(1)将两点代入得$\begin{cases}\dfrac{m}{1}=2,\\ k+b=2,\\ -mk+b=-1,\end{cases}$ 解得$\begin{cases}m=2,\\ k=1,\\ b=1。\end{cases}$

故所求一次函数为 $y=x+1$，反比例函数为 $y=\dfrac{2}{x}$。

(2)由题意知，当取同一 x 值时，一次函数的点位于反比例函数的点上方，说明一次函数的值大于反比例函数的值。故观察图象得 $x\in(-2,0)\cup(1,+\infty)$。

18.**【解析】**(1)因为抛物线的对称轴是直线 $x=-1$，且经过点$A(-3,0)$，由对称性可知抛物线经过点$(1,0)$，则可设抛物线的解析式为 $y=a(x-1)(x+3)$，将 $B(0,3)$ 代入得 $3=-3a$，解得$a=-1$，故抛物线的解析式为 $y=-x^2-2x+3$。

(2)设直线 AB 的解析式为 $y=kx+b$，将 A,B 两点代入得$\begin{cases}-3k+b=0,\\ b=3,\end{cases}$ 解得 $k=1,b=3$，所以直线 AB 的解析式为 $y=x+3$。如图，作 $PQ\perp x$ 轴于 Q，交直线 AB 于点 M，设 $P(x,-x^2-2x+3)(x<0)$，则 $M(x,x+3)$，所以 $PM=-x^2-2x+3-(x+3)=-x^2-3x$，故 $S_{\triangle PAB}=\dfrac{1}{2}\times3(-x^2-3x)=-\dfrac{3}{2}(x+\dfrac{3}{2})^2+\dfrac{27}{8}$，当 $x=-\dfrac{3}{2}$时，$\triangle PAB$ 的面积取最大值，此时

$S_{\triangle PAB}=\frac{27}{8},P(-\frac{3}{2},\frac{15}{4})$。

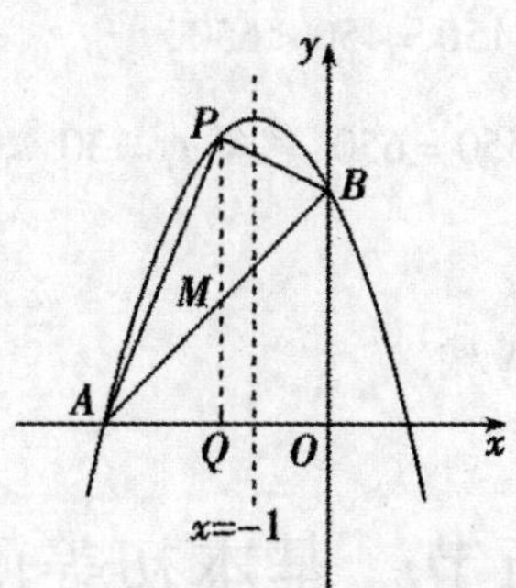

19.【解析】(1)由$f(-1+x)=f(-1-x)$可得$f(x)$的图象关于直线$x=-1$对称,设$f(x)=a(x+1)^2+h=ax^2+2ax+a+h(a\neq0)$,由函数$f(x)$的值域为$[-1,+\infty)$,可得$h=-1$,根据根与系数的关系可得$x_1+x_2=-2,x_1x_2=1+\frac{h}{a}$,所以$|x_1-x_2|=\sqrt{(x_1+x_2)^2-4x_1x_2}=\sqrt{-\frac{4h}{a}}=2$,解得$a=1$,所以$f(x)=x^2+2x$。

(2)由题意得函数$g(x)$在区间$[-1,2]$上单调递增,又$g(x)=f(x)-kx=x^2-(k-2)x$,所以$g(x)$的对称轴方程为$x=\frac{k-2}{2}$,则$\frac{k-2}{2}\leqslant-1$,即$k\leqslant0$,故k的取值范围为$(-\infty,0]$。

20.【解析】(1)由题中所给出的函数图象可知,当$t=4$时,$v=4\times\frac{30}{10}=12(\text{km/h})$,

$\therefore s=\frac{1}{2}\times4\times12=24(\text{km})$。

(2)当$0\leqslant t\leqslant10$时,$s=\frac{1}{2}\cdot t\cdot\frac{30}{10}t=\frac{3}{2}t^2$;

当$10<t\leqslant20$时,$s=\frac{1}{2}\times10\times30+30(t-10)=30t-150$;

当$20<t\leqslant35$时,由图可知BC段所在直线解析式为$v=-2t+70$,则$s=\frac{1}{2}\times10\times30+30\times(20-10)+\frac{1}{2}[30+(-2t+70)](t-20)=-t^2+70t-550$,

综上可知,$s=\begin{cases}\frac{3}{2}t^2,t\in[0,10],\\30t-150,t\in(10,20],\\-t^2+70t-550,t\in(20,35]。\end{cases}$

(3)会。

$\because$ 当 $t\in[0,10]$ 时，$s_{\max}=\frac{3}{2}\times10^2=150<650$，

当 $t\in(10,20]$ 时，$s_{\max}=30\times20-150=450<650$，

当 $t\in(20,35]$ 时，令 $-t^2+70t-550=650$，解得 $t_1=30,t_2=40$，

$\because 20<t\leqslant35$，$\therefore t=30$。

$\therefore$ 沙尘暴发生 30 h 后将侵袭到 N 城。

第五节　基本初等函数

考向 1 变式训练

C 【解析】因为 $y=x^{\frac{3}{4}}$ 在 $[0,+\infty)$ 上为增函数，且 $2.3<2.4$，所以 $2.3^{\frac{3}{4}}<2.4^{\frac{3}{4}}$，①正确；因为 $y=x^{-\frac{3}{2}}$ 为 $(0,+\infty)$ 上的减函数，且 $\sqrt{2}<\sqrt{3}$，所以 $(\sqrt{2})^{-\frac{3}{2}}>(\sqrt{3})^{-\frac{3}{2}}$，②错误；因为 $y=x^{\frac{6}{5}}$ 为 $\mathbf{R}$ 上的偶函数，所以 $(-0.31)^{\frac{6}{5}}=0.31^{\frac{6}{5}}$，又 $y=x^{\frac{6}{5}}$ 为 $[0,+\infty)$ 上的增函数，且 $0.31<0.35$，所以 $0.31^{\frac{6}{5}}<0.35^{\frac{6}{5}}$，即 $(-0.31)^{\frac{6}{5}}<0.35^{\frac{6}{5}}$，③正确；因为 $y=x^{0.9}$ 在 $(0,+\infty)$ 上为增函数，所以 $1.1^{0.9}>1$，$y=x^{1.1}$ 在 $(0,+\infty)$ 上为增函数，所以 $0.9^{1.1}<1$，所以有 $1.1^{0.9}>0.9^{1.1}$，④正确。故正确的有 3 个。

考向 2 变式训练

【分析】先按 a 重新整理，再令 a 的系数为 0，解得 x,y，即得定点坐标。

C 【解析】$y=(a-1)2^x-\frac{a}{2}=a\left(2^x-\frac{1}{2}\right)-2^x$，令 $2^x-\frac{1}{2}=0$，得 $x=-1$，此时 $y=-\frac{1}{2}$，则函数 $y=(a-1)2^x-\frac{a}{2}$ 恒过定点 $\left(-1,-\frac{1}{2}\right)$。

考向 3 变式训练

1. D 【解析】因为 $a=\log_3 2<\log_3 3=1$，$c=\log_2 3>\log_2 2=1$，$b=\log_5 2<\log_5 5=1$，且 $\log_5 2=\frac{\lg2}{\lg5}$，

$\log_3 2=\frac{\lg2}{\lg3}$，又 $\lg5>\lg3>0$，则$\frac{\lg2}{\lg5}<\frac{\lg2}{\lg3}$，即$\log_5 2<\log_3 2$，因此$\log_5 2<\log_3 2<\log_2 3$，即 $b<a<c$。

2. D 【**解析**】$\because 0<a<b<1$，$\therefore 0<a^b<1$，$\frac{1}{a}>1$，$\because \log_b a>\log_b b=1$，$\log_{\frac{1}{a}} b<\log_{\frac{1}{a}} 1=0$，

$\therefore \log_b a>1>0>\log_{\frac{1}{a}} b$，$\therefore \log_b a>a^b>\log_{\frac{1}{a}} b$，故选 D。

必刷好题

招教高频基础刷

1. D 【**解析**】设 $f(x)=x^a$，幂函数 $f(x)$ 的图象过点 $(8,2)$，$\therefore 8^a=2$，$a=\frac{1}{3}$，$\therefore f(x)=x^{\frac{1}{3}}$，

$f(27)=27^{\frac{1}{3}}=3$。

2. D 【**解析**】$\because$ 幂函数 $f(x)=x^a$ 关于原点对称，$a<0$ 时，在 $(0,+\infty)$ 上单调递减，$\therefore 2n^2-5n-3<0$，即 $(n-3)(2n+1)<0$，$\therefore -\frac{1}{2}<n<3$，$\therefore n=0,1,2$。

当 $n=0$ 时，$f(x)=x^{-3}$，函数图象关于原点对称；当 $n=1$ 时，$f(x)=x^{-6}$，函数图象关于 y 轴对称；当 $n=2$ 时，$f(x)=x^{-5}$，函数图象关于原点对称。故 n 的取值集合为 $\{0,2\}$。

3. D 【**解析**】$\because x,y,z$ 为正数，令 $2^x=3^y=5^z=k>1$，$\lg k>0$，

则 $x=\frac{\lg k}{\lg2}$，$y=\frac{\lg k}{\lg3}$，$z=\frac{\lg k}{\lg5}$，$\therefore 3y=\frac{\lg k}{\lg\sqrt[3]{3}}$，$2x=\frac{\lg k}{\lg\sqrt[2]{2}}$，$5z=\frac{\lg k}{\lg\sqrt[5]{5}}$，$\because \sqrt[3]{3}=\sqrt[6]{9}>\sqrt[6]{8}=\sqrt{2}$，$\sqrt{2}=\sqrt[10]{2^5}=\sqrt[10]{32}>\sqrt[10]{25}=\sqrt[10]{5^2}=\sqrt[5]{5}$，$\therefore \lg\sqrt[3]{3}>\lg\sqrt[2]{2}>\lg\sqrt[5]{5}>0$，$\therefore 3y<2x<5z$。

4. B 【**解析**】函数 $y=f(x)=2^x-2^{-x}$ 的定义域为 $\mathbf{R}$，函数 $y=2^x$ 在定义域上单调递增，$y=2^{-x}$ 在定义域上单调递减，$\therefore$ 函数 $y=f(x)=2^x-2^{-x}$ 在定义域上单调递增，$f(-x)=2^{-x}-2^{-(-x)}=2^{-x}-2^x=-f(x)$，$\therefore y=f(x)=2^x-2^{-x}$ 为奇函数。A 项中函数单调性不符合，B 项中函数定义域、单调性、奇偶性都符合，C 项中单调性和奇偶性都不符合，D 项中定义域和奇偶性都不符合，故选 B。

5. C 【**解析**】指数函数图象恒过定点 $(0,1)$，$\therefore$ 函数 $f(x)=2+a^{x-1}$ $(a>0$，且 $a\neq1)$ 图象恒过定点时，$x-1=0$，则 $x=1$，此时 $f(x)=3$，则函数 $f(x)=2+a^{x-1}$ 图象恒过定点 $(1,3)$，则 P 点坐标为 $(1,3)$。

6. C 【**解析**】$\because y=(a^2-3a+3)a^x$ 是指数函数，$\therefore a^2-3a+3=1$，解得 $a=1$ 或 2，$\because$ 该函数为指数函数，$\therefore a\neq1$，$\therefore a=2$。

7. B 【解析】∵ 函数 $g(x)$ 为幂函数，∴ $2a-1=1$，$a=1$，则 $g(x)=x^{1+1}=x^2$，函数 $f(x)=m^{x-b}-\frac{1}{2}(m>0$，且 $m\neq1)$ 过定点 $\left(b,\frac{1}{2}\right)$，∴ $g(b)=b^2=\frac{1}{2}$，则 $b=\pm\frac{\sqrt{2}}{2}$。

8. D 【解析】函数 $f(x)$ 为幂函数，∴ $k=1$，$f\left(\frac{1}{2}\right)=\left(\frac{1}{2}\right)^a=\sqrt{2}$，则 $a=-\frac{1}{2}$，$k+a=1-\frac{1}{2}=\frac{1}{2}$。

9. D 【解析】令 $2^x-2^{-x}=t(t\in\mathbf{R})$，则 $t^2=4^x+4^{-x}-2$，故原函数化为 $y=t^2+t+2=\left(t+\frac{1}{2}\right)^2+\frac{7}{4}$，当 $t=-\frac{1}{2}$ 时，可得最小值为 $\frac{7}{4}$。

10. D 【解析】函数 $y=\left(\frac{1}{2}\right)^x$ 在定义域上单调递减，函数 $f(x)=-x^2+x+2$ 在区间 $\left(-\infty,\frac{1}{2}\right]$ 上单调递增，在区间 $\left[\frac{1}{2},+\infty\right)$ 上单调递减，∴ 要求函数 $y=\left(\frac{1}{2}\right)^{\sqrt{-x^2+x+2}}$ 的单调递增区间，根据题意有 $\begin{cases}-x^2+x+2\geqslant0,\\x\geqslant\frac{1}{2},\end{cases}$ 解得 $\frac{1}{2}\leqslant x\leqslant2$。故选 D。

11. A 【解析】函数 $y=\mathrm{e}^x$ 在定义域上单调递增，$y=\mathrm{e}^{-x}$ 在定义域上单调递减，∴ 函数 $f(x)=\frac{\mathrm{e}^x-\mathrm{e}^{-x}}{2}$ 在定义域上单调递增，即函数在 $\mathbf{R}$ 上为增函数。函数 $f(x)$ 的定义域关于原点对称，$f(-x)=\frac{\mathrm{e}^{-x}-\mathrm{e}^x}{2}=-\frac{\mathrm{e}^x-\mathrm{e}^{-x}}{2}=-f(x)$，∴ 函数 $f(x)$ 为奇函数。故选 A。

12. D 【解析】∵ 指数函数 $y=a^x$ 在 $[-1,1]$ 上的最大值与最小值的差是 1，当 $a>1$ 时，有 $a^1-a^{-1}=1$，解得 $a=\frac{1+\sqrt{5}}{2}$（负值舍去）；当 $0<a<1$ 时，有 $a^{-1}-a^1=1$，解得 $a=\frac{-1+\sqrt{5}}{2}$（负值舍去）。综上，$a=\frac{\sqrt{5}\pm1}{2}$。

13. 6 【解析】由已知得 $\begin{cases}f(p)=\frac{6}{5},\\f(q)=-\frac{1}{5},\end{cases}$ 即 $\begin{cases}\frac{2^p}{2^p+ap}=\frac{6}{5},\\\frac{2^q}{2^q+aq}=-\frac{1}{5},\end{cases}$ ∴ $\begin{cases}2^p=-6ap,\\2^q=-\frac{1}{6}aq,\end{cases}$ 从而得 $2^p\cdot2^q=(-6ap)\cdot\left(-\frac{1}{6}aq\right)$，∴ $2^{p+q}=a^2pq$，∵ $2^{p+q}=36pq$，∴ $p\neq0$，且 $q\neq0$，∴ $a^2=36$，$a=\pm6$，∵ $a>0$，∴ $a=6$。

14. $-\frac{3}{2}$ 【解析】根据题意，当 $a>1$ 时，函数 $f(x)=a^x+b$ 为增函数，则 $a^{-1}+b=-1$，$a^0+b=$

0，不能解出；当 $0<a<1$，函数函 $f(x)=a^x+b$ 为减函数，此时 $a^{-1}+b=0,a^0+b=-1$，解得 $a=\frac{1}{2}$，$b=-2$，故 $a+b=\frac{1}{2}-2=-\frac{3}{2}$。

15. $0<b<a<1<d<c$ 【解析】令 $x=1$，相应的纵坐标即为底数值，$\therefore 0<b<a<1<d<c$。

第六节　函数的图象及应用

招教考向解读

考向 1 变式训练

1. C 【解析】由图(1)可知，当 $x<0$ 时，图(2)中图象与图(1)中一致，即 $y=f(x)$；当 $x>0$ 时，图(2)中图象是图(1)中 y 轴左侧图象关于 y 轴的对称图象，即 $y=f(-|x|)$。

2.【解析】(1) 因为二次函数 $f(x)=x^2-2x+m$ 的图象与坐标轴有三个交点，所以 $\begin{cases}\Delta=4-4m>0,\\ m\neq 0,\end{cases}$ 解得 $m<1$ 且 $m\neq 0$。

(2)因为二次函数向右平移后，与 x 轴的两个交点间的距离不变，故将此抛物线向右平移 2 个单位后，与坐标轴相交所构成的三角形面积变为原来的三倍，即为三角形的高变为原来的三倍，即为抛物线的纵截距变为原来的三倍。抛物线与 y 轴的交点是 $(0,m)$，将抛物线向右平移 2 个单位后，得到新的二次函数 $y=(x-2)^2-2(x-2)+m$，即 $y=x^2-6x+8+m$，与 y 轴的交点是 $(0,8+m)$，则有 $3|m|=|m+8|$，解得 $m=-2$ 或 4(舍去)，故实数 m 的值为 -2。

考向 2 变式训练

1. B 【解析】$\because f(x)=(2^x-2^{-x})\sin x\cos x=\frac{(2^x-2^{-x})\sin 2x}{2}$，$\therefore f(-x)=\frac{(2^x-2^{-x})\sin 2x}{2}=f(x)$，即 $f(x)$ 为偶函数，故 A 错；当 $x\in\left(0,\frac{\pi}{2}\right)$ 时，$f(x)>0$；当 $x\in\left(\frac{\pi}{2},\pi\right)$ 时，$f(x)<0$，故 C、D 错。

2.【分析】本题为图象识别题，首选特殊值法，通过对自变量赋予特殊值来排除错误选项，另外也可通过研究函数奇偶性以及单调性来确定函数图象。

B 【解析】解法一(特殊值法):已知函数$f(x)=\frac{e^{x}-e^{-x}}{x^{2}}$,所以$f(1)=e-\frac{1}{e}>2$,排除C、D,选项;$f(-1)=\frac{1}{e}-e<0$,排除A选项。故选B。

解法二(函数性质法):由函数$f(x)=\frac{e^{x}-e^{-x}}{x^{2}}$得$x\neq0$,所以定义域为$(-\infty,0)\cup(0,+\infty)$,又$f(-x)=\frac{e^{-x}-e^{x}}{x^{2}}=-f(x)$,所以$f(x)$是奇函数,故排除A选项。当$x<0$时,$e^{x}<e^{-x}$,则$f(x)<0$;当$x>0$时,$e^{x}>e^{-x}$,则$f(x)>0$,故排除D选项。对于选项B,C,从单调性角度来看,有$f'(x)=\frac{(e^{x}+e^{-x})\cdot x^{2}-(e^{x}-e^{-x})\cdot 2x}{x^{4}}=\frac{(x-2)e^{x}+(x+2)e^{-x}}{x^{3}}$,所以当$x>2$时,$f'(x)>0$,函数图象单调递增,排除C选项,故选B。

3. D 【解析】由函数图象知,该函数是偶函数,故A项错误;函数与y轴的交点在y轴的正半轴,故B项错误;函数与x轴正半轴的交点有2个,$y=e^{x}-x$在$(0,+\infty)$上与x轴无交点,故C项错误。

4.【分析】若已知函数的图象,求解函数解析式,则需根据函数图象的特征来判断函数的定义域和值域以及函数的奇偶性和单调性、特殊点(特殊值)。

D 【解析】因为函数的图象关于y轴对称,故它是偶函数,满足$f(-x)=f(x)$,所以$a=0$。依图可得函数的定义域为$\mathbf{R}$,所以$c>0$。又由图可知,当$x=0$时,函数取得最大值,且最大值是大于1的实数,所以$f(0)=\frac{b}{c}>1$,即$b>c$,因此$b>c>a$,故选D。

5. D 【解析】由函数的性质可知,函数$f(x)=a^{x-1}$恒过点$(1,1)$,函数$g(x)=\log_{a}\frac{x}{a}=\log_{a}x-1$恒过点$(1,-1)$,且当$0<a<1$时,$f(x)$与$g(x)$都为单调递减函数,当$a>1$时,$f(x)$与$g(x)$都为单调递增函数,函数$f(x)$与$g(x)$的单调性相同,故选项A、B、C都错误。

6.【分析】参数a决定三个函数的变化趋势,也是三个函数图象的共性特征。

D 【解析】对于选项A,由对数函数$y=\log_{a}x$与指数函数$y=a^{x}$的图象知$a>1$,直线$y=x+a$,不满足$a>1$,故选项A不正确;对于选项B,由对数函数$y=\log_{a}x$与指数函数$y=a^{x}$的图象知$0<a<1$,直线$y=x+a$不满足$0<a<1$,故选项B不正确;对于选项C,由对数函数$y=\log_{a}x$的图象知$0<a<1$,由指数函数$y=a^{x}$的图象知$a>1$,矛盾,故选项C不正确。故选D。

招教易错突破

变式训练

A 【解析】函数 $y=e^{2x-3}=e^{2\left(x-\frac{3}{2}\right)}$，则只需先将 $y=e^x$ 图象上所有点的纵坐标不变，横坐标缩短到原来的 $\frac{1}{2}$，得到函数 $y=e^{2x}$ 的图象，再向右平移 $\frac{3}{2}$ 个单位长度，即可得到函数 $y=e^{2x-3}$ 的图象。

招教高频基础刷

1. C 【解析】$y=\log_2\frac{x+2}{4}=\log_2(x+2)-\log_2 4=\log_2(x+2)-2$，由函数图象平移规则可知可将函数 $y=\log_2 x$ 的图象上所有的点向左平移 2 个单位长度，再向下平移 2 个单位长度即可得到函数 $y=\log_2\frac{x+2}{4}$ 的图象，故选 C。

2. C 【解析】幂函数 $y=f(x)$ 的图象经过点 $(4,2)$，可设 $y=f(x)=x^m$，将点 $(4,2)$ 代入函数得 $m=\frac{1}{2}$，$\therefore y=f(x)=x^{\frac{1}{2}}$，则幂函数 $y=f(x)$ 的大致图象是 C 选项中的图象。

3. A 【解析】$a>0$，则函数 $y=ax+b$ 的图象可能过第一、二、三象限 $(a>0,b>0)$ 或者第一、三、四象限 $(a>0,b<0)$ 或者第一、三象限 $(a>0,b=0)$，排除 B、D 两项，C 项中，直线过第一、第二和第三象限，所以 $a>0,b>0$，而由函数 $y=a^x+b$ 的图象可得，$b<0$，矛盾，故选 A。

4. A 【解析】当 $x=\frac{1}{2}$ 时，$f\left(\frac{1}{2}\right)=\frac{1}{\frac{1}{2}-\ln\frac{1}{2}-1}=\frac{1}{\ln 2-\frac{1}{2}}>0$，故排除 B 选项；当 $x=e$ 时，$f(e)=\frac{1}{e-2}>0$，当 $x=e^2$ 时，$f(e^2)=\frac{1}{e^2-3}>0$，而 $f(e)>f(e^2)$，$\therefore$ 函数在区间 $[e,e^2]$ 上单调递减，排除 C、D 项，故选 A。

5. B 【解析】当 P 在 BC 边上时，$PB=OB\cdot\tan x=\tan x$，而 $PA=\sqrt{AB^2+PB^2}=\sqrt{\tan^2 x+4}$，

$\therefore f(x)=\tan x+\sqrt{\tan^2x+4}\left(0\leqslant x\leqslant\frac{\pi}{4}\right)$，此时$f(x)$单调递增且是非线性的，当$x=\frac{\pi}{4}$时，$f\left(\frac{\pi}{4}\right)=1+\sqrt{5}$，当点$P$位于$CD$中点时，此时$x=\frac{\pi}{2}$，$f\left(\frac{\pi}{2}\right)=PA+PB=2\sqrt{2}$；当点$P$从点$B$运动到点$C$时，$f(x)$从2增加到$1+\sqrt{5}$；当点$P$从$C$运动到$CD$中点时，$f(x)$从$1+\sqrt{5}$减少到$2\sqrt{2}$，且增减都是非线性的，观察图象，选B。

6. C 【解析】根据题意画出函数$f(x)$与$y=\log_2(x+1)$的图象，如图所示，由图可知，当$x\in(-1,1]$时，函数$y=f(x)$的图象在函数$y=\log_2(x+1)$图象的上方或重合，$\therefore$不等式的解集为$(-1,1]$。

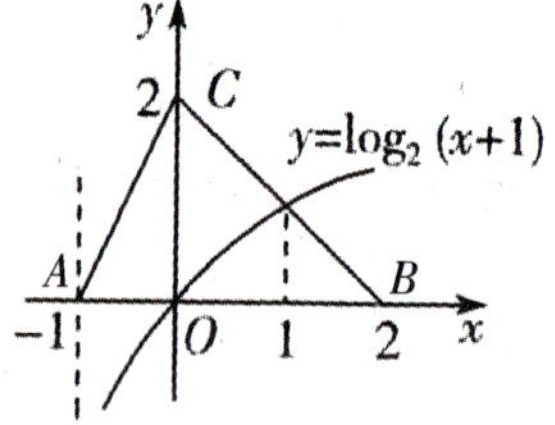

7. e^{-x+1} 【解析】$y=e^x$关于y轴对称的函数为$y=e^{-x}$，然后向右平移一个单位得到$f(x)=e^{-(x-1)}=e^{-x+1}$。

8. $e^{x-2}+3$ 【解析】函数$y=e^x$的图象按向量$\boldsymbol{a}=(2,3)$平移，即函数图象向上平移3个单位，向右平移2个单位，得到函数$y=e^{x-2}+3$的图象。

9. $(-\infty,e)$ 【解析】根据题意，方程$f(-x)-g(x)=0$在$(0,+\infty)$上有解，即$e^{-x}+2-\ln(x+a)-2=0$在$(0,+\infty)$上有解，即函数$y=e^{-x}$与$y=\ln(x+a)$在$(0,+\infty)$上有交点，函数$y=h(x)=\ln(x+a)$的图象是把函数$y=\ln x$的图象向左平移且平移到过点$(0,1)$后开始，两函数的图象开始没有交点，把点$(0,1)$代入$y=\ln(x+a)$得，$a=e$，$\therefore a<e$。

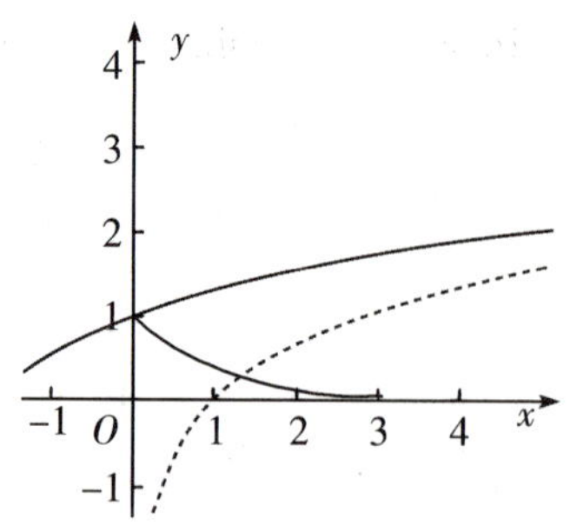

招教易错能力刷

1. C 【解析】函数$f(x)$的定义域为$\{x\mid x\neq 2k\pi,k\in\mathbf{N}\}$，$\because f(-x)=\frac{\sin(-2x)}{1-\cos(-x)}=-\frac{\sin 2x}{1-\cos x}=$

$-f(x)$，∴ 函数 $f(x)$ 为奇函数，排除 B 项；而 $1-\cos x>0$，则 $f(x)$ 的符号是取决于 $\sin 2x$ 的符号，且 $f(\pi)=\dfrac{\sin 2\pi}{1-\cos\pi}=0$，故选 C。

2. A 【解析】函数 $y=f(x)=\ln|x|-x^2$ 的定义域为 $(-\infty,0)\cup(0,+\infty)$，定义域关于原点对称。而 $f(-x)=\ln|-x|-(-x)^2=\ln|x|-x^2=f(x)$，∴ 函数 $y=f(x)=\ln|x|-x^2$ 为偶函数，故排除 B、D 项。当 $x>0$ 时，$y'=f'(x)=\dfrac{1}{x}-2x$，当 $x\in\left(0,\dfrac{\sqrt{2}}{2}\right)$ 时，$f'(x)>0$，此时 $f(x)$ 单调递增；当 $x\in\left(\dfrac{\sqrt{2}}{2},+\infty\right)$ 时，$f'(x)<0$，此时 $f(x)$ 单调递减，排除 C 项，选 A。

3. D 【解析】∵ $\log_a 2>1$，∴ $1<a<2$，$f(1)=1-a<0$，故排除 B、C 项；$f(-1)=-1-a<0$，排除 A，故选 D。

4. B 【解析】由 $f(-x)=2-f(x)$ 得 $f(-x)+f(x)=2$，即函数 $f(x)$ 的图象关于点 $(0,1)$ 中心对称，函数 $y=\dfrac{x+1}{x}=1+\dfrac{1}{x}$，故其图象也关于点 $(0,1)$ 中心对称，(x_1,y_1)，(x_2,y_2)，…，(x_m,y_m) 成对出现，且每一对都关于点 $(0,1)$ 对称，∴ $x_1+x_2+\cdots+x_m=0$，$y_1+y_2+\cdots y_m=m$，∴ $\sum\limits_{i=1}^{m}(x_i+y_i)=m$。

第七节　函数与方程

考向 1 变式训练

【分析】令 $f(x)=0$，得 $2\sin x(1-\cos x)=0$，即 $\sin x=0$ 或 $\cos x=1$，再根据 x 的取值范围可求得零点。

B 【解析】由 $f(x)=2\sin x-\sin 2x=2\sin x-2\sin x\cos x=2\sin x(1-\cos x)=0$，得 $\sin x=0$ 或 $\cos x=1$。因为 $x\in[0,2\pi]$，所以 $x=0$，π 或 2π，因此 $f(x)$ 在 $[0,2\pi]$ 上的零点个数是 3。

考向 2 变式训练

D 【解析】因为 $x\ln x-ax+1=0$，所以 $a=\dfrac{1}{x}+\ln x$，令 $f(x)=\dfrac{1}{x}+\ln x$，若关于 x 的方程 $x\ln x-ax+1=0$ 在区间 $\left[\dfrac{1}{\mathrm{e}},\mathrm{e}\right]$ 上有两个不等实根，则 $f(x)=\dfrac{1}{x}+\ln x$ 与 $y=a$ 在区间 $\left[\dfrac{1}{\mathrm{e}},\mathrm{e}\right]$ 上有两个不相同的交点，$f'(x)=\dfrac{1}{x}-\dfrac{1}{x^2}$，令 $f'(x)=0$，解得 $x=1$。当 $x\in\left[\dfrac{1}{\mathrm{e}},1\right)$ 时，$f'(x)<0$，此时 $f(x)$ 单调递

减；当 $x\in(1,\mathrm{e}]$ 时，$f'(x)>0$，此时 $f(x)$ 单调递增，所以 $f(x)$ 在 $\left[\frac{1}{\mathrm{e}},\mathrm{e}\right]$ 上存在最小值 $f(1)=1$，又 $f\left(\frac{1}{\mathrm{e}}\right)=-1+\mathrm{e}$，$f(\mathrm{e})=1+\frac{1}{\mathrm{e}}$，且 $-1+\mathrm{e}>1+\frac{1}{\mathrm{e}}$，所以实数 a 的取值范围是 $\left(1,1+\frac{1}{\mathrm{e}}\right]$。故选 D。

考向 3 变式训练

1. C 【解析】由零点存在性定理可知 $f(x)$ 在区间 $(1.375,1.438)$ 上存在零点，若确定方程 $x^3+x^2-2x-2=0$ 的近似根（精确度 0.1），则 $x_0\approx1.4$，故选 C。

2. C 【解析】因为 $y'=2^x\ln2+1>0$ 在 $\mathbf{R}$ 上恒成立，所以函数 $y=2^x+x-2$ 在 $\mathbf{R}$ 上单调递增，又 $x=0$ 时，$y=-1<0$，$x=1$ 时，$y=1>0$，所以函数 $y=2^x+x-2$ 的零点所在区间是 $(0,1)$。故选 C。

考向 4 变式训练

1. C 【解析】由题意可得，$0.95K=\frac{K}{1+\mathrm{e}^{-0.23(t^*-53)}}$，所以 $0.95\left(1+\mathrm{e}^{-0.23(t^*-53)}\right)=1$，$\mathrm{e}^{-0.23(t^*-53)}=\frac{1}{0.95}-1=\frac{0.05}{0.95}=\frac{1}{19}$，两边取对数得 $-0.23(t^*-53)=-\ln19\approx-3$，即 $0.23(t^*-53)\approx3$，$t^*\approx66$。故选 C。

【评注】本题虽然阅读量较大，但是理解题意后很简单，实际上是解一个指数方程，一般解指数方程通过取对数来解，解的过程中注意利用条件 $\ln19\approx3$ 这一条件。

2.【解析】(1) 当 $x\in[200,300]$ 时，设该项目获利为 S 元，则 $S=200x-\left(\frac{1}{2}x^2-200x+80000\right)=-\frac{1}{2}x^2+400x-80000=-\frac{1}{2}(x-400)^2$，

所以当 $x\in[200,300]$ 时，$S<0$，因此该单位不会获利，当 $x=300$ 时，S 取得最大值为 -5000，所以国家每月至少补贴 5000 元才能使该项目不亏损。

(2) 设每吨的平均处理成本为 $g(x)$，

①当 $x\in[120,144)$ 时，$g(x)=\frac{\frac{1}{3}x^3-80x^2+5040x}{x}=\frac{1}{3}x^2-80x+5040=\frac{1}{3}(x-120)^2+240$，

可得函数 $g(x)$ 在 $x\in[120,144)$ 时单调递增，因为 $x=120$ 时，$g(x)$ 取得最小值，$g(120)=240$。

②当 $x\in[144,500)$ 时，$g(x)=\frac{\frac{1}{2}x^2-200x+80000}{x}=\frac{x}{2}+\frac{80000}{x}-200\geqslant2\sqrt{\frac{x}{2}\times\frac{80000}{x}}-$

$200=200$,

当且仅当 $x=400$ 时取等号,即可得函数 $g(x)$ 在 $x\in[144,500)$ 时,$x=400$ 时,$g(x)$ 取得最小值,$g(400)=200$,综上可得:该项目每月处理量为 400 吨时,才能使每吨的平均处理成本最低。

必刷好题

招教高频基础刷

1. B 【解析】由题知 m 为 $y=a^x$ 与直线 $y=4-x$ 的交点的横坐标,n 为 $y=\log_a x$ 与直线 $y=4-x$ 的交点的横坐标,又 $y=a^x$ 与 $y=\log_a x$ 的图象关于 $y=x$ 对称,而直线 $y=x$ 与 $y=4-x$ 的交点横坐标为 2,故 $m+n=4$,因此 $mn\leqslant(\frac{m+n}{2})^2=4$,当且仅当 $m=n=2$ 时取等号。

2. B 【解析】依题意画出 $f(x)$,$g(x)$ 的图象,如图所示,当 $x>1$ 时,$f(x)$ 与 $g(x)$ 有两个交点,即函数 $h(x)=f(x)-g(x)$ 的零点个数为 2。

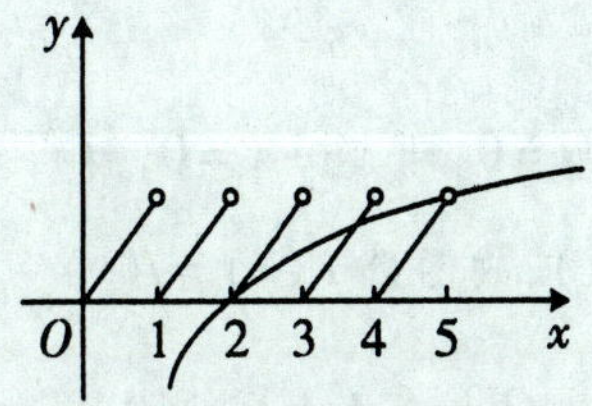

3. B 【解析】$f'(x)=\frac{1}{2\sqrt{x}}+\sin x$。当 $x\in(0,\pi)$ 时,$\frac{1}{2\sqrt{x}}>0$ 且 $\sin x>0$,故 $f'(x)>0$,函数在 $(0,\pi)$ 上单调递增。取 $x=\frac{\pi}{6}$,则 $f\left(\frac{\pi}{6}\right)=\sqrt{\frac{\pi}{6}}-\cos\frac{\pi}{6}<0$,而 $f\left(\frac{\pi}{2}\right)=\sqrt{\frac{\pi}{2}}>0$,可得函数在区间 $(0,\pi)$ 有唯一零点。当 $x\geqslant\pi$ 时,$x\geqslant\sqrt{\pi}>1$,且 $\cos x\leqslant1$,故函数在区间 $[\pi,+\infty)$ 上恒为正值,没有零点。综上所述,函数在区间 $(0,+\infty)$ 上有唯一零点。

4. B 【解析】函数 $f(x)$ 在区间 $(-1,1)$ 上有 2 个零点,根据题意有 $\begin{cases}f(1)>0,\\ f(-1)>0,\\ \Delta=a^2-4\left(-\frac{a}{2}\right)>0,\\ -1<-\frac{a}{2}<1,\end{cases}$ 解得 $0<a<\frac{2}{3}$。

5. D 【解析】根据实根存在性定理，求出区间两个端点处的对应的函数值，当两个函数值乘积小于零时，存在实根。$f(-1)=\frac{1}{3}-1=-\frac{2}{3}$，$f(0)=1-0=1$，$f(-1)f(0)<0$，经计算选D。

6. A 【解析】可将函数$f(x)$的零点转化为函数$g(x)=4\sin(2x+1)$与函数$h(x)=x$的交点，在同一坐标系中画出函数$g(x)=4\sin(2x+1)$与$h(x)=x$的图象，如图所示。根据图我们可以看出$g(x)=4\sin(2x+1)$与$h(x)=x$的图象在区间$[-4,-2]$上无交点，故函数$f(x)=4\sin(2x+1)-x$在区间$[-4,-2]$上没有零点。

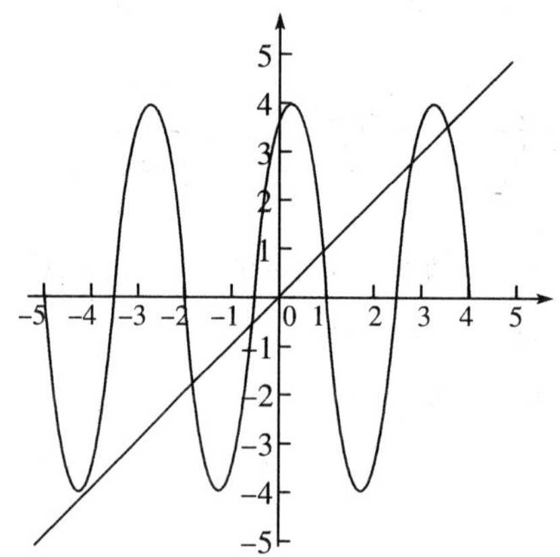

7. D 【解析】当$x\leqslant 0$时，$f(x)-x=0$，即$x^2+x=0$，解得$x=0$或$x=-1$；当$x>0$时，$f(x)-x=0$，即$x^{\frac{1}{3}}=x$，解得$x=1$或$x=0$(舍)，故函数$F(x)=f(x)-x$零点的个数为3。

8. D 【解析】$\because y_1=\cos 2x$在$[0,2\pi]$上有4个零点分别为$\frac{\pi}{4},\frac{3\pi}{4},\frac{5\pi}{4},\frac{7\pi}{4}$，函数$y_2=x$的零点有0，$\therefore$函数$f(x)=x\cos 2x$在区间$[0,2\pi]$上有5个零点，分别为$0,\frac{\pi}{4},\frac{3\pi}{4},\frac{5\pi}{4},\frac{7\pi}{4}$。

9. C 【解析】$\because$函数$y=f(2x^2+1)+f(\lambda-x)$只有1个零点，$\therefore$只有一个x的值，使$f(2x^2+1)+f(\lambda-x)=0$，$\because$函数$f(x)$为奇函数，$\therefore$只有1个x的值，使$f(2x^2+1)=f(x-\lambda)$，又函数$f(x)$是$\mathbf{R}$上的单调函数，$\therefore$只有一个x的值，使$2x^2+1=x-\lambda$，即方程$2x^2-x+\lambda+1=0$有且只有一个解，$\therefore\Delta=1-8(\lambda+1)=0$，解得$\lambda=-\frac{7}{8}$。

10. B 【解析】函数$f(x)$的定义域为$(0,+\infty)$，$f'(x)=\ln x+1$，当$x=e^{-1}$时，$f'(x)=0$。$\therefore$当$x\in(0,e^{-1})$时，$f(x)$单调递减，当$x\in(e^{-1},+\infty)$时，函数$f(x)$单调递增。而$f(1)=-1$，$f(2)=2\ln 2-1>0$，$f(3)=3\ln 3-1>0$，$f(4)=4\ln 4-1>0$，$\therefore$函数$f(x)$的零点所在区间是$(1,2)$。

11. B 【解析】函数$y=2^x$在定义域上为单调递增函数，函数$y=x$在定义域上也为单调递增函数，则函数$f(x)=2^x+x$在定义域上单调递增。$f(-2)=2^{-2}-2=-\frac{7}{4}<0$，$f(-1)=2^{-1}-1=$

$-\frac{1}{2}<0, f(0)=2^{0}+0=1>0$，∴ 函数 $f(x)$ 零点所在区间为 $(-1,0)$。

12. $(1,+\infty)$ 【解析】令 $g(x)=a^{x}(a>0$，且 $a\neq1)$，$h(x)=x+a$。则求函数 $f(x)=a^{x}-x-a$ $(a>0$，且 $a\neq1)$ 的零点问题可转化为求函数 $g(x)$ 与函数 $h(x)$ 图象的交点个数问题。根据题意，可分为 $0<a<1$，$a>1$ 两种情况，在同一坐标系中画出两个函数的图象，如图所示，若函数 $f(x)=a^{x}-x-a(a>0$，且 $a\neq1)$ 有两个零点，则当 $a>1$ 时才符合题目要求。

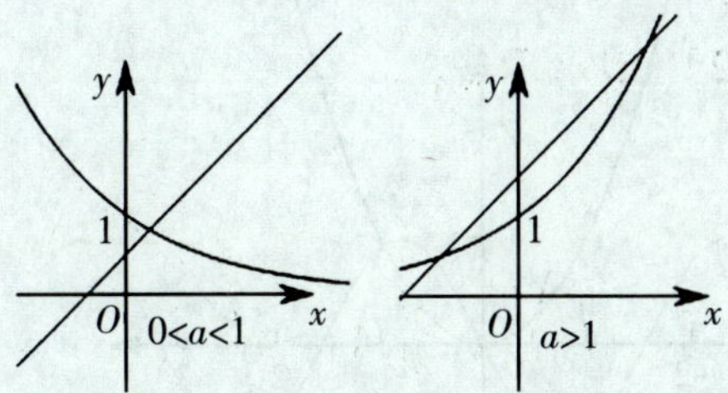

13. 4 【解析】由 $f(x+2)=f(x)$ 可得函数的周期为 2，又函数为偶函数且当 $x\in[0,1]$ 时，$f(x)=x$，故可作出函数 $f(x)$ 的图象，∴ 方程 $f(x)=\log_3|x|$ 的解的个数就是函数 $f(x)$ 与函数 $y=\log_3|x|$ 图象交点的个数。观察图象，可知有 4 个交点，故方程 $f(x)=\log_3|x|$ 的解的个数为 4。

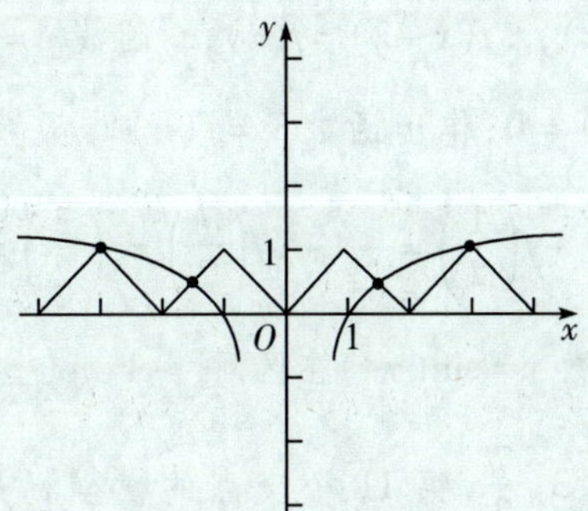

14. 3 【解析】由题意得，当 $3x+\frac{\pi}{6}=k\pi+\frac{\pi}{2}(k\in\mathbf{Z})$ 时，$f(x)=\cos\left(3x+\frac{\pi}{6}\right)=0$，∵ $x\in[0,\pi]$，∴ $3x+\frac{\pi}{6}\in\left[\frac{\pi}{6},\frac{19}{6}\pi\right]$，∴ 当 $3x+\frac{\pi}{6}$ 取值为 $\frac{\pi}{2},\frac{3}{2}\pi,\frac{5}{2}\pi$ 时，$f(x)=0$，即函数 $f(x)=\cos\left(3x+\frac{\pi}{6}\right)$ 在 $[0,\pi]$ 上的零点个数为 3。

15. 2 【解析】作出函数 $f(x)$ 的图象如图所示，函数 $y=f(x)-1$ 的零点个数即函数 $f(x)$ 与直线 $y=1$ 的交点的个数，则函数 $y=f(x)-1$ 的零点个数为 2。

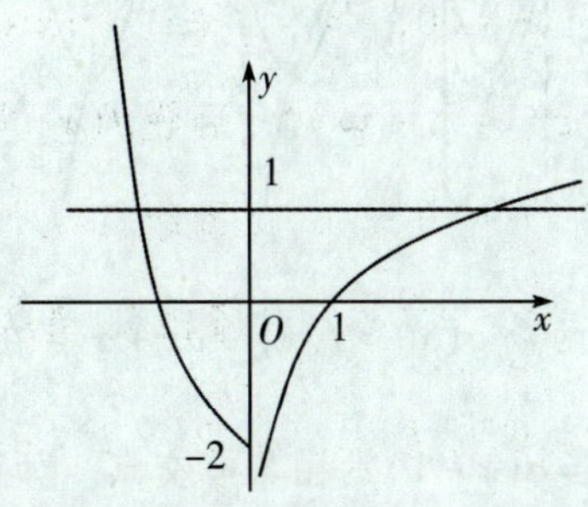

16. 2 【解析】$f(x)=2\sin x\sin\left(x+\dfrac{\pi}{2}\right)-x^2=2\sin x\cos x-x^2=\sin 2x-x^2$，如图，作出函数 $y=\sin 2x$ 和函数 $y=x^2$ 的图象，则函数 $f(x)=2\sin x\sin\left(x+\dfrac{\pi}{2}\right)-x^2$ 的零点个数就是函数 $y=\sin 2x$ 和函数 $y=x^2$ 的图象交点的个数。两个图象有 2 个交点，则函数 $f(x)$ 有 2 个零点。

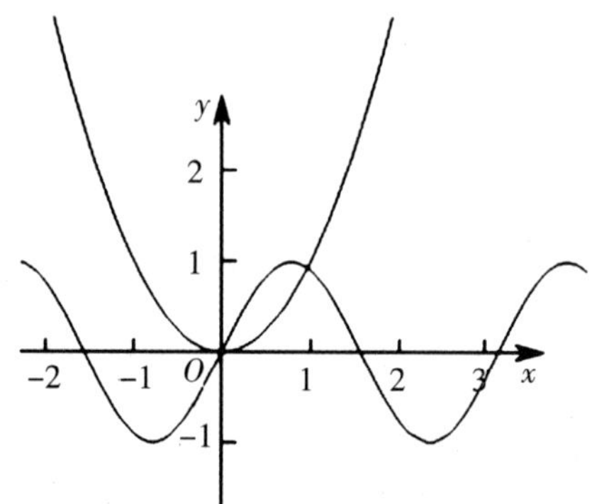

17. [3.5,4) 【解析】由题意 $f(2-x)+f(x)=0$ 可知，函数 $y=f(x)$ 的图象关于点 $(1,0)$ 中心对称，且 $f(2-x)=-f(x)=f(-x)$，$\therefore f(x+2)=f(x)$，$\therefore$ 函数 $y=f(x)$ 的周期为 2，函数 $f(x)$ 为奇函数，则 $f(0)=0$，$\therefore f(2)=f(4)=0$，作出函数 $y=f(x)$ 与函数 $y=\sin(\pi x)$ 的图象如图所示，$\because f\left(\dfrac{1}{2}\right)=-\log_2\dfrac{1}{2}=1$，$f\left(-\dfrac{1}{2}\right)=-f\left(\dfrac{1}{2}\right)=-1$，$\therefore f\left(\dfrac{7}{2}\right)=f\left(\dfrac{3}{2}\right)=f\left(-\dfrac{1}{2}\right)=-1$，$f\left(\dfrac{5}{2}\right)=f\left(\dfrac{1}{2}\right)=1$，由图象可知，函数 $y=f(x)$ 与函数 $y=\sin(\pi x)$ 在区间 $[-1,m]$ 上从左到右 10 个交点的横坐标分别是 -1、$-\dfrac{1}{2}$、0、$\dfrac{1}{2}$、1、$\dfrac{3}{2}$、2、$\dfrac{5}{2}$、3、$\dfrac{7}{2}$，第 11 个交点的横坐标是 4，因此，实数 m 的取值范围是 $[3.5,4)$。

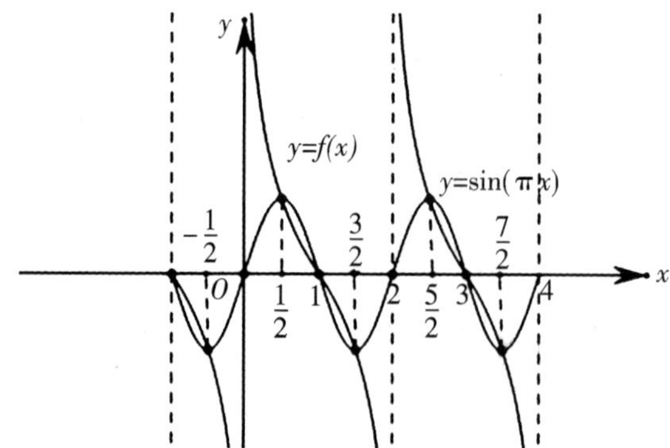

18. $a\leqslant-\dfrac{1}{3}$ 或 $a\geqslant e^2$ 【解析】函数 $g(x)=f(x)-ax+a$ 存在零点，即方程 $f(x)-ax+a=0$ 存在实数根，也就是函数 $y=f(x)$ 与 $y=a(x-1)$ 的图象有交点。如图：直线 $y=a(x-1)$ 恒过定点 (1,

0)，过点$(-2,1)$与$(1,0)$的直线的斜率$k=\frac{1-0}{-2-1}=-\frac{1}{3}$，当$a>-\frac{1}{3}$时，此时函数$y=f(x)$与$y=a(x-1)$的图象无交点。设直线$y=a(x-1)$与$y=e^x$相切于$(x_0,e^{x_0})$，则切点处的导数值为$e^{x_0}$，则过切点的直线方程为$y-e^{x_0}=e^{x_0}(x-x_0)$，由于切线过点$(1,0)$，则$-e^{x_0}=e^{x_0}(1-x_0)$，$\therefore x_0e^{x_0}=2e^{x_0}$，得$x_0=2$，此时切线的斜率为$e^2$，当$a<e^2$时，此时函数$y=f(x)$与$y=a(x-1)$的图象无交点。综上，由图可知，要使函数$g(x)=f(x)-ax+a$存在零点，则实数$a$的取值范围为$a\leqslant-\frac{1}{3}$或$a\geqslant e^2$。

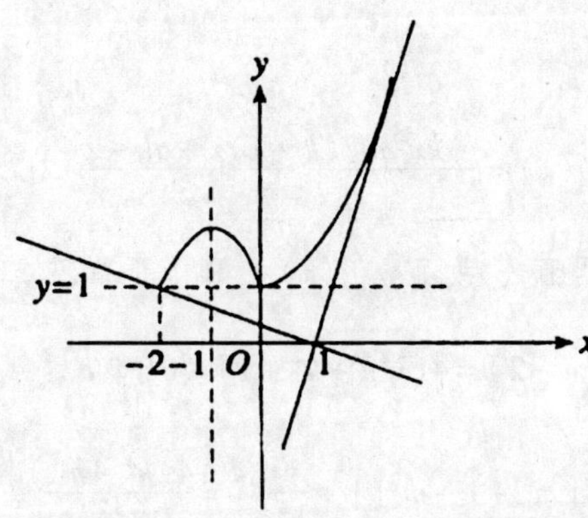

19. (a,x_0) 【解析】由于$f(a)\cdot f(b)<0$，由函数零点的判定定理可知，利用二分法求方程根时取有根区间为(a,x_0)。

20. 1 【解析】$\because f(x)$的图象关于点$\left(0,\frac{1}{2}\right)$对称，$\therefore f(-x)+f(x)=1$，即$\frac{2^{-x}}{1+a\cdot2^{-x}}+\frac{2^x}{1+a\cdot2^x}=\frac{1}{2^x+a}+\frac{2^x}{1+a\cdot2^x}=1$，得$\frac{2^x}{1+a\cdot2^x}=1-\frac{1}{2^x+a}=\frac{2^x+a-1}{2^x+a}$，即$2^x(a+2^x)=(1+a\cdot2^x)(2^x+a-1)$，即$a\cdot2^x+2^x\cdot2^x=2^x+a-1+a\cdot2^x\cdot2^x+a(a-1)2^x$，则$\begin{cases}a=1,\\a=a(a-1)+1,\end{cases}$得$a=1$。

21.【解析】(1)$g(x)=f_1(x)-f_2(x)=\frac{x^2-2x-a}{e^x}-\frac{x^2-2x-a}{e^{2x}}=\frac{(x^2-2x-a)(e^x-1)}{e^{2x}}$。

设$h(x)=x^2-2x-a$，则$\Delta=4+4a$。

①当$a<-1$时，$\Delta<0$，函数$g(x)$有一个零点：$x_1=0$；

②当$a=-1$时，$\Delta=0$，函数$g(x)$有两个零点：$x_1=0,x_2=1$；

③当$a=0$时，$\Delta>0$，函数$g(x)$有两个零点：$x_1=0,x_2=2$；

④当$a>-1,a\neq0$时，$\Delta>0$，函数$g(x)$有三个零点：$x_1=0,x_2=1-\sqrt{a+1},x_3=1+\sqrt{a+1}$。

(2)$f'_n(x)=\frac{(2x-2)e^{nx}-n(x^2-2x-a)e^{nx}}{e^{2nx}}=\frac{-nx^2+2(n+1)x+an-2}{e^{nx}}$。

设 $g_n(x)=-nx^2+2(n+1)x+an-2$，则 $g_n(x)$ 的图象是开口向下的抛物线。

由题意对任意 $n\in\mathbf{N}^*$，$g_n(x)=0$ 都有两个不相等的实根 x_1,x_2，且 $x_1\in(1,4)$，$x_2\notin[1,4]$。

则对任意 $n\in\mathbf{N}^*$，$g_n(1)g_n(4)<0$，即 $n(a+1)n[a-(8-\frac{6}{n})]<0$，即 $(a+1)[a-(8-\frac{6}{n})]<0$。

又因为任意 $n\in\mathbf{N}^*$，$8-\frac{6}{n}$ 关于 n 递增，$8-\frac{6}{n}>-1$，

故 $-1<a<(8-\frac{6}{n})_{\min}$，$-1<a<8-6=2$。

$\therefore a$ 的取值范围是 $(-1,2)$。

(3) 由 (2) 知，存在 $x\in\mathbf{R}$，$f'_k(x)=\frac{-kx^2+2(k+1)x+ak-2}{\mathrm{e}^{kx}}<0$。

又函数 $f_k(x)$ 在 $\mathbf{R}$ 上是单调函数，故函数 $f_k(x)$ 在 $\mathbf{R}$ 上是单调减函数，

从而 $\Delta_k=4(k+1)^2+4k(ka-2)=4(k^2a+k^2+1)\leqslant0$，即 $a\leqslant-(1+\frac{1}{k^2})$。

$\therefore \Delta_m=4(m^2+1+m^2a)\leqslant4[m^2+1-m^2(1+\frac{1}{k^2})]=\frac{4(k^2-m^2)}{k^2}$。

由 $k,m\in\mathbf{N}^*$，$k<m$，知 $\Delta_m<0$。

即对任意 $x\in\mathbf{R}$，$f'_m(x)=\frac{-mx^2+2(m+1)x+am-2}{\mathrm{e}^{mx}}<0$。

$\therefore$ 函数 $f_m(x)$ 在 $\mathbf{R}$ 上是减函数。

22.【解析】(1) $f'(x)=(1-2x)\mathrm{e}^{-2x}$。

由 $f'(x)=0$，解得 $x=\frac{1}{2}$。

当 $x<\frac{1}{2}$ 时，$f'(x)>0$，$f(x)$ 单调递增；当 $x>\frac{1}{2}$ 时，$f'(x)<0$，$f(x)$ 单调递减。

$\therefore$ 函数 $f(x)$ 的单调递增区间是 $(-\infty,\frac{1}{2})$，单调递减区间是 $(\frac{1}{2},+\infty)$，

最大值为 $f(\frac{1}{2})=\frac{1}{2\mathrm{e}}+c$。

(2) 令 $g(x)=|\ln x|-f(x)=|\ln x|-x\mathrm{e}^{-2x}-c$，$x\in(0,+\infty)$。

①当 $x\in(1,+\infty)$ 时，$\ln x>0$，则 $g(x)=\ln x-x\mathrm{e}^{-2x}-c$，故 $g'(x)=\mathrm{e}^{-2x}(\frac{\mathrm{e}^{2x}}{x}+2x-1)$。

$\because 2x-1>0$，$\frac{\mathrm{e}^{2x}}{x}>0$，$\therefore g'(x)>0$。

因此 $g(x)$ 在 $(1,+\infty)$ 上单调递增。

②当 $x\in(0,1)$ 时，$\ln x<0$，则 $g(x)=-\ln x-xe^{-2x}-c$，

故 $g'(x)=e^{-2x}\left(-\dfrac{e^{2x}}{x}+2x-1\right)$。

$\because e^{2x}\in(1,e^2)$，$e^{2x}>1>x>0$，$\therefore -\dfrac{e^{2x}}{x}<-1$。

又因为 $2x-1<1$，$\therefore -\dfrac{e^{2x}}{x}+2x-1<0$，即 $g'(x)<0$。

因此 $g(x)$ 在 $(0,1)$ 上单调递减。

综合①②可知，当 $x\in(0,+\infty)$ 时，$g(x)\geqslant g(1)=-e^{-2}-c$。

当 $g(1)=-e^{-2}-c>0$，即 $c<-e^{-2}$ 时，$g(x)$ 没有零点，故关于 x 的方程 $|\ln x|=f(x)$ 根的个数为 0；

当 $g(1)=-e^{-2}-c=0$，即 $c=-e^{-2}$ 时，$g(x)$ 只有一个零点，故关于 x 的方程 $|\ln x|=f(x)$ 根的个数为 1；

当 $g(1)=-e^{-2}-c<0$，即 $c>-e^{-2}$ 时，$g(x)$ 有两个零点，故关于 x 的方程 $|\ln x|=f(x)$ 根的个数为 2。

23.【解析】证明：令 $f(x)=x^5+x-1$，$\therefore f'(x)=5x^4+1>0$，

$\therefore f(x)=x^5+x-1$ 在 $\mathbf{R}$ 上单调递增。

$\because f(0)=-1<0$，$f(1)=1>0$，$\therefore f(x)=x^5+x-1$ 在 $\mathbf{R}$ 上只有一个零点，$x^5+x-1=0$ 在 $\mathbf{R}$ 上有唯一的实数解，即方程 $x^5+x-1=0$ 只有一个正根。

24.【解析】(1) 由 $f(x)=x^3-ax^2$ 可知，$f'(x)=3x^2-2ax$。$f(x)$ 在 $x=2$ 处有极小值，故 $f'(2)=0$，则 $a=3$。

(2) 由(1)知 $f(x)=x^3-3x^2$，构造函数 $g(x)=x^3-3x^2-9x-b$，则函数 $f(x)$ 的图象与直线 $y=9x+b$ 有三个交点等价于函数 $g(x)$ 有三个零点。

$g'(x)=3x^2-6x-9$，令 $g'(x)>0$ 得 $x>3$ 或 $x<-1$，令 $g'(x)<0$ 得 $-1<x<3$，则 $g(x)$ 在区间 $(-\infty,-1)$ 和 $(3,+\infty)$ 上是增函数，在区间 $(-1,3)$ 上是减函数。$g(x)$ 在 $x=3$ 处有极小值，在 $x=-1$ 处有极大值。

若使函数 $g(x)$ 有三个零点，则需要令 $g(-1)>0$ 且 $g(3)<0$，$\therefore -27<b<5$。

专题五　三角函数

第一节　三角函数概念

招教考向解读

考向 1 变式训练

三　【解析】$\because \alpha$ 为第二象限角，$\therefore \frac{\pi}{2}+2k\pi<\alpha<\pi+2k\pi,(k\in\mathbf{Z})$，$\therefore \frac{\pi}{4}+k\pi<\frac{\alpha}{2}<\frac{\pi}{2}+k\pi$，$\therefore \frac{\alpha}{2}$ 为第一、第三象限角。又 $\because \left|\cos\frac{\alpha}{2}\right|=-\cos\frac{\alpha}{2}$，$\therefore \cos\frac{\alpha}{2}<0$，$\therefore \frac{\alpha}{2}$ 为第三象限角。

考向 2 变式训练

$-\frac{7}{9}$　【解析】由已知得 $\beta=(2k+1)\pi-\alpha(k\in\mathbf{Z})$，$\because \sin\alpha=\frac{1}{3}$，$\therefore \sin\beta=\sin[(2k+1)\pi-\alpha]=\sin\alpha=\frac{1}{3}(k\in Z)$。当 $\cos\alpha=\sqrt{1-\sin^2\alpha}=\frac{2\sqrt{2}}{3}$ 时，$\cos\beta=-\frac{2\sqrt{2}}{3}$，$\therefore \cos(\alpha-\beta)=\cos\alpha\cos\beta+\sin\alpha\sin\beta=\frac{2\sqrt{2}}{3}\times\left(-\frac{2\sqrt{2}}{3}\right)+\frac{1}{3}\times\frac{1}{3}=-\frac{7}{9}$。当 $\cos\alpha=-\sqrt{1-\sin^2\alpha}=-\frac{2\sqrt{2}}{3}$ 时，$\cos\beta=\frac{2\sqrt{2}}{3}$，$\therefore \cos(\alpha-\beta)=\cos\alpha\cos\beta+\sin\alpha\sin\beta=\left(-\frac{2\sqrt{2}}{3}\right)\times\frac{2\sqrt{2}}{3}+\frac{1}{3}\times\frac{1}{3}=-\frac{7}{9}$。综上所述，$\cos(\alpha-\beta)=-\frac{7}{9}$。

必刷好题

招教高频基础刷

1. C　【解析】一个周角的度数是 360°，而 2022° = 5 × 360° + 222°，∴ 与 2022°终边相同的角是 222°。

2. B 【解析】使角的顶点与原点重合，角的始边与 x 轴的正半轴重合，此时角的终边落在第一象限的角，称为第一象限角，第一象限角的大小位于区间 $\left(2k\pi,2k\pi+\frac{\pi}{2}\right)(k\in\mathbf{Z})$。A 项中，第一象限角不一定小于第二象限角；B 项中，锐角一定是第一象限角；C 项中，例如 500°是第二象限角，但不是钝角；D 项中，500°是第二象限角，但大于平角。故选 B。

3. C 【解析】$\frac{7}{6}\pi$ 弧度 $=\frac{7}{6}\times180°=210°$。

4. A 【解析】$\because$ 角 α 的终边与 300°角的终边重合，$\therefore$ 角 $\alpha=360°k+300°,k\in\mathbf{Z}$，则 $\frac{\alpha}{3}=120°k+100°(k\in\mathbf{Z})$。当 $\frac{\alpha}{3}$ 的终边在第一象限时，$360°k<120°k+100<360°k+90°$，$k$ 无整数解，则 $\frac{\alpha}{3}$ 的终边不可能在第一象限。而 $\frac{\alpha}{3}$ 的终边在其他象限时，k 有整数解，$\therefore\frac{\alpha}{3}$ 的终边不可能在第一象限。

5. $\frac{34}{21}\pi$ 【解析】$\because\theta=\frac{6}{7}\pi+2k\pi(k\in\mathbf{Z})$，$\therefore\frac{\theta}{3}=\frac{2}{7}\pi+\frac{2}{3}k\pi(k\in\mathbf{Z})$，令 $\pi\leqslant\frac{2}{7}\pi+\frac{2}{3}k\pi<2\pi$，则 $\frac{15}{14}\leqslant k<\frac{18}{7}$，$\because k\in\mathbf{Z}$，$\therefore k=2$，$\therefore$ 在 $[\pi,2\pi)$ 内与角 $\frac{\theta}{3}$ 的终边相同的角是 $\frac{34}{21}\pi$。

6. $360°\cdot k+120°,k\in\mathbf{Z}$ 【解析】所有与 120°终边重合的角可以表示为 $360°\cdot k+120°,k\in\mathbf{Z}$。

第二节 同角三角函数的基本关系式与诱导公式

招教考向解读

考向 1 变式训练

A 【解析】由 $\tan\alpha=\frac{3}{4}$，可得 $\cos^2\alpha+2\sin2\alpha=\frac{\cos^2\alpha+4\sin\alpha\cos\alpha}{\sin^2\alpha+\cos^2\alpha}=\frac{1+4\tan\alpha}{\tan^2\alpha+1}=\frac{1+4\times\frac{3}{4}}{\frac{9}{16}+1}=\frac{64}{25}$。

考向 2 变式训练

$\sqrt{2}$ 【解析】$\cos\left(-\frac{17\pi}{4}\right)-\sin\left(-\frac{17\pi}{4}\right)=\cos\frac{17\pi}{4}+\sin\frac{17\pi}{4}=\cos\left(4\pi+\frac{\pi}{4}\right)+\sin\left(4\pi+\frac{\pi}{4}\right)=$

$\cos\frac{\pi}{4}+\sin\frac{\pi}{4}=\frac{\sqrt{2}}{2}+\frac{\sqrt{2}}{2}=\sqrt{2}$。

招教高频基础刷

1. C 【解析】$\frac{\sin\theta(1+\sin2\theta)}{\sin\theta+\cos\theta}=\frac{\sin\theta(\sin^2\theta+\cos^2\theta+2\sin\theta\cos\theta)}{\sin\theta+\cos\theta}=\frac{\sin\theta}{\sin\theta+\cos\theta}\cdot\frac{\sin^2\theta+\cos^2\theta+2\sin\theta\cos\theta}{\sin^2\theta+\cos^2\theta}=\frac{\tan\theta}{\tan\theta+1}\cdot\frac{\tan^2\theta+2\tan\theta+1}{\tan^2\theta+1}=\frac{2}{5}$。

2. C 【解析】$\because\tan\alpha=\frac{\sin\alpha}{\cos\alpha}=\frac{1+\sin\beta}{\cos\beta}$，$\sin\alpha\cos\beta=\cos\alpha+\sin\beta\cos\alpha$，$\sin(\alpha-\beta)=\cos\alpha=\sin\left(\frac{\pi}{2}+\alpha\right)=\sin\left(\frac{\pi}{2}-\alpha\right)$，$\because\alpha\in\left(0,\frac{\pi}{2}\right)$，$\beta\in\left(0,\frac{\pi}{2}\right)$，$\therefore\alpha-\beta=\frac{\pi}{2}-\alpha$，即 $2\alpha-\beta=\frac{\pi}{2}$。

3. A 【解析】由 $\tan\alpha=\frac{\sin\alpha}{\cos\alpha}=\frac{3}{4}$，$\cos^2+\sin^2\alpha=1$，得 $\begin{cases}\sin\alpha=\frac{3}{5},\\ \cos\alpha=\frac{4}{5},\end{cases}$ 或 $\begin{cases}\sin\alpha=-\frac{3}{5},\\ \cos\alpha=-\frac{4}{5},\end{cases}$ 则 $\sin2\alpha=2\sin\alpha\cos\alpha=\frac{24}{25}$，则 $\cos^2\alpha+2\sin2\alpha=\frac{16}{25}+\frac{48}{25}=\frac{64}{25}$。

4. D 【解析】$\because$ 若 $\sin\alpha=-\frac{5}{13}$，α 为第四象限角，$\therefore\cos\alpha=\sqrt{1-\sin^2\alpha}=\sqrt{1-\left(-\frac{5}{13}\right)^2}=\frac{12}{13}$，故 $\tan\alpha=\frac{\sin\alpha}{\cos\alpha}=-\frac{5}{12}$。

5. C 【解析】$\sin\left(\frac{5}{2}\pi+\alpha\right)=\sin\left(2\pi+\frac{1}{2}\pi+\alpha\right)=\sin\left(\frac{1}{2}\pi+\alpha\right)=\cos\alpha=\frac{1}{5}$。

6. B 【解析】$\frac{\sin\left(\frac{\pi}{2}+\theta\right)-\cos(\pi-\theta)}{\sin\left(\frac{\pi}{2}-\theta\right)-\sin(\pi-\theta)}=\frac{\cos\theta+\cos\theta}{\cos\theta-\sin\theta}=\frac{2\cos\theta}{\cos\theta-\sin\theta}=\frac{2}{1-\tan\theta}=-2$。

7. $-\frac{1}{3}$ 【解析】$\sin\left(\alpha-\frac{\pi}{2}\right)=\sin\left(\alpha+\frac{3}{2}\pi\right)=-\cos\alpha=-\frac{1}{3}$。

8. -1 【解析】$\because\sin\alpha+2\cos\alpha=0$，即 $\sin\alpha=-2\cos\alpha$，$\therefore\tan\alpha=-2$，则原式 $=\frac{2\sin\alpha\cos\alpha-\cos^2\alpha}{1}=$

$\frac{2\sin\alpha\cos\alpha-\cos^2\alpha}{\sin^2\alpha+\cos^2\alpha}=\frac{2\tan\alpha-1}{\tan^2\alpha+1}=\frac{-5}{4+1}=-1$。

9. $\frac{1}{2}$ 【解析】$\sin 750°=\sin(2\times360°+30°)=\sin 30°=\frac{1}{2}$。

10. $-\frac{4}{3}$ 【解析】$\because\theta$是第四象限角，$\therefore -\frac{\pi}{2}+2k\pi<\theta<2k\pi$，则$-\frac{\pi}{4}+2k\pi<\theta+\frac{\pi}{4}<\frac{\pi}{4}+2k\pi$，$k\in\mathbf{Z}$，又 $\sin\left(\theta+\frac{\pi}{4}\right)=\frac{3}{5}$，$\therefore\cos\left(\theta+\frac{\pi}{4}\right)=\sqrt{1-\sin^2\left(\theta+\frac{\pi}{4}\right)}=\sqrt{1-\left(\frac{3}{5}\right)^2}=\frac{4}{5}$，$\therefore\cos\left(\frac{\pi}{4}-\theta\right)=\sin\left(\theta+\frac{\pi}{4}\right)=\frac{3}{5}$，$\sin\left(\frac{\pi}{4}-\theta\right)=\cos\left(\theta+\frac{\pi}{4}\right)=\frac{4}{5}$，则 $\tan\left(\theta-\frac{\pi}{4}\right)=-\tan\left(\frac{\pi}{4}-\theta\right)=-\frac{\sin\left(\frac{\pi}{4}-\theta\right)}{\cos\left(\frac{\pi}{4}-\theta\right)}=-\frac{\frac{4}{5}}{\frac{3}{5}}=-\frac{4}{3}$。

第三节　三角恒等变换

招教考向解读

考向 1 变式训练

D 【解析】因为$\frac{\pi}{4}<\alpha<\frac{3\pi}{4}$，所以$\frac{\pi}{2}<\alpha+\frac{\pi}{4}<\pi$，所以$\cos\left(\alpha+\frac{\pi}{4}\right)=-\sqrt{1-\left[\sin\left(\alpha+\frac{\pi}{4}\right)\right]^2}=-\frac{3}{5}$，故$\cos\left(\alpha+\frac{\pi}{2}\right)=\cos\left(\alpha+\frac{\pi}{4}+\frac{\pi}{4}\right)=\frac{\sqrt{2}}{2}\cos\left(\alpha+\frac{\pi}{4}\right)-\frac{\sqrt{2}}{2}\sin\left(\alpha+\frac{\pi}{4}\right)=\frac{\sqrt{2}}{2}\times\left(-\frac{3}{5}\right)-\frac{\sqrt{2}}{2}\times\frac{4}{5}=-\frac{7\sqrt{2}}{10}$。

考向 2 变式训练

【解析】由题意知，$f(x)=\sqrt{2}(\sin x-\cos x)\cos x+\frac{\sqrt{2}}{2}=\sqrt{2}\sin x\cos x-\sqrt{2}\cos^2x+\frac{\sqrt{2}}{2}=$

$\sin\left(2x-\frac{\pi}{4}\right)$，则 $f\left(\frac{\alpha}{2}+\frac{\pi}{4}\right)=\sin\left[2\left(\frac{\alpha}{2}+\frac{\pi}{4}\right)-\frac{\pi}{4}\right]=\sin\left(\alpha+\frac{\pi}{4}\right)=\frac{3}{5}$。∵ $-\frac{\pi}{2}<\alpha<0$，∴ $-\frac{\pi}{4}<\alpha+\frac{\pi}{4}<\frac{\pi}{4}$，$\cos\left(\alpha+\frac{\pi}{4}\right)>0$，则 $\cos\left(\alpha+\frac{\pi}{4}\right)=\frac{4}{5}$，故 $\sqrt{2}\sin\left(2\alpha-\frac{\pi}{4}\right)=\sqrt{2}\sin\left[2\left(\alpha+\frac{\pi}{4}\right)-\frac{3\pi}{4}\right]=-\sin\left[2\left(\alpha+\frac{\pi}{4}\right)\right]-\cos\left[2\left(\alpha+\frac{\pi}{4}\right)\right]=-2\times\frac{3}{5}\times\frac{4}{5}-2\times\left(\frac{4}{5}\right)^2+1=-\frac{31}{25}$。

必刷好题

招教高频基础刷

1. D 【解析】由 $\theta\in\left[\frac{\pi}{4},\frac{\pi}{2}\right]$，得 $2\theta\in\left[\frac{\pi}{2},\pi\right]$。故 $\cos2\theta=-\sqrt{1-\sin^2 2\theta}=-\frac{1}{8}$，$\sin\theta=\sqrt{\frac{1-\cos2\theta}{2}}=\frac{3}{4}$。

2. D 【解析】由题知 $\cos\theta<0$，$\cos\theta=-\sqrt{1-\sin^2\theta}=-\frac{4}{5}$，∴ $\tan\frac{\theta}{2}=\frac{1-\cos\theta}{\sin\theta}=3$。

3. C 【解析】原式 $=\sin 20°\cos 50°+\cos(\pi-20°)\sin 50°=\sin 20°\cos 50°-\cos 20°\sin 50°=\sin(20°-50°)=-\sin 30°=-\frac{1}{2}$。故选 C。

4. A 【解析】由题意可知，$\sin\left(\frac{\pi}{6}-\alpha\right)=\sin\left(\frac{\pi}{2}-\left(\frac{\pi}{3}+\alpha\right)\right)=\cos\left(\frac{\pi}{3}+\alpha\right)=\frac{3}{4}$，$\cos\left(\frac{2\pi}{3}+2\alpha\right)=\cos\left[2\left(\frac{\pi}{3}+\alpha\right)\right]=2\cos^2\left(\frac{\pi}{3}+\alpha\right)-1=2\times\frac{9}{16}-1=\frac{1}{8}$。故选 A。

5. C 【解析】因为 $\alpha+\frac{\pi}{4}+\beta-\frac{\pi}{4}=\alpha+\beta$，所以 $\alpha+\frac{\pi}{4}=(\alpha+\beta)-\left(\beta-\frac{\pi}{4}\right)$，所以 $\tan\left(\alpha+\frac{\pi}{4}\right)=\tan\left[(\alpha+\beta)-\left(\beta-\frac{\pi}{4}\right)\right]=\frac{\tan(\alpha+\beta)-\tan\left(\beta-\frac{\pi}{4}\right)}{1+\tan(\alpha+\beta)\tan\left(\beta-\frac{\pi}{4}\right)}=\frac{3}{22}$。

6. B 【解析】∵ $\alpha\in\left(0,\frac{\pi}{2}\right)$，$2\sin2\alpha=\cos2\alpha+1$，∴ $4\sin\alpha\cdot\cos\alpha=2\cos^2\alpha$，$\cos\alpha>0$，$\sin\alpha>0$，∴ $2\sin\alpha=\cos\alpha$，又∵ $\sin^2\alpha+\cos^2\alpha=1$，∴ $5\sin^2\alpha=1$，∵ $\sin\alpha>0$，∴ $\sin\alpha=\frac{\sqrt{5}}{5}$。

7. B 【解析】$\cos2\alpha=1-2\sin^2\alpha=1-2\times\left(\frac{1}{3}\right)^2=\frac{7}{9}$。

8. A 【解析】$\because \tan\alpha=\frac{\sin\alpha}{\cos\alpha}=3,\alpha\in\left(0,\frac{\pi}{2}\right),\sin^2\alpha+\cos^2\alpha=1$，解得 $\sin\alpha=\frac{3\sqrt{10}}{10},\cos\alpha=\frac{\sqrt{10}}{10}$，$\therefore\ \sin2\alpha=2\sin\alpha\cos\alpha=\frac{3}{5}$，$\cos2\alpha=2\cos^2\alpha-1=-\frac{4}{5}$，则 $\cos\left(2\alpha+\frac{\pi}{6}\right)=\cos2\alpha\cos\frac{\pi}{6}-\sin2\alpha\sin\frac{\pi}{6}=\frac{-4\sqrt{3}-3}{10}$。

9. D 【解析】$\sqrt{3}\cos15°-4\sin^2 15°\cos15°=\sqrt{3}\cos15°-2\sin15°\cdot\sin30°=\sqrt{3}\cos15°-\sin15°=2\left(\frac{\sqrt{3}}{2}\cos15°-\frac{1}{2}\sin15°\right)=2\sin45°=\sqrt{2}$。

10. A 【解析】由 $f(2\theta-x)=f(x)$ 可得 $f(x)$ 的图象关于直线 $x=\theta$ 对称，由题意得 $f(x)=\sin x-\cos x=\sqrt{2}\sin\left(x-\frac{\pi}{4}\right)$，则 $\theta-\frac{\pi}{4}=\frac{\pi}{2}+k\pi,k\in\mathbf{Z}$，解得 $\theta=\frac{3}{4}\pi+k\pi,k\in\mathbf{Z}$，$\therefore\ \sin\left(2\theta-\frac{\pi}{3}\right)=\sin\frac{7}{6}\pi=-\frac{1}{2}$。

11. B 【解析】$\cos(\alpha-35°)\cos(25°+\alpha)+\sin(\alpha-35°)\sin(25°+\alpha)=\cos[(\alpha-35°)-(25°+\alpha)]=\cos(-60°)=\frac{1}{2}$。

12. A 【解析】$\because\ \alpha\in\left(\frac{\pi}{2},\pi\right),\sin\alpha>0,\therefore\ \sin\alpha=\sqrt{1-\left(-\frac{3}{5}\right)^2}=\frac{4}{5}$，$\because\ \sin\beta=-\frac{12}{13}$，$\beta$ 是第三象限角，$\therefore\ \cos\beta=-\frac{5}{13}$，由两角差的余弦公式可得，$\cos(\beta-\alpha)=\cos\beta\cos\alpha+\sin\beta\sin\alpha=-\frac{5}{13}\times\left(-\frac{3}{5}\right)+\left(-\frac{12}{13}\right)\times\frac{4}{5}=-\frac{33}{65}$。

13. D 【解析】$\because\ \cos\left(\frac{\pi}{4}-\alpha\right)=\cos\frac{\pi}{4}\cos\alpha+\sin\frac{\pi}{4}\sin\alpha=\frac{\sqrt{2}}{2}(\sin\alpha+\cos\alpha)=\frac{3}{5}$，$\therefore\ \sin\alpha+\cos\alpha=\frac{3\sqrt{2}}{5}$，$\therefore\ (\sin\alpha+\cos\alpha)^2=1+\sin2\alpha=\frac{18}{25}$，$\sin2\alpha=-\frac{7}{25}$。

14. $\frac{1}{2}$ 【解析】由于 $\alpha\in(0,\frac{\pi}{2})$，故 $\tan\alpha>0$，则 $\frac{\sin2\alpha}{\sin^2\alpha+4\cos^2\alpha}=\frac{2\tan\alpha}{4+\tan^2\alpha}=\frac{2}{\frac{4}{\tan\alpha}+\tan\alpha}\leqslant\frac{2}{2\sqrt{\frac{4}{\tan\alpha}\cdot\tan\alpha}}=\frac{1}{2}$。当且仅当 $\tan\alpha=2$ 时取等号。

15. $-\frac{7}{9}$ 【解析】$\because\ \sin\left(\frac{\pi}{4}+\theta\right)=\frac{1}{3}$，即 $\frac{\sqrt{2}}{2}\sin\theta+\frac{\sqrt{2}}{2}\cos\theta=\frac{1}{3}$，平方可得 $\frac{1}{2}+\frac{1}{2}\sin2\theta=\frac{1}{9}$，解得

$\sin 2\theta=-\frac{7}{9}$。

16. $-\frac{1}{2}$ 【解析】原式 $=\dfrac{\sin\frac{\pi}{7}\left(\cos\frac{2\pi}{7}+\cos\frac{4\pi}{7}+\cos\frac{6\pi}{7}\right)}{\sin\frac{\pi}{7}}=\dfrac{\sin\frac{\pi}{7}\cos\frac{2\pi}{7}+\sin\frac{\pi}{7}\cos\frac{4\pi}{7}+\sin\frac{\pi}{7}\cos\frac{6\pi}{7}}{\sin\frac{\pi}{7}}$

$=\dfrac{\frac{1}{2}\left(\sin\frac{3\pi}{7}-\sin\frac{\pi}{7}\right)+\frac{1}{2}\left(\sin\frac{5\pi}{7}-\sin\frac{3\pi}{7}\right)+\frac{1}{2}\left(\sin\frac{7\pi}{7}-\sin\frac{5\pi}{7}\right)}{\sin\frac{\pi}{7}}=-\frac{1}{2}$。

17. $\frac{\sqrt{2}}{10}$ 【解析】$\dfrac{\tan\alpha}{\tan\left(\alpha+\frac{\pi}{4}\right)}=\dfrac{\tan\alpha}{\frac{\tan\alpha+1}{1-\tan\alpha}}=\dfrac{\tan\alpha(1-\tan\alpha)}{\tan\alpha+1}=-\frac{2}{3}$，解得 $\tan\alpha=2$ 或 $\tan\alpha=-\frac{1}{3}$。

当 $\tan\alpha=2$ 时，$\sin 2\alpha=\dfrac{2\sin\alpha\cos\alpha}{\sin^2\alpha+\cos^2\alpha}=\dfrac{2\tan\alpha}{\tan^2\alpha+1}=\frac{4}{5}$，$\cos 2\alpha=\dfrac{\cos^2\alpha-\sin^2\alpha}{\sin^2\alpha+\cos^2\alpha}=\dfrac{1-\tan^2\alpha}{\tan^2\alpha+1}=-\frac{3}{5}$，此时 $\sin 2\alpha+\cos 2\alpha=\frac{1}{5}$，同理当 $\tan\alpha=-\frac{1}{3}$ 时，$\sin 2\alpha=-\frac{3}{5}$，$\cos 2\alpha=\frac{4}{5}$，此时 $\sin 2\alpha+\cos 2\alpha=\frac{1}{5}$，

$\therefore \sin\left(2\alpha+\frac{\pi}{4}\right)=\frac{\sqrt{2}}{2}(\sin 2\alpha+\cos 2\alpha)=\frac{\sqrt{2}}{10}$。

18. $\frac{7}{5}$ 【解析】$\tan\left(\alpha-\frac{\pi}{4}\right)=\dfrac{\tan\alpha-\tan\frac{\pi}{4}}{1+\tan\alpha\tan\frac{\pi}{4}}=\dfrac{\tan\alpha-1}{1+\tan\alpha}=\frac{1}{6}$，解得 $\tan\alpha=\frac{7}{5}$。

19. $\frac{4}{5}$ 【解析】$\cos\left(\alpha-\frac{\pi}{3}\right)+\cos\alpha=\frac{4\sqrt{3}}{5}$，可得 $\cos\alpha\cos\frac{\pi}{3}+\sin\alpha\sin\frac{\pi}{3}+\cos\alpha=\frac{4\sqrt{3}}{5}$，即 $\frac{3}{2}\cos\alpha+\frac{\sqrt{3}}{2}\sin\alpha=\frac{4\sqrt{3}}{5}$，$\therefore \sqrt{3}\cos\left(\frac{\pi}{6}-\alpha\right)=\frac{4\sqrt{3}}{5}$，即 $\cos\left(\frac{\pi}{6}-\alpha\right)=\frac{4}{5}$。

20. $\frac{7}{8}$ 【解析】$\sin\alpha+\cos\alpha=\frac{\sqrt{5}}{2}$，两边平方得 $1+\sin 2\alpha=\frac{5}{4}$，$\therefore \sin 2\alpha=\frac{1}{4}$，$\therefore \cos 4\alpha=1-2\sin^2 2\alpha=1-2\times\frac{1}{16}=\frac{7}{8}$。

21. 2 【解析】由 $\sin\left(\alpha+\frac{\pi}{4}\right)=\frac{\sqrt{2}}{10}$，展开得 $\sin\alpha+\cos\alpha=\frac{1}{5}$，平方得 $2\sin\alpha\cos\alpha=-\frac{24}{25}$，从而有 $(\sin\alpha-\cos\alpha)^2=1-2\sin\alpha\cos\alpha=\frac{49}{25}$，$\because \alpha$ 为第二象限角，$\therefore \sin\alpha-\cos\alpha=\frac{7}{5}$，$\therefore \cos\alpha=-\frac{3}{5}$，$\because \frac{\pi}{2}+2k\pi<\alpha<2k\pi+\pi,k\in\mathbf{Z}$；$\therefore \frac{\pi}{4}+k\pi<\frac{\alpha}{2}<\frac{\pi}{2}+k\pi,k\in\mathbf{Z}$，则 $\tan\frac{\alpha}{2}=\sqrt{\dfrac{1-\cos\alpha}{1+\cos\alpha}}=2$。

22. $-\frac{24}{25}$ 【解析】$\because x\in\left(2k\pi-\frac{3}{4}\pi,2k\pi+\frac{\pi}{4}\right)(k\in\mathbf{Z})$，$\therefore \cos x-\sin x>0$，即 $\sin\left(\frac{\pi}{4}-x\right)=\frac{\sqrt{2}}{2}(\cos x-\sin x)>0$，$\therefore \sin\left(\frac{\pi}{4}-x\right)=\frac{4}{5}$，又因为 $\cos 2x=\sin\left(\frac{\pi}{2}-2x\right)=2\sin\left(\frac{\pi}{4}-x\right)\cos\left(\frac{\pi}{4}-x\right)$，$\therefore \cos 2x=2\times\frac{4}{5}\times\left(-\frac{3}{5}\right)=-\frac{24}{25}$。

23. $-\frac{3}{2}$ 【解析】$\because \sin\alpha=\frac{3}{5}$，且 $\alpha\in\left(\frac{\pi}{2},\pi\right)$，$\therefore \cos\alpha=-\sqrt{1-\sin^2\alpha}=-\frac{4}{5}$，$\therefore \frac{\sin 2\alpha}{\cos^2\alpha}=\frac{2\sin\alpha\cos\alpha}{\cos^2\alpha}=\frac{2\sin\alpha}{\cos\alpha}=\frac{2\times\frac{3}{5}}{-\frac{4}{5}}=-\frac{3}{2}$。

第四节　三角函数的图象与性质

招教考向解读

考向 **1** 变式训练

C 【解析】由题意知，函数 $f(x)$ 为奇函数，且 $|\varphi|<\pi$，故 $\varphi=0$，$f(x)=A\sin\omega x$，将 $y=f(x)$ 的图象上所有点的横坐标伸长到原来的 2 倍（纵坐标不变），所得图象对应的函数为 $g(x)=A\sin\left(\frac{1}{2}\omega x\right)$，因为 $g(x)$ 的最小正周期为 2π，所以 $\frac{2\pi}{\frac{1}{2}\omega}=2\pi$，解得 $\omega=2$，故 $g(x)=A\sin x$，$f(x)=A\sin 2x$。又因为 $g\left(\frac{\pi}{4}\right)=\sqrt{2}$，即 $g\left(\frac{\pi}{4}\right)=A\sin\frac{\pi}{4}=\sqrt{2}$，解得 $A=2$，故 $f(x)=2\sin 2x$，$f\left(\frac{3\pi}{8}\right)=2\sin\frac{3\pi}{4}=\sqrt{2}$。

考向 **2** 变式训练

C 【解析】由图可得该函数过点 $\left(-\frac{4\pi}{9},0\right)$，将它代入函数 $f(x)$ 可得 $\cos\left(-\frac{4\pi}{9}\omega+\frac{\pi}{6}\right)=0$，又 $\left(-\frac{4\pi}{9},0\right)$ 是该函数图象与 x 轴负半轴的第一个交点，所以 $-\frac{4\pi}{9}\omega+\frac{\pi}{6}=-\frac{\pi}{2}$，解得 $\omega=\frac{3}{2}$，所以函

数 $f(x)$ 的最小正周期为 $T=\frac{2\pi}{\omega}=\frac{4\pi}{3}$。

考向 3 变式训练

π 【解析】由题意知，因为 $f(x)$ 在区间 $\left[\frac{\pi}{6},\frac{\pi}{2}\right]$ 上具有单调性，则 $\frac{T}{2}\geqslant\frac{\pi}{2}-\frac{\pi}{6}=\frac{\pi}{3}$，即 $T\geqslant\frac{2\pi}{3}$。又 $f\left(\frac{\pi}{2}\right)=-f\left(\frac{\pi}{6}\right)$，即 $f\left(\frac{\pi}{3}+\frac{\pi}{6}\right)=-f\left(\frac{\pi}{3}-\frac{\pi}{6}\right)$，故 $f(x)$ 的一个对称中心为 $\left(\frac{\pi}{3},0\right)$。因为 $\frac{2\pi}{3}-\frac{\pi}{2}=\frac{\pi}{6}<T$，又 $f\left(\frac{\pi}{2}\right)=f\left(\frac{2\pi}{3}\right)$，即 $f\left(\frac{7\pi}{12}-\frac{\pi}{12}\right)=f\left(\frac{7\pi}{12}+\frac{\pi}{12}\right)$，所以 $f(x)$ 的一个对称轴为 $x=\frac{7\pi}{12}$，又 $\frac{7\pi}{12}-\frac{\pi}{3}=\frac{\pi}{4}<\frac{T}{2}$，所以 $\frac{T}{4}=\frac{\pi}{4}$，得 $T=\pi$。

考向 4 变式训练

$\frac{3\sqrt{3}}{8}$ 【解析】$f(x)=\sin^2x\sin2x=2\sin^3x\cdot\cos x$，则 $f'(x)=2\sin^2x(3\cos^2x-\sin^2x)=2\sin^2x(4\cos^2x-1)=2\sin^2x(2\cos x+1)(2\cos x-1)$，

令 $f'(0)=0, x\in(0,\pi)$，得 $x_1=\frac{\pi}{3}, x_2=\frac{2\pi}{3}$。当 $x\in\left(0,\frac{\pi}{3}\right)$ 时，$f'(x)>0$，$f(x)$ 单调递增；当 $x\in\left(\frac{\pi}{3},\frac{2\pi}{3}\right)$ 时，$f'(x)<0$，$f(x)$ 单调递减；当 $x\in\left(\frac{2\pi}{3},\pi\right)$ 时，$f'(x)>0$，$f(x)$ 单调递增。又 $f(x+\pi)=\sin^2(x+\pi)\sin[2(x+\pi)]=\sin^2x\sin2x=f(x)$，所以函数 $f(x)$ 是周期为 π 的函数，所以 $f(0)=f(\pi)=0$。故 $f(x)_{\max}=f\left(\frac{\pi}{3}\right)=\frac{3\sqrt{3}}{8}$，则 $f(x)$ 的最大值是 $\frac{3\sqrt{3}}{8}$。

考向 5 变式训练

B 【解析】因为 $\cos x=-\frac{2}{3}, x\in[0,\pi]$，所以 $x\in\left(\frac{\pi}{2},\pi\right)$，由诱导公式有 $\cos(\pi-x)=\frac{2}{3}$，则 $\pi-x=\arccos\frac{2}{3}$，所以 $x=\pi-\arccos\frac{2}{3}$，因为 $x\in[0,\pi]$，且 $\arccos\frac{2}{3}\in\left(0,\frac{\pi}{2}\right)$，所以 $\left(\pi-\arccos\frac{2}{3}\right)\in\left(\frac{\pi}{2},\pi\right)$，故选 B。

招教易错突破

变式训练

B 【解析】令 $2x=k\pi+\frac{\pi}{2}(k\in\mathbf{Z})$，解得 $x=\frac{k\pi}{2}+\frac{\pi}{4}(k\in\mathbf{Z})$，故函数 $f(x)=2\sin2x$ 的图象的对称轴是 $x=\frac{k\pi}{2}+\frac{\pi}{4}(k\in\mathbf{Z})$，将函数 $f(x)=2\sin2x$ 的图象向左平移$\frac{\pi}{12}$个单位长度，则平移后的图象的对称轴是 $x=\frac{k\pi}{2}+\frac{\pi}{4}-\frac{\pi}{12}(k\in\mathbf{Z})$，即 $x=\frac{k\pi}{2}+\frac{\pi}{6}(k\in\mathbf{Z})$。

必刷好题

招教高频基础刷

1. A 【解析】$\because$ $y_1=\sqrt{2}\cos(3x-\frac{\pi}{4})=\sqrt{2}\cos\left[3\left(x-\frac{\pi}{12}\right)\right]$，由“左加右减”知，可将 y_2 的图象向右平移$\frac{\pi}{12}$个单位获得 y_1 的图象。

2. C 【解析】函数图象向左平移$\frac{\pi}{4}$个单位，再向上平移2个单位，变为 $y=\sin(2x+\frac{3\pi}{4})+2$，则图象的对称中心横坐标 x 满足：$2x+\frac{3\pi}{4}=k\pi$，解得 $x=\frac{k\pi}{2}-\frac{3\pi}{8}(k\in\mathbf{Z})$。故选 C 选项。

3. B 【解析】由函数图象知，函数的四分之一个周期是$\frac{\pi}{3}$，函数最小正周期是 $T=\frac{4\pi}{3}$。$\therefore$ $\omega=\frac{2\pi}{T}=\frac{2\pi}{\frac{4\pi}{3}}=\frac{3}{2}$。

4. D 【解析】函数 $f(x)=\sin x-\cos(x+\frac{\pi}{6})=\sin x-\cos x\cos\frac{\pi}{6}+\sin x\sin\frac{\pi}{6}=\frac{3}{2}\sin x-\frac{\sqrt{3}}{2}\cos x=\sqrt{3}\sin(x-\frac{\pi}{6})$，又 $x\in[0,\pi]$，即 $(x-\frac{\pi}{6})\in[-\frac{\pi}{6},\frac{5\pi}{6}]$，$\therefore$ $\sin(x-\frac{\pi}{6})\in[-\frac{1}{2},1]$，故函数$f(x)$的值域为$[-\frac{\sqrt{3}}{2},\sqrt{3}]$。

5. C 【解析】将 $y=\sin(\omega x+\frac{\pi}{3})+2$ 的图象向右平移$\frac{4\pi}{3}$个单位后为 $y=\sin[\omega(x-\frac{4\pi}{3})+\frac{\pi}{3}]+2=\sin(\omega x+\frac{\pi}{3}-\frac{4\omega\pi}{3})+2$,∴ 有$\frac{4\omega\pi}{3}=2k\pi(k\in\mathbf{Z})$,即 $\omega=\frac{3k}{2}$。又∵ $\omega>0$,∴ $k>0$,故$\omega=\frac{3k}{2}\geqslant\frac{3}{2}$。

6. B 【解析】函数 $y=\sqrt{3}\cos x+\sin x=2\left(\frac{\sqrt{3}}{2}\cos x+\frac{1}{2}\sin x\right)=2\sin\left(x+\frac{\pi}{3}\right)$,则图象向左平移 $m(m>0)$ 个单位长度得到 $y=2\sin\left[(x+m)+\frac{\pi}{3}\right]=2\sin\left(x+m+\frac{\pi}{3}\right)$。∵ 所得的图象关于 y 轴对称,∴ $m+\frac{\pi}{3}=k\pi+\frac{\pi}{2}(k\in\mathbf{Z})$,∴ m 的最小值为$\frac{\pi}{6}$。

7. A 【解析】$t=\omega x+\frac{\pi}{4}$,则有 $y=\sin t$ 在区间$\left(\frac{\omega\pi}{2}+\frac{\pi}{4},\omega\pi+\frac{\pi}{4}\right)$上为减函数,又函数 $y=\sin t$ 的单调递减区间为$\left[2k\pi+\frac{\pi}{2},2k\pi+\frac{3\pi}{2}\right](k\in\mathbf{Z})$,则有$\left(\frac{\omega\pi}{2}+\frac{\pi}{4},\omega\pi+\frac{\pi}{4}\right)\subseteq\left[2k\pi+\frac{\pi}{2},2k\pi+\frac{3\pi}{2}\right]$,

从而有$\begin{cases}\frac{\omega\pi}{2}+\frac{\pi}{4}\geqslant 2k\pi+\frac{\pi}{2},\\ \omega\pi+\frac{\pi}{4}\leqslant 2k\pi+\frac{3\pi}{2},\end{cases}$得 $4k+\frac{1}{2}\leqslant\omega\leqslant 2k+\frac{5}{4}(k\in\mathbf{Z})$,因为 $\omega>0$,∴ $k=0$,因而$\frac{1}{2}\leqslant\omega\leqslant\frac{5}{4}$。故选 A。

8. D 【解析】原函数可化为 $f(x)=2(1-2\sin^2x)+\sin x=-4\left(\sin^2x-\frac{1}{4}\sin x+\frac{1}{64}\right)+\frac{33}{16}=-4\left(\sin x-\frac{1}{8}\right)^2+\frac{33}{16}$,∴ 当 $\sin x=-1$ 时,函数有最小值,$f(x)_{\min}=-3$;当 $\sin x=\frac{1}{8}$时,函数有最大值,$f(x)_{\max}=\frac{33}{16}$。故选 D。

9. B 【解析】将函数 $y=\sin 2x$ 的图象向左平移$\frac{\pi}{4}$个单位,得到函数 $y=\sin 2\left(x+\frac{\pi}{4}\right)$,即 $y=\sin\left(2x+\frac{\pi}{2}\right)=\cos 2x$ 图象,再向上平移 1 个单位,所得图象的函数解析式为 $y=1+\cos 2x=2\cos^2x$。故选 B。

10. $-\frac{1}{2}$ 【解析】∵ $f(x)=\sin x\cos x=\frac{1}{2}\sin 2x$,其中 $\sin 2x$ 最小为 -1,∴ $f(x)_{\min}=-\frac{1}{2}$。

11. $[-\frac{3}{2},3]$ 【解析】由题意知 $\omega=2$,∵ $x\in[0,\frac{\pi}{2}]$,∴ $(2x-\frac{\pi}{6})\in[-\frac{\pi}{6},\frac{5\pi}{6}]$,由三角函数图象知:$f(x)$的最小值为 $3\sin(-\frac{\pi}{6})=-\frac{3}{2}$,最大值为 $3\sin\frac{\pi}{2}=3$。∴ $f(x)$的取值范围是$[-\frac{3}{2},3]$。

12. $\left[0,\frac{\pi}{8}\right]$ 【解析】正弦函数的单调递增区间为$\left[2k\pi-\frac{\pi}{2},2k\pi+\frac{\pi}{2}\right](k\in\mathbf{Z})$，只需令$2k\pi-\frac{\pi}{2}\leqslant 2x+\frac{\pi}{4}\leqslant 2k\pi+\frac{\pi}{2}\Rightarrow k\pi-\frac{3\pi}{8}\leqslant x\leqslant k\pi+\frac{\pi}{8}(k\in\mathbf{Z})$，又$0\leqslant x\leqslant\frac{\pi}{2}$，取交集得$\left[0,\frac{\pi}{8}\right]$。

13. 7 【解析】函数$y=\sin2x$的最小正周期为$\frac{2\pi}{2}=\pi$，$y=\cos x$的最小正周期为2π，在同一直角坐标系内画出两个函数在$[0,3\pi]$上的图象，如图所示。通过观察图象可知，在区间$[0,3\pi]$上两个函数图象的交点个数是7。

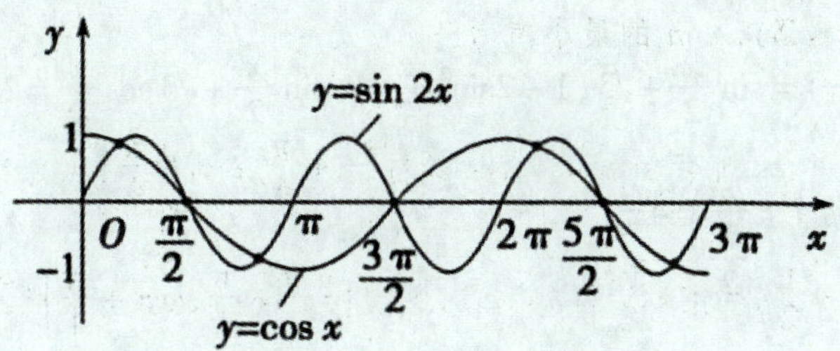

14. $\frac{\pi}{2}$ 【解析】$f(x)=\sin^2 2x=-\frac{1}{2}\cos4x+\frac{1}{2}$，$\therefore$ 函数$f(x)$的周期为$T=\frac{\pi}{2}$。

15. $\frac{3}{2}$ 【解析】$y=\cos2x+2\sin x=1-2\sin^2x+2\sin x=-2\left(\sin x-\frac{1}{2}\right)^2+\frac{3}{2}$，又$\because -1\leqslant\sin x\leqslant 1$，当$\sin x=\frac{1}{2}$，函数有最大值$\frac{3}{2}$。

16. $\frac{2+\sqrt{2}}{4}$ 【解析】将函数$f(x)=\sin x$的图象向右平移$\frac{\pi}{4}$个单位长度后得到函数$y=g(x)$的图象，则$g(x)=\sin\left(x-\frac{\pi}{4}\right)$，则$y=f(x)g(x)=\sin x\cdot\sin\left(x-\frac{\pi}{4}\right)=-\frac{1}{2}\left[\cos\left(2x-\frac{\pi}{4}\right)-\cos\frac{\pi}{4}\right]=-\frac{1}{2}\cos\left(2x-\frac{\pi}{4}\right)+\frac{\sqrt{2}}{4}$，又$-1\leqslant\cos\left(2x-\frac{\pi}{4}\right)\leqslant 1$，$\therefore$ 函数$y=f(x)g(x)$的最大值为$\frac{2+\sqrt{2}}{4}$。

17. $-\frac{\sqrt{6}}{2}$ 【解析】根据函数$f(x)=A\sin(\omega x+\varphi)\left(A,\omega,\varphi\text{是常数},A>0,\omega>0,|\varphi|<\frac{\pi}{2}\right)$的部分图象可知，$A=\sqrt{2}$，$\frac{T}{4}=\frac{7}{12}\pi-\frac{\pi}{3}=\frac{\pi}{4}$，$\therefore\omega=\frac{2\pi}{T}=2$，再根据五点法作图可得$2\times\frac{\pi}{3}+\varphi=\pi$，$\therefore\varphi=\frac{\pi}{3}$，故$f(x)=\sqrt{2}\sin\left(2x+\frac{\pi}{3}\right)$，$\therefore f\left(-\frac{\pi}{3}\right)=-\frac{\sqrt{6}}{2}$。

18. 【解析】(1)$f(x)=\cos(2x+\frac{\pi}{3})+\cos(2x-\frac{\pi}{3})+\frac{1+\cos2x}{2}-\frac{1}{2}$

$=2\cos2x\cos\frac{\pi}{3}+\frac{\cos2x}{2}=\frac{3}{2}\cos2x$，

故 $f(x)$ 的最小正周期是 π。

(2)$\because x\in\left[\frac{\pi}{8},\frac{5\pi}{8}\right]$,$2x\in\left[\frac{\pi}{4},\frac{5\pi}{4}\right]$,

$\therefore f(x)$ 在 $\left[\frac{\pi}{8},\frac{\pi}{2}\right]$ 上是减函数,在 $\left[\frac{\pi}{2},\frac{5\pi}{8}\right]$ 上是增函数,

$\because f\left(\frac{\pi}{8}\right)=\frac{3}{4}\sqrt{2}$,$f\left(\frac{5\pi}{8}\right)=-\frac{3}{4}\sqrt{2}$,

故当 $x=\frac{\pi}{8}$ 时,$f(x)$ 取最大值为 $\frac{3}{4}\sqrt{2}$。

19.【解析】(1)$\because f(x)=\sin\frac{x}{2}+\sqrt{3}(1-2\sin^2\frac{x}{4})=\sin\frac{x}{2}+\sqrt{3}\cos\frac{x}{2}=2\sin\left(\frac{x}{2}+\frac{\pi}{3}\right)$,

$\therefore f(x)$ 的最小正周期 $T=\frac{2\pi}{\frac{1}{2}}=4\pi$。

当 $\sin\left(\frac{x}{2}+\frac{\pi}{3}\right)=-1$ 时,$f(x)$ 取得最小值 -2;

当 $\sin\left(\frac{x}{2}+\frac{\pi}{3}\right)=1$ 时,$f(x)$ 取得最大值 2。

(2)$\because g(x)=f\left(x+\frac{\pi}{3}\right)$,

$\therefore g(x)=2\sin\left[\frac{1}{2}\left(x+\frac{\pi}{3}\right)+\frac{\pi}{3}\right]=2\sin\left(\frac{x}{2}+\frac{\pi}{2}\right)=2\cos\frac{x}{2}$。

$\because g(-x)=2\cos\left(-\frac{x}{2}\right)=2\cos\frac{x}{2}=g(x)$,

$\therefore$ 函数 $g(x)$ 是偶函数。

招教易错能力刷

1. B **【解析】**$y=\sin(2x+\frac{\pi}{6})=\sin2(x+\frac{\pi}{12})$,$y=\sin(2x-\frac{\pi}{3})=\sin2(x-\frac{\pi}{6})$,$\therefore$ 将 $y=\sin(2x+\frac{\pi}{6})$ 的图象向右平移 $\frac{\pi}{4}$ 个长度单位得到 $y=\sin(2x-\frac{\pi}{3})$ 的图象,故选 B。

2. D **【解析】**$\because f(-x)=-x\cos(-x)+\sin(-x)=-(x\cos x+\sin x)=-f(x)$,$\therefore f(x)=x\cos x+\sin x$ 为奇函数,图象关于原点对称,排除选项 B;当 $x=\frac{\pi}{2}$ 时,$f(x)=1>0$,排除选项 C;$x=\pi$ 时,$f(x)=-\pi<0$,排除选项 A;故选 D。

3. C **【解析】**$\because y=\sin(2x+\frac{\pi}{4})=\sin[2(x+\frac{\pi}{8})]$,$\therefore$ 只需将 $y=\sin2x$ 的图象向左平移 $\frac{\pi}{8}$ 个单

位,即可得到 $y=\sin(2x+\frac{\pi}{4})$ 的图象,故答案选 C。

4. B 【解析】令 $x=0$,得 $f(0)=1$,而 $f(0+\pi)=0$,$f(0+4\pi)=1$,$f\left(0+\frac{2}{3}\pi\right)=1+\frac{\sqrt{3}}{2}$,$f(0+6\pi)=1$,∴ 可排除 A、C。再令 $x=\frac{\pi}{2}$,可求出 $f\left(\frac{\pi}{2}\right)=\frac{\sqrt{2}}{2}$,$f\left(\frac{\pi}{2}+4\pi\right)=\frac{\sqrt{2}}{2}$,而 $f\left(\frac{\pi}{2}+6\pi\right)=-\frac{\sqrt{2}}{2}$,排除 D,故选 B。

5. C 【解析】∵ 函数 $y=\cos\left(x+\frac{\pi}{3}\right)=\sin\left[\frac{\pi}{2}+\left(x+\frac{\pi}{3}\right)\right]=\sin\left(x+\frac{5\pi}{6}\right)$,∴ 为得到函数 $y=\cos\left(x+\frac{\pi}{3}\right)$ 的图象,只需将函数 $y=\sin x$ 的图象向左平移 $\frac{5\pi}{6}$ 个单位长度。

6. C 【解析】由题意可知,$f(x)$ 的最小正周期 $T=4\times\frac{\pi}{4}=\pi$,则 $\omega=\frac{2\pi}{\pi}=2$,$f(x)=\sin(2x+\varphi)$,又图象的一个对称中心是 $\left(\frac{\pi}{4},0\right)$,则 $2x+\varphi=k\pi$,$\varphi=k\pi-2x$,$k\in\mathbf{Z}$,令 $x=\frac{\pi}{4}$,$k=1$,得 $\varphi=\frac{\pi}{2}$,则 $f(x)=\sin(2x+\varphi)=\cos 2x$。

7. $\frac{\sqrt{3}}{3}$ 【解析】∵ $x\in\left(0,\frac{\pi}{2}\right)$,∴ $2x\in(0,\pi)$。$y=\frac{\sin 2x}{2\sin^2 x+1}=\frac{\sin 2x}{1-\cos 2x+1}=-\frac{\sin 2x-0}{\cos 2x-2}$,表示点 $(\cos 2x,\sin 2x)$ 和 $(2,0)$ 连线斜率的相反数,而点 $(\cos 2x,\sin 2x)$ 在单位圆的上半圆,结合图象可得当直线倾斜角为 150°(相切)时,函数 $f(x)$ 取得最大值 $-\tan 150°=\frac{\sqrt{3}}{3}$。

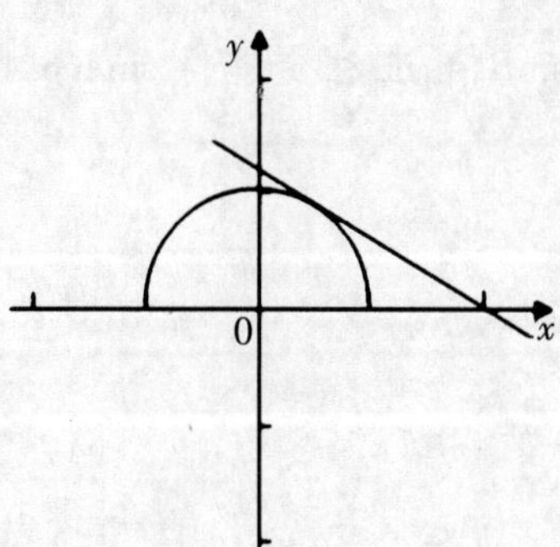

8. $\left(\frac{1}{6},\frac{1}{3}\right)\cup\left(\frac{2}{3},1\right)$ 【解析】若 $f(x)$ 有最值,则 $\omega x+\frac{\pi}{6}=k\pi+\frac{\pi}{2}$,$k\in\mathbf{Z}$,解得 $x=\frac{1}{\omega}\left(k\pi+\frac{\pi}{3}\right)$,$k\in\mathbf{Z}$,∵ 函数 $f(x)$ 在 $(\pi,2\pi)$ 上有最值,∴ $\pi<\frac{1}{\omega}\left(k\pi+\frac{\pi}{3}\right)<2\pi$,即 $\omega<k+\frac{1}{3}<2\omega$,

∴ $\begin{cases}\omega<k+\frac{1}{3},\\ \omega>\frac{k}{2}+\frac{1}{6},\end{cases}$ 当 $k=0$ 时,$\frac{1}{6}<\omega<\frac{1}{3}$;当 $k=1$ 时,$\frac{2}{3}<\omega<\frac{4}{3}$,∵ $0<\omega<1$,∴ $\frac{2}{3}<\omega<1$。综上所

述，$\frac{1}{6}<\omega<\frac{1}{3}$或$\frac{2}{3}<\omega<1$，则实数 ω 的取值范围是$\left(\frac{1}{6},\frac{1}{3}\right)\cup\left(\frac{2}{3},1\right)$。

第五节　解三角形

招教考向解读

考向 1 变式训练

1.【解析】因为$\angle A,\angle B,\angle C$为$\triangle ABC$的内角，所以有$\cos C=\cos[\pi-(A+B)]=-\cos(A+B)=-\cos A\cos B+\sin A\sin B$，因为$\angle A\in(0,\pi)$，且$\cos A=\frac{5}{13}>0$，所以$\angle A\in\left(0,\frac{\pi}{2}\right)$，$\sin A=\frac{12}{13}$。

由此知$\sin A>\sin B>0$，根据正弦定理得$a>b$，所以$\angle A>\angle B$，因此$\angle B\in\left(0,\frac{\pi}{2}\right)$，且$\sin B=\frac{3}{5}$，得$\cos B=\frac{4}{5}$，故$\cos C=-\frac{5}{13}\times\frac{4}{5}+\frac{12}{13}\times\frac{3}{5}=\frac{16}{65}$。

因此$\sin C=\frac{63}{65}$。由正弦定理$\frac{c}{\sin C}=\frac{a}{\sin A}$，得$c=\frac{a\sin C}{\sin A}=\frac{1\times\frac{63}{65}}{\frac{12}{13}}=\frac{21}{20}$。

2. D　【解析】因为$a\cos A=b\sin B$，由正弦定理得$\sin A\cos A=\sin^2B$，所以$\sin A\cos A+\cos^2B=\sin^2B+\cos^2B=1$。

考向 2 变式训练

1. A　【解析】由题意可得$\begin{cases}a^2-b^2=4c^2,\\ \cos A=\frac{b^2+c^2-a^2}{2bc}=-\frac{1}{4},\end{cases}$解得$3c^2=\frac{1}{2}bc$，可得$\frac{b}{c}=6$。

2. $-\frac{1}{4}$　【解析】在$\triangle ABC$中，因为$b-c=\frac{1}{4}a$，且$2\sin B=3\sin C$，所以$2b=3c$，联立方程可得$a=2c,b=\frac{3c}{2}$。再由余弦定理可得$\cos A=\frac{b^2+c^2-a^2}{2bc}=\frac{\frac{9c^2}{4}+c^2-4c^2}{3c\cdot c}=-\frac{1}{4}$。

3.【解析】(1) 根据正弦定理可得$a^2-b^2-c^2=bc$，$\cos A=\frac{b^2+c^2-a^2}{2bc}=\frac{-bc}{2bc}=-\frac{1}{2}$，故$\angle A=\frac{2\pi}{3}$。

(2)由正弦定理得 $a=2R\sin A\Rightarrow 3=2R\cdot\sin 120°$，$\angle A+\angle B+\angle C=180°$，所以 $2R=2\sqrt{3}$，$\angle B+\angle C=60°$，周长 $l=a+b+c=2R(\sin A+\sin B+\sin C)=2\sqrt{3}\left[\frac{\sqrt{3}}{2}+\sin(60°-C)+\sin C\right]=2\sqrt{3}\left[\frac{\sqrt{3}}{2}+\sin(C+60°)\right]$，因为 $0°<\angle C<60°$，$60°<\angle C+60°<120°$，所以 $\frac{\sqrt{3}}{2}<\sin(C+60°)\leqslant 1$，所以原式 $\leqslant 2\sqrt{3}\times\left(\frac{\sqrt{3}}{2}+1\right)=3+2\sqrt{3}$，所以 $\triangle ABC$ 周长的最大值为 $3+2\sqrt{3}$。

4. B 【解析】因为 $\sin B=2\sin C$，所以 $b=2c$。又因为 $a=2\sqrt{2}$，$\cos A=\frac{3}{4}$，由余弦定理 $a^2=b^2+c^2-2bc\cos A$，可得 $8=4c^2+c^2-3c^2$，解得 $c=2$，所以 $b=4$。因为 $\cos B=\frac{a^2+c^2-b^2}{2ac}=\frac{8+4-16}{2\times 2\sqrt{2}\times 2}<0$，所以 $\angle B$ 为钝角，$\triangle ABC$ 为钝角三角形。

考向3 变式训练

1.【解析】(1)由正弦定理得 $\sin B\cos C=3\sin A\cos B-\sin C\cos B$，可得 $\sin B\cos C+\sin C\cos B=3\sin A\cos B$，即 $\sin(B+C)=3\sin A\cos B$，可得 $\sin A=3\sin A\cos B$，又 $\sin A\neq 0$，因此 $\cos B=\frac{1}{3}$。

(2)由 $\overrightarrow{BA}\cdot\overrightarrow{BC}=2$，可得 $ac\cos B=2$。又 $\cos B=\frac{1}{3}$，故 $ac=6$，$b=2\sqrt{2}$，代入 $b^2=a^2+c^2-2ac\cos B$，得 $a^2+c^2=12$，所以 $(a-c)^2=0$，即 $a=c$，所以 $a=c=\sqrt{6}$。

2.【解析】(1)在 $\triangle APB$ 中，$PB^2=PA^2+AB^2-2PA\cdot AB\cdot\cos A=4-2\sqrt{3}\cos A$，在 $\triangle PQB$ 中，$PB^2=PQ^2+QB^2-2PQ\cdot QB\cdot\cos Q=2-2\cos Q$，故 $4-2\sqrt{3}\cos A=2-2\cos Q$，因此 $\cos Q=\sqrt{3}\cos A-1$。

(2)$S=S_{\triangle APB}=\frac{1}{2}PA\cdot AB\cdot\sin A=\frac{\sqrt{3}}{2}\sin A$，$T=S_{\triangle PQB}=\frac{1}{2}QP\cdot QB\cdot\sin Q=\frac{1}{2}\sin Q$，故 $S^2+T^2=\frac{3}{4}\sin^2 A+\frac{1}{4}\sin^2 Q=\frac{3}{4}\sin^2 A+\frac{1}{4}(1-\cos^2 Q)=\frac{3}{4}\sin^2 A+\frac{1}{4}-\frac{1}{4}(\sqrt{3}\cos A-1)^2=-\frac{3}{2}\cos^2 A+\frac{\sqrt{3}}{2}\cos A+\frac{3}{4}=-\frac{3}{2}\left(\cos A-\frac{\sqrt{3}}{6}\right)^2+\frac{7}{8}$，所以当 $\cos A=\frac{\sqrt{3}}{6}\in(-1,1)$ 时，$(S^2+T^2)_{\max}=\frac{7}{8}$，此时 $\cos A=\frac{\sqrt{3}}{6}$，$\cos Q=-\frac{1}{2}$，故 $\sin A=\frac{\sqrt{33}}{6}$，$\sin Q=\frac{\sqrt{3}}{2}$，所以此时 $S_{四边形PABQ}=S+T=\frac{\sqrt{3}}{2}\sin A+\frac{1}{2}\sin Q=\frac{\sqrt{11}+\sqrt{3}}{4}$。

3. $\frac{2\sqrt{5}}{5}$ 【解析】设 AB 边上的高为 h，则 $h=\frac{1}{4}c$，于是三角形的面积 $S=\frac{1}{2}c\cdot\frac{1}{4}c=\frac{1}{2}ab\sin C$，得 $c^2=4ab\sin C$，$\frac{\sin A}{\sin B}+\frac{\sin B}{\sin A}=\frac{a}{b}+\frac{b}{a}=\frac{a^2+b^2}{ab}$。又 $c^2=a^2+b^2-2ab\cos C$，所以 $a^2+b^2=c^2+$

$2ab\cos C$，则 $\frac{a^2+b^2}{ab}=\frac{c^2+2ab\cos C}{ab}=\frac{4ab\sin C+2ab\cos C}{ab}=4\sin C+2\cos C=2\sqrt{5}\cdot\left(\sin C\cdot\frac{2}{\sqrt{5}}+\cos C\cdot\frac{1}{\sqrt{5}}\right)$，令 $\cos\varphi=\frac{2}{\sqrt{5}}=\frac{2\sqrt{5}}{5}$，则 $\sin\varphi=\frac{1}{\sqrt{5}}=\frac{\sqrt{5}}{5}$，则 $\frac{a^2+b^2}{ab}=2\sqrt{5}\sin(C+\varphi)$，所以当 $\angle C+\varphi=\frac{\pi}{2}$ 时，取得最大值，最大值为 $2\sqrt{5}$，此时 $\angle C=\frac{\pi}{2}-\varphi$，$\sin C=\sin\left(\frac{\pi}{2}-\varphi\right)=\cos\varphi=\frac{2\sqrt{5}}{5}$。

考向 4 变式训练

1.【解析】根据正弦定理，可得 $\frac{AB}{\sin\angle ACB}=\frac{AC}{\sin\angle ABC}$，进而可得 $AB=\frac{AC\sin\angle ACB}{\sin\angle ABC}=\frac{55\sin\angle ACB}{\sin\angle ABC}=\frac{55\sin 75^\circ}{\sin(180^\circ-51^\circ-75^\circ)}=\frac{55\sin 75^\circ}{\sin 54^\circ}\approx 66$ m。

答：A，B 两点间的距离为 66 m。

2. B 【解析】依题意得 $AD=20\sqrt{10}$ m，$AC=30\sqrt{5}$ m，又 $CD=50$ m，所以在 $\triangle ACD$ 中，由余弦定理得 $\cos\angle CAD=\frac{AC^2+AD^2-CD^2}{2AC\cdot AD}=\frac{(30\sqrt{5})^2+(20\sqrt{10})^2-50^2}{2\times 30\sqrt{5}\times 20\sqrt{10}}=\frac{6000}{6000\sqrt{2}}=\frac{\sqrt{2}}{2}$。又 $0^\circ<\angle CAD<180^\circ$，所以 $\angle CAD=45^\circ$，所以从建筑物 AB 的顶端 A 看建筑物 CD 的张角为 45°。

必刷好题

招教高频基础刷

1. B 【解析】$\because \tan B=\sqrt{3}$，$\therefore \angle B=60^\circ$，故 $\sin B=\frac{\sqrt{3}}{2}$，$\cos B=\frac{1}{2}$，$\because \sin C=\frac{\sqrt{2}}{3}$，$\therefore \cos C=\frac{\sqrt{7}}{3}$，$\sin A=\sin(B+C)=\frac{\sqrt{21}+\sqrt{2}}{6}$，由正弦定理可得 $\frac{AC}{\sin B}=\frac{AB}{\sin C}$，则 $AB=4$，$\therefore S_{\triangle ABC}=\frac{1}{2}AB\cdot AC\cdot\sin A=\frac{1}{2}\times 4\times 3\sqrt{6}\times\frac{\sqrt{21}+\sqrt{2}}{6}=2\sqrt{3}+3\sqrt{14}$。

2. A 【解析】$\because a=2b\cos C=2b\times\frac{a^2+b^2-c^2}{2ab}=\frac{a^2+b^2-c^2}{a}$，$\therefore a^2=a^2+b^2-c^2$。$\because a,b,c$ 是三角形的三边，$\therefore b=c$，$\therefore \triangle ABC$ 一定是等腰三角形。

3. D 【解析】根据正弦定理，由 $\sin C=2\sqrt{3}\sin B$ 得 $c=2\sqrt{3}b$。由余弦定理得 $\cos A=\frac{c^2+b^2-a^2}{2bc}=$

$\frac{2\sqrt{3}bc-\sqrt{3}bc}{2bc}=\frac{\sqrt{3}}{2}$，则 $\angle A=30°$。

4. B 【解析】根据余弦定理 $c^2=a^2+b^2-2ab\cos C, b^2=a^2+c^2-2ac\cos B$，两式相加并整理可得 $a=b\cos C+c\cos B$，与 $a=b\cos C+c\sin B$ 比较，可知 $\cos B=\sin B$，故 $\angle B=\frac{\pi}{4}$。

5. A 【解析】易得 $\angle C=\angle A=75°$，故 $\angle B=30°$。由正弦定理可得 $\frac{a}{\sin 75°}=\frac{b}{\sin 30°}$，解得 $b=2$。

6. A 【解析】$\because \angle C=2\angle B, \therefore \sin C=\sin 2B=2\sin B\cos B$。根据正弦定理有 $\frac{c}{\sin C}=\frac{b}{\sin B}$，$\therefore \frac{c}{b}=\frac{\sin C}{\sin B}=\frac{8}{5}, \therefore \cos B=\frac{\sin C}{2\sin B}=\frac{1}{2}\times\frac{8}{5}=\frac{4}{5}$。又 $\cos C=\cos(2B)=2\cos^2B-1, \therefore \cos C=2\cos^2B-1=2\times\frac{16}{25}-1=\frac{7}{25}$，故选 A。

7. C 【解析】$\triangle ABC$ 的面积为 $\frac{a^2+b^2-c^2}{4}, \therefore \frac{1}{2}ab\sin C=\frac{a^2+b^2-c^2}{4}=\frac{1}{4}\times 2ab\cos C, \therefore \sin C=\cos C$，即 $\tan C=1, \angle C=\frac{\pi}{4}$。

8. A 【解析】设最小角为 α，故 α 对应的边长为 a，则 $\cos\alpha=\frac{(a+4)^2+(a+2)^2-a^2}{2(a+4)(a+2)}=\frac{a^2+12a+20}{2a^2+12a+16}=\frac{13}{14}$，解得 $a=3$（负值舍去），$\because$ 最小角 α 的余弦值为 $\frac{13}{14}, \therefore \sin\alpha=\sqrt{1-\cos^2\alpha}=\sqrt{1-\left(\frac{13}{14}\right)^2}=\frac{3\sqrt{3}}{14}, \therefore S_{\triangle ABC}=\frac{1}{2}\times(a+4)(a+2)\sin\alpha=\frac{1}{2}\times 35\times\frac{3\sqrt{3}}{14}=\frac{15\sqrt{3}}{4}$。

9. $\sqrt{7}$ 【解析】由余弦定理可得：$c^2=a^2+b^2-2ab\cos C=4+9-2\times 2\times 3\times\frac{1}{2}=7$，从而有边 c 的长为 $\sqrt{7}$。

10. $\frac{21}{13}$ 【解析】由 $\cos A=\frac{4}{5}, \cos C=\frac{5}{13}$，可得 $\sin A=\sqrt{1-\cos^2A}=\sqrt{1-\frac{16}{25}}=\sqrt{\frac{9}{25}}=\frac{3}{5}, \sin C=\sqrt{1-\cos^2C}=\sqrt{1-\frac{25}{169}}=\frac{12}{13}, \sin B=\sin(A+C)=\sin A\cos C+\sin C\cos A=\frac{3}{5}\times\frac{5}{13}+\frac{4}{5}\times\frac{12}{13}=\frac{63}{65}$，由正弦定理可得 $b=\frac{a\sin B}{\sin A}=\frac{21}{13}$。

11. $6\sqrt{3}$ 【解析】在 $\triangle ABC$ 中，$\because b=6, a=2c, \angle B=\frac{\pi}{3}$，由余弦定理 $b^2=a^2+c^2-2ac\cos B$ 可得 $6^2=4c^2+c^2-4c\cdot c\cdot\frac{1}{2}$，解得 $c^2=12$，则 $S_{\triangle ABC}=\frac{1}{2}ac\sin B=\frac{1}{2}\cdot 2c\cdot c\sin B=c^2\sin B=12\times\frac{\sqrt{3}}{2}=6\sqrt{3}$。

12. $(\sqrt{6}-\sqrt{2},\sqrt{6}+\sqrt{2})$ 【解析】如图，延长 BA,CD 交于点 E，易知 $BE=CE$，且在 $\triangle ADE$ 中，$\angle DAE=105°$，$\angle ADE=45°$，$\angle E=30°$，$\therefore$ 设 $AD=\frac{1}{2}x$，则易得 $AE=\frac{\sqrt{2}}{2}x$，$DE=\frac{\sqrt{6}+\sqrt{2}}{4}x$，$CD=m$，$\because BC=2$，$\therefore \left(\frac{\sqrt{6}+\sqrt{2}}{4}x+m\right)\sin 15°=\frac{1}{2}BC=1$，$\therefore \frac{\sqrt{6}+\sqrt{2}}{4}x+m=\sqrt{6}+\sqrt{2}$，$\therefore 0<x<4$，而 $AB=EC-AE=\frac{\sqrt{6}+\sqrt{2}}{4}x+m-\frac{\sqrt{2}}{2}x=\sqrt{6}+\sqrt{2}-\frac{\sqrt{2}}{2}x$，$\therefore AB$ 的取值范围是 $(\sqrt{6}-\sqrt{2},\sqrt{6}+\sqrt{2})$。

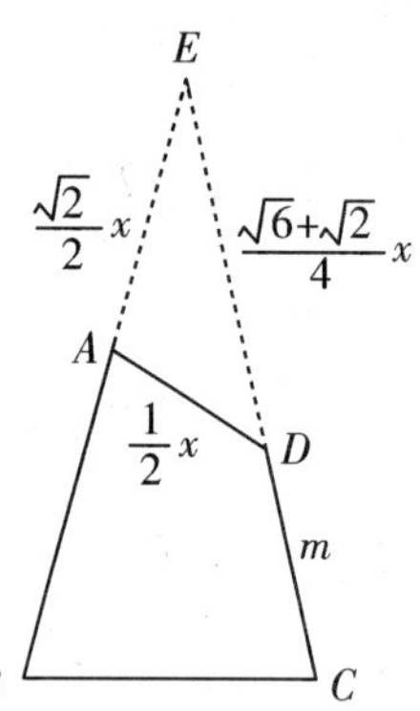

13. 9 【解析】由题意和三角形的面积公式可得 $\frac{1}{2}ac\sin 120°=\frac{1}{2}a\sin 60°+\frac{1}{2}c\sin 60°$，化简得 $ac=a+c$，则 $\frac{1}{a}+\frac{1}{c}=1$，则 $4a+c=(4a+c)\cdot\left(\frac{1}{a}+\frac{1}{c}\right)=5+\frac{c}{a}+\frac{4a}{c}\geqslant 5+2\sqrt{\frac{c}{a}\cdot\frac{4a}{c}}=9$，当且仅当 $c=2a$ 时，等号成立，故 $4a+c$ 的最小值为 9。

14. $\left[\sqrt{3},\frac{\sqrt{13}}{2}\right)$ 【解析】$\because BC=2$，$\sin B+\sin C=2\sin A$，由正弦定理得 $b+c=2a=4$，即 $c=4-b$，$\because \triangle ABC$ 是锐角三角形，$\therefore \begin{cases} b^2+c^2>a^2, \\ b^2+a^2>c^2, \\ a^2+c^2>b^2, \end{cases}$ $\therefore \begin{cases} b^2+(4-b)^2>4, \\ b^2+4>(4-b)^2, \\ (4-b)^2+4>b^2, \end{cases}$ 解得 $\frac{3}{2}<b<\frac{5}{2}$，$\therefore bc=b(4-b)=4b-b^2=-(b-2)^2+4$，结合二次函数的性质可知，$\frac{15}{4}<-(b-2)^2+4\leqslant 4$，即 $bc\in(\frac{15}{4},4]$。

$\because |\overrightarrow{AD}|=\frac{1}{2}\sqrt{\overrightarrow{AB}^2+\overrightarrow{AC}^2+2\overrightarrow{AB}\cdot\overrightarrow{AC}}=\frac{1}{2}\sqrt{c^2+b^2+2bc\cdot\frac{b^2+c^2-4}{2bc}}=\frac{1}{2}\sqrt{2b^2+2c^2-4}=\frac{1}{2}\sqrt{2(b+c)^2-4bc-4}=\frac{1}{2}\sqrt{28-4bc}\in\left[\sqrt{3},\frac{\sqrt{13}}{2}\right)$。

15. 【解析】(1) 由余弦定理得 $\cos B=\frac{1}{4}$。

$\sin^2\frac{A+C}{2}+\cos2B=\sin^2(\frac{\pi}{2}-\frac{B}{2})+2\cos^2B-1=\cos^2\frac{B}{2}+2\cos^2B-1=\frac{1+\cos B}{2}+2\cos^2B-1=-\frac{1}{4}$。

(2)由 $\cos B=\frac{1}{4}$，得 $\sin B=\frac{\sqrt{15}}{4}$。$\because b=2, a^2+c^2-b^2=\frac{1}{2}ac, \therefore a^2+c^2=\frac{1}{2}ac+b^2=\frac{1}{2}ac+4\geqslant 2ac$，

$\therefore ac\leqslant\frac{8}{3}, \therefore S_{\triangle ABC}=\frac{1}{2}ac\sin B\leqslant\frac{\sqrt{15}}{3}$。（当且仅当 $a=c$ 时取等号）

16.【解析】(1)$\because \angle C=\frac{3\pi}{4}, \sin A=\frac{\sqrt{5}}{5}, \therefore \cos A=\sqrt{1-\sin^2A}=\frac{2}{5}\sqrt{5}$。$\because \angle B=\frac{\pi}{4}-\angle A$，

$\therefore \sin B=\sin\left(\frac{\pi}{4}-A\right)=\sin\frac{\pi}{4}\cos A-\cos\frac{\pi}{4}\sin A=\frac{\sqrt{2}}{2}\times\frac{2\sqrt{5}}{5}-\frac{\sqrt{2}}{2}\times\frac{\sqrt{5}}{5}=\frac{\sqrt{10}}{10}$。

(2)$\because \angle C=\frac{3\pi}{4}, \therefore \sin C=\frac{\sqrt{2}}{2}$。由正弦定理得$\frac{a}{c}=\frac{\sin A}{\sin C}=\frac{\sqrt{10}}{5}$。又$\because c-a=5-\sqrt{10}, \therefore c=5$，$a=\sqrt{10}$。$\therefore S_{\triangle ABC}=\frac{1}{2}ac\sin B=\frac{1}{2}\times\sqrt{10}\times5\times\frac{\sqrt{10}}{10}=\frac{5}{2}$。

17.【解析】(1)在$\triangle ABC$中，由 $\cos A=-\frac{5}{13}$，得 $\sin A=\frac{12}{13}$。

由 $\cos B=\frac{3}{5}$，得 $\sin B=\frac{4}{5}$。故 $\sin C=\sin(A+B)=\sin A\cos B+\cos A\sin B=\frac{16}{65}$。

(2)由正弦定理得 $AC=\frac{BC\cdot\sin B}{\sin A}=\frac{5\times\frac{4}{5}}{\frac{12}{13}}=\frac{13}{3}$。

故$\triangle ABC$的面积 $S=\frac{1}{2}\cdot BC\cdot AC\cdot\sin C=\frac{1}{2}\times5\times\frac{13}{3}\times\frac{16}{65}=\frac{8}{3}$。

18.【解析】(1)$\because a^2+b^2+\sqrt{2}ab=c^2, \therefore \cos C=\frac{a^2+b^2-c^2}{2ab}=\frac{-\sqrt{2}ab}{2ab}=-\frac{\sqrt{2}}{2}$，

$\therefore \angle C=\frac{3\pi}{4}$。

(2)$\because \cos(A+B)=\cos A\cos B-\sin A\sin B=\frac{3\sqrt{2}}{5}-\sin A\sin B=\cos(\pi-C)=-\cos C=\frac{\sqrt{2}}{2}$，

$\therefore \sin A\sin B=\frac{\sqrt{2}}{10}, \therefore \tan A\tan B=\frac{\sin A\sin B}{\cos A\cos B}=\frac{\frac{\sqrt{2}}{10}}{\frac{3\sqrt{2}}{5}}=\frac{1}{6}$。

专题六　导　数

第一节　导数的概念与运算

招教考向解读

考向 1 变式训练

1. B 【解析】因为$f(x_0)=0$,所以$\lim\limits_{\Delta x\to 0}\dfrac{f(x_0+2\Delta x)}{\Delta x}=\lim\limits_{\Delta x\to 0}2\times\dfrac{f(x_0+2\Delta x)-f(x_0)}{2\Delta x}=2f'(x_0)=4$,故$f'(x_0)=2$。故选 B。

2. B 【解析】$\because f(0)=0$,$\therefore \lim\limits_{x\to 0}\dfrac{F(x)-F(0)}{x}=\lim\limits_{x\to 0}\dfrac{f(x)(1+|\sin x|)}{x}=\lim\limits_{x\to 0}\dfrac{f(x)}{x}=f'(0)$,$\therefore F(x)$在$x=0$处可导;当$F(x)$在$x=0$处可导时,则有$F(x)$在$x=0$的左导数为$\lim\limits_{x\to 0^-}\dfrac{f(x)(1-\sin x)-f(0)(1+0)}{x}=\lim\limits_{x\to 0^-}\left[\dfrac{f(x)-f(0)}{x}-f(x)\dfrac{\sin x}{x}\right]=f'(0)-f(0)$,右导数为$\lim\limits_{x\to 0^+}\dfrac{f(x)(1+\sin x)-f(0)(1+0)}{x}=\lim\limits_{x\to 0^+}\left[\dfrac{f(x)-f(0)}{x}+f(x)\dfrac{\sin x}{x}\right]=f'(0)+f(0)$。$F(x)$在$x=0$处可导$\Leftrightarrow F(x)$在$x=0$处左右导数相等$\Leftrightarrow f'(0)-f(0)=f'(0)+f(0)\Leftrightarrow f(0)=0$。

考向 2 变式训练

1. C 【解析】因为$f(x)-\ln x=2xf'(1)$,所以$f'(x)=\dfrac{1}{x}+2f'(1)$,令$x=1$,得$f'(1)=1+2f'(1)$,则$f'(1)=-1$,所以$f(x)=\ln x-2x$,故$f(e)=1-2e$。

2. C 【解析】因为函数$f(x)$在$x=1$处可导,所以$f(x)$在$x=1$处连续,则$f(1)=a+b=2$,又$f_-'(1)=\lim\limits_{x\to 1^-}\dfrac{f(x)-f(1)}{x-1}=\lim\limits_{x\to 1^-}\dfrac{x^2+1-2}{x-1}=\lim\limits_{x\to 1^-}\dfrac{(x-1)(x+1)}{x-1}=2$,则有$f_-'(1)=f_+'(1)=\lim\limits_{x\to 1^+}\dfrac{f(x)-f(1)}{x-1}=\lim\limits_{x\to 1^+}\dfrac{ax+b-2}{x-1}=\lim\limits_{x\to 1^+}\dfrac{ax-a+2-2}{x-1}=a=2$,故$a=2,b=0$。

3. $-\frac{1}{2}x^{-\frac{3}{2}}-\frac{1}{2}x^{-\frac{1}{2}}$ 【解析】因为 $y=(1-\sqrt{x})\left(1+\frac{1}{\sqrt{x}}\right)=\frac{1}{\sqrt{x}}-\sqrt{x}=x^{-\frac{1}{2}}-x^{\frac{1}{2}}$，所以 $y'=(x^{-\frac{1}{2}})'-(x^{\frac{1}{2}})'=-\frac{1}{2}x^{-\frac{3}{2}}-\frac{1}{2}x^{-\frac{1}{2}}$。

4. 102 【解析】$\because f'(x)=6(2x+1)^2-\frac{2a}{x^2}$，$\therefore f'(1)=6(2\times1+1)^2-\frac{2a}{1^2}=54-2a=4$，解得 $a=25$，$\therefore f(1)=(2\times1+1)^3+\frac{2\times25}{1}+25=27+50+25=102$。

考向 3 变式训练

1. B 【解析】对曲线求导得：$y'=-\frac{1}{(2x-1)^2}$，当 $x=1$ 时，$y'=-1$，则在点 $(1,1)$ 处的切线方程为 $x+y-2=0$。

2. $[-2,1]$ 【解析】$f(x)=-e^x-x$，$f'(x)=-e^x-1$，则 $f(x)$ 的任意切线 l_1 的斜率即为 $-e^x-1$，则与之垂直的切线 l_3 的斜率为 $\frac{1}{e^x+1}\in(0,1)$。$g(x)=(a+1)x+2\cos x$，$g'(x)=a+1-2\sin x$，则 $g(x)$ 的任意切线 l_2 的斜率为 $a+1-2\sin x\in[a-1,a+3]$，$\because l_1\perp l_2$，$\therefore l_2\,/\!/\,l_3$，即 $\begin{cases}a-1\leqslant0,\\a+3\geqslant1\end{cases}$，解得 $-2\leqslant a\leqslant1$。故 a 的取值范围为 $[-2,1]$。

3. 2 【解析】由题意知，$f'(x)=a\ln x+\frac{ax-1}{x}$，函数 $f(x)$ 经过点 $(1,0)$，在点 $(1,0)$ 处的切线斜率为 $f'(1)=a-1=1$，则 $a=2$。

招教易错突破

变式训练

1. D 【解析】$\lim\limits_{h\to0}\frac{f(x_0+h)-f(x_0-3h)}{h}=4\lim\limits_{h\to0}\frac{f(x_0+h)-f(x_0-3h)}{4h}=4f'(x_0)=-12$。

2. 【解析】由 $y=\frac{\sin2x}{\sqrt{x}}$，得 $y'=\left(\frac{\sin2x}{\sqrt{x}}\right)'=\frac{(\sin2x)'\sqrt{x}-\sin2x(\sqrt{x})'}{(\sqrt{x})^2}=\frac{2\cos2x\cdot\sqrt{x}-\sin2x\cdot\frac{1}{2\sqrt{x}}}{x}=\frac{4x\cos2x-\sin2x}{2x^{\frac{3}{2}}}$。

3. $y=-x-2$ 【解析】曲线 $y-(x-2)e^{x}=0$ 即 $y=(x-2)e^{x}$，$y'=(x-1)e^{x}$，当 $x=0$ 时，$y'=-1$，设切线方程为 $y=-x+b$，将点 $(0,-2)$ 代入，解得 $b=-2$，故切线方程为 $y=-x-2$。

必刷好题

招教高频基础刷

1. A 【解析】$y'=\frac{-4(e^{x}+1)'}{(e^{x}+1)^{2}}=\frac{-4e^{x}}{(e^{x}+1)^{2}}=\frac{-4}{e^{x}+2+e^{-x}}$。$\because e^{x}+e^{-x}\geqslant 2\sqrt{e^{x}\cdot e^{-x}}=2$，$\therefore e^{x}+e^{-x}+2\geqslant 4$，$\therefore y'\in[-1,0)$，即 $\tan\alpha\in[-1,0)$。$\because 0\leqslant\alpha<\pi$，$\therefore \frac{3\pi}{4}\leqslant\alpha<\pi$。

2. B 【解析】$y'=[f(x^{2})]'=f'(x^{2})\cdot 2x=2xf'(x^{2})$。

3. A 【解析】由 $f(x)=2f(2-x)-x^{2}+8x-8$，得 $f(2-x)=2f(x)-(2-x)^{2}+8(2-x)-8$，整理得 $f(x)=x^{2}$，$f'(x)=2x$，则 $f(1)=1$，$f'(1)=2$，故曲线在点 $(1,f(1))$ 处的切线方程为 $y-1=2(x-1)$，即 $2x-y-1=0$，选 A。

4. D 【解析】曲线 $y=ae^{x}+x\ln x$ 的导数 $y'=ae^{x}+\ln x+1$，由在点 $(1,ae)$ 处的切线方程为 $y=2x+b$ 可得 $ae+1+0=2$，解得 $a=e^{-1}$，又切点为 $(1,1)$，可得 $1=2+b$，即 $b=-1$。故选 D。

5. B 【解析】$\because$ 函数 $y=f(x)$ 在 $\mathbf{R}$ 上可导，则 $\lim\limits_{\Delta x\to 0}\frac{f(1+\Delta x)-f(1)}{3\Delta x}=\frac{1}{3}\lim\limits_{\Delta x\to 0}\frac{f(1+\Delta x)-f(1)}{\Delta x}=\frac{1}{3}f'(1)$。

6. $y=0$ 或 $y=-\frac{4}{3}$ 【解析】$\because$ 直线 $x-y+2=0$ 的斜率为 1，函数 $f(x)=\frac{1}{3}x^{3}-x^{2}$ 的图象上点 A 处的切线与直线 $x-y+2=0$ 的夹角为 $45°$，$\therefore$ 函数 $f(x)=\frac{1}{3}x^{3}-x^{2}$ 的图象上点 A 处的切线的倾斜角为 $0°$ 或 $90°$（舍）。$\because f'(x)=x^{2}-2x$，$\therefore x^{2}-2x=0$，$\therefore x=0$ 或 $x=2$。当 $x=0$ 时，$f(x)=0$；当 $x=2$ 时，$f(x)=-\frac{4}{3}$。故 A 点处的切线方程为 $y=0$ 或 $y=-\frac{4}{3}$。

7. 2 【解析】令 $e^{x}=t$，则 $x=\ln t$，故有 $f(t)=\ln t+t$，即 $f(x)=\ln x+x$，因此 $f'(x)=\frac{1}{x}+1$，$f'(1)=1+1=2$。

招教易错能力刷

1. A 【解析】$y'=1+\frac{1}{x}$，$y'\big|_{x=e^{2}}=1+e^{-2}$，则曲线 $y=x+\ln x$ 在点 $(e^{2},e^{2}+2)$ 处的切线方程为

$y-e^2-2=(1+e^{-2})(x-e^2)$，即 $y=(1+e^{-2})x+1$，令 $x=0$，得 $y=1$。故选 A。

2. C 【解析】若直线与曲线切于点 $(x_0,y_0)(x_0\neq 0)$，则 $k=\frac{y_0-1}{x_0-1}=\frac{x_0{}^3-1}{x_0-1}=x_0{}^2+x_0+1$，

$\because y'=3x^2$，$\therefore y'|_{x_0}=3x_0{}^2$，$\therefore 2x_0{}^2-x_0-1=0$，$\therefore x_0=1$ 或 $-\frac{1}{2}$，$\therefore$ 过点 $P(1,1)$ 且与曲线 $y=x^3$ 相切的直线方程为 $3x-y-2=0$ 或 $3x-4y+1=0$。

3. B 【解析】由题意得直线 $y=\frac{1}{m}$ 是曲线 $y=xe^x$ 的一条切线，设切点坐标为 $\left(n,\frac{1}{m}\right)$，对于 $y=xe^x$，其导数 $y'=(xe^x)'=e^x+xe^x$，若直线 $y=\frac{1}{m}$ 是曲线 $y=xe^x$ 的一条切线，则有 $y'|_{x=n}=e^n+ne^n=0$，解可得 $n=-1$，此时 $\frac{1}{m}=ne^n=-\frac{1}{e}$，所以 $m=-e$。

4. D 【解析】函数 $f(x)=x^3+(a-1)x^2+ax$，若 $f(x)$ 为奇函数，$f(-x)=-f(x)$，$-x^3+(a-1)x^2-ax=-f(x)=-x^3-(a-1)x^2-ax$，$\therefore (a-1)x^2=-(a-1)x^2$，可得 $a=1$，$\therefore$ 函数 $f(x)=x^3+x$，可得 $f'(x)=3x^2+1$，曲线 $y=f(x)$ 在点 $(0,0)$ 处的切线方程的斜率为 1，则曲线 $y=f(x)$ 在点 $(0,0)$ 处的切线方程为 $y=x$。

5. B 【解析】函数 $f(x)=ax^2+(1-a)x+\frac{2}{x}$ 是奇函数，可得 $f(-x)=-f(x)$，则 $a=0$，$f(x)=x+\frac{2}{x}$，$f'(x)=1-\frac{2}{x^2}$，即有曲线 $y=f(x)$ 在 $x=1$ 处切线斜率为 $k=1-2=-1$，可得切线的倾斜角为 $\frac{3\pi}{4}$。

6. $2x+y+1=0$ 【解析】$\because$ 函数 $f(x)$ 为偶函数，$\therefore f(x)=f(-x)$，$\because$ 当 $x<0$ 时，$f(x)=\ln(-x)+3x$，$\therefore$ 当 $x>0$ 时，$-x<0$，$\therefore f(x)=f(-x)=\ln x-3x$，此时 $f'(x)=\frac{1}{x}-3$，$\therefore$ 曲线在点 $(1,-3)$ 处的切线的斜率为 $k=f'(1)=-2$，$\therefore$ 曲线在 $(1,-3)$ 处的切线方程为 $y-(-3)=-2(x-1)$ 整理可得 $2x+y+1=0$。

7. 5 【解析】$\lim\limits_{\Delta x\to 0}\frac{f(1+5\Delta x)-f(1)}{\Delta x}=5\lim\limits_{\Delta x\to 0}\frac{f(1+5\Delta x)-f(1)}{5\Delta x}=5f'(1)$，$\because f(x)=\ln x+1$，$\therefore f'(x)=\frac{1}{x}$，即 $f'(1)=1$，$\therefore \lim\limits_{\Delta x\to 0}\frac{f(1+5\Delta x)-f(1)}{\Delta x}=5f'(1)=5$。

8. 3 或 -1 【解析】由题意可设公共切线的方程为 $y=x+t$，$t\neq 0$，设与 $f(x)$ 的切点为 (x_1,y_1)，与 $g(x)$ 的切点为 (x_2,y_2)，可得 $f'(x)=\frac{1}{x}$，切线的斜率为 $\frac{1}{x_1}=1$，故 $x_1=1$，$y_1=0$，所以公切线方程

为 $y=x-1$，$g'(x)=2x+a$，切线斜率为 $2x_2+a$，由 $2x_2+a=1$，$x_2{}^2+ax_2=x_2-1$ 解得 $a=3$，$x_2=-1$ 或 $a=-1$，$x_2=1$，故答案为 3 或 -1。

9. $1-\ln2$ 【**解析**】设直线 $y=kx+b$ 与曲线 $y=\ln x+2$ 的切点为 $(x_1,\ln x_1+2)$，与曲线 $y=\ln(x+1)$ 的切点为 $(x_2,\ln(x_2+1))$，切线的斜率等于切点处的导数值，由导数的几何意义可得 $k=\frac{1}{x_1}=\frac{1}{x_2+1}$，得 $x_1=x_2+1$，再由切点也在各自曲线上，可得 $\begin{cases}kx_1+b=\ln x_1+2,\\kx_2+b=\ln(x_2+1),\end{cases}$ 解得 $k=2$，故 $\begin{cases}(\ln x_1+2)'=\frac{1}{x_1}=2,\\[\ln(x_2+1)]'=\frac{1}{x_2+1}=2,\end{cases}$ 解得 $\begin{cases}x_1=\frac{1}{2},\\x_2=-\frac{1}{2}。\end{cases}$ 从而 $kx_1+b=\ln x_1+2$，得出 $b=1-\ln2$。

第二节 导数在函数的单调性、极值与最值中的应用

招教考向解读

考向 1 变式训练

1. $(-\infty,-3)$ 【**解析**】由 $3f(x)+f'(x)=\frac{\sqrt{x}}{e^{2x}}$ 得，$3e^{3x}f(x)+e^{3x}f'(x)=\sqrt{x}e^x$，即 $[e^{3x}f(x)]'=\sqrt{x}e^x$，令 $g(x)=e^{3x}f(x)$，则 $f(x)=\frac{g(x)}{e^{3x}}$，且 $g'(x)=\sqrt{x}e^x$，则有 $f'(x)=\frac{\sqrt{x}e^x-3g(x)}{e^{3x}}$，令 $h(x)=\sqrt{x}e^x-3g(x)$，则 $h'(x)=\frac{(1-4x)e^x}{2\sqrt{x}}$，当 $0<x<\frac{1}{4}$ 时，$h'(x)>0$，此时 $h(x)$ 单调递增，当 $x>\frac{1}{4}$ 时，$h'(x)<0$，此时 $h(x)$ 单调递减，故 $h(x)_{\max}=h\left(\frac{1}{4}\right)=0$，则 $f'(x)\leqslant0$，故 $f(x)$ 在 $(0,+\infty)$ 上是减函数。又因为 $a>0$，$b>0$，所以 $\frac{1}{4e^2b^2}+\frac{1}{64a^2}+\frac{ab}{18}\geqslant\frac{1}{2}\left(\frac{1}{4abe}+\frac{ab}{9}\right)\geqslant\frac{1}{2}\times2\sqrt{\frac{1}{4abe}\cdot\frac{ab}{9}}=\frac{1}{6\sqrt{e}}$，当且仅当 $a=\frac{eb}{4}$，$b^4=\frac{36}{e^3}$ 时等号成立，所求不等式转化为 $f\left(\left(\frac{1}{2}\right)^x-\frac{31}{4}\right)<\frac{1}{6\sqrt{e}}=f\left(\frac{1}{4}\right)$，故只需 $\left(\frac{1}{2}\right)^x-\frac{31}{4}>\frac{1}{4}$，解得 $x<-3$。

2.【解析】(1)当 $a=-1$ 时,$f(x)=(x^2+x+1)e^x$,$f'(x)=(x^2+3x+2)\cdot e^x$,则 $f(0)=1$,$f'(0)=2$,可列出关系式 $k=2=\frac{y-1}{x-0}$,则当 $a=-1$ 时,函数 $f(x)$ 在 $x=0$ 处的切线方程为 $y=2x+1$。

(2)$f'(x)=(x+1-a)(x+1)e^x$,

令 $f'(x)=0$ 得 $x_1=a-1$,$x_2=-1$,

当 $a=0$ 时,$f'(x)\geqslant 0$ 恒成立,$f(x)$ 在 $\mathbf{R}$ 上单调递增。

当 $a>0$ 时,$x\in(-\infty,-1)$ 时,$f'(x)>0$,$f(x)$ 单调递增;

$x\in(-1,a-1)$ 时,$f'(x)<0$,$f(x)$ 单调递减;

$x\in(a-1,+\infty)$ 时,$f'(x)>0$,$f(x)$ 单调递增。

当 $a<0$ 时,$x\in(-\infty,a-1)$ 时,$f'(x)>0$,$f(x)$ 单调递增;

$x\in(a-1,-1)$ 时,$f'(x)<0$,$f(x)$ 单调递减;

$x\in(-1,+\infty)$ 时,$f'(x)>0$,$f(x)$ 单调递增。

易错提示:①欲求↗,令 $f'(x)>0$,解出所得即为↗,不论过程中不等式是否变号;欲求↘,令 $f'(x)<0$,解出所得即为↘。

②注意定义域对过程和结果都可能有影响,特别是有 $\ln x$ 的题。

③注意多个区间用逗号,不要用并集。例如,$y=\frac{1}{x}$,它在 $(-\infty,0)$,$(0,+\infty)$ 上分别↘,但如果把两个区间并起来,在 0 附近就矛盾了。

3. C **【解析】**由题意得 $f'(x)=4x-\frac{1}{x}=\frac{(2x-1)(2x+1)}{x}$,因为 $x>0$,由 $f'(x)=0$ 得 $x=\frac{1}{2}$,所以令 $f'(x)>0$,得 $x>\frac{1}{2}$;令 $f'(x)<0$,得 $0<x<\frac{1}{2}$,由题意得 $\begin{cases}k-1\geqslant 0,\\ k-1<\frac{1}{2}<k+1\end{cases}\Rightarrow 1\leqslant k<\frac{3}{2}$。

4.【解析】(1)由 $f(x)=\frac{1}{3}x^3-ax^2+4x+1$,得 $f'(x)=x^2-2ax+4$,因为 $f(x)$ 在区间 $(1,3)$ 上单调递增,所以 $f'(x)\geqslant 0$ 在 $(1,3)$ 上恒成立,即 $a\leqslant\frac{x}{2}+\frac{2}{x}$ 在 $(1,3)$ 恒成立,由均值不等式得 $\frac{x}{2}+\frac{2}{x}\geqslant 2\sqrt{\frac{x}{2}\cdot\frac{2}{x}}=2$(当且仅当 $x=2$ 时等号成立),故 $a\leqslant 2$。

5. B **【解析】**令 $g(x)=f(x)-2x-4$,则 $g'(x)=f'(x)-2$,因为 $f'(x)>2$,所以 $f'(x)-2>0$,即 $g'(x)>0$,所以 $g(x)=f(x)-2x-4$ 在 $\mathbf{R}$ 上单调递增,又因为 $f(-1)=2$,所以 $g(-1)=f(-1)-$

$2=0$，所以 $g(x)>0\Leftrightarrow g(x)>g(-1)\Leftrightarrow x>-1$，故 $f(x)>2x+4$ 的解集是 $(-1,+\infty)$。

6. C 【解析】因为函数 $y=f(x-1)$ 的图象关于点 $(1,0)$ 对称，所以 $y=f(x)$ 的图象关于点 $(0,0)$ 对称，所以 $y=f(x)$ 为奇函数。令 $g(x)=xf(x)$，则 $g(x)=xf(x)$ 为偶函数，且 $g'(x)=f(x)+xf'(x)<0$ 在 $(-\infty,0)$ 上恒成立，所以 $g(x)=xf(x)$ 在 $(-\infty,0)$ 上为减函数，在 $(0,+\infty)$ 上为增函数，因为 $c=\left(\log_3\frac{1}{9}\right)\cdot f\left(\log_3\frac{1}{9}\right)=(-2)\cdot f(-2)=2f(2)$，又 $0<\log_\pi 3<3^{0.3}<2$，所以 $g(\log_\pi 3)<g(3^{0.3})<g(2)$，所以 $c>a>b$。

考向 2 变式训练

1. D 【解析】$f'(x)=x^2+2x-3=(x-1)(x+3)$，令 $f'(x)=0$，解得 $x_1=1,x_2=-3$。由二次函数的性质可得，当 $x<-3$ 时，$f'(x)>0$，$f(x)$ 在 $(-\infty,-3)$ 上是单调递增的；当 $-3<x<1$ 时，$f'(x)<0$，$f(x)$ 在 $(-3,1)$ 上是单调递减的；当 $x>1$ 时，$f'(x)>0$，$f(x)$ 在 $(1,+\infty)$ 上是单调递增的，所以 $x=-3$ 是 $f(x)$ 的极大值点。

2.【解析】(1) 由题意得，$f'(x)=1+\frac{1}{x^2}-\frac{a}{x}=\frac{x^2+1-ax}{x^2}$，$\Delta=a^2-4$，分以下两种情况讨论：

①当 $a^2-4\leqslant 0$ 时，$0<a\leqslant 2$，函数 $f'(x)\geqslant 0$ 恒成立，此时函数 $f(x)$ 在 $x>0$ 上单调递增；

②当 $a^2-4>0$ 时，$a>2$，令 $f'(x)=0$ 得，$x=\frac{a\pm\sqrt{a^2-4}}{2}$，由于 $\sqrt{a^2-4}<a$，$\therefore$ 当 $x\in\left(0,\frac{a-\sqrt{a^2-4}}{2}\right)$ 时，$f'(x)>0$，函数 $f(x)$ 在 $\left(0,\frac{a-\sqrt{a^2-4}}{2}\right)$ 上单调递增；当 $x\in\left(\frac{a-\sqrt{a^2-4}}{2},\frac{a+\sqrt{a^2-4}}{2}\right)$ 时，$f'(x)<0$，函数 $f(x)$ 在 $\left(\frac{a-\sqrt{a^2-4}}{2},\frac{a+\sqrt{a^2-4}}{2}\right)$ 上单调递减；当 $x\in\left(\frac{a+\sqrt{a^2-4}}{2},+\infty\right)$ 时，$f'(x)>0$，函数 $f(x)$ 在 $\left(\frac{a+\sqrt{a^2-4}}{2},+\infty\right)$ 上单调递增。

(2) 由 (1) 知，$f(x)$ 的两个极值点 x_1,x_2 是方程 $x^2+1-ax=0$ 的两根，则 $x_1+x_2=a$，$x_1x_2=1$，$\therefore x_2=\frac{1}{x_1}$，$\therefore a=x_1+\frac{1}{x_1}$，$\therefore g(x_1)-g(x_2)=x_1-\frac{a}{2}\ln x_1-\left(\frac{1}{x_1}-\frac{a}{2}\ln\frac{1}{x_1}\right)=x_1-\frac{1}{x_1}-a\ln x_1=x_1-\frac{1}{x_1}-\left(x_1+\frac{1}{x_1}\right)\ln x_1$，设 $h(x)=x-\frac{1}{x}-\left(x+\frac{1}{x}\right)\ln x$，$x\in(0,\mathrm{e}]$，则 $[g(x_1)-g(x_2)]_{\min}=h(x)_{\min}$，

$\because h'(x)=\left(1+\frac{1}{x^2}\right)-\left[\left(1-\frac{1}{x^2}\right)\ln x+\left(x+\frac{1}{x}\right)\cdot\frac{1}{x}\right]=\frac{(1+x)(1-x)\ln x}{x^2}$，当 $x\in(0,\mathrm{e}]$ 时，恒有 $h'(x)\leqslant 0$，$\therefore h(x)$ 在 $(0,\mathrm{e}]$ 上单调递减，$\therefore h(x)_{\min}=h(\mathrm{e})=-\frac{2}{\mathrm{e}}$，即 $[g(x_1)-g(x_2)]_{\min}=-\frac{2}{\mathrm{e}}$。

考向3 变式训练

1. D 【解析】$f(x)=\frac{x^2+5}{\sqrt{x^2+4}}=\frac{x^2+4+1}{\sqrt{x^2+4}}=\sqrt{x^2+4}+\frac{1}{\sqrt{x^2+4}}$，令 $t=\sqrt{x^2+4}$ $(t\geqslant 2)$，$g(t)=t+\frac{1}{t}$，则 $g'(t)=1-\frac{1}{t^2}>0$，所以 $g(t)$ 在区间 $[2,+\infty)$ 上单调递增，故 $g(t)_{\min}=g(2)=2+\frac{1}{2}=\frac{5}{2}$。

2.【解析】证明：由 $g(x)=\frac{e^x-ax-a}{x^2}$ $(x>0)$ 知 $g'(x)=\frac{(e^x-a)x^2-2x(e^x-ax-a)}{x^4}=\frac{e^x(x-2)+a(x+2)}{x^3}=\frac{(x+2)[\frac{x-2}{x+2}e^x+a]}{x^3}$，$a\in[0,1)$，因为 $f(x)=\frac{x-2}{x+2}e^x$ 在 $(0,+\infty)$ 上的值域为 $(-1,+\infty)$，且 $f(x)$ 在 $(0,+\infty)$ 上单调递增，所以 $\frac{x-2}{x+2}e^x+a=0$，即 $\frac{x-2}{x+2}e^x=-a$ 在 $(0,+\infty)$ 上有且只有唯一解，设此解为 $x=m$，$a\in[0,1)$，所以 $m\in(0,2]$，当 $x\in(0,m)$ 时，$g'(x)<0$，$g(x)$ 单调递减；当 $x\in(m,+\infty)$ 时，$g'(x)>0$，$g(x)$ 单调递增，那么函数 $g(x)=\frac{e^x-ax-a}{x^2}$ $(x>0)$ 有最小值，且最小值 $h(m)=\frac{e^m-am-a}{m^2}=\frac{e^m-a(m+1)}{m^2}=\frac{e^m+e^m(m+1)\frac{m-2}{m+2}}{m^2}=\frac{e^m}{m+2}$，令 $l(m)=\frac{e^m}{m+2}$，$m\in(0,2]$，且 $l'(m)=\frac{e^m(m+2)-e^m}{(m+2)^2}=\frac{e^m(m+1)}{(m+2)^2}$，$m\in(0,2]$，易知 $l'(m)$ 在 $(0,2]$ 上恒大于0，即 $l(m)$ 在 $(0,2]$ 上单调递增，$l(0)=\frac{1}{2}$，$l(2)=\frac{e^2}{4}$，所以 $h(a)$ 的值域为 $(\frac{1}{2},\frac{e^2}{4}]$。

3.【解析】(1) 由函数 $f(x)=|x^2-4x+3|$，可得 $f'(x)=|2x-4|$，令 $f'(x)=0$，解得 $x=2$，即 $x=2$ 是 $f(x)$ 的驻点。

(2) 将函数去绝对值变形为 $f(x)=\begin{cases}x^2-4x+3, x\in[-4,1)\cup(3,4],\\ -x^2+4x-3, x\in[1,3],\end{cases}$ 由二次函数的性质知，$f(x)$ 的最大值在区间端点或驻点取得，则 $f(-4)=35$，$f(2)=1$，$f(4)=3$，故 $f(x)$ 的最大值为35。

招教易错突破

变式训练

1. D 【解析】$f(x)=\frac{1}{3}x^3+ax^2+5x+6$，则 $f'(x)=x^2+2ax+5$。由题意知，该函数在区间[1，3]上是减函数，故 $f'(x)\leqslant 0$ 在区间[1,3]上恒成立，且 $f'(x)$ 不恒等于0。$\because f'(x)=x^2+2ax+5$ 的图象开口向上，故其最大值在区间端点处取得，所以 $\begin{cases}f'(1)\leqslant 0,\\ f'(3)\leqslant 0,\end{cases}$ 即 $\begin{cases}1+2a+5\leqslant 0,\\ 9+6a+5\leqslant 0,\end{cases}$ 解得 $a\leqslant -3$。

2. D 【解析】由题意知，该函数的定义域为 $(0,+\infty)$，$f'(x)=2x-\frac{a}{x}=\frac{2x^2-a}{x}$，若 $f(x)$ 在 $(0,+\infty)$ 上不存在极值点，则 $a<2x^2$ 在 $(0,+\infty)$ 上恒成立，故 $a\leqslant 0$。

必刷好题

招教高频基础刷

1. C 【解析】由 $f(x)$ 在 $x=-2$ 处取得极小值可知，$f'(-2)=0$，且当 $x<-2$ 时，有 $f'(x)<0$，当 $x>-2$ 时，有 $f'(x)>0$，$\therefore$ 当 $x<-2$ 时，有 $xf'(x)>0$；当 $x=-2$ 时，$xf'(x)=0$；当 $-2<x<0$ 时，有 $xf'(x)<0$；当 $x=0$ 时，$xf'(x)=0$。观察选项中的图象，应选 C。

2. A 【解析】$f'(x)=3ax^2+2bx+c$，则 $f'(1)=f'(-1)=0\Rightarrow b=0$。

3. D 【解析】$f'(x)=(x-3)'e^x+(x-3)(e^x)'=(x-2)e^x$，令 $f'(x)>0$，解得 $x>2$，故选 D。

4. A 【解析】$\because f(x)=x-x^3$，$\therefore f'(x)=1-3x^2$。$\because$ 当 $x=\frac{\sqrt{3}}{3}$ 时，$f'(x)=0$；当 $x\in\left[0,\frac{\sqrt{3}}{3}\right)$ 时，$f'(x)>0$；当 $x\in\left(\frac{\sqrt{3}}{3},1\right]$ 时，$f'(x)<0$，$\therefore f\left(\frac{\sqrt{3}}{3}\right)=\frac{2\sqrt{3}}{9}$ 为极大值。又 $\because f(0)=0$，$f(1)=0$，$\therefore f(x)$ 的最大值是 $f\left(\frac{\sqrt{3}}{3}\right)=\frac{2\sqrt{3}}{9}$。

5. D 【解析】由题意知 $f'(x)=\frac{e^x}{x^3}-\frac{2f(x)}{x}=\frac{e^x-2x^2f(x)}{x^3}$。令 $g(x)=e^x-2x^2f(x)$，则 $g'(x)=e^x-2x^2f'(x)-4xf(x)=e^x-2[x^2f'(x)+2xf(x)]=e^x-\frac{2e^x}{x}=e^x(1-\frac{2}{x})$。由 $g'(x)=0$，得 $x=2$。当 $x=$

2 时，$g(x)_{\min}=e^2-2\times2^2\times\frac{e^2}{8}=0$，故 $g(x)\geqslant0$，则当 $x>0$ 时，$f'(x)=\frac{g(x)}{x^3}\geqslant0$，故 $f(x)$ 在 $(0,+\infty)$ 上单调递增，既无极大值也无极小值。

6. $\frac{16}{9}$ 【解析】$\because f(x)=x^3+bx^2+cx+d$，由图知 $-1+b-c+d=0$，$0+0+0+d=0$，$8+4b+2c+d=0$，$\therefore d=0$，$b=-1$，$c=-2$，$\therefore f'(x)=3x^2+2bx+c=3x^2-2x-2$。由题意 x_1 和 x_2 是函数 $f(x)$ 的极值，故有 x_1 和 x_2 是 $f'(x)=0$ 的根，因此 $x_1+x_2=\frac{2}{3}$，$x_1\cdot x_2=-\frac{2}{3}$，则 $x_1^2+x_2^2=(x_1+x_2)^2-2x_1\cdot x_2=\frac{4}{9}+\frac{4}{3}=\frac{16}{9}$。

7. $(-\infty,-2)\cup(3,+\infty)$ 【解析】由题可求出 $f'(x)=x^2-2ax+(a+6)$ 为二次函数。$\because$ 函数 $f(x)$ 有两个不同的极值点，$\therefore \Delta=(2a)^2-4(a+6)>0$，解得 $a<-2$ 或 $a>3$，故 a 的取值范围为 $(-\infty,-2)\cup(3,+\infty)$。

8. $(-\infty,-1)$ 【解析】$f'(x)=\begin{cases}3x^2-3,x\leqslant a,\\-2,x>a,\end{cases}$ 当 $f'(x)=0$ 时，$x=\pm1$，当 $a=1$ 时，在 $(-\infty,-1]$ 上 $f'(x)\geqslant0$，$f(x)$ 单调递增，$\therefore$ 当 $x=-1$ 时有最大值，与题意不符，$\therefore \begin{cases}a<-1,\\-2a>a^3-3a,\end{cases}$ 或 $\begin{cases}a>-1,\\-2a>a^3-3a,\\-2a>2\end{cases}$ 解得 $a<-1$，或 $a\in\varnothing$，$\therefore a<-1$。故答案为 $(-\infty,-1)$。

9. -1 【解析】函数 $f(x)=(x^2+ax-1)e^{x-1}$，可得 $f'(x)=(2x+a)e^{x-1}+(x^2+ax-1)e^{x-1}$，$\because x=-2$ 是函数 $f(x)=(x^2+ax-1)e^{x-1}$ 的极值点，可得：$-4+a+(3-2a)=0$，解得 $a=-1$，$f'(x)=(2x-1)e^{x-1}+(x^2-x-1)e^{x-1}=(x^2+x-2)e^{x-1}$，函数的极值点为 $x=-2$ 或 $x=1$，当 $x<-2$ 或 $x>1$ 时，$f'(x)>0$，函数是增函数，当 $x\in(-2,1)$ 时，$f'(x)<0$，函数是减函数。当 $x=1$ 时，函数取得极小值，此时 $f(1)=(1^2-1-1)e^{1-1}=-1$。

10. $-\frac{3\sqrt{3}}{2}$ 【解析】由题意可得 $T=2\pi$ 是函数 $f(x)=2\sin x+\sin2x$ 的一个周期，故只需要考虑 $f(x)=2\sin x+\sin2x$ 在 $[0,2\pi)$ 上的值域。$f'(x)=2\cos x+2\cos2x=2\cos x+2(2\cos^2x-1)=2(2\cos x-1)(\cos x+1)$，令 $f'(x)=0$，可得 $\cos x=\frac{1}{2}$ 或 $\cos x=-1$，解得 $x=\frac{\pi}{3}$，π 或 $\frac{5}{3}\pi$。

$\therefore f(x)=2\sin x+\sin2x$ 的最小值只能在点 $x=\frac{\pi}{3}$，π 或 $\frac{5}{3}\pi$ 和边界 $x=0$ 中取得，计算可得

$f\left(\frac{\pi}{3}\right)=\frac{3\sqrt{3}}{2}, f(\pi)=0, f\left(\frac{5\pi}{3}\right)=-\frac{3\sqrt{3}}{2}, f(0)=0$,∴ 函数的最小值是 $-\frac{3\sqrt{3}}{2}$。

11.【解析】(1)∵ $F(x)=|2x-t|-x^3+x+1=\begin{cases}-x^3+3x+1-t, x\geqslant\frac{t}{2},\\ -x^3-x+1+t, x<\frac{t}{2},\end{cases}$

$\therefore F'(x)=\begin{cases}-3x^2+3, x\geqslant\frac{t}{2},\\ -3x^2-1, x<\frac{t}{2}.\end{cases}$

由 $-3x^2+3=0$ 得 $x_1=-1, x_2=1$，且 $-3x^2-1<0$ 恒成立，因此，当 $\frac{t}{2}<-1$ 时，$F(x)$ 在区间 $(-\infty,-1)$ 上是减函数，在区间 $(-1,1)$ 上是增函数，在区间 $(1,+\infty)$ 上是减函数。当 $1>\frac{t}{2}\geqslant-1$ 时，$F(x)$ 在区间 $(-\infty,\frac{t}{2})$ 上是减函数，在区间 $(\frac{t}{2},1)$ 上是增函数，在区间 $(1,+\infty)$ 上是减函数。当 $\frac{t}{2}\geqslant1$ 时，$F(x)$ 在 $(-\infty,+\infty)$ 上是减函数。

(2)由(1)可知，当 $\frac{t}{2}<-1$ 时，$F(x)$ 在 $x=-1$ 处取得极小值 $-1-t$，在 $x=1$ 处取得极大值 $3-t$。若方程 $F(x)-m=0$ 恰有两解，此时 $m=-1-t$ 或 $m=3-t$。

当 $-1\leqslant\frac{t}{2}<1$，$F(x)$ 在 $x=\frac{t}{2}$ 处取得极小值为 $-\frac{t^3}{8}+\frac{t}{2}+1$，在 $x=1$ 处取得极大值 $3-t$，若方程 $F(x)-m=0$ 恰有两解，此时 $m=-\frac{t^3}{8}+\frac{t}{2}+1$ 或 $m=3-t$。

当 $\frac{t}{2}\geqslant1$ 时，不存在这样的实数 m，使得 $F(x)-m=0$ 恰有两解。

12.【解析】(1)由 $f(x)=x^3+ax^2+bx+c$，得 $f'(x)=3x^2+2ax+b$。

当 $x=1$ 时，切线 l 的斜率为 3，可得 $2a+b=0$。①

当 $x=\frac{2}{3}$ 时，$y=f(x)$ 有极值，则 $f'(\frac{2}{3})=0$，可得 $4a+3b+4=0$。②

由①②解得 $a=2, b=-4$。

∵ l 上的切点的横坐标为 $x=1$，

且 $f(1)=4$，

$\therefore 1+a+b+c=4$，

$\therefore c=5$。

(2)$\because f(x)=x^3+2x^2-4x+5$,

$\therefore f'(x)=3x^2+4x-4$。

令$f'(x)=0$,得$x=-2$或$x=\frac{2}{3}$。

当x变化时,$f(x)$,$f'(x)$的变化情况如下表:

x	$[-3,-2)$	-2	$(-2,\frac{2}{3})$	$\frac{2}{3}$	$(\frac{2}{3},1]$
$f'(x)$	+	0	−	0	+
$f(x)$	↗	极大值	↘	极小值	↗

故$f(x)$在$x=-2$处取得极大值$f(-2)=13$,在$x=\frac{2}{3}$处取得极小值$\frac{95}{27}$。

又$\because f(-3)=8$,$f(1)=4$,

$\therefore f(x)$在$[-3,1]$上的最大值为13,最小值为$\frac{95}{27}$。

13.【解析】(1)$\because f(x)=a(x-5)^2+6\ln x$,$\therefore f'(x)=2a(x-5)+\frac{6}{x}$,$x>0$。

令$x=1$,得$f(1)=16a$,$f'(1)=6-8a$,故曲线$y=f(x)$在点$(1,f(1))$处的切线方程为$y-16a=(6-8a)(x-1)$。

$\because$曲线$y=f(x)$在点$(1,f(1))$处的切线与y轴相交于点$(0,6)$,$\therefore 6-16a=8a-6$,

$\therefore a=\frac{1}{2}$。

(2)由(1)得$f(x)=\frac{1}{2}(x-5)^2+6\ln x$,$x>0$,$f'(x)=(x-5)+\frac{6}{x}=\frac{(x-2)(x-3)}{x}$。

令$f'(x)=0$,得$x=2$或$x=3$。

当$0<x<2$或$x>3$时,$f'(x)>0$,故$f(x)$在区间$(0,2)$和$(3,+\infty)$上为增函数;

当$2<x<3$时,$f'(x)<0$,故$f(x)$在区间$(2,3)$上为减函数。

因此,$f(x)$在$x=2$时取得极大值$f(2)=\frac{9}{2}+6\ln 2$,在$x=3$时取得极小值$f(3)=2+6\ln 3$。

14.【解析】(1)当$a=2$时,$f(x)=\begin{cases}x^2+2\ln x-2, & x\geqslant e,\\ x^2-2\ln x+2, & 0<x<e。\end{cases}$

当$x>e$时,$f'(x)=2x+\frac{2}{x}=\frac{2x^2+2}{x}>0$恒成立。

当 $0<x<\mathrm{e}$ 时，$f'(x)=2x-\frac{2}{x}=\frac{2x^2-2}{x}$。

令 $f'(x)>0$ 得 $1<x<\mathrm{e}$。

又 $\lim\limits_{x\to\mathrm{e}^-}f(x)=\lim\limits_{x\to\mathrm{e}^+}f(x)=f(\mathrm{e})=\mathrm{e}^2$，故 $f(x)$ 在 $x=\mathrm{e}$ 处连续，

故函数 $f(x)$ 在 $(0,1)$ 上单调递减，在 $(1,+\infty)$ 上单调递增。

(2) 当 $x>\mathrm{e}$ 时，$f'(x)=2x+\frac{a}{x}>0$，故 $f(x)$ 在 $(\mathrm{e},+\infty)$ 上单调递增。

当 $0<x<\mathrm{e}$ 时，$f'(x)=2x-\frac{a}{x}=\frac{2x^2-a}{x}$。

令 $f'(x)=\frac{2x^2-a}{x}>0\Rightarrow x>\sqrt{\frac{a}{2}}$，

又 $f(x)$ 在 $x=\mathrm{e}$ 处连续，故当 $\sqrt{\frac{a}{2}}\geqslant\mathrm{e}\Rightarrow a\geqslant 2\mathrm{e}^2$ 时，$f_{\min}(x)=f(\mathrm{e})=\mathrm{e}^2$；

当 $1<\sqrt{\frac{a}{2}}<\mathrm{e}\Rightarrow 2<a<2\mathrm{e}^2$ 时，$f_{\min}(x)=f\left(\sqrt{\frac{a}{2}}\right)=\frac{3a}{2}-\frac{a}{2}\ln\frac{a}{2}$；

当 $\sqrt{\frac{a}{2}}\leqslant 1\Rightarrow 0<a\leqslant 2$ 时，$f_{\min}(x)=f(1)=1+a$。

15.【解析】(1) $\because f(x)=\mathrm{e}^x-ax-2$，定义域是 $\mathbf{R}$，

$\therefore f'(x)=\mathrm{e}^x-a$。

若 $a\leqslant 0$，则 $f'(x)>0$，$f(x)$ 在 $\mathbf{R}$ 上递增，$f(x)$ 的单调增区间是 $\mathbf{R}$，无减区间。

若 $a>0$，当 $f'(x)>0$ 时，有 $x>\ln a$，故 $f(x)$ 递增，当 $f'(x)<0$ 时，有 $x<\ln a$，故 $f(x)$ 递减。

(2) 当 $a=1$ 时，$f'(x)=\mathrm{e}^x-1$。

$\because x\in[2,+\infty)$，

$\therefore f'(x)>0$，

$\therefore f(x)$ 在 $[2,+\infty)$ 上是增函数，

$\therefore f(x)$ 在 $[2,+\infty)$ 上的最小值为 $f(2)=\mathrm{e}^2-4$。

(3) 当 $a=1$，且 $x\in[2,+\infty)$ 时，$(x-k)f'(x)+x+1=(x-k)(\mathrm{e}^x-1)+x+1>0$ 等价于 $k<\frac{x+1}{\mathrm{e}^x-1}+x(x\geqslant 2)$。

令 $g(x)=\frac{x+1}{\mathrm{e}^x-1}+x(x\geqslant 2)$，则 $k<g(x)_{\min}$ 恒成立。

$\because g'(x)=\frac{-x\mathrm{e}^x-1}{(\mathrm{e}^x-1)^2}+1=\frac{\mathrm{e}^x(\mathrm{e}^x-x-2)}{(\mathrm{e}^x-1)^2}>0(x\geqslant 2)$，

$\therefore$ 当 $x=2$ 时，$g(x)_{\min}=\dfrac{2e^2+1}{e^2-1}$，

$\therefore k<\dfrac{2e^2+1}{e^2-1}$。

16.【解析】(1) $\because f(x)=ax^3+bx^2$，

$\therefore f'(x)=3ax^2+2bx$，

由已知得 $\begin{cases}f(1)=4,\\ f'(1)=9,\end{cases}$ 即 $\begin{cases}a+b=4,\\ 3a+2b=9。\end{cases}$

$\therefore a=1,b=3$。

(2) 由(1)知 $f(x)=x^3+3x^2$，

$\therefore f'(x)=3x^2+6x=3x(x+2)$，

令 $f'(x)=3x(x+2)\geqslant 0$，解得 $x\geqslant 0$ 或 $x\leqslant -2$，

$\therefore f(x)$ 在区间 $(-\infty,-2)$ 和 $(0,+\infty)$ 上单调递增。

令 $f'(x)=3x(x+2)\leqslant 0$，解得 $-2\leqslant x\leqslant 0$，

$\therefore f(x)$ 在区间 $[-2,0]$ 上单调递减。

17.【解析】 $f'(x)=\dfrac{2(x-1)^2-(2x-b)\cdot 2(x-1)}{(x-1)^4}=\dfrac{-2x+2b-2}{(x-1)^3}=-\dfrac{2[x-(b-1)]}{(x-1)^3}$。

令 $f'(x)=0$，得 $x=b-1$。

当 $b-1<1$，即 $b<2$ 时，$f'(x)$ 的变化情况如下表：

x	$(-\infty,b-1)$	$b-1$	$(b-1,1)$	$(1,+\infty)$
$f'(x)$	$-$	0	$+$	$-$

当 $b-1>1$，即 $b>2$ 时，$f'(x)$ 的变化情况如下表：

x	$(-\infty,1)$	$(1,b-1)$	$b-1$	$(b-1,+\infty)$
$f'(x)$	$-$	$+$	0	$-$

故当 $b<2$ 时，函数 $f(x)$ 在 $(-\infty,b-1)$ 上单调递减，在 $(b-1,1)$ 上单调递增，在 $(1,+\infty)$ 上单调递减。

当 $b>2$ 时，函数 $f(x)$ 在 $(-\infty,1)$ 上单调递减，在 $(1,b-1)$ 上单调递增，在 $(b-1,+\infty)$ 上单调递减。

当 $b-1=1$，即 $b=2$ 时，$f(x)=\dfrac{2}{x-1}$。则函数 $f(x)$ 在 $(-\infty,1)$ 上单调递减，在 $(1,+\infty)$ 上单

调递减。

18.【解析】(1)$\because$ 点 P 在切线上,

$\therefore f(1)=2$,

$\therefore a+b=1$。①

又$\because$ 函数图象在点 P 处的切线斜率为 8,

$\therefore f'(1)=8$。

又$\because f'(x)=3x^2+2ax+b$,

$\therefore 2a+b=5$。②

解由①②组成的方程组,可得 $a=4,b=-3$。

(2)由(1)得 $f'(x)=3x^2+8x-3$。

令 $f'(x)>0$,可得 $x<-3$ 或 $x>\dfrac{1}{3}$;令 $f'(x)<0$,可得 $-3<x<\dfrac{1}{3}$。故函数 $f(x)$ 的单调增区间为 $(-\infty,-3)$,$(\dfrac{1}{3},+\infty)$,单调减区间为 $(-3,\dfrac{1}{3})$。

(3)设 $\sin x=t$,则问题可以转化为求函数 $f(t)(-1\leqslant t\leqslant 1)$ 的最值。

由(2)可知 $f(t)$ 在 $(-1,\dfrac{1}{3})$ 上是减函数,在 $(\dfrac{1}{3},1)$ 上是增函数。

故 $f(t)$ 的最小值为 $f(\dfrac{1}{3})=\dfrac{1}{27}+\dfrac{4}{9}-1=-\dfrac{14}{27}$。

又$\because f(-1)=6,f(1)=2$,

$\therefore f(t)$ 的最大值为 $f(-1)=6$,

$\therefore$ 函数 $f(\sin x)$ 的最小值为 $-\dfrac{14}{27}$,最大值为 6。

19.【解析】(1)当 $a=2$ 时,$f'(x)=e^{2x}-2$,

令 $f'(x)=0$ 得 $e^{2x}-2=0$,

设该方程解为 $x_0=\dfrac{1}{2}\ln 2$,

则当 $x\in(-\infty,x_0)$ 时,$f'(x)<0$,即 $f(x)$ 为减函数;

当 $x\in(x_0,+\infty)$ 时,$f'(x)>0$,即 $f(x)$ 为增函数,

故当 $x=x_0$ 时,$f(x)$ 取得最小值,

于是,$f(x)_{\min}=f(x_0)=\dfrac{1}{2}e^{2x_0}-2x_0=1-\ln 2$。当 $a=2$ 时,函数 $f(x)$ 的值域为 $(1-\ln 2,+\infty)$。

(2)将 $a=1$ 代入,可得 $g(x)=(x-m)(\frac{1}{2}e^{2x}-x)-\frac{1}{4}e^{2x}+x^2+x$,

从而可求出 $g'(x)=xe^{2x}+(1-e^{2x})m+1$。

$\because g(x)$ 在区间 $(0,+\infty)$ 上为增函数,

$\therefore g'(x)=xe^{2x}+(1-e^{2x})m+1\geqslant 0$ 在 $(0,+\infty)$ 上恒成立,

即 $m\leqslant\frac{xe^{2x}+1}{e^{2x}-1}$ 恒成立。

设 $\frac{xe^{2x}+1}{e^{2x}-1}=p(x)$,则 $p'(x)=\frac{e^{2x}(e^{2x}-2x-3)}{(e^{2x}-1)^2}$,

易知 $p'(x)$ 在 $(0,+\infty)$ 上单调递增,

且 $p'(\frac{1}{2})<0,p'(1)>0$,

$\therefore p'(x)=0$ 在 $(\frac{1}{2},1)$ 上有根,且数形结合可知仅有一根,设为 b,则 $e^{2b}-2b-3=0$,即 $e^{2b}=2b+3$,

则 $p(x)$ 在 $(0,b)$ 上递减,在 $(b,+\infty)$ 上递增,

于是 $p(x)_{\min}=p(b)=\frac{be^{2b}+1}{e^{2b}-1}=\frac{b(2b+3)+1}{2b+3-1}=\frac{2b^2+3b+1}{2(b+1)}=b+\frac{1}{2}$,

又由 $b\in(\frac{1}{2},1)$,得 $b+\frac{1}{2}\in(1,\frac{3}{2})$,

因此整数 m 的最大值为1。

20.【解析】(1)$f'(x)=x^2-2x-3a$,$f(x)$ 在 $x=-1$ 处取得极值,则 $f'(-1)=0$,代入解得 $a=1$。

(2)$f'(x)=x^2-2x-3$,令 $f'(x)<0$,得 $-1<x<3$,即 $(-1,3)$ 是函数的单调递减区间;令 $f'(x)>0$,得 $x<-1$ 或 $x>3$,即 $(-\infty,-1)$,$(3,+\infty)$ 是函数的单调递增区间。

招教易错能力刷

1. D 【解析】由已知条件得 $f'(x)=2x+a-\frac{1}{x^2}\geqslant 0$ 在 $(\frac{1}{2},+\infty)$ 恒成立。故 $a\geqslant\frac{1}{x^2}-2x$ 在 $(\frac{1}{2},+\infty)$ 上恒成立。$\because$ 函数 $y=\frac{1}{x^2}-2x$ 在 $(\frac{1}{2},+\infty)$ 上为减函数,$\therefore y_{\max}<\frac{1}{(\frac{1}{2})^2}-2\times\frac{1}{2}=3$,

$\therefore a\geqslant 3$。故选D。

2. A 【解析】由题知,$f'(x)=[x^2+(a+2)x+a-1]e^{x-1}$,则 $f'(-2)=[4-2(a+2)+a-1]e^{-3}$

$=0\Rightarrow a=-1$，则 $f(x)=(x^2-x-1)e^{x-1}$，$f'(x)=(x^2+x-2)e^{x-1}$，令 $f'(x)=0$，得 $x=-2$ 或 $x=1$，当 $x<-2$ 或 $x>1$ 时，$f'(x)>0$，当 $-2<x<1$ 时，$f'(x)<0$，则 $f(x)$ 的极小值为 $f(1)=-1$。

3. B 【解析】$\because f(x)=\sin2x+4\cos x-ax$，$\therefore f'(x)=2\cos2x-4\sin x-a=2(1-2\sin^2x)-4\sin x-a=-4\sin^2x-4\sin x+2-a=-(2\sin x+1)^2+3-a\leqslant0$，在 $\mathbf{R}$ 上恒成立，因此 $a\geqslant3-(2\sin x+1)^2$，$\therefore a\geqslant3$。

4. D 【解析】依题意 $f'(x)=(x-a)(x-1)e^x$，它的两个零点为 $x=1$，$x=a$，若 $x=1$ 是函数 $f(x)$ 的极小值点，则需 $a<1$，此时函数 $f(x)$ 在 $(a,1)$ 上单调递减，在 $(1,+\infty)$ 上单调递增，在 $x=1$ 处取得极小值。

5. D 【解析】$f(x)=(x^2+ax-1)e^x$，可得 $f'(x)=(2x+a)e^x+(x^2+ax-1)e^x$，由 $x=1$ 是函数 $f(x)=(x^2+ax-1)e^x$ 的极值点，可得 $2+a+a=0$，解得 $a=-1$，可得 $f'(x)=(2x-1)e^x+(x^2-x-1)e^x=(x^2+x-2)e^x$，函数的极值点为 $x=-2$，$x=1$，当 $x<-2$ 时或 $x>1$ 时，$f'(x)>0$，函数是增函数，$x\in(-2,1)$ 时，函数是减函数，故 $x=-2$ 时，函数取得极大值，极大值为 $f(-2)=5e^{-2}$。

6. -3 【解析】$\because$ 函数 $f(x)=2x^3-ax^2+1(a\in\mathbf{R})$，$\therefore f'(x)=2x(3x-a)$，$x\in(0,+\infty)$，当 $a\leqslant0$ 时，$f'(x)=2x(3x-a)>0$，函数 $f(x)$ 在 $(0,+\infty)$ 上单调递增，又 $f(0)=1>0$，$\therefore f(x)$ 在 $(0,+\infty)$ 上没有零点，舍去；当 $a>0$ 时，$f'(x)=2x(3x-a)>0$，解得 $x>\frac{a}{3}$，$\therefore f(x)$ 在 $\left(0,\frac{a}{3}\right)$ 上递减，在 $\left(\frac{a}{3},+\infty\right)$ 上递增，又 $f(x)$ 只有 1 个零点，$\therefore f\left(\frac{a}{3}\right)=-\frac{a^3}{27}+1=0$，解得 $a=3$，则 $f(x)=2x^3-3x^2+1$，$f'(x)=6x(x-1)$，$x\in[-1,1]$，$f'(x)>0$ 的解集为 $(-1,0)$，$f(x)$ 在 $(-1,0)$ 上递增，在 $(0,1)$ 上递减，$f(-1)=-4$，$f(0)=1$，$f(1)=0$，$\therefore f(x)_{\min}=f(-1)=-4$，$f(x)_{\max}=f(0)=1$，$\therefore f(x)$ 在 $[-1,1]$ 上的最大值与最小值的和为 $f(x)_{\max}+f(x)_{\min}=-4+1=-3$。

7. $\{x|1<x<2\}$ 【解析】函数 $f(x)$ 是定义在 $(1,+\infty)$ 上的可导函数，$f'(x)$ 为其导函数，令 $\varphi(x)=(x-1)f(x)$，则 $\varphi'(x)=(x-1)\cdot f'(x)+f(x)=x^2(x-2)$，$\therefore$ 当 $x\in(1,2)$ 时，$\varphi(x)$ 单调递减，$x\in(2,+\infty)$ 时，$\varphi(x)$ 单调递增，$\because f(e^2)=0$，$\therefore \varphi(e^2)=(e^2-1)f(e^2)=0$，又 $\varphi(1)=\varphi(e^0)=0$，$\therefore$ 不等式 $f(e^x)<0$ 的解集就是 $(e^x-1)f(e^x)<0$ 的解集，即 $\varphi(e^x)<0$，$\therefore e^0<e^x<e^2$，$\therefore 0<x<2$。因为 $x\in(1,+\infty)$，故不等式的解集为 $\{x|1<x<2\}$。

8. $(-\infty,0)$ 【解析】当 $a=0$ 时，函数 $f(x)=-\frac{1}{2}x^2$，$\because x>0$，$\therefore$ 函数没有极值点；当 $a\neq0$ 时，$f'(x)=a(1+\ln x)-x$，令 $f'(x)=0$，得 $a(1+\ln x)-x=0$，即 $a=\frac{x}{1+\ln x}\left(x>0,x\neq\frac{1}{e}\right)$，设 $g(x)=$

$\frac{x}{1+\ln x}\left(x>0,x\neq\frac{1}{e}\right)$，$g'(x)=\frac{\ln x}{(1+\ln x)^2}$，当 $g'(x)>0$ 时，得 $x>1$；当 $g'(x)<0$ 时，得 $0<x<\frac{1}{e}$ 和 $\frac{1}{e}<x<1$，∴ 函数 $g(x)$ 在区间 $\left(0,\frac{1}{e}\right)$ 和 $\left(\frac{1}{e},1\right)$ 上单调递减，在区间 $(1,+\infty)$ 上单调递增。又当 $0<x<\frac{1}{e}$ 时，$g(x)=\frac{x}{1+\ln x}<0$；当 $\frac{1}{e}<x<1$ 时，$g(x)=\frac{x}{1+\ln x}>0$，$g(1)=\frac{1}{1+\ln 1}=1$，∴ $g(x)$ 的大致图象如下图所示，∵ 函数 $f(x)=ax\ln x-\frac{1}{2}x^2+a$ 有且只有一个极值点，∴ 直线 $y=a$ 与函数 $g(x)=\frac{x}{1+\ln x}\left(x>0,x\neq\frac{1}{e}\right)$ 的图象有一个交点，∴ $a<0$ 或 $a=1$，

又当 $a=1$ 时，$f'(x)=\ln x-x+1$，令 $t(x)=\ln x-x+1$，$t'(x)=\frac{1}{x}-1=\frac{1-x}{x}$，∴ 当 $x\in(0,1)$ 时，$t'(x)>0$，$t(x)$ 单调递增，当 $x\in(1,+\infty)$ 时，$t'(x)<0$，$t(x)$ 单调递减，∴ $t(x)$ 的最大值为 $t(1)=0$，∴ $\ln x-x+1\leqslant 0$，即 $f'(x)=\ln x-x+1\leqslant 0$，∴ $y=f(x)$ 无极值，∴ $a<0$，故答案为 $(-\infty,0)$。

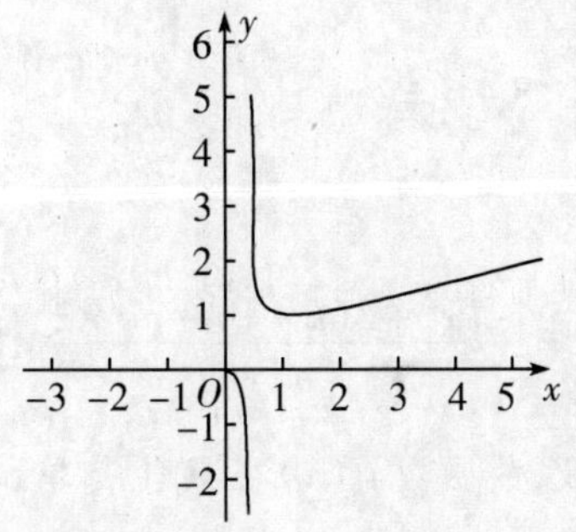

9. $\left(-\infty,-\frac{5}{2}\right)$ **【解析】**因为函数 $f(x)=ax^3-\frac{3}{2}x^2+2$，则 $f'(x)=3ax^2-3x$，又 $x=3$ 是函数 $f(x)$ 的一个极值点，所以 $f'(3)=0$，即有 $27a-9=0$，解得 $a=\frac{1}{3}$，此时 $f'(x)=x^2-3x=x(x-3)$，由 $f'(x)>0$ 得 $x<0$ 或 $x>3$，由 $f'(x)<0$ 得 $0<x<3$，故 $f(x)$ 的单调递增区间为 $(-\infty,0)$ 和 $(3,+\infty)$，单调递减区间为 $(0,3)$，即 $f(x)$ 在 $[2,3]$ 上为减函数，在 $[3,4]$ 上为增函数，则当 $x\in[2,4]$ 时，$f(x)_{\min}=f(3)=-\frac{5}{2}$，由 $b<f(x)$，$x\in[2,4]$ 恒成立，得 $b<f(x)_{\min}$，所以 $b<-\frac{5}{2}$。

10.【解析】(1) $g(x)=f_1(x)-f_2(x)=\frac{x^2-2x-a}{e^x}-\frac{x^2-2x-a}{e^{2x}}=\frac{(x^2-2x-a)(e^x-1)}{e^{2x}}$。

设 $h(x)=x^2-2x-a$，则 $\Delta=4+4a$。

①当 $a<-1$ 时，$\Delta<0$，函数 $g(x)$ 有一个零点：$x_1=0$；

②当 $a=-1$ 时，$\Delta=0$，函数 $g(x)$ 有两个零点：$x_1=0$，$x_2=1$；

③当 $a=0$ 时，$\Delta>0$，函数 $g(x)$ 有两个零点：$x_1=0$，$x_2=2$；

④当 $a>-1$，$a\neq0$ 时，$\Delta>0$，函数 $g(x)$ 有三个零点：

$x_1=0$，$x_2=1-\sqrt{a+1}$，$x_3=1+\sqrt{a+1}$。

(2) $f_n'(x)=\dfrac{(2x-2)\mathrm{e}^{nx}-n(x^2-2x-a)\mathrm{e}^{nx}}{\mathrm{e}^{2nx}}=\dfrac{-nx^2+2(n+1)x+an-2}{\mathrm{e}^{nx}}$。

设 $g_n(x)=-nx^2+2(n+1)x+an-2$，则 $g_n(x)$ 的图象是开口向下的抛物线。

由题意知任意 $n\in\mathbf{N}^*$，$g_n(x)=0$ 都有两个不相等的实根 x_1，x_2，且 $x_1\in(1,4)$，$x_2\notin[1,4]$。

则对任意 $n\in\mathbf{N}^*$，$g_n(1)g_n(4)<0$，即

$n(a+1)n\left[a-\left(8-\dfrac{6}{n}\right)\right]<0$，即 $(a+1)\left[a-\left(8-\dfrac{6}{n}\right)\right]<0$。

又任意 $n\in\mathbf{N}^*$，$8-\dfrac{6}{n}$ 关于 n 递增，且 $8-\dfrac{6}{n}>-1$，

故 $-1<a<\left(8-\dfrac{6}{n}\right)_{\min}$，$-1<a<8-6=2$。

$\therefore$ a 的取值范围是 $(-1,2)$。

(3) 由(2)知，存在 $x\in\mathbf{R}$，$f_k'(x)=\dfrac{-kx^2+2(k+1)+ak-2}{\mathrm{e}^{kx}}<0$。

又函数 $f_k(x)$ 在 $\mathbf{R}$ 上是单调函数，故函数 $f_k(x)$ 在 $\mathbf{R}$ 上是单调减函数，

从而 $\Delta_k=4(k+1)^2+4k(ka-2)=4(k^2a+k^2+1)\leqslant0$，即 $a\leqslant-\left(1+\dfrac{1}{k^2}\right)$。

$\therefore\Delta_m=4(m^2+1+m^2a)\leqslant4\left[m^2+1-m^2\left(1+\dfrac{1}{k^2}\right)\right]=\dfrac{4(k^2-m^2)}{k^2}$。

由 $k,m\in\mathbf{N}^*$，$k<m$，知 $\Delta_m<0$。

即对任意 $x\in\mathbf{R}$，$f_m'(x)=\dfrac{-mx^2+2(m+1)x+am-2}{\mathrm{e}^{mx}}<0$。

$\therefore$ 函数 $f_m(x)$ 在 $\mathbf{R}$ 上是减函数。

第三节　导数的综合应用

考向 1 变式训练

1. B 【解析】$f(x)=x^3-4x=(x^2-4)x$，所以当 $x=-2,0$ 或 2 时，$f(x)=0$。令 $f'(x)=3x^2-4=0$，解得 $x=\pm\frac{2\sqrt{3}}{3}$，所以函数 $f(x)$ 在 $\left(-\infty,-\frac{2\sqrt{3}}{3}\right)$ 和 $\left(\frac{2\sqrt{3}}{3},+\infty\right)$ 上单调递增，在 $\left(-\frac{2\sqrt{3}}{3},\frac{2\sqrt{3}}{3}\right)$ 上单调递减，又当 $x=-2,0$ 或 2 时，$f(x)=0$，$f(x_1)=f(x_2)=f(x_3)=a$，$a<0$，

则函数大致图象如图所示，

所以 $x_1<-2$，$0<x_2<\frac{2\sqrt{3}}{3}$，$\frac{2\sqrt{3}}{3}<x_3<2$，A、D 两项错误。因为 $x_1<-2$，所以 $x_1^2+x_2^2>4$ 恒成立，C 项错误。因为 $0<x_2<\frac{2\sqrt{3}}{3}$，$\frac{2\sqrt{3}}{3}<x_3<2$，所以 $x_3^2+x_2^2<4+\frac{4}{3}<6$ 恒成立。故选 B。

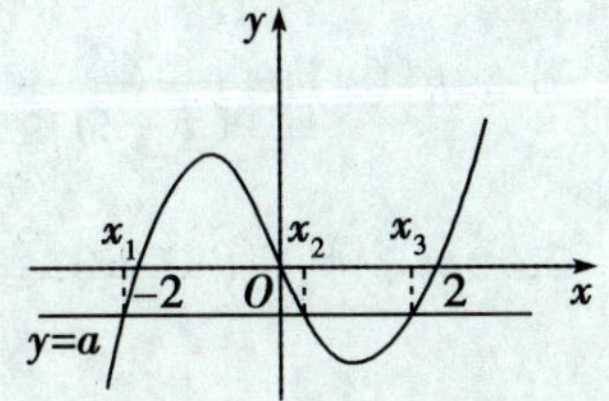

2.【解析】(1) $h'(x)=\frac{1}{x}-1-2x=\frac{1-x-2x^2}{x}=\frac{(1-2x)(1+x)}{x}$，函数 $h(x)$ 的定义域为 $(0,+\infty)$，∴ 当 $x\in\left(0,\frac{1}{2}\right)$，$h'(x)>0$，$h(x)$ 单调递增，当 $x\in\left(\frac{1}{2},+\infty\right)$，$h'(x)<0$，$h(x)$ 单调递减。

(2) $f(x)=h(x)+x^2+2\sin x=\ln x-x-x^2+x^2+2\sin x=\ln x-x+2\sin x$，

设 $g(x)=\ln x-x$，$\varphi(x)=-2\sin x$，则 $g'(x)=\frac{1}{x}-1$。

当 $x\in(0,1)$，$g'(x)>0$，$g(x)$ 单调递增，当 $x\in(1,2\pi)$，$g'(x)<0$，$g(x)$ 单调递减，当 $x=1$ 时，$g(x)$ 取得最大值也是极大值，为 -1，当 $x=2\pi$ 时，$g(2\pi)=\ln 2\pi-2\pi<0$。

函数 $\varphi(x)$ 在 $\left(0,\frac{\pi}{2}\right)$，$(\frac{3\pi}{2},2\pi)$ 上递减，在 $\left(\frac{\pi}{2},\frac{3\pi}{2}\right)$ 上递增，$\varphi(0)=0$，$\varphi(1)=-2\sin 1<-1$，$\varphi\left(\frac{\pi}{2}\right)=-2$，$\varphi(\frac{3}{2}\pi)=2$，$\varphi(2\pi)=0$，

结合图象可得函数 $g(x)$ 与函数 $\varphi(x)$ 在 $(0,2\pi)$ 有两个不同的交点，即函数 $f(x)$ 在 $(0,2\pi)$ 内

有两个不同的零点。

3.【解析】(1)$f'(x)=\frac{1}{x}$,$g'(x)=\frac{a}{2}$,由于$f(x)$与$g(x)$在$x=1$处相切,故有$f'(1)=g'(1)$以及$f(1)=g(1)$。$\because f'(1)=1$,$g'(1)=\frac{a}{2}$,$\therefore a=2$。$\because f(1)=0$,$g(1)=\frac{a}{2}+b$,$\therefore b=-1$,则$g(x)=x-1$。

(2)由(1)得,$y=x\ln x-x-m-2$,定义域为$(0,+\infty)$,$\because y=xf(x)-g(x)-m-3$在定义域内有两个不同的零点,令$x\ln x-x-m-2=0$,即$x\ln x-x-2=m$在定义域内有两个不同的解,令$h(x)=x\ln x-x-2(x>0)$,$h'(x)=\ln x$,当$x=1$时,$h'(x)=0$,当$0<x<1$时,$h'(x)<0$,当$x>1$时,$h'(x)>0$,

故$h(x)$在$(0,1)$上单调递减,在$(1,+\infty)$上单调递增,则$h(x)$在$(0,+\infty)$上有最小值,最小值为$h(1)=-3$,$\lim\limits_{x\to 0}h(x)=-2$,$\lim\limits_{x\to+\infty}h(x)=+\infty$,

$\because x\ln x-x-2=m$有两个不同的交点,$\therefore m\in(-3,-2)$。

考向2 变式训练

1.【解析】由题知$f(x)=\frac{x-2}{x+2}e^x$,那么$f'(x)=\frac{4}{(x+2)^2}e^x+\frac{x-2}{x+2}e^x=e^x\left[\frac{4}{(x+2)^2}+\frac{x-2}{x+2}\right]=\frac{e^x x^2}{(x+2)^2}$,易知在$x\in(-\infty,-2)\cup(-2,+\infty)$时,$f'(x)\geqslant 0$,当且仅当$x=0$时,等号成立,即函数$f(x)$在$(-\infty,-2)$和$(-2,+\infty)$上单调递增。当$x=0$时,$f(0)=\frac{0-2}{0+2}e^0=-1$,因为函数在$(-2,+\infty)$上单调递增,所以当$x>0$时,$f(x)=\frac{x-2}{x+2}e^x>-1\Rightarrow(x-2)e^x>-x-2\Rightarrow(x-2)e^x+x+2>0$,得证。

2.【解析】(1)由题意知$f'(x)=xe^x+e^x=(x+1)e^x$,令$f'(x)>0$,得$x>-1$;令$f'(x)<0$,得$x<-1$,则$f(x)$在$(-\infty,-1)$上单调递减,在$(-1,+\infty)$上单调递增,所以$f(x)$的极小值为$f(-1)=-\frac{1}{e}$,无极大值。

(2)证明:当$x>0$时,要证$f(x)>g(x)$,即证$e^x>\frac{\ln x}{x^2}$。令$F(x)=x^2-\ln x(x>0)$,则$F'(x)=2x-\frac{1}{x}(x>0)$,令$F'(x)>0$,得$x>\frac{\sqrt{2}}{2}$,令$F'(x)<0$,得$0<x<\frac{\sqrt{2}}{2}$,则$F(x)$在$\left(0,\frac{\sqrt{2}}{2}\right)$上单调递减,在$\left(\frac{\sqrt{2}}{2},+\infty\right)$上单调递增,所以当$x>0$时,$F(x)\geqslant F\left(\frac{\sqrt{2}}{2}\right)=\frac{1}{2}-\ln\frac{\sqrt{2}}{2}>0$,所以$x^2>\ln x$,即$\frac{\ln x}{x^2}<1$,

因为$x>0$时，$e^x>e^0=1$，所以当$x>0$时，$e^x>\frac{\ln x}{x^2}\Rightarrow xe^x>\frac{\ln x}{x}$，所以当$x>0$时，不等式$f(x)>g(x)$成立。

考向3 变式训练

1. D 【解析】由题意知，函数$f(x)=\tan x$在$x=-\frac{\pi}{4}$处的切线的斜率为$y'\Big|_{x=-\frac{\pi}{4}}=\frac{1}{\cos^2 x}=2$，$\because$函数$y=ax+b+\frac{\pi}{2}$为函数$f(x)=\tan x$的切线，切点为$(-\frac{\pi}{4},-1)$，$\therefore a=2,b=-1$，$\therefore g(x)=e^x-x^2+2$，$g'(x)=e^x-2x$，$g''(x)=e^x-2$，当$x\in[1,2]$时，$g''(x)>0$，$\therefore g'(x)$在$[1,2]$上单调递增，$\therefore g'(x)_{\min}=g'(1)=e-2>0$，$\therefore g(x)$在$[1,2]$上单调递增，$\therefore\begin{cases}m\leqslant g(x)_{\min}=g(1)=e+1,\\ m^2-2\geqslant g(x)_{\max}=g(2)=e^2-2,\end{cases}$

$\therefore m\leqslant -e$或$e\leqslant m\leqslant e+1$，$\therefore m$的最大值为$e+1$，无最小值。故选D。

2.【解析】(1)由题知$f(x)=e^{ax}-x$，那么$f'(x)=ae^{ax}-1\Rightarrow f'(0)=a-1=1\Rightarrow a=2$，所以$f(x)=e^{2x}-x$，$f'(x)=2e^{2x}-1$，

令$f'(x)=2e^{2x}-1>0\Rightarrow x>-\frac{\ln2}{2}$，$f'(x)=2e^{2x}-1<0\Rightarrow x<-\frac{\ln2}{2}$，

所以函数$f(x)$的单调递增区间为$(-\frac{\ln2}{2},+\infty)$，单调递减区间为$(-\infty,-\frac{\ln2}{2})$。

(2)$f(x)\geqslant e^{ax}\ln x-ax^2$且$x\in(0,e]$，

即$e^{ax}-x\geqslant e^{ax}\ln x-ax^2\Rightarrow ax^2-x\geqslant e^{ax}\ln x-e^{ax}\Rightarrow x(ax-1)\geqslant e^{ax}(\ln x-1)\Rightarrow\frac{ax-1}{e^{ax}}\geqslant\frac{\ln x-1}{x}$。

令$g(x)=\frac{\ln x-1}{x}$，$f(x)\geqslant e^{ax}\ln x-ax^2$对于$x\in(0,e]$恒成立，即$g(e^{ax})\geqslant g(x)$对于$x\in(0,e]$恒成立，$g'(x)=\frac{2-\ln x}{x^2}$，令$g'(x)=0\Rightarrow x=e^2$，当$x\in(0,e]$时，$g'(x)>0$，函数$g(x)$单调递增，所以$g(e^{ax})\geqslant g(x)$对于$x\in(0,e]$恒成立等价于$e^{ax}\geqslant x\Rightarrow ax\geqslant\ln x\Rightarrow a\geqslant\frac{\ln x}{x}$对于$x\in(0,e]$恒成立，令$h(x)=\frac{\ln x}{x}$，则$h'(x)=\frac{1-\ln x}{x^2}$，令$h'(x)\geqslant 0\Rightarrow 0<x\leqslant e$，所以当$x\in(0,e]$时，函数$h(x)=\frac{\ln x}{x}$单调递增，

所以$h(x)_{\max}=h(e)=e^{-1}$，若$a\geqslant\frac{\ln x}{x}$对于$x\in(0,e]$恒成立，则$a\geqslant h(x)_{\max}=e^{-1}$，故$a$的取值范围为$[e^{-1},+\infty)$。

必刷好题

招教高频基础刷

1. B 【解析】$f'(x)=\frac{1}{2\sqrt{x}}+\sin x$。当 $x\in(0,\pi)$ 时，$\frac{1}{2\sqrt{x}}>0$ 且 $\sin x>0$，故 $f'(x)>0$，函数在 $(0,\pi)$ 上单调递增。取 $x=\frac{\pi}{6}$，则 $f(\frac{\pi}{6})=\sqrt{\frac{\pi}{6}}-\cos\frac{\pi}{6}<0$，而 $f(\frac{\pi}{2})=\sqrt{\frac{\pi}{2}}>0$ 可得函数在区间 $(0,\pi)$ 上有唯一零点。当 $x\geqslant\pi$ 时，$\sqrt{x}\geqslant\sqrt{\pi}>1$ 且 $\cos x\leqslant1$，故函数在区间 $[\pi,+\infty)$ 上恒为正值，没有零点。综上所述，函数在区间 $(0,+\infty)$ 上有唯一零点。

2. D 【解析】设 $g(x)=e^x(2x-1)$，$y=ax-a$，由题意知存在唯一的整数 x_0，使得 $g(x_0)$ 在直线 $y=ax-a$ 的下方，$\because g'(x)=e^x(2x-1)+2e^x=e^x(2x+1)$，$\therefore$ 当 $x<-\frac{1}{2}$ 时，$g'(x)<0$，$\therefore$ 当 $x>-\frac{1}{2}$ 时，$g'(x)>0$，当 $x=0$ 时，$g(0)=-1$，当 $x=1$ 时，$g(1)=e>0$，直线 $y=ax-a$ 恒过定点 $(1,0)$ 且斜率为 a，故 $-a>g(0)=-1$，$g(-1)=-3e^{-1}\geqslant-a-a$，解得 $\frac{3}{2e}\leqslant a<1$。

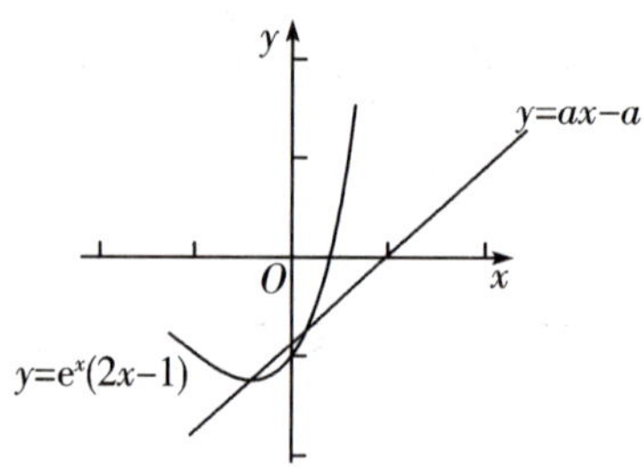

3. A 【解析】因为 $f'(x)=\frac{1}{x}+\frac{a}{x^2}=\frac{x+a}{x^2}$，$x\in[1,e]$，当 $a\geqslant-1$ 时，$f'(x)\geqslant0$，$f(x)$ 在 $[1,e]$ 上单调递增，不符合题意，

当 $a\leqslant-e$ 时，$f'(x)\leqslant0$，$f(x)$ 在 $[1,e]$ 上单调递减，也不符合题意。

当 $-e<a<-1$ 时，则 $x\in[1,-a)$ 时，$f'(x)<0$，$f(x)$ 在 $[1,-a)$ 上单调递减，$x\in(-a,e]$ 时，$f'(x)>0$，$f(x)$ 在 $(-a,e]$ 上单调递增，又 $f(1)=0$，所以 $f(x)$ 在 $x\in[1,e]$ 上有两个零点，只需 $f(e)=1-\frac{a}{e}+a\geqslant0$ 即可，解得 $\frac{e}{1-e}\leqslant a<-1$。综上，$a$ 的取值范围是 $\left[\frac{e}{1-e},-1\right)$。

4. D 【解析】$f'(x)=1-\frac{1}{2\sqrt{x}}-\frac{a}{x}=\frac{2x-\sqrt{x}-2a}{2x}$，令 $g(x)=2x-\sqrt{x}-2a$，因为 $g'(x)=2-$

$\frac{1}{2\sqrt{x}}=\frac{4\sqrt{x}-1}{2\sqrt{x}}$，当 $x\in(1,+\infty)$ 时，$4\sqrt{x}-1>0$，$2\sqrt{x}>0$，所以 $g'(x)>0$，所以 $g(x)$ 在 $(1,+\infty)$ 上为增函数，则 $g(x)>g(1)=1-2a$，当 $1-2a\geqslant 0$ 时，$g(x)>0$，所以 $f'(x)>0$，$f(x)$ 在 $(1,+\infty)$ 上为增函数，则 $f(x)>f(1)=0$，所以 $f(x)$ 在 $(1,+\infty)$ 上没有零点。当 $1-2a<0$，即 $a>\frac{1}{2}$ 时，因为 $g(x)$ 在 $(1,+\infty)$ 上为增函数，则存在唯一的 $x_0\in(1,+\infty)$，使得 $g(x_0)=0$，且当 $x\in(1,x_0)$ 时，$g(x)<0$，当 $x\in(x_0,+\infty)$ 时，$g(x)>0$，所以当 $x\in(1,x_0)$，$f'(x)<0$，$f(x)$ 为减函数，当 $x\in(x_0,+\infty)$，$f'(x)>0$，$f(x)$ 为增函数。当 $x=x_0$ 时，$f(x)_{\min}=f(x_0)$，因为 $f(x_0)<f(1)=0$，当 x 趋于 $+\infty$，$f(x)$ 趋于 $+\infty$，所以在 $x\in(x_0,+\infty)$ 时，$f(x)$ 一定存在一个零点，所以 $a\in\left(\frac{1}{2},+\infty\right)$。

5. A 【解析】依题意，函数 $y=f(x)$ 的图象与直线 $y=kx$ 有且仅有两个交点，在同一坐标系中作出 $f(x)$ 与直线 $y=kx$ 的图象如下，由图象可知，当直线 $y=kx$ 与曲线 $f(x)=\mathrm{e}^{-x}(x\leqslant 0)$ 相切时，满足题意，由 $f(x)=\mathrm{e}^{-x}(x\leqslant 0)$ 得 $f'(x)=-\mathrm{e}^{-x}$，设切点为 (x_0,y_0)，则 $\begin{cases}k=-\mathrm{e}^{-x_0},\\ y_0=kx_0,\\ y_0=\mathrm{e}^{-x_0},\end{cases}$ 解得 $\begin{cases}x_0=-1,\\ y_0=\mathrm{e},\\ k=-\mathrm{e},\end{cases}$

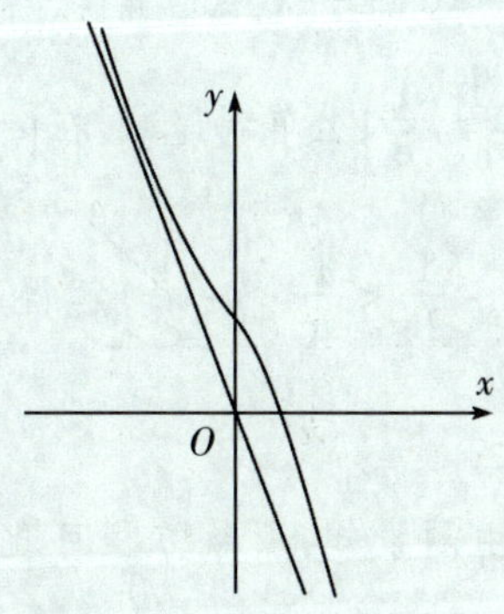

6. A 【解析】因为 $y=3x-x^3$，所以 $y'=3-3x^2$，令 $y'=0$，得 $x=\pm 1$，因为 $x\in(-\infty,-1)$ 时，$y'<0$；$x\in(-1,1)$ 时，$y'>0$；当 $x\in(1,+\infty)$ 时，$y'<0$，所以当 $x=1$ 时，y 取得极大值 2，当 $x=-1$ 时，y 取得极小值 -2。因为直线 $y=m$ 与函数 $y=3x-x^3$ 的图象有三个不同的交点，则实数 m 的取值范围为 $-2<m<2$。

7. C 【解析】令 $g(x)=f(x)+\ln x(x>0)$，则 $g'(x)=f'(x)+\frac{1}{x}=\frac{xf'(x)+1}{x}>0$，故 $g(x)$ 在 $(0,+\infty)$ 上单调递增，而 $g(2)=f(2)+\ln 2=0$，由 $f(\mathrm{e}^x)+x>0$，得 $g(\mathrm{e}^x)>g(2)$，所以 $\mathrm{e}^x>2$，即 $x>\ln 2$，所以不等式 $f(\mathrm{e}^x)+x>0$ 的解集为 $(\ln 2,+\infty)$。

8. C 【解析】由 $xf'(x)+f(x)>0$，所以构造函数 $F(x)=xf(x)$，则 $F'(x)=xf'(x)+f(x)>0$，

从而 $F(x)$ 在 $\mathbf{R}$ 上为增函数。因为 $a<b$，所以 $F(a)<F(b)$，即 $af(a)<bf(b)$，故选 C。

9. $\{x|0<x<1\}$ 【解析】令 $g(x)=\dfrac{f(x)}{x}(x>0)$，则 $g'(x)=\dfrac{xf'(x)-f(x)}{x^2}<0$，故 $g(x)$ 在 $(0,+\infty)$ 是减函数。$x^2f(\dfrac{1}{x})-f(x)<0\Leftrightarrow\dfrac{f(\dfrac{1}{x})}{\dfrac{1}{x}}<\dfrac{f(x)}{x}$，故 $\begin{cases}x>0,\\ \dfrac{1}{x}>x,\end{cases}$ 解得 $\{x|0<x<1\}$。

10. $\left[-1,\dfrac{1}{2}\right]$ 【解析】$f'(x)=3x^2-2+e^x+\dfrac{1}{e^x}\geqslant-2+2\sqrt{e^x\cdot\dfrac{1}{e^x}}=0$，可得函数 $f(x)$ 在 $\mathbf{R}$ 上递增；

又 $f(-x)+f(x)=(-x)^3+2x+e^{-x}-e^x+x^3-2x+e^x-\dfrac{1}{e^x}=0$，可得函数 $f(x)$ 为奇函数，则 $f(a-1)+f(2a^2)\leqslant0$，即有 $f(2a^2)\leqslant-f(a-1)=f(1-a)$，即有 $2a^2\leqslant1-a$，解得 $-1\leqslant a\leqslant\dfrac{1}{2}$。

11. $(-e^2,-2e)$ 【解析】当 $a=0$ 时，$f(x)=\dfrac{2}{x}$ 没有零点，则 $a=0$ 不合题意；当 $a\neq0$ 时，令 $f(x)=\dfrac{2}{x}-a\ln x=0$，得 $\dfrac{1}{a}=\dfrac{x\ln x}{2}$，设 $g(x)=\dfrac{x\ln x}{2}$，则 $g'(x)=\dfrac{\ln x+1}{2}$，由 $g'(x)>0$，解得 $x>\dfrac{1}{e}$，由 $g'(x)<0$，解得 $\dfrac{1}{e^2}<x<\dfrac{1}{e}$，故 $g(x)$ 在 $\left(\dfrac{1}{e^2},\dfrac{1}{e}\right)$ 上单调递减，在 $\left(\dfrac{1}{e},+\infty\right)$ 上单调递增，故 $g(x)_{\min}=g\left(\dfrac{1}{e}\right)=-\dfrac{1}{2e}$，因为 $g\left(\dfrac{1}{e^2}\right)=-\dfrac{1}{e^2}$，$\therefore-\dfrac{1}{2e}<\dfrac{1}{a}<-\dfrac{1}{e^2}$，解得 $-e^2<a<-2e$，故 a 的取值范围是 $(-e^2,-2e)$。

12. $(3-2\ln2,4-2\ln3]$ 【解析】由题设知，所给方程可化为 $a=x-2\ln x+1$，设 $g(x)=x-2\ln x+1$，则应使函数 $g(x)$ 的图象与直线 $y=a$ 在 $[1,3]$ 上恰好有两个不同的交点，

因为 $g'(x)=1-\dfrac{2}{x}=\dfrac{x-2}{x}$，所以函数 $g(x)$ 在 $[1,2]$ 上单调递减，在 $[2,3]$ 上单调递增，又由 $g(1)-g(3)=2-(4-2\ln3)=2\ln3-2>0$，得 $g(1)>g(3)$，所以需使 $g(2)<a\leqslant g(3)$，即 $3-2\ln2<a\leqslant4-2\ln3$，故所求实数 a 的取值范围是 $(3-2\ln2,4-2\ln3]$。

13. $0<a<1$ 【解析】根据题意可得函数 $f(x)$ 的定义域为 $x\in(0,+\infty)$，方程 $\ln x+2x=a(x^2+x)$ 有两个实数解，因为 $x>0$，即 $x^2+x>0$，所以方程 $a=\dfrac{\ln x+2x}{x^2+x}$ 有两个实数解，此时令 $h(x)=\dfrac{\ln x+2x}{x^2+x}(x>0)$，则直线 $y=a$ 与函数 $y=h(x)$ 的图象有两个交点，因为 $h'(x)=$

$\frac{\left(\frac{1}{x}+2\right)(x^2+x)-(\ln x+2x)(2x+1)}{(x^2+x)^2}=\frac{-(2x+1)(\ln x+x-1)}{(x^2+x)^2}$，令 $h'(x)=0$，则有 $x=-\frac{1}{2}$ 或 $x=1$，所以当 $h'(x)>0$ 时，解得 $0<x<1$，当 $h'(x)<0$，解得 $x>1$，所以 $h(x)$ 在 $(0,1)$ 上单调递增，在 $(1,+\infty)$ 上单调递减，所以 $h(x)_{\max}=h(1)=1$。因为当 x 无限趋近于 0 时，$h(x)$ 无限趋近于 $-\infty$，当 x 无限趋近于 $+\infty$ 时，$h(x)>0$。所以若使直线 $y=a$ 与 $y=h(x)$ 有两个交点，则需 $0<a<1$。

14.**【解析】**(1) $m=f(x_0)-x_0f'(x_0)$。

(2) 令 $h(x)=g(x)-f(x)$，

则 $h'(x)=f'(x_0)-f'(x)$，$h'(x_0)=0$。

$\because f'(x)$ 递减，

$\therefore h'(x)$ 递增，

故当 $x>x_0$ 时，$h'(x)>0$；

当 $x<x_0$ 时，$h'(x)<0$。

$\therefore x_0$ 是 $h(x)$ 唯一的极值点，且是极小值点，

$\therefore h(x)$ 的最小值为 0，

故 $h(x)\geqslant 0$，即 $g(x)\geqslant f(x)$。

(3) $0\leqslant b\leqslant 1$，$a>0$ 是不等式成立的必要条件，以下讨论此条件成立。

$x^2+1\geqslant ax+b$，即 $x^2-ax+(1-b)\geqslant 0$ 对任意 $x\in[0,+\infty)$ 成立的充要条件是 $a\leqslant 2(1-b)^{\frac{1}{2}}$。

另一方面，由于 $f(x)=\frac{3}{2}x^{\frac{2}{3}}$ 满足前述题设中关于函数 $y=f(x)$ 的条件，利用(2)的结果可知与曲线 $y=\frac{3}{2}x^{\frac{2}{3}}$ 相切的直线的方程为 $y=(2b)^{-\frac{1}{2}}x+b$。

$\therefore ax+b\geqslant\frac{3}{2}x^{\frac{2}{3}}$ 的充要条件是 $a\geqslant(2b)^{-\frac{1}{2}}$。

综上，不等式 $x^2+1\geqslant ax+b\geqslant\frac{3}{2}x^{\frac{2}{3}}$ 对任意 $x\in[0,+\infty)$ 成立的充要条件是

$(2b)^{-\frac{1}{2}}\leqslant a\leqslant 2(1-b)^{\frac{1}{2}}$，①

显然，存在 a,b 使①成立的充要条件是不等式 $(2b)^{-\frac{1}{2}}\leqslant 2(1-b)^{\frac{1}{2}}$，②有解，

解不等式②得 $\frac{2-\sqrt{2}}{4}\leqslant b\leqslant\frac{2+\sqrt{2}}{4}$，③

故③即为 b 的取值范围，①即为实数 a 与 b 所满足的关系。

15.【解析】(1)$\because f(x)=\frac{a}{x^2}+\ln x$,

则函数的定义域为 $x\in(0,+\infty)$,

$f'(x)=-\frac{2a}{x^3}+\frac{1}{x}=\frac{x^2-2a}{x^3}$,

若 $a\leqslant 0$,必有 $f'(x)>0$,即 $f(x)$ 在定义域上为单调递增函数;

若 $a>0$,当 $f'(x)\geqslant 0$,即 $x\in[\sqrt{2a},+\infty)$ 时,$f(x)$ 为单调递增函数,

当 $f'(x)\leqslant 0$,即 $x\in(0,\sqrt{2a}]$ 时,$f(x)$ 为单调递减函数。

(2)当 $x\in[\frac{1}{2},2]$ 时,$\because xf(x)=\frac{a}{x}+x\ln x\geqslant 1$,

故 $a\geqslant x-x^2\ln x$,

令 $g(x)=x-x^2\ln x$,则 $g'(x)=1-2x\ln x-x$,

令 $g'(x)=0$,即 $1-2x\ln x-x=0$,整理得,

$e^{\frac{1-x}{2x}}=x$,解得 $x=1$,

当 $1<x<2$ 时,$g'(x)<0$,当 $\frac{1}{2}<x<1$ 时,$g'(x)>0$,

所以 $g(x)_{max}=g(1)=1-1^2\times\ln 1=1$,

$\therefore a\geqslant g(x)_{max}=1$,即 $a\geqslant 1$。

16.【解析】(1)$f'(x)=(1-2x)e^{-2x}$。

由 $f'(x)=0$,解得 $x=\frac{1}{2}$。

当 $x<\frac{1}{2}$ 时,$f'(x)>0$,$f(x)$ 单调递增;当 $x>\frac{1}{2}$ 时,$f'(x)<0$,$f(x)$ 单调递减。

$\therefore$ 函数 $f(x)$ 的单调递增区间是 $(-\infty,\frac{1}{2})$,单调递减区间是 $(\frac{1}{2},+\infty)$,

最大值为 $f(\frac{1}{2})=\frac{1}{2e}+c$。

(2)令 $g(x)=|\ln x|-f(x)=|\ln x|-xe^{-2x}-c$,$x\in(0,+\infty)$。

①当 $x\in(1,+\infty)$ 时,$\ln x>0$,则 $g(x)=\ln x-xe^{-2x}-c$,故 $g'(x)=e^{-2x}(\frac{e^{2x}}{x}+2x-1)$。

$\because 2x-1>0$,$\frac{e^{2x}}{x}>0$,$\therefore g'(x)>0$。

因此 $g(x)$ 在 $(1,+\infty)$ 上单调递增。

②当 $x\in(0,1)$ 时，$\ln x<0$，则 $g(x)=-\ln x-xe^{-2x}-c$，

故 $g'(x)=e^{-2x}(-\frac{e^{2x}}{x}+2x-1)$。

$\because e^{2x}\in(1,e^{2})$，$e^{2x}>1>x>0$，$\therefore -\frac{e^{2x}}{x}<-1$。

又 $2x-1<1$，$\therefore -\frac{e^{2x}}{x}+2x-1<0$，即 $g'(x)<0$。

因此 $g(x)$ 在 $(0,1)$ 上单调递减。

综合①②可知，当 $x\in(0,+\infty)$ 时，$g(x)\geqslant g(1)=-e^{-2}-c$。

当 $g(1)=-e^{-2}-c>0$，即 $c<-e^{-2}$ 时，$g(x)$ 没有零点，故关于 x 的方程 $|\ln x|=f(x)$ 根的个数为 0；

当 $g(1)=-e^{-2}-c=0$，即 $c=-e^{-2}$ 时，$g(x)$ 只有一个零点，故关于 x 的方程 $|\ln x|=f(x)$ 根的个数为 1；

当 $g(1)=-e^{-2}-c<0$，即 $c>-e^{-2}$ 时，$g(x)$ 有两个零点，故关于 x 的方程 $|\ln x|=f(x)$ 根的个数为 2。

17.【解析】(1) 当 $a=2$ 时，$f(x)=2e^{x}-xe^{x}+x-2$，所以 $f(0)=0$，$f'(x)=2e^{x}-(e^{x}+xe^{x})+1=e^{x}-xe^{x}+1$，则 $f'(0)=2$，所以曲线 $y=f(x)$ 在点 $(0,f(0))$ 处的切线方程为 $y-0=2(x-0)$，即 $y=2x$。

(2) 对任意 $x>0$ 都有 $f(x)<x+1$ 恒成立，即 $a(e^{x}-1)<xe^{x}+1$，因为 $x>0$，所以 $e^{x}-1>0$，所以 $a<\frac{xe^{x}+1}{e^{x}-1}=x+\frac{x+1}{e^{x}-1}$，令 $g(x)=x+\frac{x+1}{e^{x}-1}(x>0)$，则只需 $a<g(x)_{\min}$ 即可，$g'(x)=1-\frac{xe^{x}+1}{(e^{x}-1)^{2}}=\frac{e^{x}(e^{x}-x-2)}{(e^{x}-1)^{2}}$，令 $h(x)=e^{x}-x-2(x>0)$，则 $h'(x)=e^{x}-1>0$ 恒成立，所以 $h(x)$ 在 $(0,+\infty)$ 上单调递增，因为 $h(1)=e-3<0$，$h(2)=e^{2}-4>0$，所以存在唯一一个 $x_0\in(1,2)$，使得 $h(x_0)=0$，所以当 $x\in(0,x_0)$ 时，$h(x)<0$，$g'(x)<0$，当 $x\in(x_0,+\infty)$ 时，$h(x)>0$，$g'(x)>0$，所以 $g(x)$ 在 $(0,x_0)$ 上单调递减，在 $(x_0,+\infty)$ 上单调递增，所以 $g(x)_{\min}=g(x_0)=x_0+\frac{x_0+1}{e^{x_0}-1}$，由 $e^{x_0}-x_0-2=0$ 得 $e^{x_0}=x_0+2$，所以 $g(x_0)=x_0+\frac{x_0+1}{x_0+2-1}=x_0+1\in(2,3)$，故 a 的最大整数值是 2。

18.【解析】(1) $f'(x)=\frac{a}{x}+1$，$x>0$，由题意得 $f'(1)=a+1=0$，解得 $a=-1$。

故 $f(x)=x-\ln x$，$f'(x)=1-\frac{1}{x}$，当 $0<x<1$ 时，$f'(x)<0$，当 $x>1$ 时，$f'(x)>0$，故 $f(x)$ 在 $(0,$

1)上递减,在$(1,+\infty)$上递增。

(2)证明:若$a=1$,则$f(x)=\ln x+x$,$g(x)=xe^x-1$,设$F(x)=f(x)-g(x)=\ln x+x-xe^x+1$,$F'(x)=\frac{1}{x}+1-e^x-xe^x=\frac{1+x}{x}-(x+1)e^x=(x+1)\left(\frac{1}{x}-e^x\right)$,令$h(x)=\frac{1}{x}-e^x$,可得$h(x)$在$(0,+\infty)$上单调递减,且$h\left(\frac{1}{2}\right)=2-\sqrt{e}>0$,$h(1)=1-e<0$,故存在$x_0\in\left(\frac{1}{2},1\right)$时,使得$h(x_0)=0$,即$\frac{1}{x_0}-e^{x_0}=0$;当$x\in(0,x_0)$时,$h(x)>0$,$F'(x)>0$,$F(x)$递增;当$x\in(x_0,+\infty)$时,$h(x)<0$,$F'(x)<0$,$F(x)$递减。故$F(x)\leqslant F(x_0)=\ln x_0+x_0-x_0e^{x_0}+1$,又$\frac{1}{x_0}-e^{x_0}=0$,故$\frac{1}{x_0}=e^{x_0}$,即$\ln x_0=-x_0$,故$F(x_0)=0$,即$F(x)\leqslant 0$,即$f(x)\leqslant g(x)$。

专题七 复 数

考向1 变式训练

1. A 【解析】$z=\frac{i}{1-i}=\frac{i(1+i)}{(1-i)(1+i)}=\frac{-1+i}{2}=-\frac{1}{2}+\frac{1}{2}i$，则$\bar{z}=-\frac{1}{2}-\frac{1}{2}i$。

2. B 【解析】由$\frac{1+z}{1-z}=i$得$1+z-i+zi=0$，则$z=\frac{i-1}{i+1}=\frac{(i-1)^2}{(i+1)(i-1)}=\frac{-2i}{-2}=i$，即$z-1=i-1$，故$|z-1|=\sqrt{1+1}=\sqrt{2}$。

3. D 【解析】由$(1-\sqrt{3}i)z=(\sqrt{3}+i)^2$得，$z=\frac{(\sqrt{3}+i)^2}{1-\sqrt{3}i}=\frac{(1+\sqrt{3}i)(\sqrt{3}+i)^2}{(1-\sqrt{3}i)(1+\sqrt{3}i)}=\frac{-4+4\sqrt{3}i}{4}=-1+\sqrt{3}i$，则$z$的共轭复数$\bar{z}=-1-\sqrt{3}i$，故$\bar{z}$的虚部为$-\sqrt{3}$。

考向2 变式训练

1. C 【解析】$z=\frac{2-i}{i}=\frac{(2-i)i}{i^2}=-1-2i$，则$z$在复平面内所对应的点为$(-1,-2)$。故选C。

2. B 【解析】由题意可设$z=x+yi$，则有$|z-3i|=|x+(y-3)i|=2$，所以$x^2+(y-3)^2=4$。

考向3 变式训练

1. C 【解析】$z=\frac{1-i^9}{1+i}=\frac{(1-i^9)(1-i)}{(1+i)(1-i)}=\frac{(1-i)^2}{2}=-i$，则$\bar{z}=i$，故$\bar{z}$的虚部是1。

2. B 【解析】$z=\frac{1-2i}{i}=\frac{(1-2i)i}{i^2}=-2-i$，则$z$的虚部为$-1$。

招教易错突破

变式训练

0 【解析】由题意知，复数$z=m(m-1)+(m^2+2m-3)i$为纯虚数，则$\begin{cases}m(m-1)=0,\\m^2+2m-3\neq0,\end{cases}$解得$m=0$。

必刷好题

招教高频基础刷

1. C 【解析】由题意 $(1+mi)(i+2)=2-m+(1+2m)i$。$\because$ 复数 $(1+mi)(i+2)$ 是纯虚数，$\therefore m=2$。

2. D 【解析】$\because z_2=\frac{1}{(1+i)^2}=\frac{1}{2i}=-\frac{i}{2}$，$\therefore z_1-z_2=1-2i+\frac{1}{2}i=1-\frac{3}{2}i$，$\therefore$ 复数 z_1-z_2 对应的点的坐标是 $(1,-\frac{3}{2})$，$\therefore z_1-z_2$ 在复平面上对应的点位于第四象限。

3. B 【解析】互为共轭复数的复数，实部相同，虚部相反。由题可知，$z=\frac{2+4i}{1+i}=\frac{(2+4i)(1-i)}{1-i^2}=\frac{2(3+i)}{2}=3+i$，$\therefore z$ 的共轭复数为 $3-i$，故选 B。

4. C 【解析】$|1-\sqrt{3}i|=2$，则 $z=\frac{2}{3-4i}=\frac{2}{25}(3+4i)$，故虚部为 $\frac{8}{25}$。

5. B 【解析】已知 $z=1+i$，则 $\bar{z}=1-i$，因此 $(z-1)(\bar{z}+1)=(1+i-1)(1-i+1)=1+2i$。

6. D 【解析】由题知 $\frac{10}{3-i}=\frac{10(3+i)}{(3-i)(3+i)}=3+i$，故复数 $\frac{10}{3-i}$ 的虚部为 1。

7. C 【解析】由题知 $m^2-m-6=0$ 且 $m^2-5m+6\neq0$，解得 $m=-2$。

8. A 【解析】$z_1\cdot z_2=(1+i)(3-i)=1\times3-i+3i-i^2=4+2i$。

9. A 【解析】$(\frac{3-i}{1+i})^2=[\frac{(3-i)(1-i)}{2}]^2=(1-2i)^2=-3-4i$。

10. D 【解析】对于 A 选项，$|z-\bar{z}|\geqslant2y$，故 A 错；B 选项，$z^2=x^2-y^2+2xyi$，故 B 错；C 选项，$|z-\bar{z}|\geqslant2y$，故 C 错；D 项正确。

11. 2 【解析】$\because i\cdot z=1+2i$，$\therefore z=\frac{(1+2i)\cdot i}{i\cdot i}=-(i+2i^2)=2-i$，则复数 z 的实部是 2。

12. 1 【解析】$\because$ 复数 $(a+i)(1+i)=a+ai+i+i^2=(a-1)+(a+1)i$，实部为 0，$\therefore a-1=0$，$a=1$。

招教易错能力刷

1. D 【解析】观察图形可知 $z=3+i$，则 $\frac{z}{1+i}=\frac{3+i}{1+i}=2-i$，即对应点 $H(2,-1)$，故选 D。

2. A 【解析】由复数性质知 $i^2=-1$，故 $i+i^2+i^3=i-1-i=-1$，故选 A。

3. A 【解析】$\frac{a+3i}{1+2i}=\frac{(a+3i)(1-2i)}{5}=\frac{a+(3-2a)i+6}{5}$，$\because$ 复数 $\frac{a+3i}{1+2i}$ 是纯虚数，$\therefore a=-6$。故选 A。

4. B 【解析】由题意可知，$z=-2+2i$，则 $\frac{1}{z+1}=\frac{1}{-2+2i+1}=\frac{1}{-1+2i}=-\frac{1}{5}-\frac{2}{5}i$。故选 B。

专题八　不等式

第一节　不等关系与不等式

考向 1 变式训练

D 【解析】$a=\log_3 12>\log_3 9=2=\log_5 25>b=\log_5 20$，$b=\log_5 20=\log_5(4\times5)=\log_5 4+\log_5 5=1+\log_5 4$，$c=\log_7 28=\log_7(4\times7)=\log_7 4+\log_7 7=1+\log_7 4$，$\therefore a>b>c$。

考向 2 变式训练

C 【解析】因为 $m<n$，所以 $m-9<n-9$，A 项正确；因为 $m<n<0$，所以 $-m>-n>0$，B 项正确；因为 $m<n<0$，所以 $0>\frac{1}{m}>\frac{1}{n}$，C 项错误；因为 $m<n<0$，所以 $-m>-n>0$ 所以 $\frac{m}{n}=\frac{-m}{-n}>1$，D 项正确。

考向 3 变式训练

13 【解析】当 $m<-4$ 时，$|m+1|+|m+4|+|m-3|+|m-5|=-4m+3>19$；当 $-4\leqslant m<-1$ 时，$19\geqslant|m+1|+|m+4|+|m-3|+|m-5|=-2m+11>13$；当 $-1\leqslant m<3$ 时，$|m+1|+|m+4|+|m-3|+|m-5|=13$；当 $3\leqslant m<5$ 时，$17>|m+1|+|m+4|+|m-3|+|m-5|=2m+7\geqslant13$；当 $m\geqslant5$ 时，$|m+1|+|m+4|+|m-3|+|m-5|=4m-3\geqslant17$。综上可知，代数式 $|m+1|+|m+4|+|m-3|+|m-5|$ 的最小值是 13。

招教高频基础刷

1. D 【解析】$a=1+\log_3 2$，$b=\log_{0.2}0.1=\dfrac{\lg\frac{1}{10}}{\lg\frac{1}{5}}=\dfrac{-\lg10}{-\lg5}=\log_5 10=1+\log_5 2$，$c=1+\log_7 2$，由于 $\log_3 2>\log_5 2>\log_7 2$，故 $a>b>c$。

2. D 【解析】$\because \frac{1}{5}<\left(\frac{1}{5}\right)^{b}<\left(\frac{1}{5}\right)^{a}<1$，$\therefore 1>b>a>0$，$\therefore a^{b}<a^{a}$，且 $a^{a}<b^{a}$，$\therefore a^{b}<a^{a}<b^{a}$。

3. D 【解析】$|x+2|+|x|$ 可看作是数轴上 x 到 -2 与 x 到 0 的距离之和，则最小为 2，因此，若原不等式的解集不是空集，则 $a\geqslant 2$。故选 D。

4. A 【解析】$ab>0$，$\therefore a,b$ 同号。$\therefore$ A 项恒成立。

5. A 【解析】$\because a,b,c$ 满足 $c<b<a$，且 $ac<0$，$\therefore a>0,c<0$，则 $ab-ac=a(b-c)>0$，A 项正确；$b-a<0$，则 $c(b-a)>0$，B 项不正确；当 $b=0$ 时，$cb^2=ab^2$，C 项不正确；$\because a+c$ 可能小于等于 0，可得 $ac(a+c)\geqslant 0$，D 项不正确。故选 A。

6. C 【解析】A 项中，$\because x>y>0$，$\therefore y-x<0$，$\frac{1}{x}-\frac{1}{y}=\frac{y-x}{xy}<0$，A 项错误；B 项中，正弦函数中，虽然 $x>y>0$，但是 $\sin x$ 不一定大于 $\sin y$，例如当 $x=\pi,y=\frac{\pi}{2}$ 时，$\sin x<\sin y$，B 项错误；C 项中，$\because$ 函数 $f(x)=\left(\frac{1}{2}\right)^{x}$ 为单调递减函数，当 $x>y$ 时，$\left(\frac{1}{2}\right)^{x}<\left(\frac{1}{2}\right)^{y}$，C 项正确；D 项中，当 $x=1,y=\frac{1}{2}$ 时，$\ln x+\ln y<0$，故 D 项错误。

7. D 【解析】由 $ab=4$，得 $b=\frac{4}{a}$。$\because -2\leqslant b\leqslant -1$，$\therefore -2\leqslant \frac{4}{a}\leqslant -1$，$\therefore -4\leqslant a\leqslant -2$。

8. B 【解析】原不等式组可化为 $\begin{cases}21>2x-x,\\16<3x-2x,\end{cases}$ 解得 $16<x<21$，则 x 的整数解为 17，18，19，20。故选 B。

9. B 【解析】$2^{0.1}>2^{0}=1$，$0<0.7^{3}<1$，$\log_{4}0.7<\log_{4}1=0$，因此 $2^{0.1}>0.7^{3}>\log_{4}0.7$。故选 B。

10. D 【解析】易得不等式组的解集为 $\begin{cases}x>1,\\x\geqslant 2,\end{cases}$ 结合不等式在数轴上的表示方法，可知只有 D 项符合题意。

11. B 【解析】A 错，要求 a,b 大于 0；对数函数 $\ln x$ 需满足 $x>0$，C 错；指数函数 0.3^{x} 是单调递减函数，D 错。B 选项正确。

12. B 【解析】$a=\log_{0.2}0.3>0$，$b=\log_{2}0.3<0$，故 $ab<0$；$\because a=\log_{0.2}0.3<\log_{0.2}0.2=1$，$b=\log_{2}0.3<\log_{2}0.5=-1$，故 $a+b<0$；$\because \frac{a+b}{ab}=\frac{1}{a}+\frac{1}{b}=\frac{1}{\log_{0.2}0.3}+\frac{1}{\log_{2}0.3}=\log_{0.3}0.2+\log_{0.3}2=\log_{0.3}0.4<\log_{0.3}0.3=1$，由 $ab<0$，故 $a+b>ab$，$\therefore ab<a+b<0$，综上，选 B。

13. $\{x|x\geqslant 1\}$ 【解析】由 $|x+1|-|x-3|\geqslant 0$，得 $|x+1|\geqslant |x-3|$，两边平方，得 $x^2+2x+1\geqslant x^2-6x+9$，即 $8x\geqslant 8$，解得 $x\geqslant 1$，$\therefore$ 原不等式的解集为 $\{x|x\geqslant 1\}$。

14. 【解析】不妨设 $a=-\frac{1}{2}$，则 $A=\frac{5}{4}$，$B=\frac{3}{4}$，$C=2$，由此猜想 $B<A<C$。

由 $-1<a<0$ 得 $1+a>0$，$A-B=(1+a^2)-(1-a^2)=2a^2>0$，得 $A>B$。

又 $C-A=\dfrac{1}{1+a}-(1+a^2)=-\dfrac{a(a^2+a+1)}{1+a}=-\dfrac{a\left[\left(a+\frac{1}{2}\right)^2+\frac{3}{4}\right]}{1+a}>0$，得 $C>A$。

综上可得，$B<A<C$。

第二节　一元二次不等式

考向 1 变式训练

A 【解析】关于 x 的不等式 $x^2-(m+2)x+2m<0$ 可化为 $(x-m)(x-2)<0$，$\because$ 该不等式的解集恰有 3 个正整数，$\therefore m>2$，$\therefore$ 不等式的解集为 $\{x|2<x<m\}$，且 $5<m\leqslant 6$，即实数 m 的取值范围是 $(5,6]$。

考向 2 变式训练

A 【解析】当 $k=0$ 时，不等式 $kx^2-6kx+k+8\geqslant 0$ 可化为 $8\geqslant 0$，恒成立；当 $k\neq 0$ 时，要满足关于 x 的不等式 $kx^2-6kx+k+8\geqslant 0$ 对任意 $x\in\mathbf{R}$ 恒成立，只需 $\begin{cases}k>0,\\ \Delta=36k^2-4k(k+8)\leqslant 0,\end{cases}$ 解得 $0<k\leqslant 1$，综上所述，k 的取值范围是 $0\leqslant k\leqslant 1$。

考向 3 变式训练

【解析】(1) 由题意得：$128\ 000-80\ 000-5000\sqrt{1\times(1+t)}=23\ 000$，即 $t=24$。

(2) 由(1)得 $S_n=5000\sqrt{n(n+24)}\ (n\leqslant 10)$，设第 n 天发生危险，由题意得 $5000\sqrt{n(n+24)}-4000n>128\ 000-80\ 000$，即 $n^2+24n-256>0$，解得 $n>8$，所以汛期的第 9 天会有危险。

考向 4 变式训练

B 【解析】由题意知，$\dfrac{1}{x-1}+\dfrac{2}{x-2}\geqslant\dfrac{5}{4}$ 可转化为 $\begin{cases}5x^2-27x+26\leqslant 0,\\(x-1)(x-2)>0\end{cases}$ 或 $\begin{cases}5x^2-27x+26\geqslant 0,\\(x-1)(x-2)<0,\end{cases}$ 方程 $5x^2-27x+26=0$ 有两个根，$x_1=\dfrac{27-\sqrt{209}}{10}$，$x_2=\dfrac{27+\sqrt{209}}{10}$，则原不等式的解集为 $\left(1,\dfrac{27-\sqrt{209}}{10}\right]\cup\left(2,\dfrac{27+\sqrt{209}}{10}\right]$，该解集区间的长度为 $\left(\dfrac{27+\sqrt{209}}{10}-2\right)+\left(\dfrac{27-\sqrt{209}}{10}-1\right)=\dfrac{27}{5}-3=\dfrac{12}{5}$。

必刷好题

招教高频基础刷

1. C 【解析】$\because x\in(0,2]$，$\therefore a^2-a\geqslant\frac{x}{x^2+1}=\frac{1}{x+\frac{1}{x}}$。要使 $a^2-a\geqslant\frac{1}{x+\frac{1}{x}}$在 $x\in(0,2]$ 时恒成立，则 $a^2-a\geqslant\left(\frac{1}{x+\frac{1}{x}}\right)_{max}$，由基本不等式 $x+\frac{1}{x}\geqslant2$，当且仅当 $x=1$ 时，等号成立，即$\left(\frac{1}{x+\frac{1}{x}}\right)_{max}=\frac{1}{2}$。故 $a^2-a\geqslant\frac{1}{2}$，解得 $a\leqslant\frac{1-\sqrt{3}}{2}$或 $a\geqslant\frac{1+\sqrt{3}}{2}$。故选 C。

2. C 【解析】不等式 $2x^2-5x-3\geqslant0$ 整理得 $(2x+1)(x-3)\geqslant0$，$\therefore$ 不等式的解集为 $A=\{x|x\leqslant-\frac{1}{2}$或 $x\geqslant3\}$，因此，不等式 $2x^2-5x-3\geqslant0$ 成立的一个充分不必要条件对应的 x 的范围应该是集合 A 的真子集。$\because$ 集合 $B=\{x|x<-\frac{1}{2}\}$恰好是集合 A 的真子集，$\therefore x<-\frac{1}{2}$是使不等式 $2x^2-5x-3\geqslant0$ 成立的一个充分不必要条件。故选 C。

3. C 【解析】$\because$ 不等式 $x^2+ax+1\geqslant0$ 对一切 $x\in\left(0,\frac{1}{2}\right]$恒成立，即 $-a\leqslant x+\frac{1}{x}$对于一切 $x\in\left(0,\frac{1}{2}\right]$恒成立。由于 $y=x+\frac{1}{x}$的导数 $y'=1-\frac{1}{x^2}$，当 $0<x<\frac{1}{2}$时，$y'<0$，函数 $y=x+\frac{1}{x}$递减，当 $x=\frac{1}{2}$时，y 取得最小值为$\frac{5}{2}$，则有 $-a\leqslant\frac{5}{2}$，解得 $a\geqslant-\frac{5}{2}$，则 a 的最小值为 $-\frac{5}{2}$。

4. D 【解析】不等式 $4x^2+ax+4>0$ 的解集为 $\mathbf{R}$，$\therefore\Delta=a^2-4\times4\times4<0$，解得 $-8<a<8$。

5. B 【解析】$\because$ 不等式 $ax^2+bx+4>0$ 的解集为 $\{x|-2<x<1\}$，$\therefore -2,1$ 是方程 $ax^2+bx+4=0$ 的两个实数根，且 $a<0$，$\therefore\begin{cases}(-2)+1=-\frac{b}{a},\\(-2)\times1=\frac{4}{a},\end{cases}$解得$\begin{cases}a=-2,\\b=-2,\end{cases}$ $\therefore$ 二次函数 $y=bx^2+4x+a=-2x^2+4x-2$ 图象开口向下，对称轴为 $x=1$，$\therefore$ 函数 $y=-2x^2+4x-2$ 在$[0,1]$上单调递增，在$[1,3]$上单调递减。$\therefore f(x)_{max}=f(1)=0$，$f(x)_{min}=f(3)=-8$。

6. A 【解析】一元二次不等式 $ax^2+bx+c\geqslant0$ 的解集为$[1,2]$，$\therefore a>0$，且 1 和 2 是方程 $ax^2+bx+c=0$ 的两个实数解；由根与系数的关系知$\begin{cases}1+2=-\frac{b}{a},\\1\times2=\frac{c}{a},\end{cases}$ $\therefore b=-3a$，$c=2a$，$\therefore$ 不等

式 $cx^2+bx+a\leqslant0$ 可化为 $2ax^2-3ax+a\leqslant0$，即 $2x^2-3x+1\leqslant0$，解得 $\frac{1}{2}\leqslant x\leqslant1$。$\therefore$ 所求不等式的解集为 $\left[\frac{1}{2},1\right]$。

7. C 【解析】①中一元二次函数 $f(x)=-x^2+x+1$ 图象的开口向下，$\therefore$ 不等式 $-x^2+x+1\geqslant0$ 的解集不可能是 $\mathbf{R}$，A 项错误；②中一元二次函数 $f(x)=x^2-25x+5$，$\Delta=(-25)^2-4\times1\times5>0$，$\therefore$ 函数图象与 x 轴有两个不同的交点，函数图象开口向上，$\therefore$ 不等式 $x^2-25x+5>0$ 的解集不是 $\mathbf{R}$，B 项错误；③中一元二次函数 $f(x)=x^2+6x+10$ 图象的开口方向向上，$\Delta=6^2-4\times1\times10<0$，函数图象与 x 轴无交点，不等式 $x^2+6x+10>0$ 的解集为 $\mathbf{R}$，C 项正确；④中不等式 $2x^2-3x+4<1$ 可化为 $2x^2-3x+3<0$，一元二次函数 $f(x)=2x^2-3x+3$ 图象开口方向向上，$\Delta=(-3)^2-4\times2\times3<0$，函数图象与 x 轴无交点，不等式 $2x^2-3x+4<1$ 无解，D 项错误。

8. C 【解析】当 $x=0$ 时，不等式 $ax^3-x^2+4x+3\geqslant0$ 对任意的 $a\in\mathbf{R}$ 恒成立；当 $0<x\leqslant1$ 时，$ax^3-x^2+4x+3\geqslant0$ 可化为 $a\geqslant\frac{1}{x}-\frac{4}{x^2}-\frac{3}{x^3}$，令 $f(x)=\frac{1}{x}-\frac{4}{x^2}-\frac{3}{x^3}$，则 $f'(x)=-\frac{1}{x^2}+\frac{8}{x^3}+\frac{9}{x^4}=-\frac{(x-9)(x+1)}{x^4}$①；当 $0<x\leqslant1$ 时，$f'(x)>0$，$f(x)$ 在 $(0,1]$ 上单调递增，$f(x)_{\max}=f(1)=-6$，$\therefore a\geqslant-6$；当 $-2\leqslant x<0$ 时，$ax^3-x^2+4x+3\geqslant0$ 可化为 $a\leqslant\frac{1}{x}-\frac{4}{x^2}-\frac{3}{x^3}$，由①可知，当 $-2\leqslant x<-1$ 时，$f'(x)<0$，$f(x)$ 单调递减，当 $-1<x<0$ 时，$f'(x)>0$，$f(x)$ 单调递增，$f(x)_{\min}=f(-1)=-2$，$\therefore a\leqslant-2$。综上所述，实数 a 的取值范围是 $-6\leqslant a\leqslant-2$。

9. $(-3,+\infty)$ 【解析】当 $x\in[1,+\infty)$ 时，$f(x)=\frac{x^2+2x+a}{x}>0$ 恒成立，即 $x^2+2x+a>0$ 恒成立，即当 $x\geqslant1$ 时，$a>-(x^2+2x)$ 恒成立。令 $g(x)=-(x^2+2x)=-(x+1)^2+1$，则 $g(x)$ 在 $[1,+\infty)$ 上单调递减，$\therefore g(x)_{\max}=g(1)=-3$，故 $a>-3$。$\therefore$ 实数 a 的取值范围是 $(-3,+\infty)$。

10. $(-2,2]$ 【解析】当 $a-2=0$，即 $a=2$ 时，不等式即为 $-4<0$，对一切 $x\in\mathbf{R}$ 恒成立①，当 $a\neq2$ 时，则须 $\begin{cases}a-2<0,\\ \Delta=4(a-2)^2+16(a-2)<0,\end{cases}$ 解得 $-2<a<2$②，由①②得实数 a 的取值范围是 $(-2,2]$。

11. $\left\{x\,\middle|\,-1<x<\frac{4}{3}\right\}$ 【解析】$\because$ 不等式 $ax^2+bx+c>0$ 的解集是 $(-4,1)$，$\therefore a<0$，且 -4 和 1 是方程 $ax^2+bx+c=0$ 的两个根，$\therefore\begin{cases}-4+1=-\frac{b}{a},\\ -4\times1=\frac{c}{a},\end{cases}$ 即 $\begin{cases}\frac{b}{a}=3,\\ \frac{c}{a}=-4,\end{cases}$ $\therefore\begin{cases}b=3a,\\ c=-4a,\end{cases}$ 不等式 $b(x^2+1)-$

$a(x+3)+c>0$ 可化 $3(x^2+1)-(x+3)-4<0$，解得 $-1<x<\frac{4}{3}$，所求不等式的解集为 $\left\{x\left|-1<x<\frac{4}{3}\right.\right\}$。

12. 9 【**解析**】$\because$ 函数 $f(x)=x^2+ax+b(a,b\in\mathbf{R})$ 的值域为 $[0,+\infty)$，$\therefore f(x)=x^2+ax+b=0$ 只有一个根，即 $\Delta=a^2-4b=0$，则 $b=\frac{a^2}{4}$，不等式 $f(x)<c$ 的解集是 $(m,m+6)$，则 $x^2+ax+\frac{a^2}{4}-c=0$ 的两个根为 $m,m+6$，$\therefore$ 两根之差 $|m+6-m|=\sqrt{a^2-4\left(\frac{a^2}{4}-c\right)}=6$，解得 $c=9$。

13. $\left[-1,\frac{1}{2}\right]$ 【**解析**】$|2x-1|+|x+2|=\begin{cases}-3x-1, x<-2,\\ -x+3, -2\leqslant x\leqslant\frac{1}{2},\\ 3x+1, x>\frac{1}{2}.\end{cases}$ $\therefore x=\frac{1}{2}$ 时，$|2x-1|+|x+2|$ 取得最小值为 $\frac{5}{2}$，$\because$ 不等式 $|2x-1|+|x+2|\geqslant a^2+\frac{a}{2}+2$ 对任意实数 x 恒成立，$\therefore a^2+\frac{1}{2}a+2\leqslant\frac{5}{2}$，$\therefore a^2+\frac{1}{2}a-\frac{1}{2}\leqslant 0$，$\therefore -1\leqslant a\leqslant\frac{1}{2}$。$\therefore$ 实数 a 的取值范围是 $\left[-1,\frac{1}{2}\right]$。

第三节 二元一次不等式（组）与线性规划

考向 1 变式训练

C 【**解析**】如图为该不等式组所表示的平面区域，当 $a=0$ 时，只有 4 个整点 $(1,1)$，$(0,0)$，$(1,0)$，$(2,0)$；当 $a=-1$ 时，正好增加 $(-1,-1)$，$(0,-1)$，$(1,-1)$，$(2,-1)$，$(3,-1)$ 5 个整点，共 9 个，故 $a=-1$。

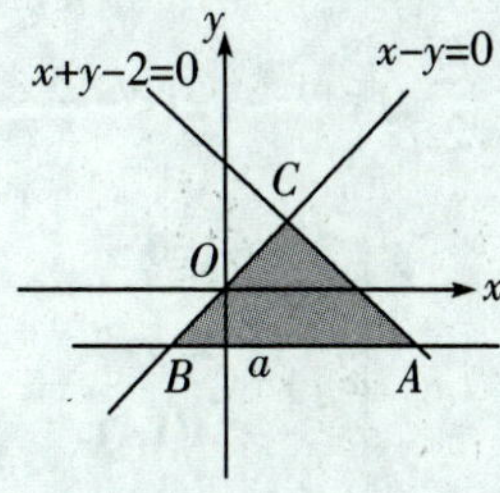

考向 2 变式训练

1. A 【**解析**】不等式表示的区域如图阴影部分所示，由 $z=x+y$ 得 $y=-x+z$，直线 $y=-x+z$

过点 $A(1,\frac{1}{2})$ 时在 y 轴上的截距最大，此时 z 值最大，为 $1+\frac{1}{2}=\frac{3}{2}$。

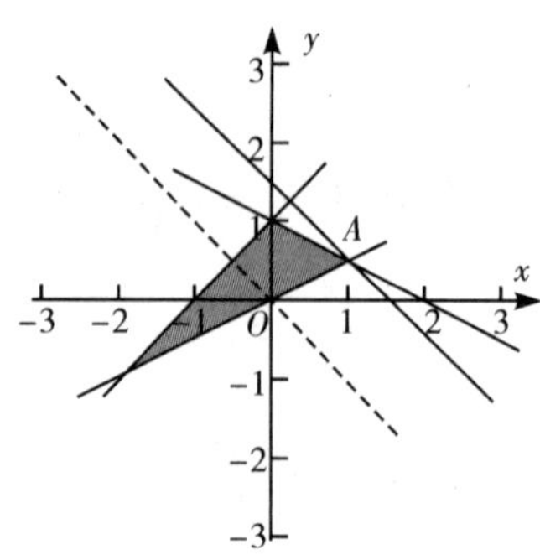

2. C 【解析】根据题目给出的变量 x,y 的约束条件，将目标函数变形为 $y=2x-z$，可知当目标函数取得最大值时，直线 $y=2x-z$ 的纵截距最小，$m\leqslant 0$ 不满足题意，故 $m>0$，作出可行域如图所示：

由图可知，当直线 $z=2x-y$ 过点 A 时，纵截距最小，z 取得最大值，为 2。

联立方程 $\begin{cases}x-2y+2=0,\\ mx-y=0,\end{cases}$ 得点 A 坐标为 $(\frac{2}{2m-1},\frac{2m}{2m-1})$，那么 $z=2\times\frac{2}{2m-1}-\frac{2m}{2m-1}=\frac{4-2m}{2m-1}=2$，解得 $m=1$。故选 C。

考向 3 变式训练

$(-\sqrt{2},1]$ 【解析】作出不等式组 $\begin{cases}x\leqslant 0,\\ y>x,\\ y<2x+1,\end{cases}$ 表示的平面区域，如图中阴影部分所示，其中 $B(-1,-1)$，$C(0,1)$。设点 $A(1,1)$，向量 $\overrightarrow{OA}$，$\overrightarrow{OP}$ 的夹角为 θ，因为 $\overrightarrow{OA}\cdot\overrightarrow{OP}=x+y$，$|\overrightarrow{OP}|=\sqrt{x^2+y^2}$，所以 $\cos\theta=\frac{\overrightarrow{OA}\cdot\overrightarrow{OP}}{|\overrightarrow{OA}||\overrightarrow{OP}|}=\frac{x+y}{\sqrt{2}\cdot\sqrt{x^2+y^2}}=\frac{\sqrt{2}}{2}\cdot\frac{x+y}{\sqrt{x^2+y^2}}$，由图可知，$45°\leqslant\theta<180°$，所以 $-1<\cos\theta\leqslant\frac{\sqrt{2}}{2}$，即 $-1<\frac{\sqrt{2}}{2}\cdot\frac{x+y}{\sqrt{x^2+y^2}}\leqslant\frac{\sqrt{2}}{2}$，所以 $-\sqrt{2}<\frac{x+y}{\sqrt{x^2+y^2}}\leqslant 1$。

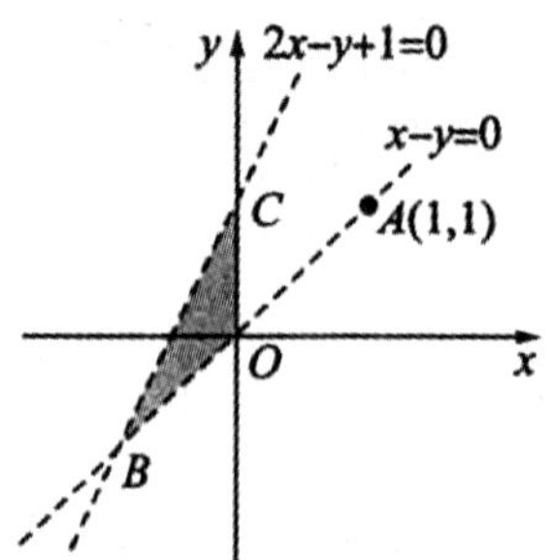

考向 4 变式训练

B 【解析】设买 A 种用品 x 件，B 种用品 y 件，剩下的钱为 z 元，则 $100x+160y\leqslant800$，$x\geqslant1$，$y\geqslant1$，$x,y\in\mathbf{N}^*$，本题可转换为求 $z=800-100x-160y$ 取得最小值时的整数解 (x,y)，则易得整数解为 $(3,3)$。

招教高频基础刷

1. C 【解析】画出不等式组所表示的平面区域如图所示。令 $z=x+y$，则 $y=-x+z$，z 表示斜率为 -1 的直线在 y 轴上的截距。当 z 的最大值为 9 时，$y=-x+z$ 过点 A，因此 $x-my+1=0$ 过点 A，$\therefore m=1$。

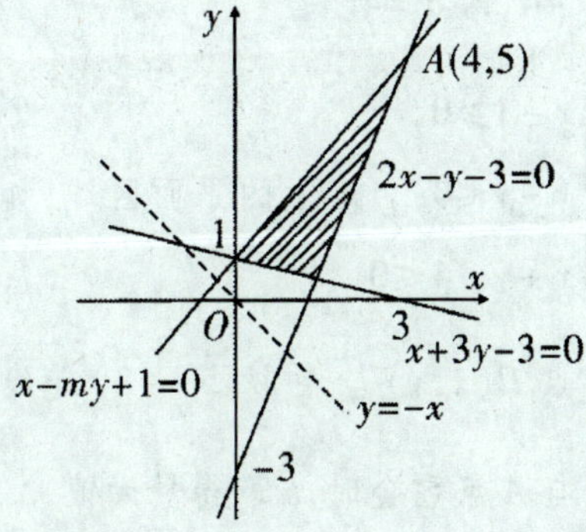

2. B 【解析】画出约束区域，如图所示，令 $z=0$，得 $y=-3x$，化目标函数为斜截式方程 $y=-3x+z$，得当 $\begin{cases}x=3,\\y=2\end{cases}$ 时，$z_{\max}=11$，故选 B。

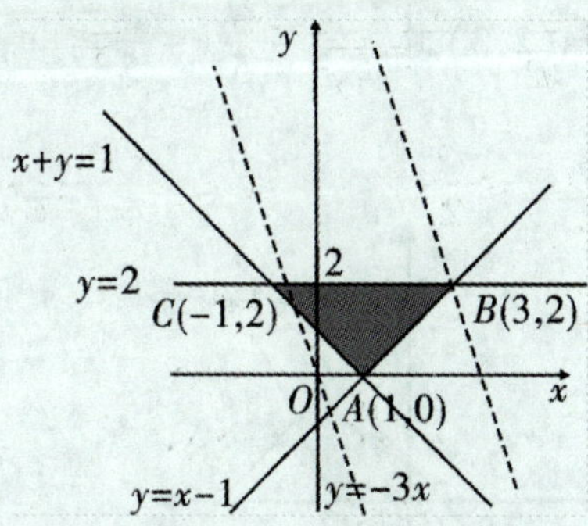

3. A 【解析】目标函数可化为 $y=3x-z+3$，要求 z 的最大值则需要函数在 y 轴上的截距最小；求 z 的最小值则需要使函数在 y 轴上的截距最大。联立方程组求得 $A\left(\dfrac{1}{2},3\right)$，$B(2,0)$，从图上

可以看出，当直线 $y=3x-z+3$ 过点 $A\left(\frac{1}{2},3\right)$ 时，截距最大，z 值最小，$z_{\min}=\frac{3}{2}$；当直线 $y=3x-z+3$ 过点 $B(2,0)$ 时，截距最小，z 值最大，$z_{\max}=9$，$\therefore z$ 的取值范围是 $\left[\frac{3}{2},9\right]$。故选 A。

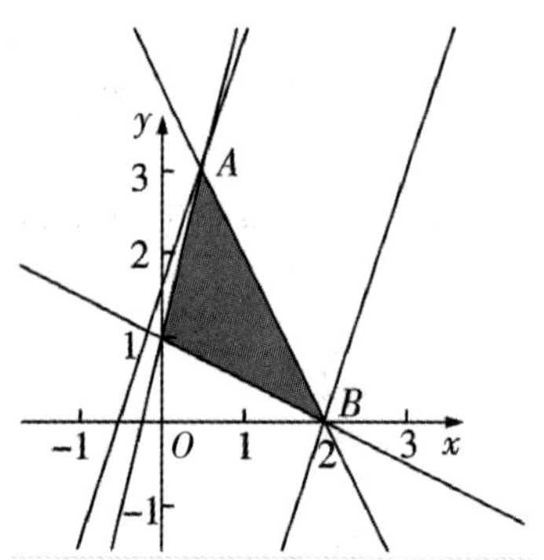

4. A 【解析】$\because$ 目标函数 $z=ax+y$，$\therefore y=-ax+z$，$\therefore$ 目标函数值 z 是直线簇 $y=-ax+z$ 的截距。当直线簇 $y=-ax+z$ 的斜率与边界 BC 的斜率相等时，目标函数 $z=ax+y$ 取得最大值的最优解有无数多个，此时，$-a=\frac{5-1}{1-2}=-4$，即 $a=4$。

5. C 【解析】画出约束条件 $\begin{cases}x-1\geqslant 0,\\ x-y\leqslant 0,\\ x+y-4\leqslant 0\end{cases}$ 表示的平面区域，如图所示，则 $\frac{y+3}{x-5}$ 表示平面区域内的点 $P(x,y)$ 与点 $M(5,-3)$ 连线的斜率 k 的值。由图形知，当 P 点与 A 点重合时，k 取得最大值，$\therefore$ $\begin{cases}x=1,\\ x-y=0,\end{cases}$ 求得 $A(1,1)$，$\therefore k$ 的最大值是 $\frac{1+3}{1-5}=-1$。

6. C 【解析】由变量 x,y 满足的约束条件画出可行域，则点 $A(2,3)$，作出基本直线 $l_0:3x+5y=0$，平移直线 l_0，当直线经过点 $A(2,3)$ 时，$y=-\frac{3}{5}x+\frac{z}{5}$ 在 y 轴上的截距最大，z 取得最大值，$z_{\max}=3\times 2+5\times 3=21$。

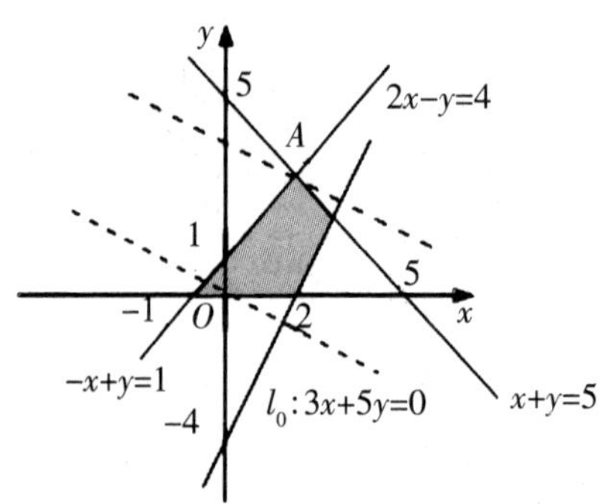

7. B 【解析】设甲、乙两种产品月产量分别为 x,y 件，约束条件是 $\begin{cases}2x+3y\leqslant 480,\\6x+y\leqslant 960,\\x\geqslant 0,\\y\geqslant 0,\end{cases}$ 目标函数是 $z=2x+y$，由约束条件画出可行域，如图所示的阴影部分，结合图象可知，$z=2x+y$ 在 A 处取得最大值。由 $\begin{cases}2x+3y=480,\\6x+y=960,\end{cases}$ 可得 $A(150,60)$，此时 $z=2\times150+1\times60=360$ 千元。

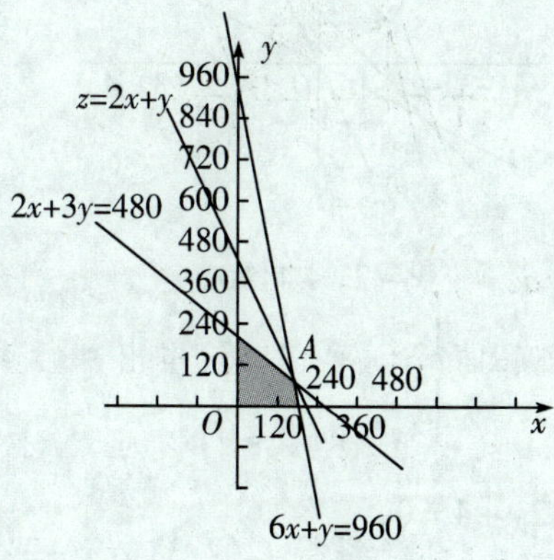

8. 1 【解析】$S=\dfrac{1}{2}\times2\times1=1$。

9. 1 【解析】画出可行域如图所示。由图可知，当 $x=0,y=1$ 时，$z=-2x+y$ 取得最大值 1。

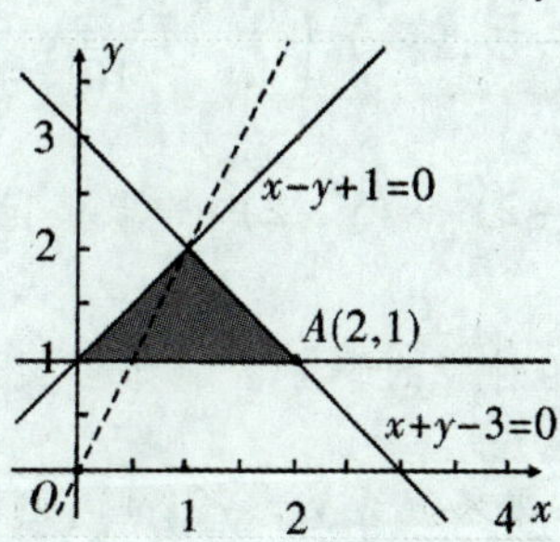

10. 3 【解析】不等式组表示的平面区域如图所示。由 $\begin{cases}x=3\\y=x\end{cases}$ 得 $A(3,3)$。当直线 $z=2x-y$ 过点 $A(3,3)$ 时，在 y 轴上截距最小，此时 z 取得最大值 3。

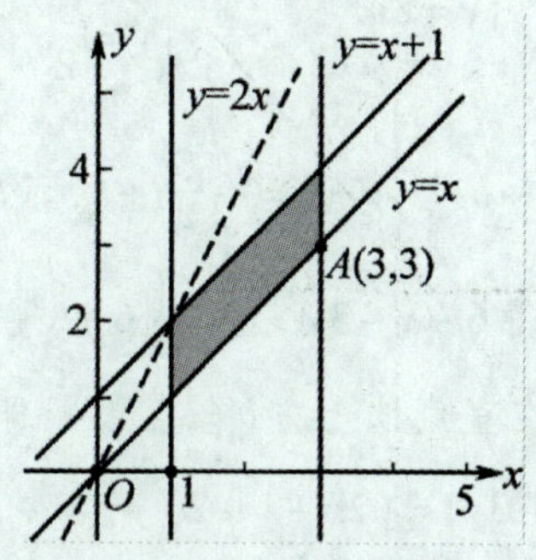

11. 3 【**解析**】作出可行域如图中阴影部分所示(包含边界),令目标函数为 $z=2y-x$,整理得 $y=\frac{1}{2}x+\frac{1}{2}z$,作直线 $y=\frac{1}{2}x$ 并平移,得直线 $y=\frac{1}{2}x+\frac{1}{2}z$ 过点 $A(1,2)$ 时,其在 y 轴上的截距最小,则 $z_{\min}=3$,故 $2y-x$ 的最小值为 3。

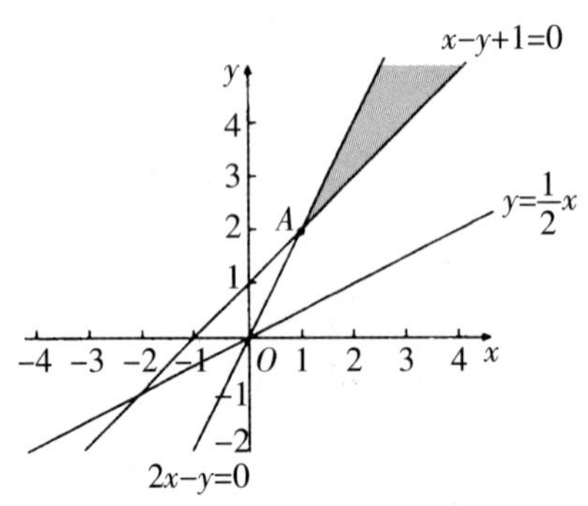

12. $\left[\frac{1}{10},5\right]$ 【**解析**】由约束条件 $\begin{cases}x-2y+4\geqslant 0,\\2x+y-2\geqslant 0,\\3x-y-3\leqslant 0,\end{cases}$ 作出可行域如图,$A(0,2)$,$B(1,0)$,联立 $\begin{cases}x-2y+4=0,\\3x-y-3=0,\end{cases}$ 解得 $C(2,3)$,$(x-2)^2+(y-2)^2$ 的几何意义是可行域内的动点与定点 $P(2,2)$ 距离的平方,由图可知,其最小值为 P 到直线 $3x-y-3=0$ 距离的平方,等于 $\left(\frac{|3\times 2-2-3|}{\sqrt{10}}\right)^2=\frac{1}{10}$,其最大值为 $|PB|^2=\left(\sqrt{(2-1)^2+(2-0)^2}\right)^2=5$,$\therefore (x-2)^2+(y-2)^2$ 的取值范围是 $\left[\frac{1}{10},5\right]$。

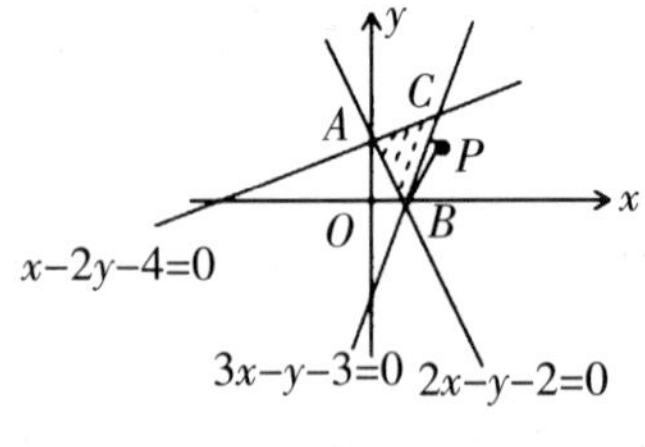

13. $\frac{9}{4}$ 【**解析**】作出不等式组相对应的平面区域如图阴影部分所示。由 $z=2x+y$ 得 $y=-2x+z$,平移直线 $y=-2x+z$,由图象可知当直线 $y=-2x+z$ 经过点 A 时,直线 $y=-2x+z$ 的截距最小。此时 z 最小为 3,即 $2x+y=3$,由 $\begin{cases}2x+y=3,\\y=2x,\end{cases}$ 解得 $\begin{cases}x=\frac{3}{4},\\y=\frac{3}{2},\end{cases}$ 即 $A\left(\frac{3}{4},\frac{3}{2}\right)$,此时点 A 也在直线 $y=-x+b$ 上,即 $\frac{3}{2}=-\frac{3}{4}+b$,则 $b=\frac{9}{4}$。

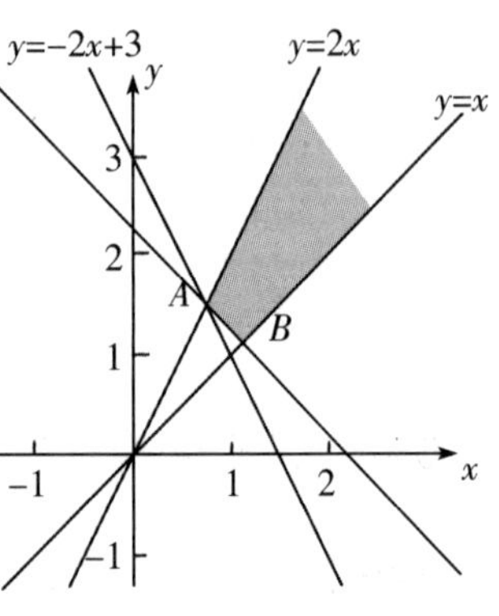

14. 3 【**解析**】由 $x^2+y^2\leqslant 1$,可得 $6-x-3y>0$,即 $|6-x-3y|=6-x-3y$,如图直线 $2x+y-2=0$ 将圆 $x^2+y^2=1$ 分成两部分,在直线的上方(含直线),即有 $2x+y-2\geqslant 0$,即 $|2x+y-2|=2x+y-2$,此时 $|2x+y-2|+|6-x-3y|=(2x+y-2)+(6-x-3y)=x-2y+4$,利用线性规划

可得在$A\left(\frac{3}{5},\frac{4}{5}\right)$处取得最小值3。直线的下方(含直线),即有$2x+y-2\leqslant 0$,即$|2x+y-2|=-(2x+y-2)$,此时$|2x+y-2|+|6-x-3y|=-(2x+y-2)+(6-x-3y)=8-3x-4y$,利用线性规划可得在$\left(\frac{3}{5},\frac{4}{5}\right)$处取得最小值3。综上可得,当$x=\frac{3}{5},y=\frac{4}{5}$时,$|2x+y-2|+|6-x-3y|$的最小值为3。

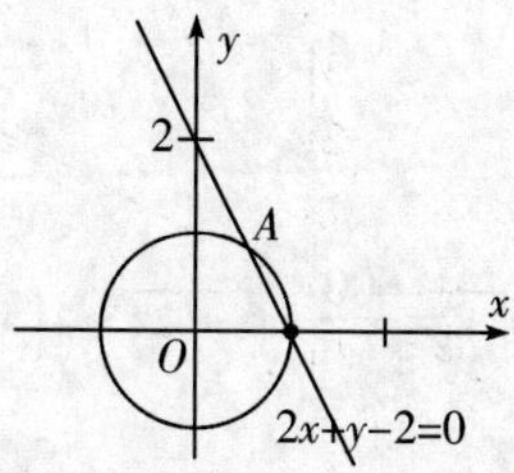

15.4 【解析】作出约束条件$\begin{cases}x-2y\leqslant 0,\\2x-y\geqslant 0,\\x^2+y^2-2x-2y\leqslant 0\end{cases}$对应的平面区域,为图中的扇形及其内部。

将直线$l:z=x+y$进行平移,当直线越向上移动,z的值越大,可得当直线l与$\overset{\frown}{BC}$相切时,l在y轴上的截距最大,目标函数z同时达到最大值,求得切点$(2,2)$,∴目标函数$z=x+y$的最大值是$z_{max}=F(2,2)=2+2=4$。

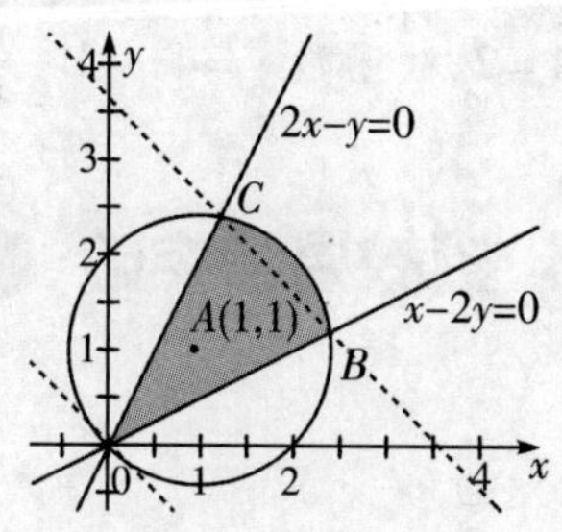

第四节 基本不等式

考向1 变式训练

【解析】∵$a^2+b^2\geqslant 2ab,b^2+c^2\geqslant 2bc,a^2+c^2\geqslant 2ac$,相加得$2(a^2+b^2+c^2)\geqslant 2ab+2ac+2bc$,即$a^2+b^2+c^2\geqslant ab+ac+bc$,当且仅当$a=b=c$时“=”成立。

考向2 变式训练

1. C 【解析】由题意得$\frac{18}{x}+\frac{2}{y}=1$,则$x+y=(x+y)(\frac{18}{x}+\frac{2}{y})=18+\frac{2x}{y}+\frac{18y}{x}+2\geqslant 20+$

$2\sqrt{\frac{2x}{y}\cdot\frac{18y}{x}}=32$，当且仅当$\frac{2x}{y}=\frac{18y}{x}$，即 $x=24$，$y=8$ 时等号成立。

2. $2\sqrt{2}+3$ 【解析】$\frac{1}{a}+\frac{1}{b}=\left(\frac{1}{a}+\frac{1}{b}\right)(2a+b)=2+\frac{b}{a}+\frac{2a}{b}+1\geqslant 2\sqrt{\frac{b}{a}\cdot\frac{2a}{b}}+3=2\sqrt{2}+3$，当且仅当$\frac{b}{a}=\frac{2a}{b}$，即 $a=\frac{2-\sqrt{2}}{2}$，$b=\sqrt{2}-1$ 时等号成立，故$\frac{1}{a}+\frac{1}{b}$的最小值为 $2\sqrt{2}+3$。

考向 3 变式训练

30 【解析】设总费用为 y 万元，则 $y=\frac{600}{x}\cdot 6+4x=4\left(x+\frac{900}{x}\right)\geqslant 240$，当且仅当$x=\frac{900}{x}$，即 $x=30$ 时，等号成立。

考向 4 变式训练

2 【解析】由题意得，函数 $y=4x-1+\frac{1}{4x-5}=-\left[(5-4x)+\frac{1}{5-4x}\right]+4$，又由 $x<\frac{5}{4}$，则 $5-4x>0$，则$(5-4x)+\frac{1}{5-4x}\geqslant 2\sqrt{(5-4x)\cdot\frac{1}{5-4x}}=2$，当且仅当 $5-4x=1$，即 $x=1$ 时，等号成立，则 $y=-\left[(5-4x)+\frac{1}{5-4x}\right]+4\leqslant -2+4=2$，故函数 $y=4x-1+\frac{1}{4x-5}$的最大值为 2。

招教易错突破

变式训练

1. C 【解析】解方程 $2x+3(m-1)=1+x$ 可得 $x=4-3m$，因为该方程的解为正数，故 $x=4-3m>0$，解得 $m<\frac{4}{3}$。

2. D 【解析】由题意知，当 $a=0$ 时，$-1<0$，不等式成立；当 $a<0$ 时，$\Delta=a^2+4a<0$，解得 $-4<a<0$。综上实数 a 的取值范围是$(-4,0]$。

3. A 【解析】由题意知，$\because x>1$，$\therefore x-1>0$，又 $y>0$，且$\frac{1}{x-1}+\frac{2}{y}=1$，则 $x+2y-1=[(x-1)+2y]\left(\frac{1}{x-1}+\frac{2}{y}\right)=5+\frac{2y}{x-1}+\frac{2(x-1)}{y}\geqslant 5+2\sqrt{\frac{2y}{x-1}\cdot\frac{2(x-1)}{y}}=9$，当且仅当$\frac{2y}{x-1}=\frac{2(x-1)}{y}$，即 $x=4$，$y=3$ 时等号成立。

必刷好题

招教高频基础刷

1. B 【解析】$x+y+\frac{1}{x}+\frac{1}{y}=(x+y)(1+\frac{1}{xy})$，令 $x+y=k$，则有 $4xy\leqslant(x+y)^2=k^2$，$\therefore (x+y)(1+\frac{1}{xy})\geqslant k(1+\frac{4}{k^2})=k+\frac{4}{k}$，即 $k+\frac{4}{k}\leqslant5$，解得 $1\leqslant k\leqslant4$。故选 B 选项。

2. C 【解析】已知 $a>0,b>0$，因此 $\frac{1}{a}>0,\frac{1}{b}>0$，则 $\frac{1}{a}+\frac{1}{b}\geqslant2\sqrt{\frac{1}{ab}}$，当且仅当 $a=b$ 时，等号成立，于是 $\frac{1}{a}+\frac{1}{b}+2\sqrt{ab}\geqslant2\sqrt{\frac{1}{ab}}+2\sqrt{ab}\geqslant2(2\sqrt{\sqrt{\frac{1}{ab}}\cdot\sqrt{ab}})=4$，当且仅当 $\begin{cases}ab=1,\\a=b,\end{cases}$ 即 $a=b=1$ 时，等号成立，故当 $a=b=1$ 时，原式的最小值为 4。

3. D 【解析】$\because x-2y+3z=0$，$\therefore y=\frac{x+3z}{2}$，$\therefore \frac{y^2}{xz}=\frac{x^2+9z^2+6xz}{4xz}\geqslant\frac{6xz+6xz}{4xz}=3$，当且仅当 $x=3z$ 时取“=”。

4. C 【解析】$a>b>0$，则 $a>\frac{a+b}{2}$，又由基本不等式知 $\frac{a+b}{2}>\sqrt{ab}$，且 $\sqrt{ab}>b$，故选 C。

5. 9 【解析】令 $1-a=b$，则 $a+b=1$，则原式 $=\frac{1}{a}+\frac{4}{1-a}=\frac{a+b}{a}+\frac{4(a+b)}{b}=1+\frac{b}{a}+\frac{4a}{b}+4\geqslant 5+2\sqrt{\frac{b}{a}\cdot\frac{4a}{b}}=9$，当且仅当 $\frac{b}{a}=\frac{4a}{b}$ 时，即 $a=\frac{1}{3},b=\frac{2}{3}$ 时等号成立。

6. 27 【解析】由题知 $(\frac{x^2}{y})^2\in[16,81]$，$\frac{1}{xy^2}\in[\frac{1}{8},\frac{1}{3}]$，故 $\frac{x^3}{y^4}=(\frac{x^2}{y})^2\cdot\frac{1}{xy^2}\in[2,27]$，因此 $\frac{x^3}{y^4}$ 的最大值是 27。

7. $\frac{59}{14}$ 【解析】令 $x-1=\frac{y+1}{2}=\frac{z-2}{3}=k$，则 $x=k+1,y=2k-1,z=3k+2$，于是 $x^2+y^2+z^2=(k+1)^2+(2k-1)^2+(3k+2)^2=k^2+2k+1+4k^2+1-4k+9k^2+4+12k=14k^2+10k+6$，其最小值为 $\frac{4ac-b^2}{4a}=\frac{4\times14\times6-100}{4\times14}=\frac{59}{14}$。

8. 1 【解析】由 $a^x=b^y=3$，得 $x=\log_a3,y=\log_b3$，$\therefore \frac{1}{x}+\frac{1}{y}=\log_3ab\leqslant\log_3\left(\frac{a+b}{2}\right)^2=1$，当且仅当 $a=b$ 时等号成立，且最大值为 1。

9. $\frac{1}{16}$ 【解析】$xy=\frac{1}{4}x\cdot4y\leqslant\frac{1}{4}(\frac{x+4y}{2})^2=\frac{1}{16}$，当且仅当 $x=4y=\frac{1}{2}$ 时取等号。

10. $\frac{1}{4}$ 【解析】$\because a-3b+6=0$，$\therefore a-3b=-6$。$2^a+\frac{1}{8^b}=2^a+2^{-3b}\geqslant2\sqrt{2^a\cdot2^{-3b}}=$

$2\sqrt{2^{a-3b}}=2\sqrt{2^{-6}}=2^{-2}=\frac{1}{4}$，当且仅当 $a=-3b$，即 $a=-3,b=1$ 时，取等号。

11.【解析】左边 $=\frac{a+b}{ab}+\frac{1}{ab}=\frac{2}{ab}\geqslant\frac{2}{(\frac{a+b}{2})^2}=8=$ 右边，当且仅当 $a=b=\frac{1}{2}$ 时取等号。

招教易错能力刷

1. C 【解析】$\because x>0,y>0$，且 $\frac{1}{x+1}+\frac{1}{y}=\frac{1}{2}$，$\therefore x+1+y=2\left(\frac{1}{x+1}+\frac{1}{y}\right)(x+1+y)=2\left(1+1+\frac{y}{x+1}+\frac{x+1}{y}\right)\geqslant 2\left(2+2\sqrt{\frac{y}{x+1}\cdot\frac{x+1}{y}}\right)=8$，当且仅当 $\frac{y}{x+1}=\frac{x+1}{y}$，即 $x=3,y=4$ 时取等号，$\therefore x+y\geqslant 7$，故 $x+y$ 的最小值为7。

2. D 【解析】由 $\log_{\frac{1}{2}}x>1$，得 $0<x<\frac{1}{2}\Rightarrow -1<2x-1<0$，$y=8x+\frac{1}{2x-1}=4(2x-1)+\frac{1}{2x-1}+4=-\left[4(1-2x)+\frac{1}{1-2x}\right]+4\leqslant -4+4=0$，当且仅当 $x=\frac{1}{4}$ 时，取等号。

3. B 【解析】$\because$ 圆的一般方程为 $x^2+y^2+2x-4y+1=0$，$\therefore$ 圆的标准方程为 $(x+1)^2+(y-2)^2=4$，则圆的半径为2，圆心为 $(-1,2)$，$\therefore -a-2b+2=0$，即 $a+2b=2(a>0,b>0)$，$\therefore\frac{1}{a}+\frac{2}{b}=\frac{1}{2}\left(\frac{1}{a}+\frac{2}{b}\right)(a+2b)=\frac{1}{2}+2+\frac{b}{a}+\frac{a}{b}\geqslant\frac{5}{2}+2\sqrt{\frac{b}{a}\times\frac{a}{b}}=\frac{9}{2}$（当且仅当 $a=b=\frac{2}{3}$ 时等号成立），故 $\frac{1}{a}+\frac{2}{b}$ 的最小值为 $\frac{9}{2}$。

4. B 【解析】$\because a>0,b>0,\frac{1}{a+1}+\frac{1}{b+1}=1$，$\therefore a+2b=(a+1)+2(b+1)-3=[(a+1)+2(b+1)]\cdot\left(\frac{1}{a+1}+\frac{1}{b+1}\right)-3=\left[1+2+\frac{2(b+1)}{a+1}+\frac{a+1}{b+1}\right]-3=\frac{2(b+1)}{a+1}+\frac{a+1}{b+1}\geqslant 2\sqrt{\frac{2(b+1)}{a+1}\cdot\frac{a+1}{b+1}}=2\sqrt{2}$，当且仅当 $\frac{2(b+1)}{a+1}=\frac{a+1}{b+1}$，即 $a=\sqrt{2},b=\frac{\sqrt{2}}{2}$ 时取等号。

5. 8 【解析】函数 $y=\log_a(x+3)-1(a>0$，且 $a\neq 1)$ 恒过定点 $A(-2,-1)$，点 A 在直线 $mx+ny+1=0$ 上，则有 $-2m-n+1=0$，即 $2m+n=1$。又 $\because mn>0$，$\therefore\frac{1}{m}+\frac{2}{n}=\left(\frac{1}{m}+\frac{2}{n}\right)(2m+n)=4+\left(\frac{n}{m}+\frac{4m}{n}\right)\geqslant 4+2\sqrt{4}=8$，当且仅当 $n=2m$ 时，等号成立。

6. $[-2,4]$ 【解析】由 $\frac{1}{4}a^2+\frac{1}{4}b^2+c^2=1$ 得 $a^2+b^2+4c^2=4$，即 $2a^2+2b^2+8c^2=8$。$\therefore 8=2a^2+2b^2+8c^2=(a^2+b^2)+(a^2+4c^2)+(b^2+4c^2)\geqslant 2ab+4ac+4bc$，$\therefore ab+2bc+2ca\leqslant 4$（当且仅当 $a=b=2c$ 时取等号）；又 $\frac{1}{4}a^2+\frac{1}{4}b^2+c^2+2\left(\frac{1}{4}ab+\frac{1}{2}bc+\frac{1}{2}ca\right)=\left(\frac{1}{2}a+\frac{1}{2}b+c\right)^2\geqslant 0$，$\therefore 1+$

$\frac{1}{2}(ab+2bc+2ca)\geqslant 0$，$\therefore ab+2bc+2ca\geqslant -2$。$\therefore ab+2bc+2ca$ 的取值范围是$[-2,4]$。

7.$4\sqrt{3}$ 【解析】$\because x>0,y>0,x+2y=5$，则$\frac{(x+1)(2y+1)}{\sqrt{xy}}=\frac{2xy+x+2y+1}{\sqrt{xy}}=\frac{2xy+6}{\sqrt{xy}}=2\sqrt{xy}+\frac{6}{\sqrt{xy}}$，由基本不等式有$2\sqrt{xy}+\frac{6}{\sqrt{xy}}\geqslant 2\sqrt{2\sqrt{xy}\cdot\frac{6}{\sqrt{xy}}}=4\sqrt{3}$，当且仅当$2\sqrt{xy}=\frac{6}{\sqrt{xy}}$时，即$xy=3$，$x+2y=5$时，即$\begin{cases}x=3,\\y=1,\end{cases}$或$\begin{cases}x=2,\\y=\frac{3}{2}\end{cases}$时，等号成立。故$\frac{(x+1)(2y+1)}{\sqrt{xy}}$的最小值是$4\sqrt{3}$。

8.4 【解析】$\because a,b\in\mathbf{R},ab>0$，则$\frac{a^4+4b^4+1}{ab}\geqslant\frac{2\sqrt{a^4\cdot 4b^4}+1}{ab}=\frac{4a^2b^2+1}{ab}=4ab+\frac{1}{ab}\geqslant 2\sqrt{4ab\cdot\frac{1}{ab}}=4$，当且仅当$\begin{cases}a^4=4b^4,\\4ab=\frac{1}{ab},\end{cases}$即$\begin{cases}a^2=2b^2,\\a^2b^2=\frac{1}{4},\end{cases}$即$a=\frac{1}{\sqrt[4]{2}},b=\frac{1}{\sqrt[4]{8}}$或$a=\frac{1}{\sqrt[4]{2}},b=-\frac{1}{\sqrt[4]{8}}$时取“=”，$\therefore\frac{a^4+4b^4+1}{ab}$最小值为4。

专题九　数　列

第一节　数列的概念与简单表示方法

考向 1 变式训练

【解析】$a_1=3^1+(-1)^1=2, a_2=3^2+(-1)^2=10, a_3=3^3+(-1)^3=26, a_4=3^4+(-1)^4=82$, $a_5=3^5+(-1)^5=242,\cdots$,所以 $a_n=3^n+(-1)^n$。

考向 2 变式训练

1.【解析】由 $a_{n+1}=a_n+2n+1$ 得 $a_{n+1}-a_n=2n+1$,则 $a_n=(a_n-a_{n-1})+(a_{n-1}-a_{n-2})+\cdots+(a_3-a_2)+(a_2-a_1)+a_1=[2(n-1)+1]+[2(n-2)+1]+\cdots+(2\times2+1)+(2\times1+1)+1=2[(n-1)+(n-2)+\cdots+2+1]+(n-1)+1=2\dfrac{(n-1)n}{2}+(n-1)+1=(n-1)(n+1)+1=n^2$,所以数列$\{a_n\}$的通项公式为 $a_n=n^2$。

2.【解析】$a_{n+1}=\dfrac{1}{2-a_n}\Rightarrow\dfrac{1}{a_{n+1}-1}=-1+\dfrac{1}{a_n-1}$,令 $b_n=\dfrac{1}{a_n-1}$,则 $b_{n+1}=b_n-1$,所以 $b_n=(n-1)\cdot(-1)+b_1=-(n+1)$,由此得 $a_n=1-\dfrac{1}{n+1}=\dfrac{n}{n+1}$。

考向 3 变式训练

D　【解析】由递增数列的定义 $a_{n+1}>a_n(n\in\mathbf{N}^*)$,得 $a_{n+1}-a_n=2n+1+\lambda>0(n\in\mathbf{N}^*)$,即$\lambda>-(2n+1)(n\in\mathbf{N}^*)$恒成立,得 $\lambda>-3$。

必刷好题

招教高频基础刷

1. C　【解析】由 $a_1=1$,且满足 $a_{n+1}=\dfrac{1}{2}a_n+\dfrac{1}{2n}$, $a_2=\dfrac{1}{2}a_1+\dfrac{1}{2}=1$,那么 $a_3=\dfrac{1}{2}a_2+\dfrac{1}{4}=\dfrac{3}{4}$,故选 C。

2. D 【解析】由题意知 $a_n=2n-1$，则 $S_n=n^2$，故 $S_k=k^2$，$S_{k+2}=(k+2)^2$。又 $S_{k+2}-S_k=24$，则 $(k+2)^2-k^2=24$，故 $k=5$。

3. D 【解析】$\because a_n=\dfrac{1}{\sqrt{n+2}+\sqrt{n}}=\dfrac{\sqrt{n+2}-\sqrt{n}}{2}$，$S_n=\dfrac{\sqrt{3}-1}{2}+\dfrac{2-\sqrt{2}}{2}+\cdots+\dfrac{\sqrt{n+2}-\sqrt{n}}{2}=\dfrac{\sqrt{n+2}+\sqrt{n+1}-\sqrt{2}-1}{2}$。故选择 D 选项。

4. C 【解析】由于 $3a_{n+1}+a_n=0$，故 $a_{n+1}=-\dfrac{1}{3}a_n$，$\therefore$ 数列 $\{a_n\}$ 是以 $-\dfrac{1}{3}$ 为公比的等比数列，$\because a_2=-\dfrac{4}{3}$，$\therefore a_1=4$。由等比数列的求和公式可得，$S_{10}=\dfrac{4\left[1-\left(-\frac{1}{3}\right)^{10}\right]}{1+\frac{1}{3}}=3(1-3^{-10})$，故选 C。

5. A 【解析】设数列为 $\{a_n\}$，则 $a_{n+1}-a_n=(n+1)(n+5)\cdot\left(\dfrac{2}{3}\right)^{n+1}-n(n+4)\left(\dfrac{2}{3}\right)^n=\left(\dfrac{2}{3}\right)^n\cdot\left[\dfrac{2}{3}(n^2+6n+5)-n^2-4n\right]=\dfrac{2^n}{3^{n+1}}(10-n^2)$，$\therefore$ 当 $n\leqslant3$ 时，$a_{n+1}>a_n$；当 $n\geqslant4$ 时，$a_{n+1}<a_n$。因此 $a_1<a_2<a_3<a_4$，$a_4>a_5>a_6>\cdots$，$\therefore a_4$ 最大，$k=4$。故选 A。

6. D 【解析】当 $n\geqslant2$ 时，$a_n=S_n-S_{n-1}=2a_n+n-(2a_{n-1}+n-1)$，化为 $a_n=2a_{n-1}-1$，可变形为 $a_n-1=2(a_{n-1}-1)$。当 $n=1$ 时，$a_1=2a_1+1$，解得 $a_1=-1$，$\therefore a_1-1=-2$，$\therefore$ 数列 $\{a_n-1\}$ 是首项为 -2，公比为 2 的等比数列，则 $a_{10}=-2\times2^{10-1}+1=1-2^{10}$，故选 D。

7. $d\geqslant2\sqrt{5}$ 或 $d\leqslant-2\sqrt{5}$ 【解析】$\because S_3S_4+15=0$，$\therefore(3a_1+3d)(4a_1+6d)+15=0$，整理得 $4a_1^2+10a_1d+6d^2+5=0$。由于方程可看作关于 a_1 的一元二次方程，方程一定有根，故 $\Delta=(10d)^2-4\times4\times(6d^2+5)=4(d^2-20)\geqslant0$，整理得 $d^2\geqslant20$，解得 $d\geqslant2\sqrt{5}$ 或 $d\leqslant-2\sqrt{5}$。

8. $\dfrac{15}{2}$ 【解析】$\because\{a_n\}$ 是等比数列，$\therefore a_{n+2}+a_{n+1}=6a_n$ 可化为 $a_1q^{n+1}+a_1q^n=6a_1q^{n-1}$，$\therefore q^2+q-6=0$。$\because q>0$，$\therefore q=2$。$\because a_2=a_1q=1$，$\therefore a_1=\dfrac{1}{2}$，$\therefore S_4=\dfrac{a_1(1-q^4)}{1-q}=\dfrac{1}{2}\cdot\dfrac{(1-2^4)}{1-2}=\dfrac{15}{2}$。

9. 2 【解析】由 $S_n=\dfrac{a_1(3^n-1)}{2}$，$n\geqslant1$，得 $a_4=S_4-S_3=\dfrac{a_1(81-1)}{2}-\dfrac{a_1(27-1)}{2}=27a_1$。又 $a_4=54$，则 $a_1=2$。

10. -63 【解析】$\because S_n$ 为数列 $\{a_n\}$ 的前 n 项和，$S_n=2a_n+1$，①，当 $n=1$ 时，$a_1=2a_1+1$，解得 $a_1=-1$。当 $n\geqslant2$ 时，$S_{n-1}=2a_{n-1}+1$，②，由① - ②可得 $a_n=2a_n-2a_{n-1}$，$\therefore a_n=2a_{n-1}$，$\therefore\{a_n\}$ 是以 -1 为首项，以 2 为公比的等比数列，$\therefore S_6=\dfrac{(-1)\times(1-2^6)}{1-2}=-63$。

11. n^2+1 【解析】$\because a_1=2,a_{n+1}-a_n=2n+1(n\in\mathbf{N}^*)$,

$\therefore a_2-a_1=3,a_3-a_2=5,a_4-a_3=7,\cdots,a_n-a_{n-1}=2n-1$,累加得 $a_n-a_1=3+5+7+\cdots+(2n-1)=\frac{(n-1)(3+2n-1)}{2}=\frac{(n-1)(2n+2)}{2}=n^2-1$,

$\therefore a_n=n^2-1+a_1=n^2+1$。

12. $-\frac{1}{n}$ 【解析】$\because a_{n+1}=S_{n+1}-S_n=S_nS_{n+1}$,$\therefore$ 整理可得$\frac{1}{S_{n+1}}-\frac{1}{S_n}=-1$,$\therefore S_1=a_1=-1$,故数列$\left\{\frac{1}{S_n}\right\}$是以 -1 为首项,-1 为公差的等差数列,$\therefore \frac{1}{S_n}=-1-(n-1)=-n$,$\therefore S_n=-\frac{1}{n}$。

13. $\frac{31}{16}$ 【解析】由 $S_n+a_n=2$,①,得 $2a_1=2$,即 $a_1=1$,且 $S_{n-1}+a_{n-1}=2(n\geqslant2)$,②,①-②得:$a_n=\frac{1}{2}a_{n-1}(n\geqslant2)$,$\therefore$ 数列$\{a_n\}$是首项为 1,公比为$\frac{1}{2}$的等比数列,$\therefore S_5=\frac{1\times\left[1-\left(\frac{1}{2}\right)^5\right]}{1-\frac{1}{2}}=\frac{31}{16}$。

14. 1;121 【解析】由 $n=1$ 时,$a_1=S_1$,可得 $a_2=2S_1+1=2a_1+1$,又 $S_2=4$,即 $a_1+a_2=4$,即有 $3a_1+1=4$,解得 $a_1=1$,由 $a_{n+1}=S_{n+1}-S_n$ 可得 $S_{n+1}=3S_n+1$,由 $S_2=4$,可得 $S_3=3\times4+1=13$,$S_4=3\times13+1=40$,$S_5=3\times40+1=121$。

15. $2^{2018}-1$ 【解析】$\because$ 数列$\{a_n\}$的前 n 项和为 S_n,$3S_n=2a_n-3n$,$\therefore a_1=S_1=\frac{1}{3}(2a_1-3)$,解得 $a_1=-3$,$S_n=\frac{1}{3}(2a_n-3n)$,①,当 $n\geqslant2$ 时,$S_{n-1}=\frac{1}{3}(2a_{n-1}-3n+3)$,②,①-②得 $a_n=\frac{2}{3}a_n-\frac{2}{3}a_{n-1}-1$,$\therefore a_n=-2a_{n-1}-3$,$\therefore \frac{a_n+1}{a_{n-1}+1}=-2$。$\because a_1+1=-2$,$\therefore \{a_n+1\}$是以 -2 为首项,以 -2 为公比的等比数列,$\therefore a_n+1=(-2)^n$,$a_n=(-2)^n-1$,$a_{2018}=(-2)^{2018}-1=2^{2018}-1$。

16.【解析】(1)$\because \frac{S_n}{n}=n+2(n\in\mathbf{N}^*)$,$\therefore \frac{S_1}{1}=1+2=3$,$\therefore a_1=S_1=3$。又$\because \frac{S_n}{n}=n+2$,$\therefore$ 当 $n>1$ 时,$S_n=n(n+2)$,$S_{n-1}=(n-1)(n+1)$,$\therefore a_n=S_n-S_{n-1}=n(n+2)-(n-1)(n+1)=2n+1$,$n>1$。当 $n=1$ 时也满足 $a_n=2n+1$,$\therefore a_n=2n+1,n\in\mathbf{N}^*$。

(2)$b_n=\frac{1}{a_na_{n+1}}=\frac{1}{(2n+1)[2(n+1)+1]}=\frac{1}{2}\left[\frac{1}{2n+1}-\frac{1}{2n+3}\right]$。

$T_n=\frac{1}{2}\left[\left(\frac{1}{3}-\frac{1}{5}\right)+\left(\frac{1}{5}-\frac{1}{7}\right)+\cdots+\left(\frac{1}{2n+1}-\frac{1}{2n+3}\right)\right]=\frac{1}{2}\left(\frac{1}{3}-\frac{1}{2n+3}\right)$。

$\lim\limits_{n\to\infty}T_n=\lim\limits_{n\to\infty}\frac{1}{2}\left(\frac{1}{3}-\frac{1}{2n+3}\right)=\frac{1}{6}$,且 $T_n<\frac{1}{6}$。

要使 $T_n\leqslant\frac{m}{72}$对所有 $n\in\mathbf{N}^*$ 都成立,则$\frac{1}{6}\leqslant\frac{m}{72}$,$m\geqslant12$。故最小正整数 m 为 12。

17.【解析】由 $a_{n+1}=\frac{2a_n}{a_n+2}$ 可得，$\frac{1}{a_{n+1}}=\frac{a_n+2}{2a_n}=\frac{1}{a_n}+\frac{1}{2}$，$\frac{1}{a_{n+1}}-\frac{1}{a_n}=\frac{1}{2}$，$\frac{1}{a_1}=1$，

因此数列 $\left\{\frac{1}{a_n}\right\}$ 是首项为 1，公差为 $\frac{1}{2}$ 的等差数列。则 $\frac{1}{a_n}=1+\frac{1}{2}(n-1)=\frac{n+1}{2}$，则 $a_n=\frac{2}{n+1}$。

18.【解析】$a_{n+1}=3a_n-2a_{n-1}$，$a_{n+1}-a_n=2a_n-2a_{n-1}=2(a_n-a_{n-1})$，

令 $b_n=a_{n+1}-a_n$，则 $b_1=a_2-a_1=3-1=2$，$b_n=2b_{n-1}$，则数列 $\{b_n\}$ 是以 2 为首项，2 为公比的等比数列，$b_n=2^n$，

则 $a_n-a_{n-1}=2^{n-1}$，$a_{n-1}-a_{n-2}=2^{n-2}$，$a_{n-2}-a_{n-3}=2^{n-3}$，$\cdots$，$a_2-a_1=2$，

上述各式累加可得，$a_n-a_1=2^{n-1}+2^{n-2}+\cdots+2=\frac{2(1-2^{n-1})}{1-2}=2^n-2$，

$\therefore a_n=2^n-2+a_1=2^n-1$。

19.【解析】依题意知，$S_{n+1}-S_n=a_{n+1}=S_n+3^n$，即 $S_{n+1}=2S_n+3^n$，

由此得 $S_{n+1}-3^{n+1}=2(S_n-3^n)$，$\therefore \{b_n\}$ 是以 $a-3$ 为首项，2 为公比的等比数列，

因此，所求通项公式 $b_n=S_n-3^n=(a-3)2^{n-1}$，$n\in\mathbf{N}_+$。

第二节　等差与等比数列

招教考向解读

考向 1 变式训练

1. B **【解析】**由题意得 $\begin{cases}a_1q^2-a_1q=8,\\(a_1q^2)^2=2a_1q^5,\end{cases}$ 解得 $\begin{cases}a_1=2q=4,\\q=2,\end{cases}$ $a_7+a_8=a_1q^6+a_1q^7=2^8+2^9=768$。

2. B **【解析】**由题意得 $\begin{cases}S_3=3a_1+\frac{3\times(3-1)}{2}d=15,\\2a_2=a_4+3=2a_1+2d=a_1+3d+3,\end{cases}$ 解得 $\begin{cases}a_1=4,\\d=1,\end{cases}$ 所以 $S_{10}=10a_1+\frac{10\times(10-1)}{2}d=85$。

考向 2 变式训练

1. **【解析】**因为 $a_n\cdot S_n=(S_n-1)^2$，当 $n=1$ 时，$a_1\cdot S_1=(a_1-1)^2$，即 $a_1{}^2=a_1{}^2-2a_1+1$，所以 $a_1=\frac{1}{2}$，故 $\frac{1}{S_1-1}=-2$。当 $n\geqslant 2$ 时，$a_n=S_n-S_{n-1}$，$(S_n-S_{n-1})\cdot S_n=(S_n-1)^2$，$S_n{}^2-S_{n-1}\cdot S_n=$

$S_n^2-2S_n+1$，$S_n(S_{n-1}-2)+1=0$，故 $S_n=-\frac{1}{S_{n-1}-2}=\frac{1}{2-S_{n-1}}$，$S_n-1=\frac{1-2+S_{n-1}}{2-S_{n-1}}=\frac{S_{n-1}-1}{2-S_{n-1}}$，则

$\frac{1}{S_n-1}=\frac{2-S_{n-1}}{S_{n-1}-1}=\frac{-(S_{n-1}-1)+1}{S_{n-1}-1}=\frac{1}{S_{n-1}-1}-1$，故数列$\left\{\frac{1}{S_n-1}\right\}$是公差为 -1 的等差数列。

2.【解析】因为 $a_3=7$，$a_n=2a_{n-1}+a_2-2(n\geqslant2)$，所以 $a_3=3a_2-2$，得 $a_2=3$，所以 $a_n=2a_{n-1}+1$，所以 $a_n+1=2a_{n-1}+1+1=2(a_{n-1}+1)(n\geqslant2)$，又 $a_1=1$，所以数列$\{a_n+1\}$是以 2 为首项，2 为公比的等比数列。

考向 3 变式训练

7 或 8 【解析】设等差数列$\{a_n\}$的公差为 d，因为 $a_1=-3$，$S_5=S_{10}$，所以 $5\times(-3)+\frac{5\times4}{2}d=10\times(-3)+\frac{10\times9}{2}d$，解得 $d=\frac{3}{7}$，所以 $a_n=-3+\frac{3}{7}(n-1)=\frac{3n-24}{7}$，令 $a_n\geqslant0$，解得 $n\geqslant8$，故数列的前 7 项为负数，第 8 项为 0，从第 9 项开始为正数，所以前 7，8 项的和取得最小值。

考向 4 变式训练

【解析】(1) 因为 a_1，$3a_2$，$9a_3$ 成等差数列，所以 $6a_2=a_1+9a_3$，因为$\{a_n\}$是首项为 1 的等比数列，设其公比为 q，则 $6q=1+9q^2$，$\therefore q=\frac{1}{3}$，所以 $a_n=a_1q^{n-1}=\left(\frac{1}{3}\right)^{n-1}$，$\therefore b_n=\frac{na_n}{3}=n\cdot\left(\frac{1}{3}\right)^n$。

(2) 由 (1) 知 $a_n=\left(\frac{1}{3}\right)^{n-1}$，$b_n=n\cdot\left(\frac{1}{3}\right)^n$，所以 $S_n=\frac{1\times\left[1-\left(\frac{1}{3}\right)^n\right]}{1-\frac{1}{3}}=\frac{3}{2}-\frac{1}{2}\times\left(\frac{1}{3}\right)^{n-1}$，$T_n=1\times\left(\frac{1}{3}\right)^1+2\times\left(\frac{1}{3}\right)^2+\cdots+n\cdot\left(\frac{1}{3}\right)^n$，①，所以$\frac{1}{3}T_n=1\times\left(\frac{1}{3}\right)^2+2\times\left(\frac{1}{3}\right)^3+\cdots+n\cdot\left(\frac{1}{3}\right)^{n+1}$，②，①－②得，$\frac{2}{3}T_n=\frac{1}{2}\left[1-\left(\frac{1}{3}\right)^n\right]-n\left(\frac{1}{3}\right)^{n+1}$，所以 $T_n=\frac{3}{4}-\frac{1}{4}\times\left(\frac{1}{3}\right)^{n-1}-\frac{n}{2}\left(\frac{1}{3}\right)^n$，所以 $T_n-\frac{S_n}{2}=\frac{3}{4}-\frac{1}{4}\times\left(\frac{1}{3}\right)^{n-1}-\frac{n}{2}\cdot\left(\frac{1}{3}\right)^n-\left[\frac{3}{4}-\frac{1}{4}\times\left(\frac{1}{3}\right)^{n-1}\right]<0$，所以 $T_n<\frac{S_n}{2}$。

必刷好题

招教高频基础刷

1. B 【解析】由 $S_5=20$ 得$\frac{a_1+a_5}{2}\times5=20$，解得 $a_3=4$，故 $a_1+2a_4=a_1+a_4+a_4=a_2+a_3+a_4=$

$3a_3=12$。

2. C 【解析】设 $a_2+a_4+a_{15}=p$(常数)，则 $3a_1+18d=p$，即 $a_7=\frac{1}{3}p$，故 $S_{13}=\frac{13\times(a_1+a_{13})}{2}=13a_7=\frac{13}{3}p$。

3. C 【解析】$a_5=a_1q^4$，由已知可得 $q^4=16$，且 $q>0$，$\therefore q=2$，则 $S_7=\frac{a_1(1-q^7)}{1-q}=2^7-1=127$。

4. D 【解析】当 $a_1>0$ 时，若 $q>1$，$\{a_n\}$ 为递增数列，若 $0<q<1$，$\{a_n\}$ 为递减数列；当 $a_1<0$ 时，若 $q>1$，$\{a_n\}$ 为递减数列，若 $0<q<1$，$\{a_n\}$ 为递增数列；当 $q<0$ 时，$\{a_n\}$ 不单调。可知，"$q>1$"既不是"$\{a_n\}$ 为递增数列"的充分条件，也不是它的必要条件。

5. A 【解析】由题知，前三项加后三项的和为 $34+146=180$，故首项加末项的和为 $180\div3=60$，$\therefore$ 此数列的项数为 $390\times2\div60=13$。

6. B 【解析】由 $a_2a_4=1$ 可得 $a_1^2q^4=1$。又数列 $\{a_n\}$ 各项均为正数，因此 $a_1=\frac{1}{q^2}$。又$\because S_3=a_1(1+q+q^2)=7$，$\therefore(\frac{1}{q}+3)(\frac{1}{q}-2)=0$，解得 $q=\frac{1}{2}$，故 $S_5=\frac{4\times(1-\frac{1}{2^5})}{1-\frac{1}{2}}=\frac{31}{4}$。

7. B 【解析】$30-15=(a_2-a_1)+(a_4-a_3)+\cdots+(a_{10}-a_9)=5d$，解得 $d=3$。

8. B 【解析】在等差数列中，当 n 为奇数时，能推出 $S_n=na_{\frac{n+1}{2}}$，因此，当 $n=29$ 时，$\frac{S_{29}}{T_{29}}=\frac{29a_{15}}{29b_{15}}=\frac{2\times29+2}{29+3}=\frac{15}{8}$，$\therefore\frac{a_{15}}{b_{15}}=\frac{15}{8}$。

9. B 【解析】$\{a_n\}$ 是公差为正数的等差数列，且 $a_1+a_2+a_3=15$，$a_1a_2a_3=80$，$\therefore a_2=5$，则 $a_1a_3=(5-d)(5+d)=16$，解得 $d=3$，$a_{12}=a_2+10d=35$。则 $a_{11}+a_{12}+a_{13}=3a_{12}=105$。

10. C 【解析】设 $\{a_n\}$ 的公比为 q，则由等比数列的性质知，$a_2\cdot a_3=a_1\cdot a_4=2a_1$，解得 $a_4=2$。由 a_4 与 $2a_7$ 的等差中项为 $\frac{5}{4}$ 知，$a_4+2a_7=2\times\frac{5}{4}$，则 $a_7=\frac{1}{2}\left(2\times\frac{5}{4}-a_4\right)=\frac{1}{4}$，$q^3=\frac{a_7}{a_4}=\frac{1}{8}$，即 $q=\frac{1}{2}$，又 $a_4=a_1q^3=a_1\times\frac{1}{8}=2$，故 $a_1=16$，$S_5=\frac{16\left(1-\frac{1}{2^5}\right)}{1-\frac{1}{2}}=31$。

11. B 【解析】根据等差数列的性质可得 $a_{m-1}+a_{m+1}=2a_m$，则 $a_m{}^2=2a_m$，解得 $a_m=0$ 或 $a_m=2$。又 $S_{2m-1}=\frac{(2m-1)(a_1+a_{2m-1})}{2}=(2m-1)a_m$，若 $a_m=0$，显然 $(2m-1)a_m=38$ 不成立，故有 $a_m=2$，此时 $S_{2m-1}=(2m-1)a_m=4m-2=38$，解得 $m=10$。

12. C 【解析】由于 $S_n=na_1+\frac{n(n-1)}{2}d=\frac{d}{2}n^2+\left(a_1-\frac{d}{2}\right)n$，是一个关于 n 的二次函数，又 $a_1<0, S_3=S_{16}$，$\therefore S_n$ 开口向上，对称轴为 $\frac{3+16}{2}=\frac{19}{2}$，且 n 为整数，$\therefore S_n$ 取得最小值时 n 为 9 或 10。

13. 4 【解析】设等差数列 $\{a_n\}$ 的公差为 d，则由 $a_1\neq0, a_2=3a_1$，可得 $d=2a_1$，$\therefore \frac{S_{10}}{S_5}=\frac{10(a_1+a_{10})}{5(a_1+a_5)}=\frac{2(2a_1+9d)}{2a_1+4d}=\frac{2(2a_1+18a_1)}{2a_1+8a_1}=4$。

14. $\frac{25}{2}$ 【解析】由等差数列的性质可得：$a_3+a_7=a_4+a_6=a_2+a_8$，又 $a_3+a_4+a_6+a_7=25$，则 $a_2+a_8=\frac{1}{2}\times25=\frac{25}{2}$。

15. 6 【解析】设等差数列 $\{a_n\}$ 的公差为 d，由 $a_1=-11, a_4+a_6=-6$，可得 $-11+3d-11+5d=-6$，解得 $d=2$，则 $S_n=na_1+\frac{1}{2}n(n-1)d=n^2-12n=(n-6)^2-36$，当 $n=6$ 时，S_n 取得最小值 -36。

16. $\frac{121}{3}$ 【解析】在等比数列中，由 $a_4{}^2=a_6$ 得 $q^6a_1{}^2=q^5a_1>0$，即 $q>0$，因为 $a_1=\frac{1}{3}$，所以 $q=3$，则 $S_5=\frac{\frac{1}{3}(1-3^5)}{1-3}=\frac{121}{3}$。

17. 64 【解析】等比数列 $\{a_n\}$ 满足 $a_1+a_3=10, a_2+a_4=5$，可得 $q(a_1+a_3)=5$，解得 $q=\frac{1}{2}$。$a_1+q^2a_1=10$，解得 $a_1=8$，则 $a_1a_2\cdots a_n=a_1{}^n\cdot q^{1+2+3+\cdots+(n-1)}=8^n\cdot\left(\frac{1}{2}\right)^{\frac{n(n-1)}{2}}=2^{3n-\frac{n2-n}{2}}=2^{\frac{7n-n2}{2}}$，当 $n=3$ 或 4 时，表达式取得最大值：$2^{\frac{12}{2}}=2^6=64$。

18. 15 【解析】$\because$ 数列 $\{a_n\}$ 是首项为 1，公比为 -2 的等比数列，$\therefore a_n=a_1q^{n-1}=(-2)^{n-1}$，$\therefore a_1=1, a_2=-2, a_3=4, a_4=-8$，$\therefore$ 则 $a_1+|a_2|+a_3+|a_4|=1+2+4+8=15$。

19. $\frac{1}{2}$ 【解析】由题意可知，$a_2=a_1q=2, a_5=a_1q^4=\frac{1}{4}$，则 $\frac{a_5}{a_2}=\frac{1}{8}=q^3$，解得 $q=\frac{1}{2}$。

20. -49 【解析】设等差数列 $\{a_n\}$ 的首项为 a，公差为 d，$\because S_{10}=10a+45d=0, S_{15}=15a+105d=25$，$\therefore a=-3, d=\frac{2}{3}$，$\therefore$ 等差数列 $\{a_n\}$ 的各项为：$-3, -\frac{7}{3}, -\frac{5}{3}, -1, -\frac{1}{3}, \frac{1}{3}, 1, \frac{5}{3}, \frac{7}{3}, 3, \frac{11}{3}, \frac{13}{3}, 5, \cdots$。根据题意，得当 $n=1$ 时，$S_1=-3$；当 $n=2$ 时，$2S_2=-\frac{32}{3}$；当 $n=3$ 时，$3S_3=-21$；当

$n=4$ 时，$4S_4=-32$；当 $n=5$ 时，$5S_5=-\frac{125}{3}$；当 $n=6$ 时，$6S_6=-48$；当 $n=7$ 时，$7S_7=-49$；当 $n=8$ 时，$8S_8=-\frac{128}{3}$；当 $n=9$ 时，$9S_9=-27$；当 $n=10$ 时，$10S_{10}=0$；…；其余结果为正。$\therefore nS_n$ 的最小值为 $7S_7=-49$。

21. 5 【解析】设偶数项的和为 $32k$，则奇数项的和为 $27k$，由 $32k+27k=59k=354$，可得 $k=6$，故公差 $d=\frac{32k-27k}{6}=5$。

22. $\left(\frac{1}{3}\right)^n-1$ 【解析】由题意可知，$a_1=S_1=\frac{1}{3}+a$，$a_2=S_2-a_1=\left(\frac{1}{3^2}+a\right)-\left(\frac{1}{3}+a\right)=-\frac{2}{9}$，$a_3=S_3-S_2=\left(\frac{1}{3^3}+a\right)-\left(\frac{1}{3^2}+a\right)=-\frac{2}{27}$，$\because a_1,a_2,a_3$ 成等比数列，则 $\left(-\frac{2}{9}\right)^2=\left(\frac{1}{3}+a\right)\left(-\frac{2}{27}\right)$，解得 $a=-1$，$\therefore a_1=-\frac{2}{3}$，$q=\frac{-\frac{2}{9}}{-\frac{2}{3}}=\frac{1}{3}$，$\therefore S_n=\frac{-\frac{2}{3}\left[1-\left(\frac{1}{3}\right)^n\right]}{1-\frac{1}{3}}=\left(\frac{1}{3}\right)^n-1$。

23.【解析】(1) 由题意知 $a_2a_4=a_1a_5=\frac{1}{4}$。

联立方程组 $\begin{cases}a_2+a_4=\frac{5}{4},\\ a_2a_4=\frac{1}{4}。\end{cases}$

$\because q\in(0,1)$，

$\therefore a_2>a_4$，$\therefore a_2=1$，$a_4=\frac{1}{4}$，$\therefore \frac{a_4}{a_2}=q^2=\frac{1}{4}$，$q=\frac{1}{2}$，$\therefore a_n=2\times(\frac{1}{2})^{n-1}=(\frac{1}{2})^{n-2}$，$\therefore$ 数列 $\{a_n\}$ 的通项公式为 $a_n=(\frac{1}{2})^{n-2}$。

(2) $\because b_n=\frac{1}{2}na_n(n\in\mathbf{N}^*)$，$a_n=(\frac{1}{2})^{n-2}$，$\therefore b_n=n(\frac{1}{2})^{n-1}(n\in\mathbf{N}^*)$，$\therefore S_n=1\times(\frac{1}{2})^0+2\times\frac{1}{2}+3\times(\frac{1}{2})^2+\cdots+(n-1)(\frac{1}{2})^{n-2}+n(\frac{1}{2})^{n-1}$，

$\frac{1}{2}S_n=1\times\frac{1}{2}+2\times(\frac{1}{2})^2+3\times(\frac{1}{2})^3+\cdots+(n-1)(\frac{1}{2})^{n-1}+n(\frac{1}{2})^n$。

两式相减得 $\frac{1}{2}S_n=\frac{1-(\frac{1}{2})^n}{1-\frac{1}{2}}-n(\frac{1}{2})^n$，解得 $S_n=4-(\frac{1}{2})^{n-2}-n(\frac{1}{2})^{n-1}$，故数列 $\{b_n\}$ 的前 n 项和 $S_n=4-(\frac{1}{2})^{n-2}-n(\frac{1}{2})^{n-1}$。

24.【解析】(1)$\because$ 对任意的 $n\in\mathbf{N}^*$,点(n,S_n)均在函数 $y=b^x+r(b>0$,且 $b\neq1$,b,r 均为常数)的图象上,$\therefore S_n=b^n+r$。由 $a_1=S_1=b+r,a_2=S_2-S_1=b^2+r-(b^1+r)=b^2-b^1=(b-1)b,a_3=S_3-S_2=b^3+r-(b^2+r)=b^3-b^2=(b-1)b^2$,且$\{a_n\}$为等比数列,${a_2}^2=a_1\times a_3$,可得 $r=-1$。

(2)当 $b=2$ 时,$a_n=(b-1)b^{n-1}=2^{n-1},b_n=\frac{n+1}{4a_n}=\frac{n+1}{4\times2^{n-1}}=\frac{n+1}{2^{n+1}}$,

则 $T_n=\frac{2}{2^2}+\frac{3}{2^3}+\frac{4}{2^4}+\cdots+\frac{n+1}{2^{n+1}},\frac{1}{2}T_n=\frac{2}{2^3}+\frac{3}{2^4}+\frac{4}{2^5}+\cdots+\frac{n}{2^{n+1}}+\frac{n+1}{2^{n+2}}$。

两式相减,得

$$\frac{1}{2}T_n=\frac{2}{2^2}+\frac{1}{2^3}+\frac{1}{2^4}+\frac{1}{2^5}+\cdots+\frac{1}{2^{n+1}}-\frac{n+1}{2^{n+2}}=\frac{1}{2}+\frac{\frac{1}{2^3}\times\left(1-\frac{1}{2^{n-1}}\right)}{1-\frac{1}{2}}-\frac{n+1}{2^{n+2}}$$

$=\frac{3}{4}-\frac{1}{2^{n+1}}-\frac{n+1}{2^{n+2}}$,故 $T_n=\frac{3}{2}-\frac{1}{2^n}-\frac{n+1}{2^{n+1}}=\frac{3}{2}-\frac{n+3}{2^{n+1}}$。

25.【解析】(1)设等差数列$\{a_n\}$的公差为 d,

$\because a_7=4,a_{19}=2a_9$,

$\therefore\begin{cases}a_1+6d=4,\\a_1+18d=2(a_1+8d),\end{cases}$

解得 $a_1=1,d=\frac{1}{2}$,$\therefore a_n=1+\frac{1}{2}(n-1)=\frac{1+n}{2}$。

(2)$\because b_n=\frac{1}{na_n}=\frac{2}{n(n+1)}=\frac{2}{n}-\frac{2}{n+1}$,$\therefore S_n=2\left(1-\frac{1}{2}+\frac{1}{2}-\frac{1}{3}+\cdots+\frac{1}{n}-\frac{1}{n+1}\right)=2\left(1-\frac{1}{n+1}\right)=\frac{2n}{n+1}$。

第三节 数列求和

招教考向解读

考向 1 变式训练

【解析】(1)等比数列$\{a_n\}$中,$a_1=1$,设公比为 q,由于 $2a_2$ 是 a_3 和 $4a_1$ 的等差中项,可得 $4a_2=a_3+4a_1$,整理得 $4q=q^2+4$,解得 $q=2$,所以 $a_n=2^{n-1}$。

(2)数列$\{b_n\}$满足$b_1=1,b_7=13$,且$b_{n+2}+b_n=2b_{n+1}$,所以数列$\{b_n\}$为等差数列,且公差$d=\frac{13-1}{7-1}=2$,故$b_n=2n-1$,所以数列$\{a_n+b_n\}$的前n项和$T_n=(a_1+b_1)+(a_2+b_2)+\cdots+(a_n+b_n)=(a_1+a_2+\cdots+a_n)+(b_1+b_2+\cdots+b_n)=\frac{2^n-1}{2-1}+\frac{n(1+2n-1)}{2}=2^n+n^2-1$。

考向2 变式训练

【解析】(1)数列$\{a_n\}$的前n项和为S_n,且$a_2=20,S_n=4n^2+kn$,当$n=1$时,$S_1=a_1=4+k$,当$n=2$时,$S_2=16+2k$,所以$a_2=S_2-S_1=12+k=20$,解得$k=8$,所以$S_n=4n^2+8n$,故$a_n=S_n-S_{n-1}=8n+4$(首项符合通项)。

(2)数列$\{b_n\}$满足$b_1=3,b_n-b_{n-1}=a_{n-1}=8n-4,b_{n-1}-b_{n-2}=8(n-1)-4,\cdots,b_2-b_1=12$,所以$b_n-b_1=8(2+3+\cdots+n)-4(n-1)$,所以$b_n=4n^2-1$,则$\frac{1}{b_n}=\frac{1}{4n^2-1}=\frac{1}{2}\left(\frac{1}{2n-1}-\frac{1}{2n+1}\right)$,故$T_n=\frac{1}{2}\left(1-\frac{1}{3}+\frac{1}{3}-\frac{1}{5}+\cdots+\frac{1}{2n-1}-\frac{1}{2n+1}\right)=\frac{1}{2}\left(1-\frac{1}{2n+1}\right)=\frac{n}{2n+1}$。

考向3 变式训练

【解析】(1)因为$S_3=a_1+a_2+a_3=21$,所以$a_2=7$,设数列$\{a_n\}$的公差是d,可得$7(7-d)(7+d)=280$,因为$d>0$,所以$d=3$,所以$a_n=a_2+3(n-2)=3n+1$。

(2)$\log_2 b_n=\frac{a_n+2}{3}=\frac{3n+1+2}{3}=n+1,b_n=2^{n+1}$,设$c_n=a_n\cdot b_n$,设$\{c_n\}$的前$n$项和为$T_n$,$c_n=(3n+1)2^{n+1}$,$T_n=4\cdot 2^2+7\cdot 2^3+10\cdot 2^4+\cdots+(3n+1)\cdot 2^{n+1}$,$2T_n=4\cdot 2^3+7\cdot 2^4+10\cdot 2^5+\cdots+(3n+1)\cdot 2^{n+2}$,两式作差,得到$-T_n=16+3(2^3+2^4+\cdots+2^{n+1})-(3n+1)2^{n+2}=16+3\cdot 2^{n+2}-24-(3n+1)2^{n+2}$,所以$T_n=(3n-2)2^{n+2}+8$。

考向4 变式训练

C **【解析】**由题知$g(x)=f\left(x+\frac{1}{2}\right)-3$是$\mathbf{R}$上的奇函数,故$g(-x)=-g(x)$,代入得$f\left(\frac{1}{2}-x\right)+f\left(\frac{1}{2}+x\right)=6(x\in\mathbf{R})$,所以函数$f(x)$关于点$\left(\frac{1}{2},3\right)$对称,令$t=\frac{1}{2}-x$,则$\frac{1}{2}+x=1-t$,得到$f(t)+f(1-t)=6$,因为$a_n=f(0)+f\left(\frac{1}{n}\right)+\cdots+f\left(\frac{n-1}{n}\right)+f(1)$,$a_n=f(1)+f\left(\frac{n-1}{n}\right)+\cdots+f\left(\frac{1}{n}\right)+f(0)$,倒序相加可得$2a_n=6(n+1)$,即$a_n=3(n+1)$。

必刷好题

招教高频基础刷

1. A 【解析】等差数列$\{a_n\}$的前 n 项和为 $S_n, a_3=3, S_4=10$，可得 $a_2+a_3=5, a_2=2, d=1$，$\therefore a_n=n, \therefore S_n=\frac{n(n+1)}{2}, \frac{1}{S_n}=\frac{2}{n(n+1)}=2\left(\frac{1}{n}-\frac{1}{n+1}\right)$，则数列$\left\{\frac{1}{S_n}\right\}$的前 100 项的和为 $2\left[1-\frac{1}{2}+\frac{1}{2}-\frac{1}{3}+\frac{1}{3}-\frac{1}{4}+\cdots+\frac{1}{100}-\frac{1}{101}\right]=2\left(1-\frac{1}{101}\right)=\frac{200}{101}$。

2. C 【解析】由题意数列$\{a_n\}$满足对任意 $n\in\mathbf{N}^*$ 都有 $a_{n+1}=1+a_n+n$，则 $a_{n+1}-a_n=n+1$，则 $a_n=(a_n-a_{n-1})+(a_{n-1}-a_{n-2})+\cdots+(a_2-a_1)+a_1=n+(n-1)+(n-2)+\cdots+1=\frac{n(n+1)}{2}$，则 $\frac{1}{a_n}=\frac{2}{n(n+1)}=\frac{2}{n}-\frac{2}{n+1}, \therefore \frac{1}{a_1}+\frac{1}{a_2}+\cdots+\frac{1}{a_{99}}=2\left[\left(1-\frac{1}{2}\right)+\left(\frac{1}{2}-\frac{1}{3}\right)+\cdots+\left(\frac{1}{99}-\frac{1}{100}\right)\right]=2\left(1-\frac{1}{100}\right)=\frac{99}{50}$。

3. C 【解析】由题意可设这 5 个数分别为 $a,-2a,4a,-8a,16a$，故奇数项和与偶数项的和的比值为$\frac{a+4a+16a}{-2a-8a}=-\frac{21}{10}$。

4. D 【解析】$\because S_n=an^2+bn, \therefore$ 当 $n\geqslant 2$ 时，有 $a_n=S_n-S_{n-1}=2an+b-a$；又$\because$ 当 $n=1$ 时，有 $S_1=a_1=a+b$ 也适合上式，$\therefore a_n=2an+b-a$，又 $a_{n+1}-a_n=2a$ 为常数，$\therefore$ 数列$\{a_n\}$是公差为 $2a$ 的等差数列，又$\because a_7=\frac{\pi}{2}, \therefore a_n+a_{14-n}=\pi, \therefore 26a+2b=\pi$。$\because f(x)=\sin 2x+2\cos^2\frac{x}{2}=\sin 2x+\cos x+1, \therefore y_n+y_{14-n}=f(a_n)+f(a_{14-n})=\sin 2a_n+\sin 2a_{14-n}+\cos a_n+\cos a_{14-n}+2=\sin 2a_n+\cos a_n+\sin(2\pi-2a_n)+\cos(\pi-a_n)+2=2$，又$\because y_7=f(a_7)=1, \therefore$ 数列$\{y_n\}$的前 13 项和为$f(a_1)+f(a_2)+\cdots+f(a_{12})+f(a_{13})=2\times 6+1=13$。

5. A 【解析】$\because$ 等差数列$\{a_n\}$的前 n 项和为 $S_n, a_5=5, S_5=15$，

$\therefore \begin{cases}a_1+4d=5,\\ 5a_1+\frac{4\times 5}{2}d=15,\end{cases}$ 解得$\begin{cases}a_1=1,\\ d=1,\end{cases}$ $\therefore a_n=a_1+(n-1)d=1+(n-1)\times 1=n$。$\therefore \frac{1}{a_na_{n+1}}=\frac{1}{n(n+1)}=\frac{1}{n}-\frac{1}{n+1}, \therefore S_{100}=\left(1-\frac{1}{2}\right)+\left(\frac{1}{2}-\frac{1}{3}\right)+\left(\frac{1}{3}-\frac{1}{4}\right)+\cdots+\left(\frac{1}{100}-\frac{1}{101}\right)=1-\frac{1}{101}=\frac{100}{101}$。

6. D 【解析】等差数列$\{a_n\}$的公差为 $d, a_4=9, a_7=15$，可化为 $a_1+3d=9, a_1+6d=15$，解得

$a_1=3,d=2$，则 $a_n=3+2(n-1)=2n+1$，$\therefore$ 数列$\{(-1)^n a_n\}$前20项和为 $-3+5-7+9-11+13+\cdots-39+41=2+2+\cdots+2=2\times10=20$。

7. B 【解析】$\because$ 等比数列$\{a_n\}$中，a_6,a_4,a_5 成公差不为0的等差数列，$\therefore\begin{cases}q\neq1,\\2a_4=a_5+a_6,\end{cases}$ 整理可得$\begin{cases}q\neq1,\\q^2+q-2=0,\end{cases}$ $\therefore q=-2$。数列$\{a_n+n\}$的前9项和 $S_9=\dfrac{2[1-(-2)^9]}{1-(-2)}+\dfrac{9(1+9)}{2}=387$。

8. -9 【解析】$\because$ 数列$\{a_n\}$的通项公式为 $a_n=\dfrac{1}{n(n+1)}$，其前 n 项之和为$\dfrac{1}{1\times2}+\dfrac{1}{2\times3}+\cdots+\dfrac{1}{n(n+1)}=1-\dfrac{1}{n+1}=\dfrac{n}{n+1}=\dfrac{9}{10}$，$\therefore n=9$，$\therefore$ 直线方程为 $10x+y+9=0$，令 $x=0$，得 $y=-9$，$\therefore$ 在 y 轴上的截距为 -9。

9. 115 【解析】$\because$ 函数$f(x)$满足$f(x)+f(1-x)=1$，$a_n=f(0)+f\left(\dfrac{1}{n}\right)+\cdots+f\left(\dfrac{n-1}{n}\right)+f(1)$，①，$\therefore a_n=f(1)+f\left(\dfrac{n-1}{n}\right)+f\left(\dfrac{n-2}{n}\right)+\cdots+f\left(\dfrac{1}{n}\right)+f(0)$，②，由①+②可得 $2a_n=n+1$，$\therefore a_n=\dfrac{n+1}{2}$，$\therefore$ 数列$\{a_n\}$是首项为1，公差为$\dfrac{1}{2}$的等差数列，前20项和为$\dfrac{20\left(1+\dfrac{20+1}{2}\right)}{2}=115$。

10. $\dfrac{n}{n+1}$ 【解析】由曲线 $y=\dfrac{n}{2}x+\ln x\ (n\in\mathbf{N}^*)$ 可得 $y'=\dfrac{n}{2}+\dfrac{1}{x}$，曲线 $y=\dfrac{n}{2}x+\ln x(n\in\mathbf{N}^*)$在$x=\dfrac{2}{n}$处的切线斜率为 a_n，可得 $a_n=\dfrac{n}{2}+\dfrac{1}{\frac{2}{n}}=n$，则数列$\left\{\dfrac{1}{a_na_{n+1}}\right\}$的前 n 项和为 $\dfrac{1}{1\times2}+\dfrac{1}{2\times3}+\dfrac{1}{3\times4}+\cdots+\dfrac{1}{n(n+1)}=1-\dfrac{1}{2}+\dfrac{1}{2}-\dfrac{1}{3}+\dfrac{1}{3}-\cdots+\dfrac{1}{n}-\dfrac{1}{n+1}=\dfrac{n}{n+1}$。

11. $\dfrac{2n}{n+1}$ 【解析】等差数列$\{a_n\}$的前 n 项和为 S_n，$a_3=3$，$S_4=2(a_2+a_3)=10$，解得 $a_2=2$，所以等差数列$\{a_n\}$的首项为1，公差为1，$S_n=\dfrac{n(n+1)}{2}$，$\dfrac{1}{S_n}=\dfrac{2}{n(n+1)}=2\left(\dfrac{1}{n}-\dfrac{1}{n+1}\right)$，则$\sum\limits_{k=1}^{n}\dfrac{1}{S_k}=2\left(1-\dfrac{1}{2}+\dfrac{1}{2}-\dfrac{1}{3}+\cdots+\dfrac{1}{n}-\dfrac{1}{n+1}\right)=2\left(1-\dfrac{1}{n+1}\right)=\dfrac{2n}{n+1}$。

12. $\dfrac{8080}{2021}$ 【解析】由题意可知，$a_n=\dfrac{1+2+3+\cdots+n}{n+1}=\dfrac{n}{2}$，$\therefore b_n=\dfrac{1}{a_na_{n+1}}=\dfrac{4}{n(n+1)}=4\left(\dfrac{1}{n}-\dfrac{1}{n+1}\right)$，$\therefore S_n=4\left(1-\dfrac{1}{2}+\dfrac{1}{2}-\dfrac{1}{3}+\cdots+\dfrac{1}{n}-\dfrac{1}{n+1}\right)=\dfrac{4n}{n+1}$，$\therefore S_{2020}=\dfrac{4\times2020}{2021}=\dfrac{8080}{2021}$。

13. $2-\frac{1}{2^{n-1}}-\frac{n}{2^n}$　【解析】令 $S=\frac{1}{2}+\frac{2}{4}+\frac{3}{8}+\cdots+\frac{n}{2^n}$,①,则 $2S=1+\frac{2}{2}+\frac{3}{4}+\cdots+\frac{n}{2^{n-1}}$,②,

②−①可得 $S=1+\frac{1}{2}+\frac{1}{4}+\frac{1}{8}+\cdots+\frac{1}{2^{n-1}}-\frac{n}{2^n}=\frac{1\times\left(1-\frac{1}{2^n}\right)}{1-\frac{1}{2}}-\frac{n}{2^n}=2-\frac{1}{2^{n-1}}-\frac{n}{2^n}$。

14. 2019　【解析】正数数列$\{a_n\}$是公比不等于 1 的等比数列,且 $\lg a_1+\lg a_{2019}=0$,可得 $\lg a_1a_{2019}=0$,即 $a_1a_{2019}=1$,即有 $a_1a_{2019}=a_2a_{2018}=\cdots=a_{1009}a_{1011}={a_{1010}}^2=1$,$f(x)=\frac{2}{1+x^2}$,$f\left(\frac{1}{x}\right)=\frac{2}{1+\frac{1}{x^2}}=\frac{2x^2}{1+x^2}$,即有 $f(x)+f\left(\frac{1}{x}\right)=2$,设 $S=f(a_1)+f(a_2)+\cdots+f(a_{2018})+f(a_{2019})$,又 $S=f(a_{2019})+f(a_{2018})+\cdots+f(a_2)+f(a_1)$,两式相加可得 $2S=[f(a_1)+f(a_{2019})]+[f(a_2)+f(a_{2018})]+\cdots+[f(a_{2019})+f(a_1)]=2\times2019$,解得 $S=2019$。

15.【解析】(1) $S_1=\frac{1}{1\times3}=\frac{1}{3}$,$S_2=\frac{1}{1\times3}+\frac{1}{3\times5}=\frac{6}{3\times5}=\frac{2}{5}$,$S_3=\frac{1}{1\times3}+\frac{1}{3\times5}+\frac{1}{5\times7}=\frac{2}{5}+\frac{1}{5\times7}=\frac{15}{5\times7}=\frac{3}{7}$。

(2)由(1)可推测 $S_n=\frac{n}{2n+1}$。当 $n=1,2,3$ 时,$S_n=\frac{n}{2n+1}$,假设当 $n=k$ 时,$S_k=\frac{k}{2k+1}$,

则 $S_{k+1}=\frac{1}{1\times3}+\frac{1}{3\times5}+\frac{1}{5\times7}+\cdots+\frac{1}{(2k-1)(2k+1)}+\frac{1}{(2k+1)(2k+3)}=\frac{k}{2k+1}+\frac{1}{(2k+1)(2k+3)}=\frac{2k^2+3k+1}{(2k+1)(2k+3)}=\frac{k+1}{2k+3}=\frac{k+1}{2(k+1)+1}$,综上可知 $S_n=\frac{n}{2n+1}$。

16.【解析】(1)设等差数列的公差为 d,则有 $S_5=5a_3=15$,解得 $a_3=3$,$d=a_3-a_2=3-2=1$,$\therefore a_1=1$,从而 $a_n=a_1+(n-1)d=n$。

(2)由(1)可知,$b_n=\frac{1}{n(n+1)}=\frac{1}{n}-\frac{1}{n+1}$,从而数列$\{b_n\}$的前 n 项和 $T_n=\left(1-\frac{1}{2}\right)+\left(\frac{1}{2}-\frac{1}{3}\right)+\cdots+\left(\frac{1}{n}-\frac{1}{n+1}\right)=1-\frac{1}{n+1}=\frac{n}{n+1}$。

$\therefore$ 数列$\{b_n\}$前 10 项和 $T_{10}=\frac{10}{11}$。

17.【解析】(1) S_n 为等差数列$\{a_n\}$的前 n 项和,且 $a_1=1$,$S_7=28$,$7a_4=28$,可得 $a_4=4$,则公差 $d=1$,$a_n=n$,$\because b_n=[\lg a_n]$,则 $b_1=[\lg1]=0$,$b_{11}=[\lg11]=1$, $b_{101}=[\lg101]=2$。

(2)由(1)可知,$b_1=b_2=b_3=\cdots=b_9=0$,$b_{10}=b_{11}=b_{12}=\cdots=b_{99}=1$,$b_{100}=b_{101}=b_{102}=\cdots=$

$b_{999}=2,b_{1000}=3$，∴ 数列$\{b_n\}$的前 1000 项的和为 $9\times0+90\times1+900\times2+3=1893$。

18.【解析】(1)当 $n=1$ 时，$a_1^2+2a_1=4S_1+3=4a_1+3$，∵ $a_n>0$，∴ $a_1=3$，当 $n\geqslant2$ 时，$a_n^2+2a_n-a_{n-1}^2-2a_{n-1}=4S_n+3-4S_{n-1}-3=4a_n$，即$(a_n-a_{n-1})(a_n+a_{n-1})=2(a_n+a_{n-1})$，∵ $a_n>0$，∴ $a_n-a_{n-1}=2$，∴ 数列$\{a_n\}$是首项为 3，公差为 2 的等差数列，∴ $a_n=2n+1$。

(2)由(1)知 $b_n=\dfrac{1}{(2n+1)(2n+3)}=\dfrac{1}{2}\left(\dfrac{1}{2n+1}-\dfrac{1}{2n+3}\right)$，∴ 数列$\{b_n\}$的前 n 项和 $T_n=\dfrac{1}{2}\left(\dfrac{1}{3}-\dfrac{1}{5}+\dfrac{1}{5}-\dfrac{1}{7}+\cdots+\dfrac{1}{2n+1}-\dfrac{1}{2n+3}\right)=\dfrac{1}{6}-\dfrac{1}{4n+6}$，∵ $n\in\mathbf{N}^*$，∴ $\dfrac{1}{4n+6}>0$，∴ $T_n<\dfrac{1}{6}$。

19.【解析】(1)设数列$\{a_n\}$的公比为 q，∵ $a_2=4$，∴ $a_3=4q,a_4=4q^2$，a_3+2 是 a_2 和 a_4 的等差中项，∴ $2(a_3+2)=a_2+a_4$。即 $2(4q+2)=4+4q^2$，化简得 $q^2-2q=0$，∵ q 不为 0，∴ $q=2$，∴ $a_n=a_2q^{n-2}=4\cdot2^{n-2}=2^n(n\in\mathbf{N}^*)$。

(2) $b_n=2\log_2a_n-1=2\log_2 2^n-1=2n-1$，∴ $a_n+b_n=2^n+(2n-1)$，则 $T_n=(2+4+\cdots+2^n)+(1+3+\cdots+2n-1)=\dfrac{2(1-2^n)}{1-2}+\dfrac{1}{2}(1+2n-1)n=2^{n+1}-2+n^2$。

20.【解析】(1)由$\{a_n\}$是公比不为 1 的等比数列，a_1 为 a_2 和 a_3 的等差中项，可得 $2a_1=a_2+a_3$，即 $2a_1=a_1q+a_1q^2$，化简得 $q^2+q-2=0$，解得 $q=-2$(1 舍去)，∴ $\{a_n\}$的公比为 -2。

(2)若 $a_1=1$，则 $a_n=(-2)^{n-1}$，$na_n=n\cdot(-2)^{n-1}$，则数列$\{na_n\}$的前 n 项和为 $S_n=1\cdot1+2\cdot(-2)+3\cdot(-2)^2+\cdots+n\cdot(-2)^{n-1}$，而 $-2S_n=1\cdot(-2)+2\cdot(-2)^2+3\cdot(-2)^3+\cdots+n\cdot(-2)^n$，两式相减可得 $3S_n=1+(-2)+(-2)^2+(-2)^3+\cdots+(-2)^{n-1}-n\cdot(-2)^n=\dfrac{1-(-2)^n}{1-(-2)}-n\cdot(-2)^n$，化简可得 $S_n=\dfrac{1-(1+3n)\cdot(-2)^n}{9}$，∴ 数列$\{na_n\}$的前 n 项和为$\dfrac{1-(1+3n)\cdot(-2)^n}{9}$。

21.【解析】(1)数列$\{a_n\}$的前 n 项和 $S_n=2n^2-n$，可得数列$\{a_n\}$为等差数列，$n=1$ 时，$a_1=2-1=1$，$n=2$ 时，$a_1+a_2=2\times2^2-2=6$，解得 $a_2=5$，公差 $d=5-1=4$，∴ $a_n=1+4(n-1)=4n-3$，数列$\{b_n\}$满足 $4\log_2b_n=a_n+3$，∴ $b_n=2^n$。

(2)设 $c_n=b_n+\dfrac{4}{a_na_{n+1}}=2^n+\dfrac{4}{(4n-3)(4n+1)}=2^n+\left(\dfrac{1}{4n-3}-\dfrac{1}{4n+1}\right)$，∴ 数列$\{c_n\}$的前 n 项和 $T_n=\dfrac{2(2^n-1)}{2-1}+\left(1-\dfrac{1}{5}+\dfrac{1}{5}-\dfrac{1}{9}+\cdots+\dfrac{1}{4n-3}-\dfrac{1}{4n+1}\right)=2^{n+1}-1-\dfrac{1}{4n+1}$。

22.【解析】(1)由 $S_7=\dfrac{7\times(a_1+a_7)}{2}=7a_4=49$，得 $a_4=7$，∵ $a_3=6$，∴ $d=1$，∴ $a_1=4$，∴ $a_n=$

$n+3$。

(2)$b_n=(a_n-3)\cdot 3^n=n\cdot 3^n$,$\therefore T_n=1\times 3^1+2\times 3^2+3\times 3^3+\cdots+n\times 3^n$,$\therefore 3T_n=1\times 3^2+2\times 3^3+3\times 3^4+\cdots+n\times 3^{n+1}$,两式相减得$-2T_n=3^1+3^2+3^3+\cdots+3^n-n\times 3^{n+1}=\dfrac{3-3^{n+1}}{1-3}-n\times 3^{n+1}$,$\therefore T_n=\dfrac{(2n-1)\times 3^{n+1}+3}{4}$。

23.【解析】(1)设等差数列$\{a_n\}$的公差为d,由$a_3=5$,$a_{17}=3a_6$,可得$a_1+2d=5$,$a_1+16d=3(a_1+5d)$,解得$a_1=1$,$d=2$,$\therefore \{a_n\}$的通项公式为:$a_n=1+2(n-1)=2n-1$。

(2)$b_n=\dfrac{2}{n(a_n+3)}=\dfrac{2}{2n(n+1)}=\dfrac{1}{n(n+1)}=\dfrac{1}{n}-\dfrac{1}{n+1}$,$\therefore S_n=1-\dfrac{1}{2}+\dfrac{1}{2}-\dfrac{1}{3}+\cdots+\dfrac{1}{n}-\dfrac{1}{n+1}=1-\dfrac{1}{n+1}=\dfrac{n}{n+1}$。

第四节　数列的综合与应用

招教考向解读

考向1 变式训练

C **【解析】**因为函数$y=f(x)$为定义在$\mathbf{R}$上的奇函数,则$f(x)$关于$(0,0)$对称。设$h(x)=f(x-3)+x-3$,所以$h(x)$关于$(3,0)$对称,则$h(x)+h(6-x)=0$。由$g(a_1)+g(a_2)+\cdots+g(a_9)=27$可得$f(a_1-3)+a_1+f(a_2-3)+a_2+\cdots+f(a_9-3)+a_9=27$,所以$f(a_1-3)+a_1-3+f(a_2-3)+a_2-3+\cdots+f(a_9-3)+a_9-3=0$,即$h(a_1)+h(a_2)+\cdots+h(a_9)=0$,因为数列$\{a_n\}$为等差数列,函数$h(x)$在$\mathbf{R}$上是单调递增函数,所以必有$h(a_1)+h(a_9)=0$,则有$a_1-3+a_9-3=0$,所以$2a_5=a_1+a_9=6$,所以$a_5=3$,$a_1+a_2+\cdots+a_9=9a_5=27$。

考向2 变式训练

【解析】(1)因为$a_1=1$,$b_1=4$,所以$a_2=a_1+\dfrac{1}{2}b_1=3$,$b_2=2a_1+b_1+2=8$,由$a_{n+1}-a_n=\dfrac{1}{2}b_n$得,$b_n=2(a_{n+1}-a_n)$,又$b_{n+1}-b_n=2a_n+2$,所以$2(a_{n+2}-a_{n+1})-2(a_{n+1}-a_n)=2a_n+2$,得$a_{n+2}+1=2(a_{n+1}+1)$,得$a_{n+1}+1=2(a_n+1)$,所以数列$\{a_n+1\}$是以2为首项,2为公比的等比数列,所以

$a_n+1=2^n,a_n=2^n-1$。

(2)由(1)可知,$b_n=2^{n+1}$,所以$\frac{b_n}{a_na_{n+1}}=\frac{2^{n+1}}{(2^n-1)(2^{n+1}-1)}=2\left(\frac{1}{2^n-1}-\frac{1}{2^{n+1}-1}\right)$,所以数列$\left\{\frac{b_n}{a_na_{n+1}}\right\}$的前 n 项和 $S_n=2\left[\left(1-\frac{1}{3}\right)+\left(\frac{1}{3}-\frac{1}{7}\right)+\cdots+\left(\frac{1}{2^n-1}-\frac{1}{2^{n+1}-1}\right)\right]=2\left(1-\frac{1}{2^{n+1}-1}\right)$。数列$\left\{\frac{1}{b_n}\right\}$的前 n 项和为 $T_n=\frac{\frac{1}{2^2}\left[1-\left(\frac{1}{2}\right)^n\right]}{1-\frac{1}{2}}=\frac{1}{2}\left[1-\left(\frac{1}{2}\right)^n\right]$,所以$4T_n=2\left[1-\left(\frac{1}{2}\right)^n\right]$,易知 $S_n-4T_n=2\left(\frac{1}{2^n}-\frac{1}{2^{n+1}-1}\right)=2\times\frac{2^{n+1}-1-2^n}{2^n(2^{n+1}-1)}=2\times\frac{2^n-1}{2^n(2^{n+1}-1)}>0$,所以 $S_n>4T_n$。

招教易错突破

变式训练

1. ±1 【解析】当 $q=1$ 时,$S_3+S_6=9a_1,S_9=9a_1$,所以 $S_3+S_6=S_9$ 成立;当 $q\neq1$ 时,因为 $S_3+S_6=S_9$,得$\frac{a_1(1-q^3)}{1-q}+\frac{a_1(1-q^6)}{1-q}=\frac{a_1(1-q^9)}{1-q}$,整理得 $1-q^3+1-q^6=1-q^9$,即$(q^3-1)^2(q^3+1)=0$,解得 $q=-1$,综上,$q=\pm1$。

2. $\begin{cases}-n,n\text{ 为偶数},\\ n,n\text{ 为奇数}。\end{cases}$ 【解析】由题意可得,$b_n=(-1)^{n-1}a_n=(-1)^{n-1}(2n-1)$,当 n 为偶数时,$T_n=a_1-a_2+a_3-a_4+\cdots+a_{n-1}-a_n=(-2)\times\frac{n}{2}=-n$;当 n 为奇数时,$T_n=T_{n-1}+b_n=-(n-1)+a_n=n$,故 $T_n=\begin{cases}-n,n\text{ 为偶数},\\ n,n\text{ 为奇数}。\end{cases}$

必刷好题

招教高频基础刷

1. D 【解析】由题意得 $a+b=p,ab=q,\because p>0,q>0$,可得 $a>0,b>0$,又且 $a,b,-2$ 这三个数可适当排序后成等差数列,也可适当排序后成等比数列,可得$\begin{cases}2b=a-2,\\ ab=4,\end{cases}$ ①或$\begin{cases}2a=b-2,\\ ab=4,\end{cases}$ ②,解

①得$\begin{cases}a=4,\\b=1,\end{cases}$;解②得$\begin{cases}a=1,\\b=4,\end{cases}$ $\therefore p=a+b=5,q=1\times4=4$,则$p+q=9$。

2. C 【解析】由$2a_{n+1}+a_n=3(n\in\mathbf{N}^*)$,得$a_{n+1}-1=-\frac{1}{2}(a_n-1)$,又$a_3=\frac{13}{4}$,$\therefore a_2-1=-2(a_3-1)=-\frac{9}{2}$,$a_1-1=-2(a_2-1)=9$,$\therefore$数列$\{a_n-1\}$是首项为9,公比为$-\frac{1}{2}$的等比数列,则$a_n-1=9\cdot\left(-\frac{1}{2}\right)^{n-1}$,$\therefore a_n=1+9\cdot\left(-\frac{1}{2}\right)^{n-1}$,则$S_n=n+9\cdot\frac{1-\left(-\frac{1}{2}\right)^n}{1-\left(-\frac{1}{2}\right)}=n+6-6\cdot\left(-\frac{1}{2}\right)^n$,而$|S_n-n-6|=3\cdot\frac{1}{2^{n-1}}$,$|S_n-n-6|<\frac{1}{123}$,即$3\cdot\frac{1}{2^{n-1}}<\frac{1}{123}$,解得$n>9$,$\therefore$满足不等式$|S_n-n-6|<\frac{1}{123}$的最小整数$n$是10。

3. A 【解析】$\because$数列$\{a_n\}$是以1为首项,2为公差的等差数列,$\therefore a_n=2n-1$,$\because\{b_n\}$是以1为首项,2为公比的等比数列,$\therefore b_n=2^{n-1}$,$\therefore T_n=c_1+c_2+c_3+\cdots+c_n=a_{b_1}+a_{b_2}+a_{b_3}+\cdots+a_{b_n}=a_1+a_2+a_4+\cdots+a_{2^{n-1}}=(2\times1-1)+(2\times2-1)+(2\times4-1)+\cdots+(2\times2^{n-1}-1)=2(1+2+4+\cdots+2^{n-1})-n=2\times\frac{1-2^n}{1-2}-n=2^{n+1}-n-2$,$\because T_n<2019$,$\therefore 2^{n+1}-n-2<2019$,解得$n\leqslant9$,则当$T_n<2019$时,$n$的最大值是9。

4. A 【解析】由题意可得$k>0$,若对任意$n\in\mathbf{N}_+$,都有$a_n\geqslant a_3$恒成立,$\therefore\begin{cases}a_2\geqslant a_3,\\a_4\geqslant a_3,\end{cases}$

$\therefore\begin{cases}2+\frac{k}{2}\geqslant3+\frac{k}{3},\\4+\frac{k}{4}\geqslant3+\frac{k}{3},\end{cases}$ $\therefore 6\leqslant k\leqslant12$,经验证,数列在(1,2)上递减,$(3,+\infty)$上递增,或在(1,3)上递减,$(4,+\infty)$递增,符合题意,故选A。

5. D 【解析】$\because$对于任意$n\in\mathbf{N}^*$,$a_n=-2n^2+\lambda n$恒成立,$\therefore a_{n+1}-a_n=-2(n+1)^2+\lambda(n+1)+2n^2-\lambda n=-4n-2+\lambda$。$\because\{a_n\}$是递减数列,$\therefore a_{n+1}-a_n<0$,$\therefore -4n-2+\lambda<0$,$\therefore\lambda<4n+2$,$\because$当$n=1$时$4n+2$取得最小值为6,$\therefore\lambda<6$。

6.【解析】(1)设数列$\{a_n\}$的公比为q,显然$q\neq1$。

由题意得$\begin{cases}\dfrac{a_1(1-q^4)}{1-q}+\dfrac{a_1(1-q^3)}{1-q}=\dfrac{2a_1(1-q^2)}{1-q},\\ \dfrac{a_3}{q}+a_3+qa_3=-18,\end{cases}$ 解得 $q=-2,a_3=12$。

故数列$\{a_n\}$的通项公式为 $a_n=a_3q^{n-3}=12\times(-2)^{n-3}=(-\dfrac{3}{2})\times(-2)^n$。

(2)由(1)有 $a_n=(-\dfrac{3}{2})\times(-2)^n,a_1=3$。

若存在正整数 n,使得 $S_n\geqslant 2013$,则 $S_n=\dfrac{3[1-(-2)^n]}{1-(-2)}=1-(-2)^n$,即 $1-(-2)^n\geqslant 2013$。

当 n 为偶数时,$2^n\leqslant -2012$,上式不成立;

当 n 为奇数时,$1+2^n\geqslant 2013$,即 $2^n\geqslant 2012$,则 $n\geqslant 11$。

综上,存在符合条件的正整数 $n=2k+1(k\geqslant 5)$,且所有这样的 n 的集合为$\{n|n=2k+1(k\geqslant 5)\}$。

7.**【解析】**(1)$\because a_{n+1}=\dfrac{3a_n}{2a_n+1}$,$\therefore \dfrac{1}{a_{n+1}}=\dfrac{2}{3}+\dfrac{1}{3a_n}$,$\therefore \dfrac{1}{a_{n+1}}-1=\dfrac{1}{3}(\dfrac{1}{a_n}-1)$。又$\because \dfrac{1}{a_1}-1=\dfrac{2}{3}$,

$\therefore \left\{\dfrac{1}{a_n}-1\right\}$是以$\dfrac{2}{3}$为首项,$\dfrac{1}{3}$为公比的等比数列,$\therefore \dfrac{1}{a_n}-1=\dfrac{2}{3}\cdot\dfrac{1}{3^{n-1}}=\dfrac{2}{3^n}$,$\therefore a_n=\dfrac{3^n}{3^n+2}$。

(2)由(1)知 $a_n=\dfrac{3^n}{3^n+2}>0$,$\because$ 对任意的 $x>0$,有$\dfrac{1}{1+x}-\dfrac{1}{(1+x)^2}(\dfrac{2}{3^n}-x)=\dfrac{1}{1+x}-\dfrac{1}{(1+x)^2}(\dfrac{2}{3^n}+1-1-x)=\dfrac{1}{1+x}-\dfrac{1}{(1+x)^2}[\dfrac{1}{a_n}-(1+x)]=-\dfrac{1}{a_n}\cdot\dfrac{1}{(1+x)^2}+\dfrac{2}{1+x}=-\dfrac{1}{a_n}(\dfrac{1}{1+x}-a_n)^2+a_n\leqslant a_n$,$\therefore$ 原不等式成立。

8.**【解析】**(1)$a_{n+1}=3a_n+2,a_{n+1}+1=3(a_n+1)$,则$\{a_n+1\}$是首项为 $2+1=3$,公比为 3 的等比数列,通项为 3^n,则$\{a_n\}$的通项为 $a_n=3^n-1$。

(2)证明:$\dfrac{a_k}{a_{k+1}}=\dfrac{3^k-1}{3^{k+1}-1}=\dfrac{3^k-1}{3(3^k-1)+2}<\dfrac{3^k-1}{3(3^k-1)}=\dfrac{1}{3}$,$\therefore \dfrac{a_1}{a_2}+\dfrac{a_2}{a_3}+\cdots+\dfrac{a_n}{a_{n+1}}<\dfrac{n}{3}$,以下先证明$\dfrac{a_k}{a_{k+1}}=\dfrac{3^k-1}{3^{k+1}-1}=\dfrac{1}{3}-\dfrac{2}{3(3^{k+1}-1)}=\dfrac{1}{3}-\dfrac{2}{8\cdot 3^k+3^k-3}\geqslant\dfrac{1}{3}-\dfrac{1}{4\cdot 3^k}$,①$\Leftrightarrow\dfrac{3^k-1}{3^{k+1}-1}\geqslant\dfrac{1}{3}-\dfrac{1}{4\cdot 3^k}=\dfrac{4\cdot 3^k-3}{4\cdot 3^{k+1}}$,$\Leftrightarrow(3^k-1)\cdot 4\cdot 3^{k+1}\geqslant(3^{k+1}-1)(4\cdot 3^k-3)$,$\Leftrightarrow 4\cdot 3^{2k+1}-4\cdot 3^{k+1}\geqslant 4\cdot 3^{2k+1}-3^{k+2}-4\cdot 3^k+3$,$\Leftrightarrow 3^{k+2}+4\cdot 3^k-4\cdot 3^{k+1}\geqslant 3$,$\Leftrightarrow 3^k(9+4-12)\geqslant 3$,即 $3^k\geqslant 3$,该式成立,从而①式得证。且 $k=1$ 时,①式中等号成立。当 $k>1$ 时,①式中大于号成立,对①式,依次取 $k=1,2,\cdots,n$,

$\dfrac{a_1}{a_2}\geqslant\dfrac{1}{3}-\dfrac{1}{4\cdot 3}$,$\dfrac{a_2}{a_3}\geqslant\dfrac{1}{3}-\dfrac{1}{4\cdot 3^2}$,$\dfrac{a_n}{a_{n+1}}\geqslant\dfrac{1}{3}-\dfrac{1}{4\cdot 3^n}$,

以上式子叠加可得：

$$\frac{a_1}{a_2}+\frac{a_2}{a_3}+\cdots+\frac{a_n}{a_{n+1}}\geqslant\frac{n}{3}-\frac{1}{4\cdot3}-\frac{1}{4\cdot3^2}-\cdots-\frac{1}{4\cdot3^n}=\frac{n}{3}-\frac{\frac{1}{4\times3}(1-\frac{1}{3^n})}{1-\frac{1}{3}}=\frac{n}{3}-\frac{1}{8}+\frac{1}{8\cdot3^n}>\frac{n}{3}-\frac{1}{8}。$$

综上所述，$\frac{n}{3}-\frac{1}{8}<\frac{a_1}{a_2}+\frac{a_2}{a_3}+\cdots+\frac{a_n}{a_{n+1}}<\frac{n}{3}(n\in\mathbf{N}^*)$。

9.【解析】(1)由题意，知 $2a_n=\frac{1}{2}+S_n$，

当 $n=1$ 时，$2a_1=S_1+\frac{1}{2}$，故 $a_1=\frac{1}{2}$。

当 $n\geqslant2$ 时，$S_n=2a_n-\frac{1}{2}$，$S_{n-1}=2a_{n-1}-\frac{1}{2}$，

两式相减，得 $a_n=S_n-S_{n-1}=2a_n-2a_{n-1}$，故$\frac{a_n}{a_{n-1}}=2$。

∴ 数列 $\{a_n\}$ 是首项为$\frac{1}{2}$，公比为 2 的等比数列，故 $a_n=\frac{1}{2}\times2^{n-1}=2^{n-2}$。

(2)由(1)知 $b_n=(\log_2a_{2n+1})\times(\log_2a_{2n+3})=(2n-1)(2n+1)$。

故$\frac{1}{b_n}=\frac{1}{(2n-1)(2n+1)}=\frac{1}{2}\times(\frac{1}{2n-1}-\frac{1}{2n+1})$，

$\therefore\frac{1}{b_1}+\frac{1}{b_2}+\frac{1}{b_3}+\cdots+\frac{1}{b_n}=\frac{1}{2}\times[(1-\frac{1}{3})+(\frac{1}{3}-\frac{1}{5})+\cdots+(\frac{1}{2n-1}-\frac{1}{2n+1})]$

$=\frac{1}{2}\times(1-\frac{1}{2n+1})<\frac{1}{2}$。

10.【解析】(1)由$\begin{cases}b_1b_3=4,\\b_1+b_3=5,\end{cases}$知 b_1,b_3 是方程 $x^2-5x+4=0$ 的两根，

注意到 $b_{n+1}>b_n$，得 $b_1=1,b_3=4$。

∴ $b_2{}^2=b_1b_3=4$，解得 $b_2=2$。

∴ 等比数列 $\{b_n\}$ 的公比为$\frac{b_2}{b_1}=2$，故 $b_n=b_1q^{n-1}=2^{n-1}$。

(2) $a_n=\log_2b_n+3=\log_22^{n-1}+3=n-1+3=n+2$。

∴ $a_{n+1}-a_n=[(n+1)+2]-(n+2)=1$，$a_1=3$。

∴ 数列 $\{a_n\}$ 是首项为 3，公差为 1 的等差数列。

(3)由(2)知数列 $\{a_n\}$ 是首项为 3，公差为 1 的等差数列，

故 $a_1{}^2+a_2+a_3+\cdots+a_m=9+\dfrac{(4+m+2)\times(m-1)}{2}=\dfrac{m^2+5m}{2}+6$。

又$\because a_{46}=48$，$\therefore \dfrac{m^2+5m}{2}+6\leqslant 48$，解得 $-12\leqslant m\leqslant 7$。故 m 的最大值为 7。

招教易错能力刷

1.**【解析】**设等差数列 $\{a_n\}$ 的首项为 a_1，公差为 d。由 $S_4=4S_2$，$a_{2n}=2a_n+1$，得

$\begin{cases}4a_1+6d=8a_1+4d,\\a_1+(2n-1)d=2a_1+2(n-1)d+1,\end{cases}$ 解得 $a_1=1$，$d=2$。因此 $a_n=2n-1(n\in\mathbf{N}^*)$。

(2)由题意知 $T_n=\lambda-\dfrac{n}{2^{n-1}}$，$\therefore n\geqslant 2$ 时，$b_n=T_n-T_{n-1}=-\dfrac{n}{2^{n-1}}+\dfrac{n-1}{2^{n-2}}$。故 $c_n=b_{2n}=\dfrac{2n-2}{2^{2n-1}}=$

$(n-1)(\dfrac{1}{4})^{n-1}(n\in\mathbf{N}^*)$。$\therefore R_n=0\times(\dfrac{1}{4})^0+1\times(\dfrac{1}{4})^1+2\times(\dfrac{1}{4})^2+\cdots+(n-1)\times(\dfrac{1}{4})^{n-1}$，

则 $\dfrac{1}{4}R_n=0\times(\dfrac{1}{4})^1+1\times(\dfrac{1}{4})^2+2\times(\dfrac{1}{4})^3+\cdots+(n-1)\times(\dfrac{1}{4})^n$，

两式相减得 $\dfrac{3}{4}R_n=(\dfrac{1}{4})^1+(\dfrac{1}{4})^2+(\dfrac{1}{4})^3+\cdots+(\dfrac{1}{4})^{n-1}-(n-1)\times(\dfrac{1}{4})^n=\dfrac{\frac{1}{4}-(\frac{1}{4})^n}{1-\frac{1}{4}}-$

$(n-1)(\dfrac{1}{4})^n=\dfrac{1}{3}-\dfrac{3n+1}{3}(\dfrac{1}{4})^n$。化简可得 $R_n=\dfrac{1}{9}(4-\dfrac{3n+1}{4^{n-1}})$。

$\therefore$ 数列 $\{c_n\}$ 的前 n 项和为 $R_n=\dfrac{1}{9}(4-\dfrac{3n+1}{4^{n-1}})$。

2.**【解析】**(1)由题意知 $2a_n=S_n+\dfrac{1}{2}$，$a_n>0$。

当 $n=1$ 时，$2a_1=a_1+\dfrac{1}{2}$，解得 $a_1=\dfrac{1}{2}$。

当 $n\geqslant 2$ 时，$S_n=2a_n-\dfrac{1}{2}$，$S_{n-1}=2a_{n-1}-\dfrac{1}{2}$，两式相减得 $a_n=2a_n-2a_{n-1}(n\geqslant 2)$，整理得 $\dfrac{a_n}{a_{n-1}}=$

$2(n\geqslant 2)$，$\therefore$ 数列 $\{a_n\}$ 是以 $\dfrac{1}{2}$ 为首项，2 为公比的等比数列，

故 $a_n=a_1\cdot 2^{n-1}=\dfrac{1}{2}\times 2^{n-1}=2^{n-2}$。

(2)$\because a_n{}^2=2^{-b_n}=2^{2n-4}$，$\therefore b_n=4-2n$，$c_n=\dfrac{b_n}{a_n}=\dfrac{4-2n}{2^{n-2}}=\dfrac{16-8n}{2^n}$，$T_n=\dfrac{8}{2}+\dfrac{0}{2^2}+\dfrac{-8}{2^3}+\cdots+$

$\dfrac{24-8n}{2^{n-1}}+\dfrac{16-8n}{2^n}$,①$\dfrac{1}{2}T_n=\dfrac{8}{2^2}+\dfrac{0}{2^3}+\dfrac{-8}{2^4}+\cdots+\dfrac{24-8n}{2^n}+\dfrac{16-8n}{2^{n+1}}$,②

①－②得 $\dfrac{1}{2}T_n=4-8\left(\dfrac{1}{2^2}+\dfrac{1}{2^3}\cdots+\dfrac{1}{2^n}\right)-\dfrac{16-8n}{2^{n+1}}=4-8\times\dfrac{\frac{1}{2^2}\left(1-\frac{1}{2^{n-1}}\right)}{1-\frac{1}{2}}-\dfrac{16-8n}{2^{n+1}}=4-$

$4\left(1-\dfrac{1}{2^{n-1}}\right)-\dfrac{16-8n}{2^{n+1}}=\dfrac{4n}{2^n}$,$\therefore T_n=\dfrac{8n}{2^n}=\dfrac{n}{2^{n-3}}$。

3.**【解析】**(1)当 $n=1$ 时,$a_1=1$。又 $a_2=2$,易得 $a_3=3$,猜想 $a_n=n$。

证明如下:

当 $n=1,2$ 时,猜想成立。当 $n\geqslant2$ 时,递推式为 $(n-2)a_n-(n-1)a_{n-1}+1=0$。

故当 $n=k+1$ 时,$(k-1)a_{k+1}-ka_k+1=0$,即 $(k-1)a_{k+1}-k^2+1=0$。

由 $k\geqslant2$ 得 $k-1\neq0$。有 $a_{k+1}=k+1$,即 $n=k+1$ 时猜想成立。综上,当 $n\in\mathbf{N}^*$ 时,有 $a_n=n$。

(2)$b_n=n^{\frac{1}{n+1}}$,考虑 $b_n>b_{n+1}$ 时,n 的取值范围。

若 $n^{\frac{1}{n+1}}>(n+1)^{\frac{1}{n+2}}$,即 $n^{n+2}>(n+1)^{n+1}$,则 $n>\left(\dfrac{n+1}{n}\right)^{n+1}=\left(1+\dfrac{1}{n}\right)\left(1+\dfrac{1}{n}\right)^n$。

当 $n\geqslant3$ 时,$\left(1+\dfrac{1}{n}\right)^n=1+\mathrm{C}_n^1\cdot\dfrac{1}{n}+\mathrm{C}_n^2\cdot\dfrac{1}{n^2}+\cdots+\mathrm{C}_n^k\cdot\dfrac{1}{n^k}+\cdots+\mathrm{C}_n^n\cdot\dfrac{1}{n^n}=1+1+$

$\dfrac{1}{2!}\left(1-\dfrac{1}{n}\right)+\cdots+\dfrac{1}{k!}\left(1-\dfrac{1}{n}\right)\left(1-\dfrac{2}{n}\right)\cdots\left(1-\dfrac{k-1}{n}\right)+\cdots+\dfrac{1}{n!}\left(1-\dfrac{1}{n}\right)\cdot$

$\left(1-\dfrac{2}{n}\right)\cdots\left(1-\dfrac{n-1}{n}\right)<1+1+\dfrac{1}{2!}+\cdots+\dfrac{1}{k!}+\cdots+\dfrac{1}{n!}<1+1+\dfrac{1}{2}+\dfrac{1}{2^2}+\cdots+\dfrac{1}{2^{n-1}}<3$,

$\therefore$ 当 $n\geqslant3\left(1+\dfrac{1}{n}\right)=3+\dfrac{3}{n}>3$,即 $n\geqslant4$ 时,有 $b_n>b_{n+1}$。

通过比较 b_1,b_2,b_3,b_4,b_5 的大小,知 $b_1<b_2<b_3<b_4,b_4>b_5$,

$\therefore$ 数列 $\{b_n\}$ 满足 $b_1<b_2<b_3<b_4,b_4>b_5>b_6>\cdots$,①

故数列 $\{b_n\}$ 的最大项为 b_4。

(3)显然,$b_1=1$,由 $b_n=n^{\frac{1}{n+1}}$,知当 $n\neq1$ 时,$b_n\neq1$。

由①可知若数列 $\{b_n\}$ 存在相等两项,只能是 b_2,b_3 与后面的项可能相等。又 $b_2=2^{\frac{1}{3}}=8^{\frac{1}{9}}=b_8$,即第 2 项与第 8 项相等。再由①知仅有第 8 项与第 2 项相等。而 $b_3=3^{\frac{1}{4}}>b_5=5^{\frac{1}{6}}$,$\therefore$ 由①知与第 3 项相等的项不存在,

故数列 $\{b_n\}$ 中存在唯一相等的两项 $b_2=b_8$。